Der neue
Hausjurist

Dr. jur. Stefan Rutkowsky

Der neue Hausjurist

Das große Handbuch für alle Rechtsfragen des Alltags

Dr. jur. Stefan Rutkowsky (Jahrgang 1942) ist Rechtsanwalt, Notar und Steuerberater in Wiesbaden und ist bekannt als Verfasser von juristischen Fachbüchern und Aufsätzen in der Fachliteratur.

Sämtliche Ausführungen des Werkes erfolgen auf Grund sorgfältiger Recherche und Kontrolle des Autors. Gleichwohl sind Fehler und Irrtümer niemals auszuschließen. Daher kann keinerlei Haftung von Autor oder Verlag für etwaige inhaltliche Unstimmigkeiten übernommen werden. Im Zweifel ist eine rechtliche Einzelberatung unerläßlich.

Bitte beachten Sie, daß diese Neuausgabe des »Hausjuristen« den Rechtsstand bis Mai 2004 wiedergibt.

Dr. jur. Stefan Rutkowsky: Der neue Hausjurist

Copyright © 2004 by Dr. Stefan Rutkowsky und AVA GmbH, München-Breitbrunn (Germany)

Copyright © dieser Lizenzausgabe by area verlag gmbh, Erftstadt

Alle Rechte vorbehalten

Produktion: Redaktionsbüro Kramer, Weißenfeld/München

dtp und Satz: Anja Kramer, Weißenfeld/München

Einbandgestaltung: agilmedien, Köln

Einbandabbildung: agildesign, Köln

Printed in Austria 2004

ISBN 3-89996-184-6

Inhaltsverzeichnis

Unternehmen, Gesellschaften, unlauterer Wettbewerb und Arbeitsrecht 257

Liebe Leserin!
Lieber Leser!

»Der Hausjurist«, der seit Jahrzehnten mit beispiellosem Erfolg auf dem Markt ist und zuletzt im Jahre 2000 vollständig neu bearbeitet wurde, erscheint ab 2004 im neuen Gewand und wurde erneut überarbeitet.

Die Neugestaltung wurde auch erforderlich, weil seit den letzten Auflagen das Recht der Bundesrepublik Deutschland besonders viele grundsätzliche Änderungen erfahren hat. Nicht nur an den großen Gesetzeswerken (BGB, HGB, StGB, ZPO usw.) wurden wichtige Veränderungen vorgenommen. So hat die Schuldrechtsreform des Jahres 2001 einen ganzen Bereich des BGB einschließlich Verjährungsregelungen tiefgreifend verändert. Auch das Mietrecht wurde völlig neu gefaßt. Es wurden auch sonstige Rechtsbereiche geänderten Regelungen unterworfen. Fortentwickelt wurden insbesondere das Computerrecht, das IT-Recht, das Reiserecht, das Verbraucherschutzrecht, das Insolvenzrecht, das Arbeitsrecht und das Wettbewerbsrecht. Einige neue Rechtsmaterien mußten aufgenommen werden, wie zum Beispiel das Recht der nichtehelichen Lebensgemeinschaften und Lebenspartnerschaften und andere. Dies machte eine Überarbeitung des gesamten Inhalts erforderlich. Der Einfluß der EU mit den Brüsseler Richtlinien auf das deutsche Recht nimmt ständig zu und führt zu einer Angleichung der verschiedenen Rechtsordnungen der EU-Staaten.

Die bewährte Art der Wissensvermittlung wurde beibehalten mit dem Ziel, notwendige Grundkenntnisse des Rechts zu erlangen und allgemein verbreitete falsche Rechtsbegriffe, wovon es sehr viele gibt, richtigzustellen. Im übrigen gilt daher weiterhin das Vorwort der letzten Auflage:

So haben Sie bestimmt schon gelesen oder gehört, daß ein »Angeklagter« in einem Zivilprozeß damit »bestraft« wurde, an den »Kläger« einen bestimmten Betrag zu zahlen. Im Zivilprozeß aber gibt es keinen Angeklagten. Im Zivilprozeß wird auch niemand bestraft. Hier schlichtet der Richter einen ganz privaten Streit zwischen zwei Beteiligten. Mit »Angeklagt sein« oder »Bestraftwerden« hat all dieses nichts zu tun.

Das tägliche Leben ist angefüllt mit Verträgen, ohne daß wir uns dessen bewußt sind. Wir wundern uns später nur, wenn irgendwelche Personen daraus Rechte herleiten und wenn wir dann verurteilt werden.

Die stehende Redensart, daß wir noch nie etwas mit dem Gericht zu tun gehabt haben, sollte uns nicht dazu verleiten, die rechtlichen Probleme des Alltags zu ignorieren. Großer Schaden kann vermieden werden, wenn wir uns bei unserem Tun und Lassen darüber im klaren sind, was wir dürfen und was nicht.

In jedem Haus ist ein Ratgeber für die Gesundheit zu finden. Um wieviel häufiger aber stehen wir vor juristischen Problemen, die wir dann teils aus Kostenersparnisgründen oder aus einer gewissen Scheu oder aus Zeitmangel ohne einen Anwalt erledigen zu können glauben. Daß es aber bei allem auf ein kleines »und« oder »oder« ankommen kann und daß diese kleinen Wörtchen von weittragender Bedeutung sein können, daran denken wir nicht.

Das Buch soll Ihnen deshalb auch helfen, bestimmte Schriftsätze und Verträge ohne Inanspruchnahme eines Juristen aufzusetzen, andererseits aber gebe ich in schwierigen Fällen auch den Rat, nichts ohne die Hilfe eines Rechtsanwalts zu unternehmen. Da das Werk beabsichtigt, einen Überblick über fast alle Rechtsmaterien zu geben, mußten viele Details ausgespart werden, die aber durch ergänzende Beratung leicht nachgefragt werden können.

Das Stichwortverzeichnis schließlich läßt eine vielseitige Benutzung des Werkes zu. Ich habe mich bemüht, einen Weg zu finden, der Sie beim Lesen nicht ermüden läßt. »Der Hausjurist« wird daher den Lebensweg eines Bürgers, wie er jeder von uns sein könnte, in den Vordergrund stellen, also die typischen Ereignisse erfassen, die von der Geburt bis zum Tode an jedermann herantreten können.

Zu diesem Zwecke stelle ich Ihnen jetzt Paul Jedermann und seine Familie mit deren vielen rechtlichen Fragen und Lebenssituationen vor. Auch sein Freund Fritz Sorgenfrei läßt Sie an seinen Problemen und Rechtsfragen teilnehmen, die jeder von uns tagtäglich haben kann.

Bitte beachten Sie, daß diese Neuauflage des »Hausjuristen« den Rechtszustand bis Mai 2004 wiedergibt. Etwaige spätere Gesetzes- und Rechtsänderungen sind ggf. zu beachten.

Der Autor
Dr. Stefan Rutkowsky

Die Wohnung und das Grundstück

Paul Jedermann ist volljährig geworden; er kann sein Leben im Rahmen des Erlaubten selbständig gestalten. Wir wollen ihn im nachstehenden durch sein Leben begleiten. Die üblichen Lebensereignisse werden an ihn herantreten und rechtlich betrachtet werden. Er und seine Familie und Freunde werden insbesondere Verträge schließen und mit Rechtsfragen aus allen wichtigen Rechtsgebieten in Berührung kommen, die von Bedeutung sind, sei es als Privatperson oder im beruflichen Bereich, insbesondere als Unternehmer.

Der Wohnsitz

Paul Jedermann schafft sich einen selbständigen Lebenskreis und gründet zu diesem Zweck einen eigenen Wohnsitz.

Als Kind teilte er im Regelfall den Wohnsitz seiner Eltern (§ 11 BGB). Nun begründet er seinen eigenen Wohnsitz dadurch, daß er sich an einem Ort ständig niederläßt (§ 7 BGB). Er macht damit diesen Ort zum Mittelpunkt seines beruflichen und persönlichen Lebens. Wer dauernd umherzieht, hat keinen festen Wohnsitz.

Mehrere Wohnsitze lassen sich allerdings dadurch begründen, daß man sich an mehreren Orten annähernd gleich stark beruflich engagiert und sich an beiden Orten häufig aufhält. Dies ist beispielsweise der Fall beim Chefarzt eines Krankenhauses, der gleichzeitig eine Privatpraxis in der Nachbarstadt betreibt.

Der Wohnsitz ist begründet, sobald Paul Jedermann eine Wohnung gemietet hat, in ein eigenes Haus gezogen ist oder ein Zimmer gemietet hat. Die Pflicht zur polizeilichen Anmeldung ist eine Folge davon, für die Wirksamkeit der Wohnsitzbegründung jedoch nicht von Bedeutung.

So gilt zum Beispiel für das Land Hessen das Hessische Meldegesetz vom 19. März 1999 (GVBl. S. 274). Danach besteht die Pflicht, binnen einer Woche nach Begründung des Wohnsitzes die polizeiliche Anmeldung formularmäßig durchzuführen und ebenso im Falle der Aufgabe des Wohnsitzes binnen einer Woche die Abmeldung durchzuführen.

Eine Nichtanmeldung oder eine Verzögerung der Anmeldung ohne ausreichenden Grund ist gemäß § 38 des Meldegesetzes als Ordnungswidrigkeit mit einem Bußgeld ahnbar. Hotels, Sanatorien usw. haben hinsichtlich der aufgenommenen Gäste eine entsprechende Anmeldepflicht gemäß § 26 des Meldegesetzes.

Eine bundeseinheitliche Regelung des Melderechts trifft das Melderechtsrahmengesetz (MRRG) vom 24. Juni 1994 (BGBl. I S. 1430). In § 11 dieses Gesetzes ist die allgemeine Meldepflicht für die Bundesrepublik Deutschland wie folgt festgelegt:

§ 11

(1) Wer eine Wohnung bezieht, hat sich bei der Meldebehörde anzumelden.

(2) Wer aus seiner Wohnung auszieht, hat sich bei der Meldebehörde abzumelden. Durch Landesrecht kann bestimmt werden, daß Satz I nicht gilt, wenn der Einwohner anschließend in demselben Land eine neue Wohnung bezieht und sich nach Absatz I anzumelden hat. § I3 Abs. 2 Satz 2 bleibt unberührt.

(3) Der Wohnungsgeber ist verpflichtet, bei der An- und Abmeldung mitzuwirken. Bei Inkrafttreten dieses Gesetzes bestehende abweichende landesgesetzliche Regelungen bleiben unberührt.

(4) Wohnung im Sinne dieses Gesetzes ist jeder umschlossene Raum, der zum Wohnen oder Schlafen benutzt wird. Als Wohnung gilt auch die Unterkunft an Bord eines Schiffes der Bundeswehr. Wohnwagen und Wohnschiffe sind jedoch nur dann als Wohnungen anzusehen, wenn sie nicht oder nur gelegentlich fortbewegt werden.

Gemäß § 1 des Gesetzes haben die Meldebehörden der Länder die Registrierung der Einwohner in einem Melderegister vorzunehmen. Die insoweit gespeicherten Daten unterliegen einem Meldungsgeheimnis, wonach nach näherer Regelung des Gesetzes nur eine beschränkte Auskunftserteilung zulässig ist. Nach § 23 des Gesetzes haben die Länder ihr Melderecht den Vorschriften dieses Gesetzes innerhalb von zwei Jahren nach dem Inkrafttreten dieses Gesetzes anzupassen.

Die Wohnung

Paul Jedermann hat einen Hauseigentümer gefunden, der mit ihm einen Mietvertrag abschließen möchte. Diesen Mietvertrag kann Paul Jedermann mit seinem Vermieter nach den Bestimmungen des Bürgerlichen Gesetzbuches (BGB) schließen, da frühere mietrechtliche Vorschriften (Mieterschutzgesetz, die Altbaumietenverordnung, die Neubaumietenverordnung und das Wohnraumbewirtschaftungsgesetz) außer Kraft gesetzt oder in das BGB eingearbeitet wurden. Dies gilt auch für das Gesetz zur Regelung der Miethöhe vom 31. August 2001. Außerhalb des BGB sind gesondert nur die »Zweite Berechnungsverordnung« und die Heizkostenverordnung bestehen geblieben.

Den Mietvertrag, den Paul Jedermann abschließt, wird er schriftlich festlegen. Insofern bestimmt § 550 BGB zwar nur, daß ein Mietvertrag über ein Grundstück und damit auch über Wohnraum nur dann der schriftlichen Form bedarf, wenn er für einen längeren Zeitraum als 1 Jahr geschlossen wird. Die Vorschrift regelt aber weiter, daß der Vertrag trotz fehlender schriftlicher Form nicht etwa nichtig ist, sondern dieser mündliche Vertrag gilt dann als für unbestimmte Zeit geschlossen. Seine Kündigung ist jedoch nicht für eine frühere Zeit als für den Schluß des ersten Jahres zulässig.

In der Praxis wird es selten zu einer rein mündlichen Absprache kommen. Schon zur Klarstellung des Mietverhältnisses wird die Schriftform gewählt. Dabei machen sich jedoch die Vertragsparteien meist nicht die Mühe, alle einzelnen Bedingungen selbst auszuarbeiten. Sie beschaffen sich gewöhnlich den üblichen Formalmietvertrag und füllen ihn gemäß den speziellen Wünschen aus, wobei es jeweils ein »mieterfreundliches« und ein »vermieterfreundliches« Muster gibt.

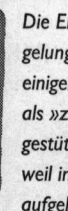

Die Entwicklung der Baukosten und der Mangel an Wohnungen hat insbesondere in den Ballungsgebieten zu Regelungen geführt, durch die es einem Hauseigentümer nicht mehr immer möglich ist, völlig frei zu entscheiden. In einigen Städten darf eine Wohnung nur noch Wohnzwecken dienen. Man strebt an, auch leerstehenden Wohnraum als »zweckentfremdet« anzusetzen. Die Einschränkung des Eigentumsrechts wird auf Art. 14 des Grundgesetzes gestützt. Es gibt jedoch eine Rechtsprechung, zum Beispiel für Berlin, wonach diese Regelungen unwirksam sind, weil inzwischen in vielen Städten wieder genügend Wohnraum vorhanden ist. In Hessen soll diese Verordnung jetzt aufgehoben werden. Wenn Sie sich also zu Unrecht betroffen fühlen, muß das Gericht darüber entscheiden.

Der Mietzins

Die Höhe des monatlichen Mietzinses hat Paul Jedermann mit seinem Vermieter ausgehandelt und in dem für fünf Jahre geschlossenen schriftlichen Mietvertrag festgelegt. Die Miete ist nicht billig, aber auch nicht übertrieben hoch. Nach drei Jahren erhält Paul Jedermann plötzlich einen eingeschriebenen Brief seines Vermieters, in dem ihm mitgeteilt wird, daß die Miete erhöht werden müsse, da die Lebenshaltungskosten in letzter Zeit erheblich gestiegen seien. Der Mieter Paul Jedermann solle daher ab kommendem Monat 200,– Euro monatlich mehr entrichten.

19

Ein solches Verlangen des Vermieters ist ungerechtfertigt, denn er ist an die vertraglich vereinbarte Miethöhe für die Dauer des Mietvertrages ebenso gebunden wie der Mieter.

Manche Vermieter schließen ihre Mietverträge nur noch über kürzere Zeiträume ab, jedenfalls nicht über viele Jahre. Bei den längerfristigen Mietverträgen wird häufig versucht, den Mieter zu einer vereinbarten Mieterhöhung zu veranlassen, indem man ihm ankündigt, den auslaufenden Mietvertrag sonst nicht zu verlängern oder von einer vertragsmäßigen Kündigungsmöglichkeit Gebrauch zu machen. Solche Versuche sind untauglich.

Solange der Mietzins fest vereinbart ist, ist eine Erhöhung ausgeschlossen. Ansonsten richten sich Mieterhöhungen nach §§ 557 bis 561 BGB, wonach der Vermieter unter Einhaltung eines sehr formalisierten Verfahrens und unter Bezugnahme auf etwa höhere Vergleichsmieten (Mietspiegel der Gemeinden) eine Mieterhöhung gegebenenfalls klageweise durchsetzen kann. Durch die Mietrechtsreform 2001 wurden die Bestimmungen den modernen Gegebenheiten angepaßt. Es gibt nunmehr fünf Möglichkeiten für eine Mieterhöhung: Die Vereinbarung (§ 557 Abs. 1). Die vorausschauende Mieterhöhung durch Vereinbarung von Staffelmieten oder Indexmieten (§ 557a und b). Die Mieterhöhung bis zur ortsüblichen Vergleichsmiete (§§ 585 ff.), ferner bei einer Wohnraummodernisierung (§§ 559 ff.) sowie eine Anpassung von Betriebskosten (§ 560). Dies gilt aber nur für die Wohnraummiete, nicht für andere Mietverhältnisse und auch nicht für die Wohnraumverhältnisse des § 549, für wie zum Beispiel möblierte Wohnungen.

Zu beachten ist bezüglich des Verfahrens im einzelnen: Die Kappungsgrenze bei Erhöhungen innerhalb von drei Jahren beträgt 20 Prozent. Die Klagefrist beträgt drei Monate, wenn der Mieter nicht innerhalb von zwei Monaten zugestimmt hat (§ 558b). Erhöhung von Mieten sind nur auf Grund von Mietspiegeln auf Grund der ortsüblichen Vergleichsmiete möglich. Nicht mehr möglich sind Mieterhöhungen auf Grund gestiegener Kapitalkosten des Vermieters.

Kündigung des Mietverhältnisses

Auch für die Kündigung von Wohnraum gibt es Schutzvorschriften für den Mieter. Diese ist nur wie folgt möglich:

573

(1) [1]Der Vermieter kann nur kündigen, wenn er ein berechtigtes Interesse an der Beendigung des Mietverhältnisses hat. [2]Die Kündigung zum Zwecke der Mieterhöhung ist ausgeschlossen.

(2) Ein berechtigtes Interesse des Vermieters an der Beendigung des Mietverhältnisses liegt insbesondere vor, wenn

1. der Mieter seine vertraglichen Pflichten schuldhaft nicht unerheblich verletzt hat,

2. der Vermieter die Räume als Wohnung für sich, seine Familienangehörigen oder Angehörige seines Haushalts benötigt oder

3. der Vermieter durch die Fortsetzung des Mietverhältnisses an einer angemessenen wirtschaftlichen Verwertung des Grundstücks gehindert und dadurch erhebliche Nachteile erleiden würde; die Möglichkeit, durch eine anderweitige Vermietung als Wohnraum eine höhere Miete zu erzielen, bleibt außer Betracht; der Vermieter kann sich auch nicht darauf berufen, dass er die Mieträume im Zusammenhang mit einer beabsichtigten oder nach Überlassung an den Mieter erfolgten Begründung von Wohnungseigentum veräußern will.

3) Die Gründe für ein berechtigtes Interesse des Vermieters sind in dem Kündigungsschreiben anzugeben. Andere Gründe werden nur berücksichtigt, soweit sie nachträglich entstanden sind.

(4) Eine zum Nachteil des Mieters abweichende Vereinbarung ist unwirksam.

Im übrigen gelten für die Kündigung bei Mietverträgen auf unbestimmte Zeit folgende Fristen:

§ 573c
(1) ¹Die Kündigung ist spätestens am dritten Werktag eines Kalendermonats zum Ablauf des übernächsten Monats zulässig. ²Die Kündigungsfrist für den Vermieter verlängert sich nach fünf und acht Jahren seit der Überlassung des Wohnraums um jeweils drei Monate.

(2) Bei Wohnraum, der nur zum vorübergehenden Gebrauch vermietet worden ist, kann eine kürzere Kündigungsfrist vereinbart werden.
(3) Bei Wohnraum nach § 549 Abs. 2 Nr. 2 ist die Kündigung spätestens am 15. eines Monats zum Ablauf dieses Monats zulässig.
(4) Eine zum Nachteil des Mieters von Absatz 1 oder 3 abweichende Vereinbarung ist unwirksam.

Zu beachten ist, daß der Mieter gegebenenfalls trotz eines berechtigten Interesses des Vermieters für eine Kündigung dieser widersprechen kann, wenn für ihn eine besondere Härte vorliegt. Insoweit lauten die einschlägige Vorschriften (§§ 574 und 574b):

§ 574
(1) ¹Der Mieter kann der Kündigung des Vermieters widersprechen und von ihm die Fortsetzung des Mietverhältnisses verlangen, wenn die Beendigung des Mietverhältnisses für den Mieter, seine Familie oder einen anderen Angehörigen seines Haushalts eine Härte bedeuten würde, die auch unter Würdigung der berechtigten Interessen des Vermieters nicht zu rechtfertigen ist. ²Dies gilt nicht, wenn ein Grund vorliegt, der den Vermieter zur außerordentlichen fristlosen Kündigung berechtigt.

(2) Eine Härte liegt auch vor, wenn angemessener Ersatzwohnraum zu zumutbaren Bedingungen nicht beschafft werden kann.
(3) Bei der Würdigung der berechtigten Interessen des Vermieters werden nur die in dem Kündigungsschreiben nach § 573 Abs. 3 angegebenen Gründe berücksichtigt, außer wenn die Gründe nachträglich entstanden sind.
(4) Eine zum Nachteil des Mieters abweichende Vereinbarung ist unwirksam.

§ 574b
(1) Der Widerspruch des Mieters gegen die Kündigung ist schriftlich zu erklären. Auf Verlangen des Vermieters soll der Mieter über die Gründe des Widerspruchs unverzüglich Auskunft erteilen.
(2) ¹Der Vermieter kann die Fortsetzung des Mietverhältnisses ablehnen, wenn der Mieter ihm den Widerspruch nicht spätestens zwei Monate vor der Beendigung des Mietverhältnisses erklärt

hat. ²Hat der Vermieter nicht rechtzeitig vor Ablauf der Widerspruchsfrist auf die Möglichkeit des Widerspruchs sowie auf dessen Form und Frist hingewiesen, so kann der Mieter den Widerspruch noch im ersten Termin des Räumungsrechtsstreits erklären.
(3) Eine zum Nachteil des Mieters abweichende Vereinbarung ist unwirksam.

Der Zeitmietvertrag

Paul Jedermanns Vermieter überlegt sich, daß er ja eigentlich diese ganzen Mieterschutzbestimmungen umgehen könnte, indem er einfach mit seinem Mieter einen zeitlich befristeten Vertrag abschließt und sich dann jeweils nach Ablauf der Frist überlegen kann, ob er den Vertrag gegebenenfalls für einen weiteren Zeitraum verlängert. Dieses Verfahren funktioniert nicht. Das Gesetz hat dies dadurch verhindert, daß solche Zeitmietverträge nur unter bestimmten Voraussetzungen möglich sind und anderenfalls ein solcher Zeitvertrag als auf bestimmte Zeit abgeschlossen gilt. § 575 lautet:

§ 575

(1) ¹Ein Mietverhältnis kann auf bestimmte Zeit eingegangen werden, wenn der Vermieter nach Ablauf der Mietzeit

1. die Räume als Wohnung für sich, seine Familienangehörigen oder Angehörige seines Haushalts nutzen will,
2. in zulässiger Weise die Räume beseitigen oder so wesentlich verändern oder instand setzen will, dass die Maßnahmen durch eine Fortsetzung des Mietverhältnisses erheblich erschwert würden, oder
3. die Räume an einen zur Dienstleistung Verpflichteten vermieten will und er dem Mieter den Grund der Befristung bei Vertragsschluss schriftlich mitteilt. ²Anderenfalls gilt das Mietverhältnis als auf unbestimmte Zeit abgeschlossen.

(2) ¹Der Mieter kann vom Vermieter frühestens vier Monate vor Ablauf der Befristung verlangen, dass dieser ihm binnen eines Monats mitteilt, ob der Befristungsgrund noch besteht. ²Erfolgt die Mitteilung später, so kann der Mieter eine Verlängerung des Mietverhältnisses um den Zeitraum der Verspätung verlangen.

(3) ¹Tritt der Grund der Befristung erst später ein, so kann der Mieter eine Verlängerung des Mietverhältnisses um einen entsprechenden Zeitraum verlangen. ²Entfällt der Grund, so kann der Mieter eine Verlängerung auf unbestimmte Zeit verlangen. ³Die Beweislast für den Eintritt des Befristungsgrundes und die Dauer der Verzögerung trifft den Vermieter.

(4) Eine zum Nachteil des Mieters abweichende Vereinbarung ist unwirksam.

Da das Mietrecht gesellschaftspolitisch eine immer wichtigere Rolle spielt und sicherlich noch oft verändert werden wird, sollten Sie das Temperament und die Gewohnheiten des zukünftigen Vertragspartners genau prüfen, bevor Sie sich vertraglich binden! Sie wissen schon: Es kann der Beste nicht im Frieden leben, wenn es dem »lieben« Nachbarn nicht gefällt!

Tod des Mieters

Karin Jedermann, die Ehefrau von Paul, erörtert nach dem plötzlichen Tode des Ehemanns ihrer Schwester Tanja, welcher alleiniger Mieter der gemeinsamen ehelichen Wohnung gewesen war, mit Paul Jedermann die Frage der nunmehrigen Mietsituation ihrer Schwester.

Paul meint, die Dinge lägen doch sehr einfach, da die Schwester ja als Erbin in das Mietverhältnis eintrete. Seine Schwägerin Tanja ist nicht seiner Meinung. Sie zweifelt auch, ob sie überhaupt als Witwe in der Lage sein wird, den nicht unerheblichen Mietzins in Zukunft aufzubringen.

Auch für diese Situation hat sich der Gesetzgeber verschiedenes zum Schutz der Angehörigen des verstorbenen Mieters einfallen lassen.

Er hat dieses Problem in den §§ 563 ff. BGB eingehend geregelt: Die §§ 563, 563a und 564 lauten wie folgt:

§ 563

(1) ¹Der Ehegatte, der mit dem Mieter einen gemeinsamen Haushalt führt, tritt mit dem Tod des Mieters in das Mietverhältnis ein. ²Dasselbe gilt für den Lebenspartner.

(2) ¹Leben in dem gemeinsamen Haushalt Kinder des Mieters, treten diese mit dem Tod des Mieters in das Mietverhältnis ein, wenn nicht der Ehegatte eintritt. ²Der Eintritt des Lebenspartners bleibt vom Eintritt der Kinder des Mieters unberührt. ³Andere Familienangehörige, die mit dem Mieter einen gemeinsamen Haushalt führen, treten mit dem Tod des Mieters in das Mietverhältnis ein, wenn nicht der Ehegatte oder der Lebenspartner

eintritt. ⁴Dasselbe gilt für Personen, die mit dem Mieter einen auf Dauer angelegten gemeinsamen Haushalt führen.

(3) ¹Erklären eingetretene Personen im Sinne des Absatzes 1 oder 2 innerhalb eines Monats, nach dem sie vom Tod des Mieters Kenntnis erlangt haben, dem Vermieter, dass sie das Mietverhältnis nicht fortsetzen wollen, gilt der Eintritt als nicht erfolgt. ²Für geschäftsunfähige oder in der Geschäftsfähigkeit beschränkte Personen gilt § 210 entsprechend. ³Sind mehrere Personen in das Mietverhältnis eingetreten, so kann jeder die Erklärung für sich abgeben.

(4) Der Vermieter kann das Mietverhältnis innerhalb eines Monats, nachdem er von dem endgültigen Eintritt in das Mietverhältnis Kenntnis erlangt hat, außerordentlich mit der gesetzlichen Frist kündigen, wenn in der Person des Eingetretenen ein wichtiger Grund vorliegt.

(5) Eine abweichende Vereinbarung zum Nachteil des Mieters oder solcher Personen, die nach Absatz 1 oder 2 eintrittsberechtigt sind, ist unwirksam.

§ 563a
(1) Sind mehrere Personen im Sinne des § 563 gemeinsam Mieter, so wird das Mietverhältnis beim Tod eines Mieters mit den überlebenden Mietern fortgesetzt.
(2) Die überlebenden Mieter können das Mietverhältnis innerhalb eines Monats, nachdem sie vom Tod des Mieters Kenntnis erlangt haben, außerordentlich mit der gesetzlichen Frist kündigen.
(3) Eine abweichende Vereinbarung zum Nachteil der Mieter ist unwirksam.

§ 564
Treten beim Tod des Mieters keine Personen im Sinne des § 563 in das Mietverhältnis ein oder wird es nicht mit ihnen nach § 563a fortgesetzt, so wird es mit dem Erben fortgesetzt. In diesem Fall ist sowohl der Erbe als auch der Vermieter berechtigt, das Mietverhältnis innerhalb eines Monats außerordentlich mit der gesetzlichen Frist zu kündigen, nachdem sie vom Tod des Mieters und davon Kenntnis erlangt haben, dass ein Eintritt in das Mietverhältnis oder dessen Fortsetzung nicht erfolgt sind.

 Einem überlebenden Ehegatten oder Lebenspartner des bisherigen Mieters ist dringend zu raten, die in den vorstehenden Bestimmungen aufgeführten Fristen genau zu beachten, insbesondere die verhältnismäßig kurze Frist von einem Monat in § 563 a Abs. 2.

Verkauf der Mietwohnung

Der Vermieter von Paul Jedermanns Wohnung hat angezeigt, daß er die Wohnung jetzt verkaufen werde, wenn er mit seiner Kündigung keinen Erfolg habe, und dann werde Herr Jedermann seine Mietrechte sowieso verlieren, da er mit dem Erwerber keinen Vertrag abgeschlossen habe. Paul Jedermann ist verunsichert und sucht Rechtsrat. Zu seiner Beruhigung erfährt er, daß der Vermieter im Unrecht ist. Der Erwerber tritt vielmehr voll in den Mietvertrag ein, und zwar nach dem Grundsatz: »Kauf bricht nicht Miete.« Demgemäß lautet § 566:

§ 566
(1) Wird der vermietete Wohnraum nach der Überlassung an den Mieter von dem Vermieter an einen Dritten veräußert, so tritt der Erwerber anstelle des Vermieters in die sich während der Dauer seines Eigentums aus dem Mietverhältnis ergebenden Rechte und Pflichten ein.
(2) [1]Erfüllt der Erwerber die Pflichten nicht, so haftet der Vermieter für den von dem Erwerber zu ersetzenden Schaden wie ein Bürge, der auf die Einrede der Vorausklage verzichtet hat. [2]Erlangt der Mieter von dem Übergang des Eigentums durch Mitteilung des Vermieters Kenntnis, so wird der Vermieter von der Haftung befreit, wenn nicht der Mieter das Mietverhältnis zum ersten Termin kündigt, zu dem die Kündigung zulässig ist.

Der neue Vermieter kann natürlich seinerseits nunmehr eventuell Gründe haben, die zu einer fristgemäßen Kündigung des Vertrages berechtigen, zum Beispiel Eigenbedarf.

Umwandlung in eine Eigentumswohnung

Sollte ein Vermieter den Weg wählen, eine Mietwohnung zunächst in eine Eigentumswohnung umzuwandeln und dann diese zu veräußern, stehen den Mieter sogar noch stärkere Rechte zu. Zum einen hat der Mieter ein Vorkaufsrecht gemäß § 577. Dieser lautet wie folgt:

§ 577

(1) [1]Werden vermietete Wohnräume, an denen nach der Überlassung an den Mieter Wohnungseigentum begründet worden ist oder begründet werden soll, an einen Dritten verkauft, so ist der Mieter zum Vorkauf berechtigt. [2]Dies gilt nicht, wenn der Vermieter die Wohnräume an einen Familienangehörigen oder an einen Angehörigen seines Haushalts verkauft. [3]Soweit sich nicht aus den nachfolgenden Absätzen etwas anderes ergibt, finden auf das Vorkaufsrecht die Vorschriften über den Vorkauf Anwendung.

(2) Die Mitteilung des Verkäufers oder des Dritten über den Inhalt des Kaufvertrags ist mit einer Unterrichtung des Mieters über sein Vorkaufsrecht zu verbinden.

(3) Die Ausübung des Vorkaufsrechts erfolgt durch schriftliche Erklärung des Mieters gegenüber dem Verkäufer.

(4) Stirbt der Mieter, so geht das Vorkaufsrecht auf diejenigen über, die in das Mietverhältnis nach § 563 Abs. 1 oder 2 eintreten.

(5) Eine zum Nachteil des Mieters abweichende Vereinbarung ist unwirksam.

Außerdem kann der Erwerber auch aus berechtigtem Interesse nur nach einer Sperrfrist von drei Jahren kündigen. Insoweit lautet § 577a:

§ 577a

(1) Ist an vermieteten Wohnräumen nach der Überlassung an den Mieter Wohnungseigentum begründet und das Wohnungseigentum veräußert worden, so kann sich ein Erwerber auf berechtigte Interessen im Sinne des § 573 Abs. 2 Nr. 2 oder 3 erst nach Ablauf von drei Jahren seit der Veräußerung berufen.

(2) [1]Die Frist nach Absatz 1 beträgt bis zu zehn Jahre, wenn die ausreichende Versorgung der Bevölkerung mit Mietwohnungen zu angemesse-

nen Bedingungen in einer Gemeinde oder einem Teil einer Gemeinde besonders gefährdet ist und diese Gebiete nach Satz 2 bestimmt sind. [1]Die Landesregierungen werden ermächtigt, diese Gebiete und die Frist nach Satz 1 durch Rechtsverordnung für die Dauer von jeweils höchstens zehn Jahren zu bestimmen.

(3) Eine zum Nachteil des Mieters abweichende Vereinbarung ist unwirksam.

Mietwucher

Frau Rita Hartherz ist Eigentümerin mehrerer Häuser in der Innenstadt. Sie kennt die Schwierigkeit, einen einmal aufgenommenen Mieter zu höherer Mietzahlung zu bewegen oder ihn im Weigerungsfalle loszuwerden. Rita Hartherz beschließt deshalb, das Mietzinsproblem auf ihre Art und Weise zu lösen, indem sie nur solche Mieter aufnimmt, die bereit sind, das Dreifache der ortsüblichen Miete zu zahlen. Die oft herrschende Wohnungsnot kommt ihren Plänen entgegen, so daß sie tatsächlich Mieter findet, die bereit sind, auf ihr überteuertes Angebot einzugehen. Frau Hartherz wird jedoch mit dieser egoistischen Vorgehensweise nicht glücklich, denn sie handelt sich alsbald eine Anzahl von Anzeigen wegen Mietwuchers ein, weil ihre Mietforderungen weit über das vertretbare Maß hinausgehen.

Der § 5 des Wirtschaftsstrafgesetzes in der Fassung vom 21. Juli 1993 bestimmt, daß derjenige belangt wird, der vorsätzlich unangemessen hohe Entgelte für die Vermietung von Räumen zum Wohnen oder damit verbundene Nebenleistungen oder für das Vermitteln einer solchen Vermietung fordert, sich versprechen läßt oder annimmt. Unangemessen sind Entgelte, die das Übliche um mehr als 20 Prozent übersteigen. Das Gesetz sieht eine Geldbuße bis zu ca. 50 000 Euro vor. Handelt der Täter hartnäckig wiederholt, gewerbsmäßig, aus verwerflichem Eigennutz oder sonstwie verantwor-

24 tungslos und zeigt er, daß er das öffentliche Interesse an dem Schutz der Wirtschaftsordnung, insbesondere einer geltenden Marktordnung oder Preisregelung, mißachtet, so handelt es sich um eine Straftat, die bei Vorsatz mit Freiheitsstrafe und Geldstrafe oder einer dieser Strafen belegt wird. (§ 291 StGB Wucher)

Wer sich allerdings in einem unverschuldeten Irrtum über das Bestehen oder die Anwendbarkeit einer rechtlichen Vorschrift befunden und daher seine Tat für erlaubt gehalten hat, bleibt straffrei. War der Irrtum verschuldet, so kann die Strafe gemildert werden. Auch kann der Mehrerlös unter gewissen Voraussetzungen ganz oder teilweise eingezogen werden.

Wer in ein Verfahren wegen einer Zuwiderhandlung gegen den § 5 des Wirtschaftsstrafgesetzes verwickelt wird, sollte wissen, daß es für ihn von entscheidender Bedeutung ist, ob die überhöhte Mietforderung nur als Ordnungswidrigkeit oder aber als Straftat nach § 291 StGB gewertet wird.

Bei einer Ordnungswidrigkeit wird nach dem »Gesetz über Ordnungswidrigkeiten« verfahren und allenfalls ein Bußgeld verhängt. Der Fall kann dann durch die zuständige Verwaltungsbehörde abschließend geregelt werden, ohne daß der Staatsanwalt und der Strafrichter tätig werden. Man gilt in diesem Falle auch nicht für die Zukunft als vorbestraft.

> *Wer aus irgendwelchen Anzeichen den Schluß ziehen muß, daß er in ein Verfahren wegen Mietwuchers verwickelt zu werden droht, der versäume keine Zeit und begebe sich so schnell wie möglich zu seinem Ordnungsamt und bespreche den Fall in aller Offenheit. Oftmals besteht hierdurch die Möglichkeit, klare Verhältnisse zu schaffen, unberechtigte Angriffe im Keim zu ersticken und Unannehmlichkeiten abzuwenden.*
>
> *Ist allerdings zu erwarten, daß sich ein Mieter ständig übervorteilt glaubt, obwohl die Miete nicht übersetzt ist, so ist es für alle Beteiligten besser, das Mietverhältnis durch eine schriftliche Kündigung aufzulösen, als sich ständigen Reibereien auszusetzen.*

Betriebskosten

Paul Jedermann ist nicht sicher, ob alle Neben- (Betriebs-)kosten, die er nach dem Mietvertrag zusätzlich zur Miete zahlen soll und die fast schon einer »zweiten« Miete gleichkommen, berechtigt sind. Diese Frage stellt sich für ihn zum Beispiel bei der »Überwälzung« der Grundsteuer und der Hausverwalterkosten. Außerdem will er wissen, bis wann die Betriebskosten abgerechnet sein müssen. Üblich und wohl auch als Maximalregelung anzusehen ist die Vereinbarung der Übernahme aller Betriebskosten gemäß der Anlage 3 zu § 27 der II. Berechnungsverordnung, die leicht bei den zuständigen Behörden eingesehen werden kann. Danach ist zum Beispiel die Grundsteuer umlagefähig, nicht hingegen sind es die Hausverwalterkosten.

Wie die Betriebskosten bei mehreren Mietern verteilt werden, unterliegt grundsätzlich der Vereinbarung. Es gibt aber Grenzen. Man kann vereinbaren, daß die Betriebskosten nach einem bestimmten Maßstab verteilt werden. Ist hingegen nichts vereinbart, gilt § 556a wie folgt:

§ 556a

(1) [1]Haben die Vertragsparteien nichts anderes vereinbart, sind die Betriebskosten vorbehaltlich anderweitiger Vorschriften nach dem Anteil der Wohnfläche umzulegen. [2]Betriebskosten, die von einem erfassten Verbrauch oder einer erfassten Verursachung durch die Mieter abhängen, sind nach einem Maßstab umzulegen, der dem unterschiedlichen Verbrauch oder der unterschiedlichen Verursachung Rechnung trägt. 2) [1]Haben die Vertragsparteien etwas anderes vereinbart, kann der Vermieter durch Erklärung in Textform bestimmen, dass die Betriebskosten (zukünftig abweichend von der getroffenen Vereinbarung ganz oder teilweise nach einem Maßstab umgelegt werden dürfen, der dem erfassten unterschiedlichen Verbrauch oder der erfassten unterschiedlichen Verursachung Rechnung trägt. [2]Die Erklärung ist nur vor Beginn eines Abrechnungszeit-

raums zulässig. ³Sind die Kosten bislang in der Miete enthalten, so ist diese entsprechend herabzusetzen.

(3) Eine zum Nachteil des Mieters von Absatz 2 abweichende Vereinbarung ist unwirksam.

Oft wird im Mietrecht der Begriff »Textform« verwendet. Dies ist weniger als die »Schriftform«. Es genügt zum Beispiel ein lesbarer Text mit »Faksimile« oder »gez.« oder als EDV-Ausdruck.

Die Betriebskostenabrechnung muß spätestens 12 Monate nach Ende des Abrechnungszeitraums vorgelegt werden. Danach sind etwaige Nachforderungen ausgeschlossen. Der Mieter muß seinerseits Einwendungen gegen die Abrechnung innerhalb von 12 Monaten nach Zugang mitteilen. Sonst verliert er seine Rechte.

Modernisierungsarbeiten

Der Vermieter von Paul Jedermann möchte eine Mieterhöhung dadurch erreichen, daß er die Wohnung modernisiert. Es besteht Unklarheit, inwieweit er das durchsetzen kann. Hierzu schafft § 554 Klarheit:

§ 554
(1) Der Mieter hat Maßnahmen zu dulden, die zur Erhaltung der Mietsache erforderlich sind.
(2) ¹Maßnahmen zur Verbesserung der Mietsache, zur Einsparung von Energie oder Wasser oder zur Schaffung neuen Wohnraums hat der Mieter zu dulden. ²Dies gilt nicht, wenn die Maßnahme für ihn, seine Familie oder einen anderen Angehörigen seines Haushalts eine Härte bedeuten würde, die auch unter Würdigung der berechtigten Interessen des Vermieters und anderer Mieter in dem Gebäude nicht zu rechtfertigen ist. ³Dabei sind insbesondere die vorzunehmenden Arbeiten, die baulichen Folgen, vorausgegangene Aufwendungen des Mieters und die zu erwartende Mieterhöhung zu berücksichtigen. ⁴Die zu erwartende Mieterhöhung ist nicht als Härte anzusehen, wenn die Mietsache lediglich in einen Zustand versetzt wird, wie er allgemein üblich ist.
(3) ¹Bei Maßnahmen nach Absatz 2 Satz 1 hat der Vermieter dem Mieter spätestens drei Monate vor Beginn der Maßnahme deren Art sowie voraussichtlichen Umfang und Beginn, voraussichtliche Dauer und die zu erwartende Mieterhöhung in Textform mitzuteilen. ¹Der Mieter ist berechtigt, bis zum Ablauf des Monats, der auf den Zugang der Mitteilung folgt, außerordentlich zum Ablauf des nächsten Monats zu kündigen. Diese Vorschriften gelten nicht bei Maßnahmen, die nur mit einer unerheblichen Einwirkung auf die vermieteten Räume verbunden sind und nur zu einer unerheblichen Mieterhöhung führen.
(4) Aufwendungen, die der Mieter infolge einer Maßnahme nach Absatz 1 oder 2 Satz 1 machen musste, hat der Vermieter in angemessenem Umfang zu ersetzen. Auf Verlangen hat er Vorschuss zu leisten.
(5) Eine zum Nachteil des Mieters von den Absätzen 2 bis 4 abweichende Vereinbarung ist unwirksam.

Barrierefreiheit

Paul Jedermann hat einen schwerbehinderten Vater, den er zeitweilig in seine Wohnung aufnehmen möchte. Er fragt seinen Anwalt, ob er von seinem Vermieter den Einbau einiger Vorrichtungen zur behindertengerechten Nutzung der Wohnung verlangen kann. Er erhält zu seiner Freude eine grundsätzlich positive Antwort. Die Berechtigung hierzu ergibt sich aus § 554a.

Mietminderung

Weiterhin erkundigt sich Jedermann, unter welchen Voraussetzungen er bei Mängeln die Miete mindern kann. Dies ist grundsätzlich zulässig. Die Rechtsprechung hierzu ist sehr umfangreich. Außerdem sind Anzeigepflichten des Mieters bei auftretenden Mängeln zu beachten. Die Einzelheiten ergeben sich aus §§ 536 ff. BGB. Muster für eine Modernisierungsankündigung:

Frankfurt am Main, den ...

Modernisierung Ihrer Wohnung im Hause ..., ... Geschoß

Sehr geehrte ...

ich/wir beabsichtige(n), im Hause Modernisierungsmaßnahmen durchzuführen. Die vorgesehenen Arbeiten beziehen sich auf die von Ihnen gemietete Wohnung.

Im einzelnen handelt es sich hierbei um folgende Modernisierungs- bzw. heizenergiesparende Maßnahmen im Sinne der Vorschriften des Modernisierungs- und Energieeinsparungsgesetzes in der Fassung vom 12. 7. 1978 in folgenden Räumen Ihrer Wohnung: ...

Mit den Arbeiten soll am ... begonnen werden. Sie werden voraussichtlich bis zum ... durchgeführt sein.

Ich/wir darf/dürfen Sie bitten, Ihr Einverständnis mit der Durchführung der oben bezeichneten Modernisierungsmaßnahmen bis zum ... zu erklären.

Nach den vorliegenden Kostenvoranschlägen wird sich der vorgesehene Investitionsaufwand für die Modernisierung in Ihrer Wohnung auf einen Betrag von ... Euro belaufen.

Ich/wir habe(n) Sie weiter davon in Kenntnis zu setzen, daß ich/wir gemäß § 559 BGB berechtigt bin (sind), 11 Prozent der pro Wohnung aufgewandten Kosten jährlich umzulegen. Demgemäß erhöht sich die Miete für die Wohnung nach Durchführung der beabsichtigten Modernisierungsmaßnahmen auf einen Betrag von jährlich ... Euro beziehungsweise monatlich ... Euro.

Sobald die baulichen Maßnahmen beendet sind, werde(n) ich/wir Ihnen die endgültige Erhöhungserklärung zukommen lassen, die dann Ihre Zahlungsverpflichtung auslösen wird.

Erlauben Sie abschließend den Hinweis, daß Sie gemäß § 554 BGB verpflichtet sind, die beabsichtigten Modernisierungsmaßnahmen zu dulden. Ich/wir weise(n) ferner darauf hin, daß Sie gemäß § 554 Abs. 3 BGB berechtigt sind, das Mietverhältnis bis zum Ablauf des Monats, der auf den Zugang dieser Mitteilung folgt, für den Ablauf des nächsten Monats zu kündigen.

Sollten Sie von Ihrem Sonderkündigungsrecht Gebrauch machen, werden die angekündigten Modernisierungsmaßnahmen während der Restlaufzeit des Mietverhältnisses nicht durchgeführt.

Zum Zeichen Ihres Einverständnisses bitte(n) ich/wir Sie, mir/uns dieses Schreiben bis zum ... mit Ihrer Unterschrift versehen wieder zukommen zu lassen.

Mit freundlichen Grüßen

...

_____

Mit der Durchführung der Modernisierungsmaßnahmen und der Mieterhöhung einverstanden.

..., den ...   .
                                               (Unterschrift)

Sollte nach Durchführung der Verbesserungen der Mieträume der Mieter sich weigern, die durch die Verbesserung bedingte Mieterhöhung zu zahlen, so bleibt nur der Weg der Klage. Eine solche Klage kann wie nachstehend dargelegt abgefaßt werden.

An das
Amtsgericht

<u>K l a g e</u>

des Vermieters Herr V ...

g e g e n

die Mieterin Frau M ...
wegen Mieterhöhung wegen Besserung – Streitwert ... Euro.

Ich erhebe Klage mit dem Antrag,

die Beklagte als Gesamtschuldnerin kostenpflichtig zu verurteilen,
an den Kläger zu zahlen:

a) ... Euro nebst 7 Prozent Zinsen ab ... aus ... Euro,

b) ab ... monatlich ... Euro

Begründung:

Der Kläger hat mit der Beklagten den Mietvertrag vom ... über eine
3-Zimmer-Wohnung im Haus ... geschlossen.

Beweis: Der als Anlage 1 beigefügte Mietvertrag in Ablichtung.

Mit Schreiben vom ..., Ablichtung füge ich als Anlage 2 bei, habe ich die Beklagte aufgefordert, eine monatliche Kostenumlage von ... Euro ab ... zu zahlen, da eine
Wärme-Isolierung an dem Haus durchgeführt worden ist. Diesem Schreiben ging ein
Vorankündigungsschreiben vom ... voraus, welches als Anlage 3 in Ablichtung ebenfalls
beigefügt wird.

Zum Nachweis, daß die Kosten der Isolierung wie angegeben ... Euro betragen haben,
überreiche ich als Anlage 4 Ablichtung der Rechnung der Firma Heinrich Vad & Co.
GmbH ... vom ...

Die Beklagte hat sich jedoch geweigert, die verlangte Mieterhöhung zu zahlen.

Aufgrund des oben angenommenen Streitwerts zahle ich hiermit im Wege der
Freistempelung ein:

Gerichtskosten	... Euro
Zustellungskosten	... Euro
Gesamt	... Euro ein.

Vermieter

Mietkaution

Das Gesetz hat noch weiterhin eine Regelung zugunsten des Mieters bezüglich der üblichen Mietkaution getroffen. Es war üblich, daß der Vermieter den Abschluß eines Mietvertrages von einer Kaution abhängig machte, die meist einer 3-Monats-Miete entsprach.

Dieser Betrag sollte dem Vermieter eine gewisse Sicherheit dagegen geben, daß der Mieter nach Beendigung des Mietvertrags die Wohnung räumte, ohne seinen Pflichten hinsichtlich Schönheitsreparaturen und Beseitigung von schuldhaft verursachten Schäden nachzukommen.

Eine derartige »Kaution« betrachtete der Vermieter früher regelmäßig als zinsloses Darlehen und verwendete es nach seinem Belieben für eigene Zwecke.

Allerdings hatten dann der frühere § 550b BGB und die Rechtsprechung entschieden, daß eine solche Kaution angemessen zu verzinsen sei, soweit die Verzinsung nicht ausdrücklich vertraglich ausgeschlossen war. Aufgrund dieser Entwicklung hat nunmehr der Gesetzgeber den Paragraphen 551 in das BGB eingeführt, der folgendes bestimmt:

§ 551
(1) Hat der Mieter dem Vermieter für die Erfüllung seiner Pflichten Sicherheit zu leisten, so darf diese vorbehaltlich des Absatzes 3 Satz 4 höchstens das Dreifache der auf einen Monat entfallenden Miete ohne die als Pauschale oder als Vorauszahlung ausgewiesenen Betriebskosten betragen.
(2) [1]Ist als Sicherheit eine Geldsumme bereitzustellen, so ist der Mieter zu drei gleichen monatlichen Teilzahlungen berechtigt. [2]Die erste Teilzahlung ist zu Beginn des Mietverhältnisses fällig.
(3) [1]Der Vermieter hat eine ihm als Sicherheit überlassene Geldsumme bei einem Kreditinstitut zu dem für Spareinlagen mit dreimonatiger Kündigungsfrist üblichen Zinssatz anzulegen. [2]Die Vertragsparteien können eine andere Anlageform vereinbaren. [3]In beiden Fällen muss die Anlage vom Vermögen des Vermieters getrennt erfolgen und stehen die Erträge dem Mieter zu. [4]Sie erhöhen die Sicherheit. [5]Bei Wohnraum in einem Studenten- oder Jugendwohnheim besteht für den Vermieter keine Pflicht, die Sicherheitsleistung zu verzinsen.
(4) Eine zum Nachteil des Mieters abweichende Vereinbarung ist unwirksam.

Demnach sind alle Kautionen verzinslich zu stellen und gemäß den gesetzlichen Bestimmungen bei Sparkassen oder Bankinstituten vom Vermögen des Vermieters gesondert zu führen.

Mieterhöhung

Paul Jedermann erhielt von seinem Vermieter ein Schreiben, welches folgendem Muster entsprach:

Einschreiben/Rückschein
Name Vermieter
Adresse

Ort, Datum
Mieterhöhung wegen Vergleichsmieten

Sehr geehrter Herr Jedermann,

bezüglich Ihrer Wohnung in Frankfurt/M. beabsichtige ich eine Mieterhöhung nach § 558b BGB. Nach den gesetzlichen Bestimmungen ist der Vermieter berechtigt, die Zustimmung zur Erhöhung der Miete zu verlangen, wenn diese mindestens 15 Monate unverändert ist und die verlangte Miete die übliche Miete nicht übersteigt, die in Frankfurt/M. für nicht preisgebundenen Wohnraum vergleichbarer Art, Größe, Ausstattung, Beschaffenheit und Lage gezahlt wird.

Die monatliche Miete in der von Ihnen bewohnten Wohnung ist seit über 15 Monaten unverändert und entspricht nicht mehr den ortsüblichen Mieten für vergleichbare Wohnungen.

Zur Begründung für mein Mieterhöhungsverlangen nehme ich Bezug auf die nachfolgend aufgeführten Vergleichswohnungen:

1. Wohnung ... (genaue Lage und Größe der Wohnung) und Quadratmeterpreis ... Euro

2. Wohnung ... (genaue Lage und Größe der Wohnung) und Quadratmeterpreis ... Euro

3. Wohnung ... (genaue Lage und Größe der Wohnung) und Quadratmeterpreis ... Euro

Die Grundmiete bei diesen Wohnungen beträgt also jeweils mindestens ... Euro/qm.

Danach liegt die monatliche Miete für Ihre Wohnung deutlich unter dem für die vergleichbaren Wohnungen gezahlten Mieten.

Sie zahlen zurzeit eine Grundmiete von ... Euro, das entspricht ... Euro/qm bei ... qm.

Für Ihre Wohnung ist demnach eine Vergleichsmiete in Höhe von ... Euro/qm ortsüblich. Da Ihre Wohnung ... qm groß ist, beträgt die neue Grundmiete ... Euro.

Die Erhöhung der Grundmiete beträgt 18 Prozent und übersteigt daher nicht die sogenannte Kappungsgrenze.

Ich darf Sie daher bitten, die Zustimmung zur Erhöhung der monatlichen Miete zu erteilen, spätestens aber bis zum ...

Stimmen Sie diesem Mieterhöhungsverlangen nicht zu, habe ich die Möglichkeit, binnen drei weiterer Monate Klage auf Erteilung Ihrer Zustimmung vor dem zuständigen Gericht zu erheben. Diese Klageerhebung wird erfolgen, falls Sie nicht meinem Erhöhungsverlangen zustimmen.

Die neue Miete zuzüglich der Betriebskostenvorauszahlung ist nach § 558b Abs. 1 BGB ab Beginn des dritten Monats zu zahlen, der auf den Zugang des Erhöhungsschreiben folgt.

Die sonstigen vertraglichen Vereinbarungen bleiben hiervon unberührt.

Unterschrift Vermieter

Merke: Ein Mieterhöhungsschreiben auf Grund des Mietspiegels müßte anders abgefaßt werden.

Paul Jedermann hat sich erkundigt, daß die Mieterhöhung berechtigt ist und könnte nach folgendem Muster seinem Vermieter antworten:

Paul Jedermann
Adresse

Ort, Datum
Zustimmungserklärung

Sehr geehrter Vermieter,

hiermit stimme ich der Änderung des zwischen mir und Ihnen bestehenden Mietvertrages vom ... über meine Wohnung ... gemäß Ihres Mieterhöhungsschreibens vom ... zu.

Ab dem ... werde ich auf Grund der Mieterhöhung die neue Miete in Höhe von ... Euro monatlich zuzüglich den vertraglichen Betriebskosten an Sie überweisen.

Die sonstigen vertraglichen Vereinbarungen bleiben von der Mieterhöhung unberührt.

Unterschrift Paul Jedermann

Die Eigenbedarfsklage

Paul Jedermanns Kollege Bernd Rast klagt am Stammtisch sein Leid. »Denk dir, Paul, unser Vermieter hat uns zum 30. September gekündigt.«

»Na, hör mal, ihr habt doch Mieterschutz!«

»Ja, aber er macht Eigenbedarf geltend, das ist ja heute große Mode. Hier, sieh mal das Kündigungsschreiben.«

Werner Felsberg
Schönblickstraße 4
60430 Frankfurt/Main

Familie
Helga und Bernd Rast
Schönblickstraße 4   Datum
60430 Frankfurt/Main

Kündigung des Mietverhältnisses

Sehr geehrte Frau Rast, sehr geehrter Herr Rast!

Hiermit kündige ich den zwischen uns bestehenden Mietvertrag hinsichtlich der von Ihnen genutzten Wohnung im Haus Schönblickstraße 4.

Diese Kündigung rechtfertigt sich aufgrund von § 573 Abs. 2 Ziff. 2 BGB, weil ich meine Eltern aus alters- und krankheitsbedingten Gründen in die von Ihnen genutzte Wohnung aufnehmen möchte.

Meine Eltern sind zur Zeit in Schloßborn im Taunus wohnhaft, wo ihre Betreuung durch meine Frau und mich wegen der Ortsferne nicht mehr durchzuführen ist.

Es ist dort auch nicht möglich, erforderliche Pflegekräfte zu bekommen. Da die von Ihnen genutzte Wohnung in meinem Mietshaus liegt, das ich auch bewohne, wäre die Betreuung meiner Eltern durch meine Familie optimal gewährleistet.
Ich habe Sie aufgrund gesetzlicher Vorschrift darauf hinzuweisen, daß Sie der Kündigung gem. § 574 BGB widersprechen können, wenn die vertragsgemäße Beendigung des Mietverhältnisses für Sie oder Ihre Familie eine Härte bedeuten würde, die auch unter Würdigung der berechtigten Interessen meiner Familie nicht zu rechtfertigen ist. Der Widerspruch ist spätestens zwei Monate vor der Beendigung des Mietverhältnisses mir gegenüber schriftlich zu erklären und gem. § 574b BGB möglichst zu begründen.

Mit freundlichen Grüßen

Felsberg

»Dann widersprich doch diesem Kündigungsschreiben, wenn du meinst, daß du ausreichende Gründe hierfür hast«, berät ihn Paul Jedermann. »Aber achte auf die Zwei-Monats-Frist. Dein Widerspruchsschreiben muß also bis zum letzten Tag des Monats Juli dem Vermieter zugegangen sein.«

Daraufhin senden die Eheleute Rast dem Vermieter folgendes Widerspruchsschreiben (per Einschreiben!) zu:

Herrn
Werner Felsberg
Schönblickstraße 4
60430 Frankfurt/Main

Helga und Bernd Rast
Schönblickstr. 4
60430 Frankfurt/Main

Datum

Sehr geehrter Herr Felsberg!

Wir widersprechen hiermit Ihrer Kündigung in Ihrem Schreiben vom ...

1. Den von Ihnen behaupteten Eigenbedarf erkennen wir nicht an. Die allgemeine
Behauptung hinsichtlich der Pflegebedürftigkeit Ihrer Eltern ist kein ausreichender
Kündigungsgrund. Es ist auch nicht einzusehen, daß die von uns gemietete 4-Zimmer-
Wohnung für die angebliche Pflege notwendig ist. Sie haben im Dachgeschoß zwei möblier-
te Wohnungen vermietet, die für diesen Zweck ausreichend wären und jederzeit kündbar
sind.

2. Für unsere Familie wäre der Zwang zum Verlassen der Wohnung eine unerträgliche
Härte. Von unseren drei Kindern gehen zwei in die in der Nähe gelegene Grundschule,
unser jüngstes Kind in den benachbarten Kindergarten. Meine Frau und ich sind beide
berufstätig und in nahegelegenen Betrieben angestellt. Es kommt noch folgendes hinzu:
Unser jüngstes Kind ist herzleidend und bedarf ständiger ärztlicher Kontrolle und gegebenenfalls schneller Hilfe aus der Nähe. Diese ist durch einen mit uns befreundeten Arzt,
der ganz in der Nähe wohnt, gewährleistet, und das Kind ist an ihn gewöhnt.

Wir werden daher dem Räumungsersuchen nicht entsprechen.

Mit freundlichen Grüßen

Bernd Rast   *Helga Rast*

Dieses Schreiben muß so rechtzeitig per Einschreiben abgeschickt werden, daß es innerhalb der Frist
dem Vermieter zugeht.

In dem zu erwartenden Prozeß, den der Vermieter vor dem zuständigen Amtsgericht anstrengen
wird, muß das Gericht die beiderseitige Interessenlage abwägen.

Hier müssen Rasts in ihrem eigenen Interesse unbedingt einen Rechtsanwalt einschalten.

Der Baukostenzuschuß und Mieterdarlehen

Bisweilen muß der Mieter einen sogenannten Baukostenzuschuß zahlen; er muß einen größeren,
meist in die Tausende gehenden Geldbetrag dem Vermieter – gegebenenfalls als Darlehen – zur
Verfügung stellen, damit dieser die nötigen Kapitalien zusammenbekommt, um den Aufbau vornehmen zu können. Die Zahlung eines solchen Betrages ist für den Mieter mit einem erheblichen
Risiko verbunden, da er normalerweise für dieses Geld keine Sicherheiten bekommen kann. Eine
Hypothek wird ihm der Vermieter nicht geben können, da er noch weitere Baugelder aufnehmen
muß und zu diesem Zweck sein Grundstück für Grundschulden der Banken freihalten muß. Gerät
der Grundstückseigentümer während des Baus in Insolvenz, so sind daher meistens die von den
Mietern gezahlten Baukostenzuschüsse verloren.

Aber auch wenn ein Verlust nicht eintreten sollte, besteht für die gezahlten Beträge eine Gefahr.
Gewöhnlich wird vereinbart, daß ein Teil oder auch der gesamte Geldbetrag dadurch amortisiert
wird, daß der Mieter Jahre hindurch nur eine geringe Miete zu zahlen braucht. Er wohnt also sozu-

32

sagen das von ihm gewährte Kapital ab. Solange der Vermieter Grundstückseigentümer bleibt, ist dies in Ordnung. Wird aber das Grundstück veräußert oder versteigert, so besteht die Gefahr, daß von nun an dem neuen Hauseigentümer die volle Miete zu zahlen ist.

Gemäß § 566c BGB sind nämlich Vorauszahlungen auf die monatlichen Mietzahlungen – als solche stellt sich ja der Baukostenzuschuß dar – gegenüber dem neuen Grundstückseigentümer nur insoweit wirksam, als sie sich auf den Mietzins für den zur Zeit der Kenntnis vom Übergang des Eigentums laufenden Kalendermonat beziehen. Erfolgt Kenntnis des Übergangs des Eigentums nach dem 15. des Monats, so wirkt die Vorausverfügung auch für den nächsten Monat.

Um diese Rechtsfolgen zu verhindern, müßte sich der Mieter von seinem Vermieter gegebenenfalls eine Bankbürgschaft oder sonstige Sicherheit für seinen Rückzahlungsanspruch geben lassen, um den Geldbetrag gegebenenfalls zurückzuerhalten, den der Erwerber sich als Mietvorauszahlung nicht anrechnen lassen muß.

Bei der Vielgestaltigkeit des einzelnen Falles und der Gefährlichkeit solcher Vereinbarungen raten wir dringend, den Vertragsentwurf vor Unterzeichnung mit Ihrem Anwalt durchzusprechen.

Wenn keine Sicherungen für den gewährten Baukostenzuschuß oder ein Mieterdarlehen zu erlangen sind, sollte man nur mit bekannten und zuverlässigen Vermietern einen solchen Baukostenzuschuß-Vertrag schließen, bei dem man sicher sein kann, daß sie das Objekt nicht veräußern und nicht insolvent werden.

Die Untermiete und der Nachmieter

Es wurde bisher davon ausgegangen, daß Paul Jedermann Hauptmieter einer Wohnung war. Ist er nur Untermieter, kann ihm unter Einhaltung der gesetzlichen Kündigungsfrist gekündigt werden. Diese Kündigung ist dann vom Mieter auszusprechen, da der Untermieter nicht Vertragspartner des Vermieters ist. Es muß sich aber um eine erlaubte Untervermietung handeln. Der Mieter hat gemäß § 540 BGB grundsätzlich einen Anspruch auf Untervermietung, wenn er ein berechtigtes Interesse daran hat. Wenn der Hauptmietvertrag abgelaufen ist, erlischt dadurch nicht automatisch der Untermietervertrag. Der Vermieter kann aber gemäß § 546 Abs. 2 vom Untermieter die Räumung der Wohnung verlangen. Der Untermieter hätte dann gegebenenfalls Schadensersatzansprüche gegen den Hauptmieter. Verweigert der Vermieter die Erlaubnis zur Untervermietung grundlos, kann der Mieter das Mietverhältnis immer außerordentlich mit der gesetzlichen Frist (3 Monate) kündigen (§ 540).

Sinngemäß gelten dieselben Grundsätze, falls der Mieter gänzlich aus dem Mietvertrag »heraus« will und wegen noch langfristiger Bindung einen Nachmieter präsentieren will, der bereit ist, in den Vertrag einzusteigen. Hier gilt zwar meist grundsätzlich, daß der Vermieter nur bis zu drei zumutbare Nachmieter ablehnen darf und daß andernfalls der Mieter von allen Verpflichtungen frei ist. Dies steht jedoch nirgendwo im Gesetz. Diese Verpflichtung des Vermieters besteht nicht. Im Einzelfall können sich nach den Umständen jedoch andere Gesichtspunkte ergeben. Auch kann der Vermieter vom Nachmieter eine höhere Miete verlangen, wenn die bisherige nicht mehr ortsüblich ist.

Merke: Verweigert der Hauswirt die Zustimmung zu einer Untervermietung ohne Grund, so kann der Mieter unter Einhaltung der gesetzlichen Kündigungsfrist kündigen. Dies gilt nicht ohne weiteres für Nachvermietung.

Der Mieter und sein Hund

Der Mieter Tierfreund hat seiner zehnjährigen Tochter zu Weihnachten deren Lieblingswunsch erfüllt und ihr einen kleinen Hund geschenkt. Als einige Tage später ein Mitmieter davon erfährt, teilt er dies dem Vermieter mit und fordert, daß der Hund abgeschafft werden müßte. Der Vermieter schreibt demgemäß an den Mieter Tierfreund. Er beruft sich dabei auf eine Bestimmung des formularmäßigen Mietvertrages, in welchem es heißt, daß dem Mieter eine Tierhaltung nur mit vorheriger Zustimmung des Vermieters erlaubt sei. Formell ist demnach der Hauswirt im Recht.

Es hat nicht an Versuchen in der Rechtsprechung gefehlt, in einem solchen Fall die Ansicht durchzusetzen, daß ein derartiges Verlangen mißbräuchlich sein kann, wenn es sich – wie in unserem Fall – um eine Tierhaltung handelt, die keine negativen Auswirkungen hat. Im Ergebnis hat sich aber dann doch die Rechtsprechung und Rechtsansicht in der Literatur durchgesetzt, daß die vertragliche Zustimmungsklausel gültig ist, soweit es sich nicht nach der Art der Tierhaltung um keinerlei Belästigungszustand handeln kann, zum Beispiel bei Fischen im Aquarium und Ziervögeln. In den meisten Formularverträgen ist die Haltung solcher Tiere daher auch von einer Zustimmung des Vermieters ausgenommen.

Bei einem Zusammenleben mit verständigen Hausgenossen ließe sich wohl im voraus deren Einverständnis auch zum Halten eines kleinen Hundes oder einer Katze erreichen. Dann wird wohl auch meistens der Hauswirt seine Zustimmung geben, wenn er auch oft Bedenken hat, einen Präzedenzfall zu schaffen.

Wird eine Tierhaltung über längere Zeit von dem Vermieter geduldet, wird sich der Mieter darauf berufen können, daß eine spätere Geltendmachung der Vertragsklausel unzulässig ist. Dies gilt natürlich dann nicht, wenn es sich um mit Gefahren verbundene Tierhaltungen handelt. Ein kleiner Löwe wird mit fortschreitendem Alter zu einer Gefahr, welche sich Mitmieter nicht gefallen zu lassen brauchen.

Das Vermieterpfandrecht

Paul Jedermann hatte in seiner neuen Wohnung einen Untermieter, der gekündigt hat und am nächsten 1. ausziehen will. Als er mit seinen Möbeln die Wohnung verlassen will und wegen eines Restmietbetrages Paul Jedermann auf einen späteren Zeitpunkt vertröstet, verlangt dieser, daß ein Koffer im Hause verbleibt.

Hierzu ist Jedermann gemäß §§ 562 ff. BGB berechtigt, da er an den Sachen das Vermieterpfandrecht kraft Gesetzes hat. Er kann die Möbel seinem weichenden Untermieter notfalls mit Gewalt abnehmen und bei sich einstellen. Allerdings darf er nur so viel an Werten zurückbehalten, daß seine Mietforderung gedeckt ist.

Der Untermieter hat übrigens die Möglichkeit, die Zurückhaltung seiner Sachen dadurch abzuwenden, daß er in gleicher Höhe eine geeignete Sicherheit leistet, zum Beispiel ein Schmuckstück bei der Hinterlegungsstelle (Amtsgericht) zugunsten des Vermieters hinterlegt oder einen tauglichen Bürgen stellt.

Ein tauglicher Bürge ist aber nur, wer in Deutschland seinen allgemeinen Gerichtsstand hat – also gewöhnlich wohl nur ein Deutscher – und selbst angemessenes Vermögen besitzt (§ 239 BGB). Die Verwertung der einbehaltenen Sachen erfolgt nach den allgemeinen Grundsätzen des Pfandrechts.

Zahlungstermin der Miete

Paul Jedermann hat eine Zeitlang zwei Untermieter, mit denen er verschiedene Schwierigkeiten hat.

Während der eine Untermieter bereitwilligst Anfang des Monats, das heißt bis zum 3. eines jeden Monats, seinen Mietzins entrichtet, zahlt der andere erst am Ende des Monats.

Wenn die Parteien keine besonderen Abreden über die Art und Weise der Mietzahlung getroffen haben, gilt das Gesetz. Dieses sieht in § 556b BGB die Fälligkeit der Mietzahlung bis zum dritten Werktag des Monats vor. Der Untermieter ist also nicht berechtigt, am Ende des Monats zu zahlen.

Normalerweise wird auch stets vereinbart, daß die Miete bis zum dritten Werktage im voraus zu entrichten ist.

Der Stromverbrauch des Untermieters

Der andere Untermieter Paul Jedermanns macht folgende Schwierigkeiten: Er benutzt in starkem Maße elektrische Geräte. Da der ganze Stromverbrauch in der Wohnung Paul Jedermanns über einen Zähler läuft, verteilt dieser die Strommiete nach seinem Gefühl auf die Untermieter. Soweit nicht eine offenbare willkürliche Fehlbelastung vorliegt, wird man dem Vermieter ein Recht zur angemessenen Entscheidung einräumen müssen.

Niemals jedoch darf der Vermieter eigenmächtig dem Untermieter die Stromzufuhr abschalten. Es kann auch jede der beiden Mietparteien die Einrichtung eines Unterzählers verlangen, dessen Anlage und Kosten nach Treu und Glauben je zur Hälfte zu tragen sind. Kommt eine Einigung hierüber nicht zustande, so muß das Amtsgericht im Wege der Klage zur Entscheidung angerufen werden.

Zutritt zu den vermieteten Räumen

Bei beiden Untermietern geht Paul Jedermann von Zeit zu Zeit eigenmächtig in deren Räume, um »nach dem Rechten« zu sehen. Ein solches Recht steht ihm nicht zu.

Zwar hat jeder Vermieter einen Anspruch darauf, von Zeit zu Zeit in die Räume zu gehen, um sich von dem Zustand seines Eigentums zu überzeugen. Verweigert der Mieter diesen Zutritt, so darf er ihn jedoch nicht eigenmächtig dazu zwingen, schon gar nicht darf er ohne Wissen und hinter dem Rücken des Untermieters dessen Zimmer betreten. Er würde sich des Hausfriedensbruchs nach § 123 StGB strafbar machen.

Eine Ausnahme mag dann gelten, wenn der Untermieter in unverantwortlicher Weise lärmt oder durch sein Verhalten das Zimmer und seine Einrichtung gefährdet. Hier wäre ein Eingreifen des Vermieters durch Notwehr gerechtfertigt.

Der Untermieter und sein Recht

Zusammenfassend können wir also feststellen, daß der Untermieter seinen Raum genauso benutzen darf, als wenn er für dieses Zimmer Hauptmieter wäre. Andererseits aber verpflichtet natürlich auch das gegebenenfalls gedrängte Zusammenleben zu erhöhter Rücksichtnahme im Interesse aller Beteiligten.

Ein gemieteter Wohnraum darf jedoch nicht seinem ursprünglichen Zweck entfremdet werden. Ein Vermieter braucht sich keineswegs damit einverstanden zu erklären, daß der Mieter oder dessen Untermieter seine Wohnung oder einzelne Räume dazu benutzt, um einen Gewerbebetrieb zu errichten. Will der Mieter oder Untermieter etwas Derartiges tun, so muß er vorher die Zustimmung des Vermieters und gegebenenfalls auch der zuständigen Behörde einholen. Die erforderliche Einverständniserklärung des Vermieters ist auch billig, denn es werden nicht nur die Wohnräume, sondern auch das Treppenhaus in größerem Maße als bisher abgenutzt. In vielen Fällen wird sich der Wasserverbrauch und der Strombedarf erhöhen. Schließlich ist auch für den Vermieter die Gefahr höher, bei Unglücksfällen Fremden gegenüber Schadensersatz leisten zu müssen.

Gemeinsamer Gebrauch von Küche, Bad und Keller

Können sich Untermieter untereinander nicht über den Gebrauch der gemeinsamen Küche, des Bades, der Böden oder Kellerräume einigen, so dürfen sie ihre vermeintlichen Ansprüche ebenfalls nicht selbständig durchzusetzen versuchen. Auch hier gilt wieder der Grundsatz, daß man bei allen Streitigkeiten die Gerichte anrufen soll.

Die Pacht

Fritz Sorgenfrei hat als Geselle in einer Bäckerei in Frankfurt/Main gearbeitet und im Laufe der Jahre etwas Geld gespart. Die Meisterprüfung hat er gerade abgelegt, als plötzlich sein Onkel stirbt. Er erbt von ihm ein kleines Kapital und möchte es in Verbindung mit seinen Fähigkeiten nutzen. In seinem bisherigen Betrieb hat er gesehen, daß man mit Geschick und Arbeitswillen Lieferantenkredite und bei einer guten Werbung auch genügend Kunden werben kann. Er beschließt daher, sich selbständig zu machen.

Sein Chef sieht ihn nicht gern gehen, aber er hat Verständnis für diesen Entschluß, den er ja früher auch einmal gefaßt hatte. Beide vereinbaren in gutem Einvernehmen, daß Fritz noch zwei Monate halbtäglich in dem alten Betrieb arbeiten soll, damit ihm genügend freie Zeit bleibt, um die Voraussetzungen für die Betriebseröffnung zu schaffen. Fritz Sorgenfrei hat in Frankfurt/Main-Sachsenhausen in der Schweizer Straße einen stillgelegten Bäckereibetrieb ausfindig gemacht. Der Hof ist geräumig, außerdem befinden sich in ihm genügend Platz für Lagerräume und Parkfläche. Der Hauseigentümer ist bereit, ihm die gesamten Räume für die Wiederaufnahme des Betriebs zu verpachten.

Fritz Sorgenfrei sollte nun in seiner begreiflichen Freude über diese Entdeckung nicht blindlings handeln. Er muß sich darüber klar sein, daß er mit einem Pachtvertrag seine erste große Belastung auf sich nimmt, die nur dann tragbar ist, wenn sie in einem angemessenen Verhältnis zu seinen künftig zu erwartenden Einnahmen steht. Die erste Überlegung, die er anstellt, wird die sein, für welchen Zeitraum der Pachtvertrag geschlossen werden soll.

Eine zu lange Bindung bedeutet ein Risiko für den Fall, daß der neue Betrieb in Schwierigkeiten gerät. Denn die Pachtbindung bleibt. Eine kurzfristige Pacht bringt die Gefahr mit sich, daß der Verpächter nach Ablauf der im Vertrag vorgesehenen Frist den Vertrag nicht verlängert. Beziehungsweise, wenn er feststellen sollte, daß Fritz Sorgenfreis Betrieb sich gut entwickelt hat, könnte er nur dann in eine Fortsetzung des Pachtverhältnisses einwilligen, wenn ihm eine höhere Pacht gezahlt wird.

 Wie bei allen Verträgen gilt als oberster Grundsatz: Vor Abschluß eines Vertrages müssen seine Folgen in jeder Hinsicht bedacht werden, hinterher ist es zu spät!

Es gibt einen guten Ausweg aus den Schwierigkeiten, falls der Vermieter auf den folgenden Vorschlag eingeht: eine nicht allzu lange Pachtzeit mit einer Option für den Pächter bezüglich einer Verlängerung des Pachtvertrages. Ein solcher Pachtvertrag würde folgendermaßen aussehen:

PACHTVERTRAG

zwischen dem Grundstückseigentümer Gerhard Stein, 60322 Frankfurt am Main, Bockenheimer Anlage 69, im folgenden Verpächter genannt,

und

dem Bäcker- und Konditormeister Fritz Sorgenfrei, 60322 Frankfurt am Main, Taunusstraße 1, im folgenden Pächter genannt.

§ 1

Der Verpächter ist Eigentümer des Hausgrundstückes Frankfurt/Main-Sachsenhausen, Schweizer Straße 193. Das Grundstück ist eingetragen im Grundbuch von Frankfurt/Main Band 34, Bl. 2364. Auf diesem Grundstück befindet sich ein stillgelegter Bäckereibetrieb. Der Verpächter verpachtet hiermit diesen Betrieb einschließlich der auf dem Hof befindlichen Anlagen an den Pächter, und zwar mit dem vorhandenen Inventar, wie es sich aus dem diesem Vertrag beigefügten Inventarverzeichnis ergibt.

§ 2

Das Pachtverhältnis beginnt am 1. September 20.. und wird auf die Dauer von fünf Jahren geschlossen. Es verlängert sich um jeweils drei Jahre, wenn es nicht zum Ablauf der vereinbarten Pachtzeit unter Einhaltung einer Kündigungsfrist von sechs Monaten von einer der beiden Vertragsparteien gekündigt wird.

Der Pächter ist berechtigt, von dem Verpächter zu verlangen, daß er nach Ablauf der vereinbarten fünf Jahre einen Pachtvertrag über weitere zehn Jahre zu den gleichen Bedingungen schließt. Dieses Verlangen muß spätestens ein halbes Jahr vor Ablauf der ersten fünf Jahre gestellt werden.

Die vorstehend erwähnten Kündigungen und das Verlangen auf Durchführung der Option müssen schriftlich erfolgen.

§ 3

Der Pachtzins beträgt jährlich ... Euro Er ist monatlich in zwölf gleichen Raten bis zum dritten Werktag eines jeden Monats zu entrichten. Kommt der Pächter mit zwei folgenden Monatsraten länger als 15 Tage in Verzug, so kann der Verpächter den Pachtvertrag fristlos kündigen.

§ 4

Der Pächter übernimmt das in der Anlage aufgeführte Inventar – wie besehen – in dem derzeitigen Zustand. Er verpflichtet sich, die ihm überlassenen Räume und das Inventar pfleglich zu behandeln. Notwendig werdende Reparaturen im Innern der überlassenen Betriebsräume und am Inventar wird der Pächter auf seine Kosten ordnungsmäßig ausführen. Unbrauchbar werdende Inventarstücke hat der Pächter spätestens bei Beendigung dieses Vertrages zu ersetzen. Der Pächter ist ferner verpflichtet, auf seine Kosten alle Schäden zu beseitigen bzw. zu ersetzen, die durch schuldhaftes Verhalten von ihm selbst, seinem Personal oder solchen Personen verursacht werden, denen er Zutritt zu den Räumen gewährt.

§ 5

Der Pächter ist berechtigt, Einbauten vornehmen zu lassen. Er kann jedoch bei Beendigung des Mietverhältnisses diese Einbauten entfernen, und zwar ohne Rücksicht darauf, ob sie nach geltendem Recht durch den Einbau Eigentum des Verpächters geworden sind oder nicht. In diesem Falle muß er aber den ursprünglichen Zustand wiederherstellen. Erklärt sich der Verpächter damit einverstanden, daß die Einbauten des Pächters bestehen bleiben, so hat er ihm den Zeitwert der Einrichtungen zu erstatten. Über den Zeitwert der eingebauten Gegenstände entscheidet ein von der Bäckerinnung Frankfurt am Main zu bestellender Sachverständiger für beide Parteien verbindlich, falls sich die Parteien nicht einigen können, und ebenso über seine Kosten.

§ 6

Der Pächter ist verpflichtet, das Inventar für die Dauer der Pachtzeit gegen Feuer und Einbruchdiebstahl zu versichern. Die Gebäudeversicherung obliegt dem Verpächter.

§ 7

Bei Beendigung der Pacht sind Räume und Inventar in ordnungsmäßigem Zustand zu übergeben.

60329 Frankfurt/Main, dem 12. August 20..

Gerhard Stein   *Fritz Sorgenfrei*

Der vorstehende Pachtvertrag wird in zwei gleichlautenden Exemplaren geschrieben und jedes dieser Exemplare von beiden Parteien unterschrieben. Sowohl der Verpächter als auch der Pächter bewahren diese Urkunde sorgfältig auf. Damit die Urkunde gut erhalten bleibt, heftet sie Fritz Sorgenfrei in einen Ordner, auf dem er vermerkt: Pachtgrundstück Frankfurt/Main, Schweizer Straße 193. In diesen Ordner wird er auch seine weitere Korrespondenz mit dem Verpächter abheften, die sich auf das Pachtgrundstück bezieht.

Pachtvertrag und Vorkaufsrecht

Den Pachtvertrag mit Gerhard Stein hat Fritz Sorgenfrei schriftlich geschlossen. Alle Miet- und Pachtverträge über einen längeren Zeitraum als ein Jahr sollten schriftlich geschlossen werden. Dagegen ist es nicht notwendig, daß man zum Abschluß solcher Verträge einen Notar aufsucht. Verträge dieser Art müssen notariell beurkundet werden, wenn sich der Pächter ein in das Grundbuch einzutragendes Vorkaufsrecht an dem Grundstück, das er gepachtet hat, einräumen läßt.

Die Bestellung eines Vorkaufsrechts liegt im Interesse des Pächters, damit er das Grundstück erwerben kann, falls der Verpächter sich eines Tages doch entschließen sollte, sich von dem Grundstück zu trennen. Hier machen die nicht rechtskundigen Parteien fast immer den Fehler, daß sie einfach in einen weiteren Paragraphen des schriftlichen Pachtvertrages die Bestimmung aufnehmen, daß der Pächter vorkaufsberechtigt sein soll. Sie wissen dabei nicht, daß hier der Vorkaufsvertrag ein Sonderfall des Kaufvertrages über ein Grundstück ist und gemäß § 311b BGB von einem Notar beurkundet werden muß, insbesondere, wenn das Vorkaufsrecht zur Absicherung in das Grundbuch eingetragen werden soll (§ 1094 BGB).

Es genügt nicht etwa die Beglaubigung der Unterschriften unter dem Miet- oder Pachtvertrag durch einen Notar, sondern der ganze Vorgang des Vertragsabschlusses muß beurkundet werden. Wenn dies nicht geschehen ist, ist nicht nur die Vorkaufsvereinbarung nichtig, sondern auch der ganze übrige Pacht- oder Mietvertrag. Denn § 139 BGB bestimmt, daß die Nichtigkeit eines Teiles eines Rechtsgeschäftes im Zweifel das ganze Rechtsgeschäft nichtig macht. Die Worte »im Zweifel« sollen dabei bedeuten, daß man nur dann eine Gültigkeit des sonstigen Pachtvertrages annehmen kann, wenn nachgewiesen wird, daß die Parteien den Pachtvertrag auch ohne Vorkaufsrecht getätigt hätten. Dies ist aber meist nicht der Fall.

Fritz Sorgenfrei ärgert sich, daß es ihm nicht auf Anhieb gelungen ist, mit dem Verpächter auch gleich einen Vorkaufsvertrag zu schließen. Aber er wirft die Flinte noch nicht ins Korn. Er denkt mit Recht, daß er erst einmal das Vertrauen seines Verpächters gewinnen und ihm auch menschlich näherkommen muß. Er trinkt mit Gerhard Stein hier und da einen Schoppen. Bei einer gemütlichen Apfelweinstunde im »Gemalten Affen« spricht er die Angelegenheit mit ihm noch einmal eingehend durch. Mit guten Gründen kann er folgendes sagen: »Lieber Herr Stein, was tut es Ihnen oder Ihren Erben weh, wenn Sie mit mir einen solchen Vorkaufsvertrag schließen? Worin liegt für Sie der Nachteil? Sie haben sich ja zu nichts verpflichtet, wenn Sie das Grundstück durchaus behalten wollen. Sie können sich auch immer einen beliebigen Käufer aussuchen, wenn Sie eines Tages das Grundstück doch veräußern wollen und mit ihm einen Ihnen passenden Preis vereinbaren. Es ist dann meine Sache, ob ich bei den von Ihnen getroffenen Bedingungen interessiert bin, mein Vorkaufsrecht auszuüben.«

Gerhard Stein denkt darüber nach und sagt alsdann: »Also schön, Sie hartnäckiger Mensch, morgen gehen wir zum Notar und schließen einen Vorkaufsvertrag. Aber das sage ich Ihnen gleich, die ganzen Kosten tragen Sie.« Und damit ist Fritz Sorgenfrei einverstanden. Als sie bei dem Notar Dr. Werner Sehrgenau zu dem festgelegten Zeitpunkt erscheinen und ihm ihre Wünsche vortragen, erklärt der Notar: »Meine Herren, was möchten Sie vereinbaren, ein obligatorisches oder ein dingliches Vorkaufsrecht?«

»Was ist denn das nun schon wieder«, fragt Gerhard Stein zurück. »Gibt es hier verschiedene Garnituren?«

Tatsächlich, es gibt hier Unterschiede. Wenn der Verpächter Gerhard Stein lediglich in der notariellen Urkunde die Verpflichtung eingeht, im Falle eines Kaufvertrages Fritz Sorgenfrei zuerst zu berücksichtigen, so spricht man von einem obligatorischen Vorkaufsrecht. In diesem Falle hat nämlich der Vorkaufsberechtigte kaum einen Schutz dagegen, daß der Vorkaufsverpflichtete nicht eines Tages heimlich das Grundstück an einen anderen verkauft und übereignet. Dann steht plötzlich der Dritte als Eigentümer im Grundbuch, und Fritz Sorgenfrei hat das Nachsehen. Er kann sich nur noch an den Vorkaufsverpflichteten halten, weil dieser seine Verpflichtung aus dem Vorkaufsvertrag schuldhaft verletzt hat. Er kann von ihm Schadensersatz verlangen. Aber was nützt das? Das Grundstück ist weg.

Will der Vorkaufsberechtigte erreichen, daß das Grundstück aufgrund des Vorkaufsrechtes durch andere Personen nicht ohne seine Zustimmung erworben werden kann, so muß er sich das Vorkaufsrecht als dingliches Recht, also als Grundstücksbelastung im Grundbuch eintragen lassen. Wenn dann der Grundstückseigentümer das Grundstück an einen anderen veräußert, so ist die Übereignung Fritz Sorgenfrei gegenüber unwirksam. Er kann in diesem Fall also vom Käufer verlangen, daß er der Übereignung an ihn, Fritz Sorgenfrei, zustimmt. Bei Veräußerungen im Wege der Zwangsvollstreckung oder durch den Insolvenzverwalter hat das Vorkaufsrecht allerdings keine Wirkung. Auch der Pachtvertrag ist im Falle einer Zwangsversteigerung in Gefahr, da der Ersteher nicht an die vertragliche Kündigungsmöglichkeit gebunden ist, sondern gemäß § 57a ZVG innerhalb der gesetzlichen Kündigungsfrist kündigen kann. Eine Ausnahme zugunsten von Baukostenzuschuß- und Pacht- beziehungsweise Mietvorauszahlern macht jedoch § 57c ZVG, der folgendes bestimmt:

§ 57c

(1) Der Ersteher eines Grundstücks kann von dem Kündigungsrecht nach § 57a keinen Gebrauch machen:

1. wenn und solange die Miete zur Schaffung oder Instandsetzung des Mietraums ganz oder teilweise vorausentrichtet oder mit einem sonstigen zur Schaffung oder Instandsetzung des Mietraums geleisteten Beitrag zu verrechnen ist, und zwar ohne Rücksicht darauf, ob die Verfügung gegenüber dem Ersteher wirksam oder unwirksam ist;

2. wenn der Mieter oder ein anderer zugunsten des Mieters zur Schaffung oder Instandsetzung des Mietraums einen Beitrag von mehr als einer Jahresmiete geleistet oder erstattet hat und eine Vorausentrichtung der Miete oder eine Verrechnung der Miete nicht vereinbart ist (verlorener Baukostenzuschuß), solange der Zuschuß nicht als durch die Dauer des Vertrages getilgt anzusehen ist.

(2) Im Sinne des Absatzes 1 Nummer 2 ist jeweils ein Zuschußbetrag in Höhe einer Jahresmiete als durch eine Mietdauer von vier Jahren getilgt anzusehen; ist die Miete im Hinblick auf den Beitrag erheblich niedriger bemessen worden, als dies ohne den Beitrag geschehen wäre, so tritt für die Berechnung des in Abs. 1 Nummer 2 vorgesehenen Zeitraums an die Stelle der vereinbarten Jahresmiete die Jahresmiete, die ohne Berücksichtigung des Beitrags vereinbart worden wäre. In jedem Falle ist jedoch der Zuschuß nach Ablauf von zwölf Jahren seit der Überlassung der Mieträume oder, sofern die vereinbarte Mietzeit kürzer ist, nach deren Ablauf als getilgt anzusehen.

(3) Ist zur Schaffung oder Instandsetzung des Mietraums sowohl ein Beitrag im Sinne des Absatzes 1 Nummer 1 als auch ein Beitrag im Sinne des Absatzes 1 Nummer 2 geleistet worden, so sind die aus Absatz 1 Nummern 1 und 2 sich ergebenden Zeiträume zusammenzurechnen.

(4) Die Absätze 1 bis 3 gelten für Pachtverhältnisse entsprechend.

Wenn natürlich der Käufer einen so hohen Preis bietet, daß Fritz Sorgenfrei bei all seinem Interesse an dem Grundstück eine solche Summe nicht aufbringen will, dann muß er eben auf die Ausübung seines Vorkaufsrechtes verzichten und das Grundstück dahingehen lassen. Er kann aber auch ein Vorkaufsrecht zu einem bestimmten Preis (oder Wert) vereinbaren.

Bezüglich der Verpachtung landwirtschaftlicher Grundstücke wurde durch das 1. Gesetz zur Neuordnung des landwirtschaftlichen Pachtrechts vom 8. November 1985 (BGBl. I S. 2065) eine eingehende Neuregelung getroffen, welche in das BGB mit den §§ 585 bis 597 eingefügt wurde.

Begründung eines dinglichen Vorkaufsrechts

»Wenn es Ihnen nichts ausmacht, Herr Stein, möchte ich gern, daß mir ein dingliches Vorkaufsrecht bestellt wird«, meint Fritz Sorgenfrei, und Gerhard Stein ist damit einverstanden. So kommt es denn zu folgendem Protokoll:

Vor dem unterzeichneten Notar im Bezirke des Oberlandesgerichts Frankfurt/Main,
Dr. Werner Sehrgenau, erschienen heute:

1. Der Grundstückseigentümer Gerhard Stein, 60321 Frankfurt/Main, Bockenheimer
    Anlage 69,
2. Der Bäcker- und Konditormeister Fritz Sorgenfrei, 60329 Frankfurt/Main,
    Taunusstraße 1.

Der Erschienene zu 1. ist dem Notar von Person bekannt. Der Erschienene zu 2.
wies sich durch den mit Lichtbild versehenen Personalausweis der Bundesrepublik
Deutschland Nr. ..., ausgestellt von der Stadt Frankfurt/Main, aus.
Alsdann erklärten die Parteien, wir schließen den folgenden

VORKAUFSVERTRAG

§ 1

Wir haben am 12. August 20.. einen schriftlichen Pachtvertrag über das dem Er-
schienenen zu 1. gehörende Hausgrundstück 60594 Frankfurt/Main-Sachsenhausen,
Schweizer Straße 193, geschlossen. Das Grundstück ist eingetragen im Grundbuch von
Frankfurt/Main, Band 34, Bl. 2364.

Der Erschienene zu 1. räumt hiermit dem Erschienenen zu 2. und dessen Erben
das Vorkaufsrecht an dem Pachtgrundstück nebst Zubehör ein. Das Vorkaufsrecht
erlischt mit Ablauf des Pachtvertrages. Es bezieht sich auf alle Verkaufsfälle während der
Dauer des Pachtvertrages. Der Grundstückseigentümer verpflichtet sich, dem Pächter von
jedem mit einem Dritten geschlossenen Kaufvertrag innerhalb eines Monats seit
Vertragsschluß unter Übersendung einer beglaubigten Abschrift des Kaufvertrages
Kenntnis zu geben. Das Vorkaufsrecht kann nur im Laufe eines Monats seit Zugang dieser Mitteilung ausgeübt werden.

§ 2

Die Erschienenen sind sich darüber einig, daß das in § 1 genannte Grundstück mit dem
vorgenannten Vorkaufsrecht belastet werden soll. Die Erschienenen bewilligen und beantragen daher die Eintragung des Vorkaufsrechtes in das Grundbuch.

§ 3

Die Kosten dieses Vertrages und seiner Durchführung trägt der Erschienene zu 2.
Der Notar hat die Beteiligten darauf hingewiesen, daß er das Grundbuch nicht eingesehen
hat. Beide Parteien haben ihn von dieser Pflicht entbunden, nachdem er sie auf die damit
verbundenen Gefahren hingewiesen hat. Das vorstehende Protokoll wurde von dem Notar
vorgelesen, von den Beteiligten genehmigt und wie folgt unterschrieben.

Gerhard Stein   *Fritz Sorgenfrei*

Dr. Sehrgenau

(Notar)

Der Notar übersendet sowohl Herrn Stein als auch Herrn Sorgenfrei je eine beglaubigte Abschrift dieses Vertrages. Fritz Sorgenfrei heftet sie gleich säuberlich in seinem Ordner »Pachtgrundstück Frankfurt/Main, Schweizer Straße 193« ab. Eine Ausfertigung des Vertrages schickt der Notar dem Grundbuchamt. Nach erfolgter Eintragung des Vorkaufsrechts im Grundbuch – wofür Fritz Sorgenfrei natürlich auch noch einmal Gebühren entrichten mußte – erhält er von dem Grundbuchamt einen Grundbuchauszug, aus welchem sich die Eintragung des Vorkaufsrechts im Grundbuch ergibt. Auch diese Urkunde bewahrt Fritz Sorgenfrei in seinen Aktenheftern sorgfältig auf.

Einbauten

Nun hat Fritz Sorgenfrei freie Bahn. Er kann die übernommenen Anlagen durch Einbau von erneuerungsbedürftigen Teilen und Anschaffung notwendiger Bauteile auf einen modernen und leistungsfähigen Stand bringen. Voll Stolz sieht er nach einiger Zeit, wie modern alles geworden ist. Er zeigt es seinem Freund Erich Daune, dem Inhaber eines Elektrogeschäftes. Dieser bewundert alles sehr, meint dann aber kritisch: »Na, ich weiß nicht, ob du das richtig gemacht hast. Alles, was du so schön eingebaut hast, gehört jetzt Herrn Stein. Und wenn es mit deinem Vorkaufsrecht nicht klappt, dann bist du eines Tages die ganzen schönen Anlagen, die du hier für dein gutes Geld gemacht hast, los.«

Aus dem gutgemeinten Hinweis des Freundes Erich Daune läßt sich sehen, daß dieser Richtiges mit Falschem gut gemischt darbietet. Er hat offenbar etwas von »wesentlichen Bestandteilen« gehört und dabei die Rechtsvorstellung, daß alles, was in ein Grundstück eingebaut wird, auf jeden Fall Eigentum des Grundstückseigentümers wird.

Als Grundsatz ist dies auch richtig. Gemäß § 946 BGB wird eine bewegliche Sache, die in ein fremdes Grundstück eingebaut wird, dann Eigentum des Grundstückseigentümers, wenn sie »wesentlicher Bestandteil« dieses Grundstücks wird. Unter einem wesentlichen Bestandteil versteht das Gesetz gemäß § 93 BGB eine solche Sache, die von einer anderen nicht getrennt werden kann, ohne daß eine der beiden zerstört oder in ihrem Wesen verändert wird. Dies kann also sowohl auf die Verbindung einer beweglichen Sache mit einer anderen beweglichen Sache zutreffen (zum Beispiel Einbau eines Vergasers in ein Auto) als auch für die Verbindung von beweglichen Sachen mit Grundstücken (zum Beispiel Einbau eines Spülklosetts in eine primitive Wohnung). Gerade was die Verbindung von beweglichen Sachen mit dem Grund und Boden anbelangt, hat aber das BGB in § 94 noch eine besondere Regelung getroffen. Sie lautet:

§ 94
(1) Zu den wesentlichen Bestandteilen eines Grundstücks gehören die mit dem Grund und Boden fest verbundenen Sachen, insbesondere Gebäude, sowie die Erzeugnisse des Grundstücks, solange sie mit dem Boden zusammenhängen. Samen wird mit dem Aussäen, eine Pflanze wird mit dem Einpflanzen wesentlicher Bestandteil des Grundstücks.
(2) Zu den wesentlichen Bestandteilen eines Gebäudes gehören die zur Herstellung des Gebäudes eingefügten Sachen.

»Na also«, sagt Freund Daune, »es steht doch genau so im Gesetz, wie ich gesagt habe. Jede Sache, die man mit dem Grund und Boden fest verbindet, zum Beispiel in ein Haus einbaut, geht in das Eigentum des Grundstückseigentümers über.«

Daune übersieht jedoch, daß der Gesetzgeber in § 95 BGB gewisse Ausnahmen macht. Hierunter fallen einmal solche Sachen, die jemand in Ausübung eines dinglichen Rechtes mit dem Grundstück verbindet. Ein Jagdberechtigter, der einen Anstand oder eine Jagdhütte auf fremdem Grund errichtet, bleibt selbst Eigentümer dieser eingebauten Sachen. Nun ist ein Mieter oder Pächter kein dinglich Berechtigter, sondern nur ein Gläubiger aufgrund eines obligatorischen Vertrages. Aber der

42

§ 95 BGB bestimmt weiterhin, daß solche Sachen nicht Grundstücksbestandteile werden, die nur zu einem vorübergehenden Zweck mit dem Grund und Boden verbunden werden. Sie sind nur dem äußeren Anschein nach Bestandteile des Grund und Bodens, daher nennt man sie auch »Scheinbestandteile«. Man muß sich also bei einem Mieter oder Pächter immer klarmachen, ob er in das Grundstück (auch in das Gebäude!) etwas mit der Vorstellung einbaut, es beim Auszug wieder mitzunehmen oder nicht.

Hat zum Beispiel ein Geschäftsraum-Mieter die Wände aushauen lassen und schöne Vitrinen eingebaut, so wird man davon ausgehen können, daß er sie nicht in dem Ladenraum belassen will. Wenn er einmal woanders einen Laden mietet, dann möchte er bestimmt die Vitrinen mitnehmen. Also bleibt er Eigentümer dieser Vitrinen, da er sie nur zu einem vorübergehenden Zweck eingebaut hat. Anders ist es, wenn ein Mieter oder Pächter feststellt, daß eine Kellertür schadhaft ist und er ein paar Bretter einfügen läßt, um den Schaden zu beheben. Dann denkt er nicht daran, diese Bretter später wieder herauszureißen.

Wie aber ist es nun, wenn ein Wohnungsmieter einen alten Warmwasserspeicher vorfindet und sich stattdessen ein modernes Gerät anbringen läßt, während er das alte Stück entsorgt? Auch hier ist seine Absicht von Anfang an deutlich erkennbar. Er will den neuen Boiler nur so lange mit der Wohnung verbunden wissen, wie er Mieter ist. Nur immer dann, wenn die Verbindung für dauernd gedacht war, geht das Eigentum an diesen eingebauten Sachen auf den Grundstückseigentümer über. Man darf diese Sachen nicht mehr wegnehmen, sondern kann nur eine Entschädigung in Geld verlangen, soweit der Grundstückseigentümer durch den Einbau bereichert worden ist (§ 951 BGB). Häufig ist dies aber gar nicht der Fall, weil zum Beispiel der Einbau von ein paar Brettern in eine Kellertür kaum eine Wertsteigerung bedeuten wird.

»Na«, denkt Fritz Sorgenfrei, »da muß ich mir ja nun genau überlegen, was ich für dauernd einbauen und was ich später wieder herausnehmen will.« Dann schlägt er sich an die Stirn. »Mir kann das ja egal sein«, ruft er aus, »denn ich habe ja in § 5 meines Pachtvertrages eine Vereinbarung getroffen, daß ich alle von mir eingebauten Sachen bei Vertragsende herausnehmen kann – gleichgültig, ob sie nun Eigentum des Grundstückseigentümers geworden sind oder nicht.« Ja, da sieht man wieder einmal, wie gut es ist, wenn Vertragsbedingungen aufgrund einer fundierten Rechtskenntnis festgelegt werden. Sie ersparen später Ärger und teure Prozesse.

Allerdings ist ein Mieter in einem solchen Falle verpflichtet, den alten Zustand wiederherzustellen. Hat er also Mauern beseitigen lassen, um Raum für Einbauten zu gewinnen, so muß er die Räume wieder zumauern lassen. Der Mieter, der seinen eigenen Gasboiler beim Auszug abmontiert, muß den alten Boiler wieder anbringen oder Ersatz leisten.

Bitte nicht vergessen: Das Recht auf Wegnahme einer Einrichtung, mit der man ein Grundstück, eine Wohnung oder andere Räume versehen hat, verjährt in sechs Monaten nach Herausgabe bei der Beendigung des Pacht- oder Mietverhältnisses (§§ 997, 1002 BGB).

Die wichtigsten Verträge

Verträge und Verbraucherschutz

Unverlangte Postsendungen (Vertragsschluß)

Paul Jedermann hat seine neue Wohnung bezogen. Da sieht er ein, daß er eine große Anzahl von Anschaffungen machen muß.

Zum Teil kommt ihm die Geschäftswelt dadurch entgegen, daß sie ihm unbestellte Waren zur Ansicht in das Haus sendet.

So schickt ihm eine Firma Bücher für den Heimwerker ins Haus mit folgendem Begleitschreiben: »Falls Sie nicht binnen acht Tagen unsere Probesendung zurückschicken, nehmen wir an, daß sie Ihren Beifall gefunden hat, und erlauben uns, den Betrag von ... Euro zu berechnen.« Paul Jedermann hat an dieser Sendung kein Interesse. In der Aufregung der ersten Tage nach dem Umzug in die neue Wohnung geraten die Bücher an einen feuchten Platz und werden zerstört. Paul Jedermann wird erst wieder an sie erinnert, als nach 14 Tagen die Rechnung kommt.

Paul Jedermann braucht die Rechnung nicht zu bezahlen und auch keinen Schadensersatz für die verdorbenen Bücher zu leisten.

Die Firma hätte einen Anspruch auf Bezahlung der Bücher nur dann, wenn zwischen ihr und Paul Jedermann ein Kaufvertrag über die Bücher zustande gekommen wäre. Ein Vertrag setzt aber nach §§ 145 ff., 151 BGB den Austausch von übereinstimmenden Erklärungen voraus, die zum Ausdruck bringen, daß beide Parteien dasselbe wollen.

Soweit nicht das Gesetz für diese Erklärungen eine besondere Form vorschreibt, können sie mündlich erfolgen oder durch ein Verhalten ausgedrückt werden, das den Willen eindeutig erkennen läßt, zum Beispiel Kopfnicken, Hinlegen des Geldes für Ware etc.

In unserem Falle liegt aber nur ein Vertragsangebot der Firma vor, nicht aber auch eine Annahmeerklärung Paul Jedermanns. Sein Schweigen ist keine solche Erklärung. Nur ganz ausnahmsweise kennt das Gesetz die Umdeutung eines Schweigens als Zustimmung. In unserem Fall mit den Büchern ist es aber anders. Da kein Kaufvertrag zustande gekommen ist, hat die Firma keinen Anspruch auf den Kaufpreis (§ 241a BGB).

Die Tatsache, daß die Bücher Paul Jedermann gegen seinen Willen zugesandt wurden, berechtigt ihn allerdings nicht, sie einfach fortzuwerfen. Damit würde er eine unerlaubte Handlung begehen, die ihn nach § 823 BGB zum Schadensersatz verpflichten würde.

Andererseits braucht er die Bücher aber auch nicht zurückzuschicken. Er muß sie lediglich aufbewahren und einem abholenden Boten der Firma wieder aushändigen. Bezüglich der Sorgfalt der Aufbewahrung braucht er nur das Maß aufzuwenden, das er auf seine eigenen Sachen verwendet.

Ist Paul Jedermann besonders nachlässig oder kann er sich während des Einzugs nicht um alle Dinge kümmern, so geht dies zu Lasten der versendenden Firma. Wenn Paul Jedermann allerdings grob fahrlässig oder vorsätzlich die Sachen zerstört, dann wird er schadensersatzpflichtig, obwohl die Zusendung wettbewerbswidrig war.

In diesem Zusammenhang gibt es folgende kleine Anekdote, die zugleich die Grenzen der Aufbewahrungsfrist zeigt. Ein Eisenwarenhändler, der über unerwünschte Zusendungen eines Super-

44

marktes ergrimmt war, revanchierte sich folgendermaßen: Er ließ durch seine Mitarbeiter einen schweren Eisenträger in den Supermarkt schaffen mit dem Begleitzettel: »Falls Sie nicht binnen acht Tagen unsere Probesendung zurückschicken, nehmen wir an, daß sie Ihren Beifall gefunden hat, und erlauben uns, den Betrag von … Euro zu berechnen.«

In diesem Verhalten des Eisenwarenhändlers liegt eine unerlaubte Handlung gemäß § 823 BGB, da er rechtswidrig den eingerichteten Gewerbebetrieb des Supermarktes gestört hat.

Der Geschäftsmann, der die unbestellten Waren geschickt hat, kann Paul Jedermann auch dadurch nicht zur Rücksendung der Ware zwingen, daß er ihm einen Geldbetrag für Porto und sonstige Kosten der Rücksendung übermittelt. Dies hätte wiederum nur zur Folge, daß Paul Jedermann auch dieses Geld zur Abholung bereithalten muß. Wir sehen also, daß niemand einen anderen zwingen kann, irgendwelche Tätigkeiten ohne Vertrag vorzunehmen, und sei es auch nur einen Gang zur Post.

 Unverlangte Sendungen sind sehr risikoreich. Der Versender läuft nicht nur Gefahr, daß er weder Geld noch Ware erhält. Nach dem UWG kann diese »Verkaufsform« durch Maßnahmen gegen unerlaubten Wettbewerb teuer werden!

Kaufverträge

Paul Jedermann hat Möbel gekauft. Die Anrichte ist infolge eines Konstruktionsfehlers der Belastung des Geschirrs nicht gewachsen. Ein Brett bricht aus und ein großer Teil des wertvollen Geschirrs zerbricht in Scherben.

Wegen des Konstruktionsmangels kann Paul Jedermann mehrere Rechte ausüben, die sich nach dem Schuldrecht des BGB richten, und zwar in erster Linie nach den speziellen Bestimmungen, die hierzu für jeden Vertragstyp, insbesondere den Kaufvertrag, bestehen. Durch die große Schuldrechtsreform des Jahres 2002 wurden speziell die Regelungen betreffend Mängelansprüche mit Leistungsstörungen neu geregelt. Bezüglich der insoweit generellen Neuregelung für alle Vertragstypen wird auf das Kapitel »Verträge und ihre Erfüllung« verwiesen. Speziell für den Kaufvertrag gelten hier die §§ 437 bis 445 BGB. Die Grundvorschriften sind §§ 437 und 439 bis 441, die wie folgt lauten:

§ 437
Ist die Sache mangelhaft, kann der Käufer, wenn die Voraussetzungen der folgenden Vorschriften vorliegen und soweit nicht ein anderes bestimmt ist,
   1. nach § 439 Nacherfüllung verlangen,
2. nach den §§ 440, 323 und 326 Abs. 5 von dem Vertrag zurücktreten oder nach § 441 den Kaufpreis mindern und
3. nach den §§ 440, 280, 281, 283 und 311a Schadensersatz oder nach § 284 Ersatz vergeblicher Aufwendungen verlangen.

§ 439
(1) Der Käufer kann als Nacherfüllung nach seiner Wahl die Beseitigung des Mangels oder die Lieferung einer mangelfreien Sache verlangen.
(2) Der Verkäufer hat die zum Zwecke der Nacherfüllung erforderlichen Aufwendungen, insbesondere Transport-, Wege-, Arbeits- und Materialkosten zu tragen.
(3) [1]Der Verkäufer kann die vom Käufer gewählte Art der Nacherfüllung unbeschadet des § 275 Abs. 2 und 3 verweigern, wenn sie nur mit unverhältnismäßigen Kosten möglich ist. [2]Dabei sind insbesondere der Wert der Sache in mangelfreiem Zustand, die Bedeutung des Mangels und die Frage zu berücksichtigen, ob auf die andere Art der Nacherfüllung ohne erhebliche Nachteile für den Käufer zurückgegriffen werden könnte. [3]Der Anspruch des Käufers beschränkt sich in diesem Fall auf die andere Art der Nacherfüllung; das Recht des Verkäufers, auch diese unter den Voraussetzungen des Satzes 1 zu verweigern, bleibt unberührt.
(4) Liefert der Verkäufer zum Zwecke der Nacherfüllung eine mangelfreie Sache, so kann er vom Käufer Rückgewähr der mangelhaften Sache nach Maßgabe der §§ 346 bis 348 verlangen.

§ 440

Außer in den Fällen des § 281 Abs. 2 und des § 323 Abs. 2 bedarf es der Fristsetzung auch dann nicht, wenn der Verkäufer beide Arten der Nacherfüllung gemäß § 439 Abs. 3 verweigert oder wenn die dem Käufer zustehende Art der Nacherfüllung fehlgeschlagen oder ihm unzumutbar ist. Eine Nachbesserung gilt nach dem erfolglosen zweiten Versuch als fehlgeschlagen, wenn sich nicht insbesondere aus der Art der Sache oder des Mangels oder den sonstigen Umständen etwas anderes ergibt.

§ 441

(1) ¹Statt zurückzutreten, kann der Käufer den Kaufpreis durch Erklärung gegenüber dem Verkäufer mindern. ²Der Ausschlussgrund des § 323 Abs. 5 Satz 2 findet keine Anwendung.

(2) Sind auf der Seite des Käufers oder auf der Seite des Verkäufers mehrere beteiligt, so kann die Minderung nur von allen oder gegen alle erklärt werden.

(3) ¹Bei der Minderung ist der Kaufpreis in dem Verhältnis herabzusetzen, in welchem zur Zeit des Vertragsschlusses der Wert der Sache in mangelfreiem Zustand zu dem wirklichen Wert gestanden haben würde. ²Die Minderung ist, soweit erforderlich, durch Schätzung zu ermitteln.

(4) ¹Hat der Käufer mehr als den geminderten Kaufpreis gezahlt, so ist der Mehrbetrag vom Verkäufer zu erstatten. ²§ 346 Abs. 1 und § 347 Abs. 1 finden entsprechende Anwendung.

Danach kann der Käufer nach seiner Wahl entweder Nacherfüllung (= Neulieferung) verlangen oder vom Kauf zurücktreten oder den Kaufpreis mindern. Rücktritt oder Minderung kommen aber nur in Betracht, wenn zuvor die Nacherfüllung fehlgeschlagen ist, wobei es hier gemäß § 440 BGB auf Einzelfragen ankommt. Auch eine Verweigerung oder Unzumutbarkeit der Nacherfüllung reichen aus. In vielen Fällen ist nicht einmal eine Fristsetzung erforderlich (§§ 323 Abs. 2, 440). Die Mängelansprüche verjähren hier bei einem Warenkauf in zwei Jahren. Generell gilt für die Mängelverjährung § 438.

§ 438

(1) Die in § 437 Nr. 1 und 3 bezeichneten Ansprüche verjähren

1. in 30 Jahren, wenn der Mangel
   a) in einem dinglichen Recht eines Dritten, auf Grund dessen Herausgabe der Kaufsache verlangt werden kann, oder
   b) in einem sonstigen Recht, das im Grundbuch eingetragen ist, besteht,
2. in fünf Jahren
   a) bei einem Bauwerk und
   b) bei einer Sache, die entsprechend ihrer üblichen Verwendungsweise für ein Bauwerk verwendet worden ist und dessen Mangelhaftigkeit verursacht hat, und
3. im Übrigen in zwei Jahren.

(2) Die Verjährung beginnt bei Grundstücken mit der Übergabe, im Übrigen mit der Ablieferung der Sache.

(3) ¹Abweichend von Absatz 1 Nr. 2 und 3 und Absatz 2 verjähren die Ansprüche in der regelmäßigen Verjährungsfrist, wenn der Verkäufer den Mangel arglistig verschwiegen hat. ²Im Falle des Absatzes 1 Nr. 2 tritt die Verjährung jedoch nicht vor Ablauf der dort bestimmten Frist ein.

(4) ¹Für das in § 437 bezeichnete Rücktrittsrecht gilt § 218. ²Der Käufer kann trotz einer Unwirksamkeit des Rücktritts nach § 218 Abs. 1 die Zahlung des Kaufpreises insoweit verweigern, als er auf Grund des Rücktritts dazu berechtigt sein würde. ³Macht er von diesem Recht Gebrauch, kann der Verkäufer vom Vertrag zurücktreten.

(5) Auf das in § 437 bezeichnete Minderungsrecht finden § 218 und Absatz 4 Satz 2 entsprechende Anwendung.

Bei Arglist des Verkäufers ist die Verjährung also länger.

Zeigt sich der Mangel erst nach zwei Jahren oder nach Ablauf einer Garantiefrist, so hat Paul Jedermann keinen Anspruch mehr auf diese Mängelrechte. Hat er den Kaufpreis bereits bezahlt, so nützt es ihm auch nichts, daß er den Mangel innerhalb dieser Frist anzeigt. Er muß innerhalb

46

dieser Frist entweder die Zustimmung des Verkäufers zu seinen Ansprüchen haben oder innerhalb der Frist darauf klagen. Hat er allerdings den Kaufpreis noch nicht gezahlt, so genügt die Anzeige innerhalb der zwei Jahre. Er kann dann die Zahlung des Kaufpreises verweigern (§ 438 Abs. 4 und 5).

Paul Jedermann möchte nun auch gern Schadensersatz für das zerbrochene Geschirr haben. Dies kann er dann verlangen, wenn den Verkäufer hinsichtlich der Lieferung des fehlerhaften Möbelstücks ein Verschulden trifft.

Dies trifft vor allem dann zu, wenn der Verkäufer den Mangel kannte. Der Verkäufer haftet auch dann, wenn er fahrlässigerweise den Mangel nicht erkannte, wenn er zum Beispiel mehrere Beanstandungen für diesen Typ gehabt hat. Trifft ihn kein Verschulden, so ist Karl Jedermann auf die oben erwähnten Möglichkeiten der Mängelansprüche beschränkt.

Zu beachten ist weiter, daß der Käufer einen Mangel nicht geltend machen kann, wenn ihm dieser bei Vertragsschluß bekannt war. Beruht die Erkenntnis auf grober Fahrlässigkeit, so hat der Käufer die Rechte nur, wenn der Verkäufer arglistig gehandelt oder eine Garantie für die Beschaffenheit übernommen hat (§ 442).

Hat der Verkäufer oder ein Dritter eine sogenannte Beschaffenheits- oder Haltbarkeitsgarantie für die Sache übernommen, so bestehen für den Käufer zusätzlich die Ansprüche aus dieser Garantie, die dann der längeren Regelverjährung von drei Jahren unterliegen.

Bedeutsam ist sodann, daß eine Haftungsausschlußvereinbarung unwirksam ist, wenn der Verkäufer den Mangel arglistig verschwiegen hat oder die vorgenannte Garantie übernommen hat.

Der Verbrauchsgüterkauf

Seit einiger Zeit sind zahlreiche besondere Regelungen für den Verbraucher in das BGB aufgenommen worden, weshalb Paul Jedermann auf Rat seines Freundes einen Anwalt befragt, was es damit auf sich hat. Dieser erklärt ihm: Gemäß § 13 BGB ist Verbraucher jede natürliche Person, die ein Rechtsgeschäft zu einem Zweck abschließt, der weder ihrer gewerblichen noch ihrer selbständigen beruflichen Tätigkeit zugerechnet werden kann und umgekehrt wird gemäß § 14 BGB als Unternehmer jede natürliche oder juristische Person bezeichnet, die in Ausübung solcher Tätigkeiten handelt.

Der Verbraucherschutz hat insbesondere im Kaufrecht seinen Niederschlag gefunden, weshalb dort verschiedene verbraucherrelevante Vertragstypen besonders geregelt wurden. Unter Verbrauchsgüterkauf versteht man jeden Kauf einer beweglichen Sache (inklusive Ware) durch einen Verbraucher von einem Unternehmer (§ 474). Für diese Verkäufe gelten zusätzlich die §§ 475 bis 479 BGB, von denen hier die folgenden wesentlich sind:

Zum Nachteil des Verbrauchers kann grundsätzlich keine die Mängelhaftungsrechte einschränkende Vereinbarung mit dem Unternehmer vor der Mitteilung eines Mangels getroffen werden. Außerdem kann die Verjährungsfrist vor Mitteilung eines Mangels nicht unter zwei Jahre, bei gebauchten Sachen nicht unter ein Jahr verkürzt werden (§ 475).

Für Mängel, die sich innerhalb von sechs Monaten zeigen, gilt die Vermutung, daß diese bereits bei der Übergabe vorhanden waren und es bestehen strenge Sonderanforderungen für Garantien des Verkäufers betreffend die Verständlichkeit und den Inhalt von Garantien (§ 477). Sodann enthält § 478 Erleichterungen für einen Rückgriff des Unternehmers, der eine neue Sache an einen Verbraucher verkauft hat, gegenüber seinen Vorlieferanten, die diesem gegenüber dem Vorlieferanten im wesentlichen die gleichen Rechte des Verbrauchers einräumen, verbunden mit einer entsprechenden Verlängerung der Verjährung (§ 479), damit der Unternehmer genügend Zeit hat, den Vorlieferanten in Anspruch zu nehmen.

Teilzeit-Wohnrechteverträge

Darunter versteht man Verträge, durch die ein Unternehmer einem Verbraucher gegen Zahlung eines Gesamtpreises das Recht verschafft, für die Dauer von mindestens drei Jahren ein Wohngebäude jeweils für einen bestimmten Zeitraum des Jahres zu Erholungs- oder Wohnzwecken zu nutzen (§ 481).

Paul Jedermann möchte so einen Vertrag betreffend eine Ferienwohnung auf Rügen schließen und möchte wissen, was es da für Besonderheiten gibt. Zunächst ist jeder Unternehmer, der diese Rechte verkauft, verpflichtet, einen Prospekt mit allen Details von Interesse für den Verbraucher zu erstellen und auszuhändigen. Der Prospekt muß in der Amtssprache des Landes der EU abgefaßt sein, in dem der Verbraucher wohnt und bei Beurkundung vor einem deutschen Notar müssen auch solche Verträge in beglaubigter Form in diese Sprache übersetzt und als Anlage beigefügt werden (§§ 482, 483). Der Vertrag bedarf mindestens der Schriftform, soweit nicht im Einzelfall in einem Land der EU die notarielle Beurkundung verlangt wird. Die elektronische Form ist ausgeschlossen. Die Prospektangaben sind automatisch Vertragsbestandteil. Die Nichtbeachtung der Vorschriften der §§ 482 bis 484 kann zur Nichtigkeit des Vertrages führen. Dies ist besonders wichtig für Verkäufer, die solche Rechte an ausländischen Ferienwohnungen verkaufen, zum Beispiel in Spanien, Frankreich etc. Bedeutsam ist, daß der Verbraucher gemäß § 485 ein unabdingbares Widerrufsrecht hat nach Vertragsabschluß, und zwar grundsätzlich von einem Monat, wobei die Frist sich bei fehlender Belehrung und Fehlern bestimmter Angaben verlängern kann (§ 485).

Für diese Widerrufsrechte des Verbrauchers, die nicht nur hier sondern auch für die nachfolgend dargestellten Verbraucherverträge bestehen, gilt die wichtige Grundsatzbestimmung des § 355 BGB wie folgt:

§ 355
(1) [1]Wird einem Verbraucher durch Gesetz ein Widerrufsrecht nach dieser Vorschrift eingeräumt, so ist er an seine auf den Abschluss des Vertrags gerichtete Willenserklärung nicht mehr gebunden, wenn er sie fristgerecht widerrufen hat. [2]Der Widerruf muss keine Begründung enthalten und ist in Textform oder durch Rücksendung der Sache innerhalb von zwei Wochen gegenüber dem Unternehmer zu erklären; zur Fristwahrung genügt die rechtzeitige Absendung.
(2) [1]Die Frist beginnt mit dem Zeitpunkt, zu dem dem Verbraucher eine deutlich gestaltete Belehrung über sein Widerrufsrecht, die ihm entsprechend den Erfordernissen des eingesetzten Kommunikationsmittels seine Rechte deutlich macht, in Textform mitgeteilt worden ist, die auch Namen und Anschrift desjenigen, gegenüber dem der Widerruf zu erklären ist, und einen Hinweis auf den Fristbeginn und die Regelung des Absatzes 1 Satz 2 enthält. [2]Wird die Belehrung nach Vertragsschluss mitgeteilt, beträgt die Frist abweichend von Absatz 1 Satz 2 einen Monat. [3]Ist der Vertrag schriftlich abzuschließen, so beginnt die Frist nicht zu laufen, bevor dem Verbraucher auch eine Vertragsurkunde, der schriftliche Antrag des Verbrauchers oder eine Abschrift der Vertragsurkunde oder des Antrags zur Verfügung gestellt werden. [4]Ist der Fristbeginn streitig, so trifft die Beweislast den Unternehmer.
(3) [1]Das Widerrufsrecht erlischt spätestens sechs Monate nach Vertragsschluss. [2]Bei der Lieferung von Waren beginnt die Frist nicht vor dem Tag ihres Eingangs beim Empfänger. [3]Abweichend von Satz 1 erlischt das Widerrufsrecht nicht, wenn der Verbraucher nicht ordnungsgemäß über sein Widerrufsrecht belehrt worden ist.

Alternativ gibt es auch ein Rückgaberecht gemäß § 356.

Die Rechtsfolgen des Widerrufs und der Rückgabe richten sich nach § 357, der wie folgt lautet:

§ 357
(1) [1]Auf das Widerrufs- und das Rückgaberecht finden, soweit nicht ein anderes bestimmt ist, die Vorschriften über den gesetzlichen Rücktritt entsprechende Anwendung. [2]Die in § 286 Abs. 3 bestimmte Frist beginnt mit der Widerrufs- oder Rückgabeerklärung des Verbrauchers.
(2) [1]Der Verbraucher ist bei Ausübung des Widerrufsrechts zur Rücksendung verpflichtet, wenn

die Sache durch Paket versandt werden kann. [2]Kosten und Gefahr der Rücksendung trägt bei Widerruf und Rückgabe der Unternehmer. [3]Wenn ein Widerrufsrecht besteht, dürfen dem Verbraucher bei einer Bestellung bis zu einem Betrag von 40 Euro die regelmäßigen Kosten der Rücksendung vertraglich auferlegt werden, es sei denn, dass die gelieferte Ware nicht der bestellten entspricht.

(3) [1]Der Verbraucher hat abweichend von § 346 Abs. 2 Satz 1 Nr. 3 Wertersatz für eine durch die bestimmungsgemäße Ingebrauchnahme der Sache entstandene Verschlechterung zu leisten, wenn er spätestens bei Vertragsschluss in Textform auf diese Rechtsfolge und eine Möglichkeit hingewiesen worden ist, sie zu vermeiden. [2]Dies gilt nicht, wenn die Verschlechterung ausschließlich auf die Prüfung der Sache zurückzuführen ist. [3]§ 346 Abs. 3 Satz 1 Nr. 3 findet keine Anwendung, wenn der Verbraucher über sein Widerrufsrecht ordnungsgemäß belehrt worden ist oder hiervon anderweitig Kenntnis erlangt hat.

(4) Weitergehende Ansprüche bestehen nicht.

Wenn mit dem Abschluß des Verbrauchervertrages ein anderer Vertrag verbunden war, insbesondere eine Darlehensvertrag zur Finanzierung des Kaufs, so wird auch dieser gemäß der Regelung der § 358, 359 von dem Widerruf erfaßt:

§ 358

(1) Hat der Verbraucher seine auf den Abschluss eines Vertrags über die Lieferung einer Ware oder die Erbringung einer anderen Leistung durch einen Unternehmer gerichtete Willenserklärung wirksam widerrufen, so ist er auch an seine auf den Abschluss eines mit diesem Vertrag verbundenen Verbraucherdarlehensvertrags gerichtete Willenserklärung nicht mehr gebunden.

(2) [1]Hat der Verbraucher seine auf den Abschluss eines Verbraucherdarlehensvertrags gerichtete Willenserklärung wirksam widerrufen, so ist er auch an seine auf den Abschluss eines mit diesem Verbraucherdarlehensvertrag verbundenen Vertrags über die Lieferung einer Ware oder die Erbringung einer anderen Leistung gerichtete Willenserklärung nicht mehr gebunden. [2]Kann der Verbraucher die auf den Abschluss des verbundenen Vertrags gerichtete Willenserklärung nach Maßgabe dieses Untertitels widerrufen, gilt allein Absatz 1 und sein Widerrufsrecht aus § 495 Abs. 1 ist ausgeschlossen. [3]Erklärt der Verbraucher im Falle des Satzes 2 dennoch den Widerruf des Verbraucherdarlehensvertrags, gilt dies als Widerruf des verbundenen Vertrags gegenüber dem Unternehmer gemäß Absatz 1.

(3) [1]Ein Vertrag über die Lieferung einer Ware oder die Erbringung einer anderen Leistung und ein Verbraucherdarlehensvertrag sind verbunden, wenn das Darlehen ganz oder teilweise der Finanzierung des anderen Vertrags dient und beide Verträge eine wirtschaftliche Einheit bilden. [2]Eine wirtschaftliche Einheit ist insbesondere anzunehmen, wenn der Unternehmer selbst die Gegenleistung des Verbrauchers finanziert, oder im Falle der Finanzierung durch einen Dritten, wenn sich der Darlehensgeber bei der Vorbereitung oder dem Abschluss des Verbraucherdarlehensvertrags der Mitwirkung des Unternehmers bedient. [3]Bei einem finanzierten Erwerb eines Grundstücks oder eines grundstücksgleichen Rechts ist eine wirtschaftliche Einheit nur anzunehmen, wenn der Darlehensgeber selbst das Grundstück oder das grundstücksgleiche Recht verschafft oder wenn er über die Zurverfügungstellung von Darlehen hinaus den Erwerb des Grundstücks oder grundstücksgleichen Rechts durch Zusammenwirken mit dem Unternehmer fördert, indem er sich dessen Veräußerungsinteressen ganz oder teilweise zu Eigen macht, bei der Planung, Werbung oder Durchführung des Projekts Funktionen des Veräußerers übernimmt oder den Veräußerer einseitig begünstigt.

(4) [1]§ 357 gilt für den verbundenen Vertrag entsprechend. [2]Im Falle des Absatzes 1 sind jedoch Ansprüche auf Zahlung von Zinsen und Kosten aus der Rückabwicklung des Verbraucherdarlehensvertrags gegen den Verbraucher ausgeschlossen. [3]Der Darlehensgeber tritt im Verhältnis zum Verbraucher hinsichtlich der Rechtsfolgen des Widerrufs oder der Rückgabe in die Rechte und Pflichten des Unternehmers aus dem verbundenen Vertrag ein, wenn das Darlehen dem Unternehmer bei Wirksamwerden des Widerrufs oder der Rückgabe bereits zugeflossen ist.

(5) Die erforderliche Belehrung über das Widerrufs- oder Rückgaberecht muss auf die Rechtsfolgen nach den Absätzen 1 und 2 Satz 1 und 2 hinweisen.

§ 359

¹Der Verbraucher kann die Rückzahlung des Darlehens verweigern, soweit Einwendungen aus dem verbundenen Vertrag ihn gegenüber dem Unternehmer, mit dem er den verbundenen Vertrag geschlossen hat, zur Verweigerung seiner Leistung berechtigen würden. ²Dies gilt nicht, wenn das finanzierte Entgelt 200 Euro nicht überschreitet, sowie bei Einwendungen, die auf einer zwischen diesem Unternehmer und dem Verbraucher nach Abschluss des Verbraucherdarlehensvertrags vereinbarten Vertragsänderung beruhen. ³Kann der Verbraucher Nacherfüllung verlangen, so kann er die Rückzahlung des Darlehens erst verweigern, wenn die Nacherfüllung fehlgeschlagen ist.

Der Grund für bestimmte Ausnahmen liegt darin, daß die Träger einer selbständigen Erwerbstätigkeit genügend Erfahrung haben, um sich selbst zu schützen, und, daß Versicherungsunternehmen der staatlichen Aufsicht unterliegen, so daß von ihnen ein faires Verhalten bei Vertragsabschlüssen erwartet werden kann. Außerdem darf die Rechtslage hier wegen eines eventuellen Versicherungsfalles nicht ungewiß sein. Allerdings sieht § 8 Abs. 4 VVG ein generelles Widerrufsrecht von zehn Tagen ab Unterzeichnung bei Versicherungsverträgen mit einer mehr als einjährigen Dauer vor.

Seit dem 19. Juli 1996 ist auf Grund der »EG-Richtlinie über mißbräuchliche Klauseln in Verbraucherverträgen« eine Änderung des Gesetzes betreffend die Allgemeinen Geschäftsbedingungen (AGBG) in Kraft getreten, dessen Hauptpunkt die Schaffung eines neuen § 24a AGBG ist. Danach gelten als Allgemeine Geschäftsbedingungen, die einem besonderen Ver-braucher-Rechtsschutz unterliegen, auch Vertragswerke, die nur zur einmaligen Verwendung dienen, aber so vorformuliert sind, daß der Verbraucher auf den Inhalt kaum Einfluß nehmen kann. Darunter dürften zum Beispiel zahlreiche Bauträger-, Architekten-, Makler- und/oder Mietverträge und möglicherweise sogar mancher notarielle Kaufvertrag fallen.

Ersatz für ein fehlerhaftes Stück (Gattungskauf)

Da Paul Jedermann das tägliche Fahrgeld zur Arbeitsstelle sparen will, kauft er sich ein Fahrrad. Bei der zweiten Fahrt mit dem erstandenen Fahrrad bemerkt er, daß die Sattelfeder an zwei Stellen angebrochen ist. Er zeigt diesen Mangel dem Verkäufer an und erklärt, daß er dieses Rad nicht behalten wolle. Einige Tage später wird ihm von anderer Seite ein gebrauchtes Fahrrad günstig angeboten, und er erwirbt es auf der Stelle. Als er nach Hause kommt, findet er einen Boten des Verkäufers mit einem neuen Fahrrad vom gleichen Typ wie das beanstandete vor. Der Bote erklärt, daß der Verkäufer dieses Rad als Ersatz schicke und daß er das beanstandete zurückholen solle. Paul Jedermann will aber kein Rad mehr von dem Verkäufer haben und verlangt sein Geld zurück.

Paul Jedermann hat unrecht. Er muß das zweite, in ordnungsmäßigem Zustand befindliche Rad nehmen und den Kaufpreis dem Verkäufer belassen. Alternativ hätte er nur die Beseitigung des Schadens als Alternative der »Nacherfüllung« verlangen können. Die §§ 438, 439 BGB regeln, daß Paul Jedermann zunächst nur wählen kann, ob er ein gleichwertiges neues Rad nehmen will oder den Mangel beseitigen lassen will. Dagegen steht nicht im Gesetz, daß der Verkäufer dem Käufer für das mangelhafte Rad ein fehlerfreies aufzwingen kann. Dies gilt auch bei einem sogenannten Gattungskauf, wenn also nicht ein bestimmtes Rad, sondern nur eine bestimmte Marke gewählt ist. Da es ihm nur darauf ankam, ein Rad einer bestimmten Type zu haben, so wird ja der Zweck dadurch erreicht, daß er nun ein ordnungsmäßiges Exemplar dieser Type erhält. Er hat also mit dem Ankauf des gebrauchten Rades zu voreilig gehandelt. Allerdings braucht er sich das Ersatzrad nur dann aufzwingen zu lassen, wenn er dadurch keinerlei Zeitverlust oder sonstigen Nachteil hat. Kann also zum Beispiel das Ersatzrad wegen Produktionsstockung nicht sofort geliefert werden, oder kommt der Verkäufer mit der Mängelbeseitigung in Verzug, kann er nach einer angemessenen Fristsetzung vom Vertrag zurücktreten oder den Preis mindern.

Das Transportrisiko

Paul Jedermann hat in einer Galerie in einer anderen Stadt ein schönes Bild gesehen, es gekauft und mit dem Händler vereinbart, daß er ihm dieses Bild zuschicken soll. Der Händler gibt das Bild einem ihm als zuverlässig bekannten Spediteur mit, der von Zeit zu Zeit zwischen den beiden Städten hin- und herfährt. Infolge einer Unvorsichtigkeit verursacht dieser Spediteur Gros einen Unfall, wobei das Bild schwer beschädigt wird. Der Verkäufer Kunst verlangt nun Bezahlung des Bildes. Paul Jedermann weigert sich und verlangt seinerseits, daß Kunst ihm ein Bild – ein Gegenstück –, das dieser noch unter seinen Vorräten hat, liefere.

Paul Jedermann kann das Gegenstück nicht verlangen. Er hat lediglich einen Kaufvertrag über das erste Bild geschlossen. Aufgrund des Kaufvertrages war der Verkäufer verpflichtet, dieses Bild zu übergeben und ihm zu übereignen.

Der Verkäufer ist nur verpflichtet, den verkauften Gegenstand in seinem Geschäftslokal zur Abholung bereitzuhalten. Hiervon gibt es Ausnahmen. Geld ist zum Beispiel immer dem Gläubiger zuzuschicken. Daß der Verkäufer hier entgegenkommenderweise versprach, Paul Jedermann das Bild zuzuschicken, bedeutet nicht, daß der Verkäufer damit die Verantwortung für den Transport übernahm. Ein fehlerhaftes Verhalten des Transporteurs hat er nicht zu vertreten, wenn der Käufer diesen Transport gewünscht hatte. Dadurch, daß er einem ihm zuverlässig erscheinenden Transporteur das Bild zur Beförderung aushändigte, hat er alles getan, was man billigerweise von ihm verlangen konnte. Wird das Bild auf dem Transport beschädigt, so ist der Verkäufer damit von seiner Pflicht zur Übergabe und Übereignung des Bildes frei geworden. Er braucht weder ein Ersatzstück noch Schadensersatz zu leisten. Ob er aus Kulanzgründen, zum Beispiel um sich einen guten Kunden zu erhalten, Ersatz liefert, steht völlig in seinem Belieben.

Umgekehrt besteht nach wie vor Jedermanns Pflicht, den Kaufpreis für das untergegangene Bild zu bezahlen, obwohl er das Bild nie in seine Hände bekommen hat. Der Gesetzgeber hat sich die Regelung folgendermaßen gedacht: Geht eine verkaufte Sache ohne Verschulden des Verkäufers unter, solange er sie noch in seinen Händen hat, so wird er zwar von seiner Übereignungspflicht frei, verliert aber auch den Anspruch auf den Kaufpreis (§ 326 BGB). Hat er aber die verkaufte Sache auf Wunsch des Käufers zur Versendung gebracht, so berührt der Untergang der Sache während des Transportes seinen Kaufpreisanspruch nicht mehr (§ 447 BGB).

Wir sind in unserem Beispiel davon ausgegangen, daß es sich um einen Versand von einer Stadt in eine andere – also um einen sogenannten Fernkauf – handelt. Die vorstehenden Grundsätze gelten aber auch dann, wenn es sich um eine Versendung innerhalb desselben Ortes handelt. Bestellt man also bei einem Kaufmann zum Wochenende verschiedene Lebensmittel und werden einem diese auf eigenen Wunsch durch Boten oder Angestellte des Kaufmanns zugeschickt, so muß man die bestellten Waren auch dann bezahlen, wenn sie beim Transport zu Schaden kommen. Dabei ist es gleichgültig, ob die Transportperson ein Verschulden trifft oder nicht.

In unserem Fall ist der Spediteur Gros, der das Bild zu Paul Jedermann transportieren sollte, allerdings für die Beschädigung des Bildes schadensersatzpflichtig. Dies liegt so auf der Hand, daß kein Zweifel daran zu bestehen scheint, und doch verbirgt sich hier eine juristische Konstruktion. Die Transportperson hat durch ihr schuldhaftes Verhalten bei einem Zusammenstoß sowohl den mit Kunst geschlossenen Beförderungsvertrag verletzt als auch dessen Eigentum an dem Bilde. Denn Kunst ist ja Eigentümer des Bildes, solange es noch auf dem Transport ist. Gros ist also verpflichtet, Kunst den aus der Vertrags- und Eigentumsverletzung entstandenen Schaden zu ersetzen. Nun hat aber Kunst gar keinen Schaden, denn er bekommt – wie vorstehend dargelegt – den Kaufpreis von Paul Jedermann bezahlt. Jedermann seinerseits hat zwar einen Schaden, denn er muß den Kaufpreis bezahlen und bekommt keinen Gegenwert, aber Gros hat weder seine Vertragspflicht ihm gegenüber verletzt noch sein Eigentum beschädigt. Man hilft sich hier mit der sogenannten »Liquidation des Drittschadens«. Man sieht also Kunst für berechtigt an, den Schaden des Jedermann im eigenen Namen gegen Gros geltend zu machen. Was er darauf erhält, muß er an Jedermann zurückzahlen.

Das zurückgelegte Kleid
(Zustandekommen von Kaufverträgen und Übereignung)

Paul Jedermanns Freundin Gretchen hat sich im Sommerschlußverkauf ein Kleid ausgesucht und beiseite legen lassen. Sie geht nach Hause, um das Geld für den Kaufpreis zu holen. Auf dem Rückweg sieht sie in einem anderen Kleidergeschäft dasselbe Kleid um 100 Euro billiger. Kurzerhand erwirbt sie dieses und meldet sich im ersten Geschäft nicht mehr. Der Inhaber dieses Geschäftes kennt sie jedoch und verlangt nunmehr Abnahme des zurückgelegten Kleides.

Gretchen muß das Kleid nehmen und bezahlen. Sie kann sich nicht damit herausreden, daß sie es noch gar nicht »gekauft« habe, ja noch gar nichts bezahlt und sie auch das Kleid noch nicht mitgenommen habe. Der Kaufvertrag kam in dem Augenblick zustande, als sie dem Verkäufer sagte, daß sie dieses Kleid haben wolle, und dieser erklärte, er wolle es ihr zurücklegen, bis sie das Geld brächte. Da sie zustimmte, kann sie sich nicht einseitig lossagen, weil sie woanders preisgünstiger einkaufen kann. Insbesondere kann sie sich nicht etwa wegen Irrtums den Kaufvertrag anfechten, da der Irrtum über die Preiswürdigkeit unbeachtlich ist.

Aus dem vorliegenden Fall wollen wir uns merken, daß ein Vertrag zwischen dem Inhaber des Geschäftes und Gretchen bereits zustande gekommen war. Gretchen hatte erklärt, daß sie das Kleid kaufen wolle, der Verkäufer hatte dieses Angebot dadurch angenommen, daß er das Kleid aus dem Stapel herausgenommen und beiseite gelegt hatte. Aus diesem Vertrag kann nun der Verkäufer Rechte herleiten und auf Zahlung des Kaufpreises bestehen, gegebenenfalls gerichtlich beitreiben. Gleichzeitig hat er natürlich auch die Pflicht, das Kleid zu übereignen. Dies geschieht in der Form, daß er das Kleid nimmt und Gretchen übergibt. Hierin kommt zum Ausdruck, daß er ihr nunmehr das Eigentum an dem Kleid übertragen will. Wenn Gretchen das Kleid übernimmt, so gibt sie damit zu erkennen, daß sie das Angebot auf Übertragung des Eigentums annimmt. Es liegt also eine neue Einigung, das heißt ein weiterer Vertrag, nämlich der Übereignungsvertrag, vor. Dieser Übereignungsvertrag ist die notwendige Folge des geschlossenen Kaufvertrages.

In dem vorliegenden Fall ist eine scharfe Unterscheidung gemacht worden zwischen dem Kaufvertrag, durch den sich der Geschäftsinhaber verpflichtet, das Eigentum an dem Kleid an Gretchen zu übertragen, und dem Vertrag, durch den das Eigentum wirklich übertragen wird. Diese Aufspaltung der Lebensvorgänge in den verpflichtenden Kaufvertrag einerseits und den verfügenden Vertrag, der den Übergang des Eigentums bewirkt, andererseits, ist für den nicht an das juristische Denken Gewöhnten meist nur schwer faßbar. Das Bürgerliche Gesetzbuch ist aber auf dieser Konstruktion aufgebaut, und man würde die Rechtsvorgänge nicht erfassen können, wenn man diese Aufspaltung nicht kennt. In dem alltäglichen Geschäft des sogenannten Handkaufs gehen diese verschiedenartigen Rechtsgeschäfte ineinander über. Wenn man in ein Geschäft geht und ein Pfund Zucker kauft, bringt man lediglich zum Ausdruck, daß man zum üblichen Preis den Zucker haben will, und legt das Geld dafür auf den Tisch.

Merken müssen Sie sich, daß in Wirklichkeit drei Vorgänge erfolgen:
1. Die gegenseitige Vereinbarung, daß sich der Kaufmann im Einverständnis mit dem Käufer bereit erklärt, er werde ein Pfund Zucker dem Käufer übergeben und übereignen (das ist der Kaufvertrag gemäß § 433 BGB).
2. Die Zahlung des Geldes und dessen Entgegennahme durch den Kaufmann (dies ist die Erfüllung des Vertrages).
3. Die Übergabe des Zuckers durch den Kaufmann und die Entgegennahme durch den Käufer (dies ist der Übereignungsvertrag nach § 929 BGB).

Liegt kein Handkauf vor, so tritt dieser Umstand deutlich in Erscheinung. Wenn ein Käufer telefonisch ein Buch bei der Buchhandlung bestellt, so ist durch das Telefongespräch lediglich der Kaufvertrag nach § 433 BGB zustande gekommen. In der Zusendung des Buches und seiner Annahme liegt ein Übereignungsvertrag nach § 929 BGB.

Übereignungsverträge sind jedoch in ihrer Gültigkeit nicht abhängig von der Gültigkeit des Kaufvertrages, der ihnen zugrunde liegt. Der Jurist sagt, sie seien abstrakt, das heißt von dem Kaufvertrag losgelöst. Aber diese Eigentumsstellung aufgrund der Übereignungsverträge ist, wenn der Kaufvertrag zum Beispiel nicht gültig ist, ohne rechtlichen Grund erlangt, denn Eigentumsverschiebungen sollen nur Bestand haben, wenn der zugrunde liegende Kaufvertrag auch Gültigkeit hat. Der Käufer ist um das erlangte Eigentum ungerechtfertigt bereichert. Der Verkäufer kann es nach § 812 BGB von dem Käufer wieder zurückverlangen, ebenso wie der Käufer das von ihm übereignete Geld zurückfordern kann. Käufer und Verkäufer müssen also am Ende wieder genauso gestellt sein, als ob sich nichts ereignet hätte.

Schenkungsvertrag

Paul Jedermanns neue Wohnung ist der Anlaß für zahlreiche Besuche und Geschenke. Unter anderem kommt Onkel Gustav auf die Idee, sich nach den Verbindlichkeiten Jedermanns zu erkundigen. Als er hört, daß Jedermann durch Abzahlungen außerordentlich belastet ist, setzt er sich hin und schreibt an ihn: »Ich schicke Dir demnächst ... Euro, damit Du aus Deinen Schulden herauskommst.« Nach einiger Zeit tritt Jedermann diese »Forderung« an einen Gläubiger ab, der nunmehr Bezahlung von Onkel Gustav fordert. Gustav, der inzwischen einige geschäftliche Einbußen erlitten hat, weigert sich, zu zahlen, und zwar mit Recht.

Der Gläubiger macht hier eine angebliche Forderung geltend, die ihn ursprünglich nicht betraf, sondern in der Person seines Rechtsvorgängers Paul Jedermann entstanden und auf ihn dann durch die Abtretung übergegangen sein soll.

Der Brief des Jedermann hat aber keinen Anspruch gegen seinen Onkel Gustav begründet. Ein Schenkungsversprechen bedarf gemäß § 518 BGB der notarischen Beurkundung. Ein einfaches Schreiben (Schriftform) genügt also nicht, um ein wirksames Schenkungsversprechen zu erzeugen.

Daran ändert nun auch die Tatsache nichts, daß Jedermann diese angebliche Forderung an seinen Gläubiger abtrat. Da er keine Forderung hatte, konnte er sie auch nicht auf einen anderen übertragen. Für das Recht der Forderungsabtretung (Zession) gilt der römisch rechtliche Satz »nemo plus iuris transferre potest quam ipse habet« (Niemand kann mehr Recht übertragen, als er selber hat). Onkel Gustav schuldet also die versprochene Summe nicht. Wenn er allerdings den Betrag Jedermann zahlt, so bedarf es der urkundlichen Form nicht. Durch die »Handschenkung« wird eine etwa fehlende Form bei einem vorausgegangenen Schenkungsversprechen geheilt.

Unter den Geschenken befindet sich auch ein gebrauchtes Elektrogerät. Als Jedermann dieses in Betrieb nimmt, glüht ein Draht durch und versengt das Tischtuch. Jedermann kann das Mißgeschick nur bedauern, aber Ansprüche an den Schenker hat er nicht. Ein Schenker haftet nämlich dem Beschenkten für Fehler der geschenkten Sache nur, wenn er vorsätzlich oder grob fahrlässig handelt. Derartiges liegt zum Beispiel dann vor, wenn der Schenker eines bissigen Hundes mit der Hingabe die Absicht verfolgt, daß der Hund seinen neuen ahnungslosen Herrn beißen soll.

Einer der Schenkenden, der Paul Jedermann eine extrem wertvolle Briefmarkensammlung geschenkt hat, erfährt, daß Jedermann ständig gegenüber anderen Personen gröbste Beleidigungen über ihn verbreitet. Er kann gemäß § 530 BGB seine Schenkung wegen groben Undanks widerrufen. Das gleiche könnte er, wenn er unverschuldet verarmen sollte und Unterhaltspflichten nicht erfüllen kann. Jedoch könnte der Beschenkte in diesem Falle die Rückgabeverpflichtung dadurch abwenden, daß er dem rückfordernden Schenker den erforderlichen Unterhalt bezahlt.

Leihe

Paul Jedermann hat einem Freund F. ein Buch geliehen. Als Jedermann nach drei Wochen anruft und ihn bittet, ihm das Buch zurückzubringen, erwidert F., daß er es noch nicht ausgelesen habe. Jedermann möge sich das Buch in etwa zwei Wochen abholen.

Paul Jedermann ist mit Recht über diese Antwort empört. Bei der Ausleihe eines Buches pflegt man gewöhnlich keine Frist zu vereinbaren. Die Dauer der Leihe ergibt sich aus dem Zweck; bei einem Buch ist also Umfang und Inhalt für die Dauer maßgebend. Drei Wochen dürften aber wohl bei jedem Buch ausreichend sein. Tritt plötzlich ein eigenes Interesse auf, so kann der Verleiher die sofortige Rückgabe verlangen. Dies gilt auch, wenn der Entleiher von der Sache einen vertragswidrigen Gebrauch macht, zum Beispiel eigenhändig weiterverleiht.

Der Entleiher ist verpflichtet, das Buch in die Wohnung des Paul Jedermann zurückzubringen. Hier haben wir einen der wenigen Fälle der Bringschuld, wo der Schuldner zum Gläubiger gehen muß, und nicht umgekehrt.

Im Alltag wird das Wort »Leihe« oft in unrichtiger Bedeutung gebraucht. Wenn sich eine Hausfrau von ihrer Nachbarin etwas Zucker »leiht«, so ist dies in Wirklichkeit ein »Darlehen« und keine Leihe. Denn bei einer Leihe muß dieselbe Sache, die man ausgehändigt bekommen hat, zurückgegeben werden, bei einem Darlehen dagegen eine gleiche Art und Menge. Die Hausfrau will aber gerade diesen Zucker verbrauchen.

Ebenso ist die Bezeichnung »Leihbücherei« falsch, denn die Leihe ist begrifflich unentgeltlich. Die »Leihbüchereien« sind also in Wirklichkeit Mietbüchereien.

Um eine Leihe handelt es sich hinsichtlich der Flaschen bei der Lieferung von Bier oder Erfrischungsgetränken, wenn diese wieder zurückgegeben werden. Der Kunde ist nicht etwa berechtigt, die Flaschen unter Verzicht auf den als Kaution gezahlten Geldbetrag zu behalten.

Auch Grundstücke können verliehen werden. Man kann einem anderen ein Stück Gartenland zum Sonnenbaden zur Verfügung stellen. Verletzt sich der Benutzer dabei an herumliegenden Glasscherben, so kann er keinen Schadensersatz verlangen, es sei denn, daß der Verleiher vorsätzlich oder grob fahrlässig gehandelt hat. Da wir es mit einem sogenannten altruistischen Geschäft zu tun haben, bei dem der Verleiher uneigennützig handelt, soll er von einer Haftung für eine leichte Fahrlässigkeit befreit sein.

Darlehen und Sicherungsübereignung

Um den Umzug zu ermöglichen, mußte Paul Jedermann ein Darlehen von 5000,– Euro aufnehmen. Der Darlehensgeber Otto Trinkfest macht die Hingabe des Darlehens davon abhängig, daß ihm eine ausreichende Sicherung gegeben wird.

Eine Art der Sicherung einer Geldschuld ist die Verpfändung von Sachen. Das Pfandrecht an Grundstücken ist die Grundschuld oder Hypothek. Jedermann hat aber noch kein Grundstück. Er hat nur eine Anzahl Möbel, einen großen Fernseher und einen Computer, die er nicht auf Abzahlung gekauft hat, die ihm also selbst gehören. Diese Werte würden der Höhe nach ausreichen, um den Geldgeber zu sichern.

Nach unserem geltenden bürgerlichen Recht kann aber ein Pfandrecht an beweglichen Sachen nur dadurch bestellt werden, daß dem Gläubiger die Sachen übergeben werden (§ 1205 BGB). Unter

»Übergabe« versteht man dabei, daß der Gläubiger auch wirklich die Herrschaftsgewalt an den Sachen erhält. Er muß sie also aus der Wohnung des Jedermann entfernen. Paul Jedermann kann andererseits nicht gut auf den Besitz der Gegenstände verzichten, und vor allem möchte er Fernseher und Computer nicht aus der Hand geben. Der Weg der Pfandbestellung ist daher für den Schuldner recht unbequem.

Die Praxis hat daher als Ersatz die sogenannte »Sicherungsübereignung« entwickelt. Danach werden die zur Sicherung vorgesehenen beweglichen Sachen nicht verpfändet, sondern übereignet. Eine Übereignung kann man nämlich nach geltendem Recht – nicht nur wie oben dargelegt – dadurch bewirken, daß man dem neuen Eigentümer die Sachen übergibt. Anstelle der Übergabe kann man auch vereinbaren, daß der bisherige Eigentümer die Sachen für den neuen Eigentümer in Verwahrung behält. Andererseits hat nunmehr der Geldgeber mehr an Rechten erlangt, als er benötigt. Er will und soll ja gar nicht die Sachen wie ein Eigentümer besitzen, zum Beispiel soll er sie nicht weiterveräußern dürfen. Deshalb muß er sich Jedermann gegenüber verpflichten, von seiner Eigentumsstellung nur so viel Gebrauch zu machen, als es zum Zweck der Sicherung seiner Forderung erforderlich ist. Das bedeutet zum Beispiel, daß er nach Fälligkeit des Darlehens nunmehr die Herausgabe der ihm gehörenden Sachen von Jedermann verlangen kann und diese verwerten darf, um die Darlehenssumme wiederzuerhalten. Erzielt er bei der Verwertung dieser Sachen einen darüber hinausgehenden Betrag, so muß er ihn Jedermann zurückerstatten.

Bei der Beschaffung eines derartigen Sicherungseigentums ist nun vor allem darauf zu achten, daß die zu übereignenden Sachen genau bezeichnet werden. Es genügt nicht, daß zum Beispiel die beiden Parteien einfach die Vereinbarung treffen, daß sämtliche Möbel des Schuldners sicherungsübereignet werden. Die Möbelstücke müssen einzeln aufgeführt werden. Das gleiche gilt für den häufig vorkommenden Fall, daß ein Geschäftsmann sein Warenlager einem Gläubiger zur Sicherung übereignen will. Es ist unvermeidbar, daß man einen solchen Sicherungsübereignungsvertrag schriftlich abschließt und die einzelnen Sachen im Text des Vertrages oder zweckmäßigerweise in einer Anlage zum Vertrage aufführt. Außerdem muß ausdrücklich und deutlich die Art des Vertragsverhältnisses, zum Beispiel Verwahrung oder Leihe, vereinbart werden. Die allgemeine Erklärung, daß zurückbehalten wird, genügt nicht.

Der Kaufmann Otto Trinkfest, 35037 Marburg/Lahn, Hainweg 5 b und
der kaufmännische Angestellte Paul Jedermann, 35037 Marburg/Lahn, Pilgerweg 6
schließen folgenden

VERTRAG

§ 1

Herr Trinkfest stellt Herrn Jedermann ein Darlehen zu banküblichen Zinsen in Höhe von 5000,– Euro zur Verfügung. Das Darlehen ist rückzahlbar in monatlichen Raten zu 200,– Euro, beginnend am 1. Dezember 20.. Bleibt Herr Jedermann mit zwei aufeinanderfolgenden Raten im Rückstand, so ist der Gesamtbetrag sofort fällig.

§ 2

Zur Sicherung für dieses Darlehen übereignet Herr Jedermann an Herrn Trinkfest
1. einen Fernsehapparat, Fabrikat Grundig, Type GW 153, Fabrik-Nr. 328 176,
2. einen Anbauschrank mit Glasschiebefenstern.
3. einen Computer des Fabrikats ... mit Zubehör.

§ 3

Die Übergabe der im § 2 genannten Gegenstände wird durch die Vereinbarung ersetzt, daß die Gegenstände leihweise im Besitz von Herrn Paul Jedermann verbleiben. Bleibt Herr Jedermann mit einer Rate zweimal länger als zehn Tage im Rückstand, so sind die zur Sicherung übereigneten Gegenstände sofort an Herrn Trinkfest herauszugeben.

§ 4

Herr Trinkfest verpflichtet sich, das Sicherungseigentum auf Herrn Jedermann wieder zu übertragen, sobald das Darlehen in voller Höhe einschließlich der Zinsen zurückgezahlt worden ist.

§ 5

Herr Jedermann verpflichtet sich, die im § 2 benannten Gegenstände schonend zu behandeln und sich jeder Verfügung zu enthalten. Falls von dritter Seite her irgendwelche Ansprüche an die Gegenstände gestellt werden, so wird er Herrn Trinkfest unverzüglich unterrichten. Etwa notwendig werdende Interventionskosten trägt Herr Jedermann.

Marburg, den 18. Februar 20..

 In diesem Vertrag ist der § 3 besonders wichtig. Fehlt das dort verankerte sogenannte Besitzkonstitut (Vertragstyp), so ist kein Sicherungseigentum entstanden!

Unser Gesetz kennt keine Grenzen für die Höhe der Zinsen. Wird allerdings bei einer übermäßig hohen Zinsvereinbarung die Notlage oder die Unerfahrenheit des Darlehensnehmers ausgenützt, so kann das ganze Darlehensgeschäft wegen Wuchers nach § 138 BGB nichtig sein. Das gleiche gilt für den Fall, daß sich ein Gläubiger im Wege der Sicherungsübereignung derartig in das Vermögen oder Geschäft seines Schuldners hineindrängt, daß diesem praktisch sein Vermögen entzogen wird. Man spricht hier von Knebelungsverträgen, die wegen Verstoßes gegen die guten Sitten nichtig sind. Im Zweifelsfalle empfiehlt es sich, den Rat eines Rechtskundigen einzuholen.

Bei einem Darlehensvertrag sind generell folgende Bestimmungen besonders zu beachten:

Der Darlehensgeber hat ein außerordentliches, fristloses Kündigungsrecht, wenn in den Vermögensverhältnissen des Darlehensnehmers oder in der Werthaltigkeit einer Sicherheit eine wesentliche Verschlechterung eintritt. Der Darlehensnehmer kann seinerseits bei einem Darlehen für einen bestimmten – meist langen – Zeitraum mit festem Zinssatz, welches durch ein Grundpfandrecht gesichert ist, mit den Fristen gemäß § 489 kündigen, wenn er ein berechtigtes Interesse hat. Dies liegt auch vor, wenn er die Sicherheit (also zum Beispiel die Grundschuld) anderweitig vergeben will. Er muß dann allerdings eine Vorfälligkeitsentschädigung zahlen (§ 490). Die Fristen des § 489 betragen abweichend von der Drei-Monats-Regelfrist:

1. zum Ablauf einer etwaigen Zinsbindung
2. nach Ablauf von zehn Jahren innerhalb von sechs Monaten.

Für Verbraucherdarlehensverträge, also Darlehen eines Unternehmers (insbesondere Bank) an einen Verbraucher gelten Sonderregelungen, die zum Beispiel umfangreiche Aufklärungspflichten über die Höhe der effektiven Zinsen, Rechtsfolgen von Formmängeln, Schriftform, Vertragsinhalt und Widerrufsrecht des Verbrauchers beinhalten. Auszugsweise seien nachfolgend die wichtigsten Regelungen aus den §§ 491, 492, 494 und 495 wie folgt wiedergegeben:

56

§ 491 (auszugsweise)
(1) Für entgeltliche Darlehensverträge zwischen einem Unternehmer als Darlehensgeber und einem Verbraucher als Darlehensnehmer (Verbraucherdarlehensvertrag) gelten vorbehaltlich der Absätze 2 und 3 ergänzend die folgenden Vorschriften.
(2) Die folgenden Vorschriften finden keine Anwendung auf Verbraucherdarlehensverträge,
  1. bei denen das auszuzahlende Darlehen (Nettodarlehensbetrag) 200 Euro nicht übersteigt,
  2. die ein Arbeitgeber mit seinem Arbeitnehmer zu Zinsen abschließt, die unter den marktüblichen Sätzen liegen,
  3. ...
(3) Keine Anwendung finden ferner

1. § 358 Abs. 2, 4 und 5 und die §§ 492 bis 495 auf Verbraucherdarlehensverträge, die in ein nach den Vorschriften der Zivilprozessordnung errichtetes gerichtliches Protokoll aufgenommen oder notariell beurkundet sind, wenn das Protokoll oder die notarielle Urkunde den Jahreszins, die bei Abschluss des Vertrags in Rechnung gestellten Kosten des Darlehens sowie die Voraussetzungen enthält, unter denen der Jahreszins oder die Kosten geändert werden können;
2. § 358 Abs. 2, 4 und 5 und § 359 auf Verbraucherdarlehensverträge, die der Finanzierung des Erwerbs von Wertpapieren, Devisen, Derivaten oder Edelmetallen dienen.

§ 492 (auszugsweise)
(1) Verbraucherdarlehensverträge sind, soweit nicht eine strengere Form vorgeschrieben ist, schriftlich abzuschließen. Der Abschluss des Vertrags in elektronischer Form ist ausgeschlossen. Der Schriftform ist genügt, wenn Antrag und Annahme durch die Vertragsparteien jeweils getrennt schriftlich erklärt werden. Die Erklärung des Darlehensgebers bedarf keiner Unterzeichnung, wenn sie mit Hilfe einer automatischen Einrichtung erstellt wird. Die vom Darlehensnehmer zu unterzeichnende Vertragserklärung muss angeben:
  1. den Nettodarlehensbetrag, gegebenenfalls die Höchstgrenze des Darlehens,
  2. den Gesamtbetrag aller vom Darlehensnehmer zur Tilgung des Darlehens sowie zur Zahlung der Zinsen und sonstigen Kosten zu entrichtenden Teilzahlungen, wenn der Gesamtbetrag bei Abschluss des Verbraucherdarlehensvertrags für die gesamte Laufzeit der Höhe nach feststeht, bei Darlehen mit veränderlichen Bedingungen, die in Teilzahlungen getilgt werden, einen Gesamtbetrag auf der Grundlage der bei Abschluss des Vertrags maßgeblichen Darlehensbedingungen,
  2. den Gesamtbetrag aller vom Darlehensnehmer zur Tilgung des Darlehens sowie zur Zahlung der Zinsen und sonstigen Kosten zu entrichtenden Teilzahlungen, wenn der Gesamtbetrag bei Abschluss des Verbraucherdarlehensvertrags für die gesamte Laufzeit der Höhe nach feststeht. Ferner ist bei Darlehen mit veränderlichen Bedingungen, die in Teilzahlungen ge-

tilgt werden, ein Gesamtbetrag auf der Grundlage der bei Abschluss des Vertrags maßgeblichen Darlehensbedingungen anzugeben. Kein Gesamtbetrag ist anzugeben bei Darlehen, bei denen die Inanspruchnahme bis zu einer Höchstgrenze freigestellt ist,
  3. die Art und Weise der Rückzahlung des Darlehens oder, wenn eine Vereinbarung hierüber nicht vorgesehen ist, die Regelung der Vertragsbeendigung,
  4. den Zinssatz und alle sonstigen Kosten des Darlehens, die, soweit ihre Höhe bekannt ist, im Einzelnen zu bezeichnen, im Übrigen dem Grunde nach anzugeben sind, einschließlich etwaiger vom Darlehensnehmer zu tragender Vermittlungskosten,
  5. den effektiven Jahreszins oder, wenn eine Änderung des Zinssatzes oder anderer preisbestimmender Faktoren vorbehalten ist, den anfänglichen effektiven Jahreszins; zusammen mit dem anfänglichen effektiven Jahreszins ist auch anzugeben, unter welchen Voraussetzungen preisbestimmende Faktoren geändert werden können und auf welchen Zeitraum Belastungen, die sich aus einer nicht vollständigen Auszahlung oder aus einem Zuschlag zu dem Darlehen ergeben, bei der Berechnung des effektiven Jahreszinses verrechnet werden,
  6. die Kosten einer Restschuld- oder sonstigen Versicherung, die im Zusammenhang mit dem Verbraucherdarlehensvertrag abgeschlossen wird,
  7. zu bestellende Sicherheiten.

(1a) ¹Abweichend von Absatz 1 Satz 5 Nr. 2 ist kein Gesamtbetrag anzugeben bei Darlehen, bei denen die Inanspruchnahme bis zu einer Höchstgrenze freigestellt ist, sowie bei Immobiliardarlehensverträgen. ²Immobiliardarlehensverträge sind Verbraucherdarlehensverträge, bei denen die Zurverfügungstellung des Darlehens von der Sicherung durch ein Grundpfandrecht abhängig gemacht wird ...

§ 494

(1) Der Verbraucherdarlehensvertrag und die auf Abschluss eines solchen Vertrags vom Verbraucher erteilte Vollmacht sind nichtig, wenn die Schriftform insgesamt nicht eingehalten ist oder wenn eine der in § 492 Abs. 1 Satz 5 Nr. 1 bis 6 vorgeschriebenen Angaben fehlt.

(2) ¹Ungeachtet eines Mangels nach Absatz 1 wird der Verbraucherdarlehensvertrag gültig, soweit der Darlehensnehmer das Darlehen empfängt oder in Anspruch nimmt. ²Jedoch ermäßigt sich der dem Verbraucherdarlehensvertrag zugrunde gelegte Zinssatz (§ 492 Abs. 1 Satz 5 Nr. 4) auf den gesetzlichen Zinssatz, wenn seine Angabe, die Angabe des effektiven oder anfänglichen effektiven Jahreszinses (§ 492 Abs. 1 Satz 5 Nr. 5) oder die Angabe des Gesamtbetrags (§ 492 Abs. 1 Satz 5 Nr. 2, Abs. 1a) fehlt. ³Nicht angegebene Kosten werden vom Darlehensnehmer nicht geschuldet. ⁴Vereinbarte Teilzahlungen sind unter Berücksichtigung der verminderten Zinsen oder Kosten neu zu berechnen. ⁵Ist nicht angegeben, unter welchen Voraussetzungen preisbestimmende Faktoren geändert werden können, so entfällt die Möglichkeit, diese zum Nachteil des Darlehensnehmers zu ändern. ⁶Sicherheiten können bei fehlenden Angaben hierüber nicht gefordert werden; dies gilt nicht, wenn der Nettodarlehensbetrag 50 000 Euro übersteigt.

(3) Ist der effektive oder der anfängliche effektive Jahreszins zu niedrig angegeben, so vermindert sich der dem Verbraucherdarlehensvertrag zugrunde gelegte Zinssatz um den Prozentsatz, um den der effektive oder anfängliche effektive Jahreszins zu niedrig angegeben ist.

§ 495

(1) Dem Darlehensnehmer steht bei einem Verbraucherdarlehensvertrag ein Widerrufsrecht nach § 355 zu.

(2) Absatz 1 findet keine Anwendung auf die in § 493 Abs. 1 Satz 1 genannten Verbraucherdarlehensverträge, wenn der Darlehensnehmer nach dem Vertrag das Darlehen jederzeit ohne Einhaltung einer Kündigungsfrist und ohne zusätzliche Kosten zurückzahlen kann.

Es bibt noch weitere Schutzvorschriften wie zum Beispiel die, daß für ein Verbraucherdarlehen keine Wechsel verlangt werden dürfen, sowie Kündigungserschwernisse für den Darlehensgeber (§ 498). Der Verzugszinssatz beträgt 2¹/₂ Prozentpunkte über dem Basiszins.

Die Regeln gelten auch teilweise für einen Zahlungsaufschub von mehr als drei Monate, den ein Unternehmer einem Verbraucher gewährt. In fast gleichem Umfang gelten sie für Teilzahlungsgeschäfte. Hier sei auf § 502 wie folgt hingewiesen:

§ 502 (auszugsweise)

(1) ¹Die vom Verbraucher zu unterzeichnende Vertragserklärung muss bei Teilzahlungsgeschäften angeben

1. den Barzahlungspreis,
2. den Teilzahlungspreis (Gesamtbetrag von Anzahlung und allen vom Verbraucher zu entrichtenden Teilzahlungen einschließlich Zinsen und sonstiger Kosten),
3. Betrag, Zahl und Fälligkeit der einzelnen Teilzahlungen,
4. den effektiven Jahreszins,
5. die Kosten einer Versicherung, die im Zusammenhang mit dem Teilzahlungsgeschäft abgeschlossen wird,
6. die Vereinbarung eines Eigentumsvorbehalts oder einer anderen zu bestellenden Sicherheit.

²Der Angabe eines Barzahlungspreises und eines effektiven Jahreszinses bedarf es nicht, wenn der Unternehmer nur gegen Teilzahlungen Sachen liefert oder Leistungen erbringt.

(2) Die Erfordernisse des Absatzes 1, des § 492 Abs. 1 Satz 1 bis 4 und des § 492 Abs. 3 gelten nicht für Teilzahlungsgeschäfte im Fernabsatz, wenn die in Absatz 1 Satz 1 Nr. 1 bis 5 bezeichneten Angaben mit Ausnahme des Betrags der einzelnen Teilzahlungen dem Verbraucher so rechtzeitig in Textform mitgeteilt sind, dass er die Angaben vor dem Abschluss des Vertrags eingehend zur Kenntnis nehmen kann.

(3) ¹Das Teilzahlungsgeschäft ist nichtig, wenn die Schriftform des § 492 Abs. 1 Satz 1 bis 4 nicht eingehalten ist oder wenn eine der im Absatz 1 Satz 1 Nr. 1 bis 5 vorgeschriebenen Angaben fehlt ...

Die Schutzvorschriften gelten auch für Ratenlieferungsverträge, also wenn der Unternehmer in zeitlich längeren Teilleistungen liefert (Buchabonnement). Von den Schutzvorschriften darf nicht zum Nachteil des Verbrauchers abgewichen werden.

Durch ein BGH-Urteil vom 9. April 2002 war zweifelhaft geworden, wie sich der Widerruf eines Immobilienkaufdarlehens auf den Grundstückskauf selbst auswirkt (verbundenes Geschäft). Dies dürfte nur dann möglich sein, wenn der Darlehensgeber so sehr in das Gesamtgeschäft eingebunden ist, daß er als »Einheit« mit den Grundstücksverkäufer anzusehen wäre.

Das Widerrufsrecht kann bei Immobiliendarlehensverträgen, die keine Haustürgeschäfte sind, durch besondere schriftliche Vereinbarung ausgeschlossen werden (§ 506 Abs. 3). Von großer Bedeutung in vielen Verbraucherrechtsgebieten ist die BGB-InfoV = BGB-Informationspflichten-Verordnung vom 5. August 2002. Sie gilt zum Beispiel für die Teilzeit-Wohnrechtsverträge und sie enthält in § 14 und in Anlagen Musterformulierungen für Widerrufsbelehrungen.

Werkverträge

Paul Jedermann hat bei einem Schneider zwei Maßanzüge anfertigen lassen. Einen »Büroanzug« und für die bevorstehende Hochzeit seines Vetters einen Smoking. Beide Anzüge sitzen nicht einwandfrei. Jedermann will von beiden Verträgen zurücktreten, weil er mit Recht der Meinung ist, daß ein Maßanzug einen guten Sitz haben muß.

Jedermann kann den Vertrag hinsichtlich des Büroanzugs auch hier nicht sofort rückgängig machen. Der Besteller kann bei einem Werkvertrag grundsätzlich zunächst nur eine Nacherfüllung verlangen. Erst wenn die hierfür gesetzte angemessene Frist ergebnislos verstrichen ist, hat Jedermann die im wesentlichen auch im Kaufrecht geltenden Rechte des Rücktritts oder der Minderung sowie des Schadensersatzes (bei Verschulden). Hinzu kommt hier noch das Recht zur Selbstvornahme nach Fristablauf (§ 637).

Anders liegt es im Falle mit dem Smoking. Dieser war nämlich für ein ganz bestimmtes Ereignis, die Hochzeit, angeschafft. Zwar kann Jedermann den Smoking auch für spätere Anlässe verwenden, aber er muß ja für die Hochzeit auf jeden Fall einen geeigneten Anzug haben. Eine Nacherfüllung wäre daher für ihn ohne Interesse, wenn sie nicht mehr rechtzeitig durchzuführen ist. Aus diesem Grunde kann er diesen Vertrag sofort rückgängig machen (§ 323 BGB).

Jedermann hat von einem Installateur eine Beleuchtungsanlage im Haus anbringen lassen. Nachdem diese Anlage über zwei Jahre ihren Dienst getan hat, stürzt sie plötzlich herab und beschädigt die Einrichtung. Es stellt sich heraus, daß die Anlage durch den Angestellten des Installateurs unsachgemäß angebracht worden war. Der Installateur weigert sich, die Anlage wieder anzubringen und lehnt auch den Ersatz des eingetretenen Schadens ab.

Paul Jedermann kann leider nicht das erneute Anbringen der Anlage verlangen. Zwar war das Anbringen mangelhaft und unsachgemäß erfolgt. Die Mangelhaftigkeit einer Werkvertragsleistung kann aber nur binnen einer Frist von zwei Monaten seit der Abnahme geltend gemacht werden.

Befristeter Arbeitsvertrag darf dreimal verlängert werden

Aller guten Dinge sind höchstens drei: ein befristeter Arbeitsvertrag darf nicht mehr als dreimal verlängert werden, und zwar mit einer Gesamtlaufzeit von maximal zwei Jahren. Eine darüber hinausgehende Verlängerung ohne entsprechenden Sachgrund ist rechtlich unzulässig, und es kommt automatisch ein unbefristeter Vertrag zustande - mit allen arbeitsrechtlichen Folgen für Arbeitgeber und Arbeitnehmer. Veränderungen der Arbeitsbedingungen aber, die einvernehmlich während der Laufzeit des befristeten Vertrages vorgenommen werden, spielen dabei keine Rolle. Das hat das Bundesarbeitsgericht (Az. 7 AZR 178/05) entschieden.

Eine Reinigungskraft hatte von ihrem Arbeitgeber einen auf ein Jahr befristeten Vertrag erhalten, der nochmals um ein Jahr verlängert wurde, womit die maximal zulässige Gesamtlaufzeit von zwei Jahren erreicht war. Als die Firma den zweiten Vertrag dann mit alleinigem Hinweis auf seine Befristung kündigte, klagte die Frau dagegen. Denn mitten im ersten Jahr habe man sich vertraglich auf eine Erhöhung der wöchentlichen Arbeitszeit von ursprünglich 30 auf nunmehr 39 Stunden geeinigt, und damit sei die befristete Verlängerung im zweiten Jahr ungesetzlich und der letzte Vertrag in Wirklichkeit auf Dauer angelegt gewesen.

"In der Tat handelte es sich nur dann um keinen Neuabschluss eines befristeten Arbeitsvertrages, wenn außer der neuen Frist keinerlei weitere Punkte der bestehenden Vereinbarung verändert wurden," erklärt Rechtsanwältin Tanja Leopold von der telefonischen Rechtsberatung der Deutschen Anwaltshotline (www.anwaltshotline.de) die bisherige Rechtsauffassung. Doch nach jetziger Sicht der Bundesarbeitsrichter setzt eine zulässige Vertragsverlängerung nicht mehr voraus, dass die Bedingungen des befristeten Ausgangsvertrags während der gesamten Vertragslaufzeit unverändert beibehalten werden. Vielmehr muss nur der zum Zeitpunkt der jeweiligen Verlängerung bestehende Vertragsinhalt unberührt bleiben - abgesehen natürlich von der Frist.

25.7.06

vor Zersiedlung geschützt werden. Daher sind meist Bauvorhaben im Außenbereich, das heißt Bauvorhaben, die nicht in einer zusammenhängenden Bebauung bestehen, gem. § 35 Abs. 3. Nr. 7 BauGB unzulässig. Sie sind unzulässig, wenn das Bauvorhaben zur Entstehung, Erweiterung oder Verfestigung einer "Splittersiedlung" führt.

Dies ist bei Wohnbauten im Außenbereich regelmäßig der Fall, sofern die Streubebauung nicht die im Außenbereich herkömmliche Siedlungsform darstellt oder ein Vorhaben in eine durchaus organische Beziehung zu einer bereits vorhandenen Außenbereich eine negative, d. h. unerwünschte Vorbildwirkung entstehen lässt. Im Ergebnis bedeutet dies, dass schon die Befürchtung der Entstehung einer Splittersiedlung ausreicht, um das Bauvorhaben als planerisch unzulässig zu qualifizieren.

Das Bundesverwaltungsgericht hat dies nicht nur auf Wohngebäude bezogen, sondern darüber hinaus sogar auf Lauben, die größer sind, als für eine kleingärtnerische Nutzung erforderlich (BverwG NJW 84, S. 1576).

Für die Unzulässigkeit eines Bauvorhabens im Außenbereich reicht es aber auch schon aus, wenn durch die Verwirklichung des Bauvorhabens eine Verfestigung ei- Hinzutreten weiterer Bauvorhaben zu einer unerwünschten aber bereits verfestigten Splittersiedlung, erfolgt. So wurde durch das Oberverwaltungsgericht Münster, ZFBR 1996, 286, ausgeführt: "Eine "Verfestigung" ist nicht zu befürchten, wenn sich ein Wohnbauvorhaben der vorhandenen Bebauung unterordnet und sich ohne zusätzliche Ansprüche oder Spannungen organisch in eine bestehende Baulücke einfügt."

Fortsetzung folgt!

Verfasser des Artikels ist Rechtsanwalt Dr. A.-M. Teubner, spezialisiert auf öffentl. und priv. BauR/ Architektenrecht, kostenl. Info: 0331-62030620.

Danach sind Mängelansprüche verjährt. Für Bauwerke gelten allerdings fünf Jahre (§ 634a). Die Abnahme ist bei jedem Werkvertrag von Bedeutung, weil danach bekannte Mängel nur geltend gemacht werden können, wenn sie bei der Abnahme vorbehalten wurden (§ 640). Die Abnahme der Leistung durch Jedermann ist hier in dem Zeitpunkt als vorliegend anzusehen, als er den Werklohn nach Beendigung der Arbeit zahlte. Er wird sich durch das Einschalten der Anlage vergewissert haben, daß »alles in Ordnung« war, und gab durch die Zahlung dann seiner Billigung Ausdruck.

Etwas anderes gilt auch nicht für den weitergehenden Schaden, der infolge der mangelhaften Arbeit des Angestellten entstand. Zwar muß sich der Installateur das Verschulden des Angestellten bei der Vertragserfüllung wie ein eigenes Verschulden anrechnen lassen. Der Angestellte ist insoweit Erfüllungsgehilfe des Installateurs gemäß § 278 BGB.

Nach dem Wortlaut des § 634 Nr. 4 BGB muß man annehmen, daß auch der Schadensersatzanspruch des Jedermann für die Folgeschäden nur in der Frist von zwei Jahren geltend gemacht werden kann. Die Rechtsprechung hatte früher diese kurze Verjährungsfrist für den mittelbaren Schaden aus einer mangelhaften Werkvertragserfüllung für unanwendbar erklärt. Durch die Schuldrechtsreform sind die Regelungen für Mängelfolgeschäden ebenso wie das Rechtsinstitut der »positiven Vertragsverletzung« abgeschafft worden. Dieses gab es früher mit weitgehenden Rechtsfolgen für die Verletzung von Nebenpflichten und Mängelfolgeschäden. Nunmehr wird gemäß § 280 BGB jeder Schaden einheitlich behandelt.

Der Reisevertrag

Im vorstehenden Kapitel ist ein Werkvertrag abgehandelt worden. Werkverträge werden täglich in vielfältiger Gestalt geschlossen, zum Beispiel Reparaturaufträge, Vergabe von Gärtnerarbeiten, Beförderung von Personen und Sachen. Einer der am weitesten verbreiteten Werkverträge ist der Reisevertrag. Er führt häufig zu Auseinandersetzungen zwischen dem Reiseveranstalter und dem Kunden, der enttäuscht ist, daß nicht alles auf der Reise so abläuft, wie es der schöne Farbprospekt versprochen hat.

So hat Paul Jedermann eine 3-Wochen-Reise für seine Ehefrau und sich in die Karibik gebucht, deren Ablauf ihn sehr enttäuschte. Das Hotel war nicht sauber, das Essen mäßig, neben dem Hotel befand sich eine lärmende Baustelle, worüber Jedermanns besonders verärgert waren, da der Prospekt eine »ruhige Lage des Hotels« angekündigt hatte. Nach Rückkehr aus dem Urlaub fragt Jedermann verärgert seinen Rechtsanwalt, ob er aufgrund der Bestimmungen des Werkvertrages (§§ 631 ff. BGB) Schadensersatzansprüche gegen den Reiseveranstalter geltend machen könne. Er erhält zur Antwort, daß sogar eine Spezialregelung in das BGB eingebaut worden sei. Es handelt sich um die § 651a bis 651b BGB, welche bis ins einzelne die Vertragspflichten aus einem solchen Reisevertrag regeln.

Der grundlegende § 651a bestimmt insoweit folgendes:

§ 651a
(1) [1]Durch den Reisevertrag wird der Reiseveranstalter verpflichtet, dem Reisenden eine Gesamtheit von Reiseleistungen (Reise) zu erbringen. [2]Der Reisende ist verpflichtet, dem Reiseveranstalter den vereinbarten Reisepreis zu zahlen.
(2) Die Erklärung, nur Verträge mit den Personen zu vermitteln, welche die einzelnen Reiseleistungen ausführen sollen (Leistungsträger), bleibt unberücksichtigt, wenn nach den sonstigen Umständen der Anschein begründet wird, dass der Erklärende vertraglich vorgesehene Reiseleistungen in eigener Verantwortung erbringt.
3) [1]Der Reiseveranstalter hat dem Reisenden bei oder unverzüglich nach Vertragsschluss eine Urkunde über den Reisevertrag (Reisebestätigung) zur Verfügung zu stellen. [2]Die Reisebestätigung

(und ein Prospekt, den der Reiseveranstalter zur Verfügung stellt, müssen die in der Rechtsverordnung nach Artikel 238 des Einführungsgesetzes zum Bürgerlichen Gesetzbuche bestimmten Angaben enthalten.

(4) [1]Der Reiseveranstalter kann den Reisepreis nur erhöhen, wenn dies mit genauen Angaben zur Berechnung des neuen Preises im Vertrag vorgesehen ist und damit einer Erhöhung der Beförderungskosten, der Abgaben für bestimmte Leistungen, wie Hafen- oder Flughafengebühren, oder einer Änderung der für die betreffende Reise geltenden Wechselkurse Rechnung getragen wird. [2]Eine Preiserhöhung, die ab dem 20. Tage vor dem vereinbarten Abreisetermin verlangt wird, ist unwirksam. § 309 Nr. 1 bleibt unberührt.

(5) [1]Der Reiseveranstalter hat eine Änderung des Reisepreises nach Absatz 4, eine zulässige Ände-

rung einer wesentlichen Reiseleistung oder eine zulässige Absage der Reise dem Reisenden unverzüglich nach Kenntnis von dem Änderungs- oder Absagegrund zu erklären. [2]Im Falle einer Erhöhung des Reisepreises um mehr als fünf vom Hundert oder einer erheblichen Änderung einer wesentlichen Reiseleistung kann der Reisende vom Vertrag zurücktreten. [3]Er kann stattdessen, ebenso wie bei einer Absage der Reise durch den Reiseveranstalter, die Teilnahme an einer mindestens gleichwertigen anderen Reise verlangen, wenn der Reiseveranstalter in der Lage ist, eine solche Reise ohne Mehrpreis für den Reisenden aus seinem Angebot anzubieten. [4]Der Reisende hat diese Rechte unverzüglich nach der Erklärung durch den Reiseveranstalter diesem gegenüber geltend zu machen.

Diese Grundsatzregelung wird durch die §§ 651c bis 651f wie folgt näher ausgeformt:

§ 651c

(1) Der Reiseveranstalter ist verpflichtet, die Reise so zu erbringen, daß sie die zugesicherten Eigenschaften hat und nicht mit Fehlern behaftet ist, die den Wert oder die Tauglichkeit zu dem gewöhnlichen oder nach dem Vertrage vorausgesetzten Nutzen aufheben oder mindern.

(2) Ist die Reise nicht von dieser Beschaffenheit, so kann der Reisende Abhilfe verlangen. Der Reiseveranstalter kann die Abhilfe verweigern, wenn sie einen unverhältnismäßigen Aufwand erfordert.

(3) Leistet der Reiseveranstalter nicht innerhalb einer vom Reisenden bestimmten angemessenen Frist Abhilfe, so kann der Reisende selbst Abhilfe schaffen und Ersatz der erforderlichen Aufwendungen verlangen. Der Bestimmung einer Frist bedarf es nicht, wenn die Abhilfe von dem Reiseveranstalter verweigert wird oder wenn die sofortige Abhilfe durch ein besonderes Interesse des Reisenden geboten wird.

§ 651d

(1) Ist die Reise im Sinne des § 651c Abs. 1 mangelhaft, so mindert sich für die Dauer des Mangels der Reisepreis nach Maßgabe des § 638 Abs. 3. § 638 Abs. 4 findet entsprechende Anwendung.

(2) Die Minderung tritt nicht ein, soweit es der Reisende schuldhaft unterläßt, den Mangel anzuzeigen.

§ 651e

(1) Wird die Reise infolge eines Mangels der in § 651c bezeichneten Art erheblich beeinträchtigt, so kann der Reisende den Vertrag kündigen. Dasselbe gilt, wenn ihm die Reise infolge eines solchen Mangels aus wichtigem, dem Reiseveranstalter erkennbarem Grund nicht zuzumuten ist.

(2) Die Kündigung ist erst zulässig, wenn der Reiseveranstalter eine ihm vom Reisenden bestimmte angemessene Frist hat verstreichen lassen, ohne Abhilfe zu leisten. Der Bestimmung einer Frist bedarf es nicht, wenn die Abhilfe unmöglich

ist oder vom Reiseveranstalter verweigert wird oder wenn die sofortige Kündigung des Vertrages durch ein besonderes Interesse des Reisenden gerechtfertigt ist.

(3) Wird der Vertrag gekündigt, so verliert der Reiseveranstalter den Anspruch auf den vereinbarten Reisepreis. Er kann jedoch für die bereits erbrachten oder zur Beendigung der Reise noch zu erbringenden Reiseleistungen eine nach § 638 Abs. 3 zu bemessende Entschädigung verlangen. Dies gilt nicht, soweit diese Leistungen infolge der

Aufhebung des Vertrages für den Reisenden kein Interesse haben.

(4) Der Reiseveranstalter ist verpflichtet, die infolge der Aufhebung des Vertrags notwendigen Maßnahmen zu treffen, insbesondere, falls der Vertrag die Rückbeförderung umfaßte, den Reisenden zurückzubefördern. Die Mehrkosten fallen dem Reiseveranstalter zur Last.

§ 651f

(1) Der Reisende kann unbeschadet der Minderung oder der Kündigung Schadensersatz wegen Nichterfüllung verlangen, es sei denn, der Mangel der Reise beruht auf einem Umstand, den der Reiseveranstalter nicht zu vertreten hat.

(2) Wird die Reise vereitelt oder erheblich beeinträchtigt, so kann der Reisende auch wegen nutzlos aufgewendeter Urlaubszeit eine angemessene Entschädigung in Geld verlangen.

Paul Jedermann ist mit Recht der Ansicht, daß für seinen Fall der § 651f BGB zutrifft, daß es Sache des Reiseveranstalters ist, sich vor Vertragsabschluß davon zu überzeugen, daß seine Prospektankündigungen zutreffend sind, die angekündigte ruhige Hotellage wirklich vorhanden ist, um dem Reisenden einen erholsamen Urlaub zu gewährleisten.

Allerdings müssen die Ansprüche gemäß § 651g BGB innerhalb eines Monats nach der vertraglich vorgesehenen Beendigung der Reise gegenüber dem Reiseveranstalter geltend gemacht werden, es sei denn, der Reisende kann die Frist ohne Verschulden, zum Beispiel durch eine plötzliche schwere Erkrankung, nicht einhalten. Ansprüche nach §§ 651c bis 651f verjähren in zwei Jahren, beginnend mit dem Tag, an dem die Reise vertraglich enden sollte.

»Ich verlange mindestens 5000,– Euro Entschädigung«, meint Paul Jedermann, doch hier greift er wohl etwas zu hoch!

Nur wenn die Reise so erheblich beeinträchtigt war, daß die Urlaubszeit als nutzlos aufgewendet angesehen werden kann, kann der Reisende außer der Erstattung der Reisekosten eine angemessene Entschädigung in Geld verlangen.

Schließlich können die Ersatzansprüche auch auf besondere Vereinbarungen eingeschränkt werden und von einer solchen wird der Reiseveranstalter fast immer Gebrauch gemacht haben. Dies ist in § 651h Abs. 1 wie folgt festgelegt:

§ 651h

(1) Der Reiseveranstalter kann durch Vereinbarung mit dem Reisenden seine Haftung für Schäden, die nicht Körperschäden sind, auf den dreifachen Reisepreis beschränken,

    1. soweit ein Schaden des Reisenden weder vorsätzlich noch grob fahrlässig herbeigeführt wird

oder

2. soweit der Reiseveranstalter für einen dem Reisenden entstehenden Schaden allein wegen eines Verschuldens eines Leistungsträgers verantwortlich ist.

Gelten für eine von einem Leistungsträger zu erbringende Reiseleistung internationale Übereinkommen oder auf solchen beruhende gesetzliche Vorschriften, nach denen ein Anspruch auf Schadensersatz nur unter bestimmten Voraussetzungen oder Beschränkungen entsteht oder geltend gemacht werden kann oder unter bestimmten Voraussetzungen ausgeschlossen ist, so kann sich auch der Reiseveranstalter gegenüber dem Reisenden hierauf berufen.

Seit dem Jahr 1994 gelten u.a. folgende Neuregelungen für eine vorzeitige Beendigung des Reisevertrages sowie für die Haftung und sonstige Pflichten des Reiseveranstalters:

§ 651i

(1) Vor Reisebeginn kann der Reisende jederzeit vom Vertrag zurücktreten.

(2) ¹Tritt der Reisende vom Vertrag zurück, so verliert der Reiseveranstalter den Anspruch auf den vereinbarten Reisepreis. ²Er kann jedoch eine angemessene Entschädigung verlangen. ³Die Höhe der Entschädigung bestimmt sich nach dem Reisepreis unter Abzug des Wertes der vom Reiseveranstalter ersparten Aufwendungen sowie dessen, was er durch anderweitige Verwendung der Reiseleistungen erwerben kann.

(3) Im Vertrage kann für jede Reiseart unter Berücksichtigung der gewöhnlich ersparten Aufwendungen und des durch anderweitige Verwendung der Reiseleistungen gewöhnlich möglichen Erwerbs ein Vomhundertsatz des Reisepreises als Entschädigung festgesetzt werden.

§ 651j

(1) Wird die Reise infolge bei Vertragsabschluß nicht voraussehbarer höherer Gewalt erheblich erschwert, gefährdet oder beeinträchtigt, so können sowohl der Reiseveranstalter als auch der Reisende den Vertrag allein nach Maßgabe dieser Vorschrift kündigen.

(Folgt Abs. 2)

§ 651k

(1) ¹Der Reiseveranstalter hat sicherzustellen, daß dem Reisenden erstattet werden

1. der gezahlte Reisepreis, soweit Reiseleistungen infolge Zahlungsunfähigkeit oder Eröffnung des Insolvenzverfahrens über das Vermögen des Reiseveranstalters ausfallen, und
2. notwendige Aufwendungen, die dem Reisenden infolge Zahlungsunfähigkeit oder Eröffnung des Insolvenzverfahrens über das Vermögen des Reiseveranstalters für die Rückreise entstehen.

²Die Verpflichtungen nach Satz 1 kann der Reiseveranstalter nur erfüllen

1. durch eine Versicherung bei einem im Geltungsbereich dieses Gesetzes zum Geschäftsbetrieb befugten Versicherungsunternehmen oder
2. durch ein Zahlungsversprechen eines im Geltungsbereich dieses Gesetzes zum Geschäftsbetrieb befugten Kreditinstituts.

(2) ¹Der Versicherer oder das Kreditinstitut (Kundengeldabsicherer) kann seine Haftung für die von ihm in einem Jahr insgesamt nach diesem Gesetz zu erstattenden Beträge auf 110 Millionen Euro begrenzen. ²Übersteigen die in einem Jahr von einem Kundengeldabsicherer insgesamt nach diesem Gesetz zu erstattenden Beträge die in Satz 1 genannten Höchstbeträge, so verringern sich die einzelnen Erstattungsansprüche in dem Verhältnis, in dem ihr Gesamtbetrag zum Höchstbetrag steht.

(3) Zur Erfüllung seiner Verpflichtung nach Absatz 1 hat der Reiseveranstalter dem Reisenden einen unmittelbaren Anspruch gegen den Kundengeldabsicherer zu verschaffen und durch Übergabe einer von diesem Unternehmen ausgestellten Bestätigung (Sicherungsschein) nachzuweisen.

Es bestehen weitere Regelungen betreffend den Kundengeldabsicherungsvertrag:

(4) ¹Reiseveranstalter und Reisevermittler dürfen Zahlungen des Reisenden auf den Reisepreis vor Beendigung der Reise nur fordern oder annehmen, wenn dem Reisenden ein Sicherungsschein übergeben wurde. ²Ein Reisevermittler gilt als vom Reiseveranstalter zur Annahme von Zahlungen auf den Reisepreis ermächtigt, wenn er einen Sicherungsschein übergibt oder sonstige dem Reiseveranstalter zuzurechnende Umstände ergeben, dass er von diesem damit betraut ist, Reiseverträge für ihn zu vermitteln. ³Dies gilt nicht, wenn die Annahme von Zahlungen durch den Reisevermittler in hervorgehobener Form gegenüber dem Reisenden ausgeschlossen ist.

(In Abs. 5 folgen Sonderregelungen betreffend einen Reiseveranstalter, der in einem anderen EU-Land sitzt).

Sodann ist noch zu verweisen auf die bereits erwähnte BGB-Informationspflichtverordnung vom 5. August 2002, die in Abschnitt 3 (§§ 4 bis 11) umfangreiche Informationspflichten des Reiseveranstalters enthält, bei deren Nichteinhaltung erhebliche Schadensersatzpflichten des Veranstalters entstehen können.

Von den Vorschriften der §§ 651a bis 651l kann nicht zum Nachteil des Reisenden abgewichen werden, also insbesondere nicht durch eine überraschende Vereinbarung (§ 651m).

Sodann gibt es noch eine kürzlich in Kraft getretene Sonderregelung für vermittelte Gastschulaufenthalte in einem anderen Land, weil sich in diesem Bereich viele Probleme und Unzuträglichkeiten mit Reiseveranstaltern ergeben haben (§ 651l).

Gefälligkeiten

Paul Jedermann gibt in seiner Wohnung eine Einweihungsfeier

Einer der Gäste wird von Jedermanns Küchenhilfe, die bei dem kleinen Fest bei Tisch bedient, mit Rotwein begossen. Er verlangt von Jedermann Schadensersatz für den völlig verdorbenen Anzug, da von der Küchenhilfe kein Schadensersatz zu erlangen ist.

Der Gast G. hat keinen Schadensersatzanspruch gegen Jedermann. Wir haben zwar gelegentlich der Differenzen mit dem Installateur gesehen, daß ein Schuldner für ein Verschulden seines Erfüllungsgehilfen einstehen muß. Dies setzt aber voraus, daß Jedermann dem Gast G. etwas schuldet und sich zur Erfüllung dieser Verbindlichkeit seines Personals bedient hat.

Jedermann war aber kein Schuldner seines Gastes. Eine Einladung zu einer Feier ist kein Vertrag, durch den man dem Eingeladenen gegenüber besondere Verpflichtungen übernimmt. Solche Einladungen sind reine Gefälligkeiten. Man kann daher die Einladung jederzeit wieder rückgängig machen, ohne dem anderen Teil für entstandene Auslagen, zum Beispiel Blumen, ersatzpflichtig zu sein. Da demnach Jedermann durch die Einladung nicht Schuldner seiner Gäste wurde, war das Personal auch nicht seine Erfüllungsgehilfin, denn es war ja keine Verbindlichkeit da, die erfüllt werden konnte.

An der Abendgesellschaft nimmt auch Hans Zerstreut teil. Er stellt plötzlich fest, daß er eiligst zum Bahnhof muß. Ein Freund des Hauses, Otto Trinkfest, ist mit seinem Auto gekommen und erbietet sich, ihn schnell zur Bahn zu bringen. Hans nimmt das Angebot von Otto Trinkfest freudig an. Otto, der ein wenig angetrunken ist, fährt aber leider so unvernünftig schnell, daß der Wagen in einer Kurve ins Schleudern gerät und an einem Laternenpfahl nicht mehr vorbeikommt. Hans wird erheblich verletzt.

Als Hans nach seiner Genesung Schadensersatz verlangt, verweigert Otto jede Bezahlung mit der Begründung, daß man bei einer Gefälligkeit nicht haftbar gemacht werden könnte. Hier irrt nun aber Otto Trinkfest erheblich.

Im Gegensatz zu den vorstehend aufgeführten reinen Gefälligkeiten liegt hier ein sogenannter Gefälligkeitsvertrag vor. Ein derartiger Vertrag ist immer dann gegeben, wenn sich aus den Umständen ergibt, daß nicht nur eine gesellschaftliche Höflichkeit erwiesen wird, sondern eine verbindliche Verpflichtung eingegangen werden sollte. Man macht sich dies am besten an folgender Gegenüberstellung klar. Wenn jemand im Wagen zu einem bestimmten Ziel fährt und unterwegs einen Bekannten zusteigen läßt, der etwa den gleichen Weg hat, so liegt eine reine Gefälligkeit vor. Der Fahrer kann also, wenn er sich plötzlich anders besinnt, den Bekannten bitten, auszusteigen, weil er sein Fahrtziel ändern muß. Denn eine Verpflichtung, den anderen zum Ziel zu bringen, besteht ja nicht. Allerdings haftet er auch bei dieser Gefälligkeit, wenn er schuldhaft einen Unfall verursacht, unter Umständen nur wegen grober Fahrlässigkeit.

In unserem Fall muß Otto den Freund Hans aufgrund der Vertragsverpflichtung zum Bahnhof fahren, denn es war erkennbar, daß Hans aus dringenden geschäftlichen Gründen seinen Zug erreichen mußte.

Auch hier aber haftet Otto Trinkfest nur für grobe Fahrlässigkeit, da man trotz Vorliegens einer vertraglichen Verpflichtung wegen der Unentgeltlichkeit des Tätigwerdens die weitreichende Haftung wegen leichter Fahrlässigkeit verneint. Die Rechtsprechung nimmt insoweit einen stillschweigenden Haftungsausschluß zwischen Fahrer und Gast an.

Gefälligkeitsfahrten sollte man wenn irgend möglich meiden. Das Risiko ist zu groß und die Skala zwischen dem »stillschweigenden Haftungsausschluß« und der »groben Fahrlässigkeit« unkalkulierbar oder von Zufällen abhängig.

Ein genereller Ausschluß für jegliches Verschulden ist schwer nachzuweisen. Einen solchen Ausschluß der Haftung unter dem Gesichtspunkt des »Handelns auf eigene Gefahr« kann man nur dann annehmen, wenn der Mitfahrer bei Fahrtantritt erkennt, daß es sich um eine ausgesprochen gefährliche Fahrt handelt, zum Beispiel wenn er an einer Wettfahrt als Beifahrer teilnimmt oder erkennt, daß es sich um ein sehr verkehrsuntüchtiges Fahrzeug handelt. Wäre in unserem Fall zum Beispiel Otto Trinkfest stark angetrunken und würde Zerstreut daher das besondere Risiko der Fahrt erkennen, so hätte er keinerlei Ansprüche, denn »wer sich bewußt in Gefahr begibt, kommt in ihr um«.

Der Fahrzeughalter und der Fahrer können bei Gefälligkeitsfahrten ihre Haftung nur dann mit Sicherheit ausschalten, wenn sie diesbezüglich einen Vertrag schließen. Am zweckmäßigsten wäre es, wenn der Fahrer sich bei Fahrtantritt folgenden kleinen Zettel unterschreiben läßt:

> Ich fahre unentgeltlich in dem Wagen des Herrn ... mit. Für den Fall, daß ein Unfall eintritt und ich Schaden nehme, verzichte ich hiermit ausdrücklich auf jeden Schadensersatzanspruch. Dieser Verzicht gilt auch dann, wenn der Halter oder der Fahrer des Wagens schuldhaft gehandelt hat. Dieser Verzicht soll nicht gelten, soweit die Haftpflichtversicherung für den Schaden eintritt, es sei denn, daß die Versicherung beim Halter oder Fahrer Regreß nimmt. Diese Erklärung gilt auch für alle Fahrten, die ich später noch mitmachen würde.
>
> Ort, Datum   Unterschrift, Adresse

Wenn Sie Minderjährige mitnehmen, dürfen Sie nicht vergessen, daß die gesetzlichen Vertreter, also die Eltern, zustimmen müssen. Seien Sie daher vorsichtig bei jugendlichen Anhaltern, die noch nicht volljährig sind!

Die Auslobung

Paul Jedermann liest am Laternenpfahl folgenden Zettel:

Einbruch! Hohe Belohnung!

Für die Ergreifung des geflüchteten Einbrechers in meine Wohnung am 10. März ... wird eine Belohnung von ... Euro ausgesetzt. Die Verteilung erfolgt unter Ausschluß des Rechtswegs. Kriminalbeamte sind von der Beteiligung an der Auslobung ausgeschlossen.

Karl Pech
Adresse
Telefonnummer

Paul Jedermann fällt auf, daß der Rechtsweg ausgeschlossen sein soll. Was könnte er wohl tun, wenn er einen wichtigen Hinweis für die Ergreifung des Einbrechers zu machen hätte, dann aber bei der Verteilung der Belohnung benachteiligt würde?

Jedermann geht davon aus, daß er doch die Möglichkeit haben muß, vor dem Amtsgericht oder Landgericht Klage zu erheben, wenn er sich in seinen Rechten verletzt glaubt. Grundsätzlich ist diese Auffassung richtig. Wenn jemand glaubt, von einem anderen etwas verlangen zu können, so kann er klagen.

Seine Auffassung ist zutreffend. Wer durch öffentliche Bekanntmachung eine Belohnung für eine Handlung oder einen Erfolg verspricht, ist verpflichtet, die Belohnung zu entrichten (§ 657 BGB). Pech konnte sich also nicht von seiner Verpflichtung durch die Ausschlußklausel befreien. Auch wenn mehrere am Erfolg beteiligt sind, besteht ein Anspruch dieser auf Verteilung der Belohnung nach billigem Ermessen und nicht nach Belieben des Herrn Pech.

Jedermann findet nach einiger Zeit eine Uhr. Nachdem er sie auf dem Fundbüro der Polizei abgeliefert hat, liest er in der Zeitung, daß für die von ihm gefundene Uhr eine erhebliche Belohnung ausgesetzt ist. Als er sich zu dem Verlierer begibt, um die Belohnung einzufordern, weigert sich dieser mit dem Hinweis, daß ja Jedermann das Fundstück bereits abgeliefert habe, bevor er überhaupt von der Auslobung Kenntnis gehabt hätte.

Diese Auffassung ist unrichtig. Wer die Handlung, für die die Belohnung ausgesetzt ist, vornimmt, hat auch dann auf sie Anspruch, wenn er von der Auslobung nichts wußte (§ 657 BGB).

 Wenn die Auslobung in ihrer Höhe den gesetzlichen Finderlohn übersteigt, so besteht daneben kein Anspruch auf den Finderlohn. Dieser ist durch die Auslobung mit abgegolten.

Der ehrliche Finder

66 Das vorige Kapitel hat im Rahmen der Auslobung auch das Finden einer Sache zum Gegenstand gehabt. Das Finden einer Sache löst eine Reihe von Pflichten und Rechten für den Finder aus. Jedermann sollte folgendes wissen (§ 965 ff. BGB):

Finden kann man nur eine verlorene Sache. So ist zum Beispiel eine Sache nicht verloren, wenn sie in der Wohnung irgendwo herumliegt. Läßt also ein Gast zum Beispiel seinen Mantel in der Wohnung eines Bekannten liegen, so kann dieser keinen Finderlohn verlangen, wenn er das vergessene Stück entdeckt. Verloren ist eine Sache auch dann nicht, wenn jemand an einer bestimmten Stelle im Freien eine Sache niederlegt oder abstellt, aber genau weiß, wo sie ist, zum Beispiel ein Fahrrad auf der Straße.

Gefunden ist eine Sache erst dann, wenn man diese mitnimmt mit dem Willen, sie in Verwahrung zu nehmen. Wer nur die Sache aufhebt, um sie zu betrachten, kann sie wieder fortlegen. Sobald er aber die Sache ein Stück Weges mit sich genommen hat, kann er sie nicht mehr einfach ablegen. Da er Finder geworden ist, gelten für ihn die entsprechenden Pflichten, insbesondere die Verwahrungspflicht.

Kennt der Finder den Verlierer oder sonstwie Empfangsberechtigten, zum Beispiel weil der Name auf dem Fundstück ersichtlich ist, dann muß er dem Verlierer den Fund anzeigen. Ist der Verlierer nicht bekannt, so ist er verpflichtet, unverzüglich den Fund der Polizeibehörde zu melden, soweit es sich um einen Gegenstand handelt, der mehr als 10,– Euro wert ist.

Ist die Sache dem Finder lästig, so kann er sich von diesen Lasten befreien, indem er sie der Polizei abliefert. Dadurch verliert er nicht etwa seine Rechte auf den Finderlohn und den eventuellen Eigentumserwerb. Dies wird insbesondere den Fund von Tieren betreffen, die eine mehr oder weniger große Last für den Finder sein können.

Liefert der Finder die Sache nicht der Polizei ab und hat er den Verlierer noch nicht entdeckt, so muß er die Sache verwahren. Droht die Sache zu verderben oder macht ihre Aufbewahrung große Kosten, so hat der Finder die Sache öffentlich versteigern zu lassen (Gerichtsvollzieher). Der Erlös tritt dann an die Stelle der Sache.

Bezüglich der Art und Weise der Aufbewahrung hat der Finder nur Vorsatz und grobe Fahrlässigkeit zu vertreten. Wenn er die Sache also leicht fahrlässig an einem feuchten Ort in der Wohnung aufbewahrt und sie dadurch verschlechtert, so ist er nicht schadensersatzpflichtig, denn schließlich ist ja das Finden eine für den Verlierer günstige Handlung.

Umgekehrt hat der Finder folgende Rechte:

Er hat vor allem Anspruch auf den Finderlohn. Seine vom Gesetz bestimmte Höhe ist durchaus nicht so hoch, wie man allgemein glaubt. Der Finderlohn beträgt: bis zum Werte von 5000,– Euro 5 Prozent, von dem Mehrwert 3 Prozent, bei Tieren 3 vom Hundert. Wer also ein Schmuckstück im Werte von 500,– Euro findet, erhält 25,– Euro.

Wer ein Sparkassenbuch findet, auf dem ein Betrag von 30 000,– Euro eingetragen ist, kann den Finderlohn nicht etwa nach 30 000,– Euro errechnen. Denn der Inhaber des Sparkassenbuches hat ja nicht 30 000,– Euro verloren. Die liegen noch sicher auf der Bank, und er kann das Sparkassenbuch jederzeit sperren lassen. Hier wird vielmehr gemäß § 971 Abs. 1 S. 3 BGB die angemessene Höhe des Finderlohns von dem Gericht nach billigem Ermessen bestimmt, falls eine Einigung nicht zustande kommt.

Der Finder eines großen Wertstücks wird die stille Hoffnung haben, es eines Tages als Eigentum zu erhalten. Diese Chance gibt ihm auch das Gesetz. Wird ein Verlierer oder sonst Empfangsberechtigter nicht bekannt, so erwirbt der Finder das Eigentum nach Ablauf von sechs Monaten seit der Anzeige des Fundes bei der Polizeibehörde. Handelt es sich um einen Kleinfund, so beginnt die Frist mit dem Funde.

FUNDREGISTER-Nr. 1o1   Finder vorgeladen:

FUNDANZEIGE

1o. Polizeirevier   Frankfurt a. M., 9. Mai .....
(Annahmestelle)   Tel.-Nr. 86732o
Fundb. Nr.: 92

Es erscheint: Herr/~~Frau~~ Helmut Sauer
geb.: 4.6. .... in: Darmstadt
wohnhaft in: 60329 Frankfurt a. M., Karlstraße 6
und erklärt:
Am 8.5. ... gegen 16.3o Uhr habe ich auf der   Scheffel- Straße
in Frankfurt a. M. folgende Gegenstände gefunden:
1 goldenes Panzerarmband mit Sicherheitskette,
am Schloß mit 585 gestempelt.

(weitere Gegenstände bitte auf der Rückseite aufführen); Bargeld in Worten

Erklärungen des Finders: (Zutreffendes ankreuzen)
☒ Ich übergebe den Fundgegenstand in behördliche Verwahrung
☐ Ich verzichte auf jegliche Fundrechte
☒ Ich behalte mir Eigentumsrecht und Finderlohn vor
☐ Meine Auslagen sind: _____Euro für _____
☐ Ich verzichte auf den unter Euro liegenden Finderlohn
☐ Ich will den Fund in Selbstverwahrung behalten*)
☐ Mit der Aushändigung an den Empfangsberechtigten durch das Ordnungsamt (Fundbüro) bin ich einverstanden,
vorausgesetzt, daß dieser die Zahlung des Finderlohns und meiner Aufwendungen nachweist.

Gefertigt: Vorgelesen und genehmigt: gesehen:
                              Quittung erhalten:

Blocker PHW   _Sauer_
(Unterschrift; Dienstbezeichnung)   (Unterschrift des Finders)
*) nur möglich mit Genehmigung des Ordnungsamtes (Fundbüro)

Empfangsbescheinigung des Verlierers (Finders)

Wert der Fundsache: _____ Euro

Die o. a. Fundgegenstände habe ich heute gegen Zahlung von
_____ Euro Verwaltungsgebühr   _____ Euro Finderlohn

erhalten.
Frankfurt a. M., _____   _____
                                              (Unterschrift)

Personalien des Verlierers:
Vor- und Zuname: _____
Straße: _____ Wohnort: _____
BPA/Reisepaß Nr. _____ ausgestellt in _____ am _____
Übergeben durch: _____
          (Unterschrift; Dienstbezeichnung)

32.34 (Fundbüro)   Frankfurt a. M. _____
☐ Finderlohn überwiesen / erhalten am _____
☐ Versteigert am _____
☐ Bargeld von _____ Euro abgeliefert am _____
☐ Z.d.A.

1 Ausfertigung: Fundbüro

Diese Chance des Eigentumserwerbs soll aber nur einem ehrlichen Finder zugute kommen. Wer auf Nachfrage das Finden verheimlicht, verwirkt die Chance.

Hat der Finder nach dem vorstehend Gesagten das Eigentum erworben, so kann er sich noch lange nicht des ungestörten Besitzes erfreuen. Noch drei Jahre lang muß er damit rechnen, daß der Verlierer oder sonst Empfangsberechtigte von ihm die Sache nach Bereicherungsgrundsätzen verlangen kann (§ 977 BGB).

Hat er das gefundene Geld, dessen Eigentümer er nach sechs Monaten geworden war, auf einer Reise ausgegeben, so braucht er nichts mehr herauszugeben. Hat er dagegen das Geld beispielsweise auf einem Sparkassenbuch angelegt, so muß er diese Summe jetzt dem Verlierer erstatten. Sind allerdings drei Jahre seit Übergang des Eigentums verstrichen, so hat der Verlierer jeden Anspruch verwirkt.

Zeigt der Finder den Fund der Polizei an, so steht möglicherweise auf dem auszufüllenden Formular ein vorgedruckter Satz, daß der Finder auf sein Eigentumsrecht verzichtet. Es ist darauf zu achten, daß diese Formularstelle durchgestrichen wird, da sonst die Gemeinde das Eigentumserwerbsrecht erhält.

Manche gefundenen Sachen verlangen Aufwendungen. Ein Tier zum Beispiel muß gefüttert und notfalls tierärztlich behandelt werden. Derartige Aufwendungen, die der Finder den Umständen nach für erforderlich halten mußte, kann er von dem Empfangsberechtigten ersetzt verlangen.

Man kann jedoch nicht unter allen Umständen damit rechnen, diese Aufwendungen ersetzt zu bekommen. Der Verlierer hat nämlich die Möglichkeit, einfach auf die verlorene Sache zu verzichten, und es ist dann Sache des Finders, sich durch Verwertung der gefundenen Sache sein Geld zu verschaffen.

Es ist nicht immer eine gute Sache, etwas gefunden zu haben. Man kann auch draufzahlen, wenn man es besonders gut machen wollte und der Verlierer auf sein Eigentum verzichtet!

Die vorstehend dargelegten Fundvorschriften gelten jedoch nicht, wenn zum Beispiel auf dem Bahnsteig oder auf dem Flur einer öffentlichen Behörde etwas gefunden wird. Hier gilt deshalb eine Sonderregelung, weil man an und für sich davon ausgehen kann, daß solche Sachen durch die Kontroll- und Reinigungsorgane sowieso aufgefunden würden. Ist in einem solchen Fall die gefundene Sache weniger als 50,– Euro wert, so gibt es keinen Finderlohn. Andernfalls entsteht ein Finderlohn in Höhe der Hälfte des oben dargelegten Finderlohns. Nicht finderlohnberechtigt sind Bedienstete der Behörde oder der Verkehrsanstalt.

Diese Sonderregelung gilt nicht für andere Großbetriebe, zum Beispiel Banken und Hotels. Auch der Verlust einer Sache in einem Taxi begründet keinen Finderlohnanspruch, da der Taxichauffeur aufgrund der Nebenpflichten zu dem Beförderungsvertrag verpflichtet ist, die vergessene Sache dem Fahrgast wieder zuzustellen, und zwar ohne Anspruch auf Finderlohn. Trotzdem sollte man sich erkenntlich zeigen.

Paul Jedermann macht sich Gedanken über den Fall, daß mehrere Personen auf eine verlorene Sache stoßen. Entdecken sie durch Zufall die Sache zur gleichen Zeit, so sind sie gemeinschaftliche Finder, das heißt gemeinschaftlich verpflichtet, aber auch berechtigt. Entdeckt einer von ihnen die Sache und stürzt sich nunmehr ein anderer schnell darauf, um sie an sich zu nehmen, so hat der zweite nicht die Fundrechte, da er arglistig dem Entdecker die Durchsetzung der Fundrechte vereitelt. Der Verlierer wird zwar von seiner Verbindlichkeit frei, wenn er ihm den Finderlohn auszahlt, jedoch ist dieses Geld dem Entdecker wegen der gegen ihn begangenen »unerlaubten Handlung« auszuhändigen.

Auch ein kleines Kind kann finden, ebenso ein Geisteskranker. Zum Finden gehört also der natürliche Wille, die Sache an sich zu nehmen und aufzubewahren.

Besondere Vorschriften gelten für den sogenannten Schatzfund. Wer auf einem Grundstück alte römische oder griechische Münzen entdeckt oder beim Umgraben eines gemieteten Gartens auf einen Grabrest stößt, ist Schatzfinder. Hier wird sofort das Eigentum an dem gefundenen Schatz erworben, und zwar zur Hälfte vom Grundstückseigentümer, zur Hälfte vom Entdecker. Es bestehen jedoch weitgehend landesrechtliche Regelungen, daß derartige Schatzfunde den Verwaltungsbehörden zu melden sind, die ein Ankaufsrecht haben.

Der Auftrag und die Geschäftsbesorgung

Paul Jedermann stellt fest, daß in seinem Kellerraum ein Heizungsrohr schadhaft ist. Er geht sofort zu dem Vermieter und zeigt ihm den Schaden an. Dieser erklärt, er sei im Augenblick nicht abkömmlich und könne sich darum nicht kümmern. Als ihn Jedermann fragt, ob er dann selbst zu einem Installateur gehen solle, da doch Gefahr im Verzuge sei, benennt ihm der Vermieter eine Installationsfirma, die immer für ihn arbeitet und die er beauftragen könne. Jedermann fährt sofort mit der Straßenbahn hin, schildert dort die Sachlage, insbesondere seine Rücksprache mit dem Vermieter, und veranlaßt so, daß die Reparatur alsbald durchgeführt wird. Als die Installationsfirma dem Vermieter die Rechnung schickt, wird sie von diesem an Jedermann verwiesen mit der Bemerkung, er habe die Reparatur nicht bestellt. Der Vermieter hat unrecht.

Die Installationsfirma hat einen Anspruch auf Werklohn gegenüber dem Vermieter. Zwischen beiden ist ein Werkvertrag zustande gekommen. Die Vertragsofferte wurde von dem Hauswirt – vertreten durch Jedermann – abgegeben. Gemäß § 164 BGB kann eine Willenserklärung im Namen eines anderen durch einen Vertreter mit der Wirkung abgegeben werden, daß sie so behandelt wird, als hätte der Vertretene selbst gehandelt. Dies setzt voraus, daß derjenige, der für einen andern handelt, auch die erforderliche Vertretungsmacht hat. Es gibt Personen, die eine solche Vertretungsmacht kraft Gesetzes haben, zum Beispiel die Eltern für das minderjährige Kind, der Vormund für das Mündel, der Ehegatte im Rahmen des Lebensbedarfs für den anderen Ehegatten. Man kann aber eine Vertretungsmacht auch dadurch bekommen, daß man von einem andern bevollmächtigt wird. Diese sogenannte rechtsgeschäftliche Vertretungsmacht nennt man eine Vollmacht (hierzu im einzelnen noch im Kapitel »Die Vollmacht«). Die Bevollmächtigung bedarf keiner Form, wenn sie auch aus Zweckmäßigkeitsgründen häufig schriftlich fixiert oder notariell beurkundet wird.

Paul Jedermann hat hier von dem Vermieter eine solche Bevollmächtigung erhalten. Wenn dieser auch nicht ausdrücklich erklärte: »Ich bevollmächtige Sie hiermit, die Reparatur in meinem Namen zu bestellen«, so konnte die Art und Weise seines Verhaltens nach Treu und Glauben nur in diesem Sinne verstanden werden. Die Juristen sprechen insoweit von einem konkludenten oder schlüssigen Verhalten. Willenserklärungen werden immer so ausgelegt, wie sie ein unbefangener Dritter nach Treu und Glauben mit Rücksicht auf die Verkehrssitte verstehen darf (§§ 133, 157, 242 BGB).

Damit die Wirkungen einer Willenserklärung des Vertreters nun aber auch in der Person des Vertretenen eintreten, ist es erforderlich, daß er dem anderen Geschäftspartner zu erkennen gibt, daß er im Namen eines anderen auftritt. Wäre also Jedermann nur zu der Installationsfirma mit der Bemerkung gegangen, daß er eine Reparatur in seinem Keller wünsche, so hätte er sich selbst aus diesem Vertrag berechtigt und verpflichtet. Da er aber den Hergang schilderte, wie es zu dieser Bestellung kam, so konnte wiederum bei einer objektiven Auslegung seiner Erklärungen dies nur bedeuten, daß er im Namen des Vermieters handelt. Die Installationsfirma muß also den Vermieter auf Zahlung der Reparaturkosten verklagen. Gegen Jedermann hat sie keinen Anspruch.

Jedermann kann weiterhin von dem Hauswirt Ersatz des Fahrgeldes verlangen, das er aufwendete, um die Reparaturbestellung aufzugeben. Wir haben bisher lediglich die Vollmacht, das heißt die Vertretungsmacht des Paul Jedermann betrachtet, die er von seinem Vermieter erhalten hatte. Diese

70

Vertretungsmacht ist aber nichts weiter als die Möglichkeit, für einen anderen Rechtsgeschäfte zu tätigen. Eine solche Betätigung überträgt man ja nicht wahllos irgendeinem Dritten. Die Vollmacht ist vielmehr nur regelmäßig das Mittel, das man einem anderen gibt, um mit seiner Hilfe einen Auftrag zu erfüllen, Dienstvertragspflichten nachzukommen und dergleichen mehr. Nur solche Personen werden bevollmächtigt, die aufgrund einer vertragsmäßigen Beziehung verpflichtet oder berechtigt sind, für einen anderen tätig zu werden. Die Vollmacht ist also mit dem zugrundeliegenden Geschäft nicht identisch, sondern setzt dieses voraus.

Zwischen Jedermann und seinem Vermieter kam ein solcher Auftrag zustande. In der Erklärung des Vermieters lag also zweierlei. Einmal die Bevollmächtigung: Du kannst in meinem Namen einen Vertrag mit der Installationsfirma schließen, zweitens der Auftrag: Du bist verpflichtet, mir den Weg zu der Installationsfirma abzunehmen und dort das Nötige zu veranlassen. Dieser Auftrag löst gegenseitige Rechte und Pflichten aus. In erster Linie bestehen nur Pflichten des Beauftragten, also des Jedermann. Er hat seine Pflichten erfüllt, indem er die Reparatur bestellte.

Eine Gegenleistung ist bei einem Auftrag nicht vorgesehen. Der Auftrag ist also kein gegenseitiger Vertrag, wie zum Beispiel der Kauf oder die Miete, wo immer beide Teile etwas leisten müssen. Trotzdem können aber auch Pflichten für den Auftraggeber entstehen. Der Auftraggeber ist nämlich verpflichtet, dem Beauftragten solche Aufwendungen zu ersetzen, die er im Interesse der Ausführung des Auftrages machen mußte und gemacht hat. Solche Aufwendungen sind hier das Fahrgeld, das Jedermann ausgegeben hat. Der Jurist nennt Verträge dieser Art, die zwar keine Gegenleistung kennen, aber unter Umständen derartige Verpflichtungen mit sich bringen, »unvollkommen zweiseitige« Verträge.

Das Wort »Auftrag« wird häufig am falschen Platze verwendet. Man spricht bisweilen von einem »Auftrag«, den man einem Rechtsanwalt, einem Architekten, einem Schneider usw. gibt. Hier liegen in Wirklichkeit Dienst- und Werkverträge vor, da ja eine Tätigkeit nur gegen Entgelt erwartet wird.

Ein wichtiger Sonderfall des Auftrags ist der Geschäftsbesorgungsvertrag (§§ 675 bis 676h). Darunter versteht man einen richtigen Dienst- oder Werkvertrag, der eine Geschäftsbesorgung zum Inhalt hat. Dies ist praktisch ein Auftrag zu bestimmten Handlungen, wofür aber – im Unterschied zum reinen Auftrag – eine Gegenleistung vereinbart wird. Die Hauptanwendungsfälle sind: Bankgeschäfte, Börsengeschäfte, Anlageberatung, Treuhandverträge, Betriebsführungsverträge.

Auf diese Verträge finden weitgehend die Regelungen des Auftragsrechts Anwendung, soweit sich nicht aus der Entgeltregelung Sonderrechte und -pflichten ergeben, zum Beispiel bezüglich der Kündigung solcher Verträge.

Ganz umfassend geregelt sind seit 1997 die Pflichten und Haftung der Banken aufgrund von Vorgaben durch die EU-Gesetzgebung. Dies betrifft insbesondere Überweisungsverträge, Giroverträge und Depotverträge und enthält umfassende Informations- und Haftpflichten der Banken, teilweise ohne Verschulden, also wie eine Gefährdungshaftung (§ 676c).

Geschäftsführung ohne Auftrag

Paul Jedermann hat folgendes Erlebnis gehabt: Als sein im Ausland lebender Vater sich wegen eines angeblichen Drogenbesitzes von einer Verhaftung bedroht sah, verließ er das Land unter Zurücklassung seines Vermögens. Es bestand die Gefahr, daß bei der Beschlagnahme des väterlichen Vermögens auch das Auto seines Vaters beschlagnahmt werden würde. Um einer solchen drohenden Beschlagnahme zuvorzukommen, bat Paul Jedermann seinen Freund Fritz, doch das Auto in Besitz zu nehmen und zu verwahren. Dieser bekam nach einiger Zeit deswegen Bedenken und wandte sich an den mit ihm befreundeten Arzt Dr. Listig, schilderte ihm den Sachverhalt und händigte ihm den Pkw aus. Dieser übernahm gerne das Auto.

Da sich die Gefahr für den Vater von Jedermann später nicht als gerechtfertigt erwies, kam dieser nach einem halben Jahr zurück und verlangte von dem Arzt den Pkw heraus. Dieser weigerte sich mit der Begründung, Fritz habe als Geschäftsführer ohne Auftrag gehandelt und sei als solcher in der Lage gewesen, ihm das Eigentum des Vaters zu übertragen.

Der Arzt Dr. Listig hat unrecht, er muß den Pkw herausgeben.

Die Frage, ob er Eigentum erworben hat, beantwortet sich nach den §§ 929 ff. BGB. Hier ist geregelt, wann und wie man Eigentum an einer beweglichen Sache erwerben kann. Die Vorschriften über die Geschäftsführung ohne Auftrag (§§ 677 ff. BGB) haben damit zunächst nichts zu tun, sondern regeln lediglich die Beziehung zwischen Dr. Listig und Paul Jedermann hinsichtlich der Frage, ob Schadensersatz, Ersatz der Aufwendungen usw. verlangt werden kann.

Die Voraussetzungen von § 929 BGB liegen nicht vor, da Fritz nicht Eigentümer des Pkws war. Nun kann man allerdings gemäß § 932 BGB auch von einem Nichteigentümer das Eigentum an einer beweglichen Sache erwerben. Dies verlangt jedoch folgende Voraussetzungen:

- Der Veräußerer und der Erwerber müssen sich darüber einigen, daß die Sache in das Eigentum des Erwerbers übergehen soll. Eine solche Einigung liegt hier zwischen Fritz und Dr. Listig vor.
- Die Sache muß dem Erwerber von dem Veräußerer übergeben werden. Dies ist hier geschehen, denn Fritz war im Besitz des Autos, das bei ihm untergestellt war, und er hat diesen Besitz auf den Arzt übertragen.
- Die Sache darf dem Eigentümer nicht verloren, gestohlen oder sonstwie abhanden gekommen sein. Dies ist hier nicht der Fall, denn der Vater von Jedermann hatte den Wagen freiwillig bei Fritz untergestellt.
- Es ist aber als viertes Erfordernis notwendig, daß der Erwerber gutgläubig hinsichtlich des angeblichen Eigentums des Veräußerers ist. Darunter versteht man folgendes: Der Erwerber muß glauben, daß derjenige, der ihm die Sache veräußert, Eigentümer des Autos ist. Diese unrichtige Vorstellung darf nicht auf grober Fahrlässigkeit beruhen. Dr. Listig hat hier positiv gewußt, daß Fritz nicht Eigentümer war, denn dieser hatte ihm ja die ganzen Umstände des Falles erzählt. Er hat nicht an das Eigentum des Fritz geglaubt, sondern hatte – wie offenbar auch Fritz – die vage allgemeine Vorstellung, daß Fritz aufgrund der kritischen Umstände die Befugnis habe, das fremde Auto zu veräußern. Diese Auffassung ist aber unrichtig. Da Dr. Listig nicht an das Eigentum glaubt, sondern an eine in Wirklichkeit nicht vorhandene Verfügungsbefugnis, ist er nicht Eigentümer geworden und muß gemäß § 985 BGB das Auto an den Vater Jedermanns herausgeben.

Etwas anderes wäre es gewesen, wenn Fritz sich als Eigentümer des Pkw ausgegeben hätte. Dann wäre möglicherweise Dr. Listig gutgläubig in bezug auf dieses Eigentum gewesen und hätte nach § 932 BGB Eigentum erwerben können. Allerdings hätte man wohl gewisse Zweifel an seiner Gutgläubigkeit haben können, da der Kraftfahrzeugbrief nicht auf den Namen des Fritz lautete.

Wer ein Auto kauft, sollte sorgfältig den Kraftfahrzeugbrief prüfen und gegebenenfalls die Zulassungsstelle befragen, wenn irgendwelche Zweifel bestehen. Lassen Sie sich auch den Personalausweis des Verkäufers vorlegen, prüfen Sie die Identität und notieren Sie die Ausweisnummer und die ausstellende Behörde!

Der Vater Paul Jedermanns hat einige Zeit gebraucht, um den Wagen wiederzubekommen, und hat daher für die Zeit, in der er den Wagen entbehrte, finanzielle Nachteile. Er verlangte daher von seinem Sohn Paul Schadensersatz wegen der Fortgabe des Wagens. Man wird diesen Anspruch ablehnen müssen.

Zwar hat Paul einmal seinen Verwahrungsvertrag verletzt, indem er den Wagen veräußerte. Da es sich um eine unentgeltliche Verwahrung handelt, braucht Paul gemäß § 690 BGB aber nur für diejenige Sorgfalt einzustehen, die er in eigenen Angelegenheiten aufzuwenden pflegt.

Auch gemäß § 680 BGB hat Paul nur Vorsatz und grobe Fahrlässigkeit zu vertreten, da er diese eigenmächtige Geschäftsführungshandlung vornahm, um die drohende dringende Gefahr der Beschlagnahme des Pkw abzuwenden. Insofern hat er nicht grob fahrlässig gehandelt, als er sich zu dem Schritt entschloß.

Der Arzt kann keinerlei Schadensersatzansprüche gegen Paul stellen. Zwar hatte sich Paul durch Kaufvertrag gegenüber Dr. Listig verpflichtet, diesem das Eigentum an dem Pkw zu verschaffen und zu übergeben. Dieser Kaufvertrag ist auch gültig, denn man kann sich verpflichten, Sachen, die einem nicht gehören, einem anderen zu übereignen. Dr. Listig wußte aber, daß der Verkäufer nicht Eigentümer war. Er wußte auch, daß dieser die Veräußerungsbefugnis von Tatsachen ableitete, die er, der Käufer, selbst kannte. Infolgedessen ist eine Haftung ihm gegenüber gemäß § 442 BGB ausgeschlossen.

Aufwendungsersatz

Eine Geschäftsführung ohne Auftrag wird häufig Aufwendungen des Geschäftsführers mit sich bringen, die er natürlich erstattet haben will. Stellen wir uns einmal den folgenden Fall vor: Paul sieht einen Mann am Strand im Wasser untergehen. Er springt ihm sofort nach und schafft ihn unversehrt an Land. Die Wiederbelebungsversuche sind erfolgreich. Paul hat sich bei der Rettung den Anzug verdorben, seine Brieftasche ist ihm aus der schnell abgeworfenen Jacke gestohlen worden, und er hat sich bei dem Sprung ins Wasser an einem verborgenen Fels erheblich verletzt.

Der Gerettete lehnt jeden Schadensersatz ab. Er habe Paul nicht um Rettung gebeten, der Bademeister hätte ihn wahrscheinlich rechtzeitig, auch ohne sein Eingreifen, gerettet. Paul meint, daß in dem Hilferuf des Ertrinkenden ein Auftrag gelegen hätte, dem er nachgekommen sei.

Paul kann natürlich verlangen, daß der ihm entstandene Schaden ersetzt wird.

Zwar besteht zwischen dem Ertrinkenden und ihm kein Auftrag. Der Hilferuf kann nicht als Auftragsangebot angesehen werden, sondern ist lediglich ein Reflexschrei gewesen, den die Angst ausgelöst hat.

Es liegt aber ein Fall der Geschäftsführung ohne Auftrag vor, und zwar entsprach diese wohl auch dem Willen des Ertrinkenden. Daß er sich hinterher darauf beruft, daß er auf den Bademeister gewartet habe, ist wohl nicht ernst zu nehmen. Im übrigen ist der entgegenstehende Wille eines Ertrinkenden, ja sogar eines Selbstmörders unbeachtlich. Infolgedessen ist Paul berechtigt, Ersatz seiner Aufwendungen zu verlangen.

Das Verderben des Anzugs ist eine Aufwendung in diesem Sinne, da Paul diesen Verderb bewußt in Kauf genommen hat. Der Verlust der Brieftasche steht in einem der Lebenserfahrung angemessenen Zusammenhang mit dem hilfsbereiten Tun des Retters.

Aber auch die Körperverletzung, die bei Paul durch den Sprung ins Wasser eingetreten ist und ihm die Rettungskosten verursachte, ist als ersatzfähige Aufwendung anzusehen (§ 683). In diesem Zusammenhang sei noch auf folgendes verwiesen:

Die Pflicht zur Ersten Hilfe

Wenn die Rettung des Ertrinkenden ohne erhebliche Gefahr für einen Passanten möglich ist, so muß dieser helfen, sonst macht er sich nach § 323c StGB wegen unterlassener Hilfeleistung strafbar. Anlaß zur Schaffung dieser Strafbestimmung war folgender Vorfall: Ein Autofahrer wurde von Passanten gebeten, einen kurz vorher verunglückten Fußgänger zum nächsten Arzt mitzunehmen. Der Autofahrer lehnte dies mit der Begründung ab, daß er mit dem Blut des Verletzten seine Lederpolster beschmutzen würde. Ohne Schaffung dieser Strafbestimmung bestand keinerlei Verpflichtung für den Autofahrer, ohne polizeiliche Aufforderung hier helfend einzugreifen.

Diese Verpflichtung zum Eingreifen birgt natürlich ein gewisses Risiko für den Helfer. Wenn im obenstehenden Fall Paul einen völlig vermögenslosen Selbstmörder rettet, so hat er keinerlei Möglichkeit, von diesem Ersatz des ihm entstandenen Schadens zu verlangen. Aus diesem Grunde hat der Gesetzgeber in §§ 2 Abs. 1 Nr. 13 des 7. Buches des Sozialgesetzbuches (= SGB Nr. VII) einen Aufwendungsersatzanspruch aufgrund einer gesetzlichen Unfallversicherung für solche Fälle festgelegt. Der Retter steht also genauso da wie jemand, der einen Betriebsunfall erleidet. Er erhält Ersatz seiner Aufwendungen vom Staat.

Schließlich sei noch bemerkt, daß nach heute herrschender Ansicht die Angehörigen eines bei einer Rettungsaktion ums Leben Kommenden den ihnen dadurch entgehenden Unterhalt von dem Geschäftsherrn (Geretteten) ersetzt verlangen können. Wer bei der Rettung eines Mitmenschen ums Lebens kommt, löst gegen ihn Ersatzansprüche seiner Angehörigen im gleichen Umfange aus, wie diese gegen ihn Unterhaltsansprüche hatten.

Jeder von uns kann täglich zur Hilfeleistung verpflichtet sein, auch ohne in einen Unfall verwickelt zu sein. Den Weisungen der Polizei ist ohnehin Folge zu leisten. Aber auch sonst muß man sofort helfen, obwohl man selbst Schaden und Ärger hat oder Zeit verliert!

Die Gastwirtshaftung

Das per Telefax bestellte Zimmer

Paul Jedermann unternimmt eine Reise. Er faxt an das Hotel »Goldene Gans« und bestellt ein Zimmer für vier Wochen. – Die »Goldene Gans« antwortet nicht, da sie auf Monate hinaus voll belegt ist. Paul Jedermann, der sicher ist, daß auf sein Telefax hin ein Zimmer für ihn reserviert ist, wird vom Empfang bei der Ankunft abgewiesen und muß notgedrungen ein weitaus teureres Quartier nehmen. Er verlangt von der »Goldenen Gans« Schadensersatz.

Der § 663 BGB scheint ihm recht zu geben. Danach sind alle diejenigen Personen, die sich zur Besorgung von Geschäften öffentlich angeboten haben, verpflichtet, ein Vertragsangebot ausdrücklich abzulehnen, wenn sie ihm nicht nachkommen wollen. Man wird aber für Hotels diese Pflicht entfallen lassen müssen, da dieser Gewerbezweig sonst in einem Übermaß beansprucht wäre. Man denke nur an die Flut von Bestellungen, die während der Saison an Hotels und Pensionen in den einzelnen Ferienorten gerichtet werden.

Hat dagegen nach Eingang des Telefaxes das Hotel ein Zimmer für Jedermann vermerkt, so muß es ihm dieses Zimmer jetzt auch freihalten. Hier kommt also der Vertrag bereits dadurch zustande, daß die Hotelleitung ihren Willen kundtut, Jedermann bei sich aufzunehmen. Während grundsätzlich nach unserem geltenden Recht ein Vertrag nur zustande kommt, wenn die Annahmeerklärung dem Antragenden zugeht, so besteht gemäß § 151 Abs. 1 BGB eine Ausnahme für die Fälle, in denen nach der Verkehrssitte die Mitteilung der Vertragsannahme nicht erwartet wird. Wer per Telefax auch schon für den nächsten Tag ein Zimmer bestellt, sollte also die Bestätigung abwarten. Andernfalls kommt er in Beweisschwierigkeiten, daß sein Zimmer gebucht wurde.

Eingebrachte Sachen kommen abhanden

Der Gastwirt beziehungsweise Hotelbesitzer haftet für die eingebrachten Sachen des Hotelgastes aufgrund der §§ 701 bis 703 BGB. Der Gastwirt haftet auch für solche Sachen, die dem Gast nicht gehören, also zum Beispiel für Bücher oder Koffer, die sich der Gast geliehen hatte.

73

Gemäß § 701 Abs. 4 BGB erstreckt sich die Gastwirthaftung jedoch nicht auf Fahrzeuge und auf Gegenstände, die in einem Fahrzeug belassen worden sind. Auch für lebende Tiere wird nicht gehaftet. Es würde also eine Haftung für ein Auto nur durch einen besonderen Aufbewahrungsvertrag begründet werden können. Eine derartige Vertragshaftung liegt aber wohl noch nicht vor, wenn dem Gast lediglich erlaubt wurde, sein Fahrzeug auf dem Hof abzustellen. Die Haftung des Gastwirtes ist für die eingebrachten Sachen der Höhe nach begrenzt. Hierzu bestimmt § 702 Abs. 1 BGB:

> **§ 702**
> (1) Der Gastwirt haftet aufgrund des § 701 nur bis zu einem Betrage, der dem Hundertfachen des Beherbergungspreises für einen Tag entspricht, jedoch mindestens bis zu dem Betrage von 600 Euro und höchstens bis zu dem Betrage von 3500 Euro; für Geld, Wertpapiere und Kostbarkeiten tritt an die Stelle von 3500 Euro der Betrag von 800 Euro.

Ist der Gastwirt für den Schaden verantwortlich, weil er oder seine Leute den Schaden schuldhaft verursacht haben, so haftet er unbeschränkt. Dasselbe gilt dann, wenn er die Sachen zur Aufbewahrung übernommen hat. Übrigens ist er verpflichtet, Geld, Wertpapiere, Kostbarkeiten und andere Wertsachen zur Aufbewahrung zu übernehmen, soweit nicht eine übermäßige Belastung vorliegt. Lehnt er dies ab, so haftet er gleichfalls unbeschränkt.

Eine Haftungsbeschränkung kann im voraus nur nach Maßgabe des § 702a BGB vereinbart werden, der folgendes bestimmt:

> **§ 702a**
> (1) Die Haftung des Gastwirts kann im voraus nur erlassen werden, soweit sie den nach § 702 Abs. 1 maßgeblichen Höchstbetrag übersteigt. Auch insoweit kann sie nicht erlassen werden für den Fall, daß der Verlust, die Zerstörung oder die Beschädigung von dem Gastwirt oder von Leuten des Gastwirts vorsätzlich oder grob fahrlässig verursacht wird oder daß es sich um Sachen handelt, deren Übernahme zur Aufbewahrung der Gastwirt entgegen der Vorschrift des § 702 Abs. 3 abgelehnt hat.
> (2) Der Erlaß ist nur wirksam, wenn die Erklärung des Gastes schriftlich erteilt ist und wenn sie keine anderen Bestimmungen enthält.

Der Anspruch des Gastes erlischt dann, wenn er dem Gastwirt nicht unverzüglich Anzeige macht.

Besuch im Restaurant

Paul Jedermann trifft sich nachmittags mit einem Bekannten in dem Restaurant des Hotels. Dort werden Jedermann und seinem Bekannten die Mäntel gestohlen, die sie an der Garderobe aufgehängt hatten.

Der Wirt haftet Jedermann aus dem Beherbergungsvertrag, wie wir gesehen haben. Auch die Bekleidung ist eingebrachte Sache.

Der Bekannte dagegen ist nicht Gast im Sinne des § 701 BGB, denn er ist nicht zur Beherbergung aufgenommen. Ihm gegenüber hat der Wirt nur die Stellung eines Schank- oder Speisewirtes, der nicht unter § 701 BGB fällt.

Der Bekannte von Paul kann sich auch nicht darauf berufen, daß er mit dem Wirt einen besonderen Verwahrungsvertrag geschlossen habe, der diesen zu einer besonderen Aufsicht verpflichte. Das Aufstellen von Kleiderständern ist eine Bequemlichkeit für die Gäste, nicht aber ein besonderer Vertragsabschluß über die Verwahrung der Sache. Wenn allerdings eine besondere Garderobe in einem besonderen Raum eingerichtet ist oder sogar Garderobezwang herrscht, so kommt mit der Abgabe der Garderobe ein besonderer Verwahrungsvertrag zustande. Selbst wenn der Wirt hierfür keine besondere Gebühr erhebt, liegt ein entgeltlicher Verwahrungsvertrag vor, da diese Verwahrung ja mit Rücksicht auf den Verzehr des Gastes vorgenommen wird.

Der Gastwirt muß also für jedes Verschulden seiner selbst oder seiner Erfüllungsgehilfen eintreten.

Das vorstehend Gesagte gilt für alle ähnlichen Lebensverhältnisse. Wenn ein Arzt oder Rechtsanwalt im Wartezimmer Kleiderhaken angebracht hat, die die Besucher benutzen, so liegt kein besonderer Verwahrungsvertrag, sondern nur eine Bequemlichkeit für die Besucher vor. Bei Abhandenkommen tritt also eine Haftung nicht ein.

Wann beginnt die Haftung?

Eingebracht sind auch Sachen, die dem Personal des Hotels außerhalb des Hotels (zum Beispiel beim Abholen vom Bahnhof) übergeben werden.

Wenn also der Hotelfahrer den ihm auf dem Bahnhof ausgehändigten Gepäckschein verliert und dadurch das Abhandenkommen des Gepäcks bewirkt, so haftet der Hotelwirt dem Gast für den entstandenen Schaden. Dabei ist es gleichgültig, ob der Gast im Hotel überhaupt eine Aufnahme findet. Stellt sich bei seiner Ankunft im Hotel heraus, daß sämtliche Zimmer gerade besetzt sind, so haftet der Hotelwirt doch nach § 701 BGB, da die Entgegennahme der Sachen durch den Hoteldiener eine vorläufige Einbringung ist.

Es ist für die Anwendung des § 701 BGB auch gleichgültig, ob eine Aufnahme aufgrund eines Beherbergungsvertrages stattfindet oder nicht. Ist zum Beispiel ein Geisteskranker in einem Hotel aufgenommen, so ist der Beherbergungsvertrag nichtig, da ein Geisteskranker keine gültigen Verträge schließen kann (§ 105 BGB). Er ist aber trotzdem aufgenommen, und § 701 BGB kommt ihm zugute.

Man kann den § 701 BGB aber nur auf ein Hotel oder eine Pension anwenden. Auf möblierte Zimmer finden die Vorschriften keine Anwendung. Auch die Aufnahme in einem Sanatorium fällt nicht unter § 701 BGB, weil nicht die Beherbergung, sondern die ärztliche Fürsorge das Entscheidende ist. Auf Schlafwagen und Schiffskabinen finden diese Vorschriften ebenfalls keine Anwendung.

Ein Hotelier hatte seinen Portier entlassen. Dieser stellte sich aber nach wie vor mit seiner Hotelmütze an den Bahnhof und nahm Gepäckstücke entgegen, die er dann unterschlug. Eine Haftung aus § 701 BGB ist hier nicht möglich, da eine Aufnahme nur durch den wirklichen Portier stattfinden kann. Der Hotelwirt haftet aber wegen seines schuldhaften Verhaltens auf Schadensersatz, weil er dafür hätte sorgen müssen, daß der entlassene Portier nicht mehr die Möglichkeit hatte, mit der früheren Hotelmütze auf dem Bahnhof zu stehen.

Die Anmeldung beim Empfang

Jeder Hotelgast muß das ihm vom Empfang vorgelegte Anmeldeformular sorgfältig und richtig ausfüllen. Nach den Meldegesetzen sind hierfür Gastwirte und Gast gemeinsam verantwortlich. Unterlassen sie die Anmeldung oder werden unrichtige Angaben gemacht beziehungsweise geduldet, begehen sie Ordnungswidrigkeiten.

Jedermann hat als guter Staatsbürger mit der Ausfüllung dieses Formulars keine Sorgen. Hingegen sein Freund, der Handelsvertreter Johannes Lustig, nimmt es auf seinen Geschäftsreisen hiermit nicht so genau. Ohne Wissen seiner Ehefrau, die zu Hause die Kinder versorgt, trifft er sich unterwegs hier und da mit seiner Freundin Sonja Teuer und steigt mit ihr in Hotels ab, wobei er sie als seine Ehefrau ausgibt und dies auch im Anmeldeformular ausfüllt.

Lustig hat sich nicht strafbar gemacht. Denn die falsche Ausfüllung des Formulars ist keine Urkundenfälschung, die mit einer Strafe geahndet wird, sondern nur ein Verstoß gegen die Meldevorschriften.

Am Rande wollen wir uns aus diesem Kapitel noch merken, daß das Gesetz ein Pfandrecht des Gastwirtes (Hoteliers) an den eingebrachten Sachen für seine Forderungen an der Beherbergung vorsieht (§ 704).

76

Beförderung durch die Deutsche Bahn

Jedermann tritt die Rückfahrt mit der Deutschen Bahn an. Nach Lösen der Fahrkarte stellt er auf dem Bahnsteig fest, daß der Zug erhebliche Verspätung hat.

Für diese Verspätung kann er keinerlei Schadensersatzansprüche gegenüber der Eisenbahn stellen, auch wenn er dadurch geschäftliche Nachteile hat.

Zwar wird durch das Lösen der Fahrkarte mit dem Eisenbahnunternehmer – gleichgültig, ob es die Deutsche Bahn oder eine andere Privatbahn ist – ein Beförderungsvertrag geschlossen und durch diesen Vertrag verpflichtet sich der Eisenbahnunternehmer, den Fahrgast fahrplanmäßig an das Ziel zu bringen. Jedoch sind die Bestimmungen des bürgerlichen Rechts über die Auswirkungen dieses Vertrages weitestgehend durch die gemäß § 26 Allgemeines Eisenbahngesetz vom 27. Dezember 1993 weitergeltende Eisenbahnverkehrsordnung (EVO) in der Fassung vom 20. April 1999 abgewandelt. Nach dieser Eisenbahnverkehrsordnung hat der Fahrgast für die Verspätung und den Ausfall von Zügen keinerlei Schadensersatzansprüche. §§ 17, 33 der EVO enthalten beträchtliche Haftungsbeschränkungen der Deutschen Bahn. Diese werden derzeit politisch sehr diskutiert.

Der Sitzplatz

Die Unterbringung der Reisenden während der Fahrt ist in § 13 der Eisenbahnverkehrsordnung wie folgt geregelt:

§ 13
(1) Der Reisende hat Anspruch auf Beförderung in der Klasse, auf die sein Fahrausweis lautet. Ein Anspruch auf einen Sitzplatz oder auf Unterbringung in der 1. Klasse bei Platzmangel in der 2. Klasse besteht nicht. Der Tarif kann Ausnahmen zulassen. Das Eisenbahnpersonal ist berechtigt, den Reisenden Plätze anzuweisen. Auf Verlangen der Reisenden ist es verpflichtet, für deren Unterbringung zu sorgen.
(2) Der Reisende hat keinen Anspruch auf Entschädigung, wenn er keinen Sitzplatz findet und ihm keiner angewiesen werden kann.

Auf dem Platz braucht man selbst nicht ständig zu sitzen. Man kann ihn durch Belegen mit individuellen Kennzeichnungen sichern, das sind beispielsweise Kleidungsstücke oder Gepäck. Das Hinlegen einer Zeitung genügt nicht, auch dann nicht, wenn man seinen Namen auf die Zeitung schreibt.

Theoretisch kann man sich einen ordnungsgemäß reservierten Platz, den ein anderer Fahrgast eingenommen hat, mit Gewalt zurückholen, da der neue Fahrgast verbotene Eigenmacht geübt hat. Es ist jedoch zweckmäßig, einen solchen Streitfall durch das Zugpersonal klären zu lassen.

Es kommt Gepäck abhanden

Paul Jedermann kommt auf der Rückfahrt ein Gepäckstück aus dem Netz abhanden.

Er hat keinerlei Schadensersatzansprüche gegen die Eisenbahn. Das Handgepäck, das man mit in das Abteil nimmt, wird nicht ersetzt.

Anders ist es mit dem Reisegepäck, das man aufgrund seines Fahrtausweises zum Mittransport in einem gesonderten Gepäckabteil aufgibt. Für dessen Abhandenkommen haftet die Bahn ebenso wie für den Verlust von Frachtgut gemäß §§ 31, 82 ff. EVO. Allerdings ist durch die Eisenbahnverkehrsordnung die Höhe des zu leistenden Schadensersatzes auf 50,– Euro für ein Kilogramm Rohgewicht festgesetzt. Deshalb sollte man bei wertvollerem Gepäck noch eine besondere Gepäckversicherung abschließen.

Doch besteht dann ein Schadensersatzanspruch in voller Höhe, wenn der Verlust auf ein Verschulden der Bahnbeamten zurückzuführen ist.

Als Jedermann beim Aussteigen seinen Handkoffer dem Gepäckträger übergibt, läßt dieser den Koffer fallen. Eine Sektflasche im Koffer zerbricht und verdirbt einige Wäschestücke. Es liegt auf der Hand, daß Jedermann von dem Gepäckträger wohl keinen Schadensersatz bekommen wird. Er kann aber von der Bahn Schadloshaltung verlangen, da sie ja für die von ihr zugelassenen Gepäckträger kraft Gesetzes wie ein selbstschuldnerischer Bürge haftet (§ 35 Abs. 4 EVO).

Wir gründen einen Verein

Paul Jedermann möchte einem Sportclub beitreten. Er fürchtet mit Recht, daß eine solche Mitgliedschaft erhebliche rechtliche Konsequenzen haben könnte. Er unterrichtet sich daher vor seinem Beitritt gründlich und stellt schon bei oberflächlicher Betrachtung fest, daß es eingetragene und nichteingetragene Vereine gibt.

Der eingetragene Verein

Der eingetragene Verein, kenntlich an dem »e. V.« hinter dem Namen, ist ein Zusammenschluß von Menschen, die durch diesen Zusammenschluß einen neuen Rechtsträger schaffen, eine sogenannte »juristische Person«. Hierunter ist folgendes zu verstehen: Wir wissen, daß jeder Mensch mit der Geburt rechtsfähig wird. Er kann also Träger von Rechten und Pflichten sein. Der Säugling in der Wiege kann Eigentümer eines Hauses sein und durch eine Erbschaft Verbindlichkeiten haben. Diese Vorstellung ist einfach.

Nun sieht das Gesetz ebenso vor, daß Menschen, die sich in bestimmten Formen zu einer Vereinigung zusammenschließen, ein Rechtsgebilde schaffen können, das ebenso wie etwa der Staat als eine selbständige Figur zu denken ist, die Eigentümer von Sachen und Inhaber von Rechten sein kann. Nicht jeder Zusammenschluß von Menschen allerdings hat eine solche Wirkung.

Wenn sich drei, vier Freunde zusammentun und vereinbaren, daß sie regelmäßig Skat spielen wollen, sich dafür gemeinsam ein paar Sachen anschaffen, wie zum Beispiel Spieltisch und Spielkarten, und sich auch den Namen »Skatklub« zulegen, so haben sie keine Rechtsform geschaffen, die solche Rechte und Pflichten haben kann. In diesem Fall bleiben die einzelnen Eigentümer der Sachen. Schließt man sich dagegen zu einer Vereinigung zusammen, indem man vorsieht, daß auch dritte Personen das Recht haben, ihr beizutreten, und gibt man der Vereinigung eine bestimmte Verfassung, nach der sie leben soll, so kann sie rechtsfähig werden. Man schafft damit ein Gebilde, das selbst Eigentümer, Gläubiger und Schuldner werden kann. Die einzelnen Mitglieder haben mit diesen Rechten und Pflichten dann selbst nichts zu tun.

Die Rechtsfähigkeit einer solchen Vereinigung wird folgendermaßen erlangt:

Hat ein Verein seinen Zweck auf einen wirtschaftlichen Geschäftsbetrieb gerichtet, so muß er die Rechtsfähigkeit durch eine staatliche Verleihung erbitten. Dieser Fall wird recht selten sein, da bei dem Vorliegen einer wirtschaftlichen Tätigkeit zweckmäßiger eine der anerkannten Vereinigungsformen des Handelsrechts gewählt wird, wie zum Beispiel die der GmbH oder der Aktiengesellschaft.

Dagegen gibt es unzählige Vereine, deren Zweck nicht auf einen wirtschaftlichen Geschäftsbetrieb gerichtet ist und die die Rechtsfähigkeit erstreben. Dies ist viel einfacher, da man hier nicht um eine staatliche Verleihung nachzusuchen braucht, sondern gemäß §§ 55 ff. BGB nur bestimmte Gründungserfordernisse beachten muß und dann verlangen kann, daß man in das Vereinsregister des zuständigen Amtsgerichts eingetragen wird. Mit der Eintragung erhält der Name des Vereins den Zusatz »eingetragener Verein« und hat damit die Rechtsfähigkeit erlangt. Das Register kann jetzt auch als elektronisches Vereinsregister geführt werden (§ 55a).

Die Gründungserfordernisse sind folgende: Mindestens sieben Personen müssen sich zusammentun und den Verein gründen. Sie müssen schriftlich eine Satzung aufstellen, aus welcher sich der Zweck, der Name und der Sitz des Vereins ergeben. Es darf nur ein Name gewählt werden, der sich von den Namen anderer eingetragener Vereine desselben Ortes deutlich unterscheidet. Dies sind die Mindesterfordernisse einer Satzung. Wenn sie nicht vorliegen, so gibt es keine Rechtsfähigkeit, auch wenn das Registergericht eine Eintragung vornehmen sollte. Die Satzung soll als weitere Erfordernisse Bestimmungen enthalten über den Ein- und Austritt des Mitgliedes, eventuelle Beiträge, die Bildung des Vorstandes und die Voraussetzungen dafür, wie die Mitgliederversammlung zu berufen ist. Der Vorstand muß dann die Satzung anmelden, nachdem sie vorher von allen gründenden Mitgliedern eigenhändig unterschrieben worden ist. Das gleiche gilt vom Gründungsprotokoll. Die erforderlichen Urkunden sehen so aus:

GRÜNDUNGSPROTOKOLL

Zu der heutigen Gründungsversammlung des Sportvereins »Eiche« e. V. sind im Vereinslokal »Zur goldenen Kugel«, 35037 Marburg/Lahn, Lahnblick 1, erschienen

1) Herr Paul Jedermann, 35037 Marburg/Lahn, Pilgerweg 11
2) Herr Otto Trinkfest, 35037 Marburg/Lahn, Wettergasse 12
3) Herr Schneidermeister Fritz Schulz, 35037 Marburg/Lahn, Wiesengasse 5
4) Herr Rechtsanwalt Dr. Heinz Straff, 35037 Marburg/Lahn, Sybelstraße 1
5) Herr Gastwirt Paul Korn, 35041 Marburg/Lahn, Lahnblick 1, Restaurant »Zur goldenen Kugel«
6) Herr Dr. Hugo Listig, 35037 Marburg/Lahn, Schloßgarten 10
7) Herr Kaufmann Herbert Klawitter, 35043 Marburg/Lahn, An der Lahnlust 10

Die Erschienenen beschließen hiermit die Gründung des Sportvereines »Eiche« e. V. mit dem Sitz in Marburg/Lahn. Sie genehmigen die ihnen vorgelegte und in der Anlage beigefügte Satzung. Die aus den Gründern bestehende Mitgliederversammlung wählt folgende Herren in den Vorstand:

1) Herrn Paul Jedermann als Vorsitzenden
2) Herrn Otto Trinkfest als stellv. Vorsitzenden
3) Herrn Dr. Listig als Schriftführer
4) Herrn Herbert Klawitter als Schatzmeister

Marburg/Lahn, den 17. Februar 20. .

Unterschriften handschriftlich vor einem Notar vollziehen und beglaubigen lassen.

Die zu dem Gründungsprotokoll gehörende Satzung lautet wie folgt:

SATZUNG

§ 1
Name und Zweck

1. Der Sportverein »Eiche« e. V. setzt es sich zur Aufgabe, Leichtathletik zu pflegen und vor allem leichtathletische Veranstaltungen durchzuführen. Er will ferner durch eine Jugendgruppe Nachwuchs für den Sportverein heranbilden.
2. Der Sitz des Vereins ist Marburg/Lahn.
3. Das Geschäftsjahr ist das Kalenderjahr.
4. Der Verein ist in das Vereinsregister beim Amtsgericht Marburg/Lahn eingetragen.

§ 2
Mitgliedschaft

Mitglied des Vereins kann jede natürliche Person werden, die sich im Besitz der bürgerlichen Ehrenrechte befindet.

§ 3
Erwerb der Mitgliedschaft

Voraussetzung für Aufnahme und den Erwerb der Mitgliedschaft sind:
1. der Besitz der bürgerlichen Ehrenrechte,
2. die Zahlung des Aufnahmebeitrages und der laufenden Mitgliedsbeiträge.

§ 4
Beendigung der Mitgliedschaft

1. Die Mitgliedschaft kann durch eingeschriebenen Brief mit einer Frist von 3 Monaten zum Ablauf des Geschäftsjahres gekündigt werden. Diese Kündigung muß dem Vorstand zugestellt werden. Mit Beendigung der Mitgliedschaft erlöschen alle Ansprüche an den Verein.
2. Ein Mitglied kann durch Beschluß des Vorstandes ausgeschlossen werden, sofern ein wichtiger Grund vorliegt (Verstoß gegen die Satzung oder Beschlüsse des Vereins, Zahlungseinstellung, unehrenhaftes Verhalten).
3. Mit dem Beschluß über den Ausschluß gilt die Mitgliedschaft als beendet. Das ausgeschlossene Mitglied hat bis zu diesem Zeitpunkt voll und ganz seine Verpflichtungen gegenüber dem Verein zu erfüllen.
4. In Sonderfällen kann von einem sofortigen Ausschluß durch Beschluß des Vorstandes mit Zweidrittelmehrheit dann abgesehen werden, wenn die Sachlage erwarten läßt, daß das Mitglied in der Zukunft seinen Pflichten gegenüber dem Verein nachkommt. In diesen Fällen kann das Ruhen der Mitgliedschaft angeordnet werden, jedoch nicht über den Zeitraum eines Jahres hinaus.

§ 5
Organe

Organe des Vereins sind:
1. der Vorstand
2. die Sportausschüsse,
3. die Mitgliederversammlung.

80

§ 6
Der Vorstand

Der Vorstand setzt sich aus 4 Mitgliedern zusammen, und zwar:
1. dem Vorsitzenden,
2. dem Stellvertreter des Vorsitzenden,
3. dem Schatzmeister,
4. dem Schriftführer.
Gesetzliche Vertreter des Vereins sind der Vorsitzende und sein Stellvertreter. Sie sind gesamthandlungsberechtigt. Der Vorstand kann bei Bedarf zu seiner Entlastung einen Geschäftsführer einstellen und ein Büro einrichten. Die Vorstandsmitglieder werden durch die Mitgliederversammlung jeweils auf die Dauer von 2 Jahren gewählt. Eine Wiederwahl ist zulässig. Sie führen die Geschäfte nach Ablauf der Frist weiter, sofern eine Neuwahl bis zum Ablauf der Amtszeit noch nicht stattgefunden hat.
Der Vorstand gibt sich seine Geschäftordnung selbst.

§ 7
Sportausschüsse

Zur Vorbereitung von sportlichen Veranstaltungen und ihrer Durchführung werden aus den Kreisen der Mitglieder Sportausschüsse gewählt. Diese Ausschüsse haben auch die Aufgabe, den Nachwuchs zu fördern.
Kommt ein Sportausschuß nicht zu einem einstimmigen Beschluß, so ist dem geschäftsführenden Vorstand Bericht zu erstatten, der entweder von sich aus die Angelegenheiten regelt oder eine Mitgliederversammlung einberuft.

§ 8
Mitgliederversammlung

Im Jahr soll mindestens einmal eine ordentliche Hauptversammlung stattfinden, und zwar im ersten Quartal des Kalenderjahres. Sie wird durch den Vorstand drei Wochen vorher durch einfachen Brief einberufen. Sie hat folgende Aufgaben:
1. Entgegennahme und Genehmigung des Geschäfts- und Kassenberichts über das zurückliegende Geschäftsjahr,
2. Entlastung des Vorstandes,
3. Wahl eines neuen Vorstandes, falls der Vorstand 2 Jahre im Amt ist,
4. Festsetzung des Aufnahme- und Jahresbeitrages,
5. Wahl der Mitglieder des Ehrengerichts,
6. Satzungsänderungen.
Die Beschlüsse bedürfen der Beurkundung. Sie müssen von allen Mitgliedern des Vorstandes unterzeichnet sein.

§ 9
Abstimmungen

Sofern das Gesetz oder die Satzung nicht entgegensteht, werden alle Beschlüsse mit einfacher Mehrheit der erschienenen Mitglieder wirksam. Juristische Personen können einen Bevollmächtigten entsenden. Soll eine Abstimmung geheim erfolgen, so müssen mindestens 5 Mitglieder einen entsprechenden Antrag stellen. Auch der Versammlungsleiter kann bestimmen, daß eine Abstimmung geheim erfolgen soll. Wahlen müssen geheim durchgeführt werden.

§ 10
Außerordentliche Mitgliederversammlung

1. Der Vorstand kann von sich aus eine außerordentliche Mitgliederversammlung einberufen.
2. Eine außerordentliche Versammlung muß von ihm einberufen werden, wenn mindestens 10 Mitglieder einen schriftlich begründeten Antrag stellen.

§ 11
Schiedsgericht

1. Bei Streitigkeiten zwischen Mitgliedern des Vereins in beruflichen Angelegenheiten soll ein Schiedsgericht entscheiden, falls beide Parteien sich vorher bedingungslos dem Schiedsgericht unterwerfen.
2. Das Schiedsgericht setzt sich aus drei Personen zusammen. Jeder der Beteiligten wählt aus dem Kreise der Mitglieder einen Schiedsrichter, die wiederum einen Obmann aus dem Kreise der Mitglieder wählen. Kann eine Einigung über den Obmann nicht erzielt werden, so wird er vom Vorstand bestimmt. Der Obmann soll nach Möglichkeit die Befähigung zum Richteramt haben.

§ 12
Ehrengericht

1. Verstößt ein Mitglied gegen die Satzung oder Beschlüsse des Vorstandes oder der Mitgliederversammlung oder schädigt es das Ansehen des Vereins, so kann der Vorstand das Ehrengericht anrufen.
2. Das Ehrengericht besteht aus einem Vorsitzenden mit der Befähigung zum Richteramt und 4 Vereinsmitgliedern als Beisitzer.
3. Die Mitglieder des Ehrengerichts und 2 Stellvertreter werden in der Hauptversammlung auf die Dauer von 3 Jahren gewählt.
4. Das Ehrengericht kann eine Verwarnung aussprechen oder auf Ausschluß erkennen. Ist auf Ausschluß erkannt worden, so kann gleichzeitig bestimmt werden, daß dieser Ausschluß erst nach Ablauf eines Jahres wirksam wird, um dem Mitglied die Möglichkeit offenzulassen, sich in dieser Zeit zu bewähren. Nach Ablauf des Jahres tritt das Ehrengericht erneut zusammen und beschließt endgültig. Bis zu diesem Termin ruht die Mitgliedschaft, entbindet jedoch nicht von der Verpflichtung zur Beitragszahlung.
5. Hat das Ehrengericht auf Ausschluß erkannt, so steht dem Betroffenen das Recht der Berufung bei der Mitgliederversammlung zu. Die Berufung ist mit Begründung binnen einer Frist von 1 Monat seit Zustellung bei dem Vorsitzenden des Ehrengerichts einzulegen. Bis zur Entscheidung ruht die Mitgliedschaft.

§ 13
Satzungsänderungen

Anträge auf Änderung der Satzung können vom Vorstand oder von mindestens 10 Mitgliedern gestellt werden. Dem Antrag ist stattzugeben, wenn in der Hauptversammlung zwei Drittel der anwesenden Mitglieder zustimmen.

§ 14
Auflösung

Die Auflösung des Vereins ist nur möglich, wenn 3/4 der anwesenden Mitglieder auf der Hauptversammlung zustimmen und mindestens 50% einen entsprechenden Antrag schriftlich beim Vorstand einen Monat vor der Hauptversammlung eingebracht haben. Ein Beschluß über die Auflösung kann auch nur dann gefaßt werden, wenn auf der Hauptversammlung mindestens 2/3 der Mitglieder anwesend sind. In allen anderen Fällen ist eine zweite Versammlung innerhalb einer Frist von 4 Wochen mit gleicher Tagesordnung durchzuführen, die ohne Rücksicht auf die Zahl der Anwesenden mit einfacher Mehrheit beschließen kann.

§ 15
Gerichtsstand

Für Streitigkeiten zwischen dem Verein und seinen Mitgliedern sind die Gerichte zuständig, in deren Bereich der Verein seinen Sitz hat.

Das Gründungsprotokoll und die Satzung müssen vom Vorstand an das Amtsgericht weitergegeben werden, nachdem die Satzung von mindestens sieben Mitgliedern unterzeichnet worden ist. Der Antrag auf Eintragung ist von allen Vorstandsmitgliedern zu unterzeichnen. Die Unterschriften müssen von einem Notar beglaubigt sein.

Der Antrag hat folgenden Wortlaut:

Sportverein »Eiche« e. V.
Lahnblick 1
35041 Marburg/Lahn

Vereinslokal
»Zur Goldenen Kugel«

Der Vorstand

An das
Amtsgericht
35037 Marburg/Lahn

Anmeldung zum Vereinsregister

Wir, die Vorstandsmitglieder des unter dem Namen

Sportverein »Eiche« e. V.

errichteten Vereins überreichen die Satzung in der Urschrift und Abschrift sowie Abschrift des Protokolls vom 17. Februar 20 . . über die Gründung des Vereins und die Bestellung von uns zu Vorstandsmitgliedern und melden den Verein hiermit zur Eintragung in das Vereinsregister an.

Marburg/Lahn, den 25. Februar 20 . .

Unterschriften handschriftlich vor einem Notar vollziehen und beglaubigen lassen.

Das Registergericht (Amtsgericht) prüft die Anmeldung.

Auch das Finanzamt schaltet sich ein, weil rechtsfähige und nichtrechtsfähige Vereine steuerrechtlich als eine selbständige »Körperschaft« angesehen werden und nicht der Einkommens-, sondern als Ganzes der Körperschaftssteuerpflicht unterliegen. Ausnahmen sind aber möglich.

Die Mitglieder eines durch die Eintragung rechtsfähig gewordenen Vereins, sei es nun, daß sie Mitglieder durch Teilnahme an der Gründung oder durch späteren Eintritt geworden sind, werden nicht Eigentümer der dem Verein gehörenden Sachen oder Inhaber sonstiger Vermögensrechte des Vereins.

Dies ist vielmehr der Verein selbst. Solange man Mitglied eines solchen Vereins ist, ist man Mitbenutzer des Vereinsvermögens aufgrund der Mitgliedschaft. Man ist berechtigt, bei einem Sportclub die Einrichtung zu benutzen, sich in den Vereinsräumen aufzuhalten usw. Scheidet man aus dem Verein aus, so hört jede Beziehung zu dem Vereinsvermögen auf. Eine einzige Ausnahme ist für den Fall denkbar, daß ein Verein zur Auflösung kommt und in seinen Statuten festgelegt ist, daß im Fall der Auflösung das vorhandene Vereinsvermögen unter die Vereinsmitglieder zu verteilen ist.

Schulden des eingetragenen Vereins

Umgekehrt braucht das Mitglied eines rechtsfähigen Vereins auch nicht die Sorge zu haben, daß die Gläubiger des Vereins sich an das Privatvermögen der Vereinsmitglieder halten können. Wegen der Vereinsschulden können sich die Gläubiger nur an das Vereinsvermögen halten. Hat also ein Mitglied regelmäßig und pünktlich seine Beiträge entrichtet, so ist es damit jeder Schuld ledig. Gibt es Beitragsrückstände, so können die Vereinsgläubiger selbstverständlich diese Außenstände pfänden, denn die Beitragsforderungen des Vereins gegenüber seinen Mitgliedern zählen zu dem Vereinsvermögen.

Das Ende der Mitgliedschaft

Dies kann durch eine Austrittserklärung des Mitglieds geschehen. Die Satzung kann hierfür eine besondere Form vorschreiben, zum Beispiel Austrittserklärung durch Einschreiben. Die Satzung kann ferner vorschreiben, daß eine Kündigungsfrist bis zu höchstens zwei Jahren einzuhalten ist. Dann ist das Mitglied nach erfolgter Austrittserklärung noch zwei Jahre Mitglied, muß also noch für diesen Zeitraum Beiträge zahlen, darf aber auch die Vereinsrechte ausüben.

Trotz einer in der Satzung vorgesehenen Kündigungsfrist kann ein Austritt aus wichtigem Grund sofort erfolgen, wenn dem Mitglied ein weiteres Verbleiben nicht mehr zumutbar ist, zum Beispiel wenn ein Mitglied grundlos von den anderen Mitgliedern schikaniert wird.

Der Ausschluß

Umgekehrt kann auch ein Mitglied aus dem Verein ausgeschlossen werden. Das Gesetz schweigt darüber, jedoch hat sich über diesen Fall eine erhebliche und eingehende Rechtsprechung gebildet. Der Ausschluß eines Mitglieds ist möglich, wenn dies in der Satzung vorgesehen ist oder wenn ein wichtiger Grund für den Ausschluß vorliegt, zum Beispiel wenn ein Mitglied durch sein Verhalten den Ruf des Vereins schädigt. Dies wird vor allem bei einem Sportklub der Fall sein, wenn ein Mitglied schwer gegen die sportliche Fairneß verstößt, zum Beispiel einen Schiedsrichter mißhandelt. Sobald ein solcher Fall vorliegt, kann der Ausschluß durch einen Mehrheitsbeschluß der Mitgliederversammlung ausgesprochen werden, soweit nicht durch die Satzungen ein anderes Verfahren vorgesehen ist, zum Beispiel Beschluß des Vorstandes oder eines besonderen Ehrenausschusses oder dergleichen.

Das Mitglied kann sich einem drohenden Ausschlußverfahren dadurch entziehen, daß es seinen Austritt erklärt. Ist ein solcher Austritt erfolgt, so kann kein Ausschlußverfahren mehr durchgeführt werden, denn es liegt ja keine Vereinsmitgliedschaft mehr vor. Ausgeschlossene Mitglieder wenden sich häufig an die Gerichte, falls sie sich zu Unrecht ausgeschlossen fühlten. Dies bedeutet nicht, daß die ordentlichen Gerichte in vollem Umfang nachprüfen können, ob berechtigte Gründe für das Ausschlußverfahren vorliegen oder nicht. Denn das soll ja gerade der Verein selbst durch seine Organe entscheiden lassen. Die Gerichte können aber nachprüfen, ob ein Ausschluß willkürlich ist oder sonst gegen die guten Sitten verstößt.

Die Mitgliederversammlung

Ein Verein spiegelt im kleinen die demokratische Verfassung wider, die der Staat im großen zeigt. Was im Staatsleben das Volk oder seine Vertretung, das Parlament, bedeutet, das ist bei dem Verein die Mitgliederversammlung. Sie entscheidet durch Mehrheitsbeschluß über alle grundsätzlichen Fragen, allerdings gibt es auch Beschlüsse, die nur mit besonderer Mehrheit gefaßt werden können. So ist zum Beispiel zu einem Beschluß, durch den der Verein aufgelöst werden soll, eine Mehrheit von drei Viertel erforderlich, falls die Satzung nicht etwas anderes bestimmt.

Zu einem Beschluß, wonach der Zweck des Vereins geändert werden soll, ist sogar die Zustimmung aller Mitglieder erforderlich (§ 33 BGB), denn wer in einen Kegelclub eintritt, will nicht in der nächsten Woche in einem Angelclub sein. Beispiel:

In dem Segelclub »Ahoi« beschloß die Mehrheit der Mitglieder die Umwandlung des Segelclubs in einen Ruderclub. Gegen den Willen der ablehnenden Minderheit setzte die Mehrheit ihren Willen durch, indem sie anfing, die Segelboote zu veräußern und das Clubgelände umzugestalten.

Die Minderheit kann gegen die Mehrheit auf Herausgabe des Vereinsvermögens und Ersatz des Schadens klagen, der durch die Veräußerung der Boote und die Umbauten entstanden ist.

Die Rechtslage ist folgendermaßen zu betrachten:

Die Zweckänderung hat keine Einstimmigkeit gefunden und war daher nichtig. In dem Verhalten der Mehrheit, die den nichtigen Beschluß zwangsweise durchführte, muß man eine Austrittserklärung dieser Mehrheit sehen, die sich aus dem weiterbestehenden Segelclub herauslöste.

Der Segelclub besteht also nur noch aus der Minderheit. Sie allein ist berechtigt, den Verein zu repräsentieren und zu vertreten. Die ausgeschiedene Mehrheit stellt eine Anzahl fremder Personen dar, die sich eigenmächtig des Vereinsvermögens bemächtigt und darauf eingewirkt haben. Der Segelclub »Ahoi« kann demnach durch seinen Vorstand die Herausgabe des Vereinsvermögens und Ersatz der Beschädigung verlangen.

Die Organe

Der Verein ist eine gedachte Person, es gibt ihn ja nicht als Gestalt. Die Funktionen, die bei den natürlichen Personen die menschlichen Organe verrichten, müssen bei der juristischen Person einzelne natürliche Menschen ausüben. Man nennt diese Menschen daher auch Organe der juristischen Person.

Die gesetzliche Bezeichnung für eines dieser Organe des Vereins ist: Vorstand. In der Verfassung des Staates ist das entsprechende Organ die Regierung. Was der Vorstand tut, wenn er in seiner Eigenschaft als Vorstandsmitglied handelt, wird juristisch so betrachtet, als hätte der Verein selbst gehandelt. Dies gilt einmal für Verträge und sonstige Rechtsgeschäfte, die der Verein tätigt. Erwirbt der Vorstand im Namen des Vereins ein Grundstück, einen Tisch oder eine Forderung, so werden diese Rechtsstellungen von dem Verein und nicht von dem Vorstandsmitglied erworben.

Andererseits wird ein unerlaubtes Verhalten des Vorstandes in seiner Eigenschaft als Organ des Vereins so betrachtet, als hätte der Verein selbst diese unerlaubte Handlung begangen. Das Vereinsvermögen haftet also dem Verletzten. Stellen wir uns folgenden Fall vor:

Bei einer Segelregatta ordnet der Vorstand eine derartig unzweckmäßige Aufstellung des Startböllers an, daß beim Abfeuern ein Schiedsrichter verletzt wird. Der Schiedsrichter kann von dem Verein Schadensersatz verlangen, als habe dieser selbst den verhängnisvollen Schuß abgegeben (§ 31 BGB).

Die Bedeutung dieser Rechtsbestimmung wird besonders klar, wenn man sich folgende Abwandlung des Falles vorstellt: Nehmen wir an, daß der Vorstand eine ordnungsgemäße Aufstellung des Böllers angeordnet hat. Kurz vor dem Abschuß ändert der mit dem Abfeuern betraute Jungmann eigenmächtig die Stellung des Böllers und richtet dadurch das Unheil an.

Auf den Jungmann als Kanonier findet der § 31 BGB keine Anwendung, denn er ist kein Organ oder sonstiger besonderer Vertreter des Vereins. Für sein Verhalten gilt der § 831 BGB, der folgendes besagt: Bestellt jemand einen anderen zu irgendeiner Verrichtung, so muß er sich dessen schuldhaftes Verhalten als eigenes anrechnen lassen, wenn er nicht nachweist, daß er diesen Verrichtungsgehilfen ordnungsmäßig und sorgfältig ausgewählt und ebenso überwacht hat.

Auf unseren Fall übertragen heißt das: Der Verein hat durch seinen Vorstand den Jungmann zur Bedienung der Kanone bestellt. Der Jungmann ist also Verrichtungsgehilfe des Vereins. Der Verein braucht sich sein Verhalten nur dann anrechnen zu lassen, wenn er sich nicht exkulpieren (entschuldigen) kann. In unserem Fall kann dies der Verein. Ein im Regattadienst ausgebildeter Jungmann kann durchaus mit der geschilderten Aufgabe betraut werden. Es genügt auch, daß der Vorstand die nötigen Anweisungen gibt und sich vom richtigen Stand der Dinge überzeugt. Mit der plötzlichen Eigenmächtigkeit des Jungmannes brauchte er nicht zu rechnen.

Der nicht eingetragene Verein

Es gibt auch Zusammenschlüsse von Menschen, die ebenso organisiert sind wie der vorstehend behandelte rechtsfähige Verein, ohne daß diese Vereinigung eine Rechtsfähigkeit erlangt und erstrebt hat. Man spricht dann von einem nicht rechtsfähigen Verein. Er ist nicht etwa identisch mit der Gesellschaft des bürgerlichen Rechts. Unter einer Gesellschaft versteht man eine Vereinigung meist nur weniger Personen, die sich zwar zur Erreichung eines bestimmten Zweckes zusammentun, aber von vornherein beabsichtigen, unter sich zu bleiben. Es wird also beim Gründungsakt gerade nicht vorgesehen, daß möglichst viele weitere Mitglieder nach und nach hinzukommen, sondern die Gemeinschaft der wenigen Gründer will zusammenbleiben.

Eine solche Gesellschaft braucht daher auch keine körperschaftliche Verfassung, zum Beispiel keinen Vorstand. Sie ist auf die individuelle persönliche Beziehung der Gesellschafter eingestellt. Der sogenannte nicht rechtsfähige Verein hingegen hat dieselbe Verfassung wie der rechtsfähige Verein, nur daß er keine von seinen Mitgliedern unabhängige »juristische Person« bildet und auch in kein Vereinsregister eingetragen wird (§ 54). Träger der für den Vereinszweck zusammengebrachten Vermögenswerte können nur die Mitglieder sein. Erwerben sie also für ihren Verein ein Grundstück, so müssen sämtliche Vereinsmitglieder im Grundbuch eingetragen werden. Dies würde zu der Groteske führen, daß als Eigentümer eines Grundstückes 40 bis 50 oder noch mehr Personen eingetragen werden müssen. Das praktische Leben hilft sich hier anders.

Nehmen wir etwa die studentische Verbindung. Diese Verbindungen sind fast ausschließlich nicht rechtsfähige Vereine. Aber sie haben in der Hinterhand immer eine juristische Person, mit der sich einfacher operieren läßt. Dies ist die sogenannte »Altherrenschaft«. Sie ist bei jeder Verbindung als rechtsfähiger Verein gebildet und im Vereinsregister eingetragen. Diese Altherrenschaft als juristische Person ist Trägerin der Vermögenswerte der Verbindung.

Da es bei einem nicht rechtsfähigen Verein keine von den Mitgliedern verschiedene juristische Person gibt, treffen die Schulden, die für den Gesellschaftszweck gemacht werden, die einzelnen Mitglieder. Nehmen wir folgenden Fall an: Eine studentische Verbindung will ein großes Fest veranstalten und mietet zu diesem Zweck einen ganzen Gasthof für eine Woche. Der Vorstand schließt im Namen der Verbindung, das heißt also im Namen der zur Korporation gehörenden Studenten, den Mietvertrag, der einen Mietpreis von 2000,– Euro vorsieht. Die Rechtslage ist so anzusehen, als hätten die Studenten gemeinschaftlich handelnd mit dem Gastwirt den Mietvertrag geschlossen. Nun bestimmt der § 427 BGB folgendes: Verpflichten sich mehrere zu einer teilbaren Leistung, so haften sie als Gesamtschuldner. Dies bedeutet, daß der Vertragspartner den Mietpreis in voller Höhe gegen jeden Studenten geltend machen könnte.

Um ein solches gefährliches Ergebnis für das einzelne Mitglied eines nicht rechtsfähigen Vereins zu vermeiden, hat die Rechtsprechung folgenden Rechtsstandpunkt eingenommen: Wer einem nicht rechtsfähigen Verein beitritt, will, genau wie beim rechtsfähigen Verein, nur einer Vertretungsmacht zustimmen, die ihn in Höhe seiner Beiträge verpflichten kann. Da der Vorstand also nicht mehr Vertretungsmacht hat, so kann er auch nicht mehr Wirkungen erreichen. Gewissermaßen hat also der Senior der Verbindung zu dem Gastwirt folgendes gesagt: »Ich miete im Namen meiner Verbindungsangehörigen den Gasthof. Ich habe aber nur die Vertretungsmacht, jeden meiner Verbindungsangehörigen in Höhe seines Beitrages beziehungsweise des Vereinsvermögens zu verpflichten.« Und der Gastwirt erklärt: »Gewiß, mein Lieber, das weiß ich und ich bin damit einverstanden.«

Es ist deshalb kein größeres Risiko, einem nicht rechtsfähigen Verein beizutreten als einem rechtsfähigen.

Haftung des Vorstandes

Begeht der Vorstand eines nicht rechtsfähigen Vereins eine unerlaubte Handlung, so haftet grundsätzlich nur er selbst.

Hätte es sich in dem vorstehend behandelten Fall (Böllerschuß) bei der Regatta um einen nicht rechtsfähigen Verein gehandelt, so hätte die Unachtsamkeit des Vorstandes keine Haftung des »Vereins«, das heißt seiner Mitglieder, herbeigeführt. Nach herrschender Ansicht gilt § 31 BGB auch für den nicht rechtsfähigen Verein, aber mit der Maßgabe, daß nur das Vereinsvermögen haftet. Und dies ist auch sehr vernünftig. Schließlich will niemand durch den Beitritt zu einer Personenvereinigung das Risiko eingehen, durch Fehler der Vereinsorgane in Schulden zu geraten, deren Höhe unbegrenzt ist. Bei dem rechtsfähigen Verein ist das Sicherheitsventil hiergegen, daß die einzelnen Mitglieder ja nicht verpflichtet werden, sondern die »juristische Person Verein«. Da das bei dem nicht rechtsfähigen Verein gerade nicht der Fall ist, so muß dies dadurch ausgeglichen werden.

Die Stiftung

Aus vielerlei Gründen kommt die Gründung einer Stiftung in Betracht (§§ 80 ff. BGB).

Sie kann aus mildtätigen oder gemeinnützigen Gründen interessant sein oder um ein Familienvermögen für die zukünftige Generation zu erhalten und Erträge zu sichern. Auch kann eine Stiftung Unternehmensträger sein. Paul Jedermann will wissen, ob er einen Teil seines kürzlich ererbten Vermögens in eine Stiftung einlegen soll und was dies für Vorteile hat. Es ist zunächst grundlegend festzuhalten, daß meistens Fragen des Steuerrechts hier eine große Rolle spielen und außerdem lohnt sich der Aufwand einer Stiftung nur bei sehr großen Geldbeträgen.

Die Stiftung bedarf zur Erlangung ihrer Rechtsfähigkeit der steuerlichen Anerkennung. Dafür gibt es in jedem Land eine Stiftungsaufsicht, die in Hessen zum Beispiel beim Regierungspräsidenten in Darmstadt liegt. Die Stiftung muß eine Satzung haben und Stiftungsorgane benennen, wie zum Beispiel einen Vorstand und einen Beirat. Stiftungen werden häufig testamentarisch errichtet.

Für die sehr komplizierten Einzelheiten ist eine Rechtsberatung und eine Vorsprache bei der Stiftungsbehörde unerläßlich.

Die Gesellschaft des BGB

Paul Jedermann sieht sich nach einem neuen Erwerb um. Ein Bekannter von ihm betreibt einen Spirituosenhandel und braucht einen Teilhaber. Jedermann will sich mit einer Geldeinlage und seiner Arbeitskraft beteiligen.

In einem solchen Falle muß zwischen Jedermann und seinem Bekannten eine Gesellschaft geschlossen werden. Dies klingt auf das erste befremdlich, da es sich doch um einen kaufmännischen Betrieb handelt und man an handelsrechtliche Gesellschaftsformen denkt, wie zum Beispiel die offene Handelsgesellschaft (OHG). Kleinbetriebe werden in der Regel für eine Partnerschaft nur die Form der bürgerlich-rechtlichen Gesellschaft wählen, obwohl sie grundsätzlich auch eine Handelsgesellschaft gründen können. Dies hat bedeutsame Konsequenzen. Die bürgerlich-rechtliche Gesellschaft wird in kein Register eingetragen. Sie kann zwar nunmehr unter ihrem Namen klagen oder verklagt werden. Aber beim Abschluß von Verträgen oder bei sonstigen Rechtsgeschäften müssen die Gesellschafter alle insgesamt auftreten, soweit sie nicht ausdrücklich einem oder einzelnen Gesellschaftern Vertretungsmacht (Vollmacht) geben. Anders dagegen bei der offenen Handelsgesellschaft. Hier ist von vorneherein jeder Gesellschafter geborener Vertreter. Wenn im Gesellschaftsvertrag nichts anderes bestimmt ist, so kann jeder OHG-Gesellschafter im Namen der Gesellschaft Erklärungen abgeben, Verträge schließen usw.

Die bürgerlich-rechtliche Gesellschaft ist also schwerfälliger als die entsprechende Gesellschaft des Handelsrechts. Will man sie für einen Gesellschaftsbetrieb nutzen, so muß man ihr durch entsprechende Bestimmungen im Gesellschaftsvertrag die notwendige Beweglichkeit verschaffen. In den vorstehend behandelten Fällen der Gesellschaft und des nichtrechtsfähigen Vereins handelt es sich um bewußte, freiwillige Zusammenschlüsse von Personen, die für die Zukunft einen gemeinsamen Zweck verfolgen. Darum ergibt sich auch die enge Bindung hinsichtlich des gemeinschaftlichen Vermögens, die sogenannte »Gesamthand«. Grundsätzlich haften alle Gesellschafter persönlich. Es gibt auch nach neuer Rechtsprechung keine Möglichkeiten der Haftungsbegrenzung auf das Gesellschaftsvermögen.

Ein ausscheidender Gesellschafter einer BGB-Gesellschaft haftet noch fünf Jahre für die Schulden der Gesellschaft (§ 736 Abs. 2). Wenn nichts anderes vereinbart ist, hat der ausscheidende Gesellschafter einen Anspruch auf Ausgleich der anteiligen stillen Reserven inklusive des sogenannten »good will« (Ertragskraft der Gesellschaft). Je nach Betrachtungsweise ist es also sehr günstig oder sehr gefährlich, in einer solchen BGB-Gesellschaft zu sein. Andererseits ist diese Rechtsform so flexibel und kann vertraglich (mit Ausnahme der Haftung gegenüber Dritten) so frei gestaltet werden, daß zahlreiche Wirtschaftsbetätigungen in dieser Form erfolgen: zum Beispiel Grundstücksgesellschaften, Bauprojekte (ARGE) oder Arzt-, Anwalts- und Architektenbüros.

Die Gemeinschaft

Es ist aber auch denkbar, daß Personen in eine länger andauernde Rechtsbindung geraten, ohne daß sie diese bewußt herbeigeführt haben. Wenn zwei Spaziergänger im gleichen Augenblick eine verlorene Sache finden, so stehen beide dem Verlierer gemeinschaftlich als Finder gegenüber. Wenn zwei Erwerber sich zusammentun und ein Grundstück kaufen, so liegt wiederum eine gemeinsame Rechtsstellung vor, ohne daß eine Gesellschaft gegeben ist. Das Gesetz spricht hier von einer »Gemeinschaft nach Bruchteilen«. Diese – im praktischen Leben nicht häufige – Bruchteilgemeinschaft unterscheidet sich von den Gesamthandgemeinschaften wie folgt:

Da sich die Beteiligten nicht zur Erreichung eines bestimmten Zweckes vereinigt haben, kann sich jeder einzelne beliebig aus der Gemeinschaft lösen. Er kann entweder seinen Bruchteilsanspruch an einen anderen veräußern oder eine Aufhebung der Gemeinschaft verlangen, notfalls durch Versteigerung. Bis auf die gemeinsame Verwaltung eines gemeinschaftlichen Vermögensstückes haben die Teilhaber keine Beziehungen. Insbesondere ist der eine nicht Vertreter des anderen, kann ihn also auch nicht durch eine Handlung oder durch ein Rechtsgeschäft verpflichten.

Man kann eine solche Bruchteilgemeinschaft auch vereinbaren. Dies geschieht häufig hinsichtlich des Eigentums an Grundstücken. Wenn Erbengemeinschaften sich auseinandersetzen, so vereinbaren sie häufig hinsichtlich der Grundstücke ein Miteigentum nach Bruchteilen. Hierfür gelten dann die besonderen Bestimmungen der §§ 1008 ff. BGB.

Hierbei ist folgendes zu beachten: Besteht bei einer Sache eine Bruchteilgemeinschaft unter mehreren Personen, so werden sie gewöhnlich die gemeinsame Nutzung der Sache irgendwie vereinbaren. Die beiden als Mieter in ein Zimmer eingewiesenen Reisenden werden sich hinsichtlich der Benutzung der Schränke, Betten usw. einigen. Tauscht jetzt einer von ihnen das Zimmer, so ist sein Nachfolger an diese Vereinbarungen gebunden.

Anders ist es jedoch hinsichtlich des Miteigentums an Grundstücken. Nehmen wir an, daß sich zwei Familien, die Miteigentümer eines Zweifamilienhauses nach Bruchteilen sind, dahin geeinigt haben, daß Familie A. den ersten Stock und Familie B. das Parterre bewohnen soll. Veräußert nun A. den Bruchteilanteil an C., so ist dieser an die Vereinbarung nur dann gebunden, wenn sie im Grundbuch eingetragen war (§ 1010 BGB).

Die Verwahrung

Paul Jedermann hat mit viel Mühe und Liebe eine Briefmarkensammlung aufgebaut, in der sich recht wertvolle Einzelstücke und Sätze befinden. Als er in Urlaub fährt, bittet er seine Nachbarin, Frau Hartherz, die Briefmarkensammlung für ihn in Verwahrung zu nehmen, da niemand während der Urlaubsabwesenheit die Jedermannsche Wohnung hütet. Frau Hartherz sagt bereitwillig zu und betrachtet öfter die hübsche Sammlung.

Als sie eines Tages mit dem Briefmarkenalbum auf dem Balkon sitzt, wird sie von einem Gewitter überrascht. Sie beeilt sich, ihre eigenen Sachen vor dem Regenguß in Sicherheit zu bringen, läßt aber die Briefmarkensammlung auf einem Stuhl liegen. Die schöne Sammlung wird durchnäßt. Einige wertvolle Marken sind verdorben. Frau Hartherz gibt die Sammlung an Jedermann nach dessen Rückkehr mit vielen Entschuldigungen zurück, weigert sich aber, für die verdorbenen Stücke Ersatz zu leisten. Sie meint, daß aus derartigen Gefälligkeiten keine Verpflichtungen entstehen könnten.

Doch hier irrt sie. Mit ihrem Nachbarn hat sie nämlich einen unentgeltlichen Verwahrungsvertrag geschlossen, aufgrund dessen sie gemäß § 690 BGB für diejenige Sorgfalt einzustehen hat, welche sie in eigenen Angelegenheiten anzuwenden pflegt. Bei ihren eigenen Sachen war sie recht sorgfältig gewesen. Sie hatte sie vor dem Regenguß in Sicherheit gebracht. Demnach muß sie jetzt auch ihrem Nachbarn den Wert der verdorbenen Briefmarken ersetzen.

Es kann aber auch für den Hinterleger die Pflicht entstehen, dem Verwahrer einen Schaden zu ersetzen. Dies kann zum Beispiel sein, wenn der gutmütige Paul von einem Bekannten, der beruflich einige Zeit ins Ausland gehen muß, einen Dobermann in Verwahrung nimmt. In diesem Fall stellt der Eigentümer des Hundes einen gewissen Geldbetrag für die Verpflegung des Tieres zur Verfügung, was auch in § 693 BGB vorgesehen ist. Ein Hinterleger muß nämlich dem Verwahrer die Aufwendungen ersetzen, die den Umständen nach erforderlich sind. Es kann aber auch noch ein Schadensersatzanspruch entstehen, wenn zum Beispiel der Hundehalter vergißt, darauf hinzuweisen, daß der Hund in letzter Zeit bißwütig und schreckhaft geworden ist und schon mehrfach Menschen gebissen hat, die mit ihm im engeren Kontakt leben. Wenn dann der Hund durch eine plötzliche Bewegung erschreckt wird und jemanden beißt, muß der Eigentümer des Hundes gemäß § 694 BGB für die Folgen des Bisses und die Kosten der ärztlichen Behandlung aufkommen.

Spiel, Wette

Paul Jedermann spielt mit einigen Freunden regelmäßig Skat. Der Freund Fritz hat mehrmals verloren und versprochen, in Kürze seine Spielschuld zu bezahlen, was er aber nicht tut.

Jedermann kann ihn nicht verklagen. Die Spielschuld ist eine sogenannte Naturalobligation, das heißt eine nichteinklagbare Verbindlichkeit. Wenn Fritz allerdings seine Spielschuld bezahlt, so kann er nicht einige Tage später das Gezahlte mit der Begründung zurückverlangen, daß er ja gar nichts geschuldet habe. Spielschulden sind Ehrenschulden, das heißt, man verläßt sich darauf, daß der Verlierer so anständig sein wird, seinen Verlust zu bezahlen. Es nützt auch nichts, wenn man sich von dem Verlierer einen Schuldschein ausstellen läßt, dieser ist gleichfalls nicht einklagbar. Stellt der Verlierer allerdings über die Schuldsumme einen Wechsel aus und gibt man diesen an einen eigenen Gläubiger weiter, so kann dieser den Wechsel geltend machen, da die Einrede der Nichtklagbarkeit dem neuen Wechselinhaber gegenüber nicht greift.

Paul Jedermann liest in einer Tageszeitung folgende Annonce einer Firma, die Kunden sucht:

> ## Be – fix – kle – das – ist – ler – ste – al – be –.
> Wer diese Silben richtig zusammensetzt, erhält 200,– Euro.
> Sollten mehrere richtige Lösungen eingehen, so entscheidet das Los.

Jedermann setzt scharfsinnig den Satz zusammen: »Klebefix ist das Allerbeste.« Er schickt seine Lösung ein, hört aber daraufhin nichts weiter. Es hat den Anschein, als läge hier ein Preisausschreiben, also eine Auslosung vor. Von einem Preisausschreiben kann aber nur die Rede sein, wenn ein ernsthafter Wettbewerb beabsichtigt ist. Eine so einfache, primitive Aufgabe kann fast jeder lösen. Die Firma, die mit diesem Mittel Reklame für sich machen will, weiß selbstverständlich, daß unzählige richtige Lösungen eingehen werden und daß daher das Los unter der Vielzahl der Bewerber entscheiden muß. Es liegt daher kein Preisausschreiben, sondern eine Lotterie vor.

Ein Lotterievertrag ist aber gemäß § 763 BGB nur dann verbindlich, wenn er staatlich genehmigt ist. Ohne eine solche Genehmigung hat Jedermann keinerlei Anspruch auf die ausgesetzten 200,– Euro.

Jedermann setzt sich abends mit einem Bekannten und dessen Freundin zusammen und füllt gemeinsam einen Lottozettel der staatlichen Lotterie aus. Der Tip kommt im dritten Rang mit einigen 1000,– Euro Gewinn heraus. Muß Jedermann etwas von dem Gewinn abgeben? Der Gesellschaft gegenüber ist allein derjenige berechtigt, der den Tipzettel mit seinem Namen ausgefüllt hat. Ob und inwieweit er anderen Personen gegenüber verpflichtet ist, hängt von folgendem ab: Man muß aus den Umständen entnehmen, ob ein Vertrag, und zwar ein Gesellschaftsvertrag, vorliegt oder nicht. Das Hauptargument hierfür wird die Beteiligung am Geldeinsatz sein.

Hat jeder der Beteiligten den gleichen Betrag für den Einsatz zugezahlt, so muß man auf das Vorliegen eines Gesellschaftsvertrages mit gleicher Gewinnbeteiligung schließen. Werden einem Tipper lediglich von dritter Seite beiläufig ein paar Ratschläge gegeben, so wird man hierin nur eine freundschaftliche Gefälligkeit erblicken, die keinerlei Ansprüche auslöst.

Die Bürgschaft

90 Paul Jedermann kauft seine Lebensmittel im Geschäft des Kaufmanns Knapp. Das Geschäft befindet sich in Schwierigkeiten, und die Lieferanten wollen nicht mehr auf Kredit Waren liefern. Als Knapp dringend auf eine Lieferung angewiesen ist, sagt die Ehefrau Knapp zu dem Lieferanten Groß: »Wenn Sie meinem Mann die erbetene Warenlieferung gewähren, stehe ich für die Zahlung dieser Schuld ein.« Frau Knapp hat eigenes Vermögen, so daß der Lieferant dadurch veranlaßt wird, dem Ehemann Knapp Waren im Werte von 2000,– Euro auf Kredit zu liefern. Knapp kann aber nichts bezahlen und fällt dann in Insolvenz. Nunmehr nimmt Groß Frau Knapp auf die 2000,– Euro in Anspruch.

Frau Knapp könnte auch tatsächlich als Bürgin in Anspruch genommen werden. Dies scheitert aber daran, daß die Bürgschaftserklärung gemäß § 766 BGB schriftlich erklärt werden muß. Auch die elektronische Form reicht nicht aus. Nur ein Kaufmann kann gemäß §§ 350 ff. HGB eine Bürgschaft mündlich wirksam abgeben.

Frau Knapp ist aber kein Kaufmann. Es besteht jedoch die Möglichkeit, in der Erklärung der Frau Knapp eine sogenannte kumulative Schuldübernahme zu sehen. Sie ist als eine Art der selbständigen Schuldübernahme anzusehen (§§ 414 ff.). Diese bedarf nicht der Form des § 766 BGB, sondern ist auch mündlich wirksam.

Diese sogenannte »Schuldmitübernahme« verlangt aber ganz besondere enge Voraussetzungen. Die Rechtsprechung bejaht ihr Vorliegen nur in solchen Fällen, bei denen der Beitretende ein eigenes wirtschaftliches Interesse daran hat, daß das Darlehen gewährt wird. Ein rein persönliches Interesse, zum Beispiel ein Freund möchte einem anderen helfen, würde nicht genügen. Hingegen wird man in dem vorstehenden Fall ein eigenes wirtschaftliches Interesse der Ehefrau bejahen können. Nicht nur ihr Unterhaltsanspruch gegen ihren Ehemann hängt von dem Fortbestand des Geschäftes ab, sie ist auch unmittelbar an dem Fortbestand des Geschäftes interessiert, da sie im Falle seines Todes als seine Erbin Inhaberin des Geschäftes werden würde.

Der Garantievertrag

Keine Bürgschaft ist der sogenannte Garantievertrag. Er kann daher formlos geschlossen werden. Er liegt etwa im folgenden Fall vor:

Die Segelfliegergruppe S. bittet eine Luftfahrtgesellschaft, sie möchte doch den Zeppelin einmal in der Stadt S. landen lassen, damit die Bevölkerung das Luftschiff aus der Nähe betrachten könne. Die Luftfahrtgesellschaft macht geltend, daß eine solche Landung durch Errichtung von Landeanlagen usw. Kosten im Werte von etwa 20 000,– Euro verursachen würde. Daraufhin erklärt die Segelfliegergruppe, daß dieser Betrag ja durch eine Besichtigungsgebühr der Besucher sicher hereinkommen würde. Für eine etwaige Differenz stehe die Segelfliegergruppe ein.

Am Tag der Landung findet jedoch eine Sportveranstaltung statt, so daß sich keine Besucher für das Luftschiff finden. Die Luftfahrtgesellschaft nimmt die Segelfliegergruppe für den Ausfall von 18 000,– Euro in Anspruch. Sie tut dies mit Recht, da der mit der Segelfliegergruppe geschlossene Garantievertrag formlos gültig ist.

Umfang der Haftung des Bürgen

Für den Umfang der Schuld des Bürgen ist die Hauptschuld maßgebend. Wenn sich also Jedermann für eine Schuld seines Freundes Fritz in Höhe von 1000,– Euro verbürgt hat, so ist er noch nicht sicher, daß es bei der Summe von 1000,– Euro bleibt. Erfüllt Fritz seine Schuld nicht rechtzeitig, so hat möglicherweise der Gläubiger infolge dieses Verzuges Schadensersatzansprüche, aufgrund deren er nicht mehr 1000,– Euro, sondern 1500,– Euro fordern kann. Dann haftet der Bürge für diesen Betrag.

Grundsätzlich kann der Bürge erst dann in Anspruch genommen werden, wenn der Gläubiger versucht hat, aus dem Vermögen des Hauptschuldners eine Befriedigung zu erlangen. Handelt es sich um eine Bürgschaft für eine Geldforderung, so muß die Zwangsvollstreckung in die beweglichen Sachen erst vergeblich versucht worden sein. Diese Einrede der Vorausklage steht dem Bürgen allerdings nicht zu, wenn der Hauptschuldner in Insolvenz geraten ist oder wenn anzunehmen ist, daß die Zwangsvollstreckung in das Vermögen des Hauptschuldners offensichtlich ohne Erfolg ist. Schließlich steht dem Bürgen die Einrede der Vorausklage auch dann nicht zu, wenn er ausdrücklich auf sie verzichtet hat. Dies ist insbesondere dann anzunehmen, wenn er sich als »selbstschuldnerischer« Bürge verpflichtet hat. In all diesen Fällen kann der Gläubiger also von vornherein den Bürgen in Anspruch nehmen, ohne vorher den Hauptschuldner verklagen zu müssen. Der Bürge hat im übrigen alle Einreden des Hauptschuldners gegen die Schuld, zum Beispiel, daß die Schuld anfechtbar ist oder gegen eine Gegenforderung aufgerechnet werden kann (§ 770).

Rückgriff

Hat der Bürge an den Gläubiger gezahlt, so kann er seinerseits von dem Schuldner die Rückerstattung des von ihm gezahlten Betrages verlangen. Dieses Problem soll uns der nachfolgende Fall erläutern:

Paul Jedermann verbürgt sich für die Schuld seines Freundes Fritz in Höhe von 1000,– Euro gegenüber dem Gläubiger Glatt. Gleichzeitig verpfändet ein gemeinsamer Bekannter Bernd für diese Schuld ein Gemälde an Glatt. Als der Fälligkeitstag herangekommen ist, zahlt Jedermann, weil Fritz kein Geld hat.

Durch diese Zahlung geht einmal die Forderung des Gläubigers Glatt gegen Fritz auf Jedermann über. Dies hat ferner die Wirkung, daß ihm nunmehr das Pfandrecht des Glatt an dem Gemälde des Bernd zusteht. Er wird daher mit Hilfe dieses Pfandstückes wohl zu seinem Geld kommen.

Der Bekannte Bernd wäre auch dann schlechter dran, wenn er anstelle des Jedermann den Gläubiger befriedigt, da ihm die Rechtsprechung einen Rückgriff auf den Bürgen nicht zubilligen will.

Vertrag zugunsten Dritter

Die Frau des Hoteliers Ritter ist schwer erkrankt. Er ruft einen in der benachbarten Stadt wohnenden Facharzt an und bittet ihn, sofort zu kommen. Als dieser erklärt, er käme mit seinem Pkw nicht durch die hohen Schneeverwehungen, erwidert Ritter, er werde für einen Transport sorgen. Ritter setzt sich mit dem Taxiunternehmer Schnell in Verbindung und vereinbart mit ihm, daß der Arzt sofort geholt wird. Schnell schickt ein Spezialfahrzeug in die Stadt, den Arzt zu holen. Auf der Fahrt schläft der übermüdete Fahrer K. ein, das Auto gerät in einen Graben und stürzt um. Der Arzt ist erheblich verletzt. Von wem kann er Schadensersatz verlangen?

Nicht von Ritter. Mit ihm hat er einen Werkvertrag zur Behandlung der Ehefrau geschlossen. Die Erklärung des Hoteliers, er werde für eine Transportmöglichkeit des Arztes sorgen, ist nicht etwa ein Beförderungsvertrag. Ritter hat sich nicht verpflichtet, selbst die Beförderung durchzuführen. Er hatte lediglich die Verpflichtung übernommen, eine Beförderungsmöglichkeit ausfindig zu machen. Seine Verantwortung lag darin, daß er einen geeigneten Unternehmer ausfindig machen würde, und das hat er getan. Der Transport selbst ging ihn nichts mehr an.

Gegen den Fahrer hat der Arzt einen Anspruch aus unerlaubter Handlung, weil dieser durch sein fahrlässiges Verhalten den Unfall verursachte. Der Schadensersatzanspruch gegen ihn ist aber praktisch bedeutungslos. Fraglich ist, ob sich der Arzt an das Taxiunternehmen halten kann.

Ein Anspruch aus unerlaubter Handlung aus § 823 BGB ist nicht gegeben, da den Taxiunternehmer kein Verschulden trifft. Nach § 831 BGB muß zwar jeder Unternehmer für die rechtswidrigen Handlungen seines Personals einstehen, die dieses bei Ausübung ihrer Verrichtung begeht. Jedoch entfällt die Haftung für diese Verrichtungsgehilfen dann, wenn der Unternehmer beweist, daß er eine sorgfältige Auswahl getroffen und sein Personal laufend überwacht hat. Dies ist hier wohl zu unterstellen.

Anders wäre es, wenn zwischen dem Arzt und Schnell ein Vertrag bestünde. Denn dann wäre der Fahrer Erfüllungsgehilfe des Schnell innerhalb seines Vertrages mit dem Arzt. In diesem Falle müßte er gemäß § 278 BGB das Verschulden des Fahrers als Erfüllungsgehilfen wie eigenes Verschulden gegen sich gelten lassen. Hier könnte sich Schnell also nicht darauf berufen, daß er den Fahrer ordnungsgemäß ausgewählt und überwacht habe. Ob nun eine solche vertragliche Beziehung zwischen Schnell und dem Arzt besteht, hängt davon ab, ob man die Vereinbarungen zwischen dem Hotelier und Schnell als einen Vertrag zugunsten des Arztes ansehen kann.

Dies setzt voraus, daß Schnell mit seiner Erklärung, den Arzt abzuholen, sich auch dem Arzt gegenüber verpflichten wollte. Bejaht man dies, so hatte der Arzt selbst einen Anspruch auf die ordnungsmäßige Erledigung der Beförderung und Schnell muß für seinen Fahrer einstehen.

Kann man dagegen einen solchen Verpflichtungswillen des Taxiunternehmers nicht annehmen, so besteht eine Verpflichtung des Taxiunternehmers nur dem Hotelier gegenüber, nicht aber auch dem Arzt. In diesem Fall ergibt sich das folgende merkwürdige Bild:

Der Unternehmer ist für eine Vertragsverletzung gegenüber dem Hotelier verantwortlich und schadensersatzpflichtig. Hotelbesitzer Ritter hat jedoch keinen Schaden aus dieser Vertragsverletzung. Der Arzt wiederum hat zwar einen Schaden, aber keine vertragliche Beziehung zu Schnell.

Man hilft sich hier wiederum mit der bereits oben dargelegten Konstruktion der Drittschadensliquidation, das heißt, man konstruiert folgendermaßen: Der Vertragspartner Ritter kann aufgrund der Verletzung seines Vertrages den in der Person des Arztes entstandenen Schaden geltend machen. Er kann also darauf klagen, daß dem Arzt der Schaden ersetzt wird. Zweckmäßigerweise wird Ritter diesen Anspruch an den Arzt abtreten, so daß er dann selbst den Schaden einklagen kann.

Es gibt aber auch viele echte Verträge zugunsten Dritter, wenn Jedermann zum Beispiel mit einem Freund vereinbart, daß dieser seiner Ehefrau ein Darlehen zu einem günstigen Zins gibt. Dann hat die Ehefrau daraus einen eigenen Anspruch, ohne Vertragspartner zu sein (§ 328 BGB).

Das Treppenhaus und seine Benutzer

Einen Vertrag zugunsten Dritter nimmt man heute in großem Umfang im Alltag an. So ist zum Beispiel der Vermieter einer Wohnung aus dem Mietvertrag nicht nur dem den Vertrag unterzeichnenden Haushaltsvorstand gegenüber vertraglich verpflichtet, sondern auch sämtlichen Familienangehörigen des Mieters und auch dessen Dienstpersonal gegenüber. Nicht dagegen gegenüber Besuchern, Lieferanten und dergleichen. Dies ist sehr wichtig für den Fall, daß zum Beispiel jemand im Treppenhaus dadurch zu Schaden kommt, daß er über einen Treppenläufer stolpert, den das Personal des Vermieters fahrlässigerweise schlecht gelegt hat. Man macht sich dies am besten am folgenden Beispiel klar: Über den schlecht gelegten Treppenläufer stürzen

a) der Sohn des Mieters,

b) ein Besucher des Mieters.

Der Sohn des Mieters hat über § 278 BGB einen Schadensersatzanspruch gegen den Vermieter. Da der Sohn des Mieters in die Vertragsbeziehungen mit dem Vermieter einbezogen ist, stellt sich das Teppichlegen ihm gegenüber als eine Erfüllungshandlung des Vermieters durch das Hauspersonal als Erfüllungsgehilfen dar. Ihr Verschulden wird so angesehen, als träfe den Vermieter selbst ein Verschulden.

Der Besucher steht zu dem Hauswirt in keinerlei vertraglicher Beziehung. Das Teppichlegen kann ihm gegenüber also keine Erfüllungshandlung hinsichtlich eines Vertrages sein. Nun haftet zwar der Hauswirt für die Tätigkeit seiner Angestellten als Verrichtungsgehilfen gegenüber jedem. Jedoch entfällt hier die Haftung des Hauswirts, wenn er nachweist, daß er diese Verrichtungsgehilfen sorgfältig ausgewählt und überwacht hat.

Das fahrlässig handelnde Personal haftet selbstverständlich sowohl dem Besucher als auch dem Sohn des Mieters direkt, jedoch ist ein solcher Anspruch praktisch nie zu verwirklichen.

Aufrechnung

Mutwilliger Schaden und Arbeitslohn

Paul Jedermanns Onkel hat als Haushaltshilfe die ungeschickte Irma Ruppig. Eines Tages zerbricht Irma aus Versehen die große Kanne des Meißner Kaffeeservices. Als Onkel Otto sie deswegen erbost zur Rede stellt und fragt, wie sie denn das nur gemacht habe, antwortet sie schnippisch: »So« und kippt ihm das restliche auf dem Tablett befindliche Geschirr ebenfalls vor die Füße. Onkel Otto will der Ruppig so lange keinen Lohn bezahlen, bis er den Wert des zerbrochenen Geschirrs wieder hat. Irma Ruppig erklärt, dies sei nicht möglich, da sie ja dann keinerlei Geld habe und unbedingt verreisen müsse.

Onkel Otto braucht ihr so lange keinen Lohn zu zahlen, bis der Wert des vom Tablett geschütteten Geschirrs ersetzt ist. Die Kanne braucht Irma Ruppig allerdings nicht zu bezahlen.

Geldforderungen können gegeneinander aufgerechnet werden. Hier hat Irma ihre Lohnforderung und umgekehrt Onkel Otto die Gegenforderung wegen Vertragsverletzung und unerlaubter Handlung. Gemäß § 394 BGB kann jedoch gegen eine unpfändbare Forderung nicht aufgerechnet werden. Der Barlohn einer Hausangestellten liegt oft unter den Grenzen der Pfändungsfreigrenzen. Demnach wäre also eine Aufrechnung von seiten Onkel Ottos insoweit nicht möglich. Nun stellen sich aber Rechtsprechung und Rechtswissenschaft auf den Standpunkt: Dieses Aufrechnungsverbot ist eine soziale Schutzbestimmung für den minderbemittelten Angestellten. Einen solchen Schutz verdient aber nicht, wer sich gegen alle guten Sitten über unsere Rechtsordnung eigenmächtig hinwegsetzt, wie es Irma Ruppig hier getan hat, als sie ihrem Arbeitgeber das kostbare Geschirr vor die Füße warf. Mit einem solchen Tun verwirkt sie ihr Recht, sich auf Schutzbestimmungen unserer Rechtsordnungen zu berufen. Dies gilt allerdings nicht wegen des Schadens, den sie durch das fahrlässige Beschädigen der Kanne verursacht. Insoweit ist also eine Aufrechnung nicht möglich.

Auch hier wird deutlich, daß es bei der Beurteilung eines Sachverhaltes auf kleinste Unterschiede ankommen kann.

Vorsätzlich angerichteter Schaden muß ersetzt werden

Paul Jedermanns Berufskollege Walter Faust hat seit Jahr und Tag vergeblich versucht, eine Geldforderung von 2000,– Euro gegen seinen Schuldner Willi Pfiffig durchzusetzen. Sämtliche Pfändungen sind bisher erfolglos verlaufen. Pfiffig ist aber immer gut angezogen und lebt fröhlich in den Tag hinein.

94

Eines Tages lauert ihm Faust auf, zerfetzt ihm völlig den Anzug und bricht ihm den rechten Arm mit den Worten: »Ein Anzug 500,– Euro, ein gebrochener Arm einschließlich Schmerzensgeld 1500,– Euro, macht zusammen 2000,– Euro, und jetzt sind wir quitt.«

Faust irrt sich. Er hat vorsätzlich eine Sachbeschädigung und Körperverletzung begangen und sich damit nicht nur strafbar, sondern auch schadensersatzpflichtig gemacht. Eine Verurteilung und die anschließende Zwangsvollstreckung kann er nicht dadurch verhindern, daß er sich auf seine Gegenforderung beruft. Pfiffig hingegen kann aufrechnen.

Abtretung (Zession)

Der Schuldschein

Paul Jedermann hat einen »Dealer« Lux kennengelernt, von dem er ab und zu Heroin kaufte. Dieser trifft ihn nach Jahren zufällig wieder und bittet ihn um ein Darlehen. Als Paul Jedermann dies ablehnte, verlangte er von Jedermann einen Schuldschein über 1000,– Euro, wobei er versprach, diesen niemals geltend zu machen. Er wollte ihn lediglich seinen Gläubigern vorweisen, damit sie sähen, daß er nicht ganz mittellos sei, und ihm dann etwas Ruhe gäben. Als Jedermann auch dieses ablehnte, droht Lux, ihn wegen der Drogengeschäfte anzuzeigen. Jedermann will allen Unannehmlichkeiten aus dem Weg gehen und stellt den Schuldschein aus, wobei er sich nochmals versprechen läßt, daß Lux ihn nicht weitergeben würde.

Der dunkle Ehrenmann tut dies natürlich dennoch. Er tritt die angeblich im Schuldschein verbriefte Forderung von 1000,– Euro an Wohlgemut ab, der nunmehr gegen Jedermann klagt. Was passiert?

Lux hat keine Forderung gegen Jedermann. Der von Jedermann unterschriebene Schuldschein konnte eine Verpflichtung des Jedermann nicht begründen, da beide Vertragsparteien ausdrücklich vereinbarten, daß der Schuldschein nur zum Schein ausgestellt sei. Gemäß § 117 BGB ist aber ein Scheingeschäft nichtig.

Da Lux also gar keine Forderung gegen Jedermann hatte, so müßte man zu dem Ergebnis kommen, daß er somit auch nichts auf Wohlgemut übertragen konnte. Schließlich kann man doch nicht weggeben, was man nicht hat. Doch diese Schlußfolgerung ist nicht richtig. Unsere Rechtsordnung kennt durchaus Fälle, bei denen ein Recht von einer Person erworben wird, der dieses Recht gar nicht zusteht. Man spricht dann von einem Erwerb aus dem Vermögen eines »Nichtberechtigten«. Ein solcher Fall liegt auch hier vor. Zwar hat der Gesetzgeber grundsätzlich für das Recht der Forderungsabtretung die Regelung dahin getroffen, daß man eine Forderung nur erwerben kann, wenn sie in der Person des Vormannes auch wirklich besteht (§ 404 BGB). Hiervon gibt es aber eine Ausnahmebestimmung in § 405 BGB. Hat jemand – wie hier Jedermann – einen Schuldschein unterschrieben, so darf er sich einem neuen Gläubiger gegenüber nicht darauf berufen, daß der Schuldschein nur zum Schein ausgestellt sei. Nur wenn der neue Gläubiger wußte, daß die Parteien die Verpflichtung nicht ernst gemeint hatten oder insoweit fahrlässig handelten, kann ihm die Nichtigkeit wegen des Scheingeschäftes entgegengehalten werden. Da Wohlgemut offensichtlich von der Vereinbarung zwischen Lux und Jedermann nichts wußte, hat er demnach die Forderung gegen Jedermann »rechtmäßig« erworben. Dieser müßte ihm also 1000,– Euro zahlen.

Nun hat aber die Vereinbarung zwischen Lux und Jedermann bezüglich des Schuldscheines noch eine angreifbare Stelle. Jedermann hat sich ja nur deshalb zur Hingabe des Schuldscheines entschlossen, weil ihm Lux gedroht hatte, er würde ihn sonst wegen der früheren Drogengeschäfte anzeigen. Wer aber zur Abgabe einer Willenserklärung durch Drohung gezwungen worden ist, kann diese nach § 123 BGB anfechten. Dies hat zur Wirkung, daß seine Erklärung nichtig ist. Man wird diese Möglichkeit hier für Jedermann bejahen müssen, obwohl ja an und für sich schon seine Erklärung nichtig ist. Auf die Nichtigkeit wegen der Anfechtung kann er sich auch berufen, denn dies wird ihm ja durch § 405 BGB nicht versagt. Er muß aber die Anfechtung fristgemäß gegenüber Lux erklären (Jahresfrist gemäß § 124 BGB beachten)! Wohlgemut kann also von Jedermann kein Geld verlangen und wird daher einen Prozeß gegen Jedermann verlieren.

Wohlgemut kann sich aber an Lux halten. Einmal hat er noch die alte Forderung gegen Lux, derentwegen dieser die angebliche Forderung an Jedermann abtrat.

Außerdem haftet aber Lux auf Schadensersatz nach §§ 453, 437 BGB. Wer nämlich einem anderen eine Forderung verkauft, die gar nicht besteht, ist dem Erwerber schadensersatzpflichtig. Der neue Gläubiger muß sich alle Einwände entgegenhalten lassen, die der Schuldner gegenüber dem alten Gläubiger hatte, zum Beispiel die Unwirksamkeit der Forderung aus irgendwelchen Gründen (§ 404) und grundsätzlich kann der Schuldner auch gegenüber dem neuen Gläubiger eine Forderung aufrechnen, die er zur Zeit der Abtretung gegen den alten Gläubiger hatte, allerdings mit Ausnahmen (§ 406).

Die Abtretung soll dem Schuldner mitgeteilt werden

Karl Schulz, ein Freund Paul Jedermanns, schuldet Gottlieb Gläubig 500,– Euro. Gläubig tritt diese Forderung an Guntermann ab, teilt dies jedoch dem Schulz nicht mit. Am Fälligkeitstage zahlt daher Schulz an Gläubig.

Als Guntermann zwei Tage später von Schulz Zahlung verlangt, lehnt dieser die Zahlung ab. Er tut dies mit Recht. Zwar ist infolge der Abtretung Guntermann Gläubiger des Schulz geworden. An und für sich kann ein Schuldner nur an den Gläubiger und nicht an einen anderen mit befreiender Wirkung zahlen (§ 362 BGB). Wo kämen wir auch hin, wenn der Schuldner an einen beliebigen Dritten zahlen würde und dadurch von einer Schuld uns gegenüber frei werden würde! Hier liegt der Fall aber etwas anders. Schulz zahlt an seinen bisherigen Gläubiger und darf ihn auch noch dafür halten, da er nichts von der Abtretung weiß. Gemäß § 407 BGB ist er daher durch die Leistung an Gläubig frei geworden.

Geschädigt ist also Guntermann, der wahrscheinlich die Forderung als Gegenleistung abgetreten bekommen hatte und nunmehr leer ausgeht. Er muß versuchen, sein Geld von Gläubig zu erhalten. Sein Anspruch ergibt sich aus § 816 Abs. 2 BGB. Danach ist ein Nichtberechtigter, der eine Leistung empfangen hat, die dem Berechtigten gegenüber wirksam ist, zur Herausgabe des Erlangten verpflichtet. Nichtberechtigter war Gläubig, denn infolge der Abtretung an Guntermann stand ihm die Forderung nicht mehr zu. Nach dem vorstehend Gesagten war die Leistung trotzdem dem Guntermann gegenüber wirksam. Also muß Gläubig das an ihn gezahlte Geld an Guntermann herausgeben.

Schuldverschreibungen, Schuldversprechen und Schuldanerkenntnis

Die Garderobenmarke

Paul Jedermann besucht eine Theatervorstellung. Er erhält für den abgegebenen Wintermantel einen kleinen grünen Zettel mit der Nummer 307. Der Zettel ist von einem Block abgerissen, wie man ihn in jedem Papierwarengeschäft erwerben kann. Jedermann zerknüllt den Schein irrtümlich während der Pause und wirft ihn weg. Als er nach Schluß der Vorstellung seinen Mantel herausverlangt, erklärt die Garderobiere, daß sie ohne Schein kein Garderobenstück herausgeben könne. Auch der

Theaterangestellte Patzig lehnt die Herausgabe ab, obwohl Jedermann seinen Ausweis vorlegt, so daß an seiner Identität kein Zweifel bestehen kann. Patzig meint, bei einer Inhaber-Schuldverschreibung verpflichte man sich nur, an den jeweiligen Inhaber des Scheins zu leisten, und wo kein Schein ist, da sei auch kein Inhaber. Patzig hat unrecht und muß Jedermann den Mantel herausgeben.

Die Garderobenmarke ist keine Inhaber-Schuldverschreibung. Eine Inhaber-Schuldverschreibung ist eine Urkunde, in der im vollen Text der Aussteller dem jeweiligen Inhaber eine Leistung verspricht. Sie begegnen uns nur als Schuldverschreibungen des Bundes und als Lotterielose. Auch die Hypothekenpfandbriefe der Hypothekenbanken fallen darunter.

Nun gibt es allerdings auch Abwandlungen dieser Inhaber-Schuldverschreibungen in Gestalt von sogenannten Inhaberzeichen. Dies sind Marken, Karten, Eintrittskarten oder sonstige Scheine, bei denen man aus den Umständen ihrer Herausgabe auf den Willen des Ausstellers des Scheines, dem Inhaber eines solchen Scheines verpflichtet sein zu wollen, schließen kann. Auf einen derartigen Willen des Ausstellers kann man aber im praktischen Leben nur dann schließen, wenn es sich um eine geringwertige, in Massen zu erstellende Leistung handelt. Denken wir uns eine Biermarke. Sie verkörpert den Wert eines Glases Bier, die der Wirt bei einer Veranstaltung dem jeweiligen Inhaber auszuschenken sich verpflichtet. Verliert man eine solche Biermarke, so hat man keine Möglichkeit, das für diese Marke vorgesehene Glas Bier von dem Wirt zu verlangen.

Anders ist es jedoch bei der Garderobenmarke. Sie verbrieft nicht eine verhältnismäßig geringwertige Massenleistung. Sie betrifft vielmehr den individuellen Herausgabeanspruch des Hinterlegers auf ein Bekleidungsstück, das gerade für ihn von Bedeutung ist und meist einen erheblichen Wert verkörpert. Die Garderobiere kann also gar nicht die Vorstellung haben, daß ein anderer als der Berechtigte den Herausgabeanspruch geltend machen wird. Man verschenkt wohl eine Handvoll Biermarken an andere, aber nicht seine Garderobenmarke. Andererseits will und kann die Garderobiere bei dem Massenandrang nach Theaterschluß nicht jeden, der den Schein vorlegt, daraufhin prüfen, ob er Hinterleger ist. Sie kann sich auch nicht alle Gesichter merken. Schließlich sammelt meist einer für mehrere die Garderobenstücke hinterher ein, damit sich nicht alle Besucher an der Garderobe drängen müssen. Aus diesem Grunde muß man auf den Willen des Garderobeninhabers schließen, daß er zwar nicht an jeden Inhaber leisten will, aber durch die Leistung an ihn dem Berechtigten gegenüber befreit wird. Die Garderobenmarke legitimiert also den Vorlegenden dergestalt, daß die Garderobiere an ihn leisten kann, ohne befürchten zu müssen, noch einmal von dem Hinterleger in Anspruch genommen zu werden. Der Jurist nennt wegen dieser sogenannten Legitimationswirkung derartige Scheine und Karten »Legitimationszeichen« oder auch »hinkende Inhaberzeichen«.

Der Anspruch steht also immer demjenigen zu, der den Verwahrungsvertrag geschlossen hat. Dies ist hier Paul Jedermann. Jedermann kann demnach, wenn die Garderobenmarke verlorengegangen ist, anderweitig nachweisen, daß der Mantel, den er von ihr herausverlangt, von ihm hinterlegt worden ist. Wenn er sich ausweist, wird dies meist schon als genügend angesehen werden, da die Garderobiere ja Name, Anschrift und Ausweis notieren kann. Und außerdem wird eine Frage nach dem Inhalt der Manteltaschen oder dem Firmenschild meist weitere Gewißheit geben.

Das vorstehend Gesagte gilt für alle gleichartigen Scheine und Karten. Hierzu gehören zum Beispiel auch der Gepäckschein und der Reparaturschein für eine Uhr oder einen Fernseher. Man kann diese Gegenstände also sehr wohl herausverlangen, auch ohne den Schein vorzulegen.

Die Theaterkarte ging verloren

Krause, ein Vetter Jedermanns, kauft sich eine Theaterkarte. Er verliert sie. Als er zur Vorstellung hingeht, stellt er fest, daß sein Platz von Karl Müller eingenommen ist. Dieser hat die Karte gefunden und sich ihrer bedient. Er weigert sich, den Platz zu räumen, und das Personal lehnt ein Vorgehen gegen Karl Müller ab. Dieser sei als Inhaber der Karte berechtigt. Woher er die Karte habe, ginge sie nichts an.

Krause fragt nicht viel, ergreift den schmächtigen Karl Müller und verdrängt ihn. Müller kommt zu Schaden und verlangt Ersatz. Krause hat richtig gehandelt und braucht dem Müller keinen Schadensersatz zu leisten.

Die Theaterkarte ist ein sogenanntes Inhaberzeichen. Das besagt aber nicht, daß jeder, der die Karte in Händen hat, der Berechtigte aus der Karte ist. Die Inhaberschaft bedeutet lediglich, daß eine Vermutung dafür spricht, daß der Inhaber auch Berechtigung hat. Das heißt, er braucht sein Recht nicht zu beweisen, sondern derjenige, der ihm dieses Recht abstreitet, muß den Gegenbeweis liefern.

Das Theater wird also frei, wenn es den Platz dem Müller überläßt. Krause hat aber einen Anspruch gegen Müller, daß dieser ihm den eingenommenen Platz einräumt. Müller war Finder. Aufgrund der Fundvorschriften hatte er die gefundene Karte aufzubewahren, durfte sie aber nicht etwa für sich verwerten. Krause hat gegen ihn einen Anspruch auf Herausgabe und auf Schadensersatz, weil Müller als Finder seine Pflichten verletzt hat.

Nun darf grundsätzlich niemand einen Anspruch eigenmächtig durchsetzen, sondern muß hierfür das Gericht anrufen. Aber was nützt es Krause, wenn er zum Gericht gehen würde? Diese Vorstellung, die er besuchen wollte, würde ihm entgehen. Da also die Anrufung der Behörden zu spät käme, kann Krause gemäß § 229 BGB zur Selbsthilfe schreiten. Er kann zu diesem Zweck auch Gewalt gegen Müller anwenden. Darauf, daß sich Müller möglicherweise für berechtigt hält, kommt es in keiner Weise an. Seine Abwehr ist somit rechtswidrig, und wenn er dabei zu Schaden kommt, so muß er diesen selbst tragen.

Zu beachten ist, daß Inhaberschuldverschreibungen nur eine Sonderform des im Alltag häufig vorkommende Schuldversprechens oder Schuldanerkenntnis sind (§§ 780, 781).

Dies sind Erklärungen über eine Schuld gegenüber einer bestimmten Person und nicht gegenüber jedermann. Sie begründen selbstständig einen Anspruch des Empfängers unabhängig von einem etwa zugrundeliegenden Vertrag. Deshalb bedürfen diese auch der Schriftform. Die elektronische Form reicht nicht aus. Oft werden sie notariell beurkundet, damit zugleich eine notarielle Zwangsvollstreckungsklausel vereinbart werden kann.

Verträge und ihre Erfüllung (Das neue Schuldrecht)

Vertragsschluß (Anfechtung, Pflichtverletzungen etc.)

Wir hatten schon mehrfach erklärt, wie ein Vertrag zustande kommt, nämlich durch Angebot und Annahme und hatten auch die Fallgestaltungen gesehen, wie Verträge durch Vorgänge des Alltags abgeschlossen werden, wie zum Beispiel Schweigen ausnahmsweise als Zustimmung gelten kann usw.

Paul Jedermann, der mehrere Verträge abgeschlossen hat, bei dem er sich über den Inhalt geirrt hat, möchte wissen, ob und wie man sich aus Verträgen auch wieder lösen kann.

Es gibt in der Tat Anfechtungsmöglichkeiten. Die wichtigsten sind diejenigen wegen Irrtums (§ 119) und wegen Täuschung und Drohung (§ 123). Nun kann man einen Vertrag natürlich nicht wegen jedem Irrtum anfechten, insbesondere nicht wegen eines Irrtums über das Motiv des Vertrags oder über die Berechtigung des Preises etc. Das geht nur, wenn man über den Inhalt der Erklärung im Irrtum war oder eine bestimmte Erklärung gar nicht abgegeben wollte oder wenn man sich über wesentliche Eigenschaften der Person oder der Sache geirrt hat. Jede Anfechtung muß unverzüglich erklärt werden, für die Täuschungs- beziehungsweise Drohungsanfechtung besteht eine Frist von einem Jahr ab Kenntnis von der Täuschung beziehungsweise nach Beendigung der Zwangslage. Es gibt unter Umständen auch einen Schadensersatzanspruch gegenüber dem Vertragspartner, der auf die Erklärung vertraut hatte (§ 122). Die Einzelheiten des Anfechtungsrechts sind oft sehr kompliziert, so daß Jedermann zu raten ist, hier unbedingt einen Anwalt zu befragen.

Was passiert aber nun mit Verträgen, die wirksam sind, aber nicht ordnungsgemäß erfüllt werden, also bei sogenannten Leistungsstörungen? In erster Linie denkt man hierbei an den Verzug mit einer Leistung.

Die Pflichtverletzung (Verzug, Nichterfüllung, Unmöglichkeit)

An und für sich ist es eine Selbstverständlichkeit, daß jede Vertragspartei alles daransetzt, um die eingegangene Verpflichtung pünktlich zu erfüllen. Nicht nur aus Gründen des Rechts, sondern auch aus moralischen Gründen. Wer sein Wort gibt, sollte auch zu diesem Wort stehen. Leider ist dies nicht immer der Fall. Beispiel:

Es ist unter Geschäftsleuten üblich, sozusagen als Lohn für pünktliche Zahlung, ein Skonto in Abzug zu bringen. Aber häufig, auch wenn es sich um Verträge handelt, bei denen nicht beide Vertragspartner Kaufleute sind, suchen beide Parteien oder eine allein eine ungerechtfertigte Zeitspanne herauszuschlagen. Wenn in einem Vertrag nichts anderes bestimmt ist oder sich nichts aus den Umständen ergibt, so hat jede Partei ihre Leistung sofort zu erbringen. Dies gilt vor allem im Kaufvertragsrecht. Für die Geschäfte über die Ladentheke ist das wohl selbstverständlich. Aber auch wenn man sich größere Stücke, wie Möbel, Teppiche usw., in das Haus liefern läßt, muß man prompt bezahlen. Oft wird ein Kaufmann, der größere Werte anzuliefern hat, sich von dem Geschäft also einen größeren Gewinn verspricht, nicht immer wagen, die Gegenleistung gleich bei der Lieferung zu verlangen. Er möchte schließlich einen vielversprechenden Kunden länger behalten. Ist der Kunde nun lässig oder unwillig, so muß der Kaufmann mahnen und immer wieder mahnen. Mehrere solcher säumiger Kunden können einen Kaufmann in finanzielle Probleme bringen. Auch hier sollte mehr Verständnis der Kunden geübt werden. Ist es nicht auffallend, daß die Miete fast immer pünktlich an den Vermieter entrichtet wird? Wissen wir nicht alle, daß demgegenüber die Rechnungen von Ärzten, Rechtsanwälten, Architekten und auch Kaufleuten oft auf die lange Bank geschoben werden? Der Vermieter kennt in dieser Hinsicht keinen Spaß, und er hat gegebenenfalls das Mittel der Kündigung des Vertrages, der zum Wohnen berechtigt, in der Hand. Wie ist es aber nun rechtlich?

Beide Vertragsparteien haben bei nicht pünktlicher Leistung Mittel in der Hand, die ihnen das Gesetz gibt, um dem anderen Vertragspartner einmal zu zeigen, daß er zu seinem Wort stehen muß.

Das Fixgeschäft

Am einfachsten ist die Situation, wenn ein genauer Zeitpunkt für die Lieferung festgelegt worden ist.

Als Luise Sorgenfreis Schwester sich verlobte, bestellten die Brauteltern beim Partyservice »Hummer und Braten« ein warmes Abendessen für 15 Personen. Der Termin der Verlobungsfeier stand fest. Es war verabredet, daß zwei Stunden vor Beginn die Firma mit den Schüsseln und Platten erscheinen müsse. Das Unglück wollte es, daß die Firma den Termin nicht richtig ihm Kalender eingetragen und die Bedeutung des Ereignisses damit vergessen hatte. In diesem Fall hat das Unternehmen Schuld daran, daß es den Vertrag nicht erfüllen kann. Eine Stunde vor Beginn der Verlobungsfeier ruft die Brautmutter empört bei »Hummer und Braten« an und erklärt, daß sie auf eine weitere Anlieferung der Speisen verzichte. Dieser Telefonanruf war der Rücktritt von dem gegenseitigen Vertrag, und er war gemäß §§ 286, 323 Abs. 2 BGB zu Recht erfolgt, denn hier handelt es sich um die Vereinbarung einer genau bestimmten Zeit, zu welcher die Leistung zu erbringen war. Da sie nicht zu diesem Zeitpunkt erfolgte, konnte ohne weiteres der Rücktritt von dem Vertrage von seiten der anderen Vertragspartei erklärt werden. Selbst wenn der Partyservice schon in Vorbereitung des Essens für die Verlobungsfeier alle möglichen Speisen angerichtet und sich dadurch Kosten gemacht hat, so kann er nun nichts von den Brauteltern verlangen.

»Ja«, sagt Luise Sorgenfrei, »jetzt bin ich im Bilde. Ich habe mir von dem Versandhaus »Südwest« einen Haushaltsartikel, nämlich einen Staubsauger, nach Katalog bestellt und habe mit dem Vertreter festgelegt, daß die Lieferung innerhalb von 14 Tagen zu erfolgen habe. Heute haben wir den 17. August. Meine Vertragspartnerin hat also die Frist, die wir vereinbart haben, nicht eingehalten. Morgen werde ich sofort schreiben, daß ich von dem Vertrag zurücktrete. Im Vertrauen, ich habe auch einen viel schöneren Staubsauger neulich in dem Spezialgeschäft an der Ecke gesehen.«

Es ist Luise Sorgenfrei nicht zu raten, sofort den Rücktritt von dem Vertrag zu erklären. Es ist zwar ein Tag zwischen den Parteien festgelegt worden, bis zu welchem die Anlieferung des Staubsaugers erfolgen sollte. Aber man kann aus der Angabe eines bestimmten Datums allein noch nicht folgern, daß nach dem Willen der Parteien das Bestehenbleiben des Vertrages von diesem Zeitpunkt abhängig sein soll. Dann muß man schon zum Ausdruck bringen, daß die Leistung nur interessiere, wenn die Anlieferung auch pünktlich bis zu diesem Zeitpunkt erfolgt. Da ein Staubsauger auch dann seine Funktionen im Haushalt erfüllt, wenn er ein paar Tage später geliefert wird, so kann man hier nicht die Voraussetzungen eines Fixgeschäftes als gegeben ansehen. Luise kann also nicht sofort den Rücktritt erklären.

Verzug und Nichterfüllung bei Verträgen

Nun kann aber die Versandhausfirma »Südwest« in Verzug gesetzt werden. Ein Schuldner kommt dann in Verzug, wenn er nach Fälligkeit nicht leistet und wenn er entweder nunmehr von dem Gläubiger gemahnt ist oder wenn die Mahnung überflüssig ist, zum Beispiel weil der Schuldner die Lieferung definitiv verweigerte (Es gibt im Gesetz noch einige weitere Gründe) (§ 286 BGB). Fällig war die Leistung, denn nach den Vertragsbestimmungen sollte ja die Anlieferung des Staubsaugers innerhalb von 14 Tagen nach Vertragsschluß erfolgen. Allerdings hat Luise Sorgenfrei die Anlieferung niemals angemahnt.

Eine Mahnung mit angemessener Nachfristsetzung wäre hier erforderlich gewesen, weil kein fest bestimmter Tag festgelegt war. Allerdings ist zu beachten, daß gemäß § 286 Abs. 3 der Schuldner einer Geldforderung immer auch ohne Mahnung in Verzug kommt, wenn er nicht innerhalb von 30 Tagen nach Fälligkeit und Zugang einer Rechnung des Gläubigers bezahlt. Bei einem Verbraucher gilt das allerdings nur, wenn auf diese Folge in der Rechnung besonders hingewiesen wurde.

Weiter ist aber noch folgendes zu beachten: Trotz Mahnung oder kalendermäßiger Bestimmung bringt nicht jede unpünktliche Leistung einen Schuldner in Verzug. Es muß noch hinzukommen, daß die nicht pünktliche Leistung schuldhaft erfolgt. Der Schuldner muß – wie der Jurist sagt – die Unpünktlichkeit zu vertreten haben. Ein solches Verschulden liegt dann vor, wenn zum Beispiel der Inhaber der Firma bewußt nicht pünktlich liefert oder infolge Nachlässigkeit (Fahrlässigkeit) unpünktlich handelt. Auch für ein derartiges Verschulden ihrer Angestellten, der sogenannten Erfüllungsgehilfen, muß die Firma eintreten.

Anders läge zum Beispiel der Fall, wenn in dem Stadtviertel, in welchem die Firma »Südwest« ihren Sitz hat, plötzlich ein großer Brand ausbricht und das Viertel für drei Tage völlig gesperrt wird.

100

Hier kann das Versandhaus »Südwest« nicht für die verspätete Lieferung verantwortlich gemacht werden und kommt daher nicht in Verzug. Fixgeschäfte, die hierdurch nicht erfüllt werden können, berechtigen aber trotzdem den anderen Vertragspartner dazu, vom Vertrage zurückzutreten. Nun, in unserem Falle ist aber das Versandhaus »Südwest« in Verzug geraten, weil sich herausstellte, daß die Nichtlieferung zum 15. August auf dem Versehen eines Angestellten beruhte.

Welche Rechte hat nun Luise Sorgenfrei aufgrund dieses Verzuges des Versandhauses »Südwest«? Ein Schuldner, der in Verzug gerät, ist zunächst einmal schadensersatzpflichtig. Aber Luise hat ja wegen der Verspätung der Anlieferung des Staubsaugers keinen Schaden.

Bei einer Geldschuld muß der im Verzug befindliche Schuldner für diese Geldschuld nunmehr aber Zinsen zahlen. Dier Verzugszinsen betragen 5 Prozent über dem Basiszinssatz (§ 288). Der Basiszinssatz beträgt derzeit ca. 1,5 Prozent und verändert sich jeweils zum 1. Januar und 1. Juli eines jeden Jahres entsprechend dem Zinssatz der EZB. Außerdem kann der Gläubiger im Falle des Verzuges des Schuldners dann vom Vertrage zurücktreten, wenn die Leistung für ihn kein Interesse mehr hat. Der richtige Weg für Luise Sorgenfrei ist in dem vorliegenden Fall in § 323 BGB festgelegt. Wenn bei gegenseitigen Verträgen jede Partei der anderen etwas schuldet, kann der Gläubiger gegen den in Verzug befindlichen Schuldner folgendermaßen vorgehen: Er kann ihm eine angemessene Frist zur Nachlieferung setzen. Er braucht diese nicht mehr – wie früher – mit einer Ablehnungsandrohung zu verbinden. In unserem Falle wird es zweckmäßig sein, diesen Weg zu wählen.

 Wer ein Versandgeschäft betreibt oder durch Zeitungsinserate oder Prospekte Kunden wirbt, muß darauf achten, daß Lieferzeiten oder feste Termine eingehalten werden. Man setzt sonst seinen guten Ruf aufs Spiel. Die Ware darf auch keine Mängel haben. Ist dies nicht der Fall, riskiert man gerichtliche Auseinandersetzungen und hat Provisionen umsonst bezahlt, wenn Handelsvertreter eingeschaltet waren.

Luise Sorgenfrei schreibt also am Tage nach dem vereinbarten Lieferungstermin den nachstehenden Brief an das Versandhaus und sendet ihn als »Einschreiben« ab:

Luise Sorgenfrei

Schweizer Straße 193
60594 Frankfurt/Main,
den 16. August 20 . .

An das
Versandhaus »Südwest«
Hans-Raiser-Platz
67655 Kaiserslautern

Sehr geehrte Damen und Herren!

Die von mir vor drei Wochen aufgegebene Bestellung auf Lieferung eines Staubsaugers war bis zum 15. August dieses Jahres befristet. Die Frist ist nunmehr überschritten. Ich setze Ihnen hiermit eine Nachfrist bis zum 25. dieses Monats zur Anlieferung der bestellten Ware. Für den Fall, daß innerhalb dieser Frist die Anlieferung nicht erfolgen sollte, erkläre ich hiermit den Rücktritt vom Vertrage.

Mit freundlichen Grüßen

Luise Sorgenfrei

Durchschrift für die eigenen Akten aufbewahren. Einschreibebeleg anheften.

Auswirkungen des Rücktritts

Als Fritz Sorgenfrei diese Erfahrungen seiner Ehefrau am Stammtisch erzählt, wird sein sonst immer müder Skatbruder Vitus Beck plötzlich hellwach. Vitus Beck hat nämlich mit einer Baugesellschaft einen Vertrag hinsichtlich Renovierung und Kauf einer Wohnung geschlossen und bereits 20 000,– Euro bezahlt. Der Bau ist kurz vor der Fertigstellung. Doch die Baugesellschaft zieht jetzt die Vertragserfüllung in die Länge. Unter vielen Vorwänden versucht sie zu erreichen, daß Beck noch weitere 10 000,– Euro als »Zuschuß« zahlt und sich mit Abänderungen des Bauplanes zu seinen Ungunsten zufriedengibt. »Weißt du was, Fritz«, sagt er zu seinem Stammtischbruder, »die Kerle sind doch jetzt in Verzug. Ich werde ihnen eine Nachfrist setzen und dann vom Vertrag zurücktreten.«

Das wäre nun das Verkehrteste, was Beck tun könnte. Denn was sind die Wirkungen des Rücktritts? Die Vertragsbeziehungen hören auf. Soweit eine Partei schon etwas geleistet hat, kann die andere Partei dies zurückverlangen. Voll Freude würde die Baugesellschaft Vitus Beck seinen Vorschuß von 20 000,– Euro zurückzahlen, mit dem sie inzwischen schön gearbeitet hat. Offensichtlich hat sie zahlungskräftigere und bessere Interessenten gefunden, die jetzt mehr zu bieten bereit sind.

Vitus Beck würde also, wenn er vom Vertrag zurückträte, dieser Baugesellschaft eine Zeitlang Geld geben, ohne einen Vorteil davon zu haben. Er muß den überaus wichtigen § 280 BGB und dessen folgende Bestimmungen kennen.

Wenn nämlich der Schuldner im Verzug ist, dann kann der Gläubiger eine Nachfrist setzen und für den Fall der Nichtleistung innerhalb der Frist sodann auch auf Schadensersatz klagen. Das sollte Beck tun. Er darf nicht übersehen, daß er die Vermittlergebühr von 2000,– Euro, die er dem Makler gezahlt hat, nun noch einmal aufbringen muß, um eine andere Baugesellschaft zu bekommen. Diesen Schaden hat er mindestens und kann ihn von der Gegenseite auch ersetzt erhalten. Er darf aber nicht vom Vertrage zurücktreten, denn dann entgeht ihm dieser Anspruch. Sein Schreiben an seinen Vertragspartner muß also folgendermaßen aussehen:

Vitus Beck

Rubensstraße 4
60594 Frankfurt/Main

An die
Wohnbau-Gesellschaft
»Eigen & Sucht«
Nordstraße 8
60318 Frankfurt/Main

2. September 20. .

Sehr geehrte Damen und Herren!

Unter Bezugnahme auf unsere bisherige Korrespondenz setze ich Ihnen nunmehr zur Erfüllung des zwischen uns geschlossenen Vertrages über die Wohnung »Bauvorhaben Pfänderberg« eine Frist bis zum 30. des Monats für den Fall, daß mir bis zu diesem Zeitpunkt die Wohnung nicht renoviert übergeben wird, erkläre ich hiermit, daß ich Schadensersatz wegen Nichterfüllung verlange.

Mit freundlichen Grüßen

Die sonstigen Pflichtverletzungen und ihre Folgen

In dem vorhergehenden Kapitel haben wir die Auswirkungen des Schuldnerverzuges kennengelernt. Ein Schuldverhältnis wird aber nicht nur dadurch beeinträchtigt, daß ein Schuldner nicht pünktlich leistet, sondern auch dadurch, daß er die Leistung nicht mehr erbringen kann, weil sie ihm unmöglich geworden ist, oder daß er die Leistung überhaupt nicht erbringt oder schlecht leistet. Die Folgen dieser Pflichtverletzungen sind sehr unterschiedlich. Um dies richtig zu verstehen, muß man sich erst einmal klarmachen, daß es zwei verschiedene Arten von Schuldverhältnissen gibt. Ein Schuldverhältnis ist die rechtliche Beziehung zwischen zwei Personen oder auch mehreren Personen, aufgrund deren mindestens eine Person der anderen eine Leistung zu erbringen hat. Es ist nun möglich, daß ein Schuldverhältnis sich darin erschöpft, daß nur eine Partei der anderen eine Leistung zu erbringen hat, die Gegenpartei dagegen nicht. In solch einem Falle sprechen wir von einem einseitig verpflichtenden Schuldverhältnis. Denken wir zum Beispiel an ein Vermächtnis.

In seinem Testament hat Onkel Leberich angeordnet, daß sein Sohn und Erbe Konrad dem Vetter Kuno, der sehr kunstbeflissen ist, aus dem Nachlaß ein Bild zu leisten habe. Vetter Kuno hat aufgrund dieser Anordnung, die man Vermächtnis nennt, nunmehr einen Anspruch gegen den Erben Konrad auf Übergabe und Übereignung des Gemäldes. Demnach besteht nunmehr zwischen Kuno und Konrad ein einseitig verpflichtendes Schuldverhältnis, denn nur der Erbe Konrad hat ja eine Leistung zu erbringen, nämlich die Übereignung und Übergabe des Bildes.

Das Unglück will es, daß das Bild gestohlen wird. Als Kuno nun freudestrahlend einige Tage später zu Konrad kommt, um sein Bild abzuholen, erfährt er das Unglück. Hier hat er keinerlei Ansprüche mehr gegen Konrad, denn dieser ist von seiner Verpflichtung zur Leistung gemäß § 275 BGB frei geworden, weil ihm die Leistung unmöglich geworden ist, ohne daß er die Unmöglichkeit zu vertreten hat. Anders wäre es, wenn er den Untergang des Bildes zu vertreten hätte. In diesem Fall wäre er gemäß § 283 verpflichtet, seinem Vetter Kuno den Wert des Bildes in Geld zu ersetzen, das heißt Schadensersatz zu leisten.

Er hat den Untergang zu vertreten, wenn ihn selbst ein Verschulden trifft. Sollte er zum Beispiel in angeheiterter Stimmung das Bild vom Haken herunterstoßen, so daß es durch den Fall schwer beschädigt oder sogar vernichtet wird, so muß er sein eigenes Verschulden gemäß § 276 BGB vertreten. Denn der Schuldner haftet für Vorsatz und Fahrlässigkeit.

Vorsätzlich handelt er, wenn er die Leistung bewußt unmöglich macht, wenn Konrad zum Beispiel in einem Zornanfall das Bild in den Kamin wirft. Fahrlässig handelt er, wenn er die im Verkehr erforderliche Sorgfalt außer acht läßt, also die Sache infolge seiner Trunkenheit beschädigt oder vernichtet.

Er muß außerdem noch das Verschulden seiner sogenannten Erfüllungsgehilfen gemäß § 278 BGB gegen sich gelten lassen. Unter Erfüllungsgehilfen versteht man diejenigen Personen, die er an das Bild heranläßt, damit sie es für die Dauer seines Besitzes sauberhalten und es gegebenenfalls zu Vetter Kuno transportieren. Reißt also die Hausangestellte mit dem Nagel einen großen Riß in das Bild, so muß jetzt Konrad dem Kuno den hieraus entstandenen Schaden ersetzen. Es gehört zu seinen Pflichten, das Bild gut zu behandeln, solange es noch in seinen Händen ist.

Die meisten Lebensfälle betreffen aber nicht ein solches einseitig verpflichtendes Schuldverhältnis, sondern ein Schuldverhältnis, das auf Leistung und Gegenleistung beruht. Die eine Vertragspartei verspricht eine Leistung und die andere eine Gegenleistung, meistens Geld. So ging es unserem kunstbeflissenen Kuno, als er einmal ein schönes Originalbild im Privatbesitz eines Bekannten sah. Da er etwas Geld erspart hatte, vereinbarte er mit diesem Bekannten, daß er ihm das Bild gegen Zahlung von 4000,– Euro abkaufe.

Hier haben wir es mit einem sogenannten gegenseitigen Vertrag zu tun. Wird auch dieses Bild beschädigt oder geht es unter, ohne daß der Verkäufer etwas dafür kann, zum Beispiel weil dritte Personen das Bild mutwillig zerstören, so wird er genau wie im vorhergehenden Fall gemäß § 275 BGB von seiner

Leistung frei. Das Schuldverhältnis ist also insoweit erloschen, als es die Schuldseite des Verkäufers betrifft. Dessen Leistungspflicht gemäß § 433, das Bild zu übergeben und zu übereignen, ist erloschen.

Nun haben wir aber immer noch die Schuldseite des Käufers Kuno, der für das Bild 4000,– Euro zu leisten versprach. Es wäre nun aber wohl ein rechtliches Trauerspiel, wenn das Gesetz Kuno zwingen würde, diesen Betrag zu zahlen, obwohl er keine Gegenleistung mehr zu beanspruchen hat. Deshalb bestimmt das Gesetz in § 326 BGB, daß nunmehr auch er von seiner Leistungspflicht frei ist. Das Schuldverhältnis, das Verpflichtung und Gegenverpflichtung enthielt, ist damit in vollem Umfange erloschen. Juristisch drückt man dies folgendermaßen aus:

Die Leistungsgefahr trägt der Käufer. Wenn also dem Verkäufer die Leistung unmöglich wird, ohne daß er es zu vertreten hat, so kann eben der Käufer keine Leistung mehr beanspruchen. Da aber in einem solchen Falle, wie wir gesehen haben, auch die Verpflichtung des Käufers zur Zahlung des Kaufpreises gemäß § 326 BGB untergeht, so sagt man: »Die Preisgefahr trägt der Verkäufer.« Wer nicht mehr zu leisten braucht, bekommt auch nicht die Gegenleistung. Dies ist aber nur ein Grundsatz, und bei Veränderung der tatsächlichen Situation kann es auch anders liegen. Hat zum Beispiel Kunos Bekannter sich verpflichtet, das Bild dem Kuno zuzuschicken, so kann folgende Lage eintreten:

Der Verkäufer des Bildes wählt einen zuverlässigen Boten, den Hausmeister seines Hauses, und beauftragt ihn, das Bild Kuno zu überbringen. Der Hausmeister wird bei dem Transport von einem Auto überfahren. Das Bild ist hin. In diesem Falle muß der Käufer Kuno die 4000,– Euro bezahlen, und zwar aus folgendem Grund: Wiederum ist der Verkäufer gemäß § 275 BGB von der Leistung frei geworden. Die Übersendung des Bildes an Kuno gehörte aber nicht mehr zu seiner Verkäuferpflicht.

Grundsätzlich muß der Schuldner die Leistung dort erfüllen, wo sich das Objekt befindet. Wenn er Kuno auf dessen Verlangen das Bild zusandte, so gehörte es nur noch zu seinen Vertragspflichten, einen ordnungsmäßigen Überbringer des Bildes auszusuchen. Sobald er der Transportperson das Bild übergeben hatte, ging das Risiko auf den Erwerber über. Der Transport liegt also beim Versendungskauf gemäß § 447 BGB in der Sphäre des Käufers. Selbst wenn die Transportperson, hier also der Hausmeister, schuldhaft gehandelt haben sollte, als er die Straße überquerte, so ist dieses Verschulden nicht mehr dem Verkäufer anzurechnen. Kuno muß das Bild bezahlen, obwohl er es niemals bekommen hat. Es ist nun seine Sache, sich an den Hausmeister und den Autofahrer zu halten und zu versuchen, von diesen einen Schadensersatz zu bekommen.

Etwas anderes ist es allerdings, wenn ausdrücklich vereinbart ist, daß es zu dem Inhalt des Vertrages gehört, daß das Bild in die Wohnung des Kuno geliefert wird. Man spricht in einem solchen Fall von einem qualifizierten Versendungskauf, wobei also noch die Versendung Vertragspflicht des Lieferanten ist. Außerdem nimmt die Rechtswissenschaft an, daß bei den sogenannten Geschäften des täglichen Lebens das Risiko bei dem Lieferanten bleibt, wenn er die Übersendung vornimmt.

Gemeint sind damit die Fälle, in denen der Kunde sich im Feinkostladen eine Tüte packen läßt und um Zusendung in die Wohnung bittet, oder wenn man in einem Warenhaus einen Gartenstuhl oder einen Balkonschirm bestellt, der dann üblicherweise zugeliefert wird. Hier, so meint die Rechtswissenschaft, sei durch allgemeine Übung der Grundsatz des § 447 BGB durchbrochen. Der Lieferer übernehme die vertragliche Verpflichtung der Anlieferung auf sein eigenes Risiko. Geht die angelieferte Ware bei dem Transport entzwei oder verloren, so braucht der Käufer sie nicht zu bezahlen.

Schließlich müssen wir auch noch den Fall zu Ende denken, daß der Verkäufer den Untergang der Leistung zu vertreten hat und Kuno eine Anzahlung geleistet hat. Wenn der Käufer Kuno das gekaufte Bild deshalb nicht geliefert bekommt, weil der Verkäufer es infolge Ungeschicklichkeit hat fallen lassen, so kann Kuno jetzt noch andere Rechte geltend machen: Den Rücktritt vom Vertrag, was zur Rückforderung seiner Anzahlung führt (§ 326 Abs. 5 BGB) und Schadenersatz (§ 283 BGB). Entweder kann Kuno einfach sagen, für mich ist der Fall erledigt, ich bezahle nicht und bekomme auch nichts. Oder aber, falls er schon eine Anzahlung geleistet hat, erklärt er seinen Rücktritt vom

Vertrag und bekommt die Anzahlung wieder zurück. Es ist nun aber denkbar, daß Kuno in der Zwischenzeit einen Interessenten für das Bild gefunden hatte, der ihm 1000,– Euro mehr zahlen wollte, als Kuno selbst als Kaufpreis für das Bild aufzubringen hatte. In diesem Fall bedeutet also die Nichtlieferung des Bildes für ihn einen Schaden in Höhe von 1000,– Euro. Da der Verkäufer die Unmöglichkeit zu vertreten hat, kann Kuno von ihm Schadensersatz statt der Leistung verlangen.

Das bedeutet, daß der Verkäufer verpflichtet ist, ihn so zu stellen, als hätte er das Bild ordnungsmäßig geliefert. Das bedeutet weiterhin, daß er nun Kuno außer der Anzahlung noch zusätzliche 1000,– Euro als Ersatz dafür zahlen muß, daß er durch seine Ungeschicklichkeit die Leistung unmöglich gemacht hatte.

Die Schlechterfüllung

In den vorstehenden Kapiteln haben wir die Auswirkungen des Verzuges und der Nichterfüllung auf ein Schuldverhältnis betrachtet. Nun gibt es aber noch andere Leistungsstörungen als Verzug und Unmöglichkeit. Dies soll Fritz Sorgenfrei an seinem eigenen Leibe erfahren.

Er hat für seine Bäckerei ein neues Fahrzeug bestellt, das auch rechtzeitig und mangelfrei geliefert wird. Die Innenausstattung des Wagens ist jedoch nicht so wie bestellt und für die speziellen Zwecke, die Sorgenfrei mit diesem Wagen verfolgte, nicht verwendbar, weil er für seine Backwaren eine besondere Ausstattung verlangt hatte. Außerdem hat der Lieferant weitere Nebenpflichten verletzt.

Die große Schuldrechtsreform des Jahres 2002 hat nun für eine weitgehende Vereinheitlichung der Rechtsfolgen auch für diese Fälle gesorgt, die früher als sogenannte »positive Vertragsverletzung« nur über die Rechtsprechung geklärt wurden.

Außerdem wurden in § 311 sämtliche denkbare Schuldverhältnisse behandelt, die zum Teil früher auch nicht gesetzlich verankert waren, wie zum Beispiel »Vertragsverhandlungen« (= culpa in contrahendo), ähnliche Kontrakte und »Verträge mit Vertrauenspersonen«. § 311 lautet:

§ 311
(1) Zur Begründung eines Schuldverhältnisses durch Rechtsgeschäft sowie zur Änderung des Inhalts eines Schuldverhältnisses ist ein Vertrag zwischen den Beteiligten erforderlich, soweit nicht das Gesetz ein anderes vorschreibt.
(2) Ein Schuldverhältnis mit Pflichten nach § 241 Abs. 2 entsteht auch durch
1. die Aufnahme von Vertragsverhandlungen,
2. die Anbahnung eines Vertrags, bei welcher der eine Teil im Hinblick auf eine etwaige rechtsgeschäftliche Beziehung dem anderen Teil die Möglichkeit zur Einwirkung auf seine Rechte,

Rechtsgüter und Interessen gewährt oder ihm diese anvertraut, oder
3. ähnliche geschäftliche Kontakte.
(3) Ein Schuldverhältnis mit Pflichten nach § 241 Abs. 2 kann auch zu Personen entstehen, die nicht selbst Vertragspartei werden sollen. Ein solches Schuldverhältnis entsteht insbesondere, wenn der Dritte in besonderem Maße Vertrauen für sich in Anspruch nimmt und dadurch die Vertragsverhandlungen oder den Vertragsschluss erheblich beeinflusst.

Im übrigen gibt es jetzt einheitlich bei schuldhaften Pflichtverletzungen jeder Art einen Schadensersatzanspruch. Dieser kann gegebenenfalls neben Rücktritts- und Minderungsrechten geltend gemacht werden (sogenannter »kleiner Schadensersatz«). Darüberhinaus kann der »große Schadensersatz« statt der Leistung verlangt werden, wenn etwa die Leistung nicht erbracht werden kann oder trotz Fristsetzung nicht oder schlecht erbracht wird (§§ 281 bis 283).

Hinzuweisen ist noch auf die sogenannte Unsicherheitseinrede des § 321. Danach kann jemand seine Leistung verweigern, wenn nach Abschluß des Vertrages erkennbar wird, daß die Leistungsfähigkeit des anderen Teils gefährdet ist (zum Beispiel durch Vermögensverfall).

Durch die Schuldrechtsreform sind ferner für Verbraucherverträge zusätzliche Widerrufsfristen und Rückgaberechte eingeführt worden, die bereits behandelt wurden.

Sodann gibt es Sonderrechte für alle Schuldverhältnisse, die als Haustürgeschäft oder im Fernabsatz oder im elektronischen Geschäftsverkehr abgeschlossen wurden.

Die entsprechenden Bestimmungen (§§ 312 bis 312f) lauten auszugsweise:

§ 312 (auszugsweise)

(1) Bei einem Vertrag zwischen einem Unternehmer und einem Verbraucher, der eine entgeltliche Leistung zum Gegenstand hat und zu dessen Abschluss der Verbraucher

1. durch mündliche Verhandlungen an seinem Arbeitsplatz oder im Bereich einer Privatwohnung,

2. anlässlich einer vom Unternehmer oder von einem Dritten zumindest auch im Interesse des Unternehmers durchgeführten Freizeitveranstaltung oder

3. im Anschluss an ein überraschendes Ansprechen in Verkehrsmitteln oder im Bereich öffentlich zugänglicher Verkehrsflächen bestimmt worden ist (Haustürgeschäft), steht dem Verbraucher ein Widerrufsrecht gemäß § 355 zu ...

(2) Die erforderliche Belehrung über das Widerrufs- oder Rückgaberecht muss auf die Rechtsfolgen des § 357 Abs. 1 und 3 hinweisen.

(3) Das Widerrufs- oder Rückgaberecht besteht unbeschadet anderer Vorschriften nicht bei Versicherungsverträgen oder ... (weitere Ausnahmen)

§ 312d (auszugsweise)

(1) Dem Verbraucher steht bei einem Fernabsatzvertrag ein Widerrufsrecht nach § 355 zu. Anstelle des Widerrufsrechts kann dem Verbraucher bei Verträgen über die Lieferung von Waren ein Rückgaberecht nach § 356 eingeräumt werden.

(2) Die Widerrufsfrist beginnt abweichend von § 355 Abs. 2 Satz 1 nicht vor Erfüllung der Informationspflichten gemäß § 312c Abs. 2, bei der Lieferung von Waren nicht vor dem Tage ihres Eingangs beim Empfänger, bei der wiederkehrenden Lieferung gleichartiger Waren nicht vor dem Tage des Eingangs der ersten Teillieferung und bei Dienstleistungen nicht vor dem Tage des Vertragsschlusses ...

§ 312e

(1) [1]Bedient sich ein Unternehmer zum Zwecke des Abschlusses eines Vertrags über die Lieferung von Waren oder über die Erbringung von Dienstleistungen eines Tele- oder Mediendienstes (Vertrag im elektronischen Geschäftsverkehr), hat er dem Kunden

1. angemessene, wirksame und zugängliche technische Mittel zur Verfügung zu stellen, mit deren Hilfe der Kunde Eingabefehler vor Abgabe seiner Bestellung erkennen und berichtigen kann,

2. die in der Rechtsverordnung nach Artikel 241 des Einführungsgesetzes zum Bürgerlichen Gesetzbuche bestimmten Informationen rechtzeitig vor Abgabe von dessen Bestellung klar und verständlich mitzuteilen,

3. den Zugang von dessen Bestellung unverzüglich auf elektronischem Wege zu bestätigen und

4. die Möglichkeit zu verschaffen, die Vertragsbestimmungen einschließlich der Allgemeinen Geschäftsbedingungen bei Vertragsschluss abzurufen und in wiedergabefähiger Form zu speichern.

[2]Bestellung und Empfangsbestätigung im Sinne von Satz 1 Nr. 3 gelten als zugegangen, wenn die Parteien, für die sie bestimmt sind, sie unter gewöhnlichen Umständen abrufen können.

(2) Absatz 1 Satz 1 Nr. 1 bis 3 findet keine Anwendung, wenn der Vertrag ausschließlich durch individuelle Kommunikation geschlossen wird. Absatz 1 Satz 1 Nr. 1 bis 3 und Satz 2 findet keine Anwendung, wenn zwischen Vertragsparteien, die nicht Verbraucher sind, etwas anderes vereinbart wird.

(3) Weitergehende Informationspflichten auf Grund anderer Vorschriften bleiben unberührt. Steht dem Kunden ein Widerrufsrecht gemäß § 355 zu, beginnt die Widerrufsfrist abweichend von § 355 Abs. 2 Satz 1 nicht vor Erfüllung der in Absatz 1 Satz 1 geregelten Pflichten.

§ 312f

¹Von den Vorschriften dieses Untertitels darf, soweit nicht ein anderes bestimmt ist, nicht zum Nachteil des Verbrauchers oder Kunden abgewichen werden. ²Die Vorschriften dieses Untertitels finden, soweit nicht ein anderes bestimmt ist, auch Anwendung, wenn sie durch anderweitige Gestaltungen umgangen werden.

Bedeutsam ist, daß demnach auch Darlehensverträge für Grundstückskäufe, die auf einem Haustürgeschäft beruhen, widerrufen werden können, nicht aber wenn diese auf normalem Wege abgeschlossen werden.

Abschließend zum neuen Schuldrecht ist noch zu erwähnen, daß die Rechte einer Partei auf Vertragsanpassung bei Störung der Geschäftsgrundlage eines Vertrages und der Kündigung von Dauerschuldverhältnissen aus wichtigem Grund ohne Einhaltung einer Frist jetzt auch gesetzlich in §§ 313, 314 BGB geregelt sind.

Die Sonderregelungen bei Verwendung von Allgemeinen Geschäftsbedingungen (AGB) werden an anderer Stelle behandelt.

Die Verjährung

Eine Zusammenstellung der wichtigsten Verjährungsfristen ist im Anhang dieses Buches zu finden. Einige wichtige Grundsätze und Fristen werden nachfolgend erklärt. Die Übersicht zeigt, wie unterschiedlich die Verjährungsfristen sind, und daß der Grundsatz, wonach man 30 Jahre Zeit habe, einen Anspruch geltend zu machen, seit der Schuldrechtsreform 2002 nicht mehr zutrifft. Aber auch mit der bloßen Kenntnis der einzelnen Fristen ist es bei weitem nicht getan.

Fritz Sorgenfrei entdeckt dies bald zu seinem eigenen Schaden. Er hat schon oft Waren an einen Kunden in Marburg geliefert, deren Inhaber Fritz Kuch heißt. Das Konto von Kuch wird von diesem auch immer pünktlich ausgeglichen. Aber Sorgenfreis Buchhalter, dessen Augen nie etwas entgeht, stellt bei einer Generalüberprüfung fest, daß vor drei Jahren ein Fehler unterlaufen ist. Eine im November 01 erfolgte Lieferung ist versehentlich nicht auf dem Konto Kuch vermerkt worden. Der Lieferzettel findet sich erst im Dezember 02, und die Kontrolle ergibt, daß die entsprechende Rechnung über 300,– Euro nie hinausgegangen ist. Dies wird jetzt mit einem höflichen Begleitschreiben nachgeholt und das Konto Kuch mit diesem Betrag belastet. Aber Kuch ist damit gar nicht einverstanden und lehnt in einem Antwortschreiben diese Belastung mit der Bemerkung ab, daß er nach so langer Zeit nicht mehr kontrollieren könne, ob er überhaupt die Lieferung erhalten habe.

Der jeweilige Jahressaldo seines Kontos sei übereinstimmend jeweils festgestellt worden und dabei müsse es bleiben. Um aber jedem Streit von vornherein die Spitze abzubrechen, beruft er sich vorsorglich darauf, daß Sorgenfreis Forderung auf Bezahlung der angeblichen Lieferung inzwischen verjährt sei. Dieser meint, daß für Kaufleute längere Verjährungsfristen gelten.

Hier hat er sich leider geirrt. Im Zuge der Schuldrechtsreform 2002 wurde auch das Verjährungsrecht umfassend reformiert, was vor allem zu einer wesentlichen Verkürzung der früheren Regelverjährung von 30 Jahren auf jetzt drei Jahre geführt hat (§ 195 BGB). Dies ist besonders in der Übergangsphase vom alten auf das neue Verjährungsrecht von Bedeutung, weil Gläubiger spätestens im Jahr 2004 aktiv werden müssen, um alle Ansprüche geltend zu machen, die früher der langen Verjährung unterlagen und jetzt zu verjähren drohen, denn die neue Verjährung gilt (mit einer komplizierten Übergangsregelung in § 6 des Art. 229 EGBGB) auch für »alte« Ansprüche. Es gibt auch keine Ausnahmen mehr für Gewerbebetriebe.

Die 30jährige Verjährungsfrist gibt es nur noch für

- Ansprüche aus dinglichen Rechten (zum Beispiel Eigentum),
- familien- und erbrechtliche Ansprüche,
- rechtskräftig festgestellte Ansprüche,
- Ansprüche aus vollstreckbaren Urkunden und Vergleichen,
- Ansprüche aus Feststellungen im Insolvenzverfahren.

Eine besondere 10jährige Verjährungsfrist gibt es noch für Ansprüche im Zusammenhang mit Rechten an einem Grundstück (§ 196). Kürzere und auch andere Verjährungsfristen gibt es für Einzelverträge, zum Beispiel die erwähnten Mängelansprüche im Kauf- und Baurecht. Und für Schadensersatzansprüche gibt es auch eine Sonderregelung (siehe hierzu die Übersicht der Fristen im Anhang).

Dafür beginnt die Verjährung nunmehr aber erst zu laufen, wenn der Gläubiger von den entsprechenden Tatsachen Kenntnis erhalten hat und die Unkenntnis nicht grob fahrlässig war, jedoch unabhängig davon in 10 Jahren.

Demnach war die Forderung gegen Kuch noch nicht verjährt, als der Fehler entdeckt wurde. Auch als Kuchs ablehnendes Schreiben im Dezember einging, war es noch nicht zu spät. Wäre die Drei-Jahresfrist abgelaufen, so käme es darauf an, ob die Unkenntnis von der Frist grob fahrlässig gewesen wäre. Andernfalls beginnt die Frist ab dem Bemerken des Fehlers zu laufen.

Sicher denkt nun der Buchhalter, daß das Mahnschreiben vom 3. Dezember 2003 in jedem Fall die Verjährung unterbrochen und eine neue Frist in Gang gesetzt habe. Hier irrt er aber. Auch der schärfste Mahnbrief unterbricht die Verjährung nicht. Nur eine Klage oder ein Mahnbescheid und einige andere Mittel haben diese Wirkung, wobei zu beachten ist, daß nach dem neuen Verjährungsrecht auch keine Unterbrechung der Verjährung mit der Folge eines völligen Neubeginns der Frist möglich ist, sondern nur noch eine Hemmung dahingehend, daß nach Beendigung der Hemmung nur noch der Rest, also der noch nicht abgelaufene Teil der Verjährung, weiterläuft.

Die 14 Handlungen, die zu einer solchen Hemmung einer Verjährung führen, sind in § 204 BGB aufgeführt. Die wichtigsten sind: die Klage, der Mahnbescheid, das selbständige Beweisverfahren (zum Beispiel im Bauprozeß), die Streitverkündung im Prozeß, die Anmeldung im Insolvenzverfahren. Im Einzelfall ist wegen der Bedeutung solcher Maßnahmen unbedingt ein Anwalt zu konsultieren. Die Hemmung endet sechs Monate nach rechtskräftiger Entscheidung oder anderweitiger Beendigung einer solchen Maßnahme. Sodann gibt es noch einige gerichtliche Sonderfälle, in denen eine Verjährung automatisch gehemmt ist, zum Beispiel bei höherer Gewalt (§§ 205 bis 211).

Ausnahmsweise beginnt die volle Verjährung erneut bei Anerkennung des Anspruchs durch den Schuldner und bei Antrag auf Vollstreckungsmaßnahmen (§ 212).

Dabei darf man nichts Halbes tun. Bei einer Forderung ist man vielleicht geneigt, nur einen Teil der Forderung einzuklagen, in der Hoffnung, daß der unterlegene Schuldner den nicht eingeklagten Betrag dann freiwillig bezahlen wird. Aber die Verjährung wird nur hinsichtlich des eingeklagten Teils der Forderung gehemmt, der übrige Teil verjährt.

Verjährung bedeutet übrigens nicht, daß die Forderung untergeht, sondern nur, daß der Schuldner die Erfüllung ablehnen kann, aber nicht muß. Ein redlicher Schuldner wird sich nur dann auf die Verjährung berufen, wenn ihm Zweifel an dem Bestand der Forderung kommen, weil sie so lange zurückliegt. Andernfalls handelt er zwar rechtmäßig, aber nicht anständig.

Die Verlängerung der Verjährungsfristen

In vielen Lieferungsbedingungen und Vereinbarungen werden die Verjährungsfristen verkürzt. Dies ist gemäß § 202 BGB zulässig, soweit es sich nicht um eine Haftung wegen Vorsatzes handelt. Dagegen ist ein Ausschluß der Verjährung oder eine Verlängerung der Verjährungsfrist durch Rechtsgeschäfte verboten, soweit die dreißigjährige Verjährungsfrist überschritten wird. So verjähren die Mängelansprüche beim Kaufvertrag gemäß § 438 BGB für bewegliche Sachen in zwei Jahren seit der Übergabe, jedoch kann diese Frist durch Vertrag verlängert werden. Dies geschieht in der Praxis häufig.

Dafür hat Luise Sorgenfrei gleich ein Beispiel: »Ich habe neulich Spirituosen gekauft mit der Zusage: ›3 Jahre Garantie ab 1. April ...‹« Luise hat recht. Wenn sich im Februar des dritten Jahres zeigen sollte, daß die Sprirituosen verdorben sind, so kann Luise sie zurückbringen und ihr Geld zurückverlangen, auch wenn der Kauf länger als zwei Jahre zurückliegt. »So etwas ist mir auch passiert«, meint Fritz Sorgenfrei. »Ich habe eine Armbanduhr gekauft mit der Zusage ›3 Jahre Garantie.‹ Wenn die Uhr in dieser Zeit kaputt geht, gebe ich sie zurück.« Das kann Fritz aber nicht tun, denn die Garantie bei Uhren muß man anders auslegen. Der Verkäufer will damit zum Ausdruck bringen, daß er innerhalb der Frist Mängel der Uhr unentgeltlich repariert. Ebenso ist es bei dem Kauf von Radioapparaten, Fernsehapparaten, Rasierapparaten usw.

Und beim Kauf eines Autos? Wer einen Kraftwagen kauft, der muß gewöhnlich ein ganzes Buch von Bedingungen unterschreiben. Nach diesen Bedingungen ist ein Rücktritt oder eine Minderung immer ausgeschlossen, es gibt nur das Recht auf Nacherfüllung. Wer einen gebrauchten Kraftwagen kauft, der muß gewöhnlich sogar unterschreiben, daß er keine Mängelansprüche geltend machen kann. Er kauft »wie besichtigt« oder »wie der Wagen steht und liegt«. Das Risiko ist also groß.

Um Gefahren bei dem Kauf eines Gebrauchtwagens aus dem Wege zu gehen, sollte jeder Interessent vor dem Kaufabschluß, der auch mündlich erfolgen kann, die Vorlage einer Schätzungsurkunde eines vereidigten Sachverständigen verlangen. Ist der Verkäufer hierzu nicht bereit, so ist meist etwas faul.

Ein Schätzwert sagt übrigens nichts darüber aus, welche Reparaturen schon in nächster Zeit auf Sie zukommen. Ein Schätzer kann nicht in den Motor, in das Getriebe oder das Differential hineinsehen und daher auch nicht wissen, ob nicht ein Teil bei der nächsten Fahrt zerbricht und das Auto praktisch nur noch Schrottwert hat, weil die Reparatur den Aufwand nicht lohnen würde. Ob ein Fahrzeug »gepflegt« worden ist, erkennt man an dem Wartungsbuch, wenn es ein solches gibt.

Sorgenfrei hat sich nach seinen Angaben eine elektrisch betriebene Maschine bauen lassen. Die Spezialfabrik liefert die Maschine am 6. März an, die Monteure stellen die Maschine auf und lassen sie probelaufen. Alles klappt vorzüglich. Eine Gebrauchsanweisung wird überreicht. Leider zeigt die Maschine bald Störungen.

Die Versuche Sorgenfreis, durch seine eigenen Mitarbeiter die Mängel zu beheben, schlagen fehl. Als er die Fehler der Firma mitteilt, schickt diese einen eigenen Monteur, der sie in Gang bringt. Aber nach drei Wochen zeigen sich die gleichen Mängel wie zuvor. Wieder erscheint ein Monteur und gibt gute Ratschläge. Als aber nach einiger Zeit die Maschine wieder nicht in Ordnung ist, schreibt Sorgenfrei folgenden zornigen Brief:

BÄCKEREI *FRITZ SORGENFREI*

Schweizer Straße 193
60594 Frankfurt/Main

Einschreiben

An die
Maschinenfabrik
Bolz & Draht
Pegnitzstraße 8
90482 Nürnberg

Sehr geehrte Damen und Herren!

Sie lieferten mir am 6. März dieses Jahres eine elektrische Anlage (Modell Falke), mit der ich leider gar nicht zufrieden bin. Obwohl Ihre Spezialmonteure mehrmals auf meine Beanstandungen hin die Anlage geprüft haben, zeigen sich die gleichen Mängel nach einiger Zeit immer wieder. An und für sich möchte ich die Anlage gerne behalten, aber nur, wenn ich für die Zukunft sicher bin, daß sie einwandfrei arbeitet. Ich setze Ihnen daher hiermit eine Frist, bis zum 5. Mai 20 . ., die vorhandenen Mängel abzustellen. Nach ergebnislosem Ablauf der Frist werde ich Ihnen die Maschine zur Verfügung stellen.

Mit freundlichen Grüßen

Fritz Sorgenfrei

Auf dieses Schreiben hört Fritz Sorgenfrei von Bolz & Draht überhaupt nichts mehr, denn jetzt wird die Angelegenheit für den Verkäufer ein schlechtes Geschäft. Die Anlage müßte möglicherweise nach Nürnberg transportiert und dort komplett überholt werden. Diese Kosten würden den Gewinn völlig aufzehren. Bolz & Draht schweigen jetzt ganz bewußt, denn sie wissen, daß die Verjährung der Mängelrügenansprüche vor der Tür steht. Beim Werkvertrag (§ 634a BGB) verjähren diese Ansprüche in zwei Jahren von der Abnahme des Werkes an. Da die Anlage nach Angaben Sorgenfreis hergestellt wurde, liegt kein Kaufvertrag, sondern ein Werkvertrag vor. Wir wissen, daß man eine Verjährung durch einen Prozeß unterbrechen kann. Aber Sorgenfrei will nicht gerne prozessieren. Er hofft immer noch, mit Bolz & Draht außergerichtlich eine Verständigung zu finden. Er hat aber nur noch zwei Wochen bis zum Ablauf der Verjährungsfrist.

Er kann jetzt noch einmal an Bolz & Draht schreiben und sie auffordern, auf die Einrede der Verjährung zu verzichten. Dies wird von der Rechtsprechung für möglich angesehen und gibt beiden Parteien genügend Zeit, in Ruhe ihre Probleme zu ordnen. Weitsichtige Kaufleute werden von dieser Möglichkeit gerne Gebrauch machen.

Bei Bolz & Draht scheint es sich aber nicht um sehr großzügige Geschäftsleute zu handeln. Also wird Sorgenfrei zweckmäßigerweise folgendermaßen verfahren: Er läßt von seinem Monteur das Maschinenteil, das nicht funktioniert, ausbauen und schickt es nach Nürnberg mit der Bitte, es zu überprüfen und über den Mängelanspruch zu verhandeln. Geht die Firma Bolz & Draht hierauf ein, so wird hierdurch die Verjährung so lange gehemmt, bis der Unternehmer (Bolz & Draht) das Ergebnis dem Besteller mitteilt oder ihm gegenüber den Mangel für beseitigt erklärt oder die Fortsetzung der Verhandlung verweigert (§ 203 BGB). So hat also der Besteller ein gutes Mittel in der Hand, die Verjährungsfrist zu verlängern. Andernfalls muß er vor Ablauf der Frist klagen.

Ungerechtfertigte Bereicherung

Die Herausgabepflichten

Paul Jedermann verkauft an Willi Brumm ein Bild, das er von einer Tante geerbt hat, für 500,– Euro, ohne zu wissen, daß es einen Wert von 5000,– Euro hat, weil es von einem bekannten modernen Maler stammt. Brumm, der den Wert gleichfalls nicht kennt, tauscht das Bild nach einiger Zeit gegen einen Computer im Werte von 1000,– Euro um.

Als Jedermann von dem wahren Wert des Bildes erfährt, fordert er von Brumm die Herausgabe des Bildes. Dieser eröffnet ihm den Tausch, worauf Jedermann nunmehr den Computer herausverlangt. Dies kann Jedermann nicht. Ihm steht aber ein Anspruch in Höhe von 500,– Euro gegen Brumm zu.

Zwischen Brumm und Jedermann liegt ein Kaufvertrag vor, aufgrund dessen Jedermann Brumm das Bild und dieser ihm 500,– Euro übereignete. Der Kaufvertrag kann von Jedermann gemäß § 119 Abs. 2 BGB angefochten werden, da er sich über eine wesentliche Eigenschaft des Bildes, daß dieses von einem bekannten Maler stammte, geirrt hatte. Die Anfechtung muß unverzüglich, das heißt ohne schuldhaftes Zögern nach Kenntnis des Irrtums erfolgen.

Dies ist hier der Fall. Die Anfechtung des Kaufvertrages hat keinerlei Einwirkung auf die Übereignung des Bildes. Brumm hat also Eigentum an dem Bilde erworben und zur Erfüllung des Tauschvertrages an seinen Tauschpartner weiter übereignet.

Da aber der Kaufvertrag infolge der Anfechtung mit rückwirkender Kraft nichtig ist, war Brumm um das Eigentum und den Besitz an dem Bild ungerechtfertigt bereichert. Er war demnach nach § 812 BGB verpflichtet, das Bild an Jedermann zurückzugeben und zu übereignen gegen Rückzahlung der 500,– Euro.

Da er aber das Bild an seinen Tauschpartner weiter übereignet hat, ist er gemäß § 818 BGB von der Herausgabe des Bildes befreit worden, da insoweit eine Bereicherung bei ihm nicht mehr vorliegt.

Es liegt nahe, daß Jedermann nunmehr den eingetauschten Computer herausverlangt. Dies kann er jedoch nicht verlangen, obwohl der Gesetzgeber in § 285 BGB den Grundsatz der Surrogation aufgestellt hat, das heißt ein Schuldner, dem die Herausgabe einer Sache unmöglich wird, muß das sogenannte Surrogat herausgeben, das heißt dasjenige, was er anstelle der weggegebenen Sache erlangt hat.

Innerhalb des Bereicherungsrechtes gilt jedoch nicht § 285 BGB, sondern § 818. Der Schuldner hat lediglich den Wert in Geld zu erstatten, um den er noch bereichert ist. Er war zunächst um das Geld bereichert. Nachdem er es gegen einen Computer im Wert von 1000,– Euro eingetauscht hat, ist er also um 1000,– Euro bereichert. Diesen Betrag könnte Jedermann von Brumm herausverlangen, wenn er nicht seinerseits die beim Verkauf ursprünglich erhaltenen 500,– Euro zurückzahlen müßte. Es bleibt also ein Rest von 500,– Euro übrig, den Jedermann noch verlangen kann.

Unterstellen wir einmal, daß Brumm für das Bild ein Motorrad im Werte von 10 000,– Euro eingetauscht hat, so kann Jedermann von ihm 4500,– Euro verlangen. Daß diese Rechnung aufgeht, ergibt sich aus folgender Überlegung:

Durch das Bild wird Brumm um einen Wert von 5000,– Euro ungerechtfertigt bereichert. Durch den Tausch ist er nach wie vor um diesen Wert bereichert, da das Motorrad sogar einen noch höheren Wert repräsentiert. Daß er das Motorrad nicht herauszugeben braucht, ist vorstehend schon erörtert. Also ist er verpflichtet, den Wert der erlangten Bereicherung, das heißt 5000,– Euro, an Paul Jedermann zu zahlen. Da dieser bereits vom Verkauf 500,– Euro erhalten hatte, kann er nur noch 4500,– Euro fordern. Eine andere Entscheidung würde unbillig sein.

Unerlaubte Handlung und neues Haftpflichtrecht

Paul Jedermanns Nachbar, Willi Eilig, fährt mit seinem Fahrrad einen Berg in überaus großer Geschwindigkeit herunter. Klingel und Bremse sind in sehr schlechtem Zustand. Der Kaufmann Kühne gerät dem herabsausenden Eilig in den Weg, kann nicht mehr ausweichen und wird zu Boden gerissen. Anstatt sich bei ihm zu entschuldigen und sich zum Ersatz jeglichen Schadens bereit zu erklären, wird er von dem unverschämten Eilig auch noch beschimpft.

Wie soll sich Kühne verhalten?

In einem solchen Fall ist ihm zu raten, eine Strafanzeige nebst Strafantrag gegen Eilig zu erstatten. Er begibt sich zu diesem Zweck am besten zu der Polizeidienststelle, in deren Bezirk der Unfall geschehen ist. Eilig hat durch sein verkehrswidriges Verhalten mit einem nicht ordnungsgemäß instand gehaltenen Fahrrad gegen die Vorschriften der Straßenverkehrsordnung (§§ 1 ff.) verstoßen. Hierfür kann er mit einer Geldbuße belegt werden. Da er gleichzeitig eine fahrlässige Körperverletzung begangen hat, kann er gemäß § 223 StGB mit Freiheits- oder Geldstrafe bestraft werden. Jedoch tritt eine Strafverfolgung wegen dieses zweiten Deliktes nur ein, wenn der Verletzte deswegen einen Strafantrag stellt. Nur in den seltenen Fällen, in denen ein öffentliches Interesse an der Verfolgung besteht, zum Beispiel wenn der Täter schon häufig die Gesundheit und das Leben seiner Mitmenschen in Gefahr gebracht hat, erfolgt eine Verfolgung von Amts wegen. Nur dann bedarf es eines Antrages des Verletzten nicht.

Es ist zu beachten, daß der Verletzte die Strafanzeige und den Strafantrag binnen drei Monaten stellen muß. Sechs Monate nach dem Verkehrsunfall ist eine Verfolgung wegen des Verstoßes gegen die StVO nicht mehr möglich. Diese Dreimonatsfrist für den Strafantrag hinsichtlich der Körperverletzung beginnt allerdings erst von dem Zeitpunkt an zu laufen, in welchem der Verletzte von der Tat und der Person des Täters Kenntnis gehabt hat. Nach Ablauf von drei Jahren seit Begehen der Tat verjährt jedoch auch hier die Strafverfolgung, so daß kein Strafantrag mehr gestellt werden kann, auch wenn der Verletzte jetzt erst Kenntnis von dem Täter erhält.

Das vorstehend erörterte Strafverfahren hat für den Verletzten folgenden Vorteil:

Ohne daß er sein eigenes Geld riskiert, klären Staatsanwaltschaft und Gericht für ihn die Sach- und Rechtslage. Wird der Täter in diesem Strafverfahren verurteilt, so ist es für den Verletzten nunmehr eine Kleinigkeit, den Schadensersatzprozeß vor den Zivilgerichten durchzuführen. Ergibt sich in diesem Strafverfahren die Unschuld des Angeklagten, so ist dies für ihn geklärt, ohne daß es ihm Kosten irgendwelcher Art gemacht hat. Hätte er gleich den Zivilprozeß begonnen und wäre er unterlegen, so müßte er nun die Prozeßkosten tragen.

Die Amtsanwaltschaft (das ist die bei den Amtsgerichten stationierte Staatsanwaltschaft) wird – aber nicht in allen Fällen – der Anzeige wegen der Übertretung der Straßenverkehrsordnung (StVO) entsprechen. Möglicherweise hält die Anklagebehörde den Verstoß gegen das Gesetz für so geringfügig, daß sie wegen dieser Geringfügigkeit von der Verfolgung der Anzeige absieht. Falls die Anklageerhebung bezüglich der Anzeige wegen der Körperverletzung von der Staatsanwaltschaft abgelehnt und der Verletzte auf den Weg der Zivilklage verwiesen wird, so kann er binnen zwei Wochen gemäß § 172 StPO hiergegen Beschwerde einlegen. Wird auch diese abgelehnt, so kann der Verletzte gemäß § 374 StPO auch selbst die Anklägerrolle als sogenannter Privatkläger übernehmen. Allerdings hat er dann zunächst Kosten (Gerichtskosten, Anwaltskosten), die er jedoch erstattet bekommt, wenn er mit der Privatklage obsiegt.

Bevor eine Privatklage erhoben wird, muß der Privatkläger vielfach den örtlichen Schiedsmann zur Anberaumung eines Sühneversuches anrufen. In diesem Sühneversuch kann er sich nicht durch einen Rechtsanwalt oder einen sonstigen Bevollmächtigten vertreten lassen. Er braucht aber die

Vermittlungsvorschläge des Schiedsmannes nicht anzunehmen. Kommt es zu keinem Vergleich, so erhält er eine Bescheinigung über die Erfolglosigkeit des Sühneversuchs. Diese muß er bei der Einreichung der Privatklage vorlegen. Das Privatklageverfahren ist immerhin so kompliziert, daß es zweckmäßig ist, es nicht allein, sondern nur durch einen Rechtskundigen durchzuführen beziehungsweise durchführen zu lassen.

Entschließt sich der Staatsanwalt wegen Vorliegen öffentlichen Interesses, von sich aus eine Anklage zu erheben, kann sich der Verletzte dieser Anklage als Nebenkläger anschließen (§ 395 StPO). Dies hat den Vorteil, daß er selbst Beweisanträge stellen, Fragen an den Angeklagten richten und Rechtsmittel einlegen kann.

Der verletzte Kühne wird also zweckmäßigerweise den Ausgang des Strafverfahrens abwarten und alsdann, wenn die Schuld des Radfahrers festgestellt ist, die Schadensersatzklage vor den Zivilgerichten in Gang setzen, muß aber die Verjährungsfrist beachten. Er kann auch die Schadensersatzklage sofort, ohne den Ausgang des Strafverfahrens abzuwarten, erheben. In diesem Falle muß er jedoch damit rechnen, daß das Zivilgericht gemäß § 149 ZPO das Zivilverfahren bis zur Beendigung des Strafverfahrens aussetzt. Er gewinnt dadurch also keine Zeit.

Kühnes Schadensersatzanspruch ist begründet.

Dadurch, daß Eilig Kühne anfuhr, hat er eine unerlaubte Handlung begangen. Eine solche liegt vor, wenn jemand das Leben, den Körper, die Gesundheit oder das Eigentum oder ein sonstiges absolutes Recht eines anderen rechtswidrig und schuldhaft verletzt. Dies trifft hier zu. Kühnes Gesundheit und Körper ist durch Eilig verletzt worden. Eilig handelte rechtswidrig, da er keinen besonderen Rechtfertigungsgrund hierfür hatte, und fahrlässig, weil sein zu schnelles Fahren mit dem verkehrsuntüchtigen Fahrzeug gegen die im Verkehr erforderliche Sorgfalt verstieß (vgl. § 823 Abs. 1 BGB).

Gleichzeitig hat Eilig durch sein schuldhaftes Verhalten gegen Schutzgesetze verstoßen, die im Interesse Kühnes gegeben sind. Diese Schutzgesetze sind der § 223 StGB (fahrlässige Körperverletzung) und die Bestimmungen der Straßenverkehrsordnung, die im Interesse sämtlicher Verkehrsteilnehmer erlassen ist.

Nicht jedes rechtswidrige Verhalten stellt zugleich eine unerlaubte Handlung dar. Ein Schuldner, der einfach nicht daran denkt, seine Pflichten gegenüber den Gläubigern zu erfüllen, verletzt dadurch seine Vertragspflicht, begeht aber keine unerlaubte Handlung. Er ist allerdings auch wegen dieser schuldhaften Verletzung seiner Schuldnerpflichten schadensersatzpflichtig.

Das Mitverschulden

Es ist möglich, daß Kühne an dem Unfall nicht ganz unbeteiligt ist. Ist er zum Beispiel unachtsam über die Straße gegangen, so trifft auch ihn ein Vorwurf schuldhaften Verhaltens. Der Gesetzgeber trägt einem solchen Mitverschulden gemäß § 254 BGB dadurch Rechnung, daß er nach dem Grad des Mitverschuldens einen Teil des Schadens Kühne selbst aufbürdet. Kommt das Gericht also zu dem Ergebnis, daß Kühne ein gleich starkes Verschulden wie Eilig trifft, so braucht Eilig bloß 50 % des dem Kühne entstandenen Schadens zu ersetzen.

Ist Kühne körperlich verletzt, so kann er außer dem Ersatz der Arztkosten gemäß § 847 BGB ein angemessenes Schmerzensgeld verlangen. Kühne mag hierbei folgendes bedenken: Es ist sehr verlockend, sich über die Möglichkeit dieses Schmerzensgeldes eine Sommerreise oder eine Wohnungseinrichtung zu verschaffen. Jeder entsinnt sich, gehört zu haben, daß Meyer oder Müller für eine kleine Gehirnerschütterung 5000,– Euro erhalten hat. So einfach liegt es mit dem Schmerzensgeld jedoch nicht. Das deutsche Recht ist in dieser Hinsicht noch zurückhaltend. Man kann nicht von vorneherein sagen, ein gebrochener Arm kostet 1000,– Euro, eine gebrochene Rippe 500,– Euro und ein abgefahrenes Bein 10000,– Euro. Hier sind vielmehr sehr viele einzelne Umstände mit zu berücksichtigen, zum Beispiel Heftigkeit und Dauer der Schmerzen, körperliche Entstellung, dauernde Behinderung, Vermögenslage des Schädigers und ähnliches.

Es ist zweckmäßig, wenn man selbst die Klage einreicht, nicht in dem Klageantrag schon das Schmerzensgeld zu beziffern. Nehmen wir an, Kühne beantragt, Eilig zu verurteilen, 1000,– Euro Schmerzensgeld zu zahlen. Das Gericht kommt jedoch zu der Auffassung, daß 300,– Euro angemessen sind. Dann wird Kühne in dieser Höhe mit seiner Klage abgewiesen und muß insoweit auch die Kosten des Rechtsstreits tragen. Es ist daher zweckmäßg, den Antrag einfach wie folgt zu formulieren:

> Ich beantrage, den Beklagten zu verurteilen, an den Kläger ein vom Gericht festzusetzendes, angemessenes Schmerzensgeld zu zahlen.

In der Begründung der Klage mag man dann darlegen, daß man einen Betrag von 1000,– Euro für angemessen hält, und die Gründe hierfür dartun. Folgt das Gericht dieser Anregung nicht, so mag es das Schmerzensgeld in der von ihm angemessenen Höhe festsetzen. Kühne braucht dann nicht mit der Aufbürdung irgendwelcher Kosten zu rechnen.

Die Gefährdungshaftung

Paul Jedermanns kleiner Neffe geht mit seiner Mutter in die Stadt. Anstatt den Jungen an die Hand zu nehmen, läßt die Mutter ihn in einer verkehrsreichen Gegend umherlaufen. Dieser läuft plötzlich auf die Straße und wird von dem Autofahrer Schnell, der ihn zu spät entdeckt, angefahren. Der Neffe erleidet Verletzungen, wodurch Kosten von 400,– Euro entstehen. Anstatt daß die Mutter zu einem Arzt geht, verläßt sie sich auf Hausmittel und verschlimmert die Verletzung dadurch so, daß eine Operation notwendig wird, die einen weiteren Schaden von 1000,– Euro verursacht.

Schnell lehnt jeden Schadensersatz mit der Begründung ab, der Neffe sei selbst durch sein unvorsichtiges Umherlaufen an dem Unfall schuld. Er müsse sich auch die Unachtsamkeit seiner Mutter anrechnen lassen. Für die Erhöhung des Schadens um 1000,– Euro könne er schon gar nichts. Im übrigen habe er keine Schuld an dem Unfall.

In dem vorliegenden Fall gehen wir nicht wie oben von § 823 BGB aus, sondern vielmehr von § 7 Straßenverkehrsgesetz. Danach haftet der Halter eines Kraftfahrzeuges für den durch den Betrieb des Fahrzeuges verursachten Schaden, auch wenn er keine Schuld trägt. Man spricht hier von einer sogenannten Gefährdungshaftung. Es kommt auf ein Verschulden des Halters hierbei nicht an. Der Gesetzgeber trägt damit der Tatsache Rechnung, daß der Betrieb eines Kraftwagens immer typische Gefahren mit sich bringt, deren finanzielles Risiko der Halter des Kraftwagens beziehungsweise Motorrades auf sich nehmen muß. Aus diesem Grunde ist ja auch jeder Halter eines Kraftwagens verpflichtet, eine Haftpflichtversicherung abzuschließen.

Es besteht nicht in allen Staaten ein Zwang zum Abschluß einer solchen Versicherung. Dies bedeutet, daß man bei Auslandsreisen zumindest befristete Unfall- und Kaskoversicherungen abschließen sollte, um sich vor Schäden zu schützen, soweit es um Geld geht.

114

Unterstellen wir, daß Schnell selbst Halter (wahrscheinlich auch Eigentümer) des von ihm gesteuerten Fahrzeuges ist, so haftet er dem Neffen für die entstandenen Verletzungen. Zwar bestimmt § 7 Straßenverkehrsgesetz, daß eine Schadensersatzpflicht dann nicht eintritt, wenn den Verletzten allein die Schuld an dem Unfall trifft.

Der Neffe ist nun zwar durch sein eigenes unvorsichtiges Verhalten verletzt worden. Ein Kind unter 7 Jahren kann aber nicht schuldhaft handeln. Weder kann es eine unerlaubte Handlung gegenüber Dritten begehen noch kann in seinem kindlichen unvernünftigen Tun ein sogenanntes konkurrierendes oder mitwirkendes Verschulden im Sinne des § 254 BGB gesehen werden. Erst vom 10. Lebensjahr an kann ein Mensch für einen Schaden, den er hervorruft, verantwortlich gemacht werden (§ 828 Abs. 1 BGB). Zwischen dem 10. und 18. Lebensjahr ist dann immer noch Voraussetzung, daß der Jugendliche die für die Erkenntnis der Verantwortlichkeit erforderliche Einsicht hat, § 828 Abs. 2 sieht dies jetzt vor.

Infolgedessen verbleibt die Verantwortlichkeit bei Schnell. Er kann sich auch nicht darauf berufen, daß der Unfall durch ein unabwendbares Ereignis hervorgerufen sei, das nicht auf der Beschaffenheit des Fahrzeuges beruhe. Die Unberechenbarkeit kindlichen Verhaltens im Straßenverkehr ist zwar ein schwer vorausberechenbarer Umstand. Die höchstrichterliche Rechtsprechung hat aber offenbar in dem Bestreben, den Kindern so weit wie möglich Schutz zu gewähren, ständig die Ansicht vertreten, daß der Kraftfahrzeugführer mit kindlichem Verhalten rechnen muß. Dies hat praktisch die Konsequenz, daß jeder Fahrer sich darauf einstellen muß, daß ein Kind plötzlich hinter einem Baum hervorspringt und vor das Kraftfahrzeug läuft.

Weder entfällt also der Schadensersatzanspruch des Neffen noch mindert sich derselbe gemäß § 254 BGB. Anders ist die Erhöhung des Schadens durch das unsachgemäße Verhalten der Mutter zu beurteilen. Dies wird man dem Schädiger nicht anlasten können.

Produkthaftungsgesetz und Produktsicherheitsgesetz

Paul Jedermann entsinnt sich der schrecklichen Folgen eines Arzneimittels namens Contergan, das – während der Schwangerschaft eingenommen – für spätere Mißbildungen der Neugeborenen verantwortlich war. Er liest auch, daß jahrzehntelang verwendete Baustoffe als Urheber von Krankheiten – insbesondere Krebs – erkannt wurden. Bei derartigen Fällen konnte den Produktherstellern vormals nur schwer ein Verschulden nachgewiesen werden, welches gemäß §§ 823 ff. BGB Haftungsvoraussetzung ist.

Hier hat das Gesetz über die Haftung für fehlerhafte Produkte (Produkthaftungsgesetz = ProdHaftG) vom 15. Dezember 1989 einen neuen Haftungstatbestand ohne Verschulden geschaffen.

Nach diesem Gesetz haftet der Hersteller in der Regel für alle Personen- und Sachschäden, die ein mit Mängeln versehenes Produkt verursacht. Auf ein Verschulden des Herstellers kommt es nicht an. Auch hier liegt wieder ein Fall vor, wo ein deutsches Gesetz eine Richtlinie der EU in Recht der BRD umgesetzt hat.

Für Arzneimittel gilt die Sonderregelung im Arzneimittelgesetz.

Neben dem Produzenten haften gleicherweise Händler oder Lieferanten, wenn sie nicht innerhalb eines Monats dem Geschädigten den Hersteller benennen, was insbesondere bei Produkten ohne Herstellernachweis sehr wichtig ist.

Allerdings gibt es auch Schutzgrenzen für die Haftung. Für sogenannte »Ausreißer« – also Einzelprodukte, die trotz gewissenhafter Sicherheitsvorkehrungen fehlerhaft sind, wird nicht gehaftet. Desgleichen nicht für Entwicklungsvorgänge, die nach dem aktuellen Stand der Wissenschaft und Technik ein Produkt entstehen lassen. Bei Personenschäden ist die Haftungsobergrenze 85 Millionen Euro. Bei Sachschäden besteht ein Selbstbehalt des Geschädigten von 500,– Euro.

Ein Schmerzensgeld sieht das Gesetz nicht vor. Doch wird bei Personenschäden regelmäßig auch der Tatbestand der unerlaubten Handlung vorliegen, und damit auch Anspruch auf Schmerzensgeld.

Der Anspruch verjährt in drei Jahren nach Kenntnis vom Schaden, dem Fehler und der Person des Ersatzpflichtigen beziehungsweise seitdem die Kenntnis hätte erlangt werden können, spätestens aber nach 10 Jahren seit In-Verkehr-Bringen des Produkts.

Seit 22.April 1997 gibt es weiterhin auf Grund einer vorausgegangenen EU-Richtlinie das Gesetz zur Regelung der Sicherheitsanforderungen an Produkte und zum Schutz der CE-Kennzeichnung (Produktsicherheitsgesetz).

Zweck des Gesetzes ist es, für alle auf den Mark gebrachten Produkte, die für den Verbraucher bestimmt sind, EU-einheitlich allgemeine Sicherheitsanforderungen aufzustellen, um ein übereinstimmendes Sicherheitsniveau zu erreichen, um den innergemeinschaftlichen Handel zu vereinfachen. Die Kernvorschrift des Gesetzes sieht vor, daß ein Hersteller nur sichere Produkte in den Verkehr bringen darf und verpflichtet ist, den Verbraucher so umfassend zu informieren, daß dieser eine von dem Produkt während der üblichen oder zu erwartenden Gebrauchsdauer ausgehende Gefahr beurteilen und sich dagegen schützen kann. Außerdem muß er angemessene Maßnahmen zur Erkennung und vorbeugenden Abwehr von Gefahren treffen. Auch die Händler werden in die Pflicht genommen. Sie müssen dazu beitragen, daß nur sichere Produkte in den Verkehr gebracht werden.

Zur Vorsorge und natürlich auch im Fall eines nachgewiesenen Verstoßes werden der zuständigen Behörde umfassende Kontroll- und Eingriffsrechte eingeräumt. Diese gehen von Warnhinweisen an die Öffentlichkeit bis zum Rückrufsrecht nicht sicherer Produkte (§ 9), einschließlich deren Sicherstellung und gegebenenfalls Vernichtung. Ausdrücklich ausgenommen wurden insoweit allerdings Produkte, die zum Beispiel unter das Arzneimittelgesetz, Gentechnikgesetz, Medizinproduktegesetz und Luftverkehrsgesetz etc. fallen, weil diese Gesetze bereits scharfe Sicherheitsbestimmungen enthalten, die zum Teil noch weitergehend sind. Bei Produkten, die zum Beispiel dem Lebensmittel- und Bedarfsgegenständegesetz, Weingesetz, Chemikaliengesetz, Waffengesetz, Gerätesicherheitsgesetz und einiger anderer Gesetze unterliegen, gibt es auch Sondervorschriften, allerdings gelten insoweit die Bestimmungen über Warnungen und den Rückruf gemäß dem Produktsicherungsgesetz.

§ 13 dieses Gesetzes sieht eine Ermächtigung der Bundesregierung vor, zur Durchführung und Regelung weiterer Einzelheiten, wie zum Beispiel Kennzeichnungen, Gebrauchs- und Bedienungsanleitungen, Aufbewahrungs- und Mitteilungsverpflichtungen jederzeit zusätzliche Verordnungen zu erlassen.

Es gibt noch andere Bestimmungen, aus denen sich eine Gefährdungshaftung ergibt. Seit dem 1. August 2002 sind umfangreiche Verschärfungen im Haftpflichtrecht bei Verkehrsunfällen, Freizeitunfällen, Verkehrssicherungspflicht und gefährlichen Anlagen erfolgt.

Erwähnt wurde bereits das Straßenverkehrsgesetz. Die wichtigsten geänderten Gesetze sind das Haftpflichtgesetz (für Ansprüche gegen Schienen- und Schwebebahnen) sowie das Luftverkehrsgesetz. Die Sondergesetze enthalten sämtlich Haftpflichthöchstbeträge, die jedoch nunmehr drastisch erhöht wurden, so zum Beispiel gemäß § 12 StVG auf 600 000 Euro beziehungsweise jährlich 36 000 Euro Rente im Fall der Tötung und Verletzung eines Menschen. Ferner gibt es die Haftung ohne Verschulden für die Tierhalterhaftung und für die Grundstücks- und Gebäudebesitzerhaftung (§§ 833, 836 BGB).

Verursachung des Schadens

Zurück zum Fall des unachtsamen Kindes: Wie ist es mit dem weiteren Schaden von 1000,– Euro? Zwar ist auch dieser Schaden zunächst auf den Unfall zurückzuführen. Der Jurist spricht insofern von einer adäquaten Verursachung des Schadens. Darunter versteht man, daß nur ein solcher

116

Schaden für einen eventuellen Schadensersatz in Betracht kommt, der mit dem Schaden stiftenden Ereignis in einem Zusammenhang steht, wie es der Lebenserfahrung entspricht. Der Gegensatz zu einer adäquaten Verursachung ist die sogenannte äquivalente Verursachung. Darunter versteht man, daß jede Handlung für den eingetretenen Erfolg kausal ist, die man nicht hinwegdenken kann, ohne daß dann auch der Erfolg entfiele. Stellen wir uns folgendes vor: Ein Motorradfahrer streift mit seinem Motorrad einen Passanten. Dieser Passant ist ein Bluter. Infolge der Verletzung, die an und für sich geringfügig ist, stirbt er. Nach der Äquivalenz-Theorie würde man die Schlußfolgerung zu ziehen haben, daß der Motorradfahrer kausal für den Tod des Bluters ist, denn man kann ja sein Anfahren nicht hinwegdenken, ohne daß der Bluter noch leben würde.

Derartig außergewöhnliche Verknüpfungen zwischen Handlung und Erfolg würden aber zu dem unbilligen Ergebnis führen, daß der Motorradfahrer nach § 7 Straßenverkehrsgesetz den Angehörigen des verstorbenen Bluters den Lebensunterhalt gewähren müßte, den sie bisher von dem verstorbenen Bluter erhalten haben. Dies ist aber für das Rechtsempfinden untragbar. Aufgrund der anzuwendenden Adäquanz-Theorie käme man zu dem Ergebnis, daß es nicht der Lebenserfahrung entspricht, daß eine so geringfügige Verletzung den Tod eines Menschen durch Verbluten herbeiführt.

Andererseits ist die Rechtsprechung mit dem Begriff der Lebenserfahrung ziemlich großzügig. Nur dann ist eine Kausalität abzulehnen, wenn die Verknüpfung zwischen Handlung und Erfolg wirklich außerhalb jeder Lebenserfahrung liegt.

Die vorstehenden Überlegungen, auf unseren Fall übertragen, bedeuten folgendes: Die Verschlimmerung einer Wunde durch nachträglich schlechte Behandlung liegt durchaus im Bereich der Lebenserfahrung. Schnell ist daher auch für den weiteren Schaden von 1000,– Euro, den das Kind erlitten hat, kausal verantwortlich.

Wegen dieses Schadens greift nunmehr allerdings die Bestimmung des § 254 BGB mit folgender Wirkung ein: Ein Verletzter ist verpflichtet, den ihm entstandenen Schaden so gering wie möglich zu halten. Eine solche Verpflichtung hat also auch das Kind gegenüber Schnell. Es bedient sich zur Erfüllung dieser Verbindlichkeit seines gesetzlichen Vertreters, hier also seiner Mutter. Deren Verschulden ist hier also genauso anzusehen wie sein eigenes. Da man annehmen kann, daß ohne dieses Verschulden der Mutter der Schaden auf 400,– Euro beschränkt geblieben wäre, kann das Kind nur 400,– Euro von Schnell ersetzt verlangen.

Man sollte sich niemals vorschnell auf den Standpunkt stellen, der andere müsse ja schließlich doch alles zahlen. Böse Überraschungen können die Folge sein.

Der Verleumder

Werner Großmund hat einen Haß auf alle Konkurrenten. Als er merkt, daß es Hans Tüchtig gelingt, seinen Kundenkreis zu erweitern, verbreitet er in der Stadt das Gerücht, daß Tüchtig eine unzuverlässige Schwindelfirma betreibe und schon mehrfach wegen Betrugs und unlauteren Wettbewerbs vorbestraft sei. Dadurch hat Tüchtig den Verlust vieler Kunden zu beklagen. Er verlangt von Großmund Schadensersatz.

Für die Geltendmachung dieses Schadensersatzanspruches gibt es mehrfache Grundlagen im Gesetz. Gemäß § 823 Abs. 2 BGB ist Großmund schadensersatzpflichtig, weil er gegen ein Schutzgesetz verstoßen hat. Das Schutzgesetz ist § 185 beziehungsweise 186 StGB, wonach Beleidigung und üble Nachrede mit Strafe bedroht sind.

Der Anspruch ergibt sich ferner aus § 824 BGB, wonach kreditschädigende Äußerungen schadensersatzpflichtig machen, wenn der Verbreiter vorsätzlich oder fahrlässig handelt.

Schließlich ergibt sich der Anspruch auf Schadensersatz auch aus § 826 BGB, wonach jeder schadensersatzpflichtig ist, der einem andern in einer gegen die guten Sitten verstoßenden Art und Weise vorsätzlich Schaden zufügt. Der § 826 BGB ist die Generalklausel des Schadensersatzrechts. Wer vorsätzlich darauf ausgeht, einen anderen sittenwidrig zu schädigen, muß ihm Schadensersatz leisten.

Eingeschränkte Verantwortlichkeit

Paul Jedermann spricht in einer fröhlichen Gesellschaft dem Alkohol tüchtig zu. Er ist schließlich so bezecht, daß er auf dumme Gedanken kommt. Er fängt mit einem harmlosen Passanten Streit an und boxt ihn schließlich nieder. Als dieser Schadensersatz verlangt, wendet Jedermann ein, daß er ja nichts dafür könne, weil er sich an nichts entsinne.

Jedermann ist schadensersatzpflichtig. Zwar hat er tatsächlich bei der Rempelei mit dem Passanten nicht schuldhaft gehandelt, weil er unzurechnungsfähig war und seine Psyche nicht mehr steuern konnte.

Gemäß § 827 BGB ist man aber für eine in Trunkenheit verübte Handlung verantwortlich, geradeso als wenn man fahrlässig gehandelt hätte. Wir haben aber weiter oben schon gesehen, daß derjenige, der fahrlässig den Körper oder die Gesundheit eines andern schädigt, nach § 823 BGB schadensersatzpflichtig ist. Also muß Jedermann den verursachten Schaden ersetzen.

Etwas anderes wäre es, wenn Jedermann in den Zustand der Trunkenheit ohne sein Verschulden geraten wäre. Hätten ihm zum Beispiel seine Zechkumpane heimlich hochprozentigen Schnaps in das Bier gegossen und wäre Jedermann dadurch, ohne etwas dafür zu können, in schwere Trunkenheit geraten, so wäre er nicht nach § 827 BGB schadensersatzpflichtig. Der Verletzte würde dann aber wohl Anspruch gegen die Zechkumpane haben, denn wer einen anderen in hochgradige Trunkenheit versetzt, muß damit rechnen, daß dieser im Zustand der Trunkenheit schädigende Handlungen vornimmt.

Schließlich besteht noch die Möglichkeit eines Ausgleichs nach Billigkeit, wenn jemand wegen der in Trunkenheit begangenen Tat nicht verantwortlich ist, gemäß § 829 BGB. Insbesondere ist derjenige zum Schadensersatz verpflichtet, der in besonders günstigen Vermögensverhältnissen lebt. Ein reicher, schuldlos handelnden Verletzer muß also eine angemessene Entschädigung leisten, wenn der Verletzte in ärmlichen Verhältnissen lebt.

Tierhalterhaftpflicht

Thomas Tierlieb ist Eigentümer und Halter eines schönen deutschen Schäferhundes. Das Tier, das bisher immer gutmütig war, fällt plötzlich aus nicht ersichtlichem Grund den Spaziergänger Pech an. Er beißt ihn heftig in den linken Arm und linken Oberschenkel. In seiner Bedrängnis entreißt Pech der vorbeigehenden Frau Brunhilde Üppig den Schirm und schlägt damit kräftig auf den Hund ein. Dabei geht der Schirm entzwei, und der Hund wird an den Augen so schwer verletzt, daß er getötet werden muß.

Welche Ansprüche bestehen unter den beteiligten Personen? Pech kann von Tierlieb Ersatz des ihm entstandenen Schadens verlangen. Nicht nach § 823 BGB, denn Tierlieb handelt weder vorsätzlich noch fahrlässig. Da der Hund bisher immer gutmütig und folgsam gewesen ist, brauchte Tierlieb nicht damit zu rechnen, daß der Hund plötzlich einen Schaden anrichten würde.

Jedoch haftet Tierlieb aus § 833 BGB, weil der Halter eines Tieres für jeden durch das tierische Verhalten verursachten Schaden eintreten muß. Wir haben es hier wiederum mit einem Fall der Gefährdungshaftung zu tun, also mit einer Parallele zu dem oben erörterten Fall der

Kraftfahrzeughalterhaftung nach § 7 StVG. Danach haftet der Tierhalter allein um der Tatsache willen, daß die unberechenbare Tierpsyche stets eine Gefahr für dritte Personen bedeutet. Lediglich wenn es sich um ein dem Beruf des Halters dienendes Tier, zum Beispiel einen Wachhund oder ein Arbeitspferd handelt, ist der Halter von einem Schadensersatz frei, wenn er nachweist, daß er beim Halten des Tieres alle erdenkliche Sorgfalt hat obwalten lassen. Da es sich bei dem vorliegenden Fall offenbar nicht um ein Gebrauchstier handelt, ist Tierlieb zum Schadensersatz verpflichtet.

Tierlieb hat seinerseits wegen der Verletzung seines Hundes keinerlei Schadensersatzansprüche gegen Pech. Zwar hat Pech durch das Einschlagen mit dem Schirm eine fremde Sache, den Hund des Tierlieb, verletzt. Jedoch handelte er dabei nicht widerrechtlich. Normalerweise ist zwar das Verletzen und Vernichten fremder Sachen verboten und daher auch rechtswidrig. Dies gilt aber dann nicht, wenn dem Täter ein besonderer Rechtfertigungsgrund zur Seite steht. Einen solchen Rechtfertigungsgrund hat hier Pech aufgrund des § 228 BGB.

Diese Bestimmung erklärt die Vernichtung einer Sache dann für rechtmäßig, wenn das Zerstören erfolgt, um so eine von dieser Sache drohende rechtswidrige Gefahr abzuwehren. Hier drohte von dem Hund eine Gefahr. Sein Beißen war ein rechtswidriger Angriff auf Pech. Dieser durfte sich des Angriffs dadurch erwehren, daß er den Hund mit Schlägen abwehrte. Der § 228 BGB hat allerdings eine Grenze. Wenn durch die Abwehrhandlung, also durch die Vernichtung oder Verletzung der angreifenden Sache, ein Schaden verursacht wird, der unverhältnismäßig größer ist als der Schaden, den die angreifende Sache verursacht hätte, dann ist die Abwehrhandlung nicht erlaubt.

Man mache sich dies an folgendem Beispiel klar: Der wertvolle Neufundländer des Nachbarn schnappt sich ein kleines Würstchen und verschwindet damit. Der Betroffene könnte sich nur dadurch wehren, daß er den Hund durch einen Schuß tötet. In diesem Fall würde das Töten des wertvollen Hundes einen wirtschaftlich weitaus größeren Schaden verursachen als die Rettung des Würstchens.

Anders ist es in unserem Fall. Die Gefahr für einen Menschen, von einem Hund durch weitere Bisse verletzt zu werden, mit all ihren Folgen, wie einer Tollwuterkrankung usw., ist stets ein ungleich größerer Schaden als die Vernichtung eines Tieres, und wenn dies noch so wertvoll ist. Demnach hat Pech nicht rechtswidrig gehandelt, als er den Hund tötete. Er ist daher auch nicht zum Ersatz des daraus entstandenen Schadens verpflichtet.

Frau Üppig beklagt den Verlust ihres Schirmes. Sie kann von Pech Schadensersatz verlangen. Zwar nicht aus § 823 BGB, denn Pech handelt nicht widerrechtlich, da er als besonderen Rechtfertigungsgrund die Bestimmungen des § 904 BGB für sich hat. Demnach handelt derjenige nicht rechtswidrig, der auf fremde Sachen einwirkt, um mit Hilfe dieser Einwirkung einen ihm irgendwoher drohenden Schaden abzuwehren. Der Unterschied zu der Vernichtung des Hundes liegt darin, daß von dem Schirm keinerlei Gefahr ausgeht, es sich also nicht um eine Abwehrmaßnahme gegen eine von dem Schirm drohende Gefahr handelt.

Dieser Unterschied macht sich in folgendem bemerkbar: Auf die Sachen Dritter, von denen keine Gefahr ausgeht, darf man nur zur Abwehr solcher Gefahren einwirken, durch die ein Schaden droht, der unverhältnismäßig größer ist als die Verletzung der Sache.

Dies ist aber hier der Fall. Denn Pech droht eine Gefahr für Gesundheit, wenn nicht sogar für das Leben. Damit droht ein verhältnismäßig größerer Schaden, als er sich aus der Vernichtung des Schirmes ergeben kann. Demnach handelt Pech nicht rechtswidrig und kann daher nicht aus § 823 BGB haftbar sein.

Jedoch ist Pech aus § 904 Satz 2 BGB schadensersatzpflichtig. Danach ist derjenige, der fremde Rechtsgüter opfert und, wie wir sehen, auch opfern darf, um eigene höhere Rechtsgüter zu retten, gehalten, dem Dritten den zugefügten Schaden zu ersetzen. Der Sinn dieser Bestimmung bietet sich an. Wenn wir höherwertige Rechtsgüter auf Kosten anderer retten, so müssen wir diese schadlos stellen. Wir haben dadurch immer noch den Vorteil, daß der verbleibende Verlust geringer ist, als wenn die abgewehrte Schädigung eingetreten wäre.

Der Grundgedanke des § 904 BGB, daß man zunächst einmal fremde Rechtsgüter opfern darf, um andere höherwertige zu retten, ist ein Kardinalsatz unseres Rechts. Er kommt in den verschiedensten Stellen unseres Gesetzgebungswerkes vor.

Nach dem vorstehend Gesagten muß also Herr Pech Frau Üppig den Schirm bezahlen. Er kann diese Summe aber wieder von Tierlieb erstattet verlangen, denn dieser ist ja verpflichtet, ihm allen aus der Tierhaltung entstandenen Schaden zu ersetzen.

Haftung des Hauseigentümers und Mieters

Paul Jedermann geht durch die Stadt. Als er an dem Haus des Eigentümers Reich vorbeigeht, löst sich ein Scharnier von der Markise des Mieters Huber im ersten Stock, so daß eine Stange der Markise herabstürzt und Jedermann erheblich verletzt. Jedermann verlangt Schadensersatz von Reich und von dem Mieter Huber. Das Herunterfallen der Markise wurde dadurch ausgelöst, daß ein Scharnier durchgerostet war.

Jedermann kann Schadensersatz von Huber gemäß § 837 BGB verlangen. Huber ist Besitzer der Markise. Er ist als Mieter berechtigt, eine solche Markise zu halten, andererseits aber auch für ihren ordnungsmäßigen Zustand verantwortlich. Er muß beweisen, daß er die im Verkehr erforderliche Sorgfalt zur Abwendung der von der Markise drohenden Gefahr beachtet hat. Diesen Beweis kann er nicht führen, da aus dem Durchrosten der Metallteile hervorgeht, daß Huber sich überhaupt nicht um den Zustand der Markise gekümmert hat.

Reich dagegen haftet nicht, da er für den Zustand der Markise keine Verantwortung trägt. Er ist dagegen gemäß § 836 BGB verantwortlich für Teile des Hauses, die infolge einer Verwahrlosung des Gebäudes herabstürzen, zum Beispiel Dachrinnenteile, Ziegel, Mörtel und dergleichen.

Es sei nochmals daran erinnert, daß die in diesem und den vorstehenden Kapiteln erörterten Ansprüche aus Delikten in drei Jahren verjähren. Die Verjährung beginnt von dem Zeitpunkt an, in welchem der Verletzte von dem Schaden und der Person des Ersatzpflichtigen Kenntnis erlangt hat oder ohne grobe Fahrlässigkeit hätte Kenntnis erlangen müssen (mit der Sonderregelung des § 199 BGB).

Das Schmerzensgeld

Hier hat das erwähnte Gesetz zur Neuregelung des Schadensersatzes von 2001 eine Erweiterung auf fast alle Ansprüche vorgenommen. Früher gab es im wesentlichen nur bei Delikten ein Schmerzensgeld. Nunmehr werden die Gefährdungshaftungsansprüche und die Vertragshaftungsansprüche mit einbezogen.

Insoweit ist jetzt § 253 BGB maßgeblich, der generell für die Verletzung von Körper, Gesundheit, Freiheit oder sexueller Belästigung ein Schmerzensgeld vorsieht. Dies wird insbesondere größere Auswirkungen im Bereich der Arzneimittelhaftung haben, da gemäß § 84 AMG auch für Entwicklungsrisiken gehaftet wird. Allerdings gibt es dafür bei Bagatellschäden, die nach Art und Dauer unerheblich sind, überhaupt kein Schmerzensgeld mehr.

Das Zugunglück

Bei einem Eisenbahnunfall ergeben sich für den Verletzten folgende Ansprüche:

Kommt es bei einem Eisenbahnunfall zu einem Personenschaden, zum Beispiel durch einen Zusammenstoß der Eisenbahn mit einem Autobus, so findet das Haftpflichtgesetz vom 4. Januar 1978 Anwendung. Ist der Betriebsunfall auf höhere Gewalt zurückzuführen, zum Beispiel ein plötzliches Erdbeben bringt den Zug zum Entgleisen oder hat der Verletzte durch eigenes Verschulden den Vorfall herbeigeführt, so ist die Bahn von der Haftung frei. Liegt ein Verschulden der Bahnangestellten vor, so haftet hierfür die Bahn zusätzlich. Die Haftung für einen Unfall, bei dem auf seiten des Unternehmers kein Verschulden vorliegt, kennt zum Beispiel kein Schmerzensgeld. Soweit die Bahn aber aus unerlaubter Handlung in Anspruch genommen werden kann, kann man ein Schmerzensgeld verlangen.

Die Gefährdungshaftung gilt auch für Inhaber von Elektrizitäts- und Gasanlagen, Bergwerken, Steinbrüchen, Gruben oder Fabriken.

Kommt bei einem Eisenbahnunfall eine Sache zu Schaden, so besteht gleichfalls eine Haftung kraft Gesetzes gemäß § 1 des Gesetzes über die Haftpflicht der Eisenbahn für Sachschäden. Das Merkwürdige ist also, daß für Sachschäden auch die Eisenbahn haftet, ohne daß ein Verschulden ihres Personals vorzuliegen braucht.

Diese Gefährdungshaftung der Eisenbahn für Sachschäden gilt nur für die Beschädigung von beweglichen Sachen, also nicht für Grundstücke. Ferner gibt es keine Haftung nach diesem Gesetz für Sachen, die die Eisenbahn zur Aufbewahrung oder Beförderung aufgenommen hat. Dieselbe Haftung besteht für sonstige Betreiber von Schienen- oder Schwebebahnen.

Die Vollmacht

Jedermanns Hauseigentümer, Hans Glücklich, läßt die Mieten durch den im Hause wohnenden Hausverwalter einziehen. Er läßt öffentlich mitteilen: »Die Miete bitte ich stets an unseren Hausverwalter zu entrichten.« Der bisherige Hausverwalter wird eines Tages entlassen, und Glücklich stellt als neuen Hausverwalter Erwin Listig ein, der eine große Anzahl guter Zeugnisse vorweisen kann. Listig kassiert in den nächsten zwei Monaten die Miete, behält die eingezogenen Gelder aber für sich und wird flüchtig. Der empörte Glücklich verlangt von seinen Mietern nochmalige Zahlung. Das Verlangen ist ungerechtfertigt.

Gläubiger der Miete ist der Vermieter Glücklich. Die Mieter können daher an und für sich auch nur an ihn mit befreiender Wirkung zahlen (§ 362 BGB). Nun kennt jedoch unser Recht die Möglichkeit, rechtsgeschäftliche Handlungen durch einen Vertreter vornehmen zu lassen. Wer eine Vertretungsmacht hat, kann also rechtsgeschäftliche Handlungen vornehmen, als wenn sie der Vertreter selbst vorgenommen hätte. Eine solche Vertretungsmacht kann man einmal kraft Gesetzes haben. So sind zum Beispiel die Eltern die gesetzlichen Vertreter ihres Kindes, der Vormund der seiner Mündel. Es kann aber auch jeder Mensch einer anderen Person eine solche Vertretungsmacht verschaffen, indem er sie bevollmächtigt. Eine solche durch eine Bevollmächtigung erlangte Vertretungsmacht nennt man daher auch eine Vollmacht. Die Handlung, durch die der Vertreter diese Vollmacht erlangt, nennt man eine Bevollmächtigung. Sie ist eine einseitige Erklärung des Bevollmächtigenden gegenüber dem, der die Vollmacht erhalten soll oder gegenüber den Personen, die mit dem Vertreter zu tun haben. Sie bedarf keiner Form.

In unserem Fall ist die Bevollmächtigung des Listig dadurch erfolgt, daß ihm Glücklich bei seiner Anstellung als Hausverwalter eröffnete, daß er die Mieten zu kassieren habe. Die Bevollmächtigung ist nicht identisch mit dem Anstellungsvertrag. Nicht jeder Dienstvertrag macht die Erteilung einer Vollmacht notwendig. Wer einen Arbeiter zum Umgraben eines Gartens einstellt, braucht diesem keine Vollmacht zu geben, sondern muß ihm einen Spaten zur Verfügung stellen.

Listig erhielt seine Vollmacht zur Einziehung der Mieten durch eine Bevollmächtigung bei der Anstellung. Die öffentliche Mitteilung des Hauseigentümers an seine Mieter ist zusätzlich eine Bekanntgabe, daß eine Vollmacht des jeweiligen Hausverwalters zur Einziehung der Mieten bestehe. Demnach haben die Mieter, als sie Listig den geschuldeten Mietbetrag aushändigten, ihre Schuld dem Vermieter gegenüber erfüllt. Gemäß § 164 BGB gilt ja die Zahlung des Geldes an Listig als Entgegennahme durch Glücklich, denn die rechtsgeschäftlichen Erklärungen des Vertreters wirken in der Person des Vertretenen. Gemäß § 362 BGB sind also die Mieter von ihrer Mietschuld frei geworden.

Nun wird sich Glücklich mit dieser für ihn ungünstigen Lösung nicht gern zufriedengeben wollen. Er ist von Listig durch die Vorlage der gefälschten Papiere arglistig getäuscht worden. Er kann daher den Vertrag mit Listig gemäß § 123 BGB mit rückwirkender Kraft anfechten. Dies hat zur Folge, daß zwischen Glücklich und Listig niemals ein Dienstvertrag bestanden hat. Das besagt aber noch nicht automatisch, daß deshalb die Vollmacht des Listig hinfällig ist. Der Anstellungsvertrag war zwar der Anlaß, jenen Listig zu bevollmächtigen, aber diese beiden Rechtsgeschäfte sind nicht miteinander identisch. Trotz Anfechtung des Dienstvertrages ist Listig nach wie vor als Bevollmächtigter anzusehen.

Doch auch diese Bevollmächtigung ist ja nun wiederum ein Rechtsgeschäft. Auch hierfür gilt also die Möglichkeit der Anfechtung gemäß § 123 BGB. Glücklich wird also nicht nur den Anstellungsvertrag mit Listig anfechten, sondern auch die diesem gegenüber ausgesprochene Bevollmächtigung. Dies hätte zur Folge, daß Listig nie Bevollmächtigter gewesen wäre. Die Konsequenz wäre also, daß die Mieter von ihrer Mietschuld nicht frei geworden wären und noch einmal an Glücklich zahlen müßten.

Hier greift jedoch die Sondervorschrift des § 171 BGB ein. Es liegt eine besondere Mitteilung an die Mieter über die Bevollmächtigung des jeweiligen Hausverwalters vor. Aufgrund dieser Mitteilung hat Listig die Vertreterbefugnis für Glücklich ohne Rücksicht darauf, ob die seinerzeitige Bevollmächtigung durch Glücklich wirksam geblieben ist oder nicht. Diese Vertretungsmacht aufgrund der besonderen Mitteilung bleibt bestehen, bis ihre Kundgebung rückgängig gemacht ist.

Der Grundstückseigentümer Gründlich ist finanziell in arger Bedrängnis. Einer seiner Hauptgläubiger, Schlund, will sich auf alle Fälle sichern und läßt sich mündlich eine unwiderrufliche Bevollmächtigung zum Verkauf des Grundstücks geben, wobei ihm auch gestattet wird, das Grundstück an sich selbst zu verkaufen.

Als Gründlich noch mehr in Geldnöte gerät, geht Schlund zu einem Notar und läßt dort seine Erklärungen beurkunden, wonach er als Bevollmächtigter des Gründlich diesen verpflichtet, gegen Zahlung des angemessenen Kaufpreises von 200 000,– Euro das Grundstück an ihn aufzulassen und zu übergeben.

Gründlich weigert sich, die Übereignung des Grundstücks vorzunehmen.

Eine Klage des Schlund gegen Gründlich hätte dann Erfolg, wenn ein wirksamer Kaufvertrag zwischen Gründlich und Schlund getätigt worden wäre. Ein solcher Kaufvertrag verlangt – wie jeder andere Vertrag –, daß die Kaufvertragsparteien entsprechende Willenserklärungen in der gehörigen Form gewechselt haben. Als gehörige Form schreibt der § 311b BGB für jeden Grundstückskaufvertrag zwingend die notarielle Beurkundung vor. Diese Form ist hier gewahrt, da eine Beurkundung vorgenommen ist.

Eine gültige Erklärung von seiten des Schlund als Käufer lag vor. Er konnte im eigenen Namen als Käufer Erklärungen abgeben. Anders ist es dagegen mit der Willenserklärung des Gründlich als Verkäufer. Er selbst hat in eigener Person keine Erklärung abgegeben. Wie wir in dem vorstehenden

Fall gesehen haben, kann jedoch eine Erklärung auch durch einen Bevollmächtigten so abgegeben werden, als wäre sie von dem Vertretenen selbst abgegeben worden. Wenn also Schlund die erforderliche Vertretungsmacht hat, im Namen des Gründlich zu handeln, so läge auch die Kaufvertragserklärung des Gründlich vor. Hierzu kommt, daß Schlund sowohl als Vertreter des Verkäufers als auch in der Rolle des Käufers auftritt. An und für sich verbietet der Gesetzgeber in § 181 BGB ein derartiges Mit-sich-selbst-Kontrahieren. Denn es liegt nahe, daß Vertreter derartige »In-sich-Geschäfte« dazu mißbrauchen würden, sich ungerechte Vorteile zu verschaffen. Jedoch entfällt dieses Verbot des Selbst-kontrahierens, wenn der Bevollmächtigende seinen Vertreter von dieser Sperre befreit.

Jedoch hat im vorliegenden Fall Gründlich überhaupt keine wirksame Vollmacht erteilt. Zwar kann eine Vollmacht an und für sich grundsätzlich formlos erteilt werden. Dies gilt auch dann, wenn das Rechtsgeschäft, für das die Vollmacht vorgesehen ist, seinerseits einer Form bedarf.

Also sieht es hier zunächst so aus, als hätte Gründlich dem Schlund eine wirksame Vollmacht zum Abschluß eines Kaufvertrages über sein Grundstück erteilt. In diesem Fall hat sich jedoch die Rechtsprechung so entwickelt, daß ausnahmsweise auch die Bevollmächtigung in der Form des § 311b BGB (Beurkundung) vorgenommen werden muß, wenn die Bevollmächtigung praktisch schon eine endgültige Bindung des Verkäufers darstellt.

Bei einer normalen Vollmacht kann der Vollmachtgeber immer noch jederzeit die Vollmacht widerrufen und so einen Verkauf seines Grundstücks verhindern. Erteilt er aber die Vollmacht unwiderruflich, befreit er den Bevollmächtigten außerdem noch von dem Verbot des Selbstkontrahierens, so hat er ja praktisch keine Möglichkeit einer Einflußnahme mehr auf die Frage, ob das Grundstück nun verkauft wird oder nicht. Aus diesem Grunde hätte es hier also einer Bevollmächtigung in der Form des § 311b BGB bedurft.

Da Schlund demnach keine Vertretungsmacht hatte, konnte er auch im Namen des Gründlich keine Erklärung mit Wirkung für diesen abgeben. Infolgedessen ist kein Kaufvertrag zwischen Gründlich und Schlund zustande gekommen, und die Klage des Schlund wäre abzuweisen.

Wir haben es in den vorstehenden Fällen mit Spezialvollmachten zu tun gehabt, da die Bevollmächtigung für ein ganz bestimmtes, näher vorgesehenes Rechtsgeschäft erteilt wurde. Eine solche Spezialvollmacht sieht etwa folgendermaßen aus:

<u>Vollmacht</u>

Hiermit bevollmächtige ich, der unterzeichnete Kaufmann Paul Jedermann, 35037 Marburg/Lahn, Ungewitterstraße 11, Herrn Valentin Recht aus Marburg, das mir gehörige Bild »Stilleben« von Achenbach zu einem Preis von ... Euro zu verkaufen.

35037 Marburg/Lahn, den 16.2.20..

Paul Jederma

Man kann eine andere Person auch dergestalt bevollmächtigen, daß sie für sämtliche denkbaren Geschäfte im Lebenskreis des Vertretenen Vollmacht haben soll. Auch diese bedarf im allgemeinen keiner besonderen Form, kann also auch mündlich erklärt werden. Es ist jedoch zweckmäßig, sie nicht nur schriftlich niederzulegen, sondern sie sicherheitshalber notariell beglaubigen zu lassen; denn derartige Vollmachten werden ja meist zur Vorlage bei Behörden, Grundbuchämtern, Gerichten usw. benötigt. Diese erkennen aber nur Vollmachten an, bei denen die Unterschriften beglaubigt sind. Es ist stets zweckmäßig, eine Generalvollmacht für einen Familienangehörigen zu hinterlassen, wenn man auf längere Zeit sein Haus verläßt, zum Beispiel auf Reisen geht oder dergleichen.

Die Generalvollmacht wirkt nach allgemeiner Auffassung auch über den Tod des Vollmachtgebers hinaus. Trotzdem ist es zweckmäßig, dies ausdrücklich hineinzuschreiben, der Vollmacht also den Charakter einer postmortalen Vollmacht zu geben, die etwa folgendermaßen aussehen würde:

GENERALVOLLMACHT

Hiermit gebe ich, der unterzeichnete Kaufmann Paul Jedermann, 35037 Marburg/Lahn, Ungewitterstraße 11, meiner Ehefrau Karin Jedermann, geb. Tüchtig, 35037 Marburg/Lahn, Ungewitterstraße 11, Generalvollmacht, mich in allen Angelegenheiten geschäftlicher und persönlicher Art zu vertreten. Sie ist insbesondere auch bevollmächtigt, Erklärungen gegenüber Gerichten und sonstigen Behörden abzugeben. Diese Vollmacht soll auch über meinen Tod hinaus Gültigkeit haben.

35037 Marburg/Lahn, den 17. Februar 20 . .

Paul Jederma

Die Unterschrift muß man vor einem Notar vollziehen und beglaubigen lassen. Eine solche postmortale Vollmacht hat insbesondere folgenden Vorteil: Hinterläßt ein Erblasser unter dem Nachlaß Bankkonten, Grundstücke usw., so kommen der oder die Erben an diese Werte nur vermittels eines Erbscheines heran. Sie müssen also ein langwieriges Erbscheinverfahren mit all seinen Kosten durchlaufen, ehe sie über die gesamten Werte verfügen können. Liegt dagegen eine beglaubigte postmortale Vollmacht vor, so kann der betreffende Erbe oder Miterbe aufgrund dieser in seinen Händen befindlichen Urkunde alles Erforderliche veranlassen. Für den überlebenden Ehegatten ist sie wichtig, wenn er bares Geld zum Lebensunterhalt und die Kosten der Beisetzung dringend braucht.

Die Vorsorgevollmacht und Patientenverfügung werden an anderer Stelle behandelt.

Der Maler Kunst hat mit dem Antiquitätenhändler Barock vereinbart, daß er Bilder des Malers Kunst gegen eine gewisse Provision vertreiben soll. Es ist ausdrücklich vereinbart worden, daß dieser Auftrag mit dem Tode des Kunst sein Ende findet. Kunst stirbt am 1. Januar. Am 3. Januar – Barock hat davon noch nicht erfahren – schließt Barock einen Kaufvertrag über das letzte gerade fertiggestellte Bild von Kunst mit dem Kunstmaler Goppel. Der vereinbarte Preis bewegt sich in den bisher üblichen Grenzen. Als Goppel nunmehr die Lieferung des Bildes verlangt, verweigern dies die Erben von Kunst, da infolge des Todes des Malers – wie oft bei solchen Arbeiten – der Wert des Bildes sich vervielfacht hat. Barock klagt gegen die Erben.

Mit Recht? Es kann ein Kaufvertrag am 3. Januar nicht mehr zustande gekommen sein, denn zu diesem Zeitpunkt war Kunst ja schon tot. Ein Vertrag könnte also nur Rechtsfolgen gegen die Erben auslösen, was voraussetzt, daß Barock eine Vertretungsmacht für die Erben gehabt haben muß. Die Vollmacht von seiten des Malers Kunst hatte den Kommissionsvertrag zur Grundlage. Dieser war aufschiebend bedingt durch den Tod des Kunst. Er erlosch also mit dessen Tode. Dies hätte gemäß § 168 BGB zur Folge, daß auch die Vollmacht des Kommissionärs Barock erlöschen würde. Demnach hätte er also am 3. Januar keine Vertretungsmacht mehr gehabt und keinen Kaufvertrag mit Verpflichtung für die Erben von Kunst schließen können.

Dies wiederum hätte aber zum Ergebnis, daß sich Goppel an Barock halten könnte, der dafür einstehen muß, daß er eine Vertretungsmacht behauptet hat, die in Wirklichkeit nicht mehr vorlag. Ein vollmachtloser Vertreter kann von dem anderen Vertragsteil auf Schadensersatz in Anspruch genommen werden (§ 179 BGB).

Um dieses unbillige Ergebnis abzuwenden, bestimmt § 674 BGB, daß der Auftrag des Kommissionärs Barock so lange als fortbestehend gilt, bis Barock von dem Tode seines Auftraggebers Kenntnis hat. Bis zu diesem Zeitpunkt gilt also das Auftragsverhältnis und damit auch die Vollmacht als fortbestehend. Demzufolge hatte Barock am 3. Januar die erforderliche Vertretungsmacht, um die Erben von Kunst durch den Kaufvertrag zu verpflichten. Diese müssen also das Bild dem Goppel geben und übereignen.

Sachwerte und Rechte

Der Besitz

Werner Blitz schließt mit Waldemar Träge einen Kaufvertrag über eine Gitarre. Er bezahlt den Kaufpreis von 300,– Euro. Träge läßt aber mit der Lieferung des Instrumentes auf sich warten.

Blitz nimmt daraufhin eines Tages, als er Träge wieder aufgesucht hat, die Gitarre kurzerhand von der Wand und bringt sie mit nach Hause. Träge wird jetzt munter und verlangt die Rückgabe. Träge hat recht.

Durch die Ansichnahme der Gitarre beging Blitz eine verbotene Eigenmacht. Die Tatsache, daß er aus dem Kaufvertrag gemäß § 433 BGB einen Anspruch auf Lieferung des Instrumentes hat, macht die Wegnahme nicht rechtmäßig. § 858 BGB verbietet ausdrücklich das eigenmächtige Vorgehen eines Gläubigers. Dieser soll sich zur Durchsetzung seines Anspruchs an die Gerichte wenden. Aufgrund eines erstrittenen Urteils kann er dann mit Hilfe eines Gerichtsvollziehers die Fortnahme der Gitarre erwirken.

Da Blitz diesen Weg nicht gegangen ist, sondern sich eigenmächtig den Besitz verschafft hat, ist sein Besitz fehlerhaft. Träge hätte sich gegen dieses eigenmächtige Tun mit Gewalt wehren dürfen (§ 859 BGB). Dem auf frischer Tat betroffenen Blitz hätte er auch die Gitarre wieder fortnehmen dürfen. Dies hat er offenbar nicht getan, weil er Blitz fürchtete.

Er kann also nunmehr gemäß § 861 BGB auf Herausgabe klagen. Gegenüber dieser Klage kann sich Blitz nicht auf den Kaufvertrag berufen. Er soll vielmehr gezwungen werden, seinerseits die erforderliche Klage durchzuführen. Dies sieht auf den ersten Blick sehr formaljuristisch aus, ist aber das einzige Mittel, um derartige Eigenmächtigkeiten zu unterbinden.

Willi Mutig hat von Werner Untreu eine goldene Armbanduhr gekauft und bezahlt. Untreu zögert die Lieferung der Uhr hinaus und bereitet inzwischen seine Auswanderung vor. Mutig trifft ihn gerade, als er mit einer großen Anzahl Koffer den Flughafen betreten will, um den Flug nach Toronto zu erreichen. Mutig stellt Untreu heftig zur Rede und reißt ihm schließlich die Armbanduhr vom Handgelenk. Untreu beauftragt von Kanada aus einen Rechtsanwalt in Deutschland mit der Klage auf Rückgabe der Uhr. Hier hat die Klage keine Aussicht auf Erfolg.

Die Wegnahme der Uhr erfolgt zwar gegen den Willen des Untreu, aber Mutig begeht trotzdem keine verbotene Eigenmacht. Warum? Gemäß § 229 BGB darf man zum Zwecke der Selbsthilfe eine Sache, auf die man einen Anspruch hat, wegnehmen, wenn obrigkeitliche Hilfe nicht rechtzeitig erlangt werden kann und die Gefahr besteht, daß die Verwirklichung des Anspruchs erschwert oder schließlich vereitelt werde.

Diese Voraussetzungen liegen hier vor. Mutig hat einen Anspruch gegen Untreu, und die Verwirklichung dieses Anspruchs ist durch die plötzliche Abreise des Untreu gefährdet. Obrigkeitliche Hilfe ist nicht rechtzeitig zu erlangen, da Mutig nicht erst zum Gericht eilen oder sich nach einem Polizisten umsehen kann. Sollte ein Polizeibeamter allerdings leicht erreichbar sein, so muß er sich an diesen wenden. Der Beamte ist gehalten, ihm Hilfe zu gewähren, was praktisch wegen der Beweislage allerdings schwer sein dürfte.

Zu beachten ist hier folgendes:

Man muß alsbald nach einer eigenmächtigen Handlung den dinglichen Arrest über die Sache gemäß §§ 917 919 ZPO beim zuständigen Amtsgericht erwirken. Andernfalls muß man die Sache herausgeben. Dieses Arrestverfahren soll also das eigenmächtige Vorgehen nachträglich legalisieren.

Mutig stellt folgenden Antrag bei dem Amtsgericht, in dessen Bezirk er Untreu gestellt hat:

An das
Amtsgericht
60313 Frankfurt/Main

Frankfurt/Main, den 13.3.20 . .

Antrag

des kaufmännischen Angestellten
Willi Mutig, Hahnengasse 7, 60528 Frankfurt/Main

– Antragsteller –

gegen

den arbeitslosen Werner Untreu, z. Z. ohne festen Wohnsitz, polizeilich gemeldet im Hotel Four Seasons, Toronto, Kanada

– Antragsgegner –

auf Erlaß eines dinglichen Arrestes.

Ich beantrage hiermit den Erlaß eines dinglichen Arrestes über die im Besitz des Antragstellers befindliche goldene Armbanduhr, Modell Lux, schwarzes Zifferblatt mit Leuchtbuchstaben.

Begründung:

Der Antragsteller kaufte vor drei Wochen von dem Antragsgegner die im Antrag näher bezeichnete goldene Herrenarmbanduhr und bezahlte sie sofort in bar. Zur Glaubhaftmachung überreiche ich in der Anlage die von dem Antragsgegner unterzeichnete Quittung über 1000,– Euro, die ausdrücklich den Verkauf der Uhr vermerkt. Trotz mehrfacher mündlicher und schriftlicher Mahnung hat der Antragsgegner nicht daran gedacht, den Kaufvertrag zu erfüllen. Vor drei Tagen hat der Antragsgegner Deutschland verlassen, ohne sich noch einmal mit dem Antragsteller in Verbindung zu setzen. Dem Antragsteller gelang es jedoch, den Antragsgegner auf dem Flughafen Frankfurt/Main zu stellen. Er stellte ihn zur Rede und entriß ihm die strittige Uhr, die der Antragsgegner unverfroren an seinem Handgelenk trug. Zur Glaubhaftmachung versichert der Antragsteller das Vorstehende hiermit an Eides Statt. Ferner wird anliegend eine Bestätigung des obigen Hotels übermittelt, wonach der Antragsgegner dort bis zum ... als Gast gemeldet ist.

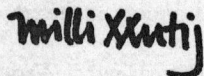

Nicht vergessen: Abschrift für den Gegner beifügen, Abschrift für eigene Akten zurückbehalten.

Gegen diesen Arrest könnte Werner Untreu gemäß § 924 ZPO von Toronto aus Widerspruch einlegen, ohne an eine Frist gebunden zu sein. Bei der gegebenen Sachlage bestünde jedoch keine Aussicht auf Erfolg.

Der Rechtserwerb an Grundstücken

Bei unseren verschiedenen Betrachtungen, die den Kauf oder das vertragliche Pfandrecht zum Gegenstand hatten, haben wir gesehen, daß zur Durchführung der betreffenden Rechtsgeschäfte mehrere Verträge notwendig sind. Vor allem war immer festzustellen, daß das Eigentum oder das Pfandrecht nur dann rechtswirksam erworben werden konnte, wenn außer dem verpflichtenden Vertrag in irgendeiner Form die »Übergabe« mit der vorangegangenen Einigung erfolgt war.

Bei beweglichen Sachen ist die technische Durchführung der Übergabe relativ einfach. Viel schwieriger aber liegen die Dinge bei Grundstücken. Es kommt noch hinzu, daß man bei beweglichen Sachen viel leichter die wirklichen Eigentumsverhältnisse übersehen und gegebenenfalls gutgläubig das Eigentum erwerben kann. Außerdem ist auch der eingetretene Schaden bei nicht einwandfreier Durchführung der einzelnen Rechtsgeschäfte, wertmäßig gesehen, oft nicht so erheblich.

Ganz anders aber liegen die Dinge bei Grundstücken, die in den meisten Fällen mit Hypotheken oder Grundschulden belastet sind und außerdem einen beachtlichen Wert darstellen. Hier hat das Gesetz ein besonderes Recht geschaffen und den Eigentumsübergang oder die Belastung an feste Formen gebunden. Da alle Grundstücke zusammengenommen das staatsrechtliche Hoheitsgebiet des Staates darstellen und schließlich auch für die Versorgung und Unterbringung der Staatsbürger ihre besondere Bedeutung haben, hat sich der Staat bei einzelnen Rechtsvorgängen seine Mitwirkung vorbehalten. Vor allem hat er die Größe der einzelnen Grundstücke bei den Katasterämtern erfaßt und bei den Amtsgerichten Grundbücher angelegt, die für jedes Grundstück ein eigenes Blatt erhalten. Auf diesen Grundbuchblättern sind die Grundstücke aufgrund der Unterlagen der Katasterämter nach Lage, Größe und Bebauung beschrieben. Auf diesen Blättern werden auch Eigentümer, Belastungen oder Rechte eingetragen.

Wenn Sie die nachstehend erörterten Fälle, die sich mit der Entstehung, Übertragung und Belastung von Grundstücken befassen, genau betrachten, werden Sie zweckmäßigerweise immer wieder einen Blick auf die folgenden Seiten mit dem Grundbuch werfen.

Das auf dem Grundbuchblatt rot Unterstrichene ist nicht etwa besonders wichtig, sondern im Gegenteil, es ist »gelöscht«, das heißt die rot unterstrichene Eintragung besteht nicht mehr. Insoweit bei Amtsgerichten elektronische Grundbücher bestehen, sieht man die Löschungen an Hand der Unterstreichungen.

Man kann nämlich im Grundbuch nicht einfach eine Eintragung, die nicht mehr weiterbestehen soll, mit einem Durchstreichen oder Ausradieren unleserlich machen, da das Grundbuch von seiner ersten Eintragung an immer einen zusammenhängenden Überblick über die Rechtsbewegungen geben soll. Dem Strich unter solchen gelöschten Rechten entspricht immer ein Vermerk in der Spalte »Löschung«.

Das »klassische Grundbuch«, wie es nachstehend abgedruckt ist, weicht mehr und mehr einem neuen System. In der ursprünglichen Form sind die Grundbuchblätter, das heißt das für das einzelne Grundstück angelegte Grundbuchblatt, mit anderen Grundbuchblättern in einem dickleibigen Grundbuchband zusammengebunden. Die moderne Grundbuchführung hat dieses System verlassen und für die einzelnen Grundstücke Karteiblätter eingeführt, welche in einer Hängeregistratur geführt werden. Die bezüglich der einzelnen Grundstücke mit dem Grundbuchamt geführte Korrespondenz sowie die Verfügungen der Grundbuchbeamten werden in einer besonderen Akte abgeheftet, deren Einsicht den gesamten Geschehensablauf hinsichtlich eines Grundstücks zur Kenntnis bringt. Seit einiger Zeit gibt es mehr und mehr elektronisch geführte Grundbücher mit entsprechenden EDV-Abfragungen. Selbstverständlich gibt es auch weiterhin die zusätzlichen Grundakten mit dem gesamten »Papierverkehr«.

128

Bitte beachten Sie: Aus technischen Gründen sind die Unterstreichungen im Muster schwarz. Wenn Sie einmal ein Grundbuch einsehen, so denken Sie bitte daran, daß es zu jedem einzelnen Grundbuchblatt, das heißt also zu jedem einzelnen Grundstück, eine besondere Akte beim Grundbuchamt gibt, in der alle Verträge und gerichtlichen Verfügungen enthalten sind, die Anlaß zu den Eintragungen oder Löschungen gegeben haben.

Einsicht in ein Grundbuch kann jeder verlangen, der ein berechtigtes Interesse hat, zum Beispiel der Eigentümer selbst, Käufer, Erben, Darlehensgeber usw.

Eigentumserwerb an Grundstücken

Paul Jedermann hat von einem reichen Onkel einen größeren Geldbetrag erhalten. Er beschließt, des Wohnens als Mieter leid, sich ein kleines Hausgrundstück anzuschaffen.

Der Kaufvertrag über ein solches Grundstück bedarf der Form des § 311b BGB, das heißt er muß notariell beurkundet werden. Aufgrund des Kaufvertrages ist sodann die Übereignung des Grundstücks vorzunehmen. Dieses Übereignungsgeschäft bedarf gemäß § 925 BGB wiederum einer notariellen Beurkundung der Übereignungserklärungen der beiden Vertragsparteien oder einer entsprechenden Erklärung in einem gerichtlichen Vergleich sowie im Ausland vor Konsularbeamten (Auflassung). Gemäß § 925a BGB soll die Auflassung nur berücksichtigt werden, wenn das zugrundeliegende Kaufvertragsgeschäft nach § 311b BGB gleichzeitig vorgenommen wird oder bereits vorliegt. In der Praxis wird daher meistens in einer Urkunde sowohl das Verpflichtungsgeschäft (Kaufvertrag) nach § 311b BGB als auch die Auflassung nach § 925 BGB (Einigung über Eigentumsübertragung) getätigt werden. Die Beurkundung des Erwerbsgeschäftes des Paul Jedermann würde also folgendermaßen aussehen:

Vor dem unterzeichneten Notar mit dem Amtssitz in Marburg/Lahn im Bezirke des Oberlandesgerichts Frankfurt/Main, Dr. Werner Sehrgenau, erschienen heute in:

1. der Rentner Wladimir Grund, Bockenheimer Landstraße 109a, 60325 Frankfurt/Main,
2. der Kaufmann Paul Jedermann, Pilgerweg 6, 35037 Marburg/Lahn.

Der Erschienene zu 1. ist dem Notar von Person bekannt, der Erschienene zu 2. wies sich durch Bundespersonalausweis Nr. J 3826942 aus.

Sodann erklärten die Parteien, den nachstehenden Vertrag zu schließen:

KAUFVERTRAG UND AUFLASSUNG

§ 1

Der Erschienene zu 1., im folgenden Verkäufer genannt, verkauft an den Erschienenen zu 2., im folgenden Käufer genannt, sein in Marburg/Lahn, Gefälle 13, gelegenes Grundstück.

Das Grundstück ist im Grundbuch des Amtsgericht der Stadt Marburg, Bd. 7, Bl. 44, eingetragen.
Der Kaufpreis beträgt 140000,– Euro und wird wie folgt belegt.

1. Der Käufer hat 70000,– Euro durch Verrechnung mit einem Darlehen bereits bezahlt, was hiermit von dem Verkäufer quittiert wird.

2. In Höhe von 50 000,– Euro übernimmt der Käufer ab Fälligkeit die in Abt. III unter Nr. 1 eingetragene Grundschuld des Gastwirts Rudolf Meyer, die noch mit 30 000,– Euro valutiert.

Die restlichen 40 000,– Euro werden nach Fälligkeit in monatlichen Raten von 500,– Euro getilgt. Der Käufer bewilligt hiermit für diesen Betrag die Eintragung einer Sicherungshypothek an bereitester Stelle und beantragt die Eintragung im Grundbuch.

§ 2

Das Grundstück ist, was Größe, Lage und Beschaffenheit anbelangt, wie besehen gekauft. Nutzung, Lasten und Verpflichtungen gehen mit dem 1. des nächsten Monats auf den Käufer über.

§ 3

Der Käufpreis ist fällig nach Eintragung der Auflassungsvormerkung und Vorlage aller sonstiger Genehmigungen.

§ 4

Die Kosten dieses Vertrages trägt der Käufer.

§ 5
(Auflassung)

Die Parteien sind sich darüber einig, daß das Eigentum an dem in § 1 genannten Grundstück auf den Käufer übergehen soll. Sie beantragen und bewilligen die Umschreibung im Grundbuch. Sie bewilligen und beauftragen ferner die Eintragung einer Auflassungsvormerkung.

Das Protokoll wurde den Erschienenen vorgelesen, von ihnen genehmigt und von ihnen und dem Notar eigenhändig unterschrieben.

Frankfurt/Main, den 12. Januar 20 . .

Wladimir Sound   *Paul Jedermann*

Dr. Langenau

Dienstsiegel

Mit der Umschreibung des Eigentums im Grundbuch geht dann das Eigentum auf Paul Jedermann über.

Die Umschreibung im Grundbuch erfolgt jedoch erst nach Einholung eventueller behördlicher Genehmigungen. Hierum braucht sich Paul Jedermann – wenn er den Vertrag von einem Notar hat beurkunden lassen – nicht zu kümmern, da der Notar für die Einholung der erforderlichen Dokumente Sorge trägt. Es handelt sich hierbei vor allen Dingen um folgende Genehmigungen:

- Nach § 1 des Grundstücksverkehrsgesetzes vom 28. Juli 1961 bedürfen Verkauf und Auflassung eines land- oder forstwirtschaftlichen Grundstückes sowie auch die Nießbrauchsbestellung der Genehmigung der nach Landesrecht zuständigen Behörden.
- Eine eventuelle Genehmigung gemäß § 19 Baugesetzbuch (sogenannte Teilungsgenehmigung, wenn ein Teilgrundstück verkauft wird).
- Ferner ist eine Verzichterklärung hinsichtlich des gesetzlichen Vorkaufsrechts der Gemeinden nach § 24 Baugesetzbuch einzuholen.
- Schließlich erfolgt die Umschreibung im Grundbuch nicht, bevor eine Unbedenklichkeitsbescheinigung des Finanzamtes gemäß § 18 des Grunderwerbsteuergesetzes darüber vorliegt, daß der Erwerber seinen Grunderwerbsteuerverpflichtungen nachgekommen ist (derzeit 3,5 Prozent vom Kaufpreis).

Hypothek und Grundschuld

Nach einiger Zeit benötigt Paul Jedermann Geld. Er nimmt ein Darlehen in Höhe von 20 000,– Euro auf und will dafür dem Gläubiger eine hypothekarische Sicherheit oder eine Grundschuld an seinem Grundstück geben.

Hier ist Jedermann zu raten, die Bewilligungserklärung für das Grundpfandrecht selbst zu entwerfen und seine Unterschrift bei einem Notar beglaubigen zu lassen. Es braucht nämlich nicht die ganze Erklärung beurkundet, sondern nur die Unterschrift beglaubigt zu werden, da diese Unterschriftsbeglaubigung bei jeder Eingabe an das Grundbuchamt vorliegen muß (§ 29 GBO).

Entwirft Jedermann selbst die Bewilligungserklärung, so hat dies den Vorteil, daß er lediglich die Beglaubigungsgebühr zu zahlen braucht, die nur ein Viertel der vollen Gebühr beträgt, welche der Notar erheben darf, wenn er selbst die Bewilligung dem Text nach entwirft. In der Praxis verlangen die Banken allerdings die Verwendung ihrer eigenen Vordrucke für solche Erklärungen, die auch eine notarielle Zwangsvollstreckungsunterwerfung enthalten, so daß hier keine Kosten gespart werden können. Jedermann wird daher folgende Erklärung selbst entwerfen und sich mit ihr zum Notar begeben:

Bewilligung einer Hypothek

Hiermit erkenne ich, der Kaufmann Paul Jedermann, Ungewitterstraße 11, 35037 Marburg/Lahn, an, daß ich von dem Brauereibesitzer Georg Bopp am heutigen Tage ein Darlehen von 20 000,– Euro (in Worten zwanzigtausend Euro) erhalten habe. Das Darlehen ist auf zwei Jahre unkündbar gewährt und mit 6 Prozent jährlich verzinslich. Zur Sicherung für diese Darlehensforderung ist die Bestellung einer Hypothek an dem Grundstück des Darlehensnehmers, Ungewitterstraße 11, 35037 Marburg/Lahn – eingetragen im Grundbuch von Marburg, Bd. 2, Bl. 16 –, vereinbart. Die Eintragung dieser Hypothek in das vorstehend genannte Grundbuch an bereiter Stelle bewillige ich hiermit.

35037 Marburg/Lahn, den 13. April 20 . .

Paul Jederma

Unterschrift vor dem Notar leisten und beglaubigen lassen!

Diese nunmehr mit seiner beglaubigten Unterschrift versehene Bewilligung reicht er dem Grundbuchamt ein, das alsbald die Eintragung im Grundbuch vornimmt.

Jedermann braucht noch mehr Geld und erhält die Zusage von dem Geldgeber Gerissen, er werde ihm ein Darlehen von 30 000,– Euro gewähren. Jedermann solle nur schon immer eine Hypothek zugunsten des Gerissen im Grundbuch eintragen lassen. Jedermann vertraut dieser Zusage und bewilligt und beantragt die Eintragung einer Hypothek für Gerissen in Höhe von 30 000,– Euro. Dies ist möglich, da das Grundbuchamt die Eintragung vorzunehmen hat, ohne zu prüfen, ob Jedermann bereits das Darlehen erhalten hat. Für die Eintragung im Grundbuch genügt also die einseitige Bewilligung des Grundstückseigentümers Paul Jedermann (§ 19 GBO).

Durch diese Eintragung allein ist aber die Hypothek des Gerissen noch nicht entstanden. Dazu ist außerdem erforderlich, daß Jedermann und Gerissen sich über das Entstehen der Hypothek einig sind und die Darlehensschuld des Jedermann begründet wird. Bevor Jedermann aber nicht das Geld von Gerissen erhält, ist er nicht Schuldner und wird sich auch mit Gerissen nicht einigen, daß diesem die Hypothek schon zustehen soll. Kommt es also nicht zur Darlehensgewährung, so ist die Eintragung im Grundbuch unrichtig. Jedermann kann in diesem Fall von Gerissen die Zustimmung zur Berichtigung des Grundbuches dahin verlangen, daß die Hypothekenübertragung gelöscht wird. Der Anspruch ergibt sich aus § 894 BGB. Anders ist dies bei einer Grundschuld. Diese wird ohne weiteres bei Eintragung wirksam. Hier müßte Gerissen auf Löschung verklagt werden.

Gerissen hat aber nun inzwischen die für ihn eingetragene Hypothek weiter an einen Geschäftsfreund Redlich übertragen, der ihm dafür 15 000,– Euro gezahlt hat. Die Umschreibung der Hypothek auf Redlich ist auch aufgrund des beim Grundbuchamt eingereichten Antrages erfolgt.

Was kann Jedermann hiergegen unternehmen? Wenn Redlich zu Unrecht im Grundbuch eingetragen wäre, könnte Jedermann gemäß § 894 BGB die Zustimmung zur Berichtigung dahingehend verlangen, daß die Hypothekeneintragung gelöscht wird.

Redlich kann die Hypothek nur von Gerissen erworben haben. Zur Übertragung einer Hypothek ist gemäß § 1153 BGB erforderlich, daß der Übertragende die der Hypothek zugrundeliegende Forderung auf den Erwerber überträgt. Handelt es sich – wie wir für unseren Fall unterstellen wollen – um eine Buchhypothek, für die kein Hypothekenbrief ausgestellt ist, so muß die Forderung nicht nur durch eine entsprechende Erklärung abgetreten werden, sondern der Übergang der Hypothek auch im Grundbuch umgeschrieben werden. Diese Umschreibung erfolgt aufgrund einer Bewilligung des Gerissen, dessen Unterschrift wiederum beglaubigt sein muß.

<u>Abtretung einer Hypothekenforderung</u>

Ich, der unterzeichnete Gerissen, Am Berge 6, 35037 Marburg/Lahn, habe eine Darlehensforderung von 30000,– Euro gegen den Kaufmann Paul Jedermann, Ungewitterstraße 11, 35037 Marburg/Lahn. Diese Forderung ist durch eine Hypothek an dem Grundstück des Darlehensschuldners – eingetragen in Abt. III Nr. 2 des Grundbuchs von Marburg, Bd. 2, Bl. Nr. 16 – gesichert. Die vorstehende hypothekarisch gesicherte Forderung nebst Zinsen trete ich hiermit an den Hotelier Gottlieb Redlich, Sprudelweg 21, 35969 Gießen, ab und bewillige und beantrage die Umschreibung im Grundbuch.

35037 Marburg/Lahn, den 27. April 20 . .

Gerissen

Nun war aber Gerissen – wie vorstehend dargelegt – gar nicht Gläubiger des Jedermann. Er hatte also keine Forderung, die er an Redlich abtreten konnte, und auch keine Hypothek. Eigentlich kann deshalb auch eine Rechtsübertragung auf Redlich nicht stattgefunden haben, denn wer kein Recht hat, kann ja auch kein solches übertragen. Dieser Grundsatz erleidet aber Ausnahmen zugunsten desjenigen, der auf die Richtigkeit einer Grundbucheintragung vertraut.

Gemäß § 892 BGB gilt der Inhalt des Grundbuches zugunsten desjenigen als richtig, welcher ein Recht an einem Grundstück durch Rechtsgeschäfte erwirbt, es sei denn, daß die Unrichtigkeit dem Erwerber bekannt ist oder ein Widerspruch gegen die Richtigkeit im Grundbuch eingetragen ist. Dies ist hier nicht der Fall. Redlich hat nichts davon gewußt, daß Gerissen das Darlehen noch nicht gewährt hatte, und da ein Widerspruch noch nicht eingetragen war, konnte er sich auf die Richtigkeit der Grundbucheintragung verlassen. Er wird von dem Gesetz also so behandelt, als hätte er die Hypothek von demjenigen erworben, dem sie auch zustand.

Der § 892 BGB wird insoweit noch durch § 1138 BGB ergänzt, als Redlich in Ansehung der Hypothek so behandelt wird, als stünde ihm auch die Darlehensforderung zu. Demnach hat also

Redlich von dem nichtberechtigten Gerissen die Hypothek erworben, und Karl Jedermann kann von ihm nicht die Löschung der Hypothek verlangen. Dasselbe gilt für die Grundschuld.

132

Ihm bleibt nur die Möglichkeit, sich an Gerissen zu halten. Dieser ist nach § 816 BGB verpflichtet, die 15 000,– Euro, die er von Redlich erhalten hat, an Jedermann herauszugeben. Er ist ihm außerdem schadensersatzpflichtig wegen der von ihm begangenen unerlaubten und betrügerischen Handlungen gemäß §§ 823 ff., 826 BGB.

Wie hätte sich Jedermann nun verhalten müssen, um nicht in diese mißliche Lage zu geraten? Jedermann hätte die Hypothek nicht als Buchhypothek, sondern als Briefhypothek eintragen lassen müssen. Der Unterschied zwischen diesen beiden Hypothekentypen besteht in folgendem:

Die sogenannte Buchhypothek entspricht den sonstigen Sachenrechten hinsichtlich Begründung und Bestellung. Einigung und Eintragung sind gemäß § 873 BGB die Voraussetzung für Entstehung und Übertragung dieser Hypothekenart. Demzufolge ist sie für eine rasche Übertragung zu schwerfällig und zeitraubend.

Die Briefhypothek oder Briefgrundschuld entsteht ebenso wie die Buchhypothek durch Einigung und Eintragung – außerdem muß aber noch der Brief ausgehändigt worden sein. Wenn die Parteien bei einer Hypothekenbestellung nicht ausdrücklich die Erteilung eines Briefes durch Vereinbarung ausschließen, so stellt das Grundbuchamt einen solchen aus und übergibt ihn dem Besteller.

Hätte Jedermann diesen Weg gewählt, so hätte er das Entstehen der Hypothek zugunsten des Gerissen dadurch verhindern können, daß er ihm den Hypothekenbrief nicht eher übergeben hätte, als bis Gerissen das versprochene Darlehen gewährt hätte. Und es hätte weiterhin auch nicht die Möglichkeit für Gerissen bestanden, durch eine Vereinbarung mit Redlich zu dessen Gunsten eine Hypothek zur Entstehung zu bringen; denn zur Übertragung einer Briefhypothek ist es erforderlich, daß eine schriftliche Abtretungserklärung ausgestellt und der Hypothekenbrief übergeben wird (§ 1154 BGB). Da aber Gerissen nicht im Besitz des Briefes gewesen wäre, so hätte auch nicht die Möglichkeit der Vornahme eines solchen Übertragungsgeschäftes bestanden. Jedermann wäre also gegen einen solchen Rechtsnachteil, wie er bei der Buchhypothek oder Buchgrundschuld eintritt, gesichert gewesen.

Allerdings hat Jedermann gegebenenfalls noch eine Möglichkeit, den Rechtserwerb des Redlich auch im Fall der Buchhypothek zunichte zu machen. Hierzu bestimmt § 1139 BGB dem Sinne nach folgendes:

Bewilligt der Grundstückseigentümer die Eintragung einer Buchhypothek für einen Gläubiger, so kann er durch einfachen Antrag an das Grundbuchamt binnen Monatsfrist mit der Eintragung einen Widerspruch gegen diese Hypothek eintragen lassen.

Der Antrag des Paul Jedermann müßte demnach lauten:

An das Amtsgericht
Grundbuchamt   35037 Marburg/Lahn
60313 Frankfurt/Main   1. August 20 . .

Ich, der Kaufmann Paul Jedermann, Ungewitterstraße 11, 35037 Marburg/Lahn, bin Eigentümer des Grundstückes Meyerstraße 11, eingetragen im Grundbuch von Frankfurt/Main, Bd. 7, Bl. Nr. 3. In Abt. III ist unter Nr. 2 eine Buchhypothek in Höhe von 30 000,– Euro zugunsten des Kaufmanns Leopold Gerissen eingetragen. Die Eintragung ist auf meine Bewilligung hin am 4. August erfolgt.

Der Gläubiger Gerissen hat bis heute trotz mehrfacher Mahnung das für die obenstehende Hypothek in Aussicht gestellte Darlehen nicht ausgeschüttet. Ich beantrage gemäß § 1139 BGB die Eintragung eines Widerspruchs gegen die genannte Hypothek.

Paul Jedermann

Nach herrschender Ansicht braucht Jedermann für diesen Antrag nicht einmal die Beglaubigung seiner Unterschrift. Um allen Bedenken aus dem Wege zu gehen, wird er jedoch vorsorglich seine Unterschrift notariell beglaubigen lassen. Sobald der Widerspruch im Grundbuch eingetragen wurde, ist für Redlich die Möglichkeit eines Erwerbs von Gerissen nicht mehr gegeben. Denn § 892 BGB läßt ja einen solchen Erwerb nicht mehr zu.

Wie nun aber, wenn Gerissen so schnell gehandelt hat, daß er die Übertragung der Hypothek an Redlich schon vor dem Widerspruch des Jedermann durchgeführt hat? Dann hat Redlich doch die Hypothek zu einem Zeitpunkt erworben, als ein eingetragener Widerspruch noch nicht hinderlich dem Erwerb entgegenstand. Hier arbeitet nun der Gesetzgeber mit einer Fiktion. Er läßt einfach den binnen Monatsfrist eingetragenen Widerspruch so ansehen, als wäre er schon am Tage der Eintragung der Hypothek zusammen mit ihr eingetragen worden. Dann aber hat für Redlich niemals die Möglichkeit bestanden, die Hypothek von dem nichtberechtigten Gerissen zu erwerben, denn der zurückdatierte Widerspruch stand dem entgegen. Für die Grundschuld gibt es dieses Widerspruchsrecht nicht, da die Grundschuld nicht forderungsabhängig ist.

Umgekehrt muß der Erwerber einer Buchhypothek daraus folgendes lernen:

Es ist gefährlich, eine Hypothek zu erwerben, wenn sie noch nicht länger als einen Monat eingetragen ist. Man darf ihrem Bestande erst dann trauen, wenn ein Monat seit ihrer Eintragung vergangen ist.

Der Fälligkeitstag, der 1. Oktober 20 . ., ist herangekommen. Der Schuldner hat nicht die Mittel, um zu bezahlen. Wie kommt der Grundschuldgläubiger nun zu seinem Geld, auf das er schon so lange wartet?

Die Grundschuld ist ein Recht an einem Grundstück, das zur Verwertung des Grundstücks befugt. Die Verwertung geschieht im Wege der Zwangsversteigerung oder Zwangsverwaltung. Damit der Gläubiger diese Verwertung der Grundschuld aus dem Grundstück durchführen kann, muß er zunächst einmal einen sogenannten Titel haben, das heißt, er muß ein Urteil gegen den Schuldner erwirken, in dem dieser verurteilt wird, die Zwangsvollstreckung aus der Grundschuld in das Grundstück zu dulden.

Bei Hypotheken, Grundschulden oder Rentenschulden, die über größere Summen gehen, pflegt man die Bestellung des Rechtes in einer notariellen Urkunde vorzunehmen und sich in dieser der jederzeitigen sofortigen Zwangsvollstreckung in das Grundstück zu unterwerfen. Derartige Urkunden nach § 794 Z. 5 ZPO nennt man vollstreckbare Urkunden. Sie ersparen dem Gläubiger die Notwendigkeit einer Klage.

Besondere Fälle des Eigentumserwerbs (gutgläubiger Erwerb)

Paul Jedermann kauft und erwirbt notariell ein Grundstück, als dessen Eigentümer im Grundbuch ein Herr Thomas Schnell eingetragen ist. Später stellt sich heraus, daß dieser durch ein Versehen in das Grundbuch als Eigentümer eingetragen worden war. Der wahre Eigentümer verlangt die Herausgabe des Grundstücks von Jedermann. Er hat leider Pech. Der sogenannte gute Glaube an die Richtigkeit dieser Eintragung im Grundbuch kommt Jedermann zu Gute. Er kann das Grundstück behalten (§ 892). Der wahre Eigentümer kann nur einen Schadensersatzanspruch gegen den Staat geltend machen (§ 839). Diese Rechtssicherheit des deutschen Grundbuchrechts steht im wohltuenden Gegensatz zu der anglo-amerikanischen Rechtsordnung, in der es keine Grundbücher gibt.

Eigentum an einem Grundstück kann man außer wie in den vorstehend erörterten Fällen des Eigentumserwerbs durch Übereignung auch noch dadurch erwerben, daß man es kraft Gesetzes aufgrund bestimmter Voraussetzungen erlangt.

Gemäß § 900 BGB erwirbt derjenige das Grundstückseigentum, der im Grundbuch als Eigentümer zu Unrecht eingetragen ist, wenn die Eintragung 30 Jahre bestanden hat und er das Grundstück als Eigenbesitzer besessen hat. Als Eigenbesitzer hat er es dann besessen, wenn er sich die 30 Jahre in dem Glauben befunden hat, er sei der Eigentümer. Gemäß § 927 BGB kann also ein Eigentümer, der sich 30 Jahre nicht um sein Grundstück gekümmert hat, seines Eigentums verlustig gehen.

Ein Käufer ist noch kein Eigentümer

Leopold Ehrlich hat ein Grundstück von Karl Bös gekauft. Bei Abschluß des notariellen Vertrages, in welchem auch die Übereignungseinigung protokolliert wurde, hat er den Kaufpreis in bar vorgelegt. Die Umschreibung des Eigentümers im Grundbuch zieht sich durch die Einholung der erforderlichen behördlichen Genehmigungen immer länger hin.

Inzwischen gerät Bös in geldliche Schwierigkeiten. Unehrlicherweise veräußert er vor einem andern Notar das Grundstück an Helmut Eifrig. Eifrig weiß von dem ersten Vertrag mit Ehrlich, läßt sich aber von Bös einreden, daß Ehrlich keinen Wert mehr auf das Grundstück lege und daher vom Vertrag zurücktreten werde. Es gelingt Eifrig durch persönliche Beziehungen, die erforderlichen behördlichen Genehmigungen schneller zu erhalten als Ehrlich. Der später eingehende Umschreibungsantrag des ersten Notars zugunsten Ehrlichs wird zurückgewiesen.

Bös ist inzwischen in Insolvenz geraten. Ehrlich verlangt nunmehr von Eifrig Umschreibung des Grundbuches auf seinen Namen. Sein Verlangen ist nicht gerechtfertigt. Aus dem Kaufvertrag hat er lediglich einen Anspruch gegen Bös aus § 433 BGB. Dieser Anspruch erstreckt sich nicht etwa deshalb gegen Eifrig, weil dieser nunmehr im Grundbuch eingetragen ist und den Besitz an dem Grundstück erlangt hat.

Der Anspruch gegen Bös auf Übereignung und Übergabe des Grundstücks ist nicht mehr realisierbar, denn Bös hat sein Eigentum an Eifrig verloren. Als Eifrig durch die Eintragung im Grundbuch in Verbindung mit der mit Bös getroffenen Einigung Eigentümer wurde, hat er dieses Eigentum von Bös als Berechtigtem erworben. Denn Bös war noch Eigentümer trotz des Vertrages mit Ehrlich. Erst mit der Umschreibung im Grundbuch wäre gemäß § 925 BGB das Eigentum auf Ehrlich übergegangen.

Darauf, daß Eifrig von der Absprache mit Ehrlich wußte, kommt es also nicht an. Nur wenn Eifrig durch die Kenntnis der Beziehungen Bös-Ehrlich ein Verhalten zeigt, das vorsätzlich gegen die guten Sitten verstößt, kann Ehrlich mit Erfolg gemäß § 826 BGB Schadensersatz verlangen.

Ein solches Verhalten kann man aber nicht immer schon darin sehen, daß ein Käufer davon Kenntnis hat, daß die von ihm gewünschte Sache einem Dritten durch einen Kaufvertrag zugesagt ist. Es kommt ja auch im praktischen Leben beim Kauf irgendwelcher Waren häufig genug vor, daß der Verkäufer eine für einen Kunden zurückgelegte Ware an einen andern Käufer verkauft und übereignet. Nur wenn der neue Käufer den Verkäufer arglistig zur Vertragsuntreue gegenüber dem früheren Vertragspartner überredet, kann man den Tatbestand des § 826 BGB als erfüllt ansehen und dem früheren Käufer gegen ihn Schadensersatzansprüche geben. Dieser Anspruch würde dann – nach dem Grundsatz der Naturalrestitution dahin gehen, daß der neue Käufer dem ersten die erworbene Sache herausgeben müßte. Denn er müßte ihn so stellen, wie dieser gestanden hätte, wenn der Neuerwerber nicht arglistig in den alten Vertrag eingebrochen wäre. Dann hätte aber der frühere Vertrag seine Erfüllung gefunden und der erste Käufer Eigentum erworben.

Da im vorliegenden Fall von solchem Verhalten des Eifrig nicht gesprochen werden kann, hat Ehrlich keinerlei Ansprüche gegen Eifrig.

Schutz des Käufers

Was hätte Ehrlich nun tun müssen, um sich davor zu schützen, daß Bös ihn durch Weiterveräußerung um das Grundstück bringt?

Am zweckmäßigsten wäre es gewesen, wenn Ehrlich darauf gedrungen hätte, daß von vornherein in den Kaufvertrag eine Klausel aufgenommen worden wäre, wonach zugunsten des Ehrlich eine Vormerkung im Grundbuch eingetragen worden wäre. Durch die Eintragung dieser Vormerkung wäre der Erfüllungsanspruch des Ehrlich aus dem Kaufvertrag dergestalt gesichert gewesen, daß alle weiteren Übereignungen durch Böß dem Eifrig gegenüber unwirksam gewesen wären (§§ 883, 888 BGB). Normalerweise muß jeder Notar hierauf achten und macht sich anderenfalls schadensersatzpflichtig.

Das ererbte Grundstück

Otto Pech ist Erbe eines Grundstücks nach seinem Onkel. Infolge eines unglücklich laufenden Erbscheinverfahrens wird jedoch sein Vetter Glücklich in dem Erbschein als Erbe ausgewiesen und im Grundbuch als Eigentümer eingetragen. Pech bringt nun das genügende Beweismaterial zusammen, um zu beweisen, daß er der wahre Erbe ist. Er fürchtet mit Recht, daß Glücklich, sobald er an dem für ihn ungünstigen Ausgang des Rechtsstreites keinen Zweifel mehr haben würde, das Grundstück einfach an einen beliebigen Interessenten kurzerhand veräußern würde. Er fragt daher um Rat, wie er ein solches Manöver verhindern könne.

Es steht fest, daß Glücklich zu Unrecht im Grundbuch als Eigentümer eingetragen ist. Der wahre Eigentümer ist Pech. Trotzdem würde ein redlicher Erwerber durch ein Übereignungsgeschäft mit Glücklich das Eigentum an dem Grundstück erwerben, da er sich auf die Eintragung im Grundbuch verlassen darf (§ 892 BGB). Pech würde dann auf seine Ansprüche gegen den Glücklich angewiesen sein und also höchstwahrscheinlich hier leer ausgehen.

Es ist ihm zu raten, gemäß § 899 BGB einen Widerspruch gegen die Richtigkeit der Eigentümerstellung des Glücklich in dem Grundbuch eintragen zu lassen. Sobald diese Eintragung erfolgt ist, kann niemand mehr von dem Nichteigentümer Glücklich Eigentum an dem Grundstück erwerben, da eine Einsicht in das Grundbuch ihn darauf hinweisen würde, daß es zweifelhaft ist, ob Glücklich wirklich Eigentümer ist.

Dieser Widerspruch kann einmal dadurch in das Grundbuch eingetragen werden, daß Glücklich sich im Wege der Güte veranlassen läßt, die Eintragung dieses Widerspruchs zu bewilligen. Die Bewilligung muß folgendermaßen aussehen:

Bewilligung eines Widerspruchs

Ich, der unterzeichnete Privatdozent Siegfried Glücklich, Georgenstraße 12,
80799 München 23, bin als Eigentümer des Grundstücks Türkenstraße 6,
80799 München 43, eingetragen. Ich bewillige und beantrage hiermit zugunsten des städtischen Angestellten Otto Pech die Eintragung eines Widerspruchs gegen die Richtigkeit des Grundbuches hinsichtlich meines Eigentums. Das Grundstück ist im Grundbuch von Schwabing, Band XV, Bl. Nr. 23, eingetragen.

80799 München, den 28. Februar 20 . .

Siegfried Glücklich

Unterschrift vor dem Notar vollziehen!

Es ist jedoch sehr unwahrscheinlich, daß Glücklich einer solchen Bitte entsprechen würde. Pech hätte auch hier wieder die Möglichkeit, durch einstweilige Verfügung die Eintragung des Widerspruchs zu erreichen. Mit Rücksicht auf die Bedeutung eines solchen Verfahrens ist es unbedingt notwendig, einen Rechtsanwalt zu beauftragen. In diesem Zusammenhang sei auf § 941 ZPO verwiesen, wonach das die einstweilige Verfügung erlassende Amtsgericht selbst befugt ist, die Eintragung des Widerspruchs im Grundbuch zu erwirken.

Das Wohnungseigentum

Die Familien Krause und Müller erwerben zusammen ein aus zwei Stockwerken bestehendes Haus. Sie möchten das Eigentum an dem Grundstück so verteilen, daß Krauses Eigentümer des ersten Stockes werden und Müllers Eigentümer des zweiten Stockes.

Nach dem Gesetz über das Wohnungseigentum und das Dauerwohnrecht (Wohnungseigentumsgesetz) ist es möglich, ein Eigentum an einem realen Teil des Hauses, nämlich einer Wohnung, bestellen zu lassen, der in sich abgeschlossen ist. An den gemeinsam zu benutzenden Räumen, wie Treppe, Gemeinschaftsraum usw., besteht dann weiterhin ein Miteigentum nach Bruchteilen. Der Erwerb eines Wohnungseigentums setzt einen Vertrag voraus, der vor einem Notar zu schließen ist.

Die Geschwister Ludwig und Anna sind Miterben in ungeteilter Erbengemeinschaft nach ihrem Vater. Aufgrund des erteilten Erbscheins des Nachlaßgerichtes sind sie im Grundbuch des zu dem Nachlaß gehörenden Wohngrundstücks als zur Hälfte berechtigte Miterben des Eigentümers eingetragen. Sie beschließen, sich hinsichtlich dieses Grundstücks dergestalt auseinanderzusetzen, daß sie das Wohnungseigentum (Sondereigentum) je zur Hälfte für sich begründen. Zu diesem Zweck ist es erst einmal erforderlich, daß sie ihre Miterbengemeinschaft auflösen und durch eine notarielle Beurkundung vertraglich vereinbaren, daß jeder von ihnen Miteigentümer je zur ideellen Hälfte an der Liegenschaft wird. Erst wenn dieser Vorgang durch Vertrag im Grundbuch vollzogen ist, kann nach den Vorschriften des Wohnungseigentumsgesetzes das abgesprochene Wohnungseigentum für jeden von ihnen begründet werden.

Zu diesem Zweck müssen Aufteilungspläne erstellt werden, in deren Zusammenhang die örtliche Bauaufsichtsbehörde eine »Abgeschlossenheitsbescheinigung« aufgrund des § 7 Abs. 4 Nr. 2/§ 3 Abs. 2 des Wohnungseigentumsgesetzes erteilt.

Aufgrund dieser Unterlagen können dann die Miteigentümer Ludwig und Anna eine Teilungserklärung abfassen oder einen notariellen Teilungsvertrag schließen, welcher bei dem Grundbuchamt vorzulegen ist. Aufgrund dieser Eingabe wird von dem Grundbuchamt ein besonderes Wohngrundbuch angelegt, welches neben dem Basisgrundbuch der Liegenschaft dergestalt Bestand hat, daß das jeweilige Wohnungs- bzw. Sondereigentum selbst wie Grundstückseigentum behandelt wird. Es kann selbständig veräußert und belastet werden, so, wie auch das Grundstück selbst. Die Schaffung von Wohnungseigentum (Sondereigentum) ist ein recht komplizierter Vorgang, welcher ohne rechtskundige Mitwirkung, insbesondere eines Notars, nicht durchführbar ist.

Das Wohnungseigentumsgesetz regelt eingehend die Beziehungen der einzelnen Wohnungseigentümer untereinander. Je größer die Zahl der Wohnungseigentümer in einem Liegenschaftsbereich ist, um so schwieriger würde die Regelung der gemeinsamen Probleme der Wohnungseigentümer untereinander oder auch zu Dritten sein. Das Gesetz schreibt daher bindend für die gemeinsame Verwaltung in § 20 die Bestellung eines Verwalters wie folgt vor:

§ 20
(1) Die Verwaltung des gemeinschaftlichen Eigentums obliegt den Wohnungseigentümern nach Maßgabe der §§ 21 bis 25 und dem Verwalter nach Maßgabe der §§ 26 bis 28, im Falle der Bestellung eines Verwalterbeirats auch diesem nach Maßgabe des § 29.
(2) Die Bestellung eines Verwalters kann nicht ausgeschlossen werden.

Die Bestellung und Abberufung des Verwalters erfolgt durch Beschluß der Wohnungseigentümer durch Stimmehrrecht (§ 26). In dringenden Fällen kann eine Verwalterbestellung durch das Gericht erfolgen.

Der Verwalter ist die Schlüsselfigur für die Verwaltung des Wohnungseigentums, seine Funktion ist in § 27 eingehend wie folgt festgelegt:

§ 27
(1) Der Verwalter ist berechtigt und verpflichtet:
1. Beschlüsse der Wohnungseigentümer durchzuführen und für die Durchführung der Hausordnung zu sorgen;
2. die für die ordnungsgemäße Instandhaltung und Instandsetzung des gemeinschaftlichen Eigentums erforderlichen Maßnahmen zu treffen;
3. in dringenden Fällen sonstige zur Erhaltung des gemeinschaftlichen Eigentums erforderliche Maßnahmen zu treffen;
4. gemeinschaftliche Gelder zu verwalten.
(2) Der Verwalter ist berechtigt, im Namen aller Wohnungseigentümer und mit Wirkung für und gegen sie:
1. Lasten- und Kostenbeiträge, Tilgungsbeiträge und Hypothekenzinsen anzufordern, in Empfang zu nehmen und abzuführen, soweit es sich um gemeinschaftliche Angelegenheiten der Wohnungseigentümer handelt;
2. alle Zahlungen und Leistungen zu bewirken und entgegenzunehmen, die mit der laufenden Verwaltung des gemeinschaftlichen Eigentums zusammenhängen;

3. Willenserklärungen und Zustellungen entgegenzunehmen, soweit sie an alle Wohnungseigentümer in dieser Eigenschaft gerichtet sind;
4. Maßnahmen zu treffen, die zur Wahrung einer Frist oder zur Abwendung eines sonstigen Rechtsnachteils erforderlich sind;
5. Ansprüche gerichtlich und außergerichtlich geltend zu machen, insofern er hierzu durch Beschluß der Wohnungseigentümer ermächtigt ist;
6. die Erklärungen abzugeben, die zur Vornahme der in § 21 Abs. 5 Nr. 6 bezeichneten Maßnahmen erforderlich sind.
(3) Die dem Verwalter nach den Absätzen 1, 2 zustehenden Aufgaben und Befugnisse können durch Vereinbarung der Wohnungseigentümer nicht eingeschränkt werden.
(4) Der Verwalter ist verpflichtet, Gelder der Wohnungseigentümer von seinem Vermögen gesondert zu halten. Die Verfügung über solche Gelder kann von der Zustimmung eines Wohnungseigentümers oder eines Dritten abhängig gemacht werden.
(5) Der Verwalter kann von den Wohnungseigentümern die Ausstellung einer Vollmachtsurkunde verlangen, aus der der Umfang seiner Vertretungsmacht ersichtlich ist.

Die Verflechtung der Wohnungseigentümer einer einzelnen Wohnungsgemeinschaft miteinander macht es unvermeidlich, daß Streitfälle untereinander oder aber im Verhältnis zwischen dem Verwalter und den Wohnungseigentümern entstehen. Nach den allgemeinen Grundsätzen des deutschen Prozeßrechts müßten solche Rechtsstreite vor den Zivilgerichten je nach der Streitwerthöhe entweder vor den zuständigen Abteilungen der Amtsgerichte oder den Zivilkammern der Landgerichte ausgetragen werden. Der Gesetzgeber hat jedoch einen anderen Weg vorgeschrieben.

Einschlägige Rechtsstreitigkeiten sind vor den Amtsgerichten im Rahmen der freiwilligen Gerichtsbarkeit auszutragen. Die grundsätzliche Regelung findet sich in § 43 WEG, der folgendes vorschreibt:

§ 43

(1) Das Amtsgericht, in dessen Bezirk das Grundstück liegt, entscheidet im Verfahren der freiwilligen Gerichtsbarkeit:

1. auf Antrag eines Wohnungseigentümers über die sich aus der Gemeinschaft der Wohnungseigentümer und aus der Verwaltung des gemeinschaftlichen Eigentums ergebenden Rechte und Pflichten der Wohnungseigentümer untereinander mit Ausnahme der Ansprüche im Falle der Aufhebung der Gemeinschaft (§ 17) und auf Entziehung des Wohnungseigentums (§§ 18, 19);

2. auf Antrag eines Wohnungseigentümers oder des Verwalters über die Rechte und Pflichten des Verwalters bei der Verwaltung des gemeinschaftlichen Eigentums;

3. auf Antrag eines Wohnungseigentümers oder Dritten über die Bestellung eines Verwalters im Falle des § 26 Abs. 3;

4. auf Antrag eines Wohnungseigentümers oder des Verwalters über die Gültigkeit von Beschlüssen der Wohnungseigentümer.

(2) Der Richter entscheidet, soweit sich die Regelung nicht aus dem Gesetz, einer Vereinbarung oder einem Beschluß der Wohnungseigentümer ergibt, nach billigem Ermessen.

(3) Für das Verfahren gelten die besonderen Vorschriften der §§ 44 bis 50.

(4) An dem Verfahren Beteiligte sind:

1. in den Fällen des Absatzes 1 Nr. 1 sämtliche Wohnungseigentümer;

2. in den Fällen des Absatzes 1 Nr. 2 und 4 die Wohnungseigentümer und der Verwalter;

3. im Falle des Absatzes 1 Nr. 3 die Wohnungseigentümer und der Dritte.

Ergänzend greifen die §§ 44 bis 50 WEG durch, welche als Rechtsmittel gegen erstinstanzliche Entscheidungen die sofortige Beschwerde vorsehen, gegen die Beschwerdeentscheidung gibt es die sofortige weitere Beschwerde.

Dieses Verfahren der freiwilligen Gerichtsbarkeit unterliegt dem Amtsermittlungsprinzip, das heißt das zuständige Gericht muß den Sachverhalt von Amts wegen erforschen; die Entscheidungen werden durch Beschluß getroffen, nicht durch Urteil.

Die persönliche Dienstbarkeit

Das Restaurant »La Palma« im Hause des Paul Jedermann befürchtet, daß sich in der Nachbarschaft Konkurrenzunternehmen niederlassen könnten, und möchte mit den Eigentümern der Nachbargrundstücke Vereinbarungen treffen, solche Konkurrenzunternehmungen nicht auf ihren Grundstücken ansässig zu machen. Welche Möglichkeiten hat der Inhaber hierzu?

Er könnte einen Vertrag mit den jeweiligen Nachbareigentümern dahin schließen, daß sich diese verpflichten, keinen Konkurrenzbetrieb bei sich aufzunehmen. Gegen ein angemessenes Entgelt werden diese vielleicht dazu bereit sein. Wird ein solcher Vertrag zwischen »La Palma« und dem Nachbareigentümer Nächst geschlossen, so erzeugt er lediglich eine Bindung zwischen den beiden Vertragspartnern. Das bedeutet, daß ein neuer Eigentümer des Nachbargrundstückes – falls er nicht der Erbe ist – nicht mehr gebunden ist.

Aus diesem Grund muß sich »La Palma« an diesem Grundstück eine persönliche Dienstbarkeit mit dem Inhalt bestellen lassen, daß auf dem Nachbargrundstück kein gleichartiger Betrieb errichtet werden darf. Dies ist möglich gemäß §§ 1090 ff. BGB, da eine solche Belastung Gegenstand einer beschränkten persönlichen Dienstbarkeit sein kann. Eine derartige beschränkte persönliche Dienstbarkeit wird auf Bewilligung des Nachbarn eingetragen und bindet sämtliche späteren Eigentümer. Jedoch hat diese beschränkte persönliche Dienstbarkeit den Nachteil, daß sie nur zugunsten des Inhabers des »La Palma«-Betriebes bestellt werden kann und nicht übertragbar ist. Sie erlischt also mit seinem Tode.

Um diesem Nachteil zu entgehen, wäre es zweckmäßig, den »La Palma«-Betrieb in eine juristische Person umzuwandeln. Wäre zum Beispiel eine GmbH. Inhaber des »La Palma«-Betriebes, so besteht die beschränkte persönliche Dienstbarkeit so lange, wie die GmbH besteht. Der Tod eines Inhabers der GmbH-Anteile läßt also die beschränkte persönliche Dienstbarkeit zugunsten der GmbH nicht untergehen.

Die Grunddienstbarkeit

Etwas anderes wäre es, wenn der Inhaber des »La Palma«-Betriebes Eigentümer des Grundstückes wäre, auf dem sein Betrieb steht. In diesem Falle würde er nicht eine beschränkte persönliche Dienstbarkeit auf das Nachbargrundstück eintragen lassen, sondern eine Grunddienstbarkeit gemäß §§ 1018 ff. BGB.

Unter einer Grunddienstbarkeit versteht man die Eintragung eines Rechts derart, daß nicht eine individuelle Person, wie der Inhaber des Betriebes, der Berechtigte wird, sondern der jeweilige Eigentümer des »La Palma«-Grundstückes. Diese Regelung hat also den Vorteil, daß der Tod des Inhabers des Betriebes das Recht nicht zum Erlöschen bringt, sondern daß dieses auf den neuen Grundstückseigentümer übergeht.

Gegenstand einer Grunddienstbarkeit kann alles sein, was dem Eigentümer des herrschenden Grundstücks zukommt, jedoch kann die Belastung grundsätzlich nur dahin erfolgen, daß der Eigentümer des belasteten Grundstückes etwas duldet. Im vorstehenden Fall muß er zum Beispiel dulden, daß er sein Eigentum nicht mehr beliebig auswerten kann. Eine Grunddienstbarkeit kann ferner darin bestehen, daß der Eigentümer eines benachbarten Gärtnergrundstückes zum Beispiel über das belastete Grundstück gehen oder fahren darf.

Nießbrauch, Reallasten, Rentnerschuld, Wohnrecht

Der Rentner Wolfgang Alt hat seinem Sohn Leopold sein Wohnhaus übertragen. Er hat sich als Sicherheit für sein Alter ausbedungen, daß er den ersten Stock mit drei möblierten Räumen bis an sein Lebensende bewohnen darf. Ferner soll er aus den Erträgnissen des großen Gartengrundstücks folgende jährliche Leistungen erhalten: die Hälfte der gesamten Obst- und Gemüseernte sowie 12 000,– Euro, zahlbar in monatlichen Raten.

Die für Alt vorgesehenen Leistungen können nicht als einheitliches dingliches Recht in das Grundbuch eingetragen werden. Man spricht zwar in der Praxis gemeinhin von einem »Altenteilrecht«. Die Rechtsstellung des Altenteilers besteht aber aus mehreren Rechten.

Das lebenslängliche Wohnrecht stellt sich als persönliche Dienstbarkeit im Sinne des § 1093 BGB dar. Es ist also auf die Lebenszeit des Alt beschränkt und erlischt mit seinem Tode.

Nach dem Wohnungseigentumsgesetz besteht ferner die Möglichkeit der Begründung eines dinglichen Dauerwohnrechts gemäß § 31 des Gesetzes. Dies ist im Unterschied zum Wohnrecht nach BGB veräußerlich und vererblich. Alt hätte sich einen Nießbrauch eintragen lassen können. Dann erübrigen sich alle übrigen Rechte, da der Nießbrauch ein umfassendes Recht auf Nutzung und Erzielung der Erträge des Grundstücks darstellt.

Die an den Alt jährlich zu leistenden Naturalien und der Geldbetrag können nicht als Dienstbarkeit sondern nur als Reallast beziehungsweise als Rentenschuld bestellt werden. Es ist im vorstehenden Kapitel dargelegt, daß eine Dienstbarkeit (sowohl die persönliche als auch die Grunddienstbarkeit) nach geltendem Recht nur darin bestehen kann, daß der Eigentümer des belasteten Grundstücks irgendeinen Eingriff in sein Eigentum dulden muß, so wie es zum Beispiel bei dem Wohnrecht der Fall ist.

Gemäß § 1105 BGB kann ein Grundstück mit einer Rentenschuld dergestalt belastet werden, daß an den Berechtigten wiederkehrende Leistungen aus dem Grundstück zu entrichten sind. Es sind alle Arten Leistungen denkbar, die mit der Grundstücksauswirkung irgendwie in Beziehung stehen. Dies trifft für die Naturalabgaben ohne weiteres zu. Denkbar sind auch solche wiederkehrenden Leistungen wie Stromlieferungen, Unterhaltung einer Brücke usw. Dies ist eine Reallast.

Eine wiederkehrende Geldrente kann als Inhalt einer sogenannten Rentenschuld vereinbart werden. Bei dieser handelt es sich also um ein Recht, das eine Forderung an ein fremdes Grundstück darstellt. Der Eigentümer hat zwar selbst keine Verpflichtung für seine Person übernommen. Das BGB bestimmt aber in § 1108, daß der Eigentümer des Grundstücks für die während der Dauer seines Eigentums fällig werdenden Abgaben persönlich haftet, das heißt, daß er mit seinem ganzen Vermögen, nicht nur mit dem Grundstück, dafür einzustehen hat, daß die Leistungen erbracht werden.

Die Dienstbarkeit (Wohnrecht) als auch die Reallast (übrige Leistungen) werden im Grundbuch in Abteilung II eingetragen und die Rentenschuld in Abteilung III.

Erbbaurecht

Pauls unbebautes Grundstück bringt wenig Nutzen. Der Kaufmann Robert Wunderlich sucht eine geeignete Baustelle für sein Einfamilienhaus. Am liebsten möchte er Jedermann das Grundstück abkaufen. Man rät Jedermann jedoch von einer Veräußerung des Grundbesitzes ab mit den Worten: »Du hast gesehen, wie schnell das Geld auf dem Konto durch Inflation entwertet werden kann. Behalte nur deinen Grund und Boden. Soll der Wunderlich dein Grundstück mieten, dann hat er, was er will.«

Wunderlich will aber natürlich sein Haus nicht auf einem gemieteten oder gepachteten Grundstück bauen, denn dann würde er ja die Baumaterialien durch die Verbindung mit dem Grund und Boden in Jedermanns Eigentum bringen.

Die Erbbaurechtsverordnung enthält eine eingehende Regelung dieses Rechtes.

Der Grundgedanke des Erbbaurechts ist folgender: Paul behält das Eigentum an seinem unbebauten Grundstück. Zugunsten Wunderlichs wird ein Erbbaurecht an dem Grundstück bestellt. Die Bestellung erfolgt durch eine Einigung zwischen Jedermann und Wunderlich und Eintragung im Grundbuch. Wegen der Bedeutung des Rechtsvorgangs muß die Erbbaurechtsbestellung in einer notariellen Verhandlung vor sich gehen.

Sie begeben sich also zu einem Notar, der gemäß ihren Wünschen einen Vertrag folgenden Inhalts protokolliert:

Vor dem unterzeichneten Notar mit dem Amtssitz in Marburg/Lahn, Dr. Walter Mauer, erschienen heute

1. der Kaufmann Robert Wunderlich, Biegenweg 5, 35037 Marburg/Lahn,
2. der Kaufmann Paul Jedermann, Fuchspaß 3, 35037 Marburg/Lahn,

beide dem Notar von Person bekannt.

Sodann erklären die Parteien folgendes zu Protokoll:

Bestellung eines Erbbaurechts

§ 1

Herr Paul Jedermann ist Eigentümer des unbebauten Grundstückes Dürerstraße zwischen Arbeitsamt und Kurhotel. Das Grundstück ist 625 qm groß. Es ist im Grundbuch Marburg, Band 8, Bl. Nr. 13, eingetragen und u n b e l a s t e t.

§ 2

Herr Jedermann ist sich mit dem Kaufmann Wunderlich darüber einig, daß dieser an diesem Grundstück ein Erbbaurecht haben soll. Das Erbbaurecht soll bis zum Tode Wunderlichs bestehen. Die Erben Wunderlichs sind dann verpflichtet, das Erbbaurecht auf den Eigentümer zu übertragen. Die Höhe der Entschädigung für die Rückübertragung soll durch einen Sachverständigen festgestellt werden. Die Erschienenen bewilligen und beantragen die Eintragung in das Grundbuch.

§ 3

Der Erbbauberechtigte hat während des Bestehens des Erbbaurechts monatlich 300,– Euro E r b b a u z i n s zu zahlen. Die durch den Ausbau des Grundstücks entstehenden Grundstückslasten und die sonstigen laufenden Lasten trägt der Erbbauberechtigte.

§ 4

Die Kosten dieses Vertrages trägt der Erschienene zu 1.

Das Protokoll wurde den Erschienenen vorgelesen, von ihnen genehmigt und von ihnen und dem Notar eigenhändig unterschrieben.

35037 Marburg/Lahn, den 17.2.20 . .

Der Notar stellt die entsprechenden Anträge bei dem Grundbuchamt und bewirkt so die Eintragung des Erbbaurechts im Grundbuch.

Die Besonderheiten des Erbbaurechts

In den vorstehenden Kapiteln sind verschiedene Grundstücksbelastungen dargestellt (Hypothek, Grundschuld, persönliche Dienstbarkeit, Grunddienstbarkeit usw.).

Alle diese Rechte haben miteinander gemeinsam, daß sie den Grundstückseigentümer in bestimmter Hinsicht beschränken und sein Herrschaftsrecht am Grundstück kleiner werden lassen.

Mit der Eintragung dieser Belastungen im Grundbuch ist die Tätigkeit des Grundbuchamtes jedoch noch keineswegs beendet.

Auch das Erbbaurecht wird zunächst erst einmal im Grundbuch des Eigentümers, und zwar in Abteilung II, eingetragen.

Das Grundbuchamt legt außerdem gemäß § 14 ErbbauVO ein besonderes Grundbuchblatt für das Erbbaurecht an. Dies ist das sogenannte Erbbaugrundbuch. Es wird also so getan, als sei das Erbbaurecht selbst ein Grundstück.

Wenn Wunderlich nun sein Einfamilienhaus errichtet, baut er gewissermaßen nicht auf Jedermanns Grundstück, sondern auf seinem wie ein Grundstück behandelten Erbbaurecht.

Die ErbbauVO bezeichnet daher das errichtete Bauwerk als wesentlichen Bestandteil des Erbbaurechts und nicht des Grundstücks. Dies hat weiterhin die rechtliche Wirkung, daß das Bauwerk nicht in das Eigentum Jedermanns fällt.

Wunderlich hat nicht mehr genügend Geld, um den Bau zu Ende zu finanzieren. Er nimmt daher ein Darlehen von 90 000,– Euro auf und sichert dies durch eine Grundschuld zugunsten des Gläubigers an seinem Erbbaurecht.

Wohlgemerkt, nicht am Grundstück wird die Grundschuld bestellt, was Wunderlich ja auch gar nicht könnte, sondern an dem Erbbaurecht. Wunderlich schreibt daher an das Grundbuchamt wie folgt:

ROBERT WUNDERLICH
                                                            Biegenweg 5
                                                            35037 Marburg/Lahn

An das
Grundbuchamt
35037 Marburg/Lahn   24. April 20 . .

Ich, der Unterzeichnete, bin Inhaber des in Abt. II unter Nr. 1 im Grundbuch von Stadt Marburg, Bd. 8, Bl. Nr. 13, eingetragenen Erbbaurechts. Ich bewillige und beantrage hiermit die Eintragung einer Grundschuld für das mir von der Sparkasse Marburg gewährte Darlehen von 90 000,– Euro in das Grundbuch des vorstehenden Erbbaurechts. Das Darlehen ist mit 6 Prozent verzinslich und rückzahlbar am 21. Dezember 20 . .

Robert Wunderlich

Er läßt seine Unterschrift bei einem Notar beglaubigen. Den Antrag reicht dieser dann dem Grundbuchamt ein.

Als besonderer Inhalt des Erbbaurechts kann vereinbart werden, daß eine Weiterveräußerung des Erbbaurechts nur mit Zustimmung des Grundstückseigentümers erfolgen darf. Ebenso können Belastungen von der Zustimmung des Grundstückseigentümers abhängig gemacht werden.

Der Erbbauberechtigte ist nicht befugt, nach Ablauf der Erbbauberechtigung das Bauwerk wegzunehmen oder sich Bestandteile desselben anzueignen. Vielmehr wird das Bauwerk in einem solchen Fall nunmehr wesentlicher Bestandteil des Grundstücks und fällt damit in das Eigentum des Grundstückseigentümers. Der Erbbauberechtigte ist hierfür zu entschädigen.

Amtsgericht Seefeld

Grundbuch

von

BUCHHAIN

Band 6 **Blatt** 102

Dieses Blatt ist an die Stelle des wegen Unübersicht-
lichkeit geschlossenen Blattes Buchhain Band 1, Blatt 10,
getreten.

Eingetragen am 2. August 20..

Laufende Nummer der Grundstücke	Bisherige laufende Nummer der Grundstücke	Bezeichnung der Grundstücke und der mit dem Eigentum verbundenen Rechte					Größe		
		Gemarkung (Vermessungsbezirk)	Karte		Katasterbücher		Wirtschaftsart und Lage		
			Flur	Flurstück	Lieg. B.	Geb. B.			
		a	b		c	d	e	ha	a	qm
1	2				3				4	
1 bis 5	Gelöscht									
6	–	Buchhain	3	$\frac{117}{73}$	13	20	Wohnhaus mit Hofraum Dorfstraße Nr. 4	–	32	95
		Buchhain	3	$\frac{101}{66}$	13	–	Wiese am Nuthefluß			
7	–	Brühl	2	112	130	–	Wiese am Kirchhof	–	2	15
8, 10 zu 6	–	Wegerecht an dem Grundstück Buchhain Kartenblatt 3, Parzelle 74, eingetragen im Grundbuche von Buchhain, Band 1 Blatt 8, Abt. II Nr. 1								
9	6, 7	Buchhain	3	$\frac{117}{73}$	13	20	Wohnhaus mit Hofraum Dorfstraße Nr. 4			
		Buchhain	3	$\frac{101}{66}$	13	–	Wiese am Nuthefluß		35	10
–		Brühl	2	112	130	–	Wiese am Kirchhof			
11	Teil von 9	Buchhain	3	$\frac{117}{73}$	13	20	Wohnhaus mit Hofraum Dorfstr. Nr. 4	–	26	08
		Brühl	2	112	130	–	Wiese am Kirchhof			
12	Teil von 9	Buchhain	3	$\frac{101}{66}$	13	–	Wiese am Nuthefluß	–	9	02

Erste Abteilung

Laufende Nummer der Eintragungen	Eigentümer	Laufende Nummer der Grundstücke im Bestandsverzeichnis	Grundlage der Eintragung
1	2	3	4
1 bis 3	Gelöscht		
4a	Kaufmann Friedrich Gerber in Buchhain	8, 10 zu 6 11, 12	Das auf dem unübersichtlich gewordenen Blatte Buchhain Band 1 Blatt 10 eingetragene Eigentum nebst Wegerecht bei Umschreibung des Blattes hier eingetragen am 2. August 19..
4b	seine Ehefrau Amalie, geborene Evers, daselbst, in allgemeiner Gütergemeinschaft		

Schneider Kühe

Zweite

Laufende Nummer der Eintragungen	Laufende Nummer der betroffenen Grundstücke im Bestandsverzeichnis	Lasten und Beschränkungen
1	2	3
1 bis 4	Gelöscht	
5	12	Erbbaurecht für die Wohnbaugesellschaft mit beschränkter Haftung in Seefeld auf die Dauer von 99 Jahren seit dem Tage der Eintragung unter Bezugnahme auf die Nr. 1 und 2 des Bestandsverzeichnisses des Erbbaugrundbuchs Buchhain Band 6 Blatt 148 mit dem Vorrange vor dem Posten 1a, b und 4 der dritten Abteilung eingetragen am 1. Juni 1971 und umgeschrieben am 2. August 19..

Schneider Kühe

6	Gelöscht	
7	11	Vormerkung zur Sicherung des Anspruchs auf Bestellung eines Nießbrauchs aus dem Vertrage vom 30. April 1972 unter Bezugnahme auf die Eintragungsbewilligung vom 2. Mai 1972 für die Witwe Adele Frey in Berlin eingetragen am 15. Mai 1972 und umgeschrieben am 2. August 19..

Schneider Kühe

Laufende Nr. der Eintragungen	Laufende Nummer der belasteten Grundstücke im Bestandsverzeichnis	Betrag	Hypotheken, Grundschulden, Rentenschulden
1	2	3	4
1	7	4000 Euro	Viertrausend Euro Grundschuld für den
			Kaufmann Hans Gerber in Buchhain
			Die Grundschuld ist mit sechs von Hundert jährlich in
			halbjährlichen, am 1. April und am 1. Oktober jedes Jahres
			zahlbaren Teilen verzinslich. Dem Erbbaurecht Abt. II Nr. 5.
			ist der Vorrang eingeräumt. Das Grundstück Band 3 Blatt 90
			haftet mit.
			Eingetragen am 5. August 19.. und umgeschrieben am
			2. August 20..
			Schneider Frahe

Die Zwangsversteigerung eines Grundstückes

Otto Jedermann – der Onkel von Paul Jedermann – schreitet zur Zwangsversteigerung mit folgendem Schreiben:

Otto Jedermann

Holzweg 5
35037 Marburg/Lahn

An das
Amtsgericht
24937 Flensburg

In der Anlage überreiche ich den für vollstreckbar erklärten Mahnbescheid des Amtsgerichts Flensburg – 1 B 164/20 – mit dem Antrag, die Zwangsversteigerung des in dem Vollstreckungsbescheid angegebenen Grundstücks anzuordnen.

Derselbe Antrag könnte aufgrund einer vollstreckbaren Grundschuld gestellt werden!

Nunmehr läuft das Zwangsversteigerungsverfahren wie folgt: Das Zwangsversteigerungsgericht (Amtsgericht) ordnet durch Beschluß die Zwangsversteigerung des Grundstücks an und stellt diesen Beschluß dem Eigentümer zu. Der Beschluß hat die Wirkung, daß das Grundstück nunmehr beschlagnahmt ist. Auf Ersuchen des Gerichts wird die Anordnung der Zwangsversteigerung im Grundbuch vermerkt.

Alsdann wird ein Versteigerungstermin bestimmt. Der Inhalt dieser Terminsbestimmung richtet sich nach § 37 ZVG, der folgendermaßen lautet:

§ 37
Die Terminbestimmung muß enthalten:
1. die Bezeichnung des Grundstücks;
2. Zeit und Ort des Versteigerungstermins;
3. die Angabe, daß die Versteigerung im Wege der Zwangsvollstreckung erfolgt;
4. die Aufforderung, Rechte, soweit sie zur Zeit der Eintragung des Versteigerungsvermerks aus dem Grundbuche nicht ersichtlich waren, spätestens im Versteigerungstermine vor der Aufforderung zur Abgabe von Geboten anzumelden und, wenn der Gläubiger widerspricht, glaubhaft zu machen, widrigenfalls die Rechte bei der Feststellung des geringsten Gebots nicht berücksichtigt und bei der Verteilung des Versteigerungserlöses dem Anspruche des Gläubigers und den übrigen Rechten nachgesetzt werden würden;
5. die Aufforderung an diejenigen, welche ein der Versteigerung entgegenstehendes Recht haben, vor der Erteilung des Zuschlags die Aufhebung oder einstweilige Einstellung des Verfahrens herbeizuführen, widrigenfalls für das Recht der Versteigerungserlös an die Stelle des versteigerten Gegenstandes treten würde.

Die Terminsbestimmung wird in der Tageszeitung veröffentlicht.

Am Tage der Versteigerung geht der Versteigerungstermin wie folgt vor sich. Nach Aufruf der Sache werden die Einzelheiten des Grundstücks erläutert, der das Verfahren betreibende Gläubiger, hier also Jedermann, bekanntgegeben und die Höhe seines Anspruchs aus seiner Hypothek in Höhe von zum Beispiel 50 000,– Euro und hierauf das »geringste Gebot« festgestellt.

Das geringste Gebot

Unter dem »geringsten Gebot« bei einer Zwangsversteigerung versteht man ein Gebot, durch welches die dem Anspruch des betreibenden Gläubigers vorgehenden Rechte sowie die aus dem Versteigerungserlöse zu entnehmenden Kosten des Verfahrens gedeckt werden. Stellen wir uns also vor, daß das Grundstück einen Wert von 200 000,– Euro hat, daß in Abt. III Nr. 1 eine Hypothek von 95 000,– Euro für den Flensburger Bankier Philipp Zaster eingetragen ist und daß an Gerichtskosten nach der Kostenordnung 1000,– Euro zu fordern sind. Dann errechnet sich das geringste Gebot wie folgt:

a) Hypothek des Zaster (zuzüglich Zinsen), die der an 2. Stelle stehenden Grundschuld Jedermanns vorgeht,	100.000,– Euro
b) Kosten des Verfahrens	1.000,– Euro
	101.000,– Euro

Nur ein Gebot des Interessenten, das diesen Betrag von 101 000,– Euro erreicht, wird von dem Versteigerungsgericht zugelassen.

Nehmen wir einmal an, daß ein Gebot von 110 000,– Euro gemacht wird. Dann blieben für Jedermanns Grundschuld, die ja hinter den 100 000,– Euro rangiert, demnach 9000,– Euro. Und was macht Jedermann mit der Restsumme in Höhe von 41 000,– Euro? Mit diesem Betrag fällt er völlig aus. Bringt die Versteigerung des Grundstücks also nicht den Wert der Grundschuld ein, so sind die Möglichkeiten für den Gläubiger erschöpft. Allerdings erfolgt kein Zuschlag, wenn das Meistgebot nicht mindestens die Hälfte des (gesetzlich ermittelten) Verkehrswertes des Grundstücks erbringt (§ 85a ZVG).

Im vorstehenden Fall wird davon ausgegangen, daß es sich um ein unbebautes Grundstück handelt. Bei der Versteigerung bebauter Grundstücke, landwirtschaftlicher Anwesen, Betriebsanlagen usw. befindet sich im wirtschaftlichen Zusammenhang mit dem Grundstück meist noch eine Anzahl wertvoller beweglicher Sachen. Beim Bauernhof ist es das landwirtschaftliche Inventar und die noch auf dem Hof lagernde Ernte des Jahres, bei Betrieben sind es die Maschinen und der Fuhrpark.

Eine Zwangsversteigerung ergreift auch derartige bewegliche Sachen, die an den Versteigerer mit veräußert werden. Dadurch ist der wirtschaftliche Wert des zu versteigernden Objektes größer, als wenn das Grundstück und das Zubehör oder die Bestandteile auseinandergerissen werden. Deshalb ist es zum Beispiel auch unzulässig, durch einen Gerichtsvollzieher solches Zubehör pfänden zu lassen (§ 865 Abs. 2 ZPO). Wer eine Forderung gegen einen Betrieb aus einem Titel vollstrecken will, muß daher, falls irgendwelche Bankguthaben nicht auffindbar sind, sich schon entschließen, die Zwangsversteigerung des Grundstücks zu betreiben.

Das Bargebot

Mit dem sogenannten geringsten Gebot darf man nicht das »Bargebot« verwechseln. Um dieses zu verstehen, muß man sich über folgendes Prinzip klarwerden. In unserem Beispiel versteigert Jedermann ein Grundstück. Nehmen wir einmal an, der ihm vorgehende Hypothekenberechtigte Zaster hat eine Hypothek, die erst 20 . . fällig wird. Zaster hat gar kein Interesse daran, daß er vor dem Jahre 20 . . in Geld ausgezahlt wird. In diesem seinem berechtigten Verlangen kann er nicht dadurch beeinträchtigt werden, daß ein nachträglich in das Grundbuch eingetragener Berechtigter, wie Jedermann, aus seiner Grundschuld die Zwangsversteigerung betreibt. Der Ersteigerer braucht also die Zastersche Hypothek nicht auszuzahlen, sondern muß diese übernehmen. Er wird also nunmehr der Grundstückseigentümer, dem gegenüber Zaster im Jahre 20 . . die Hypothek geltend machen wird. Man nennt dieses Prinzip das Übernahmeprinzip, weil die dem betreibenden Gläubiger vorgehenden Grundstücksbelastungen von dem Ersteigerer nicht ausgezahlt, sondern übernommen werden.

Bar zu zahlen sind demnach nur, und das nennt man das »Bargebot«, die Gerichtskosten, ferner bestimmte bevorrechtigte Ansprüche dritter Personen, die in § 10 ZVG aufgezählt sind, zum Beispiel Rückstände aus öffentlichen Lasten des Grundstücks von zwei bis vier Jahren usw., und schließlich derjenige Teil des Gebots, der das geringste Gebot übersteigt.

Man muß sich also darüber klar sein, daß man als Ersteher nicht nur das aufwendet, was man bar bezahlt, sondern auch den Wert der bestehenbleibenden Rechte, die ja in Zukunft das Grundstück des Ersteigerers belasten.

Die Zwangsverwaltung

Anstelle der Zwangsversteigerung kann der Gläubiger auch die Zwangsverwaltung wählen. Dies macht Sinn, wenn das Grundstück einen nicht allzu hohen Veräußerungswert hat, aber monatlich laufende Einnahmen abwirft, zum Beispiel ein Miethaus. Dann bestellt das Gericht einen Zwangsverwalter, der die Eingänge verwaltet, die Kosten der Verwaltung einbehält und laufende Überschüsse an den Gläubiger abführt.

Häufig ist es zweckmäßig, Zwangsverwaltung und Zwangsversteigerung miteinander zu kombinieren, indem man den Antrag auf Zwangsversteigerung stellt und gleichzeitig damit den Antrag auf Zwangsverwaltung für die gesamte Dauer des Zwangsversteigerungsverfahrens.

Zwangsversteigerung und Zwangsverwaltung, überhaupt das ganze Recht der Zwangsvollstreckung in ein Grundstück, stellen eine so komplizierte Rechtsmaterie dar, daß selbst der geschulte Jurist äußerst vorsichtig zu Werke gehen muß. Hier darf man, soweit es sich nicht um ganz einfache Fälle handelt, nichts ohne die Hinzuziehung eines Rechtsanwalts unternehmen.

Zusammenfassende Betrachtung über Rechte an beweglichen Sachen

Bei den bisher behandelten Fällen des Kaufrechts sind wir schon auf die Übereignung beweglicher Sachen zu sprechen gekommen und haben schon einige Möglichkeiten behandelt, wie man das Eigentum an beweglichen Sachen erwirbt. Aus diesen Fällen war schon so viel zu entnehmen, daß Eigentumserwerb an beweglichen Sachen unkomplizierter, formloser und schneller vor sich geht als der Eigentumserwerb an Grundstücken.

Und was für den Eigentumserwerb gilt, findet auch für den Erwerb sonstiger Rechte an beweglichen Sachen, insbesondere eines Pfandrechts, Anwendung. Auch ist die Zahl der dinglichen Rechte, die man an einer beweglichen Sache bestellen kann, bei weitem geringer als bei einem Grundstück. Erinnern wir uns der vielen Namen, denen wir im Liegenschaftsrecht begegneten: Hypothek, Grundschuld, Reallast, Dienstbarkeit, Nießbrauch, Erbbaurecht usw. Als Recht an beweglichen Sachen kennen wir außer dem Eigentum nur noch den Nießbrauch und das Pfandrecht.

Was wir daher bei der Betrachtung des Eigentumserwerbs an der beweglichen Sache lernen, gilt dann auch mehr oder weniger für den Erwerb eines Pfandrechts an der beweglichen Sache und des Nießbrauchs an der beweglichen Sache, den es in Wirklichkeit in der Praxis nur selten gibt. Wir wollen deshalb den Eigentumserwerb an beweglichen Sachen zusammenfassend betrachten.

Beginnen wir mit folgendem Fall: Die Studenten Fleißig und Flüchtig teilen sich eine gemeinsame Studentenwohnung. Fleißig schuldet Flüchtig aus einem Kaufvertrag noch das Buch »Goethes

Gedichte«. Was muß Fleißig tun, damit er seinen Vertrag erfüllt? Er muß das Buch dem Flüchtig übergeben und übereignen (§ 433 BGB). Wie übereignet man nun ein Buch, eine bewegliche Sache?

Fleißig und Flüchtig müssen übereinstimmend erklären, daß das Eigentum von Fleißig auf Flüchtig übergehen soll. Dies ist die Einigung. Ferner muß Flüchtig den Besitz an dem Buch erhalten (§ 929 BGB). Dies wird dadurch geschehen, daß Fleißig dem Flüchtig das Buch übergibt, so daß dieser jetzt die tatsächliche Herrschaft über das Buch ausübt. Es genügt nicht, daß Flüchtig einfach das Buch berührt oder zur Kenntnis nimmt, daß dieses Buch jetzt ihm gehören soll. Er muß es aus dem Herrschaftsbereich des Fleißig herauslösen und dem eigenen überführen, zum Beispiel in seinen Koffer legen oder in sein Regal stellen.

Anstelle einer solchen tatsächlichen Übergabe kennt das Gesetz noch folgende andere Möglichkeiten einer Besitzverschaffung:

Nehmen wir an, daß jemand ein Bild verkaufen will, dann braucht er nicht mit dem Erwerber an den Ort und die Stelle zu gehen, wo das Bild lagert, um es dort zu übergeben. Hier genügt, daß er dem Erwerber sagt, wo das Bild ist, und beide sich einig sind, daß von diesem Augenblick an der Erwerber Eigentümer sein soll. Man nennt dies eine »longa manu traditio«. Dem Sinn nach übersetzt: eine »Eigentumsübertragung langer Hand«. Das heißt also, wenn eine Sache irgendwo liegt, so daß man jederzeit an sie heran kann, braucht man den Besitz nicht durch eine reale Übergabehandlung zu übertragen, sondern sich nur einig zu sein, daß der Erwerber Herr der Sache sein soll.

Der Gegensatz zur »longa manu traditio« ist die »brevi manu traditio«, die »Übereignung kurzer Hand«. Stellen wir uns vor, daß Müller dem Meyer ein Buch geliehen hat, das diesem so gut gefällt, daß er es käuflich erwerben möchte. Wie geht nun die Übereignung des Buches vor sich? Hier braucht nicht etwa Meyer dem Müller das Buch zurückzugeben und dieser ihm dann erneut das Buch zum Zwecke der Übereignung zu übergeben, vielmehr bedarf es hier überhaupt keiner Übergabe des Buches mehr, weil Meyer ja schon im Besitz des Buches ist (§ 929 Abs. 1 S. 2 BGB).

Man kann auch eine Übereignung dergestalt vornehmen, daß die Sache im Besitz des Veräußerers bleibt. Nehmen wir an, daß Meyer eine Vase von Müller erwerben will, die dieser noch einen Monat in seinem Haus behalten will. Dann kann die reale Übergabe durch die Vereinbarung ersetzt werden, daß Müller die Vase noch einen Monat von Meyer als geliehen betrachten soll. Man nennt die Verabredung einer solchen Leihe oder Verwahrung die Vereinbarung eines Besitzkonstituts (§ 930 BGB), weil die tatsächliche Übergabe durch ein übliches Rechtsverhältnis ersetzt ist, in dem man sich als Verwalter der Sache für einen anderen betrachtet.

Schließlich gibt es auch noch folgende Möglichkeit der Übereignung einer beweglichen Sache:

Müller hat sein Fahrrad an Schnell verliehen. Meyer will das Fahrrad käuflich erwerben und schließt einen Kaufvertrag mit Müller. Hier ist es zur Erfüllung des Kaufvertrages nicht notwendig, daß Müller sich das Fahrrad von Schnell herausgeben läßt und es dann an Meyer weitergibt. Es genügt vielmehr, daß Müller an Meyer seinen Anspruch auf Herausgabe des Fahrrads, den er gegen Schnell hat, abtritt. Man nennt dies eine »Vindikationszession«.

 Diese Formen der Übereignung spielen eine sehr wichtige Rolle, wenn ein Gegenstand zur Sicherung für ein Darlehen übereignet wird und das Eigentum zurückfallen soll, wenn die Schulden bezahlt sind!

Eigentumserwerb vom Nichteigentümer

Paul Jedermann sieht bei einem Bekannten, Theo Großzügig, ein wertvolles Buch. Großzügig ist sofort bereit, das Exemplar unserem Paul käuflich zu überlassen. Paul bezahlt den Kaufpreis und nimmt das Buch mit. Nunmehr stellt sich heraus, daß das Buch dem Sammler Sand gehört, der es

Großzügig geliehen hatte. Sand verlangt das Buch von Jedermann heraus. Muß Jedermann dem Verlangen entsprechen?

Paul Jedermann kann das Buch behalten. Er hat zwar nicht das Eigentum nach § 929 BGB vom Eigentümer erworben. Aber § 932 sieht die Möglichkeit vor, daß man vom Nichteigentümer kraft Gutgläubigkeit Eigentum an der Sache eines Dritten erwerben kann. Hierzu müssen folgende Voraussetzungen vorliegen:

Großzügig und Jedermann müssen vereinbart haben, daß Paul Eigentümer des Buches werden soll. Dies liegt hier vor. Jedermann muß hinsichtlich des Eigentums des Großzügig gutgläubig sein. Den Begriff »Gutgläubigkeit« hat der Gesetzgeber in § 932 Abs. 2 BGB gesetzlich definiert. Nicht mehr gutgläubig ist, wer entweder positiv weiß, daß der Veräußerer nicht der Eigentümer ist, oder wessen Nichtwissen auf grober Fahrlässigkeit beruht. Grob fahrlässig hätte Paul zum Beispiel dann gehandelt, wenn er beim Durchblättern des Buches ein Exlibris mit dem Namen Sand gesehen hätte. Ex libris heißt wörtlich: aus den Büchern, also aus der Bücherei mit dem Namen Sand. Es kennzeichnet also dessen Eigentum. Dann hätte er Großzügig zur Rede stellen müssen, um Aufklärung zu erhalten. Hier lagen solche Umstände nicht vor, so daß man Paul keinen Vorwurf daraus machen kann, daß er Großzügig für den Eigentümer des Buches hielt.

Schließlich (vgl. § 935 BGB) verlangt das Gesetz, daß die Sache nicht dem Eigentümer gestohlen, verlorengegangen oder sonstwie abhanden gekommen ist. Denn nur ein solcher Eigentümer soll riskieren müssen, das Eigentum durch den gutgläubigen Erwerb eines Dritten zu verlieren, der die Sache freiwillig aus seiner Hand gegeben hat. Denn durch dieses Aus-der-Hand-Geben erweckt er ja in anderen Personen den Glauben, daß die Sache nun demjenigen gehört, der sie jetzt in Händen hat. Das ist bei einem solchen Eigentümer nicht der Fall, der seine Sachen zusammenhält, aber bestohlen wird oder sie verliert.

Sand hat das Buch an Großzügig verliehen, also freiwillig aus der Hand gegeben. Jedermann konnte daher aufgrund seines guten Glaubens das Eigentum an dem Buch erwerben. Er braucht es nicht an Sand herauszugeben.

Sand muß sich an Großzügig halten. Dieser ist ihm schadensersatzpflichtig wegen der Verletzung des Leihvertrages und der durch die Unterschlagung begangenen unerlaubten Handlung.

Im vorstehenden Fall ist davon ausgegangen, daß die Übereignung an Jedermann gemäß § 929 BGB vor sich ging, das heißt, daß Jedermann das Buch von Großzügig übergeben erhielt. Wandeln wir nun den Fall dahin ab, daß die Übereignung zwischen Großzügig und Jedermann gemäß § 930 BGB vor sich ging, das heißt anstelle der Übergabe ein Besitzkonstitut vereinbart wurde. In diesem Fall ist das Eigentum nicht von Jedermann erworben worden. Hier würde gemäß § 933 BGB das Eigentum erst übergehen, wenn er sich das Buch von Großzügig aushändigen ließe. Bis dahin bleibt Sand Eigentümer des Buches. Hier sind beide Beteiligte, Sand und Jedermann, gleich vertrauensselig, indem sie das Buch dem Großzügig überlassen. Warum sollte da der gutgläubige Erwerber mehr geschützt werden als der Eigentümer?

Noch komplizierter liegen die Erwerbsfälle der »brevi manu traditio« und der Vindicationszession. Sie sind aber so selten, daß sich ihre Behandlung hier erübrigt.

Originärer Eigentumserwerb

In den vorangegangenen Kapiteln haben wir den Eigentumserwerb an beweglichen Sachen in den Fällen betrachtet, in denen ein wirklicher oder angeblicher Eigentümer seine Eigentümerstellung auf einen anderen zu übertragen sucht. Man stellt sich also gewissermaßen vor, daß die Eigentumsposition von dem bisherigen Eigentümer auf den neuen Eigentümer überspringt. Diese Art Eigentumserwerb nennt der Jurist derivativen oder abgeleiteten Eigentumserwerb. Es besteht nun aber auch nach unserem Recht die Möglichkeit, das Eigentum an einer Sache zu erwerben, ohne daß man es sich von einem Vorgänger übertragen läßt. Häufig ist ein solcher Vorgänger überhaupt nicht vorhanden, weil die Sache niemandem gehört, das heißt herrenlos ist. Einen solchen Erwerb ohne Ableitung von einem Rechtsvorgänger nennt man einen ursprünglichen oder originären Eigentumserwerb. Bei unbeweglichen Sachen, Grundstücken, Grunddienstbarkeiten spielt dies praktisch keine Rolle, da es einmal kaum herrenlosen Grund und Boden geben wird und außerdem die öffentliche Hand ein Aneignungsmonopol hat.

Bei beweglichen Sachen hingegen ist der originäre Eigentumserwerb in seinen verschiedenen Spielarten durchaus bedeutungsvoll.

Malerin Christine Hirt hat in ihrer Sturm-und-Drang-Zeit ein Bild »Badende Venus« gemalt. Da ihr das Kunstwerk nicht gefiel, warf sie es in den Hausmüllbehälter. Der Altpapiersammler Wahllos klaubte es sich aus der Abfalltonne heraus und ließ es bei sich zu Hause herumliegen. Nach mehreren Jahren liest er durch Zufall in der Zeitung, daß Hirt eine berühmte Künstlerin geworden ist. Er entsinnt sich der »Badenden Venus« und gibt sie zu einer Ausstellung.

Hirt ist schockiert und fürchtet, daß ihr Anfängerwerk ihren frischen Ruhm beeinträchtigt. Sie verlangt von Wahllos Herausgabe des Bildes, da sie noch Eigentümerin sei, und Entfernung aus der Ausstellung. Hirt kann nicht Herausgabe des Bildes verlangen, da sie nicht mehr Eigentümerin des Bildes ist, dies ist vielmehr Wahllos.

Als Hirt ihr Werk in den Abfalleimer warf, ging ihr Eigentum daran unter, denn man kann diese Handlung nur dahin auslegen, daß sie ihr Eigentum an dem Bild aufgeben wollte. Juristisch nennt man diese Handlung »derelinquieren«. Gemäß § 959 BGB verliert also ein Eigentümer das Eigentum an einer beweglichen Sache, wenn er den Besitz (die tatsächliche Herrschaft) an der Sache mit dem Willen aufgibt, das Eigentum daran untergehen zu lassen.

Eine herrenlose Sache kann sich jeder aneignen, soweit nicht das Aneignungsrecht dritter Personen entgegensteht. Infolgedessen ist es niemandem verwehrt, sich aus einer an der Straße stehenden Abfalltonne etwas anzuzeigen oder mit Erlaubnis des Grundstückseigentümers dasselbe in dessen Hof oder Garten zu tun.

Gemäß § 958 des Bürgerlichen Gesetzbuchs ist Wahllos also Eigentümer der »Badenden Venus« geworden. Hirt kann auch nicht etwa die Eigentumsaufgabe wegen Irrtums nach § 119 BGB anfechten, da sie sich nicht über eine wesentliche Eigenschaft des Bildes geirrt hat. (Hier ist allerdings vieles umstritten.)

Wenn nun Hirt auch nicht das Bild wegen Verlustes ihres Eigentums herausverlangen kann, so ist sie trotzdem berechtigt, ihm das Ausstellen des Bildes zu untersagen. An und für sich kann ein jeder Eigentümer mit seiner Sache machen, was er will, also sie auch ausstellen. Dies findet seine Grenze aber darin, daß man nicht mit der Auswertung seines Eigentums die Rechte Dritter verletzen darf.

Gemäß § 15 Urheberrechtsgesetz steht dem Urheber eines Kunstwerks allein das Recht zu, ein solches Werk zu verbreiten. Darunter fällt auch die Befugnis, das Bild anderen Personen durch eine Ausstellung zugänglich zu machen. Dieses Recht geht dem Urheber auch nicht dadurch verloren, daß er das Bild einem anderen übereignet hat. Das Urheberrecht bleibt bei ihm. Verletzt also der Eigentümer Wahllos durch das Ausstellen des Bildes die weiterbestehenden Urheberrechte der Hirt, so kann er auf Unterlassung eines solchen Verhaltens in Anspruch genommen werden. Dies ist auch im Interesse der Künstler notwendig, die vor mißbräuchlicher Verwertung ihres geistigen Eigentums geschützt werden sollen.

Die GEMA

(Gesellschaft für musikalische Aufführungs- und mechanische Vervielfältigungsrechte)
Vor allem bei den Komponisten ist es schwierig gewesen, ihnen das zu geben, was ihnen aufgrund 153
des Erfolges eines Musikstückes zusteht. Es ist eine große Organisation ins Leben gerufen worden,
die darüber zu wachen hat, daß der Komponist, der Textdichter und auch der Verleger des Musikstückes Honorare beziehen. Es handelt sich hierbei um die GEMA, einem wirtschaftlichen Verein
kraft staatlicher Verleihung.

Diese Gesellschaft zieht von allen Unterhaltungs- und Gaststättenbetrieben, in denen ein Musikpro-
gramm geboten wird, Gebühren ein, die je nach Größe und Umfang des Betriebes errechnet werden.
Am Jahresschluß errechnet die GEMA die Einnahmen, bewertet den einzelnen Punkt und schüttet alsdann an den Komponisten, den Textdichter und den Verleger die Beträge aus, die ihnen im Hinblick
auf die Häufigkeit der Aufführung des betreffenden Musikstückes zustehen. Auch der Rundfunk führt
Tantiemen ab. Das gleiche gilt für die Schallplatten- und CD- beziehungsweise DVD-Industrie.

Wenn nun Paul Jedermann Schallplatten oder CDs kauft und sie bei sich zu Hause anläßlich eines
Geburtstages in Gegenwart seiner Gäste abspielt, so ist er damit nicht abgabepflichtig geworden,
weil es sich ja nicht um eine öffentliche Aufführung des Musikstückes handelt. Anders liegen die
Dinge, wenn sein Kegelklub einen Saal mietet, um dort das Winterfest zu feiern. In diesem Fall würden, wenn solche Tonträger gespielt werden, Abgaben an die GEMA fällig.

Es kommt also ganz darauf an, ob die Veranstaltung in Privaträumen oder in einem öffentlichen Lokal
durchgeführt wird. Es ist im übrigen auch nicht zulässig und kann Zahlungsverpflichtungen nach sich ziehen, wenn sich ein bekannter Pianist in gehobener Stimmung an das Klavier eines Lokals setzt, um
bekannte Stücke zu spielen. Er gibt dann nämlich in der Öffentlichkeit Kompositionen wieder. Hierdurch
aber entstehen Ansprüche der Autoren und des Verlegers, die von der GEMA realisiert werden. Da die
GEMA auch Kontrolleure beschäftigt, muß man immer mit möglichen Überprüfungen rechnen.

VG Wort

Während die vorstehend erörterte GEMA die Interessen im musikalischen Berufsbereich wahrnimmt,
werden die Interessen der Schriftsteller und Journalisten in ähnlichem Umfang von der Verwertungsgesellschaft Wort (vereinigt mit der Verwertungsgesellschaft Wissenschaft) wahrgenommen. Die
Rechtsgrundlage hierfür ist das Urhebergesetz (§§ 27, 52 ff.). Die Vervielfältigungen im internationalen Bereich (Internet) werden im Kapitel Urheberrecht behandelt.

Die Rechtsstellung der Tiere

Zwar gab es immer schon Tierschutzgesetze für die Tierwelt, aber erst vor einiger Zeit ist den
Tierschützern der Durchbruch zu der Rechtsauffassung gelungen, daß das Lebewesen Tier nicht dasselbe ist wie eine Sache. Dies ergibt sich aus folgenden Bestimmungen des BGB:

§ 90a
Tiere sind keine Sachen. Sie werden durch beson- geltenden Vorschriften entsprechend anzuwenden,
dere Gesetze geschützt. Auf sie sind die für Sachen soweit nicht etwas anderes bestimmt ist.

§ 903 Satz 2:
Der Eigentümer eines Tieres hat bei der Ausübung
seiner Befugnisse die besonderen Vorschriften zum
Schutz der Tiere zu beachten.

154

Früher wurde der Wert eines verletzten Tieres häufig als Grenzmaßstab für Heilbehandlungskosten, die ein Dritter zu tragen hat, in der Rechtsprechung angenommen. Dies ist jetzt durch § 251 Abs. 2 BGB wie folgt geändert:

> Die aus der Heilbehandlung eines verletzten Tieres entstandenen Aufwendungen sind nicht bereits dann unverhältnismäßig, wenn sie dessen Wert erheblich übersteigen.

Schließlich sind sogar die Pfändungsvorschriften, was Tiere anbelangt, modifiziert worden und in § 811c ZPO ist bestimmt, daß Tiere, die im häuslichen Bereich und nicht zu Erwerbszwecken gehalten werden, der Pfändung nicht unterworfen sind. Bei einem sehr hohen Wert eines solchen Tieres kann das Vollstreckungsrecht unter Abwägung beidseitiger Interessen allerdings eine Pfändung zulassen.

Diese vorstehenden gut gemeinten Regeln lassen allerdings nach Satz 2 des § 90a unverändert solche sachrechtlichen Bestimmungen anwendbar auf Tiere, welche Eigentum und Besitz betreffen. Insoweit bleibt der Mensch Herr des Tieres.

Das wilde Tier

Kurgast Murk findet im Walde ein kleines Rehkitz. Er nimmt es mit nach Hause, um es sich großzuziehen. Dadurch ist Murk nicht Eigentümer geworden.

Zwar ist auch ein Rehkitz herrenlos, denn ein wildes Tier ist herrenlos, solange es sich in der Freiheit befindet. Trotzdem kann Murk an diesem Tier kein Eigentum erwerben dadurch, daß er es in Eigenbesitz nimmt. Denn hier steht dem allgemeinen Aneignungsrecht das Jagdrecht des jeweiligen Jagdberechtigten entgegen. Das Jagdrecht ist im Bundesjagdgesetz vom 29.9.1976 niedergelegt.

Auch einen aus dem Nest gefallenen Raben könnte sich Murk nicht aneignen. Zwar steht hier nicht die Jagdgesetzgebung entgegen, denn der Rabe ist kein jagdbares Tier. Jedoch ist der Rabe als seltener Vogel durch das Reichsnaturschutzgesetz geschützt. Durch dieses Gesetz sind noch andere seltene Tiere und Pflanzen vor der Aneignung geschützt.

Der Gesetzgeber unterscheidet von den wilden Tieren, die in der Freiheit leben oder von den Menschen in Gefangenschaft gehalten werden können, die gezähmten Tiere und die zahmen Tiere. Zahme Tiere sind die Haustiere: Hund, Katze, Rind, Pferd, Taube, Huhn; sie werden wie jede andere bewegliche Sache, die im Eigentum steht, behandelt. An ihnen verliert man nur Eigentum durch Dereliktion (Aufgabe). Anders dagegen gezähmte Tiere. Wer ein Reh oder eine Krähe gezähmt hat, verliert das Eigentum an diesem Tier, sobald es die Gewohnheit abgelegt hat, zu den Menschen zurückzukehren.

Eine Kuriosität in unserem Recht ist die Regelung des Bienenrechts. Hier hat der Gesetzgeber eine bis ins einzelne gehende Regelung in den § 961 bis 964 BGB getroffen.

> § 961
> Zieht ein Bienenschwarm aus, so wird er herrenlos, wenn nicht der Eigentümer ihn unverzüglich verfolgt oder wenn der Eigentümer die Verfolgung aufgibt.

> § 962
> Der Eigentümer des Bienenschwarms darf bei der Verfolgung fremde Grundstücke betreten. Ist der Schwarm in eine fremde, nicht besetzte Bienenwohnung eingezogen, so darf der Eigentümer des Schwarms zum Zwecke des Einfangens die Wohnung öffnen und die Waben herausnehmen oder herausbrechen. Er hat den entstehenden Schaden zu ersetzen.

§ 963

Vereinigen sich ausgezogene Bienenschwärme mehrerer Eigentümer, so werden die Eigentümer, welche ihre Schwärme verfolgt haben, Miteigentümer des eingefangenen Gesamtschwarms. Die Anteile bestimmen sich nach der Zahl der verfolgten Schwärme.

§ 964

Ist ein Bienenschwarm in eine fremde, besetzte Bienenwohnung eingezogen, so erstrecken sich das Eigentum und die sonstigen Rechte an den Bienen, mit denen die Wohnung besetzt war, auf den eingezogenen Schwarm. Das Eigentum und die sonstigen Rechte an dem eingezogenen Schwarme erlöschen.

Diese kleine Kuriosität ist bezeichnend dafür, daß das Parlament des alten Deutschen Reiches, welches das BGB schuf, zum größten Teil aus Agrariern bestand.

Eigentum durch feste Verbindung mit Grund und Boden

Der Grundstückseigentümer Leichtsinn beschließt, auf seinem Grundstück zu bauen, obwohl er nicht die nötigen finanziellen Grundlagen dafür hat. Kurzerhand gibt er dem Bauunternehmer Damm den Auftrag, ein Einfamilienhaus auf seinem Grundstück zu errichten. Damm, der Leichtsinn für zahlungsfähig hält, stellt den Bau halb fertig, ehe er merkt, daß die zögernden Zahlungen ein Zeichen von finanzieller Schwäche sind. Er tritt schließlich von dem Bauvertrag zurück und will den halb fertigen Bau wieder einreißen, um die Baumaterialien an anderer Stelle zu verwenden. Dieses Vorgehen ist jedoch nicht gerechtfertigt.

Gemäß § 946 BGB wird eine bewegliche Sache, die in ein fremdes Grundstück eingebaut ist, Eigentum des Grundstückseigentümers. Mit dem Einbau ging also das Eigentum des Damm unter. Er kann auch nicht etwa unter dem Gesichtspunkt der ungerechtfertigten Bereicherung die eingebauten Materialien wieder herausverlangen.

Gemäß § 951 BGB kann Damm lediglich eine Vergütung in Geld im Werte der eingebauten Materialien verlangen. Er ist also in einer außerordentlich ungünstigen Lage, wenn zum Beispiel der Grundstückseigentümer in Insolvenz geraten ist. Dann muß er sich mit der Quote abspeisen lassen. Da der Bauunternehmer auch kein gesetzliches Pfandrecht an dem Grundstück hat, auf dem seine Materialien eingebaut sind, muß er mit ansehen, wie seine Werte anderen Gläubigern zugute kommen. Aus diesem Grunde sollte jeder Bauunternehmer, der nicht mit sicheren Bausparkassen usw. zusammenarbeitet, sich vorher durch Eintragung einer Sicherungshypothek genügend sichern.

Herausgabepflicht für feststehende Sachen

Der habgierige Eigentümer Bück stiehlt sich in wenigen Abenden von einem in der Nähe befindlichen Betriebsgelände das gesamte Baumaterial für ein kleines Haus zusammen. In emsiger Arbeit errichtet er dieses Haus. Nach der Fertigstellung erfährt die Betriebsleitung von dem Diebstahl und verlangt Abriß des Hauses und Herausgabe des Materials. Bück behauptet, er sei Eigentümer durch Einbau geworden und brauche den Betrieb höchstens in Geld zu entschädigen – Bück hat natürlich Unrecht.

Der Fall liegt hier insoweit anders, weil Bück eine unerlaubte Handlung begangen hat, als er sich durch den Einbau des gestohlenen Materials das Eigentum verschaffte. Zwar wird er durch den Einbau Eigentümer, ist aber verpflichtet, das gestohlene Material wieder herauszurücken. Zu diesem Zweck muß er das Haus wieder abreißen.

Der wesentliche Bestandteil

Der Mechaniker Schnell baut in seiner Freizeit für Interessenten Motorräder aus alten Materialien, zum Teil stiehlt er diese. Unter anderem baut er dem Käufer Sparsam eine Getriebekette ein, die er dem Öhlig gestohlen hat. Öhlig verlangt von Sparsam Herausgabe der Kette.

Aus Eigentum kann Öhlig dies nicht verlangen, denn Sparsam ist gemäß § 947 BGB Eigentümer der Kette geworden. Wird nämlich eine bewegliche Sache mit einer anderen beweglichen Sache dergestalt verbunden, daß sie deren wesentlicher Bestandteil ist, und ist diese andere Sache als Hauptsache anzusehen, so wird der Eigentümer der Hauptsache Eigentümer des eingebauten Teiles.

Aber auch aus § 951 BGB kann hier nicht die Herausgabe verlangt werden, denn Sparsam hat ja nicht die unerlaubte Handlung begangen. Öhlig kann lediglich Entschädigung in Geld in Höhe des Wertes der Kette von Sparsam verlangen.

Der Nachbar und die Besitzstörung

Der Grundstückseigentümer Main lebt in einer kleinen Villa an einem kleinen See. Auf dem Nachbargrundstück läßt sich als Pächter ein FKK-Verein nieder. Main fühlt sich durch dieses Treiben in seiner Stellung als Eigentümer seines eigenen Grundstücks beeinträchtigt und klagt auf Abstellung des Nacktbadebetriebes.

Mains Klage hat keine Aussicht auf Erfolg. Der Eigentümer ist zwar gemäß § 1004 BGB berechtigt, gegen jeden Störer seiner Eigentumssphäre vorzugehen, soweit er nicht aus besonderen Gründen diese Einwirkungen dulden muß. Störer ist aber nur derjenige, der irgendwie in die Eigentumssphäre hineinwirkt. Wer zum Beispiel eigenmächtig über fremden Grund und Boden geht, wer Müll auf dem Nachbargrundstück ablagert, wer Lautsprechermusik hinüberdröhnen läßt, der ist Störer fremden Eigentums. Wer dagegen nur auf seinem Grundstück etwas zur Schau stellt, was dem Nachbarn nicht gefällt, der stört nicht fremdes Eigentum.

Eine andere Frage ist, inwieweit ein solcher Badebetrieb überhaupt das Zusammenleben der Bürger im allgemeinen beeinträchtigt. Jeder – nicht nur der Grundstücksnachbar – kann an einem sichtbaren Nacktbadebetrieb Anstoß nehmen. Hiergegen einzuschreiten ist aber nicht Sache des einzelnen Bürgers im Wege der Klage, sondern dies ist Angelegenheit der Polizeibehörde. Diese kann gemäß den Polizeigesetzen gegen öffentliche Mißlichkeiten einschreiten, die die Ordnung stören.

 Ein Eigentümer kann sich nur gegen ein Verhalten seiner Nachbarn oder sonstiger Personen wehren, wenn es in seine Eigentumssphäre hineinwirkt.

Aber auch hier gibt es Grenzen. Ortsüblichen Lärm muß man dulden. Wer auf dem Lande wohnt, muß frühes Krähen der Hähne, Wiehern der Pferde usw. in Kauf nehmen. In der Stadt muß man das Rattern der Autos und Motorräder hinnehmen. Dasselbe gilt für ortsübliche Gerüche. Wer in einem Gewerbeviertel ansässig ist, muß mehr Lärm und schlechte Luft erdulden als die Bewohner eines Villenviertels oder eines Kur- beziehungsweise Klinikviertels.

Aber all diese Beeinträchtigungen betreffen nur Unwägbares wie Geräusche oder Geruch. Man sagt: Ein wenig Schall, Rauch oder Ruß ein jeder Nachbar dulden muß. Insoweit wird also das Eigentum an einem Grundstück durch die sogenannten »Nachbarrechte« eingeschränkt (§§ 906 ff. BGB). Dagegen braucht der Eigentümer die Einwirkung von »handfesten Beeinträchtigungen«, zum Beispiel Steinsplitter usw., nicht zu dulden.

Nachbarrechte

Knurr und Ruppig haben aneinanderliegende Gärten. Paul Jedermann beobachtet von seinem angrenzenden Grundstück, wie die beiden sich immer mehr verfeinden, und muß dabei an das alte Sprichwort denken: Es kann der Frömmste nicht in Frieden leben, wenn es dem bösen Nachbarn nicht gefällt.

Der Baum an der Grundstücksgrenze

In Ruppigs Garten, dicht an der Grundstücksgrenze, steht ein Apfelbaum, dessen Äste allmählich in Knurrs Garten hineingewachsen sind und dessen Wurzeln gleichfalls die Gartengrenzen überschritten haben.

Die Wurzeln kann Knurr, soweit sie in sein Grundstück hineingewachsen sind, einfach abschneiden und sich aneignen (§ 910 BGB). Die überhängenden Zweige hingegen kann er nicht ohne weiteres abschneiden. Er muß zuvor dem Ruppig eine angemessene Frist zur Beseitigung der Zweige setzen. Erst wenn diese Frist verstrichen ist, kann er mit den Zweigen ebenso verfahren wie mit den Wurzeln (§ 910 BGB).

Der Apfel fällt ab

An überhängenden Zweigen hängen Äpfel. Obwohl diese im Luftraum von Knurrs Garten hängen, stehen sie in Ruppigs Eigentum. Fällt ein Apfel ab und somit auf den Boden in Knurrs Garten, so wird er damit Knurrs Eigentum (§ 911 BGB). Fallen Früchte allerdings auf einen öffentlichen Weg, so bleiben sie im Eigentum des Grundstückseigentümers, auf dessen Grundstück der Baum steht. Das BGB enthält noch eine Anzahl weiterer Bestimmungen, um die Interessen von Grundstücksnachbarn zu ordnen. So wird zum Beispiel in § 923 BGB bestimmt, wie die Rechtslage hinsichtlich eines sogenannten Grenzbaumes ist, also eines Baumes, der genau auf der Grenze wächst.

Dann gebühren die Früchte den Nachbarn zu gleichen Teilen. Jeder Nachbar kann die Beseitigung des Baumes verlangen, und der gefällte Baum gebührt dann auch beiden zu gleichen Teilen. Lehnt jedoch ein Nachbar die Mitwirkung an der Beseitigung ab, so kann der andere Nachbar die Beseitigung nur auf eigene Kosten durchführen. Mit der Trennung erwirbt er dann Alleineigentum an dem Baum.

Ein Kuriosum haben wir in § 919 BGB, der die Grenzabmarkung zwischen zwei Nachbargrundstücken regelt. Danach kann der Eigentümer eines Grundstücks von dem Eigentümer eines Nachbargrundstücks verlangen, daß dieser zur Errichtung fester Grenzzeichen, und wenn ein Grenzzeichen verrückt oder unkenntlich geworden ist, zur Wiederherstellung mitwirkt. Ein merkwürdiges Ding: ein verrückt gewordenes Grenzzeichen!

Baut ein Nachbar ohne Verschulden, zum Beispiel infolge unvollständiger Kartenunterlagen, über die Grenze hinaus, so muß der Nachbar diesen Überbau dulden, wenn er nicht sofort widerspricht. Für den Nachteil, den der Nachbar hierdurch hat, ist er durch eine sogenannte Überbaurente zu entschädigen. Diese Rente liegt als dingliche Belastung auf dem Grundstück, von dem aus übergebaut ist, und ist einer der seltenen Fälle, in denen ein Recht an einem Grundstück besteht, ohne daß es im Grundbuch eingetragen zu sein braucht. Es geht allen anderen Rechten vor. Der Nachbar, auf dessen Grundstück übergebaut ist, kann übrigens von dem Überbauenden verlangen, daß er ihm den Teil des Grundstücks, auf dem der Überbau steht, abkauft.

Fehlt einem Grundstück der ordnungsgemäße Zugang zu einem öffentlichen Weg, zum Beispiel, weil die bisherige Verbindung durch ein Unwetter weggespült wurde, so kann der Eigentümer bis zur Behebung des Mangels von seinem Nachbarn verlangen, daß er über dessen Grundstück einen Zugang zu dem öffentlichen Weg hat (Notweg).

158

Für dieses Notwegrecht ist der Nachbar durch eine Rente zu entschädigen, für die das gleiche gilt wie für die Überbaurente.

Auch landesrechtliche Vorschriften treffen noch manche Regelung für das Nachbarrecht.

Danach müssen neue Bauten in einem bestimmten Abstand von der Grenze vorgenommen werden, damit dem Nachbarn nicht das für seine Fenster benötigte Tageslicht entzogen wird. Wer also auf seinem Grundstück bauen will, erkundige sich zweckmäßigerweise vorher bei der Bauaufsichtsbehörde (in den Städten bei der Stadtverwaltung, auf dem Lande beim Landrat), welchen Grenzabstand er einhalten muß.

Selbstverständlich kann man sich mit dem Nachbarn über eine Überschreitung solcher Grenzen einigen.

Die Landesrechte kennen innerhalb des Nachbarrechts auch noch manches ungeschriebene Recht (Gewohnheitsrecht).

So sieht das vielerorts in Hessen geltende Wenderecht die Befugnis eines Bauern beim Ackern vor, die vorgespannten Pferde auf das Nachbargrundstück zum Wenden übertreten zu lassen, damit die Pflugschar jeden Winkel des Ackers erfaßt.

Das Hammerschlags- oder Leiterrecht sieht vor, daß man bei einem dicht an der Grundstücksgrenze stehenden Haus die Leiter schräg an die Hauswand lehnen darf, auch wenn man ihren Fuß dabei auf das Nachbargrundstück stellt. Denn wie sonst sollten Ausbesserungen an einer solchen Außenwand in gewisser Höhe vorgenommen werden?

So sehen wir denn, daß das Eigentum kein schrankenloses Recht ist. Die Lebensinteressen der Mitmenschen – vor allem der Nachbarn von Grundstücken – verlangen, daß man sich bei der Nutzung seines Eigentums beschränkt.

 Lesen Sie jetzt bitte auch noch die Artikel 14 und 15 des Grundgesetzes nach, an die man häufig nicht denkt! Sie sind ein wesentlicher Bestandteil unserer Gesellschaftsordnung!

Verpfändung als Sicherheit

Otto Jedermann benötigt Geld und will gegebenenfalls seine Briefmarkensammlung verpfänden. Er findet auch einen Bekannten, der bereit und in der Lage ist, ihm 1000,– Euro als Darlehen zu geben, und der die Briefmarkensammlung auch für wertvoll genug hält, um diesen Betrag zu sichern.

Der Geldgeber, Paul Knuff, legt also Otto Jedermann zehn Hunderteuroscheine hin und läßt sich von ihm versprechen, daß er dieselbe Summe nebst acht Prozent Zinsen am 1. Dezember zurückerhalten wird. Otto Jedermann händigt ihm dabei die Briefmarkensammlung aus, und beide sind sich darüber einig, daß diese nun das Pfand für die Darlehensschuld von 1000,– Euro sein soll.

Es genügt tatsächlich das vorstehend Gesagte, um wirksam einen Darlehensvertrag und das dafür vorgesehene Pfandrecht an der Briefmarkensammlung zu begründen. Für den Darlehensvertrag ist keine Form vorgesehen, es genügt also die mündliche Absprache über die Bedingungen und die Hingabe des Geldes.

Zur Bestellung des Pfandrechtes für die Darlehensforderung an der Briefmarkensammlung ist gemäß § 1205 BGB erforderlich, daß Otto Jedermann Paul Knuff die Briefmarkensammlung übergibt (das ist hier geschehen) und daß sich beide darüber einig geworden sind, daß Knuff ein Pfandrecht für die Darlehensforderung an der übergebenen Briefmarkensammlung haben soll. Das ist auch geschehen.

Die Verpfändung der Briefmarkensammlung gleicht also sehr dem Vorgang bei der Übereignung einer beweglichen Sache, bei der Einigung und Übergabe ebenfalls erforderlich sind. Wir haben nun bei der Übereignung die Möglichkeit gesehen, daß anstelle der Übergabe der Sache die Vereinbarung zwischen den Beteiligten treten kann, daß der Übereignende die Sache weiterhin in seinen Händen behält, und zwar aufgrund einer vereinbarten Verwahrung, Leihe, Miete usw.

Ein solcher Ersatz für die Übergabe ist bei der Bestellung des Pfandrechts nicht möglich. Das Pfandrecht ist ein Faustpfandrecht, das heißt, der Gläubiger muß bei der Pfandrechtsbestellung das Pfandstück auch wirklich in seinen unmittelbaren Besitz bekommen. Hätte also in unserem Fall Otto Jedermann nach Inempfangnahme der 1000,– Euro auf die auf dem Tisch liegende Briefmarkensammlung gedeutet und gesagt: »Dies ist nunmehr Ihr Pfand«, und Paul Knuff sich damit zufriedengegeben, so wäre kein Pfandrecht entstanden.

Aus diesem Grunde können Kaufleute, die ihre Warenlager als Kreditunterlage verwenden wollen, dieses Warenlager ja auch nicht verpfänden, denn dann müßten sie ja jeweils die einzelnen Stücke dem Geldgeber aushändigen. Sie müssen statt dessen die Sicherungsübereignung wählen. Auch kann man ein Pfandrecht an einer beweglichen Sache nicht dadurch einräumen, daß man dem Gläubiger den Mitbesitz einräumt.

Es genügt also nicht, daß man dem Gläubiger den jederzeitigen Zutritt zu der Sache ermöglicht, wenn man selbst auch noch den Besitz behält. Nur wenn man die Form des Tresorprinzips, des Mitverschlusses, wählt, genügt der Mitbesitz. Dann muß der Pfandbesteller die Sache so unter Verschluß setzen, daß er und der Pfandgläubiger nur gemeinsam, zum Beispiel über zwei verschiedene Schlösser, wie beim Tresor, an die Sache herankönnen.

Wenn es auch genügt, den Darlehensvertrag und die Pfandbestellung so formlos vorzunehmen, wie es Otto Jedermann und Paul Knuff getan haben, so empfiehlt sich doch, zur Vermeidung späteren Streites, wie folgt vorzugehen:

Paul Knuff läßt sich folgenden Schuldschein ausstellen:

Otto Jedermann

Holzweg 5
35037 Marburg/Lahn
20.4.20..

SCHULDANERKENNTNIS

Ich erkenne hiermit an, von Herrn Paul Knuff, Frankenberg/Eder, ein Darlehen von 1000,– Euro (in Worten eintausend Euro) erhalten zu haben.

Das Darlehen ist mit 8 Prozent jährlich verzinslich und am 1. Dezember des Jahres zurückzuzahlen. Das Darlehen wird durch die Bestellung eines Pfandrechts an einer Briefmarken-Altdeutschlandsammlung gesichert.

Otto Jedermann

Nun übergibt Otto Jedermann die Briefmarkensammlung auch nicht so einfach wie ein billiges Buch, denn er will sich ja schließlich auch dagegen sichern, daß irgendwelche der wertvollen Briefmarken verlorengehen, während das Album in Knuffs Besitz ist. Selbst wenn Knuff ehrlich ist, so besteht doch immer die Gefahr, daß dritte Personen Marken entwenden oder austauschen, was nachher nur schwer zu beweisen und aufzuklären ist. Aus diesem Grunde wird Otto Jedermann die in seiner

Gegenwart noch einmal von Knuff durchgesehene Sammlung in dessen Beisein verpacken und versiegeln und sie ihm so übergeben. Dann legt er ihm folgende Quittung zur Unterschrift vor:

160

Paul Knuff   35066 Frankenberg/Eder
                                                             20. April 20 . .

                              Quittung

Ich habe heute von Herrn Otto Jedermann, Marburg/Lahn, als Pfand für ein von mir
gewährtes Darlehen von 1000,– Euro in einem in meiner Gegenwart versiegelten
Umschlag eine Briefmarkensammlung (Altdeutschland) übergeben erhalten.

Paul Knuf

Dieser kleine Mehraufwand an Schreibarbeit macht sich später sowohl für Otto Jedermann als auch für Paul Knuff bezahlt und läßt wahrscheinlich einen sonst entstehenden Streit vermeiden.

Verpfändung von fremdem Eigentum

Ein Freund Otto Jedermanns, Erich Zwicker, versteht es, mit Hilfe solcher Verpfändungen zahlreiche Darlehen aufzunehmen. Allerdings verpfändet er nicht seine Sachen, sondern die fremder Leute. Er kauft Fernseher und Fahrräder auf Abzahlung, zahlt einige Raten an und verpfändet diese Sachen an Bekannte, die ihm daraufhin bereitwilligst Geld geben. Die Sachen übergibt er ihnen, wie es sich bei einer Pfandrechtsbestellung gehört.

Nachdem er aufhört, die Abzahlungen weiter durchzuführen, kommen die Geschäftsleute hinter seine Tricks, ermitteln, wo die Fernseher beziehungsweise Fahrräder stehen, und verlangen sie von ihren jetzigen Besitzern heraus. Dieses Verlangen ist nicht gerechtfertigt, da die Geldgeber gemäß § 1207 BGB kraft ihres guten Glaubens ein Pfandrecht an den Sachen erworben haben. Ebenso wie man von einem Nichteigentümer kraft guten Glaubens Eigentum erwerben kann, kann man auch ein Pfandrecht erwerben. (Siehe auch unter Gutgläubigkeit.)

An Sachen, die der Pfandbesteller gestohlen oder gefunden hat, kann ein Gutgläubiger kein Pfandrecht erwerben. An solchen Sachen konnte auch kein Eigentum erworben werden.

Wertverlust einer Sicherheit

Nach einigen Wochen setzt eine Baisse auf dem Briefmarkenmarkt ein. Gerade die Preise für altdeutsche Marken stürzen. In einem solchen Fall ist Paul Knuff berechtigt, von Otto Jedermann eine anderweitige Sicherheit zu verlangen, und kann ihm die Rückgabe des Pfandes anbieten.

Ist Otto Jedermann hierzu nicht in der Lage oder weigert er sich, dies zu tun, und besteht die Gefahr, daß durch weitere Preisstürze auf dem Briefmarkenmarkt eine wesentliche Minderung der Pfandsicherheit eintritt, so kann Knuff die Briefmarkensammlung öffentlich versteigern lassen. Der hierbei erzielte Erlös tritt dann an die Stelle des Pfandes.

Die Versteigerung muß Otto Jedermann vorher angedroht und eine angemessene Frist gesetzt werden, binnen der er eine anderweitige Sicherheit leisten kann. Die Versteigerung hat durch einen Gerichtsvollzieher oder öffentlich bestellten Versteigerer zu erfolgen. Da Briefmarken einen Marktpreis haben (siehe die Kataloge), so kann anstelle der Versteigerung auch ein freihändiger Verkauf durch die vorstehend genannten Versteigererpersonen oder einen zu solchen Verkäufen öffentlich ermächtigten Handelsmakler erfolgen.

Verwertung des Pfandrechts

Der Tag der Fälligkeit des Darlehens ist herangekommen. Wenn Otto Jedermann zur Rückzahlung in der Lage ist, so wird er das Darlehen Zug um Zug gegen Rückgabe der Briefmarkensammlung an Paul Knuff zahlen. Damit sind dann die Rechtsbeziehungen zwischen ihnen erloschen.

Aber Otto Jedermann ist gerade in einer finanziellen Flaute und kann nicht zahlen. Dann wird Paul Knuff folgendermaßen vorgehen: Er ist berechtigt, seine Befriedigung aus der Briefmarkensammlung durch Verkauf zu suchen. Er kann jetzt aber nicht einfach den versiegelten Umschlag aufreißen und die Briefmarkensammlung zum nächsten Händler tragen, sondern muß einen anderen Weg gehen. Den beabsichtigten Verkauf hat er Otto Jedermann vorher anzudrohen. Dann muß er einen Monat warten (§ 1234 Abs. 2 BGB). Diese Schonfrist soll Otto Jedermann noch einmal die Möglichkeit geben, das erforderliche Geld anderweitig aufzubringen.

Wer ein Urteil auf Duldung der Zwangsvollstreckung besitzt, zum Beispiel, weil es streitig geworden war, ob das Pfandrecht überhaupt bestand, braucht keine Monatsfrist einzuhalten, sondern kann die Verwertung durch den Gerichtsvollzieher sofort vornehmen lassen.

Ist die Monatsfrist verstrichen, so kann Paul Knuff selbst nicht zum Verkauf des Pfandes schreiten. Diese Verwertung muß durch eine der obenstehenden Versteigerungspersonen im Wege der öffentlichen Versteigerung erfolgen. Die Versteigerung darf nur derart durchgeführt werden, daß der Käufer den Kaufpreis sofort bar zu entrichten hat. Sowohl Paul Knuff als auch Otto Jedermann könnten bei der Versteigerung mit als Bieter auftreten.

Nehmen wir einmal an, Otto Jedermann wäre in der Zwischenzeit auf die Idee gekommen, die bei Paul Knuff in Frankenberg liegende Briefmarkensammlung zu veräußern. Er will sie einem Interessenten zeigen und schreibt daher an Paul Knuff, er möchte ihm doch für 24 Stunden die verpfändete Briefmarkensammlung nach Marburg schicken, damit er sie einem Interessenten zeigen könne. Dies darf Paul Knuff auf gar keinen Fall tun. Gibt er nämlich freiwillig die Sache zurück, die er als Pfandstücke in Händen hat, gleichgültig aus welchem Grunde, so erlischt sein Pfandrecht. Es ist dabei auch unerheblich, ob Knuff und Jedermann dabei ausdrücklich vereinbaren, daß das Pfandrecht trotzdem weiterbestehen soll.

Schließlich ist auch noch der Fall denkbar, daß an einer Sache schon ein Pfandrecht besteht. Wenn Otto Jedermann zum Beispiel nicht in einem eigenen Hause wohnt, sondern in einer Mietwohnung, dann unterliegt die in diese Wohnung eingebrachte Briefmarkensammlung dem gesetzlichen Pfandrecht des Vermieters. Nehmen wir einmal an, daß Ottos Vermieter, der Hauswirt Daniel Pfefferkorn, auf dieses Vermieterpfandrecht angewiesen ist, weil Otto Jedermann Mietrückstände hat und die sonstigen eingebrachten Sachen Otto nicht gehören.

Da die Briefmarkensammlung ohne sein Wissen aus der Wohnung entfernt wurde, ist Pfefferkorns Vermieterpfandrecht noch nicht erloschen. Nun wird aber Knuff geltend machen, daß sein Pfandrecht, das ihm ja Otto Jedermann bestellt habe, Pfefferkorns Vermieterpfandrecht vorgehen müsse. Dies ist nicht richtig. Vielmehr geht umgekehrt Pfefferkorns Vermieterpfandrecht Knuff

Pfandrecht vor. Zwar besteht die Möglichkeit, kraft guten Glaubens ein besseres Pfandrecht zu erwerben, wenn an einer Sache schon ein Pfandrecht besteht, hinsichtlich dessen Nichtbestehen man gutgläubig ist. Es ist aber ständige höchstrichterliche Rechtsprechung, daß man in Ansehung einer Sache, die einem von einem Mieter übereignet oder verpfändet wird, für das Vermieterpfandrecht nicht als gutgläubig gilt.

 Bei Sachen in einer Mietwohnung muß man immer damit rechnen, daß sie dem Vermieterpfandrecht unterliegen.

Das Sparkassenbuch

Anders ist es bei einem Sparkassenbuch. Dieses kann man nämlich nicht nach den Regeln der Verpfändung einer beweglichen Sache verpfänden. Überlegen Sie selbst: Der Substanzwert des Sparkassenbuches beträgt einige Cent. Mit diesem Wert kann man nichts sichern. Was interessiert, ist die Geldforderung gegen die Sparkasse, die in dem Sparkassenbuch verbrieft ist. Es handelt sich hier also nicht darum, eine bewegliche Sache zu verpfänden, sondern um eine Geldforderung. Forderungen kann man aber nicht wie bewegliche Sachen verpfänden. Man verpfändet sie so, wie man eine Forderung abtritt, nur daß man sich nicht dahin einigt, daß die Forderung übergehen soll, sondern daß an ihr ein Pfandrecht entsteht (vgl. § 1273 BGB).

Trotzdem würde aber kein Pfandrecht an der Sparkassenforderung entstehen, da bei der Verpfändung von Forderungen, zu deren Abtretung der Abtretungsvertrag genügt, des weiteren erforderlich ist, daß der Verpfänder der Forderung seinem Schuldner von der Verpfändung Anzeige macht (§ 1280 BGB). Dies wird sehr oft übersehen.

Ausnahmen

Von dem Grundsatz, daß eine bewegliche Sache nur als Faustpfand verwendet werden kann, kennt das Recht einige wenige Durchbrechungen, zum Beispiel im Kabelpfandgesetz und im Pachtkreditgesetz vom 5. August 1951.

Insbesondere das zweite hat eine gewisse Bedeutung, da der Pächter eines landwirtschaftlichen Grundstücks durch dieses Gesetz die Möglichkeit bekommt, sein landwirtschaftliches Inventar als Kreditgrundlage benutzen zu können, ohne es aus der Hand geben zu müssen.

Zur Bestellung des Pfandrechts an dem landwirtschaftlichen Inventar eines solchen Pächters ist ein schriftlicher Verpfändungsvertrag und die Niederlegung dieses Vertrages bei dem Amtsgericht, das örtlich für den landwirtschaftlichen Betrieb zuständig ist, erforderlich. Pfandgläubiger kann hier aber nicht jeder sein, sondern nur bestimmte Kreditinstitute. Man wende sich zweckmäßigerweise an die örtliche öffentliche Sparkasse.

Familie, Ehe, Scheidung und Lebenspartnerschaften

Die Verlobung

Paul Jedermann will heiraten. Er kennt seit langer Zeit Petra Fleißig, die Tochter des Kaufmanns Willibald Fleißig. Petra steht noch vor der Vollendung des 18. Lebensjahres und wird von ihrem Elternhaus sehr behütet.

Eines Abends gehen Jedermann und Petra nach dem Kino eine Flasche Wein trinken. Beim dritten Glas überlegt sich Jedermann, daß er ja nun eine verhältnismäßig gefestigte Stellung habe und Petra eigentlich die richtige Frau für ihn sei. Auch die Mitgift des Vaters würde manches erleichtern.

Er hebt sein Glas und sagt zu Petra: »Wie schön wäre es, wenn wir den weiteren Weg gemeinsam gehen würden. Willst du nicht meine Frau werden?« Petra erwidert: »Daran habe ich auch schon die ganze letzte Zeit gedacht. Ich will gerne deine Frau werden. An dem Geburtstag meiner Mutter wollen wir uns verloben.«

Jedermann meint, sie seien doch nunmehr verlobt. Petra sagt, das sei nicht richtig, erst müsse ein Ring gewechselt und Verlobungskarten verschickt werden.

Hier mischt sich Richtiges mit Unrichtigem.

Jedermann hat in folgendem recht: Ein Verlöbnis ist ein Vertrag, der dadurch zustande kommt, daß zwei Personen verschiedenen Geschlechts ihren ernsthaften Willen übereinstimmend erklären, die Ehe miteinander eingehen zu wollen. Solche Erklärungen haben Paul und Petra abgegeben. Die üblichen gesellschaftlichen Förmlichkeiten, wie Ringtauschen, Anzeigenaufgabe, Verlobungsfeier veranstalten usw., haben mit der Wirksamkeit des geschlossenen Vertrages nichts mehr zu tun. Den übereinstimmend ernsthaften Willen kann man bei Verlobten aus den verschiedenen Umständen ermitteln. Ein Briefwechsel wird häufig einen solchen Willen erkennen lassen. Gemeinsames ständiges Auftreten im Bekanntenkreis als Verlobte wird gleichfalls den Schluß auf einen solchen festen Willen erlauben. Vor allem, wenn es sich mit Handlungen verbindet, die auf die baldige Einrichtung eines gemeinsamen Hausstandes schließen lassen, zum Beispiel gemeinsamer Kauf von Möbeln etc.

Genehmigung der Eltern

Allerdings haben die beiden die Rechnung ohne Petras Eltern gemacht, die mit ihrer Tochter andere Heiratspläne verfolgen und an eine »Geschäftsehe« gedacht hatten. Sie erklären Petra, daß sie nicht verlobt sei, da sie ihren elterlichen Segen weder zur Verlobung noch zur Heirat zu geben gedenken.

Petras Eltern haben tatsächlich recht, daß in unserem Fall der Verlöbnisvertrag unwirksam ist. Da Petra noch nicht volljährig ist, bedarf sie zu allen Verträgen, die ihr nicht bloß einen rechtlichen Vorteil bringen, der Zustimmung ihres gesetzlichen Vertreters (§ 107 BGB). Ein Verlöbnis ist aber

164

kein Vertrag, der Petra lediglich rechtliche Vorteile bringt, denn sie nimmt ja als Braut ihrerseits die Verpflichtung auf sich, gegebenenfalls ersatzfähig für Aufwendungen des Partners zu werden (§ 1298). Wenn aber beide Vertragspartner Pflichten auf sich nehmen, sprechen wir von einem nicht nur rechtlich vorteilhaften Vertrag. Einen rechtlich lediglich vorteilhaften Vertrag hätten wir zum Beispiel in dem Fall, wenn Tante Angelika ihrer Nichte Petra ein wertvolles Bild schenkt. Hier entstehen lediglich rechtliche Vorteile für Petra, aber keine Lasten.

Da Petras Eltern ihre Zustimmung zu dem Verlöbnisvertrag verweigern, ist der Vertrag unwirksam, denn ihre Eltern müßten zustimmen.

Sie wenden sich deshalb an eine erfolgversprechende Instanz, Petras Großmutter. Diese hat eine Rücksprache mit Petras Eltern, worauf diese nunmehr ihr Einverständnis mit der Verlobung erklären, um den häuslichen Frieden aufrechtzuerhalten.

Zur Vorbereitung des gemeinsamen Hausstandes machen Petra und Paul die verschiedensten Anschaffungen. Auch kaufen Petras Eltern bereits die Möbel für den gemeinsamen Hausstand ein, und Petra kündigt ihre gutbezahlte Stellung als Verkäuferin bei einer Buchhandlung. An Petras Volljährigkeitstag, ihrem Geburtstag, an dem sie 18 Jahre alt wird, wird die Verlobungsfeier abgehalten, und das verlobte Paar erhält viele Geschenke von Verwandten und Bekannten, darunter einen großen Fernseher, Haushaltsgegenstände und Schmuck. Trotz all dieser guten Vorzeichen hat das Verlöbnis keinen Bestand.

Entlobung

Paul Jedermann kann sich immer noch nicht sein Junggesellenleben abgewöhnen. Eines Tages lernt er eine Witwe kennen, mit der er in intime Beziehungen tritt. Petras Vater sagt, er habe es ja gleich gewußt, und auch Petra sieht ein, daß es besser sei, bei diesem Verlöbnis nicht stehenzubleiben. Sie schreibt ihm einen Brief, daß sie ihn nicht mehr wiedersehen wolle und in der Anlage den Verlobungsring zurückschicke. Diesen Rücktritt hätte Petra auch erklären können, wenn sie noch minderjährig gewesen wäre. Sie hätte hierzu auch nicht der Zustimmung der Eltern bedurft.

Jedermann, der einen Teil der Geschenke – unter anderen auch den Fernseher – in seiner Wohnung stehen hat, schreibt zurück, daß er mit der Lösung einverstanden sei und damit die Angelegenheit als erledigt ansehe.

Die Auffassung von Jedermann, daß nunmehr alles erledigt sei, und er insbesondere den schönen Fernseher behalten könne, ist unrichtig. Das Verlöbnis ist – juristisch gesehen – ein seltsamer Vertrag. Die Verlobten haben sich gegenseitig verpflichtet, die Ehe einzugehen, jedoch kann keiner von ihnen auf Erfüllung dieser Verpflichtung klagen. Dazu ist eine solche Verpflichtung zu höchstpersönlich.

Die Verbindlichkeit des Verlöbnisvertrages zeigt sich aber in den Auswirkungen, wenn das Verlöbnis zerbricht.

Unterbleibt die Eheschließung, gleichgültig aus welchem Grunde, so kann jeder Verlobte von dem anderen dasjenige herausverlangen, was er ihm geschenkt oder zum Zeichen des Verlöbnisses gegeben hat. Sowohl Petra kann ihre Geschenke zurückverlangen als auch Paul, obwohl er Anlaß zu der Auflösung gegeben hat.

Hinsichtlich der gemeinsamen Geschenke von dritten Personen müssen sich die Entlobten nach sogenanntem Gemeinschaftsrecht auseinandersetzen. Können sie sich auf eine angemessene Verteilung nicht einigen, so muß eine Veräußerung dieser Sachen stattfinden, notfalls auf dem Wege einer Versteigerung, und der Erlös geteilt werden. Den geschenkten Schmuck kann Petra behalten, da er offenbar ihr zugedacht war. Der sogenannte »Kranzgeldparagraph« (§ 1300) ist allerdings abgeschafft worden.

Paul Jedermann ist Petra und ihren Eltern zum Schadensersatz verpflichtet.

Petra hat dadurch einen Schaden, daß sie eine ausbaufähige Stellung im Verlagswesen aufgegeben hat. Sie wird sich voraussichtlich zunächst mit einer geringer bezahlten Stellung begnügen müssen und kann die Differenz von Jedermann ersetzt verlangen.

Petras Eltern können den Schaden von Jedermann ersetzt verlangen, der ihnen durch die Aufwendungen für die Verlöbnisfeier, die Anzeigen in der Zeitung und die Anschaffung der Möbel entstanden ist, die jetzt nutzlos herumstehen. Diese Möbel müßten notfalls versteigert werden und Jedermann den Differenzbetrag bezahlen. Auch muß Jedermann Petras Vater die ständigen Zuwendungen an ihn ersetzen, die darin bestanden, daß Jedermann dauernd unentgeltlich verpflegt wurde.

Wir sind in dem vorliegenden Fall davon ausgegangen, daß Petra ein Recht zum Rücktritt hatte, weil Jedermann ein Verschulden traf. Es ist nun auch denkbar, daß ein Verlöbnis dadurch gelöst wird, daß ein Verlobter sich ohne Grund von dem Verlöbnis löst. In diesem Fall treffen ihn die Verpflichtungen zum Schadensersatz. Schließlich ist es noch denkbar, daß ein Verlobter vom Verlöbnis aus einem wichtigen Grund zurücktritt, ohne daß bei einem der Verlobten ein Verschulden vorzuliegen braucht. Man denke zum Beispiel daran, daß ein Verlobter unheilbar erkrankt und deshalb von dem Verlöbnis loszukommen sucht, obwohl der andere ihm seine Zukunft weiter opfern will. In diesem Falle entfallen sämtliche Schadensersatzansprüche. Bezüglich der Geschenke gilt das oben Gesagte.

Endigt ein Verlöbnis durch den Tod eines Verlobten, so ist anzunehmen, daß eine Rückforderung bezüglich der Verlobungsgeschenke ausgeschlossen ist.

Besondere Wirkungen

Der Verlöbnisvertrag hat auch noch folgende Wirkung: Verlobte können schon einen Ehevertrag schließen und dadurch das zukünftige Güterrecht in der Ehe regeln. Haben sich Verlobte in einem Testament bedacht, so wird dieses Testament bei Auflösung des Verlöbnisses automatisch unwirksam (§ 2077 Abs. 2 BGB).

Verlobte sind ferner Angehörige im Sinne des § 11 StGB, d.h., ein Verlobter ist entschuldigt, der eine rechtswidrige Handlung begeht, um Leib oder Leben seines Verlobten zu retten. Der Verlobte hat ein Zeugnisverweigerungsrecht im Zivil- und Strafprozeß. Hierüber wird er vor der Vernehmung von dem amtierenden Richter belehrt. Entschließt er sich allerdings dann auszusagen, so muß er die volle Wahrheit sagen, ohne einzelne unangenehme Punkte in der Aussage verweigern zu dürfen. Es sei noch bemerkt, daß die Strafvereitelung, die Verlobte nach einer Straftat begehen, straflos ist (§ 258 Abs. 6 StGB). Eine Verlobte also, die eine Bestrafung ihres Verlobten vereiteln würde, nachdem er eine strafbare Handlung begangen hat, kann wegen dieser Unterstützung nicht bestraft werden.

Wir wollen heiraten

Paul Jedermann ist trotz des Mißgeschicks der ersten Verlobung des Alleinseins überdrüssig. Er will gar nicht erst das Risiko einer langen neuen Verlobungszeit eingehen. Als er die unverheiratete Kollegin Karin Tüchtig näher kennengelernt hat, verlobt er sich mit ihr, und sie beschließen, sofort die erforderlichen Schritte zur Eingehung der Ehe zu ergreifen.

166

Die Eheschließung findet vor dem Standesamt statt. Standesbeamter ist in der Regel der Bürgermeister. Gemeinden, die einen Stadtkreis bilden, müssen besondere Standesbeamte bestellen. Örtlich zuständig für die Trauung ist der Standesbeamte, in dessen Bezirk einer der Verlobten seinen Wohnsitz oder seinen gewöhnlichen Aufenthalt hat. Aus triftigen Gründen kann man sich auch eine schriftliche Ermächtigung des zuständigen Standesbeamten geben lassen und sich bei einem anderen Standesbeamten trauen lassen; zum Beispiel die Eltern der Braut, die woanders wohnen, wollen die Hochzeit ausrichten.

Ehehindernisse

Eine Ehe darf nicht geschlossen werden zwischen Blutsverwandten gerader Linie (zum Beispiel Großvater und Enkelin) oder zwischen voll- oder halbbürtigen Geschwistern. Dies gilt auch, wenn die Blutsverwandtschaft auf nichtehelicher Geburt beruht (§ 1307 BGB).

Die Bigamie ist in Deutschland verboten, das heißt, niemand darf eine Ehe eingehen, solange er noch in einer anderen Ehe lebt. Es ist dabei gleichgültig, ob ein tatsächliches Zusammenleben zwischen Eheleuten vorliegt. Entscheidend ist lediglich, daß die in Betracht kommende Ehe noch nicht geschieden, für nichtig erklärt oder durch den Tod eines der Gatten aufgelöst ist.

Ausländer bedürfen eines Ehefähigkeitszeugnisses, um sicherzustellen, daß deren Heimatrecht der Ehe nicht entgegensteht (§ 1309 BGB).

Das Ehehindernis des Ehebruchs besteht nicht.

Da das Zerrüttungsprinzip das Schuldprinzip abgelöst hat, ist der Ehebruch nicht mehr ein besonderer Scheidungsgrund und demzufolge hat er auch nicht mehr die Auswirkung, daß er ein Hindernis für die beabsichtigte Eheschließung zwischen den »Ehebrechern« ist.

Es soll ferner nicht ein adoptiertes Kind den Adoptivvater oder die Adoptivmutter heiraten. Auch die Abkömmlinge des adoptierten Kindes sollen nicht von Adoptiveltern geheiratet werden. Jedoch entfällt dieses Ehehindernis, sobald das Adoptivverhältnis rückgängig gemacht worden ist. Entdeckt also ein Mann, der ein kleines Mädchen adoptiert hatte, nach den Jahren väterlicher Liebe und Fürsorge, daß er dem herangewachsenen jungen Mädchen ein treusorgender Ehemann sein möchte, so muß die Adoption rückgängig gemacht werden. Hier kann jedoch das Familiengericht in bestimmten Fällen eine Befreiung erteilen.

Die Eheschließung

Die Eheschließung geht dadurch vor sich, daß die Verlobten vor dem Standesbeamten erklären, die Ehe miteinander eingehen zu wollen. Die Eheschließung ist also wiederum ein Vertrag, und zwar ein Vertrag des Familienrechts. Es ist zu berücksichtigen, daß Karin Tüchtig noch minderjährig ist. Da sie als Minderjährige der Einwilligung ihres gesetzlichen Vertreters, also der Eltern, bedarf, besteht hier die Gefahr, daß diese aus Unvernunft und Zorn diese Einwilligung versagen. Hier kann die Minderjährige, die ihre Zukunft vernünftig geregelt wissen will, bei dem Vormundschaftsgericht (Amtsgericht) den Antrag stellen, daß dieses die erforderliche Einwilligung des gesetzlichen Vertreters ersetzt.

Der Antrag kann von ihr schriftlich eingereicht werden, sie kann aber auch zur Rechtsantragsstelle des Amtsgerichts gehen und dort den Antrag zu Protokoll geben.

Die Bedeutung und die weitgehenden Wirkungen der Eheschließung machen es notwendig, daß der Austausch der Erklärungen der Verlobten, daß sie die Ehe eingehen wollen, unter Beachtung bestimmter Förmlichkeiten vor sich zu gehen hat.

167

 Die Erklärungen müssen vor dem Standesbeamten ausgetauscht werden.

In vielen Ländern ist die kirchliche Trauung für die Gültigkeit der Ehe ohne Bedeutung. Deswegen bestimmt auch das Personenstandsgesetz, daß eine kirchliche Trauung, falls die Verlobten eine solche durchführen wollen, erst nach der standesamtlichen Trauung, der sogenannten Zivilehe, vor sich gehen darf.

Zu diesem Zweck wird nach vollzogener Eheschließung vor dem Standesbeamten von diesem eine kleine Urkunde über die vollzogene bürgerliche Trauung ausgestellt, die nur der Vorlage vor dem Pfarrer dient, damit dieser die kirchliche Trauung vornehmen kann. Nur in besonderen Ausnahmefällen, zum Beispiel lebensgefährlicher Erkrankung eines Verlobten, darf die kirchliche Trauung ohne eine vorausgegangene Ziviltrauung vor sich gehen. Für die Behörden werden dadurch aber die Verlobten nicht automatisch Eheleute. Sie werden zum Beispiel auch nicht gegenseitige Erben.

Die kirchliche Eheschließung hat daher lediglich Bedeutung für die Verlobten im Verhältnis zu ihrer Religionsgemeinschaft. Das Bürgerliche Gesetzbuch hat im § 1588 auf diese kirchlichen Verpflichtungen hingewiesen. Da diese Bestimmung auf Veranlassung Kaiser Wilhelms II. aus Konzilianz gegenüber den Kirchenbehörden geschaffen wurde, nennt man sie den Kaiserparagraphen.

Bei den meisten Verträgen des Lebens kann man sich durch einen Bevollmächtigten vertreten lassen. Bei der Eheschließung ist dies nicht möglich. Die Eheschließung muß persönlich erfolgen. Beide Verlobten müssen auch zu gleicher Zeit zum Austausch ihrer Erklärungen anwesend sein. Die Ehe kommt zwischen den beiden Personen zustande, die vor dem Standesbeamten die Erklärungen wechseln.

Denken wir uns folgenden Fall: Otto Müller ist mit Margarete Meyer verlobt. Margarete hat eine Zwillingsschwester Lotte, die ihr so ähnlich sieht, daß sogar Otto sie schon einmal geküßt hat, in der Meinung, sie wäre seine Verlobte. Am Tage der Trauung sagt Margarete zu ihrer Schwester Lotte, sie solle schnell einmal für sie zum Standesbeamten hingehen und dort als Margarete auftreten. Lotte tut dies, und alle glauben, daß Margarete erschienen sei.

Otto ist jetzt nicht etwa mit seiner Verlobten Margarete verheiratet, sondern mit Lotte. Denn mit ihr hat er die entsprechenden Erklärungen gewechselt. Beide Ehegatten können allerdings die Aufhebung der Ehe beantragen, da sie sich über die Wirkung ihrer Erklärungen geirrt hatten.

Zur Gültigkeit der Eheschließung ist weiter erforderlich, daß der Standesbeamte bereit ist, sich den Austausch der Erklärungen anzuhören. Das Gesetz sieht vor, daß der Standesbeamte an die erschienenen Verlobten nacheinander die Frage richtet, ob sie miteinander die Ehe eingehen wollen.

Diese feierliche Form der Fragestellung ist für die Gültigkeit der Eheschließung an und für sich überflüssig und dient eigentlich nur der Würde der Trauung. Erklären also zwei Verlobte, bevor der Standesbeamte überhaupt dazu kommt, sie zu befragen, daß sie die Ehe miteinander eingehen wollen, so sind sie verheiratet, wenn es sich um einen Standesbeamten handelt, der überhaupt bereit ist, die Erklärungen entgegenzunehmen.

Bevor der Standesbeamte die vor ihm erschienenen Verlobten befragt, ob sie die Ehe miteinander eingehen wollen, stellt er noch eine andere Frage. Er befragt nämlich die Verlobten, ob sie eine Erklärung darüber abgeben wollen, welchen Ehenamen sie führen werden.

§ 1355

(1) ¹Die Ehegatten sollen einen gemeinsamen Familiennamen (Ehenamen) bestimmen. ²Die Ehegatten führen den von ihnen bestimmten Ehenamen. ³Bestimmen die Ehegatten keinen Ehenamen, so führen sie ihren zur Zeit der Eheschließung geführten Namen auch nach der Eheschließung.

(2) Zum Ehenamen können die Ehegatten durch Erklärung gegenüber dem Standesbeamten den Geburtsnamen des Mannes oder den Geburtsnamen der Frau bestimmen.

(3) ¹Die Erklärung über die Bestimmung des Ehenamens soll bei der Eheschließung erfolgen. 2Wird die Erklärung später abgegeben, so muß sie in diesem Fall öffentlich beglaubigt werden.

(4) ¹Ein Ehegatte, dessen Geburtsname nicht Ehename wird, kann durch Erklärung gegenüber dem Standesbeamten dem Ehenamen seinen Geburtsnamen oder den zur Zeit der Erklärung über die Bestimmung des Ehenamens geführten Namen voranstellen oder anfügen. ²Dies gilt nicht, wenn der Ehename aus mehreren Namen besteht. ³Besteht der Name eines Ehegatten aus mehreren Namen, so kann nur einer dieser Namen hinzugefügt werden. ⁴Die Erklärung kann gegenüber dem Standesbeamten widerrufen werden; in diesem Fall ist eine erneute Erklärung nach Satz 1 nicht zulässig. ⁵Die Erklärung und der Widerruf müssen öffentlich beglaubigt werden.

(5) ¹Der verwitwete oder geschiedene Ehegatte behält den Ehenamen. ²Er kann durch Erklärung gegenüber dem Standesbeamten seinen Geburtsnamen oder den Namen wieder annehmen, den er bis zur Bestimmung des Ehenamens geführt hat, oder seinen Geburtsnamen dem Ehenamen voranstellen oder anfügen. ³Absatz 4 gilt entsprechend.

(6) Geburtsname ist der Name, der in die Geburtsurkunde eines Ehegatten zum Zeitpunkt der Erklärung gegenüber dem Standesbeamten einzutragen ist.

Paul und Karin haben sich auf die Frage des Standesbeamten natürlich vorbereitet und vor dem Gang zum Standesamt die Frage erörtert, unter welchem Namens ihre Ehe geführt werden soll. Jeder von ihnen hängt an seinem Familiennamen und findet ihn auch schön. »Warum soll eigentlich immer der Männername erhalten bleiben und der Frauenname untergehen?« fragt Karin ihren Paul.

»Was willst du, Karin?« entgegnet Paul. »Der Name, den du trägst, ist doch auch ein Männername, nämlich der Familienname deines Vaters. Bisher wurden doch meist die Familiennamen der Männer weitergereicht und die Familiennamen der Frauen gingen unter. Aber du hast ja nun die Möglichkeit, deinen Familiennamen unserem gemeinsamen Ehenamen voranzustellen, dann heiße ich eben in Zukunft weiter Paul Jedermann und du heißt Karin Tüchtig-Jedermann.

Paul und Karin haben beschlossen, in Zukunft nur den Namen »Jedermann« zu führen, und sie erklären dies gegenüber dem Standesbeamten. Das hat dann die automatische Folge, daß der Familienname des jungen Ehemannes nunmehr der gemeinsame Familienname wird.

Auswirkungen der Hochzeit

Der gemeinsame Wohnsitz

Die erste Folge der Eheschließung ist meist die, daß die Ehegatten eine gemeinsame Ehewohnung beziehen. Über die Frage, an welchem Ort und in welchem Haus die Ehewohnung genommen wird, entscheiden beide Ehegatten gemeinsam.

Solche wichtigen Angelegenheiten einer Ehe können nur in Übereinstimmung beider Partner geregelt werden. Keiner von ihnen hat hier ein Vorrecht. Der Gleichberechtigungsgrundsatz gibt zwar jedem der Ehegatten das Recht zur eigenen Entscheidung in dieser Angelegenheit. Karin kann also, wenn sie will, die eheliche Wohnung verlassen, nach Frankfurt ziehen und dort ihren Wohnsitz begründen. Paul kann sie nicht daran hindern. Doch das wird ihrer Ehe kaum förderlich sein. Als Karin sich mit ihm verlobte und ihn schließlich heiratete, wußte sie, daß er ein Textilkaufmann war, dessen Marburger Geschäft die Existenzgrundlage für die Familiengründung sein sollte. Karins

Verlangen, plötzlich nach Frankfurt zu ziehen, würde diese Wirtschaftsgrundlage zerstören. Ihre aus Trotz über Pauls vernünftige Weigerung veranlaßte Wohnsitzbegründung wäre zwar rechtlich einwandfrei, könnte aber zur Zerrüttung der Ehe führen. Sollte Karin allen Bitten zur Rückkehr gegenüber beharrlich unzugänglich sein, so wird Paul möglicherweise wegen dieses böswilligen Verlassens die Ehescheidung verlangen. Andererseits muß ein Ehegatte aber auch beruflich bedingte Trennungen in Kauf nehmen. Seeleute sind monatelang in der Ferne, Forscher vielleicht jahrelang in der Wildnis, Künstler auf Tournee oder im Ausland engagiert. In heutiger Zeit ist es üblich, daß erfolgreiche Manager beiderlei Geschlechts oft monatelang im Ausland tätig sind, nicht zuletzt, weil der Erwerb von Fremdsprachenkenntnissen immer bedeutsamer wird.

Eheliche Lebensgemeinschaft

Die Ehegatten sind einander zur ehelichen Lebensgemeinschaft verpflichtet. Mit diesem Grundsatz wollte der Gesetzgeber in einer Generalklausel das zusammenfassen, was sich einer Fixierung in einzelnen Aufzählungen widersetzt. Wer wollte es unternehmen, die kleinen alltäglichen Zwiste, das Nörgeln und das Schimpfen, die seelischen Nadelstiche und die Rücksichtslosigkeiten sowie die großen und die kleinen Gemeinheiten beschreibend aufzuzählen. Man würde eine Skala von bösen Worten aufstellen müssen und sie nach ihrem Gewicht abzustufen haben. Eine solche »Kasuistik« (so nennt der Jurist eine Aufzählung vieler einzelner Fälle) ist unmöglich.

Deshalb lautet die grundsätzliche Bestimmung des Gesetzes über Sinn und Inhalt der Ehe gemäß § 1353 BGB wie folgt:

> § 1353
>
> (1) Die Ehe wird auf Lebenszeit geschlossen. Die Ehegatten sind einander zur ehelichen Lebensgemeinschaft verpflichtet, sie tragen füreinander Verantwortung.
>
> (2) Ein Ehegatte ist nicht verpflichtet, dem Verlangen des anderen Ehegatten nach Herstellung der Gemeinschaft Folge zu leisten, wenn sich das Verlangen als Mißbrauch seines Rechtes darstellt oder wenn die Ehe gescheitert ist.

Mißbräuchlich wäre nach dem Inhalt der vorstehenden Gesetzesbestimmung zum Beispiel das Verlangen nach einem ehelichen Zusammenleben an einem bestimmten Ort in folgendem Fall: Ein Ehemann, der als Arbeitsloser in einem kleinen Dorf Unterkommen gefunden hat, kann nicht verlangen, daß seine Ehefrau, die inzwischen in der Nachbarschaft eine gutbezahlte Stellung gefunden hat, diese kurzerhand aufgibt, um ihm seine viele Freizeit gestalten zu helfen. Umgekehrt muß eine Ehefrau, wenn ihr Ehemann den Auftrag hat, ein großes Werk zu vollbringen, das das gesamte Leben der Partner auf eine neue Basis stellen kann, eine Zeitlang in Kauf nehmen, daß sich der Ehemann ihr nur noch wenig widmen kann, daß eine Sommerreise gestrichen wird und häusliche Geselligkeiten auf ein Mindestmaß reduziert werden.

Bei der Vielgestaltigkeit der Ereignisse im ehelichen Zusammenleben ist es sehr schwer, die Grenzen abzustecken, wann das Verhalten eines Ehegatten noch im Rahmen der ehelichen Pflichten liegt und wann diese verletzt sind. Meistens ist es auch nicht der einzelne Fall, der ins Gewicht fällt, sondern die Häufung vieler Einzelfälle. Ist aufgrund einer solchen Entwicklung ein Ausgleich nicht mehr möglich, dann ist die Ehe zerrüttet und damit der Zustand erreicht, der die Grundlage für das Ehescheidungsverfahren ist.

Auch dem Gesetzgeber ist insoweit nichts Besseres eingefallen, als die Ehegatten darauf hinzuweisen, daß sie einverständlich ihre Alltagsprobleme lösen sollen. Er hat dies in der Neufassung des § 1356 BGB wie folgt ausgedrückt:

§ 1356

(1) Die Ehegatten regeln die Haushaltsführung im gegenseitigen Einvernehmen. Ist die Haushaltsführung einem der Ehegatten überlassen, so leitet dieser den Haushalt in eigener Verantwortung.

(2) Beide Ehegatten sind berechtigt, erwerbstätig zu sein. Bei der Wahl und Ausübung einer Erwerbstätigkeit haben sie auf die Belange des anderen Ehegatten und der Familie die gebotene Rücksicht zu nehmen.

Aus dieser Bestimmung läßt sich natürlich vieles herauslesen. Der Einzelfall und seine gesamten Umstände müssen schließlich vom Gericht ausgewertet werden, wenn im Scheidungsverfahren die angebliche Zerrüttung der Ehe auf § 1356 BGB gestützt wird. Machen wir uns dies an einem einfachen Beispiel klar.

Wenn zum Beispiel ein Verlobter Offizier bei der Marine ist, dann kann die Verlobte nicht nach einigen Ehejahren kommen und von ihrem Ehemann verlangen, daß er diesen Beruf aufgibt und sich einen neuen Beruf wählt, der ihm mehr Zeit für das Zusammenleben mit seiner Familie beläßt. Umgekehrt würde Jedermann gegen seine Pflichten zur Erfüllung der ehelichen Lebensgemeinschaft gröblichst verstoßen, wenn er nach einigen Ehejahren in sich den Drang zum Asienforscher entdeckt und Karin mit der Erklärung überrascht, daß er seinen Beruf wechsele und für einige Monate nach Indien gehen wolle.

Die Kosten der ehelichen Lebensgemeinschaft

Das Bild der Ehe hat sich gewandelt. Man muß sich einmal plastisch vorstellen, wie in der Generation unserer Großmütter die Ehefrau als Hausfrau Schränke, Keller und Bodentür unter Verschluß hielt und damit das Hauswesen verwaltete. Sie bestimmte den Waschtag und den Frühjahrsputz, das Neubeziehen der Betten, die Einstellung und Entlassung des Personals; sie regelte die Einmachzeit und bereitete die häuslichen Feste vor. Das um die Jahrhundertwende geschaffene BGB geht noch davon aus, daß die Ehefrau den Haushalt leitet, also ihm vorsteht. Die einzelnen Arbeiten im Hauswesen sollten Sache des Personals sein.

Dieses Leitbild der Ehe- und Hausfrau gibt es nicht mehr. Mit dieser Entwicklung verschwand auch die sogenannte »Schlüsselgewalt« der Ehefrau, welche im Rahmen der Haushaltsführung kraft Gesetzes durch Rechtsgeschäfte den Ehemann verpflichten konnte, zum Beispiel bei Einkäufen auf dem Markt, beim Metzger und im Delikatessengeschäft.

Nunmehr geht der Gesetzgeber davon aus, daß das Alltagsleben der Eheleute es mit sich bringt, daß beide Eheleute Geschäfte zur Deckung des Lebensbedarfs der Familie eingehen, welche dann beide Eheleute verpflichten. Dies ist wie folgt in § 1357 festgelegt:

§ 1357

(1) Jeder Ehegatte ist berechtigt, Geschäfte zur angemessenen Deckung des Lebensbedarfs der Familie mit Wirkung auch für den anderen Ehegatten zu besorgen. Durch solche Geschäfte werden beide Ehegatten berechtigt und verpflichtet, es sei denn, daß sich aus den Umständen etwas anderes ergibt.

(2) Ein Ehegatte kann die Berechtigung des anderen Ehegatten, Geschäfte mit Wirkung für ihn zu besorgen, beschränken oder ausschließen; besteht für die Beschränkung oder Ausschließung kein ausreichender Grund, so hat das Vormundschaftsgericht sie auf Antrag aufzuheben. Dritten gegenüber wirkt die Beschränkung oder Ausschließung nur nach Maßgabe des § 1412.

(3) Absatz 1 gilt nicht, wenn die Ehegatten getrennt leben.

Aufgrund dieser Regelung braucht ein Kaufmann, bei dem von einem der Ehegatten auf Kredit Einkäufe getätigt wurden, sich nicht mehr den Kopf zu zerbrechen, er kann aus solchen Geschäften beide Eheleute in Anspruch nehmen und gegebenenfalls beide als Gesamtschuldner verklagen.

171

Natürlich bringt diese gesetzliche Regelung Gefahren mit sich. Ist einer der Eheleute verschwenderisch und tätigt viele unbesonnene Kreditkäufe, so kann der andere Ehegatte, der hiervon nichts wußte, plötzlich vor der Tatsache stehen, daß er erheblich verschuldet ist. Muß er befürchten, daß trotz seiner Vorstellungen der andere Ehegatte auch in Zukunft von seinen unbesonnenen Einkäufen nicht ablassen wird, dann kann er dem anderen Teil gegenüber erklären, daß dieser nicht mehr derartige Geschäfte mit Wirkung für den anderen Ehepartner vornehmen könne.

Viel wird eine solche Erklärung nicht nützen, denn wo die Vorhaltungen, sich zu mäßigen, nichts nützen, da wird auch die Beschränkungserklärung keinen Erfolg haben. Sicherlich wird der unvernünftige Ehegatte nun nicht auf einmal den Geschäftsleuten erklären, daß er seine Kreditkäufe nur mit Wirkung für sich tätige, weil ihm die Verpflichtung des Ehegatten untersagt worden sei.

Das Gesetz sieht dann eine Möglichkeit vor, diese Entziehungsmaßregel Dritten gegenüber wirksam zu machen. Da man nicht gut ein Rundschreiben an sämtliche in Betracht kommenden Geschäftsleute verfassen kann, kann man durch Antrag beim Güterrechtsregister des Amtsgerichts einen Sperrvermerk eintragen lassen, der dann gegenüber jedem Dritten wirkt. Ein solcher Antrag wird etwa folgenden Wortlaut haben:

Waldemar Josten   Theresienstraße 16
80333 München 40

An das
Amtsgericht
Güterrechtsregister
80333 München   München, den ...

Ich habe meiner Ehefrau Walpurga Josten, geb. Liesen, gem. § 1357 Abs. 2 BGB die Berechtigung entzogen, mit Wirkung für mich Geschäfte zu tätigen.

Ich bitte, dies im Güterrechtsregister einzutragen.

 Die Unterschrift ist von einem Notar beglaubigen zu lassen.

Die im Güterrechtsregister erfolgte Eintragung der vorstehenden Ausschließung bzw. Beschränkung wird im Bundesanzeiger und in einer örtlichen Tageszeitung veröffentlicht.

Allzuviel Bedeutung dürfte jedoch diese komplizierte Regelung nicht haben. Wenn es so weit in einer Ehe kommt, daß derartige Schritte ergriffen werden müssen, dann ist wohl diese Ehe schon so weit zerrüttet, daß sie ihrer Auflösung zustrebt. Findet dann infolge einer solchen Entwicklung eine räumliche Trennung der Eheleute statt, zum Beispiel weil der verärgerte andere Ehegatte in Vorbereitung der Scheidung aus der ehelichen Wohnung auszieht, dann endet sowieso das Recht des verlassenen Ehegatten, Rechtsgeschäfte mit Wirkung für den anderen Ehegatten vorzunehmen. Seine Einkaufsverpflichtungen treffen ihn jetzt allein.

Die berufstätige Ehefrau

Paul Jedermann und seine Ehefrau Karin haben in ihren ersten Ehejahren, als das Textilgeschäft noch im Aufbau begriffen war, gemeinsam im Geschäft gearbeitet. Dazu war Karin gerne bereit. Als jedoch das Geschäft einen immer größeren Aufschwung nahm, ergab es sich von allein, daß bezahlte Kräfte Karins Platz einnahmen.

Nach einiger Zeit fühlt sich Karin aber nicht mehr durch die Haushaltsarbeit ausgefüllt, die sie mehr und mehr der Aufwartefrau Louise Besen überläßt. Als sie die Bekanntschaft der Inhaberin eines bekannten Malergeschäfts macht, findet sie an diesem Betrieb mehr und mehr Gefallen.

Eines Tages sagt sie zu der Inhaberin: »Liebe Frau Zimmermann, könnten Sie mich nicht in Ihrem Betrieb beschäftigen, ich könnte doch sehr gut Kunden werben und sie auch bei der Leitung Ihres Betriebes ein wenig vertreten.«

Frau Zimmermann, die sowieso gerne ein paar Wochen in Italien verbracht hätte, greift den Vorschlag erfreut auf, und man einigt sich auf eine Halbtagsarbeit, natürlich gegen entsprechende Bezahlung.

Als Paul hiervon hört, ist er nicht begeistert. »Das gefällt mir überhaupt nicht«, meint er ablehnend. »Einmal paßt es mir nicht, daß meine Frau woanders arbeitet und bei anderen Leuten Geld verdient, außerdem wirst du dann immer müde sein, wenn ich aus dem Geschäft nach Hause komme.«

Als Karin noch Einwendungen macht, wirft er die Serviette auf den Tisch und sagt mit Nachdruck: »Mir paßt es einfach nicht, und damit basta. Du gehörst ins Haus und sorgst für die Familie.«

Aber mit solchen Sprüchen ist es für Ehemänner ein für allemal vorbei.

Gemäß § 1356 Abs. 2 BGB haben beide Ehegatten das Recht, einer Erwerbstätigkeit nachzugehen. Die früheren Einschränkungen des Rechts der Ehefrau sind damit hinfällig geworden.

Eine Halbtagsbeschäftigung, wie sie von Karin vorgesehen ist, ist mit ihrer bisher kinderlosen Ehe durchaus in Einklang zu bringen. Es handelt sich um eine Tätigkeit, die ihr genügend Zeit für ihre ehelichen Pflichten läßt. Sie ist nicht verpflichtet, ihrem Gatten zuliebe auf die Berufstätigkeit zu verzichten.

Im übrigen haben sich heutzutage die Zeiten eben geändert, und die Berufstätigkeit beider Ehegatten ist ein selbstverständliches Recht geworden, das beide Ehegatten auch in Anspruch nehmen und nicht gewillt sind, in Zweifel zu ziehen. Auch wenn Kinder da sind, suchen die meisten Frauen langfristig nach einer Vereinbarkeit von Beruf und Familie.

Schadensersatzansprüche unter Ehegatten

Das Zusammenleben der Ehegatten bringt auch die Gefahr mit sich, daß sie sich einander Schaden zufügen. Der betrunken nach Hause kommende Ehemann wirft die von der Ehefrau eingebrachte kostbare Vase in tausend Scherben. Die Ehefrau vernichtet beim Saubermachen auf dem Schreibtisch ihres philatelistischen Ehemannes eine seltene Briefmarke. Die Ehegatten sind zwar nicht von Schadensersatzansprüchen gegeneinander frei, aber der Gesetzgeber bestimmt in § 1359 BGB, daß die Ehegatten im Verhältnis zueinander nur für diejenige Sorgfalt einzustehen haben, welche sie in eigenen Angelegenheiten anzuwenden pflegen.

Wenn der Ehemann, wenn er angetrunken ist, auch mit seinen eigenen Sachen nicht sorgfältig und schonend umgeht, kann die Ehefrau bezüglich ihres Eigentums nichts anderes erwarten. Allerdings hat diese Sorgfaltseinschränkung eine Grenze. Für grobe Fahrlässigkeit und vorsätzliche Schadenszufügung haften die Eheleute gegenseitig immer. Wenn die Ehefrau zum Beispiel aus Verbitterung über die Sammlerleidenschaft ihres Mannes Briefmarken vernichtet, so muß sie ihm dieses Stück aus ihrem Vermögen ersetzen.

Unterhaltspflicht

Die wichtigste Auswirkung der Ehe im allgemeinen ist die Unterhaltspflicht. Es ist hier gleich voranzustellen, daß der Unterhalt bei dem engen Zusammenleben der Gatten in vielerlei Gestalt gewährt wird und sich mit dem ehelichen Einsatz überschneidet.

Kehren wir zu Paul Jedermann zurück. Er ist Alleinverdiener und hat seine Frau in die von ihm gemietete Wohnung aufgenommen. Er zahlt die Miete, Strom-, Gas- und Wassergeld und die Heizung. Auch die Hausangestellte wird von ihm bezahlt.

Die Vorteile dieser Regelung kommen ja nicht nur ihm zugute, sondern auch seiner Ehefrau. Damit wird bereits ein großer Teil des ehelichen Unterhalts in natura geleistet. Auch die gemeinsame Sommerreise an die Nordsee ist wiederum gleichzeitig Unterhaltsgewährung. Paul Jedermann bezahlt schließlich auch die von Karin getätigten Einkäufe. Das Haushaltsgeld muß so berechnet sein, daß darin eine angemessene Spitze – je nach der Einkommenslage des Ehemannes – für persönliche Bedürfnisse der Ehefrau vorhanden ist. Dies gilt umgekehrt genauso, wenn die Ehefrau Alleinverdienerin sein sollte. Wenn beide gemeinsam verdienen, muß ein dementsprechender Ausgleich durch den Besserverdiener erfolgen.

Bei den bisherigen Erörterungen sind wir davon ausgegangen, daß der Mann allein einen Beruf ausübt, was mittlerweile immer seltener der Fall ist. Falsch wäre es jedoch, wenn wir sagen würden, daß er alleine arbeitet. Das tut Karin auch, wenn sie sich um den Haushalt ordnungsgemäß kümmert. Beide Ehegatten unterhalten sich demnach auch in einer solchen Ehe gegenseitig. Der Gesetzgeber drückt dies in den §§ 1360 bis 1360 b BGB folgendermaßen aus:

§ 1360
Die Ehegatten sind einander verpflichtet, durch ihre Arbeit und mit ihrem Vermögen die Familie angemessen zu unterhalten. Ist einem Ehegatten die Haushaltsführung überlassen, so erfüllt er seine Verpflichtung, durch Arbeit zum Unterhalt der Familie beizutragen, in der Regel durch die Führung des Haushalts.

§ 1360 a
(1) Der angemessene Unterhalt der Familie umfaßt alles, was nach den Verhältnissen der Ehegatten erforderlich ist, um die Kosten des Haushalts zu bestreiten und die persönlichen Bedürfnisse der Ehegatten und den Lebensbedarf der gemeinsamen unterhaltsberechtigten Kinder zu befriedigen. (2) Der Unterhalt ist in der Weise zu leisten, die durch die eheliche Lebensgemeinschaft geboten ist. Die Ehegatten sind einander verpflichtet, die zum gemeinsamen Unterhalt der Familie erforderlichen Mittel für einen angemessenen Zeitraum im voraus zur Verfügung zu stellen. (3) Die für die Unterhaltspflicht der Verwandten geltenden Vorschriften der §§ 1613 bis 1615 sind entsprechend anzuwenden. (4) Ist ein Ehegatte nicht in der Lage, die Kosten eines Rechtsstreits zu tragen, der eine persönliche Angelegenheit betrifft, so ist der andere Ehegatte verpflichtet, ihm diese Kosten vorzuschießen, soweit dies der Billigkeit entspricht. Das gleiche gilt für die Kosten der Verteidigung in einem Strafverfahren, das gegen einen Ehegatten gerichtet ist.

§ 1360 b
Leistet ein Ehegatte zum Unterhalt der Familie einen höheren Beitrag, als ihm obliegt, so ist im Zweifel anzunehmen, daß er nicht beabsichtigt, von dem anderen Ehegatten Ersatz zu verlangen.

Unterhalt bei Getrenntleben

Das Wesen der Ehe setzt voraus, daß die Eheleute zusammenleben. Dies bedeutet ja nicht, daß sie jede Minute ihres Ehelebens gemeinsam verbringen, sondern daß im Rahmen der Möglichkeiten, die den Eheleuten zur Verfügung stehen, gemeinsame Stunden verbracht werden. Dies schließt nicht aus, daß abgesehen von der Trennung durch das Berufsleben, durch Krankheiten, den Militärdienst usw. auch Zeiten längerer Nichtgemeinsamkeit vorgegeben sind. Auch schließt es nicht aus, daß bei verschiedener Interessenlage der Ehemann in seiner Freizeit den Sportplatz aufsucht und die Ehefrau den Bridgeclub. Solange aber trotz allem die Ehe noch der gemeinsame Mittelpunkt für die Eheleute ist, sie insbesondere einen gemeinsamen Haushalt führen, verbleibt es auch bei dem Leben aus der gemeinsamen Kasse.

Kommt es zur Trennung, so ist dies gewöhnlich der erste Schritt zur Ehescheidung. Sei es, daß diese alsbald in Gang gesetzt wird, sei es, daß einer der Ehegatten mit diesem Schritt den Trennungszeitraum beginnen lassen will, welcher die Grundlage ist, um eine Scheidung auch gegen den anderen durchsetzen zu können. Ist diese Trennung vollzogen, so gibt es auch keine gemeinsame Ehekasse mehr und jeder sorgt nun für sich. Dieses »für sich selbst sorgen« setzt allerdings voraus, daß jeder der Ehegatten auch hierzu in der Lage ist. Ist dies nicht der Fall, so muß der Ehegatte, der die größere Eigenkasse hat, dem anderen Ehegatten Unterhalt leisten. Dies ist in § 1361 BGB wie folgt geregelt:

§ 1361

(1) Leben die Ehegatten getrennt, so kann ein Ehegatte von dem anderen den nach den Lebensverhältnissen und den Erwerbs- und Vermögensverhältnissen der Ehegatten angemessenen Unterhalt verlangen. Für Aufwendungen infolge eines Körper- oder Gesundheitsschadens gilt § 1610a. Ist zwischen den getrennt lebenden Ehegatten ein Scheidungsverfahren rechtshängig, so gehören zum Unterhalt vom Eintritt der Rechtsanhängigkeit an auch die Kosten einer angemessenen Versicherung für den Fall des Alters sowie der verminderten Erwerbsfähigkeit.

(2) Der nichterwerbstätige Ehegatte kann nur dann darauf verwiesen werden, seinen Unterhalt durch eine Erwerbstätigkeit selbst zu verdienen, wenn dies von ihm nach seinen persönlichen Verhältnissen, insbesondere wegen einer früheren Erwerbstätigkeit unter Berücksichtigung der Dauer der Ehe, und nach den wirtschaftlichen Verhältnissen beider Ehegatten erwartet werden kann.

(3) Die Vorschrift des § 1579 Nr. 2–7 über die Herabsetzung des Unterhaltsanspruchs aus Billigkeitsgründen ist entsprechend anzuwenden.

(4) Der laufende Unterhalt ist durch Zahlung einer Geldrente zu gewähren. Die Rente ist monatlich im voraus zu zahlen. Der Verpflichtete schuldet den vollen Monatsbetrag auch dann, wenn der Berechtigte im Laufe des Monats stirbt. § 1360a Abs. 3, 4 und die §§ 1360b, 1605 sind entsprechend anzuwenden.

Es liegt auf der Hand, daß ein der Ehe überdrüssiger Ehemann nach Möglichkeit zu erreichen versucht, daß die verlassene Ehefrau sich durch Ausübung einer Erwerbstätigkeit selbst unterhält, auch wenn sie kein ausreichendes Vermögen hierfür hat. Die Hauptsache, daß die eigene Tasche des Ehemannes geschlossen bleiben kann.

Als Jedermann nach einer zornigen Stunde erleben muß, daß Karin die Wohnung verlassen hat und zu ihrer Mutter geflüchtet ist, schreibt er an sie wie folgt:

Karin, Du wirst es sicher nicht mit Deiner Würde vereinbaren können, von mir, den Du jetzt so verachtest, noch Geld anzunehmen. Ich erinnere Dich ferner an Deinen seinerzeitigen unbezähmbaren Drang zu eigener Arbeit. Jetzt hast Du ja Zeit und Muße genug, um Deine Arbeitskraft richtig einzusetzen. Es wird Dir nicht schwerfallen, auch wirtschaftlich auf eigenen Füßen zu stehen. Im Zeitalter der Gleichberechtigung lehne ich daher jede Unterhaltszahlung ab.
Früher Dein

Paul

PS: Solltest Du zurückkehren, sehen die Dinge natürlich wieder anders aus.

Daß dieser Brief nicht der Rechtslage entspricht, zeigt das Studium des vorstehenden abgedruckten § 1361 BGB.

In vielen Fällen wird die Möglichkeit einer Erwerbsaufnahme für die getrenntlebende Ehefrau schon daran scheitern, daß sie minderjährige Kinder zu betreuen hat, die ihre Einsatzkraft den ganzen Tag beanspruchen. Handelt es sich um eine ältere Ehefrau, die keine Kinder mehr zu betreuen hat, so wird sie häufig so lange aus dem Erwerbsleben heraus sein, falls sie überhaupt eine Berufstätigkeit ausgeübt haben sollte, daß es ihr unmöglich ist, eine angemessene Arbeit zu finden.

Es ist ihr nicht zuzumuten, irgendeine schwere und primitive Arbeit zu übernehmen, nur um die Geldtasche des gut verdienenden Ehemannes zu entlasten. Häufig werden auch altersbedingte Gesundheitsbeschränkungen oder Beschwerden vorliegen, welche durch ärztliche Bescheinigung nachweisbar sind und es unmöglich machen, eine Erwerbstätigkeit auszuüben. Weigert sich in einem solchen Fall der Ehegatte trotzdem, einen angemessenen Unterhalt in Gestalt einer Geldrente zu entrichten, so bleibt nichts anderes übrig, als diese Ansprüche einzuklagen.

Zuständig ist das Amtsgericht (Familiengericht) des Wohnortes ihres Ehemannes. An den Familiengerichten besteht Anwaltszwang (§ 78 ZPO). Bei der Heftigkeit der augenblicklichen Verfeindung wird es ohnehin zweckmäßig sein, einen Rechtsanwalt den Prozeß führen zu lassen, schon um zu vermeiden, daß irgendwelche Schärfe in den Schriftsätzen die Spannung unter den Eheleuten noch verhärtet.

Das Prozeßführen um die Durchsetzung der oben erwähnten Ansprüche kostet Geld. Was kann Karin tun, um diese Kosten aufzubringen? Der Ehemann ist verpflichtet, seiner Ehefrau für die Durchführung des Prozesses gegen ihn einen Kostenvorschuß zu gewähren (steuerlich abzugsfähig!). Karins Rechtsanwalt wird diesen gegebenenfalls im Wege der einstweiligen Verfügung einfordern. Die Rechtsgrundlage hierfür ist § 1360a Abs. 4 BGB.

Die ehelichen Güterstände

Weiterhin hat die Ehe zwischen Paul und Karin Jedermann, die nun wiederum zueinander gefunden haben, außerordentlich einschneidende Einwirkungen hinsichtlich des Vermögens beider Ehegatten. Es sind sich viele darüber einig, daß der Gesetzgeber in einer bis ins einzelne gehenden Regelung eine Vielzahl Bestimmungen geschaffen hat, die den praktischen Bedürfnissen doch nicht gerecht werden können. Denn entweder ist die Ehe gesund, dann bedarf es dieser vielen Einzelregelungen nicht, oder es kommt hierüber zum Streit, dann ist die Ehe in Gefahr. Auch sind die Regelungen dann oft durch die tatsächlichen Verhältnisse überholt. Natürlich ist im nachstehenden eine Kenntnis der wichtigsten Vorschriften über das eheliche Güterrecht unerläßlich.

Gesetzlicher Güterstand

Wenn die Ehegatten ihren Güterstand nicht durch besondere Verträge regeln, so tritt automatisch kraft Gesetzes der sogenannte Güterstand der Zugewinngemeinschaft ein. Weil dieser Güterstand mit Schließung einer Ehe begründet wird, ohne daß es einer besonderen Vereinbarung der Ehegatten bedarf, heißt er der »gesetzliche Güterstand«. Wollen die Eheleute eine hiervon abweichende Regelung in Kraft treten lassen, so müssen sie dies durch besondere Eheverträge in notarieller Form festlegen.

Als sich Paul Jedermann und seine Ehefrau eines Tages in ihrem Haus so recht gemütlich zusammensetzen, stellt Karin tiefsinnig fest: »Ich sitze auf deinem Sessel und du auf meinem Sofa. Es ist eigentlich merkwürdig, daß unsere Sachen hier völlig durcheinander stehen. Oder gehört nun vielleicht uns beiden alles zusammen? Wie ist es denn nun richtig?«

Bei dem gesetzlichen Güterstand der Zugewinngemeinschaft ändert sich an den Eigentums- und sonstigen Berechtigungsverhältnissen der Eheleute nichts. Jeder Ehegatte bleibt Eigentümer seiner beweglichen und unbeweglichen Sachen. Forderungen, die er an dritte Personen hat, stehen nach wie vor ihm allein zu. Das gleiche gilt für Rechte aus Gesellschaftsbeteiligungen, Erfindungen usw. Demnach hat Karin recht, wenn sie feststellt, daß der Sessel nach wie vor Paul gehört und das Sofa ihr selbst.

Eines Tages kommt ein Vetter Pauls, Kuno Mick, zu Besuch, als Karin gerade in der Stadt Besorgungen macht. Er klagt sehr, wie schwer es ihm falle, die neue Wohnung, die er bezogen habe, einzurichten. Es lange nicht hinten und vorn. Der gutmütige Paul greift in die Tasche, zieht 500,– Euro heraus und übergibt sie seinem Vetter mit folgenden Worten: »Hier, Kuno, kauf dir ein paar Möbel. Den Sessel, auf dem du sitzt, kannst du auch gleich mitnehmen, damit deine Bude nicht zu kahl ist.«

Mick verschwindet mit vielen Dankesworten rasch mit den beiden Geschenken, ohne die Rückkehr Karins abzuwarten. Als Karin den Sessel vermißt und Paul von dem Besuch Micks erzählt, gefällt ihr diese Großzügigkeit ihres Mannes gar nicht. »Ich bin bestimmt nicht kleinlich«, wirft sie ihm vor, »aber ausgerechnet diesen Mick, der überall herumschnorrt, derartig zu unterstützen! Damit bin ich wirklich nicht einverstanden. Wie sieht jetzt unser Zimmer aus? Was würdest du dazu sagen, wenn ich meiner Schwester morgen das Sofa und übermorgen wieder etwas anderes schenke? Wo soll das hinführen?« Nur einen Augenblick lang ist Paul verblüfft. Dann sagt er in seinem Ärger: »Mit meinem Eigentum kann ich immer noch machen, was ich will. Da kannst auch du mir nicht hineinreden.«

Diese Ansicht von Jedermann ist nicht richtig. Zwar kann grundsätzlich jeder sein Eigentum veräußern und belasten oder auch wegwerfen. Aber das Eigentum hat auch Schranken, und solche Schranken kennt auch unser Güterrecht für die Ehe. Ein Ehegatte kann über ihm gehörende Gegenstände des ehelichen Haushaltes nur verfügen und sich zu einer solchen Verfügung auch nur verpflichten, wenn der andere Ehegatte einwilligt (§ 1369 BGB). Diese Bestimmung würde auf Pauls Sessel Anwendung finden, den er ohne Einwilligung Karins fortgegeben hat.

Die Regelung ist sehr einleuchtend. Der Haushalt, den ja die Eheleute gemeinsam einrichten, wird in seiner Harmonie zerstört, wenn heute dieser Haushaltsgegenstand und morgen jener plötzlich verschwindet. Demzufolge hat Kuno Mick an dem Sessel Pauls kein Eigentum erworben, und so kann es ihm auch jederzeit passieren, daß er ihn auf Verlangen zurückgeben muß.

Anders steht es mit den 500,– Euro. Sie stellen keinen Haushaltsgegenstand dar. Paul ist deshalb in seiner Verfügung nicht beschränkt, soweit es sich um sein eigenes Geld handelt. Jedoch können derartige Verfügungen ehewidrige Handlungen darstellen. Ein Ehegatte, der allzu großzügig mit seinem Gelde wirtschaftet, ohne auf die Notwendigkeit und Interessen des gemeinsamen Haushalts Rücksicht zu nehmen, verletzt seine Verpflichtungen gegenüber dem anderen Ehegatten. Was auf diese Art und Weise aus dem Hause geht, wird dem anderen Ehegatten entzogen. In angemessenen Grenzen seine Verwandten zu unterstützen, ist sittliche Pflicht und entspricht dem Anstand.

Hiergegen dürfte Karin ohnehin nichts einzuwenden haben. Aber offenbar hat sie richtig erkannt, daß der Schnorrer Mick eine solche verwandtschaftliche Zuneigung gar nicht verdient.

Paul sieht dies alles ein, es ist ihm aber peinlich, von Mick den Sessel zurückzuverlangen. Karin, die den Sessel besonders liebt, ist daher entschlossen, von sich aus die erforderlichen Schritte zu ergreifen. Und sie kann dies auch tun, obwohl sie nicht Eigentümerin des Sessels ist, weil § 1368 BGB sie berechtigt, die Herausgabe des Sessels zu verlangen.

Während sich die Jedermanns schließlich wieder einig geworden sind, liegen die Dinge bei ihren Freunden Erna und Fritz Heftig anders. Heftigs sind finanziell nicht sehr gut gestellt, haben aber eine sehr schöne Wohnungseinrichtung, darunter auch zwei kostbare Leuchter, die Erna mit in die Ehe gebracht hat. Erna Heftig hat es dringend nötig, eine teure Zahnbehandlung vornehmen zu lassen, was bisher immer mangels genügenden Geldes aufgeschoben wurde. Nachdem der Zahnarzt nunmehr erklärt hat, daß unbedingt etwas geschehen müßte, entschließt sich Erna, die beiden Leuchter zu veräußern, um aus dem Erlös die Zahnbehandlung zu bestreiten. Hiermit ist Fritz aber gar nicht einverstanden. Er meint, mit der Zahnbehandlung könne sie noch warten. Die Weigerung, dem Verkauf zuzustimmen, erscheint unvernünftig. Hiergegen kann Erna gemäß § 1369 Abs. 2 BGB mit Erfolg vorgehen, indem sie bei dem Vormundschaftsgericht (Amtsgericht) einen entsprechenden Antrag stellt. Um ihr Ziel zu erreichen, geht Erna am besten zum Amtsgericht und bespricht den Fall mit dem Vormundschaftsrichter. Den erforderlichen Antrag kann sie bei der Rechtsantragsstelle des Amtsgerichts zu Protokoll geben.

Der Zugewinn

Paul und Karin bekommen Besuch von dem befreundeten Ehepaar Anna und Kaspar Rohr. Zu Jedermanns größter Verwunderung wird ihnen eröffnet, daß sich Rohrs scheiden lassen. Die Scheidung steht vor der Tür. Sie sind sich darüber einig, wer die Wohnung behält und wie die gemeinsam angeschafften Sachen verteilt werden.

Aber über einen Punkt werden sie sich nicht einig. Anna hat die ganzen Ehejahre hindurch als Hausfrau gewirtschaftet und sich um die Kinder gekümmert. Als sie in die Ehe trat, brachte sie eine Aussteuer in Gestalt von Möbeln und Hausrat im Werte von 5000,– Euro mit. Bargeld oder sonstiges Kapital hat sie nicht gehabt und auch nicht während der Ehe erworben. Manches Stück ihrer Aussteuer ist schadhaft geworden, manches wurde ersetzt. Der als Ersatz neu angeschaffte Gegenstand wurde wieder ihr Eigentum (§ 1370 BGB). Im großen und ganzen entspricht der Wert der Habe, mit welcher sie die Ehe verläßt, dem Wert, mit welchem sie in die Ehe eintrat. Ihr Vermögen hat weder zu- noch abgenommen.

Ganz anders steht es mit ihrem Ehemann Kaspar. Er hat viel Geld für den gemeinsamen ehelichen Aufwand verbraucht, aber er hat daneben auch noch viel Vermögen angesammelt. Sein Anfangsvermögen in dem Zeitpunkt, als die Ehe mit Anna geschlossen wurde, betrug 10000,– Euro. Inzwischen ist sein anfänglich kleines Geschäft erheblich aufgeblüht. Sein Wertpapierkonto ist durch glückliche Spekulationen vervielfacht. Er hat auf seinen Namen ein Waldgrundstück mit Jagdhaus erworben. Auch eine wertvolle Münzsammlung hat er sich inzwischen zugelegt. Als die Scheidung eingereicht wurde, betrug sein Vermögen 200000,– Euro. Vergleicht man sein Anfangsvermögen mit seinem Endvermögen, so hat er während der Ehe einen Zugewinn von 190000,– Euro. Der Zugewinn ist nämlich der Betrag, um den das Endvermögen eines Ehegatten das Anfangsvermögen übersteigt (§ 1373 BGB).

Natürlich rechnen nur die Aktivposten als Vermögen, Verbindlichkeiten sind abzuziehen. Kaspars 200000,– Euro verstehen sich nach Abzug seiner Verbindlichkeiten.

Anna möchte Kaspar nicht mit diesem ganzen Vermögen fortziehen lassen. Sie ist der Meinung, daß sie an diesem Gewinn teilhaben müsse, denn wenn sie darauf bestanden hätte, daß mehr Geld

177

in dem gemeinsamen Eheleben verbraucht worden wäre, dann hätte Kaspar nicht soviel auf die hohe Kante legen können. Demgegenüber sagt Kaspar: »Das wäre ja noch schöner, ich habe durch meine Tüchtigkeit viel Geld verdient, meiner Frau und meinen Kindern ein angenehmes Leben geboten, und jetzt will meine geschiedene Frau die Hälfte meines während der Ehe erarbeiteten Vermögens als Beute davontragen!«

Natürlich ist man sich vor einer Eheschließung im Regelfall nicht bewußt, daß durch unvorhersehbare Ereignisse oder Verhältnisse besonderer Art die Ehe schlecht ausgehen könnte. Wenn die Verhältnisse nicht durch einen Ehevertrag vor der Hochzeit geregelt werden, wird es jetzt meist problematisch. Anna hat recht. Sie ist an dem Zugewinn beteiligt. Die entscheidende Bestimmung hierfür lautet in § 1378 BGB:

§ 1378
(1) Übersteigt der Zugewinn des einen Ehegatten den Zugewinn des anderen, so steht die Hälfte des Überschusses dem anderen Ehegatten als Ausgleichsforderung zu.
(2) Die Höhe der Ausgleichsforderung wird durch den Wert des Vermögens begrenzt, das nach Abzug der Verbindlichkeiten bei Beendigung des Güterstandes vorhanden ist.
(3) Die Ausgleichsforderung entsteht mit der Beendigung des Güterstandes und ist von diesem Zeitpunkt an vererblich und übertragbar. Eine Vereinbarung, die die Ehegatten während eines Verfahrens, das auf die Auflösung der Ehe gerichtet ist, für den Fall der Auflösung der Ehe über den Ausgleich des Zugewinns treffen, bedarf der notariellen Beurkundung;

§ 127a findet auch auf eine Vereinbarung Anwendung, die in einem Verfahren in Ehesachen vor dem Prozeßgericht protokolliert wird. Im übrigen kann sich kein Ehegatte vor der Beendigung des Güterstandes verpflichten, über die Ausgleichsforderung zu verfügen.
(4) Die Ausgleichsforderung verjährt in drei Jahren; die Frist beginnt mit dem Zeitpunkt, in dem der Ehegatte erfährt, daß der Güterstand beendet ist. Die Forderung verjährt jedoch spätestens dreißig Jahre nach der Beendigung des Güterstandes. Endet der Güterstand durch den Tod eines Ehegatten, so sind im übrigen die Vorschriften anzuwenden, die für die Verjährung eines Pflichtteilsanspruchs gelten.

Die Rechnung für Annas Ausgleichsforderung ist in ihrem Fall recht einfach. Annas Zugewinn ist gleich Null. Kaspars Zugewinn beträgt 190 000,– Euro. Sein Zugewinn übersteigt Annas Zugewinn um 190 000,– Euro. Die Hälfte dieses Überschusses steht Anna zu. Sie hat einen Anspruch gegen Kaspar in Höhe von 95 000,– Euro. Hätte sie einen Zugewinn von 10 000,– Euro infolge einer Teilzeitarbeit gehabt, den sie auf ein Sparkonto einzahlte, so sähe die Rechnung folgendermaßen aus:

Zugewinn Kaspar	190 000,– Euro
./. Zugewinn Anna	10 000,– Euro
Zugewinnüberschuß des Kaspar	180 000,– Euro

Die Hälfte hiervon, also 90 000,– Euro, stehen Anna als Ausgleichsforderung zu. Anna ist sehr glücklich, dies zu hören, und möchte den Anspruch recht bald realisieren.

Hierin tut sie einmal gut, weil der Ausgleichsanspruch in drei Jahren von dem Zeitpunkt an verjährt, in welchem sie von der Beendigung des jetzigen Güterstandes Kenntnis hat, das heißt also hier vom Zeitpunkt der Scheidung an. Außerdem wartet ihr zukünftiger Ehemann schon dringend auf den Geldsegen, um seinen Betrieb zu sanieren.

»Das ist ja eine hervorragende Regelung«, empört sich Kaspar. »Wie soll ich ohne Schaden für meinen Geschäftsbetrieb auf einen Schlag 90 000,– Euro flüssig machen? Wer kann mir zumuten, mein kleines Grundstück, meine Sammlung und meine Wertpapiere zu verschleudern? Ich bin bereit, jährlich 15 000,– Euro zu zahlen, dann ist die Ausgleichsforderung in sechs Jahren getilgt.«

Anna empfindet diesen Vorschlag als fair und möchte auf ihn eingehen. Aber ihr zukünftiger Ehemann – sie hat sich gleich nach der Ehescheidung verlobt – drängt auf die Beschaffung der gesamten Summe innerhalb kürzester Frist. Anna setzt daher ihrem früheren Ehemann Kaspar eine Frist von zwei Wochen zur Bezahlung der 90 000,– Euro.

Ein derartiges Verlangen kann sehr unbillig sein und für denjenigen Ehegatten, der plötzlich einen hohen Betrag zahlen muß, eine große Härte bedeuten. Fast jeder Geschäftsmann hat sein Kapital investiert oder vielleicht als Hypothek fortgegeben. Nur in seltenen Fällen werden sich hohe Beträge kurzfristig flüssig machen lassen.

179

Kaspar braucht nicht zu verzweifeln. Gemäß § 1382 BGB besteht die Möglichkeit einer Stundung durch das Familiengericht nach folgender Maßgabe:

§ 1382

(1) Das Familiengericht stundet auf Antrag eine Ausgleichsforderung, soweit sie vom Schuldner nicht bestritten wird, wenn die sofortige Zahlung auch unter Berücksichtigung der Interessen des Gläubigers zur Unzeit erfolgen würde. Die sofortige Zahlung würde auch dann zur Unzeit erfolgen, wenn sie die Wohnverhältnisse oder sonstigen Lebensverhältnisse gemeinschaftlicher Kinder nachhaltig verschlechtern würde.

(2) Eine gestundete Forderung hat der Schuldner zu verzinsen.

(3) Das Familiengericht kann auf Antrag anordnen, daß der Schuldner für eine gestundete Forderung Sicherheit zu leisten hat.

(4) Über Höhe und Fälligkeit der Zinsen und über Art und Umfang der Sicherheitsleistung entscheidet das Familiengericht nach billigem Ermessen.

(5) Soweit über die Ausgleichsforderung ein Rechtsstreit anhängig wird, kann der Schuldner einen Antrag auf Stundung nur in diesem Verfahren stellen.

(6) Das Familiengericht kann eine rechtskräftige Entscheidung auf Antrag aufheben oder ändern, wenn sich die Verhältnisse nach der Entscheidung wesentlich geändert haben.

Auch dies ist ein Fall der Konzentration der familienrechtlichen Probleme auf das Familiengericht. Die frühere Trennung der Prozesse in Verfahren vor dem Landgericht (Ehescheidungsverfahren) einerseits und Verfahren vor dem Vormundschaftsgericht entfällt.

Der Gesetzgeber hat nicht nur das Ehescheidungsverfahren in die Zuständigkeit des Familiengerichts gebracht, sondern auch die ausschließliche Zuständigkeit des Familiengerichts für andere »Familiensachen«. Die Zuständigkeit des Familiengerichts für das Scheidungsverfahren ergibt sich aus § 606 ZPO, der wie folgt lautet:

§ 606

(1) Für Verfahren auf Scheidung, Aufhebung oder Nichtigerklärung einer Ehe, auf Feststellung des Bestehens oder Nichtbestehens einer Ehe zwischen den Parteien oder auf Herstellung des ehelichen Lebens (Ehesachen) ist das Familiengericht ausschließlich zuständig, in dessen Bezirk die Ehegatten ihren gemeinsamen gewöhnlichen Aufenthalt haben. Fehlt es bei Eintritt der Rechtshängigkeit an einem solchen Aufenthalt im Inland, so ist das Familiengericht ausschließlich zuständig, in dessen Bezirk einer der Ehegatten mit den gemeinsamen minderjährigen Kindern den gewöhnlichen Aufenthalt hat.

(2) Ist eine Zuständigkeit nach Absatz 1 nicht gegeben, so ist das Familiengericht ausschließlich zuständig, in dessen Bezirk die Ehegatten ihren gemeinsamen gewöhnlichen Aufenthalt zuletzt gehabt haben, wenn einer der Ehegatten bei Eintritt der Rechtshängigkeit im Bezirk dieses Ge-

richts seinen gewöhnlichen Aufenthalt hat. Fehlt ein solcher Gerichtsstand, so ist das Familiengericht ausschließlich zuständig, in dessen Bezirk der gewöhnliche Aufenthaltsort des Beklagten oder, falls ein solcher im Inland fehlt, der gewöhnliche Aufenthaltsort des Klägers gelegen ist. Haben beide Ehegatten das Verfahren rechtshängig gemacht, so ist von den Gerichten, die nach Satz 2 zuständig wären, das Gericht ausschließlich zuständig, bei dem das Verfahren zuerst rechtshängig geworden ist; dies gilt auch, wenn die Verfahren nicht miteinander verbunden werden können. Sind die Verfahren am selben Tage rechtshängig geworden, so ist § 36 entsprechend anzuwenden.

(3) Ist die Zuständigkeit eines Gerichts nach diesen Vorschriften nicht begründet, so ist das Familiengericht beim Amtsgericht Schöneberg in Berlin ausschließlich zuständig.

Die Zuständigkeit des Familiengerichts für andere Familiensachen ergibt sich aus § 621 ZPO, der wie folgt lautet:

§ 621
(1) Für Familiensachen, die
1. die elterliche Sorge für ein Kind, soweit nach den Vorschriften des Bürgerlichen Gesetzbuches hierfür das Familiengericht zuständig ist,
2. die Regelung des Umgangs mit einem Kinde, ...
3. die Herausgabe eines Kindes für das die elterliche Sorge besteht,
4. die durch Verwandtschaft begründete gesetzliche Unterhaltspflicht,
5. die durch Ehe begründete gesetzliche Unterhaltspflicht,
6. den Versorgungsausgleich,
7. die Regelung der Rechtsverhältnisse an der Ehewohnung und am Hausrat (Verordnung über die Behandlung der Ehewohnung und des Hausrats ...,
8. Ansprüche aus dem ehelichen Güterrecht, auch wenn Dritte am Verfahren beteiligt sind,
9. Verfahren nach den §§ 1382 und 1383 des Bürgerlichen Gesetzbuches
10. Kindschaftssachen,
11. und 12. (sonstige Fälle betreffend nicht verheiratete Eltern),
betreffen, ist das Familiengericht ausschließlich zuständig.

»Was ist denn nun und wo sitzt denn nun dieses Familiengericht?«, fragt Paul Jedermann. Die Familiengerichte sind als besondere »Abteilungen für Familiensachen« bei den Amtsgerichten eingerichtet.

Das heißt also, ein Richter, welcher dieser Abteilung vorsteht, entscheidet über das Ehescheidungsbegehren, aber auch über die damit in Zusammenhang stehenden anderen Familiensachen (§ 23 b GVG).

Allerdings haben nicht alle Amtsgerichte eine derartige besondere Abteilung (Familiengericht). Vielmehr tritt insoweit eine Konzentration auf bestimmte Amtsgerichte ein. Dies regelt § 23 c GVG, der folgendes sagt:

§ 23 c
Die Landesregierungen werden ermächtigt, durch Rechtsverordnung einem Amtsgericht für die Bezirke mehrerer Amtsgerichte die Familiensachen sowie ganz oder teilweise die Vormundschafts-, Betreuungs- und Unterbringungssachen zuzuweisen, sofern die Zusammenfassung der sachlichen Förderung der Verfahren dient oder zur Sicherung einer einheitlichen Rechtsprechung geboten erscheint. Die Landesregierungen können die Ermächtigungen auf die Landesjustizverwaltungen übertragen.

Demzufolge möchte Kaspar Rohr einen entsprechenden Antrag bei dem Familiengericht, dessen Existenz er nun zur Kenntnis genommen hat, auf Stundung stellen.

Nach § 78 ZPO sind für den von Kaspar Rohr beabsichtigten Antrag allerdings die Regeln, daß man sich vor dem Amtsgericht selbst vertreten kann, nicht gegeben, weil es sich um eine spezielle Familiensache gemäß § 621 Abs. 1 ZPO handelt. Demzufolge muß er zur Stellung seines Stundungsantrages einen Rechtsanwalt aufsuchen und diesen mit der Stellung des Stundungsantrages beauftragen. Mit seiner Hilfe gelingt es ihm, die gewünschte Stundung zu erreichen.

Das Unglück will es, daß Anna durch ihr unvorsichtiges Verhalten als Fußgängerin den Sturz eines Radfahrers herbeiführt, der schwer verletzt wird. Als der Verletzte von Anna Schadensersatz verlangt, stellt sich heraus, daß Anna zwar noch die letzte Rate ihrer Ausgleichsforderung zu bekommen hat, daß Kaspar Rohr aber zur Zeit keine Barmittel hat.

Der verletzte Radfahrer, Zacharias Felge, ist der Ansicht, daß ihm Kaspar Rohr ja seine Münzsammlung überlassen könnte, er würde diese schon günstig genug veräußern können. Und tatsächlich hat der Gesetzgeber in § 1383 BGB diese Möglichkeit vorgesehen, der folgendermaßen lautet:

§ 1383

(1) Das Familiengericht kann auf Antrag des Gläubigers anordnen, daß der Schuldner bestimmte Gegenstände seines Vermögens dem Gläubiger unter Anrechnung auf die Ausgleichsforderung zu übertragen hat, wenn dies erforderlich ist, um eine grobe Unbilligkeit für den Gläubiger zu vermeiden, und wenn dies dem Schuldner zugemutet werden kann; in der Entscheidung ist der Betrag festzusetzen, der auf die Ausgleichsforderung angerechnet wird.

(2) Der Gläubiger muß die Gegenstände, deren Übertragung er begehrt, in dem Antrag bezeichnen.

Nach dieser Regelung steht zwar der Anspruch der Gläubigerin der Ausgleichsforderung, also Anna Rohr, zu. Dann muß aber auch die Möglichkeit bestehen, daß ein Gläubiger Annas sich diesen Anspruch pfänden und überweisen lassen kann. Es steht jedenfalls nichts im Gesetz, daß dieser Anspruch höchstpersönlich und daher nicht übertragbar sei.

Als Rohrs ihren Besuch bei Jedermanns beendet haben, erörtern diese die aufgetretenen Probleme. Karin sagt nachdenklich: »Ich möchte einmal wissen, wie die Leute in einem solchen Fall überhaupt noch feststellen können, wie groß das Vermögen jedes der beiden Ehegatten bei Beginn der Ehe war. Wer denkt denn bei der Eheschließung daran, daß es eines Tages mal um den Zugewinn gehen könnte?« Dies ist eine sehr kluge Überlegung von Karin, und das zeigt auch die ganze Problematik dieser bis ins einzelne gehenden gesetzlichen Regelung.

Es wäre schön, wenn zu Anfang einer jeden Ehe ein Inventarverzeichnis erstellt werden würde. Das Gesetz hat daher in § 1377 BGB folgendes bestimmt:

§ 1377

(1) Haben die Ehegatten den Bestand und den Wert des einem Ehegatten gehörenden Anfangsvermögens und der diesem Vermögen hinzuzurechnenden Gegenstände gemeinsam in einem Verzeichnis festgestellt, so wird im Verhältnis der Ehegatten zueinander vermutet, daß das Verzeichnis richtig ist.

(2) Jeder Ehegatte kann verlangen, daß der andere Ehegatte bei der Aufnahme des Verzeichnisses mitwirkt. Auf die Aufnahme des Verzeichnisses sind die für den Nießbrauch geltenden Vorschriften des § 1035 anzuwenden. Jeder Ehegatte kann den Wert der Vermögensgegenstände und der Verbindlichkeiten auf seine Kosten durch Sachverständige feststellen lassen.

(3) Soweit kein Verzeichnis aufgenommen ist, wird vermutet, daß das Endvermögen eines Ehegatten seinen Zugewinn darstellt.

Dem Gang zum Standesamt sollte der Gang zum Notar folgen, denn gemäß § 1035 BGB, auf den der § 1377 BGB verweist, kann jeder Ehegatte verlangen, daß das Verzeichnis durch einen Notar aufgenommen wird oder wenigstens die Unterzeichnung des Inventars öffentlich beglaubigt wird. Dies hat den Vorteil, daß später klare Verhältnisse herrschen.

Für den Fall, daß keine Inventarerrichtung erfolgt ist, hat sich der Gesetzgeber das Leben sehr einfach gemacht. Wie sich aus dem letzten Absatz des § 1377 ergibt, wird dann einfach vermutet, daß das Endvermögen eines jeden Ehegatten den Zugewinn darstellt. Erinnern wir uns an den oben geschilderten Fall der Familie Rohr, so wird also vermutet, daß Karl einen Zugewinn von 200 000,– Euro hat. Im Falle eines Streites mit Anna muß er im Prozeß beweisen, daß er bereits ein Vermögen von 10 000,– Euro hatte, als er heiratete.

Karin stößt bald auf ein neues Problem. »Du hast es gut, Paul«, sagt sie bedeutsam, »du weißt, daß ich von Onkel Otto nicht weniger als 200 000,– Euro geerbt habe. Dies wird allerdings wohl auch mein einziger Zugewinn bleiben. Wenn wir uns jetzt also scheiden lassen, steckst du mir nichts, dir nichts 100 000,– Euro ein.« Hier irrt Karin. Derartige Vermögenssteigerungen sollen sich nicht in der Zugewinngemeinschaft auswirken. Hier schiebt § 1374 BGB durch folgende Bestimmung einen Riegel vor:

§ 1374

(1) Anfangsvermögen ist das Vermögen, das einem Ehegatten nach Abzug der Verbindlichkeiten beim Eintritt des Güterstandes gehört; die Verbindlichkeiten können nur bis zur Höhe des Vermögens abgezogen werden.

(2) Vermögen, das ein Ehegatte nach Eintritt des Güterstandes von Todes wegen oder mit Rücksicht auf ein künftiges Erbrecht, durch Schenkung oder als Ausstattung erwirbt, wird nach Abzug der Verbindlichkeiten dem Anfangsvermögen hinzugerechnet, soweit es nicht den Umständen nach zu den Einkünften zu rechnen ist.

Nun hat sich aber auch Paul in einem Problem festgebissen. »Ich will dir mal etwas sagen, Karin, wenn ich merken würde, daß unsere Ehe in die Brüche geht, dann sollst du einmal sehen, wie ich meinen Zugewinn ganz schnell verheize. Ich würde großzügig allen meinen Freunden Geschenke machen und auf so großem Fuße leben, daß für dich nicht mehr viel übrigbleibt.« Aber so klug wie unser Paul ist der Gesetzgeber auch. Er hat daher in § 1375 BGB den Begriff des Endvermögens so festgelegt, daß sich derartige Vermögensschmälerungen nicht zum Nachteil Karins auswirken würden. Die vergeudeten Beträge würden nämlich dem wirklich vorhandenen Endvermögen Karls wieder hinzugerechnet werden, so daß er aus diesem Bestand die hohe Summe, die sich nun errechnet, zahlen müßte.

Lediglich die Handlungen, die länger als zehn Jahre vor Beendigung des Güterstandes zurückliegen, fallen nicht mehr ins Gewicht. Wenn Paul natürlich in seiner Vergeudung so gründlich ist, daß nichts mehr übrigbleibt, dann nützen Karin auch die besten Ansprüche nichts.

Aber wie wir bereits wissen, kann sich Paul damit einer Eheverfehlung schuldig machen. Es können aber noch viel kompliziertere Probleme auftreten. So ist zum Beispiel denkbar, daß ein Ehegatte bei Eheschließung zwar ein Vermögen hat, aber andererseits auch Schulden, die dieses Vermögen erheblich übersteigen. Dann darf das Anfangsvermögen nicht etwa mit einem Minus eingesetzt werden, die Verbindlichkeiten können gemäß § 1374 Abs. 1 des Bürgerlichen Gesetzbuches nur bis zur Höhe des Vermögens abgezogen werden. Was soll dies bedeuten?

Die gesetzliche Begründung kann wie folgt dagelegt werden:

Daß die Verbindlichkeiten nur bis zur Höhe des Vermögens abgezogen werden können, ist von erheblicher Bedeutung. Hat ein Ehegatte zum Beispiel beim Eintritt des Güterstandes ein Vermögen von 10 000,– Euro, aber 20 000,– Euro Schulden, so ist sein Anfangsvermögen gleich Null, nicht etwa minus 10 000,– Euro. Hat der Ehegatte die 20 000,– Euro Schulden in der Ehe abgetragen, so beträgt sein Zugewinn 10 000,– Euro; das Endvermögen (10 000,– Euro) übersteigt das Anfangsvermögen (= 0) um den Betrag von 10 000,– Euro. Könnte das Anfangsvermögen negativ sein, so betrüge der Zugewinn 20 000,– Euro; das Endvermögen von 10 000,– Euro würde das Anfangsvermögen (= minus 10 000,– Euro) um diesen Betrag übersteigen. Der Ehegatte müßte dann den anderen Ehegatten, der keinen Zugewinn erzielt hat, an einem Zugewinn von 20 000,– Euro beteiligen. Gemäß § 1378 Abs. 1 müßte er dann die Hälfte des Zugewinns, also 10 000,– Euro, an den anderen Ehegatten zahlen und ihm damit sein ganzes Vermögen übertragen. Der Gesetzgeber lehnte eine solche Lösung nach eingehenden Beratungen ab, denn der andere Ehegatte soll grundsätzlich nur an dem Erwerb teilnehmen, der bei Beendigung des Güterstandes tatsächlich vorhanden ist, in dem Beispiel also nur die Hälfte von 10 000,– Euro erhalten. Dieses Ergebnis wird erreicht, wenn angeordnet wird, daß das Anfangsvermögen nicht negativ sein kann; das Endvermögen kann dann das Anfangsvermögen höchstens um den Betrag übersteigen, den es selbst darstellt.

Wenn man nun so viel über die Ausgleichsforderung der Zugewinngemeinschaft weiß, dann kommt man zu der Auffassung, daß dieser Güterstand in finanzieller Hinsicht eine Lotterie sein könnte.

So denkt vielleicht Sebastian Schlau. Sein Unternehmen ist liquidiert worden. Sebastian selbst hat nicht mehr viel Lust, durch weitere Arbeit Geld zu verdienen. Da seine Frau, die berühmte Filmschauspielerin Eva Maria Turner, aus USA regelmäßig einen ansehnlichen Unterhaltsbetrag schickt, lebt er im Nichtstun ganz gut dahin. Er hat nun aber Zeit für andere Annehmlichkeiten des Lebens und lernt eines Tages zu seiner Freude das Model Barbara Kron kennen. Frau Kron ist von viel Arbeit auch nicht begeistert und sähe es gerne, wenn Sebastian sie heiraten und versorgen würde. Und da kommt Sebastian, wie er meint, eine glänzende Idee. Bei einem Glas Sekt in der Dämmerstunde entwickelt er Barbara folgenden Plan:

»Wenn Eva Maria erfährt, daß ich mit dir ein Verhältnis habe, wird sie sich ganz bestimmt scheiden lassen. Als ich sie heiratete, war sie ein kleines Sternchen ohne jegliches Vermögen. Ihr jetziges Vermögen schätze ich auf etwa 6 000 000,– Euro. Nach erfolgter Scheidung bekomme ich also 3 000 000,– Euro, und das wird für uns beide wohl eine Zeitlang reichen.«

Barbara ist begeistert. Diese Begeisterung können allerdings die Juristen, die diesen Fall zu beurteilen haben, nicht ohne weiteres teilen. Es gibt zwar keine Bestimmung im Gesetz, daß der geschiedene Ehegatte keinen Anspruch auf den Zugewinn hat. Denn der Grundgedanke der Zugewinngemeinschaft ist ja der, daß beide Ehegatten während der Ehe zu dem Zugewinn ihren Beitrag geleistet haben. Mag auch der eine der beiden Ehegatten allein Geld verdient haben oder mehr verdient haben als der andere, so hat doch auch dieser seinen Teil dazu beigetragen. Die eheliche Harmonie, die Arbeitsteilung bei der Kindererziehung, das gemeinsame Meistern des täglichen Lebens, die gegenseitige Rücksichtnahme, die Fürsorge im Krankheitsfall und alle ähnlichen Umstände waren schließlich die Basis dafür, daß in dieser Ehe Geld verdient werden konnte. Daran ändert sich auch nichts, wenn einer der beiden Ehegatten nunmehr sich ehewidrig verhält und dadurch die Ehe zum Scheitern bringt. Hat die Ehe nur kurze Zeit bestanden, so wird ja auch nur ein geringer Zugewinn zu verteilen sein. Hat die Ehe lange bestanden, so ist es gerechtfertigt, daß auch der »schuldige« Ehegatte an dem größeren Zugewinn teil hat.

Im Falle der Ehescheidung Schlaus will uns diese Lösung allerdings nicht behagen. Hier ist ja Eva Marias Zugewinn geradezu die Verlockung für den Nichtstuer Sebastian, seine Beziehungen zu Barbara Kron finanziell zu untermauern. Es wäre ja absurd, wenn die erfolgreiche Ehefrau Eva Maria mit ihrem Verdienst aus ihrer einmaligen Begabung die neue Ehe finanzieren würde.

Hier schafft möglicherweise der § 1381 BGB wie folgt Abhilfe:

§ 1381
(1) Der Schuldner kann die Erfüllung der Ausgleichsforderung verweigern, soweit der Ausgleich des Zugewinns nach den Umständen des Falls grob unbillig wäre.

(2) Grobe Unbilligkeit kann insbesondere dann vorliegen, wenn der Ehegatte, der den geringeren Zugewinn erzielt hat, längere Zeit hindurch die wirtschaftlichen Verpflichtungen, die sich aus dem ehelichen Verhältnis ergeben, schuldhaft nicht erfüllt hat.

Es handelt sich hier um eine Generalklausel, die in Absatz 2 für einen Einzelfall eine nähere Umschreibung erfahren hat. Vielleicht könnte man schon sagen, daß Sebastian Schlau gemäß § 1381 Abs. 2 keinen Anspruch auf die Ausgleichsforderung hat, weil er lange Zeit das Leben eines Müßiggängers geführt hat.

Aber auch die generelle Bestimmung des § 1381 Abs. 1 muß wohl hier durchgreifen. Wer die Zugewinngemeinschaft in einer derart sittenwidrigen Art und Weise für sich auszunutzen sucht, muß mit seinen Ansprüchen abgewiesen werden.

Bisher wurde der Normalfall behandelt, daß eine zerrüttete Ehe durch Scheidung endete, und als Folgewirkung der Zugewinnausgleich erfolgt. Es ist aber auch denkbar, daß Ehegatten in einer zerrütteten Ehe längere Zeit getrennt leben, ohne daß es zur Scheidung kommt. Dann kann gemäß § 1385 BGB jeder der Ehegatten, wenn die Trennung mindestens drei Jahre gedauert hat, den Ausgleich des Zugewinns verlangen. Schließlich kann auch ein vorzeitiger Zugewinnausgleich verlangt werden, wenn der andere Ehegatte durch sein schuldhaftes Verhalten den Zugewinnausgleich gefährdet. Die Einzelheiten sind in § 1386 BGB geregelt. In einem solchen Fall sollte unbedingt ein Rechtsrat eingeholt werden.

Zugewinngemeinschaft und Nachlaß

Karin meint, daß dies alles sehr schön und sehr gut sei, daß sie daran aber nicht so sehr interessiert wäre. Ihre Ehe mit Paul ende nicht durch Scheidung. »Was wird eigentlich aus meiner Ausgleichsforderung, wenn unsere Ehe dadurch endet, daß du vor mir stirbst?« fragt sie den darüber nicht erbauten Ehemann. Aber schließlich sieht er ein, daß es sehr vernünftig ist, wenn sich Ehegatten bereits zu Lebzeiten darüber Klarheit verschaffen. Paul vertritt hierzu folgende Ansicht:

»Wie du weißt, Karin, werden wir noch ein Testament errichten, das dich sicherstellt. Aber abgesehen davon tritt eben die gesetzliche Erbfolge ein. Du erbst ein Viertel, und die Kinder erben zusammen drei Viertel.« Der Hinweis Pauls ist nicht richtig. Er muß bedenken, daß für den Güterstand der Zugewinngemeinschaft hier eine besondere Regelung geschaffen wurde, die sich auch auf das Erbrecht der Ehegatten auswirkt, sofern sie im gesetzlichen Güterstand der Zugewinngemeinschaft leben. Diese Regelung ist in § 1371 BGB erfolgt und bestimmt:

§ 1371

(1) Wird der Güterstand durch den Tod eines Ehegatten beendet, so wird der Ausgleich des Zugewinns dadurch verwirklicht, daß sich der gesetzliche Erbteil des überlebenden Ehegatten um ein Viertel der Erbschaft erhöht; hierbei ist unerheblich, ob die Ehegatten im einzelnen Fall einen Zugewinn erzielt haben.

(2) Wird der überlebende Ehegatte nicht Erbe und steht ihm auch kein Vermächtnis zu, so kann er Ausgleich des Zugewinns nach den Vorschriften der §§ 1373 bis 1383, 1390 verlangen; der Pflichtteil des überlebenden Ehegatten oder eines anderen Pflichtteilsberechtigten bestimmt sich in diesem Fall nach dem nicht erhöhten gesetzlichen Erbteil des Ehegatten.

(3) Schlägt der überlebende Ehegatte die Erbschaft aus, so kann er neben dem Ausgleich des Zugewinns den Pflichtteil auch dann verlangen, wenn dieser ihm nach den erbrechtlichen Bestimmungen nicht zustünde; dies gilt nicht, wenn er durch Vertrag mit seinem Ehegatten auf sein gesetzliches Erbrecht oder sein Pflichtteilsrecht verzichtet hat.

(4) Sind erbberechtigte Abkömmlinge des verstorbenen Ehegatten, welche nicht aus der durch den Tod dieses Ehegatten aufgelösten Ehe stammen, oder erbersatzberechtigte Abkömmlinge vorhanden, so ist der überlebende Ehegatte verpflichtet, diesen Abkömmlingen, wenn und soweit sie dessen bedürfen, die Mittel zu einer angemessenen Ausbildung aus dem nach Absatz 1 zusätzlich gewährten Viertel zu gewähren.

Im Falle der Beendigung des gesetzlichen Güterstandes durch den Tod eines der Ehegatten gibt es also keine Ausgleichsforderung gegenüber den Miterben, der Ausgleich erfolgt einfach durch die Erhöhung des gesetzlichen Erbteils des überlebenden Ehegatten. Karin ist demnach nicht Miterbin zu einem Viertel neben den Kindern, sondern zur Hälfte. Anders wäre es, wenn nicht der gesetzliche Güterstand in der Ehe bestand, sondern zum Beispiel Gütertrennung. Vielfach allerdings wird die testamentarische Regelung unter den Ehegatten die ganze Frage des Zugewinnausgleichs im Todesfall überflüssig machen.

Eine böse Überraschung erlebte in dieser Hinsicht Karins Schulfreundin Sabine. Diese hatte einen erheblich älteren Mann geheiratet, der sehr vermögend war. Aus der Ehe ging ein Sohn hervor. Der Ehemann starb nach wenigen Jahren. Die Ehegatten hatten sich kurz vor seinem Tode nicht besonders verstanden. Der Ehemann hinterließ ein Testament, das den Sohn zum Alleinerben einsetzte. Sabine braucht nun aber keineswegs den Kopf hängen zu lassen. Trotz des Testaments, das sie als Erbin ausschloß und ihr nicht einmal ein Vermächtnis gab, hat sie Ansprüche gegen den Erben, die je nach Lage des Falles sehr hoch sein und den gesetzlichen Erbteil sogar übersteigen können.

Nehmen wir einmal an, der Verstorbene hätte 200 000,– Euro hinterlassen, die während der Ehe erarbeitet wurden, und die Witwe hätte nichts erworben. Wenn sie neben den Kindern gesetzliche Erbin dadurch werden würde, daß kein Testament vorhanden ist, würde sie die Hälfte des Nachlasses bekommen, also 100 000,– Euro. Sind nun aber durch Testament die Kinder zu Alleinerben eingesetzt und soll die Witwe auch kein Vermächtnis erhalten, so hätte sie Anspruch auf den Ausgleich des Zugewinns. Da der Verstorbene den gesamten Wert des Nachlasses in dem Zeitraum erworben hat, in dem er mit seiner Frau im Güterstand der Zugewinngemeinschaft gelebt hat, stellt der Nachlaß gleichzeitig auch den Zugewinn dar, der zu teilen wäre, weil die Witwe bis zum Zeitpunkt des Todes ihres Mannes nichts erworben hatte. Die nichterbberechtigte Witwe würde also einen Ausgleichsanspruch in Höhe von 100 000,– Euro haben. Gemäß § 1371 Abs. 2 BGB erhält sie aber zusätzlich zum Zugewinnausgleich den sogenannten Pflichtteil. Der Pflichtteil macht die Hälfte des gesetzlichen Erbteils aus. Nach den allgemeinen Bestimmungen des Erbrechts erbt der überlebende Ehegatte ein Viertel des Nachlasses, wenn Kinder vorhanden sind.

Der Pflichtanteil würde also bei unserer Sabine ein Achtel des Wertes ausmachen, der nach Abzug des Zugewinnanteils vom Nachlaß verbleibt. Der Nachlaß betrug 200 000,– Euro. Hiervon muß nun die Ausgleichsforderung, die wir im vorliegenden Fall mit 100 000,– Euro errechnet haben, abgezogen werden. Es verbleiben also 100 000,– Euro, die für die Berechnung des Pflichtteils zugrunde gelegt werden. Ein Achtel von 100 000,– Euro ergibt 12 500,– Euro, die Sabine zusätzlich zu ihrer Ausgleichsforderung zu beanspruchen hat. Die Witwe würde demnach insgesamt 112 500,– Euro, also 12 500,– Euro mehr erhalten, als wenn sie gesetzliche Erbin geworden wäre. Das Ergebnis ist zwar überraschend, stellt aber auch den günstigsten Fall dar, der überhaupt eintreten kann.

Besteht der Nachlaß zum Beispiel nicht nur aus dem während der Ehe erworbenen Zugewinn, und hat der verstorbene Ehegatte bei Beginn des gesetzlichen Güterstandes der Zugewinngemeinschaft über ein eigenes Vermögen verfügt, so verringert sich natürlich auch die Höhe der Ausgleichssumme. Das gleiche gilt ebenfalls, wenn außer dem verstorbenen Ehegatten auch der Überlebende einen Zugewinn erzielt hat. Tritt also ein Erbfall ein, so lohnt es sich schon zu rechnen, welcher Regelung der Vorzug zu geben ist. Der Absatz 3 des § 1371 BGB sieht nämlich vor, daß ein überlebender Ehegatte den Ausgleich des Zugewinns und den Pflichtteil verlangen kann, wenn er die Erbschaft ausschlägt. Dies gilt selbst dann, wenn er in diesem Fall nach den allgemeinen erbrechtlichen Bestimmungen des BGB keinen Anspruch auf den Pflichtteil hätte. Immerhin wird man sorgfältig prüfen müssen, ob es zweckmäßig ist, die Erbschaft auszuschlagen und die vorstehend beschriebene Wirkung eintreten zu lassen. Wird die Erbschaft ausgeschlagen, so entsteht nur eine Forderung gegen die verbleibenden Erben. Schlägt man die Erbschaft nicht aus, so ist man Erbe und damit vom Zeitpunkt des Ablebens an Miteigentümer des Nachlasses. Ein Interesse an der Ausschlagung kann eigentlich immer nur dann bestehen, wenn der gesetzliche Erbteil oder das Testament eine wesentlich schlechtere Lage zur Folge haben würde und die Auszahlung des Zugewinnanteils und des Pflichtteils gesichert ist.

Im Absatz 4 des § 1371 BGB ist die rechtliche Stellung der Stiefkinder und der nichtehelichen Kinder geregelt, die zu Lebzeiten des verstorbenen leiblichen Elternteils noch keine abgeschlossene Ausbildung erhalten konnten. Da sich der gesetzliche Erbteil des überlebenden Stiefelternteils um ein Viertel der Erbschaft erhöht, wenn die Ehegatten im Güterstand der Zugewinngemeinschaft gelebt haben, sind die leiblichen Kinder des Verstorbenen schlechter gestellt, als wenn der Verstorbene keine zweite Ehe eingegangen wäre. Um in solchen Fällen Härten auszugleichen, sind diese Kinder berechtigt, von dem überlebenden Stiefvater beziehungsweise von der Stiefmutter die Mittel für eine angemessene Ausbildung zu verlangen. Diese Beträge brauchen allerdings nur aus dem zusätzlichen Viertel bestritten zu werden. Die Gewährung der Ausbildungskosten hängt auch davon ab, ob ein Bedürfnis vorliegt.

Zwangsvollstreckung in den ehelichen Hausrat

Jedermanns Nachbarn sind die Eheleute Joachim und Amanda Sorglos. Bei ihnen ist der Gerichtsvollzieher ein häufiger Gast. Bisher langte es immer noch, um die Gläubiger zu befriedigen. Aber eines Tages wird eine große Darlehensschuld des Ehemannes Joachim Sorglos fällig, die beim besten Willen nicht beglichen werden kann. Als der Gerichtsvollzieher zur Pfändung der Wohnungsmöbel schreitet, widerspricht Amanda Sorglos diesem Vorgehen auf das Entschiedenste: »Sie dürfen hier überhaupt nichts pfänden, Herr Gerichtsvollzieher, alle Möbel und jeglicher sonstige Hausrat gehören mir allein. Mein Mann hat weder etwas in die Ehe eingebracht noch später etwas angeschafft.«

Aber der Gerichtsvollzieher läßt sich durch diese Einwendung nicht im geringsten beeinflussen. Er hat auch völlig recht damit. Für den vorliegenden Fall gilt einmal der § 1362 BGB, der folgendes bestimmt:

§ 1362

(1) Zugunsten der Gläubiger des Mannes und der Gläubiger der Frau wird vermutet, daß die im Besitz eines Ehegatten oder beider Ehegatten befindlichen beweglichen Sachen dem Schuldner gehören. Diese Vermutung gilt nicht, wenn die Ehegatten getrennt leben und sich die Sachen im Besitz des Ehegatten befinden, der nicht Schuldner ist. Inhaberpapiere und Orderpapiere, die mit Blankoindossament versehen sind, stehen den beweglichen Sachen gleich.

(2) Für die ausschließlich zum persönlichen Gebrauch eines Ehegatten bestimmten Sachen wird im Verhältnis der Ehegatten zueinander und zu den Gläubigern vermutet, daß sie dem Ehegatten gehören, für dessen Gebrauch sie bestimmt sind.

Danach ist jeder Gläubiger eines der beiden Ehegatten in der glücklichen Lage, zunächst davon ausgehen zu können, daß die in der Ehewohnung befindlichen Sachen gerade demjenigen Ehegatten gehören, der sein Schuldner ist. Es ist Sache der Eheleute, zu beweisen, daß dem nicht so ist. Und für die Zwangsvollstreckung wird gemäß § 739 ZPO davon ausgegangen, daß gerade derjenige Ehegatte Gewahrsamsinhaber und -besitzer ist, gegen den die Pfändung betrieben wird. In unserem Falle ist es daher nun Amandas Angelegenheit, sich gegen die Pfändung ihrer Sachen zur Wehr zu setzen. Sie muß an den Gläubiger den nachstehend abgedruckten Brief schreiben.

AMANDA SORGLOS   *Pilgerstraße 8*
                                                        35037 Marburg/Lahn

Herrn
Heinrich Mann
Am Markt 5
35037 Marburg/Lahn

                                                  Marburg, den ...

Sehr geehrter Herr Mann!

Am ... hat in Ihrem Auftrage der Gerichtsvollzieher wegen Ihrer Forderung, die Sie gegen meinen Ehemann haben, in unserer Ehewohnung eine Anzahl Möbel gepfändet.

Ich weise Sie darauf hin, daß sämtliche gepfändeten Sachen mein ausschließliches Eigentum sind. Ich habe diese Gegenstände als Aussteuer von meinen Eltern erhalten. Ich füge in der Anlage eine diesbezügliche eidesstattliche Erklärung meiner Schwester bei, sowie die beglaubigten Abschriften der Rechnungen des Kaufhauses Wetzlar, wo diese Gegenstände gekauft worden sind. Die Rechnungen lauten auf meinen Mädchennamen.

Ich fordere Sie hiermit auf, binnen 5 Tagen die Pfändung aufzuheben, da ich andernfalls gezwungen bin, gegen Sie Interventionsklage zu erheben.

Mit freundlichen Grüßen

Amanda Sorglos

Einschreiben, Durchschlag für die eigenen Akten behalten. Nach ergebnislosem Ablauf der gesetzten Frist oder bei Ablehnung ihres Ersuchens wird Amanda die angedrohte Interventionsklage (Drittwiderspruchsklage) durch einen Rechtsanwalt erheben lassen.

Eheverträge

Der vorstehend eingehend behandelte Güterstand der Zugewinngemeinschaft ist nur einer von mehreren Formen. Man kann vertraglich auch noch andere Güterstände vereinbaren, sich jedoch nicht ein beliebiges Gemisch konstruieren, sondern ist auf bestimmte im Gesetz festgelegte Vertragstypen beschränkt. Man kann auch durch Ehevertrag den Versorgungsausgleich für den Fall der Ehescheidung ausschließen. Dieser Ausschluß wird jedoch unwirksam, wenn innerhalb eines Jahres nach Vertragsschluß Antrag auf Scheidung der Ehe gestellt wird.

Ein solcher Ehevertrag, durch welchen ein Güterstand geändert oder begründet wird oder Versorgungsausgleich ausgeschlossen wird, bedarf nach § 1410 BGB der notariellen Protokollierung in Anwesenheit beider Vertragsparteien.

Gütertrennung

Am häufigsten wird wohl durch Ehevertrag die sogenannte Gütertrennung zwischen den Eheleuten vereinbart. Meistens allerdings nur deshalb, weil sie in Gesetzesunkenntnis der Meinung sind, daß der gesetzliche Güterstand das Eigentum an Sachen der Frau auf den Mann überträgt bzw. daß der Mann beim gesetzlichen Güterstand in der Lage ist, durch Handlungen die Ehefrau in Schulden zu stürzen oder sonst ihr Gut zu schmälern. Wie vorstehend dargelegt wurde, ist dies aber nicht richtig.

Die Gütertrennung hat allerdings den Vorteil, daß jeder Ehegatte über sein gesamtes eigenes Vermögen beliebig verfügen kann. Aber auch das findet seine Grenzen an den allgemeinen ehelichen Treuepflichten. Ein Ehegatte, der sein Hab und Gut rücksichtslos vergeudet oder verschwendet, zerrüttet die Ehe und setzt sich der Gefahr der Ehescheidung aus.

Der Güterstand der Gütertrennung ist auch ein hilfsweiser (subsidiärer) gesetzlicher Güterstand. Schließen die Ehegatten den gesetzlichen Güterstand durch Ehevertrag aus oder heben sie ihn auf, so tritt Gütertrennung ein, falls in dem Ehevertrag nicht etwas anderes vereinbart ist. Das gleiche gilt, wenn der Ausgleich des Zugewinns oder der Versorgungsausgleich ausgeschlossen oder die Gütergemeinschaft aufgehoben wird (§ 1414 BGB).

Die Vereinbarung der Gütertrennung kann auf Wunsch der Eheleute im Güterregister, das bei den Amtsgerichten geführt wird, eingetragen werden, wodurch insbesondere im Hinblick auf Gläubiger eines Ehegatten dieser Umstand als öffentlich bekanntgemacht gilt.

Die Gütergemeinschaft

Der Güterstand der allgemeinen Gütergemeinschaft ist wohl dem Wesen der Ehe am meisten entsprechend, da er das enge Verbundensein der Ehegatten für Lebenszeit am richtigsten ausdrückt. Wer wirklich eine echte, richtige und dauerhafte Ehe führt, der kann getrost zu diesem Güterstand greifen. Wer sich seines Ehepartners, was Zuverlässigkeit, Rechtschaffenheit und Charakter anbetrifft, nicht sicher ist, der soll allerdings einen großen Bogen um ihn machen.

Es ist bezeichnend, daß zur Zeit der patriarchalischen Ehe, die unter dem starken Einfluß der Kirche im Bestand gesichert war, »bis der Tod uns scheide«, in verschiedenen Gegenden Deutschlands die allgemeine Gütergemeinschaft als gesetzlicher Güterstand galt.

Die wesentlichen Merkmale der allgemeinen Gütergemeinschaft bestehen darin, daß so, wie das ganze Leben des Ehepaares etwas Einheitliches werden soll, dies auch mit dem Vermögen beider Gatten der Fall ist. In einer solchen Ehe gibt es das Gesamtgut, in das die beiden Ehegatten alles, was sie im Moment der Eheschließung an Gütern haben, hineingeben und ebenso dasjenige, was sie späterhin auf irgendeine Art und Weise erwerben (§ 1431 BGB).

Dieses sogenannte Gesamtgut steht von nun ab im gemeinschaftlichen Eigentum beider Ehegatten, und zwar »zur gesamten Hand«. Dies soll ausdrücken, daß die einzelnen Gegenstände nicht etwa zur linken oder rechten Hälfte dem einen oder anderen Ehegatten gehören, sondern daß in der gemeinsamen Nutzung sich die Eigentumsausübung erschöpft. Das Gesamtgut ist für den Zweck der Ehe gebunden. Keiner der Ehegatten darf seinen Anteil veräußern, auch nicht einen gedachten Anteil an einzelnen Gegenständen.

Es gilt sodann noch das Sondergut und das Vorbehaltsgut.

Wie wir aus dem Vorstehenden entnehmen können, ist das Recht der Gütergemeinschaft doch sehr schwierig. Bei Streitigkeiten empfiehlt es sich daher unbedingt, von Anfang an den Rat und die Hilfe eines Rechtskundigen herbeizuziehen. Der Güterstand ist heute äußerst selten.

Die Kinder

Nach einem Jahr tritt im Hause Jedermann ein freudiges Ereignis ein, und zwar gleich doppelt. Ein Junge und ein Mädchen werden geboren.

Diese Geburt löst sofort eine Reihe von Pflichten für Jedermanns aus. Die Geburt ist dem zuständigen Standesbeamten gemäß § 16 Personenstandsgesetz anzuzeigen. Diese Anzeige kann jede Person vornehmen. Jedoch sind zur Vornahme der Anzeige binnen einer Woche verpflichtet der Vater, die gegenwärtig gewesene Hebamme, der gegenwärtig gewesene Arzt, jede andere Person, die zugegen war oder von der Geburt aus eigener Kenntnis unterrichtet ist, und schließlich die Mutter, sobald sie dazu imstande ist. Die vorstehende Reihenfolge ist wichtig, da eine später aufgeführte Person nur dann verpflichtet ist, wenn eine früher aufgeführte nicht vorhanden oder an der Anzeige verhindert ist. Die Anzeige ist mündlich zu erstatten. Da Jedermanns Kinder ehelich geboren sind, muß die Heiratsurkunde der Eltern bzw. das Familienbuch bei der Anzeige vorliegen. Ist ein Kind nicht ehelich geboren, so muß der Anzeigende die Geburtsurkunde der Kindesmutter vorlegen. Lassen sich die vorstehenden Urkunden nicht vorlegen oder nachträglich beschaffen, so müssen dem Standesbeamten gegenüber entsprechende eidesstattliche Erklärungen abgegeben werden.

Wer der vorstehend dargelegten Anzeigepflicht nicht nachkommt, kann mit einer Geldbuße nach § 68 Personenstandsgesetz rechnen. Sind die Kinder allerdings in einer öffentlichen Entbindungs- oder Krankenanstalt geboren, dann trifft die Anzeigepflicht ausschließlich den Leiter der Anstalt oder den zuständigen Beamten. Gleiches gilt für Heil- und Pflegeanstalten, Gefangenenanstalten usw.

Das Namensrecht

Jedes der Kinder ist durch die Geburt ein Mensch geworden. Als Mensch hat jedes sofort von der Geburt an die Fähigkeit, Rechte und Pflichten zu haben (§ 1 BGB). Zu diesen Rechten gehört als erstes sein Name. Den Familiennamen Jedermann erhält es automatisch, und zwar als eheliches Kind den Ehenamen seiner Eltern. Den oder die Vornamen des Neugeborenen werden ihm durch den personensorgeberechtigten gesetzlichen Vertreter beigelegt, in einer Ehe also durch die Eltern, die sich fast immer schon vor der Geburt einig sind.

Die Grundlage für die Namensgebung eines Kindes durch die Eltern findet sich in § 1626 BGB, der folgendes festlegt:

§ 1626
(1) Die Eltern haben die Pflicht und das Recht, für das minderjährige Kind zu sorgen (elterliche Sorge). Die elterliche Sorge umfaßt die Sorge für die Person des Kindes (Personensorge) und das Vermögen des Kindes (Vermögenssorge).
(2) Bei der Pflege und Erziehung berücksichtigen die Eltern die wachsende Fähigkeit und das wachsende Bedürfnis des Kindes zu selbständigem verantwortungsbewußtem Handeln. Sie besprechen mit dem Kind, soweit es nach dessen Entwicklungsstand angezeigt ist, Fragen der elterlichen Sorge und streben Einvernehmen an.
(3) Zum Wohl des Kindes gehört in der Regel der Umgang mit beiden Elternteilen. Gleiches gilt für den Umgang mit anderen Personen, zu denen das Kind Bindungen besitzt, wenn ihre Aufrechterhaltung für seine Entwicklung förderlich ist.

§ 1626a
(1) Sind die Eltern bei der Geburt des Kindes nicht miteinander verheiratet, so steht ihnen die elterliche Sorge dann gemeinsam zu, wenn sie
1. erklären, daß sie die Sorge gemeinsam übernehmen wollen (Sorgeerklärung) oder
2. einander heiraten.
(2) Im übrigen hat die Mutter die elterliche Sorge.

Das Gesetz ist am 1. Januar 1980 in Kraft getreten. Seinem Wortlaut nach ist mit dieser Gesetzesänderung der bisher verwendete Begriff der »elterlichen Gewalt« durch den Begriff der »elterlichen Sorge« abgelöst worden, ohne daß sich daran sachlich etwas geändert hat. Die Personensorge macht es für die Eltern notwendig, für das neugeborene Kind den Vornamen zu bestimmen, da das Rechtsleben einen solchen Vornamen erfordert. Man kann wohl davon ausgehen, daß die Wahl eines solchen Vornamens für die Eltern nicht problematisch ist, doch sieht das Gesetz für den Fall, daß hierüber ein Streit unter den Eltern entsteht, eine Lösung dergestalt vor, daß dann das Vormundschaftsgericht zur Entscheidung berufen ist. Dies ist in § 1628 BGB wie folgt geregelt:

§ 1628
(1) Können sich die Eltern in einer einzelnen Angelegenheit oder in einer bestimmten Art von Angelegenheiten der elterlichen Sorge, deren Regelung für das Kind von erheblicher Bedeutung ist, nicht einigen, so kann das Familiengericht auf Antrag eines Elternteils die Entscheidung einem Elternteil übertragen. Die Übertragung kann mit Beschränkungen oder mit Auflagen verbunden werden.

In unserem Falle müßten also die Jedermanns die von ihnen auszuwählenden Vornamen dem Standesamt zum Zwecke der Eintragung entweder sofort bei der Anzeige der Geburt oder spätestens binnen Monatsfrist anzeigen (§ 22 Personenstandsgesetz). Der Personensorgeberechtigte ist in der Auswahl der Vornamen frei. Ihre Grenze findet die Namenswahl bei den guten Sitten und dem Sinn und Zweck der Namensgebung. Einen anstößigen Namen darf man für ein Kind nicht wählen.

Wird ein ungewöhnlicher Name ausgewählt, so wäre es denkbar, daß ein engherziger Standesbeamter die Namenseintragung ablehnt. In diesem Falle könnten sich die Eltern an das Amtsgericht wenden, das seinen Sitz am Ort des Landgerichts hat, das für den Standesbeamten zuständig ist. Das Amtsgericht kann dann den Standesbeamten anhalten, von seinen Bedenken Abstand zu nehmen (§§ 45, 50 Personenstandsgesetz). In den meisten Fällen wird es aber geraten sein, sich für einen Namen zu entscheiden, der ohne Schwierigkeiten angenommen wird.

190

Paul Jedermann hätte für seine Kinder gerne die Namen Johannes und Christine gehabt. Karin hat aber, insbesondere in den letzten Tagen vor der Niederkunft, durchblicken lassen, daß Manuel und Angelika die richtigen Namen für die kleinen Jedermanns sein würden. Es werden dann von den glücklichen Eltern die Vornamen Michael für den Knaben und Angelika für das Mädchen angemeldet, nachdem man sich auf diesen Kompromiss geeinigt hat.

Im Normalfall werden auf die Anzeige hin die Namen des Kindes, sein Geschlecht, Ort, Tag und Stunde der Geburt, Vor- und Familiennamen der Eltern, ihr Beruf, Wohnort sowie ihr religiöses Bekenntnis im Geburtenbuch eingetragen. Aufgrund dieser Eintragung kann dann jederzeit eine Geburtsurkunde für das Kind angefordert werden (§ 62 PStG). Die Ausstellung einer solchen Geburtsurkunde kann von jedem verlangt werden. Ein Recht auf Einsicht der standesamtlich geführten Bücher kann nur von den betroffenen Personen oder solchen dritten Personen verlangt werden, die ein berechtigtes Interesse glaubhaft machen können (§ 61 PStG).

Sobald der oder die Vornamen im Geburtenbuch des Standesamtes eingetragen sind, liegen nunmehr Vor- und Familiennamen grundsätzlich unverändert fest. Eine eigenmächtige Änderung dieser Namen ist verboten. Um jedoch dem Träger eines lästigen oder anstößigen Namens Gelegenheit zu geben, diesen nicht länger tragen zu müssen, ist durch das sogenannte Namensänderungsgesetz die Möglichkeit der Änderung vorgesehen. Wer zum Beispiel einen Familiennamen ererbt hat, der ihn lächerlich macht, zum Beispiel Wurmstich, hat einen wichtigen Grund, um diese Änderung zu beantragen. Der Antrag ist beim Oberbürgermeister, in Landkreisen beim Landrat zu stellen und wird auf dem Dienstwege dem Regierungspräsidenten oder dem Innenminister zur Entscheidung vorgelegt. In der Regel stellt die Verwaltungsbehörde dem Antragsteller anheim, von sich aus drei Namen in Vorschlag zu bringen, von denen sie einen auswählt.

Auf diesem Wege einen Namen zu erhalten, der der früheren Adelsbezeichnung entspricht, ist nur möglich, wenn eine besondere Beziehung zu diesem Namen vorliegt. Stirbt zum Beispiel ein bekanntes Geschlecht aus, so wird der Schwiegersohn möglicherweise auf Antrag die Befugnis erhalten, seinem Namen den seiner Frau hinzuzufügen. So ist zum Beispiel der Name Krupp dem Namen von Bohlen-Halbach hinzugesetzt worden.

Das frühere Adelsprädikat ist in Deutschland ein Teil des Namens geworden. Das bedeutet, daß die Wörter »Graf«, »Baron« oder »von« nicht eigenmächtig von ihrem Träger fortgelassen werden dürfen. Dies wäre eine Änderung, die nach dem Namensänderungsgesetz beantragt werden müßte.

Die wie vorstehend dargelegt entstandenen Namen sind für den Träger des Namens geschützt. Dieser kann nach § 12 BGB gegen jeden Dritten, der den gleichen Namen unbefugt führt, auf Unterlassung klagen. Voraussetzung ist, daß der Dritte entweder selbst den Namen führt oder für einen Dritten diesen Namen gebraucht. Beispiel: Ein Ehemann hat sich von seiner Ehefrau getrennt und läßt seine Freundin als seine Ehefrau auftreten, meldet sie zum Beispiel als solche polizeilich an.

Hier haben Rechtsprechung und Wissenschaft manche Zweifel offengelassen. Wer zum Beispiel seinen Hund mit dem Namen des ihm verfeindeten Nachbarn ruft, gebraucht nicht dessen Namen, sondern beleidigt ihn. Wegen der Beleidigung kann er im Sinne des Namensschutzes auf Unterlassung weiterer Beschimpfungen und Schadensersatz verklagt werden.

Ähnlich wie der Name ist auch das sogenannte Pseudonym geschützt. Ein anerkannter Künstler kann dieses Pseudonym ebenso schützen wie seinen bürgerlichen Namen. Auch die Führung eines Wappens ist für seine Träger nach § 12 BGB gegen Mißbrauch durch einen Dritten geschützt.

Neugeregelt ist der Familienname des Kindes. Insoweit erhalten die §§ 1616 bis 1618 BGB umfangreiche Regelungen, vor allem bei Meinungsverschiedenheiten und insbesondere für die Fälle, daß die Eltern verschiedene Namen führen oder bei einer Namensänderung der Eltern oder im Fall der nachträglichen gemeinsamen Sorge oder im Fall einer Scheinvaterschaft.

Eheliche Kinder

Wir wollen im folgenden die Stellung von Paul und Karin zu ihren Kindern betrachten. Ihre Kinder sind ehelich geboren. Diese Feststellung ist immer noch bedeutsam für die Stellung der Kinder, obgleich seit einiger Zeit die »nicht-ehelichen« Kinder den ehelichen rechtlich völlig gleichgestellt sind, so daß der Begriff nur noch einen Lebenssachverhalt beschreibt und keine besonderen Rechtsfolgen hat.

Ehelich geboren ist ein Kind, das nach Eingehung der Ehe geboren wird, wenn es vor oder während der Ehe erzeugt ist. Maßgeblich sind nunmehr die Bestimmungen über die Abstammung (§§ 1591 ff. BGB), von denen folgende bedeutsam sind:

§ 1591
Mutter eines Kindes ist die Frau, die es geboren hat.

§ 1592
Vater eines Kindes ist der Mann,
1. der zum Zeitpunkt der Geburt mit der Mutter des Kindes verheiratet ist,
2. der die Vaterschaft anerkannt hat oder dessen Vaterschaft nach § 1600d gerichtlich festgestellt ist.

§ 1600
(1) Berechtigt, die Vaterschaft anzufechten, sind der Mann, dessen Vaterschaft nach § 1592 Nr. 1 und 2, § 1593 besteht, die Mutter und das Kind.
(2) Ist das Kind mit Einwilligung des Mannes und der Mutter durch künstliche Befruchtung mittels Samenspende eines Dritten gezeugt worden, so ist die Anfechtung der Vaterschaft durch den Mann oder die Mutter ausgeschlossen.
§ 1600b auszugsweise
(1) [1]Die Vaterschaft kann binnen zwei Jahren gerichtlich angefochten werden. [2]Die Frist beginnt mit dem Zeitpunkt, in dem der Berechtigte von den Umständen erfährt, die gegen die Vaterschaft sprechen.

(2) [1]Die Frist beginnt nicht vor der Geburt des Kindes und nicht, bevor die Anerkennung wirksam geworden ist. [2]In den Fällen des § 1593 Satz 4 beginnt die Frist nicht vor der Rechtskraft der Entscheidung, durch die festgestellt wird, dass der neue Ehemann der Mutter nicht der Vater des Kindes ist.
(3) [1]Hat der gesetzliche Vertreter eines minderjährigen Kindes die Vaterschaft nicht rechtzeitig angefochten, so kann das Kind nach dem Eintritt der Volljährigkeit selbst anfechten. [2]In diesem Falle beginnt die Frist nicht vor Eintritt der Volljährigkeit und nicht vor dem Zeitpunkt, in dem das Kind von den Umständen erfährt, die gegen die Vaterschaft sprechen.

§ 1600d
(1) Besteht keine Vaterschaft nach § 1592 Nr. 1 und 2, § 1593, so ist die Vaterschaft gerichtlich festzustellen.
(2) [1]Im Verfahren auf gerichtliche Feststellung der Vaterschaft wird als Vater vermutet, wer der Mutter während der Empfängniszeit beigewohnt hat. [2]Die Vermutung gilt nicht, wenn schwerwiegende Zweifel an der Vaterschaft bestehen.
(3) [1]Als Empfängniszeit gilt die Zeit von dem 300. bis zu dem 181. Tage vor der Geburt des Kindes, mit Einschluss sowohl des 300. als auch des 181. Tages. [2]Steht fest, dass das Kind außerhalb des Zeitraums des Satzes 1 empfangen worden ist, so gilt dieser abweichende Zeitraum als Empfängniszeit.
(4) Die Rechtswirkungen der Vaterschaft können, soweit sich nicht aus dem Gesetz anderes ergibt, erst vom Zeitpunkt ihrer Feststellung an geltend gemacht werden.

Dieser gesetzlichen Begriffsbestimmung liegen die medizinischen Erkenntnisse über die äußersten Grenzen einer Empfängniszeit zugrunde.

Die gesetzliche Festlegung der Empfängniszeit ist aber nicht nur für die während einer Ehe geborenen Kinder von entscheidender Bedeutung. Sie ist genauso wesentlich, wenn es darum geht, daß ein Kind einen Unterhaltsprozeß gegen seinen vermeintlichen Vater führt. In einem solchen Prozeß klagt bekanntlich das Kind auf Antrag im Beistand des Jugendamtes (§ 1712). Es kann sich also die Stellung des beklagten angeblichen Erzeugers ganz entscheidend ändern, wenn ihm der Nachweis gelingt, daß er innerhalb der gesetzlichen Empfängniszeit keinen Geschlechtsverkehr mit der Kindesmutter gehabt hat.

Der Gesetzgeber geht ferner in seiner Vermutung davon aus, daß die Ehefrau in der Empfängniszeit mit ihrem Ehemann und nicht mit einem anderen Mann Geschlechtsverkehr gehabt hat. Aus dieser Vermutung heraus kommt das Gesetz zu folgender Konsequenz: Wanda Müller, geb. Schulze, heiratet Siegfried Müller. Siegfried Müller ging ein Jahr lang auf Montage nach Indien. Während dieser Zeit begann Wanda ein Liebesverhältnis mit dem Mechaniker Willi Schraube, das nicht ohne Folgen blieb.

Nach der Geburt des Kindes ging Wanda zum Standesamt und meldete dies Kind naiv und wahrheitsgemäß als Kind des Willi Schraube an. Der Standesbeamte aber lehnte es ab, das Kind einzutragen, und erklärte der erstaunten Wanda, daß er dies Kind als Kind des Ehepaares Müller eintragen würde. Wanda glaubte, er habe sie nicht richtig verstanden, und legte noch einmal offenherzig dar, daß der abwesende Siegfried beim besten Willen nicht das Kind erzeugt haben konnte.

Aber der Standesbeamte blieb mit Recht abweisend. Wandas Kind ist zunächst einmal als Kind der Müllers einzutragen. Dies ergibt sich aus §§ 1599 ff. BGB, wonach die nichtbestehende Vaterschaft nur durch Anfechtung geltend gemacht werden kann.

Wanda reicht diese Erklärung, sie gibt sich damit zufrieden, und das Kind heißt nunmehr Ernst Müller. Nicht zufrieden dagegen gibt sich Siegfried Müller, der nach einem Jahr zurückkommt und höchst erstaunt ist, seine Familie größer vorzufinden, als er sie verlassen hat. Er sagt zu Wanda: »Dir will ich verzeihen aufgrund der ganzen schwierigen Verhältnisse, aber das Kind geht mich nichts an. Für das laß man Willi Schraube sorgen; er ist ja der Vater. Soll das Kind bei ihm die Alimente fordern. Am besten ist, er nimmt es überhaupt zu sich.«

Hier muß sich Siegfried Müller in verschiedener Hinsicht rechtlich beraten lassen.

Wie bereits vorstehend dargelegt, ist der kleine Ernst zunächst einmal das Kind der Müllers und hat als solches nur Beziehungen zu den Müllers.

Siegfried Müller hat es nun aber in der Hand, den richtigen Hebel herunterzudrücken, um sich rechtlich von Ernst zu lösen. Dazu genügt es nicht, daß er einfach seiner Umgebung erklärt, daß der kleine Ernst nicht sein Kind sei und er nichts mit ihm zu tun haben wolle, sondern er muß gemäß § 1600 BGB eine Anfechtungsklage gegen Ernst durchführen, also einen Prozeß gegen das kleine Kind führen, mit dem Ziel, eine Vaterschaft abzuerkennen. Man spricht heute nicht mehr von Ehelichkeitsanfechtung, sondern von Vaterschaftsanfechtung, weil sie für alle Kinder gleich geregelt ist, egal ob die Eltern verheiratet sind oder nicht. Diese Klage hat er binnen einer Frist von zwei Jahren von dem Zeitpunkt ab zu erheben, in welchem er Kenntnis von den Umständen erlangte, die gegen die Vaterschaft sprechen.

Siegfried Müller sieht nun das Kind vor sich liegen, und er fragt sich mit Recht, wie kann man überhaupt technisch ein kleines Kind verklagen? Nun ist dieses Kind ja zunächst in seiner Ehe geboren. Und er, Siegfried Müller, ist sein gesetzlicher Vertreter. Aber Siegfried Müller kann nicht gut sich selbst eine Klage zustellen. Dies hat der Gesetzgeber auch vorgesehen. Da Siegfried Müller hier wegen des Interessenwiderspruchs verhindert ist, als Vertreter des kleinen Ernst aufzutreten, muß gemäß § 1909 BGB ein sogenannter Ergänzungspfleger bestellt werden. Der Name Ergänzungspfleger kommt daher, weil durch diesen Pfleger eine Ergänzung der Sorge und Vertretung des Kindes für den Fall vorgesehen ist, in dem der allgemeine gesetzliche Vertreter – wie hier – verhindert ist, da das Paar noch verheiratet ist. Den Pfleger bestellt das Vormundschaftsgericht.

Siegfried Müller schreibt daher an das Vormundschaftsgericht (Amtsgericht) oder erklärt dort zu Protokoll der Rechtsantragsstelle:

SIEGFRIED MÜLLER · ALSTERPOOL 111
20099 HAMBURG

An das
Amtsgericht
Vormundschaftsgericht
20353 Hamburg · Hamburg, den ...

Der Unterzeichnete beabsichtigt, gegen den am 3. April 20 . . geborenen Ernst Müller, eingetragen als Kind des Unterzeichneten beim Standesamt Hamburg, die Anfechtungsklage gemäß § 1594 BGB zu erheben.

Es wird daher gebeten, für das Kind einen Pfleger zu bestellen, dem die beabsichtigte Klage zugestellt werden kann.

Siegfried Müller

Das Vormundschaftsgericht bestellt daraufhin als Pfleger zur Wahrnehmung der Interessen des Kindes in dem zu erwartenden Anfechtungsprozeß den Rechtsanwalt Rabe.

Das Amt des Pflegers muß unter denselben Voraussetzungen angenommen beziehungsweise kann es abgelehnt werden wie das Amt des Vormundes (vgl. auch unter »Vormund«).

Nunmehr begibt sich Siegfried zu einem Rechtsanwalt und beauftragt ihn mit der Durchführung der Anfechtungsklage, die beim Amtsgericht eingereicht werden muß und nicht ohne Rechtsanwalt erhoben und durchgeführt werden sollte.

Sobald das Urteil, das die nichtbestehende Vaterschaft ausspricht, rechtskräftig geworden ist, kann jeder, und damit auch Siegfried Müller, sich darauf berufen, daß Ernst nicht sein Kind ist. Beim Standesamtsregister wird nunmehr im Geburtenbuch richtiggestellt, daß der kleine Ernst das Kind der Wanda Müller, geborene Schulze, ist. Er bekommt den Namen Ernst Schulze.

Unter bestimmten Voraussetzungen kann auch das Kind selbst die Vaterschaft anfechten. Dies gilt ebenfalls für die Eltern des verstorbenen Mannes.

In der Sprache des Gesetzes wurde früher für das nicht in einer Ehe gezeugte Kind der Ausdruck »nichteheliches Kind« verwendet.

Im Jahre 1997 wurde eine umfassende Reform des Kindschaftsrechts verabschiedet, durch die vor allem die noch bestehenden Unterschiede zwischen ehelichen und nichtehelichen Kindern beseitigt werden sollen. Das Gesetz vermeidet konsequent die Unterscheidung ehelich/nichtehelich und spricht nur noch von Kindern verheirateter und Kindern nicht miteinander verheirateter Eltern. Es soll keine Kinder erster und zweiter Klasse mehr geben. Die drei wesentlichen Teilstücke dieser Reform sind das Beistandsschaftsgesetz, das Erbrechtsgleichstellungsgesetz (ErbGleichG) sowie das Kindschaftsrechtsreformgesetz (KindRG).

Nachfolgend die wichtigsten Neuregelungen, die am 1. Juli 1998 in Kraft getreten sind:

Durch das Beistandschaftsgesetz wird die seit 1970 geltende gesetzliche Amtspflegschaft für nichteheliche Kinder (§§1706 ff. BGB) abgeschafft und durch eine freiwillige Beistandschaft des Jugendamts mit den Aufgabenkreisen der Vaterschaftsfeststellung und der Geltendmachung von Unterhaltsansprüchen ersetzt. Durch die Beistandschaft wird die elterliche Sorge nicht eingeschränkt.

Das Kindschaftsrechtsreformgesetz enthält unter anderen folgende Neuerungen:

- Das Abstammungsrecht (§§ 1591 ff. BGB) wird neu gefaßt. Die Unterscheidung zwischen ehelicher oder nichtehelicher Abstammung entfällt. Die Vorschriften über die Legitimation nichtehelicher Kinder werden gestrichen.
- Auch nicht miteinander verheirateten Eltern kann das Sorgerecht gemeinsam zustehen, wenn sie eine dahingehende öffentlich beurkundete Sorgeerklärung abgeben (§§ 1626 a bis e BGB). Trennen sich Eltern oder lassen sie sich scheiden, besteht grundsätzlich die gemeinsame Sorge fort, wenn nicht auf Antrag eines Elternteils vom Familiengericht eine andere Entscheidung getroffen wird (§ 1671 BGB).
- Dem Kind wird grundsätzlich ein Recht auf Umgang mit jedem Elternteil eingeräumt. Jeder Elternteil (auch der nichteheliche Vater) ist zum Umgang mit dem Kind berechtigt (§ 1684 BGB).
- § 1741 BGB wird neu gefaßt. Die Adoption des eigenen nichtehelichen Kindes ist künftig nicht mehr möglich. Zur Annahme eines Kindes ist die Einwilligung beider Elternteile (auch des nichtehelichen Vaters) erforderlich (§ 1747 Abs. 1 S. 1 BGB).

Demnach steht immer noch das Jugendamt dem Kind als Beistand zur Seite. Die Funktion des Jugendamtes wird vor allem für die Durchsetzung der Unterhaltsansprüche des Kindes gegenüber dessen Erzeuger bedeutsam. Diese Regelung ist vor allem deshalb wichtig, weil in vielen Fällen die Mutter weder die persönlichen noch die finanziellen Voraussetzungen hat, um die Rechte des Kindes gegenüber seinem Erzeuger durchzusetzen.

In unserem Falle wird sich das Jugendamt darum kümmern, daß Ernst zu seinen Rechten kommt. Da es aus den Anfechtungsakten entnimmt, daß Willi Schraube der Erzeuger ist, fordert es ihn auf, in notarieller Urkunde anzuerkennen, daß er Vater sei, und sich in der gleichen Urkunde zu verpflichten, den »Regelunterhalt« an die Kindesmutter zu zahlen.

Durch das neue Kindesunterhaltsgesetz vom 6. April 1998 wurde dieser Rechtsbereich für sämtliche eheliche und nichteheliche Kinder gleichermaßen neu geregelt. Die alten Vorschriften der §§ 1615b bis 1615k für nichteheliche Kinder wurden aufgehoben. Es gibt lediglich noch einige besondere Vorschriften für das Kind und seine nicht miteinander verheirateten Eltern, zum Beispiel besondere Unterhaltsansprüche der Mutter vor und nach der Geburt und im Falle einer Erwerbslosigkeit (§§ 1615a ff.).

Numehr gilt einheitlich für alle Kinder dasselbe Unterhaltsrecht.

Es ist aber ein Irrtum zu glauben, daß mit dem vollendeten 18. Lebensjahr des Kindes die Unterhaltsleistung des Kindesvaters beendet wäre. Solange das Kind noch keine selbständige Lebensstellung erlangt hat, hat es gegen beide Eltern einen Anspruch auf Unterhalt, wobei der Maßstab der Unterhaltsleistung die Lebensstellung beider Eltern ist.

Entspricht Willi Schraube dem Verlangen des Jugendamtes und erstellt er die angeforderte Urkunde, so ist damit der Fall erledigt. Weigert er sich, so erhebt nunmehr der kleine Ernst im Beistand des Jugendamts gegen seinen Erzeuger Willi Schraube Klage auf Zahlungen in bestimmter Höhe. Es gibt seit der Reform von 1998 ein besonderes Verfahren in Kindschaftssachen, das in §§ 640 ff. ZPO geregelt ist. Dieses gehört auch zu den Familiensachen, so daß die Familiengerichte zuständig sind und Anwaltszwang besteht. Unter Kindschaftssachen versteht man die Feststellung eines Eltern-Kind-Verhältnisses, insbesondere Vaterschaftsanerkennungen, ferner Anfechtungen der Vaterschaft und Feststellung über die elterliche Sorge. Erwähnt sei noch, daß staatliche Erziehungshilfen auf Grund des Kinder-und Jugendhilfegesetzes (KJHG) möglich sind.

Der als Pfleger für Ernst auftretende Rechtsanwalt Rabe hat in dem Unterhaltsprozeß keine andere Stellung als jede Partei, also keine stärkere Position als der Beklagte Willi Schraube. In der Klageschrift hat der Pfleger den entsprechenden Antrag zur Verurteilung Willi Schraubes gestellt und in den Gründen dargelegt, daß nur Willi Schraube als Erzeuger des Klägers in Betracht käme. Zum Beweise für den Geschlechtsverkehr Willi Schraubes mit der Kindesmutter beruft sich das Jugendamt auf das Zeugnis der Kindesmutter Wanda Müller, geb. Schulze. Die Mutter wird also Zeugin in diesem Prozeß sein.

Willi Schraube bekommt nun durch die Post diese Klageschrift zugestellt mit der Aufforderung, binnen vier Wochen schriftlich in doppelter Ausfertigung seine Gegenargumente dem Gericht darzulegen. Die Ladung zum Termin, der auf den 3. September festgesetzt ist, liegt ebenfalls bei.

Wenn Willi Schraube der Auffassung ist, daß er wirklich der einzige Mann war, der in der fraglichen Zeit mit der Kindesmutter Verkehr hatte, dann ist es das beste, wenn er weder antwortet noch zu dem Termin hingeht.

Dann ergeht gegen ihn auf Antrag des Klägers ein Versäumnisurteil, mit Hilfe dessen vollstreckt werden kann. Noch besser ist es allerdings, er zahlt freiwillig und läßt es gar nicht zur Verurteilung kommen.

Willi wird sagen: »Ich will ja zahlen, aber ich verdiene nicht genug, um etwas vom Lohn entbehren zu können.« Dies ist kein Grund, um nicht die Verpflichtung anzuerkennen oder nicht hierzu verurteilt zu werden. Hat Willi nicht genügend Einkommen und Vermögen, so bleibt dann eben die Vollstreckung einstweilen ohne Erfolg. Es ist aber immer besser, wenn ein Erzeuger den Monatsbetrag laufend entrichtet, weil sonst ein Rückstand aufläuft, für den er eben dann einstehen muß, wenn er wieder mehr verdient.

Willi Schraube sollte auch nicht der Auffassung sein, daß er bei Wanda anpochen könnte und sie in Erinnerung an die schönen gemeinsamen Stunden zum Verzicht auf die monatliche Unterhaltsrente bewegen kann. Vielleicht tut Wanda dies oder sie läßt sich von ihm einen »einmaligen Abfindungsbetrag« zahlen. Aber dies ist rechtlich alles unerheblich. Denn nicht Wanda hat einen Anspruch, sondern das Kind Ernst, und nicht Wanda ist Vertreter des Kindes, sondern der Pfleger in der Person des Rechtsanwalts Rabe. Wenn Willi Schraube Sorgen hat, dann ist es am besten, wenn er sich mit dem Rechtsanwalt Rabe in Verbindung setzt.

Nehmen wir also einmal an, es ergeht gegen den nicht zum Termin erscheinenden Willi Schraube ein Versäumnisurteil auf Zahlung von Unterhalt an den Kläger bis zu seinem 18. Lebensjahr.

Dieses Versäumnisurteil wird Willi Schraube am 24. September durch die Post zugestellt. Seine Wirtin nimmt es für ihn in Empfang (siehe Zustellungsurkunde). Am 27. September kommt bei einem Bierabend Willi durch Zufall mit dem Tiefbauarbeiter Egon Grube ins Gespräch, der beiläufig erzählt, daß er mit Wanda Müller, geb. Schulze, gut befreundet gewesen sei. Willi wird hellhörig, spendiert einige Schnäpse und erfährt so zu seinem größten Erstaunen, daß offenbar er nicht allein während der Empfängniszeit mit Wanda verkehrt hat.

Noch ist nichts verloren, Willi! Aber jetzt ja nicht die Einspruchsfrist gegen das Versäumnisurteil verstreichen lassen! Das Urteil ist am 24. September zugestellt. Binnen zwei Wochen muß jetzt Willi gegen das Versäumnisurteil Einspruch erheben. Wie gut, daß Willi gerade noch innerhalb der Einspruchsfrist Kenntnis von Wandas Lebenswandel mit anderen Männern bekommen hat.

Hätte er die Einspruchsfrist – ganz egal, aus welchem Grunde – verstreichen lassen, so wäre das Urteil rechtskräftig geworden, und Willi Schraube hätte gegen seine Zahlungsverpflichtung nichts mehr unternehmen können. Deshalb ist es für einen als »Zahlvater« in Anspruch genommenen Mann immer zweckmäßig, sich in dem gegen ihn angestrengten Prozeß zu wehren, da sich manchmal erst im Prozeß klärt, ob die Kindesmutter nicht noch mit anderen Männern Beziehungen unterhalten hat.

Willi Schraube verfertigt am besten über seinen Anwalt (hier aber kein Anwaltszwang) daher die nachstehende Einspruchsschrift und sorgt dafür, daß diese unbedingt innerhalb der Frist von zwei Wochen im Gerichtsbriefkasten ist.

196

RA Pfiffig

An das
Amtsgericht/Familiengericht
20353 Hamburg

Hamburg, den ...

In Sachen Schulze ./. Schraube – 2 C 618/20 – lege ich für den Beklagten gegen das
Versäumnisurteil vom 3. September 20 . ., zugestellt am 24. September,

EINSPRUCH

ein.

Begründung:

Es ist richtig, daß der Beklagte mit der Kindesmutter zu dem angegebenen Zeitpunkt
Geschlechtsverkehr gehabt hat. Aus diesem Geschlechtsverkehr kann jedoch der als
Kläger auftretende Ernst Schulze nicht stammen. Der Beklagte hat sich bei dem
Geschlechtsverkehr stets sehr vorgesehen und empfängnisverhütende Mittel gebraucht.
Die Kindesmutter hat ihm auch nach dem letzten Verkehr bestätigt, daß sie wieder ihre
Tage bekommen habe.

Beweis: 1. Zeugnis der Kindesmutter;
            2. Zeugnis des Tiefbauarbeiters Egon Grube, Pinneberg bei
               Hamburg.

Nicht der Beklagte ist der Erzeuger, sondern ein gewisser Egon G r u b e.
Mit diesem hat nämlich die Kindesmutter zur gleichen Zeit und auch noch später
Geschlechtsverkehr gehabt.

Ich beantrage daher, den Kläger mit der Klage kostenpflichtig abzuweisen, und beantrage
ferner, die Zwangsvollstreckung aus dem Versäumnisurteil vorläufig einzustellen.

Da Willi Schraube nicht zum ersten Termin erschienen war, erging gegen ihn ein Versäumnisurteil,
das »vorläufig vollstreckbar« ist (§ 708 Z. 3 ZPO). Das bedeutet, daß der Kläger aus diesem Urteil
schon vollstrecken kann, obwohl der Prozeß noch nicht endgültig entschieden ist. Sobald jedoch der
Beklagte gegen das Urteil Einspruch erhebt, kann das Gericht auf seinen Antrag anordnen, daß die
Zwangsvollstreckung aus dem Urteil einstweilen eingestellt wird, eventuell muß allerdings der
Beklagte hierfür eine Sicherheit hinterlegen, oder das Gericht kann anordnen, daß der Kläger nur
gegen Hinterlegung einer Sicherheit vollstrecken darf (§§ 707, 719 ZPO). Diese Einstellung bedeutet nicht, daß bereits erfolgte Pfändungen aufgehoben werden, sperrt aber die weitere Durchführung
der Pfändung.

Infolge des eingelegten Einspruchs ordnet das Gericht nunmehr einen neuen Verhandlungstermin
an. Willi Schraube muß unbedingt hingehen oder vertreten sein, sonst ergeht ein weiteres Versäumnisurteil, und es ist dadurch mit dem Prozeß endgültig aus. Aufgrund dieses Verhandlungstermins ergeht
dann ein Beweisbeschluß, und die Parteien und Zeugen werden auf den 15. Dezember zur Beweiser-
hebung geladen. Die Kindesmutter bestreitet, mit Egon Grube verkehrt zu haben, und auch Egon Grube
kann sich mit einemmal nur noch daran erinnern, daß es zu Küssen gekommen sei, mehr aber auch
nicht. Was er unter dem Einfluß der Schnäpse dem Willi Schraube erzählt habe, sei Angabe gewesen.

Willi Schraube stellt nun entweder gleich zu Protokoll im Termin oder in einem besonderen Schriftsatz den Antrag, eine Blutgruppenuntersuchung oder besser eine DNA-Analyse anzuordnen. Wenn er Glück hat und die angeordnete Untersuchung ergibt, daß die Kindesmutter und Schraube eine andere DNA oder Blutgruppe haben, dann kann jedenfalls Schraube nicht der Vater sein. Und schon hat er seinen Prozeß gewonnen.

Nun wird der Leser sagen, hier habe eben Willi Schraube das große Glück gehabt, noch im letzten Moment von der Existenz Grubes Kenntnis zu erhalten. Andernfalls muß ein in Anspruch genommener Erzeuger, der gegen seine Erzeugerschaft Bedenken hat, versuchen, durch eidliche Vernehmung der Kindesmutter herauszubekommen, ob nicht doch ein anderer Mann im Spiele war.

Sollte beim Vorliegen eines Mehrverkehrs durch erbbiologische Gutachten oder durch DNA- oder Blutgruppenuntersuchung nachgewiesen werden, daß nur einer der mehreren Männer der Erzeuger sein kann, dann hilft diesem die exceptio plurium nichts. Denn da feststeht, daß aus seiner Beiwohnung das Kind erzeugt ist, ist es unmöglich, daß die Beiwohnung der anderen für die Geburt des Kindes von Bedeutung ist.

Sollte ein Kindesvater, der zur Zahlung verurteilt ist, den Versuch unternehmen, sich der Vollstreckung des Urteils durch Auswanderung zu entziehen, so läuft er Gefahr, daß gegen ihn ein persönlicher Arrest beantragt wird (§§ 918, 932 ZPO), um die gefährdete Zwangsvollstreckung in sein Vermögen zu ermöglichen. Dieser Arrest ist mit einem Haftbefehl verbunden, der nur abgewendet werden kann, wenn der Schuldner den vom Gericht festgesetzten Betrag als Sicherheit hinterlegt. Die Verhaftung des Schuldners erfolgt durch einen Gerichtsvollzieher. Der Haftbefehl muß bei der Verhaftung dem Verhafteten vorgezeigt und auf Verlangen abschriftlich mitgeteilt werden. Gegen den persönlichen Arrest kann der Schuldner jederzeit Widerspruch einlegen.

Kinder und ihre Eltern

Kehren wir zu den Kindern der Jedermanns zurück. Die Eltern sind die Sorgeberechtigten und gesetzlichen Vertreter ihrer Kinder.

Der Gesetzgeber nennt diese Stellung der Eltern die »elterliche Sorge«, und zwar üben diese die elterliche Sorge meist gemeinsam aus. Dies ist der Regelfall, auch wenn die Eltern nicht verheiratet sind oder getrennt leben: Die Sorgerechtsentscheidung des Richters im Zusammenhang mit einer Scheidung gibt es nicht mehr. Ein Elternteil kann beim Familiengericht beantragen, daß er das Sorgerecht allein erhält (§ 1671 BGB). Wenn der andere zustimmt und das Kind noch nicht 14 Jahre alt ist, gibt das Gericht dem Antrag statt. Über 14 Jahre hat das Kind ein Widerspruchsrecht und das Gericht muß dann entscheiden, was dem Wohl des Kindes am besten entspricht. Wenn das Gericht beide Eltern für ungeeignet hält, kann es diesen das Sorgerecht ganz oder teilweise entziehen und das Kind anderweitig unterbringen (§§ 1666 ff.). Die Vertretung des Kindes steht demnach beiden Eltern gemeinsam zu, da das Bundesverfassungsgericht die im Gesetz früher vorhandene Bestimmung über den Stichentscheid des Vaters für nichtig erklärt hat.

Die elterliche Sorge betrifft einmal die Person des Kindes. Bis zu dessen Volljährigkeit bestimmen und lenken die Eltern die persönliche Entwicklung des Kindes gemeinsam. Sie sorgen für seine allgemeinen Lebensbedürfnisse durch die Unterhaltsgewährung.

Die elterliche Sorge erschöpft sich natürlich nicht in einer solchen Unterhaltsgewährung, sondern stellt sich als eine umfassende menschliche und rechtliche Verpflichtung dar, mit deren Erfüllung die Eltern den Lebensweg ihres Kindes ebnen. Dies ist in § 1627 BGB wie folgt festgeschrieben:

§ 1627
Die Eltern haben die elterliche Sorge in eigener Verantwortung und in gegenseitigem Einvernehmen zum Wohle des Kindes auszuüben. Bei Meinungsverschiedenheiten müssen sie versuchen, sich zu einigen.

Die elterliche Sorge umfaßt neben der erwähnten Personensorge, welche in §§ 1631 bis 1633 näher geregelt ist, auch die Sorge für das Vermögen des Kindes, welche in den §§ 1638 bis 1649, 1683, 1698 bis 1698 b gesetzlich näher geregelt ist.

Zu der Personensorge gehören die fürsorglichen Maßnahmen zur Entwicklung des Kleinkindes zum Erwachsenen. Hierzu gehört auch die Vornahme angemessener Bestrafung. Jedoch verbietet der Gesetzgeber in § 1631 Abs. 2 BGB die Anwendung unwürdiger Erziehungsmaßnahmen. Hierzu gehören unangemessene Körperstrafen, aber auch psychologisch verfehlte Einwirkungen, zum Beispiel das Lächerlichmachen des Kindes insbesondere vor Dritten. Erweisen sich die Sorgemaßnahmen der Eltern als ungeeignet, so können sich die Eltern zu ihrer Unterstützung an das Familiengericht wenden. Dieses soll gemäß § 1628 BGB darauf hinwirken, daß sich die Eltern auf eine dem Wohl des Kindes entsprechende Regelung einigen. Können sich jedoch die Eltern hinsichtlich einer für das Kind wesentlichen Entscheidung nicht einigen, so kann das Familiengericht nach § 1628 BGB auf Antrag des Elternteils die Entscheidung einem Elternteil übertragen, sofern dies dem Wohle des Kindes entspricht. Insoweit kann das Gericht auch besondere Anweisungen mit verbindlicher Wirkung geben.

Gemäß § 1602 Abs. 2 BGB kann ein minderjähriges unverheiratetes Kind von seinen Eltern Unterhalt insoweit verlangen, als die Einkünfte aus seinem Vermögen oder der Ertrag seiner Arbeit hierzu nicht ausreicht. Gemäß § 1610 BGB richtet sich der Unterhalt nach der Lebensstellung des Bedürftigen, und es gehören hier auch die Kosten für Erziehung und Vorbereitung auf einen Beruf dazu.

Auch ein volljähriges Kind kann Unterhaltsansprüche gegenüber seinen Eltern haben. Als die Volljährigkeit auf die Vollendung des 21. Lebensjahres abgestellt war, waren sehr viele volljährige Kinder bereits im eigenen Erwerbsleben und von dem Geldbeutel der Eltern unabhängig.

Nachdem die Volljährigkeit mit der Vollendung des 18. Lebensjahres eintritt, sind wohl die meisten Kinder noch von ihren Eltern geldlich abhängig. Mag auch die schulische Berufsausbildung mit dem Eintritt der Volljährigkeit gewöhnlich abgeschlossen sein, so nimmt es doch noch manches Jahr in Anspruch, in welchem die Unterhaltspflicht der Eltern den noch nicht eingetretenen Erwerb des Berufslebens ersetzen muß. Durch Gesetz vom 6. April 1998 (Kindesunterhaltsgesetz) wurde das Unterhaltsrecht der Kinder völlig neu gestaltet. Bedeutsam sind insoweit jetzt folgende Vorschriften:

§ 1603
Unterhaltspflichtig ist nicht, wer bei Berücksichtigung seiner sonstigen Verpflichtungen außerstande ist, ohne Gefährdung seines angemessenen Unterhalts den Unterhalt zu gewähren.
(2) [1]Befinden sich Eltern in dieser Lage, so sind sie ihren minderjährigen unverheirateten Kindern gegenüber verpflichtet, alle verfügbaren Mittel zu ihrem und der Kinder Unterhalte gleichmäßig zu verwenden. [2]Den minderjährigen unverheirateten Kindern stehen volljährige unverheiratete Kinder bis zur Vollendung des 21. Lebensjahres gleich, solange sie im Haushalt der Eltern oder eines Elternteils leben und sich in der allgemeinen Schulausbildung befinden. [3]Diese Verpflichtung tritt nicht ein, wenn ein anderer unterhaltspflichtiger Verwandter vorhanden ist; sie tritt auch nicht ein gegenüber einem Kinde, dessen Unterhalt aus dem Stamme seines Vermögens bestritten werden kann.

§ 1612
(1) ¹Der Unterhalt ist durch Entrichtung einer Geldrente zu gewähren. ²Der Verpflichtete kann verlangen, daß ihm die Gewährung des Unterhalts in anderer Art gestattet wird, wenn besondere Gründe es rechtfertigen.
(2) ¹Haben Eltern einem unverheiratetem Kind Unterhalt zu gewähren, so können sie bestimmen, in welcher Art und für welche Zwecke im voraus der Unterhalt gewährt werden soll, wobei auf die Belange des Kindes die gebotene Rücksicht zu nehmen ist. ²Aus besonderen Gründen kann das Familiengericht auf Antrag des Kindes die Bestimmung der Eltern ändern. ³Ist das Kind minderjährig, so kann ein Elternteil, dem die Sorge für die Person des Kindes nicht zusteht, eine Bestimmung nur für die Zeit treffen, in der das Kind in seinem Haushalt aufgenommen ist.
(3) ¹Eine Geldrente ist monatlich im voraus zu zahlen. ²Der Verpflichtete schuldet den vollen Monatsbeitrag auch dann, wenn der Berechtigte im Laufe des Monats stirbt.

§ 1612a
(1) Ein minderjähriges Kind kann von einem Elternteil, mit dem es nicht in einem Haushalt lebt, den Unterhalt als Vomhundertsatz des jeweiligen Regelbetrags nach der Regelbetrag-Verordnung verlangen.
(2) ¹Der Vomhundertsatz ist auf eine Dezimalstelle zu begrenzen; jede weitere sich ergebende Dezimalstelle wird nicht berücksichtigt. ²Der sich bei der Berechnung des Unterhalts ergebende Betrag ist auf volle Euro aufzurunden.
(3) ¹Die Regelbeträge werden in der Regelbetrag-Verordnung nach dem Alter des Kindes für die Zeit bis zur Vollendung des sechsten Lebensjahrs (erste Altersstufe), die Zeit vom siebten bis zur Vollendung des zwölften Lebensjahrs (zweite Altersstufe) und für die Zeit vom 13. Lebensjahr an (dritte Altersstufe) festgesetzt. ²Der Regelbetrag einer höheren Altersstufe ist ab dem Beginn des Monats maßgebend, in dem das Kind das betreffende Lebensjahr vollendet.
(4) ¹Die Regelbeträge ändern sich entsprechend der Entwicklung des durchschnittlich verfügbaren Arbeitsentgelts erstmals zum 1. Juli 1999 und danach zum 1. Juli jeden zweiten Jahres. ²Die neuen Regelbeträge ergeben sich, indem die zuletzt geltenden Regelbeträge mit den Faktoren aus den jeweils zwei der Veränderung vorausgegangenen Kalenderjahren für die Entwicklung
1. der Bruttolohn- und -gehaltsumme je durchschnittlich beschäftigten Arbeitnehmer und
2. der Belastung bei Arbeitsentgelten
vervielfältigt werden; das Ergebnis ist auf volle Euro aufzurunden. Das Bundesministerium der Justiz hat die Regelbetrag-Verordnung durch Rechtsverordnung, die nicht der Zustimmung des Bundesrates bedarf, rechtzeitig anzupassen.
(5) ...

Regelbetrag-Verordnung vom 06.04.1998 (Stand 2002)
§ 1 Die Regelbeträge für den Unterhalt eines minderjährigen Kindes gegenüber dem Elternteil, mit dem es nicht in einem Haushalt lebt, betragen monatlich
1. in der ersten Altersstufe vom 1. Juli 2001 an 366 Deutsche Mark und vom 1. Januar 2002 an 188 Euro.
2. in der zweiten Altersstufe vom 1. Juli 2001 an 444 Deutsche Mark und vom 1. Januar 2002 an 228 Euro.
3. in der dritten Altersstufe vom 1. Juli 2001 an 525 Deutsche Mark und vom 1. Januar 2002 an 269 Euro.

§ 2 Die Regelbeträge für den Unterhalt eines minderjährigen Kindes gegenüber dem Elternteil, mit dem es nicht in einem Haushalt lebt, betragen in dem in Artikel 3 des Einigungsvertrages genannten Gebiet monatlich
1. in der ersten Altersstufe vom 1. Juli 2001 an 340 Deutsche Mark und vom 1. Januar 2002 an 174 Euro.
2. in der zweiten Altersstufe vom 1. Juli 2001 an 411 Deutsche Mark und vom 1. Januar 2002 an 211 Euro.
3. in der dritten Altersstufe vom 1. Juli 2001 an 487 Deutsche Mark und vom 1. Januar 2002 an 249 Euro.

Mit dem Wegfall der Sonderregelungen für nicht eheliche Kinder gilt diese Verordnung für alle Kinder gleichermaßen.

200   Auch ist zusätzlich das Unterhaltsvorschußgesetz 2002 für Kinder alleinstehender Väter und Mütter zu beachten. Diese Ansprüche gegen den Staat bestehen für längstens 72 Monate.

Im Freundeskreis der Familie Jedermann ist zwischen den Eltern und dem Sohn Udo Streit entstanden. Die Eltern wünschen, daß der 20jährige Udo nach wie vor in der elterlichen Wohnung lebt und eine Berufsausbildung ergreift, die es ihm ermöglicht, in die väterliche Firma, einen Papierwarenhandel, einzutreten. Udo hat keinerlei Interesse für diesen Beruf, er ist künstlerisch sehr begabt und möchte ein Musikstudium durchführen.

Da er volljährig ist, kann er die Berufswahl selbst treffen. Und das tut er auch. Sein Entschluß hat das Zusammenleben in der Familie derartig unerquicklich gemacht, daß er sich entschließt, auszuziehen und von seinen Eltern eine monatliche Unterhaltsrente zu verlangen, welche ihm einen ausreichenden Unterhalt für die gewählte Berufsausbildung gewährleistet. Würden sich die Eltern streiten, so könnte er eine entgegenstehende Anweisung der Eltern durch das Familiengericht abändern lassen.

Die Eltern sind aber einsichtig genug, es nicht soweit kommen zu lassen, sondern treffen mit Udo eine schriftliche Vereinbarung, wonach er monatlich im voraus einen Unterhaltsbetrag von 350,– Euro erhält. Falls keine Einigung erfolgt, muß grundsätzlich der Unterhalt für eine angemessene Ausbildungszeit oder Studium bezahlt werden.

Die Schulpflicht

Die Kinder von Familie Jedermann stehen im sechsten Lebensjahr. In diesem wird ein jedes schulpflichtig, falls es bis zum 30. Juni dieses Jahres sein sechstes Lebensjahr vollendet. Es muß dann von dem Sorgeberechtigten zur Schule angemeldet werden. Die Schulpflicht ist in der Bundesverfassung und in den Länderverfassungen verankert. Die Einzelheiten regeln die jeweiligen Landesgesetze.

Es ist Pflicht der Sorgeberechtigten, also der Eltern von Michael und Angelika Jedermann, dafür zu sorgen, daß sie regelmäßig die Schule besuchen. Ist ein Kind ohne Grund säumig, so können die Eltern, wenn sie schuldhaft gehandelt haben, in Strafe genommen werden. Die Schulbehörde kann auch das säumige Kind durch die Polizeibehörde zwangsweise auf Veranlassung der Schulaufsichtsbehörde dem Unterricht zuführen lassen.

Verwaltung des Kindesvermögens

Aber nicht nur um die Person ihrer Kinder und ihr Wohlergehen haben sich die Eltern zu kümmern. Sie müssen auch für das Vermögen der Kinder sorgen. Erben die Kinder von der Großmutter oder einem Onkel etwas oder bekommen sie etwas geschenkt, so müssen die Eltern dieses Kindesvermögen gewissenhaft verwalten und hierzu die erforderlichen Maßnahmen treffen. Soweit hierzu Verträge geschlossen oder sonstige rechtsgeschäftliche Erklärungen abgegeben werden müssen, können die Eltern dies aufgrund ihrer Eigenschaft als gesetzliche Vertreter tun.

Sie können demnach im Namen der Kinder handeln und über deren Vermögen Verfügungen treffen. Hier besteht nun die Gefahr eines Mißbrauchs. Deswegen hat der Gesetzgeber vorgeschrieben, daß das Geld der Kinder nach den Grundsätzen einer wirtschaftlichen Vermögensverwaltung anzulegen ist. Eine »mündelsichere« Anlage ist nicht mehr erforderlich (§ 1642). Haben die Kinder Grundstücke, so können die Eltern diese nicht einfach veräußern, sondern bedürfen hierzu der Genehmigung des Familiengerichts (dies ergibt sich aus einer Verweisung des § 1643 BGB auf § 1821 Z. 1 BGB).

Auch zu einer Anzahl anderer für das Kindesvermögen schwerwiegender Verfügungen, zum Beispiel zum Erwerb oder zur Veräußerung eines Erwerbsgeschäftes des Kindes, zum Abschluß von Miet- und Pachtverträgen, zur Aufnahme von Krediten für das Kind, zur Ausstellung von Wechseln und Schuldverschreibungen, zur Eingehung von Bürgschaften und zur Erteilung einer Prokura, bedürfen die Eltern stets der Genehmigung des Familiengerichts. Wollen sie also ein Grundstück der Tochter veräußern, so wird der Notar in den Kaufvertrag die Klausel aufnehmen, daß die Eltern ihre Erklärungen als Vertreter der Tochter vorbehaltlich der noch einzuholenden Genehmigungen des Familiengerichts abgeben. Der Notar wird dann die entsprechende Genehmigung einholen; gegebenenfalls werden Paul und Karin dem Familiengericht die Gründe darlegen, warum die Veräußerung zweckmäßig sei.

Im Interesse der Vermeidung unnötiger Kosten ist es in solchen Fällen immer vernünftig und zweckmäßig, sich schon vor Tätigung des notariellen Vertrages persönlich zu dem Familienrichter zu begeben und mit diesem das Projekt zu erörtern. Der Richter ist gern bereit, denn es ist ja sein Beruf, derartige Fragen gewissenhaft durchzusprechen, und wird aus seiner großen richterlichen Erfahrung heraus erforderliche Ratschläge und Hinweise geben. Es ist nicht nur völlig verkehrt, vor dem Richter irgendeine Scheu zu haben, die Sorgeberechtigten sollten vielmehr darauf bedacht sein, mit dem Gericht in allen Fragen der Vermögens- und Personensorge Kontakt zu halten.

Der kleine Michael Jedermann hat eine Hypothek an einem Grundstück des Darlehensschuldners Oskar Weiß von einer Tante geerbt. Als die Hypothek fällig wird, kündigen Paul und Karin in ihrer Eigenschaft als gesetzliche Vertreter diese Hypothek und wollen sie einziehen. Weiß, der nach tausend Mitteln und Wegen sucht, um nicht sofort zahlen zu müssen, behauptet, die Kündigung sei gar nicht wirksam, da die Genehmigung des Familiengerichts für die Kündigung fehle. Weiß hat unrecht, Paul und Karin Jedermann können Forderungen ihrer Kinder, auch wenn sie hypothekarisch gesichert sind, einziehen, abtreten und über sie verfügen. Sie stehen insoweit besser da als ein Vormund, der allerdings gemäß § 1812 BGB die Genehmigung des Vormundschaftsgerichts für derartige Handlungen benötigt (siehe auch unter Rechtsstellung des Vormundes). Die Kündigung ist demnach wirksam, und Weiß muß zahlen.

Paul und Karin möchten gerne eine Parzelle von Angelikas Grundstück zur Abrundung von Karins Grundstück verwenden, die Parzelle also in Karins Eigentum überführen. Hier können Paul und Karin jedoch nicht als Vertreter ihrer Tochter tätig werden.

Man sieht auf einen Blick, daß man einen gesetzlichen Vertreter nicht in die Lage versetzen darf, Geschäfte über das Kindesvermögen mit sich selber zu tätigen.

Hier liegt eine sogenannte Interessenkollision vor. Gemäß §§ 1795, 181 BGB haben die Eltern daher insoweit keine Vertretungsmacht für ihre Tochter. In diesem Fall muß wiederum ein sogenannter Ergänzungspfleger bestellt werden (§ 1909 BGB), der im Namen des Kindes den Vertrag mit Karin schließt, die erforderliche Genehmigung des Vormundschaftsgerichts einholt und so ein Mitwirken Paul Jedermanns überflüssig macht.

Zu Weihnachten will Paul Jedermann seinen kleinen Kindern verschiedenes schenken. Jubelnd stürzen die Kinder auf die unter dem Christbaum stehenden Geschenke zu und beginnen, mit ihnen zu spielen. Wem gehören diese schönen Sachen nun? Die Frage ist nicht einfach zu beantworten. Man muß Paul Jedermanns Willen erforschen. Bei wertvollen »Geschenken« wollen Eltern nämlich gar nicht, daß Kinder Eigentum erwerben, sondern daß sie diese lediglich zum Spielen benutzen dürfen. Dann bleibt der Vater Eigentümer der von ihm erworbenen Geschenke.

Bei weniger wertvollen Sachen wird man vielleicht auch einem vier- und fünfjährigen Kind durchaus Eigentum verschaffen wollen. Da das Kind unter sieben Jahren geschäftsunfähig ist, das heißt überhaupt keine Verträge tätigen kann, kann ein Eigentumserwerb nur dadurch eintreten, daß Jedermanns als Vertreter ihrer Kinder ihre eigene Schenkung annehmen. Es gibt Sonderregelungen für ererbtes Vermögen der Kinder (§ 1640). Die Haftung der Minderjährigen aus Handlungen seiner Eltern für ihn beschränkt sich auf das bei Volljährigkeit vorhandene Vermögen (§ 1629a).

202

Beschränkte Geschäftsfähigkeit

Michael Jedermann, den wir jetzt in erster Linie betrachten wollen, hat das siebte Lebensjahr vollendet. Er ist nunmehr erwachsen genug, um in gewissem Umfang seine Vermögensangelegenheiten selbst wahrzunehmen. Er ist aber noch nicht reif genug, daß man ihm einen beliebigen Spielraum lassen kann. Vom siebten bis 18. Lebensjahr hat er zwar eine Geschäftsfähigkeit, aber nur eine beschränkte.

Das Bürgerliche Gesetzbuch schreibt einzelne Grenzen dieser beschränkten Geschäftsfähigkeit folgendermaßen vor. Solche Geschäfte, die Michael Jedermann lediglich einen rechtlichen Vorteil bringen, kann er nunmehr selbst vornehmen. Er kann sich von Verwandten oder Bekannten zum Beispiel Geld oder ein Tier schenken lassen. Selbst wenn dieses Tier bösartig ist und daher eine Gefahr für ihn und seine Mitmenschen darstellt, kann er Eigentümer dieses Tieres sein. Eigentümer eines Hundes kann er jedoch nicht werden, weil er als Hundehalter Steuern zahlen müßte. Daß es wirtschaftlich vielleicht kein Vorteil ist, ist unbeachtlich, rechtlich ist der unentgeltliche Erwerb einer beweglichen Sache nur von Vorteil oder, wie man sagt, lukrativ. Dagegen kann sich Michael Jedermann kein Grundstück schenken lassen, denn das Eigentum an einem Grundstück löst sofort eine Anzahl von rechtlichen Pflichten aus, wie zum Beispiel öffentliche Abgaben, Straßenreinigung und dergleichen mehr.

Die Jugendliebe

Michael Jedermann ersteht, als er 17 Jahre alt ist, bei einem Juwelier einen Ring und verspricht in den nächsten Tagen die Bezahlung. Den Ring verschenkt er noch am gleichen Tage an seine Freundin Irmgard Lieb. In diesem Fall ergibt sich folgende Rechtslage:

Der Juwelier kann von Michael keine Bezahlung für den verkauften Ring verlangen. Die Bezahlung des Kaufpreises kann man gemäß § 433 BGB nur dann verlangen, wenn ein gültiger Kaufvertrag zustande gekommen ist. Ein gültiger Kaufvertrag begründet für beide Vertragspartner Pflichten. Der Verkäufer muß die verkaufte Sache übergeben und übereignen, der Käufer muß den vereinbarten Kaufpreis zahlen, das heißt die entsprechende Geldsumme übergeben und übereignen.

Demnach hat Michael Jedermann bei einem Kaufvertrag nicht nur rechtliche Vorteile, sondern auch Nachteile. Selbst wenn ein solcher Kaufvertrag wirtschaftlich außerordentlich günstig wäre, liegt rechtlich doch ein nicht nur vorteilhaftes Geschäft vor. Ein solches Geschäft kann er aber nur dann tätigen, wenn seine Eltern von vornherein einem solchen Geschäft ihre Einwilligung gegeben haben. Die Eltern müßten also ihm oder dem Juwelier erklärt haben, daß sie mit dem Ankauf des Ringes einverstanden waren. Dies ist hier nicht geschehen. Trotzdem ist der Kaufvertrag nicht nichtig, sondern seine Wirksamkeit in der Schwebe, das heißt die Eltern könnten nunmehr, nachdem sie von dem Geschäft gehört haben, nachträglich ihre Zustimmung geben, es also genehmigen. Wenn die Eltern dies nicht tun, wird der Kaufvertrag nichtig. Schweigen wäre trotz schriftlicher Aufforderung keine Genehmigung.

Um den »Kaufvertrag« zu erfüllen, hatte der Juwelier den Ring Michael Jedermann übergeben und ihm erklärt, daß er nunmehr Eigentümer sein sollte. Michael war damit einverstanden und hatte den Ring entgegengenommen. Dadurch ist er gemäß § 929 BGB Eigentümer des Ringes geworden. Obwohl also der Kaufvertrag, der die Verpflichtung des Juweliers zur Hingabe des Ringes begründen sollte, nichtig ist, also überhaupt nicht da ist, ist die Eigentumsübertragung wirksam, denn die Übereignung bringt ihm ja lediglich einen rechtlichen Vorteil. Der Ring gehört jetzt zu seinem Vermögen. Dieses Geschäft ist wirksam.

Michael hat sein Eigentum an dem Ring auch nicht dadurch verloren, daß er ihn seiner Freundin Irmgard Lieb schenkte. Zwar sagt auch er, genau wie der Juwelier zu ihm, daß sie Eigentümerin des Ringes werden sollte, aber dieses Mal würde ein solches Verhalten ihm einen rechtlichen Nachteil bringen, denn er würde sein Eigentum verlieren. Aus diesem Grunde haben wir dieselben Überlegungen wie zuvor anzustellen. Wenn die Eltern nicht einwilligen oder hinterher der Weitergabe des Ringes zustimmen, bleibt Michael Jedermann Eigentümer des Ringes. Er hat allerdings nicht mehr den Ring in seinen Händen, er ist nicht mehr Besitzer des Ringes, aber er kann jetzt von der Besitzerin gemäß § 985 BGB den Ring herausverlangen.

203

Diese Rechtsstellung, daß er noch Eigentümer des Ringes ist, hatte er von dem Juwelier erlangt, ohne daß er darauf einen Anspruch hatte, denn der Kaufvertrag war ja nichtig. Er ist also um dieses Eigentum an dem Ring auf Kosten des Juweliers ohne Rechtsgrund bereichert. Der Juwelier kann daher nach § 812 BGB verlangen, daß er diese ungerechtfertigte Bereicherung, das heißt das Eigentum an dem Ring, wieder an den Juwelier zurücküberträgt. Sobald der Juwelier wieder Eigentümer geworden ist, kann er dann von Irmgard den Ring herausverlangen, und die Rechtslage ist wieder in Ordnung.

Der Hund

Der 17jährige Michael Jedermann hat von seinem Vater einen Hund geschenkt bekommen. Nach einiger Zeit zeigt der Hund Unarten und belästigt andere Personen. Trotzdem läßt ihn Michael Jedermann weiterhin ohne Maulkorb und ohne ihn anzuleinen umherlaufen. Der Hund beißt den Spaziergänger Sauer. Dieser kann von Michael Jedermann Ersatz des ihm durch den Biß entstandenen Schadens verlangen.

Die Haftung Jedermanns ergibt sich einmal aus der Tatsache, daß er Halter des Tieres ist (§ 833 BGB). Halter des Tieres ist jeder, der dem Tier im eigenen Interesse Obdach und Nahrung gibt. Meist ist dies der Eigentümer des Hundes. Aber es kommt nicht darauf an, daß der Halter auch zugleich Eigentümer ist. Wenn die Übereignung an Michael Jedermann aus irgendeinem Grunde unwirksam war, so liegt doch die Tatsache vor, daß er den Hund »hält«. Dieses Halten verlangt nur einen natürlichen Willen, den auch ein Minderjähriger haben kann.

Diese Tatsache des Haltens begründet die Verpflichtung zum Schadensersatz, wobei es nicht darauf ankommt, ob Jedermann vorsätzlich oder fahrlässig gehandelt hat. Man spricht hier von einer sogenannten Gefährdungshaftung. Die Tatsache, daß man ein Tier, dessen Psyche nie ganz kontrollierbar ist, hält, hat den Gesetzgeber veranlaßt, den Tierhalter haften zu lassen.

Das Taschengeld

Der 17jährige Michael Jedermann spart sich immer etwas von seinem Taschengeld, das er monatlich in Höhe von 50,– Euro von seinem Vater erhält. Als er so nach und nach 200,– Euro zusammengespart hat, kauft er sich in der Klassenlotterie ein ganzes Los und kommt als glücklicher Gewinner mit 20 000,– Euro heraus. Mit diesem Geld kauft er sich eine alte Segeljolle, mit der er eine Wasserwanderung zu tun gedenkt. Jetzt kommt sein Vater Paul Jedermann dahinter und macht Krach. Er verlangt, daß der Verkäufer die Jolle zurücknimmt und die 20 000,– Euro wieder herausrückt. Dieser weigert sich und meint, die 20 000,– Euro hätten Otto zur freien Verfügung gestanden, und jeder Vertrag, mit solchen Mitteln erfüllt, sei wirksam.

Der Verkäufer muß dem Verlangen Jedermanns entsprechen. Zwar ist es richtig, daß solche Verträge, die der Minderjährige mit seinem Taschengeld, allgemeiner ausgedrückt, mit den ihm zur freien Verfügung stehenden Mitteln, erfüllt, durch diese Erfüllung wirksam werden.

Betrachten wir unter diesem Gesichtspunkt den Loskauf, so müssen wir feststellen, daß der zunächst schwebend unwirksame Kaufvertrag über das Los durch die Zahlung der 200,– Euro von dem ersparten Taschengeld wirksam geworden ist. Denn dieses Geld war Michael Jedermann zur freien Verfügung überlassen.

Anders ist es jedoch mit den gewonnenen 20 000,– Euro. Man kann nicht einfach sagen, daß die 200,– Euro sich durch Michaels Glück eben in 20 000,– Euro verwandelt hätten und ihm nun diese zur freien Verfügung stünden. Der besonnene Vater Paul Jedermann denkt gar nicht daran, seinen Sohn mit einer derartig großen Summe frei wirtschaften zu lassen. Und auf seinen Willen kommt es an. Demzufolge ist der Kaufvertrag über die Jolle nicht mit Mitteln erfüllt, die Michael zur freien Verfügung stehen. Wir sind wieder bei dem Grundfall angelangt, daß ein Minderjähriger einen Vertrag getätigt hat, der so lange schwebend unwirksam ist, bis ihn der gesetzliche Vertreter genehmigt. Da die Jedermanns gar nicht daran denken, wird der Vertrag endgültig nichtig, und der Verkäufer ist verpflichtet, das Geld, um das er ungerechtfertigt bereichert ist, Zug um Zug gegen Rückgabe der Jolle herauszugeben.

Die Nachhilfestunden

Angelika hingegen, die sehr sparsam und besonnen ist, benutzt die Zeit, um eine Schulkameradin einer tieferen Klasse auf die Versetzung vorzubereiten. Der Vater dieses Mädchens, ein gewisser Erich Tanne, hat ihr erklärt, er werde ihr für jede Unterrichtsstunde zehn Euro zahlen. Angelika hat Erfolg, die kleine Tanne wird versetzt. Sie hat auch fein säuberlich die Stundenzahl aufgeschrieben, und Tanne ist ganz entsetzt, daß er nun 100 Stunden, also 1000,– Euro, bezahlen soll. Er meint, seine Tochter hätte es auch so geschafft und Angelika selbst hätte auch allerhand dabei gelernt. Außerdem könne eine Minderjährige mit ihm keinen Vertrag schließen.

Als Angelika sich bei ihrem Vater beklagt, lacht dieser sie aus und meint, daß ihr das eine Lehre sein solle. Er habe sowieso nichts für die dauernde Stubenhockerei übrig, er genehmige jedenfalls das ganze Geschäft nicht. Frage: Hat Angelika nun einen Anspruch auf die 1000,– Euro oder nicht?

Angelika hat diese Forderung. Ihr Unterrichtsvertrag (ein Dienstvertrag), den sie mit dem alten Tanne zugunsten der kleinen Tanne schloß, war als Vertrag schwebend unwirksam und von der Genehmigung der Eltern abhängig. Angelika hat jedoch diesen Vertrag mit Mitteln erfüllt, die sie zur freien Verfügung bekommen hat, nämlich mit ihrer Unterrichtsbegabung. In sinnvoller Anwendung des § 110 BGB, des sogenannten Taschengeldparagraphen, ist also der Vertrag zwischen Angelika und Tanne wirksam geworden.

Sie muß allerdings – wenn ihre Eltern nicht daran denken, diese Forderung einzuklagen – warten, bis sie volljährig geworden ist, und dann die Forderung selbst geltend machen. (Beachte, daß Forderungen aus solchen Unterrichtsverträgen in drei Jahren verjähren.) Lassen die Eltern eine solche Forderung, die gegen ihren Willen nicht eingeklagt werden kann, hier verjähren, so sind sie schadensersatzpflichtig, und die Tochter kann nach erlangter Volljährigkeit von ihnen diese 1000,– Euro verlangen.

Michaels Handelsgeschäft

Inzwischen hat der Sohn sich überlegt, daß er sich mit den 20 000,– Euro kaufmännisch sehr gut betätigen könne, indem er mit ihnen einen kleinen Briefmarkenhandel beginnt. Da er gerade die Reifeprüfung bestanden hat, meint er, er könne mit Hilfe eines solchen kleinen Unternehmens sein Studium finanzieren. Jedermann ist über die kaufmännische Begabung und Idee seines Sohnes begeistert und gibt nunmehr seine Einwilligung dazu, daß er 20 000,– Euro in diesem Sinne verwendet. Auch Karin gibt ihre mütterliche Einwilligung.

Jedermann kommt auch gut ins Geschäft, und unter anderem gelingt ihm der Ankauf einer kleinen Sammlung zu günstigen Bedingungen von dem Erben Trost. Als dieser jedoch nach einiger Zeit erfährt, daß er bei einigem Geschick mehr aus der Sammlung hätte herausholen können, will er auf Biegen oder Brechen von dem Kaufvertrag loskommen. Da kommt es ihm gerade zurecht, als er erfährt, daß Michael noch minderjährig ist. Er schreibt ihm daher, daß er die Herausgabe der verkauften Briefmarkensammlung verweigere, da der Kaufvertrag unwirksam sei. Auf jeden Fall mache er von seinem Widerrufsrecht nach § 109 BGB Gebrauch, da er die Minderjährigkeit Michael s nicht gekannt habe. Grundsätzlich mache er mit Kindern keine Verträge. Der erboste Michael Jedermann erhebt nach Durchführung eines Schlichtungsverfahrens vor dem Amtsgericht Klage auf Erfüllung des Kaufvertrages, und gibt den Streitwert des Prozesses mit 900,– Euro an, soviel sei die Sammlung wert. Trost verteidigt sich genauso, wie er geschrieben hat, macht aber außerdem auch noch geltend, daß ein Minderjähriger überhaupt keine Klage erheben könne. Diesen Prozeß wird Trost verlieren.

Jedermann kann die Klage ohne Mitwirkung seiner Eltern erheben. Die Fähigkeit, Klagen zu erheben, nennt das Gesetz die Prozeßfähigkeit. Gemäß § 52 ZPO ist man insoweit prozeßfähig, als man sich durch Verträge verpflichten kann. Ein Minderjähriger kann dies – wie vorstehend entwickelt – natürlich nicht. Aber der Sohn hat mit Ermächtigung seiner Eltern und Genehmigung des Familiengerichts ein selbständiges Erwerbsgeschäft begonnen. Dadurch ist er für solche Geschäfte, die dieser Betrieb mit sich bringt, voll geschäftsfähig. Er kann selbst die Forderung einklagen. Da der Ankauf der Briefmarkensammlung in den Rahmen seines Gewerbebetriebes fällt, ist der Sohn für dieses Geschäft voll geschäftsfähig, und der Vertrag ist wirksam geschlossen.

Die minderjährige Angestellte

Nach bestandener Prüfung tritt Angelika mit Zustimmung der Eltern als Angestellte in den Modesalon »Junge Mode«, Inhaberin Elfriede Band, ein. Obwohl Angelika minderjährig ist, kann sie selbst ihren monatlichen Lohn in Empfang nehmen und notfalls einklagen. Gemäß § 113 BGB ist sie für derartige Geschäfte geschäftsfähig, obwohl sie noch minderjährig ist. Schon nach kurzer Zeit stellt Angelika fest, daß sie eine schlechte Arbeitgeberin gefunden hat, die sie über Gebühr ausnutzt, fortwährend schikaniert und den Lohn nicht pünktlich zahlt. Kurzerhand kündigt sie ihren Dienstvertrag mit Frau Band und schließt einen neuen mit der Konkurrenz »Modesalon Femme«, Inhaber Ottomar Gras. Die Eltern wissen von diesen eigenmächtigen Handlungen ihrer Tochter nichts und mißbilligen sie sogar.

Trotzdem ist rechtlich gegen diese Maßnahmen Angelika nichts einzuwenden. Die Tochter gilt nämlich nicht nur als geschäftsfähig hinsichtlich der Geltendmachung ihrer Rechte aus dem Dienstvertrag, sondern sie ist auch berechtigt, einen neuen Vertrag gleicher Art einzugehen, ohne der Genehmigung ihres gesetzlichen Vertreters zu bedürfen. Allerdings darf es sich dabei nur um Dienstverhältnisse der Art handeln, die sie mit Erlaubnis ihrer Eltern erstmalig eingehen durfte. Wollte Angelika also plötzlich Kellnerin in einem Hotel werden, so ist sie hierzu nicht gemäß § 113 BGB ermächtigt, sondern muß erneut die Zustimmung ihrer Eltern einholen.

Religiöse Erziehung

Die Jedermanns bekommen noch einen Nachkömmling, den sie beide abgöttisch lieben. Über den kleinen Klaus kommt es zwischen den Ehegatten alsbald zu erheblichen Zerwürfnissen. Paul will, daß der Junge wie die beiden anderen Kinder im evangelischen Religionsbekenntnis erzogen wird. Karin, die seit einiger Zeit den Gedanken hat, zum katholischen Glaubensbekenntnis überzutreten, will das Kind katholisch taufen und erziehen lassen. Als Paul auf seinem Willen besteht, nimmt Karin kurzerhand das Kind und flüchtet zu ihrer Mutter, die in Frankfurt wohnt.

Der erbitterte Paul will seinen Jungen wiederhaben und wissen, wer über die Frage der religiösen Seite der Kindererziehung zu bestimmen hat. Gemäß § 1632 BGB muß sich Paul an das Familiengericht wenden, um die Herausgabe des entführten Kindes zu verlangen. Er kann nicht etwa eigenmächtig in die Wohnung seiner Schwiegereltern eindringen und das Kind mit Gewalt zurückholen. Er würde dadurch Hausfriedensbruch begehen und müßte damit rechnen, daß man ihn gewaltsam abstellt.

Nachdem es Paul mit Hilfe des Familiengerichts gelungen ist, seinen Sohn Klaus wieder bei sich zu haben, will er die Frage der religiösen Erziehung des Jungen lösen. Hierfür hat der Gesetzgeber eine besondere Regelung im Gesetz über die religiöse Kindererziehung getroffen. Danach bestimmt, wenn die Ehegatten sich nicht einig werden können, das Vormundschaftsgericht, in welchem Glauben das Kind erzogen und wie es daher getauft wird. Eine spätere Änderung der religiösen Erziehung des Kindes können nur noch die beiden Ehegatten gemeinsam beschließen. Vom vollendeten 14. Lebensjahr an bestimmt das Kind selbst, in welchem Glauben es erzogen werden will.

Pauls Bestimmung ist demnach nicht maßgebend. Jedoch kann gemäß § 1628 BGB Paul bei dem Vormundschaftsgericht beantragen, daß ihm für diesen Fall die alleinige Entscheidung übertragen wird. Dieses entscheidet unter Berücksichtigung aller Umstände im Interesse des Kindes.

Rechte der Eltern

Bisher war immer nur davon die Rede, welche Pflichten und Lasten die Eltern mit der Erziehung und Förderung ihrer Kinder hatten. Eltern haben aber auch Rechte.

Bei der Jedermannschen Familie hatte Angelika, wie wir sahen, einigen Grundbesitz von den Großeltern geerbt. Nehmen wir ferner noch an, daß Michael ein Bankkonto in Höhe von 4000,– Euro von einem Onkel erhält. Vergessen wir nicht, daß Michael daneben durch seinen Briefmarkenhandel, den er mit den gewonnenen 20 000,– Euro eröffnet hat, auch ein weiteres Geschäftsvermögen im Wert von 25 000,– Euro besitzt.

Wir müssen diese beiden verschiedenen Vermögen jetzt streng auseinanderhalten. Gemäß § 1649 BGB sind die Einkünfte des Kindesvermögens für die Verwaltungskosten und der Überschuß für den Unterhalt des Kindes zu verwenden. Reichen diese Einkünfte nicht aus, so muß das Kind, das bereits selbst verdient (zum Beispiel als Angestellter oder durch eine selbständige Tätigkeit), diese Einkünfte verwenden, um seinen Unterhalt zu ermöglichen.

Der Sohn kann also nicht zu Hause speisen, in seinen Mieträumen umsonst wohnen und seinen eigenen Verdienst einstecken. Er muß vielmehr einen angemessenen Beitrag hiervon »zu Hause« abgeben, auch wenn die Anschaffung des Motorrades sich dadurch etwas verzögert.

Aus Angelikas Vermögen fließen weitaus größere Einkünfte, als für ihren Unterhalt benötigt werden. »Die verbleiben mir, kraft Nutznießung«, meint Paul Jedermann. Aber diese Ansicht ist falsch. Es gibt keine Nutznießung der Eltern mehr am Kindesvermögen. In bestimmtem Umfange ist ein Rest hiervon in der neuen Fassung des § 1649 Abs. 2 BGB enthalten. § 1649 BGB lautet jetzt:

§ 1649

(1) Die Einkünfte des Kindesvermögens, die zur ordnungsmäßigen Verwaltung des Vermögens nicht benötigt werden, sind für den Unterhalt des Kindes zu verwenden. Soweit die Vermögenseinkünfte nicht ausreichen, können die Einkünfte verwendet werden, die das Kind durch seine Arbeit oder durch den ihm nach § 112 gestatteten selbständigen Betrieb eines Erwerbsgeschäfts erwirbt.

(2) Die Eltern können die Einkünfte des Vermögens, die zur ordnungsmäßigen Verwaltung des Vermögens und für den Unterhalt des Kindes nicht benötigt werden, für ihren eigenen Unterhalt und für den Unterhalt der minderjährigen unverheirateten Geschwister des Kindes verwenden, soweit dies unter Berücksichtigung der Vermögens- und Erwerbsverhältnisse der Beteiligten der Billigkeit entspricht. Diese Befugnis erlischt mit der Eheschließung des Kindes.

Paul kann daher Angelikas überschüssige Vermögenseinkünfte nur in einem angemessenen Rahmen für den Unterhalt der übrigen Angehörigen der Familie Jedermann heranziehen. Der darüber hinaus verbleibende Teil der Vermögenseinkünfte verbleibt ihr und fließt ihrem Vermögen zu.

Hier sei noch festgehalten, daß das etwa von dem Vater auf den Namen der Kinder errichtete Sparkonto gewöhnlich Vermögen des Vaters bleibt. Die Bezeichnung der Kinder auf dem Sparkonto hat nach dem Willen des Anlegenden häufig nur die Bedeutung, daß er hier mit einem bestimmten Zweck spart: nämlich dieses Geld für das betreffende Kind zu verwenden. Ob er das später wirklich tut, ist seine Angelegenheit. Deshalb können auch Gläubiger des Vaters gewöhnlich durchaus mit Erfolg derartige Konten pfänden, und es müßte von dem Vater jeweils der Nachweis erbracht werden, daß er ernsthaft den Willen gehabt hatte, er wolle durch die Anlegung dieser Sparkonten Vermögenswerte der Kinder schaffen.

Mitarbeit der Kinder

Karin muß sich unentwegt über Michael in folgendem ärgern: Er ist nie zu müde, auf den Sportplatz zu gehen, sobald er aber im Haushalt helfen soll, fällt er vor Schwäche beinahe um. Gemäß § 1619 BGB ist ein Kind (nicht nur ein minderjähriges), solange es dem elterlichen Hausstand angehört und von den Eltern erzogen oder unterhalten wird, verpflichtet, in einer seinen Kräften und seiner Lebensstellung entsprechenden Weise den Eltern in ihrem Hause und eventuell Geschäft Dienste zu leisten. Das heißt nicht, daß die Eltern ihre Kinder körperlich ausbeuten dürfen; aber ein kräftiger Junge, insbesondere, wenn er sich den Zwanzigern nähert, kann sehr wohl schwerere häusliche Arbeiten verrichten.

Beiträge der Kinder zum Unterhalt

In dem Auf und Ab des Lebens wurde Paul Jedermann eine Zeitlang arbeitslos. Der recht gut verdienende Sohn hat keine Neigung, seine Angewohnheiten etwas einzuschränken, und ist allen Andeutungen gegenüber, daß er nun endlich etwas zum gemeinschaftlichen Haushalt beitragen müsse, taub. Auch Angelika will von ihrem Gehalt im »Modesalon« nichts abgeben. Beide meinen, es sei Sache der Eltern, die Kinder zu ernähren, und nicht umgekehrt.

Zunächst ist gar nicht davon die Rede, daß die Kinder die Eltern ernähren sollen, sondern sie sollen ja nur, damit sie selbst im Haushalt weiter mit versorgt werden können, Beiträge leisten. Der bereits oben erwähnte § 1602 BGB sagt ausdrücklich, daß Kinder nur Anspruch haben, von ihren Eltern unterhalten zu werden, soweit sie sich nicht selbst durch ihre Arbeit und Vermögenseinkünfte unterhalten können. Bei Michael ist dies aber offenbar der Fall, so daß die Eltern einfach seine Mitversorgung einstellen können. Anders ist es bei dem Einkommen Angelikas. Hier könnte nur ein geringer Beitrag für den gemeinsamen Haushalt verlangt werden. Paul Jedermann kann sich nicht etwa darauf berufen, daß er selbst nicht mehr standesgemäß leben könne.

Paul Jedermanns Arbeitslosigkeit dauert länger an. Nach einiger Zeit erlischt der Anspruch auf die Arbeitslosenunterstützung, und er bezieht nur noch die Rente aus der Arbeitslosenhilfe. Nunmehr tritt Jedermann mit dem Verlangen an Michael heran, seine Eltern zu unterstützen. Dieser hat ein durchschnittliches Nettoeinkommen von 3000,– Euro monatlich.

Hier muß er für den Unterhalt seiner Eltern einspringen. Er kann durchaus 400,– Euro monatlich entbehren und lebt dann immer noch »standesgemäß«. Denn alle Verwandten gerader Linie sind einander unterhaltspflichtig, und zwar sind die Abkömmlinge von Verwandten aufsteigender Linie dazu verpflichtet. Lebt also Paul Jedermanns Vater noch, der auch gut und gern 100,– bis 200,– Euro entbehren könnte, so ist doch nur Michael unterhaltspflichtig, weil er der Abkömmling ist, und nicht Paul Jedermanns Vater.

Verwandte in der Seitenlinie sind einander nicht unterhaltspflichtig. Eine verarmte Schwester hat keinerlei Anspruch gegen ihren reichen Bruder. Unterstützungen zwischen Geschwistern sind also eine reine Frage der Moral und nicht des Rechts.

Es ist auch kein Vorteil für einen unterhaltspflichtigen Verwandten, wenn er sich mit allen Mitteln um den Unterhalt seiner Eltern, Großeltern, Kinder oder Enkel herumzudrücken sucht. Zwar verhungert in Deutschland keiner, denn die Sozialämter springen ja für bedürftige Personen ein, aber sie forschen auch in dem Kreis der unterhaltspflichtigen Verwandten nach, ob nicht jemand festzustellen ist, der seiner Unterhaltspflicht Genüge tun kann. Wenn sie ihn ausfindig machen, verlangen sie von ihm Erstattung der geleisteten Beträge.

Verwirkung der elterlichen Sorge, Vormundschaft und Betreuung

Im Hause Paul Jedermanns spielt sich bei dem Nachbarmieter inzwischen eine Familientragödie ab. Ein dem Rauschgift verfallener Familienvater, der es nicht nötig hat, einem Beruf nachzugehen, wird immer haltloser und triebhafter. Er vergeudet, um seine Rauschgiftsucht befriedigen zu können, nicht nur sein Vermögen, sondern auch das seiner Kinder, die von ihrer Großmutter mütterlicherseits her ein beträchtliches Vermögen ererbt hatten. Die Mutter der Kinder ist nicht in der Lage, dem wüsten Treiben entgegenzutreten. Eines Tages vergreift sich der Mann an seiner ältesten 13 Jahre alten Tochter.

Karin Jedermann, die das Treiben schon seit längerer Zeit mit Aufmerksamkeit verfolgt hat und der das verstörte Wesen des Kindes aufgefallen ist, löst durch geschickte Fragen die Zunge des Kindes und meldet den Vorfall sofort der Polizei und dem Jugendamt. Nunmehr beginnen die Behörden einzugreifen. Die Kriminalpolizei nimmt den Vater, Waldemar Roh, vorläufig fest.

Die Polizei verhaftet nicht, solange kein Haftbefehl vorliegt, sie nimmt gemäß § 127 StPO vorläufig fest. Von einer Verhaftung spricht man erst dann, wenn die Festnahme aufgrund eines Haftbefehls erfolgt. Jeder Festgenommene ist unverzüglich spätestens am Tage nach der Festnahme dem örtlichen Amtsrichter zuzuführen; dieser hat dem Vorgeführten die Gründe der Festnahme mitzuteilen, ihn zu vernehmen und ihm Gelegenheit zu Einwendungen zu geben. Hält der Amtsrichter die Festnahme für berechtigt, so erläßt er nunmehr den Haftbefehl.

Hier kommt eventuell anstelle des Haftbefehls ein sogenannter Unterbringungsbefehl in Betracht, weil Roh möglicherweise unter Einfluß von Rauschgift gestanden hat und daher für sein Tun nicht verantwortlich gemacht werden kann. In diesem Falle würde gegen ihn kein Strafverfahren in Gang gesetzt werden, sondern ein Verfahren auf Unterbringung oder Einweisung in eine Heil- und Pflegeanstalt.

Die Festnahme und der Erlaß des Haftbefehls erfolgten, weil Roh ein schweres Verbrechen begangen hat. Er hat Blutschande nach § 173 StGB und sexuellen Mißbrauch einer Schutzbefohlenen nach § 174 StGB begangen. Seine Kinder sind im Augenblick vor ihm sicher, da er auf lange Zeit nicht mehr in die Freiheit zurückkehren wird. Seine Frau wäre berechtigt gewesen, sich jetzt scheiden zu lassen, sie tut dies aber nicht.

Zwar verwirkt nun Roh nicht automatisch die elterliche Sorge, jedoch wird in seinem Fall das Vormundschaftsgericht gemäß § 1666 BGB geeignete Maßnahmen zum Schutz des Kindes ergreifen müssen. Insofern bestimmt § 1666 BGB folgendes:

§ 1666
(1) Wird das körperliche, geistige oder seelische Wohl des Kindes oder sein Vermögen durch mißbräuchliche Ausübung der elterlichen Sorge, durch Vernachlässigung des Kindes, durch unverschuldetes Versagen der Eltern oder durch das Verhalten eines Dritten gefährdet, so hat das Familiengericht, wenn die Eltern nicht gewillt oder nicht in der Lage sind, die Gefahr abzuwenden, die zur Abwendung der Gefahr erforderlichen Maßnahmen zu treffen.

(2) In der Regel ist anzunehmen, daß das Vermögen des Kindes gefährdet ist, wenn der Inhaber der Vermögenssorge seine Unterhaltspflicht gegenüber dem Kind oder seine mit der Vermögenssorge verbundenen Pflichten verletzt oder Anordnungen des Gerichts, die sich auf die Vermögenssorge beziehen, nicht befolgt.
(3) Das Gericht kann Erklärungen des Inhabers der elterlichen Sorge ersetzen.
(4) In Angelegenheiten der Personensorge kann das Gericht auch Maßnahmen mit Wirkung gegen einen Dritten treffen.

Als geeignete und erforderliche Maßnahme des Familiengerichts kommt hier die Entziehung der Ausübung der Personensorge gegenüber Roh in Betracht und die Übertragung der Personensorge auf den anderen Elternteil. Eine solche Maßnahme hat allerdings nur dann eine Wirkung, wenn damit auch der indirekte Einfluß des Roh auf sein Kind ausgeschaltet werden kann. Dies ist zum Beispiel der Fall, wenn er in einer Heil- oder Pflegeanstalt untergebracht ist oder die Kindesmutter sich von ihm scheiden läßt. Ist dies nicht der Fall und würde er nach Rückkehr aus der Strafanstalt wieder bei seiner Familie leben, so steht zu befürchten, daß das Kind weiter seinem verderblichen Einfluß ausgesetzt ist. In diesem Fall wird möglicherweise zu erwägen sein, auch der Kindesmutter die Ausübung der Personensorge zu entziehen und dem Kind einen Vormund zu geben.

Aber nicht nur diesem Zweck dient die Vormundschaft über Minderjährige. Gemäß § 1773 BGB erhält ein Minderjähriger einen Vormund, wenn er nicht unter elterlicher Sorge steht oder wenn die Eltern weder in den Personen- noch den Vermögensangelegenheiten den Minderjährigen vertreten dürfen oder wenn sein Familienstand sich nicht ermitteln läßt, zum Beispiel ein Findelkind.

Da das Findelkind keine ihm nahestehende Person hat, die ihm einen Vornamen geben kann, und man seinen Familiennamen nicht ermitteln kann, müssen die Staatsorgane ihm einen Namen geben, unter dem es in Zukunft leben kann. Gemäß §§ 25, 26 Personenstandsgesetz wird diese Namensgebung durch das Innenministerium vollzogen. Das Familiengericht selbst kann nicht anstelle der Eltern treten, denen nicht mehr die elterliche Sorge zusteht. Aus diesem Grunde müssen wir eine individuelle Person, die tauglich erscheint, mit dieser Aufgabe beauftragen.

Untauglich zum Amt des Vormunds ist, wer noch selbst minderjährig ist, wer unter vorläufiger Vormundschaft steht, wer in Insolvenz steht (solange das Insolvenzverfahren dauert) und schließlich diejenigen Personen, die geschäftsunfähig sind oder die wegen Geistesschwäche, Verschwendung oder Trunksucht entmündigt wurden (§§ 1780, 1781 BGB). Wer kommt nun aus dem Kreis der tauglichen Personen als Vormund in Betracht und wer wählt eine solche Person aus? Da ist zunächst einmal § 1776 BGB zu beachten, der folgendes bestimmt:

§ 1776
(1) Als Vormund ist berufen, wer von den Eltern des Mündels als Vormund benannt ist.

(2) Haben der Vater und die Mutter verschiedene Personen benannt, so gilt die Benennung durch den zuletzt verstorbenen Elternteil.

Liegt eine solche Wahl der Eltern nicht vor, so trifft die Auswahl das Vormundschaftsgericht nach folgender Bestimmung des § 1779 BGB:

§ 1779

(1) Ist die Vormundschaft nicht einem nach § 1776 Berufenen zu übertragen, so hat das Vormundschaftsgericht nach Anhörung des Jugendamts den Vormund auszuwählen.

(2) Das Vormundschaftsgericht soll eine Person auswählen, die nach ihren persönlichen Verhältnissen und ihrer Vermögenslage sowie nach den sonstigen Umständen zur Führung der Vormundschaft geeignet ist. Bei der Auswahl unter mehreren geeigneten Personen sind der mutmaßliche Wille der Eltern, die persönlichen Bindungen des Mündels, die Verwandtschaft oder Schwägerschaft mit dem Mündel sowie das religiöse Bekenntnis des Mündels zu berücksichtigen.

(3) Das Vormundschaftsgericht soll bei der Auswahl des Vormunds Verwandte oder Verschwägerte des Mündels hören, wenn dies ohne erhebliche Verzögerung und ohne unverhältnismäßige Kosten geschehen kann. Die Verwandten und Verschwägerten können von dem Mündel Ersatz ihrer Auslagen verlangen; der Betrag der Auslagen wird von dem Vormundschaftsgericht festgesetzt.

In unserem Falle konnte Roh selbstverständlich keinen Vormund für seine Kinder benennen, da er ja gerade die elterliche Sorge verwirkt hat. Nehmen wir einmal an, daß als nächster Angehöriger der Familie Roh ein Bruder der Mutter lebt, der verhältnismäßig gut situiert ist. Dann wird das Vormundschaftsgericht nach Fühlungnahme mit dem Stadtjugendamt diesen Onkel der Kinder zum Vormund auswählen.

Der zum Vormund ausersehene Onkel, der Kaufmann Gerd Dieringer, ist von dieser ihm angesonnenen Belastung nicht erbaut. Er hat einen aufreibenden Beruf, der ihm keine freie Stunde läßt, und nun soll er sich auch noch um die Kinder kümmern. Er hat alles schon seinerzeit kommen sehen und seiner Schwester heftig abgeraten, diesen haltlosen Menschen zu heiraten. Dann hatte er sie beschworen, wenigstens keine weiteren Kinder mit diesem Mann zu haben. Schließlich hat er sich vollkommen von dieser Familie getrennt, und nun pocht diese wieder an seine Tür an.

Er schreibt daher dem Vormundschaftsgericht, daß er einer solchen Belastung nicht gewachsen sei und es daher ablehnen müsse, sich eine solche Last aufzwingen zu lassen.

So einfach geht das nicht. Die Stellung eines Vormundes ist ein staatsbürgerliches Ehrenamt, das gemäß § 1785 jeder Bürger übernehmen muß, soweit ihm nicht die Ablehnungsgründe des § 1786 BGB zustehen.

§ 1786

(1) Die Übernahme der Vormundschaft kann ablehnen:

1. ein Elternteil, welcher zwei oder mehr noch nicht schulpflichtige Kinder überwiegend betreut oder glaubhaft macht, daß die ihm obliegende Fürsorge für ihre Familie die Ausübung des Amtes dauernd besonders erschwert;
2. wer das sechzigste Lebensjahr vollendet hat;
3. wem die Sorge für die Person oder das Vermögen von mehr als drei minderjährigen Kindern zusteht;
4. wer durch Krankheit oder Gebrechen verhindert ist, die Vormundschaft ordnungsgemäß zu führen;
5. wer wegen Entfernung seines Wohnsitzes von dem Sitze des Vormundschaftsgerichtes die Vormundschaft nicht ohne besondere Belästigung führen kann;
6. (aufgehoben)
7. wer mit einem anderen zur gemeinschaftlichen Führung der Vormundschaft bestellt werden soll;
8. wer mehr als eine Vormundschaft, Betreuung oder Pflegschaft führt; die Vormundschaft oder Pflegschaft über mehrere Geschwister gilt nur als eine, die Führung von zwei Gegenvormundschaften steht der Führung einer Vormundschaft gleich.

(2) Das Ablehnungsrecht erlischt, wenn es nicht vor der Bestellung bei dem Vormundschaftsgerichte geltend gemacht wird.

Gerd Dieringer hat demnach wenig Aussicht, sich seiner staatsbürgerlichen und damit auch seiner ethischen Pflicht gegenüber seinen Neffen und Nichten zu entziehen. Ihm bliebe bei der Beweglichkeit seines Berufes nur die Möglichkeit, seinen Wohnsitz in eine andere Stadt zu verlegen und sich gemäß § 1786 Z. 5 BGB darauf zu berufen, daß er wegen der weiten Entfernung seines neuen Wohnsitzes vom Sitz des Vormundschaftsgerichts durch diese Vormundschaft zu sehr belastet wäre.

Beharrt Dieringer ohne Grund auf seiner Ablehnung, so kann er vom Vormundschaftsgericht durch Zwangsgeld zur Übernahme der Vormundschaft angehalten werden. Unter diesen Aussichten entschließt sich Dieringer nun doch schweren Herzens, die Vormundschaft anzutreten. Zu diesem Zweck folgt er der Ladung des Vormundschaftsgerichts zu einem persönlichen Erscheinen und wird dort von dem Rechtspfleger, der bestimmte gerichtliche Geschäfte erledigt, mittels Handschlag an Eides Statt zu treuer und gewissenhafter Führung der Vormundschaft verpflichtet.

Damit er sich gegenüber Behörden, Gerichten und anderen Personen über seine Stellung als Vormund ausweisen kann, erhält er vom Gericht eine Bestallung. Sie ist eine öffentliche Urkunde.

Rechtsstellung des Vormundes

Der Vormund hat eine ähnliche Stellung wie ein Elternteil. Er hat die Personensorge mit den Möglichkeiten, Erziehung und Ausbildung der Kinder zu bestimmen, und hat auch ein angemessenes »Erziehungsrecht« (§ 1800 BGB). Hinsichtlich der Vermögenssorge steht er in gewisser Hinsicht anders da als Eltern. Für bestimmte Rechtsgeschäfte bedarf er der Zustimmung des Vormundschaftsgerichts, und zwar über die Fälle hinaus, in denen die Eltern dieser bedürfen. Während ein Elternteil zum Beispiel zur Einziehung einer Forderung, die zum Kindesvermögen gehörte, nicht der Zustimmung bedurfte, benötigt der Vormund die Zustimmung des Vormundschaftsgerichts (§ 1812 BGB).

Für Summen bis zu 3000,– Euro, oder wenn es sich um Geld handelt, das der Vormund angelegt hat, oder wenn der Anspruch zu den Nutzungen des Mündelvermögens gehört, gilt diese Beschränkung allerdings nicht (vgl. § 1813 BGB).

Der Gesetzgeber hat in den nachstehend abgedruckten §§ 1821 und 1822 BGB die Geschäfte aufgeführt, zu denen der Vormund der Genehmigung des Vormundschaftsgerichts bedarf.

§ 1821
(1) Der Vormund bedarf der Genehmigung des Vormundschaftsgerichtes:
1. zur Verfügung über ein Grundstück oder über ein Recht an einem Grundstück;
2. zur Verfügung über eine Forderung, die auf Übertragung des Eigentums an einem Grundstück oder auf Begründung oder Übertragung eines Rechts an einem Grundstück oder auf Befreiung eines Grundstückes von einem solchen Recht gerichtet ist;
3. zur Verfügung über ein eingetragenes Schiff oder Schiffsbauwerk oder über eine Forderung, die auf Übertragung des Eigentums an einem eingetragenen Schiff oder Schiffsbauwerk gerichtet ist;
4. zur Eingehung einer Verpflichtung zu einer der in den Nr. 1–3 bezeichneten Verfügungen;
5. zu einem Vertrage, der auf den entgeltlichen Erwerb eines Grundstücks, eines eingetragenen Schiffs oder Schiffsbauwerks oder eines Rechts an einem Grundstück gerichtet ist.
(2) Zu den Rechten an einem Grundstück im Sinne dieser Vorschrift gehören nicht Hypotheken, Grundschulden und Rentenschulden.

212

§ 1822

Der Vormund bedarf der Genehmigung des Vormundschaftsgerichtes:

1. zu einem Rechtsgeschäfte, durch das der Mündel zu einer Verfügung über sein Vermögen im ganzen oder über eine ihm angefallene Erbschaft oder über seinen künftigen gesetzlichen Erbteil, oder seinen künftigen Pflichtteil verpflichet wird, sowie zu einer Verfügung über den Anteil des Mündels an einer Erbschaft;

2. zur Ausschlagung einer Erbschaft oder eines Vermächtnisses, zum Verzicht auf einen Pflichtteil sowie zu einem Erbteilungsvertrage;

3. zu einem Vertrage, der auf den entgeltlichen Erwerb oder die Veräußerung eines Erwerbsgeschäftes gerichtet ist, sowie zu einem Gesellschaftsvertrage, der zum Betrieb eines Erwerbsgeschäftes eingegangen wird;

4. zu einem Pachtvertrag über ein Landgut oder einen gewerblichen Betrieb;

5. zu einem Miet- oder Pachtvertrag oder einem anderen Vertrage, durch den der Mündel zu wiederkehrenden Leistungen verpflichtet wird, wenn das Vertragsverhältnis länger als ein Jahr nach dem Eintritt der Volljährigkeit des Mündels fortdauern soll;

6. zu einem Lehrvertrag, der für längere Zeit als ein Jahr geschlossen wird;

7. zu einem auf die Eingehung eines Dienst- und Arbeitsverhältnisses gerichteten Vertrage, wenn der Mündel zu persönlichen Leistungen für längere Zeit als ein Jahr verpflichtet werden soll;

8. zur Aufnahme von Geld auf den Kredit des Mündels;

9. zur Ausstellung einer Schuldverschreibung auf den Inhaber oder zur Eingehung einer Verbindlichkeit aus einem Wechsel oder einem anderen Papier, das durch Indossament übertragen werden kann;

10. zur Übernahme einer fremden Verbindlichkeit, insbesondere zur Eingehung einer Bürgschaft;

11. zur Erteilung einer Prokura;

12. zu einem Vergleich oder Schiedsvertrag, es sei denn, daß der Gegenstand des Streites oder der Ungewißheit in Geld schätzbar ist und den Wert von dreitausend Euro nicht übersteigt oder der Vergleich einem schriftlichen oder protokollierten gerichtlichen Vergleichsvorschlag entspricht;

13. zu einem Rechtsgeschäfte, durch das die für eine Forderung des Mündels bestehende Sicherheit aufgehoben oder gemindert oder die Verpflichtung dazu begründet wird.

Will also zum Beispiel eines der Kinder Roh einen Lehrvertrag eingehen oder einen Dienst- oder Arbeitsvertrag schließen, der für längere Zeit als ein Jahr dauern soll, so muß Dieringer derartige Verträge im Namen seines Mündels unter dem Vorbehalt der Genehmigung des Vormundschaftsgerichts schließen und dessen Genehmigung nachträglich einholen.

Hält das Vormundschaftsgericht den vorgesehenen Vertrag dann für vernünftig, so erklärt es seine Genehmigung gegenüber dem Vormund. Einer besonderen Form bedarf diese Genehmigung nicht, sie wird aber wohl gewöhnlich in Form einer schriftlichen Verfügung erfolgen. Ist Dieringer im Besitze dieser Genehmigung, so ist damit aber noch nicht der im Namen des Mündels geschlossene Lehr- oder Arbeitsvertrag wirksam geworden. Gemäß § 1829 BGB wird die Genehmigung dem anderen Vertragsteil gegenüber erst wirksam, wenn der Vormund ihm die Genehmigung des Vormundschaftsgerichts mitteilt. Dieringer hat es also immer noch in der Hand, ob er durch seine Mitteilung den Vertrag wirksam werden lassen will oder nicht.

Die Tätigkeit eines Vormundes wird in erster Linie in der vernünftigen Verwaltung des Mündelvermögens bestehen. Hierüber muß er regelmäßig grundsätzlich einmal jährlich dem Vormundschaftsgericht Rechnung legen. Bei Verwaltungen geringeren Umfanges kann das Vormundschaftsgericht vom zweiten Jahre ab anordnen, daß die Rechnung für längere – höchstens dreijährige – Zeitabschnitte zu legen ist. Die erlaubten Arten der mündelsicheren Anlegung des Kindsvermögens ergeben sich aus § 1807.

Bei der Verwaltung größerer Vermögen wird das Vormundschaftsgericht dem Vormund zu seiner Kontrolle und Überwachung einen sogenannten Gegenvormund beigeben (§ 1792 BGB), dessen Aufgabe es ist, die gesamte Tätigkeit des Vormundes zu überwachen und eventuelle Mängel dem

Vormundschaftsgericht anzuzeigen. Ist ein Gegenvormund da, so bedarf der Vormund seiner Genehmigung zur Verfügung über Forderungen des Mündels, soweit nicht nach den besonderen Bestimmungen – insbesondere den oben abgedruckten §§ 1821, 1822 BGB – die Genehmigung des Vormundschaftsgerichts erforderlich ist.

Das Vormundschaftsgericht überwacht die gesamte Amtsführung des Vormundes und hält ihn notfalls durch Ordnungsstrafen zur gewissenhaften Erledigung seiner Pflichten an. Dieringer braucht also nicht zu glauben, daß er nur möglichst nachlässig und schädlich die Vormundschaft zu führen brauche, um das lästige Amt loszuwerden. Außerdem besteht für ihn immer die Gefahr, daß er bei nachlässiger Amtsführung dem Mündel schadensersatzpflichtig wird gemäß § 1833 BGB. Sollte er gar vorsätzlich zum Schaden des Mündelvermögens handeln, so würde er sich wegen Untreue nach § 266 StGB strafbar machen. Solche Absichten hatte der sehr gewissenhafte Vormund Dieringer jedoch niemals.

Er hat durch seine vormundschaftliche Tätigkeit für die Kinder Roh Kosten aller Art und genügend Mühen.

Die Aufwendungen, die er gemacht hat, zum Beispiel Kosten für Fahrten, Auslagen und dergleichen, kann er aus dem Mündelvermögen ersetzt verlangen.

Für seine Tätigkeit selbst kann er grundsätzlich kein Entgelt verlangen, da ein solches Ehrenamt unentgeltlich zu führen ist. Ist jedoch ausreichendes Mündelvermögen da, so kann dem Vormund, insbesondere wenn mit der Vormundschaft erhebliche Arbeit verknüpft ist, eine angemessene Vergütung gewährt werden.

Aus dem vorstehend Dargelegten ergibt sich, daß ein Vormund in seinen Funktionen nicht so frei ist wie ein Elternteil des Kindes im Rahmen seiner elterlichen Sorge. Dies hat seinen erklärlichen Grund darin, daß man bei diesem aufgrund der natürlichen Blutsbeziehungen davon ausgehen kann, daß möglicherweise die elterliche Fürsorge schon dafür sorgen wird, daß das Kindesvermögen unangetastet bleibt. Bei einem Vormund, dem dieses enge persönliche Band fehlt, ist die Gefahr größer.

Andererseits kann etwa ein Vater, der im Sterben liegt, durchaus zu seinem Bruder oder einem Freunde so viel Vertrauen haben, daß dieser wie ein Vater zu den Kindern des Verstorbenen sein wird. Dann kann er diesen zukünftigen Vormund von bestimmten Hemmungen befreien und ihn fast so stellen, als habe er die Stellung des Vaters. Der Vater kann beispielsweise anordnen, daß kein Gegenvormund bestellt werden darf und daß der Vormund von der Rechnungslegung während der Dauer seines Amtes befreit sein soll. Alle derartigen Anordnungen, die zur sogenannten befreiten Vormundschaft führen, müssen von dem Vater im Testament verankert werden.

Erziehungsbeistandschaft und Familienhilfe

In der vorstehend dargelegten Familientragödie Roh haben wir den außerordentlich schwerwiegenden Fall einer Verwirkung der elterlichen Sorge des Vaters betrachtet.

Es braucht nun ja nicht immer gleich zu ärgsten Verfehlungen zu kommen. Häufig genug ist nicht wirkliche Schlechtigkeit vorhanden, sondern menschliche Unzulänglichkeit, Armut oder armselige Umgebung bringen die Kinder in Gefahr. In solchen Fällen verwirken die Eltern nicht die elterliche Sorge, aber das Vormundschaftsgericht ergreift einzelne Maßnahmen, um Gefahren abzuwenden. Das Familiengericht kann das Kind insbesondere einer geeigneten Familie oder einem Heim zuweisen.

> *Es läßt sich auch der Fall denken, daß die Eltern alles tun, was nur möglich ist, das Kind selbst aber seiner Veranlagung nach nicht zu bändigen ist und im Heranwachsen durch seine Verwahrlosung eine Gefahr für sich und andere wird. Für diesen Fall ist in § 30 des Sozialgesetzbuches (SGB) Achtes Buch (VIII) die Erziehungs- beistandschaft vorgesehen.*

Die Erziehungsbeistandschaft ordnet das Vormundschaftsgericht unter Mitwirkung des Jugendamts an. Der Minderjährige bleibt meist im elterlichen Hause, das Jugendamt überwacht jetzt aber auch durch einen Beistand die weitere Entwicklung des Jugendlichen und berät das Elternhaus. Reicht dies nicht aus, so können bei einem Minderjährigen zahlreiche andere Maßnahmen angeordnet werden, von der Familienhilfe, der Tagesgruppenerziehung, der Vollzeitpflege bis zur Heimerziehung gemäß den Regelungen des SGB VIII. Solche Maßnahmen bei einer Gefährdung des Kindeswohls ordnet das Familiengericht an (§§ 1666 ff.).

Gegen diesen Beschluß des Familiengerichts haben die Eltern des Minderjährigen das Rechtsmittel der sofortigen Beschwerde und der Minderjährige selbst auch, wenn er das 14. Lebensjahr vollendet hat. Diese sofortige Beschwerde ist bei dem Amtsgericht einzulegen.

Betreuungsrecht

Die bis 1991 mögliche Entmündigung volljähriger Personen gibt es ab 1992 nicht mehr. Die bisherige in BGB, FGG und in der ZPO geregelte »Entmündigung Volljähriger« wurde ersetzt durch die Bestimmungen des Gesetzes zur Reform des Rechts der Vormundschaft und Pflegschaft für Volljährige (Betreuungsgesetz – BtG). Es wird also keine Entmündigungsanträge für Volljährige mehr geben. Grundlage der Betreuung Behinderter durch die öffentliche Hand sind die durch das Betreuungsgesetz geänderten §§ 1896 bis 1899 BGB, die wie folgt lauten:

§ 1896

(1) Kann ein Volljähriger auf Grund einer psychischen Krankheit oder einer körperlichen, geistigen oder seelischen Behinderung seine Angelegenheiten ganz oder teilweise nicht besorgen, so bestellt das Vormundschaftsgericht auf seinen Antrag oder von Amts wegen für ihn einen Betreuer. Den Antrag kann auch ein Geschäftsunfähiger stellen. Soweit der Volljährige auf Grund einer körperlichen Behinderung seine Angelegenheiten nicht besorgen kann, darf der Betreuer nur auf Antrag des Volljährigen bestellt werden, es sei denn, daß dieser seinen Willen nicht kundtun kann.

(2) Ein Betreuer darf nur für Aufgabenkreise bestellt werden, in denen die Betreuung erforderlich ist. Die Betreuung ist nicht erforderlich, soweit die Angelegenheiten des Volljährigen durch einen Bevollmächtigten der nicht zu den in § 1897 Abs. 3 bezeichneten Personen gehört oder durch andere Hilfen, bei denen kein gesetzlicher Vertreter bestellt wird, ebenso gut wie durch einen Betreuer besorgt werden können.

(3) Als Aufgabenkreis kann auch die Geltendmachung von Rechten des Betreuten gegenüber seinem Bevollmächtigten bestimmt werden.

(4) Die Entscheidung über den Fernmeldeverkehr des Betreuten und über die Entgegennahme, das Öffnen und das Anhalten seiner Post werden vom Aufgabenkreis des Betreuers nur dann erfaßt, wenn das Gericht dies ausdrücklich angeordnet hat.

§ 1897

(1) Zum Betreuer bestellt das Vormundschaftsgericht eine natürliche Person, die geeignet ist, in dem gerichtlich bestimmten Aufgabenkreis die Angelegenheiten des Betreuten rechtlich zu besorgen und ihn hierbei im erforderlichen Umfang persönlich zu betreuen.

(2) Der Mitarbeiter eines nach § 1908f anerkannten Betreuungsvereins, der dort ausschließlich oder teilweise als Betreuer tätig ist (Vereinsbetreuer), darf nur mit Einwilligung des Vereins bestellt werden. Entsprechendes gilt für den Mitarbeiter einer in Betreuungsangelegenheiten zuständigen Behörde, der dort ausschließlich oder teilweise als Betreuer tätig ist (Behördenbetreuer).

(3) Wer zu einer Anstalt, einem Heim oder einer sonstigen Einrichtung, in welcher der Volljährige untergebracht ist oder wohnt, in einem Abhängigkeitsverhältnis oder in einer anderen engen Beziehung steht, darf nicht zum Betreuer bestellt werden.

(4) Schlägt der Volljährige eine Person vor, die zum Betreuer bestellt werden kann, so ist diesem Vorschlag zu entsprechen, wenn es dem Wohl des Volljährigen nicht zuwiderläuft. Schlägt er vor, eine bestimmte Person nicht zu bestellen, so soll hierauf Rücksicht genommen werden. Die Sätze 1 und 2 gelten auch für Vorschläge, die der Volljährige vor dem Betreuungsverfahren gemacht hat, es sei denn, daß er an diesen Vorschlägen erkennbar nicht festhalten will.

(5) Schlägt der Volljährige niemanden vor, der zum Betreuer bestellt werden kann, so ist bei der Auswahl des Betreuers auf die verwandtschaftlichen und sonstigen persönlichen Bindungen des Volljährigen, insbesondere auf die Bindungen zu Eltern, Kindern und zum Ehegatten, sowie auf die Gefahr von Interessenkonflikten Rücksicht zu nehmen.

(Abs. 6 und 7 nicht abgedruckt)

§ 1898

(1) Der vom Vormundschaftsgericht Ausgewählte ist verpflichtet, die Betreuung zu übernehmen, wenn er zur Betreuung geeignet ist und ihm die Übernahme unter Berücksichtigung seiner familiären, beruflichen und sonstigen Verhältnisse zugemutet werden kann.

(2) Der Ausgewählte darf erst dann zum Betreuer bestellt werden, wenn er sich zur Übernahme der Betreuung bereit erklärt hat.

§ 1899

(1) Das Vormundschaftsgericht kann mehrere Betreuer bestellen, wenn die Angelegenheiten des Betreuten hierdurch besser besorgt werden können. In diesem Fall bestimmt es, welcher Betreuer mit welchem Aufgabenkreis betraut wird.

(2) Für die Entscheidung über die Einwilligung in eine Sterilisation des Betreuten ist stets ein besonderer Betreuer zu bestellen.

(3) Soweit mehrere Betreuer mit demselben Aufgabenkreis betraut werden, können sie die Angelegenheiten des Betreuten nur gemeinsam besorgen, es sei denn, daß das Gericht etwas anderes bestimmt hat oder mit dem Aufschub Gefahr verbunden ist.

(4) Das Gericht kann mehrere Betreuer auch in der Weise bestellen, daß der eine die Angelegenheiten des Betreuten nur zu besorgen hat, soweit der andere verhindert ist oder ihm die Besorgung überträgt.

Kann der Volljährige durch Einzelpersonen nicht ausreichend betreut werden, so wird ein anerkannter Betreuungsverein mit dieser Aufgabe betraut, und wenn auch dies nicht ausreicht, wird die zuständige staatliche Behörde hiermit beauftragt. Wie die Betreuung auszusehen hat, hat das Gesetz in § 1901 BGB nunmehr wie folgt geregelt.

216

§ 1901

(1) Die Betreuung umfaßt alle Tätigkeiten, die erforderlich sind, um die Angelegenheiten des Betreuten nach Maßgabe der folgenden Vorschriften rechtlich zu besorgen.

(2) [1]Der Betreuer hat die Angelegenheiten des Betreuten so zu besorgen, wie es dessen Wohl entspricht. [2]Zum Wohl des Betreuten gehört auch die Möglichkeit, im Rahmen seiner Fähigkeiten sein Leben nach seinen eigenen Wünschen und Vorstellungen zu gestalten.

(3) [1]Der Betreuer hat Wünschen des Betreuten zu entsprechen, soweit dies dessen Wohl nicht zuwiderläuft und dem Betreuer zuzumuten ist. [2]Dies gilt auch für Wünsche, die der Betreute vor der Bestellung des Betreuers geäußert hat, es sei denn, daß er an diesen Wünschen erkennbar nicht festhalten will. [3]Ehe der Betreuer wichtige Angelegenheiten erledigt, bespricht er sie mit dem Betreuten, sofern dies dessen Wohl nicht zuwiderläuft.

(4) Innerhalb seines Aufgabenkreises hat der Betreuer dazu beizutragen, daß Möglichkeiten genutzt werden, die Krankheit oder Behinderung des Betreuten zu beseitigen, zu bessern, ihre Verschlimmerung zu verhüten oder ihre Folgen zu mildern.

(5) [1]Werden dem Betreuer Umstände bekannt, die eine Aufhebung der Betreuung ermöglichen, so hat er dies dem Vormundschaftsgericht mitzuteilen. [2]Gleiches gilt für Umstände, die eine Einschränkung des Aufgabenkreises ermöglichen oder dessen Erweiterung, die Bestellung eines weiteren Betreuers oder die Anordnung eines Einwilligungsvorbehalts (§ 1903) erfordern.

Für schwerwiegende Eingriffe zum Beispiel ärztliche Untersuchungen, Sterilisation bedarf der Betreuer für entsprechende Entschlüsse der Genehmigung des Vormundschaftsgerichts.

Das gerichtliche Verfahren in Betreuungssachen ist nunmehr in den §§ 65 ff. FGG geregelt. Grundlegend bestimmt § 65 FGG folgendes:

§ 65

(1) Für Verrichtungen, die die Betreuung betreffen, ist das Gericht zuständig, in dessen Bezirk der Betroffene zu der Zeit, zu der das Gericht mit der Angelegenheit befaßt wird, seinen gewöhnlichen Aufenthalt hat.

(2) Hat der Betroffene im Inland keinen gewöhnlichen Aufenthalt oder ist ein solcher nicht feststellbar, so ist das Gericht zuständig, in dessen Bezirk das Bedürfnis der Fürsorge hervortritt.

(3) Ist der Betroffene Deutscher und ergibt sich die Zuständigkeit weder aus Absatz 1 noch aus Absatz 2, so ist das Amtsgericht Schöneberg in Berlin-Schöneberg zuständig.

(4) Ist für den Betroffenen bereits ein Betreuer bestellt, so ist das Gericht, bei dem die Betreuung anhängig ist, auch für weitere die Betreuung betreffende Verrichtungen zuständig.

(5) Für vorläufige Maßregeln nach Artikel 24 Abs. 3 des Einführungsgesetzes zum Bürgerlichen Gesetzbuche sowie Maßregeln nach § 1908i Abs. 1 Satz 1 in Verbindung mit § 1846 des Bürgerlichen Gesetzbuchs und einstweilige Anordnungen nach § 69f ist auch das Gericht zuständig, in dessen Bezirk das Bedürfnis der Fürsorge hervortritt. Das Gericht soll von den angeordneten Maßregeln dem nach den Absätzen 1, 3 und 4 zuständigen Gericht Mitteilung machen.

Gegen Entscheidungen des Vormundschaftsgerichts, die den zu Betreuenden betreffen, kann dieser selbst Beschwerde gemäß § 20 FGG einlegen. Aber auch der Betreuer selbst und dem vom Verfahren Betroffenen nahestehende Personen sind beschwerdeberechtigt. Dies ist in § 69g FGG geregelt, aus dem die Voraussetzungen für die Beschwerde zu entnehmen sind.

Mit dem Fortfall der Entmündigung fallen auch die damit verbundenen gesetzlichen Bestimmungen über Verlust oder Einschränkung der Geschäftsfähigkeit des nach bisherigem Recht von der Entmündigung Betroffenen fort. Es gibt Betreuungen, die die volle Geschäftsfähigkeit der Betreuten bestehen lassen und solche, bei denen dessen Handlungen der Einwilligung des Betreuers unterliegen, dem sogenannten Einwilligungsvorbehalt (§ 1903). Entsprechendes muß sich aus der Bestallungsurkunde des Betreuers ergeben. Der Rechtsverkehr mit Dritten ist dadurch leider oft sehr gefährdet.

Mit Inkrafttreten des Betreuungsgesetzes am 1. Januar 1992 wandelten sich die bisherigen Folgen der Entmündigung automatisch in Betreuungen, die bestellten Vormünder und Pfleger werden zu Betreuern.

Nachträgliche Ehe und Adoption

Michael Jedermann hat inzwischen sein Studium aufgegeben, weil das immer besser gehende Geschäft ihn ganz in Anspruch nimmt. Er ist aus seinem Elternhaus fortgezogen und wohnt bei der jungen hübschen Witwe Ulla Trauernicht, geborene Froh, die aus ihrer früheren Ehe eine dreijährige Tochter hat. Die jungen Leute verlieben sich ineinander, und aus diesem Zusammenleben wird ein Sohn, Siegfried, geboren, der zunächst nach seiner Mutter deren Mädchennamen Froh als Familiennamen erhält (§ 1617 BGB). Durch die Geburt des Siegfried wird in Michael der Entschluß bestärkt, Ulla nun zu heiraten. An und für sich hatten sie dies schon immer vor, aber mit Rücksicht auf Ullas Witwenrente, auf deren dauernden Bezug sie nicht verzichten wollte, nahmen sie bisher von der Eheschließung Abstand.

Sie heiraten am 1. August. Früher hatte diese Eheschließung noch die besondere Wirkung, daß Siegfried nunmehr die rechtliche Stellung eines ehelichen Kindes erlangte. Diese sogenannte Legitimation des Kindes durch die nachfolgende Ehe der Eltern ist weggefallen und unnötig geworden, seitdem sämtliche Kinder einander gleichgestellt sind und es keine Besonderheiten für »nichteheliche« Kinder mehr gibt. Auch für das Namensrecht spielt dieser Unterschied keine Rolle mehr, wie vorstehend dargelegt. Da das Kind Siegfried diese Rechtsstellung gegenüber seinem Vater hat, insbesondere auch das volle Erbrecht, ist eine Adoption dieses Kindes weder erforderlich noch möglich. Nach dem fünften Lebensjahr kann Klein-Siegfried entscheiden, ob er weiterhin den Mädchennamen seiner Mutter oder den Familiennamen tragen möchte. Für Jedermann stellt sich aber die Frage der Adoption hinsichtlich der Tochter seiner Ehefrau aus erster Ehe, mit der er nicht verwandt ist. Wenn die Eltern einen gemeinsamen Ehenamen bestimmen, hat auch das Kind von Ulla ein Recht zur Anschließung an diesen Namen (§ 1617c).

Sehen wir uns also einmal das Gesetz daraufhin an, ob Michael seine Stieftochter Bettina Trauernicht adoptieren kann. Gemäß § 1741 BGB kann ein Ehegatte ein Kind seines Ehegatten annehmen. Auch die sonstigen Voraussetzungen des § 1741 sind gegeben, der insoweit folgendes bestimmt:

§ 1741
(1) ¹Die Annahme als Kind ist zulässig, wenn sie dem Wohl des Kindes dient und zu erwarten ist, daß zwischen dem Annehmenden und dem Kind ein Eltern-Kind-Verhältnis entsteht. ²Wer an einer gesetzes- oder sittenwidrigen Vermittlung oder Verbringung eines Kindes zum Zwecke der Annahme mitgewirkt oder einen Dritten hiermit beauftragt oder hierfür belohnt hat, soll ein Kind nur dann annehmen, wenn dies zum Wohl des Kindes erforderlich ist.

(2) ¹Wer nicht verheiratet ist, kann ein Kind nur allein annehmen. ²Ein Ehepaar kann ein Kind nur gemeinschaftlich annehmen. ³Ein Ehegatte kann ein Kind seines Ehegatten allein annehmen. ⁴Er kann ein Kind auch dann allein annehmen, wenn der andere Ehegatte das Kind nicht annehmen kann, weil er geschäftsunfähig ist oder das einundzwanzigste Lebensjahr noch nicht vollendet hat.

Dies sind aber nicht alle Voraussetzungen, die bei einer Adoption zu berücksichtigen sind. Das Gesetz schreibt bestimmte Alterserfordernisse vor, die in § 1743 BGB wie folgt zusammengefaßt sind:

§ 1743
(1) ¹Der Annehmende muß das fünfundzwanzigste, in den Fällen des § 1741 Abs. 2 Satz 3 das einundzwanzigste Lebensjahr vollendet haben. ²In den Fällen des § 1741 Abs. 2 Satz 2 muß ein Ehegatte das fünfundzwanzigste Lebensjahr, der andere Ehegatte das einundzwanzigste Lebensjahr vollendet haben.

»Ja, wenn das alles ist«, sagt Michael Jedermann, »dann kann also ein 26jähriger einen 50jährigen adoptieren, denn es steht ja nichts im Gesetz davon, daß die anzunehmende Person ein kleines Kind sein muß.«

218

Zu dieser seltsamen Auffassung konnte Michael nur kommen, weil er den vorstehend abgedruckten § 1741 BGB nicht aufmerksam genug gelesen hat. Nach Absatz 1 dieser Bestimmung soll die Kindesannahme dem Wohl des »Kindes« dienen und es soll zu erwarten sein, daß ein Eltern-Kind-Verhältnis entsteht. Was er im Auge hat, stellt die Dinge aber gerade auf den Kopf. Eine derartige Adoption würde demnach nicht zustande kommen können. Schließlich ist auch noch die Generalklausel des § 1745 BGB zu berücksichtigen, der wie folgt lautet:

§ 1745
Die Annahme darf nicht ausgesprochen werden, wenn ihr überwiegende Interessen der Kinder des Annehmenden oder des Anzunehmenden entgegenstehen oder wenn zu befürchten ist, daß Interessen des Anzunehmenden durch Kinder des Annehmenden gefährdet werden. Vermögensrechtliche Interessen sollen nicht ausschlaggebend sein.

Und schließlich soll nach § 1744 BGB in der Regel der Annehmende das Kind eine angemessene Zeit in Pflege gehabt haben (Probezeit).

»Also gut«, sagt Michael, »dann will ich meine Stieftochter jetzt adoptieren. Wie mache ich das nun eigentlich?« Hierzu ist folgendes zu sagen. Bis 1976 wurde eine Adoption (Kindesannahme) dadurch bewirkt, daß der Annehmende und der Anzunehmende zu notariellem Protokoll einen Adoptionsvertrag schlossen. Dieser Vertrag mußte durch das Vormundschaftsgericht genehmigt werden, welches unter bestimmten Voraussetzungen die Genehmigung verweigern konnte. Seitdem liegen die Dinge anders. Das Adoptionsverhältnis wird durch Beschluß des zuständigen Vormundschaftsgerichts begründet, also durch einen Justizakt. Dies bestimmt § 1752 BGB wie folgt:

§ 1752
(1) Die Annahme als Kind wird auf Antrag des Annehmenden vom Vormundschaftsgericht ausgesprochen.

(2) Der Antrag kann nicht unter einer Bedingung oder einer Zeitbestimmung oder durch einen Vertreter gestellt werden. Er bedarf der notariellen Beurkundung.

Wohlgemerkt, diese Regelung gilt für den vorliegenden Fall deshalb, weil das anzunehmende Kind noch minderjährig ist. In diesem Fall ist also der Antrag allein von dem Anzunehmenden zu stellen.

Der letzte Satz dieses Paragraphen schreibt eine notarielle Beurkundung vor. Das bedeutet, daß nicht die Beglaubigung der Unterschrift unter dem Antrag genügt, es muß vielmehr der Antrag vor einem Notar erklärt werden, welcher hierüber ein Protokoll aufnimmt. Nur in dieser Form ist der Antrag gültig gestellt. Demzufolge begibt sich Michael Jedermann zu seinem Notar, der folgende Urkundsverhandlungen stattfinden läßt:

Vor dem unterzeichneten Notar im Bezirke des Oberlandesgerichts Frankfurt/Main, Dr. Werner Sehrgenau, erschien heute:

der Kaufmann Michael Jedermann, Presberstraße 8, 60431 Frankfurt/Main.

Der Erschienene ist dem Notar von Person bekannt. Der Erschienene erklärte zu Protokoll des Notars:

Ich möchte meine Stieftochter, Bettina Trauernicht, geb. ..., adoptieren. Sie ist das Kind meiner Ehefrau Ulla, geb. Froh, verw. Trauernicht, aus ihrer ersten Ehe.

Ich stelle hiermit den Antrag an das Vormundschaftsgericht Frankfurt, die beantragte Kindesannahme auszusprechen.

Für den Antrag sprechen folgende Gründe ...

Das Protokoll wurde dem Erschienenen vorgelesen, von ihm genehmigt und von dem Notar und ihm eigenhändig unterschrieben.

Der Notar sendet eine Ausfertigung dieser Verhandlung dem Vormundschaftsgericht zu, welches das Weitere veranlaßt. Insbesondere holt es die erforderliche Einwilligung der Kindesmutter gemäß § 1746 BGB ein, weil das anzunehmende Kind noch nicht 14 Jahre alt ist. Ist das anzunehmende Kind über 14 Jahre alt, so muß es selbst seine Einwilligung erklären. In diesem Falle ist aber nach § 1744 BGB die Einwilligung seiner Eltern zu der Annahme erforderlich.

Ulla Jedermann, die Kindesmutter, kann aber gleichfalls nicht einfach an das Vormundschaftsgericht schreiben, daß sie der Adoption zustimmt und die Einwilligungserklärung auch für das Kind abgibt. Gemäß § 1750 BGB bedarf auch ihre Erklärung der notariellen Beurkundung. Zweckmäßigerweise geht sie daher zusammen mit ihrem Ehemann zu dem Notar und gibt in derselben Verhandlung auch ihre Erklärungen ab, die dann in einer Urkunde zusammen mit dem Adoptionsantrag ihres Ehemannes protokolliert werden. Ebensogut kann Ulla aber ihre Zustimmungserklärung für das Kind und für sich auch in gesonderter Urkundsverhandlung abgeben, falls ein gemeinsamer Gang zum Notar nicht möglich ist. Es ist schon oben davon die Rede gewesen, daß auch ein Volljähriger als Kind angenommen werden kann. Hier hat aber das Gesetz einige Schranken eingebaut, um eventuellen Mißbrauch zu verhindern.

Die Adoption eines minderjährigen Kindes liegt im Interesse der Allgemeinheit, um fehlende individuelle Fürsorge und Versorgung zu ermöglichen. Gerade die Jahre bis zur Volljährigkeit, die eigentlichen Kindheitsjahre, sollen durch die Minderjährigenadoption im Interesse des Kindes sinnvoll gestaltet werden. Die Interessenlage eines Erwachsenen, der angenommen werden soll, ist eine ganz andere. Häufig spielen eigene wirtschaftliche Überlegungen eine Rolle, zum Beispiel die Erlangung eines wohlklingenden Namens oder beträchtlichen Erbanteils.

Aus diesem Grunde schreibt § 1767 BGB folgendes vor:

§ 1767
(1) Ein Volljähriger kann als Kind angenommen werden, wenn die Annahme sittlich gerechtfertigt ist; dies ist insbesondere anzunehmen, wenn zwischen dem Annehmenden und dem Anzunehmenden ein Eltern-Kind-Verhältnis bereits entstanden ist.

(2) Für die Annahme Volljähriger gelten die Vorschriften über die Annahme Minderjähriger sinngemäß, soweit sich aus den folgenden Vorschriften nichts anderes ergibt.
(3) ...

220

Außerdem hat aber der Gesetzgeber in § 1769 BGB auch noch eine Sperre zugunsten bereits vorhandener Kinder des Annehmenden oder des Anzunehmenden eingebaut. Wenn deren Interessen entgegenstehen, darf das Vormundschaftsgericht die Annahme nicht aussprechen. Demzufolge wird das Vormundschaftsgericht vor seiner Entscheidung entsprechende Erhebungen anstellen. Tätig wird das Vormundschaftsgericht, wenn sowohl der Annehmende als auch der anzunehmende Erwachsene übereinstimmende Anträge hinsichtlich der Adoption stellen.

Die Wirkungen der Adoption

Bettina hat durch die Kindesannahme die Stellung erlangt, als wäre Michael ihr Vater. Aufgrund der Tatsache, daß ihre Mutter jetzt Ehefrau des Adoptivvaters ist, erlangt sie gemäß § 1754 BGB die rechtliche Stellung eines gemeinschaftlichen Kindes beider Ehegatten. Es entsteht eine neue Familie des Kindes.

Die Familienverbindung zu ihrer Mutter und deren Verwandten bleibt natürlich bestehen, aber Bettinas Verwandtschaftsverhältnis zu der Familie ihres verstorbenen leiblichen Vaters erlischt. Sie wechselt völlig in den Familienverband ihres Adoptivvaters Jedermann über. Dessen Eltern sind sozusagen die Großeltern, die Geschwister des Adoptivvaters werden Onkel und Tante. Insoweit steht Bettina genauso da wie eine Blutsverwandte der Familie Jedermann.

Dagegen erlischt Bettinas Verwandtschaftsverhältnis zu ihren bisherigen Verwandten, mit denen sie über die Blutsbeziehung ihres Vaters verbunden war. Daß dies viele rechtliche Auswirkungen haben kann, liegt auf der Hand. Dort gehen Unterhaltsbeziehungen (Ansprüche und Verpflichtungen) unter, hier entstehen sie neu. Dort erlöschen erbrechtliche Möglichkeiten, hier werden sie neu begründet. Bei dieser Entwicklung wundert es auch nicht, daß Bettina nicht mehr den Namen Trauernicht behält, den sie von ihrem Vater übernommen hatte, sondern den Familiennamen Jedermann übernimmt, denn so ist es in § 1757 BGB festgehalten, der folgendes bestimmt:

§ 1757

(1) ¹Das Kind erhält als Geburtsnamen den Familiennamen des Annehmenden. ²Als Familienname gilt nicht der dem Ehenamen oder dem Lebenspartnerschaftsnamen hinzugefügte Name (...)

(2) ¹Nimmt ein Ehepaar ein Kind an oder nimmt ein Ehegatte ein Kind des anderen Ehegatten an und führen die Ehegatten keinen Ehenamen, so bestimmen sie den Geburtsnamen des Kindes vor dem Ausspruch der Annahme durch Erklärung gegenüber dem Vormundschaftsgericht; § 1617 Abs. 1 gilt entsprechend. ²Hat das Kind das fünfte Lebensjahr vollendet, so ist die Bestimmung nur wirksam, wenn es sich der Bestimmung vor dem Ausspruch der Annahme durch Erklärung gegenüber dem Vormundschaftsgericht anschließt; § 1617c Abs. 1 Satz 2 gilt entsprechend.

(3) Die Änderung des Geburtsnamens erstreckt sich auf den Ehenamen des Kindes nur dann, wenn sich auch der Ehegatte der Namensänderung vor dem Ausspruch der Annahme durch Erklärung gegenüber dem Vormundschaftsgericht anschließt; die Erklärung muß öffentlich beglaubigt werden.

(4) ¹Das Vormundschaftsgericht kann auf Antrag des Annehmenden mit Einwilligung des Kindes mit dem Ausspruch der Annahme

1. Vornamen des Kindes ändern oder ihm einen oder mehrere neue Vornamen beigeben, wenn dies dem Wohl des Kindes entspricht;

2. dem neuen Familiennamen des Kindes den bisherigen Familiennamen voranstellen oder anfügen, wenn dies aus schwerwiegenden Gründen zum Wohl des Kindes erforderlich ist.

²§ 1746 Abs. 1 Satz 2, 3, Abs. 3 erster Halbsatz ist entsprechend anzuwenden.

Aufhebung der Adoption

Die Adoption eines Kindes ist eine Art Glücksspiel. Der Adoptierende kann nicht voraussehen, ob er in dieser Lotterie einen Engel oder einen Teufel gezogen hat. Möglicherweise zeigen sich nach einigen Jahren derartige charakterliche Defekte des Kindes, daß das ganze Leben der Adoptiveltern dadurch verpfuscht werden würde. Man half sich früher in solchen Fällen mit einer Anfechtung des Adoptionsvertrages wegen Irrtums über die Charaktereigenschaften des Kindes gemäß § 119 BGB.

Nach der jetzigen gesetzlichen Regelung besteht die Möglichkeit, die Kindesannahme von Amts wegen aufzuheben. Nach § 1763 BGB kann das Vormundschaftsgericht während der Minderjährigkeit des Kindes das Annahmeverhältnis von Amts wegen aufheben, wenn dies aus schwerwiegenden Gründen zum Wohle des Kindes erforderlich ist. Ein Annahmeverhältnis, das zu einem Volljährigen begründet worden ist, kann das Vormundschaftsgericht auf Antrag der Beteiligten aufheben, wenn ein wichtiger Grund vorliegt.

Die Aufhebung eines Adoptionsverhältnisses wirkt nur für die Zukunft. Damit erlöschen die Rechtsbeziehungen aus dem neugegründeten Verwandtschaftsverhältnis des Kindes und seiner eventuellen Abkömmlinge. Das Verwandtschaftsverhältnis zu den leiblichen Verwandten lebt wieder auf.

Die Pflegschaft

Wir haben oben bereits einige Fälle behandelt, in denen die Tätigkeit eines Elternteils für seine Kinder und eines Vormundes für sein Mündel durch eine Pflegschaft ergänzt wurde. Das Gesetz kennt folgende Fälle der Pflegschaft:

Ein Minderjähriger kann vom Vormundschaftsgericht einen Pfleger für Angelegenheiten erhalten, in denen die Eltern oder ein Vormund verhindert sind. Dies gilt insbesondere auch bei Schenkungen oder Erbschaften, die laut Testament nicht von Eltern oder Vormund verwaltet werden sollen (sogenannte Ergänzungspflegschaft gemäß § 1909). Für jeden im Ausland an einem unbekannten Ort Lebenden kann ein sogenannter Abwesenheitspfleger durch das Vormundschaftsgericht bestellt werden. Wer in solchen Fällen also ein Interesse an der Bestellung eines Abwesenheitspflegers hat, richtet einen Antrag an das Vormundschaftsgericht. Ein Abwesenheitspfleger, wie überhaupt jeder Pfleger, kann nur im Interesse dessen bestellt werden, für den er tätig werden soll. Schließlich kennt das Gesetz noch die Fälle der Pflegschaft für unbekannte Erben (§ 1960), für eine Leibesfrucht (§ 1912 BGB), für unbekannte Beteiligte (§ 1913 BGB) – dies kann einmal wichtig werden für einen noch unbekannten Nacherben – und die Pflegschaft für ein Sammelvermögen (§ 1914). Ein solcher Fall ist denkbar, wenn ein wohlhabender allein lebender Mann eine Sammlung im Freundes- und Bekanntenkreis durchgeführt hat mit der Zielsetzung, wohltätige Einrichtungen für behinderte Kinder zu unterstützen. Bevor jedoch seine Sammeltätigkeit abgeschlossen war, verstirbt er plötzlich. In einem solchen Fall ist es notwendig, einen amtlichen Pfleger zu bestellen, der das Sammelvermögen dem vorgesehenen Zweck zuführt. Die Bestellung eines Pflegers und das Erlöschen dieses Amtes richten sich gemäß § 1915 BGB nach denselben Vorschriften, die für den Vormund gelten. Das Amt eines Pflegers ist auch wieder ein staatsbürgerliches Amt, dessen Annahme erzwungen werden kann. Nur der Ergänzungspfleger, der also die Tätigkeit eines Elternteils oder Vormunds ergänzen soll, ist nicht verpflichtet, eine solche Tätigkeit anzunehmen (§ 1916 BGB).

Die Ehescheidung und ihre Folgen

Bettinas Ehe steht unter keinem glücklichen Stern. Ihr Ehemann, der Inhaber des »Modesalons« kann es nicht unterlassen, ständig Seitensprünge zu machen, und geht nach der Geburt des Kindes seine eigenen Wege. Bettina beklagt sich häufig bei ihrem Vater, und Opa Paul Jedermann sieht schließlich ein, daß der Fortbestand von Bettinas Ehe sie nur weiter unglücklich machen würde. Er rät ihr daher, sich scheiden zu lassen.

Bettina sucht daher einen Rechtsanwalt auf, der ihr, als in Ehesachen besonders erfahren, von einer Freundin genannt wurde. »Die Dinge liegen ganz einfach«, beginnt sie, »denn ich kann leicht beweisen, daß mein Mann fortlaufend Ehebruch begeht, weshalb er schuldig geschieden werden muß.«

222

»Das war einmal«, belehrt sie der Rechtsanwalt. »Seit 1977 gibt es keine Scheidung mehr, in welcher eine Schuld an der Scheidung ausgesprochen wird. Auf ein vorwerfbares Verhalten eines Ehegatten allein kommt es überhaupt nicht an, sondern nur darauf, ob eine Ehe zerrüttet ist. Dieses sogenannte Zerrüttungsprinzip hat das von 1900 bis 1977 in Deutschland geltende Verschuldensprinzip für das Ehescheidungsrecht abgelöst. Für eine Scheidung kommt es heute nur darauf an, daß der scheidungsbegehrende Ehegatte die objektive Zerrüttung der Ehe nachweist.«

»Das ist ja kein Problem«, erwidert Bettina, »da unsere Ehe hoffnungslos zerrüttet ist; das läßt sich leicht nachweisen. Mein Mann wird es nicht bestreiten, er lebt ja mit einer anderen Frau zusammen. Sie können also getrost die Klage einreichen.«

»Eine Ehescheidungsklage gibt es auch nicht mehr«, belehrt sie der Anwalt. »Eine Ehe wird auf Antrag durch das Familiengericht geschieden, in welcher Funktion die Amtsgerichte tätig werden, bei denen eine solche Abteilung eingerichtet ist. Hier in Frankfurt a. M. haben wir bei dem Amtsgericht ein Familiengericht, so daß der Antrag hier gestellt werden kann.«

Es ist richtig, daß mit der Einreichung des Scheidungsantrages bei dem Familiengericht ein Rechtsanwalt beauftragt wird. Dies ist nämlich vom Gesetz vorgeschrieben. Zwar können grundsätzlich sämtliche gerichtlichen Verfahren vor dem Amtsgericht betrieben werden, ohne daß es einer Vertretung durch einen Rechtsanwalt bedarf.

Diese Regelung des § 78 ZPO ist aber dahin ergänzt worden, daß sich auch in Ehesachen und Folgesachen von Scheidungssachen vor den Familiengerichten die Parteien durch einen Rechtsanwalt vertreten lassen müssen. Nach der ihm erteilten Information sieht der Rechtsanwalt die Voraussetzungen für eine Scheidung als gegeben an. Dies ergibt sich aus § 1564 und § 1565 BGB wie folgt:

§ 1564

Eine Ehe kann nur durch gerichtliches Urteil auf Antrag eines oder beider Ehegatten geschieden werden. Die Ehe ist mit der Rechtskraft des Urteils aufgelöst. Die Voraussetzungen, unter denen die Scheidung begehrt werden kann, ergeben sich aus den folgenden Vorschriften.

§ 1565

(1) Eine Ehe kann geschieden werden, wenn sie gescheitert ist. Die Ehe ist gescheitert, wenn die Lebensgemeinschaft der Ehegatten nicht mehr besteht und nicht erwartet werden kann, daß die Ehegatten sie wiederherstellen.

(2) Leben die Ehegatten noch nicht ein Jahr getrennt, so kann die Ehe nur geschieden werden, wenn die Fortsetzung der Ehe für den Antragsteller aus Gründen, die in der Person des anderen Ehegatten liegen, eine unzumutbare Härte darstellen würde.

Wie die einzureichende Antragsschrift, welche der beauftragte Rechtsanwalt verfassen muß, auszusehen hat, ist in § 622 ZPO wie folgt vorgeschrieben:

§ 622

(1) Das Verfahren auf Scheidung wird durch Einreichung einer Antragsschrift anhängig.

(2) Die Antragsschrift muß vorbehaltlich des § 630 Angaben darüber enthalten, ob
1. gemeinschaftliche minderjährige Kinder vorhanden sind,
2. Familiensachen der in § 621 Abs. 2 Satz 1 bezeichneten Art anderweitig anhängig sind. Im übrigen gelten die Vorschriften über die Klageschrift entsprechend.

(3) Bei der Anwendung der allgemeinen Vorschriften treten an die Stelle der Bezeichnungen Kläger und Beklagter die Bezeichnungen Antragsteller und Antragsgegner.

Demgemäß reicht der Rechtsanwalt auftragsgemäß folgenden Schriftsatz bei dem Familiengericht ein. Mit der Einreichung dieses Antrags ist das Scheidungsverfahren in Gang gesetzt. Es handelt sich um einen einfach gelagerten Sachverhalt. Da der Antragsgegner ihn nicht bestreiten kann und auch nicht bestreitet, wird es demnach zur Scheidung durch Erlaß eines entsprechenden Urteils kommen.

Rechtsanwalt   *Herrmannstraße 10*
Dr. Ludwig Buss   *60318 Frankfurt a. M.*

An das
Amtsgericht Frankfurt a. M.
– Familiengericht –
60431 Frankfurt a. M.

                                                         Frankfurt a. M., den ...

<u>Antrag</u>

der Ehefrau Bettina Grass, geb. Jedermann, wohnhaft
Heinzstraße 7, 60431 Frankfurt a. M.
                        – Antragstellerin –
Prozeßbevollmächtigter: RA Dr. Buss

gegen ihren Ehemann, den Kaufmann Ottomar Grass, wohnhaft ebenda

                        – Antragsgegner –
auf Scheidung der Ehe.

Namens und im Auftrag der Antragstellerin, deren Vollmacht auf mich ich anliegend
überreiche, stelle ich den Antrag,

die am ... vor dem Standesamt in Frankfurt a. M. geschlossene Ehe der Parteien zu scheiden.

Ferner wird beantragt,

die elterliche Sorge hinsichtlich des gemeinsamen Kindes Konrad der Antragstellerin zu
übertragen.

<u>Begründung:</u>

Die Parteien haben ausweislich der als Anlage beigefügten Heiratsurkunde am ... die Ehe
miteinander geschlossen.

Die Antragsstellerin ist am ... geboren und deutsche Staatsangehörige. Der Antragsgegner
ist am ... geboren und besitzt ebenfalls die deutsche Staatsangehörigkeit. Aus der Ehe ist
der minderjährige Sohn Siegfried, geboren am ... hervorgegangen.

<u>Beweis:</u> Parteivernehmung

Der Sohn lebt bei der Antragsstellerin.

<u>Beweis:</u> Parteivernehmung

Der Scheidungsantrag wird auf § 1566 Abs. 1 gestützt. Die Ehe der Parteien ist ge-
scheitert. Seit dem ... leben die Eheleute voneinander getrennt. An diesem Tag ist die
Antragstellerin aus der gemeinsamen ehelichen Wohnung ausgezogen, zunächst zu ihrer
Mutter und dann später in die nunmehr von ihr innegehaltene Wohnung gezogen.

<u>Beweis:</u> Parteivernehmung

Der Antragsgegner wird der Scheidung zustimmen.

Familiensachen bei anderen Gerichten sind nicht anhängig.

Die Eheleute haben die Scheidungsfolgesachen vollständig in notarieller Urkunde geregelt. Wir überreichen hierzu beglaubigte Fotokopie der notariellen Urkunde des Notars ... vom ...

Dr. Büss

(Rechtsanwalt)

Für den Fall, daß Frau Grass nicht in einer einvernehmlichen Scheidung ausgehen kann, sondern damit rechnen muß, daß die Ehescheidung streitig durchgeführt wird, müßte die Begründung des Scheidungsantrags wie folgt aussehen:

Begründung:
Die Parteien haben ausweislich der als Anlage überreichten Heiratsurkunde am ... vor dem Standesbeamten in ... die Ehe miteinander geschlossen.

Beweis: beglaubigte Fotokopie der Heiratsurkunde

Die Antragstellerin ist am ... geboren und deutsche Staatsangehörige. Der Antragsgegner ist am ... geboren und besitzt ebenfalls die deutsche Staatsangehörigkeit.

Aus der Ehe der Parteien ist das minderjährige Kind Siegfried geboren am ... hervorgegangen. Das Kind lebt bei der Antragstellerin.

Beweis: Parteivernehmung

Der Scheidungsantrag wird auf § 1565 Abs. 1 BGB gestützt.

Die Ehe der Parteien ist gescheitert. Die Eheleute leben seit dem ... voneinander getrennt. Zu diesem Zeitpunkt ist der Antragsgegner aus der ehelichen Wohnung ausgezogen.

Beweis: Parteivernehmung

Eine Wiederherstellung der ehelichen Lebensgemeinschaft ist ausgeschlossen. Der Antragsgegner hat sich seit geraumer Zeit einer neuen Lebenspartnerin zugewandt, so daß davon ausgegangen werden muß, daß auch er die Ehe für gescheitert hält.

Dennoch kann derzeit noch nicht abgesehen werden, ob der Antragsteller der Scheidung zustimmen wird. Mit Schreiben vom ... seines Bevollmächtigten, Herrn Rechtsanwalt ..., hat er jedoch mitteilen lassen, daß auch er die Ehe als zerrüttet ansieht.

Zwischen den Eheleuten hat es tiefgreifende Zerwürfnisse gegeben. Die Antragstellerin ist keinesfalls bereit, die eheliche Lebensgemeinschaft mit dem Antragsgegner nochmals aufzunehmen.

Beweis: wie zuvor.

Bis zur Erklärung des Antragsgegners, ob er der Scheidung zustimmen wird, kann vom Vorliegen der Voraussetzungen des § 1566 Abs. 1 BGB noch nicht ausgegangen werden.

Familiensachen bei anderen Gerichten sind nicht anhängig.

Dr. Büss

(Rechtsanwalt)

Seit der Kindschaftsrechtsreform trifft das Familienrecht nicht mehr automatisch eine Entscheidung über das Sorgerecht, da dieses auch nach der Scheidung bei den Eltern gemeinsam verbleibt. Jeder Ehegatte kann bei triftigen Gründen aber einen entsprechend abweichenden Antrag stellen.

Bettina ist erstaunt und erbost, daß in dem Urteil zwar ihrem Scheidungsbegehren stattgegeben wurde, aber hinsichtlich der Kosten die Anordnung getroffen wurde, daß die Kosten gegeneinander aufgehoben sind. Da sie dies nicht versteht, befragt sie ihren Anwalt. Dieser belehrt sie wie folgt: »Mit dieser Kostenregelung ist gesagt, daß die Kosten des Gerichts von jeder Partei hälftig zu tragen sind und daß jede Partei ihre außergerichtlichen Kosten selbst trägt. Das bedeutet also, daß Sie meine Gebühren selbst zu tragen haben. Ich werde Ihnen noch die diesbezügliche Kostenrechnung zugehen lassen.«

»Das verstehe ich nicht«, meint Bettina, »ich habe doch die Ehe nicht zerrüttet, sondern war bereit, mit all meinen Kräften an dieser Ehe festzuhalten. Es ist doch ein ganz klarer Fall, daß mein Mann allein die Scheidung der Ehe verschuldet hat, und dann muß er wohl auch die Kosten aus seiner Tasche bezahlen, welche durch das Scheidungsverfahren entstanden sind.«

Was Bettina hier denkt, das war einmal. Da es keine Verschuldensscheidung mehr gibt, wird auch kein Ehegatte mehr im Scheidungsverfahren für schuldig an der Scheidung erklärt. Es wird lediglich die Auflösung der Ehe durch das Urteil wegen der festgestellten Zerrüttung ausgesprochen. Demzufolge bestimmt auch § 93a ZPO, daß die Kosten des Scheidungsverfahrens und der damit verbundenen Folgesache (hier die Regelung der elterlichen Sorge) unter den an der Scheidung beteiligten Eheleuten aufgeteilt werden. In allen Fällen, in denen beide Parteien finanziell so gestellt sind, daß sie derartige Kosten ohne Beeinträchtigung ihrer Lebensführung tragen können, wird es also zu dieser Kostenverteilung kommen.

Allerdings enthält § 93a ZPO für den Fall, daß einer der Ehegatten durch die Kostentragung unverhältnismäßig beeinträchtigt werden würde, die Möglichkeit, daß das Gericht die Kosten anders verteilt. In extremen Fällen, wo zum Beispiel der eine Ehegatte erheblich reicher ist als der andere, kann es also dazu kommen, daß dem reicheren von beiden die gesamten Kosten des Verfahrens auferlegt werden.

Nun interessiert Bettina natürlich, wie hoch denn ihre Kostenbelastung durch den Scheidungsrechtsstreit eigentlich ist. Zweckmäßigerweise hätte sie sich schon zu Beginn des Prozesses hiernach erkundigt. Gewöhnlich wird ein solches Gespräch mit dem Anwalt bei Mandatserteilung stattfinden, denn dieser wird einen angemessenen Kostenvorschuß für seine Tätigkeit verlangen und zu diesem Zweck zu klären suchen, wie hoch der Streitwert des Verfahrens sein wird, was sich wieder nach dem Vermögensstand der Eheleute richtet.

Natürlich liegt hinsichtlich des Streitwertes jedes Ehescheidungsverfahren gesondert. Bei hohem Nettoeinkommen der Eheleute, bei großen Vermögen können hohe Streitwerte gegeben sein. Werden mit dem Ehescheidungsverfahren noch andere Anträge verbunden, so wird der Streitwert des Verfahrens noch höher. Dies wird häufig der Fall sein, da die antragstellende Partei ja bemüht sein wird, sämtliche Probleme, die sich aus der Scheidung ergeben, gleich mitregeln zu lassen. Dies ist ausdrücklich in § 623 ZPO vorgesehen, der insoweit folgendes bestimmt:

§ 623
(1) Soweit in Familiensachen des § 621 Abs. 1 Nr. 5 bis 9 und Abs. 2 Satz 1 Nr. 4 eine Entscheidung für den Fall der Scheidung zu treffen ist und von einem Ehegatten rechtzeitig begehrt wird, ist hierüber gleichzeitig und zusammen mit der Scheidungssache zu verhandeln und, sofern dem Scheidungsantrag stattgegeben wird, zu entscheiden (Folgesachen). Wird bei einer Familiensache des § 621 Abs. 1 Nr. 5 und 8 und Abs. 2 Satz 1 Nr. 4 ein Dritter Verfahrens beteiligter, so wird diese Familiensache abgetrennt. Für die Durchführung des Versorgungsausgleichs in den Fällen des § 1587b des Bürgerlichen Gesetzbuchs bedarf es keines Antrags.
(2) Folgesachen sind auch rechtzeitig von einem Ehegatten anhängig gemachte Familiensachen nach
1. § 621 Abs. 2 Satz 1 Nr. 1 im Fall eines Antrags nach § 1671 Abs. 1 des Bürgerlichen Gesetzbuchs,

2. § 621 Abs. 2 Satz 1 Nr. 2, soweit deren Gegenstand der Umgang eines Ehegatten mit einem gemeinschaftlichen Kind oder einem Kind des anderen Ehegatten ist, und

3. § 621 Abs. 2 Satz 1 Nr. 3.

Auf Antrag eines Ehegatten trennt das Gericht eine Folgesache nach den Nummern 1 bis 3 von der Scheidungssache ab. Ein Antrag auf Abtrennung einer Folgesache nach Nummer 1 kann mit einem Antrag auf Abtrennung einer Folgesache nach § 621 Abs. 1 Nr. 5 und Abs. 2 Satz 1 Nr. 4 verbunden werden. Im Fall der Abtrennung wird die Folgesache als selbständige Familiensache fortgeführt; § 626 Abs. 2 Satz 3 gilt entsprechend.

(3) Folgesachen sind auch rechtzeitig eingeleitete Verfahren betreffend die Übertragung der elterlichen Sorge oder eines Teils der elterlichen Sorge

wegen Gefährdung des Kindswohls auf einen Elternteil, einen Vormund oder einen Pfleger. Das Gericht kann anordnen, daß ein Verfahren nach Satz 1 von der Scheidungssache abgetrennt wird. Absatz 2 Satz 3 gilt entsprechend.

(4) Das Verfahren muß bis zum Schluß der mündlichen Verhandlung erster Instanz in der Scheidungssache anhängig gemacht oder eingeleitet sein. Satz 1 gilt entsprechend, wenn die Scheidungssache nach § 629 b an das Gericht des ersten Rechtszuges zurückverwiesen ist.

(5) Die vorstehenden Vorschriften glten auch für Verfahren der in den Absätzen 1 bis 3 genannten Art, die nach § 621 Abs. 3 an das Gericht der Ehesache übergeleitet worden sind. In den Fällen des Absatzes 1 gilt dies nur, soweit eine Entscheidung für den Fall der Scheidung zu treffen ist.

Diese sogenannten »Folgesachen« sind in § 621 ZPO erfaßt, der insoweit folgendes bestimmt:

§ 621

(1) Für Familiensachen, die

1. die elterliche Sorge für ein Kind, soweit nach den Vorschriften des Bürgerlichen Gesetzbuchs hierfür das Familiengericht zuständig ist,

2. die Regelung des Umgangs mit einem Kind, soweit nach den Vorschriften des Bürgerlichen Gesetzbuchs hierfür das Familiengericht zuständig ist,

3. die Herausgabe eines Kindes, für das die elterliche Sorge besteht,

4. die durch Verwandschaft begründete gesetzliche Unterhaltspflicht,

5. die durch Ehe begründete gesetzliche Unterhaltspflicht,

6. den Versorgungsausgleich,

7. Regelungen nach der Verordnung über die Behandlung der Ehewohnung und des Hausrats,

8. Ansprüche aus dem ehelichen Güterrecht, auch wenn Dritte am Verfahren beteiligt sind,

9. Verfahren nach den §§ 1382 und 1383 des Bürgerlichen Gesetzbuchs,

10. Kindschaftssachen,

11. Ansprüche nach den §§ 1615l, 1615m des Bürgerlichen Gesetzbuchs,

12. Verfahren nach §§ 1303 Abs. 2 bis 4, § 1308 Abs. 2 und § 1315 Abs. 1 Satz 1 Nr. 1, Satz 3 des Bürgerlichen Gesetzbuchs,

13. (Maßsachen nach dem Gewaltschutzgesetz)

betreffen, ist das Familiengericht ausschließlich zuständig.

(2) Während der Anhängigkeit einer Ehesache ist unter den deutschen Gerichten das Gericht, bei dem die Ehesache im ersten Rechtszug anhängig

ist oder war, ausschließlich zuständig für Familiensachen nach Absatz 1 Nr. 5 bis 9; für Familiensachen nach Absatz 1 Nr. 1 bis 4 gilt dies nur, soweit sie betreffen

1. in den Fällen der Nummer 1 die elterliche Sorge für ein gemeinschaftliches Kind einschließlich der Übertragung der elterlichen Sorge oder eines Teils der elterlichen Sorge wegen Gefährdung des Kindswohls auf einen Elternteil, Vormund oder Pfleger,

2. in den Fällen der Nummer 2 die Regelung des Umgangs mit einem gemeinschaftlichen Kind der Ehegatten nach den §§ 1684 und 1685 des Bürgerlichen Gesetzbuchs oder des Umgangs eines Ehegatten mit einem Kind des anderen Ehegatten nach § 1685 Abs. 2 des Bürgerlichen Gesetzbuchs,

3. in den Fällen der Nummer 3 die Herausgabe eines Kindes an den anderen Elternteil,

4. in den Fällen der Nummer 4 die Unterhaltspflicht gegenüber einem gemeinschaftlichen Kind mit Ausnahme von Vereinfachten Verfahren zur Abänderung von Unterhaltstiteln.

5. ...

Ist eine Ehesache nicht anhängig, so richtet sich die örtliche Zuständigkeit nach den allgemeinen Vorschriften.

(3) Wird eine Ehesache rechtshängig, während eine Familiensache der in Absatz 2 Satz 1 genannten Art bei einem anderen Gericht im ersten Rechtszug anhängig ist, so ist diese von Amts wegen an das Gericht der Ehesache zu verweisen oder abzugeben. § 281 Abs. 2, 3 Satz 1 gilt entsprechend.

Das Gewaltschutzgesetz gemäß der Ziffer 13 wurde im Jahre 2001 zur Verhinderung von Gewalttätigkeiten unter Ehegatten in Kraft gesetzt.

> *Aus der vorstehend dargelegten Regelung ist der Wille des Gesetzes zu ersehen, daß sämtliche Probleme der Ehescheidung in einem Zuge vor dem Familiengericht entschieden werden sollen.*

Eine solche Zusammenballung von Anträgen kann naturgemäß zu einem sehr hohen Streitwert des Verfahrens führen und damit die Kasse der aufzulösenden Ehegemeinschaft erheblich belasten. »Könnte man denn nicht erhebliche Kosten dadurch sparen, daß der Antragsgegner in einem solchen Verfahren sich gar nicht anwaltlich vertreten läßt und dadurch die gesamten Kosten spart?« fragt Bettina.

Nach dem früheren Rechtszustand, der vor 1977 galt, wurde dies häufig praktiziert. Man einigte sich über alle Punkte des Ehescheidungsverfahrens und der Rechtsfolgen der Scheidung vor Erhebung der Ehescheidungsklage, und nur die klagende Partei ließ sich dann anwaltlich vertreten. Dies ist jedoch nach den jetzigen gesetzlichen Bestimmungen nicht mehr ohne weiteres möglich. Der Gesetzgeber möchte sicherstellen, daß ein Antragsgegner in einem solchen Verfahren nicht ohne Rechtsschutz ist, wodurch er möglicherweise infolge seiner Unerfahrenheit benachteiligt werden könnte. Normalerweise wird auch eine Verfahrenspartei, die nicht über die erforderlichen Geldmittel verfügt, um den Prozeß zu führen und auch nicht von der anderen Prozeßpartei die erforderlichen Geldbeträge hierfür verlangen kann, um die »Prozeßkostenhilfe« nachsuchen. Das bedeutet, daß das Gericht auf Antrag hin die Partei von den Gerichtskosten freistellt und ihr einen Rechtsanwalt beiordnet, dessen Gebühren dann aus der Gerichtskasse bezahlt werden. Als Faustregel kann man festhalten, daß Prozeßkostenhilfe bewilligt wird, wenn die Eheleute zusammen nicht mehr als 800,– Euro monatlich netto verdienen, wobei noch für jedes Kind weitere 150,– Euro eingesetzt werden. Ehescheidungsparteien, die zwei Kinder haben und nicht mehr als 900,– Euro verdienen, werden daher das Ehescheidungsverfahren meist mit Prozeßkostenhilfe durchführen können.

Es ist nun aber auch denkbar, daß der Antragsgegner dem Verfahren so gleichgültig gegenübersteht, daß er sich darum nicht kümmert. Die Terminladung geht ihm zu, aber er geht nicht zum Termin. Er beantwortet auch keinen Schriftsatz der Gegenseite und keine Anfrage des Gerichts. Hier gibt das Gesetz dem Richter die Möglichkeit, einer solchen Verfahrenspartei einen Anwalt aufzuzwingen. Insofern bestimmt § 625 ZPO folgendes:

§ 625
(1) Hat in einer Scheidungssache der Antragsgegner keinen Rechtsanwalt als Bevollmächtigten bestellt, so ordnet das Prozeßgericht ihm von Amts wegen zur Wahrnehmung seiner Rechte im ersten Rechtszug hinsichtlich des Scheidungsantrags und eines Antrags nach § 1671 Abs. 1 BGB einen Rechtsanwalt bei, wenn diese Maßnahme nach der freien Überzeugung des Gerichts zum Schutz des Antragsgegners unabweisbar erscheint; § 78 c Abs. 1, 3 gilt sinngemäß. Vor einer Beiordnung soll der Antragsgegner persönlich gehört und dabei besonders darauf hingewiesen werden, daß die Familiensachen des § 621 Abs. 1 gleichzeitig mit der Scheidungssache verhandelt und entschieden werden können.
(2) Der beigeordnete Rechtsanwalt hat die Stellung eines Beistandes.

Durch die vorstehende Regelung ist demnach gewährleistet, daß jede Verfahrenspartei sachkundig vertreten ist und eine möglichst gerechte Regelung sämtlicher Probleme der Eheauflösung erreichen wird. In dem Ehescheidungsverfahren zwischen Bettina und Ottomar ist Ottomar mit der Scheidung nicht zufrieden. Er hat sich besonnen und möchte an der Ehe festhalten. Er ist der Auffassung, daß sein bisheriges Verhalten zwar nicht richtig war, aber doch nicht so schwerwiegend, daß die Ehe als zerrüttet angesehen werden könnte. Er möchte daher das Urteil anfechten.

Dies kann er mit dem Rechtsmittel der Berufung tun, welche binnen eines Monats seit Zustellung des Scheidungsurteils bei dem Oberlandesgericht einzulegen ist.

Während normalerweise die Berufung gegen ein Urteil des Amtsgerichts bei dem übergeordneten Landgericht einzulegen ist, ist gegen das Urteil eines Familiengerichts die Berufung bei dem übergeordneten Oberlandesgericht einzulegen. Das Familiengericht wird demnach gewissermaßen prozessual als »Landgericht« angesehen.

Deswegen bestimmt auch § 608 ZPO, daß in einem solchen Verfahren die Vorschriften des Landgerichtsprozesses entsprechend Anwendung finden. Es ist ferner in § 78 ZPO bestimmt, daß nur ein bei Amts- oder Landgerichten zugelassener Rechtsanwalt im Verfahren vor den Familiengerichten auftreten kann.

Ist eine Partei auch mit der Berufungsentscheidung des Senats bei dem Oberlandesgericht nicht einverstanden, so ist grundsätzlich gegen eine solche Entscheidung auch noch die Revision zum BGH zulässig, bis auf Entscheidungen, welche den Unterhalt der Kinder oder der Ehegatten betreffen oder Ansprüche aus dem ehelichen Güterrecht.

Hier ist die Revision nur zulässig, wenn sie in dem Urteil des Oberlandesgerichts zugelassen worden ist.

Gegen Entscheidungen, welche die elterliche Sorge, das Umgangsrecht, die Kindesherausgabe, den Versorgungsausgleich, die Rechtsverhältnisse an der Ehewohnung und am Hausrat oder die Sonderregelung der Ausgleichsforderung betreffen, ist nicht das Rechtsmittel der Berufung, sondern das Rechtsmittel der Beschwerde und gegebenenfalls auch die weitere Beschwerde gegeben.

Gesetzliche Vermutung für die Zerrüttung der Ehe

In dem Ehescheidungsverfahren zwischen Bettina und Ottomar ging es darum, daß der Ehemann durch seine Beziehungen zu anderen Frauen und durch seine hartnäckige Weigerung, mit Bettina eine ordnungsmäßige Ehe zu führen, diese Ehe in wenigen Monaten zerrüttet hatte. Auf diesem Tatbestand war das Ehescheidungsbegehren aufgebaut und der Sachverhalt mußte von der Antragstellerin bewiesen werden.

Oft wird in solchen Fällen die Vernehmung des Antragsgegners in dem Ehescheidungsverfahren als Partei dazu führen, daß der Familienrichter den Tatbestand der Ehezerrüttung als nachgewiesen ansieht. Bestreitet der Antragsgegner solche Behauptungen, und erbietet er sich auch, sein Bestreiten bei seiner Parteivernehmung aufrechtzuerhalten, dann wird es oft notwendig sein, andere Beweismittel zu verwenden.

Handelt es sich um Beziehungen zu anderen Frauen, wie in dem Ehescheidungsverfahren Grass, so kann ja die Vernehmung dieser Personen als Zeugen den Zerrüttungsbeweis erbringen.

So eindeutig liegen die Dinge aber oft nicht. In sehr vielen Fällen wird die Ehe nicht durch eine derartig spektakuläre und einfach beweisbare Verhaltensweise eines Ehepartners zerrüttet, sondern durch Alltagsvorgänge im Eheleben. Bei auseinanderstrebenden Interessen der Eheleute hinsichtlich der Freizeit, hinsichtlich des Kulturangebots, hinsichtlich der sportlichen Betätigung usw. ist ein völliges Auseinanderleben durchaus nicht fern. Der hieraus entstehende gegenseitige Trotz führt zu Streitigkeiten mit übersteigerten Vorwürfen und vielleicht sogar handgreiflichen Auseinandersetzungen.

Jeder sucht die »Schuld« an der Zerrüttung bei dem anderen und würde in einem Ehescheidungs-verfahren irgendwelchen Vorwürfen, daß sein Verhalten die Zerrüttung herbeigeführt habe, entge-gentreten.

Beweisbar ist dann meist der Zustand der Ehezerrüttung nicht, denn diese Vorgänge hinter den Gardinen der Ehewohnung sind ja nur dem Wissen der Eheleute zugänglich gewesen, aber keinem Dritten, denn bei den Freunden und Bekannten hat man mit großem Bedacht die Rolle der sich gut verstehenden Eheleute gespielt.

Die Kinder als Beweismittel in den Prozeß einzuführen, scheut man sich meist, oft hat man auch vor ihnen die Harmonie in der Ehe vorgetäuscht.

Wenn aber das Auseinanderleben in der Ehe dazu geführt hat, daß die Eheleute »getrennt leben«, dann ist ein starkes Beweisanzeichen für die Ehezerrüttung vorhanden. Getrennt leben bedeutet in diesem Falle, daß die Gemeinsamkeit des täglichen Lebenslaufs, wie er in einer heilen Ehe üblich ist, beendet worden ist. Insoweit liegt der klarste Fall dann vor, wenn die Eheleute in verschiedenen Wohnungen leben, insbesondere also, wenn einer von beiden die eheliche Wohnung verlassen hat.

Es ist auch denkbar, daß dieser Zustand innerhalb des Wohnbereichs eingetreten ist, wenn man etwa in einem Haus getrennt in verschiedenen Stockwerken oder in der Wohnung in getrennten Räumen lebt. Man wirtschaftet nicht mehr zusammen, man bespricht nur noch das Notwendigste, man ißt nicht mehr gemeinsam und führt auch keine gemeinsame Kasse mehr.

Folgen der einjährigen Trennung

Besteht eine solche Trennung seit einem Jahr, so tritt eine Zerrüttungsvermutung nach Maßgabe des § 1566 Abs. 1 BGB ein, der folgendes bestimmt:

§ 1566

(1) Es wird unwiderlegbar vermutet, daß die Ehe gescheitert ist, wenn die Ehegatten seit einem Jahr getrennt leben und beide Ehegatten die Scheidung beantragen oder der Antragsgegner der Scheidung zustimmt.

(2) Es wird unwiderlegbar vermutet, daß die Ehe gescheitert ist, wenn die Ehegatten seit drei Jahren getrennt leben.

Wenn beide Ehegatten dann in dem Ehescheidungsverfahren an einem Strang ziehen, dann braucht demnach nur die Tatsache der einjährigen Trennung bewiesen zu werden, was durch glaubhafte Aussage der Eheleute in dem Verfahren erreicht werden wird.

Gegebenenfalls können wohl auch nahe Angehörige der Eheleute als Zeugen diese Tatsache bekunden.

Wenn nur einer der Ehegatten aufgrund der einjährigen Trennung das Ehescheidungsverfah-ren betreibt und der andere sich »querlegt«, so wird es wohl regelmäßig trotzdem zu einer Scheidung kommen, weil man dem Gericht kaum glaubhaft machen kann, daß trotz einer so langen Trennung keine Zerrüttung der Ehe eingetreten ist. Denkbar ist wohl bloß der Fall, daß die Eheleute sich nachweisbar dahin verständigt haben, eine lange Zeit voneinander ge-trennt leben zu wollen, um damit die Grundlage für ein späteres erneutes Zusammenleben zu schaffen.

Wird eine Scheidung aufgrund einjähriger Trennung verlangt, so hat der Rechtsanwalt des Antragstellers die besondere Vorschrift des § 630 ZPO bei der Abfassung der Antragsschrift zu beachten, der insofern folgendes bestimmt:

230

§ 630

(1) Für das Verfahren auf Scheidung nach § 1565 in Verbindung mit § 1566 Abs. 1 des Bürgerlichen Gesetzbuchs muß die Antragsschrift eines Ehegatten auch enthalten:

1. die Mitteilung, daß der andere Ehegatte der Scheidung zustimmen oder in gleicher Weise die Scheidung beantragen wird;

2. entweder übereinstimmende Erklärungen der Ehegatten, daß Anträge zur Übertragung der elterlichen Sorge oder eines Teils der elterlichen Sorge für die Kinder auf einen Elternteil und zur Regelung des Umgangs der Eltern mit den Kindern nicht gestellt werden, weil sich die Ehegatten über das Fortbestehen der Sorge über den Umgang einig sind, oder, soweit eine gerichtliche Regelung erfolgen soll, die entsprechenden Anträge und jeweils die Zustimmung des anderen Ehegatten hierzu;

3. die Einigung der Ehegatten über die Regelung der Unterhaltspflicht gegenüber einem Kinde, die durch die Ehe begründete gesetzliche Unterhaltspflicht sowie die Rechtsverhältnisse an der Ehewohnung und am Hausrat.

(2) Die Zustimmung zur Scheidung kann bis zum Schluß der mündlichen Verhandlung, auf die das Urteil ergeht, widerrufen werden. Die Zustimmung und der Widerruf können zu Protokoll der Geschäftsstelle oder in der mündlichen Verhandlung zur Niederschrift des Gerichts erklärt werden.

(3) Das Gericht soll dem Scheidungsantrag erst stattgeben, wenn die Ehegatten über die in Absatz 1 Nr. 3 bezeichneten Gegenstände einen vollstreckbaren Schuldtitel herbeigeführt haben.

Dreijähriges Getrenntleben

Leben Eheleute drei Jahre voneinander getrennt, so bestimmt § 1566 Abs. 2 BGB, daß dann unwiderruflich vermutet wird, daß die Ehe gescheitert ist.

Hier braucht der die Scheidung begehrende Ehegatte demnach lediglich die Tatsache des dreijährigen Getrenntlebens zu beweisen, um das Scheidungsurteil zu erreichen.

Härteklausel

In den vorstehend behandelten Fällen einer einjährigen Trennung der Eheleute und einer dreijährigen Trennung der Eheleute besteht die Möglichkeit, daß trotz dieser Voraussetzungen es nicht zur Scheidung kommt. Es lassen sich beispielsweise Extremfälle denken, daß die Ehescheidung aufgrund der vorstehenden Bestimmungen zu schweren Härten für minderjährige Kinder oder für einen Ehegatten führt. Der Gesetzgeber hat diese Umstände in der sogenannten Härteklausel des § 1568 BGB berücksichtigt.

§ 1568

Die Ehe soll nicht geschieden werden, obwohl sie gescheitert ist, wenn und solange die Aufrechterhaltung der Ehe im Interesse der aus der Ehe hervorgegangenen minderjährigen Kinder aus besonderen Gründen ausnahmsweise notwendig ist oder wenn und solange die Scheidung für den Antragsgegner, der sie ablehnt, aufgrund außergewöhnlicher Umstände eine so schwere Härte darstellen würde, daß die Aufrechterhaltung der Ehe auch unter Berücksichtigung der Belange des Antragstellers ausnahmsweise geboten erscheint.

Um diese Bestimmung ist im Gesetzgebungsverfahren sehr viel gerungen worden. Für die Praxis dürfte die Bestimmung keine allzu große Bedeutung haben.

Man kann sich kaum Fälle denken, daß minderjährigen Kindern irgendwie damit gedient sein kann, daß der aus der Ehe strebende Ehegatte noch für einige Zeit am Bande der Ehe festhalten soll.

Verärgert und störrisch über diesen Zwang wird er die persönliche Bindung an seine Familienangehörigen mißachten. Zu einer positiven Einstellung kann er aber sowieso nicht gezwungen werden.

Als Fall der besonderen Härte für einen Ehegatten werden regelmäßig die Fälle angeführt, daß dieser unverschuldet im Siechtum liegt, sich jahrelang für den anderen Ehegatten aufopfernd eingesetzt habe, finanziell den anderen Ehegatten weit über das Maß der Verpflichtungen hinaus unterstützt habe usw.

Der Nachweis für diese besondere Härte ist in jedem Fall schwer zu führen und verhindert normalerweise langfristig eine Scheidung nicht.

Es können jedoch sicherlich bei dem Ablauf einer Ehe Umstände fortwirken oder kurz vor dem Urteil in einer Ehescheidungssache eintreten, die im Rahmen der Härteklausel hätten berücksichtigt werden müssen.

Folgen der Ehescheidung

Mit der Rechtskraft des Scheidungsurteils enden die Verpflichtungen aus dem ehelichen Bund. Die geschiedenen Ehegatten sind »frei«. Das bedeutet aber nicht, daß sie sich in dem Zustand befinden, der vorhanden war, bevor sie die Ehe eingingen. Die Ehe hat Nachwirkungen über die Scheidung hinaus, und zwar mit erheblichen Auswirkungen auf das weitere Leben der Geschiedenen.

Gehen wir zunächst davon aus, daß es sich um eine Ehe gehandelt hat, aus welcher keine Kinder hervorgegangen sind oder solche Kinder, die bereits unabhängig von den Eltern leben können, ohne auf diese angewiesen zu sein.

Dann stehen zwei rechtliche Beziehungskreise zur Debatte: die Unterhaltsansprüche und der Versorgungsausgleich. Bevor zu diesen Problemkreisen etwas gesagt wird, soll aus der Praxis des Lebens folgendes herausgestellt werden. Extrem gelagert sind auf der einen Seite Fälle, in denen eine Ehescheidung nach kurzer Ehe stattfindet und jeder der Ehegatten ein eigenes auskömmliches Einkommen hat, sei es aufgrund der Erwerbstätigkeit oder aus vorhandenem Vermögen. In solchen Fällen tauchen unterhaltsrechtliche und versorgungsrechtliche Probleme überhaupt nicht auf.

Extrem sind auf der anderen Seite Fälle, bei denen es sich um eine Ehescheidung zwischen ungewöhnlich vermögenden Eheleuten handelt. Ganz abgesehen davon, daß hier gewöhnlich im Vorfeld des Ehescheidungsverfahrens alle »Geldprobleme« geregelt sein werden, wird es überhaupt nicht zu irgendwelchen versorgungsrechtlichen Anträgen kommen, da die finanzielle Lebensabsicherung beiderseits vorhanden ist.

Übrig bleibt, was dazwischen liegt, also die geschiedene Ehe, in welcher der eine Ehegatte erheblich reicher ist als der andere, erheblich mehr für seine Altersversorgung getan hat als der andere Ehegatte, besser im Erwerbsleben dasteht als der andere Ehegatte, gesünder ist als der andere usw.

Das sind Fälle, in welchen das Familiengericht aufgerufen ist, die richtigen Lösungen zu finden, um den Unterhalt beider Ehegatten angemessen zu gewährleisten, vor allem aber auch die Altersversorgung.

Der Unterhalt des geschiedenen Ehegatten

Nach Bettinas Vorstellung liegen die Unterhaltsprobleme nach erfolgter Ehescheidung sehr einfach.

»Mein Mann ist doch schuld, daß unsere Ehe geschieden wurde«, denkt sie, »also muß er mir auch Unterhalt zahlen, denn warum soll ich auf einmal schlechter gestellt werden, als ich als Ehefrau war.«

Diese Auffassung gehört der Vergangenheit an. Vor dem 1977 knüpfte die Unterhaltsregelung an den Schuldausspruch des Scheidungsurteils an. Wer nicht »schuldig« geschieden wurde, war auch nicht dem Grunde nach zu einer Unterhaltszahlung verpflichtet, diese Pflicht traf den schuldig Geschiedenen, deshalb wurde in einem streitigen Ehescheidungsverfahren hartnäckig darum gekämpft, daß der andere Teil die Schuld an der Scheidung bekam, zumindest aber die gleichwertige Mitschuld.

232   Diese Grundlage einer Unterhaltsverpflichtung gibt es nicht mehr. Da es keinen Schuldausspruch bei der Scheidung gibt, also keinen »schuldig geschiedenen« Ehegatten, gibt es die »Schuld an der Scheidung« auch nicht mehr als Grundlage für eine Unterhaltsverpflichtung nach erfolgter Scheidung. Das bedeutet aber nicht, daß die frühere Ehe, deren Bestand fortgefallen ist, keine Nachwirkungen insoweit hat. Im Gegenteil, der Grundsatz geht gerade dahin, daß ein Ehegatte, der nicht selbst für seinen Unterhalt sorgen kann, gegen den anderen früheren Ehegatten einen Anspruch auf Unterhalt hat (§ 1569 BGB). Die Grundvorstellung insoweit ist folgende:

Die Eheschließung hat fast immer weitreichende Folgen für die Einkommenssituation der Ehegatten, meist immer noch der Ehefrau. Häufig endet das Berufsleben mit der Eheschließung bzw. mit der Geburt von Kindern.

Wird diese Ehe nun nach einigen Jahren geschieden, so ist zunächst die Situation für die geschiedene Ehefrau die, daß sie – nach wie vor durch die Kinder beansprucht – ihren Unterhalt nicht selbst bestreiten kann. Dies ist einer der klassischen Fälle, in denen der Bestand der früheren Ehe zu Unterhaltsansprüchen führt. Der klassische andere Fall ist der, daß eine Ehe 40 Jahre bestanden hat und der Zuschnitt dieser Ehe dergestalt war, daß die Ehefrau während dieser Zeit keinen Beruf ausgeübt hat. Nachdem die Kinder erwachsen geworden waren, besorgte die Ehefrau den Haushalt und lebte mit ihrem Mann von dessen Einkommen. Sie kann mit über 60 Jahren nach erfolgter Ehescheidung keinen Beruf mehr ergreifen, der ihr einen Lebensunterhalt gewährleistet.

Auf diesen Grundbeispielen aufbauend hat der Gesetzgeber im einzelnen die Unterhaltssituation zwischen geschiedenen Eheleuten eingehend in den §§ 1570 bis 1586b BGB geregelt.

In diesen Bestimmungen hat er im einzelnen die Maßstäbe gesetzt, wonach einerseits eine Unterhaltsberechtigung gegeben sein kann und andererseits eine Unterhaltsverpflichtung.

Unterhaltsberechtigung

Wie schon die zuvor aufgestellten klassischen Beispiele zeigen, wird es fast immer die geschiedene Ehefrau sein, welche Unterhaltsansprüche haben kann. Dies liegt auf der Hand, denn die Frau hat es in Folge von Doppelbelastung im Erwerbsleben gewöhnlich einfach schwerer. Dies zeigt deutlich die Regelung in den §§ 1570 bis 1572 BGB:

§ 1570
Ein geschiedener Ehegatte kann von dem anderen Unterhalt verlangen, solange und soweit von ihm wegen der Pflege oder Erziehung eines gemeinschaftlichen Kindes eine Erwerbstätigkeit nicht erwartet werden kann.

§ 1571
Ein geschiedener Ehegatte kann von dem anderen Unterhalt verlangen, soweit von ihm im Zeitpunkt
1. der Scheidung,
2. der Beendigung der Pflege oder Erziehung eines gemeinschaftlichen Kindes oder
3. des Wegfalls der Voraussetzungen für einen Unterhaltsanspruch nach den §§ 1572 und 1573
wegen seines Alters eine Erwerbstätigkeit nicht mehr erwartet werden kann.

§ 1572

Ein geschiedener Ehegatte kann von dem anderen Unterhalt verlangen, solange und soweit von ihm vom Zeitpunkt
1. der Scheidung,
2. der Beendigung der Pflege oder Erziehung eines gemeinschaftlichen Kindes,
3. der Beendigung der Ausbildung, Fortbildung oder Umschulung oder
4. des Wegfalls der Voraussetzungen für einen Unterhaltsanspruch nach § 1573

an wegen Krankheit oder anderer Gebrechen oder Schwäche seiner körperlichen oder geistigen Kräfte eine Erwerbstätigkeit nicht erwartet werden kann.

Eine besondere Regelung trifft der § 1573 BGB für eine Übergangszeit nach der Ehescheidung wie folgt:

§ 1573

(1) Soweit ein geschiedener Ehegatte keinen Unterhaltsanspruch nach den §§ 1570 bis 1572 hat, kann er gleichwohl Unterhalt verlangen, solange und soweit er nach der Scheidung keine angemessene Erwerbstätigkeit zu finden vermag.

(2) Reichen die Einkünfte aus einer angemessenen Erwerbstätigkeit zum vollen Unterhalt (§ 1578) nicht aus, kann er, soweit er nicht bereits einen Unterhaltsanspruch nach den §§ 1570 bis 1572 hat, den Unterschiedsbetrag zwischen den Einkünften und dem vollen Unterhalt verlangen.

(3) Absätze 1 und 2 gelten entsprechend, wenn Unterhalt nach den §§ 1570 bis 1572, 1575 zu gewähren war, die Voraussetzungen dieser Vorschriften aber entfallen sind.

(4) Der geschiedene Ehegatte kann auch dann Unterhalt verlangen, wenn die Einkünfte aus einer angemessenen Erwerbstätigkeit wegfallen, weil es ihm trotz seiner Bemühungen nicht gelungen war, den Unterhalt durch die Erwerbstätigkeit nach der Scheidung nachhaltig zu sichern. War es ihm gelungen, den Unterhalt teilweise nachhaltig zu sichern, so kann er den Unterschiedsbetrag zwischen dem nachhaltig gesicherten und dem vollen Unterhalt verlangen.

(5) Die Unterhaltsansprüche nach Absatz 1 bis 4 können zeitlich begrenzt werden, soweit insbesondere unter Berücksichtigung der Dauer der Ehe sowie der Gestaltung von Haushaltsführung und Erwerbstätigkeit ein zeitlich unbegrenzter Unterhaltsanspruch unbillig wäre; dies gilt in der Regel nicht, wenn der Unterhaltsberechtigte nicht nur vorübergehend ein gemeinschaftliches Kind allein oder überwiegend betreut hat oder betreut. Die Zeit der Kindesbetreuung steht der Ehedauer gleich.

Hierbei ist bemerkenswert, daß der Absatz 5 erst durch das »Gesetz zur Änderung unterhaltsrechtlicher Vorschriften« vom 20. Februar 1986 eingefügt worden ist. Dieses Gesetz wollte die bisherigen starren Unterhaltsregeln auflockern und den Familiengerichten einen größeren Ermessensspielraum geben.

In Jedermanns Bekanntenkreis ist der Fall eingetreten, daß die Eheleute Robert und Marianne Will geschieden worden sind. Die achtjährige Tochter und der vierjährige Sohn stehen unter der elterlichen Sorge der Mutter. Für jedes der Kinder zahlt der geschiedene Ehemann monatlich 250,– Euro Unterhalt, von einem Nettoeinkommen von 2200,– Euro. Er weigert sich jedoch, seiner geschiedenen Ehefrau Unterhalt zu zahlen mit der Begründung, daß sie mindestens einer Halbtagsbeschäftigung nachgehen könne, wenn sie den Jungen vormittags in einen Kindergarten geben würde. Die Tochter sei ja vormittags sowieso in der Schule. Außerdem könnten sich auch die Großeltern mütterlicherseits um die Kinder kümmern. Mit seinen monatlich 500,– Euro an Kindesunterhalt leiste er genügend. Etwas davon komme sowieso der Unterhaltsführung der Kindesmutter zugute.

Dieser Fall zeigt schon die Konturen der in solchen Fällen üblichen Auseinandersetzung. Er zeigt einmal, daß die Kindesmutter nicht generell sagen kann, daß sie von dem Ehemann so lange Unterhalt verlangen kann, bis die Kinder erwachsen sind. Andererseits kann von ihr auch nichts Unmögliches erwartet werden. Sie kann nicht dadurch überbeansprucht werden, daß sie sich zwischen einer Teilzeitbeschäftigung – wenn sie überhaupt eine bekommt – und anschließend der Haushaltsführung und Kinderbetreuung zerreißt. Auch sie hat einen Anspruch darauf, daß ein Teil des Tages ihr selbst gehört.

234

Bei der Situation, in der sich Marianne befindet, würde der zuständige Familienrichter sicherlich zu der Auffassung kommen, daß Marianne keinem Beruf nachgehen muß, daß es bei dem Alter der Kinder unzumutbar für sie ist, eine derartige Doppelbelastung auf sich zu nehmen. Später, wenn die Kinder größer sind, liegen die Dinge anders. Dann tritt eines Tages der Zeitpunkt ein, an dem der geschiedenen Ehefrau ein eigenes Berufsleben wieder zugemutet werden kann. Der Versuch Roberts, sich hinter den Eltern seiner geschiedenen Frau zu verstecken und diesen einen Teil der Kindessorge anzulasten, schlägt natürlich fehl. Diese sind nicht verpflichtet, im finanziellen Interesse des früheren Schwiegersohns tätig zu werden.

Es ist ein eigenartiges Erscheinungsbild, daß geschiedene Ehegatten fast immer Krankheiten anführen, wenn es um die Durchsetzung von Unterhaltsansprüchen geht. Wird eine kinderlose Ehe nach zehn Jahren geschieden, so scheut eine Geschiedene manchmal den Wiedereintritt in das Berufsleben. Das ist psychologisch verständlich, wenn sie während der zehn Jahre Ehe keinen Beruf mehr ausgeübt hat und die Verbindungen abgerissen sind. Die letzten Jahre vor der Ehescheidung haben sie sowieso seelisch schwer belastet, und die Krankheit hat schon damals eingesetzt. Der Gang zum Arzt wurde zur Regelmäßigkeit. Kommt es nun zum Unterhaltsrechtsstreit vor dem Familiengericht, so wird der Vortrag der geschiedenen Ehefrau, die den Unterhalt verlangt, oft wie folgt lauten:

Sie habe Kreislaufbeschwerden, leide an Schlaflosigkeit und Konzentrationsschwäche, so daß sie keinem Erwerb nachgehen könne. Das vorgelegte ärztliche Attest entspricht – in vorsichtiger Form – diesem Vortrag. Der Gegenvortrag des geschiedenen Ehemannes sieht folgendermaßen aus:

Die Antragstellerin sei nie zu krank, wenn es darum gehe, ständig zu verreisen, wobei auch anstrengende Fahrten mit dem eigenen Pkw üblich seien. Trotz ihrer angeblichen Krankheit sei die Antragstellerin eine starke Raucherin.

Er benennt auch Zeugen dafür, daß sie häufig an Feiern im Bekanntenkreis teilnimmt, welche bisweilen bis in die Nacht hinein dauern.

Dies kann heutzutage genauso umgekehrt einen arbeitsunwilligen Ehemann betreffen, wenn die Ehefrau überwiegend zum Familienverdienst beigetragen hatte.

Der zur Entscheidung angerufene Familienrichter wird in einem solchen Fall stets eine Überprüfung der Arbeitsfähigkeit der Antragstellerin durch Einholung eines Gutachtens durch einen Amtsarzt veranlassen. Dessen Entscheidung ist dann die Grundlage für alles Weitere.

Stellt sich also heraus, daß die geschiedene Ehefrau durchaus arbeitsfähig ist, dann muß auch sie sich bemühen, ihren Unterhalt durch eine Berufstätigkeit herbeizuführen. Hat sie eine Berufsausbildung, welche unter Berücksichtigung der Marktlage eine ausreichend dotierte Berufsausübung gewährleistet, dann ist der Fall nicht problematisch. Liegen die Dinge jedoch so, daß diese Voraussetzungen nicht gegeben sind, dann beginnt der folgende Streit:

Der geschiedene Ehemann ist der Auffassung, daß seine frühere Frau verschiedene Stellen als Haushaltshilfe annehmen solle oder auch als »Babysitter« ihr Brot verdienen könne. Die geschiedene Ehefrau hingegen, welche bisher in einem gutbürgerlichen Rahmen während der Ehe gelebt hat, ist der Auffassung, daß für sie das nicht »zumutbar sei«.

Was hier richtig ist, bestimmt der § 1574 BGB wie folgt:

§ 1574

(1) Der geschiedene Ehegatte braucht nur eine ihm angemessene Erwerbstätigkeit auszuüben.

(2) Angemessen ist eine Erwerbstätigkeit, die der Ausbildung, den Fähigkeiten, dem Lebensalter und dem Gesundheitszustand des geschiedenen Ehegatten sowie den ehelichen Lebensverhältnissen entspricht; bei den ehelichen Lebensverhältnissen sind die Dauer der Ehe und die Dauer der Pflege oder Erziehung eines gemeinschaftlichen Kindes zu berücksichtigen.

(3) Soweit es zur Aufnahme einer angemessenen Erwerbstätigkeit erforderlich ist, obliegt es dem geschiedenen Ehegatten, sich ausbilden, fortbilden oder umschulen zu lassen, wenn ein erfolgreicher Abschluß der Ausbildung zu erwarten ist.

Die vorstehende Bestimmung ist in ihrer Ausgewogenheit das Kernstück der gesetzlichen Regelung hinsichtlich der Unterhaltsberechtigung für sehr viele Ehescheidungen. Sie schreibt eine vernünftige Lösung der Probleme dahingehend vor, daß die geschiedene Ehefrau nicht um jeden Preis irgendeine Arbeitstätigkeit aufnehmen muß, sie schreibt ihr aber vor, daß sie, wenn sie dies nicht will, sich darum bemühen muß, die Fähigkeiten zu erwerben, die eine angemessene Erwerbstätigkeit ermöglichen. Was vorstehend an dem Beispiel der unterhaltsverlangenden Ehefrau gesagt wurde, gilt natürlich umgekehrt auch für einen Ehemann, welcher Unterhaltsansprüche stellt. In der Praxis allerdings ist dieser Fall recht selten.

Übergangsunterhalt

Selbstverständlich besteht die Unterhaltsberechtigung des Ehegatten, der sich auf einen späteren Erwerb vorbereitet, für die Zeit der Ausbildung, weil er während dieser Zeit ja keinem Verdienst nachgehen kann. Einen Sonderfall in dieser Hinsicht regelt der § 1575 BGB wie folgt:

§ 1575

(1) Ein geschiedener Ehegatte, der in Erwartung der Ehe oder während der Ehe eine Schul- oder Berufsausbildung nicht aufgenommen oder abgebrochen hat, kann von dem anderen Ehegatten Unterhalt verlangen, wenn er diese oder eine entsprechende Ausbildung sobald wie möglich aufnimmt, um eine angemessene Erwerbstätigkeit, die den Unterhalt nachhaltig sichert, zu erlangen und der erfolgreiche Abschluß der Ausbildung zu erwarten ist. Der Anspruch besteht längstens für die Zeit, in der eine solche Ausbildung im allgemeinen abgeschlossen wird; dabei sind ehebedingte Verzögerungen der Ausbildung zu berücksichtigen.

(2) Entsprechendes gilt, wenn sich der geschiedene Ehegatte fortbilden oder umschulen läßt, um Nachteile auszugleichen, die durch die Ehe eingetreten sind.

(3) Verlangt der geschiedene Ehegatte nach Beendigung der Ausbildung, Fortbildung oder Umschulung Unterhalt nach § 1573, so bleibt bei der Bestimmung der ihm angemessenen Erwerbstätigkeit (§ 1574 Abs. 2) der erreichte höhere Ausbildungsstand außer Betracht.

Um allen denkbaren Möglichkeiten Rechnung zu tragen, die in solchen Fällen auftreten können, hat der Gesetzgeber in § 1576 BGB noch eine Regelung getroffen, wonach ein Unterhaltsanspruch, abgesehen von den bereits dargelegten Voraussetzungen, »auch aus Billigkeitsgründen« gegeben sein kann. Mit diesem »Gummiparagraphen« ist dem Familienrichter eine Handhabe gegeben, unter Abwägung aller besonderen Umstände einem geschiedenen Ehegatten einen Unterhalt zuzusprechen.

Denkbar ist es nun, daß eine geschiedene Ehefrau ihren Unterhalt zwar nicht aus einer eigenen Erwerbstätigkeit bestreitet und eine solche wegen ihres Gesundheitszustandes auch nicht ausüben kann, aber dies auch nicht nötig hat, weil sie ein großes eigenes Vermögen hat, welches genügend Einkünfte abwirft. Es ist sogar denkbar, daß sie aufgrund des bei der Scheidung erlangten Zugewinnausgleichs (s. dort) so viel Vermögen von ihrem Ehemann erhalten hat, daß die Einkünfte hieraus ihr ein angemessenes Leben gewährleisten.

Es liegt auf der Hand, daß sie sich in einem solchen Fall nicht auf die bisher erörterten Bestimmungen über eine Unterhaltsberechtigung berufen kann. Dies ist in § 1577 BGB ausdrücklich wie folgt geregelt worden:

236

§ 1577

(1) Der geschiedene Ehegatte kann den Unterhalt nach den §§ 1570 bis 1573, 1575 und 1576 nicht verlangen, solange und soweit er sich aus seinen Einkünften und seinem Vermögen selbst unterhalten kann.

(2) Einkünfte sind nicht anzurechnen, soweit der Verpflichtete nicht den vollen Unterhalt (§ 1578) leistet. Einkünfte, die den vollen Unterhalt übersteigen, sind insoweit anzurechnen, als dies unter Berücksichtigung der beiderseitigen wirtschaftlichen Verhältnisse der Billigkeit entspricht.

(3) Den Stamm des Vermögens braucht der Berechtigte nicht zu verwerten, soweit die Verwertung unwirtschaftlich oder unter Berücksichtigung der beiderseitigen wirtschaftlichen Verhältnisse unbillig wäre.

(4) War zum Zeitpunkt der Ehescheidung zu erwarten, daß der Unterhalt des Berechtigten aus seinem Vermögen nachhaltig gesichert sein würde, fällt das Vermögen aber später weg, so besteht kein Anspruch auf Unterhalt. Dies gilt nicht, wenn im Zeitpunkt des Vermögenswegfalls von dem Ehegatten wegen der Pflege oder Erziehung eines gemeinschaftlichen Kindes eine Erwerbstätigkeit nicht erwartet werden kann.

Unterhaltsumfang

»Wie hoch kann nun eigentlich die Unterhaltsforderung eines geschiedenen Ehegatten sein?« wird der beratende Rechtsanwalt gefragt.

»Kann man von einem geschiedenen Millionär monatlich 20 000,– Euro Unterhalt oder mehr verlangen?« Diese Frage hat die Rechtsprechung bisher sehr beschäftigt. Der Reichtum des unterhaltspflichtigen geschiedenen Ehegatten kann sicherlich nicht der Maßstab sein, denn dann wäre es denkbar, daß monatliche Unterhaltszahlungen von vielen Tausenden von Euro gerechtfertigt wären. Dies wäre aber nicht mit dem Begriff des »Unterhalts« zu vereinbaren. Von einer bestimmten Höhe an ist eine monatliche Zuwendung keine Leistung mehr für den »Unterhalt« einer Person, sondern die Zuführung von Kapital für eine Vermögensbildung.

Die Frage ist nur, wo liegt die Grenze. Man kann in einer Mansardenwohnung mit geringer Miete und bei bescheidener Beköstigung leben, man kann aber auch in einem Penthouse mit aufwendiger Lebensführung residieren. Die Grundlage für die Grenzen ist der Zuschnitt, welcher in der aufgelösten Ehe bestanden hat. War das Lebensniveau niedrig, da die Mittel für die Lebensführung nur bescheiden waren, so ist dem geschiedenen Ehegatten zuzumuten, daß er in diesem Rahmen weiterlebt, wenn er dies aus der Tasche des früheren Ehegatten tun will. War das Lebensniveau der gescheiterten Ehe sehr hoch, dann wirkt sich dies auch auf das Maß des zukünftigen Unterhalts entsprechend aus. Das Gesetz hat diesen Umfang in § 1578 BGB wie folgt umrissen:

§ 1578

(1) Das Maß des Unterhalts bestimmt sich nach den ehelichen Lebensverhältnissen. Die Bemessung des Unterhaltsanspruchs nach den ehelichen Lebensverhältnissen kann zeitlich begrenzt und danach auf den angemessenen Lebensbedarf abgestellt werden, soweit insbesondere unter Berücksichtigung der Dauer der Ehe sowie der Gestaltung von Haushaltsführung und Erwerbstätigkeit eine zeitlich unbegrenzte Bemessung nach Satz 1 unbillig wäre; dies gilt in der Regel nicht, wenn der Unterhaltsberechtigte nicht nur vorübergehend ein gemeinschaftliches Kind allein oder überwiegend betreut hat oder betreut. Die Zeit der Kindesbetreuung steht der Ehedauer gleich. Der Unterhalt umfaßt den gesamten Lebensbedarf.

(2) Zum Lebensbedarf gehören auch die Kosten einer angemessenen Versicherung für den Fall der Krankheit und der Pflegebedürftigkeit sowie die Kosten einer Schul- oder Berufsausbildung, einer Fortbildung oder einer Umschulung nach den §§ 1574, 1575.

(3) Hat der geschiedene Ehegatte einen Unterhaltsanspruch nach den §§ 1570 bis 1573 oder § 1576, so gehören zum Lebensbedarf auch die Kosten einer angemessenen Versicherung für den Fall des Alters sowie der verminderten Erwerbsfähigkeit.

Die Neufassung der vorstehenden Bestimmung beruht auf dem vorstehend bereits herangezogenen UÄndG von 1986 und einer Neuregelung aus dem Jahre 1999.

Danach könnte man nun die Auffassung vertreten, daß der Millionär, der seine junge Ehefrau im Glück der ersten Ehejahre mit Luxus überschüttet hat, dies nun auch weiterhin im Rahmen der Unterhaltsleistungen tun muß. Dies ist aber nicht richtig. Man wird sagen können, daß unter Berücksichtigung der heutigen Lebensverhältnisse ein monatlicher Unterhaltsbetrag von ca. 3000,– Euro wohl in der Regel ausreichend ist, um ein wohlversorgtes Leben auf einem normalen Niveau zu führen. Dies kann aber in Einzelfällen anders sein, so daß durchaus auch ein höherer Betrag denkbar ist. Eine »absolute Sättigungsgrenze« gibt es nicht. In der Praxis überschneiden sich hier viele Dinge. Liegen die Verhältnisse so, daß einer der Ehegatten ungewöhnlich wohlhabend ist, so wird regelmäßig während der Ehe ein Gutteil des Vermögens dem anderen Ehegatten zugeflossen sein – spätestens durch den Zugewinnausgleich. Damit verschieben sich dann schon wieder die Grundlagen der Anspruchsberechtigung.

»Wenn man das alles so betrachtet«, sagt Karin zu Paul Jedermann, »dann ist es doch am klügsten, daß ein junges Mädchen einen reichen alten Mann heiratet und schleunigst dafür sorgt, daß die Ehe scheitert. Da die Schuldfrage ja nichts mehr mit der Unterhaltsregelung zu tun hat, ist dies doch die eleganteste Art, um von einem armen Menschen zu einer wohlhabenden geschiedenen Frau zu werden. Ich glaube, in Amerika nennt man eine solche Frau einen »gold digger.«

Hier irrt Karin aber sehr. Zwar spielt die sogenannte Schuld an der Zerrüttung einer Ehe keine Rolle mehr für die Scheidung selbst. Aber wenn es um die Frage geht, ob ein geschiedener Ehegatte Unterhaltsansprüche haben soll, dann steht mit einemmal die »Schuld« wieder vor der Tür.

Gehen wir einmal von Karins Vorstellungen aus, wonach eine junge vermögenslose Frau einen alten reichen Mann heiratet, ihn dann alsbald nach der Hochzeit betrügt und sich so verhält, daß sein angegriffener Gesundheitszustand sich verschlechtert und sein Geld wahllos verschwendet, dann kann es wohl nicht rechtens sein, daß sie zwei Jahre später aus dem Vermögen dieses Mannes als geschiedene Frau einen beträchtlichen Lebensunterhalt bezieht. Um eines hat sie sich natürlich sowieso schon gebracht: denn bei der Kürze der Ehedauer ist ihr kein Zugewinn zugeflossen. Abgesehen von der Frage, ob sie sich nun durch eigene Berufstätigkeit unterhalten kann oder nicht, ist bei dem Zuschnitt dieser Ehe, welche nur eine Karikatur war, ein Unterhaltsanspruch sicher nicht gerechtfertigt.

Diesen Extremfällen trägt der Gesetzgeber mit der Regelung des § 1579 BGB wie folgt Rechnung:

§ 1579
Ein Unterhaltsanspruch ist zu versagen, herabzusetzen oder zeitlich zu begrenzen, soweit die Inanspruchnahme des Verpflichteten auch unter Wahrung der Belange eines dem Berechtigten zur Pflege oder Erziehung anvertrauten gemeinschaftlichen Kindes grob unbillig wäre, weil

1. die Ehe von kurzer Dauer war; der Ehedauer steht die Zeit gleich, in welcher der Berechtigte wegen der Pflege oder Erziehung eines gemeinschaftlichen Kindes nach § 1570 Unterhalt verlangen konnte,

2. der Berechtigte sich eines Verbrechens oder eines schweren vorsätzlichen Vergehens gegen den Verpflichteten oder einen nahen Angehörigen des Verpflichteten schuldig gemacht hat,

3. der Berechtigte seine Bedürftigkeit mutwillig herbeigeführt hat,

4. der Berechtigte sich über schwerwiegende Vermögensinteressen des Verpflichteten mutwillig hinweggesetzt hat,

5. der Berechtigte vor der Trennung längere Zeit hindurch seine Pflicht, zum Familienunterhalt beizutragen, gröblich verletzt hat,

6. dem Berechtigten ein offensichtlich schwerwiegendes, eindeutig bei ihm liegendes Fehlverhalten gegen den Verpflichteten zur Last fällt oder

7. ein anderer Grund vorliegt, der ebenso schwer wiegt wie die in den Nummern 1 bis 6 aufgeführten Gründe.

Diese Bestimmung ist das Kernstück des neuen Unterhaltsrechts, welches den vielen Ungereimtheiten und Unrichtigkeiten der bisherigen Unterhaltsregelung Rechnung trägt. Durch diese Regelung ist der Ermessensspielraum der Gerichte erweitert worden, so daß die Entscheidungen der Familiengerichte eine größere Einzelfallgerechtigkeit schaffen können.

Die schönste gesetzliche Regelung verliert natürlich dann ihren Sinn, wenn die Tatsachen, auf welche die Regelung aufbaut, nicht beweisbar sind. Wem es gelingt, den Amtsarzt zu täuschen, so daß er die Erwerbsunfähigkeit bescheinigt bekommt, dem wächst ein Unterhaltsanspruch zu, der ihm eigentlich nicht zustehen sollte. Wer während der Ehe dem anderen Ehegatten nach dem Leben trachtet, soll im Falle der Scheidung keinen Unterhaltsanspruch haben, jedoch setzt dies voraus, daß dieses kriminelle Verhalten auch nachgewiesen werden kann.

Leistungsfähigkeit der Unterhaltsverpflichteten

Die Unterhaltssituation geschiedener Ehegatten hat zwei Seiten. Auf der einen Seite steht geschrieben, wann ein geschiedener Ehegatte unterhaltsberechtigt ist. Dies ist vorstehend dargelegt. Die beste Unterhaltsberechtigung nützt aber nichts, wenn nicht auf der anderen Seite nachgewiesen werden kann, daß der andere Ehegatte in der Lage ist, die Unterhaltsbedürfnisse seines früheren Ehegatten auch zu befriedigen. Wo nichts ist, kann auch nichts geholt werden.

Hat der Unterhaltsverpflichtete ausreichend Vermögen und sonstige Einkünfte, so ist seine völlige Inanspruchnahme problemlos. Doch auch hier überschneiden sich häufig die Dinge in vielfältiger Hinsicht. Ist eine Ehe geschieden, aus welcher minderjährige Kinder vorhanden sind, so ist ja die Kasse des unterhaltspflichtigen Vaters und geschiedenen Ehemannes oft hierdurch schon so in Anspruch genommen, daß er den Lebensunterhalt der geschiedenen Ehefrau nicht mehr aufbringen kann, ohne seinen eigenen Unterhalt zu gefährden. Hier muß dann eine Abwägung der beiderseitigen Vermögenssituationen einsetzen, um die Basis für eine gerechte Entscheidung zu finden. Auch hier ist der Gesetzgeber wieder mit einem »Gummiparagraphen« bei der Hand, der es dem Richter in einem solchen Falle gestattet, die Höhe des Unterhalts nach »Billigkeit« zu bestimmen. Das Gesetz in § 1581 BGB ordnet folgendes an:

§ 1581

Ist der Verpflichtete nach seinen Erwerbs- und Vermögensverhältnissen unter Berücksichtigung seiner sonstigen Verpflichtungen außerstande, ohne Gefährdung des eigenen angemessenen Unterhalts dem Berechtigten Unterhalt zu gewähren, so braucht er nur insoweit Unterhalt zu leisten, als es mit Rücksicht auf die Bedürfnisse und die Erwerbs- und Vermögensverhältnisse der geschiedenen Ehegatten der Billigkeit entspricht. Den Stamm des Vermögens braucht er nicht zu verwerten, soweit die Verwertung unwirtschaftlich oder unter Berücksichtigung der beiderseitigen wirtschaftlichen Verhältnisse unbillig wäre.

Reicht dann die Leistung des unterhaltspflichtigen geschiedenen Ehegatten nicht aus, dann muß der unterhaltsbedürftige Ehegatte auf unterhaltspflichtige Verwandte zurückgreifen, also gegebenenfalls auf Eltern oder Abkömmlinge. Besteht eine solche Möglichkeit nicht, so bleibt als letzte Zugriffsstelle die öffentliche Hand übrig, welche nach den Sozialhilfevorschriften den Lebensunterhalt zu gewährleisten hat.

Häufig kompliziert sich die Unterhaltssituation dadurch, daß der unterhaltspflichtige geschiedene Ehegatte eine neue Ehe eingeht und damit einem neuen Ehegatten unterhaltspflichtig wird. Unter bestimmten Voraussetzungen gehen dann die Unterhaltsansprüche des früheren Ehegatten vor, zum Beispiel wenn eine Ehe von langer Dauer gewesen ist. Bei derartig kompliziert gelagerten Fällen wird es unumgänglich sein, daß der den Unterhalt Fordernde sich eines rechtskundigen Rates bedient und einen Rechtsanwalt mit der Durchsetzung der Ansprüche beauftragt.

Häufig ist es dann ohne Prozeß möglich, durch die anwaltliche Korrespondenz eine angemessene Unterhaltsvereinbarung zu treffen, die dem Verlangen beider Parteien angemessen Rechnung trägt. Solche Unterhaltsvereinbarungen können auch bereits während der noch bestehenden Ehe für die Zeit nach erfolgter Ehescheidung getroffen werden (§ 1585 c BGB).

Derartige Vereinbarungen bedürfen keiner Form. Sie können mündlich, schriftlich oder notariell geschlossen werden. Es ist fast immer ratsam, wenigstens die schriftliche Form zu wählen und sich bei der Gestaltung der Vereinbarung der Hilfe eines rechtskundigen Rates zu bedienen. Häufig kann mit diesen Vereinbarungen eine streitige Scheidung vermieden werden. Aus Sicherheitsgründen wählen die beteiligten Anwälte dann fast immer den Weg, im Scheidungstermin nach Verkündung des Scheidungsurteils die vorher formulierte Unterhaltsvereinbarung zu gerichtlichem Protokoll zu erklären und erst danach den sogenannten Rechtsmittelverzicht, welcher dann sofort die Rechtskraft des Scheidungsurteils bewirkt.

Eine solche Vereinbarung zu gerichtlichem Protokoll hat den Vorteil, daß dieser gerichtliche Vergleich ein »Titel« ist, das heißt man kann aus ihm so vollstrecken, als handelte es sich um ein Unterhaltsurteil.

Andernfalls, wenn man also eine solche Vereinbarung nur schriftlich getroffen hat, muß man einen gesonderten Prozeß zur Durchsetzung der Vereinbarung führen, wobei zumindest wieder erhebliche Zeit vergeht.

Hat man die Unterhaltsvereinbarung zu notariellem Protokoll erklärt und sich in dieser Verhandlung der Zwangsvollstreckung hinsichtlich der Unterhaltsverpflichtung unterworfen, dann steht auch diese Urkunde gemäß § 794 ZPO einem Urteil gleich. Aufgrund der von dem Notar zu erteilenden vollstreckbaren Ausfertigung der notariellen Verhandlung kann also ebenfalls die Zwangsvollstreckung betrieben werden.

Nach der Rechtssprechung des BGH gilt als Faustregel folgendes: Bei Doppelverdienerehen erhält der Berechtigte 40 Prozent des Unterschiedsbetrags zwischen den Nettoeinkommen beider Eheleute. Bei der »Hausfrauenehe« gilt die Anrechnungsmethode, das heißt der Zuverdienst wird angerechnet, soweit Unterhalt plus Zuverdienst den vollen Lebensbedarf übersteigt. Die häusliche Arbeit wird als voller Beitrag für die Prägung der ehelichen Lebensverhältnisse herangezogen. Ganz pauschal kann man sagen, daß der nicht verdienende Berechtigte etwa ein Drittel des Nettoverdienstes des Verpflichteten erhält (nach Abzug aller sonstigen laufenden Zahlungspflichten des Verpflichteten).

Art der Unterhaltsgewährung

In 99 Prozent aller Fälle erfolgt die Unterhaltsgewährung durch Zahlung einer monatlichen Geldrente, die im voraus – also zu Anfang eines jeden Unterhaltsmonats – zu entrichten ist. Dies ist als Grundsatz in § 1585 BGB wie folgt festgelegt:

§ 1585
(1) Der laufende Unterhalt ist durch Zahlung einer Geldrente zu gewähren. Die Rente ist monatlich im voraus zu entrichten Der Verpflichtete schuldet den vollen Monatsbetrag auch dann, wenn der Unterhaltsanspruch im Laufe des Monats durch Wiederheirat oder Tod des Berechtigten erlischt.

(2) Statt der Rente kann der Berechtigte eine Abfindung in Kapital verlangen, wenn ein wichtiger Grund vorliegt und der Verpflichtete dadurch nicht unbillig belastet wird.

Das schließt nicht aus, daß die geschiedenen Eheleute durch Vereinbarung eine andere Art der Unterhaltsgewährung vereinbaren können. Dies ist zum Beispiel dahingehend denkbar, daß der unterhaltpflichtige Ehegatte dem anderen Ehegatten ein ihm gehörendes Haus zur kostenlosen Nutzung überläßt oder daß zum Beispiel in einem landwirtschaftlichen Betrieb eine teilweise Unterhaltsversorgung in Naturalien festgelegt wird.

240   Unter bestimmten Voraussetzungen, wenn die zukünftige Unterhaltsleistung nicht gewährleistet erscheint, kann auch eine Sicherheitsleistung verlangt werden, doch werden solche Fälle auf Ausnahmen bezogen sein.

Ende des Unterhaltsanspruchs durch Tod des Berechtigten

Daß der Unterhaltsanspruch des Berechtigten mit seinem Tode erlischt, ist selbstverständlich, aber ausdrücklich noch einmal in § 1586 BGB festgelegt. Da es sich um einen höchstpersönlichen Anspruch handelt, kann er sich nicht in den Erben fortsetzen. Hiervon gibt es aber folgende Ausnahmen:

Der für den Todesmonat fällig gewordene Unterhaltsbetrag ist voll zu entrichten, der Unterhaltsverpflichtete kann also nicht einen entsprechenden Betrag für die Monatstage abziehen, die infolge des Todes des Berechtigten verlorengegangen sind. Insofern kommt dieser spätere Betrag dem Nachlaß zugute.

Ende des Unterhaltsanspruchs durch Wiederverheiratung oder Lebenspartnerschaft des Berechtigten

Ferner erlischt der Unterhaltsanspruch des unterhaltsberechtigten geschiedenen Ehegatten mit seiner Wiederverheiratung oder Begründung einer Lebenspartnerschaft nach dem Lebenspartnerschaftsgesetz. Diese Regelung kann natürlich für den Berechtigten finanziell nachteilig sein. Erhält er bisher einen sehr hohen Unterhaltsbetrag von seinem geschiedenen Ehegatten, so ist möglicherweise der neue Ehepartner nicht in der Lage, entsprechende finanzielle Leistungen zu erbringen. Aber es liegt auf der Hand, daß es nicht Sache des früheren Ehegatten sein kann, die neue Ehe mitzufinanzieren.

Anders liegen die Dinge, wenn die neue Ehe in die Brüche geht. So liegt es in unserem Fall, den Karin in ihrem Bekanntenkreis erlebt. Ihre Freundin Klara hatte alsbald nach der Scheidung ihrer ersten Ehe erneut geheiratet und verlor dadurch einen beträchtlichen Unterhaltsanspruch gegen den früheren Ehemann. Sie hat dieses Opfer aus Liebe zu dem zweiten Ehemann gerne gebracht, mußte aber erleben, daß ihr dies nicht gedankt wurde. Nach zwei Jahren wurde die neue Ehe geschieden, und der Unterhaltsanspruch gegen den zweiten Ehemann ist nicht zu realisieren.

Karin meint, daß Klara nun wieder so dastehen müßte, als sei sie die zweite Ehe überhaupt nicht eingegangen. »Schließlich«, sagt sie, »hat ja ihr erster Ehemann durch Klaras zweite Ehe zwei Jahre an Unterhaltszahlung gespart. Und nun muß eben seine Unterhaltsverpflichtung wieder einsetzen.«

So unrecht hat Karin nicht, wenn dies auch verblüffend erscheint. Unter bestimmten Voraussetzungen, die wie folgt in § 1586 a BGB festgelegt sind, lebt tatsächlich der Unterhaltsanspruch gegen den früheren Ehegatten wieder auf:

§ 1586a
(1) Geht ein geschiedener Ehegatte eine neue Ehe ein und wird die Ehe wieder aufgelöst, so kann er von dem früheren Ehegatten Unterhalt nach § 1570 verlangen, wenn er ein Kind aus der früheren Ehe zu pflegen oder zu erziehen hat. Ist die Pflege oder Erziehung beendet, so kann er Unterhalt nach den §§ 1571 bis 1573, 1575 verlangen.
(2) Der Ehegatte der später aufgelösten Ehe haftet vor dem Ehegatten der früher aufgelösten Ehe.

Aus der vorstehenden Regelung ist demnach folgendes festzuhalten: Geht ein geschiedener Ehegatte, dessen Ehe kinderlos gewesen ist, eine neue ein, so ist sein Unterhaltsanspruch gegen den früheren Ehegatten ein für allemal verloren. Dagegen lebt ein solcher Unterhaltsanspruch bei Scheidung der zweiten Ehe wieder auf, wenn aus der früheren Ehe Kinder vorhanden sind, die von dem unterhaltsberechtigten Ehegatten noch zu versorgen und zu betreuen sind.

241

Tod des Unterhaltspflichtigen

Karins Freundin Klara erlebt einen weiteren Schock. Gerade ist ihr Unterhaltsanspruch gegen den wohlhabenden Ehemann erster Ehe wiederaufgelebt, da verunglückt dieser tödlich. Was wird nun aus ihren Unterhaltsansprüchen?

Im ersten Augenblick befürchtet sie, daß sie nun jeglichen Unterhaltsanspruch verloren habe und von der Sozialhilfe leben müßte. Dies wäre jedoch ungerecht, wenn man sich vorstellt, daß der Verunglückte ein sehr reicher Mann war, der ein erhebliches Vermögen hinterläßt. Für diesen Fall tritt die besondere Regelung des § 1586 b BGB ein, der wie folgt lautet:

§ 1586b

(1) Mit dem Tod des Verpflichteten geht die Unterhaltspflicht auf den Erben als Nachlaßverbindlichkeit über. Die Beschränkungen nach § 1581 fallen weg. Der Erbe haftet jedoch nicht über einen Betrag hinaus, der dem Pflichtteil entspricht, welcher dem Berechtigten zustände, wenn die Ehe nicht geschieden worden wäre.

(2) Für die Berechnung des Pflichtteils bleiben Besonderheiten aufgrund des Güterstandes, in dem die geschiedenen Ehegatten gelebt haben, außer Betracht.

Diese vorstehende recht komplizierte Regelung, welche noch durch erbrechtliche Vorschriften überlagert wird, verlangt, daß im konkreten Einzelfall ein kundiger Rechtsrat eingeholt wird. Die Erben des Verunglückten werden bemüht sein, den Unterhaltsanspruch, soweit sie nur können, abzuwehren. Sie sind in der besseren Position, da sie allein die Vermögenslage des Nachlasses überblicken können. Hier setzen ergänzend Auskunftspflichten ein.

Ebenso wie geschiedene Ehegatten gemäß § 1580 BGB einander über ihre Vermögensverhältnisse auskunftspflichtig sind, sind es auch die Erben eines Unterhaltspflichtigen gegenüber dem Unterhaltsberechtigten.

Notfalls muß vor Geltendmachung der Ansprüche eine Auskunftsklage durchgeführt werden, die schließlich dazu führt, daß der Auskunftspflichtige seine Auskunft beeidigen muß. Hat er es unterlassen, das Konto des Erblassers in der Schweiz mit anzugeben, so steht ein Strafverfahren gegen ihn im Raum.

Anpassung des festgesetzten Unterhalts

Es ist zu beachten, daß bei einer späteren Änderung in den Lebens- und Verdienstverhältnissen des Verpflichteten jederzeit von diesem eine Anpassung der Beträge durch entsprechende Anträge beim Familiengericht verlangt werden kann (§§ 323, 654, 655 ZPO).

Der Versorgungsausgleich

Der »Versorgungsausgleich« ist ein Hauptstück der 1977 in Kraft getretenen Reform des Ehescheidungsrechts.

Um diese Regelung zu verstehen, muß man sich vergegenwärtigen, wie die diesbezügliche Regelung bis 1977 gewesen ist. In den meisten Ehen wird der verdienende Ehegatte sich eine Altersversorgung aufbauen. Eine solche Altersversorgung ist kein einheitlicher Begriff, sondern hat viele Aspekte. Wer als Arbeitnehmer im Rahmen der öffentlichen Versicherung versicherungspflichtig war oder sich insoweit freiwillig versichert hat, hat sich eine Altersversorgung dergestalt aufgebaut, daß er normalerweise vom 65. Lebensjahr ab – bis zum Ende seines Lebens – eine Rente von der öffentlichen Hand bezieht. Beamte haben eine solche Altersversorgung als Beamtenpension, leitende Angestellte in großen Betrieben erhalten Altersrentenzahlungen aus Pensionskassen oder haben vertragliche Versorgungsansprüche.

In freien Berufen ist es meistens die Lebensversicherung, die entweder eine Altersrente begründet hat oder einen großen Kapitalbetrag im fortgeschrittenen Lebensalter zur Auszahlung bringt. Die Verankerung all solcher Altersversorgungsrechte war bis 1977 in der Person des Berechtigten vorhanden.

Am klarsten sieht man dies im Fall der Lebensversicherung. Erlebt der Versicherte den Versicherungsfall, so fließt ihm allein die angesparte Lebensversicherungssumme zu. War er vorher geschieden, so hatte der andere Ehegatte hiervon nichts zu erwarten, soweit ihm nicht über den Zugewinnausgleich etwas zustand.

Ähnlich liegen die Dinge bei den Renten- und Pensionsansprüchen, wobei allerdings die geschiedene Ehefrau in gewissem Rahmen auch nach dem Tod des geschiedenen Ehepartners an der Versorgung teilnimmt. Hat der unterhaltspflichtige Ehemann, soweit dieser ihr unterhaltspflichtig war, jedoch inzwischen wieder geheiratet, so schmälerte sich die Altersversorgung, da die Renten- bzw. Pensionsansprüche zwischen der früheren und der späteren Ehefrau aufgespalten wurden. Je länger die zweite Ehe bestand, desto geringer wurde der Anteil der Berechtigung der ersten Ehefrau, um so stärker wuchs die zweite Ehefrau in die Berechtigung hinein.

Hier gilt jetzt hinsichtlich des Versorgungsausgleichs bei geschiedenen Ehen folgender Grundsatz gemäß § 1587 BGB:

§ 1587
(1) Zwischen den geschiedenen Ehegatten findet ein Versorgungsausgleich statt, soweit für sie oder einen von ihnen in der Ehezeit Anwartschaften oder Aussichten auf eine Versorgung wegen Alters oder Berufs- oder Erwerbsunfähigkeit der in § 1587a Abs. 2 genannten Art begründet oder aufrechterhalten worden sind. Außer Betracht bleiben Anwartschaften oder Aussichten, die weder mit Hilfe des Vermögens noch durch Arbeit der Ehegatten begründet oder aufrechterhalten worden sind.

(2) Als Ehezeit im Sinne der Vorschriften über den Versorgungsausgleich gilt die Zeit vom Beginn des Monats, in dem die Ehe geschlossen worden ist, bis zum Ende des Monats, der dem Eintritt der Rechtshängigkeit des Scheidungsantrags vorausgeht.
(3) Für Anwartschaften oder Aussichten, über die der Versorgungsausgleich stattfindet, gelten ausschließlich die nachstehenden Vorschriften; die güterrechtlichen Vorschriften finden keine Anwendung.

Bei Studium der vorstehenden Bestimmung sollte man aufmerksam den Satzteil lesen, der davon spricht, daß solche Versorgungsrechte (Anwartschaften oder Aussichten) auszugleichen sind, die während der Ehe erworben wurden. In Absatz 2 ist dann dieser Begriff »Ehezeit« genau umrissen. Bei Zugrundelegung dieses Teils der Bestimmung wird es schon klar, daß für die Frage eines Versorgungsausgleichs nur solche Ehen interessant sind, die längere Zeit Bestand haben. Die Dinge liegen hier genauso wie bei dem Zugewinnausgleich, der oben erörtert worden ist. Wer in diesem Jahr heiratet und im nächsten Jahr geschieden ist, wird kaum einen in Betracht kommenden Versorgungsausgleich erlangt haben können, denn was hat schon der andere Ehegatte in so kurzer Zeit an Versorgungsrechten aufbauen können.

Heiratet eine junge Frau einen Mann, der kurz vor der Auslösung seiner Altersversorgungsrechte steht, so wird auch ein längerer Bestand der Ehe, wenn es dann doch noch eine Scheidung gibt, ihr keinen erheblichen Versorgungsausgleich erbringen; denn was dem geschiedenen Mann an Versorgungsrechten zufällt, hat er ja im wesentlichen vor der Eheschließung aufgebaut. Die Hauptfälle, die den Familienrichter hinsichtlich des Versorgungsausgleichs beschäftigen werden, sind demnach die, in denen eine Ehe in jungen Jahren begründet wurde und viele Jahre Bestand gehabt hat.

Von der Vorstellung ausgehend, daß die gemeinsame Eheführung die Grundlage dafür war, daß sich einer der beiden Ehegatten oder auch beide Ehegatten eine in ihrer Person verankerte Altersversorgung aufgebaut haben, schreibt das Gesetz aber im Prinzip vor, daß im Falle der Scheidung jeder die Hälfte der gesamten Altersversorgung der beiden Eheleute erhalten soll – gleichgültig, in welcher Person der Eheleute die Anwartschaften und Aussichten auf eine Altersversorgung entstanden sind.

Einfach ist der Fall natürlich, wenn sich beide Ehegatten in gleicher Höhe entstandene Anwartschaften verschafft haben. Dieser Idealfall dürfte in der Vergangenheit selten vorgekommen sein und auch in der heutigen Zeit nur bei wenigen Ehen Realität sein.

Sehr häufig hat sich auch die Ehefrau Anwartschaften und Aussichten auf eine Altersversorgung geschaffen, wenn auch in geringerem Maße als der Ehemann, und dann wiederholt sich das Bild des Zugewinnausgleichs, das heißt der versorgungsrechtlich besser Gestellte muß die Hälfte von dem abgeben, was er mehr an Versorgung hat als der andere Ehegatte. Auch hier gilt das für den Zugewinn Gesagte, daß es fast immer die geschiedene Ehefrau sein wird, die einen Ausgleich zu beanspruchen hat.

So einfach nun das vorstehend dargelegte Prinzip des Versorgungsausgleichs ist, so kompliziert ist seine praktische Durchsetzung. Es muß ja für die von dem Familienrichter zu treffende Entscheidung erst einmal ein klares Abrechnungsbild geschaffen werden, das heißt es muß festgestellt werden, was jeder der Ehegatten während der Ehezeit in seiner Person an Versorgungsrechten aufgebaut hat.

Karin meint, daß dies im Falle ihrer Freundin Klara ganz einfach sei. Deren geschiedener Ehemann habe von seinem Onkel eine Lebensversicherung auf Rentenbasis von 300 000,– Euro während der Ehe erhalten und Klara müsse eben hiervon dann 150 000,– Euro übertragen bekommen. Diese Auffassung Karins ist falsch, denn es soll ja nur das ausgeglichen werden, was aufgrund der gemeinsamen Lebensführung in der Ehezeit aufgebaut werden konnte.

Es heißt in dem vorstehend aufgeführten § 1587 BGB ausdrücklich, daß für den Versorgungsausgleich solche Werte außer Betracht bleiben, die weder mit Hilfe des Vermögens der Ehegatten (Zufluß von Zinsen und Dividenden) noch durch die Arbeitsleistung der Ehegatten erworben wurden. Würde Klara im Lotto während des Bestandes der Ehe eine Million erlangt haben, so fällt dies nicht unter den Versorgungsausgleich, wenn sie das Geld auf die Sparkasse trägt; es fällt aber auch nicht unter den Versorgungsausgleich, wenn sie diesen Betrag verwendet, um sich eine großzügige Altersversorgung zu verschaffen.

Die zwei Begriffe des Versorgungsausgleichs

Zum weiteren Verständnis der Ausgleichsregelung muß man sich folgendes vor Augen halten. Es gibt einerseits den absoluten Versorgungsausgleich, der dazu führt, daß vorhandene Anwartschaften und Aussichten auf Versorgung von dem einen Ehegatten auf den anderen ganz oder teilweise übertragen werden.

Demgegenüber steht der sogenannte schuldrechtliche Versorgungsausgleich, welcher die Fälle erfaßt, in denen gesetzliche Hindernisse der Übertragung von Altersversorgungsanwartschaften entgegenstehen. Dann erfolgt der Ausgleich »schuldrechtlich«, also dadurch, daß der versorgungsrechtlich besser gestellte Ehegatte dem schlechter Gestellten eine Geldrente zahlen muß. Diese wird von dem Familienrichter festgesetzt unter Zugrundelegung der beiderseitigen Versorgungsanwartschaften.

244

Die Wertermittlung für den Versorgungsausgleich

In Absatz 2 des § 1587a BGB ist vorgeschrieben, daß für die Regelung des Wertunterschiedes folgende Werte zugrunde zu legen sind: Beamtenversorgung, gesetzliche Rentenversicherung, betriebliche Altersversorgung, sonstige Renten, Privatversicherungen.

Nach § 1587b BGB soll das Familiengericht den Ausgleich durch verschiedene Maßnahmen vornehmen. Hat zum Beispiel ein Ehegatte höhere Rentenanwartschaften in einer gesetzlichen Rentenversicherung, so überträgt das Familiengericht auf den weniger versorgten Ehegatten die Anwartschaften in Höhe der Hälfte des Wertunterschiedes. Demzufolge wurden die Vorschriften über die gesetzliche Rentenversicherung entsprechend angepaßt.

Der Spruch des Familienrichters bewirkt also, daß plötzlich der bisher besser Gestellte in seiner bisherigen Anwartssituation verschlechtert wird und der andere Ehegatte verbessert wird. Der schlechter Gestellte muß also irgendwie einen Ausgleich suchen, um sein Altersversorgungsniveau zu erreichen, zum Beispiel ergänzende Altersversorgungsverträge schließen. Der bisher schlechter gestellte Ehegatte kann nun auf einer höheren Rentenanwartschaft weiter aufbauen oder durch Übertragung erst Anwartschaften in der BfA begründen. Bei betrieblichen Altersversorgungen, die auszugleichen sind, kann der ausgleichspflichtige Ehegatte verpflichtet werden, durch Bareinzahlungen Anwartschaften in der BfA für den ausgleichsberechtigte Ehegatte zu begründen, wenn nicht eine sogenannte Realteilung möglich ist.

Da die meisten Träger betrieblicher Altersversorgungsmodelle dies, das heißt die tatsächliche Aufteilung des Rentenanspruchs unter den Ehegatten, nicht zulassen, bliebe nur der vorgeschriebene Weg der Bareinzahlung.

Dem Gesetzgeber ist bei alledem allerdings nicht recht wohl, und er ist schon davon ausgegangen, daß hier höchst unwirtschaftliche Situationen eintreten können, weshalb er in § 1587b Abs. 4 dem Familienrichter den Auftrag gegeben hat, in solchen Fällen auf Antrag einer Partei den Ausgleich in anderer Weise zu regeln. Die Praxis hat gezeigt, daß die vorstehende gesetzliche Regelung oft zu unlösbaren wirtschaftlichen Situationen führen kann.

Hat zum Beispiel der Direktor eines Unternehmens eine betriebliche Altersrente von monatlich 7000,– Euro und hat seine Ehefrau keine öffentlich-rechtlichen Anwartschaften auf eine Altersversorgung, so müßte der geschiedene Ehemann einen einmaligen Kapitalbetrag in der Höhe zur Verfügung stellen, wonach der geschiedenen Ehefrau eine Altersrente in Höhe von 3500,– Euro zusteht. Dies wäre ein Betrag von mehreren 100 000,– Euro. Hierbei und auch für sonstige Berechnungen im Zusammenhang mit § 1587a dient als Grundlage für die Berechnung die sogenannte Verordnung zur Ermittlung des Barwerts einer auszugleichenden Versorgung nach § 1587a Abs. 3 Nr. 2 und Abs. 4 des BGB (Barwert-Verordnung) vom 24. Juni 1977.

Selbstverständlich kann der geschiedene Ehemann, wenn er keine solchen Kapitalmittel hat, eine derartige Einzahlung nicht leisten, so daß im Endergebnis nur ein Teil seiner Altersrente gepfändet werden könnte. Die Möglichkeit, die Hälfte seiner Altersrente an die geschiedene Ehefrau abzutreten, scheiterte oft daran, daß eine solche Möglichkeit in der Betriebsvereinbarung nicht vorgesehen war. Sie war auch nach der bisherigen Regelung des Gesetzes nicht zulässig. Um diesen unhaltbaren Zustand abzuändern, wurde das Gesetz zur Regelung von Härten im Versorgungsausgleich vom 21. Februar 1983 erlassen.

Dieses hat jetzt die bisherige Regelung des Versorgungsausgleiches durch die nachfolgend wiedergegebenen §§ 1 bis 3 geändert bzw. ergänzt.

§ 1

(1) Sind im Versorgungsausgleich andere als die in § 1587b Abs. 1 und 2 des Bürgerlichen Gesetzbuches genannten Anrechte auszugleichen, so gelten an Stelle des § 1587b Abs. 3 Satz 1 des Bürgerlichen Gesetzbuches die nachfolgenden Bestimmungen.

(2) Wenn die für ein Anrecht des Verpflichteten maßgebende Regelung dies vorsieht, begründet das Familiengericht für den anderen Ehegatten ein Anrecht außerhalb der gesetzlichen Rentenver-

sicherung (Realteilung). Das Nähere bestimmt sich nach den Regelungen über das auszugleichende und das zu begründende Anrecht.

(3) Findet ein Ausgleich nach Abs. 2 nicht statt und richtet sich das auszugleichende Anrecht gegen einen öffentlich-rechtlichen Versorgungsträger, so gelten die Vorschriften über den Ausgleich von Anrechten aus einem öffentlich-rechtlichen Dienstverhältnis (Quasi-Splitting) sinngemäß.

§ 2

Soweit der Ausgleich nicht nach § 1 durchgeführt werden kann, findet der schuldrechtliche Versorgungsausgleich statt.

§ 3

Soweit die Vorschriften des Bürgerlichen Gesetzbuches über den Versorgungsausgleich auf einen

Ausgleich nach diesem Gesetz nicht unmittelbar anzuwenden sind, gelten sie sinngemäß.

Das vorgenannte Gesetz (VAHG) regelt noch zahlreiche andere »Härtefälle« abweichend vom BGB (§§ 3a bis 13).

Ausschluß des Versorgungsausgleichs

In Karins und Paul Jedermanns Tennisclub ist es seit Jahren bekannt, daß die Ehe der Clubmitglieder Lola und Berthold Müller kriselt. Berthold, der erheblich älter als seine Ehefrau ist, ist als hochbezahlter leitender Angestellter einer Exportfirma sehr viel im Ausland, und dies wird von Lola weidlich ausgenützt. Was immer ihr der Ehemann an Luxus bietet, wird ohne Dank angenommen und schlecht gelohnt. Als der Ehemann nach Jahren dahinterkommt, daß er von seiner Ehefrau immer nur ausgebeutet und betrogen worden war, betreibt er die Scheidung. »Nun gut«, denkt Lola, »in den zehn Ehejahren hat ja mein Mann seine Altersversorgung gut gepolstert, und die Hälfte davon ist eine gute Basis für meine eigene zukünftige Altersversorgung.«

Daß eine solche Regelung in höchstem Maße unbillig wäre, liegt auf der Hand. Aber mit allgemeinen Erwägungen wie »Treu und Glauben« und »Rechtsmißbrauch« wäre wohl nicht viel geholfen. Deshalb hat der Gesetzgeber in § 1587c BGB für derartige Fälle dem Anwartschaftserwerb des geschiedenen Ehegatten auf den hälftigen Versorgungsausgleich wie folgt einen Riegel vorgeschoben:

§ 1587c

Ein Versorgungsausgleich findet nicht statt,

1. soweit die Inanspruchnahme des Verpflichteten unter Berücksichtigung der beiderseitigen Verhältnisse, insbesondere des beiderseitigen Vermögenserwerbs während der Ehe oder im Zusammenhang mit der Scheidung, grob unbillig wäre; hierbei dürfen Umstände nicht allein deshalb berücksichtigt werden, weil sie zum Scheitern der Ehe geführt haben;

2. soweit der Berechtigte in Erwartung der Scheidung oder nach der Scheidung durch Handeln oder Unterlassen bewirkt hat, daß ihm zustehende Anwartschaften oder Aussichten auf eine Versorgung, die nach § 1587 Abs. 1 auszugleichen wären, nicht entstanden oder entfallen sind;

3. soweit der Berechtigte während der Ehe längere Zeit hindurch seine Pflicht, zum Familienunterhalt beizutragen, gröblich verletzt hat.

246

Die in der vorstehenden Bestimmung vorgesehenen Möglichkeiten, einen mißbräuchlichen Nutzen aus der Arbeitskraft und Sparsamkeit des anderen Ehegatten zu ziehen, dürfte die Familiengerichte häufig beschäftigen. Es ist jedoch zu bedenken, daß derartige Extremfälle nicht immer leicht beweisbar sein werden.

Eine weitere Billigkeitsregelung trifft § 1587d BGB mit der Möglichkeit, daß der durch die Versorgungsausgleichsregelung geschiedene belastete Ehegatte unter Umständen von dem Familiengericht eine Entscheidung dahingehend erreichen kann, daß ein Ruhen seiner Zahlungspflicht eintritt oder ihm Ratenzahlungen bewilligt werden.

Es muß schließlich bedacht werden, daß Einkommens- und Vermögenssituationen sich laufend ändern und daß solchen Veränderungen Rechnung getragen werden muß, damit nicht die festgelegten Leistungspflichten ruinös werden.

Das Familiengericht kann in solchen Fällen die bisher vorliegenden rechtskräftigen Entscheidungen abändern.

Schuldrechtlicher Versorgungsausgleich

Hat der ausgleichspflichtige geschiedene Ehegatte sich Anwartschaften in der öffentlich-rechtlichen Versicherung verschafft, so ist, wie dargelegt, das Familiengericht in der Lage, den versorgungsberechtigten Ehegatten durch Übertragung eines Teils dieser Anwartschaft zu versorgen. Die Gleichschaltung der Bestimmungen im BGB und in den Versicherungsgesetzen ermöglichen dies. Dem einen wird genommen, dem anderen wird gegeben, womit die Versorgungssituation beider geschiedener Ehegatten geklärt und bereinigt ist. In den zahlreichen anderen Fällen der Altersversorgung, zum Beispiel auf zivilrechtlicher Vertragsbasis, durch Lebensversicherungen usw., wo es nicht möglich ist, bestehende Anwartschaften zu übertragen, findet der sogenannte schuldrechtliche Versorgungsausgleich auf dem Wege der Ausgleichsrente statt. Diese Ausgleichsrente ist in § 1587g BGB wie folgt geregelt:

§ 1587g

(1) Der Ehegatte, dessen auszugleichende Versorgung die des anderen übersteigt, hat dem anderen Ehegatten als Ausgleich eine Geldrente (Ausgleichsrente) in Höhe der Hälfte des jeweils übersteigenden Betrags zu entrichten. Die Rente kann erst dann verlangt werden, wenn beide Ehegatten eine Versorgung erlangt haben oder wenn der ausgleichspflichtige Ehegatte eine Versorgung erlangt hat und der andere Ehegatte wegen Krankheit oder anderer Gebrechen oder Schwäche seiner körperlichen oder geistigen Kräfte auf nicht absehbare Zeit eine ihm nach Ausbildung und Fähigkeit zumutbare Erwerbstätigkeit nicht ausüben kann oder das fünfundsechzigste Lebensjahr vollendet hat.

(2) Für die Ermittlung der auszugleichenden Versorgung gilt § 1587a entsprechend. Hat sich bei Eintritt der Rechtshängigkeit des Scheidungsantrags der Wert einer Versorgung oder einer Anwartschaft oder Aussicht auf Versorgung geändert oder ist eine bei Eintritt der Rechtshängigkeit des Scheidungsantrags vorhandene Versorgung oder eine Anwartschaft oder Aussicht auf Versorgung weggefallen oder sind Voraussetzungen einer Versorgung eingetreten, die bei Eintritt der Rechtshängigkeit gefehlt haben, so ist dies zusätzlich zu berücksichtigen.

(3) § 1587d Abs. 2 gilt entsprechend.

Hier bleiben also die geschiedenen Ehegatten weiterhin finanziell verbunden. Diese Regelung ist für beide Teile lästig und wird gegebenenfalls zu neuen Streitigkeiten führen. Es ist daher noch als weitere Möglichkeit vorgesehen, daß der Versorgungsberechtigte von dem Versorgungspflichtigen eine Abfindung mit bestimmten Klauseln verlangen kann. Diese komplizierte Regelung ist in § 1587l BGB wie folgt vorgenommen worden:

§ 1587l

(1) Ein Ehegatte kann wegen seiner künftigen Ausgleichsansprüche von dem anderen eine Abfindung verlangen, wenn diesem die Zahlung nach seinen wirtschaftlichen Verhältnissen zumutbar ist.

(2) Für die Höhe der Abfindung ist der nach § 1587g Abs. 2 ermittelte Zeitwert der beiderseitigen Anwartschaften oder Aussichten auf eine auszugleichende Versorgung zugrunde zu legen.

(3) Die Abfindung kann nur in Form der Zahlung von Beiträgen zu einer gesetzlichen Rentenversicherung oder zu einer privaten Lebens- oder Rentenversicherung verlangt werden. Wird die Abfindung in Form der Zahlung von Beiträgen zu einer privaten Lebens- oder Rentenversicherung gewählt, so muß der Versicherungsvertrag vom Berechtigten auf seine Person für den Fall des Todes und des Erlebens des fünfundsechzigsten oder eines niedrigeren Lebensjahres abgeschlossen sein und vorsehen, daß Gewinnanteile zur Erhöhung der Versicherungsleistungen verwendet werden. Auf Antrag ist dem Verpflichteten Ratenzahlung zu gestatten, soweit dies nach seinen wirtschaftlichen Verhältnissen der Billigkeit entspricht.

Vereinbarungen über den Versorgungsausgleich, Eheverträge

Bei der Betrachtung der komplizierten Gestaltung des Versorgungsausgleichs liegt der Gedanke nahe, daß die Ehegatten sich zusammensetzen und untereinander die Art und Weise des Versorgungsausgleichs regeln. Dies ist gemäß § 1587o BGB im Zusammenhang mit der Scheidung möglich. Die Vereinbarung muß notariell beurkundet werden und bedarf der Genehmigung des Familiengerichts.

»Weißt du was, Paul«, sagt Karin zu ihrem Ehemann, »am besten treffen wir eine Vereinbarung, daß diese ganze komplizierte Regelung für uns im Fall der Scheidung überhaupt nicht gelten soll. Wie ich uns kenne, würden wir, falls eine Scheidung in Betracht kommt, uns so verständigen, wie es richtig ist. Was sollen wir die Gerichte überhaupt beschäftigen?«

Tatsächlich hat der Gesetzgeber eine solche Regelung in § 1408 Abs. 2 BGB vorgesehen. Danach können Ehegatten in einem Ehevertrag (also durch notarielle Beurkundung) den Versorgungsausgleich ausschließen. Allerdings ist dieser Ausgleich unwirksam, wenn innerhalb eines Jahres nach Vertragsabschluß Antrag auf Scheidung der Ehe gestellt wird. Dies sieht im ersten Augenblick fast sinnlos aus. Wenn bei Eingehung der Ehe der Versorgungsausgleich durch Ehevertrag ausgeschlossen wird und nach zehn Monaten die Ehe beendet wird, dann ist diese Klausel natürlich sinnlos, denn in den wenigen Monaten wird keine Ausgleichsanwartschaft von einem der Ehegatten von Bedeutung erlangt sein können.

Wichtig ist aber diese Regelung für den Fall, daß nach 30jähriger Ehe der hochversorgte Ehemann mit List und Tücke seine Ehefrau bewegt, einen solchen Vertrag mit ihm zu schließen und wenige Zeit danach die Scheidung der Ehe betreibt oder durch sein Verhalten Anlaß gibt, daß die Ehefrau alsbald nach Vertragsabschluß die Ehescheidung in die Wege leitet. Einem solchen hinterhältigen Tun wollte der Gesetzgeber den Weg verbauen. Zu beachten ist, daß nach neuester Rechtssprechung des BGB der Gestaltung von Eheverträgen bestimmte Grenzen dahingehend gesetzt sind, daß ein Ehegatte dadurch nicht einseitig zu sehr übervorteilt werden darf, insbesondere beim Ausschluß von Unterhaltsansprüchen. Dies gilt auch für Altverträge, die schon lange zurückliegen.

Schlußbetrachtung zum Versorgungsausgleich

Die vorstehenden Darlegungen zum Versorgungsausgleich zeigen, daß es sich um eine hochkomplizierte Rechtsmaterie handelt. Sie ist deshalb so schwierig, weil die erschöpfende Erfassung der Probleme nicht nur Kenntnis des bürgerlichen Rechts und insbesondere des Familienrechts voraussetzt, sondern auch Spezialkenntnisse auf dem Gebiet des Versicherungswesens und der Altersversorgung überhaupt. Die Justiz hat deshalb den Weg gewählt, durch die Einrichtung der Familiengerichte die Entscheidungen in die Hand von Richtern zu legen, die für diese Aufgabe spezialisiert sind und durch die Praxis immer eingehender geschult werden. Demzufolge ist auch die Vertretung und Betreuung der an dem Verfahren beteiligten Eheleute in rechtskundige Hand zu legen.

Nach Möglichkeit sollten die hier in Anspruch genommenen Rechtsanwälte auch »Spezialisten« sein, das heißt sich mit dieser Materie eingehend befaßt haben. Es gibt zum Beispiel Fachanwälte für Steuerrecht, sogar Anwälte, die Steuerberater sind, und es gibt seit einiger Zeit auch den Begriff des Fachanwalts für Familienrecht. Es bleibt daher dem insoweit sein Recht Suchenden die Möglichkeit, denjenigen Rechtsanwalt ausfindig zu machen, der sich auf diesem Rechtsgebiet besondere Kenntnisse verschafft hat. Dessen Rat sollte allerdings nicht erst eingeholt werden, wenn das Haus brennt, also die Scheidung vor der Tür steht. Besser wäre es, wenn die Eheleute schon zu Beginn der Ehe sich sachkundig beraten lassen, wie es ja ebenso auch zweckmäßig ist, sich sachkundigen Rat hinsichtlich letztwilliger Verfügungen schon zu Beginn des Ehelebens einzuholen und nicht erst im hohen Alter.

Weitere vermögensrechtliche Folgen der Ehescheidung

Vorstehend sind die Folgen der Scheidung in finanzieller Hinsicht dargelegt worden: Unterhaltsansprüche und Versorgungsausgleich. Der Zugewinnausgleich wurde in dem Kapitel über die Güterstände behandelt. Als weitere vermögensrechtliche Folgen einer Scheidung sind noch die Auseinandersetzungen hinsichtlich des ehelichen Hausrats und der gemeinsamen Ehewohnung zu berücksichtigen. Auch hier gilt seit 1977 ein anderer Rechtszustand als für die Zeit vorher.

Maßgeblich ist die Verordnung über die Behandlung der Ehewohnung und des Hausrats vom 21. Oktober 1944, aber in der ab 11. Dezember 2001 gültigen Fassung. Zuständig für die Entscheidung über solche Streitigkeiten ist auch hier wieder das Familiengericht. Entweder entscheidet es, wenn die entsprechenden Anträge gestellt sind, auch solche Probleme zusammen mit dem Ehescheidungsverfahren, oder aber es entscheidet, wenn die Ehe bereits geschieden ist, auf besonderen Antrag.

Ein solches Verfahren ist kein eigentlicher Prozeß, sondern gemäß § 13 HausratVO eine Angelegenheit der freiwilligen Gerichtsbarkeit. Der Richter soll in dem Verfahren eine mündliche Verhandlung ansetzen und darauf hinwirken, daß man sich gütlich einigt. Geht es um eine Hausratsstreitigkeit mit einem Beschwerdewert unter 600,– Euro, so gibt es gegen die Entscheidung des Richters kein Rechtsmittel.

Man sollte eigentlich annehmen, daß eine Anrufung des Gerichts in solchen Fällen vermieden wird, denn unter vernünftigen bisherigen Eheleuten sollte es bei aller Feindschaft möglich sein, sich darüber zu einigen, wer die Schlafzimmermöbel bekommt und wer die Kücheneinrichtung.

Dabei kommt es überhaupt nicht darauf an, welchem der Ehegatten die Gegenstände »gehören«. Der Richter kann nach seinem Ermessen den Hausrat aufteilen und damit neues Eigentum begründen. Sind minderjährige Kinder vorhanden, so wird er aufgrund dieser Möglichkeit einen großen Teil des Hausrats dem Elternteil zusprechen, bei dem die Kinder in Zukunft leben. Hinsichtlich der bisherigen Ehewohnung kann der Richter bestimmen, daß das Mietverhältnis mit einem der beiden Ehegatten fortgesetzt wird, woran dann auch der Vermieter gebunden ist. Er kann sogar die Teilung der Wohnung anordnen. In Ausnahmefällen kann er sogar einen geschiedenen Ehegatten im Hause des anderen Ehegatten weiter wohnen lassen. Doch steht hier viel auf dem Papier, was sich in der Praxis kaum auswirkt.

Nichtvermögensrechtliche Folgen der Ehescheidung

Die Scheidung hat für die betroffenen Eheleute nicht nur Folgen in vermögensrechtlicher Hinsicht, wie in den vorstehenden Kapiteln dargelegt wurde. Sie hat auch nichtvermögensrechtliche Folgen, welche dann allerdings auch wieder als weitere Folgen geldliche Probleme aufwerfen können.

Das Namensrecht

Die Eheschließung hatte zur Folge, daß Veränderungen bezüglich der bisherigen Familiennamen der Ehegatten eintreten oder eintreten können. Der Ehename des Ehegatten braucht sich nicht mit dem bisherigen Familiennamen zu decken. Gemäß § 1355 BGB besteht das oben erläuterte Wahlrecht der Ehegatten hinsichtlich des in Zukunft zu führenden Ehenamens. Unterstellen wir, dem in der Praxis häufigsten Fall entsprechend, daß sich die Ehegatten bei der Eheschließung für den Familiennamen des Ehemanns entschieden haben.

Als Lola Hausmann Berthold Müller heiratete, entschlossen sich die Ehegatten für den Familiennamen des Ehemannes als Ehenamen. Lola Hausmann hieß also seitdem Lola Müller. Durch die Scheidung von Berthold hat sich hieran nichts geändert, sie heißt nach wie vor Lolla Müller. Dies gefällt ihr aber nicht, denn sie möchte alle Erinnerungen an die bisherige Ehe beseitigen und auch den angenommenen Namen des bisherigen Ehemannes nicht weiterführen. Gemäß § 1355 Abs. 5 BGB ist sie hierzu berechtigt. Sie muß folgendes Schreiben an das Standesamt richten:

Lola Müller, geb. Hausmann

Roseggerstraße 2
60320 Frankfurt a. M.

An das
Standesamt
60311 Frankfurt a. M.

Frankfurt a. M., den ...

Namensänderung

Ausweislich des dortigen Registers führe ich aufgrund der Eheschließung mit Herrn Berthold Müller den Ehenamen Müller.

Unsere Ehe wurde am ... rechtskräftig geschieden. Eine beglaubigte Ablichtung des rechtskräftigen Scheidungsurteils füge ich in der Anlage bei.

Ich erkläre hiermit, daß ich nunmehr wieder meinen Geburtsnamen Hausmann annehme.

Lola Müller geb. Hausmann

Mit dieser Urkunde geht Lola Müller, zukünftig wieder Hausmann, zu einem Notar und läßt dort ihre Unterschrift beglaubigen und schickt dann die Urkunde eingeschrieben an das Standesamt.

Eine solche Aufgabe des Ehenamens nach erfolgter Ehescheidung muß nicht immer dazu führen, daß der Geburtsname des Betreffenden wieder auflebt. Hat zum Beispiel eine Witwe wieder geheiratet und sich dann scheiden lassen, kann sie bei der Erklärung gegenüber dem Standesbeamten wählen, ob sie ihren Geburtsnamen oder ihren Witwennamen annehmen will.

Die elterliche Sorge nach erfolgter Scheidung oder Trennung

Wird eine kinderlose Ehe geschieden, oder sind die aus der Ehe hervorgegangenen Kinder bei Scheidung der Ehe volljährig, so erschöpfen sich die Folgeprobleme in vermögensrechtlicher Hinsicht. Sind aber zu diesem Zeitpunkt minderjährige Kinder vorhanden, so tritt folgende Situation ein. Während des gemeinsamen Ehelebens waren die Kinder in der gemeinsamen Sorge ihrer Eltern geborgen. Die Berufsbeanspruchung der Eltern, meist des Vaters, läßt die persönliche Einflußnahme der Mutter zeitlich in den Vordergrund treten, aber im Prinzip wird die gemeinsame und aufeinander abgestimmte Ausübung der elterlichen Sorge Bestand haben.

250

Mit der Scheidung endet zwar das bisherige gemeinsame Familienleben, es bleibt aber bei dem gemeinsamen Sorgerecht der Eltern. Einer der beiden Ehegatten kann aber nunmehr die elterliche Sorge allein beantragen. Dies ist in § 1671 BGB wie folgt festgelegt:

> **§ 1671**
> (1) Leben Eltern, denen die elterliche Sorge gemeinsam zusteht, nicht nur vorübergehend getrennt, so kann jeder Elternteil beantragen, daß ihm das Familiengericht die elterliche Sorge oder einen Teil der elterlichen Sorge allein überträgt.
> (2) Dem Antrag ist stattzugeben, soweit
> 1. der andere Elternteil zustimmt, es sei denn, daß das Kind das vierzehnte Lebensjahr vollendet hat und der Übertragung widerspricht, oder
>
> 2. zu erwarten ist, daß die Aufhebung der gemeinsamen Sorge und die Übertragung auf den Antragsteller dem Wohl des Kindes am besten entspricht.
> (3) Dem Antrag ist nicht stattzugeben, soweit die elterliche Sorge auf Grund anderer Vorschriften abweichend geregelt werden muß.

Vernünftigerweise werden die Eltern sich vor der Ehescheidung darüber einigen, wer die elterliche Sorge haben soll. Nach der Lebenserfahrung ist dies oft die Mutter.

Maßgeblich ist immer das Interesse der Kinder und nicht etwa das Interesse eines Elternteils und schon gar nicht das finanzielle Interesse der Eltern hinsichtlich der Unterhaltsfragen. Während der Minderjährigkeit der Kinder und ihrer insoweit vorhandenen Unterhaltsbedürftigkeit wirkt sich die Unterhaltspflicht regelmäßig wie folgt aus:

Die Kindesmutter, bei der die Kinder in Zukunft leben, wird ihrer Unterhaltspflicht im wesentlichen dadurch nachkommen, daß sie die Kinder in ihrem neuen Haushalt versorgt. Der geschiedene Kindesvater erfüllt seine Unterhaltspflicht durch Leistung einer monatlichen Geldrente zu Händen der Kindesmutter. Diese ist nach Übertragung des Sorgerechts die alleingesetzliche Vertreterin der Kinder, gegebenenfalls muß sie aufgrund dieser Stellung die Unterhaltsansprüche der Kinder gegen den Kindesvater gerichtlich durchsetzen.

Sind die Kinder volljährig geworden, so ist es mit der elterlichen Sorge der Mutter vorbei. Verbleiben diese weiter im Lebenskreis der Mutter, so müssen die Kinder jetzt selbst dafür sorgen, daß sie den ihnen zustehenden Unterhalt vom Kindesvater erhalten, notfalls müssen sie ihn selbst verklagen.

Persönlicher Umgang mit dem Kinde

»Wenn ich es richtig verstehe«, meint Karin, »dann hat also die Ehescheidung zur Folge, daß der Elternteil, der nicht die elterliche Sorge hat, im Ergebnis nichts mehr mit seinen Kindern zu tun hat, außer vielleicht eine monatliche Unterhaltsrente zu zahlen.« So liegen die Dinge keineswegs.

Der Elternteil, dem nicht die elterliche Sorge und damit auch nicht das Sorgerecht für die Person eines gemeinschaftlichen Kindes zusteht, hat auch das Recht, mit dem Kind persönlich Kontakt zu pflegen. Dies ist in § 1684 BGB bestimmt, und in diesem Paragraphen ist auch weiter angeordnet, daß das Familiengericht diesen persönlichen Umgang näher regelt.

Man müßte eigentlich davon ausgehen, daß die geschiedenen Eheleute im Interesse der Kinder selbst dafür sorgen, daß ein solcher angemessener Kontakt zwischen den Kindern und dem Elternteil stattfinden kann, welcher nicht die Personensorge hat. Es ist für die Kinder ja schon schlimm genug, daß eine so höchstpersönliche Beziehung, die für die Entwicklung der Kinder wesentlich ist, durch die Scheidung zerbrochen wurde. Das Lebensband zwischen Kind und Eltern bleibt ja auch über die Minderjährigkeit hinaus bestehen.

Sind die Kinder volljährig geworden, so werden sie von sich aus schon wieder diesen Kontakt vertiefen. Es wäre daher in höchstem Maße schädlich für die Kinder, wenn der Elternteil, der die Personensorge hat, während der Minderjährigkeit der Kinder versucht, diese dem anderen Elternteil zu entfremden.

Andererseits ist es natürlich nicht möglich, eine tägliche Einflußnahme des weichenden Elternteils auf die Kinder zu ermöglichen, denn das würde den neuen Lebensrhythmus der Kinder empfindlich stören. Es gilt etwa folgende Faustregel:

Wenn die Kinder bei der Mutter sind, soll der Kindesvater mindestens einmal im Monat, zweckmäßigerweise am Wochenende, mit den Kindern allein zusammen sein können, sei es, daß er sie zu sich nimmt, sei es, daß er mit ihnen eine Wochenendreise macht. Einmal im Jahr kann er eine längere Reise (etwa drei Wochen) mit ihnen unternehmen oder sie für diese Zeit bei sich aufnehmen.

In dieser Regelung liegt oft viel Zündstoff für bösartige Auseinandersetzungen. Lebt zum Beispiel ein solcher Kindesvater nach der Scheidung mit der Frau zusammen, mit welcher er die Ehe zerrüttet hat, so wird die Kindesmutter alles daran setzen, daß diese Frau bei einem Zusammensein zwischen Vater und Kind ausgeschaltet wird. Dieses Verlangen ist sicher verständlich, wenn auch schwer durchzusetzen. Es lassen sich auch Fälle denken, in denen der Kindesvater einen nachteiligen Einfluß auf die Kinder ausübt. Ist zu befürchten, daß ein solches nicht zu vertretendes Einwirken auf die Kindespsyche erfolgt, so kann dies dazu führen, daß das Familiengericht den persönlichen Umgang zwischen einem solchen Vater und seinem Kind auf Zeit oder auch ganz ausschließt.

 Der Gang zum Familiengericht in solchen Streitigkeiten führt leider oft nicht nur zu einer weiteren Entfremdung der früheren Ehegatten, sondern auch zu einer Entfremdung der Kinder im Hinblick auf ihre Eltern.

Umgekehrt können die Dinge auch einmal so liegen, daß der Aufenthalt der Kinder bei ihrer Mutter im Rahmen der elterlichen Sorge sich als ungünstig erweist, weil die Mutter ungeeignet ist, für die Kinder angemessen zu sorgen. Eine solche Entwicklung kann dann zur Beendigung der elterlichen Sorge durch Entscheidung des Familiengerichts führen.

Die nichteheliche Lebensgemeinschaft

»Paul, denk nur, meine Kusine Bertha lebt jetzt mit ihrem Franz in wilder Ehe«, erzählt Karin aufgeregt ihrem Mann. »Komm, komm«, beruhigt sie Paul Jedermann, »erst einmal ist das halb so wild und heute sowieso gang und gäbe.« Und damit hat Paul recht. Das Zusammenleben von einem Mann und einer Frau, ohne verheiratet zu sein, unterliegt heute nicht mehr den Moralvorstellungen früherer Generationen. Die Sozialbasis hierfür ist allerdings verschieden.

Die sogenannte »nichteheliche Lebensgemeinschaft« basiert oft auf dem Wunsch, keine Rentenansprüche durch eine weitere Eheschließung oder Unterhaltsansprüche zu verlieren und wird meist in fortgeschrittenem Lebensalter eingegangen, aber immer mehr auch in der Jugend. Bei einer »Probeehe« wollen sich die Partner vor einer beabsichtigten Eheschließung testen, ob das Zusammenleben gute Zeichen für die zukünftige Ehe setzt. Auf Dauer angelegt ist die sogenannte »Alternativ-Ehe«, bei der die Partner aus ideologischen Gründen die Förmlichkeit der Eheschließung in weltlicher oder kirchlicher Form ablehnen, aber auf Dauer ein Zusammenleben führen wollen.

Diese Formen nichtehelichen Zusammenlebens haben fast immer gemeinsam, daß sich die Beteiligten über damit zusammenhängende juristische Probleme meist nicht den Kopf zerbrechen und einfach »drauflos leben«. Gesetzlich ist nur der Fall geregelt, daß aus dem Zusammenleben Kinder zur Welt kommen, da sämtliche Kinder heute gleichgestellt sind. An vertragliche Regelungen solcher Beziehungen denken allenfalls Juristen oder von solchen beratene Partner.

Von Juristen wird im wissenschaftlichen Bereich viel diskutiert, ob man nicht den konkludenten Abschluß eines »Zusammenlebensvertrages« annehmen könnte, auf den die Grundsätze unseres Eherechts zum Teil angewandt werden könnten. Doch ist dies sehr weit hergeholt. Auch der Versuch, eine Art »Dauerbrautstand« anzunehmen, auf den Verlöbnisrecht anzuwenden wäre, ist zum Scheitern verurteilt. Denn Verlöbnis ist ja das Versprechen, sich zu ehelichen und dies ist ja gerade nicht gewollt. Auch die Annahme, es sei stillschweigend eine Art »BGB-Gesellschaft« gegründet, hat keine Freunde gefunden, ebenso die sonstigen Versuche, irgendeine bekannte Vertragsform als gewollt anzunehmen. Das schließt nicht aus, daß im Bereich des Zusammenlebens vertragliche Vereinbarungen anzunehmen sind, ohne daß hier urkundliche Festlegungen vorliegen. Schließen beide Partner gemeinsam einen Mietvertrag über eine Wohnung, ohne im Innenverhältnis dazu Vereinbarungen zu treffen, so erweist sich aus dem faktischen Verhalten, was hier gewollt ist. Zahlt jeder der Partner in Zukunft die Hälfte der Miete und trägt hälftig die Kosten der Heizung usw., so liegt darin eine vertragliche Vereinbarung. Übernimmt einer der Partner diese Zahlungspflichten allein, so ist die Absprache zwischen den Partnern hierüber die vertragliche Regelung.

Oft beginnt das Zusammenleben, was das Wohnen anbetrifft, damit, daß ein Partner eine ausreichende Wohnung gemietet hat und der neue Lebensgefährte zu ihm zuzieht. Nach neuester Rechtsprechung ist dies für den Vermieter kein Grund zur Kündigung des Mietvertrages, soweit sich die Wohngemeinschaft nicht als Belästigung herausstellt. Er kann auch nicht verlangen, daß der zuziehende Partner in den Mietvertrag des Vermieters eintritt. Auch eine pauschale Mietzinsanhebung ist nicht gerechtfertigt. Ob eine Erhöhung des Mietzinses wegen der Mehrbelastung der Wohnung in Betracht kommt, hängt von vorsorglichen Klauseln im Mietvertrag ab. Einen eigenen Mieterschutz erlangt der zuziehende Partner allerdings nicht.

Im Rahmen der Ehe führen Geschäfte des täglichen Lebens durch einen Ehegatten dazu, daß auch der andere Ehegatte zur Zahlung verpflichtet wird (§ 1357 BGB). Eine solche Haftungsgemeinschaft besteht für Partner einer nichtehelichen Lebensgemeinschaft jedoch nicht. Auch eine analoge Anwendung dieser Bestimmung erscheint nicht gerechtfertigt. Allerdings kann sich eine »Anscheins- und Duldungsvollmacht« entwickeln. Wenn ein Partner laufend Einkäufe auf Kredit tätigt, die der andere Partner dann bezahlt, so führt dies dazu, daß bei dem Geschäftspartner der Eindruck erweckt wird, er habe seinem Lebensgefährten eine Vollmacht erteilt. Es genügt dann nicht, dem Partner zu untersagen, solche Kreditkäufe zu tätigen. Um sich zu schützen, müssen die Geschäftspartner, welche bisher auf diesen Zustand vertraut haben, ausdrücklich davon unterrichtet werden, daß eine weitere Mithaftung abgelehnt wird.

Auch zwischen den Partnern der nichtehelichen Lebensgemeinschaft können Ansprüche entstehen. Bei dem engen Zusammenleben ist es durchaus denkbar, daß ein Partner fahrlässig bewegliche Sachen des anderen Partners beschädigt, was zu erheblichen Schäden führen kann. Für die Ehe schreibt das Gesetz in § 1359 BGB vor, daß man untereinander nur durch die sogenannte »diligentia quam in suis rebus« haftet, das bedeutet, daß ein Ehegatte nur für die Sorgfalt einzustehen hat, die er in eigenen Angelegenheiten anzuwenden pflegt. Wer also nachlässig und leichtfertig zu handeln pflegt, braucht nicht für ein darüber hinausgehendes Maß an Sorgfalt einzustehen, es sei denn, es wird grob fahrlässig gehandelt. Dieser Gedanke läßt sich wohl auf die nichteheliche Lebensgemeinschaft übertragen, da ja jeder Partner die Charaktereigenschaften seines Partners normalerweise richtig einschätzen kann.

Unterhaltsansprüche zwischen den Partnern werden durch die nichteheliche Lebensgemeinschaft nicht ausgelöst. Wenn allerdings einer der Partner es freiwillig übernimmt, die Kosten des täglichen Lebensbedarfs zu tragen, so liegt darin eine wirksame Vereinbarung für die Dauer der nichtehelichen Lebensgemeinschaft.

253

Die nichteheliche Lebensgemeinschaft kann entweder dadurch enden, daß beide Partner beschließen, die Gemeinschaft aufzugeben oder aber auch durch die Erklärung eines Partners, daß er sich nunmehr trennen will. Eine entgegenstehende Vereinbarung, daß man unauflöslich in der Lebensgemeinschaft verbleiben will, ist wegen Verstoßes gegen Gesetz- und Sittenordnung unwirksam. Die Trennung löst wiederum nicht unerhebliche juristische Probleme aus. Dies gilt vor allem für die Aufteilung von gemeinsam gehaltenen Werten. Ist zum Beispiel Geld auf ein sogenanntes »Oderkonto« angelegt, so ist nach allgemeiner Auffassung ein solches Konto hälftig zu teilen. Hinsichtlich des gemeinsam genutzten Mobiliars ist wie folgt zu unterscheiden:

Hat ein Partner eigenes Mobiliar in das Gemeinschaftsleben eingebracht oder schafft er solches während der Gemeinschaft auf seine Kosten an, so steht ihm hieran das Eigentum zu, und dieses verbleibt ihm auch bei der Auflösung der Gemeinschaft. Sind Mobilien gemeinsam von den Partnern angeschafft worden, zum Beispiel ein gemeinsam genutzter Pkw, so spricht die Vermutung dafür, daß beide Partner je zur Hälfte Eigentümer sind. Dies gilt auch für den Fall, daß ein solcher Pkw nur auf einen der Partner zugelassen worden ist. Können sich die Partner hinsichtlich der Auseinandersetzung solcher Vermögensstücke nicht einigen, dann besteht für jeden das Recht auf Versteigerung dieser Werte und hälftige Teilung des Erlöses.

Zusammenfassend ist festzuhalten, daß hier noch viele Rechtsfragen ungelöst sind und sich die Rechtsprechung schwer tut, neue Rechtsfiguren anzuerkennen, insbesondere eine sogenannte »BGB-Gesellschaft«, soweit nicht zum Beispiel gemeinsam ein Haus gebaut wird. Dann wäre es anders. Es ist daher dringend ratsam, bei erheblichen Vermögenswerten Vereinbarungen zu treffen. Es ist auch durchaus denkbar, daß ein Partner, der ein dingliches Wohnrecht hat, mit dem zuziehenden Partner eine Vereinbarung trifft, wonach dieser dort unentgeltlich wohnen kann. Will er ihm darüber hinaus für den Fall seines Todes ein weiteres unentgeltliches Verbleiben in der Wohnung ermöglichen, so muß er ein Vermächtnis durch ein Testament oder einen Erbvertrag anordnen. Es ist nicht zu verkennen, daß die Rechtsprechung bei einer weiteren Verfestigung des Trends der nichtehelichen Lebensgemeinschaften mit Sicherheit dahin gehen wird, in vielen Fällen auch gegenseitige Unterhalts-, Versorgungs- und sonstige Ausgleichsansprüche anzuerkennen.

Es ist festzustellen, daß sich allein in den Jahren seit 1972 die Zahl der nichtehelichen Lebensgemeinschaften laut Statistik erheblich vergrößert. Die Anzahl der nichtehelichen Lebensgemeinschaften dürfte derzeit bei mehreren Millionen liegen. Folgende konkrete Sonderprobleme nichtehelicher Lebensgemeinschaften können zusätzlich zu den dargelegten ganz grundsätzlichen Rechtsproblemen hinaus noch weiter bestehen.

Bei Sozialwohnungen ist zu beachten, daß anders als bei den oben dargelegten Grundsätzen für die Anmietung normaler Wohnungen zusätzlich die Vergaberichtlinien für Sozialwohnungen bedeutsam sind. Hier handhaben die einzelnen Bundesländer die Praxis unterschiedlich. Die Wohnberechtigung wird häufig nur verheirateten oder zumindest verlobten Paaren erteilt. Allerdings gibt es Bundesländer, die ausdrücklich Anweisung gegeben haben, darauf nicht abzustellen. Bei Berechnung der Sozialhilfe gemäß § 122 Bundessozialhilfegesetz (BSHG) wirkt sich die Gemeinschaft allerdings nachteilig aus, da ein gegenseitiger Unterhalt unterstellt wird.

Das Wohnrecht im Falle einer Trennung der Partner unterliegt nicht der Regelung wie bei einer Scheidung von Eheleuten, weil hier nicht der Richter zum Beispiel wegen des Bedürfnisses gemeinsamer Kinder neue Mietverhältnisse oder die Teilung der Wohnung anordnen kann (§ 3 bis 6 der Hausratsverordnung). Benachteiligt ist hier, wie vorstehend dargestellt, immer derjenige Partner, der

254

den Mietvertrag nicht mit unterschrieben hat. Dies gilt erst recht, wenn einer der Partner Eigentümer des gemeinsamen Hauses oder der Wohnung ist. Dies gilt auch bei jahrelangem Zusammenleben. Daraus ergibt sich, daß es ein dem Mieter ähnliches Wohnrecht von Lebensgefährten nicht gibt und auch keine Wohnungszuweisung wie im Scheidungsfall. Deshalb empfiehlt sich immer, daß beide Lebenspartner den Mietvertrag unterschreiben. In diesem Fall müssen sie sich bei einer Trennung unbedingt einigen. Auch hier gibt es allerdings keine richterliche Eingriffsmöglichkeit im Falle einer Nichteinigung. Da es hier auch keine gesetzlichen Schutzmöglichkeiten für den Schwächeren gibt, empfiehlt es sich, für den Fall der Trennung von vornherein eine schriftliche Vereinbarung über die spätere Wohnungsnutzung zu treffen.

Besondere Bedeutung kommt verständlicherweise dem Unterhaltsbedürfnis der Lebenspartner zu. Bekanntlich bestehen hier im Falle einer Eheschließung klare gesetzliche Ansprüche, die auch nach der Scheidung durchgesetzt werden können. Da es bei den Lebenspartnern aber keine gesetzliche Pflicht gibt, für den anderen zu sorgen, besteht insoweit auch keine Unterhaltspflicht des jeweils besser verdienenden Partners. Es besteht lediglich ein zeitlich begrenzter Unterhaltsanspruch der Mutter bezüglich des gemeinsamen Kindes. Dies ist auch nach dem Ende der Lebensgemeinschaft in Form von Tod oder Trennung nicht anders. Auch bei langjähriger unentgeltlicher Mitarbeit des Lebenspartners im Berufsbereich des anderen Partners oder nach jahrelanger Krankenpflege und auch nicht aufgrund von Erziehung und Betreuung gemeinsamer Kinder ändert sich hieran etwas. Diese Konsequenzen sollten sich die Partner von vorneherein klar machen. Als Möglichkeit, diese Konsequenzen zu vermeiden, gibt es nur eindeutige Vereinbarungen dahingehend, daß einer dem anderen nach der Trennung zum Beispiel für eine gewisse Zeit Unterhalt zahlen muß, zum Beispiel als Abgeltung für die erfolgte Kindererziehung oder im Hinblick auf eine Wiedereingliederung in ein Berufsleben. Auch kann das Ziel über Arbeitsverträge erreicht werden, wenn zum Beispiel ein Geschäftsmann oder ein Selbständiger seine Lebensgefährtin auch nach der Trennung in sein Unternehmen als Mitarbeiterin einstellt. Zu denken wäre auch an Gesellschaftsverträge, zum Beispiel die Gründung einer bürgerlich rechtlichen Gesellschaft mit allen damit verbundenen Rechten und Pflichten bei einer Mitarbeit im Geschäft des anderen Partners. Solche Verträge müssen jedoch ordnungsgemäß, meist schriftlich oder gegebenenfalls notariell abgeschlossen und müssen auch steuerlich in voller Konsequenz durchgeführt werden. Ein gemeinsames Vermögen der Lebenspartner gibt es auch nicht ohne weiteres. Das jeweilige Vermögen des Partners bleibt sein eigenes, vergleichbar der Gütertrennung unter Ehegatten. Um im Falle einer Trennung eine Auseinanderrechnung zu ermöglichen, empfiehlt sich von vornherein eine eindeutige Vereinbarung, sobald ein Vermögensstück während der Partnerschaft erworben wird.

Bezüglich der Haftung für Schulden besteht umgekehrt natürlich auch der Vorteil, daß keine automatische Haftung für gemeinsame Schulden besteht, da es sich um eine Schicksalsgemeinschaft, aber nicht um eine Ehe handelt. Es gilt somit der Grundsatz, daß jeder Lebenspartner nur für seine eigenen Schulden haftet, ausgenommen daß der andere diesbezüglich eine Bürgschaft übernommen hätte. Zu warnen ist davor, unversehens in gemeinsame Haftungen dadurch zu geraten, daß Kreditverträge zum Beispiel von beiden unterschrieben oder gemeinsame Ratenkäufe getätigt werden oder Überziehungskredite auf gemeinsamen Konten erfolgen, die nur ein Partner veranlaßt hat. Auch bei den heute immer häufiger zur Absicherung sämtlicher Lebenslagen abgeschlossenen Versicherungen zeigt sich der Unterschied zur Ehe. In die Sozialversicherung ist der Lebenspartner nicht eingeschlossen. Er erhält also zum Beispiel nach dem Tod keine Witwen- oder Witwerrente. Der Partner ist auch in die Krankenversicherung nicht einbezogen. Bei privaten Versicherungen, insbesondere Haftpflichtversicherungen, können andere Regelungen getroffen werden, sind aber mit den jeweiligen Versicherungen abzusprechen. Meistens sind bei der Haftpflichtversicherung Angehörige, die in häuslicher Gemeinschaft leben, geschützt. Der nichtverheiratete Lebenspartner gilt jedoch nicht als Angehöriger im Sinne der Versicherungsbedingungen. Bei der Kraftfahrzeug-Haftpflicht-Versicherung werden allerdings die Lebenspartner vergleichbar den Eheleuten behandelt. Wer hier als Mitfahrer verletzt wird, bekommt einen entsprechenden Schadensersatz. Bei der Kasko-Versicherung bestehen wiederum Nachteile. Die Versicherung muß zwar meistens zahlen, man wird aber versuchen, bei dem Lebensgefährten Regress zu nehmen, während dies in aller Regel bei Familienangehörigen des Fahrers nicht möglich ist.

Eine große Rolle wird auch oft die Frage spielen, ob durch die Begründung der nichtehelichen Lebensgemeinschaft umgekehrt Unterhaltsansprüche verloren gehen, zum Beispiel gegenüber anderen oder früheren Ehepartnern oder gegenüber Eltern. Es stellt sich also zum Beispiel die Frage, ob ein unterhaltpflichtiger geschiedener Ehegatte auch dann weiter zahlen muß, wenn der andere Partner eine neue Lebensgemeinschaft begründet hat. Die Rechtsprechung hat hier einen langjährigen Wandel durchgemacht. Im allgemeinen wurde zunächst darauf abgestellt, ob wirklich von einem neuen »unsittlichen Lebenswandel« ausgegangen werden muß oder ob andere Voraussetzungen genügen. Der Bundesgerichtshof hat nach längerer Zeit endgültig entschieden, daß auch objektive Tatsachen, wie die Begründung einer neuen Lebensgemeinschaft nach der Scheidung, zum Ausschluß des Unterhaltsanspruchs führen können. Das setzt allerdings voraus, daß die Partner sich in einer Wohngemeinschaft wirtschaftlich und sozial derart zusammengefunden haben, daß die Inanspruchnahme des früheren Ehegatten nicht mehr zumutbar sei. Bedeutsam ist, daß dieses auch dann gilt, wenn der andere neue Lebenspartner in keiner Weise den Unterhaltsanspruch durch eigenes Vermögen oder Einkommen ersetzen kann. Der Wegfall des Unterhaltsanspruchs muß aber nicht auf Ewigkeit fortbestehen. Wenn zum Beispiel die neue nichteheliche Partnerschaft wieder auseinander geht, muß das Gericht erneut entscheiden, ob zum Beispiel wegen einer längeren Ehedauer der frühere nacheheliche Unterhaltsanspruch wieder auflebt.

Bezüglich des Unterhaltes von Eltern ist zu bedenken, daß Eltern grundsätzlich einem Kind zur Finanzierung einer angemessenen Berufsausbildung bis zu einer bestimmten Altersgrenze Unterhalt zahlen müssen. Dies endet im allgemeinen, wenn das Kind heiratet und der Ehegatte selbst im Stande ist, seinen Unterhalt zu finanzieren. Es fragt sich, wie dies bei ehelichen Lebensgemeinschaften ist. Oft werden Kinder argumentieren, daß die Eltern weiterzahlen sollen, weil sie sich nicht von ihrem Lebensgefährten diesbezüglich abhängig machen wollen. Auch hier hat der Bundesgerichtshof entschieden, und zwar mit überwiegenden Argumenten für das Verbleiben des Unterhaltsanspruchs. Im allgemeinen bleibt dieser erhalten, insbesondere dann, wenn eine Kindesbetreuung erforderlich ist. Ausnahmen können dann bestehen, wenn der Lebenspartner in der Lage ist, für das nichteheliche Kind zu sorgen, so daß zum Beispiel der Mutter eine Berufstätigkeit zumutbar ist. Pauschal kann man sagen, daß die Chance auf Durchsetzung des Unterhaltes gegenüber den Eltern um so geringer ist, wenn kein gemeinsames Kind der Lebenspartner vorhanden ist und eine Versorgung durch den Lebenspartner nach den Umständen zugemutet werden kann.

Bezüglich des Sorgerechts für gemeinsame Kinder der Lebenspartner ist auf die entsprechenden Ausführungen in dem Kapitel über Kinder hinzuweisen. Es gibt nun ein gemeinsames Sorgerecht auch für nichteheliche Lebensgemeinschaften. Das gemeinsame Sorgerecht gilt grundsätzlich auch nach der Trennung der Lebenspartner. Wenn sie sich nicht einigen können, kann jeder Elternteil beim Familiengericht beantragen, daß ihm die Sorge allein übertragen wird. Einem gemeinsamen Antrag wird grundsätzlich zugestimmt, falls ein Kind, das älter als 14 Jahre ist, nicht widerspricht. Wenn sich die Eltern nicht einigen können, steht wiederum das alleinige Sorgerecht der Mutter zu. In solchen Fällen kann der Vater aber auch beantragen, daß das Sorgerecht ihm übertragen wird, alsdann ist die familiengerichtliche Entscheidung maßgeblich. Also ist inzwischen eine deutliche Besserstellung der Väter hinsichtlich des Sorgerechts für Kinder erfolgt.

256

Bezüglich des Erbrechts nichtehelicher Lebensgemeinschaften sind folgende Grundsätze zu beachten: Nichteheliche Lebenspartner haben grundsätzlich kein gesetzliches Erbrecht bezüglich des Nachlasses des Partners. Es ist deshalb unbedingt zu raten, an diesbezügliche Testamente und Erbverträge zu denken, wenn hier etwas anderes gewünscht wird. Ebensowenig hat der nicht-eheliche Lebenspartner Anspruch auf das gesetzliche »Ehegattenvoraus« gemäß § 1931 BGB. Umstritten ist allerdings, ob er wenigstens den sogenannten »Dreißigsten« geltend machen kann, also den Unterhaltsanspruch der Familienangehörigen des Erblassers, die zur Zeit des Todes mit diesem zusammengelebt haben (§ 1969 BGB). Hier können sich durchaus Chancen für eine Rechtsdurchsetzung ergeben. Zu beachten ist, daß nichteheliche Lebenspartner keinesfalls ein gemeinschaftliches Testament gem. § 2265 BGB errichten können. Dies ist ausschließlich Ehegatten vorbehalten. Anders ist es jedoch bei einem Erbvertrag. Dieser kann in notarieller Form ohne weiteres auch zwischen nichtehelichen Lebenspartnern beurkundet werden. Weiterhin ist zu berücksichtigen, daß der Lebenspartner nicht Mitglied der Erbengemeinschaft wird. Er sollte daher in der Regel zum Erben eingesetzt werden, wenn der Erblasser kinderlos ist und nicht sonstige Gründe vorliegen, andere Personen als Erben zu bedenken. Zu bedenken ist immer, ob nicht Rücktrittsvorbehalte in den Erbvertrag aufgenommen werden sollen, und zwar zur Regelung des Falles, daß die Lebensgemeinschaft auseinander gehen sollte. Andernfalls bestünde eine nicht mehr rückgängig zu machende Bindung an diesen Erbvertrag. Die Trennung der Lebenspartner führt nämlich nicht automatisch zur Unwirksamkeit einer letztwilligen Verfügung.

Die Lebenspartnerschaft

Seit 2001 gibt es das Lebenspartnerschaftsgesetz. Danach haben gleichgeschlechtliche Paare die Möglichkeit, eine eingetragene Lebenspartnerschaft zu begründen. Es gibt auch ein besonderes Zivilverfahren für diese Partnerschaften gemäß §§ 661 ff. ZPO. Nach diesem Gesetz finden auf diese Partnerschaft weitgehend die Verschriften des Eherechts analoge Anwendung, insbesondere hinsichtlich:
1. des gemeinsamen Namens,
2. der gegenseitigen Verantwortung und Haftung,
3. des Vermögensstands,
4. des Unterhalts,
5. der Schlüsselgewalt,
6. der rechtsgeschäftlichen Beschränkungen bei Verfügung über Vermögen,
7. der Adoption von Kindern,
8. des Erbrechts,
9. des Getrenntlebens,
10. der Aufhebung der Lebensgemeinschaft.

Die einzige wesentliche Ausnahme ist, daß es keinen Versorgungsausgleich gibt.

Unternehmen, Gesellschaften, unlauterer Wettbewerb und Arbeitsrecht

Wir sahen bei der Betrachtung des bisherigen Lebens der Familie Jedermann die typischen Lebensereignisse, die an uns alle herantreten. Wir sahen ferner die Regeln, nach denen man sich das Alltagsleben gestalten muß, um im Einklang mit der Rechtsordnung zu stehen.

Dabei haben wir aber bisher dem Erwerbsleben der Mitglieder der Familie Jedermann noch nicht die nötige Beachtung geschenkt, soweit es sich um eine berufliche Tätigkeit handelt. Die rechtliche Betrachtung einer solchen ist aber gerade außerordentlich wichtig, da Fehler, die hier gemacht werden, sich wirtschaftlich in der Regel sehr schädlich auswirken.

Viele Berufe haben in unserem Recht ihre Spezialregelung gefunden, zum Beispiel die der Rechtsanwälte in einer Rechtsanwaltsordnung, die der Ärzte in einer Ärzteordnung, ferner die der Apotheker, Architekten und aller wissenschaftlichen Berufe etc. Wer sich auf solche Berufe vorbereitet, muß eine langwierige Ausbildung machen und sich dadurch Spezialwissen aneignen, das er für die vorgeschriebenen Prüfungen und nachher für die Ausübung solcher Berufe benötigt.

Ein Handelsgewerbe kann – von Ausnahmen abgesehen – ein jeder beginnen. Nicht selten beginnen viele ein selbständiges Handelsgewerbe, die nicht einmal eine übliche Lehr- und Gehilfenzeit durchgemacht haben. Andererseits gibt es aber auch für die kaufmännischen Berufe zahlreiche Prüfungs- und Zugangsvoraussetzungen. Der Gesetzgeber selbst hat es gleichfalls für nötig gehalten, für diese Materie ein besonderes Gesetz, nämlich das Handelsgesetzbuch, zu schaffen.

Die Firma

Paul Jedermann faßt den Mut, sich als selbständiger Kaufmann zu betätigen. Nun kann zwar nach Art. 12 des Grundgesetzes jeder Deutsche seinen Beruf frei wählen. Das Gesetz über die Berufsausübung im Einzelhandel erfordert aber außer dem Gewerbeschein noch eine besondere Erlaubnis. Sie wird vom Ordnungsamt, das für den Wohnsitz des Antragstellers zuständig ist, erteilt. Sie war ursprünglich für den gesamten Einzelhandelsbereich davon abhängig, ob der Unternehmer oder die mit der Leitung des Unternehmens beauftragte Person zuverlässig ist und die erforderliche Sachkunde nachweisen konnte. Hinsichtlich der Sachkunde bestimmte der § 4 des Gesetzes folgendes:

§ 4

(1) Den Nachweis der Sachkunde für den Einzelhandel hat erbracht, wer eine Kaufmannsgehilfenprüfung bestanden und danach eine praktische Tätigkeit im Handel von mindestens zwei Jahren ausgeübt hat.

(2) Absatz 1 gilt nicht für den Einzelhandel mit Lebensmitteln im Sinne des § 1 Abs. 1 des Lebensmittelgesetzes, mit Arzneimitteln und ärztlichen Hilfsmitteln – ausgenommen aus amtsärztlich kontrollierten Drogenschränken. Den Nachweis der Sachkunde für den Einzelhandel in einem dieser Warenzweige hat erbracht, wer

1. nach Ablegung der Kaufmannsgehilfenprüfung eine praktische Tätigkeit von mindestens drei Jahren in einem Handelsbetrieb des entsprechenden Warenzweiges ausgeübt hat oder

2. eine für den Handel in dem entsprechenden Warenzweig anerkannte Prüfung abgelegt und danach eine praktische Tätigkeit von mindestens zwei Jahren in einem Handelsbetrieb des entsprechenden Warenzweiges ausgeübt hat oder
3. die Voraussetzungen des Absatzes 3 für den entsprechenden Handelszweig erfüllt.

(3) Die Sachkunde im Sinne des Absatzes 1 besitzt ferner, wer eine mindestens fünfjährige Tätigkeit, davon eine zweijährige leitende Tätigkeit, nachweisen kann.

(4) Wer die Voraussetzungen der Absätze 1 bis 3 nicht erfüllt, kann die Sachkunde für den Einzelhandel in einer besonderen Prüfung vor der von der höheren Verwaltungsbehörde errichteten und ihrer Aufsicht unterstehenden Stelle nachweisen. Dies gilt auch für den Einzelhandel mit Lebensmitteln, Arzneimitteln und ärztlichen Hilfsmitteln im Sinne des § 3 Abs. 3.

Diese Bestimmung gilt nur noch für den Einzelhandel mit Lebensmitteln, Arzneimitteln und ärztlichen Hilfsmitteln, nachdem das Bundesverfassungsgericht den Nachweis der Sachkunde beim Einzelhandel mit den übrigen Waren für verfassungswidrig erklärt hat. Paul Jedermann meldet die Betriebseröffnung an:

> Paul Jedermann
> Ungewitterstraße 11
> 35037 Marburg/Lahn, den ...
>
> An den
> Magistrat der Universitätsstadt
> – Ordnungsamt –
> 35037 Marburg/Lahn
>
> Ich zeige hiermit an, daß ich am ... in Marburg/Lahn, Ungewitterstraße 11, ein Einzelhandelsgeschäft mit Textilien eröffne. Die aufgrund des Gesetzes über die Berufsausübung im Einzelhandel vom Gewerbeamt Marburg erteilte Erlaubnis füge ich bei.
>
> *Paul Jederman*

 Abschrift für die eigenen Akten zurückbehalten. Ein Einschreiben ist nicht erforderlich, da das Ordnungsamt binnen drei Tagen eine Bescheinigung über die erfolgte Anmeldung ausstellt und Karl Jedermann zusendet. Diese Bescheinigung ist der sogenannte Gewerbeschein.

Jedermann betreibt ein Handelsgewerbe; denn nach § 1 Abs. 2 HGB gilt als Handelsgewerbe jeder Gewerbebetrieb, es sei denn, daß das Unternehmen nach Art und Umfang einen in kaufmännischer Weise eingerichteten Geschäftsbetrieb nicht erfordert.

Da Jedermann ein Gewerbe betreibt, ist er automatisch Kaufmann. Die Tatsache des Betreibens eines solchen Gewerbes macht ihn hierzu, nicht etwa erst die Anmeldung bei dem Ordnungsamt.

Auch in den Fällen, für die besondere staatliche Genehmigungen oder Erlaubnisse zum Beginn eines Gewerbes vorgeschrieben sind, zum Beispiel für den Betrieb einer Gast- oder Schankwirtschaft nach dem Gaststättengesetz, ist dies ohne Bedeutung für die Erlangung einer Kaufmannseigenschaft. Auch wer eine Gaststätte ohne Erlaubnis betreibt, ist also Kaufmann. Wer Kaufmann ist, auf den finden die besonderen Vorschriften des Handelsgesetzbuches Anwendung, zum Beispiel daß bei seinen Verträgen gesetzliche Zinsen nicht vier Prozent, sondern fünf Prozent betragen, daß er sich formlos verbürgen kann, daß er eine kaufmännische Buchführung haben muß und daß er seine Firma zum Handelsregister anmelden sollte.

Greifen wir uns diese als letztes erwähnte Pflicht des Kaufmannes heraus. Sie ist in § 29 HGB festgelegt. Jedermann ist Kaufmann; muß er nun auch seine Firma beim Handelsregister des Amtsgerichts anmelden? Nein, denn einige Vorschriften des HGB, die den Kaufleuten bestimmte Pflichten und Lasten vorschreiben oder sonst rechtlich gefährlich sind, finden auf eine bestimmte Gruppe der Kaufleute, die sogenannten Kann-Kaufleute, keine Anwendung. Für sie bestimmt der § 2 HGB:

§ 2

[1]Ein gewerbliches Unternehmen, dessen Gewerbebetrieb nicht schon nach § 1 Abs. 2 Handelsgewerbe ist, gilt als Handelsgewerbe im Sinne dieses Gesetzbuchs, wenn die Firma des Unternehmens in das Handelsregister eingetragen ist. [2]Der Unternehmer ist berechtigt, aber nicht verpflichtet, die Eintragung nach den für die Eintragung kaufmännischer Firmen geltenden Vorschriften herbeizuführen. [3]Ist die Eintragung erfolgt, so findet eine Löschung der Firma auch auf Antrag des Unternehmers statt, sofern nicht die Voraussetzung des § 1 Abs. 2 eingetreten ist.

Wenn Jedermann sein Textilgeschäft in so kleinem Umfange aufzieht, daß er selbst die ganze technische Seite des Betriebes in eigener Person mitbetreibt, zum Beispiel die Aufzeichnungen für die Steuern macht, dann ist er ein Kaufmann, der ein Kleingewerbe betreibt, also ein Kann-Kaufmann; dann führt er keine »Firma«, das heißt keinen besonderen kaufmännischen Namen, und braucht einen solchen auch nicht zum Handelsregister anzumelden. Mit der ordnungsmäßigen Anmeldung bei dem Ordnungsamt hat er seine Pflichten erfüllt.

Die »Firma« ist der Name eines Kaufmannes, unter dem er seine Geschäfte betreibt und seine Unterschrift abgibt. Unter seiner Firma kann er klagen und verklagt werden.

Nach deutschem Handelsrecht besteht für die Auswahl dieses Namens das Prinzip der Firmenwahrheit, das heißt ein Einzelkaufmann muß als Firma seinen Familiennamen und einen ausgeschriebenen Vornamen führen. Zusätze sind erlaubt. Die Wahlfreiheit der Firmennamen ist allerdings seit der Handelsrechtsreform 1998 außerordentlich erweitert worden, bis hin zu Phantasienamen.

Jedermann hatte schon an seinem Laden – aus Werbungsgründen – »Textilien für jedermann« stehen. Er kann sich dies jetzt für seine Firma zunutze machen und seine Firma wie folgt führen: »Paul Jedermann, Textilien für jedermann«.

Nicht zulässig wäre zum Beispiel der Zusatz »Internationale Textilzentrale«, denn das würde ein Haus von Weltruf vortäuschen, was Jedermann von seinem Betrieb wirklich nicht sagen kann. Ebenso ist unzulässig die Führung eines Zusatzes, der ein Gesellschaftsverhältnis andeutet, wie zum Beispiel die Abkürzung »& Co.«.

Titel, die dem Inhaber zustehen, darf er führen, insbesondere »Dr.«. Aber auch mit diesen kann man unerlaubt täuschen. Wenn ein Inhaber eines chemischen Instituts Dr. jur. ist, so muß er in der Firma »Dr. jur.« schreiben, wenn er den Titel mit hinein haben will. Er darf nicht etwa nur »Dr.« hineinnehmen, denn dann würde das Publikum fälschlich glauben, der Inhaber sei ein »Dr. chem.«, also ein für diese Branche besonders geschulter Unternehmer.

Das Handelsregister ist eine sehr wichtige Institution, die man viel öfter in Anspruch nehmen sollte, als es allgemein üblich ist. Aus dem Register ergeben sich mitunter auch interessante Daten. Eine Gewähr für die Bonität ist mit der Eintragung jedoch nicht verbunden. Eine Firma kann praktisch nicht mehr existieren und trotzdem noch eingetragen sein.

Jedermann meldet nunmehr diese seine Firma nachstehend zum Handelsregister an, das von dem Amtsgericht am Sitz seines Gewerbebetriebes geführt wird.

260

```
                                                    Paul Jedermann
                                                    Ungewitterstraße 11
                                                    35037 Marburg/Lahn, den ...
An das
Amtsgericht Marburg
– Handelsregister –
35037 Marburg/Lahn

Ich melde hierdurch zur Eintragung im Handelsregister an, daß ich unter der Firma

              Paul Jedermann, Textilien für jedermann, e. K.

unter der oben angegebenen Anschrift ein Textilhandelsgeschäft betreibe. Ich werde die
Firma wie folgt zeichnen:


        Paul Jedermann


Mit freundlichen Grüßen


        Paul Jedermann
```

Mit dieser Anmeldung geht Jedermann zum Notar, der seine Unterschrift beglaubigt. Nach der Eintragung kann Jedermann die Bezeichnung »e. Kfm.« = »eingetragener Kaufmann « (beziehungsweise eine Frau könnte die Bezeichnung »e. Kfr.« = »eingetragene Kauffrau«) führen. Möglich ist auch die Abkürzung »e. K.«. Aufgrund der Anmeldung wird Jedermanns Firma nunmehr in das Handelsregister eingetragen und die Eintragung durch den Bundesanzeiger und ein örtliches Zeitungsblatt bekanntgemacht.

Jedermanns Eintragung ist in Abt. A des Handelsregisters erfolgt. In diese Abteilung werden Einzelkaufleute und Personengesellschaften wie offene Handelsgesellschaften (OHG) und Kommanditgesellschaften eingetragen. In Abt. B werden juristische Personen des Handelsrechts: Aktiengesellschaften, Kommanditgesellschaften auf Aktien und GmbHs eingetragen. Genossenschaften hingegen werden überhaupt nicht in das Handelsregister, sondern in das Genossenschaftsregister eingetragen, das auch vom Amtsgericht geführt wird.

Das Handelsregister kann jeder einsehen, und zwar gebührenfrei. Von den Eintragungen können Abschriften gefordert werden, die allerdings gebührenpflichtig sind. Auf Verlangen werden diese Abschriften vom Registergericht beglaubigt. Durch einen beglaubigten Auszug aus dem Handelsregister kann man gegenüber Gerichten und Behörden den erforderlichen Nachweis führen, wer der Inhaber der Firma ist, wer Prokura hat usw. Wer es unterläßt, Anmeldungen, zu denen er verpflichtet ist, vorzunehmen, wie zum Beispiel die Firmenanmeldung Karl Jedermanns, kann von dem Registergericht hierzu durch Zwangsgeld bis zu 5000,– Euro angehalten werden (§ 14 HGB).

Bei der Auswahl der Firma für Paul Jedermann hatten wir es insofern einfach, als es sich um die Neueröffnung einer Firma handelte und keine Interessen an einem anderen Namen als Paul Jedermann bestanden. Der Gesetzgeber trägt aber solchen entgegenstehenden Interessen auch Rechnung und durchbricht daher in solchen Fällen das Prinzip der Firmenwahrheit.

Wenn die Inhaberin eines Handelsgewerbes heiratet, kann sie ihren bürgerlichen Namen ablegen und erhält gegebenenfalls den Namen des Ehemannes (vgl. dort). Es wäre jetzt unbillig, wollte man sie zwingen, bei der Fortführung ihres Geschäftes im kaufmännischen Leben nunmehr den neuen Familiennamen zu verwenden, denn ihr Mädchenname ist für den Betrieb überall gut eingeführt. Gemäß § 21 HGB kann sie daher ihre alte Firma fortführen.

Handelsgewerbe werden veräußert und sie vererben sich. Es wäre im höchsten Maße nachteilig für die neuen Inhaber, wenn sie nicht die alte Firma fortführen dürften, denn der sogenannte »goodwill« einer Firma, das heißt der Ruhm des Namens, ist oft unbezahlbar. Man denke an Daimler, Opel, Ford usw. Daher kann der neue Inhaber des Handelsgeschäftes die alte Firma fortführen, wenn der bisherige Inhaber ausdrücklich darin einwilligt oder wenn dies seine Erben tun.

Die Fortführung eines Handelsgeschäftes unter der bisherigen Firma ist für den neuen Inhaber äußerst gefährlich, da er gemäß § 25 HGB den bisherigen Geschäftsgläubigern für die im Zeitpunkt der Geschäftsübernahme bestehenden Verbindlichkeiten zusätzlich neben dem bisherigen Inhaber haftet Es ist dabei gleichgültig, ob er einen Nachfolgezusatz der bisherigen Firma beifügt oder nicht. Will der Käufer eines Handelsgeschäftes, der die Firma fortführen will, dieser Haftung entgehen, so muß er mit dem Veräußerer vereinbaren, daß er nicht für die bisherigen Verbindlichkeiten haftet und – denn das Bisherige allein genügt noch nicht – diesen Haftungsausschluß in das Handelsregister eintragen und bekanntmachen lassen. Man kann statt dessen auch direkt den einzelnen Geschäftsfreunden von dem Haftungsausschluß Kenntnis geben, aber dies ist in der Praxis zu umständlich.

Wer ein solches Handelsgewerbe erbt, hat nun niemand, mit dem er eine solche, die Haftung ausschließende Vereinbarung treffen kann. Dafür hat er gemäß § 27 HGB die Möglichkeit, binnen drei Monaten seit Kenntnis von dem Erbanfall, den Geschäftsbetrieb einzustellen. Dann entfällt die gesetzliche Mithaftung.

Wenn es das Mißgeschick will und in Marburg bereits eine Firma Paul Jedermann, zum Beispiel ein Vetter unseres Paul, existiert, dann muß sich die Firma Jedermanns deutlich von ihr unterscheiden. Ist die andere Firma keine Textilfirma, so genügt der von Jedermann gewählte Zusatz, aus dem klar hervorgeht, daß es sich um ein Textilgeschäft handelt. Betreibt der andere Inhaber jedoch auch ein Textilgeschäft, so muß Jedermann einen deutlich zu unterscheidenden Zusatz wählen, zum Beispiel einen weiteren Vornamen hinzufügen oder die Straße mit in die Firma hineinnehmen.

Durch das Verbot des gleichen Namens für zwei an demselben Ort ansässige Firmen gemäß § 30 HGB wollte der Gesetzgeber verhindern, daß im Geschäftsverkehr Verwechslungen vorkommen und vor allem der gute Name einer eingeführten Firma einer neubeginnenden Konkurrenz zugute kommt.

Wie nun aber, wenn eine Firma, die in ganz Deutschland bekannt ist, plötzlich erlebt, daß ein Geschäftsbetrieb gleicher Art unter demselben Namen in einer anderen Stadt aufgezogen wird? Mit dieser Frage hatte sich das Reichsgericht in dem berühmten »Stollwerkfall« zu beschäftigen. Ein Mann namens Stollwerk begann einen Schokoladenhandel an einem anderen Ort als dem Sitz der bekannten Schokoladenfabrik Stollwerk. § 30 HGB steht nicht entgegen, da er denselben Namen nur für dieselbe Gemeinde untersagt. Man kann daher im Prinzip in einem solchen Fall nichts unternehmen. Jedoch hat dies eine Grenze, und das ist der Verstoß gegen die guten Sitten. Wird zum Beispiel in einer Gesellschafterfirma ein Mitgesellschafter überhaupt nur aus dem Grunde aufgenommen, weil er zufälligerweise den gleichen Namen wie eine bekannte Konkurrenzfirma hat, um mit Hilfe seines Namens eine Verwechslung gerade heraufzubeschwören, so kann das neue Unternehmen gemäß § 826 BGB, §§ 5, 15 Markengesetz auf Unterlassung der Führung dieser Firma in Anspruch genommen werden.

Klagen dieser Art sind immer vor den Landgerichten zu führen. Es ist daher stets ein Rechtsanwalt mit der Wahrnehmung der Interessen zu beauftragen.

Die Prokura

262

Paul Jedermann hat in seinem wachsenden und blühenden Unternehmen allmählich nicht mehr die Zeit, die erforderlichen Verträge selbst zu schließen, die Verhandlungen und Anträge bei den Behörden und die Prozesse bei den Gerichten selbst zu führen. Unter seinen Angestellten ist ihm schon seit längerem als besonders tüchtig und arbeitsfreudig der 30 Jahre alte Eberhard Probst aufgefallen.

Diesem erteilt Jedermann jetzt Prokura. Diese Prokura ist nichts anderes als ein besonderer Fall der rechtsgeschäftlich erteilten Vertretungsmacht (Vollmacht).

Ihre Besonderheit im Verhältnis zu den sonstigen Vollmachten besteht darin, daß sie einen ganz bestimmten vom Gesetz festgelegten Umfang hat. Die Prokura ermächtigt zu allen Arten von gerichtlichen und außergerichtlichen Geschäften und Rechtshandlungen, die der Betrieb eines Handelsgewerbes mit sich bringt. Zur Veräußerung und Belastung von Grundstücken ist der Prokurist nur bevollmächtigt, wenn ihm dies besonders gestattet ist. Dieser Umfang der Vertretungsmacht kann auch nicht mit Wirkung gegenüber Geschäftsfreunden eingeschränkt werden.

Nehmen wir einmal an, Jedermann gibt seinem Prokuristen die ausdrückliche Anweisung, auf keinen Fall Bankdarlehen von mehr als 5000,– Euro aufzunehmen. Probst nimmt trotzdem ein solches in Höhe von 20 000,– Euro auf. Dann ist ein wirksamer Darlehensvertrag zwischen der Bank und Paul Jedermann zustande gekommen, denn dieses Geschäft bewegt sich ja innerhalb des Rahmens, den das Gesetz für die Prokura festgelegt hat. Dadurch aber, daß Probst die Anweisung seines Chefs mißachtet hat, hat er seinen Dienstvertrag ihm gegenüber verletzt.

Paul Jedermann kann von ihm Schadensersatz verlangen und kann auch den Dienstvertrag mit Probst eventuell kündigen. Er kann ihn auch weiterhin im Angestelltenverhältnis belassen, ihm aber die Prokura durch Widerruf entziehen, denn die Prokura ist jederzeit frei widerruflich, ohne daß hierfür ein Grund vorzuliegen braucht.

Für die Erteilung der Prokura ist keine Form vorgeschrieben, aber die entstandene Prokura ist zum Handelsregister von dem Inhaber des Geschäfts anzumelden. Paul Jedermann läßt daher durch seine Sekretärin folgendes Schreiben aufnehmen:

Paul Jedermann
Textilien für jedermann

Ungewitterstraße 11
35037 Marburg/Lahn

10. Januar 20..

An das
Amtsgericht
– Handelsregister –
35037 Marburg/Lahn

Hiermit melde ich an, daß ich dem kaufmännischen Angestellten Eberhard Probst, Im Hang 6, 35037 Marburg/Lahn, Prokura erteilt habe. Er wird wie folgt zeichnen:

Paul Jedermann   ppa. *Eberhard Probst*

Mit diesem Entwurf begeben sich Paul Jedermann und Eberhard Probst zu ihrem Hausnotar, der auf demselben Papier die Namenszeichnung von Probst und die Unterschrift Jedermanns beglaubigt, die beide vor ihm vollzogen werden.

Die Karenz

Probst ist zu tüchtig. Die Darlehensgeschichte mit den 20 000,– Euro hat ihm Jedermann verziehen. Als er sich aber wiederum eine grobe Eigenmächtigkeit erlaubt, kündigt ihm Karl Jedermann fristlos gemäß § 626 BGB. Jedermann sucht nunmehr durch Inserat einen neuen Prokuristen, und gewitzt durch die Erfahrungen mit Eberhard Probst, schließt er mit ihm einen besonderen Vertrag.

Die Firma Paul Jedermann, Textilien für jedermann, Ungewitterstraße 11, 35037 Marburg/Lahn

und

Herr Eberhard Rüstig schließen folgenden Vertrag:

§ 1
Herr Rüstig tritt ab 1. April dieses Jahres in die Firma Karl Jedermann als Angestellter in leitender Stellung ein. Ihm wird hiermit Prokura erteilt.

§ 2
Das Dienstverhältnis wird auf unbestimmte Zeit geschlossen. Es kann beiderseits zum Ende eines jeden Kalenderjahres unter Einhaltung einer Vierteljahresfrist gekündigt werden. Die Kündigung hat durch Einschreiben zu erfolgen. Herr Rüstig erhält ein Jahresgehalt von 50 000,– Euro, das in monatlichen gleichen Teilbeträgen bis zum 10. eines jeden Monats ausgezahlt wird.

§ 3
Herr Rüstig verpflichtet sich, seine gesamte berufliche Tätigkeit ausschließlich in den Dienst der Firma Karl Jedermann zu stellen. Er wird die internen Anweisungen des Prinzipals genauestens befolgen und seine Prokura nur in diesem Rahmen auswerten. Über die besonderen Umstände des Betriebes, in die er aufgrund seiner leitenden Stellung Einblick bekommt, wird er zu Dritten unbedingt Stillschweigen bewahren.

§ 4
Im Falle der Beendigung dieses Vertrages wird Herr Rüstig im Stadt- und Landkreis Marburg während der ersten beiden Jahre nach Auflösung des Vertrages weder ein eigenes Textilgeschäft aufmachen noch als Angestellter in einem Textileinzelhandels- oder Textilgroßhandelsgeschäft in diesem Raum tätig werden. Für die Dauer dieser Zeit erhält Herr Rüstig die Hälfte des zuletzt bezogenen Gehalts in monatlichen Raten weiter ausgezahlt, muß sich jedoch dasjenige anrechnen lassen, was er durch anderweitige Verwertung seiner Arbeitskraft erwirbt oder zu erwerben böswillig unterläßt, zum Beispiel wenn ihm außerhalb des Raumes Marburg Stadt und Land eine angemessene Stellung angeboten wird. Die Firma kann jederzeit auf Einhaltung der Karenz verzichten. Alsdann hat Herr Rüstig einen Entschädigungsanspruch nur noch für den laufenden und folgenden Monat.

Marburg, den 25. März 20..

Eberhard Rüstig   *Paul Jedermann*

In dem vorstehenden Fall haben wir es mit einer sogenannten Karenzklausel zu tun, das heißt, während eines bestimmten Zeitraums ist ein Wettbewerbsverbot vereinbart. Diese Vereinbarung ist nur **264** wirksam, wenn die vom Prinzipal unterschriebene Urkunde über die Karenzbedingungen dem Angestellten ausgehändigt wird. Der vorstehende Vertrag ist daher doppelt zu erstellen, beide Exemplare sind von den Vertragsparteien zu unterzeichnen, und jeder von ihnen nimmt eines der Exemplare an sich.

Ohne die in dem Vertrag festgelegte Weiterzahlung der Hälfte des zuletzt gezahlten Lohnes für Rüstig wäre die Wettbewerbsklausel nichtig. Man spricht daher auch von einer »bezahlten Karenz«. Ebenso würde eine Vereinbarung über eine längere Zeit als zwei Jahre hinaus ungültig sein (vgl. über die vorstehenden Einzelheiten §§ 74 bis 75f HGB).

Jedermann meldet die Erteilung der Prokura für Rüstig ebenso wie seinerzeit die für Probst dem Handelsregister an (vgl. dort). Da erhält er nach einigen Wochen die Aufforderung von der Bank Dollberg & Co., eine Darlehenssumme von 5000,– Euro zurückzuzahlen, die sein Prokurist Probst vor einem Monat kurzfristig im Namen der Firma aufgenommen habe. Jedermann schreibt entrüstet zurück, daß dieser Probst seit einem Vierteljahr nicht mehr bei ihm im Betrieb sei, keine Prokura mehr gehabt habe und das Darlehen ihn daher auch nichts anginge. Dollberg & Co. drohen Klage an.

Es ist Jedermann dringend zu raten, die 5000,– Euro nebst Zinsen unverzüglich an Dollberg & Co. zu zahlen, denn er ist selbst schuld daran, daß es soweit gekommen ist. Zwar ist die Prokura des Probst durch den Widerruf und die Entlassung erloschen. Aber das Erlöschen einer Prokura muß ebenso zum Handelsregister angemeldet werden wie die Erteilung der Prokura (§ 53 Abs. 3 HGB). Hier greift nun die Bestimmung des äußerst wichtigen Paragraphen § 15 HGB ein, der folgendes bestimmt:

> Solange eine in das Handelsregister einzutragende Tatsache nicht eingetragen und bekanntgemacht ist, kann sie von demjenigen, in dessen Angelegenheiten sie einzutragen war, einem Dritten nicht entgegengesetzt werden, es sei denn, daß sie diesem bekannt war.

Da es Jedermann unterlassen hatte, das Erlöschen der Probstschen Prokura anzumelden, durfte sich die Firma Dollberg & Co. darauf verlassen, daß Probst nach wie vor Prokurist Jedermanns war. Demzufolge ist die Rechtslage dahingehend zu beurteilen, daß ein wirksamer Darlehensvertrag von Jedermann, vertreten durch Probst, mit Dollberg & Co. geschlossen worden ist. Jedermann muß daher für die Untreue seines früheren Prokuristen und seine eigene Unkenntnis der einschlägigen Gesetzesbestimmungen bitter bezahlen. Er hat selbstverständlich gegen Probst Schadensersatzansprüche aus unerlaubter Handlung (§§ 823, 826 BGB), jedoch werden diese wohl kaum realisierbar sein.

Um wenigstens weiteres Unheil zu verhüten, holt Paul Jedermann nunmehr schleunigst die versäumte Anmeldung zum Handelsregister wie folgt nach:

Paul Jedermann
Textilien für jedermann

Ungewitterstraße 11
35037 Marburg/Lahn
30. April 20 . .

An das
Amtsgericht
– Handelsregister –
35037 Marburg/Lahn

Hiermit zeige ich zur Eintragung in das Handelsregister an, daß die Prokura des
Eberhard Probst erloschen ist. Ich bitte um Übersendung eines Registerauszuges nach
erfolgter Eintragung.

Paul Jedermann

Unterschrift beglaubigen lassen oder beim Amtsgericht persönlich zu Protokoll erklären.

Im Vorstehenden haben wir uns mit der besonderen Stellung eines Prokuristen befaßt. Aber auch die anderen Angestellten eines kaufmännischen Betriebes handeln häufig in Vollmacht des Prinzipals. Man muß dabei folgende Gruppen unterscheiden:

Wer, ohne Prokurist zu sein, zur Vornahme bestimmter Geschäfte oder einer bestimmten Art von Geschäften bevollmächtigt ist, dessen Vollmacht erstreckt sich auf alle Geschäfte und Rechtshandlungen, die ein derartiges Handelsgewerbe mit sich bringt. Das Merkwürdige ist, daß also die Bevollmächtigung für einen gewissen engen Rahmen eine weitreichende Vertretungsmacht auslöst, die allerdings nicht die Veräußerung oder Belastung von Grundstücken, die Eingehung von Wechselverbindlichkeiten, die Aufnahme von Darlehen und die Befugnis zur Prozeßführung umfaßt. Nur wenn der Dritte die Beschränkung der Bevollmächtigung der Handelsvollmacht auf den engeren Rahmen kennt oder kennen muß, hat er diese Beschränkung gegen sich gelten zu lassen. Stellen wir uns folgendes kleine Beispiel vor.

In Jedermanns Laden ist die Verkäuferin Luise Putz beschäftigt. Jedermann hat der Putz ausdrücklich verboten, zu kassieren. Sie tut dies trotzdem. Einige Tage vor der Beendigung ihres Arbeitsverhältnisses, als sie allein im Laden ist, kauft ein Kunde mehrere Stoffe und bezahlt auch gleichzeitig noch eine alte Rechnung mit. Den Betrag von insgesamt 480,– Euro nimmt die Putz entgegen und behält ihn für sich. Als Jedermann den Schaden entdeckt und ermittelt, daß der Kunde ein in der Nähe wohnender Bankangestellter namens Axel Gerber ist, verlangt er von diesem die nochmalige Bezahlung der 480,– Euro. Jedermann ist aus den vorstehend erörterten Gründen im Unrecht und muß sehen, daß er das Geld nach und nach von der Putz wiederbekommt.

Wie hätte er sich nun dagegen schützen können? Er muß in seinem Laden eine Kasse aufstellen und eine besonders vertrauenswürdige Angestellte an die Kasse setzen. Dann sieht jeder Kunde, daß die Zahlung über die Kasse zu erfolgen hat, zumindest mußte er dies erkennen, und kann dann nicht mehr mit befreiender Wirkung an eine gewöhnliche Verkäuferin zahlen. Wenn Jedermann ganz sichergehen will, bringt er noch sichtbare Schilder im Ladenraum an: »Zahlungen nur an der Kasse.«

Hat ein Angestellter zwar keine Prokura, aber eine sonst umfassende Bevollmächtigung, so nennt man ihn einen Handlungsbevollmächtigten. Dieser zeichnet die Korrespondenz, um sich vom Prokuristen zu unterscheiden, »i. V.« oder »für«.

Der Handelsvertreter und der Makler

266 Fritz Sorgenfrei haben wir bereits als tüchtigen Kaufmann im Bereich von Bäckereien und Lebensmitteln vorgestellt. Nachdem er alle Wege erschöpft hat, seinen Kundenkreis von seinem Geschäft aus zu erweitern, kommt ihm der gute Gedanke, nunmehr auch einen Vertreter einzustellen, der außerhalb seines Wohnortes Kunden wirbt.

Fritz Sorgenfrei hat sich ausgerechnet, daß zwischen dem Herstellungspreis und dem Verkaufspreis eine genügend große Spanne liegt, um nach Abzug der Mehrwertsteuer auch noch eine Vertreterprovision zu zahlen.

Er hat hierbei vor allem in Rechnung gestellt, daß die Belieferung von Wiederverkäufern seine Produkte über die Grenzen seines Wohnortes hinaus bekannt macht. Auf diesem Wege ist es schon vielen Unternehmen möglich gewesen, ihre Erzeugnisse zu einem Begriff zu machen.

Fritz Sorgenfrei kommt zu dem Ergebnis, daß ein Vertreter bei genügenden Umsätzen mit seinen Provisionen gut auskommen müßte. Bei schärfster Kalkulation wäre es ihm nämlich möglich, 20 Prozent Provision zu zahlen. Um eine gewisse Ausgleichsspanne zu haben, will er jedoch zunächst 15 Prozent bieten. Sobald sich der einzustellende Vertreter bewährt hat, soll die Provision auf 20 Prozent erhöht werden.

Fritz Sorgenfrei kommt zu dem Entschluß, einen Vertreter durch ein Inserat zu suchen. Von seinem Freund Karl Speck hat er allerdings gehört, daß eine Inseratenwerbung bei seinem Betrieb keinen Erfolg gehabt habe. Karl hat in Großstadtzeitungen inseriert und beklagt sich darüber, daß sich unter den Bewerbern keine brauchbaren Kräfte gefunden hätten. Karl zeigt ihm einige dieser Inserate, die er aufgegeben hat, und weist vor allem auf den Text seines Inserates hin, das sehr ausführlich gehalten war und folgenden Wortlaut hatte:

Vertreter

zum Verkauf von Fleisch- und Wurstwaren und zum Besuch von Einzelhandelsgeschäften gesucht. Es werden Höchstprovisionen geboten. Wöchentliche Abrechnungen. Bewerber, die über ein Kraftfahrzeug verfügen und sich ausschließlich für mein Unternehmen einsetzen können, reichen ihre Unterlagen mit dem Nachweis über bisherige erfolgreiche Tätigkeit in der Fleischwarenbranche, Zeugnisse, Lichtbild und selbstgeschriebenen Lebenslauf ein unter Chiffre Nr. 367 an diese Zeitung.

Fritz betrachtet den Inseratenteil der Zeitung und findet das Inserat zunächst überhaupt nicht. Dies ist auch nicht weiter verwunderlich, denn der Text ist gleichmäßig gesetzt und enthält keinen Blickfang. Andere Inserate, die viel kürzer gehalten sind, fallen sofort ins Auge, weil ein Wort besonders groß und fett gedruckt ist und weil auch der sich anschließende Text im Verhältnis zu der Größe des Inserates kurz gehalten ist. Diese Inserate »schwimmen«, wie der Werbefachmann sagt. Dieses Schwimmen erreicht man dadurch, daß der Inseratentext im freien Raum steht. Die Wirkung des schwimmenden Inserats ist wesentlich besser; sie ist mit einem Bild zu vergleichen, das vor dem Einrahmen in die Mitte eines wesentlich größeren Kartons geklebt wird.

Fritz Sorgenfrei macht Karl hierauf aufmerksam und beweist ihm diese bessere Wirkung an Hand zweier Bilder, von denen das eine unmittelbar gerahmt ist. Karl hat auch noch folgende Fehler gemacht: Ein Inserat soll man, wenn es nicht wirklich einen großen Raum auf der Zeitungsseite einnimmt, niemals in einer Ausgabe veröffentlichen, die ganze Seiten von Inseraten bringt. Ein kleines Inserat kann sich nur selten unter Großinseraten behaupten.

Ein weiterer Fehler bei dem Inserat unseres Karl Speck liegt darin, daß er Bewerber suchte, die bereits in der Branche erfolgreich tätig waren. Karl Speck wollte sich die Sache sehr vereinfachen und einen Vertreter finden, der bei einer Konkurrenzfirma erfolgreich tätig war, um sich selbst der Mühe zu entheben, den Bewerber einzuarbeiten. Es ist nicht weiter erstaunlich, daß Karl keine passenden Bewerber gefunden hat. Wirklich tüchtige und spezialisierte Verkäufer haben ihre feste Firma, werden gut behandelt, beziehen die höchstmöglichen Provisionen und haben daher, von Ausnahmefällen abgesehen, keinen Grund, die durch sie erfolgreich eingeführten Firmen zu verlassen.

Diese tüchtigen Vertreter wissen ganz genau, daß ihr Umsatz bei einem Wechsel leidet. Letzten Endes sind ja sie auch von den Käufern der Einzelhandelsgeschäfte abhängig, die sich an die bisher von ihnen vertretenen Waren gewöhnt und sie als gut befunden haben. Bei einem Wechsel der Vertretung muß also der Reisende damit rechnen, daß er nicht nur selbst die Einzelhändler umstimmen muß. Auch der Einzelhändler muß wiederum seine Kunden überzeugen, daß das neue Fabrikat besser oder preisgünstiger ist.

Es ist durchaus nicht erforderlich, von einem Bewerber zu verlangen, daß er bereits in der Branche gearbeitet hat. Verkaufsfremde Vertreter können sich mitunter in ganz kurzer Zeit zu Spezialisten entwickeln, wenn man sich nur die Mühe macht, sie entsprechend einzuarbeiten.

Ein weiterer Mangel des Inserats besteht darin, daß Karl Speck von den Bewerbern verlangte, daß sie ausschließlich für ihn tätig sein und daß sie vor allem über ein Kraftfahrzeug verfügen müssen. Es ist durchaus möglich, daß zum Beispiel ein Vertreter für eine Spirituosenfirma beim Besuch der Einzelhandelsgeschäfte auch noch Zigarren mitführt und hierbei zu guten Erfolgen kommt. Man muß nur Wert darauf legen, daß sich die Waren selbst keine Konkurrenz machen. Es wäre verfehlt, einem Zeitungsvertreter andere Zeitschriften mitzugeben oder einen Verkäufer von Industrieprodukten eines Konkurrenzunternehmens nunmehr Produkte für eine zweite Firma anbieten zu lassen. In den meisten Fällen wird ohnehin vertraglich das Mitführen von Waren, die sich im Absatz überschneiden könnten, ausgeschlossen sein.

Karl Speck hat ferner den Erfolg seines Inserates dadurch abgeschwächt, daß er Bewerber aufforderte, unter Chiffre ihre Unterlagen einzureichen. Diese Anzeigenart war früher recht beliebt, weil man glaubte, sich hinter der Anonymität verstecken zu können. Aber gerade dieses Bestreben, sich zu verbergen, wirkt sich nachteilig aus. Ein Bewerber will von vornherein wissen, mit wem er es zu tun hat. Dieser Wunsch kann ihm nicht übelgenommen werden. Schließlich läuft er ohne Sperrvermerk Gefahr, an seinen eigenen Chef zu schreiben, mit dem er vielleicht unzufrieden ist, den er andererseits aber auch nicht aufgeben will, solange er nicht eine gleichwertige andere Beschäftigung gefunden hat.

Fritz Sorgenfrei kann bei seinem aufstrebenden Geschäft und bei der Qualität seiner Erzeugnisse auch getrost seine volle Firmenanschrift in das Inserat setzen. Er braucht nichts zu verbergen und treibt sogar durch dieses Inserat, mit dem er an sich einen Vertreter sucht, Werbung für sein Unternehmen. Der Leser wird an die Firma und ihre Erzeugnisse selbst dann erinnert, wenn er nicht die Absicht hat, sich auf die Anzeige zu bewerben. Auf das ständige Bekanntmachen des Firmennamens und der mit ihm verbundenen Erzeugnisse aber kommt es immer wieder an.

Wenn man sich also entschließt, ein Inserat aufzugeben, sollte man dafür nicht eine Zeitung aus der benachbarten Großstadt wählen, sondern zunächst einen Versuch in der örtlichen Tageszeitung unternehmen. Man geht hierbei von der Erwägung aus, daß auch in kleinen Städten viele Menschen ohne ausreichende Beschäftigung leben, die sich dazu eignen, bei entsprechender Einarbeitung tüchtige Verkäufer zu werden.

Für das Erscheinen des Inserates wählt man die Wochenendausgabe. Diese wird auch von Vertretern gelesen, die für andere Branchen in der Woche auf Reisen sind und die sich vielleicht verändern wollen oder weitere Waren zusätzlich mitnehmen können. Es empfiehlt sich auch, einen Bezirks-vertreter zu suchen. Eine wirklich erfolgreiche Werbung kann nur dann betrieben werden, wenn ein fester Bezirk durch einen einzelnen Repräsentanten intensiv betreut wird. Es ist für Vertreter und Käufer gleichermaßen unangenehm, wenn sich Reisende für das gleiche Erzeugnis praktisch die Tür in die Hand geben. Der Vertreter muß wissen, daß zumindest von seiner Firma niemand in seinem Bezirk die gleiche Ware vertritt. Der Käufer andererseits will es nur mit einem Vertreter der gleichen Firma zu tun haben. Er muß wissen, an wen er sich vertrauensvoll wenden kann, wenn irgendwel-che Fragen besonderer Art zu klären sind.

Es ist überhaupt so, daß sich im Laufe der Zeit zwischen Vertreter und Kunden ein Vertrauens-verhältnis anbahnt, daß die Waren häufig nur des Vertreters wegen im Laufe der Zeit bezogen wer-den. Ein Vertreter, der nicht auch über einen persönlichen Kontakt zu seinen Kunden verfügt, ist wertlos, weil er Gefahr läuft, ausgeschaltet zu werden, sobald eine Konkurrenzfirma einen Reisenden schickt, der es besser versteht, individuell mit den Kunden umzugehen.

Deshalb gibt Fritz Sorgenfrei folgendes Inserat auf:

Bezirksvertreter

zum Verkauf hochwertiger Lebensmittel
an Einzelhandelsgeschäfte

gesucht

Nichtfachleute werden eingearbeitet.

Fritz Sorgenfrei

Schweizer Straße 193 · 60594 Frankfurt

Aufgrund dieses Inserats stellen sich einige Bewerber persönlich vor, andere melden sich auf brief-lichem Wege. Fritz Sorgenfrei unterhält sich eingehend mit den Bewerbern, die sich persönlich vor-stellen. Er läßt sich von ihnen vor allem schildern, welchen beruflichen Werdegang sie gehabt haben.

Er vermeidet es aber, den Bewerbern einen Fragebogen vorzulegen und nach Dingen zu fragen, die mit der auszuübenden Tätigkeit nicht das geringste zu tun haben. Er vergewissert sich allerdings, in welchen persönlichen und wirtschaftlichen Verhältnissen der Bewerber lebt und ob es sich um einen ordentlichen Bewerber handelt.

Im Laufe des Gespräches wird er feststellen können, inwieweit sich der einzelne für den Verkauf eignet. Wer allzusehr mit Hemmungen beladen ist und im Gespräch nicht einen mehr oder weniger persönlichen Kontakt herstellen kann, wird auch nicht in der Lage sein, Waren einem Interessenten erfolgreich zum Kauf anzubieten. Wenn sich unter den Bewerbern jemand befindet, der bereits in der Branche gearbeitet hat, so ist diese Tatsache an und für sich erfreulich. Dennoch muß Fritz Sorgenfrei gerade diesen Vertreter besonders prüfen. Gerade bei Vertretern aus der gleichen Branche muß man die Vorlage von Zeugnissen verlangen oder sich unmittelbar bei der bisherigen Beschäfti-gungsfirma eine Auskunft einholen. Es ist ja durchaus einmal möglich, daß der sich bewerbende Vertreter strafbare Handlungen begangen hat oder aber bei seiner jetzigen Firma allzu hoch im Vorschuß steht.

Der Vorschuß ist mitunter ein Grund, der einen Vertreter zum Wechsel seiner Firma veranlaßt. Fritz Sorgenfrei würde daher selbst Gefahr laufen, alsbald in größerem Ausmaß um Vorschüsse angegangen zu werden. Er wird sie zunächst auch geben, weil ihm der Vertreter glaubhaft macht, daß er in den ersten Wochen seiner Werbetätigkeit unterstützt werden müsse. Eine Bevorschussung von Reisespesen und Aufträgen kann auch durchaus angebracht sein, um einem mittellosen Bewerber die Aufnahme der Arbeit überhaupt erst zu ermöglichen. Sie ist jedoch dann fehl am Platze, wenn es sich um einen echten Vorschußjäger handelt, der es nur darauf anlegt, über seine verdienten Provisionen hinaus Gelder zu beziehen. Wenn sich ein Bewerber weigert, seine bisherigen Provisionsabrechnungen vorzulegen, so besteht immer Anlaß zu besonderer Vorsicht.

269

Bei einem Vertreter, der aus der gleichen Branche kommt, ist ferner zu beachten, inwieweit Schwierigkeiten in wettbewerblicher Hinsicht entstehen können. Viele Verträge enthalten eine Wettbewerbsklausel, die es einem Vertreter untersagt, nach Auflösen des Vertrages in bestimmtem Umfange für eine Konkurrenzfirma zu arbeiten. Fritz Sorgenfrei fragt daher auch, ob in dieser Richtung irgendwelche vertraglichen Beschränkungen vorliegen und läßt sich den Nachweis durch Einsichtnahme in den Vertrag erbringen.

Verträge mit Handelsvertretern

Vertreter, die sich schriftlich bewerben, fordert Fritz Sorgenfrei auf, fehlende Unterlagen nachzureichen. Er schreibt folgenden Brief:

FRITZ SORGENFREI
BÄCKEREI UND KONDITOREI
Schweizer Straße 193 · 60594 Frankfurt/Main

Herrn Adolf Emsig
Bahnhofstraße 2
65576 Sprendlingen
                                                    10. Oktober 20 . .

Sehr geehrter Herr Emsig!

Ich danke Ihnen für Ihre Bewerbung vom 6. Oktober 20 . . . Da ich Sie in die nähere Wahl gezogen habe, bitte ich Sie, mir noch folgende Unterlagen einzureichen:

1. Kurze Angaben über Ihre berufliche Tätigkeit in den letzten drei Jahren.
2. Abschriften von Zeugnissen aus dieser Zeit.
3. Angabe der Umsätze, die Sie erzielt haben.
4. Ein polizeiliches Führungszeugnis.
5. Ein Lichtbild aus jüngster Zeit.

Es ist selbstverständlich für mich, daß ich Ihnen diese Unterlagen nach Prüfung unverzüglich zurückgeben werde.

Mit freundlichen Grüßen

Fritz Sorgenfrei

Wenn die auswärtigen Bewerber nicht allzu weit entfernt wohnen, wird Fritz Sorgenfrei sie zu einer persönlichen Vorstellung auffordern. Er wählt hierfür ein Wochenende, damit Vertreter, die sich noch im Beruf befinden, keine Arbeitszeit verlieren. Außerdem wird er sich natürlich bereit erklären, zumindest die reinen Fahrtkosten zu tragen. Er schreibt in diesem Falle also wie folgt:

270

FRITZ SORGENFREI
BÄCKEREI UND KONDITOREI
Schweizer Straße 193 · 60594 Frankfurt/Main

Herrn
Alfred Wendig
Schwabenweg 11
63303 Buchschlag

11. Oktober 20 . .

Sehr geehrter Herr Wendig!

Aufgrund Ihrer Bewerbung vom 6. Oktober teile ich Ihnen mit, daß ich Sie in die nähere Wahl gezogen habe. Ich wäre Ihnen sehr dankbar, wenn Sie am kommenden Samstag, in der Zeit von 10–12 Uhr, oder am Sonntag, in der Zeit von 11–12 Uhr, zu einer persönlichen Rücksprache bei mir erscheinen würden. Unterlagen, die über Ihre berufliche Tätigkeit in den letzten drei Jahren Auskunft geben können, bitte ich mitzubringen. Das Fahrgeld werde ich Ihnen natürlich ersetzen.

Mit freundlichen Grüßen

Fritz Sorgenfrei

Es gibt noch einen weiteren Weg, der Fritz Sorgenfrei einen weitgehenden Eindruck von der Persönlichkeit des Bewerbers und seinen Verhältnissen vermittelt. Fritz Sorgenfrei setzt sich in seinen Wagen und verbindet das Wochenende mit einem Besuch der Bewerber in ihrer Wohnung. Bei dieser Gelegenheit lernt er gleichzeitig die häuslichen Verhältnisse kennen und kann somit am schnellsten übersehen, mit wem er es zu tun hat.

Von allen Bewerbern macht Herr Adolf Emsig den besten Eindruck. Fritz Sorgenfrei entschließt sich, ihn als Handelsvertreter für den Vertrieb seiner Waren einzustellen.

Handelsvertreterrecht

Für die Vertragschließenden empfiehlt es sich, jede Regelung ihrer Beziehungen schriftlich niederzulegen. Es könnte doch zu irgendeinem Zeitpunkt Differenzen geben. Erfahrungsgemäß erscheint bei Aufnahme neuer Geschäftsverbindungen alles in bestem Licht. Erst später stellt sich bei dem einen oder anderen Teil ein Gefühl der Unzufriedenheit ein. Sind einzelne Punkte in dem schriftlichen Vertrag, auf den jeder der Beteiligten Anspruch hat, nicht geregelt worden, so gilt das Gesetz. Das Handelsvertreterrecht schreibt übrigens auch vor, daß einige Mindestbedingungen zuungunsten der Handelsvertreter nicht ausgeschlossen werden können.

Wer einen Handelsvertretervertrag abschließen will, sollte folgende Punkte bedenken:

• Jeder Teil kann verlangen, daß der Inhalt der Verträge und alle späteren Vereinbarungen in eine vom anderen Teil zu unterzeichnende Urkunde aufgenommen werden.

- Der Unternehmer hat dem Handelsvertreter die erforderlichen Nachrichten zu geben und ihm unverzüglich mitzuteilen, ob ein vermitteltes Geschäft angenommen oder abgelehnt worden ist. Er hat ihn ferner zu unterrichten, wenn Geschäfte voraussichtlich in erheblich geringerem Umfange abgeschlossen werden sollen, als nach den Umständen zu erwarten ist.

271

- Eine Vereinbarung, wonach der Handelsvertreter keinen Anspruch auf einen angemessenen Provisionsvorschuß hat, ist unwirksam.
- Der Handelsvertreter hat auch dann einen Anspruch auf Provision, wenn feststeht, daß der Unternehmer das Geschäft ganz oder teilweise nicht oder nicht so ausführt, wie es abgeschlossen ist. Ein Ausnahmefall besteht nur dann, wenn die Ausführung aus Gründen unmöglich geworden ist, die der Unternehmer nicht zu vertreten hat, oder wenn ihm die Ausführung nicht zuzumuten ist.

Dies gilt insbesondere dann, wenn in der Person des Käufers ein wichtiger Grund vorliegt (offensichtliche Zahlungsunfähigkeit; der Käufer ist ein Konkurrent, der nur in den Besitz der Ware kommen will, um ihre Zusammensetzung zu prüfen und sie gegebenenfalls zur vergleichsweisen Werbung zu benutzen).

Der Anspruch auf Provision wird auch bei einer gegenteiligen Vereinbarung am letzten Tag des Monats fällig, in dem über den Anspruch abzurechnen ist. Grundsätzlich ist monatlich abzurechnen. Der Zeitraum kann jedoch auf drei Monate erstreckt werden. Die Abrechnung hat dann unverzüglich, spätestens bis zum Ende des nächsten Monats zu erfolgen.

- Der Handelsvertreter kann bei der Abrechnung einen Buchauszug über alle Geschäfte verlangen, für die ihm eine Provision gebührt.

Der Handelsvertreter hat ferner das Recht, über alle Umstände unterrichtet zu werden, die für den Provisionsanspruch, seine Fälligkeit und seine Berechnung wesentlich sind. Verweigert der Unternehmer den Buchauszug oder bestehen begründete Zweifel an der Richtigkeit oder Vollständigkeit der Abrechnung oder des Buchauszuges, so kann der Handelsvertreter verlangen, daß nach Wahl des Unternehmers entweder dem Handelsvertreter oder einem von dem Handelsvertreter zu bestimmenden Wirtschaftsprüfer oder vereidigten Buchsachverständigen Einsicht in die Urkunden gewährt wird. Hierdurch soll die einwandfreie Feststellung der Richtigkeit der Abrechnung oder des Buchauszuges ermöglicht werden.

- Der Handelsvertreter kann vertraglich nicht im voraus auf gesetzliche Zurückbehaltungsrechte verzichten. Derartige Rechte bestehen insbesondere hinsichtlich der Werbemittel und sonstigen Unterlagen, die dem Vertreter zur Verfügung gestellt sind, wegen seiner fälligen Ansprüche auf Provision und einem etwaigen Ersatz von Aufwendungen.
- Die Kündigungsfrist für den Handelsvertretervertrag beträgt mindestens einen Monat. Die Kündigung kann nur für den Schluß eines Kalendermonats ausgesprochen werden.

Im zweiten Jahr beträgt die Kündigungsfrist in jedem Fall mindestens zwei Monate, und ab dem dritten Jahr verlängert sie sich weiter (§ 89 HGB). Dies gilt auch dann, wenn etwas anderes zuungunsten des Handelsvertreters vereinbart worden sein sollte.

- Das Vertragsverhältnis kann von jedem Teil ohne Einhaltung einer Kündigungsfrist gekündigt werden, wenn ein wichtiger Grund vorliegt. Ein wichtiger Grund liegt immer dann vor, wenn dem anderen Teil die weitere Zusammenarbeit nicht zugemutet werden kann. Wichtige Gründe sind insbesondere strafbare Handlungen eines Vertragspartners (Betrug, Unterschlagung, Untreue, Urkundenfälschung), Vorenthaltung der rechtmäßig verdienten Provision, Tätlichkeiten, unsauberes Geschäftsgebaren, Herabsetzung der Waren des Unternehmers, falls der Handelsvertreter auch noch für Firmen mit ähnlichen Erzeugnissen arbeitet.
- Der Handelsvertreter kann von dem Unternehmer nach Beendigung des Vertragsverhältnisses einen angemessenen Ausgleich verlangen (§ 89b HGB), wenn und soweit
  a) der Unternehmer aus der Geschäftsverbindung mit neuen Kunden, die der Handelsvertreter geworben hat, auch nach Beendigung des Vertragsverhältnisses erhebliche Vorteile hat,

b) der Handelsvertreter infolge der Beendigung des Vertragsverhältnisses Ansprüche auf Provision verliert, die er bei Fortsetzung desselben aus bereits abgeschlossenen oder künftig zustande kommenden Geschäften mit den von ihm geworbenen Kunden hätte, und

c) die Zahlung eines Ausgleichs unter Berücksichtigung aller Umstände der Billigkeit entspricht.

Der Werbung eines neuen Kunden steht es gleich, wenn der Handelsvertreter die Geschäftsverbindung mit einem Kunden so wesentlich erweitert hat, daß dies wirtschaftlich der Werbung eines neuen Kunden entspricht.

Der Ausgleich beträgt höchstens eine nach dem Durchschnitt der letzten fünf Jahre der Tätigkeit des Handelsvertreters berechnete Jahresprovision oder sonstige Jahresvergütung; bei kürzerer Dauer des Vertragsverhältnisses ist der Durchschnitt während der Dauer der Tätigkeit maßgebend.

Der Anspruch besteht nicht, wenn der Handelsvertreter das Vertragsverhältnis gekündigt hat, ohne daß ein Verhalten des Unternehmers hierzu begründeten Anlaß gegeben hat. Das gleiche gilt, wenn der Unternehmer das Vertragsverhältnis gekündigt hat und für die Kündigung ein wichtiger Grund wegen schuldhaften Verhaltens des Handelsvertreters vorlag.

Der Anspruch kann im voraus nicht ausgeschlossen werden. Er ist innerhalb eines Jahres nach Beendigung des Vertragsverhältnisses geltend zu machen.

- Eine Vereinbarung, die den Handelsvertreter nach Beendigung des Vertragsverhältnisses in seiner gewerblichen Tätigkeit beschränkt (Wettbewerbsabrede), bedarf der Schriftform und der Aushändigung einer vom Unternehmer unterzeichneten, die vereinbarten Bestimmungen enthaltenden Urkunde an den Handelsvertreter. Die Abrede kann nur für längstens zwei Jahre von der Beendigung des Vertragsverhältnisses an getroffen werden. Der Unternehmer ist verpflichtet, dem Handelsvertreter für die Dauer der Wettbewerbsbeschränkung eine angemessene Entschädigung zu zahlen. Der Unternehmer kann bis zum Ende des Vertragsverhältnisses schriftlich auf die Wettbewerbsbeschränkung mit der Wirkung verzichten, daß er mit dem Ablauf von sechs Monaten seit der Erklärung von der Verpflichtung zur Zahlung der Entschädigung frei wird. Kündigt der Unternehmer das Vertragsverhältnis aus wichtigem Grund wegen schuldhaften Verhaltens des Handelsvertreters, so hat dieser keinen Anspruch auf Entschädigung.

Kündigt der Handelsvertreter das Vertragsverhältnis aus wichtigem Grund wegen schuldhaften Verhaltens des Unternehmers, so kann er sich durch schriftliche Erklärung binnen eines Monats nach der Kündigung von der Wettbewerbsabrede lossagen.

Abweichende für den Handelsvertreter nachteilige Vereinbarungen können nicht getroffen werden.

- Ist ein Handelsvertreter vertraglich verpflichtet worden, ausschließlich für ein einziges Unternehmen zu arbeiten, so kann der Handelsvertreter in dem Vertrag nicht darauf verzichten, daß der Unternehmer an ihn Mindestleistungen ausschüttet, die nach der Neufassung des HGB noch vom Bundesjustizministerium im Einvernehmen mit dem Bundeswirtschaftsministerium und dem Bundesministerium für Arbeit im Laufe der Zeit für einzelne Vertretergruppen festgesetzt werden können. Der Gesetzgeber sieht derartige Regelungen vor, um gegebenenfalls soziale und wirtschaftliche Bedürfnisse von Handelsvertretern sicherzustellen, die vertraglich nur für ein einziges Unternehmen arbeiten dürfen. In den gleichen Schutz sollen auch diejenigen Handelsvertreter kommen, die nach Art und Umfang der von ihnen verlangten Tätigkeit zeitlich nicht mehr in der Lage sind, sich auch noch um Geschäfte zu kümmern, die mit ihrer Vertragsfirma nichts zu tun haben (vgl. § 92 a HGB).

So wird also auch dann ein Handelsvertreter in den Genuß von Mindestbezügen kommen, wenn ihm ein Unternehmen eine so große Arbeitslast zur täglichen Erledigung auferlegt, daß seine Zeit praktisch voll ausgelastet ist. Erreicht dann in einem derartigen Falle der Verdienst nicht die gesetzliche Mindestgrenze, so muß die Firma den Fehlbetrag zuzahlen, auch wenn es dem Handelsvertreter vertraglich freigestellt war, gleichzeitig auch noch für andere Firmen zu arbeiten.

Unter Berücksichtigung des vorstehend Erörterten könnte ein Vertrag den folgenden Inhalt haben:

Die Firma Fritz Sorgenfrei, Schweizer Straße 193, 60594 Frankfurt/Main, im folgenden kurz »Firma« genannt,

und

der Handelsvertreter Adolf Emsig, Bahnhofstraße 2, 65576 Sprendlingen, im folgenden kurz »Handelsvertreter« genannt, schließen folgenden

Vertrag

§ 1

Die Firma betraut den Handelsvertreter mit dem Verkauf von Waren, soweit sie im Verkaufsprogramm der Firma geführt werden. Der Handelsvertreter ist selbständiger Gewerbetreibender im Sinne der §§ 84 ff. HGB. Er kann seine Tätigkeit frei gestalten und auch seine Arbeitszeit selbst bestimmen. Sofern der Handelsvertreter bisher eine Anmeldung als selbständiger Gewerbetreibender noch nicht vorgenommen hat, wird er dies unverzüglich nachholen und alle behördlichen Ausweise beschaffen, die zur Durchführung seiner Tätigkeit erforderlich sind. Der Handelsvertreter versteuert seine Einnahmen selbst. Die Aufrechterhaltung etwa bestehender Sozialversicherungen ist Sache des Handelsvertreters.

§ 2

Bei der Vermittlung oder dem Abschluß von Geschäften wird der Handelsvertreter nach den Grundsätzen und mit der Sorgfalt eines ordentlichen Kaufmannes handeln, die Interessen der Firma wahrnehmen und insbesondere die branchenüblichen Gepflogenheiten beachten.

§ 3

Nimmt der Handelsvertreter zusätzlich die Vertretung für ein anderes Unternehmen auf, so ist er verpflichtet, die Firma hiervon spätestens bei Aufnahme der Tätigkeit zu unterrichten.

§ 4

Der Handelsvertreter hat Anspruch auf Provision für alle von ihm oder seinen Untervertretern während des Vertragsverhältnisses abgeschlossenen und der Firma eingereichten Aufträge. Nachbestellungen lösen dann Provisionsansprüche nicht aus, wenn sie nicht unmittelbar auf die Tätigkeit des Handelsvertreters zurückzuführen sind. Das gleiche gilt, wenn ein Geschäft überwiegend auf die Tätigkeit eines Dritten oder eine Direktwerbung der Firma zurückzuführen ist. Ein Anspruch auf Inkassoprovision besteht nicht.

§ 5

Die Provision ist fällig, sobald und soweit der Kunde seinen Zahlungsverpflichtungen nachgekommen ist. Die Firma bevorschußt jedoch die Provisionen mit ... %, sofern der Auftrag sofort ausführbar und nicht anzunehmen ist, daß der Kunde zahlungsunfähig oder minderjährig ist. Bei Terminaufträgen wird der Vorschuß frühestens ... Wochen vor dem Auslieferungsdatum gezahlt. Zur Errichtung eines Kautionskontos zur Sicherung der Vorschüsse zahlt der Handelsvertreter jeweils 10 % der Provisionsvorschüsse bei der Firma ein, bis ein Betrag von ... Euro erreicht ist. Die Auszahlung dieses Kontos ist nach Auflösung des Vertrages fällig, sobald alle von dem Handelsvertreter zugeführten Geschäfte durch die Kunden erfüllt sind. Muß ein Geschäft storniert werden, so sind die hierauf geleisteten Vorschüsse sofort zurückzuzahlen.

274

§ 6

Die Höhe der Provision beträgt ... %. Sie wird vom Barpreis errechnet. Zuschläge für die Gewährung von Krediten (Teilzahlungsgeschäfte) bleiben bei der Berechnung der Provision außer Betracht. Dasselbe gilt für Nebenkosten, die dem Kunden in Rechnung gestellt werden (Porto, Verpackung, sonstige Versandspesen usw.).

§ 7

Der Handelsvertreter hat außer der Provision keinen Anspruch auf Ersatz irgendwelcher Aufwendungen, die in Ausübung seiner Tätigkeit entstehen.

§ 8

Hält die Firma das Vorgehen gegen einen Kunden auf gerichtlichem Wege nicht für aussichtsreich, so kann der Handelsvertreter nur dann auf Durchführung eines Prozesses und anschließender Vollstreckungsmaßnahmen bestehen, wenn er die entstehenden Kosten im voraus bei der Firma einzahlt. Geschieht dies nicht, so kann die Firma den Auftrag stornieren und Rückzahlung des Provisionsvorschusses verlangen.

§ 9

Auftragsblocks, Muster und Werbematerial jeglicher Art, die dem Handelsvertreter zur Verfügung gestellt werden, verbleiben Eigentum der Firma. Sie sind schonend zu behandeln und beim Ausscheiden vom Handelsvertreter zurückzugeben. Für verlorengegangenes oder sonst irgendwie abhanden gekommenes Material leistet der Handelsvertreter in Geld Ersatz.

§ 10

Der Handelsvertreter darf Geschäfts- und Betriebsgeheimnisse, die ihm anvertraut oder als solche durch seine Tätigkeit für den Unternehmer bekannt geworden sind, auch nach Beendigung des Vertragsverhältnisses nicht verwerten oder anderen mitteilen, soweit dies nach den gesamten Umständen der Berufsauffassung eines ordentlichen Kaufmannes widersprechen würde.

§ 11

Die Kündigungsfrist richtet sich nach dem Gesetz. Das Recht zur fristlosen Kündigung bei Vorliegen eines wichtigen Grundes bleibt hiervon unberührt.

§ 12

Ergänzungen und Änderungen dieses Vertrages bedürfen der Schriftform.

§ 13

Als Gerichtsstand werden die für den Sitz der Firma zuständigen Gerichte vereinbart.

§ 14

Dieser Vertrag wurde in 2 Exemplaren ausgefertigt, von denen jeder der Vertragschließenden 1 Stück erhalten hat.

60594 Frankfurt/Main, den 16. Oktober ..

Ergeben sich aus dem Vertrag Streitigkeiten, so ist für die Zuständigkeit der Gerichte zu beachten, daß in den Fällen des § 92 a HGB das Arbeitsgericht anzurufen ist, wenn das monatliche Durchschnittseinkommen des Handelsvertreters in einem bestimmten Zeitraum den Betrag von 1000,– Euro nicht übersteigt. Hat der »Einfirmenvertreter« monatlich mehr als 1000,– Euro im Durchschnitt bezogen, so sind die ordentlichen Gerichte (Amtsgericht beziehungsweise Landgericht) zuständig (§ 5 Abs. 3 ArbGG).

Die in § 13 des vorstehenden Vertragsmusters getroffene Gerichtsstandsvereinbarung ist nur zulässig, wenn der Handelsvertreter mit seiner Firma im Handelsregister eingetragen ist. Gemäß § 8 ZPO sind derartige Gerichtsstandsvereinbarungen nur unter Vollkaufleuten zulässig. Ist demnach ein Handelsvertreter infolge geringen Umfangs seines Geschäftsbetriebes nur Minderkaufmann, so kann mit ihm eine solche Gerichtsstandsvereinbarung nicht getroffen werden.

Die Vertretertätigkeit und ihre Auswirkungen

Nachdem Fritz Sorgenfrei und Adolf Emsig den Vertrag unterschrieben haben, händigt Meister Sorgenfreis Sekretärin Ulla Herrn Emsig Bestellformulare und einen Laptop zur Kontrolle des Lagers und Weiterleitung von Bestellungen sowie eine Mappe mit Verkaufsmustern aus. Ulla bittet Herrn Emsig, vor allem die Bestellformulare sorgfältig und mit deutlicher Schrift auszufüllen. Nach Möglichkeit soll er auch Name und Anschrift des Bestellers in Blockschrift einsetzen. Erteilt eine Firma einen Auftrag, so muß Herr Emsig darauf achten, daß auf den Bestellschein der Firmenstempel kommt, der dann auch noch vom Chef oder von einem vertretungsberechtigten Angestellten (Prokurist, Handlungsbevollmächtigter) unterzeichnet sein muß.

Außerdem hat Fritz Sorgenfrei Emsig belehrt, bei Geschäften mit Verbrauchern alle Verbraucherschutzbestimmungen zu beachten, insbesondere betreffend Haustürgeschäfte und Widerrufsrecht. Die Bestellformulare hat er entsprechend von einem Anwalt ausarbeiten lassen.

Da unser Handelsvertreter auch Privatpersonen aufsuchen soll, wird er auf die besondere Bedeutung hingewiesen, daß außer der Privatanschrift auch die Geschäftsadresse von unschätzbarem Wert ist. Ergeben sich nämlich später Schwierigkeiten, die Gelder von dem Kunden hereinzubekommen, so erleichtert die Kenntnis der Geschäftsadresse den Zugriff auf Lohn oder Gehalt durch den Erlaß eines Pfändungs- und Überweisungsbeschlusses, wenn der Gerichtsvollzieher keinen pfändbaren Gegenstand in der Wohnung vorgefunden hat.

Adolf Emsig wird ferner darauf hingewiesen, daß er mit Minderjährigen, also mit Personen, die noch nicht das 18. Lebensjahr vollendet haben, keine Ratenverkäufe tätigen soll, es sei denn, die Eltern unterschreiben den Auftrag mit. Andernfalls muß er bei dem Vertragsschluß eine Lieferung unter gleichzeitiger Nachnahme des vollen Kaufpreises vereinbaren. Allerdings ist der neue § 1629a BGB zu beachten, wonach sich die Haftung auf das bei Eintritt der Volljährigkeit vorhandene Vermögen beschränkt.

Sekretärin Ulla weiß noch aus einem früheren Fall, daß Verträge mit Minderjährigen, die ohne Zustimmung des gesetzlichen Vertreters geschlossen werden, nicht voll wirksam sind, solange der Minderjährige den Kaufpreis nicht restlos aus Mitteln getilgt hat, die ihm zur freien Verfügung stehen. Fehlt also der berühmte Groschen an der Mark, so liegt noch kein gültiger Vertrag vor. Die Firma läuft Gefahr, daß der gesetzliche Vertreter die gezahlten Raten zurückfordert. Hieran kann aber auch der Handelsvertreter kein Interesse haben. Er muß dann nämlich den erhaltenen Provisionsvorschuß zurückzahlen.

Wir wollen uns also merken, daß es im Interesse des Chefs und des Handelsvertreters liegt, nur solche Aufträge abzuschließen, von denen man weiß, daß sie auch durchführbar sind und in der Abwicklung nicht allzu viele Schwierigkeiten bereiten. Gewiß, unser Herr Emsig wird nun nicht jeden

Interessenten fragen können, wie alt er ist. Dies würde besonders bei empfindlichen Kunden Unwillen erregen und somit das ganze Verkaufsgespräch zu Fall bringen. Minderjährige hingegen haben noch keine Angst vor dem Alter und lügen aus Ehrgeiz vielleicht sogar noch einige Jahre hinzu. Es gehört also auch hier eine gewisse Erfahrung dazu, um beurteilen zu können, ob ein Auftrag hält oder nicht.

In jedem Falle sollte man bei Minderjährigen Vorsicht walten lassen. Es stellt sich meist erst im Prozeß heraus, daß der Vertragspartner sich auf Minderjährigkeit beruft und hierdurch der Prozeß verlorengeht. Dann aber sind schon zumeist erhebliche Kosten angefallen. Schließlich handelt es sich ja nicht nur um die Prozeß- und Anwaltskosten, die entstanden sind. Auch das vorangegangene Mahnverfahren innerhalb des Betriebes und die Spesen, die mit der Bearbeitung eines solchen Auftrages sonst noch entstehen, fallen ins Gewicht. Man darf ferner nicht übersehen, daß die Firma für die auf Teilzahlung gelieferte Ware ein zusätzliches Risiko zu tragen hat. Ergibt sich nämlich die Notwendigkeit, die gelieferte Ware zurücknehmen zu müssen, so befindet sie sich zumeist in einem Zustand, daß man sie nicht mehr verwerten kann. Die geleisteten Raten hingegen müssen voll zurückgezahlt werden.

Der Handelsvertreter bringt Aufträge

Herr Emsig bringt nun schon nach wenigen Tagen die ersten Auftrage. Die Bestellscheine hat er sorgfältig ausgefüllt. Vor allem hat er auch diejenigen vorgedruckten Vertragsbedingungen, die für den betreffenden Kunden nicht in Betracht kommen, durchgestrichen, so daß über die vertraglichen Vereinbarungen ein klares Bild vorhanden ist. Diese Tatsache aber ist sehr wichtig. Herr Emsig wurde ja als Abschlußagent eingestellt, der seine Unterschrift mit Wirkung für die Firma abgibt. Somit ist durch die Unterschrift des Kunden ein Vertrag zwischen der Firma Sorgenfrei und dem Kunden entstanden. Die schriftliche Formulierung bildet die einzige Grundlage für später etwa folgende Streitigkeiten und gegebenenfalls einen anschließenden Prozeß.

Dies gilt um so mehr, als sich Fritz Sorgenfrei in dem Auftragsformular vor sonstigen mündlichen Zusagen des Handelsvertreters dadurch geschützt hat, daß er in die Lieferungsbedingungen die Worte aufgenommen hat »Mündliche Nebenabreden sind unwirksam«. Wesentlich ist auch noch die Tatsache, daß die Lieferungsbedingungen klar formuliert sind und beim Druck des Auftragsformulars so gesetzt worden sind, daß sie vor der Unterschrift in Erscheinung treten.

Ein Besteller kann sich dann nicht darauf berufen, daß die Lieferbedingungen nicht vereinbart seien. Folgen irgendwelche Sonderbedingungen der Unterschrift nach, so müssen sie auch gesondert unterschrieben werden.

Es ist allerdings bei Lieferbedingungen, die räumlich viel Platz in Anspruch nehmen, üblich, sie auf der Rückseite des Formulars abzudrucken. In diesem Fall muß jedoch vor der Unterschrift auf der ersten Seite der Satz vermerkt sein: »Mit den umstehenden Lieferbedingungen erkläre ich mich einverstanden.« Hin und wieder findet man diesen oder einen ähnlichen Hinweis recht klein gedruckt, um einen Interessenten nicht offensichtlich auf besonders komplizierte Bedingungen hinzuweisen und dadurch vielleicht vom Kauf abzuschrecken. Dies mag sehr raffiniert sein und einen Abschluß erleichtern. Die Firma geht jedoch nicht sicher, daß dann die Lieferbedingungen bei einer gerichtlichen Auseinandersetzung als vereinbart angesehen werden. Wenn eine solche Firma mit dem Miniaturdruck bezweckte, daß der Kunde unmerklich an für ihn lästige Bedingungen gebunden werden sollte, so kann dies leicht ins Gegenteil umschlagen.

Fritz Sorgenfrei vertritt die richtige Auffassung, daß man von vornherein klare Verhältnisse schaffen muß. Aus diesem Grund hat er auch seine Lieferbedingungen knapp und prägnant formuliert und sogar den Satz »Mündliche Nebenabreden sind unwirksam« halbfett drucken lassen. Er hat vor allem auch berücksichtigt, daß nach Möglichkeit alle Vertragsbedingungen vor dem Raum für die

Anschrift und die Unterschrift abgesetzt sind. Noch von der Berufsschule her hat er in Erinnerung, daß in dem Bestellschein alle Vertragsbedingungen enthalten sein müssen und daß der Käufer an irgendwelche Zusätze, die auf den späteren Rechnungen erscheinen, nicht gebunden ist.

Es kommt immer wieder vor, daß die Handelsvertreter bei den Kunden wegen einer Anzahlung vorsprechen oder sogar den gesamten Kaufpreis oder sonstiges Entgelt von den Kunden einziehen. Hier besteht für den Kunden eine große Gefahr, falls der Handelsvertreter ungetreu ist und die erhaltenen Beträge nicht – nach Abzug seiner Provision – an seine Firma weiterleitet.

Nur wenn er dem Kunden nachweist, daß er im Einzelfalle von seiner Firma Geldempfangsvollmacht hat, kann an ihn mit befreiender Wirkung geleistet werden. Andernfalls riskiert der Kunde, daß er noch einmal den bereits gezahlten Betrag an die Firma leisten muß, mit welcher er durch den Handelsvertreter den Vertrag geschlossen hat.

Bearbeitung des Auftrages

Die Provision ist zwar noch nicht fällig, weil der Auftrag noch nicht ausgeführt ist und auch der Käufer keine Zahlung geleistet hat. Trotzdem ist die Firma Sorgenfrei aufgrund des § 87a HGB verpflichtet, einen angemessenen Vorschuß zu zahlen. Was unter angemessen zu verstehen ist, erläutert das Gesetz nicht. Fritz Sorgenfrei hat jedoch das Risiko einkalkuliert, das mit dem Versand auf Teilzahlung verbunden ist.

Vor allem hat er berücksichtigt, daß er seinem Handelsvertreter Emsig auch einen Betrag ausschütten muß, der nicht nur ihn und seine Familie lebensfähig hält, sondern auch seine hohen Spesen deckt, die mit einer Reisetätigkeit zwangsläufig verbunden sind. Wenn man einen Handelsvertreter, der sein Geschäft erst aufbaut, allzu kurz hält, so wirkt sich dies immer nachteilig aus. Erfolgreiche Verkaufsgespräche können nur dann geführt werden, wenn der Verkäufer wirtschaftlich einigermaßen gesichert ist und daher über genügend inneren Schwung verfügt und psychologisch stärker ist als sein Verhandlungspartner. Menschen, die mit Hemmungen und Sorgen belastet sind, können harte Verkaufsgespräche nicht durchstehen. Die Überzeugungskraft, die für jeden Abschluß die Voraussetzung ist, leidet so erheblich.

Fritz Sorgenfrei hat sich deshalb entschlossen, die Aufträge des Herrn Emsig mit 90 Prozent der Provisionen zu bevorschussen. Er hat errechnet, daß das Durchschnittsstorno nicht über einen Satz von zehn Prozent hinausgeht, so daß er ausreichend für etwa eintretende Ausfälle gesichert ist.

In zäher Aufbauarbeit ist es unserem Adolf Emsig gelungen, einen guten Kundenstamm zu erschließen, den er laufend besucht und bearbeitet. In letzter Zeit haben sich jedoch die Kunden angewöhnt, auch von sich aus bei Fritz Sorgenfrei Bestellungen aufzugeben, wenn Emsig gerade anderweitig beansprucht war und die Kundschaft dringend Ware brauchte. Der Hilfsbuchhalter Adolar Pfennig ist nun der Meinung, daß man die Provisionen für Emsig gut und gern einsparen könne. Er hat sich schon immer darüber geärgert, daß diese Provisionen wesentlich höher liegen als sein Gehalt. Er glaubt daher, dem Chef einen guten Vorschlag zu machen, wenn er anregt, Emsig zu entlassen und nunmehr die Kunden direkt zu betreuen. Er wird in seiner Meinung dadurch bestärkt, daß die Firma dazu übergegangen ist, von Zeit zu Zeit den Kunden Prospekte zuzustellen, die Auskunft über neuaufgenommene Waren und die jeweiligen Preise geben.

Mit seinen Ideen erleidet er jedoch schnell Schiffbruch. Der Chef ist froh, endlich einen guten Vertreter gefunden zu haben. Er läßt sich nicht dadurch täuschen, daß die Kunden direkt Bestellungen aufgeben. Letzten Endes ist der Kontakt zur Firma auf die Arbeit und die ständigen Besuche unseres Emsig zurückzuführen. Der Chef ist sich bei seinen Überlegungen völlig bewußt, daß es genügend Konkurrenzobjekte gibt und daß die Kunden nur wegen des Vertreters andere Angebote ablehnen und der Firma die Treue halten.

Das Entlassen eines guten Vertreters hat noch eine weitere negative Seite. Ein erfolgreicher Handelsvertreter wird von jeder Konkurrenzfirma gern genommen. Die Folge wäre, daß der bisherige Kundenstamm von der Konkurrenz durch einen Mann bearbeitet werden kann, der bereits das Vertrauen der Kundschaft genießt. Nicht umsonst werden in allen Tageszeitungen sogenannte »alteingeführte« Vertreter gesucht. Eine weitblickende Firma wird daher ihren guten Vertreterstab so lange zu halten suchen, wie es irgend geht.

Der Chef weiß auch, daß der Außendienst sehr schwer ist und daß er vor allem auch finanzielle Belastungen mit sich bringt, die höhere Bezüge als bei Angestellten des Innendienstes durchaus rechtfertigen. Aus diesem Grund führt er seinen Angestellten immer wieder vor Augen, daß der Außendienst nicht leicht und mit erheblich höherem Risiko verbunden ist. Schließlich muß ein Handelsvertreter auch für sein Alter sorgen. Er genießt nicht den Versicherungsschutz der Angestelltenversicherung oder der Arbeitslosenversicherung.

Das Problem hat noch eine weitere Seite, die im neuen Handelsvertreterrecht verankert ist. Löst ein Unternehmer ohne jeden Grund das Vertragsverhältnis, so läuft er Gefahr, aufgrund des § 89b HGB einen Ausgleichsanspruch des gekündigten Handelsvertreters befriedigen zu müssen. Der Gesetzgeber ist bei dieser Bestimmung von der Erwägung ausgegangen, daß der Handelsvertreter zum Nutzen der Firma wichtige Aufbauarbeit geleistet hat, die sich erst im Laufe der Zeit bezahlt macht.

Die Früchte dieser Arbeit aber sollen nicht willkürlich durch eine grundlose Aufkündigung des Vertragsverhältnisses gefährdet werden können. Während der Unternehmer praktisch in der Lage ist, aus der Arbeit des Handelsvertreters auch nach seinem Ausscheiden Nutzen zu ziehen, muß der Handelsvertreter von vorne beginnen. Das Risiko für ihn ist ungleich größer, weil bei einem Firmenwechsel nicht zu übersehen ist, ob es dem Handelsvertreter auch wirklich gelingen wird, schon in absehbarer Zeit das Existenzminimum wieder zu erreichen.

Der Ausgleichsanspruch

Aus diesen Gesichtspunkten heraus hat der Gesetzgeber vorgesehen, daß der Handelsvertreter einen angemessenen Ausgleich verlangen kann. Wir erinnern uns, daß die oben genannten Voraussetzungen hierfür vorliegen müssen (§ 89b HGB):

Diese Voraussetzungen sind zwingende Notwendigkeit, um einen Ausgleichsanspruch des Handelsvertreters zu begründen. Inwieweit dann ein Gericht zugunsten des Handelsvertreters entscheidet, ist eine Ermessensfrage. Sie wird immer unter dem Gesichtspunkt stehen, welchen Verlust der Handelsvertreter durch sein Ausscheiden erleidet und welche unmittelbaren Vorteile die Firma aufgrund seiner bisherigen Tätigkeit erworben hat.

Die einzige Bindung des Richters liegt darin, daß die Ausgleichszahlung nach oben hin begrenzt ist, und zwar beträgt der Höchstsatz eine Jahresprovision oder sonstige Jahresvergütung, die nach dem Durchschnitt der letzten fünf Jahre der Tätigkeit des Handelsvertreters zu berechnen ist. Hat der Handelsvertreter kürzere Zeit für den Betrieb gearbeitet, so ist der Durchschnitt während der Dauer seiner Tätigkeit ausschlaggebend. Dem Gericht verbleibt also ein genügender Spielraum, wenn es zu der Auffassung kommt, daß der Unternehmer erhebliche Vorteile aus dem Ausscheiden des Handelsvertreters hat, weil er jetzt die Provisionen einspart. Je nach Lage der Dinge wird dann als Ausgleich entweder die Durchschnittsjahresprovision oder ein geringerer Betrag angemessen erscheinen.

Im übrigen kommt es bei der Festsetzung der Ausgleichssumme nicht nur auf die neugeworbenen Kunden an. Das Gesetz sieht ausdrücklich vor, daß auch ein alter Kunde der Firma wie ein neuer Kunde anzusehen ist, wenn der Handelsvertreter die Geschäftsverbindung mit ihm so wesentlich erweitert hat, daß dies wirtschaftlich der Werbung eines neuen Kunden entspricht. Ein Anspruch des

Handelsvertreters ist jedoch ausgeschlossen, wenn der Handelsvertreter das Vertragsverhältnis selbst gekündigt hat, ohne daß ein Verhalten des Unternehmers hierzu begründeten Anlaß gegeben hätte. Das gleiche gilt, wenn der Unternehmer das Vertragsverhältnis gekündigt hat, weil der Handelsvertreter einen wichtigen Grund wegen schuldhaften Verhaltens hierfür gegeben hat.

Die gleichen Grundsätze gelten auch für Versicherungsvertreter. Jedoch mit dem Unterschied, daß ihm unter Umständen als Ausgleich nicht nur eine Jahresdurchschnittsprovision, sondern bis zu drei Jahresdurchschnittsprovisionen zugebilligt werden können. Diese Sonderregelung hängt damit zusammen, daß Versicherungsvertreter zumeist Verträge abschließen, die sich von vornherein über viele Jahre hinaus erstrecken. Bei Auflösung des Vertrages wird ein Versicherungsvertreter fast immer das Inkasso und damit die Inkassoprovision verlieren. Die Rechtsprechung hatte ohnehin schon in den letzten Jahren entwickelt, daß in dieser Inkassoprovision auch noch Teile einer Abschlußprovision enthalten sind. Es kommt noch hinzu, daß wegen der Langlebigkeit der Verträge die Schwierigkeiten für einen Versicherungsvertreter erheblich größer sind, seine ihm befreundeten Kunden für ein anderes Unternehmen zu gewinnen.

 Der Gesetzgeber hat aus sozialen Gründen ferner bestimmt, daß diese Vorschriften über den Ausgleichsanspruch zwingendes Recht sind und daher vertraglich im voraus nicht ausgeschlossen werden können.

Will ein Handelsvertreter einen Ausgleichsanspruch geltend machen, so muß er dies innerhalb eines Jahres nach Vertragsbeendigung tun. Schließlich muß ja die Firma möglichst bald wissen, inwieweit ihr Geschäftsbetrieb mit einem Ausgleichsanspruch belastet ist. Aus diesem Grund wurde die kurze Verjährungsfrist festgelegt.

Für viele Unternehmer mag die Vorschrift des § 89b HGB eine erhebliche Belastung bedeuten. Andererseits muß man aber auch berücksichtigen, daß ein Handelsvertreter einen Ausgleichsanspruch dann nicht geltend machen kann, wenn er von sich aus das Vertragsverhältnis kündigt, ohne daß ihm der Unternehmer einen begründeten Anlaß gegeben hätte. Hat aber der Handelsvertreter schuldhaft gehandelt und einen wichtigen Grund zur Kündigung durch den Unternehmer gegeben, so entfällt ebenfalls ein Ausgleichsanspruch. Einem tüchtigen Vertreter aufzukündigen aber kann niemals im Geschäftsinteresse des Unternehmens liegen. Außerdem werden unbillige Härten dadurch vermieden, daß das Gericht bei seiner Entscheidung alle Umstände berücksichtigen muß, die der Billigkeit entsprechen. Die jetzige gesetzliche Regelung bringt also für alle Beteiligten nicht die Härten mit sich, wie es bei oberflächlicher Betrachtung den Anschein haben mag.

Angestellter und Provision

Dem Buchhalter Pfennig lassen die Erfolge des Außendienstes keine Ruhe. Er will auch viel Geld verdienen und macht dem Chef den Vorschlag, ihn ebenfalls außerhalb des Büros einzusetzen. Er stellt sich seine Position so vor, daß er regelmäßig die Kundschaft besucht, um Marktforschung zu betreiben und als Beauftragter der Firma die Tätigkeit der Vertreter zu überprüfen und gegebenenfalls Sonderwünsche entgegenzunehmen.

Hin und wieder will er natürlich auch ein Geschäft abschließen. Andererseits soll aber für Pfennig nicht das Risiko entstehen, ausschließlich auf Provisionsbasis arbeiten zu müssen. Er kommt deshalb mit dem Chef überein, daß er ein Fixum erhält und auch persönlich nach wie vor von der Firma abhängig bleibt. Fritz Sorgenfrei soll bestimmen, wann und wohin er reise und somit vollkommen über seine Zeit verfügen. Pfennig verspricht sich von seiner neuen Tätigkeit, daß er dann auch den sozialen Schutz genießt, der im neuen Handelsvertreterrecht verankert ist. Er irrt sich aber hierbei gründlich.

Gerade weil er nicht bereit ist, auch das volle Risiko zu übernehmen, gilt er nicht als Handelsvertreter, obwohl er im Außendienst beschäftigt ist und auch Abschlüsse tätigt. Er ist persönlich und

280   wirtschaftlich nach wie vor völlig abhängig. Seine Tätigkeit ist nicht selbständig. Dies gilt um so mehr, als er nicht einen selbständigen Gewerbebetrieb auf seinen Namen anmeldet. Somit kann er nicht als Handelsvertreter gewertet werden und bleibt nach wie vor Angestellter des Unternehmens, obwohl er seine Tätigkeit in den Außendienst verlegt hat. Für den Chef ist diese Lage dadurch von besonderer Bedeutung, daß er nach wie vor, auch wenn vertraglich etwas anderes vereinbart wurde, für die Zahlung der steuerlichen und der sozialen Abgaben verantwortlich ist.

Er muß auch im Falle der Erkrankung des Pfennig das Gehalt weiterzahlen und ihm auch bezahlten Urlaub gewähren. Auch die für einen Handelsvertreter gültigen Kündigungsvorschriften finden keine Anwendung. Pfennig ist in jeder Beziehung Angestellter geblieben. Es entfallen für ihn bei Beendigung des Vertragsverhältnisses auch Ansprüche auf Ausgleichszahlung.

Das Vertreterauto

Eines Tages erscheint Adolf Emsig im Büro. Er hat Autosorgen. Nach seiner Meinung könnte der Umsatz noch wesentlich gesteigert werden, wenn er motorisiert wäre. Er hat sich auch ausgerechnet, daß die durch die Umsatzsteigerung anfallenden erhöhten Provisionen ausreichen würden, um die Wechsel für ein von ihm anzuschaffendes Fahrzeug einzulösen. Er bittet daher seinen Chef, ihm die Anschaffung eines Wagens zu ermöglichen und denkt sich die Regelung so, daß Fritz Sorgenfrei ihm einen Kredit für die Anzahlung zur Verfügung stellt, der ja durch die noch nicht fälligen und im Vorschußwege noch nicht bezahlten Provisionen auf seinem Konto gesichert wäre. Er habe im übrigen bereits mit einer Autofirma verhandelt, die jedoch zur Bedingung mache, daß die Firma Sorgenfrei ebenfalls für den Kauf hafte.

Nachdem die Rentabilität des Vorschlags errechnet und festgestellt worden ist, daß Emsig mit Hilfe eines Wagens in der Lage sein würde, das bisherige Gebiet zu erweitern und wirklich größere Umsätze zu erreichen, entschließt sich Fritz Sorgenfrei, seine Hilfe nicht zu versagen.

Als Fritz Sorgenfrei die Finanzierungsverträge durchgelesen hat, kommen ihm jedoch einige Bedenken. Sie bestehen vor allem darin, daß er die Anzahlung leisten und bürgen soll, während ihm keine Sicherheit gegeben zu sein scheint, weil sich die Autofirma das Eigentumsrecht an dem Wagen bis zur endgültigen Zahlung des letzten Wechsels vorbehält. Doch auch diese Bedenken sind sehr schnell zerstreut.

Gewiß, auf den Eigentumsvorbehalt will und kann der Autohändler nicht verzichten, weil sonst die Finanzierungsgesellschaft nicht mitmachen würde. Eine Sicherheit für Fritz Sorgenfrei kann jedoch dadurch erreicht werden, daß Emsig an die Firma Sorgenfrei den Übereignungsanspruch zur Sicherheit abtritt. Muß also die Firma einspringen, so erhält sie für die geleisteten Beträge dadurch Sicherheit, daß sie sich den Wagen nach Zahlung der letzten Rate übereignen läßt und damit eine genügende Sicherheit in der Hand hat.

Sollte das Fahrzeug durch einen Unfall vor der endgültigen Bezahlung Schaden leiden oder sogar völlig vernichtet werden, so leistet hier die Vollkasko-Versicherung Ersatz, ohne deren Abschluß ein Kraftwagen nicht auf Teilzahlung gekauft oder verkauft werden sollte.

Um sich in jeder Hinsicht abzusichern, schließt Fritz Sorgenfrei mit Emsig folgenden Vertrag:

Die Firma Fritz Sorgenfrei, Schweizer Straße 193, 60594 Frankfurt/Main,
im folgenden »Firma« genannt,

und

der Handelsvertreter Adolf Emsig, Bahnhofstraße 2, 65576 Sprendlingen, schließen folgenden

VERTRAG

§ 1

Die Firma stellt Herrn Emsig als Anzahlung zur Anschaffung eines Kraftfahrzeugs ein Darlehen in Höhe von

20 000,– Euro (zwanzigtausend Euro)

zu banküblichen Zinsen zur Verfügung. Die Rückzahlung dieses Darlehens erfolgt in monatlichen Raten von 250,– Euro, beginnend am 1.6.20 . .. Bleibt Herr Emsig mit mehr als zwei Raten im Verzug, so ist der Gesamtbetrag sofort fällig.

§ 2

Die Firma ermöglicht die Anschaffung des Fahrzeugs auf Teilzahlungsbasis auf Wunsch von Herrn Emsig ferner dadurch, daß sie der Autofirma Pol & Sohn gegenüber für den Autokauf haftet.

§ 3

Für das Darlehen und die aus der Wechselhaftung für die Firma Sorgenfrei etwa entstehenden Forderungen übereignet Herr Emsig das nachstehend beschriebene Fahrzeug an die Firma, sobald Herr Emsig Eigentümer des Fahrzeugs geworden ist:

Fabrikat: Audi
Motornummer: 334264/90
Fahrgestellnummer: 2051926
Polizeiliches Kennzeichen: OF – N 9631

Bis zur endgültigen Rückzahlung der entstandenen und noch entstehenden Forderungen verbleibt das Fahrzeug leihweise im Besitz von Herrn Emsig.

§ 4

Solange Herr Emsig nicht selbst Eigentum an dem Wagen erworben hat, tritt er seine Übereignungsansprüche gegen Pol & Sohn, Wiesbaden, Albrechtstraße 29, an die Firma ab und erklärt sich damit einverstanden, daß nach endgültiger Bezahlung des Kraftfahrzeugs dieses an die Firma herausgegeben wird.

§ 5

Herr Emsig verpflichtet sich, das Fahrzeug gegen Vollkasko zu versichern und die Versicherungsbeiträge pünktlich zu bezahlen. Er tritt ferner alle etwa gegen die Versicherungsgesellschaft aus einem Schadensfall erwachsenen Ansprüche an die Firma ab, solange aus diesem Vertrage der Firma noch irgendwelche Forderungen zustehen. Das gleiche gilt für Ansprüche, die Herr Emsig gegen Dritte haben sollte, die das Fahrzeug in irgendeiner Form beschädigen.

§ 6

Falls von irgendeiner Seite her Ansprüche auf das Fahrzeug erhoben werden, so wird Herr Emsig unverzüglich die Firma verständigen. Etwa notwendig werdende Interventionskosten trägt Herr Emsig.

§ 7

Herr Emsig verpflichtet sich, das Fahrzeug pfleglich zu behandeln und es stets in fahrsicherem Zustande zu halten. Etwa notwendige Reparaturen wird er auf seine Kosten sofort beheben lassen und vor allem dafür Sorge tragen, daß das Fahrzeug entsprechend den Kundendienstvorschriften ordnungsgemäß gepflegt wird.

§ 8

Solange der Firma noch irgendwelche Forderungen aus diesem Vertrage gegen Herrn Emsig zustehen, wird er ausschließlich für die Firma arbeiten.

§ 9

Ergänzungen und Änderungen zu diesem Vertrage bedürfen der Schriftform.

§ 10

Als Gerichtsstand wird Frankfurt/Main vereinbart.

60594 Frankfurt/Main, den 1. Dezember 20 . .

Fritz Sorgenfrei   *Adolf Emsig*

Besonders wichtig ist in diesem Vertrag der Absatz 2 des § 3. Wird nicht ausdrücklich vereinbart, daß das Auto leihweise im Besitz des Emsig verbleibt, hat der Darlehensgeber kein Sicherungseigentum erworben!

Hinsichtlich § 10 des Vertrages »Gerichtsstandsvereinbarungen« gilt das bereits oben Ausgeführte, daß eine solche Gerichtsstandsvereinbarung nur unter Vollkaufleuten vereinbart werden kann.

Der Kaufvertrag über das Auto zwischen der Firma Pol & Sohn und Adolf Emsig wird geschlossen. Um nochmals auch die Verkäuferin, die ja trotz des Verkaufs zunächst wegen des Eigentumsvorbehalts im Besitz des Kraftfahrzeugbriefs bleibt, zu informieren, schreibt Emsig:

Adolf Emsig   Bahnhofstraße 2
                                              65576 Sprendlingen

An die Firma
Emil Pol & Sohn
– Automobile –
Albrechtstraße 29
65185 Wiesbaden   10. 12. 20 . .

Kauf eines Pkw

Sehr geehrte Damen und Herren!

Hierdurch teile ich Ihnen mit, daß ich meinen Übereignungsanspruch, der mir aufgrund unseres Kaufvertrages vom 25. November 20 . . zusteht, an die Firma Fritz Sorgenfrei, Schweizer Straße 193, 60594 Frankfurt/Main, abgetreten habe. Sobald der letzte Wechsel eingelöst ist, bitte ich, auch den Kraftfahrzeugbrief an die vorgenannte Firma auszuhändigen.

Mit freundlichen Grüßen

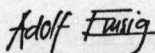

Eine Abschrift dieses Briefes erhält auch Fritz Sorgenfrei für seine Akten.

Die vor dem Wagenkauf angestellten Berechnungen haben sich zunächst leider als nicht richtig erwiesen. Adolf Emsig ist es nicht gelungen, die Umsätze und damit die Provisionen so zu steigern, daß die doch relativ hohen Wagenkosten gedeckt werden können. So kommt es notgedrungen dazu, daß die Firma Sorgenfrei mehrmals abzahlen muß. Ferner kommt Adolf Emsig nicht einmal dazu, monatlich die vereinbarten 250,– Euro von dem Anzahlungskredit abzudecken. Als die letzte Zahlung durch die Firma erfolgt, übermittelt die Firma Pol & Sohn daher an Fritz Sorgenfrei den Kraftfahrzeugbrief. Er ist damit Sicherungseigentümer des Fahrzeugs geworden.

Adolf Emsig hat noch aus früheren Jahren der Arbeitslosigkeit Schulden. Sein Gläubiger Steinhart ist dahintergekommen, daß er nunmehr ein Auto fährt. Er beauftragt daher einen Gerichtsvollzieher, diesen Wagen zu pfänden. Herr Emsig verständigt natürlich sofort den Chef von der Pfändung, der unverzüglich an Kuno Steinhart wie folgt schreibt:

BÄCKEREI *FRITZ SORGENFREI*

Schweizer Straße 193
60594 Frankfurt/Main

Herrn
Kuno Steinhart
Eimsbütteler Weg 9

22769 Hamburg   18. April 20 . .

Pfändung des Fahrzeugs, Fahrgestellnummer 2051926,
Motornummer 334264/90, polizeil. Kennzeichen OF-N 9631

Sehr geehrter Herr Steinhart!

Sie haben das vorbezeichnete Fahrzeug bei Herrn Emsig pfänden lassen. Ich bitte Sie um unverzügliche Freigabe, da mir der Wagen zur Sicherung übereignet wurde. Eine Abschrift des Vertrages vom 1.12.20 . . füge ich zu Ihrer Kenntnisnahme bei. Ich bitte, mich binnen einer Woche darüber zu verständigen, daß Sie meinem Wunsch Rechnung getragen haben. Sollten Sie wider Erwarten die Pfändung aufrechterhalten, so wäre ich zu meinem Bedauern gezwungen, die Freigabe auf gerichtlichem Wege zu erzwingen.

Mit freundlichen Grüßen

Fritz Sorgenfrei

Kuno Steinhart hat aufgrund seiner reichen Erfahrungen mit Schuldnern gar keine Sorgen, daß ihm nun ein gutes Pfandobjekt aus der Hand gewunden werden könnte. Er schreibt postwendend wie folgt zurück:

Kuno Steinhart

Eimsbütteler Weg 9
22769 Hamburg

Firma
Fritz Sorgenfrei
Schweizer Straße 193
60594 Frankfurt/Main

22. April 20 . .

Sehr geehrter Herr Sorgenfrei!

Ich bestätige den Eingang Ihres Briefes vom 18. d. M. und habe davon Kenntnis genommen, daß Ihnen das Fahrzeug zur Sicherung übereignet worden ist. Ich werde natürlich den Wagen freigeben, wenn Sie mir mitteilen, welche Höhe Ihre Forderung gegen Herrn Emsig erreicht und wann damit zu rechnen ist, daß das Konto ausgeglichen sein wird. Ich wäre Ihnen ferner dankbar, wenn Sie mir mitteilen, welchen Verkaufswert das Fahrzeug im Augenblick hat.

Mit freundlichen Grüßen

Kuno Steinhart

Steinhart hat durch die Anfrage, auf die ihm Fritz Sorgenfrei Auskunft gibt, vieles erreicht. Er kennt nun den Betrag, den Fritz Sorgenfrei noch erhalten muß, damit Emsig Eigentümer des Wagens wird. Er kann also übersehen, welche Zeit noch vergeht, bis er gegebenenfalls selbst für seine Forderung das Fahrzeug wirksam pfänden lassen kann. Er ist sich hierbei völlig klar, daß ein anderer Gläubiger des Emsig ihm zuvorkommen könnte, wenn er auch nur um wenige Augenblicke zu spät den Gerichtsvollzieher mit der Pfändung beauftragt oder der Gerichtsvollzieher aus irgendwelchen Gründen den Auftrag nicht sofort erledigen kann.

Um all diese Gefahren auszuschalten, entschließt er sich, den Übereignungsanspruch, den Emsig gegen Sorgenfrei zum Zeitpunkt der Abdeckung seines Kontos hat, pfänden zu lassen. – Wir ersehen hieraus, daß man nicht nur Gegenstände oder Forderungen pfänden lassen kann, sondern daß man auch Anwartschaften pfänden kann, die dann praktisch zum gleichen Ziel führen. Über die Pfändung von Rechten, Forderungen usw. vergleiche unter »Vollstreckungsverfahren«.

Der Handelsvertreter und seine Provisionsabrechnung

Herr Emsig erhält eine Provisionsabrechnung, für die Fritz Sorgenfrei das entsprechende Formular verwendet. Falls Herr Emsig sich das Geld in bar auszahlen läßt, muß er quittieren und mit seiner Unterschrift vor allem den Kontostand anerkennen. Je weiter er jedoch in die Provinz reist, um so seltener läßt er sich bei der Firma wegen der entstehenden Fahrtspesen sehen und fordert einen Provisionsvorschuß gleichzeitig mit der Übersendung der Aufträge an.

Da in diesen Fällen eine Unterschriftsleistung nicht nötig ist und vor allem auch viele Herren des Außendienstes ihre Arbeitskraft auf den Verkauf konzentrieren und abends wenig Lust verspüren, lange Briefe oder Berichte zu schreiben, hat Fritz Sorgenfrei ebenfalls diesen Wünschen Rechnung getragen und auf eine besondere Quittung für die ausgezahlten Provisionen verzichtet; für die Buchhaltung genügt ja auch der Zahlungsnachweis. Das Problem liegt lediglich bei der Anerkennung des jeweiligen Saldos auf der Provisionsabrechnung, die an den Handelsvertreter gleichzeitig mit dem Geld auf den Weg gebracht wird. Für den Handelsvertreter bedeutet es Zeit und Geld, wenn er ein

Duplikat der Abrechnung mit seinem Namen gegenzeichnen und mit einem Brief an die Firma absenden soll. Aus diesem Grunde hat Fritz Sorgenfrei auf die Provisionsabrechnung den Satz drucken lassen: »Der Saldo wird anerkannt, falls nicht binnen acht Tagen widersprochen wird.«

Bekanntlich gilt auch ein Handelsvertreter als Vollkaufmann, wenn er selbständiger Gewerbetreibender ist. Widerspricht er nicht der Provisionsabrechnung, so gilt sie als in Ordnung befunden. Adolf Emsig begrüßt dieses Verfahren sehr, weil er dann abends im Hotel nicht noch Briefe, Faxe oder e-Mails schreiben muß. Er hat schon immer seine freie Zeit gern dazu verwandt, um sich einen festen Arbeitsplan für den nächsten Tag zurechtzulegen. Er ist sehr bald durch Erfahrung zu der Überzeugung gekommen, daß die größten Erfolge nur dann zu erzielen sind, wenn man planmäßig ein bestimmtes Gebiet bearbeitet. Jeder unnötige Weg kostet Zeit, die er lieber für Verkaufsgespräche verwendet.

Peter Lustig und seine dubiosen Aufträge

Adolf Emsig fragt Herrn Lustig, ob er denn immer pünktlich sein Geld bekomme und was er mache, wenn einmal ein schwarzer Tag erfolglos verlaufen sei. Mit einer lässigen Handbewegung erklärt ihm Lustig, er sei noch nie ohne Geld gewesen. Sein telefonisches Provisionsanforderungssystem habe nämlich einen Vorteil: Man ruft den Chef an und teilt ihm mit, die Aufträge seien unterwegs, sie müßten spätestens am nächsten Morgen da sein, er brauche aber sofort Provisionsvorschuß, um die Hotelrechnung am nächsten Morgen einlösen zu können, weil er einen Standortwechsel vorhabe. Adolf Emsig fragt ganz entsetzt, ob ihm denn nicht klar sei, daß er den Tatbestand des Betruges durch dieses Tun verwirkliche, er täusche doch den Chef und spiegle ihm vor, provisionsvorschußpflichtige Aufträge abgesandt zu haben, die überhaupt nicht getätigt worden sind.

Adolf Emsig hat mit seinen Bedenken recht. Herr Lustig täuscht tatsächlich den Chef und erregt in ihm den Irrtum, daß Aufträge abgeschlossen wurden, für die er Provisionsvorschüsse zahlen müsse. Überweist er daraufhin das Geld, so nimmt er damit eine Vermögensdisposition vor, auch ein Vermögensschaden ist eingetreten. Auf die Vorhaltungen erklärt Herr Lustig, das sei doch alles nicht so schlimm, der Chef werde noch mehr Aufträge von ihm erhalten, als ihm vielleicht lieb sei. Diese kleine Bemäntelung hilft aber vor den Augen des Gesetzes keineswegs. Es genügt allein die Tatsache, daß das Vermögen des Chefs durch die Überweisungen gefährdet wird. Schließlich kann ja Lustig auch auf der Straße überfahren oder sonst arbeitsunfähig werden. Die Gefährdung des Vermögens liegt in jedem Fall vor. Aber auch selbst dann, wenn der Chef, durch Schaden klug geworden, Provisionsvorschüsse nicht mehr abschickt, solange die Aufträge nicht in seinem Besitz sind, würde Lustig einen versuchten Betrug begangen haben und entsprechend bestraft werden können.

Durch einige Bierchen und Schnäpse aufgelockert, fährt Lustig in seinen Erklärungen fort, das sei alles gar nicht tragisch. Wenn sein Chef nicht mehr »spure«, so werde er ihm zeigen, daß er auch noch andere Möglichkeiten habe. Er werde dann eben nicht alle Aufträge einschicken. In letzter Zeit würden ihm ohnehin allzu hohe Abzüge von den Provisionen wegen einiger lächerlicher Storni gemacht. Er habe sich daher vorgenommen, schon in nächster Zeit einen Teil der Aufträge an Konkurrenzfirmen abzugeben, er werde sie mit Kußhand los, denn ein tüchtiger Vertreter gehöre zu den Seltenheiten. Als ihn Adolf Emsig fragt, ob er denn schon mit anderen Firmen Verträge geschlossen und vor allem fremde Auftragsblocks habe, meinte Lustig, das spiele alles keine Rolle, andere Firmen würden ihm die Aufträge auch auf den Formularen seines Stammhauses abnehmen. Gehe es gar nicht anders, so schwärze er den Firmennamen in dem Bestellschein mit Ausziehtusche; diejenige Firma, an die er den Schein dann weitergebe, könne ja nun ihren Stempel hineinsetzen. Dieses Verfahren sei auch schon aus dem Grunde zweckmäßig, weil man dann die Möglichkeit habe, die Aufträge dorthin zu geben, wo man die höchste Provision erhalte. Schließlich sei er freier Handelsvertreter, und Freiheit bedeute doch, daß man machen könne, was man wolle.

Das ist aber nur die Ansicht von Lustig. Ein von einem Kunden unterschriebener Auftrag ist bereits eine Urkunde, die rechtliche Beziehungen zwischen dem unterschreibenden Kunden und der Firma, die auf dem Auftragsschein eingedruckt ist, herstellt. Wird ein solcher Schein an eine fremde Firma zur Ausführung weitergegeben oder wird er vernichtet, so ist bereits der Tatbestand der Urkundenunterdrückung verwirklicht. Auch die annehmende Firma macht sich strafbar. Es kostet in jedem Fall Freiheitsstrafe, wenn nicht ganz besonders mildernde Umstände vorliegen.

Aber auch die Schwärzung der auf dem Bestellschein eingedruckten Firma und Neueinfügung einer anderen Firma stellt einen strafbaren Tatbestand dar. Hier liegt ein klarer Fall der Urkundenfälschung vor. Die annehmende fremde Firma macht sich ebenfalls strafbar, weil sie erkennen muß, daß Herr Lustig den Bestellschein verändert hat und ihn einer anderen Firma, mit der er offensichtlich in Vertragsbeziehungen steht, vorenthält. Die annehmende Firma setzt sich außerdem der Gefahr aus, daß der Besteller sich darauf beruft, er habe mit einem anderen Unternehmen abgeschlossen und lehne daher die Lieferung und Bezahlung ab. Es fehlt die Aktivlegitimation, weil durch die Fälschung keine Rechte entstanden sind. Ein Prozeß würde also verlorengehen, Gerichts- und Anwaltskosten müßten bezahlt werden. Die gezahlten Provisionen sind verloren, weil Lustig bei seiner Lebensart und -auffassung kaum in Anspruch genommen werden könnte. Es kommt noch hinzu, daß die fremde Firma aus dem Gesichtspunkt des Schadensersatzes oder der ungerechtfertigten Bereicherung auf gerichtlichem Wege nichts erreichen würde, weil sie ja die gesamten Umstände bei Ausschüttung der Provision gekannt hat. Die weitaus größte Gefahr aber besteht darin, daß der Ruf der Firma leidet. Ein ordentlicher Kaufmann läßt sich auf derartige trübe Geschäfte nicht ein.

Adolf Emsig ist daher völlig beizupflichten, wenn er der Ansicht ist, daß er mit derartigen Geschäften nichts zu tun haben will. Im Laufe des Abends trifft auch noch Herr Paul Oberfaul im Hotel ein. Er wird von Lustig freudig begrüßt und gefragt, wo er denn so lange geblieben sei. Oberfaul berichtet voller Stolz, er sei gerade heute wegen guter Führung vorzeitig aus der Strafhaft entlassen worden. Im übrigen sehe er hoffnungsvoll in die Zukunft, es mache ihm gar nichts aus, wenn er bei seiner alten Firma nicht mehr anfangen könne. Die Firma werde ohnehin in einigen Wochen die freudige Überraschung erleben, daß er wieder da sei; sie müßte auch einen Denkzettel dafür haben, daß sie ihn wegen seiner Betrügereien vor den Strafrichter gezerrt habe. Schließlich habe er noch einige Auftragsformulare und Muster. Seine Fähigkeit, jede Anzahlung in jeder Höhe zu kassieren, sei schon immer seinen Kollegen als Ansporn vor Augen gehalten worden. Er habe eigentlich kein Verständnis dafür, daß ihn die Firma wegen Nichtablieferung der überkassierten Beträge zur Strecke gebracht und eine Anzeige wegen Unterschlagung gestartet habe. Die Auftragsblocks würden ihm jetzt weiterhelfen. Er werde seine Leistungsfähigkeit noch steigern und jeweils den vollen Rechnungsbetrag bei Auftragserteilung kassieren und in die eigene Tasche stecken. Ihm mache es jetzt nichts mehr aus, ob er dann später einmal erneut bestraft werde. Schließlich könne man ja von Zeit zu Zeit mit einer Amnestie rechnen.

Daß Herr Oberfaul wegen Betrugs, Unterschlagung und Urkundenfälschung eine schwere Bestrafung zu erwarten hat, liegt auf der Hand. Viel trauriger aber ist für seine alte Beschäftigungsfirma die Tatsache, daß sie die erteilten Aufträge ausführen und sich entgegenhalten lassen muß, daß sie keinen Anspruch mehr auf Zahlung des Kaufpreises hat. Wer auf einem Bestellschein eine Quittung vordrucken läßt, muß es sich anrechnen lassen, wenn ein Vertreter auch ohne besondere Inkassovollmacht Gelder einzieht.

Die Tatsache des Quittungsvordrucks mit der Firmenbezeichnung erweckt bei dem Käufer den Anschein, daß der Vertreter berechtigt ist, Geld in Empfang zu nehmen. Die Firma muß sich dies anrechnen lassen. Fritz Sorgenfrei hat hier schon vorgebaut, denn auf seinem Bestellschein befindet sich auf dem Quittungsvordruck noch der Vermerk: »Der Vertreter ist nur berechtigt, bis zu einer Höhe von 20 Prozent des Kaufpreises Zahlungen entgegenzunehmen und nur, wenn er mit einem besonderen Inkassoausweis versehen ist.« Die Firma Sorgenfrei hat sich hierdurch vor Schaden geschützt. Sie zahlt 20 Prozent Provision, so daß sie kein Risiko eingeht, wenn Auftragsblocks in unrechte Hände kommen. Liegen die Provisionen niedriger oder höher, so wählt man zweckmäßigerweise den jeweiligen Provisionssatz als Höchstbetrag, zu dessen Inkasso der Handelsvertreter berechtigt sein soll.

Eine derartige Maßnahme wird einen ordentlichen, nach kaufmännischen Gesichtspunkten arbeitenden Handelsvertreter nicht abschrecken. Er wird für diese Sicherungsmaßnahme seiner Firma Verständnis haben, zumal sie auch dazu beiträgt, das eigene Risiko zu mindern. Schließlich gibt es genügend unsaubere Elemente, die Aktentaschen stehlen und somit in den Besitz von Auftragsscheinen kommen, die sie dann zum Schaden aller Beteiligten ausnützen. Schließlich hat auch der tüchtige Handelsvertreter einen Schaden, wenn der Betrüger mit seinen Blocks, auf denen er vielleicht schon gar seinen Stempel eingedrückt hat, zur Kundschaft geht und den vollen Kaufpreis kassiert. Wenn er auch nachweisen kann, daß die Blocks gestohlen wurden und daß der Betrüger unter seinem Namen gearbeitet hat, so muß er sich doch vernehmen lassen und hat Ärger und Zeitverlust. Ein Auftragsschein aber, der nur beschränkte Inkassomöglichkeiten gibt, bietet für einen Betrüger wenig Anreiz, die mit ihm gegebenen Möglichkeiten auszunutzen.

Vermittlungsverträge (Makler)

Fritz Sorgenfreis Sohn Richard hatte einen Nachtclub aufgemacht. Eines Abends saß er in seiner Bar und bei ihm der kinderlose Industrielle Gerd Bürst. Er wollte gern ein Kind adoptieren, vielleicht zwei. Seine Frau und er sehnten sich nach einem Kind. Er sei auch bereit, 10000,– Euro oder mehr als Vermittlungsprovision hierfür aufzuwenden. Kann sich Richard diese verdienen?

Der in §§ 652 ff. geregelte Maklervertrag geht von dem Grundprinzip aus, daß ein Makler – meistens handelt es sich um Grundstücksvermittlungen – nur dann Anspruch auf Maklerprovision hat, wenn die Vermittlung zum Erfolg führt. Dies bedeutet, daß ein Makler oft viel Geld für seine Vermittlungsversuche aufwendet, ohne hierfür irgendetwas zu erhalten, weil sich der Passende nicht findet. Die wichtigsten Rechtsprobleme im Maklerrecht entstehen zum Beispiel im Zusammenhang mit »Reservierungsgebühren« (deren Höhe angemessen sein muß, um keinen Kaufzwang zu provozieren). Ferner gibt es zahllose Rechtsprechung bezüglich der Probleme der »Alleinaufträge« sowie wegen einer vom Kunden behaupteten »Vorkenntnis vom Objekt«, um die Provisionszahlung zu vermeiden. Für eine Sicherstellung der Seriosität der einzelnen Maklerfirmen sorgt weitgehend der »RDM« (Ring Deutscher Makler).

Hier liegt aber ein Sonderfall eines Vermittlungsgeschäfts vor.

Zwar kann man durch eine gelegentliche Vermittlungtätigkeit durchaus gutes Geld verdienen, aber bestimmte Vermittlungtätigkeiten sind vom Geldverdienen ausgenommen. Dazu gehört auch die Vermittlung von Adoptionen. Die geschäftsmäßige oder entgeltliche Vermittlung für die Begründung eines Eltern-Kindschafts-Verhältnisses ist nur noch bestimmten Organisationen und Behörden gestattet, die für eine gewissenhafte und ordnungsmäßige Durchführung dieser Tätigkeit Garantie bieten. Es sind dies: das Jugendamt, das Rote Kreuz, die Caritas usw. Richard Sorgenfrei würde also durch seine Vermittlertätigkeit – wenn er sich hierfür bezahlen lassen würde – das Monopol dieser Stellen durchbrechen und sich strafbar machen.

Da kommt ihm eine andere Idee. In seiner Bar tauchen häufig Models auf. Und so erfährt er auch von den Sorgen dieses Berufes. Von den wenigen berühmten Models abgesehen, ist es auch für ein ausgebildetes und gut aussehendes Model nicht so einfach, eine Anstellung zu finden. Eine Dauerstellung bei einem einzelnen Betrieb ist nicht sehr gut bezahlt, und woher soll man schon immer wissen, auf welcher Messe oder bei welcher Modenschau gerade noch Bedarf ist. Das müß-

288

te wohl zu organisieren sein, denkt Richard Sorgenfrei. Das kann ich an ein paar freien Nachmittagen erledigen. Er entsinnt sich, daß er auch schon davon gehört hat, daß es »Model-Agenturen« gäbe, die damit viel Geld verdienen. Er beschließt, ein Institut um eine Liste interessierter Frauen zu bitten, die die Grundlage einer großen Computerdatei werden sollen.

Aber auch hier muß Richard Sorgenfrei geraten werden, nicht einfach drauflos zu handeln. Das Arbeitsvermittlungsgesetz hat den privaten Makler aus der Arbeitsplatz- und Stellenvermittlung ausgeschaltet. Alleiniger Träger dieser Tätigkeit ist heute die Bundesagentur für Arbeitsvermittlung und Arbeitslosenversicherung. Nur der Bühnen- und Artistennachweis kann noch geschäftsmäßig durch private Unternehmer ausgeübt werden.

Die Vermittlung von Models durch Richard Sorgenfrei würde also gegen dieses Vermittlungsmonopol verstoßen und ihn strafbar machen. Die bekannten Agenturen sind in der Regel aber auch keine Vermittler. Vielmehr pflegen sie selbst in eigener Regie eine »Show« aufzuziehen und hierbei selbst als Arbeitgeber der benötigten Personen aufzutreten. Hierdurch verstoßen sie nicht gegen das Vermittlungsmonopol, da sie nicht einen Vertragsabschluß zwischen den Models und Dritten herbeiführen. Richard Sorgenfrei müßte also schon etwas mehr tun, als eine Computerdatei mit Daten gut aussehender Frauen anzulegen.

Da scheint sich für Richard Sorgenfrei eine neue Chance für eine lukrative Makelei zu offenbaren. In einer Bar finden sich ja häufig Menschen ein, die »kein Zuhause« haben. Der Wunsch nach einem glücklichen Eheleben oder wenigstens einem festen Partner ist bei diesen Personen meist sehr stark.

»Richard«, sagte eines Tages der Stammgast Robert Haas, »besorge mir endlich die Frau meiner Träume, und ich lege dir bar 15000,– Euro auf den Tisch.« Es folgte eine Beschreibung, wie sich die Ersehnte in Roberts Träumen vorzustellen pflegt. »Das ist ja Rita«, staunte Richard Sorgenfrei, »wie sie leibt und lebt!«

Mit einem Händedruck wird der Pakt über dem Bartisch besiegelt, und vier Wochen später sind Robert und Rita ein glückliches Paar. Nach weiteren vier Wochen erscheint Robert wieder in der Bar, und Richard Sorgenfrei drückt sich unmißverständlich dahin aus, daß er endlich die versprochenen 10 000,– Euro haben möchte. Aber Roberts Bankkonto ist schon arg dahingeschmolzen, denn notwendige Anschaffungen, wie Kleid und Schmuck, mußten gemacht werden. »Hier sind 500,– Euro, Richard«, sagt Robert, »nimm sie schnell, sonst werden auch diese für notwendige Anschaffungen verbraucht. Laß es damit genug sein.« Richard Sorgenfrei nimmt sie und will Robert auf Bezahlung der noch fehlenden 9500,– Euro verklagen. Da verlangt der erboste Robert die 500,– Euro zurück, denn er meint, die Vermittlung einer Ehefrau sei ein unsittliches Geschäft.

Es ist sowohl Richard als auch Robert zu raten, von einem solchen Prozeß Abstand zu nehmen. Zwar ist die Vermittlung einer Eheschließung kein unsittliches Geschäft und daher nicht aus diesem Grunde nichtig. Aber das Gesetz hat in § 656 BGB ausdrücklich bestimmt, daß durch das Versprechen eines Entgeltes für den Nachweis der Gelegenheit zur Eingehung einer Ehe oder für die Vermittlung des Zustandekommens einer Ehe ein Anspruch nicht begründet wird. Richard Sorgenfrei kann also seine 9500,– Euro nicht einklagen. Das Gesetz bestimmt dann aber weiter, daß »das aufgrund des Versprechens Geleistete nicht deshalb zurückgefordert werden kann, weil eine Verbindlichkeit nicht bestanden hat«. Wer hat, der hat, meint der Gesetzgeber. Das bedeutet für den vorliegenden Fall, daß Richard Sorgenfrei die an ihn gezahlten 500,– Euro behalten darf.

Nach diesen Erfahrungen mit dem durch Vermittlungen »leicht zu verdienenden Geld« entschließt sich Richard Sorgenfrei, den Schwerpunkt seiner Arbeit lieber doch auf seinen Barbetrieb zu verlegen.

Sodann ist noch zu beachten, daß es verschiedene Sondervorschriften zum Schutz des Verbrauchers bei der Vermittlung von Darlehensverträgen gibt, insbesondere betreffend Schriftform, Widerrufsrecht und Vergütung (§§ 655a bis 655e BGB)

Die Reisegewerbekarte

Handelsvertreter müssen für ihr Gewerbe die Reisegewerbekarte haben. Die diesbezüglichen Bestimmungen der Gewerbeordnung wurden neu gefaßt und inhaltlich geändert. Mit dieser Änderung wurde bezweckt, das Reisegewerbe (ambulantes Gewerbe) von nicht mehr zeitgemäßen Beschränkungen zu befreien.

Nunmehr wird die Reisegewerbekarte auf Lebenszeit erteilt und nicht mehr wie früher auf fünf Jahre. Nur der Betriebsinhaber benötigt noch die Reisegewerbekarte, nicht mehr der mitreisende Arbeitnehmer. Nicht mehr erforderlich ist die Reisegewerbekarte für den Warenverkauf aus fahrbaren Läden, sowie für den Straßenverkauf von Presseerzeugnissen. Die diesbezüglichen Bestimmungen der Gewerbeordnung haben nunmehr folgenden Inhalt.

§ 55

(1) Ein Reisegewerbe betreibt, wer gewerbsmäßig ohne vorhergehende Bestellung außerhalb seiner gewerblichen Niederlassung (§ 42 Abs. 2) oder ohne eine solche zu haben

1. selbständig oder unselbständig in eigener Person Waren feilbietet oder Bestellungen aufsucht (vertreibt) oder ankauft, Leistungen anbietet oder Bestellungen auf Leistungen aufsucht oder

2. selbständig unterhaltende Tätigkeiten als Schausteller oder nach Schaustellerart ausübt.

(2) Wer ein Reisegewerbe betreiben will, bedarf der Erlaubnis (Reisegewerbekarte).

(3) Die Reisegewerbekarte kann inhaltlich beschränkt, mit einer Befristung erteilt und mit Auflagen verbunden werden, soweit dies zum Schutze der Allgemeinheit oder der Verbraucher erforderlich ist; unter denselben Voraussetzungen ist auch die nachträgliche Aufnahme, Änderung und Ergänzung von Auflagen zulässig.

§ 55a

(1) Einer Reisegewerbekarte bedarf nicht, wer

1. gelegentlich der Veranstaltung von Messen, Ausstellungen, öffentlichen Festen oder aus besonderem Anlaß mit Erlaubnis der zuständigen Behörde Waren feilbietet;

2. selbstgewonnene Erzeugnisse der Land- und Forstwirtschaft, des Gemüse-, Obst- und Gartenbaues, der Geflügelzucht und Imkerei sowie der Jagd und Fischerei vertreibt; das gleiche gilt für die in dem Erzeugerbetrieb beschäftigten Personen;

3. Tätigkeiten der in § 55 Abs. 1 Nr. 1 genannten Art in der Gemeinde seines Wohnsitzes oder seiner gewerblichen Niederlassung ausübt, sofern die Gemeinde nicht mehr als 10 000 Einwohner zählt;

4. Blindenwaren und Zusatzwaren im Sinne des Blindenwarenvertriebsgesetz vertreibt und im Besitz eines Blindenwaren-Vertriebsausweises ist;

5. aufgrund einer Erlaubnis nach § 4 des Milch- und Margarinegesetzes Milch oder bei dieser Tätigkeit auch Milcherzeugnisse abgibt; das gleiche gilt für die in dem Gewerbebetrieb beschäftigten Personen;

6. Versicherungsverträge oder Bausparverträge vermittelt oder abschließt;

7. ein Gewerbe aufgrund einer Erlaubnis nach § 34a, § 34b oder § 34c ausübt; das gleiche gilt für die in dem Gewerbebetrieb beschäftigten Personen;

8. in einem nicht ortsfesten Geschäftsraum eines Kreditinstituts oder eines Unternehmens im Sinne des § 53b Abs. 1 Satz 1 oder Abs. 7 des Gesetzes über das Kreditwesen tätig ist, wenn in diesem Geschäftsraum ausschließlich bankübliche Geschäfte betrieben werden, zu denen diese Unternehmen nach dem Gesetz über das Kreditwesen befugt sind; (...)

9. von einer nicht ortsfesten Verkaufsstelle oder einer anderen Einrichtung in regelmäßigen, kürzeren Zeitabständen an derselben Stelle Lebensmittel oder andere Waren des täglichen Bedarfs vertreibt; (...)

10. Druckwerke auf öffentlichen Wegen, Straßen, Plätzen oder an anderen öffentlichen Orten feilbietet.

(2) Die zuständige Behörde kann für besondere Verkaufsveranstaltungen Ausnahmen von dem Erfordernis der Reisegewerbekarte zulassen.

§ 55 b

(1) Eine Reisegewerbekarte ist nicht erforderlich, soweit der Gewerbetreibende andere Personen im Rahmen ihres Geschäftsbetriebes aufsucht. Dies gilt auch für Handlungsreisende und andere Personen, die im Auftrag und im Namen eines Gewerbetreibenden tätig werden.

(2) Personen, die für ein Unternehmen mit Sitz im Geltungsbereich dieses Gesetzes geschäftlich tätig sind, ist auf Antrag von der zuständigen Behörde eine Gewerbelegitimationskarte nach dem in den zwischenstaatlichen Verträgen vorgesehenen Muster für Zwecke des Gewerbebetriebes in anderen Staaten auszustellen. Für die Erteilung und die Versagung der Gewerbelegitimationskarte gelten § 55 Abs. 3 und § 57 entsprechend, soweit nicht in zwischenstaatlichen Verträgen oder durch Rechtsetzung dazu befugter überstaatlicher Gemeinschaften etwas anderes bestimmt ist.

§ 55 c

Wer als selbständiger Gewerbetreibender aufgrund des § 55 a Abs. 1 Nr. 3, 9 oder 10 einer Reisegewerbekarte nicht bedarf, hat den Beginn des Gewerbes der zuständigen Behörde anzuzeigen, soweit er sein Gewerbe nicht bereits nach § 14 Abs. 1 bis 3 anzumelden hat. (…)

§ 57

Die Reisegewerbekarte ist zu versagen, wenn Tatsachen die Annahme rechtfertigen, daß der Antragsteller die für die beabsichtigte Tätigkeit erforderliche Zuverlässigkeit nicht besitzt.

Kann- und Formkaufleute

Land- und forstwirtschaftliche Betriebe sowie kleine Gewerbebetriebe im Sinne von § 1 Abs. 2 HGB sind ohne Eintragung im Handelsregister niemals Kaufleute. Mit ihnen sind jedoch bisweilen Brennereien, Sägewerke, Zementfabriken usw. als Nebenbetriebe verbunden, die nach kaufmännischer Art eingerichtet und geführt werden. Hier besteht kein Zwang, diese zum Handelsregister anzumelden, aber es besteht das Recht hierzu. Der Inhaber kann einen solchen Betrieb zum Handelsregister anmelden und erlangt dadurch Kaufmannseigenschaft. Derartige Betriebe nennt man Kannkaufleute. Aktiengesellschaften und Gesellschaften mit beschränkter Haftung sind immer Kaufleute, gleichgültig, was der Gegenstand ihres Unternehmens ist. Derartige Unternehmungen nennt man daher Formkaufleute.

Gesetzliche Grundlagen für den Betrieb und Preisangaben

Wenn die räumlichen und organisatorischen Fragen für den Betrieb gesichert sind, kann man darangehen, seinem Unternehmen die erforderliche juristische Form zu geben, unter welcher man nach außen in Erscheinung treten wird. Wer selbständig seinen Lebensunterhalt durch einen Betrieb erwerben will, übt von diesem Zeitpunkt an ein Gewerbe aus.

Nicht jede selbständige Erwerbstätigkeit ist ein Gewerbe. Freiberufler (Ärzte, Rechtsanwälte, Architekten), künstlerische Berufe (Bildhauer, Schriftsteller) sowie Landwirtschaft, Forstwirtschaft und Fischerei (sogenannte Urproduktion) sind keine Gewerbe.

Mit dem Beginn des Gewerbebetriebes unterlag Fritz Sorgenfrei den Bestimmungen der Gewerbeordnung.

Soweit der Beginn einer gewerblichen Tätigkeit von einer Genehmigung (Erlaubnis) abhängig ist, erfolgt eine Eintragung solcher Gesellschaften in das Handelsregister erst, wenn die in Betracht kommende Genehmigungsurkunde mit vorgelegt wird. Die nachstehende Zusammenstellung gibt eine Übersicht über solche derzeit erforderlichen Genehmigungen (Erlaubnisse).

Die gemäß Art. 12, Abs. 1 GG für die Bundesrepublik Deutschland bestehende Gewerbefreiheit gilt nicht uneingeschränkt. Für einige Gewerbarten schreibt das Gesetz als Voraussetzung für den Betriebsbeginn eine »Genehmigung oder Erlaubnis« vor.

1. Persönliche (auf die Person des Gründers nach Zuverlässigkeit und Sachkunde abgestellte) Erlaubnisse (Genehmigungen) gemäß §§ 30 ff. Gewerbeordnung und anderen Gesetzen:

1) Fabrikation
   a) Herstellung von Arzneimitteln (§§ 13 ff. Arzneimittelgesetz vom 19.10.1994)
   b) Herstellung von Sprengstoffen (§§ 7 ff. Sprengstoffgesetz vom 17.4.1986)
   c) Herstellung von Schußwaffen und Munition (§§ 7 ff. Waffengesetz vom 8.3.1976)
   d) Anbau und Herstellung von Betäubungsmitteln (Betäubungsmittelgesetz vom 29.03.1996 mit 2. BTM-Änd.G).

2) Handel
   a) Allgemeine Erlaubnis (Zuverlässigkeitsvoraussetzungen erforderlich: vgl. § 35 GewO)
   b) Besondere Zulassung (oder Sachkunde als Voraussetzung):
   aa) bei Handel mit Lebensmitteln (Lebensmittelgesetz)
   bb) für Betrieb einer Apotheke (§§ 1 ff. Gesetz über das Apothekenwesen)
   cc) für Handel mit alkoholischen Getränken (§§ 2 ff. Gaststättengesetz)
   dd) für Handel mit Altmetallen (§ 1 Gesetz über den Verkehr mit unedlen Metallen)
   ee) für Handel mit Schußwaffen und Munition (§§ 10 ff. Waffengesetz)
   ff) für Handel mit Milch (§§ 4 ff. Milch- und Margarinegesetz)
   gg) für Handel mit Sprengstoffen (§§ 1 ff. Sprengstoffgesetz)
   hh) für Handel mit Schußwaffen und Munition (§§ 10 ff. Waffengesetz)
   ii) für Handel mit Branntwein (Verordnung v. 15.7.1994)

3) Handwerk
   Voraussetzung des Beginns: Eintragung in die Handwerksrolle aufgrund bestandener Meisterprüfung (§ 1 HWO)

4) Kreditwesen (Bankgeschäfte)
   Voraussetzung: Zuverlässigkeit und fachliche Eignung, außerdem ausreichendes Kapital (§ 32 KWG vom 30.6.1993)

5) Verkehrsgewerbe
   aa) Personenbeförderung
   Betrieb mit Straßenbahnen, Omnibussen, Kraftfahrzeugen. Voraussetzung: Leistungsfähigkeit, Gewähr für Sicherheit und Zuverlässigkeit (§§ 2 ff. und §§ 13 ff. Personenbeförderungsgesetz)

   bb) Güterbeförderung
   Voraussetzung: Zuverlässigkeit, Sachkunde und Leistungsfähigkeit (§§ 8 ff. Güterkraftverkehrsgesetz)

6) Privatkrankenanstalten
   Voraussetzung: Zuverlässigkeit und geeignete Anlage (§ 30 Gewerbeordnung)

7) Altenheime usw.
   Voraussetzung: Zuverlässigkeit und Sicherheit des Betreuungszwecks (§ 6 des Gesetzes über Altenheime, Altenwohnheime und Pflegeheime für Volljährige (HeimG)

8) Veranstaltung von Singspielen, Schaustellungen und Theatervorführungen ohne höhere Kunst- und Wissenschaftsinteressen (§ 33 a GewO)

9) Betrieb von Spielhallen und Spielen mit Gewinnmöglichkeit (§§ 33 d und i GewO)

10) Hotel- und Gaststättenbetrieb
   Voraussetzung: Zuverlässigkeit, Sachkunde und geeignete Räumlichkeiten (§§ 1 ff. Gaststättengesetz)

11) Pfandleiher
   Voraussetzung: Zuverlässigkeit und erforderliche Mittel (§ 34 GewO)

12) Bewachungsgewerbe
   Voraussetzung: Zuverlässigkeit und erforderliche Mittel (§ 34 a GewO)

13) Versteigerungsgewerbe
   § 34 b GewO und VerstVO v. 1.6.1976

14) Makler von Grundstücken, Wohnräumen und Darlehen, Kapital- und Kapitalanlagenvermittler, Bauträger und Baubetreuer hinsichtlich Zuverlässigkeit und geordnete Vermögensverhältnisse vgl. § 34 c GewO i.V.m. der Makler- und Bauträgerverordnung vom 11.6.1975, die auch umfangreiche Anforderungen betr. Sicherungsleistungen, Art der Vermögensverwaltung und Informationspflichten stellt.

Sachliche, auf die Betriebsanlage abgestellte Erlaubnis (Genehmigung)
   Umweltgefährdende Gewerbeanlagen (Gefahr der Luftverschmutzung, Übermaßgeräusche, Erschütterungen usw.)
   Voraussetzung: ausreichende Gefahrenabwehr (§ 4 Bundesimmissionsschutzgesetz).

15) Überwachungsbedürftige Anlagen gemäß dem Gerätesicherheitsgesetz und zahlreichen Verordnungen

Gewerbefreiheit für Ausländer

Nach den bisherigen Regelungen in §§ 12 und 12a der Gewerbeordnung bedurfte eine ausländische juristische Person, die nicht in einem der EU-Staaten ansässig war, für den Betrieb eines Gewerbes im Inland immer der Genehmigung. Die Genehmigungspflicht ist entfallen.

Rechtsfolgen der fehlenden Betriebsgenehmigung

Wird ein Gewerbe ohne die erforderliche Genehmigung betrieben, so kann die zuständige Behörde (Ordnungsamt) gemäß § 15 II Gewerbeordnung die Fortsetzung eines solchen Betriebes verhindern.

Preisangaben

Im Interesse des Verbraucherschutzes war durch Rechtsverordnung den Gewerbetreibenden vorgeschrieben, den Letztverbrauchern beim Anbieten von Waren oder Leistungen Preisangaben zu machen. Eine solche Unterrichtung diente der Aufklärung hinsichtlich der Möglichkeit, Preisvergleiche vorzunehmen. Da das Bundesverfassungsgericht für solche Regelungen eine gesetzliche Grundlage forderte, die bisher nicht vorlag, ist nunmehr diese gesetzliche Regelung durch das Preisangaben- und Preisklauselgesetz von 1999 wie folgt getroffen worden:

Artikel 1, § 1

Zum Zwecke der Unterrichtung und des Schutzes der Verbraucher und zur Förderung des Wettbewerbs sowie zur Durchführung von diesen Zwecken dienenden Rechtsakten der Organe der Europäischen Gemeinschaften wird der Bundesminister für Wirtschaft ermächtigt, durch Rechtsverordnung mit Zustimmung des Bundesrates zu bestimmen, daß und auf welche Art und Weise beim Anbieten von Waren oder Leistungen gegenüber Letztverbrauchern oder bei der Werbung für Waren oder Leistungen gegenüber Letztverbrauchern Preise und die Verkaufs- oder Leistungseinheiten sowie Gütebezeichnungen, auf die sich die Preise beziehen, anzugeben sind.

§ 2

(1) Soweit es erforderlich ist, um die Einhaltung einer aufgrund dieses Gesetzes erlassenen Rechtsverordnung zu überwachen, können die hierfür zuständigen Behörden von dem zur Preisangabe Verpflichteten Auskünfte verlangen. Sie können zu diesem Zweck auch seine Grundstücke, Geschäftsräume und Betriebsanlagen während der Geschäfts- und Betriebszeiten betreten und dort Besichtigungen und Prüfungen vornehmen sowie Einblick in geschäftliche Unterlagen verlangen.

(2) Der Auskunftspflichtige kann die Auskunft auf solche Fragen verweigern, deren Beantwortung ihn selbst oder einen der in § 383 Abs. 1 bis 3 der Zivilprozeßordnung bezeichneten Angehörigen der Gefahr strafgerichtlicher Verfolgung oder eines Verfahrens nach dem Gesetz über Ordnungswidrigkeiten aussetzen würde.

Daraufhin wurde die Preisangabenverordnung in der Neufassung vom 18.10.2002 erlassen. Die wichtigste Bestimmung lautet:

§ 1

(1) [1]Wer Letztverbrauchern gewerbs- oder geschäftsmäßig oder regelmäßig in sonstiger Weise Waren oder Leistungen anbietet oder als Anbieter von Waren oder Leistungen gegenüber Letztverbrauchern unter Angabe von Preisen wirbt, hat die Preise anzugeben, die einschließlich der Umsatzsteuer und sonstiger Preisbestandteile unabhängig von einer Rabattgewährung zu zahlen sind (Endpreise). [2]Soweit es der allgemeinen Verkehrsauffassung entspricht, sind auch die Verkaufs- oder Leistungseinheit und die Gütebezeichnung anzugeben, auf die sich die Preise beziehen. [3]Auf die Bereitschaft, über den angegebenen Preis zu verhandeln, kann hingewiesen werden, soweit es der allgemeinen Verkehrsauffassung entspricht und Rechtsvorschriften nicht entgegenstehen.

(Es folgen Sonderregelungen für Angebote im Fernabsatz etc.)

Durch die Neufassung dieses Gesetzes werden jetzt auch die Genehmigungen für Preisklauseln bei indexierten Preisvereinbarungen in diesem Gesetz geregelt (§ 2). Zuständig für solche Genehmigungen ist nunmehr das Bundesamt für Wirtschaft und Ausfuhrkontrolle (BAFA) in Eschborn.

Die Handwerksordnung

Für Fritz Sorgenfrei kommt vor allem das Gesetz zur Ordnung des Handwerks in der Fassung vom 24. September 1998 in Betracht. Gemäß § 1 der Handwerksordnung ist der selbständige Betrieb eines Handwerks nur den in der Handwerksrolle eingetragenen natürlichen und juristischen Personen (selbständige Handwerker) gestattet.

Die **Anlage A** zur Handwerksordnung enthält ein Verzeichnis der Gewerbe, die als zulassungspflichtiges Handwerk betrieben werden können.

Verzeichnis der Gewerbe, die als zulassungspflichtiges Handwerksgewerbe betrieben werden können (§ 1 Abs. 2 HandwO)

1 Maurer und Betonbauer
2 Ofen- und Luftheizungsbauer
3 Zimmerer
4 Dachdecker
5 Straßenbauer
6 Wärme-, Kälte- und Schallschutzisolierer
7 Brunnenbauer
8 Steinmetzen und Steinbildhauer
9 Stukkateure
10 Maler und Lackierer
11 Gerüstbauer
12 Schornsteinfeger
13 Metallbauer
14 Chirurgiemechaniker
15 Karosserie- und Fahrzeugbauer
16 Feinwerkmechaniker
17 Zweiradmechaniker
18 Kälteanlagenbauer
19 Informationstechniker
20 Kraftfahrzeugtechniker
21 Landmaschinenmechaniker
22 Büchsenmacher
23 Klempner
24 Installateur und Heizungsbauer
25 Elektrotechniker
26 Elektromaschinenbauer
27 Tischler
28 Boots- und Schiffbauer
29 Seiler
30 Bäcker
31 Konditoren
32 Fleischer
33 Augenoptiker
34 Hörgeräteakustiker
35 Orthopädietechniker
36 Orthopädieschuhmacher
37 Zahntechniker
38 Friseure
39 Glaser
40 Glasbläser und Glasapparatebauer
41 Vulkaniseure und Reifenmechaniker

Gemäß § 16 HandwO sind der Beginn oder die Beendigung eines solchen Gewerbes unverzüglich bei der Handwerkskammer anzuzeigen. Die Kammer führt diese Betriebe in einem Verzeichnis, das jeder bei berechtigtem Interesse einsehen kann.

Anlage B zur Handwerksordnung:
Verzeichnis der Gewerbe, die als zulassungsfreie Handwerksgewerbe oder handwerksähnliche Betriebe betrieben werden können (§ 18 Abs. 2):

Abschnitt 1: Zulassungsfreie Handwerksgewerbe:

1 Fliesen-, Platten- und Mosaikleger
2 Betonstein- und Terrazzohersteller
3 Estrichleger
4 Behälter- und Apparatebauer
5 Uhrmacher
6 Graveure
7 Metallbildner
8 Galvaniseure
9 Metall- und Glockengießer
10 Schneidwerkzeugmechaniker
11 Gold- und Silberschmiede
12 Parkettleger
13 Rolladen- und Jalousiebauer
14 Modellbauer
15 Drechsler (Elfenbeinschnitzer) und Holzspielzeugmacher
16 Holzbildhauer
17 Böttcher
18 Korbmacher
19 Damen- und Herrenschneider
20 Sticker
21 Modisten
22 Weber
23 Segelmacher
24 Kürschner
25 Schuhmacher
26 Sattler und Feintäschner
27 Raumausstatter
28 Müller
29 Brauer und Mälzer
30 Weinküfer
31 Textilreiniger
32 Wachszieher
33 Gebäudereiniger
34 Glasveredler
35 Feinoptiker
36 Glas- und Porzellanmaler
37 Edelsteinschleifer und -graveure
38 Fotografen
39 Buchbinder
40 Buchdrucker: Schriftsetzer; Drucker
41 Siebdrucker
42 Flexografen
43 Keramiker
44 Orgel- und Harmoniumbauer
45 Klavier- und Cembalobauer
46 Handzuginstrumentenmacher
47 Geigenbauer 48 Bogenmacher
49 Metallblasinstrumentenmacher
50 Holzblasinstrumentenmacher
51 Zupfinstrumentenmacher
52 Vergolder
53 Schilder- und Lichtreklamehersteller

Abschnitt 2: Handwerksähnliche Betriebe:

1 Eisenflechter
2 Bautentrocknungsgewerbe
3 Bodenleger
4 Asphaltierer (ohne Straßenbau)
5 Fuger (im Hochbau)
6 Holz- und Bautenschutzgewerbe (Mauerschutz und Holzimprägnierung in Gebäuden)
7 Rammgewerbe (Einrammen von Pfählen im Wasserbau)
8 Betonbohrer und -schneider
9 Theater- und Ausstattungsmaler
10 Herstellung von Drahtgestellen für Dekorationszwecke in Sonderanfertigung
11 Metallschleifer und Metallpolierer
12 Metallsägen-Schärfer
13 Tankschutzbetriebe (Korrosionsschutz von Öltanks für Feuerungsanlagen ohne chemische Verfahren)
14 Fahrzeugverwerter
15 Rohr- und Kanalreiniger
16 Kabelverleger im Hochbau (ohne Anschlussarbeiten)
17 Holzschuhmacher
18 Holzblockmacher
19 Daubenhauer
20 Holz-Leitermacher (Sonderanfertigung)
21 Muldenhauer
22 Holzreifenmacher
23 Holzschindelmacher
24 Einbau von genormten Baufertigteilen (z. B. Fenster, Türen, Zargen, Regale)
25 Bürsten- und Pinselmacher
26 Bügelanstalten für Herren-Oberbekleidung
27 Dekorationsnäher (ohne Schaufensterdekoration)
28 Fleckteppichhersteller
29 Klöppler
30 Theaterkostümnäher
31 Plisseebrenner
32 Posamentierer
33 Stoffmaler
34 Stricker

35 Textil-Handdrucker	46 Teppichreiniger
36 Kunststopfer	47 Getränkeleitungsreiniger
37 Änderungsschneider	48 Kosmetiker
38 Handschuhmacher	49 Maskenbildner
39 Ausführung einfacher Schuhreparaturen	50 Bestattungsgewerbe
40 Gerber	51 Lampenschirmhersteller (Sonderanfertigung)
41 Innerei-Fleischer (Kuttler)	52 Klavierstimmer
42 Speiseeishersteller (mit Vertrieb von Speiseeis mit üblichem Zubehör)	53 Theaterplastiker
43 Fleischzerleger, Ausbeiner	54 Requisiteure
44 Appreteure, Dekateure	55 Schirmmacher
45 Schnellreiniger	56 Steindrucker
	57 Schlagzeugmacher

Es ist zu beachten, daß ab 1.1.2004 ein neues Gesetz betreffend Vorschriften der Handwerksordnung und der Gewerbeordnung ergangen ist. Danach wurde die Zugangsschranke der Meisterprüfung gelockert. Die Anlage A der Handwerksordnung wurde auf den Kreis der Handwerker beschränkt, bei deren Ausübung Gefahren für Gesundheit oder Leben Dritter entstehen können. Die anderen wurden als zulassungsfreie Handwerksgewerbe in eine Anlage B überführt. Für diese gibt es dann die Möglichkeit des fakultativen Meisters als Qualitätssiegel. Gesellen der Handwerke gemäß der neuen Anlage A mit sechsjähriger Berufserfahrung, davon vier in leitender Stellung haben einen Anspruch auf Eintragung in die Handwerksrolle. Insgesamt soll dadurch der Wettbewerb (mit einigen Gewerben als Ausnahme) gefördert, das Handwerk attraktiver gemacht und die Betriebsnachfolge erleichtert werden.

Die Handwerksrolle

Sorgenfrei mußte also dafür sorgen, daß er in die Handwerksrolle eingetragen wird. Die Handwerksrolle ist ein Verzeichnis, das bei der Handwerkskammer geführt wird. Gemäß § 7 der Handwerksordnung werden hier diejenigen Personen eingetragen, die eine Meisterprüfung in dem von ihnen zu betreibenden Handwerk abgelegt haben.

Da Sorgenfrei nach Abschluß seiner Gesellenzeit vorsorglich die Meisterprüfung abgelegt hat, steht seiner Eintragung in die Handwerksrolle nichts entgegen. Er kann nach Eintragung sein Handwerk als Bäcker und Konditor betreiben. Daher hatte er an die für den Geschäftsbetrieb zuständige Handwerkskammer folgendes geschrieben:

Fritz Sorgenfrei   *Taunusstraße 1*
                                                    60329 Frankfurt/Main
An die
Handwerkskammer
60325 Frankfurt/Main   *14.7.20 . .*

Ich beantrage hiermit meine Eintragung in die Handwerksrolle gemäß § 7 der Handwerksordnung als Bäcker und Konditor. Ich habe am 16. Juni die Meisterprüfung als Bäcker und Konditor abgelegt. Beglaubigte Abschrift des Meisterbriefes füge ich in der Anlage bei. Ich werde am 1. September in 60594 Frankfurt/Main, Schweizer Straße 193, eine Bäckerei eröffnen.

Mit freundlichen Grüßen

Fritz Sorgenfrei

Abschrift des Meisterbriefs durch einen Notar beglaubigen lassen und dem als Einschreiben abzusendenden Antrag beifügen. Durchschrift für die eigenen Akten aufbewahren, Einschreibbeleg anheften. Die Handwerkskammer übersendet dann einen Fragebogen, den er ausfüllt und von dem er eine Abschrift zu seinen Akten nimmt. Das Original schickt er an die Handwerkskammer zurück.

Da alle Voraussetzungen für die Eintragung in die Handwerksrolle bei Meister Sorgenfrei vorliegen, erhält er alsbald von der Handwerkskammer eine Bescheinigung über die Eintragung in die Handwerksrolle, die sogenannte Handwerkskarte. Diese Karte muß er – wie wir gleich sehen werden – bei der Anmeldung seines Gewerbes dem Ordnungsamt vorlegen.

Ausnahmebewilligung

Sorgenfreis Kollege, der Bäckergeselle Reginald Bretzel, hatte es im Gegensatz zu Sorgenfrei versäumt, die Meisterprüfung abzulegen. Er war auch bis zum Inkrafttreten der Handwerksordnung nicht in der Lage, sich selbständig zu machen. Nun schimpft er, daß er heute eine Prüfung ablegen soll, die er gestern noch nicht benötigte.

Für ihn hat die Handwerksordnung im § 8 Abs. 1 eine Ausnahme vorgesehen. Er muß sich von der höheren Verwaltungsbehörde nach Anhörung der Handwerkskammer (in Frankfurt ist dies der Oberbürgermeister, sonst in Hessen der Regierungspräsident und in den anderen Bundesländern die entsprechenden Behörden) eine Ausnahmebewilligung erteilen lassen.

Zu diesem Zweck muß er der Behörde nachweisen, daß er die notwendigen Kenntnisse und Fertigkeiten besitzt, um das beabsichtigte Handwerk selbständig ausüben zu können. Da er über vorzügliche Zeugnisse aus der Gesellenzeit verfügt, wird dies nicht schwerfallen. Aufgrund der Ausnahmebewilligung wird er dann in die Handwerksrolle eingetragen. Sollte ihm die Ausnahmebewilligung versagt werden, so kann er auf deren Erteilung im Verwaltungsstreitverfahren klagen (siehe dort). Für die Eintragung in die Handwerksrolle erhebt die Handwerkskammer eine Verwaltungsgebühr.

Die Gewerbeanmeldung

Die vorstehenden besonderen Bestimmungen über das Zulassungsverfahren für den Handwerksbetrieb lassen die allgemeinen Vorschriften der Gewerbeordnung, die für jedes Gewerbe gelten, unberührt.

Gemäß § 14 Gewerbeordnung hat jeder, der ein stehendes Gewerbe anfängt, diesen Tätigkeitsbeginn der zuständigen Behörde anzuzeigen. Die Bäckerei, die Fritz Sorgenfrei in den gepachteten Räumen betreiben will, ist ein stehendes Gewerbe, da sie an einem bestimmten Platz »steht«.

Daneben kennt die Gewerbeordnung noch das Reisegewerbe und das sogenannte Messe-, Ausstellungs- und Marktgewerbe, das zum Teil örtlichen Sonderregelungen unterworfen ist.

Die Gewerbeordnung benennt nicht die Behörde, welche für die Entgegennahme der Anmeldung des Gewerbetreibenden nach § 14 GewO zuständig ist. § 14 der Gewerbeordnung spricht von der für den betreffenden Ort zuständigen Behörde.

Sorgenfrei schreibt an das zuständige Ordnungsamt, daß er einen Betrieb eröffnet. Gemäß § 15 Gewerbeordnung übersendet ihm dann das Ordnungsamt binnen drei Tagen eine Bescheinigung, daß die Anmeldung eingegangen ist. Diese Bescheinigung ist der sogenannte Gewerbeschein, den er sorgfältig aufbewahren muß. Da Sorgenfrei mit seiner Bäckerei ein Ladengeschäft betreibt, muß er daran denken, daß er gemäß § 15a Gewerbeordnung an diesen Laden seinen Familiennamen »Sorgenfrei« und einen Vornamen, am zweckmäßigsten seinen Rufnamen »Fritz«, in deutlich lesbarer Schrift anbringen muß. Sind mehrere Betriebsinhaber vorhanden, so müssen mindestens die Namen von zwei Inhabern angebracht werden, hinsichtlich der weiteren genügt ein Zusatz, zum Beispiel: u.a. (und andere).

Die Gewerbeordnung ist durch ein Gesetz vom 25. Juli 1984 in § 15b wie folgt neu geregelt worden.

§ 15b
(1) Gewerbetreibende, für die keine Firma im Handelsregister eingetragen ist, müssen auf allen Geschäftsbriefen, die an einen bestimmten Empfänger gerichtet werden, ihren Familiennamen mit mindestens einem ausgeschriebenen Vornamen angeben.
(es folgen einige Ausnahmen)
(2) Ausländische juristische Personen müssen auf allen Geschäftsbriefen im Sinne des Absatzes 1, die von einer gewerblichen Zweigniederlassung oder unselbständigen Zweigstelle im Inland ausgehen, den Ort und den Staat ihres satzungsmäßigen Sitzes sowie ihre gesetzlichen Vertreter mit dem Familiennamen und mindestens einem ausgeschriebenen Vornamen angeben.

(3) Absatz 2 findet keine Anwendung auf ausländische juristische Personen, die nach den Rechtsvorschriften eines Mitgliedstaates der Europäischen Union oder ... gegründet sind und ihren satzungsmäßigen Sitz, ihre Hauptverwaltung oder ihre Hauptniederlassung innerhalb der Europäischen Union haben. Für juristische Personen, die nach den Rechtsvorschriften eines Mitgliedstaates der Europäischen Unions oder der anderen Vertragsstaaten des Abkommens über den EWIR gegründet worden sind und ihren satzungsmäßigen Sitz, jedoch weder ihre Hauptverwaltung noch ihre Hauptniederlassung innerhalb der Europäischen Union haben, gilt dies nur, wenn ihre Tätigkeit in tatsächlicher und dauerhafter Verbindung mit der Wirtschaft eines Mitgliedstaates steht.

Mit dieser neuen Regelung paßt das Gesetz die Pflichten der nicht im Handelsregister eingetragenen Gewerbetreibenden und EU-ausländischer Gewerbetreibender an die bereits für die Handelsfirmen bestehenden Regelungen an, im Schriftverkehr die Inhabersituation offenzulegen. Dies ist vor allem bedeutsam für Vertragspartner, welche mit solchen Gewerbetreibenden Prozesse zu führen haben, aber nicht wissen, wer der Inhaber des Unternehmens ist. Es waren daher bisher insoweit häufig Rückfragen bei den Ordnungsämtern oder der Industrie- und Handelskammer notwendig.

 Beachte: Für Gewerbebetriebe und Arbeitnehmer der am 1. Mai 2004 beigetretenen EU-Staaten gibt es Übergangsvorschriften.

Die kaufmännischen Geschäfte

Fritz Sorgenfrei hat nun also alle formellen Voraussetzungen erfüllt. Da er aber in seinem Betrieb Brot und Backwaren verkauft, fällt er unter § 1 HGB. Er kauft Rohstoffe ein und verkauft sie wieder weiter – allerdings erst, nachdem er sie bearbeitet hat. Aber das ist – wie aus dem Gesetz ersichtlich – unerheblich. Lediglich das Handelsgewerbe macht das Wesen der kaufmännischen Tätigkeit aus. Darunter fällt jeder Gewerbetrieb.

Wenn Fritz Sorgenfrei seinen Betrieb in einem so kleinen Umfange aufzieht, daß er selbst die ganze technische Seite des Betriebes in eigener Person leitet und mitbetreibt, zum Beispiel die Steueraufzeichnungen vornimmt, selbst mitverkauft, die Schaufenster dekoriert usw., so ist er ein Kannkaufmann. Als solcher führt er keine »Firma«, das heißt keinen besonderen kaufmännischen Namen. Er kann einen solchen aber zum Handelsregister anmelden. Dann wird er zum Handelsgewerbe und zum Kaufmann.

Die besonderen Vorschriften über die Vertragsstrafe des Kaufmannes (§ 348 HGB), über die fehlende Einrede der Vorausklage des kaufmännischen Bürgen (§ 349 HGB) und über die Formfreiheit der Bürgschaftserklärung und des Schuldversprechens eines Kaufmannes (§ 350 HGB) finden auf Kannkaufleute, die nicht im Handelsregister eingetragen sind, keine Anwendung.

Die täglichen Geschäfte

An dieser Stelle wollen wir zur Firma Jedermann nach Marburg zurückkehren und sehen, was dort geschieht. Jedermann hat bei der Textilfabrik Supertex GmbH sechs Ballen Rohstoffe nach Muster bestellt. Die sechs Ballen kommen pünktlich an und werden in die Regale eingelagert. Nach und nach wird von ihnen verkauft. Nach vier Monaten wird ein Ballen angeschnitten, bei dem sich dabei herausstellt, daß Zellwolle eingewebt ist. Nunmehr schreibt Jedermann einen Brief an die Fa. Supertex, in welchem er den Mangel mitteilt und Rücknahme des Ballens gegen Gutschrift oder Lieferung einwandfreier Ware verlangt. Supertex lehnt dies energisch mit Hinweis auf die inzwischen verstrichene Frist ab. Jedermann ist der Meinung, daß ein Käufer binnen zwei Jahren seit Lieferung der gekauften Sache Mängel derselben geltend machen könnte (vgl. die Ausführungen über Kaufvertrag).

An dieser Stelle können wir uns gut den Sinn des Handelsgesetzbuches klarmachen. Wer dieses liest, ohne vorher die einschlägigen Bestimmungen des BGB kennengelernt zu haben, wird Schwierigkeiten haben. Sie sind sehr oft gedacht als Ergänzungen zu dem, was im BGB steht. Dort steht tatsächlich, daß ein Käufer einer Ware zwei Jahre Zeit hat, um einen Mangel an der gekauften Sache zu entdecken und dem Verkäufer gegenüber Mängelansprüche geltend zu machen. Denn der Käufer soll nicht gezwungen werden, bei jedem Alltagseinkauf großartige Untersuchungen und Prüfungen vorzunehmen. Er soll die gekaufte Sache benutzen, und was er innerhalb der Gewährleistungsfrist an Mängeln entdeckt, das soll er dem Verkäufer gegenüber geltend machen können.

Die Situation ist aber nicht die gleiche, wenn ein Kaufmann einem anderen etwas abkauft. Hier stehen sich gewandte, erfahrene Personen gegenüber, von denen man mehr erwarten kann, als daß sie eine bestellte Ware einfach hinnehmen und es der Zeit oder dem Zufall überlassen, ob sich an ihnen Mängel zeigen.

In § 377 HGB ist als besondere Pflicht für einen Kaufmann, der für seinen Gewerbebetrieb von einem anderen Kaufmann etwas einkauft, bestimmt:

> § 377
>
> (1) Ist der Kauf für beide Teile ein Handelsgeschäft, so hat der Käufer die Ware unverzüglich nach der Ablieferung durch den Verkäufer, soweit dies nach ordnungsmäßigem Geschäftsgange tunlich ist, zu untersuchen und, wenn sich ein Mangel zeigt, dem Verkäufer unverzüglich Anzeige zu machen.
>
> (2) Unterläßt der Käufer die Anzeige, so gilt die Ware als genehmigt, es sei denn, daß es sich um einen Mangel handelt, der bei der Untersuchung nicht erkennbar war.

In der Firma Jedermann hat man offenbar von dieser Bestimmung des HGB keine Kenntnis gehabt und sich daher auf die Verjährungsfrist, die das BGB für den Kaufvertrag vorsieht, verlassen. Die sechs Ballen waren von Karl Jedermann oder einem mit Stoffarten vertrauten Angestellten unverzüglich, das heißt ohne schuldhaftes Verzögern (zwei bis drei Tage), auf ihre Qualität und etwaige fehlerhafte Stellen zu untersuchen und gegebenenfalls dies der Firma Supertex mitzuteilen; denn eine Lieferfirma will umgehend Klarheit haben, ob ein Geschäft in Ordnung geht oder nicht.

Hier war eine Untersuchung einfach. Bisweilen werden Stichproben als angemessene Untersuchung genügen. Beim Kauf einiger Kisten Sekt kann man nicht gut jede Flasche probieren. Das gleiche gilt von Konserven oder sonst dauerhaft verschlossenem Gut.

Was für die Mängel gilt, gilt auch für die Menge. Wer statt sechs Ballen versehentlich sieben Ballen Stoff geliefert bekommt, muß die Mehrlieferung unverzüglich beanstanden, sonst gilt der Kauf über die sieben Ballen an Stelle der sechs als zustande gekommen. Wenn die Mehrlieferung allerdings so groß ist, daß der Verkäufer nicht mit einer Genehmigung rechnen konnte, so kommt diese Bestimmung nicht zum Zuge. Wären also zum Beispiel versehentlich 13 Ballen geschickt worden, so läge immer nur ein Kaufvertrag über sechs Ballen vor, auch wenn der Käufer sich nicht unverzüglich wegen der zu großen Lieferung gerührt hätte.

Das vorstehend Gesagte gilt übrigens auch für den Fall, daß eine andere Ware als die bestellte geliefert worden ist. Hat zum Beispiel ein Spirituosengeschäft Steinhäger bestellt und bekommt statt dessen Aquavit geliefert, so muß unverzüglich eine Beanstandung erfolgen, sonst gilt die Lieferung des Aquavits als genehmigt.

All diese Vorschriften gelten nicht bei arglistigem Verhalten des Verkäufers, wenn er also bewußt einen alten Ladenhüter in die Lieferung einschmuggelt; doch wird dies meist schwer zu beweisen sein. Hat man mit Recht eine Lieferung beanstandet und will man sie nicht bei sich aufbewahren, so kann man sie in einem Lagerhaus unterstellen und sich die Kosten von dem Verkäufer erstatten lassen. Kommen die Sachen dort, wo sie aufbewahrt sind, in Verlust, so geht dies zu Lasten des Verkäufers.

Der Kommissionsvertrag

Ebenso wie das Handelsgesetzbuch für das Kaufrecht besondere Bestimmungen kennt, kennt es auch für andere Rechtsgebiete Sonderbestimmungen. So kann ein Kaufmann Bürgschaften und Schuldversprechen mündlich abgeben (§ 350 HGB). Wenn er Bürge ist, hat er nicht die Einrede der Vorausklage (s. dort). Eine Vertragsstrafe, die er eingegangen ist, kann nicht herabgesetzt werden, wenn sie unangemessen hoch erscheint, was nach BGB möglich ist. Diesen Nachteilen des Kaufmannsrechts unterliegen allerdings nicht die »Kannkaufleute« (siehe oben).

Paul Jedermann hat einen Teil der Ware an einen Geschäftsmann im Dorf Sulzbach in Kommission gegeben. Er hat vorher durch seine Handlungsreisenden Erkundigungen über diesen Geschäftsmann, Daniel Gramm, eingezogen, die recht günstig lauteten. Vorsorglich schließt er jedoch mit Gramm folgenden schriftlichen Vertrag:

KOMMISSIONSVERTRAG

zwischen

der Firma Paul Jedermann, Ungewitterstraße 11, 35037 Marburg/Lahn,
und
Herrn Daniel Gramm, Inhaber des Gemischtwarengeschäftes in Sulzbach a. d. Sulze.

§ 1

Die Firma Jedermann übergibt Herrn Gramm die aus der Anlage ersichtlichen Stoffe im Gesamtwerte von 2000,– Euro zum Vertrieb im eigenen Namen in seinem Geschäft in Sulzbach. Die Ware bleibt Eigentum der Firma Jedermann, jedoch ist Herr Gramm ermächtigt, die Ware im ordnungsmäßigen Geschäftsgang im eigenen Namen zu veräußern. Die Preise sind von der Firma Jedermann festgelegt.

§ 2

Über die aufgrund dieses Vertrages vorgenommenen Veräußerungen hat Herr Gramm ein besonderes Buch zu führen und die eingezahlten Beträge in einer gesonderten Kasse aufzubewahren, oder auf einem besonderen Bankkonto zu führen. Beide Parteien sind sich darüber einig, daß die von Gramm eingezogenen Kaufbeträge sofort in das Eigentum der Firma Jedermann übergehen. Von den eingegangenen Geldern darf Herr Gramm 10 Prozent sofort abziehen und für sich als Provision einbehalten. Spesen werden Herrn Gramm nicht ersetzt. Auf Kredit darf er nichts verkaufen.

§ 3

Herr Gramm wird in seinem Geschäft eine besondere Ecke zur Lagerung der Stoffe zur Verfügung halten und dort deutlich sichtbar vermerken, daß es sich um Kommissionsgut der Firma Jedermann handelt.

§ 4

Soweit Herr Gramm für mehr als 1000,– Euro Ware verkauft hat, erhält er entsprechende Nachlieferung an Ware. Für die jeweiligen Nachlieferungen gilt gleichfalls das vorstehend Vereinbarte.

35037 Marburg/Lahn, den ...   Sulzbach, den 11. März 20..

Paul Jedermann   *David Gramm*

 Zwei Ausfertigungen schreiben, jeder Vertragspartner erhält ein Exemplar.

Die Auskunft über Herrn Gramm war leider falsch. Gleich den ersten Warenposten im Werte von 2000,– Euro verwertet er ausschließlich für sich. Einen Posten Waren im Werte von 1000,– Euro verkauft er in bar und verwendet das ganze Geld zur Begleichung eigener Verbindlichkeiten. Den Restposten im Werte von 1000,– Euro verkauft er auf Kredit und tritt die Kaufpreisforderungen gegen die Freunde Klatt, Best, Grün und noch einige andere an einen Darlehensgeber Braun zur Deckung von Schulden ab.

Nunmehr entdeckt Jedermann den Schaden und versucht zu retten, was zu retten ist.

Untreue und Strafanzeige

Bezüglich der eingezogenen und verbrauchten 1000,– Euro kann er von Gramm Schadensersatz verlangen, und zwar wegen Verletzung des Kommissionsvertrages und aus unerlaubter Handlung. Gramm hat vor allen Dingen gegen die in § 384 HGB festgelegte Pflicht des Kommissionärs verstoßen, die Interessen Jedermanns mit der Sorgfalt eines ordentlichen Kaufmanns wahrzunehmen, ihm über die getätigten Geschäfte Rechnung zu legen und ihm das erlangte Geld herauszugeben. Er hat sich ferner wegen Unterschlagung strafbar gemacht, da infolge der vereinbarten Führung besonderer Konten und der Einigung, daß das Geld darin sofort Jedermann auszuzahlen war, das Geld für ihn fremdes Geld war. Er hat außerdem noch Untreue begangen.

Es nützt Jedermann natürlich wenig, wenn er durch eine Strafanzeige erreicht, daß Gramm bestraft wird. Er darf also nicht im ersten Impuls eine solche Strafanzeige an die Polizei oder die Staatsanwaltschaft abschicken. Diesen Übereifer hat schon mancher bereut. Denn wenn jetzt Angehörige Gramms mit Ratenzahlungsvorschlägen kommen, unter der Voraussetzung, daß Gramm vor einer Anzeige bewahrt wird, so ist es meist zu spät, da auch eine Erklärung Jedermanns an die Staatsanwaltschaft oder Polizei: »Ich nehme hiermit meine Anzeige gegen Gramm zurück«, nichts nutzt.

Nur bei Antragsdelikten, wie zum Beispiel der Beleidigung, bei denen ein besonderer Strafantrag des Verletzten erforderlich ist, sieht das Gesetz bisweilen die Möglichkeit der Rücknahme dieses Strafantrages vor. Unterschlagung und Untreue dagegen sind von Amts wegen zu verfolgende Delikte, für die ein Strafantrag Jedermanns nicht erforderlich ist. Auch wenn die Strafverfolgungsbehörden nicht durch die Strafanzeige Jedermanns, sondern durch eine Angestellte Gramms aufmerksam gemacht worden wären, wäre das Strafverfahren gegen diesen in Gang gesetzt worden.

Jedermann fährt daher besser, wenn er nicht gleich eine Strafanzeige erstattet, sondern erst einmal an Gramm schreibt:

Paul Jedermann
Textilien für jedermann

Ungewitterstraße 11
35037 Marburg/Lahn

Herrn
Daniel Gramm
55758 Sulzbach an der Sulze

20.4.20..

Ich habe durch Überprüfung Ihres Geschäftes festgestellt, daß Sie unter Mißbrauch Ihrer Kommissionsstellung mich dadurch geschädigt haben, daß Sie die eingezogenen Gelder unterschlagen und veruntreut haben. Der mir entstandene Schaden beläuft sich auf 1000,– Euro. Falls Sie mir nicht binnen fünf Tagen annehmbare Vorschläge unterbreiten, wie Sie mich schadlos zu stellen gedenken, werde ich Strafanzeige gegen Sie stellen. Die Folgen für Ihr weiteres Leben brauche ich wohl nicht im einzelnen zu schildern. Glauben Sie nicht, daß Sie mich mit leeren Versprechungen von dem vorgesehenen Schritt abhalten werden.

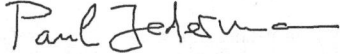

Derartige Schreiben haben oft den Erfolg, daß wenigstens eine angemessene Ratenzahlung, verbunden mit der Sicherung durch eine Bürgschaft, zu erreichen ist. In einer solchen Ankündigung einer Strafanzeige liegt keine Erpressung, denn hierzu ist man berechtigt. Man darf allerdings nur das zu erreichen suchen, was einem als Schadensersatz zusteht. Wer die Gelegenheit nutzen will, um weitergehende Leistungen zu erlangen, ist wegen Erpressung strafbar.

Komplizierter, aber für Jedermann günstiger liegt die Rechtslage hinsichtlich der von Gramm an Braun abgetretenen Kaufpreisforderungen. Gramm trat bei dem Verkauf der ihm überlassenen Stoffe nicht als Vertreter des Jedermann, sondern im eigenen Namen auf, das heißt er wurde aus dem Kaufvertrag allein der Berechtigte und der Verpflichtete. Das ist gerade die Eigentümlichkeit der Kommission. Der verpflichtende Kaufvertrag trifft also nie den hinter Gramm stehenden Kommittenten Jedermann. Demnach steht die Forderung auf den Kaufpreis auch nur Gramm zu. Er sollte sie ja auch einziehen. Es hätte ebensogut im Vertrag zwischen Gramm und Jedermann vereinbart worden sein können, daß er diese Forderung nicht einziehen durfte, sondern alsbald an Jedermann abtreten mußte. Ja, es hätte sogar vereinbart sein können, daß diese Forderungen in dem Augenblick, in dem sie in der Person Gramms entstanden, sofort automatisch auf Jedermann übergehen sollten. Dies hat man hier im Vertrag nicht vorgesehen, obwohl es empfehlenswert ist.

Aber hier kommt Jedermann die überaus wichtige Bestimmung des § 392 HGB zugute. Danach gelten solche Forderungen eines Kommissionärs, wie hier die des Gramm, im Verhältnis zu dessen Gläubigern als Forderungen Jedermanns, ohne daß es erst noch einer Abtretung bedarf. Demzufolge muß sich Braun so behandeln lassen, als wären die an ihn abgetretenen Forderungen gegen die Freunde damals schon Forderungen Jedermanns gewesen. Solche konnte ihm aber Gramm nicht abtreten. Jedermann stehen also dieselben Befugnisse zu, als hätte Gramm die Abtretung nicht vorgenommen. Er kann verlangen, daß ihm Gramm diese Forderungen abtritt, und kann sie dann gegen die Freunde geltend machen.

Sollte Braun in Verkennung der Rechtslage behaupten, daß ihm die abgetretenen Forderungen trotzdem zustünden, dann könnte Jedermann gegen ihn auf Feststellung klagen, daß Braun die Forderungen nicht zustehen. Er könnte auch im Wege der einstweiligen Verfügung eine Anordnung des

Gerichts darüber herbeiführen, daß Braun sich der Geltendmachung der abgetretenen Forderungen zu enthalten habe.

302

Ein Antrag auf Erlaß einer einstweiligen Verfügung sieht folgendermaßen aus:

An das
Amtsgericht
35037 Marburg/Lahn   10.5.20..

Antrag

des Kaufmanns Paul Jedermann, Ungewitterstraße 11, 35037 Marburg,
Antragsteller

gegen

den Rentner Otto Braun, Ratsgasse 9, 35037 Marburg,
Antragsgegner
auf Erlaß einer einstweiligen Verfügung.
Streitwert: 1000,– Euro

Ich beantrage hiermit, der Dringlichkeit halber ohne mündliche Verhandlung zu entscheiden:

Dem Antragsgegner wird bei Vermeidung einer vom Gericht festzusetzenden Strafe für jeden Fall der Zuwiderhandlung untersagt, die ihm von dem in Sulzbach wohnenden Gewerbetreibenden Daniel Gramm abgetretenen Kaufpreisforderungen gegen die Sulzbacher Einwohner Klatt, Best und Grün einzuziehen, abzutreten oder sonst über sie zu verfügen.

Begründung:

Der Antragsteller hatte mit dem Gewerbetreibenden Daniel Gramm einen Kommissionsvertrag abgeschlossen.

Beweis: der anliegend in beglaubigter Fotokopie beigefügte Vertragstext.

Der Genannte hat diesen Vertrag gröblichst verletzt. Er hat nicht nur eingezogene Gelder unterschlagen, er hat auch Außenstände im Werte von insgesamt 1000,– Euro, nämlich

Euro 600,– gegen Klatt
Euro 320,– gegen Best
Euro 80,– gegen Grün

abredewidrig dem Antragsgegner zur Deckung einer Schuld abgetreten. Zur Glaubhaftmachung überreiche ich:

1. drei eidesstattliche Versicherungen der vorstehend Genannten, daß der Antragsgegner ihnen gegenüber diese Forderungen geltend macht,
2. eine eidesstattliche Erklärung des Angestellten des Antragstellers Erich List, demgegenüber Gramm selbst die Abtretung zugegeben hat.

Die Abtretung sämtlicher Forderungen ist gemäß § 392 HGB dem Antragsteller gegenüber unwirksam. Der Antragsgegner lehnt es ab anzuerkennen, daß er kein Recht an diesen Forderungen habe, und bemüht sich weiterhin, sie beizutreiben, wie es sich aus den vorstehenden eidesstattlichen Versicherungen ergibt.

Da die Gefahr besteht, daß einer der Schuldner an den Antragsgegner zahlt und dadurch von seiner Schuld gegenüber dem Antragsteller befreit wird, ist Eile geboten. Es rechtfertigt sich daher der Antrag auf Entscheidung ohne mündliche Verhandlung.

Paul Jedermann

Original mit einer Abschrift dem Gericht einreichen, eine Durchschrift für die eigenen Akten zurückbehalten. Gerichtskostenmarken brauchen nicht beigefügt zu werden. Die eidesstattlichen Versicherungen sind dem Original des Antrags beizufügen.

Es muß ausdrücklich der Antrag gestellt werden, daß die Entscheidung ohne mündliche Verhandlung erfolgen soll. Denn im Gegensatz zum Arrestverfahren, in dem fast immer ohne mündliche Verhandlung ein Beschluß ergeht, muß dies im Verfahren auf Erlaß einer einstweiligen Verfügung besonders beantragt werden und die besondere Dringlichkeit dargetan werden. Und auch dann steht es noch im Ermessen des Gerichts, ob es nicht doch vor der Entscheidung eine mündliche Verhandlung anberaumt. Es ist aber sehr wichtig, daß man eine Entscheidung ohne mündliche Verhandlung zu erreichen sucht, denn sonst würde ja die Gegenseite durch die Terminladung und Zustellung des Antrags vor dem Vorhaben gewarnt, und das Überraschungsmoment ginge verloren.

Gegen die ohne mündliche Verhandlung erlassene einstweilige Verfügung Jedermanns kann Braun Widerspruch einlegen. Für diesen Widerspruch gibt es keine Frist. Alsdann kommt die Angelegenheit zur mündlichen Verhandlung. Statt dessen kann Braun dem Jedermann auch durch das Gericht, das die einstweilige Verfügung erlassen hatte, eine Frist zur Erhebung der Klage gegen ihn über die Berechtigung seiner Forderung auf Feststellung, wem die abgetretenen Forderungen zustehen, setzen lassen. Folgt Jedermann dann dieser Aufforderung nicht, so wird die einstweilige Verfügung aufgehoben (vgl. §§ 926, 936 ZPO).

Die Grundlage für eine einstweilige Verfügung ist in rechtlicher Hinsicht in Zusammenhang mit dem Kostenrisiko meist nicht klar zu übersehen. Wenn der Fall nicht ganz klar liegt, sollte man unbedingt einen Anwalt hinzuziehen, der bei einer etwaigen Zuständigkeit des Landgerichts ohnehin nötig ist.

Der Frachtvertrag

Paul Jedermann hat einige Ballen Stoffe, die in Marburg nicht gehen. Ein Geschäftsfreund aus Wetzlar, Armin Lahr, kauft sie ihm ab und leistet eine Akontozahlung. Darauf sendet ihm Karl Jedermann die Ware durch den Spediteur Sauer zu. Der Lkw Sauers verunglückt beim Transport der Ballen nach Wetzlar, und die Ware ist so beschmutzt, daß Lahr sie nicht gebrauchen kann. Er und Jedermann möchten wissen, wie sie sich richtig zu verhalten haben.

Der Käufer Lahr muß den Kaufpreis an Jedermann bezahlen, obwohl die Ware bei ihm in unbrauchbarem Zustande ankommt. Dies haben wir bereits an einem früheren Fall erörtert. Wer ersetzt dem Lahr aber dann seinen Schaden? Hat er selbst gegen den Spediteur Sauer einen Schadensersatzanspruch aus Frachtvertrag?

Es klingt merkwürdig, daß wir hier von einem Frachtvertrag sprechen, obwohl Sauer doch Spediteur ist. Hier tritt aber Sauer als Frachtführer auf. Gemäß § 407 HGB besteht das Speditionsgeschäft darin, daß er im eigenen Namen durch Frachtführer fremdes Gut befördern läßt. Bei einem Inlandstransport wird aber der Spediteur gewöhnlich durch eigene Fahrzeuge und Leute den Transport bewerkstelligen, also selbst die Beförderung durchführen. Eine solche eigene Beförderung ist aber keine Speditionstätigkeit, sondern ein Frachtgeschäft im Sinne von §§ 425 ff. HGB. Bezüglich der Bedingungen und Transportbedingungen gelten hier die allgemeinen deutschen Spediteurbedingungen, denen sich jeder Auftraggeber stillschweigend unterwirft. In seiner Eigenschaft als Frachtführer ist Sauer berechtigt, die Ausstellung eines Frachtbriefes zu verlangen, der also vom Auftraggeber ausgestellt wird, während er umgekehrt dem Auftraggeber einen sogenannten Ladeschein geben kann.

304

Aus dem vorstehend erwähnten Frachtvertrag ist aber nur Paul Jedermann berechtigt. Gemäß der ausdrücklichen Vorschrift des § 421 HGB hat der Empfänger der Sendung, Lahr, erst Ansprüche aus dem Vertrag, wenn das beförderte Gut am Orte der Ablieferung eingetroffen ist. Da der Unfall hier schon vorher sich ereignete, stehen die Ansprüche aus dem Vertrage noch Jedermann zu. Lahr muß sich also erst die Schadensersatzansprüche von Jedermann abtreten lassen, bevor er gegen Sauer vorgehen kann.

Der Handelskauf

Meister Sorgenfrei hat sein Mehl seit langem bei dem Mehlgroßhändler Weiß bezogen und war stets wegen der guten Qualität und der pünktlichen Lieferung zufrieden.

Bestellungen durch den Prokuristen

Während einer Geschäftsreise, die ihn eine Woche von seinem Betrieb fernhält, bestellt sein Prokurist 30 Sack Mehl bei dem ihm an seinem Stammtisch empfohlenen Händler Leopold Müller. Zwar hatte ihn Fritz Sorgenfrei ausdrücklich angewiesen, nur bei Weiß einzukaufen, der Prokurist Paul Strebsam wollte sich aber die Sporen verdienen, indem er seinen Meister durch einen besonders günstigen Einkauf überraschte und eine neue Geschäftsverbindung anknüpfte.

Mängelrüge und Wandlung

Das von der Mühle Leopold Müller gelieferte Mehl kommt auch sofort an und wird auf dem Speicher gelagert. Man hat dies so mit den von der Firma Weiß gelieferten Sorten, die immer erstklassig waren, gehalten und sieht keine Veranlassung, hier anders zu verfahren. Als Fritz Sorgenfrei nach der Rückkehr von seiner Geschäftsreise von der Eigenmächtigkeit seines Prokuristen hört, sagt er zunächst nichts, aber er begibt sich am nächsten Tag auf den Speicher und sieht sich die Ware an.

Hier muß er feststellen, daß die Ware durchaus nicht der sonstigen von ihm verwendeten Qualität entspricht, außerdem zum Teil verunreinigt ist, so daß er mit einem großen Verlust bei der Verwendung dieser Ware zu rechnen hat. Und als er schließlich daraufhin sich die Rechnung von Leopold Müller ansieht, muß er feststellen, daß entgegen der Bestellung nicht 30, sondern 35 Sack geliefert worden sind. Der Lieferant hat sich also nicht einmal an die bestellte Menge gehalten und auf diese Weise versucht, minderwertige Ware loszuschlagen.

»Da haben Sie die Bescherung«, sagt er voll Zorn zu seinem Prokuristen Strebsam, »nun sind Sie ja schön hereingefallen. Ich brauche nur einmal für zehn Tage fort zu sein, und schon geht alles schief.«

Ob sich ein starker Zornesausbruch immer lohnt, mag dahingestellt bleiben. Meister Sorgenfrei sollte bedenken, daß sein Prokurist, also ein leitender Angestellter, das Beste wollte und nicht die Absicht hatte, der Firma Schaden zuzufügen. Übermäßige Vorwürfe stärken nie das Verantwortungsbewußtsein. Sie sind sogar geeignet, die Entschlußfreudigkeit so stark herabzusetzen, daß in einem Notfall großer Schaden entsteht, weil sich niemand getraut, eine Entscheidung zu fällen. Würde der begangene Fehler wirklich so groß sein, daß er nicht wieder eingeholt werden könnte, so hätte Meister Sorgenfrei letzten Endes selbst die Schuld. Er hatte es schließlich in der Hand, wen er zu seinem Prokuristen und damit zum ständigen Vertreter machte.

Am nächsten Tag geht folgender Brief ab:

FRITZ SORGENFREI
BÄCKEREI UND KONDITOREI
Schweizer Straße 193 · 60594 Frankfurt/Main

<u>Einschreiben</u>

Herrn
Leopold Müller
Taunusmühle
61462 Schneidhain/Taunus

24. Mai 20 . .

Sehr geehrter Herr Müller!

Während meiner längeren Abwesenheit von meinem Betriebe bestellte mein Prokurist, Herr Paul Strebsam, bei Ihnen 30 Sack Mehl, Ia Qualität, obwohl ich ihn ausdrücklich angewiesen hatte, nur bei der Firma Weiß zu beziehen, mit der ich seit vielen Jahren in guter Geschäftsverbindung stehe.

Die von Ihnen binnen 24 Stunden angelieferte Ware ist ausgesprochen schlecht. Es handelt sich weder um eine Ia-Qualität noch entspricht die Lieferung dem Auftrag, da Sie 5 Sack mehr als bestellt geliefert haben.

Ich habe bei der gestern angestellten Untersuchung im übrigen Verunreinigungen feststellen müssen, die eine Verarbeitung nur unter Verlust ermöglichen.

Ich muß daher aus den vorstehend genannten Gründen die Annahme der Lieferung ablehnen und stelle Ihnen anheim, die Ware alsbald wieder abholen zu lassen.

Mit freundlichen Grüßen

Fritz Sorgenfrei

Einschreiben. Durchschrift für die eigenen Akten behalten.

Das Antwortschreiben von Leopold Müller geht prompt zwei Tage später ein:

306

TAUNUSMÜHLE · Leopold Müller   61462 Schneidhain

<u>Einschreiben</u>

An die
Bäckerei und Konditorei
Fritz Sorgenfrei
Schweizer Straße 193
60594 Frankfurt/Main   26. Mai 20 . .

Sehr geehrter Herr Sorgenfreil

Ich bestätige den Eingang Ihres Schreibens vom 24. d. M., dessen Inhalt mich sehr
befremdet.

Es mag sein, daß Ihr Prokurist die Bestellung an mich gegen Ihren Willen aufgegeben
hat. Das interessiert mich jedoch nicht, da Ihr Prokurist Sie immer vertreten kann.
Die Qualität meines Mehls ist gut und wird von meinen übrigen Kunden stets gelobt.
Ich kann mir nicht erklären, daß ausgerechnet die Lieferung an Sie Unreinheiten enthalten soll. Möglicherweise sind diese Verunreinigungen auf eine unsachgemäße
Lagerung in Ihrem Betriebe zurückzuführen. Auf keinen Fall kann ich diese Mängel
anerkennen, nachdem Sie über eine Woche seit der Anlieferung gewartet haben, um
diese angeblichen Mängel anzuzeigen. Dasselbe gilt hinsichtlich der Mehrlieferung
von 5 Sack Mehl. Insofern ist tatsächlich meiner Auslieferung ein Irrtum unterlaufen.
Nachdem Sie aber mit der Beanstandung dieser geringfügigen Mehrlieferung so lange
gewartet haben, ist diese von Ihnen genehmigt worden.
Ich muß Sie daher höflichst bitten, Ihr Konto innerhalb der geschäftsüblichen Frist
auszugleichen. Eine Rücknahme der Ware lehne ich selbstverständlich ab.

Mit freundlichen Grüßen

Leopold Müller

 Einschreiben. Einschreibbeleg an den eigenen Durchschlag heften.

Gewährleistungsfristen

Was nun, Fritz Sorgenfrei? Dieser meint, er könnte den Mangel einer gekauften Sache innerhalb von
zwei Jahren geltend machen, denn so steht es ja in § 438 BGB. Dies ist wohl richtig, aber Fritz
Sorgenfrei übersieht, daß dies nur eine Regelung für den gewöhnlichen Kunden ist. Wenn dagegen
Kaufleute untereinander Geschäfte tätigen, sieht dies anders aus. Hier ist § 377 HGB mit Pflicht zur
unverzüglichen Untersuchung und Rüge zu beachten, wie bereits oben dargestellt.

Fritz Sorgenfrei kann nicht geltend machen, daß er die Sendung nicht bestellt habe und daß sein
Prokurist gegen seine ausdrückliche Anweisung gehandelt habe. Der Prokurist einer Firma – nur ein
Vollkaufmann kann eine Prokura erteilen – ist gemäß § 49 HGB vertretungsberechtigt zu allen Arten
von gerichtlichen und außergerichtlichen Geschäften und Rechtshandlungen, die der Betrieb eines

Handelsgewerbes mit sich bringt. Nur zur Veräußerung und Belastung von Grundstücken gilt dies im Normalfall nicht. Soweit also der Prokurist im Rahmen der vorstehend umschriebenen Vertretungsmacht handelt, ist es so anzusehen, als hätte der Betriebsinhaber selbst die Willenserklärung abgegeben.

Der Chef kann auch nicht diesen Umfang der Vertretungsmacht seines Prokuristen beschränken. Dies hat dritten Personen gegenüber keine Wirkung. Man muß es sich daher reiflich überlegen, bevor man einem Angestellten eine derartig weitreichende Vertretungsmacht einräumt.

Häufig ist es zweckmäßig, eine Prokura einem nahen Angehörigen, z. B. der Ehefrau oder einem Bruder, zu erteilen, damit während der Abwesenheit des Prinzipals die erforderlichen Erklärungen dritten Personen gegenüber abgegeben werden können. Ein Anstellungsvertrag wird damit nicht begründet, es liegt vielmehr ein Auftrag oder – bei der Ehefrau – ein familienrechtliches Schuldverhältnis vor, aufgrund dessen der Angehörige seine Vertretungsmacht (Prokura) verwendet.

Haftung des Angestellten für Nachlässigkeit

Strebsam hat die Prokura im Zusammenhang mit seiner Stellung als Angestellter (Handlungsgehilfe) erhalten.

Sein Arbeitsvertrag ist das schuldrechtliche Band, das ihn mit seinem Arbeitgeber Fritz Sorgenfrei verbindet. Aufgrund dieses Schuldverhältnisses ist er verpflichtet, den Anweisungen seines Chefs nachzukommen. Dies hat er hier nicht getan. Wegen dieser Verletzung seiner Pflichten ist er seinem Vertragspartner – dem Arbeitgeber – gegenüber schadensersatzpflichtig geworden.

Fritz Sorgenfrei muß also den Vertrag, den sein Prokurist Strebsam mit der Mühle geschlossen hat, gegen sich gelten lassen. Er kann aber den daraus entstehenden Schaden auf Strebsam abwälzen. Es liegt ferner auch eine Vertragsverletzung des Strebsam darin, daß er es unterlassen hat, die angelieferte Ware unverzüglich zu untersuchen, denn dann hätte die Bestellung noch rückgängig gemacht werden können.

»Nun schön«, meint Meister Sorgenfrei murrend. »Das sehe ich nun wohl oder übel ein. Aber die zuviel gelieferten fünf Sack bezahle ich unter gar keinen Umständen. Wo kämen wir wohl hin, wenn jeder einem schicken könnte, was er wollte.«

Aber auch hier muß man Fritz Sorgenfrei eines Besseren belehren. Der § 378 HGB ergänzt nämlich den § 377 HGB dahin, daß auch die Lieferung anderer Mengen, ja sogar anderer als der bestellten Ware, unverzüglich beanstandet werden muß. Sie gilt sonst als genehmigt.

Die Mühle hat ein Sechstel mehr geliefert, als bestellt worden war. Diese Abweichung ist nicht so erheblich, daß der Lieferant nicht mit einer Abnahme des überschießenden Kontingentes rechnen konnte. Infolgedessen hätte die Firma Sorgenfrei unverzüglich die Zuviellieferung rügen müssen. Da dies nicht geschehen ist, muß sie also auch die Mehrlieferung abnehmen und bezahlen.

»Ich weiß nicht«, meint Fritz Sorgenfrei erbittert, »das hat doch die Mühle Müller uns ganz bewußt angedreht. Ihren Kunden wagt sie nicht, diese schlechte Ware anzubieten, und da mußten wir eben herhalten.« Das ist eine sehr gewichtige Feststellung. Wenn es tatsächlich so war, dann hat die Mühle arglistig gehandelt und kann sich nicht auf die Rügelast des § 377 berufen.

Aber Fritz Sorgenfrei mag folgendes bedenken: Es wird fast unmöglich sein, diese Tatsache zu beweisen. Man kann ihm also nicht dazu raten, auf eine so unbestimmte Möglichkeit hin einen Prozeß mit der Mühle Müller zu riskieren. Es ist besser, wenn er zahlt. Ob er den ihm entstandenen Schaden seinem Prokuristen Strebsam aufbürden soll, das muß sein Fingerspitzengefühl entscheiden. Strebsam hat es schließlich gut gemeint.

Das kaufmännische Zurückbehaltungsrecht

Fritz Sorgenfrei hat als guter Kollege seinem Innungskollegen Ludwig Puder häufig mit Mehl ausgeholfen, wenn dieser in Nöten war. Leider hat es Meister Puder mit der Erstattung des dargeliehenen Mehls nicht sehr genau genommen. Ja, es heißt ganz richtig: »dargeliehenes« Mehl. Es handelt sich hier nämlich um ein Darlehen, nicht etwa um eine Leihe. Bei einem Leihvertrag gemäß §§ 598 ff. BGB muß nämlich der Entleiher genau dieselben Sachen zurückgeben, die er empfangen hat. Hingegen bei einem Darlehensvertrag gemäß §§ 607 ff. BGB soll der Darlehensnehmer die empfangenen Sachen – meistens wird es Geld sein – gerade für sich verbrauchen können und ist dann gehalten, dem Darleiher das Empfangene in Sachen von gleicher Art und Güte zurückzuerstatten. Das ist hier der Fall.

Schließlich fängt Fritz Sorgenfrei an, den Kollegen Puder zu mahnen, aber leider ohne Erfolg. Zufälligerweise bekommt nun aber Fritz Sorgenfrei – es geht auf Weihnachten zu – von Puder eine große Sendung Marzipangebäck – eine Spezialität Puders – zugesandt, da Fritz Sorgenfrei früher einmal gesagt hatte, er würde in der Weihnachtszeit hierfür Interesse haben.

Das kommt Meister Sorgenfrei wie gerufen. Er läßt von seiner Sekretärin bei Puder anrufen und diesem mitteilen, daß er mit seiner Mehlforderung gegen die Marzipanforderung aufrechne. Puder, der selbst am Apparat ist, widerspricht sofort und verlangt die Rücksendung des Marzipangebäcks.

Puder hat unrecht, wenigstens im Ergebnis. Zwar ist auch die Rechtsauffassung unseres Fritz Sorgenfrei falsch, daß er hier »aufrechnen« kann. Gemäß § 387 BGB kann man nur mit gleichartigen Forderungen aufrechnen. Gleichartig sind zum Beispiel Forderungen, die beide auf Geld oder auf Mehl usw. lauten. Hier stehen sich aber gegenüber eine Forderung auf Lieferung von Mehl einerseits und auf Herausgabe von Marzipangebäck andererseits.

Wenn Fritz Sorgenfrei auch nicht aufrechnen kann, so hat er doch ein Zurückbehaltungsrecht. Zwar hat er nicht das allgemeine Zurückbehaltungsrecht, das in § 273 BGB festgelegt ist. Danach kann man nur dann eine Leistung zurückhalten, wenn sie irgendwie mit der Gegenleistung in einem rechtlichen Zusammenhang steht, wenn – wie der Jurist sagt – »Konnexität« vorliegt. Dies ist hier nicht der Fall, denn das Mehl und das Marzipan haben nichts miteinander zu tun. Aber im Handelsrecht können Kaufleute untereinander ein Zurückbehaltungsrecht auch dann geltend machen, wenn zwischen ihren gegenseitigen Forderungen keine Konnexität besteht (§ 369 HGB).

Fritz Sorgenfrei kann sogar, da er aufgrund des Verzuges Puders Schadensersatz in Geld verlangen kann, sich im Rahmen seines Zurückbehaltungsrechtes aus dem zurückgehaltenen Marzipangebäck befriedigen. Er muß allerdings vorher deswegen gegen Puder auf Duldung der Zwangsvollstreckung klagen (§ 371 HGB).

Gewinnen neuer Geschäftsfreunde

Fritz Sorgenfrei überlegt, wie er seinen Zwiebackumsatz weiterhin vergrößern kann. Die Belieferung von Privatkundschaft und Einzelhandel ist zwar zufriedenstellend, er sucht aber noch Großabnehmer. Er prüft alle Abnehmerkreise durch, die für sein Erzeugnis in Frage kommen, und ist glücklich, als ihm plötzlich einfällt, daß Krankenhäuser und Kinderheime für ihre Patienten beziehungsweise Zöglinge Zwieback brauchen.

Außerdem scheint ihm sein Zwieback auch für die Versorgung von Schiffsmannschaften der geeignetste zu sein. Wie aber soll er das notwendige Anschriftenmaterial beschaffen, um eine Prospektwerbung starten zu können?

Hier gibt es viele Möglichkeiten. Es gibt Branchenfernsprechverzeichnisse, aus denen man die Anschriften der gewünschten Angehörigen einer Branche ersehen kann, sofern sie einen Fernsprechanschluß haben. Das Herausschreiben der Adressen ist aber nur dann lohnend, wenn man mit persönlich gehaltenen Anschreiben werben will. Diese Form ist je nach Länge der zu schreibenden Briefe teuer, weil man ja außer Briefpapier, Umschlag und den Portokosten für normale Briefe auch noch die Arbeitszeit für die Stenotypistin in Rechnung stellen muß.

309

Fritz Sorgenfrei ist der Meinung, daß diese Form der individuellen Werbung nicht in Betracht komme, weil die Kalkulation keine hohen Werbungskosten verträgt. Derartige Werbefeldzüge sind nur lohnend, wenn es sich um wertmäßig große Objekte handelt und einige Sicherheit besteht, daß sich auch wirklich ernsthafte Interessenten melden. Für seinen Zwieback lohnen sich allenfalls die Anschriften von wirklichen Großverbrauchern, die bereits mit einem Auftrag große Posten abrufen.

Für sein Erzeugnis wäre ein derartiger Großabnehmer zum Beispiel eine Speisewagengesellschaft, ein Großhotel oder ein großes Krankenhaus. Um hier eine Auswahl zu treffen, genügt jedoch das Branchenfernsprechverzeichnis nicht.

Auch Adressenverlage sind wegen der technischen Schwierigkeiten nur selten in der Lage, aus ihrem großen Adressenmaterial nur einzelne Berufsgruppen wie Rosinen herauszuholen. Die wirtschaftliche Seite soll hierbei gar nicht berührt werden. Es gibt aber noch einen billigeren Weg, um Interessenten anzusprechen. Anzeigen in Fachblättern oder auch Prospektbeilagen führen häufig zum gewünschten Erfolg.

Der Werbefeldzug

Bei einem Anzeigenfeldzug hat Fritz Sorgenfrei bereits Erfahrungen gesammelt. Er hat festgestellt, daß es mit einem einzigen Inserat nicht getan ist, sondern daß sich der Erfolg erst nach mehrmaligem Erscheinen der gleichen Anzeige einstellt. Vor allem kommt es auch auf die Regelmäßigkeit der Veröffentlichung an. Um die beste Werbewirksamkeit für seine Erzeugnisse feststellen zu können, läßt er sich durch die Anzeigenabteilung beraten. Kosten entstehen ihm hierdurch nicht. Auch sind die für die Inserate zu zahlenden Preise deshalb nicht höher.

Der Markenartikel

Da Fritz Sorgenfrei seinen Zwieback im Laufe der Zeit zu einem Markenartikel machen will, läßt er sich hinsichtlich des Textes und vor allem der Gestaltung von einem Werbegraphiker beraten. Ein Artikel ist nur dann erfolgreich durchzusetzen, wenn der Leser einer Zeitung oder Zeitschrift immer wieder das gleiche Inserat vor Augen hat.

Auch bei der Anfertigung von Prospekten dürfen für die Herstellung eines Entwurfs keine Kosten gescheut werden. Von der äußeren Aufmachung und der textlichen Gestaltung ist der Erfolg abhängig.

Geschäftsbriefe

Meister Sorgenfrei entschließt sich zunächst, den Hamburger Markt zu erschließen, und zwar will er sich an die Reedereien und diejenigen Betriebe wenden, die auslaufende Schiffe mit Proviant versorgen. Er schickt daher Prospekte an Firmen, deren Anschriften er sich bei einem Adressenverlag besorgt hat.

Aufgrund der Aktion meldet sich die Firma Smutje GmbH und schreibt wie folgt:

SCHIFFSAUSRÜSTUNGEN SMUTJE GMBH

Auf dem Deich 48–50 · 22335 Hamburg

Firma
Fritz Sorgenfrei
Bäckerei
Schweizer Straße 193
60594 Frankfurt/Main

5. Mai 20 . .

Sehr geehrter Herr Sorgenfrei!

Wir haben Ihre Prospekte erhalten und sind nicht abgeneigt, in eine laufende Geschäftsverbindung zu kommen. Übermitteln Sie uns bitte eine Mustersendung Ihres Zwiebacks »Magentrost«. Auch Ihre Lieferungs- und Zahlungsbedingungen sind für unsere Entschlüsse von Bedeutung.

Der Ordnung halber dürfen wir bemerken, daß unsere gegenwärtigen Lieferanten zu günstigen Preisen anbieten, weil wir ihre Erzeugnisse in größeren Umfang beziehen.

Indem wir hoffen, daß für alle Beteiligten eine zufriedenstellende Geschäftsverbindung zustande kommt, zeichnen wir

mit besten Empfehlungen
SMUTJE GmbH
ppa.   i. V.

Referenzen

Der Brief macht bei den leitenden Angestellten Eindruck. Man glaubt, endlich eine Firma gefunden zu haben, bei der große Umsätze zu erzielen sind. Der Chef jedoch ist nicht so optimistisch. Er will erst feststellen, mit wem er es zu tun hat. Dies gilt für ihn um so mehr, als er es mit einer GmbH zu tun hat. Bekanntlich ist eine GmbH eine juristische Person, die nur mit ihrem Vermögen haftet. Die einzelnen Gesellschafter stehen nicht persönlich für die Schulden der GmbH ein.

Das hat natürlich auch zur Folge, daß sich Geschäftsfreunde besonders für die finanzielle Lage einer GmbH zu interessieren pflegen. Geldgeber, vor allem Banken, begnügen sich meist nicht mit Referenzen. Sie verlangen von den Gesellschaftern oder Geschäftsführern, daß sie sich für die Kredite der Gesellschaft verbürgen. Wird dies verweigert, so muß sich die Geschäftsführung mit Recht vorhalten lassen, daß eine Gesellschaft kein Vertrauen von anderen erwarten darf, wenn die Beteiligten des Unternehmers selbst nicht genügend Vertrauen in die Geschäftsentwicklung haben.

Um keine Zeit zu verlieren, schreibt Fritz Sorgenfrei folgende Briefe:

BÄCKEREI *FRITZ SORGENFREI*

Schweizer Straße 193
60594Frankfurt/Main

Firma
Smutje GmbH
Schiffsausrüstungen
Auf dem Deich 48–50
22335 Hamburg

7. Mai 20 . .

Sehr geehrte Damen und Herren!

Ich danke Ihnen für Ihr Schreiben vom 5. d. M. Falls Sie monatlich mindestens 10 Tonnen von meinem Zwieback »Magentrost« abnehmen, bin ich bereit, einen Nachlaß von 20 Prozent einzuräumen. Auch die Frachtkosten würde ich in diesem Falle übernehmen. Wenn Sie die Rechnungen innerhalb 30 Tagen nach Ausstellung begleichen, so bin ich mit einem Skonto von 3 Prozent einverstanden. Wechsel kann ich nur hereinnehmen, wenn ich sie über meine Bank diskontieren lassen kann.

Ich bin der festen Überzeugung, daß ich mit diesen Bedingungen in jeder Hinsicht konkurrenzfähig bin, zumal mein Zwieback »Magentrost« in Qualität nichts zu wünschen übrig läßt. Sie werden sich hiervon selbst überzeugen können. Ich habe mit gleicher Post eine Probe als Warensendung auf den Weg gebracht.

Mit besten Empfehlungen

Fritz Sorgenfrei

Ein zweiter Brief geht am gleichen Tage an die Schneeweiß-Mühlenwerke, Hamburg, mit der er in ständiger Geschäftsverbindung steht. Hier schreibt er wie folgt:

BÄCKEREI *FRITZ SORGENFREI*

Schweizer Straße 193
60594 Frankfurt/Main

An die
Schneeweiß-Mühlenwerke
22335 Hamburg

7. Mai 20 . .

Sehr geehrte Damen und Herren!

Ich wäre Ihnen sehr dankbar, wenn Sie mir eine Auskunft über die Firma Smutje GmbH, Auf dem Deich 48–50, Hamburg, erteilen würden. Die genannte Firma trägt sich mit der Absicht, von mir in größeren Mengen meinen Zwieback »Magentrost« zu beziehen.

Ich brauche wohl nicht zu betonen, daß ich bei unserer alten bewährten Geschäftsverbindung die erteilte Auskunft nur für meine Entschlüsse verwenden werde und sie für Sie völlig unverbindlich ist. Da die Angelegenheit sehr eilig ist, wäre ich für eine baldige Nachricht dankbar.

Indem ich Ihnen für Ihre Mühe im voraus bestens danke, verbleibe ich

mit freundlichen Grüßen
Ihr

Fritz Sorgenfrei

Der dritte Brief geht an das Amtsgericht in Hamburg und hat folgenden Wortlaut:

BÄCKEREI *FRITZ SORGENFREI*

Schweizer Straße 193
60594 Frankfurt/Main

An das
Amtsgericht
– Handelsregister –
20353 Hamburg

7. Mai 20 . .

Ich bitte um Übermittlung eines einfachen Handelsregisterauszugs betr. die Firma Smutje GmbH, Auf dem Deich 48–50, Hamburg. Die entstehenden Gebühren bitte ich unter Nachnahme zu erheben.

Fritz Sorgenfrei

Nach einigen Tagen kommt folgender Brief ins Haus:

SCHIFFSAUSRÜSTUNGEN SMUTJE GMBH

Auf dem Deich 48–50 · 22335 Hamburg

Firma
Fritz Sorgenfrei
Bäckerei
Schweizer Straße 193
60594 Frankfurt/Main

12. Mai 20 . .

Sehr geehrter Herr Sorgenfrei!

Die Probe Ihres Zwiebacks »Magentrost« haben wir erhalten. Wenn Sie uns gleichbleibende Qualität zusichern, sind wir bereit, die Geschäftsverbindung aufzunehmen.

Wir bestellen hiermit zunächst aufgrund Ihrer Lieferungsbedingungen eine Anfangssendung von 100 kg. Zu einem größeren Auftrag können wir uns erst entschließen, wenn Sie Wechsel hereinnehmen und die Diskontspesen übernehmen.

Mit besten Empfehlungen
SMUTJE GmbH
ppa.   i. V.

Dieser Brief ist Anlaß genug, um sofort Verbindung mit der Bank aufzunehmen. Schließlich kann eine Firma nur dann mit Wechseln etwas anfangen, wenn sie mit ihnen andere Warenlieferungen bezahlen kann oder wenn die Bank durch Diskontierung die Wechselsumme in bar zur Verfügung stellt. Mit der Weitergabe der Wechsel ist es aber allein nicht getan. Werden sie am Verfalltage nicht eingelöst, so ist der Protest die Folge, und Fritz Sorgenfrei muß zahlen. Es ist also immer gut, wenn man sich rechtzeitig unterrichtet. Dies kann mitunter dadurch geschehen, daß man bei seiner Bank anfragt, ob und in welcher Höhe Wechsel der betreffenden Firma diskontiert werden würden. Banken erteilen einander Auskunft. Lehnt eine Bank die Diskontierung ab, so ist bei dem anderen Partner etwas nicht in Ordnung.

Die Firma Schneeweiß-Mühlenwerke erteilt folgende Auskunft:

SCHNEEWEISS – MÜHLENWERKE AG

22335 HAMBURG

Firma
Fritz Sorgenfrei
Bäckerei
Schweizer Straße 193
60594 Frankfurt/Main

10. Mai 20 . .

Smutje GmbH, Auf dem Deich 48–50, Hamburg
Ihr Schreiben vom 7. Mai 20 . .

Sehr geehrter Herr Sorgenfreil

Wir kennen die Firma Smutje GmbH aus eigener Erfahrung nicht. Durch Geschäftsfreunde konnten wir jedoch in Erfahrung bringen, daß es sich um eine Neugründung handelt, deren Entwicklung abgewartet werden muß. Zu unserem Bedauern können wir Ihnen keine näheren Angaben machen.

Mit besten Empfehlungen
Schneeweiß-Mühlenwerke AG
ppa.   i. V.

314

Die Erteilung von Auskünften ist eine schwierige Sache. Sie kann recht gefährlich werden. Man muß objektiv bleiben und darf auch nur das zum Ausdruck bringen, was man selbst als richtig beweisen kann. Wenn man Gerüchte weitergibt und sie sich später als unrichtig herausstellen, so ist die Schadensersatzklage nicht mehr fern.

Auch in strafrechtlicher Hinsicht können schwerwiegende Folgen eintreten, weil man ja mit einer schlechten Auskunft die Kreditwürdigkeit herabsetzt und das allgemeine Ansehen des Betroffenen schädigt.

Auch der anfragenden Firma gegenüber kann man sich schadensersatzpflichtig machen, wenn die Auskunft unrichtig ist. Man soll daher sehr vorsichtig sein und Auskünfte nur dann erteilen, wenn man sie mit gutem Gewissen geben kann und vor allem sicher ist, daß der anfragende Geschäftsfreund die Mitteilungen für sich behält.

Eine entsprechende Zusicherung sollte man in schriftlicher Form immer verlangen, wenn die Firma, die um eine Auskunft bittet, nicht schon in ihrem Brief betont, daß sie die Auskunft nur für eigene Zwecke und sie vor allem auch als unverbindlich betrachtet. So kann man sich selbst nur dadurch schützen, daß man die eigentliche Auskunft in einen besonderen zugeklebten Umschlag steckt und diesen Umschlag an den zugeklebten Stellen mit dem Firmenstempel mehrmals versieht, um sicher zu sein, daß er nicht unbefugt geöffnet wurde.

Wenn sich die Grundlagen ändern und die erteilte Auskunft nicht mehr in jeder Hinsicht stimmt, muß man sie sofort berichtigen, auch wenn es noch so unangenehm ist.

Die im Umschlag versendete Auskunft übermittelt man dann in einem besonderen Brief mit folgendem Anschreiben:

Sehr geehrte Damen und Herren!

In der Anlage überreichen wir Ihnen in einem geschlossenen Umschlag die von Ihnen erwünschte Auskunft. Wir bitten den Umschlag nur dann zu öffnen, wenn Sie uns zusichern, daß die Auskunft nur für Sie persönlich bestimmt ist und sie für uns unverbindlich ist.

Sollten Sie hiermit nicht einverstanden sein, so bitten wir, den Umschlag ungeöffnet so schnell wie möglich an uns zurückzusenden.

Mit freundlichen Grüßen

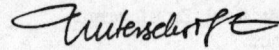

Ein derartiger Brief wird zweckmäßig als »Einschreiben« oder noch besser mit Postzustellungsurkunde gegen Rückschein an den Chef der anfragenden Firma persönlich adressiert zur Post gegeben.

Das Handelsregister

Von dem Amtsgericht Hamburg – Registergericht – erhält Fritz Sorgenfrei den Handelsregisterauszug. Er weiß mit ihm zunächst nicht allzuviel anzufangen. Er sieht daraus zwar, daß die Firma Smutje GmbH in der Spalte 1 unter ihrem Namen mit dem Sitz in Hamburg eingetragen ist. Die gleiche Spalte besagt ferner, daß das Unternehmen einen Groß- und Kleinhandel mit Lebensmitteln betreibt und insbesondere Schiffe ausrüstet. Die Spalte 3 zeigt an, daß das Gesellschaftskapital 25 000,– Euro beträgt und daß damit die Haftung der Gesellschafter die gleiche Summe erreicht.

Die Spalte 4 zeigt ihm, daß die Herren Frost und Fink Geschäftsführer sind und daher die Gesellschaft nach außen verpflichten können. Dieser Umstand ist für Meister Sorgenfrei von besonderer Bedeutung, weil nur Geschäftsführer und Prokuristen ohne besondere Bevollmächtigung für die Firma Wechselverbindlichkeiten eingehen können. Die GmbH könnte sich niemals darauf berufen, daß die Herren Frost und Fink nicht berechtigt seien, Wechsel zu akzeptieren. Aus Spalte 6 ersieht Fritz Sorgenfrei, daß der Gesellschaftsvertrag am 11. Januar 20 . . geschlossen wurde. Es handelt sich also um ein junges Unternehmen. Spalte 6 gibt dann auch noch Auskunft, daß jeder Geschäftsführer vertretungsberechtigt ist und auch für sich allein die Berechtigung hat, für die Firma zu zeichnen.

Nachdem Fritz Sorgenfrei den Handelsregisterauszug eingehend studiert hat, kommt er zu dem Ergebnis, daß er nun praktisch über die Kreditwürdigkeit und das Geschäftsgebaren der Firma Smutje GmbH überhaupt nichts weiß. Das ist auch nicht der Sinn eines Handelsregisters. Es gibt nur Auskunft über die Existenz der Firma, ihre Gesellschafter und Geschäftsführer, über das Gesellschafterkapital, die Vertretungsverhältnisse und schließlich das Datum des Gesellschaftsvertrages. Treten im Laufe der Zeit Veränderungen in irgendeiner Beziehung ein, so werden sie im Handelsregister vermerkt.

Fritz Sorgenfrei könnte nun auch nach Hamburg fahren und den Gesellschaftsvertrag bei der Abteilung Handelsregister des Amtsgerichts einsehen. Doch das nützt ihm auch nicht viel. Er weiß damit auch noch nichts über die augenblickliche Geschäftslage des Unternehmens. Die Tatsache, daß das Gesellschaftskapital hier ja nicht über die gesetzlich vorgeschriebene Mindestgrenze hinausgeht, deutet zwar an, daß zum Zeitpunkt des Abschlusses des Gesellschaftervertrags wahrscheinlich kein höheres Kapital zur Verfügung stand, nur will dieser Umstand nicht viel besagen. Der Grund hierfür kann darin liegen, daß man Notarkosten und Gerichtskosten einsparen wollte. Auch eine GmbH mit einem Kapital, das den vom Gesetz geforderten Mindestbetrag nicht überschreitet, kann durchaus sehr liquide sein und große Geschäftserfolge haben. Es liegt immer im Bereich des Möglichen, daß zum Beispiel die Ehefrauen der Gesellschafter größere Beträge als stille Gesellschafter eingeschossen haben. Wäre dies der Fall, so wäre es aus dem Handelsregister nicht ersichtlich.

Andererseits sagt selbst ein Gesellschaftskapital von 500 000,– Euro nichts über die Zahlungsfähigkeit einer GmbH aus. Dieser Betrag kann längst bei Fehlgeschäften verloren sein, und die GmbH kann aus einem solchen Grunde unmittelbar vor dem Konkurs stehen. Unser Meister erkennt hieran, daß man auch über das Handelsregister keinen Einblick in das Bankkonto eines Geschäftspartners erhält. Immerhin ist der Handelsregisterauszug doch von einer gewissen Bedeutung, weil er nun weiß, daß die Herren Frost oder Fink jeder für sich allein die GmbH vertraglich verpflichten können, und daß auch jeder der Herren berechtigt ist, die Unterschrift auf Wechsel zu setzen.

Die Auskunft der Creditreform stimmt Meister Sorgenfrei doch recht bedenklich. Um nichts zu versäumen und nicht vielleicht ein gutes Geschäft zu verlieren, entschließt er sich, ein übriges zu tun. Es ist für ihn nicht schwierig, etwa vorhandene Belastungen des Grundstückes in Cuxhaven festzustellen. Er schreibt wie folgt:

BÄCKEREI *FRITZ SORGENFREI*

Schweizer Straße 193
60594 Frankfurt/Main

An das
Amtsgericht
– Grundbuchamt –
27472 Cuxhaven

Grundbuch Cuxhaven, Bd. I, Blatt 678

Hiermit bitte ich um Übersendung eines nichtbeglaubigten Grundbuchauszuges aus
dem Grundbuch Cuxhaven, und zwar Bd. I, Blatt Nr. 678. Als Eigentümer soll die
Firma Smutje GmbH, Auf dem Deich 48–50, Hamburg, eingetragen sein.

Die Gebühren bitte ich durch Nachnahme zu erheben.

Fritz Sorgenfrei

Aus der Auskunft, die Fritz bei der Creditreform eingeholt hat, glaubt er, daß die bisherigen
Geschäfte der Smutje GmbH nicht immer nach den Grundsätzen eines ordentlichen Kaufmanns
abgewickelt worden sind. Daher schreibt er noch an zwei Institutionen des Bundesgebiets, die es sich
zum Ziel gesetzt haben, dafür zu sorgen, unsaubere und betrügerische Machenschaften von Firmen
zu bekämpfen. Es sind dies:

- Pro Honore, in 20097 Hamburg, Beim Stohhause 34,
- Zentrale zur Bekämpfung unlauteren Wettbewerbs, in Bad Homburg/Ts.

An beide Stellen schreibt er wie folgt:

Smutje GmbH, Auf dem Deich 48–50, Hamburg

Ich habe die Absicht, mit der Firma Smutje GmbH, Hamburg, in Geschäftsverbindung
zu treten. Die von mir eingezogenen Auskünfte ließen nicht klar erkennen, ob die
Firma nach den Grundsätzen eines ordentlichen Kaufmannes arbeitet. Sie ist erst
am 11.1.20 . . gegründet worden. Geschäftsführer sind die Herren Fritz Frost,
Hamburg 1, Lange Reihe 211, und Hugo Fink, Hamburg, St.-Anschar-Platz 4.

Ich wäre Ihnen dankbar, wenn Sie mir mitteilen würden, ob über die Smutje GmbH
oder ihre Gesellschafter, die gleichzeitig als Geschäftsführer im Handelsregister eingetragen sind, etwas Nachteiliges bekannt geworden ist.

Mit freundlichen Grüßen

Fritz Sorgenfrei

Amtsgericht Hamburg | 9 8 7 6 5 4 3 2 1 0 9 8 7 6 5 4 3 2 1 0 9 8 7 6 5 4 3 2 1 0 | **Blatt** | **HR B**

Nr. der Eintragung	a) Firma b) Sitz c) Gegenstand des Unternehmens	Grund- oder Stammkapital DM	Vorstand Persönlich haftende Gesellschafter Geschäftsführer Abwickler	Prokura	Rechtsverhältnisse	a) Tag der Eintragung und Unterschrift b) Bemerkungen
1	2	3	4	5	6	7
1	a) Smutje Gesellschaft mit beschränkter Haftung b) Hamburg c) Schiffsausrüstungen Groß- und Kleinhandel mit Lebensmitteln	25 000 Euro	1. Kaufmann Fritz Frost in Hamburg-Altona 2. Kaufmann Hugo Fink in Hamburg-Wandsbek		Gesellschaft mit beschränkter Haftung. Der Gesellschaftsvertrag ist am 11. Januar 19.. errichtet. Die Gesellschaft hat einen oder mehrere Geschäftsführer.	a) 11. März 19.. gez. Rege.

318

Die letzte Möglichkeit schließlich, über einen Geschäftspartner in kreditmäßiger Hinsicht eine Auskunft einzuholen, besteht über die Bank, bei der man selbst ein Konto unterhält. Man muß allerdings einer Bank auch sagen können, mit welcher Bank der betreffende Geschäftspartner arbeitet. Man wird dieses Bankinstitut in den meisten Fällen aus den Briefköpfen entnehmen können. Ein Kaufmann, der nichts zu verbergen hat, läßt seine Bankverbindung schon aus dem Grunde auf seine Briefbögen setzen, damit die Kunden wissen, auf welches Konto sie Geldbeträge einzahlen können. Die Banken geben untereinander Auskunft, inwieweit größere Umsätze auf den Konten erfolgen und ob Kredite in Anspruch genommen sind.

Aus den Geldbewegungen auf den Bankkonten aber kann eine Bank immer schließen, ob lebhafte Umsätze getätigt werden oder nicht. Weist ein Konto viele Bewegungen auf, so ist das meist ein Beweis dafür, daß es auch in der Firma, die das Konto unterhält, lebhaft zugeht und daß viel umgesetzt wird.

Wegen des bestehenden Bankgeheimnisses erhält der an einer Auskunft Interessierte keine näheren Einzelheiten mitgeteilt. Man kann aber doch Rückschlüsse daraus ziehen, wenn man zum Beispiel einen Wechsel derjenigen Firma, über deren Finanzkraft man eine Auskunft haben will, an seine Bank zur Diskontierung einreicht. Bevor die Wechselsumme gutgeschrieben wird, erkundigt sich die Bank bei dem Bankinstitut, mit dem der Wechselschuldner arbeitet. Ist die Auskunft ungünstig, so wird die Diskontierung abgelehnt. Das hat mit der eigenen finanziellen Stärke mitunter gar nichts zu tun. Auch die Banken sind darauf angewiesen, die bei ihnen eingereichten Wechsel an die zuständige Landeszentralbank zum Rediskont weiterzugeben, um den Gegenwert von der Landeszentralbank zur eigenen Verfügung wieder zu erhalten.

Die Landeszentralbank aber nimmt in den meisten Fällen nur Wechsel herein, bei denen feststeht, daß mindestens zwei der aus dem Wechsel Verpflichteten Gewähr dafür bieten, daß der Wechsel bei Fälligkeit auch eingelöst wird.

Der Wechsel

Paul Jedermann hat seinen Lieferanten Supertex GmbH für einen Teil der gelieferten Ware nicht bar bezahlt, sondern ihm ein Dreimonatsakzept gegeben. Er beanstandet rechtzeitig die gelieferte Ware und weigert sich, irgendwelche Zahlungen zu leisten, und stellt der Firma anheim, die fehlerhafte Ware zurückzunehmen. Diese kümmert sich um seine Schreiben jedoch nicht, sondern löst am Fälligkeitstag das Akzept ein.

Das vorstehend gebrauchte Schlagwort »Dreimonatsakzept« will folgendes besagen. Jedermann hat von der Firma einen Wechsel akzeptiert, der über die geschuldete Kaufpreissumme von 8000,– Euro lautet und der nach drei Monaten fällig wird.

Supertex könnte den vorstehenden Wechsel einklagen, und zwar im sogenannten Wechselprozeß. Dies ist eine besondere Verfahrensart gemäß §§ 592 ff. ZPO, für welche besondere Vorschriften gelten. Da es sich um einen Streitwert von 8000,– Euro handelt, ist der Rechtsstreit vor dem Landgericht zu führen. Insofern gilt also nichts Besonderes.

Aber die Besonderheit dieses Verfahrens liegt darin, daß Jedermann in diesem Rechtsstreit für seine Behauptungen als Beweismittel nur Urkunden vorlegen oder den Antrag stellen kann, eine der Parteien über die Richtigkeit ihrer Behauptungen zu vernehmen. Jedermann will aber den Beweis der Mangelhaftigkeit der Ware führen, und dies kann er nur durch Sachverständigengutachten, eventuell Augenschein. Da diese Beweismittel, wie gesagt, nicht statthaft sind, wird Karl Jedermann mit seiner Behauptung überhaupt nicht gehört und wird verurteilt, sein in dem Akzept liegendes Zahlungsversprechen einzulösen.

Dies sieht auf den ersten Blick erschreckend aus. Jedoch hat Jedermann nunmehr die Möglichkeit, in einem Nachverfahren, das wieder nach den allgemeinen Prozeßregeln läuft, seinen Beweis durch ein Sachverständigengutachten zu führen und dadurch das sogenannte Vorbehaltsurteil wieder aufheben zu lassen. Im Wechselprozeß ergeht also sehr rasch ein Urteil, wie der vorliegende Fall zeigt, aber in diesem Urteil bleibt dem Beklagten vorbehalten, im Nachverfahren die Richtigkeit des nur auf den Inhalt des Wechsels gestützten Urteils überprüfen zu lassen.

Immerhin hat Supertex dadurch auf schnellstem Wege ein Urteil in die Hand bekommen, aufgrund dessen sie erst einmal vollstrecken können. Und das ist auch richtig so; denn wer ein solches Wechselversprechen abgibt, muß sich zunächst einmal daran festhalten lassen. An diesem Punkt kann man einmal schon erkennen, wie gefährlich es ist, einen Wechsel zu akzeptieren. Wie sich aus dem Wechselformular ergibt, bedeutet »akzeptieren« das quer an die schmale Seite des Wechselformulars vorgenommene Unterschreiben durch den sogenannten »Bezogenen«, das ist derjenige, der von dem Aussteller aufgefordert wird, die im Formular festgelegte Summe zu zahlen.

Im Nachverfahren beweist nun Jedermann durch ein Sachverständigengutachten, daß der gelieferte Stoff derartige Mängel hat, daß er die Ware mit Recht gerügt hat und nunmehr wegen aussichtsloser Beseitigung den Rücktritt vom Kaufvertrag (siehe dort) verlangen kann. Welchen Einfluß hat nun diese Rückgängigmachung des Kaufvertrages auf das durch das Akzept abgegebene Zahlungsversprechen? Wird dieses dadurch einfach hinfällig? Nein, denn es gehört zu den sogenannten abstrakten Geschäften, die nicht einfach nichtig sind, wenn das sogenannte Kausalgeschäft wegfällt.

Supertex hat also, obwohl der Kaufvertrag über die Ware durch die Aufhebung in Fortfall gekommen ist, nach wie vor den Anspruch aus dem Wechsel auf Zahlung von 8000,– Euro gemäß Art. 28 Wechselgesetz. Aber um diese Rechtsstellung, das heißt um die Inhaberschaft an dieser Forderung, sind sie nunmehr ungerechtfertigt auf Kosten Jedermanns bereichert. Denn Jedermann war die Wechselverpflichtung ja nur eingegangen, weil er von seiner Zahlungsverpflichtung aus dem Kaufvertrag ausging und mit der Unterzeichnung des Wechsels Supertex eine besonders leicht geltend zu machende Forderung verschaffen wollte. Mit der Tilgung der Wechselforderung wäre ja gleichzeitig die Kaufpreisschuld Jedermanns getilgt worden.

Jedermann kann daher nunmehr gemäß §§ 812, 821 BGB verlangen, daß Supertex die Bereicherung zurückgewährt, das heißt die Wechselforderung nicht mehr geltend macht und ihm das Wechselformular wieder aushändigt. Juristisch gesprochen: Er kann dies auch einredeweise dahin geltend machen, daß er sich weigert, die versprochene Zahlung zu leisten. Man nennt dies die Einrede der ungerechtfertigten Bereicherung gemäß § 812 BGB. Der Erfolg ist der, daß im Nachverfahren das im Wechselprozeß ergangene vorteilhafte Urteil für Supertex wieder aufgehoben wird. Pfändungen, die aufgrund des Vorbehaltsurteils bereits ergangen sind, werden wieder aufgehoben. Soweit schon eine Verwertung von Pfandstücken erfolgt ist, kann Jedermann hierfür von Supertex Schadensersatz verlangen.

Das Indossament

Jedermann hatte für einen kleineren Posten Ware, der gleichfalls fehlerhaft ist, ein anderes Akzept an Supertex gegeben. Diesen Wechsel hatten diese alsbald an die Firma Elegance »indossiert«. Dies geschieht dadurch, daß Supertex auf die Rückseite des Wechselformulars folgenden Vermerk anbrachten:

> Für uns weiter an die Firma Elegance,
> Bahnhofsplatz, 60433 Frankfurt/Main.
>
> Supertex

320

Weil man diesen Weitergabevermerk, wie vorstehend gezeigt, üblicherweise auf den Rücken des Wechselformulars setzt, hat dieser Vorgang den Namen »Indossament«. Dieses Wort ist abgeleitet aus dem italienischen Wort »indosso«, das heißt auf den Rücken. Man kann nämlich ein Recht aus dem Wechsel nur dadurch übertragen, daß man diesen Schriftakt vornimmt und den Wechsel dem neuen Berechtigten übergibt. Demnach sind in dem vorstehenden Fall Elegance nunmehr berechtigt, die Forderung von 1500,– Euro gegen Jedermann geltend zu machen.

Jedermann versucht natürlich, genau wie im vorstehenden Fall, die Zahlung mit der Begründung zu verweigern, daß ja Supertex um die Wechselforderung ungerechtfertigt bereichert seien und daß er diese Bereicherungseinrede nunmehr auch Elegance entgegenhalte. Hier zeigt sich nun die ganze Gefährlichkeit einer Wechselverpflichtung. Jedermann kann nämlich diese Einrede nicht Elegance entgegenhalten. Wer einen Wechsel akzeptiert, verspricht seine Leistung nicht nur demjenigen, dem er den Wechsel zunächst hingibt, sondern auch all den Personen, die ihm im Wege des Indossaments als weiterhin Berechtigte »anbefohlen« werden. Das Fremdwort für befehlen ist »ordre«, daher hat diese ganze Wertpapiergruppe ihren Namen »Orderpapiere«. Aufgrund des Indossaments von Supertex ist Jedermann nunmehr verpflichtet, an Elegance zu zahlen. Da Elegance also nicht etwa die Forderung von Supertex abgetreten bekommen haben, sondern durch das Indossament die ursprüngliche Verpflichtung Jedermanns auch ihnen gegenüber ausgelöst wird, kann er persönliche Einreden, die er gegenüber Supertex hat, nicht gegen Elegance geltend machen. Dies ergibt sich aus Art. 17 Wechselgesetz.

Lediglich in folgenden Fällen kann der Wechselakzeptant gegenüber dem neuen Wechselberechtigten die Leistung verweigern: Einmal, wenn sein Versprechen überhaupt ungültig ist, zum Beispiel er war total betrunken. Ferner kann er Einreden, die er dem bisher Berechtigten gegenüber hatte, dem neuen Gläubiger entgegenhalten, wenn dieser den Wechsel erwarb, um dem Akzeptanten bewußt einen Nachteil zuzufügen. Dies gilt zum Beispiel in dem Fall, wo der Erwerber des Wechsels genau weiß, daß der Akzeptant eine Einrede wegen ungerechtfertigter Bereicherung hat und durch seinen Erwerb ihre Geltendmachung verhindern will. Kann man ihm ein solches arglistiges Verhalten nachweisen, dann ist es um seine Forderung geschehen.

Da Jedermann die ihm gegen Supertex zustehende Einrede der ungerechtfertigten Bereicherung nicht gegen Elegance geltend machen kann, verliert er den Prozeß gegen Elegance und muß an sie 1500,– Euro zahlen. Aber diese 1500,– Euro kann er sich jetzt wieder von Supertex erstatten lassen. Man muß sich vergegenwärtigen, daß Supertex den Wechsel ja nicht zum Spaß an Elegance weitergegeben hatten, sondern um damit ihrerseits eine Verpflichtung abzudecken. Dies ist ihnen ja nun gelungen, denn Elegance haben das von Jedermann gezahlte Geld eingesteckt und sind damit mit Supertex glatt. Oder andersrum gesehen: Supertex sind eine Schuld von 1500,– Euro losgeworden.

Diesen Vermögensvorteil haben sie auf Kosten Jedermanns erlangt, der ihnen aber diesen Vorteil nicht mehr zu gewähren brauchte, da er den zugrunde liegenden Kaufvertrag gewandelt, das heißt rückgängig gemacht hatte. Demnach sind Supertex um diesen Betrag von 1500,– Euro auf Kosten Jedermanns ungerechtfertigt bereichert und müssen ihm diesen Betrag zurückerstatten.

Nun werden Sie, lieber Leser, sagen, daß sich doch nunmehr alles in Wohlgefallen auflöse und letzten Endes diese ganze seltsame Konstruktion überflüssig sei. Bedenken Sie aber einmal, daß Supertex inzwischen in Zahlungsschwierigkeiten geraten sein könnten. Dann muß Jedermann die 1500,– Euro an Elegance bezahlen und kann sehen, wie er seine Erstattungsforderung gegen Supertex durchsetzt. Und im Alltagsleben ist dieser Fall gewöhnlich der typische.

Wechselarten und Namen

Der Wechsel kann uns in zwei Erscheinungsformen gegenübertreten. Die einfachere, aber ungebräuchlichere Form ist der sogenannte »Solawechsel«. In ihm verspricht der Aussteller selbst, an einem bestimmten Tage oder bei Vorlegung eine bestimmte Geldsumme an den im Wechsel benannten Gläubiger zu zahlen. Hier gibt es also nur zwei Personen, den die Zahlung versprechenden Aussteller und den Berechtigten, den man »Remittent« nennt. Dieses Wort bedeutet aus dem Lateinischen übersetzt »Der Zurückgebende«. Das soll heißen, nachdem die Summe vom Aussteller an den Berechtigten (Remittenten) bezahlt ist, gibt dieser den Wechsel dem Aussteller zurück, damit dieser ihn vernichten kann. Gebräuchlicher ist aber die Form des sogenannten »gezogenen Wechsels«, der die Anweisung des BGB nachahmt und daher drei Personen kennt: den Aussteller, der eine Aufforderung zur Zahlung an einen anderen richtet, den sogenannten Bezogenen, eine bestimmte Geldsumme an eine dritte Person, den Remittenten, zu zahlen.

Diese Form des Wechsels nennt man auch »Tratte«. Dieses Wort kommt gleichfalls aus dem Lateinischen, und zwar ist es von dem Wort »trahere« (ziehen) abgeleitet, daher gezogener Wechsel. Auf den im Geschäft zu kaufenden Wechselformularen findet man häufig vorgedruckt »Prima«-Wechsel. Dies bedeutet nicht etwa, daß es sich um einen »guten«, von einem sicheren Wechselschuldner ausgestellten beziehungsweise akzeptierten Wechsel handelt. Dies besagt vielmehr, daß es sich um die erste Ausfertigung dieses Wechsels handelt, weil theoretisch von dem gleichen Wechsel zweite und dritte Ausfertigungen erstellt werden können. Auf einem Wechsel kann man auch als Bürge für den Akzeptanten oder den Aussteller oder einen Indossanten durch einen entsprechenden Vermerk in Erscheinung treten. Üblicherweise gebraucht man dann die beiden Wörter »per aval« (als Bürge).

Im Wechselverkehr begegnet man auch noch dem sogenannten »Domizilvermerk«. Nehmen wir einmal an, man zieht einen Wechsel auf einen bekannten Kaufmann. Wenn dieser dann den Wechsel annimmt, so vermerkt er bei seinem Akzept »zahlbar bei dem Bankhaus Willi ten Berg«. Dann ist diese Bank der sogenannte »Domiziliat«. Am Fälligkeitstag wird also das Geld nicht in dem Geschäft des Kaufmanns eingefordert, sondern bei der von ihm benannten Bank.

Der Begriff »Indossament« ist schon vorstehend erklärt. Derjenige, der das Indossament auf die Rückseite des Wechsels setzt, um ihn weiterzugeben, heißt »Indossant«. Derjenige, der als der neue Berechtigte benannt wird, heißt »Indossatar«. Er kann nun seinerseits wieder den Wechsel weiter indossieren.

Der Wechselprotest und die Folgen

Paul Jedermann schuldet Supertex eines Tages wiederum 600,– Euro. Die gleiche Summe hat er von seinem Kunden Winfried Zimperlich zu bekommen. Da dieser im Augenblick nicht flüssig ist, zieht Jedermann auf ihn einen Wechsel in Höhe von 600,– Euro, zahlbar am 1. November des Jahres. Zimperlich unterschreibt auch gern das Akzept – wir sehen also, wie sich der Bezogene nunmehr in den Akzeptanten verwandelt –, und da als Remittent Supertex in dem Wechsel aufgeführt sind, schickt Zimperlich den Wechsel gleich an Supertex. Diese gibt den Wechsel sofort im Wege des Indossaments weiter an Elegance. Diese legen den Wechsel am 1. November dem Zimperlich vor, der jedoch nicht zahlen kann. Nunmehr wird »Protest« erhoben.

Der Protest ist eine Urkunde, die ein Beamter (ein Notar oder ein Gerichtsvollzieher) darüber aufnimmt, daß der Akzeptant trotz Aufforderung nicht bezahlt hat. Dieser Vermerk, den der Beamte unterschreibt, wird entweder – wenn noch Platz ist – auf die Rückseite des Wechsels gesetzt oder sonst auf einen Anhang, der an den Wechsel angeklebt wird. Oft nehmen Notare solche Erklärungen bei der Bank des Schuldners auf. Da der Wechsel hierdurch eine längere Form bekommt, nennt man diesen Anhang auch »Allonge«.

Warum macht man sich nun diese Mühe und Kosten eines solchen »Protestes«? Damit beweist Elegance, daß ihre Zahlungsaufforderung wirklich vergeblich war, denn wenn ein Notar dies beschei-

322

nigt, muß es wohl stimmen. Wenn Elegance nunmehr den »geplatzten Wechsel« ihrem Vorgänger Supertex vorlegt – sie können nämlich jetzt zurückgreifen (Regreß nehmen) –, dann können diese sich nicht damit verteidigen, daß sie behaupten, Elegance hätte wohl nicht versucht, den Wechsel richtig geltend zu machen. Elegance könnte aber auch, statt bei Supertex Regreß zu nehmen, sich gleich an den Aussteller Jedermann halten.

Der letzte Berechtigte kann also unter seinen Vorgängern – einschließlich dem Aussteller – sich aussuchen, von wem er die Wechselsumme einfordern will. Außer der Wechselsumme kann er noch die Kosten des Protestes, ferner sechs Prozent Zinsen seit dem Verfalltage und als besondere Vergütung 1/3 Prozent der Wechselsumme verlangen (Art. 48 WG). Das Ganze kann also für den Aussteller Jedermann ein teurer Spaß werden. Wenn nämlich der Berechtigte auf seinen unmittelbaren Vormann zurückgreift, dieser wieder auf seinen Vormann und der erste Remittent schließlich auf den Aussteller, so kommt, wie bei einer Lawine, eine ganz erhebliche Steigerung des Betrages heraus. Aus diesem Grunde hat der Inhaber des Wechsels den Aussteller und auch seinen Vormann sofort vom »Platzen des Wechsels« zu benachrichtigen, damit diese Person eventuell schnell an ihn zahlen kann, um das teure Rückgriffsverfahren zu verhindern.

In unserem Beispiel hatten wir einen Protest mangels Zahlung. Es gibt auch einen Protest mangels Annahme. Hätte Jedermann zum Beispiel den Wechsel an Supertex gegeben, ohne vorher das Akzept von Zimperlich einzuholen, so ist ja auch der Fall denkbar, daß Zimperlich es ablehnt, den Wechsel überhaupt erst zu akzeptieren, zum Beispiel weil er der Meinung ist, er schuldet Jedermann gar nichts mehr. Dann können Supertex schon allein aus diesem Grunde Rückgriff bei Jedermann nehmen, denn wenn Zimperlich sich schon weigert, diesen Wechsel anzunehmen, wird er auch am 1. November nicht zahlen. Nicht jeder Schuldner wird es darauf ankommen lassen, daß der ahnungslose Gläubiger am Fälligkeitstage plötzlich die Antwort bekommt, es würde nichts bezahlt. Ein vernünftiger Schuldner wird sich rechtzeitig mit dem Wechselgläubiger in Verbindung setzen und um Stundung bitten.

Diesen Vorgang nennt man eine »Prolongation« des Wechsels. Dies soll bedeuten, daß die Verfallszeit des Wechsels hinausgeschoben, die Zahlungsfrist also verlängert wird. Banken nehmen im allgemeinen nur Wechsel an, die eine Laufzeit von drei Monaten haben. Daher ist es üblich, ein »Dreimonatsakzept« zu geben.

Ein Wechsel ist für den Schuldner ein in vieler Hinsicht gefährliches Papier. Wer einen Wechsel als Akzeptant oder auch als Aussteller unterschreibt, soll sich sorgfältig überlegen, ob er an dem im Wechsel vorgesehenen Zahlungstermin (Verfalltag) auch wirklich in der Lage sein wird, die nötigen Gelder bereit zu haben. Wer leichtsinnig Wechsel ausstellt, nur um auf diese Art und Weise irgendwelche Waren geliefert zu bekommen, ist ein sogenannter »Wechselreiter«. Oft wird der Tatbestand des Betruges erfüllt. Wer nicht damit rechnen konnte, am Verfalltag die nötigen Gelder aufzubringen, hat seinen Vertragspartner getäuscht und geschädigt.

Das Diskontieren

Fritz Sorgenfrei bekommt die allgemeine Schuldnermoral mehr zu spüren, als ihm lieb ist. Einer seiner Kunden, der Kolonialwarenhändler Zacharias Grabsch, läßt sein Schuldenkonto immer weiter ansteigen. Drei, vier, fünf Mahnungen führen zu keinem Erfolg. Schließlich läßt er sich großzügig herbei, ein Dreimonatsakzept über 2000,– Euro zu geben, welches Fritz Sorgenfrei seiner Hausbank zum Diskontieren gibt.

Unter dem »Diskontieren« versteht man folgendes: Die Bankinstitute wissen, daß die meisten ihrer Kunden, die Geschäftsleute sind, lange auf den Eingang des Gegenwertes für ihre Warenlieferungen und sonstigen Leistungen warten müssen. Soweit die Banken ihre Kunden des Vertrauens würdig finden, stünde an und für sich nichts im Wege, diesem Kunden für mehrere Monate Darlehen zu gewähren. Dann tauchen jedoch sofort wieder Probleme der Sicherung durch Grundschulden usw. auf.

Da ist es nun viel einfacher, wenn die Bank von folgender Erwägung ausgeht. Normalerweise werden die Kunden des Lieferanten ihre Schulden bezahlen. Die Lieferfirma hat also, sobald sie Lieferungen vorgenommen hat, Ansprüche, die einen entsprechenden Vermögenswert darstellen. Hier handelt es sich nicht um Zukunftsmusik, sondern es ist schon eine konkrete Forderung da. Dieser Wert wird noch dadurch gesteigert, daß die Verbindlichkeiten der Kunden in Wechseln verbrieft werden. Diese Forderungen sind leichter einklagbar und damit schneller durchsetzbar. Die Bank erklärt sich daher in gewissem Umfange bereit, solche »Kundenwechsel« von ihren Konteninhabern anzukaufen und sie dadurch sofort mit dem entsprechenden baren Geld zu versorgen. Einen solchen Ankauf eines Wechsels nennt man das »Diskontieren« des Wechsels.

Natürlich zahlt die Bank nicht den vollen Betrag aus, der im Wechsel verbrieft ist. Man muß ja bedenken, daß die Bank erst den Wechsel gegen den Akzeptanten am Verfalltag geltend machen kann. Gäbe sie also den gesamten Betrag an den Geschäftsfreund, so würde dieser sich damit Zinsen verschaffen können, indem er den Betrag an andere ausleiht. Der Bank entgeht nun diese Möglichkeit. Aus diesem Grunde zieht sie dem Verkäufer des Wechsels außer den üblichen Bankspesen einen entsprechenden Zinsbetrag von dem Kaufpreis ab. Meistens wird sie auch das nachholen, was die Wechselparteien vergessen haben, nämlich den Wechsel zu versteuern, was durch Aufkleben von Steuermarken auf den Wechsel zu erfolgen hat.

Fritz Sorgenfrei setzt also auf die Rückseite des Wechsels, den die Firma Grabsch akzeptiert hat, sein Indossament und gibt ihn seiner Bank mit folgendem Anschreiben hin:

BÄCKEREI *FRITZ SORGENFREI*

Schweizer Straße 193
60594 Frankfurt/Main

An das
Bankhaus Christian Gerlich & Co.
Zeppelinweg 2
60325 Frankfurt/Main

5. März 20 . .

Sehr geehrte Damen und Herren!

In der Anlage überreiche ich ein Dreimonatsakzept über 2000,– Euro vom 4. d. M. der Firma Zacharias Grabsch, mit der Bitte um Diskontierung.

Mit freundlichen Grüßen

Fritz Sorgenfrei

 Einschreiben! Durchschrift für die eigenen Akten aufbewahren. Gegebenenfalls Formulare der Bank verwenden.

Fritz Sorgenfrei erhält darauf einige Tage später eine Gutschriftsanzeige von der Bank für sein laufendes Konto.

324

Die Bank wird normalerweise gar nicht prüfen, ob Grabsch ein sicherer Schuldner ist oder nicht. Sollte Grabsch den Wechsel am Fälligkeitstage nicht einlösen, so kann sie immer auf Fritz Sorgenfrei zurückgreifen, der durch sein Indossament der Bank für die pünktliche Zahlung haftet. Das Indossament ist also insoweit eine besondere Garantieerklärung. Da die Banken ihre eigenen Kunden aber meist sehr gut kennen, so wissen sie schon, daß sie mit dem Ankauf von solchen Wechseln kein Risiko eingehen. Zahlt der Akzeptant am Fälligkeitstage nicht, sondern läßt den Wechsel »zu Protest« gehen, dann springt der Indossant schon im eigenen Interesse ein und bezahlt die Bank beziehungsweise läßt sein Konto mit der entsprechenden Summe belasten.

Vorlegung und Protest von Wechseln

Heute schien es im Betrieb keine Ruhe zu geben. Der Chef war außer Haus, und Ulla, seine rechte Hand, glaubte, einige Stunden Zeit zum Aufarbeiten zu haben, als der Buchhalter Pfennig seinen Kopf zur Tür hereinsteckt. Zwei Wechsel machen ihm Sorgen, von denen das eine Papier bereits am nächsten Tage zur Einlösung in München vorgelegt werden muß. Wie sollte er jetzt noch einen Notar in München ausfindig machen und ihm vor allem die Urkunde rechtzeitig zugehen lassen? Ulla fand die Lage gar nicht hoffnungslos. Mit dem Einzug brauchte ja nicht unbedingt ein Notar beauftragt zu werden. Dieser Weg ist zwar der einfachste, wenn der Schuldner am gleichen Ort wohnt. Man braucht dann nur den Wechsel zu einem Notar zu schicken, ohne erst einen Schriftwechsel beginnen zu müssen. Wenn der Wechsel jedoch in einer anderen Stadt vorgelegt werden muß, so ist es schon schwieriger, die Anschrift eines Notars schnell zu ermitteln.

Ulla schlägt daher vor, einen Gerichtsvollzieher in München zu beauftragen, da sie gute Kontakte zu dem zuständigen Gerichtsvollzieher hat. Da der eiligste Wechsel schon am nächsten Tag fällig ist, entscheidet sie sich für diesen Weg. Der früher zulässige Weg eines Postauftrags ist nicht mehr möglich. Ein Protest darf nur noch durch einen Notar oder einen Gerichtsbeamten aufgenommen werden (Art. 7g WechselG).

Da der zweite Wechsel erst in einer Woche fällig ist, soll mit der Vorlegung und dem etwa erforderlich werdenden Protest ein Notar beauftragt werden. Ulla schreibt folgenden Brief:

BÄCKEREI *FRITZ SORGENFREI*

Schweizer Straße 193
60594 Frankfurt/Main

Einschreiben

An den Notar
Dr. Alois Wunderlich
Isartor 15
80333 München

25. März 20 . .

Wechselprotest bei der Firma Erwin Mehlsack, Ahornweg 2, 81547 München,
ab 1.4.20 . .

In der Anlage überreichen wir
        einen Wechsel über 8000,– Euro
        (achttausend Euro)

Wir bitten, den Wechsel dem Bezogenen Erwin Mehlsack am 1.4.20 .. während
der Geschäftsstunden zur Einlösung vorzulegen und die Wechselsumme in Höhe von
8000,– Euro einzuziehen und an uns zu überweisen.

Sollte der Schuldner nicht zahlen, so bitten wir Protest mangels Zahlung zu erheben und
den Wechsel mit der Protesturkunde unter Nachnahme der Kosten als Eilbrief zurückzusenden.

Mit freundlichen Grüßen

Fritz Sorgenfrei

Einschreibezettel an Durchschrift heften und in Wiedervorlagemappe. Termin überwachen.

So geht es nun Fritz Sorgenfrei. Auch Grabsch zahlt am Fälligkeitstag nicht. Die Bank legt den Wechsel mit dem Protestvermerk eines Notars auf der Rückseite oder auf der Allonge (Anhang) Meister
Sorgenfrei vor. Fritz Sorgenfrei zahlt und wendet sich voll Zorn an seinen Kunden Grabsch. Aber
dieser ist auf einmal telefonisch nicht mehr zu erreichen, und als Fritz Sorgenfrei persönlich hingeht,
um ihn zu sprechen, sagt ihm eine Angestellte, daß der Chef nicht da sei, wobei die Unwahrheit ihrer
Erklärung mit Händen zu greifen ist.

Jetzt muß es schnell gehen, denkt Fritz Sorgenfrei. Und es geht auch schnell – mit Hilfe des Wechselmahnbescheids.

Der Wechselmahnbescheid

Der Wechselmahnbescheid ist ein Unterfall des gewöhnlichen Mahnbescheids. Es gelten für ihn also
zunächst die allgemeinen Grundsätze des Mahnverfahrens, wie sie in §§ 688 ff. ZPO niedergelegt
sind. Gemäß § 689 ZPO ist stets das Amtsgericht für den Erlaß des Mahnbescheids zuständig, gleichgültig, wie hoch die angeforderte Summe und damit der Streitwert ist. Dies bedeutet, daß Fritz
Sorgenfrei keinen Rechtsanwalt hinzuzuziehen braucht, dessen Gebühren also ersparen kann.

Dies wird gerade bei dem »Rückgriff aus geplatzten Wechseln« gegen den Akzeptanten von gro-
ßer Bedeutung sein, da damit gerechnet werden muß, daß auf lange Sicht eine Durchsetzung des
Anspruchs nicht möglich sein wird, weil der Akzeptant zur Zeit finanziell am Ende seiner Kräfte ist.
Andererseits kann man die Geltendmachung des Rückgriffsanspruchs auch nicht einfach auf sich
beruhen lassen, weil die Ansprüche aus dem Wechsel gegen den Annehmer (Akzeptanten) in drei
Jahren vom Verfallstag an verjähren (Artikel 70 Wechselgesetz).

Fritz Sorgenfrei läßt von seiner Sekretärin aus dem nächsten Schreibwarengeschäft Formulare für
den Wechselmahnbescheid besorgen. Was diese bringt, sind natürlich gewöhnliche Mahnbescheids-
formulare, denn Wechselmahnbescheidsformulare hat das Geschäft nicht gehabt. Dies ist kein Grund
für Fritz Sorgenfrei, böse zu werden. Er braucht lediglich den Formulartext ein klein wenig mit dem
Computer ergänzen zu lassen.

326

> *Diesen Wechselmahnbescheid nebst Abschrift und aufgeführten Anlagen selbst zum Gericht bringen! Sonst mit Einschreiben absenden, damit Beweis vorhanden ist. Es ist zweckmäßig, immer zwei Durchschriften des Mahnbescheids dem Original des Mahnbescheids beizufügen, da das Gericht eine Abschrift für seine Akten braucht, eine Abschrift dem Schuldner Grabsch zustellt und das Original, welches der Postbeamte mit der Zahlungsurkunde verbindet, dem Gläubiger wieder zurücksendet.*
>
> *Wenn Sie Zweifel über die Höhe der Kostenrechnung haben, so rufen Sie vor dem Ausfüllen des Formulars das Gericht an. Dort bekommen Sie jede Auskunft kostenlos!*

Der Streitwert beträgt hier 2000,– Euro, da dies die Wechselforderung war. Die Protestkosten und sonstigen Rückgriffsspesen sind nicht unter der Forderung, sondern unter den weiteren entstandenen Kosten im Mahnbescheid aufzuführen.

Fritz Sorgenfrei hat vor Einsetzung der Kosten in das Mahnbescheidsformular in der Gerichtskostentabelle nachgesehen, was das Gericht bei einem Streitwert von 2000,– Euro an Gerichtsgebühren erhebt. Diesen Betrag muß er für den Mahnbescheid einzahlen. Erst dann, wenn der Schuldner Widerspruch gegen den Mahnbescheid einlegen sollte, so daß es nunmehr zu Terminanberaumungen und streitigen Verhandlungen kommt, muß Fritz Sorgenfrei die andere Hälfte nachzahlen.

Aber damit braucht er hier ja nicht zu rechnen, da Grabsch sich hüten wird, bei der Eindeutigkeit der Rechtslage sich zur Wehr zu setzen. Damit es schnell geht, wartet Fritz Sorgenfrei nicht etwa ab, bis er nach Einreichung des Mahnbescheids vom Gericht die Aufforderung zur Zahlung der halben Gerichtsgebühr erhält, sondern er geht folgendermaßen vor: Er bringt selbst den Mahnbescheid mit den beiden Abschriften und den Anlagen zum Gericht und zahlt dort an der Gerichtskasse Gerichtskosten in Höhe der Gebühr. Dann bringt er sämtliche Unterlagen auf die Geschäftsstelle.

Da für den von Fritz Sorgenfrei beantragten Mahnbescheid das Amtsgericht Frankfurt/ Main zuständig ist – denn hier war der Zahlungsort – und außerdem ist nach Fritz Sorgenfreis Lieferungsbedingungen Frankfurt/Main Erfüllungsort –, macht dies keine Schwierigkeiten. Ist allerdings als Erfüllungsort oder Gerichtsstand ein auswärtiger Ort vereinbart, dann ist der Antrag zwar auch beim Amtsgericht Hünfeld (das durch Verordnung anstelle des Amtsgerichts Frankfurt/Main für Hessen zuständig ist) einzureichen, aber der weitere Prozeß läuft beim Schuldnergericht. Insoweit läuft das Verfahren wie jedes normale Mahnbescheidsverfahren.

Der Vorteil dieses Verfahrens wirkt sich erst aus, wenn der Antragsgegner Widerspruch einlegt. Dann läuft das Verfahren nicht als normaler Prozeß weiter, sondern als sogenannter Wechselprozeß mit verschiedenen Beschleunigungseffekten zugunsten des Gläubigers. Dem Antragsgegner sind nur bestimmte Beweismittel gestattet, und der Prozeß läuft auch in den Gerichtsferien. Gegebenenfalls muß der Schuldner gegen das Urteil im Nachverfahren vorgehen. Der Gläubiger erhält dann den sogenannten Vollstreckungsbescheid.

Jedenfalls erhält Fritz Sorgenfrei erst einmal einen Titel, aus dem er vollstrecken kann. Es ist Fritz Sorgenfrei mit diesem Wissen allein nicht geholfen, denn woher soll er wissen, wo der Gerichtsvollzieher sein Büro hat und wie er heißt. Insbesondere in größeren Städten wird der Gläubiger nicht von sich aus feststellen können, welcher Gerichtsvollzieher für den Wohnsitz oder den Geschäftssitz des Schuldners zuständig ist. Jedoch kann er die erforderlichen Auskünfte von der Gerichtsvollzieher-Verteilungsstelle erhalten, die beim Amtsgericht als Vollstreckungsgericht errichtet ist.

Da er auf telefonische Anfrage bei der Gerichtsvollzieher-Verteilungsstelle die Auskunft erhält, daß für diese Angelegenheit Obergerichtsvollzieher Sauer zuständig ist, schreibt er an ihn einen knappen Brief, mit dem er ihm Urschrift und Fotokopie des Wechselmahnbescheids zusendet.

BÄCKEREI *FRITZ SORGENFREI*

Schweizer Straße 193
60594 Frankfurt/Main

Herrn
Obergerichtsvollzieher
Konrad Sauer
Am Mühlweg 10
60599 Frankfurt/Main

30. April 20 . .

Sehr geehrter Herr Obergerichtsvollzieher!

In der Anlage übersende ich in Urschrift und Fotokopie den für vollstreckbar erklärten
Wechselmahnbescheid des Amtsgerichts Frankfurt/M. vom 22. April 20 . . mit der Bitte
um Zustellung und Zwangsvollstreckung.

Mit freundlichen Grüßen

Fritz Sorgenfrei

Der Gerichtsvollzieher erledigt den Auftrag trotz der zeitgemäßen Überlastung binnen einer Woche
und stellt fest, daß eine Pfändung keinen Erfolg hat. Er übersendet an Fritz Sorgenfrei den
Vollstreckungsbescheid mit Zustellungsurkunde und dem Protokoll, das er über die fruchtlose Pfändung ausgefertigt hat.

Fritz Sorgenfrei verzweifelt über diese Auskunft noch nicht. Er weiß aus Erfahrung, daß viele
Schuldner, denen die Schulden über den Kopf zu wachsen drohen, pfändbare Gegenstände rechtzei-
tig aus ihrer Wohnung zu entfernen pflegen. Sie wollen es ihren Gläubigern nicht so leicht machen.
Es ist also durchaus möglich, daß Grabsch noch irgendwelche pfändbare Werte – bewegliche und
unbewegliche – hat, die es aufzuspüren gilt. Außerdem haben auch »Schuldner« anderen gegenüber
Forderungen, die man pfänden und sich zur Einziehung überweisen lassen kann.

Ein Weg, um alle Werte, die ein Schuldner besitzt, feststellen zu können, ist das Verfahren über
die eidesstattliche Versicherung (siehe dort).

*Das Wechselmahnbescheidsverfahren ist eine schnelle Sache, wenn man es ohne Zögern nach dem »Protest« ein-
leitet und auch das Zwangsvollstreckungsverfahren energisch betreibt. Je schneller man ist, um so eher kommt
man anderen Gläubigern zuvor und rettet vielleicht doch noch in letzter Minute sein Geld.*

328

Obergerichtsvollzieher

K O N R A D   S A U E R

Frankfurt/Main , den ....

.... DR. Nr. ....
Bitte unbedingt angeben.

Kosten:

Geb. § 16/17/20/27 .... Euro

Schreibgeb. § 36 .... Euro

An **Bäckerei**

Fritz Sorgenfrei

Schweizer Straße 193

Wegegeld/Reise § 37/38 .... Euro

Auslagen § 35 .... Euro

.... Euro

60594 Frankfurt am Main

Zusammen: .... Euro

erlaube ich mir zu erheben

Bitte beachten Sie die angekreuzten Sätze

Betr.: .... eigene .... gegen Zacharias Grabsch, Frankfurt/Main

.... wegen Zwangsvollstreckung

☒ Die auf Grund Ihres Auftrages bei dem Schuldner am .... erfolgte Zwangsvollstreckung fiel erfolglos aus. Vollstreckungstitel erhalten sie anliegend zurück. Protokollabschrift — mit Arbeitgeberanschrift — wird auf Antrag erteilt und per Nachnahme übersandt.

☐ Auf Grund Ihres Auftrages habe ich am .... beim Schuldner Gegenstände im Werte von .... Euro gepfändet. Protokollabschrift wird auf Antrag erteilt und per Nachnahme übersandt. Die Pfändung erfolgte gleichzeitig für .... weitere Gläubiger.

☐ Die weitergehende Vollstreckung fiel erfolglos aus.

☐ Die Pfändung ist eine Anschlußpfändung. Im Falle der Versteigerung müssen zunächst die Vorpfandgläubiger aus dem Erlös befriedigt werden.

☐ An den Pfandstücken sollen Ansprüche Dritte vorliegen. Auf den Rechtsweg wurde verwiesen.

☐ Neuer Termin zur Versteigerung ist anberaumt auf .... 9.15 Uhr Pfandkammer, München 50, Schragenhofstr. 27 Falls Schuldner nicht 5 Werktage vor dem Termin in meinem Büro bezahlt oder Gläubiger Aufschub erteilt, erfolgt Einschaffung der Pfandstücke in die Pfandkammer — am Ort der Pfändung; Zusammenkunft: .... Uhr

☐ Gemäß § 63 GVGA wird Auftrag zurückgesandt, da Schuldner amtsbekannt keine pfändbare Habe besitzt.

☐ Titel zurückgesandt, da Auftrag zurückgenommen wurde.

☐ Titel zurück, da Zwangsvollstreckung — durch Beschluß des Gerichts — eingestellt wurde.

☐ Erbitte gem. § 5 GVKostGes. einen Vorschuß in Höhe von .... Euro. Frist 1 Woche.

☐ Titel zurück, da die Versteigerung bis auf weiteres nicht stattfinden soll.

☐ Titel zurück, da Pfändung aufgehoben wurde.

☐ Schuldner legte Quittung/Posteinlieferungsschein/Lastschriftzettel/Bankbelastung vom .... vor, laut welche.... an den Glb.-Vertr. Euro .... bezahlt wurden. Wegen dieses Betrages wurde die Zwangsvollstreckung gem. § 775 ZPO eingestellt.

☐ Es wurde der Schuldbetrag —Teilbetrag — Restbetrag — mit Verrechnungsscheck — von Euro .... bezahlt. Die Auszahlung erfolgt an Sie durch Überweisung.

☐ Ich frage an, ob die Pfändung vom .... aufgehoben werden kann. Frist 1 Woche.

☐ Ich bitte um Bekanntgabe der Restforderung einschl. errechneter Zinsen und Kosten. Frist 1 Woche.

☐ Ich bitte um Übersendung des Titels — Wechsels — Schecks — einer Inkassovollmacht.

☐ Titel zurück, da Schuldner........ am bezeichneten Ort nicht zu ermitteln ist.

☐ Titel zurück, an Ort und Stelle festgestellt, daß Schuldner........ unbekannt verzogen ist.

☐ Titel zurück, an Ort und Stelle festgestellt daß Schuldner........ nach .... verzogen sein soll.

☐ Titel zurück, da Schuldner amtsbekannt nicht mehr unter der Anschrift wohnhaft ist.

☐ Die Versteigerung fiel erfolglos aus, da ein Gebot nicht abgegeben wurde. Ich verweise auf § 825 ZPO. Das Verfahren ruht. Titel anbei.

☐ Titel zurück. Die Räumung — Wegnahme — wurde am .... durchgeführt.

☐ Titel zurück. Die Verhaftung wurde am .... durchgeführt, Schuldner leistete die eidesstattl. Versicherung und wurde wieder aus der Haft entlassen. Vorschuß-Rest von .... Euro wurde an Sie — Gläub. — zurücküberwiesen.

☐ Auftrag unvollzogen zurück, da Vorschuß nicht eingezahlt wurde.

Hochachtungsvoll

Sauer

Ober-Gerichtsvollzieher

Georg Lingenhel, Druckerei und Verlag GmbH, München

1052

So schützen Sie sich vor Verlusten

»Es muß doch noch irgendeinen Weg geben, um dem Burschen auf die Schliche zu kommen. Wozu hast du eigentlich das Abonnement bei deiner Auskunftei »Argus« sagte Luise zu ihrem Mann.

Fritz Sorgenfrei erfährt von »Argus«, daß Grabsch bei Salmünster ein Grundstück besitzt. Es ist sehr zweckmäßig, daß er sich Klarheit über dieses Grundstück verschafft. Er schreibt also an das Amtsgericht Salmünster:

BÄCKEREI *FRITZ SORGENFREI*

Schweizer Straße 193
60594 Frankfurt/Main

An das
Amtsgericht
– Grundbuchamt –
63626 Salmünster

10. Juni 20 . .

Liegenschaft »Im düsteren Grund«, eingetragen im Grundbuch von Salmünster, Bd. II, Bl. 42
Eigentümer: Kolonialwarenhändler Zacharias Grabsch, Frankfurt/M.

In obenstehender Angelegenheit bitte ich um baldmöglichste Übersendung eines einfachen Grundbuchauszuges neuesten Datums. Die Kosten bitte ich mir aufzugeben. Ich habe gegen den Eigentümer eine ausgeklagte Forderung von 2000,– Euro und beabsichtige, die Zwangsvollstreckung zu betreiben.

Fritz Sorgenfrei

Durchschrift für die eigenen Akten aufheben. Einschreiben. Beleg an Abschrift anheften.

Die Zwangshypothek

Nun kann Fritz Sorgenfrei nicht so schnell mit der Zusendung des erbetenen Grundbuchauszuges rechnen, da die Behörden ja immer überlastet sind. Um keine Zeit zu verlieren, wird er auf alle Fälle den Antrag auf Eintragung einer Sicherungshypothek stellen. Dieser Antrag sieht folgendermaßen aus:

BÄCKEREI *FRITZ SORGENFREI*

Schweizer Straße 193
60594 Frankfurt/Main

An das
Amtsgericht
– Grundbuchamt –
63626 Salmünster

10. Juni 20 . .

ANTRAG

des Kaufmanns Fritz Sorgenfrei, Schweizer Straße 193,
60594 Frankfurt/M.,

– Gläubiger –,

gegen

den Kaufmann Zacharias Grabsch, Bergerstraße 9,
60316 Frankfurt/M.,

– Schuldner –,

auf Eintragung einer Sicherungshypothek. Der Schuldner ist Eigentümer des Grundstücks
»Im düsteren Grund«, eingetragen im Grundbuch von Salmünster,
Bd. II, Bl. 42.

Ich lege anbei den für vollstreckbar erklärten Wechselmahnbescheid des Amtsgerichts
Frankfurt/M. – Az. 31 B 776/90 – mit beigehefteter Zustellungsurkunde vor, aufgrund
dessen dem Gläubiger eine Forderung in Höhe von 2000,– Euro nebst Zinsen zusteht.

Ich beantrage hiermit die Eintragung einer Sicherungshypothek in Höhe der vorstehend
genannten Forderung in das obengenannte Grundbuch.

Fritz Sorgenfrei

Einschreiben mit Anlagen per Eilboten absenden, Durchschrift für die eigenen Akten behalten.

Nach einigen Tagen erhält Fritz Sorgenfrei zunächst den angeforderten Grundbuchauszug. Aus diesem Grundbuchauszug ersieht er, daß schon eine Anzahl Belastungen in Abt. III (Hypotheken und Grundschulden) vorliegen. Immerhin ist es noch nicht so schlimm, daß das Grundstück als überbelastet anzusehen ist. Einige Tage später erhält Fritz Sorgenfrei die Nachricht vom Grundbuchamt, daß an sechster Stelle in Abt. III für ihn eine Sicherungshypothek in Höhe von 2000,– Euro eingetragen ist. Auch den Vollstreckungstitel erhält er zurückgesandt.

Die Zwangsversteigerung und Zwangsverwaltung eines Grundstücks

Nun kann Fritz Sorgenfrei in Ruhe darangehen, die Zwangsversteigerung des Grundstücks zu betreiben. Er stellt daher folgenden Antrag:

BÄCKEREI *FRITZ SORGENFREI*

Schweizer Straße 193
60594 Frankfurt/Main

An das
Amtsgericht
– Zwangsversteigerungsgericht –
63626 Salmünster
22. Juni 20 . .

ANTRAG

des Kaufmanns Fritz Sorgenfrei, Schweizer Straße 193,
60594 Frankfurt/M.,

– Gläubiger –

gegen

den Kaufmann Zacharias Grabsch, Bergerstraße 9,
60316 Frankfurt/M.,

– Schuldner –

auf Anordnung der Zwangsversteigerung.

Der Schuldner ist Eigentümer des Grundstücks »Im düsteren Grund«, eingetragen im
Grundbuch von Salmünster, Bd. II, Bl. 42.

Der Gläubiger hat ausweislich des anliegend überreichten und für vollstreckbar erklärten
Wechselmahnbescheids des Amtsgerichts Frankfurt/M., dem die Zustellungsurkunde
angeheftet ist, eine Forderung von 2000,– Euro nebst 5 % Zinsen.

Ich beantrage,
wegen der genannten Forderung die Zwangsversteigerung des Grundstücks anzuordnen.

Fritz Sorgenfrei

Einschreiben mit allen Anlagen absenden. Einschreibbeleg an die Abschrift anheften.

Hat der Schuldner mehrere Grundstücke, so kann der Gläubiger nicht etwa seine ganze Forderung
auf alle Grundstücke eintragen lassen, er muß vielmehr seine Forderung auf die einzelnen Grundstücke aufteilen. Mit dem Zwangsversteigerungsantrag allein ist es aber nicht getan. Möglicherweise
ist es zweckmäßig, die Zwangsversteigerung nicht durchzuführen, weil zur Zeit ein ausreichender
Kaufpreis nicht zu erzielen ist. Vielleicht will sich Fritz Sorgenfrei auch auf Bitten von Grabsch darauf einlassen, daß dieser die Schuld in Raten abzahlt. Sobald er aber seinen Zwangsversteigerungsantrag zurücknimmt, verliert er den durch den Antrag erlangten Rang. Andere Gläubiger, die später als Fritz Sorgenfrei zum Zuge gekommen sind, würden jetzt aufrücken. Aus diesem Grunde
mußte er neben dem Antrag auf Zwangsversteigerung den obigen Antrag auf Eintragung einer
Sicherungshypothek stellen.

332

Man kann nicht gut zwei Herren auf einmal dienen. Fritz Sorgenfrei hat nur einen Titel für die Zwangsvollstreckung (den Vollstreckungsbescheid, das ist der für vollstreckbar erklärte Mahnbescheid des Amtsgerichts Hünfeld). Da er gegen das Grundstück zweispurig vorgeht, nämlich sowohl die Zwangsversteigerung betreibt als auch eine Sicherungshypothek eintragen lassen will, kommt er rein technisch in Schwierigkeiten. Da er nämlich den Titel an das Zwangsversteigerungsgericht geschickt hat, kann er ihn nicht gleichzeitig an das Grundbuchamt senden. Er müßte warten, bis das Zwangsversteigerungsgericht auf seinen Antrag hin den Beschluß auf Anordnung der Zwangsversteigerung erläßt, und dann den Titel zurückfordern, um ihn mit dem Antrag auf Eintragung der Sicherungshypothek dem Grundbuchamt einzureichen. Aber damit geht schon wieder kostbare Zeit verloren.

Deshalb macht Fritz Sorgenfrei folgendes: Er weiß, daß »das Zwangsversteigerungsgericht« und das »Grundbuchamt« ja nur Teile ein- und desselben Gerichts sind. Er kann daher zum Zwecke der Beschleunigung den für das Grundbuchamt bestimmten Antrag gleich mit dem Antrag an das Zwangsversteigerungsgericht zusammen einreichen.

Dieses Vorgehen wird Erfolg haben, da die einzelnen Geschäftsstellen einer Gerichtsbehörde sich aus Gründen der praktischen Erledigung der Anträge unterstützen. Es dürfte allerdings zweckmäßig sein, gegebenenfalls selbst bei der Geschäftsstelle vorzusprechen und mit dieser die Möglichkeit einer beschleunigten Erledigung zu erörtern. Vorsorglich sollte man nach angemessener Zeit nachfragen, ob der Ablauf der Dinge zügig vonstatten geht.

Demzufolge reicht Fritz Sorgenfrei den Antrag mit folgendem Begleitschreiben dem Gericht ein:

BÄCKEREI *FRITZ SORGENFREI*

Schweizer Straße 193
60594 Frankfurt/Main

An das
Amtsgericht
– Zwangsversteigerungsgericht –
63626 Salmünster

22. Juni 20 . .

Ich bitte, nach Erledigung meines Zwangsversteigerungsantrages den beiliegenden Antrag an das Grundbuchamt unter Beifügung des Titels weiterzuleiten, damit keine unnötige Zeit verlorengeht.

Fritz Sorgenfrei

Beitritt zu einer Zwangsversteigerung

Einige Zeit später hat Fritz Sorgenfrei einen Titel über 4000,– Euro gegen einen Schuldner zu vollstrecken, bei dem ein anderer Gläubiger bereits dessen Grundstück in das Zwangsversteigerungsverfahren gebracht hat. Hier muß Fritz Sorgenfrei den Antrag auf Zulassung des Beitritts zu der bereits laufenden Zwangsversteigerung stellen. Dies geschieht folgendermaßen:

BÄCKEREI *FRITZ SORGENFREI*

Schweizer Straße 193
60594 Frankfurt/Main

An das
Amtsgericht
– Zwangsversteigerungsgericht –
60431 Frankfurt/Main

10.8.20 . .

ANTRAG

des Kaufmanns Fritz Sorgenfrei, Schweizer Straße 193, 60594 Frankfurt/Main
– Gläubiger –

gegen

den kaufmännischen Angestellten Antonius Piscator,
Gartenstraße 1, 60594 Frankfurt/Main

– Schuldner –

auf Zulassung des Beitritts zur Zwangsversteigerung. Der Schuldner Antonius Piscator ist
ausweislich des Grundbuchs Eigentümer des Grundstücks Trutzstraße 76, 60322 Frank-
furt/M., eingetragen im Grundbuch von Frankfurt/M., Bd. 68, Bl. 27. Das Grundstück
befindet sich auf Betreiben des Hypothekengläubigers Sigmund Draht im Zwangsversteigerungsverfahren unter dem Aktenzeichen – K 14/20 –.

Aufgrund des beiliegenden rechtskräftigen Urteils des Amtsgerichts Frankfurt/M. steht
dem Gläubiger gegen den Schuldner eine Forderung von 4000,– Euro nebst 4% Zinsen zu.
Das Urteil ist, wie aus der beigehefteten Urkunde ersichtlich, bereits zugestellt.

Ich beantrage hiermit,
wegen der vorstehenden Forderung meinen Beitritt zu der
angeordneten Zwangsversteigerung zuzulassen.

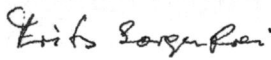

Mit Einschreiben nebst Anlagen einreichen oder selbst auf der Geschäftsstelle abgeben.

Eigentlich schießt man ja mit Kanonenkugeln auf Spatzen, denkt Fritz. Seine Überlegungen sind recht
vernünftig. Normalerweise wird ein Gläubiger wegen eines solchen geringfügigen Betrages versuchen, in das Mobiliar oder sonstige beweglichen Sachen des Schuldners zu vollstrecken, da dies
schneller geht und der ganze mühevolle und kostspielige Aufwand des Zwangsversteigerungsverfahrens vermieden wird. Wenn aber Mobilien des Schuldners nur unpfändbarer Hausrat sind, dann
bleibt ja nichts anderes übrig, als den Versuch zu machen, das Grundstück des Schuldners zu verwerten. Meistens wird man aber mit diesem Vorgehen auch nicht viel Erfolg haben, denn jeder vernünftige Schuldner wird zunächst die Beleihungsfähigkeit seines Grundstücks ausnützen, um seine

Gläubiger freiwillig zu befriedigen. Wenn aber die Beleihungsgrenze des Grundstücks bereits erreicht ist, dann nützt auch eine Versteigerung nichts, da der betreibende Gläubiger bei der Versteigerung ausfallen wird. Die ihm vorgehenden Hypothekengläubiger schöpfen den Versteigerungserlös ab.

In einem solchen Fall kann unter Umständen eine Zwangsverwaltung des Grundstücks zweckmäßiger sein. Handelt es sich zum Beispiel um ein Mietshaus, das eine gute Rendite abwirft, so kann eine Zwangsverwaltung dazu führen, daß ein Gläubiger, der keine allzu hohe Forderung hat, aus der Zwangsverwaltung dieses Hauses befriedigt wird. Bei der Zwangsverwaltung wird nämlich das Grundstück des Schuldners nicht zur Versteigerung gebracht, sondern ein vom Zwangsversteigerungsgericht eingesetzter Zwangsverwalter verwaltet als Treuhänder das Haus, zieht die Mieten ein, zahlt die laufenden monatlichen Abgaben, Hypothekenzinsen usw. und führt den Überschuß an den die Zwangsverwaltung betreibenden Gläubiger so lange ab, bis dessen Forderung gedeckt ist.

> *Mitunter ist es überhaupt nicht nötig, eine Zwangsversteigerung einzuleiten. Schließlich kosten derartige Maßnahmen Geld, die oft dasjenige wieder aufzehren, was die Gläubiger erhalten könnten. Oft ist es für alle Beteiligten besser, sich zusammenzusetzen und zu überlegen, wie man dem Schuldner wieder auf die Beine helfen kann. Wer sich den ganzen Tag über damit beschäftigen muß, irgendwo Geld aufzutreiben oder seine Gläubiger zu trösten, kann keiner vernünftigen Tätigkeit mehr nachgehen und verschuldet sich zusätzlich.*
>
> *Prüfen Sie alle geschäftlichen Unterlagen des Schuldners, und leiten Sie eine Unterstützungsaktion ein, wenn es sinnvoll ist. Es ist wie mit der Kuh, die man füttern muß, wenn sie Milch geben soll.*

Wenn also Fritz Sorgenfrei der Meinung ist, die Zwangsverwaltung sei aussichtsreicher als die Zwangsversteigerung, dann wird er folgenden Antrag stellen:

BÄCKEREI *FRITZ SORGENFREI*

Schweizer Straße 193
60594 Frankfurt/Main

An das
Amtsgericht
– Zwangsversteigerungsgericht –
60431 Frankfurt/Main   15.8.20 . .

ANTRAG

des Kaufmanns Fritz Sorgenfrei, Schweizer Straße 193,
60594 Frankfurt/M.

– Gläubiger –

gegen

den Rentner Leonhard Backstein, Friedberger Anlage 17,
60214 Frankfurt/M.

– Schuldner –

auf Anordnung der Zwangsverwaltung.

Begründung:
Der Schuldner ist Eigentümer des Mietgrundstücks Friedberger Anlage 17, Frankfurt/M.,
eingetragen im Grundbuch von Frankfurt/M., Bd. 24, Bl. 760.

In der Anlage überreiche ich die vollstreckbare Ausfertigung des Urteils des Amtsgerichts Frankfurt/M. vom 3. April des Jahres – 313 C 624/20 – über 7500,– Euro
nebst 4% Zinsen seit dem 1. Februar 20. . mit dem Antrage,

> wegen dieser Forderung die Zwangsverwaltung des dem Schuldner gehörenden
> Grundstücks anzuordnen.

Fritz Sorgenfrei

*Einschreiben oder selbst mit Anlagen auf der Geschäftsstelle abgeben. Durchschlag für die eigenen Akten zurück-
behalten.*

Schuldschein und Urkundenprozeß

Fritz Sorgenfrei macht nicht nur mit Wechseln Bekanntschaft. Er lernt auch am eigenen Leibe die
Tücken kennen, die in einem »harmlosen« Schuldschein verborgen sind. Als er noch sehr auf sein
Geld achten mußte, benötigte er schnell einmal 800,– Euro. Sein Wohnungsnachbar, der Händler
Ladislaus Bodkus, hatte ihm bereitwilligst ein Darlehen ohne Sicherheit gewährt. Der großzügige
Darlehensgeber verlangte auch keine Auskünfte über die Vermögenslage von Fritz Sorgenfrei und
nahm auch nicht die Gelegenheit wahr, gleich ein Gegengeschäft zu erreichen, erklärte vielmehr, daß
man sich als Nachbarn doch immer gerne behilflich sei. Nur ein »Schuldscheinchen« ließ er sich
unterschreiben, das folgendermaßen aussah:

SCHULDSCHEIN

Ich, der unterzeichnete Kaufmann Fritz Sorgenfrei, Schweizer Straße 193,
60594 Frankfurt/Main, erkenne hiermit an, Herrn Ladislaus Bodkus,
Schweizer Straße 193, 60594 Frankfurt/Main,

800,– Euro (i. W. achthundert Euro)

zu schulden.

Der Schuldbetrag ist am 30. Juli 20. . zurückzuzahlen.

60594 Frankfurt/Main, den 6. März 20. .

Fritz Sorgenfrei

Im Juli führt Fritz Sorgenfrei dem Händler Bodkus nun einen interessanten Kunden zu, mit welchem
dieser ein größeres Geschäft tätigt. Aus Dankbarkeit sagte Bodkus zu Fritz Sorgenfrei: »Dafür sollen Sie auch eine Freude haben. Das Darlehen von 800,– Euro ist gestrichen.« Bei dem Gespräch war
glücklicherweise ein Zeuge zugegen, sein Freund Rudolf Kreuz, der dies sogleich zum Anlaß nahm,
Fritz zu einer Bierrunde zu animieren.

Leider dachte Fritz Sorgenfrei nicht daran, seinen Schuldschein zurückzufordern, und Bodkus
unterläßt es, diesen zurückzuschicken. Das von Fritz Sorgenfrei vermittelte Geschäft entwickelt sich

leider nicht so, wie Bodkus dachte, und so bereut er bald seine großzügige Äußerung hinsichtlich des Darlehens.

336   Kurzerhand fordert er daher etwas später Fritz Sorgenfrei auf, das »Darlehen« zurückzuzahlen. Empört weigert sich Fritz Sorgenfrei und schreibt Herrn Bodkus seine Meinung. Die Antwort kommt in Gestalt folgender Klage im Urkundenprozeß mit gleichzeitiger Ladung zum Verhandlungstermin vor das Amtsgericht:

Ladislaus Bodkus
60594 Frankfurt/Main

An das
Amtsgericht
60431 Frankfurt/Main   28. August 20. .

<u>KLAGE IM URKUNDENPROZESS</u>

des Kaufmanns Ladislaus Bodkus, Schweizer Straße 193,
60594 Frankfurt/Main   – Kläger –

gegen

den Bäckermeister Fritz Sorgenfrei, Schweizer Straße 193,
60594 Frankfurt/Main   – Beklagter –

wegen 800,– Euro.

Ich erhebe gegen den Beklagten Klage im Urkundenprozeß mit dem Antrage:

    1. den Beklagten zu verurteilen, an den Kläger 800,– Euro nebst
       4% Zinsen seit Klageerhebung zu zahlen,
    2. das Urteil für vorläufig vollstreckbar zu erklären,
    3. dem Beklagten die Kosten des Rechtsstreits aufzuerlegen.

<u>Begründung:</u>

Der Kläger gewährte dem Beklagten am 6. März 20 . . ein zinsloses Darlehen in Höhe von 800,– Euro, rückzahlbar am 30.7.20 . .. Der Beklagte stellte über diese Verpflichtung den in der Anlage abschriftlich beigefügten Schuldschein aus. Das Original werde ich im Termin vorlegen. Der Beklagte ist nach dem Fälligkeitstag mehrfach gemahnt worden, hat jedoch keine Zahlung geleistet.

Ladislaus Bodkus

Die Erhebung der Klage im Urkundenprozeß ist zulässig, wenn die Zahlung einer bestimmten Geldsumme verlangt wird (§ 592 ZPO). Das gleiche gilt, wenn die Leistung einer bestimmten Qualität anderer vertretbarer Sachen, zum Beispiel Zucker, Mehl, Kartoffeln, oder von Wertpapieren verlangt wird. Auch der Anspruch aus einer Hypothek, einer Grundschuld, einer Rentenschuld oder einer Schiffshypothek kann im Urkundenprozeß geltend gemacht werden. Andere Leistungen, zum Beispiel auf einen bestimmten Gegenstand, können nur in einem gewöhnlichen Prozeß eingeklagt werden. In der Praxis wird es sich bei den Urkundenprozessen also fast immer um Geldforderungen handeln.

Wie der Name Urkundenprozeß zeigt, ist es erforderlich, daß der Kläger die Tatsachen, die den Anspruch begründen, durch Urkunden beweist. Es ist also nicht möglich, den Beweis durch Benennung von Zeugen zu führen, sondern es ist vielmehr notwendig, daß man dem Gericht die Urkunden vorlegt oder sonst zugänglich macht. Dies ist hier dem Kläger durch Vorlegung des Schuldscheins möglich.

337

Fritz Sorgenfrei spricht noch am gleichen Tag mit Rudolf Kreuz: »Das ist ja fabelhaft«, sagt Kreuz, »der Kerl wird doch im nächsten Termin abgewiesen. Benenne mich als Zeugen, dem werde ich es zeigen.« Im Vertrauen hierauf reicht Fritz Sorgenfrei folgenden Schriftsatz ein:

BÄCKEREI *FRITZ SORGENFREI*

Schweizer Straße 193
60594 Frankfurt/Main

An das
Amtsgericht
60431 Frankfurt/Main

5. September 20 . .

In dem Rechtsstreit B o d k u s . / . S o r g e n f r e i
– 213 D 9/90 –

werde ich beantragen

den Kläger kostenpflichtig abzuweisen, hilfsweise beantrage ich,
mir nachzulassen, die Vollstreckung durch Sicherheitsleistung oder
Hinterlegung abzuwenden und hierfür auch Bankbürgschaft zuzulassen.

Begründung:

Es ist zwar richtig, daß der Kläger dem Beklagten das angegebene Darlehen gewährt hat. Die Darlehensschuld ist aber im Juli 20 . . bereits getilgt worden.

Der Beklagte hat im Juli 20 . . dem Kläger ein Geschäft vermittelt, von dem dieser sich viel versprach. Er erklärte aus Anlaß dieser Vermittlung dem Sinne nach: »Das sollen Sie nicht umsonst getan haben. Ich streiche Ihnen das Darlehen.«

Diese Äußerung kann der damals anwesend gewesene Bankangestellte Rudolf Kreuz bezeugen.

Beweis: Zeugnis des Bankangestellten Rudolf Kreuz, Holbeinstraße 4,
          60596 Frankfurt/Main – Süd.

Offenbar hat das von dem Beklagten vermittelte Geschäft die Erwartungen des Klägers nicht erfüllt, so daß ihm jetzt seine Vereinbarung mit dem Beklagten leid tut. Der Beklagte hat aber keine Veranlassung, den Kläger von seinem Wort zu entbinden.

Fritz Sorgenfrei

 Diesen Schriftsatz schickt Fritz Sorgenfrei mit einer Abschrift an das Gericht, das wiederum die Abschrift an den Kläger weiterleitet.

338

Siegesbewußt erscheint Fritz Sorgenfrei pünktlich zum Termin. Es kann ja gar nichts schiefgehen?! Und ob es schiefgeht! Als Fritz Sorgenfrei nämlich gerade richtig loslegen will, schneidet ihm der Richter das Wort ab.

»Haben Sie diesen Schuldschein, den der Beklagte hier vorlegt, unterschrieben oder nicht, Herr Sorgenfrei?«

»Ja, aber …«

»Kein aber«, unterbricht ihn der Richter. »Sie behaupten, der Kläger habe Ihnen die Schuld sozusagen als Provision erlassen. Ich frage den Kläger: Ist dies richtig?«

Und prompt sagt der Kläger:

»Aber nein, Herr Richter, so ist das ja gar nicht gewesen. So war meine Erklärung nicht gemeint.«

»Sehen Sie«, wendet sich der Richter wieder an Fritz Sorgenfrei. »Gegenüber dem Schuldschein können Sie im Urkundsverfahren nur Beweis für Ihre Behauptungen durch Vorlegung von Urkunden antreten, zum Beispiel durch Quittungen oder durch Parteivernehmung des Klägers. Und was dieser aussagt, hören Sie ja schon.«

»Aber mein Zeuge«, stottert Fritz Sorgenfrei.

»Ihr Zeuge kann in diesem Stadium des Verfahrens nicht gehört werden. Ich muß Sie jetzt verurteilen.«

Fritz Sorgenfrei könnte Bodkus jetzt zwar zum Eid bringen, aber davon verspricht er sich wirklich nichts. Die Dinge nehmen also ihren Lauf. Und so ergeht zu Fritz Sorgenfreis Bestürzung folgendes Urteil:

1. Der Beklagte wird verurteilt, an den Kläger 800,– Euro nebst 4 Prozent Zinsen seit Klagezustellung zu zahlen.
2. Der Beklagte hat die Kosten des Rechtsstreites zu tragen.
3. Das Urteil ist vorläufig vollstreckbar.
4. Dem Beklagten bleibt die Geltendmachung seiner Rechte im Nachverfahren vorbehalten.
5. Der Beklagte kann die Vollstreckung durch Sicherheitsleistung – auch Bankbürgschaft – in Höhe von 900,– Euro abwenden.

Eine schöne Bescherung, denkt Fritz Sorgenfrei. Da muß ich gleich Berufung einlegen. In einer höheren Instanz wird man wohl anders denken.

Das aber ist leider nicht der Fall. Auch das Landgericht als Berufungsgericht müßte an Fritz Sorgenfreis Verurteilung festhalten.

Fritz muß einen anderen Weg gehen. Nämlich den, der ihm in Ziffer 4 des Urteils gewiesen ist. Er muß sich folgendes klarmachen: Die rasche Verurteilung im Urkundenprozeß ist – dies will das Gesetz so – gewissermaßen »über den Daumen gepeilt«. Denn nach der Lebenserfahrung pflegt ein vernünftiger Schuldner, der seine Schulden getilgt hat, dafür zu sorgen, daß er die ausgestellten Schuldscheine von seinem Gläubiger zurückbekommt. Wo also einer Klage, die sich auf einen Schuldschein stützt, nicht sofort mit Quittungen oder schriftlichen Verzichtserklärungen des Gläubigers entgegengetreten werden kann, wird erst einmal verurteilt.

Der Kläger kann aus diesem Urteil vollstrecken und so zunächst sein Ziel erreichen.

Aber der Kläger hat noch nicht endgültig gewonnen. In dem »gemütlichen« Nachverfahren wird von demselben Gericht, das das »Vorbehaltsurteil« ausgesprochen hat, nunmehr wie in jedem gewöhnlichen Prozeß alles geprüft, was der Beklagte vorzubringen hat. Und hier sind alle Beweismittel zulässig. Also wird der nunmehr klarsehende Fritz Sorgenfrei folgenden Schriftsatz einreichen:

BÄCKEREI *FRITZ SORGENFREI*

Schweizer Straße 193
60594 Frankfurt/Main

An das
Amtsgericht
60431 Frankfurt/Main   20. September 20 . .

In dem Rechtsstreit B o d k u s . / . S o r g e n f r e i
– 213 D 9/90 –

beantrage ich,

> im Nachverfahren einen frühestmöglichen Verhandlungstermin anzuberaumen. Ich werde beantragen, unter Aufhebung des Urkundenvorbehaltsurteils den Kläger mit der Klage kostenpflichtig abzuweisen.

<u>Begründung:</u>

Ich wiederhole mein Vorbringen im Vorverfahren, wonach der Kläger die Darlehensforderung im Juli 20 . . erlassen hat, und beziehe mich insoweit auf das Zeugnis des von mir bereits benannten Zeugen Kreuz.

Fritz Sorgenfrei

Hiermit kommt Fritz Sorgenfrei jetzt zum Zuge. In dem angesetzten Beweistermin wird Kreuz vernommen.

Er sagt aus, daß kein Zweifel an der ernsthaft gemeinten Erklärung des Klägers bestehe, wonach die Forderung erlassen werden sollte. Nunmehr erläßt das Amtsgericht ein Urteil, das folgenden Wortlaut hat:

---

1. Das Vorbehaltsurteil vom 15. September 20 . . wird aufgehoben.

2. Der Kläger wird mit der Klage abgewiesen und hat die Kosten des Rechtsstreits zu tragen.

3. Das Urteil ist vorläufig vollstreckbar.

Wie nun Fritz Sorgenfrei siegesstolz nach Hause kommt, erfährt er, daß inzwischen der Gerichtsvollzieher da war und einige Möbelstücke gepfändet hat.

Und das hat tatsächlich seine Richtigkeit. In dem am 15. September 20 .. erlassenen Vorbehaltsurteil stand ja der Vermerk: »Vorläufig vollstreckbar.« Gemäß § 708 Ziff. 4 ZPO bekommt jedes Urteil, das im Urkunden- oder Wechselprozeß erlassen wird, diesen Zusatz automatisch. Man braucht dies nicht einmal zu beantragen.

340

Wer ein solches Urteil erstritten hat, soll nämlich nicht warten müssen, bis der Beklagte das Urteil hat rechtskräftig werden lassen, was ja wegen der Möglichkeit, Rechtsmittel einzulegen, Monate dauern kann. Er soll schon sein Geld beitreiben können, gleichgültig, wie der Prozeß endgültig ausgehen wird.

Deshalb erfolgte die Pfändung bei Fritz Sorgenfrei zu Recht. Fritz Sorgenfrei braucht jetzt aber nur dem Gerichtsvollzieher das neue Urteil vorzulegen, durch das das Vorbehaltsurteil aufgehoben ist. Dann hat der Gerichtsvollzieher gemäß § 775 ZPO mit der Zwangsvollstreckung aufzuhören und gemäß § 776 ZPO die Pfandsiegel wieder zu entfernen.

Das ist mir nun klar, denkt Fritz Sorgenfrei. Aber was habe ich davon, daß in dem zweiten Urteil, welches mir recht gegeben hat, auch der Vermerk »vorläufig vollstreckbar« steht. Bodkus ist es doch ganz egal, ob die Abweisung vorläufig vollstreckbar ist oder nicht.

Das ist es aber beileibe nicht, denn Fritz Sorgenfrei hat ja durch den Prozeß Kosten gehabt, zum Beispiel Fahrtkosten, Porti usw., die ihm der Gegner ersetzen muß. Mit diesem Ersatzanspruch müßte er sich bis zur Rechtskraft des Urteils gedulden, wenn in dem Urteil nicht die Zauberformel enthalten wäre: »Vorläufig vollstreckbar.« So kann er also jetzt schon den Kostenfestsetzungsbeschluß (s. dort) beantragen.

Rechtskraft und Vollstreckbarkeit

Der Prozeß gegen Bodkus hat Fritz Sorgenfrei außer Zeitverlust und Ärger keinen weiteren Verlust eingebracht, denn selbst seine aufgewendeten Kosten bekommt er ja wieder. Fritz Sorgenfrei denkt aber etwas weiter und fragt sich besorgt: »Was hätte ich nun eigentlich gemacht, wenn das zweite Urteil nicht so rasch ergangen wäre? Ich hätte es doch nicht bis zur Versteigerung der Möbel kommen lassen können. Also hätte ich mir irgendwo rund 850,– Euro als Darlehen geben lassen müssen, wer weiß, für wieviel Zinsen. Wer hätte mir denn nun diese Zinsen ersetzt?«

Diese Zinsen hätte Fritz Sorgenfrei von Bodkus erstattet verlangen können. Wird nämlich ein vorläufig vollstreckbares Urteil aufgehoben oder abgeändert, so muß der Kläger dem Beklagten den Schaden ersetzen, den dieser durch die Vollstreckung oder die Abwendung der Vollstreckung erleidet (§ 717 Abs. 2 ZPO).

Der Gesetzgeber gibt also dem eiligen Gläubiger die Möglichkeit einer raschen Vollstreckung, ruft ihm aber mit erhobenem Zeigefinger zu: »Nimm dich in acht, wenn du schließlich endgültig unterliegst, so hast du auch das Risiko deines eiligen Vorgehens zu tragen. Allen von dir durch die Vollstreckung angerichteten Schaden mußt du in diesem Fall ersetzen.«

Demnach scheint die vorläufige Vollstreckbarkeit eine recht gefährliche Sache zu sein. Besser wäre es dann wohl, bis zur Rechtskraft zu warten, also bis zu dem Zeitpunkt, von dem ab nicht mehr die Möglichkeit besteht, das Urteil durch ein Rechtsmittel aufheben zu lassen. Aber das wäre ein zu großes Opfer, das man dem Kläger aufbürden würde.

Das Gesetz hat hier die unterschiedlichen Interessen zu wahren gesucht. So gibt es zum Beispiel keine vorläufige Vollstreckbarkeit in einem Ehescheidungsprozeß. Wenn das Amtsgericht in erster Instanz das Urteil ausspricht, daß die Ehe der Parteien geschieden sei, so sind die Parteien zunächst immer noch Mann und Frau – falls kein Rechtsmittelverzicht erklärt ist –, und es bestehen noch einige Verpflichtungen aufgrund der Ehe fort. Zwar nicht die Pflicht zum intimen Zusammenleben, denn diese entfiel ja schon mit Beginn des Prozesses. Bei derartigen lebensentscheidenden

Prozessen, die also zum Beispiel über den Bestand einer Ehe oder Ehelichkeit eines Kindes entscheiden, gibt es keine vorläufige Vollstreckbarkeit. Die Wirkungen treten erst ein, wenn alle Rechtsmittel erschöpft sind.

341

Wo dagegen aus der Natur der Sache dem Kläger ein schnelles Zugreifen zu gewähren ist, hat der Gesetzgeber die vorläufige Vollstreckbarkeit vorgeschrieben und dies in den §§ 708, 709 ZPO festgelegt. Diese Regelung bedeutet, daß aus dem erstinstanzlichen Urteil oder dem Berufungsurteil bereits vollstreckt werden kann, obwohl der Prozeß noch nicht rechtskräftig beendet ist. Diese Möglichkeit besteht nicht für alle Prozesse, sondern nur für bestimmte Arten, zum Beispiel bei Erlaß eines Versäumnisurteils, bei Urkunden- und Wechselprozessen, bei Unterhaltsprozessen und schließlich für Urteile der Oberlandesgerichte in vermögensrechtlichen Streitigkeiten.

Die vorläufige Vollstreckbarkeit gemäß § 708 Ziff. 10 ZPO ergibt sich aus der Erwägung, daß ein Oberlandesgerichtsurteil von einem so hohen Gericht ergangen ist, daß sein Bestand meist als gesichert angesehen werden kann.

Und die vorläufige Vollstreckbarkeit gemäß § 708 Ziff. 11 ZPO wegen eines vermögensrechtlichen Anspruchs bis zu 1250,– Euro hat den Sinn, Urteile über nicht allzu große Geldbeträge schnell durchzusetzen.

So ist es Fritz Sorgenfrei in seinem Prozeß mit Bodkus ergangen. Und was hat nun Fritz Sorgenfrei davon, daß das Gericht nachgelassen hat, die vorläufige Vollstreckbarkeit durch Sicherheitsleistung in Höhe von 900,– Euro abzuwenden?

Nun, das hat mancherlei Vorteile. Zunächst kann sich Fritz Sorgenfrei damit die Blamage ersparen, daß der Gerichtsvollzieher bei ihm aufkreuzt. Andererseits ist das Geld nicht in die Hände des Gläubigers gelangt, so daß die Rückerstattung nicht durch eine plötzliche Verarmung des Gläubigers gefährdet ist. Hat der Schuldner gute Bankbeziehungen, so braucht er nicht einmal einen Geldbetrag auf Eis zu legen, er braucht nur seine Hausbank zu ersuchen, für ihn eine Bürgschaftserklärung abzugeben.

Allerdings kann der Gläubiger die Sicherheitsleistung durch den Beklagten und die damit verbundene Vollstreckungssperre dadurch überspielen, daß der Gläubiger selbst in entsprechender Höhe Sicherheit leistet. Dann ist aber der Schuldner durch diese Sicherheitsleistung gegen nachteilige Folgen der Vollstreckung geschützt.

Diese Regelung sieht ja nun für Kläger, die große Beträge einklagen, sehr betrüblich aus. Ein Kläger, der in erster Instanz eine Klage über 5000,– Euro gewinnt, erhält nämlich die vorläufige Vollstreckbarkeit nur mit der Maßgabe, daß er in Höhe von 5500,– Euro Sicherheit leistet (§ 709 ZPO). Wer mit größeren Beträgen in das Vermögen des Schuldners vor Rechtskraft des Urteils einbrechen will, der soll den Schuldner gegen Folgen seiner Eilmaßnahmen sicherstellen. Es gibt aber vorher die Möglichkeit einer Sicherungsvollstreckung.

Nutzanwendung: Wer einen Prozeß beginnt oder verklagt wird, muß sich darüber klarwerden, welche Beträge im Ernstfall außer den Kosten bereitstehen müssen, um eine sofortige Zwangsvollstreckung gegen Sicherheitsleistung durchzuführen oder auch abzuwenden. Falls ein Schuldner die Vollstreckung vereiteln kann, hat der Gläubiger mitunter keinen realisierbaren Erfolg. Andererseits kann der Schuldner Schaden erleiden, wenn er die Versteigerung seiner Werte notfalls nicht verhindern kann. Schließlich ist jede Zwangsversteigerung mit Verlusten verbunden. Auch gehen mitunter ideelle, für den Schuldner unersetzliche Sachen verloren!

Der Scheck

342 Paul Jedermann unterhält bei der Lahn-Ohm-Bank ein Konto. Er pflegt normalerweise mit Schecks zu zahlen und diese dem Gläubiger zuzusenden.

Der Scheck hat eine ganz andere Funktion als der Wechsel. Bei beiden liegt der Zweck vor, daß sie in Geld eingewechselt werden. Aber in folgendem unterscheiden sie sich: Der Wechsel ist ein sogenanntes Kreditpapier, das heißt, ein Schuldner, der nicht zahlen kann, gibt dem Gläubiger durch ein Wechselakzept für einen bestimmten zukünftigen Zeitpunkt eine rasch durchsetzbare Forderung in die Hand. Der Scheck dagegen dient der sofortigen Bezahlung.

Man kann nur auf eine Bank einen Scheck ziehen, bei der man ein Guthaben hat und mit der man eine Vereinbarung getroffen hat, daß man über sein Guthaben mit einem Scheck verfügen kann (Art. 3 Scheckgesetz). Die Tatsache, daß man ein Bankkonto hat, bedeutet noch nicht, daß man darüber mit einem Scheck verfügen kann. Wenn man einen besonderen Scheckvertrag bezüglich seines Bankkontos wünscht, muß man sich ein auf den Namen der Bank lautendes Scheckheft aushändigen lassen und die darin befindlichen Formulare von Fall zu Fall verwenden. Da der Scheck der sofortigen Begleichung dient, kennt er kein Akzept wie der Wechsel (vgl. dort).

Jedermann bezahlt eine Schuld von 400,– Euro bei Supertex bei Empfang der Ware durch Hingabe eines Schecks. Am nächsten Tage stellt er fest, daß die Ware mangelhaft ist und schickt einen Eilbrief an die Lahn-Ohm-Bank mit der Aufforderung, den Scheck über 400,– Euro Nr. 617387, ausgestellt zugunsten der Firma Supertex, nicht einzulösen. Trotzdem wird der Scheck einen Tag nach Eingehen des Briefes bei Vorlage von der Bank ausgezahlt. Jedermann ist entrüstet, daß seinem Verlangen nicht entsprochen wurde, und meint, daß die Bank ihm gegenüber nicht durch die Zahlung der 400,– Euro an Supertex frei geworden sei, das heißt, sie dürfte den Betrag von 400,– Euro nicht von seinem Konto abbuchen.

Jedermann hat unrecht. Ein Scheck ist binnen acht Tagen nach seiner Ausstellung der Bank zur Einlösung vorzulegen. Das heißt nun nicht etwa, daß nach Ablauf der Frist der Scheck seine Bedeutung verliert, aber die Frist hat den Sinn, daß ein Widerruf des Scheckausstellers innerhalb der Acht-Tage-Frist nicht von der Bank berücksichtigt zu werden braucht. Sie kann innerhalb dieser acht Tage also einen ihr zugegangenen Widerruf unbeachtet lassen, den vorgelegten Scheck einlösen und das Konto des Ausstellers belasten. Es ist also für einen Scheckberechtigten sehr zweckmäßig, den Scheck innerhalb der Vorlegungsfrist von acht Tagen der Bank zu präsentieren, weil es dann vor etwaigen Widerrufen sicher ist, soweit für den Widerruf nicht besondere Gründe vorliegen. Denn die Bank kann, wenn sie will, auf den Widerruf des Ausstellers hin den Scheck sperren. Doch tut sie das nur, wenn besonders wichtige Gründe glaubhaft gemacht werden, zum Beispiel wenn ihr gemeldet wird, daß der Scheck gestohlen ist.

Der Scheckempfänger kann im Falle der Weigerung der Bank, zu zahlen, gegen diese überhaupt nichts machen. Denn ihm gegenüber besteht keinerlei Verpflichtung der Bank. Die Bank ist ja durch den Scheckvertrag lediglich Karl Jedermann gegenüber verpflichtet, auf seine Anweisung hin an den im Scheck Genannten zu zahlen. Tut sie dies ohne Grund nicht, so wird sie lediglich Jedermann gegenüber schadensersatzpflichtig, weil sie den mit ihm geschlossenen Scheckvertrag verletzt hat.

Umgekehrt kann der Scheckempfänger, wenn die Bank nicht einlöst, Rückgriff bei dem Scheckaussteller nehmen. Hier bedarf es nicht wie beim Wechsel eines besonderen formellen Protestes wegen der Nichtzahlung, hier genügt vielmehr eine schriftlich datierte Bescheinigung des bezogenen Bankiers, daß der vorgelegte Scheck von der Bank nicht eingelöst wurde.

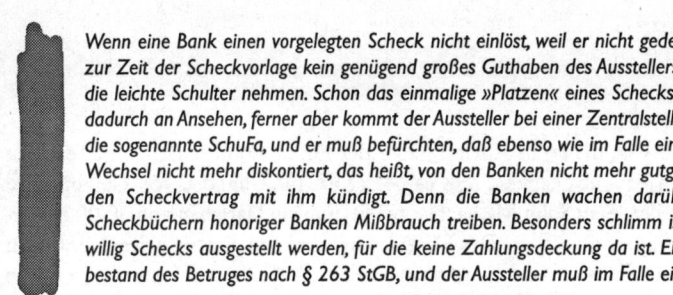

Wenn eine Bank einen vorgelegten Scheck nicht einlöst, weil er nicht gedeckt ist, das heißt daß das Bankkonto zur Zeit der Scheckvorlage kein genügend großes Guthaben des Ausstellers aufweist, so darf man dies nicht auf die leichte Schulter nehmen. Schon das einmalige »Platzen« eines Schecks ist von Nachteil. Einmal verliert man dadurch an Ansehen, ferner aber kommt der Aussteller bei einer Zentralstelle der Banken auf eine schwarze Liste, die sogenannte SchuFa, und er muß befürchten, daß ebenso wie im Falle eines geplatzten Wechsels seine eigenen Wechsel nicht mehr diskontiert, das heißt, von den Banken nicht mehr gutgeschrieben werden, und daß die Bank den Scheckvertrag mit ihm kündigt. Denn die Banken wachen darüber, daß »faule Kunden« nicht mit Scheckbüchern honoriger Banken Mißbrauch treiben. Besonders schlimm ist es aber, wenn leichtfertig oder böswillig Schecks ausgestellt werden, für die keine Zahlungsdeckung da ist. Ein derartiges Verhalten erfüllt den Tatbestand des Betruges nach § 263 StGB, und der Aussteller muß im Falle einer Anzeige mit einer Strafe rechnen.

Der Scheck ist wie der Wechsel an und für sich ein Orderpapier, das heißt der Scheckinhaber kann den Scheck durch ein Indossament (über den Begriff vgl. dort) weiter übertragen.

In Deutschland aber ist der Scheck in der Regel nicht als indossables Papier ausgestellt, sondern als sogenannter Inhaberscheck. Dies ergibt sich aus Artikel 5 Abs. 2 Scheckgesetz, weil die Banken in ihren Formularen den Zusatz vorgedruckt haben: »oder Überbringer«. Dies soll bedeuten, daß nicht nur der im Scheck namentlich Benannte berechtigt ist, die Einlösung zu fordern, sondern jeder, der den Scheck in Händen hat. Nach den Bankbedingungen macht das Durchstreichen dieses Zusatzes den ganzen Scheck nichtig. Daher kann ein Scheck auch durch einfache Übergabe und Einigung, daß der neue Inhaber Berechtigter sein soll, weiter übertragen werden. Doch wird der neue Berechtigte Wert darauf legen, daß sein Vorgänger ein Indossament auf den Scheck setzt, weil dieser dann mit für die Einlösung des Schecks haftet, auch bei ihm also gegebenenfalls Regreß genommen werden kann (Artikel 20 Scheckgesetz).

Wir haben bisher immer den Fall des sogenannten Barschecks betrachtet. Darunter versteht man einen Scheck, der von dem Empfänger zur Barzahlung vorzulegen ist. Unter Kaufleuten ist gebräuchlicher der sogenannte »Verrechnungsscheck«. Bei ihm schreibt man quer über das Formular »nur zur Verrechnung« oder drückt einen entsprechenden Stempel darauf. Das bedeutet, daß die Bank diesen Scheck nicht bar auszahlt, sondern nur einem anderen Konto gutschreibt.

Wer den Scheck einziehen will, muß also selbst ein Bankkonto haben oder das Bankkonto eines Verwandten oder Freundes in Anspruch nehmen. Dies hat den Vorteil, daß ein Verlust eines solchen Schecks keinen Nachteil bewirken kann. Denn der Finder wird kaum wagen, einen solchen Scheck vorzulegen, da man ja immer feststellen kann, auf welches Konto der Betrag eingezahlt ist. Und selbst wenn er den Scheck an einen gutgläubigen Dritten weitergibt, so wird man ihn als den eigentlichen Übeltäter festmachen können. Wer sich aber einen Scheck von einem ihm Unbekannten geben läßt, dessen Name nicht einmal auf dem Scheck erscheint, wird nicht als gutgläubig angesehen werden können und muß die an ihn geflossene Zahlung zurückerstatten.

Im bargeldlosen Verkehr hat sich anders als zum Beispiel in USA mehr und mehr die »Banküberweisung« eingebürgert. Man kann aber auch mit Hilfe des Barschecks Barauszahlungen an Gläubiger vornehmen, die keinerlei Konten haben und das Geld mit diesem Scheck in das Haus gebracht bekommen.

Gesellschaftsverträge

344

Die offene Handelsgesellschaft

Paul Jedermann hat aus den Sorgen, die er als Alleininhaber der Firma »Paul Jedermann, Textilien für jedermann« hatte, die Konsequenz gezogen, daß es besser ist, die Chancen von Gewinn und Verlust mit einem anderen zu teilen. Sein Sohn Michael ist bereit, ihm ein Darlehen von 50 000,– Euro für den neuen Start zur Verfügung zu stellen. Der Mietvertrag über den günstig gelegenen Laden läuft auch noch weiter, und der Firmenname ist gut eingeführt. Er findet als Interessenten den Kaufmann Hans Burzinski. Die beiden schließen folgenden Vertrag:

GESELLSCHAFTSVERTRAG

zwischen

dem Kaufmann Paul Jedermann,
Ungewitterstraße 11, 35037 Marburg/Lahn,

und

dem Kaufmann Hans Burzinski,
Teutonenweg 3, 35037 Marburg/Lahn,

§ 1

Herr Jedermann hat unter der obenstehenden Anschrift ein Einzelhandelsgeschäft betrieben, das zur Zeit stillgelegt ist. Gegenstand des Unternehmens war der Kleinhandel mit Textilien. Die beiden Vertragschließenden werden ab 1. Januar 20 . . diesen Handel wieder aufnehmen unter der Firma »Karl Jedermann & Co., Textilien für jedermann.« Der Einfachheit halber wird die Firma Karl Jedermann nicht gelöscht werden und eine Neuanmeldung der OHG erfolgen, Herr Burzinski tritt vielmehr in die bestehende Firma ein.

§ 2

Herr Jedermann bringt in die Gesellschaft den Namen des bisherigen Einzelhandelsunternehmens, die Rechte aus dem Mietvertrag betr. die Geschäftsräume Ungewitterstraße 11 und eine Bareinlage von 50000,– Euro ein. Herr Burzinski bringt 20 000,– Euro bar ein. Ferner wird sein Bruder, der Fabrikant Franz Burzinski, Siegen, die Geschäftsräume vollkommen neu möblieren. Der Wert dieser Einlage wird in beiderseitigem Einvernehmen auf 16 000,– Euro geschätzt und in dieser Höhe festgelegt.

§ 3

Gewinn und Verlust trägt Herr Jedermann mit 2/3, Herr Burzinski mit 1/3. Jede der Parteien ist berechtigt, monatlich 1500,– Euro aus den laufenden Einnahmen zu entnehmen. Herr Jedermann außerdem am Ende eines jeden Vierteljahres 1200,– Euro zusätzlich. Sollte der Geschäftsgang es bereits im ersten Geschäftsjahr erlauben, so werden sich die Parteien hinsichtlich eventueller weiterer Entnahmen auf den am Jahresende festzustellenden Gewinnanteil einigen.

§ 4

Die durch diesen Vertragsschluß entstehende offene Handelsgesellschaft wird zunächst auf 6 Jahre gegründet. Sie verlängert sich stillschweigend jeweils um ein Jahr, falls sie nicht zum jeweiligen Jahresende unter Innehaltung einer 6-Monats-Frist gekündigt wird. Die Kündigung hat durch eingeschriebenen Brief zu erfolgen. Kündigt einer der Gesellschafter nach dieser Vorschrift, so ist der andere Gesellschafter berechtigt, das Geschäft mit Aktiven und Passiven zu übernehmen und unter der bisherigen Firma fortzuführen.

§ 5

Stirbt einer der Gesellschafter, so sollen seine Erben als Kommanditisten an seine Stelle treten. Als ihre Geschäftseinlage gilt folgendes: Die Erben Karl Jedermanns gelten als mit einer Kapitaleinlage von 2/3 des Gesamtwertes der Gesellschaft, die Erben Hans Burzinskis als mit 1/3 desselben Wertes beteiligt.

§ 6

Mündliche Nebenabreden sind nicht getroffen worden. Änderungen oder Ergänzungen bedürfen der Schriftform.

§ 7

Gerichtsstand: Marburg/Lahn.

§ 8

Die Kosten dieses Vertrages trägt die Gesellschaft.

35037 Marburg/Lahn, den ...

Paul Jedermann   Claus Burzinski

Der Vertrag ist in zwei Exemplaren zu erstellen und von beiden Vertragschließenden zu unterschreiben.

Der vorstehende Vertrag bedarf keiner notariellen Beurkundung. Anders läge der Fall, wenn eine der beiden Parteien Grundstücke dergestalt einbringen würde, daß das Eigentum auf die Gesellschaft übergehen soll. Dann müßte der Vertrag allerdings notariell beurkundet werden, da in ihm eine Verpflichtung zur Übertragung von Grundstückseigentum läge, wofür gemäß BGB die Beurkundung vorgeschrieben ist.

Aber auch sonst erwäge man sorgfältig, ob es nicht zweckmäßig ist, sich bei der Abfassung eines solchen OHG-Vertrages von einem Juristen beraten zu lassen. Der vorstehende Vertragsentwurf kann immer nur ein grober Anhaltspunkt sein. Die Vielgestaltigkeit der Abreden, die in einem solchen Vertrag liegen können, und die Tatsache, daß es dabei meist um beträchtliche Werte geht, läßt es geraten erscheinen, einen ausgefeilten Vertrag zu erstellen.

Es ist besser, vorher alles im Vertrag festzulegen, was notwendig ist, als hinterher darüber zu prozessieren. Lassen Sie sich niemals darauf ein, wenn man Sie bei einem nicht restlos geklärten Punkt damit beruhigen will, man werde sich später immer einigen oder eine Lösung finden. Bestehen Sie vor der Unterschrift auf einer klaren Regelung!

Anmeldung beim Handelsregister

Da Paul Jedermanns Firma sich durch den Gesellschaftsvertrag geändert hat, muß dies zum Handelsregister angemeldet werden. Die Anmeldung sieht folgendermaßen aus:

346

An das
Amtsgericht
– Registergericht –
35037 Marburg/Lahn

35037 Marburg/Lahn, den ...

Der unterzeichnete Kaufmann Paul Jedermann hat in sein Einzelhandelsgeschäft »Paul Jedermann, Textilien für jedermann«, den gleichfalls unterzeichneten Kaufmann Hans Burzinski aufgenommen. Die dadurch entstandene offene Handelsgesellschaft beginnt am 1. Januar 20 . . ihren Geschäftsbetrieb unter der Firma »Paul Jedermann & Co., Textilien für jedermann« in den Geschäftsräumen Ungewitterstraße 11.

Wir zeichnen die Firma wie folgt:

1. Herr Paul Jedermann:

2. Herr Hans Burzinski:

Das Geschäftsvermögen beträgt 86000,– Euro.

Die Unterschriften und die Firmenzeichnungen sind wieder von einem Notar zu beglaubigen.

Hans Burzinski ist hier in ein Geschäft eingetreten, bei dem infolge des vorher geschlossenen Zwangsvergleiches keine Verbindlichkeiten aus der bisherigen Geschäftstätigkeit bestanden. In den meisten Fällen besteht jedoch Gefahr, daß er durch sein Eintreten in ein laufendes Geschäft für die bereits entstandenen Verbindlichkeiten haftet. Ist dies zu befürchten, so muß in den OHG-Vertrag ein Paragraph folgenden Inhalts aufgenommen werden:

§ ... Der Gesellschafter Hans Burzinski haftet nicht für die bisher in dem Einzelhandelsgeschäft »Paul Jedermann, Textilien für jedermann« entstandenen Verbindlichkeiten.

Es genügt aber nicht allein, daß man dies in den Vertrag hineinschreibt, es muß dies auch zum Handelsregister angemeldet und bekanntgemacht werden. Es ist daher in der vorstehenden Anmeldung zum Handelsregister folgender Satz hinzuzufügen:

Herr Hans Burzinski haftet nicht für die im Geschäft Paul Jedermann entstandenen Verbindlichkeiten des bisherigen Inhabers. Wir beantragen, diesen Haftungsausschluß im Handelsregister einzutragen und bekanntzumachen.

Erst jetzt ist der neueintretende Gesellschafter sicher, daß er von den Gläubigern des bisherigen Geschäftsinhabers nicht in Anspruch genommen werden kann. Dieser Haftungsausschluß ist bei einem Beitritt zu einer bestehenden OHG allerdings nicht möglich (§ 130 Abs. 2 HGB), übrigens auch nicht bei einem Eintritt in eine BGB-Gesellschaft.

Es ist zu beachten, daß es bei dem Ausscheiden eines Gesellschafters aus einer OHG – wie bei der BGB-Gesellschaft – eine Nachhaftung für alle Verbindlichkeiten für weitere fünf Jahre gibt. Im übrigen haftet jeder Gesellschafter einer OHG für deren Schulden in voller Höhe persönlich.

Kommanditgesellschaft

An dem Fall Sorgenfrei läßt sich sehen, welche rechtlichen und wirtschaftlichen Zusammenhänge bei einer sogenannten KG bestehen. Als Fritz Sorgenfrei nämlich merkt, daß der Betrieb in seiner Einrichtung doch mehr Gelder verschlingt, als er zunächst gedacht hatte, sieht er auch ein, daß er durch eine intensive Werbung in der ganzen Stadt auf seine Firma hinweisen muß, um erst einmal ins Geschäft zu kommen. Er benötigt daher ein weiteres Betriebskapital von 20000,– Euro bis 30000,– Euro. Er überlegt zunächst, ob er nicht ein Darlehen aufnehmen soll, denn dann bleibt er wenigstens alleiniger Herr im Hause.

Aber was soll er einem Darlehensgläubiger als Sicherheit bieten? Darlehensgläubiger fragen fast immer nach Grundstücken, die man an bester Stelle belasten kann. Das hat leider Meister Sorgenfrei nicht zu bieten. Aber er hat einen guten Bekannten, der etwas von den Geschäften versteht und Geld gut anlegen möchte.

Dieser ist auch bereit, nachdem er Einblick in Fritz Sorgenfreis Geschäftsbücher genommen hat, als Mitinhaber in die Firma einzutreten, und so beschließen sie also, eine Gesellschaft zu gründen.

Nachdem Fritz Sorgenfrei mit seinem Bekannten, dem Kaufmann Hans Umsicht, die Art und Weise der Beteiligung gründlich erörtert hat, kommt es nicht zum Abschluß eines OHG-Vertrages, da Hans Umsicht das zukünftige Geschäftsrisiko fürchtet. Der Gesellschafter einer OHG muß persönlich mit seinem gesamten Vermögen für die Geschäftsverbindlichkeiten einstehen. Dies könnte seinen völligen Ruin bedeuten.

Die Gläubiger einer offenen Handelsgesellschaft können einmal die OHG selbst verklagen. Zwar ist diese keine »juristische Person«, sie wird jedoch im Prozeß genauso behandelt (§ 124 HGB). Ein Urteil oder ein sonstiger Titel (zum Beispiel Vollstreckungsbescheid) kann von dem Gläubiger nur verwendet werden, um in das Betriebsvermögen der OHG zu vollstrecken. Nun bestimmt aber § 128 HGB, daß die Gesellschafter der OHG für die Schulden der Gesellschaft als Gesamtschuldner persönlich haften.

Wer zu verklagen hat, sollte gleichzeitig stets auch die einzelnen Gesellschafter in Anspruch nehmen. Auch ein Konkursantrag wird von einem geschickten Gläubiger nicht nur gegen die Gesellschaft, sondern immer zugleich auch gegen die Gesellschafter selbst gestellt werden.

Da Hans Umsicht nicht die Absicht hat, sich ständig um den Betrieb zu kümmern, zieht er es vor, die für ihn gefahrlosere Form der Kommanditgesellschaft zu wählen. So kommt es zu folgender Formulierung:

KOMMANDITGESELLSCHAFTSVERTRAG

Der Kaufmann Fritz Sorgenfrei, Taunusstraße 1,
60329 Frankfurt/Main,

und

der Kaufmann Hans Umsicht, Im Birkenwäldchen 9,
60433 Frankfurt/Main,

schließen folgenden Vertrag:

§ 1

Herr Sorgenfrei ist Inhaber der Firma Fritz Sorgenfrei, Schweizer Straße 191, 60594 Frankfurt/Main, die einen Wert von 60 000,– Euro repräsentiert. In diese Firma tritt Herr Umsicht mit einer Einlage von 40 000,– Euro in bar ein.

§ 2

Die Vertragschließenden sind sich einig, daß die Firma in Zukunft als Kommanditgesellschaft unter der Bezeichnung Fritz Sorgenfrei & Co. KG geführt werden soll. Herr Sorgenfrei ist in dieser Firma der persönlich haftende Gesellschafter, während Herr Umsicht nur als Kommanditist haftet.

§ 3

Herr Sorgenfrei erhält für seine Tätigkeit als Geschäftsführer monatlich 2000,– Euro, die bis zum 15. eines jeden Monats aus der Gesellschaftskasse entnommen werden können. Im übrigen wird der Gewinn wie folgt verteilt:

Herr Sorgenfrei erhält 60 %, Herr Umsicht 40 % des Gewinnes. Beide Gesellschafter sind in demselben Verhältnis am Verlust beteiligt. Der Gewinn wird jährlich ausgezahlt, jedoch kann, wenn es die Geschäftslage erlaubt, jeder Gesellschafter vierteljährlich einen Vorschuß bis zu 10 000,– Euro entnehmen.

§ 4

Der Vertrag kann zum Schluß eines jeden Kalenderjahres mit sechsmonatiger Kündigungsfrist von jedem der beiden Gesellschafter gekündigt werden. Im Falle einer solchen Kündigung kann Fritz Sorgenfrei das Geschäft nebst Firma ohne Liquidation fortführen. Dem Gesellschafter Umsicht ist binnen drei Monaten als Abfindungsguthaben sein buchmäßiger Kapitalanteil auszuzahlen. Andere Ansprüche stehen ihm nicht zu. Die Auszahlung hat in gleichen Vierteljahresraten innerhalb von zwei Jahren zu erfolgen. Die erste Rate ist am Tage der Vertragsbeendigung fällig.

§ 5

Stirbt der Komplementär, so treten seine Erben an seine Stelle als persönlich haftende Gesellschafter.

§ 6

Gerichtsstand ist der Sitz der Firma.

Einen derartigen Vertrag fertigt man doppelt an, damit jeder Vertragspartner ein Exemplar erhalten kann und eine Textänderung oder ein Verlust nicht möglich ist, was bei einer einzigen Urkunde eintreten kann. Vor die Unterschriften müssen natürlich auch Ort und Datum eingesetzt werden.

Fritz Sorgenfrei ist persönlich haftender Gesellschafter, auch Komplementär genannt. Er haftet für die im Geschäftsbetrieb entstehenden Schulden mit seinem gesamten Privatvermögen. Der Kommanditist Umsicht hingegen haftet nur mit den von ihm eingezahlten 40 000,– Euro. Hat er diese also in die Gesellschaftskasse eingezahlt, so kann er bestenfalls den Verlust dieser 40 000,– Euro riskieren, aber nicht mehr. Als Firmenbezeichung ist der Name Fritz Sorgenfrei & Co. KG gewählt. Die Firma könnte auch Sorgenfrei & Co. KG heißen, da der Vorname Fritz nicht zu erscheinen braucht. Man könnte auch »Fritz Sorgenfrei Kommanditgesellschaft« oder eine Sachfirma wählen, aber niemals darf der Name des nicht persönlich haftenden Gesellschafters in der Firma erscheinen. Auch in der Bekanntmachung erscheint nur der Name des persönlich haftenden Gesellschafters, im übrigen wird lediglich angegeben, wieviele Kommanditisten vorhanden sind. Der Vertrag braucht nicht vor einem Notar beurkundet zu werden, es sei denn, daß die Einbringung von Grundstücken vorgesehen ist. Trotzdem wird die Bedeutsamkeit eines solche Objektes es notwendig erscheinen lassen, einen Notar oder Rechtsanwalt zur Beratung aufzusuchen. Dieser formuliert dann auch am zweckmäßigsten den Inhalt des Vertrages. Häufig werden sogenannte GmbH & Co KGs gegründet. Dies sind Kommanditgesellschaften, bei denen der Komplementär eine GmbH ist, so daß letztlich niemand persönlich haftet, nur die GmbH.

Firmenbezeichnungen von Personengesellschaften

In dem vorstehenden Vertragsbeispiel ist vorgesehen, daß die Erben als Kommanditisten der Gesellschaft angehören sollen. Unter einem Kommanditisten versteht man einen Gesellschafter, der nicht mit seinem ganzen Vermögen für die Geschäftsverbindlichkeiten haftet, sondern nur mit einer vertraglich festgelegten Einlage. Bei einer Kommanditgesellschaft muß aber immer ein Gesellschafter vorhanden sein, der mit seinem ganzen Vermögen haftet. Ihn nennt man im Gegensatz zum Kommanditisten den »Komplementär«.

Am Firmennamen kann man oft nicht erkennen, ob es sich um eine offene Handelsgesellschaft oder eine Kommanditgesellschaft handelt. Die OHG muß einen kennzeichnenden Namen mit Unterscheidungskraft und einen Zusatz enthalten, daß eine OHG vorliegt. In unserem Beispiel also: »Jedermann OHG«. Eine Kommanditgesellschaft muß diese Bezeichnung oder die Abkürzung »KG« verwenden. Die Firma darf ferner nicht irreführend sein (§§ 18, 19 HGB). Wenn kein Gesellschafter bei einer KG persönlich haftet (= GmbH & Co KG) muß dies erkennbar sein (§ 18 Abs. 2). Ferner muß die Rechtsform (OHG, KG), Sitz, Registergericht und HRA-Nummer auch auf den Geschäftsbriefen vermerkt sein (§ 125a HGB). Auch ein Blick in das Handelsregister kann Klarheit geben, um was für eine Gesellschaft es sich handelt und wer die Gesellschafter sind.

Die Klage gegen eine OHG

Nehmen wir folgenden Fall an: Die Geschäfte der OHG Jedermann sind angelaufen. Es geht nun darum, ob man den Stoffbedarf für ein ganzes Jahr kaufen soll. Da wird Jedermann von einem Händler ein größerer Posten Ware zu einem Sonderpreis angeboten. Jedermann erzählt seinem Mitgesellschafter hiervon. Dieser widerspricht dem Ankauf der noch zu »teuren« Ware und meint, man solle warten. Jedermann bestellt trotzdem die Ware bei dem Händler Schwarz. Hans Burzinski ist der Meinung, da er ja dem Abschluß des Vertrages mit Schwarz widersprochen habe, sei gar kein

350

gültiger Kaufvertrag zwischen der OHG und Schwarz zustande gekommen. Obwohl die OHG keine »juristische Person«, also kein eigener Rechtsträger ist, vollzieht sich der Rechtserwerb für die gesamthänderisch gebundenen Gesellschafter unter dem Namen der OHG. Unter diesem Namen kann die OHG auch klagen und verklagt werden. Max Schwarz erhebt auf die Weigerung von »Jedermann & Co.«, ihm den Kaufpreis zu zahlen und die bestellte Ware abzunehmen, Klage.

An das
Amtsgericht
35037 Marburg/Lahn   35037 Marburg/Lahn

KLAGE

des Textilhändlers Max Schwarz, Im Tal 5, 35037 Marburg/Lahn,

gegen

1. die OHG Paul Jedermann & Co., Textilien für jedermann,
    Ungewitterstraße 11, 35037 Marburg/Lahn

2. deren Gesellschafter
    a) den Kaufmann Paul Jedermann, ebenda,
    b) den Kaufmann Hans Burzinski, ebenda,

wegen Forderung.

Ich werde beantragen,
die Beklagten zu 1. und 2. als Gesamtschuldner kostenpflichtig zu verurteilen,
675,– Euro nebst 5 % Zinsen Zug um Zug gegen Lieferung von ... lfd. Meter. Spezial-
stoffe der Ware Elegance an den Kläger zu zahlen.

Begründung:

Der Beklagte zu 2.a) hat in seiner Eigenschaft als Mitinhaber der Paul Jedermann & Co.
OHG vor einer Woche mündlich die im Klageantrag aufgeführte Ware gekauft.

Beweis: 1. Zeugnis der Ehefrau des Klägers, Luise Schwarz, geb. Weiß,
           2. Parteivernehmung

Nunmehr weigert sich die OHG, die Ware abzunehmen, inzwischen kann sie sich offenbar
billiger anderswo eindecken.

Es ist auch unerheblich, daß der Beklagte zu 2.b) den Vertrag nicht mit abgeschlossen
oder ihm sogar widersprochen hat. Zur Verpflichtung der Gesellschaft und der
Gesellschafter genügte die Erklärung des Gesellschafters Jedermann.

 Drei Abschriften fertigen. Eine zurückbehalten, zwei dem Original beifügen, damit jeder der beklagten Gesellschafter ein Exemplar bekommen kann.

Es ist sehr richtig und sehr wichtig, daß der Kläger Schwarz nicht nur die OHG, sondern auch die Gesellschafter Jedermann und Burzinski mitverklagt hat. Wenn nämlich eine Forderung der OHG gegenüber feststeht, dann haften für diese automatisch die Gesellschafter mit ihrem Privatvermögen (§ 128 HGB).

Wenn man nur die OHG verklagt, so bekommt man auch nur ein Urteil gegen diese und kann nur in das Betriebsvermögen vollstrecken, das unter dem Namen der OHG verwaltet wird.

Hat man dagegen die Gesellschafter mitverklagt, dann erhält man auch gegen sie ein Urteil und kann in ihr Privatvermögen vollstrecken, also in die Werte, die sie nicht in der Gesellschaft gebunden haben, zum Beispiel Wertgegenstände, Wohngrundstücke usw.

Vertretungsmacht und Haftungsfragen

Es ist schon vorstehend dargelegt, daß eine OHG unter ihrer Firma Rechte erwerben und Verpflichtungen eingehen kann. Sie kann also auch durch einen Kaufvertrag zur Zahlung des Kaufpreises verpflichtet sein. Dieser Kaufvertrag ist hier durch Vereinbarung zwischen dem Händler Schwarz und Jedermann zustande gekommen, denn Jedermann handelte als Vertreter der OHG. Während bei einer bürgerlich-rechtlichen Gesellschaft stets sämtliche Gesellschafter auftreten müssen, um Gesellschaftsverpflichtungen einzugehen, ist es bei der OHG gerade umgekehrt, so daß jeder der Gesellschafter allein Vertretungsmacht hat (§ 125 HGB). Man kann eine solche Vertretungsmacht durch Vertrag ausschließen; dann gehört der Betreffende nicht mehr zu den geschäftsführenden Gesellschaftern. Man kann ferner festlegen, daß mehrere Gesellschafter nur gemeinsam oder zusammen mit einem Prokuristen Vertretungsmacht haben sollen. Diese Beschränkungen haben Dritten gegenüber aber nur Wirksamkeit, wenn sie im Handelsregister eingetragen und bekanntgemacht sind oder der Dritte sie kennt. Es besteht eine Verpflichtung, sie zur Eintragung anzumelden.

Da in unserem Fall eine solche Vereinbarung nicht vorliegt, hatte Jedermann demnach die nötige Vertretungsmacht, um den Kaufvertrag mit Wirkung für die OHG zu schließen. Daran ändert auch die Tatsache nichts, daß Hans Burzinski dem Abschluß widersprochen hat. Zwar durfte Jedermann daraufhin dieses Rechtsgeschäft nicht mehr vornehmen, aber dieses Nichtdürfen bedeutet juristisch nur, daß er seine Verpflichtungen gegenüber Hans Burzinski verletzte, wenn er trotzdem den Vertragsabschluß vornahm. Seine Vertretungsmacht bestand unberührt in vollem Umfange fort. Schwarz wird demnach den Prozeß gewinnen.

Den durch dieses ungünstige Geschäft entstandenen Vermögensnachteil muß allerdings Jedermann allein tragen. Hans Burzinski kann demnach verlangen, daß die Preisdifferenz zwischen der zu teuren und der normalen Ware von Jedermann aus seinem Privatvermögen der Gesellschaft zurückerstattet wird.

Sollte Jedermann sich öfter solche Eigenmächtigkeiten und Ungeschicklichkeiten zuschulden kommen lassen, so wird er damit eine Gefahr für die Zukunft der Gesellschaft. In diesem Fall sehen die §§ 117, 127 HGB für Hans Burzinski die Möglichkeit vor, dem Mitgesellschafter Jedermann die Geschäftsführungsbefugnis und die damit verbundene Vertretungsmacht durch das Gericht zu entziehen. Da eine solche Klage fast immer vor dem Landgericht zu erheben ist, muß sich Hans Burzinski durch einen Rechtsanwalt vertreten lassen.

Führt ein solches Vorgehen Hans Burzinskis zu keiner annehmbaren Lösung, weil Jedermann nach wie vor seine Vertragspflichten verletzt, so kann gemäß § 133 HGB Hans Burzinski vor Ablauf der vorgesehenen Zeit durch Gerichtsentscheidung die Auflösung der Gesellschaft betreiben.

Man beachte den Unterschied: Bei einer bürgerlich-rechtlichen Gesellschaft genügt die Kündigungserklärung, um eine Auflösung der Gesellschaft herbeizuführen. Bei einer OHG kann man die Kündigung nur im Wege der Klage aussprechen. Eine einfache Kündigungserklärung wäre völlig unbeachtlich.

Aber welche Nachteile hat eine solche Kündigung nun für den Gesellschafter Hans Burzinski? Er ist zwar die Zusammenarbeit mit Jedermann losgeworden, dieser stört ihn also nicht mehr. Aber der Firmenname »Paul Jedermann«, an dessen Bekanntwerden Hans Burzinski mitgearbeitet hat, steht nun zur weiteren Verwendung ausschließlich Paul Jedermann zur Verfügung, denn der Firmenname ist ja mit seinem Familiennamen identisch. Er wird also unter diesem bekannten Namen erneut ein Geschäft aufmachen, und so wäre letzten Endes der Gesellschafter Hans Burzinski doch der Benachteiligte.

Um diese ungerechte Folge auszuschließen, gibt ihm das Gesetz in § 140 HGB die Möglichkeit, anstatt auf Kündigung zu klagen, die Ausschließung des betreffenden Gesellschafters zu verlangen. Auch dies muß im Wege der Klage geschehen. Jedermann wird in Geld abgefunden, gemäß dem Wert seines derzeitigen Geschäftsanteils.

Hans Burzinski kann also den Firmennamen Paul Jedermann fortführen. Er muß aber einen Zusatz machen, also firmieren: »Paul Jedermann & Co., Inhaber Hans Burzinski«. Denn sonst würde der alte Firmenname »Paul Jedermann & Co.« ja den Eindruck erwecken, als bestünde in dieser Firma ein Gesellschaftsverhältnis. Das entspräche aber nicht den Tatsachen.

Stille Gesellschaft

Jedermann ist es leid geworden, sich weiterhin selbständig kaufmännisch zu betätigen. Er sieht ein, daß er keine glückliche Hand dabei hat. Die ihm von Hans Burzinski ausgezahlten 60 000,– Euro aus seinem Gesellschaftsanteil möchte er aber gewinnbringend anlegen. Da erhält er von seinem Bruder Otto den Wink, bei dem Antiquitätenhändler Richard Luchs, der sich vergrößern will, als »stiller Gesellschafter« mit einzusteigen. Dann habe er, was er suche, Geschäftsgewinn ohne Arbeit. Jedermann folgt diesem Rat und schließt mit Richard Luchs folgenden Vertrag:

VERTRAG

zwischen

dem Antiquitätenhändler Richard Luchs, Opernplatz 7, 34117 Kassel,
Inhaber des Antiquariats Richard Luchs

und

dem Kaufmann Paul Jedermann, Ungewitterstraße 11, 35037 Marburg/Lahn.

§ 1

Herr Jedermann beteiligt sich an dem obengenannten handelsgerichtlich eingetragenen Einzelhandelsgeschäft mit Antiquitäten als »stiller Gesellschafter«. Er macht eine Einlage in bar in Höhe von 60 000,– Euro.

§ 2

Die Geschäftsführung ist ausschließlich Angelegenheit des Firmeninhabers Luchs. Jedoch hat er vor außergewöhnlichen Geschäftshandlungen die vorherige Zustimmung des stillen Gesellschafters einzuholen, andernfalls braucht dieser dieses Geschäft bei den Abrechnungen nicht gegen sich gelten zu lassen. Für die Geschäftsführung erhält Herr Luchs monatlich 900,– Euro. Er kann diese aus den laufenden Einnahmen am 10. eines jeden Monats entnehmen.

§ 3

Der stille Gesellschafter ist am Gewinn des jeweiligen Geschäftsjahres mit 15 % beteiligt. Er nimmt in gleicher Höhe an dem jährlichen Verlust teil, jedoch insgesamt mit höchstens

30% seiner Einlage. Der Jahresgewinn ist jeweils bis zum 1. März des folgenden Kalenderjahres auszuzahlen.

§ 4

Zur Sicherung der Ansprüche des stillen Gesellschafters wird ihm ein Teil des Warenlagers durch besonderen Sicherungsübereignungsvertrag übereignet werden.

§ 5

Im Falle des Todes des Herrn Luchs besteht die stille Gesellschaft mit dessen Erben weiter, falls die Erben den Geschäftsbetrieb fortführen.

§ 6

Der stille Gesellschafter hat das jederzeitige Recht, die Geschäftsbücher und Papiere einzusehen und sich von dem laufenden Geschäftsgang zu unterrichten. Zur Ausübung dieser Kontrollrechte kann er sich eines Rechtsanwalts oder Steuerberaters bedienen.

§ 7

Während der Dauer der stillen Gesellschaft dürfen die Gesellschafter Geschäfte des Antiquitätenhandels nicht außerhalb der stillen Gesellschaft betreiben.

§ 8

Für Streitigkeiten, die sich aus diesem Gesellschaftsvertrag ergeben könnten, wird durch besonderen Vertrag ein Schiedsgericht vereinbart werden.

Kassel, den ...

Richard Luchs   *Paul Jedorn*

Zwei Exemplare erstellen, beide unterschreiben; jeder Vertragspartner erhält ein Exemplar.

Man könnte zunächst der Meinung sein, daß auch hier derselbe Vertrag vorliegt wie bei der Gründung einer offenen Handelsgesellschaft, was aber nicht der Fall ist. Denn nach außen hin tritt als Inhaber der Firma »Richard Luchs, Antiquitäten« nur Richard Luchs auf. Aus allen Geschäften, die er mit dritten Personen schließt, wird er allein berechtigt und verpflichtet (§ 230 Abs. 2 HGB). Eine Klage der dritten Person gegen den stillen Gesellschafter ist also nicht möglich.

Dennoch ist seine Einlage mehr als ein Darlehen. Bei einem Darlehen begibt man sich völlig in die Hand des Darlehensnehmers. Hier jedoch überwacht der stille Gesellschafter den Einsatz seines Geldes.

Man kann eine stille Gesellschaft auch so gründen, daß der stille Gesellschafter nicht am Verlust beteiligt sein soll.

Irgendwelche Eintragungen in das Handelsregister erfolgen nicht, da nach außen hin die stille Gesellschaft nicht in Erscheinung treten soll. Der Gesellschaftsvertrag bedarf keiner Form, könnte also auch mündlich abgeschlossen werden, wird aber zweckmäßigerweise nach dem vorstehenden Muster schriftlich niedergelegt.

Die GmbH

Michael Jedermanns Briefmarkenhandlung hat inzwischen Formen angenommen, die es ihm unmöglich machen, als alleiniger Chef der Dinge Herr zu werden. An dem Beispiel seines Vaters hat er gesehen, daß die Einzelinhaberschaft und auch die offene Handelsgesellschaft erhebliche Gefahren mit sich bringen. Da gerade im Briefmarkenhandel plötzliche große Verluste durch Preisstürze, Fälschungen usw. nicht von der Hand zu weisen sind, sucht er einen Weg, der ihn davor schützt, daß er schlimmstenfalls sein ganzes Vermögen verliert. Dann ist der richtige Weg die Gründung einer Gesellschaft mit beschränkter Haftung (GmbH).

Wie der Name sagt, handelt es sich um eine Gesellschaft. Diese Gesellschaft kann sowohl von mehreren Gesellschaftern (Normalfall) als auch von einem Gesellschafter (sogenannte »Ein-Personen-GmbH«) gegründet und betrieben werden (§ 1 GmbHG). Die Besonderheit dieser Gesellschaftsform ist darin zu sehen, daß anders als bei einem Einzelkaufmann oder einer OHG – hier haften die Betreiber jeweils mit ihrem gesamten Vermögen – bei einer GmbH eine Haftung nur mit dem Gesellschaftsvermögen, nicht mit dem Privatvermögen, erfolgt.

Michael Jedermann findet als interessierten Teilhaber den Philatelisten Sokrates Stempel und gründet mit ihm die »Michael Jedermann GmbH«. Im Gegensatz zu den bisherigen Gesellschaftsverträgen kann dieser GmbH-Vertrag nicht formlos geschlossen werden, sondern bedarf der notariellen Beurkundung. Der Vertrag würde folgendermaßen aussehen:

Vor dem unterzeichneten Notar im Bezirke des Oberlandesgerichts Kassel, Dr. Siegmund Rust, erschienen heute:

1. der Kaufmann Michael Jedermann, Ungewitterstraße 11, Marburg/L.,

2. der Kaufmann Sokrates Stempel, Langer Weg 3, Kassel.

Beide Erschienenen sind dem Notar von Person bekannt. Alsdann erklärten die Erschienenen:

Wir gründen nachstehend eine Gesellschaft mit beschränkter Haftung.

§ 1 Wir gründen unter der Firma »Michael Jedermann, Gesellschaft mit beschränkter Haftung« eine Gesellschaft mit beschränkter Haftung zum Zwecke des Handels mit Briefmarken. Die Gesellschaft hat ihren Sitz in Marburg/Lahn.

§ 2 Das Stammkapital der Gesellschaft beträgt 25 000,– Euro. Hiervon übernimmt Herr Michael Jedermann eine Stammeinlage von 20 000,– Euro, Herr Sokrates Stempel eine Stammeinlage von 5 000,– Euro.

§ 3 Beschlüsse der Gesellschaft werden mit einfacher Mehrheit gefaßt.

§ 4 Geschäftsführer der GmbH ist Herr Michael Jedermann, Herr Sokrates Stempel erhält Prokura.

§ 5 Der Gesellschaftsvertrag wird auf unbestimmte Dauer geschlossen.

§ 6 Die Ladung zu den Gesellschaftsversammlungen erfolgt durch eingeschriebenen Brief, Bekanntmachungen erfolgen durch Veröffentlichungen im Bundesanzeiger.

Das Protokoll wurde den Erschienenen vorgelesen, von ihnen genehmigt und von ihnen und dem Notar eigenhändig wie folgt unterschrieben:

Es empfiehlt sich meistens ein ausführlicher Vertrag.
Die »einfache Mehrheit« des § 3 des vorstehenden Vertrages bezieht sich nicht auf Personen, sondern auf die
Geschäftsanteile. Zur Zeit sieht der § 47 des GmbH-Gesetzes für je 50,– Euro eine Stimme vor.

Die Gründung der GmbH wäre von dem Geschäftsführer Michael Jedermann wie folgt anzumelden:

An das
Amtsgericht Marburg
– Registergericht –
35037 Marburg/Lahn   Marburg/Lahn, den ...

Als Geschäftsführer der neugegründeten »Michael Jedermann GmbH« überreiche ich in
der Anlage:

1. die Ausfertigung des Gesellschaftervertrages vom heutigen Tage,
2. die Liste der Gesellschafter.

Ich versichere hiermit, daß jede Stammeinlage voll eingezahlt ist und sich die eingezahlten Beträge zur endgültigen freien Verfügung des Geschäftsführers befinden. Ich
versichere ferner, daß ich nicht zu dem Personenkreis gehöre, dessen Bestellung zum
Geschäftsführer gem. § 6 Abs. 2 Satz 2 und 3 GmbH-Gesetz unzulässig ist.
Der amtierende Notar hat mich heute über das Recht des Registergerichts auf unbeschränkte Auskunft nach § 51, Abs. 2 BZRG belehrt.

Die Vertretungsbefugnis melde ich wie folgt an:

Ich werde meine Unterschrift wie folgt zeichnen:

Michael Jedermann

Die Geschäftsräume der GmbH befinden sich in Marburg, Lutherstraße 4.

Michael Jedermann

Zeichnung der Unterschrift und Unterschrift unter die Anmeldung müssen vor einem Notar abgegeben und beglau-
bigt werden.

Eine GmbH kann nur gegründet werden, wenn mindestens ein Stammkapital von 25 000 Euro aufgebracht wird (§ 5 GmbH-Gesetz).

Die einzelnen GmbH-Gesellschafter müssen mindestens eine Stammeinlage von 100,– Euro übernehmen. Vor der Anmeldung zum Register müssen sie auf jede Stammeinlage 1/4 des übernommenen
Betrages dem Geschäftsführer zur Verfügung stellen, insgesamt muß aber auf das Stammkapital mindestens so viel eingezahlt sein, daß die Gesamtbeträge der eingezahlten Geldeinlagen 12 500,– Euro
erreichen.

Bei dem vorstehenden Gründungsbeispiel einer GmbH würde es demnach nicht ausreichen, daß
jeder Gesellschafter nur 1/4 seiner Stammeinlage in die Gesellschaftskasse einzahlt, da damit die

Mindesteinzahlungssumme nicht erreicht würde. Die Gründungsgesellschafter müßten sich demnach darüber einigen, wie sie beide den Betrag von 12 500,– Euro aufbringen wollen, zum Beispiel daß der Gesellschafter Jedermann 10000,– Euro einzahlt und der Gesellschafter Stempel 2500,– Euro.

Wird es erforderlich, die eingezahlten Stammeinlagebeträge einzuziehen, so hat der Geschäftsführer diese Restbeträge von den Gesellschaftern einzufordern. Erfolgen keine freiwilligen Zahlungen, so wird der Geschäftsführer zunächst einmal die Beitreibung im Klagewege versuchen.

Gelingt dies nicht, so setzt ein eigentümliches Verfahren ein, das man das Kaduzierungsverfahren nennt (§§ 21 ff. GmbH-Gesetz). Es kann dem säumigen GmbH-Gesellschafter eine Frist zur Einzahlung des Restbetrages mit der Androhung gesetzt werden, daß er sonst seines Geschäftsanteils und der geleisteten Teilzahlungen verlustig geht. Die Aufforderung muß durch eingeschriebenen Brief erfolgen. Beachtet er dies nicht, so wird er seiner Mitgliedschaft für verlustig erklärt und sein Anteil verkauft.

Die GmbH ist juristische Person. Sie erwirbt also selbst die Rechte und wird verpflichtet. Demgemäß können die Gläubiger sich auch nur an das Betriebsvermögen der GmbH selbst halten. Wenn diese zusammenbricht, so besteht für diese keine Möglichkeit, sich an das Privatvermögen der einzelnen Gesellschafter zu halten.

Es gibt allerdings GmbHs, die eine Nachschußpflicht der GmbH-Gesellschafter vorsehen. Dies sind rechtlich gefährliche Vereinbarungen. Insbesondere wird bei der Festlegung der unbeschränkten Nachschußpflicht in dem GmbH-Vertrag ja gerade der Hauptzweck, die Beschränkung der Haftung auf das Gesellschaftsvermögen, illusorisch gemacht. Allerdings kann im Fall der unbeschränkten Nachschußpflicht ein Gesellschafter sich dieser dadurch entziehen, daß er einfach auf seinen Geschäftsanteil verzichtet, der dann den übrigen Gesellschaftern zuwächst (§ 27 GmbH-Gesetz). Man nennt dies das »Abandonrecht«.

Da Michael Jedermann über 50 Prozent der Geschäftsanteile der GmbH hat, so beherrscht er praktisch die GmbH, da er seinen Mitgesellschafter Stempel immer überstimmen kann. Bis zur Grenze der Sittenwidrigkeit kann er also in seinem eigenen Interesse handeln. Stempel ist darüber bald unzufrieden und will aus der GmbH ausscheiden. Dies kann er ganz einfach dadurch tun, daß er seinen Geschäftsanteil an einen anderen überträgt. Diese Abtretung kann nur durch einen notariell beurkundeten Abtretungsvertrag erfolgen.

Es kann auch im Gesellschaftsvertrag vorgesehen sein, daß die Abtretung nur mit Zustimmung der übrigen Gesellschafter erfolgen kann, damit nicht irgendeine fremde Person den Gesellschaftern aufgezwungen wird.

Besonders bei solchen GmbHs, bei denen Familienangehörige die Mitglieder stellen, pflegt man eine derartige Vereinbarung zu treffen, damit möglichst die Tradition als Familiengesellschaft gewahrt werden kann.

Die »Ein-Personen-GmbH«

Da kommt Michael Jedermann auf eine geniale Idee. Er schlägt Sokrates Stempel vor, seinen Anteil an ihn, Michael Jedermann, zu veräußern, und um ihm dies schmackhaft zu machen, bietet er ihm mehr Geld, als ein Dritter für diesen Anteil auswerfen würde. Sokrates Stempel greift auch bei diesem verlockenden Angebot zu und überträgt seinen Geschäftsanteil in der vorgeschriebenen Form auf Michael Jedermann.

Damit ist dieser nun auf einmal Inhaber sämtlicher Anteile der GmbH. Alle Geschäfte, die nun – von ihm natürlich – im Namen der GmbH getätigt werden, verpflichten also nur diese, nicht etwa Michael Jedermann persönlich.

Hier hat demnach Michael Jedermann durch Erwerb sämtlicher Gesellschaftsanteile sich zum alleinigen Inhaber der GmbH gemacht. Er hätte aber dieses Ziel bei der Gründung dadurch erreichen können, daß er die Gesellschaft allein gegründet hätte. Diese Möglichkeit ist durch Neufassung des § 1 GmbH-Gesetz möglich, der wie folgt lautet:

357

§ 1

Gesellschaften mit beschränkter Haftung können nach Maßgabe der Bestimmungen dieses Gesetzes	zu jedem gesetzlich zulässigen Zweck durch eine oder mehrere Personen errichtet werden.

Mit dieser Regelung wurde einem wirtschaftlichen Bedürfnis Rechnung getragen, was bisher mit dem Umweg der Gründung durch zwei Gesellschafter mit nachfolgender Vereinigung der Anteile in der Hand eines Gesellschafters schon immer befriedigt wurde. Obwohl nach dieser Vereinigung der Gesellschaftsanteile nur noch ein »Gesellschafter« vorhanden war, lebt die GmbH als »Gesellschaft« weiter. Dann ist aber die Möglichkeit, die Ein-Personen-GmbH durch einen einzelnen Gründer zu errichten, sicherlich rechtsehrlicher als die bisherige Lösungsmöglichkeit.

Den Gründungsvorgang nennt das Gesetz weiterhin einen Vertrag, obwohl es sich rechtslogisch nur um eine notarielle Beurkundung der Gründungserklärung eines einzelnen Gründers handelt. Allerdings sind für die Gründung einer solchen Ein-Personen-GmbH noch besondere Vorschriften durch das Gesetz festgelegt, zum Beispiel, daß für eine Ein-Personen-GmbH, wenn sie nicht das gesamte Stammkapital einzahlt, der nicht eingezahlte Teil der Stammeinlage in Form einer Sicherheit zu leisten ist. Dies kann zum Beispiel durch Bestellung einer Hypothek auf einem Grundstück, durch Verpfändung von beweglichen Sachen oder durch eine Bürgschaftsstellung vorgenommen werden.

Erwerb von GmbH-Anteilen

Fritz Sorgenfrei hat eines Tages etwas Geld übrig, das er einmal nicht in seinem Betrieb verwenden möchte. Es handelt sich um 10 000,– Euro. Er hat schon immer eine Schwäche für den Film gehabt und ist daher gleich Feuer und Flamme, als ihm ein Bekannter erklärt, er möchte gern seine Anteile an der Orkus-Film-GmbH abstoßen.

Fritz Sorgenfrei holt eine Auskunft ein, die nicht ungünstig lautet, und sieht sich die Geschäftsbücher der Firma an. Die Orkus-Film-GmbH ist im Begriff, einen Action-Film zu drehen, dem ein glänzendes Manuskript unter dem geheimnisvollen Titel »Die Rose« mit einem spannenden Inhalt zugrunde liegt. Auch sind bekannte Schauspieler verpflichtet. Eine begeisternde Filmmusik hat ein berühmter Komponist bereits fertiggestellt.

Da Fritz Sorgenfrei demnach überzeugt sein darf, daß eigentlich nichts schiefgehen kann, so beschließt er, die GmbH-Anteile zu erwerben. Dies geht nun nicht so, daß der bisherige Inhaber, Reginald Sporn, ihm einfach sagt: »Hier haben Sie die Anteile, geben Sie mir das Geld!« Es werden über die Anteile keine Urkunden ausgestellt, wie zum Beispiel Aktienurkunden für Aktionäre. Das GmbH-Gesetz schreibt in § 15 Abs. 3 vor, daß die Abtretung von Geschäftsanteilen der notariellen Beurkundung bedarf.

Sorgenfrei und Sporn begeben sich daher zum Notar und geben dort zu Protokoll:

Nr. 175 der Urkundenrolle für 20 . .

Vor dem unterzeichneten Notar Dr. Werner Sehrgenau mit dem Amtssitz in Frankfurt/M. erschienen heute:

1) der Filmkaufmann Reginald Sporn,
   Königstein/Ts., Villa Miramare,
2) der Kaufmann Fritz Sorgenfrei,
   Frankfurt/M., Taunusstraße 1.

Der Erschienene zu 1) wies sich durch den mit Lichtbild versehenen Führerschein des Polizeipräsidenten von Berlin vom 21. November 1975 – 277 45/75 – zur Gewißheit des Notars aus.

Der Erschienene zu 2) ist dem Notar von Person bekannt.

Die Erschienenen schlossen daraufhin den nachfolgenden

ABTRETUNGSVERTRAG

§ 1

Der Erschienene zu 1) ist Inhaber eines Geschäftsanteils von 10 000,– Euro (zehntausend Euro) der Orkus-Film-GmbH, Roßmarkt 1, Frankfurt/M. Diesen Geschäftsanteil verkauft er hiermit zum Preis von 10 000,– Euro (zehntausend Euro) an den Erschienenen 2). Der Kaufpreis ist sofort fällig.

§ 2

Der Erschienene zu 1) überträgt hiermit den vorstehend genannten GmbH-Anteil auf den Erschienenen zu 2), der diese Abtretungserklärung annimmt.

§ 3

Die Kosten dieses Vertrages trägt der Erschienene zu 2).

Frankfurt/M., den 13. März 20 . .

Dr. Sehrgenau   Reginald Sporn   Fritz Sorgenfrei

Fritz Sorgenfrei hat mit dem Erwerb der GmbH-Anteile ein Drittel des gesamten GmbH-Kapitals erworben. Das Stammkapital dieser GmbH beträgt nämlich 30 000,– Euro. Die übrigen 20 000,– Euro Gesellschaftsanteile befinden sich in den Händen des Filmregisseurs Roland Schnee. Dieser ist auch der alleinige Geschäftsführer der GmbH, was Fritz Sorgenfrei nur recht ist, da er sich um die Filmgeschäfte, von denen er auch nichts versteht, nicht kümmern will. Er kommt dagegen ab und zu gern zu seiner neuen Gesellschaft, um dort ein wenig mit den Filmschauspielern zu plaudern, was allerdings Luise Sorgenfrei nicht gerade sehr gern sieht. Als er wieder einmal bei der Firma erscheint – die Außenaufnahmen in Florida sind gerade abgeschlossen –, gerät er in eine Betriebsauseinandersetzung.

Der Firmenname im Wettbewerb

»Es ist einfach nicht zu glauben«, empfängt ihn sein Mitgesellschafter Schnee, »da hat sich doch in Hamburg vor einem Monat eine Filmgesellschaft aufgetan, und was meinen Sie wohl, wie die heißt? Orkus-Film-GmbH heißt sie. Na, der habe ich vielleicht etwas hingeschrieben! Hier, lesen Sie sich das einmal durch.«

Fritz Sorgenfrei liest folgendes Schreiben seines Mitgesellschafters und Geschäftsführers:

O R K U S – F I L M – G M B H
Roßmarkt 1
60311 Frankfurt/Main

An die
Orkus-Film-GmbH
Alsterdamm 60
22297 Hamburg   Frankfurt/Main, den ...

Sehr geehrte Damen und Herren!

Wir haben Anlaß, Ihnen folgendes zu schreiben:

Aus einer Veröffentlichung vom 3. d. M. im Hamburger Abendblatt erfuhren wir von Ihrer Existenz. Eine Rückfrage bei dem Registergericht hat ergeben, daß Sie seit dem 15. vergangenen Monats unter der Firma Orkus-Film-GmbH im Handelsregister eingetragen sind. Es ist uns bekannt, daß Ihre wesentlichen Geschäftsanteile in den Händen des Herrn Waldemar Roßbart liegen, der bis vor kurzem Alleininhaber der in Insolvenz gegangenen »Ocean-Film-Gesellschaft« war.

Wir weisen Sie hiermit darauf hin, daß unser Geschäftsunternehmen, das die Produktion und den Verleih von Filmen aller Art zum Gegenstand hat, seit Oktober 1980 unter der Firma Orkus-Film-GmbH besteht. Es wird Ihnen bekannt sein, daß sich unsere Firma in Fachkreisen des besten Rufes erfreut und daß in unserer Produktion bekannte Filme erschienen sind, wie zum Beispiel »Grüne Tannen« und »Die Liebesgeschichten der Pompadour«. Der demnächst erscheinende Film »Die Rose« mit Wilma Sittig und Rainer von Scalar ist bereits in breiter Werbung der Öffentlichkeit angekündigt.

Sie verstoßen daher durch den Gebrauch unseres eingeführten und eingetragenen Firmennamens gegen §§ 5, 15 Markengesetz.

Wir fordern Sie daher auf, unverzüglich die Verwendung des Firmenbestandteils »Orkus-Film« zu unterlassen und Ihre Firma dementsprechend abzuändern.

Sollte uns die Änderung nicht binnen zehn Tagen bekanntgegeben werden, so sehen wir uns gezwungen, durch unseren Rechtsanwalt gerichtliche Schritte ergreifen zu lassen.

Mit freundlichen Grüßen

Unterschrift

Das Antwortschreiben aus Hamburg sieht folgendermaßen aus:

360

```
                                                    ORKUS-FILM-GmbH
                                                    Alsterdamm 60
                                                    22217 Hamburg
       An die
       Orkus-Film-GmbH
       Roßmarkt 1
       60311 Frankfurt/Main                         Hamburg, den ...


       Sehr geehrte Damen und Herren!

       Ihr Schreiben vom 18. d. M. betr. unseren Firmennamen ist uns unverständlich. Wir kön-
       nen nicht anerkennen, daß in dem Gebrauch des Firmennamens Orkus-Film-GmbH ein
       Verstoß gegen §§ 5, 15 MarkenG liegen soll.

       Der Sitz unserer Firma ist von dem Ihrigen räumlich weit getrennt. Wir befassen uns im
       wesentlichen mit der Synchronisation ausländischer Filme und der Produktion von Kurz-
       filmen. Es dürfte demnach kaum eine Überschneidung der Arbeitsgebiete vorliegen. Im
       übrigen lautet unsere Firma »Orkus-Film-GmbH«. Sie können uns nicht den Bestandteil
       Orkus-Film untersagen, denn wir könnten ja zum Beispiel eine Gesellschaft unter dem
       Namen »Internationale Orkus-Film KG« oder ähnlich gründen, wodurch wir uns von Ihrer
       Bezeichnung »Orkus-Film-GmbH« genügend unterscheiden würden.

       Ihr Verlangen, den Bestandteil »Orkus-Film« schlechthin nicht zu gebrauchen, ist auf jeden
       Fall unzulässig.

       Mit freundlichen Grüßen


       Unterschrift
```

Ein Prozeß gegen die Orkus-Film-GmbH Hamburg kann nur erfolgreich ausgehen. Die Tatsache, daß die Konkurrenzfirma ihren Sitz in einer anderen Stadt, Hamburg, hat, ist unerheblich. Hätte sie ebenfalls ihren Sitz in Frankfurt/M., dann könnte ihr die Führung des Firmennamens schon ohne weiteres nach § 30 HGB untersagt werden, der vorschreibt, daß jede Firma sich deutlich von allen an demselben Ort schon bestehenden Firmen unterscheiden muß. Dies bedeutet umgekehrt nun aber nicht etwa, daß man ohne weiteres an anderen Orten die gleiche Firmenbezeichnung einer schon bestehenden Firma führen darf.

Gemäß §§ 5, 15 MarkenG kann derjenige, der die Firma eines gewerblichen Unternehmens in einer Weise benutzt, welche geeignet ist, Verwechslungen mit dieser Firma hervorzurufen, deren sich der andere berechtigterweise bedient, von diesem auf Unterlassung der Benutzung in Anspruch ge-nommen werden. Diese Voraussetzungen liegen hier in hohem Maße vor. Das Filmgeschäft ist weiträumig aufgebaut. Einprägsame, schlagwortartige Firmenbestandteile, wie hier »Orkus-Film«, kennzeichnen die Frankfurter Firma für breite Kreise der nationalen und internationalen Film-wirtschaft. Selbst wenn die Konkurrenzfirma mehr oder weniger einen bestimmten Filmsektor (zum Beispiel Kurzfilme) bevorzugt, was bei der Frankfurter Firma nicht der Fall ist, so ist die Gleichartig-keit der wirtschaftlichen Betätigung als vorliegend anzusehen. Eine vollkommen branchenfremde Firma, zum Beispiel eine Wäschefirma, könnte sich »Orkus« nennen. Solche Beispiele haben wir häufig. Es gibt die Firmenbezeichnung »Mercedes« für Kraftwagen, Schuhe und Zigaretten. Ebenso können örtlich begrenzte Firmen gleicher Art gleiche Firmenbestandteile führen. zum Beispiel »Hotel Monopol« in Frankfurt und »Hotel Monopol« in München.

Völlig abwegig ist auch die spitzfindige Bemerkung, daß der Firma in Hamburg nicht der Bestandteil »Orkus-Film« untersagt werden könne, sondern höchstens die Gesamtbezeichnung »Orkus-Film-GmbH«. Die Buchstaben »GmbH« sind ein vom Gesetz vorgeschriebener Zusatz, um der Allgemeinheit das Gesellschaftsverhältnis klarzustellen. Ein solcher allgemeiner Zusatz ist selbstverständlich niemals geeignet, die Hamburger Firma von der Frankfurter Firma zu unterscheiden.

Das zeigt sich deutlich in der recht unlogischen Gegenargumentation im Schreiben des Hamburger Unternehmens. Es wäre ja grotesk, wenn man den Firmennamen einer eingeführten und renommierten Filmgesellschaft dadurch für sich nutzbar machen könnte, daß man eine andere Gesellschaftsform wählt oder dieses Unternehmen als Einzelkaufmann betreibt. Es ist selbstverständlich in der Rechtsprechung und Rechtswissenschaft bereits eindeutig dahin geklärt, daß dies nicht möglich ist.

Pflichten des Geschäftsführers

Dem Geschäftsführer obliegen zahlreiche Pflichten gegenüber den Gesellschaftern und Gläubigern, zu denen es eine umfangreiche Rechtsprechung gibt. Er hat vor allem für die Erhaltung des Stammkapitals und die Abführung der Steuern zu sorgen. Zu diesem Bereich, aber auch in anderen Fällen kommt im Einzelfall durchaus eine persönliche Haftung des Gesellschaftsführers für Pflichtverletzungen in Betracht. Der Geschäftsführer einer GmbH muß neben seiner kaufmännischen Aktivität auch dafür Sorge tragen, daß formelle Gesetzesbestimmungen beachtet werden. Falls Abtretungen von Geschäftsanteilen durchgeführt sind, muß er dies dem Handelsregister mitteilen. Seine Unterschrift unter dieser Mitteilung braucht nicht beglaubigt zu werden.

Sollte nach der Satzung einer GmbH ein Aufsichtsrat (Verwaltungsrat) bestellt sein, so muß der Geschäftsführer im Bundesanzeiger die Namen der Aufsichtsratsmitglieder veröffentlichen lassen. Die Anschrift des Bundesanzeigers lautet: 50445 Köln, Postfach 100534. Er muß ferner darauf achten, daß die Geschäftsbogen seiner GmbH ordnungsmäßig sind. Auf dem Kopfbogen muß die korrekte Firmenbezeichnung stehen. Es darf nicht irgendwelcher Phantasiezusatz verwendet werden, der von dem Firmentext abweicht. Andernfalls kann das Handelsregistergericht durch Ordnungsstrafen die Beseitigung solcher Zusätze erzwingen.

Auf den Briefbögen sind Vor- und Zuname des Geschäftsführers aufzuführen. Das gleiche gilt für den eines bestehenden Aufsichts- oder Verwaltungsrates. Schließlich sind noch auf dem Kopfbogen das Registergericht und die Registernummer der GmbH zu vermerken, also zum Beispiel: Registergericht Frankfurt/Main, Nr. HRB 2839.

Die Aktiengesellschaft

Michael Jedermanns Geschäfte florieren auch unter der GmbH immer besser. Er macht Gewinne, die er wiederum gewinnbringend anzulegen gedenkt. Er denkt dabei an Aktien. Er will sich daher mit diesen Papieren näher vertraut machen, um rechtliche Klarheit über diejenigen Objekte zu haben, die er zu erwerben gedenkt. Das Verständnis hierfür wird ihm außerordentlich erleichtert durch die Tatsache, daß er in Gestalt seiner GmbH ja auch schon eine Kapitalgesellschaft kennt.

Auch die Aktiengesellschaft ist ein Zusammenschluß einer Anzahl von Personen, die ihr Geld zusammenlegen, um einen Geschäftsbetrieb mit Hilfe dieses Kapitals zu ermöglichen. Während aber die GmbH gewöhnlich dafür gedacht ist, geringeres Betriebsvermögen bis ca. 50 000,– Euro aufzubringen, soll die Gründung einer Aktiengesellschaft dazu dienen, größeres Vermögen anzusammeln, das häufig in die Millionen gehen. Es gibt sogenannte anlageintensive Betriebe, die erst einmal sehr

362

viel Kapital brauchen, um die nötigen Einrichtungen für die Produktion bereitzustellen, zum Beispiel Stahlwerke, Automobilfabriken, Schiffswerften usw. Wenn die Anlagen aber erst einmal angeschafft sind, bringen sie oft auch so viel Gewinn, daß man dieses große Vermögen angemessen verzinsen kann.

Zur Gründung genügt es auch nicht, wie bei der GmbH, daß eine oder mehrere Personen den Gründungsvertrag schließen. Diese Personen müssen sich über eine Satzung einigen. In dieser Satzung werden unter anderen Zweck, Name und Sitz der zu gründenden Aktiengesellschaft festgelegt.

Die Satzung muß durch einen Notar beurkundet werden. Nach Feststellung der Satzung übernehmen die Gründer die Aktien, das heißt, sie erklären jeder, und dies wird wiederum notariell beurkundet, welchen Anteil an dem Grundkapital sie durch Barzahlung, eventuell Sacheinlagen, aufbringen wollen. Zu diesem Zweck wird das Grundkapital in Aktien zerlegt. Wenn also ein Grundkapital von 500 000 Euro aufgebracht werden soll, so kann man dies in 500 Aktien zu 1000,– Euro stückeln, und die einzelnen Gründer einigen sich dann, wieviel jeder von ihnen übernimmt. Der Kapitalstärkste von ihnen wird versuchen, mehr als 250 dieser Aktien zu erlangen, weil er damit die Mehrheit und die Herrschaft in der AG erringt. Durch zahlreiche neue Gesetze aus der letzten Zeit, die aber nur für große Gesellschaften von Bedeutung sind, wurde das Aktienrecht und das Kapitalmarktrecht, welches ja das Gesellschaftsrecht beeinflußt, umfangreich modernisiert.

Bisweilen, wenn die Aktiengesellschaft besonders vielversprechend ist, zum Beispiel mit sicheren staatlichen Aufträgen rechnen kann, werden die Aktien von vornherein nur an denjenigen ausgegeben, der bereit ist, mehr als den Nennwert zu zahlen. Wenn also eine Aktie über 500,– Euro lautet, so muß der Erwerber 600,– Euro dafür zahlen. Man nennt dies eine »Überpariemission (pari = gleich, emittere = ausgeben). Den Betrag über 500,– Euro (dem pari) nennt man das Agio oder Aufgeld. Eine Überpariemission ist erlaubt. Nicht aber eine Unterpariemission, denn dann würden ja nicht die Gelder für die Gesellschaft aufgebracht werden können, die in der Satzung vorgesehen sind.

Vorstand und Aufsichtsrat

Zugleich mit der Errichtung der AG durch die Übernahme der Aktien wählen die Gründer einen Aufsichtsrat. Dieser bestellt nunmehr den Vorstand, der in Zukunft die Aktiengesellschaft leiten wird.

Man stelle sich hier keine hochdramatischen Ereignisse vor. Die Gründer, die das Geld aufgebracht haben, haben sich vermutlich längst vor der Gründung der AG über die betreffenden Personen geeinigt. Meist werden sie einige von ihnen zu Aufsichtsräten machen, und diese bestellen dann die Vorstandsmitglieder. Da es ja hier ihr Geld ist, was sie zunächst aufgebracht haben, bestehen hiergegen keine Bedenken.

Der Vorstand hat jetzt die Beträge, die die Gründer übernommen haben, zuzüglich des Aufgeldes einzuziehen und einen Gründungsbericht zu verfassen. Dieser Gründungsbericht wird in bestimmten Fällen nun durch besondere Prüfer (Wirtschaftsprüfer, Treuhandgesellschaften) auf seine Ordnungsmäßigkeit hin überprüft. Dann erfolgt die Anmeldung zum Handelsregister. Bevor das Gericht aufgrund dieser Anmeldung die Eintragung und Bekanntmachung vornimmt, hat es noch einmal zu prüfen, ob alles seinen richtigen Weg gegangen ist.

Jeder ersieht hieraus, wie kompliziert man den Gründungsvorgang einer Aktiengesellschaft von Gesetzes wegen gemacht hat, um sicherzugehen, daß keine Betrügereien vorgenommen werden, die sich gefährdend für die Kunden auswirken können.

Die vorstehend beschriebene Form der Gründung nennt man die Simultan- oder Einheitsgründung, weil hier einige wenige Gründer von vornherein das ganze erforderliche Grundkapital aufbringen. Es gibt auch kompliziertere Gründungen, zum Beispiel auch solche mit Sacheinlagen.

Aktien, Stimmrecht, Dividende

Paul Jedermann erwirbt nunmehr einige Aktien der Marburger Müllverwertungsaktiengesellschaft durch seine Bank zum Kurs von 86, das heißt, er zahlt für jeweils 100,– Euro Nennbetrag der einzelnen Aktien 86,– Euro.

In einem Kurszettel beziehungsweise Computerausdruck spiegelt sich wider, welchen Wert die einzelne Aktie aufgrund von Angebot und Nachfrage hat. Der Nennbetrag der Aktie sagt also darüber gar nichts aus, sondern lediglich der Kurs. Dies macht folgende Überlegung klar. Die Summe der Aktiennennbeträge entspricht dem Grundkapital. Wenn also das Grundkapital eine Million beträgt, so haben die Gründer sich verpflichtet, eine Million bei der Gründung anzuschaffen. Nehmen wir einmal an, diese Million habe tatsächlich am Gründungstage für die AG auf der Bank gelegen. Schon am nächsten Tage könnte sie ja nicht mehr voll dagewesen sein, da Miete zu bezahlen ist, Angestellte zu entlohnen sind usw. Deswegen bleiben das Grundkapital der AG und die Nennbeträge der Aktien unverändert. Wenn die Aktiengesellschaft im nächsten Jahre großen Gewinn gemacht und zwei Millionen auf der Bank hat, so bleibt ihr Grundkapital mit einer Million unverändert, denn dies ist ja nur eine rechnerische Ziffer, die aussagt, daß bei der Gründung eine Million Euro aufgebracht werden sollte. Auch die Aktiennennbeträge bleiben die gleichen. Aber eine Aktie, die über 1000,– Euro Nennbetrag lautet, verkörpert jetzt auf einmal einen Wert von 2000,– Euro. Denn wenn die AG jetzt plötzlich sich auflösen würde und die zwei Millionen Euro zu verteilen hätte, bekäme ja jeder das Doppelte von dem, was er seinerzeit eingezahlt hatte. Dann ist es aber auch erklärlich, warum Käufer ein Interesse haben, für eine Aktie von 1000,– Euro Nennbetrag dieser Firma 1500,– Euro oder noch mehr zu zahlen.

Paul Jedermann hat die Aktie dadurch erworben, daß der bisherige Eigentümer sie ihm wie eine bewegliche Sache nach § 929 BGB übereignete, und zwar durch Einigung und Übergabe (vgl. dort).

Manche Aktien sind nicht auf den Inhaber ausgestellt, sondern nach der Satzung lauten sie auf den Namen einer bestimmten Person (Namensaktien). Dann sind sie sogenannte Orderpapiere und werden wie ein Wechsel durch Indossament übertragen. Aufgrund seines Eigentums an der Aktie ist Paul Jedermann Aktionär der AG. Sein Hauptrecht ist es, in der Hauptversammlung über die grundlegenden Fragen der AG mitzubestimmen.

Jede Aktie gewährt das Stimmrecht. Hat also Paul Jedermann zehn Aktien, so hat er zehn Stimmen. Er kann dieses Stimmrecht selbst in der Hauptversammlung ausüben oder sich durch einen Bevollmächtigten vertreten lassen. Für die Vollmacht ist schriftliche Form erforderlich.

Das Hauptinteresse hat Paul Jedermann natürlich an der »Dividende«. Wenn die Aktiengesellschaft einen Gewinn gemacht hat, so verteilt sie ihn nach Ablauf des Geschäftsjahres an die Aktionäre. Gegen Vorlage des Coupons erfolgt die Auszahlung an den einzelnen Aktionär.

Die kleine Aktiengesellschaft und Neuregelungen des Aktienrechts

Die Zielsetzungen der letzten Aktienrechtsreformen gingen einerseits dahin, den kleineren Aktiengesellschaften, bei denen alle Aktionäre sich untereinander kennen und deren Aktien nicht zum Börsenhandel zugelassen sind, Erleichterungen zu verschaffen und andererseits sämtliche Aktiengesellschaften im Interesse des Gläubigerschutzes strengeren Regelungen zu unterwerfen. Dies wurde wie folgt erreicht:

Bei den sogenannten kleinen Aktiengesellschaften sind Einladungen zu Hauptversammlungen durch eingeschriebenen Brief ausreichend. Es ist keine Veröffentlichung im Bundesanzeiger nötig. Auch bedarf die Hauptversammlung im Regelfall nicht mehr der notariellen Beurkundung (nur noch bei Satzungsänderungen und Kapitalmaßnahmen).

Die Anforderungen an Vorstände, Aufsichtsratsmitglieder wurden verschärft, ebenso wie deren Verantwortlichkeiten und Schadensersatzpflichten gegenüber den Aktionären.

364

In neuester Zeit gibt es mehr und mehr die sogenannte nennwertlose Stückaktie (§ 8 Abs. 3 AktG). Diese hat keinen Nennbetrag. Der Anteil des einzelnen Aktionärs errechnet sich aus dem Gesamtkapital dividiert durch alle ausgegebenen Stückaktien.

Jede Aktie muß einen Grundkapitalanteil von einem EURO repräsentieren (keine sogenannten »penny stocks« zulässig).

Die Genossenschaft

Paul Jedermann beschließt, billiger zu leben. Hierzu wird er durch einen Prospekt der »Mittelstands-Wirtschaftsvereinigung eGmbH« angeregt, der ihm eines Tages in den Briefkasten geworfen wird. Er entschließt sich, dieser Genossenschaft beizutreten.

Das kleine »e« vor »GmbH« macht den Unterschied zur »GmbH« aus, und der Unterschied zwischen der »eingetragenen Genossenschaft mit beschränkter Haftung« und der »Gesellschaft mit beschränkter Haftung« ist gewaltig. Die GmbH ist, wie wir oben gesehen haben, eine Gesellschaft zur Erzielung von Einnahmen durch gewerbliche Tätigkeit. Die Gesellschafter wollen mit ihrem Geld verdienen und gleichzeitig nur beschränkt haften.

Eine Genossenschaft hingegen verfolgt ganz andere Ziele. Sie will gerade nicht durch Handel und gewerbliche Tätigkeit Gewinn haben, sondern unter Ausschaltung der »Gewinnsucht« die Lebensbedingungen der Genossen erleichtern.

Denselben Gedanken übertrug im vorigen Jahrhundert Fr. W. Raiffeisen auf die bäuerlichen Landwirte. Was bei den Gutsbesitzern der Reichtum einzelner ermöglichte, vermochte bei den kleinen Bauern die Vielzahl. Diese Vielzahl trat einem »Darlehenskassenverein« bei und zahlte einen gewissen Geldbetrag als Beitrag ein. Mit diesem konnte der »Kassenverein« arbeiten. An Außenstehende wurde das Geld zu den üblichen teuren Sätzen ausgeliehen; die Genossen, wenn sie Kredit benötigten, konnten ihn zu ganz billigen Sätzen erhalten. Heute ist dieser vernünftige Gedanke nicht mehr auf einen bestimmten Stand beschränkt. Jeder kann Genosse einer »Volksbank« werden und dadurch die Möglichkeit eines billigen Kredits erhalten.

Diesen Gedanken, daß viele zusammenstehen und erst einmal ein gewisses Kapital für einen Genossenschaftsbetrieb aufbringen, machte man sich seit dem vorigen Jahrhundert noch anderweitig nutzbar. Mit dem Namen Schulze-Delitzsch ist die Schaffung der handwerklichen Rohstoffgenossenschaften verbunden.

Schulze-Delitzsch ging von folgender Überlegung aus: Der einzelne Handwerker, der beim Händler einkauft, muß sich dessen Preise diktieren lassen und bezahlt dessen Gewinninteresse mit. Wenn die Handwerker dagegen gemeinsam, durch eine von ihnen errichtete Genossenschaft, beim Fabrikanten einkaufen, so sparen sie diesen Gewinnanteil ein. Dafür bringt natürlich der Genossenschaftsbetrieb selbst gewisse Kosten (Raummiete, Personal) mit sich. Da aber eine Genossenschaft große Mengen Rohstoffe einkauft, so verbilligt sich der Einkauf auch dadurch erheblich.

Diesen Grundgedanken der Genossenschaft findet Paul Jedermann bei der »Mittelstands-Wirtschaftsvereinigung eGmbH« wieder. Es handelt sich bei ihr um eine sogenannte »Konsum«-Vereinigung.

Arten der Genossenschaften

Unser geltendes Genossenschaftsrecht (Genossenschaftsgesetz vom 19.8.1994) kennt folgende Arten der Genossenschaften gemäß § 1 Absatz 1 GenG:

§ 1

Gesellschaften von nicht geschlossener Mitgliederzahl, welche die Förderung des Erwerbes oder der Wirtschaft ihrer Mitglieder mittels gemeinschaftlichen Geschäftsbetriebes bezwecken (Genossenschaften), namentlich:

1. Vorschuß- und Kreditvereine,
2. Rohstoffvereine,
3. Vereine zum gemeinschaftlichen Verkauf landwirtschaftlicher oder gewerblicher Erzeugnisse (Absatzgenossenschaften, Magazinvereine),
4. Vereine zur Herstellung von Gegenständen und zum Verkauf derselben auf gemeinschaftliche Rechnung (Produktivgenossenschaften),
5. Vereine zum gemeinschaftlichen Einkauf von Lebens- oder Wirtschaftsbedürfnissen im großen und Ablaß im kleinen (Konsumvereine),
6. Vereine zur Beschaffung von Gegenständen des landwirtschaftlichen oder gewerblichen Betriebes und zur Benutzung derselben auf gemeinschaftliche Rechnung,
7. Vereine zur Herstellung von Wohnungen, erwerben die Rechte einer »eingetragenen Genossenschaft« nach Maßgabe dieses Gesetzes.

Nach dem Genossenschaftsgesetz sind übrigens zwei verschiedene Arten möglich, die sich wesentlich in der Haftungsfrage unterscheiden. Eine Genossenschaft kann errichtet werden:

1. als eingetragene Genossenschaft mit Nachschußpflicht; bei ihr haften die einzelnen Mitglieder als Genossen für die Verbindlichkeiten der Genossenschaft sehr weitgehend;
2. als eingetragene Genossenschaft mit beschränkter Haftpflicht; bei ihr ist die Haftpflicht der Genossen für die Verbindlichkeiten der Genossenschaft dieser gegenüber im voraus auf eine bestimmte Summe beschränkt (§ 119).

Satzung und Mitgliedschaft

Bei der »Mittelstands-Wirtschaftsvereinigung« handelt es sich um eine Konsumgenossenschaft, die für ihre Mitglieder Haushaltswaren und Lebensmittel im großen und dafür billiger einkauft und daher auch billiger an diese weiterverkaufen kann. Paul Jedermann vollzieht seinen Eintritt, nachdem er sorgfältig die Satzung durchgelesen hat. Er entnimmt daraus, daß er eine Einlage von 600,– Euro machen muß und daß er »bis zum Betrage von 6000,– Euro« hafte. Auf eine entsprechende Nachfrage beruhigt ihn der Angestellte der Genossenschaft, das hätte nichts weiter zu bedeuten. Er solle nur die 600,– Euro zahlen, dann wäre alles in Ordnung. Paul Jedermann läßt sich also das Formular über die Beitrittserklärung aushändigen, füllt dies aus und unterschreibt es. Dann gibt er das Formular auf dem Büro der Genossenschaft ab und überweist die 600,– Euro auf das Bankkonto der Gesellschaft.

Er und seine Frau kaufen in der nächsten Zeit für ihren Haushalt preiswert in dem Ladengeschäft des »MWV« ein, machen allerdings nach einiger Zeit die Feststellung, daß auch Personen im Laden einkaufen, die offenbar nicht Mitglieder der Genossenschaft sind. Auf sein Befragen erwidert der Verkäufer, daß das schon richtig sei.

An und für sich ist nämlich im Genossenschaftsgesetz vorgesehen, daß die Konsumvereine nur an ihre Mitglieder verkaufen dürfen und daß diese sich durch besondere Ausweise zu legitimieren haben. Aber in einzelnen Ländern, zum Beispiel Hessen, ist ausdrücklich die Möglichkeit vorgesehen, daß der »Konsum« auch an Nichtmitglieder verkaufen darf. Man will dadurch die Allgemeinheit wieder mit dieser Art Genossenschaft vertraut machen.

Austritt und Insolvenz

366

Nach einiger Zeit macht Paul Jedermann die Feststellung, daß manche der gekauften Waren von schlechter Qualität sind. Während andere Genossenschaften für den gleichen Preis erstklassige Produkte verkaufen, läßt die »MWV« sichtlich nach.

Verärgert beschließt Paul Jedermann, aus seiner Genossenschaft auszutreten. Vorsorglich blättert er noch einmal die »Satzung«, die er sich sorgfältig aufgehoben hat, durch. Er liest in §§ 18 ff. der Satzung, daß er jederzeit austreten kann.

Paul Jedermann erklärt also am 3. November 20 . . mit eingeschriebenem Brief seinen Austritt aus der »MWV«. Er kauft ab sofort nicht mehr bei der »MWV« ein. Auch um seine eingezahlten 600,– Euro kümmert er sich nicht mehr. Im August des nächsten Jahres liest er in der Tagespresse, daß die »MWV« in Insolvenz gegangen ist. »Ja, ja«, sagt er beim Morgenkaffee zu seiner Frau, »wie gut, daß man ein umsichtiger Kaufmann ist und auch ein bißchen was vom Genossenschaftsrecht versteht und beizeiten ausgetreten ist!«

Ende September geht Paul Jedermann folgender Brief zu:

Dr. jur. Konrad Stock   Dammtor 3
Rechtsanwalt   60594 Frankfurt/Main

                                                2.9.20 . .

Sehr geehrter Herr Jedermann!

In meiner Eigenschaft als Insolvenzverwalter über das Vermögen der »Mittelstands-Wirtschaftsvereinigung«, mit dem Sitz in Frankfurt am Main, teile ich Ihnen folgendes mit.

Da das vorhandene Vermögen zur Befriedigung der Gläubiger nicht ausreicht, müssen die Genossen zum Nachschuß herangezogen werden.

Ich fordere Sie daher auf, die Haftungssumme von 6000,– Euro (i. W.: sechstausend Euro) auf das nachstehende Bankkonto zu überweisen:

                        Frankfurter Bank
                        BLZ 123 456 78
                        Konto Nr. 111 222

Mit freundlichen Grüßen

Rechtsanwalt

»Das ist ja toll«, sagt Paul Jedermann zu Karin. »Das muß ein schlampiger Betrieb sein, wenn der Insolvenzverwalter nicht einmal weiß, daß ich längst nicht mehr der Genossenschaft angehöre. Nur gut, daß ich den Einschreibebeleg aufgehoben habe.«

Er fährt am nächsten Tag zu dem Insolvenzverwalter und legt ihm den Einschreibebeleg vor. Trotzdem beharrt dieser darauf, daß Jedermann die 6000,– Euro zahlen muß. Mit Recht. Paul Jedermann hat eben doch noch nicht genug vom Genossenschaftsrecht gewußt.

Gemäß § 65 Abs. 2 Genossenschaftsgesetz scheidet man nämlich nicht schon durch die Austrittserklärung aus, sondern erst zum Ende des Geschäftsjahres mit dreimonatiger Kündigungsfrist.

Die Folge ist nun einmal, daß Jedermann immer noch Mitglied der Genossenschaft ist und daher zum Nachschuß herangezogen werden kann.

367

Jedermann glaubt nach dieser Erfahrung, daß ihm nun hinsichtlich eines Austritts aus einer Genossenschaft nichts mehr passieren könnte. Aber er sollte noch folgendes beachten: Wird eine Genossenschaft binnen sechs Monaten nach dem Ausscheiden des Genossen aufgelöst, so gilt der Austritt als nicht erfolgt (§ 75 GenG). Damit verlängert sich also die Gefahrenzone gegebenenfalls auf mehrere Jahre. Aber nun gibt es auch noch den äußerst gefährlichen § 115b Genossenschaftsgesetz, der folgendes bestimmt:

§ 115 b

Sobald mit Sicherheit anzunehmen ist, daß die in § 105 Abs. 1 bezeichneten Insolvenzgläubiger auch nicht durch Einziehung der Nachschüsse von den Genossen Befriedigung oder Sicherstellung erlangen, sind die hierzu erforderlichen Beiträge von den innerhalb der letzten achtzehn Monate vor dem Antrag auf Eröffnung des Insolvenzverfahrens oder nach diesem Antrag ausgeschiedenen Genossen, welche nicht schon nach § 75 oder § 76 Abs.4 der Nachschußpflicht unterliegen, nach Maßgabe des § 105 zur Insolvenzmasse zu leisten.

Sobald mit Sicherheit anzunehmen ist, daß die Insolvenzgläubiger auch nicht durch Einziehung der Nachschüsse von den Genossen Befriedigung oder Sicherstellung erlangen, sind die hierzu erforderlichen Beiträge von den innerhalb der letzten 18 Monate vor der Eröffnung des Konkursverfahrens ausgeschiedenen Genossen zur Konkursmasse zu leisten.

Man kann also als Fazit festhalten: Wenn es einer Genossenschaft anfängt schlecht zu gehen, wird es kaum noch Zweck haben, sich durch einen Austritt der gesetzlich vorgeschriebenen Haftung entziehen zu wollen. Und dies ist ja auch gut so, denn schließlich sollen die Lieferanten und Kreditgeber nicht dadurch um ihr Geld gebracht werden können, daß die Genossen fluchtartig das sinkende Schiff verlassen.

Im übrigen ist bei der vorgesehenen Überwachung der Genossenschaften durch Prüfungsverbände die Gefahr eines unredlichen Geschäftsgebarens des Vorstandes sehr gering. Dieses Risiko muß nun einmal um der Vorteile willen, die die Mitgliedschaft in der Genossenschaft im einzelnen bringt, in Kauf genommen werden.

Markenartikel

Fritz Sorgenfrei stellt gutes Brot und bald sehr beliebte Brötchen her.

Aber er merkt schnell, daß sein Abnehmerkreis örtlich doch begrenzt ist. Konkurrenzbetriebe finden sich in nächster Nähe. Andererseits liegt sein Geschäft nicht in einer ausgesprochenen Laufgegend, so daß er damit rechnen könnte, daß die Güte seiner Waren zahlreiche Laufkunden anzieht.

Aber er möchte gern über die bisherigen Möglichkeiten hinaus aus seinem Betrieb Nutzen ziehen. Er hat schon während seiner Gesellenzeit an einem Rezept für einen besonders bekömmlichen und schmackhaften Zwieback herumprobiert. Schließlich ist ihm auch eine glückliche Zusammenstellung gelungen. Seine Proben haben in seinem Bekanntenkreise größten Anklang gefunden.

Der Zwieback ist auch Personen mit empfindlichem Magen bestens bekommen. Nun hat Meister Fritz ihn in seinem neueröffneten Bäckereibetrieb schon gut eingeführt. Seine Kunden haben ihm viel Lobendes darüber gesagt.

Hier sieht Fritz Sorgenfrei mit Recht eine Möglichkeit, die örtliche Begrenzung seines Umsatzes zu sprengen. Fritz möchte sich als umsichtiger und kluger Geschäftsmann zunächst einmal davor schützen, daß sein gutes Backrezept von anderen Herstellern nachgeahmt und er dadurch geschädigt wird.

368

Der Markenschutz
Diese Möglichkeit hat er aufgrund des Markengesetzes vom 25. Oktober 1994, dessen §§ 1, 3 und 4 lauten:

§ 1
Nach diesem Gesetz werden geschützt:
1. Marken,
2. geschäftliche Bezeichnungen,
3. geographische Herkunftsangaben.

§ 3
(1) Als Marke können alle Zeichen, insbesondere Wörter einschließlich Personennamen, Abbildungen, Buchstaben, Zahlen, Hörzeichen, dreidimensionale Gestaltungen einschließlich der Form einer Ware oder ihrer Verpackung sowie sonstige Aufmachungen einschließlich Farben und Farbzusammenstellungen geschützt werden, die geeignet sind, Waren oder Dienstleistungen eines Unternehmens von denjenigen anderer Unternehmen zu unterscheiden.

(2) Dem Schutz als Marke nicht zugänglich sind Zeichen, die ausschließlich aus einer Form bestehen,
1. die durch die Art der Ware selbst bedingt ist,
2. die zur Erreichung einer technischen Wirkung erforderlich ist oder
3. die der Ware einen wesentlichen Wert verleiht.

§ 4
Der Markenschutz entsteht
1. durch die Eintragung eines Zeichens als Marke in das vom Patentamt geführte Register,
2. durch die Benutzung eines Zeichens im geschäftlichen Verkehr, soweit das Zeichen innerhalb beteiligter Verkehrskreise als Marke Verkehrsgeltung erworben hat oder

3. durch die im Sinne des Artikels 6 bis der Pariser Verbandsübereinkunft zum Schutz des gewerblichen Eigentums (Pariser Verbandsübereinkunft) notorische Bekanntheit einer Marke.

Was ist eine Marke?
Eine Marke ist ein Zeichen, das geeignet ist, die Waren und Dienstleistungen eines Unternehmens von den Waren und Dienstleistungen eines anderen Unternehmens zu unterscheiden. Als Kennzeichen dieser Art können grundsätzlich nicht nur Worte, Buchstaben, Zahlen und Abbildungen, sondern neuerdings auch Hörzeichen, dreidimensionale Gestaltungen und sonstige Aufmachungen geschützt werden. Voraussetzung für den Schutz einer Marke ist die Vorlage eines entsprechenden Antrags beim Patentamt.

Fritz Sorgenfrei überlegt sich also eine schlagwortartige Bezeichnung (Marke), die sinnvoll und einprägsam diesen Zweck erfüllen soll. Er wählt das Wort: »Schaumzwieback Magentrost«.

Zunächst stellt er durch Rückfrage beim Deutschen Patentamt in München fest, daß dieser Name bisher noch nicht eingetragen ist. Danach bestellt er beim Patentamt das amtliche Formular und meldet seine Marke wie folgt per Einschreiben/Rückschein zur Eintragung in das Markenregister an:

An das
Deutsche Patent- und Markenamt
80297 München

DEUTSCHES PATENT- UND MARKENAMT

(1) Name/Firma Str./Haus-Nr. PLZ/Ort ggf. Postf.

Sendungen des Deutschen Patent- und Markenamts sind zu richten an:

Herrn
Fritz Sorgenfrei
Schweizer Straße 193

60594 Frankfurt am Main

Anmeldung zur Eintragung einer Marke in das Register

3

☐ TELEFAX vorab am

Aktenzeichen *(wird vom Deutschen Patent- und Markenamt vergeben)*

(2) Zeichen des Anmelders/Vertreters (max. 20 Stellen) | Telefon-Nr. des Anm./Vertr. | Telefax-Nr. des Anm./Vertr. | Datum X.XX.XX

(3) Der obengenannte Empfänger in Feld (1) ist

ggf. Nr. der Allgemeinen Vollmacht

[X] Anmelder ☐ Zustellungsbevollmächtigter ☐ Vertreter

(4) Name/Firma Str./Haus-Nr PLZ/Ort ggf. Postf., wenn abweichend von Feld (1)

Anmelder **Vertreter**

Anmeldercode-Nr. | Vertretercode-Nr. | Zustelladraßcode-Nr.

(5) **Wiedergabe der Marke** Schaumzwieback Magentrost

☐ s. Anlage

☐ Farbige Eintragung mit folgenden Farben: ☐ Eintragung schwarz/weiß

(6) **Zur Markenform werden folgende Angaben gemacht** *(bitte nur ein Feld ankreuzen):*

☐ Wortmarke (in der vom Patent- und Markenamt verwendeten Druckschrift) ☐ Dreidimensionale Marke

☐ Bildmarke; Wort-/Bildmarke (in der vom Anmelder gewählten graphischen Wiedergabe) ☐ Hörmarke

☐ Kennfadenmarke ☐ Sonstige Markenform

(7) ☐ **Antrag auf beschleunigte Prüfung (§ 38 MarkenG)**

(8) **Verzeichnis der Waren/Dienstleistungen** *(in der Reihenfolge der Klasseneinteilung geordnet)* ☐ s. Anlage

Klasse: 30 Bezeichnung: Mehle und Getreidepräparate, feine Backwaren und Konditorwaren

Leitklassenvorschlag des Anmelders:

(9) ☐ **Es wird die Eintragung als Kollektivmarke beantragt**

(10) **Priorität** ☐ ausländische Priorität *(Datum, Staat, Aktenzeichen)* ☐ Ausstellungspriorität *(Bezeichng. d. Ausstellg., Messe und Tag der erstmaligen Zurschaustellung)*

(11) ☐ **Die Anmeldung wird auf Artikel 6 quinquies der PVÜ (Telle-quelle-Marke) gestützt**

(12) Erläuterung und Kostenhinweise s Rückseite

Gebührenzahlung

Euro **250,00** Anmeldegebühr *(einschl. bis zu 3 Klassen)*

Euro Klassengebühr(en) *(für jede weitere ab der vierten Klasse)*

Euro Beschleunigungsgebühr

☐ Scheck ist beigefügt *(Nur auf inländisches Kreditinstitut bezogen)*

☐ Überweisung *(nach Erhalt der Empfangsbescheinigung)*

☐ Gebührenmarken sind beigefügt *(bitte nicht auf d. Rückseite des Anmeldevordrucks kleben, ggf. auf gesondertes Blatt)*

Abbuchung von meinem/unserem Abbuchungskonto b.d. Dresdner Bank AG, München

(13) Euro _____ insgesamt ☐ Nr.:

Anlagen

1. ☐ Vier übereinstimmende zweidimensionale graphische Wiedergaben der Marke (außer bei der Anmeldung einer Wortmarke)
2. ☐ Klangliche Wiedergabe bei Anmeldung der Hörmarke
3. ☐ Beschreibung der Marke
4. ☐ Verzeichnis der Waren/Dienstleistungen (sofern die Aufzählung nicht bereits in Feld 8 wiedergegeben ist)

5. ☐ Markensatzung (bei Kollektivmarke)
6. ☐ Prioritätsbescheinigung
7. ☐ Vertretervollmacht
8. ☐ Scheck
9. ☐

Fritz Sorgenfrei (signature)

Unterschrift(en) (ggf. Firmenstempel)

W 7005
11.98

Grundsätzlich kann jedermann eine Marke zur Eintragung anmelden, sowohl Einzelpersonen, als auch Firmen. Selbstverständlich kann man hierfür auch einen Rechtsanwalt oder Patentanwalt beauftragen.

Bei graphisch besonders ausgestalteten Wortmarken ist ebenso wie bei Kombinationen aus Wort und Bild oder Marken, die in einer besonderen farblichen Ausgestaltung verwendet werden sollen, exakt die gewünschte Darstellung 4-fach einzureichen.

Mit den Anmeldungsunterlagen erhält man vom Patentamt auch ein Verzeichnis der Waren und Dienstleistungen, das nach Klassen geordnet ist. Für die Anmeldegebühr von 250,00 Euro kann man die Eintragung in bis zu 3 Klassen beantragen: Da jedoch die Marke »Schaumzwieback Magentrost« als Name für einen Rasierapparat (Klasse 8) ebensowenig taugt, wie als Bezeichnung für Feuerlöschgeräte (Klasse 9) beläßt Fritz Sorgenfrei es bei einer Eintragung in Klasse 30.

Da es Fritz Sorgenfrei mit seinem Antrag nicht allzu eilig hat, verzichtet er darauf, 210,00 Euro für die Beantragung einer beschleunigten Prüfung beim Patentamt zu bezahlen. Außerdem mahlen die Mühlen beim Patentamt auch dann recht langsam, wenn man den »Antrag auf beschleunigte Prüfung« stellt.

Ist die Anmeldung beim Patentamt eingegangen, wird ein Aktenzeichen vergeben und der Anmeldetag (Tag des Eingangs der Anmeldung beim Patentamt) festgestellt.

Im Anschluß daran erhält Fritz Sorgenfrei unverzüglich eine Empfangsbescheinigung mit der Bitte, die Anmeldegebühr nun zu überweisen. Nach der Vergabe des Aktenzeichens und der Feststellung der gebührenpflichtigen Klassen werden die formellen Voraussetzungen für die Eintragung einer Marke beim Patentamt geprüft.

Eine Marke kann nur eingetragen werden, wenn der Eintragung keine Schutzhindernisse (§ 8 Markengesetz) entgegenstehen. Fehlt es beispielsweise an einer Unterscheidungskraft der Marke (wie es zum Beispiel bei einem Produktnamen »Zwieback« der Fall wäre) oder besteht eine Täuschungsgefahr oder eine Gefährdung der guten Sitten oder liegt eines der sonstigen Hindernisse des § 8 Markengesetzes vor, wird die Marke nicht eingetragen. Ein weiteres Eintragungshindernis liegt dann vor, wenn die Marke schon für eine andere Firma geschützt ist: Deshalb hatte Sorgenfrei ja vorher auch beim Patentamt angefragt.

Er darf aber auch keine Marke wählen, die einer bereits geschützten Marke ähnlich ist. Gibt es zum Beispiel schon »Magenfreunde«, so ist diese Marke nicht mehr zu sichern. Es ist in der Rechtsprechung eine Verwechslungsgefahr bejaht worden für »Lunex« mit »Lumex«, »Ichthyol« mit »Piscyol«, aber zum Beispiel nicht für »Chlorodont« mit »Urodont«.

In der älteren Rechtsprechung wurde zum Beispiel Verwechslungsgefahr festgestellt für »Kupfender Gold« mit »Kupferberg Gold«, »Sencelco« mit »Mencelco«, »Phöbus« mit »Appolon«, »Stimme seines Herrn« mit »Stimme der Welt«.

Um möglichst weitgehend geschützt zu sein, wird sich Fritz Sorgenfrei für seinen Zwieback noch ähnlich klingende Worte sichern, um seine Marke gut abzuschirmen, wie zum Beispiel »Magenfreund«.

Eine Marke schützt nur die betreffende Warenart. Es ist zum Beispiel gestattet: »Mercedes-Schuhe« und »Mercedes-Zigaretten«, »Schwan-Seifenpulver« und »Schwan-Zigarettenpapier«. Dagegen ist der Name einer Zigarettenmarke zugleich auch ein Hindernis für Zigarettenpapiernamen. Der Name »Goldkrone« für Kakao macht »Kronengold« für Tee unmöglich, da beides ein Getränk ist.

Stehen dem Antrag auf Eintragung einer Marke keine Hindernisse entgegen, wird die Eintragung nach Prüfung des Antrags in das beim Patentamt geführte Register und die Veröffentlichung der Eintragung veranlaßt.

Mit der Eintragung der Marke entsteht ein ausschließliches Recht (§ 14 Abs. 1 Markengesetz), das dem Inhaber unter anderem die Möglichkeit bietet, im Verletzungsfall Unterlassungs- und Schadensersatzansprüche geltend zu machen.

Nunmehr hat sich Fritz Sorgenfrei rechtlich genügend gesichert, um den Vertrieb des »Schaumzwieback Magentrost« auf eine breite Basis zu stellen.

Produktpiraterie

Das vorstehende Kapitel hat aufgezeigt, wie werbewirksam und wie begehrt Markenartikel und deren Symbole sind. Das hat auch Karin festgestellt, als sie zu Paul sagte: »Die Lehmanns sind von ihrer Ostasienreise zurück, sie zeigt deutlich an ihrem linken Handgelenk die Uhr aus der Produktion eines berühmten Uhrmachers und an seinem Blazer klebt das bekannte Tier als Markenzeichen.«

»Das imponiert mir überhaupt nicht«, sagte Karl, »denn das sind doch nur Imitationen, die auf solchen Reisen billig eingekauft werden.«

Das Geschäft mit diesen Nachahmungen hat dazu geführt, daß zum Schutze der Hersteller solcher Produkte der Gesetzgeber eingegriffen hat mit dem Gesetz zur Stärkung des Schutzes des geistigen Eigentums und zur Bekämpfung der Produktpiraterie vom 7. März 1990. Der Produktpiraterie kommt seit der Entwicklung des Internets eine immer größere Bedeutung zu. Die internationale Bekämpfung der Produktpiraterie ist derzeit eines der Hauptanliegen des Gesetzgebers. Hier werden demnächst neue gesetzliche Regelungen erwartet. Insoweit sind bedeutsam folgende Bestimmungen des Markengesetzes:

§ 14

(1) Der Erwerb des Markenschutzes nach § 4 gewährt dem Inhaber der Marke ein ausschließliches Recht.

(2) Dritten ist es untersagt, ohne Zustimmung des Inhabers der Marke im geschäftlichen Verkehr

1. ein mit der Marke identisches Zeichen für Waren oder Dienstleistungen zu benutzen, die mit denjenigen identisch sind, für die sie Schutz genießt,

2. ein Zeichen zu benutzen, wenn wegen der Identität oder Ähnlichkeit des Zeichens mit der Marke und der Identität oder Ähnlichkeit der durch die Marke und das Zeichen erfaßten Waren oder Dienstleistungen für das Publikum die Gefahr von Verwechslungen besteht, einschließlich der Gefahr, daß das Zeichen mit der Marke gedanklich in Verbindung gebracht wird, oder

3. ein mit der Marke identisches Zeichen oder ein ähnliches Zeichen für Waren oder Dienstleistungen zu benützen, die nicht denen ähnlich sind, für die die Marke Schutz genießt, wenn es sich bei der Marke um eine im Inland bekannte Marke handelt und die Benutzung des Zeichens die Unterscheidungskraft oder die Wertschätzung der bekannten Marke ohne rechtfertigenden Grund in unlauterer Weise ausnutzt oder beeinträchtigt.

(3) Sind die Voraussetzungen des Absatzes 2 erfüllt, so ist es insbesondere untersagt,

1. das Zeichen auf Waren oder ihrer Aufmachung oder Verpackung anzubringen,

2. unter dem Zeichen Waren anzubieten, in den Verkehr zu bringen oder zu den genannten Zwecken zu besitzen,

3. unter dem Zeichen Dienstleistungen anzubieten oder zu erbringen,

4. unter dem Zeichen Waren einzuführen oder auszuführen,

5. das Zeichen in Geschäftspapieren oder in der Werbung zu benutzen.

(4) Dritten ist es ferner untersagt, ohne Zustimmung des Inhabers der Marke im geschäftlichen Verkehr

1. ein mit der Marke identisches Zeichen oder ein ähnliches Zeichen auf Aufmachungen oder Verpackungen oder auf Kennzeichnungsmitteln wie Etiketten, Anhängern, Aufnähern oder dergleichen anzubringen,

2. Aufmachungen, Verpackungen oder Kennzeichnungsmittel, die mit einem mit der Marke identischen Zeichen oder einem ähnlichen Zeichen versehen sind, anzubieten, in den Verkehr zu bringen oder zu den genannten Zwecken zu besitzen oder

3. Aufmachungen, Verpackungen oder Kennzeichnungsmittel, die mit einem mit der Marke identischen Zeichen oder einem ähnlichen Zeichen versehen sind, einzuführen oder auszuführen, wenn die Gefahr besteht, daß die Aufmachungen oder Verpackungen zur Auf-

372

machung oder Verpackung oder die Kennzeichnungsmittel zur Kennzeichnung von Waren oder Dienstleistungen benutzt werden, hinsichtlich deren Dritten die Benutzung des Zeichens nach den Absätzen 2 und 3 untersagt wäre.

(5) Wer ein Zeichen entgegen den Absätzen 2 bis 4 benutzt, kann von dem Inhaber der Marke auf Unterlassung in Anspruch genommen werden.

(6) Wer die Verletzungshandlung vorsätzlich oder fahrlässig begeht, ist dem Inhaber der Marke zum Ersatz des durch die Verletzungshandlung entstandenen Schadens verpflichtet.

(7) Wird die Verletzungshandlung in einem geschäftlichen Betrieb von einem Angestellten oder Beauftragten begangen, so kann der Unterlassungsanspruch und, soweit der Angestellte oder Beauftragte vorsätzlich oder fahrlässig gehandelt hat, der Schadensersatzanspruch auch gegen den Inhaber des Betriebs geltend gemacht werden.

§ 15

(1) Der Erwerb des Schutzes einer geschäftlichen Bezeichnung gewährt ihrem Inhaber ein ausschließliches Recht.

(2) Dritten ist es untersagt, die geschäftliche Bezeichnung oder ein ähnliches Zeichen im geschäftlichen Verkehr unbefugt in einer Weise zu benutzen, die geeignet ist, Verwechslungen mit der geschützten Bezeichnung hervorzurufen.

(Absatz 3 bis 6 nicht abgedruckt)

Darüber hinaus ist in § 143 Markengesetz nunmehr bestimmt, daß ein Mißbrauch fremder Marken strafbar ist und mit Freiheitsstrafe sowie mit Geldstrafe bestraft werden kann.

Weiterhin ist durch Neufassung des § 146 Markengesetz vorgeschrieben, daß die Einfuhr solcher Imitationen durch Beschlagnahme von seiten der Zollbehörden verhindert werden kann.

Das Gaststättengewerbe

Der Vertrieb des Zwiebacks hat sich gut angelassen. Das hierdurch erworbene Kapital will Fritz Sorgenfrei gewinnbringend arbeiten lassen. Seine Kunden haben schon öfter den Wunsch geäußert, an Ort und Stelle im Geschäft seine vorzüglichen Waren testen zu können. Sie möchten dazu eine gute Tasse Kaffee trinken und sich auch hier und da ein Glas Bier oder Wein genehmigen.

Aber der gemietete Raum ist für ein derartiges Vorhaben zu beengt, so daß Fritz Sorgenfrei bisher diese Kunden zur Konkurrenz schicken mußte. Dies tat ihm bitter weh. Nunmehr kann er mit Hilfe seines »Kapitals« Abhilfe schaffen. Das Nachbarhaus, das bisher wegen seines Verfalls ein Schandfleck für die ganze Straße war, soll wiederaufgebaut werden. Fritz Sorgenfrei erkennt die einmalige Chance, die hierin für ihn liegt. Er kann seine Verkaufsräume erweitern und gleichzeitig einen Cafébetrieb mit Alkoholausschank einrichten, wenn es ihm gelingt, sich das Parterre und den ersten Stock des Nachbargrundstücks zu sichern.

Errichtung eines Cafébetriebes mit Alkoholausschank

Am einfachsten wäre es natürlich, wenn Fritz Sorgenfrei das Grundstück käuflich erwirbt. Jedoch wird es sich meist nicht lohnen, einen derartig großen Kapitalbetrag aufzuwenden, da Fritz Sorgenfrei ja nicht ein mehrstöckiges Haus benötigt, sondern nur das Erdgeschoß und den ersten Stock. Ein Mietvertrag tut es hier auch. Dieser muß möglichst langfristig geschlossen werden, da sich sonst der Aufwand an Reklame- und Ausbaukosten nicht rentiert. Am zweckmäßigsten wird hier ein zehnjähriger Mietvertrag mit Option und möglicherweise einem Vorkaufsrecht sein (vgl. dort).

Möglicherweise kommt Fritz Sorgenfrei auch hier nicht um einen Baukostenzuschuß herum, der aber in den Mietvertrag mit eingearbeitet werden muß.

Schließlich muß er noch folgendes bedenken: Das neue Objekt hat nur Sinn für ihn, wenn er die Erlaubnis bekommt, dort auch alkoholische Getränke auszuschänken. Sollte er also vorher schon den Mietvertrag über die zu erstellenden Räume schließen, so muß er sich ein Rücktrittsrecht für den Fall vorbehalten, daß er die Schankkonzession nicht erhält.

Bei einem Baukostenzuschuß achte man immer darauf, daß der Eigentümer des Grundstücks die Verpflichtung zum Wiederaufbau übernimmt, nicht etwa umgekehrt der den Baukostenzuschuß zahlende Mieter. Solche Verträge wurden bisweilen gemacht und führten fast regelmäßig hinterher zu Streitigkeiten. Man muß immer bedenken, daß das zu erstellende Gebäude Eigentum des Grundstückseigentümers wird.

Er hat daher ein Interesse daran, daß das Haus vom Dachziegel bis zum Kellergeschoß ordnungsmäßig errichtet wird. Die Mieter haben nur Interesse an den für sie vorgesehenen Räumen. Verpflichten sie sich, ihrerseits das Haus aufzubauen, dann sind sie für Gebäudeteile verantwortlich, die sie überhaupt nichts angehen, und müssen für eventuelle mangelhafte Arbeiten der Baufirmen einstehen.

Fritz Sorgenfrei schließt also einen Mietvertrag mit dem Grundstückseigentümer Lothar Haus, den er zweckmäßigerweise mit einem Rechtsanwalt wegen der notwendigen Sondervereinbarungen bespricht. Die Grundlage kann der sogenannte Einheitsmietvertrag sein, den man als Vordruck im Schreibwarengeschäft erhalten kann. Diese Formulare enthalten auch Bestimmungen über eine Hausordnung, die man natürlich abändern oder ergänzen kann.

Fritz Sorgenfrei sieht das Haus voll Interesse emporwachsen. Er hat sich von einem Architekten wegen der Inneneinrichtung beraten lassen. Er macht nicht den Fehler – wie viele Cafés –, daß er Tisch an Tisch so eng stellen wird, daß sich die Körper der Gäste berühren. Zum gemütlichen Kaffeetrinken gehört ausreichender Raum für jeden Tisch und eine möglichst bequeme Sitzgelegenheit.

Die vermietete Vitrine

Der neugebackene Schankwirt hat mit einigen Geschäftsleuten (zum Beispiel Antiquitätenhändlern, Porzellangeschäften, Schmuckwarengeschäften) Mietverträge geschlossen, wonach diese in kleinen Schaukästen (Vitrinen) in den Räumen des Cafés ihre Waren dekorativ ausstellen können.

Natürlich ist der Gedanke, eine Gaststätte oder ein Hotelfoyer für Werbezwecke zu nutzen, nicht von der Hand zu weisen. Eine Vitrine bringt nicht nur durch die Vermietung Geld ein, sondern sie kann bei guter Nutzung auch den Raum selbst, in dem sie aufgestellt ist, repräsentativer und für den Besucher interessanter machen.

Allerdings muß man bei der Vermietung einer Vitrine sehr sorgsam sein und seine Gäste gut kennen. Die ausgestellten Gegenstände müssen die Besucher ansprechen. Andererseits will aber auch der Mieter einen Werbeerfolg merken, der durch eine Umsatzsteigerung zu Buche schlägt.

Für den Vermieter jedoch ist es besonders wichtig, daß in der Vitrine nur Gegenstände ausgestellt werden, die in den Raum passen und seine Atmosphäre nicht beeinträchtigen oder gar zerstören. Eine Vitrine mit edlem Porzellan kann für ein Café hervorragend sein. Unzerbrechliches Geschirr aus Plastik mag sehr praktisch sein und Besucher zum Kauf als Boots- oder Camping-Geschirr anregen. Für ein gepflegtes Café aber eignet sich ein derartiges Ausstellungsgut nicht!

Ein Mietvertrag über eine Vitrine sollte daher folgendes enthalten:

374

Herr Fritz Sorgenfrei, Schweizer Straße 193, 60594 Frankfurt/Main, im folgenden kurz »Vermieter« genannt,

und die

Firma Gold & Silber, Gartenstraße 89, 60596 Frankfurt/Main, im folgenden kurz »Mieter« genannt, schließen folgenden

<u>VERTRAG</u>

§ 1

Der Vermieter betreibt in Frankfurt am Main, Schweizer Straße 191, ein Caféhaus. Er überläßt den links neben der Eingangstür zum Café in die Wand eingelassenen Schaukasten in einer Größe von 2 qm Wandfläche dem Mieter zu Ausstellungszwecken, und zwar mit Wirkung vom 1. Oktober 20 . . .

§ 2

Die Miete beträgt monatlich 100,– Euro (einhundert Euro). Sie ist jeweils am 1. eines jeden Monats im voraus fällig. In dem Mietpreis sind die Kosten für Beleuchtung eingeschlossen. Die Beleuchtungskörper des Schaukastens haben eine Gesamtleuchtstärke von 120 Watt.

§ 3

Der Vermieter verpflichtet sich, die Beleuchtung für den Schaukasten während der gleichen Zeit einzuschalten, in der mindestens die Hälfte der Beleuchtungskörper des Cafés in Betrieb sind. Die Kosten für die Erneuerung der während der Mietzeit schadhaft gewordenen Beleuchtungskörper trägt der Mieter.

§ 4

Der Mieter verpflichtet sich, in dem Schaukasten ohne Unterbrechung repräsentative Gegenstände auszustellen und alle übrigen Werbemittel, wie zum Beispiel Hinweisschilder, Preisauszeichnungen usw., dezent zu halten. Es dürfen keine Gegenstände ausgestellt werden, die bei den Besuchern des Cafés Anstoß erregen könnten. Beschwert sich ein Gast, so ist der betreffende Gegenstand oder das Werbemittel sofort zu entfernen.

§ 5

Weigert sich der Mieter, dieser Verpflichtung nachzukommen, so steht dem Vermieter das Recht zu, den Schaukasten auf Kosten des Mieters öffnen und die Ursache für die Beanstandung beseitigen zu lassen. Etwa hierbei entstehende Beschädigungen des Schaukastens gehen zu Lasten des Mieters.

§ 6

Der Mieter verpflichtet sich, den Schaukasten mindestens einmal wöchentlich reinigen zu lassen. Die Reinigung der Glasscheibe von außen übernimmt der Vermieter. Die Reinigung und jede Umdekoration darf nur werktags in den betriebsschwachen Zeiten zwischen 10 und 11 Uhr erfolgen.

§ 7

Der Vermieter haftet nicht für die Entwendung und das sonstige Abhandenkommen von Gegenständen aus dem Schaukasten. Auch die Gefahr der Veränderung, Beschädigung oder sonstigen Wertminderung der ausgestellten Gegenstände trägt der Mieter. Der Mieter wird auch für den Schaden einstehen, der an dem Schaukasten durch einen vollendeten oder versuchten Einbruchdiebstahl entstehen sollte.

§ 8

Der Mieter erhält zwei Schlüssel, für deren Empfang er Quittung leistet. Die Schlüssel bleiben Eigentum des Vermieters und sind bei Beendigung des Vertragsverhältnisses zurückzugeben. Geht ein Schlüssel verloren, so hat dies der Mieter unverzüglich anzuzeigen. Er trägt in diesem Fall die Kosten für ein neues Schloß.

§ 9

Der Vermieter verpflichtet sich, für die Dauer des Vertragsverhältnisses die übrigen in den Gasträumen befindlichen oder noch aufzustellenden Schaukästen nicht an Firmen zu vermieten, die Konkurrenzunternehmen des Mieters sind.

§ 10

Der Mieter darf ohne Zustimmung des Vermieters den Schaukasten weder untervermieten noch unentgeltlich ganz oder teilweise anderen Firmen zur Verfügung stellen.

§ 11

Dieser Vertrag wird zunächst für die Dauer eines Jahres geschlossen. Er verlängert sich jeweils um weitere sechs Monate, wenn er nicht einen Monat vor Ablauf durch eingeschriebenen Brief gekündigt wird. Liegt ein wichtiger Grund vor, so ist eine fristlose Kündigung zulässig. Dies gilt insbesondere bei Verletzungen der Bestimmungen dieses Vertrages.

§ 12

Änderungen oder Ergänzungen des Vertrages bedürfen der Schriftform.

Frankfurt/Main, den 28. August 20 . .

Fritz Sorgenfrei

[Unterschrift]

Gold & Silber

Die Schankerlaubnis

Und nun, so meint Fritz Sorgenfrei voller Zuversicht und mit Tatendrang, könnte der Betrieb ja richtig losgehen.

Aber er hat seine Rechnung ohne das Gewerberecht gemacht. Nanu, wird er sagen, ich habe meine Erlaubnis nach der Handwerksordnung als Bäcker und Konditor, und mehr werde ich doch wohl nicht brauchen.

Da hat er unrecht. Da er in seinem erweiterten Betrieb Kaffee und Getränke aller Art ausschenken will, fällt er unter das Gaststättengesetz vom 20. November 1998. Dieses Gesetz regelt bis ins einzelne die gewerblichen Rechtsverhältnisse des Gast- und Schankstättengewerbes. Insoweit bestimmen die §§ 1 und 2 des Gaststättengesetzes folgendes:

§ 1

(1) Ein Gaststättengewerbe im Sinne dieses Gesetzes betreibt, wer im stehenden Gewerbe
1. Getränke zum Verzehr an Ort und Stelle verabreicht (Schankwirtschaft),
2. zubereitete Speisen zum Verzehr an Ort und Stelle verabreicht (Speisewirtschaft) oder
3. Gäste beherbergt (Beherbergungsbetrieb), wenn der Betrieb jedermann oder bestimmten Personenkreisen zugänglich ist.

(2) Ein Gaststättengewerbe im Sinne dieses Gesetzes betreibt ferner, wer als selbständiger Gewerbetreibender im Reisegewerbe von einer für die Dauer der Veranstaltung ortsfesten Betriebsstätte aus Getränke oder zubereitete Speisen zum Verzehr an Ort und Stelle verabreicht, wenn der Betrieb jedermann oder bestimmten Personenkreisen zugänglich ist.

376

§ 2

(1) Wer ein Gaststättengewerbe betreiben will, bedarf der Erlaubnis. Die Erlaubnis kann auch nichtrechtsfähigen Vereinen erteilt werden.

(2) Der Erlaubnis bedarf nicht, wer

1. Milch, Milcherzeugnisse oder alkoholfreie Milchmischgetränke verabreicht,

2. unentgeltliche Kostproben verabreicht,

3. alkoholfreie Getränke aus Automaten verabreicht,

(3) Der Erlaubnis bedarf ferner nicht, wer, ohne Sitzgelegenheit bereitzustellen, in räumlicher Verbindung mit seinem Ladengeschäft des Lebensmitteleinzelhandels oder des Lebensmittelhand-werks während der Ladenöffnungszeiten alkoholfreie Getränke oder zubereitete Speisen verabreicht.

(4) Für einen Beherbergungsbetrieb bedarf es der Erlaubnis nicht, wenn der Betrieb darauf eingerichtet ist, nicht mehr als acht Gäste gleichzeitig zu beherbergen; in solchen Betrieben ist das Verabreichen von Getränken und zubereiteten Speisen an Hausgäste erlaubnisfrei. Satz 1 gilt nicht, wenn der Beherbergungsbetrieb in Verbindung mit einer erlaubnisbedürftigen Schank- oder Speisewirtschaft ausgeübt wird.

Ohne Schankstättenerlaubnis kann der Kleinhandel mit bestimmten alkoholfreien Getränken betrieben werden. Deshalb sieht man ja auch so häufig, daß kleine Lebensmittelgeschäfte solche zum Verkauf vorrätig haben. Getrunken werden darf es allerdings nicht an Ort und Stelle.

Fritz Sorgenfrei muß also zur Erlangung der Schankstättenerlaubnis ein Gesuch stellen und eingehend begründen, weil der Gesetzgeber in § 1 und § 2 Gaststättengesetz eine Fülle von Voraussetzungen aufzählt, die geprüft werden müssen, bevor die Erlaubnis erteilt werden kann. Der Antrag könnte folgenden Inhalt haben:

FRITZ SORGENFREI

Taunusstraße 1
60329 Frankfurt/Main

An den
Magistrat der Stadt Frankfurt/M.
– Ordnungsamt –
Platz der Republik 9–11
60325 Frankfurt/Main

2. März 20 . .

Erteilung einer Konzession für ein Café mit Alkoholausschank
Der Unterzeichnete beabsichtigt, am 1. Oktober 20 . . im Haus Schweizer Straße 191 – Grundstückseigentümer Lothar Haus, Gartenstraße 11, Frankfurt/M. – einen Cafébetrieb mit Alkoholausschank zu eröffnen.

Ich bin gelernter Bäcker und Konditor. Am 16. Juni . . . habe ich die Meisterprüfung bestanden. Seit dem 1. September 20 . . betreibe ich in dem Hause Schweizer Straße 193, Frankfurt/M., eine Bäckerei und Konditorei. Für diesen Betrieb bin ich ordnungsgemäß in die Handwerksrolle eingetragen.

Ich bin am 4. März 1963 in Trier geboren. Meine Ehefrau Luise Sorgenfrei, geb. Sonnenstrahl, ist am 8. Dezember 1966 in Treysa geboren. Wir sind beide nicht vorbestraft.

Die von mir ausgewählten Betriebsräume sind nach Lage und Zuschnitt für den beabsichtigten Zweck bestens geeignet. Die Schweizer Straße ist eine Geschäftsstraße mit starkem Publikumsverkehr. Es fehlt bisher an Restaurationen, Cafés und ähnlichen Betrieben. Erdgeschoß und 1. Stock des betreffenden Hausgrundstücks werden mit Hilfe eines von mir zur Verfügung gestellten Baukostenzuschusses ausgebaut. Die Fertigstellung wird zum 1. Oktober 20 . . erfolgen.

Es ist beabsichtigt, sieben Angestellte in den Gasträumen und zwei Angestellte in der Küche zu beschäftigen.

Ich füge in der Anlage bei:
    a) den Konzessionsplan 3fach
    b) die Planbeschreibung 5fach
    c) 5 Abschriften dieses Konzessionsgesuches
    d) 1 Abschrift meines Mietvertrages

Mit freundlichen Grüßen

Fritz Sorgenfrei

Fritz Sorgenfrei erhält auf sein Gesuch hin folgenden Bescheid vom Ordnungsamt:

MAGISTRAT DER STADT FRANKFURT
ORDNUNGSAMT

Herrn
Fritz Sorgenfrei
Taunusstraße 1
60329 Frankfurt

20. März 20 . .

Ihr Gesuch auf Erteilung einer Konzession für ein Café mit Alkoholausschank

Ihr Gesuch wird abgelehnt.

Begründung:

In unmittelbarerer Nähe Ihrer Schankräume befinden sich 4 Restaurationen mit Alkoholausschank und 5 Hotels. Wenn auch diese Tatsache allein kein Ablehnungsgrund ist, so sind doch in letzter Zeit vor und in den aufgeführten Schankstätten mehrfach Schlägereien entstanden, die sich lärmend und die Nachtruhe störend auf den Straßen fortgesetzt haben. Diese Gefahr für die umwohnende Bürgerschaft würde durch Ihre geplante neue Schankstätte noch vergrößert.

Während hinsichtlich Ihrer Person keine Bedenken bestehen, hat die Prüfung der für den Ausschank vorgesehenen Räumlichkeiten ergeben, daß diese für den geplanten Zweck nicht geeignet sind.

Die nach dem Konzessionsplan zu errichtenden Wasch- und Toilettenräume sind für die in Aussicht genommenen Besucherzahlen zu klein, der Treppenaufgang zum ersten Stock nicht breit genug. Im Falle einer Katastrophe, zum Beispiel Ausbruch eines Feuers, ist ein ordnungsmäßiges Verlassen des ersten Stockes durch die Besucher bei weitem nicht gewährleistet. Es war daher Ihr Antrag abzulehnen.

Gegen diesen Verwaltungsakt steht Ihnen das Rechtsmittel des Widerspruchs zu. Er ist innerhalb eines Monats seit Zustellung dieses Verwaltungsaktes schriftlich oder zu Protokoll bei obiger Behörde zu erheben (§ 70 VwGo).

Im Auftrage
Unterschrift

Der ablehnende Bescheid ist Fritz Sorgenfrei zugestellt worden, das heißt, die Post wirft den Bescheid nicht einfach in den Briefkasten, sondern der Briefträger übergibt ihn Fritz Sorgenfrei persönlich und nimmt darüber einen Zustellungsvermerk auf. Dieser kommt zu den Akten des Ordnungsamtes, damit der Zeitpunkt der Zustellung für immer festgehalten ist.

378

Das Verwaltungsstreitverfahren

Nachdem der eingelegte Widerspruch keinen Erfolg hatte, beschließt Fritz Sorgenfrei, Klage vor dem Verwaltungsgericht zu erheben.

Fritz Sorgenfrei kann die Anfechtungsklage selbst einreichen. Er braucht sich nicht einmal durch einen Rechtsanwalt vertreten zu lassen. Bei der Höhe des Objekts und der Bedeutsamkeit der Entscheidung für die weitere berufliche Entwicklung des Fritz Sorgenfrei sollte er allerdings sorgfältig prüfen, ob es nicht zweckmäßig wäre, sich doch durch einen Rechtsanwalt vertreten oder zumindest beraten zu lassen.

Fritz Sorgenfrei versucht es aber allein. Er reicht fristgemäß folgende Klage ein:

FRITZ SORGENFREI

Taunusstraße 1
60329 Frankfurt/Main

An das
Verwaltungsgericht
60431 Frankfurt/Main

24. Mai 20 . .

<u>KLAGE</u>

des Kaufmanns Fritz Sorgenfrei, Taunusstraße 1, 60329 Frankfurt/M.

– Anfechtungskläger –

gegen

die Stadt Frankfurt/Main,
vertreten durch den Magistrat – Ordnungsamt –

– Anfechtungsgegner –

wegen

Erteilung einer Konzession für ein Café mit Branntweinausschank.

Ich beantrage hiermit, den mir am 23. März 20 . . zugestellten Bescheid des Ordnungsamts Frankfurt/Main vom 20. März 20 . . aufzuheben und mir die beantragte Erlaubnis
zum Betrieb eines Cafés und den Ausschank von Alkohol in den Räumen des Cafés
Schweizer Straße 191, 60594 Frankfurt/Main, zu erteilen.

<u>Begründung:</u>

Die Ablehnung des obengenannten Antrages ist zu Unrecht erfolgt.

1. Der Hauptgrund für die Ablehnung ist die angebliche Gefahr für die umwohnenden
Bürger, deren Gesundheit durch die neu zu errichtende Schankwirtschaft beeinträchtigt
sein soll. Dies ist unverständlich. Wenn es durch Trunkenheitsfälle zu nächtlichen
Störungen in dieser Gegend gekommen ist, so ist es Sache der Polizeistreifen, gegen diese
Störer vorzugehen. Allenfalls kann gegen einen solchen Lokalinhaber vorgegangen wer-
den, der wissentlich kriminellen Elementen in seinem Unternehmen Unterschlupf ge-

währt. Ein solcher Vorwurf kann aber gegen den Unterzeichneten nicht erhoben werden. Durch die Begründung des angefochtenen Bescheides wird wieder einmal der nunmehr von den höchsten Gerichten abgelehnte Zusammenhang zwischen dem Alkoholausschank und der generellen Gefahr für die Volksgesundheit zu neuem Leben erweckt. Dies ist aber jetzt nicht mehr zulässig. Im übrigen, falls man überhaupt diesen von der Gerichtsbarkeit geprägten Begriff der »Volksgesundheit« im Zusammenhang mit dem Alkoholausschank anerkennen will, so ist überhaupt nicht berücksichtigt, daß durch den Neuaufbau in der Gegend Schweizer Straße die Bevölkerungszahl des betreffenden Viertels sich derart vermehrt hat, daß die bisherigen Verhältniszahlen zwischen Gaststätten und Bevölkerung nicht geändert sind.

Beweis: Auskunft des Städtischen Wohnungsamtes.

Auch ein Augenschein würde das Gericht hiervon überzeugen.

2. Zu den übrigen Beanstandungen hinsichtlich Treppenhaus und Toiletten wird folgendes bemerkt: Diese Räumlichkeiten sind ja erst im Zustand der Planung. Das Bauamt hat bisher keine Veranlassung zu Beanstandungen gehabt. Soweit die Bedenken des Ordnungsamts zu Recht bestehen, insbesondere auch von dem Bauamt bestätigt werden, ist der Kläger selbstverständlich bereit, entsprechenden Auflagen nachzukommen. Deswegen braucht aber nicht sein Antrag abgewiesen werden.

Aus den vorstehenden Gründen rechtfertigt sich der Klageantrag.

Fritz Sorgenfrei

Die Klage im Verwaltungsstreitverfahren kann im allgemeinen erst erhoben werden, wenn vorher das Widerspruchsverfahren abgeschlossen ist (§ 68 VwGO). Über den Widerspruch entscheidet die nächsthöhere Behörde, falls diejenige Dienststelle, die den Verwaltungsakt erlassen hat, nicht den Widerspruch für begründet hält und ihm abhilft. Hat jedoch, wie in dem geschilderten Beispiel, eine Selbstverwaltungsbehörde – in unserem Fall der Magistrat der Stadt Frankfurt/M. – einen Verwaltungsakt erlassen, so entscheidet die gleiche Behörde über den Widerspruch. Zu diesem Zweck bestehen bei den Selbstverwaltungsbehörden besondere Ausschüsse.

Da die Klage des Fritz Sorgenfrei zutreffende Gründe anführt, so ist damit zu rechnen, daß das Verwaltungsgericht ihr stattgeben wird. Sollte dies nicht der Fall sein, so kann er gegen das ungünstige Urteil binnen der Frist von einem Monat seit Zustellung des Urteils Berufung einlegen. Aber nun ist es doch wohl an der Zeit, daß Fritz Sorgenfrei seine Interessen durch einen Rechtsanwalt wahrnehmen läßt. Es besteht Anwaltszwang, aber nur bei dem Bundesverwaltungsgericht (§ 67 VwGO). Es empfiehlt sich aber, zumindest ab der Berufungsinstanz immer einen Anwalt einzuschalten.

Über die Berufung entscheidet im vorliegenden Fall der Verwaltungsgerichtshof in Kassel.

Durch eine Neufassung der VwGO zum 01.November 1996 sind unter anderem Neuregelungen betreffend die Berufung eingeführt worden. Diese bedarf grundsätzlich der Zulassung durch das Berufungsgericht (§ 124 VwGO), die aber in bestimmten genau gesetzlich definierten Fällen erfolgen muß. Sollte auch in dieser Instanz die Entscheidung zuungunsten des Klägers ausfallen, so bleibt ihm innerhalb eines Monats noch die Möglichkeit der Revision an das Bundesverwaltungsgericht in Leipzig. Hierzu bestimmt § 132 VwGO:

380

§ 132

(1) Gegen das Urteil des Oberverwaltungsgerichts (§ 49 Nr. 1) und gegen Beschlüsse nach § 47 Abs. 5 Satz 1 steht den Beteiligten die Revision an das Bundesverwaltungsgericht zu, wenn das Oberverwaltungsgericht oder auf Beschwerde gegen die Nichtzulassung das Bundesverwaltungsgericht sie zugelassen hat.

(2) Die Revision ist nur zuzulassen, wenn

1. die Rechtssache grundsätzliche Bedeutung hat,

2. das Urteil von einer Entscheidung des Bundesverwaltungsgerichts, des Gemeinsamen Senats der obersten Gerichtshöfe des Bundes oder des Bundesverfassungsgerichts abweicht und auf dieser Abweichung beruht oder

3. Ein Verfahrensmangel geltend gemacht wird und vorliegt, auf dem die Entscheidung beruhen kann.

(3) Das Bundesverwaltungsgericht ist an die Zulassung gebunden.

§ 133

(1) Die Nichtzulassung der Revision kann durch Beschwerde angefochten werden.

(2) ¹Die Beschwerde ist bei dem Gericht, gegen dessen Urteil Revision eingelegt werden soll, innerhalb eines Monats nach Zustellung des vollständigen Urteils einzulegen. ²Die Beschwerde muß das angefochtene Urteil bezeichnen.

(3) ¹Die Beschwerde ist innerhalb von zwei Monaten nach der Zustellung des vollständigen Urteils zu begründen. ²Die Begründung ist bei dem Gericht, gegen dessen Urteil Revision eingelegt werden soll, einzureichen. ³In der Begründung muß die grundsätzliche Bedeutung der Rechtssache dargelegt oder die Entscheidung, von der das Urteil abweicht, oder der Verfahrensmangel bezeichnet werden.

(4) Die Einlegung der Beschwerde hemmt die Rechtskraft des Urteils.

(5) ¹Wird der Beschwerde nicht abgeholfen, entscheidet das Bundesverwaltungsgericht durch Beschluß. ²Der Beschluß soll kurz begründet werden; von einer Begründung kann abgesehen werden, wenn sie nicht geeignet ist, zur Klärung der Voraussetzungen beizutragen, unter denen eine Revision zuzulassen ist. ³Mit der Ablehnung der Beschwerde durch das Bundesverwaltungsgericht wird das Urteil rechtskräftig.

(6) Liegen die Voraussetzungen des § 132 Abs. 2 Nr. 3 vor, kann das Bundesverwaltungsgericht in dem Beschluß das angefochtene Urteil aufheben und den Rechtsstreit zur anderweitigen Verhandlung und Entscheidung zurückverweisen.

Beim Bundesverwaltungsgericht muß man sich immer durch einen Rechtsanwalt oder Rechtslehrer einer deutschen Hochschule vertreten lassen.
Beachte: Es sind derzeit Änderungen des Revisionsrechts geplant.

Fritz Sorgenfrei geht als Sieger aus diesem Verwaltungsrechtsstreit hervor. Den Beginn seines Betriebes muß er dem Ordnungsamt gemäß § 14 Gewerbeordnung anzeigen. Außerdem darf er nicht vergessen, daß der Betrieb eines Caféhauses ein Handelsgewerbe im Sinne von § 1 HGB ist (vgl. dort).

Da bei der Größe des Unternehmens anzunehmen ist, daß die betriebliche Gestaltung über ein Kleingewerbe hinausgeht, so muß Fritz Sorgenfrei seine Firma in das Handelsregister eintragen lassen.

Er steht hier nun vor folgender Überlegung. Wir erinnern uns, daß er mit einem Bäckereibetrieb begonnen hat, der nach wie vor in den alten Bahnen läuft.

Anders ist es jedoch nun mit dem Caféhausbetrieb. Fritz Sorgenfrei könnte ihn nicht zusammen mit der Bäckerei als einen einzigen zusammenhängenden Betrieb führen. Natürlich müßte dann auch betriebsorganisatorisch und buchhalterisch eine saubere Trennung gezogen werden.

Fritz Sorgenfrei entschließt sich deshalb, die Betriebe getrennt zu halten. Dies erscheint ihm schon aus dem Grunde zweckmäßig, weil er seinem heranwachsenden Sohn Richard möglicherweise schon zu Lebzeiten oder auch seiner Ehefrau Luise den einen der beiden Betriebe überschreiben kann.

Auch ist es vielleicht einmal notwendig, den einen Betrieb zu verkaufen oder einzustellen. Dann läßt sich dieser Vorgang verhältnismäßig einfach durchführen. Er wird daher seinen Caféhausbetrieb wie folgt zum Handelsregister anmelden:

FRITZ SORGENFREI

Taunusstraße 1
60329 Frankfurt/Main

An das
Amtsgericht
– Registergericht –
60431 Frankfurt/Main

2.10.20 . .

Ich, der unterzeichnete Kaufmann Fritz Sorgenfrei, Taunusstr. 1, 60329 Frankfurt/M.,
zeige hiermit zum Handelsregister an, daß ich am 1. Oktober 19 . . in der Schweizer
Straße 191, 60329 Frankfurt/M., einen Cafébetrieb mit Alkoholausschank eröffnet habe.
Der Betrieb wird unter der Firma:

Fritz Sorgenfrei »Café Friso«

geführt.

Ich werde die Firma wie folgt zeichnen:

Fritz Sorgenfrei

Der Kaffeehausbetrieb geht über den Rahmen eines Kleingewerbes hinaus.

Fritz Sorgenfrei

Mit dieser Erklärung geht Fritz Sorgenfrei zu seinem Hausnotar und läßt seine Unterschrift und
Firmenzeichnung beglaubigen.

Engagement von Künstlern

Gaststättenbetriebe und Vereine werden hin und wieder Musiker engagieren. Wenn man am Fest-
abend keine Überraschungen erleben will, sollte man doch die wichtigsten Punkte, auf die es ankommt, etwa in folgender Form schriftlich niederlegen:

Die Firma Sorgenfrei und Herr Bobby Moll treffen folgende Vereinbarung:

1. Herr Moll verpflichtet sich, mit seiner Band »Blue Stars« den musikalischen Teil des
   Betriebsfestes der Firma Sorgenfrei zum 12.9.20 . . in den Räumen des Nidda-
   Clubs zu übernehmen.
2. Das Ensemble besteht einschließlich Herrn Moll aus 5 Herren.
3. Zu spielen ist Unterhaltungs- und gepflegte Tanzmusik, die auch für ältere
   Mitarbeiter geeignet ist.
4. Die Bekleidung des Ensembles: dunkler Anzug.
5. Die Gage beträgt insgesamt 2500,– Euro zuzüglich Mehrwertsteuer. Überstunden
   werden mit je 300,– Euro pauschal honoriert, wobei jede angefangene Stunde als
   voll zu rechnen ist. Die Gage wird am Ende der Veranstaltung an Herrn Moll in bar
   ausgezahlt.
6. Erfrischungsgetränke am Ort übernimmt die Firma Sorgenfrei, die für die
   Veranstaltung ein gestimmtes Klavier stellt.
7. Die Instrumente stellt im übrigen die Band.

Sorgenfrei Juniors Bar hat sich unter dem Namen »Der Sorgenbrecher« gut eingeführt. Nicht zuletzt deswegen, weil der Chef den Bandleader Ringo Bubu sowie dessen bekannte Band engagiert hat. Diese unterhält jeden Abend von 20 Uhr bis zur Polizeistunde die Gäste.

382

Richard Sorgenfrei hat die Band zu einer festen Monatsgage engagiert. Er hat die Absprachen hierüber mit Ringo Bubu selbst geführt, der ihm bei der ersten Besprechung die übrigen vier Mitglieder seiner Band vorgestellt hat. Die getroffenen Vereinbarungen hat er alsdann wie folgt bestätigt:

Richard Sorgenfrei
INHABER DER BAR »DER SORGENBRECHER«   *Schweizer Straße 1991*
                                                     60594 Frankfurt/Main

Einschreiben

Herrn
Bandleader Ringo Bubu
Pension Miranda
Königstraße 2
65929 Frankfurt/Main   18.2.20 . .

Sehr geehrter Herr Bubu!

ich bestätige Ihnen hiermit die gestern getroffenen Abmachungen wie folgt:

1. Ich engagiere Ihre fünf Mann starke Band »Ringo Bubu« ab 1. März 20 . . für die von mir betriebene Bar »Der Sorgenbrecher«. Sie werden jeden Abend von 20 Uhr bis zur Polizeistunde zum Tanz und zur Unterhaltung spielen. Grundsätzlich müssen Sie selbst Ihre Band leiten. Eine länger andauernde Verhinderung Ihres Mitwirkens berechtigt mich zur fristlosen Kündigung des Vertragsverhältnisses.

2. Das monatliche Entgelt beträgt 5000,– Euro (fünftausend Euro), die am letzten Tage eines jeden Monats fällig sind.
3. Dieser Vertrag ist auf unbestimmte Zeit geschlossen. Der erste Monat gilt als Probezeit. Im übrigen kann jede der Parteien den Vertrag unter Einhaltung einer vierwöchigen Kündigungsfrist zum Ende eines Kalendervierteljahres kündigen.

Mit freundlichen Grüßen

Richard Sorgenfrei

Durchschlag für eigene Akten zurückbehalten. Einschreibbeleg anheften.

Bubus Band bewährt sich zunächst auch sehr gut. Das Publikum ist begeistert und bestellt eifrig nach, wenn die Band spielt.

Aber Bubu kann das Trinken nicht lassen und gerät nach einigen Wochen wieder in den Zustand des Quartalssäufers, so daß er seinen Vertragspflichten nicht nachkommen kann. Häufig fehlt er ganz, und wenn er kommt, ist er unrasiert und seine Kleidung nicht in Ordnung. Als auch wiederholte Mahnungen keine Wirkung zeigen, kündigt Richard Sorgenfrei der Band mit dem folgenden Brief:

Richard Sorgenfrei
INHABER DER BAR »DER SORGENBRECHER«

Schweizer Straße 1991
60594 Frankfurt/Main

Einschreiben

Herrn
Bandleader Ringo Bubu
Pension Miranda
Königstraße 2
65929 Frankfurt/Main

25.4.20 . .

Sehr geehrter Herr Bubu!

Ich bin zu meinem Bedauern gezwungen, hiermit das Vertragsverhältnis mit Ihrer Band fristlos zu kündigen.

Die Gründe hierfür brauche ich in diesem Schreiben nicht mehr ausführlich zu wiederholen. Entgegen unserer ausdrücklichen Vereinbarung, daß Sie prinzipiell selbst Ihre Band leiten, haben Sie es in den letzten Wochen durch Ihr ständiges Trinken sich selbst unmöglich gemacht, diese Verpflichtung zu erfüllen. Ich bitte Sie, Ihre Bandmitglieder davon in Kenntnis zu setzen, daß sie mit Wirkung vom morgigen Tage an meine Betriebsräume nicht mehr betreten dürfen.

Es sind zwar noch fünf Tage bis zum Ende dieses Monats, ich werde trotzdem ohne Anerkennung einer Rechtspflicht diesen Monat voll bezahlen.

In der Anlage füge ich einen Scheck über 5000,– Euro bei, womit unser Konto ausgeglichen ist.

Mit freundlichen Grüßen

 Einschreibbeleg und Durchschrift aufheben.

Richard Sorgenfrei hat dann einen Barpianisten für eine Übergangszeit eingestellt und glaubt damit erst einmal dieses Problem gelöst. Da sucht ihn plötzlich Anfang des nächsten Monats der Gitarrist aus Ringo Bubus Band auf und fragt nach dem Entgelt für sich und seine drei Kollegen. Und dabei kommt heraus, daß Bubu nicht nur den Scheck von 5000,– Euro, sondern auch die für den vorausgegangenen Monat gezahlten 5000,– Euro für sich allein verbraucht hat. »Das ist ja nun Ihr Pech, Herr Sorgenfrei«, meint der Gitarrist. »Von den 5000,– Euro gebühren meinen Kollegen und mir je 875,– Euro. Sie müssen uns also noch einmal 7000,– Euro zahlen. Sie sind unser Arbeitgeber und nicht Herr Bubu.«

Richard Sorgenfrei ist entsetzt. Nun soll dies der Lohn für seine Großzügigkeit sein.

Ein »mittelbares« Arbeitsverhältnis

Er kann jedoch ohne Sorge sein. Mit einer solchen Klage kämen die Mitglieder der Bubu-Band niemals durch. Es handelt sich in unserem Fall um ein mittelbares Arbeitsverhältnis. Die Rechtswissenschaft neigte zeitweilig dazu, ein direktes Rechtsverhältnis zwischen den einzelnen Mitgliedern einer engagierten Kapelle und dem Lokalinhaber anzunehmen.

Dies kommt zum Beispiel auch zum Ausdruck in einem früheren Tarifvertrag zwischen dem Deutschen Bäderverband und dem Musikerverband. Danach wurden die Kurdirektionen als Arbeitgeber der Kapellenmitglieder angesehen. Diese Auffassung lehnte sich stark an die Lehre von der Faktizität des Arbeitsverhältnisses an. Man versteht darunter, daß die Tatsache (Faktizität) der Aufnahme in den Betrieb des betreffenden Lokals die Rechtsverhältnisse begründete, auch wenn die einzelnen Abreden zwischen dem Chef der Kapelle und dem Lokalinhaber getroffen waren.

In der neueren Zeit hat sich die Rechtsprechung der Arbeitsgerichte verfestigt. Danach bestehen nur Vertragsbeziehungen zwischen Ringo Bubu und Richard Sorgenfrei einerseits und zwischen Bubu und seinen Bandmitgliedern andererseits.

Aber selbst wenn man ein direktes Vertragsverhältnis zwischen den Bandmitgliedern und Richard Sorgenfrei bejahen würde, so brauchte Richard dennoch den geforderten Betrag nicht zum zweiten Male zu bezahlen. Bubu ist bei den Vertragsverhandlungen als Vertreter seiner Orchestermitglieder aufgetreten. Sie haben ihn entweder ausdrücklich oder dadurch, daß sie sein Handeln in ihrem Namen hinnahmen, hierzu bevollmächtigt.

In dem vorliegenden Fall haben sie ihm damit auch Vollmacht gegeben, daß er das für sie bestimmte Entgelt für sie miterheben konnte. Wenn sie dies nicht gewollt hätten, so hätten sie ihren gegenteiligen Willen spätestens zum Zeitpunkt des Engagements zum Ausdruck bringen müssen.

Es ist allgemein üblich, daß der Leiter eines Orchesters die Beträge für seine Orchestermitglieder in Empfang nimmt und mit diesen abrechnet. Außerdem haben sie ja auch in der ersten Zeit dieses Verfahren gutgeheißen. Richard Sorgenfrei ist demnach durch die Zahlungen an Bubu auch den übrigen Orchestermitgliedern gegenüber frei geworden.

Unlauterer Wettbewerb und seine Folgen

Fritz Sorgenfrei verkauft in seinem Café und an Kunden einen besonderen Zwieback für gesundheitsbewußte Kunden. Diesen stellt er nach einem bestimmten Rezept her und hat sich dafür die Marke »Magentrost« schützen lassen. Fritz Sorgenfrei merkt eines Tages, daß der Absatz seines Zwiebacks erheblich nachläßt. Die Güte seiner Ware ist nach wie vor erstklassig, er liefert pünktlich und kalkuliert nicht zu hoch. Trotzdem tritt der ihm vollkommen unerklärliche Absatzschwund ein. Seine Vertreter sind zunächst ratlos und zucken auf seine Fragen nur die Schultern. Aber nach einiger Zeit kommt der Vertreter Sigismund Wendehals aufgeregt zu seinem Chef und ruft gleich beim Eintreten: »Jetzt wissen wir, woran es liegt! Diese böse Konkurrenz! Ich war bei fünf unserer Kunden, und alle kaufen sie mit einemmal »Butterweich«. Und warum kaufen sie »Butterweich«? Warum, Herr Sorgenfrei? Das will ich Ihnen genau sagen. Die »Walter Bock GmbH«, die den Zwieback »Butterweich« herstellt, macht uns nach Strich und Faden schlecht. Selbst unsere alten Kunden sind mißtrauisch geworden und haben nun Bedenken gegen unseren »Magentrost«. Die Bäckerei Stumpelmeier in Aschaffenburg hat mir glatt gesagt, wir hätten chemische Beimischungen, die sich bei dauerndem Genuß für den Konsumenten schädlich auswirken. Außerdem verstießen wir gegen das Gesetz gegen den unlauteren Wettbewerb, weil wir Rezepte von Bock nachmachten. Auch stünden Sie, Herr Sorgenfrei, in so viel finanziellen Schwierigkeiten, daß Sie bald nicht mehr lieferfähig seien.«

Fritz Sorgenfrei wird nun doch etwas blaß. Das hat er einfach nicht für möglich gehalten, daß ein Konkurrent etwas Derartiges fertigbringen würde. »Da muß sofort etwas geschehen«, sagt er aufgeregt, »sofort. Der alte Stumpelmeier muß mir sagen, welche Vertreter von Bock so eine Lüge über mich und meinen »Magentrost« erzählt haben.«

Wendehals kratzt sich verlegen am Kopf und erwidert bedrückt: »Herr Sorgenfrei, das ist ja gerade der wunde Punkt der Geschichte. Stumpelmeier hat mir dies nur unter dem Siegel der Verschwiegenheit anvertraut und gesagt: »Vor Gericht weiß ich aber von nichts, das sage ich Ihnen gleich.«

»Na, Sie haben doch aber auch andere gesprochen.«

»Ach, Herr Sorgenfrei, alles dasselbe. Mit den Gerichten will keiner was zu tun haben.«

Nach kurzem Besinnen steigt Fritz in seinen Pkw und fährt zu seinem Hausanwalt, Rechtsanwalt Dr. Rührig. Und dieser Entschluß von Fritz Sorgenfrei ist sehr weise, denn den Abwehrkampf in dieser Angelegenheit kann er doch nicht selbst führen.

Dr. Rührig hört ihn geduldig an und eröffnet ihm dann folgendes:

»Herr Sorgenfrei, wie Sie diesen Kampf jetzt führen und durchstehen werden, das wird entscheidend sein für die Frage, ob Sie sich mit Ihrem »Magentrost« behaupten werden oder vom Markt verschwinden. Hier geht es nicht nur um den Wettkampf mit Walter Bock, sondern mit jedem Ihrer Konkurrenten. Merken die alle, daß Sie sich gleich beim ersten Male richtig zur Wehr setzen, dann sollen Sie mal sehen, was Sie für Ruhe haben.«

»Ja, nur schnell, Herr Doktor Rührig, schnell! Aber die Kosten, wo soll ich nun noch zusätzlich bei dem Verlust das Geld für die Prozesse hernehmen?«

»Seien Sie unbesorgt, es geht schnell. Wir werden nämlich den Tanz mit einer einstweilen Verfügung eröffnen, und da haben wir die Kosten schnell wieder herin.«

»Einstweilige Verfügung? Das ist gut. Los, machen Sie gleich eine.«

»Dazu brauche ich eidesstattliche Versicherungen von Ihren Kunden über das Gebaren der Konkurrenz und ebensolche eidesstattliche Versicherungen von Ihren Vertretern, insbesondere von Wendehals.«

»Das ist es ja gerade«, erwidert Fritz Sorgenfrei verzweifelt, »die bekommen wir eben von meinen Kunden nie und nimmer. Die wollen nichts mit dem Gericht zu tun haben.«

»Werfen Sie doch nicht gleich die Flinte ins Korn, Herr Sorgenfrei. Sie müssen eben einmal selber zu den Kunden, mit denen Sie gut stehen, hinfahren und diesen klarmachen, was für eine Gemeinheit von seiten der Konkurrenz vorliegt, und daß schließlich die anständigen Menschen irgendwie wohl verpflichtet seien, dazu beizutragen, daß der anständige Mitbürger nicht von solchen Leuten ruiniert wird. Ein Teil wird dann schon die gewünschte eidesstattliche Erklärung abgeben, und Ihre Vertreter tun dies ja ohnehin. Obendrauf setzen wir dann eine eidesstattliche Erklärung von Ihnen selbst bezüglich des Rückganges Ihres Umsatzes.

Ich setze Ihnen mal gleich ein Muster für Stumpelmeier auf, und dementsprechend formulieren Sie dann mit den anderen Kunden deren eidesstattliche Erklärungen.«

Er ruft seine Sekretärin und diktiert ihr folgendes:

EIDESSTATTLICHE ERKLÄRUNG

Hiermit erkläre ich, der Bäckermeister Leopold Stumpelmeier, Kranichstraße 2, Aschaffenburg, folgendes an Eides Statt, wobei ich mir über Sinn und Bedeutung einer solchen eidesstattlichen Erklärung im klaren bin.

Ich beziehe seit etwa eineinhalb Jahren den Gesundheitszwieback »Magentrost« von der Firma Fritz Sorgenfrei, Frankfurt/Main. Ich habe mit ihm gute Erfahrungen gemacht, da meine Kunden ihn stets sehr gelobt haben. Seit rund acht Wochen habe ich ihn nicht mehr in dem bisherigen Ausmaße bezogen, und zwar aus folgendem Grunde:

386

In meinem Geschäft erschien vor einem Vierteljahr der Vertreter Listig von der »Walter Bock GmbH« Frankfurt/M., und bat um ein Gespräch unter vier Augen. Er erzählte mir zunächst etwas über die Güte des Zwiebacks »Butterweich« der Walter Bock GmbH, um mich dadurch zum Bezug dieses Artikels zu gewinnen. Als ich darauf hinwies, daß ich ja seit langem schon »Magentrost« von Sorgenfrei bezöge und mit diesem Artikel sehr zufrieden sei, begann er plötzlich, diesen Zwieback und die Firma Sorgenfrei schlechtzumachen. Unter anderem behauptete er, daß diese Ware chemische Beimischungen enthielte, die sich bei dauerndem Genuß für den Konsumenten schädlich auswirken müßten. Außerdem habe sich die Firma Sorgenfrei Rezepte der Firma Bock erschlichen und arbeite danach. Ferner seien die finanziellen Verhältnisse der Firma Sorgenfrei nicht zum Besten, und diese finanziellen Schwierigkeiten würden auch bald dazu führen, daß die Firma nicht mehr pünktlich liefern könne, und dann säße ich ja da. Ich habe dieser ganzen Geschichte zunächst keine große Bedeutung beigemessen und hätte auch »Magentrost« wie bisher weiter bezogen. Allerdings gebe ich zu, daß mir natürlich nun gewisse Bedenken gekommen waren, denn ich konnte mir ja nicht gut vorstellen, daß jedes Wort von Listig erfunden sei. Ich mußte nun aber auch mit einem Male feststellen, daß meine Kunden nicht mehr so auf »Magentrost« ansprangen; wenn ich die Ware anbot, wichen sie meist aus. Einige sagten aber auch zu mir: »Na, hören Sie mal, der soll doch chemische Beimischungen haben, die schädlich sind.« Da ich Listig mehrfach in meiner Bäckerei mit meinen Kunden habe sprechen sehen, nehme ich an, daß sie ihre Informationen aus dieser Quelle haben.

Ich muß nun einmal auf die Wünsche meiner Kundschaft Rücksicht nehmen und kann keinen Zwieback kaufen, den ich nachher nicht absetzen kann. Ich bemerke noch, daß der Kollege Mehlwurm, Aschaffenburg, Grimmstraße, mir bei einem Beisammensein erklärt hat, daß Listig auch bei ihm gewesen sei und fast das gleiche zu ihm und seinen Kunden gesagt habe.

Fritz Sorgenfrei fährt sofort zu Leopold Stumpelmeier und läßt ihn nach Vornahme notwendiger Ergänzungen und Änderungen die eidesstattliche Erklärung unterschreiben. Als er diese einigen anderen seiner Abnehmer vorlegt, wollen diese auch nicht mehr zurückstehen und sind bereit, entsprechende eidesstattliche Erklärungen abzugeben.

Schließlich gibt der Vertreter Wendehals folgende eidesstattliche Erklärung ab:

EIDESSTATTLICHE ERKLÄRUNG

Ich, der Handelsvertreter Sigismund Wendehals, Asternstraße 11, Frankfurt/Main-Ginnheim, verkaufe für die Firma Fritz Sorgenfrei den Markenzwieback »Magentrost«. Seit etwa einem Vierteljahr machen mir meine bisherigen Kunden und auch neue Kunden, die ich besuchte, bei den Verkaufsverhandlungen unerwartete Schwierigkeiten. Nach anfänglichem Zögern erklärten mir einige, zum Beispiel Stumpelmeier, Mehlwurm in Aschaffenburg, daß sie von dem Vertreter Listig der Firma Walter Bock GmbH aufgesucht worden seien, der vor dem Ankauf des Zwiebacks »Magentrost« gewarnt habe. Dieser sei gesundheitsschädlich, da er chemische Beimischungen habe, die – auf Dauer genossen – gefährlich seien. Außerdem ahme die Firma Sorgenfrei Rezepte der Firma Bock nach. Dazu käme sie aus finanziellen Gründen demnächst in Lieferschwierigkeiten. Bei einem Besuch einer anderen Bäckerei in Hanau bin ich zufällig überraschend mit dem Vertreter Listig zusammengestoßen, als er mit einigen Besuchern dieser Bäckerei tuschelte. Als er mich sah, wurde er sichtlich verlegen, verabschiedete sich ganz abrupt und eilte aus dem Laden hinaus. Ich stehe unter dem Eindruck, daß gegen die Firma Sorgenfrei durch diese Tätigkeit des Vertreters Listig ein wahres Kesseltreiben veranstaltet wird.

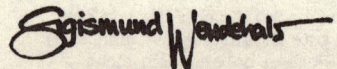

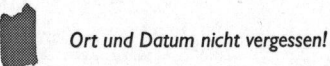 *Ort und Datum nicht vergessen!*

Die eidesstattliche Erklärung

Bei der Abfassung einer eidesstattlichen Erklärung muß man folgendes beachten: Sie ist mit erheblichen Gefahren verbunden, weil sich der Unterzeichner schriftlich auf einen bestimmten Text festlegt. Wird eine solche Erklärung dem Gericht vorgelegt und ist sie ganz oder auch nur zum Teil falsch, so setzt sich der Unterzeichner der Gefahr einer Bestrafung aus. Dies gilt sowohl für die wissentlich unrichtige eidesstattliche Versicherung, wie auch für die fahrlässige falsche Schilderung von Tatbeständen.

Deshalb darf die Erklärung wirklich nur solche Ereignisse wiedergeben, die der Unterzeichner selbst wahrgenommen hat. Kann er sich an Zeitangaben, Daten usw. nicht mehr genau erinnern, so muß er dies in irgendeiner Form zum Ausdruck bringen. Er verwendet hierfür zweckmäßig Umschreibungen wie: etwa, ungefähr, es kann im Herbst gewesen sein usw.

Eine vorsätzlich falsch abgegebene eidesstattliche Versicherung ist nicht nur ein Eidesdelikt, sondern häufig auch Beihilfe zu einem Prozeßbetrug, da sie ja dazu beitragen soll, die Entscheidung des Gerichts unrechtmäßig zugunsten einer Partei zu beeinflussen.

Außer der Strafbarkeit nach §§ 156, 163 StGB ist der Versichernde auch noch schadensersatzpflichtig, soweit seine vorsätzliche oder fahrlässige falsche Erklärung jemandem nachteilig war. Wer einen anderen zu der falschen Erklärung verleitet, macht sich als Anstifter strafbar, und wer bei ihrer Abfassung mitwirkt, der Beihilfe.

Von einer eidesstattlichen Erklärung kann nur die Rede sein, wenn es sich dabei um die Vorlage bei einem Gericht handelt. Eine Privatperson, Firma, Verwaltungsbehörde kann keine eidesstattliche Versicherung entgegennehmen. Ebensowenig kann dies die Staatsanwaltschaft oder Polizei. Solchen Personen oder Behörden gegenüber abgegebene »eidesstattliche Erklärungen« machen nicht wegen Eidesdelikt strafbar, möglicherweise können aber die Tatbestände des Betruges oder der Begünstigung beziehungsweise Anstiftung oder Beihilfe hierzu in Betracht kommen.

 Sie sollten sich unbedingt merken: Niemals aus Gefälligkeit eine eidesstattliche Erklärung oder Versicherung abgeben, die nicht in jeder Beziehung den Tatsachen entspricht oder etwas verschweigt. Auch wer sie für sich oder einen anderen besorgt, muß bei seinen Gesprächen vorsichtig vorgehen, um sich nicht dem Vorwurf der »Verleitung« auszusetzen.

Inzwischen hat sich Fritz Sorgenfrei über seine Bücher hergemacht und festgestellt, daß er einen Umsatzrückgang in den letzten acht Wochen von rund 50 bis 60 Prozent im Raum Hessen hatte. Auch in den angrenzenden Absatzgebieten macht sich bereits ein – wenn auch geringerer – Absatzschwund bemerkbar. Er verfaßt daraufhin folgende eidesstattliche Versicherung:

EIDESSTATTLICHE VERSICHERUNG

Ich, der unterzeichnete Bäckermeister und Kaufmann Fritz Sorgenfrei, Schweizer Straße 193, 60594 Frankfurt/M., erkläre in Kenntnis der Strafbarkeit einer falschen eidesstattlichen Versicherung folgendes an Eides statt:

Ich stelle den Marken- und Gesundheitszwieback »Magentrost« her. Ich habe diesen mit Hilfe von Vertretern und Werbungsschreiben im ganzen Bundesgebiet, vor allem aber im Raume Hessen ausgezeichnet verkauft. Niemals sind irgendwelche Beanstandungen von Abnehmern gekommen. Vor etwa acht Wochen setzte schlagartig ein mir zunächst völlig unerklärlicher Absatzschwund ein. Besonders im Raume Hessen war dies so auffallend, daß ich meinen Vertreter Wendehals bei den mir gut bekannten Kunden Erkundigungen einziehen ließ. Diese gaben sowohl Herrn Wendehals gegenüber als auch bei späteren Besuchen mir gegenüber als Grund dafür folgende Erklärungen ab: Der Vertreter Listig von der Firma Walter Bock GmbH, Frankfurt/Main, habe in ihnen Bedenken gegen den Zwieback »Magentrost« erweckt. Dieser solle schädliche chemische Bestandteile enthalten. Ich solle bei seiner Herstellung angeblich Rezepte der Firma Bock GmbH verwenden. Ferner befände ich mich in derartigen finanziellen Schwierigkeiten, daß ich demnächst kaum noch meinen Lieferungsverpflichtungen nachkommen könne.

Lediglich diese unglaublichen und unwahren Behauptungen können der Grund für den plötzlichen Absatzschwund sein. Wie sich aus meinen Büchern ergibt, liegt der Schwund im Raume Hessen bei ca. 50 bis 60 Prozent Aber auch in den angrenzenden Gebieten macht sich ein plötzlich einsetzender Absatzrückgang bemerkbar.

Der mir hierdurch erwachsene Schaden läßt sich überhaupt noch gar nicht überblicken. Da ich meine Herstellung mit kleinen Mitteln und ohne großen eigenen Kapitalrückhalt entwickelt habe, kann dieser aus Konkurrenzgründen provozierte Rückschlag für mich den Ruin bedeuten.

Fritz Sorgenfrei

Die Herbeischaffung dieser erforderlichen eidesstattlichen Erklärungen hat etwa 24 Stunden in Anspruch genommen, und nun kann die einstweilige Verfügung beantragt werden.

Die einstweilige Verfügung

Da es sich hier um einen hohen Streitwert handelt, mindestens 10 000,– Euro, ist der Antrag auf Erlaß der einstweiligen Verfügung bei dem Landgericht zu stellen, da dieses gemäß §§ 23, 71 GVG für alle Prozesse mit einem Streitwert über 5 000,– Euro zuständig ist. Zuständig ist nicht nur das Gericht, in dessen Bezirk der Antragsgegner wohnt oder seine gewerbliche Niederlassung hat, sondern auch jedes Gericht, in dessen Bezirk die Handlung begangen worden ist.

Hier wird Fritz Sorgenfrei zweckmäßigerweise den Antrag beim Landgericht Frankfurt/M. stellen. Er kann das auch ohne Hinzuziehung eines Rechtsanwalts tun, obwohl ein Prozeß am Landgericht nur über einen dort zugelassenen Rechtsanwalt geführt werden kann. Der Antrag auf Erlaß einer einstweiligen Verfügung ist jedoch beim Landgericht auch ohne Rechtsanwalt möglich. Kommt es aber zur mündlichen Verhandlung, so muß ein Rechtsanwalt mit der Vertretung beauftragt werden. Er reicht den nachstehenden Antrag mit dem Vermerk »Kammer für Handelssachen« ein.

An das
Landgericht
– Kammer für Handelssachen –
60431 Frankfurt/Main

ANTRAG

des Kaufmanns Fritz Sorgenfrei, Schweizer Straße 193,
60594 Frankfurt/M.,   – Antragsteller –

gegen

1) die Walter Bock GmbH, Hanauer Landstraße 168,
60314 Frankfurt/M., vertreten durch ihren Geschäftsführer Walter Bock

2) deren Vertreter, Roderich Listig, Gallusstraße 48,
60437 Frankfurt/M.,   – Antragsgegner –

auf Erlaß einer einstweiligen Verfügung.
Streitwert: 10 000,– Euro

Ich beantrage hiermit bei der Kammer für Handelssachen des Landgerichts
Frankfurt/M. – der Dringlichkeit halber ohne mündliche Verhandlung – den Erlaß
einer einstweiligen Verfügung folgenden Inhalts:

Den Antragsgegnern zu 1) und 2) wird bei Vermeidung einer Geldstrafe, dem
Antragsgegner zu 2) auch bei Vermeidung einer Haftstrafe, untersagt, folgende den
Antragsteller wettbewerblich schädigende Behauptungen oder ähnliche aufzustellen
und zu verbreiten:

1. Der von dem Antragsteller hergestellte Markenzwieback »Magentrost« enthalte
   chemische Bestandteile, deren Genuß auf die Dauer für die Konsumenten schädlich sei.

2. Der Antragsteller fabriziere den unter 1. genannten Zwieback mit Hilfe von
   Rezepten der Antragsgegnerin zu 1).

3. Der Antragsteller befinde sich in derartigen finanziellen Schwierigkeiten, daß es
   ihm demnächst nicht möglich sein würde, seinen Lieferungsverpflichtungen nachzukommen.

Begründung:

Der Antragsteller fabriziert den bekannten Gesundheitszwieback »Magentrost«. Dieser
ist seit langem besonders im Raume Hessen bei Bäckereien und Konditoreien gut ein-
geführt. Die Antragsgegnerin zu 1) stellt gleichfalls einen Zwieback her, der die
Markenbezeichung »Butterweich« führt. Im Rahmen des Wettbewerbs der beiden
Firmen ist die Gegenseite zu einem systematischen Kesseltreiben gegen den Antrag-
steller übergegangen und hat sich nicht gescheut, in bezug auf seine Ware und seinen
Geschäftsbetrieb unwahre und wettbewerbsschädigende Behauptungen aufzustellen.
Insbesondere hat der Antragsgegner zu 2) im Rahmen seiner Kundenbesuche für die
Antragsgegnerin zu 1) folgende Tätigkeit entfaltet:
Er sucht seit etwa einem Vierteljahr insbesondere im Raum Hessen die Bäckereien
auf, vor allem auch solche, die zu dem festen Kundenstamm des Antragstellers
gehören. Diese Interessentenkreise versucht er zu bereden, in Zukunft den Zwieback
»Butterweich« zu kaufen. Lehnen diese dies ab, so fährt er mit gröberem Geschütz auf,
indem er regelmäßig folgende Behauptungen aufstellt:

Der Zwieback »Magentrost« enthalte chemische Bestandteile, deren Genuß auf die Dauer schädlich sei. Der Antragsteller verwende bei seiner Fabrikation Rezepte der Antragsgegnerin zu 1). Auch sei der Antragsteller in derartigen Zahlungsschwierigkeiten, daß er demnächst seinen Lieferpflichten nicht mehr nachkommen könne.

Zur Glaubhaftmachung hierfür überreiche ich in der Anlage:

1. die eidesstattliche Erklärung des Bäckermeisters Leopold Stumpelmeier, Aschaffenburg,
2. die eidesstattliche Erklärung des Handelsvertreters Sigismund Wendehals.

Aus diesen eidesstattlichen Erklärungen ergibt sich aber auch die Auswirkung dieser wettbewerbsschädigenden Handlungen des Listig in einem erheblichen Absatzschwund hinsichtlich des Zwiebacks »Magentrost«.

Im Raume Hessen hat dies sogar zu einem Absatzrückgang zwischen 50 und 60 % geführt.

Zur Glaubhaftmachung hierfür überreiche ich in der Anlage die eidesstattliche Erklärung des Antragstellers.

Sämtliche Behauptungen des Antragsgegners zu 2), die vorstehend geschildert sind, sind unwahr.

Ich übergebe in der Anlage eine Analyse des chemischen Instituts Dr. Ludwig Würtemberger, wonach überhaupt keine Rede davon sein kann, daß der Zwieback »Magentrost« schädliche chemische Bestandteile enthält. Die gegenteilige Behauptung ist völlig aus der Luft gegriffen.

Ebenso unwahr ist die Behauptung, daß der Antragsteller zur Fabrikation seines Zwiebacks Rezepte der Walter Bock GmbH verwende. Diese Behauptung hat die Antragsgegnerin zu 1) nicht nur durch ihren Vertreter Listig, sondern in einigen Fällen durch direkte Schreiben an Bäckereien behauptet.

Zur Glaubhaftmachung überreiche ich eine entsprechende eidesstattliche Erklärung des Bäckermeisters Mehlwurm, Aschaffenburg.

Es liegt wohl auf der Hand, daß die Antragsgegnerin zu 1) in einem solchen Falle schon längst eine Unterlassungsklage gegen den Antragsteller erhoben hätte, wenn nur das Geringste an dieser Behauptung wahr wäre.

Geradezu bösartig und verleumderisch ist die weitere unwahre Behauptung, daß sich der Antragsteller in finanziellen Schwierigkeiten befände, so daß es ihm nicht möglich sein würde, in nächster Zeit seinen Lieferverpflichtungen nachzukommen. Der Antragsteller betreibt zwar nur ein kleines Unternehmen. Er hat mit erspartem Kapital das Unternehmen eröffnet und war auf Kredite angewiesen.

Aber diese Kreditaufnahme bewegte sich immer in angemessenen Grenzen zu den vorhandenen Kapitalwerten und zu der Ausweitung des Geschäftes. Die verleumderische Behauptung der Gegenseite ist also völlig aus der Luft gegriffen.

Das vorstehend dargelegte und glaubhaft gemachte Verhalten des Antragsgegners zu 2) verstößt unmißverständlich gegen § 14 UWG. Es verstößt weiterhin gegen die §§ 823 und 826 BGB.

Man kann dieses Tun des Antragsgegners zu 2) nur als einen vorbedachten Plan zur Vernichtung der wirtschaftlichen Existenz und Entwicklung des Antragstellers ansehen. Dieses Tun ist in seiner Rücksichtslosigkeit so ungeheuerlich, daß es in subjektiver Hinsicht kaum Möglichkeiten gibt, es zu charakterisieren. Dem Antragsteller stehen nicht nur Unterlassungsansprüche, sondern auch Schadensersatzansprüche beziehungsweise Bußrechte zu, die er noch geltend machen wird. Der Antragsteller behält sich weiter vor, hinsichtlich der strafrechtlichen Seite die erforderlichen Schritte zu ergreifen.

391

Die Antragsgegnerin zu 1) hat durch ihre direkten Schreiben selbst die gleichen Tatbestände erfüllt. Sie hat außerdem gemäß § 14 Abs. 3 in Verbindung mit § 13 UWG für das Verhalten des Antragsgegners zu 2) einzustehen, da der Inhaber insoweit für seine Angestellten und Handelsvertreter haftet. Inhaber des Betriebes ist die Walter Bock GmbH selbst.

Das Unterlassungsverlangen im Wege der einstweiligen Verfügung ist daher gemäß § 25 UWG gegen sämtliche Antragsgegner gerechtfertigt.

Die besondere Bedrohlichkeit für den Antragsteller in Verbindung mit dem fortdauernden Verhalten der Gegenseite rechtfertigt die Entscheidung ohne mündliche Verhandlung.

Erich Sorgenfrei

Ort und Datum, vor allem aber Unterschrift nicht vergessen!

Kammer für Handelssachen

Die »Kammer für Handelssachen« ist nicht etwa zu verwechseln mit der »Industrie- und Handelskammer«. Die letzte ist ein Zusammenschluß der Kaufleute zur Wahrnehmung ihrer beruflichen Interessen. Dagegen ist die Kammer für Handelssachen ein Teil des Landgerichts als Zivilgericht. Während aber die gewöhnlichen Zivilkammern des Landgerichts mit drei Richtern besetzt sind, nämlich dem Vorsitzenden und den beiden Beisitzern, ist die Kammer für Handelssachen mit einem Richter als Vorsitzendem und zwei Kaufleuten besetzt.

Diese nichtjuristischen Beisitzer heißen »ehrenamtliche Richter« (früher Handelsrichter). Gemäß § 109 GVG kann jeder Deutsche zum ehrenamtlichen Richter ernannt werden, der das 30. Lebensjahr vollendet hat und als Kaufmann, als Vorstand einer Aktiengesellschaft, als Geschäftsführer einer Gesellschaft mit beschränkter Haftung oder als Vorstand einer sonstigen juristischen Person in das Handelsregister eingetragen ist oder eingetragen war. Diese ehrenamtlichen Richter werden auf gutachtlichen Vorschlag der Industrie- und Handelskammern für die Dauer von vier Jahren ernannt; eine wiederholte Ernennung ist nicht ausgeschlossen (§ 108 GVG).

Die außerhalb wohnenden ehrenamtlichen Richter erhalten Tage- und Übernachtungsgelder sowie Ersatz der Fahrtkosten nach den für Richter geltenden Vorschriften. Zur Übernahme dieses Amtes besteht keine gesetzliche Verpflichtung. Jedoch werden sich immer genügend Kaufleute hierfür bereitfinden, da die Schaffung der Kammern für Handelssachen ja auf den ureigensten Wunsch der Kaufmannschaft zurückzuführen ist. Diese hat weitverbreitet die Auffassung, daß eine mit Berufsrichtern besetzte Kammer zwar sicherlich rechtlich richtig entscheiden, aber häufig nicht die erforderlichen Beurteilungen nach kaufmännischen Gesichtspunkten vornehmen wird. Aus diesem Grunde sollen die beiden Beisitzer der Verhandlungsführung und der Urteilsberatung den nötigen Schuß kaufmännischen Denkens geben. Bei der Abstimmung hat jeder von ihnen gleiche Stimmen, das heißt, die beiden ehrenamtlichen Richter können den Vorsitzenden überstimmen. Sie sind ihm also völlig gleichgestellt.

Seit dem 1. Oktober 1972 führt der Beisitzer in einer Kammer für Handelssachen nicht mehr die Bezeichnung »Handelsrichter«. Er ist nun »ehrenamtlicher Richter«.

Wenn die Eilbedürftigkeit fehlt

In dem vorliegenden Fall können wir unterstellen, daß mit Rücksicht auf die besonderen Umstände die einstweilige Verfügung ohne mündliche Verhandlung ergehen wird. Sollte das Gericht die so große Eilbedürftigkeit jedoch nicht annehmen oder Zweifel an den Rechtsausführungen haben, dann stellt es die vorstehende Antragsschrift der Gegenseite zu und beraumt einen Verhandlungstermin an. Aufgrund dieses Verhandlungstermins ergeht dann eine Entscheidung im Wege eines Urteils, das von der unterliegenden Partei mit dem Rechtsmittel der Berufung angefochten werden kann.

Eine solche Berufung ist binnen einer Frist von einem Monat seit Zustellung oder, falls das Urteil nicht zugestellt wird, sechs Monate seit dem Tage der Verkündung durch einen Rechtsanwalt einzulegen. Über diese Berufung entscheidet dann das Oberlandesgericht durch den zuständigen Zivilsenat. Gegen dessen Entscheidung gibt es keine weiteren Rechtsmittel, da nach ausdrücklicher Bestimmung der ZPO (§ 542 Abs. 2) die Revision in dem Verfahren auf Erlaß einer einstweiligen Verfügung für unzulässig erklärt ist.

Strafanzeige und Strafantrag

In dem Kampf unseres Fritz Sorgenfrei gegen die Niedertracht der Konkurrenz ist die vorstehende einstweilige Verfügung nur ein Gefecht, die großen Schlachten stehen noch aus.

Fritz Sorgenfreis Anwalt Dr. Rührig geht ungesäumt zu weiteren Angriffen vor. Er schreibt wie folgt an seinen Mandanten:

Dr. Heinrich Rührig

Rechtsanwalt und Notar

Gartenstraße 98
60596 Frankfurt/Main
18.8.20 ..

Sehr geehrter Herr Sorgenfrei!

In der Angelegenheit einstweilige Verfügung gegen Bock und Listig habe ich die Zustellung der einstweiligen Verfügung an beide Gegner unter dem 18. d.M. durchgeführt. Bezüglich des in Aussicht genommenen Strafverfahrens weise ich darauf hin, daß es sich um Antragsdelikte handelt. Der erforderliche Strafantrag muß binnen drei Monaten seit Kenntnis des schädlichen Verhaltens gestellt werden. Da wir nach unserem eigenen Sachvortrag davon ausgehen müssen, daß Sie vor etwa sechs Wochen Kenntnis von den maßgebenden Vorfällen erlangt haben, müßten wir wohl im Laufe des nächsten Monats die Strafanzeige erstatten.

Mit freundlichen Grüßen

Dr. Rührig

Rechtsanwalt und Notar

Nach einer mündlichen Erörterung der Sach- und Rechtslage gibt Fritz Sorgenfrei seinem Rechtsanwalt einen entsprechenden Auftrag und unterschreibt das Vollmachtsformular.

Fritz Sorgenfrei kann allerdings auch die Strafanzeige selbst einreichen und dadurch die Kosten der Beauftragung des Rechtsanwalts ersparen. Denn die Kosten der Strafanzeige, das heißt die für den Rechtsanwalt hierdurch entstehenden Gebühren, bekommt er nicht erstattet. Erst wenn aufgrund der Strafanzeige eine Anklage erhoben wird, kann er sich dieser öffentlichen Anklage als Nebenkläger anschließen. Läßt er sich in dieser Nebenklage durch einen Rechtsanwalt vertreten und wird die Gegenseite verurteilt, so kann er Ersatz der Kosten von dem Verurteilten verlangen.

Fritz Sorgenfrei entschließt sich daher als sparsamer Mann, die Strafanzeige wie folgt selbst zu tätigen:

393

FRITZ SORGENFREI
BÄCKEREI UND CAFÉ
Schweizer Straße 193 · 60594 Frankfurt/Main

An den
Herrn Staatsanwalt
bei dem Landgericht
60431 Frankfurt/M.

20. August 20 . .

STRAFANZEIGE UND STRAFANTRAG

gegen

den Vertreter Roderich Listig, Gallusstraße 48, 60594 Frankfurt/M.

wegen

Verstoßes gegen das Gesetz über den unlauteren Wettbewerb.

Ich, der unterzeichnete Fritz Sorgenfrei, trage folgendes vor: Ich überreiche in der Anlage Abschrift des Antrages auf Erlaß einer einstweiligen Verfügung vom 1. August 20. . an das Landgericht Frankfurt/M. nebst Anlagen. In diesem Antrag ist unter 2) der Vertreter Roderich Listig, Gallusstraße 48, 60437 Frankfurt/Main, aufgeführt. Auf diesen Antrag hin ist am 15. August 20 . . die einstweilige Verfügung von dem Landgericht Frankfurt/M. erlassen worden.

Aus der Antragsschrift und den beigefügten eidesstattlichen Erklärungen ergibt sich, daß der Vertreter Roderich Listig aus Konkurrenzgründen bewußt unwahre Behauptungen zum Nachteil des Unterzeichneten aufgestellt hat. Er suchte insbesondere Kunden des Unterzeichneten auf und behauptete wahrheitswidrig, daß der von dem Unterzeichneten hergestellte Markenzwieback »Magentrost« chemische Bestandteile enthalte, deren Genuß auf die Dauer für die Konsumenten schädlich sei. Er verbreitet ferner wahrheitswidrig die Behauptung, daß der Unterzeichnete den genannten Zwieback mit Hilfe von Rezepturen der Walter Bock GmbH, Frankfurt/M., fabriziere. Schließlich verbreitet er auch noch, daß sich der Unterzeichnete in derartigen finanziellen Schwierigkeiten befände, daß es ihm demnächst nicht möglich sein werde, seinen Lieferpflichten nachzukommen. Zum Beweise für das Vorstehende benenne ich als Zeugen

1. den Bäckermeister Leopold Stumpelmeier, Kranichstraße 2, Aschaffenburg,
2. den Handelsvertreter Sigismund Wendehals, Asternstraße 11, Frankfurt/M. – Ginnheim.

394

Durch dieses Vorgehen des Beschuldigten ist dem Unterzeichneten ein großer Schaden entstanden. Der Absatzrückgang im Raume Hessen des Zwiebacks »Magentrost« beläuft sich auf 50 bis 60 Prozent.

<u>Beweis:</u>   Zeugnis des Unterzeichneten und Vorlage seiner Bücher.

Das vorstehend geschilderte und unter Beweis gestellte Verhalten des Vertreters Roderich Listig verstößt einwandfrei gegen § 15 UWG. Gemäß § 22 UWG stelle ich hiermit Strafantrag.

Es wird aber auch weiterhin noch zu prüfen sein, inwieweit das Verhalten des Beschuldigten den Tatbestand des Betruges gemäß § 263 StGB zum Nachteil des Unterzeichneten erfüllt.

Fritz Sorgenfrei

Original per Einschreiben absenden. Durchschrift für die eigenen Akten behalten. Fristen und Verjährung beachten (§§ 21 und 22 UWG)

Fritz Sorgenfrei glaubt nun, was dieses Strafverfahren anbelangt, aller Sorgen ledig zu sein, denn er hatte im Strafgesetzbuch den § 263 nachgelesen, der folgenden Wortlaut hat:

§ 263
(1) Wer in der Absicht, sich oder einem Dritten einen rechtswidrigen Vermögensvorteil zu verschaffen, das Vermögen eines anderen dadurch beschädigt, daß er durch Vorspiegelung falscher oder durch Entstellung oder Unterdrückung wahrer Tatsachen einen Irrtum erregt oder unterhält, wird mit Freiheitsstrafe bis zu fünf Jahren oder mit Geldstrafe bestraft.
(2) Der Versuch ist strafbar.
(3) In besonders schweren Fällen ist die Strafe Freiheitsstrafe von sechs Monaten bis zu zehn Jahren.
...

Es gibt wichtige Sondertatbestände des Betrugs: Computerbetrug (§ 263a), Subventionsbetrug (§ 264), Kapitalanlagebetrug (§ 264a), Versicherungsmißbrauch (§ 265), Erschleichen von Leistungen, zum Beispiel Automaten, öffentliche Verkehrsmittel (§ 265a) sowie Kreditbetrug (§ 265b), Vorenthalten und Veruntreuen von Arbeitsentgelt (§ 266a) und Scheck- und Kreditkartenmißbrauch (§ 266b).

Er ist daher in höchstem Maße überrascht, als er als Antwort auf seine Eingabe ein Schreiben der Staatsanwaltschaft erhält, in welchem ausgeführt wird, daß der von Fritz Sorgenfrei geschilderte Sachverhalt nicht ausreicht, um einen Betrug anzunehmen. Die Einleitung eines Strafverfahrens wird daher abgelehnt. In Betracht kämen aber bei vorliegendem Sachverhalt als einschlägige Straftatbestände auch die §§ 186, 187 StGB = üble Nachrede und Verleumdung.

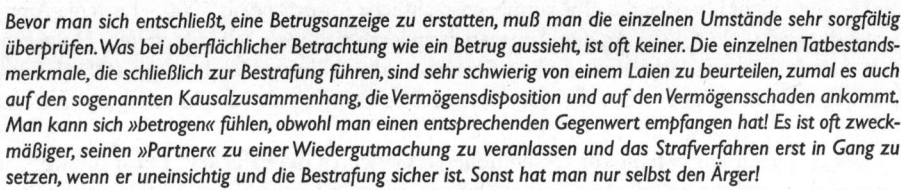

Bevor man sich entschließt, eine Betrugsanzeige zu erstatten, muß man die einzelnen Umstände sehr sorgfältig überprüfen. Was bei oberflächlicher Betrachtung wie ein Betrug aussieht, ist oft keiner. Die einzelnen Tatbestandsmerkmale, die schließlich zur Bestrafung führen, sind sehr schwierig von einem Laien zu beurteilen, zumal es auch auf den sogenannten Kausalzusammenhang, die Vermögensdisposition und auf den Vermögensschaden ankommt. Man kann sich »betrogen« fühlen, obwohl man einen entsprechenden Gegenwert empfangen hat! Es ist oft zweckmäßiger, seinen »Partner« zu einer Wiedergutmachung zu veranlassen und das Strafverfahren erst in Gang zu setzen, wenn er uneinsichtig und die Bestrafung sicher ist. Sonst hat man nur selbst den Ärger!

Fritz Sorgenfrei braucht aber nicht gleich die Flinte ins Korn zu werfen. Er kann sich gegen diese Entscheidung vielmehr zur Wehr setzen. Dies tut er mit einer Beschwerde, in welcher er ausführlich und eingehend den Sachverhalt schildert. Zweckmäßigerweise läßt er sich bei der Abfassung des Inhalts von seinem Rechtsanwalt beraten.

Original binnen zwei Wochen seit Zugang der ablehnenden Verfügung bei der Staatsanwaltschaft einreichen. Durchschlag für die eigenen Akten behalten.

Es ist anzunehmen, daß auf die Beschwerde hin die Staatsanwaltschaft die Ermittlungen aufnehmen und damit die Strafverfolgung von Amts wegen in Gang setzen wird. Sollte die Beschwerde wider Erwarten abgelehnt werden, so kann Fritz Sorgenfrei gegen diesen ablehnenden Bescheid binnen eines Monats nach Bekanntgabe den Antrag auf gerichtliche Entscheidung stellen. Diesen Antrag muß er aber gemäß § 172 StPO durch einen Rechtsanwalt einreichen lassen. In unserem Falle hatte Fritz Sorgenfreis Beschwerde Erfolg. Er kann also nun in Ruhe die Durchführung des Strafverfahrens abwarten. Sobald die öffentliche Klage erhoben wird, begibt er sich zu Rechtsanwalt Dr. Rührig. In seiner letzten Rücksprache erklärte Dr. Rührig Fritz Sorgenfrei folgendes:

Die beiden bisherigen Verfahren (die einstweilige Verfügung und das Strafverfahren gegen Listig) sind lediglich Vorgefechte. Durch die einstweilige Verfügung wurde dafür Sorge getragen, daß weitere geschäftsschädigende Handlungen der Konkurrenz unterbleiben. Das Strafverfahren zeigt Roderich Listig, daß es sich wirklich nicht bezahlt macht, im Interesse seines Unternehmens derartig niederträchtige und strafbare Handlungen zu begehen. Da der Unternehmer eine GmbH ist, kann gegen diese nicht mit einem Strafverfahren vorgegangen werden. Nur soweit beweisbar ist, daß die Geschäftsführer der GmbH hinter Listigs strafbarem Verhalten stehen, kann gegen diese auch strafrechtlich vorgegangen werden. Gegen eine GmbH, die ja nur eine gedachte, also »juristische« Person ist, kann – abgesehen vom Wirtschaftsgesetz – kein Strafverfahren durchgeführt werden. Aber all dieses beseitigt ja noch nicht den Schaden, der unserem Fritz Sorgenfrei entstanden ist.

Um diesen Schaden ersetzt zu bekommen, muß Fritz Sorgenfrei eine besondere Schadensersatzklage erheben, die er sowohl gegen die Walter Bock GmbH als auch gegen Roderich Listig führen wird. Mit dieser Klage darf Fritz Sorgenfrei nicht zu lange zögern. Gemäß den Gesetzen gegen den unlauteren Wettbewerb verjähren die Schadensersatzansprüche aufgrund des wettbewerbswidrigen Verhaltens in sechs Monaten von dem Zeitpunkt an, in welchem Fritz Sorgenfrei von den Handlungen der Gegenseite und von den Tätern Kenntnis erlangt hat. Soweit in diesen Handlungen gleichzeitig Verstöße gegen die §§ 823 und 826 BGB liegen, verjähren die Schadensersatzansprüche allerdings erst in drei Jahren.

Um Rechtsnachteile zu vermeiden, wird also Fritz Sorgenfrei vorsorglich innerhalb der genannten Sechs-Monats-Frist die Klageerhebung durch Rechtsanwalt Dr. Rührig veranlassen. Er kann diese Klage nicht selbst durchführen, da mit Rücksicht auf die Höhe des Objektes (Streitwert) das Landgericht zuständig ist, bei welchem sich jede Partei durch einen Rechtsanwalt vertreten lassen muß. Fritz Sorgenfrei könnte eine Klage vor dem Amtsgericht nur dann erheben, wenn sein Schaden den Betrag von

396

5000,– Euro nicht übersteigt, da für vermögensrechtliche Ansprüche bis 5000,– Euro die Amtsgerichte zuständig sind (§ 23 GVG). An den Amtsgerichten kann sich jeder selbst vertreten. Hingegen muß er sich bei den Landgerichten und den Gerichten der höheren Rechtszüge (Oberlandesgericht, Bundesgerichtshof) durch einen dort zugelassenen Rechtsanwalt als Bevollmächtigten vertreten lassen. (Sogenannter Anwaltsprozeß, § 78 ZPO.)

Der einzelnen Partei fehlt vor diesen höheren Gerichten die Fähigkeit, selbst direkt Schriftsätze einzureichen und die mündlichen Verhandlungen selbst wahrzunehmen. Es fehlt ihr in der Sprache des Juristen die »Postulationsfähigkeit«. Die Partei kann sich zur Vertretung vor diesen höheren Gerichten mit Ausnahme des Bundesgerichtshofs einen beliebigen Rechtsanwalt aus der Reihe der deutschen Rechtsanwälte wählen, soweit sie generell jeweils beim Landgericht beziehungsweise Oberlandesgericht zugelassen sind (siehe auch das Kapitel »Zivilprozeß«).

Das vorstehend Gesagte gilt nur für den Zivilprozeß. Im Strafverfahren kann für jedes Gericht ein beliebiger Rechtsanwalt in ganz Deutschland gewählt werden, und das gleiche gilt für das Verwaltungsstreitverfahren, und neuerdings auch – mit einer geringfügigen Begrenzung – für das arbeitsgerichtliche Verfahren (vgl. dort).

Vor den Amtsgerichten (aber nicht vor den Familienrichtern) kann sich Fritz Sorgenfrei – wie gesagt – selbst vertreten, er kann sich auch durch eine dritte Person – also einen Bekannten oder auch wiederum einen Rechtsanwalt – vertreten lassen. Das geschäftsmäßige Vertreten vor den Amtsgerichten ist allerdings nur den Rechtsanwälten sowie den zugelassenen Rechtsbeiständen erlaubt.

Vergleichende Werbung

Aber nicht nur Fritz Sorgenfrei hat Ärger mit der bösen Konkurrenz.

»Sieh dir das an«, schimpfte sein Stammtischbruder Lukas Herz, seines Zeichens Textilkaufmann, eines Tages, und warf einen Zeitungsausschnitt auf den Tisch. Der Zeitungsausschnitt war eine halbseitige Reklame des Kaufhauses Gottlieb Secundus, Damen- und Herrenoberbekleidung. Die Reklame zeigte ein Model, das einen Mantel vorführt, und quer darunter den kühnen Satz: »Secundus leistet mehr!!!«

»So ein Unsinn«, ereifert sich Lukas Herz. »Ich und viele andere Geschäftsleute der gleichen Branche leisten genauso viel. Muß man sich eine solche Unverschämtheit denn gefallen lassen!«

So verständlich der Zorn des Lukas Herz über eine derartig anmaßende Reklame ist, so kann hiergegen doch nichts unternommen werden, da kein Verstoß gegen das Gesetz über den unlauteren Wettbewerb vorliegt. Eine prahlerische Reklame verletzt noch nicht § 3 UWG, der in der heutigen Fassung folgendes besagt:

§ 3

Wer im geschäftlichen Verkehr zu Zwecken des Wettbewerbs über geschäftliche Verhältnisse, insbesondere über die Beschaffenheit, den Ursprung, die Herstellungsart oder die Preisbemessung einzelner Waren oder gewerblicher Leistungen oder des gesamten Angebots, über Preislisten, über die Art des Bezugs oder die Bezugsquelle von Waren, über den Besitz von Auszeichnungen, über den Anlaß oder den Zweck des Verkaufs oder über die Menge der Vorräte irreführende Angaben macht, kann auf Unterlassung der Angaben in Anspruch genommen werden. Angaben im Sinne des Satzes 1 sind auch Angaben im Rahmen vergleichender Werbung.

Nur wenn solche Behauptungen in bezug auf tatsächliche Umstände erfolgen und unwahr sind, wird die prahlerische Reklame unerlaubt. Dies gilt zum Beispiel für den Satz: »Unsere Ware ist nachweislich die beste und wird von keiner anderen in Qualität, Haltbarkeit und Geschmack erreicht.«

Die Werbung der Firma Secundus verstößt auch nicht gegen die Grenzen der vergleichenden Werbung. Das Verbot des »dénigrément« (Anschwärzen von Konkurrenten) – § 14 UWG in der Fassung bis 2004 – bezieht sich auf den Umstand, daß man die eigenen Leistungen in Vergleich zu den Leistungen der Konkurrenz setzt und die eigene als die bessere bezeichnet. Hier haben Rechtsprechung und Wissenschaft zwei Begriffe entwickelt.

Der eine ist die sogenannte »Superlativreklame«. Für sie gilt das schon vorstehend Ausgeführte. In jedem Superlativ liegt notgedrungen hintergründig ein Vergleich mit der Konkurrenz dahingehend, daß diese ja schlechter sein muß, wenn man selbst das Beste zu leisten verspricht. Aber auch hier liegt ein Wettbewerbsverstoß nur dann vor, wenn der Superlativ eine Tatsachenbeziehung angibt, sich also nicht nur in allgemeinen Phrasen bewegt. Das zeigt schon ein Blick auf die Fülle der Alltagsreklame. Da strotzt es nur so von Schlagworten wie: »Das Beste vom Besten.« »Für meine Kunden nur das Allerbeste.« »Einzigartig« usw.

Die zweite Art der vergleichenden Werbung ist die »Komparativwerbung«. Hierunter versteht man eine Werbung, die die eigene Leistung als besser (komparativ) gegenüber der Konkurrenzleistung bezeichnet. Wenn also ein Unternehmen behauptet: »Unsere Ware ist besser als die gleich teure Ware unserer Konkurrenten«, so ist dies zwar nicht sehr freundlich, aber zu einer verbotenen unlauteren Werbung führt eine bloß vergleichende Werbung nur dann, wenn tatsächlich irreführende Angaben gemacht werden, die objektiv falsch sind. Durch eine einheitliche EU-Regelung soll innerhalb der EU die vergleichende Werbung grundsätzlich erlaubt sein außer in Fällen einer bewußten Irreführung und Diskriminierung.

Man muß allerdings – wie auch bei vielen anderen Vorschriften des UWG – zwischen der noch gültigen Rechtslage und einer kurz bevorstehenden Reform unterscheiden, weil der Gesetzgeber – auch durch EU-Vorgaben bedingt – das UWG jetzt fast vollständig novelliert hat. Die Novelle ist vom Bundestag verabschiedet, wird aber derzeit noch vom Bundesrat blockiert. Da sich viele Fälle noch vor der Reform abspielen, sollen kurz die Unterschiede dargestellt werden: Für die vergleichende Werbung, also die Handlungen, die vorstehend im Betrieb des Fritz Sorgenfrei passiert sind, galt bisher noch der § 2 UWG in folgender Fassung:

§ 2

(1) Vergleichende Werbung ist jede Werbung, die unmittelbar oder mittelbar einen Mitbewerber oder die von einem Mitbewerber angebotenen Waren oder Dienstleistungen erkennbar macht.

(2) Vergleichende Werbung verstößt gegen die guten Sitten im Sinne von § 1, wenn der Vergleich

1. sich nicht auf Waren oder Dienstleistungen für den gleichen Bedarf oder dieselbe Zweckbestimmung bezieht;

2. nicht objektiv auf eine oder mehrere wesentliche, relevante, nachprüfbare und typische Eigenschaften oder den Preis dieser Waren oder Dienstleistungen bezogen ist;

3. im geschäftlichen Verkehr zu Verwechslungen zwischen dem Werbenden und einem Mitbewerber oder zwischen den von diesen angebotenen Waren oder Dienstleistungen oder den von ihnen verwendeten Kennzeichen führt;

4. die Wertschätzung des von einem Mitbewerber verwendeten Kennzeichens in unlauterer Weise ausnutzt oder beeinträchtigt;

5. die Waren, Dienstleistungen, Tätigkeiten oder persönlichen oder geschäftlichen Verhältnisse eines Mitbewerbers herabsetzt oder verunglimpft oder

6. eine Ware oder Dienstleistung als Imitation oder Nachahmung einer unter einem geschützten Kennzeichen vertriebenen Ware oder Dienstleistung darstellt.

(3) Bezieht sich der Vergleich auf ein Angebot mit einem besonderen Preis oder anderen besonderen Bedingungen, so sind der Zeitpunkt des Endes des Angebots und, wenn dieses noch nicht gilt, der Zeitpunkt des Beginns des Angebots eindeutig anzugeben. Gilt das Angebot nur so lange, wie die Waren oder Dienstleistungen verfügbar sind, so ist darauf hinzuweisen.

Dieser Text wird im wesentlichen auch in der Neufassung des UWG als § 6 UWG beibehalten, wobei diese Handlungen jetzt als unlauter im Sinne des § 3 UWG bezeichnet werden.

398   Lukas Herz muß sich also mit der Reklame von Secundus abfinden. Er mag ihr, wenn er will, mit einer ähnlich prahlerischen eigenen Reklame entgegentreten. Es ist eine Frage des Taktes, aber nicht des Rechtes, ob man eine marktschreierische Reklame bejaht oder verneint. Ein liberaler Staat sieht es eben nicht als Aufgabe der öffentlichen Hand an, durch besondere Anordnungen die Werbetätigkeit einzuschränken, wenn diese die Grenzen des Geschmacks überschreitet.

Rabatte, Zugaben und Sonderveranstaltungen

Fritz Sorgenfrei und Paul Jedermann beabsichtigen, zur Ankurbelung ihrer Geschäfte, den Kunden in Einzelfällen auf Wunsch Nachlässe auf die Preise zu gewähren, wenn es sich um gute Kunden handelt. Auch möchte sie neue Kunden durch sogenannte »Zugaben« (also unentgeltliche kleine Geschenke für den Fall eines Kaufs) anlocken. Schließlich möchten sie in ihren Geschäften Sonderaktionen, wie zum Beispiel sogenannte Sommer- und Winterschlußverkäufe veranstalten. Sie suchen einen Anwalt auf und bitten um Beratung.

Dieser erläutert ihnen zunächst, daß erfreulicherweise schon seit einigen Jahren das Rabattgesetz und die sogenannte »Zugabeverordnung« ersatzlos aufgehoben wurden. Sorgenfrei und Jedermann können zum Beispiel Preisnachlässe und Zugaben grundsätzlich gewähren beziehungsweise verteilen. Allerdings sind die Grenzen des unlauteren Wettbewerbs zu beachten. Insoweit heißt es in dem bisherigen § 1 UWG, daß auf Unterlassung in Anspruch genommen werden kann, wer zum Zwecke des Wettbewerbs Handlungen vornimmt, die gegen die guten Sitten verstoßen.

Dies ist bei Verkaufsföderungsaktionen in der Regel der Fall, wenn die Bedingungen für ihre Inanspruchnahme nicht klar und unzweideutig abgegeben werden. Also müssen solche Gründe vorliegen, wie in der geplanten Neufassung des § 4 UWG auch klargestellt wird.

Bezüglich sämtlicher Sonderveranstaltungen insbesondere Schlußverkäufe und Räumungsverkäufe gelten derzeit noch die §§ 7 und 8 UWG wie folgt:

§ 7
(1) Wer Verkaufsveranstaltungen im Einzelhandel, die außerhalb des regelmäßigen Geschäftsverkehrs stattfinden, der Beschleunigung des Warenabsatzes dienen und den Eindruck der Gewährung besonderer Kaufvorteile hervorrufen (Sonderveranstaltungen), ankündigt oder durchführt, kann auf Unterlassung in Anspruch genommen werden.
(2) Eine Sonderveranstaltung im Sinne des Absatzes 1 liegt nicht vor, wenn einzelne nach Güte oder Preis gekennzeichnete Waren angeboten werden und diese Angebote sich in den regelmäßigen Geschäftsbetrieb des Unternehmens einfügen (Sonderangebote).

(3) Absatz 1 ist nicht anzuwenden auf Sonderveranstaltungen für die Dauer von zwölf Werktagen
1. beginnend am letzten Montag im Januar und am letzten Montag im Juli, in denen Textilien, Bekleidungsgegenstände, Schuhwaren, Lederwaren oder Sportartikel zum Verkauf gestellt werden (Winter- und Sommerschlußverkäufe),
2. zur Feier des Bestehens eines Unternehmens im selben Geschäftszweig nach Ablauf von jeweils 25 Jahren (Jubiläumsverkäufe).

§ 8

(1) Ist die Räumung eines vorhandenen Warenvorrats

1. infolge eines Schadens, der durch Feuer, Wasser, Sturm oder ein vom Veranstalter nicht zu vertretendes vergleichbares Ereignis verursacht wurde oder

2. vor Durchführung eines nach den baurechtlichen Vorschriften anzeige- oder genehmigungspflichtigen Umbauvorhabens den Umständen nach unvermeidlich (Räumungszwangslage), so können, soweit dies zur Behebung der Räumungszwangslage erforderlich ist, Räumungsverkäufe auch außerhalb der Zeiträume des § 7 Abs. 3 für die Dauer von höchstens zwölf Werktagen durchgeführt werden. Bei der Ankündigung eines Räumungsverkaufs nach Satz 1 ist der Anlaß für die Räumung des Warenvorrats anzugeben.

(2) ¹Räumungsverkäufe wegen Aufgabe des gesamten Geschäftsbetriebs können auch außerhalb der Zeiträume des § 7 Abs. 3 für die Dauer von höchstens 24 Werktagen durchgeführt werden, wenn der Veranstalter mindestens drei Jahre vor Beginn keinen Räumungsverkauf wegen Aufgabe eines Geschäftsbetriebs gleicher Art durchgeführt hat, es sei denn, daß besondere Umstände vorliegen, die einen Räumungsverkauf vor Ablauf dieser Frist rechtfertigen. ²Absatz 1 Satz 2 ist entsprechend anzuwenden.

(3) ¹Räumungsverkäufe nach Absatz 1 Satz 1 Nr. 1 sind spätestens eine Woche, Räumungsverkäufe nach Absatz 1 Satz 1 Nr. 2 und nach Absatz 2 spätestens zwei Wochen vor ihrer erstmaligen Ankündigung bei der zuständigen amtlichen Berufsvertretung von Handel, Handwerk und Industrie anzuzeigen. ²Die Anzeige muß enthalten:

1. den Grund des Räumungsverkaufs,

2. den Beginn und das Ende sowie den Ort des Räumungsverkaufs,

3. Art, Beschaffenheit und Menge der zu räumenden Waren,

4. im Falle eines Räumungsverkaufs nach Absatz 1 Nr. 2 die Bezeichnung der Verkaufsfläche, die von der Baumaßnahme betroffen ist,

5. im Falle eines Räumungsverkaufs nach Absatz 2 die Dauer der Führung des Geschäftsbetriebs.

³Der Anzeige sind Belege für die den Grund des Räumungsverkaufs bildenden Tatsachen beizufügen, im Falle eines Räumungsverkaufs nach Absatz 1 Nr. 2 auch eine Bestätigung der Baubehörde über die Zulässigkeit des Bauvorhabens.

(4) ¹Zur Nachprüfung der Angaben sind die amtlichen Berufsvertretungen von Handel, Handwerk und Industrie sowie die von diesen bestellten Vertrauensmänner befugt. ²Zu diesem Zweck können sie die Geschäftsräume des Veranstalters während der Geschäftszeiten betreten. ³Die Einsicht in die Akten und die Anfertigung von Abschriften oder Ablichtungen ist jedem gestattet.

(5) Auf Unterlassung der Ankündigung oder Durchführung des gesamten Räumungsverkaufs kann in Anspruch genommen werden, wer

1. den Absätzen 1 bis 4 zuwiderhandelt,

2. nur für den Räumungsverkauf beschaffte Waren zum Verkauf stellt (Vor- und Nachschieben von Waren).

(6) Auf Unterlassung kann ferner in Anspruch genommen werden, wer

1. den Anlaß für den Räumungsverkauf mißbräuchlich herbeigeführt hat oder in anderer Weise von den Möglichkeiten eines Räumungsverkaufs mißbräuchlich Gebrauch macht,

2. mittelbar oder unmittelbar den Geschäftsbetrieb, dessen Aufgabe angekündigt worden war, fortsetzt oder als Veranstalter des Räumungsverkaufs vor Ablauf von zwei Jahren am selben Ort oder in benachbarten Gemeinden einen Handel mit den davon betroffenen Warengattungen aufnimmt, es sei denn, daß besondere Umstände vorliegen, die die Fortsetzung oder Aufnahme rechtfertigen,

3. im Falle eines Räumungsverkaufs nach Absatz 1 Nr. 2 vor der vollständigen Beendigung der angezeigten Baumaßnahme auf der davon betroffenen Verkaufsfläche einen Handel fortsetzt.

Durch die Neufassung des UWG werden die Bestimmungen über Sonderveranstaltungen und Räumungsverkäufe wegfallen. Es gibt insbesondere keine speziellen Anmeldungen und keine Bindung an bestimmte Jahreszeiten in diesem Bereich. Sonderveranstaltungen sind also ab der Neufassung des Gesetzes praktisch zu jedem Zeitpunkt möglich. Das Gesetz unterwirft auch in diesem Bereich die entsprechenden Aktionen nur der Überprüfung auf ihre Unlauterkeit gemäß dem neugefaßten §§ 3 und 4. Diese lauten wie folgt:

400

§ 3 (Entwurf)

Unlautere Wettbewerbshandlungen, die geeignet sind, den Wettbewerb zum Nachteil der Mitbewerber, der Verbraucher oder der sonstigen Marktteilnehmer nicht unerheblich zu verfälschen, sind unzulässig.

§ 4 (Entwurf)

Unlauter im Sinne von § 3 handelt insbesondere, wer

1. Wettbewerbshandlungen vornimmt, die geeignet sind, die Entscheidungsfreiheit der Verbraucher oder sonstiger Marktteilnehmer durch Ausübung von Druck oder durch sonstigen unangemessenen unsachlichen Einfluss zu beeinträchtigen;

2. Wettbewerbshandlungen vornimmt, die geeignet sind, die geschäftliche Unerfahrenheit insbesondere von Kindern oder Jugendlichen, die Leichtgläubigkeit, die Angst oder die Zwangslage von Verbrauchern auszunutzen;

3. den Werbecharakter von Wettbewerbshandlungen verschleiert;

4. bei Verkaufsförderungsmaßnahmen wie Preisnachlässen, Zugaben oder Geschenken die Bedingungen für ihre Inanspruchnahme nicht klar und eindeutig angibt;

5. bei Preisausschreiben oder Gewinnspielen mit Werbecharakter die Teilnahmebedingungen nicht klar und eindeutig angibt;

6. die Teilnahme von Verbrauchern an einem Preisausschreiben oder Gewinnspiel von dem Erwerb einer Ware oder der Inanspruchnahme einer Dienstleistung abhängig macht, es sei denn, das Preisausschreiben oder Gewinnspiel ist naturgemäß mit der Ware oder der Dienstleistung verbunden;

7. die Kennzeichen, Waren, Dienstleistungen, Tätigkeiten oder persönlichen oder geschäftlichen Verhältnisse eines Mitbewerbers herabsetzt oder verunglimpft;

8. über die Waren, Dienstleistungen oder das Unternehmen eines Mitbewerbers oder über den Unternehmer oder ein Mitglied der Unternehmensleitung Tatsachen behauptet oder verbreitet, die geeignet sind, den Betrieb des Unternehmens oder den Kredit des Unternehmers zu schädigen, sofern die Tatsachen nicht erweislich wahr sind; handelt es sich um vertrauliche Mitteilungen und hat der Mitteilende oder der Empfänger der Mitteilung an ihr ein berechtigtes Interesse, so ist die Handlung nur dann unlauter, wenn die Tatsachen der Wahrheit zuwider behauptet oder verbreitet wurden;

9. Waren oder Dienstleistungen anbietet, die eine Nachahmung der Waren oder Dienstleistungen eines Mitbewerbers sind, wenn er

a) eine vermeidbare Täuschung der Abnehmer über die betriebliche Herkunft herbeiführt;

b) die Wertschätzung der nachgeahmten Ware oder Dienstleistung unangemessen ausnutzt oder beeinträchtigt oder

c) die für die Nachahmung erforderlichen Kenntnisse oder Unterlagen unredlich erlangt hat;

10. Mitbewerber gezielt behindert;

11. einer gesetzlichen Vorschrift zuwiderhandelt, die auch dazu bestimmt ist, im Interesse der Marktteilnehmer das Marktverhalten zu regeln.

Sonstige Bestimmungen des geplanten neuen UWG (nach Inkrafttreten)

Fritz Sorgenfrei ist völlig erstaunt, als er plötzlich das Schreiben einer Verbraucherschutzorganisation erhält, mit dem diese Schadensersatz wegen einer falschen Information über seine Ware verlangt, die angeblich eine große Zahl von Abnehmern zu ungünstigen und nachteiligen Käufen veranlaßt habe. Man verlangt von ihm Schadensersatz und stützt dies auf §§ 8 bis 10 UWG.

Der Anwalt von Sorgenfrei beruhigt diesen zunächst dahingehend, daß der Schadensersatzanspruch nach § 9 UWG nur Wettbewerbern zusteht und daß die Kunden nur ihre Ansprüche aus den Kaufverträgen geltend machen können, wobei diese freilich auch auf falsche Informationen gegründet werden können. Da sich aber viele Kunden überhaupt nicht gemeldet haben, kann der Verein sich nur auf § 10 UWG berufen, der wie folgt lauten soll:

§ 10 (Entwurf)

(1) Wer dem § 3 vorsätzlich zuwiderhandelt und hierdurch auf Kosten einer Vielzahl von Abnehmern einen Gewinn erzielt, kann von den gemäß § 8 Abs. 3 Nr. 2 bis 4 zur Geltendmachung eines Unterlassungsanspruchs Berechtigten auf Herausgabe dieses Gewinns in Anspruch genommen werden.

(2) Auf den Gewinn sind die Leistungen anzurechnen, die der Schuldner auf Grund der Zuwiderhandlung an Dritte oder an den Staat erbracht hat. Soweit der Schuldner solche Leistungen erst nach Erfüllung des Anspruchs nach Absatz 1 erbracht hat, erstattet der Gläubiger dem Schuldner den abgeführten Gewinn in Höhe der nachgewiesenen Zahlungen zurück.

(3) Beanspruchen mehrere Gläubiger den Gewinn, so gelten die §§ 428 bis 430 des Bürgerlichen Gesetzbuchs entsprechend.

(4) Die Gläubiger haben den abgeführten Gewinn nach Abzug der zur Geltendmachung des Anspruchs erforderlichen Aufwendungen an den Bundeshaushalt herauszugeben. Soweit die Gläubiger nach Erfüllung des Anspruchs nach Satz 1 Zahlungen im Sinne von Absatz 2 Satz 2 geleistet haben, wird den Gläubigern der abgeführte Gewinn in Höhe der nachgewiesenen Zahlungen aus dem Bundeshaushalt erstattet. Die Gläubiger haben der zuständigen Stelle des Bundes über die Geltendmachung sowie die Erfüllung von Ansprüchen nach Absatz 1 Auskunft zu erteilen und auf Verlangen Rechenschaft abzulegen.

(5) Die Bundesregierung wird ermächtigt, durch Rechtsverordnung, die der Zustimmung des Bundesrats nicht bedarf, festzulegen, welche Behörde oder sonstige öffentliche Stelle des Bundes zuständige Stelle im Sinne von Absatz 4 ist.

Nun fragt Sorgenfrei seinen Anwalt: Kann denn jeder »Verein« solche Ansprüche geltend machen? Dieser informiert ihn über den neuen § 8 UWG:

§ 8

(1) Wer dem § 3 zuwiderhandelt, kann auf Beseitigung und bei Wiederholungsgefahr auf Unterlassung in Anspruch genommen werden. Der Anspruch auf Unterlassung besteht bereits dann, wenn eine Zuwiderhandlung droht.

(2) Werden die Zuwiderhandlungen in einem Unternehmen von einem Mitarbeiter oder Beauftragten begangen, so sind der Unterlassungsanspruch und der Beseitigungsanspruch auch gegen den Inhaber des Betriebs begründet.

(3) Die Ansprüche aus Absatz 1 stehen zu:
  1. jedem Mitbewerber;
  2. rechtsfähigen Verbänden zur Förderung gewerblicher oder selbständiger beruflicher Interessen, soweit ihnen eine erhebliche Zahl von Unternehmern angehört, die Waren oder Dienstleistungen gleicher oder verwandter Art auf demselben Markt vertreiben, soweit sie insbesondere nach ihrer personellen, sachlichen und finanziellen Ausstattung imstande sind, ihre satzungsmäßigen Aufgaben der Verfolgung gewerblicher oder selbständiger beruflicher Interessen tatsächlich wahrzunehmen und soweit die Zuwiderhandlung die Interessen ihrer Mitglieder berührt;
  3. qualifizierten Einrichtungen, die nachweisen, dass sie in die Liste qualifizierter Einrichtungen nach § 4 des Unterlassungsklagengesetzes oder in dem Verzeichnis der Kommission der Euro-

päischen Gemeinschaften nach Artikel 4 der Richtlinie 98/27/EG des Europäischen Parlaments und des Rates vom 19. Mai 1998 über Unterlassungsklagen zum Schutz der Verbraucherinteressen (ABl. EG Nr. L 166 S. 51) eingetragen sind;
  4. den Industrie- und Handelskammern oder den Handwerkskammern.

(4) Die Geltendmachung der in Absatz 1 bezeichneten Ansprüche ist unzulässig, wenn sie unter Berücksichtigung der gesamten Umstände missbräuchlich ist, insbesondere wenn sie vorwiegend dazu dient, gegen den Zuwiderhandelnden einen Anspruch auf Ersatz von Aufwendungen oder Kosten der Rechtsverfolgung entstehen zu lassen.

(5) § 13 des Unterlassungsklagengesetzes und die darin enthaltene Verordnungsermächtigung gelten mit der Maßgabe entsprechend, dass an die Stelle der Klageberechtigten nach § 3 Abs. 1 Nr. 2 des Unterlassungsklagengesetzes die gemäß § 8 Abs. 3 Nr. 2 zur Geltendmachung eines Unterlassungsanspruches Berechtigten, an die Stelle der in den §§ 1 und 2 des Unterlassungsklagengesetzes § 7 Abs. 3 Nr. 2 und an die Stelle der in den §§ 1 und 2 des Unterlassungsklagengesetzes geregelten Unterlassungsansprüche die in § 8 bestimmten Unterlassungsansprüche treten. Im Übrigen findet das Unterlassungsklagengesetz keine Anwendung.

Da bin ich etwas beruhigt, sagt Sorgenfrei. Dieser Verein, der mich da angeschrieben hat, gehört nicht zu den genannten Organisationen. Ich kann nachweisen, daß er ausschließlich aus Strohmännern besteht, die nur für einen neuen größeren Konkurrenten handeln. Dann wäre er schon mit einem »blauen Auge« davongekommen.

Bei dieser Gelegenheit informiert ihn sein Anwalt noch darüber, daß er in zukünftigen Fällen gegebenenfalls die sogenannten Einigungsstellen einschalten kann, die das Gesetz gemäß § 14 UWG bei der Industrie- und Handelskammer zu dem Zwecke eingerichtet hat, Rechtsstreitigkeiten beizulegen, die sich auf Ansprüche aus dem UWG, also unlauteren Wettbewerb beziehen. In dieser Bestimmung sind sehr ausführlich Einzelregelungen über die Zusammensetzung, die Funktion, das Verfahren und die Rechtsfolgen der Handlungen dieser Einigungsstellen enthalten.

Nun möchte Sorgenfrei aber noch wissen, inwieweit eigentlich jetzt der Verbraucherschutz in UWG verankert ist, weil er nämlich gerne in einer »Rundum-Aktion« viele Einwohner in Frankfurt telefonisch über seine neuesten Angebote informieren will.

Der Anwalt informiert ihn zunächst eingehend über den neuen § 1 UWG wie folgt:

§ 1 (Entwurf)
Dieses Gesetz dient dem Schutz der Mitbewerber, der Verbraucherinnen und der Verbraucher sowie der sonstigen Marktteilnehmer vor unlauterem Wettbewerb. Es schützt zugleich das Interesse der Allgemeinheit an einem unverfälschten Wettbewerb.

Danach hat in der Tat der Verbraucherschutz jetzt auch Eingang in das UWG gefunden. Bezüglich der Telefonwerbung ohne vorherige Ankündigung hat der Gesetzgeber lange gerungen, ob die sogenannte »opt out« oder »opt in« Regelung gelten soll, das heißt, daß diese Werbung immer zulässig sein soll, es sei denn, der Kunde habe sich in eine sogenannte »Robinson-Liste« eintragen lassen, daß er solche Anrufe nicht wünsche oder ob diese Anrufe nur bei tatsächlicher oder vermuteter Einwilligung zulässig sein sollen. Der Entwurf hat sich nun für die letztgenannte Regelung entschieden, das heißt, Sorgenfrei darf nicht wahllos bei Verbrauchern oder Firmen anrufen, sondern nur bei solchen (insbesondere Firmen), die mutmaßlich damit einverstanden sein dürften. Die Einzelheiten ergeben sich aus dem neuen § 7 des vor der Verabschiedung stehenden Entwurfs des neuen UWG.

Arbeitsrecht

Vom Beginn seiner geschäftlichen Tätigkeit an war Fritz Sorgenfrei auf die Mithilfe dritter Personen angewiesen. Er war von Anfang an bemüht, gute Mitarbeiter zu gewinnen und sie ständig weiter zu bilden.

Sorgenfrei als Unternehmer mit einem Betrieb, der mit mehr als fünf ständig beschäftigten Arbeitnehmern arbeitet, muß besonders sorgfältig die soziale und berufliche Kompetenz seiner Arbeitnehmer vor der Einstellung prüfen. Da für Betriebe von dieser Größe besondere arbeitsrechtliche Vorschriften über die Betriebsverfassung und den Kündigungsschutz gelten, treten weitgehende Bindungen zwischen ihm und seinen Arbeitnehmern ein, die über einen gewöhnlichen Dienstvertrag hinaus Wirkungen haben. Es ist schnell eingestellt, aber nicht mehr schnell getrennt.

Auf Fritz Sorgenfreis Inserat für seinen inzwischen groß gewordenen Bäckereibetrieb in einer Fachzeitschrift hatte sich sogleich der sechsundzwanzigjährige Bäckergeselle Karl Zucker aus Nürnberg gemeldet. Da Zucker eine lückenlose Reihe guter Zeugnisse vorlegen kann und der Lebenslauf Fritz Sorgenfrei zusagt, hat er ihn zu sich bestellt, um einen persönlichen Eindruck zu gewinnen.

Einstellung eines Angestellten

Da die mündliche Rücksprache befriedigend ausfällt, wird Zucker als Geselle bei Fritz Sorgenfrei eingestellt. Zur Begründung dieses Arbeitsverhältnisses würde an und für sich eine mündliche Abrede zwischen Fritz Sorgenfrei und Karl Zucker genügen. Wenn das Arbeitsverhältnis einem Tarifvertrag unterliegt und beide Seiten einer entsprechenden Organisation angehören, müssen jedoch die wesentlichen Bedingungen des Arbeitsvertrages schriftlich fixiert sein (vgl. Nachweisgesetz vom 20. Juli 1995). Da aber Fritz Sorgenfrei seinen Angestellten übertariflich bezahlen will und auch sonst einige Sonderwünsche hinsichtlich der Gestaltung des Zusammenarbeitens hat, entschließt er sich, den Vertrag schriftlich zu tätigen. Er kann dies entweder in Gestalt eines Bestätigungsschreibens vornehmen, oder aber er entwirft den nachstehenden Vertragstext, den Zucker und er unterschreiben müssen.

ARBEITSVERTRAG

Der Bäckermeister Fritz Sorgenfrei, Schweizer Straße 193, Frankfurt/Main, und der Bäckergeselle Karl Zucker, Im Zwickling 7, Frankfurt/Main, schließen folgenden Vertrag:

§ 1

Für diesen Vertrag gelten die Bestimmungen des Tarifvertrages für das Bäckereigewerbe vom ....

§ 2

Das monatliche Gehalt beträgt 200,– Euro mehr als der tariflich festgesetzte Lohn.

§ 3

Für die Arbeitszeit gelten die Bestimmungen des Gesetzes über die Arbeitszeit in Bäckereien und die einschlägigen Tarifvertragsbestimmungen. Der Arbeitgeber ist – soweit das Betriebsbedürfnis dieses erfordert – berechtigt, eine im Rahmen der vorstehenden Bestimmmungen zulässige Mehrarbeit zu verlangen. Die Mehrarbeitsvergütung richtet sich in diesem Falle nach den gesetzlichen Bestimmungen.

§ 4

Im übrigen gilt die im Betrieb ausgehängte Betriebsordnung.

§ 5

Die Kündigungsfrist beträgt einen Monat zum Ende eines jeden Kalendervierteljahres.

§ 6

Die Einstellung des Arbeitnehmers erfolgt zum 1. November. Der Monat November gilt als Probemonat, das heißt jede der Vertragsparteien kann bis zum ... Ablauf dieses Monats mit einer Frist von zwei Wochen gegenüber der anderen Partei diesen Vertrag kündigen.

Frankfurt/Main, den 18. Oktober 20 ..

Fritz Sorgenfrei   Karl Zucker

Der vorstehende Vertragstext wird in zwei Exemplaren erstellt, und beide Exemplare werden von den Parteien unterschrieben. Jede der Parteien erhält eines dieser Exemplare.

404

In dem vorstehenden Vertragswerk ist auf den einschlägigen Tarifvertrag für das Bäckereihandwerk Bezug genommen. Derartige Tarifverträge gibt es für die verschiedensten Betriebsarten, zum Beispiel Druckereien, Friseurbetriebe, Industriebetriebe aller Art, Einzelhandelsgeschäfte usw. Die gesetzliche Grundlage für diese Tarifverträge gibt das Tarifvertragsgesetz (TVG).

Der für Fritz Sorgenfrei und Karl Zucker gültige Tarifvertrag ist zwischen den sogenannten Tarifvertragsparteien, nämlich dem zuständigen Arbeitgeberverband und der Gewerkschaft, geschlossen. Zumeist werden zwei Verträge geschlossen. Es hat sich als zweckmäßig erwiesen, den Lohn- und Gehaltstarif, der sich der jeweiligen Wirtschaftslage anpassen muß und daher häufigen Änderungen unterliegt, von den allgemeinen Arbeitsbedingungen zu trennen. Die allgemeinen Arbeitsbedingungen werden daher oft in einem sogenannten Manteltarifvertrag zusammengefaßt.

Für einen nicht tarifgebundenen Arbeitgeber könnte der Arbeitsvertrag wie folgt aussehen:

ANSTELLUNGSVERTRAG

Die Firma
Fritz Sorgenfrei, Schweizer Straße 193, 60594 Frankfurt/Main,
nachstehend Firma genannt

und

Frau Karla Roß, Kaiserstraße 10, 60329 Frankfurt/Main,
nachstehend Angestellte genannt,
schließen folgenden Vertrag:

§ 1

Die Angestellte wird mit Wirkung vom 1. Oktober 20 . . als Buchhalterin bei der Firma eingestellt.

§ 2

Als monatliches Gehalt ist ein Betrag von 2400,– Euro brutto vereinbart. Das Gehalt ist nachträglich zahlbar.

§ 3

Besondere außervertragliche Vergünstigungen sind jederzeit widerruflich. Aus einer einmalig gewährten Vergünstigung können keinerlei Rechtsansprüche für die Zukunft hergeleitet werden.

§ 4

Die Angestellte versichert ausdrücklich, bei Abschluß dieses Angestelltenvertrages beziehungsweise der Arbeitsaufnahme völlig gesund zu sein, insbesondere frei von Leiden oder körperlichen Mängeln, die sofort oder in absehbarer Zeit die Arbeitsfähigkeit mindern. Stellt sich heraus, daß dies nicht zutrifft, so ist die Firma berechtigt, aus diesem Grunde mit sofortiger Wirkung das Vertragsverhältnis durch einseitige formlose Erklärung zu beendigen. Es wird ferner versichert, daß die familiären und wirtschaftlichen Verhältnisse geordnet sind.

§ 5

Das Dienstverhältnis wird zunächst auf Probe für die Dauer von 3 Monaten abgeschlossen, und zwar vom 1.10.20 . . bis 31.12.20 . . Während dieser Zeit kann es beiderseits zum Ende eines Kalendermonats unter Einhaltung einer Frist von zwei Wochen gekündigt werden. Erfolgt keine Kündigung so läuft das Dienstverhältnis vom Ablauf der Probezeit an zu den Bedingungen dieses Vertrages auf unbestimmte Zeit weiter und ist jeweils unter Einhaltung der gesetzlichen Fristen beiderseits kündbar.

§ 6
Die Angestellte verpflichtet sich,
a) ihre Tätigkeit ausschließlich für die Firma auszuüben und ohne schriftliche Einwilligung der Firma keinerlei berufliche Nebenbeschäftigung vorzunehmen,
b) den seitens der Firma erlassenen oder noch zu erlassenden allgemeinen Betriebsanweisungen beziehungsweise Betriebsvereinbarungen pünktlich und gewissenhaft nachzukommen,
c) alle geschäftlichen und betrieblichen Vorgänge, alle persönlichen und geschäftlichen Beziehungen der Firma, insbesondere Geschäfts- oder Betriebsgeheimnisse, die während des Dienstverhältnisses anvertraut werden oder sonstwie bekannt geworden sind, streng geheim zu halten und anderen auch nicht nach Beendigung des Arbeitsverhältnisses mitzuteilen,
d) sämtliche geschäftlichen Aufzeichnungen als Eigentum der Firma anzusehen und sie nebst allen der Firma gehörenden Geschäftsbüchern, Papieren, Briefen usw. nach Beendigung des Arbeitsverhältnisses der Firma zu überlassen.

§ 7
Im Falle der Arbeitsunfähigkeit ist der Firma unverzüglich telefonisch oder schriftlich bis mittags 12 Uhr des ersten Tages der Arbeitsausfall mitzuteilen und innerhalb von 3 Tagen eine ärztliche Bescheinigung über die Arbeitsunfähigkeit vorzulegen, soweit dies den Umständen nach möglich ist. Die Angestellte ist Mitglied der Deutschen Angestelltenkrankenkasse.
Die Angestellte erklärt sich ausdrücklich damit einverstanden, daß eine Gehaltsvergütung für solche Abwesenheitstage, die nicht innerhalb der vorgeschriebenen Frist mit ärztlichem Attest belegt sind, nicht geleistet wird.

§ 8
Nach sechsmonatiger Betriebszugehörigkeit steht ein jährlicher Urlaub von 26 Arbeitstagen zu, erstmalig für das Jahr 20 . .. Die Urlaubszeit ist den Geschäftsinteressen anzupassen und wird von der Firma festgesetzt. Während des Kalenderjahres eintretende oder ausscheidende Arbeitnehmer erhalten soviel Zwölftel des ihnen zustehenden Jahresurlaubs, als sie volle Monate im gleichen Betrieb tätig gewesen sind. Bei der Berechnung der Dauer der Betriebszugehörigkeit wird die Ausbildungszeit nicht einbezogen.

§ 9
Die Firma behält sich vor – soweit es die betrieblichen Belange erfordern –, innerbetriebliche Versetzungen vorzunehmen.

§ 10
Die Angestellte ist verpflichtet, sich den jeweiligen betriebsüblichen Kontrollen zu unterziehen.

§ 11
Abänderungen oder Ergänzungen dieses Vertrages bedürfen der Schriftform.

§ 12
Besondere Vereinbarungen sind nicht getroffen worden.

Frankfurt/Main, den 10. September 20 . .

Karla Rop   Erits Sorgenfrei

(Unterschrift der Angestellten)   (Firma)

Grundsätzliches zu Arbeitsverträgen

Die frühere Abgrenzung zwischen Arbeitern und Angestellten war bedeutsam, da für Angestellte günstigere Regelungen galten (längere Kündigungsfristen, Entgeltfortzahlung im Krankheitsfall etc.). Die Unterschiede sind heute weitgehend überwunden. Lediglich im Sozialversicherungsrecht gibt es noch bezüglich der Rentenversicherungsträger Differenzierungen. Von erheblicher Bedeutung ist jedoch die Abgrenzung der leitenden Angestellten von den übrigen Angestellten. Hier gelten folgende Besonderheiten:

1. Sie fallen nicht unter das Betriebsverfassungsgesetz (§ 5), abgesehen von den Sprecherausschüssen.
2. Sie haben nur einen eingeschränkten Kündigungsschutz (§ 14 KSchG).
3. Sie dürfen ehrenamtliche Richter nur auf der Arbeitgeberseite sein (§ 22 ArbGG).

Dann gibt es noch arbeitnehmerähnliche Personen. Sie sind persönlich unabhängig, aber wirtschaftlich von einem Auftraggeber abhängig und sozial schutzbedürftig (vgl. § 12a TVG). Für sie gelten Sonderregelungen beim Urlaubsanspruch (§ 2 BUrlG) sowie in § 12a TVG und § 5 ArbGG.

Bei der Einstellung von Arbeitnehmern in Unternehmen mit mehr als 20 wahlberechtigten Arbeitnehmern ist gemäß § 99 BetrVG der Betriebsrat zu unterrichten, wenn er besteht. Seine Zustimmung ist einzuholen.

Für Arbeitsverträge gelten grundsätzlich die erörterten allgemeinen Bestimmungen des BGB über Verträge und deren Wirksamkeit (zum Beispiel Anfechtung, Willensmängel etc.) Aufgrund des EU-weit eingeführten Nachweisgesetzes muß der Arbeitgeber die wesentlichen Vertragsbedingungen schriftlich niederlegen. Außerdem gilt seit der Schuldrechtsreform gemäß § 310 Abs. 4 BGB jetzt das Recht der Allgemeinen Geschäftsbedingungen mit seinen Schutzbestimmungen auch für Arbeitsverträge.

Besondere Arbeitsverhältnisse

Außer den Vollzeitdauerarbeitsverhältnissen gibt es im wesentlichen vier Sonderformen:

1. das befristete Arbeitsverhältnis,
2. das Teilzeitarbeitsverhältnis,
3. das Aushilfsarbeitsverhältnis,
4. das Probearbeitsverhältnis.

Für das befristete und das Teilzeitarbeitsverhältnis gilt nunmehr das Teilzeit- und Befristungsgesetz (= TzBfG) vom 21. Dezember 2000. Danach ist eine Befristung nur dann zulässig, wenn sie durch einen sachlichen Grund gerechtfertigt ist (§ 14 TzBfG). Ausnahmen bestehen für eine erstmalige Befristung bis zur Dauer von zwei Jahren, für ältere Arbeitnehmer über 52 Jahre sowie für vier Jahre bei Gründung eines Unternehmens und auf Grund einiger Spezialgesetze (zum Beispiel BErzGG, SGB III).

Die Schriftform solcher Verträge ist hier ausdrücklich festgelegt (§ 14 Abs. 4 TzBfG). Unter Teilzeitbeschäftigten werden solche Arbeitnehmer verstanden, deren regelmäßige Wochenarbeitszeit kürzer ist als die vergleichbarer Arbeitnehmer (§ 2 TzBfG).

Für diese gelten folgende Sonderbestimmungen:

1. Sie dürfen gegenüber Vollzeitkräften nicht diskriminiert werden. Arbeitslohn und sonstige Entgelte dürfen nur entsprechend der verringerten Arbeitsleistung gekürzt werden (§ 4 TzBfG).
2. Über die Möglichkeit von Teilzeitarbeit hat der Arbeitgeber den Arbeitnehmer auf Wunsch – ebenso wie den Betriebsrat – zu informieren.
3. Die Kündigung eines Arbeitsverhältnisses ist unwirksam, wenn sich ein Arbeitnehmer weigert, von einem Vollzeit- zu einem Teilzeitarbeitsverhältnis zu wechseln.
4. Für den Urlaubsanspruch gilt grundsätzlich die allgemeine Regelung, aber mit besonderer Berechnungsregelung (§ 11 BUrlG).

Einen Anspruch auf Teilzeitarbeit hat ein Arbeitnehmer, der länger als sechs Monate im Unternehmen tätig ist, wenn in der Regel mehr als 15 Arbeitnehmer beschäftigt werden und das letzte diesbezügliche Verlangen zwei Jahre zurückliegt (§§ 6 und 8 TzBfG)

Bezüglich der Aushilfsarbeitnehmer ist zu beachten, daß hier die Kündigungsfristen vertraglich gemäß § 622 Abs. 5 BGB gekürzt werden können. Befristete Probearbeitsverhältnisse sind zulässig. Sie enden nach Ablauf der Frist ohne Kündigung. Bei unbefristeten Arbeitsverhältnissen mit Probezeit beträgt die Kündigungsfrist zwei Wochen (§ 622 Abs. 3 BGB). Sie kann bis zum letzten Tag ausgesprochen werden. Die Probezeit darf nicht länger als sechs Monate sein.

Gehalt oder Lohn unter Tarif

Karl Zucker freut sich, daß Fritz Sorgenfrei seine Arbeitsleistung so hoch einschätzt, daß er ihm 200,– Euro monatlich mehr als den Tariflohn zahlen will. Der Tarifvertrag ist daher für ihn ein etwas unklares und ihn im Augenblick nicht sehr interessierendes Gebilde. Aber die Bedeutung dieses Tarifvertrages für ihn als Arbeitnehmer wird ihm einige Tage später drastisch vor Augen geführt.

Sein Freund, der Metzgergeselle Kurt Beil, kommt aufgeregt zu ihm und sagt: »Denk mal an, Karl, ich bin nun doch entlassen. Du weißt doch, daß es bei meinem Meister, dem Metzger Franz Wurst, seit einigen Monaten geschäftlich nicht mehr so richtig hinhaute. Durch die Verlegung der Hauptstraße hat er viel Kundschaft eingebüßt und mußte seitdem ziemlich zurückstecken. Ich habe das ja eingesehen und habe mich seit drei Monaten mit weniger Lohn zufriedengegeben, nämlich jeden Monat 100,– Euro unter Tarif. So, und jetzt fliege ich doch raus, weil er es nun mit seiner Frau und dem Lehrling allein versuchen will. Hätte ich das gewußt, hätte ich mich auf nichts eingelassen. Ich habe doch gedacht, es würde bald wieder aufwärtsgehen. Was meinst du, ob ich die 300,– Euro schießen lassen muß?«

Karl Zucker antwortet etwas beklommen: »Es ist eigentlich eine Schande, daß wir beide über eine für uns so wichtige Frage nicht aus dem Handgelenk genau Bescheid wissen. Aber halt mal, mein Chef hat da so ein Buch, es heißt ,Der neue Hausjurist'. Da habe ich schon eine Menge Passendes und Vernünftiges für mich gefunden. Ich hol's mal schnell. Ja, siehst du, hier steht schon kurz vermerkt: »Jede abweichende Vereinbarung zwischen Arbeitgeber und Arbeitnehmer zuungunsten des Arbeitnehmers gilt als unwirksam. Höhere Löhne können selbstverständlich vereinbart werden.«

Diese in einem Satz zusammengefaßte Auswirkung eines Tarifvertrages müßte jedermann bekannt sein, gleichgültig, ob er Arbeitgeber beziehungsweise Arbeitnehmer ist oder nicht.

Als noch ein Überangebot an Arbeitskräften vorhanden war, nutzten die Arbeitgeber dies weidlich für sich aus. Sie stellten den Arbeitnehmer ein, der mit dem geringsten Gehalt zufrieden war, und dieses reichte kaum zum Leben. Die Arbeitnehmerverbände, insbesondere die Gewerkschaften, sorgten durch Verhandlungen mit den Arbeitgebern und den Arbeitgeberverbänden dafür, daß für die einzelnen Berufszweige erträgliche Arbeitsverhältnisse festgelegt wurden. Es einigten sich also gar nicht mehr der einzelne Arbeitgeber und Arbeitnehmer durch gegenseitiges Aushandeln über den zu zahlenden Arbeitslohn, sondern der auf höherer Ebene generell festgelegte Arbeitslohn (Kollektivvereinbarung) wurde in den jeweiligen Arbeitsvertrag übernommen.

Wer hinderte nun aber einen Arbeitgeber oder Arbeitnehmer daran, wenn Not am Mann war, etwas anderes, das heißt Lohn unter Tarif, zu vereinbaren? War der Betreffende nicht Mitglied eines Arbeitgeber- beziehungsweise Arbeitnehmerverbandes, so konnten auch diese Verbände nicht auf ihn einwirken. Daher bestimmte das Tarifvertragsgesetz, daß die in dem Tarifvertrag festgelegten Lohn- und sonstigen Arbeitsbedingungen automatisch als Mindestarbeitsbedingungen Bestandteil eines jeden Einzelarbeitsvertrags wurden, der in den Bereich des betreffenden Tarifvertrages fiel.

Man nennt dies seitdem die automatische Wirkung des Tarifvertrages. Vereinbaren also ein Arbeitgeber und Arbeitnehmer günstigere Bedingungen für den Arbeitnehmer, als sie im Tarifvertrag

408

stehen, so gelten diese günstigeren Bedingungen. Vereinbaren sie dagegen ungünstigere Bedingungen, so gelten trotz dieser Abreden automatisch die Tarifvertragsbedingungen. Genauso steht es heute im § 4 Abs. 3 des Tarifvertragsgesetzes. Dies setzt jedoch beiderseitige Tarifgebundenheit voraus. Der Arbeitnehmer muß Mitglied der zuständigen Gewerkschaft und der Arbeitgeber Mitglied des entsprechenden Arbeitgeberverbandes sein oder der Tarifvertrag wurde für allgemeinverbindlich erklärt.

»Sehr schön«, sagt Karl Zucker zu seinem Freund Kurt Beil. »Dies ist uns ja wohl klar. Nun lagen doch aber besondere Umstände bei euch im Betriebe vor, nicht wahr?«

»Sicher, wenn ich mich nicht mit weniger Lohn zufrieden gegeben hätte, hätte mich der Meister sofort entlassen müssen, ich hätte also gar nicht mehr die drei Monate bei ihm arbeiten können.«

Die beiden Gesellen haben hier also das Gefühl, daß möglicherweise dieses generelle gesetzliche Verbot der abweichenden Vereinbarung vom Tarifvertrag zuungunsten des Arbeitnehmers Grenzen haben könnte. Und tatsächlich haben die Juristen in der Rechtsprechung und in der Wissenschaft lange Jahre hindurch darüber gestritten, ob nicht doch in einem Einzelfall wegen seiner besonderen Umstände die Starrheit des Prinzips durchbrochen werden könnte.

So wurde zum Beispiel bis in die jüngste Zeit hinein die Auffassung vertreten, daß ein Arbeitnehmer bei seinem Ausscheiden aus dem Vertragsverhältnis seinen Gehaltsanspruch verliert, wenn er nunmehr auf ihn verzichtet. Es wurde als arglistig angesehen, wenn er trotz eines solchen Verzichtes, den er ja zu einem Zeitpunkt ausgesprochen hatte, als er nicht mehr unter dem Einfluß des Arbeitgebers stand, den Lohnbetrag verlangt. Man sagte, er habe seine Ansprüche verwirkt. Man könnte also in unserem Falle sehr wohl auf die Idee kommen, folgendes zu sagen: Die zwischen Kurt Beil und seinem Meister getroffene Vereinbarung lag ja im vernünftigen Interesse beider. Auch Kurt Beil hatte ja einen Vorteil von dieser Regelung, da er sonst sofort arbeitslos geworden wäre. Man könnte also der Ansicht sein, daß sein nunmehriges Verlangen gegen Treu und Glauben verstieße, er also den Anspruch verwirkt habe.

Das Tarifvertragsgesetz hat nun aber in § 4 Abs. 4 ausdrücklich folgendes bestimmt:

(4) Ein Verzicht auf entstandene tarifliche Rechte ist nur in einem von den Tarifvertragsparteien gebilligten Vergleich zulässig. Die Verwirkung von tariflichen Rechten ist ausgeschlossen. Ausschlußfristen für die Geltendmachung tariflicher Rechte können nur im Tarifvertrag vereinbart werden.

Demnach dürfte nun wohl klargestellt sein, daß die ganzen davon abweichenden Vereinbarungen hinfällig sind. Zu beachten ist, daß ab 1. Januar 2004 bezüglich des Teilzeit- und Befristungsgesetzes Änderungen in Kraft getreten sind. Diese betreffen vor allem die Anwendbarkeit des Kündigungsschutzgesetzes und die Existenzgründer.

Das Arbeitsgerichtsverfahren

»Weißt du was«, sagt Karl Zucker zu Kurt Beil, »klage doch dein Gehalt ein, dann werden wir ja sehen, wie das Gericht entscheidet.«

»Und wo gehe ich jetzt hin?« fragt Kurt Beil.

Beil sucht einen in seinem Hause wohnenden Juristen auf, der am Arbeitsgericht tätig ist, um sich einen nachbarschaftlichen Rat einzuholen. Dieser Nachbar – es ist der Richter Wilhelm Borke – benutzt gern die Gelegenheit, um Kurt Beil etwas über die Arbeitsgerichtsbarkeit zu erzählen.

»Gott sei Dank«, beginnt er, »haben wir eine gesetzliche Regelung, die für die ganze Bundesrepublik gilt, und zwar das Arbeitsgerichtsgesetz. Da Sie eine Gehaltsstreitigkeit mit Ihrem Arbeitgeber haben, Herr Beil, müssen Sie die Klage vor dem Arbeitsgericht erheben (§ 2 Abs. 1 Ziff. 3a Arbeitsgerichtsgesetz), und zwar bei dem Ort, wo die Arbeitsleistung zu erbringen ist.

Das Arbeitsgericht hat noch eine ganze Anzahl anderer Rechtsstreitigkeiten zu entscheiden. Neulich hatte ich zum Beispiel folgenden Fall: In einem Möbelherstellungsbetrieb hatte ein Arbeiter mit einem Spritzgerät die Möbel zu lackieren. Er fühlte sich nun bei dieser Tätigkeit ständig durch einen Arbeitskollegen behindert, der hinter ihm stand. In einem Anfall des Zornes drehte er sich plötzlich um und spritzte den anderen von oben bis unten mit Farbe voll. Dieser verlangte Schadensersatz für die völlig ruinierte Privatkleidung, die der Arbeitskittel nicht schützen konnte. Es genügt also die Tatsache, daß der Streit aus dem Betriebsleben entstanden ist, um die Arbeitsgerichte zuständig sein zu lassen. So ist auch unter anderen das Arbeitsgericht zuständig für Streitfragen, die sich aus dem Betriebsverfassungsgesetz ergeben können, zum Beispiel Errichtung, Zusammensetzung und Wahl des Betriebsrates.«

409

Klageschrift und Kosten

»Nun sehe ich schon klar«, erwidert Kurt Beil, »ich werde mir also einen Rechtsanwalt nehmen.« »Das ist nicht immer nötig. Es kommt auf den Fall an. An sich können Sie entweder selber auftreten oder aber sich durch einen Vertreter Ihrer Gewerkschaft vertreten lassen.«

Die Vertretung in einem Arbeitsgerichtsprozeß ist durch das Arbeitsgerichtsgesetz in den §§ 11 und 11a wie folgt geregelt:

§ 11

(1) Die Parteien können vor den Arbeitsgerichten den Rechtsstreit selbst führen oder sich vertreten lassen. Eine Vertretung durch Vertreter von Gewerkschaften oder von Vereinigungen von Arbeitgebern oder von Zusammenschlüssen solcher Verbände ist zulässig, wenn diese Personen kraft Satzung oder Vollmacht zur Vertretung befugt sind und der Zusammenschluß, der Verband oder deren Mitglieder Partei sind. Das gleiche gilt für die Prozeßvertretung durch Vertreter von selbständigen Vereinigungen von Arbeitnehmern mit sozial- oder berufspolitischer Zwecksetzung. (...)
(2) Vor den Landesarbeitsgerichten und vor dem Bundesarbeitsgericht müssen die Parteien sich durch Rechtsanwälte als Prozeßbevollmächtigte vertreten lassen; zur Vertretung berechtigt ist jeder bei einem deutschen Gericht zugelassene Rechtsanwalt. An ihre Stelle können vor den Landesarbeitsgerichten Vertreter von Gewerkschaften oder von Vereinigungen von Arbeitgebern oder von Zusammenschlüssen solcher Verbände treten, wenn sie kraft Satzung oder Vollmacht zur Vertretung befugt sind und der Zusammenschluß, der Verband oder deren Mitglieder Partei sind. (...)
(3) Mit Ausnahme der Rechtsanwälte sind Personen, die die Besorgung fremder Rechtsangelegenheiten vor Gericht geschäftsmäßig betreiben, als Bevollmächtigte und Beistände in der mündlichen Verhandlung ausgeschlossen; § 157 Abs. 1 Satz 1 und Abs. 2 der Zivilprozeßordnung ist entsprechend anzuwenden. Dies gilt nicht für die in Absatz 1 Satz 2 und 3, Absatz 2 Satz 2 genannten Personen.

§ 11a

(1) Einer Partei, die außerstande ist, ohne Beeinträchtigung des für sie und ihre Familie notwendigen Unterhalts die Kosten des Prozesses zu bestreiten, und die nicht durch ein Mitglied oder einen Angestellten einer Gewerkschaft oder einer Vereinigung von Arbeitgebern vertreten werden kann, hat der Vorsitzende des Arbeitsgerichts auf ihren Antrag einen Rechtsanwalt beizuordnen, wenn die Gegenpartei durch einen Rechtsanwalt vertreten ist. Die Partei ist auf ihr Antragsrecht hinzuweisen.
(2) Die Beiordnung kann unterbleiben, wenn sie aus besonderen Gründen nicht erforderlich ist, oder wenn die Rechtsverfolgung offensichtlich mutwillig ist.
(3) Die Vorschriften der Zivilprozeßordnung über die Prozeßkostenhilfe gelten in Verfahren vor den Gerichten in Arbeitssachen entsprechend.
(4) Der Bundesminister für Arbeit und Sozialordnung wird ermächtigt, zur Vereinfachung und Vereinheitlichung des Verfahrens durch Rechtsverordnung mit Zustimmung des Bundesrates Vordrucke für die Erklärung der Partei über ihre persönlichen und wirtschaftlichen Verhältnisse (§ 117 Abs. 2 der Zivilprozeßordnung) einzuführen.

Über eine Klage im Arbeitsgerichtsprozeß entscheidet grundsätzlich eine »Kammer« des Arbeitsgerichts. »Was ist denn das nun wieder? Eine Kammer gibt es auch noch?«

410 »Sie müssen sich das folgendermaßen vorstellen: Über Ihre Klage, Herr Beil, entscheiden drei Personen. Das Arbeitsgericht tagt in Form von Kammern, die mit einem Vorsitzenden und zwei ehrenamtlichen Richtern besetzt sind.«

Da es sich um einen verhältnismäßig einfach gelagerten Prozeßfall mit geringem Streitwert handelt, will Kurt Beil keinen Rechtsanwalt einschalten, sondern selbst den Prozeß führen, wobei er davon ausgeht, daß die erfahrenen Arbeitsrichter die Dinge schon richtig in den Griff bekommen werden.

Kurt Beil geht entweder zum Arbeitsgericht und erklärt dort seine Klage auf der Geschäftsstelle zu Protokoll, wobei ihm der zuständige Beamte bei der Formulierung hilft oder aber er verfaßt selbst die nachstehende Klageschrift:

Kurt Beil
Am Affenthor 7
60594 Frankfurt/Main

An das
Arbeitsgericht
60322 Frankfurt/Main   10. August 20 . .

KLAGE

des Metzgergesellen Kurt Beil, Am Affenthor 7, Frankfurt/M.
                                        K l ä g e r

gegen

den Metzgermeister Franz Wurst, Helle Aussicht 1, Frankfurt/M.
                                        B e k l a g t e r

wegen 300,– Euro Gehaltsforderung.

Ich werde beantragen, den Beklagten zu verurteilen, an den Kläger
300,– Euro nebst 4 % Zinsen seit Klagezustellung zu zahlen.

Begründung:

Der Beklagte war bis zum 1. August d. J. der Arbeitgeber des Klägers. Etwa drei
Monate vor Beendigung des Arbeitsverhältnisses trat der Beklagte an den Kläger
heran und erklärte ihm, daß der Betrieb eingeschränkt werden müsse. Er, der
Beklagte, könnte es sich nicht mehr leisten, den Kläger zu bezahlen. Dem Kläger
war auch bekannt, daß durch den Abriß der Wohngebäude hinter dem Laden des
Beklagten ein großer Kundenausfall eintrat, der wohl erst nach mehr als einem
Jahr wettgemacht sein dürfte, wenn und soweit in dieser Gegend neue Wohnblocks
erstellt werden sollten. Im Rahmen dieser Unterhaltung kam dann das Gespräch
auch auf die Frage, ob der Kläger nicht gegebenenfalls einige Zeit bis zur Besserung
der Geschäftslage für einen geringeren Lohn arbeiten würde. Der Kläger hat sich
aus Angst vor Arbeitslosigkeit nach kurzem Besinnen zu einer solchen Vereinbarung entschlossen, in der Hoffnung, sich dadurch die Stelle bei dem Beklagten für
die Zukunft zu erhalten. Nachdem nun aber die Geschäftslage bei dem Beklagten
sich so weit verschlechterte, daß der Kläger entlassen werden mußte, besteht für
den Kläger keine Veranlassung, sein wohlverdientes Geld abzuschreiben.

Er hat im übrigen erst durch ein Gespräch mit einem befreundeten Bäckergesellen
erfahren, daß ein Verzicht auf diesen Arbeitslohn gar nicht möglich sei.

Da der Beklagte sich auf Anmahnung geweigert hat, den monatlichen Differenzbetrag von 100,– Euro, also insgesamt 300,– Euro, an den Kläger auszuzahlen,
mußte diese Klage erhoben werden.
Es besteht ein Tarifvertrag. Beide Parteien sind Mitgleid der entsprechenden
Organisationen.

411

 Original mit einer Abschrift dem Arbeitsgericht einschicken, Durchschlag für die eigenen Akten zurückbehalten.

Das Arbeitsgericht stellt jetzt die Abschrift dem Metzgermeister Franz Wurst zu und beraumt gleichzeitig nach Durchführung einer Güteverhandlung (§ 54 ArbGG) einen Termin zur mündlichen Verhandlung an. Ein Gerichtskostenvorschuß wird von dem Arbeitsgericht nicht eingefordert. Die
Gerichtskosten werden erst nach Beendigung des Verfahrens geltend gemacht.

Meister Wurst nimmt den Kampf auf und reicht folgenden Gegenschriftsatz ein:

FRANZ WURST

Metzgermeister

Helle Aussicht 1
60320 Frankfurt/Main

An das
Arbeitsgericht
60322 Frankfurt/Main   15.8.20 . .

In dem Rechtsstreit Beil ./. Wurst
Az. . . .

werde ich beantragen,
den Kläger mit der Klage abzuweisen.

Begründung:

Der Kläger hat im wesentlichen den Sachverhalt richtig vorgetragen. Es besteht ein
Tarifvertrag, der für beide Parteien gilt, da sie Mitglied ihrer Organisation sind. Der
Kläger hat es allerdings unterlassen, zu bemerken, daß er selbst den Vorschlag gemacht
hat, für einen geringeren Lohn bei dem Beklagten arbeiten zu wollen, um ihm über die
Zeit des unverschuldeten Geschäftsrückganges hinwegzuhelfen. Der Beklagte hatte ihm
auch in Aussicht gestellt, falls er ihn dadurch weiter im Vertragsverhältnis behalten
könnte, dies durch spätere Lohnerhöhungen auszugleichen.

Der Beklagte empfindet es als erhebliche Arglist des Klägers, daß er die aufgrund der
besonderen Umstände durch ihn selbst vorgeschlagene Vereinbarung nicht innehalten
will. Nach Ansicht des Beklagten hat er, falls der Verzicht nicht gültig sein sollte, seinen
Anspruch verwirkt.

Metzgermeister

Die Berufung

412

Aufgrund der mündlichen Verhandlung, zu der beide Parteien erschienen waren, erläßt das Arbeitsgericht ein für Kurt Beil günstiges Urteil. Das Arbeitsgericht hat in seine Urteilsbegründung nur kurz hineingeschrieben, daß es an die Bestimmung des Tarifvertragsgesetzes gebunden ist, wonach es eben eine Verwirkung von Lohnansprüchen nicht gebe. Am Schluß des Urteils heißt es dann: »Wegen der grundsätzlichen Bedeutung der Rechtssache wird die Berufung zugelassen.«

Metzgermeister Wurst kann also gegen das Urteil des Arbeitsgerichts Berufung einlegen. Beträgt der Streitwert eines Rechtsstreits vor dem Arbeitsgericht mehr als 600,– Euro, so kann die verlierende Partei immer Berufung einlegen (§ 64 ArbGG). Bei Prozessen mit kleineren Streitwerten dagegen muß die Berufung – wie im vorstehenden Falle – besonders zugelassen werden. Da in dem vorliegenden Rechtsstreit die grundsätzliche Frage zur Debatte stand, ob im modernen deutschen Arbeitsrecht die Verwirkung vollkommen ausgeschaltet werden kann, hat das Arbeitsgericht trotz des geringen Streitwertes die Berufung zugelassen.

Für das Berufungsverfahren gilt im wesentlichen das gleiche wie in dem Verfahren vor den ordentlichen Zivilgerichten. Allerdings muß Franz Wurst eines beachten. Die Frist für die Berufungseinlegung beträgt einen Monat und für die Berufungsbegründung zwei Monate (jeweils beginnend ab Zustellung des Urteils) wie in den Verfahren vor den ordentlichen Gerichten. Hinsichtlich des Vorbringens in der Berufungsinstanz gelten allerdings besondere Einschränkungen, welche in § 67 ArbGG wie folgt geregelt sind:

§ 67
(1) Angriffs- und Verteidigungsmittel, die im ersten Rechtszug zu Recht zurückgewiesen worden sind, bleiben ausgeschlossen.
(2) Neue Angriffs- und Verteidigungsmittel, die im ersten Rechtszug entgegen einer hierfür nach § 56 Abs. 1 Satz 2 Nr. 1 oder § 61a Abs. 3 oder 4 gesetzten Frist nicht vorgebracht worden sind, sind nur zuzulassen, wenn nach der freien Überzeugung des Landesarbeitsgerichts ihre Zulassung die Erledigung des Rechtsstreits nicht verzögern würde oder wenn die Partei die Verspätung genügend entschuldigt. Der Entschuldigungsgrund ist auf Verlangen des Landesarbeitsgerichts glaubhaft zu machen.
(3) Neue Angriffs- und Verteidigungsmittel, die im ersten Rechtszug entgegen § 282 Abs. 1 der Zivilprozeßordnung nicht rechtzeitig vorgebracht oder entgegen § 282 Abs. 2 der Zivilprozeßordnung nicht rechtzeitig mitgeteilt worden sind, sind nur zuzulassen, wenn ihre Zulassung nach der freien Überzeugung des Landesarbeitsgerichts die Erledigung des Rechtsstreits nicht verzögern würde oder wenn die Partei das Vorbringen im ersten Rechtszug nicht aus grober Nachlässigkeit unterlassen hatte.
(4) Soweit das Vorbringen neuer Angriffs- und Verteidigungsmittel nach den Absätzen 2 und 3 zulässig ist, sind diese vom Berufungskläger in der Berufungsbegründung, vom Berufungsbeklagten in der Berufungsbeantwortung vorzubringen. Werden sie später vorgebracht, sind sie nur zuzulassen, wenn sie nach der Berufungsbegründung oder der Berufungsbeantwortung entstanden sind oder das verspätete Vorbringen nach der freien Überzeugung des Landesarbeitsgerichts die Erledigung des Rechtsstreits nicht verzögern würde oder nicht auf Verschulden der Partei beruht.

Die Berufung kann Wurst nicht etwa selbst durchführen, sondern muß sich bei ihr durch einen Rechtsanwalt oder eine Person gemäß § 11 Abs. 2 ArbGG vertreten lassen. Dieser wird also die Berufung rechtzeitig einlegen und auch rechtzeitig begründen. Das Landesarbeitsgericht, bei welchem die Berufung einzulegen und durchzuführen ist, entscheidet wiederum in Kammern. Der Vorsitzende ist Volljurist. Die Beisitzer, die sogenannten Landesarbeitsrichter, sind keine Juristen, sondern werden wieder je einer aus den Reihen der Arbeitgeber und einer aus den Reihen der Arbeitnehmer ausgewählt.

Das Landesarbeitsgericht entscheidet also auch wieder in der Besetzung mit drei Richtern. In dem Berufungsverfahren wird noch einmal der gesamte Prozeß in tatsächlicher und rechtlicher Hinsicht durchgeführt.

Das Landesarbeitsgericht ist nur Berufungsgericht. Jeder Arbeitsgerichtsprozeß, gleichgültig, wie hoch sein Streitwert ist, beginnt also bei dem Arbeitsgericht. Hier ist es also anders als bei den ordentlichen Zivilgerichten, wo bestimmte Prozesse, insbesondere solche mit einem Streitwert über 5000,– Euro, gleich beim Landgericht begonnen werden müssen.

413

Wenn Franz Wurst seinen Prozeß auch in der Berufungsinstanz verlieren sollte, dann hat er vielleicht noch die Möglichkeit, die Revision einzulegen. Man hat aber nicht gegen jedes Urteil des Landesarbeitsgerichts die Revisionsmöglichkeit, vielmehr muß die Revision grundsätzlich durch das Landesarbeitsgericht besonders zugelassen werden.

Dies ist in den §§ 72 und 72 a ArbGG wie folgt geregelt:

§ 72

(1) Gegen das Endurteil eines Landesarbeitsgerichts findet die Revision an das Bundesarbeitsgericht statt, wenn sie in dem Urteil des Landesarbeitsgerichts oder in dem Beschluß des Bundesarbeitsgerichts nach § 72a Abs. 5 Satz 2 zugelassen worden ist.

(2) Die Revision ist zuzulassen, wenn

1. die Rechtssache grundsätzliche Bedeutung hat oder

2. das Urteil von einer Entscheidung des Bundesverfassungsgerichts, von einer Entscheidung des Gemeinsamen Senats der obersten Gerichtshöfe des Bundes, von einer Entscheidung des Bundesarbeitsgerichts oder, solange eine Entscheidung des Bundesarbeitsgerichts in der Rechtsfrage nicht ergangen ist, von einer Entscheidung einer anderen Kammer desselben Landesarbeitsgerichts oder eines anderen Landesarbeitsgerichts abweicht und die Entscheidung auf dieser Abweichung beruht.

(3) Das Bundesarbeitsgericht ist an die Zulassung der Revision durch das Landesarbeitsgericht gebunden.

(4) Gegen Urteile, durch die über die Anordnung, Abänderung oder Aufhebung eines Arrestes oder einer einstweiligen Verfügung entschieden wird, ist die Revision nicht zulässig.

(5) Für das Verfahren vor dem Bundesarbeitsgericht gelten, soweit dieses Gesetz nichts anderes bestimmt, die Vorschriften der Zivilprozeßordnung über die Revision mit Ausnahme des § 566 entsprechend.

(6) Die Vorschriften des § 49 Abs. 1, der §§ 50, 52 und 53, des § 57 Abs. 2, des § 61 Abs. 2 und des § 63 über Ablehnung von Gerichtspersonen, Zustellung, Öffentlichkeit, Befugnisse des Vorsitzenden und der ehrenamtlichen Richter, gütliche Erledigung des Rechtsstreits sowie Inhalt des Urteils und Übersendung von Urteilen in Tarifvertragssachen gelten entsprechend.

§ 72a

(1) Die Nichtzulassung der Revision durch das Landesarbeitsgericht kann selbständig durch Beschwerde angefochten werden, im Falle des § 72 Abs. 2 Nr. 1 jedoch nur dann, wenn die Rechtssache Rechtsstreitigkeiten betrifft

1. zwischen Tarifvertragsparteien aus Tarifverträgen oder über das Bestehen oder Nichtbestehen von Tarifverträgen,

2. über die Auslegung eines Tarifvertrags, dessen Geltungsbereich sich über den Bezirk des Landesarbeitsgerichts hinaus erstreckt, oder

3. zwischen tariffähigen Parteien oder zwischen diesen und Dritten aus unerlaubten Handlungen, soweit es sich um Maßnahmen zum Zwecke des Arbeitskampfes oder um Fragen der Vereinigungsfreiheit einschließlich des hiermit im Zusammenhang stehenden Betätigungsrechts der Vereinigungen handelt.

(2) Die Beschwerde ist bei dem Bundesarbeitsgericht innerhalb einer Notfrist von einem Monat nach Zustellung des in vollständiger Form abgefaßten Urteils schriftlich einzulegen. Der Beschwerdeschrift soll eine Ausfertigung oder beglaubigte Abschrift des Urteils beigefügt werden, gegen das die Revision eingelegt werden soll.

(3) Die Beschwerde ist innerhalb einer Notfrist von zwei Monaten nach Zustellung des in vollständiger Form abgefaßten Urteils zu begründen. In der Begründung müssen die Voraussetzungen des Absatzes 1 und des § 72 Abs. 2 Nr. 1 dargelegt oder die Entscheidung, von der das Urteil des Landesarbeitsgerichts abweicht, bezeichnet werden.

(4) Die Einlegung der Beschwerde hat aufschiebende Wirkung. Die Vorschriften des § 719 Abs. 2 und 3 der Zivilprozeßordnung sind entsprechend anzuwenden.

5) Das Landesarbeitsgericht ist zu einer Änderung seiner Entscheidung nicht befugt. Das Bundesarbeitsgericht entscheidet unter Hinzuziehung

(der ehrenamtlichen Richter durch Beschluß, der ohne mündliche Verhandlung ergehen kann. Die ehrenamtlichen Richter wirken nicht mit, wenn die Nichtzulassungsbeschwerde als unzulässig verworfen wird, weil sie nicht statthaft oder nicht in der gesetzlichen Form und Frist eingelegt und begründet ist, es sei denn, die Nichtzulassungsbeschwerde soll verworfen werden, weil die Voraussetzungen des Absatzes 1 und des § 72 Abs. 2 Nr. 1 nicht dargelegt sind. Dem Beschluß soll eine kurze Begründung beigefügt werden. Von einer Begründung kann abgesehen werden, wenn sie nicht geeignet ist, zur Klärung der Voraussetzungen des Absatzes 1 und des § 72 Abs. 2 beizutragen. Mit der Ablehnung der Beschwerde durch das Bundesarbeitsgericht wird das Urteil rechtskräftig. Wird der Beschwerde stattgegeben, beginnt mit der Zustellung dieser Entscheidung der Lauf der Revisionsfrist.

Demzufolge gibt es keine Möglichkeit, ohne besondere Zulassung ein Revisionsverfahren durchzuführen. Die Revision kann nur darauf gestützt werden, daß das Urteil des Landesarbeitsgerichts auf der Verletzung einer Rechtsnorm beruht. Zuständigkeitsmängel und fehlerhafte Berufung ehrenamtlicher Richter des Landesarbeitsgerichts rechtfertigen die Revision nicht.

Die Revision kann auch nur wieder durch einen Rechtsanwalt eingelegt und durchgeführt werden, und zwar muß sie binnen einer Frist von einem Monat eingelegt werden. Revisionsgericht ist das Bundesarbeitsgericht in Erfurt. Das Bundesarbeitsgericht entscheidet in Senaten, die mit fünf Richtern besetzt sind. Vorsitzender ist der Senatspräsident, zwei Beisitzer sind Juristen (Bundesrichter), die beiden anderen Beisitzer sind ehrenamtliche Richter.

In dem Prozeß Beil ./. Franz Wurst war es unzweifelhaft, daß der Kläger Kurt Beil sich auf den für ihn zuständigen Tarifvertrag berufen konnte, weil er in der für ihn zuständigen Gewerkschaft organisiert war und auch sein Arbeitgeber dem zuständigen Arbeitgeberverband angehörte. Kurt Beil hat aber auch Arbeitskollegen, die nicht gewerkschaftlich organisiert sind und die nun aus Anlaß des vorstehenden Prozesses die Frage stellen, ob sie denn nicht den Schutz der Tarifvertragsbestimmungen genießen. An und für sich erfaßt der jeweilige Tarifvertrag nur die Mitglieder der Gewerkschaft, die den Tarifvertrag abgeschlossen hat. Dann bestünde aber die Gefahr, daß nichtorganisierte Arbeitnehmer zu einem geringeren Arbeitslohn arbeiten müßten. Hier greift die »Allgemeinverbindlichkeitserklärung« ein.

Der Bundesarbeitsminister kann gemäß § 5 des Tarifvertragsgesetzes Tarifverträge für allgemein verbindlich erklären, wenn (1) die tarifgebundenen Arbeitgeber nicht weniger als 50 v.H. der unter den Geltungsbereich des Tarifvertrages fallenden Arbeitnehmer beschäftigen, und (2) die Allgemeinverbindlichkeitserklärung im öffentlichen Interesse geboten erscheint. Mit der Allgemeinverbindlichkeitserklärung erfassen die Rechtsnormen des Tarifvertrages in seinem Geltungsbereich auch die bisher nicht tarifgebundenen Arbeitgeber und Arbeitnehmer.

Jeder Arbeitnehmer kann bei seinem Arbeitnehmerverband oder der Handwerks- oder Handelskammer erfragen, ob eine solche Allgemeinverbindlichkeitserklärung erfolgt ist. Die entsprechende Anordnung wird jeweils im Bundesanzeiger veröffentlicht.

»Sehr schön«, sagt Karl Zucker, »und was ist los, wenn sich die Arbeitgeber und die Gewerkschaften mal nicht einigen? Streik ist ja ganz schön, aber er wird ja wohl auch nicht immer zum Erfolg führen.« Das ist an und für sich ein sehr wunder Punkt des ganzen Tarifrechts. Die früheren Tarifbestimmungen kannten hier die Verbindlichkeitserklärung. Wenn sich die Tarifvertragsparteien über einen Entwurf eines neuen Tarifvertrages nicht einigen wollten oder konnten, so wurde einfach durch eine Schlichtungsstelle der Entwurf für die beteiligten Parteien für verbindlich erklärt.

Nach 1945 glaubte man zunächst, ohne derartige staatliche Eingriffe auszukommen, und hat bewußt von der Möglichkeit der Verbindlichkeitserklärung eines nicht vereinbarten Vertragstextes Abstand genommen. Auf den Gebieten, auf denen Gewerkschaften einerseits und Arbeitgeberverbände andererseits vorhanden sind, gilt dieser Zustand auch heute noch. Allerdings wird in solchen

Fällen immer ein Schlichtungsverfahren eingeleitet. Es gibt teilweise auch Landesschlichtungsgesetze, wie zum Beispiel die Landesschlichtungsverordnung für Baden. Wo aber für einen Wirtschaftszweig oder eine Beschäftigungsart derartige übergreifende Vertragsparteien nicht vorhanden sind, man denke zum Beispiel an die Vielzahl der Hausangestellten, da greifen Gesetze über die Festsetzung von zwingenden Arbeitsbedingungen ein, wie zum Beispiel für das Baugewerbe (3. VO vom 21. August 2002) und vor allem das Gesetz über die Festsetzung von Mindestarbeitsbedingungen vom 11. Januar 1952.

Zu diesem Zweck hat der Bundesminister für Arbeit einen Hauptausschuß errichtet, der die Festsetzung von Mindestarbeitsbedingungen vorschlägt. Für die einzelnen Wirtschaftszweige und Beschäftigungsarten werden Fachausschüsse gebildet, die mit Zustimmung des Bundesministers für Arbeit die Mindestarbeitsbedingungen festsetzen.

Der Urlaub

Die landesrechtlichen Vorschriften über den Erholungsurlaub sind seit langem außer Kraft getreten. Der Urlaubsanspruch ist jetzt für das gesamte Bundesgebiet durch das »Mindesturlaubsgesetz für Arbeitnehmer« (Bundesurlaubsgesetz) vom 8. Januar 1963 geregelt.

Nunmehr hat jeder Arbeitnehmer in jedem Kalenderjahr Anspruch auf bezahlten Erholungsurlaub. Arbeitnehmer sind alle Arbeiter und Angestellten sowie die in der Berufsausbildung Beschäftigten. Als Arbeitnehmer gelten aber auch Personen, die wegen ihrer wirtschaftlichen Unselbständigkeit als arbeitnehmerähnliche Personen anzusehen sind.

Die Dauer des Urlaubs beträgt jährlich mindestens 24 Werktage. Für Jugendliche gelten besondere Regelungen, die in § 19 Jugendarbeitsschutzgesetz niedergelegt sind. Als Werktage gelten alle Kalendertage, die nicht Sonn- oder gesetzliche Feiertage sind. Auch bei der 5-Tage-Woche gilt also der Samstag noch als echter Werktag. Der volle Urlaubsanspruch wird erstmalig nach sechsmonatigem Bestehen des Arbeitsverhältnisses erworben. Anspruch auf ein Zwölftel des Jahresurlaubs für jeden vollen Monat des Bestehens des Arbeitsverhältnisses hat der Arbeitnehmer

a) für Zeiten eines Kalenderjahres, für die er wegen Nichterfüllung der Wartezeit in diesem Kalenderjahr keinen vollen Urlaubsanspruch erwirbt;
b) wenn er vor erfüllter Wartezeit ausscheidet;
c) wenn er nach erfüllter Wartezeit in der ersten Hälfte des Kalenderjahres ausscheidet. Hierbei sind Bruchteile von Urlaubstagen, die mindestens einen halben Tag ergeben, auf volle Urlaubstage aufzurunden.

Der Anspruch auf Urlaub besteht nicht, soweit dem Arbeitnehmer für das laufende Kalenderjahr von einem früheren Arbeitgeber Urlaub gewährt worden ist. Der Arbeitgeber ist verpflichtet, bei Beendigung des Arbeitsverhältnisses eine Bescheinigung über den im laufenden Kalenderjahr gewährten oder abgegoltenen Urlaub auszuhändigen.

Bei der zeitlichen Festlegung des Urlaubs sind die Wünsche des Arbeitnehmers zu berücksichtigen, es sei denn, daß ihrer Berücksichtigung dringende betriebliche Belange oder Urlaubswünsche anderer Arbeitnehmer, die unter sozialen Gesichtspunkten den Vorrang verdienen, entgegenstehen.

Der Urlaub ist zusammenhängend zu gewähren und muß im laufenden Kalenderjahr genommen werden. Ausnahmen sind nur bei dringenden betrieblichen oder in der Person des Arbeitnehmers liegenden Gründen zulässig.

Im Fall der Übertragung muß der Urlaub in den ersten drei Monaten des folgenden Kalenderjahres gewährt und genommen werden. Nur einen Teilurlaub (siehe oben unter a) kann der Arbeitnehmer auf das ganze nächste Jahr verlegen. Während des Urlaubs darf der Arbeitnehmer keine Erwerbstätigkeit ausüben, die dem Urlaubszweck widerspricht.

416 Erkrankt der Arbeitnehmer während des Urlaubs, so dürfen die durch ärztliches Zeugnis nachgewiesenen Tage der Arbeitsunfähigkeit auf den Jahresurlaub nicht angerechnet werden. Ebenfalls nicht angerechnet werden dürfen Kur- und Heilverfahren, die von der Sozialversicherung oder einem sonstigen Sozialleistungsträger gewährt werden. Dies gilt aber dann nicht, wenn die übliche Gestaltung eines Erholungsurlaubs nicht erheblich beeinträchtigt wird.

Von den Vorschriften des Bundesurlaubsgesetzes kann zum Teil durch Tarifverträge abgewichen werden. Natürlich kann jeder Arbeitnehmer auch sonst günstiger gestellt werden.

Der Bildungsurlaub

Neben dem vorstehend dargestellten Urlaubsrecht des Arbeitnehmers besteht noch die besondere Einrichtung des sogenannten Bildungsurlaubs. Während in den meisten Ländern der Bundesrepublik der Bildungsurlaub von fünf Tagen auf jugendliche Arbeitnehmer, vor allem auf Auszubildende beschränkt ist, hat das Land Hessen jedem in diesem Land beschäftigten Arbeitnehmer und in der Berufsausbildung Stehenden einen bezahlten Bildungsurlaub von fünf Tagen durch das »Hessische Gesetz über den Anspruch auf Bildungsurlaub vom 28. Juli 1998« zugesprochen.

Voraussetzung für den Anspruch auf Bildungsurlaub ist ein sechsmonatiges Bestehen des Arbeits- oder Ausbildungsverhältnisses. Gemäß § 7 des Gesetzes ist während des Bildungsurlaubs keine Erwerbstätigkeit gestattet. Diese Regelung ist zugunsten des Arbeitnehmers zwingend und kann insoweit nicht durch vertragliche Vereinbarung ausgeschlossen oder abgewandelt werden (§ 10).

Die anderen Bundesländer haben ähnliche Gesetze.

Krankheit und Lohnfortzahlung

Der Arbeitnehmer verliert während einer bestimmten Zeit seinen Gehaltsanspruch nicht durch eine Krankheit. Dies sind bis zu sechs Wochen Arbeitsunfähigkeit durch Krankheit (vgl. § 3 des Entgeltfortzahlungsgesetzes). Danach tritt die jeweilige Krankenkasse ein.

Die Scheinselbständigkeit

Die heutige Wettbewerbs- und Arbeitsmarktsituation hat bewirkt, daß Unternehmen die Zahl ihrer Arbeitnehmer aus steuerlichen und Sozialversicherungsgründen möglichst reduzieren und deren Tätigkeit durch Selbständige ausführen lassen, die in Wahrheit mehr oder weniger doch noch als Arbeitnehmer zu betrachten sind. Dies hatte vor einiger Zeit zu einer Sonderregelung für diesen Personenkreis der sogenannten »Scheinselbständigen« sowie der »arbeitnehmerähnlichen Selbständigen« geführt. Da die Zahl der Problemfälle der Abgrenzung zwischen Selbständigen und Arbeitnehmern so groß geworden ist, wurde mit Wirkung zum 1.1.1999 eine gesetzliche Regelung zur Scheinselbständigkeit in das Sozialgesetzbuch Teil IV eingeführt (früherer § 7 Abs. 4 SGB IV). Danach wurde bei Vorliegen von drei der fünf dort genannten Merkmale eine sozialversicherungspflichtige Beschäftigung vermutet.

Diese Regelung wurde in dieser Form wieder abgeschafft, weil sie zum Teil ungerecht, aber auch zu kompliziert war. Heute geht § 7 des SGB IV nur dann von einer Selbständigkeit aus, wenn tatsächlich keine Tätigkeit nach Weisungen erfolgt und keine Eingliederung in die Arbeitsorganisation des Weisungsgebers vorliegt. Allerdings wird gemäß § 7 Abs. 4 eine Selbständigkeit vermutet, wenn jemand ein Existenzgründerdarlehen gemäß § 421l des SGB Teil III beantragt.

Die »geringfügige Beschäftigung« (400,00 Euro-Jobs)

Seit langen Jahren war es möglich, Steuern und Sozialabgaben dadurch zu sparen, daß mit einem Arbeitnehmer eine geringfügige Beschäftigung vereinbart und hierfür ein Gehalt von früher monatlich nicht mehr als 630 DM vereinbart wurde. Hierauf zahlte der Arbeitgeber eine pauschale Steuer, womit die gesamte Lohnsteuer des Arbeitnehmers abgegolten war. Sozialbeiträge mußten bezüglich dieses Gehaltes nicht abgeführt werden. Es spielte hierbei überhaupt keine Rolle, ob es sich bei dem geringfügig beschäftigten Arbeitnehmer um eine Person handelte, die noch ein weiteres Arbeitsverhältnis innehatte oder ob es sich um das alleinige Beschäftigungsverhältnis handelte.

Da ebenso wie im Bereich der Scheinselbständigkeit hier seitens der Politiker viele Umgehungen vermutet wurden und auch weil ein Trend beobachtet wurde, daß immer mehr Arbeitnehmer sich hier einen steuerlich- und sozialversicherungsrechtlich lukrativen »Nebenjob« verschafften, wurde diese Möglichkeit seit Beginn des Jahres 1999 erheblich eingeschränkt, und zwar durch eine drastische Beschränkung der Steuerfreiheit dieser 630,00-DM-Jobs gemäß § 3 Nr. 39 Einkommensteuergesetz. Es wurde unter anderem in einem bürokratischen Verfahren geprüft, welche sonstigen Einkünfte der betreffende Arbeitnehmer hatte etc. Die Sozialabgaben wurden erheblich erhöht, mit dem Ergebnis, daß sich diese 630,00-DM-Jobs kaum noch lohnten. Es wurde übersehen, daß zahlreiche Berufszweige von diesen geringfügig Beschäftigten abhängig sind und nunmehr in größte Schwierigkeiten geraten, weil durch die verschärften Regelungen diese Arbeitnehmer nicht mehr bereit sind, ihre Tätigkeit auszuüben und gegebenenfalls lieber Sozialhilfe in Anspruch nehmen. Die Alternative, daß der Arbeitgeber die jetzt erhöhten Steuer- und Sozialabgaben leistet, war teilweise so belastend, daß es sich wirtschaftlich um keine echten Alternativen handelte, was vom Gesetzgeber im wesentlichen auch so gewollt war. Vor allem war es dem Gesetzgeber ein Dorn im Auge, daß Arbeitnehmer, die ein Hauptbeschäftigungsverhältnis hatten und dort ihr Gehalt verdienten, zusätzlich über die 630-DM-Regelung eine weitere Beschäftigung übernommen hatten. Dies sollte weitgehend eingeschränkt werden. Ob dies vernünftig ist, ist ebenfalls eine andere Frage, weil der Wirtschaft auch dadurch zahlreiche Arbeitskräfte verloren gehen, die aufgrund ihrer hauptberuflichen Tätigkeit nun nicht mehr in diesen »Nebenjobs« eingesetzt werden können und dadurch wiederum Wettbewerbsnachteile der Wirtschaft erfolgen dürften.

Aus diesen Gründen wurde das Gesetz im Jahre 2002 geändert. Die einschlägigen §§ 8 und 8a SGB IV lauten nunmehr:

§ 8
(1) Eine geringfügige Beschäftigung liegt vor, wenn
1. das Arbeitsentgelt aus dieser Beschäftigung regelmäßig im Monat 400 Euro nicht übersteigt,
2. die Beschäftigung innerhalb eines Kalenderjahres auf längstens zwei Monate oder 50 Arbeitstage nach ihrer Eigenart begrenzt zu sein pflegt oder im voraus vertraglich begrenzt ist, es sei denn, daß die Beschäftigung berufsmäßig ausgeübt wird und ihr Entgelt 400 Euro im Monat übersteigt.

(2) Bei der Anwendung des Absatzes 1 sind mehrere geringfügige Beschäftigungen nach Nummer 1 oder Nummer 2 sowie geringfügige Beschäftigungen nach Nummer 1 mit Ausnahme einer geringfügigen Beschäftigung nach Nummer 1 und nicht geringfügige Beschäftigungen zusammenzurechnen. Eine geringfügige Beschäftigung liegt nicht mehr vor, sobald die Voraussetzungen des Absatzes 1 entfallen. Wird bei der Zusammenrechnung nach Satz 1 festgestellt, dass die Voraussetzungen einer geringfügigen Beschäftigung nicht mehr vorliegen, tritt die Versicherungspflicht erst mit dem Tage der Bekanntgabe der Feststellung durch die Einzugsstelle oder einen Träger der Rentenversicherung ein.

(3) Die Absätze 1 und 2 gelten entsprechend, soweit anstelle einer Beschäftigung eine selbständige Tätigkeit ausgeübt wird. Dies gilt nicht für das Recht der Arbeitsförderung.

§ 8a

Werden geringfügige Beschäftigungen ausschließlich in Privathaushalten ausgeübt, gilt § 8. Eine geringfügige Beschäftigung im Privathaushalt liegt vor, wenn diese durch einen privaten Haushalt begründet ist und die Tätigkeit sonst gewöhnlich durch Mitglieder des privaten Haushalts erledigt wird.

Praktisch ist nunmehr folgendes für diese 400,00-Euro-Jobs ab 1. April 2003 zu beachten:

Die Lohnsteuerpauschalisierung mit 25 v.H. bei kurzfristiger Beschäftigung ist weiterhin wie bisher möglich, also wenn die Beschäftigung 18 zusammenhängende Arbeitstage und das Gehalt 62 Euro durchschnittlich je Arbeitstag nicht übersteigt. Die Pauschalisierung mit 25 v.H. ist unzulässig, wenn der Arbeitslohn durchschnittlich 12 Euro je Arbeitsstunde übersteigt.

Eine geringfügige Beschäftigung ist neben einer sozialversicherungspflichtigen Hauptbeschäftigung zulässig. Werden neben dieser zwei oder mehr geringfügig entlohnte Beschäftigungen ausgeübt, bleibt die erste geringfügige Beschäftigung sozialversicherungsfrei (aber Pauschalbeiträge des Arbeitgebers). Der Arbeitslohn aus der zweiten oder weiteren geringfügigen Beschäftigung wird mit dem der Hauptbeschäftigung und gegebenenfalls einer weiteren geringfügigen Beschäftigung zusammengerechnet.

Der pauschale Beitrag des Arbeitsgebers an die Krankenversicherung ist nicht zu zahlen, wenn der Beschäftigte nicht gesetzlich krankenversichert ist.

Die pauschale Lohnsteuer ist weiterhin zulässig, wenn wegen Überschreitens der Geringfügigkeitsgrenze keine pauschalen Arbeitgeberbeiträge zur Rentenversicherung zu zahlen sind. Diese Pauschalisierung kommt zum Beispiel in Betracht, wenn ein Arbeitnehmer mehrere geringfügige Beschäftigungen nebeneinander ausübt und dabei die Entgeltsgrenze von 400 Euro insgesamt überschritten ist (gilt nicht für den ersten Mini-Job neben Hauptbeschäftigung). Dann kann jeder Arbeitgeber pauschal versteuern, wenn der von ihm gezahlte Lohn 400 Euro monatlich nicht übersteigt. Es sind dann in der Regel zusätzlich die normalen Sozialversicherungsbeiträge zu zahlen. Wahlweise kann nach Lohnsteuerkarte versteuert werden.

Wenn Zeitgrenzen (weniger als 15 Stunden pro Woche und die Höchstgrenze von 12,00 Euro pro Stunde) überschritten werden, ist folgender Weg möglich:

Es sind pauschal 25 Prozent des Lohnes an die Bundesknappschaft in Cottbus abzuführen. Diese verteilt 12 Prozent an die Rentenversicherung, 11 Prozent an die Krankenversicherung und 2 Prozent Steuern. Für Minijobs in privaten Haushalten beträgt die Pauschale 12 Prozent. Die Bundesknappschaft ist auch die zuständige Krankenkasse bei Entgeltfortzahlung im Krankheitsfall. Die Adresse lautet: Bundesknappschaft, Minijob-Zentrale, 45115 Essen, Internet: http://www.minijob-Zentrale.de

Es ist dann nur ein Minijob zulässig, wenn der Arbeitnehmer noch einer Hauptbeschäftigung nachgeht. Der zweite Minijob (nach zeitlicher Abfolge) wird voll besteuert und sozialversichert.

Nur wenn der Arbeitnehmer keine andere Hauptbeschäftigung, also nur Minijobs, ausübt, können mehrere Minijobs bis zum Erreichen der 400-Euro-Grenze zusammengerechnet werden.

Es kann vereinbart werden, daß der Arbeitnehmer die 2 Prozent Pauschalsteuer zu tragen hat. Das geht nicht bei der Sozial- und Krankenversicherung, diese muß allein der Arbeitgeber bezahlen.

Der Arbeitnehmer kann die Rentenversicherung freiwillig von 12 Prozent auf 19,5 Prozent (2003) aufstocken, muß den Differenzbetrag dann aber selbst übernehmen. Der Rentenversicherungsbeitrag muß aber insgesamt mindestens 30,23 Euro (2003) betragen.

Neben einem 400-Euro-Minijob können weiterhin kurzfristige Beschäftigungen ausgeübt werden. Eine Zusammenrechnung findet nicht statt. Für Arbeitsentgelte von 400,01 Euro bis 800 Euro gilt die sogenannte Gleitzone. Hierzu gibt es für die genauen Berechnungen der Sozialversicherungsbeiträge, die »gleitend« ansteigen, folgende Internetadresse: www.ihre-vorsorge.de

Die Arbeitszeit

Das Arbeitszeitgesetz (AZG)

Die Arbeitszeit der Arbeitnehmer ist generell in dem Arbeitszeitgesetz in der Fassung vom 21. Dezember 2000 geregelt. Das AZG enthält auch Strafbestimmungen und ist durch Verordnungen für einige Berufszweige ergänzt. Jeder Betrieb muß einen Abdruck des AZG besitzen.

Die werktägliche Arbeitszeit darf acht Stunden nicht überschreiten. Eine Verlängerung auf zehn Stunden ist nur möglich, wenn innerhalb von sechs Kalendermonaten oder 24 Wochen im Durchschnitt acht Stunden werktäglich nicht überschritten werden. Ferner sind im AZG im einzelnen die Ruhepausen, die Ruhezeiten, die Sonn- und Feiertagsruhe und die Nacht- und Schichtarbeit geregelt.

Das Jugendarbeitsschutzgesetz

Von besonderer Bedeutung ist auch das Jugendarbeitsschutzgesetz in der Fassung vom 21. Dezember 2000. Es verbietet die Beschäftigung von Kindern, solange sie noch zum Besuch einer Schule mit Vollunterricht gesetzlich verpflichtet sind. Ausnahmen gelten nur für die Landwirtschaft, in der Kinder über 13 Jahre werktags gelegentlich mit leichten Hilfeleistungen beschäftigt werden dürfen, jedoch nicht vor 8 Uhr und nicht nach 18 Uhr. Es darf eine tägliche Arbeitszeit von 3 Stunden nicht überschritten werden.

Das Ordnungsamt kann auch Ausnahmen für die Mitwirkung von Kindern bei Veranstaltungen zulassen. Die Altersregelung sieht laut Gesetz folgendermaßen aus: »Kind ist, wer noch nicht 15 Jahre alt ist. Jugendlicher ist, wer 15, aber noch nicht 18 Jahre alt ist.«

Jugendliche dürfen nicht mehr als 40 Stunden wöchentlich beschäftigt werden. Die zur Erfüllung der gesetzlichen Berufsschulpflicht notwendige Zeit ist hierauf anzurechnen. Ein Geldausfall darf durch den Besuch der Berufsschule nicht eintreten. Auch darf der Jugendliche nicht vor dem Unterricht beschäftigt werden, sofern er vor 9 Uhr beginnt. In § 9 wird das Verbot der Beschäftigung während bestimmter Berufsschulzeiten geregelt.

Jedem Jugendlichen sind im voraus festgelegte Ruhepausen von angemessener Dauer zu gewähren, sofern die Arbeitszeit mehr als viereinhalb Stunden ausmacht. Die Pausen müssen bei einer Arbeitszeit von 4 1/2 bis 6 Stunden mindestens 30 und bei mehr als 6 Stunden Arbeitszeit mindestens 60 Minuten betragen. Für die Ruhepausen sind besondere Aufenthaltsräume für Jugendliche bereitzustellen. In Arbeitsräumen darf die Pause nur verbracht werden, wenn in diesen Räumen die Arbeit völlig eingestellt ist und die notwendige Erholung nicht beeinträchtigt werden kann.

Die Arbeitszeit muß so bemessen sein, daß anschließend eine ununterbrochene Freizeit von mindestens zwölf Stunden zur Verfügung steht. In der Zeit von 20 Uhr bis 6 Uhr dürfen Jugendliche nicht beschäftigt werden, Ausnahmen sind nur für Jugendliche über 16 Jahren bei bestimmten Tätigkeiten zulässig (Gaststättenwirtschaften, Landwirtschaft, Konditoreien, Bäckereien, mehrschichtige Betriebe). Auch bei Theatervorstellungen, Musikaufführungen und anderen Veranstaltungen kann die Gewerbeaufsichtsbehörde Ausnahmen bewilligen.

An Samstagen generell und am 24. und 31. Dezember nach 14 Uhr dürfen Jugendliche nicht beschäftigt werden. Dies trifft auch auf ältere Jugendliche zu, falls sie in einem einschichtigen Betrieb tätig sind. Ausnahmen sind unter anderen im Verkehrswesen, in Kfz-Werkstätten, in Gast- und Schankwirtschaften, im Beherbergungsgewerbe, in Konditoreien, beim Friseurhandwerk, in Krankenhausanstalten und bei Theater- oder anderen Aufführungen möglich.

Auch an Sonn- und gesetzlichen Feiertagen dürfen sie nicht beschäftigt werden. Ausnahmen sind nur in bestimmten Fällen zulässig, über die die Gewerbeaufsichtsbehörde Auskunft gibt.

420

Der Mindesturlaub für Jugendliche beträgt unter Fortzahlung des Entgelts 30 Werktage. Der Mindesturlaub von 30 Werktagen gilt für Jugendliche, die zu Beginn des Kalenderjahres noch nicht 16 Jahre alt sind. Mindestens 27 Werktage stehen dem Jugendlichen zu, wenn er zu Beginn des Kalenderjahres noch nicht 17 Jahre alt ist, und wenn er zu Beginn des Kalenderjahres noch nicht 18 Jahre alt ist, stehen ihm mindestens 25 Werktage an Urlaub zu. Der Urlaub soll zusammenhängend, bei Berufsschülern in der Zeit der Berufsschulferien, gegeben werden. Der Jugendliche darf im Urlaub keine Erwerbsarbeit leisten, die dem Urlaubszweck widerspricht. Jeder Arbeitgeber ist verpflichtet, bei der Einrichtung und Unterhaltung der Arbeitsstätte alle Maßnahmen zum Schutze von Leben, Gesundheit und Sittlichkeit zu treffen. Durch Rechtsverordnungen können besondere Vorschriften gemacht werden. Auch die Aufsichtsbehörden dürfen Anordnungen treffen.

Wird Unterkunft gewährt, so muß sie in jeder Beziehung einwandfrei sein. Falls Kinder oder Jugendliche in die häusliche Gemeinschaft aufgenommen sind, so umfaßt die Fürsorgepflicht auch die Pflege und ärztliche Behandlung im Krankheitsfall, soweit diese nicht ein Sozialversicherungsträger leistet. Die Gewerbeaufsichtsbehörde kann im Einzelfall anordnen, welchen Anforderungen die Unterkunft, Kost und Pflege bei der Erkrankung genügen müssen.

Das Gesetz verbietet ausdrücklich, Kinder und Jugendliche in Fällen gefährlicher Arbeit, Akkordarbeit oder Arbeit unter Tage zu beschäftigen. Auch sind ärztliche Untersuchungspflichten gesetzlich angeordnet. Der Arbeitgeber muß auch sicherstellen, daß die Arbeit menschengerecht gestaltet ist (§ 28).

Kindern und Jugendlichen unter 16 Jahren dürfen auch keine alkoholischen Getränke und Tabakwaren gegeben werden. Branntwein oder branntweinhaltige Genußmittel dürfen Jugendliche überhaupt nicht bekommen.

Mit der Beschäftigung eines Jugendlichen darf nur begonnen werden, wenn eine Bescheinigung über die in den letzten 14 Monaten vorgenommenen ärztlichen Untersuchungen vorliegt. Vor Ablauf des 1. Beschäftigungsjahres muß der Jugendliche nachuntersucht worden sein. Weitere Nachuntersuchungen soll der Arzt anordnen, wenn er gesundheitliche Schäden, Schwächen oder Auswirkungen der Berufsarbeit auf die Gesundheit festgestellt hat. Die vom Arzt ausgestellten Bescheinigungen muß der Arbeitgeber aufbewahren und auf Anordnung jederzeit der Aufsichtsbehörde oder der Berufsgenossenschaft vorlegen.

Aushänge am »Schwarzen Brett«

Meister Sorgenfrei hat sich genau darüber unterrichtet, was für eine Arbeitszeit er nach dem Arbeitszeitgesetz und dem Jugendschutzgesetz in seinem Betrieb einzuhalten hat. Das Gesetz schreibt ihm nun in verschiedener Hinsicht vor, was er zur Ermöglichung einer Kontrolle dieser Arbeitszeit zu tun hat. Er muß nämlich in seinem Betrieb an sichtbarer Stelle Aushänge machen oder Verzeichnisse zur Einsichtnahme bereit halten.

Ein Verzeichnis über Beginn und Ende der regelmäßigen Arbeitszeit und der Ruhepausen ist an sichtbarer Stelle im Betrieb auszuhängen, so daß jeder Arbeitnehmer sich hierüber unterrichten kann (§ 16 AZG, § 48 des Jugendarbeitsschutzgesetzes). Da Fritz Sorgenfrei für einzelne Angestellte abweichende Arbeitszeiten aus Zweckmäßigkeitsgründen festgelegt hat, muß er dies in dem Aushang kenntlich machen. Er muß sogar einen Abdruck des Arbeitszeitgesetzes an geeigneter Stelle auslegen, damit jeder seiner Arbeitnehmer auf Wunsch darin Einsicht nehmen kann.

Da in dem Betrieb Jugendliche sowie regelmäßig mehr als drei Frauen beschäftigt werden, so muß im Betrieb je ein Abdruck des Jugendarbeitsschutzgesetzes und des Mutterschutzgesetzes an geeigneter Stelle zur Einsichtnahme ausgelegt werden. Sorgenfrei beschafft sich die Texte und legt sie in seinem Büroraum an einer Stelle aus, wo sie den Betrieb nicht stören, betroffene beziehungsweise interessierte Arbeitnehmer aber einen Blick hineinwerfen können.

Für die beschäftigten Jugendlichen legt Fritz Sorgenfrei ein Verzeichnis an, in welchen der einzelne jugendliche Arbeitnehmer mit Tag und Jahr der Geburt und dem Eintrittsdatum geführt wird. In dieses Verzeichnis wird auch der jährlich gewährte Urlaub eingetragen.

Jeder Betrieb bringt Arbeitszeitverschiebungen, Arbeitszeitverlängerungen usw. mit sich. Hierüber muß ein Nachweis geführt werden. Die im Betrieb vorkommenden Überstunden müssen unverzüglich, spätestens am folgenden Werktag, genau nach Art der Arbeitszeit, der verrichteten Arbeiten und mit dem Namen der betreffenden Arbeitnehmer in einem Nachweis schriftlich festgelegt werden. Dieser Nachweis, zweckmäßigerweise eine Liste oder in elektronischer Form, ist kontrollierenden Gewerbeaufsichtsbeamten auf Verlangen vorzulegen (§ 17 AZG).

Der Ladenschluß

Karl Zucker hat ein Auge auf Erika Lilie geworfen, die als Verkäuferin in dem Blumengeschäft Flora tätig ist. Er möchte sie gern zu einer Wochenendfahrt mit seinem neuen Auto einladen und findet auch Gegenliebe. Als er aber als Abfahrtszeitpunkt 14 Uhr am nächsten Samstag vorschlägt, an dem er sich frei machen kann, erklärt Erika traurig, daß sie ja Dienst habe und daher an diesem Tag nicht frei sei. Mit einer Fahrt über das Wochenende sei es daher nichts.

»Na, hören Sie mal«, sagt Karl Zucker, »ich denke, nur die lebenswichtigen Betriebe haben Samstag auf, alle anderen dagegen machen doch am Freitag die Bude dicht.«

So ist das nicht, Karl Zucker! Das Gesetz über den Ladenschluß in der Fassung vom 2. Januar 2003 regelt die Zeiten, in welchen eine Verkaufsstelle (Ladengeschäfte aller Art, Apotheken, Tankstellen, Verkaufsstände, Verkaufsbuden, Kioske usw.) geschlossen sein muß. Wohlgemerkt, es wird keine Verpflichtung für den Ladeninhaber begründet, zu der übrigen Zeit sein Geschäft offen zu halten.

Nach § 3 Ladenschlußgesetz müssen die Verkaufsstellen grundsätzlich geschlossen sein:

1. an Sonn- und Feiertagen,
2. montags bis samstags bis 6 Uhr und ab 20 Uhr,
3. am 24. Dezember, wenn dieser Tag auf einen Werktag fällt, bis 6 Uhr und ab 14 Uhr.

Im Laden anwesende Kunden dürfen nach Ladenschluß zu Ende bedient werden. Von dem vorstehenden Grundsatz macht das Gesetz Ausnahmen. Apotheken dürfen ganztägig geöffnet sein, jedoch dürfen während der allgemeinen Ladenschlußzeiten nur bestimmte Waren verkauft werden. Zeitungskioske dürfen an Sonn- und Feiertagen von 11 bis 13 Uhr geöffnet sein. Tankstellen dürfen ganztägig aufhaben, aber nach allgemeinem Ladenschluß nur bestimmte Waren abgeben. Warenautomaten dürfen ganztägig in Betrieb sein.

Besondere Vorschriften gelten für Verkaufsstellen auf Bahnhöfen und Flughäfen sowie für Kur- und Erholungsorte sowie Bäckerwaren.

Für die Weihnachtszeit gibt es Sonderregelungen. Fällt der 24. Dezember auf einen Sonntag, so dürfen bestimmte Verkaufsstellen (Lebensmittel, Weihnachtsbäume) an diesem Tag verkaufen, aber nur während drei Stunden und bis längstens vierzehn Uhr. Auch für Friseurbetriebe gilt eine Sonderregelung. Weiterhin bringt die VO über den Verkauf bestimmter Waren an Sonn- und Feiertagen vom 21. Dezember 1957 einige Abweichungen. Danach können unter anderen an Sonntagen während zwei Stunden verkauft werden: Milch, Konditorwaren und Blumen. Zeitungen können sogar während fünf Stunden verkauft werden. In Zweifelsfällen gibt das Ordnungsamt Auskunft – auch für immer wieder eintretende Veränderungen.

Derzeit wird die generelle Abschaffung des Ladenschlußgesetzes gefordert und politisch heiß diskutiert.

Feiertage

Kurt Beil überlegt, wie man ein Wochenende verlängern kann. Er will nun besonders gewitzt sein und sich den 1. Mai hierfür vornehmen. »Paß auf«, sagt er zu seinem Freund Karl. »Der 1. Mai ist diesmal ein Freitag. Den Samstag kassiere ich gleich mühelos mit ein und erscheine erst fröhlich am Montag wieder zur Arbeit. Dem Meister werde ich schon am Montag was erzählen.«

Karl Zucker wird nachdenklich über so viel Schläue. Aber so schlau ist unser Kurt Beil ja nun wieder gar nicht. Nach dem Gesetz über die Zahlung des Arbeitsentgeltes an Feiertagen und im Krankheitsfall vom 26.April.1994 hat der Arbeitnehmer für diese Feiertage Gehalt zu erhalten, soweit sie nicht auf einen Sonntag fallen. Wer aber einen Tag vorher oder hinterher ohne einen handfesten Entschuldigungsgrund fehlt, bekommt diesen Feiertag nicht bezahlt. Dann wird das Wochenende für Kurt Beil wohl etwas teurer werden.

Das Betriebsrisiko

Fritz Sorgenfrei hat eine hochmoderne Backanlage, die sich bisher bestens bewährt hat. In seiner Nachbarschaft wird zur Zeit viel gebaut, und auch die Straßen sind aufgerissen. Bei diesen Erdarbeiten stellt sich heraus, daß ein Stromkabel, das diesen Stadtteil versorgt, derartig beschädigt ist, daß es repariert werden muß. Eine Stromabschaltung von drei Tagen ist unbedingt notwendig.

Fritz Sorgenfrei hat nun für seine Bäckergehilfen drei Tage lang keine Arbeit. Um seine Dauerkunden nicht im Stich lassen zu müssen, bezieht er vorübergehend seine Ware von einem Kollegen. Als Karl Zucker sein Gehalt überprüft, stellt er fest, daß ihm Fritz Sorgenfrei für diese drei Tage den halben Tageslohn abgezogen hat.

»Was wollen Sie denn«, sagt auf seine Frage hin Fritz Sorgenfrei, »Sie haben an diesen drei Tagen Daumen gedreht und in der Sonne gelegen und wollen nun auch noch Ihr Nichtstun bezahlt bekommen? Ich denke, es ist schon sehr anständig, wenn ich Ihnen nur die Hälfte abziehe. Wenn Sie mir jetzt noch so kommen, zahle ich Ihnen für die drei Tage überhaupt nichts.«

Karl Zucker ist von Fritz Sorgenfreis Logik nicht sehr überzeugt. Ich kann ja schließlich auch nicht zu meinem Vermieter gehen und ihm weniger Miete zahlen, denkt er. Ganz zu schweigen von der fünften Rate für mein Motorrad.

Ja, es ist wirklich eine ganz verworrene Situation, und für die Juristen ist es ein Rechtsproblem, an dem sie sich seit langem die Zähne ausbeißen, ohne wirklich eine befriedigende Lösung gefunden zu haben. Zunächst versuchte man die Lösung aus den Dienstvertragsvorschriften des BGB herzuleiten. Aber auch hier standen sich gleich die verschiedensten Ansichten feindlich gegenüber.

Die einen meinten, daß der Arbeitgeber keinen Lohn in einem solchen Falle zu zahlen brauche, weil es ja dem Arbeitnehmer nicht möglich sei, seiner Leistungspflicht nachzukommen. Karl Zucker könne ja gar keine Kuchen backen, weil dies ohne Strom nicht ginge. Da ihm also die Erfüllung des Dienstvertrages unmöglich sei, entfiele sein Lohnanspruch.

Aber nein, sagten die Gegner dieser Auffassung, hier liegt kein Fall einer Unmöglichkeit vor, denn Karl Zucker hat sich ja nur verpflichtet, zu den bestimmten Arbeitsstunden im Betrieb zu erscheinen und seine geschickten Hände zur Verfügung zu stellen. Wenn der Arbeitgeber seine Arbeit nicht annehmen kann, weil er ihm die Betriebsräume und Maschinen nicht arbeitsfähig zur Verfügung stellt, dann kommt dieser Arbeitgeber in Annahmeverzug und muß die ihm angebotene Arbeit bezahlen, obwohl er sie nicht abnehmen kann.

Eine vermittelnde Meinung wiederum vertrat die Ansicht, daß es darauf ankäme, ob den Arbeitgeber ein Verschulden dafür träfe, daß die sogenannten Arbeitsmittel (Anlagen, Maschinen usw.) nicht benutzbar seien.

Dieser Zwiespalt in der rechtlichen Beurteilung zeigt schon, daß man einem solchen Lebensfall nicht mit den üblichen Gedankengängen der Juristerei begegnen kann. Dies hat dann auch schon das Reichsgericht in einer berühmten Entscheidung (RGZ Bd. 106, S. 272) ausgesprochen. Die in dieser Entscheidung geäußerte Ansicht des Reichsgerichts nennt man seitdem die Sphärentheorie. Der Entscheidung lag folgender Sachverhalt zugrunde:

423

In einer Fabrik streikte ein kleiner Teil der Belegschaft. Aber es war ausgerechnet der Teil, welcher die Ingangsetzung und den Betrieb der Maschinenanlagen vorzunehmen hatte. Der Teilstreik bewirkte, daß die Mehrzahl der Belegschaft, die arbeiten wollte, vor stillgelegten Rädern stand. Dieser arbeitswillige Teil der Belegschaft verlangte nun seinen Lohn. Der Fabrikant weigerte sich.

Das Reichsgericht entschied wie folgt: An einen solchen Streitfall des Arbeitslebens könne man nicht die althergebrachten Rechtsideen als Maßstab anlegen. Hier müsse man neue Gedanken auf der Grundlage von Treu und Glauben entwickeln.

Der Streik sei nun ein Mittel des Arbeitskampfes, das in der Sphäre des Arbeitnehmers liege. Also müsse auch die Arbeitnehmerschaft als betroffene Partei den aus ihrer Sphäre stammenden störenden Umstand bezahlen. Anders wiederum läge es zum Beispiel in den Fällen, in denen aus irgendwelchen Gründen der Antransport von Rohmaterial nicht rechtzeitig erfolge.

Auch wenn der Arbeitgeber alle Dispositionen richtig getroffen habe, ihn also an diesem Umstand kein Verschulden treffe, so müßte er trotzdem die Arbeiter entlohnen, die ihre Arbeitsbereitschaft anbieten. Der Umstand der Materialbeschaffung liegt eben in der Sphäre des Arbeitgebers. Aus dieser Rechtsprechung des Reichsgerichts entwickelte sich dann die sogenannte Betriebsrisikolehre.

Man sieht heute das Arbeitsleben nicht mehr so stark in die Sphären des Arbeitgebers und des Arbeitnehmers geschieden. Man sucht vielmehr in der Rechtsprechung jeden Fall individuell nach Treu und Glauben zu erfassen hinsichtlich seiner Auswirkung auf die Betriebsbeteiligten.

Grundsätzlich trägt das Betriebsrisiko der Arbeitgeber. Da er beim Gewinn die Chance der größeren Beteiligung hat, muß er auch nachteilige Vorgänge auf seine Kappe nehmen. Produktionsverbote, erhöhte Steuern, unerwartete Verteuerungen des Materials und unvorhergesehene Preisstürze kann er nicht auf die Arbeitnehmer abwälzen. Aber dies hat eine Grenze.

Wird durch außerordentliche Ereignisse der Bestand des Betriebes bedroht, dann wird auch unter Berücksichtigung der beiderseitigen Verhältnisse eine Lohnkürzung in Kauf genommen werden müssen.

Solche Umstände können auch zur vorzeitigen Kündigung der Arbeitsverhältnisse von seiten des Arbeitgebers führen. Das letzte Wort in all diesen Fällen haben die Arbeitsgerichte, die den einzelnen Fall unter Berücksichtigung der jeweiligen Umstände entscheiden müssen. Hier gibt es eben keine starren Rechtsregeln.

Streik und Aussperrung

Der Vetter von Karl Zucker, Willibald Schraube, ist Monteur bei der Maschinenfabrik Wuchtig. Seit einiger Zeit herrscht Unruhe unter den Monteuren dieser Firma. Ein Abteilungsleiter, ein gewisser Herr Greulich, hat mehrfach in seinen Anweisungen eine Tonart angeschlagen, die die unterstellten Arbeitnehmer empört hat. Zu einem älteren Arbeitskollegen hat er unter anderen gesagt: »Wenn Sie nicht endlich schneller arbeiten, dann werde ich Ihnen Feuer machen.« Seine Beanstandungen sind auch häufig ungerecht, und er ist ein übergroßer Pedant.

Die Arbeitnehmer verlangen durch den Betriebsrat, daß dieser Abteilungsleiter entlassen oder zumindest in eine andere Niederlassung versetzt werde. Die Betriebsleitung ist der Ansicht, daß das Mitbestimmungsrecht der Arbeitnehmer in personellen Angelegenheiten des Betriebes im Betriebsverfassungsgesetz geregelt sei und daß die Arbeitnehmer darüber hinaus nicht noch ultimative Forderungen stellen können.

424

Obwohl der Betriebsrat zur Besonnenheit mahnt, rufen ein paar Hitzköpfe einen »wilden Streik« aus. Die Folge ist, daß die Belegschaft geschlossen die Arbeit niederlegt. Wuchtig droht jetzt mit fristloser Entlassung, es fällt auch das Wort »Aussperrung«.

Wo steht geschrieben, daß die Arbeiter streiken dürfen? Das Grundgesetz der Bundesrepublik schweigt. Die Länderverfassungen erkennen zum Teil ein »Recht des Arbeitnehmers« zum Streiken als Mittel des »Arbeitskampfes« an. Die hessische Verfassung zum Beispiel gewährt ein solches Streikrecht, aber nur, wenn die Gewerkschaften den Streik ausrufen. Einen »wilden Streik« einzelner Belegschaften erkennt sie daher nicht als rechtmäßig an. Die Gegenmaßnahme der Arbeitgeber, die »Aussperrung«, lehnt die hessische Verfassung völlig ab.

Die Belegschaft von Wuchtig ist nicht zum Streik befugt. Das Betriebsverfassungsgesetz regelt die Fälle, in denen die Arbeitnehmer Einfluß auf die personellen Verhältnisse des Betriebes nehmen können. Der Streik ist nicht als Mittel hierfür vorgesehen. Der richtige Weg wäre gewesen, daß der einzelne, zu Unrecht gemaßregelte Arbeitnehmer gegen den rücksichtslosen Abteilungsleiter Greulich mit einer Beschwerde vorgegangen wäre. Das Betriebsverfassungsgesetz (Betr.Verf.G) hat dieses Beschwerderecht in den §§ 84 und 85 wie folgt geregelt:

§ 84

(1) Jeder Arbeitnehmer hat das Recht, sich bei den zuständigen Stellen des Betriebs zu beschweren, wenn er sich vom Arbeitgeber oder von Arbeitnehmern des Betriebs benachteiligt oder ungerecht behandelt oder in sonstiger Weise beeinträchtigt fühlt. Er kann ein Mitglied des Betriebsrats zur Unterstützung oder Vermittlung hinzuziehen.

(2) Der Arbeitgeber hat den Arbeitnehmer über die Behandlung der Beschwerde zu bescheiden und, soweit er die Beschwerde für berechtigt erachtet, ihr abzuhelfen.

(3) Wegen der Erhebung einer Beschwerde dürfen dem Arbeitnehmer keine Nachteile entstehen.

§ 85

(1) Der Betriebsrat hat Beschwerden von Arbeitnehmern entgegenzunehmen und, falls er sie für berechtigt erachtet, beim Arbeitgeber auf Abhilfe hinzuwirken.

(2) Bestehen zwischen Betriebsrat und Arbeitgeber Meinungsverschiedenheiten über die Berechtigung der Beschwerde, so kann der Betriebsrat die Eini-gungsstelle anrufen. Der Spruch der Einigungsstelle ersetzt die Einigung zwischen Arbeitgeber und Betriebsrat. Dies gilt nicht, soweit Gegenstand der Beschwerde ein Rechtsanspruch ist.

(3) Der Arbeitgeber hat den Betriebsrat über die Behandlung der Beschwerde zu unterrichten. § 84 Abs. 2 bleibt unberührt.

Gemäß § 104 Betr.Verf.G kann der Betriebsrat auch vom Arbeitgeber unter besonderen Umständen die Entlassung eines den Betriebsfrieden störenden Arbeitnehmers verlangen. Das Gesetz sagt hierzu:

§ 104

Hat ein Arbeitnehmer durch gesetzwidriges Verhalten oder durch grobe Verletzung der in § 75 Abs. 1 enthaltenen Grundsätze den Betriebsfrieden wiederholt ernstlich gestört, so kann der Betriebsrat vom Arbeitgeber die Entlassung oder Versetzung verlangen. Gibt das Arbeitsgericht einem Antrag des Betriebsrats statt, dem Arbeitgeber aufgeben, die Entlassung oder Versetzung durchzuführen, und führt der Arbeitgeber die Entlassung oder Versetzung einer rechtskräftigen gerichtlichen Entscheidung zuwider nicht durch, so ist auf Antrag des Betriebsrats vom Arbeitsgericht zu erkennen, daß er zur Vornahme der Entlassung oder Versetzung durch Zwangsgeld anzuhalten sei. Das Höchstmaß des Zwangsgeldes beträgt für jeden Tag der Zuwiderhandlung 250 Euro.

Schäden im Betrieb durch Arbeitnehmer

Eines Tages passiert Willibald Schraube folgendes: Er hat eine Stanzmaschine zu bedienen, eine Tätigkeit, die ständige Aufmerksamkeit erfordert. Da ein eiliger Auftrag auszuführen ist, der durch **425** den wilden Streik auch noch verzögert wurde, arbeitet die Belegschaft unter Hochdruck. Willibald arbeitet so schnell er kann; in der Eile tut er einen Fehlgriff, und die Stanzmaschine ist blockiert. Es dauert viele Stunden, bis die Maschine wieder arbeitsfähig gemacht werden kann, und der eilige Auftrag ist nun beim besten Willen nicht mehr rechtzeitig ausführbar. Wuchtig verlangt jetzt von Willibald Schraube für seinen Fehlgriff Schadensersatz und will ihm auf viele Monate einen Teil seines Lohnes einbehalten.

Diese Maßnahme begründet er folgendermaßen: Der Monteur Schraube sei aufgrund seines Arbeitsvertrages zur ordnungsgemäßen Arbeitsleistung verpflichtet. Wenn er durch Unachtsamkeit eine Maschine ruiniere, so liege darin eine fahrlässige Verletzung des Arbeitsvertrages, der ihn gemäß §§ 280 ff. BGB wegen Vertragsverletzung schadensersatzpflichtig mache.

Auf den ersten Blick mag diese Begründung einleuchten. Sie stimmt aber nicht. Es wurde bereits darauf hingewiesen, daß das Arbeitsrecht nicht einfach den Bestimmungen des BGB folgt, sondern eine Eigendynamik entwickelt hat. Für unseren Fall ist folgendes zu bedenken: Willibald Schraube ist mit einem normalen Arbeitnehmergehalt für eine mechanische Tätigkeit angestellt. Ein einziger Fehlgriff kann – wie wir gesehen haben – einen Gesamtschaden herbeiführen, der in keinem Verhältnis zu der Bezahlung Willibalds steht. Auch die tüchtigste Kraft ist gegen ein Mißgeschick nicht gefeit. Gewissermaßen übernimmt also der Arbeitgeber diese menschliche Unvollkommenheit seiner Arbeitnehmer auf sein eigenes Risiko hin. Leicht fahrlässige Verstöße gegen die Vertragspflichten, insbesondere bei gefährlicher Arbeit, die den Betrieb schädigen, gehören demnach zum Betriebsrisiko des Arbeitgebers. Er kann den Schaden nicht auf den Arbeitnehmer abwälzen.

Willibald Schraube erzählt dies Karl Zucker, der sich daraufhin auf die Schenkel klopft und ausruft: »Mensch, das ist ja ganz ähnlich, wie es mir gegangen ist. Ich hatte für eine Hochzeit in Niederursel besonders schöne Backwaren hergestellt und unserem Fahrer ausdrücklich gesagt, daß er sie bei seiner ersten Rundfahrt mitnehmen müsse. Als er losfuhr, rief er, daß er nicht sämtliche Ware beim ersten Schub aufladen könne. Der Meister und ich nahmen dies zur Kenntnis, wobei ich als selbstverständlich annahm, daß die Ware aufgeladen sei, zumal ich es doch ausdrücklich gesagt hatte. Prompt läßt der Fahrer natürlich gerade drei davon zurück, und es gab mit dem Kunden einen Riesenkrach. Die fehlende Ware wollte er nun nicht mehr haben und hat sie auch nicht bezahlt. Der Meister will jetzt dem Fahrer und mir die 120,– Euro vom Lohn abziehen.«

Hier liegt sicherlich eine Fahrlässigkeit bei Karl Zucker und dem Fahrer vor. Zucker hätte sich eben noch einmal vergewissern müssen, daß der wichtige Auftrag pünktlich erledigt wurde, und der Fahrer hätte sich genau an seine Anweisungen halten müssen. Aber in der täglichen Eile des Betriebsablaufs können solche Pannen eben passieren, und das Risiko muß dann der Arbeitgeber tragen. Dies gilt allerdings nur, wenn der Arbeitnehmer leicht fahrlässig gehandelt hat.

Grob fahrlässige Verstöße verpflichten den Arbeitnehmer zum Schadensersatz. So ging es einmal dem Freund von Fritz Sorgenfrei, dem Delikateßwarenhändler Emil Gurke: Er hatte für einen kleinen Junggesellenabend das fertige Abendessen zu liefern und dem Fahrer beim Aufladen die pünktliche Ablieferung eingeschärft. Dieser sah auf die Uhr, und als er feststellte, daß er noch eine halbe Stunde Zeit hatte, unterbrach er die Fahrt vor seiner Kneipe, um schnell einige Runden zu zechen. Der Kunde hatte sich eine halbe Stunde lang bemüht, durch Telefonanrufe bei Emil Gurke die Lieferung zu erreichen, und hatte sich dann anderweitig beholfen.

Hier ist Emil Gurke im Recht, wenn er den Schaden auf seinen Fahrer abwälzt, denn dieser hat grob fahrlässig seine Vertragspflichten verletzt. Allerdings neigt die neuere Rechtsprechung dazu, die Höhe der Schadensersatzpflicht des Arbeitnehmers angemessen zu begrenzen, insbesondere bei

»gefahrengeneigter« Arbeit sowie bei nur mittlerer oder leichter Fahrlässigkeit. Bei sogenannter »mittlerer« Fahrlässigkeit wird der Schaden zwischen Arbeitnehmer und Arbeitgeber geteilt. Grundlage für diese Haftungsregelung ist der neugefaßte § 276 BGB.

426

Die Rechte des Arbeitnehmers

Eines Tages trifft sich Karl Zucker mit seinem Freund Willibald Schraube und klagt ihm sein Leid. »Weißt du«, sagt er, »als wir noch ein kleiner Betrieb waren, da war alles anders. Wenn man was auf dem Herzen hatte, dann sagte man es dem Meister, er hatte ein offenes Ohr für alle unsere Sorgen. Jetzt sind wir groß geworden, in dem ganzen Bäckerei- und Cafébetrieb beschäftigen wir 35 Arbeitnehmer. Dauernd gibt es Ärger unter den Kollegen und mit der Betriebsführung. Ich sollte Anfang August Urlaub haben, jetzt wird das einfach abgelehnt, und ich soll im Oktober fahren, nur weil es der neue Meister so haben will. Man muß doch schließlich wissen, woran man mit seinem Urlaub ist. Dann ist da dieser Kerl, der Theo Neuhaus in der Buchhaltung, der dauernd die Mädels belästigt. Aber das ist noch nicht alles. Ich habe eine gute Idee gehabt, um den Arbeitsgang für die Herstellung unseres Zwiebacks »Magentrost« zu vereinfachen, und dies auch dem Meister gesagt. Dieser hat gar nicht richtig hingehört und mich einfach abgewimmelt. Und an Meister Fritz kommt man ja überhaupt nicht mehr ran, der hat so viel Sorgen mit der Kreditbeschaffung und den Steuern, daß er sich um die anderen Fragen überhaupt nicht mehr kümmern kann. Mir ist die ganze Lust an der Arbeit in dem Betrieb vergangen.«

Der Betriebsrat

»Na, so ist es ja nun wieder nicht«, erwidert Willibald Schraube. »Da ist ja auch noch der Betriebsrat, und der hat nach dem Betriebsverfassungsgesetz ja eine Menge zu sagen.«

»Weißt du, so richtig klar sind mir diese ganzen Betriebsverfassungsrechte eigentlich nicht, obwohl man sie kennen sollte.«

Das nun ist ein wahres Wort. Fritz Sorgenfrei und alle Betriebsinhaber, Karl Zucker und alle Arbeitnehmer müßten über das Betriebsverfassungsgesetz unterrichtet sein. Denn in diesem Gesetz ist festgelegt, welchen Anteil die Arbeitnehmer an der Gestaltung des betrieblichen Lebens haben. Allerdings besteht in den Kleinbetrieben auch heute noch ein anderer Zustand. Betriebe, die in der Regel weniger als fünf ständige wahlberechtigte Arbeitnehmer beschäftigen, fallen nicht unter das Betriebsverfassungsgesetz. Hier genügt der persönliche enge Kontakt zwischen dem Betriebsinhaber und seinen wenigen Arbeitnehmern, um anfallende Probleme in direkter Aussprache zu lösen. In den größeren Betrieben, das sieht man an der Klage unseres Karl Zucker, ist dies nicht mehr möglich.

Nun kann man natürlich nicht die Gesamtheit der Arbeitnehmer andauernd zu einer Betriebsversammlung zusammenrufen und nach ihren Wünschen fragen. Das würde die Arbeitszeit zu sehr beeinträchtigen. Aus diesem Grunde sieht das Gesetz in Betrieben, die in der Regel mindestens fünf wahlberechtigte Arbeitnehmer beschäftigen, die Schaffung von Betriebsräten vor. Diese Betriebsräte sind sozusagen die Schaltstelle zwischen Betriebsinhaber und Arbeitnehmern.

Der Betriebsrat besteht aus drei Personen, da die gesamte Belegschaft 35 Arbeitnehmer umfaßt. Diese Zahl ergibt sich aus § 9 des Betriebsverfassungsgesetzes.

Der Betriebsrat soll sich gemäß § 15 möglichst aus Arbeitnehmern der einzelnen Organisationsbereiche und der verschiedenen Beschäftigungsarten der im Betrieb tätigen Arbeitnehmer zusammensetzen. Das in der Minderheit der Belegschaft vertretene Geschlecht muß entsprechend der Minderheit vertreten sein (ab drei Betriebsratsmitgliedern). Die Wahl ist geheim und unmittelbar, das heißt die Arbeitnehmer wählen aus den vorgeschlagenen Kandidaten direkt die Betriebsratsmitglieder.

»Wählbar sind nur diejenigen Wahlberechtigten, die das 18. Lebensjahr am Wahltag vollendet haben. Auch Auszubildende können gewählt werden, wenn sie das erforderliche Alter haben.«

Bei den Betrieben mit in der Regel fünf bis zwanzig wahlberechtigten Arbeitnehmern besteht der Betriebsrat aus nur einer Person, dem Betriebsobmann.

427

»Bin ich nun eigentlich Arbeiter oder Angestellter?« fragt sich Karl Zucker. Die Unterscheidung der beiden Arbeitnehmergruppen ist gemäß § 5 Betriebsverfassungsgesetz nicht mehr bedeutsam:

§ 5

(1) Arbeitnehmer im Sinne dieses Gesetzes sind Arbeiter und Angestellte einschließlich der zu ihrer Berufsausbildung Beschäftigten unabhängig davon, ob sie im Betrieb im Außendienst oder mit Telearbeit beschäftigt werden. Als Arbeitnehmer gelten auch die in Heimarbeit Beschäftigten, die in der Hauptsache für den Betrieb arbeiten.

(2) Als Arbeitnehmer im Sinne dieses Gesetzes gelten nicht

1. in Betrieben einer juristischen Person die Mitglieder des Organs, das zur gesetzlichen Vertretung der juristischen Person berufen ist;
2. die Gesellschafter einer offenen Handelsgesellschaft oder die Mitglieder einer anderen Personengesamtheit, soweit sie durch Gesetz, Satzung oder Gesellschaftsvertrag zur Vertretung der Personengesamtheit oder zur Geschäftsführung berufen sind, in deren Betrieben;
3. Personen, deren Beschäftigung nicht in erster Linie ihrem Erwerb dient, sondern vorwiegend durch Beweggründe karitativer oder religiöser Art bestimmt ist;
4. Personen, deren Beschäftigung nicht in erster Linie ihrem Erwerb dient und die vorwiegend zu ihrer Heilung, Wiedereingewöhnung, sittlichen Besserung oder Erziehung beschäftigt werden;
5. der Ehegatte, der Lebenspartner, Verwandte und Verschwägerte ersten Grades, die in häuslicher Gemeinschaft mit dem Arbeitgeber leben.

(3) Dieses Gesetz findet, soweit in ihm nicht ausdrücklich etwas anderes bestimmt ist, keine Anwendung auf leitende Angestellte. Leitender Angestellter ist, wer nach Arbeitsvertrag und Stellung im Unternehmen oder im Betrieb

1. zur selbständigen Einstellung und Entlassung von im Betrieb oder in der Betriebsabteilung beschäftigten Arbeitnehmern berechtigt ist oder
2. Generalvollmacht oder Prokura hat und die Prokura auch im Verhältnis zum Arbeitgeber nicht unbedeutend ist oder
3. regelmäßig sonstige Aufgaben wahrnimmt, die für den Bestand und die Entwicklung des Unternehmens oder eines Betriebs von Bedeutung sind und deren Erfüllung besondere Erfahrungen und Kenntnisse voraussetzt, wenn er dabei entweder die Entscheidungen im wesentlichen frei von Weisungen trifft oder sie maßgeblich beeinflußt; dies kann auch bei Vorgaben insbesondere auf Grund von Rechtsvorschriften, Plänen oder Richtlinien sowie bei Zusammenarbeit mit anderen leitenden Angestellten gegeben sein.

(4) Leitender Angestellter nach Absatz 3 Nr. 3 ist im Zweifel, wer

1. aus Anlaß der letzten Wahl des Betriebsrats, des Sprecherausschusses oder von Aufsichtsratsmitgliedern der Arbeitnehmer oder durch rechtskräftige gerichtliche Entscheidung den leitenden Angestellten zugeordnet worden ist oder
2. einer Leitungsebene angehört, auf der in dem Unternehmen überwiegend leitende Angestellte vertreten sind, oder
3. ein regelmäßiges Jahresarbeitsentgelt erhält, das für leitende Angestellte in dem Unternehmen üblich ist, oder,
4. falls auch bei der Anwendung der Nummer 3 noch Zweifel bleiben, ein regelmäßiges Jahresarbeitsentgelt erhält, das das Dreifache der Bezugsgröße nach § 18 des Vierten Buches Sozialgesetzbuch überschreitet.

»Kann ich eigentlich auch mitwählen?« erkundigte sich der 16jährige Bäcker-Azubi Kurt eines Tages. Grundsätzlich nicht, da gemäß § 7 Betriebsverfassungsgesetz nur diejenigen Arbeitnehmer, die das 18. Lebensjahr vollendet haben, mitwählen können. Werden in einem Betrieb allerdings mindestens fünf Jugendliche beschäftigt, die das 18. Lebensjahr noch nicht vollendet haben, so ist auch eine Jugendvertretung zu wählen. »Dann mach´ ich mich einfach älter und wähle doch mit. Ich bin ja hier unbekannt, da kann mir keiner was beweisen.«

428

Derartige Verstöße gegen die Wahlregel gefährden aber die ganze Wahl. Wenn solche Fehler entdeckt werden, kann dies zur Anfechtung der Wahl beim Arbeitsgericht führen. Anfechtungsberechtigt sind drei Wahlberechtigte, jede im Betrieb vertretene Gewerkschaft oder der Arbeitgeber. Die Anfechtung ist binnen einer Frist von zwei Wochen – gerechnet von der Bekanntgabe des Wahlergebnisses – zu erheben.

Die Amtszeit eines Betriebsrats beträgt vier Jahre. Sie beginnt mit dem Tage der Wahl oder, wenn zu diesem Zeitpunkt noch ein Betriebsrat besteht, mit Ablauf von dessen Amtszeit.

Fritz Sorgenfrei hat ein Zimmer in seinem Betrieb leergemacht, an dessen Tür das Schild »Betriebsrat« angebracht wird. Hier versammeln sich die drei Betriebsratsmitglieder regelmäßig zu ihren Besprechungen, die sie während der Arbeitszeit abhalten. Dies ist berechtigt, jedoch ist dabei auf die betrieblichen Notwendigkeiten Rücksicht zu nehmen. Wenn gerade alle Hände gebraucht werden, dann kann sich nicht plötzlich der Betriebsrat zu einer Beratung zurückziehen, falls nicht ein ganz besonders dringender Anlaß vorliegt. Vom Zeitpunkt der Sitzung ist Sorgenfrei vorher zu verständigen.

In großen Betrieben sind die Mitglieder des Betriebsrats von ihrer beruflichen Tätigkeit gänzlich freizustellen, wenn und soweit es zur ordnungsmäßigen Durchführung ihrer Aufgaben erforderlich ist. In Betrieben, die mehr als 100 Arbeitnehmer beschäftigen, kann der Betriebsrat nach näherer Vereinbarung Sprechstunden während der Dienstzeit festlegen. Die durch die Tätigkeit des Betriebsrats entstehenden Kosten trägt der Arbeitgeber. Er muß den Betriebsratsmitgliedern auch den vollen ihnen zustehenden Lohn bezahlen. Eine Extravergütung für ihre Tätigkeit erhalten die Betriebsratsmitglieder allerdings nicht, und sie dürfen auch nicht für ihre Tätigkeit bei der Belegschaft Umlagen erheben.

»So ist das also«, sagt Karl Zucker, »der Betriebsrat wird mir Gehör verschaffen.« Das wird der Betriebsrat wirklich. Arbeitgeber und Betriebsrat sollen vertrauensvoll zum Wohl des Betriebes und seiner Arbeitnehmer zusammenwirken. Einmal im Monat sollen sie zu einer gemeinschaftlichen Besprechung zusammentreten. Über strittige Fragen haben sie mit dem ernsten Willen zur Einigung zu verhandeln und sich gegenseitig Vorschläge für die Beilegung von Meinungsverschiedenheiten zu machen. Gegebenenfalls ist sogar eine besondere Einigungsstelle zu bilden. Diese besteht aus einem Vorsitzenden, auf den sich Arbeitgeber und Betriebsrat einigen müssen, sonst wird sie vom Arbeitsgericht bestellt, und aus einer gleichen Anzahl von Beisitzern, die vom Arbeitgeber einerseits und vom Betriebsrat andererseits gestellt werden.

»Ja, und beschäftigt sich denn der Betriebsrat nun auch mit meinen Sorgen und verhandelt er darüber mit dem Arbeitgeber?« fragt Karl Zucker.

Lieber Karl Zucker, das gerade ist die Hauptaufgabe des Betriebsrats. Wir wollen doch einmal sehen, wie er arbeitet, wenn du dich an ihn wendest. Was waren doch gleich deine Sorgen?

»Das werde ich gleich einmal dem Betriebsrat selber vortragen!«

Am nächsten Nachmittag, als gerade nicht allzuviel zu tun ist, erwarten die drei Betriebsratsmitglieder Karl Zucker zur vereinbarten Stunde, die ihm der Betriebsratsvorsitzende Franz Weiß am Tag vorher vorgeschlagen hatte, als ihn Karl Zucker um eine Rücksprache bat.

Jeder Betriebsrat wählt aus seiner Mitte einen Vorsitzenden und dessen Stellvertreter.

Als Karl Zucker den Raum betreten hat, sieht er, daß Protokollvorrichtungen bereitgelegt sind, denn über jede Verhandlung des Betriebsrats ist eine Niederschrift aufzunehmen, soweit Beschlüsse zu fassen sind. Die Niederschrift ist von dem Vorsitzenden und einem weiteren Mitglied zu unterzeichnen. Der Niederschrift ist eine Anwesenheitsliste beizufügen, in die sich jeder Teilnehmer eigenhändig einzutragen hat.

Die Sitzungen des Betriebsrats sind nicht öffentlich. Jedoch nimmt der Arbeitgeber an solchen Sitzungen, die auf sein Verlangen anberaumt sind, und an solchen, zu denen er ausdrücklich eingeladen ist, teil. Soweit er an einer Sitzung teilgenommen hat, ist ihm der entsprechende Teil des Protokolls zur Unterzeichnung vorzulegen und abschriftlich auszuhändigen.

Soziale Angelegenheiten

Als Karl Zucker seine Wünsche vorgetragen hat, nimmt der Betriebsratsvorsitzende Franz Weiß die Angelegenheit in die Hand, um in das Ganze Ordnung hineinzubringen. Er wendet sich an Karl Zucker mit folgenden Worten:

»Ihre Wünsche, Kollege Zucker, betreffen drei ganz verschiedene Gebiete unseres Betriebes. Die von Ihnen beanstandete Urlaubsregelung gehört unter die sozialen Angelegenheiten des Betriebes. Ihre Beschwerden über den Arbeitnehmer Theo Neuhaus, die ganz erhebliche Vorwürfe enthalten, betreffen die personellen Angelegenheiten, und was schließlich Ihren Produktionsvorschlag anbetrifft, so geht es hier um eine wirtschaftliche Angelegenheit. Der Betriebsrat ist aber nicht auf allen drei Gebieten gleich stark zur Mitwirkung befugt. Wir wollen uns daher Ihre Beanstandungen einzeln vornehmen und dann feststellen, inwieweit wir jeweils etwas tun können.«

»Da ist zunächst«, sagt Karl Zucker, »die Urlaubsregelung. Die Sache war doch so, daß ich für den August mit dem Urlaub vorgesehen war. Jedenfalls hatte mir Herr Sorgenfrei dies in Aussicht gestellt. Ich sehe nun nicht ein, warum der neue stellvertretende Meister das einfach ändern kann, so daß ich erst im Oktober fahren soll. Meine ganzen Pläne werden umgestoßen. Kann denn so etwas nicht Anfang des Jahres für alle festgelegt werden?«

»Jawohl«, erwidert Franz Weiß, »das ist in unserem Betrieb um so wichtiger, als sich so viele Arbeitsaufgaben überschneiden. Hier muß ein für das ganze Jahr gültiger Urlaubsplan aufgestellt werden. Und bei einer solchen Aufgabe hat der Betriebsrat auch entscheidend mitzureden. Wir werden im Betriebsrat in Kürze einen Plan ausarbeiten und ihn Herrn Sorgenfrei zuleiten.«

Die Mitbestimmung

Da es sich bei diesem Urlaubsproblem um eine soziale Angelegenheit handelt, hat der Betriebsrat gemäß § 87 Betriebsverfassungsgesetz mitzubestimmen. Dieses Mitbestimmungsrecht erstreckt sich auf folgende Angelegenheiten:

§ 87
(1) Der Betriebsrat hat, soweit eine gesetzliche oder tarifliche Regelung nicht besteht, in folgenden Angelegenheiten mitzubestimmen:

1. Fragen der Ordnung des Betriebs und des Verhaltens der Arbeitnehmer im Betrieb;
2. Beginn und Ende der täglichen Arbeitszeit einschließlich der Pausen sowie Verteilung der Arbeitszeit auf die einzelnen Wochentage;
3. vorübergehende Verkürzung oder Verlängerung der betriebsüblichen Arbeitszeit;
4. Zeit, Ort und Art der Auszahlung der Arbeitsentgelte;
5. Aufstellung allgemeiner Urlaubsgrundsätze und des Urlaubsplans sowie die Festsetzung der zeitlichen Lage des Urlaubs für einzelne Arbeitnehmer, wenn zwischen dem Arbeitgeber und den beteiligten Arbeitnehmern kein Einverständnis erzielt wird;
6. Einführung und Anwendung von technischen Einrichtungen, die dazu bestimmt sind, das Verhalten oder die Leistung der Arbeitnehmer zu überwachen;
7. Regelungen über die Verhütung von Arbeitsunfällen und Berufskrankheiten sowie über den Gesundheitsschutz im Rahmen der gesetzlichen Vorschriften oder der Unfallverhütungsvorschriften;
8. Form, Ausgestaltung und Verwaltung von Sozialeinrichtungen, deren Wirkungsbereich auf den Betrieb, das Unternehmen oder den Konzern beschränkt ist;
9. Zuweisung und Kündigung von Wohnräumen, die den Arbeitnehmern mit Rücksicht auf das Bestehen eines Arbeitsverhältnisses vermietet werden, sowie die allgemeine Festlegung der Nutzungsbedingungen;
10. Fragen der betrieblichen Lohngestaltung, insbesondere die Aufstellung von Entlohnungsgrundsätzen und die Einführung und Anwendung von neuen Entlohnungsmethoden sowie deren Änderung;
11. Festsetzung der Akkord- und Prämiensätze und vergleichbarer leistungsbezogener Entgelte, einschließlich der Geldfaktoren;

12. Grundsätze über das betriebliche Vorschlagswesen.

13. Grundsätze über die Durchführung von Gruppenarbeit; (...)

(2) Kommt eine Einigung über eine Angelegenheit nach Absatz 1 nicht zustande, so entscheidet die Einigungsstelle. Der Spruch der Einigungsstelle ersetzt die Einigung zwischen Arbeitgeber und Betriebsrat.

430

Sollte der Betriebsrat mit Fritz Sorgenfrei keine Einigung über die Urlaubsregelung erzielen können, so kann er die Einigungsstelle anrufen, die dann verbindlich entscheidet.

Für die im § 87 genannten Angelegenheiten wird in den Betrieben regelmäßig das Ergebnis der Verhandlungen zwischen Arbeitgeber und Betriebsrat gewöhnlich als sogenannte Betriebsvereinbarung festgelegt werden. Das gleiche gilt für vereinbarte Maßnahmen zur Verhütung von Betriebsunfällen und Gesundheitsschädigungen sowie hinsichtlich der Errichtung von Betriebswohlfahrtseinrichtungen und Maßnahmen zur Förderung der Vermögensbildung (§ 88).

Diese Betriebsvereinbarungen sind schriftlich niederzulegen, von Arbeitgeber und Betriebsrat zu unterschreiben und alsdann durch den Arbeitgeber an geeigneter Stelle im Betrieb auszulegen und »in gut leserlichem Zustande zu erhalten«.

»So, Herr Zucker, nun wollen wir einmal zu Ihren weiteren Sorgen kommen. Wie war das denn mit Ihren Beschwerden über Theo Neuhaus?«

»Ich habe ja schon gesagt, was das für ein Kerl ist. Der Mensch stört den ganzen Betrieb. Ich weiß nicht, was der neue stellvertretende Meister für diesen Burschen übrig hat.«

»Solche Klagen habe ich auch schon von anderer Seite gehört«, stellt Franz Weiß fest. »Ich habe mir ihn auch deswegen schon einmal vorgenommen und ihn verwarnt. Wir werden morgen mittag einmal mit Herrn Sorgenfrei den Fall durchsprechen und ihn bitten, ihn aus diesen Gründen zu entlassen, falls er sich nicht ändert.«

»Und wenn Herr Sorgenfrei nicht will, weil der stellvertretende Meister ihm wieder erzählt, es sei alles halb so schlimm?«

»Nun, so ist das nicht«, bemerkt Franz Weiß. »Bei Betrieben, die normalerweise mehr als 20 Arbeitnehmer beschäftigen, und das ist ja in unserem Betrieb der Fall, hat der Betriebsrat auch in personellen Angelegenheiten mitzuwirken und mitzubestimmen.«

In dieser Beziehung hat eine Neufassung des Betriebsverfassungsgesetzes die Befugnisse des Betriebsrats nicht unerheblich erweitert und die endgültige Bereinigung des Streitfalles durch das Arbeitsgericht vorgesehen. Nicht zuletzt für die Erhaltung des Betriebsfriedens ist es wichtig, die §§ 99 und 100 sorgfältig zu lesen. Ärger läßt sich nämlich oft schon dadurch vermeiden, wenn man nicht nur seine Rechte, sondern vor allem die Pflichten kennt.

§ 99

(1) In Betrieben mit in der Regel mehr als zwanzig wahlberechtigten Arbeitnehmern hat der Arbeitgeber den Betriebsrat vor jeder Einstellung, Eingruppierung, Umgruppierung und Versetzung zu unterrichten, ihm die erforderlichen Bewerbungsunterlagen vorzulegen und Auskunft über die Person der Beteiligten zu geben; er hat dem Betriebsrat unter Vorlage der erforderlichen Unterlagen Auskunft über die Auswirkungen der geplanten Maßnahme zu geben und die Zustimmung des Betriebsrats zu der geplanten Maßnahme einzuholen. Bei Einstellungen und Versetzungen hat der Arbeitgeber insbesondere den in Aussicht genommenen Arbeitsplatz und die vorgesehene Eingruppierung mitzuteilen. Die Mitglieder des Betriebsrats sind verpflichtet, über die ihnen im Rahmen der personellen Maßnahmen nach den Sätzen 1 und 2 bekanntgewordenen persönlichen Verhältnisse und Angelegenheiten der Arbeitnehmer, die ihrer Bedeutung oder ihrem Inhalt nach einer vertraulichen Behandlung bedürfen, Stillschweigen zu bewahren; § 79 Abs. 1 Satz 2 bis 4 gilt entsprechend.

2) Der Betriebsrat kann die Zustimmung verweigern, wenn

(1. die personelle Maßnahme gegen ein Gesetz, eine Verordnung, eine Unfallverhütungsvorschrift oder gegen eine Bestimmung in einem Tarifvertrag oder in einer Betriebsvereinbarung oder gegen eine gerichtliche Entscheidung oder eine behördliche Anordnung verstoßen würde,

2. die personelle Maßnahme gegen eine Richtlinie nach § 95 verstoßen würde,

3. die durch Tatsachen begründete Besorgnis besteht, daß infolge der personellen Maßnahme im Betrieb beschäftigte Arbeitnehmer gekündigt werden oder sonstige Nachteile erleiden, ohne daß dies aus betrieblichen oder persönlichen Gründen gerechtfertigt ist, als Nachteil gilt bei unbefristeter Einstellung auch die Nichtberücksichtigung eines gleich geeigneten befristet Beschäftigten.

4. der betroffene Arbeitnehmer durch die personelle Maßnahme benachteiligt wird, ohne daß dies aus betrieblichen oder in der Person des Arbeitnehmers liegenden Gründen gerechtfertigt ist,

5. eine nach § 93 erforderliche Ausschreibung im Betrieb unterblieben ist oder

6. die durch Tatsachen begründete Besorgnis besteht, daß der für die personelle Maßnahme in Aussicht genommene Bewerber oder Arbeitnehmer den Betriebsfrieden durch gesetzwidriges Verhalten oder durch grobe Verletzung der in § 75 Abs. 1 enthaltenen Grundsätze insbesondere durch rassistische oder fremdenfeindliche Betätigung stören werde.

(3) Verweigert der Betriebsrat seine Zustimmung, so hat er dies unter Angabe von Gründen innerhalb einer Woche nach Unterrichtung durch den Arbeitgeber diesem schriftlich mitzuteilen. Teilt der Betriebsrat dem Arbeitgeber die Verweigerung seiner Zustimmung nicht innerhalb der Frist schriftlich mit, so gilt die Zustimmung als erteilt.

(4) Verweigert der Betriebsrat seine Zustimmung, so kann der Arbeitgeber beim Arbeitsgericht beantragen, die Zustimmung zu ersetzen.

§ 100

(1) Der Arbeitgeber kann, wenn dies aus sachlichen Gründen dringend erforderlich ist, die personelle Maßnahme im Sinne des § 99 Abs. 1 Satz 1 vorläufig durchführen, bevor der Betriebsrat sich geäußert oder wenn er die Zustimmung verweigert hat. Der Arbeitgeber hat den Arbeitnehmer über die Sach- und Rechtslage aufzuklären.

(2) Der Arbeitgeber hat den Betriebsrat unverzüglich von der vorläufigen personellen Maßnahme zu unterrichten. Bestreitet der Betriebsrat, daß die Maßnahme aus sachlichen Gründen dringend erforderlich ist, so hat er dies dem Arbeitgeber unverzüglich mitzuteilen. In diesem Falle darf der Arbeitgeber die vorläufige personelle Maßnahme nur aufrechterhalten, wenn er innerhalb von drei Tagen beim Arbeitsgericht die Ersetzung der Zustimmung des Betriebsrats und die Feststellung beantragt, daß die Maßnahme aus sachlichen Gründen dringend erforderlich war.

(3) Lehnt das Gericht durch rechtskräftige Entscheidung die Ersetzung der Zustimmung des Betriebsrats ab oder stellt es rechtskräftig fest, daß offensichtlich die Maßnahme aus sachlichen Gründen nicht dringend erforderlich war, so endet die vorläufige personelle Maßnahme mit Ablauf von zwei Wochen nach Rechtskraft der Entscheidung. Von diesem Zeitpunkt an darf die personelle Maßnahme nicht aufrecht erhalten werden.

»Wir können unsere Zustimmung also nur verweigern, wenn besondere Gründe gegen die Einstellung sprechen, zum Beispiel die Besorgnis besteht, daß er durch ein unsoziales oder gesetzwidriges Verhalten den Betriebsfrieden stört. Aber Neuhaus hatte sehr gute Zeugnisse, vielleicht ist er woanders fortgelobt worden. Hätten wir die Bedenken von Anfang an gehabt, so hätten wir die Zustimmung verweigern und innerhalb einer Woche die Gründe schriftlich Herrn Sorgenfrei mitteilen müssen. Unsere verweigerte Zustimmung hätte dann nur das Arbeitsgericht ersetzen können.«

»Nun ist er aber einmal da! Was soll jetzt werden?«

»Das Kind ist zwar in den Brunnen gefallen, aber wir können es auch wieder herausholen. Hier hilft uns § 104. Danach hat der Betriebsrat gegenüber dem Arbeitgeber ein gegebenenfalls über die Arbeitsgerichte erzwingbares Recht zur Entfernung betriebsstörender Arbeitnehmer im Sinne dieser Vorschrift.

Und nun kommen wir zu Ihrem dritten Sorgenkind, Kollege Zucker. Sie haben hinsichtlich unseres Zwiebacks »Magentrost« Vorschläge für eine Änderung des Produktionsvorganges gemacht. Dies betrifft nun eine wirtschaftliche Angelegenheit des Betriebes, und hier ist allerdings unser Einfluß noch nicht so groß wie in den anderen Angelegenheiten. Trotzdem stehen wir aber auch hier nicht vor der Tür. Bei großen Betrieben, das heißt bei solchen, die in der Regel mehr als 100 Arbeitnehmer beschäftigen, wird sogar ein Wirtschaftsausschuß gebildet, dessen Aufgaben und Zusammensetzung in den §§ 106 ff. des Betriebsverfassungsgesetzes geregelt sind. So etwas haben wir nun allerdings nicht. Aber nach § 110 hat Sorgenfrei der gesamten Belegschaft wenigstens einmal in jedem Vierteljahr Kenntnis von der Lage und der Entwicklung des Unternehmens zu geben, sofern mehr als 20 wahlberechtigte Arbeitnehmer ständig beschäftigt werden.«

Wirtschaftliche Fragen

Bei geplanten Betriebsänderungen, die wesentliche Nachteile für die Belegschaft zur Folge haben können, hat der Betriebsrat ein Mitbestimmungsrecht, zum Beispiel wenn es um die Einschränkung oder Stillegung des Betriebes geht, oder um die Verlegung des ganzen Betriebes oder von wesentlichen Betriebsteilen. Kommt hierbei eine Einigung nicht zustande, so kann wiederum die Einigungsstelle angerufen werden. Zuvor kann der Präsident des Landesarbeitsamtes um Vermittlung ersucht werden (§§ 111 ff.).

Auch die Einführung grundlegend neuer Arbeitsmethoden fällt nach § 111 unter derartige wirtschaftliche Angelegenheiten.

»Da Ihre Ideen, Herr Zucker, nichts mit Betriebsänderungen zu tun haben, die irgendwelche Nachteile für unsere Belegschaft betreffen, sondern Verbesserungen vorsehen, die uns nutzen sollen, so ist hierfür unsere Mitwirkung nicht vorgesehen. Verbesserungen und Fortschritte der Produktion können wir nicht erzwingen. Das ist Sache des Chefs. Wir können nur abwehren, was an Neuerungen die Belegschaft beeinträchtigen könnte. Aber Herr Sorgenfrei ist ja nicht weltfremd und unseren Vorschlägen noch nie abgeneigt gewesen. Also entwickeln Sie uns doch einmal Ihre Gedankengänge, wir notieren gleich einmal das Wesentliche und werden es dann alsbald mit Herrn Sorgenfrei besprechen.« Der Betriebsrat muß jedoch umfassend über evtl. Nachteile der Maßnahmen informiert werden.

Als Karl Zucker am nächsten Tag seinen Freund Willibald Schraube trifft, erzählt er ihm von seiner Rücksprache mit dem Betriebsrat. »Erfreulich ist so eine Tätigkeit eigentlich auch nicht immer«, bemerkt er schließlich tiefsinnig. »Ist der Betriebsrat zu nachgiebig, verdirbt er es mit uns. Und wird er gegenüber dem Chef zu aggressiv, fliegt er bei der nächsten Gelegenheit raus.« Hier kann Karl Zucker ganz unbesorgt sein. Die Betriebsratsmitglieder sind vom Gesetzgeber gemäß § 15 Kündigungsschutzgesetz unter einen besonderen Schutz gestellt worden.

Kündigungsschutz im Rahmen der Betriebsverfassung

§ 15 Kündigungsschutzgesetz hat folgenden Wortlaut:

§ 15

(1) Die Kündigung eines Mitglieds eines Betriebsrats, einer Jugend- und Auszubildendenvertretung, einer Bordvertretung oder eines Seebetriebsrats ist unzulässig, es sei denn, daß Tatsachen vorliegen, die den Arbeitgeber zur Kündigung aus wichtigem Grund ohne Einhaltung einer Kündigungsfrist berechtigen, und daß die nach § 103 des Betriebsverfassungsgesetzes erforderliche Zustimmung vorliegt oder durch gerichtliche Entscheidung ersetzt ist. Nach Beendigung der Amtszeit ist die Kündigung eines Mitglieds eines Betriebsrats, einer Jugend- und Auszubildendenvertretung oder eines Seebetriebsrats innerhalb eines Jahres, die Kündigung eines Mitglieds einer Bordvertretung innerhalb von sechs Monaten, jeweils vom Zeitpunkt der Beendigung der Amtszeit an gerechnet,

unzulässig, es sei denn, daß Tatsachen vorliegen, die den Arbeitgeber zur Kündigung aus wichtigem Grund ohne Einhaltung einer Kündigungsfrist berechtigen; dies gilt nicht, wenn die Beendigung der Mitgliedschaft auf einer gerichtlichen Entscheidung beruht.

(2) Die Kündigung eines Mitglieds einer Personalvertretung, einer Jugend- und Auszubildendenvertretung oder einer Jugendvertretung ist unzulässig, es sei denn, daß Tatsachen vorliegen, die den Arbeitgeber zur Kündigung aus wichtigem Grund ohne Einhaltung einer Kündigungsfrist berechtigen, und daß die nach dem Personalvertretungsrecht erforderliche Zustimmung vorliegt oder durch gerichtliche Entscheidung ersetzt ist. Nach Beendigung der Amtszeit der in Satz 1 genannten Personen ist ihre Kündigung innerhalb eines Jahres, vom Zeitpunkt der Beendigung der Amtszeit an gerechnet, unzulässig, es sei denn, daß Tatsachen vorliegen, die den Arbeitgeber zur Kündigung aus wichtigem Grund ohne Einhaltung einer Kündigungsfrist berechtigen; dies gilt nicht, wenn die Beendigung der Mitgliedschaft auf einer gerichtlichen Entscheidung beruht.

(3) Die Kündigung eines Mitglieds eines Wahlvorstands ist vom Zeitpunkt seiner Bestellung an, die Kündigung eines Wahlbewerbers vom Zeitpunkt der Aufstellung des Wahlvorschlags an, jeweils bis zur Bekanntgabe des Wahlergebnisses unzulässig, es sei denn, daß Tatsachen vorliegen, die den Ar-beitgeber zur Kündigung aus wichtigem Grund ohne Einhaltung einer Kündigungsfrist berechtigen, und daß die nach § 103 des Betriebsverfassungsgesetzes oder nach dem Personalvertretungsrecht erforderliche Zustimmung vorliegt oder durch eine gerichtliche Entscheidung ersetzt ist. Innerhalb von sechs Monaten nach Bekanntgabe des Wahlergebnisses ist die Kündigung unzulässig, es sei denn, daß Tatsachen vorliegen, die den Arbeitgeber zur Kündigung aus wichtigem Grund ohne Einhaltung einer Kündigungsfrist berechtigen; dies gilt nicht für Mitglieder des Wahlvorstands, wenn dieser durch gerichtliche Entscheidung durch einen anderen Wahlvorstand ersetzt worden ist.

(3a) nicht abgedruckt

(4) Wird der Betrieb stillgelegt, so ist die Kündigung der in Absätzen 1 bis 3 genannten Personen frühestens zum Zeitpunkt der Stillegung zulässig, es sei denn, daß ihre Kündigung zu einem früheren Zeitpunkt durch zwingende betriebliche Erfordernisse bedingt ist.

(5) Wird eine der in den Absätzen 1 bis 3 genannten Personen in einer Betriebsabteilung beschäftigt, die stillgelegt wird, so ist sie in eine andere Betriebsabteilung zu übernehmen. Ist dies aus betrieblichen Gründen nicht möglich, so findet auf ihre Kündigung die Vorschrift des Absatzes 4 über die Kündigung bei Stillegung des Betriebs sinngemäß Anwendung.

Die Frau als Arbeitnehmerin

Auf einer Veranstaltung der Handwerkskammer lernt Karl Zucker die Angestellte Luise Kasseler kennen. Sie ist Verkäuferin in einer großen Buchhandlung. Im Gespräch merkt Zucker, daß diese Sorgen hat. »Wo drückt denn der Schuh, Frau Kasseler?« fragt er sie, als sie wieder am Tisch sitzen.

»Wissen Sie, Herr Zucker, ich zerbreche mir den Kopf, wie sich die vielbeschworene Gleichberechtigung zwischen Mann und Frau für uns weibliche Angestellte nun wirklich auswirkt.«

Luise Kasseler sollte sich keine Sorgen machen, denn die »Gleichberechtigung« hat inzwischen zumindest gesetzlich ihre volle Auswirkung erreicht. Lediglich die praktische Durchführung wird in vielen Unternehmensbereichen noch beanstandet. Der früher geübte Brauch, Frauen für ihre Leistungen geringer zu bezahlen als die männlichen Arbeitskollegen, ist vorüber.

Darüber hinaus ist in arbeitsrechtlicher Hinsicht die Gleichstellung von Mann und Frau gesetzlich verankert worden.

In dem Dienstvertragsrecht des BGB sind die §§ 611 a und 611 b maßgeblich, welche folgendes besagen:

§ 611 a

434

(1) ¹Der Arbeitgeber darf einen Arbeitnehmer bei einer Vereinbarung oder einer Maßnahme, insbesondere bei der Begründung des Arbeitsverhältnisses, beim beruflichen Aufstieg, bei einer Weisung oder einer Kündigung, nicht wegen seines Geschlechts benachteiligen. ²Eine unterschiedliche Behandlung wegen des Geschlechts ist jedoch zulässig, soweit eine Vereinbarung oder eine Maßnahme die Art der vom Arbeitnehmer auszuübenden Tätigkeit zum Gegenstand hat und ein bestimmtes Geschlecht unverzichtbare Voraussetzung für diese Tätigkeit ist. ³Wenn im Streitfall der Arbeitnehmer Tatsachen glaubhaft macht, die eine Benachteiligung wegen des Geschlechts vermuten lassen, trägt der Arbeitgeber die Beweislast dafür, daß nicht auf das Geschlecht bezogene, sachliche Gründe eine unterschiedliche Behandlung rechtfertigen oder das Geschlecht unverzichtbare Voraussetzung für die auszuübende Tätigkeit ist.

(2) Verstößt der Arbeitgeber gegen das in Absatz 1 geregelte Benachteiligungsverbot bei der Begründung eines Arbeitsverhältnisses, so kann der hierdurch benachteiligte Bewerber eine angemessene Entschädigung in Geld verlangen; ein Anspruch auf Begründung eines Arbeitsverhältnisses besteht nicht.

(3) ¹Wäre der Bewerber auch bei benachteiligungsfreier Auswahl nicht eingestellt worden, so hat der Arbeitgeber eine angemessene Entschädigung in Höhe von höchstens drei Monatsverdiensten zu leisten. ²Als Monatsverdienst gilt, was dem Bewerber bei regelmäßiger Arbeitszeit in dem Monat, in dem das Arbeitsverhältnis hätte gegründet werden sollen, an Geld- und Sachbezügen zugestanden hätte.

(4) ¹Ein Anspruch nach den Absätzen 2 und 3 muß innerhalb einer Frist, die mit Zugang der Ablehnung der Bewerbung beginnt, schriftlich geltend gemacht werden. ²Die Länge der Frist bemißt sich nach einer für die Geltendmachung von Schadensersatzansprüchen im angestrebten Arbeitsverhältnis vorgesehenen Ausschlußfrist; sie beträgt mindestens zwei Monate. ³Ist eine solche Frist für das angestrebte Arbeitsverhältnis nicht bestimmt, so beträgt die Frist sechs Monate.

(5) Die Absätze 2 und 4 gelten beim beruflichen Aufstieg entsprechend, wenn auf den Aufstieg kein Anspruch besteht.

§ 611 b

Der Arbeitgeber darf einen Arbeitsplatz weder öffentlich noch innerhalb des Betriebs nur für Männer oder nur für Frauen ausschreiben, es sei denn, daß ein Fall des § 611 a Abs. 1 Satz 2 vorliegt.

Schließlich ist noch dem § 612 BGB ein Absatz 3 mit folgendem Inhalt angefügt worden:

(3) Bei einem Arbeitsverhältnis darf für gleiche oder für gleichwertige Arbeit nicht wegen des Geschlechts des Arbeitnehmers eine geringere Vergütung vereinbart werden als bei einem Arbeitnehmer des anderen Geschlechts. Die Vereinbarung einer geringeren Vergütung wird nicht dadurch gerechtfertigt, daß wegen des Geschlechts des Arbeitnehmers besondere Schutzvorschriften gelten. § 611 a Abs. 1 Satz 3 ist entsprechend anzuwenden.

Die durch Art. 3 Abs. 2 Grundgesetz angeordnete Gleichberechtigung der Geschlechter will hauptsächlich ungerechte Benachteiligungen der Frauen im Rechtsleben beseitigen. So bleibt der gemäß § 8 AZG mögliche Schutz der Frauen vor körperlichen Überbeanspruchungen in Kraft, nicht mehr aber bei den Arbeitszeiten.

Bestimmte schwere körperliche Arbeiten sind weiblichen Angestellten durch gesetzliche Bestimmungen untersagt. Sie dürfen nicht unter Tage in Bergwerken, Salinen, Aufbereitungsanstalten und Gruben arbeiten. Über Tage dürfen sie nicht bei der Beförderung von Roh- und Werkstoffen beschäftigt werden.

Im Verordnungsweg kann der Arbeitsminister darüber hinaus Frauenarbeit verbieten, die mit besonderen Gefahren für Gesundheit und Sittlichkeit verbunden ist.

Auch kann das Ordnungsamt Ausnahmen gewähren.

»Das ist ja alles sehr schön«, meint Luise Kasseler, »aber viel wichtiger ist ja wohl folgendes: Meine Freundin Käte Knoch erwartet ein Kind, und sie traut sich nicht, im Betrieb was zu sagen, und zwar aus Angst, sie würde sofort entlassen werden. Dabei brauchte sie in ihrer jungen Ehe noch dringend ihren Verdienst.«

Käte Knoch kann getrost das zu erwartende freudige Ereignis im Betrieb bekanntgeben, ohne **435** eine Entlassung befürchten zu müssen. Die werdende Mutter genießt einen besonderen gesetzlichen Schutz durch das Gesetz zum Schutz der erwerbstätigen Mutter (Mutterschutzgesetz).

Aus Anlaß ihrer Schwangerschaft kann Käte Knoch gegen ihren Willen überhaupt nicht entlassen werden. Sie ist übrigens nicht nur berechtigt, sondern auch verpflichtet, ihrem Arbeitgeber die bestehende Schwangerschaft anzuzeigen. Nur dadurch ist gewährleistet, daß sie der Betrieb, so wie es im Gesetz vorgeschrieben ist, von Arbeiten freistellt, die sie und das werdende Kind gefährden könnten. Sofern ein ärztliches Zeugnis vorliegt, wonach jede Tätigkeit die Mutter und das werdende Kind gefährdet, darf Käte Knoch überhaupt nicht mehr beschäftigt werden.

Im übrigen dürfen werdende Mütter nicht mit schweren körperlichen Arbeiten, zum Beispiel Heben und Tragen schwerer Lasten, beschäftigt werden. Auch dürfen sie bei der Arbeit nicht schädlichen Einwirkungen von gesundheitsgefährdenden Stoffen, von Staub, Gasen oder Dämpfen, von Hitze, Kälte oder Nässe oder von Erschütterungen ausgesetzt werden. Ebenso sind Arbeiten im Akkord oder am laufenden Band unzulässig, wenn dadurch überdurchschnittliche Arbeitsleistung verlangt wird.

Käte Knoch äußert nun zu Luise Kasseler die Befürchtung, daß sie ja dann wohl auch in ihrem Gehalt geschmälert würde oder vielleicht gar keines bekäme. Aber hier kann sie Luise Kasseler trösten. Auch wenn sie jetzt weniger Arbeit leistet oder sogar gemäß dem ärztlichen Zeugnis ganz ausfällt, hat sie selbstverständlich trotzdem einen Anspruch auf Weiterzahlung des Lohnes. Dieser entspricht in solchen Fällen dem Durchschnittsverdienst der letzten 13 Wochen.

Käte Knoch bemüht sich, die ersten Monate der Schwangerschaft durchzustehen. Da sie einen Beruf hat, bei dem sie ständig stehen muß, darf sie jetzt nur weiterbeschäftigt werden, wenn eine Sitzgelegenheit zum kurzen Ausruhen während der Arbeit vorhanden ist. Nach Ablauf des fünften Monats ihrer Schwangerschaft darf sie mit dieser Tätigkeit täglich nur noch vier Stunden beschäftigt werden. Auf ihr Verlangen ist Käte Knoch in den letzten sechs Wochen vor dem Zeitpunkt ihrer Niederkunft, den ihr der Arzt bescheinigt hat, von jeder Arbeit freizustellen. Hier greift der sogenannte Mutterschutz.

Nach ihrer Niederkunft darf sie bis zum Ablauf von acht Wochen nicht beschäftigt werden. Für Mütter von Früh- und Mehrlingsgeburten verlängert sich diese Frist auf zwölf Wochen. Werdende und stillende Mütter dürfen nicht mit Mehrarbeit, nicht zwischen 20 Uhr und 6 Uhr und auch nicht an Sonn- und Feiertagen beschäftigt werden.

Die Kündigung während der Schwangerschaft und bis zu vier Monaten nach der Entbindung ist unzulässig, wenn dem Arbeitgeber die Schwangerschaft zum Zeitpunkt der Kündigung bekannt war oder innerhalb von zwei Wochen nach der Kündigung mitgeteilt wird.

In der Landwirtschaft ist jede Beschäftigung über neun Stunden am Tag vom Gesetzgeber verboten. Während der Arbeitszeit ist den stillenden Müttern die erforderliche Zeit zum Stillen ohne Lohnausfall zu gewähren. Bei einer geringen Arbeitszeit soll die Stillzeit 1 Stunde, bei acht und mehr Stunden zweimal 45 Minuten betragen.

»Bekomme ich denn auch während der vierzehn Wochen, in denen ich ganz im Betrieb ausfalle, mein Gehalt?« erkundigt sich Käte Knoch vorsorglich. Auch für diese Zeit kann sie unbesorgt sein, sie erhält nämlich weiter ihr Mutterschaftsgeld und zwar auch dann, wenn sie nicht in der gesetzlichen Krankenversicherung ist, und zwar nach Maßgabe der §§ 13, 14 MuSchG. Zusätzlich besteht ein Anspruch auf Zuschuß zum Mutterschaftsgeld gegenüber dem Arbeitgeber, wenn vorher mehr als 13,– Euro pro Kalendertag verdient wurden. Die §§ 13, 14 MuSchG greifen so ineinander, daß bei einem unterstellten Anspruch auf Mutterschaftsgeld sich der Betrag auf das bisherige durchschnittliche Nettogehalt erhöht.

Arbeitgeber, die den Schutzvorschriften vorsätzlich oder fahrlässig zuwiderhandeln, machen sich strafbar. Das gleiche gilt für Angestellte, denen der Arbeitgeber seine diesbezüglichen Pflichten übertragen hat. Neben ihnen besteht aber die strafrechtliche Haftung des Arbeitgebers weiter, wenn die Verstöße mit seinem Wissen erfolgen oder wenn er diese Angestellten nicht sorgfältig genug auswählt oder überwacht.

Der Gesetzgeber hat den Mutterschutz weiter verstärkt. Durch das Gesetz zum Erziehungsgeld und zur Elternzeit vom 7. Dezember 2001 wurde insbesondere die Stellung von berufstätigen Müttern (auch der Väter) weiter verbessert.

Erziehungsgeld und Elternzeit (Erziehungsurlaub)

Während das vorstehend erläuterte Mutterschutzgesetz speziell dem Schutz der erwerbstätigen Mutter dient, hat der Gesetzgeber im Bundeserziehungsgeldgesetz (BErzGG) in der Neufassung vom 29. Dezember 2003 eine Regelung für diejenigen getroffen, welche Kinder zu betreuen und zu erziehen haben.

Das Gesetz trifft insoweit zwei verschiedene Regelungen, es gewährt einmal einen Anspruch auf Erziehungsgeld nach Maßgabe des § 1 wie folgt:

§ 1 (auszuggsweise)

(1) Anspruch auf Erziehungsgeld hat, wer
1. einen Wohnsitz oder seinen gewöhnlichen Aufenthalt in Deutschland hat,
2. mit einem Kind, für das ihm die Personensorge zusteht, in einem Haushalt lebt,
3. dieses Kind selbst betreut und erzieht und
4. keine oder keine volle Erwerbstätigkeit ausübt.
   (…)

Die Anspruchsvoraussetzungen müssen bei Beginn des Leistungszeitraums vorliegen. Abweichend von Satz 2, § 1594, § 1600d und §§ 1626a bis 1626e des Bürgerlichen Gesetzbuchs können im Einzelfall nach billigem Ermessen die Tatsachen der Vaterschaft und der elterlichen Sorgeerklärung des Anspruchsberechtigten auch schon vor dem Zeitpunkt ihrer Rechtswirksamkeit berücksichtigt werden.

(2) Anspruch auf Erziehungsgeld hat auch, wer, ohne eine der Voraussetzungen des Absatzes 1 Nr. 1 zu erfüllen,
1. im Rahmen seines in Deutschland bestehenden Beschäftigungsverhältnisses vorübergehend ins Ausland entsandt ist und aufgrund über- oder zwischenstaatlichen Rechts oder nach § 4 des Vierten Buches Sozialgesetzbuch dem deutschen Sozialversicherungsrecht unterliegt oder im Rahmen seines in Deutschland bestehenden öffentlich-rechtlichen Dienst- oder Amtsverhältnisses vorübergehend ins Ausland abgeordnet, versetzt oder kommandiert ist,
2. Versorgungsbezüge nach beamten- oder soldatenrechtlichen Vorschriften oder Grundsätzen

oder eine Versorgungsrente von einer Zusatzversorgungsanstalt für Arbeitnehmer des öffentlichen Dienstes erhält oder
3. Entwicklungshelfer im Sinne des § 1 des Entwicklungshelfer-Gesetzes ist.

Dies gilt auch für den mit ihm in einem Haushalt lebenden Ehegatten oder Lebenspartner, wenn dieser im Ausland keine Erwerbstätigkeit ausübt, welche den dortigen Vorschriften der sozialen Sicherheit unterliegt.

(3) Einem in Absatz 1 Nr. 2 genannten Kind steht gleich
1. ein Kind, das mit dem Ziel der Annahme als Kind in die Obhut des Annehmenden aufgenommen ist,
2. ein Kind des Ehegatten oder Lebenspartners, das der Antragsteller in seinen Haushalt aufgenommen hat,
3. ein leibliches Kind des nicht sorgeberechtigten Antragstellers, mit dem dieser in einem Haushalt lebt.

(4) Der Anspruch auf Erziehungsgeld bleibt unberührt, wenn der Antragsteller aus einem wichtigen Grund die Betreuung und Erziehung des Kindes nicht sofort aufnehmen kann oder sie unterbrechen muss.

Die Absätze 5 bis 9 regeln besondere Härtefälle und die Rechte von EU-Ausländern.

Weiter enthält das Gesetz auch noch Sondervorschriften für Sonderfälle, zum Beispiel bei nicht voller Erwerbstätigkeit des Antragstellers, Bezug von Arbeitslosengeld usw.

Die Höhe des Erziehungsgeldes ist in § 5 wie folgt geregelt:

§ 5

(1) Das monatliche Erziehungsgeld beträgt bei einer beantragten Zahlung für längstens bis zur Vollendung des

1. 12. Lebensmonats 450 Euro (Budget),
2. 24. Lebensmonats 300 Euro (Regelbetrag).

Die im Antrag getroffene Entscheidung für das Budget oder den Regelbetrag ist für die volle Bezugsdauer verbindlich. Ist im Antrag keine Entscheidung getroffen, wird der Regelbetrag gezahlt. Eine einmalige rückwirkende Änderung ist möglich in Fällen besonderer Härte, insbesondere bei schwerer Krankheit, Behinderung oder Tod eines Elternteils oder eines Kindes oder bei erheblich gefährdeter wirtschaftlicher Existenz oder bei der Geburt eines weiteren Kindes und nach Aufnahme einer Erwerbstätigkeit der berechtigten Person in den ersten sechs Lebensmonaten, die dazu führt, dass der Anspruch auf das Budget entfällt. Bei einer Änderung vom Budget zum Regelbetrag ist die bereits gezahlte Differenz zwischen Budget und Regelbetrag zu erstatten; § 22 Abs. 4 Satz 2 gilt nicht.

(2) Die Entscheidung nach Absatz 1 Satz 2 ist bei einem Berechtigtenwechsel auch für den neuen Berechtigten verbindlich. Im Fall einer Erstattungspflicht nach Absatz 1 Satz 5 haften die nicht dauernd getrennt lebenden Ehegatten als Gesamtschuldner; das Gleiche gilt für Lebenspartner oder in eheähnlicher Gemeinschaft lebende Eltern.

(3) In den ersten sechs Lebensmonaten des Kindes entfällt der Anspruch auf den Regelbetrag, wenn das Einkommen nach § 6 bei Ehegatten, die nicht dauernd getrennt leben, 30.000 Euro und bei anderen Berechtigten 23.000 Euro übersteigt. Der Anspruch auf das Budget entfällt, wenn das Einkommen nach § 6 bei Ehegatten, die nicht dauernd getrennt leben, 22.086 Euro und bei anderen Berechtigten 19.086 Euro übersteigt. Vom Beginn des siebten Lebensmonats an verringert sich das Erziehungsgeld, wenn das Einkommen nach § 6 bei Ehegatten, die nicht dauernd getrennt leben, 16 500 Euro und bei anderen Berechtigten 13.500 Euro übersteigt. Die Beträge der Einkommensgrenzen nach Satz 1, 2 und 3 erhöhen sich um 3.140 Euro für jedes weitere Kind des Berechtigten oder seines nicht dauernd von ihm getrennt lebenden Ehegatten, für das ihm oder seinem Ehegatten Kindergeld gezahlt wird oder ohne die Anwendung des § 65 Abs. 1 des Einkommensteuergesetzes oder des § 4 Abs. 1 des Bundeskindergeldgesetzes gezahlt würde. Maßgeblich sind, abgesehen von ausdrücklich abweichenden Regelungen dieses Gesetzes, die Verhältnisse zum Zeitpunkt der Antragstellung. Für Eltern in einer eheähnlichen Gemeinschaft gelten die Vorschriften zur Einkommensgrenze für Verheiratete, die nicht dauernd getrennt leben. Für Lebenspartner gilt die Einkommensgrenze für Verheiratete entsprechend. (Absatz 4 und 5 nicht abgedruckt)

Das Erziehungsgeld wird grundsätzlich bis zum 12. beziehungsweise 24. Lebensmonats des Kindes bezahlt, je nach Geburtszeit. Vgl. § 4 BErzGG.

Die Regelung des Erziehungsgeldes betrifft also jeden, der unter diese Bestimmungen fällt, nicht etwa nur Arbeitnehmer. Im gleichen Gesetz ist aber in §§ 15 und 16 für den Arbeitnehmer, der einen Anspruch auf Erziehungsgeld hat, noch ein besonderer Anspruch auf Erziehungsurlaub, jetzt »Elternzeit«, wie folgt geregelt:

438

§ 15

(1) Arbeitnehmerinnen und Arbeitnehmer haben Anspruch auf Elternzeit, wenn sie mit einem Kind
1. a) ‚für das ihnen die Personensorge zusteht,
   b) des Ehegatten oder Lebenspartners,
   c) das sie in Vollzeitpflege (§ 33 des Achten Buches Sozialgesetzbuch) oder in Adoptionspflege (§ 1744 des Bürgerlichen Gesetzbuchs) aufgenommen haben, oder
   d) für das sie auch ohne Personensorgerecht in den Fällen des § 1 Abs. 1 Satz 3 oder Abs. 3 Nr. 3 oder im besonderen Härtefall des § 1 Abs. 5 Erziehungsgeld beziehen können,
in einem Haushalt leben und
2. dieses Kind selbst betreuen und erziehen.

²Bei einem leiblichen Kind eines nicht sorgeberechtigten Elternteils ist die Zustimmung des sorgeberechtigten Elternteils erforderlich.

(2) Der Anspruch auf Elternzeit besteht bis zur Vollendung des dritten Lebensjahres eines Kindes. Die Zeit der Mutterschutzfrist nach § 6 Abs. 1 des Mutterschutzgesetzes wird auf die Begrenzung nach Satz 1 angerechnet. Bei mehreren Kindern besteht der Anspruch auf Elternzeit für jedes Kind, auch wenn sich die Zeiträume im Sinne von Satz 1 überschneiden. Ein Anteil der Elternzeit von bis zu zwölf Monaten ist mit Zustimmung des Arbeitgebers auf die Zeit bis zur Vollendung des achten Lebensjahres übertragbar; dies gilt auch, wenn sich die Zeiträume im Sinne von Satz 1 bei mehreren Kindern überschneiden. Bei einem angenommenen Kind und bei einem Kind in Vollzeit- oder Adoptionspflege kann Elternzeit von insgesamt bis zu drei Jahren ab der Aufnahme bei der berechtigten Person, längstens bis zur Vollendung des achten Lebensjahres des Kindes genommen werden; die Sätze 3 und 4 sind entsprechend anwendbar, soweit sie die zeitliche Aufteilung regeln. Der Anspruch kann nicht durch Vertrag ausgeschlossen oder beschränkt werden.

(3) Die Elternzeit kann, auch anteilig, von jedem Elternteil allein oder von beiden Elternteilen gemeinsam genommen werden. Satz 1 gilt entsprechend für Ehegatten, Lebenspartner und die Berechtigten gemäß Absatz 1 Satz 1 Nr. 1 Buchstabe c.

(4) Während der Elternzeit ist Erwerbstätigkeit zulässig, wenn die vereinbarte wöchentliche Arbeitszeit für jeden Elternteil, der eine Elternzeit nimmt, nicht 30 Stunden übersteigt. Teilzeitarbeit bei einem anderen Arbeitgeber oder als Selbständiger bedarf der Zustimmung des Arbeitgebers. Er kann sie nur innerhalb von vier Wochen aus dringenden betrieblichen Gründen schriftlich ablehnen.

(5) Über den Antrag auf eine Verringerung der Arbeitszeit und ihre Ausgestaltung sollen sich Arbeitnehmer und Arbeitgeber innerhalb von vier Wochen einigen. Der Antrag kann mit der schriftlichen Mitteilung nach Absatz 7 Satz 1 Nr. 5 verbunden werden. Unberührt bleibt das Recht des Arbeitnehmers, sowohl seine vor der Elternzeit bestehende Teilzeitarbeit unverändert während der Elternzeit fortzusetzen, soweit Absatz 4 beachtet ist, als auch nach der Elternzeit zu der Arbeitszeit zurückzukehren, die er vor Beginn der Elternzeit hatte.

(6) Der Arbeitnehmer kann gegenüber dem Arbeitgeber, soweit eine Einigung nach Absatz 5 nicht möglich ist, unter den Voraussetzungen des Absatzes 7 während der Gesamtdauer der Elternzeit zweimal eine Verringerung seiner Arbeitszeit beanspruchen.

(7) Für den Anspruch auf Verringerung der Arbeitszeit gelten folgende Voraussetzungen:
1. Der Arbeitgeber beschäftigt, unabhängig von der Anzahl der Personen in Berufsbildung, in der Regel mehr als 15 Arbeitnehmer;
2. das Arbeitsverhältnis des Arbeitnehmers in demselben Betrieb oder Unternehmen besteht ohne Unterbrechung länger als sechs Monate;
3. die vertraglich vereinbarte regelmäßige Arbeitszeit soll für mindestens drei Monate auf einen Umfang zwischen 15 und 30 Wochenstunden verringert werden;
4. dem Anspruch stehen keine dringenden betrieblichen Gründe entgegen und
5. der Anspruch wurde dem Arbeitgeber acht Wochen oder, wenn die Verringerung unmittelbar nach der Geburt des Kindes oder nach der Mutterschutzfrist beginnen soll, sechs Wochen vor Beginn der Tätigkeit schriftlich mitgeteilt.

§ 16

(1) Arbeitnehmerinnen und Arbeitnehmer müssen die Elternzeit, wenn sie unmittelbar nach Geburt des Kindes oder nach der Mutterschutzfrist (§ 15 Abs. 2 Satz 2) beginnen soll, spätestens sechs Wochen, sonst spätestens acht Wochen vor Beginn schriftlich vom Arbeitgeber verlangen und gleichzeitig erklären, für welche Zeiten innerhalb von zwei Jahren sie Elternzeit nehmen werden. Bei dringenden Gründen ist ausnahmsweise eine angemessene kürzere Frist möglich. Nimmt die Mutter die Elternzeit im Anschluss an die Mutterschutzfrist, wird die Zeit der Mutterschutzfrist nach § 6 Abs. 1 des Mutterschutzgesetzes auf den Zweijahreszeitraum nach Satz 1 angerechnet. Nimmt die Mutter die Elternzeit im Anschluss an einen auf die Mutterschutzfrist folgenden Erholungsurlaub, werden die Zeit der Mutterschutzfrist nach § 6 Abs. 1 des Mutterschutzgesetzes und die Zeit des Erholungsurlaubs auf den Zweijahreszeitraum nach Satz 1 angerechnet. Die Elternzeit kann auf zwei Zeitabschnitte verteilt werden; eine Verteilung auf weitere Zeitabschnitte ist nur mit der Zustimmung des Arbeitgebers möglich. Der Arbeitgeber soll die Elternzeit bescheinigen.

(2) Können Arbeitnehmerinnen und Arbeitnehmer aus einem von ihnen nicht zu vertretenden Grund eine sich unmittelbar an die Mutterschutzfrist des § 6 Abs. 1 des Mutterschutzgesetzes anschließende Elternzeit nicht rechtzeitig verlangen, können sie dies innerhalb einer Woche nach Wegfall des Grundes nachholen.

(3) Die Elternzeit kann vorzeitig beendet oder im Rahmen des § 15 Abs. 2 verlängert werden, wenn der Arbeitgeber zustimmt. Die vorzeitige Beendigung wegen der Geburt eines weiteren Kindes oder wegen eines besonderen Härtefalles (§ 1 Abs. 5) kann der Arbeitgeber nur innerhalb von vier Wochen aus dringenden betrieblichen Gründen schriftlich ablehnen. Die Arbeitnehmerin kann ihre Elternzeit nicht wegen der Mutterschutzfristen des § 3 Abs. 2 und § 6 Abs. 1 des Mutterschutzgesetzes vorzeitig beenden; dies gilt nicht während ihrer zulässigen Teilzeitarbeit. Eine Verlängerung kann verlangt werden, wenn ein vorgesehener Wechsel in der Anspruchsberechtigung aus einem wichtigen Grund nicht erfolgen kann.

(4) Stirbt das Kind während der Elternzeit, endet diese spätestens drei Wochen nach dem Tod des Kindes.

(5) Eine Änderung in der Anspruchsberechtigung hat der Arbeitnehmer dem Arbeitgeber unverzüglich mitzuteilen.

Während der Elternzeit kann der zusätzliche Urlaub für jeden Monat der Elternzeit um 1/12 gekürzt werden. Während der Elternzeit besteht ein besonderer Kündigungsschutz des Arbeitnehmers (§§ 17 und 18).

Die Berufsausbildung

Rechtliche Grundlagen

Die Witwe Margarete Schnell, eine gute Bekannte der Familie Sorgenfrei, hat gerade eine interessante Geschichte in einer illustrierten Zeitung gelesen: »Meine Lehrjahre bei Stergenberger.«

Da hatte ein Mann als Bäcker- und Konditorlehrling (Azubi) begonnen und eine wunderbare Laufbahn bis zum Hotelchef durchgemacht. Ständig war er mit Künstlern, Millionären, Models und bekannten Schauspielern zusammengekommen. Das wäre etwas für meinen Martin, denkt sie, und schon spricht sie darüber mit Fritz Sorgenfrei.

»Können Sie meinen Martin als Lehrling in Ihren Betrieb aufnehmen, Herr Sorgenfrei? Oder müssen wir dazu irgendwelche Genehmigungen haben?«

»Das kann ich sehr gut, Frau Schnell«, antwortet Fritz Sorgenfrei, »das kann doch jeder Arbeitgeber.«

So ist es nun durchaus nicht. Der Gesetzgeber hat für die Handwerksbetriebe ganz genau festgelegt, wer Lehrlinge ausbilden darf. Er hat ferner die Lehrdauer und die Rechte und Pflichten aus dem Lehrverhältnis geregelt (Vgl. §§ 21 bis 44 der Handwerksordnung).

Aber Fritz Sorgenfrei kann unbesorgt sein, denn er kann Lehrlinge ausbilden, weil er Meister ist und ihm die bürgerlichen Ehrenrechte nicht durch ein strafgerichtliches Urteil aberkannt sind.

440   Ausnahmen können durch die höhere Verwaltungsbehörde genehmigt werden. Die höhere Verwaltungsbehörde ist zumeist der Regierungspräsident.

Besondere Rücksicht nimmt das Gesetz ferner auf den Fall des Todes eines Handwerksmeisters. Wird sein Betrieb nach seinem Tode für Rechnung seines Ehegatten oder minderjähriger Erben fortgeführt, so können ein Jahr lang in einem solchen Betrieb Lehrlinge auch durch Personen angeleitet werden, welche die Meisterprüfung nicht abgelegt haben. Diese Personen müssen aber die Gesellenprüfung in dem betreffenden Handwerk abgelegt haben oder mindestens vier Jahre selbständig oder als Werkmeister oder in ähnlicher Stellung tätig gewesen sein. In besonders begründeten Fällen kann die höhere Verwaltungsbehörde die Dauer dieser Anleitungsberechtigung nach Anhörung der Handwerkskammer verlängern.

Da bei Fritz Sorgenfrei alle Voraussetzungen des Gesetzes vorliegen, steht für ihn nichts der Annahme Martin Schnells als Lehrling entgegen.

Als Fritz Sorgenfrei am Stammtisch erzählt, daß er in seinem Betrieb einen Lehrling eingestellt habe, erwiderte ihm ein Stammtischbruder: »Ich höre immer ‚Lehrling’. So etwas gibt es doch heute gar nicht mehr, dieser Begriff ist doch abgeschafft. Heute sagt man statt dessen ‚Auszubildender’ oder kurz ‚Azubi‘.«

Diese Erklärung ist im Prinzip richtig. Durch das Berufsbildungsgesetz vom 14. August 1969 ist anstelle der bisher üblich gewesenen Bezeichnung »Lehrling« das Wort »Auszubildender« in die Gesetzessprache eingeführt worden.

Jedoch bestimmt § 73 dieses Gesetzes folgendes:

§ 73
Für die Berufsbildung in Gewerben der Anlage A der Handwerksordnung, die als Handwerk betrieben werden, gelten die §§ 20 bis 49, 56 bis 59, 98 und 99 nicht; insoweit gilt die Handwerksordnung.

Für die Auszubildenden in den Handwerksbetrieben verbleibt es zumindest parallel neben der Bezeichnung »Auszubildener« noch bei der alten Bezeichnung »Lehrling«. Für die anderen Berufsgruppen gilt die neue Sprachregelung.

Formulare für Ausbildungsverträge sind bei den für den Betrieb zuständigen Handwerks- beziehungsweise Industrie- und Handelskammern vorrätig. Diese Stellen erteilen auch eine individuelle Beratung für ihren Bereich.

Verwirkung der Ausbildungsbefugnis

Die Befugnis, einen Lehrling halten und anleiten zu dürfen, kann ein Handwerksmeister auch verwirken. So ging es dem Schneidermeister Konrad Korsett, der zuviel Interesse für seine weiblichen Lehrlinge zeigte. Zwar stellte die Staatsanwaltschaft ein gegen ihn anhängig gemachtes Strafverfahren nach § 174 Abs. 1 StGB ein. Nach dieser Gesetzesbestimmung wird mit Freiheitsstrafe bis zu drei Jahren oder Geldstrafe bestraft, wer einen seiner Erziehung, Ausbildung, Aufsicht oder Betreuung anvertrauten Menschen unter 16 Jahren zu sexuellen Handlungen mißbraucht.

Korsett hat in Gegenwart seiner weiblichen Lehrlinge häufig unanständige Witze erzählt und hat sich auch hier und dort einer handgreiflichen Zudringlichkeit schuldig gemacht. Er hat sich zu seiner Verteidigung darauf berufen, daß dies »onkelhafte« Scherze seien, die ja nun wirklich nicht auf die Goldwaage gelegt werden könnten. Tatsächlich sind unzüchtige Reden nach ständiger Rechtsprechung eine Beleidigung, die nur auf Antrag und meistens auch nur im Wege der Privatklage verfolgbar wäre. So kommt denn Meister Korsett noch einmal mit einem blauen Auge davon und geht straffrei aus. Aber gemäß § 24 Handwerksordnung kann die höhere Verwaltungsbehörde (Regierungspräsident) nach Anhörung der Handwerkskammer Personen, die ihre Pflichten gegen die ihnen anvertrauten Lehrlinge wiederholt gröblich verletzt haben oder gegen die Tatsachen vorliegen, die sie in sittlicher Beziehung zum Halten und Anleiten von Lehrlingen ungeeignet erscheinen lassen, die Befugnis, Lehrlinge zu halten oder anzuleiten, ganz oder auf Zeit entziehen.

So gibt denn die Staatsanwaltschaft die Akte an den zuständigen Regierungspräsidenten ab, der eine entsprechende Verfügung gegen Konrad Korsett erläßt. Gegen diese Verfügung hat Korsett die im Verwaltungsstreitverfahren vorgesehenen Rechtsmittel (vgl. dort). Ob er mit diesen Rechtsmitteln Erfolg haben wird, hängt davon ab, wie schwerwiegend die Verwaltungsgerichte sein Verhalten beurteilen werden.

Auch solchen Personen, die wegen geistiger oder körperlicher Gebrechen zur ordnungsmäßigen Anleitung von Lehrlingen nicht geeignet sind, kann die Befugnis hierzu entzogen werden. Eine entzogene Befugnis kann gegebenenfalls nach Ablauf eines Jahres wieder eingeräumt werden.

Martin wird Lehrling (Auszubildender)

Fritz Sorgenfrei, der den kleinen Martin Schnell als Nachbarskind schon ein wenig kennt, läßt es sich trotzdem nicht nehmen, den Jungen einmal persönlich zu sprechen. Trotz seiner Arbeitsüberlastung macht er sich für eine halbe Stunde an einem der nächsten Nachmittage frei und veranlaßt Frau Schnell, ihren Sohn in sein Büro zu bringen. Nachdem Frau Schnell von dieser halben Stunde eine Viertelstunde dadurch aufgebraucht hat, daß sie ihren Liebling in allen Punkten gelobt hat, bittet Fritz Sorgenfrei, ihn mit dem Jungen eine Viertelstunde allein zu lassen. Hier fragt er nun den kleinen Martin über seine Interessen, über seine Schulverhältnisse, insbesondere über seine letzten Zeugnisse aus und bekommt so einen Eindruck von der Persönlichkeit des Kindes. Martin gefällt ihm und er beschließt, einen Versuch mit ihm zu wagen. Er ruft Martins Mutter wieder herein und erklärt ihr, daß er mit Wirkung vom nächsten Ersten Martin als Lehrling in seinen Bäckerei- und Konditoreibetrieb aufnehmen werde.

»Der erste Monat«, sagt er, »ist Probezeit. Sollte sich in dieser Zeit herausstellen, daß du für unseren Beruf nicht geeignet oder aber nicht fleißig genug bist, dann trennen wir uns. Nicht nur ich kann während dieser Zeit das Lehrverhältnis jederzeit auflösen, auch du kannst dies innerhalb der Probezeit tun. Natürlich kannst du, da du ja nicht volljährig bist, diese Erklärung nicht selbst abgeben. Das muß schon deine Mutter für dich tun. So, und nun wollen wir uns die Hand darauf geben, daß alles gutgeht.«

Jedes Lehrverhältnis beginnt mit der Probezeit. Sie darf nicht weniger als einen Monat und nicht länger als drei Monate dauern (§ 13 BBiG). Welchen Zeitraum die Parteien innerhalb dieses Rahmens vereinbaren wollen, müssen sie miteinander aushandeln. Die Probezeit erzeugt also noch keine feste Bindung. Nach Ablauf der Probezeit kann das Lehrverhältnis nur aus wichtigem Grunde gekündigt werden. Und selbst diese Kündigung ist nicht mehr zulässig, wenn der Kündigungsgrund dem Kündigungsberechtigten länger als zwei Wochen bekannt ist. Stirbt der Lehrherr während des Lehrverhältnisses, so kann der Lehrling durch seinen gesetzlichen Vertreter binnen vier Wochen die Aufhebung des Lehrvertrages aussprechen.

Beim Hinausgehen sagt Frau Schnell zu Sorgenfrei: »Gibt es eigentlich nichts schriftlich über unsere Vereinbarung? Wir haben ja noch gar keinen richtigen Vertrag geschlossen.« Nun, ein Vertrag ist auch dann gegeben, wenn man sich mündlich über seine Pflichten einigt, soweit nicht der Gesetzgeber eine besondere Form vorschreibt. Es würde also auch hier die mündliche Absprache zwischen

442

Fritz Sorgenfrei und Frau Schnell genügen. Der Gesetzgeber hat allerdings in § 4 BBiG vorgeschrieben, daß unmittelbar nach Abschluß des Ausbildungsvertrags eine schriftliche Niederschrift über die wesentlichen Inhalte des Vertrags durch den Ausbildenden vorzunehmen ist. Diese Niederschrift, deren Fehlen die Wirksamkeit des Vertrags allerdings nicht beeinträchtigt, ist von dem Ausbildenden, dem Auszubildenden und dessen Vertreter zu unterschreiben. Der Auszubildende muß eine Ausfertigung dieser Niederschrift erhalten. Der Ausbildende hat nach § 30 Absatz 1 Handwerksordnung unverzüglich nach Abschluß des Ausbildungsvertrags die Eintragung in das Verzeichnis der Lehrverhältnisse (Lehrlingsrolle) zu beantragen.

Besteht allerdings ein Lehrverhältnis zwischen Eltern und Kindern, dann ist der Abschluß eines Lehrvertrages natürlich nicht notwendig. Dann hat der Vater als Lehrherr lediglich die Verpflichtung, der Handwerkskammer die Begründung dieses Lehrverhältnisses und ihre vorgesehene Dauer anzuzeigen.

Fritz Sorgenfrei läßt durch einen Gesellen von der Handwerkskammer einige Formulare für den Abschluß eines Lehrvertrages holen und füllt sie in dreifacher Ausfertigung aus. Die ausgefüllten Formulare unterschreibt Meister Fritz, schickt sie Frau Schnell mit der Bitte zu, an den angekreuzten Stellen selbst zu unterschreiben und den angehenden Lehrling auch unterschreiben zu lassen. Ein Exemplar soll sie für ihren Jungen zu Hause aufbewahren und die beiden anderen wieder zurückschicken. Ein Exemplar behält der Meister und sendet das andere an die Handwerkskammer.

Martin besteht seine Probezeit. Er führt die ihm aufgetragenen Arbeiten gewissenhaft aus und gewöhnt sich auch rasch an die im Betrieb herrschende Ordnung. Nur der eine Geselle Kuno Brosa macht ihm zu schaffen. Er betrachtet Martin als eine Art Diener, den er ständig für eigene Zwecke herumhetzt. Er läßt Martin vor allem Bier und Zigaretten holen und private Botengänge erledigen.

Als Meister Sorgenfrei dahinterkommt, fährt er dazwischen: »Ich habe dafür zu sorgen, mein lieber Brosa, daß meine Lehrlinge anständige Bäcker werden. Natürlich sollen sie auch hier und da dem älteren Arbeitskollegen einen Gang abnehmen. Es schadet ihnen auch nichts, wenn sie tüchtig die Backstube fegen und die Arbeitskittel sauberhalten lernen. Aber das ist nicht ihr alleiniges Tätigkeitsfeld. Lassen Sie also den Jungen mit ihren Privatwünschen in Ruhe. Außerdem brauchen Sie auch nicht so viel während des Dienstes zu saufen.«

Von nun an hat Martin Schnell in dieser Hinsicht Ruhe und kann in seiner Ausbildung gute Fortschritte machen. Er besucht fleißig die Berufsschule, wozu ihn Meister Sorgenfrei anhält.

Vorzeitiges Ende der Lehrzeit

Auf dem Heimweg von der Berufsschule unterhält sich Martin Schnell besonders gern mit einem anderen Berufsschüler, dem Schlosserlehrling Winfried Dietrich. Er merkt bald, daß diesen etwas bedrückt.

»Mir gefällt es gar nicht in meiner Lehre«, klagt Winfried eines Tages. »Meister Rostig gibt sich zwar alle Mühe, mir beizubringen, wie man Schlüssel feilt und Schlösser repariert, aber der ganze Kram macht mir keinen Spaß. Ich wäre viel lieber Azubi bei einem Rechtsanwalt geworden. Das würde mir Spaß machen.«

»Ja, höre mal«, sagte Martin, »dann wechsle doch über, oder wollen deine Eltern das nicht?« »Die wollen schon. Sie haben längst eingesehen, daß ich für die Schlosserei nichts tauge, aber mein Lehrvertrag läuft noch zwei Jahre. Vater meint, den müßte ich ja nun abreißen.«

Hier ist der Schlosserlehrling Winfried Dietrich aber gar nicht richtig unterrichtet. Der Gesetzgeber will nicht einen jungen Menschen wegen eines Irrtums in der Berufswahl jahrelang in einem unerquicklichen Lehrverhältnis festhalten. Ist ein Lehrling volljährig, so kann er selbst, andernfalls sein gesetzlicher Vertreter für ihn, dem Lehrherrn die schriftliche Erklärung abgeben, daß und aus welchen Gründen er kündigt. Dann gilt das Lehrverhältnis nach Ablauf von vier Wochen als gelöst, falls die Parteien sich nicht auf eine frühere Beendigung des Lehrverhältnisses einigen.

Bereut allerdings Winfried Dietrich den Entschluß und will er doch wieder in die Schlosserlehre **443** zurück, so kann er nicht einfach bei irgendeinem Schlossermeister wieder in die Lehre gehen, sofern nicht mindestens drei Monate seit der Auflösung des alten Lehrvertrages verflossen sind. Innerhalb der Dreimonatsfrist darf ein anderer Arbeitgeber ihn in demselben Handwerk nur mit Zustimmung des früheren Lehrherrn beschäftigen.

Der Azubi (Lehrling) als billige Arbeitskraft

»Auszubildende müssen Geld einbringen und dürfen nicht nur kosten.« Bei genügender Begabung sind sie nach einigen Monaten Ausbildung bisweilen schon fast so leistungsfähig wie ein nicht allzu guter Geselle. Das überlegte sich der listige Elektromeister Erich Strom. Er beschäftigte einen alten Gesellen und vier muntere Lehrlinge. Wo immer Arbeit anfiel, erschien der Geselle, sah, was zu tun war, und gab einem der hoffnungsvollen Lehrlinge seine Anweisungen, worauf er verschwand, um an anderer Stelle mit einem der anderen Lehrlinge ebenso zu verfahren.

Den Kunden fiel das gar nicht weiter auf. Auch in den Rechnungsbeträgen kam nicht zum Ausdruck, daß ein Lehrling die Arbeit getan hatte. Den Lehrlingen machte es Spaß, für voll genommen zu werden. Aber der Handwerkskammer, der diese Dinge zu Ohren gekommen waren, mißfiel dies sehr. Sie nahm mit Recht an, daß eine geregelte Ausbildung der Lehrlinge leiden muß, wenn sie einfach als selbständige Arbeitskräfte eingesetzt werden. Da Meister Strom den Mahnungen der Handwerkskammer, eine solche Art des Geschäftsbetriebes abzustellen, nicht nachkam, meldete die Handwerkskammer diese Tatsache der zuständigen Verwaltungsbehörde (Regierungspräsident oder Ordnungsamt), die wie folgt eingriff:

DER REGIERUNGSPRÄSIDENT

64297 Darmstadt

Herrn
Erich Strom
Elektromeister
Rohrstraße 9
64291 Darmstadt

12.9.20 . .

Halten von Auszubildenden

Ich gebe Ihnen hiermit auf, drei von den bei Ihnen beschäftigten Auszubildenden zu entlassen.

Begründung:

Die Feststellungen der zuständigen Handwerkskammer haben ergeben, daß Sie zur Zeit vier Auszubildende halten. Da Ihr übriges Personal lediglich aus einem Gesellen besteht, liegt hierin allein schon ein Mißverhältnis.

Darüber hinaus ist aber festgestellt worden, daß Sie die Auszubildenden als volle Arbeitskräfte einsetzen. Ein derartiges Verhalten verstößt gröblichst gegen Ihre Pflichten als

Ausbilder, da eine ordnungsgemäße Ausbildung der Ihnen anvertrauten Auszubildenden nicht gewährleistet ist. Es erscheint für Ihren Betrieb angemessen, daß Sie nur einen Auszubildenden halten.

Das Verbot der Weiterbeschäftigung der drei übrigen Auszubildenden rechtfertigt sich daher aus § 24 Handwerksordnung. Gegen diese Anordnung steht Ihnen das Rechtsmittel des Widerspruchs zu. Diese ist binnen einer Frist von vier Wochen seit dem Tage der Zustellung bei der obenstehenden Behörde einzulegen.

Im Auftrage:

Oberregierungsrat

Meister Strom kann das in der Verfügung angegebene Rechtsmittel einlegen und anschließend das Verwaltungsstreitverfahren durchlaufen (siehe dort).

Vielleicht hat der Regierungspräsident gleich etwas zu scharf durchgegriffen. Es hätte möglicherweise genügt, wenn man Strom nur zwei der Lehrlinge genommen hätte. Insoweit könnte er mit der Klage im Verwaltungsstreitverfahren Erfolg haben.

Gemäß § 24 Handwerksordnung kann die Behörde übrigens einem Lehrherrn auch für die Zukunft untersagen, Lehrlinge über eine bestimmte Zahl hinaus zu halten.

Der schlechte Azubi

Die Handwerksordnung hat durch eine Generalklausel Vorsorge für künftige Regelungen getroffen, damit der Bundesminister für Wirtschaft im Einvernehmen mit dem Bundesminister für Bildung und Forschung durch Rechtsverordnungen Ausbildungsordnungen erlassen kann. Der § 25 der Handwerksordnung bestimmt, daß in den Ausbildungsordnungen mindestens festzulegen sind:
- die Bezeichnung des Ausbildungsberufs;
- die Ausbildungsdauer (zur Zeit nicht mehr als drei und nicht weniger als zwei Jahre);
- die Kenntnisse und Fertigkeiten (Ausbildungsberufsbild);
- eine Anleitung zur sachlichen und zeitlichen Gliederung der Fertigkeiten und Kenntnisse (Ausbildungsrahmenplan);
- die Prüfungsanforderungen.

In dem großen Betrieb von Fritz Sorgenfrei sind mehrere Auszubildende beschäftigt. Während Martin Schnell ein guter, pflichteifriger Azubi ist, an dem der ganze Betrieb seine Freude hat, liegt es ganz anders mit dem Lehrling Rudi Pick. Anfangs waren es nur dumme Streiche. Er ließ den übrigen Lehrlingen und auch den Gesellen die Luft aus den Fahrrädern und dergleichen mehr.

Aber als er ein Jahr im Betrieb war, ging er zu schweren Verfehlungen über. Er stahl den Arbeitskollegen kleinere Beträge aus den Jacken, die im Umkleideraum hingen. Und eines Tages brach er mit einem Meißel die verschlossene Ladenkasse nach Dienstschluß auf und entnahm ihr 500,– Euro. Dieses Geld gab er noch am selben Tage in einer Bar aus. Der Meister sagte ihm am nächsten Morgen auf den Kopf zu, daß er der Täter sei. Pick leugnete zwar anfangs hartnäckig, gestand aber schließlich sein Tun ein.

Ein Betriebsinhaber sollte nun nicht überstürzt vorgehen und folgendes bedenken: Er kann nicht voraussehen, wie ein junger Mensch von 16 Jahren auf die Entdeckung seines kriminellen Verhaltens und die plötzliche Kündigung reagieren wird. Die Schockwirkung kann so groß sein, daß er sich nicht mehr nach Hause wagt oder sich etwas antut. Die Tatsache, daß er hartgesotten genug war, um die Verfehlung zu begehen, besagt noch nicht, daß er auch hart genug ist, die Folgen der Entdeckung zu ertragen. Es wird daher in einem solchen Fall fast immer zweckmäßig sein, die Eltern oder sonstigen Erziehungsberechtigten rechtzeitig zu benachrichtigen, damit sie ihr Kind vom Betrieb abholen. Andernfalls sollte ein erwachsener Betriebsangehöriger veranlaßt werden, den Jungen nach der Entlassung nach Hause zu bringen.

Nach reiflicher Überlegung meldet Fritz Sorgenfrei den Vorfall der Staatsanwaltschaft wie folgt:

FRITZ SORGENFREI
BÄCKEREI UND KONDITOREI
Schweizer Straße 193 · 60594 Frankfurt/Main

An den
Herrn Staatsanwalt
bei dem Landgericht
60431 Frankfurt/Main

15. September 20 . .

STRAFANZEIGE

gegen den 16jährigen Auszubildenden Rudi P I C K ,
Hinterer Hasenpfad 24, 60598 Frankfurt/Main.

Ich bringe hiermit folgenden Vorfall zur Kenntnis: Ich bin Inhaber eines Bäckerei- und Konditoreibetriebes. Als Auszubildender ist in meinem Betrieb der obengenannte Rudi Pick seit über einem Jahr beschäftigt. Pick ist schon immer durch eine gewisse Ruppigkeit aufgefallen und war schwer zu lenken. Als seit einiger Zeit aus den im Umkleideraum hängenden Kleidungsstücken der übrigen Arbeitnehmer mehrfach Geldbeträge abhanden kamen, fiel der Verdacht auf Pick. Da dieser jedoch sowohl vor dem Betriebsrat als auch vor dem Unterzeichneten seine Schuld bestritt, blieb diese Angelegenheit auf sich beruhen. Vor zwei Tagen fand ich nun in den späten Abendstunden, als ich durch den Laden ging, die Ladenkasse erbrochen vor. Es fehlten 500,– Euro. Da den Laden nach Geschäftsschluß niemand von den Arbeitnehmern mehr betreten hatte, stellte ich gestern Nachforschungen an. Dabei erklärte mir die Verkäuferin Sonja Barkowski, daß sie durch Zufall gesehen habe, wie Pick den Laden noch einmal nach Dienstschluß aufsuchte. Sie habe sich gewundert, was er dort noch zu suchen habe. Pick bestritt zunächst auch hier wieder jede Schuld und stellte sogar das Betreten des Ladens nach Geschäftsschluß in Abrede. Als ihm Frau Barkowski bei einer Gegenüberstellung jedoch empört auf den Kopf zusagte, daß er ein ganz unverschämter Lügner sei, fing er an zu weinen. Er gab zu, daß er die Kasse mit einem kleinen Meißel aufgebrochen und 500,– Euro aus ihr entnommen habe. Das Geld habe er noch gestern abend in der Bar ausgegeben. Im Interesse der Ordnung in meinem Betriebe sehe ich mich gezwungen, diese grobe Verfehlung des Pick zur Anzeige zu bringen, denn sonst ist vor diesem jungen Mann bald nichts mehr sicher. Ich bemerke noch, daß Pick zur Zeit 16 Jahre alt ist.

Fritz Sorgenfrei

Mit der Strafanzeige allein ist es nicht getan. Die zivilrechtliche Seite muß auch in Ordnung kommen. An dem gleichen Tage schickt Fritz Sorgenfrei einen eingeschriebenen Brief an Pick mit folgendem Inhalt:

FRITZ SORGENFREI
BÄCKEREI UND KONDITOREI
Schweizer Straße 193 · 60594 Frankfurt/Main

Einschreiben

An
Rudi Pick
Hinterer Hasenpfad 24
60598 Frankfurt/Main   15. September 20 . .

Ich kündige hiermit das Ausbildungsverhältnis mit sofortiger Wirkung, da Sie durch
Ihr strafbares Verhalten (Entwendung von 500,– Euro aus der Ladenkasse) gröblichst
gegen Ihre Vertragspflichten verstoßen haben. Ich habe den Vorfall heute der
Staatsanwaltschaft zur weiteren Veranlassung gemeldet.

Fritz Sorgenfrei

 Durch Einschreiben sofort abschicken, Durchschlag für die eigenen Akten zurückbehalten.

Es ist wichtig, daß Meister Sorgenfrei unverzüglich diesen Brief eingeschrieben abschickt. Die Kündigung muß schriftlich unter Angabe der Gründe innerhalb von zwei Wochen ausgesprochen werden (§ 15 Abs. 3 Berufsbildungsgesetz). Es ist zweckmäßig, den obenstehenden Kündigungsbrief unter »Einschreiben« abzuschicken.

Fritz Sorgenfrei schreibt ferner einen eingeschriebenen Brief an Vater Pick und unterscheidet bei der Formulierung sehr wohl zwischen der Anzeige bei der Staatsanwaltschaft, die zur öffentlichen Anklage führt, und der Zivilklage zur Erlangung von Schadensersatz. Dies sind zwei völlig getrennte Vorgänge. Das Strafverfahren soll dazu dienen, daß der Staat mit Straf- oder Erziehungsmitteln gegen Rudi Pick vorgeht. Das Verfahren läuft vor den Strafgerichten ab. Die Klage auf Schadensersatz hingegen wird in einem Zivilprozeß abgewickelt, der vor den Zivilgerichten läuft. Das Strafverfahren wird von Amts wegen auf Betreiben der Staatsanwaltschaft durchgeführt, das Zivilverfahren hingegen muß Fritz Sorgenfrei selbst in die Wege leiten und auch durchführen.

Es ist auch nicht etwa möglich, im »Adhäsionsverfahren« gemäß §§ 403 ff. StPO den Schadensersatz von 500,– Euro vor dem Strafrichter geltend zu machen, da § 81 Jugendgerichtsgesetz die Anwendung dieser Bestimmungen der StPO im Jugendgerichtsverfahren verbietet.

Die Schadensersatzansprüche hat Fritz Sorgenfrei nun zwar gegen seinen Lehrling. Doch nützt ihm dies nicht viel, solange er sie nicht ohne großen Aufwand an Zeit und Kosten praktisch realisieren kann.

447

Sinnvoll dürfte es daher sein, sich an die Eltern zu wenden, wenn man davon ausgehen kann, daß sie am Wohl ihres Sohnes interessiert sind.

Der Brief an Vater Pick hat folgenden Wortlaut:

FRITZ SORGENFREI
BÄCKEREI UND KONDITOREI
Schweizer Straße 193 · 60594 Frankfurt/Main

<u>Einschreiben</u>

Herrn
Ferdinand Pick
Hinterer Hasenpfad 24
60598 Frankfurt/Main   15.9.20..

Sehr geehrter Herr Pick!

Ich übersende Ihnen in der Anlage Abschrift meines heutigen Kündigungsschreibens an Ihren Sohn Rudi Pick. Ich bedaure es, daß ich zu diesem Schritt gezwungen wurde, aber im Interesse meines Betriebes kann ich unmöglich das Ausbildungsverhältnis mit Ihrem Sohn fortsetzen.

Ich war auch zu meinem Bedauern gezwungen, gegen Ihren Sohn Anzeige bei der Staatsanwaltschaft zu erstatten, da seine Verfehlung so schwer ist, daß zum Schutze der ordentlichen und gewissenhaften übrigen Arbeitnehmer Maßnahmen gegen Ihren Sohn ergriffen werden müssen.

Der mir entstandene Schaden beträgt 700,– Euro. Er setzt sich aus dem gestohlenen Geld in Höhe von 500,– Euro und einem Betrage von 200,– Euro für eine neue Kasse zusammen. Der Gesamtbetrag von 700,– Euro ist selbstverständlich von Ihrem Sohn zu ersetzen. Da ich in absehbarer Zeit kaum damit rechnen kann, daß ich freiwillig den Betrag von 700,– Euro von ihm erhalte, muß ich also Klage gegen ihn erheben, was weitere Kosten verursachen wird. Ich frage daher vorsorglich bei Ihnen an, ob Sie bereit und in der Lage sind, dafür zu sorgen, daß dieser Betrag alsbald an mich bezahlt wird. Sollten Sie bereit sein, eine Bürgschaft für Ihren Sohn zu übernehmen, so wäre ich entgegenkommenderweise bereit, mich mit angemessenen Ratenzahlungen zu begnügen.

Ich bitte Sie, mir Ihr diesbezügliches Angebot binnen zehn Tagen zugehen zu lassen. So lange werde ich die Klage gegen Ihren Sohn zurückstellen.

Mit freundlichen Grüßen

Fritz Sorgenfrei

Das Verfahren vor dem Jugendgericht

448   Der Vorfall Pick ist Tagesgespräch in Sorgenfreis Betrieb. Die Lehrlinge und die Gesellen unterhalten sich darüber in der Frühstückspause. Alle sind sich darüber einig, daß sie zu der Strafverhandlung hingehen wollen, soweit sie hierzu dienstfrei bekommen.

Was für Straftaten hat Rudi Pick nun eigentlich begangen? Fest steht nur, daß er die Ladenkasse aufgebrochen und 500,– Euro entnommen hat. Ob er auch die Geldbeträge aus den Kleidungsstücken der Arbeitskollegen entwendet hat, wird sich nicht beweisen lassen und muß daher bei der strafrechtlichen Beurteilung außer acht bleiben.

Die übrigen Arbeitnehmer haben gemeint, sein Verhalten sei eine sogenannte »Untreue«. Das StGB kennt in § 266 einen solchen Tatbestand der »Untreue«. Die Wegnahme von Geld aus der Ladenkasse durch einen Lehrling fällt aber nicht unter diese Bestimmung, da hier vorausgesetzt wird, daß der Veruntreuende eine gewisse Selbständigkeit und Verantwortung hinsichtlich fremder Vermögensinteressen hat. Dies wäre zum Beispiel bei einem Vertreter oder einem Kommissionär der Fall.

Rudi Pick hat nicht nur einen ganz gewöhnlichen Diebstahl begangen, sondern einen besonders schweren Fall des Diebstahls gemäß § 243 Abs. 1 Ziff. 2 StGB, der mit erheblicher Freiheitsstrafe bedroht ist. Pick muß aber nicht »ins Gefängnis«. Die Strafandrohungen des Strafgesetzbuches sind für den normalen Täter – also den Erwachsenen – zugeschnitten. Für Täter, die noch nicht 18 Jahre alt sind, gelten die besonderen Vorschriften des Jugendgerichtsgesetzes.

Gemäß § 1 JGG ist ein Täter, der zur Zeit der Tat noch nicht 14 Jahre alt ist, strafrechtlich überhaupt nicht verantwortlich. Gegenüber einem Kind unter 14 Jahren muß der Staat mit Maßnahmen der Fürsorge eingreifen.

Ein junger Mensch, der 14, aber noch nicht 18 Jahre alt ist, wird von dem Jugendgesetz »Jugendlicher« genannt. Ein solcher Jugendlicher ist Rudi Pick. Ein Jugendlicher ist strafrechtlich verantwortlich – so sagt § 3 JGG –, wenn er zur Zeit der Tat nach seiner sittlichen und geistigen Entwicklung reif genug ist, das Unrecht der Tat einzusehen und nach dieser Einsicht zu handeln. Heranwachsender ist, wer über achtzehn, aber noch nicht einundzwanzig Jahre alt ist.

Gewinnt also ein Richter die Überzeugung, daß diese Reife bei Rudi Pick fehlt, dann kann er ihn nicht bestrafen, darf aber Erziehungsmaßregeln gegen ihn anordnen.

Pick muß man aber in unserem Fall für reif genug ansehen, um die Einsicht zu haben, daß er seine Arbeitskameraden und seinen Chef nicht bestehlen darf. Er ist immerhin 16 Jahre alt.

Erziehungsmaßregeln

Das Gericht wird also feststellen, daß sich Rudi Pick eines besonders schweren Falles des Diebstahls schuldig gemacht hat, da er die Wegnahme durch das Aufbrechen eines Behältnisses bewirkte, und daß er hierfür strafrechtlich verantwortlich sei. Der Richter kann nun aber einen Jugendlichen nicht mit den Strafen des StGB bestrafen. Der Richter soll entweder Erziehungsmaßregeln anordnen, wenn diese nicht ausreichend erscheinen, Zuchtmittel, wenn diese nicht ausreichend erscheinen, Jugendstrafen.

Wir sehen also, daß der Jugendliche völlig aus dem gewöhnlichen Strafensystem herausgenommen ist. Die Erziehungsmaßregeln kommen nur in Betracht, wenn es sich um verhältnismäßig harmlose Verfehlungen eines Jugendlichen handelt.

So ging es ein paar Freunden Martin Schnells, die dabei ertappt wurden, als sie im Walde lagerten und für ihre Zelte ein paar kleine Bäumchen umgehauen hatten. Da der Richter der Meinung war, daß er es hier mit einer abenteuerlustigen kleinen Bande zu tun hatte, deren Lebenswandel ein wenig gezügelt werden müßte, verhängte er gegen die einzelnen Mitglieder die »Weisung«, ein Jahr keine geistigen Getränke zu genießen und nicht zu rauchen.

Er belehrte sie auch gleich dahin, daß er nachträglich gegen sie Jugendarrest verhängen würde, wenn sie seiner Weisung nicht nachkämen. Als Erziehungsmaßregel kann der Richter auch Erziehungsbeistandschaft und Fürsorgeerziehung verhängen.

449

Rudi Pick kann aber so leicht nicht davonkommen. Vielleicht hat er aber Glück, und der Richter ahndet seine Straftat mit einem »Zuchtmittel«. Ein Zuchtmittel wird verhängt, wenn Jugendstrafe nicht geboten erscheint, dem Jugendlichen aber eindringlich zum Bewußtsein gebracht werden muß, daß er für das von ihm begangene Unrecht einzustehen hat. Das leichteste Zuchtmittel ist die »Verwarnung«, mit der der Richter dem Jugendlichen das Unrecht eindringlich vorhält. Dies ist hier selbstverständlich zu schwach.

Der Richter kann einem Jugendlichen weiterhin »besondere Pflichten« auferlegen. Hier käme zum Beispiel in Betracht, daß Pick sich bei Meister Sorgenfrei entschuldigen muß und den angerichteten Schaden aus eigenem Verdienst wiedergutmacht. Auch diese Maßregel erscheint hier nicht ausreichend.

Dagegen könnte für Pick der sogenannte »Jugendarrest« als ausreichendes Zuchtmittel in Erwägung gezogen werden. Der Jugendarrest ist entweder Freizeitarrest oder Kurzarrest oder Dauerarrest.

Der Freizeitarrest kann bis zu zwei Freizeiten verhängt werden. Der Kurzarrest ist ein zusammenhängender Freiheitsentzug bis zu höchstens sechs Tagen. Der Dauerarrest beträgt mindestens eine Woche und höchstens vier Wochen. Ein solcher Dauerarrest von vier Wochen könnte als ausreichende Sühne von Picks schwerem Diebstahl angesehen werden.

Mit dieser Maßnahme, die zweckmäßigerweise mit der Auferlegung der Pflicht zur Wiedergutmachung des Schadens verbunden werden würde, hätte dann also Picks Verhalten eine Ahndung gefunden, die keine Strafe ist. Er darf sich also weiterhin als unvorbestraft bezeichnen, zweifellos ein Vorteil für sein weiteres Leben, den er seiner Jugend und der modernen Rechtsauffassung zu danken hat.

Sollte allerdings das Strafverfahren ergeben, daß er auch größere Diebstähle an den Arbeitskollegen begangen hat, würde es sich also zeigen, daß er ein »Wiederholungstäter« ist, dann packt ihn das Gericht härter an. Als Sühne würde dann gegen ihn die »Jugendstrafe« verhängt werden.

Ein Jugendlicher wird also niemals mit Freiheitsstrafe bestraft, sondern mit Jugendstrafe. Muß er später einmal die Frage beantworten, ob er vorbestraft ist, so wäre die Antwort: »Ja, mit Jugendstrafe.« Jeder weiß dann, daß es sich hier um eine Jugendverfehlung handelt, die man mit anderen Augen sieht als die Straftat eines Erwachsenen.

Die Jugendstrafe beträgt mindestens sechs Monate, das Höchstmaß fünf Jahre. Nur ausnahmsweise, wenn das Delikt mit mehr als zehn Jahren Freiheitsstrafe bedroht ist, darf der Richter auf Jugendstrafe bis zu zehn Jahren erkennen.

In diesen Grenzen entscheidet also der Richter nach seinem Ermessen. Für ihn ist dabei entscheidend, daß sie die erforderliche erzieherische Einwirkung ermöglicht. Für Pick würden nach den Umständen seines Verhaltens und bei Diebstahl von hohen Geldbeträgen etwa neun Monate Jugendstrafe angemessen erscheinen.

Und wenn ein Richter nun nicht übersehen kann, welcher Zeitraum genügend sein wird, um den Jugendlichen umzuerziehen? Dann verhängt er Jugendstrafe von unbestimmter Dauer. Die Vollstreckungsbehörde entläßt den Jugendlichen, wenn das vom Richter festgesetzte Mindestmaß verbüßt ist und die Umstände erwarten lassen, daß er künftig einen rechtschaffenen Lebenswandel führen wird.

»Muß denn Pick wirklich ein Dreivierteljahr in den Knast?« fragt Martin Schnell, als er hört, daß der Staatsanwalt einen entsprechenden Strafantrag stellt. Der Richter gibt ihm durch sein Urteil die

450

Antwort. Er verurteilt zwar Pick zu neun Monaten Jugendstrafe, setzt aber gleichzeitig die Vollstreckung aus bei einer Bewährungsfrist von zwei Jahren. Er macht ihm dabei die Auflage, den Schaden wiedergutzumachen und gleichzeitig sich für eine andere Lehrstelle als Lehrling zu bewerben. Der Richter kann nämlich die Vollstreckung einer Jugendstrafe von nicht mehr als einem Jahr aussetzen, damit der Jugendliche durch gute Führung während der Bewährungsfrist Straferlaß erlangen kann.

Pick ist zunächst froh, daß er mit einem blauen Auge davongekommen ist. Aber nach einiger Zeit gewinnt die Niedertracht in ihm wieder die Oberhand. Er denkt nicht daran, den von ihm angerichteten Schaden wiedergutzumachen, sondern gibt seine Ersparnisse für Alkohol und Zigaretten aus. Als ihn Meister Sorgenfrei bei aller Nachsicht deswegen zur Rede stellt, gebraucht Pick gemeine Worte und stiehlt in derselben Nacht erneut. Sorgenfrei teilt dies dem Gericht mit, welches die Aussetzung der Jugendstrafe widerruft und Pick nunmehr die Strafe absitzen läßt.

Sowohl die Richter als auch der Staatsanwalt, die in Jugendsachen tätig werden, sind besonders in Jugendpsychologie geschulte Beamte. Die Gerichte heißen auch »Jugendgerichte«. Entscheidet der Richter allein, so entscheidet er als Jugendrichter. Das Schöffengericht heißt Jugendschöffengericht, und beim Landgericht wird eine besondere Jugendstrafkammer gebildet. Die Staatsanwaltschaft läßt besondere Jugendstaatsanwälte in Jugendsachen tätig werden.

Neben dem Begriff des Jugendlichen kennt das Jugendgerichtsgesetz noch den merkwürdigen Begriff des »Heranwachsenden«. Heranwachsender ist, wer zur Zeit der Tat 18, aber noch nicht 21 Jahre alt ist. Dieser ist zwar im allgemeinen strafrechtlich wie ein Erwachsener zu beurteilen. Liegen allerdings besondere Umstände vor, zum Beispiel, daß man ihn nach seiner ganzen Entwicklung einem Jugendlichen gleichstellen muß, dann kann er auch wie ein Jugendlicher abgeurteilt werden. Selbst wenn er aber wie ein Erwachsener zu beurteilen ist, so kann das Gericht das Strafmaß milder halten.

Der Schadensersatz

Das ist ja alles schön und gut, denkt Fritz Sorgenfrei, aber mein Geld habe ich immer noch nicht. Als er nun nach einiger Zeit Pick wieder in Freiheit herumlaufen sieht und dieser immer noch keine Anstalten macht, seine Schulden zu bezahlen, fordert er ihn kurz und bündig in einem Brief hierzu auf. Da hat Pick die Stirn, zurückzuschreiben, daß es überhaupt keine 500,– Euro gewesen seien, die er aus der Kasse entnommen habe, sondern nur 100,– Euro. Im übrigen sei er als Lehrling zu Überstunden mißbraucht worden und rechne mit seiner diesbezüglichen Forderung nunmehr hiermit auf. Fritz Sorgenfrei hat es satt, mit diesem jungen Gauner noch weiter einen Briefwechsel zu führen. Er überlegt nun, wie er endlich die entwendeten 1500,– Euro und den weiteren Schaden ersetzt bekommt. Das Einfachste wäre, einen Mahnbescheid beim Amtsgericht zu beantragen.

Ein Mahnbescheid hat aber nur Sinn, wenn man sicher ist, daß der Schuldner sich nicht zur Wehr setzen wird. Dies ist vor allem dann der Fall, wenn der Schuldner selbst weiß, daß er die Schuldsumme zu zahlen hat, die Zahlung bisher aber lediglich deswegen unterlassen hat, weil er Zeit gewinnen wollte oder nicht zahlen konnte. Muß ein Gläubiger dagegen damit rechnen, daß er auf einen hartnäckigen, gegen den Anspruch kämpfenden Schuldner gerät, dann ist ein Mahnbescheid nur Zeitverschwendung. Der Gegner wird Widerspruch einlegen. Dann muß man die Begründung für den Mahnbescheid nachschieben, und so verliert man kostbare Zeit, die man bei einer Klageerhebung einspart.

Fritz Sorgenfrei erhebt daher Klage vor dem Amtsgericht.

Schwerbehinderte im Betrieb

Durch das Gesetz zur Weiterentwicklung des Schwerbeschädigtenrechts vom 24. April 1974 wurde **451** die Grundlage für das sogenannte Schwerbehindertengesetz geschaffen, welches dann mit Wirkung vom 16. Juni 2001 in das Sozialgesetzbuch Neuntes Buch (SGB IX) überführt wurde.

Karl Zucker hat seit einiger Zeit seinen Bruder Benno zu Besuch. Benno Zucker ist schwer verletzt worden. Ein Bein mußte ihm abgenommen werden, das andere ist dauernd geschädigt. Er hat längere Zeit gebraucht, um mit Hilfe einer Nachoperation so weit gesund zu werden, daß er das Bett verlassen konnte.

Mit seinem alten Beruf als Verkäufer in der Lebensmittelbranche – das sieht er selbst ein – war es nichts mehr. Nachdem er sich anfangs aushilfsweise mit Vertretungen beholfen hatte, hat er sich dann kurz entschlossen einem neuen Beruf zugewandt. Er hat Kurse an der Volkshochschule in Buchhaltung und Steuerrecht besucht, er hat die Bedienung eines PCs mit verschiedenen Schreibprogrammen gelernt und auch in einem kleinen Betrieb bei einem Freund aushilfsweise die elektronische Buchführung eingerichtet und geführt. Der Freund hat aber einen zu kleinen Betrieb, um ihn voll beschäftigen zu können.

»Ich getraue mich schon, in einem mittleren Betriebe die Buchführung zu machen«, sagt er zu seinem Bruder Karl. »Ich könnte auch in einem größeren Betrieb gut als zweite Kraft in der Buchhaltung arbeiten.«

»Na, dann geh mal los«, ermuntert ihn Karl.

»Du hast gut reden«, erwidert Benno nachdenklich. »Dich mit deiner Gesundheit will natürlich jeder Arbeitgeber gern haben. Aber als Schwerbehinderter hat man es immer schwerer. Und dann, ich bin fünf Jahre älter als du, ich bin schon über 30, da ist man auch nicht mehr so gesucht. Immerhin, bis 40 geht es ja an und für sich noch. Aber was ich auch versucht habe, es hat bisher nicht geklappt.«

»Na hör mal«, sagt Karl Zucker erstaunt. »Das verstehe ich nicht. Wir haben im Betrieb eine ganze Menge Schwerbehinderte beschäftigt.«

»Ja, euer Sorgenfrei ist ja nach allem, was du erzählst, ein sehr anständiger Mann, aber alle sind eben nicht so.«

»Warte doch mal«, erwidert Karl, »in unserer Gegend haben sie doch gerade eine neue Großgarage mit einer Tankstelle errichtet. Ich habe erst neulich zum ersten Mal da getankt. Die haben auch noch eine Reparaturwerkstätte, und ich glaube, die brauchen bestimmt in der Buchhaltung noch jemanden wie dich. Ich werde gleich morgen mal fragen.«

»Hat ja alles keinen Zweck. Wenn ich schon ahne, wie sie bedauernd die Schultern heben, wird mir ganz schlecht.«

»Rede nicht, die müssen einfach, denn das bestimmt schließlich das Schwerbehindertenrecht.«

Bruder Karl hat recht. Das Sozialgesetzbuch IX schreibt genau vor, wieviel Schwerbehinderte je nach Größe des Betriebs zu beschäftigen sind, wobei Kleinbetriebe hiervon ausgenommen sind. § 71 SGB IX lautet:

§ 71

(1) Private und öffentliche Arbeitgeber (Arbeitgeber) mit jahresdurchschnittlich monatlich mindestens 20 Arbeitsplätzen im Sinne des § 73 haben auf wenigstens 5 Prozent der Arbeitsplätze schwerbehinderte Menschen zu beschäftigen. Dabei sind schwerbehinderte Frauen besonders zu berücksichtigen. Abweichend von Satz 1 haben Arbeitgeber mit jahresdurchschnittlich monatlich bis zu 39 Arbeitsplätzen jahresdurchschnittlich je Monat einen schwerbehinderten Menschen, Arbeitgeber mit jahresdurchschnittlich monatlich bis zu 59 Arbeitsplätzen jahresdurchschnittlich je Monat zwei schwerbehinderte Menschen zu beschäftigen.

(2) Die Pflichtquote nach Absatz 1 Satz 1 beträgt vom 1. Januar 2004 an 6 Prozent, wenn die Zahl der arbeitslosen schwerbehinderten Menschen im Monat Oktober 2002 nicht um mindestens 25 Prozent geringer ist als die Zahl der arbeitslosen schwerbehinderten Menschen im Monat Oktober 1999. In die Zahl der im Oktober 2002 arbeitslosen schwerbehinderten Menschen ist die Zahl der schwerbehinderten Menschen einzubeziehen, um die die im Monat Oktober 2002 in Arbeitsbeschaffungsmaßnahmen nach den §§ 260 bis 271 des Dritten Buches und in Strukturanpassungsmaßnahmen nach den §§ 272 bis 279 des Dritten Buches beschäftigten schwerbehinderten Menschen die Zahl der im Oktober 1999 in solchen Maßnahmen beschäftigten schwerbehinderten Menschen übersteigt. Das Bundesministerium für Gesundheit und Soziale Sicherung gibt die Veränderungsrate nach Satz 1 und die vom 1. Januar 2004 an geltende Pflichtquote im Bundesanzeiger bekannt.

(3) Als öffentliche Arbeitgeber im Sinne des Teils 2 gelten (nicht abgedruckt)

Ergänzt wird die vorstehende Regelung noch durch § 72 SGB IX, der folgendes bestimmt:

§ 72

(1) Im Rahmen der Erfüllung der Beschäftigungspflicht sind in angemessenem Umfang zu beschäftigen

1. schwerbehinderte Menschen, die nach Art oder Schwere ihrer Behinderung im Arbeitsleben besonders betroffen sind, insbesondere solche,

a) die zur Ausübung der Beschäftigung wegen ihrer Behinderung nicht nur vorübergehend einer besonderen Hilfskraft bedürfen oder

b) deren Beschäftigung infolge ihrer Behinderung nicht nur vorübergehend mit außergewöhnlichen Aufwendungen für den Arbeitgeber verbunden ist oder

c) die infolge ihrer Behinderung nicht nur vorübergehend offensichtlich nur eine wesentlich verminderte Arbeitsleistung erbringen können oder

d) bei denen ein Grad der Behinderung von wenigstens 50 allein infolge geistiger oder seelischer Behinderung oder eines Anfallsleidens vorliegt oder

e) die wegen Art oder Schwere der Behinderung keine abgeschlossene Berufsbildung im Sinne des Berufsbildungsgesetzes haben,

2. schwerbehinderte Menschen, die das 50. Lebensjahr vollendet haben.

(2) Arbeitgeber mit Stellen zur beruflichen Bildung, insbesondere für Auszubildende, haben im Rahmen der Erfüllung der Beschäftigungspflicht einen angemessenen Anteil dieser Stellen mit schwerbehinderten Menschen zu besetzen.

Karl Zucker verhandelt am nächsten Tage mit dem Inhaber der neuen Großtankstelle, einem Herrn Walter Reifen, der auch bereit ist, Benno Zucker zunächst auf Probe und dann endgültig einzustellen.

Walter Reifen ist sogar sehr zufrieden, denn er hatte sich schon Sorgen wegen der Ausgleichsabgaben gemacht.

»Weißt du, was dein neuer Chef mit dieser ‚Ausgleichsabgabe' meinte?« fragt Karl Zucker, als er mit der guten Nachricht zu Benno kommt. Hierüber weiß Benno wirklich gut Bescheid.

»Jawohl, jeder private Arbeitgeber muß für jeden unbesetzten Pflichtplatz eine monatliche Ausgleichsabgabe zahlen.«

Ausgleichsabgabe

Gemäß § 77 SGB Buch IX muß der Arbeitgeber für jeden unbesetzten Pflichtplatz je Monat eine Ausgleichsabgabe an die Integrationsämter abführen. Die Abgabe beträgt in steigender Höhe 105 Euro je unbesetztem Pflichtarbeitsplatz.

Anrechnungen von Aufträgen auf die Ausgleichsabgabe

Arbeitgeber, die an Werkstätten für Behinderte Aufträge erteilen, können 50 vom Hundert des Rechnungsbetrages auf die jeweils zu zahlende Ausgleichsabgabe anrechnen. Die ordnungsgemäße Abwicklung der Lieferaufträge ist vom Arbeitgeber gegenüber den Integrationsämtern nachzuweisen (§ 140 SGB Buch IX).

Besondere Pflichten des Arbeitgebers gegenüber Schwerbehinderten

Nach §§ 80 ff. SGB Buch IX hat der Arbeitgeber die Pflicht, auf die bei ihm beschäftigten Schwerbehinderten besonders Rücksicht zu nehmen. Er hat sie so zu beschäftigen, daß diese ihre Fähigkeiten und Kenntnisse möglichst verwerten und weiterentwickeln können. Insbesondere hat er auch bei der Einrichtung der Arbeitsräume und Betriebsvorrichtungen auf sie Rücksicht zu nehmen. Er muß insoweit mit den Arbeitsämtern und den Integrationsämtern laufend zusammenarbeiten. In Betrieben mit mindestens fünf Schwerbehinderten gibt es auch eine Schwerbehindertenvertretung (§§ 93 ff. SGB IX).

Es ist untersagt, Renten der Schwerbehinderten bei der Bemessung des Arbeitsentgeltes in Anrechnung zu bringen (§ 123). Von der Mehrarbeit im Betriebe sind die Schwerbehinderten auf Verlangen freizustellen. Schwerbehinderte haben auch einen Anspruch auf einen zusätzlichen bezahlten Urlaub von fünf Arbeitstagen im Jahr (§ 125).

Natürlich können Tarifverträge und Betriebsordnungen noch weitere Vergünstigungen vorsehen.

Besonderer Kündigungsschutz für Schwerbehinderte

Jeder Arbeitnehmer hat einen besonderen Kündigungsschutz auf Grund des Kündigungsschutzgesetzes. Darüber hinaus haben die Schwerbehinderten auf Grund der §§ 85 ff. SGB IX noch einen besonderen Kündigungsschutz. Danach bedarf die Kündigung des Arbeitsverhältnisses eines Schwerbehinderten durch den Arbeitgeber der vorherigen Zustimmung des Integrationsamtes.

Die Zustimmung ist schriftlich in doppelter Ausfertigung zu beantragen. Dieses Amt holt vor seiner Entscheidung eine Stellungnahme des zuständigen Arbeitsamts, des Betriebsrates oder Personalrates und des Vertrauensmannes des Schwerbehinderten ein. Sie hat ferner den Schwerbehinderten zu hören.

Das Amt entscheidet nach seinem Ermessen, doch wird dieses Ermessen durch § 89 SGB IX wie folgt eingeschränkt:

§ 89

(1) Das Integrationsamt erteilt die Zustimmung bei Kündigungen in Betrieben und Dienststellen, die nicht nur vorübergehend eingestellt oder aufgelöst werden, wenn zwischen dem Tage der Kündigung und dem Tage, bis zu dem Gehalt oder Lohn gezahlt wird, mindestens drei Monate liegen. Unter der gleichen Voraussetzung soll es die Zustimmung auch bei Kündigungen in Betrieben und Dienststellen erteilen, die nicht nur vorübergehend wesentlich eingeschränkt werden, wenn die Gesamtzahl der weiterhin beschäftigten schwerbehinderten Menschen zur Erfüllung der Beschäftigungspflicht nach § 71 ausreicht. Die Sätze 1 und 2 gelten nicht, wenn eine Weiterbeschäftigung auf einem anderen Arbeitsplatz desselben Betriebes oder derselben Dienststelle oder auf einem freien Arbeitsplatz in einem anderen Betrieb oder einer anderen Dienststelle desselben Arbeitgebers mit Einverständnis des schwerbehinderten Menschen möglich und für den Arbeitgeber zumutbar ist.

(2) Das Integrationsamt soll die Zustimmung erteilen, wenn dem schwerbehinderten Menschen ein anderer angemessener und zumutbarer Arbeitsplatz gesichert ist.

(3) Ist das Insolvenzverfahren über das Vermögen des Arbeitgebers eröffnet, soll das Integrationsamt die Zustimmung erteilen, wenn ... (nicht abgedruckt)

Erteilt das Integrationsamt die Zustimmung zur Kündigung, kann der Arbeitgeber die Kündigung nur innerhalb eines Monats nach Zustellung erklären.

Gegen den Entscheid des Integrationsamtes gibt es das Widerspruchsverfahren gemäß § 88 SGB IX in Verbindung mit der Verwaltungsgerichtsordnung.

Außerordentliche Kündigung von Schwerbehinderten

In dem Tankstellenbetrieb von Walter Reifen ist außer Benno Zucker noch ein weiterer Schwerbehinderter beschäftigt. Dieser wird dabei ertappt, wie er aus der Geschäftskasse einen größeren Geldbetrag entwendet. Der Betriebsinhaber möchte daher das Arbeitsverhältnis lösen, und zwar fristlos. Auch dies geht nicht ohne Mitwirkung des Integrationsamtes, welche vorher der außerordentlichen Kündigung zustimmen muß.

Insofern bestimmt § 91 SGB IX folgendes:

§91

(1) Die Vorschriften dieses Kapitels gelten mit Ausnahme von § 86 auch bei außerordentlicher Kündigung, soweit sich aus den folgenden Bestimmungen nichts Abweichendes ergibt.

(2) Die Zustimmung zur Kündigung kann nur innerhalb von zwei Wochen beantragt werden; maßgebend ist der Eingang des Antrages bei dem Integrationsamt. Die Frist beginnt mit dem Zeitpunkt, in dem der Arbeitgeber von den für die Kündigung maßgebenden Tatsachen Kenntnis erlangt.

(3) Das Integrationsamt trifft die Entscheidung innerhalb von zwei Wochen vom Tage des Eingangs des Antrages an. Wird innerhalb dieser Frist eine Entscheidung nicht getroffen, gilt die Zustimmung als erteilt.

(4) Das Integrationsamt soll die Zustimmung erteilen, wenn die Kündigung aus einem Grunde erfolgt, der nicht im Zusammenhang mit der Behinderung steht.

(5) Die Kündigung kann auch nach Ablauf der Frist des § 626 Abs. 2 Satz 1 des Bürgerlichen Gesetzbuchs erfolgen, wenn sie unverzüglich nach Erteilung der Zustimmung erklärt wird.

(6) Schwerbehinderte Menschen, denen lediglich aus Anlass eines Streiks oder einer Aussperrung fristlos gekündigt worden ist, werden nach Beendigung des Streiks oder der Aussperrung wieder eingestellt.

Kündigung von Angestellten

Der Betrieb der Zwiebackproduktion hat sich derartig erweitert, daß unbedingt eine weitere Sekretärin eingestellt werden muß. Aus der Zahl der Bewerberinnen möchte Fritz Sorgenfrei Grete Säuberlich auswählen.

Die Kündigung

»Beschäftige sie doch ein Vierteljahr zur Probe«, schlägt seine Ehefrau Luise vor, »dann kannst du sie jederzeit kündigen, wenn sie dir nicht gefällt.«

Der Gedanke erscheint Fritz Sorgenfrei sehr einleuchtend, und er hält es für selbstverständlich, daß der Sinn einer Probezeit darin besteht, daß beide Parteien innerhalb der Probezeit ihr Vertragsverhältnis jederzeit und ohne Fristen aufheben können. Dies ist aber nicht zutreffend. Außerdem möchte er über die generellen Kündigungsfristen im Arbeitsrecht von seinem Anwalt informiert werden, der ihm § 622 BGB erläutert:

§ 622

(1) Das Arbeitsverhältnis eines Arbeiters oder eines Angestellten (Arbeitnehmers) kann mit einer Frist von vier Wochen zum Fünfzehnten oder zum Ende eines Kalendermonats gekündigt werden.

(2) [1]Für eine Kündigung durch den Arbeitgeber beträgt die Kündigungsfrist, wenn das Arbeitsverhältnis in dem Betrieb oder Unternehmen

1. zwei Jahre bestanden hat, einen Monat zum Ende eines Kalendermonats,
2. fünf Jahre bestanden hat, zwei Monate zum Ende eines Kalendermonats,
3. acht Jahre bestanden hat, drei Monate zum Ende eines Kalendermonats,
4. zehn Jahre bestanden hat, vier Monate zum Ende eines Kalendermonats,
5. zwölf Jahre bestanden hat, fünf Monate zum Ende eines Kalendermonats,
6. fünfzehn Jahre bestanden hat, sechs Monate zum Ende eines Kalendermonats,
7. zwanzig Jahre bestanden hat, sieben Monate zum Ende eines Kalendermonats.

[2]Bei der Berechnung der Beschäftigungsdauer werden Zeiten, die vor der Vollendung des fünfundzwanzigsten Lebensjahres des Arbeitnehmers liegen, nicht berücksichtigt.

(3) Während einer vereinbarten Probezeit, längstens für die Dauer von sechs Monaten, kann das Arbeitsverhältnis mit einer Frist von zwei Wochen gekündigt werden.

(4) [1]Von den Absätzen 1 bis 3 abweichende Regelungen können durch Tarifvertrag vereinbart werden. [2]Im Geltungsbereich eines solchen Tarifvertrages gelten die abweichenden tarifvertraglichen Bestimmungen zwischen nichttarifgebundenen Arbeitgebern und Arbeitnehmern, wenn ihre Anwendung zwischen ihnen vereinbart ist.

(5) [1]Einzelvertraglich kann eine kürzere als die in Absatz 1 genannte Kündigungsfrist nur vereinbart werden,

1. wenn ein Arbeitnehmer zur vorübergehenden Aushilfe eingestellt ist; dies gilt nicht, wenn das Arbeitsverhältnis über die Zeit von drei Monaten hinaus fortgesetzt wird;
2. wenn der Arbeitgeber in der Regel nicht mehr als zwanzig Arbeitnehmer ausschließlich der zu ihrer Berufsbildung Beschäftigten beschäftigt und die Kündigungsfrist vier Wochen nicht unterschreitet. Bei der Feststellung der Zahl der beschäftigten Arbeitnehmer sind teilzeitbeschäftigte Arbeitnehmer mit einer regelmäßigen wöchentlichen Arbeitszeit von nicht mehr als 20 Stunden mit 0,5 und nicht mehr als 30 Stunden mit 0,75 zu berücksichtigen.

[2]Die einzelvertragliche Vereinbarung längerer als der in den Absätzen 1 bis 3 genannten Kündigungsfristen bleibt hiervon unberührt.

(6) Für die Kündigung des Arbeitsverhältnisses durch den Arbeitnehmer darf keine längere Frist vereinbart werden als für die Kündigung durch den Arbeitgeber.

Fritz Sorgenfrei kommt daher zu dem Ergebnis, daß gar nichts anderes übrigbleibt, als eine kurze Probezeit – etwa drei Monate – zu vereinbaren, damit er nicht von vornherein länger als zwei Wochen gebunden ist. Er schreibt daher an Grete Säuberlich am übernächsten Tag folgenden Brief:

BÄCKEREI *FRITZ SORGENFREI*

Schweizer Straße 193
60594 Frankfurt/Main

Einschreiben

Frau
Grete Säuberlich
Schloßstraße 6
60486 Frankfurt/Main-Bockenheim

25. Juli 20 . .

Sehr geehrte Frau Säuberlich!

Ich bestätige Ihnen hiermit folgende Vereinbarung:
Sie werden ab 1. August des Jahres in meinem Betrieb als Sekretärin für die Dauer von drei Monaten auf Probe eingestellt. Als Entgelt ist ein Betrag in Höhe von 1400,– Euro brutto vereinbart.

Sollten Sie den Ansprüchen im Laufe der Probezeit genügen, so bin ich gegebenenfalls bereit, mit Ihnen einen Anstellungsvertrag abzuschließen.

Mit freundlichen Grüßen

Fritz Sorgenfrei

Fritz Sorgenfrei kann nunmehr mit einer Frist von zwei Wochen bis zum Ende der Probezeit seiner Sekretärin Grete Säuberlich erklären, daß er sie nicht weiter zu beschäftigen gedenke. Dann endet das Arbeitsverhältnis mit Ablauf der Kündigungsfrist.

Die gesetzliche Bestimmung des § 622 BGB, daß eine Mindestkündigungsfrist eingehalten werden muß, gilt jedoch nicht, wenn ein Arbeitnehmer nur zur Aushilfe angestellt wird siehe oben § 622 Abs. 5. In einem solchen Falle kann auch eine kürzere Kündigungsfrist vereinbart werden, jedoch muß die Kündigungsfrist für beide Vertragsparteien die gleiche sein. Es ist also sehr ratsam, falls man einen solchen Mitarbeiter gegebenenfalls kurzfristig wieder entlassen will, weil ein plötzlicher Arbeitsmangel im Betrieb eintreten kann, den Arbeitnehmer nur zur Aushilfe einzustellen, allerdings nicht über drei Monate hinaus. Dies läßt sich Fritz Sorgenfrei gesagt sein, als sich eines Tages Bestellungen häufen und auch im Laden ein größerer Kundenstrom einsetzt. Fritz Sorgenfrei traut dieser Entwicklung noch nicht so recht, und er beschließt daher, die in der Nachbarschaft wohnende Dorothea Rosig als Aushilfe einzustellen. Damit er gesichert ist, bringt er dies in seinem Bestätigungsschreiben eindeutig zum Ausdruck.

Erstreckt sich allerdings Dorothea Rosigs Verkäuferinnentätigkeit über einen längeren Zeitraum als drei Monate, so gilt wieder die Regel des § 622 BGB.

BÄCKEREI *FRITZ SORGENFREI*

Schweizer Straße 193
60594 Frankfurt/Main

Frau
Dorothea Rosig
Schweizplatz 4
60929 Frankfurt/Main

8. September 20 . .

Sehr geehrte Frau Rosig!

Ich stelle Sie hiermit ab 10. September d. J. für drei Monate als Aushilfsverkäuferin für mein Ladengeschäft, Schweizer Straße 193, Frankfurt/Main, ein. Die Einstellung erfolgt mit Rücksicht auf eine voraussichtlich nur vorübergehende Steigerung meines Ladenumsatzes.
Dieses Vertragsverhältnis kann sowohl von Ihnen als auch von mir jederzeit unter Einhaltung einer dreitägigen Kündigungsfrist gekündigt werden.

Mit freundlichen Grüßen

Fritz Sorgenfrei

Bei Ablauf der Probezeit der Sekretärin Grete Säuberlich ist sich Fritz Sorgenfrei immer noch nicht recht klar, ob er mit ihr wirklich einen guten Griff getan hat. Es steht nichts im Wege, daß er mit ihr anschließend eine weitere Probezeit vereinbart. Er darf dies allerdings in seinem Betrieb nicht zum Prinzip erheben, denn dann würden die Arbeitsgerichte mit Recht zu dem Ergebnis kommen, daß derartige Häufungen von Probezeiten nur zur Vermeidung der unbequemen Kündigungsfrist des § 622 BGB dienen. Das Gericht würde dann die Voraussetzungen des § 622 BGB für gegeben ansehen. Längstens ist eine Gesamtdauer von sechs Monaten möglich.

457

Die Kündigung von Monika Dott

Fritz Sorgenfrei erhält Besuch von seinem Bruder Sigmar Sorgenfrei, der sich ein kleines Unternehmen als Wein- und Spirituosengroßhändler in Landau in der Pfalz aufgebaut hat.

»Weißt du«, sagt er sorgenvoll beim dritten Glas zu seinem Bruder Fritz, »es geht nicht mehr so gut mit dem Geschäft. Ich glaube, ich habe mich auch mit meinen Angestellten etwas übernommen. Ich beschäftige jetzt bereits 16 Personen. Ich muß da unbedingt kürzen.«

»Na, dann entlaß doch ein paar, Sigmar. Keiner kann schließlich mehr geben, als er hat.«

»Du weißt ja, wie das ist, Fritz. Die Angestellten ahnen natürlich schon etwas. Gott sei Dank verheiratet sich nächste Woche meine zweite Buchhalterin und zieht nach Hamburg. Einen Packer hatte ich erst auf Probe angestellt, den kann ich bis zum Ablauf der Probezeit einfach kündigen. Aber ich muß unbedingt noch eine Kraft entlassen. Ich habe an Frau Monika Dott gedacht, die als Sekretärin im Einkauf tätig ist. Für den Einkauf brauchen wir wirklich nicht mehr viel zu tun. Die Vertreter laufen uns in Scharen das Haus ein. Außerdem bin ich jetzt im Einkauf fest eingefahren und kenne meine Quellen. Da können wir soviel wie nötig bestellen. Die Dott ist auch nicht leicht zu behandeln. Dauernd hat sie Krankheiten und fehlt. Soll sie mal aushelfen und woanders mit zupacken, dann ist sie ungefällig. Jawohl, die werde ich entlassen.«

Damit sind die Würfel gefallen. Frau Dott erhält folgenden Kündigungsbrief:

SIGMAR SORGENFREI
Weine und Spirituosen

Moltkestraße 13 · 76829 Landau

Einschreiben

Frau
Monika Dott
Poststraße 10
76829 Landau

24. September 20 . .

Sehr geehrte Frau Dott!

Wie Ihnen bekannt ist, bin ich durch die augenblickliche Geschäftslage gezwungen, den Betrieb einzuschränken. Da Ihre Mitarbeit im wesentlichen den Einkauf betrifft, bei dem der Arbeitsanfall erheblich zurückgegangen ist, bin ich leider gezwungen, auf Ihre weitere Mitarbeit zu verzichten. Ich bedaure es sehr, daß eine Weiterbeschäftigung Ihrerseits nicht möglich ist, und spreche hiermit die Kündigung aus. Für Ihr weiteres Fortkommen wünsche ich Ihnen alles Gute.

Sollten sich die geschäftlichen Verhältnisse wieder bessern, so werde ich selbstverständlich Ihre Wiederbeschäftigung in Erwägung ziehen.

Sie werden ausreichend Gelegenheit bekommen, während Ihrer auslaufenden Arbeitszeit sich nach einem anderen Arbeitsplatz umzusehen.

Mit freundlichen Grüßen

Sigmar Sorgenfrei

Eine fristgemäße Kündigung braucht keine Gründe anzugeben. Es hätte auch der schlichte Satz genügt:»Hiermit kündige ich das Angestelltenverhältnis.« Bedenken Sie aber die Regelung des Betriebsverfassungsgesetzes und das Mitspracherecht des Betriebsrats! Kündigungen müssen ebenso wie befristete Arbeitsverträge schriftlich erfolgen, sonst sind die unwirksam.

Wann wird dieses Kündigungsschreiben wirksam? Monika Dott ist kaufmännische Angestellte. Sofern in ihrem Anstellungsvertrag nichts anderes vereinbart ist, gilt die Kündigungsfrist des § 622 BGB. Danach ist eine Kündigung nur für den 15. oder den Schluß eines Kalendermonats unter Einhaltung einer Kündigungsfrist von vier Wochen möglich. Monika Dott sitzt also nicht etwa von heute auf morgen auf der Straße. Ist sie mindestens fünf Jahre bei Sigmar Sorgenfrei beschäftigt, dann beträgt die Kündigungsfrist zwei Monate für den Schluß eines Kalendermonats. Sie erhöht sich nach einer Beschäftigungsdauer von acht Jahren auf drei Monate, nach einer Beschäftigungsdauer von zehn Jahren auf vier Monate, nach einer Beschäftigungsdauer von zwölf Jahren auf fünf Monate usw. (siehe oben). Allerdings werden Dienstjahre, die vor Vollendung des 25. Lebensjahres liegen, bei der Berechnung der Beschäftigungsdauer nicht berücksichtigt. Das Kündigungsschreiben schlägt bei Frau Dott wie eine Bombe ein. Zunächst wird sie einmal krank und bleibt drei Tage dem Geschäft fern. Sie will sich dies auf gar keinen Fall gefallen lassen. Da kommt ihr ihre Freundin Lotte Ludwig wie gerufen, die offenbar das Geheimrezept in der Tasche hat. Nachdem diese das Kündigungsschreiben gelesen hat, sagt sie triumphierend:

»Du kannst deinem Chef schreiben, daß seine Kündigung nichtig ist. In dem Kündigungsschreiben steht kein Wort davon drin, daß er vor der Kündigung euren Betriebsrat gehört hat. Ich weiß aber, daß irgendwo steht, daß Kündigungen nichtig sind, bei denen der Arbeitgeber den Betriebsrat nicht gehört hat. Ja, man muß eben sein Arbeitsrecht kennen!«

Nach § 102 Abs. 1 BetrVG ist die ohne Anhörung des Betriebsrats ausgesprochene Kündigung unwirksam. Weiterhin gibt es aber auch noch die Bestimmung des § 1 des Kündigungsschutzgesetzes. Hätte der Betriebsrat zugestimmt, könnte die Kündigung sozial ungerechtfertigt und damit rechtsunwirksam sein. Unterstellt, daß der Betriebsrat gehört wurde, bleibt Monika Dott der Weg über § 1 KSchG.

Die gesetzliche Bestimmung hat folgenden Wortlaut (in der Neufassung vom 24. Dezember 2003):

§ 1

(1) Die Kündigung des Arbeitsverhältnisses gegenüber einem Arbeitnehmer, dessen Arbeitsverhältnis in demselben Betrieb oder Unternehmen ohne Unterbrechung länger als sechs Monate bestanden hat, ist rechtsunwirksam, wenn sie sozial ungerechtfertigt ist.

(2) Sozial ungerechtfertigt ist die Kündigung, wenn sie nicht durch Gründe, die in der Person oder in dem Verhalten des Arbeitnehmers liegen, oder durch dringende betriebliche Erfordernisse, die einer Weiterbeschäftigung des Arbeitnehmers in diesem Betrieb entgegenstehen, bedingt ist. Die Kündigung ist auch sozial ungerechtfertigt, wenn

1. in Betrieben des privaten Rechts
   a) die Kündigung gegen eine Richtlinie nach § 95 des Betriebsverfassungsgesetzes verstößt,
   b) der Arbeitnehmer an einem anderen Arbeitsplatz in demselben Betrieb oder in einem anderen Betrieb des Unternehmens weiterbeschäftigt werden kann und der Betriebsrat oder eine andere nach dem Betriebsverfassungsgesetz insoweit zuständige Vertretung der Arbeitnehmer aus einem dieser Gründe der Kündigung innerhalb der Frist des § 102 Abs. 2 Satz 1 des Betriebsverfassungsgesetzes schriftlich widersprochen hat,
2. in Betrieben und Verwaltungen des öffentlichen Rechts
   a) die Kündigung gegen eine Richtlinie über die personelle Auswahl bei Kündigungen verstößt,
   b) der Arbeitnehmer an einem anderen Arbeitsplatz in derselben Dienststelle oder in einer anderen Dienststelle desselben Verwaltungszweigs an demselben Dienstort einschließlich seines Einzugsgebiets weiterbeschäftigt werden kann und die zuständige Personalvertretung aus einem dieser Gründe fristgerecht gegen die Kündigung Einwendungen erhoben hat, es sei denn, daß die Stufenvertretung in der Verhandlung mit der übergeordneten Dienststelle die Einwendungen nicht aufrechterhalten hat.

Satz 2 gilt entsprechend, wenn die Weiterbeschäftigung des Arbeitnehmers nach zumutbaren Umschulungs- oder Fortbildungsmaßnahmen oder eine Weiterbeschäftigung des Arbeitnehmers unter geänderten Arbeitsbedingungen möglich ist und der Arbeitnehmer sein Einverständnis hiermit erklärt hat. Der Arbeitgeber hat die Tatsachen zu beweisen, die die Kündigung bedingen.

(3) Ist einem Arbeitnehmer aus dringenden betrieblichen Erfordernissen im Sinne des Absatzes 2 gekündigt worden, so ist die Kündigung trotzdem sozial ungerechtfertigt, wenn der Arbeitgeber bei der Auswahl des Arbeitnehmers die Dauer der Betriebszugehörigkeit, das Lebensalter, die Unterhaltspflichten und die Schwerbehinderung des Arbeitnehmers nicht oder nicht ausreichend berücksichtigt hat; auf Verlangen des Arbeitnehmers hat der Arbeitgeber dem Arbeitnehmer die Gründe anzugeben, die zu der getroffenen sozialen Auswahl geführt haben. In die soziale Auswahl nach Satz 1 sind Arbeitnehmer nicht einzubeziehen, deren Weiterbeschäftigung, insbesondere wegen ihrer Kenntnisse, Fähigkeiten und Leistungen oder zur Sicherung einer ausgewogenen Personalstruktur des Betriebes, im berechtigten betrieblichen Interesse liegt. Der Arbeitnehmer hat die Tatsachen zu beweisen, die die Kündigung als sozial ungerechtfertigt im Sinne des Satzes 1 erscheinen lassen.

(4) (Regelung, wenn soziale Gesichtspunkte in einem Tarifvertrag festgelegt werden)

»Diese Bestimmung trifft ebenfalls genau auf meinen Fall zu«, meint Frau Dott. »Ich bin also noch Angestellte bei Sigmar Sorgenfrei, denn die gegen mich ausgesprochene Kündigung ist sozial ungerechtfertigt und daher rechtsunwirksam.«

Frau Dott irrt hier. Wenn sie nämlich jetzt die Kündigung auf sich beruhen läßt, so wird diese Kündigung trotz einer eventuellen sozialen Ungerechtigkeit von Anfang an rechtswirksam. Der Gekündigte muß nämlich innerhalb von drei Wochen nach Zugang der Kündigung Klage beim Arbeitsgericht auf Feststellung erheben, daß das Arbeitsverhältnis durch die Kündigung nicht aufgelöst worden ist (§§ 3 bis 5 Kündigungsschutzgesetz). Das Kündigungsschutzgesetz findet jedoch nur Anwendung, wenn das Arbeitsverhältnis länger als sechs Monate bestanden hat und der Betrieb in der Regel mehr als zehn Arbeitnehmer (ohne Auszubildende) hat (§§ 1, 23 KSchG). Die Anzahl wurde für neue Arbeitsverhältnisse ab 1. Januar 2004 von fünf auf zehn erhöht. Bezüglich der Teilzeitbeschäftigten gelten Sonderanrechnungsregelungen.

Gemäß einem neuen § 1a KSchG können Arbeitnehmer, denen betriebsbedingt gekündigt wurde, auch eine Abfindung in Höhe von 0,5 Monatsverdiensten für jedes Jahr des Bestehens des Arbeitsverhältnisses verlangen.

460

Bei den Arbeitsgerichten ist es für eine Prozeßpartei leichter, ohne anwaltlichen Beistand auszukommen, als bei den Amtsgerichten. Das arbeitsgerichtliche Verfahren ist viel besser darauf eingerichtet, daß sich eine Partei ausführlich Gehör verschaffen kann, als bei anderen Gerichten, die durch die Vielzahl der anstehenden Termine oft überlastet sind. Außerdem sind die Arbeitsrichter darauf eingestellt, die Arbeitnehmer im Rahmen des Zulässigen sehr intensiv anzuhören und zu befragen.

Dott kann auch binnen einer Woche seit Zustellung der Kündigung Einspruch beim Betriebsrat einlegen. Dieser hat dann hierzu seine Stellungnahme schriftlich abzugeben und, falls er den Einspruch für begründet hält, zu versuchen, mit dem Arbeitgeber eine Verständigung herbeizuführen. Da aber der Betriebsobmann von Sigmar Sorgenfrei der Auffassung ist, daß die Kündigung zu Recht erfolgt ist, und da Dott dies weiß, unterläßt sie diesen überflüssigen Schritt. Die Anrufung des Betriebsrats ist also nicht eine Voraussetzung für die zu erhebende Klage.

Dott entschließt sich also, die Klage einzureichen. Wenn sie sehr geschäftsungewandt ist, kann sie zum Arbeitsgericht direkt gehen und dort die Klage zu Protokoll erklären. Sie könnte sich auch einen Rechtsanwalt nehmen (vgl. dort). Aber es ist immer zu bedenken, daß in der ersten Arbeitsgerichtsinstanz – also vor den Arbeitsgerichten – keine Kostenerstattung vorgesehen ist. Wenn sich also Frau Dott den Luxus eines Rechtsanwalts leisten will, so würde sie auch im Falle des siegreichen Ausganges ihres Prozesses mit den Rechtsanwaltskosten belastet bleiben. Um den Gang zum Arbeitsgericht zu sparen, setzt Frau Dott die Klage selbst auf. Die Klage muß innerhalb von drei Wochen nach Zugang der Kündigung beim Arbeitsgericht eingereicht werden (§ 4 KSchG).

Monika Dott   Poststraße 10
                76829 Landau

An das
Arbeitsgericht
76829 Landau   26. September 20 . .

KLAGE

der kfm. Angestellten Monika Dott, Landau in der Pfalz,

            – Klägerin –

     gegen

die Firma Sigmar Sorgenfrei, Weine und Spirituosen,
Moltkestraße 13, Landau in der Pfalz   – Beklagte –

auf Feststellung der Unwirksamkeit der Kündigung.

Ich erhebe hiermit Klage gegen die Beklagte und werde beantragen,

1. festzustellen, daß die gegen mich ausgesprochene Kündigung vom 24. September 20 . . sozial ungerechtfertigt ist und das Arbeitsverhältnis nicht auflöst,
2. der Beklagten die Kosten des Rechtsstreits aufzuerlegen.

<u>Begründung:</u>

Nach einer kurzen Probebeschäftigung bei der Beklagten wurde die Klägerin vor nunmehr zwei Jahren fest bei dieser angestellt. Sie wurde als kaufmännische Angestellte beschäftigt und erhielt zuletzt ein Monatsgehalt von 2400,– Euro brutto.

Am 24. September 20 . . wurde der Klägerin von Seiten der Beklagten durch eingeschriebenen Brief mit der Begründung gekündigt, daß infolge der augenblicklichen Geschäftslage eine Einschränkung des Personalbestandes notwendig sei.

Die Klägerin verkennt nicht, daß eine solche Einschränkung des Personalbestandes erforderlich ist. Sie empfindet es aber als eine unsoziale Härte, daß ausgerechnet sie als einzige entlassen werden soll, die immerhin schon zwei Jahre ununterbrochen in der Firma tätig ist. In der Verkaufsabteilung sind zum Beispiel zwei jüngere Damen in der gleichen Beschäftigungsgruppe tätig, die erst vor knapp einem Jahr eingestellt worden sind. Beide sind unverheiratet und wohnen im Hause ihrer Eltern. Die Klägerin hingegen ist verheiratet und Mutter von drei Kindern von fünf bis neun Jahren. Der Ehemann der Klägerin, Karl Dott, ist Schuhmacher in Roth. Jedoch geht diese Schuhmacherei zur Zeit derartig schlecht, daß der Ehemann der Klägerin monatlich durchschnittlich nur 1000,– Euro netto verdient. Hiervon kann die Familie der Klägerin nicht leben, so daß die Mitarbeit der Klägerin für die Existenz der Familie ausschlaggebend ist.

Demnach ist die Kündigung gegenüber der Klägerin nach den besonderen Umständen des Falles sozial ungerechtfertigt und hat das Arbeitsverhältnis der Parteien nicht aufgelöst. Außerdem ist der Betriebsrat nicht gehört wurde.

Monika Dott

Original mit einer Abschrift dem Arbeitsgericht Landau binnen drei Wochen seit Zugang der Kündigung einreichen oder so rechtzeitig per Einschreiben abschicken, daß die Klageschrift innerhalb dieser Frist bei dem Arbeitsgericht eingeht. Durchschlag für die eigenen Akten behalten.

Die Klageschrift unterschreibt Monika Dott selbst, sie tritt ja auch als Klägerin auf.

Das Arbeitsgericht bestimmt nach Eingang der Klageschrift einen Termin zur Güteverhandlung und anschließenden mündlichen Verhandlung und lädt sowohl die Klägerin als auch Herrn Sigmar Sorgenfrei mit einem hierfür vorgesehenen Formular zu dem anberaumten Termin.

Zusammen mit der Ladung erhält Sigmar Sorgenfrei die Abschrift von Adeles Klageschrift übersandt mit der Aufforderung, binnen zwei Wochen hierzu schriftlich Stellung zu nehmen. Sigmar Sorgenfrei fertigt daraufhin folgenden Schriftsatz an:

SIGMAR SORGENFREI
Weine und Spirituosen

Moltkestraße 13 · 76829 Landau

An das
Arbeitsgericht
76829 Landau

10. Oktober 20 . .

In Sachen
Dott ./. Sorgenfrei
– 1 A 766/90 –

beantrage ich, die Klägerin mit der Klage kostenpflichtig abzuweisen.

<u>Begründung:</u>

Der Vorgang der Kündigung und der Anlaß zu dieser Kündigung sind von der Klägerin richtig geschildert worden. Die Ausführungen der Klägerin zu der Behauptung, daß die Kündigung sozial ungerechtfertigt sei, sind nicht stichhaltig.

1. Es dürfte gerichtsbekannt sein, daß die Kündigung von Arbeitnehmern aus Anlaß einer sich verschlechternden Geschäftslage ein sorgfältiges Ermessen des Geschäftsinhabers erfordert, an welcher Stelle er ohne Gefahr für den Fortbestand des Geschäftes eine Personaleinsparung vornehmen kann. Dem Arbeitsgericht wird aufgrund eigener Sachkunde auch bekannt sein, daß ein Unternehmen, das weiter existieren will, seine ganze Sorgfalt auf den Verkauf legen muß. Aus dem eigenen Vorbringen der Klägerin ergibt sich, daß der Personalbestand bei den heutigen Verhältnissen durchaus verringert werden kann. Der Einkauf der Firma des Beklagten ist so gut eingefahren, daß er routinemäßig mit weniger Hilfskräften durchgeführt werden kann. Dies ist der Grund, warum der Klägerin gekündigt werden mußte.

Die von der Klägerin als Gegenbeispiel genannten weiblichen Angestellten sind in der Verkaufsabteilung unentbehrlich. Sie sind infolge Ihrer Einarbeitung in der Lage, mit den Geschäftskunden selbständig zu verhandeln, sie kennen die Eigenheiten dieser Kunden und ihre besonderen Wünsche.

Es ist also ganz ausgeschlossen, etwa eine der beiden Damen zu entlassen und auf ihren Platz die Klägerin zu setzen, welche in die Verkaufsabteilung erst mit einer Anlaufzeit von etwa vier bis sechs Wochen eingearbeitet werden müßte. Eine derartige Störung im Verkaufsbetrieb der Firma müßte sich für diese im höchsten Maße schädigend auswirken.

Der Beklagte muß aber auf das dringendste besorgt sein, seine Verkaufsabteilung gerade zur Zeit auf das sorgfältigste zu pflegen. Zum Beweis hierfür bezieht sich der Beklagte auf das Zeugnis des Betriebsobmannes, Herrn Willi Obacht, zu laden bei dem Beklagten. Es sei hierzu noch folgendes bemerkt: Zwar ist es Aufgabe des Arbeitsgerichts, unsoziale Kündigungen zu verhindern. Das Arbeitsgericht hat von sich aus aber keinen Einblick in die besonderen Umstände eines Betriebes, sondern kann sich eine Grundlage für seine Beurteilung nur durch die Parteivorbringen machen. Nun hat aber der Gesetzgeber durch das Betriebsverfassungsgesetz den Betriebsrat beziehungsweise Betriebsobmann zum betriebsinternen Wächter eingesetzt, damit er das soziale Leben des Betriebes kontrolliere. Der Unterzeichnete hat daher auch vor der

Kündigung der Klägerin mit dem Betriebsobmann, Herrn Obacht, die Probleme der erforderlichen Kündigung durchgesprochen. Nach reiflicher Überlegung hat auch Herr Obacht die Auffassung vertreten, daß die Kündigung der Klägerin leider unumgänglich sei.

Unrichtig ist es, wenn die Klägerin das Gericht glauben machen will, daß sie allein von der Einschränkung des Betriebs betroffen ist. Es scheiden noch zwei weitere Arbeitnehmer zur gleichen Zeit aus. Die zweite Buchhalterin des Beklagten verzieht nach Hamburg, und ein auf Probezeit angestellter Packer wird nicht endgültig übernommen. Aus diesem Grunde erübrigen sich die Kündigungen.

2. Es muß von dem Beklagten bestritten werden, daß die Einkommensverhältnisse des Ehemanns der Klägerin so ungünstig liegen, wie sie es in der Klageschrift geschildert hat. Der Beklagte hat seine Betriebsangehörigen veranlaßt, ihre Schuhreparaturen sämtlich bei dem Ehemann der Klägerin durchführen zu lassen. Nach deren Erfahrung ist der Ehemann der Klägerin nicht gerade sehr billig. Er muß auch sonst tüchtig zu tun haben, denn die Reparaturen müssen häufig angemahnt werden, wobei der Ehemann der Klägerin die Verzögerung dann stets damit entschuldigt, daß er sehr überlastet sei.

Das Gericht mag der Klägerin aufgeben, den letzten Einkommensteuerbescheid ihres Ehemannes vorzulegen, damit festgestellt wird, wie hoch sich sein durchschnittliches Einkommen beläuft.

3. Es darf schließlich folgendes nicht unerwähnt bleiben: Die Klägerin hat ihre Arbeiten in der Einkaufsabteilung des Beklagten zur Zufriedenheit erledigt. Sie ist allerdings nicht sehr wendig und fehlt sehr häufig aus den verschiedensten Gründen. Die ungleich diffizilere Verkaufsabteilung würde daher empfindlich leiden, wenn man der Klägerin hier Aufgaben übertragen wollte, da die Klägerin ihrer ganzen Persönlichkeit nach einem solchen Geschäftsbereich nicht gewachsen ist. Man kann einem Arbeitgeber nicht gegen seinen Willen und seine vernünftige Planung die Weiterbeschäftigung einer Arbeitnehmerin aufzwingen, die in die Struktur des Betriebes nicht hineinpaßt.

 Urschrift mit einer Abschrift dem Arbeitsgericht einreichen.

Zu dem Verhandlungstermin lädt das Arbeitsgericht zweckmäßigerweise auch gleich den Betriebsobmann Willi Obacht, damit dessen Aussage dem Gericht einen Eindruck von der Betriebssituation der Firma vermitteln kann, da die innerbetriebliche Lage in dem vorliegenden Fall für die Urteilsfindung von ausschlaggebender Bedeutung ist.

Nachdem sich das Gericht durch Anhörung der Beteiligten ein umfassendes Bild über die Lage verschafft hat, folgt es den Ausführungen Sigmar Sorgenfreis nicht und verurteilt Sigmar nach Klageantrag (nachdem vorher der »Gütetermin« erfolglos verlief).

Sigmar Sorgenfrei kann binnen einem Monat seit Zustellung des Urteils des Arbeitsgerichts Berufung einlegen. Er kann dies aber nicht selbst tun, sondern er muß sich durch einen Rechtsanwalt im Berufungsverfahren vertreten lassen. Er kann hierzu jeden Rechtsanwalt auswählen, den er bevorzugt. Es gibt hier keine besondere Zulassung (Lokalisierung) bestimmter Rechtsanwälte an bestimmten Landesarbeitsgerichten (siehe das Kapitel »Arbeitsgerichtsverfahren«).

464 Andere Erfahrungen machte der Arbeitgeber Ferdinand Hartleib, der gelegentlich einer Betriebseinschränkung die ihm mißliebige Verkäuferin Gudrun Putz kurzerhand entließ. Der Betriebsrat hatte nach anfänglichem Bedenken seine Zustimmung zu der Entlassung gegeben, weil der Betriebsinhaber Hartleib die Situation des Betriebes ganz beeindruckend zu schildern verstand. Seltsamerweise folgten keine weiteren Wünsche des Betriebsinhabers hinsichtlich irgendwelcher Entlassungen. Im Gegenteil, nach zwei Wochen stellt er eine andere Verkäuferin ein. Vorsorglich setzt er hiervon seinen Betriebsrat vorher gar nicht erst in Kenntnis, sondern stellt ihn vor die vollendete Tatsache und verlangt, daß der Betriebsrat nachträglich seine Zustimmung gäbe. Da es sich um einen Betrieb mit mehr als 20 Arbeitnehmern handelt, hätte der Betriebsrat gemäß § 99 Betriebsverfassungsgesetz von der beabsichtigten Neueinstellung in Kenntnis gesetzt werden und Auskunft über den neuen Arbeitnehmer erhalten müssen. Da Ferdinand Hartleib dieser Verpflichtung nicht nachgekommen ist, besteht für den Betriebsrat die Möglichkeit, sich einzuschalten.

Der Betriebsrat hält daher eine Versammlung ab und richtet folgendes Schreiben an den Betriebsinhaber:

DER BETRIEBSRAT DER FIRMA HARTLEIB   *Ludwigstraße 17*
                                                        80333 München

An die Geschäftsleitung
der Firma Ferdinand Hartleib
Im Hause
80333 München   *10. August 20 . .*

Einstellung der Verkäuferin Katja Schmanker

In seiner am heutigen Tage abgehaltenen Sitzung hat der Betriebsrat den einstimmigen Beschluß gefaßt, gegen die Einstellung der Verkäuferin Katja Schmanker Einspruch zu erheben. Die Einstellung der Genannten erfolgte entgegen der Bestimmung des § 99 BVG, ohne daß die Geschäftsleitung dem Betriebsrat rechtzeitig Mitteilung von der beabsichtigten Einstellung machte. Die nachträgliche Zustimmung wird vom Betriebsrat verweigert, da die Einstellung sich nicht mit der vor kurzem geforderten und durchgeführten Personaleinschränkung vereinbaren läßt.

Betriebsratsvorsitzender

Hartleib sagt schimpfend zu seiner Sekretärin: »Das ist ja kaum zu glauben, nicht nur werde ich von der Putz verklagt, mein eigener Betriebsrat fällt mir in den Rücken. Denen werde ich zeigen, wer hier der Herr im Hause ist. Ich denke gar nicht daran, mir hier irgend etwas vorschreiben zu lassen.«

Nun, die Dinge entwickeln sich für Herrn Hartleib durchaus unerfreulich. Die verweigerte Zustimmung kann nämlich nur durch das örtlich zuständige Arbeitsgericht ersetzt werden.

Der Arbeitgeber darf die vorläufige personelle Maßnahme nur aufrechterhalten, wenn er innerhalb von drei Tagen beim Arbeitsgericht die Ersetzung der Zustimmung des Betriebsrats und die Feststellung beantragt, daß die Maßnahme aus sachlichen Gründen dringend erforderlich war.

465

Hartleib stellt also einen entsprechenden Antrag, dessen Durchschrift das Gericht dem Betriebsrat zur Stellungnahme übersendet. Der Betriebsrat antwortet:

DER BETRIEBSRAT DER FIRMA HARTLEIB   *Ludwigstraße 17*
                                             80333 München

An das
Arbeitsgericht
80331 München   10. Oktober 20 . .

Zu dem ANTRAG der Firma Hartleib, 80333 München 1, gem. § 99 BVG, beantragt der unterzeichnete Betriebsrat hiermit, die Zustimmung zur Einstellung der Verkäuferin Katja Schmanker zu verweigern.

<u>Begründung:</u>

Herr Ferdinand Hartleib hat am 3. Juli 20 . . Fräulein Katja Schmanker als Verkäuferin eingestellt, ohne vorher gem. § 99 BVG den Betriebsrat zu hören. Knapp zwei Wochen vorher hat er aber die Verkäuferin Gudrun Putz entlassen und sich die Zustimmung des Betriebsrats mit der Begründung zu verschaffen gewußt, daß er eine Betriebseinschränkung vornehmen müsse. Der Betriebsrat hat sich hiervon überzeugen lassen, mußte dann aber feststellen, daß der Betriebsinhaber auf weitere Entlassungen offenbar gar keinen Wert legte und – wie der Fall Schmanker zeigt – sogar Neueinstellungen für tragbar hält.

Unter diesen Umständen ist der Betriebsrat davon überzeugt, daß die Entlassung der Putz nur ein Manöver war, um an ihre Stelle die Verkäuferin Schmanker zu setzen, die zu dem Betriebsinhaber in besonders engen persönlichen Beziehungen steht.

Gemäß § 99 BVG verweigert der Betriebsrat die Zustimmung, weil der begründete Verdacht besteht, daß die Einstellung eines für den Arbeitsplatz nicht geeigneten Bewerbers nur mit Rücksicht auf persönliche Beziehungen erfolgen soll.

Das Arbeitsgericht wolle daher entscheiden, daß der Betriebsrat seine Zustimmung zur Einstellung der Verkäuferin Katja Schmanker verweigern kann, und den Antrag des Arbeitgebers ablehnen.

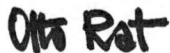

Betriebsratsvorsitzender

Der Antrag ist dem Arbeitsgericht schriftlich einzureichen oder auf der Geschäftsstelle des Arbeitsgerichts zu Protokoll zu geben. Durchschlag für die Betriebsratsakten ist aufzuheben.

466

Bei dem vorliegenden, durch den Antrag des Arbeitgebers in Gang gesetzten Verfahren handelt es sich nicht um eine Klage vor dem Arbeitsgericht, wie zum Beispiel bei der Kündigungsklage. Hier liegt vielmehr ein Fall des sogenannten »Beschlußverfahrens« gemäß §§ 80 ff. Arbeitsgerichtsgesetz vor.

Das Arbeitsgericht gibt dem Betriebsinhaber Ferdinand Hartleib Gelegenheit zur Stellungnahme und entscheidet dann durch Beschluß. Gegen den Beschluß hat die unterliegende Partei die Möglichkeit der Beschwerde an das Landesarbeitsgericht. Die Beschwerde muß durch einen Rechtsanwalt eingelegt werden. Gegen eine ungünstige Entscheidung der Beschwerdeinstanz gibt es unter bestimmten Voraussetzungen noch die Rechtsbeschwerde an das Bundesarbeitsgericht.

Da sich in dem Verfahren herausstellt, daß die im § 99 Abs. 2 Betr.VG aufgeführten Gründe nicht vorliegen, kann der Betriebsrat seine Zustimmung nicht verweigern. Der Antrag des Betriebsrats muß also zurückgewiesen werden, da er nicht begründet ist. Das Arbeitsgericht beschließt daher, die Zustimmung des Betriebsrats zu ersetzen.

»Na also«, sagt Ferdinand Hartleib triumphierend zu seiner Sekretärin, »man muß sich nur nichts bieten lassen. So, und nun werden wir noch dafür sorgen, daß die Putz mit ihrer Kündigungsklage hinten runter fällt. Dann hätten wir es wieder einmal geschafft.«

Aber hier irrt Ferdinand Hartleib. Denn aufgrund der Tatsache der Neueinstellung der Schmanker wird das Arbeitsgericht als erwiesen ansehen, daß kein Grund zur Entlassung der Gudrun Putz bestand. Es wird also in dem Klageverfahren festgestellt, daß das Arbeitsverhältnis der Putz durch die unsoziale Kündigung nicht aufgelöst ist.

Unverdrossen legt Hartleib Berufung ein. Aber hier entwickelt sich nun folgende Situation: Gudrun Putz ist durch das Verhalten ihres Chefs mit Recht derartig gekränkt, daß sie beim besten Willen von einer Weiterarbeit in dem Betriebe nichts Ersprießliches mehr erwartet. Sie bespricht dies mit ihrem Rechtsanwalt, der ihr folgenden Rat gibt: »Sie haben ganz recht, wenn Sie in diesem Betrieb nicht mehr Wurzeln schlagen wollen. Sie finden bei Ihren Fähigkeiten nach einiger Zeit gewiß wieder etwas Neues. Für diese Übergangszeit haben wir folgende Möglichkeit, die in § 9 Kündigungsschutzgesetz festgelegt ist. Da die Kündigung das Arbeitsverhältnis nicht aufgelöst hat, andererseits eine Fortsetzung des Arbeitsverhältnisses Ihnen nicht mehr zuzumuten ist, können wir beantragen, daß das Landesarbeitsgericht nunmehr das Arbeitsverhältnis auflöst und Herrn Hartleib zur Zahlung einer Abfindung verurteilt. Als Abfindung ist ein Betrag bis zu zwölf Monatsverdiensten festzusetzen. Wir werden also anregen, daß Sie eine Abfindung von sechs Monatsverdiensten erhalten, dann können Sie sich in der Zwischenzeit in Ruhe einen neuen Arbeitsplatz suchen.« Gudrun Putz folgt dem Rat ihres Prozeßbevollmächtigten und erhält eine angemessene Abfindung. Zu beachten ist, daß Abfindungen, insbesondere solche außerhalb eines Arbeitsgerichtsprozesses gemäß dem Arbeitsförderungsgesetz (AfG) 1997 und SGB III in gewissem Umfange auf das Arbeitslosengeld angerechnet werden. Wegen der komplizierten Details der Anrechnung muß unbedingt ein Fachmann konsultiert werden.

Kündigung und neuer Arbeitsplatz

Es kommt auch häufig vor, daß ein Arbeitnehmer, der sich gegen eine Kündigung wehrt und seinen Prozeß gewinnt, in der Zwischenzeit vorsorglich einen neuen Arbeitsplatz angenommen hat.

In diesem Falle kann er – nachdem er den Prozeß gewonnen hat – dem bisherigen Arbeitgeber mitteilen, daß er sich weigere, seine Arbeit bei ihm fortzusetzen. Diese Erklärung muß binnen einer Woche seit Rechtskraft des Urteils abgegeben werden (§ 16 KSchG). Sobald die Erklärung dem bisherigen Arbeitgeber zugegangen ist, erlischt das Arbeitsverhältnis. Macht der Arbeitnehmer von dieser Möglichkeit Gebrauch, so erhält er natürlich nur von dem bisherigen Arbeitgeber das Gehalt bis zum Eintritt in das neue Arbeitsverhältnis.

Massenentlassungen

Der Druckereibesitzer Heinrich Print hat bisher gut 30 Arbeitnehmer beschäftigen können. Plötzlich tritt ein erheblicher Rückgang an Aufträgen ein, so daß er die Arbeit – soweit er das nächste halbe Jahr übersehen kann – mit 20 Mann schaffen dürfte. Er beschließt daher, zehn seiner Arbeitnehmer zu kündigen.

467

Hier ist es nicht mit einer vorherigen Benachrichtigung des Betriebsrates getan. Er bedarf vielmehr für diese »Massenentlassung« in gewissem Rahmen der Zustimmung des Landesarbeitsamtes. Das Landesarbeitsamt kann gemäß § 18 Kündigungsschutzgesetz bestimmen, daß die Entlassungen nicht vor Ablauf von zwei Monaten nach Eingang der Anzeige beim Arbeitsamt wirksam werden.

Diese Anzeigepflicht an das Arbeitsamt besteht in folgenden Fällen gemäß § 17 Abs. 1 Kündigungsschutzgesetz.

§ 17

(1) Der Arbeitgeber ist verpflichtet, dem Arbeitsamt Anzeige zu erstatten, bevor er

1. in Betrieben mit in der Regel mehr als 20 und weniger als 60 Arbeitnehmern mehr als 5 Arbeitnehmer,
2. in Betrieben mit in der Regel mindestens 60 und weniger als 500 Arbeitnehmern 10 v.H. der im Betrieb regelmäßig beschäftigten Arbeitnehmer oder aber mehr als 25 Arbeitnehmer,
3. in Betrieben mit in der Regel mindestens 500 Arbeitnehmern mindestens 30 Arbeitnehmer innerhalb von 30 Kalendertagen entläßt.

(Es folgen Regelungen betreffend Betriebsrat und Arbeitsamt in solchen Fällen.)

Heinrich Print schickt daher folgenden Antrag an das Arbeitsamt, nachdem er sich vorher der Zustimmung seines Betriebsrats vergewissert hat:

BUCHDRUCKEREI HEINRICH PRINT DORTMUND

Cäcilienstraße 15
44309 Dortmund-Brackel

An das
Arbeitsamt
44135 Dortmund

28.9.20 . .

Entlassung von 10 Arbeitnehmern

Ich zeige hierdurch an, daß ich mit Zustimmung des Betriebsrats 10 Angestellten meiner Belegschaft von 30 Arbeitnehmern fristgemäß zum 30.12.20 . . kündigen werde.

Die Kündigung ist erforderlich, da der Auftragsschwund auf längere Sicht nur noch die Beschäftigung von 20 Arbeitnehmern gestattet. Die Stellungnahme des Betriebsrates füge ich in der Anlage bei.

Heinrich Print

Als Einschreiben an das Arbeitsamt abschicken. Durchschlag für die eigenen Akten zurückbehalten.

Die Anlage sieht folgendermaßen aus:

Betriebsrat der
Firma H. Print
27.9.20 . .

Herrn Druckereibesitzer Heinrich Print
<u>im Hause</u>

Entlassung von 10 Arbeitnehmern

Dem unterzeichneten Betriebsrat wurde angezeigt, daß die Geschäftsleitung folgenden 10 Arbeitnehmern zum 31. Dezember d.J. kündigen wird. Es handelt sich um die in der anliegenden Liste, die wir ebenfalls unterschrieben haben, aufgeführten Angestellten beziehungsweise Arbeiter.

Der Betriebsrat hat sich vergewissert, daß die fristgemäße Kündigung der vorstehend genannten Arbeitnehmer durch den Auftragsrückgang notwendig ist. Dieser Auftragsrückgang ist offensichtlich auch nicht nur vorübergehender Natur, so daß eine Einschränkung des Betriebes auf längere Sicht erforderlich erscheint.

Die Auswahl der vorstehend genannten Personen erfolgte unter Berücksichtigung sozialer Gesichtspunkte, insbesondere unter Berücksichtigung der Dauer der Betriebszugehörigkeit, des Familienstandes und der jeweiligen besonderen Eignung.

Betriebsratsmitglied   Vorsitzender   Betriebsratsmitglied

Ohne diese Anzeige sind die Kündigungen zum Zwecke solcher Massenentlassungen unwirksam. Gemäß § 18 Kündigungsschutzgesetz werden die Kündigungen grundsätzlich erst nach Ablauf eines Monats nach Eingang der Anzeige beim Arbeitsamt wirksam. Will man aus bestimmten dringenden Gründen einen früheren Zeitpunkt erreichen, so muß eine Zustimmung des Landesarbeitsamtes eingeholt werden, das hierüber durch einen besonderen Ausschuß entscheidet. Umgekehrt kann das Landesarbeitsamt auch im einzelnen Fall bestimmen, daß die Entlassungen erst nach Ablauf von zwei Monaten nach Eingang der Anzeige beim Arbeitsamt wirksam werden.

»Na hören Sie mal«, sagt Herr Print, als er hiervon hört, »wie stellen Sie sich denn dieses vor? Wenn mir vorgeschrieben wird, daß ich meine Arbeitnehmer über den gesetzlichen Kündigungstermin hinaus noch einen Monat beschäftigen soll, dann gehen mir glatt die Mittel aus. Vor allem kann ich sie ja gar nicht mehr beschäftigen, da ich nicht für die gesamte Belegschaft Arbeit habe.«

Auch daran hat der Gesetzgeber gedacht. Von dem Zeitpunkt ab, in dem die Kündigung nach den gesetzlichen Kündigungsfristen wirksam wäre, falls das Arbeitsamt die Frist nicht verlängert hätte, kann von dem Landesarbeitsamt Kurzarbeit zugelassen werden. Der Arbeitgeber kann in diesem Fall Lohn oder Gehalt der verkürzt arbeitenden Arbeitnehmer entsprechend kürzen.

Herr Print, der nun alle Vorschriften so sorgfältig beachtet hat, glaubt, mit dieser Entlassungswelle keinen weiteren Ärger zu haben. Er irrt sich jedoch, denn die unter den zehn Entlassenen mitaufgeführte Sekretärin Gerda Lott hält die Kündigung – was ihre Person anbetrifft – für unsozial. Die Kündigung erreichte sie auf dem Krankenlager, da sie durch einen im Betrieb explodierende Benzinkanister vier Wochen vor der Kündigung am rechten Oberarm und am Rücken verletzt worden war. Die Verletzung durch diesen Betriebsunfall ist zwar nicht lebensgefährlich, jedoch bleiben zu ihrem großen Kummer entstellende Flecken auf Arm und Rücken, die nie ganz verschwinden werden. Sie meint daher, daß die Geschäftsleitung ihr zu diesen Sorgen nicht auch noch weiteren Kummer bereiten dürfe.

Herr Print hingegen ist der Auffassung, daß die Zustimmung des Betriebsrates und die Anzeige bei dem Arbeitsamt beweisen, daß er ihr gegenüber all seinen Pflichten als Arbeitgeber nachgekommen sei. Herr Print irrt jedoch. Die allgemeinen Vorschriften über die Unwirksamkeit einer unsozialen Kündigung bleiben unberührt. Die Arbeitsgerichte werden sich daher in diesem Fall sicherlich auf den Standpunkt stellen, daß auf Frau Lott besondere Rücksicht genommen werden mußte. Sie durfte erst als allerletzte gekündigt werden. Notfalls müßte sich der Betrieb für die Zeit ihres Ausfalls mit einer Aushilfssekretärin behelfen. Wenn die Sekretärin daher gemäß § 4 Kündigungsschutzgesetz binnen drei Wochen nach Zugang der Kündigung Klage beim Arbeitsgericht erhebt, so wird dieses feststellen, daß ihr Arbeitsverhältnis durch die Kündigung nicht aufgelöst ist.

Die vorstehend dargelegten besonderen Vorschriften für Massenentlassungen gelten nicht für sogenannte »Saison- und Kampagne«-Betriebe. Denn hier macht es die Eigenart des Betriebes erforderlich, daß stoßweise Einstellungen und Entlassungen erfolgen.

Die Hausangestellte und ihr Recht

Da Herr Print mit seinen Kündigungen so schön im Zuge ist, kündigt er auch gleich seiner Hausangestellten Anna Stein. Er läßt sie am 15. des Monats zu sich kommen und sagt zu ihr: »Anna, ich muß Ihnen leider zum Monatsende kündigen. Ich bin zwar mit Ihnen zufrieden, aber ich will mich in Zukunft mit einer Aufwartung behelfen. Meine Frau meint auch, dies wäre praktischer.« Vorsorglich spricht er diese Kündigung in Gegenwart seiner Ehefrau aus, damit er eine Zeugin hat, falls Anna Stein die Kündigung später in Abrede stellen sollte.

Anna Stein ist über die Kündigung auf das tiefste empört. Sie hat immerhin drei Jahre lang im Printschen Haushalt als Haushaltshilfe gearbeitet. Jetzt kommt ihr auch zum Bewußtsein, daß ihre Tagesarbeit manchmal bis in den Abend hinein gedauert hat, daß ihre Urlaubsregelung sich in einem Jahr auf eine Woche beschränkt hatte und daß manches harte Wort ihr gegenüber gefallen war. Und zum Dank dafür soll sie nun mit einer kurzfristigen Kündigung vorliebnehmen müssen.

Es wird ihr dabei klar, daß sie eigentlich über ihre Rechte und Pflichten so gar nichts Richtiges weiß. Ist nun die Kündigung in Ordnung? Haben ihre Arbeitgeber von ihr mehr verlangt, als sie durften?

Wir wollen zunächst einmal festhalten, daß die Einstellung einer Hausangestellten ein Arbeitsvertrag ist. Auf diesen Arbeitsvertrag finden aber die ganzen Sondervorschriften, die für die Betriebe erlassen sind, zum Beispiel das Betriebsverfassungsgesetz, das Kündigungsschutzgesetz, keine Anwendung. Ein Haushalt ist nun einmal kein Betrieb. Wir haben hier einen der ganz wenigen Fälle, wo für einen Arbeitsvertrag noch fast ausschließlich das Bürgerliche Gesetzbuch gilt, und zwar die Vorschriften über den Dienstvertrag §§ 611ff. BGB. Bedeutsam ist aber die Anmeldung für die Lohnsteuer und die Sozialabgaben (gegebenenfalls als »Minijob«).

Nach diesen Bestimmungen wird der Dienstvertrag formlos geschlossen. Es kommt wohl auch kaum vor, daß man einen schriftlichen Dienstvertrag schließt oder die Einstellung durch ein Bestätigungsschreiben bekräftigt. Hier gilt wirklich noch die mündliche Absprache und der Handschlag. Einzelheiten pflegt man fast nie festzulegen, sondern läßt den Dingen ihren Lauf, wie es das tägliche Leben mit sich bringt. Auch das BGB enthält nicht viele Sondervorschriften für die Hausangestellte. Lediglich eine Bestimmung, nämlich § 617 BGB, nimmt sich der Rechtsbeziehungen zwischen dem Arbeitgeber und der Hausangestellten besonders an. Er lautet:

§ 617

(1) Ist bei einem dauernden Dienstverhältnisse, welches die Erwerbstätigkeit des Verpflichteten vollständig oder hauptsächlich in Anspruch nimmt, der Verpflichtete in die häusliche Gemeinschaft aufgenommen, so hat der Dienstberechtigte ihm im Falle der Erkrankung die erforderliche Verpflegung und ärztliche Behandlung bis zur Dauer von sechs Wochen, jedoch nicht über die Beendigung des Dienstverhältnisses hinaus, zu gewähren, sofern nicht die Erkrankung von dem Verpflichteten vorsätzlich oder durch grobe Fahrlässigkeit herbeigeführt worden ist. Die Verpflegung und ärztliche Behandlung kann durch Aufnahme des Verpflichteten in eine Krankenanstalt gewährt werden. Die Kosten können auf die für die Zeit der Erkrankung geschuldete Vergütung angerechnet werden. Wird das Dienstverhältnis wegen der Erkrankung von dem Dienstberechtigten nach § 626 gekündigt, so bleibt die dadurch herbeigeführte Beendigung des Dienstverhältnisses außer Betracht.

(2) Die Verpflichtung des Dienstberechtigten tritt nicht ein, wenn für die Verpflegung und ärztliche Behandlung durch eine Versicherung oder durch eine Einrichtung der öffentlichen Krankenpflege Vorsorge getroffen ist.

Diese Bestimmung will folgendes ausdrücken: Der Haushaltsvorstand darf eine längere Krankheit der Hausangestellten nicht zum Anlaß nehmen, um mit sofortiger Wirkung die Hausangestellte zu entlassen. Bis zu sechs Wochen soll er für sie weiter sorgen.

Da aber bei Hausangestellten die Vergütung regelmäßig nach Monaten bemessen sein wird, kann gemäß § 621 Ziffer 3 BGB eine Kündigung spätestens am 15. eines Monats zum Monatsende erfolgen, die allerdings spätestens am 15. des betreffenden Monats erklärt werden muß. Genau das hat in unserem Fall Herr Print auch getan. Selbst wenn sich Anna Stein jetzt etwa darauf berufen wollte, daß sie sich plötzlich sehr krank fühle, so würde dies an der fristgemäßen Kündigung nichts ändern, denn eine solche ist auch während der Erkrankung der Hausangestellten möglich.

Über das einzelne Ausmaß der Dienstleistungen einer Hausangestellten schweigt das BGB vollkommen. Der Gesetzgeber wollte die Vielgestaltigkeit einer Haushaltsführung nicht erfassen. Um aber doch einen Rahmen für diese Tätigkeit zu schaffen, hat der Bundesarbeitsminister Richtlinien für die Regelung der Arbeitsbedingungen (ohne Gehälter) von Hausangestellten aufgestellt, die Sie beim Arbeitsamt einsehen können.

Haushaltshilfe und Mutterschutz

In diesen Richtlinien wird auch auf das Mutterschutzgesetz verwiesen. Dadurch könnte der Anschein erweckt werden, als könnte eine Hausangestellte im Hause ihrer Arbeitgeber Mutter werden und diese an ihrem wachsenden Familienglück teilhaben lassen. Ganz so ist es jedoch nicht. Hier besagt § 9 des Mutterschutzgesetzes, daß Haushaltshilfen den Arbeitnehmern insoweit gleichgestellt werden, wenn sie nach den Umständen der Heimarbeiten gemäß Heimarbeitsggesetz gleichgestellt sind. Dies ist häufig nicht der Fall:

Es ist für Anna Stein sehr schmerzlich, daß sie nach jahrelanger Zugehörigkeit zu der Familie Print so kurzfristig entlassen wurde. Aber wie wir sehen, sind die gesetzlichen Bestimmungen beachtet worden.

Kündigung durch die Hausangestellte

Da hat Luise Sorgenfrei ihrerseits umgekehrt einmal folgende schlechte Erfahrung gemacht: Sie hatte eine Hausangestellte eingestellt, mit der sie im großen und ganzen zufrieden war. Plötzlich fand sie jedoch am 18. Mai 20 . . auf dem Küchentisch einen Zettel des Inhalts, daß Helene soeben die Nachricht von der Erkrankung ihrer Großmutter bekommen habe. Sie sei daher eiligst zu ihr gefahren, werde auch nicht mehr zurückkehren. Ihre Sachen habe sie mitgenommen, bis auf einen Koffer, den sie noch abholen lassen werde. Luise Sorgenfrei fällt aus allen Wolken. Zornig läuft sie zu Fritz Sorgenfrei und verlangt von ihm, daß er etwas tun müsse.

471

Natürlich dürfte Helene Schwarz sich nicht heimlich empfehlen. Selbst wenn die Großmutter ernstlich krank gewesen wäre, so kann Helene deswegen nicht ohne weiteres ihre Pflichten im Stich lassen. Nur ganz ausnahmsweise ließe sich in einem solchen Falle wohl ein kurzer Urlaub rechtfertigen. Helene ist also vertragsbrüchig. Das bedeutet, daß sie verpflichtet ist, Sorgenfreis den Schaden zu ersetzen, der durch ihr Verhalten entsteht.

Da sie am 18. Mai weggelaufen ist, muß dies als fristgemäße Kündigung zum 30. Juni 19 . . angesehen werden. Bis zu diesem Zeitpunkt hätte sie also arbeiten müssen. Sorgenfreis könnten sich nun eine teure Aushilfskraft zum Aufwarten nehmen und die Mehrkosten von Helene Schwarz ersetzt verlangen. Aber das steht ja alles nur auf dem Papier. Oft erreicht der Barlohn nicht einmal die pfändungsfreie Grenze.

Der Sturz mit der Leiter

Nach einiger Zeit hat Luise Sorgenfrei auch mit ihrer neuen Hausangestellten wieder Pech. Die Hausangestellte Veronika Braun rutscht mit der Leiter auf dem glatten Parkett aus und bricht sich einen Knöchel. »Was nun?« fragen die Beteiligten. Die Hausangestellte Veronika Braun unterliegt gemäß § 2 SGB Buch VII der gesetzlichen Unfallversicherung. Zuständig hierfür sind die Unfallversicherungsträger der Gemeinden.

 Wenn eine Hausangestellte gleichzeitig und regelmäßig in einem gewerblichen Betrieb mitbeschäftigt wird, dann ist für ihre Sozialversicherung die Berufsgenossenschaft des betreffenden Gewerbezweiges zuständig. Sichern Sie sich als Arbeitgeber durch eine Anfrage bei der für Ihren Betrieb zuständigen Berufsgenossenschaft ab! Dies ist bei einem Unfall wichtig!

Jetzt fällt Fritz Sorgenfrei auch ein, daß seine Buchhaltung ja regelmäßig einen jährlichen Betrag als Prämie an die Gemeinde-Unfallversicherung abgeführt hat, und er atmet hörbar auf, denn er sah schon einen großen Schadensersatzprozeß auf sich zukommen. Dies braucht er nicht zu befürchten. Eine direkte Haftpflicht des Haushaltsvorstandes gibt es nämlich nur dann, wenn festgestellt ist, daß eine vorsätzliche strafbare Handlung vorlag, was kaum denkbar sein wird (sogenannte abgelöste Unternehmerpflicht).

Allerdings besteht bei schuldhaftem Verhalten des Haushaltsvorstandes eine Schadensersatzpflicht gegenüber der Gemeinde-Unfallversicherung, die ja nunmehr mit ihren Leistungen gegenüber der verletzten Hausangestellten einsetzt (§§ 104 SGB VII).

Da Fritz Sorgenfrei sich aber von jeglicher Schuld frei weiß, hat er nichts zu befürchten. Veronika Braun hat aufgrund der Gemeinde-Unfallversicherung Anspruch auf die Entschädigungsleistungen gemäß §§ 26 ff. SGB VII. Es werden insbesondere gewährt:

a) Freie Heilbehandlung (ärztliche Behandlung; Versorgung mit Arznei- und anderen Heilmitteln, Ausstattung mit Körperersatzstücken, orthopädischen und anderen Hilfsmitteln, die erforderlich sind, um den Erfolg der Heilbehandlung zu sichern oder die Folgen der Verletzung zu erleichtern;

Krankenhausbehandlung); Gewährung von Pflege; Rehabilitation; Erneuerung und Wiederherstellung beschädigter Körperersatzstücke.

472
b) Berufsfürsorge (Umschulung, Hilfe zur Erlangung einer Arbeitsstelle).

c) Geldleistungen (Tagegeld, Familiengeld, evtl. besondere Unterstützung während der Heilanstaltspflege; Unfallkrankengeld; Verletztenrente; Hinterbliebenenrente; Sterbegeld; Kapitalabfindung). Die Verletztenrente richtet sich nach dem Grad der Erwerbsminderung und dem vorausgegangenen Jahresarbeitsverdienst.

Sollte über die Leistungen Streit entstehen, so kann sich Veronika Braun an die Sozialgerichte wenden (vgl. dort).

Die Haftung für Hausangestellte

Trotz ständigen Verbots stellte Luises Hausangestellte Lotte Schwarz immer wieder die Blumentöpfe auf das Fensterbord, um zu gießen. Eines Tages stößt Lotte mit dem Ellbogen gegen einen der Blumentöpfe. Er fällt hinunter und trifft den gerade vorübergehenden Fußgänger Müßig heftig am Kopf. Die Heilbehandlung kostet ein schönes Stück Geld. Der Verdienstausfall ist auch nicht gering. Dieser fordert ferner noch ein hohes Schmerzensgeld. Von Lotte ist nichts zu holen. Er wendet sich daher an Sorgenfrei. Es ist jetzt Sache von Fritz Sorgenfrei, zu beweisen, daß er oder seine Frau der Hausangestellten verboten hatten, die Blumentöpfe auf das Fensterbrett zu stellen, und daß sie sich auch um die Einhaltung ihrer Anordnungen so weit wie möglich persönlich gekümmert haben. Dies verlangt der § 831 BGB. Ein solcher Nachweis wird nicht oft gelingen.

Für den Fall, daß es nicht gelingt, wäre es gut, wenn Fritz Sorgenfrei gegen alle einschlägigen Risiken Haftpflichtversicherungen abgeschlossen hätte. Er darf hierbei die Privat-, Betriebs-, Grundstücks- und Hunde-Haftpflichtversicherung nicht vergessen. Sind Ansprüche gegen ihn berechtigt erhoben, so tritt die Versicherungsgesellschaft ein. Bei unberechtigten Ansprüchen wehrt sie dann ab und erspart ihm somit Arbeit und ärgerliche Auseinandersetzungen.

Der Betriebsübergang

Sigmar Sorgenfrei hat einen Käufer für sein Unternehmen gefunden, mit dem er sich auch über den Kaufpreis einig ist. Dieser will allerdings nur wenige Mitarbeiter übernehmen und deshalb fragt Sorgenfrei seinen Anwalt, ob er insoweit freie Hand über eine Veräußerung hat.

Hier ist § 613a BGB einschlägig: Dieser regelt das Schicksal des Arbeitsverhältnisses bei einem solchen Betriebsübergang. Mit dem Betrieb gehen auch die Arbeitsverhältnisse mit allen Rechten und Pflichten auf den Erwerber über. Dabei genießt das Arbeitsverhältnis Bestandsschutz. Die Kündigung wegen des Betriebsübergangs ist unzulässig. Dem Grundsatz des § 613 BGB (Unübertragbarkeit im allgemeinen) wird dadurch Rechnung getragen, daß dem Arbeitnehmer ein Widerspruchsrecht zusteht, das den Übergang des Arbeitsverhältnisses verhindert. Der Arbeitnehmer hat innerhalb einer Frist von drei Wochen nach Unterrichtung durch den Arbeitgeber die Möglichkeit, dem Übergang seines Arbeitsverhältnisses auf den Erwerber schriftlich zu widersprechen. Er bleibt dadurch Arbeitnehmer des Veräußerers, geht dabei allerdings das Risiko einer betriebsbedingten Kündigung ein, wenn beim Veräußerer die Beschäftigungsmöglichkeit entfallen ist.

Die Leiharbeit (Arbeitnehmerüberlassung)

Fritz Sorgenfrei möchte zu einer Kollegenfirma saisonbedingt einige Arbeitnehmer »entleihen«, weil deren Mitarbeiter die Arbeit nicht schaffen. Er fragt, was dabei zu beachten sei. Maßgeblich ist das Arbeitnehmerüberlassungsgesetz (AÜG), welches auf Grund der sogenannten Hartz-Reform kürzlich modernisiert wurde.

Es entsteht eine Art Dreiecksverhältnis zwischen dem Entleiher, dem Verleiher und dem Arbeitnehmer. Die Anerkennung setzt eine behördliche Erlaubnis voraus, da sonst der Entleiher zum Arbeitgeber wird. Durch die Hartz-Reform wird der Verleiher verpflichtet – jedenfalls nach sechs Wochen bei vorher Arbeitslosen – dasselbe Arbeitsentgelt wie einem vergleichbaren Arbeitnehmer zu zahlen.

Altersteilzeit und Vorruhestand

Lotte Lustig hat über 30 Jahre im Betrieb von Fritz Sorgenfrei gearbeitet. Sie ist jetzt 55 Jahre alt und noch weit von der Pensionsgrenze entfernt. Außerdem hat sie gehört, daß diese ohnehin heraufgesetzt werden soll. Da sie kürzlich etwas über Altersteilzeit gehört hat, fragt sie ihren Freund, den Betriebsratsvorsitzenden Wolfgang Büscher, was dies ist. Dieser teilt ihr folgendes mit: Es gibt seit 1996 das Altersteilzeitgesetz. Danach soll älteren Arbeitnehmern ein gleitender Übergang vom Erwerbsleben in die Altersrente ermöglicht werden. Dieses Gesetz gilt nur für Arbeitnehmer ab Vollendung des 55. Lebensjahres und bei einer Beschäftigung von mindestens 1080 Tage (drei Jahre) mit Sozialversicherungspflicht.

Der Altersteilzeitnehmer reduziert seine Arbeitszeit um die Hälfte, erhält aber mehr als das halbe Entgelt. Das halbe Entgelt wird auf mindestens 70 Prozent des Durchschnittsnettoentgelts durch den Arbeitgeber aufgestockt. Um nicht für jeden Arbeitnehmer das individuelle Nettoentgelt ermitteln zu müssen, hat man ein durchschnittliches Nettoentgelt im Gesetz festgeschrieben, nämlich das um die gesetzlichen Abzüge, die bei Arbeitnehmern gewöhnlich anfallen, verminderte bisherige Arbeitsentgelt.

Der Aufstockungsbetrag ist steuer- und sozialversicherungsfrei. Sozialversicherungsbeiträge werden nur auf auf das halbe Bruttoentgelt, das so genannte Altersteilzeitarbeitsentgelt gezahlt. Der Aufstockungsbetrag ist zwar steuerfrei, er unterliegt aber dem Progressionsvorbehalt. Das bedeutet, dass der steuerfreie Aufstockungsbetrag fiktiv dem Einkommen hinzugerechnet wird, der Steuersatz für diesen Betrag ermittelt und mit diesem Steuersatz das Einkommen (ohne den Aufstockungsbetrag) besteuert wird.

Weitere gesetzliche Voraussetzung für das Vorliegen einer Altersteilzeit ist, dass der Arbeitgeber einen zusätzlichen Aufstockungsbeitrag zur Rentenversicherung leistet, so dass für 90 Prozent des bisherigen Gehalts Rentenversicherungsbeiträge gutgeschrieben werden. Besetzt der Arbeitgeber die freiwerdende Stelle mit einem Arbeitslosen oder Auszubildenden, erhält er für maximal sechs Jahre einen Zuschuss vom Arbeitsamt. Die Wiederbesetzung ist jedoch keine Voraussetzung für das Vorliegen von Altersteilzeit, sondern nur für die Inanspruchnahme der Förderleistungen der Bundesanstalt für Arbeit, die der Arbeitgeber beanspruchen kann.

Was erhalte ich dann konkret (und wann) vom Arbeitsamt? fragt Sorgenfrei. Er erfährt: Die Leistungen der Bundesanstalt für Arbeit werden längstens für einen Zeitraum von sechs Jahren gewährt. Liegt eine Altersteilzeit im Sinne des Gesetzes vor, erstattet diese dann, wenn der Arbeitgeber die Leistungen tatsächlich erbracht hat,

- die Aufstockung des hälftigen Entgelts in Höhe von 20 Prozent beziehungsweise bis zur Höhe des Mindestnettobetrags und
- die Austockung der Beträge zur Rentenversicherung in Höhe des Unterschiedsbetrages der Beträge zwischen dem halben Entgelt und 90 Prozent des bisherigen Entgelts.

Der Anspruch des Arbeitgebers entsteht frühestens mit der rechtswirksamen Wiederbesetzung des freigewordenen oder freigemachten Arbeitsplatzes.

474　　Wegen der sehr komplizierten Einzelheiten muß unbedingt Rechtsrat eingeholt werden. Es finden sich auch Regelungen zur Arbeitsteilzeit im SGB VI (vgl. zum Beispiel §§ 42, 237 bezüglich der Altersrente bei Altersteilzeit).

Im Grunde ersetzt die »Altersteilzeit« den früheren Begriff »Vorruhestand«.

Davon unabhängig und etwas ganz anderes ist eine etwa frühere Inanspruchnahme der gesetzlichen Rente (hierzu vgl. Kapitel »Die Sozialversicherung«).

Privatversicherungen

Im Falle der Haushaltshilfe sehen wir, wie gut es war, daß Fritz Sorgenfrei eine Versicherung abgeschlossen hatte. Aber es gibt noch viele Fälle, in denen es sich erweist, daß man gut daran tut, versichert zu sein.

Der Einbruch

Fritz Sorgenfrei kommt eines Sonntags von einer Ferienreise zurück und findet auf seinem Schreibtisch eine zerstörte Geldkassette vor, der ein Betrag von 3000,– Euro entnommen ist. Er untersucht die ganze Wohnung. Er stellt auch noch fest, daß aus dem unverschlossenen Kleiderschrank seiner Frau dort versteckte Schmuckstücke entwendet worden sind. Es fehlt ferner eine Uhr, die er immer in seinem Schreibtisch aufbewahrte. Vernünftigerweise läßt er alles unberührt und verständigt sofort die Polizei, damit Fingerabdrücke genommen werden können, was oft allerdings nicht zum Erfolg führt.

Die Untersuchungen führen hier zum Erfolg. Der Einbrecher Roland Knoll kann festgenommen werden.

Bei seiner Vernehmung gibt er schließlich zu, mit Sorgenfreis Hausangestellter verlobt zu sein. Sie habe ihm die Wohnungsschlüssel ausgehändigt und ihn auch davon verständigt, wann die Familie Sorgenfrei gewöhnlich im Urlaub sei.

Fritz Sorgenfrei ist über die schnelle Aufklärung des Falles sehr erfreut. Er meint, er habe nun glücklicherweise keinen Schaden zu tragen, die Versicherung müsse ja zahlen, wenn auch von den Beteiligten nichts zu holen sei. Er unterrichtet daher unverzüglich seine Versicherungsgesellschaft, die ihm ein Formular übersendet und auch die Ermittlungsakten einsieht.

Nach einiger Zeit erhält er einen Brief der Versicherung, der unter anderen folgendes enthält:

Ihre Schadensmeldung

In Ihrer Versicherungsangelegenheit teilen wir Ihnen mit, daß wir bereit sind, Ihnen einen Betrag in Höhe von 1000,– Euro zu ersetzen. Die anliegende Schadensausgleichsquittung bitten wir unterschriftlich vollzogen an uns einzusenden, worauf wir Ihnen den Betrag überweisen werden. Ihre über 1000,– Euro hinausgehende Forderung auf Ersatz der aus der Kassette entwendeten Summe von weiteren 2000,– Euro vermögen wir nicht anzuerkennen, weil nach den allgemeinen Versicherungsbedingungen an barem Geld nur 1000,– Euro versichert sind.

Im übrigen liegt nur hinsichtlich des in der Kassette enthaltenen Geldes ein Einbruchdiebstahl vor. Die polizeilichen Ermittlungen haben ergeben, daß lediglich die Kassette erbrochen worden ist. Von einem Einbruch in die Wohnung kann nicht die Rede sein. Der Täter hat die Wohnungstür nicht erbrochen und auch keinen Nachschlüssel verwendet. Aus dem Geständnis geht hervor, daß Ihre Hausangestellte ihr Schlüsselbund dem Täter zu dem Zwecke ausgehändigt hat, ihm Zutritt in die Wohnung zu verschaffen. Die Lage wäre anders, wenn der Täter heimlich von den Schlüsseln Ihrer Hausangestellten Abdrücke gemacht und Nachschlüssel gefertigt hätte.

476

Für den Schmuck, der im Kleiderschrank untergebracht war, brauchen wir ebenfalls nicht einzutreten, nachdem erwiesen ist, daß auch der Schrank nicht erbrochen, sondern mit dem im Schloß steckenden Schlüssel geöffnet worden ist. Das gleiche gilt für Ihre goldene Uhr, die sich im unverschlossenen Schreibtisch befand. Für den Schmuck und die Uhr hätten wir nur dann Ersatz zu leisten, wenn die Wohnungstür erbrochen oder mit einem Nachschlüssel geöffnet worden wäre oder wenn der Täter zur Nachtzeit durch ein offenstehendes Fenster eingestiegen wäre.

Zu einem Einbruchdiebstahl ist es erforderlich, daß Behältnisse unter Anwendung von Gewalt oder durch Nachschlüssel geöffnet wurden. Da diese Voraussetzungen nicht gegeben sind, müssen wir zu unserem Bedauern eine Ersatzpflicht ablehnen.

Bevor Sie einen Versicherungsantrag unterschreiben, müssen Sie unbedingt die Versicherungsbedingungen und vor allem das Kleingedruckte sorgfältig lesen! Schicken Sie den Vertreter wieder weg, wenn Sie keine Zeit oder Ruhe zur Prüfung haben, und lassen Sie ihn nach einigen Tagen wiederkommen. Klären Sie alle Fragen. Verlassen Sie sich nicht auf mündliche Zusagen. Verlangen Sie schriftliche Bestätigungen der Gesellschaft. Schließlich soll die Versicherung jeden Schaden ersetzen und sich nicht darauf berufen können, sie brauche nicht zu haften, weil diese oder jene Voraussetzung nicht erfüllt sei. Dies gilt vor allem für Bargeld, Schmuck und andere Wertsachen, die oft nur bis zu einer bestimmten Höhe und nur dann versichert sind, wenn der Aufbewahrungsort ganz bestimmte Voraussetzungen erfüllt.

Aus diesem Schadensfall zieht Fritz Sorgenfrei die Lehre, daß er nur zuverlässiges Hauspersonal für die Zukunft einstellt und sich über den Leumund rechtzeitig unterrichtet. Im übrigen macht er es sich zur Gewohnheit, keine Geldbeträge, die über 1000,– Euro hinausgehen, in seiner Wohnung zu belassen, und außerdem sämtliche Behältnisse und Zimmertüren zu verschließen. Da er jedoch zum Wochenende und an Tagen vor der Lohnzahlung größere Beträge im Hause hat, beschließt er, einen kleinen Geldschrank anzuschaffen. Er meldet dies sofort seiner Versicherungsgesellschaft, damit für die Zukunft auch diese Beträge, die 1000,– Euro übersteigen, mitversichert sind. Eine kleine Geldkassette, die ohne größere Schwierigkeiten aus dem Hause transportiert werden kann, könnte niemals eine Haftung aus dem Versicherungsvertrag begründen. Trotzdem ist Fritz Sorgenfrei nicht in vollem Umfang der Geschädigte. Die tüchtige Kriminalpolizei ermittelt, daß der gestohlene Schmuck und die goldene Uhr von Herrn Lebemann beim Hehler Franz Trödler gekauft wurden, bei welchem der Einbrecher die »Früchte seiner Arbeit« abzusetzen pflegt. Fritz Sorgenfrei ist nämlich nach wie vor Eigentümer der Uhr und des Schmucks. Er kann daher im Wege der Klage gegen Herrn Lebemann die Uhr und den Schmuck als Eigentümer herausverlangen.

Im Prozeß erklärt jedoch Herr Lebemann, daß er nur die Uhr herausgeben könne, den Schmuck habe er verschenkt. Hierfür könne er nicht in Anspruch genommen werden, er brauche auch den Schmuck nicht in barem Geld zu ersetzen. Da es Fritz Sorgenfrei nicht gelingt, den Nachweis zu erbringen, daß Lebemann gewußt hat, daß der Schmuck gestohlen war, dringt er nur mit seinem Herausgabeanspruch hinsichtlich der Uhr durch.

Noch während der Prozeß zwischen Fritz Sorgenfrei und Herrn Lebemann anhängig ist, erfährt die beschenkte Freundin des Herrn Lebemann, daß der Schmuck gestohlen war und daß sie ihn mit Sicherheit herausgeben müsse. Sie beschließt, der weiteren Entwicklung zuvorzukommen und veräußert daher den Schmuck nochmals schnell an ihre Freundin Sonja. Hiermit hat sie jedoch kein Glück. Wenn der Schmuck bei Sonja nicht mehr sicherzustellen ist, so haftet sie für den Wert des Schmucks aus dem Gesichtspunkt des Schadensersatzes und der ungerechtfertigten Bereicherung. Sie muß nunmehr den Wert des Schmucks in Bargeld erstatten.

Der Brand im Wohnzimmer

Nicht nur Meister Fritz, auch seine Tante war vom Pech verfolgt. Am Weihnachtsabend mußte noch viel gebacken, gekocht und gebügelt werden. Der ganze Haushalt kam durcheinander. So fiel es erst nach einem ausgeprägten Brandgeruch auf, daß irgend etwas schmorte.

Heftiger Rauch entquoll der Wohnzimmertür. Beim Betreten des Zimmers stellte sich heraus, daß die Tante vergessen hatte, das Bügeleisen auszuschalten. Es hatte bereits die Tischplatte durchgesengt.

Nach dem ersten Schreck beruhigten sich die Gemüter sehr schnell. Endlich schien eine günstige Gelegenheit gekommen zu sein, die Feuerversicherung in Anspruch zu nehmen, für die man schon seit Jahren Beiträge aufgewendet hatte, ohne bisher auch nur einen einzigen Cent herausbekommen zu haben. Ja, man war von dem Gedanken direkt begeistert, daß endlich ein Versicherungsfall gegeben sei. Der Tisch war ohnehin schon alt. Auch der durchgesengte Teppich auf dem Boden hatte schon einiges im Lauf der Jahre abbekommen.

Noch während man sich über den Brand und die Versicherung unterhielt, stieß der kleine Fritz gegen den Weihnachtsbaum, dessen Kerzen brannten und dadurch die Gardinen zur Entzündung brachten.

Nasse Decken verhinderten ein Umsichgreifen des Brandes, wenn auch die Decke selbst unbrauchbar dabei wurde. Der Schreck über diesen Zwischenfall verflog sehr schnell, weil man sich erinnerte, auch für diesen Fall versichert zu sein. Die Tante suchte den Versicherungsvertrag heraus und schrieb folgenden Brief:

Frieda Sorglos   *Purzelstraße 39*
                                                      21035 Hamburg

An die
Rumor-Versicherungs-AG
Feuermannstraße 89
21037 Hamburgg   2. Januar 20 . .

Meine Feuerversicherung Versicherungs-Nr. 08154711 P

Sehr geehrte Damen und Herren!
Hierdurch teile ich mit, daß am Weihnachtsabend 20 . . zwei Ereignisse eingetreten sind, die Sie zum Ersatz des mir entstandenen Schadens verpflichten.

Das Bügeleisen wurde versehentlich nicht ausgeschaltet. Die glühende Platte zerstörte den Tisch, so daß ein Loch in Größe des Bügeleisens entstand. Das Eisen fiel durch die Tischplatte und versengte auch noch den darunter liegenden Teppich sowie den Fußboden.

Mein Neffe Fritz riß den Weihnachtsbaum um. Durch die brennenden Kerzen geriet die Gardine in Brand. Bei den Löscharbeiten wurde eine neue Wolldecke beschädigt. Löschwasser drang durch den Fußboden und hinterließ bei den unter uns wohnenden Mietern an der Decke einen großen Fleck, dessen Ausbesserung ich ebenfalls bezahlen soll.

Ich bitte Sie, einen Sachverständigen zur Abschätzung des Schadens zu schicken und eine baldige Regulierung in die Wege zu leiten.

Mit freundlichen Grüßen

Frieda Sorglos

478

Die Tante glaubt, nun alles getan zu haben. Sie hat unverzüglich den Schadensfall gemeldet und auch die versengten Gegenstände und den geretteten Gardinenrest aufbewahrt. Da sie außerdem den gesamten Tatbestand klar und deutlich geschildert hat, sieht die Versicherungsgesellschaft davon ab, ihr noch ein besonderes Formular über die Schadensmeldung zu senden. Wenige Tage später erscheint ein Schadensregulierer, um den Schaden abzuschätzen.

Die Tante ist jedoch mehr als enttäuscht. Alle ihre guten Hoffnungen, schöne neue Sachen zu erhalten, schwinden dahin. Das Bügeleisen interessiert den Sachverständigen überhaupt nicht, das habe nur geschmort und nicht gebrannt. Auf die Frage, wie sich die Löscharbeiten abgespielt hätten, meint sie voller Stolz Tischplatte und Teppich hätten nicht einmal geglüht.

Der Schadensregulierer erklärt daraufhin, wenn die Dinge so lägen, sei ein Versicherungsfall auch nicht gegeben. Schließlich sei eine Feuerversicherung abgeschlossen worden. Für eine Schadensersatzpflicht bei einer abgeschlossenen Feuerversicherung sei erforderlich, daß es wirklich gebrannt habe. Ein Brand liege aber nur dann vor, wenn es eine Flamme gegeben habe, die sich selbst unterhalten konnte. Die Tante ist untröstlich über diese Entwicklung und schwört sich, in Zukunft besser auf elektrische Geräte aufzupassen. Dies gilt für sie nun um so mehr, als sie darüber belehrt wird, daß auch schon fahrlässige Brandstiftung bestraft wird.

Auch hinsichtlich der Gardine werden ihre ursprünglichen Hoffnungen enttäuscht. Der Schadenregulierer stellt nämlich fest, daß die Gardine schon alt war. Er kann sich beim besten Willen nicht über den Grundsatz des Versicherungsrechts hinwegsetzen, der besagt, daß eine Versicherung nicht zur Bereicherung führen dürfe. Es wird daher bei Erstatten von Hausratschäden an überdurchschnittlich abgenutzten Sachen ein Abzug Alt für Neu gemacht und nur der wirkliche Tageswert ersetzt.

Die Tante macht dann noch einen Vorstoß mit der Begründung, daß sie ohnehin mit einigen 1000,– Euro mehr versichert sei, weil sie inzwischen eine mitversicherte Waschmaschine verkauft habe. Sie muß sich jedoch dahingehend belehren lassen, daß eine Überversicherung mit einer Schadensregelung nichts zu tun habe. Lediglich in den Fällen, in denen die versicherten Gegenstände einen höheren Wert hätten als die Versicherungssumme, sei diese von Bedeutung. Dann werde von dem wirklich eingetretenen Schaden ein entsprechender Prozentsatz abgezogen. Wenn ein Warenlager, das einen Wert von 20 000,– Euro hat, zur Hälfte ausbrennt und das gesamte Lager nur mit 10 000,– Euro versichert ist, so würden wegen Unterversicherung nur 5000,– Euro gezahlt, obwohl sich der Schaden auf 10 000,– Euro beläuft.

Gegen die Erstattung der Kosten für die Wiederbeschaffung der völlig unbrauchbaren Decke hat der Schadensregulierer keine Bedenken. Die Decke war neu und ist nun vollkommen verdorben. Das kleine Loch im Kleid, das durch Funkenflug bei der Löscharbeit entstanden ist, soll durch Kunststopfen beseitigt werden. Die Hoffnung auf das neue ist dadurch dahin.

Im übrigen übernimmt noch die Versicherung die Ausbesserung des durch das Löschwasser unansehnlich gewordenen Deckenputzes der unteren Wohnung. Eine völlige Renovierung wird mit Recht abgelehnt, denn eine Versicherung darf ja nicht zur Bereicherung führen.

Nachdem der Schadensregulierungsagent die Wohnung verlassen hat, kommt der Mieter Listig in die Küche, um sich nach dem Ausgang der Verhandlung zu erkundigen. Die Tante klagt ihr Leid und kann immer noch nicht ganz einsehen, daß ihr kein Unrecht widerfahren sei. Listig erklärt ihr, daß er diese Entwicklung schon vorausgesehen habe. Die Versicherungsbedingungen seien nun einmal so, und somit habe sie keine weiteren Ansprüche. Er sei jedoch ein alter Fuchs und habe bei ähnlichen Gelegenheiten immer nachgeholfen.

Wenn das Loch im Teppich nur die Größe des Bügeleisens gehabt habe, so hätte sie ein Streichholz an das Loch halten und einen kleinen Brand in Szene setzen sollen, dann hätte es doch wirklich gebrannt, und der Teppich wäre ersetzt worden. Den Gardinenrest hätte er in den Mülleimer geworfen, dann wäre der Regulierungsagent nicht mehr in der Lage gewesen, festzustellen, wie morsch und wie alt die Gardine gewesen sei. Dann wäre sie jetzt in der Lage, zu behaupten, daß sie die Gardine funkelnagelneu erst vor wenigen Tagen am Fenster angebracht hätte.

479

Die Tante kann von Glück sagen, daß die Regulierung schon vorüber ist und daß sie gar nicht mehr in Versuchung kommt, diesen wirklich recht schlechten Ratschlägen zu folgen. Hätte sie den Teppich in der Absicht in Brand gesetzt, durch ein Feuer zu Geld zu kommen, so liegt bereits ein vollendeter Versicherungsbetrug gemäß § 265 StGB vor, der gegebenenfalls mit Freiheitsstrafe bestraft würde. Es wäre gar nicht mehr darauf angekommen, ob sie dem Regulierungsbeauftragten eine entsprechende Schilderung gegeben hätte oder ob sie überhaupt den Vorfall der Versicherungsgesellschaft gemeldet hätte. Die Tatsache des Inbrandsetzens in betrügerischer Absicht würde schon allein ausreichen, um eine Bestrafung wegen vollendeten Versicherungsbetruges zu rechtfertigen.

Wer eine Versicherung abschließt, um vorsätzlich einen Schadensfall herbeizuführen, begeht einen Betrug nach § 265 StGB. Es wäre also strafbar, ein defektes Auto gegen Vollkasko zu versichern, um es bei nächster Gelegenheit gegen einen Baum zu setzen oder durch einen vorgetäuschten Vergaserbrand zum Totalschaden zu bringen.

Auch die Vernichtung des Gardinenrestes wäre bestens geeignet, um die Tante zu bestrafen. Würde sie nämlich der Versicherungsgesellschaft oder einem ihrer Schadensregulierungsagenten glaubhaft machen wollen, die Gardine sei neu gewesen, und würde die Versicherung den vollen Wert bezahlen, so läge im strafrechtlichen Sinne vollendeter Betrug vor (§ 263 StGB).

Wenn es um Versicherungsangelegenheiten geht, muß man immer bei der Wahrheit bleiben. Versuche, sich aus einem Versicherungsfall zu Unrecht eine bessere Position zu verschaffen, sind immer strafbar, entweder wegen Betruges nach § 263 StGB oder wegen des Sonderdeliktes des Versicherungsbetruges nach § 265 StGB.

Daß es in allen diesen Fällen von der Versicherungsgesellschaft kein Geld gibt, braucht nicht besonders erläutert zu werden.

Der Unfall auf der Straße

Fritz Sorgenfreis Freundin Eva erlebt auf der Straße einen Schwächeanfall. Sie stürzte vom Bordstein auf die Fahrbahn und wurde von einem vorüberfahrenden Lastwagen so unglücklich überfahren, daß der linke Fuß amputiert werden mußte. Eva hofft auf zwei Versicherungen, die ihr den Schaden ersetzen sollen.

Einmal meldet sie ihre Ansprüche bei dem Fahrzeughalter des Lastwagens mit folgendem Brief an:

Eva Hempel   Gartenweg 13
                                              22393 Hamburg

Herrn
Emil Schwerkraft
Fuhrunternehmer
An der Elbe 7
21079 Hamburg   28. Juni 20 . .

Ihr Lastwagen mit dem polizeilichen Kennzeichen HH-PS 975 hat mich am Jungfern-
stieg am 14. Mai 20 . . überfahren. Die Unfallfolgen waren so schwerer Natur, daß mir
der linke Fuß in der Klinik abgenommen werden mußte. Die Arztrechnung über
4050,– Euro, die den Aufenthalt in der Klinik mitumfaßt, überreiche ich in der Anlage
in zweifacher Ausfertigung und bitte, den Betrag an mich zu überweisen. Wegen der
eingetretenen Invalidität behalte ich mir meine Ansprüche vor, bis der endgültige Grad
der Arbeitsunfähigkeit festgestellt worden ist.

Hochachtungsvoll

Eva Hempel

Herr Schwerkraft hütet sich, irgendwelche Schadensersatzansprüche anzuerkennen. Er hat bereits
am Tage nach dem Unfall das Ereignis seiner Versicherungsgesellschaft gemeldet und ein ihm von
der Versicherung übersandtes Formular wahrheitsgemäß ausgefüllt. Er übermittelt daher seiner
Gesellschaft auch heute das Schreiben von Eva Hempel mit einigen kurzen Sätzen:

Emil Schwerkraft   An der Elbe 7
Fuhrunternehmer   21079 Hamburg

An die
Versicherungsgesellschaft
Polar AG
Vor dem Hafen 10
22337 Hamburg   2. Juli 20 . .

Meine Kfz-Versicherung Nr. 0081 219,
meine Schadensmeldung vom 15. Mai 20 . .

Im Nachgang zu meiner Schadensmeldung vom 15. Mai 20 . . überreiche ich in der
Anlage ein Schreiben der bei dem Unfall verletzten Eva Hempel mit der Bitte um
weitere Veranlassung. Der Ordnung halber darf ich bemerken, daß ich nach wie vor
die Schuld an dem Unfall bestreite.

Mit freundlichen Grüßen

Emil Schwerkraft

An Eva Hempel schreibt er wie folgt:

Emil Schwerkraft   An der Elbe 7
Fuhrunternehmer   21079 Hamburg

Frau
Eva Hempel
Gartenweg 13
22393 Hamburg   2. Juli 20 . .

Sehr geehrte Frau Hempel!

Ich bestätige den Eingang Ihres Schreibens vom 28. Juni 20 . ., mit dem Sie Schadensersatzansprüche gegen mich wegen Ihres Unfalls anmelden zu können glauben.

Ich bestreite nach wie vor eine Ersatzpflicht. Ich bin vorschriftsmäßig gefahren. Sie
sind mir unmittelbar vor den Wagen gefallen, als ich auf gleicher Höhe mit Ihnen war.
Ein Schwächeanfall war nach den Ermittlungen der Grund für Ihren Zusammenbruch.
Ich lehne daher jede Zahlung ab und habe Ihren Brief nur der Ordnung halber an die
Versicherungsgesellschaft Polar AG, Vor dem Hafen 10, Hamburg, weitergegeben. Bei
dieser Gesellschaft bin ich versichert. Sie werden von dort weitere Nachricht erhalten.

Im übrigen überreiche ich Ihnen in der Anlage das Duplikat einer Rechnung der Auto-
reparaturanstalt Schnell & Co. über 798,50 Euro. Ich habe versucht, Ihnen in letzter
Sekunde auszuweichen. Mein Wagen kam dadurch ins Schleudern und prallte mit dem
rechten Hinterrad an den Bordstein. Es entstand ein Schaden am Differential und an
der Hinterachse. Der Schaden wurde bei Schnell & Co. behoben, wofür die anliegende
Rechnung spezifizierte Auskunft gibt. Den Betrag von 798,50 Euro bitte ich binnen
acht Tagen an mich zu überweisen.

Mit freundlichen Grüßen

Emil Schwerkraft

Da die polizeilichen Ermittlungen die Schuldlosigkeit von Emil Schwerkraft ergeben haben, kann
Eva Hempel Ansprüche nicht geltend machen. Der Unfall ist allein auf sie zurückzuführen. Sie muß
sogar die Reparaturkosten tragen, weil Schwerkraft versucht hat, die Unfallfolgen zu mindern und
hierbei im Interesse von Eva sein eigenes Fahrzeug beschädigt hat. Man kann ihr also nur raten, die
Rechnung zu bezahlen und auch keinen Prozeß auf Schadensersatz gegen Emil Schwerkraft anzu-
strengen.

Eva hofft nun noch auf ihre Unfallversicherung. Aber auch in dieser Beziehung hat sie nichts zu
erwarten. Nachdem festgestellt worden ist, daß sie den Schwächezustand auch noch durch eine über-
triebene Abmagerungskur hervorgerufen hat, begab sie sich sämtlicher Rechte aus ihrem körperlichen Zusammenbruch.

Ein Unfall liegt nämlich nur dann vor, wenn der Versicherte durch ein plötzliches von außen auf
seinen Körper wirkendes Ereignis unfreiwillig eine Gesundheitsschädigung erleidet. Als Unfälle gelten zwar auch durch plötzliche Kraftanstrengung hervorgerufene Verrenkungen, Zerrungen und
Zerreißungen. Auch Wundinfektionen, bei denen der Ansteckungsstoff durch eine Unfallverletzung
in den Körper gelangt ist, werden wie Unfälle behandelt.

Als Unfälle gelten jedoch nach den allgemeinen Versicherungsbedingungen für die Unfallversicherungen nicht (= § 2 AUB 88):

§ 2

I.

1. Unfälle durch Geistes- oder Bewusstseinsstörungen, auch soweit diese auf Trunkenheit beruhen, sowie durch Schlaganfälle, epileptische Anfälle oder andere Krampfanfälle, die den ganzen Körper des Versicherten ergreifen. Versicherungsschutz besteht jedoch, wenn diese Störungen oder Anfälle durch ein unter diesen Vertrag fallendes Unfallereignis verursacht waren.

2. Unfälle, die dem Versicherten dadurch zustoßen, dass er vorsätzlich eine Straftat ausführt oder versucht.

3. Unfälle, die unmittelbar oder mittelbar durch Kriegs- oder Bürgerkriegsereignisse verursacht sind; Unfälle durch innere Unruhen, wenn der Versicherte auf Seiten der Unruhestifter teilgenommen hat.

4. Unfälle des Versicherten
   a) bei der Benutzung von Luftfahrzeugen (Fluggeräten) ohne Motor, Motorseglern, Ultraleichtflugzeugen und Raumfahrzeugen sowie beim Fallschirmspringen;
   b) als Luftfahrzeugführer oder als sonstiges Besatzungsmitglied eines Luftfahrzeuges;
   c) bei einer mit Hilfe eines Luftfahrzeuges auszuübenden beruflichen Tätigkeit.

5. Unfälle, die dem Versicherten dadurch zustoßen, dass er sich als Fahrer, Beifahrer oder Insasse eines Motorfahrzeuges an Fahrtveranstaltungen einschließlich der dazugehörigen Übungsfahrten beteiligt, bei denen es auf die Erzielung von Höchstgeschwindigkeiten ankommt.

6. Unfälle, die unmittelbar oder mittelbar durch Kernenergie verursacht sind.

II.

1. Gesundheitsschädigungen durch Strahlen.

2. Gesundheitsschädigungen durch Heilmaßnahmen oder Eingriffe, die der Versicherte an seinem Körper vornimmt oder vornehmen läßt. Versicherungsschutz besteht jedoch, wenn die Eingriffe oder Heilmaßnahmen, auch strahlendiagnostische und therapeutische, durch einen unter diesen Vertrag fallenden Unfall veranlasst waren.

3. Infektionen. Versicherungsschutz besteht jedoch, wenn die Krankheitserreger durch eine unter diesen Vertrag fallende Unfallverletzung in den Körper gelangt sind. Nicht als Unfallverletzungen gelten dabei Haut- oder Schleimhautverletzungen, die als solche geringfügig sind und durch die Krankheitserreger sofort oder später in den Körper gelangen; für Tollwut und Wundstarrkrampf entfällt diese Einschränkung. Für Infektionen, die durch Heilmaßnahmen verursacht sind, gilt (2) Satz 2 entsprechend.

4. Vergiftungen infolge Einnahme fester oder flüssiger Stoffe durch den Schlund.

III.

1. Bauch- oder Unterleibsbrüche. Versicherungsschutz besteht jedoch, wenn sie durch eine unter diesen Vertrag fallende gewaltsame von außen kommende Einwirkung entstanden sind.

2. Schädigungen an Bandscheiben sowie Blutungen aus inneren Organen und Gehirnblutungen. Versicherungsschutz besteht jedoch, wenn ein unter diesen Vertrag fallendes Unfallereignis im Sinne des § 1 die überwiegende Ursache ist.

IV.

Krankhafte Störungen infolge psychischer Reaktionen, gleichgültig, wodurch diese verursacht sind.

Das schlechte Straßenpflaster

Viel mehr Glück im Unglück hätte Eva allerdings gehabt, wenn nicht ihre Abmagerungskur, sondern eine schadhafte Stelle des Gehweges die Ursache für ihr Straucheln gewesen wäre. In diesem Fall hätte ihre persönlich abgeschlossene Unfallversicherung die in Betracht kommende Versicherungssumme entsprechend den Unfallfolgen zahlen müssen. Außerdem könnte sie auch noch weitere Ansprüche ohne Rücksicht auf die eigene Versicherung, für die sie ja Beiträge entrichtet hat, geltend machen.

483

Die Haftpflichtversicherung für das Kraftfahrzeug müßte aus dem Gefährdungsgesichtspunkt heraus Zahlung leisten, weil nunmehr Eva den Unfall nicht aus eigenem Verschulden ausgelöst hat. Außerdem könnte sie auch noch Anspruch bei dem Wegebaupflichtigen, in vorliegendem Fall bei der Hansestadt Hamburg, anmelden, weil das schadhafte Pflaster Anlaß des Strauchelns gewesen ist und damit Ursache des Unfalls war. Eva Hempel darf nun allerdings nicht die Unfallfolgen pflegen und sich auf den Standpunkt stellen, sie brauche überhaupt nichts mehr zu tun. Die Höhe richtet sich nach der AUB 88 (§ 7) wie folgt:

§ 7 (auszugsweise)
Die jeweils vereinbarten Leistungsarten und deren Höhe (Versicherungssummen) ergeben sich aus dem Vertrag. Für die Entstehung des Anspruchs und die Bemessung der Leistungen gelten die nachfolgenden Bestimmungen.

I. Invaliditätsleistung

1. Führt der Unfall zu einer dauernden Beeinträchtigung der körperlichen oder geistigen Leistungsfähigkeit (Invalidität) des Versicherten, so entsteht Anspruch auf Kapitalleistung aus der für den Invaliditätsfall versicherten Summe. Hat der Versicherte bei Eintritt des Unfalles das 65. Lebensjahr vollendet, so wird die Leistung als Rente gemäß § 14 erbracht. Die Invalidität muss innerhalb eines Jahres nach dem Unfall eingetreten sowie spätestens vor Ablauf einer Frist von weiteren drei Monaten ärztlich festgestellt und geltend gemacht sein.

2. Die Höhe der Leistung richtet sich nach dem Grad der Invalidität.

   a) Als feste Invaliditätsgrade gelten – unter Ausschluss des Nachweises einer höheren oder geringeren Invalidität – bei Verlust oder Funktionsunfähigkeit
   eines Armes im Schultergelenk 70 Prozent
   eines Armes bis oberhalb des Ellenbogengelenks 65 Prozent
   eines Armes unterhalb des Ellenbogengelenks 60 Prozent
   einer Hand im Handgelenk 55 Prozent
   eines Daumens 20 Prozent
   eines Zeigefingers 10 Prozent
   eines anderen Fingers 5 Prozent
   eines Beines über der Mitte des Oberschenkels 70 Prozent
   eines Beines bis zur Mitte des Oberschenkels 60 Prozent
   eines Beines bis unterhalb des Knies 50 Prozent
   eines Beines bis zur Mitte des Unterschenkels 45 Prozent
   eines Fußes im Fußgelenk 40 Prozent
   einer großen Zehe 5 Prozent
   einer anderen Zehe 2 Prozent
   eines Auges 50 Prozent
   des Gehörs auf einem Ohr 30 Prozent
   des Geruchs 10 Prozent
   des Geschmacks 5 Prozent

   b) Bei Teilverlust oder Funktionsbeeinträchtigung eines dieser Körperteile oder Sinnesorgane wird der entsprechende Teil des Prozentsatzes nach a) angenommen.

   c) Werden durch den Unfall Körperteile oder Sinnesorgane betroffen, deren Verlust oder Funktionsfähigkeit nicht nach a) oder b) geregelt sind, so ist für diese maßgebend, inwieweit die normale körperliche oder geistige Leistungsfähigkeit unter ausschließlicher Berücksichtigung medizinischer Gesichtspunkte beeinträchtigt ist.

   d) Sind durch den Unfall mehrere körperliche oder geistige Funktionen beeinträchtigt, so werden die Invaliditätsgrade, die sich nach (2) ergeben, zusammengerechnet. Mehr als 100 Prozent werden jedoch nicht angenommen.

Die vereiste Straße

484

Es gibt wieder einmal Ärger in Fritz Sorgenfreis Bereich. Der Lkw mit der Ladung »Magentrost« fuhr am frühen Morgen eines frostklaren Januartages nach Wiesbaden. Auf der Ausfallstraße, die stark vereist war, überholte den Lkw ein Motorrad, das anschließend vor dem Lkw weiterfuhr. Der Motorradfahrer, der Förster Ferdinand Grün, gab sich die erdenklichste Mühe, sein Motorrad auf den Rädern zu halten. Trotzdem stürzte er plötzlich, weil ihm das Hinterrad wegrutschte. Fritz Sorgenfreis Fahrer, Ludwig Bremse, versuchte das Beste, um ein Unglück zu vermeiden. Wegen des starken Gegenverkehrs konnte er jedoch nicht auf die andere Straßenseite hinüber ausweichen.

Er betätigte umsichtig die Fußbremse, aber auf der spiegelglatten Fläche glitt der Wagen unaufhaltsam voran. Zwar hatte Bremse schon einen Abstand von zehn bis zwölf Metern gehalten, aber es half alles nichts. Der gestürzte Motorradfahrer versuchte verzweifelt unter der Maschine hervorzukommen, als er den Lastwagen auf sich zugleiten sah, aber vergeblich.

Da ging Bremse mit Gewalt auf das Bremspedal, zog die Handbremse an und riß das Steuer nach rechts. Der Lkw begann sich zu drehen, schwankte, rutschte jetzt auf die rechte Straßenseite zu, glitt langsam über die Grabenböschung und kippte dort um. Die Ladung »Magentrost« fiel in den Schmutz, die Verpackung zerriß oder weichte auf. Als Fritz Sorgenfrei sich die Bescherung besah, stellte er einen Schaden von rund 12 000,– Euro fest. Und die Stadt Frankfurt/Main verlangte noch 200,– Euro für Kosten der Straßenreinigung.

»Das muß der Grün beziehungsweise dessen Versicherung bezahlen«, schimpfte Fritz Sorgenfrei. »Die Motorradfahrer dürften bei solchem Wetter überhaupt nicht unterwegs sein. Und die Stadt muß auch noch 'ran. Steuern nehmen, ja, streuen, nein.« Ob wohl Meister Fritz seine 12 000,– Euro ersetzt bekommt?

Die Streupflicht

Am bequemsten wäre es, wenn er die Stadt in Anspruch nehmen könnte, und zwar mit der Begründung, daß sie ihre Streupflicht nicht erfüllt habe und deshalb für den entstandenen Schaden mitverantwortlich sei. Die Streupflicht in einer Stadt hat regelmäßig die Gemeinde selbst.

Das Hessische Straßengesetz und die darauf beruhenden Ortsstatute haben zwar meistens die Streupflicht hinsichtlich des Bürgersteiges auf die Anlieger übertragen, doch ist dies nicht für die Fahrbahn der Fall.

Haftung der Gemeinde

Die Streupflicht der Gemeinde besteht aber nicht für das gesamte Stadtgebiet. Denn das Stadtgebiet reicht meistens weit über die geschlossene Ortslage hinaus. Nach der ständigen Rechtsprechung werden die Ausfallstraßen nicht mehr von der Streupflicht erfaßt, soweit sie nicht auch dem innergemeindlichen Verkehr dienen, weil sie außerhalb des Häuserbereiches liegen. Nur wo eine besonders starke Steigung oder andere Umstände das Streuen für den fließenden Verkehr unerläßlich erscheinen lassen, besteht eine Streupflicht der Gemeinde. Es ist also zunächst einmal festzustellen, ob solche besonderen Umstände hier vorliegen.

Aber auch wenn diese Streupflicht zu bejahen wäre, darf ihr Ausmaß nicht überspannt werden. Die Stadtverwaltung ist überfordert, wenn man von ihr verlangen wollte, daß sie Tag und Nacht Streuwagen laufen läßt, die dauernd kontrollieren, ob bestimmte Stellen durch Schneeverwehung oder sonstige Umstände gefährlich geworden sind. Schadensersatzprozesse gegen eine Stadt wegen unterlassener Streupflicht haben nach bisheriger Erfahrung nicht allzu große Aussicht auf Erfolg.

Meister Fritz wendet sich daher vorsorglich an seinen Rechtsanwalt, damit dieser in sachlicher und rechtlicher Hinsicht den Fall klärt. Da die Wegeunterhaltungspflicht und damit auch die Streupflicht zu der privatrechtlichen (fiskalischen) Tätigkeit der Gemeinde gehört, haftet sie hier aus Deliktsrecht gemäß §§ 823 ff. BGB. Das schuldhafte Verhalten kann demnach auf seiten der städtischen Beamten vorliegen, die mit der Straßenverwaltung betraut sind.

485

Hier kommt es nun auf folgendes an: Ist es nachweisbar, daß der zuständige Stadtrat als Chef der Straßenverwaltung Schuld hat, weil er zum Beispiel die erforderlichen Anordnungen oder deren Kontrolle unterlassen hat, dann haftet die Gemeinde gemäß §§ 31, 89 BGB so, als hätte sie selbst die unerlaubte Handlung begangen. Die Beamten der Stadt sind ja ihre Organe. Wenn sie handeln, so handelt die Stadt gewissermaßen selbst.

Ganz anders liegt der Fall dagegen, wenn es die zur Streukolonne gehörenden Arbeiter an der nötigen Sorgfalt haben fehlen lassen. Hier haftet die Stadt aus § 831 BGB, wobei diese Personen als sogenannte Verrichtungsgehilfen angesehen werden. Kann die Stadt nachweisen, daß der Dezernent der Straßenverwaltung diese Hilfskräfte mit der nötigen Sorgfalt ausgewählt und regelmäßig überwacht hat, kann sich also die Stadt exkulpieren, dann entfällt ihre Haftung. Und wann wird eine Stadt dies nicht können? Es bleibt dann nur die Haftung der einzelnen Arbeiter übrig, die praktisch ohne Bedeutung ist, da sie ja meistens nicht genügend Vermögen haben, um größere einzelne Schäden zu ersetzen. Mit einem Prozeß gegen einzelne Personen kann man nur dann zum Ersatz des eingetretenen Schadens in barem Geld kommen, wenn die Betreffenden selbst eine Haftpflichtversicherung abgeschlossen haben. Dann tritt letzten Endes die Versicherungsgesellschaft ein.

Die Haftpflichtversicherung

Als daher Fritz Sorgenfreis Rechtsanwalt von einem Vorgehen gegen die Stadt abrät, erwägen beide eine Inanspruchnahme des Motorradfahrers Ferdinand Grün.

Als Halter eines Kraftfahrzeuges muß er ja versichert sein. Es wird nämlich für kein zulassungspflichtiges Kraftfahrzeug ein polizeiliches Kennzeichen ausgegeben, wenn nicht durch Vorlegen der Deckungszusage einer Versicherungsgesellschaft nachgewiesen wird, daß eine Haftpflichtversicherung besteht.

»Aber sagen Sie, Herr Rechtsanwalt«, fragt Fritz Sorgenfrei, »den Fahrer trifft doch auch keine Schuld. Was soll er schließlich tun? Man kann nicht erwarten, daß er bei Eisbildung absteigt und sein Motorrad in die Ecke wirft.«

Diese Ansicht zeugt von einem gesunden Rechtsempfinden. Eine Schuld wird man dem Förster Grün nicht vorwerfen können. Er fuhr vorsichtig und hatte alle Sorgfaltsmöglichkeiten erschöpft. Ein Delikt nach §§ 823 ff. BGB hat er nicht begangen und haftet daher nicht aus diesen Gründen. Aber § 7 StVG sieht ja gerade die Haftung eines Kraftfahrzeughalters für den durch den Betrieb seines Kraftfahrzeuges verursachten Schaden vor, ohne Rücksicht auf ein Verschulden.

Der Schaden an der Ladung »Magentrost« ist aber auf den Betrieb und den damit verbundenen Sturz des Grünschen Motorrades zurückzuführen.

»Also legen Sie los«, sagt Fritz Sorgenfrei zu seinem Rechtsanwalt, der alsbald folgenden Brief ausfertigt:

486

Dr. Heinrich Rührig

Rechtsanwalt und Notar

Gartenstraße 98
60596 Frankfurt/Main

Herrn
Förster
Ferdinand Grün
61462 Rettershof/Taunus

15.3.20 . .

Sehr geehrter Herr Grün!

Namens des Herrn Bäckermeisters Fritz Sorgenfrei, Schweizer Straße 193,
Frankfurt/Main, habe ich Ihnen folgendes mitzuteilen:

Durch den Sturz Ihres Motorrades auf der Ausfallstraße nach Wiesbaden wurde der
Lkw meines Mandanten in Mitleidenschaft gezogen. Um zu vermeiden, daß Sie überfahren wurden, mußte der Fahrer scharf bremsen und eine Ausweichbewegung
machen, wodurch der Lkw meines Mandanten in den Graben stürzte. Die Ladung –
sie bestand aus dem bekannten Zwieback »Magentrost« – wurde erheblich beschädigt,
wodurch ein Schaden von 12 000,– Euro entstand.

Ich fordere Sie hiermit auf, den angegebenen Betrag unverzüglich zu erstatten.

Sie wollen diesen Vorfall ferner sofort Ihrer Versicherungsgesellschaft bekanntgeben
und mir den Namen dieser Gesellschaft sowie ihre Versicherungsnummer benennen,
damit ich mich auch mit dieser in Verbindung setzen kann.

Mit freundlichen Grüßen

Dr. Rührig

Rechtsanwalt und Notar

Die Antwort der Motoria Versicherungs AG läßt nicht lange auf sich warten. Sie lehnt den geltend
gemachten Schadensersatzanspruch mit folgender Begründung ab:

MOTORIA VERSICHERUNGS AG

80333 MÜNCHEN

Herrn
Rechtsanwalt und Notar
Dr. Heinrich Rührig
Gartenstraße 98
60596 Frankfurt/Main   25.3.20..

Sehr geehrter Herr Dr. Rührig,

In der Sache Sorgenfrei ./. Grün stehen wir auf folgendem Standpunkt:

Wenn auch die Haftung unseres Versicherungsnehmers aus § 7 StVG grundsätzlich zu
bejahen ist, so wird diese Haftung jedoch dadurch aufgehoben, daß die mit dem Lkw
Ihres Mandanten verbundene Betriebsgefahr ungleich größer ist als die Betriebsgefahr
des Motorrads des Herrn Grün. Nach Ihrer eigenen Schilderung war der Lkw auf der
vereisten Straße nicht zu halten. Durch seine Schwere und seine Beharrungskraft
stellte er eine so hohe Betriebsgefahr dar, daß daneben die Betriebsgefahr des
Motorrades nicht ins Gewicht fällt.

Mit freundlichen Grüßen
MOTORIA VERSICHERUNGS AG
ppa.

Nun, an beiden Schreiben ist etwas Wahres dran. Das wissen die Versicherungsgesellschaft und der
Rechtsanwalt natürlich auch sehr gut.

Die Betriebsgefahr und der Haftungsausgleich

Sie haben nur ein wenig argumentiert mit dem § 17 StVG. Dieser bestimmt:

§ 17 (auszugsweise)
(1) Wird ein Schaden durch mehrere Kraftfahrzeuge verursacht und sind die beteiligten Fahrzeughalter einem Dritten kraft Gesetzes zum Ersatz des Schadens verpflichtet, so hängt im Verhältnis der Fahrzeughalter zueinander die Verpflichtung zum Ersatz sowie der Umfang des zu leistenden Ersatzes von den Umständen, insbesondere davon ab, inwieweit der Schaden vorwiegend von dem einen oder dem anderen Teil verursacht worden ist.
(2) Wenn der Schaden einem der beteiligten Fahrzeughalter entstanden ist, gilt Absatz 1 auch für die Haftung der Fahrzeughalter untereinander.
(3) und (4) nicht abgedruckt

488

Mit diesen schwerverständlichen Sätzen will der Gesetzgeber folgendes sagen: Auch ohne Verschulden des Halters können die Gefahren der Kraftfahrzeuge unterschiedlich groß sein. Ein langsam fahrendes Kleinauto ist in sich keine so große Gefahrenquelle wie ein Lastzug. Legt man nun diesen Maßstab an den vorliegenden Fall an, so ergibt sich folgendes:

Jedes der beiden am Unfall beteiligten Fahrzeuge hat ein besonders typisches Betriebsrisiko. Das Motorrad ist aufgrund seiner Einspurigkeit in besonderer Sturzgefahr, die sich bei Glätte der Fahrbahn noch erhöht.

Der Lkw wiederum ist durch sein Gewicht und die damit verbundene Geschwindigkeitsbeharrung bei Glätte besonders schwer zum Stehen zu bringen.

Vergleicht man diese speziellen Betriebsgefahren miteinander, so kann man die Faustregel aufstellen, daß beide etwa gleiches Gewicht haben. Das bedeutet, daß der Ausgleich auf der Basis 50 zu 50 vorzunehmen ist.

Grün ist demnach verpflichtet, Sorgenfrei den erlittenen Schaden zur Hälfte – also mit 6000,– Euro – zu ersetzen. Der Rechtsanwalt wird daher mit der Motoria Versicherung in dieser Höhe einen Abfindungsvertrag schließen können. Die Kosten des Anwalts für diesen Vergleich braucht Fritz Sorgenfrei allerdings nicht zu tragen, auch nicht zur Hälfte, denn die Versicherungen übernehmen kulanterweise auch bei Vergleichen stets die Anwaltskosten des Verletzten.

»Das nächste Mal«, meint unser Meister, »versichere ich meine Ladung gegen Transportschäden. Das kostet zwar etwas, aber nicht gleich 6000,– Euro.« Und damit hat er etwas sehr Kluges gesagt.

Erwerb einer versicherten Sache

Fritz Sorgenfrei kauft ein Haus und läßt es versichern. Nach zwei Wochen erhält er ein Schreiben der ihm unbekannten Versicherungsgesellschaft Allgesichert AG, die ihm mitteilt, daß das Haus bei ihr versichert sei und daß Fritz Sorgenfrei nunmehr die Prämie an sie zu entrichten hätte. Meister Fritz will natürlich nicht an zwei Gesellschaften zahlen und hält das Schreiben der Allgesichert AG für bedeutungslos, weil er nach seiner Meinung mit ihr nicht in vertraglichen Beziehungen steht. Er beschließt daher, das Schreiben zu den Akten zu nehmen und keine Antwort zu erteilen.

Dies ist aber grundverkehrt. Gemäß § 69 VVG tritt der Erwerber einer versicherten Sache tatsächlich automatisch in einen bestehenden Versicherungsvertrag ein. Er ist daher Vertragspartner der Versicherungsgesellschaft auch ohne die Unterzeichnung eines Vertrags geworden und haftet für die laufenden Prämien. Nun gibt ihm § 70 VVG die Möglichkeit, diese durch Gesetz entstehenden Beziehungen durch eine Kündigung aufzulösen. Die Kündigung muß innerhalb eines Monats seit Erwerb beziehungsweise ab der Kenntnis, daß die Sachen versichert sind, ausgesprochen werden.

Es kommt also gar nicht einmal darauf an, ob sich eine Versicherungsgesellschaft meldet. Erfährt man zum Beispiel durch den Veräußerer, daß der gekaufte Gegenstand versichert ist, so muß man die Kündigung innerhalb der Frist eines Monats aussprechen, weil sonst der Vertrag nicht mehr außerhalb der eingegangenen Bedingungen aufgekündigt werden kann. Bei Kraftfahrzeugen ist das anders. Hier besteht eine Pflichtversicherung. Hier gilt gemäß § 158 h VVG die Versicherung des Verkäufers automatisch mit Beginn der neuen Versicherung des Erwerbens als gekündigt. Jeder Erwerber eines Kraftfahrzeuges regelt dies über die Deckungskarte.

Wußte man bereits vor Erwerb von der bestehenden Versicherung, so läuft die Monatsfrist, die die Kündigung ermöglicht, erst von der Erlangung des Eigentums an. Die Kündigung kann entweder mit sofortiger Wirkung oder zum Ablauf der Versicherungsperiode ausgesprochen werden. Die Versicherungsperiode beträgt meistens ein Jahr. Dies gilt auch dann, wenn die Prämien zum Beispiel monatlich oder vierteljährlich zu zahlen sind. Die Prämien sind meistens Jahresprämien. Hieran ändert der Zahlungsmodus nichts. Dies folgt auch schon daraus, daß in allen Fällen, in denen die Prämie nicht für ein Jahr vorausgezahlt wird, die Teilprämien mit einem Zuschlag versehen sind.

Fritz Sorgenfrei hat bereits eine neue Versicherung bei einer anderen Gesellschaft abgeschlossen. Er bringt daher den mit der Allgesichert AG abgeschlossenen Vertrag durch ein Schreiben zur Auflösung:

489

FRITZ SORGENFREI
BÄCKEREI UND KONDITOREI
Schweizer Straße 193 · 60594 Frankfurt/Main

<u>Einschreiben</u>

An die
Allgesichert AG
79100 Freiburg/Breisgau

13. Mai 20 . .

Grundstück ...

Sehr geehrte Damen und Herren!

Ich habe das vorstehend näher beschriebene Hausgrundstück von Herrn ... käuflich erworben. Ich kündige hiermit gem. § 70 VVG die bei Ihnen für dieses Objekt beste- hende Versicherung mit sofortiger Wirkung.

Mit freundlichen Grüßen

Fritz Sorgenfrei

Brief als Einschreiben absenden, Durchschlag zu den eigenen Akten nehmen und Einschreibbeleg einheften.

Diese Möglichkeit der Kündigung besteht für alle Sachversicherungen. Bei einer Hausratsversiche- rung ist noch zu beachten, daß die einzelnen Gegenstände nur in den Räumen versichert sind, die in der Versicherungspolice bezeichnet wurden. Erwirbt man also ein einzelnes Möbelstück aus einem versicherten Haus, so erlischt die Versicherung für dieses Möbel mit der Fortschaffung, weil hierin eine dauernde Entfernung vom Versicherungsort zu erblicken ist.

Zieht bei einer Hausratsversicherung jedoch der Versicherungsnehmer mit seiner ganzen Einrich- tung um, so besteht der Versicherungsschutz sowohl während des Umzuges als auch in der neuen Wohnung fort. Der Wohnungswechsel muß aber innerhalb zweier Wochen der Versicherungsgesell- schaft angezeigt werden. Diese Obliegenheit ist aus dem Grund vorzunehmen, weil mit einem Woh- nungswechsel eine Erhöhung des Versicherungsrisikos verbunden sein kann, zum Beispiel Umzug aus einem Steinbau einer Großstadt, die über eine Berufsfeuerwehr verfügt, in ein abgelegenes Holzhaus auf dem Lande.

490   Verletzt man diese Obliegenheit, so setzt man sich der Möglichkeit aus, daß im Schadensfall keine Deckung besteht.

Wenn Versicherungsansprüche geltend gemacht werden, ist als wichtigste Vorschrift § 12 des Versicherungsvertragsgesetzes (VVG) zu beachten, der wie folgt lautet:

§ 12

[1]Die Ansprüche aus dem Versicherungsvertrage verjähren in zwei Jahren, bei der Lebensversicherung in fünf Jahren. Die Verjährung beginnt mit dem Schluß des Jahres, in welchem die Leistung verlangt werden kann.
[2]Ist ein Anspruch des Versicherungsnehmers bei dem Versicherer angemeldet worden, so ist die Verjährung bis zum Eingange der schriftlichen Entscheidung des Versicherers gehemmt.

[3]Der Versicherer ist von der Verpflichtung zur Leistung frei, wenn der Anspruch auf die Leistung nicht innerhalb von sechs Monaten gerichtlich geltend gemacht wird. Die Frist beginnt erst, nachdem der Versicherer dem Versicherungsnehmer gegenüber den erhobenen Anspruch unter Angabe der mit dem Ablaufe der Frist verbundenen Rechtsfolge schriftlich abgelehnt hat.

Urheberrecht, Erfindungen, Patente und Markenschutz

Wir entsinnen uns noch daran, daß der Bäckergeselle Karl Zucker ein großer »Erfinder« ist. Fritz Sorgenfrei hat seine Vorschläge zur Verbesserung des Produktionsvorganges für den Zwieback »Magentrost« mit Interesse aufgenommen. Sie wurden erprobt, und als sie sich bewährten, führte man sie ein. Karl Zucker bekam dafür von Fritz Sorgenfrei eine Lohnerhöhung, denn der Betrieb hatte durch seine Ideen nicht unerhebliche Vorteile.

Gebrauchsmuster, Erfindungen und Patente

Das spornt Karls Ehrgeiz an, und eines Tages ist er der glückliche geistige Vater eines neuen Ideenkindes. Als Fritz Sorgenfrei bald darauf eine Inspektion seines Ladengeschäftes vornimmt, sieht er unter der Warenauswahl ein Gebilde, das ihm neuartig vorkommt. An einer Schnur sind 24 kleine Gegenstände aus Backwaren befestigt. Die ganze Kette mit dem Backwerk ist etwa einen Meter lang.

»Was ist denn das Komisches?« fragt der Chef des Hauses etwas erstaunt eine der Verkäuferinnen. »Das, Herr Sorgenfrei, ist die Adventskette unseres Kollegen Zucker. Sie kennen doch sicherlich einen Adventskalender, die große Freude aller Kleinen. Na, sehen Sie. Die Kinder öffnen vom ersten Dezember an jeden Abend eins der kleinen Türchen und freuen sich an den sichtbar werdenden Bildchen. Hier haben sie aber nicht nur etwas für das Auge, sondern auch für den Magen. Vom ersten Dezember an wird die Schnur über dem Bett des Kindes aufgehängt und jeden Tag bis zum Weihnachtsfest kann es sich eine der Süßigkeiten ablösen.«

Fritz Sorgenfreis kaufmännische Seele beschäftigt sich in den nächsten Tagen mit dieser Idee seines Gesellen Zucker. Er weiß, daß die Adventskalender jeweils zur Weihnachtszeit starken Absatz haben und ist der Ansicht, daß die »Adventskette«, wenn sie einmal bekannt geworden ist, einen ähnlich guten Absatz finden müßte. Sicherlich, so sagt er sich, kann jede Hausfrau mehr oder weniger gut selbst eine solche Schnur zusammenbasteln. Aber es wird unzählige Mütter geben, die nicht die Zeit und die Geschicklichkeit dazu haben und die froh sind, wenn sie für ein paar Euro im Vorbeigehen eine solche Vorweihnachtsfreude für ihre Kinder kaufen können. Selbst Erwachsene könnten sich damit gegenseitig eine Freude machen.

Er läßt Karl Zucker zu sich kommen und spricht mit ihm die Angelegenheit durch. »Haben Sie auch daran gedacht, Karl, sich diese Idee schützen zu lassen, damit sie Ihnen nicht jeder nachahmen kann?«

»Nein, Meister, kann man denn das? Bekomme ich denn darauf ein Patent?«

Fritz Sorgenfrei, der sich ein wenig mit diesen Dingen beschäftigt hat, muß über diesen Übereifer etwas lächeln.

»Patente«, belehrt er ihn, »werden für technische Erfindungen erteilt, die eine gewerbliche Auswertung gestatten. Das kann zum Beispiel eine neuartige Maschine, ein Filmverfahren oder ein neu-

492

es Arbeitsgerät sein. Sie, Karl Zucker, haben nichts Derartiges erfunden, Sie haben lediglich die Idee gehabt, eine zweckmäßige Zusammenstellung von Süßigkeiten oder Spielsachen vorzunehmen, die Kindern Freude macht.« Karl Zucker schweigt betroffen. Doch dann kommt ihm eine Idee: »Aber Meister, habe ich dann wenigstens ein Urheberrecht an der Adventskette?«

Fritz Sorgenfrei schüttelt den Kopf: »Das Urheberrecht schützt nur Werke der Literatur, Wissenschaft und Kunst.« Was darunter zu verstehen ist, bestimmt § 2 des Urheberrechtsgesetzes:

§ 2

(1) Zu den geschützten Werken der Literatur, Wissenschaft und Kunst gehören insbesondere:
1. Sprachwerke, wie Schriftwerke, Reden und Computerprogramme;
2. Werke der Musik;
3. pantomimische Werke einschließlich der Werke der Tanzkunst;
4. Werke der bildenden Künste einschließlich der Werke der Baukunst und der angewandten Kunst und Entwürfe solcher Werke;

5. Lichtbildwerke einschließlich der Werke, die ähnlich wie Lichtbildwerke geschaffen werden;
6. Filmwerke einschließlich der Werke, die ähnlich wie Filmwerke geschaffen werden;
7. Darstellungen wissenschaftlicher oder technischer Art, wie Zeichnungen, Pläne, Karten, Skizzen, Tabellen und plastische Darstellungen.
(2) Werke im Sinne dieses Gesetzes sind nur persönliche geistige Schöpfungen.

»Ihre Adventskette ist also weder patentrechtlich noch urheberrechtlich schutzfähig, sie ist trotzdem eine tolle Idee.

Aber auch diese Idee ist meines Erachtens gewerblich gut ausnutzbar und muß daher geschützt werden. Ihre Idee erfüllt die Voraussetzungen des Gebrauchsmusterschutzes. Ich habe mich aus anderem Anlaß schon damit befaßt und will Ihnen einmal den § 1 des Gebrauchsmustergesetzes vorlesen. Hören Sie einmal zu:«

§ 1

(1) Als Gebrauchsmuster werden Erfindungen geschützt, die neu sind, auf einem erfinderischen Schritt beruhen und gewerblich anwendbar sind.
(2) Als Gegenstand eines Gebrauchsmusters im Sinne des Absatzes 1 werden insbesondere nicht angesehen:
1. Entdeckungen sowie wissenschaftliche Theorien und mathematische Methoden;
2. ästhetische Formschöpfungen;

3. Pläne, Regeln und Verfahren für gedankliche Tätigkeiten, für Spiele oder für geschäftliche Tätigkeiten sowie Programme für Datenverarbeitungsanlagen;
4. die Wiedergabe von Informationen.
(3) Absatz 2 steht dem Schutz als Gebrauchsmuster nur insoweit entgegen, als für die genannten Gegenstände oder Tätigkeiten als solche Schutz begehrt wird.

»Ja, Meister, wie bekomme ich denn nun dieses Gebrauchsmuster? Wohin muß ich mich dann wenden und wie schreibe ich denn da?«

»Darüber zergrübele ich mir ja auch schon den Kopf«, erwidert Fritz Sorgenfrei. »Sie haben doch sicher schon von Patentanwälten gehört, nicht wahr?«

»Sind das etwa eine Art Rechtsanwälte?«

»Eben nicht, mein Lieber. Rechtsanwälte sind dazu da, um Rechtsstreitigkeiten zu vertreten, also vor den Gerichten zu verhandeln und in rechtlicher Hinsicht zu beraten. Bei einer solchen Idee, wie Sie sie gehabt haben, kommt es aber nicht in erster Linie auf die Juristerei an, sondern auf das Technische und Wirtschaftliche. Die Patentanwälte sind also vorrangig Ingenieure, die meistens an einer Technischen Hochschule studiert haben, aber auch in rechtlichen Dingen bewandert sind. Sie formulieren einen an das Patentamt zu richtenden Antrag, sie prüfen, ob nicht bereits entsprechende Erfindungen vorliegen, und beraten Sie schließlich auch hinsichtlich der Aussicht einer Verwertung. Ein Prozeß in dieser Angelegenheit wird aber wieder von Rechtsanwälten geführt, aber nicht vor dem Deutschen Patentamt, sondern vor den Gerichten.«

An und für sich ist es natürlich richtig, wenn man jegliche Patentanmeldung über einen Patentanwalt vornehmen läßt, weil hinsichtlich der Formulierung des Antrages viele Einzelheiten zu beachten sind und eine gehörige Portion Erfahrung dazu benötigt wird.

493

Gebrauchsmuster

Da die Idee im vorliegenden Fall verhältnismäßig einfach gelagert ist, kann man es allein versuchen. So wird also folgender Antrag von Karl Zucker gefertigt:

 Den Antrag mit zwei Abschriften als Einschreiben abschicken, Durchschrift für die eigenen Akten aufbewahren.

Nach einiger Zeit erhält Karl Zucker die Empfangsbescheinigung des Deutschen Patentamtes. Aus der Rückseite entnimmt er die Anmeldegebühr für eine Gebrauchsmusteranmeldung und überweist diesen Betrag unverzüglich an das Deutsche Patentamt, wobei er nicht vergißt, das Aktenzeichen anzugeben. Den Zahlungsbeleg heftet er an die Empfangsbescheinigung in seinen Akten.

Nach einigen Wochen kommt der große Tag, an welchem Karl Zucker in seinem Briefkasten die Urkunde des Deutschen Patentamtes über die Eintragung seines Gebrauchsmusters vorfindet.

Nunmehr ist die Adventskette »durch Eintragung geschützt«. Dieser Gebrauchsmusterschutz dauert zehn Jahre, die mit dem Tage beginnen, der auf die Anmeldung folgt. Während dieser Zeit ist in Abständen eine sogenannte Aufrechterhaltungsgebühr (§ 23) zu zahlen. Mitunter ist es erst nach längerer Zeit möglich, einen finanzkräftigen Interessenten zu finden, der auch in der Lage ist, ein Gebrauchsmuster wirtschaftlich am besten auszuwerten.

Karl Zucker zeigt Meister Sorgenfrei freudestrahlend die Urkunde, die er mit der Post erhalten hat. »Wenn ich jetzt einen erwische, der eine Adventskette in seinem Zimmer hat, und er zahlt mir nichts dafür, dann reiße ich sie gleich in Stücke!« versichert Karl Zucker triumphierend.

»Unsinn«, erwidert Fritz Sorgenfrei. »Nach wie vor kann jeder sich Ihre Adventskette selbst herstellen, so oft er will, und über sein Bett hängen. Dagegen sind Sie nicht geschützt. Sie sind vielmehr nur gegen solche Personen geschützt, die aus der nunmehr eingetragenen Adventskette ein Geschäft machen wollen. Wenn Sie also einen Kaufmann finden, der Adventsketten verkauft, oder eine Fabrik wissen, die Adventsketten oder ähnliches herstellt, dann können Sie nach § 24 Gebrauchsmustergesetz auf Unterlassung klagen. Sie können auch bei vorsätzlichem oder fahrlässigem Handeln des Betreffenden auf Schadensersatz klagen. Der Sinn der ganzen Geschichte besteht also darin, daß Sie, Karl, allein die Adventskette gewerblich verwerten können. Entweder stellen Sie sie selbst her oder lassen sie durch eine Firma in Serie herstellen.«

»Wissen Sie was, Meister Sorgenfrei, ich verkaufe Ihnen die ganze Idee mit der Adventskette!«

494

An das
Deutsche Patent- und Markenamt
80297 München

DEUTSCHES PATENT- UND MARKENAMT

(1) Sendungen des Deutschen Patent- und Markenamts sind zu richten an:

Anschrift Straße, Haus-Nr. und ggf. Postfach angeben

Karl Zuckersüß
Konditorgeselle
Im Zwickling 7

65934 Frankfurt am Main

☐ **Antrag auf Eintragung eines Gebrauchs- musters**
☐ **Eintritt in die nationale Phase Aktenzeichen**
PCT/ .... / ....

2

☐ **TELEFAX** vorab am

Aktenzeichen (wird vom Deutschen Patent- und Markenamt vergeben)

(2) Zeichen des Anmelders/Vertreters (max. 20 Stellen) | Telefon des Anmelders/Vertreters | Datum **XX.XX.XXXX**

(3) Der Empfänger in Feld (1) ist der | ggf. Nr. der Allgemeinen Vollmacht

[X] Anmelder ☐ Zustellungsbevollmächtigte ☐ Vertreter

(4) nur auszu- füllen, wenn abwei- chend von Feld (1)

Anmelder | **Vertreter**

(5) soweit bekannt

Anmeldercode-Nr. | Vertretercode-Nr. | Zustelladresscode-Nr.

(6) **Bezeichnung der Erfindung** Adventskette: Schnur aus beliebigem Material, an der 24 verschiedene Geschenkartikel oder Süßigkeiten nebst weihnachtlicher Dekoration angehängt sind

/

unverbindl. IPC-Vorschlag d. Anmelders

(7) s. Kosten- hinweise auf der Rückseite

Sonstige Anträge

☐ Aussetzung der Eintragung und Bekanntmachung für _____ Monate (Max. 15 Monate ab Anmelde- bzw. Prioritätstag)
☐ Recherchenantrag - Ermittlung der öffentlichen Druckschriften (§ 7 Gebrauchsmustergesetz)

(8) **Erklärungen**

| | Aktenzeichen | Anmeldetag |

☐ Teilung/Ausscheidung aus der Gebrauchsmusteranmeldung → **2**

☐ Abzweigung aus der Patentanmeldung (dem Patent) → _____ **P**

☐ Der Anmelder ist an **Lizenzvergabe** interessiert (unverbindlich)

(9) **Priorität** (inländische, ausländische, Ausstellungs-Priorität - Land, Prioritätstag u. Aktenz. d. Voranmeldung od. Ausstellung und Tag der erstmaligen Schaustellung)

(10) Kostenhin- weise s. Rückseite

Gebührenzahlung in Höhe von 25,00 **EUR**

☐ Einzugsermächtigung Vordruck (A 9507) ist beigefügt
☐ Überweisung (nach Erhalt der Empfangsbescheinigung)

Wird die Anmeldegebühr nicht innerhalb von 3 Monaten ab dem Einreichungstag entrichtet, so gilt die Anmeldung als zurückgenommen!

(11) **Anlagen**

1. _____ Seite(n) Beschreibung (2-fach)
2. _____ Seite(n) Schutzansprüche (2-fach)
   _____ Anzahl Schutzansprüche
3. _____ Blatt Zeichnungen (2-fach)
4. _____ Vertretervollmacht
5. _____ Abschrift(en) d. Voranmeldung(en) bei Priorität
6. _____ Abschrift der Voranmeldung bei Abzweigung

Karl Zucker

(12) Unterschrift(en)

G 6003
1.04

Der Lizenzvertrag

»Das machen Sie lieber nicht, und ich würde es auch nicht tun. Kein Mensch kann absehen, ob ein solches Gebrauchsmuster sich rentieren wird oder nicht. Wer soll also den Wert Ihrer Adventskette heute schon bestimmen können? Das macht man anders. Sie schließen mit mir einen ›Lizenzvertrag‹. Lizenz, das bedeutet Erlaubnis, Sie erlauben mir also durch diesen Vertrag, Ihr Gebrauchsmuster geschäftlich auszuwerten. Ich werde Sie an meinen Reineinnahmen mit 20 Prozent beteiligen. Hoffentlich kommt überhaupt ein Gewinn aus der Geschichte heraus. Ich schicke Ihnen in den nächsten Tagen den Entwurf eines solchen Lizenzvertrages zu, und dann mögen Sie sich überlegen, ob Sie mit mir diesen Vertrag schließen wollen. Wahrscheinlich werde ich ja nicht selbst in meinem Betrieb diesen Artikel herstellen, sondern werde irgendeine kleinere oder mittlere Schokoladenfabrik beteiligen.« Der Lizenzvertrag selbst hat folgenden Wortlaut:

LIZENZVERTRAG

zwischen dem Kaufmann und Bäckermeister Fritz Sorgenfrei,
Schweizer Straße 193, 60594 Frankfurt/Main,

und

dem Bäckergesellen Karl Zucker, Im Zwickling 7, 65934 Frankfurt/Main.

§ 1

Herr Zucker ist Inhaber des Gebrauchsmusters Nr. 0815, angemeldet am 4. Mai 20 . ., betreffend eine sogenannte »Adventskette«. Er erklärt hiermit ausdrücklich, daß er alleiniger und unbeschränkter Inhaber dieses Gebrauchsmusters ist und daß ihm dieses Recht bisher von keiner Seite bestritten worden ist.

§ 2

Herr Zucker erteilt hiermit Herrn Fritz Sorgenfrei eine ausschließliche Nutzungserlaubnis für das vorbezeichnete Gebrauchsmuster in der Art, daß nur Herr Sorgenfrei den Gegenstand des Gebrauchsmusters herstellen und in den Verkehr bringen darf. Er darf es auch durch Dritte herstellen und in den Verkehr bringen lassen.

Herr Sorgenfrei wird nach pflichtgemäßem Ermessen die Verwertung des Gebrauchsmusters in Angriff nehmen.

§ 3

Als Entgelt für die Erteilung der Generallizenz erhält Herr Karl Zucker von Herrn Sorgenfrei 20% des zu versteuernden Reingewinnes, den dieser aus der Herstellung und Verwertung des Gebrauchsmusters erzielt.

Die Abrechnung erfolgt halbjährlich am 31. Juli und 31. Dezember eines jeden Kalenderjahres. Die Auszahlung des aufgrund der Abrechnung zu zahlenden Entgeltes hat jeweils bis zum 20. August beziehungsweise 20. Januar zu erfolgen.

§ 4

Herr Sorgenfrei hat Herrn Zucker jederzeit auf Verlangen Auskunft zu geben. Herr Zucker ist berechtigt, zweimal jährlich durch einen Bücherrevisor die Richtigkeit der Buchführung prüfen zu lassen. Stellen sich hierbei erhebliche, nicht zu vertretende Unstimmigkeiten heraus oder zahlt der im Verzuge befindliche Lizenznehmer den jeweils geschuldeten Betrag nicht innerhalb eines Monats nach der ersten Aufforderung seit dem Verzuge, so kann der Lizenzgeber diesen Vertrag fristlos kündigen.

496

Die Kosten der Prüfung hat, wenn die Abrechnung unrichtig war, der Lizenznehmer, sonst der Lizenzgeber zu tragen.

§ 5

Herr Sorgenfrei hat für die Aufrechterhaltung des Gebrauchsmusterschutzes Sorge zu tragen, insbesondere die patentamtlichen Gebühren rechtzeitig zu entrichten, und wird Herrn Zucker über die jeweilige Entwicklung auf dem laufenden halten. Er ist ferner zur Abwehr von Angriffen Dritter auf das Gebrauchsmusterrecht verpflichtet.

§ 6

Sollten dritte Personen die Rechte des Herrn Zucker durch Nachahmung usw. verletzen, so wird Herr Fritz Sorgenfrei hiergegen nach pflichtgemäßem Ermessen vorgehen. Die Kosten trägt in diesem Falle Herr Sorgenfrei.

Hält Herr Sorgenfrei ein Vorgehen nicht für zweckmäßig, so bleibt es in diesem Fall Herrn Zucker unbenommen, auf seine eigenen Kosten gegen störende Dritte vorzugehen.

Soweit Herr Sorgenfrei für sein Vorgehen Vollmachten benötigt, wird Herr Zucker sie ihm auf Anfordern erteilen.

§ 7

Dieser Vertrag wird für die Dauer von zehn Jahren geschlossen.

§ 8

Der Gerichtsstand für etwaige sich aus diesem Vertrag ergebende Streitigkeiten wird in einem besonderen Schiedsgerichtsvertrag vereinbart, der den Erfordernissen des § 1027 ZPO genügt.

Frankfurt /Main, den 1. Februar 20 . .

Fritz Sorgenfrei   *Karl Zucker*

Jede der beiden Parteien nimmt eines der unterschriebenen Vertragsexemplare zu ihren Akten. Es ist nicht erforderlich, daß ein Notar bei dem Vertragsschluß mitwirkt. Es ist allerdings ratsam, sich der Hilfe eines Rechtsanwaltes oder Patentanwaltes zu bedienen, sofern die Vertragsbeteiligten nicht selbst über eine gewisse Erfahrung in rechtlicher und technischer Hinsicht verfügen. Es muß ferner bedacht werden, daß auch in einer zunächst unbedeutend erscheinenden Erfindung große Zukunftswerte stecken können. Das beiderseitige Interesse muß daher vor Abschluß des Vertrages eingehend überlegt werden.

Nur derjenige Vertrag ist gut, der nicht zu Verärgerungen führt. Beide Vertragschließende dürfen nicht vergessen, wie die Ausgangslage bei Vertragsschluß war und daß Erfolg nur in gemeinsamem Zusammenwirken eintritt. Partner entzweien sich oft, weil sie nur die eigene Leistung sehen und die des anderen vergessen haben.

Schiedsgericht

Fritz Sorgenfrei und Karl Zucker unterrichten sich über Schiedsverträge gemäß § 1025 ff. ZPO und erstellen dann einen solchen Schriftsatz.

497

§ 1031
(1) Die Schiedsvereinbarung muß entweder in einem von den Parteien unterzeichneten Schriftstück oder in zwischen ihnen gewechselten Schreiben, Fernkopien, Telegrammen oder anderen Formen der Nachrichtenübermittlung, die einen Nachweis der Vereinbarung sicherstellen, enthalten sein.
(2) Die Form des Absatzes 1 gilt auch dann als erfüllt, wenn die Schiedsvereinbarung in einem von der einen Partei der anderen Partei oder von einem Dritten beiden Parteien übermittelten Schriftstück enthalten ist und der Inhalt des Schriftstücks im Fall eines nicht rechtzeitig erfolgten Widerspruchs nach der Verkehrssitte als Vertragsinhalt angesehen wird.
(3) Nimmt ein den Formerfordernissen des Absatzes 1 oder 2 entsprechender Vertrag auf ein Schriftstück Bezug, das eine Schiedsklausel enthält, so begründet dies eine Schiedsvereinbarung, wenn die Bezugnahme dergestalt ist, daß sie diese Klausel zu einem Bestandteil des Vertrages macht.

(4) Eine Schiedsvereinbarung wird auch durch die Begebung eines Konnossements begründet, in dem ausdrücklich auf die in einem Chartervertrag enthaltene Schiedsklausel Bezug genommen wird.
(5) Schiedsvereinbarungen, an denen ein Verbraucher beteiligt ist, müssen in einer von den Parteien eigenhändig unterzeichneten Urkunde enthalten sein. Die schriftliche Form nach Satz 1 kann durch die elektronische Form nach § 126a des Bürgerlichen Gesetzbuchs ersetzt werden. Andere Vereinbarungen als solche, die sich auf das schiedsrichterliche Verfahren beziehen, darf die Urkunde oder das elektronische Dokument nicht enthalten; dies gilt nicht bei notarieller Beurkundung.
(6) Der Mangel der Form wird durch die Einlassung auf die schiedsgerichtliche Verhandlung zur Hauptsache geheilt.

SCHIEDSVERTRAG

zwischen dem Kaufmann und Bäckermeister Fritz Sorgenfrei, Schweizer Straße 193, 60594 Frankfurt/Main,

und

dem Bäckergesellen Karl Zucker, Im Zwickling 7, 65934 Frankfurt/Main.

§ 1
Die Parteien haben unter dem 01. Februar 20 . . einen Lizenzvertrag zur Auswertung der für Herrn Zucker gesetzlich geschützten »Adventskette« geschlossen.
Für alle Streitigkeiten, die aus Anlaß dieses Lizenzvertrages zwischen den Parteien entstehen, sollen nicht die ordentlichen Gerichte zuständig sein. Es soll vielmehr ein Schiedsgericht entscheiden.

§ 2
Das vorstehend genannte Schiedsgericht wird mit einem Vorsitzenden und zwei Beisitzern besetzt. Vorsitzender soll ein von dem Herrn Oberlandesgerichtspräsidenten Frankfurt/M. auszuwählender Richter des Oberlandesgerichts Frankfurt/M. sein. Jede der Vertragsparteien benennt einen Beisitzer. Die zu benennende Person muß volljährig sein, die deutsche Staatsangehörigkeit besitzen und ihren Wohnsitz in Deutschland haben.

Frankfurt/M., den 16. Februar 20 . .

Jede der beiden Parteien nimmt eines der beiden Urkundsexemplare zu ihren Akten.

Fritz Sorgenfrei und Karl Zucker mußten den vorstehenden Schiedsvertrag in einer besonderen Urkunde schriftlich niederlegen. Sie konnten ihn nicht etwa zum Bestandteil des Lizenzvertrages in Gestalt eines besonderen Paragraphen machen. Der § 1031 Abs. 5 ZPO schreibt dies ausdrücklich vor und verbietet auch, daß in den Schiedsvertrag irgendwelche anderen Vereinbarungen aufgenommen werden, die sich nicht auf das Schiedsverfahren beziehen.

Der Grund dieser gesetzlichen Bestimmung ist darin zu sehen, daß Verbaucher, die die Tragweite einer solchen Schiedsvereinbarung nicht übersehen können, nicht einen Vertrag mit vielen Paragraphen unterschreiben sollen, in welchem sich an irgendeiner Stelle eine Schiedsvertragsklausel verbirgt.

Fritz Sorgenfrei allerdings brauchte eine solche Rücksichtnahme des Gesetzgebers nicht, denn als Kaufmann muß er sich auch in diesen Dingen zur Genüge auskennen. § 1031 ZPO schreibt daher auch vor, daß die besondere Form und die Notwendigkeit, andere Vereinbarungen aus dem Schiedsvertrag fernzuhalten, dann nicht erforderlich ist, wenn kein Verbraucher beteiligt ist. Da aber Karl Zucker nicht zu diesem Personenkreis gehört, mußte der gesonderte schriftliche Vertragsschluß erfolgen.

Sollte es zwischen Fritz Sorgenfrei und Karl Zucker wirklich zu Streitigkeiten kommen, so kann keiner von ihnen sich an die ordentlichen Gerichte wenden, da der andere Teil gegenüber einer solchen Klage die Einrede des Schiedsvertrages hat.

»Und was mache ich nun, wenn Meister Sorgenfrei in einem solchen Fall einfach keinen Beisitzer benennt? Dann kommt ja nie ein Schiedsgericht zustande?«

Karl Zucker kann ohne Sorge sein. Er hat nur den von ihm benannten Schiedsrichter Meister Sorgenfrei schriftlich zu bezeichnen und ihn dabei aufzufordern, binnen einer angemessenen Frist seinerseits ein Gleiches zu tun. Nach fruchtlosem Ablauf der Frist wird auf seinen Antrag hin der Schiedsrichter gegebenenfalls von dem Amtsgericht oder Landgericht ernannt.

Das schiedsrichterliche Verfahren ist ein sehr freies Verfahren. Die Schiedsrichter müssen jede der streitenden Parteien anhören. Denn es ist ein Kardinalsatz des Rechtes, daß niemand ohne rechtliches Gehör verurteilt werden darf (audiatur et altera pars). Im übrigen kann das Schiedsgericht sein Verfahren nach freiem Ermessen bestimmen. Das Schiedsgericht kann Zeugen und Sachverständige vernehmen, die freiwillig vor ihm erscheinen. Beeidigen darf es weder diese Personen noch die Parteien. Hierzu muß es das Amts- beziehungsweise Landgericht ersuchen.

Der Schiedsspruch hat dieselben Wirkungen wie ein rechtskräftiges Urteil. Ist eine der Parteien mit dem Schiedsspruch nicht zufrieden, so kann sie keine Berufung oder Revision einlegen. Das Gesetz kennt nur einige wenige Gründe, mit denen die Aufhebung des Schiedsspruches erreicht werden kann. Diese Gründe ergeben sich aus § 1059 ZPO.

Die Geltendmachung der Aufhebungsgründe muß durch eine besonderen Antrag vor dem Oberlandesgericht erfolgen. Hier ist es dringend zu raten, nicht selbst die Klage zu erheben. Wenn das Schiedsverfahren schon ungünstig ausgegangen ist, dann kann nur noch eine sorgfältigste Durchführung der Aufhebungsklage eine letzte Hilfe geben. Jeder Fehler bedeutet endgültiges Unterliegen. Hier muß eine sachkundige Unterstützung erfolgen.

Sodann gibt es noch den Schutz von sogenannten »Geschmacksmustern« gemäß dem neuen Geschmacksmusterreformgesetz vom 12. März 2004.

Diensterfindungen

Karl Zucker wischt sich aufatmend die Stirn, als er die Verträge hinsichtlich seiner Adventskette hinter sich gebracht hat. Er erzählt dies bald darauf freudestrahlend einem Bekannten, dem Elektrotechniker Werner Rudicke, der in einer kleinen Firma arbeitet, die Elektrogeräte herstellt.

»Schau einmal an«, sagt dieser erbittert. »Da hast du wirklich einen anständigen Chef. Ich habe auch etwas erfunden. Eine einfache Vorrichtung, daß beim Niederdrücken des Türdrückers das Licht im Zimmer angeht, wenn man gleichzeitig eine Sperre am Türgriff auslöst. Und als ich freudestrahlend meinem Chef davon erzählte, hat er behauptet, meine Erfindung stünde ihm zu, es sei eine ›Betriebserfindung‹.«

Unserem lieben Werner Rudicke ist zu raten, hier sehr vorsichtig zu sein. Der Streit zwischen Firmeninhaber und dem erfindenden Arbeitnehmer ist schon alt. Der Gesetzgeber hat einen Ausgleich der verschiedenen Interessen durch das Gesetz über Arbeitnehmer-Erfindungen zu finden gesucht. Aus diesem Gesetz ergibt sich die nachstehende Regelung.

Verhältnismäßig einfach liegt es, wenn jemand als Arbeitnehmer ausdrücklich angestellt wird, um »zu erfinden«. Man stellt sich vor, eine Firma stellt einen Diplomingenieur ein, damit er Verbesserungen an bakterientötenden Geräten konstruiert. Hier ist es gerade Inhalt des Arbeitsvertrages, daß »Erfindungen« im Rahmen des Arbeitsverhältnisses erfolgen. Die Gehaltszahlung ist also auf diesen Punkt ausgerichtet. Erfindet demnach dieser Arbeitnehmer eine entscheidende Verbesserung, so kann er jetzt nicht sagen: »Diese grundlegende Verbesserung verwerte ich für mich, meinen Betrieb geht sie nichts an.« Auch hierfür gilt sein Vertrag.

Erfinder von Beruf

Anders liegt es nun schon bei Werner Rudicke. Er war nicht angestellt, um zu »erfinden«. Aber seine ständige Berührung mit den Problemen der Elektrotechnik an seinem Arbeitsplatz ließ die Idee des lichtauslösenden Türdrückers in ihm wachsen. Wer will heute noch feststellen, wieviel seine Tätigkeit im Betrieb, seine Berührung mit Neuerungen in diesem Betrieb dazu beigetragen haben, die Idee in ihm zu wecken und zu fördern. Unbemerkt können die Erfahrungen und Anregungen seiner Arbeitstätigkeit die Wurzeln für die Erfindung gewesen sein. Nur dann handelte es sich um keine »Diensterfindung«, wenn Werner Rudicke zu der Erfindung auch dann gelangt wäre, wenn er nicht in dem betreffenden Betrieb gearbeitet hätte. Dies wird voraussichtlich nicht der Fall sein. Dann aber hat Werner Rudicke die Verpflichtung gehabt, seine Erfindung der Geschäftsleitung unverzüglich schriftlich mitzuteilen. Er hat also – ohne es zu wissen – das Richtige getan.

Die Geschäftsleitung prüft nunmehr, ob es für sie Sinn hat, Rudickes Erfindung auszuwerten. Denn als Betriebserfindung gebührt ihr das Patentrecht. Spätestens innerhalb von vier Monaten muß sie Rudicke gegenüber erklären, ob sie seine Erfindung für sich beansprucht.

Aufgrund dieser Erklärung geht dann das Recht an der Erfindung auf die Firma über. Wird diese Frist versäumt, so kann Werner Rudicke nunmehr selbst seine Erfindung für sich auswerten. Übernimmt Werner Rudickes Firma die Erfindung, so muß sie dafür sorgen, daß auf die Erfindung ein Patent erteilt wird. Dies ist für Rudicke durchaus vorteilhaft, da die Geschäftsleitung hinsichtlich des Patentverfahrens viel mehr Erfahrung hat als er.

Anderseits sind aber auch die Interessen unseres Erfinders Rudicke durch das Gesetz gewahrt. Er hat nämlich einen Anspruch auf eine angemessene Beteiligung an der wirtschaftlichen Auswertung der Erfindung. Man kann keinen allgemeinen Maßstab für die Höhe der Entschädigung in einem solchen Falle geben. Hier muß sorgfältig gegeneinander abgewogen werden, was der Betrieb einerseits und was Rudicke anderseits zu der neuen Idee beigetragen haben. Je umwälzender und neuartiger der Gedanke des Arbeitnehmers ist, um so höher muß die Entschädigung sein, die er zu beanspruchen hat.

500   Können sich die beiden Parteien nicht einigen, so muß das Gericht entscheiden. Zur Entscheidung solcher Streitigkeiten ist jedoch nicht – wie sonst zwischen Arbeitgeber und Arbeitnehmer – das Arbeitsgericht zuständig, sondern eine beim Patentamt errichtete Schiedsstelle. Ist der Einigungsvorschlag dieser Schiedsstelle erfolglos, so kann Klage vor dem für Patentstreitsachen zuständigen Gericht (Landgericht) erhoben werden. Hier muß sich also Werner Rudicke durch einen Rechtsanwalt vertreten lassen.

Werner Rudicke läßt sich diese Dinge durch den Kopf gehen und denkt bei sich: Wenn ich schlau gewesen wäre, dann hätte ich einfach behauptet, ich hätte diese Erfindung bereits vor meinem Diensteintritt bei der Elektrofabrik gemacht. Wer hätte mir dann das Gegenteil beweisen können?

Es ist gerade umgekehrt, lieber Rudicke, Sie hätten beim Eintritt in den Arbeitsvertrag Ihrer Firma Mitteilung von der Erfindung machen müssen, die Sie noch nicht angemeldet haben. Sie müßten also beweisen, daß es sich im vorliegenden Fall um eine frühere Erfindung handelt, die Sie vor Beginn Ihres Dienstvertrages bereits gemacht haben.

Eine gutgeleitete Firma, bei der es nicht ungewöhnlich ist, daß Betriebserfindungen gemacht werden, wird im übrigen durch Merkblätter ihre Arbeitnehmer bei Dienstantritt von den vorstehend erörterten Bestimmungen in Kenntnis setzen. Häufig verlangen diese Firmen auch im Wege der Vertragsvereinbarungen, daß sie von früheren, bereits gesetzlich geschützten Erfindungen in Kenntnis gesetzt werden.

Freie Erfindungen, Patente

Meister Sorgenfrei spricht an seinem Stammtisch von der Adventskette. Da zeigt sich mit einem Male, daß jeder seiner Stammtischbrüder einen »Erfinder« kennt. Der eine hat einen guten Freund, der ein hervorragendes System zur Verbesserung von digitalen Videos und DVDs erfunden hat, ein anderer Stammtischbruder hat einen Vetter, der als Zahnarzt ein Preßgerät erfunden hat, um mühelos Prothesen für Gebisse herstellen zu können etc.

Diese Erfinder müssen sich, wenn sie nicht von vornherein einen kapitalkräftigen Interessenten haben, selbst um den gesetzlichen Schutz ihrer Erfindung kümmern. Sie müssen aufgrund des Patentgesetzes ihre Erfindung zum Patentregister beim Bundespatentamt anmelden. Es gilt hier praktisch das schon oben über das Gebrauchsmuster Ausgeführte. Es wird fast immer erforderlich sein, sich bei der Patentmeldung eines Patentanwaltes zu bedienen. Von der Anmeldung an genießt der Erfinder den Patentschutz, falls er unangefochten das Patent erteilt bekommt. Der Patentschutz dauert vom Tage der Anmeldung an 20 Jahre (§ 16 PatG). Es wird meistens zweckmäßig sein, bei einem erfolgversprechenden Patent dieses nicht nur in Deutschland, sondern auch im Ausland schützen zu lassen. Die Gebühren für den Schutz des Patents in den USA betragen etwa 300 Dollar.

Das Patent schützt seinen Inhaber vor der gewerblichen Ausnutzung durch dritte Personen. Gegen diese kann er im Klagewege vorgehen. Eine solche Klage ist immer vor dem Landgericht zu erheben. Der Patentinhaber kann die Klage also selbst dann nicht allein führen, wenn sie nur einen geringen Streitwert hat. Er muß sich immer durch einen am Landgericht zugelassenen Rechtsanwalt vertreten lassen. Auch sein Patentanwalt kann ihn nicht etwa vertreten, obwohl es natürlich zweckmäßig sein wird, daß der beauftragte Rechtsanwalt mit dem betreffenden Patentanwalt Fühlung nimmt.

Aber auch nicht bei jedem Landgericht kann eine Klage wegen einer Patentstreitigkeit erhoben werden. Die betreffende Zivilkammer muß ja mit ausgesprochen sachkundigen Richtern besetzt werden. Unsere Justiz kann sich nicht den Luxus leisten, derartige Fachkammern an jedem Landgericht einzurichten, die dann möglicherweise kaum Arbeitsanfall haben. In den meisten Ländern bestimmt daher der Justizminister ein Landgericht – gewöhnlich am Sitz des Oberlandesgerichts –, bei dem eine Kammer für Patentsachen zu errichten ist. So ist zum Beispiel für Bremen und Hamburg (also sogar für zwei Länder) das Landgericht Hamburg zuständig und in Hessen das Landgericht Frankfurt/M., für Bayern das Landgericht München.

501

Man darf mit der Verteidigung eines Patents nicht zu lange warten. Der Patentberechtigte muß die Klage innerhalb der Verjährung einreichen. Für diese gelten die allgemeinen Bestimmungen des BGB, also grundsätzlich drei Jahre ab Kenntnis des Verstoßes, spätestens jedoch in 10 Jahren seit der Entstehung des Anspruchs beziehungsweise äußerstenfalls in 30 Jahren ab Begehung der Handlung (§§ 141 PatG, 199 BGB).

Was der Patentverletzer allerdings aufgrund der Patentverletzung an Gewinn erzielt hat, muß er auch nach Ablauf der Verjährung herausgeben. Wer vorsätzlich Patentverletzungen begeht, kann mit einer Freiheitsstrafe bis zu einem Jahr und Geldstrafe bestraft werden. Das Strafverfahren wird nur auf Antrag des Geschädigten in Gang gesetzt. In diesem Strafverfahren kann der Geschädigte auch eine angemessene Buße verlangen. Dies empfiehlt sich für den Fall, in welchem es schwer ist, den entstandenen Schaden zu beweisen.

Auf Ausstellungen (Messen) zeigen Erfinder häufig ihre neuesten Erfindungen, auch wenn diese nicht angemeldet sind, um die Industrie auf sie aufmerksam zu machen. Hier wäre die Gefahr sehr groß, daß ein Besucher der Ausstellung sich die neue Idee einprägt und dann schnurstracks das Patentverfahren im eigenen Interesse durchführt.

Hier ist durch ein Gesetz vom 3. Februar 1949 folgende Regelung getroffen. Wenn der Aussteller binnen sechs Monaten seit Beginn der Ausstellung die Patentanmeldung vornimmt, so geht seine Anmeldung allen gleichartigen Anmeldungen vor, welche seit Beginn der Ausstellung von anderen Personen vorgenommen worden sind. Allerdings betrifft dies nur bestimmte Ausstellungen, die im Bundesgesetzblatt jeweils besonders genannt werden.

Soweit Patentrechte und Gebrauchsmusterrechte im Oktober 1949 noch in Kraft waren – sogenannte Altschutzrechte –, unterlagen sie dem Gesetz zur Änderung und Überleitung der Vorschriften des gewerblichen Rechtsschutzes vom 8. Juli 1949. Diese Altrechte mußten bis zum 30. Juni 1950 beim Patentamt (die Annahmestellen waren damals in Darmstadt und Berlin) angemeldet werden. Anderenfalls erloschen sie am 1. Juli 1950. Zu erwähnen ist, daß es ein besonderes Halbleiterschutzgesetz (zum Schutz der Topographien von mikroelektronischen Halbleitererzeugnissen) gibt.

Das Geschmacksmuster des Modesalons

Frau Luise Sorgenfreis Cousine Rosalie Rock kommt eines Tages in Tränen aufgelöst zu Luise und beklagt sich bitter. Sie hat großen Ärger mit einer guten Kundin gehabt, der sie für die Silvesterfeier in Königs-Parkhotel ein Modellkleid aus schwarzem Tüll mit Brokat angefertigt hatte. Sie hatte sich ein besonders apartes Dekolleté ausgedacht und eine Kreation geschaffen, dessen Dior sich nicht zu schämen brauchte. Die Kundin, Frau Sonja Schliemann, die in Modedingen gesellschaftlich immer führend sein möchte, hatte ausdrücklich gebeten, daß nur sie allein dieses Modell angefertigt bekäme. Rosalie Rock hatte ihr dies hoch und heilig versichert und hat auch keiner anderen Kundin ein gleiches oder auch nur ein ähnliches Modell gearbeitet. Um so entsetzter nahm sie am 2. Januar den empörten Anruf ihrer wichtigsten Kundin entgegen, die ihr voll Wut mitteilte, daß auf dem großen Silvesterball in Königs-Parkhotel fast das gleiche Modell von einer anderen Dame getragen wurde. Das Gespräch schloß mit der wohlbekannten Versicherung, daß Frau Rosalie Rock eine gute Kundin unwiederbringlich los sei.

Rosalie Rock hat sich wirklich nichts vorzuwerfen. Nach und nach stellt sich folgendes heraus: Ihre Modistinnen haben natürlich nicht den Mund halten können, sondern haben überall den »Traum« von einem Kleide im Bekanntenkreis beschrieben. Und so wurde ein anderes Schneideratelier »inspiriert« und lieferte einer Kundin etwas ganz Ähnliches.

Dieses Atelier hatte sogar beschlossen, dieses Modell einem Konfektionshaus zur Verfügung zu stellen, das seine Modelle in der Provinz breit zu streuen pflegt. Als Rosalie Rock dies auch noch erfährt, möchte sie sich die Haare einzeln ausraufen. Dieses Geschäft hätte auch sie gern gemacht.

Anmeldung zum Musterregister

Und Rosalie Rock hätte dieses Geschäft machen können, wenn sie sich ihren hübschen Einfall gesetzlich geschützt hätte. Natürlich nicht als Patent, Gebrauchsmuster oder Marke. Die hierfür einschlägigen Bestimmungen passen auf diesen Fall nicht. Hier hilft aber das Gesetz betreffend das Urheberrecht an Mustern und Modellen (Geschmacksmustergesetz). Man kann sich danach also auch seinen guten Geschmack schützen lassen und sich damit die lästige Konkurrenz vom Halse halten.

Das nächste Mal ist Rosalie Rock klüger. Als ihr wieder einmal ein besonders apartes Modell einfällt, diesmal ein besonders schickes Abendkleid, das sich auch gut als Massenartikel verkaufen läßt, läßt sie sich dieses Modell schützen. Auch hierfür gibt es ein Formblatt, das Rosalie beim Patentamt in München bestellt und ausfüllt. Mit dem Antrag muß sie auch drei Zeichnungen und ein Modell des Cocktailkleides an das Patentamt schicken.

Ein Antragsteller kann das zu schützende Muster oder Modell entweder offen – wie im vorstehenden Fall – oder auch versiegelt hinterlegen. Die Eröffnung der versiegelt hinterlegten Muster erfolgt spätestens nach drei Jahren. Wenn die Schutzfrist jedoch eine kürzere ist, nach dem Ablauf derselben. Die Eintragungen werden im Deutschen Bundesanzeiger auf Kosten des Anmeldenden wie folgt veröffentlicht:

In das Musterregister des Patentamtes ist eingetragen: Nr. 20 Rosalie Rock, Atelier für feine Damenmoden, Frankfurt/M., ein Modell für ein Abendkleid, offen, Geschäftsnummer 37. Schutzfrist fünf Jahre; angemeldet am 17. Januar 20 . ., vormittags 11 Uhr.

Der Schutz besteht für 20 Jahre nach der Anmeldung. Es werden auch hier während dieser Zeit sogenannte Aufrechterhaltungsgebühren berechnet (§ 9).

Das neue Urhebervertragsrecht

Das Urheberrechtsgesetz ist zuletzt zweimal einschneidend geändert worden: Am 1. Juli 2002 trat das neue Urhebervertragsrecht in Kraft, am 13. September 2003 das Gesetz zur Regelung des Urheberrechts in der Informationsggesellschaft.

Zweck der Einführung des Urhebervertragsrechts war es, dem Urheber eine »angemessene Vergütung« für die Verwertung seiner Werke zu sichern. Der Gesetzgeber ging von der Überlegung aus, dass die meisten Urheber als Redakteure, Texter, Grafiker und Illustratoren in festen Arbeitsverhältnissen tätig seien und ihre angemessene Bezahlung durch Tarifverträge gesichert würde. Die freien Urheber hätten hingegen keine vergleichbare Sicherung einer angemessenen Vergütung. Dem Urhebervertragsrecht liegt das Bild vom »armen Poeten in der Dachkammer« zugrunde, der durch das Gesetz geschützt werden müsse. Das Urhebervertragsrecht sichert dem Urheber eine »angemessene Vergütung« für die Verwertung seiner Werke zu, selbst wenn die Vertragsparteien eine andere Vereinbarung getroffen haben. Dies stellt im Ergebnis eine Abkehr vom Grundsatz der Vertragsfreiheit dar – zur Verwirklichung des alten sozialdemokratischen Traums vom gerechten Lohn für gute Arbeit.

Dabei ist zunächst von der vereinbarten Vergütung, also dem Vertrag zwischen Urheber und Verwerter auszugehen (§ 32 Abs. 1 S. 1 UrhG). Für den Fall, daß keine Vergütung vereinbart wurde, gilt eine »angemessene Vergütung« als vereinbart (§ 32 Abs. 1 S. 2 UrhG). Dieser Fall tritt gar nicht einmal so selten auf: Häufig werden beispielsweise freie Journalisten am Telefon beauftragt, eine Story zu schreiben, ohne daß im Detail über die Vergütung gesprochen wird.

Stellt sich später heraus, daß die im Vertrag vereinbarte Vergütung zum Zeitpunkt des Vertragsabschlusses nicht der Üblichkeit entsprach, so hat der Urheber einen Anspruch auf Änderung des Vertrages für die Zukunft und Zahlung einer angemessenen Vergütung (§§ 32 Abs. 1 S. 3 UrhG). Der Urheber kann also von seinem Vertragspartner die Änderung des Vertrags verlangen.

Zentrale Frage ist also immer, was unter einer »angemessenen Vergütung« zu verstehen ist. Hierzu sollen die Verbände der Urheber und Verwerter »gemeinsame Vergütungsregeln« schaffen (§ 36 UrhG). Darin soll festgelegt sein, welche Vergütung für welche Werkart (zum Beispiel Belletristik, Fachbuch, Fotografie oder Fernsehfilm) bei den unterschiedlichen Verwertungsformen angemessen ist. Ziel des Gesetzgebers ist damit die Einführung von »Tarifverträgen« im Urheberrecht.

Ist für eine bestimmte Branche eine gemeinsame Vergütungsregel nicht oder noch nicht vorhanden, so gilt § 32 Abs. 2 S. 2: Danach ist die Vergütung angemessen, wenn sie im Zeitpunkt des Vertragsschlusses dem entspricht, was in Bezug auf das Werk und die jeweilige Branche üblich und redlich ist. Hierüber gehen die Auffassungen zwischen Urhebern und Verwertern häufig weit auseinander: Im Streitfall wird ein Richter entscheiden, der sich dazu eines Sachverständigengutachtens bedient.

Das Gesetz zur Regelung des Urheberrechts in der Informationsgesellschaft ist am 13. September 2003 in Kraft getreten. Es stellt die Umsetzung einer EU-Richtlinie dar (Richtlinie 2001/29/EG des Europäischen Parlaments und des Rates vom 22. Mai 2001).

Die technische Entwicklung ist stets das Schwungrad der urheberrechtlichen Entwicklung gewesen: Mit dem Aufkommen der Schallplatte, des Films, des Rundfunks und des Fernsehens stand der Gesetzgeber jedesmal wieder vor neuen Problemen und Herausforderungen. Die wichtigste Entwicklung der letzten Jahre war insoweit die »Digitale Revolution«: Bücher, Musikstücke und Filme können digital ggespeichert, ohne Qualitätsverlust vervielfältigt und über das Internet jedem Empfänger auf der Welt zugänglich gemacht werden. Der Gesetzgeber strebt mit den neuen Bestimmungen im Urheberrechtsgesetz einen Ausgleich zwischen den Interessen der Urheber und den privaten Nutzern urheberrechtlicher Werke an: Einerseits soll die digitale Vervielfältigung und Verbreitung grundsätzlich von der Erlaubnis des Urhebers abhängig sein, dem hierfür eine angemessene Vergütung zusteht.

Andererseits soll der private Nutzer auch künftig kostenlos zum eigenen Gebrauch Kopien von Werken, etwa von Musikstücken, anfertigen können.

504   Im Urheberrechtsgesetz wird daher durch den neuen § 19a »das Recht der öffentlichen Zugänglichmachung« eingeführt. Der Urheber hat also zunächst einmal das Recht, allein zu entscheiden, ob sein Werk im Internet – insbesondere kommerziell – verbreitet werden darf. Weiterhin stellt das Urheberrecht in § 53 Abs. 1 klar, daß die digitale Privatkopie zulässig ist. Dies gilt auch für das Herunterladen von Musikdateien aus dem Internet.

Darüber hinaus werden sogenannte »wirksame technische Schutzmaßnahmen« vor Umgehungen geschützt. Hiermit schützen Rechtsinhaber in der digitalen Welt Inhalte vor der Nutzung ohne ihre Einwilligung. Wer technische Schutzmaßnahmen verwendet, muß darauf durch entsprechende Kennzeichnung hinweisen. Der Nutzer darf diese Schutzmaßnahmen nicht umgehen, sonst kann er sich strafbar machen (§§ 95a, 108b UrhG).

Die neuen Regelungen lassen sich am Beispiel der im Internet beliebten Musik-Tauschbörsen erläutern. Das Herunterladen von Musikdateien zum ausschließlichen privaten und eigenen Gebrauch am heimischen PC bleibt erlaubt. Wer jedoch anderen Internet-Nutzern den Zugriff auf den eigenen PC gestattet, damit diese von dort Musikdateien herunterladen können, bedarf hierzu des Einverständnisses des Urhebers (Recht der öffentlichen Zugänglichmachung, § 19a UrhG). Handelt es sich um Musikrechte, bei denen der Hersteller des Tonträgers einen Kopierschutz eingerichtet hat, so darf dieser Kopierschutz – gleich zu welchem Zweck – nicht umgangen werden.

Durchsetzung von Geldforderungen und Insolvenzrecht

Erfolgreiches Mahnen

Eines Morgens findet Fritz Sorgenfrei bei der Durchsicht seiner Post eine vorgedruckte Karte der Firma Mehl, auf der er folgendes liest:

BÄCKEREIARTIKEL
MAX MEHL

WEIZENFELDE

Datum des Poststempels

P.P.

Bei Durchsicht Ihres Kontos haben wir festgestellt, daß immer noch ein Betrag von 2,– Euro offensteht. Wir können jetzt nicht mehr länger warten und bitten Sie, die uns geschuldete Summe binnen acht Tagen zu überweisen.

Mit freundlichen Grüßen
MAX MEHL

Äußere Form

Meister Fritz ist empört. Sein Ärger ist auch berechtigt. Selbst bei einer sparsamen Geschäftsführung muß sich der Inhaber eines Betriebes immer überlegen, ob er nicht die Rücksichtnahme, die er seinem Geschäftspartner gegenüber schuldig ist, überschreitet. Mahnungen sollte man grundsätzlich nicht als Postkarte versenden. Der Staat hat nicht umsonst das Postgeheimnis eingeführt und das Öffnen von Briefen durch Unberechtigte unter Strafe gestellt. Es kann viel Unheil angerichtet werden, wenn nicht nur private Dinge, sondern auch Geschäftsvorgänge Menschen bekannt werden, die mit den Angelegenheiten nichts zu tun haben und vielleicht sogar darauf warten, auf irgendeine Weise Material über Menschen in die Hand zu bekommen. Die Auswirkungen können um so größer sein, je kleiner der Ort ist, in dem Mitbürger Informationen über einen Nachbarn erhalten.

Die abgedruckte Mahnkarte beweist aber auch, daß der innere Betrieb der Firma Mehl sehr schlecht durchorganisiert sein muß. Wegen 2,– Euro schickt man keine Mahnung. Mehl hätte den Saldo getrost ausbuchen können und hätte dabei noch Geld gespart. Durch seine Karte aber, die ihn mehr kostet als der ausstehende Betrag, veranlaßt er auch noch einen alten, guten Geschäftspartner, ebenfalls Kosten in eine relativ unproduktive Arbeit zu investieren. Aus einer an sich lobenswerten kaufmännischen Genauigkeit kann wirtschaftlicher Unsinn werden!

506

Musterbrief

Fritz Sorgenfrei nimmt die Mahnung auf der Postkarte zum Anlaß, um seinen eigenen Betrieb daraufhin zu überprüfen, ob sich Fehlerquellen eingeschlichen haben. Der Meister hat insofern ein schlechtes Gewissen, als er sich im Ablauf des letzten Jahres mehr um den praktischen Ausbau des Unternehmens als um die innere Verwaltung gekümmert hat. Er beschließt, für die Zukunft mindestens wöchentlich einmal seine leitenden Angestellten zusammenzurufen und mit ihnen die Probleme des Betriebes durchzusprechen.

Nur wenn die Geschäftsleitung ein geschlossenes Ganzes ist und jede Abteilung über die Arbeit der anderen eingehend unterrichtet ist, lassen sich Fehlerquellen, die durch Doppelarbeit oder unrentable Maßnahmen entstehen, beseitigen. Der gegenseitige Erfahrungsaustausch ist außerdem bestens geeignet, den Leiter einer Abteilung zur Überprüfung der von ihm verfolgten Geschäftspraktik zu veranlassen. Derartige Geschäftsbesprechungen erweitern also auch den Gesichtskreis der leitenden Angestellten und führen zu einer engeren Zusammenarbeit aller Betriebsangehörigen.

Sorgenfrei nimmt nun, nachdem der erste Zorn verraucht ist, die Postkarte der Firma Mehl und geht mit ihr in die Buchhaltung, um zu überprüfen, wie das Mahnwesen bei seiner eigenen Firma durchgeführt wird. Der Buchhalter Pfennig legt ihm die Mahnschreiben vor, die bisher Verwendung fanden. Die erste Mahnung hat folgenden Wortlaut:

Wir mußten leider feststellen, daß unsere Rechnung vom . . . . in Höhe von . . . . Euro noch nicht ausgeglichen ist. Wir wären Ihnen sehr dankbar, wenn Sie den Betrag im Laufe der nächsten Tage überweisen würden. Ein ausgefülltes Überweisungsformular ist beigefügt.

Mit besten Empfehlungen

. . . .

Anlage:
1 Überweisungsformular

Mahnungen sollen so kurz und vor allem so klar wie möglich sein. Geschwollene Sätze und Begründungen sollten unterbleiben.

Die zweite Mahnung, die der Buchhalter Pfennig vorlegt, ist in ihrem Ton schärfer gehalten. Sie hat folgenden Wortlaut:

BÄCKEREI *FRITZ SORGENFREI*

Schweizer Straße 193
60594 Frankfurt/Main

Herrn
Balduin Überfällig
Schuldturmstraße 13
38433 Sorgstadt

30.6.20..

2. Mahnung
Ausgleich Ihres Kontos

Vor kurzem habe ich Sie gebeten, den seit langem überfälligen Betrag in Höhe von
360,– Euro auszugleichen. Sie sind meiner Bitte nicht nachgekommen. Es ist mir leider nicht möglich, Ihnen meine Forderung länger zu stunden. Ich darf Sie daher ebenso höflich wie dringend bitten, nunmehr für den Ausgleich des Kontos binnen acht
Tagen zu sorgen.

Mit freundlichen Grüßen
Bäckerei Fritz Sorgenfrei

An der Formulierung dieser Mahnung hat der Chef nichts auszusetzen. Er überlegt jedoch, ob es
nicht auch bei der zweiten Mahnung zweckmäßiger sei, sie in vorgedruckter Form zu verwenden.
Es gibt zwei Arten von Schuldnern. Die einen sind vergeßlich und übersehen mitunter die Bezahlung
einer Rechnung, sie werden aber meistens positiv reagieren, wenn sie eine erste Mahnung erhalten
haben. Aber auch ein Teil von ihnen braucht einen weiteren Anstoß, um den Zahlungsverpflichtungen nachzukommen. Bei diesen Schuldnern könnte also eine zweite Mahnung in vorgedruckter Form
noch erfolgreich sein.

Ganz anders aber liegen die Dinge bei böswilligen Nichtzahlern. Sie könnten bei einer vorgedruckten zweiten Mahnung auf den Gedanken kommen, daß sie ja nicht allein säumig wären und
daß sie sich daher mit ihrem mangelnden Zahlungswillen offenbar in bester Gesellschaft befinden.

Es wird immer auf den jeweiligen Kundenkreis und seine Zahlungsfähigkeit ankommen, ob es
sich bei der zweiten Mahnung empfiehlt, die Mahnbriefe drucken zu lassen. Bei kleineren Beträgen
wird es nicht rentabel sein.

Die letzte Mahnung

Als dritten Mahnvorgang legt Pfennig dem Chef ein Muster vor, das an diejenigen Kunden geht, die
auf die zweite Mahnung nicht reagiert haben. Einschreibebriefe oder Briefe mit Postzustellungsurkunde haben sich in der Praxis sehr bewährt. Der Empfänger muß quittieren, daß er die Sendung erhalten hat. Allein an diesen Formalitäten erkennt der Schuldner, daß es ernst wird und daß der
Gläubiger nicht die Absicht hat, sich weiterhin vertrösten zu lassen. Dem Schuldner bleibt kein Zweifel, daß eine gerichtliche Auseinandersetzung nicht mehr zu vermeiden ist, wenn er nicht zahlt.

508

Daß die dritte Mahnung aus psychologischen Gründen nicht mehr vorgedruckt sein darf, haben wir bereits gesehen. Trotzdem wird es möglich sein, auch diese dritten Mahnungen schematisch zu schreiben.

Große Betriebe haben es wesentlich leichter, ihre Buchhaltung nach säumigen Zahlern zu durchforsten, sofern sie selbst einen Computer einsetzen oder die Buchhaltung durch einen Dienstleistungsbetrieb mit einem Rechenzentrum betreuen lassen.

Wer im gleichen Ort zu mahnen hat, sollte es telefonisch tun. Das Ortsgespräch ist das billigste, was die Telekom zu bieten hat. Außerdem ist es meist erfolgreich.

BÄCKEREI *FRITZ SORGENFREI*

Schweizer Straße 193
60594 Frankfurt/Main

Einschreiben/Rückschein

Herrn
Balduin Überfällig
Schuldturmstraße 13
38344 Sorgstadt

30.7.20 . .

3. Mahnung
Ausgleich Ihres Kontos

Sehr geehrter Herr Überfällig!

Sie haben trotz mehrmaliger Mahnung Ihr Konto bisher nicht ausgeglichen. Ich sehe mich nunmehr außerstande, weiterhin auf den Eingang des Geldes zu warten. Versetzen Sie sich bitte in meine Lage. Es würde auch Ihnen nicht gefallen, wenn Sie Zeit und Geld für die Erledigung eines Auftrages aufgewendet hätten, um dann nicht den Gegenwert für Ihre Leistung zu erhalten.

Ich bedauere diese Entwicklung außerordentlich. Wenn Sie nicht binnen drei Tagen den überfälligen Betrag

in Höhe von	360,00 Euro
zuzüglich Mahnspesen	4,80 Euro
also insgesamt	364,80 Euro

überweisen, werde ich gerichtliche Maßnahmen mit dem Ziel einleiten, einen Gerichtsvollzieher mit Zwangsvollstreckungsmaßnahmen zu beauftragen oder eine Gehalts- beziehungsweise Lohnpfändung durchzuführen.

Da die nicht unerheblichen Kosten bei der klaren Rechtslage zu Ihren Lasten gehen, wollte ich Ihnen diesen Weg bisher ersparen.

Hochachtungsvoll
Bäckerei Fritz Sorgenfrei

Fritz Sorgenfrei

Mahnkosten

Bei der Betrachtung dieses Briefes wird auffallen, daß ein Betrag in Höhe von 4,80 Euro als Mahnspesen in Ansatz gebracht worden ist. Zur Zahlung dieser Kosten ist der Schuldner dann verpflichtet, sobald er sich im Verzuge befindet. Er muß also den hierdurch entstandenen Schaden, und das sind die Aufwendungen, ersetzen. Von dem Tage der Zustellung der ersten Mahnung an könnten auch Verzugszinsen berechnet werden, die nach dem BGB 5 Prozent über dem Basiszinssatz (derzeit 1,14 Prozent) und nach dem HGB mindestens 5 Prozent pro Jahr ausmachen. Weist der Gläubiger noch nach, daß er Bankkredit in Anspruch nehmen muß, um seinen Kunden ebenfalls Kredit einräumen zu können, so können aus dem Gesichtspunkt des Verzugsschadens heraus auch die effektiv entstehenden Bankzinsen seit dem Tage der Zustellung der ersten Mahnung in Anrechnung gebracht werden. Bei kleinen Rechnungsbeträgen wird man auf den Ersatz der Verzugszinsen verzichten können. Bei größeren Beträgen jedoch kann das Verlangen nach Zinsen durchaus rentabel sein.

Nachweis der Zustellung

Der eingeschriebene Brief oder das Einwurfeinschreiben erfüllt in den meisten Fällen den gewünschten Zweck. Dies ist auch erst recht über einen »Rückschein« erreichbar. Wählt man den Weg des eingeschriebenen Briefes, so hat der Absender selbst allerdings nur eine Bescheinigung vom Postamt darüber in der Hand, an welchem Tag und zu welcher Uhrzeit der betreffende Brief beim Postamt zur Beförderung aufgegeben worden ist, er hat aber keinen Nachweis über die Zustellung.

Unser Buchhalter erklärt nun dem Chef, daß nach diesem letzten Brief der Mahnbescheid zum Amtsgericht gegeben werde. Hiermit ist aber das Problem für den Chef noch nicht erledigt. Es erscheint ihm nämlich wesentlich, zu wissen, in welchen Zeiträumen die Mahnungen verschickt werden. »Das ist es gerade«, meint nun Pfennig. »Wir erledigen diese Mahnvorgänge so, wie wir gerade in der Buchhaltung Zeit haben, so daß keine Überstunden gemacht werden müssen.« Pfennig gibt diese Auskunft mit großem Stolz. Er wollte dem Chef schon immer einmal vor Augen führen, wie sparsam und rentabel er wirtschaftet und alles tut, um zusätzliche Kosten zu ersparen. Meister Fritz runzelt jedoch wider Erwarten die Stirn und scheint mit dieser Auskunft gar nicht zufrieden zu sein. Ein Mahnverfahren büßt nämlich erheblich an Erfolg ein, wenn es nicht mit der Pünktlichkeit einer Uhr abläuft. Vor allem müssen Dauerkunden wissen, daß sie mit Mahnbriefen nicht verschont bleiben, wenn sie nicht termingerecht Zahlung leisten. Für jeden Geschäftsbetrieb und seine Fortentwicklung ist die Finanzplanung von ausschlaggebender Bedeutung. Man muß sich darauf verlassen können, daß zu bestimmten Terminen auch feste Beträge eingegangen sind. Es ist schon mancher Betrieb in ernsthafte Gefahr dadurch gekommen, daß die Mahnabteilung vernachlässigt wurde und die Gelder daher nicht pünktlich zur Verfügung standen. Dieses Risiko ist besonders groß, wenn eine Firma darauf angewiesen ist, mit Wechseln zu arbeiten. Es braucht nur ein einziger Wechsel zu Protest gehen. Die unerbittliche Konsequenz ist dann die, daß die Landeszentralbanken eine Wechselsperre verhängen, so daß keine Bank mehr Wechsel diskontiert. Fritz Sorgenfrei würde der Gegenwert eines Wechsels, den er von einem Kunden zur Bezahlung einer Rechnung erhalten hat, nicht mehr gutgeschrieben werden. Außerdem kommen dann auch alle übrigen im Umlauf befindlichen Wechsel zurück.

Die Einrichtung, die Herr Pfennig getroffen hat, ist jedoch nicht in allen Punkten falsch. Mahnungen können schon nebenbei erledigt werden. Es muß aber sichergestellt sein, daß sie in regelmäßigen Abständen und zu bestimmten Terminen zum Versand gebracht werden. Der zeitliche Abstand der einzelnen Mahnungen sollte eine Frist von vier Wochen nicht überschreiten. Sie muß jedoch mindestens zwei Wochen betragen, um nicht allzu aufdringlich zu erscheinen. Es könnte sonst auch leicht der Eindruck bei dem Kunden erweckt werden, daß sich die Firma in Geldschwierigkeiten befindet. Das Vertrauen zu der Leistungsfähigkeit des Unternehmens wird hierdurch stark gefährdet und kann dazu führen, daß sich die Stammkunden nach anderen Lieferanten umsehen. Schematische Mahnungen an gute Stammkunden sollten im übrigen überhaupt unterbleiben. Sie können am besten mit Werbebriefen verbunden werden. Es gibt immer wieder Möglichkeiten, neue Artikel anzubieten oder nachzufragen, ob im Laufe der nächsten Wochen oder Monate mit größeren Bestellungen zu rechnen ist.

Termine für Mahnschreiben

Die Termine für die Absendung von Mahnschreiben müssen ebenfalls sehr sorgfältig ausgewählt werden. Bei Gehaltsempfängern hat eine Mahnung dann Erfolg, wenn sie am letzten Tag eines Monats eintrifft. Es gibt jedoch Betriebe und auch Behörden, die das Gehalt ihren Beamten und Angestellten am 15. eines Monats auszahlen. In diesen Fällen muß die Mahnung unbedingt auch an diesem Tage beim Schuldner sein.

Pfennig sieht die Einwände seines Chefs ein und sagt, er habe schon immer einmal fragen wollen, was zu unternehmen sei, wenn ein Kunde, der im Laden anschreiben ließ, ein Stundungsgesuch einreiche. Er zeigt einen Brief, der folgenden Wortlaut hat:

EMIL PECH　　　　　　　　　　　　　　　　　　　　Trienenstraße 35
Maurer　　　　　　　　　　　　　　　　　　　　60388 Frankfurt/Main

Firma
Fritz Sorgenfrei
Schweizer Straße 193
60594 Frankfurt/Main　　　　　　　　　　　　　　　　2. Januar 20 . .

Sehr geehrter Herr Sorgenfrei!

Ich habe Ihre Mahnung erhalten. Leider bin ich jedoch im Augenblick nicht in der Lage, Zahlung zu leisten. Meine Frau sieht ihrer Niederkunft entgegen. Zu allem Überfluß bin ich auch noch wegen des Frostwetters von meinem Arbeitgeber vorübergehend entlassen worden.

Ich bin daher restlos auf meine Arbeitslosenunterstützung angewiesen, von der ich auch noch die Babyausstattung beschaffen muß.

Ich hoffe, daß der Winter bald vorüber ist und daß ich bald wieder Arbeit habe. Vorsorglich bitte ich schon jetzt, mir die Abtragung meiner Schulden in monatlichen Raten zu je 50,– Euro zu ermöglichen.

Mit freundlichen Grüßen

Emil Pech

Pfennig schlägt vor, diesem Antrag zu entsprechen. Der Chef ist jedoch nicht bereit, ohne weiteres seine Zustimmung zu geben. Bei der Durchsicht der Post hat er nämlich festgestellt, daß sich derartige Stundungsgesuche häufig wiederholen und gerade in letzter Zeit ein Ausmaß angenommen haben, das für die weitere Entwicklung nicht mehr tragbar erscheint. Er kann es daher nicht mehr verantworten, jedem Stundungsantrag zuzustimmen, sonst würde seine eigene Zahlungsfähigkeit in Frage gestellt sein. Fritz Sorgenfrei ordnet daher an, daß in all den Fällen, in denen sich säumige Zahler auf Arbeitslosigkeit berufen, die Stundung von der Vorlage einer Bescheinigung des zuständigen Arbeitsamtes abhängig zu machen sei. Die Arbeitsämter selbst geben leider keine unmittelbaren Auskünfte. Dies gilt auch insbesondere für die Feststellung des Arbeitgebers, falls mit Hilfe eines Pfändungs- und Überweisungsbeschlusses eine Lohnpfändung erforderlich ist, nachdem der Gerichtsvollzieher in der Wohnung des Schuldners keine pfändbaren Gegenstände vorgefunden hat.

Bei Saisonarbeitern könnte auch eine Bescheinigung des bisherigen Arbeitgebers ausreichen, wenn in dem betreffenden Schreiben ausdrücklich festgestellt wird, daß der Arbeitnehmer wegen der Witterungseinflüsse entlassen werden mußte und daß er nach einer Wetterbesserung mit einer Neueinstellung zu rechnen habe.

Fritz Sorgenfrei diktiert daher den nachstehenden Brief, der für die Zukunft als Schemabrief Verwendung finden soll bei allen Schuldnern, die sich auf Arbeitslosigkeit berufen:

BÄCKEREI *FRITZ SORGENFREI*

Schweizer Straße 193
60594 Frankfurt/Main

Herrn
Emil Pech
Trienenstraße 35
60388 Frankfurt/Main   4. Januar 20 . .

Ausgleich Ihres Kontos

Sehr geehrter Herr Pech!

Ich habe mit Bedauern davon Kenntnis genommen, daß Sie im Augenblick nicht in der Lage sind, Ihren Zahlungsverpflichtungen nachzukommen. Obwohl ich unter Würdigung der bei Ihnen vorliegenden besonderen Verhältnisse Ihrem Stundungsgesuch nachkommen würde, bitte ich andererseits um Verständnis dafür, daß auch ich meinen Lieferanten gegenüber gezwungen bin, Rechnungen pünktlich zu bezahlen.

Ich bin entgegenkommenderweise bereit, die Abzahlung des seit langem fälligen Betrages dadurch zu erleichtern, daß ich Ihnen die Möglichkeit einräume, die Summe in monatlichen Raten zu je 50,– Euro abzuzahlen, und zwar beginnend mit dem ersten Tage des nächsten Monats.

Diese Regelung muß ich jedoch davon abhängig machen, daß Sie mir unverzüglich eine Bescheinigung Ihres Arbeitsamtes übermitteln, aus der hervorgeht, daß Sie im gegenwärtigen Zeitpunkt arbeitslos sind. Sollte dieser Weg für Sie zu umständlich sein, bin ich auch damit einverstanden, wenn Sie mir eine Bescheinigung Ihres bisherigen Arbeitgebers übermitteln, der ich zu entnehmen vermag, an welchem Tage Sie entlassen wurden und daß nach Behebung der Hindernisse mit Ihrer Wiedereinstellung zu rechnen ist.

Gleichzeitig bitte ich um Übermittlung eines Nachweises darüber, daß Ihre Frau der Niederkunft entgegensieht.

Sollten Sie die gewünschten Bescheinigungen nicht beibringen können, so sehe ich keine Möglichkeit, Ihrem Antrag stattzugeben.

Mit besten Empfehlungen

Fritz Sorgenfrei

512

Fritz Sorgenfrei gibt den Brief in die Mahnabteilung mit der Bemerkung, daß das Schreiben als Musterbrief bei allen Stundungsgesuchen anzuwenden sei, natürlich unter Berücksichtigung der jeweils vorgebrachter Gründe.

Es gibt sehr erfindungsreiche Schuldner, die es verstehen, ihre Gläubiger zu vertrösten und auch immer wieder Gründe zur Hand haben, die verständlich erscheinen. Oft handelt es sich dann aber um Leute, die nur Ihr Verständnis oder Ihre Gutmütigkeit ausnützen, ohne die Absicht zu haben, jemals ihre Versprechungen zu halten. Sobald Sie erste Zweifel haben, nutzen Sie alle rechtlichen Möglichkeiten aus, so lange noch die geringste Hoffnung besteht, daß Sie zu Ihrem Gelde kommen!

Der Zivilprozeß

Der Mahnbescheid

Wir wollen den Zivilprozeß an Hand des Falles mit dem schon früher monierten Anzug darstellen. Der Schneidermeister Schulz hat den Anzug nachgebessert. Paul Jedermann ist jetzt mit dem Sitz zufrieden. Der Anzug wird ihm jedoch restlos verleidet, als er eines Tages die Rechnung erhält und liest, daß er 2000,– Euro als Arbeitslohn zahlen soll. Jedermann hatte bisher nur Konfektionsanzüge getragen und kann nun nicht begreifen, daß der Arbeitslohn für seinen Anzug so viel teurer sein soll. Er beschließt, die Rechnung in dieser Höhe nicht zu bezahlen. Da ihm eine persönliche Rücksprache mit dem Schneider aber unangenehm ist, hält er es für besser, überhaupt nichts zu tun, zumal er bisher seiner Meinung nach nichts über den Arbeitslohn mit seinem Schneider vereinbart hat. Als nach Wochen eine Mahnung kommt, wirft er sie in den Papierkorb und kümmert sich auch nicht um den gesetzten letzten Zahlungstermin.

Der Schneidermeister Schulz hingegen ist genauso verärgert. Erst hatte er die Scherereien, und jetzt muß er sehen, daß Paul Jedermann überhaupt nicht reagiert. Er entschließt sich daher, die Hilfe des Gerichts in Anspruch zu nehmen und vorerst die Kosten möglichst gering zu halten. Als Kläger muß er nämlich zunächst den Prozeßkostenvorschuß ohne Rücksicht darauf, ob seine Klage begründet ist oder nicht, selbst bezahlen. Auch rechnet er damit, daß Jedermann sofort zahlen wird, sobald er es mit dem Gericht zu tun bekommt. Schließlich hat er auch nicht die Zeit und Ruhe, erst eine ausführliche Klageschrift anzufertigen. Er beschließt daher, den Weg des gerichtlichen Mahnbescheides und das amtsgerichtliche Mahnverfahren zu wählen. Dieses ist in §§ 688 ff. ZPO geregelt. Die erforderlichen Formulare besorgt sich Herr Schulz in einem Fachgeschäft, füllt das Formular aus, unterschreibt das Hauptexemplar und reicht es mit zwei weiteren Exemplaren bei dem Amtsgericht ein. Gemäß § 689 ZPO ist für das Mahnverfahren ausschließlich das Amtsgericht zuständig, bei dem der Antragsteller seinen allgemeinen Gerichtsstand hat, das ist regelmäßig der Wohnsitz, bei Firmen oder sonstigen gewerblichen Betrieben der Geschäftssitz.

Damit ist allerdings noch nicht gesagt, daß im Falle des Widerspruchs dieses Amtsgericht auch zuständig bleibt. Da in der Regel für den streitigen Prozeß der Wohnsitz oder Geschäftssitz des Schuldners maßgebend für den Gerichtsstand ist, wird meist im Falle des Widerspruchs eine Verweisung an das Amtsgericht oder Landgericht am Wohnsitz oder Geschäftssitz des Antragsgegners erfolgen. Machen wir uns dies an folgendem Beispiel klar:

Renate Weiß in Frankfurt hat ihrer Freundin Dagmar Schulz in Darmstadt ein Darlehen von 1000,– Euro gewährt, welches diese nicht freiwillig zurückzahlt. Dann hat die Gläubigerin zwar den Antrag auf Erlaß des Mahnbescheides bei dem Amtsgericht Hünfeld einzureichen, muß aber zugleich in dem Antragsformular das Amtsgericht Darmstadt als Wohnsitzgericht der Schuldnerin benennen. Als Antragsamtsgericht ist für die Frankfurterin Renate Weiß das Amtsgericht »Hünfeld« aufgeführt. Diese Regelung beruht auf folgendem:

Die Landesregierungen können aus Rationalisierunggsgründen ein bestimmtes Amtsgericht des Landes für den Erlaß sämtlicher Mahnbeschiede festlegen (§ 689 Abs. 3 ZPO). Jeder Gläubiger sollte sich daher bei seinem Wohnsitzamtsgericht danach erkundigen, ob er nicht ein anderes Amtsgericht anschreiben muß.

Legt die Schuldnerin jetzt Widerspruch gegen den Mahnbescheid ein, so folgt die Verweisung an das Amtsgericht Darmstadt. In unserem Fall Schulz gegen Jedermann haben beide Parteien ihren Gerichtsstand in Marburg/Lahn, so daß das gesamte Verfahren beim Amtsgericht Marburg durchgeführt wird. Mit der Einreichung des Mahnbescheidantrages hat Meister Schulz zunächst alles Erforderliche getan. Die Zustellung besorgt das Gericht.

Zu Jedermann kommt wenige Tage später der Briefträger mit einem Brief. Der Briefträger füllt, nachdem er sich vergewissert hat, wem er den Brief gibt, ein Formular aus. Bei diesem Formular handelt es sich um eine Zustellungsurkunde, die wieder zum Gericht zurückgeht und beweist, wann und wem der Mahnbescheid, der sich in dem Brief befindet, zugestellt worden ist.

Der Mahnbescheid gibt Paul Jedermann auf, die Forderung des Schneiders Schulz binnen zwei Wochen bei Vermeidung sofortiger Zwangsvollstreckung zu bezahlen. Durch den Mahnbescheid wird Jedermann gleichzeitig belehrt, daß er gegen ihn Widerspruch einlegen könne, falls er gegen die geltend gemachte Forderung irgendwelche Einwendungen zu erheben habe.

Wenn Jedermann die Rechnung des Schneiders anerkennen würde, so könnten wir ihm nicht raten, den Widerspruch einzulegen. Der Widerspruch löst nämlich die Anberaumung eines Termins zur mündlichen Verhandlung aus und verursacht hierdurch weitere Kosten, die Jedermann zahlen muß, wenn er den Prozeß verliert. Jedermann sollte in diesem Falle lieber sofort zahlen oder sich mit seinem Gläubiger wegen der Abzahlung seiner Schulden in Raten einigen. Im übrigen darf er, wenn er zahlt, nur an seinen Gläubiger das Geld überweisen, nicht aber an das Gericht. Das Gericht würde ihm das Geld zurückschicken und nicht an Schulz weiterleiten.

Da Paul der Meinung ist, daß allenfalls ein Preis von 1000,– Euro, keinesfalls aber ein Betrag von 2000,– Euro gerechtfertigt ist, unternimmt er den Versuch, an seinen Gläubiger Schulz 1000,– Euro zu zahlen.

Schulz verweigert jedoch die Annahme dieses herabgesetzten Betrages, weil er fürchtet, hierdurch zu erkennen zu geben, daß er sich mit der Herabsetzung einverstanden erklärt. Jedermann erhält das Geld zurück und glaubt nunmehr, daß sich Schulz in Annahmeverzug befinde. Dies trifft aber nicht zu. Der Annahmeverzug setzt voraus, daß die ganze Leistung angeboten wird. Mit Teilzahlungen braucht sich ein Gläubiger nicht einverstanden zu erklären.

Wenn eine Forderung zu Recht besteht, sollte man nicht versuchen, den Zahlungstermin durch Verschleppung eines gerichtlichen Verfahrens hinauszuschieben. Es entstehen nur unnötige Kosten und Zinsen. Natürlich auch Ärger und Zeitverlust. Wer nicht alles auf einmal zahlen kann, sollte dem Gläubiger schreiben und ihm angemessene Raten anbieten. Auch Gläubiger sind zugänglich, wenn man mit ihnen vernünftig spricht oder handfeste Vorschläge macht, die man dann natürlich auch einhalten muß.

514

Antrag auf Erlass eines Mahnbescheids
– Nur für Gerichte, die die Mahnverfahren maschinell bearbeiten. –

Raum für Vermerke des Gerichts

Zeilen-Nummer

1   Datum des Antrags   **Bitte beachten Sie die Ausfüllhinweise!**

Antragsteller

Spalte 1

Bei mehreren Antragstellern: Es wird versichert, dass der in Spalte 1 Bezeichnete bevollmächtigt ist, die weiteren zu vertreten.

Spalte 2   Weiterer Antragsteller

3   1 = Herr / 2 = Frau   Vorname   1 = Herr / 2 = Frau   Vorname

4   Nachname   Nachname

5   Straße, Hausnummer – bitte kein Postfach!   Straße, Hausnummer – bitte kein Postfach! –

6   Postleitzahl   Ort   Ausl. Kz.   Postleitzahl   Ort   Ausl. Kz.

7

Spalte 3   Nur Firma, juristische Person u. dgl. als Antragsteller   Rechtsform, z. B. GmbH, AG, OHG, KG

8   3 = nur Einzelfirma   4 = nur GmbH u. Co KG   sonst Rechtsform: Vollständige Bezeichnung

9   Fortsetzung von Zeile 8

10   Straße, Hausnummer – bitte kein Postfach!   Postleitzahl   Ort   Ausl. Kz.

11

Gesetzlicher Vertreter   *Nr. der Spalte, in der der Vertretene bezeichnet ist*   **Gesetzlicher Vertreter** (auch weiterer)   *Nr. der Spalte, in der der Vertretene bezeichnet ist*

12   Stellung (z. B. Geschäftsführer, Vater, Mutter, Vormund)   Stellung

13   Vor- und Nachname   Vor- und Nachname

14   Straße, Hausnummer – bitte kein Postfach! –   Straße, Hausnummer – bitte kein Postfach! –

15   Postleitzahl   Ort   Ausl. Kz.   Postleitzahl   Ort   Ausl. Kz.

16

Antragsgegner

Spalte 1

Antragsgegner sind Gesamtschuldner

Spalte 2   Weiterer Antragsgegner

18   1 = Herr / 2 = Frau   Vorname   1 = Herr / 2 = Frau   Vorname

19   Nachname   Nachname

20   Straße, Hausnummer – bitte kein Postfach! –   Straße, Hausnummer – bitte kein Postfach! –

21   Postleitzahl   Ort   Ausl. Kz.   Postleitzahl   Ort   Ausl. Kz.

22

Spalte 3   Nur Firma, juristische Person u. dgl. als Antragsgegner   Rechtsform, z. B. GmbH, AG, OHG, KG

23   3 = nur Einzelfirma   4 = nur GmbH u. Co KG   sonst Rechtsform: Vollständige Bezeichnung

24   Fortsetzung von Zeile 24

25   Straße, Hausnummer – bitte kein Postfach! –   Postleitzahl   Ort   Ausl. Kz.

26

Gesetzlicher Vertreter   *Nr. der Spalte, in der der Vertretene bezeichnet ist*   **Gesetzlicher Vertreter** (auch weiterer)   *Nr. der Spalte, in der der Vertretene bezeichnet ist*

27   Stellung (z. B. Geschäftsführer, Vater, Mutter, Vormund)   Stellung

28   Vor- und Nachname   Vor- und Nachname

29   Straße, Hausnummer – bitte kein Postfach! –   Straße, Hausnummer – bitte kein Postfach! –

30   Postleitzahl   Ort   Ausl. Kz.   Postleitzahl   Ort   Ausl. Kz.

31

Verlags-Nr. 705   **Antrag auf Mahnbescheid**   Fassung 1. 1. 02   (01. 2002) 24

Bezeichnung des Anspruchs

I. Hauptforderung – siehe Katalog in den Hinweisen –

Katalog-Nr.	Rechnung/Aufstellung/Vertrag oder ähnliche Bezeichnung	Nr. der Rechng./des Kontos u. dgl.	Datum bzw. Zeitraum vom	bis	Betrag EUR

Zeilen-nummer

32

33

34 Postleitzahl   Ort als Zusatz bei Katalog-Nr. 19, 20, 90   Ausl. Kz.   Vertragsart als Zusatz bei Katalog-Nr. 28

35   -Vertrag

Sonstiger Anspruch – nur ausfüllen, wenn im Katalog nicht vorhanden – mit Vertrags-/Lieferdatum/Zeitraum vom . . . bis . . .

36

Fortsetzung von Zeile 36   vom   bis   Betrag EUR

37   Datum

Nur bei Abtretung oder Forderungsübergang:

Seit diesem Datum ist die Forderung an den Antragsteller abgetreten/auf ihn übergegangen.

38   Früherer Gläubiger – Vor- und Nachname, Firma (Kurzbezeichnung)   Postleitzahl   Ort   Ausl. Kz.

39

IIa. Laufende Zinsen

Zeilen-Nr. der Hauptforderung	Zinssatz %	oder % über Basiszinssatz	1 = jähl. 2 = mtl. 3 = tägl.	Betrag EUR nur angeben, wenn abweichend vom Hauptforderungsbetrag.	Ab Zustellung des Mahnbescheids, wenn kein Datum angegeben. ab oder vom	bis

40

41

42

IIb. Ausgerechnete Zinsen

Gemäß dem Antragsgegner mitgeteilter Berechnung für die Zeit

vom   bis   Betrag EUR

III. Auslagen des Antragstellers für dieses Verfahren

Vordruck/Porto Betrag EUR   Sonstige Auslagen Betrag EUR   Bezeichnung

43

IV. Andere Nebenforderungen

Mehrkosten Betrag EUR   Auskünfte Betrag EUR   Bankrücklastkosten Betrag EUR   Inkassokosten Betrag EUR   Sonstige Nebenforderung Betrag EUR   Bezeichnung

44

Ein streitiges Verfahren wäre durchzuführen vor dem

1 = Amtsgericht
2 = Landgericht
3 = Landgericht – KfH
6 = Amtsgericht – Familiengericht
8 = Sozialgericht

Postleitzahl   Ort

In

Im Falle eines Widerspruchs beantrage ich die Durchführung des streitigen Verfahrens.

45

Prozessbevollmächtigter des Antragstellers

Betrag EUR

Ordnungsgemäße Bevollmächtigung versichere ich.

1 = Rechtsanwalt   4 = Herr, Frau
2 = Rechtsanwälte   5 = Rechtsanwältin
3 = Rechtsbeistand   6 = Rechtsanwältinnen

Dem Rechtsanwalt oder Rechtsbeistand Anstelle der Auslagenpauschale des § 26 BRAGO werden die nebenstehenden Auslagen verlangt, deren Richtigkeit versichert wird

Der Antragsteller ist nicht zum Vorsteuerabzug berechtigt.

46   Vor- und Nachname

47   Straße, Hausnummer – bitte kein Postfach –   Postleitzahl   Ort   Ausl. Kz.

48   Bankleitzahl   Konto-Nr.   bei der/dem

49

Von Kreditgebern (auch Zessionar) zusätzlich zu machende Angaben bei Anspruch aus Vertrag, für den das Verbraucherkreditgesetz oder die §§ 491 bis 504 BGB gelten:

Zeilen-Nr. der Hauptforderung	Vertragsdatum	Effektiver Jahreszins	Zeilen-Nr. der Hauptforderung	Vertragsdatum	Effektiver Jahreszins	Zeilen-Nr. der Hauptforderung	Vertragsdatum	Effektiver Jahreszins

50   Geschäftszeichen des Antragstellers/Prozessbevollmächtigten

51

An das
Amtsgericht
– Mahnabteilung –

Ich beantrage, einen Mahnbescheid zu erlassen und in diesen die Kosten des Verfahrens aufzunehmen.
Ich erkläre, dass der Anspruch von einer Gegenleistung

abhängt, diese aber bereits erbracht ist.   nicht abhängt.

52

Unterschrift des Antragstellers/Vertreters/Prozessbevollmächtigten

53   Postleitzahl, Ort

Die Hinterlegung

Da Paul Jedermann einmal etwas von einer Hinterlegungsstelle beim Amtsgericht und in diesem Zusammenhang davon gehört hat, daß man durch Hinterlegung bei dieser Stelle von seinen Verpflichtungen frei werden könne, beschließt er, dort den Betrag von 1000,– Euro zu hinterlegen. Er verspricht sich dadurch vor allem, weitere Prozeßkosten zu sparen. Er geht also zur Hinterlegungsstelle seines Amtsgerichts, füllt dort ein Formular aus und begründet die Hinterlegung damit, daß sich Schulz im Annahmeverzug befinde. Mit der weiteren Erklärung, daß er auf die Rückzahlung verzichte, glaubt er, alles erledigt zu haben und daß ihm nun nichts mehr geschehen könne, zumindest nicht in Höhe der hinterlegten 1000,– Euro.

Würde Schulz nur 1000,– Euro geltend machen, so hätte er recht. Voraussetzung für eine Befreiung von der Zahlungsverpflichtung ist nämlich, daß sich der Gläubiger in Annahmeverzug befindet. Dies ist hier aber, wie wir oben gesehen haben, nicht der Fall. Jedermann könnte ferner nur mit befreiender Wirkung hinterlegen, wenn er nicht wissen würde, welchem Gläubiger die Forderung zusteht. Dies kommt hin und wieder vor, wenn eine Forderung abgetreten wurde und der Schuldner von mehreren Personen in Anspruch genommen wird. Wenn er dann nicht Klarheit schaffen kann, wem die Forderung nunmehr tatsächlich zusteht, so wird er durch Hinterlegung frei. Das Recht der Hinterlegung ist in den §§ 372 ff. BGB und hinsichtlich der technischen Durchführung in der Hinterlegungsordnung in der Fassung vom 20. August 1990 geregelt. Es mag für uns hier genügen, wenn wir uns noch merken, daß der Schuldner den oder die Gläubiger über die erfolgte Hinterlegung verständigen muß. Ergibt sich für ihn die Notwendigkeit, selbst wieder das Hinterlegte zurückfordern zu müssen, so muß er eine schriftliche Erklärung derjenigen Person über seine Rücknahmeberechtigung beibringen, zu deren Gunsten er die Hinterlegung vorgenommen hat.

Die Hinterlegungsstelle kann verlangen, daß die Unterschrift durch einen Notar beglaubigt ist. In unserem Fall würde diese Erklärung folgenden Wortlaut haben:

MAX SCHULZ
Schneidermeister

Ritterstraße 3
35037 Marburg/Lahn

An das
Amtsgericht
– Hinterlegungsstelle –
35037 Marburg/Lahn

1. Juni 20..

Herr Paul Jedermann, 35037 Marburg/Lahn, Pilgerweg 6, hat bei der dortigen Hinterlegungsstelle unter dem Aktenzeichen ... den Betrag von Euro 1000,– zu meinen Gunsten unter Verzicht auf das Recht zur Rücknahme hinterlegt. Ich erkläre mich hiermit ausdrücklich damit einverstanden, daß dieser Betrag an Herrn Jedermann zurückgezahlt wird, nachdem ich eine Forderung an ihn nicht mehr habe.

Max Schulz

Etwa entstehende Kosten für die Beglaubigung der Unterschrift durch einen Notar muß Jedermann tragen.

Am Rande sei noch vermerkt, daß nur Geld, Wertpapiere, andere Urkunden und Kostbarkeiten hinterlegt werden können. Geschuldete Sachen, die nicht von der Hinterlegungsstelle angenommen werden, kann der Schuldner durch einen Gerichtsvollzieher öffentlich versteigern lassen und dann den Erlös bei der Hinterlegungsstelle einzahlen, falls der Gläubiger sich in Annahmeverzug befindet. Er muß diese Maßnahme jedoch vorher dem Gläubiger androhen. Hiervon kann er nur dann ausnahmsweise Abstand nehmen, wenn die Waren zu verderben drohen und somit Eile geboten ist. Handelt es sich um Sachen, die einen bestimmten Kurswert haben, so kann er sie zum Tageskurs veräußern und den Erlös dann beim Amtsgericht hinterlegen.

Der Widerspruch

Um zu verhindern, daß Schulz beim Amtsgericht den Erlaß eines Vollstreckungsbescheids beantragt und somit die Möglichkeit erhält, aufgrund dieses Vollstreckungsbescheids die Zwangsvollstreckung zu betreiben (vgl. unten), legt Jedermann gegen den Mahnbescheid Widerspruch ein. Dieser Widerspruch müßte etwa folgenden Wortlaut haben, falls er nicht ein ihm vom Gericht zugeleitete Formular verwendet:

Paul Jedermann

Pilgerweg 6
35037 Marburg/Lahn,
den 6. Mai 20..

An das
Amtsgericht
35037 Marburg/Lahn

Hiermit lege ich gegen den mir am 5. Mai 20.. zugestellten Mahnbescheid, Aktenzeichen 3 B 526/90

WIDERSPRUCH

ein.

Begründung:

Es trifft zu, daß ich bei dem Kläger einen Anzug anfertigen ließ. Der Anzug paßte zunächst gar nicht und mußte erst nachgebessert werden. Die mir vom Kläger ausgestellte Rechnung ist aber wesentlich übersetzt; außer dem üblichen Arbeitslohn scheint der Kläger auch noch alle weiteren Kosten in Ansatz gebracht zu haben, die ihm durch die Nachbesserung entstanden sind. Hierfür habe ich aber nicht einzustehen. Selbst wenn der Kläger diese Kosten nicht in Rechnung gestellt hätte, so würde hieraus folgen, daß der geltend gemachte Anspruch um so mehr der Höhe nach ungerechtfertigt ist. Der Preis für einen Anzug, wie er vom Kläger abgeliefert worden ist, dürfte höchstens Euro 1000,– betragen.

Beweis: Gutachten der zuständigen Handwerkskammer.

Da ich bereit bin, einen Betrag in Höhe von Euro 1000,– zu zahlen, habe ich heute diese Summe bei der Hinterlegungsstelle des Amtsgerichtes Marburg mit dem Verzicht auf Rücknahme eingezahlt, nachdem der Kläger die Annahme dieser Summe verweigert hat.

Beweis: Der Einzahlungsbeleg vom 6. Mai 20.., den ich in Abschrift beilege
        und dessen Original ich im Termin vorlegen werde.

Da eine Forderung gegen mich nicht mehr besteht, werde ich beantragen:
die Klage kostenpflichtig abzuweisen.

Paul Jedermann

518

Außer dem Original des Widerspruchs hat Jedermann gleichzeitig zwei Abschriften angefertigt, von denen er ein Exemplar dem Original beifügt und dem Gericht mit einreicht. Auch fügt er zwei Abschriften des Einzahlungsbelegs der Hinterlegungsstelle bei. Wir wollen uns in diesem Zusammenhang merken, daß bei Prozessen grundsätzlich jeder Schriftsatz, der eigenhändig zu unterzeichnen ist, mit einer Abschrift eingereicht wird. Auch Abschriften von Urkunden, die zum Beweis einer Tatsache wichtig erscheinen, sind doppelt einzureichen. Das Doppel übersendet das Gericht dem Prozeßgegner zur Stellungnahme. Originale von Urkunden lege man grundsätzlich erst im Termin vor, damit sie nicht verlorengehen. Bei Schriftsätzen alles Unwesentliche herauslassen! Sie sollen möglichst klar den wahren Sachverhalt herausstellen. Paragraphen brauchen nicht angeführt zu werden. Welche Rechtsvorschrift zur Anwendung gelangt, prüft das Gericht, das seine Entscheidung ja in rechtlicher Hinsicht begründen muß. In Prozessen mit komplizierten Rechtsfragen unter Beteiligung von Anwälten erfolgen natürlich umfangreiche Rechtsausführungen.

Der Vollstreckungsbescheid

Hätte Paul Jedermann gegen den Mahnbescheid keinen Widerspruch eingelegt, so müßte Schulz beim Amtsgericht den Antrag stellen, nunmehr einen Vollstreckungsbescheid zu erlassen. Erst mit Hilfe dieses Vollstreckungsbescheids ist er in der Lage, durch einen Gerichtsvollzieher die Zwangsvollstreckung und damit die Pfändung betreiben zu lassen. Der Antrag auf Erlaß eines Vollstreckungsbescheids darf frühestens nach Ablauf der im Mahnbescheid dem Schuldner Jedermann gestellten Frist gestellt werden. Der Antrag muß jedoch spätestens innerhalb von sechs Monaten nach Erlaß des Mahnbescheids bei dem Gericht eingehen. Hat der Gläubiger mit dem Antrag mehr als sechs Monate gewartet, so muß er einen neuen Mahnbescheid beantragen.

Den Antrag auf Erlaß eines Vollstreckungsbescheids muß der Gläubiger auf dem Formular stellen, welches ihm das Gericht nach Zustellung des Mahnbescheids an den Schuldner zugehen läßt. Aufgrund dieses Formularantrags erläßt dann das Amtsgericht den Vollstreckungsbescheid. Es reicht also nicht aus, daß der Antragsteller einen entsprechenden eigenen Text formuliert und diesen unterschrieben dem Gericht einreicht. Wie das Formular auszufüllen ist, ist dem Ausfüllungshinweis zu entnehmen, der dem Antragsteller mitgesandt wird. Insofern liegen die Dinge anders als bei der Einlegung des Widerspruchs, für welchen zwar auch ein Formular vorgesehen ist. Es besteht jedoch kein Zwang, dieses Formular zu benutzen, hier kann der Antragsgegner ohne weiteres einen entsprechenden eigenen Text wählen.

Der Einspruch

Gegen diesen Vollstreckungsbescheid könnte Jedermann nach der Zustellung »Einspruch« erheben, den er genauso wie den Widerspruch begründet und der ebenfalls die Anberaumung eines Termins zur mündlichen Verhandlung auslöst. Er hat an sich also nichts dadurch verloren, daß er gegen den Mahnbescheid keinen Widerspruch eingelegt hat. Allerdings kann er die etwa gleichzeitig mit der Zustellung des Vollstreckungsbescheids durch den Gerichtsvollzieher vorgenommene Pfändung nicht verhindern. Er müßte gegebenenfalls sofort nach der Pfändung zur Rechtsantragstelle (Amtsgericht) gehen und dort einen Antrag auf Einstellung der Zwangsvollstreckung zu Protokoll geben, um die Versteigerung zu verhindern.

Das neue Aktenzeichen

Durch die Einlegung des Widerspruchs beziehungsweise des Einspruchs ist das Verfahren, das wir bisher »Mahnverfahren« nannten, erledigt. Es handelt sich jetzt um einen normalen Prozeß, so daß

die Akte beim Gericht auch ein anderes Aktenzeichen erhält. Nunmehr ist für die Sache das Prozeßgericht des Amtsgerichts zuständig, soweit nicht das Landgericht zuständig ist (siehe hierzu das
Kapitel »Gerichtsstand«).

Der vorbereitende Schriftsatz

Nachdem der Widerspruch bei dem Amtsgericht eingegangen ist, muß der Rechtsstreit nun zur
mündlichen Verhandlung kommen, sobald der Gläubiger einen entsprechenden Antrag gestellt und
die weiteren Kosten bezahlt hat. Im allgemeinen ist auf dem Mahnformular mit dem Antrag auf
Erlaß des Mahnbescheids gleichzeitig ein Antrag auf Anberaumung eines Termins zur mündlichen
Verhandlung für den Fall, daß der Schuldner Widerspruch erhebt, verbunden.

Das Gericht setzt den Gläubiger nunmehr davon in Kenntnis, daß Jedermann Widerspruch eingelegt hat, und lädt ihn gleichzeitig zum Termin zur mündlichen Verhandlung. Dem Kläger wird
ebenfalls die von Jedermann eingereichte Abschrift des Widerspruchs mit Begründung zur
Stellungnahme zugestellt. Schulz muß nunmehr seinen Anspruch eingehend begründen. Er reicht
daher den folgenden Schriftsatz ein und fügt natürlich auch eine Abschrift bei:

MAX SCHULZ   *Ritterstraße 3*
Schneidermeister   *35037 Marburg/Lahn*

An das
Amtsgericht
35037 Marburg/Lahn   3. Juni 20..

In Sachen Schulz gegen Jedermann, Aktenzeichen 3 C 561/20, begründe ich meinen
Anspruch wie folgt:

Im Januar dieses Jahres erschien bei mir der Beklagte und erteilte mir den Auftrag,
einen Anzug zu fertigen. Über die Höhe des Preises haben wir gesprochen. Ich habe dem
Beklagten in Gegenwart meines Mitarbeiters gesagt, daß der Anzug Euro 2000,– koste.
Der Beklagte war damit einverstanden.

<u>Beweis:</u>   Zeugnis des Schneidergesellen Fritz Emsig, Wettergasse 97, 35037
            Marburg/Lahn

Obwohl ich mit der Fertigung viel Mühe hatte und der Beklagte ohne Grund den
Sitz bemängelte, habe ich den Sakko nochmals auseinandergetrennt und die Sonderwünsche berücksichtigt. Kosten hierfür habe ich nicht in Rechnung gestellt. Der Beklagte
beanstandet jetzt auch nicht mehr den Sakko. Die Lieferung ist am 5. Februar 20..
erfolgt. Die Rechnung hätte der Beklagte an sich schon bei Ablieferung des Anzuges
bezahlen müssen. Außerdem habe ich den Beklagten gemahnt und ihm eine Frist gesetzt.
Er befindet sich in Verzug.

520

<u>Beweis:</u> Kopie der Rechnung und des Mahnschreibens, die ich im Termin vorlegen werde.

Ich werde daher beantragen:

den Beklagten kostenpflichtig zu verurteilen, an den Kläger Euro 2000,– nebst Zinsen in Höhe von 5 Prozent über den Basiszinssatz seit Zustellung des Mahnbescheides zu zahlen und das Urteil für vorläufig vollstreckbar zu erklären.

Max Schulz

Der gesetzliche Zinssatz von 4 Prozent ergibt sich aus § 246 BGB. Er ist für den Verzug gemäß § 288 BGB angehoben worden, und zwar auf 5 Prozentpunkte über dem jeweiligen Basiszinssatz (= Nachfolger des Diskontsatzes der Bundesbank). Er beträgt 8 Prozent über dem Basiszinssatz bei Nicht-Verbrauchern als Schuldner. Die Zinsen sind von dem Zeitpunkt an zu zahlen, an dem sich der Schuldner im Verzug befindet. Der Verzug tritt immer aufgrund einer Mahnung nach Fälligkeit ein, außerdem nach 30 Tagen nach Fälligkeit und Rechnungsstellung. In bestimmten Fällen kann der Verzug auch früher eintreten, zum Beispiel bei fest vereinbarten Terminen und endgültiger Zahlungsverweigerung. Der Basiszinssatz beträgt zur Zeit 1,14 Prozent und verändert sich zum 1. Januar und 1. Juli jeden Jahres entsprechend den Bezugszinssätzen der Europäischen Zentralbank (EZB) = § 247 BGB.

Der Termin

Vorab ist hinsichtlich der gerichtlichen Terminierung zu beachten, daß seit 28. Oktober 1996 das Gesetz zur Abschaffung der Gerichtsferien in Kraft getreten ist. Danach entfällt die 120 Jahre alte Regelung, daß in der Zeit vom 15. Juli bis 15. September keine gerichtlichen Fristen liefen (wichtig zum Beispiel für Rechtsmittel) und – außer in sogenannten »Feriensachen« keine Termine anberaumt wurden.

Nunmehr laufen sämtliche Fristen auch in dieser Sommerzeit und es werden auch in dieser Zeit Termine anberaumt. Allerdings muß auf Antrag, der innerhalb von einer Woche nach Zugang der Terminanberaumung zu stellen ist, ein für die Zeit vom 1. Juli bis 31. August bestimmter Termin verlegt werden, mit Ausnahme bestimmter Eilsachen.

Der Tag des Gerichtstermins ist gekommen. Einige Minuten vor 10 Uhr gehen die Prozeßparteien vor der Tür des Sitzungssaals auf und ab und sehen, daß ihr Rechtsstreit noch nicht aufgerufen ist, daß sie also noch nicht an der Reihe sind. Um 10 Uhr hören sie, daß über die Lautsprecheranlage ausgerufen wird: »Schulz gegen Jedermann.« Dieser Augenblick ist der Zeitpunkt, an dem sie beide den Sitzungssaal betreten müssen, wenn sie nicht Gefahr laufen wollen, daß ihnen Nachteile entstehen. Erscheint einer der Beteiligten nicht oder läßt er sich nicht durch einen anderen mit schriftlicher Vollmacht Versehenen vertreten, so ist der andere in der Lage, ein Versäumnisurteil entsprechend seinem Antrag aus dem Schriftsatz zu beantragen. Bei Prozessen vor dem Amtsgericht ist es übrigens nicht erforderlich, einen Rechtsanwalt zu bevollmächtigen. Man kann auch jeden Volljährigen mit Vollmacht zum Termin schicken. Diese Terminvollmacht müßte folgenden Wortlaut haben:

MAX SCHULZ   Ritterstraße 3
Schneidermeister   35037 Marburg/Lahn

                                              27. August 20..

                              Vollmacht

In Sachen Schulz gegen Jedermann, Aktenzeichen 3 C 561/20, erteile ich hiermit meiner
Ehefrau Lieselotte Schulz, geb. Müller, wohnhaft in Marburg/Lahn, Ritterstraße 3,
Vollmacht, mich in dem am 28. August 20.. vor dem Amtsgericht in Marburg stattfinden-
den Termin zu vertreten.

Max Schulz

Soll die Vollmacht nicht auf den Termin beschränkt bleiben und für den ganzen Rechtsstreit
Gültigkeit haben, so schreibt Max Schulz folgendes:

MAX SCHULZ   *Ritterstraße 3*
Schneidermeister   *35037 Marburg/Lahn*

                                              27. August 20..

                          Prozeßvollmacht

Hiermit bevollmächtige ich meine Ehefrau Lieselotte Schulz, geb. Müller, wohnhaft in
Marburg/Lahn, Ritterstraße 3, mich in dem vor dem Amtsgericht Marburg anhängigen
Rechtsstreit

                   Schulz gegen Jedermann, Aktz. 3 C 561/20

zu vertreten.

Max Schulz

In unserem Falle sind nun Schulz und Jedermann persönlich erschienen. Sie betreten den Sitzungssaal
und warten, bis der Richter nochmals ihre Namen ruft. Alsdann treten sie vor den Richtertisch und
nehmen dann die entsprechenden Sitze ein.

Der Richter muß zunächst einen Versuch zur gütlichen Einigung machen. Deshalb muß zunächst
eine Güteverhandlung anberaumt und der Versuch eines Vergleichs unternommen werden (§ 278

ZPO). Die mündliche Streitverhandlung kann sich unmittelbar anschließen. Häufig wird man schon zu diesem Zeitpunkt übersehen können, welche Erfolgsaussichten gegeben sind. Hat man erkannt, daß man sich mit seiner Ansicht doch nicht im Recht befindet, so ist es besser, sich entsprechend dem Vorschlag des Richters zu vergleichen, die Klage zurückzuziehen oder die Forderung anzuerkennen, um weitere Kosten zu sparen. Auch wird es bei einem Vergleich immer möglich sein, die Bezahlung der Klageforderung in angemessenen Raten zu erreichen.

Schulz und Jedermann wollen sich nicht vergleichen. Es wird nunmehr »streitig« verhandelt, das heißt, der Meister trägt zunächst alles vor, was zur Begründung seiner Klage zweckmäßig ist. Er wird also eine Schilderung über die verschiedenen Besprechungen mit Jedermann geben und das Schwergewicht darauf legen, daß Jedermann mit dem Preis in Höhe von 2000,– Euro einverstanden war. Er wird hierzu die Vernehmung seines bereits im Schriftsatz benannten Gesellen beantragen. Auch wird er die Kopie der Rechnung vorlegen, der Paul Jedermann bisher niemals widersprochen hat.

Jedermann bestreitet, daß jemals über einen Betrag von 2000,– Euro gesprochen worden ist. Auch stellt er Ungenauigkeiten in der Schilderung des Meisters über den Gang der Besprechungen richtig. Dann legt er den Einzahlungsbeleg der Hinterlegungsstelle über 1000,– Euro vor. Er beantragt ferner, ein Gutachten der Handwerkskammer einzuholen.

Schulz erklärt mit Recht, die Hinterlegung interessiere ihn nicht, weil er sich nicht im Annahmeverzug befinde. Er habe 2000,– Euro zu fordern und brauche daher nicht einen Teilbetrag anzunehmen.

Der Richter nimmt die Erklärungen entgegen, schließt die Akte und erklärt: »Termin zur Verkündung einer Entscheidung am 3. September …, 12 Uhr.« Zu diesem Termin braucht niemand hinzugehen, es genügt vollkommen, wenn Schulz und Jedermann am 4. oder 5. September zur Geschäftsstelle 3 des Amtsgerichts gehen, sich dort die Akten geben lassen und die darin enthaltene Entscheidung des Richters einsehen. Sie können auch jemanden mit einer entsprechenden Vollmacht schicken und die Entscheidung abschreiben lassen. Die Vollmacht müßte lauten:

MAX SCHULZ
Schneidermeister

<u>Vollmacht</u>

Hiermit bevollmächtige ich Frau Anna Schreib, die Akten Schulz gegen Jedermann, Aktenzeichen 3 C 561/20, einzusehen.

Marburg/Lahn, den 4. September 20..

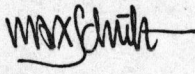

Anna Schreib braucht nicht volljährig zu sein, um zur Akteneinsicht bevollmächtigt zu werden. Die Akteneinsicht ist keine Prozeßhandlung wie die Vertretung bei der mündlichen Verhandlung.

Der Beweisbeschluß

Das Gericht hat folgenden Beweisbeschluß zu den Akten gegeben:

<u>Beweisbeschluß</u>

In Sachen Schulz gegen Jedermann soll Beweis erhoben werden:

1. über die Behauptung des Klägers, er habe mit dem Beklagten die Zahlung eines Arbeitslohnes in Höhe von Euro 2000,– vereinbart,

2. über die Behauptung des Beklagten, der Preis von Euro 2000,– sei zu hoch und daher nicht angemessen,

zu 1. durch Vernehmung des Schneidergesellen Fritz Emsig, 35037 Marburg/Lahn, Wettergasse 97, vom Kläger benannt, als Zeugen,
zu 2. durch Einholung eines Gutachtens der Handwerkskammer Marburg.

Die Ladung des Zeugen Emsig wird davon abhängig gemacht, daß der Kläger binnen zehn Tagen einen Kostenvorschuß in Höhe von Euro 100,– oder eine Verzichterklärung des Zeugen Emsig auf Erstattung der Zeugengebühren einreicht. Dem Beklagten wird aufgegeben, ebenfalls binnen zehn Tagen einen Kostenvorschuß von Euro 300,– für das einzuholende Gutachten bei der Gerichtskasse einzuzahlen. Termin zur Beweisaufnahme und Fortsetzung der mündlichen Verhandlung wird bestimmt auf

Freitag, den 3. Oktober 20.., 11.30 Uhr, Zimmer 5
Das Amtsgericht, Abt. 3

(gez. Dr. Weise, RiAG)

Eine neue Ladung zum Termin erfolgt nicht mehr. Schulz und Jedermann müssen darauf achten, daß sie am 3. Oktober entweder selbst erscheinen oder sich vertreten lassen.

Da der Schneidergeselle Emsig beim Kläger beschäftigt ist und ihm somit ein Verdienstausfall nicht entstehen wird, unterzeichnet er die ihm vom Meister Schulz vorgelegte Verzichterklärung, die folgenden Wortlaut hat:

Fritz Emsig   *Wettergasse 97*
                                                35037 Marburg/Lahn,
                                                den 7. September 20..

Verzichterklärung

In Sachen Schulz gegen Jedermann, Aktenzeichen 3 C 561/90, soll ich als Zeuge vernommen werden. Ich verzichte hiermit ausdrücklich auf Erstattung der Zeugengebühren.

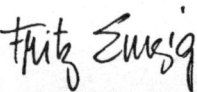

Schulz nimmt diese Erklärung und sendet sie zusammen mit folgendem Anschreiben an das Amtsgericht:

524

MAX SCHULZ   *Ritterstraße 3*
Schneidermeister   *35037 Marburg/Lahn*

An das
Amtsgericht
35037 Marburg/Lahn   7. September 20..

In Sachen Schulz gegen Jedermann – 3 C 561/90 – überreiche ich in der Anlage
die Verzichterklärung des Zeugen Fritz Emsig gemäß Beweisbeschluß vom
3. September 20..

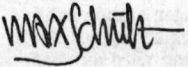

Jedermann zahlt den Betrag von 300,– Euro auf das Konto des Amtsgerichts ein. Er vergißt auch nicht, auf die Überweisung zu schreiben: Kostenvorschuß in Sachen Schulz/Karl Jedermann, Aktz. 3 C 561/... Seinen Namen und die Adresse hat er natürlich auch deutlich auf der Überweisung vermerkt.

Das Gericht lädt nunmehr den Zeugen Emsig zum Termin und fragt bei der Handwerkskammer an, welcher Preis für die Anfertigung dieses Anzugs in Marburg üblich und angemessen ist. Mitunter werden auch in schwierigen Fällen die Akten an die begutachtende Stelle weitergegeben.

Zum Termin erscheinen bei Aufruf der Sache Schulz (die seiner Frau erteilte Prozeßvollmacht hindert ihn nicht, zu jeder Zeit die Sache wieder selbst in die Hand zu nehmen oder gemeinsam mit seinem Prozeßbevollmächtigten zu erscheinen), der Zeuge Emsig und Jedermann.

Die Zeugenvernehmung

Emsig ist sehr aufgeregt, obwohl ein Zeuge hierzu gar keinen Grund hat. Er will dem Richter durchaus seine Ladung vor die Augen halten und ist sehr enttäuscht, daß sich hierum niemand kümmert. Trotzdem ist die Ladung natürlich wichtig, denn er müßte sie vorlegen, wenn er bei der Gerichtskasse seine Gebühren abholen wollte, auf die er in unserem Falle aber verzichtet hat.

Der Richter fragt zunächst nach den Personalien und danach, ob er mit dem Kläger oder Beklagten verwandt oder verschwägert ist. Wäre dies der Fall, so könnte Emsig von dem Zeugnisverweigerungsrecht Gebrauch machen. Das Zeugnisverweigerungsrecht ist in den §§ 383 bis 385 ZPO geregelt. Diese Bestimmungen haben folgenden Wortlaut:

§ 383
(1) Zur Verweigerung des Zeugnisses sind berechtigt:
1. der Verlobte einer Partei;
2. der Ehegatte einer Partei, auch wenn die Ehe nicht mehr besteht;
2a. der Lebenspartner einer Partei, auch wenn die Lebenspartnerschaft nicht mehr besteht;
3. diejenigen, die mit einer Partei in gerader Linie verwandt oder verschwägert, in der Seitenlinie bis zum dritten Grad verwandt oder bis zum zweiten Grad verschwägert sind oder waren;
4. Geistliche in Ansehung desjenigen, was ihnen bei der Ausübung der Seelsorge anvertraut ist;
5. Personen, die bei der Vorbereitung, Herstellung oder Verbreitung von periodischen Druckwerken oder Rundfunksendungen berufsmäßig mitwirken oder mitgewirkt haben, über die Person des Verfassers, Einsenders oder Gewährsmannes von Beiträgen und Unterlagen sowie über die ihnen im Hinblick auf ihre Tätigkeit gemachten Mitteilungen, soweit es sich um Beiträge, Unterlagen und Mitteilungen für den redaktionellen Teil handelt;
6. Personen, denen kraft ihres Amtes, Standes oder Gewerbes Tatsachen anvertraut sind, deren Geheimhaltung durch ihre Natur oder durch gesetzliche Vorschrift geboten ist, in betreff der Tatsachen, auf welche die Verpflichtung zur Verschwiegenheit sich bezieht.
(2) Die unter Nr. 1 bis 3 bezeichneten Personen sind vor der Vernehmung über ihr Recht zur Verweigerung des Zeugnisses zu belehren.
(3) Die Vernehmung der unter Nr. 4 bis 6 bezeichneten Personen ist, auch wenn das Zeugnis nicht verweigert wird, auf Tatsachen nicht zu richten, in Ansehung welcher erhellt, daß ohne Verletzung der Verpflichtung zur Verschwiegenheit ein Zeugnis nicht abgelegt werden kann.

§ 384
Das Zeugnis kann verweigert werden:
. über Fragen, deren Beantwortung dem Zeugen oder einer Person, zu der er in einem der im § 383 Nr. 1 bis 3 bezeichneten Verhältnisse steht, einen unmittelbaren vermögensrechtlichen Schaden verursachen würde;
2. über Fragen, deren Beantwortung dem Zeugen oder einem seiner im § 383 Nr. 1 bis 3 bezeichneten Angehörigen zur Unehre gereichen oder die Gefahr zuziehen würde, wegen einer Straftat oder einer Ordnungswidrigkeit verfolgt zu werden;
3. über Fragen, die der Zeuge nicht würde beantworten können, ohne ein Kunst- oder Gewerbegeheimnis zu offenbaren.

§ 385
(1) In den Fällen des § 383 Nr. 1 bis 3 und des § 384 Nr. 1 darf der Zeuge das Zeugnis nicht verweigern:
1. über die Errichtung und den Inhalt eines Rechtsgeschäftes, bei dessen Errichtung er als Zeuge zugezogen war;
2. über Geburten, Verheiratungen oder Sterbefälle von Familienmitgliedern;
3. über Tatsachen, welche die durch das Familienverhältnis bedingten Vermögensangelegenheiten betreffen;
4. über die auf das streitige Rechtsverhältnis sich beziehenden Handlungen, die von ihm selbst als Rechtsvorgänger oder Vertreter einer Partei vorgenommen sein sollen.
(2) Die im § 383 Nr. 4, 6 bezeichneten Personen dürfen das Zeugnis nicht verweigern, wenn sie von der Verpflichtung zur Verschwiegenheit entbunden sind.

Nachdem festgestellt ist, daß Emsig nicht verwandt oder verschwägert und zur Aussage bereit ist, belehrt ihn der Richter dahingehend, daß Emsig die reine Wahrheit sagen, nichts hinzufügen und nichts verschweigen dürfe, und daß er seine Aussage so einrichten müsse, daß er sie jederzeit beschwören könne. Der Richter weist darauf hin, daß auch schon eine fahrlässig gemachte Aussage schwere Strafen nach sich ziehen kann. Auch wenn ein Zeuge nicht beeidigt wird, kann seine Aussage strafbar sein, wenn sie nicht der Wahrheit gerecht wird.

Wären außer Emsig noch andere Zeugen geladen worden, so würden sie gleichzeitig belehrt worden sein und müßten jetzt den Sitzungssaal verlassen und draußen warten, bis sie erneut aufgerufen werden. Nur bereits vernommene Zeugen können im Saal bleiben.

Unser Zeuge wird nun aufgefordert, den Hergang in zusammenhängenden Sätzen zu schildern. Kläger und Beklagter achten auf jedes Wort, damit sie im Anschluß an die Vernehmung noch Fragen stellen können. Fragen, die den Zeugen suggestiv beeinflussen sollen, sind nicht zulässig. Man darf also dem Zeugen nicht die Antwort mit der Frage in den Mund legen. Natürlich kann man versuchen, die Glaubwürdigkeit zu erschüttern, wenn man weiß, daß der Zeuge nicht bei der Wahrheit bleibt.

Emsig schildert nun den Hergang des Besuches von Paul Jedermann. Obwohl er seinem Meister gern geholfen hätte, kann er sich beim besten Willen nicht besinnen, ob über die Höhe des Preises gesprochen worden ist. Auf eine Frage erklärt er noch, daß ein Preis von 2000,– Euro nach seiner Kenntnis durchaus üblich wäre. Mehr kann er nicht sagen. Jedermann besteht nun darauf, daß Emsig seine Aussage beeiden solle. Der Richter lehnt jedoch ab. Ihm allein obliegt die Entscheidung darüber, ob eine Aussage glaubhaft erscheint oder nicht. Er allein bestimmt auch, inwieweit ein Zeuge den Eid ableisten soll. Weder der Kläger noch der Beklagte haben die Möglichkeit, die Beeidigung zu erzwingen.

Nachdem niemand mehr an den Zeugen eine Frage zu richten hat, wird Emsig entlassen. Er kann nach Hause gehen. Der Richter gibt nunmehr das Gutachten der Handwerkskammer bekannt, in dem festgestellt wird, daß der Preis je nach der Qualität der Arbeit zwischen 1500,– Euro und 2000,– Euro schwanke und daß ein Preis, wie ihn Meister Schulz verlange, in Marburg durchaus üblich und daher angemessen sei.

Es wird weiter verhandelt

Wenn Jedermann nun vernünftig wäre, so würde er unmittelbar nach Verlesung des Gutachtens, also vor der erneuten streitigen Verhandlung über das Ergebnis der Beweisaufnahme, bereit sein, die Forderung im Wege des Vergleichs anzuerkennen, und gleichzeitig Ratenzahlungen erbitten. Er würde dann angesichts der Aussichtslosigkeit, den Prozeß zu gewinnen, Gerichtsgebühren sparen, und zwar die Beweisgebühr, die trotz der durchgeführten Beweisaufnahme in Wegfall kommt, und die Urteilsgebühr. Die Kosten für das Gutachten muß er jedoch tragen. Auch muß er die übrigen Gerichtskosten tragen. Trotzdem spart er Geld.

Jedermann ist aber leider halsstarrig. Es wird daher wieder in die mündliche Verhandlung eingetreten und über das Ergebnis der Beweisaufnahme verhandelt. Schulz beantragt dann, den Beklagten Jedermann kostenpflichtig zu verurteilen, an ihn 2000,– Euro nebst Zinsen zu zahlen und das Urteil für vorläufig vollstreckbar zu erklären. Jedermann stellt den Antrag, die Klage kostenpflichtig abzuweisen. Der Richter bestimmt einen neuen Termin zur Verkündung einer Entscheidung. Zu diesem Termin brauchen weder der Kläger noch der Beklagte zu erscheinen. Sie werden genau wie oben einen Tag nach diesem Termin einen Bevollmächtigten zur Geschäftsstelle des Amtsgerichts schicken und die Entscheidung einsehen lassen.

Das Urteil

Das Gericht hat ein Urteil gefällt und Jedermann entsprechend dem Antrag des Klägers verurteilt. Das Urteil ist vorläufig vollstreckbar erklärt worden, so daß die Zwangsvollstreckung betrieben werden kann, obwohl das Urteil noch nicht rechtskräftig ist. Jedermann könnte Berufung einlegen, da der Streitwert höher als 2000,– Euro ist. Soweit Berufung möglich ist, ist die Berufung innerhalb von einem Monat seit dem Tage der Zustellung einzulegen und innerhalb eines weiteren Monats zu begründen.

Die Berufung

Die Berufung ist an das zuständige Landgericht zu richten, ausgenommen bei Entscheidungen der Familiengerichte und bei Ausländerbeteiligung oder Auslandsrecht (dann an das OLG = § 119 GVG). Bei Urteilen erster Instanz von Landgerichten geht die Berufung an das zuständige Oberlandesgericht. Die Berufung ist nur statthaft, wenn der Wert des Beschwerdegegenstand 600,– Euro beträgt oder wenn die Berufung von der ersten Instanz zugelassen wurde. Dies erfolgt immer, wenn die Rechtslage Bedeutung hat oder der Fortbildung des Rechts dient (§ 511 ZPO).

Beim Landgericht und Oberlandesgericht besteht Anwaltszwang, wobei nunmehr sämtliche deutschen Anwälte, die bei einem Landgericht zugelassen sind, auch vor allen anderen Landgerichten auftreten können und entsprechend auch ein Oberlandesgerichts-Anwalt bei allen Oberlandesgerichten, wenn er nur bei einem Oberlandesgericht zugelassen ist.

Die Berufungsfrist beträgt einen Monat ab Zustellung des Urteils und die Begründungsfrist zwei Monate ab der Zustellung des Urteils. Da die erfolgreiche Berufungsdurchführung mit vielen Formalien verbunden ist und Anwälte eingeschaltet werden müssen, ist hier auf keine weiteren Einzelheiten einzugehen. Erwähnt seien nur zwei wichtige Neuerungen aufgrund der ZPO-Änderungen im Jahre 2002:

1. Das Berufungsgericht kann eine aussichtslose Sache ohne Termin durch einstimmigen Beschluß zurückweisen (§ 522).
2. Es findet nur noch eine eingeschränkte Überprüfung von Tatsachen statt, die in der ersten Instanz aufgeklärt wurden (§ 529).

Die Revision

Das Revisionsrecht wurde ebenfalls durch die ZPO-Novelle im Jahre 2002 wesentlich geändert. Da nur der Bundesgerichtshof für die Entscheidungen über Revisionen zuständig ist und nur die dort zugelassenen Anwälte (im wesentlichen in Karlsruhe) auftreten dürfen und eingeschaltet werden müssen, verzichten wir auch hier auf Einzelheiten. Nur soviel: Es gibt keine Streitwertabhängigkeit mehr, sondern die Revision muß zugelassen worden sein (im wesentlichen nur aus ganz bestimmten Gründen). Die Frist zur Einlegung der Revision beträgt auch einen Monat und für die Begründung auch zwei Monate nach Zustellung des Urteils. Gegen die Nichtzulassung ist Beschwerde zulässig. Es gibt auch Revisionen gegen Urteile von Landgerichten.

Die Kosten und ihre Festsetzung

Damit Max Schulz nun auch die entstandenen Kosten des Verfahrens in der Zwangsvollstreckung geltend machen kann, muß er sich noch einen Kostenfestsetzungsbeschluß beschaffen. Er richtet daher einen entsprechenden Antrag an das Amtsgericht.

MAX SCHULZ
Schneidermeister

Ritterstraße 3
35037 Marburg/Lahn

An das
Amtsgericht
35037 Marburg/Lahn

5. Oktober 20..

Kostenfestsetzungsantrag

In Sachen Schulz gegen Jedermann, Aktenzeichen 3 C 561/90, bitte ich die mir aufgrund des Urteils vom 3. Oktober 20.. zu erstattenden Kosten festzusetzen. Eine Aufstellung über meine Auslagen füge ich in der Anlage bei.

Max Schulz

Hätte Schulz nicht die Verzichterklärung des Zeugen Emsig beigebracht und den vom Gericht ursprünglich geforderten Vorschuß für die entstehenden Zeugengebühren eingezahlt, so könnte er jetzt auch noch diesen Betrag in Ansatz bringen. Nachdem der Zeuge auf die Gebühren verzichtet hat, kann Meister Schulz nunmehr keine Kosten geltend machen, und zwar auch nicht den Betrag für den Schaden, der ihm daraus erwachsen ist, daß der Zeuge Emsig durch seine Anwesenheit beim Gericht nicht in der Werkstatt arbeiten konnte.

Das Gericht setzt die Kosten antragsgemäß fest und übermittelt Meister Schulz eine vollstreckbare Ausfertigung dieses Kostenfestsetzungsbeschlusses. Bei allen künftigen Zwangsvollstreckungsversuchen fügt Schulz diese Ausfertigung der vollstreckbaren Ausfertigung des Urteils bei, damit auch dieser Betrag beigetrieben werden kann.

Schulz erhält nach einiger Zeit vom Amtsgericht eine vollstreckbare Ausfertigung des Urteils, das mit Gründen versehen ist, übersandt. Er beauftragt nunmehr den für den Wohnsitz des Paul Jedermann zuständigen Gerichtsvollzieher mit der Zustellung und zweckmäßigerweise auch gleichzeitig mit der Zwangsvollstreckung. Er kann sich hierbei auch der Hilfe des Amtsgerichts bedienen. Er übersendet also die vollstreckbare Ausfertigung an das Amtsgericht mit folgendem Anschreiben:

MAX SCHULZ   Ritterstraße 3
Schneidermeister   35037 Marburg/Lahn

An das
Amtsgericht
35037 Marburg/Lahn   15. November 20..

In Sachen Schulz gegen Jedermann überreiche ich die vollstreckbare Ausfertigung des Urteils des Amtsgerichts Marburg/Lahn vom 3. Oktober 20.., Aktz. 3 C 561/20, und den Kostenfestsetzungsbeschluß mit der Bitte, die Zwangsvollstreckung zu vermitteln.

Max Schulz

Das Gericht veranlaßt alles weitere. Schulz erhält dann vom zuständigen Gerichtsvollzieher Nachricht über das Ergebnis der Pfändung. Zahlt Jedermann bei Vorlage des Urteils, so händigt ihm der Gerichtsvollzieher die vollstreckbare Ausfertigung des Urteils aus. Der Gerichtsvollzieher überweist dann den Betrag an Max Schulz.

Jedermann zahlt natürlich aus Ärger über den nach seiner Meinung zu Unrecht verlorenen Prozeß nicht, als ihm der Gerichtsvollzieher das Urteil zustellt, zumal er der Überzeugung ist, daß eine Pfändung doch fruchtlos ausfallen würde, da er kein pfändbares Vermögen hat. Hinsichtlich seines

Vermögens hat er sogar richtig gedacht, denn dieses geht zur Zeit tatsächlich nicht über das hinaus, was nicht der Zwangsvollstreckung unterliegt. Der hierfür in Betracht kommende § 811 ZPO lautet wie folgt:

Folgende Sachen sind der Pfändung nicht unterworfen:

1. die dem persönlichen Gebrauch oder dem Haushalt dienenden Sachen, insbesondere Kleidungsstücke, Wäsche, Betten, Haus- und Küchengerät, soweit der Schuldner ihrer zu einer seiner Berufstätigkeit und seiner Verschuldung angemessenen, bescheidenen Lebens- und Haushaltsführung bedarf; ferner Gartenhäuser, Wohnlauben und ähnliche Wohnzwecken dienende Einrichtungen, die der Zwangsvollstreckung in das bewegliche Vermögen unterliegen und deren der Schuldner oder seine Familie zur ständigen Unterkunft bedarf;

2. die für den Schuldner, seine Familie und seine Hausangehörigen, die ihm im Haushalt helfen, auf vier Wochen erforderlichen Nahrungs-, Feuerungs- und Beleuchtungsmittel oder, soweit für diesen Zeitraum solche Vorräte nicht vorhanden und ihre Beschaffung auf anderem Wege nicht gesichert ist, der zur Beschaffung erforderliche Geldbetrag;

3. Kleintiere in beschränkter Zahl sowie eine Milchkuh oder nach Wahl des Schuldners statt einer solchen insgesamt zwei Schweine, Ziegen oder Schafe, wenn diese Tiere für die Ernährung des Schuldners, seiner Familie oder Hausangehörigen, die ihm im Haushalt, in der Landwirtschaft oder im Gewerbe helfen, erforderlich sind; ferner die zur Fütterung und zur Streu auf vier Wochen erforderlichen Vorräte oder, soweit solche Vorräte nicht vorhanden sind und ihre Beschaffung für diesen Zeitraum auf anderem Wege nicht gesichert ist, der zu ihrer Beschaffung erforderliche Geldbetrag;

4. bei Personen, die Landwirtschaft betreiben, das zum Wirtschaftsbetrieb erforderliche Gerät und Vieh nebst dem nötigen Dünger sowie die landwirtschaftlichen Erzeugnisse, soweit sie zur Sicherung des Unterhalts des Schuldners, seiner Familie und seiner Arbeitnehmer oder zur Fortführung der Wirtschaft bis zur nächsten Ernte gleicher oder ähnlicher Erzeugnisse erforderlich sind;

4a. bei Arbeitnehmern in landwirtschaftlichen Betrieben die ihnen als Vergütung gelieferten Naturalien, soweit der Schuldner ihrer zu seinem eigenen und seiner Familie Unterhalt bedarf;

5. bei Personen, die aus ihrer körperlichen oder geistigen Arbeit oder sonstigen persönlichen Leistungen ihren Erwerb ziehen, die zur Fortsetzung dieser Erwerbstätigkeit erforderlichen Gegenstände;

6. bei den Witwen und minderjährigen Erben der unter Nr. 5 bezeichneten Personen, wenn sie die Erwerbstätigkeit für ihre Rechnung durch einen Stellvertreter fortführen, die zur Fortführung dieser Erwerbstätigkeit erforderlichen Gegenstände;

7. Dienstkleidungsstücke sowie Dienstausrüstungsgegenstände, soweit sie zum Gebrauch des Schuldners bestimmt sind, sowie bei Beamten, Geistlichen, Rechtsanwälten, Notaren, Ärzten und Hebammen die zur Ausübung des Berufs erforderlichen Gegenstände einschließlich angemessener Kleidung;

8. bei Personen, die wiederkehrende Einkünfte der in den §§ 850 bis 850b bezeichneten Art beziehen, ein Geldbetrag, der dem der Pfändung nicht unterworfenen Teil der Einkünfte für die Zeit von der Pfändung bis zu dem nächsten Zahlungstermin entspricht;

9. die zum Betrieb einer Apotheke unentbehrlichen Geräte, Gefäße und Waren;

10. die Bücher, die zum Gebrauch des Schuldners und seiner Familie in der Kirche oder Schule oder einer sonstigen Unterrichtsanstalt oder bei der häuslichen Andacht bestimmt sind;

11. die in Gebrauch genommenen Haushaltungs- und Geschäftsbücher, die Familienpapiere sowie Trauringe, Orden und Ehrenzeichen;

12. künstliche Gliedmaßen, Brillen und andere wegen körperlicher Gebrechen notwendige Hilfsmittel, soweit diese Gegenstände zum Gebrauch des Schuldners und seiner Familie bestimmt sind;

13. die zur unmittelbaren Verwendung für die Bestattung bestimmten Gegenstände.

Die Zwangsvollstreckung in das bewegliche Vermögen ist also fruchtlos. Der Gerichtsvollzieher nimmt hierüber ein Protokoll auf, das er von Jedermann unterschreiben läßt.

Hat ein Schuldner Gegenstände, die ihm gehören und die der Pfändung unterliegen, beiseite geschafft, so hat er sich strafbar gemacht wegen Vollstreckungsvereitelung. Nach § 288 StGB Freiheitsstrafe bis zu zwei Jahren oder Geldstrafe.

Der Gerichtsvollzieher übersendet das Protokoll und die ihm überlassene Vollstreckungsausfertigung des Urteils an Schulz und erhebt die Zustellungs- und Zwangsvollstreckungskosten unter Nachnahme. Diese Kosten kann Schulz ebenfalls von Jedermann verlangen, falls eine erneute Vollstreckung Erfolg hat. Im übrigen hat der Gerichtsvollzieher durch geschicktes Fragen herauszubekommen, bei welchem Arbeitgeber Jedermann beschäftigt ist. Schulz hat somit die Möglichkeit, das Gehalt oder den Lohn des Jedermann pfänden zu lassen. (Arbeitsämter geben keine Auskunft über die Arbeitsstelle eines Schuldners.)

Hätte der Gerichtsvollzieher einen Gegenstand vorgefunden, der der Pfändung unterliegt, und diesen gepfändet, so würde er im Wege der Versteigerung verwertet werden. Soweit der Erlös die Forderung des Gläubigers und der entstehenden Kosten übersteigt, wird er an den Schuldner ausgezahlt.

Der Vollstreckungsschutz

Trotz der Pfändung eines Gegenstandes braucht es allerdings immer noch nicht zur Versteigerung zu kommen. Eine Versteigerung erbringt in vielen Fällen auch nicht annähernd den Wert des betreffenden Gegenstandes. So würde einem Schuldner, der zwar nicht den Gesamtbetrag der Forderung mit einem Mal bezahlen kann, aber trotzdem in der Lage wäre, seine Schulden in Ratenzahlungen abzudecken, ein nicht unerheblicher Verlust entstehen. Aus diesem Grunde ist die Möglichkeit des sogenannten Vollstreckungsschutzes geschaffen worden. Wesentlich sind vor allem die §§ 765a ff. ZPO. Unter ihnen ist von besonderer Bedeutung der § 813a, der folgenden Wortlaut hat:

§ 813a
[1]Hat der Gläubiger eine Zahlung in Teilbeträgen nicht ausgeschlossen, kann der Gerichtsvollzieher die Verwertung gepfändeter Sachen aufschieben, wenn sich der Schuldner verpflichtet, den Betrag, der zur Befriedigung des Gläubigers und zur Deckung der Kosten der Zwangsvollstreckung erforderlich ist, innerhalb eines Jahres zu zahlen; hierfür kann der Gerichtsvollzieher Raten nach Höhe und Zeitpunkt festsetzen. Einen Termin zur Verwertung kann der Gerichtsvollzieher auf einen Zeitpunkt bestimmen, der nach dem nächsten Zahlungstermin liegt; einen bereits bestimmten Termin kann er auf diesen Zeitpunkt verlegen.

[2]Hat der Gläubiger einer Zahlung in Teilbeträgen nicht bereits bei Erteilung des Vollstreckungsauftrags zugestimmt, hat ihn der Gerichtsvollzieher unverzüglich über den Aufschub der Verwertung und über die festgesetzten Raten zu unterrichten. In diesem Fall kann der Gläubiger dem Verwertungsaufschub widersprechen. Der Gerichtsvollzieher unterrichtet den Schuldner über den Widerspruch; mit der Unterrichtung endet der Aufschub. Dieselbe Wirkung tritt ein, wenn der Schuldner mit einer Zahlung ganz oder teilweise in Verzug kommt.

Wird also bei einem Schuldner ein Gegenstand gepfändet und ist er in der Lage, die Schulden in angemessenen Raten zu bezahlen, so hat er die Möglichkeit, bei dem Vollstreckungsgericht einen Antrag auf Aussetzung der Zwangsvollstreckung zu stellen. Das Vollstreckungsgericht ist dasjenige Amtsgericht, in dessen Bereich der Schuldner seinen Wohnsitz hat.

Ein vernünftiger Schuldner wird mit diesem Antrag nicht so lange warten, bis der vom Gerichtsvollzieher festgesetzte Versteigerungstermin in unmittelbare Nähe gerückt ist. Er wird sofort nach der Pfändung zum Amtsgericht gehen und dort zu Protokoll der beim Amtsgericht befindlichen

Rechtsantragsstelle seine persönliche und wirtschaftliche Lage schildern und die Aussetzung der weiteren Zwangsvollstreckung beantragen. Daß sein Antrag nur Erfolg hat, wenn er sich zur Zahlung angemessener Raten verpflichtet, liegt auf der Hand. Wenn das Vollstreckungsgericht seinem Antrage **531** stattgegeben hat, muß er pünktlich die ihm auferlegten Raten an den Gläubiger zahlen. Zahlt er die Raten nicht, so nimmt das Verfahren seinen Lauf. Trotz der zeitweiligen Aussetzung der Vollstreckung bleibt nämlich der Gegenstand gepfändet. Durch das Nichteinhalten der Ratenzahlungen zeigt der Schuldner, daß er böswillig ist. In diesem Falle kann dem Gläubiger nicht mehr zugemutet werden, noch länger stillzuhalten. Die Versteigerung ist dann nicht mehr aufzuhalten, es sei denn, der Schuldner kann glaubhaft machen, daß er ohne eigenes Verschulden eine Rate nicht zahlen konnte und für die Zukunft in der Lage ist, die weiteren Raten pünktlich zu zahlen.

Die Lohnpfändung

Schulz schreibt daher an das Vollstreckungsgericht. Das Vollstreckungsgericht ist immer dasjenige Amtsgericht, in dessen Bezirk der Schuldner seinen Wohnsitz hat. Da Jedermann seinen Wohnsitz in Marburg hat, ist auch das Amtsgericht Marburg als Vollstreckungsgericht zuständig. Wäre Jedermann inzwischen nach Gießen verzogen, so müßte Schulz an das Amtsgericht Gießen schreiben. Sein Antrag lautet:

MAX SCHULZ   *Ritterstraße 3*
Schneidermeister   *35037 Marburg/Lahn*

An das
Amtsgericht
35037 Marburg/Lahn   14. Oktober 20..

In Sachen Schulz gegen Jedermann überreiche ich in der Anlage:

1.   vollstreckbare Ausfertigung des Urteils des Amtsgerichts Marburg/Lahn
        vom 3. Oktober 20.., Aktz. 3 C 561/20, und des Kostenfestsetzungsbeschlusses,
2.   das Pfändungsprotokoll des zuständigen Gerichtsvollziehers über die fruchtlose
        Zwangsvollstreckung.

Der Schuldner hat bisher nicht gezahlt. Auch die versuchte Zwangsvollstreckung ist fruchtlos ausgefallen. Im gegenwärtigen Zeitpunkt stehen mir zu:

       1. Hauptforderung aus dem Urteil   Euro . . .

       2. 4 % Zinsen seit dem . . .   Euro . . .

       3. festgesetzte Kosten lt.
          Kostenfestsetzungsbeschluß   Euro . . .

       4. Kosten für fruchtlose Zwangsvollstreckung
          lt. Rechnung des Gerichtsvollziehers   Euro . . .

       5. sonstige Auslagen für Porto   Euro . . .

                                 insgesamt Euro . . .

> Wie ich ermittelt habe, ist der Schuldner bei der Firma Fritz Huckental & Co., Am Elisabethbrunnen 5, 35037 Marburg/Lahn, beschäftigt. Ich bitte, einen Pfändungs- und Überweisungsbeschluß mit der Maßgabe zu erlassen, daß das Arbeitseinkommen des Paul Jedermann, soweit es die pfändungsfreie Grenze übersteigt, bei der vorgenannten Firma gepfändet und mir zur Einziehung überwiesen wird. Die Geschäftsstelle wird gebeten, die Zustellung an den Schuldner und den Drittschuldner zu veranlassen.
>
> *max Schulz*
>
> 2 Anlagen

Das Amtsgericht erläßt nunmehr einen diesem Antrag entsprechenden Pfändungs- und Überweisungsbeschluß.

Man kann für diesen Antrag auch ein vorgedrucktes Formular verwenden, das aber leider nicht überall erhältlich ist. Falls Sie es nirgends kaufen können, gehen Sie einfach zur Rechtsantragsstelle Ihres Amtsgerichts. Dort legen Sie die Unterlagen vor und geben Ihren Antrag zu Protokoll, wenn man Ihnen kein Formular aushändigt. Sie sind dann Ihrer Sache sicher, auch wenn sich die Pfändungsgrenzen einmal ändern sollten.

Um die Zustellung des Pfändungs- und Überweisungsbeschlusses an den Schuldner Paul Jedermann und die Firma Fritz Huckental & Co. braucht sich Schulz nicht zu kümmern, das Amtsgericht sorgt hierfür selbst. Schulz erhält nach einigen Tagen vom Amtsgericht Nachricht, daß der Beschluß erlassen sei. Gleichzeitig sendet ihm das Amtsgericht die vollstreckbare Ausfertigung des Urteils, den Kostenfestsetzungsbeschluß und das Protokoll des Gerichtsvollziehers über die versuchte und fruchtlos gebliebene Zwangsvollstreckung zurück.

Das Gericht hat inzwischen je eine Ausfertigung des Beschlusses, die für Paul Jedermann beziehungsweise die Firma Huckental & Co. bestimmt sind, zwecks Zustellung mit Zustellungsurkunden zur Post gegeben. Der Briefträger stellt dann zu und fertigt die Postzustellungsurkunde entsprechend aus. Die Zustellung kann im übrigen auch unter Einschaltung des Gerichtsvollziehers erfolgen. Die Zustellungsurkunden mit angeklebten Abschriften des Beschlusses erhält Schulz dann übersandt. Mit der Zustellung des Beschlusses an die Firma Huckental & Co. ist die Pfändung als bewirkt anzusehen (§ 829 ZPO).

Die Firma Huckental & Co. wird in dem Beschluß als Drittschuldnerin bezeichnet, während Schulz als Gläubiger und Jedermann als Schuldner vermerkt sind. Die Firma Huckental & Co. steht an sich nicht in vertraglichen Beziehungen zu dem Gläubiger Schulz. Sie hat auch mit dem Verhältnis Schulz zu Jedermann bisher nichts zu tun gehabt. Sie ist also Außenstehende und daher in der Sprache des Gesetzes »Dritter«. Aus diesem Grunde heißt sie »Drittschuldnerin«, weil sie bis zur Zustellung des Beschlusses nur Jedermann gegenüber Schuldnerin war. Jetzt aber schuldet sie alle Beträge, die die Pfändungsgrenze übersteigen, dem Schneidermeister Schulz, also einer für sie außenstehenden Person, einem »Dritten«.

Der Gläubiger kann bei seinem Antrag übrigens wählen, ob er sich die gepfändete Geldforderung zur Einziehung oder an Zahlungs Statt zum Nennwert überweisen läßt. Im letzteren Fall geht die Forderung auf den Gläubiger mit der Wirkung über, daß er, soweit die Forderung besteht, als befriedigt anzusehen ist (§ 835 ZPO). Im allgemeinen ist es zweckmäßig, sich die Forderung nur zur Einziehung überweisen zu lassen. Man gilt dann so lange nicht als befriedigt, wie man das Geld noch nicht in Händen hat. Die Überweisung an Zahlungs Statt bringt nicht unbedingt bares Geld, denn trotz Bestehens der Forderung braucht der Drittschuldner noch lange nicht zahlungsfähig zu sein.

Die in dem Beschluß ausgesprochene »Überweisung der Forderung« ersetzt die förmlichen Erklärungen des Schuldners Jedermann, die er nach den Vorschriften des BGB abgeben müßte, um Schulz als Gläubiger zur Einziehung der Firma Huckental & Co. gegenüber berechtigt erscheinen zu lassen.

533

Welche Bezüge der Arbeitgeber von Jedermann nunmehr einbehalten und an Schulz abführen muß, ergibt sich aus den §§ 850 ff. ZPO:

§ 850

(1) Arbeitseinkommen, das in Geld zahlbar ist, kann nur nach Maßgabe der §§ 850a bis 850i gepfändet werden.

(2) Arbeitseinkommen im Sinne dieser Vorschrift sind die Dienst- und Versorgungsbezüge der Beamten, Arbeits- und Dienstlöhne, Ruhegelder und ähnliche nach dem einstweiligen oder dauernden Ausscheiden aus dem Dienst- oder Arbeitsverhältnis gewährte fortlaufende Einkünfte, ferner Hinterbliebenenbezüge sowie sonstige Vergütungen für Dienstleistungen aller Art, die die Erwerbstätigkeit des Schuldners vollständig oder zu einem wesentlichen Teil in Anspruch nehmen.

(3) Arbeitseinkommen sind auch die folgenden Bezüge, soweit sie in Geld zahlbar sind:

a) Bezüge, die ein Arbeitnehmer zum Ausgleich für Wettbewerbsbeschränkungen für die Zeit nach Beendigung seines Dienstverhältnisses beanspruchen kann;

b) Renten, die auf Grund von Versicherungsverträgen gewährt werden, wenn diese Verträge zur Versorgung des Versicherungsnehmers oder seiner unterhaltsberechtigten Angehörigen eingegangen sind.

(4) Die Pfändung des in Geld zahlbaren Arbeitseinkommens erfaßt alle Vergütungen, die dem Schuldner aus der Arbeits- oder Dienstleistung zustehen, ohne Rücksicht auf ihre Benennung oder Berechnungsart.

§ 850a

Unpfändbar sind

1. zur Hälfte die für die Leistung von Mehrarbeitsstunden gezahlten Teile des Arbeitseinkommens;
2. die für die Dauer eines Urlaubs über das Arbeitseinkommen hinaus gewährten Bezüge, Zuwendungen aus Anlaß eines besonderen Betriebsereignisses und Treugelder, soweit sie den Rahmen des Üblichen nicht übersteigen;
3. Aufwandsentschädigungen, Auslösungsgelder und sonstige soziale Zulagen für auswärtige Beschäftigungen, das Entgelt für selbstgestelltes Arbeitsmaterial, Gefahrenzulagen sowie Schmutz- und Erschwerniszulagen, soweit diese Bezüge den Rahmen des Üblichen nicht übersteigen;
4. Weihnachtsvergütungen bis zum Betrage der Hälfte des monatlichen Arbeitseinkommens, höchstens aber bis zum Betrage von 500,– Euro;
5. Heirats- und Geburtsbeihilfen, sofern die Vollstreckung wegen anderer als der aus Anlaß der Heirat oder der Geburt entstandenen Ansprüche betrieben wird;
6. Erziehungsgelder, Studienbeihilfen und ähnliche Bezüge;
7. Sterbe- und Gnadenbezüge aus Arbeits- oder Dienstverhältnissen;
8. Blindenzulagen.

534

§ 850b

(1) Unpfändbar sind ferner

1. Renten, die wegen einer Verletzung des Körpers oder der Gesundheit zu entrichten sind;
2. Unterhaltsrenten, die auf gesetzlicher Vorschrift beruhen, sowie die wegen Entziehung einer solchen Forderung zu entrichtenden Renten;
3. fortlaufende Einkünfte, die ein Schuldner aus Stiftungen oder sonst auf Grund der Fürsorge und Freigebigkeit eines Dritten oder auf Grund eines Altenteils oder Auszugsvertrags bezieht;
4. Bezüge aus Witwen-, Waisen-, Hilfs- und Krankenkassen, die ausschließlich oder zu einem wesentlichen Teil zu Unterstützungszwecken gewährt werden, ferner Ansprüche aus Lebensversicherungen, die nur auf den Todesfall des Versicherungsnehmers abgeschlossen sind, wenn die Versicherungssumme 3579,– Euro nicht übersteigt.

(2) Diese Bezüge können nach den für Arbeitseinkommen geltenden Vorschriften gepfändet werden, wenn die Vollstreckung in das sonstige bewegliche Vermögen des Schuldners zu einer vollständigen Befriedigung des Gläubigers nicht geführt hat oder voraussichtlich nicht führen wird und wenn nach den Umständen des Falles, insbesondere nach der Art des beizutreibenden Anspruchs und der Höhe der Bezüge, die Pfändung der Billigkeit entspricht.

(3) Das Vollstreckungsgericht soll vor seiner Entscheidung die Beteiligten hören.

§ 850c

(1) [1]Arbeitseinkommen ist unpfändbar, wenn es, je nach dem Zeitraum, für den es gezahlt wird, nicht mehr als

930,– Euro monatlich,
217,50 Euro wöchentlich oder
43,50 Euro täglich

beträgt.
[2]Gewährt der Schuldner auf Grund einer gesetzlichen Verpflichtung seinem Ehegatten, einem früheren Ehegatten, seinem Lebenspartner, einem früheren Lebenspartner oder einem Verwandten oder nach §§ 1615l, 1615n des Bürgerlichen Gesetzbuchs einem Elternteil Unterhalt, so erhöht sich der Betrag, bis zu dessen Höhe Arbeitseinkommen unpfändbar ist, auf bis zu

2060,– Euro monatlich,
478,50 Euro wöchentlich oder
96,50 Euro täglich,

und zwar um

350,– Euro monatlich,
81,– Euro wöchentlich oder
17,– Euro täglich

für die erste Person, der Unterhalt gewährt wird, und um je

195,– Euro monatlich,
45,– Euro wöchentlich oder
9,– Euro täglich

für die zweite bis fünfte Person.
(2) [1]Übersteigt das Arbeitseinkommen den Betrag, bis zu dessen Höhe es je nach der Zahl der Personen, denen der Schuldner Unterhalt gewährt, nach Absatz 1 unpfändbar ist, so ist es hinsichtlich des überschießenden Betrages zu einem Teil unpfändbar, und zwar in Höhe von drei Zehnteln, wenn der Schuldner keiner der in Absatz 1 genannten Personen Unterhalt gewährt, zwei weiteren Zehnteln für die erste Person, der Unterhalt gewährt wird, und je einem weiteren Zehntel für die zweite bis fünfte Person. [2]Der Teil des Arbeitseinkommens, der 2851,– Euro monatlich (658,– Euro wöchentlich, 131,58 Euro täglich) übersteigt, bleibt bei der Berechnung des unpfändbaren Betrages unberücksichtigt.

(2a) (enthält Änderungsvorbehalte in Bezug auf Grundfreibeträge des Steuerrechts)

(3) Bei der Berechnung des nach Absatz 2 pfändbaren Teils des Arbeitseinkommens ist das Arbeitseinkommen, gegebenenfalls nach Abzug des nach Absatz 2 Satz 2 pfändbaren Betrages, wie aus der Tabelle ersichtlich, die diesem Gesetz als Anlage beigefügt ist, nach unten abzurunden, und zwar bei Auszahlung für Monate auf einen durch 10,– Euro, bei Auszahlung für Wochen auf einen durch 2,50 Euro oder bei Auszahlung für Tage auf einen durch 50 Cent teilbaren Betrag. [2]Im Pfändungsbeschluß genügt die Bezugnahme auf die Tabelle.

(4) Hat eine Person, welcher der Schuldner auf Grund gesetzlicher Verpflichtung Unterhalt gewährt, eigene Einkünfte, so kann das Vollstreckungsgericht auf Antrag des Gläubigers nach billigem Ermessen bestimmen, daß diese Person bei der Berechnung des unpfändbaren Teils des Arbeitseinkommens ganz oder teilweise unberücksichtigt bleibt; soll die Person nur teilweise berücksichtigt werden, so ist Absatz 3 Satz 2 nicht anzuwenden.

§ 850d

(1) [1]Wegen der Unterhaltsansprüche, die kraft Gesetzes einem Verwandten, dem Ehegatten, einem früheren Ehegatten, dem Lebenspartner, einem früheren Lebenspartner oder nach §§ 1615l, 1615n des Bürgerlichen Gesetzbuchs einem Elternteil zustehen, sind das Arbeitseinkommen und die in § 850a Nr. 1, 2 und 4 genannten Bezüge ohne die in § 850c bezeichneten Beschränkungen pfändbar. [2]Dem Schuldner ist jedoch so viel zu belassen, als er für seinen notwendigen Unterhalt und zur Erfüllung seiner laufenden gesetzlichen Unterhaltspflichten gegenüber den dem Gläubiger vorgehenden Berechtigten oder zur gleichmäßigen Befriedigung der dem Gläubiger gleichstehenden Berechtigten bedarf; von den in § 850a Nr. 1, 2 und 4 genannten Bezügen hat ihm mindestens die Hälfte des nach § 850a unpfändbaren Betrages zu verbleiben. [3]Der dem Schuldner hiernach verbleibende Teil seines Arbeitseinkommens darf den Betrag nicht übersteigen, der ihm nach den Vorschriften des § 850c gegenüber nicht bevorrechtigten Gläubigern zu verbleiben hätte. [4]Für die Pfändung wegen der Rückstände, die länger als ein Jahr vor dem Antrag auf Erlaß des Pfändungsbeschlusses fällig geworden sind, gelten die Vorschriften dieses Absatzes insoweit nicht, als nach Lage der Verhältnisse nicht anzunehmen ist, daß der Schuldner sich seiner Zahlungspflicht absichtlich entzogen hat.

(2) Mehrere nach Absatz 1 Berechtigte sind mit ihren Ansprüchen in folgender Reihenfolge zu berücksichtigen, wobei mehrere gleich nahe Berechtigte untereinander gleichen Rang haben:

a) die minderjährigen unverheirateten Kinder, der Ehegatte, ein früherer Ehegatte und ein Elternteil mit seinem Anspruch nach §§ 1615l, 1615n des Bürgerlichen Gesetzbuchs; für das Rangverhältnis des Ehegatten zu einem früheren Ehegatten gilt jedoch § 1582 des Bürgerlichen Gesetzbuchs entsprechend; das Vollstreckungsgericht kann das Rangverhältnis der Berechtigten zueinander auf Antrag des Schuldners oder eines Berechtigten nach billigem Ermessen in anderer Weise festsetzen; das Vollstreckungsgericht hat vor seiner Entscheidung die Beteiligten zu hören;

b) der Lebenspartner und ein früherer Lebenspartner;

c) die übrigen Abkömmlinge, wobei die Kinder den anderen vorgehen;

d) die Verwandten aufsteigender Linie, wobei die näheren Grade den entfernteren vorgehen.

(3) Bei der Vollstreckung wegen der in Absatz 1 bezeichneten Ansprüche sowie wegen der aus Anlaß einer Verletzung des Körpers oder der Gesundheit zu zahlenden Renten kann zugleich mit der Pfändung wegen fälliger Ansprüche auch künftig fällig werdendes Arbeitseinkommen wegen der dann jeweils fällig werdenden Ansprüche gepfändet und überwiesen werden.

535

536

§ 850e

Für die Berechnung des pfändbaren Arbeitseinkommens gilt folgendes:

1. ¹Nicht mitzurechnen sind die nach § 850a der Pfändung entzogenen Bezüge, ferner Beträge, die unmittelbar auf Grund steuerrechtlicher oder sozialrechtlicher Vorschriften zur Erfüllung gesetzlicher Verpflichtungen des Schuldners abzuführen sind. ²Diesen Beträgen stehen gleich die auf den Auszahlungszeitraum entfallenden Beträge, die der Schuldner

a) nach den Vorschriften der Sozialversicherungsgesetze zur Weiterversicherung entrichtet oder

b) an eine Ersatzkasse oder an ein Unternehmen der privaten Krankenversicherung leistet, soweit sie den Rahmen des Üblichen nicht übersteigen.

2. ¹Mehrere Arbeitseinkommen sind auf Antrag vom Vollstreckungsgericht bei der Pfändung zusammenzurechnen. ²Der unpfändbare Grundbetrag ist in erster Linie dem Arbeitseinkommen zu entnehmen, das die wesentliche Grundlage der Lebenshaltung des Schuldners bildet.

2a. ¹Mit Arbeitseinkommen sind auf Antrag auch Ansprüche auf laufende Geldleistungen nach dem Sozialgesetzbuch zusammenzurechnen, soweit diese der Pfändung unterworfen sind. ²Der unpfändbare Grundbetrag ist, soweit die Pfändung nicht wegen gesetzlicher Unterhaltsansprüche erfolgt, in erster Linie den laufenden Geldleistungen nach dem Sozialgesetzbuch zu entnehmen. ³Ansprüche auf Geldleistungen für Kinder dürfen mit Arbeitseinkommen nur zusammengerechnet werden, soweit sie nach § 76 des Einkommensteuergesetzes oder nach § 54 Abs. 5 des Ersten Buches Sozialgesetzbuch gepfändet werden können.

3. ¹Erhält der Schuldner neben seinem in Geld zahlbaren Einkommen auch Naturalleistungen, so sind Geld- und Naturalleistungen zusammenzurechnen. ²In diesem Falle ist der in Geld zahlbare Betrag insoweit pfändbar, als der nach § 850c unpfändbare Teil des Gesamteinkommens durch den Wert der dem Schuldner verbleibenden Naturalleistungen gedeckt ist.

4. ¹Trifft eine Pfändung, eine Abtretung oder eine sonstige Verfügung wegen eines der in § 850d bezeichneten Ansprüche mit einer Pfändung wegen eines sonstigen Anspruchs zusammen, so sind auf die Unterhaltsansprüche zunächst die gemäß § 850d der Pfändung in erweitertem Umfang unterliegenden Teile des Arbeitseinkommens zu verrechnen. ²Die Verrechnung nimmt auf Antrag eines Beteiligten das Vollstreckungsgericht vor. ³Der Drittschuldner kann, solange ihm eine Entscheidung des Vollstreckungsgerichts nicht zugestellt ist, nach dem Inhalt der ihm bekannten Pfändungsbeschlüsse, Abtretungen und sonstigen Verfügungen mit befreiender Wirkung leisten.

§ 850f

(1) Das Vollstreckungsgericht kann dem Schuldner auf Antrag von dem nach den Bestimmungen der §§ 850c, 850d und 850i pfändbaren Teil seines Arbeitseinkommens einen Teil belassen, wenn

a) der Schuldner nachweist, daß bei Anwendung der Pfändungsfreigrenzen entsprechend der Anlage) zu diesem Gesetz (zu § 850c) der notwendige Lebensunterhalt im Sinne der Abschnitte 2 und 4 des Bundessozialhilfegesetzes für sich und für die Personen, denen er Unterhalt zu gewähren hat, nicht gedeckt ist,

b) besondere Bedürfnisse des Schuldners aus persönlichen oder beruflichen Gründen oder

c) der besondere Umfang der gesetzlichen Unterhaltspflichten des Schuldners, insbesondere die Zahl der Unterhaltsberechtigten, dies erfordern und überwiegende Belange des Gläubigers nicht entgegenstehen.

(2) Wird die Zwangsvollstreckung wegen einer Forderung aus einer vorsätzlich begangenen unerlaubten Handlung betrieben, so kann das Vollstreckungsgericht auf Antrag des Gläubigers den pfändbaren Teil des Arbeitseinkommens ohne Rücksicht auf die in § 850c vorgesehenen Beschränkungen bestimmen; dem Schuldner ist jedoch so viel zu belassen, wie er für seinen notwendigen Unterhalt und zur Erfüllung seiner laufenden gesetzlichen Unterhaltspflichten bedarf.

(3) ¹Wird die Zwangsvollstreckung wegen anderer als der in Absatz 2 und in § 850d bezeichneten Forderungen betrieben, so kann das Vollstreckungsgericht in den Fällen, in denen sich das Arbeitseinkommen des Schuldners auf mehr als monatlich 2815,– Euro (wöchentlich 641,– Euro, täglich 123,50 Euro) beläuft, über die Beträge hinaus, die nach § 850c pfändbar wären, auf Antrag des Gläubigers die Pfändbarkeit unter Berücksichtigung der Belange des Gläubigers und des Schuldners nach freiem Ermessen festsetzen. ²Dem Schuldner ist jedoch mindestens so viel zu belassen, wie sich bei einem Arbeitseinkommen von monatlich 2815,– Euro (wöchentlich 641,– Euro, täglich 123,50 Euro) aus § 850c ergeben würde. (Folgt Änderungsvorhalte siehe oben)

§ 850g

[1]Ändern sich die Voraussetzungen für die Bemessung des unpfändbaren Teils des Arbeitseinkommens, so hat das Vollstreckungsgericht auf Antrag des Schuldners oder des Gläubigers den Pfändungsbeschluß entsprechend zu ändern. [2]Antragsberechtigt ist auch ein Dritter, dem der Schuldner kraft Gesetzes Unterhalt zu gewähren hat. [3]Der Drittschuldner kann nach dem Inhalt des früheren Pfändungsbeschlusses mit befreiender Wirkung leisten, bis ihm der Änderungsbeschluß zugestellt wird.

§ 850h

(1) [1]Hat sich der Empfänger der vom Schuldner geleisteten Arbeiten oder Dienste verpflichtet, Leistungen an einen Dritten zu bewirken, die nach Lage der Verhältnisse ganz oder teilweise eine Vergütung für die Leistung des Schuldners darstellen, so kann der Anspruch des Drittberechtigten insoweit auf Grund des Schuldtitels gegen den Schuldner gepfändet werden, wie wenn der Anspruch dem Schuldner zustände. [2]Die Pfändung des Vergütungsanspruchs des Schuldners umfaßt ohne weiteres den Anspruch des Drittberechtigten. [3]Der Pfändungsbeschluß ist dem Drittberechtigten ebenso wie dem Schuldner zuzustellen.

(2) [1]Leistet der Schuldner einem Dritten in einem ständigen Verhältnis Arbeiten oder Dienste, die nach Art und Umfang üblicherweise vergütet werden, unentgeltlich oder gegen eine unverhältnismäßig geringe Vergütung, so gilt im Verhältnis des Gläubigers zu dem Empfänger der Arbeits- und Dienstleistungen eine angemessene Vergütung als geschuldet. [2]Bei der Prüfung, ob diese Voraussetzungen vorliegen, sowie bei der Bemessung der Vergütung ist auf alle Umstände des Einzelfalles, insbesondere die Art der Arbeits- und Dienstleistung, die verwandtschaftlichen oder sonstigen Beziehungen zwischen dem Dienstberechtigten und dem Dienstverpflichteten und die wirtschaftliche Leistungsfähigkeit des Dienstberechtigten Rücksicht zu nehmen.

§ 850i

(1) [1]Ist eine nicht wiederkehrend zahlbare Vergütung für persönlich geleistete Arbeiten oder Dienste gepfändet, so hat das Gericht dem Schuldner auf Antrag so viel zu belassen, als er während eines angemessenen Zeitraums für seinen notwendigen Unterhalt und den seines Ehegatten, eines früheren Ehegatten, seines Lebenspartners, eines früheren Lebenspartners, seiner unterhaltsberechtigten Verwandten oder eines Elternteils nach §§ 1615l, 1615n des Bürgerlichen Gesetzbuchs bedarf. [2]Bei der Entscheidung sind die wirtschaftlichen Verhältnisse des Schuldners, insbesondere seine sonstigen Verdienstmöglichkeiten, frei zu würdigen. [3]Dem Schuldner ist nicht mehr zu belassen, als ihm nach freier Schätzung des Gerichts verbleiben würde, wenn sein Arbeitseinkommen aus laufendem Arbeits- oder Dienstlohn bestände. [4]Der Antrag des Schuldners ist insoweit abzulehnen, als überwiegende Belange des Gläubigers entgegenstehen.

(2) Die Vorschriften des Absatzes 1 gelten entsprechend für Vergütungen, die für die Gewährung von Wohngelegenheit oder eine sonstige Sachbenutzung geschuldet werden, wenn die Vergütung zu einem nicht unwesentlichen Teil als Entgelt für neben der Sachbenutzung gewährte Dienstleistungen anzusehen ist.

(3) Die Vorschriften des § 27 des Heimarbeitsgesetzes vom 14. März 1951 (Bundesgesetzbl. I S. 191) bleiben unberührt.

(4) Die Bestimmungen der Versicherungs-, Versorgungs- und sonstigen gesetzlichen Vorschriften über die Pfändung von Ansprüchen bestimmter Art bleiben unberührt.

§ 850k

(1) Werden wiederkehrende Einkünfte der in den §§ 850 bis 850b bezeichneten Art auf das Konto des Schuldners bei einem Geldinstitut überwiesen, so ist eine Pfändung des Guthabens auf Antrag des Schuldners vom Vollstreckungsgericht insoweit aufzuheben, als das Guthaben dem der Pfändung nicht unterworfenen Teil der Einkünfte für die Zeit von der Pfändung bis zu dem nächsten Zahlungstermin entspricht.

(2) ¹Das Vollstreckungsgericht hebt die Pfändung des Guthabens für den Teil vorab auf, dessen der Schuldner bis zum nächsten Zahlungstermin dringend bedarf, um seinen notwendigen Unterhalt zu bestreiten und seine laufenden gesetzlichen Unterhaltspflichten gegenüber den dem Gläubiger vorgehenden Berechtigten zu erfüllen oder die dem Gläubiger gleichstehenden Unterhaltsberechtigten gleichmäßig zu befriedigen. Der vorab freigegebene Teil des Guthabens darf den Betrag nicht übersteigen, der dem Schuldner voraussichtlich nach Absatz 1 zu belassen ist. ³Der Schuldner hat glaubhaft zu machen, daß wiederkehrende Einkünfte der in den §§ 850 bis 850b bezeichneten Art auf das Konto überwiesen worden sind und daß die Voraussetzungen des Satzes 1 vorliegen. Die Anhörung des Gläubigers unterbleibt, wenn der damit verbundene Aufschub dem Schuldner nicht zuzumuten ist.

(3) Im übrigen ist das Vollstreckungsgericht befugt, die in § 732 Abs. 2 bezeichneten Anordnungen zu erlassen.

§ 851

(1) Eine Forderung ist in Ermangelung besonderer Vorschriften der Pfändung nur insoweit unterworfen, als sie übertragbar ist.

(2) Eine nach § 399 des Bürgerlichen Gesetzbuchs nicht übertragbare Forderung kann insoweit gepfändet und zur Einziehung überwiesen werden, als der geschuldete Gegenstand der Pfändung unterworfen ist.

§ 851a

(1) Die Pfändung von Forderungen, die einem die Landwirtschaft betreibenden Schuldner aus dem Verkauf von landwirtschaftlichen Erzeugnissen zustehen, ist auf seinen Antrag vom Vollstreckungsgericht insoweit aufzuheben, als die Einkünfte zum Unterhalt des Schuldners, seiner Familie und seiner Arbeitnehmer oder zur Aufrechterhaltung einer geordneten Wirtschaftsführung unentbehrlich sind.

(2) Die Pfändung soll unterbleiben, wenn offenkundig ist, daß die Voraussetzungen für die Aufhebung der Zwangsvollstreckung nach Absatz 1 vorliegen.

§ 851b

(1) ¹Die Pfändung von Miet- und Pachtzinsen ist auf Antrag des Schuldners vom Vollstreckungsgericht insoweit aufzuheben, als diese Einkünfte für den Schuldner zur laufenden Unterhaltung des Grundstücks, zur Vornahme notwendiger Instandsetzungsarbeiten und zur Befriedigung von Ansprüchen unentbehrlich sind, die bei einer Zwangsvollstreckung in das Grundstück dem Anspruch des Gläubigers nach § 10 des Gesetzes über die Zwangsversteigerung und die Zwangsverwaltung vorgehen würden. ²Das gleiche gilt von der Pfändung von Barmitteln und Guthaben, die aus Miet- oder Pachtzinszahlungen herrühren und zu den in Satz 1 bezeichneten Zwecken unentbehrlich sind.

(2) ¹Die Vorschriften des § 813b Abs. 2, 3 und Abs. 5 Satz 1 und 2 gelten entsprechend. ²Die Pfändung soll unterbleiben, wenn offenkundig ist, daß die Voraussetzungen für die Aufhebung der Zwangsvollstreckung nach Absatz 1 vorliegen.

§ 852

(1) Der Pflichtteilsanspruch ist der Pfändung nur unterworfen, wenn er durch Vertrag anerkannt oder rechtshängig geworden ist.

(2) Das gleiche gilt für den nach § 528 des Bürgerlichen Gesetzbuchs dem Schenker zustehenden Anspruch auf Herausgabe des Geschenkes sowie für den Anspruch eines Ehegatten auf den Ausgleich des Zugewinns.

§ 853

Ist eine Geldforderung für mehrere Gläubiger gepfändet, so ist der Drittschuldner berechtigt und auf Verlangen eines Gläubigers, dem die Forderung überwiesen wurde, verpflichtet, unter Anzeige der Sachlage und unter Aushändigung der ihm zugestellten Beschlüsse an das Amtsgericht, dessen Beschluß ihm zuerst zugestellt ist, den Schuldbetrag zu hinterlegen.

Die eidesstattliche Offenbarungsversicherung

Wenn nun Paul Jedermann in der Zwischenzeit seinen Arbeitsplatz gewechselt hat und es dem Gläubiger Schulz nicht möglich wäre, seinen Arbeitsplatz ausfindig zu machen, so bliebe Schulz nur noch übrig, gegen Jedermann ein Verfahren zur Ableistung der Offenbarungsversicherung einzuleiten. Dieses Verfahren verspricht dann Aussicht auf Erfolg, wenn anzunehmen ist, daß Jedermann irgendwelche der Pfändung unterliegenden Gegenstände beiseite geschafft hat, oder um Jedermann etwa zustehende Außenstände sichtbar zu machen. Das Verfahren ist somit geeignet, die Anschrift seines Arbeitgebers zu ermitteln. Arbeitsämter geben keine Auskunft darüber, bei welcher Firma ein Arbeitnehmer beschäftigt ist.

Schulz hat inzwischen durch Rückfrage bei dem Einwohnermeldeamt in Marburg erfahren, daß Jedermann nach Gießen, Wattstr. 12, verzogen ist. Somit ist das Amtsgericht Gießen das Vollstreckungsgericht geworden, weil Paul Jedermann in seinem Bezirk einen neuen Wohnsitz begründet hat. Schulz schreibt also an das Amtsgericht in Gießen wie folgt:

MAX SCHULZ   Ritterstraße 3
Schneidermeister   35037 Marburg/Lahn

An das
Amtsgericht
35930 Gießen   25. Oktober 20..

In der Zwangsvollstreckung des Schneidermeisters Max Schulz, Ritterstraße 3, 35037 Marburg/Lahn,

– Gläubiger –

gegen

Herrn Paul Jedermann, Wattstraße 12, 35390 Gießen,

– Schuldner –

beantrage ich,

einen Termin zur Offenbarung seines Vermögens zu bestimmen und dem Schuldner die eidesstattliche Versicherung hinsichtlich der Richtigkeit seiner Angaben abzunehmen. Falls der Schuldner zum Termin nicht erscheint oder sich weigert, die Versicherung abzugeben, bitte ich, einen Haftbefehl gegen ihn zu erlassen.

Zur Begründung meines Antrages überreiche ich in der Anlage:

1. vollstreckbare Ausfertigung des Urteils des Amtsgerichts Marburg/Lahn vom 3. Oktober 20.., Aktz. 3 C 561/20, nebst Zustellungsurkunde,
2. das Pfändungsprotokoll des Gerichtsvollziehers Findig vom 22.10.20..,
3. Kostenfestsetzungsbeschluß des Amtsgerichts Marburg vom ...

540

Insgesamt stehen mir noch Euro ... zu, die ich bisher nicht beitreiben konnte. Es besteht zur Zeit keine Aussicht, daß erneute Zwangsvollstreckungsversuche zum Erfolg führen werden.

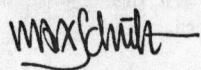

Das Gericht bestimmt einen Termin und stellt die Ladung dem Schuldner unmittelbar zu, auch wenn er einen Prozeßbevollmächtigten haben sollte. Der Gläubiger erhält von der Terminbestimmung Nachricht. Er braucht aber nicht zu erscheinen. Der Schuldner erhält gleichzeitig mit der Ladung zum Termin ein Formular zugestellt, das er vollständig ausfüllen und zum Termin mitnehmen muß. Dieses »Vermögensverzeichnis« muß sein gesamtes Vermögen, also auch etwa ausstehende Forderungen, beinhalten. Bei Forderungen müssen auch die Gründe und die Beweismittel für ihr Bestehen angegeben werden. Der Schuldner überreicht dann im Termin das Vermögensverzeichnis zu den Akten und leistet die eidesstattliche Versicherung dahingehend, »daß er die von ihm verlangten Angaben nach bestem Wissen und Gewissen richtig und vollständig gemacht habe«.

Bestreitet der Schuldner die Verpflichtung zur Leistung der Versicherung, so ist vom Gericht durch Beschluß über den Widerspruch zu entscheiden. Die Leistung erfolgt dann erst nach Rechtskraft der Entscheidung. Das Vollstreckungsgericht kann jedoch auch vor der Rechtskraft dieses Beschlusses anordnen, daß die Versicherung zu leisten ist, wenn ein bereits früher eingelegter Widerspruch rechtskräftig verworfen ist.

Ein Schuldner kann zum Beispiel die Versicherung verweigern, wenn er die Forderung des beantragenden Gläubigers bezahlt hat. Gemäß § 903 ZPO ist ein Schuldner, der innerhalb der letzten drei Jahre vor dem jetzt angeordneten Termin bereits eine Versicherung geleistet hat, nur dann einem anderen Gläubiger gegenüber zur nochmaligen Leistung verpflichtet, wenn glaubhaft gemacht wird, daß er inzwischen Vermögen erworben hat.

Erscheint ein Schuldner nicht zum Termin oder verweigert er die Abgabe der Versicherung ohne Grund, so erläßt das Gericht auf Antrag des Gläubigers einen Haftbefehl (§ 901).

Der Haftbefehl

In dem Haftbefehl ist der Gläubiger, der Schuldner und der Grund der Verhaftung zu bezeichnen. Dem Schuldner muß bei seiner Verhaftung, die durch einen Gerichtsvollzieher vorgenommen wird, der Haftbefehl vorgezeigt werden. Auf sein Verlangen muß ihm auch eine Abschrift ausgehändigt werden.

Soll ein Beamter, ein Geistlicher oder ein Lehrer an öffentlichen Schulen verhaftet werden, so hat der Gerichtsvollzieher der vorgesetzten Dienstbehörde Anzeige zu erstatten. Die Verhaftung darf erst dann erfolgen, wenn die Behörde für die dienstliche Vertretung des Schuldners gesorgt hat. Die Behörde ist verpflichtet, unverzüglich die notwendigen Anordnungen zu treffen und den Gerichtsvollzieher zu benachrichtigen.

Im übrigen wird die Haft in einem Raum vollstreckt, in dem sich nicht zur gleichen Zeit Untersuchungs- oder Strafgefangene befinden. Die Haftdauer darf einen Zeitraum von sechs Monaten nicht übersteigen. Ist dieser Zeitraum erreicht, so wird der Schuldner von Amts wegen aus der Haft entlassen. Das gleiche gilt auch für den Zeitpunkt, an dem sich der Verhaftete bereit findet, die Offenbarungsversicherung zu leisten. Auch kann der Gläubiger während der Haftzeit den Antrag stellen, den Schuldner zu entlassen. In diesem Fall verliert er allerdings ebenfalls das Recht, den Haftbefehl erneuern zu lassen.

541

 Hartnäckige Schuldner zahlen oft sofort, wenn man den Haftbefehl vor Festtagen oder am Wochenende präsentieren läßt. Sie sollten mit dem Gerichtsvollzieher reden.

Das Vollstreckungsgericht führt ein Verzeichnis, in dem alle Personen eingetragen werden, die die eidliche Versicherung geleistet haben oder gegen die wegen Verweigerung der Versicherung an Eides Statt die Haft angeordnet worden ist. Die Vollstreckung der Haft wird ebenfalls vermerkt, wenn sie sechs Monate gedauert hat. Jeder hat das Recht, das Verzeichnis einzusehen. Das Vollstreckungsgericht (Amtsgericht des Wohnsitzes) hat auch auf Antrag über das Bestehen oder Nichtbestehen einer Eintragung schriftlich Auskunft zu erteilen.

Sind seit dem Schluß des Jahres, in dem die betreffende Eintragung erfolgt ist, drei Jahre vergangen, so macht das Gericht den Namen unkenntlich oder vernichtet das Verzeichnis.

Die Auswirkungen einer Offenbarungsversicherung sind für einen Schuldner häufig von einschneidender Bedeutung und werden sich in wirtschaftlicher Hinsicht fast immer nachteilig auswirken. Einem solchen Menschen wird kein Kredit mehr eingeräumt. Man zweifelt an seiner Tüchtigkeit und vor allem an seiner Bereitschaft, einmal eingegangene Verpflichtungen auch zu erfüllen.

Dies braucht aber nicht unbedingt auch immer der Fall zu sein. Die heutigen wirtschaftlichen Verhältnisse bringen es mit sich, daß infolge einer Fehldisposition oder dadurch, daß ein anderer Schuldner des zur Abgabe der Versicherung Geladenen seinen Verpflichtungen nicht nachkommt, eine vorübergehende Zahlungsunfähigkeit eintritt. Noch vor einiger Zeit half der Gesetzgeber in diesen Fällen einem gutwilligen Schuldner dadurch, daß er dem Richter die Möglichkeit gab, von der Abnahme der Offenbarungsversicherung Abstand zu nehmen. Statt dessen genügte die Versicherung des Schuldners vor dem Richter, daß er sein Vermögen in dem überreichten Verzeichnis nach bestem Wissen angegeben habe. Das gibt es heute nun nicht mehr. Es muß jetzt immer die eidesstattliche Versicherung abgegeben werden, wenn der Richter nicht den Termin vertagt.

Dies kann er dann tun, wenn der Schuldner glaubhaft macht, daß er die Forderung des betreibenden Gläubigers binnen drei Monaten tilgen werde. Eine erneute Vertagung des nach Ablauf von drei Monaten angesetzten Termins ist nur dann möglich, wenn der Schuldner nachweist, daß er bis zu diesem Zeitpunkt mindestens 2/3 der betreffenden Forderung getilgt hat. Ist dies der Fall, so kann der Termin bis zu höchstens sechs Wochen letztmalig vertagt werden. Schuldner müssen ihren guten Willen also sehr schnell zeigen!

Über weitere Rechtsbegriffe und Maßnahmen im Zusammenhang mit der Vollstreckung wird verwiesen auf das Kapitel »Vollstreckungsverfahren«.

542

Amtsgericht

Ort und Tag

....

Anschrift   Fernruf

Geschäfts- Nr.: .82. M. 9138/
Bitte bei allen Schreiben angeben!

....

Haftbefehl

in der Zwangsvollstreckungssache des Herrn Fritz Sorgenfrei
                                  Schweizer Straße 193, 60594 Frankfurt am Main

Gläubiger

— Prozeßbevollmächtigte(r): Rechtsanwalt   ./.

gegen   Herrn Zacharias Grabsch, Einzelhandelskaufmann
        Bergerstraße 9, 60594 Frankfurt am Main

Schuldner

wird auf Antrag des Gläubigers gegen den Schuldner wegen der Forderung aus dem

Bezeichnung des Titels nach Art, Behörde, Tag und Geschäftsnummer

vollstreckbaren Mahnbescheid des Amtsgerichts Frankfurt am Main
vom
AZ. ....

die Haft angeordnet, um die Abgabe der eidesstattlichen Versicherung gemäß — § 807 ZPO — § 903 ZPO zu erzwingen. Der erste Termin zur Abgabe der eidesstattlichen Versicherung, zu dem der Schuldner geladen war,
war anberaumt auf den ....

Dienstsiegel   gez. Unterschrift

                                                Ausgefertigt

                                        gez. Unterschrift ...., Justizangestellte
                                                als Urkundsbeamter der Geschäftsstelle

Auf Grund des Haftbefehls kann der Gläubiger den
Schuldner durch einen Gerichtsvollzieher verhaften
lassen. Dem Auftrag an den Gerichtsvollzieher müssen
eine Ausfertigung des Haftbefehls, der vollstreckbare Titel und eine genaue Berechnung der Forderung beiliegen. Bisherige Vollstreckungskosten, die
geltend gemacht werden, sind zu belegen.

Die Zuständigkeit der Gerichte – Gerichtsstand

In den vorstehenden Kapiteln ist der Ablauf eines Prozesses bis zur Vollstreckung dargestellt worden. Es handelt sich um einen Amtsgerichtsprozeß, da die Höhe der eingeklagten Forderung die Zuständigkeit des Amtsgerichts begründete. Ob ein Prozeß beim Amtsgericht oder beim Landgericht beginnt, ist eine Frage der sogenannten sachlichen Zuständigkeit. Maßgeblich ist § 23 des Gerichtsverfassungsgesetzes (GVG):

§ 23

Die Zuständigkeit der Amtsgerichte umfaßt in bürgerlichen Rechtsstreitigkeiten, soweit sie nicht ohne Rücksicht auf den Wert des Streitgegenstandes den Landgerichten zugewiesen sind:

1. Streitigkeiten über vermögensrechtliche Ansprüche, deren Gegenstand an Geld oder Geldeswert die Summe von fünftausend Euro nicht übersteigt;

2. ohne Rücksicht auf den Wert des Streitgegenstandes:

    a) Streitigkeiten über Ansprüche aus einem Mietverhältnis über Wohnraum oder über den Bestand eines solchen Mietverhältnisses; diese Zuständigkeit ist ausschließlich;

    b) Streitigkeiten zwischen Reisenden und Wirten, Fuhrleuten, Schiffern oder Auswanderungsexpedienten in den Einschiffungshäfen, die über Wirtszechen, Fuhrlohn, Überfahrtsgelder, Beförderung der Reisenden und ihrer Habe und über Verlust und Beschädigung der letzteren, sowie Streitigkeiten zwischen Reisenden und Handwerkern, die aus Anlaß der Reise entstanden sind;

    c) Streitigkeiten wegen Viehmängel;

    d) Streitigkeiten wegen Wildschadens;

    e), f) (weggefallen)

    g) Ansprüche aus einem mit der Überlassung eines Grundstücks in Verbindung stehenden Leibgedings-, Leibzuchts-, Altenteils- oder Auszugsvertrags;

    h) das Aufgebotsverfahren.

Zu beachten ist jedoch, daß aufgrund der ZPO-Reform in den Bundesländern Gesetze zur außergerichtlichen Streitschlichtung eingeführt wurden. Für Hessen gilt zum Beispiel das Gesetz vom 6. Februar 2001 und sieht die Streitschlichtung über Ansprüche bis 750,– Euro und in einigen Sonderfällen vor, zum Beispiel Familiensachen. Hierzu werden Gütestellen oder Schiedsämter von der Justizverwaltung gebildet, die gegebenenfalls vor Prozeßbeginn eine Erfolglosigkeitsbescheinigung ausgestellt haben müssen.

Die Frage, welches örtliche Gericht mit der Klage anzurufen ist, betrifft den Gerichtsstand. Wohnen Kläger und Beklagter in demselben Gerichtsbezirk, so ist dies nicht weiter problematisch. Wohnen sie jedoch in verschiedenen Gerichtsbezirken, so ist natürlich jeder Prozeßgegner daran interessiert, daß der Prozeß an seinem Wohnsitzgericht geführt wird, weil er dort entweder vor dem Amtsgericht selbst auftreten kann oder bei dem Landgericht einen Anwalt beauftragen kann, der für ihn leicht erreichbar ist. Es entfällt die Korrespondenz mit einem auswärts wohnenden Rechtsanwalt, zu dem man keinen persönlichen Kontakt hat. Nach §§ 12 ff. ZPO gilt der Grundsatz, daß eine Klage bei dem Gericht zu erheben ist, in dessen Bezirk der Beklagte seinen Wohnsitz beziehungsweise Geschäftssitz hat. Ausnahmen bestehen für bestimmte Prozeßarten. Zum Beispiel für Mietstreitigkeiten über Wohnräume, für welche das Amtsgericht zuständig ist, in dessen Bezirk die Wohnung liegt.

Nun besteht die Möglichkeit, durch Vereinbarungen ein anderes Gericht als das Wohnsitzgericht des Beklagten zuständig zu machen, und hierauf legt natürlich jeweils der Kläger besonderes Gewicht. Selbstverständlich wird sich ein Beklagter nicht auf eine solche Vereinbarung einlassen, sobald ihm eine Klage ins Haus steht. Aber die Geschäftswelt pflegt vorsorglich bei Vertragsabschlüssen solche Vereinbarungen zu treffen, was von dem Vertragspartner auch gewöhnlich ohne weiteres akzeptiert wird, weil man ja mit zukünftigen Prozessen gar nicht rechnet. Mit der Zeit wurde insbesondere für die Massenverträge von Versandgeschäften, Kaufhäusern usw. der vereinbarte

544

Gerichtsstand am Sitz des Geschäftshauses die Regel, meistens aufgrund der beliebten kleingedruckten allgemeinen Geschäftsbedingungen. Zunächst suchte die Rechtsprechung einem solchen Mißbrauch entgegenzutreten. Schließlich hat aber der Gesetzgeber die ZPO dahingehend geändert, daß eine Gerichtsstandsvereinbarung zum Nachteil des beklagten Käufers praktisch nur noch möglich ist, wenn die Vertragsparteien Vollkaufleute sind. Insofern bestimmt § 38 ZPO nunmehr folgendes:

§ 38

(1) Ein an sich unzuständiges Gericht des ersten Rechtszuges wird durch ausdrückliche oder stillschweigende Vereinbarung der Parteien zuständig, wenn die Vertragsparteien Kaufleute, juristische Personen des öffentlichen Rechts oder öffentlich-rechtliche Sondervermögen sind.

(2) Die Zuständigkeit eines Gerichts des ersten Rechtszuges kann ferner vereinbart werden, wenn mindestens eine der Vertragsparteien keinen allgemeinen Gerichtsstand im Inland hat. Die Vereinbarung muß schriftlich abgeschlossen oder, falls sie mündlich getroffen wird, schriftlich bestätigt werden. Hat eine der Parteien einen inländischen allgemeinen Gerichtsstand, so kann für das Inland nur ein Gericht gewählt werden, bei dem diese Partei ihren allgemeinen Gerichtsstand hat oder ein besonderer Gerichtsstand begründet ist.

(3) Im übrigen ist eine Gerichtsstandsvereinbarung nur zulässig, wenn sie ausdrücklich und schriftlich

1. nach dem Entstehen der Streitigkeit oder
2. für den Fall geschlossen wird, daß die im Klageweg in Anspruch zu nehmende Partei nach Vertragsschluß ihren Wohnsitz oder gewöhnlichen Aufenthaltsort aus dem Geltungsbereich dieses Gesetzes verlegt oder ihr Wohnsitz oder gewöhnlicher Aufenthalt im Zeitpunkt der Klageerhebung nicht bekannt ist.

Dies ist insbesondere auch für alle Mahnbescheidsverfahren zu beachten. Es genügt also jetzt nicht mehr, einfach in den Mahnbescheidsantrag hineinzuschreiben, daß als Gerichtsstand der Geschäfts- oder Wohnsitz des Klägers vereinbart worden sei, sondern es muß auch eingetragen werden, daß die Parteien zum Beispiel Kaufleute sind.

Strittig ist noch, ob man dies nur behaupten muß oder auch einen Nachweis hierfür zum Beispiel durch Beifügung eines Handelsregisterauszuges erbringen muß.

Es wird sich wohl aber die Auffassung durchsetzen, daß insoweit die bloße Behauptung genügt. Ist als Beklagter eine Gesellschaft aufgeführt, welche sowieso nach Handelsrecht Kaufmann ist (OHG, KG, GmbH, AG), so ergibt sich dies schon aus der Firmenbezeichnung.

Vollstreckungsverfahren

Buchhalter Pfennig von der Bäckerei Fritz Sorgenfrei ist bei seinem Mahnverfahren noch auf ein weiteres Problem gestoßen. Er hat nämlich festgestellt, daß in vielen Fällen die Gerichts- und Zwangsvollstreckungskosten nicht beizutreiben waren. Aus diesem Grunde will er wissen, ob bei jedem Schuldner grundsätzlich das Verfahren bis zur eidesstattlichen Versicherung durchgeführt werden solle.

Mahnbescheid und Vollstreckungsbescheid

Auch dieses Problem ist eine Frage der Rentabilität. Von einem Mahnbescheid sollte niemals Abstand genommen werden. (Hierzu vgl. das Kapitel »Der Zivilprozeß«.)

Falls der Schuldner keinen Widerspruch einlegt, muß innerhalb einer Frist von sechs Monaten seit Zustellung ein Vollstreckungsbescheid beim Amtsgericht beantragt werden. Werden diese Maßnahmen nicht durchgeführt, so besteht die Gefahr, daß sich der Schuldner zu einem späteren

Termin auf Verjährung beruft. Dies kann er dann nicht tun, wenn der Mahn- und der Vollstreckungs-bescheid fristgemäß erlassen worden sind. Mit einem Vollstreckungsbescheid aber kann man mit der Beitreibung von Zwangsvollstreckungsmaßnahmen 30 Jahre warten. Auch der böswilligste Schuldner wird im Laufe dieses langen Zeitraumes einmal zu Geld kommen und somit zum Ausgleich seines Kontos gezwungen werden können. Vor allem muß Pfennig nach Erlaß des Mahnbescheids daran denken, daß er auch einen Antrag auf Erlaß eines Vollstreckungsbescheids beim Amtsgericht stellt.

Wie bereits dargelegt, sind im Mahnverfahren die dafür vorgesehenen Formularsätze zu ver-wenden. Es ist daher nicht mehr möglich – wie früher im Zahlungsbefehlsverfahren –, selbst den Text für den Antrag auf Erlaß eines Vollstreckungsbefehls zu verfassen. Demgemäß läßt Fritz Sor-genfrei von seiner Sachbearbeiterin das vorgesehene Formular ausfüllen und nach von ihm vollzo-gener Unterschrift dem Gericht vorlegen.

Das Amtsgericht erläßt hierauf, sofern nicht rechtzeitig Widerspruch gegen den Mahnbescheid eingelegt wurde (in diesem Falle wird im normalen Gerichtsverfahren weiterverhandelt), den Vollstreckungsbescheid und veranlaßt die Zustellung.

Es ist eine Erfahrungstatsache, daß in 80 Prozent aller Fälle die Gläubiger die Waffen strecken, wenn die Pfändungen ergebnislos waren und der Schuldner eine Offenbarungsversicherung geleistet hat. Es besteht zu einer solchen Resignation aber vor allem dann kein Anlaß, wenn der zur Zeit ver-mögenslose Schuldner noch verhältnismäßig jung ist. Es kann fast immer erwartet werden, daß er sich ein neues Berufsleben aufbaut und dadurch wieder zu Vermögen gelangt. Häufig erlangt er auch wieder Vermögenswerte durch einen Erbgang.

Der Gläubiger sollte daher die Vollstreckungsakten aufbewahren und nach 1 bis 2 Jahren erneut an seinen Schuldner herantreten. Gelingt es auch nicht immer, die Gesamtforderung erstattet zu bekommen, so führt neues Vorgehen doch häufig zu einer teilweisen Befriedigung des Gläubigers. Er könnte dann zum Beispiel einen Pfändungs- und Überweisungsbeschluß beantragen und damit eine Lohn- und Gehaltspfändung durchführen (siehe dazu vorstehend im Kapitel »Der Zivil-prozeß«).

Es gibt aber noch weitere Möglichkeiten:

Die Vorpfändung

Ein Pfändungs- und Überweisungsbeschluß macht natürlich Kosten, die der Gläubiger tragen muß, wenn der böswillige Schuldner nicht mehr bei der angegebenen Firma beschäftigt ist oder in Vor-ahnung des Pfändungs- und Überweisungsbeschlusses einem Zugriff auf sein Gehalt oder seinen Lohn durch einen plötzlichen Stellungswechsel zuvorkommt. Durch das vorangegangene Prozeß-verfahren ist der Schuldner ja gewarnt und weiß, daß die Pfändung unmittelbar bevorsteht. Häufig wird er dem drohenden Zugriff auch durch Abtretung seiner Gehaltsansprüche zu entgehen suchen. Um dieses Risiko herabzumindern, hat Fritz Sorgenfrei in seinem Betrieb eingeführt, daß vor der Beantragung eines Pfändungs- oder Überweisungsbeschlusses zunächst eine Pfändungs-vorankündigung gemäß § 845 ZPO dem vermutlichen Arbeitgeber zugestellt wird, die folgenden Wortlaut hat:

BÄCKEREI *FRITZ SORGENFREI*

Schweizer Straße 193
60594 Frankfurt/Main
10. Juni 20 . .

PFÄNDUNGSANKÜNDIGUNG

1. An Herrn Balduin Überfällig, Turmstraße 13, Sorgstadt,
– als Schuldner –
2. an Firma Kurz & Co., Am Stadtpark 7, Sorgstadt,
– als Drittschuldnerin –

Aufgrund eines Vollstreckungsbescheides des Amtsgerichts in Frankfurt vom 22. Mai 20 . ., Aktenzeichen 3 B 678/20, steht mir gegen den Schuldner eine Forderung in Höhe von 364,80 Euro (in Buchstaben: Dreihundertvierundsechzig 80/100 Euro) nebst 4 % Zinsen seit dem 31.7.20 . . sowie 56,20 Euro für entstandene Kosten zu.
Hierdurch benachrichtige ich Sie, daß die Pfändung der dem Schuldner zu 1. gegenüber dem Drittschuldner zu 2. zustehenden Gehaltsansprüche bevorsteht. Der Drittschuldner wird hiermit aufgefordert, nicht mehr an den Schuldner zu zahlen, soweit die Beträge über die Pfändungsgrenze hinausgehen. Der Schuldner wird aufgefordert, sich insoweit jeder Verfügung über seine Ansprüche zu enthalten.
Diese Benachrichtigung hat die Wirkung eines Arrestes.

Fritz Sorgenfrei

Diese Vorankündigung kommt einer Beschlagnahme gleich.
1. Der Arbeitgeber des Schuldners darf keine Zahlungen mehr vornehmen, die die Pfändungsgrenze übersteigen.
2. Abtretungen des Schuldners nach dem Zeitpunkt der Zustellung der Vorankündigung an den Arbeitgeber sind dem Gläubiger gegenüber wirkungslos.

Bei der Pfändungsvorankündigung ist zu beachten, daß sie die Wirkung eines Arrestes verliert, sofern die Pfändung der Forderung nicht innerhalb eines Monats durch Erlaß eines Pfändungs- und Überweisungsbeschlusses durch das zuständige Amtsgericht erfolgt. Diese Frist beginnt mit dem Tage, an dem die Pfändungsvorankündigung zugestellt worden ist. Diese Zustellung bewirkt man dadurch, daß man die Pfändungsvorankündigung dem Gerichtsvollzieher in vierfacher Ausfertigung übergibt. Über den Tag der Zustellung erfolgt dann unverzüglich die Benachrichtigung, so daß man weiß, von welchem Tag an die Frist läuft. Vor allem die Zustellung bei dem Drittschuldner ist von besonderer Bedeutung, weil er sich von diesem Zeitpunkt an nicht mehr auf Zahlungen berufen kann, die über die Pfändungsgrenze hinaus vielleicht trotzdem an den Schuldner geleistet worden sind. Der Drittschuldner müßte dann den über die Pfändungsgrenze hinausgehenden Betrag aus eigener Tasche an den Gläubiger zahlen. Die Pfändungsvorankündigung hat also weitreichende Folgen.

Sollen größere Beträge beigetrieben werden, so daß auch höhere Kosten auf dem Spiele stehen, so hat es Fritz Sorgenfrei bisher immer als sehr zweckmäßig empfunden, vor der Einleitung von Zwangsvollstreckungsmaßnahmen eine Auskunft bei der Creditreform oder anderen Auskunfteien einzuholen. Dieses Unternehmen vermittelt Auskünfte über jede Person, die sich im Bundesgebiet aufhält. Die entstehenden Kosten fallen bei größeren Objekten kaum ins Gewicht, wenn man berücksichtigt, daß eine derartige Auskunft wichtige Hinweise darüber enthält, ob es lohnend ist, einen Gerichtsvollzieher mit Vollstreckungsmaßnahmen zu beauftragen oder den Erlaß eines Pfändungs- und Überweisungsbeschlusses zu beantragen. Es ist auch empfehlenswert, diese Institution dann in Anspruch zu nehmen, wenn man vor dem Abschluß größerer Geschäfte steht und seinen Geschäftspartner nicht genügend kennt. Dies gilt gerade in besonderem Ausmaß in der heutigen Zeit, in der es durchaus geschehen kann, daß sich hinter einer großartigen Fassade ein Betrieb verbirgt, der kurz vor dem Konkurs steht. Dagegen arbeitet vielleicht unter relativ einfachen Verhältnissen ein zielstrebiger Unternehmer, dem man seine Kreditwürdigkeit nicht von vornherein ansieht, weil er eben jeden freien Pfennig in die Aufwärtsentwicklung und nicht in die Verschönerung seiner Räume steckt. Dieser Grundsatz gilt vor allem bei der Einräumung von Krediten, der Gewährung von Baukostenzuschüssen und nicht zuletzt bei Beteiligungen eines Kommanditisten oder stillen Gesellschafters. Falls es sich bei dem in Aussicht genommenen Vertragspartner um einen Geschäftsmann handelt, sollte man es nicht versäumen, seine eigene Bank zu bitten, über den Partner eine Bankauskunft einzuholen.

Auf welchem Wege bekommt nun aber der Buchhalter bei einem Angestellten oder Gehaltsempfänger heraus, bei welcher Firma dieser Schuldner arbeitet? Bei der Formulierung von Bestellscheinen haben wir bereits die Zweckmäßigkeit erkannt, daß außer der Wohnanschrift des Käufers auch seine Geschäftsadresse nicht fehlen sollte.

Nun kommt es aber doch häufig vor, daß ein Handelsvertreter, vor allem dann, wenn der Bestellschein in der Wohnung ausgefertigt wird, nicht fragen will, bei welcher Firma der Käufer beschäftigt ist. Vor allem bei Gehaltsempfängern tritt auch häufig der Fall ein, daß der Arbeitsplatz inzwischen gewechselt wurde. Hier kann man sich dadurch helfen, daß man den Gerichtsvollzieher bei Erteilung eines Pfändungsauftrages bittet, den Arbeitgeber zu ermitteln, falls die Pfändung in der Wohnung fruchtlos verläuft.

Der Pfändungsauftrag
Ein derartiger Pfändungsauftrag würde folgenden Wortlaut haben:

BÄCKEREI *FRITZ SORGENFREI*

Schweizer Straße 193
60594 Frankfurt/Main

An den
Herrn Obergerichtsvollzieher
bei dem Amtsgericht
38433 Sorgstadt   20. Mai 20 . .

In der Anlage überreiche ich Ihnen die vollstreckbare Ausfertigung eines Mahnbescheides gegen Herrn Balduin Überfällig, Turmstraße 13, Sorgstadt. Ich bitte, die Zustellung und gleichzeitige Zwangsvollstreckung durchzuführen.

Falls ein Pfändungsversuch fruchtlos verlaufen sollte, so wäre ich Ihnen sehr dankbar, wenn Sie feststellen würden, bei welcher Firma der Schuldner arbeitet.

Mit besten Empfehlungen

Fritz Sorgenfrei

547

Zuständig für die Zwangsvollstreckung ist derjenige Gerichtsvollzieher, in dessen Bereich der Schuldner seinen ständigen Wohnsitz hat. Aber auch die Nachforschungen eines Gerichtsvollziehers haben nicht immer den gewünschten Erfolg. Was muß er dem Gerichtsvollzieher vorlegen?

Das Urteil

Das Urteil, welches Fritz Sorgenfrei gegen seinen Schuldner erstritten hat, wird ihm in Gestalt einer Urteilsausfertigung zugeschickt. Er weiß, daß er damit noch nichts Endgültiges in Händen hat, denn gegen das Urteil des Amtsgerichts kann der verurteilte Beklagte Berufung zum Landgericht einlegen. Deshalb heißt es auch in dem Urteilsspruch (dem Tenor), daß das Urteil gegen eine bestimmte Sicherheitsleistung für vorläufig vollstreckbar erklärt wird. Es ist daher für ihn von besonderem Interesse zu wissen, ob der Beklagte Berufung einlegt.

Notfristbescheinigung und Rechtskraftattest

Aus der an das Urteil angehefteten Zustellungsurkunde ersieht Fritz Sorgenfrei, daß das Urteil dem Beklagten am 15. Mai zugestellt ist.

Demnach muß der Schuldner spätestens am 15. Juni die Berufung beim Landgericht durch einen dort zugelassenen Rechtsanwalt einlegen. Geschieht dies nicht, dann wird Fritz Sorgenfreis siegreiches Urteil rechtskräftig. Nunmehr kann er aus dem Urteil die Vollstreckung betreiben, ohne daß er 4500,– Euro hinterlegen muß.

Am 15. Juni wird also Fritz Sorgenfrei an die Gerichtsvollzieherverteilungsstelle beziehungsweise den Obergerichtsvollzieher Sauer das Urteil mit dem Auftrag zur Zwangsvollstreckung schicken. Aber so einfach geht es nun wieder nicht.

Woher soll wohl Herr Sauer wissen, ob der Schuldner am Landgericht Berufung eingelegt hat oder nicht? Fritz Sorgenfrei meint, er könnte ja einfach einmal bei der zuständigen Geschäftsstelle des Landgerichts anrufen und sich dort erkundigen. Das ist nun aber doch wohl etwas viel verlangt. Außerdem sind bei einem solchen Anruf die Fehlerquellen und Irrtümer viel zu groß und es steht viel zuviel dabei auf dem Spiel.

Dem Gerichtsvollzieher muß durch Bescheinigungen des Gerichts nachgewiesen werden, daß das bisher vorläufig vollstreckbar erklärte Urteil nunmehr rechtskräftig geworden ist. Diese Urkunden besorgt sich Fritz Sorgenfrei auf folgendem Wege: Zunächst wendet er sich mit folgendem Schreiben an das Landgericht, bei dem der Beklagte ja seine Berufung hätte einlegen müssen, das ist dasjenige Landgericht, zu dessen Bezirk das Amtsgericht gehört, welches das Urteil erster Instanz verkündet hat.

BÄCKEREI *FRITZ SORGENFREI*

Schweizer Straße 193
60594 Frankfurt/Main

An das
Landgericht
60431 Frankfurt/Main

15. Juni 20 . .

In der Anlage überreiche ich das Urteil des Amtsgerichts Frankfurt/Main,

13 C 722/90, in Sachen Sorgenfrei gegen Windig, das am 15. Mai 20 . . zugestellt worden ist. Ich bitte um Erteilung der Notfristbescheinigung.

Fritz Sorgenfrei

Am zweckmäßigsten geht Fritz Sorgenfrei selbst beim Landgericht vorbei, läßt sich von der dortigen Auskunft die zuständige Geschäftsstelle benennen und gibt dort seinen Antrag ab. Wenn er zuvorkommend und höflich vorspricht, gelingt es ihm vielleicht auch, sofort die Notfristbescheinigung zu erhalten.

Mit dem seltsamen Wort »Notfristbescheinigung« drückt der Gesetzgeber folgendes aus: Fritz Sorgenfrei weiß ja, daß Windig die Berufung nur binnen einer Frist von einem Monat einlegen kann. Diese Frist nennt das Gesetz eine Notfrist. Nicht etwa, weil Windig in Not ist, sondern weil es eine notwendige Frist ist, das heißt eine Frist, die notwendigerweise eingehalten werden muß. Wird sie nicht eingehalten, so ist es mit der Berufungseinlegung vorbei.

Da nach den Bestimmungen der ZPO die Berufung gegen ein Amtsgerichtsurteil bei dem nächst höheren Gericht, dem Landgericht, einzulegen ist, kann ja nur durch dieses die Frage geklärt werden, ob eine Berufung rechtzeitig eingelegt ist oder nicht. Die von Fritz Sorgenfrei gewünschte diesbezügliche Bescheinigung besagt also, daß Windig innerhalb der Berufungsfrist (Notfrist) bei dem Landgericht Frankfurt/M. keine Berufung hat einlegen können. Diese Bescheinigung stellt das Landgericht Frankfurt/M. frühestens am 16. Juni 20 . . aus, da ja aus der Zustellungsurkunde zu ersehen ist, daß die Berufungsfrist von einem Monat bis zum 15. Juni 20 . . läuft.

Nunmehr richtet Fritz Sorgenfrei folgendes Schreiben an das Amtsgericht Frankfurt/Main:

BÄCKEREI *FRITZ SORGENFREI*

Schweizer Straße 193
60594 Frankfurt/Main

An das
Amtsgericht
60431 Frankfurt/Main

16. Juni 20 . .

In der Anlage überreiche ich:

1. das Urteil des Amtsgerichts Frankfurt/Main in Sachen
   Sorgenfrei gegen Windig – 13 C 722/90 –,

2. die Notfristbescheinigung des Landgerichts Frankfurt/Main
   vom 16. Juni 20 . .

mit der Bitte um Erteilung des Rechtskraftzeugnisses.

Fritz Sorgenfrei

Wem sehr daran gelegen ist, eiligst die Möglichkeit für die Zwangsvollstreckung zu erlangen, der geht am besten selbst zur Geschäftsstelle des Amtsgerichts und legt das Urteil mit der Notfristbescheinigung vor. Dann bekommt er auf seine Urteilsausfertigung einen Stempel aufgedrückt: »Rechtskräftig seit dem ...«

Nunmehr ist der Weg frei für Fritz Sorgenfreis Zwangsvollstreckung gegen Windig. Noch am gleichen Tage setzt er sich daher hin und schreibt:

BÄCKEREI *FRITZ SORGENFREI*

Schweizer Straße 193
60594 Frankfurt/Main

Herrn
Obergerichtsvollzieher
Konrad Sauer
Am Mühlweg 10
60431 Frankfurt/Main   18. Juni 20 . .

Sehr geehrter Herr Obergerichtsvollzieher!

In der Anlage übersende ich das rechtskräftige Urteil in Sachen Sorgenfrei gegen Windig mit der Bitte, die Zwangsvollstreckung durchzuführen.

Mit freundlichen Grüßen

Fritz Sorgenfrei

Gleich am nächsten Tage begibt sich der Gerichtsvollzieher zu der im Urteil angegebenen Adresse des Windig und pfändet dort in den verschiedenen Räumen der Windigschen Wohnung.

Das Protokoll über die Pfändung, in welchem die gepfändeten Objekte aufgeführt sind, schickt er per Nachnahme dem Gläubiger Fritz Sorgenfrei zu, womit er die Kosten für seine Vollstreckungstätigkeit gleich einzieht. In dem Pfändungsprotokoll ist auch schon Tag, Ort und Stunde angegeben, wann die Versteigerung der gepfändeten Stücke stattfinden soll. Es ist dies der 7. Juli 20 . . . An diesem Tage wird – so hofft Fritz Sorgenfrei – er endlich zu seinem Geld kommen.

Durchsuchung einer Wohnung

Nicht immer verläuft die Pfändungsmaßnahme des Gerichtsvollziehers ohne Schwierigkeiten. Als der Gerichtsvollzieher im Auftrag von Fritz Sorgenfrei aus einem Titel gegen die Firma Berg- und Bau GmbH einen Pfändungsversuch unternimmt, stößt er auf den Widerstand des Prokuristen dieser Firma. Dieser erklärt dem Gerichtsvollzieher, daß man nicht bereit sei, eine freiwillige Zahlung zu leisten, und dem Gerichtsvollzieher auch nicht gestatte, die Büroräume zum Zwecke einer Pfändungsmaßnahme zu betreten. Daraufhin nimmt der Gerichtsvollzieher von weiteren Maßnahmen Abstand und teilt Fritz Sorgenfrei diesen Sachverhalt mit. Empört fragt Fritz Sorgenfrei seinen Hausanwalt, »ob denn der Gerichtsvollzieher sich korrekt verhalte. Bisher sei doch stets der Gerichtsvollzieher in die Räume des Schuldners gelangt, notfalls mit polizeilicher Unterstützung«.

«Dies hat sich seit einiger Zeit geändert«, belehrt der Anwalt Fritz Sorgenfrei. »Das Bundesverfassungsgericht hat entschieden, daß das Betreten von Wohnungs- und Büroräumen gegen den Willen eines Schuldners nur aufgrund eines richterlichen Durchsuchungsbefehls möglich sei, denn so stehe es im Grundgesetz. Die bisherige Auffassung in der Rechtsprechung, daß in dem Urteil gegen der Schuldner bereits eine solche richterliche Durchsuchungsanordnung läge, wurde vom Bundesverfassungsgericht nicht geteilt.«

»Und was muß nun geschehen?« fragt Fritz Sorgenfrei.

»Geben Sie mir den Titel und die Nachricht des Gerichtsvollziehers über den mißlungenen Pfändungsversuch«, fordert der Rechtsanwalt Fritz Sorgenfrei auf. »Ich werde dann bei dem Vollstreckungsgericht unter Vorlage dieser Unterlagen den Antrag stellen, einen richterlichen Durchsuchungsbeschluß zu erlassen. Dies ist eine reine Formsache. Der Beschluß wird unverzüglich ergehen.«

Da wundert sich Fritz Sorgenfrei mit Recht über einen derartigen Formalismus, der nur dazu führt, daß sich die Pfändungen der Gerichtsvollzieher verzögern, weil zahlungsunwillige Schuldner fast immer den ersten Pfändungsversuch mit dem entsprechenden Einwand zum Scheitern bringen. Fritz Sorgenfrei überlegt aber auch weiter, daß damit jeder Überraschungseffekt einer Pfändung durch den Gerichtsvollzieher verlorengeht. Ein so gewarnter Schuldner wird bisweilen die Möglichkeit nutzen, um bestimmte pfändbare Sachen beiseite zu schaffen.

Der »Richtervorbehalt« bei einer Pfändung in Wohn- und Geschäftsräumen hat aber seine Grenzen.

In der Nachbarschaft des Fritz Sorgenfrei befindet sich das kleine Ecklokal »Zur Post«. Die Inhaberin des Lokals beherbergt einen Bekannten namens Werner Müller, der hoch verschuldet ist. Als der Gerichtsvollzieher eines Gläubigers den Schuldner Müller im Schankraum auffindet, will er bei ihm eine Taschenpfändung vornehmen.

Hiergegen wehrt sich Müller, aber auch die Wirtin verbittet sich derartige Maßnahmen in ihrem Lokal.

Als Müller später wegen Widerstand gegen die Staatsgewalt angeklagt wird, weil er sich dem Zugriff des Gerichtsvollziehers widersetzt hat, beruft er sich zu seiner Verteidigung darauf, daß der Gerichtsvollzieher ohne richterliche Genehmigung in den Räumen der Wirtschaft gar keine Vollstreckungsmaßnahmen hätte durchführen dürfen.

Zu beachten ist, daß ein Schuldner die Offenbarungsversicherung abgeben muß, wenn er die Durchsuchung verweigert oder der Gerichtsvollzieher mehrfach erfolglos zu vollstrecken versucht hat.

Die Pfändung und ihre Folgen

Aber gerade hinsichtlich einer wertvollen antiken Spieluhr hat Fritz Sorgenfrei Pech. In der Windigschen Wohnung war nämlich ein Zimmer an eine Nichte des Schuldners Windig untervermietet, in welchem sich das junge Mädchen, eine Chemielaborantin, Elfriede Base, mit ihrem Mobiliar einquartiert hat. In der Aufregung hatte die bei der Pfändung anwesende Frau Windig nicht darauf hingewiesen.

Die Pfändung der Spieluhr ist nicht in Ordnung. Gemäß § 808 ZPO darf der Gerichtsvollzieher nur Sachen pfänden, die er im Gewahrsam des Schuldners vorfindet. Der Schuldner Windig hat aber nur an den Sachen Gewahrsam, die sich in den von ihm und seinen Angehörigen bewohnten Räumen befinden.

Es ist zu beachten, daß ein verheirateter Mann diesen Gewahrsam mit seiner Ehefrau teilt und umgekehrt.

Es kann aber kein Zweifel bestehen, daß der Schuldner Windig an den Sachen, die sich im Zimmer der Untermieterin Elfriede Base befinden, keinen Gewahrsam hat. Denn dieses Zimmer ist von dem übrigen häuslichen Familienleben völlig abgetrennt. Elfriede Base hat an diesem Zimmer ihr eigenes Hausrecht. Niemand darf gegen ihren Willen das Zimmer betreten. Da das Urteil aber nur gegen Windig lautet, kann auch nur in seiner Gewahrsamssphäre vollstreckt werden.

552

Die Erinnerung

Als Elfriede Base von ihrer Arbeit abends nach Hause kommt und das Pfandsiegel an der Spieluhr in ihrem Zimmer kleben sieht, ist sie sehr empört und schlägt gewaltig Krach. Das erleichtert sie seelisch, hilft aber juristisch nicht weiter. Der richtige Weg für sie ist die Einlegung der Erinnerung gemäß § 766 ZPO, wobei man wissen muß, daß das Wort »Erinnerung« ein juristischer Begriff ist und nichts mit dem im allgemeinen Sprachgebrauch üblichen »erinnern« zu tun hat. Für Elfriede ist es wichtig, sehr schnell zu handeln und den Antrag gemäß § 766 ZPO zu stellen, der lautet:

§ 766
(1) Über Anträge, Einwendungen und Erinnerungen, welche die Art und Weise der Zwangsvollstreckung oder das vom Gerichtsvollzieher bei ihr zu beobachtende Verfahren betreffen, entscheidet das Vollstreckungsgericht. Es ist befugt, die im § 732 Abs. 2 bezeichneten Anordnungen zu erlassen.

(2) Dem Vollstreckungsgericht steht auch die Entscheidung zu, wenn ein Gerichtsvollzieher sich weigert, einen Vollstreckungsauftrag zu übernehmen oder eine Vollstreckungshandlung dem Auftrag gemäß auszuführen, oder wenn wegen der von dem Gerichtsvollzieher in Ansatz gebrachten Kosten Erinnerungen erhoben werden.

Demgemäß verfaßt Elfriede Base folgendes Schreiben:

ELFRIEDE BASE
Chemische Laborantin

Goethestraße 27
bei Windig
60313 Frankfurt/Main

An das
Amtsgericht
60431 Frankfurt/Main

21.6.20 . .

Erinnerung gegen eine Pfändung

Am 20. Juni d. J. pfändete der Obergerichtsvollzieher Sauer in einem Urteil des Herrn Fritz Sorgenfrei, Schweizer Straße 193, Frankfurt/Main, gegen meinen Vermieter Hans Windig – Aktenzeichen des Amtsgerichts Frankfurt/Main: 13 C 722/20 – in dem von mir bewohnten Zimmer eine mir gehörende antike Spieluhr. Ich bitte, die Pfändung als unzulässig aufzuheben. Vorsorglich beantrage ich die vorläufige Einstellung der Zwangsvollstreckung hinsichtlich der Spieluhr bis zur Entscheidung über meine Erinnerung.

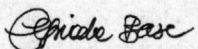

Die Erinnerung ist möglichst beschleunigt dem Gericht einzureichen, insbesondere dann, wenn der Versteige-rungstermin nahe bevorsteht. Durchschrift für die eigenen Akten aufbewahren.

Der mit der vorstehenden Erinnerung gestellte Hilfsantrag auf vorläufige Einstellung der Zwangs-vollstreckung gegen die Spieluhr ist sehr wichtig, da das Gericht möglicherweise aufgrund einer Ge-genstellungnahme des Gläubigers Fritz Sorgenfrei die Zwangsvollstreckung nicht mehr vor dem Versteigerungstermin für unzulässig erklärt. Dann hat die Antragstellerin Elfriede Base nichts in der Hand, um den Gerichtsvollzieher abzuhalten, ihre Spieluhr zu versteigern. Aus diesem Grunde ist es richtig gewesen, die Zwangsvollstreckung einstweilen einstellen zu lassen, bis über den Hauptantrag endgültig entschieden wird. Kommt dann der Obergerichtsvollzieher Sauer wenige Tage vor dem Versteigerungstermin, um die gepfändete Sache abzuholen, dann zeigt Elfriede Base die Verfügung über die vorläufige Einstellung vor.

Da Fritz Sorgenfrei nichts gegen die Tatsache vorbringen kann, daß die Spieluhr im Gewahrsam der Elfriede Base und nicht im Besitz des Schuldners Windig war, muß der Richter feststellen, daß der Gerichtsvollzieher mit seiner Art und Weise der Zwangsvollstreckung gegen die Bestimmungen der ZPO verstoßen hat. Das Gericht muß daher der Erinnerung stattgeben und die Pfändung der Spieluhr aufheben.

Als sich Fritz Sorgenfrei das Ergebnis ansieht, meint er verdrossen, daß dies ja recht komisch sei. Schließlich müßte der Gerichtsvollzieher ja wohl wissen, was er pfänden könne oder nicht. Hier irrt Fritz Sorgenfrei sehr. Es ergeben sich häufig bei Pfändungen schwierige Rechtsprobleme, und der Gerichtsvollzieher kann in den wenigen Minuten der Pfändung nicht die schwierigsten rechtlichen Entscheidungen treffen. Das ist auch nicht seine Aufgabe. Dafür wacht das Amtsgericht über die richtige Handhabung der Pfändungsvorschriften, und jeder Betroffene kann im Wege der Erinnerung die Entscheidung des Amtsgerichts anrufen.

Jetzt begreift Fritz Sorgenfrei auch die Geschichte, die ihm ein Bekannter vor einiger Zeit klar-zumachen versuchte. Dieser Bekannte, ein Kaufmann Wolfgang Schank, hatte von einem Kleider-hersteller, Lothar Naht, 6000,– Euro zu bekommen. Mit dem Urteil über diese Summe schickte er den Gerichtsvollzieher mit der Pfändung in die Villa des Naht, die sich auf dem Betriebsgelände befindet. Hier pfändete der Gerichtsvollzieher unter anderen zwei Maschinen, die unbestritten Lothar Naht gehörten. Naht wäre es auch ganz gleich gewesen, ob die beiden Maschinen zugunsten des Wolfgang Schank versteigert wurden oder nicht. Er steckte so tief in der Kreide, daß ihm schon alles egal war.

Aber ein anderer Gläubiger des Naht, Matthias Wolf, der an dem Grundstück eine Hypothek in Höhe von 50 000,– Euro hatte, legte gegen die Pfändung der Maschinen Erinnerung bei dem Amts-gericht ein. In der Erinnerung berief er sich darauf, daß die beiden Maschinen ausweislich der Bilan-zen zum Betriebsvermögen der Kleiderfabrik des Naht gehörten. Naht hatte sie nur vorübergehend in seine Villa genommen. All dies stellte sich als richtig heraus. Daraufhin ordnete das Amtsgericht aufgrund der Erinnerung an, daß die Pfändung der Maschinen durch Schank aufzuheben sei. Die Entscheidung beruhte auf § 865 Abs. 2 Satz 1 ZPO. Nach dieser Bestimmung sind Zubehörstücke von Grundstücken nicht im Wege der Einzelzwangsvollstreckung pfändbar. Dem liegt folgender Gedanke zugrunde: Stellen wir uns einmal eine Kleiderfabrik richtig vor. Der Wert der Firma be-stimmt sich nicht nur nach dem Grund und Boden und dem Betriebsgebäude, sondern auch nach der gesamten technischen Einrichtung. Je hochwertiger und moderner diese Einrichtung ist, um so höher ist der gesamte Betriebswert. Reißt man nun im Wege der Zwangsvollstreckung die einzelnen Maschinen und sonstigen Anlagen aus dem Gesamtvermögen heraus, so vernichtet man einmal erhebliche Werte und erzielt andererseits auch nur einen Bruchteil dessen, was man durch die Ge-

554

samtveräußerung des Betriebes erlangen kann. Deshalb schreibt das Gesetz vor, daß die Zubehörgegenstände eines solchen Betriebsgrundstückes nur im Wege der Zwangsvollstreckung in das
Betriebsgrundstück verwertet werden dürfen. Die beiden Maschinen sind Zubehörgegenstände, auch
wenn sie vorübergehend aus dem Grundstück in die Villa des Naht verbracht sind. Da eine endgültige Herauslösung aus dem Betrieb nicht vorlag, gehörten sie wirtschaftlich weiterhin dazu.

Da aber das Grundstück bereits mit der Hypothek des Wolf belastet ist, besteht für Schank keine Aussicht mehr, an diese Werte heranzukommen.

Jetzt versteht auch – wie gesagt – Fritz Sorgenfrei den Zusammenhang. Der pfändende Gerichtsvollzieher konnte nicht großartige Ermittlungen anstellen, ob die Maschinen zum Betriebsvermögen
gehörten oder nicht. Er hat ganz richtig gehandelt, als er in der Villa des Naht die beiden Maschinen
pfändete. Die Erinnerung des Gläubigers Wolf brachte dann die notwendige Klarheit in tatsächlicher und rechtlicher Hinsicht und führte die dementsprechende Entscheidung des Richters herbei.

Nun schön, denkt sich Fritz Sorgenfrei, mag auch die Spieluhr nicht mit versteigert werden, es
sind ja noch genügend andere Sachen – wie aus dem Pfändungsprotokoll ersichtlich – bei Windig
gepfändet. Da sind vor allem zwei Computer, die sicher ihre 500,– Euro bei der Versteigerung bringen werden. Aber auch hier hat Fritz Sorgenfrei sich zu früh gefreut. Wenige Tage nach der Pfändung
geht ihm folgender Einschreibebrief zu:

OTTO WINDIG   *ELBESTRASSE 4*
Mechaniker   *(bei Gotthold)*
                                                               60329 Frankfurt/Main

<u>Einschreiben</u>

Herrn
Fritz Sorgenfrei
Schweizer Straße 193
60594 Frankfurt/Main   28.6.20 . .

Sehr geehrter Herr Sorgenfrei!

Sie haben vor einigen Tagen in der Wohnung meines Vaters mehrere Sachen pfänden
lassen, darunter zwei Computer, die mir gehören. Ich bin der Sohn des Herrn Windig
und habe diese nur in der Wohnung meines Vaters untergestellt, da ich möbliert wohne und bei mir zu wenig Platz habe. Wenn Sie mir nicht glauben wollen, dann fragen
Sie meine Verlobte, Ursula Färber, die im vorigen Winter dabei war, als ich die
Computer gekauft habe.

Sorgen Sie also schnellstens dafür, daß ich diese wiederbekomme. In Erwartung Ihrer
umgehenden Antwort verbleibe ich

hochachtungsvoll

Otto Windig

»Das ist ja eine schöne Bescherung«, meint Fritz Sorgenfrei zu seiner Ehefrau. »Was ist denn das nun schon wieder? Ob der auch Erinnerung gegen die Pfändung einlegen kann?«

»Erinnerung hin, Erinnerung her«, meint Frau Sorgenfrei. »Wenn du mich fragst, so meine ich, daß wir die Computer schießen lassen müssen, wenn die Behauptungen von Windigs Sohn richtig sind. Es wäre ja wohl sonderbar, wenn wir Sachen pfänden und versteigern lassen könnten, die gar nicht dem alten Windig gehören. Stell dir nur einmal vor, du verleihst ein Buch an unseren Nachbarn und – es wird dir von einem seiner Gläubiger gepfändet.«

Man sieht, Frau Sorgenfrei hat wirklich ein ganz gutes Rechtsempfinden. Und genauso hat sich der Gesetzgeber die Regelung gedacht. Zwar kann Otto Windig gegen die Pfändung seiner Computer keine Erinnerung einlegen, denn die Art und Weise der Zwangsvollstreckung ist in Ordnung. Der Gerichtsvollzieher hat ja diese im Gewahrsam des Schuldners Hans Windig vorgefunden. Gemäß § 808 ZPO hatte er sie zu pfänden. Gegen sein Vorgehen gibt es also nichts zu »erinnern«. Aber die Zwangsvollstreckung soll ja einem Gläubiger nur die Möglichkeit geben, seine Befriedigung aus den Vermögensstücken seines Schuldners zu suchen. Hat der Gerichtsvollzieher ausnahmsweise in Wohnung oder Büro des Schuldners solche Gegenstände gepfändet, die nicht zum Vermögen des Schuldners gehören, so müssen sich die Eigentümer dieser Sachen – wie hier Otto Windig – mit dem pfändenden Gläubiger auseinandersetzen. Kann er dem Gläubiger genügend glaubhaft dartun, daß die Sachen nicht dem Schuldner gehören, so wird der Gläubiger schon im eigenen Interesse die Sachen freigeben. Schließlich kostet jede gerichtliche Auseinandersetzung Geld und Nerven. Außerdem beansprucht sie auch Zeit, die man oft nutzbringender verwenden kann.

Die Interventionsklage (Drittwiderspruchsklage)

»Ich weiß nicht recht«, sagt Fritz Sorgenfrei nach einiger Überlegung, »ob wir wirklich so schnell die Flinte ins Korn werfen sollen. Den Windigs traue ich schon seit langem nicht mehr über den Weg. Wer sagt uns denn, daß die für uns gepfändeten Computer wirklich diejenigen sind, die der Otto Windig gekauft hat? Wollen wir doch erst einmal abwarten, was Otto Windig unternimmt.«

Das merkt Fritz Sorgenfrei nur zu bald. Nach zwei Wochen wird ihm folgende Klageschrift zugestellt, die Otto Windig mit Hilfe eines in seinem Betrieb beschäftigten Rechtskundigen entworfen hat:

```
OTTO WINDIG                                    ELBESTRASSE 4
Mechaniker                                      (bei Gotthold)
                                          60329 Frankfurt/Main


An das
Amtsgericht
60594 Frankfurt/Main                            5. Juli 20 . .

                        KLAGE

des Mechanikers Otto Windig, Elbestraße 4 (b. Gotthold), Frankfurt/M.
                              - Kläger -
                        gegen

den Konditormeister Sorgenfrei, Schweizer Straße 193,
60594 Frankfurt/Main                  - Beklagter -

gemäß § 771 ZPO.
```

556

Streitwert: 500,– Euro.

Ich erhebe hiermit Klage gegen den Beklagten mit dem Antrage, die
Zwangsvollstreckung aus dem Urteil des Amtsgerichts Frankfurt/M. –
13 C 722/20 – Sorgenfrei ./. Windig in zwei Computer, Marke ..., für
unzulässig zu erklären.

Begründung:

Der Beklagte hat aus dem obengenannten Urteil gegen den Kaufmann Hans Windig,
den Vater des Klägers, die Zwangsvollstreckung betrieben. Am 20. Juni 20 . . ließ
er ausweislich des Pfändungsprotokolls des Obergerichtsvollziehers Sauer in der
Wohnung des Schuldners mehrere Gegenstände pfänden, darunter die in dem Antrag
genannten Computer. Diese gehören nicht dem Schuldner Hans Windig, sondern stehen
im Eigentum des Klägers. Der Kläger hat diese im Herbst vorigen Jahres im EDV-
Geschäft ... in Frankfurt/M. gekauft. Er ist zwar nicht mehr im Besitz eines Kassen-
belegs, jedoch kann seine Verlobte, Ursula Färber, Frankfurt/M., Schaumainkai 6,
dies bestätigen, da sie bei dem Einkauf zugegen war.

Beweis: Zeugnis der Genannten.

Der Kläger ist auch bereit, seine Aussagen eidlich zu erhärten. Demgemäß ist die
Zwangsvollstreckung in die dem Kläger gehörenden Computer nicht zulässig.
Eine Aufforderung des Klägers, diese aus den genannten Gründen freizugeben, hat
der Beklagte unbeantwortet gelassen. Es ist daher Klage geboten.

Diese Klage stützt sich auf § 771 ZPO, der folgenden Wortlaut hat:

§ 771

(1) Behauptet ein Dritter, daß ihm an dem Gegenstand der Zwangsvollstreckung ein die Veräußerung hinderndes Recht zustehe, so ist der Widerspruch gegen die Zwangsvollstreckung im Wege
der Klage bei dem Gericht geltend zu machen, in
dessen Bezirk die Zwangsvollstreckung erfolgt.

(2) Wird die Klage gegen den Gläubiger und den
Schuldner gerichtet, so sind diese als Streitgenos-
sen anzusehen.
(3) Auf die Einstellung der Zwangsvollstreckung
und die Aufhebung der bereits getroffenen Voll-
streckungsmaßregeln sind die Vorschriften der
§§ 769, 770 entsprechend anzuwenden. Die Aufhebung einer Vollstreckungsmaßregel ist auch
ohne Sicherheitsleistung zulässig.

Fritz Sorgenfrei erhält die vorstehende Klageschrift, eine sogenannte Drittwiderspruchsklage, zusammen mit der Ladung zu dem in 14 Tagen anstehenden Termin zugestellt. Jetzt bleibt ihm nur die
Möglichkeit, zu hoffen, daß Frau Färber die Behauptungen des Otto Windig nicht erhärten kann
oder daß sonst ein Umstand die Unwahrhaftigkeit des klägerischen Vorbringens ergibt. Vorsorglich
verfaßt er folgenden Schriftsatz:

BÄCKEREI *FRITZ SORGENFREI*

Schweizer Straße 193
60594 Frankfurt/Main

An das
Amtsgericht
60431 Frankfurt/Main   12.7.20 . .

In Sachen
Windig ./. Sorgenfrei
– 13 C 722/90 –

beantrage ich,

       den Kläger mit der Klage kostenpflichtig abzuweisen.

Es wird bestritten, daß die durch den Obergerichtsvollzieher Sauer gepfändeten
Computer dem Kläger gehören. Es mag sein, daß der Kläger im Herbst vorigen Jahres
zwei Computer gekauft hat. Es mag auch sein, daß seine Verlobte bei diesem Einkauf
zugegen war. Dem Unterzeichneten ist aber bekannt, daß der Vater des Klägers, der
Kaufmann Hans Windig, ebenfalls Eigentümer von zwei Computern derselben Marke
ist. Sowohl Herr Hans Windig als auch Herr Otto Windig haben die gleichen Interessen
und beruflichen Notwendigkeiten für solche EDV-Geräte. Man kann also aus der Marke
der Geräte keine Schlüsse auf den Eigentümer ziehen. Herr Hans Windig muß schließlich seine Computer auch irgendwo haben. Und es ist wahrscheinlicher, daß er diese in
der eigenen Wohnung hat, als daß er solche Geräte des ganz woanders wohnenden
Sohnes bei sich aufbewahrt. Die bei der Pfändung anwesende Ehefrau Windig hat auch
dem Gerichtsvollzieher gegenüber keinerlei Bemerkung dahingehend gemacht, daß es
sich bei den gepfändeten Geräten um das Eigentum ihres Sohnes Otto handelt. Ich
beziehe mich daher zum Beweise dafür, daß die gepfändeten Geräte im Eigentum des
Herrn Hans Windig stehen, auf dessen Zeugnis.

Seine Anschrift lautet: Hans Windig, Goethestraße 27, Frankfurt/M.

Fritz Sorgenfrei

Den vorstehenden Schriftsatz nebst einer Abschrift reicht Fritz Sorgenfrei mindestens drei Tage vor
dem Termin – wenn es geht, noch früher – dem Gericht ein, das die Abschrift dem Kläger Windig
zuleitet.

Meistens pflegen die Beklagten in den Amtsgerichtsprozessen auf die Klage nichts zu erwidern,
sondern kommen voll fröhlichen Vertrauens zu dem Termin, fest entschlossen, dort alles, was sie auf
dem Herzen haben, dem Richter zu erzählen. Der wird dann schon sehen, was der Kläger für eine
Person ist und daß der Beklagte selbstverständlich recht hat. Der Amtsrichter hat an diesem Termin-
tag 30 Fälle anstehen. Wenn jeder Beklagte dem Richter erzählen wollte, wie er seinen Prozeß sieht,
und dabei ausholend mit der Vorgeschichte beginnt, dann brauchte jede einzelne Verhandlung eine
Stunde oder mehr. Der Tag hat aber nicht soviele Stunden. Aus diesem Grunde wird jedem Beklagten
mit der Klageschrift ein Merkblatt vom Gericht zugesandt, in welchem er aufgefordert wird, seine
etwaigen Einwendungen rechtzeitig dem Gericht vor dem Termin schriftsätzlich mitzuteilen und auch

eine Abschrift für den Gegner beizufügen. Dieses wird ja nicht zum Spaß übersandt. Wenn nämlich der Beklagte dem Gericht rechtzeitig vor dem Termin seine Ansicht über den Prozeß mitteilt, dann kann sich der Richter schon vorher ein Bild von den widerstreitenden Ansichten der Parteien machen und kann im Termin das Für und Wider schneller erörtern. Andernfalls bleibt ihm gar nichts anderes übrig, als dem Beklagten eine Frist zu setzen, binnen welcher dieser schriftsätzlich Stellung zu nehmen hat. Das aber bringt Verzögerungen und auch Ärger mit sich und die Nichtbeachtung von Fristen kann zum Ausschluß des betreffenden Vortrags führen.

Aufgrund der gewechselten Schriftsätze erörtert der Richter im Termin mit Fritz Sorgenfrei und Otto Windig den Prozeßstoff und verkündet dann einen Beweisbeschluß, wonach Ursula Färber und Hans Windig als Zeugen vernommen werden sollen. Die Vernehmung der beiden Zeugen findet in einem besonderen, einige Zeit später anberaumten Beweistermin statt.

Während Ursula Färber nicht mehr aussagen kann, als daß sie bei dem Einkauf von zwei Computern zugegen war, beschwört Hans Windig, daß die gepfändeten Computer wirklich seinem Sohn Otto gehören. Auf Befragen des Richters erklärt er, daß sein eigenes ähnliches Paar im Keller stünde, wohin der Gerichtsvollzieher nicht gegangen sei. Wenn er, Windig, bei der Pfändung zugegen gewesen wäre, hätte er den Irrtum gleich an Ort und Stelle aufgeklärt. Auf Anraten des Richters erkennt daraufhin Fritz Sorgenfrei den Klageanspruch des Otto Windig an. Es ergeht daraufhin Anerkenntnisurteil, aufgrund dessen der Obergerichtsvollzieher Sauer das Pfandsiegel von den EDV-Geräten entfernt. Gleichzeitig pfändet er aber nunmehr im Keller die Hans Windig gehörenden Computer.

 Anerkenntnis- und Versäumnisurteile verursachen weniger Gerichtskosten als streitige Urteile.

»Na also«, sagt Fritz Sorgenfrei zu seiner Frau Luise, »so hat sich schließlich die Sache doch gelohnt. Die paar Euro Kosten habe ich ganz gern drangehängt.« Somit hat Fritz Sorgenfrei auch glücklich die Klippen der Erinnerung (§ 766 ZPO) und der Drittwiderspruchs- oder Interventionsklage (§ 771 ZPO) umschifft und hat durch die Zwangsvollstreckung die 400,– Euro, die er von Hans Windig zu bekommen hatte, erkämpft.

»Apropos Kosten«, sagt Luise. »Und was wird aus den Kosten deines Prozesses gegen Hans Windig? Wie bekommst du die herein?«

»Na, das steht doch im Urteil drin, daß die Hans Windig zu tragen hat. Die muß eben der Obergerichtsvollzieher Sauer auch noch eintreiben.«

Die Kosten und ihre Festsetzung

Aber hinsichtlich der ihm erwachsenden Kosten kann Fritz Sorgenfrei nicht einfach das Urteil dem Gerichtsvollzieher zuschicken, damit dieser vollstreckt. Das zeigt folgende Überlegung: In dem Urteil ist lediglich ausgesprochen, daß der Beklagte die Kosten des Rechtsstreites zu tragen hat. Wie hoch die dem Kläger durch die Prozeßführung entstandenen Kosten sind, ist aus dem Urteil nicht ersichtlich. Fritz Sorgenfrei weiß, was er in den Prozeß hineingesteckt hat. Als er die Klage einreichte, hat er Gerichtskosten zahlen müssen, er hat Porti für die Briefe ausgegeben und auch ein paar Telefongespräche geführt. Diese ihm erwachsenen Prozeßkosten muß er in einem besonderen Kostenfestsetzungsverfahren durch einen Beschluß – den Kostenfestsetzungsbeschluß – festsetzen lassen. Er muß den Antrag wie folgt an das Prozeßgericht richten:

BÄCKEREI *FRITZ SORGENFREI*

Schweizer Straße 193
60594 Frankfurt/Main

An das
Amtsgericht
60431 Frankfurt/Main   11.8.20 . .

In Sachen
Sorgenfrei ./. Windig
– 13 C 722/20 –

beantrage ich die Festsetzung der nachstehenden dem Kläger erwachsenen Kosten:

1. Verauslagte Gerichtskosten   ... Euro

2. Porto- und Telefonkosten   ... Euro
                                        ... Euro

Fritz Sorgenfrei

 Der vorstehende Antrag muß mit einer Abschrift dem Gericht eingereicht werden, weil die Abschrift zusammen mit dem Kostenfestsetzungsbeschluß dem Gegner zugestellt wird.

Der daraufhin vom Amtsgericht erlassene Beschluß wird zusammen mit der Abschrift des Antrages dem Schuldner Windig zugestellt. Jetzt muß Fritz Sorgenfrei noch eine Woche warten, bevor er dem Gerichtsvollzieher den Auftrag zur Vollstreckung wegen der ... Euro geben kann. Ein Kostenfestsetzungsbeschluß ist also nicht sofort vollstreckbar, sondern immer erst eine Woche nach Zustellung an den Schuldner. Dieser soll innerhalb dieser Woche Gelegenheit haben, sich darüber klarzuwerden, ob die Kostenforderung des Gläubigers richtig ist oder nicht. Wird allerdings der Kostenfestsetzungsbeschluß, zum Beispiel im Versäumnisverfahren, gleich auf das Urteilsformular mit aufgesetzt, so braucht man die Woche nicht abzuwarten.

Hat ein Schuldner gegen die im Kostenfestsetzungsbeschluß festgelegten Kosten Bedenken, so kann er gegen diesen Beschluß binnen einer Frist von zwei Wochen seit Zustellung Erinnerung einlegen. Und dies wird zum Beispiel dann der Fall sein, wenn der Antragsteller außergewöhnlich hohe Telefon- oder Fahrtkosten in Ansatz gebracht hat, die dem Antragsgegner überhöht erscheinen. Hätte zum Beispiel Fritz Sorgenfrei für die zweimalige Fahrt zum Gericht 40,– Euro für Taxikosten berechnet und wären diese von dem den Kostenfestsetzungsbeschluß verfügenden Rechtspfleger festgesetzt worden, dann würde Windig folgende Erinnerung einlegen:

560

An das
Amtsgericht
60431 Frankfurt/Main

HANS WINDIG
Goethestraße 27
60329 Frankfurt/Main

20.8.20 . .

In Sachen
Sorgenfrei ./. Windig
– 13 C 722/20 –

lege ich gegen den Kostenfestsetzungsbeschluß vom 10. August 20 . .

Erinnerung

ein.

Begründung:

In dem angefochtenen Kostenfestsetzungsbeschluß sind für den Antragsteller Auslagen
in Höhe von 40,– Euro für Taxifahrten festgesetzt worden.

Diese Kosten waren für eine zweckentsprechende Rechtsverfolgung nicht erforderlich.
Von dem Büro des Klägers fährt die Straßenbahn Linie 23 E in die unmittelbare Nähe
des Gerichts. Der Zeitunterschied gegenüber der Benutzung einer Taxe fällt so wenig
ins Gewicht, daß die billigere Straßenbahnfahrt vollauf ihren Zweck erfüllt hätte.
Wenn der Zeitverlust für den Kläger so sehr ins Gewicht fällt, dann konnte er sich
durch eine seiner zahlreichen Angestellten in den beiden Terminen vertreten lassen.

Hans Windig

*Mit einer Abschrift so rechtzeitig dem Gericht einreichen, daß der Erinnerungsschriftsatz innerhalb zwei Wochen
seit Zustellung des Kostenfestsetzungsbeschlusses bei dem Gericht eingeht. Abschrift beifügen. Durchschrift für
die eigenen Akten zurückbehalten.*

Die Abschrift der Erinnerung bekommt Fritz zugestellt und kann hierzu innerhalb einer vom Gericht
bestimmten Frist Stellung nehmen. Dann entscheidet der Richter durch einen Beschluß. Im vorliegenden Fall wird er der Erinnerung stattgeben, also den Kostenfestsetzungsbeschluß des Rechts-
pflegers dahin ändern, daß die 40,– Euro Taxikosten abgesetzt werden und an ihrer Stelle lediglich
3,50 Euro Fahrtkosten für die Straßenbahn eingesetzt werden.

Fritz Sorgenfrei könnte nun seinerseits wieder gegen diesen Beschluß binnen einer Frist von zwei
Wochen seit Zustellung eine sofortige Beschwerde einlegen. Diese hat jedoch keine Aussicht auf
Erfolg, da Windig mit Recht geltend gemacht hat, daß jeder Prozeßpartner nur solche Kosten ersetzt
verlangen kann, die für eine zweckentsprechende Rechtsverfolgung unbedingt notwendig waren.

*Bei allen Aufwendungen, die man im Zusammenhang mit Prozessen macht, soll man sich nicht auf den Standpunkt
stellen, Geld spiele keine Rolle, der Verlierer müsse ja bezahlen. Man weiß nie, ob man alles erstattet bekommt,
was man ausgegeben hat. Sparsam sein ist besser, zumal man ja nicht weiß, ob der Unterlegene vielleicht zahlungsunfähig ist.*

Fritz Sorgenfrei entschließt sich daher zunächst, die nunmehr festgesetzten Kosten zur Vollstreckung zu bringen. Dazu richtet er folgendes Schreiben an die Gerichtsvollzieherverteilungsstelle des Amtsgerichts Frankfurt/Main:

BÄCKEREI *FRITZ SORGENFREI*

Schweizer Straße 193
60594 Frankfurt/Main

An das
Amtsgericht
Gerichtsvollzieherverteilungsstelle
60431 Frankfurt/Main

25.8.20..

In dem Rechtsstreit

Sorgenfrei ./. Windig
– 13 C 722/20 –

überreiche ich in der Anlage den Kostenfestsetzungsbeschluß vom 19. August 20.., zugestellt am 22. August 20.., mit der Bitte um Vollstreckung.

Fritz Sorgenfrei

Von dem Kostenfestsetzungsbeschluß eine Abschrift fertigen und mit übersenden, da dies dem Gerichtsvollzieher die Arbeit außerordentlich erleichtert. Durchschrift des Antrages für die eigenen Akten zurückbehalten.

Fritz Sorgenfrei glaubt, daß er nun alle Tücken des Zwangsvollstreckungsrechts kennt.

Die Zwangsvollstreckungsgegenklage

Einige Zeit später macht er eine neue Erfahrung. Er hat einen Prozeß über 900,– Euro gegen seinen Gläubiger, die Firma Otto Ludwig, verloren. Auf seine Veranlassung hin zahlt eine dritte Firma, Werner Sammler, die ihm 1000,– Euro schuldet, gleich 900,– Euro an Otto Ludwig mit dem ausdrücklichen Hinweis, daß diese Zahlung für Rechnung Sorgenfrei erfolgt. Da aber Sammler auch bei Ludwig noch erhebliche Rückstände hat, verrechnet Ludwig den Scheck über 900,– Euro kurzerhand auf die Rückstände des Werner Sammler und betreibt gegen Fritz Sorgenfrei die Zwangsvollstreckung aus dem Urteil über 900,– Euro. Einen entsprechenden Brief von Fritz Sorgenfrei, in welchem dieser hiergegen vorstellig wird, beantwortet Otto Ludwig nicht. Aufgrund des Urteils hat Otto Ludwig durch Pfändungs- und Überweisungsbeschluß das Bankkonto des Fritz Sorgenfrei in Höhe von 900,– Euro pfänden und sich zur Einziehung überweisen lassen. Nun ist Eile geboten. Eine Erinnerung nach § 766 ZPO einzulegen ist nicht möglich, da das Pfändungsverfahren prozessual nicht zu beanstanden ist. Auch für eine Interventionsklage nach § 771 ist kein Raum, da ja nicht Vermögensgegenstände dritter Personen gepfändet sind. Hier hilft die Zwangsvollstreckungsgegenklage gemäß § 767 ZPO, der folgendermaßen lautet:

562

§ 767

(1) Einwendungen, die den durch das Urteil festgestellten Anspruch selbst betreffen, sind von dem
Schuldner im Wege der Klage beim Prozeßgericht
des ersten Rechtszuges geltend zu machen.

(2) Sie sind nur insoweit zulässig, als die Gründe,
auf denen sie beruhen, erst nach dem Schluß der
mündlichen Verhandlung, in der Einwendungen
nach den Vorschriften dieses Gesetzes spätestens

hätten geltend gemacht werden müssen, entstanden sind und durch Einspruch nicht mehr geltend
gemacht werden können.

(3) Der Schuldner muß in der von ihm zu erhe-
benden Klage alle Einwendungen geltend machen,
die er zur Zeit der Erhebung der Klage geltend zu
machen imstande war.

Demzufolge erhebt Fritz Sorgenfrei nunmehr folgende Klage:

BÄCKEREI *FRITZ SORGENFREI*

Schweizer Straße 193
60594 Frankfurt/Main

An das
Amtsgericht
60431 Frankfurt/Main

10.8.20 . .

KLAGE

des Kaufmanns Fritz Sorgenfrei, Schweizer Straße 193,
60594 Frankfurt/Main,   – Kläger –
                                    gegen
die nicht handelsgerichtlich eingetragene Firma Otto Ludwig, Mainzer Landstraße 1,
60329 Frankfurt/Main,

                                    – Beklagte –
wegen Unzulässigkeit der Zwangsvollstreckung.

Streitwert: 900,– Euro

Ich erhebe Klage gegen die Beklagte mit dem Antrage,
        die Zwangsvollstreckung aus dem Urteil des Amtsgerichts Frankfurt/Main,
        – 13 C 257/20 – für unzulässig zu erklären und ihr die Kosten des Rechtsstreites
        aufzuerlegen.
Ich beantrage ferner,
        die Zwangsvollstreckung aus dem genannten Urteil bis zur Entscheidung dieses
        Rechtsstreites vorläufig einzustellen.

Begründung:

Der Kläger ist in dem Rechtsstreit Ludwig ./. Sorgenfrei – 13 C 257/20 – zur Zahlung
von 900,– Euro verurteilt worden. Nachdem das Urteil rechtskräftig geworden war,
hat die Firma Werner Sammler, Birkenstraße 4, Frankfurt/Main-Berkersheim, die
dem Kläger noch 1000,– Euro schuldete, auf Anweisung des Klägers an die Beklagte
900,– Euro gezahlt. Hierbei wurde ausdrücklich vermerkt, daß es sich um eine Zahlung für Rechnung des Klägers handelt.

Beweis: 1. die Geschäftskorrespondenz der Beklagten;
           2. Zeugnis des Herrn Werner Sammler.

Die Beklagte wird dies im übrigen nicht bestreiten. Sie hat der Firma Sammler den
Eingang des Schecks über 900,– Euro bestätigt, aber hinzugefügt, daß sie diesen
Betrag auf eine Schuld der Fa. Sammler bei der Beklagten verrechnen würde. Dies
ist nicht möglich, da die Zahlung als Leistung des Klägers anzusehen ist.

Da die Beklagte nunmehr aus dem im Antrag genannten Urteil gegen den Kläger vollstreckt, die im Urteil verbriefte Forderung aber durch die Zahlung erloschen ist, bleibt dem Kläger nur die Erhebung der Zwangsvollstreckungsgegenklage übrig.

Da die Beklagte auch schon durch einen Pfändungs- und Überweisungsbeschluß in Höhe von 900,– Euro in das Bankkonto des Klägers vollstreckt hat, wird gebeten, umgehend über den Einstellungsantrag zu entscheiden.

42,– Euro und 6,– Euro Zustellungskosten in Gerichtskostenmarken füge ich bei.

Fritz Sorgenfrei

Vorstehende Klage nebst Abschrift für die Gegenseite bringt Fritz Sorgenfrei wegen der Dringlichkeit noch am gleichen Tage selbst zum Gericht. Er kauft dort die erforderlichen Gerichtskostenmarken und klebt sie auf den freien Platz der ersten Seite der Klage auf. Dann läßt er sich das zuständige Geschäftszimmer von der Auskunft sagen und übergibt dort Klageschrift und Abschrift dem Geschäftsstellenleiter. Dieser legt sofort ein Aktenstück an, auf welchem das Aktenzeichen für diesen Prozeß vermerkt wird. Auf Fritz Sorgenfreis Bitte geht er sogleich mit ihm zum zuständigen Richter und legt diesem das neue Aktenstück vor. Auf Fritz Sorgenfreis weitere Bitte verfügt dieser die einstweilige Einstellung der Zwangsvollstreckung. Die Ausfertigung des Beschlusses bekommt Fritz Sorgenfrei in wenigen Minuten von der Geschäftsstelle ausgehändigt. Er bringt sie sofort zum Obergerichtsvollzieher Sauer, der wegen der Eilbedürftigkeit diesen Beschluß noch am gleichen Tage Fritz Sorgenfreis Bank und dem Beklagten zustellt. Dadurch hat sich Fritz Sorgenfrei zunächst erst einmal dagegen gesichert, daß aufgrund des Pfändungs- und Überweisungsbeschlusses die Bank an Otto Ludwig die gepfändeten 900,– Euro auszahlt. So kann er in Ruhe den Prozeß durchführen.

Der Schriftsatz der Beklagten läßt dann auch nicht lange auf sich warten. Er lautet:

OTTO LUDWIG
Backmittelgroßhandlung
60594 Frankfurt/Main

An das
Amtsgericht
60431 Frankfurt/Main

20.8.20 . .

In Sachen
Sorgenfrei ./. Ludwig
– 6 C 123/20 –

beantrage ich, den Kläger mit der Klage kostenpflichtig abzuweisen.

Begründung:

Der Sachvortrag des Klägers ist richtig. Die Beklagte war aber nicht damit einverstanden, daß die Fa. Sammler mit den überwiesenen 900,– Euro die Schuld des Klägers bezahlte. Schließlich schuldet der Kläger den Betrag und nicht die Firma Sammler. Es ist das gute Recht der Beklagten, den eingegangenen Betrag nicht an die Firma Sammler zurückzuzahlen, sondern auf deren Schulden zu verrechnen. Da demnach die Schuld des Klägers noch besteht, ist die Beklagte auch berechtigt, ihretwegen die Zwangsvollstreckung zu betreiben. Der Kläger muß daher mit der Klage abgewiesen werden.

In dem ersten Termin belehrt der Richter vor dem Eintritt in die streitige Verhandlung die Parteien über seine Auffassung von der rechtlichen Situation.

564   Bevor nämlich die Parteien nicht die gegenseitigen Anträge gestellt haben und dies im Terminprotokoll festgehalten ist, bemüht sich der Richter stets, einen gütlichen Ausgleich herbeizuführen, um den Parteien unnötige weitere Kosten zu ersparen. Ein besonderes Güteverfahren gibt es seit der Neufassung der ZPO zunächst immer.

Der Richter sagt zu dem selbst im Termin erschienenen Otto Ludwig folgendes:

»Es ist das beste für Sie, Herr Ludwig, wenn Sie den Klageanspruch anerkennen und die Zwangsvollstreckung rückgängig machen. Sie sind im Irrtum, wenn Sie glauben, dem Kläger vorschreiben zu können, daß er in Person zu zahlen hat. Gemäß § 267 BGB kann eine jede Geldschuld auch durch eine dritte Person bezahlt werden. Dem Gläubiger kann es ja gleichgültig sein, aus wessen Tasche die Schuldsumme kommt. Das können Sie sich selbst an folgendem überlegen: Die Firma Sammler hätte natürlich auch den Betrag von 900,– Euro an den Kläger zahlen und dieser dann den Betrag an Sie weiterleiten können. Dann hätten Sie selbst offenbar nichts zu beanstanden. Durch die direkte Zahlung an Sie ist nur dieser Umweg erspart.«

»Das ist es wohl«, bescheidet sich Otto Ludwig, und folgt dem Ratschlag des Gerichts.

Die Zwangsvollstreckungsgegenklage gemäß § 767 ZPO ist also das richtige Mittel, um solche Fälle zu erfassen, in denen eine Schuld nach durchgeführtem Prozeß getilgt wird, der Gläubiger aber immer noch im Besitz des Urteils ist und aus diesem zu vollstrecken droht. Ein Allheilmittel ist es allerdings auch nicht. Man kann nicht mit Hilfe der Zwangsvollstreckungsgegenklage das nachholen, was man in dem vorausgegangen Prozeß versäumt hat. Dies gilt insbesondere für den Fall, daß man von einer Aufrechnungsmöglichkeit keinen Gebrauch gemacht hat. So ist es einmal dem Schuldner Theodor Nachlässig gegangen, der ganz sicher glaubte, einen Prozeß gegen den Gläubiger Lothar Pfiffig zu gewinnen. Pfiffig hatte eine Forderung von 800,– Euro eingeklagt, die nach Ansicht von Nachlässig nicht mehr bestand. Nachlässig seinerseits hatte eine Gegenforderung gegen Pfiffig in Höhe von 900,– Euro. Anstatt nun vorsorglich mit dieser Gegenforderung aufzurechnen, für den Fall, daß die Forderung des Pfiffig von dem Gericht als bestehend angesehen werden würde, hatte er dies unterlassen. Er versuchte zwar in der Berufungsinstanz durch seinen Rechtsanwalt diesen Fehler wieder gutzumachen, jedoch wurde diese Aufrechnung in der Berufungsinstanz von dem Landgericht nicht mehr zugelassen. Denn gemäß § 530 ZPO ist die Aufrechnung in der Berufungsinstanz nur zulässig, wenn der Kläger einwilligt oder das Gericht sie für sachdienlich ansieht. So sah sich mit einem Male Nachlässig einem rechtskräftigen Urteil in Höhe von 800,– Euro gegenüber, und seine Gegenforderung von 900,– Euro war noch nicht ausgeklagt.

»Nun«, dachte er, »da hilft mir eben der § 767 ZPO. Ich erkläre jetzt die Aufrechnung außerhalb des Prozesses, dann geht ja die Forderung des Pfiffig unter, und wenn er trotzdem vollstreckt, dann erhebe ich die Zwangsvollstreckungsgegenklage.«

Aber so einfach geht es eben nicht. Nach § 767 ZPO können nur solche Tatsachen geltend gemacht werden, die man nicht während des Prozesses vorbringen konnte. Da man die Aufrechnung aber in der ersten Instanz hätte geltend machen können, so ist es jetzt damit vorbei. Entweder zahlt Nachlässig also die 800,– Euro, oder Pfiffig kann wegen dieses Betrages gegen ihn vollstrecken. Ihm bleibt es unbenommen, die angebliche Forderung von 900,– Euro einzuklagen und dann seinerseits gegen Pfiffig vorzugehen.

Der Vollstreckungsschutz

An einem Stammtischabend klagen die Stammtischbrüder über die immer schlechter werdende Zahlungsmoral ihrer Schuldner.

Der Textilhändler Paul Jedermann beklagt sich am meisten.

»Mahnungen haben schon gar keinen Erfolg mehr. Wenn ich einen monatelang in der Kreide stehenden Schuldner verklage, was hilft mir das schon. Er bekommt doch Vollstreckungsschutz!«

565

»Ja, ja«, pflichtete ihm Fritz Sorgenfrei bei, »der liebe gute Paragraph 813a ZPO!«

Dieser Paragraph ist wirklich das Kernstück des modernen Vollstreckungsschutzrechtes. Er lautet:

§ 813a

(1) Hat der Gläubiger eine Zahlung in Teilbeträgen nicht ausgeschlossen, kann der Gerichtsvollzieher die Verwertung gepfändeter Sachen aufschieben, wenn sich der Schuldner verpflichtet, den Betrag, der zur Befriedigung des Gläubigers und zur Deckung der Kosten der Zwangsvollstreckung erforderlich ist, innerhalb eines Jahres zu zahlen; hierfür kann der Gerichtsvollzieher Raten nach Höhe und Zeitpunkt festsetzen. Einen Termin zur Verwertung kann der Gerichtsvollzieher auf einen Zeitpunkt bestimmen, der nach dem nächsten Zahlungstermin liegt; einen bereits bestimmten Termin kann er auf diesen Zeitpunkt verlegen.

(2) Hat der Gläubiger einer Zahlung in Teilbeträgen nicht bereits bei Erteilung des Vollstreckungsauftrags zugestimmt, hat ihn der Gerichtsvollzieher unverzüglich über den Aufschub der Verwertung und über die festgesetzten Raten zu unterrichten. In diesem Fall kann der Gläubiger dem Verwertungsaufschub widersprechen. Der Gerichtsvollzieher unterrichtet den Schuldner über den Widerspruch; mit der Unterrichtung endet der Aufschub. Dieselbe Wirkung tritt ein, wenn der Schuldner mit einer Zahlung ganz oder teilweise in Verzug kommt.

Nicht nur Paul Jedermann, auch Fritz Sorgenfrei macht mit diesem Paragraphen alsbald Bekanntschaft. Als er bei dem Schuldner Leonhard Spärlich eine sechs Monate alte Forderung, die er endlich ausgeklagt hat, zwangsvollstreckt, geht es ihm folgendermaßen: Eine Woche nach der Pfändung einer Stereoanlage und eines Paddelbootes übersendet ihm das Amtsgericht die Abschrift folgenden Antrages von Spärlich zur Stellungnahme:

Leonhard Spärlich

Frankfurter Straße 1
63225 Langen

An das
Amtsgericht
– Vollstreckungsgericht –
63225 Langen

15. Juli 20 . .

Antrag auf Vollstreckungsschutz

Mein Gläubiger, der Konditormeister Fritz Sorgenfrei, Schweizer Straße 193, Frankfurt/Main, hat durch den Obergerichtsvollzieher Sauer am 12. Juli 20 . . meine Stereoanlage und mein Paddelboot pfänden lassen.
Die Forderung, deretwegen gepfändet worden ist, beläuft sich auf 800,– Euro. Es ist richtig, daß diese Forderung seit sechs Monaten fällig ist. Der Unterzeichnete hat aber in den letzten sechs Monaten auf andere Schulden, die er gegenüber dem Gläubiger Fritz Sorgenfrei hatte, insgesamt 900,– Euro zurückgezahlt. Dies beweist am besten, daß der Unterzeichnete kein bösartiger Schuldner ist. Auch die restlichen 800,– Euro wären schon zurückgezahlt, wenn nicht nacheinander die Ehefrau des Unterzeichneten und sein ältester Sohn Horst erheblich erkrankt wären, wodurch dem Unterzeichneten unerwartete Kosten in Höhe von 300,– Euro entstanden sind.

566

<u>Beweis:</u>   die diesbezüglichen Arztrechnungen.

Unglücklicherweise kam noch hinzu, daß ein Kunde des Unterzeichneten in Insolvenz gegangen ist, wodurch ein weiterer Verlust von 1200,– Euro eintrat.

<u>Beweis:</u>   meine Geschäftsbücher.

Dem Gläubiger Fritz Sorgenfrei hat der Unterzeichnete dies alles mitgeteilt. Es ist dem Unterzeichneten sehr wohl verständlich, daß der Gläubiger auch auf seine Außenstände angewiesen ist. Bei dem Geschäftsbetrieb des Gläubigers fällt aber ein Betrag von 800,– Euro nicht allzusehr ins Gewicht. Andererseits sind von mir Zahlungen im Rahmen meiner Möglichkeiten geleistet worden. Ich kann zur Zeit beim besten Willen nicht mehr als 160,– Euro monatlich auf die verbleibende Schuld zahlen. Mit der Abzahlung werde ich am nächsten Ersten beginnen.

Ich beantrage hiermit:

> die Verwertung der gepfändeten Gegenstände zeitweilig auszusetzen und mir die vorstehend angebotenen Zahlungsfristen zu gewähren.

Eduard Spärlich

Dieser Antrag muß sofort nach der Pfändung gestellt werden. Denn wie aus § 813 a Abs. 2 ersichtlich ist, kann ein Antrag, der erst nach Ablauf von zwei Wochen seit der Pfändung gestellt wird, regelmäßig ohne sachliche Prüfung zurückgewiesen werden.

Das Gericht hat Fritz Sorgenfrei zur Stellungnahme eine Frist von acht Tagen gesetzt, innerhalb welcher dieser folgende Gegenäußerung nebst Abschrift dem Vollstreckungsgericht einreicht:

BÄCKEREI *FRITZ SORGENFREI*

Schweizer Straße 193
60594 Frankfurt/Main

An das
Amtsgericht
– Vollstreckungsgericht –
63225 Langen   20. 7. 20 . .

In der Vollstreckungsschutzsache
Spärlich ./. Sorgenfrei
– 2 M 67/20 –

nehme ich zu dem Vollstreckungsschutzantrag des Schuldners wie folgt Stellung:

Ich beantrage,
    dem Schuldner keinen Vollstreckungsschutz zu gewähren.

Begründung:

Der § 813 a ZPO sieht eine Aussetzung der Verwertung gepfändeter Sachen nur dann vor, wenn dies nach der Persönlichkeit und den wirtschaftlichen Verhältnissen des Schuldners angemessen erscheint und nicht überwiegende Belange des Gläubigers entgegen stehen.

Es ist zwar richtig, daß der Unterzeichnete nicht daran bankrott geht, wenn er die 800,– Euro nicht sofort bezahlt bekommt. Es ist aber gerichtsbekannt, daß die Zahlungsmoral heute allgemein schlecht ist. Der Unterzeichnete hat Außenstände im Betrage von über 100 000,– Euro, die zum Teil monatelang überfällig sind. Bei einer derartigen Situation fallen jede 1000,– Euro schwer ins Gewicht.

So wie dieser Schuldner denken die meisten. Sich selbst lassen sie nichts abgehen. Eine Stereoanlage muß natürlich vorhanden sein sowie ein Paddelboot und sonstige schöne Dinge des Lebens. Und das alles auf Kosten der Gläubiger. Nachdem nunmehr über ein halbes Jahr seit Fälligkeit verstrichen ist, sehe ich nicht die geringste Veranlassung, noch ein weiteres Entgegenkommen zu zeigen. Dann mag eben der Schuldner sich jetzt eine Zeit ohne Stereoanlage und ohne Paddelboot behelfen.

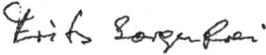

Mit Abschrift für den Gegner dem Gericht einreichen. Durchschrift für die eigenen Akten nicht vergessen!

Das Ergebnis dieser Korrespondenz ist ein Gerichtsbeschluß, der kurze Zeit später Fritz Sorgenfrei zugestellt wird und in welchem die beantragten Zahlungsfristen bewilligt werden.

Beschluß

In der Zwangsvollstreckungssache
Spärlich ./. Sorgenfrei
– 2 M 67/20 –

wird die gemäß Pfändungsprotokoll des Obergerichtsvollziehers Sauer
DR Nr. 614/72 vom 12. Juli 20 . . erfolgte Zwangsvollstreckung auf Antrag
des Schuldners unter Aufrechterhaltung der Pfändung eingestellt.

Dem Schuldner wird gestattet, die Schuld in monatlichen Raten von je 160,– Euro
ab 1. August 20 . . – jeweils fällig am 1. des Monats – abzuzahlen.

Bleibt der Schuldner länger als 20 Tage mit der Rate im Rückstand, wird die gesamte
Restforderung fällig, und der Gläubiger ist berechtigt, die Aufhebung dieses Beschlusses bei dem unterzeichneten Gericht zu beantragen.

Die Einstellung rechtfertigt sich aus den Schutzbehauptungen des Antragstellers, auf
die insoweit Bezug genommen wird.

Die Kosten werden dem Schuldner auferlegt.

Streitwert: 800,– Euro.

Langen, den 29. Juli 20 . .

Amtsgericht. Abt. 4

[Unterschrift]

Richter

Rechtsmittel im Vollstreckungsschutzverfahren

Fritz Sorgenfrei gibt den Kampf noch nicht verloren. Noch steht ihm ja ein Rechtsmittel offen: die sofortige Beschwerde gemäß § 793 ZPO. Sie heißt sofortige Beschwerde, weil sie an eine Frist gebunden ist. Gemäß § 569 ZPO beträgt diese Frist zwei Wochen und beginnt mit Zustellung des anzufechtenden Beschlusses. Sie kann sowohl bei dem Amtsgericht als auch bei dem Beschwerdegericht, dem Landgericht, eingelegt werden.

Fritz Sorgenfrei schreibt also rechtzeitig an das Amtsgericht wie folgt:

BÄCKEREI *FRITZ SORGENFREI*

An das
Amtsgericht
– Vollstreckungsgericht –
63225 Langen

Schweizer Straße 193
60594 Frankfurt/Main

8.8.20 . .

In der Vollstreckungsschutzsache
Spärlich ./. Sorgenfrei
– 2 M 67/20 –

     lege ich gegen den Beschluß vom 29. Juli 20 . .,
     zugestellt am 31. Juli 20 . . .

              B e s c h w e r d e

ein.

Begründung:

Der angefochtene Beschluß würdigt die Einlassung des Unterzeichneten überhaupt nicht. Es mag sein, daß mit Rücksicht auf soziale Überlegungen manche Gerichte es für richtig ansehen, dem Schuldner auf Kosten des Gläubigers zu helfen. Das mag zuweilen angemessen sein, aber nicht in diesem Fall.

Wenn man den § 813a ZPO so weit auslegt, daß der Schuldner Luxusartikel behalten darf, die man nicht unbedingt zum Leben benötigt, so ist ihm auch zuzumuten, auf diese zu verzichten und seine Schulden pünktlich zu begleichen.

Ich beantrage daher den angefochtenen Beschluß aufzuheben und den Schutzantrag zurückzuweisen.

[Unterschrift: Fritz Sorgenfrei]

Aber auch dieser Schritt des Fritz Sorgenfrei hat keinen Erfolg. Seine Beschwerde wird zurückgewiesen.

Da Spärlich offenbar doch beträchtliche Beträge in letzter Zeit an Sorgenfrei gezahlt hat und immerhin ganz erhebliche Ratenzahlungen anbietet, erscheint es den Gerichten angemessen, ihm das Boot und die Stereoanlage zu erhalten. Schließlich würde ja eine Versteigerung dem Schuldner einen sehr großen Schaden zufügen, da hier durch den Zeitverlust nur ein Bruchteil des Wertes zu erlangen ist.

Zahlt allerdings Spärlich eine Rate nicht pünktlich, dann kann Fritz Sorgenfrei dies sofort dem Vollstreckungsgericht anzeigen und die Aufhebung des Beschlusses verlangen.

Eine nochmalige Einstellung der Zwangsvollstreckung kann Spärlich dann kaum erhoffen.

Als Fritz Sorgenfrei diese Erfahrung seiner Stammtischrunde mitteilt, kann Paul Jedermann ihn noch übertrumpfen.

»Ich sage dir, jetzt stellen sogar schon die Gerichtsvollzieher von sich aus die Zwangsvollstreckung ein und bewilligen Raten.«

»Na, hör mal, davon steht aber nichts in § 813a ZPO drin. Da mußt du dich bestimmt irren.«

Mindestgebot bei Versteigerungen

Es steht wirklich nichts davon in § 813a ZPO. Aber die Praxis der Gerichtsvollzieher baut auf § 817a mit folgendem Wortlaut auf:

§ 817a
(1) Der Zuschlag darf nur auf ein Gebot erteilt werden, das mindestens die Hälfte des gewöhnlichen Verkaufswertes der Sache erreicht (Mindestgebot). Der gewöhnliche Verkaufswert und das Mindestgebot sollen bei dem Ausbieten bekanntgegeben werden.
(2) Wird der Zuschlag nicht erteilt, weil ein das Mindestgebot erreichendes Gebot nicht abgegeben ist, so bleibt das Pfandrecht des Gläubigers bestehen. Er kann jederzeit die Anberaumung eines neuen Versteigerungstermins oder die Anordnung anderweitiger Verwertung der gepfändeten Sache nach § 825 beantragen. Wird die anderweitige Verwertung angeordnet, so gilt Absatz 1 entsprechend.
(3) Gold- und Silbersachen dürfen auch nicht unter ihrem Gold- oder Silberwert zugeschlagen werden. Wird ein den Zuschlag gestattendes Gebot nicht abgegeben, so kann der Gerichtsvollzieher den Verkauf aus freier Hand zu dem Preise bewirken, der den Gold- oder Silberwert erreicht, jedoch nicht unter der Hälfte des gewöhnlichen Verkaufswertes.

Pfändet nun ein Gerichtsvollzieher zum Beispiel ein EDV-Gerät, so muß er im Pfändungsprotokoll gemäß § 813 ZPO den von ihm geschätzten gewöhnlichen Verkaufswert angeben, sagen wir einmal 300,– Euro.

Es ist nun aber sehr ungewiß, ob sich im Versteigerungstermin überhaupt ein Käufer findet, der auch nur 100,– Euro zu zahlen gewillt ist. Der Gerichtsvollzieher darf aber nur ein Gebot berücksichtigen, das mindestens die Hälfte des gewöhnlichen Verkaufswertes der Sache erreicht.

Wird ein solches Mindestgebot nicht im Termin abgegeben, so wird die gepfändete Sache in diesem Termin nicht versteigert. Der Gläubiger kann einen neuen Versteigerungstermin anberaumen lassen oder eine anderweitige Verwertung nach § 825 ZPO beantragen. Dieser § 825 ZPO bestimmt:

570

§ 825

(1) Auf Antrag des Gläubigers oder des Schuldners kann der Gerichtsvollzieher eine gepfändete Sache in anderer Weise oder an einem anderen Ort verwerten, als in den vorstehenden Paragraphen bestimmt ist. Über die beabsichtigte Verwertung hat der Gerichtsvollzieher den Antragsgegner zu unterrichten. Ohne Zustimmung des Antragsgeg-

ners darf er die Sache nicht vor Ablauf von zwei Wochen nach Zustellung der Unterrichtung verwerten.

(2) Die Versteigerung einer gepfändeten Sache durch eine andere Person als den Gerichtsvollzieher kann das Vollstreckungsgericht auf Antrag des Gläubigers oder des Schuldners anordnen.

Freihändiger Verkauf

Danach kann das Vollstreckungsgericht zum Beispiel einen freihändigen Verkauf anordnen oder den Gläubiger ermächtigen, die Pfandsache zu erwerben. Aber immer muß mindestens die Hälfte des gewöhnlichen Verkaufswertes herauskommen.

Bei dieser Rechtslage pflegen die Gerichtsvollzieher aus eigener Macht mit dem Schuldner zu verhandeln. Sie fragen die Schuldner, ob sie nicht doch lieber die Schuldsumme abtragen wollen, anstatt sich irgendein Möbelstück versteigern zu lassen. Gewöhnlich wirken die Gerichtsvollzieher dahin auf die Schuldner ein, daß sie ein Drittel der Schuldsumme sofort zahlen und im nächsten und übernächsten Monat je ein Drittel zu zahlen versprechen. Das erste Drittel nehmen sie gleich in Empfang und heben den Versteigerungstermin kurzerhand auf. Dann lassen sie dem Gläubiger eine Nachricht zukommen, wie sie Paul Jedermann erhielt:

LEOPOLD BORNEMANN
Obergerichtsvollzieher

Eschenheimer Anlage 17
60318 Frankfurt/Main

Herrn Textilkaufmann
Karl Jedermann
Kaiserstraße 7
60329 Frankfurt/Main

Sehr geehrter Herr Jedermann!

In der Zwangsvollstreckungssache gegen Persicke – II DR 754/20 – hat der Schuldner heute ein Drittel der Schuldsumme an mich gezahlt. Der Betrag wurde auf Ihr Konto überwiesen. Der Schuldner hat versprochen, den Restbetrag in zwei gleichen Raten bis zum dritten Werktag des nächsten und übernächsten Monats zu zahlen.

Ich nehme an, daß Sie mit dieser Zahlungsweise einverstanden sind. Im übrigen weise ich darauf hin, daß es sehr fraglich erscheint, ob die gepfändete EDV-Anlage überhaupt ein Gebot erzielen würden, das der Hälfte des gewöhnlichen Kaufpreises entspricht. In diesem Falle würde der Versteigerungstermin sowieso ergebnislos verlaufen.

Mit freundlichen Grüßen

Obergerichtsvollzieher

Was blieb Paul Jedermann anderes übrig, als sich dem Vorschlag des Gerichtsvollziehers zu fügen und nachträglich die Ratenzahlung gutzuheißen. Und im stillen sagte er sich, daß es ja wohl auch das beste sei. Würde der Persicke nicht pünktlich die zweite Rate nach vier Wochen zahlen, dann könnte man ja immer noch die Versteigerung weiter betreiben und hätte schon ein Drittel der Schuldsumme in Händen. »Das Schlimmste ist ja«, meinte der Stammtischbruder Emil Grantig, »daß so viele Sachen einfach unpfändbar sind.«

571

Unpfändbare Sachen (Austauschpfändung)

»Gerade das, was bei einer Versteigerung Geld bringen würde, ist immer unpfändbar gemäß § 811 ZPO. Versuche doch einmal einer, eine Armbanduhr oder einen Kraftwagen zu pfänden. Die Armbanduhr gehört zum persönlichen Gebrauch, und der Pkw dient natürlich dem Erwerb als Vertreter oder sonstiger Gewerbetreibender. Ich habe mich erkundigt, ich weiß Bescheid!«

So ganz richtig weiß Emil Grantig hier aber doch nicht Bescheid. Es steht tatsächlich in § 811 Nr. 1 ZPO, daß die Armbanduhr unpfändbar ist, und in §811 Nr. 5 ZPO, daß der Pkw des Vertreters unpfändbar ist. Es gibt aber auch noch die §§ 811a und 811b ZPO, die folgendes besagen:

§ 811a
(1) Die Pfändung einer nach § 811 Nr. 1, 5 und 6 unpfändbaren Sache kann zugelassen werden, wenn der Gläubiger dem Schuldner vor der Wegnahme der Sache ein Ersatzstück, das dem geschützten Verwendungszweck genügt, oder den zur Beschaffung eines solchen Ersatzstückes erforderlichen Geldbetrag überläßt; ist dem Gläubiger die rechtzeitige Ersatzbeschaffung nicht möglich oder nicht zuzumuten, so kann die Pfändung mit der Maßgabe zugelassen werden, daß dem Schuldner der zur Ersatzbeschaffung erforderliche Geldbetrag aus dem Vollstreckungserlös überlassen wird (Austauschpfändung).
(2) Über die Zulässigkeit der Austauschpfändung entscheidet das Vollstreckungsgericht auf Antrag des Gläubigers durch Beschluß. Das Gericht soll die Austauschpfändung nur zulassen, wenn sie nach Lage der Verhältnisse angemessen ist, insbesondere wenn zu erwarten ist, daß der Vollstreckungserlös den Wert des Ersatzstückes erheblich übersteigen werde. Das Gericht setzt den Wert eines vom Gläubiger angebotenen Ersatzstückes oder den zur Ersatzbeschaffung erforderlichen Betrag fest. Bei der Austauschpfändung nach Absatz 1 Halbsatz 1 ist der festgesetzte Betrag dem Gläubiger aus dem Vollstreckungserlös zu erstatten, er gehört zu den Kosten der Zwangsvollstreckung.
(3) Der dem Schuldner überlassene Geldbetrag ist unpfändbar.
(4) Bei der Austauschpfändung nach Absatz 1 Halbsatz 2 ist die Wegnahme der gepfändeten Sache erst nach Rechtskraft des Zulassungsbeschlusses zulässig.

§ 811b
(1) Ohne vorgängige Entscheidung des Gerichts ist eine vorläufige Austauschpfändung zulässig, wenn eine Zulassung durch das Gericht zu erwarten ist. Der Gerichtsvollzieher soll die Austauschpfändung nur vornehmen, wenn zu erwarten ist, daß der Vollstreckungserlös den Wert des Ersatzstückes erheblich übersteigen wird.
(2) Die Pfändung ist aufzuheben, wenn der Gläubiger nicht binnen einer Frist von zwei Wochen nach Benachrichtigung von der Pfändung einen Antrag nach § 811a Abs. 2 bei dem Vollstreckungsgericht gestellt hat oder wenn ein solcher Antrag rechtskräftig zurückgewiesen ist.
(3) Bei der Benachrichtigung ist dem Gläubiger unter Hinweis auf die Antragsfrist und die Folgen ihrer Versäumung mitzuteilen, daß die Pfändung als Austauschpfändung erfolgt ist.
(4) Die Übergabe des Ersatzstückes oder des zu seiner Beschaffung erforderlichen Geldbetrages an den Schuldner und die Fortsetzung der Zwangsvollstreckung erfolgen erst nach Erlaß des Beschlusses gemäß § 811a Abs. 2 auf Anweisung des Gläubigers. § 811a Abs. 4 gilt entsprechend.

Fährt der Schuldner einen neuen Mercedes, so kann dieser wohl durch einen gebrauchten Kleinwagen ersetzt werden. Und eine teure goldene Armbanduhr zeigt die Zeit nicht besser an als eine Metallarmbanduhr. Zwar ist dieser Weg für den Gläubiger mit einigen Unbequemlichkeiten verbunden, aber es ist immerhin eine Möglichkeit, um wenigstens etwas zu retten.

Die Austauschpfändung ist – wie vorstehend dargelegt – nur für die bestimmten in § 811 Nr. 1, 5 und 6 aufgeführten Gegenstände zulässig.

So ist es zum Beispiel nicht möglich, einen sehr wertvollen Sarg im Wege der Austauschpfändung zu erfassen und durch einen primitiveren zu ersetzen. Gegenstände, die unmittelbar für die Bestattung Verwendung finden sollen, sind gemäß § 811 ZPO unpfändbar, eine Austauschpfändung ist bei ihnen nicht vorgesehen. Ein Radiogerät wird von der Rechtsprechung für nicht pfändbar angesehen.

Das Insolvenzverfahren

Zahlungsschwierigkeiten und Moratorium

Fritz Sorgenfreis Neffe Sebastian hatte zusammen mit Werner Zement eine Baufirma als OHG betrieben und ist mit ihr in Insolvenz gefallen.

Einige Bauherren, die der OHG Sorgenfrei & Zement größere Bauaufträge vergeben hatten, hatten sich verkalkuliert. Ihre Bauten waren dreiviertel fertig, in ihnen steckte das Baumaterial der Firma Sorgenfrei & Zement. Die Wechsel dieser Bauherren gingen zu Protest, die Grundstücke mit den noch nicht fertigen Gebäuden wurden »für ein Butterbrot« verwertet, und die Firma Sorgenfrei & Zement geriet in Zahlungsschwierigkeiten.

Erst kamen die Gläubigerbriefe, dann die Aufforderungsschreiben durch die Rechtsanwälte mit den Gebühren, und die Lawine war nicht mehr aufzuhalten.

Zuerst sah es noch so aus, als könnte ein in Aussicht stehender Großauftrag für die öffentliche Hand den Zusammenbruch abfangen. Die Inhaber Sorgenfrei und Zement machten auch das einzig Richtige. Sie setzten sich mit ihren alten Gläubigern wegen eines Moratoriums (Zahlungsaufschub) in Verbindung. Die größeren Gläubiger besuchten sie persönlich, legten ihre Geschäftsbücher vor und schenkten ihnen reinen Wein ein.

Wenn die Prüfung der Unterlagen ergibt, daß die Zahlungsunfähigkeit nicht auf eine schlechte Geschäftsführung oder Leichtsinn zurückzuführen ist, so kann für die Großgläubiger durchaus ein Interesse daran bestehen, den Betrieb weiterhin arbeiten zu lassen, um einen guten Kunden nicht zu verlieren. Mitunter kann es sogar das Gebot der Stunde sein, neue Kredite einzuräumen oder sogar bares Geld zu investieren, damit kleine Gläubiger nicht durch Zwangsvollstreckungsmaßnahmen einen Sanierungsplan unmöglich machen.

Gerade kleine Gläubiger können für wenige Großgläubiger eine Gefahr bedeuten, wenn ihnen die notwendige wirtschaftliche Einsicht fehlt. Es kann daher empfehlenswert sein, wenn Großgläubiger Forderungen kleiner Gläubiger übernehmen, um dann in Ruhe die erforderlichen Maßnahmen zu treffen. Die Entscheidung, was geschehen soll, ist zwar schwer und richtet sich nach dem Einzelfall. Kommt man zu dem Ergebnis, den Betrieb aufrechtzuerhalten, so muß man alle Konsequenzen tragen und darf die Entscheidung nicht umwerfen. Erscheint es allerdings angebracht, den Betrieb nicht weiterarbeiten zu lassen, so soll man nicht mehr versuchen, die Insolvenz aufzuhalten. Jeder Pfennig, der durch die Verzögerung an andere fließt, wird der Insolvenzmasse entzogen.

Bei den einzelnen Gläubigergruppen empfiehlt sich in jedem Fall ein verschiedenartiges Vorgehen. Ein großer Gläubiger wird auf ein schematisches Moratoriumsschreiben kaum reagieren. Man kann aber auch nicht seitenlang alle Umstände darlegen, die für einen Aufschub sprechen und den Gläubiger beschwichtigen. Auge in Auge ist es auch schwerer, einem Geschäftsfreund seine Stundungsbitte abzuschlagen. Sorgenfrei und Zement handeln dementsprechend.

An die kleineren Gläubigerfirmen richten sie folgendes Rundschreiben:

SORGENFREI & ZEMENT
BAUAUSFÜHRUNGEN

WALTERWEG 5
81243 MÜNCHEN

An die
Firma ...   Datum des Poststempels

Sehr geehrte Damen und Herren!

Wir sind bei Ihnen mit einer Verbindlichkeit in Höhe ... Euro für Lieferung von Baumaterial seit einem Monat im Verzuge. Dieser Verzug beruht nicht auf bösem Willen oder unserer geschäftlichen Unfähigkeit. Wir sind leider durch den Zusammenbruch einiger großer Schuldner in Zahlungsschwierigkeiten geraten.

Wir haben aber begründete Hoffnung, daß dieser Zustand nur vorübergehend sein wird, da wir einige größere Aufträge, darunter auch von der öffentlichen Hand mit sehr großer Wahrscheinlichkeit erhalten werden. Dies entscheidet sich in sechs bis acht Wochen.
Wir wären Ihnen daher sehr verbunden, wenn Sie die Geltendmachung Ihrer fälligen Forderung so lange zurückstellen würden. Mit unseren großen Gläubigerfirmen haben wir bereits ein entsprechendes Abkommen unter der Bedingung getroffen, daß auch die übrigen Gläubiger mitziehen.

Wir bitten Sie um Verständnis für unsere Lage. Sie wollen bedenken, daß das rigorose Vorgehen eines einzelnen Gläubigers unseren Zusammenbruch herbeiführen und damit allen Gläubigern die Chance nehmen würde, in voller Höhe befriedigt zu werden.

Mit freundlichen Grüßen
SORGENFREI & ZEMENT

Auf die Rundschreiben hin erhalten Sorgenfrei & Zement Gegenanfragen, Telefonanrufe und Beschimpfungen. Sie dürfen es sich nicht verdrießen lassen, gerade die hartnäckigen und uneinsichtigen Gläubiger zu bearbeiten und in ihrem Sinn zu beeinflussen. Denn wenn die Insolvenz unvermeidlich wird, ist alles verloren und eine Kostenlawine bricht herein. Sich von einem solchen Schlag zu erholen gelingt nur wenigen.

Antrag auf Eröffnung des Insolvenzverfahrens

574

Aber auch diese letzte Möglichkeit, die OHG Sorgenfrei und Zement zu retten, war gescheitert, weil der Auftrag der öffentlichen Hand an eine noch preisgünstiger kalkulierende Firma vergeben worden war. Nun sahen Sebastian Sorgenfrei und Walter Zement keinen anderen Ausweg mehr und stellten gemäß § 13 Insolvenzordnung (InsO) den Antrag auf Eröffnung des Insolvenzverfahrens wie folgt:

Sebastian Sorgenfrei und Walter Zement wussten, dass im Falle der OHG keine Dreiwochenfrist existiert, innerhalb derer man einen Insolvenzantrag stellen muss. Demgegenüber sind die Geschäftsführer einer GmbH nach § 64 Abs. 1 GmbHG verpflichtet, spätestens drei Wochen nach Eintritt der Zahlungsunfähigkeit (oder Überschuldung), die Eröffnung des Insolvenzverfahrens zu beantragen. Geschieht dies nicht rechtzeitig, dann sind die Geschäftsführer zum Ersatz des hierdurch entstandenen Schadens gegenüber der Gesellschaft verpflichtet und sie machen sich sogar nach § 84 GmbHG strafbar.

Obwohl eine derartig strenge Antragspflicht für die OHG, an welcher keine juristischen Personen beteiligt sind, nicht besteht, waren Sorgenfrei und Zement doch erleichtert, den Antrag gestellt zu haben. So ließ sich nämlich schon durch den bloßen Hinweis, dass Insolvenzantrag bereits gestellt sei, so manche Beschimpfung durch Gläubiger verkürzen.

Der Antrag ist hier nur hinsichtlich des Vermögens der OHG gestellt, nicht aber auch hinsichtlich des Privatvermögens der beiden Firmeninhaber, was sich allerdings regelmäßig empfiehlt.

Zwar ist die OHG keine juristische Person, sondern das OHG-Vermögen gehört den Gesellschaftern. Der Gesetzgeber sieht aber in § 11 InsO ausdrücklich die Möglichkeit vor, dass über das Betriebsvermögen der OHG ein selbständiges Insolvenzverfahren stattfindet. Das bedeutet, dass das Privatvermögen von Sorgenfrei und Zement nicht automatisch von diesem Insolvenzverfahren erfasst wird (das Vermögen, das erfasst wird, fällt in den sogenannten »Insolvenzbeschlag«). Über dieses können sie an sich nach wie vor beliebig verfügen, aber auch ihre Gläubiger können weiterhin in dieses Privatvermögen vollstrecken.

Insbesondere wenn über das Vermögen der OHG das Insolvenzverfahren eröffnet worden ist, werden die Gläubiger, denen hierdurch der direkte Zugriff auf dieses Unternehmensvermögen verwehrt ist, auf das Privatvermögen zugreifen wollen. Daher bleibt Sorgenfrei und Zement an sich nichts anderes übrig, als auch hinsichtlich ihres privaten Vermögens einen Insolvenzantrag zu stellen. Diese Vorgehensweise empfiehlt sich insbesondere vor dem Hintergrund des später noch zu besprechenden Restschuldbefreiungsverfahrens. Dies ermöglicht Sorgenfrei und Zement nämlich, nach Ablauf einer sogenannten Wohlverhaltensperiode von derzeit sechs Jahren ohne Schulden »neu anzufangen« (§ 287 InsO).

SORGENFREI & ZEMENT
BAUAUSFÜHRUNGEN

WALTERWEG 5
81243 MÜNCHEN

An das
Amtsgericht ....
– Insolvenzgericht –
in ....

(Ort, Datum)

In unserer Eigenschaft als persönlich haftende Gesellschafter der oHG Sorgenfrei & Zement beantragen wir,

das Involvenzverfahren über das Vermögen der Gesellschaft wegen
drohender Zahlungsunfähigkeit zu eröffnen.

Die oHG wurde am .... gegründet und ist im Handelsregister des
Amtsgerichts ...... unter der Nr. HR-A .... eingetragen. Sitz der
Gesellschaft ist .... (Ort).
Als Gesellschafter sind an der Gesellschaft beteiligt:

1.   Herr .... mit einem Anteil von .... Euro
2.   Herr .... mit einem Anteil von .... Euro
Der Tatbestand der drohenden Zahlungsunfähigkeit liegt vor.

Die Gesellschaft wird voraussichtlich nicht in der Lage sein, die bestehenden
Zahlungsverpflichtungen im Zeitpunkt der Fälligkeit zu erfüllen.

Diese Prognose ist aufgrund folgender Umstände gerechtfertigt:
Wie aus der beigefügten Vermögensübersicht ersichtlich, stehen derzeit per .... den
aufgeführten Vermögenswerten von insgesamt .... Euro die ausgewiesenen Verbindlichkeiten von insgesamt .... Euro gegenüber. Auch bei sofortiger Einleitung von
Sanierungsmaßnahmen ist unvermeidlich, daß bis zum .... Zahlungspflichten in
Höhe von .... Euro entstehen werden, die im einzelnen aus der in der Anlage beigefügten Finanz- und Liquiditätsrechnung ersichtlich sind. Unter Berücksichtigung erheblicher Umsatzrückgänge in letzter Zeit kann im gleichen Zeitraum nur mit dem Zufluß
von Zahlungen in Höhe von .... Euro gerechnet werden, die ebenfalls aus der beigefügten Finanz- und Liquiditätsplanrechnung ersichtlich werden.

Eine Würdigung der gesamten wirtschaftlichen Entwicklung und Vermögenssituation
der Gesellschaft läßt demzufolge bereits jetzt mit hinreichender Wahrscheinlichkeit
erkennen, daß zukünftig der Tatbestand der Zahlungsunfähigkeit eintreten wird, da
die auf die Gesellschaft zukommenden Zahlungsverpflichtungen im Zeitpunkt der
Fälligkeit dauerhaft nicht bedient werden können.

Im Gläubigerinteresse ist daher der vorliegende Insolvenzantrag geboten.
Eine die Kosten des Verfahrens deckende, verfügbare Masse ist – wie sich ebenfalls
aus der beigefügten Vermögensübersicht ablesen läßt – vorhanden.

- Gesellschafter –
Anlagen

Nachdem der Insolvenzantrag nun gestellt worden ist, wird das Gericht prüfen, ob auch ein Insolvenzgrund vorliegt. Im Falle von juristischen Personen wie zum Beispiel einer GmbH kommt als Insolvenzgrund auch die sogenannte Überschuldung in Betracht. Überschuldung liegt dann vor, wenn
das Vermögen nicht ausreicht, um die Schulden zu decken.

Handelt es sich um natürliche Personen oder wie hier um eine OHG, also um eine Gesellschaft
ohne Rechtspersönlichkeit, dann ist das Insolvenzverfahren zu eröffnen, wenn diese zahlungsunfähig ist. Zahlungsunfähigkeit liegt dann vor, wenn die natürliche Person »der Schuldner« nicht in der
Lage ist, die fälligen Zahlungspflichten zu erfüllen (§ 17 InsO). Auch wenn hier alle persönlich haftenden Gesellschafter der OHG den Antrag gestellt haben, muss das Gericht dennoch nach § 5
Abs. 1 InsO grundsätzlich von Amts wegen prüfen, ob der Insolvenzantrag auch begründet ist. Ins-

besondere dann, wenn die Verhältnisse unübersichtlich sind, wird das Insolvenzgericht hierzu einen Sachverständigen bestellen, der den Insolvenzgrund der Zahlungsunfähigkeit beziehungsweise Überschuldung prüft.

576

Da der Gesetzgeber durch die 1999 in Kraft getretene Insolvenzordnung erreichen wollte, dass Insolvenzverfahren möglichst frühzeitig durchgeführt werden, hat er in § 18 InsO als zusätzlichen Eröffnungsgrund die »drohende Zahlungsunfähigkeit« aufgenommen. Dies gilt allerdings nur dann, wenn der Schuldner den Antrag selbst stellt. In einem solchen Falle braucht also der Schuldner nicht abzuwarten, bis ihm die »Rechnungen über den Kopf wachsen«. Ist abzusehen, dass sein Vermögen über kurz oder lang nicht dazu ausreichen wird, um alle Zahlungsverpflichtungen zu erfüllen, kann er bereits vor diesem Zeitpunkt einen Antrag auf Insolvenzeröffnung stellen.

Bevor die neue Insolvenzordnung in Kraft getreten ist, stellte sich oftmals das Problem, wie insbesondere natürliche Personen ein Insolvenzverfahren beantragen können, wenn sie nicht einmal über genügend Vermögen verfügen, um die Verfahrenskosten zu zahlen. Für diese Fälle hat der Gesetzgeber nunmehr die Möglichkeit der Verfahrenskostenstundung nach § 4a InsO eingeräumt. Ist nicht ausreichend Vermögen (sogenannte »Masse«) vorhanden, um die Verfahrenskosten zu decken, werden diese bis zu einem späteren Zeitpunkt gestundet.

Der Eröffnungsbeschluß

Nachdem nun im vorliegenden Fall die Prüfung ergeben hat, dass die OHG tatsächlich zahlungsunfähig ist, erlässt das Gericht nunmehr einen Eröffnungsbeschluss. Gleichzeitig ernennt das Gericht den Insolvenzverwalter – gewöhnlich einen Rechtsanwalt, Steuerberater oder Wirtschaftsprüfer –. Ab dem Zeitpunkt des Eröffnungsbeschlusses ist der Insolvenzverwalter der einzige Verfügungsbefugte über das Vermögen der OHG. Sorgenfrei und Zement haben spätestens ab diesem Zeitpunkt nicht mehr das Sagen in ihrer Firma. Mit der Bestellung des Insolvenzverwalters ordnet das Gericht zugleich auch den Termin über den Fortgang des Insolvenzverfahrens (sogenannter »Berichtstermin«) sowie den Termin für die erste Gläubigerversammlung zur Beschlussfassung über den Fortgang des Insolvenzverfahrens auf der Grundlage des Berichts des Insolvenzverwalters an. Weiterhin werden die Gläubiger dazu aufgefordert, ihre Forderungen bis zu einem bestimmten Termin beim Verwalter anzumelden (§§ 28 Abs. 2, 174 InsO). Hiermit ist die Aufforderung an die Gläubiger verbunden, mitzuteilen, welche Sicherungsrechte sie an beweglichen Sachen oder Rechten des Schuldners in Anspruch nehmen. Des Weiteren haben sie den Gegenstand, an dem das Sicherungsrecht beansprucht wird, die Art und der Entstehungsgrund des Sicherungsrechts, sowie die gesicherte Forderung genau zu bezeichnen. Schließlich sind in dem Beschluss noch der Hinweis auf den Prüfungstermin über die anzumeldenden Forderungen sowie der Hinweis enthalten, dass diejenigen, die ihrerseits etwas dem Schuldner schulden, nicht mehr an diesen, sondern an den Verwalter zu leisten haben (§ 28 Abs. 3 InsO).

Oftmals versuchen Schuldner nach Antragstellung, aber vor Eröffnung des Insolvenzverfahrens, doch noch zu retten, was nicht mehr zu retten ist. In dieser Phase versuchen aber auch Gläubiger, die im Vorfeld einen Vollstreckungstitel gegen den Schuldner erwirkt haben, aus diesem gegen den Schuldner, also in die Masse, zu vollstrecken. Nach Insolvenzeröffnung ist dies nämlich zu spät. Zwangsvollstreckungen für Einzelinsolvenzgläubiger sind nämlich während der Dauer des Insolvenzverfahrens nach § 89 InsO untersagt.

Da in dem Insolvenzverfahren die Masse möglichst gleichmäßig auf alle Insolvenzgläubiger verteilt werden soll, ist dem Insolvenzgericht also daran gelegen, durch Sicherungsmaßnahmen zu erreichen, dass eine nachteilige Veränderung der Vermögenslage des Schuldners verhindert wird. Neben der Einsetzung eines vorläufigen Insolvenzverwalters, der dies dann letztendlich im Einzelnen sicherstellen soll, wird hierzu die Auferlegung eines allgemeinen Verfügungsverbotes sowie die Untersagung von Maßnahmen der Zwangsvollstreckung gegen den Schuldner und die Anordnung einer vorläufigen Postsperre (§ 21 InsO), erreicht. Letzteres hat zur Folge, dass entweder bestimmte oder sogar alle Postsendungen des Schuldners dem Insolvenzverwalter zuzuleiten sind (§ 99 InsO).

All diese genannten Anordnungen werden sofort durch Veröffentlichung im Bundesanzeiger und in der zuständigen Tagespresse öffentlich bekannt gemacht. Die Anordnung der Sicherungsmaßnahmen hat unter anderem die Bedeutung, dass allen Personen, welche eine zur Insolvenzmasse gehörende Sache im Besitz haben oder zur Insolvenzmasse etwas schuldig sind, aufgegeben wird, nur noch unter Beachtung der gerichtlichen Beschlüsse an den Schuldner zu leisten, also insbesondere nur an den vorläufigen Insolvenzverwalter und nicht mehr an den Schuldner, also hier an die OHG. Außerdem benachrichtigt das Insolvenzgericht im Falle des Vorhandenseins von Grundstücken das betreffende Grundbuchamt, welches die Eröffnung des Insolvenzverfahrens im Grundbuch vermerkt (§ 32 InsO).

Der Insolvenzverwalter

Den Gesellschaftern der OHG ist mit der Eröffnung des Insolvenzverfahrens die Befugnis entzogen, das OHG-Vermögen zu verwalten beziehungsweise noch darüber zu verfügen. Diese Befugnis ist auf den Insolvenzverwalter oder wenn das Gericht es für erforderlich hielt, auch auf den vorläufigen Insolvenzverwalter übergegangen. Seine Aufgabe ist es jetzt, festzustellen, was an Aktiva und Schulden vorhanden ist. Zu diesem Zweck macht er eine Aufstellung über die auf den Konten der OHG und in der Kasse etc. vorhandenen Geldbeträge und die sonstigen Vermögenswerte und über die Schulden. Dann nimmt er den Bestand des Vermögens auf, bei einer Firma also zum Beispiel die Büroeinrichtung, Pkw, Lieferwagen, Zementmischer etc. Der Insolvenzverwalter hat insbesondere zwecks Vermeidung einer Einstellung eines einmal eröffneten Insolvenzverfahrens die Verpflichtung, eine möglichst hohe Verteilungsmasse zu erzielen.

Da die Insolvenzmasse im Regelfall nicht dazu ausreichen wird, alle Insolvenzgläubiger mit ihren Forderungen voll zu befriedigen – andernfalls läge ja regelmäßig keine Zahlungsunfähigkeit und damit kein Insolvenzgrund vor –, muss die Insolvenzmasse, die zum Zeitpunkt des Insolvenzverfahrens vorhanden ist, gleichmäßig verteilt werden. Der Anteil dessen, was ein Gläubiger im Verhältnis zu der ihm ursprünglich zustehenden Forderung letztlich erhält, wird Insolvenzquote genannt. Diese liegt häufig unter 10 Prozent, sie kann aber auch deutlich darüber oder sogar deutlich darunter liegen.

Oftmals entscheidet der Insolvenzverwalter, dass eine Firma noch für eine gewisse Zeit fortzuführen ist. Der Grund hierfür kann beispielsweise darin liegen, dass es günstiger ist, halbfertige Erzeugnisse fertig zu bauen, um hierdurch einen höheren Verkaufspreis zu erzielen. Für eine halbfertige Maschine bestehen nämlich auf dem Markt regelmäßig nur geringe Verkaufschancen, demgegenüber lässt sich eine funktionstüchtige Maschine möglicherweise noch relativ gut verkaufen.

Benötigt nun der Insolvenzverwalter zum Bau dieser Maschine noch einige Rohstoffe, dann würde er möglicherweise kaum ein Unternehmen finden, das ihm diese Bauteile verkauft, wenn es hierfür nicht den vollen Kaufpreis erzielen könnte, sondern nur Anspruch auf die Insolvenzquote hätte. Um zu verhindern, dass hierdurch nach Eröffnung des Insolvenzverfahrens eine auch begrenzte zeitliche Fortführung von Unternehmen unmöglich gemacht wird, hat sich der Gesetzgeber dafür entschieden, solche Gläubiger bevorrechtigt zu behandeln. Dementsprechend unterscheidet das Insolvenzverfahren zwei Arten von Verbindlichkeiten des Schuldners. Alle Verbindlichkeiten, die vor dem Zeitpunkt der Eröffnung des Insolvenzverfahrens begründet worden sind, stellen sogenannte Insolvenzforderungen gemäß § 38 InsO dar. Diese Gläubiger haben nur Anspruch auf die Erfüllung ihrer Forderung in Höhe der sogenannten »Insolvenzquote«. Alle Forderungen – beziehungsweise aus

578

Sicht des Schuldners Verbindlichkeiten –, die nach Eröffnung des Insolvenzverfahrens entstanden sind, sind sogenannte »Masseverbindlichkeiten« nach § 55 Abs. 2 S. 1 InsO. Von den Masseverbindlichkeiten oder -schulden sind die Kosten des Insolvenzverfahrens zu unterscheiden. Diese sind die Gerichtskosten, insbesondere für Inserate, Zeitungen sowie ferner die Vergütung und Auslagen des vorläufigen Insolvenzverwalters, des Insolvenzverwalters und der Mitglieder des Gläubigerausschusses (§ 54 InsO).

Die Masseschulden werden grundsätzlich in voller Höhe befriedigt. Zu diesen Forderungen gehören im Übrigen auch die Ansprüche der Arbeitnehmer aus der Zeit nach Eröffnung des Insolvenzverfahrens. Demgegenüber sind die Ansprüche von Arbeitnehmern aus der Zeit vor Eröffnung des Insolvenzverfahrens einfache Insolvenzforderungen. Gleichwohl steht Arbeitnehmern für die letzten drei Monate vor Eröffnung des Insolvenzverfahrens gegenüber dem Arbeitsamt ein sogenanntes »Insolvenzausfallgeld« zu, so dass Arbeitnehmer für diese drei Monate in voller Höhe abgesichert sind.

Im Hinblick auf das Ziel einer möglichst großen Verteilungsmasse wird auch der Neuerwerb von Vermögen des Schuldners nach Eröffnung des Verfahrens hinzugerechnet. Daher gehört auch dasjenige Vermögen, das der Schuldner während des Verfahrens erzielt, zur Insolvenzmasse. Frühere Lohnpfändungen aus der Zeit vor der Eröffnung des Verfahrens bleiben jedoch nur für die Zeit von zwei Jahren nach dem Eröffnungsbeschluss wirksam, während frühere Lohn- und Gehaltsabtretungen sogar nur wirksam sind, soweit sie sich auf die Bezüge für den zur Zeit der Eröffnung laufenden Kalendermonat beziehen (§ 114 InsO).

Der Insolvenzverwalter steht im Übrigen ständig unter der Aufsicht des Insolvenzgerichts, welches von ihm jederzeit Auskünfte und einen Sachstandsbericht verlangen kann. Insbesondere hat der Insolvenzverwalter auch die Pflicht, unverzüglich dem Insolvenzgericht eine Aufstellung der Insolvenzmasse vorzulegen.

In der ersten Gläubigerversammlung (Berichtstermin) können die Gläubiger mehrheitlich einen anderen Insolvenzverwalter bestellen, welchem das Gericht die Zustimmung nur dann versagen kann, wenn er zur Übernahme des Amtes nicht geeignet erscheint (§ 57 InsO). Der Insolvenzverwalter haftet sämtlichen Beteiligten auf Schadensersatz, wenn er schuldhaft seine gesetzlichen Pflichten verletzt und nicht die Sorgfalt eines ordentlichen und gewissenhaften Insolvenzverwalters anwendet. Dies gilt insbesondere für die Nichterfüllung der Masseverbindlichkeiten, die durch eine eigene Rechtshandlung des Insolvenzverwalters begründet worden waren. Ansprüche gegen den Insolvenzverwalter verjähren grundsätzlich innerhalb von drei Jahren nach Eintritt des Schadens und Kenntnis des Berechtigten von dem Schaden und den die Ersatzpflicht begründenden Umstände (§ 62 InsO).

Vor der ersten Gläubigerversammlung kann das Insolvenzgericht auch einen Gläubigerausschuss einsetzen (§ 67 InsO). In diesem Ausschuss sollen die absonderungsberechtigten Gläubiger, die allgemeinen Insolvenzgläubiger mit den höchsten Forderungen und die Kleingläubiger vertreten sein. Dies wird insbesondere bei größeren Insolvenzen erfolgen. Ein solcher Ausschuss hat den Insolvenzverwalter zu unterstützen und zu überwachen, er kann jederzeit Berichterstattung über die Lage des Verfahrens verlangen.

Entsprechend den oben gemachten Ausführungen wird der Insolvenzverwalter sich zunächst einen Überblick darüber verschaffen, ob die Verwertung des Unternehmens zum Beispiel durch Verkauf insgesamt eine zweckmäßige Maßnahme ist oder ob es vernünftiger erscheint, die Einzelwerte zu versilbern (Zerschlagung des Unternehmens durch freihändigen Verkauf oder Versteigerung der einzelnen Gegenstände). Falls es möglich ist, wird der Insolvenzverwalter zwecks Vermeidung unnötiger weiterer Kosten Mietverhältnisse über die Geschäftsräume beenden. Davon ist aber nicht die Wohnung des Schuldners betroffen, diese kann der Insolvenzverwalter grundsätzlich nicht kündigen.

Benötigt der Insolvenzverwalter die Geschäftsräume noch eine Zeit lang, so setzt er das Mietverhältnis fort, wodurch dann gemäß § 55 InsO Masseverbindlichkeiten entstehen. Dasselbe gilt für den Fall, dass der Insolvenzverwalter noch Arbeitnehmer der OHG, wie insbesondere die in alles eingeweihte wichtige Sekretärin, einige Zeit weiter beschäftigen will. Hier gilt, dass im Falle der Insolvenz grundsätzlich eine Kündigung an die allgemeinen Kündigungsgründe gekoppelt ist, es braucht also auch im Insolvenzfalle eines Kündigungsgrundes, jedoch verkürzt § 13 InsO die Kündigungsfrist in dem Falle auf drei Monate zum Monatsende, wenn nicht eine kürzere Frist maßgeblich ist. Meistens wird der Insolvenzverwalter ohnehin nicht sofort kündigen wollen, da er auf die Mitarbeit wichtiger Arbeitnehmer und auch auf die Weiternutzung der Büroräume nicht verzichten möchte, da gerade in der ersten Zeit ein besonders starker Arbeitsanfall auf ihn zukommt.

Prozesse im Insolvenzverfahren

Mit diesem Problem wird der Insolvenzverwalter sehr schnell befasst. Es handelt sich einerseits um Prozesse, die von Gläubigern gegen die OHG Sorgenfrei und Zement angestrengt worden waren und solche, die diese OHG ihrerseits gegen eigene Schuldner betrieben hatte. Meistens wurde eine Klage gegen die OHG und zugleich gegen die beiden Gesellschafter Sorgenfrei und Zement gerichtet. Die Möglichkeit hierfür ergibt sich aus § 128 HGB, wonach die Gesellschafter der OHG für die Verbindlichkeiten der Gesellschaft auch persönlich als Gesamtschuldner haften. Hier hatte die Firma Sorgenfrei und Zement OHG einen Prozess der Bayerischen Ziegelwerke GmbH gegen die Firma und die beiden Gesellschafter persönlich laufen. Vor Beendigung dieses Prozesses kam das Insolvenzverfahren der OHG dazwischen. Die Eröffnung dieses Verfahrens hat für den Prozess folgende Wirkung:

Gemäß § 240 ZPO wird das gerichtliche Verfahren, soweit es sich auf die Insolvenzmasse bezieht, unterbrochen. Der Prozess kommt also automatisch zum Stillstand, das heißt es kann hier kein Urteil ergehen, kein Beweisbeschluss verkündet werden etc. Der Insolvenzverwalter soll Zeit haben, sich darüber klar zu werden, ob er die eingeklagte Forderung anerkennen oder den Prozess weiterbetreiben will. Erst wenn er im Prüfungstermin die Forderung, von der der Rechtsstreit abhängig war, bestreitet, kann der Prozess fortgesetzt werden. Bestreitet er dagegen im Prüfungstermin die Forderung nicht, so braucht der Prozess nicht fortgesetzt zu werden, weil die vom Insolvenzverwalter anerkannten Forderungen in die Insolvenztabelle eingetragen werden (§ 175 InsO).

Es geschieht nicht selten, dass Insolvenzverwalter in einem solchen Falle die eingeklagte Forderung anerkennen. Viele Schuldner, die auf Grund von Zahlungsschwierigkeiten nicht in der Lage sind, ihre Verpflichtungen zu erfüllen, suchen nämlich in einer solchen Lage oftmals ihr Heil in einem Prozess, sie denken sich, wenn ich ohnehin nicht zahlen kann, dann kann ich auch einen Prozess der Gegenseite auf mich zukommen lassen, was natürlich wegen der hierdurch entstehenden zusätzlichen Prozesskosten kein sehr überzeugendes Argument ist.

Sorgenfrei und Zement haben sich überhaupt nicht mehr um den Prozess gekümmert. Als ihnen ein Bekannter sagt, dass die Klage sich ja nicht nur gegen die OHG, sondern auch gegen sie persönlich richtet, fallen sie aus allen Wolken, denn sie befürchten, dass sie nunmehr persönlich zur Zahlung verurteilt werden, obwohl eine Klage gegen die OHG nunmehr durch die Insolvenzeröffnung unterbrochen worden ist.

Sorgenfrei und Zement fragen sich daher, ob die Gläubiger gegen sie persönlich im Insolvenzverfahren einen Titel erwirken können.

Die Antwort lautet: Nein. Nach § 93 InsO kann nämlich die persönliche Haftung eines Gesellschafters für die Verbindlichkeiten der Gesellschaft während der Dauer des Insolvenzverfahrens der OHG nur vom Insolvenzverwalter geltend gemacht werden. Insoweit entfaltet § 93 InsO eine Sperr-

580

wirkung, so dass die Gesellschaftsgläubiger während der Dauer des Insolvenzverfahrens über das Vermögen der Gesellschaft tatsächlich gehindert sind, ihre Ansprüche gegen die persönlich haftenden Gesellschafter Sorgenfrei und Zement geltend zu machen. Dies bedeutet also, dass die Gläubiger in dem anhängigen Prozess während der Dauer des Insolvenzverfahrens auch gegen Sorgenfrei und Zement persönlich keinen Titel erwirken können. Dies ist allerdings nur ein schwacher Trost, da an deren Stelle der Insolvenzverwalter tritt und dieser auch in das Privatvermögen von Sorgenfrei und Zement an Stelle der Gläubiger deren Ansprüche geltend machen kann. Vor diesem Hintergrund wird schnell klar, weshalb es für die Gesellschafter einer OHG zumeist sinnvoll sein wird, nicht nur für die OHG, sondern auch als Gesellschafter (für das Privatvermögen) einen Insolvenzantrag zu stellen.

Der Insolvenzverwalter wird also im vorliegenden Falle prüfen, ob den Gläubigern tatsächlich ein Anspruch gegen die OHG und damit auch gegen die beiden Gesellschafter Sorgenfrei und Zement zusteht, welchen er dann geltend machen kann. Der Insolvenzverwalter wird aber auch weiterhin zu prüfen haben, welche Prozesse er gegen die Schuldner der OHG weiter betreibt. Es steht in seinem pflichtgemäßen Ermessen, insoweit zu prüfen, ob ein solcher Prozess aussichtsreich ist oder nicht. Sollte er nicht selbst Anwalt sein, kann er sich gegebenenfalls anwaltlicher Hilfe bedienen. Er wird dabei aber auch zu prüfen haben, ob der betreffende Schuldner der OHG zahlungsfähig ist und damit vermieden wird, dass unnötige weitere Kosten entstehen.

Anmeldung von Insolvenzforderungen und Rechtsstellung der Gläubiger

Inzwischen sind nach und nach die Anmeldungen der Insolvenzgläubiger eingegangen. Es ist wichtig, dass diese ihre Forderungen bis zu dem Prüfungstermin, der ja auch öffentlich bekannt gemacht wird, rechtzeitig anmelden. Wenn ein Insolvenzgläubiger dies verabsäumt, kann er erhebliche Rechtsnachteile erleiden. Später angemeldete Forderungen sind zwar im Prüfungstermin auch zu prüfen; wenn jedoch der Prüfung widersprochen wird und wenn eine Forderung sogar erst nach dem Prüfungstermin angemeldet wird, hat das Insolvenzgericht auf Kosten des Säumigen entweder einen besonderen Prüfungstermin zu bestimmen oder die Prüfung im schriftlichen Verfahren anzuordnen. Die entsprechenden Kosten sind dem säumigen Gläubiger aufzuerlegen (§ 177 InsO). Wird eine Forderung erst angemeldet, nachdem bereits die Insolvenzmasse durch den Insolvenzverwalter verteilt worden ist, dann kommt diese Anmeldung jedenfalls zu spät.

Die Anmeldung der Forderung hat schriftlich beim Insolvenzverwalter zu erfolgen. Der Anmeldung sollen die Urkunden beziehungsweise Belege, aus denen sich die Forderung ergibt, in Abdruck beigefügt werden. Sie sind nach Grund und Betrag aufzuschlüsseln. Eine Anmeldung kann etwa wie folgt aussehen:

```
An
Herrn
Insolvenzverwalter
Rechtsanwalt ...........
in ...............................                    (Ort, Datum)

Insolvenzverfahren über das Vermögen der Firma OHG Sorgenfrei & Zement
hier: Forderungsanmeldung der Bayerische Ziegelwerke GmbH

Sehr geehrter Herr Rechtsanwalt,
```

in dem vorbezeichneten Insolvenzverfahren zeige ich an, daß die obige Gesellschaft vom Unterzeichner anwaltlich vertreten wird. Eine auf mich ausgestellte Vollmacht liegt bei.

Namens und in Vollmacht meiner Mandantin melde ich folgende Forderungen zur Insolvenztabelle an:

1. Forderungen aus Warenliefererungen
   gem. Rechnungen vom .... Euro
2. Aufgelaufene Zinsen gem. anliegender
   Aufstellung bis zum Insolvenzeröffnungszeitpunkt .... Euro

   Insgesamt .... Euro

Kopien der bestätigten Lieferscheine, der Warenrechnungen sowie eine Zinsbescheinigung der Bank werden in der Anlage überreicht.

Nach Durchführung des allgemeinen Prüfungstermines bitte ich um Übersendung einer Bestätigung, daß die angemeldete Forderung in voller Höhe anerkannt wurde.

Mit freundlichen kollegialen Grüßen
Rechtsanwalt

Anlagen

Der Insolvenzverwalter muss jede angemeldete Forderung in eine Tabelle eintragen. Eine Forderung gilt als festgestellt, soweit sie im Prüfungstermin oder im schriftlichen Verfahren nicht mit einem Widerspruch durch den Insolvenzverwalter oder einen Insolvenzgläubiger betroffen wurde oder insoweit, als ein erhobener Widerspruch später beseitigt wurde. Ein Widerspruch des Schuldners steht der Feststellung der Forderung nicht entgegen (§ 178 InsO). Das Insolvenzgericht trägt in die Tabelle ein, inwieweit die Forderung ihrem Betrag und ihrem Rang nach festgestellt ist beziehungsweise wer der Feststellung widersprochen hat. Bezüglich der festgestellten Forderungen hat die Eintragung der Forderung in die Tabelle hinsichtlich ihres Betrages und ihrem Rang nach die Wirkung eines rechtskräftigen Urteils gegenüber dem Insolvenzverwalter und sämtlichen Insolvenzgläubigern (§ 178 Abs. 3 InsO). Wenn hier von Rang die Rede ist, heißt dies natürlich nicht, dass es darum geht, wer seine Forderung zuerst angemeldet hat. Inhaltlich gleichartige Forderungen werden auch gleich behandelt ungeachtet ihrer Position in der Tabelle.

Soweit Forderungen, die aus einer vorsätzlich begangenen, unerlaubten Handlung des Schuldners (zum Beispiel Betrug) herrühren, unter dieser Angabe eingetragen worden sind, hat dies für natürliche Personen eine besondere Bedeutung. Solche Forderungen werden nämlich von der Restschuldbefreiung nicht erfasst (§ 302 InsO), so dass diese nach Ablauf der Wohlverhaltensperiode – im Gegensatz zu den übrigen Insolvenzforderungen – bestehen bleiben.

Sorgenfrei und Zement haben noch aus der Erinnerung an das frühere Konkursrecht etwas von verschiedenen Rangordnungen der Gläubiger und auch von absonderungs- und aussonderungsberechtigten Gläubigern gehört. Sie möchten von ihrem Anwalt gerne wissen, wie sich dies nach der neuen Insolvenzordnung verhält und erhalten folgende Auskunft:

Die Insolvenzordnung unterscheidet folgende Gläubigerklassen:
- aussonderungsberechtigte Gläubiger (§ 47 InsO),
582 - Massegläubiger (§§ 53 ff. InsO),
- nicht nachrangige (»normale«) Insolvenzgläubiger (§ 38 InsO),
- nachrangige Insolvenzgläubiger (§ 39 InsO).

Die aussonderungsberechtigten Gläubiger nehmen gemäß § 47 InsO nicht am Verfahren teil. Hierzu wird auf das später folgende Kapitel hingewiesen.

Die vorgenannten verschiedenen Gläubigergruppen (außer den Aussonderungsberechtigten) werden in der Insolvenzordnung stärker bei der Mitwirkung der Entscheidung des Insolvenzverwalters eingebunden als dies früher bei der Konkursordnung der Fall war.

Dies gilt insbesondere dann, wenn es zu einem Insolvenzplan gemäß §§ 217 ff. InsO kommt. Das Insolvenzplanverfahren tritt an die Stelle des bisherigen Vergleichsverfahrens gemäß der früheren Vergleichsordnung.

Ein Insolvenzplan kann vom Insolvenzverwalter aufgrund eigener Initiative und vom Schuldner vorgelegt werden. Es kann aber auch der Verwalter durch die Gläubigerversammlung beauftragt werden, einen Insolvenzplan auszuarbeiten, so dass dieser dann einen solchen Plan entwirft.

Seine Bedeutung liegt vor allem darin, einen flexiblen Rahmen für eine einvernehmliche Erledigung der Insolvenz zu bilden. Der Plan ist zunächst nicht auf die Sanierung fixiert und lässt sämtliche Maßnahmen offen, über die dann in einem bestimmten, im Einzelnen festgelegten Verfahren abzustimmen ist. Der normalerweise vom Insolvenzverwalter aufgestellte Insolvenzplan, der sich dabei von den übrigen am Insolvenzverfahren beteiligten Organen beraten lassen kann, muss einen sogenannten »darstellenden Teil« sowie einen sogenannten »gestaltenden Teil« enthalten. Der darstellende Teil äußert sich über das bisherige Geschehen und die Voraussetzungen und Auswirkungen des Planes, während im gestaltenden Teil festgelegt wird, wie die Rechtsstellung der beteiligten Gläubiger durch den Plan geändert werden soll, also insbesondere, ob und welche Forderungen ganz beziehungsweise voll erfüllt werden sollen; mit welcher Quote andernfalls erfüllt werden soll; ferner ob Forderungen gestundet oder erlassen werden sollen.

Bei der Abstimmung über den Insolvenzplan werden die betroffenen Gläubiger in sogenannte »Abstimmungsgruppen« aufgeteilt (§ 222 InsO), wobei mindestens je eine besondere Gruppe für die absonderungsberechtigten Insolvenzgläubiger, die nichtnachrangigen Insolvenzgläubiger und die einzelnen Rangklassen der nachrangigen Insolvenzgläubiger gebildet werden muss und ferner für die Arbeitnehmer, wenn diese erheblich als Gläubiger benachteiligt sind. Auch wenn des Weiteren keine festen Kriterien für die Bildung von Gruppen im Gesetz festgelegt sind, hat sich in der Praxis bewährt, die Höhe der Forderungen bei der Einteilung der Gruppen dabei zu berücksichtigen. So könnte beispielsweise eine Gruppe aus den Gläubigern bestehen, denen Forderungen in Höhe von jeweils maximal 5000,– Euro zusteht, während eine andere Gruppe aus den Forderungen über 5000,– Euro hergeleitet wird.

Die Abstimmung erfolgt sodann je nach Gruppen. Der Insolvenzplan ist angenommen, wenn in jeder Gruppe eine Kopf- und Summenmehrheit erreicht worden ist (§ 244 InsO). Hierbei ist insbesondere das sogenannte »Obstruktionsverbot« zu beachten (§ 245 InsO). Dies bedeutet, dass die erforderliche Mehrheit einer Gruppe, obwohl sie an sich nicht erzielt wurde, dennoch als erreicht gilt, wenn die Gläubiger der betreffenden Gruppe durch den Plan nicht schlechter gestellt werden, als sie ohne den Plan stünden und wenn diese Gläubiger immer noch angemessen am Erlös beteiligt sind. Insgesamt muss aber wenigstens die Mehrheit der Gruppen dem Plan tatsächlich zugestimmt haben. Letztlich wird ein Schutz von überstimmten Mehrheiten noch dadurch erreicht, dass derjenige, der ohne den Plan besser stünde als er auf Grund des Planes stehen würde, dem Plan widersprechen und eine gerichtliche Bestätigung verhindern kann. Dies gilt für einzelne Gläubiger ebenso wie für den Schuldner, dessen Zustimmung auch Bestätigungsvoraussetzung ist.

Der Insolvenzplan bedarf der Bestätigung des Insolvenzgerichts. Erst wenn diese vorliegt, entwickelt sich der Insolvenzplan zu einem Vollstreckungstitel, aus welchem dann wie aus einem Urteil vollstreckt werden kann.

583

Bei dem Bestätigungsverfahren ist auch zu berücksichtigen, ob das Verfahren gegebenenfalls fehlerhaft war oder ob Gläubiger in berechtigter Weise widersprochen haben. Dem Insolvenzgericht kommt also die nicht eben leichte Aufgabe zu, im Hinblick auf das Obstruktionsverbot den Minderheitenschutz festzustellen und abzuklären, dass nicht zustimmende Beteiligte durch den Plan nicht schlechter gestellt werden, als sie ohne den Plan dastehen würden. Hier treten in der Praxis sehr häufig große Schwierigkeiten auf. Die Schwierigkeit besteht nämlich insbesondere darin, dass jeder Insolvenzplan Annahmen bezüglich der zukünftigen Entwicklung des Unternehmens treffen muss. Je nachdem, wie optimistisch dieser Plan gehalten ist, kann sich jedoch in der Realität eine deutliche Abweichung von diesen Annahmen zeigen. Ist also ein Gläubiger sehr skeptisch, dann wird er bereits die Prognosen, die dem Insolvenzplan zugrunde liegen, anzweifeln und daher diesem kritisch gegenüberstehen.

Auch wenn das Insolvenzplanverfahren ein wesentlicher Bestandteil der neuen Insolvenzordnung ist, zeigt die Erfahrung, dass von dem Insolvenzplanverfahren in der Praxis doch eher selten Gebrauch gemacht wird. Kommt es aber nicht zu einem solchen Insolvenzplanverfahren, bleibt es dabei, dass der Insolvenzverwalter die Masse gleichmäßig an die Insolvenzgläubiger verteilen muss, um anschließend das Insolvenzverfahren zu beenden.

Von den absonderungsberechtigten Insolvenzgläubigern spricht man, wenn diesen zum Beispiel Grundpfandrechte zustehen, aus denen sie in das Vermögen des Schuldners vollstrecken können. Dies gilt insbesondere für Banken, die sich auf Grundstücken des Schuldners Sicherheiten haben eintragen lassen, wie beispielsweise Hypotheken oder Grundschulden. Diese absonderungsberechtigten Gläubiger werden im Insolvenzverfahren künftig auch gewisse Nachteile in Kauf nehmen müssen, die sie nach der alten Konkursordnung nicht hatten, in der die Rechtsstellung wesentlich abgesicherter war. Bei den übrigen Insolvenzgläubigern sind die früheren Konkursvorrechte nicht mehr vorhanden. Es gibt jetzt nur noch die einfachen und die nachrangigen Insolvenzgläubiger (§§ 38, 39 InsO). Nachrangig sind insbesondere die seit der Eröffnung des Insolvenzverfahrens laufenden Zinsen auf Forderungen, die in diesem Zeitraum fallenden Kosten, Geldstrafen, Geldbußen etc., Forderungen auf eine unentgeltliche Leistung des Schuldners, Forderungen auf Rückgewähr kapitalersetzender Darlehen durch die darlehensgewährenden Gesellschafter.

Diese sogenannten »nachrangigen Insolvenzforderungen« werden im Regelfalle völlig ausfallen, da ja selbst bezüglich der übrigen Insolvenzforderungen, die diesen vorgehen, zumeist nur eine quotale Befriedigung erfolgen wird.

Verbraucherinsolvenzverfahren und Restschuldbefreiung

Während bislang über das sogenannte Regelinsolvenzverfahren gesprochen worden ist, gelten in der Insolvenzordnung Sonderregelungen für sogenannte »Kleinverfahren«. Diese greifen dann, wenn der Schuldner eine natürliche Person ist, die keine selbständige wirtschaftliche Tätigkeit ausübt oder ausgeübt hat (§ 304 InsO). Hat ein Schuldner einmal eine selbständige wirtschaftliche Tätigkeit in der Vergangenheit ausgeübt, dann kommt es darauf an, ob seine Vermögensverhältnisse überschaubar sind und gegen ihn keine Forderungen aus Arbeitsverhältnissen bestehen. Überschaubar sind die Vermögensverhältnisse dann, wenn weniger als 20 Gläubiger Forderungen gegen den Schuldner geltend machen. Während also das Regelinsolvenzverfahren für Gesellschaften und selbständige natürliche Personen gedacht ist, gelten für die Kleinverfahren, wie insbesondere das Verbraucherinsolvenzverfahren gemäß §§ 304 bis 314 InsO modifizierte Regelungen. Gegenstand eines solchen Kleinverfahrens ist zum Beispiel, dass das eben behandelte Insolvenzplanverfahren im Verbraucherinsolvenzverfahren nicht zulässig ist. Des Weiteren kommt in diesem vereinfachten Insolvenzverfahren auch die sogenannte Eigenverwaltung gemäß §§ 270 bis 295 InsO nicht zur Anwendung.

Bei der Eigenverwaltung steht dem Schuldner unter Aufsicht eines Sachwalters nach wie vor die Verwaltungs- und Verfügungsbefugnis über sein Vermögen zu. Daneben kann das Insolvenzgericht weitere Sicherungsmaßnahmen anordnen, die jedoch nichts daran ändern, dass der eigenverwaltende Schuldner weiterhin seine Geschäfte selbst tätigen kann. Die Eigenverwaltung kommt insbesondere dann in Betracht, wenn man dem Schuldner zutraut, dass er sich aus eigener Kraft aus seiner finanziellen Misere befreien kann.

Durch das insbesondere auf Arbeitnehmer zugeschnittene Verbraucherinsolvenzverfahren (§§ 286 ff. InsO) soll es Verbrauchern ermöglicht werden, in möglichst einvernehmlicher Art mit den Gläubigern zu einer Lösung zu kommen und von den Restschulden unter bestimmten Voraussetzungen befreit zu werden.

Das Insolvenzverfahren des Verbrauchers findet nur statt, wenn eine außergerichtliche Einigung nachweisbar gescheitert ist. Der Schuldner muss mit dem Antrag auf Eröffnung eines solchen Verfahrens eine Bescheinigung einer geeigneten Person oder Stelle vorlegen, aus der sich ergibt, dass eine außergerichtliche Einigung mit den Gläubigern über die Schuldenbereinigung innerhalb der letzten sechs Monate vor dem Eröffnungsantrag erfolglos versucht worden ist.

Wenn dies der Fall ist, muss der Schuldner ein Vermögensverzeichnis und einen sogenannten Schuldenbereinigungsplan vorlegen, der sämtliche Regelungen enthalten muss, die unter Berücksichtigung der Gläubigerinteressen sowie der Vermögensinteressen des Schuldners geeignet sind, zu einer Schuldenbereinigung zu führen. Oftmals wird es sich dabei um denselben Plan handeln, der auch dem außergerichtlichen Einigungsversuch mit den Gläubigern zugrunde gelegt worden ist.

Der Antrag auf Eröffnung eines Verbraucherinsolvenzverfahens ist nunmehr standardisiert, so dass entsprechende Formulare bei den jeweiligen Insolvenzgerichten abgeholt oder im Internet heruntergeladen werden können.

Das Insolvenzgericht muss nochmals die Gläubiger über den Schuldenbereinigungsplan anhören. Nehmen diese den Plan an, hat dieser die Wirkung eines Prozeßvergleiches, es liegt ein Vollstreckungstitel vor und das Verfahren ist beendet.

Wenn die Gläubiger den Schuldenbereinigungsplan ablehnen, wird nach einer Prüfung (insbesondere des Insolvenzgrundes) durch das Insolvenzgericht das Insolvenzverfahren eröffnet. Dieses ist dann allerdings ein vereinfachtes Verfahren. Die Aufgaben des Insolvenzverwalters werden von einem sogenannten »Treuhänder« wahrgenommen (§ 313 InsO).

Wenn nun das Insolvenzverfahren eröffnet wird, bedeutet dies aber noch nicht zugleich, dass nach Abschluss des Insolvenzverfahrens, also nach Verteilung der vorhandenen Masse zugleich auch der Schuldner aller Verbindlichkeiten entledigt ist. Die Befreiung von den Verbindlichkeiten erfolgt unter bestimmten Voraussetzungen, die jedoch im Regelfalle nicht allzu schwierig zu erfüllen sind, durch das Restschuldbefreiungsverfahren. Das Restschuldbefreiungsverfahren ist grundsätzlich immer dann anwendbar, wenn das Insolvenzverfahren über eine natürliche Person zur Anwendung kommt. Es ist also nicht auf das sogenannte Verbraucherinsolvenzverfahren von nicht selbständig Tätigen beschränkt, sondern auch anwendbar, wenn etwa ein Einzelkaufmann, der Gesellschafter einer OHG oder ein Rechtsanwalt (soll es auch geben) in Insolvenz geraten ist. Während früher der Antrag auf Restschuldbefreiung oftmals bei der Antragstellung übersehen worden ist, ist in den Antragsformularen nunmehr der Hinweis darauf beziehungsweise die Frage enthalten, ob die entsprechende natürliche Person bei ihrem Antrag auf Eröffnung des Insolvenzverfahrens gleichzeitig den Antrag auf Befreiung von der Restschuld stellen möchte, was wohl der Regelfall sein wird.

Die Restschuldbefreiung kann gewährt werden, wenn der Schuldner für die Dauer der »sogenannten Wohlverhaltensperiode« von nunmehr sechs Jahren seine Arbeitskraft nutzt und den pfändbaren Teil seines Einkommens auf einen Treuhänder überträgt. Die Abtretungserklärungen sind schon dem Antrag beizufügen. Während dieser sechsjährigen Wohlverhaltenszeit besteht für die Insolvenzgläubiger ein Vollstreckungsverbot. Der Schuldner muss den pfändbaren Teil seines Einkommens herausgeben.

Ererbtes Vermögen ist zur Hälfte an den Treuhänder abzuliefern, dies bedeutet, dass die andere Hälfte dem Schuldner verbleibt. Verletzt der Schuldner seine Pflichten schuldhaft, ist die Restschuldbefreiung zu versagen (§ 290 InsO) oder gegebenenfalls später zu widerrufen (§ 300 InsO). Da Pfändungen aus der Zeit vor der Eröffnung des Verfahrens – wie oben bereits erwähnt – nur sehr begrenzt wirksam sind, steht der pfändbare Teil des Einkommens bei Abtretungen wenigstens nach zwei Jahren den Gläubigern zur Verfügung. Das heißt, die Wirkung der Restschuldbefreiung besteht darin, dass der Schuldner von den restlichen Schulden gegenüber sämtlichen Insolvenzgläubigern befreit wird, auch gegenüber denjenigen, die ihre Forderungen nicht angemeldet haben (§ 301 InsO). Ansprüche der Gläubiger gegen Bürgen etc. bleiben hiervon jedoch unberührt.

Aussonderung und Wirkungen des Eigentumsvorbehaltes

Nicht immer geht es aber bloß darum, daß eine Forderung anzumelden ist. Denn im Geschäftsleben suchen sich die Gläubiger weitestgehend vorsorglich davor zu schützen, daß sie durch einen Ausfall ihrer Forderungen in der Insolvenz geschädigt werden. In seinen Lieferungsbedingungen pflegt ein vorsichtiger Kaufmann festzuhalten, daß die von ihm gelieferte Ware sein Eigentum bis zur Bezahlung bleibt. Dies wirkt sich natürlich nur noch für die Sachen aus, die noch nicht weiterverkauft sind. Der Kunde soll ja aber gerade weiterverkaufen, sonst kann er ja keinen Gewinn erzielen und seine Schulden bezahlen. Aus diesem Grunde geht man noch einen Schritt weiter mit Hilfe des sogenannten »verlängerten Eigentumsvorbehaltes«. Diese Bezeichnung ist – wie häufig in der Juristensprache – kaum verständlich und wenig sinnvoll. Gemeint ist folgendes: Sobald der Kunde die Ware weiterverkauft, entstehen Ansprüche gegen den neuen Käufer.

In den Lieferungsbedingungen des Lieferanten wird nun festgelegt, daß alle solche Forderungen an den Lieferanten abgetreten werden. Da diese Vereinbarung getroffen wird, bevor diese Forderungen überhaupt entstanden sind, spricht man von einer »antizipierten« (vorweggenommenen) Forderungsabtretung. Eine ausgeklügelte diesbezügliche Vereinbarung würde folgendermaßen aussehen:

Allgemeine Geschäftsbedingungen

Lieferungsbedingungen betreffend Eigentumsvorbehalt:
Der Lieferer behält sich das Eigentumsrecht an der Ware bis zur Erfüllung sämtlicher dem Lieferer gegen den Besteller zustehenden Forderungen ausdrücklich vor. Wird die Ware mit anderen Gegenständen vermischt oder verbunden, so wird der Lieferer entsprechend Miteigentümer. Der Besteller tritt dem Lieferer schon im voraus sein Eigentums- oder Miteigentumsrecht an den vermischten Gegenständen oder dem neuen Gegenstand ab und verwahrt diese mit kaufmännischer Sorgfalt für den Lieferer.

Soweit die gelieferte Ware vor der Bezahlung be- oder verarbeitet wird, bleibt sie in jeder Be- oder Verarbeitungsstufe und auch als fertige Ware Eigentum des Lieferers. Eigentumserwerb des Bestellers gemäß § 950 BGB wird ausgeschlossen, da der Besteller das Eigentum für den Lieferer erwirbt und alles Material für diesen lediglich verwahrt. Die Ware darf bis zur vollständigen Bezahlung ohne schriftliche Zustimmung des Lieferers weder verpfändet noch sicherungshalber übereignet werden. Erfolgt eine Weiterveräußerung, und zwar gleichgültig, ob unbearbeitet oder verarbeitet, vor der vollständigen Bezahlung, so darf dies nur unter Eigentumsvorbehalt erfolgen. Auf jeden Fall gilt gleichzeitig vereinbart, daß mit der Weiterverarbeitung alle Ansprüche des Bestellers gegen seine Abnehmer, insbesondere auf Zahlung des Kaufpreises, an den Lieferer abgetreten sind.

Der Lieferer verpflichtet sich auf Verlangen des Bestellers insoweit zur Rückübertragung, als der Wert der ihm gegebenen Sicherung seine Lieferungsforderungen insgesamt um mehr als 20 % übersteigt. Nimmt der Besteller aus Weiterveräußerung der Vorbehaltsware vor vollständiger Befriedigung des Lieferers Zahlungen oder anderweitige Deckungsmittel von seinem Abnehmer herein, so gilt die Hereinnahme als für den Lieferer erfolgt. Er ist bezüglich der Hereinnahme dieser Gegenwerte Treuhänder des Lieferers. Interventionskosten trägt der Besteller.

Der Besteller verpflichtet sich, bei Weiterveräußerung der gelieferten Waren in seiner Buchhaltung eine besondere Kartei zu errichten, in der die Anschriften der belieferten Kunden des Bestellers, die Menge der gelieferten Ware und die Höhe des Rechnungsbetrages verzeichnet sind.

Diese Kartei wird mit ihrer Erstellung Eigentum des Lieferanten und wird vom Besteller für diesen verwahrt. Sie ist jederzeit auf Verlangen des Lieferanten herauszugeben. Er kann sie auch jederzeit einsehen.

Aufgrund der Weiterveräußerung eingehende Beträge sind auf einem besonderen Treuhandkonto zu führen, über das der Besteller dem Lieferer auf Verlangen jederzeit Verfügungsmacht einräumt.«

Die Übernahme eines gesamten Vermögens kann nicht mehr zur Haftung auch für die Schulden führen (§ 419 BGB wurde abgeschafft). Bei allzu harten Lieferungsbedingungen muß man auch daran denken, daß sie nichtig sein können, wenn sie das Gericht als Knebelung ansieht. Zahlreiche Verträge, selbst notarielle »Massenverträge« unterliegen heute der Kontrolle nach dem vorgenannten AGB-Gesetz. Insbesondere sogenannte überraschende Klauseln im Bereich der Mängelhaftungseinschränkung, der Kündigungsregeln, der unerwarteten Preiserhöhungen, der Verzugsbestimmungen sowie des pauschalierten Schadensersatzes und etwaiger Vertragsstrafen können oft zugunsten des Verbrauchers als unwirksam angesehen werden. Die Chance, eine zu Lasten des Kunden absolut unausgewogene und unfaire Bestimmung zu »kippen« ist, auf Grund dieses Gesetzes heute somit sehr groß. Die Bestimmungen des Gesetzes zur Regelung des Rechts der Allgemeinen Geschäftsbedingungen vom 9.12.1976 sind zu beachten.

Die Klinkersteinfabrik Fränkische Bauindustrie GmbH, Bamberg, Richard-Wagner-Str. 5, hat der OHG Sorgenfrei & Zement zwei Lkws Klinkersteine geliefert. Die Bestellung der OHG Sorgenfrei & Zement hat lediglich gelautet:

SORGENFREI & ZEMENT
BAUAUSFÜHRUNGEN

WALTERWEG 5
81243 MÜNCHEN

An die
Fränkische Bauindustrie GmbH
Richard-Wagner-Straße 5
96047 Bamberg   30.4.20 . .

Wir bitten um beschleunigte Lieferung von zwei Lkws Klinkersteinen gemäß Ihrer
Preisliste vom 2. April 20 . ..

Mit freundlichen Grüßen
Sorgenfrei & Zement

Die bestellte Ware rollte nach einer Woche – einen Monat vor Insolvenzeröffnung – an. Die Hälfte
der angelieferten Klinker wurde eine Woche später in dem Neubau eines Kunden der Fa. Sorgenfrei
& Zement verbaut. Dieser Bauherr, Ludwig Tannengrün, hat auf die gelieferten Klinker noch
2600,– Euro zu zahlen.

Drei Tage nach Anlieferung der Klinker aus Bamberg trifft die Rechnung der Fränkischen Bauindustrie GmbH bei der OHG Sorgenfrei & Zement ein. Am Fuße der Vorderseite steht vermerkt:
»Lieferungsbedingungen umseitig.« Auf der Rückseite steht sauber und klein gedruckt:

»Die Ware ist, wenn nichts anderes vereinbart ist, sofort zu bezahlen und bleibt bis zur restlosen
Zahlung unser Eigentum. Der Verkäufer behält sich in allen Fällen, auch wenn die Ware vermischt
oder verarbeitet wird, bis zur völligen Bezahlung das Eigentum an den gelieferten Waren vor.

Der Käufer darf die Waren in seinem ordnungsmäßigen Verkaufsgeschäft weiterverkaufen, sie
jedoch weder verpfänden noch zur Sicherheit übereignen. Bei Weiterverkauf gehört der Erlös dem
Lieferanten und ist von dem übrigen Vermögen des Käufers gesondert aufzubewahren unter Kenntlichmachung der Eigentumsverhältnisse. Die Forderung des Kunden gegen seinen Abnehmer ist mit
ihrer Entstehung an uns abgetreten. Die Liste der Außenstände ist uns auf Verlangen jederzeit vorzulegen. Bei etwaigen Pfändungen ist uns sofort Mitteilung zu machen.

Erfüllungsort und Gerichtsstand ist Bamberg.

Im Vertrauen auf diese ihre Lieferungsbedingungen verlangt jetzt die Fränkische Bauindustrie
GmbH von dem Involvenzverwalter die »Aussonderung« der noch bei Sorgenfrei & Zement vor-
handenen Klinker und die Anerkennung, daß die Restschuld von Tannengrün über 2600,– Euro der
Fränkischen Bauindustrie GmbH zustehe.

Wir haben hier denselben Rechtsgedanken wie bei der Drittwiderspruchsklage nach § 771 ZPO.
Die Insolvenzgläubiger dürfen sich nur aus solchen Vermögensstücken befriedigen, die am Eröff-
nungstage zum Vermögen des Schuldners gehören.

Die Fränkische Bauindustrie GmbH ist aber der Ansicht, daß aufgrund ihrer Lieferungsbedingungen dies für die genannten Sachen nicht zutrifft. Sie schreibt daher an den Insolvenzverwalter:

588

FRÄNKISCHE BAUINDUSTRIE GMBH

Richard-Wagner-Straße 5 · 96047 Bamberg

Einschreiben

Herrn Rechtsanwalt
Dr. Topf
Odeonsplatz 7

80539 München   10. 8. 20 . .

In der Insolvenzangelegenheit der OHG Sorgenfrei & Zement weisen wir auf folgendes
hin:

Wir lieferten laut Bestellung vom 30. April 20 . . an die Gemeinschuldnerin zwei Lkws
Klinkersteine zum Preise von 2600,– Euro.

Wie Sie aus den Lieferungsbedingungen ersehen können, die auf der Rückseite unserer
Rechnung aufgedruckt sind, verbleibt uns das Eigentum an den gelieferten Klinkern
bis zur völligen Bezahlung des Kaufpreises.

Im Falle der Weiterveräußerung steht uns die Forderung gegenüber dem Käufer bis
zur völligen Bezahlung des Kaufpreises zu.

Nach unseren Informationen ist ein Teil der von uns gelieferten Klinker noch nicht
weiterveräußert. Wir verlangen hiermit die Herausgabe dieser Stücke und bitten, uns
hierüber noch genaue Angaben zu machen.

Wir bitten ferner um Anerkennung, daß die Forderung gegen den Bauherrn Ludwig
Tannengrün uns zusteht und bitten, ihn dementsprechend zur Zahlung an uns anzuweisen.

   Mit freundlichen Grüßen
Fränkische Bauindustrie GmbH

ppa.

Vorsorglich muß aber die Fränkische Bauindustrie GmbH ihre Forderung von 2600,– Euro auch bis
zu der festgesetzten Frist beziehungsweise bis zum Prüfungstermin anmelden, denn man kann ja nie
wissen, ob man auch wirklich mit der Aussonderung durchkommt.

Ausfallanmeldung

Die Fränkische Bauindustrie GmbH nimmt daher folgende »Ausfallanmeldung« vorsorglich vor:

FRÄNKISCHE BAUINDUSTRIE GMBH

Richard-Wagner-Straße 5 · 96047 Bamberg

An den
Insolvenzverwalter
Rechtsanwalt Dr. Topf

10.8.20 . .

In dem Insolvenzverfahren über das Vermögen der Firma Sorgenfrei & Zement,
Walterweg 5, München – 6 N 12/20 –

melden wir hiermit folgende Forderung an:

1. Forderung aus der Lieferung von zwei Lkws Klinkersteinen laut abschriftlich beigefügter Rechnung vom 15. Mai 20 . .

	2600,00 Euro
2. Auslagen für Mahnungen	12,70 Euro
	2612,70 Euro

Diese Forderung wird nur in Höhe des Betrages angemeldet, mit dem wir möglicherweise bei der geltend gemachten Aussonderung aufgrund unseres
Eigentumsvorbehaltes ausfallen sollten.

Fränkische Bauindustrie GmbH

[Unterschrift]

Geschäftsführer

 Mit Abschrift dem Insolvenzgericht einreichen, Durchschrift für die eigenen Akten zurückbehalten.

Die Fränkische Bauindustrie GmbH hat gut daran getan, die Ausfallanmeldung vorzunehmen. Mit ihrem Eigentumsvorbehalt sieht es wirklich nicht sehr gut aus. Mit dem System des Aufdruckes von Lieferungsbedingungen auf Rechnungen, also mit den sogenannten »Fakturenvermerken«, kommt man nicht sehr weit. Eine Rechnung ist schließlich nichts weiter als eine Preisaufstellung und kann nicht gut Vertragsbedingungen festlegen, die vorher nicht vereinbart worden sind.

Jeder Kaufmann sollte sich daher daran gewöhnen, eine Auftragsbestätigung zu übersenden. Er mag diese mit der Rechnung verbinden, sich also ein Formular drucken lassen, welches die Überschrift trägt: »Auftragsbestätigung und Rechnung.« Auf diesem werden dann deutlich sichtbar auf der Vorderseite die Lieferungsbedingungen vermerkt.

Nun ist aber auch noch folgendes zu beachten: Man kann nicht, ohne dies vorher mit der Gegenseite abgesprochen zu haben, die seltsamsten Schutzvereinbarungen festlegen und durch das nachträgliche Bestätigungsschreiben diese der Gegenseite aufzwingen. Man riskiert, daß der Kunde dieser Auftragsbestätigung widerspricht und mit Recht geltend macht, daß er derartige Vereinbarungen überhaupt nicht getroffen habe. Wenn er nicht widerspricht, so gilt sein Schweigen nach Usance als Genehmigung. Aber auch nur dann, wenn solche Bedingungen in der Auftragsbestätigung festgelegt sind, die nicht außergewöhnlich sind; denn nur soweit ein Schweigen nach Treu und Glauben als Genehmigung anzusehen ist, kommt eine Vereinbarung zustande.

Am sichersten ist es natürlich, wenn man sich bei oder vor Abschluß des Vertrages von dem Kunden durch Gegenzeichnung die Lieferungsbedingungen anerkennen läßt.

Dann ist man sicher, später nicht unnötige und risikohafte Prozesse führen zu müssen. Insbesondere wenn man mit einem Kunden als Dauerabnehmer rechnet, sollte man unbedingt so verfahren. Die Fränkische Bauindustrie GmbH läßt nunmehr in Zukunft folgende Schreiben herausgehen:

FRÄNKISCHE BAUINDUSTRIE GMBH

Richard-Wagner-Straße 5 · 96047 Bamberg

An die
Firma ...   Datum

Sehr geehrte Damen und Herren!

Wir bestätigen dankend Ihren Auftrag vom ... und begrüßen Sie als neuen Kunden.
Wir hoffen, daß wir damit eine für beide Teile zufriedenstellende Geschäftsverbindung
begonnen haben.
Wir bitten Sie, von unseren nachstehend abgedruckten Geschäftsbedingungen Kenntnis
zu nehmen, die für den erteilten und alle zukünftigen Aufträge zwischen uns verbindlich sind.

Das zweite Exemplar dieses Schreibens bitten wir, mit Ihrer Unterschrift unter dem
Anerkennungsvermerk versehen, an uns zurücksenden zu wollen.

Mit freundlichen Grüßen
Fränkische Bauindustrie GmbH
ppa.

Auf jeden Fall – so sagt die neueste Rechtsprechung des BGH – kann sich der Lieferer von Waren den Eigentumsvorbehalt dadurch sichern, daß er spätestens zugleich mit, noch besser vor Lieferung der bestellten Ware mitteilt, daß diese sein Eigentum bis zur Bezahlung bleibt. Selbst wenn darüber nichts bei der Bestellung abgesprochen ist, so kann niemand einem Lieferanten verwehren, zum Ausdruck zu bringen, daß er nicht vorher übereignen wolle. Schickt er allerdings auf eine Bestellung Ware zu, ohne spätestens gleichzeitig den Vorbehalt zu machen, dann liegt in der Übersendung den Umständen nach die Erklärung, daß er die gelieferten Sachen übereignet. Die spätere Zusendung einer Rechnung oder Auftragsbestätigung mit einem Vorbehalt hat dann keine Wirkung mehr.

Eine besondere Anerkennung der Lieferungs- und Zahlungsbedingungen einschließlich des Gerichtsstandes kann man allenfalls noch dadurch erreichen, daß man vor der Absendung der Ware ein Formular auf den Weg bringt, das die Auftragsbestätigung und die Bedingungen enthält.

In diesem Fall ist es aber bei zweifelhaften oder unbekannten Kunden notwendig, diesen Brief als »Einschreiben« auf den Weg zu bringen, um jederzeit den Nachweis führen zu können, daß der Empfänger die Auftragsbestätigung und die Lieferungs- und Zahlungsbedingungen vor der Ware erhalten hat. Es ist auch dringend notwendig, in die Auftragsbestätigung den Vermerk aufzunehmen: »Mit der Annahme der Sendung gelten unsere Lieferungs- und Zahlungsbedingungen als anerkannt.«

Die Insolvenzanfechtung

Mancher in Zahlungsschwierigkeiten geratene Schuldner kommt auf die Idee, Vermögen auf Angehörige oder Freunde zu »verschieben«, um es vor dem Zugriff des Insolvenzverwalters im späteren Insolvenzverfahren zu retten. Eine solche Übertragung von Vermögensgegenständen in der »Krise« des Schuldners ist aber nach den Regelungen des Insolvenzrechts anfechtbar (§§ 129 ff. InsO). Der Insolvenzverwalter wird in einem solchen Fall das Geleistete vom Empfänger zurückfordern oder – falls dieses nicht mehr vorhanden ist – gegebenenfalls Wertersatz geltend machen (§ 143 InsO).

In der Insolvenzordnung wurde im Sinne eines verbesserten Gläubigerschutzes das Anfechtungsrecht weiter verbessert. Die Anfechtung wird vor allem dadurch erleichtert, dass auf subjektive Tatbestandsmerkmale verzichtet oder zumindest deren Nachweis erleichtert wird. So wird zum Beispiel der Kenntnis von Antrag, Zahlungseinstellung oder Gläubigerbenachteiligung die Kenntnis von Umständen gleichgestellt, die zwingend auf diese Tatbestandsmerkmale schließen lassen. Bei Rechtshandlungen, die gegenüber »nahestehenden Personen« (Ehegatten, Verwandte, Personen, die mit dem Schuldner in häuslicher Gemeinschaft leben) vorgenommen wurden, wird die Kenntnis vermutet. Die »Krise« (Zeit ab drei Monaten vor dem Eröffnungsantrag, bei Schenkungen bis zu vier Jahren vorher) wird einheitlich auf den Zeitpunkt der Stellung des Eröffnungsantrages abgestellt. Allerdings ist die Frist, innerhalb derer die anfechtbare Rechtshandlung vor Antragstellung erfolgt sein muss, je nach Anfechtungsgrund unterschiedlich lang. Sie kann im Falle einer vorsätzlichen Benachteiligung gemäß § 133 InsO sogar bis auf 20 Jahre ausgedehnt sein, wenn der Vertragspartner zur Zeit der Handlung den Vorsatz, seine Gläubiger zu benachteiligen, kannte. Im Regelfall wird es sich jedoch um eine deutlich kürzere Anfechtungsfrist handeln. Gefährlich sind dabei insbesondere die unentgeltlichen Rechtsgeschäfte zwischen nahen Angehörigen, die immer dann anfechtbar sind, wenn sie früher als vier Jahre vor dem Antrag auf Eröffnung des Insolvenzverfahrens vorgenommen worden sind (§ 134 InsO). Da der Insolvenzverwalter Einsicht in alle Unterlagen bezüglich des Vermögens des Insolvenzschuldners hat, wird er oft sehr schnell feststellen, ob solche »Vermögensverschiebungen« vorgenommen worden sind. Dementsprechend wird er dann auch die erbrachten Leistungen für die »Insolvenzmasse«, also letztlich für alle Insolvenzgläubiger, zurückfordern.

Die Ansprüche aus der Anfechtung verjähren in zwei Jahren seit Eröffnung des Insolvenzverfahrens (§ 146 InsO).

Die Aufrechnung in der Insolvenz

Hans Trostreich, der noch eine offene Kaufpreisforderung von 5000,– Euro gegen die Sorgenfrei und Zement OHG hat, hat von dem Insolvenzverfahren erfahren. Da die Sorgenfrei und Zement OHG ihm gegenüber ebenfalls eine noch offene Forderung aus einer Bauausführung in Höhe von 5000,– Euro hat, hat sich der Insolvenzverwalter bereits an ihn gewandt, um diesen Betrag geltend zu machen.

Hans Trostreich befürchtet nun, dass er dem Insolvenzverwalter die 5000,– Euro in voller Höhe zahlen muss, während er »auf die Quote verwiesen wird«. Denn zu seinem Leidwesen hatte er schon öfter Forderungen gegen zahlungsunfähige Kunden, über deren Vermögen anschließend das Insolvenzverfahren eröffnet worden ist, so dass er nur noch einen Bruchteil der ursprünglichen Forderung erzielen konnte.

592

Glücklicherweise teilt ihm sein Schwager, Walter Ratschlag mit, dass es im Insolvenzverfahren möglich ist, mit wechselseitigen Forderungen aufzurechnen. § 94 InsO ermöglicht es nämlich den Gläubigern, mit Forderungen, die ihnen gegenüber der Insolvenzmasse zustehen, aufzurechnen (§ 94 InsO). Da beide Forderungen bereits vor Eröffnung des Insolvenzverfahrens aufrechenbar gegenüber standen, kommt es nicht darauf an, ob Hans Trostreich die Aufrechnung vor Eröffnung des Insolvenzverfahrens erklärt hat. Dies kann er also noch nachholen, mit dem Ergebnis, dass die beiden Forderungen, die hier gleich groß sind, mit der Aufrechnungserklärung gemäß §§ 387 ff. InsO erlöschen. Eine Aufrechnung im Insolvenzverfahren kann grundsätzlich selbst dann erfolgen, wenn die aufzurechnende Forderung zur Zeit der Eröffnung des Insolvenzverfahrens noch nicht fällig war (§ 95 InsO). Unzulässig ist eine Aufrechnung aber insbesondere dann, wenn der Insolvenzgläubiger erst nach der Eröffnung des Insolvenzverfahrens etwas zur Insolvenzmasse schuldig geworden ist, wenn ein Insolvenzgläubiger seine Forderung erst nach der Eröffnung des Insolvenzverfahrens von einem anderen Gläubiger erworben hat oder wenn ein Inolvenzgläubiger die Möglichkeit der Aufrechnung durch eine anfechtbare Rechtshandlung erlangt hat (§ 96 InsO).

Anfechtungen außerhalb des Insolvenzverfahrens

Fritz Sorgenfreis Onkel, Emil Kaludrischkeit, hat den Kopf voll Sorgen. Er vertraut sich bei einem Besuch seinem Neffen Fritz Sorgenfrei an. »Denk dir nur«, erzählt er seinem Neffen, »ich bekomme von dem Antiquitätenhändler Paul Wurmstich noch 10000,– Euro. 25000,– Euro habe ich ihm geliehen, und 15000,– Euro habe ich nach und nach von ihm zurückbekommen. Über die 10000,– Euro habe ich mir einen Mahnbescheid erwirkt, den ich auch für vollstreckbar erklären ließ. Ich weiß ja, wie man so etwas macht. Aber leider konnten diese 10000,– Euro nicht mehr im Wege der Pfändung durchgesetzt werden. Der Kerl hat nichts mehr.«

»Was tut er denn jetzt, Onkel Emil?« fragte Fritz Sorgenfrei. »Hat er denn nicht mehr seinen Laden?« »Nein, mein Junge, den hat er eben nicht mehr. Er ist jetzt angestellt bei seiner langjährigen Freundin Viola Flunkert. Die hat nämlich selbst kurz vor Wurmstichs Pleite einen Antiquitätenladen gleich um die Ecke aufgemacht, und dort ist er jetzt untergekrochen. Angeblich verdient er dort nur 500,— Euro monatlich und kann in einem Zimmerchen am hinteren Ende des Ladens wohnen. Essen und Trinken bekommt er bei dieser Viola sicher auch noch. Und ich, ich habe jetzt das Nachsehen.«

Bei dieser Sachlage sollte Onkel Kaludrischkeit nicht gleich die Flinte ins Korn werfen. Er sollte vielmehr zunächst einmal eine Detektei beauftragen, die etwas über Violas Vergangenheit ermittelt. Dies tut er. Und aus der Auskunft der Detektei ergibt sich, daß Viola überhaupt über kein eigenes Kapital verfügt haben kann, als sie das neue Antiquitätengeschäft eröffnete. Die Detektei hat ferner festgestellt, daß kurz vor der Schließung des Wurmstichschen Antiquitätengeschäftes ein Lastwagen mit wertvollen Gemälden, Schränken und Truhen von Wurmstichs Laden zu Violas Laden gefahren ist und dort diese Gegenstände abgeladen hat. Hier besteht durchaus die Möglichkeit für Kaludrischkeit, seine Forderung von 10000,– Euro, die er gegen Wurmstich ausgeklagt hat, nunmehr gegen Viola Flunkert geltend zu machen, die ja jetzt stolze Inhaberin eines eigenen Antiquitätengeschäftes aus dem Nichts heraus geworden ist.

Emil Kaludrischkeit sieht sich einmal die Auslage des Flunkertschen Geschäftes an und sieht in diesem Schaufenster auch schön dekoriert einen chinesischen Schrank mit vier Türen stehen und eine geschnitzte chinesische Truhe mit einer Gartenszene. Er erinnert sich, daß er beide Stücke ganz bestimmt früher in dem Wurmstichschen Geschäft gesehen hat.

Er entschließt sich daher, an Viola Flunkert folgendes Schreiben zu richten:

593

> EMIL KALUDRISCHKEIT
> RHEINSTRASSE 34
> 50996 Köln

Einschreiben

Frau
Viola Flunkert
Antiquitäten
Promenade 9
51107 Köln

5. Mai 20 . .

Sehr geehrte Frau Flunkert!

Es wird Ihnen bekannt sein, daß ich gegen den bei Ihnen zur Zeit beschäftigten Herrn
Paul Wurmstich eine ausgeklagte Forderung von 10000,– Euro habe. Mir ist bekannt
geworden, daß Herr Wurmstich kurz vor der Schließung seines eigenen Antiquitätengeschäftes verschiedene wertvolle Antiquitäten zu Ihnen hat hinüberschaffen lassen.
Die in Ihrem Schaufenster ausgestellten Gegenstände, nämlich ein chinesischer
Schrank, viertürig, und eine chinesische Truhe mit geschnitzter Gartenszene gehören
offensichtlich zu diesen Sachen, da ich sie selbst früher im Laden des Herrn Wurmstich gesehen habe. Ich fordere Sie hiermit auf, mir binnen einer Frist von einer Woche
nachzuweisen, welchen Gegenwert Sie für diese beiden Gegenstände bezahlt haben.
Falls ein solcher ordnungsmäßiger Nachweis nicht erbracht wird, fordere ich Sie hiermit schon vorsorglich auf, mir gegenüber Ihre Bereitschaft zu erklären, daß ich wegen
meiner Forderung gegen Herrn Wurmstich diese beiden Gegenstände verwerten kann.
Ich werde, falls Sie diese Erklärung nicht abgeben sollten, im Wege der Anfechtungsklage nach § 3 Anfechtungsgesetz die Duldung einer Zwangsvollstreckung erwirken.

Ferner werde ich gegebenenfalls das Arbeitseinkommen des Herrn Wurmstich aus dem
mit Ihnen angeblich bestehenden Vertragsverhältnis pfänden, wobei ich einen Arbeitslohn von 1200,– Euro monatlich zugrunde legen werde, denn die Tätigkeit, die Herr
Wurmstich bei Ihnen als Geschäftsführer und allein sachkundiger Verkäufer ausübt,
wird normalerweise mit einem derartigen Entgelt bezahlt.

Mit freundlichen Grüßen

Emil Kaludrischkeit

Einschreiben – Durchschrift für die eigenen Akten behalten.

Natürlich antwortet Viola Flunkert überhaupt nicht, denn was soll sie bei ihrem schlechten Gewissen schon auf dieses Schreiben antworten. Deshalb muß Emil Kaludrischkeit nach Ablauf der Woche, die er der Gegenseite noch gewährt hat, die Anfechtungsklage erheben. Dies geschieht folgendermaßen:

594

EMIL KALUDRISCHKEIT
RHEINSTRASSE 34
50996 Köln

An das
Amtsgericht
50939 Köln

15. Mai 20 . .

KLAGE

des Kaufmanns Emil Kaludrischkeit, Rheinstraße 34, 50996 Köln,

– Kläger –

gegen

Frau Viola Flunkert, Inhaberin eines Antiquitätengeschäftes, Promenade 9, 51107 Köln,

– Beklagte –

wegen Duldung der Zwangsvollstreckung. Ich erhebe Klage gegen die Beklagte und werde beantragen,

1. die Beklagte wird verurteilt, wegen der vollstreckbaren Forderung des Klägers von 10000,– Euro nebst Zinsen und Kosten gegen den Kaufmann Paul Wurmstich, die Zwangsvollstreckung in folgende Gegenstände
   a) einen geschnitzten chinesischen Schrank, viertürig, dunkelbraun,
   b) eine chinesische Truhe (Gartenszene), hellbraun,
   zu dulden.
2. Die Beklagte hat die Kosten des Rechtsstreits zu tragen.
3. Das Urteil ist vorläufig vollstreckbar.

Begründung:

Der Kläger hat gegen den Kaufmann Paul Wurmstich einen Vollstreckungsbescheid unter dem Aktenzeichen des Amtsgerichts Köln – 13 C 946/20 – über 10000,– Euro erwirkt. Die Zwangsvollstreckung war ergebnislos.

Beweis: Das anliegende Pfändungsprotokoll des Gerichtsvollziehers Lüders.

Die Ergebnislosigkeit der Zwangsvollstreckung beruht im wesentlichen darauf, daß der Kaufmann Paul Wurmstich kurz vorher sein von ihm betriebenes Antiquitätengeschäft aufgegeben hatte und wertvollen Bestand dieses Geschäftes in den neuerrichteten Laden der Beklagten überführte. Wahrscheinlich ist die Beklagte überhaupt nur der Strohmann, während der wahre Inhaber des neuen Geschäftes Paul Wurmstich selbst ist. Er ist nämlich in dem neuerrichteten Geschäft als der alleinige sachkundige Verkäufer tätig, die Beklagte versteht von geschäftlichen Dingen nichts. Sie ist seit vielen

Jahren mit Herrn Wurmstich befreundet. Dies kann jedoch im Augenblick hier dahingestellt bleiben, jedenfalls kann sie nicht bestreiten, daß die im Klageantrag genannten beiden Gegenstände von Herrn Wurmstich in ihr Geschäft geschafft worden sind. Die Aufforderung des Unterzeichneten, ihm nachzuweisen, daß sie hierfür eine entsprechende Gegenleistung erbracht hat, ist unbeantwortet geblieben. Die Beklagte kann auch hierfür keine Gegenleistung erbracht haben, da sie niemals über irgendwelche Kapitalien verfügt hat. Sie lebte von ihren freundschaftlichen Beziehungen zu Herrn Wurmstich, dem sie auch ab und zu in dem alten Geschäft zur Hand gegangen war.

Es muß demnach unzweifelhaft davon ausgegangen werden, daß – wenn überhaupt eine Übereignung an die Beklagte stattgefunden hat – sich diese als eine Schenkung darstellt, welche gemäß § 4 Anfechtungsgesetz anfechtbar ist.

Die Klage ist daher gerechtfertigt.

Diese Klageschrift bringt der Kläger am zweckmäßigsten selbst zum Amtsgericht, kauft dort die erforderlichen Kostenmarken nach einem Streitwert von 3000,– Euro, denn soviel werden die beiden Gegenstände in ihrem Werte zu schätzen sein, und gibt die Klageschrift mit einer Abschrift auf der Geschäftsstelle ab. Für sich behält er eine Durchschrift in seinen Akten und vermerkt sich darauf, wann er die Klage eingereicht hat.

Die vorstehende Klage stützt sich auf die Bestimmungen der §§ 3 und 4 des Gesetzes betreffend die Anfechtung von Rechtshandlungen eines Schuldners außerhalb des Insolvenzverfahrens (kurz: »Anfechtungsgesetz«), gültig ab 1. Januar 1999, der folgendermaßen lautet:

§ 3
(1) Anfechtbar ist eine Rechtshandlung, die der Schuldner in den letzten zehn Jahre vor der Anfechtung mit dem Vorsatz, seine Gläubiger zu benachteiligen, vorgenommen hat, wenn der andere Teil zur Zeit der Handlung den Vorsatz des Schuldners kannte. Diese Kenntnis wird vermutet, wenn der andere Teil wußte, daß die Zahlungsunfähigkeit des Schuldners drohte und daß die Handlung die Gläubiger benachteiligte.

(2) Anfechtbar ist ein vom Schuldner mit einer nahestehenden Person (§ 138 der Insolvenzordnung) geschlossener entgeltlicher Vertrag, durch den seine Gläubiger unmittelbar benachteiligt werden. Die Anfechtung ist ausgeschlossen, wenn der Vertrag früher als zwei Jahre vor der Anfechtung geschlossen worden ist oder wenn dem anderen Teil zur Zeit des Vertragsschlusses ein Vorsatz des Schuldners, die Gläubiger zu benachteiligen, nicht bekannt war.

§ 4
(1) Anfechtbar ist eine unentgeltliche Leistung des Schuldners, es sei denn, sie ist früher als vier Jahre vor der Anfechtung vorgenommen worden.

(2) Richtet sich die Leistung auf ein gebräuchliches Gelegenheitsgeschenk geringeren Werts, so ist es nicht anfechtbar.

Durch die vorstehenden Bestimmungen soll verhütet werden, daß Schuldner in ihrer Bedrängnis ihre Gläubiger dadurch schädigen, daß sie, kurz bevor die Gläubiger vollstrecken wollen, rechtzeitig ihre **596** Werte in befreundete oder verwandte Hände hinein retten. Ein solches Verhalten eines Schuldners macht ihn zunächst gemäß § 288 StGB wegen Vollstreckungsvereitlung strafbar. § 288 StGB lautet:

§ 288
(1) Wer bei einer ihm drohenden Zwangsvoll-streckung in der Absicht, die Befriedigung des Gläubigers zu vereiteln, Bestandteile seines Ver-mögens veräußert oder beiseite schafft, wird mit

Freiheitsstrafe bis zu zwei Jahren oder mit Geld-strafe bestraft.
(2) Die Tat wird nur auf Antrag verfolgt.

Wir haben schon an mehreren Stellen dieses Buches gesehen, daß es nicht immer zweckmäßig ist, im ersten Rachezorn eine Strafanzeige zu erstatten. Vor allem dann, wenn man durch einen anderen finanziell durch eine strafbare Handlung geschädigt ist, sollte man es sich zweimal überlegen, bevor man sofort eine Strafanzeige erstattet. Meistens bedeutet das Strafverfahren für den anderen Teil eine weitere Belastung, wenn nicht sogar Freiheitsentzug, so daß an eine Wiedergutmachung des zugefügten Schadens auf lange Zeit nicht zu denken ist. Vielleicht bedeutet das Strafverfahren sogar, daß die Wiedergutmachung überhaupt unmöglich ist.

Deshalb hat Emil Kaludrischkeit richtig gehandelt, als er sich entschloß, die zivilrechtlichen Mög-lichkeiten, die ihm hier das sogenannte Anfechtungsgesetz gibt, zunächst einmal auszuwerten. Wenn er beharrlich und überlegt systematisch diese Möglichkeit ausnützt, dann wird er schon zu seinem Geld kommen, mag es auch ein Weilchen dauern.

Hier ist es, wie wir sehen, § 4 des Anfechtungsgesetzes. Da Viola Flunkert nicht beweisen kann, daß sie die genannten Gegenstände mittels einer angemessenen Gegenleistung erworben hat, steht damit fest, daß es sich um eine unentgeltliche Verfügung (Schenkung) handelt, die in dem letzten Jahr vor der Klageerhebung erfolgte und die nicht ein gebräuchliches Gelegenheitsgeschenk darstellt. Damit liegen sämtliche Voraussetzungen des Gesetzes vor. Viola Flunkert wird verurteilt werden, die Zwangsvoll-streckung aus dem Titel gegen Wurmstich in den Schrank und die Truhe zu dulden. Kaludrischkeit kann alsdann den Gerichtsvollzieher mit beiden Titeln zu der Flunkert hinschicken, dort die Gegen-stände pfänden und verwerten lassen:

Der Gesetzgeber hat in dem vorstehenden Fall eine Frist gesetzt. Nur solche Schenkungen, die in den letzten vier Jahren vor der Anfechtung liegen, können angefochten werden. Dies könnte bedeu-ten, daß ein Gläubiger dadurch in Schwierigkeiten kommt, daß er bei Ablauf dieser Jahresfrist noch keinen Titel gegen seine Schuldner hat.

Wenn er nun gegen diesen klagt, so vergeht wieder einige Zeit, und dadurch wird möglicherweise die Jahresfrist überschritten. Hier hilft ihm jedoch § 7 des Anfechtungsgesetzes. Nach dieser Bestim-mung kann er den Fristablauf dadurch unschädlich machen, daß er dem Beschenkten eine Benach-richtigung über seine Anfechtungsabsicht zustellen läßt.

Die Zustellung muß durch einen Gerichtsvollzieher erfolgen. Da dieser Paragraph einige beson-dere Voraussetzungen festlegt, ist es zweckmäßig, ihn in seinem ganzen Wortlaut zu kennen. Er lautet:

§ 7

(1) Die in den §§ 3,4 und 6 bestimmten Fristen sind von dem Zeitpunkt zurückzurechnen, in dem die Anfechtbarkeit gerichtlich geltend gemacht wird.

(2) Hat der Gläubiger, bevor er einen vollstreckbaren Schuldtitel erlangt hatte oder seine Forderung fällig war, dem Anfechtungsgegner seine Absicht, die Rechtshandlung anzufechten, schriftlich mitgeteilt, so wird die Frist vom Zeitpunkt des Zugangs der Mitteilung zurückgerechnet, wenn schon zu dieser Zeit der Schuldner unfähig war, den Gläubiger zu befriedigen, und wenn bis zum Ablauf von zwei Jahren seit diesem Zeitpunkt die Anfechtbarkeit gerichtlich geltend gemacht wird.

(3) In die Fristen wird die Zeit nicht eingerechnet, während der Maßnahme nach § 46a Abs. 1 Satz 1 des Gesetzes über das Kreditwesen angeordnet waren.

Es kommt allmählich noch mehr zutage hinsichtlich der Maßnahmen, die Wurmstich getroffen hat, um sein Hab und Gut dem Zugriff der andrängenden Gläubiger zu entziehen. Kaludrischkeit erfährt, daß Wurmstich ein Hausgrundstück gehabt hat, das er ein halbes Jahr vor seiner Pleite an seinen Bruder veräußert hat.

Hier handelt es sich nicht um eine Schenkung, sondern um einen regelrechten Verkauf. Der Bruder Sigismund Wurmstich kann auch nachweisen, daß er den Kaufpreis bezahlt hat. Der Kaufpreis ist zwar für ein solches Grundstück recht günstig, aber unter Brüdern kann man schon verstehen, daß man Entgegenkommen zeigt. Das Geld, das er seinem Bruder als Kaufpreis gezahlt hat, ist natürlich schon längst in Kanäle versickert, die man nicht mehr aufspüren kann.

Auch hier sollte Emil Kaludrischkeit ruhig wagen, Pauls Bruder Sigismund in Anspruch zu nehmen.

Der oben abgedruckte § 3 des Anfechtungsgesetzes sieht vor, daß auch entgeltliche Verträge angefochten werden können, wenn sie in den letzten zwei Jahren vor der Anfechtung liegen und der Schuldner sie mit bestimmten nahestehenden Personen, auch Geschwister zählen hierzu, getätigt hat. Es ist Sache dieser anderen Personen, zu beweisen, daß ihnen zur Zeit des Vertragsabschlusses eine Absicht des Schuldners, seine Gläubiger zu benachteiligen, nicht bekannt war. Dies wird Sigismund Wurmstich sehr schwerfallen. Ein Bruder kennt ja meistens die finanziellen Verhältnisse seiner Geschwister. Es muß ihm ja auch auffallen, daß sein Bruder plötzlich ein Grundstück abstößt, das er sich vor Jahren einmal mühselig erarbeitet hat. Wir können ihm daher in dem Prozeß nicht viel Chancen geben, und es ist daher Emil Kaludrischkeit nur zu raten, einen Prozeß zu führen. Sein Klageantrag müßte in diesem Fall etwa folgendermaßen aussehen:

EMIL KALUDRISCHKEIT
RHEINSTRASSE 34
50996 KÖLN

An das
Amtsgericht
50939 Köln

20. Juli 20 . .

KLAGE

des Kaufmanns Emil Kaludrischkeit, Rheinstraße 34, 50996 Köln,
– Kläger –

gegen

den Angestellten Sigismund Wurmstich, Domweg 3, 50668 Köln,
– Beklagter –

598

wegen Duldung einer Zwangsvollstreckung.

Ich erhebe Klage gegen den Beklagten und werde beantragen,

1. der Beklagte wird verurteilt, wegen der vollstreckbaren Forderung des Klägers von 10000,– Euro nebst Zinsen und Kosten gegen den Kaufmann Paul Wurmstich die Zwangsvollstreckung in das Grundstück Köln, Wiesenallee 27, eingetragen im Grundbuch von Köln – Bd. 7, Bl. 33 – zu dulden, als ob der Schuldner Paul Wurmstich noch Eigentümer des Grundstücks wäre.

2. Der Beklagte hat die Kosten des Rechtsstreits zu tragen.

Begründung:

Der Kläger hat gegen den Kaufmann Paul Wurmstich einen Vollstreckungsbescheid unter dem Aktenzeichen des Amtsgerichts Köln – 13 C 964/20 – über 10000,– Euro erwirkt. Die Zwangsvollstreckung war ergebnislos.

Beweis: Das vorliegende Pfändungsprotokoll des Gerichtsvollziehers Lüders.

Die Ergebnislosigkeit der Zwangsvollstreckung beruht auf Umständen, die in dem Parallelprozeß Kaludrischkeit ./. Flunkert bereits dem Amtsgericht Köln dargetan sind. Der Kaufmann Paul Wurmstich hat nicht nur seine bewegliche Habe an Frl. Viola Flunkert verschoben, er hat auch vor einem halben Jahr das im Antrag genannte Grundstück, als dessen Eigentümer er damals eingetragen war, an seinen Bruder, den Beklagten, veräußert. Er hat zwar von diesem eine Gegenleistung empfangen, jedoch muß schon auffallen, daß der Kaufpreis für ein Grundstück in der Ortslage sehr gering erscheint. Im übrigen ist es Sache des Beklagten, zu beweisen, daß er nichts davon gewußt hat, daß diese Veräußerung nur einen Teil der Maßnahmen des Schuldners Paul Wurmstich darstellt, durch welche die Gläubiger benachteiligt und geschädigt werden sollten. Dies wird ihm aber nicht gelingen. Die Klage rechtfertigt sich daher gemäß § 3 des Anfechtungsgesetzes.

Eil Kaludrischkeit

Diese Klageschrift nebst einer Abschrift bringt der Kläger zweckmäßigerweise selbst zum Amtsgericht, zahlt dort gegen Bestätigung durch »Freistempler« die Gerichtskosten nach dem angenommenen Streitwert von 10000,– Euro und übergibt sie der Geschäftsstelle. Für sich behält er einen Durchschlag in seinen Akten und vermerkt auf der Durchschrift, wann er die Klage eingereicht hat.

So hat Emil Kaludrischkeit schon ganz schöne Erfolge gehabt, und es ist ihm gelungen, von seiner Forderung von 10000,– Euro herunterzukommen, indem er eine teilweise Befriedigung fand. Wenn auch das Grundstück nur 8000,– Euro Verkehrswert hatte, so hat sich seine Verwertung doch gelohnt.

Aber nicht nur die Veräußerung von beweglichen Sachen kann man anfechten. Stellt sich heraus, daß Paul Wurmstich Außenstände aus seinem früheren Geschäftsbetrieb abgetreten hat, so muß man davon ausgehen, daß wiederum eine der Voraussetzungen des § 3 Anfechtungsgesetz vorliegt. Wenn dem anderen Teil die Benachteiligung bekannt war, so kann auch hier eine Anfechtung durchgreifen. In diesem Falle geht Emil Kaludrischkeit folgendermaßen vor:

Er pfändet die abgetretene Forderung so, als gehöre sie noch zu dem Vermögen des Paul Wurmstich. (Vgl. auch Pfändung von Forderungen.) Dann wendet er sich an denjenigen, dem Paul Wurmstich seine Forderung abgetreten hat, und fordert ihn wie folgt auf, die Abtretung nicht geltend zu machen:

EMIL KALUDRISCHKEIT
RHEINSTRASSE 34
50966 KÖLN

Einschreiben
Herrn
Nepomuk Freund
Unter den Kastanien 8
50996 Köln

10. August 20 . .

Sehr geehrter Herr Freund!

Ich wende mich mit Nachstehendem an Sie.

Ich besitze eine ausgeklagte Forderung gegen Herrn Paul Wurmstich in Höhe von 10000,– Euro. Es ist mir bekannt, daß Sie mit Herrn Wurmstich sehr befreundet sind, Sie gehören zu seiner Skatrunde. Vor drei Monaten hat Herr Wurmstich eine Forderung von 350,– Euro, die er gegen den Kunden Heinrich Kunstvoll hat, an Sie abgetreten. Er hat Ihnen dabei seine Notlage geschildert und Sie gebeten, diese Forderung zu übernehmen und als Treuhänder für ihn aufzutreten. Die von Ihnen eingezogene Summe sollte dann später wieder Herrn Wurmstich zufließen. Ein solcher Freundschaftsdienst ist eine sehr gefährliche Sache und kann sich für den guten Freund auch strafrechtlich unangenehm auswirken. Ganz abgesehen davon, bin ich aufgrund dieses Sachverhaltes berechtigt, gemäß § 3 des Anfechtungsgesetzes von Ihnen zu verlangen, daß Sie den Zugriff auf diese an Sie abgetretene Forderung an mich ermöglichen. Ich fordere Sie daher hiermit auf, dem Schuldner Kunstvoll anzuzeigen, daß Sie damit einverstanden sind, daß die Zahlung von 350,– Euro an mich erfolgt. Sollten Sie diesem Verlangen nicht innerhalb einer Woche entsprechen, werde ich gegen Sie die Anfechtungsklage erheben müssen.

Mit freundlichen Grüßen

Emil Kaludrischkeit

Da Herr Freund leider das gutgemeinte Schreiben des Kaludrischkeit nicht beachtet, bleibt diesem auch hier nichts anderes übrig, als Klage zu erheben.

Die Klage würde etwa so aussehen, wie in den beiden vorstehenden Beispielen dargelegt ist, und der Klageantrag müßte folgendermaßen formuliert werden:

Der Beklagte wird verurteilt, die Pfändung der ihm von dem Schuldner Paul Wurmstich abgetretenen Forderung gegen den Drittschuldner H. Kunstvoll in Höhe von 350,– Euro so zu ermöglichen, als ob diese Forderung nach wie vor dem Schuldner Paul Wurmstich zustehe.

Emil Kaludrischkeit könnte ohne anwaltliche Hilfe fertig werden, wenn es sich jeweils um Klagewerte unter 5000,– Euro handelte. Anders liegt es natürlich, wenn er Objekte über 5000,– Euro mit seinen Anfechtungsmaßnahmen erfassen will.

Hat der Schuldner zum Beispiel ein Grundstück im Werte von mehr als 5 000,– Euro anfechtbar veräußert, so muß die Duldungsklage vor dem Landgericht erhoben werden, und dort muß sich der Gläubiger durch einen Rechtsanwalt, der am Landgericht zugelassen ist, vertreten lassen.

600

Manche Schuldner glauben besonders raffiniert zu sein, wenn sie an nahe Angehörige und Freunde nicht die Stücke ihres Vermögens veräußern, sondern indem sie sich von diesen in einem fingierten Prozeß verklagen lassen. In dem Prozeß treten sie selbst nicht auf und es ergeht ein Versäumnisurteil. Der gute Freund pfändet dann aufgrund des Versäumnisurteils einen wertvollen Gegenstand und bringt ihn zur Verwertung.

Das Anfechtungsgesetz erfaßt auch diesen Fall und sieht vor, daß auch solche Zwangsvollstreckungsmaßnahmen anfechtbar sind, da auch bei ihnen die Voraussetzungen des § 3 Anfechtungsgesetz vorliegen. (Vgl. § 10 Anfechtungsgesetz.)

Besonders plump ist der immer wieder vorkommende Versuch, rechtzeitig seine Vermögensstücke dem Ehegatten unentgeltlich zu übertragen. Hier, so schreibt das Gesetz in § 4 vor, sind alle Schenkungen anfechtbar, die in den letzten vier Jahren vor der Anfechtung von dem Schuldner vorgenommen worden sind.

Meist wird in diesem Falle aber auch der Abs. 1 des § 3 vorliegen, denn der Ehegatte weiß ja fast immer ganz genau, daß diese zweckgerichtete Schenkung nur dazu dienen sollte, die Gläubiger abzuwehren.

Verwaltungsrecht und Sozialrecht

Verschiedene Störungen

Richard Sorgenfrei und die Polizeistunde

Fritz Sorgenfreis Sohn Richard möchte mit seinem Nachtclub noch besser zum Zuge kommen.

Das Wichtigste ist natürlich, daß Richard Sorgenfrei erreicht, daß er seinen Barbetrieb länger offenhalten kann als die übrigen Restaurationen, denn er rechnet ja gerade mit den Besuchern, die nach 24 Uhr noch etwas trinken wollen oder einen kleinen Imbiß einnehmen möchten.

Gemäß § 18 Gaststättengesetz und den Landessperrzeitverordnungen ist die äußerste Grenze für die Festsetzung der Polizeistunde 1 Uhr nachts, sofern nicht besondere örtliche Verhältnisse eine Ausnahme rechtfertigen. Er stellt daher folgendes Gesuch:

RICHARD SORGENFREI

An den
Magistrat der Stadt
Ordnungsamt
60594 Frankfurt/Main

Inhaber der Bar
»Der Sorgenbrecher«
Schweizer Straße 15
60594 Frankfurt/Main

5. Mai 20 . .

Verlängerung der Polizeistunde

Der Unterzeichnete ist Inhaber eines Nachtclubs. Die Art des Unternehmens macht eine Beschränkung auf die allgemeine Polizeistunde unmöglich. Ich bitte daher, die Polizeistunde für meinen Betrieb wochentags bis 1 Uhr, Sonnabend und Sonntag bis um 3 Uhr zu verlängern, wie es üblicherweise gleichgelagerten Unternehmen genehmigt worden ist.

 Durchschlag für die eigenen Akten behalten.

Die Genehmigung zur Verlängerung der Polizeistunde wird regelmäßig durch den Regierungspräsidenten erteilt. Da jedoch Frankfurt durch die Hessische Gemeindeordnung aus dem Regierungs-

602 bezirk Darmstadt herausgelöst worden ist, entscheidet hier der Magistrat. Keiner besonderen Erlaubnis hinsichtlich der Polizeistunde bedürfen gemäß § 25 Gaststättengesetz die sogenannten Bahnhofswirtschaften. Sie können also die ganze Nacht über ihren Betrieb aufrechterhalten und Gäste bedienen. Hier hat nun seit langem der Streit bestanden, ob dies nur für solche Bahnhofswirtschaften gelte, die innerhalb der Bahnhofssperre liegen, also nur mit einer Fahrkarte aufgesucht werden dürfen, oder ob auch solche Betriebe darunterfielen, welche von jedem Passanten aufgesucht werden können. Es kommt lediglich darauf an, daß die betreffende Wirtschaft hauptsächlich dem Bedürfnis und der Versorgung der Reisenden dient, gleichgültig, ob sie innerhalb oder außerhalb der Bahnhofssperre gelegen ist. In einem solchen Fall ist die Wirtschaft Zubehör des Bahnhofsbetriebes und unterliegt damit nicht mehr den Vorschriften des Gaststättengesetzes – weder hinsichtlich der Konzession noch hinsichtlich der Polizeistunde. Allerdings ist eine Übergangsbestimmung gemäß § 25 Absatz 2 GastG zu beachten. Danach gilt diese Regelung uneingeschränkt nur für am 1. Oktober 1998 bereits zugelassene Betriebe.

Richard und die nächtliche Musik

Kaum sind diese Sorgen überstanden, da macht ihm seine »Band« neuen Kummer. Diese hat sich etwas Schönes für die Stammgäste ausgedacht. Wenn diese zu später Nachtstunde das Lokal verlassen, pflegt sie noch »Sonderzugaben« in voller Lautstärke zu geben. Die Gäste sind geschmeichelt, was sich in gute Trinkgelder umsetzen läßt. Nicht beglückt sind die in der Nachbarschaft wohnenden Anlieger, die jedesmal aus dem Schlaf aufschrecken.

Auf ihre Beschwerden hin untersagt zwar Richard Sorgenfrei der Band diese Zugaben, aber die Stammgäste verleiten sie in der vorgerückten Stunde immer wieder, sich zu produzieren. Da erhält Richard Sorgenfrei eines Tages untenstehende Verfügung.

Richard Sorgenfrei überlegt, was zu tun ist. Er muß sich selbst sagen, daß die Beanstandung durch die Polizei zu Recht erfolgte. Sich gegen diese Verfügung zu wehren, ist sinnlos. Da sie weiter keine Nachteile für ihn festgesetzt hat, ist sie ja auch praktisch nur eine Warnung. Allerdings ist die polizeiliche Verfügung eine Belastung für die Zukunft. Denn wenn jetzt weiter Störungen eintreten sollten, dann werden diese besonders schwer wiegen.

DER OBERBÜRGERMEISTER   60311 Frankfurt
DER STADT FRANKFURT/MAIN
      Ordnungsamt

Polizeiverfügung

Hiermit wird Ihnen gemäß § 1 Hessisches Gesetz für die öffentliche Sicherheit und Ordnung vom 26.6.1990 (HSOG) aufgegeben, dafür zu sorgen, daß die durch den Betrieb Ihrer Bar hervorgerufenen Ruhestörungen unterbleiben. Insbesondere haben Sie zu verhindern, daß laute Musikgeräusche auf die Straße hinausdringen.

Begründung

Aufgrund zahlreicher Beschwerden aus Ihrer Nachbarschaft ist erwiesen, daß seit einiger Zeit durch Ihren Barbetrieb nächtlicher ruhestörender Lärm verursacht wird. Es kommt häufig vor, daß angetrunkene Gäste vor Ihrem Lokal singen, johlen und randalieren. Darüber hinaus dringt häufig Musik aus Ihrem Lokal ruhestörend auf die Straße. Es ist ein grob ordnungswidriges Verhalten Ihrer Musiker, wenn diese zu nächtlicher Stunde zur Tür hinaus hörbar laute Musik machen.

603

Als Inhaber Ihres Barbetriebes sind Sie für diese Ordnungswidrigkeit verantwortlich.

Die vorstehende Verfügung rechtfertigt sich daher aus dem § 1 Hessisches Gesetz für die öffentliche Sicherheit und Ordnung. Der ruhestörende Lärm stellt ferner eine verbotene Handlung gemäß § 117 Ordnungswidrigkeitengesetz dar. Im Wiederholungsfalle werde ich daher ein Bußgeldverfahren gegen Sie und die Barmusiker einleiten. Ich behalte mir ferner vor, Maßnahmen gemäß § 15 Gaststättengesetz gegen Sie zu ergreifen.

Bei beharrlicher Nichtbeachtung meiner Anordnung müssen Sie ferner damit rechnen, daß gegen Sie ein Verfahren auf Entziehung der Schankstättenkonzession gemäß § 17 in Verbindung mit § 4 Gaststättengesetz eingeleitet wird.

Rechtsmittelbelehrung

Gegen diesen Verwaltungsakt steht Ihnen innerhalb eines Monats seit Zustellung das Rechtsmittel des Widerspruchs zu. Der Widerspruch ist schriftlich oder zu Protokoll bei der erlassenden Behörde (siehe oben) zu erheben.

Müller

(Amtsrat)

Zunächst kann das Ordnungsamt gemäß § 5 Gaststättengesetz besondere Auflagen zum Schutz der Anwohner machen, zum Beispiel besondere Sicherungen baulicher Art verlangen, damit keine Musik aus den Räumen durch die Lüftungsanlagen etc. dringt. Unter Umständen kann es die Musikdarbietung nach Mitternacht überhaupt verbieten.

Noch schlimmer ist natürlich für ihn die Gefahr, daß man derartige Vorfälle zum Anlaß nimmt, um ihm die Konzession zu entziehen.

 Ein ordnungswidriges Verhalten oder Unzuverlässigkeit eines Gewerbebetreibenden kann dazu führen, daß die Ausübung dieses Gewerbes durch Rücknahme der Gewerbeerlaubnis untersagt werden kann.

Die Reklame vor der Tür (öffentliches Baurecht)

»Reklame ist das halbe Geschäft«, sagt sich Richard Sorgenfrei, »und man soll sein Licht leuchten lassen!« Die Rhein-Main-Brauerei hat ihm bei der Einrichtung seiner Bar mit einem Darlehen tüchtig unter die Arme gegriffen. Dafür hat Richard Sorgenfrei sich verpflichtet, bis zur Rückzahlung des Darlehens und noch fünf weitere Jahre ausschließlich »das gute Rhein-Main-Bier« auszuschenken. Die Brauerei liefert ihm auch großzügig einen Transparentkasten, den er mit Innenbeleuchtung über der Barpforte anbringen soll. Der Kasten verkündet in Zweifarbenaufmachung den Namen der Bar »Der Sorgenbrecher« und kündigt zugleich an, daß in ihr das vorzügliche Rhein-Main-Bier zum Ausschank kommt.

604

Eilfertig bestellt Richard Sorgenfrei telefonisch den Handwerksmeister Konrad Säuberlich, damit er alsbald das Transparent anbringe. Bevor sich dieser an das Ausmessen für die Anlage macht, fragt er beiläufig: »Haben Sie eigentlich eine Erlaubnis für die Anbringung dieser Reklame, Herr Sorgenfrei?« Diese Frage scheint Richard Sorgenfrei recht merkwürdig. Wen sollte er wohl um Erlaubnis fragen, um seinen schönen Reklamekasten anzubringen?

Nun, da wäre erst einmal der Hauswirt. Im Mietvertrag ist nichts darüber enthalten, ob Richard Sorgenfrei eine Reklame an den Außenwänden anbringen kann. Man sollte aber Derartiges stets bei Abschluß eines Mietvertrages erwägen. Was man schwarz auf weiß festgelegt hat, hat man sicher in der Tasche. Aber es schadet im Ergebnis nichts, daß Richard Sorgenfrei in seinen Mietvertrag nicht besonders eine solche Klausel aufgenommen hat, denn die Rechtsprechung auch der oberinstanzlichen Gerichte hat hier einen für Richard Sorgenfrei günstigen Standpunkt eingenommen. Wer einen Laden vermietet, der gibt dem Mieter damit auch die Berechtigung, an der Außenfront – soweit sie zu dem Geschäft gehört – Reklameschilder und Schaukästen anzubringen. Da Richard Sorgenfrei mit seinem Transparentkasten lediglich eine für einen Barbetrieb übliche Reklame anbringt, so kann ihm der Vermieter dies nicht untersagen.

Aber da gibt es noch verschiedenes, an das er denken muß. Zunächst ist da einmal die Stadt, der die Straße gehört. Schließlich ragt das Transparent ja erheblich in den Luftraum über der Straße hinein und benützt damit das öffentlich-rechtliche Eigentum der Stadt. Aber da hilft Richard Sorgenfrei der Gemeingebrauch. Jedermann hat ja die Befugnis, eine Straße im Rahmen ihrer Bestimmung gemäß zu nutzen. Dazu gehört es auch, daß die Geschäftswelt an ihren Läden und Büros Reklameschilder anbringt. Für Gast- und Schankwirtschaften war es schon von jeher üblich, daß an der Außenfront ein Hinweisschild angebracht wurde – oft eine wertvolle Schmiedearbeit. Es ist für diese Branche auch schon immer üblich, eine solche Anlage etwas in die Straße hineinragen zu lassen. So kann also die Stadt nichts gegen Richard Sorgenfreis Reklame vom Standpunkt ihres öffentlichen Eigentums aus einwenden.

Aber der Oberbürgermeister ist ja auch noch die örtliche Polizeibehörde. Nach geltendem Polizeirecht kann er gegen gefährliche Anlagen einschreiten. Wenn Richard Sorgenfreis Reklametransparent so unglücklich angebracht sein sollte, daß es vorübergehende Personen gefährdet, dann kann die Beseitigung des Kastens durch die Polizei verlangt werden. Aber da wird Richard Sorgenfrei schon Vorsorge treffen.

Doch da ist weiter das Bauaufsichtsamt, ein Teil der Magistratsverwaltung. Es klingt sehr verblüffend, daß das kleine Transparent etwas mit der Bauaufsicht zu tun haben soll. Aber dennoch ist dies der Fall. Nach der höchstrichterlichen Rechtsprechung fällt auch die Anbringung von Reklameanlagen unter die Bauordnung der einzelnen Bundesländer, so zum Beispiel unter die Hessische Bauordnung. Nach dieser Bauordnung sind »bauliche Anlagen und Einrichtungen so anzuordnen und zu errichten, daß die öffentliche Sicherheit oder Ordnung nicht, auch nicht durch unzumutbare Nachteile oder unzumutbare Belästigungen, gefährdet wird.« Ferner ist durch eine besondere örtliche Bauordnung vorgeschrieben, daß die Anbringung einer solchen Reklameanlage genehmigungspflichtig ist. Aber Richard Sorgenfrei macht sich keine Sorgen, denn er findet sein Transparent sehr schön und findet bei ihm auch diese Voraussetzungen als erfüllt.

Er reicht daher getrost folgenden Antrag ein, nachdem er sich von dem Handwerksmeister Säuberlich eine Skizze des Kastens hat fertigen lassen.

RICHARD SORGENFREI

An den
Magistrat der Stadt Frankfurt/M.
Bauaufsicht
60311 Frankfurt/Main

Inhaber der Bar
»Der Sorgenbrecher«
Schweizer Straße 15
60594 Frankfurt/Main

6. Juni 20 . .

Anbringung eines Reklamekastens über der Tür der Bar »Der Sorgenbrecher«,
Schweizer Straße 15, Frankfurt/Main

Ich beantrage hiermit die Genehmigung zur Anbringung einer Reklameanlage über der
Tür meiner Bar »Der Sorgenbrecher«, Schweizer Straße 15, Frankfurt/M. Die Art der
Anlage bitte ich aus der beigefügten Skizze zu entnehmen, aus der sich auch die Maße
ergeben.

Die Buchstaben und das Wahrzeichen der Rhein-Main-Brauerei sowie die übrige
Beschriftung ist rot gehalten, die übrige Fläche weiß.

Am zweckmäßigsten ist eine persönliche Rücksprache bei dem Baudezernenten, bei welcher Richard
Sorgenfrei seinen Antrag übergibt. Eine Durchschrift für die eigenen Akten hat Richard Sorgenfrei
zurückbehalten.

Die Rücksprache war für Richard Sorgenfrei schon etwas ernüchternd, denn der Beamte auf dem
Bauamt hatte die Zeichnung kritisch betrachtet. Sodann sagte er verschiedenes, was Richard Sorgenfrei alles gar nicht so schnell verstand, und schließlich wurde er mit der Bemerkung entlassen,
daß er schriftlich Bescheid bekäme. Zunächst bekam er aber einmal eine Aufforderung, Gebühren
zu zahlen. Dies erledigte Richard Sorgenfrei hoffnungsfroh. Dann wurde ihm das folgende Schreiben
des Magistrats zugestellt:

DER MAGISTRAT
DER STADT FRANKFURT/MAIN
– Bauaufsicht –
BtB. Nr. 614

60311 Frankfurt

Herrn
Richard Sorgenfrei
Inhaber der Bar »Der Sorgenbrecher«
Schweizer Straße 15
60594 Frankfurt/Main

16. Juni 20 . .

Ihrem Gesuch vom 6. Juni 20 . . auf Genehmigung einer Reklameanlage an Ihrer Bar
»Der Sorgenbrecher« kann nicht entsprochen werden.

Begründung
Das vorgesehene Reklametransparent ist ausgesprochen unschön. Es ist ein vier-
eckiger Kasten, dessen Größenausmaße allein schon das ganze Straßenbild erheblich

verunstaltet. Es muß außerdem entschieden dem derzeitigen Bestreben der Brauereien und Gaststätten entgegengetreten werden, die Angaben über das auszuschenkende Bier in aufdringlicher Weise an allen möglichen und unmöglichen Stellen der Öffentlichkeit anzubringen.

Es wird Ihnen anheimgestellt, das vorgesehene Transparent wie folgt zu ändern: Die Maße in Länge und Höhe müssen um je ein Drittel reduziert werden. Außerdem müssen die Hinweise auf die Brauerei entfallen.

<u>Rechtsmittelbelehrung</u>

Gegen diesen Bescheid steht Ihnen der Widerspruch zu, der innerhalb eines Monats schriftlich oder zu Protokoll bei der obigen Behörde einzulegen ist.

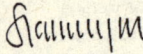

Magistratsrat

Richard Sorgenfrei will sich nicht vorschreiben lassen, wie sein Reklameschild auszusehen hat. Er ist der Ansicht, daß man wohl über die Begriffe »Verunstaltung« etc. streiten kann, daß die Ansicht des Beamten des Baudezernats schließlich nicht fehlerfrei zu sein braucht.

Und damit hat er recht. Die Behörden können nicht selbst verbindlich bestimmen, ob die vorstehenden Begriffe erfüllt sind oder nicht.

Es handelt sich hier nicht um eine »Ermessensentscheidung«, die unüberprüfbar ist, sondern um die Auslegung sogenannter »unbestimmter Rechtsbegriffe«, welche durch die Verwaltungsgerichte nachgeprüft werden kann.

Allerdings muß man als Antragsteller wohl zunächst davon ausgehen, daß die Erfahrung der mit Baukontrollen beauftragten Beamten die Entscheidungen in den richtigen Grenzen halten wird. Ehe also Richard Sorgenfrei den langwierigen und Kosten verursachenden Verwaltungsstreit beginnt, wird er sich sicher folgendes klarmachen: Es ist einmal die Stadtgegend für die Art und Beschaffenheit der Straßenreklame ausschlaggebend. Straßenzüge mit betont historischem Charakter lassen moderne oder auffällige Reklameanlagen fehl am Platze und verunstaltend erscheinen. Aber auch erst in neuerer Zeit ausgebaute Stadtteile haben meist eine bestimmte Struktur, die nicht jede Straßenreklame verträgt. Es ist naheliegend, daß Richard Sorgenfrei darauf hinweist, daß in seiner Gegend eine ganze Anzahl gleichartiger oder ähnlicher Reklametransparente der Rhein-Main-Brauerei und auch anderer Brauereien schon vorhanden sind. Dies allein rechtfertigt jedoch noch nicht den zwingenden Schluß, daß demnach auch seine Reklameanlage nicht verunstaltend sein könne. Hier – dies hat die Rechtsprechung entwickelt – muß er sich entgegenhalten lassen, daß eine Häufung bestimmter Reklameanlagen gleichen Typs durch ihre Massierung verunstaltend wirken kann. Einförmigkeit kann vom ästhetischen Standpunkt aus störend sein.

Nun wird Richard Sorgenfrei demgegenüber anführen, daß ja dann eine der übrigen Gaststätten ihr Schild ändern könne. Er meint, er werde von der Verwaltung gegenüber seinen Konkurrenten ungerechtfertigt benachteiligt. Der im Grundgesetz der Bundesrepublik in Art. 3 verankerte Grundsatz: »Alle Menschen sind vor dem Gesetz gleich« sei zu seinem Schaden von dem Bauaufsichtsamt verletzt. Nun ist es zwar richtig, daß die Staatsorgane den Bürger ohne Ansehung der Person gleich behandeln müssen. Aber Gleichheit ist nicht völlige »Gleichmacherei«, sondern vernünftige, gerechte Behandlung des Einzelnen.

Wer seine Gaststätte mit den erforderlichen Genehmigungen ausgestattet hat, darf darauf vertrauen, daß ihm dieser Besitzstand erhalten bleibt. Er befindet sich in einer anderen Lage als derjenige, der noch keine Kosten für einen solchen Betrieb aufgewendet hat. Immerhin spricht aber das Vorhandensein von ähnlichen Reklameanlagen zunächst dafür, daß solche Transparente in dieser Gegend nicht als verunstaltend empfunden werden.

607

Die Baubehörde müßte also im Verwaltungsstreitverfahren schon besondere Umstände, wie zum Beispiel übergroße Häufung von Reklame, dartun und beweisen.

Andererseits kann man bisweilen einen großen Lokalpatriotismus einzelner Baubehörden feststellen, die zwar großzügig die Reklameschilder und -anlagen der Ortsbrauerei genehmigen, bei auswärtigen Brauereien aber schnell mit dem Begriff »Verunstaltung« bei der Hand sind. Anhaltspunkte hierfür, so meint Richard Sorgenfrei, gibt es genug. Denn erst gestern sei in einer Nachbarstraße ein ganz ähnliches Transparent mit Genehmigung angebracht worden, das Biere der »Bornheimer Landbrauerei« ankündigt. Und so verfaßt er folgenden Widerspruch:

RICHARD SORGENFREI

<u>Einschreiben</u>

An den
Magistrat der Stadt Frankfurt/M.
Bauaufsicht
60311 Frankfurt/Main

Inhaber der Bar
»Der Sorgenbrecher«
Schweizer Straße 15
60594 Frankfurt/Main

20. Juni 20 . .

Widerspruch gegen den Ablehnungsbescheid des Bauaufsichtsamts
Frankfurt/M. vom 16. Juni 20 . . – Az. BAB. Nr. 614 –

Hiermit lege ich gegen den vorbezeichneten Ablehnungsbescheid

W i d e r s p r u c h

ein.

<u>Begründung:</u>
Mein Antrag auf Anbringung eines Reklametransparentes an der Tür der Bar »Der Sorgenbrecher« ist mit der Begründung abgelehnt worden, daß die Reklameanlage in ihrer jetzigen Art und Größe verunstaltend sei. Diese Begründung ist nicht stichhaltig. In der Gegend meines Lokals befindet sich eine ganze Anzahl ähnlicher Anlagen.

<u>Beweis:</u> Augenschein.

Die Bauaufsichtsbehörde kann auch nicht anführen, daß das von mir beantragte Transparent eine »Häufung« bewirke. Vor allem ist nicht einzusehen, warum der Hinweis auf die Rhein-Main-Brauerei ausschlaggebend sein kann.

Wie der Unterzeichnete festgestellt hat, ist erst gestern in der benachbarten Böhlestraße an der Gastwirtschaft »Zum Karpfen« ein ganz ähnliches Transparent mit Genehmigung der unteren Bauaufsichtsbehörde angebracht worden. Der Unterschied ist allerdings der, daß nicht »Rhein-Main-Bier« angepriesen wurde, sondern das Bier der ortsansässigen »Bornheimer Landbrauerei«.

Aus den Umständen ergibt sich wohl unzweifelhaft, daß die Ablehnung aus baufremden Überlegungen erfolgt und daher wegen Willkür fehlerhaft ist.

Wenn Richard Sorgenfreis Widerspruch abgelehnt wird, so steht ihm die Möglichkeit einer Klage im Verwaltungsstreitverfahren offen (vgl. hierzu das Kapitel »Der Verwaltungsprozeß«).

608

Onkel Brunos Geflügelzucht (Immissionsrecht)

Bruno Sorgenfrei, Meister Fritz' Onkel, ist zur Zeit nicht frei von Sorgen. Er betreibt seit 20 Jahren eine Geflügelzucht in dem Frankfurter Vorort Eschersheim. Als er den Betrieb vor 20 Jahren begann war dieser nur von einigen Schrebergärten umgeben. In den letzten Jahren sind jedoch ganze Häuserkomplexe in unmittelbarer Nähe entstanden. Die Anwohner fühlten sich in steigendem Maße durch die Gerüche belästigt, die von Bruno Sorgenfreis Tierfarm ausgingen.

Bei dieser Entwicklung der Dinge ist der Betrieb der Tierzucht durch Bruno Sorgenfrei in eine rechtliche Problematik gelangt. Die Bauanlage ist nicht mehr mit dem geltenden Baurecht vereinbar. Das Baugesetzbuch hat eine eingehende Regelung getroffen, welche Bauten überhaupt in einer Gegend zulässig sind und in welcher Art und Weise diese Bauten errichtet werden können. Hinsichtlich bebauter Ortsteile schreibt das Gesetz grundlegend in § 34 Abs. 1 folgendes vor:

> § 34
> (1) Innerhalb der im Zusammenhang bebauten Ortsteile ist ein Vorhaben zulässig, wenn es sich nach Art und Maß der baulichen Nutzung, der Bauweise und der Grundstücksfläche, die überbaut werden soll, in die Eigenart der näheren Umgebung einfügt und die Erschließung gesichert ist. Die Anforderungen an gesunde Wohn- und Arbeitsverhältnisse müssen gewahrt bleiben; das Ortsbild darf nicht beeinträchtigt werden.

Aufgrund der Bestimmungen muß Bruno Sorgenfrei daher damit rechnen, daß ihm der weitere Betrieb seiner Tierzucht durch die Gemeinde untersagt wird. Allerdings stehen ihm in diesem Fall gemäß § 44 BauGB Entschädigungsansprüche zu, die er nach näherer Maßgabe dieses Paragraphen im Verwaltungsstreitverfahren gerichtlich geltend machen kann.

Schutz vor schädlichen Umwelteinwirkungen

Die Errichtung von gewerblichen Anlagen, welche schädliche Auswirkungen auf die Umwelt haben können, unterliegen einer besonderen Genehmigungspflicht nach dem Gesetz zum Schutz vor schädlichen Umwelteinwirkungen durch Luftverunreinigung, Geräusche, Erschütterungen und ähnliche Vorgänge (Bundes-Immissionsschutzgesetz – BImSchG). Dies ist in § 4 dieses Gesetzes wie folgt festgelegt:

> § 4
> (1) [1]Die Errichtung und der Betrieb von Anlagen, die aufgrund ihrer Beschaffenheit oder ihres Betriebs in besonderem Maße geeignet sind, schädliche Umwelteinwirkungen hervorzurufen oder in anderer Weise die Allgemeinheit oder die Nachbarschaft zu gefährden, erheblich zu benachteiligen oder erheblich zu belästigen, sowie von ortsfesten Abfallentsorgungsanlagen zur Lagerung oder Behandlung von Abfällen bedürfen einer Genehmigung. [2]Mit Ausnahme von Abfallentsorgungsanlagen bedürfen Anlagen, die nicht gewerblichen Zwecken dienen und nicht im Rahmen wirtschaftlicher Unternehmungen Verwendung finden, der Genehmigung nur, wenn sie in besonderem Maße geeignet sind, schädliche Umwelteinwirkungen durch Luftverunreinigung oder Geräusche hervorzurufen. [3]Die Bundesregierung bestimmt nach Anhörung der beteiligten Kreise (§ 51) durch Rechtsverordnung mit Zustimmung des Bundesrates, die Anlagen, die einer Genehmigung bedürfen (genehmigungsbedürftige Anlagen): in der Rechtsverordnung kann auch vorgesehen werden, daß eine Genehmigung nicht erforderlich ist, wenn eine Anlage insgesamt oder in ihren in der Rechtsverordnung bezeichneten wesentlichen Teilen der Bauart nach zugelassen ist

und in Übereinstimmung mit der Bauartzulassung errichtet und betrieben wird.

(2) Anlagen des Bergwesens oder Teile dieser Anlagen bedürfen der Genehmigung nach Absatz 1 nur, soweit sie über Tage errichtet und betrieben werden. Keiner Genehmigung nach Absatz 1 bedürfen Tagebaue und die zum Betrieb eines Tagebaus erforderlichen sowie die zur Wetterführung unerläßlichen Anlagen.

Zum Schutze der Umwelt ist ferner in § 5 BImSchG wie folgt vorgeschrieben, wie derart gefährdende Anlagen zu errichten sind:

§ 5

(1) Genehmigungsbedürftige Anlagen sind so zu errichten und zu betreiben, dass zur Gewährleistung eines hohen Schutzniveaus für die Umwelt insgesamt

1. schädliche Umwelteinwirkungen und sonstige Gefahren, erhebliche Nachteile und erhebliche Belästigungen für die Allgemeinheit und die Nachbarschaft nicht hervorgerufen werden können;

2. Vorsorge gegen schädliche Umwelteinwirkungen und sonstige Gefahren, erhebliche Nachteile und erhebliche Belästigungen getroffen wird, insbesondere durch die dem Stand der Technik entsprechenden Maßnahmen;

3. Abfälle vermieden, nicht zu vermeidende Abfälle verwertet und nicht zu verwertende Abfälle ohne Beeinträchtigung des Wohls der Allgemeinheit beseitigt werden; Abfälle sind nicht zu vermeiden, soweit die Vermeidung technisch nicht möglich oder nicht zumutbar ist; die Vermeidung ist unzulässig, soweit sie zu nachteiligeren Umweltauswirkungen führt als die Verwertung; die Verwertung und Beseitigung von Abfällen erfolgt nach den Vorschriften des Kreislaufwirtschafts- und Abfallgesetzes und den sonstigen für die Abfälle geltenden Vorschriften;

4. Energie sparsam und effizient verwendet wird.

(2) (weggefallen)

(3) Genehmigungsbedürftige Anlagen sind so zu errichten, zu betreiben und stillzulegen, dass auch nach einer Betriebseinstellung

1. von der Anlage oder dem Anlagengrundstück keine schädlichen Umwelteinwirkungen und sonstige Gefahren, erhebliche Nachteile und erhebliche Belästigungen für die Allgemeinheit und die Nachbarschaft hervorgerufen werden können,

2. vorhandene Abfälle ordnungsgemäß und schadlos verwertet oder ohne Beeinträchtigung des Wohls der Allgemeinheit beseitigt werden und

3. die Wiederherstellung eines ordnungsgemäßen Zustandes des Betriebsgeländes gewährleistet ist.

Auch den Begriff der schädlichen Umwelteinwirkungen hat das Gesetz in § 3 BImSchG wie folgt festgelegt:

§ 3

(1) Schädliche Umwelteinwirkungen im Sinne dieses Gesetzes sind Immissionen, die nach Art, Ausmaß oder Dauer geeignet sind, Gefahren, erhebliche Nachteile oder erhebliche Belästigungen für die Allgemeinheit oder die Nachbarschaft herbeizuführen.

(2) Immissionen im Sinne dieses Gesetzes sind auf Menschen, Tiere und Pflanzen, den Boden, das Wasser, die Atmosphäre sowie Kultur- und sonstige Sachgüter einwirkende Luftverunreinigungen, Geräusche, Erschütterungen, Licht, Wärme, Strahlen und ähnliche Umwelteinwirkungen.

(3) Emissionen im Sinne dieses Gesetzes sind die von einer Anlage ausgehenden Luftverunreinigungen, Geräusche, Erschütterungen, Licht, Wärme, Strahlen und ähnlichen Erscheinungen.

(4) Luftverunreinigungen im Sinne dieses Gesetzes sind Veränderungen der natürlichen Zusammensetzung der Luft, insbesondere durch Rauch, Ruß, Staub, Gase, Aerosole, Dämpfe oder Geruchsstoffe.

(5) Anlagen im Sinne dieses Gesetzes sind

1. Betriebsstätten und sonstige ortsfeste Einrichtungen,

2. Maschinen, Geräte und sonstige ortsveränderliche technische Einrichtungen sowie Fahrzeuge, soweit sie nicht der Vorschrift des § 38 unterliegen, und

3. Grundstücke, auf denen Stoffe gelagert oder abgelagert oder Arbeiten durchgeführt werden, die Emissionen verursachen können, ausgenommen öffentliche Verkehrswege.

(5a) (nicht abgedruckt)

(6) Stand der Technik im Sinne dieses Gesetzes ist der Entwicklungsstand fortschrittlicher Verfahren, Einrichtungen oder Betriebsweisen, der die praktische Eignung einer Maßnahme zur Begrenzung von Emissionen in Luft, Wasser und Boden, zur Gewährleistung der Anlagensicherheit, zur Gewährleistung einer umweltverträglichen Abfallentsorgung oder sonst zur Vermeidung oder Verminderung von Auswirkungen auf die Umwelt zur Erreichung eines allgemein hohen Schutzniveaus für die Umwelt insgesamt gesichert erscheinen lässt. Bei der Bestimmung des Standes der Technik sind insbesondere die im Anhang aufgeführten Kriterien zu berücksichtigen.

(7) Dem Herstellen im Sinne dieses Gesetzes steht das Verarbeiten, Bearbeiten oder sonstige Behandeln, dem Einführen im Sinne dieses Gesetzes das sonstige Verbringen in den Geltungsbereich dieses Gesetzes gleich.

Straftaten gegen die Umwelt

Die Betreiber von Anlagen, die die Umwelt beeinträchtigen können, müssen außerdem das Strafgesetzbuch, und zwar die »Straftaten gegen die Umwelt« in den §§ 324 bis 330 d Strafgesetzbuch beachten. § 324 regelt die Bestrafung der Verunreinigung eines Gewässers, §§ 325, 325a, die Bestrafung von Luftverunreinigung und von gesundheitsgefährdenden Lärm. Den einzelnen betrifft besonders § 326, der die Umwelt gefährdende Abfallbeseitigung wie folgt regelt:

§ 326

(1) Wer unbefugt Abfälle, die

1. Gifte oder Erreger von auf Menschen oder Tiere übertragbaren gemeingefährlichen Krankheiten enthalten oder hervorbringen können,
2. für den Menschen krebserzeugend, fruchtschädigend oder erbgutverändernd sind,
3. explosionsgefährlich, selbstentzündlich oder nicht nur geringfügig radioaktiv sind oder
4. nach Art, Beschaffenheit oder Menge geeignet sind,
   a) nachhaltig ein Gewässer, die Luft oder den Boden zu verunreinigen oder sonst nachteilig zu verändern oder
   b) einen Bestand von Tieren oder Pflanzen zu gefährden, außerhalb einer dafür zugelassenen Anlage oder unter wesentlicher Abweichung von einem vorgeschriebenen oder zugelassenen Verfahren behandelt, lagert, ablagert, abläßt oder sonst beseitigt, wird mit Freiheitsstrafe bis zu fünf Jahren oder mit Geldstrafe bestraft.

(2) Ebenso wird bestraft, wer Abfälle im Sinne des Absatzes 1 entgegen einem Verbot oder ohne die erforderliche Genehmigung in den, aus dem oder durch den Geltungsbereich dieses Gesetzes verbringt.

(3) Wer radioaktive Abfälle unter Verletzung verwaltungsrechtlicher Pflichten nicht abliefert, wird mit Freiheitsstrafe bis zu drei Jahren oder mit Geldstrafe bestraft.

(4) In den Fällen der Absätze 1 und 2 ist der Versuch strafbar.

(5) Handelt der Täter fahrlässig, so ist die Strafe

1. in den Fällen der Absätze 1 und 2 Freiheitsstrafe bis zu drei Jahren oder Geldstrafe,
2. in den Fällen des Absatzes 3 Freiheitsstrafe bis zu einem Jahr oder Geldstrafe.

(6) Die Tat ist dann nicht strafbar, wenn schädliche Einwirkungen auf die Umwelt, insbesondere auf Menschen, Gewässer, die Luft, den Boden, Nutztiere oder Nutzpflanzen, wegen der geringen Menge der Abfälle offensichtlich ausgeschlossen sind.

»Siehst du, Paul«, sagt Karin zu ihrem Mann, »jetzt werden Müllers ihren Müll wohl nicht mehr in den Wald fahren.« Die weiteren Bestimmungen betreffen u. a. das unerlaubte Betreiben von Anlagen, den unerlaubten Umgang mit Kernbrennstoffen und die Gefährdung schutzbedürftiger Gebiete. Eine schwere Umweltgefährdung wird gem. § 330 StGB mit Freiheitsstrafe bis zu 10 Jahren bestraft. Die Rechtsprechung tut sich zur Zeit sehr schwer mit der Anwendung der vorstehenden Strafbestimmungen. Dies kommt daher, daß die Straftatbestände weitgehend von Verwaltungsregelungen abhängig sind. Dies hat wiederum zur Folge, daß die zuständigen Sachbearbeiter bei den Verwaltungsbehörden selbst der Strafbarkeit im Umweltschutzbereich unterliegen können.

Ein unredlicher Dachdeckermeister (Gewerbeuntersagung)

Fritz Sorgenfrei muß das Dach seines neuerworbenen Hauses reparieren lassen. Er holt sich einige Kostenvoranschläge ein, unter denen der des Dachdeckergeschäftes Olga Schindler so überragend günstig ist, daß Fritz Sorgenfrei dieser Firma den Auftrag erteilt.

611

Die Reparaturarbeiten führt der Ehemann Kuno Schindler durch, der im Betrieb seiner Ehefrau angestellt ist und mit einem Lehrling die anfallenden Arbeiten zu erledigen pflegt.

Nach Fertigstellung der Arbeit stellt sich zunächst heraus, daß die Rechnung höher ist als der Kostenvoranschlag, was Kuno Schindler redegewandt und blumenreich zu begründen versteht. Es stellt sich aber auch noch weiterhin heraus, daß das verwendete Material minderwertig ist und daß auch die Qualität der Arbeit zu wünschen übrig läßt. Ja, es ist geradezu Pfuscharbeit. Schließlich stellt Fritz Sorgenfrei sogar noch fest, daß auf dem Boden gelagert gewesenes Altmetall (Messing, Griffe und Beschläge) seit der Tätigkeit von Kuno Schindler und seinem Lehrling verschwunden ist.

Während sich Fritz Sorgenfrei im Zivilprozeß wegen der Kosten der unzureichenden Reparatur herumschlägt, hält er bei der Handwerkskammer Rückfrage hinsichtlich des Leumundes der Firma Schindler. Hier stellt er fest, daß schon eine Anzahl ähnlicher Beschwerden vorliegen. Früher war Kuno Schindler der Inhaber des Dachdeckergeschäftes gewesen. Als die Beschwerden gegen ihn zu zahlreich geworden waren, hatte er es vorgezogen, das Gewerbe abzumelden. Am gleichen Tage hatte seine Frau das Gewerbe auf ihren Namen angemeldet.

Häufig soll die Einschaltung der Ehefrau der letzte Ausweg aus einer hoffnungslosen Misere sein. In dieser Rolle finden sich Ehefrauen immer dann wieder, wenn die Berufsausübung des Ehemannes zum Zusammenbruch führt, vor allem nach einer Insolvenz. Aber nicht immer ist diese Lösung erfolgreich.

Der erneute Vorfall mit Fritz Sorgenfrei läßt das Faß überlaufen. Die Handwerkskammer erstattet dem Magistrat – Ordnungsamt – Bericht über die Verhältnisse des Dachdeckergeschäftes Schindler und bittet, das Erforderliche zu veranlassen. Gleichzeitig benennt die Handwerkskammer gemäß § 36 Gewerbeordnung einen Sachverständigen, der ein Gutachten über die Arbeit an Fritz Sorgenfreis Dach erstellen soll. Nach dessen Anhörung untersagt das Gewerbeamt dem Ehepaar Schindler die Fortsetzung des Gewerbebetriebes mit folgender Verfügung:

DER MAGISTRAT
DER STADT FRANKFURT/MAIN   60311 Frankfurt
– Bauaufsicht –
BtB. Nr. 614

Frau Olga Schindler
und
Herrn Kuno Schindler
Marbachstraße 30
60389 Frankfurt/Main   31.8.20 . .

Untersagungsverfügung

Hiermit wird Ihnen der Betrieb des Dachdeckereigewerbes untersagt.

Begründung:

612

Unter dem Namen Olga Schindler betreiben Sie beide das Dachdeckereigewerbe. Gewerbeamtlich angemeldet ist dieser Betrieb zwar auf den Namen der Ehefrau, dies geschah offensichtlich jedoch nur deshalb, weil der Ehemann Schindler mit der Untersagung des bisher von ihm betriebenen Gewerbes zu rechnen hatte. Aufgrund der Handwerksordnung wäre die Aufnahme Ihres Gewerbebetriebes durch die Ehefrau nicht möglich gewesen, da Voraussetzung hierzu gemäß § 7 der Handwerksordnung die Ablegung der Meisterprüfung gewesen wäre. Da nach § 119 Handwerksordnung die entstandene Gewerbeberechtigung der bisherigen Handwerktreibenden bestehen bleibt, ist Ihre bisherige Handwerksberechtigung nicht erloschen. Da der Ehemann Schindler nachweislich die anfallenden Dachdeckerarbeiten vornimmt, muß davon ausgegangen werden, daß er selbst nach wie vor unangemeldet das Gewerbe betreibt.

Zahlreiche Eingaben von Hauseigentümern an die Handwerkskammer beziehungsweise die Dachdeckerinnung haben ergeben, daß seit vielen Jahren Ihre Gewerbeausübung Anlaß zu Beanstandungen gibt. Aus Anlaß der letzten Beschwerde, die der Bäckermeister Fritz Sorgenfrei, Frankfurt/M., eingereicht hat, wurde ein Gutachten des von der Handwerkskammer benannten Sachverständigen Ludwig Hoch, Offenbach/M., eingeholt, das zu der Feststellung kommt, daß die geleistete Arbeit an dem Haus des Herrn Sorgenfrei unfachmännisch und unzulänglich ist. Das verwendete Material ist so minderwertig, daß man sogar ein betrügerisches Verhalten als gegeben ansehen muß.

Der von Ihnen beschäftigte Auszubildende Friedrich Breit hat darüber hinaus zugegeben, daß er von Herrn Schindler veranlaßt worden ist, Altmetallvorräte, die auf dem Boden des Herrn Sorgenfrei lagerten, aufzuladen und in die Werkstatt fortzuschaffen. Aus alledem ergibt sich, daß Sie beide nicht die erforderliche Zuverlässigkeit für das von Ihnen betriebene Gewerbe besitzen. Es wird Ihnen daher gemäß § 35 Gewerbeordnung untersagt, eine Dachdeckerei oder einen ähnlichen Zweig des Bauhandwerks zu betreiben.

Rechtsmittelbelehrung:

Gegen diesen Verwaltungsakt steht Ihnen innerhalb eines Monats seit Zustellung das Rechtsmittel des Widerspruchs zu, der bei der erlassenden Behörde (siehe oben) schriftlich oder zu Protokoll zu erheben ist.

[Unterschrift]

Magistratsrat

Im vorliegenden Fall haben wir ein Beispiel für eine Untersagungsmöglichkeit eines Gewerbebetriebes. Das Schindlersche Dachdeckereigeschäft konnte also – bis zum Inkrafttreten der Bundeshandwerksordnung – ohne weiteres betrieben werden. Wegen der mit ihm verbundenen Gefahren hat aber die Gewerbeordnung eine völlige Untersagung vorgesehen.

Das Gesetz kennt noch weitere Fälle eines solchen Verbotsvorbehaltes.

In § 35 Gewerbeordnung ist folgende Untersagungsmöglichkeit vorgesehen:

§ 35

(1) Die Ausübung eines Gewerbes ist von der zuständigen Behörde ganz oder teilweise zu untersagen, wenn Tatsachen vorliegen, welche die Unzuverlässigkeit des Gewerbetreibenden oder einer mit der Leitung des Gewerbebetriebes beauftragten Person in bezug auf dieses Gewerbe dartun, sofern die Untersagung zum Schutz der Allgemeinheit oder der im Betrieb Beschäftigten erforderlich ist. Die Untersagung kann auch auf die Tätigkeit als Vertretungsberechtigter eines Gewerbetreibenden oder als mit der Leitung eines Gewerbebetriebes beauftragte Person sowie auf einzelne andere oder auf alle Gewerbe erstreckt werden, soweit die festgestellten Tatsachen die Annahme rechtfertigen, daß der Gewerbetreibende auch für diese Tätigkeiten oder Gewerbe unzuverlässig ist. Das Untersagungsverfahren kann fortgesetzt werden, auch wenn der Betrieb des Gewerbes während des Verfahrens aufgegeben wird.

(2) Dem Gewerbetreibenden kann auf seinen Antrag von der zuständigen Behörde gestattet werden, den Gewerbebetrieb durch einen Stellvertreter (§ 45) fortzuführen, der die Gewähr für eine ordnungsgemäße Führung des Gewerbebetriebes bietet.

(3) Will die Verwaltungsbehörde in dem Untersagungsverfahren einen Sachverhalt berücksichtigen, der Gegenstand der Urteilsfindung in einem Strafverfahren gegen einen Gewerbetreibenden gewesen ist, so kann sie zu dessen Nachteil von dem Inhalt des Urteils insoweit nicht abweichen, als es sich bezieht auf
  1. die Feststellung des Sachverhalts,
  2. die Beurteilung der Schuldfrage oder
  3. die Beurteilung der Frage, ob er bei weiterer Ausübung des Gewerbes erhebliche rechtswidrige Taten im Sinne des § 70 des Strafgesetzbuches begehen wird und ob zur Abwehr dieser Gefahren die Untersagung des Gewerbes angebracht ist. Absatz 1 Satz 2 bleibt unberührt. Die Entscheidung über ein vorläufiges Berufsverbot (§ 132 a der Strafprozeßordnung), der Strafbefehl und die gerichtliche Entscheidung, durch welche die Eröffnung des Hauptverfahrens abgelehnt wird, stehen einem Urteil gleich; dies gilt auch für Bußgeldentscheidungen, soweit sie sich auf die Feststellung des Sachverhalts und die Beurteilung der Schuldfrage beziehen.

(4) Vor der Untersagung sollen soweit besondere staatliche Aufsichtsbehörden bestehen, die Aufsichtsbehörden, ferner die zuständige Industrie- und Handelskammer oder Handwerkskammer und, soweit es sich um eine Genossenschaft handelt, auch der Prüfungsverband gehört werden, dem die Genossenschaft angehört. ... Die Anhörung der vorgenannten Stellen kann unterbleiben, wenn Gefahr im Verzuge ist; in diesem Falle sind diese Stellen zu unterrichten.

(5) und (6) nicht abgedruckt

(7) Zuständig ist die Behörde, in deren Bezirk der Gewerbetreibende eine gewerbliche Niederlassung unterhält oder in den Fällen des Absatzes 2 oder 6 unterhalten will. Bei Fehlen einer gewerblichen Niederlassung sind die Behörden zuständig, in deren Bezirk das Gewerbe ausgeübt wird oder ausgeübt werden soll. Für die Anordnung von Maßnahmen nach Absatz 5 sind auch die Behörden nach Satz 1 zuständig, in deren Bezirk das Gewerbe ausgeübt wird oder werden soll ...

(7a) Die Untersagung kann auch gegen Vertretungsberechtigte oder mit der Leitung des Gewerbebetriebes beauftragte Personen ausgesprochen werden. Das Untersagungsverfahren gegen diese Personen kann unabhängig von dem Verlauf des Untersagungsverfahrens gegen den Gewerbetreibenden fortgesetzt werden. Die Absätze 1 und 3 bis 7 sind entsprechend anzuwenden.

(8) Soweit für einzelne Gewerbe besondere Untersagungs- oder Betriebsschließungsvorschriften bestehen, die auf die Unzuverlässigkeit des Gewerbetreibenden abstellen, oder eine für das Gewerbe erteilte Zulassung wegen Unzuverlässigkeit des Gewerbetreibenden zurückgenommen oder widerrufen werden kann, sind die Absätze 1 bis 7a nicht anzuwenden. Dies gilt nicht für Vorschriften, die Gewerbeuntersagungen oder Betriebsschließungen durch strafgerichtliches Urteil vorsehen.

(9) Die Absätze 1 bis 8 sind auf Genossenschaften entsprechend anzuwenden, auch wenn sich ihr Geschäftsbetrieb auf den Kreis der Mitglieder beschränkt; sie finden ferner Anwendung auf den Handel mit Arzneimitteln, mit Losen von Lotterien und Ausspielungen sowie mit Bezugs- und Anteilsscheinen auf solche Lose und auf den Betrieb von Wettannahmestellen aller Art.

Der Nachtclub (Betriebsuntersagungen)

614

Richard Sorgenfreis Nachtclub geht nicht mehr so wie zu Anfang. Er stellt fest, daß seine Konkurrenzunternehmungen mehr oder weniger in der gleichen Lage sind und sich auf alle erdenkliche Art und Weise bemühen, den Umsatz zu heben. Viele haben das Publikum durch Vorführungen anzulocken versucht. Richard Sorgenfrei sagt sich, wenn schon, denn schon, und beschließt, die Eintönigkeit des Abends durch Tanzdarbietungen (Table-Dancing) aufzulockern. Die gerade stellungslose Tänzerin Veronika Schlank ist bereit, einen diesbezüglichen Vertrag zu schließen.

So einfach geht dies jedoch nicht, denn hier braucht Richard Sorgenfrei neben seiner Gaststättenkonzession eine besondere Erlaubnis gemäß § 33a Gewerbeordnung.

§ 33a
(1) Wer gewerbsmäßig Schaustellungen von Personen in seinen Geschäftsräumen veranstalten oder für deren Veranstaltung seine Geschäftsräume zur Verfügung stellen will, bedarf der Erlaubnis der zuständigen Behörde. Dies gilt nicht für Darbietungen mit überwiegend künstlerischem, sportlichem, akrobatischem oder ähnlichem Charakter. Die Erlaubnis kann mit einer Befristung erteilt und mit Auflagen verbunden werden, soweit dies zum Schutze der Allgemeinheit, der Gäste oder der Bewohner des Betriebsgrundstücks oder der Nachbargrundstücke vor Gefahren, erheblichen Nachteilen oder erheblichen Belästigungen erforderlich ist; unter denselben Voraussetzungen ist auch die nachträgliche Aufnahme, Änderung und Ergänzung von Auflagen zulässig.

(2) Die Erlaubnis ist zu versagen, wenn
1. Tatsachen die Annahme rechtfertigen, daß der Antragsteller die für den Gewerbebetrieb erforderliche Zuverlässigkeit nicht besitzt,
2. zu erwarten ist, daß die Schaustellungen den guten Sitten zuwiderlaufen werden oder
3. der Gewerbebetrieb im Hinblick auf seine örtliche Lage oder auf die Verwendung der Räume dem öffentlichen Interesse widerspricht, insbesondere schädliche Umwelteinwirkungen im Sinne des Bundes-Immissionsschutzgesetzes oder sonst erhebliche Nachteile, Gefahren oder Belästigungen für die Allgemeinheit befürchten läßt.

Der § 33a der Gewerbeordnung läßt sich eng, aber auch sehr weit auslegen. In den letzten Jahren haben sich besonders die Auffassungen über die »guten Sitten« sehr gewandelt. Was man an »künstlerischen« Darbietungen noch vor gar nicht allzu langer Zeit nicht für möglich gehalten hätte, ist heute oft selbstverständlich und wird kaum noch beachtet. Es ist in unserer Zeit effektiv nicht möglich, feste Grenzen zu umreißen. Geschmack, Gefühl für Kunst und Moral sind einem schnellen Wandel unterworfen.

Richard Sorgenfrei erhält diese Erlaubnis. Aber das Auftreten der Tänzerin entwickelt sich doch bald zu einem Problem, so daß selbst tolerante Barbesucher Anstoß nehmen.

Das Ergebnis hiervon zeigt sich in folgendem Schreiben des Ordnungsamtes:

DER MAGISTRAT
DER STADT FRANKFURT/MAIN   60311 Frankfurt
– Ordnungsamt –

Herrn
Richard Sorgenfrei
Inhaber der Bar »Der Sorgenbrecher«
Schweizer Straße 15
60394 Frankfurt/Main   2. September 20 . .

VERFÜGUNG

Die Ihnen unter dem 6. Juli 20 . . erteilte Erlaubnis zur Schaustellung von Personen in Ihrem Barlokal, insbesondere zur Veranstaltung sogenannter Schönheitstänze wird hiermit zurückgenommen.

Begründung:

Die von Ihnen im Rahmen der erteilten Erlaubnis beschäftigte Tänzerin »Rajah« alias Fr. Schlank hat durch die Obszönität ihrer Darbietungen gegen die guten Sitten verstoßen und sich auch nach § 183a StGB (Erregung öffentlichen Ärgernisses) strafbar gemacht. Gemäß § 33a Abs. II Z. 1 und 3 GewO wird daher die obengenannte Erlaubnis zurückgenommen.

Rechtsmittelbelehrung

Gegen diesen Verwaltungsakt steht Ihnen innerhalb eines Monats seit Zustellung das Rechtsmittel des Widerspruchs zu, der bei der erlassenden Behörde (siehe oben) schriftlich oder zu Protokoll zu erheben ist.

[Unterschrift]

Magistratsrat

Richard Sorgenfrei wird sehr kämpfen müssen, um die Erlaubnis zu behalten. Es wäre seine Pflicht als Inhaber seines Betriebes gewesen, dafür zu sorgen, daß »Rajahs« Tänze nicht zu sehr ausarten.

Wir sehen also an dem vorstehenden Vorfall in Richard Sorgenfreis Bar, daß gewerbliche Betätigungen, die erlaubnispflichtig sind, auch immer durch Entziehung der Erlaubnis wieder untersagt werden können.

Hiermit ist nicht zu verwechseln die Gruppe der überwachungsbedürftigen gewerblichen Anlagen gemäß dem Gerätesicherheitsgesetz vom 23. Oktober 1992, bei denen von vornherein feststeht, daß sie für ihre Umgebung Gefahren und Belästigungen mit sich bringen und die daher ein besonders langwieriges und kompliziertes Genehmigungsverfahren durchlaufen müssen. Hierunter fallen zum Beispiel Abfüllanlagen von verdichteten oder verflüssigten Gasen, Druckbehälteranlagen, aber zum Beispiel auch medizinisch-technische Geräte. Betriebe/Anlagen dieser Art können nur untersagt werden, wenn überwiegende Nachteile und Gefahren für das Gemeinwohl bestehen.

Diese Betriebe können nicht einfach untersagt werden. Die Rücknahme der Konzession kann nur über § 51 GewO unter Gewährung von Schadensersatz erfolgen. (Vgl. hierzu das Kapitel »Onkel Brunos Geflügelzucht«.)

Richard Sorgenfrei entläßt seine Tänzerin und stellt seinen Barbetrieb wieder auf dezentes Publikum um. Die Tänzerin zieht mit großem Streit aus und hinterläßt noch eine Schuld von 250,– Euro für französischen Champagner, den sie an der Bartheke regelmäßig zu konsumieren pflegte, ohne ihn zu bezahlen. Richard Sorgenfrei hatte den Barkeeper Jimmy großzügig angewiesen, ihr den Champagner zu kreditieren, hatte aber nicht angenommen, daß dies derartige Ausmaße annehmen würde. Auf seine Mahnungen, die Schuld zu bezahlen, reagiert Frau Schlank nicht, und Richard Sorgenfrei überlegt, ob er ihr einen Mahnbescheid schicken soll oder nicht. Es kommt hierfür darauf an, in welchem Umfang die Tänzerin zum kostenlosen Konsum solcher Getränke jeweils berechtigt war und ob sie dies nachweisen kann.

Die Sozialversicherung und die Sozialgerichte

616   Fritz Sorgenfrei hatte bei seiner Geschäftseröffnung als erste Arbeitskraft die 22jährige unverheiratete Adele Mandel für den Verkauf eingestellt und ein monatliches Entgelt von 2800,– Euro vereinbart. Von seiner Meisterprüfung her wußte er noch, daß seine Angestellten der öffentlich-rechtlichen Versicherungspflicht unterliegen. Ihm sind die Worte: Krankenversicherung, Unfallversicherung, Invalidenversicherung, Angestellten- und Knappschaftsversicherung sowie Arbeitslosenversicherung in Erinnerung. Aber was er nun mit diesen Begriffen in bezug auf Adele Mandel tun soll, ist ihm so genau nicht geläufig.

Adele Mandels Sozialversicherung

Daß seine Verkäuferin Adele Mandel in der Krankenversicherung anzumelden ist, das weiß er ganz bestimmt. Die Verpflichtung hierfür ergibt sich aus Sozialgesetzbuch (Gesetzliche Krankenversicherung) Fünftes Buch (= SGB V) § 5. Für die insoweit Versicherten sollen durch die Beitragszahlungen die Mittel aufgebracht werden, um ihnen einen durch Krankheit eintretenden Verdienstausfall zu ersetzen, ihnen die Kosten der Krankenbehandlung sicherzustellen, Schwangeren Wochenhilfe zu gewähren und diese Vorteile auch den mitversicherten Familienangehörigen zu gewähren. Im Sterbefall werden bisher auch die Bestattungskosten bereitgestellt. Derzeit unterliegt die gesetzliche Krankenversicherung aber einem erheblichen Druck und es drohen drastische Leistungseinschränkungen auf Grund des Generationenproblems.

Die Ortskrankenkasse ist Trägerin der Krankenversicherung. Bei ihr meldet Fritz Sorgenfrei daher binnen drei Tagen nach der Einstellung seine Verkäuferin auf einem Formular an, das er bei der AOK telefonisch angefordert hat.

Einen Abschnitt des Formulars erhält Fritz Sorgenfrei als Bestätigung von der Ortskrankenkasse zurück. Er heftet ihn bei der neuangelegten Personalakte für Adele Mandel ab, in der sich schon der Anstellungsvertrag befindet.

Als ersten Auftrag erledigt nun Adele folgendes: Sie kauft in der nächsten Buchhandlung eine Monatslohnabzugstabelle mit Sozialversicherungsspalten für Lohn- und Gehaltsempfänger, aus der Fritz Sorgenfrei abliest, welchen Betrag er monatlich für Zwecke der Sozialversicherung einzubehalten hat.

Es genügt aber nicht etwa, nur diesen einbehaltenen Betrag abzuführen, sondern er muß aus eigener Tasche noch einmal denselben Betrag dazulegen und bis zum 7. Werktag des nächsten Monats bei der Ortskrankenkasse einzahlen. Dies beruht auf § 249 SGB Buch V, wonach die Beiträge zur Sozialversicherung (abgesehen von der Unfallversicherung) von dem Arbeitgeber und dem Arbeitnehmer je zur Hälfte zu tragen sind. Allerdings gibt es auch Entgelte, bei denen der Arbeitgeber die Beiträge allein tragen muß. Rufen Sie Ihre zuständige AOK an. Dort erfahren Sie die jeweils geltenden Sätze.

Aus derselben Tabelle entnimmt Fritz Sorgenfrei auch die Beträge, die er als Lohnsteuer und gegebenenfalls auch als Kirchensteuer vom Monatslohn einbehalten muß. Diese Beträge führt er an das Finanzamt ab. Die Lohnsteuerklasse ersieht er aus der Jahreslohnsteuerkarte, die sich Adele bei ihrem Gemeindesteueramt geholt hat und die er gleichfalls bei ihren Personalakten aufbewahren muß.

Da Fritz den ganzen Tag im Betrieb zu tun hat, bereitet ihm Adele auch das Frühstück, Mittagessen und das Abendessen. In seiner Gutmütigkeit sagt da Fritz Sorgenfrei zu ihr: »Essen Sie doch der Einfachheit halber gleich mit mir mit, Frau Mandel.«

Dies ist sicher eine sehr soziale und vernünftige Handlungsweise, aber Fritz Sorgenfrei muß nunmehr auch folgendes wissen. Diese regelmäßige Gewährung von Mahlzeiten aus seiner Tasche sind eine Erhöhung des Lohnes. Kommt eines Tages die Steuerprüfung und stellt diese Tatsache fest, dann ist das Ergebnis, daß der Prüfungsbeamte für die Verpflegung einen bestimmten Betrag in Ansatz bringt und ihn dem Grundlohn zur Berechnung der Abzüge hinzurechnet. Da müßte Fritz Sorgenfrei eines Tages für die zurückliegende Zeit erhebliche Beträge nachzahlen. Es ist daher ratsam, bei Gewährung von Mahlzeiten oder sonstigen Sachleistungen den Wert durch Rückfrage beim Finanzamt festzustellen und diesen genannten Betrag in den vereinbarten Grundlohn miteinzubeziehen.

617

Der für Adele Mandel an die Ortskrankenkasse monatlich abzuführende Betrag umfaßt die Leistungen für ihre Krankenversicherung, ihre Rentenversicherung (in Gestalt der sogenannten Angestelltenversicherung) und die Arbeitslosenversicherung. Die Ortskrankenkasse ist also eine Behörde, die einen Gesamtbeitrag für drei verschiedene Versicherungsaufgaben einzieht. Da sie die Leistungen aus der Krankenversicherung im Falle von Adele Mandels Erkrankung zu erbringen hat, zieht sie also einen Teil des Betrages für sich selbst ein. Trägerin der Rentenversicherung (hier Angestelltenversicherung) ist die Bundesversicherungsanstalt. Einen Teil der für Adele Mandel gezahlten Sozialbeiträge führt sie also dorthin ab. Trägerin der Arbeitslosenversicherung ist die Bundesanstalt für Arbeit in Nürnberg. Ihre weiteren Gliederungen sind die Landesarbeitsämter und die Arbeitsämter. Diese sind also nur unselbständige Dienststellen der Bundesanstalt, nicht aber eigene Behörden. Ein Teil der für Adele Mandel an die AOK gezahlten Sozialbeiträge wird also an die Bundesanstalt für Arbeit abgeführt, und zwar an das Landesarbeitsamt. Insoweit dienen also Adeles Sozialbeiträge dazu, sie eines Tages als Arbeitslose zu unterstützen, wenn sie unfreiwillig arbeitslos wird.

Zur Unterstützung Adeles wird nach einiger Zeit eine zweite Verkäuferin, Frau Teig, eingestellt. Diese überreicht bei ihrem Dienstantritt eine Bescheinigung einer Ersatzkasse (zum Beispiel Barmer Ersatzkasse oder DAK), daß sie bei dieser versichert ist.

Auch diese Kassen sind berechtigt, anstelle der AOK die gesetzliche Krankenversicherung der Arbeitnehmer durchzuführen.

Nicht alle Angestellten sind jedoch – wie Frau Mandel und Frau Teig – krankenversicherungspflichtig. Angestellte, deren Monatsgehalt bestimmte und von Zeit zu Zeit sich ändernde Grenzen übersteigt, sind nicht krankenversicherungspflichtig. Auch bei der Angestellten- und Arbeitslosenversicherung werden die Entgeltsgrenzen hin und wieder verändert. Verdient man mehr, so kann man die Krankenversicherung freiwillig fortführen. Bei der Rentenversicherung besteht immer Versicherungspflicht. Es gibt nur Beitragsbemessungsgrenzen, die sich meistens jährlich ändern. Für Rentner, die noch arbeiten, gelten Sonderregelungen.

 Die Ortskrankenkassen geben in allen Fällen Auskunft. Dies gilt auch für Freigrenzen und nicht versicherungspflichtige Tätigkeiten.

Karl Zucker und seine Sozialversicherung

Als Fritz Sorgenfrei seinen späterhin so bewährten Gesellen Karl Zucker einstellte, stand er auch bei ihm vor dem Problem, daß der Geselle Zucker sozialversicherungspflichtig ist. Auch für ihn kann er aus der Tabelle, die Adele Mandel besorgt hatte, die einzubehaltenden Sozialbeiträge ablesen. Karl Zucker unterliegt ebenfalls der Krankenversicherung, Rentenversicherung und Arbeitslosenversicherung. Die Rentenversicherung ist nunmehr geregelt im Sozialgesetzbuch 6. Buch (= SGB Buch VI). Auch hier trägt Fritz Sorgenfrei für alle drei Sparten den Arbeitgeberanteil, das ist die Hälfte, behält die andere Hälfte – den Arbeitnehmeranteil – vom Lohn des Gesellen Zucker ein und führt sie an die Ortskrankenkasse ab.

Soweit von der zuständigen Innung eine Innungskrankenkasse eingerichtet ist, tritt diese an die Stelle der Ortskrankenkasse.

618

Die Angestellten sind bei der Bundesversicherungsanstalt für Angestellte (BfA) versichert. Die jährlichen Bemessungsgrundlagen (Höchstsätze) werden jährlich angepaßt. Diese Renten stellen in der Regel die wichtigste Altersversorgung der Arbeitnehmer dar, soweit diese keine Betriebsrenten erhalten.

Da auch bei der gesetzlichen Rentenversicherung heutzutage erhebliche Finanzierungsprobleme aufgrund des Generationenproblems bestehen und derzeit politisch alle möglichen Alternativen diskutiert werden, von der Einheitsrente bis zur Bürgerversicherung und der kapitalgedeckten Versicherung, kann nur jedem Arbeitnehmer geraten werden, sich privat noch eine zusätzliche Altersversorgung aufzubauen.

Hier hatte Sorgenfrei etwas von der »Riester-Rente« gehört und will wissen, was das ist. Es handelt sich um ein Gesetz, mit dem die gesetzliche Rentenversicherung im Jahr 2001 reformiert wurde. Die zusätzliche »Riester-Rente« ist außerordentlich kompliziert und bedarf einer exakten Beratung. Nur soviel sei zu der neuen Förderung gesagt: Die Folge der Rentenreform besteht in spürbaren Kürzungen der gesetzlichen Rente. Das Rentenniveau wird von 70 Prozent auf 67 Prozent gesenkt. Das reale Rentenniveau liegt heute bereits bei ca. 50 Prozent des Durchschnittseinkommens.

Im Gegenzug dazu aber wird ab 2002 die private Vorsorge gefördert. Sie ist freiwillig und zusätzlich zu der gesetzlichen Vorsorge.

Nicht gefördert werden Selbstständige und Pflichtversicherte in einer berufsständischen Vorsorgeeinrichtung (zum Beispiel Ärzte und Anwälte). Gefördert werden alle Pflichtversicherten der gesetzlichen Rentenversicherung. In Betracht kommen für die Förderung insbesondere private Rentenversicherungen, Banksparpläne und Investmentfonds. Die Altersvorsorgeverträge müssen aber gewisse Bedingungen erfüllen. Die wichtigsten Voraussetzungen sind:
- Es werden laufend Beträge bis zum Beginn der Leistung eingezahlt
- Es muß möglich sein, den Vertrag ruhen zu lassen
- Die Auszahlung der Leistungen erfolgt frühestens mit Vollendung des 60. Lebensjahres
- Es muß garantiert sein, daß mindestens die eingezahlten Beiträge ausbezahlt werden
- Es muß eine lebenslange steigende oder gleichbleibende Rente monatlich ausgezahlt werden

Auf Antrag der Versicherung oder des Finanzdienstleisters erhalten Altersvorsorgeverträge, die diese Voraussetzungen erfüllen, ein Zertifikat. Nur Verträge mit Zertifikat werden staatlich gefördert. Dann gibt es eine staatliche Zulage. Die Zulage fängt zunächst ganz bescheiden an und steigert sich dann aber. Alle zwei Jahre gibt es mehr Geld vom Staat. So würde beispielsweise der Zuschuß bei einem verheiratetem Paar mit zwei Kindern von 168 Euro (2002) auf 678 Euro (2008) pro Jahr anwachsen. Den Zuschuß gibt es aber nur, wenn beide eigenes Geld in den Vorsorgevertrag eingezahlt haben.

Die volle Summe erhält der Arbeitnehmer, wenn er einen bestimmten Prozentsatz rentenversicherungspflichtigen Einkommens (meist annähernd dem Bruttoeinkommen) in die private Altersversorgung investiert.

Ein kinderloser Junggeselle mit 25000 Euro Jahreseinkommen müßte zum Beispiel im Jahr 2002 250 Euro (1 Prozent von 25000 Euro) und im Jahr 2008 1000 Euro (4 Prozent von 25000 Euro) sparen. Wer mehr verdient, muß also auch mehr sparen, bekommt aber auch eine höhere Rentenauszahlung. Nach dem Riestermodell muß aber unabhängig vom Einkommen niemand mehr als bestimmte Höchstbeträge pro Jahr sparen.

Sodann wurde Sorgenfrei kürzlich von seiner älteren Mitarbeiterin Renate Alt, die auch oft an der Grenze der Arbeitsunfähigkeit ist, gefragt, ob sie früher in Rente gehen könnte. Sorgenfrei verweist sie zunächst auf die Möglichkeit der Altersteilzeit, die im Rahmen eines Arbeitsverhältnisses unter bestimmten Voraussetzungen vereinbart werden kann (siehe hierzu das Kapitel »Altersteilzeit«). Dies meinte Renate Alt jedoch nicht. Sie wollte wissen, ob sie effektiv ihre Rente bei der BfA früher erhalten kann. Dazu verweist sie Sorgenfrei an den Sozialrechtsspezialisten Adolf Ochs. Dieser informiert sie darüber, daß für »normale Beschäftigte« derzeit sogar eine Heraufsetzung des Rentenalters diskutiert wird.

619

Ein früherer Eintritt in das Rentenalter, also unter 65 Jahren, ist derzeit nur unter folgenden Voraussetzungen möglich: Die früheren Berufs- und Erwerbsunfähigkeitsrenten wurden 2001 in Renten wegen verminderter Erwerbsfähigkeit umgewandelt. Die frühere Altersrente für Schwerbehinderte, Berufs- und Erwerbsunfähige, die ab dem 60. Lebensjahr gewährt wurde, wurde in eine Altersrente für Schwerbehinderte umgewandelt. Die Altersgrenze wurde stufenweise auf das 63. Lebensjahr angehoben und das Recht der Rehabilitation wurde neu geregelt. Die Einzelheiten ergeben sich aus dem Sozialgesetzbuch VI, insbesondere §§ 43 ff. Zu beachten ist, daß ab 2004 die Arbeitsämter in Agenturen für Arbeit und die Landesarbeitsämter in Personaldirektionen für Arbeit umbenannt werden. Die oberste Behörde ist die Bundesagentur für Arbeit.

Berufsgenossenschaften regeln Unfälle im Betrieb

Eines Tages ereignet sich in der Backstube ein sehr bedauerliches Unglück. Ein großer Kessel mit siedendem Fett steht auf dem Ofen, dicht am Rande. Der zur Aushilfe eingestellte Geselle Benno Plump reißt während eines betrieblichen Streits mehrerer Mitarbeiter den Kessel um, dessen Fett sich über seine Füße und die rechte Hüfte ergießt.

Der rasch herbeigerufene Arzt stellt schwere Verbrennungen fest, die Benno auf lange Zeit arbeitsunfähig machen, ihn körperlich für immer behindern und ihm große Schmerzen bereiten werden.

Zwar schreibt § 618 BGB vor, daß der Arbeitgeber die Räume, Vorrichtungen und Gerätschaften, die für den Betrieb benötigt werden, so einzurichten und zu unterhalten hat, daß die Arbeitnehmer gegen Gefahren für Leben und Gesundheit geschützt sind. Er hat überhaupt den ganzen Dienstbetrieb entsprechend zu organisieren. Vielleicht liegt hier sogar ein Fall vor, in welchem man zu der Feststellung kommen kann, daß Fritz Sorgenfrei ein Verschulden trifft. Trotzdem würde Benno Plump seinen Prozeß gegen Fritz Sorgenfrei auf Gewährung von Schadensersatz verlieren, denn gemäß § 22 Sozialgesetzbuch 1. Buch hat Benno Plump sich nur an die Berufsgenossenschaft zu halten, bei welcher Fritz Sorgenfrei mit seinem Betrieb pflichtversichert ist. Fritz Sorgenfrei muß nämlich mit seinem Betrieb von dem Augenblick an, in dem er auch nur eine versicherungspflichtige Person beschäftigt, der für seine Betriebsart zuständigen Berufsgenossenschaft angehören; dies ist die Berufsgenossenschaft Nahrungsmittel und Fremdenverkehr. Die Anmeldung hat innerhalb einer Woche nach Einstellung des ersten versicherungspflichtigen Arbeitnehmers zu erfolgen.

 Wenn man seinen Betrieb bei dem Gewerbeamt und dem Finanzamt anmeldet, fordert man gleichzeitig bei der zuständigen Berufsgenossenschaft einen Fragebogen und ein »Merkblatt über die gesetzliche Unfallversicherung« an. Die Anschrift der für Ihren Betrieb zuständigen Berufsgenossenschaft erfahren Sie bei der Industrie- und Handels- oder der Handwerkskammer.

Die einzelnen Berufsgenossenschaften sind Körperschaften des öffentlichen Rechtes, die unter Staatsaufsicht stehen. Die Beiträge zu der jeweiligen Berufsgenossenschaft leistet allein die Firma. Die Arbeitnehmer in den betreffenden Betrieben genießen also einen Versicherungsschutz, ohne hierfür etwas aufwenden zu müssen.

Die Höhe der Beiträge der Betriebsinhaber bestimmt sich nach einem Umlageverfahren aufgrund der in einem Jahr von der Berufsgenossenschaft zu leistenden Aufwendungen. Für den einzelnen Betrieb berechnen sie sich nach dem Grad des Gefahrenrisikos sowie nach der von dem Betrieb aufzuwendenden Jahreslohnsumme.

Benno Plump kann daher den ihm durch den Betriebsunfall entstandenen Schaden nur dadurch ersetzt bekommen, daß er sich an die Sozialversicherung hält. Nur in dem Fall, daß durch ein Strafverfahren festgestellt werden würde, daß sein Arbeitgeber ihm vorsätzlich den Schaden zugefügt hat, kann er sich direkt an diesen halten. Dies ist jedoch ein Fall, der naturgemäß sehr selten vorkommt.

Nun ist zu bedenken, daß ja Plump sowohl in der Krankenversicherung ist (siehe dort), als auch – über seinen Arbeitgeber – in der Unfallversicherung. Er kann nun nicht etwa aus diesem Grunde doppelte Zahlungen verlangen. Die Krankenkasse trägt vielmehr die Kosten der Heilung und leistet nach dem Unfall gewisse Unterstützungsbeträge. Die darüber hinausgehenden Leistungen trägt die Berufsgenossenschaft.

Stößt einem Lehrling, der nicht krankenversicherungspflichtig ist, ein solcher Unfall zu, so werden die gesamten Kosten von der Unfallversicherung, also von der Berufsgenossenschaft getragen.

Zu dem ganzen Unfall gab der Geselle Karl Zucker folgenden Kommentar: »Wie gut, daß Benno keine Frau und keine Kinder hatte, was wäre wohl aus denen geworden?«

Karls Sorge ist unbegründet. Auch die Angehörigen des Verletzten erhalten aus der Unfallversicherung Leistungen. Die Witwe bis zu ihrem Tode oder ihrer Wiederverheiratung eine Rente. Stirbt der Arbeitnehmer infolge des Betriebsunfalls, so erhalten die Hinterbliebenen außerdem ein Sterbegeld. Auch die Kinder des Getöteten erhalten eine Rente. Eltern und Großeltern ebenfalls, soweit sie von dem Verdienst des Verunglückten unterhalten wurden und bedürftig sind.

Betriebsunfälle sind nicht nur solche, die sich an der Arbeitsstelle ereignen, sondern auch auf beruflichen Wegen und auf dem Weg von und zur Arbeitsstelle. Gerade diese Wege sind mitunter besonders gefährlich, weil sie während der Hauptverkehrszeit zurückzulegen sind.

Die Sozialgerichtsbarkeit

Als Fritz Sorgenfreis Betrieb noch klein war, mußte Luise Sorgenfrei tüchtig im Geschäft mitarbeiten.

Sie tat dies auch gern und mit viel Erfolg. Doch das Unglück wollte es, daß sie eines Tages in der blankgescheuerten Backstube ausglitt und so unglücklich auf den Hinterkopf fiel, daß sie seitdem dauernd an Kopfschmerzen leidet. Eine Weiterarbeit im Geschäft war ihr unmöglich. Glücklicherweise hatte Fritz Sorgenfrei – obwohl dies nicht seine Pflicht war – auch seine Ehefrau bei der Unfallversicherung mitangemeldet. Nunmehr stellt sie also demzufolge ihre Ansprüche.

Fritz Sorgenfrei hat sofort (spätestens binnen 3 Tagen) nach dem Sturz seiner Ehefrau den Unfall der Berufsgenossenschaft gemeldet.

Fritz Sorgenfrei hat natürlich auch sofort seinen Hausarzt Dr. Befund herbeigeholt, der die erste Betreuung vorgenommen hat.

Aufgrund der Nachuntersuchung durch den Vertrauensarzt der Berufsgenossenschaft stellt sich diese – für Sorgenfreis überraschend – auf den Standpunkt, daß die andauernden Kopfschmerzen Luises nicht auf den Sturz zurückzuführen, sondern durch eine körperliche Veranlagung Luises bedingt seien. Es liege nur ein zufälliges Zusammentreffen zeitlicher Art mit dem Sturz vor. Das glauben Sorgenfreis nun nie und nimmer, obwohl der Bescheid der Berufsgenossenschaft schwarz auf weiß auf dem Tisch liegt. Aber Luise Sorgenfrei braucht sich mit diesem Bescheid noch nicht zufriedengeben. Das Sozialgerichtsgesetz (SGG) hat für das gesamte Bundesgebiet ein besonderes Rechtsmittelverfahren vor den eigens geschaffenen Sozialgerichten aufgebaut.

Während das Sozialgerichtsgesetz das gerichtliche Verfahren zwischen den Parteien eines Sozialgerichtsprozesses regelt, wird durch das Sozialgesetzbuch (SGB X – Verwaltungsverfahren) das Verwaltungsverfahren geregelt, welches in der Regel einer gerichtlichen Auseinandersetzung vorausgeht. Das Sozialgesetzbuch regelt demnach ein Spezialgebiet des Verwaltungsverfahrens, nämlich des Verwaltungsverfahrens der Sozialbehörden. Für das allgemeine Verwaltungsrecht gilt das Verwaltungsverfahrensgesetz für Verfahren bis zum Prozeß und ausschließlich die Verwaltungsgerichtsordnung (siehe das Kapitel »Verwaltungsprozeß«).

Bedeutsam ist, daß durch dieses Gesetz der Begriff des Verwaltungsaktes als Kernpunkt des Verwaltungsverfahrens näher geregelt ist (§§ 31 ff.), insbesondere die Voraussetzungen der Nichtigkeit eines solchen Verwaltungsaktes (§ 40), seine Umdeutung, wenn er fehlerhaft ist (§ 43) und die Voraussetzung seiner Rücknahme (§§ 44 ff.). Es ist ferner in §§ 53 ff. festgelegt, daß auf dem Gebiet des öffentlichen Sozialrechts ein »öffentlich-rechtlicher Vertrag« geschlossen werden kann. Festgelegt ist ferner in §§ 67 ff. der Schutz der Sozialdaten gegen unbefugte Offenbarung.

Luise Sorgenfrei hat nicht mehr die Wahl, ob sie in dem vorliegenden Fall sofort das Sozialgericht anrufen will oder zunächst die Nachprüfung des beanstandeten Verwaltungsaktes im Verfahren herbeiführen will. Vielmehr gilt hier § 78 des Sozialgerichtsgesetzes:

§ 78

(1) Vor Erhebung der Anfechtungsklage sind Rechtmäßigkeit und Zweckmäßigkeit des Verwaltungsaktes in einem Vorverfahren nachzuprüfen. Eines Vorverfahrens bedarf es nicht, wenn

1. ein Gesetz dies für besondere Fälle bestimmt oder
2. der Verwaltungsakt von einer obersten Bundesbehörde, einer obersten Landesbehörde oder von dem Präsidenten der Bundesanstalt für Arbeit erlassen worden ist, außer wenn ein Gesetz die Nachprüfung vorschreibt, oder
3. ein Land, ein Versicherungsträger oder einer seiner Verbände klagen will.

(2) Für die Verpflichtungsklage gilt Absatz 1 entsprechend, wenn der Antrag auf Vornahme eines Verwaltungsaktes abgelehnt worden ist.

Luise Sorgenfrei muß innerhalb eines Monats nach Zustellung des ablehnenden Bescheids schriftlich hiergegen Widerspruch einlegen.

Sie schreibt also wie folgt:

Luise Sorgenfrei   *Schweizer Straße 193*
                                                       60594 Frankfurt/Main

An die
Berufsgenossenschaft
Nahrungsmittel und Fremdenverkehr
68159 Mannheim   15. November 20 . .

Mein Unfall vom 2. Oktober 20 . .,
dortiger Bescheid vom 1. November 20 . ., Az. B Ern 3 Mz/Vö

Gegen den vorstehenden Bescheid lege ich hiermit

                    W i d e r s p r u c h

ein.

622

<u>Begründung</u>

Mit dem angezogenen Bescheid werden meine Ansprüche auf Gewährung von Leistungen aus der Unfallversicherung mit der Begründung abgelehnt, daß die ständigen Kopfschmerzen, welche mich arbeitsunfähig machen, nicht auf den Unfall im Betriebe zurückzuführen seien. Der mich gleich nach dem Unfall behandelnde praktische Arzt Dr. Befund vertritt jedoch nach wie vor den Standpunkt, daß die Kopfschmerzen nur auf diesen Unfall zurückgeführt werden können.

<u>Beweis:</u>   Die anliegende Erklärung des Genannten.

Ich bemerke ausdrücklich, daß ich bis zu dem Unfall niemals über Kopfschmerzen zu klagen gehabt habe. Auch meine Eltern und Geschwister haben nie an Kopfschmerzen gelitten. Um so unverständlicher ist daher die entgegengesetzte Ansicht des Vertrauensarztes.

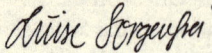

Einschreiben so rechtzeitig absenden, daß es innerhalb der Monatsfrist bei der Berufsgenossenschaft eingeht. Durchschrift für die eigenen Akten mit Einschreibbeleg aufbewahren. Man kann statt dessen auch innerhalb der Monatsfrist selbst zu der Berufsgenossenschaft gehen und dort bei der Geschäftsstelle den Widerspruch zu Protokoll geben.

Die Berufsgenossenschaft kommt jedoch trotz Luises Widerspruchsschrift zu keiner anderen Auffassung und weist den Widerspruch schriftlich zurück.

In einer derartigen Lage ist die eigene Initiative des Betroffenen besonders wichtig. Nur wenige Anwaltsbüros befassen sich mit dieser Materie. Will man einen Rechtsanwalt hinzuziehen, sollte man sich vor der Erteilung des Mandats vergewissern, daß die Vertretung vor den Sozialgerichten sein Spezialgebiet ist.

Luise ruft also selbst die Sozialgerichte an. Sie tut dies, indem sie innerhalb eines Monats seit Zustellung des Widerspruchsbescheids folgende Klage erhebt:

Luise Sorgenfrei   *Schweizer Straße 193*
                                                                                   60594 Frankfurt/Main

An das
Sozialgericht
60431 Frankfurt/Main   18. Dezember 20 . .

K L A G E

der Ehefrau Luise Sorgenfrei, Schweizer Straße 193, Frankfurt/M.,
                                                    – Klägerin –
                               gegen

die Berufsgenossenschaft Nahrungsmittel und Fremdenverkehr,
Mannheim,   – Beklagte –

wegen Leistung einer Unfallrente usw.

Ich beantrage,
> die Beklagte zu verurteilen, der Klägerin aus dem Unfall vom
> 2. Oktober 20 . . die gesetzliche Unterhaltsrente zu gewähren.

Begründung

Die Klägerin hat in dem Bäckereibetrieb ihres Ehemannes Fritz Sorgenfrei, Schweizer Straße 193, Frankfurt/M., seit dem 1. September 20 . . ständig mitgearbeitet. Sie ist aufgrund des Antrags des Ehemannes vom 2. September 20 . . freiwillig unfallversichert. Am 2. Oktober 20 . . stürzte sie in der Backstube so unglücklich, daß sie schwer auf den Hinterkopf aufschlug. Seither leidet sie ständig an heftigen Kopfschmerzen, die ihr eine weitere Arbeitstätigkeit unmöglich machen. Obwohl der praktische Arzt Dr. Befund sein Gutachten dahin abgab, daß diese die Arbeitsunfähigkeit herbeiführenden Kopfschmerzen auf den heftigen Sturz zurückzuführen sind, lehnte die Berufsgenossenschaft jegliche Versicherungsleistung ab. Sie begründet dies damit, daß aufgrund des Gutachtens des Genossenschaftsarztes davon ausgegangen werden kann, daß die Kopfschmerzen nicht auf den Unfall zurückzuführen seien. Diese Auffassung ist unrichtig.

Beweis: 1. Vernehmung des Herrn Dr. Befund, Frankfurt/M., Mainstraße 7,
2. Einholung eines Gutachtens durch einen von dem Gericht zu ernennenden Sachverständigen.

In der Anlage füge ich Abschrift des ablehnenden Widerspruchsbescheides vom 24. November 20 . . bei.

Luise Sorgenfrei

Einschreiben mit einer Abschrift so rechtzeitig abschicken, daß die Klageschrift binnen Monatsfrist seit Zustellung des Widerspruchsbescheides bei dem Sozialgericht eingeht. Durchschrift mit Einschreibebeleg für die eigenen Akten behalten. Luise hätte auch innerhalb dieser Frist selbst zum Sozialgericht hingehen können und dort ihre Klage zu Protokoll des Urkundsbeamten der Geschäftsstelle geben können. Sie hätte auch ihren Ehemann Fritz an ihrer Stelle die Klage erheben lassen können. Herrn Dr. Befund allerdings konnte sie nicht zu ihrem Bevollmächtigten bestellen, denn wer als ärztlicher Gutachter tätig gewesen ist, kann nicht als Bevollmächtigter auftreten (§ 73 Abs. 1 SGG).

Luise Sorgenfrei hat mit ihrer Klage kein Glück. Auch das Sozialgericht kommt zu derselben Auffassung wie die Berufsgenossenschaft und weist daher die Klage der Frau Sorgenfrei ab. Doch damit ist die Sache noch nicht rechtskräftig entschieden. Luise hat durchaus weitere Möglichkeiten, gegen das Urteil des Sozialgerichts anzukämpfen.

Das Sozialgericht, das über Luise Sorgenfreis Klage entschieden hat, ist ein Verwaltungsgericht besonderer Art. Seine Entscheidungen trifft es durch sogenannte »Kammern«, die mit einem Vorsitzenden und zwei ehrenamtlichen Richtern als Beisitzern besetzt sind. Der Vorsitzende ist ein Berufsrichter, der entweder die Fähigkeit zum allgemeinen Richteramt oder aufgrund der vorgeschriebenen Prüfungen nach Landesrecht die Fähigkeit zu einem Richteramt an einem allgemeinen Verwaltungsgericht haben muß. Es kann auch als Vorsitzender eine Person ernannt werden, die durch mindestens fünfjährige Tätigkeit in Angelegenheiten der Sozialversicherung umfassende Kenntnisse im Sozialrecht besitzt.

Die ehrenamtlichen Richter übernehmen in ihrer Funktion ein Ehrenamt. Sie erhalten kein Gehalt, sondern eine angemessene Entschädigung für Verdienstausfall und Aufwand sowie Ersatz der Fahrkosten. Die ehrenamtlichen Richter werden von der Landesregierung oder einer von dieser be-

624

stimmten Stelle für vier Jahre berufen. In jeder Kammer für Angelegenheiten der Sozialversicherung und für Angelegenheiten der Arbeitslosenversicherung gehört der eine ehrenamtliche Richter dem Kreis der Versicherten und der andere dem der Arbeitgeber an. Sie werden aus Vorschlagslisten ausgewählt, welche einerseits von den Gewerkschaften und von selbständigen Vereinigungen von Arbeitnehmern mit sozial- oder berufspolitischer Zwecksetzung sowie andererseits von Vereinigungen von Arbeitgebern aufgestellt werden.

Mit Wirkung ab 1972 gibt es nicht mehr die Bezeichnung »Sozialrichter« für die Beisitzer. Sie sind jetzt »ehrenamtliche Richter«.

Luise Sorgenfrei will sich mit der Entscheidung des Sozialgerichts nicht zufriedengeben. Sie wird darin auch noch einmal von ihrem Hausarzt Dr. Befund bestärkt, der sein erstmals erstattetes Gutachten nach wie vor für richtig hält. Er meint, daß ein neuer Gutachter anders entscheiden werde und gibt ihr auch eine schriftliche ärztliche Kritik an dem bisherigen Gutachten, die sie für ihre Berufung mit verwenden wird. Luise Sorgenfrei kann gegen das Urteil des Sozialgerichts Berufung einlegen, und zwar bei dem Landessozialgericht innerhalb eines Monats seit Zustellung des Urteils durch das Sozialgericht. Sie tut dies wie folgt:

Luise Sorgenfrei   Schweizer Straße 193
                                                                   60594 Frankfurt/Main

An das
Landessozialgericht
34117 Kassel   30. April 20 . .

BERUFUNG

der Ehefrau Luise Sorgenfrei, Schweizer Straße 193, Frankfurt/M.,
                                    – Klägerin und Berufungsklägerin –
in dem Rentenrechtsstreit

gegen

die Berufsgenossenschaft Nahrungsmittel und Fremdenverkehr, Mannheim
                                    – Beklagte und Berufungsbeklagte –
Aktenzeichen erster Instanz ...

Hiermit lege ich gegen das Urteil des Sozialgerichts Frankfurt/M. vom
12. April 20 . ., Aktenzeichen ..., zugestellt am 20. April 20 . .

                            B e r u f u n g
ein.

Ich beantrage,
unter Aufhebung des Urteils erster Instanz die Beklagte zu verurteilen, der Klägerin
aus dem Unfall vom 2. Oktober 20 . . die gesetzliche Unterhaltsrente zu gewähren.

<u>Begründung</u>

Hinsichtlich der unstreitigen Tatsachen beziehe ich mich auf mein bisheriges Vorbringen. Das angefochtene Urteil beruft sich darauf, daß die bisher vernommenen Sachverständigen die Ansicht vertreten haben, daß meine Arbeitsunfähigkeit nicht von dem Betriebsunfall herrührt, sondern von einer Krankheit. Der mich behandelnde Arzt, Herr Dr. med. Alexander Befund, Frankfurt/M., vertritt gegenüber diesen Gutachten den genau entgegengesetzten Standpunkt. Ich überreiche in der Anlage seine ausführliche kritische Stellungnahme zu den bisherigen Sachverständigengutachten.

Herr Dr. Befund kennt mich von Kindheit an und hat auch schon meine Eltern behandelt.

Falls das Berufungsgericht sich seiner Auffassung nicht anschließen sollte, beantrage ich die Einholung eines Obergutachtens.

Luise Sorgenfrei

Das Landessozialgericht entscheidet über Luise Sorgenfreis Berufung durch einen Senat, der mit einem Vorsitzenden, zwei weiteren Berufsrichtern und zwei ehrenamtlichen Richtern besetzt ist. Die ehrenamtlichen Richter sind Ehrenbeamte.

Die Berufung ist nicht gegen jedes Urteil des Sozialgerichts möglich. Die §§ 144, 145 SGG haben einige Fälle von der Berufung ausgenommen, so zum Beispiel Ansprüche bis zu 500,– Euro, außer bei wiederkehrenden Leistungen für mehr als 1 Jahr. Auch in den ausgenommenen Fällen kann aber die Berufung zugelassen werden.

Wenn auch das Landessozialgericht eine für Luise Sorgenfrei ungünstige Entscheidung trifft, das heißt ihre Berufung zurückweist, dann steht es um Luise schlecht.

Sie kann zwar – unter gewissen Voraussetzungen – gegen das Urteil des Landessozialgerichts binnen einem Monat seit Zustellung des Berufungsurteils Revision beim Bundessozialgericht einlegen. Das Bundessozialgericht hat seinen Sitz in Kassel. Die Rivision muß aber zugelassen sein beziehungsweise kann durch Nichtzulassungsbeschwerde eventuell erzwungen werden.

Die Revision kann lediglich darauf gestützt werden, daß das Landessozialgericht das Recht falsch angewendet hat. Die Richtigkeit oder Unrichtigkeit der von dem Landessozialgericht festgestellten Tatsachen kann es nicht überprüfen. Zur Einlegung und Durchführung der Revision muß sich Luise Sorgenfrei jedoch durch einen Prozeßbevollmächtigten vertreten lassen. Und zwar muß dieser entweder ein Rechtsanwalt sein oder ein Mitglied oder Angestellter einer Arbeitgebervereinigung, soweit er kraft Satzung oder Vollmacht dieser Vereinigung zur Prozeßvertretung befugt ist. Ebenso kann sich ein Arbeitnehmer durch ein Mitglied oder einen Angestellten einer Gewerkschaft oder sonstigen entsprechenden Arbeitnehmervereinigung vertreten lassen, die kraft Satzung oder Vollmacht zur Prozeßvertretung berechtigt ist.

Das Bundessozialgericht entscheidet in Senaten, die mit einem Vorsitzenden und zwei weiteren Berufsrichtern als Beisitzern sowie zwei ehrenamtlichen Richtern besetzt sind. Die ehrenamtlichen Richter sind Ehrenbeamte.

Durch das Verfahren vor den Sozialgerichten entstehen für Luise Sorgenfrei keine Gerichtskosten (§ 183 SGG). Nur bei Mutwillen, Verschleppen oder Irreführung des Gerichts können einem Beteiligten die Kosten des Verfahrens auferlegt werden.

Vor dem Sozialgericht und dem Landessozialgericht muß man sich nicht durch einen Rechtsanwalt vertreten lassen. Man sollte es aber tun. Die Gebühren der Rechtsanwälte in einem Verfahren der Sozialgerichtsbarkeit sind gering. Erkundigen Sie sich, bevor Sie den Prozeß allein führen!

Die Industrie- und Handelskammer

Als Fritz Sorgenfrei und sein Sohn Richard eines Tages bei einer guten Flasche Wein gemütlich beisammensitzen, kommen sie auf ihr Geschäft zu sprechen.

»Mein Laden geht schon gut«, stellt Richard Sorgenfrei mit Stolz fest. »So ein Barbetrieb hat natürlich seine Schwankungen, aber das Geschäft ist gesund. Neulich sagte mir sogar ein Gast, daß ich mich eigentlich bei meinen Umsätzen längst als ,Vollkaufmann' in das Handelsregister hätte eintragen lassen müssen. Ich habe nichts weiter gesagt, aber das ist mir alles etwas unklar. Ich habe doch keine Firma, sondern eine Bar. Schade, daß wir nicht so eine Standesvertretung haben wie ihr in eurer Handwerkskammer, man kann ja nicht wegen jedem Problem gleich zum Rechtsanwalt laufen.«

»Aber hör mal, Richard«, fragt Fritz Sorgenfrei »bist du denn nicht Mitglied der Industrie- und Handelskammer? Dann wird es aber Zeit!«

Und damit hat Vater Sorgenfrei durchaus recht. Schließlich ist Richard Sorgenfrei Kaufmann gemäß § 1 HGB. Dann hat Richard Sorgenfrei auch eine »Firma«, die er im Handelsregister eintragen lassen muß.

Über alle damit verbundenen Fragen wird er gut und richtig von »seiner« Standesvertretung, der »Industrie- und Handelskammer«, beraten. Aber darin erschöpfen sich deren Aufgaben keineswegs.

Die Aufgaben der Industrie- und Handelskammern sind vielgestaltig und dienen alle dem Zweck, dem Gewerbetreibenden in seinem Berufsalltag zur Seite zu stehen. Zu dieser Aufgabe gehören, wie die Satzung ausweist: Beratung und Auskünfte in allen Fragen, die den Betrieb betreffen. Es gibt auch ein Bundesgesetz betreffend die Industrie- und Handelskammern und auch entsprechende Gesetze in den einzelnen Bundesländern, zum Beispiel das Hessische Ausführungsgesetz in der Fassung vom 27. Februar 1998. Danach hat die IHK die Aufgabe, das Gesamtinteresse ihrer zugehörigen Gewerbetreibenden wahrzunehmen, für die Förderung der gewerblichen Wirtschaft zu sorgen und dabei die wirtschaftlichen Interessen einzelner Gewerbezweige oder Betriebe abwägend und ausgleichend zu berücksichtigen (§ 1).

Bei der Industrie- und Handelskammer erfährt der Kaufmann, der mit dem Ausland Geschäfte machen will, was er von Zöllen, Bahnfrachten, Importen, Begleitpapieren etc. wissen muß. Die Industrie- und Handelskammer kann aufgrund der Spezialkenntnisse ihrer Mitarbeiter gerade dem im Aufbau stehenden Gewerbetreibenden schnell und sicher in anfallenden Problemen zur Seite stehen, mag es sich um Anmeldungen, Genehmigungen, Erlangung von Aufbauhilfe, Staatskrediten handeln oder um eine Auskunft über einen Geschäftsfreund. Die Industrie- und Handelskammer weiß über kaufmännische Gewohnheiten, Handelsbräuche und Usancen Bescheid.

Darüber hinaus nimmt die Industrie- und Handelskammer auch auf höherer Ebene die Interessen aller Gewerbetreibender wahr. Sie ist die berufene Stelle, um durch Gutachten, Vorschläge und Stellungnahme die Gesetzgebung auf dem Gebiet des allgemeinen und speziellen Handelsrechts oder Wettbewerbsrecht zu verbessern und fortzuentwickeln.

Auch über die Staatsgrenze hinaus wirkt sich das System der Industrie- und Handelskammer aus. Bevor Sie etwas unternehmen, fragen Sie Ihre Kammer, ob sie helfen kann.

627

Als der kleine Parvus-Verlag eine Anzahl Bücher an die schweizerische Buchhandlung Bürkli in Schaffhausen geliefert hatte, bekam er Schwierigkeiten, da Bürkli ungerechtfertigte Beanstandungen erhob und nicht zahlte.

Ist es schon schwer, im eigenen Land gegen einen zahlungsunwilligen Schuldner einen Anspruch durchzusetzen, so ist es noch schwerer im Ausland. Welches Gericht ist zuständig, welcher Rechtsanwalt ist zugelassen, und wird er auch tüchtig sein? Dies alles geht »Parvus« im Kopf herum. Und dabei hat er es so einfach. Er braucht sich zunächst nur an die zuständige IHK zu wenden, die ihm schon mit den notwendigen Kontakten weiterhelfen wird:

Das Zusammenwirken der Kammern auf nationaler und internationaler Basis

Zunächst haben sich deutsche IHK jeweils auf Länderebene zu Arbeitsgemeinschaften zusammengeschlossen. Insofern gilt zum Beispiel für Hessen folgendes:

Die elf hessischen Industrie- und Handelskammern haben sich zu einer Arbeitsgemeinschaft zusammengeschlossen, um übergeordnete Fragen, die über den jeweiligen regionalen Kammerbezirk hinaus alle Kammern in Hessen betreffen, gemeinsam zu lösen. Hierzu gehört vor allem die Aufgabe von Stellungnahmen zu wirtschaftspolitischen Fragen gegenüber der hessischen Landesregierung.

In Deutschland werden die IHK durch den Deutschen Industrie- und Handelstag (DIHK) vertreten.

Der Deutsche Industrie- und Handelskammertag (DIHK) ist die Spitzenorganisation der 82 Industrie- und Handelskammern. Alle deutschen Unternehmen im Inland – ausgenommen Handwerksbetriebe, freie Berufe und landwirtschaftliche Betriebe – sind per Gesetz Mitglied einer Industrie- und Handelskammer. Folglich spricht der Deutsche Industrie- und Handelskammertag für über drei Millionen Unternehmer. Mitglied in der Kammerorganisation sind Unternehmen aller Größen und Branchen: der internationale Konzern ebenso wie der mittelständische Inhaber-Unternehmer. Das verleiht dem DIHK als Spitzenorganisation hohes politisches Gewicht. Er ist nicht die Vertretung einer bestimmten Gruppe von Unternehmen, sondern Repräsentant der gesamten gewerblichen Wirtschaft in Deutschland.

Die IHK vertreten das Interesse ihrer zugehörigen Unternehmen gegenüber den Kommunen, Landesregierungen, regionalen staatlichen Stellen und durch den DIHK gegenüber der Bundesregierung und der Europäischen Kommission. Die IHK stellen Ursprungszeugnisse und Carnets aus, können Prüfungen bei der Berufsausbildung abnehmen oder neuerdings auch Öko-Standorte registrieren, Sachverständige vereidigen, gutachterliche Tätigkeiten für die staatlichen Verwaltungen und für die Gerichte durchführen, bei der Bestellung von Handelsrichtern mitwirken, ebenso bei den Handelsregistereintragungen. Die IHK sichern darüber hinaus eine »Grundversorgung« mit notwendigen Wirtschaftsinformationen für die ihnen zugehörigen Unternehmen.

Die IHKs sind eigenverantwortliche öffentlich-rechtliche Körperschaften; andererseits aber dennoch keine Behörden. Sie sind eine Einrichtung der Wirschaft und wichtigster Interessenvertreter der gesamten gewerbetreibenden Unternehmen in ihrer Region. Sie nehmen nicht nur öffentlich-rechtliche Aufgaben wahr, sondern stehen ihren Mitgliedsunternehmen auch als direkte Berater oder sachkundige Makler in vielen lokalen, regionalen und überregionalen Angelegenheiten der Wirtschaft zur Verfügung oder aber über den DIHK auch auf Bundesebene und über internationale Organisationen.

628
Der Deutsche Industrie- und Handelstag (DIHT) hat einen Präsidenten und einen Hauptgeschäftsführer. Der Vorstand besteht aus 25 Mitgliedern, die Vollversammlung aus den 82 Industrie- und Handelskammern und zahlreichen Fachausschüssen, in denen etwa 600 Unternehmer ehrenamtlich tätig sind. Ca. 60 Arbeitskreise beraten in Wirtschaftsfragen. 31 Außenhandelskammern und die Internationale Handelskammer mit dem Generalsekretariat in Paris halten engen Kontakt zum DIHT.

Es gibt auch eine Union europäischer Industrie- und Handelskammern, die sich in ihrem Einzugsgebiet für die europäische Verkehrspolitik zu Lande und in der Luft einsetzt und für alle Fragen, die mit dem Betrieb von Verkehrswegen zusammenhängen (zum Beispiel Umweltfragen, Verkehrslenkung, Telekomkommunikation).

Verträge mit Behörden

Wer die Gemeinde vertreten darf

Fritz Sorgenfreis guter Freund Otto Cramm ist Inhaber des Star-Verlages. Er stellt unter anderem Bücher für den Unterricht her, die er durch Reisevertreter verkaufen läßt. Vor allem die Volksschulen in den kleinen Gemeinden sind an einem schönen Bilderwerk über das Weltall sehr interessiert.

Das Werk kostet 80,– Euro. Otto Cramms Handelsvertreter Götz Panzer macht hiermit die besten Geschäfte. Er versteht es, mit den Schulleitern alsbald den richtigen Kontakt zu finden und dann die Bilder für sich sprechen zu lassen.

Das Bestellformular hat er griffbereit, und fast immer kommt es zur Unterschrift des Lehrers, wobei Panzer nie vergißt, das Schulsiegel beidrücken zu lassen. Aufgrund des Bestellscheins schickt der Verlag die einzelnen umfangreichen Lieferungen an die betreffenden Schulen, und die Gemeinde überweist das Geld.

Aber plötzlich kommt eines Tages folgendes Schreiben:

GEMEINDE ERKSHOLM
KREIS LADRINGEN

An den
Star-Verlag Otto Cramm
Postfach
64217 Darmstadt   23. Februar 20 . .

Bezug des Bildwerkes »Sterne im Weltall«

Ihr Vertreter hat am 10. Februar d. J. mit unserem Schulleiter, Herrn Lehrer Anselm
Weiß, wegen der Bestellung des obengenannten Bildwerkes verhandelt. Herr Lehrer
Weiß hat schließlich auch den Bestellschein unterschrieben und das Schulsiegel beige-

drückt. Dies genügt aber nicht, um eine unsere Gemeinde verpflichtende Erklärung abzugeben.

Nach dem geltenden Gemeinderecht muß eine Verpflichtungserklärung schriftlich von dem Bürgermeister und einem weiteren Mitglied des Gemeindevorstandes oder von zwei sonstigen Mitarbeitern des Gemeindevorstandes abgegeben werden, und dieser Urkunde muß das Gemeindesiegel beigedrückt sein.

Herr Lehrer Weiß konnte unsere Gemeinde demnach nicht wirksam verpflichten. Da die Gemeindemittel zur Zeit noch nicht eine Erhöhung des Schuletats ermöglichen, muß leider von dem Bezug des obengenannten Werkes Abstand genommen werden.

Mit freundlichen Grüßen

Bürgermeister

Dies ist nun ein höchst unerfreulicher Brief für den Star-Verlag. Der Vertreter Panzer hat schon seine Provision für den Auftrag erhalten, und die Gemeinde zahlt nicht.

Otto Cramm ist überzeugt, daß die Gemeinde Erksholm unrecht hat. Und wenn diese nicht zahlen will, dann muß nach Ansicht Cramms »die Schule« zahlen. Das wäre ja noch schöner!

Aber der Bürgermeister von Erksholm hat schon recht mit seiner Ablehnung.

In den Gemeinderechtsgesetzen ist heute ganz genau verankert, wie die Verpflichtungserklärungen einer Gemeinde aussehen müssen und wer sie abgeben kann. Die hessische Gemeindeordnung zum Beispiel sieht folgende Regelung vor (§ 71 Abs. 2):

§ 71 Abs. 2
»Erklärungen, durch die die Gemeinde verpflichtet werden soll, bedürfen der Schriftform. Sie sind nur rechtsverbindlich, wenn sie vom Bürgermeister oder seinem allgemeinen Vertreter sowie von einem weiteren Mitglied des Gemeindevorstands handschriftlich unterzeichnet und mit dem Dienstsiegel versehen sind. Dies gilt nicht für Geschäfte der laufenden Verwaltung, die für die Gemeinde von nicht erheblicher Bedeutung sind, sowie für Erklärungen, die ein für das Geschäft oder für den Kreis von Geschäften ausdrücklich Beauftragter abgibt, wenn die Vollmacht in der Form nach Satz 1 und 2 erteilt ist.«

In den anderen Ländern liegen die Dinge ähnlich.

Bei dieser klaren gesetzlichen Regelung kann kein Zweifel bestehen, daß es nicht genügte, nur von dem Lehrer den Bestellschein unterzeichnen zu lassen. Er hatte überhaupt keine Befugnis, die Gemeinde insoweit zu vertreten. Nur soweit es sich um laufende Geschäfte der Schulverwaltung handelt, die für die Gemeinde von nicht erheblicher Bedeutung sind, liegen die Dinge anders.

630

Wenn zum Beispiel eine Fensterscheibe des Schulhauses instandzusetzen ist oder eine Reparatur an der Elektroanlage notwendig wird, dann kann der Schulleiter hierfür den Reparaturauftrag formlos vergeben. Die Gemeinde wird durch einen solchen Werkvertrag verpflichtet, nicht etwa die Schule. Verpflichtet oder berechtigt können im Rechtsleben immer nur sogenannte »Personen« – das sind Rechtsträger – werden.

Daneben kennt unser Recht noch andere Rechtsträger, die sozusagen von der Rechtsordnung künstlich geschaffen sind, die »juristischen Personen«. Ihr Kreis ist im Recht festgelegt. Zu ihnen zählen zum Beispiel die eingetragenen Vereine, die Stiftungen, die Aktiengesellschaften, die Gesellschaften mit beschränkter Haftung und die Genossenschaft. Die in dem vorstehenden Satz aufgezählten juristischen Personen gehen aus dem Privatrecht hervor, also dem Recht, das die Beziehungen der Bürger untereinander regelt.

Aber auch das öffentliche Recht schafft juristische Personen. Das ist vor allem die Bundesrepublik selbst. Sie ist Eigentümerin von großen Ländereien, Schlössern, Wäldern usw. Da sind die einzelnen Länder und schließlich auch die Gemeinden. Man nennt diese öffentlich-rechtlichen Rechtsträger auch Körperschaften, und weil sie durch einen Gebietsteil näher festgelegt werden, genauer Gebietskörperschaften (vgl. zum Beispiel § 1 Abs. 2 Hessische Gemeindeordnung).

Die Gemeindeschule ist eine Einrichtung der Gemeinde, eine sogenannte unselbständige Gemeindeanstalt. Sie kann keine Rechte erwerben, keine Verpflichtungen übernehmen, auch keine Prozesse führen. Der Lehrer ist nicht von der Schule »angestellt«, sondern von der Gemeinde. Wenn der Lehrer handelt, so handelt er für die Gemeinde. Aber nur soweit seine Vertretungsmacht reicht, kann er die juristische Person »Gemeinde« verpflichten. Und er konnte seine Bestellung für die Lieferung zahlreicher teurer Bücher nicht im Namen der Gemeinde vornehmen.

Otto Cramm bedenkt sich all dieses und ist noch nicht so recht überzeugt. Er überlegt: »Wer kennt denn schon in der Geschäftswelt die einzelnen Gemeindeordnungen und vor allem diese ausgeklügelten Paragraphen, die bestimmen, von wem und wie die Gemeinden vertreten werden? Alle verlassen sich darauf, daß der Gemeindebeamte, mit dem sie verhandeln, weiß, ob er den Vertrag rechtsverbindlich schließen kann oder nicht. Wenn dieser nicht einmal sein Gemeinderecht kennt, woher soll dies dann der einzelne Bürger wissen? Man muß sich darauf verlassen können, daß jede Erklärung eines Gemeindebeamten oder Angestellten für die Gemeinde verbindlich ist. Das verlangt einfach Treu und Glauben.«

Das alte Grundsatz »Treu und Glauben« soll also wieder einmal helfen. Vor allem der Nichtjurist ist schnell damit bei der Hand, wenn seine Rechtsunkenntnis ihn in eine ungünstige Lage gebracht hat.

Mangelnde Vertretungsmacht

Die Rechtsprechung neigt zwar dazu, fehlende Formalitäten und mangelnde Vertretungsmacht durch Berufung auf Treu und Glauben zu ersetzen. Aber für das Gemeinderecht haben die Gerichte dies fast durchweg abgelehnt. Die strengen, aber klaren Bestimmungen der Gemeindeordnung sind ja gerade geschaffen, damit klargestellt ist, durch wen und auf welche Art und Weise eine Gemeinde verpflichtet werden kann.

Es ist bedauerlich, daß die Geschäftswelt, die doch so viele Verträge mit der öffentlichen Hand schließt, über diese Rechtsfragen oft überhaupt nicht Bescheid weiß. In unserem Fall geht es um ein verhältnismäßig geringfügiges Objekt. Der Star-Verlag wird nicht zugrunde gehen, wenn er den Vertrag mit der Gemeinde Erksholm nicht durchsetzen kann. Aber es gibt auch Fälle, in denen es für die Firma, die mit der Gemeinde kontrahieren wollte, um existentielle Geschäfte gehen kann.

Städte lassen Rathäuser bauen und Straßen anlegen, Schwimmbäder und Brücken über Flüsse und Eisenbahnen errichten. Wenn bei solchen Objekten das Vertragswerk nicht in Ordnung geht, dann gibt es gegebenenfalls große finanzielle Rückschläge.

631

Mancher Stadtbaurat hat schon Verträge unterschrieben, die in die Hunderttausende gingen und die nicht wirksam waren. Wenn die Gemeinde nicht nachträglich seine Zusage genehmigte und dafür sorgte, daß der Vertrag mit dem Unternehmen ordnungsgemäß geschlossen war, dann wurde nichts aus dem schönen Geschäft.

Ein Pflaster hat allerdings die neueste Rechtsprechung vorgesehen, und zwar aus dem Gedanken der »culpa in contrahendo«, der im neuen Schuldrecht gesetzlich verankert wurde (§ 311 Abs. 2 BGB). Hierunter versteht man folgendes:

Die Sorgfaltspflicht

Schon Vertragsverhandlungen begründen Sorgfaltspflichten zwischen den Parteien. Wenn man einen Laden aufsucht, um dort etwas zu kaufen, und der Verkäufer schüttet versehentlich eine Flüssigkeit über dem Kunden aus, so muß der Geschäftsinhaber den Schaden ersetzen. Das Betreten des Ladens in Verbindung mit den Vertragsverhandlungen löste die Sorgfaltspflicht des Geschäftsinhabers aus, zu deren Erfüllung er sich seines Angestellten als Erfüllungsgehilfen bediente. Dessen schuldhaftes Verhalten beim Vertragsschluß (culpa in contrahendo = Verschulden beim Vertragsschluß) muß der Kaufmann gemäß § 278 BGB gegen sich gelten lassen, als hätte er selbst die Handlung begangen.

Die Rechtsprechung wendet nun diesen Gedanken auch auf Vertragsverhandlungen mit der öffentlichen Hand an. Aufgrund dieser Vertragsverhandlungen ist es Sache des betreffenden Beamten, dafür zu sorgen, daß der Vertragsabschluß in einer gültigen Form durchgeführt wird, wenn sich die Parteien entschlossen haben, den Vertrag zu tätigen. Wenn nun der Beamte in Unkenntnis der gesetzlichen Bestimmungen nicht die nötige Form wahrt, dann handelt er schuldhaft, und die Gemeinde muß für dieses schuldhafte Verhalten einstehen, als hätte sie selbst den Fehler begangen. Sie muß dem Verhandlungspartner den hierdurch entstandenen Schaden ersetzen. Handelt es sich zum Beispiel um den Bau eines Gemeindehauses, der vergeben werden sollte, dann sind dem Bauunternehmer die Unkosten für Bauzeichnungen, Voranschläge usw. zu ersetzen.

In unserem Fall »Verlag – Gemeinde Erksholm« könnte der Verlag demnach die Porto- und Telefonkosten, die er in diesem Fall aufgewendet hatte, ersetzt verlangen. Es wird sich aber kaum lohnen, deswegen mit der Gemeinde zu prozessieren.

Da verfällt Otto Cramm, der Inhaber des Verlages, auf folgenden Ausweg. Er sagt sich: »Wenn ich schon die Gemeinde Erksholm nicht auf Erfüllung des Vertrages verklagen kann, so werde ich mich an den Lehrer Anselm Weiß halten. Dieser hat sich aufgespielt, als könne er die Gemeinde verpflichten, nun soll er auch die Suppe auslöffeln.«

Otto Cramm denkt offensichtlich an die Bestimmungen des § 179 BGB, der die Haftung des Vertreters ohne Vertretungsmacht (falsus procurator) regelt. Doch kennt Otto Cramm diese Bestimmungen nicht genau genug. Sie lauten:

632

§ 179

(1) Wer als Vertreter einen Vertrag geschlossen hat, ist, sofern er nicht seine Vertretungsmacht nachweist, dem anderen Teile nach dessen Wahl zur Erfüllung oder zum Schadensersatze verpflichtet, wenn der Vertretene die Genehmigung des Vertrags verweigert.

(2) Hat der Vertreter den Mangel der Vertretungsmacht nicht gekannt, so ist er nur zum Ersatze desjenigen Schadens verpflichtet, welchen der andere Teil dadurch erleidet, daß er auf die Vertretungsmacht vertraut, jedoch nicht über den Betrag des Interesses hinaus, welches der andere Teil an der Wirksamkeit des Vertrags hat.

(3) Der Vertreter haftet nicht, wenn der andere Teil den Mangel der Vertretungsmacht kannte oder kennen mußte Der Vertreter haftet auch dann nicht, wenn er in der Geschäftsfähigkeit beschränkt war, es sei denn, daß er mit Zustimmung seines gesetzlichen Vertreters gehandelt hat.

Auf unseren Fall trifft der Absatz 2 zu. Der Lehrer Weiß kannte ebensowenig wie der Vertreter die einschlägigen Bestimmungen des Gemeinderechts. In diesem Fall haftet er aber nicht auf Erfüllung des mißglückten Vertrages, sondern nur auf Ersatz des Schadens, den der Verlag dadurch erlitt, daß er auf die Gültigkeit des Vertrages mit der Gemeinde Erksholm vertraute. Dies läuft aber wiederum nur darauf hinaus, daß der Verlag seine Telefon- und Portospesen ersetzt verlangen kann. Bei der nächsten Repräsentantenschulung erzählt Otto Cramm seinen Vertretern diese Erfahrungen und gibt ihnen genaue Anweisungen, stets die Bürgermeister oder deren allgemeine Vertreter aufzusuchen und darauf zu achten, daß immer zwei Unterschriften sowie das Gemeindesiegel auf dem Bestellschein erscheinen.

Und was für die Gemeinde gilt, gilt auch entsprechend für die Landkreise, denn die Kreisordnungen haben die Vertretung ganz ähnlich geregelt. Entweder muß der Landrat mit einem Mitglied des Kreisausschusses unterzeichnen oder der allgemeine Vertreter des Landrates mit einem Kreisausschußmitglied, und stets muß das Kreissiegel beigedrückt werden. Es nützt also nichts, wenn man sich die Unterschrift des Leiters der Kreisberufsschule einholt. Dieser vertritt den Kreis ebensowenig wie der Volksschullehrer die Gemeinde.

Gewerbe- und Sondergesetze

Der Handel mit Lebens- und Genußmitteln

Es gibt viele Gewerbetätigkeiten, die Gefahren in sich bergen. Manche von ihnen, zum Beispiel der Handel mit Sprengstoffen, wilden oder giftigen Tieren, treten wegen ihrer Seltenheit im Alltag kaum in Erscheinung.

Aber der Handel mit Lebens- und Genußmitteln berührt jeden von uns täglich. Wenn wir auch nicht befürchten müssen, daß die von uns gekaufte Wurst mit Giften gewürzt sein wird, so sehen wir ihr doch nicht so ohne weiteres von außen an, ob ihr Genuß für uns schädlich sein wird. Lebens- und Genußmittel sind häufig leicht verderblich, sie sind ein guter Nährboden für Krankheitskeime, sie können sogar ihrer Art nach schädlich sein. Der Gesetzgeber hat es daher für notwendig angesehen, auf diesem Gebiet Sicherheitsmaßnahmen zu erlassen, die recht unterschiedlich sind.

Der Handel mit Milch

Die Kuhmilch und die aus ihr gewonnenen Erzeugnisse machen eines unserer Hauptnahrungsmittel von der Säuglingszeit bis in das Alter hinein aus. Es gilt, dafür zu sorgen, daß nur Milch von gesunden Kühen in den Handel kommt und daß sie auf dem Weg zum Verbraucher besonders hygienisch behandelt wird.

Der Gesetzgeber erfaßt die Milch schon beim Erzeuger, dem Bauern, durch das Gesetz über den Verkehr mit Milch, Milcherzeugnissen, Margarine- und ähnlichen Erzeugnissen (Milch- und Margarinegesetz) vom 25. Juli 1990. Nach der Milchverordnung vom 23. Juni 1989 darf der Milcherzeuger die von ihm gewonnene Milch nicht beliebig veräußern, sondern muß sie an eine Molkerei abgeben, die von der obersten Landesbehörde bestimmt wird. Wer direkt an Milchhändler, Groß- und Einzelhändler liefern will, bedarf hierzu einer besonderen Ausnahmegenehmigung der obersten Landesbehörde.

Für sogenannte Trinkmilch ist ein bestimmtes Bearbeitungsverfahren gesetzlich vorgeschrieben. Wer die Anordnungen des Milch- und Margarinegesetzes und der Milchverordnung vorsätzlich oder fahrlässig verletzt, verstößt damit gegen das Wirtschaftsstrafgesetz. Er macht sich damit strafbar oder begeht zumindest eine Ordnungswidrigkeit.

Fritz Sorgenfreis Ehefrau Luise hat schon gelegentlich einmal die Frage angeschnitten, ob man nicht neben dem Bäckereibetrieb noch einen Milchhandel eröffnen sollte. Der Kundenkreis der Bäckerei würde schon der Bequemlichkeit halber auch Abnehmer des Milchgeschäftes werden. »Wir haben doch in dem Verkaufsraum noch die rechte Ecke frei. Dort stellen wir einfach einen großen Topf auf, und schon kann es losgehen.«

Aber hier irrt Luise gründlich. Man kann ein Milchgeschäft nicht einfach aufmachen, sondern bedarf hierzu einer besonderen Erlaubnis nach § 17 der Milchverordnung.

Wenn Fritz Sorgenfrei sich also auf diese Art des Handels legen will, dann muß er in seinem Betrieb schon besondere räumliche und personelle Bedingungen erfüllen.

Das Milchgeschäft setzt voraus, daß alles getan werden muß, um Staub, Schmutz, Gerüche oder Krankheitserreger und sogar Witterungseinflüsse von der Milch fernzuhalten. Personen, die an bestimmten Krankheiten leiden, dürfen nicht beschäftigt werden. Milch von kranken Kühen (Maul- und Klauenseuche usw.) muß vorher bearbeitet beziehungsweise aufbereitet werden (zum Beispiel durch Erhitzung), um jede Gefährdung der Gesundheit des Verbrauchers zu beseitigen.

»Wenn das so ist«, meint Luise, »dann müßten wir ja einen besonderen Verkaufsraum für Milch und Butter haben, sonst bekommen wir die Erlaubnis nie.«

Diese Erkenntnis ist richtig. In dem Raum, in welchem offene Milch abgegeben wird, darf stark riechende Ware nicht verkauft werden, deren Geruch die Milch beeinträchtigen könnte, wie zum Beispiel Hering aus der Tonne. Auch kein frisches Gemüse oder Obst, da hier Verschmutzungsgefahr besteht.

Das Lebensmittelrecht

»Das hätte ich nie gedacht«, staunt Luise, »für den Milchhandel gibt es gleich ein besonderes Gesetz. Und wie ist es mit den anderen Lebensmitteln? Neulich habe ich einmal nicht bei unserem Metzgermeister eingekauft, sondern bei einem fremden Fleischer in der Oberstadt. Wie ich das Gehackte zu Hause auspackte, wirft mich der Geruch beinahe um. Ich habe es gleich in den Mülleimer getan. Für solche Fälle müßte es Gesetze geben. Wer weiß, was dieser Mensch alles verkauft, vielleicht Fleisch von kranken Tieren.« Nun, Luise kann beruhigt sein.

Der Gesetzgeber hat auch hier getan, was er tun konnte. Gerade für den Verkauf von Fleisch hat er besondere Regelungen getroffen, die schon bei der Schlachtung zum Zuge kommen. Das Fleischhygienegesetz vom 8. Juli 1993 bestimmt eine Untersuchungspflicht für folgende Fleischarten in § 1:

634

§ 1

(1) Rinder, Schweine, Schafe, Ziegen, andere Paarhufer, Pferde, andere Einhufer, Kaninchen, die als Haustiere gehalten werden, unterliegen, wenn ihr Fleisch zum Genuß für Menschen bestimmt ist, vor und nach der Schlachtung einer amtlichen Untersuchung (Schlachttier- und Fleischuntersuchung); dies gilt entsprechend für Haarwild, das auf andere Weise als durch Erlegen getötet wird. Erlegtes Haarwild unterliegt unbeschadet des Satzes 3 bei gleicher Zweckbestimmung nur der Fleischuntersuchung. Die Schlachttier- und Fleischuntersuchung kann bei Hauskaninchen, die Fleischuntersuchung bei erlegtem Haarwild unterbleiben, wenn keine Merkmale festgestellt werden, die das Fleisch als bedenklich zum Genuß für Menschen erscheinen lassen, und

1. das Fleisch zum eigenen Verbrauch verwendet oder unmittelbar an einzelne natürliche Personen zum eigenen Verbrauch abgegeben wird oder

2. das erlegte Haarwild unmittelbar nach dem Erlegen in geringen Mengen an nahegelegene be-

oder verarbeitende Betriebe zur Abgabe an Verbraucher zum Verzehr an Ort und Stelle oder zur Verwendung im eigenen Haushalt geliefert wird.

Fleisch von Affen, Hunden und Katzen darf zum Genuß für Menschen nicht gewonnen werden.

(2) Bei Notschlachtungen darf die Schlachttieruntersuchung unterbleiben.

(3) Schweine und Einhufer, deren Fleisch zum Genuß für Menschen verwendet werden soll, sind nach der Schlachtung amtlich auch auf Trichinen zu untersuchen. Ferner unterliegen der Untersuchung auf Trichinen nach der Tötung Wildschweine, Bären, Füchse, Sumpfbiber, Dachse und andere fleischfressende Tiere, die Träger von Trichinen sein können, wenn das Fleisch zum Genuß für Menschen verwendet werden soll. Die Untersuchung auf Trichinen ist nicht erforderlich bei Hausschweinen, Einhufern und Sumpfbibern, wenn das Fleisch einer zugelassenen Kältebehandlung unter Aufsicht der zuständigen Behörde unterzogen worden ist.

Diese Beschaupflicht gilt auch für Hausschlachtungen, mit Ausnahme für Schafe und Ziegen im Alter von nicht mehr als drei Monaten, sofern sie nicht Krankheitserscheinungen zeigen.

Ergibt die Beschau, daß kein Grund zur Beanstandung vorliegt, so wird das Fleisch für den menschlichen Genuß freigegeben. Andernfalls macht der Beschauer Anzeige bei der Polizei. Möglicherweise ist das Fleisch bedingt für den menschlichen Genuß brauchbar; dann kann es mit polizeilicher Erlaubnis unter besonderer Kenntlichmachung zum Verkauf kommen.

Unabhängig von allen diesen Sonderregeln ordnet das Gesetz über den Verkehr mit Lebensmitteln, Tabakerzeugnissen, kosmetischen Mitteln und sonstigen Bedarfsgegenständen (LMBG) vom 8. Juli 1993 den Vertrieb sämtlicher Lebensmittel auf das eingehendste. Zu den Lebensmitteln zählen alle Stoffe, die gegessen oder getrunken werden, darüber hinaus auch Tabak. Die Grundregeln für den Handel mit den vorstehenden Lebensmitteln sind in den §§ 8 und 17 wie folgt festgelegt:

§ 8

Es ist verboten,

1. Lebensmittel für andere derart herzustellen oder zu behandeln, daß ihr Verzehr geeignet ist, die Gesundheit zu schädigen;

2. Stoffe, deren Verzehr geeignet ist, die Gesundheit zu schädigen, als Lebensmittel in den Verkehr zu bringen.

3. nicht abgedruckt

§ 17

(1) Es ist verboten,

1. zum Verzehr nicht geeignete Lebensmittel oder Lebensmittel, die entgegen den Vorschriften des § 31 hergestellt oder behandelt worden sind, als Lebensmittel gewerbsmäßig in den Verkehr zu bringen;

2.
a) nachgemachte Lebensmittel,

b) Lebensmittel, die hinsichtlich ihrer Beschaffenheit von der Verkehrsauffassung abweichen und dadurch in ihrem Wert, insbesondere in ihrem Nähr- oder Genußwert oder in ihrer Brauchbarkeit nicht unerheblich gemindert sind oder

c) Lebensmittel, die geeignet sind, den Anschein einer besseren als der tatsächlichen Beschaffenheit zu erwecken, ohne ausreichende Kenntlichmachung gewerbsmäßig in den Verkehr zu bringen;

3. zugelassene Zusatzstoffe oder zugelassene Bestrahlungen auch bei Kenntlichmachung so anzuwenden, daß sie geeignet sind, den Verbraucher über den geminderten Wert oder die geminderte Brauchbarkeit eines Lebensmittels zu täuschen;

4. im Verkehr mit Lebensmitteln, die zugelassene Zusatzstoffe oder Rückstände von Stoffen im Sinne der §§ 14 und 15 enthalten oder die einem zulässigen Bestrahlungsverfahren unterzogen worden sind, oder in der Werbung allgemein oder im Einzelfall für solche Lebensmittel Bezeichnungen oder sonstige Angaben zu verwenden, die darauf hindeuten, daß die Lebensmittel natürlich, naturrein oder frei von Rückständen oder Schadstoffen seien;

5. Lebensmittel unter irreführender Bezeichnung, Angabe oder Aufmachung gewerbsmäßig in den Verkehr zu bringen oder für Lebensmittel allgemein oder im Einzelfall mit irreführenden Darstellungen oder sonstigen Aussagen zu werben. Eine Irreführung liegt insbesondere dann vor,

a) wenn Lebensmitteln Wirkungen beigelegt werden, die ihnen nach den Erkenntnissen der Wissenschaft nicht zukommen oder die wissenschaftlich nicht hinreichend gesichert sind,

b) wenn zur Täuschung geeignete Bezeichnungen, Angaben, Aufmachungen, Darstellungen oder sonstige Aussagen über die Herkunft der Lebensmittel, ihre Menge, ihr Gewicht, über den Zeitpunkt der Herstellung oder Abpackung, über ihre Haltbarkeit oder über sonstige Umstände, die für ihre Bewertung mitbestimmend sind, verwendet werden,

c) wenn Lebensmitteln der Anschein eines Arzneimittels gegeben wird.

(2) Das Bundesministerium wird ermächtigt, durch Rechtsverordnung mit Zustimmung des Bundesrates Ausnahmen von dem Verbot des Absatzes 1 Nr. 4 zuzulassen, soweit es mit dem Schutz des Verbrauchers vereinbar ist.

Demnach hat der Fleischer, der Luise Sorgenfrei das verbotene Gehackte verkaufte, gegen § 8 Ziffer 2 verstoßen. Er kann deshalb erheblich in Strafe genommen werden, da § 51 insoweit Freiheitsstrafe bis zu 3 Jahren oder Geldstrafe als Ahndung vorsieht. Wenn Luise ihren schlechten Einkauf der Polizei mitteilt, so wird diese sofort eine Kontrolle in dem Fleischerladen vornehmen.

Hierzu ist die Polizei gemäß § 41 Abs. 3 Lebensmittelgesetz befugt. Sie wird bei verdächtiger Ware eine Probe nehmen, wofür eine Empfangsbescheinigung auszustellen ist. Für die genommene Probe ist eine angemessene Entschädigung zu leisten. Ein Teil der Probe muß amtlich verschlossen oder versiegelt zurückgelassen werden.

Das Lebensmittelgesetz ist durch eine Fülle von Rechtsverordnungen ergänzt worden. Es wird ständig aufgrund wissenschaftlicher Erkenntnisse zum Schutze des Verbrauchers erweitert.

Fritz Sorgenfrei und die Ameisensäure

636

Fritz und Luise Sorgenfrei haben einen Wochenendausflug in den Taunus unternommen, und nach längerer Wanderung haben sie ein bekanntes Restaurant aufgesucht, um dort ein gutes Mittagessen einzunehmen.

Voll Genuß beginnt Luise die Speisekarte zu studieren.

Doch dann legt sie plötzlich mit einem leisen Schaudern die Speisekarte fort und sagt zu Fritz: »Mir ist der Appetit vergangen.«

Als Fritz erstaunt den Grund erfragt, sagt Luise empört: »Schau dir doch selbst die Speisekarte an, hier gibt es Ameisensäure im Essen, da bedanke ich mich bestens.«

Und tatsächlich befand sich auf der Speisekarte bei einem Gericht ein kleines Sternchen, und in der Fußnote zu diesem Sternchen war vermerkt, daß in diesem Gericht Ameisensäure enthalten sei.

In dem Bestreben, die Verbraucher über Speisezusätze aufzuklären und gegebenenfalls vor Schaden zu schützen, wurden Bestimmungen aufgestellt, wonach nur ganz bestimmte Chemikalien in den Lebensmitteln enthalten sein dürfen. Sie müssen für den Verbraucher kenntlich sein.

Nach der Lebensmittel-Kennzeichnungsverordnung vom 23. Juni 1993 sowie § 16 LMBG besteht die Pflicht, auf den Packungen oder Behältnissen der zu verkaufenden Lebensmittel deutlich sichtbare und leicht lesbare Hinweise in deutscher Sprache anzubringen, die Art und Menge der erlaubten Zusatzstoffe angeben. Bestrahlungen von Lebensmitteln sind nur ausnahmsweise zugelassen und müssen ebenfalls angegeben werden.

Nach § 17 LMBG ist es verboten, Lebensmittel unter irreführender Bezeichnung, Angabe oder Aufmachung gewerbsmäßig in Verkehr zu bringen. Einer Auswirkung dieser Regelung begegnet der Verbraucher beim Kauf zum Beispiel von Dosenware, wo Gesamtinhalt und Einwaage getrennt anzugeben sind. Bei zunehmendem Mißtrauen gegenüber Konservierungsstoffen wird wohl auch der Gesetzgeber, wie das Verhalten von Luise Sorgenfrei gezeigt hat, zukünftig wesentlich dazu beitragen müssen, daß bisher gebräuchliche Zusätze zu Lebensmitteln unterbleiben und daß die Industrie andere Wege der Frischhaltung findet.

Der Mensch ißt nicht nur mit der Zunge. Er will nicht mit der Vorstellung Nahrung zu sich nehmen, daß er mit chemischen Präparaten gefüttert wird, zumal sie nach der modernen ärztlichen Erkenntnis nicht immer völlig unschädlich sind.

Von besonderer Bedeutung ist aber noch das Verbot nach dem Fleischhygienegesetz, »Tieren vor der Schlachtung Antibiotika zu verabfolgen« oder ihnen »Stoffe mit oestrogener oder thyreostatischer Wirkung einzupflanzen oder einzuspritzen«. Diese Mittel sollten dazu dienen, für den Verbraucher Fleisch nach seinen Wünschen zu »produzieren«.

Daß aber der menschliche Körper durch die ständige Aufnahme von Arzneimitteln auf dem Umweg über das vorbehandelte Fleisch in Mitleidenschaft gezogen wird, kann nicht hingenommen werden. Natürlich ist es jetzt auch verboten, derartiges Fleisch zu verkaufen oder überhaupt in den Verkehr zu bringen. Selbstverständlich finden bei Verstößen gegen diese für die Gesundheit so wichtigen Regelungen die Straf- und Bußgeldvorschriften der §§ 28, 29 FIHG Anwendung.

Der Handel mit Wein und Branntwein

»Was ich jetzt über den Handel mit Lebensmitteln weiß, läßt mir dieses Geschäft nicht allzu verlockend erscheinen«, stellt Luise Sorgenfrei fest. »Da haben es die Weinhändler wirklich leichter. Da wird aus einem Faß schnell abgefüllt, ein buntes Etikett mit vielversprechendem Inhalt draufgeklebt und fertig ist man.«

Aber auch hier täuscht sich Luise. Das Weingesetz in der Fassung vom 21. August 2002 sorgt auch hier dafür, daß die Trauben nicht zu niedrig hängen. Im Interesse des Verbrauchers schreibt § 23 Weingesetz folgendes vor:

§ 23
(1) Zur Angabe der Herkunft von Erzeugnissen sind nur zulässig
1. bei Qualitätswein b. A. zusätzlich zu dem auf Grund der Rechtsakte der Europäischen Gemeinschaft vorgeschriebenen Namen des bestimmten Anbaugebietes
a) die Namen von in die Weinbergsrolle eingetragenen Lagen und Bereichen,
b) Namen von Gemeinden und Ortsteilen,
2. bei Landwein die Namen von Landweingebieten,
3. bei Tafelwein, der nicht Landwein ist, die Namen von Weinbaugebieten und Untergebieten.
(2) bis (4) nicht abgedruckt

Auch kann die Polizei jederzeit Kontrollen durchführen, versiegelte Proben entnehmen und durch die Hygieneinstitute Überprüfungen vornehmen lassen. Stellen sich hierbei Verstöße gegen das Weingesetz heraus, so können empfindliche Strafen verhängt werden. Daneben finden unter Umständen auch die vorstehend erwähnten Vorschriften des Lebensmittelgesetzes Anwendung.

Eine weitere Regelung findet sich in der Weinverordnung vom 3. Juli 2002 mit detaillierten Bestimmungen über die Weinherstellung sowie in dem »Branntweingesetz« betreffend die Herstellung von Branntwein.

Die Kennzeichnung von Lebensmitteln

Nicht alle Lebensmittel sieht der Käufer offen im Geschäft liegen. Es wimmelt in den Lebensmittelgeschäften von Büchsen, Pappschachteln, Beuteln und Porzellan, ganz zu schweigen von Kunststoffverpackungen. Hier soll man nicht die Katze im Sack kaufen.

Die Lebensmittelkennzeichnungsverordnung schreibt vor, daß diese Lebensmittel nicht ohne genaue Kennzeichnung verkauft werden dürfen.

Nicht nur der Inhalt, sondern auch Maß, Gewicht und herstellende Firma müssen an einer ins Auge fallenden Stelle in deutscher Sprache und in deutlich sichtbarer, leicht lesbarer Schrift angegeben sein.

Das Verkehrsgewerbe

Schiene und Straße stehen im heftigen Konkurrenzkampf. Fritz und Richard Sorgenfrei lesen darüber täglich in den Zeitungen. Aber so recht verstehen sie diese Erörterungen nicht.

»Was ist da eigentlich los?« fragt Richard. »Kann man denn nicht einfach einen Pkw oder einen Lkw erwerben und damit Personen oder Lasten gegen Bezahlung befördern? Muß denn dabei der Staat auch noch mitreden?«

»Laß uns einmal in der Gewerbeordnung nachsehen«, schlägt Fritz vor. »Dort muß ja etwas zu finden sein.«

Der Blick in die Gewerbeordnung hilft nicht weiter. Insoweit gilt jetzt das Personenbeförderungsgesetz (PBefG vom 8. August 1990) in seiner jeweils geltenden Fassung.

Dieses Gesetz regelt einmal die Personenbeförderung durch Straßenbahnen, die heute nicht als Kommunalbetriebe auftreten.

Der Gesetzgeber hat in § 4 Absätze 1 und 2 eine einfache und verständliche Begriffsbestimmung der Straßenbahn und damit eine Abgrenzung von der Eisenbahn wie folgt gegeben:

638

§ 4

(1) Straßenbahnen sind Schienenbahnen, die
1. den Verkehrsraum öffentlicher Straßen benutzen und sich mit ihren baulichen und betrieblichen Einrichtungen sowie in ihrer Betriebsweise der Eigenart des Straßenverkehrs anpassen oder
2. einen besonderen Bahnkörper haben und in der Betriebsweise den unter Nr. 1 bezeichneten Bahnen gleichen oder ähneln und ausschließlich oder überwiegend der Beförderung von Personen im Orts- oder Nachbarschaftsbereich dienen.

(2) Als Straßenbahnen gelten auch Bahnen, die als Hoch- und Untergrundbahnen, Schwebebahnen oder ähnliche Bahnen besonderer Bauart angelegt sind oder angelegt werden, ausschließlich oder überwiegend der Beförderung von Personen im Orts- und Nachbarschaftsbereich dienen und nicht Bergbahnen oder Seilbahnen sind.

Damit haben die Juristen nun wohl ihren Ruf wiederhergestellt, den sie gefährdeten, als die mit so viel Spott zitierte »Bandwurmsatzdefinition« des Reichsgerichts im ersten Band S. 252 über die Eisenbahn veröffentlicht wurde. Dieses Definitionsungeheuer sieht folgendermaßen aus:

Ein Unternehmen, gerichtet auf wiederholte Fortbewegung von Personen oder Sachen über nicht ganz unbedeutende Raumstrecken auf metallener Grundlage, welche durch ihre Konsistenz, Konstruktion und Glätte den Transport großer Gewichtsmassen, beziehungsweise die Erzielung einer verhältnismäßig bedeutenden Schnelligkeit der Transportbewegung zu ermöglichen bestimmt ist, und durch diese Eigenart in Verbindung mit den außerdem zur Erzeugung der Transportbewegung benutzten Naturkräften (Dampf, Elektrizität, tierischer oder menschlicher Muskeltätigkeit, bei geneigter Ebene der Bahn auch schon der eigenen Schwere der Transportgefäße und deren Ladung usw.) bei dem Betriebe des Unternehmens auf derselben eine verhältnismäßig gewaltige (je nach den Umständen nur in bezweckter Weise nützliche, oder auch Menschenleben vernichtende und die menschliche Gesundheit verletzende) Wirkung zu erzeugen fähig ist.

Aber die Sorgenfreis wollen weder eine Eisenbahn noch eine Straßenbahn betreiben, wohingegen sie durchaus in Erwägung ziehen, zusammen mit Vetter Kuno, der eine große Kraftfahrzeug-Reparaturwerkstätte hat, einen Omnibus- oder Taxibetrieb zu beginnen.

Sowohl ein Omnibusbetrieb als auch ein Taxiunternehmen bedürfen gemäß § 2 des Personenbeförderungsgesetzes der Genehmigung. Für den Omnibusverkehr wird die Genehmigung durch die höhere Verwaltungsbehörde erteilt. Dies ist die von der Landesregierung hierzu bestimmte Behörde (§ 11). Über den Umfang der Genehmigung bestimmt § 13 Abs. 1 Personenbeförderungsgesetz folgendes:

§ 13

(1) Die Genehmigung darf nur erteilt werden, wenn

1. die Sicherheit und die Leistungsfähigkeit des Betriebes gewährleistet sind,
2. keine Tatsachen vorliegen, die die Unzuverlässigkeit des Antragstellers als Unternehmer oder der für die Führung der Geschäfte bestellten Personen dartun, und
3. der Antragsteller als Unternehmer oder die für die Führung der Geschäfte bestellte Person fachlich geeignet ist. Die fachliche Eignung wird durch eine angemessene Tätigkeit in einem Unternehmen des Straßenpersonenverkehrs oder durch Ablegung einer Prüfung nachgewiesen.

Wird also ein Antrag auf Genehmigung eines Verkehrsgewerbes abgelehnt, so kann der Antragsteller hiergegen das Verwaltungsstreitverfahren durchführen (vgl. hierzu das Kapitel »Der Verwaltungsprozeß«).

Beim Tode des Unternehmers kann der Erbe das Unternehmen vorläufig weiterführen. Die Befugnis erlischt, wenn sie ihm entzogen oder wenn ihm nicht binnen drei Monaten eine Genehmigung erteilt wird. Aus begründetem Anlaß kann diese Frist verlängert werden.

Der Güterkraftverkehr

Die Regelung der gewerblichen Beförderung von Gütern mit Kraftfahrzeugen ist durch das Güterkraftverkehrsgesetz (GüKG) erfolgt. Unter Güterkraftverkehr wird jede geschäftsmäßige oder entgeltliche Beförderung von Gütern mit Kraftfahrzeugen verstanden, die einschließlich Anhänger ein höheres zulässiges Gesamtgewicht als 3,5 Tonnen haben. Das gilt auch für den Umzugsverkehr. Für den sogenannten Werkverkehr, also den Güterkraftverkehr für eigene Zwecke des Unternehmens, gelten Sonderregelungen. Abgesehen von einigen Ausnahmen (§ 2) bedarf der Güterkraftverkehr einer besonderen Erlaubnis (§ 3).

Die Erlaubnis wird nur erteilt, wenn

a) der Unternehmer und die für die Führung der Geschäfte bestellte Person zuverlässig sind,
b) der Unternehmer oder die für die Führung der Geschäfte bestellte Person fachlich geeignet ist, und
c) die finanzielle Leistungsfähigkeit des Betriebes gewährleistet ist.

Die Genehmigung für den Güterkraftverkehr kann auf Zeit und in Verbindung mit Auflagen erteilt werden. Kuno Sorgenfrei, der die vorstehenden Voraussetzungen für das Genehmigungsverfahren mitbringt, erwägt ernsthaft, einen solchen Güterkraftverkehr zu eröffnen.

Er muß jedoch bedenken, daß er zusätzlich zahlreiche ggesetzliche Bestimmungen beachten muß, wie zum Beispiel Mitführungs- und Aushändigungspflichten bestimmter Dokumente, insbesondere im grenzüberschreitenden Güterkraftverkehr (§ 7). Es gelten Sonderbestimmungen für Unternehmen im EU-Bereich. Das Bundesamt für Güterkraftverkehr ist für die Überwachung der gesetzlichen Anforderungen und die sonstigen Verwaltungsmaßnahmen in diesem Zusammenhang zuständig.

Das Geschäft und die Straße

640 An Fritz Sorgenfreis Bäckerei grenzt das Lebensmittelgeschäft von Theo Salat. Die beiden Nachbarn kommen gelegentlich vor ihren Geschäften in ein Gespräch. Als sie eines Tages wieder über das Wetter und die Steuern reden, biegt aus der angrenzenden Straße der Obst- und Gemüsehändler Otto Kleine mit seinem Obstkarren ein. Seine tiefe Stimme ist weithin vernehmbar:

»Prima frische Pfirsiche, schöner Blumenkohl gefällig.«

Theos Gesicht verdüstert sich. »Sehen Sie, Herr Sorgenfrei«, klagt er, »der hat keine Kosten. Gerade hat er in der Großmarkthalle so viel geholt, wie er ganz bestimmt vor unseren Augen los wird. Der kann dann billig sein. Gegen eine solche Konkurrenz kommen wir Ladenbesitzer nicht an.

Daß so etwas erlaubt ist, die Straße zum Geschäftslokal zu machen! Ich stelle mir bald einen Lautsprecher vor die Tür und lasse ihn die Leute in den Laden bitten.«

Das ist eigentlich gar keine schlechte Idee, die Salat da hat, und schließlich, was dem einen recht ist, muß dem anderen billig sein. Aber so einfach liegen die Dinge wieder einmal nicht.

Was ist überhaupt eine Straße? Warum gehen und fahren wir mit der größten Selbstverständlichkeit auf Grund und Boden, der uns nicht gehört, kaufen Zeitungen oder Zigaretten an Kiosken, ohne den Eigentümer der Straße um Erlaubnis zu fragen? Nicht jeder Weg, auf dem wir gehen, ist ein öffentlicher Weg.

Führt der Weg über ein Privatgrundstück, kann der Eigentümer jederzeit seine Erlaubnis zur Benutzung widerrufen und damit den Weg für dritte Personen sperren. Anders ist es mit dem sogenannten öffentlichen Weg, der Straße. Die Öffentlichkeit eines solchen Weges wird durch die sogenannte Widmung herbeigeführt. Die Widmung ist ein Zusammenwirken zwischen Eigentümer, Verkehrspolizeibehörde und dem Wegebaupflichtigen. Durch die Widmung kommen die drei Beteiligten überein, den Weg für die Allgemeinheit zur Verfügung zu stellen.

Die Allgemeinheit erlangt dadurch an dem Weg den sogenannten Gemeingebrauch. Darunter verstehen wir einen bestimmten Umfang der Benutzungsmöglichkeit, wie er sich seit alters her entwickelt hat. Das preußische allgemeine Landrecht von 1794 hat in § 7 Abs. 2 Ziff. 15 den Begriff des Gemeingebrauchs einmal festgelegt. In dieser Bestimmung ist davon die Rede, daß man die Straße zum Reiten, Fahren, Viehtreiben und zum Sänftetragen benutzen kann. Heute benutzen wir die Straße natürlich viel intensiver. Die allgemeine Garagennot hat es mit sich gebracht, daß die Autofahrer ihre Fahrzeuge nachts vor dem Hause auf der Straße parken. Wenn sich durch Jahre und Jahrzehnte hindurch aufgrund der Verkehrsentwicklung die Notwendigkeit eingebürgert hat, das Auto nachts auf der Straße stehen zu lassen, so gehört dies nunmehr zum Gemeingebrauch.

Grenzen des Gemeingebrauchs

Luise Sorgenfreis Freundin Erna hat etwas zu bemerken. »Sieh mal«, sagt sie zu Luise, »das ist alles sehr schön, aber bei uns macht sich immer der Fahrer eines Fernlastzuges breit. Er hat im Nachbarhaus von uns seine Freundin wohnen, und wenn er diese über das Wochenende besucht, dann fährt er mit seinem Lastzug vor unser Haus und parkt dort das Fahrzeug. Wir wohnen im Erdgeschoß. Ich kann dir nur sagen, daß es bei uns auch bei Tage dunkel wird, wenn dieses Riesenfuhrwerk vor unserm Hause hält. Was sagst du nun?«

Wir wollen Luise die Antwort abnehmen. Hier liegt insoweit ein besonderer Fall vor, weil der den Gemeingebrauch ausübende Fahrer des Lastzuges in unangemessener Weise den Mitgebrauch der Frau Erna und ihrer Familie beeinträchtigt. Der Gemeingebrauch findet inhaltlich seine Grenze an der Rücksicht auf die übrigen Mitbenutzer der Straße. Man darf ja auch nicht zu fünf Personen nebeneinander den Bürgersteig entlanggehen und die übrigen Zeitgenossen zwingen, auf die Straße auszuweichen. So darf das Parken eines solchen Lastzuges nicht dazu führen, daß stunden- und vielleicht sogar tagelang die Helligkeit aus dem Zimmer einer Parterrewohnung verschwindet. Hier gibt es im übrigen auch entsprechende Bestimmungen in der Straßenverkehrsordnung (STVO).

641

Viele Personen nutzen nun die Straße aber auch sonst in höherem Ausmaße als durchschnittliche Bürger. Gewerbetreibende bringen ihre Gewerbeschilder so an, daß sie in die Straße hineinragen. Dies ist von alters her so der Fall gewesen und gehört daher zum Gemeingebrauch. Dagegen gehört es nicht zum Gemeingebrauch, wenn man zum Beispiel Tankschläuche auf die Straße führt und sein Auto oder das Auto anderer Personen mit Hilfe dieses Schlauches auf der Straße betankt. Eine solche Steigerung des Gemeingebrauches hat sich nicht durch die Gewohnheit entwickelt und geht daher über den Gemeingebrauch hinaus.

Desgleichen darf man keine Antennen und Spruchbänder über die Straße ziehen und so den Gemeingebrauch überschreiten. Wenn man etwas Derartiges tun will, muß man die Erlaubnis der Gemeindeverwaltung einholen. Das muß man immer tun, sobald man den Gemeingebrauch überschreiten will. Daher nennt man die soweit erteilte Erlaubnis der Gemeinde eine Gebrauchserlaubnis. Sie bevorzugt den betreffenden Antragsteller vor anderen Straßenbenutzern. Wenn die gestattete Benutzung allerdings zu lästig für die übrigen Verkehrsteilnehmer wird, so kann die erteilte Gebrauchserlaubnis auch wieder zurückgenommen werden. Kann man denn nun im Rahmen des Gemeingebrauchs auf der Straße ein Gewerbe betreiben?

Insoweit bestimmt § 33 StVO, daß der Betrieb von Lautsprechern und das Anbieten von Waren und Leistungen aller Art auf der Straße verboten ist, wenn dadurch Verkehrsteilnehmer in einer den Verkehr gefährdenden oder erschwerenden Weise abgelenkt oder belästigt werden können. Das Umherfahren und das Parken von Fahrzeugen nur zum Zwecke der Werbung sind verboten.

§ 33
(1) Verboten ist
1. der Betrieb von Lautsprechern,
2. das Anbieten von Waren und Leistungen aller Art auf der Straße,
3. außerhalb geschlossener Ortschaften jede Werbung und Propaganda durch Bild, Schrift, Licht oder Ton, wenn dadurch Verkehrsteilnehmer in einer den Verkehr gefährdenden oder erschwerenden Weise abgelenkt oder belästigt werden können. Auch durch innerörtliche Werbung und Propaganda darf der Verkehr außerhalb geschlossener Ortschaften nicht in solcher Weise gestört werden.
(2) Einrichtungen, die Zeichen oder Verkehrseinrichtungen (§§ 36 bis 43) gleichen, mit ihnen verwechselt werden können oder deren Wirkung beeinträchtigen können, dürfen dort nicht angebracht oder sonst verwendet werden, wo sie sich auf den Verkehr auswirken können. Werbung und Propaganda in Verbindung mit Verkehrszeichen und Verkehrseinrichtungen sind unzulässig.

Kioske

Manche Gewerbetreibende, zum Beispiel Blumenhändler, Zeitungshändler, Zigarettenhändler usw., sitzen in gemauerten oder aus Holz gefertigten Kiosken an einer Straße und verkaufen aus diesen Kiosken ihre Waren. Derartige Gewerbetreibende gehen sehr weit über den Gemeingebrauch hinaus. Deshalb genügt es auch nicht, daß sie einfach eine Erlaubnis der Stadtverwaltung oder einer anderen Behörde einholen. Sie benötigen eine sogenannte Nutzungsverleihung, zu welcher der Wegebaupflichtige seine Zustimmung geben muß. Das liegt auf der Hand, denn die betreffenden

642

Gewerbetreibenden wirken ja durch ihre Kioske auch noch auf die Substanz der Straße ein und versperren in hohem Maße dem übrigen Gemeingebrauch seine Möglichkeiten. In den Städten wird es allerdings meist keine große Rolle spielen, ob man eine Gebrauchserlaubnis oder eine Nutzungsverleihung einzuholen hat, denn die Erlaubnis und die Nutzungsverleihung werden von der Stadtverwaltung ausgesprochen, die ja meist auch wegebaupflichtig ist.

Jedoch hat die Nutzungsverleihung einen sehr großen Vorteil für den Antragsteller. Selbst wenn der Kiosk nach einiger Zeit störend für den sonstigen Verkehr werden oder den neuen Straßenplanungen im Wege sein sollte, so kann man diese Nutzungsverleihung nicht ohne weiteres rückgängig machen. Nach herrschender Ansicht im Verwaltungsrecht begründet die Nutzungsverleihung ein sogenanntes subjektives öffentliches Recht. Es kann nur entzogen werden, wenn man den Berechtigten schadlos stellt. Schließlich hat er im Vertrauen auf diese Nutzungsverleihung große Kosten aufgewendet, um sein Bauwerk zu errichten. Das kann man nicht so ohne weiteres ohne Ersatzleistung wieder beseitigen.

Gegebenenfalls ist ein Verwaltungsstreitverfahren nach den Vorschriften des Verwaltungsverfahrensgesetzes einzuleiten, welches das Verfahren mit der Behörde betrifft und gegebenenfalls nach den Vorschriften der Verwaltungsgerichtsordnung, welche das anschließende Verfahren vor den Verwaltungsgerichten regelt (siehe hierzu die entsprechenden Kapitel).

Das Verwaltungsverfahren

Paul Jedermann hat in den vorstehenden Situationen vielfach mit Behörden zu tun gehabt. Er kommt auch weiterhin mit ihnen in Berührung. Ein Verwaltungsstreit zwischen einem Bürger und einer Behörde ist durch die Verwaltungsgerichtsordnung geregelt, die allerdings erst den eigentlichen Verwaltungsprozeß und sein Verfahren regelt.

Aber auch die sonstige Verwaltungstätigkeit, welche den Bürger betrifft, ist gesetzlich geregelt. Das Verwaltungsverfahrensgesetz (VwVfG) vom 23. Januar 2003 regelt für die Bundesbehörden das Verfahren der Verwaltung außerhalb eines Verwaltungsstreitverfahrens. Für die Länderverwaltungen sind jeweils eigene Landesverwaltungsverfahrensgesetze in Kraft getreten, welche entsprechende Regelungen vorsehen.

In diesen Verwaltungsverfahrensgesetzen ist zum Beispiel festgelegt, daß der Verwaltungsakt die Grundlage jeglicher Verwaltungsverfahren ist. Darunter versteht man jede Verfügung, Entscheidung oder andere hoheitliche Maßnahme, die eine Behörde zur Regelung eines Einzelfalls auf dem Gebiet des öffentlichen Rechts trifft und die auf unmittelbare Rechtswirkung nach außen gerichtet ist.

Die Verwaltungsverfahrensgesetze regeln im einzelnen, wie der Erlaß eines solchen Verwaltungsaktes zu bewirken ist, wie sich Fehler des Verwaltungsaktes auswirken, wie ein Widerruf erfolgt, wie sich das Verwaltungsverfahren vor den Behörden abspielt. Ferner sind geregelt: der öffentlich-rechtliche Vertrag zwischen Bürger und Verwaltung, das Planfeststellungsverfahren im Baurecht, ferner verschiedene Formalregelungen betreffend die Verwaltungsbehörden. Es handelt sich bei diesen Gesetzen praktisch um die Kodifizierung des sogenannten allgemeinen Verwaltungsrechts in Teilbereichen.

Die Wasserpumpe (Wasserrecht)

Paul Jedermann hat ein Wochenendhaus im Taunus. An seinem Grundstück fließt ein kleiner Bach entlang, in dem er eine Wasserpumpe installiert hat, über die er Wasser fördert, um Rasen, Baum- und Pflanzenbestand seines Grundstücks an heißen Sommertagen zu bewässern. Diese Anlage stört einen Grundstücksnachbarn, insbesondere wenn die Wassersprühanlage läuft und ein regelmäßiges Geräusch erzeugt.

Da Paul Jedermann dem Verlangen des Nachbarn auf Unterlassen des Pumpenbetriebes nicht nachkommt, wendet sich dieser an den Landrat des Hoch-Taunus-Kreises, der nachfolgendes Schreiben gegen Postzustellungsurkunde an Paul Jedermann schickt:

644

HOCHTAUNUSKREIS
Der Landrat
als Behörde der Landverwaltung

Landratsamt
61348 Bad Homburg v. d. H.
Taunusstraße 3, Postfach 30

Herrn
Paul Jedermann
Bergstraße 5
61476 Kronberg

28.11.20..
W 463/...

Sehr geehrter Herr Jedermann!

Hiermit gebe ich Ihnen auf, das von Ihrem Grundstück in der Gemeinde ... in den angrenzenden Bach eingelassene Saugrohr zu entfernen, die Vertiefung in der Bachsohle aufzufüllen und die Bachsohle zu befestigen.

Ich gebe Ihnen ferner auf, aus dem Bach jede Wasserentnahme zu unterlassen, die nicht durch Schöpfen mit Handgefäßen erfolgt, und das Einbringen von Einrichtungen in den Bach, mit denen eine andere Wasserentnahme als durch Schöpfen mit Handgefäßen ermöglicht wird, zu unterlassen.

Falls Sie dieser Anordnung nicht bis zum ... nachkommen, kündige ich Ihnen an, daß die Entfernung der Anlage auf Ihre Kosten zwangsweise vorgenommen wird (Ersatzvornahme) und daß bei Zuwiderhandeln gegen die Unterlassungspflicht ein Zwangsgeld in Höhe von ... Euro festgelegt wird.

<u>Begründung</u>

Die vorstehend geschilderte Wasserentnahme ist ohne besondere wasserrechtliche Erlaubnis (§§ 2 ff. Wasserhaushaltsgesetz, §§ 15 ff. Hessisches Wassergesetz) unzulässig. Der Bach, aus welchem Sie mit der Pumpanlage Wasser entnehmen, ist ein Gewässer 3. Ordnung, aus welchem im Rahmen des Gemeingebrauchs nur das Schöpfen mit Handgefäßen zulässig ist (§ 27 Abs. 1 Hessisches Wassergesetz).

<u>Rechtsmittelbelehrung</u>

Gegen diesen Bescheid kann innerhalb eines Monats nach Bekanntgabe schriftlich oder zur Niederschrift bei der Behörde Widerspruch erhoben werden. Die Frist wird auch dadurch gewahrt, daß der Widerspruch bei dem Regierungspräsidenten in Darmstadt als Widerspruchsbehörde eingelegt wird.

Mit freundlichen Grüßen

Unterschrift

gez. Unterschrift

Paul Jedermann will sich mit diesem Verwaltungsakt nicht zufriedengeben, da er der Meinung ist, er könne wie bisher aus dem Bach Wasser schöpfen. Er legt daher gegen den ihm zugegangenen Bescheid beim Landrat fristgerecht Widerspruch ein:

645

Paul Jedermann
Bergstraße 5
61476 Kronberg

An das
Landratsamt des Hochtaunus-Kreises
Taunusstraße 3
61348 Bad Homburg v. d. H.   4. 12. 20 . .

Wasserentnahme aus dem Bach an meinem Grundstück in der Gemeinde ..., dortiges Aktenzeichen W 463/...

Hiermit lege ich gegen den dortigen Bescheid vom 28. 11. 20 . ., zugestellt am 2. 12. . .

<u>Widerspruch</u>

ein.

<u>Begründung</u>

Die beanstandete Wasserentnahme ist seit 25 Jahren erfolgt. Schon der bisherige Grundstückseigentümer, Herr Walter E., hat so verfahren. Ich habe nach Erwerb des Grundstücks vor 3 Jahren die vorhandene Pumpenanlage laufend weiter benutzt. In der langen Zeit dieser Nutzungen ist niemals eine behördliche Beanstandung erfolgt. Der Ortsbürgermeister war hiervon unterrichtet und hat mir beim Erwerb des Grundstücks erklärt, daß die Gemeinde keine Beanstandungen erheben werde, da die geringfügige Wasserentnahme durch die Pumpe nicht ins Gewicht falle.

<u>Beweis:</u>   Zeugnis des Bürgermeisters.

Lediglich weil ein mißgünstiger Nachbar die Angelegenheit hochspielt, soll mir der Betrieb der Entnahmeanlage untersagt werden. Dies halte ich für nicht gerechtfertigt.

Mit freundlichen Grüßen

Paul Jedermann

Vorstehendes Schreiben schickt Jedermann rechtzeitig per Einschreiben ab. Der Erfolg des Widerspruchs ist zunächst, daß sich der Anhörungsausschuß bei dem Landrat des Hochtaunus-Kreises mit der Angelegenheit befaßt. Vor ihm findet eine Verhandlung statt, die Sitzung wird wahrgenommen von einem Vorsitzenden und zwei Beisitzern. Die Angelegenheit wird eingehend erörtert und über die Sitzung eine Niederschrift gefertigt. Nunmehr erläßt der Regierungspräsident in Darmstadt den Widerspruchsbescheid mit folgendem Inhalt:

DER REGIERUNGSPRÄSIDENT IN DARMSTADT

V 28-94b 18/05 (5683)-J-   64283 Darmstadt, den 18.2.20 . .
                                                        Luisenplatz 2

Widerspruchsbescheid

In der Wasserrechtssache

des Herrn Paul Jedermann, Bergstraße 5,
61476 Kronberg,   – Widerspruchsführer –

gegen

das Land Hessen, endvertreten durch den Landrat des Hochtaunus-Kreises,
                                             – Widerspruchsgegner –

ergeht auf den Widerspruch des Widerspruchsführers folgender Bescheid:

Der Widerspruch des Widerspruchsführers gegen den Bescheid des Landrats des
Hochtaunus-Kreises vom 4.12.20 . . wird zurückgewiesen. Die Kosten hat der
Widerspruchsführer zu tragen und dem Landrat des Hochtaunus-Kreises die zur not-
wendigen Rechtsverfolgung entstandenen Kosten zu erstatten.

Begründung

Der Bescheid des Landrats des Hochtaunus-Kreises ist rechtsgültig. Nach §§ 2, 3
Abs. 1 Ziff. 1 und 4 Wasserhaushaltsgesetz (WHG) bedarf die Entnahme von Wasser
und das Einbringen von Stoffen in oberirdische Gewässer einer behördlichen Erlaubnis bzw. Bewilligung (§ 7, 8 WHG), soweit es sich nicht um Wasserentnahme mit
Handgefäßen handelt (§ 27 Hess. Wassergesetz). Für die Erteilung einer derartigen
Erlaubnis ist gemäß § 91 Abs. 1 Ziff. 2 HWG der Landrat des Hochtaunus-Kreises
als untere Wasserbehörde zuständig. Dieser hat eine Erlaubnis bzw. Bewilligung
abgelehnt. Der Bürgermeister der Ortsgemeinde ist hierfür nicht zuständig, seine
angebliche Billigung des Verhaltens des Widerspruchsführers ist daher rechtlich
unerheblich. Der Widerspruchsführer kann sich auch nicht darauf berufen, daß die
beanstandete Wasserentnahme seit mehr als 25 Jahren erfolgt. Auch damals hätte
die Gemeindeverwaltung keine Erlaubnis erteilen können. Selbst wenn eine solche
Erlaubniserteilung vorgelegen hätte, wäre sie inzwischen erloschen. Denn bei dieser
Erlaubnis würde es sich um ein sog. »altes Recht« bzw. um eine »alte Befugnis« im
Sinne der §§ 15ff. WHG, 118ff. HWG handeln. Die Inhaber alter Rechte und Befugnisse sind nach § 16 Abs. 2 WHG aufgefordert worden, diese Rechte innerhalb einer
Frist von drei Jahren nach der öffentlichen Aufforderung zur Eintragung in das
Wasserbuch anzumelden. Eine solche Eintragung ist in dem vorliegenden Fall nicht
erfolgt.

Damit wäre ein solches Recht gemäß § 16 Abs. 2 Satz 2 WHG längst entschädigungs-
los erloschen.

Somit besteht der Bescheid des Landrats Hochtaunus-Kreises zu Recht.

<u>Rechtsmittelbelehrung</u>

Gegen diesen Widerspruchsbescheid kann innerhalb eines Monats nach Bekanntgabe beim Verwaltungsgericht in Frankfurt am Main schriftlich oder zur Niederschrift Klage erhoben werden. Die Klage muß den Kläger, den Beklagten und den Streitgegenstand bezeichnen und soll einen bestimmten Antrag enthalten.

Im Auftrag

gez. Unterschrift

Paul Jedermann entschließt sich nunmehr, die Angelegenheit mit einem Anwalt zu besprechen, welcher ihm von der Einreichung einer Klage im Verwaltungsstreitverfahren abrät. Er führt insoweit auf:

»Herr Jedermann, Sie haben aus der Begründung entnommen, daß Sie mit der Wasserentnahme gegen die einschlägigen wasserrechtlichen Bestimmungen verstoßen haben. Ihr Einwand, daß ein Normalbürger doch gar keine Kenntnis von derartigen Vorschriften hat und auch nie von einem Wasserbuch gehört hat, ändert an der Rechtslage nichts. Sie hätten sich beim Erwerb des Grundstücks durch Einholung einer Rechtsauskunft bei einer rechtskundigen Person oder den zuständigen Behörden über die Rechtslage unterrichten müssen, dann wäre Ihnen die Auskunft erteilt worden, daß Sie die Pumpenanlage nicht hätten betreiben dürfen.«

Daraufhin entschließt sich Jedermann, dem Bescheid des Landrats nachzukommen. Andernfalls müßte er nach den Bestimmungen der VWGO Klage vor dem Verwaltungsgericht erheben. (Hierzu vgl. das Kapitel »Das Verwaltungsstreitverfahren«).

Die Straße (Sonderrechte und Anliegerbeiträge)

Paul Jedermann kommt eines Tages nach Hause und erzählt, daß sein Freund, Heribert Trumpf, der ein kleines Café am Bahnhof betreibt, den Plan hat, zur Verbesserung seiner Geschäftslage eine Anzahl Stühle und Tische auf den Bürgersteig vor das Café zu stellen. Paul Jedermann hat diesen Plan sehr vernünftig gefunden und Trumpf zugeraten, das zu tun. Karin meint, das ginge doch wohl nicht so einfach, denn wo würden wir hinkommen, wenn mit einemmal jeder Gewerbetreibende seinem Erwerb auch vor der Tür nachgehen würde.

648

Ob Trumpf das Recht hat, seinen Plan durchzuführen, kann nicht allgemein entschieden werden. Es kommt hierbei auf zwei Voraussetzungen an. In manchen Städten ist es üblich, daß die Gastwirtschaften und Cafés bei schönem Wetter ihre Kunden auf dem Bürgersteig Platz nehmen lassen, so zum Beispiel in den alten malerischen Universitätsstädten. Allerdings darf das nur in einem solchen Umfange geschehen, daß dadurch der Verkehr nicht erheblich beeinträchtigt wird. In Städten, wo sich ein solcher »Gemeingebrauch« nicht entwickelt hat, darf der Gewerbetreibende nicht eigenmächtig die Straße für seinen Gewerbebetrieb in einem solchen Umfange in Anspruch nehmen. Er muß sich dann mit der Stadtverwaltung in Verbindung setzen, damit die Stadt als Eigentümerin der Straße ihm die Erlaubnis gibt, den städtischen Bürgersteig über den Gemeingebrauch hinaus zu nutzen. Man nennt eine solche Erlaubnis eine »Sondernutzungserlaubnis«.

Bevor eine solche Erlaubnis von der Stadt als Eigentümerin erteilt wird, hält sie jedoch bei der Polizeiverwaltung Rückfrage, ob dadurch nicht etwa die Verkehrsinteressen der Straße beeinträchtigt werden. Die Stadtverwaltung wird für die Zurverfügungstellung der Straße in diesem Falle eine mäßige Jahresgebühr erheben.

Es ist daher dem Caféhausinhaber Heribert Trumpf zu empfehlen, sich vorher bei der Stadtverwaltung auf dem Rathaus zu erkundigen, ob Bedenken hinsichtlich seines Planes bestehen.

Die Grenze des »Gemeingebrauchs« ist fließend wie bereits vorstehend dargestellt. Mit dem Fortschreiten des engen Zusammenwohnens der Menschen hat sich auch der Umfang der Straßennutzung gewandelt. Heute hat sich der Gebrauch für die Allgemeinheit dahin erweitert, daß man in gewissem Umfange, ohne einer besonderen Erlaubnis zu bedürfen, auch auf der Straße einem Gewerbe nachgehen kann. Zeitungsverkäufer, Obsthändler und sonstige »fliegende Händler« gehören – zumindest in großen Städten – zum Straßenbild. Sie können ihren »Betrieb« auch mit Hilfe von sogenannten Bauchläden und Karren betreiben.

Allerdings besteht immer die Grenze, daß diese Gewerbetreibenden damit nicht die Mitnutzung der anderen Bürger beeinträchtigen und den Verkehr behindern (vgl. auch § 33 StVO).

Selbstverständlich gehört es nicht zum »Gemeingebrauch«, wenn ein Gewerbetreibender auf der Straße ein festes Bauwerk, wie zum Beispiel einen Kiosk, errichten will. Hierzu bedarf er einer besonderen Verleihung, die man »Nutzungsverleihung« nennt. Dies hat den Vorteil, daß ihm diese Gestattung, falls die Stadt einmal diesen Straßenplatz wieder benötigt, nur gegen Entschädigung wieder entzogen werden kann.

Die Straße, der öffentliche Weg also, bringt aber nicht nur Vorteile für die Bürger. Paul Jedermann hat das in seiner Eigenschaft als Hauseigentümer zu spüren bekommen. Als er sein Haus gebaut hatte, bekam er von dem Stadtsteueramt eine Aufforderung, die Freilegung, erste Einrichtung, Entwässerung und Beleuchtungsvorrichtung der Stadt, soweit sie an sein Grundstück grenzt, bis zur Mitte der Straße zu bezahlen. Diese Verpflichtung müssen die Hauseigentümer tatsächlich tragen, soweit ein Ortsgesetz dies vorschreibt. Die Rechtsgrundlage für derartige Ortsgesetze bzw. Satzungen findet sich im Baugesetzbuch. Wer also ein Grundstück erwirbt, erkundigt sich zweckmäßigerweise erst einmal bei der Stadtverwaltung, ob diese sogenannten Erschließungsbeiträge von seinem Rechtsvorgänger bereits bezahlt sind. Sonst muß er dafür einstehen.

Noch schlimmer sind bestimmte »Enteignungsgesetze«. Sie sehen zum Teil vor, daß der Anlieger – allerdings gegen Entschädigung – Land für den Straßenbau abgeben muß. Wer aber ein Haus baut, darf nicht vergessen, daß nach den einschlägigen baurechtlichen Bestimmungen gemäß Landesbaurecht und § 12 Baunutzungsverordnung in bestimmten Umfang Garagen und Stellplätze für Autos errichtet werden müssen, was nur sehr schwer durch einen Ablösebetrag verhindert werden kann.

Danach muß ein Bauherr in festgelegtem Umfange für den Bau von Garagen und Stellplätzen Sorge tragen, da mit jedem neuen Mietshaus auch die Zahl der am Verkehr teilnehmenden Autos wächst. Damit sind aber noch nicht alle Pflichten Paul Jedermanns bezüglich der Straße aufgezählt. Er hat nämlich noch die Pflicht, den Bürgersteig vor seinem Hause sauberzuhalten. Dazu gehört auch die Schneeräumung, das Entfernen von wucherndem Gras und das Streuen bei Glatteis. Wenn er hiermit einen Hausmeister beauftragt hat, trägt er immer noch die Verantwortung dafür und muß durch Stichproben sich regelmäßig überzeugen, daß diesen Pflichten ordnungsgemäß nachgegangen wird. Andernfalls riskiert er, daß polizeiliche Verfügungen gegen ihn ergehen und daß er schadensersatzpflichtig ist, wenn jemand vor seiner Tür stürzt.

Die Amtspflichtverletzung

Paul Jedermann hat bei seinem Zusammentreffen mit den Behörden ausgesprochenes Pech.

Er hatte unter dem 7. Mai 20 . . die »Kleidungsgroßhandlung Waldemar Seiden« in Gießen erworben mit dem Recht der Fortführung des Firmennamens. Die Übernahme der Geschäftsschulden wurde in dem Übernahmevertrag ausdrücklich ausgeschlossen.

Dieser Ausschluß der Übernahme der Schulden wurde auch von Paul Jedermann ordnungsgemäß zum Handelsregister angemeldet.

Durch eine Nachlässigkeit des Registerrichters gerät jedoch der Vorgang in Vergessenheit und wird nicht erledigt. Ein früherer Geschäftsgläubiger des Seiden verklagt plötzlich Mitte September 20 . . Paul Jedermann auf Zahlung einer Geschäftsschuld Seidens in Höhe von 6000,– Euro. Seidenhose ist in Armut verstorben, und weder von ihm noch von seinen Erben war diese Schuld beizutreiben.

Paul Jedermann erhält nun von seinem Rechtsanwalt die Auskunft, daß er die Schuld an den Gläubiger gemäß § 25 HGB bezahlen müsse.

Es ist bereits dargetan, daß der Übernehmer eines Handelsgeschäftes, der auch den Firmennamen weiterführt, für die Geschäftsverbindlichkeiten seines Vorgängers haftet, falls nicht binnen angemessener Frist nach Übernahme des Geschäftes die Nichtübernahme der Schulden in das Handelsregister eingetragen wird.

Paul Jedermann zahlt aufgrund dieser Auskunft die 6000,– Euro, und da er von seinem verstorbenen Vorgänger und den Erben keinen Ersatz bekommen kann, eilt er auf das Amtsgericht (Registergericht), um dort festzustellen, wie so etwas geschehen konnte. Doch blinder Eifer schadet nur. In seinem Zorn übersieht er, daß eine Treppenstufe des Amtsgerichts schadhaft ist, er stolpert an der schadhaften Stelle und zieht sich einen komplizierten Fersenbruch zu.

Wiederum fragt er seinen Rechtsanwalt, diesmal an seinem Krankenlager, und verlangt von ihm Auskunft, ob er nicht von dem Registerrichter, der ihm die Sache eingebrockt habe, Schadensersatz verlangen könne. Es gäbe doch so etwas wie »unerlaubte Handlungen« (vgl. dort), und daher müsse der Registerrichter ihm den Schaden von 6000,– Euro ersetzen und der Amtsgerichtspräsident seine kaputte Ferse bezahlen, denn dieser hätte dafür sorgen müssen, daß ein Bürger ungefährdet das Amtsgericht betreten könne.

»Sie haben es noch viel besser«, sagt ihm der Rechtsanwalt. »Sie brauchen nicht den Registerrichter zu verklagen und können dies auch nicht, für ihn haftet vielmehr der Staat, in dessen Dienst er angestellt ist.«

Dies ergibt sich aus § 839 BGB, wonach eine Pflichtverletzung der »öffentlichen Gewalt« zur Haftung des Trägers dieser Gewalt führt. Der Rechtsweg für Ansprüche aus solchen Pflichtverletzungen ist der Zivilrechtsweg. Der Grund für diese Regelung ist leicht einzusehen. Was nützt es einem von einem Beamten Verletzten, daß er gegen diesen klagen kann, wenn dieser Beamte nur ein verhältnismäßig geringfügiges Einkommen hat, der Schaden aber, den er zugefügt hat, ein beträchtlicher ist.

Der Staat hat diesen Beamten die Macht gegeben, einem Bürger gegebenenfalls auch Schaden zuzufügen. Der Staat muß daher auch aus seiner Kasse diesen Schaden ersetzen.

Der Staat nimmt dann allerdings bei dem betreffenden Beamten, für dessen Verhalten er eingesprungen ist, Regreß, wenn der Beamte vorsätzlich oder grob fahrlässig gehandelt hat.

Allerdings kann der verletzte Bürger dann nicht gegen den Staat klagen, wenn er es unterlassen hat, den ihm entstandenen Schaden durch Einlegung von Rechtsmitteln abzuwenden. Zwar sieht hier das zuständige Gesetz über die freiwillige Gerichtsbarkeit kein Rechtsmittel gegen das Nichttätigwerden des Richters vor, aber Paul Jedermann hatte die Möglichkeit, zunächst eine Nachfrage und dann gegebenenfalls eine Dienstaufsichtsbeschwerde an das Landgericht zu richten und mit dieser darauf hinzuweisen, daß sein Antrag nicht erledigt wurde.

Eine Dienstaufsichtsbeschwerde kann man immer einlegen, wenn man mit dem Verhalten eines Beamten unzufrieden ist. Die Möglichkeit hierzu ergibt sich einfach aus der Tatsache, daß jeder Beamte einer Disziplinaraufsicht unterliegt und daher Amtspflichtverletzungen immer nachgeprüft werden können.

Da Paul Jedermann zugeben muß, daß er sich nicht mehr um die von ihm eingereichte Anmeldung zum Handelsregister gekümmert hat, sondern einfach dachte, damit wäre alles erledigt, so hat er es also unterlassen, den ihm entstandenen Schaden durch ein Rechtsmittel abzuwenden. Damit entfällt sein Schadensersatzanspruch gegen den Staat.

Anders ist es dagegen mit dem Schadensersatzanspruch wegen des verletzten Fußes.

Die Bestimmungen der §§ 839 ff. BGB kommen nur zum Zuge, wenn der Beamte eine öffentlich-rechtliche Tätigkeit für den Staat ausübt, d. h. wenn er auf dem Befehlssektor des Staates tätig wird. Es gibt aber auch noch eine fiskalische Tätigkeit des Staates, bei welcher der Staat lediglich dieselbe Stellung einnimmt wie ein anderer Bürger. Kauft zum Beispiel eine Stadt, vertreten durch ihren Oberbürgermeister, für ein Fest der Stadt Fahnen und Girlanden ein, so tut die Stadt hiermit das gleiche wie irgendein anderer einkaufender Bürger. Demzufolge kommen auch die allgemeinen Bestimmungen über unerlaubte Handlungen zum Zuge, die bereits behandelt worden sind.

Das Instandhalten des Treppenhauses in einem Gerichtsgebäude hat nichts mit der gerichtlichen, also hoheitlichen Tätigkeit selbst zu tun. Der Staat steht hier genauso da wie jeder Hauseigentümer, der sein Haus nicht ordentlich instand hält. Demzufolge muß er dem verletzten Paul Jedermann den ihm entstandenen Schaden ersetzen.

Nun kann zwar der Staat nicht selber handeln, denn er ist ja nur ein gedachtes Gebilde, aber wir hatten ja schon gesehen, daß ein Verein, dessen Vorstand unerlaubte Handlungen begeht, so behandelt wird, als habe er selbst diese unerlaubten Handlungen begangen. Und § 89 BGB bestimmt, daß die öffentliche Hand (der Staat, eine Stadtgemeinde oder eine sonstige Körperschaft des öffentlichen Rechts) genauso für ihre verfassungsmäßig berufenen Vertreter einstehen muß, wenn diese unerlaubte Handlungen begehen. Demnach haftet der Staat hier für die Nachlässigkeit des leitenden Beamten, der es nicht für nötig gehalten hat, für ein gefahrloses Betreten des Gerichtsgebäudes zu sorgen.

Nicht jeder Beamte ist aber ein verfassungsmäßig berufener Vertreter. Hat zum Beispiel ein Wachtmeister des Amtsgerichts eine Kiste mit Akten so unglücklich in den halbdunklen Gang gestellt, daß ein rechtsuchender Bürger darüber stolpert, so haftet der Staat für ihn nicht über §§ 31, 89 BGB. Seine Tätigkeit gilt nicht als Tätigkeit des Staates, da er nicht als Organ des Staates gilt. Für ihn haftet der Staat über § 831 BGB. Nach dieser Bestimmung haftet jeder, der einen anderen zu einer Verrichtung bestellt, für dessen unerlaubte Handlung, aber nur, wenn er nicht nachweist, daß er ihn ordnungsmäßig ausgewählt und überwacht hat. Dies wird fast immer gelingen, so daß mit dem Anspruch aus § 831 BGB nicht viel anzufangen ist.

651

Der verantwortliche Beamte, für den der Staat nach § 31, 89 BGB haftet, kann auch von Paul Jedermann neben dem Staat aus § 823 BGB mitverklagt werden. Denn bei Haftungen innerhalb fiskalischer Tätigkeit haftet der Staat nicht anstelle des Beamten, sondern neben ihm.

Ansprüche an § 839 BGB verjähren grundsätzlich in drei Jahren ab Kenntnis des Schadens und der Person des Ersatzpflichtigen (mit der Zusatzregelung »einer Höchstverjährungszeit« des § 199 BGB).

Das Waffengesetz

Aufgrund der sich häufenden Überfälle, die Paul Jedermann in der täglichen Presse geschildert liest, erwägt er den Erwerb einer Pistole. Er kann nun aber nicht einfach in das nächste Waffengeschäft gehen und dort eine Schußwaffe erwerben.

Die Voraussetzungen für den Erwerb und das Führen von Waffen sind im Waffengesetz in der Fassung vom 11. Oktober 2002 festgelegt. Insofern ist einmal maßgeblich § 10 WaffG, der eine Waffenbesitzkarte für den Erwerb und den Besitz einer Schußwaffe vorschreibt.

Darüber hinaus bedarf man aber zum Mitführen der Waffe außerhalb der Wohnung gemäß § 10 Abs. 4 eines Waffenscheins.

§ 10 (auszugsweise)

(1) Die Erlaubnis zum Erwerb und Besitz von Waffen wird durch eine Waffenbesitzkarte oder durch Eintragung in eine bereits vorhandene Waffenbesitzkarte erteilt. Für die Erteilung einer Erlaubnis für Schusswaffen sind Art, Anzahl und Kaliber der Schusswaffen anzugeben. Die Erlaubnis zum Erwerb einer Waffe gilt für die Dauer eines Jahres, die Erlaubnis zum Besitz wird in der Regel unbefristet erteilt. Wer eine Waffe auf Grund einer Erlaubnis nach Satz 1 erwirbt, hat binnen zwei Wochen der zuständigen Behörde unter Benennung von Name und Anschrift des Überlassenden den Erwerb schriftlich anzuzeigen und seine Waffenbesitzkarte zur Eintragung des Erwerbs vorzulegen.

(2) Eine Waffenbesitzkarte über Schusswaffen, die mehrere Personen besitzen, kann auf diese Personen ausgestellt werden. (...)

(3) Die Erlaubnis zum Erwerb und Besitz von Munition wird durch Eintragung in eine Waffenbesitzkarte für die darin eingetragenen Schusswaffen erteilt. In den übrigen Fällen wird die Erlaubnis durch einen Munitionserwerbsschein für eine bestimmte Munitionsart erteilt; sie ist für den Erwerb der Munition auf die Dauer von sechs Jahren zu befristen und gilt für den Besitz der Munition unbefristet.

(4) Die Erlaubnis zum Führen einer Waffe wird durch einen Waffenschein erteilt. Eine Erlaubnis nach Satz 1 zum Führen von Schusswaffen wird für bestimmte Schusswaffen auf höchstens drei Jahre erteilt; die Geltungsdauer kann zweimal um höchstens je drei Jahre verlängert werden, sie ist kürzer zu bemessen, wenn nur ein vorübergehendes Bedürfnis nachgewiesen wird. Der Geltungsbereich des Waffenscheins ist auf bestimmte Anlässe oder Gebiete zu beschränken, wenn ein darüber hinausgehendes Bedürfnis nicht nachgewiesen wird. Die Voraussetzungen für die Erteilung einer Erlaubnis zum Führen von Schreckschuss-, Reizstoff- und Signalwaffen sind in der Anlage 2 Abschnitt 2 Unterabschnitt 3 Nr. 2 und 2.1 genannt (Kleiner Waffenschein).

(5) Die Erlaubnis zum Schießen mit einer Schusswaffe wird durch einen Erlaubnisschein erteilt.

Es ist aber nicht damit getan, daß man bei der zuständigen Behörde einen Antrag stellt.

Man muß vielmehr nachweisen, daß man die nötige Sachkunde und Zuverlässigkeit hat, vor allem aber einen stichhaltigen Grund, zum Beispiel eine besondere Gefahrenlage aus besonderem

Anlaß. Die Zeitungsmeldungen rechtfertigen Paul Jedermanns Antrag nicht, denn mit dieser Begründung könnte jeder Bürger einen Waffenschein verlangen.

652   Verstöße gegen die Vorschriften des Waffengesetzes, also insbesondere das Besitzen und Führen einer Waffe ohne erforderliche Erlaubnis, sind nach §§ 52 ff. WaffG strafbar und unter anderen mit einer Freiheitsstrafe bis zu 5 Jahren bedroht.

Das Verfahren vor den Verwaltungsgerichten wurde weiter vorstehend im Kapitel »Das Gaststättengewerbe« behandelt.

Erbrecht und Testament

Die gesetzliche Regelung

Paul Jedermann stirbt ganz plötzlich. Sein Tod kommt für alle überraschend, auch für ihn selbst. Er hatte zwar schon in den letzten Monaten mehrfach davon gesprochen, ein Testament machen zu wollen, da er aber seinen Tod noch fern glaubte, ist es bei guten Vorsätzen geblieben. Es tritt daher hinsichtlich seines Vermögen – dem sogenannten Nachlaß – die gesetzliche Erbfolge ein.

Paul und Karin Jedermann hatten im Güterstand der Gütertrennung gelebt, weil sie aus verschiedensten Gründen diesen Güterstand in Abweichung von dem gesetzlichen Güterstand der Zugewinngemeinschaft vereinbart hatten.

Die Familie Jedermann besteht beim Tode Pauls aus folgenden Personen: der Ehefrau Karin, dem erfolgreichen Sohn Michael, der geschiedenen Tochter Angelika und dem Nachzügler Klaus, der noch Student ist.

Der Nachlaß Paul Jedermanns besteht aus:

1. Grundbesitz im Wert von	120 000,– Euro
2. Wertpapieren im Wert von	18 000,– Euro
3. einem Bankkonto von	4 500,– Euro
4. einem Barbetrag von	320,– Euro
5. Möbeln im Wert von	5 000,– Euro
6. Schmuck im Wert von	2 000,– Euro
7. Kleidung im Wert von	800,– Euro
Summe	150 620,– Euro

An Schulden hinterläßt Paul Jedermann 9000,– Euro an seinen Sohn Michael, der ihm seinerzeit das Darlehen für die Geschäftsgründung gegeben hatte, auf das noch nicht alle vereinbarten Rückzahlungen erfolgt sind.

Im Nachlaß findet sich ferner eine Lebensversicherungspolice zugunsten von Karin in Höhe von 30 000,– Euro.

Bezüglich der Auseinandersetzung über den Nachlaß ergeben sich zwischen den Hinterbliebenen bald Differenzen. Karin ist der Meinung, daß ihr mindestens die Hälfte des Nachlasses zustehen müsse, die Kinder wiederum verlangen, daß die Lebensversicherung mit in den Nachlaß einbezogen werde. Karin will ferner bei der Auseinandersetzung das Grundstück zugesprochen bekommen, in dem sie als Ehefrau mit Paul gelebt hat. Michael meint, der Herrenschmuck gebühre ihm sowieso als ältestem Sohne des Hauses.

Hier gehen alle Ansichten, wie man sieht, durcheinander. Das Gesetz aber hat folgendes bestimmt:

Die drei Kinder Pauls sind gesetzliche Erben der ersten Ordnung. Sie erben zu gleichen Teilen (§ 1924 BGB). Karin ist als überlebender Ehegatte neben ihnen zu einem Viertel als gesetzlicher Erbe berufen.

Diese Regelung entspricht § 1931 Abs. 4 BGB:

§1931 (auszugsweise)

654

(4) Bestand beim Erbfall Gütertrennung und sind als gesetzliche Erben neben dem überlebenden Ehegatten ein oder zwei Kinder des Erblassers berufen, so erben der überlebende Ehegatte und jedes Kind zu gleichen Teilen; § 1924 Abs. 3 gilt auch in diesem Falle.

Karin bekommt also ein Viertel des Nachlasses und die Ansprüche aus der Lebensversicherung, denn diese haben mit dem Nachlaß überhaupt nichts zu tun, sondern sind ein Anspruch aus einem Vertrag zugunsten Dritter gegen die Lebensversicherungsgesellschaft.

Die Kinder erhalten drei Viertel des Nachlasses, und da sie sich diese zu gleichen Anteilen teilen müssen, erhält jedes ein Viertel.

Was bekommen unsere Erben nun im einzelnen? Zunächst einmal ist der gesamte Nachlaß gemeinschaftliches Vermögen aller vier Erben (§ 2032 BGB). Sie haben dieses gemeinschaftliche Vermögen auch gemeinschaftlich zu verwalten (§ 2038 BGB). Als erstes einmal haben sie aus dem Nachlaß die Nachlaßverbindlichkeiten zu begleichen. Dazu gehören einmal die oben aufgeführten 9000,– Euro Schulden an Michael. Insoweit ist dieser ja einfach ein Gläubiger des Verstorbenen wie jeder andere Gläubiger auch. Außerdem haben die Erben gemäß § 1968 BGB die Kosten der standesgemäßen Beerdigung Paul Jedermanns zu tragen und werden sie also aus dem Nachlaß entnehmen. Setzen wir einmal diese Kosten mit niedrigen 1000,– Euro an, so ergibt sich mit den an Michael zu zahlenden 9000,– Euro ein Betrag von insgesamt 10 000,– Euro, der aus der Nachlaßmasse zu entnehmen ist. Es bleibt dann ein Nachlaßwert von 140 620,– Euro auf dem Papier. Demnach entfällt auf jeden der vier Erben ein Wert von 35 155,– Euro.

Wenn unser Nachlaß von 140 620,– Euro nun in Gestalt von barem Geld greifbar wäre, so könnte ja eine Aufteilung ohne Schwierigkeiten in den vorstehenden Beträgen erfolgen. Man kann aber nicht gut eine wirklich gerechte Zerteilung von Schmuck vornehmen, und ein Haus kann man schon gar nicht in Stücke hacken. Am vernünftigsten ist es daher, wenn die Erben sich über eine getrennte Aufteilung der Erbmasse einigen. Unterstellen wir einmal, daß ein abteilbares unbebautes Grundstück einen Wert von 40 000,– Euro Wert hat, dann könnte man sehr gut Karin dieses Grundstück zu Alleineigentum übertragen und den Wertausgleich dadurch vornehmen, daß sie für die drei übrigen Erben ein Schuldversprechen über je 1615,– Euro ausstellt und dieses Versprechen auch noch hypothekarisch an ihrem Grundstück sichert. Die Kinder könnten sich so auseinandersetzen, daß Klaus und Angelika zusammen Eigentümer des verbleibenden Grundbesitzes werden und der tüchtige Michael die übrigen Werte erhält und etwaige kleinere Differenzen ausgeglichen werden. Besondere Erinnerungsstücke nimmt Michael in Verwahrung, mit der Berechtigung für die anderen, daß sie es sich jederzeit eine Zeitlang ausleihen können, zum Beispiel Verdienstauszeichnungen, Diplome usw.

Können sich die Erben nicht selbst zu einer derartigen vernünftigen Aufteilung des Nachlasses durchringen, so können sie das Nachlaßgericht mit der Bitte angehen, eine Auseinandersetzung zwischen den Erben zu vermitteln. Nachlaßgericht ist das Amtsgericht am letzten Wohnsitz des Erblassers, hier also Marburg/Lahn. Das Nachlaßgericht kann aber keinen Erben zwingen, einen von dem Gericht ausgearbeiteten Vorschlag anzunehmen, es kann nur raten.

Prompt zerstreiten sich auch hier die Erben, weil der eine nicht auf den Schmuck verzichten will, der andere nicht auf das Haus. Für diesen Fall hat das Gesetz genaue Vorschriften darüber aufgestellt, wie dann die Verteilung vor sich zu gehen hat. Der Gesetzgeber verweist nämlich insoweit auf die Vorschriften über die Gemeinschaft, die wir weiter oben schon einmal betrachtet haben. Diejenigen Gegenstände, die in Natur teilbar sind, werden den Erben verteilt. Dies trifft hier für das Geld und die Wertpapiere zu. Die übrigen Werte müssen in Geld umgesetzt werden. Dies geschieht im Wege einer Versteigerung des Grundbesitzes, des Schmuckes und der Möbel. Der Erlös wird dann unter den vier Erben aufgeteilt. Ein jeder kann sich leicht ausrechnen, daß die Erben hier Federn lassen. Die Versteigerungen werden nicht die wahren Werte der Nachlaßgegenstände erbringen, und die Verwertung selbst verursacht viele Kosten. Den Vorteil haben also dritte Personen.

Es sei gleich an dieser Stelle gesagt, daß Paul Jedermann in einem Testament verbindliche Bestimmungen über die Art und Weise der Auseinandersetzung hätte treffen können (sogenannte Teilungsanordnungen). Er hätte also ruhig, wenn es ihm angemessen erschienen wäre, es bei der gesetzlichen Erbfolge belassen können, aber dafür wenigstens eine Verteilung der einzelnen Nachlaßwerte im Sinne des oben erörterten Verteilungsvorschlages anordnen können. Schon dadurch hätte er seine Erben vor Auseinandersetzungen und Schaden bewahrt.

Ganz uneinsichtig zeigt sich nunmehr Karin, die einfach erklärt, sie ginge überhaupt keine Auseinandersetzung ein, dann solle lieber die Erbengemeinschaft für ewig zusammenbleiben. Diese Auffassung ist unrichtig. Nach § 2042 BGB kann jeder Miterbe jederzeit die Auseinandersetzung und damit Auflösung der Miterbengemeinschaft verlangen. Er kann darauf klagen. Bei einer solchen Klage ist es allein schon hinsichtlich des zu formulierenden Antrags so kompliziert, daß immer die Hilfe eines Rechtskundigen hinzuzuziehen ist.

Nehmen wir einmal an, daß Angelika bei ihrer Eheschließung mit Ottomar Gras von Jedermann eine Aussteuer im Werte von 25000,– Euro erhalten hatte, die auf ihr Erbe anzurechnen war. Dann muß sie diese jetzt zur Ausgleichung bringen. Vielleicht denkt man zunächst, daß dies ja ganz einfach sei, man brauche ja nur von dem Angelika zustehenden Erbe von ca. 35000,– Euro 25000,– Euro abzuziehen. So geht das aber nicht. Der Gesetzgeber hat nämlich einen Ausgleich nur unter Pauls Abkömmlingen vorgeschrieben, die Ehefrau Karin wird hierdurch überhaupt nicht berührt. Sie bekommt also erst einmal ihre 35155,– Euro. Es ist demnach nur zum Ausgleich zu bringen unter den drei Kindern der Betrag von 140620,– Euro abzüglich Karins 35155,– Euro, also: 105465,– Euro. Zu diesem Betrag zählen wir jetzt die 25000,– Euro, die Angelika als Aussteuer erhalten hat, hinzu, so daß sich eine rechnerische Summe von 130465,– Euro ergibt. Gewissermaßen hat also Angelika das Geld, was sie damals in Gestalt der Aussteuer erhielt, mit auf den Tisch zur Verteilung gelegt. Wir teilen diese Summe nunmehr durch drei und behalten einen Anteil für jedes der drei Kinder in Höhe von 43488,– Euro übrig. Angelika hat ja nun schon einen Anteil von 25000,– Euro erhalten. Sie bekommt also lediglich noch 18488,– Euro ausbezahlt, die von den vorhandenen 105465,– Euro genommen werden. Michael und Klaus teilen sich demnach den Rest von 86977,– Euro, das heißt jeder von ihnen bekommt 43488,– Euro. Diese Art der Berechnung ist in § 2055 BGB vorgesehen.

Als die Erben zur Tilgung von Michaels Forderung von dem Bankkonto, das Jedermann hinterlassen hat, etwas abheben wollen, weigert sich die Bank, diesem Verlangen zu entsprechen, ehe ihr nicht nachgewiesen sei, wer die Erben seien. Dies ist das gute Recht der Bank, falls keine Vollmacht einer Person »über den Tod hinaus« vorliegt. Die Erben müssen sich einen Erbschein von dem Nachlaßgericht (Amtsgericht) ausstellen lassen, und zwar werden sie im Interesse der Vereinfachung sich einen sogenannten gemeinschaftlichen Erbschein ausstellen lassen. Dies geht nun nicht einfach dergestalt, daß man an das Nachlaßgericht schreibt, sondern es muß eine Erbscheinverhandlung stattfinden, die vor dem Gericht oder vor einem Notar durchzuführen ist. Denn es sind vor allen Dingen von dem Erben, der den Antrag stellt, eidesstattliche Versicherungen abzugeben, zum Beispiel daß nicht bekannt sei, daß ein Testament vorhanden sei etc. Aus diesem Grunde ist es in unserem Fall zweckmäßig, daß Michael Jedermann, der offenbar der geschäftsgewandteste unter den Erben ist, zu einem Notar geht, ihm den Sachverhalt vorträgt und alles Weitere durch diesen veranlassen läßt. Dann wird binnen Kürze der erforderliche Erbschein der Bank vorgelegt werden können. Der Erbschein wird ja auch gebraucht, um Verfügungen über die Grundstücke treffen zu können, denn auch dem Grundbuchamt muß durch öffentliche Urkunden nachgewiesen werden, wer die Erben Paul Jedermanns sind.

Es kann nun aber nicht etwa jeder Erbe zur Bank hinlaufen und sich beliebig etwas von dem Konto abheben. Miterben können über Nachlaßgegenstände nur gemeinschaftlich verfügen. Sie müssen also entweder alle zur Bank gehen und die 9000,– Euro für Michael abheben oder, was einfacher ist, sie unterschreiben eine Vollmacht für Michael, daß dieser sich die 9000,– Euro abholen kann, wobei sie ihre Unterschrift beglaubigen lassen müssen.

Der Erbschein hat eine besondere rechtliche Wirkung. Da das Nachlaßgericht sorgfältig prüfen mußte, ob wirklich keine anderen Erben vorhanden sind, so können sich dritte Personen auf die Richtigkeit des Erbscheins verlassen. Wenn unsere Erben also das Haus an Fritz Huck verkaufen und übereignen und es sich plötzlich herausstellt, daß Paul Jedermann doch ein Testament hinterlassen hat, wonach seine Schwester Alleinerbin sein soll, so bleibt Fritz Huck Eigentümer des erworbenen Hausgrundstücks. Da Fritz Huck sich auf die Richtigkeit des Erbscheines verließ, so soll er auch geschützt werden. So schreibt es auch das Gesetz in § 2366 BGB vor. Paul Jedermanns Schwester mag sich an die fälschlich als Erben angesehenen Personen halten. Und sie würde schleunigst dafür sorgen, daß der unrichtige Erbschein vom Nachlaßgericht wieder eingezogen wird, damit nicht noch weitere rechtswirksame Veräußerungen vor sich gehen können.

Gesetzliche Erbfolge beim gesetzlichen Güterstand

Hätten Paul und Karin Jedermann im gesetzlichen Güterstand der Zugewinngemeinschaft gelebt, so sähe die Erbfolge in dem vorstehend geschilderten Fall anders aus. Der § 1931 BGB bestimmt nämlich in Absatz 2 Ziff. 3, daß die Vorschriften des § 1371 BGB unberührt bleiben. Dieser Paragraph bestimmt folgendes:

§ 1371
(1) Wird der Güterstand durch den Tod eines Ehegatten beendet, so wird der Ausgleich des Zugewinns dadurch verwirklicht, daß sich der gesetzliche Erbteil des überlebenden Ehegatten um ein Viertel der Erbschaft erhöht; hierbei ist unerheblich, ob die Ehegatten im einzelnen Fall einen Zugewinn erzielt haben.
(2) Wird der überlebende Ehegatte nicht Erbe und steht ihm auch kein Vermächtnis zu, so kann er Ausgleich des Zugewinns nach den Vorschriften der §§ 1373 bis 1383 und 1390 verlangen; der Pflichtteil des überlebenden Ehegatten oder eines anderen Pflichtteilsberechtigten bestimmt sich in diesem Falle nach dem nicht erhöhten gesetzlichen Erbteil des Ehegatten.

(3) Schlägt der überlebende Ehegatte die Erbschaft aus, so kann er neben dem Ausgleich des Zugewinns den Pflichtteil auch dann verlangen, wenn dieser ihm nach den erbrechtlichen Bestimmungen nicht zustünde; dies gilt nicht, wenn er durch Vertrag mit seinem Ehegatten auf sein gesetzliches Erbrecht oder sein Pflichtteilsrecht verzichtet hat.
(4) Sind erbberechtigte Abkömmlinge des verstorbenen Ehegatten, welche nicht aus der durch den Tod dieses Ehegatten aufgelösten Ehe stammen, vorhanden, so ist der überlebende Ehegatte verpflichtet, diesen Abkömmlingen, wenn und soweit sie dessen bedürfen, die Mittel zu einer angemessenen Ausbildung aus dem nach Absatz 1 zusätzlich gewährten Viertel zu gewähren.

Während zu Lebzeiten der Ehegatten im Falle der Scheidung der gesetzliche Zugewinnausgleich dahingehend durchzuführen ist, daß der vermögendere Ehegatte die Hälfte des Wertes seines Mehrvermögens nach Maßgabe bestimmter Voraussetzungen an den anderen Ehegatten abzugeben hat, erfolgt im Falle des Todes die Ausgleichsregelung durch die Erhöhung des Erbanteils des überlebenden Ehegatten. Sein gesetzlicher Erbteil erhöht sich um ein Viertel, entsprechend vermindert sich der Erbteil der Kinder.

Bis zum Jahre 1998 gab es Sonderregelungen für das Erbrecht nichtehelicher Kinder, insbesondere den Erbersatzanspruch (§ 1934a) und den vorzeitigen Erbausgleich (§ 1934d). Durch das Kindschaftsreformgesetz vom 01.07.1998 ist diese Sonderregelung entfallen und die nichtehelichen Kinder werden den ehelichen voll gleichgestellt. Es gibt heute rechtlich keinen Unterschied mehr zwischen diesen Kindergruppen, so daß auch kein Bedürfnis mehr für diese sprachliche Differenzierung besteht.

Beschränkte Erbenhaftung

Zur gleichen Zeit, in der sich der Erbvorgang abspielt, wird der jüngste Sohn Klaus Jedermann nochmals Erbe. Eine unverheiratete Schwester von Karin macht ihn durch Testament zu ihrem Alleinerben. Karin ist der Meinung, daß sie hier beteiligt sein müsse, da ihre Schwester sie nicht übergehen könne. Dies ist aber unrichtig.

 Schon hier sei vermerkt, daß es unter Geschwistern keine Pflichtteilsrechte gibt. Ein reicher Bruder kann sein Vermögen einer wohltätigen Stiftung vermachen und seine Schwester und deren Kinder übergehen.

Klaus Jedermann ist naturgemäß über diesen weiteren Erbfall zunächst hocherfreut. Die Freude schwindet aber, als er zu seiner Überraschung feststellt, daß Tante Olga erhebliche Schulden hatte. In den ersten vier Wochen nach ihrem Tode melden sich nach und nach immer mehr Gläubiger, so daß Klaus befürchtet, es könnten sich mehr Schulden ergeben, als der Nachlaß an Werten hat.

Er bespricht sich daher mit seinem Bruder Michael, »ob er wohl diese Erbschaft annehmen solle«. Schon diese Auffassung des Klaus Jedermann ist unrichtig. Man wird nicht erst dadurch Erbe, daß man eine angefallene Erbschaft annimmt, sondern man ist sofort mit dem Tode des Erblassers Erbe.

Allerdings kann man diese entstandene Erbenstellung dadurch wieder beseitigen, daß man die Erbschaft ausschlägt. Diese Ausschlagung ist jedoch nur innerhalb einer Frist von sechs Wochen seit Kenntnis von dem Erbanfall möglich und innerhalb dieser Frist nur bis zu einer eventuellen Annahme der Erbschaft.

Die Annahme ist an keine Form gebunden. Jede Handlung des Erben, die den Schluß zuläßt, daß er mit der Erbenstellung einverstanden ist, ist Annahme der Erbschaft. Wenn also Klaus zum Beispiel eifrig von den vorhandenen Werten des Nachlasses Gebrauch gemacht hat, zum Beispiel das bare Geld ausgegeben, Möbel verkauft hat usw., so liegt darin eine Annahme. Ebenso wenn er sich einen Erbschein hat ausstellen lassen. Denn bei der Stellung des Antrages bringt er ja zum Ausdruck, daß er die Erbschaft annehme. Hätte Klaus dagegen zum Beispiel nur das bare Geld angegriffen, um der Verstorbenen ein angemessenes Begräbnis zukommen zu lassen, so läge in dieser Handlung noch keine Annahme der Erbschaft. Denn da jeder, der Erbe ist, für die Bestattung zu sorgen hat, ist dies keine Maßnahme im eigenen Interesse von Klaus, sondern eine Fürsorgemaßnahme für den, der schließlich Erbe werden wird.

Klaus kann also die Erbschaft noch ausschlagen. Dies muß gegenüber dem Nachlaßgericht geschehen, und er muß seine Unterschrift notariell beglaubigen lassen.

Es genügt folgender Satz:

Hierdurch schlage ich die mir am ... angefallene Erbschaft nach meiner Tante, Frau Olga Tüchtig, verstorben in Marburg/Lahn, Wagnerstraße 16, aus.

Die Unterschrift vollzieht Klaus vor einem Notar und läßt sie beglaubigen. Die Erklärung schickt er per Einschreiben an das Amtsgericht oder gibt sie dort selbst auf der zuständigen Geschäftsstelle für Nachlaßsachen ab. Die Ausschlagung kann nur innerhalb von sechs Wochen ab der Kenntnis vom Erbfall erfolgen. Die Versäumnis der Frist kann gegebenenfalls angefochten werden.

Die rechtzeitige Ausschlagung hat die Wirkung, daß Klaus Jedermann niemals Erbe war. Das Nachlaßgericht muß nachforschen, wer nun an seiner Stelle Erbe ist, und diesen benachrichtigen. Mit dem Ausscheiden aus der Erbenstellung betreffen die Schulden der Erblasserin ihn auch nicht mehr.

658

Aber der Weg, den Klaus Jedermann hier eingeschlagen hat, ist nun ein sehr radikaler. Noch bevor er überhaupt wirklich wußte, ob die Schulden (Passiven) die Werte (Aktiven) des Nachlasses übersteigen, hat er auf seine Erbenstellung verzichtet. Dabei bestand gar keine Notwendigkeit, so überstürzt zu handeln. Es ist ein verbreiteter Irrtum, daß man einem überschuldeten Nachlaß durch rechtzeitige Ausschlagung der Erbschaft entfliehen müßte. Auch der Erbe eines überschuldeten Nachlasses hat für sein sonstiges Vermögen nichts zu befürchten, wenn er sich nur richtig verhält, das heißt die nachstehenden Darlegungen beachtet.

Klaus Jedermann entschließt sich also, die Ausschlagung nicht vorzunehmen.

Zunächst geht er erst einmal daran, Ordnung in den Nachlaß zu bringen und sich ein Bild zu verschaffen, wer eigentlich alles Ansprüche gegen den Nachlaß erhebt. Ergeben die vorgefundenen Korrespondenzen und Papiere nicht genügend Übersicht, wem gegenüber Tante Olga verschuldet war, so kann sich Klaus Jedermann dadurch Klarheit verschaffen, daß er ein Aufgebotsverfahren zur Feststellung der Nachlaßgläubiger beantragt. Der Antrag ist bei dem Amtsgericht Marburg zu stellen.

Es ist ja nun denkbar, daß sich irgendein Gläubiger in dem Aufgebotsverfahren nicht meldet, zum Beispiel weil er erst nach Jahren aus dem Ausland zurückkehrt. Dann braucht Klaus Jedermann an diesen Gläubiger nicht mehr zu leisten, wenn er den Nachlaß aufgebraucht hat, um die Gläubiger zu befriedigen, die sich in dem Aufgebotsverfahren gemeldet haben. Ist ihm nach deren Befriedigung noch etwas von dem Nachlaß verblieben, so muß er die Restwerte nunmehr dem nachgekommenen Gläubiger zur Verfügung stellen, damit dieser sich daran befriedigen kann. Hat Klaus diese Werte inzwischen aufgebraucht, so kann dieser Gläubiger nichts mehr verlangen, denn Klaus durfte nach Abschluß des Aufgebotsverfahrens annehmen, daß er nun die Gläubiger Tante Olgas kannte.

Das gleiche gilt übrigens, falls kein Aufgebotsverfahren stattfindet, für solche Gläubiger, die erst nach Ablauf von 5 Jahren seit dem Erbgang auf der Bildfläche erscheinen. Stellt nun Klaus aufgrund des Aufgebotsverfahrens fest, daß der Nachlaß überschuldet ist oder daß zum mindesten Zweifel in dieser Hinsicht bestehen, so ist dies noch lange kein Grund, gleich die Erbschaft auszuschlagen – falls die Ausschlagungsfrist nicht überhaupt inzwischen abgelaufen sein sollte.

Der Erbe hat nämlich die Möglichkeit, zu seinem Schutze bei dem Nachlaßgericht entweder die Nachlaßverwaltung oder die Nachlaßinsolvenz zu beantragen.

Verschuldeter Nachlaß und die Sanierung

Auch Fritz Sorgenfrei hatte vor seinem überraschenden Tod lange überlegt, wie er seine Erbfolge regeln sollte. Am einfachsten ist es, alles dem Gesetzgeber zu überlassen. Aber das muß nicht immer das Klügste sein. Gehen wir jedoch zunächst einmal von der gesetzlichen Regelung aus.

Die Witwe des Handwerksmeisters

Frau Luise läßt sich von Meister Bleich, der Fritz Sorgenfreis Stellvertreter in der Bäckerei war, die Unterlagen dieses Betriebes vorlegen. Der ständige Steuerberater des Verstorbenen, Dr. Steuer, erläutert ihr die einzelnen Positionen und kann zusammenfassend feststellen, daß das Geschäft in bestem Zustand ist. Unter Meister Bleichs Leitung wird es weiter gedeihen und seinen Gewinn abwerfen. Frau Luise kann sich also auf regelmäßige Kontrollen beschränken und zunächst erst einmal eine Erholungsreise unternehmen. Bevor sie aufbricht, kommen ihr aber doch einige Bedenken. Sie spricht sich hierüber zu Richard aus.

»Wenn·ich bedenke, was dein Vater alles tun mußte, als er die Bäckerei eröffnete, so kann ich mir gar nicht vorstellen, daß bei mir alles so ohne Formalitäten vor sich gehen soll. Bin ich nun selber Frau Bäckermeister?«

659

Luise Sorgenfrei hat ein gutes Rechtsgefühl. Aber für ihren Fall sieht das Gesetz – hier die Handwerksordnung § 4 Absätze 1 und 2 – eine besondere Regelung vor, das sogenannte Witwenprivileg.

§ 4 (auszugsweise)

(1) Nach dem Tode eines selbständigen Handwerkers dürfen der Ehegatte, der Erbe bis zur Vollendung des fünfundzwanzigsten Lebensjahres, der Testamentsvollstrecker, Nachlaßverwalter, Nachlaßkonkursverwalter oder Nachlaßpfleger den Betrieb fortführen. Die Handwerkskammer kann Erben bis zur Dauer von zwei Jahren über das fünfundzwanzigste Lebensjahr hinaus die Fortführung des Betriebes gestatten. Das gleiche gilt für Erben, die beim Tode des Handwerkers das fünfundzwanzigste Lebensjahr bereits vollendet haben.

(2) Nach Ablauf eines Jahres seit dem Tode des selbständigen Handwerkers darf der Betrieb nur fortgeführt werden, wenn er von einem Handwerker geleitet wird, der die Voraussetzung für die Eintragung in die Handwerksrolle erfüllt; die Handwerkskammer kann in Härtefällen diese Frist verlängern. Zur Verhütung von Gefahren für die öffentliche Sicherheit kann die höhere Verwaltungsbehörde bereits vor Ablauf der in Satz 1 genannten Frist die Fortführung des Betriebes davon abhängig machen, daß er von einem Handwerker geleitet wird, der die Voraussetzungen für die Eintragung in die Handwerksrolle erfüllt. (Abs. 3 und 4 nicht abgedruckt)

Ein Jahr lang kann sie also ohne weiteres die Bäckerei ihres verstorbenen Ehemannes fortführen, was auch für minderjährige Erben zuträfe, für die ihre gesetzlichen Vertreter handeln würden. Ein Jahr lang hat die Witwe des Handwerkers Zeit, entweder selbst die Meisterprüfung abzulegen, sich eine Ausnahmegenehmigung zu verschaffen (siehe dort) oder den Betrieb durch einen eingetragenen Meister leiten zu lassen. Da Meister Bleich bereit ist, den Sorgenfreischen Betrieb weiter wie bisher zu betreuen, so sind für Frau Luise alle Schwierigkeiten behoben.

Ererbte Geschäftsschulden

Richard Sorgenfrei hat es mit dem Café-Betrieb nicht so gut wie seine Mutter mit der Bäckerei getroffen. Zwar ist das Café ein ungleich wertvollerer Betrieb, aber der für das Café eingesetzte Geschäftsführer hat still und heimlich in den letzten Jahren in seine eigene Tasche gewirtschaftet. Der Betrieb ist daher erheblich überschuldet, was aber erst nach einiger Zeit von Richard mit Hilfe des Buchhalters Pfennig entdeckt wird. Der Geschäftsführer begeht Selbstmord und überläßt das Chaos dem Erben.

Besonders der Gläubiger Ronald Saug, bei dem der ungetreue Prokurist und Geschäftsführer für Rechnung des Café-Betriebes gegen hohe Zinsen ein Darlehen von 30 000,– Euro aufgenommen hat, will nicht länger warten, sondern verlangt sein Geld. Dies beschwört für Richard eine schwierige Situation herauf. Der Café-Betrieb ist in sich gesund. Wenn die Gläubiger etwas Zurückhaltung zeigen würden, könnte Richard in zwei bis drei Jahren die Krise auch überstanden haben.

Wenn aber Saug sich nicht vertrösten läßt, dann werden alle anderen Gläubiger auch zuschlagen. Die Insolvenz wäre die Folge.

Wie Richard so rechnet, packt ihn plötzlich der Zorn. Wütend wirft er den Bleistift hin. »Dann soll doch das Café zum Teufel gehen«, ruft er aus. »Was soll ich mir da viel den Kopf zerbrechen? Wenn die Gläubiger so unvernünftig sind, dann sollen sie sich mit dem Insolvenzverwalter herumschlagen. Viel bleibt für sie dann allerdings nicht übrig.«

Auf alle Fälle könnte er an Saug eine Bitte um Stundung des Darlehens richten und ihm folgenden Brief schreiben:

660

RICHARD SORGENFREI   GARTENSTRASSE 4
                                                       60594 FRANKFURT/MAIN

Herrn
Ronald Saug
Frankfurter Straße 8
63065 Offenbach/Main   25.8.20..

Sehr geehrter Herr Saug!

Wie Sie wissen, habe ich das Café meines verstorbenen Vaters, Fritz Sorgenfrei, im Erbgang übernommen. Erst jetzt nach vier Monaten konnte festgestellt werden, daß durch die Machenschaften eines ungetreuen Prokuristen der Betrieb überschuldet ist. Fast alle Gläubiger haben sich mit meinem Moratoriumsvorschlag einverstanden erklärt, nur Sie bestehen auf sofortiger Rückzahlung des Darlehens von 30 000,– Euro. Dies kann der Betrieb nicht leisten. Um meine anderen Vermögenswerte nicht zu gefährden, bin ich daher gezwungen, das Café in die Insolvenz gehen zu lassen.

Sollten Sie mich persönlich in Anspruch nehmen wollen, mache ich Sie schon jetzt darauf aufmerksam, daß ich in diesem Falle eine Beschränkung meiner Haftung auf die Erbschaftswerte herbeiführen werde. Es ist sehr fraglich, ob die von mir ererbten Vermögensstücke ausreichen werden, um die gesamten Schulden des Café-Betriebes abzudecken.

Sie sollten sich daher meinen Vorschlag, das Darlehen um ein weiteres Jahr zu stunden, reiflich überlegen, da Sie in diesem Falle mit einer völligen Befriedigung rechnen können.

Mit freundlichen Grüßen

Richard Sorgenfrei

Das Antwortschreiben des Gläubigers Saug läßt nicht lange auf sich warten. Saug schreibt nicht selbst, sondern sein Rechtsanwalt tritt gleich in Funktion. Dieser schreibt an Richard Sorgenfrei:

RECHTSANWALT WALTER SCHMID
Mainallee 9 · 63065 Offenbach am Main

Herrn
Richard Sorgenfrei
Gartenstraße 4
60594 Frankfurt am Main   30.8.20..

Sehr geehrter Herr Sorgenfrei!

Ihr Gläubiger, Herr Ronald Saug, hat mich beauftragt, Ihr letztes Schreiben zu beantworten. Falls Sie Ihre Ankündigung wahrmachen und den ererbten Café-Betrieb in die Insolvenz bringen sollten, wird mein Mandant gegen Sie persönlich vorgehen. Zu Unrecht versuchen Sie, für diesen Fall beschränkte Erbenhaftung in Anspruch zu nehmen. Da der von Ihnen weitergeführte Café-Betrieb eine handelsgerichtlich eingetragene Firma ist, haften Sie für die Geschäftsschulden nicht nur als Erbe, sondern auch als Firmeninhaber. Sie hatten lediglich die Möglichkeit, gemäß § 27 Abs. 2 HGB vor dem Ablauf von drei Monaten, nachdem Sie von dem Anfall der Erbschaft Kenntnis erlangt hatten, die Fortführung des Geschäftes einzustellen.

Da Sie diese Dreimonatsfrist überschritten haben, haften Sie meinem Mandanten unbeschränkbar mit Ihrem ganzen Vermögen, nicht etwa nur mit den Nachlaßwerten.

Mit freundlichen Grüßen

Richard ist wie vom Donner gerührt. Auf alle Fälle schlägt er gleich einmal im Handelsgesetzbuch den § 27 auf und liest dort folgendes:

§ 27
(1) Wird ein zu einem Nachlasse gehörendes Handelsgeschäft von dem Erben fortgeführt, so finden auf die Haftung des Erben für die früheren Geschäftsverbindlichkeiten die Vorschriften des § 25 entsprechende Anwendung.
(2) Die unbeschränkte Haftung nach § 25 Abs. 1 tritt nicht ein, wenn die Fortführung des Geschäfts vor dem Ablaufe von drei Monaten nach dem Zeitpunkt, in welchem der Erbe von dem Anfalle der Erbschaft Kenntnis erlangt hat, eingestellt wird. Auf den Lauf der Frist finden die für die Verjährung geltenden Vorschriften des § 210 des Bürgerlichen Gesetzbuchs entsprechende Anwendung. Ist bei dem Ablaufe der drei Monate das Recht zur Ausschlagung der Erbschaft noch nicht verloren, so endigt die Frist nicht vor dem Ablaufe der Ausschlagungfrist.

Da § 27 HGB auf § 25 HGB verweist, muß er sich noch mit dem Wortlaut dieser Bestimmung vertraut machen. § 25 HGB lautet:

§ 25
(1) Wer ein unter Lebenden erworbenes Handelsgeschäft unter der bisherigen Firma mit oder ohne Beifügung eines das Nachfolgeverhältnis andeutenden Zusatzes fortführt, haftet für alle im Betriebe des Geschäfts begründeten Verbindlichkeiten des früheren Inhabers. Die in dem Betriebe begründeten Forderungen gelten den Schuldnern gegenüber als auf den Erwerber übergegangen, falls der bisherige Inhaber oder seine Erben in die Fortführung der Firma gewilligt haben.
(2) Eine abweichende Vereinbarung ist einem Dritten gegenüber nur wirksam, wenn sie in das Handelsregister eingetragen und bekannt gemacht oder von dem Erwerber oder dem Veräußerer dem Dritten mitgeteilt worden ist.
(3) Wird die Firma nicht fortgeführt, so haftet der Erwerber eines Handelsgeschäfts für die früheren Geschäftsverbindlichkeiten nur, wenn ein besonderer Verpflichtungsgrund vorliegt, insbesondere wenn die Übernahme der Verbindlichkeiten in handelsüblicher Weise von dem Erwerber bekanntgemacht worden ist.

662

Wer das Geschäft eines Vollkaufmannes weiterführt, haftet für dessen Geschäftsschulden, wenn er die bisherige Firma verwendet. Während nun aber bei einer Geschäftsübernahme unter Lebenden die Möglichkeit besteht, den Übergang der Verbindlichkeiten auszuschließen und dies durch Anmeldung zum Handelsregister den Gläubigern gegenüber wirksam werden zu lassen, besteht eine solche Möglichkeit für den Erben nicht. Wenn er das ererbte Unternehmen unter Verwendung der bisherigen Firma fortführt, dann tritt er in sämtliche Geschäftsschulden ein. Gewissermaßen wird er jetzt aus zwei Gründen Schuldner: einmal als Erbe gemäß § 1967 BGB und ferner als Fortführer des Geschäfts gemäß § 27 HGB.

Während nun die über § 1967 BGB entstandene erbrechtliche Haftung nach bestimmten Regeln auf die übernommenen Nachlaßwerte begrenzt werden kann, ist dies für die über § 27 HGB entstandene Schuld nicht möglich. Dafür gibt der § 27 Abs. 2 HGB die Möglichkeit, innerhalb dreier Monate die Fortführung des Geschäfts einzustellen. Geschieht dies, so tritt die unbeschränkte Haftung nicht ein.

Wer also als Erbe ein vollkaufmännisches Unternehmen übernimmt, der muß die ersten drei Monate ausnutzen, um sich Klarheit über die finanzielle Seite seines Unternehmens zu verschaffen. Ein Vierteljahr dürfte hierzu wohl genügen. Wer in Unkenntnis dieser gesetzlichen Regelung einfach drauflos wirtschaftet, wie unser Richard, erlebt eines Tages ein böses Erwachen.

Viele kleine Betriebe sind nicht im Handelsregister eingetragen, zum Beispiel Tankstellen, Reparaturwerkstätten, Kleinwarengeschäfte. Da sie keine »Firma« haben, unter welcher das Geschäft fortgeführt werden kann, so kann auch nicht § 27 HGB zum Zuge kommen.

Hier muß der Erbe für die Betriebsverbindlichkeiten aus § 1967 BGB haften, aber er hat die bereits vorstehend erörterte Möglichkeit, sein Privatvermögen vor dem Zugriff der Nachlaßgläubiger zu schützen, denn von Ausnahmen abgesehen haftet diesen der Erbe nur mit den übernommenen Nachlaßwerten.

Richard Sorgenfrei ist verzweifelt. Er sieht schon seine schöne Bar »Der Sorgenbrecher« ebenfalls in dem großen Insolvenztopf verschwinden.

»Ich finde es sehr enttäuschend«, beklagt er sich bei seiner Mutter Luise. »Du hast alle guten Brocken bekommen, und ich bin der Hereingefallene.«

»Nun«, wehrt Luise ab, »zum Teil ja wohl durch deine eigene Schuld, weil du den § 27 HGB nicht gekannt hast. Auch hat dein Vater ja nichts von den Machenschaften des Prokuristen gewußt.«

Aber Luise sagt sich doch, daß sie ihren Sohn Richard nicht einfach im Stich lassen kann. Sie überschlägt ihre Vermögenslage und bietet Richard an, ihm 50 000,– Euro zur Verfügung zu stellen, damit er mit seinen Gläubigern ein gütliches Abkommen treffen könne.

Auch dieser Betrag deckt nicht alle Schulden, die über Richard gemäß § 27 HGB hereingebrochen sind, aber immerhin hat er nun eine schöne Grundlage für ein eventuelles außergerichtliches Vergleichsverfahren.

Sanierung durch Vergleich

Zunächst versucht es Richard erst einmal mit dem direkten Weg zu den Gläubigern. Er verfaßt ein hektographiertes Rundschreiben folgenden Inhalts, das er allen Gläubigern des Café-Betriebes zuschickt:

RICHARD SORGENFREI *GARTENSTRASSE 4*
60594 FRANKFURT/MAIN

Frau/Herrn/Firma

...

... *11.9.20..*

Sehr geehrte ...!

Durch die Übernahme und Fortführung des Café-Betriebes Schweizer Straße 191 nach meinem verstorbenen Vater Fritz Sorgenfrei hafte ich für die Geschäftsschulden dieses Betriebes.

Wie sich herausgestellt hat, ist der Betrieb durch die Machenschaften des früheren ungetreuen Prokuristen, der Selbstmord verübt hat, völlig überschuldet. Mehrere Gläubiger drohen mir nun mit dem Insolvenzverfahren. In diesem Falle würde, selbst wenn mein ganzes ererbtes und schon vorhanden gewesenes Vermögen zur Verwertung käme, kaum mehr als eine Quote von 10 Prozent auf die nichtbevorrechtigten Gläubiger oder abgesicherten Forderungen zu erwarten sein. Die langfristigen Angestelltenverträge würden neben den Steuern einen großen Teil des Vermögens aufzehren. Ich bin jedoch in der Lage, Ihnen folgendes Angebot zu machen, da meine Mutter, um die Insolvenz abzuwehren, einen gewissen Kapitalbetrag zur Verfügung stellen wird.

1. Jeder nichtbevorrechtigte oder nichtgesicherte Gläubiger erhält sofort 30 Prozent seiner Forderung ausbezahlt.

2. Nach sechs Monaten werden weitere 15 Prozent gezahlt.

3. Nach weiteren sechs Monaten werden nochmals weitere 15 Prozent gezahlt. Auf die überschießenden 40 Prozent leisten die Gläubiger Verzicht.

Ich bitte Sie ergebenst, die anliegende Erklärung binnen 14 Tagen unterschrieben an mich zurückgehen zu lassen.

Mit freundlichen Grüßen

Für die Gläubiger ist es wichtig zu wissen, aus welchen Gründen der Betrieb in Schwierigkeiten geraten ist. Wer sich in der schwierigen Lage eines Schuldners befindet und es mit vielen Gläubigern zu tun hat, darf nichts verschweigen oder beschönigen wollen. Nur ein klarer Sachverhalt und vernünftige Vorschläge können nützlich sein!

Die beigefügte Mitteilung hat folgenden Text:

664

> Herrn
> Richard Sorgenfrei
> Gartenstraße 4
> 60594 Frankfurt/Main
>
> Geschäftsverbindlichkeiten des Café-Betriebes Schweizer Straße 191, Frankfurt am Main
>
> Ihren Vorschlag vom 11.9.20 .., in welchem Sie mir 60 Prozent der zustehenden Forderung, die sich auf ... Euro (in Worten ... Euro) beläuft, bieten, nehme ich hiermit an.
>
> Auf die restlichen 40 Prozent leiste ich Verzicht. Diese Erklärung wird unter der Bedingung abgegeben, daß sämtliche nichtbevorrechtigten und nichtgesicherten Gläubiger Ihrem Vorschlag zustimmen.
>
> (Unterschrift)

Die Tage vergehen, und jeden Tag bringt der Postbote Zustimmungserklärungen. Aber der vorletzte Tag bringt den Brief des Gläubigers Saug, und dieser Gläubiger lehnt den außergerichtlichen Vergleichsvorschlag Richards ab.

Jetzt muß Richard das gerichtliche Insolvenzverfahren in Gang setzen, wenn er nicht alles verlieren will. Er kann aber nicht einfach einige Zeilen an das Insolvenzgericht senden, sondern muß einen Antrag stellen, dessen Inhalt genau feststeht.

Grundlage hierfür ist die ab 1. Januar 1999 gültige Insolvenzverordnung, die die bisherige Konkursordnung und Vergleichsordnung und auch die in den neuen Bundesländern früher gültige Gesamtvollstreckungsordnung abgelöst hat.

Danach gibt es jetzt nicht mehr das frühere gerichtliche Vergleichsverfahren und auch nicht mehr die Mindestquoten für Gläubiger, mit denen früher ein gerichtlicher Vergleich erzwungen werden konnte. An dessen Stelle ist der Insolvenzplan und das Abstimmungsverfahren der Gläubiger getreten.

Für das Nachlaßinsolvenzverfahren bestehen die Sonderregelungen der §§ 315 bis 331 InsO. Danach sind antragsberechtigt jeder Erbe, der Nachlaßverwalter sowie der Nachlaßpfleger, der Testamentsvollstrecker und jeder Nachlaßgläubiger (§ 317 InsO).

Der Antrag ist bei dem Amtsgericht (Insolvenzgericht) zu stellen, in dessen Bezirk der Erblasser im Todeszeitpunkt seinen allgemeinen Gerichtsstand hatte oder, wenn der Mittelpunkt seiner selbständigen wirtschaftlichen Tätigkeit an einem anderen Ort lag, ist dieser Ort zuständig.

Da der Erblasser Fritz Sorgenfrei seinen letzten Wohnsitz und Mittelpunkt seiner Geschäftstätigkeit in Frankfurt/Main hatte, ist dessen Insolvenzgericht zuständig.

An dieses richtet Richard nunmehr folgenden Antrag:

RICHARD SORGENFREI   GARTENSTRASSE 4
60594 FRANKFURT/MAIN

Einschreiben
An das
Amtsgericht
– Insolvenzgericht –
in ...   (Ort, Datum)

Als Erbe des am ... verstorbenen Fritz Sorgenfrei, zuletzt wohnhaft in ...
beantrage ich,

      das Insolvenzverfahren für den Nachlaß zu eröffnen.

Die Sterbeurkunde sowie der Erbschein des Amtsgerichts ... vom ... Geschäftsnummer
... werden in der Anlage überreicht.

Wie aus dem Erbschein ersichtlich, bin ich Alleinerbe.

Testamentsvollstreckung, Nachlaßverwaltung oder Nachlaßpflegschaft sind nicht angeordnet.
Ausweislich des in Vorlage zu bringenden Nachlaßverzeichnisses hat der Erblasser folgende Gegenstände und Vermögenswerte hinterlassen:

(wird aufgeführt)

Dem stehen ungedeckte Nachlaßverbindlichkeiten von Euro ... gegenüber, wie sich aus
der beigefügten Gläubigerliste ergibt.

Der Nachlaß ist daher überschuldet.

Aufgrund meiner finanziellen Verhältnisse bin ich nicht dazu in der Lage, den
Massenkostenvorschuß zu leisten.

In Kenntnis der Folgen einer falschen eidesstattlichen Versicherung versichere ich die
Richtigkeit der vorstehenden Angaben an Eides Statt.

Richard Sorgenfrei

Danach nimmt das Nachlaßinsolvenzverfahren im wesentlichen denselben Verlauf wie jedes andere
Insolvenzverfahren, lediglich mit einigen Besonderheiten.

Richard Sorgenfrei hat mit der ordnungsgemäßen Einleitung jedenfalls sein Ziel erreicht, seine
Haftung für die Nachlaßschulden auf das ererbte Vermögen zu beschränken, unter der Voraussetzung, daß er diese Möglichkeit der Beschränkbarkeit der Haftung nicht etwa dadurch verloren hatte, daß er seinen Pflichten zur ordnungsgemäßen Inventarerrichtung nicht nachgekommen war
(§§ 1993 ff. BGB).

Einige Besonderheiten des Nachlaßinsolvenzverfahrens sind:

Der Antrag eines Nachlaßgläubigers auf Eröffnung eines solchen Verfahrens ist unzulässig, wenn
seit Annahme der Erbschaft zwei Jahre verstrichen sind (§ 319 InsO).

Zu den Masseverbindlichkeiten gehören eine Reihe weiterer Schulden, die mit dem Erbfall zusammenhängen (§ 324 InsO). Auch Rechtshandlungen des Erben sind anfechtbar, wenn er zum Beispiel Pflichtteilsansprüche erfüllt hatte (§ 323 InsO).

666

Bei gleichzeitiger Insolvenz des Erben gilt die Sonderregelung des § 331 InsO, um beide Verfahren zu koordinieren.

Nachlaßverwaltung und Nachlaßinsolvenz

Die Nachlaßverwaltung beantragt man, wenn noch nicht zu übersehen ist, ob eine Überschuldung vorliegt, andernfalls gleich die Nachlaßinsolvenz. Im übrigen genügt es immer, die Nachlaßverwaltung zu beantragen, da der Nachlaßverwalter ja – sobald er aufgrund seiner Prüfung eine Überschuldung des Nachlasses festgestellt hat – die Nachlaßinsolvenz beantragen kann.

Klaus Jedermann stellt also gemäß § 1981 BGB folgenden Antrag:

Klaus Jedermann   *Am Hang 3*
35041 Marburg/Lahn

An das
Amtsgericht
– Nachlaßgericht –
35037 Marburg/Lahn   *den ...*

Ich bin Erbe der am ... verstorbenen Frau Olga Tüchtig laut Erbschein des Amtsgerichts Marburg/Lahn vom ... Aktenzeichen .... Ich beantrage hiermit die Anordnung der Nachlaßverwaltung über diesen Nachlaß.

Klaus Jedermann

Durchschrift für die eigenen Akten behalten. Beglaubigung der Unterschrift ist hier nicht erforderlich. Ein Nachlaßgläubiger kann ebenfalls die Anordnung der Nachlaßverwaltung beantragen, wenn durch das Verhalten der Erben die Befriedigung der Nachlaßgläubiger gefährdet erscheint, zum Beispiel wenn ein bisher vermögensloser Erbe vom ersten Tage an die Nachlaßwerte vergeudet, ohne sich um die Befriedigung der Gläubiger zu kümmern.

Sobald die Nachlaßverwaltung angeordnet beziehungsweise die Nachlaßinsolvenz eröffnet ist, »beschränkt sich die Haftung auf den Nachlaß«. Klaus Jedermann hat auch die einzelnen Nachlaßstücke dem zum Nachlaßverwalter eingesetzten Rechtsbeistand Feld ausgehändigt und will von der ganzen Angelegenheit nichts mehr wissen. Sollte etwas nach Befriedigung der Nachlaßgläubiger übrigbleiben, so würde der Nachlaßverwalter ihm diesen Rest schon aushändigen.

Da flattert ihm die Klageschrift eines Nachlaßgläubigers auf den Tisch. Er braucht sich auf diesen Streit nicht einzulassen, da der richtige Beklagte nicht er, sondern der Nachlaßverwalter ist. (Klaus Jedermann muß dies aber durch einen Schriftsatz geltend machen und zu dem anberaumten Termin erscheinen, sonst ergeht gegen ihn ein Versäumnisurteil.)

Nehmen wir nun einmal an, daß Klaus Jedermann nicht so schnell die Nachlaßverwaltung beantragt hatte, weil es zunächst gar nicht so aussah, als wenn der Nachlaß stark verschuldet wäre. Nunmehr erhebt gegen ihn der Nachlaßgläubiger Schlumpig Klage auf Zahlung von 600,– Euro, die er Tante Olga geliehen hatte. Klaus hat aber eine Notiz vorgefunden, wonach Tante Olga diesen Betrag mit Zinsen eine Woche vor ihrem Tode zurückgezahlt hat. Da Klaus Jedermann keine Zeugen hierfür hat und auch nicht weiß, wie die Rückzahlung erfolgt ist, bleibt ihm nichts übrig, als eine eidliche Parteivernehmung des Klägers zu beantragen. Sein Erwiderungsschriftsatz würde also folgendermaßen aussehen:

Klaus Jedermann   Am Hang 3
                                                    35037 Marburg/Lahn

An das
Amtsgericht Marburg
35037 Marburg/Lahn   den ...

In Sachen Schlumpig ./. Jedermann
2 C 144/20
werde ich beantragen, den Kläger mit der Klage kostenpflichtig abzuweisen.

Vorsorglich wird beantragt, dem Beklagten die Geltendmachung der b e s c h r ä n k t e n   E r b e n h a f t u n g   vorzubehalten.

Begründung

Der Kläger hat der Erblasserin 600,– Euro geliehen. Er hat sie aber eine Woche vor ihrem Tode zurückgezahlt bekommen.

Beweis: 1. das Notizbuch der Erblasserin, in welchem an dem fraglichen Tage vermerkt ist:

Schlumpig, 600,– Euro;

2. eidliche Vernehmung des Klägers.

Danach ist die Klage abzuweisen.

Klaus Jedermann

Es ergeht Beweisbeschluß, und Schlumpig wird unter Eid vernommen. Er beschwört, daß er die 600,– Euro nicht zurückbekommen habe. Die Eintragung in dem Notizbuch legt er dahin aus, daß Tante Olga sich diesen Tag für die Rückzahlung vorgemerkt hatte, aber diese dann doch nicht durchführte.

Es ergeht nun folgendes Urteil.

Der Beklagte wird verurteilt, an den Kläger 600,– Euro nebst 5 Prozent Zinsen seit dem ... zu zahlen. Er hat die Kosten des Verfahrens zu tragen.
Die Geltendmachung der beschränkten Erbenhaftung bleibt ihm vorbehalten.

Jetzt kommt es auf diesen letzten Absatz der Urteilsformel an. Ohne ihn läge das gesamte Vermögen Klaus Jedermanns dem Zugriff des Gläubigers wegen der 600,– Euro offen, also auch diejenigen Werte, die gar nichts mit dem ererbten Nachlaß zu tun haben. Denn § 780 ZPO bestimmt, daß ein Erbe nur dann die Berufung auf eine möglicherweise eingetretene beschränkte Erbenhaftung hat, wenn sie ihm im Urteil vorbehalten ist. Hier ist es geschehen, denn Klaus Jedermann hat nicht verfehlt, diesen Vorbehaltsantrag in seinen Schriftsatz aufzunehmen und bei der mündlichen Verhandlung zu stellen. Wer dies unterläßt, für den gibt es keine beschränkte Erbenhaftung mehr gegenüber dem Gläubiger, der das vorbehaltlose Urteil erstritten hat. Wer es also unterläßt, bereits in dem Rechtsstreit eines Nachlaßgläubigers gegen ihn den obigen Antrag zu stellen, gibt sein ganzes Vermögen dem Zugriff preis.

Andererseits ist es aber auch nicht mit dem Vorbehalt allein getan, denn solange Klaus Jedermann noch nicht die Nachlaßverwaltung oder die Nachlaßinsolvenz herbeigeführt hat, solange ist ja auch die Beschränkung seiner Haftung noch gar nicht eingetreten. Klaus Jedermann wird also, nachdem er den Prozeß verloren hat, dies schleunigst tun.

Wenn natürlich der Nachlaß genügend groß ist, daß noch genug übrigbleibt, wenn Schlumpig die 600,– Euro erhält, dann wird Klaus Jedermann eben diesen Betrag aufbringen. Er behält ja dann immer noch mehr, als er vor dem Erbgang hatte.

Wir wollen ja aber gerade annehmen, daß es sehr zweifelhaft ist, ob nicht der Nachlaß überschuldet ist. Klaus Jedermann will also nicht das Risiko eingehen, daß er aus seinem Privatvermögen die 600,– Euro aufbringt und nachher feststellt, daß ihm von dem Nachlaß nichts übrigbleibt.

Schlumpig, der nichts davon weiß, daß der Antrag auf Anordnung der Nachlaßverwaltung gestellt ist und der ja ein Urteil hat, das gegen Klaus Jedermann gerichtet ist, schickt den Gerichtsvollzieher zu Klaus Jedermann. Dieser pfändet in Klaus Jedermanns Wohnung einen Flügel, den Klaus Jedermann von seinen Eltern zum Abitur geschenkt bekommen hat und seitdem in musikalischen Ehren hielt. Die Nachlaßsachen, die bisher zum Teil in Klaus Jedermanns Wohnung standen, hatte nämlich am Tage vorher der Nachlaßverwalter, Rechtsbeistand Feld, abholen lassen, da das Gesetz vorschreibt, daß der Nachlaßverwalter die Nachlaßgegenstände in Besitz zu nehmen und damit von Klaus Jedermanns übrigem Vermögen zu trennen hat.

Notgedrungen konnte der Gerichtsvollzieher nur eine Sache pfänden, die zu dem Vermögen Klaus Jedermanns gehört, ohne gleichzeitig ein Nachlaßgegenstand zu sein. Klaus Jedermann hat zwar dem Gerichtsvollzieher erzählt, daß die Nachlaßverwaltung angeordnet sei und daß er nur auf den Nachlaß beschränkt den Nachlaßgläubigern hafte. Der Gerichtsvollzieher hat jedoch erwidert, daß ihn dies alles nichts anginge, er habe ein Urteil gegen Klaus Jedermann in der Hand und werde daher in seiner Wohnung pfänden, was ihm geeignet erscheine. Klaus Jedermann hat keinen Anlaß, hierüber empört zu sein, denn der Gerichtsvollzieher ist völlig im Recht. Es ist nicht seine Aufgabe, zu untersuchen, was zum Nachlaß gehört und was nicht. Diese Fragen sind von Klaus Jedermann vielmehr in einer besonderen Klage gegen Schlumpig, einer sogenannten Zwangsvollstreckungsgegenklage, gemäß § 785 ZPO geltend zu machen. Bevor Klaus Jedermann jedoch klagt, wird er zweckmäßigerweise versuchen, durch eine direkte Fühlungsnahme mit seinem Gläubiger Schlumpig die Freigabe des Flügels zu erreichen. Er wird folgendermaßen an ihn schreiben:

KLAUS JEDERMANN   Am Hang 3
                                                 35041 MARBURG

Sehr geehrter Herr Schlumpig!   den ...

Der Gerichtsvollzieher hat gestern in Ihrem Auftrage wegen der 600,– Euro in meiner
Wohnung einen mir gehörigen Bechstein-Flügel gepfändet. Das Pfändungsprotokoll
wird inzwischen in Ihrem Besitz sein. Wie Sie wissen, ist mir in dem Urteil die Geltendmachung der beschränkten Erbenhaftung vorbehalten. Inzwischen ist auch auf
meinen Antrag hin die Nachlaßverwaltung über den Nachlaß der Erblasserin angeordnet worden, wie Sie durch Rückfrage bei dem Nachlaßverwalter, Herrn Rechtsbeistand
Feld, feststellen können. Ich bin berechtigt, im Wege der Zwangsvollstreckungsgegenklage die Aufhebung der Zwangsvollstreckung zu verlangen, soweit sie in mir gehörige
Vermögensgegenstände erfolgt ist, die nicht zum Nachlaß gehören.

Der oben erwähnte gepfändete Flügel ist mir von meinen Eltern aus Anlaß meines
Abiturs geschenkt worden. Meine Mutter wird dies als Zeugin unter Eid bestätigen.
In der Anlage füge ich ferner Abschrift der Rechnung des Klavierhauses Ganter bei,
deren Original in den Händen meiner Mutter ist, aus der sich ergibt, daß meine Eltern
den Ankauf vor drei Jahren vorgenommen haben.

Ich fordere Sie daher hiermit auf, den Gerichtsvollzieher binnen drei Tagen anzuweisen, die Pfändung des Flügels aufzuheben. Sollte dies binnen einer Woche nicht
geschehen sein, so werde ich die oben erwähnte Klage gegen Sie erheben.

Hochachtungsvoll

Klaus Jedermann

Wenn Schlumpig einsichtig ist, wird er die Freigabe des Flügels veranlassen. Andernfalls wird Klaus
Jedermann im Wege der Klage die Freigabe des Flügels erreichen.

Verwirkung der beschränkten Erbenhaftung

Wir haben vorstehend einen Normalfall der Geltendmachung der beschränkten Erbenhaftung behandelt. Ein Erbe kann eine Beschränkung seiner Haftung in folgenden Fällen nicht mehr geltend machen. Ein Nachlaßgläubiger kann ihm durch das Nachlaßgericht eine Frist zur Errichtung eines ordnungsmäßigen Inventars, das heißt eine Zusammenstellung von Vermögensstücken und Schulden,
stellen lassen.

Hält der Erbe diese Frist nicht ein, das heißt errichtet er dies Inventar nicht unter Hinzuziehung
eines Notars innerhalb dieser Frist oder beantragt er nicht die Aufnahme durch das Nachlaßgericht,
so haftet er von nun an den Nachlaßgläubigern unbeschränkt. Das gleiche gilt, wenn er absichtlich
eine unrichtige Darstellung des Inventars gibt. Schließlich haftet er bestimmten Gläubigern gegenüber unbeschränkt, die ihn durch das Nachlaßgericht zur Abgabe der Offenbarungsversicherung
hinsichtlich der Richtigkeit des Inventars haben auffordern lassen, falls er sich weigert, diese eidesstattliche Versicherung abzugeben.

Sobald der Erbe unbeschränkt haftet, besser sagt man: unbeschränkbar haftet, steht sein gesamtes Vermögen dem Zugriff der Gläubiger offen. Dies ist für den Fall einer Überschuldung des Nachlasses eine große Gefahr.

670

Sind mehrere Erben vorhanden, wie bei dem Nachlaß von Paul Jedermann, so besteht eine Beschränkung der Haftung auf den Nachlaß von vornherein. Die Erben brauchen also keine Nachlaßverwaltung zu beantragen. Der Gesetzgeber geht dabei von der Vorstellung aus, daß der Nachlaß ja genügend von dem übrigen Vermögen der Erben getrennt ist, weil sie den Nachlaß ja gemeinsam in Besitz haben und verwalten.

Wenn die Erben ordnungsmäßig vorgehen, besteht ja auch kein Bedenken, da sie zunächst die Nachlaßgläubiger befriedigen und erst dann den verbleibenden Rest unter sich teilen. Daher merke man sich folgendes: Auf keinen Fall den Nachlaß teilen, bevor man nicht absolut sicher ist, daß die Nachlaßgläubiger befriedigt sind. Denn wenn die Miterben vorher die Teilung vornehmen, so haftet jetzt jeder mit seinem ganzen Vermögen. Der einzelne Nachlaßgläubiger kann also auch in das sonstige Vermögen des einzelnen Miterben vollstrecken, zum Beispiel in einen früher erworbenen Flügel wie im vorstehend erörterten Fall. Allerdings kann ein Miterbe, in dessen Vermögen ein Nachlaßgläubiger seine ganze Forderung vollstreckt hat, von seinen Miterben hinterher wieder einen Ausgleich verlangen, aber zunächst hat er ja einmal den ganzen Betrag aufbringen müssen.

Fälle der gesetzlichen Erbfolge

Jedermann war ohne Hinterlassung eines Testaments gestorben. Wer sein Erbe war, bestimmte das Gesetz in den §§ 1924 ff. BGB. Man spricht insoweit von der gesetzlichen Erbfolge. In dem Erbfall Paul Jedermann hatten wir es mit Erben der ersten Ordnung zu tun. Darunter versteht man die Abkömmlinge eines Erblassers.

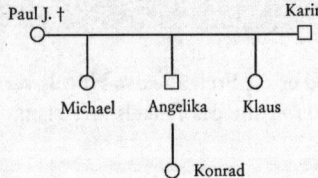

Die vorstehende Zeichnung stellt die Erben erster Ordnung im Zusammentreffen mit der Ehefrau des Erblassers dar. Es fällt uns nun dabei auf, daß wir bei der Verteilung des Nachlasses den kleinen Konrad, den Sohn von Angelika, überhaupt nicht berücksichtigt haben. Auch er ist doch ein Abkömmling Jedermanns. Aber solange seine Mutter Angelika lebt, durch die er ja mit dem Erblasser verwandt ist, solange ist er von der Erbenstellung nach Jedermann ausgeschlossen. Es erben also immer die ganzen Stämme der Abkömmlinge, repräsentiert durch den dem Erblasser am nächsten stehenden Abkömmling. Wir haben hier die Stämme Michael, Angelika und Klaus.

Wäre Angelika vor ihrem Vater Paul Jedermann gestorben, dann könnte sie ihren Stamm nicht mehr repräsentieren, dann würde also ihr Viertelsanteil an dem Nachlaß auf Konrad fallen. Stellen wir uns nun einmal vor, Angelika hätte zwei Kinder gehabt und wäre vor ihrem Vater verstorben. Dann hätten diese beiden Kinder den auf den Stamm Angelika fallenden Nachlaßanteil geerbt. Sie müßten sich also das Viertel teilen, so daß jedes von den Kindern ein Achtel Anteil erhalten würde. Dies veranschaulicht die nachstehende Zeichnung. (Haben Ehegatten im gesetzlichen Güterstand der Zugewinngemeinschaft gelebt, so gilt eine Sonderregelung.)

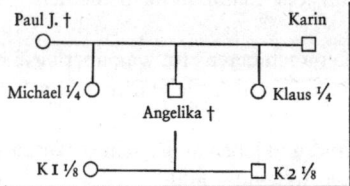

Solange Erben erster Ordnung vorhanden sind, entfällt das Erbrecht sämtlicher übrigen Verwandten, die zu den ferneren Ordnungen gehören. Betrachten wir dies einmal auf der nachstehenden Zeichnung:

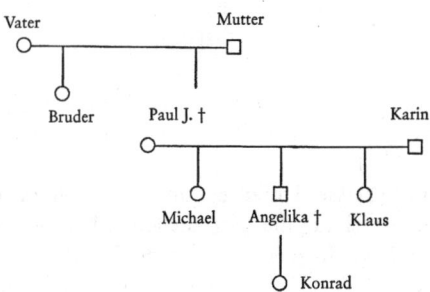

Die Zeichnung veranschaulicht uns, daß die Eltern von Paul Jedermann doch eigentlich in größerer Nähe zu ihm stehen als sein Enkel Konrad, der Sohn der verstorbenen Tochter Angelika. Trotzdem erben Jedermanns Eltern und sein Bruder nichts. Denn sie gehören zur 2. Ordnung der gesetzlichen Erben.

Die eigenen Abkömmlinge – auch die Enkel und die Urenkel – stehen dem Erblasser gesetzlich deswegen näher, weil er sie in das Leben gerufen hat und in ihnen die Fortsetzung seines Lebens sieht. »Das Gut rinnt wie das Blut.«

Nehmen wir einmal an, Jedermann wäre Junggeselle gewesen, dann ergäbe sich folgendes Bild:

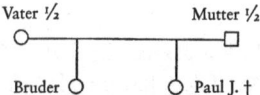

In diesem Fall haben wir nur gesetzliche Erben der 2. Ordnung, nämlich die Eltern Jedermanns und seinen Bruder. In diesem Fall erben aber lediglich die Eltern, und zwar je zur Hälfte, den Nachlaß von Jedermann, und der Bruder von Jedermann bekommt nichts. Die lebenden Eltern schließen also ihre übrigen Abkömmlinge von der Beerbung eines ihrer Kinder aus.

Ist der Vater von Jedermann bereits vor ihm gestorben, so ergibt sich folgendes Bild:

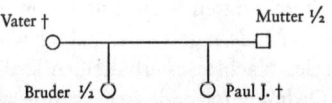

In diesem Fall tritt der Bruder von Jedermann an die Stelle des verstorbenen Vaters und bekommt dessen Hälfte.

672   Nehmen wir an, daß der Bruder auch bereits tot war, aber zwei Kinder hinterlassen hatte, so treten sie gemeinsam an seine Stelle, erben also die Hälfte neben Jedermanns Mutter, also jeder ein Viertel.

War Jedermann das einzige Kind und leben außer seiner Mutter noch die Großeltern väterlicher- und mütterlicherseits, so haben wir folgendes Bild:

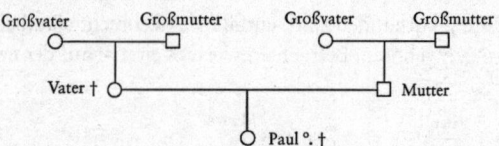

In diesem Falle erbt jedoch Jedermanns Mutter allein. Jeder noch lebende Elternteil schließt also die entfernteren Vorfahren und deren Abkömmlinge, die gesetzlichen Erben 3. Ordnung, von der Erbfolge aus.

Je weiter wir uns nun dem Erblasser entfernen, um so komplizierter wird die Darstellung des Erbvorganges. So gilt zum Beispiel für die gesetzlichen Erben der 3. Ordnung, das heißt die Großeltern und deren Abkömmlinge, folgendes: Leben zur Zeit des Erbfalles sämtliche Großeltern, so erben sie allein und zu gleichen Teilen. Lebt ein Großelternteil nicht mehr, so treten wiederum an seine Stelle seine Abkömmlinge. Hat er keine, so fällt sein Anteil seinem Ehepartner zu. Leben von den Großelternpaaren zum Beispiel nur noch die väterlichen Großeltern und sind die Mutter und deren Eltern ebenfalls verstorben, so erben jetzt die väterlichen allein.

Etwas einfacher wird es in der 4. Ordnung. Sie besteht aus den Urgroßeltern des Erblassers und deren Abkömmlingen. Lebt aber auch nur ein Urgroßelternteil, so schließt er sämtliche Abkömmlinge auch der übrigen Urgroßeltern vom Erbgang aus. Leben mehrere Urgroßeltern, so erben sie zu gleichen Teilen. Leben überhaupt keine Urgroßeltern mehr, so erbt derjenige ihrer Abkömmlinge, der mit dem Erblasser dem Grade nach am nächsten verwandt ist. Das gleiche gilt für die gesetzlichen Erben der 5. Ordnung, worunter man alle ferneren Verwandten versteht, zu denen der Erblasser normalerweise während seiner Lebenszeit keinerlei persönliche Beziehungen hatte. Hier ist es häufig der reine Zufall, wen das Nachlaßgericht als noch vorhandenen erbberechtigten Verwandten ermittelt. Gelingt dies überhaupt nicht, weil jegliche Unterlagen für die Feststellung weiterer Verwandtschaften fehlen, so ist als letzter der Fiskus gesetzlicher Erbe. Und zwar erbt gemäß § 1936 BGB das Land, also zum Beispiel Nordrhein-Westfalen, Bayern oder Hessen. Gehörte der Erblasser mehreren Ländern an, so erbt jeder dieser Staaten zu gleichen Teilen. Gehörte der Erblasser keinem Lande an, war er zum Beispiel ein im Ausland geborener Deutscher, so erbt der Bund.

Das Erbrecht der Ehegatten

Wir haben bereits oben gesehen, daß Karin nach dem Tode Jedermanns neben ihren Kindern zu einem Viertel erbberechtigt war. Diese verhältnismäßig starke Einschränkung von Karins Erbrecht fällt fort, je weiter die sonst erbberechtigten Verwandten von dem Erblasser entfernt sind. Wäre Jedermann ohne Hinterlassung von Kindern gestorben, lebten aber seine Eltern oder ein Bruder von ihm, so würde Karin die Hälfte des Nachlasses erhalten. Allerdings gebühren ihr nunmehr neben diesen gesetzlichen Erben der 2. Ordnung folgende Gegenstände als sogenannter gesetzlicher Voraus: Die zum ehelichen Haushalte gehörenden Gegenstände und die Hochzeitsgeschenke (§ 1932 BGB).

Nehmen wir also einmal an, Jedermann fährt mit seinen Kindern und seinem Enkelkind im Auto spazieren. Sie verunglücken tödlich. Man findet sie erst nach einigen Stunden und kann also nicht mehr feststellen, ob vielleicht einer der Abkömmlinge länger gelebt hat als Jedermann. Dann wird vermutet, daß sie alle zur gleichen Sekunde tot waren (Commorientenvermutung des Verschollenheitsgesetzes).

Jedermann hatte natürlich kein Testament gemacht, denn wer rechnet schon mit einem eigenen tödlichen Unfall beim Autofahren. Unterstellen wir, daß Jedermanns Bruder noch lebte, als gesetzlicher Erbe der 2. Ordnung, so muß Karin alles mit ihm teilen, mit Ausnahme des vorstehend erwähnten gesetzlichen Voraus.

Läßt sich nachweisen, daß zum Beispiel Klaus seinen Vater noch eine Sekunde überlebt hat, so hätten wir folgende Erbrechtssituation:

Klaus hätte im Augenblick des Todes von Jedermann drei Viertel geerbt und Karin ein Viertel. In dem Augenblick, wo Klaus nun eine Sekunde später starb, erbte sein ganzes Vermögen – also auch den angefallenen Drei-Viertel-Nachlaß von seinem Vater – nunmehr seine Mutter Karin. Auf diesem Wege hätte Karin den gesamten Nachlaß ihres Ehemannes bekommen.

Leben von dem Erblasser Jedermann außer seiner Ehefrau Karin nur noch seine Großeltern, so erbt Karin auch neben ihnen die Hälfte. Ist aber ein Großelternteil bereits vorverstorben, so bekommt Karin auch dessen Anteil. Die Tochter des verstorbenen Großelternteils, also eine Tante oder ein Onkel von Jedermann, müssen hinter dem Erbrecht der Ehefrau Karin zurücktreten.

Sind weder Verwandte der 1. noch der 2. Ordnung vorhanden, so erbt die Ehefrau alles.

Eine Ehefrau hat ein Erbrecht nur, wenn die Ehe noch im Zeitpunkt des Erbfalles, also des Todes eines der Ehegatten, bestand. Geschiedene Ehefrauen haben also kein Erbrecht gegenüber ihrem früheren Ehemann.

Wie nun aber, wenn die Ehe während des Ehescheidungsverfahrens aufgehoben wird, weil eine der Parteien stirbt? Jedermanns Nachbar Kasimir Kurz ist in eine solche Lage geraten. Er hatte wegen der Zerrüttung seiner Ehe das Ehescheidungsverfahren in Gang gesetzt. Als sich bei diesem Verfahren herausstellte, daß Ehefrau Simone noch mehrere Fehltritte begangen hatte, regte sich Kasimir so darüber auf, daß er in dem letzten Verhandlungstermin, kurz vor dem Erlaß des ihm unzweifelhaft günstigen Urteils, einen Herzschlag bekam und tot zusammenbrach. Im herrschenden Ehescheidungsrecht gibt es zwar kein Schuldprinzip mehr, das Verhalten der Ehefrau Simone läßt jedoch auf eine Zerrüttung der Ehe schließen und darauf, daß zum Todeszeitpunkt die Scheidungsvoraussetzungen gegeben waren.

Simone ist zwar noch im Todesfall Kasimirs Ehefrau gewesen, aber § 1933 BGB sieht das Erbrecht einer Ehefrau für ausgeschlossen an, wenn die Scheidung schon beantragt war.

Die Mutter Kasimirs, die hier als einzige Erbin außer Simone in Betracht kommt, wird daher gegen Simone auf Feststellung klagen, daß Simone nicht Erbe des Kasimir ist, und etwaige Nachlaßstücke von ihr herausverlangen. Es muß allerdings feststehen, daß die Ehe geschieden worden wäre. Dies ist gegebenenfalls im Erbscheinverfahren zu klären.

Das Testament

In allen vorstehend behandelten Fällen wurde eine Person Erbe, weil sie in irgendeiner nahen Beziehung zu dem Erblasser, sei es als Verwandter, sei es als Ehegatte, stand. Sie befand sich also auf einer Stufenleiter der im Gesetz vorgesehenen automatischen Erbberechtigung. Ein Erblasser ist aber nicht daran gebunden, diese gesetzliche Erbfolge als unabänderliche Tatsache hinzunehmen. Er kann vielmehr bestimmen, wer sein Erbe sein soll, ohne daß er dabei auf die gesetzliche Erbfolge Rücksicht zu nehmen braucht. Die gesetzliche Erbfolge tritt also nur dann ein, wenn der Erblasser nicht in gehöriger Form einen entgegenstehenden Willen zum Ausdruck gebracht hat.

674 Diese Erbeinsetzung durch den Erblasser kann jedoch nicht durch einfache mündliche oder schriftliche Erklärung erfolgen, sondern dies muß durch eine sogenannte letztwillige Verfügung (Testament) geschehen, für die das Gesetz ganz besondere Formen vorschreibt. Das BGB kennt zwei Formen des Testamentes: das private Testament und das öffentliche Testament.

Das private Testament

Für kleinere Vermögen und bei genügend kaufmännischen und juristischen Fähigkeiten des Erblassers genügt es, ein privates Testament zu errichten.

Ein solches privates Testament ist seinem ganzen Inhalt nach von dem Erblasser eigenhändig zu schreiben und zu unterschreiben. Diese Eigenhändigkeit (Holographik) des gesamten Errichtungsakts verbürgt die Sicherheit, daß nicht andere Personen den Text des Testaments entstellen oder ändern. Eigenhändig müssen auch Ort und Datum geschrieben werden.

> *Es ist oft keine leichte Sache, Papier und Feder zur Hand zu nehmen und ein Testament zu errichten. Versuchen Sie es mal. Sie werden dabei sehr schnell feststellen, daß Ihre ursprünglichen Überlegungen nicht nur zu eigenen inneren Konflikten führen, zumal es ja auch ein wenig unangenehm ist, sich vorzustellen, wie sich Ihre letztwilligen Verfügungen auf die Erben auswirken und wie sie mit dem Nachlaß umgehen werden, den Sie vielleicht mit sehr viel Mühe und Sparsamkeit erarbeitet haben. Es ist schon sehr wichtig, sich alle Konsequenzen zu überlegen, zumal man ja seine Meinung nicht immer wieder ändern und das Testament je nach der Tagesstimmung umstoßen sollte.*

Jedermann hätte daher, wenn er Karin besserstellen wollte, als sie mit ihrem Viertel in der gesetzlichen Erbfolge steht, folgendermaßen handeln sollen:

Er hätte ein gutes Blatt Papier genommen und mit einem Federhalter, Kugelschreiber oder Kopierstift (möglichst nicht Bleistift, der zu schnell verwischt) niedergeschrieben:

> Marburg, den 2.1.20..
>
> Mein Testament
>
> Ich, der Kaufmann Paul Jedermann, wohnhaft in Marburg / Lahn, Pilgerweg 6, bestimme hiermit als meinen letzten Willen: Meine Erbin soll meine Ehefrau sein. Meine drei Kinder, denen nach dem Gesetz ein Pflichtteilsanspruch zusteht, sollen auf diesen beschränkt sein.
>
> Paul Jedermann

Die Unterschrift Jedermanns muß, so verlangt es die Rechtsprechung, unbedingt unter dem letzten Satz des Testaments stehen. Es genügt nicht, daß sich die Identität des Verfassers aus einem Aufdruck am Kopfe des Briefbogens ergibt. Es genügt auch nicht, daß auf dem Umschlag, in den dann das nicht unterschriebene Testament gesteckt wird, sich der Namenszug Paul Jedermanns befindet. Die Unterschrift soll gewissermaßen durch ihren Abschluß kennzeichnen, daß hier die letztwillige Verfügung endet.

Benutzt man mehrere Bogen, so ist es zweckmäßig, diese fest miteinander zu verbinden, damit nicht durch lose Blätter eine Verwirrung entsteht. Zweifel, die hierdurch aufkommen, können zur Ungültigkeit des gesamten Testaments führen. Das vorstehende Testament ist, wie es sich gehört, durch Vor- und Zuname des Testierenden unterschrieben. Hier ist jedoch Wissenschaft und Rechtsprechung nicht kleinlich. Auch eine Unterschrift, wie zum Beispiel Euer Paul, Euer Papa usw., können durchaus genügen, wenn sich nur die Identität des Verfassers zur Genüge aus dem Inhalt ergibt.

Ein eigenhändiges Testament können nicht errichten: Analphabeten, Minderjährige und Blinde. Sie sind auf ein öffentliches Testament angewiesen.

Der Bedeutung des von ihm verfaßten Schriftstückes entsprechend legt Jedermann es in einen Umschlag, verschließt ihn sorgfältig schreibt auf die Vorderseite: Mein Testament. Er verwahrt es zweckmäßigerweise so, daß es nach seinem Tode bald aufgefunden wird, und falls er befürchten muß, daß interessierte Personen nach seinem Tode versuchen würden, dieses Testament beiseite zu schaffen, bringt er es in amtliche Verwahrung zu einem Notar oder zum Nachlaßgericht. Dann ist er sicher, daß es nach seinem Tode ordnungsgemäß eröffnet und durchgesetzt wird.

Das öffentliche Testament

Bei großen Vermögen oder bei wichtigen rechtlichen Bestimmungen in einem Testament, die nicht so einfach sind wie unser vorstehender Fall, ist es zweckmäßig, daß man die Form des vorgenannten öffentlichen Testaments wählt. Bei ihr wird der Errichtungsvorgang durch einen Richter oder Notar beurkundet. Jedermann begibt sich also, falls er weitreichende einzelne Erklärungen niederlegen will, zu seinem Notar und errichtet dort sein Testament. Dies kann hier in dreifacher Form geschehen.

a) Der Erblasser erklärt vor dem Notar zu dessen Protokoll, was er als letzten Willen niedergelegt haben will. Es ist dies die einzige öffentliche Form, in der Blinde ein Testament errichten können.

b) Er übergibt dem Notar ein offenes Schriftstück (es kann hier mit Schreibmaschine geschrieben sein) mit der Erklärung, daß dies sein letzter Wille sei.

c) Der Erblasser kann auch dem Notar einen verschlossenen Brief übergeben mit der Erklärung, daß dieser seinen letzten Wille enthalte.

Über alle diese Vorgänge nimmt der Notar ein Protokoll auf, das der Erblasser unterschreibt und der Notar unterzeichnet.

Ist der Erblasser taub, stumm oder blind, so werden zwei Zeugen beziehungsweise ein Dolmetscher hinzugezogen.

Das vor dem Notar errichtete Testament wird von diesem dem Nachlaßgericht zur besonderen amtlichen Verwahrung eingereicht, wo es bis zu seiner Eröffnung nach dem Tode des Erblasser bleibt, falls es nicht vorher von dem Erblasser zurückgenommen wird.

Die vorstehenden beiden Testamente, das private und das öffentliche Testament, sind für normale Verhältnisse und Zeiten gedacht.

Außerordentliche Umstände und Zeiten können auch außergerichtliche Testamente nötig machen. Der Gesetzgeber trägt solchen Fällen durch die Gruppe der außerordentlichen Testamente Rechnung. Es gibt heute Sonderregelungen für Behindertentestamente, wofür ein Fachmann zu Rate zu ziehen ist.

Das Nottestament

Das Nottestament vor dem Bürgermeister ist vorgesehen für den Fall, daß der Erblasser in unmittelbarer Todesgefahr ist und ein Notar oder Richter nicht mehr rechtzeitig herbeigezogen werden kann. Meist wird der im Sterben Liegende dann auch nicht mehr die Kraft und den Willen haben, selbst das Testament zu schreiben, also die Privattestamentsform zu wählen. Dann fungiert der Bürgermeister des Ortes als Urkundsperson unter Hinzuziehung von zwei Zeugen.

Das Testament verliert seine Gültigkeit, wenn der Erblasser noch drei Monate lebt und in der Lage war, vor einem Richter oder Notar ein weiteres Testament zu errichten. Hierauf hat ihn der Bürgermeister hinzuweisen.

Für besondere Notfälle gibt es besondere Nottestamente.

Befindet sich ein Erblasser in einem abgesperrten Ort, so kann er, falls ein Bürgermeister greifbar ist, das Testament errichten oder aber auch durch mündliche Erklärung vor drei Zeugen. Hierüber ist eine Niederschrift aufzunehmen, die die drei Zeugen zu unterschreiben haben.

Befindet sich ein Erblasser in so naher Todesgefahr, daß er voraussichtlich auch keinen Bürgermeister mehr erreichen kann, zum Beispiel infolge eines Unfalls im Gebirge, so kann er das Testament wiederum durch mündliche Erklärung vor drei Zeugen errichten.

Das Seetestament

Ähnliches gilt für eine Seereise an Bord eines deutschen Handels- oder Passagierschiffes, wobei dann auch eine Errichtung vor drei Zeugen mittels Niederschrift möglich ist (Seetestament). Auch diese besonderen Nottestamente verlieren ihre Gültigkeit nach drei Monaten.

Aufhebung des Testaments

Ein Erblasser, der ein Testament errichtet hat, ändert häufig seinen Willen. Es ist daher in seine Hand gegeben, jederzeit seinen späteren Willen zur Geltung zu bringen, indem er sein bisheriges Testament ungültig macht. Hierfür stehen ihm folgende Wege offen.

Er kann ein Testament errichten, das einfach die Bestimmung handgeschrieben enthält: »Mein Testament vom ... widerrufe ich hiermit.« Durch dieses Widerruftestament entfällt die Gültigkeit des bisherigen.

Der Erblasser macht einfach ein neues Testament mit einem anderen Inhalt als das bisherige.

Jedermann macht also zum Beispiel ein neues Testament, in dem er schreibt: »Meine Ehefrau Karin soll die Hälfte meines Nachlasses erben, meine Kinder die übrige Hälfte.« Dann gilt der Inhalt dieses neuen Testaments, und das frühere ist hinfällig geworden. Aus dem Datum ist ersichtlich, welches das letzte ist. Hieraus sieht man wieder einmal, daß es doch sehr zweckmäßig ist, eine Zeitbestimmung dem Testament hinzuzufügen. Es spielt übrigens keine Rolle, welche Form des Testaments man wählt. Man kann also ein früher errichtetes öffentliches Testament durch ein später errichtetes Privattestament hinfällig machen.

Paul Jedermann hat sich eines Tages über Karin so geärgert, daß er mit den Worten »Dir werde ich es besorgen« an seinen Schreibtisch stürzt, die Schublade aufreißt, das für Karin günstige Testament hervorzieht und in tausend Stücke zerreißt. Damit hat er das Testament hinfällig gemacht, und die gesetzliche Erbfolge tritt ein.

Wohlgemerkt, dies Zerreißen des Testaments hat nur dann die Bedeutung der Aufhebung, wenn Jedermann bei der Vernichtung die Absicht der Rückgängigmachung hat. Es kann sich ja auch folgendes abspielen: Jedermann hat sein erstes Testament zunächst in Schreibmaschinenschrift entworfen. Dann schreibt er es fein säuberlich mit der Hand ab und unterschreibt es, um der »holographischen« Form des privaten Testaments zu genügen. Er verwahrt nun den Schreibmaschinen-entwurf sorgfältig im Schrank und wirft das säuberlich unterschriebene Testament in den Kamin. Hier bleibt das Testament gültig. Kann man beweisen, daß das versehentlich verbrannte Testament denselben Wortlaut hatte wie der im Umschlag befindliche Entwurf, dann tritt die Erbfolge ein, wie in dem Entwurf niedergelegt. Das Nichtauffinden des Originaltestaments ist in diesem Falle also nicht schädlich.

Anstatt ein Testament im ganzen zu vernichten, kann man auch einige Sätze darin durchstreichen und diese Bestimmungen dadurch hinfällig machen.

Ein in amtliche Verwahrung genommenes öffentliches Testament kann man dadurch rückgängig machen, daß der Erblasser es wieder aus der amtlichen Verwahrung wegnimmt.

Inhalt des Testaments

Das Testament von Jedermann enthielt als einzige Bestimmung die Erbeinsetzung Karins auf den ganzen Nachlaß und eine dementsprechende Enterbung der Kinder. Die Erbeinsetzung ist auch tatsächlich das wichtigste Element eines Testamentes, wenn auch nicht sein ausschließlicher Inhalt. Der Erblasser kann, wie wir schon gesehen haben, jeden beliebigen Dritten zum Erben einsetzen, ohne Rücksicht darauf, ob er nahe Angehörige, wie zum Beispiel Abkömmlinge, eine Ehefrau, Eltern usw., hat. Diese gesetzlichen Erben scheiden dann also vollkommen aus einer Erbrechtsposition aus. Allerdings bedeutet dies nicht, daß sie nun ohne jede Ansprüche gegen den Nachlaß sind. Besonders nahe Angehörige, nämlich die Abkömmlinge des Erblassers, der Ehegatte und die Eltern, sind pflichtteilsberechtigt.

 Zwischen Geschwistern gibt es kein Pflichtteilsrecht. Der Gesetzgeber ist konsequent! Er hat auch keinen Unterhaltsanspruch zwischen Geschwistern vorgesehen. Geschwister müssen sich also testamentarisch bedenken.

Jedermann hat seine drei Kinder auf den Pflichtteil gesetzt. Das bedeutet, daß sie keinerlei Ansprüche auf einen bestimmten Nachlaßgegenstand haben, sondern lediglich einen Geldanspruch gegen die alleinige Erbin. Und zwar beläuft sich der Geldanspruch auf die Hälfte des Wertes des gesetzlichen Erbteils (§ 2303 BGB). Entsinnen wir uns, daß jedem der Kinder als gesetzlicher Erbteil ein Nachlaßanteil im Werte von 35 155,– Euro zugefallen war, so steht jedem von ihnen jetzt als Pflichtteilsanspruch eine Geldforderung in Höhe von 17 577,– Euro zu. In Ansehung dieser Forderungen sind die Kinder Nachlaßgläubiger, können sich also im Ergebnis nur an den Nachlaß halten. Im Falle einer Nachlaßinsolvenz rangieren sie hinter den übrigen Nachlaßgläubigern, also zum Beispiel einem Darlehensgläubiger, der Jedermann zu Lebzeiten Geld geliehen hatte.

Bei der Berechnung des Pflichtteils sind natürlich die Verbindlichkeiten des Nachlasses in Abzug zu bringen, wie es vorstehend auch geschehen ist. Diesen Pflichtteilsanspruch kann der Erblasser einem Abkömmling nur unter den Voraussetzungen des § 2333 BGB entziehen, nämlich, wenn der Pflichtteilsberechtigte sich schwere Verfehlungen gegen den Erblasser hat zuschulden kommen lassen, zum Beispiel dem Erblasser, dessen Ehegatten oder einem seiner Abkömmlinge nach dem Leben getrachtet hat, wenn er den Erblasser oder dessen Ehegatten vorsätzlich mißhandelt (der Ehegatte muß dann aber mit dem Abkömmling verwandt sein, also keine Stiefmutter), oder wenn er sich eines Verbrechens oder schweren Vergehens gegen den Erblasser oder dessen Ehegatten schuldig macht. Wenn er böswillig seine Unterhaltpflicht gegenüber dem Erblasser verletzt oder wenn er einen ehr-losen oder sittenlosen Lebenswandel gegen den Willen des Erblassers führt.

Jedermann ist der Meinung, daß die Voraussetzungen bei seinem Sohn Klaus vorliegen, der ständig in schlechter Gesellschaft die Nächte verbringt. Jedermann muß in seinem Testament folgendermaßen schreiben:

678

> Ich entziehe meinem Sohn Klaus seinen Pflichtteil, da er trotz ständiger Abmahnungen durch mich ein ausschweifendes Leben führt, sich nächtelang in schlechter Gesellschaft herumtreibt und sein Studium völlig vernachlässigt.

Es genügt nicht, einfach in das Testament hineinzuschreiben: »Ich entziehe Klaus den Pflichtteil aus den ihm bekannten Gründen.« Die Gründe, die zur Pflichtteilsentziehung führen sollen, müssen ausdrücklich angegeben werden.

Einem Ehegatten kann man den Pflichtteil entziehen, wenn man etwa bereits die Scheidung eingereicht hat. Auch hier sind die Gründe im Testament anzugeben. Die Gründe müssen übrigens zur Zeit des Erbfalles auch wirklich vorliegen. Hat sich Klaus zum Beispiel gewandelt, in der Zwischenzeit ein gutes Examen bestanden, so ist die Pflichtteilsentziehung hinfällig.

Schließlich gibt es auch eine Pflichtteilsbeschränkung in guter Absicht, wenn ein Abkömmling derartig verschwendungssüchtig ist, daß man annehmen kann, er wird den Nachlaß vergeuden.

Ein Pflichtteilsanspruch verjährt in drei Jahren von dem Zeitpunkt an, in welchem der Pflichtteilsberechtigte von dem Eintritt des Erbfalls und der ihn beschränkenden letztwilligen Verfügung Kenntnis erhielt.

Wie wehrt sich nun aber ein Pflichtteilsberechtigter dagegen, daß der Erblasser ihn dadurch um jeglichen Anteil an dem Erbe zu bringen sucht, daß er noch zu Lebzeiten den Nachlaß schmälert? Soweit der Erblasser den Nachlaß vergeudet und für einen Luxus verwendet, der den Nachlaß aufzehrt, kann man nichts dagegen tun, denn jeder Mensch kann mit seinem Vermögen machen, was er will. Soweit er dadurch allerdings sich selbst der Gefahr der Verarmung aussetzt oder bestehenden Unterhaltspflichten nicht nachkommen kann, wäre es denkbar, daß man ihn wegen Verschwendung unter Betreuung stellen läßt. (Über das Betreuungsverfahren vgl. dort.)

Schmälert ein Erblasser aber seinen pflichtteilsberechtigten Angehörigen hinsichtlich des Pflichtteilsanspruchs dadurch, daß er sein Vermögen wegschenkt, so kann sich der Pflichtteilsberechtigte nach dem Tode des Erblassers an diejenigen Personen halten, die in den letzten 10 Jahren von dem Erblasser Geschenke bekommen haben, soweit es sich nicht bloß um geringfügige Anstandsgeschenke handelt. Hätte also Jedermann als einzigen Erb- und Pflichtteilsberechtigten bei seinem Tode seinen Sohn Klaus hinterlassen und hätte Jedermann vor drei Jahren aus einem Nachlaß im Werte von 100 000,– Euro ein Hausgrundstück im Werte von 80 000,– Euro an eine Freundin als Geschenk übereignet, so ergäbe sich folgende Rechnung: Die Geschenke der letzten 10 Jahre in Höhe von 80 000,– Euro sind rechnerisch den übriggebliebenen 20 000,– Euro hinzuzurechnen. Dies ergäbe also wieder 100 000,– Euro. Der Pflichtteilsanspruch des Klaus beliefe sich demnach auf 50 000,– Euro. 20 000,– Euro erhält er in Form des übriggebliebenen Nachlasses, also kann er noch 30 000,– Euro von Jedermanns Freundin zur Ergänzung herausverlangen.

Vermächtnisse und Auflagen

Außer der Erbeinsetzung kann man in einem Testament noch Vermächtnisse und Auflagen festlegen.

Jedermann hat davon Gebrauch gemacht und u.a. in seinem Testament, das seine Ehefrau zur alleinigen Erbin machte, folgendes bestimmt:

679

> Meine Wirtschafterin Aloisia Huber, die unserem Haushalt viele Jahre hindurch treu gedient hat, soll in ihrem Alter bis zu ihrem Tode versorgt werden.
>
> Das Waldgrundstück, das zu meinem Haus an der Lahn gehört, soll den Spaziergängern weiterhin ungestört offenstehen.
>
> Für die Singvögel soll im selben Maße wie bisher Futter gestreut werden und für ausreichende Nistkästen gesorgt werden.
>
> Unser Mops Fridolin, an dem ich mein Lebtag viel Freude hatte, soll gehegt und gepflegt werden und im Falle seines Ablebens ein würdiges Hundebegräbnis haben.

In dem vorstehenden Teil von Jedermanns Testament mischen sich Vermächtnis und Auflagen miteinander.

1. Aloisia Hubers Altersversorgung stellt sich als ein Vermächtnisanspruch dar, dessen Umfang nach Treu und Glauben unter Berücksichtigung der Nachlaßmasse festzulegen ist. Man spricht hier von einem Vermächtnis, weil eine bestimmte Person vorhanden ist, die einen Anspruch gegen den Erben als Nachlaßgläubiger hat.

2. Die Bestimmung hinsichtlich der Waldnutzung und der Singvögel ist eine Auflage, weil hier keine bestimmte Person als Träger des Anspruchs genannt wird. Hier hat der Gesetzgeber als Wächter zur Erfüllung der Auflage einmal diejenigen Personen eingesetzt, die an Karins Stelle als Erben in Betracht kämen, das sind also die drei Kinder. Außerdem ist aber im vorliegenden Fall auch die städtische Forstverwaltung berechtigt, auf Erfüllung der Auflagen zu klagen, weil es sich um Auflagen im öffentlichen Interesse handelt. Denn die Waldbenutzung und die Fürsorge für die Vögel dienen ja der Allgemeinheit.

Anders liegt es beim Hund. Karin mochte ihn nie. Um das verfettete Tier möglichst rasch loszuwerden, setzt sie ihn in den zugigen Dachboden, worauf der Mops sich prompt erkältet und kurz darauf stirbt.

Karin verscharrt den Hund im Garten. Sie glaubt auf diese Art und Weise viel Geld gespart zu haben. Karin irrt sich. Die von der Erbschaft ausgeschlossenen Kinder können gegen die Mutter auf Erfüllung der Bestimmung einer Bestattung des Hundes auf einem Hundefriedhof klagen, und sie können von Karin in Geld den Betrag herausverlangen, den sie dadurch gespart hat, daß der Hund durch ihr Verhalten früher als normal gestorben ist. Das Gericht würde zu schätzen haben, wie lange dieser noch gelebt hätte, um dann in etwa abzuschätzen, wieviel Kosten er seinem Halter noch verursacht hätte.

680

Aus dem vorigen Beispiel ist zu ersehen, daß zwischen einer Erbenstellung und einem Vermächtnis ein großer Unterschied ist. Der Erbe wird Herr des Nachlasses, er wird Eigentümer der Sachen, die zum Nachlaß gehören, und Inhaber der dazugehörigen Forderungen und sonstigen Berechtigungen. Anders der Vermächtnisnehmer. Er hat lediglich eine Forderung gegen den Erben, ihm einen Geldbetrag zu zahlen, eine bestimmte Sache herauszugeben, ihm etwas zu verschaffen, je nachdem, wie es der Erblasser im Testament bestimmt hat.

Es ist nun häufig in einem Testament nicht leicht festzustellen, ob eine Erbeinsetzung vorliegt oder ein Vermächtnis bestimmt ist. Denn es sind ja meist keine Juristen, die die Testamente verfassen. Dann kommt es nicht auf den Wortlaut, sondern auf den Sinn des Gewollten an. Hat zum Beispiel ein Erblasser folgendes geschrieben: »Ich vermache mein Hausgrundstück und die Wertpapiere meinem Neffen Ottokar, alles übrige soll meine Nichte Alice erhalten«, so darf man nicht von dem Wortlaut ausgehen, sondern muß sehen, was im Nachlaß vorhanden ist. Besteht der Nachlaß im wesentlichen aus den Ottokar »vermachten« Stücken, und bleibt für Alice nur Unbedeutendes übrig, so wird man Ottokar als den Erben eingesetzt sehen können und Alice als Vermächtnisnehmerin.

Daß der Erblasser für Ottokar das Wort »vermachen« gebraucht hat, spielt dabei jedoch keine Rolle. Wenn umgekehrt die für Alice vorgesehenen Nachlaßwerte erheblich größer sind als die Ottokar belassenen Stücke, dann ist Alice als Erbin anzusehen und Ottokar als Vermächtnisnehmer. Und wenn sich diese Werte schließlich gegenseitig die Waage halten, dann sind eben beide als Miterben anzusehen.

Der Herausgabeanspruch des Erben

Wir erinnern uns, daß Klaus Jedermann seine Tante Olga Tüchtig, die einsam gelebt hatte, als alleiniger Erbe beerbt hatte. Die einzige Vertraute von Olga Tüchtig war ihre jahrelange Haushälterin, Irene Habicht. Sie hat nie etwas für Klaus Jedermann übriggehabt. Klaus Jedermann hat sich nun gewundert, daß er im Nachlaß der verstorbenen Tante seltsamerweise nicht einen Euro bares Geld vorgefunden hatte, und auch ein Brillantring und zwei goldene Armbänder, die Klaus Jedermann häufig bei seiner Tante bemerkt hatte, sind unauffindbar. Der Kleiderschrank und die Wäschetruhe sind für einen so wohlausgestatteten Haushalt, wie ihn Tante Olga geführt hatte, auffallend leer. Klaus befragte seine Mutter, die empört erwidert, noch 14 Tage vor dem Tode ihrer Schwester Olga habe sie die Schränke voll Garderobe und die Truhen dick voll Wäsche gesehen. Sie habe mal vorsorglich schon etwas inspiziert. Und wo denn das Halsband geblieben sei, das Olga zum 21. Geburtstag von Papa geschenkt bekommen habe?

Klaus Jedermann wendet sich nun mit dieser Information und genauen Fragen an Irene Habicht. Diese erwidert: »Was weiß denn ich, was Ihre Tante mit ihren Sachen gemacht hat? Mich geht das überhaupt nichts an. Außerdem verbitte ich mir Ihre Anzüglichkeit.« Und damit ist sie aus dem Zimmer und für Klaus nie wieder zu sprechen.

Aber, ach, so einfach, wie Irene Habicht sich die Sache gedacht hat, ist das nun nicht. Da sie zur Zeit des Erbfalles mit der Erblasserin in häuslicher Gemeinschaft gelebt hat, ist sie verpflichtet, über den Verbleib der Erbschaftsgegenstände Auskunft zu geben.

Besteht Grund zu der Annahme, daß ihre Auskunft nicht mit der erforderlichen Sorgfalt erteilt ist, so kann Klaus Jedermann verlangen, daß sie eine Offenbarungsversicherung dahingehend leistet, daß sie ihre Angaben nach bestem Wissen so vollständig gemacht hat, als sie dazu imstande war.

Wenn sich also Irene Habicht nicht der Gefahr eines Strafverfahrens aussetzen will, dann muß sie nun schon glaubhafte Angaben über den Verbleib der Sachen machen, die noch eine Woche vor dem Tode der Erblasserin vorhanden waren.

Einen solchen Auskunftsanspruch hat übrigens ein Erbe auch gegen denjenigen, der den Nachlaß zunächst als vermeintlicher Erbe in Besitz genommen hat. Dieser muß genau Rechenschaft ablegen, was für Geschäfte über den Nachlaß er in der Zwischenzeit geführt hat, und gegebenenfalls seine Angaben beeiden.

681

Die gleiche Stellung hat übrigens auch ein für tot Erklärter, der plötzlich wieder auftaucht. Er wird gewissermaßen so behandelt, als sei er neu geboren, und kann nun von denjenigen Personen, die als vermeintliche glückliche Erben sein Vermögen in Besitz genommen haben, alles herausverlangen und Auskunft darüber verlangen, was sie zwischenzeitlich mit seinem Vermögen getan haben.

Mängel des Testaments

Wer hätte nicht schon einen Roman gelesen, in welchem ein reicher Mann oder eine vermögende Frau erpreßt wird, ein Testament zu errichten, wie es die Erpresser wollen, oder ein schon bestehendes aufzuheben?

Es werden dies meist Fälle sein, die im Alltag kaum denkbar sind. Ist ein solcher Fall so gelagert, daß man die Todesnot eines Menschen ausnützte, zum Beispiel seine Angst vor dem Jenseits, so ist das Testament nichtig. Ebenso, wenn es seinem Inhalt nach unsittlich ist. Wer einem Bordell eine Zuwendung macht, darf nicht erwarten, daß unsere Gerichte seinen Willen durchzusetzen helfen.

Aber Irrtümer eines Erblassers sind durchaus häufig. Jedermann hatte in seinem Testament der Wirtschafterin Aloisia Huber ein Versorgungsvermächtnis gemacht. Wir waren mit ihm davon ausgegangen, daß Aloisia eine Perle von einer Haushälterin gewesen war. Unterstellen wir nun aber einmal, daß die gute Aloisia es verstanden hatte, ihre Arbeitgeber in den letzten Jahren zu täuschen; daß sie in Wirklichkeit gestohlen und unterschlagen hat, daß sie über ihre Arbeitgeber verleumderische Gerüchte verbreitet hat, daß sie mit einem Worte unwürdig ist, eine Gabe von Jedermanns Familie zu erhalten.

Jedermann kann nichts mehr dazu tun, sein Testament zu ändern. Hätte er noch bei Lebzeiten erfahren, wie sehr er getäuscht worden ist, so hätte er gewiß das Vermächtnis einfach widerrufen. Nunmehr müssen die noch Lebenden das Testament korrigieren. Dies geschieht in Gestalt einer Anfechtungserklärung. Sowohl Karin als auch jedes der Kinder können also Aloisia Huber gegenüber die Anfechtung erklären. Karin Jedermann richtet also folgendes Schreiben an Aloisia:

Wir, die Erben meines verstorbenen Mannes Paul Jedermann, haben feststellen müssen, daß Sie das in Sie gesetzte Vertrauen gröblichst dadurch getäuscht haben, da Sie in den letzten Jahren über den Erblasser und seine Angehörigen die bösartigsten Gerüchte verbreitet und erhebliche Werte unterschlagen und entwendet haben.

Wir wollen davon absehen, diesen Sachverhalt der Staatsanwaltschaft zu unterbreiten, haben jedoch keinerlei Veranlassung, Ihnen unter diesen Umständen aus dem Nachlaß eine Altersversorgung zu gewähren.

Ich erkläre hiermit in meiner Eigenschaft als Erbin Ihnen gegenüber die Anfechtung des im Testament zu Ihren Gunsten gemachten Vermächtnisses.

Karin Jedermann, geb. Tüchtig

Karin Jedermann, geb. Tüchtig

Eine derartige Anfechtung kann nur binnen Jahresfrist von dem Zeitpunkt an erfolgen, in dem man von der Anfechtungsmöglichkeit Kenntnis erlangt hat.

Im vorstehenden Fall handelt es sich um die Anfechtung eines Vermächtnisses. Will man eine Erbeinsetzung anfechten, so muß der an der Anfechtung Interessierte die Anfechtung der Erbeinsetzung dem Nachlaßgericht gegenüber erklären. Eine Form hierfür ist nicht vorgeschrieben, doch empfiehlt sich auch hierfür ein Einschreiben. Das Nachlaßgericht wird in diesem Falle ausfindig zu machen suchen, wer der neue Erbe ist.

Nun ist ja denkbar, daß Aloisia Huber durchaus nicht so schlecht ist, wie Karin meint. Sie hat zwar hier und da ein wenig geredet, sie hat auch ein wenig genascht, aber so schlimm, wie es die lieben Nachbarn Karin hinterbracht haben, war es nun nicht. Auch kann Aloisia Huber Zeugen dafür beibringen, daß Jedermann von diesen Taten der Aloisia schon immer gewußt und darüber gelacht hat. In diesem Falle wird es Aloisia auf eine Klage mit Karin ankommen lassen. Sie wird also ihren Vermächtnisanspruch gegen die Erbin Karin einklagen, und Karin mag in diesem Prozeß beweisen, daß tatsächlich so schwere Verfehlungen Aloisias vorliegen, von denen Jedermann nichts gewußt hat, so daß anzunehmen ist, daß er bei Kenntnis der Sachlage das Vermächtnis nicht gemacht haben würde.

Wenn Karin in den letzten Monaten der Ehe ein Verhältnis mit einem Freund angefangen hat, so können die Kinder gleichfalls gemäß § 2078 BGB die Erbeinsetzung ihrer Mutter anfechten, da anzunehmen ist, daß Jedermann bei Kenntnis dieses Tuns ihr nicht den Hauptanteil seines Vermögens zugewendet hätte, damit sie es jetzt mit ihrem Liebhaber durchbringen kann. Hatte Jedermann bereits die Scheidung beantragt, so ist ihre Erbeinsetzung automatisch hinfällig, falls bewiesen werden kann, daß sie in dem Ehescheidungsprozeß geschieden worden wäre.

War das Scheidungsverfahren vor Jedermanns Tod bereits rechtskräftig durchgeführt, so ist Karins Erbeinsetzung unwirksam. Das gleiche gilt übrigens, wenn ein Verlobter seine Verlobte zum Erben einsetzt oder ihr sonst durch Testament etwas zuwendet und dann das Verlöbnis vor dem Tode des Erblassers aufgelöst wird.

Nacherbschaft und Ersatzerbschaft

Michael Jedermann, der das Testament seines Vaters, nach welchem Karin die Alleinerbin war, für ungerecht hält, will in seiner Ehe nicht denselben Fehler begehen. Andererseits liegt ihm seine Ehefrau Ulla dauernd in den Ohren und verlangt, daß sie gesichert würde. Es genüge doch wohl, daß ihr mit in die Ehe gebrachtes Kind, das Michael auch noch adoptiert hat, und ihr gemeinsamer Sohn Siegfried den Pflichtteil bekommen und im übrigen nach Ullas Tode dasjenige erhalten, was ihre Mutter von Michaels Vermögen übriglasse. Er bespricht diesen Fall mit seinem Rechtsanwalt. Dieser meint, daß Ullas Wunsch nach Sicherung wohl verständlich sei und Michael wohl auch glauben dürfe, daß Ulla im Falle eines Überlebens nicht sinnlos mit dem Ererbten umgehen würde.

Wer garantiere aber, daß sie nicht irgendeinem gewissenlosen Manne in die Hände gerate, der es verstehen würde, das Vermögen an sich zu bringen, dann Ulla sitzenließe und so seine Ehefrau und Kinder aller Werte beraube. Auf seine Anregung hin errichtet Michael daher folgendes eigenhändiges Testament:

Marburg, den 10. Mai 26..

Ich setze zum Vorerben über meinen Nachlaß meine Ehefrau Ulla, geb. Froh, ein. Meine Kinder sollen ihre Nacherben sein. Den Kindern soll der Pflichtteil ausgezahlt werden.

Michael Jedermann

Da Michael Jedermann keinen Zeitpunkt für den Eintritt des Nacherbfalles vorgeschrieben hat, so ist Ulla bis zu ihrem Tode Vorerbin. Stirbt sie, so treten die Kinder in ihre Stellung als Erben Michael Jedermanns ein. Das heißt also, sie beerben insoweit nicht etwa Ulla, sondern ihren Vater Michael, setzen also nur die Erbenstellung ihrer Mutter fort. Bezüglich des sonstigen Vermögens, das Ulla hatte, zum Beispiel ihr Vorbehaltsgut, werden sie nunmehr Ullas Erben.

Ulla Jedermann beginnt nach dem Tode Michaels auf großem Fuße zu leben. Wie Michaels Berater vorausgesehen hatte, macht sie die Bekanntschaft eines Mannes, der mehr und mehr Geld von ihr verlangt. Als die baren Mittel aufgebraucht sind, will Ulla auf die Grundstücke Geld aufnehmen oder sie veräußern.

Das kann sie nicht. Der Vorerbe kann eine Verfügung über ein Grundstück nicht dergestalt treffen, daß dadurch der Nacherbe beeinträchtigt wird (§ 2113 BGB). Dieser Schutz des Nacherben wird im Grundbuch verankert. In Ullas Erbschein, den sie zur Umschreibung der Eigentumsverhältnisse im Grundbuch benötigt, wird bereits vermerkt, daß sie nur Vorerbin ist.

Aufgrund dieses Erbscheines wird dies entsprechend im Grundbuch vermerkt. Das Grundbuchamt wird daher einem Antrage Ullas auf Übereignung oder Belastung eines Grundstücks nur stattgeben, wenn eine Zustimmung der Nacherben in öffentlich beglaubigter Form vorliegt. Michaels Kinder denken aber gar nicht daran, ihrer verschwenderischen Mutter eine solche Zustimmung zu geben. Die Grundstücke sind also vor den Zugriffen Ullas sicher.

Auch Schenkungen aus dem Nachlaß sind den Nacherben gegenüber unwirksam, soweit der Erwerber über das Bestehen der Nacherbschaft unterrichtet ist. Hat also Ulla ihrem Liebhaber Michaels goldene Uhr und den Siegelring geschenkt, so können die Kinder nach Ullas Tod diese Schmuckstücke zurückfordern.

Michaels bares Geld hat Ulla vergeudet. Hier wird kaum noch etwas zu retten sein.

Als Vorerbin hatte Ulla dieses Geld nach den Regeln einer ordnungsmäßigen Wirtschaft anzulegen. Von den Zinsen und den Eingängen aus den Miethäusern und dem ererbten Briefmarkengeschäft sollte sie leben. Da sie sich an der Substanz des Nachlasses vergriffen hat, so können die Erben von ihr verlangen, daß Ulla ihnen Sicherheit leistet. Auf Leistung dieser Sicherheit können sie Klage erheben. Kommt Ulla diesem Urteil nicht nach, so können die Nacherben ihr die Verwaltung des Nachlasses entziehen lassen. Ein gerichtlich bestellter Verwalter führt dann die Verwaltung.

Prozesse dieser Art führe man nie ohne die Hilfe eines Rechtsanwaltes, da es die komplizierte Rechtslage erfordert.

684

Der Erblasser kann einen Vorerben von den vorstehend geschilderten Beschränkungen – mit Ausnahme des Verbots der Schenkungen – befreien. In diesem Falle der sogenannten »befreiten Vorerbschaft« erhält der Nacherbe beim Nacherbfall nur dasjenige, was der Vorerbe übrigläßt. Für Schenkungen und sittenwidrige Schädigungen muß der Vorerbe oder sein Erbe den Erben Schadensersatz leisten.

Als Ulla stirbt, ist Siegfried bereits verstorben. Sein Sohn Siegmund wird jetzt an seiner Stelle Nacherbe. Der Nacherbe braucht nur den Erbfall (Tod Michaels), nicht auch den Nacherbfall (Tod Ullas) zu erleben, um seiner Familie die Nacherbschaft zu erhalten.

War Ulla vor Michael gestorben, so sind die Kinder gleich Vollerben Michaels. Denn ein Nacherbe ist im Zweifel immer auch Ersatzerbe, das heißt, er soll sofort an die Stelle des als Vorerben Vorgesehenen treten, falls dieser den Erbfall nicht erlebt. Dies ist in unserem Fall nicht sehr bedeutsam, da die Kinder Michael sowieso beerben. Wenn man aber entfernte Verwandte zu Vor- und Nacherben einsetzt, ist dies sehr wichtig.

Erbverzicht

Angelika hat nach ihrer Scheidung von Ottokar Gras noch einmal geheiratet und aus dieser Ehe eine Tochter Mathilde bekommen. Konrad, der inzwischen erwachsen ist, trägt sich mit Auswanderungsplänen. Er braucht dazu ein größeres Kapital, und Angelika ist auch bereit, ihm aus ihrem Vermögen 30 000,– Euro zur Verfügung zu stellen. Im Interesse ihres Kindes aus zweiter Ehe soll damit Konrad ein für allemal abgefunden sein. Es soll also nicht nur eine Anrechnung dieser Zuwendung auf einen späteren Erbfall als Ausgleichung erfolgen (s. dort), sondern Konrad soll vollkommen als Erbe wegfallen. Dies ist möglich und muß in Gestalt eines Erbverzichtsvertrages zwischen Angelika und Konrad erfolgen. Der Vertrag bedarf der notariellen Beurkundung (§ 2348 BGB); Mutter und Sohn gehen deshalb zu ihrem Notar, der ihnen den Vertrag formuliert und beurkundet.

Konrad heiratet in San Salvador und hat aus dieser Ehe einen Sohn. Konrad stirbt vor seiner Mutter, und als diese nun stirbt, verlangt Konrads Sohn als gesetzlicher Erbe erster Ordnung (vgl. dort) die Hälfte des Nachlasses seiner Großmutter als Miterbe neben Angelikas Tochter, seiner Tante.

Dies kann er nicht verlangen. Der Verzicht Konrads ist ein sogenannter Stammesverzicht, das heißt Konrads Kinder sind durch seinen Verzicht gleichfalls vom gesetzlichen Erbrecht ausgeschlossen.

Nehmen wir jetzt aber einmal an, Konrads Schwester ist auch vor Angelika verstorben. Es würde jetzt also nach dem eben Gesagten der Nachlaß an irgendeinen entfernten Verwandten Angelikas fallen. Das war aber offenbar nicht der Sinn von Konrads Verzicht; denn es sollte ja nur eine Schmälerung von dem Vermögen seiner Schwester vermieden werden. Aus diesem Grunde bestimmt auch § 2350 BGB, daß der Verzicht Konrads hinfällig ist, da anzunehmen ist, daß er nur zugunsten seiner Schwester erfolgte. Das Gesetz geht allerdings auch davon aus, daß ein solcher Verzicht zugunsten des Ehegatten des Erblassers ausgesprochen wird. Man wird aber hier sagen können, daß ein Verzicht Konrads zugunsten von Angelikas zweitem Ehemann nicht vorliegt, da ihn ja mit diesem nichts verbindet. Es wäre allerdings zweckmäßig gewesen, Zweifel hierüber dadurch zu beseitigen, daß man diesen Punkt ausdrücklich in dem Erbverzichtsvertrag geregelt hätte.

Auch an diesem Beispiel sehen wir, wie schwierig es besonders im Erbrecht ist, alle möglichen Entwicklungen zu berücksichtigen und das beabsichtigte Ziel zu erreichen. Man muß daher ganz nüchtern die Lage durchdenken, bevor man zweckmäßige und endgültige Entscheidungen trifft.

Erbunwürdigkeit

Durch das Erbrecht nimmt eine Person an der Arbeit und dem Gut eines anderen, meist eines nahen Angehörigen, teil. Dieses Anfallen eines Vermögenswertes ist bildlich gesehen eine Schenkung des Toten an den Lebenden. Einer Schenkung muß man würdig sein.

In der Nachbarschaft der Jedermanns hat sich folgender Fall abgespielt: Eine alte Dame, Susanne Lindenblatt, lebte ihren beiden Neffen Paul und Peter zu lange. Als sie nun dahinterkamen, daß die alternde Tante einen großen Teil ihres Vermögens einer frommen Stiftung zuführen wollte, beschlossen sie, dies zu verhindern. Als die Tante am nächsten Tage nach vorheriger telefonischer Anmeldung zu ihrem Notar gehen will, verschließt Paul die Haustür und nimmt sämtliche passenden Schlüssel an sich, so daß sie an diesem Tage nicht das Testament, wie beabsichtigt, errichten kann.

Peter, dem dies nicht genügt und der damit rechnet, daß Tante Susanne trotzdem in den nächsten Tagen das beabsichtigte Testament errichten wird, beschließt, reinen Tisch zu machen. Er vergiftet sie mit Leuchtgas. Die Geschichte kommt selbstverständlich heraus, und Paul und Peter gehen ihrer Bestrafung entgegen.

Uns interessiert aber hier, daß sie nicht Erben sind. Zwar sind sie an und für sich als gesetzliche Erben der zweiten Ordnung als alleinige Erben Tante Susannes berufen; aber gemäß § 2339 BGB sind sie erbunwürdig.

Das gleiche gilt übrigens für Personen, die den Erblasser durch Täuschung oder Drohung bestimmt haben, letztwillige Verfügungen zu errichten oder aufzuheben, oder die ein Testament des Erblassers selber fälschen oder fälschlich anfertigen.

Aber diese Erbunwürdigkeit der Neffen Paul und Peter tritt nicht automatisch ein. Vielmehr muß derjenige Erbe, der an ihre Stelle treten würde, eine Anfechtungsklage gegen Paul und Peter erheben. Die Anfechtungsklage von Großonkel Jaromir, der als alleiniger Erbe in Betracht kommt, muß binnen Jahresfrist erhoben werden, nachdem Jaromir von der Erbunwürdigkeit der Neffen Kenntnis erlangt hat.

Für diese Klage, die ja die schrecklichsten Dinge zum Gegenstand hat, wird wohl jeder schon von allein einen Rechtsanwalt hinzuziehen, um nicht etwa leichtfertig Behauptungen aufzustellen, die eine solche Tragweite haben.

Wenn Tante Susanne allerdings noch im Sterben den beiden Bösewichtern verzeiht, tritt die Erbunwürdigkeit nicht ein, an ihrer Strafbarkeit ändert sich natürlich nichts.

Der Testamentsvollstrecker

Viele Erblasser glauben, daß ihre Erben, insbesondere, wenn sie noch minderjährig sind, mit dem ererbten Gut schlecht verfahren werden. Sie fürchten auch, daß ihre Erben die Wünsche des Erblassers nicht respektieren werden, daß sie Vermächtnisse und Stiftungen zu umgehen suchen werden und dergleichen mehr. Um die Durchsetzung des Erblasserwillens auf jeden Fall zu gewähren, setzen sie daher einen Testamentsvollstrecker ein.

Karin Jedermann hat von dieser Möglichkeit Gebrauch gemacht und einen Freund des Hauses, den Kaufmann Leopold Dachs, zum Testamentsvollstrecker in ihrem Testament bestellt. Dachs braucht dieses »Amt« nicht anzunehmen. Er erhält die Stellung des Testamentsvollstreckers erst in dem Augenblick, in welchem er dem Nachlaßgericht gegenüber erklärt, daß er dieses Amt annehme.

Herr Dachs nimmt das Amt an und beginnt sofort zu amtieren. Damit jeder weiß, daß er Testamentsvollstrecker über Karins Nachlaß ist, besorgt er sich ein Testamentsvollstreckerzeugnis. Er richtet zu diesem Zweck folgendes Schreiben an das Nachlaßgericht:

686

Leopold Dachs
Kaufmann
Lutherstraße 11
35037 Marburg/Lahn

An das
Amtsgericht Marburg
– Nachlaßgericht –
35037 Marburg/Lahn

den ...

Der Unterzeichnete ist durch Testament der verstorbenen Witwe
Karin Jedermann, geb. Tüchtig, vom ... zum Testamentsvollstrecker
berufen.

Das Testament befindet sich bei den Akten des Nachlaßgerichts.

Ich beantrage hiermit gemäß § 2368 BGB, mir ein Testamentsvollstreckerzeugnis
erteilen.

Leopold Dachs

Die Unterschrift braucht nicht beglaubigt zu werden. Durchschrift für die eigenen Akten aufbewahren.

Das Testamentsvollstreckerzeugnis hat einmal die Bedeutung, daß sich Herr Dachs Behörden und anderen Personen gegenüber ausweisen kann. Es hat aber eine noch viel weitreichendere Wirkung. So, wie der Erbschein einen vermeintlichen Erben in die Lage versetzte, über Nachlaßgegenstände an redliche Dritte zu verfügen, obwohl ein anderer Erbe war, so hat das Testamentsvollstreckerzeugnis eine ganz ähnliche Wirkung hinsichtlich der Verfügungsgewalt des Testamentsvollstreckers. Selbst wenn sich also durch ein später aufgefundenes Testament Karins herausstellen sollte, daß die Berufung des Herrn Dachs zum Testamentsvollstrecker hinfällig geworden war, werden jetzt sämtliche Personen, mit denen er Geschäfte über den Nachlaß getätigt hat, so geschützt, als sei er wirklich Testamentsvollstrecker gewesen. Ein verantwortungsbewußter Testamentsvollstrecker wird daher nie versäumen, sich ein Testamentsvollstreckerzeugnis ausstellen zu lassen.

In unserem Fall ist der Testamentsvollstrecker im Testament bereits namentlich genannt gewesen. Der Erblasser kann sich auch darauf beschränken, im allgemeinen eine Testamentsvollstreckung anzuordnen, und zum Beispiel das Nachlaßgericht ersuchen, einen Testamentsvollstrecker zu ernennen. Dieses sucht dann aus den ihr geeignet erscheinenden Personen einen Testamentsvollstrecker aus. Der Erblasser kann auch mehrere Testamentsvollstrecker ernennen und auch Ersatztestamentsvollstrecker vorsehen.

Der Testamentsvollstrecker Dachs nimmt erst einmal den ganzen Nachlaß Karins in Besitz und vergewissert sich über Vermögen und Schulden des Nachlasses. Da der Nachlaß umfangreich ist, engagiert er eine Sekretärin, der er in den Abendstunden die Korrespondenz über den Nachlaß diktiert. Der Lohnausgleich der Sekretärin richtet sich dann nicht etwa gegen den Testamentsvollstrecker persönlich, sondern gegen Karins Erben. Die Bezahlung erfolgt also auch durch den Testamentsvollstrecker aus dem Nachlaß.

Die Einsetzung eines Testamentsvollstreckers kann mitunter teuer werden und das Erbe sehr belasten. Man sollte daher als Erblasser überlegen, ob ein Testamentsvollstrecker wirklich unbedingt notwendig ist. Es kommt wohl meist darauf an, ob man mit Rücksicht auf einen ungewandten Erben Vorsorge treffen will, daß die richtigen Dispositionen getroffen werden.

Dachs stellt fest, daß Karin noch eine Forderung gegen den Schuldner Lau hatte. Diese beschließt er jetzt einzuklagen. Die Klage erhebt er im eigenen Namen, aber in seiner Eigenschaft als Testamentsvollstrecker. Die Klage sieht folgendermaßen aus:

An das
Amtsgericht
35037 Marburg/Lahn

KLAGE

des Kaufmanns Leopold Dachs, Lutherstraße 11, Marburg/Lahn, als
Testamentsvollstrecker über den Nachlaß der Frau Karin Jedermann,
geb. Tüchtig, Marburg/Lahn   – Kläger –

gegen

den Angestellten Richard Lau, Sybelstraße 1, Marburg/Lahn,
                                        – Beklagter –

wegen Forderung.

Ich werde beantragen:
den Beklagten zu verurteilen, an den Kläger 3000,– Euro nebst 4 Prozent Zinsen seit
Klagezustellung zu zahlen.

Begründung

Der Kläger ist Testamentsvollstrecker über den Nachlaß der am ... verstorbenen
Witwe Karin Jedermann, geb. Tüchtig. Das Testamentsvollstreckerzeugnis werde ich im
Termin vorlegen. Die Erblasserin hatte dem Beklagten 3000,– Euro auf jederzeitigen
Widerruf geliehen.

Beweis: der anliegende abschriftlich beigefügte Schuldschein.

Der Unterzeichnete hat das Darlehen vor 3 Wochen aufgekündigt und dem Beklagten
eine Frist von 10 Tagen zur Rückzahlung der Darlehensschuld gesetzt. Nach Ablauf
der Frist hat er den Beklagten noch einmal zur Zahlung gemahnt. Da beide Schreiben
unbeantwortet geblieben sind, ist Klage geboten.

Leopold Dachs

Original mit einer Abschrift dem Amtsgericht einschicken, Durchschlag für die eigenen Akten zurückbehalten.

Nachdem Dachs auf diese Art und Weise ausstehende Beträge für den Nachlaß beigetrieben hat, macht er sich daran, die restlichen Schulden zu bezahlen. U. a. erfüllt er die Vermächtnisse und Auflagen, die im Testament vorgesehen sind. Er kümmert sich dabei auch nicht um irgendwelche Einsprüche der Erben, soweit er nach seiner pflichtgemäßen Auffassung darin nur egoistische Versuche sieht, Vermächtnisnehmer um ihre Rechte zu bringen. Er hat nämlich den Willen des Erblassers und nicht den der Erben zu respektieren.

Nachdem er den Nachlaß so ordnungsmäßig verwaltet hat, gibt er den Erben einen Rechenschaftsbericht und händigt den Erben den restlichen Nachlaß aus. Bei Nachprüfung der Rechnungslegung stellt einer der Erben fest, daß Dachs einige Nachlaßverbindlichkeiten, die offensichtlich 1 : 10 abgewertet waren, 100 %ig ausgezahlt hat. Er stellt Dachs zur Rede, und es wird offenbar, daß Dachs hier Fehler begangen hat. Dachs verspricht daher, die zuviel gezahlten Geldbeträge von den Gläubigern zurückzufordern. Dies mißlingt jedoch. Die Erben können nunmehr von Dachs Schadensersatz verlangen.

Wenn die Erben schon während der Amtsführung des Testamentsvollstreckers feststellen, daß er unfähig und unredlich ist, so werden sie dies dem Nachlaßgericht unterbreiten, das den Testamentsvollstrecker dann entlassen kann.

Der Testamentsvollstrecker seinerseits kann jederzeit seine Tätigkeit dem Nachlaßgericht aufkündigen. Dieses Recht muß man ihm schon einräumen, denn seine Aufgabe kann mitunter sehr undankbar und nervenaufreibend sein.

Solange das Amt des Testamentsvollstreckers dauert, genügt es nicht, daß ein Nachlaßgläubiger den Erben verklagt. Er muß entweder den Testamentsvollstrecker verklagen oder, wenn er den Erben verklagt, noch den Testamentsvollstrecker zusätzlich auf Duldung der Zwangsvollstreckung in den Nachlaß verklagen.

Der Testamentsvollstrecker erhält aus dem Nachlaß eine angemessene Vergütung, die das Prozeßgericht festsetzt, falls nicht der Erblasser bestimmt hat, daß keine Vergütung erfolgen soll.

Während der Dauer der Testamentsvollstreckung sind Verfügungen der Erben über Nachlaßgegenstände unwirksam. Ein Eigentumserwerb oder sonstiger Rechtserwerb gutgläubiger Personen wird meist daran scheitern, daß der Testamentsvollstrecker die Sachen in Besitz nimmt. Wenn der Erbe ihm »heimlich« Nachlaßsachen wieder fortnehmen würde, könnte an solchen Sachen kein anderer Rechte erwerben, da sie gemäß § 935 BGB dem Testamentsvollstrecker in Ansehung seiner Testamentsvollstreckerstellung abhanden gekommen sind. (Siehe unter Eigentumserwerb an beweglichen Sachen.)

Ein Testamentsvollstrecker sollte nur in Sonderfällen eingesetzt werden. Die Familie ist dem Erblasser gram, wenn ein Außenstehender das Erbe verwaltet und dadurch in das Leben der Hinterbliebenen eingreift. Pflichtteilsberechtigte werden den Pflichtteil wählen und nicht ein Vermögen erhalten, das ein Fremder verwaltete. Außerdem vermindern die Kosten den Nachlaßwert.

Gemeinschaftliches Testament

Paul Jedermanns Urenkel, der Sohn des nach San Salvador ausgewanderten Konrad Gras, ist auf den schönen Namen Juan Leporello getauft. Dieser Juan Leporello Gras kehrt nach Gewinnung ansehnlicher Reichtümer nach Deutschland zurück und heiratet hier die ebenfalls begüterte Christa Baronesse Grüp. Und dies wird nun wahrlich eine glückliche Ehe.

Beide beschließen daher auch, über ihren jeweiligen Nachlaß zugunsten des anderen Ehegatten zu verfügen. Juan schreibt daher eigenhändig nebenstehendes Testament.

> Frankfurt/Main, den ...
>
> ### Unser letzter Wille
>
> Wir, die Eheleute Juan und Christa Gras, geb. Baronesse Grip, setzen uns gegenseitig zum alleinigen Erben ein.
> Nach dem Tod des Überlebenden soll dessen Nachlaß unseren Abkömmlingen zufallen, und falls wir keinerlei Abkömmlinge haben sollten, soll der Nachlaß des Überlebenden an den Neffen der unterzeichneten Ehefrau, den zur Zeit noch minderjährigen Walter Baron Grip, wohnhaft Alsterweg 10, Hamburg, fallen.
>
> Christa Gras geb. Baronesse Grip
>
> Dies ist auch mein letzter Wille.
> Frankfurt, den ...
> Juan Leporello Gras

Unter seiner Unterschrift unterschreibt dann seine Ehefrau dieses Testament. Sie soll über ihrer Unterschrift den Zusatz machen: »Dies ist auch mein letzter Wille« und Ort und Datum hinsichtlich ihrer Unterschrift hinzufügen. Dies ist jedoch nur eine »Sollvorschrift« des Gesetzes. Das gemeinschaftliche Testament ist auch gültig, wenn dieser Zusatz fehlt, also nur die Unterschrift der Ehefrau unter die Unterschrift des Ehemannes gesetzt wird. Um eventuelle Komplikationen auszuschalten, ist es jedoch zweckmäßig, die Sollvorschrift des Gesetzes zu beachten.

 Zu beachten: Nur Ehegatten können auf die vorstehend geschilderte Art ein Testament errichten!

Das gemeinschaftliche Testament hat zunächst nur die Bedeutung, daß wir zwei Testamente in einem haben. Die Ehegatten hätten ja ebensogut jeder ein gesondertes Testament mit demselben Wortlaut errichten können. Hier gilt nun insofern etwas Besonderes, als die beiden Ehegatten sich gegenseitig bedacht haben. Diese Gegenseitigkeit nennt man auch »reziprok«. Es liegt nun der Schluß nahe, daß der eine Ehegatte dem anderen nur deswegen die Zuwendung aus seinem Nachlaß machte, weil ja umgekehrt dasselbe zu seinen Gunsten geschah. Der Gesetzgeber trägt diesem zu vermutenden Willen der Ehegatten in § 2270 BGB dadurch Rechnung, daß er folgendes bestimmt:

§ 2270

(1) Haben die Ehegatten in einem gemeinschaft-lichen Testamente Verfügungen getroffen, von denen anzunehmen ist, daß die Verfügung des einen nicht ohne die Verfügung des anderen ge-troffen sein würde, so hat die Nichtigkeit oder der Widerruf der einen Verfügung die Unwirksamkeit der anderen zur Folge.

(2) Ein solches Verhältnis der Verfügungen zuein-ander ist im Zweifel anzunehmen, wenn sich die Ehegatten gegenseitig bedenken oder, wenn dem einen Ehegatten von dem anderen eine Zuwen-dung gemacht und für den Fall des Überlebens des Bedachten eine Verfügung zugunsten einer Person getroffen wird, die mit dem anderen Ehegatten verwandt ist oder ihm sonst nahesteht.

(3) Auf andere Verfügungen als Erbeinsetzungen, Vermächtnisse oder Auflagen findet die Vorschrift des Absatzes 1 keine Anwendung.

Es wird also für das Testament der Eheleute Gras eine solche Gültigkeitsverknüpfung vermutet, die man in der Fachsprache auch Korrespektivität nennt. Ist also zum Beispiel Juan geisteskrank und daher seine testamentarische Bestimmung nichtig, so ist umgekehrt auch Christas Verfügung nichtig.

Nach einiger Zeit gefällt Juan das Testament doch nicht mehr, und er will es rückgängig machen. Er kann sich aber nun nicht einfach hinsetzen und im Verborgenen das gemeinschaftliche Testament aufheben. Dies ginge nur dann, wenn sich die Eheleute in einem gemeinschaftlichen Testament nicht gegenseitig zu Erben eingesetzt oder nicht Verwandte bedacht hätten, also jeder von ihnen nur irgendwelche Freunde, Bekannte, Vereine oder Stiftungen als Erben bestimmt hätten.

In unserem Falle haben sich die Eheleute Gras gegenseitig jeweils zum alleinigen Erben eingesetzt und ferner bestimmt, daß der Nachlaß nach dem Tode des Überlebenden an Verwandte fallen soll. Es muß daher angenommen werden, daß die eine Verfügung nicht ohne die andere getroffen wor-den wäre. Es liegt also Korrespektivität vor. Das Gesetz erkennt in diesem Falle einen Widerruf nur dann als wirksam an, wenn er dem anderen Ehegatten in einer notariell beurkundeten Form zugeht. Juan Gras muß also zum Gericht oder zu einem Notar gehen und dort seinen Rücktritt beurkunden lassen. Die beurkundete Erklärung läßt er dann am besten durch einen Gerichtsvollzieher seiner Frau zustellen. (Beim Gang zum Notar den Personalausweis nicht vergessen!)

Nach dem Tode Christas könnte Juan zwar auch noch von dem gemeinschaftlichen Testament zurücktreten, jedoch nur, wenn er gleichzeitig das ihm in dem gemeinschaftlichen Testament Zuge-dachte ausschlüge.

Als Erben des Überlebenden sind die Kinder der Eheleute Gras vorgesehen. Sie haben zwar noch keine, aber das macht nichts aus; es genügt, daß zum Zeitpunkt des Todes des überlebenden Ehe-gatten die Kinder geboren sind.

Sogar ein Nichtgeborener kann unter Umständen bereits Erbe sein. Ein Erblasser Müller hatte das erstgeborene Kind seiner Schwester Ulrike zum alleinigen Erben eingesetzt. Als Müller starb, war Ulrikes Sohn Hugo schon gezeugt, wie eine ärztliche Untersuchung bewies, aber er war eben noch nicht geboren. Daraufhin meinten die übrigen Geschwister des Erblassers, daß nun die gesetz-liche Erbfolge eintreten müsse und die Geschwister Müller den Nachlaß teilen könnten. Dies ist aber unrichtig. Gemäß § 1923 BGB gilt der bereits gezeugte Hugo, falls er lebend geboren wird, als vor Müllers Erbfall geboren. Er erbt also den ganzen Müllerschen Nachlaß. In der Fachsprache nennt man den gezeugten, aber noch nicht geborenen Erben »nasciturus«.

Bekommt das Ehepaar Gras keine Kinder, so ist Walter Baron Grüp, Christas Neffe, der Erbe. Und zwar ist er lediglich Erbe des letztversterbenden Ehegatten. Man nennt ein solches Testament, in welchem die Ehegatten sich selbst zu alleinigen Erben einsetzen und Angehörige oder dritte Personen zum Erben des Überlebenden machen »Berliner Testament«.

Wenn bei einem solchen Berliner Testament Kinder oder sonstige pflichtteilsberechtigte Abkömmlinge vorhanden sind, so müssen die testierenden Eltern natürlich damit rechnen, daß die Kinder nicht auf den Tod des überlebenden Ehegatten warten wollen, sondern sofort den Pflichtteil aus dem Nachlaß des Erstverstorbenen verlangen. In diesem Fall ist es zweckmäßig, sich durch bestimmte Klauseln gegen das Vorgehen der Kinder weitestgehend zu sichern. Hier ist dann aber auch notwendig, einen Rechtskundigen zu Rate zu ziehen, der das gemeinschaftliche Testament hieb- und stichfest macht.

Erbvertrag

Das Testament ist eine letztwillige Verfügung von Todes wegen. Das besagt, daß ein Erblasser noch auf dem Sterbebett alle bisher getroffenen Testamente rückgängig machen kann. Man kann sich aber auch hinsichtlich seiner Verfügungen von Todes wegen schon zu Lebzeiten durch einen Erbvertrag dergestalt binden, daß man keine weiteren Testamente mehr machen kann. Hatte zum Beispiel Walter Baron Grüp im Alter eine Zufluchtsstätte bei seinem Vetter Graf Weißbach gefunden und will er ihm als Gegenleistung die verbindliche Zusage machen, daß dieser sein Erbe wird, so muß er einen Erbvertrag schließen. Dieser Erbvertrag muß von einem Notar beurkundet werden. Der Erblasser und der in Aussicht genommene Erbe müssen also gleichzeitig zu einem Notar gehen und dort den Vertrag beurkunden lassen.

Walter Baron Grüp kann nun von diesem Vertrag nur noch durch eine Anfechtungserklärung loskommen, zum Beispiel wenn er arglistig getäuscht ist oder wenn er irrtümlich einen Pflichtteilsberechtigten übergangen hat. Hat er sich allerdings einen Rücktritt im Vertrage vorbehalten, so kann er auch von diesem zurücktreten.

Durch Abschluß des Erbvertrages verliert Walter Baron Grüp nicht das Recht, sein Vermögen zu Lebzeiten weiter zu verwerten. Er kann sein Geld weiterhin ausgeben, seine Aktien verkaufen und braucht sich keinerlei Einschränkungen aufzuerlegen. Macht er allerdings in der Absicht, seinen Vetter zu beeinträchtigen, Schenkungen, so kann bei Eintritt des Erbfalles der Erbe von dem Beschenkten die Schenkung nach Bereicherungsgrundsätzen herausverlangen.

Erbschaftskauf

Erwerber eines Nachlasses kann man kraft Gesetzes oder durch Testament werden. Man kann sich aber auch die Herrschaft über einen beliebigen Nachlaß dadurch verschaffen, daß man einem Erben seine Erbschaftsstellung abkauft. Walter Baron Grüp hätte daher seinem Vetter, Graf Weißbach, die Erbschaft der Tante Gras verkaufen können. Der Kaufvertrag hätte der notariellen Beurkundung bedurft. Um den Kaufvertrag zu erfüllen, muß Walter dann allerdings die einzelnen Nachlaßgegenstände auf seinen Vetter nach den allgemeinen Regeln übertragen, zum Beispiel bewegliche Sachen übernehmen und übereignen, Grundstücke auflassen, Forderungen abtreten usw.

Ein Miterbe hat es einfacher. Dieser kann in Erfüllung eines solchen Erbschaftskaufvertrages durch notariell beurkundeten Vertrag seinen Miterbenanteil auf den Käufer übertragen. Dieser tritt dann in die Miterbengemeinschaft dadurch ein. Allerdings haben die Miterben ein Vorkaufsrecht, so daß man vor Ankauf eines Miterbenanteils sich zweckmäßigerweise vorher vergewissert, ob die übrigen Miterben nicht von ihrem Vorkaufsrecht Gebrauch machen wollen.

Graf Weißbach stellt fest, daß zu dem ihm verkauften Nachlaß eine Geige gehört, die er für eine Stradivari gehalten hatte, die es aber nicht ist. Er kann keine Gewährsmängel gegenüber Walter

Baron Grüp geltend machen, da der verkaufende Erbe nicht für Fehler einer zur Erbschaft gehörenden Sache einzutreten hat (§ 2376 Abs. 2 BGB).

692   Noch bevor Graf Weißbach die Nachlaßgegenstände ausgehändigt bekommt, fallen sie einem Brande zum Opfer. Er muß jetzt trotzdem die vereinbarte Gegenleistung erbringen, da bei einem Erbschaftskauf der Käufer bereits vom Abschluß des Kaufes an die Gefahr des zufälligen Unterganges trägt (§ 2380 BGB).

Erbschaftsteuerrecht

Bei fast jeder Testamentserrichtung sind heute steuerliche Überlegungen unerläßlich, insbesondere was Freibeträge, Vorabschenkungen, Vermächtnisse, Betriebsvermögen etc. anbelangt. Hierzu müssen spezielle Steuerrechtsberater hinzugezogen werden.

Maßgeblich ist als Grundlage immer das Erbschaftsteuergesetz. Dieses gilt auch für Schenkungen unter Lebenden.

Vorsorgevollmachten und ähnliches

In unserer heutigen modernen und »gefährlichen« Zeit ist es für viele Bürger wichtig, notarielle Vorsorgevollmachten und Patientenverfügungen abzufassen. Mit diesen Vollmachten wird die Situation geregelt, daß jemand aus gesundheitlichen Gründen nicht mehr handlungsfähig ist und dann eine Person – meist der Ehepartner – Erklärungen für ihn abgeben kann, insbesondere gegenüber Ärzten. Mit der Patientenverfügung kann man zum Beispiel unnötige lebensverlängernde Maßnahmen verhindern. Hier gibt es zahlreiche Muster bei den rechtsberatenden Berufen. Auch ist eine Registrierung solcher Vollmachten bundesweit bei der Bundesnotarkammer möglich.

Das Strafrecht

In den vorstehenden Teilen des Buches haben wir die Familie Jedermann in ihren Rechtsbeziehungen zu ihren Mitmenschen, gegenüber Behörden sowie untereinander gesehen. Die rechtlichen Schicksale eines Menschen beschränken sich aber nicht auf diese Bereiche. Er tritt auch in Beziehungen zum Staat. Am nachhaltigsten ist meist die Berührung mit den Strafverfolgungsbehörden. Auch mit ihnen haben die Jedermanns zu tun.

Strafen und Bußen

Die Reform des Strafrechts im Jahre 1975 kennt das Gesetz nur noch zwei Arten strafbaren Tuns, nämlich Verbrechen und Vergehen. Dieser Unterschied ist in § 12 StGB geregelt.

§ 12
(1) Verbrechen sind rechtswidrige Taten, die im Mindestmaß mit Freiheitsstrafe von einem Jahr oder darüber bedroht sind.
(2) Vergehen sind rechtswidrige Taten, die im Mindestmaß mit einer geringeren Freiheitsstrafe oder die mit Geldstrafe bedroht sind.

(3) Schärfungen oder Milderungen, die nach den Vorschriften des Allgemeinen Teils oder für besonders schwere oder minder schwere Fälle vorgesehen sind, bleiben für die Einteilung außer Betracht.

Neben diesem System der Strafen kennt das Deutsche Recht auch noch ein Bußgeldsystem für »Ordnungswidrigkeiten«.

Insbesondere sind Verstöße im Straßenverkehr unter Verletzung der Bestimmungen der StVO und der StVZO nicht mit Strafe bedroht, sondern als Ordnungswidrigkeiten mit Geldbußen.

»Weißt du, Paul«, sagt Karin, »das ist doch eigentlich nur ein Spiel mit Worten. Ob ich nun an die Kasse der öffentlichen Hand 1000,– Euro als ‚Strafe‘ oder als ‚Buße‘ zahle, ist doch eigentlich egal. Jedenfalls fehlen sie mir nachher.«

Ganz so ist es jedoch nicht. Vor allem fehlt der Makel des Vorbestraftseins, wenn man mit einer Geldbuße bedacht ist.

Auch das Verfahren, das zur Verhängung des Bußgeldes führt, ist anders. Es gibt keine Klageerhebung durch die Staatsanwaltschaft und auch kein Strafbefehlsverfahren. Das Verfahren regelt sich vielmehr nach dem Gesetz über Ordnungswidrigkeiten (OWiG).

Wer eine Ordnungswidrigkeit begeht, erhält einen Bußgeldbescheid von der zuständigen Verwaltungsbehörde, wobei sich die Zuständigkeit nach Landesrecht regelt.

In dem Bußgeldbescheid ist eine Rechtsmittelbelehrung enthalten, wonach gemäß § 67 OWiG gegen den Bußgeldbescheid binnen zwei Wochen nach Zustellung Einspruch eingelegt werden kann.

Über diesen Einspruch entscheidet alsdann gemäß § 68 OWiG das zuständige Amtsgericht. In dem amtsgerichtlichen Verfahren tritt nunmehr nicht die Verwaltungsbehörde in Erscheinung. Insoweit übernimmt die weitere Funktion die Staatsanwaltschaft.

Das Hauptverfahren vor dem Amtsgericht

694 Das Bußgeldverfahren vor dem Amtsgericht (§§ 71 ff. OWiG) ist nicht so förmlich wie das Strafverfahren, insbesondere kann von einer Hauptverhandlung abgesehen und von dem Amtsgericht durch Beschluß entschieden werden, wenn nicht der Betroffene und die Staatsanwaltschaft widersprechen.

Wird eine Hauptverhandlung anberaumt und ist der Betroffene nicht zum Erscheinen verpflichtet, dann kann das Gericht ein persönliches Erscheinen anordnen.

Bleibt er in diesem Falle aus, so kann sein Einspruch ohne Beweisaufnahme durch Urteil verworfen werden.

»Ist es nicht ein Risiko«, erkundigt sich Karin bei ihrem Rechtsanwalt, »gegen einen Bußgeldbescheid Einspruch einzulegen? Besteht nicht die Gefahr, daß der Richter eine höhere Buße festsetzt?«

»Da können Sie unbesorgt sein«, lautet die Rechtsauskunft. »Der Bußgeldbescheid kann nicht zum Nachteil des Betroffenen geändert werden. Insofern liegen die Dinge hier anders als im Strafbefehlsverfahren.«

Karins Freundin Petra glaubt zu Unrecht einen Bußgeldbescheid erhalten zu haben, weil sie bei Rot über eine Kreuzung gefahren sein soll.

»Es war noch Gelb«, verteidigt sie sich vor dem Richter. Zwei Streifenbeamte sagen jedoch übereinstimmend als Zeugen aus, daß die Ampel schon auf Rot stand, als Petra in die Kreuzung einfuhr. Der Richter hält daher den Bußgeldbescheid aufrecht, woraufhin Petra von ihrem Verteidiger verlangt, daß er Berufung einlegen solle. Doch dieser belehrt sie, daß es ein solches Rechtsmittel im Gesetz nicht gibt. Es gibt vielmehr nur unter bestimmten Voraussetzungen die sogenannte Rechtsbeschwerde gemäß § 79 OWiG, über welche das Oberlandesgericht zu entscheiden hat.

Diese Rechtsbeschwerde ist nicht in jedem Fall zulässig. Bei Geldbußen bis zu 250,– Euro ist sie grundsätzlich nicht zulässig; es sei denn, die Rechtsbeschwerde wird auf Antrag zugelassen, um die Nachprüfung der angefochtenen Entscheidung zur Fortentwicklung des Rechts oder zur Sicherung einer einheitlichen Rechtsprechung zu nutzen.

 In einem solchen Fall sollten Sie sich einen Anwalt nehmen!

»Nun weiß ich, was eine Geldbuße ist«, meint Karin zu Paul. »Aber du hast doch, als du wie üblich neulich falsch geparkt hast, keinen Bußgeldbescheid erhalten, sondern an deinem Auto eine Zahlkarte vorgefunden, mit der Aufforderung, 20,– Euro an die Polizei zu zahlen. Was ist denn das nun wieder?«

In diesem Fall handelt es sich um eine Verwarnung nach § 56 OWiG, wonach bei geringfügigen Ordnungswidrigkeiten die Verwaltungsbehörde ein Verwarnungsgeld von 5,– Euro bis 35,– Euro erheben kann.

Wird allerdings das Verwarnungsgeld nicht an Ort und Stelle oder innerhalb der Wochenfrist entrichtet, so handelt sich der Betroffene einen Bußgeldbescheid ein.

Der Diebstahl

In Paul Jedermanns Ladengeschäft wird eines Tages die »Kundin« Erna Stiehl von Frau Späh auf frischer Tat ertappt, als sie Ware geschickt in ihrer Einkaufstasche verschwinden läßt. Sie gibt die entwendete Ware sofort zurück, so daß Paul Jedermann keinen Schaden hat, und meint, jetzt sei alles erledigt.

So einfach liegt der Fall nicht. Erna Stiehl hat einen Diebstahl gemäß § 242 StGB begangen. Wenn Jedermann den Vorfall jetzt der Polizei oder der Staatsanwaltschaft mitteilt, wird Erna Stiehl angeklagt.

695

Ein Bestohlener kann selbst vor dem Strafgericht den Dieb nicht anklagen, sondern er muß der Anklagebehörde Mitteilung machen.

Paul Jedermann
Textilien für jedermann

Ungewitterstraße 11
35037 Marburg/Lahn

An die
Amtsanwaltschaft
bei dem Amtsgericht
35037 Marburg

6. Mai 20 . .

Strafanzeige gegen Erna Stiehl, ohne Beruf,
Hauptstraße 3, Marburg/Lahn

In dem Ladengeschäft des Unterzeichneten wurde gestern die oben genannte Erna Stiehl dabei ertappt, wie sie mehrere Kleidungsstücke an sich nahm und in ihrer Einkaufstasche verbarg. Als sie zur Rede gestellt wurde, war sie noch frech und zeigte keine Reue.

Beweis: Zeugnis der Ladenangestellten Irmgard Späh.

Da das Unwesen der Ladendiebstähle in letzter Zeit gar nicht abreißen will, erscheint es angebracht, diesen Vorfall nicht einfach auf sich beruhen zu lassen.

Paul Jedermann

Durchschlag für eigene Akten zurückbehalten.

Die Anklagebehörde ist die Staatsanwaltschaft und ihr Leiter der Oberstaatsanwalt beim Landgericht. Für kleinere Delikte, die von den Amtsgerichten abzuurteilen sind, ist unter gewissen Voraussetzungen die Amtsanwaltschaft bei dem Amtsgericht zuständig. Die Zuständigkeit des Amtsgerichts ergibt sich aus §§ 24 ff. Gerichtsverfassungsgesetz.

Aufgrund von Jedermanns Anzeige ersucht die Amtsanwaltschaft die Polizeibehörde, die eine Dienststelle des Landes ist, um Ermittlung des Sachverhalts.

Natürlich kann man jede Strafanzeige auch bei der Polizei erstatten, deren Mitarbeiter ohnehin als Hilfsbeamte der Staatsanwaltschaft tätig werden. Die sofortige Einschaltung des Staatsanwalts kann aber deshalb zweckmäßig sein, weil er ja später auch die Anklage erhebt und daher sofort sieht, auf welche Einzelheiten es ihm bei den Ermittlungen besonders ankommen muß.

696

Die Kriminalpolizei lädt zunächst die Erna Stiehl vor und nimmt ein Protokoll über den Vorgang auf. Diese erklärt bei dieser Vernehmung, daß sie aus Not gehandelt habe. Sie habe vor einiger Zeit ihre Stellung verloren, sei gänzlich mittellos und habe nicht genügend Kleidung.

Auch die Frau Späh wird vorgeladen und über den Vorfall zum Zwecke der Protokollierung befragt. Diese ist furchtbar aufgeregt und möchte am liebsten gar nicht zur Polizei hingehen.

In diesem Fall muß sie damit rechnen, daß sie zwangsweise vorgeführt wird. Allerdings eine Aussage braucht sie dort nicht zu machen. Dies ist nirgendwo im Gesetz vorgeschrieben. Sie könnte also erklären: »Vor der Polizei sage ich nichts aus.« Normalerweise wird man aber bei der Ermittlung durch die Polizei das Seinige tun, um die Aufklärung eines Deliktes zu ermöglichen.

Sie kann sich letztlich doch nicht aus einem solchen Verfahren heraushalten, da die Anklagebehörde sie dem Gericht als Zeugen benennen wird. Dort muß sie dann aussagen, sonst wird sie durch Ordnungsgeld oder Ordnungshaft dazu angehalten. Frau Späh gibt also gewissenhaft zu Protokoll, was sie gesehen hat, und geht erlöst nach Hause.

Die Polizei forscht nun noch nach, ob die Stiehl wirklich in einer sehr bedrängten Lage ist, indem sie im Hause bei ihr Umfragen hält, und macht dann einen Schlußbericht. Dann gibt sie die ganze Akte an die Amtsanwaltschaft ab.

Diese muß sich nun darüber klarwerden, ob sie Anklage erheben will oder nicht. Steht aufgrund der Ermittlungen der Polizei fest, daß Frau Stiehl tatsächlich aus großer Not gehandelt hat, so wird die Amtsanwaltschaft mit Zustimmung des Amtsrichters von einer Erhebung der öffentlichen Klage absehen. In diesem Fall erhält Paul Jedermann Mitteilung von der Einstellung des Verfahrens unter Angabe der Gründe.

Mit der Einstellung wegen Geringfügigkeit bei Ladendiebstählen ist es aber heute nicht mehr so einfach. Lange Zeit hindurch pflegte eine Einstellung zu erfolgen, wenn die entwendete Ware einen ganz geringen Wert hatte. Seitdem aber besonders in den Selbstbedienungsläden die Diebstähle zugenommen haben, wird grundsätzlich das Strafverfahren durchgeführt. Es müssen schon ganz besondere Gründe zur Entschuldigung des Täters vorliegen, um eine Einstellung des Verfahrens herbeizuführen. Natürlich gibt es auch Menschen, die geneigt sind, einen Diebstahl aus Mitleid zu bagatellisieren. Trotzdem sollte man bei der Beurteilung dieser Dinge nicht allzu großzügig sein. Wenn diese kleinen Eigentumsdelikte verniedlicht werden, gewöhnt man sich im Laufe der Zeit an die großen. Außerdem handelt es sich auch um ein wirtschaftliches Problem. Die Allgemeinheit hat den Schaden, weil die Verluste wieder in die Preise eingehen!

Gegen den Bescheid kann Paul Jedermann binnen zwei Wochen folgende Beschwerde einlegen:

Paul Jedermann
Textilien für jedermann

Ungewitterstraße 11
35037 Marburg/Lahn

An den
Herrn Oberstaatsanwalt
bei dem Landgericht Marburg/Lahn
35037 Marburg/Lahn

2. Juni 20 . .

Az. Ds 63/20 des Amtsgerichts Marburg/Lahn
Strafsache gegen Erna Stiehl

Gegen die Einstellungsverfügung der Amtsanwaltschaft Marburg/Lahn vom 24. Mai 20 . . lege ich hiermit

BESCHWERDE

gemäß § 172 StPO ein.

Begründung

Das Strafverfahren gegen Erna Stiehl ist wegen Geringfügigkeit eingestellt worden, weil die Schuld der Täterin gering und die Folgen der Tat unbedeutend seien.

Mit dieser Auffassung kann sich der Unterzeichnete nicht einverstanden erklären. Zwar ist der entwendete Wäschegegenstand von verhältnismäßig geringem Wert, aber die ständigen Ladendiebstähle der letzten Zeit bedeuten einen erheblichen Verlust für die Marburger Kaufmannschaft. Die Beschuldigte ist übrigens zwei Tage vorher in dem Wäschegeschäft Weich & Hart, Ketzergasse 3a, gleichfalls bei dem Versuch, Wäsche zu entwenden, überrascht worden.

<u>Beweis:</u> Auskunft dieser Firma.

Von einer Anzeige war Abstand genommen worden, weil die Angeschuldigte unter Tränen von Reue und Besserung sprach.

In Wirklichkeit scheint sie eine ganz geschickte Ladendiebin zu sein, die nicht aus echter Not gehandelt hat.

 Einschreiben; Durchschrift für eigene Akten behalten.

In Jedermanns Beschwerdeschrift ist Erna Stiehl »Beschuldigte« genannt. Dies ist der richtige Fachausdruck für eine Person, gegen die Anzeige erstattet ist. Sobald aufgrund der Ermittlungen von der Staatsanwaltschaft die öffentliche Klage erhoben ist, nennt das Gesetz den Beschuldigten »Angeschuldigter«.

Sobald das Gericht, bei dem die Anklage erhoben ist, einen Beschluß über die Eröffnung des Hauptverfahrens erlassen hat, heißt er »Angeklagter«. Also erst von diesem Zeitpunkt ab und nur im Strafverfahren darf die Bezeichnung »Angeklagter« verwendet werden (vgl. § 157 StPO).

Immer wieder liest man in der Presse oder sonstigen Veröffentlichungen über Zivilprozesse: »Der Angeklagte« habe dies oder jenes gesagt. Hier muß es richtig heißen: »Der Beklagte«.

Gegen die Ablehnung seiner Beschwerde kann Paul Jedermann in diesem Fall nichts weiter unternehmen. Zwar sieht § 172 StPO vor, daß ein Antragsteller, der zugleich Verletzter ist, durch einen Rechtsanwalt einen Antrag auf gerichtliche Entscheidung bei Ablehnung seiner Beschwerde stellen kann. Dies geht jedoch dann nicht, wenn es sich wie in dem vorliegenden Fall um eine Einstellung wegen Geringfügigkeit handelt. Bei ablehnendem Beschwerdebescheid ist es daher stets notwendig, sich bei einem Rechtsanwalt Rat über weitere Schritte zu holen.

Jedermann hat jedoch Glück, denn seiner Beschwerde wird stattgegeben und nunmehr die Anklage gegen Erna Stiehl vor dem Amtsgericht Marburg erhoben.

Gemäß § 24 GVG (Gerichtsverfassungsgesetz) sind die Amtsgerichte grundsätzlich für Vergehen zuständig. (Ausnahmsweise kann die Staatsanwaltschaft bei einem Vergehen wegen der besonderen Bedeutung des Falles anstatt vor dem Amtsgericht vor dem Landgericht – Strafkammer – die Anklage erheben.)

698

Das Amtsgericht kann bei der Aburteilung des bei ihm anhängigen Delikts in zweierlei Gestalt auftreten. Entweder verhandelt der Einzelrichter allein oder das Amtsgericht tritt als Schöffengericht in Erscheinung, das heißt, ein Amtsrichter amtiert als Vorsitzender mit zwei Schöffen als Beisitzern. Schöffe wird man aufgrund einer Liste, die von der Gemeindevertretung aufgestellt wird. Ein Ausschuß, der bei dem Amtsgericht zusammentritt (§ 40 GVG), wählt dann die Schöffen aus. Das Amt eines Schöffen ist für den deutschen Staatsbürger ein Ehrenamt und darf nur aus besonderen Gründen abgelehnt werden und zum Beispiel von Ärzten oder anderen bestimmten sehr belasteten Berufsangehörigen (§ 35 GVG). Die Schöffen erhalten für ihre Tätigkeit eine angemessene Entschädigung für Verdienstausfall und Aufwand sowie Fahrtkostenersatz.

In unserem Fall wird das Strafverfahren gegen Erna Stiehl nicht vor dem Schöffengericht, sondern vor dem Einzelrichter durchgeführt werden, da keine Freiheitsstrafe zu erwarten ist, die über ein Jahr hinausgeht.

Frau Stiehl sieht nun, daß es ernst wird, und will von einem Rechtsanwalt verteidigt werden. Sie meint, der Staat müsse ihr einen Verteidiger stellen, da sie sonst dem Gericht ja nicht gewachsen sei. Erna Stiehl erwartet etwas zuviel von den Steuerzahlern. In schwerwiegenden Fällen sieht unsere StPO in § 140 tatsächlich die Mitwirkung eines Verteidigers als notwendig an. Wer zum Beispiel wegen Totschlags oder Meineids angeklagt ist, erhält einen sogenannten »Offizialverteidiger«. In anderen Fällen liegt es im Ermessen des Richters, ob er einen Offizialverteidiger bestellen will, zum Beispiel wenn der Angeklagte offenbar nicht genügend Fähigkeiten hat, sich selbst zu verteidigen.

Erna Stiehl hat genügend Fähigkeiten, um sich in diesem einfach liegenden Fall selbst zu verteidigen.

Sie hat jedoch inzwischen einen Mann kennengelernt, der die neue Bekanntschaft nicht gern durch eine längere oder kürzere Abwesenheit Ernas getrübt sehen möchte. Er geht mit ihr zu einem Rechtsanwalt in Gießen, den er gut kennt, und fragt ihn, ob er die Verteidigung Ernas übernehmen könnte. Der Rechtsanwalt bejaht diese Frage, denn jeder an einem deutschen Gericht zugelassene Rechtsanwalt kann vor jedem deutschen Strafgericht als Verteidiger auftreten.

Erna Stiehl ist wegen Diebstahls gemäß § 242 StGB angeklagt. Wenn ein Jurist feststellen will, ob ein Delikt begangen ist, hier also ein Diebstahl vorliegt, so muß er die Gesetzesbestimmungen mit den Tatsachen vergleichen, die zur Beurteilung anstehen.

In § 242 StGB wird der mit Strafe bedroht, der eine fremde bewegliche Sache in der Absicht wegnimmt, sich dieselbe rechtswidrig zuzueignen. Diese Häufung von Begriffen teilt man sich bei der Untersuchung des Falles folgendermaßen ein:

1. Es wird untersucht, was tatsächlich geschehen ist, nämlich die Wegnahme einer fremden beweglichen Sache. Denn dies allein konnte ja beobachtet werden. Das Wäschestück ist eine bewegliche Sache, und es ist auch fremd, weil es nicht der Stiehl gehört, sondern Paul Jedermann. Das Wörtchen »fremd« bezieht sich also auf die Eigentumsverhältnisse. Und »wegnehmen« heißt: einen fremden Gewahrsam brechen. »Gewahrsam«, das heißt die tatsächliche Herrschaftsgewalt über die Sache, hat in seinem Laden Paul Jedermann. Diese Herrschaftsgewalt brach die Stiehl dadurch, daß sie das Wäschestück in ihre Einkaufstasche steckte, denn nunmehr war ihre Herrschaftsmöglichkeit größer als die Paul Jedermanns. Sie hat also eine fremde bewegliche Sache weggenommen. Man nennt dies den »objektiven Tatbestand« des § 242 StGB. Objektiv deshalb, weil man diesen Ablauf des Geschehens als Zuschauer, hier zum Beispiel die Angestellten, sehen kann.

2. Man wird aber allein noch nicht deswegen bestraft, weil man eine fremde bewegliche Sache rechtswidrig fortnimmt. Wer zum Beispiel anläßlich eines Besuches einen silbernen Füllfederhalter einsteckt, weil er ihn mit seinem eigenen verwechselt, erfüllt zwar den objektiven Tatbestand des Diebstahlsparagraphen und handelt rechtswidrig, aber er hat keine innere böse Einstellung. Diese innere Einstellung zur Tat nennt man den sogenannten »subjektiven Tatbestand«.

699

Es ist also dasjenige, was in der Seele eines Täters vor sich geht. Normalerweise bestraft der Gesetzgeber nur einen solchen Täter, der »vorsätzlich« handelt. Das heißt also für unseren Fall, daß der Täter wissen muß, daß er eine fremde bewegliche Sache wegnimmt. Die Stiehl weiß, daß das Wäschestück dem Firmeninhaber gehört und daß sie seine Herrschaftsgewalt durch das Ansichnehmen bricht. Sie handelt also vorsätzlich. Für den Diebstahl genügt diese innere Einstellung aber noch nicht. Ein Dieb ist man vielmehr nur, wenn man mit der Absicht handelt, die fortgenommene Sache in Zukunft zu behalten oder für sich zu verwerten, wenn man also die Absicht hat, über die Sache in Zukunft wie ein Eigentümer zu verfügen.

Wer seinem Nachbarn heimlich ein Buch fortnimmt, um darin eine Woche zu lesen und es dann wieder an Ort und Stelle zu legen, hat diese Absicht nicht. Er kann also nicht wegen Diebstahls bestraft werden. Wer allerdings sich ein Auto, Motorrad oder Fahrrad zu einer Spritztour heimlich »ausleiht«, ist nach einer besonderen gesetzlichen Bestimmung des § 248 b Strafgesetzbuch strafbar.

3. Als nächstes untersucht der Richter, ob das Verhalten Erna Stiehls rechtswidrig war. Es gibt nämlich Fälle, in denen man berechtigt ist, fremde bewegliche Sachen wegzunehmen. In einem solchen Fall handelt man also nicht rechtswidrig. Der Gerichtsvollzieher zum Beispiel, der Sachen pfändet und ins Pfandhaus bringt, handelt rechtmäßig kraft seines staatlichen Amtes. Wer von einem wütenden Hund angefallen wird (vgl. »Notstand«), kann einem Passanten den Stock entreißen, um den Hund abzuwehren. Er ist gemäß § 904 BGB dazu berechtigt.

Für die Angeklagte Stiehl können wir keinen solchen Rechtfertigungsgrund feststellen. Sie handelt also rechtswidrig.

Die Stiehl hatte offenbar die Absicht, die Wäsche zu behalten. Jedenfalls würde ihr der Richter nicht glauben, wenn sie sich damit verteidigt, daß sie sie nur vorübergehend »ausleihen« wollte.

Es steht also offenbar schlecht um Erna Stiehl. Aber ihr Verteidiger macht geltend, daß nicht der § 242 StGB Anwendung finden dürfe, sondern der § 248 a StGB.

Dieser Pararaph bestimmt folgendes:

§ 248 a
Der Diebstahl und die Unterschlagung geringwertiger Sachen werden in den Fällen der §§ 242 und 246 nur auf Antrag verfolgt, es sei denn, daß die Strafverfolgungsbehörde wegen des besonderen öffentlichen Interesses an der Strafverfolgung ein Einschreiten von Amts wegen für geboten hält.

Dieser ist auch Ersatz für den aufgehobenen »Mundraubparagraphen 370 Ziff. 5 StGB«. Diesen Begriff gibt es nicht mehr.

Wird Erna Stiehl wegen Diebstahls verurteilt und ist sie der Meinung, daß sie nur wegen Entwendung aus Not hätte bestraft werden müssen, so wird sie Berufung einlegen. Da sie durch einen Rechtsanwalt vertreten ist, wird dieser das für sie erledigen. Ein Verurteilter kann aber auch selbst die Berufung einlegen.

Er muß dies binnen einer Frist von einer Woche nach mündlicher Verkündung des Urteils tun. Entweder geht er zur Geschäftsstelle des Amtsgerichts und erklärt die Berufung dort zu Protokoll oder er legt die Berufung schriftlich ein. Erna Stiehl schreibt also, wenn sie selbst die Berufung einlegen will, folgendermaßen:

700

```
                                              Erna Stiehl
                                              Hauptstraße 3
An das                                        35037 Marburg
Amtsgericht Marburg
35037 Marburg/Lahn                            8. Juli 20 . .

In der Strafsache gegen Stiehl – Ds 63/90 – lege ich hiermit

                      BERUFUNG

ein.
```

Die Berufung braucht nicht besonders begründet zu werden. Es ist dann natürlich zweckmäßig, durch einen Schriftsatz die Gründe darzulegen, warum man das Urteil erster Instanz für unrichtig hält.

Es ist dringend anzuraten, eine Berufung nicht selbst durchzuführen, sondern durch einen Rechtsanwalt durchführen zu lassen, denn wenn man in der ersten Instanz schon verurteilt ist, bedarf es besonderer Sorgfalt und Auswertung aller Möglichkeiten, um in der höheren Instanz besser zu fahren. Ein Nichtjurist wird aber kaum immer erkennen können, worauf es ankommt.

Als Erna Stiehl mit ihrem Verteidiger zusammen das Gerichtsgebäude verläßt, ist sie empört und ereifert sich: »Der Staatsanwalt hatte mich ja schon verurteilt, bevor ich überhaupt etwas gesagt hatte.« Hieraus ersieht man, daß Erna die landläufige falsche Vorstellung hat, daß der Staatsanwalt etwas mit dem Urteil zu tun hat. Der Staatsanwalt vertritt nur die Anklage. Verurteilen tut das Gericht, das sich ganz allein zu einer Entscheidung durchringt, unter Erwägung dessen, was der Staatsanwalt einerseits und der Rechtsanwalt andererseits zu dem Fall ausgeführt haben.

Für das Strafmaß spielen natürlich auch die Tatumstände, das Verhalten nach der Tat, die persönlichen Verhältnisse und die Bewertung des Angeklagten eine Rolle.

Unterschlagung und Untreue

Ein Unheil kommt selten allein. Kaum hat Paul Jedermann den Ärger mit der Stiehl gehabt, da stellt er fest, daß sein Handlungsreisender Jakob Leise bei verschiedenen Kunden Beträge in Höhe von 2000,– Euro kassiert hat, ohne sie an die Firma abzuführen. Leise hatte dieses Geld dringend gebraucht, um sich ein Reitpferd zu mieten, weil er damit seiner Freundin imponieren wollte. Im ersten Zorn will Paul Jedermann auch »diesen verdammten Dieb« zur Anzeige bringen. Nun hat zwar Leise keinen Diebstahl begangen, sondern eine Unterschlagung gemäß § 246 StGB. Er hat nämlich keine fremden beweglichen Sachen »weggenommen«, denn er war ja im Besitz der eingezogenen Gelder, aber er hat diese Beträge unterschlagen. Außerdem hat er eine Untreue gemäß § 266 StGB begangen, weil er das in ihn gesetzte Vertrauen, mit den Kunden die Zahlung zu regulieren, mißbraucht hat. Auch hierauf steht eine empfindliche Freiheits- beziehungsweise Geldstrafe. Trotzdem wird Paul Jedermann es sich sehr überlegen, ob er im ersten Rachedrang Leise anzeigt. Denn wenn dieser ins Gefängnis wandert, sieht Paul Jedermann bestimmt nichts mehr von dem Geld wieder. Es ist daher ratsam, Paul Jedermann schreibt an seinen ungetreuen Reisenden folgendermaßen:

Paul Jedermann
Textilien für jedermann

Ungewitterstraße 11
35037 Marburg/Lahn

Einschreiben

Herrn
Jakob Leise
Bahnhofstraße 3
35390 Gießen

13.9.20 . .

Sie haben während Ihrer Tätigkeit als Reisender für meine Firma nach den Feststellungen meiner Buchhaltung 2000,– Euro (zweitausend Euro) unterschlagen und veruntreut. Ich gebe Ihnen hiermit Gelegenheit, mir binnen zehn Tagen angemessene Vorschläge zu unterbreiten, wie Sie sich die »Wiedergutmachung« des von Ihnen angerichteten Schadens denken. Falls Sie binnen der gesetzten Frist nicht annehmbare und mit echten Sicherheiten verbundene Vorschläge machen, werde ich die Angelegenheit der Staatsanwaltschaft übergeben. Sie müssen sich darüber klar sein, daß Sie in diesem Fall mit einer empfindlichen Freiheitsstrafe rechnen müssen.

Durchschlag für die eigenen Akten mit Einschreibbeleg aufbewahren. Ein Schreiben dieser Art enthält keine Erpressung, da das Drohen mit der Strafverfolgung wegen der schädigenden Handlung erlaubt ist. Man hüte sich aber, irgendwelche Schimpfworte im Text des Schreibens zu verwenden, da sonst die Gefahr besteht, als Beleidiger in ein Strafverfahren zu geraten.

Leise ergreift die ihm gebotene Chance nicht, und Paul Jedermann schildert den Vorfall in einer Strafanzeige der Staatsanwaltschaft.

Als daraufhin das Ermittlungsverfahren gegen Leise in Gang kommt und dieser nun erkennt, daß es ernst wird, besinnt er sich endlich, mit Paul Jedermann Verbindung aufzunehmen. Er will seine Stereoanlage verpfänden, und der Bruder seiner Frau will mit einer Bürgschaft einspringen, »wenn nur Paul Jedermann den Strafantrag zurücknehmen würde«. Paul Jedermann kann aber gar keinen Strafantrag zurücknehmen, weil er keinen gestellt hat. Es gibt zwar Delikte, bei denen der Verletzte ausdrücklich einen Strafantrag stellen muß, damit der Täter verfolgt werden kann. Unterschlagung oder Untreue gehören aber nicht dazu. Eine Strafanzeige kann jeder den Polizeibehörden oder der Staatsanwaltschaft einreichen, nicht nur der Verletzte. Woher die Verfolgungsbehörde Kenntnis von der Straftat erhalten hat, ist gleichgültig, sie geht dann von Amts wegen vor. Selbst wenn der Verletzte gar keine Strafverfolgung des Täters will, geht diese vor sich.

Paul Jedermann muß also dem Leise eröffnen, daß er die Anzeige nicht ungeschehen machen kann. Er erklärt sich aber bereit, falls Leise die angebotenen Sicherheiten wirklich stellt, der Staatsanwaltschaft mitzuteilen, daß er an der Strafverfolgung kein Interesse mehr habe.

Dies wird häufig dazu führen, daß eine Einstellung des Verfahrens wegen Geringfügigkeit erfolgt.

Auf jeden Fall kommt Leise in dem Strafverfahren besser weg, wenn Paul Jedermann anzeigen kann, daß Leise bereit ist, sein Unrecht wiedergutzumachen. Er kann dann mit einer geringeren Bestrafung, Bewährungsfrist usw. rechnen.

Beleidigung und Privatklage

702 Karin Jedermann kommt eines Abends empört zu Paul Jedermann. Sie hat einen heftigen Disput mit einer Mitbewohnerin des Hauses über die Benutzung der Waschküche gehabt. »Sie hat zu mir ‚Schlampe' und ‚Dumme Gans' gesagt«, ereifert sich Karin. »Die Hausmeisterin hat es deutlich gehört. Sie kann alles bezeugen.«

Von Karin gedrängt, geht Paul Jedermann gegen die Mitmieterin, Frau Luise Puls, geborene Schere, »gerichtlich« vor. Dazu fertigt er zunächst einmal wieder eine »Strafanzeige« und schickt diese an die Staatsanwaltschaft beim Amtsgericht.

Nach einiger Zeit geht ein Bescheid der Staatsanwaltschaft ein, daß »wegen mangelnden öffentlichen Interesses« von der Erhebung einer Anklage gegen die Beleidigerin Abstand genommen werde. Der Beleidigten wird »Privatklage anheimgestellt«.

Bei geringfügigen Beleidigungen lehnt die Staatsanwaltschaft stets die Verfolgung ab. Wenn Personen beleidigt werden, die im öffentlichen Leben stehen, oder besonders niederträchtige Beleidigungen gefallen sind, verfolgt der Staatsanwalt jedoch meist die Beleidigung.

Es soll dadurch vermieden werden, daß jeder Beleidigte die Staatsapparatur auf Kosten der Steuerzahler wegen geringfügiger und oft nicht einmal beweisbarer Beschimpfungen in Gang setzen kann.

Karin Jedermann muß daher auf ihr eigenes finanzielles Risiko hin das Amtsgericht anrufen. Die Privatklage, die sie erheben muß, ist nicht zu verwechseln mit der Zivilklage, mit der man einen Anspruch gegen einen Schuldner durchsetzt.

Als Privatklägerin wird Karin so eine Art kleiner Staatsanwalt. Denn das »Privatklageverfahren« läuft vor dem Amtsgericht in seiner Eigenschaft als Strafgericht ab.

Aber bevor Karin diese Privatklage erheben kann, muß sie ein Sühneterminverfahren vor einem Schiedsmann durchlaufen (§ 380 StPO).

Der Schiedsmann ist ein nach Landesrecht für einen bestimmten Bezirk bestellter Beamter. Wer jeweils zuständig ist, ist bei der Polizei oder der Geschäftsstelle des Amtsgerichts zu erfragen.

Karin schreibt daher wie folgt:

Herrn
Schiedsmann Kurt Rohr
Hauptstraße 17
35037 Marburg/Lahn

KARIN JEDERMANN
Pilgerweg 6
35037 Marburg/Lahn

5.9.20 . .

Erhebung einer Privatklage gegen Frau Luise Puls,
geb. Schere, Pilgerweg 6, Marburg/Lahn

Ich beabsichtige, gegen die obengenannte Mitbewohnerin, Frau Luise Puls, Privatklage wegen Beleidigung zu erheben. Frau Puls hat mich am 3. September gelegentlich einer Auseinandersetzung mit den Schimpfworten »Schlampe« und »Dumme Gans« bezeichnet.
Ich beantrage hiermit die Anberaumung des gesetzlich vorgeschriebenen Sühnetermins.

Mit freundlichen Grüßen

Karin Jedermann

Im vorliegendem erörterten Fall hatte Karin Jedermann bei der Staatsanwaltschaft Strafanzeige erstattet und den erforderlichen Strafantrag gestellt. Es ist daher gleichgültig, wie lange sich das Verfahren vor dem Schiedsmann hinziehen wird, da ja die Antragsfrist gewahrt ist. Die Frist zur Stellung eines Strafantrags – nicht zu verwechseln mit der Strafanzeige – beträgt gemäß § 77b StGB drei Monate. Sie beginnt mit dem Tage, an welchem der Antragsberechtigte von der strafbaren Handlung und der Person des Täters Kenntnis erhält. Da die Beleidigung gemäß § 194 StGB nur auf Antrag verfolgbar ist, begann für Karin Jedermann die Antragsfrist am 3. September 20 … Hätte also Karin nicht den Versuch gemacht, die Staatsanwaltschaft zur Anklageerhebung zu bewegen, hätte sie also gleich das Schreiben an den Schiedsmann gerichtet, so müßte sie darauf achten, daß in der Zwischenzeit bis zur Erhebung der Privatklage nicht die drei Monate der Antragsfrist verstreichen. Sie müßte notfalls, falls das Schiedsverfahren über die Drei-Monats-Frist dauert, ein Schreiben an die Staatsanwaltschaft richten, das folgenden Wortlaut hat:

KARIN JEDERMANN
Pilgerweg 6
35037 Marburg/Lahn

An die
Amtsanwaltschaft
bei dem Amtsgericht
35037 Marburg/Lahn   10.11.20 . .

Ich stelle hiermit Strafantrag gegen Frau Luise Puls, geb. Schere, die mich am 3. September 20 . . mit den Worten »Schlampe« und »Dumme Gans« beschimpft hat.

Es läuft deswegen zur Zeit das Sühneverfahren vor dem Schiedsmann. Nach dessen Ablauf werde ich Privatklage erheben. Den vorstehenden Antrag stelle ich vorsorglich, um die Antragsfrist zu wahren.

Karin Jedermann

Durchschlag für die eigenen Akten aufbewahren.

Der Schiedsmann Rohr lädt auf Karins Schreiben hin Karin und Frau Puls zu einem Sühnetermin. Karin muß hier selbst erscheinen und kann sich nicht etwa durch einen Rechtsanwalt vertreten lassen. Ihr Ehemann Paul kann sie als Beistand begleiten.

In dem Sühnetermin versucht der Schiedsmann zwischen den beiden Frauen eine gütliche Erledigung herbeizuführen. Frau Puls ist auch bereit, sich zu entschuldigen. Karin braucht auf die Vorschläge des Schiedsmannes nicht einzugehen, sondern kann auf ihrem Strafverfolgungsbegehren beharren. Paul, der immer noch nach einem gütlichen Ausweg sucht, redet Karin zu, von der Privatklage Abstand zu nehmen, falls Frau Puls sich bereit fände, 150,– Euro an das Rote Kreuz zu zahlen. Als Frau Puls diesen Vorschlag hört, fährt sie empört hoch und ruft: »Dies ist eine Erpressung. Jetzt werde ich Sie wegen Erpressung anzeigen.«

Frau Puls hat unrecht. Paul Jedermanns Vorschlag stellt keine Erpressung dar, da Paul Jedermann mit seinem Vorschlag nicht rechtswidrig handelt. Gemäß § 253 Abs. 2 StGB ist ein solches Verlangen dann nicht rechtswidrig, wenn das angedrohte Übel (hier die Privatklage) zu dem angestrebten Zweck (hier die Zahlung eines angemessenen Sühnebetrages an eine Wohlfahrtseinrichtung) mit der allgemeinen Sittenauffassung in Einklang ist. Dies ist hier der Fall.

704

Da die Parteien sich nun erst recht zerstritten haben, erklärt der Schiedsmann den Sühneversuch für gescheitert und schickt Karin eine Bescheinigung (das Sühneattest) zu, aus welchem sich die Erfolglosigkeit der Sühneverhandlung ergibt.

Nunmehr ist der Weg frei für Karins Privatklage. Wohnen die Parteien eines Beleidigungsverfahrens in verschiedenen Gemeinden, so kann das Amtsgericht den Sühneversuch erlassen, wenn dieser aussichtslos erscheint. Karin fertigt nun den nachfolgenden Schriftsatz:

KARIN JEDERMANN
Pilgerweg 6
35037 Marburg/Lahn

An das
Amtsgericht
35037 Marburg/Lahn

20. November 20 . .

PRIVATKLAGE

der Frau Karin Jedermann, Pilgerweg 6, 35037 Marburg/Lahn,

– Privatklägerin –

gegen

die Ehefrau Luise Puls, geb. Schere, ebenda
– Privatbeklagte –

wegen

Beleidigung.

> Ich erhebe hiermit Privatklage mit dem Antrage, die Privatbeklagte wegen der nachstehend dargelegten Beleidigungen gemäß § 185 StGB zu bestrafen, ihr die Kosten des Verfahrens aufzuerlegen und sie zu Erstattung sämtlicher der Privatklägerin erwachsenen Auslagen zu verurteilen.

Begründung

Die Privatbeklagte hat die Privatklägerin aus Anlaß einer Auseinandersetzung am 3. September 20 . . mit den Schimpfworten »Schlampe« und »Dumme Gans« beleidigt.

Für den Fall, daß die Beklagte bestreiten sollte, diese Schimpfworte gebraucht zu haben, wird als Zeugin für den Vorfall die Hauswartsfrau Erna Kucker, wohnhaft im Hause der Parteien, benannt.

Hierdurch fühlt sich die Privatklägerin auf das gröblichste beleidigt.

Das Sühneattest des Schiedsmannes Rohr vom 5. November 20 . . füge ich in der Anlage bei.

Strafantrag ist bereits gestellt.

Karin Jedermann

Einreichen mit einer Abschrift an das Amtsgericht. Zweite Abschrift für die eigenen Akten aufbewahren.

Das Amtsgericht beraumt aufgrund von Karins Privatklage einen Termin zur Hauptverhandlung an und lädt die Parteien vor. Abschrift der Privatklage erhält Frau Puls vom Amtsgericht, wobei ihr gleichzeitig eine Frist zur Erklärung auf diese Privatklage gesetzt wird.

Frau Puls hat sich durch einen Bekannten beraten lassen. Das Ergebnis der Beratung ist der nachstehende Schriftsatz:

Luise Puls, geb. Schere
Pilgerweg 6
35037 Marburg

An das
Amtsgericht
35037 Marburg/Lahn   *8.12.20 . .*

In der Privatklagesache   J e d e r m a n n   ./.   P u l s
Az. Bs 152/20

beantrage ich, die Privatklage kostenpflichtig abzuweisen.

Unter Erhebung der   W i d e r k l a g e   beantrage ich, die Privatklägerin wegen gröblicher Beleidigung und wegen Körperverletzung der Privatbeklagten zu bestrafen.

<u>Begründung</u>

1.   Die Unterzeichnete gibt zu, die Schimpfworte gegenüber Frau Jedermann gebraucht zu haben.

2.   Insofern hat sie aber in   N o t w e h r   gehandelt. Am Tage vorher hat nämlich Frau Jedermann, als sie die Waschküche benutzen wollte, die Unterzeichnete beleidigt und mißhandelt.

     Die Privatklägerin fand an ihrem Waschtag noch einige Geräte und einen Wäschekorb vor, die die Unterzeichnete nach Beendigung ihrer Wäsche hatte stehenlassen. Kurzerhand stellte Frau Jedermann die Geräte vor die Waschküche. Die Privatbeklagte kam hinzu – es war gegen 9 Uhr – und verbat sich diese Eigenmächtigkeit. Darauf riß Frau Jedermann den Waschkorb der Unterzeichneten hoch und verletzte sie damit, wobei sie ausrief: »Nun machen Sie schon zu, Sie faules Stück. Jedesmal muß ich Ihren Mist aufräumen.« Infolge des Stoßes taumelte die Unterzeichnete zurück und stieß heftig gegen die Türfüllung. Sie hatte mehrere Tage unter Rückenschmerzen zu leiden.

     Als sie am nächsten Tage die Privatklägerin auf der Treppe traf, hat sie zur Vergeltung die Worte »Schlampe« und »Dumme Gans« gebraucht. Sie ist also durch Notwehr gerechtfertigt.

2.   Umgekehrt stellt das unprovozierte Verhalten der Privatklägerin eine Beleidigung gemäß § 185 StGB dar. Der Stoß mit dem Korb ist eine   K ö r p e r v e r l e t z u n g   gemäß § 223 StGB. Es rechtfertigt sich daher die Widerklage.

     Wegen des diesbezüglichen Verhaltens der Privatklägerin stelle ich hiermit Strafantrag.

Durchschrift für die eigenen Akten behalten. Original mit einer Abschrift an das Amtsgericht einreichen.

Karin Jedermann reicht zur Erwiderung folgenden Schriftsatz ein:

706

KARIN JEDERMANN
Pilgerweg 6
35037 Marburg/Lahn

An das
Amtsgericht
35037 Marburg/Lahn

10. Januar 20 . .

In dem Privatklageverfahren Jedermann ./. Puls
Az. Bs. 152/20

wird auf den Schriftsatz der Privatbeklagten folgendes erwidert.

Die Widerklage ist abzuweisen.

Die Privatklägerin war berechtigt, die Sachen aus der Waschküche zu entfernen, da die Waschküche an den Nachfolger leer und sauber zu übergeben ist. Von einer Körperverletzung kann nicht die Rede sein. Der Korb hat die Privatbeklagte nur leicht berührt, als er vor ihr hingehalten wurde. Die Privatklägerin wollte Frau Puls damit nicht treffen.

Die Redensarten gibt die Privatklägerin zu, die sind aber berechtigt, denn die Räumung der Waschküche hätte am Tage vorher erfolgen müssen.

Im übrigen ist inzwischen die Antragsfrist für eine eventuell vorliegende Beleidigung abgelaufen.

Eine Notwehr der Privatbeklagten hat am nächsten Tag nicht vorgelegen, da die Privatklägerin schweigend an ihr vorüberging.

Karin Jedermann

 Durchschrift für die eigenen Akten zurückbehalten. Original mit einem Durchschlag dem Amtsgericht einreichen.

Beide Parteien gehen siegesgewiß zu dem von dem Amtsgericht anberaumten Termin für die Hauptverhandlung.

Dieser wird folgendermaßen ausgehen:

Beide haben sich strafbar gemacht.

1. Auf seiten Karins liegt eine Beleidigung nach § 185 StGB vor. Die Anrede »faules Stück« ist in der Form des Ausdrucks beleidigend. Karin hätte ein Recht gehabt, in geziemender Weise ihre Mitbewohnerin darauf hinzuweisen, daß sie eine rechtzeitige Räumung der Waschküche verlangen könne. Sie hätte etwa sagen können: »Dann müssen Sie eben frühmorgens Ihre Sachen herausnehmen, wenn Sie es am Vorabend nicht mehr tun konnten.« Aber grobe Ausdrücke sind nun einmal beleidigend.

Ob auch gleichzeitig eine Körperverletzung durch Karin begangen ist, wird sich nicht aufklären lassen, da hier Aussage gegen Aussage steht und irgendwelche Spuren einer körperlichen Verletzung offenbar nicht mehr vorzuweisen sind.

Karins Beleidigungen liegen nun inzwischen so lange zurück, daß die Frist des § 77 StGB für die Stellung des Strafantrags verstrichen ist. Frau Puls war offenbar nicht sehr auf einen Strafprozeß aus und hat daher nichts getan, um einen solchen Prozeß in Gang zu bringen.

Trotzdem kann Frau Puls im Rahmen des § 77c StGB ihrerseits Strafantrag gegen Karin stellen, wenn die Beleidigung mit der von ihr verübten Schimpferei am nächsten Tag im Zusammenhang stand. Diese Möglichkeit zur Gegenwehr bei wechselseitig begangenen Straftaten ist in § 77c StGB ausdrücklich vorgesehen.

2. Die Schimpfworte der Frau Puls sind nicht durch eine Notwehr gerechtfertigt. Eine solche liegt gemäß § 32 StGB dann vor, wenn man einen gegenwärtigen rechtswidrigen Angriff von sich oder einem anderen abwehrt. Wer von einem Raufbold angefallen wird, kann so lange zurückschlagen, bis der Angreifer seine Attacke einstellt. Man darf ihn aber nicht am nächsten Tag, wenn er einem über den Weg läuft, plötzlich seinerseits überfallen. Denn dann wehrt man nicht mehr ab. Schon aus diesem Grunde sind die Schimpfworte der Frau Puls nicht durch Notwehr gerechtfertigt. Außerdem ist ein Abwehrmittel nur ein solches, das geeignet ist, den Angriff zu beenden. Schimpfworte, die man seinerseits einem Beleidiger entgegenschleudert, sind aber keine Mittel, um den Angriff abzuwenden.

Aus diesem Grunde hüte man sich also, eine beleidigende Redensart mit einer gleichen zu vergelten. Es ist besser, im Augenblick den Ärger zu unterdrücken und die Beleidigung – soweit sie beweisbar ist – dadurch zu rächen, daß man den anderen Teil vor das Strafgericht bringt. Ganz ausnahmsweise läßt sich ein gewaltsames Unterdrücken einer Beleidigung als Notwehrhandlung denken. Wird jemand vor Zeugen von einem anderen mit einer nicht enden wollenden Flut von Schimpfworten bedacht, so kann der Beleidigte – wenn ein ganz ausgesprochen grober und niederträchtiger Fall der Beleidigung vorliegt – den Angreifer durch einen Schlag oder dadurch, daß er ihn gewaltsam fortbringt, an der Fortsetzung seiner Schimpferei hindern.

In unserem Fall stehen sich nunmehr Beleidigungen der Frau Puls mit Beleidigungen von Karin gegenüber. An und für sich müßten beide Frauen bestraft werden. Gemäß § 199 StGB kann der Richter bei wechselseitigen Beleidigungen jedoch einfach beide Parteien für straffrei erklären, falls die Erwiderung der Beleidigung »auf der Stelle erfolgte«. Frau Puls hat zwar ihre Schimpfworte erst am nächsten Tage angebracht. Dies genügt jedoch für den Begriff »auf der Stelle«. Denn dies heißt einfach, daß die Erwiderung seelisch unter dem Eindruck der vorausgegangenen anderen Beleidigungen zustande kam.

Viele Beleidigungsverfahren gehen aus wie das vorstehende, weil man eilfertig die Privatklage erhebt, indem man die beleidigenden Worte des Gegners als überaus schwerwiegend empfindet, die eigenen kränkenden Redensarten entweder vor sich verkleinert oder törichterweise glaubt, man könnte diese einfach ableugnen.

Wer ein gutes Gewissen hat – wenn nur der Gegner Beleidigungen ausgesprochen hat –, überlege großzügig, ob es sich wirklich um so schwerwiegende Kränkungen handelt, daß man deswegen den Strafrichter bemühen soll. Hat sich zum Beispiel jemand hinreißen lassen, eine Ansicht als »närrisch« oder »weltfremd« zu bezeichnen, und ist dies in einem engen Kreise oder unter vier Augen geschehen, so ist es besser, über diese Harmlosigkeit Gras wachsen zu lassen. Es kann einem sonst passieren, daß der Richter gemäß § 383 Abs. 2 StPO das Verfahren wegen Geringfügigkeit einstellt. Allerdings kann das Gericht trotzdem dem Beleidiger auferlegen, die Kosten des Verfahrens zu tragen und dem Beleidigten die notwendigen Auslagen für dieses Verfahren zu erstatten. Wenn dies geschieht, so hat der Privatkläger wenigstens noch das Glück gehabt, daß für ihn selbst weitere Kosten vermieden sind.

708

Sollte sich das Gericht entschließen, Frau Puls zu verurteilen (es wird hier nur eine geringfügige Geldstrafe verhängt werden), so kann sie gegen dieses Urteil Berufung einlegen. Über die Berufung entscheidet das Landgericht als sogenannte kleine Strafkammer, das heißt in der Besetzung mit einem Juristen als Vorsitzenden und zwei Nichtjuristen als Beisitzern.

Hat in erster Instanz, zum Beispiel bei einem Diebstahl, das Amtsgericht nicht durch den Einzelrichter entschieden, sondern durch das Schöffengericht (außer dem Richter haben noch zwei Nichtjuristen mitgewirkt), so entscheidet über die Berufung auch das Landgericht, aber nicht in Gestalt der kleinen Strafkammer, sondern mittels der großen Strafkammer, die mit drei Juristen und zwei Laien besetzt ist.

Wird Frau Puls auch in der Berufungsinstanz durch die Strafkammer des Landgerichts wegen Beleidigung verurteilt, das heißt also ihre Berufung verworfen, so kann sie jetzt noch Revision einlegen.

Die Revision muß binnen einer Woche nach Verkündung des Berufungsurteils bei dem Landgericht eingelegt werden. Frau Puls kann zur Geschäftsstelle des Landgerichts gehen und dort die Revision zu Protokoll erklären, sie kann aber auch die Revision schriftlich einlegen. Diese besteht, genau wie die Berufungsschrift, aus einem einzigen Satz. Frau Puls schreibt daher an das Landgericht wie folgt:

An das
Landgericht
35037 Marburg/Lahn

Luise Puls, geb. Schere
Pilgerweg 6
35037 Marburg

16. Juni 20 . .

In der Privatklagesache Jedermann ./. Puls
Ps. 18/20

lege ich hiermit

REVISION

ein.

Original rechtzeitig – das heißt binnen der Wochenfrist – dem Landgericht einreichen, Durchschlag für die eigenen Akten behalten. Das Aktenzeichen Ps. 18/.. entnimmt man dem Urteil des Landgerichts oder, da dieses wohl noch nicht zugestellt sein wird, aus der Ladung, die man zum Landgerichtstermin erhalten hatte.

Nun muß aber Frau Puls noch dafür sorgen, daß ihre Revision ordnungsgemäß begründet wird. Dies kann sie nicht allein, sondern muß sich hierzu gemäß § 345 StPO eines Rechtsanwalts bedienen, oder sie muß sich zur Geschäftsstelle begeben und dort ihr Vorbringen protokollieren lassen. Da es sich in der Revisionsinstanz ausschließlich um Rechtsfragen handelt und man schon in zwei Instanzen gescheitert ist, ist es dringend notwendig, sich hier durch einen Rechtsanwalt vertreten zu lassen. Schon in der Berufungsinstanz wäre es das Richtige gewesen, nachdem man erkannt hat, daß man bereits vor dem Amtsgericht mit seinen eigenen Kräften nicht ausgekommen ist. Da die Revision binnen eines Monats seit Zustellung des Urteils zu begründen ist, muß Frau Puls umgehend nach Einlegung der Revision – oder noch besser am Tage der Urteilsverkündung – zu einem Rechtsanwalt gehen.

Wir haben an dem vorstehend behandelten Privatklageverfahren Jedermann ./. Puls gesehen, daß man – bis auf die Durchführung der Revisionsinstanz – selbst als Beklagter und als Kläger ohne juristischen Beistand das Verfahren betreiben kann. Allerdings bedenke man, daß hier – anders als im Zivilprozeß – eine Strafe auf dem Spiel steht. Zu dem Geld- und Zeitverlust kommt für den Privatbeklagten noch die Gefahr hinzu, von nun an vorbestraft zu sein. Falls man nicht sehr geschäftsgewandt ist, sollte man auf jeden Fall einen Anwalt hinzuziehen. Die Kosten können zwar erheblich sein, da der Anwalt für jede Instanz Gebühren berechnen kann. Im Falle eines Obsiegens sind diese aber von dem Unterliegenden zu erstatten. Es bleibt natürlich ein gewisses Risiko übrig. Erhebt zum Beispiel ein verhältnismäßig mitteloser Privatkläger eine Privatklage und wird der Privatbeklagte freigesprochen, so gelingt es ihm möglicherweise nicht, die ihm aus dem Verfahren erwachsenen Kosten bei der Gegenseite beizutreiben.

In dem vorstehenden Verfahren haben wir drei Instanzen durchlaufen: Amtsgericht (Einzelrichter), kleine Strafkammer am Landgericht als Berufungsinstanz (ein Richter, zwei ehrenamtliche Richter [Schöffen]), Strafsenat am Oberlandesgericht als Revisionsinstanz (drei Berufsrichter).

Frau Puls hätte allerdings die zweite Instanz auch überspringen können. Ist sie zum Beispiel der Meinung, daß es in ihrem Fall ausschließlich auf die Beurteilung der Rechtsfrage ankäme, ob ein Schimpfen am nächsten Tage nach einer Beleidigung Notwehr sei, so hätte sie gleich gegen das Urteil des Amtsgerichts gemäß § 335 StPO Revision einlegen können. Sie hätte dadurch die Kosten und den Zeitverlust der Berufungsinstanz eingespart. Diese Art der Revision nennt man daher auch Sprungrevision.

Normalerweise werden Beleidigungen nur mit Geldstrafen geahndet, falls es sich nicht um besonders niederträchtige Fälle handelt. Wer allerdings öffentlich gegen eine im politischen Leben des Volkes stehende Person »üble Nachrede« begeht, wird gemäß § 188 StGB mit Freiheitsstrafe nicht unter 3 Monaten bestraft. Ist die Beleidigung bewußt unwahr ausgesprochen, so wird sie »als Verleumdung« mit Freiheitsstrafe bis zu fünf Jahren geahndet.

Ein Autor erhält von dem Lektor eines Verlages einen Brief des Inhalts, daß er selten ein so schlechtes Deutsch gelesen habe und die Fabel nichts tauge. Der ergrimmte Autor möchte eine Privatklage erheben. Es ist ihm dringend abzuraten, da der Lektor gemäß § 193 StGB gerechtfertigt ist. Andernfalls gäbe es überhaupt keine negativen Kritiken. Soweit Kritiken über künstlerische oder wissenschaftliche Leistungen sich im Rahmen des angemessenen Tones halten, und das ist vorstehend gerade noch der Fall, handelt der Kritiker rechtmäßig.

Das gleiche gilt für tadelnde Urteile von Vorgesetzten.

Der Schlossermeister Grün kann seinem Lehrling schon einmal tüchtig die Wahrheit sagen und dabei im Tone gröber sein als der Ballettmeister zu einer Tanzschülerin. Die Presse, die sich häufig des Privatlebens von Personen annimmt, die in der Öffentlichkeit bekannt sind, bringt bisweilen Unrichtigkeiten, die kränkend und schädigend sind. Die Presse beruft sich dann darauf, daß es ihre Aufgabe sei, auch über das Privatleben solcher Personen zu berichten, und da müßten eben derartige Pannen in Kauf genommen werden. Einige zahlreiche Entscheidungen (zum Beispiel Oberlandesgerichte) haben sich für eine solche Berechtigung der Presse ausgesprochen. Allerdings wird dies gekoppelt mit einer besonderen Informationspflicht, das heißt, es genügt nicht, daß der verantwortliche Redakteur auf einen anonymen Brief hin oder aufgrund der Darstellung eines zweifelhaften Gewährsmannes einen derartigen Bericht bringt. Er muß schon sorgfältige Recherchen über die Tatsachen angestellt haben. Und hier ist meist vieles im argen.

Die Beleidigung des Verstorbenen

In Paul Jedermanns Haus wohnt Frau Amanda Klatsch. Sie berichtet mit Vorliebe Ungünstiges über ihre Mitmenschen und macht auch nicht vor einem verstorbenen Mitglied der Familie Jedermann halt. Zur Rede gestellt, verteidigt sie sich damit, daß man einen Verstorbenen ja nicht beleidigen können, und außerdem sei sie fest davon überzeugt gewesen, daß der Verstorbene kurz vor seinem Tode eine Unterschlagung begangen habe, und somit ihre Behauptung auf Wahrheit beruht. Auch habe sie nur weitererzählt, was andere ihr berichtet hatten, und dabei immer noch hinzugesetzt, sie persönlich glaube nicht daran, daß der verstorbene Herr Jedermann so etwas wirklich getan habe.

Dies alles nützt Frau Klatsch nichts.

Wer einen Verstorbenen beleidigt (§ 189 StGB), kann auf Antrag der nächsten Angehörigen desselben verfolgt werden und wird grundsätzlich mit Freiheitsstrafe oder Geldstrafe bestraft. Selbst wenn Frau Klatsch an die Richtigkeit ihrer üblen Nachrede geglaubt haben sollte, so hilft ihr dies nichts. Wer nicht beweisen kann, was er Nachteiliges über einen anderen behauptet, wird bestraft. Man soll eben vorher überlegen, bevor man Kränkendes über einen anderen ausspricht. Der scheinheilige Zusatz »Ich persönlich glaube es nicht« ist überhaupt ohne Bedeutung.

Übrigens kann auch eine wahrheitsgemäße Aussage sich als Beleidigung darstellen. Wer an der Hochzeitstafel fröhlich zu erzählen beginnt, daß der Bräutigam bereits eine Freiheitsstrafe hinter sich und die Braut schon manchen intimen Freund gehabt habe, spricht Beleidigungen aus. Die Umstände, unter denen hier die Wahrheit berichtet wird, lassen die Äußerungen beleidigend erscheinen.

Trunkenheit am Steuer

Paul Jedermann hat einen Porsche gekauft und lädt eines Abends seinen Freund Otto Trinkfest zu einer Fahrt ins »Blaue« ein. Als sie auf der Rückfahrt durch Gießen kommen, wird Paul trotz bester Vorsätze von Otto überredet, im »Goldenen Schwan« noch eine Flasche Wein zu trinken. Da der »Goldene Schwan« in einer für Pauls Begriffe sehr schmalen Straße liegt, parkt er voll auf dem Bürgersteig. Nach einer Stunde erscheint ein Polizist und fragt, ob ihm der Wagen gehöre. Paul bejaht und wird nunmehr aufgefordert, den Wagen vom Gehsteig herunterzufahren. Diese Aufforderung des Wachtmeisters stellt eine polizeiliche Verfügung dar, gegen die er sich zweckmäßigerweise nicht zur Wehr setzt. Selbst wenn er den Wagen nicht auf den Bürgersteig gefahren hätte, lohnt ein Widerspruch nicht, da dies allzu leicht Widerstand gegen die Staatsgewalt werden und eine entsprechende Anklage einbringen könnte.

Paul Jedermann kommt daher der Aufforderung nach, und stellt den Wagen auf die Fahrbahn. Sicherheitshalber bittet er aber noch den Wirt, seinen Freund Otto und vielleicht noch andere Gäste darum, sich davon zu überzeugen, daß das Fahrzeug nicht den Verkehr behindere, daß die Polizei auch sonst das Parken in der jetzt beanstandeten Form in dieser Straße billige und daß das Fahrzeug auch ohne das Einschalten der Parkbeleuchtung ausreichend beleuchtet sei. Er sichert sich hierdurch Zeugen, die er vielleicht brauchen kann, falls der Polizist Anzeige erstattet. Paul Jedermann wird überhaupt bei allen Verkehrsunfällen stets sofort die Anschrift von Zeugen notieren, die ihm später bei Schadensersatzprozessen oder Strafverfahren von Nutzen sein können.

Paul und Otto freuen sich, diesen Angriff abgeschlagen zu haben, und bewilligen sich eine neue Flasche. Als sie dann aufbrechen wollen, sind sie erheblich in Stimmung. Sicherheitshalber trinkt Paul Jedermann noch ein Kännchen Kaffee, um wieder ganz »nüchtern« zu sein. Er übersieht hier völlig, daß alle Narkotika nur eine vorübergehende aufpeitschende Wirkung haben und daß die dann eintretende Müdigkeit und verminderte Reaktionsfähigkeit um so größer sind. Auch weiß Paul

711

Polizeipräsidium München

Ordnungswidrigkeiten-Anzeige und Urschrift des Bußgeldbescheides

Aktenverwahrende Dienstst: Polizeipräsidium München, Zentralstelle für Verkehrsanzeigen
Moosacher Straße 79, 80809 München

Sp 2-11: 8455-6609-7/6
▲ Aktenzeichen ▲
(Bei allen Zahlungen und Zuschriften unbedingt angeben!)

KA2 Herr/~~Frau/Firma~~

Vorname: Paul
Familienname: Jedermann
Geburtsname:
Straße, Nr.: Holzweg 5
PLZ, Wohnort: 35037 Marburg

Geburtstag: 22.02... Sp 12-17
Geburtsort: Oberau

Führerschein Kl.: 3 ausgestellt 1955
Führerschein zur Fahrgastbeförderung ausgestellt 19

Sie werden beschuldigt,
am 22. 07. um/von 11.24 bis
München
in Ludwigstraße (südl. Richtung)
Brienner Straße

als 5 (Sp 26) des Pkw (Fahrzeugart) Mercedes (Fabrikat)
Kennz: MR-G 100 Sp 27-36

Inländer: 1=m 2=w [1] 1=Jug.
Ausl. im Inland WS 3=m 4=w 2=Hw
durchreisende Ausl 5=m 6=w Sp.18 Sp.19
Sp 37-48

Tatkennz	Kennzahl	folgende Verkehrsordnungswidrigkeit(en) nach § 24 StVG begangen zu haben:	Verletzte Vorschriften § 49 StVO/§ 59a StVZO*)
C 3	13701	Rotlicht mißachtet als Führer eines Kraftfahrzeugs 37/I,II	StVO

Bemerkungen (insbes Tatfolgen): Pkw stand vor der Haltlinie. Als die LZA auf Rotlicht umschaltete fuhr der Pkw-Fahrer an und bog nach links in die Hofgartenstraße ein.

Beweismittel: Foto ○ Fahrtschreiber ○ Radarmessung ○ Gutachten ○ Ang. d. Betroffenen ○
Zeugen: PHM Franz Huber, PI 1

Verfügung der Zentralen Bußgeldstelle: Wegen dieser Ordnungswidrigkeit(en) wird gegen Sie
1. eine Geldbuße festgesetzt (§ 17 OWiG) in Höhe von .... Euro [1 0 0] Sp 51-54
2. ein Fahrverbot angeordnet (§ 25 StVG) auf die Dauer von [ ] Monat(en) Sp 50
3. Außerdem haben Sie die Kosten des Verfahrens zu tragen (§§ 105, 107 OWiG i. V. m.,
§§ 464 Abs. 1, 465 StPO) ..... a) Gebühr ... Euro [1 0 0 0] 55-59
Rechtsbehelfsbelehrung und Zahlungsaufforderung
als Bestandteil der Urschrift siehe Rückseite! b) Auslagen der Bußgeldbehörde . Euro [ ] 60-63
c) Auslagen der Polizeidienststelle ... Euro [1,9 0] 64-68
zu zahlender Gesamtbetrag ... Euro [1 1 9 0] 69-74

Zusatzangaben der Polizeidienststelle **)
PVG-Nr. _____ vom _____
Sp.49 1=Eur 2,- 4=Eur 20,- nicht bezahlt/
in Höhe von ___ 2=Eur 5,- 5=Eur 30,- nicht angenommen
3=Eur 10,- 6=Eur 40,-
Einstellung des Verfahrens.. ○ Grund _____

Entscheidungsvorschlag an Bußgeldbehörde
a) Geldbuße Euro 50,– Fahrverbot ___ Monat(e)
b) Führerscheineinsicherung von ___ bis ___
c) Auslagen lt. beil. Kostenbl. Euro ___
d) Hinweise _____

Anhörung angeordnet.. ⊗
Schriftliche Verwarnung.. ○ am 26.07...
Mündlich gehört....... ○
Zurückgeg. v. d. StA gem. §41/43 OWiG*) am:
München, den 10.08...
_____ , PHM
Unterschrift und Amtsbezeichnung
des Anzeigenden des Dienststellenleiters

4. Einstellung des Verfahrens, weil
Tat verjährt .... ○
Tatbeweis nicht möglich .... ○
§ 47 Abs. 1 OWiG (___) ○
5. Förmlich zustellen an:
Betroffenen .... ⊗ Zust. Bevollm ○
Verteidiger .... ○
6. Formlose Nachricht an
gesetzl. Vertreter . ○ Betroffenen .. ○
Verteidiger .... ○ Pol. Dienststelle ○

Zentrale Bußgeldstelle im
Bayer. Polizeiverwaltungsamt
München, den 31.8... Sp 75-80

Zur Post am:

Zentrale
Bußgeldstelle

712

Zahlungsaufforderung:

Sie werden gebeten, **spätestens 2 Wochen nach Rechtskraft** dieses Bußgeldbescheids den zu zahlenden Gesamtbetrag – möglichst unter Benutzung des beiliegenden Zahlscheins – auf eines der unten vermerkten Konten zu überweisen. Barzahlung oder Einzahlung durch Scheck ist nicht möglich. Da die Rechtskraft eine Woche nach Zustellung des Bescheids eintritt (vgl. Belehrung), muß der Gesamtbetrag also spätestens 3 Wochen nach Zustellung überwiesen werden.

Im Falle der Zahlungsunfähigkeit haben Sie der oben angegebenen Verwaltungsbehörde unter eingehender Begründung rechtzeitig vor Ablauf der Zahlungsfrist mitzuteilen, warum Ihnen die fristgemäße Zahlung nach Ihren wirtschaftlichen Verhältnissen nicht zuzumuten ist. Geeignete Nachweise über Ihre wirtschaftlichen Verhältnisse (z. B. Verdienstbescheinigung des Arbeitgebers) sind beizufügen. Falls Sie weder die Zahlungsfrist einhalten noch Ihre Zahlungsunfähigkeit rechtzeitig dartun, wird der fällige Betrag **zwangsweise beigetrieben.** Auch kann das Amtsgericht gegen Sie Erzwingungshaft bis zur Dauer von 6 Wochen anordnen.

Bei allen Zahlungen, Einsprüchen und sonstigen Eingaben ist die Angabe des links oben vermerkten Aktenzeichens unerläßlich. Ohne Angabe des Aktenzeichens können Ihre Zahlungen und Eingaben nicht gebucht bzw. bearbeitet werden. **Verrechnungs- und Barschecks werden nicht angenommen.**

Konten der Zentralen Bußgeldstellen:
Giro-Konto-Nr. 24900 bei
Bayer. Landesbank Girozentrale München (BLZ 70050000)
Postbank-Kto.-Nr. 191111-800 Postbank München
(BLZ 70010080)

Anlage: 1 Zahlschein

Rechtsbehelfsbelehrung:

Dieser Bußgeldbescheid wird rechtskräftig und vollstreckbar, wenn Sie nicht **innerhalb einer Woche** nach seiner Zustellung schriftlich oder zur Niederschrift bei der **Zentralen Bußgeldstelle im Bayer. Polizeiverwaltungsamt,** Prinzregentenplatz 16, Postfach 800202, 81675 München, **Einspruch** einlegen. Die Frist ist nur dann gewahrt, wenn die Erklärung vor Fristablauf hier eingeht.

Im Falle eines Einspruchs entscheidet über die Beschuldigung das für den Tatort örtlich zuständige Amtsgericht auf Grund einer Hauptverhandlung durch Urteil, ohne an den im Bußgeldbescheid enthaltenen Ausspruch gebunden zu sein. Das Amtsgericht kann auch ohne Hauptverhandlung durch Beschluß entscheiden, wenn weder der Betroffene noch die Staatsanwaltschaft diesem Verfahren widersprechen.

Bis zur Entscheidung über den Einspruch bitte von Zahlungen absehen!

Anmerkung:

Die dem Betroffenen zugestellte Ausfertigung des Bußgeldbescheids enthält nicht die Ziffer 4) bis 6) der Verfügungen der Zentralen Bußgeldstelle und auch nicht die „Zusatzangaben der Polizeidienststelle".

---

leider nicht, daß er durch den Genuß von Kaffee keinesfalls den in seinem Blut nachweisbaren Alkoholspiegel herabsetzen kann. Hätte Paul dies gewußt und beachtet, so hätte er seinen Wagen stehengelassen oder sich einen Fahrer genommen. So aber fühlt er sich besonders stark und will sich vor allem Otto Trinkfest gegenüber keine Blöße geben. Er setzt sich nun an das Steuer, läßt den Motor an, betätigt vorschriftsmäßig das Blinklicht und fährt an.

Im gleichen Augenblick wird er von einem verkehrswidrig fahrenden anderen Wagen angefahren. Otto Trinkfest hält es für richtig, die Hilfe der Polizei in Anspruch zu nehmen, um eindeutig im Protokoll festhalten zu lassen, daß der Fahrer des anderen Fahrzeugs den Unfall hervorgerufen hat. Die Polizei kommt und bemerkt bei Aufnahme der Personalien, daß beide Fahrer Alkohol getrunken haben. Die Beamten fordern daher auch Paul Jedermann auf, zur Wache mitzukommen und dort eine Blutuntersuchung vornehmen zu lassen.

Paul Jedermann darf sich jetzt nicht widersetzen. Während die Polizei vorher bei der Beanstandung des Parkens rein polizeiliche Aufgaben zur Erhaltung der öffentlichen Ordnung und Sicherheit erfüllt hat, handelt sie nunmehr als Hilfsorgan der Staatsanwaltschaft. Es besteht der Verdacht einer strafbaren Handlung, so daß die Voraussetzungen für eine vorläufige Festnahme zu überprüfen sind. Gemäß § 127 StPO ist jedermann befugt, einen auf frischer Tat getroffenen oder verfolgten Täter festzunehmen, wenn er der Flucht verdächtig ist oder seine Persönlichkeit nicht sofort festgestellt werden kann. Staatsanwaltschaft und die Polizeibeamten sind bei Gefahr im Verzug auch dann zur vorläufigen Festnahme (den eigentlichen Haftbefehl stellt nur der Richter aus!) befugt, wenn die Voraussetzungen eines Haftbefehls oder Unterbringungsbefehls vorliegen.

Nun liegt zwar bei Paul Jedermann kein Fluchtverdacht vor. Er hat sich auch durch seinen Personalausweis ausgewiesen, so daß über die Identität seiner Person keine Zweifel bestehen. Trotzdem ist die vorläufige Festnahme möglich. Paul steht unter dem Verdacht, sich dadurch strafbar gemacht zu haben, daß er in angetrunkenem Zustand ein Kraftfahrzeug gelenkt hat.

Der Grad der Trunkenheit aber läßt sich nur feststellen, wenn sofort eine Blutuntersuchung vorgenommen wird. Würde man Paul Jedermann auf freiem Fuß lassen, so würden Beweismittel verloren gehen. Somit gibt der § 127 StPO in Verbindung mit § 112 StPO den Polizeibeamten das Recht zur vorläufigen Festnahme. Die Vorschriften über die Untersuchungshaft bestimmen unter anderen:

§ 112
(1) [1]Die Untersuchungshaft darf gegen den Beschuldigten angeordnet werden, wenn er der Tat dringend verdächtig ist und ein Haftgrund besteht. [2]Sie darf nicht angeordnet werden, wenn sie zu der Bedeutung der Sache und der zu erwartenden Strafe oder Maßregel der Besserung und Sicherung außer Verhältnis steht.
(2) Ein Haftgrund besteht, wenn auf Grund bestimmter Tatsachen
1. festgestellt wird, daß der Beschuldigte flüchtig ist oder sich verborgen hält,
2. bei Würdigung der Umstände des Einzelfalles die Gefahr besteht, daß der Beschuldigte sich dem Strafverfahren entziehen werde (Fluchtgefahr), oder
3. das Verhalten des Beschuldigten den dringenden Verdacht begründet, er werde
  a) Beweismittel vernichten, verändern, beiseite schaffen, unterdrücken oder fälschen oder

  b) auf Mitbeschuldigte, Zeugen oder Sachverständige in unlauterer Weise einwirken oder
  c) andere zu solchem Verhalten veranlassen und wenn deshalb Gefahr droht, daß die Ermittlung der Wahrheit erschwert werde (Verdunkelungsgefahr).
(3) Gegen den Beschuldigten, der einer Straftat nach § 129a Abs. 1 oder nach den §§ 211, 212, 220a Abs. 1 Nr. 1, § 226, § 306b oder § 306c des Strafgesetzbuches oder, soweit durch die Tat Leib oder Leben eines anderen gefährdet worden ist, nach § 308 Abs. 1 bis 3 des Strafgesetzbuches dringend verdächtig ist, darf die Untersuchungshaft auch angeordnet werden, wenn ein Haftgrund nach Absatz 2 nicht besteht.

§ 112a
(1) [1]Ein Haftgrund besteht auch, wenn der Beschuldigte dringend verdächtig ist,
1. eine Straftat nach den §§ 174, 174a, 176 bis 179 des Strafgesetzbuches oder
2. wiederholt oder fortgesetzt eine die Rechtsordnung schwerwiegend beeinträchtigende Straftat nach § 125a, nach den §§ 224 bis 227, nach den §§ 243, 244, 249 bis 255, 260, nach § 263, nach den §§ 306 bis 306c oder § 316a des Strafgesetzbuches oder nach § 29 Abs. 1 Nr. 1, 4, 10 oder Abs. 3, § 29a Abs. 1, § 30 Abs. 1, § 30a Abs. 1 des Betäubungsmittelgesetzes begangen zu haben, und bestimmte

Tatsachen die Gefahr begründen, daß er vor rechtskräftiger Aburteilung weitere erhebliche Straftaten gleicher Art begehen oder die Straftat fortsetzen werde, die Haft zur Abwendung der drohenden Gefahr erforderlich und in den Fällen der Nummer 2 eine Freiheitsstrafe von mehr als einem Jahr zu erwarten ist.
(2) Absatz 1 findet keine Anwendung, wenn die Voraussetzungen für den Erlaß eines Haftbefehls nach § 112 vorliegen und die Voraussetzungen für die Aussetzung des Vollzugs des Haftbefehls nach § 116 Abs. 1, 2 nicht gegeben sind.

714

§ 113

(1) Ist die Tat nur mit Freiheitsstrafe bis zu sechs Monaten oder mit Geldstrafe bis zu einhundertachtzig Tagessätzen bedroht, so darf die Untersuchungshaft wegen Verdunkelungsgefahr nicht angeordnet werden.

(2) In diesen Fällen darf die Untersuchungshaft wegen Fluchtgefahr nur angeordnet werden, wenn der Beschuldigte

1. sich dem Verfahren bereits einmal entzogen hatte oder Anstalten zur Flucht getroffen hat,
2. im Geltungsbereich dieses Gesetzes keinen festen Wohnsitz oder Aufenthalt hat oder
3. sich über seine Person nicht ausweisen kann.

§ 114

(1) Die Untersuchungshaft wird durch schriftlichen Haftbefehl des Richters angeordnet.

(2) In dem Haftbefehl sind anzuführen
 1. der Beschuldigte,
 2. die Tat, deren er dringend verdächtig ist, Zeit und Ort ihrer Begehung, die gesetzlichen Merkmale der Straftat und die anzuwendenden Strafvorschriften,
 3. der Haftgrund sowie

4. die Tatsachen, aus denen sich der dringende Tatverdacht und der Haftgrund ergibt, soweit nicht dadurch die Staatssicherheit gefährdet wird.

(3) Wenn die Anwendung des § 112 Abs. 1 Satz 2 naheliegt oder der Beschuldigte sich auf diese Vorschrift beruft, sind die Gründe dafür anzugeben, daß sie nicht angewandt wurde.

§ 114a

(1) ¹Der Haftbefehl ist dem Beschuldigten bei der Verhaftung bekanntzugeben. ²Ist dies nicht möglich, so ist ihm vorläufig mitzuteilen, welcher Tat er verdächtig ist. ³Die Bekanntgabe des Haftbefehls ist in diesem Fall unverzüglich nachzuholen.

(2) Der Beschuldigte erhält eine Abschrift des Haftbefehls.

§ 114b

(1) ¹Von der Verhaftung und jeder weiteren Entscheidung über die Fortdauer der Haft wird ein Angehöriger des Verhafteten oder eine Person seines Vertrauens unverzüglich benachrichtigt. ²Für die Anordnung ist der Richter zuständig.

(2) Außerdem ist dem Verhafteten selbst Gelegenheit zu geben, einen Angehörigen oder eine Person seines Vertrauens von der Verhaftung zu benachrichtigen, sofern der Zweck der Untersuchung dadurch nicht gefährdet wird.

§ 115

(1) Wird der Beschuldigte auf Grund des Haftbefehls ergriffen, so ist er unverzüglich dem zuständigen Richter vorzuführen.

(2) Der Richter hat den Beschuldigten unverzüglich nach der Vorführung, spätestens am nächsten Tage, über den Gegenstand der Beschuldigung zu vernehmen.

(3) ¹Bei der Vernehmung ist der Beschuldigte auf die ihn belastenden Umstände und sein Recht hinzuweisen, sich zur Beschuldigung zu äußern oder

nicht zur Sache auszusagen. ²Ihm ist Gelegenheit zu geben, die Verdachts- und Haftgründe zu entkräften und die Tatsachen geltend zu machen, die zu seinen Gunsten sprechen.

(4) Wird die Haft aufrechterhalten, so ist der Beschuldigte über das Recht der Beschwerde und die anderen Rechtsbehelfe (§ 117 Abs. 1, 2, § 118 Abs. 1, 2) zu belehren.

§ 115 a

(1) Kann der Beschuldigte nicht spätestens am Tage nach der Ergreifung vor den zuständigen Richter gestellt werden, so ist er unverzüglich, spätestens am Tage nach der Ergreifung, dem Richter des nächsten Amtsgerichts vorzuführen.

(2) ¹Der Richter hat den Beschuldigten unverzüglich nach der Vorführung, spätestens am nächsten Tage, zu vernehmen. ²Bei der Vernehmung wird, soweit möglich, § 115 Abs. 3 angewandt. ³Ergibt sich bei der Vernehmung, daß der Haftbefehl aufgehoben oder der Ergriffene nicht die in dem Haftbefehl bezeichnete Person ist, so ist der Er-griffene freizulassen. ⁴Erhebt dieser sonst gegen den Haftbefehl oder dessen Vollzug Einwendungen, die nicht offensichtlich unbegründet sind, oder hat der Richter Bedenken gegen die Aufrechterhaltung der Haft, so teilt er sie dem zuständigen Richter unverzüglich und auf dem nach den Umständen angezeigten schnellsten Weg mit.

(3) ¹Wird der Beschuldigte nicht freigelassen, so ist er auf sein Verlangen dem zuständigen Richter zur Vernehmung nach § 115 vorzuführen. ²Der Beschuldigte ist auf dieses Recht hinzuweisen und gemäß § 115 Abs. 4 zu belehren.

Ein Haftbefehl kann unter bestimmten Voraussetzungen außer Vollzug gesetzt werden in Verbindung mit Auflagen für den Beschuldigten, zum Beispiel sich zu bestimmten Zeiten bei ihm benannten Behörden zu melden, seinen Wohn- oder Aufenthaltsort nicht ohne behördliche Erlaubnis zu verlassen und schließlich eine angemessene Sicherheit zu leisten.

Die Dauer der Untersuchungshaft unterliegt einer regelmäßigen Kontrolle durch die richterliche Haftprüfung.

Der Beschuldigte kann eine solche jederzeit beantragen. Hat die Untersuchungshaft 3 Monate gedauert, ohne daß der Beschuldigte die Haftprüfung beantragt oder eine Haftbeschwerde eingelegt hat, so findet die Haftprüfung von Amts wegen statt, es sei denn, daß der Beschuldigte einen Verteidiger hat.

In unserem Fall trifft es zu, daß das Beweismittel, nämlich der Alkoholspiegel im Blut, vernichtet werden würde, wenn nicht eine Blutentnahme vorgenommen wird. Zu diesem Zweck erfolgt somit die Festnahme durch die Polizei mit Recht. Müßten die Beamten irgendwelchen Widerstand brechen, so würde Paul Jedermann auch mit einer Anklage wegen Widerstandes gegen die Staatsgewalt zu rechnen haben.

Die Beamtenbeleidigung ist dann meistens auch nicht weit entfernt. Durch irgendwelchen Widerstand wird die ganze Situation nur verschlimmert, sie läßt Rückschlüsse auf den Grad der Trunkenheit zu und führt schließlich zur Anklage wegen mehrerer Delikte, die sich bei besonnenem Verhalten vermeiden lassen.

Um die Blutuntersuchung kommt Paul Jedermann nicht herum. Sie stellt zwar einen Eingriff in seinen Körper dar, hat aber ihre gesetzliche Grundlage im § 81 a der Strafprozeßordnung gefunden. Wegen der großen Bedeutung dieser Bestimmung lassen wir sie im Wortlaut folgen:

§ 81 a

(1) Eine körperliche Untersuchung des Beschuldigten darf zur Feststellung von Tatsachen angeordnet werden, die für das Verfahren von Bedeutung sind. Zu diesem Zweck sind Entnahmen von Blutproben und andere körperliche Eingriffe, die von einem Arzt nach den Regeln der ärztlichen Kunst zu Untersuchungszwecken vorgenommen werden, ohne Einwilligung des Beschuldigten zulässig, wenn kein Nachteil für seine Gesundheit zu befürchten ist.

(2) Die Anordnung steht dem Richter, bei Gefährdung des Untersuchungserfolges durch Verzögerung auch der Staatsanwaltschaft und ihren Hilfsbeamten (§ 152 des Gerichtsverfassungsgesetzes) zu.

(3) nicht abgedruckt

Zu diesen »Hilfsbeamten der Staatsanwaltschaft« gehören bestimmte Gruppen von Polizeibeamten.

716 Wir sehen also, daß Paul Jedermann nichts anderes übrigbleibt, als zum Revier mitzugehen und eine Blutentnahme durch einen Arzt vornehmen zu lassen. Die durch die Blutentnahme und die anschließende Untersuchung entstehenden Kosten braucht Paul Jedermann nicht sofort zu zahlen. Zur Tragung der Kosten ist er nur verpflichtet, wenn ihm später im Strafverfahren durch ein Urteil oder einen Strafbefehl die Kosten auferlegt werden. Die Bestrafung ist Voraussetzung.

Nicht nur Alkohol beeinträchtigt die Fahrtüchtigkeit, Übermüdung und Überarbeitung oder Aufregungen besonderer Art sind ebenfalls dazu angetan, einen Fahrer zu einer schweren Gefahr werden zu lassen. Im übrigen weiß jeder aus eigener Erfahrung, daß die körperliche Konstitution jeweils ausschlaggebend dafür ist, wieviel Alkohol man verträgt.

In diesem Zusammenhang mag sich der Fußgänger und Radfahrer darüber im klaren sein, daß es auch auf ihn ankommt, daß auch er nach genossenem Alkohol oder auch infolge Übermüdung einen schweren Unfall herbeiführen kann. Wenn alle Organe des Staates darüber wachen, daß nach Möglichkeit Gefahren ausgeschaltet werden, so hat dies mit Schikanen nichts zu tun. Es sollte jeder Mitbürger aufpassen, daß niemand dadurch zu Tode kommt oder andere gefährdet, daß er nach Alkoholgenuß ein Fahrzeug in Gang zu bringen sucht oder auf der Fahrbahn einen Serpentinenweg beschreibt.

Hat man Alkohol im Übermaß genossen, so darf man sich auch nicht darüber hinwegtäuschen, daß die Auswirkungen noch da sind, selbst wenn man mehrere Stunden geschlafen hat; pro Stunde wird nämlich nur 0,1 Promille Alkohol im Blut abgebaut. Die lähmenden Erscheinungen des Alkohols sind bei größeren Mengen auch noch nach 8 bis 10 Stunden vorhanden und bilden immer noch eine Gefahr. Auch im Blut kann der Arzt den Alkohol noch nachweisen, so daß auch dann noch das Risiko der Bestrafung besteht, wenn die eigentliche »Fahne« nicht mehr zu spüren ist.

 Wir müssen uns unbedingt merken: Trunkenheit am Steuer wird an sich schon bestraft, ohne daß ein Verkehrsunfall herbeigeführt zu sein braucht. Es genügt also vollkommen, wenn sich jemand mit Alkohol im Blut in den Wagen setzt und mit ihm startet.

Nachdem nun Paul Jedermann das Protokoll auf dem Revier unterzeichnet hat, setzt man ihn davon in Kenntnis, daß der Führerschein und sein Porsche sichergestellt werden. Man bedeutet ihm, daß er den Wagen am nächsten Tag durch einen Bevollmächtigten abholen lassen könne, daß er aber nicht damit rechnen dürfe, den Führerschein in absehbarer Zeit zurückzuerhalten.

Paul Jedermann versucht nun am nächsten Tage in Marburg bei dem für die Erteilung von Führerscheinen zuständigen Dezernenten der Stadtverwaltung den Führerschein wiederzubekommen. Ihm wird erklärt, daß eine Entscheidung im gegenwärtigen Zeitpunkt noch nicht gegeben sei, weil die Akten der Polizeiverwaltung Gießen über den Vorfall noch nicht vorliegen.

Betrübt geht er anschließend nach Hause und muß nun warten, wie die Dinge sich weiterentwickeln.

Die Polizeiverwaltung in Gießen hat inzwischen einen Bericht gefertigt und die Akten an die Staatsanwaltschaft beim Landgericht in Gießen weitergegeben. Sie hätte allerdings auch die Akten an die Staatsanwaltschaft beim Landgericht in Marburg geben können, weil für die Aburteilung einer Straftat auch das Gericht, das für den Wohnsitz des Täters zuständig ist, herangezogen werden kann.

Auch das Gericht in Gießen ist zuständig, weil der Tatort der strafbaren Handlung in Gießen liegt.

Die Entziehung der Fahrerlaubnis

Da zu befürchten ist, daß in dem sich entwickelnden Strafprozeß Paul Jedermann die Fahrerlaubnis gemäß § 69 StGB durch das rechtskräftige Urteil entzogen wird, so wird das mit dem Fall befaßte Gericht für die Dauer des Prozesses dem Beschuldigten die Fahrerlaubnis gemäß § 111a StPO vorläufig entziehen. Hierüber bestimmt § 111a StPO im einzelnen folgendes:

§ 111a

(1) ¹Sind dringende Gründe für die Annahme vorhanden, daß die Fahrerlaubnis entzogen werden wird (§ 69 des Strafgesetzbuches), so kann der Richter dem Beschuldigten durch Beschluß die Fahrerlaubnis vorläufig entziehen. ²Von der vorläufigen Entziehung können bestimmte Arten von Kraftfahrzeugen ausgenommen werden, wenn besondere Umstände die Annahme rechtfertigen, daß der Zweck der Maßnahme dadurch nicht gefährdet wird.

(2) Die vorläufige Entziehung der Fahrerlaubnis ist aufzuheben, wenn ihr Grund weggefallen ist oder wenn das Gericht im Urteil die Fahrerlaubnis nicht entzieht.

(3) Die vorläufige Entziehung der Fahrerlaubnis wirkt zugleich als Anordnung oder Bestätigung der Beschlagnahme des von einer deutschen Behörde erteilten Führerscheins (...)

(4) Ist ein Führerschein beschlagnahmt, weil er nach § 69 Abs. 3 Satz 2 des Strafgesetzbuches eingezogen werden kann, und bedarf es einer richterlichen Entscheidung über die Beschlagnahme, so tritt an deren Stelle die Entscheidung über die vorläufige Entziehung der Fahrerlaubnis.

(5) ¹Ein Führerschein, der in Verwahrung genommen, sichergestellt oder beschlagnahmt ist, weil er nach § 69 Abs. 3 Satz 2 des Strafgesetzbuches eingezogen werden kann, ist dem Beschuldigten zurückzugeben, wenn der Richter die vorläufige Entziehung der Fahrerlaubnis wegen Fehlens der in Absatz 1 bezeichneten Voraussetzungen ablehnt, wenn er sie aufhebt oder wenn das Gericht im Urteil die Fahrerlaubnis nicht entzieht. Wird jedoch im Urteil ein Fahrverbot nach § 44 des Strafgesetzbuches verhängt, so kann die Rückgabe des Führerscheins aufgeschoben werden, wenn der Beschuldigte nicht widerspricht.

(6) ¹In anderen als in Absatz 3 Satz 2 genannten ausländischen Fahrausweisen ist die vorläufige Entziehung der Fahrerlaubnis zu vermerken. ²Bis zur Eintragung dieses Vermerkes kann der Fahrausweis beschlagnahmt werden (§ 94 Abs. 3, § 98).

717

Ergibt das Strafverfahren, daß die Voraussetzungen der endgültigen Entziehung der Fahrerlaubnis gegeben sind, so wird dies durch Urteil ausgesprochen gem. §§ 69, 69a StGB:

§ 69

(1) ¹Wird jemand wegen einer rechtswidrigen Tat, die er bei oder im Zusammenhang mit dem Führen eines Kraftfahrzeuges oder unter Verletzung der Pflichten eines Kraftfahrzeugführers begangen hat, verurteilt oder nur deshalb nicht verurteilt, weil seine Schuldunfähigkeit erwiesen oder nicht auszuschließen ist, so entzieht ihm das Gericht die Fahrerlaubnis, wenn sich aus der Tat ergibt, daß er zum Führen von Kraftfahrzeugen ungeeignet ist. ²Einer weiteren Prüfung nach § 62 bedarf es nicht.

(2) Ist die rechtswidrige Tat in den Fällen des Absatzes 1 ein Vergehen

  1. der Gefährdung des Straßenverkehrs (§ 315c),

  2. der Trunkenheit im Verkehr (§ 316),

  3. des unerlaubten Entfernens vom Unfallort (§ 142), obwohl der Täter weiß oder wissen kann, daß bei dem Unfall ein Mensch getötet oder nicht unerheblich verletzt worden oder an fremden Sachen bedeutender Schaden entstanden ist, oder

  4. des Vollrausches (§ 323a), der sich auf eine der Taten nach den Nummern 1 bis 3 bezieht, so ist der Täter in der Regel als ungeeignet zum Führen von Kraftfahrzeugen anzusehen.

(3) ¹Die Fahrerlaubnis erlischt mit der Rechtskraft des Urteils. ²Ein von einer deutschen Behörde erteilter Führerschein wird im Urteil eingezogen.

§ 69 a

(1) ¹Entzieht das Gericht die Fahrerlaubnis, so bestimmt es zugleich, daß für die Dauer von sechs Monaten bis zu fünf Jahren keine neue Fahrerlaubnis erteilt werden darf (Sperre). ²Die Sperre kann für immer angeordnet werden, wenn zu erwarten ist, daß die gesetzliche Höchstfrist zur Abwehr der von dem Täter drohenden Gefahr nicht ausreicht. ³Hat der Täter keine Fahrerlaubnis, so wird nur die Sperre angeordnet.

(2) Das Gericht kann von der Sperre bestimmte Arten von Kraftfahrzeugen ausnehmen, wenn besondere Umstände die Annahme rechtfertigen, daß der Zweck der Maßregel dadurch nicht gefährdet wird.

(3) Das Mindestmaß der Sperre beträgt ein Jahr, wenn gegen den Täter in den letzten drei Jahren vor der Tat bereits einmal eine Sperre angeordnet worden ist.

(4) ¹War dem Täter die Fahrerlaubnis wegen der Tat vorläufig entzogen (§ 111 a der Strafprozeßordnung), so verkürzt sich das Mindestmaß der Sperre um die Zeit, in der die vorläufige Entziehung wirksam war. ²Es darf jedoch drei Monate nicht unterschreiten.

(5) ¹Die Sperre beginnt mit der Rechtskraft des Urteils. ²In die Frist wird die Zeit einer wegen der Tat angeordneten vorläufigen Entziehung eingerechnet, soweit sie nach Verkündung des Urteils verstrichen ist, in dem die der Maßregel zugrunde liegenden tatsächlichen Feststellungen letztmals geprüft werden konnten.

(6) Im Sinne der Absätze 4 und 5 steht der vorläufigen Entziehung der Fahrerlaubnis die Verwahrung, Sicherstellung oder Beschlagnahme des Führerscheins (§ 94 der Strafprozeßordnung) gleich.

(7) ¹Ergibt sich Grund zu der Annahme, daß der Täter zum Führen von Kraftfahrzeugen nicht mehr ungeeignet ist, so kann das Gericht die Sperre vorzeitig aufheben. ²Die Aufhebung ist frühestens zulässig, wenn die Sperre sechs Monate, in den Fällen des Absatzes 3 ein Jahr gedauert hat; Absatz 5 Satz 2 und Absatz 6 gelten entsprechend.

Der Strafprozeß

Der Strafbefehl

Unterstellen wir, daß gegen Paul Jedermann in der Zwischenzeit vom Amtsgericht ein Strafbefehl verhängt worden ist. Der Strafbefehl hat natürlich mit einem Mahnbescheid nichts zu tun. Er ist nur zulässig bei sogenannten Vergehen, wenn die Staatsanwaltschaft den Erlaß eines Strafbefehls beim Amtsrichter beantragt und hiermit auf die formelle Anklageschrift und die Hauptverhandlung verzichtet.

Ein Strafbefehl wird immer nur dann erlassen, wenn die Straftat völlig geklärt erscheint und eine Hauptverhandlung durch eine Beweisaufnahme nicht erforderlich erscheint. Der Strafbefehl selbst kann eine Geldstrafe, Verwarnung mit Strafvorbehalt, Fahrverbot, Verfall, Einziehung, Vernichtung, Unbrauchbarmachung, Bekanntgabe der Verurteilung und Geldbuße gegen eine juristische Person oder Personenvereinigung sowie Entziehung der Fahrerlaubnis, bei der die Sperre nicht mehr als zwei Jahre beträgt, verhängen.

Obwohl bei einem Strafbefehl also die Lage geklärt erscheint, so kann sich der Täter natürlich trotzdem zu Unrecht oder zu hoch bestraft fühlen. Er hat daher auch ein Rechtsmittel, und zwar muß er binnen einer Frist von zwei Wochen Einspruch gegen den Strafbefehl beim Amtsgericht schriftlich oder zu Protokoll der Geschäftsstelle einlegen.

Die Frist beginnt mit dem Tag der Zustellung, der bei der Berechnung nicht mitgerechnet wird.

Die Einspruchsfrist läuft also zum Beispiel an einem Dienstag nachts ab, wenn der Strafbefehl an einem Dienstag vor zwei Wochen während der Tagesstunden zugestellt worden ist.

Der Einspruch selbst braucht nicht besonders begründet zu werden, es genügt also, wenn man schreibt:

In der Strafsache gegen mich – Az. ... – lege ich hiermit gegen den mir am ... zugestellten Strafbefehl Einspruch ein. Ich bitte um Anberaumung eines Termins zur Hauptverhandlung.

Paul Jedermann

Bei der Einlegung des Einspruchs braucht Paul Jedermann nichts zu zahlen. Ob er die Kosten tragen muß, hängt davon ab, ob er nach der Hauptverhandlung durch Urteil rechtskräftig verurteilt wird.

Wenn die Staatsanwaltschaft nicht den Weg des Strafbefehls beim Amtsrichter beantragt hätte, so hätte sie eine Anklageschrift fertigen müssen, die mit einer Terminbestimmung zur Hauptverhandlung vom Gericht Paul Jedermann hätte zugestellt werden müssen. Wir wollen uns in diesem Zusammenhang merken, daß ein Täter im Ermittlungsverfahren in der Sprache des Gerichts zunächst als Beschuldigter bezeichnet wird, und zwar bis zum Zeitpunkt der Anklageerhebung.

In der Zeit von der Anklageerhebung bis zum Eröffnungsbeschluß ist der Täter Angeschuldigter. Erst dann wird er der Angeklagte.

Paul Jedermann erhält aufgrund seines Einspruchs die Ladung zur Hauptverhandlung für den ......, 9.30 Uhr, zugestellt.

Der Verteidiger

Obwohl es sich um eine Strafsache handelt, bei der keine allzu hohe Freiheits- oder Geldstrafe herauskommt, empfiehlt es sich, einen Rechtsanwalt als Verteidiger hinzuzuziehen. Paul Jedermann könnte auch einen guten Freund mit seiner Verteidigung beauftragen; im Gegensatz zu einem als Rechtsanwalt zugelassenen Juristen müßte dieser Freund aber erst vom Gericht für diese besondere Strafsache zugelassen werden. – Im Interesse der Rechtssicherheit darf die gewerbsmäßige Rechtsberatung und Rechtsvertretung nur von Personen ausgeübt werden, deren Kenntnisse und Zuverlässigkeit vom zuständigen Landgerichtspräsidenten überprüft worden sind. Die Gewerbefreiheit hat das Gesetz nicht hinfällig gemacht.

Die Hinzuziehung eines Verteidigers, und zwar nach Möglichkeit eines Rechtsanwalts, ist in jedem Strafverfahren von erheblichem Wert. Der Angeklagte befindet sich in einer schwierigen Position.

Wenn es sich nicht um einen hartgesottenen Verbrecher handelt, so hindert schon die innere Aufregung, die jeweilige Lage zu übersehen und alles vorzubringen, was zur Entlastung beitragen könnte. Der Angeklagte soll auch nach Möglichkeit im Hintergrund bleiben und sich nicht zu Äußerungen hinreißen lassen, die in der Beurteilung seiner Person ungünstig wirken könnten. Ein Verteidiger hat es viel leichter, einem Zeugen oder auch dem Staatsanwalt gegenüber harte Worte zu gebrauchen. Die Person des Angeklagten wird durch erregte Debatten nicht betroffen, wenn er sich daran nicht beteiligt. Außerdem steht ein Verteidiger über den Dingen und kann als Unbeteiligter sich viel wirkungsvoller für den Angeklagten einsetzen, als dies sonst möglich wäre. Wir dürfen auch nicht übersehen, daß ein Rechtsanwalt aufgrund seiner Kenntnis der Gesetze und der Rechtsprechung Entscheidungen höchster Gerichte zur Diskussion stellen kann, die die Tat des Angeklagten in einem anderen Licht erscheinen lassen. Aufgrund seiner Erfahrungen wird gerade in dem vorliegenden Fall ein Rechtsanwalt harte Diskussionen mit dem medizinischen Sachverständigen über den Grad der Trunkenheit führen müssen, zu denen der Angeklagte Paul Jedermann nicht in der Lage wäre, weil er sich beruflich mit diesen Problemen noch nicht auseinandergesetzt hat. Man soll also die Kosten nicht scheuen.

720

Es geht in dieser Strafsache ja auch nicht allein darum, wie hoch die Geld- oder Freiheitsstrafe ausfällt, es kommt vor allem auf die Tatsache der Bestrafung an sich an. Denn wenn Paul Jedermann rechtskräftig verurteilt wird, so wird diese Strafe im Strafregister eingetragen. Er ist dann vorbestraft und hat in vieler Hinsicht die Folgen zu spüren. (Härtere Strafe im Wiederholungsfall, Vermerk im polizeilichen Führungszeugnis, Einfluß auf die Führerscheinentziehung oder Wiedererteilung. Bei Verurteilung wegen Betruges, Diebstahls, Unterschlagung usw. Entziehung des Gewerbescheins oder Verweigerung der Erteilung einer Handelserlaubnis wegen Unzuverlässigkeit.)

Darum: Alles daransetzen, um ein freisprechendes Urteil oder die Einstellung des Verfahrens wegen Geringfügigkeit zu erzielen. Auch wenn es Geld kostet, soll man immer einen guten Verteidiger nehmen!

Das Strafregister wird bei dem Bundeszentralregister in Berlin geführt. Die Auskunft aus dem Bundeszentralregister wird auf dem Wege der elektronischen Datenverarbeitung erstellt, nicht gestempelt und nicht unterschrieben. Sind Beanstandungen zu erheben, so sollen sie schriftlich unter Beifügung der Auskunft oder einer Ablichtung davon gegenüber dem Bundeszentralregister erhoben werden.

Gemäß § 30 Bundeszentralregistergesetz wird jeder Person auf Antrag ein Zeugnis über den sie betreffenden Inhalt des Zentralregisters erteilt (Führungszeugnis). Der Antrag ist bei der Meldebehörde zu stellen. Sonst können Auskunft die Gerichte, Behörden, nicht aber Privatpersonen oder Firmen verlangen. Wenn man von einem Bewerber, den man als Angestellten in seine Firma einstellen möchte, ein klares Bild darüber gewinnen will, ob er vorbestraft ist oder nicht, so ist dies nur bedingt dadurch möglich, daß man ihm auferlegt, ein polizeiliches Führungszeugnis beizubringen. Dieses polizeiliche Führungszeugnis aber gibt auch nicht immer ein vollständiges Bild, weil die Polizei vielleicht gar keine Kenntnis von der Vorstrafe hat oder die Strafe der beschränkten Auskunft unterliegt oder aber überhaupt bereits getilgt ist. In diesem Zusammenhang sei noch bemerkt, daß es möglich ist, daß eine Vorstrafe wieder aus dem Strafregister entfernt wird und nicht jede Strafe im Zentralregister im Sinne einer Vorstrafe aufgenommen wird. Dies ist aber nur in den von Amts wegen vorgesehenen Fällen oder im Gnadenwege möglich.

Es empfiehlt sich allerdings, einen Rechtsanwalt über den einzuschlagenden Weg zu Rate zu ziehen, weil gerade in dieser Hinsicht jeder Fall ganz individuell beurteilt und behandelt werden muß.

Die Hauptverhandlung

Die Hauptverhandlung nimmt nun folgenden Verlauf:

Ein Justizwachtmeister ruft um 9.30 Uhr die Sache Jedermann auf. Der Angeklagte und die Zeugen betreten den Gerichtssaal.

Man soll den Richter mit seiner offiziellen Dienstbezeichnung anreden, wenn es erforderlich ist. An einer Querseite des Tisches sitzt ein Urkundsbeamter der Geschäftsstelle, an der anderen Seite der Vertreter der Staatsanwaltschaft. Richter und Staatsanwalt sind daran zu erkennen, daß sie einen schwarzen Talar mit einem Samtkragen tragen. Alle übrigen Personen, die etwa in der Nähe des Richters oder Staatsanwalts sitzen sollten, haben in einer Einzelrichtersache mit der Rechtsprechung nichts zu tun. Es sind meist Referendare, die dem Amtsrichter oder dem Staatsanwalt zur Ausbildung zugeteilt sind. Findet der Termin allerdings vor einem Schöffengericht statt, so handelt es sich bei den beiden Personen, von denen eine rechts und eine links vom Richter sitzt, um Schöffen, bei der großen Strafkammer um Berufsrichter und Schöffen. Die Richter sind auch wieder an ihrem Talar leicht zu erkennen.

Amtsgericht München
Abteilung für Strafsachen

80333 München, den 5. Juli 20 ..

Justizgebäude Pacellistraße 2

| Mündliche Anträge: Zimmer / |
| des Justizgebäudes Pacellistraße 2 |
| Telefon: Ortsverkehr: 55 97 / (durchwählen) |
| Fernverkehr: 5 59 71 |

⌐ Amtsgericht, Abt. Strafsachen, 80333 München, Pacellistraße 2

An
Herrn
Paul Jedermann
Ungewitterstraße 11

35037 Marburg/Lahn
L

Diese Geschäftsnummer wollen Sie bei jeder Zuschrift angeben.

3 Ds 189/..

➡

Angeklagtenladung
— Bringen Sie diese Ladung zum Termin bitte mit —

Betr. Strafsache gegen   Jedermann

wegen   Trunkenheit am Steuer u. a.

Sehr geehrter Herr Jedermann

Zur Hauptverhandlung werden Sie geladen auf

Wochentag	Tag, Monat, Jahr	Uhrzeit	im Gerichtsgebäude hier	Geschoß	Zimmer
Dienstag	12. 9. ..	11^{30}	**Pacellistr. 2**	3	395

Der Beschluß über die Eröffnung des Hauptverfahrens liegt an — ist bereits zugestellt.

Wenn Sie ohne Entschuldigung ausbleiben, müßte Ihre Verhaftung oder Vorführung angeordnet werden.

Zu der Verhandlung werden die umseitig aufgeführten Beweismittel hinzugezogen.
Sie können die Ladung weiterer Zeugen und Sachverständigen oder die Herbeischaffung anderer Beweismittel unter Angabe der Tatsachen, über die Beweis erhoben werden soll, bei dem Gericht beantragen. Zeugen und Sachverständige, deren Vernehmung Sie wünschen, können Sie auch zur Hauptverhandlung mitbringen; Sie müssen aber ihre Namen und Anschriften unverzüglich dem Gericht mitteilen.

Mittellosen Angeklagten können auf Antrag die notwendigen Reisekosten aus der Landeskasse bezahlt werden. Die Mittellosigkeit muß durch eine Bescheinigung der für die Ausstellung von Armutszeugnissen zuständigen Verwaltungsbehörde Ihres Wohn- oder Aufenthaltsortes nachgewiesen werden. Den Antrag auf Gewährung einer Reiseentschädigung können Sie bei dem obenbezeichneten Gericht stellen.

Hochachtungsvoll
Auf Anordnung

(   )
Justiz-
als Urkundsb. der Geschäftsstelle

Der Angeklagte

722 Die Hauptverhandlung beginnt mit dem Aufruf der Zeugen und Sachverständigen, die nach einer entsprechenden Belehrung, daß sie die reine Wahrheit zu sagen haben, nichts verschweigen und nichts hinzusetzen dürfen, wieder hinausgeschickt werden. Es wird alsdann der Angeklagte zur Person und zur Sache vernommen. Er berichtet über seinen Lebenslauf von der Geburt an, erläutert auch seine Schulbildung und den weiteren beruflichen Werdegang, schildert die Verhältnisse in seinem Elternhaus und seine jetzige Situation. Er gibt dem Gericht Aufschluß über seine Familien- und Einkommensverhältnisse. Alle diese Punkte sind später bei der Festsetzung des Strafmaßes von entscheidender Bedeutung, weil sie einen Einblick in die Erziehung, Intelligenz und charakterliche Haltung vermitteln. Auch ist die Höhe des Einkommens und der mit diesem Betrag zu versorgende Personenkreis von großer Bedeutung, wenn eine Geldstrafe, die den Angeklagten immer empfindlich treffen und eine richtige Strafe sein soll, verhängt werden muß.

Es folgt dann die Verlesung des Anklagesatzes durch den Staatsanwalt. Der Angeklagte wird dann über die ihm mit dem Eröffnungsbeschluß zur Last gelegte Tat bis ins einzelne vernommen. Es hat jetzt keinen Sinn zu leugnen, wo nichts mehr zu leugnen ist. Man soll es nicht darauf ankommen lassen, daß einem der Richter erklärt: »Wenn Sie weiter leugnen, werde ich einen Zeugen aufrufen, der Sie bei der Tat gesehen hat.« Es nützt auch nichts, wenn der Angeklagte tausend Zeugen nennen will, die ihn nicht gesehen haben. Etwas anderes wäre es, wenn der Angeklagte in der Lage ist, zu beweisen, daß er zur Zeit der Tat überhaupt nicht an dem Tatort gewesen ist und sich der Zeuge daher irren muß (Alibi).

 Gemäß § 136 StPO kann man sich weigern, Aussagen zur Sache zu machen. Dies ist jedoch meist nicht zu raten!

Die Zeugen

Nachdem der Angeklagte vernommen worden ist, werden die Zeugen und Sachverständigen einzeln nacheinander hereingerufen und befragt, was sie in der Sache auszusagen haben. Ein Zeuge soll bei seiner Aussage vorsichtig sein und sich weder von Bitternis noch von Phantasie beeinflussen lassen. Nur Tatsachen, die sich auf nüchterne eigene Beobachtung stützen, sollten gesagt werden. Bloße Verdächtigungen oder Vermutungen können für einen Unschuldigen schwere Folgen haben, wenn sie der Zeuge als Tatsachen wiedergibt. Gerade beim Strafverfahren hängt von Zeugenaussagen unendlich viel ab. Eine Strafsache hat ja nicht nur Folgen für den Angeklagten, in den meisten Fällen wird auch seine Familie noch viel stärker betroffen werden, weil der Ernährer und Erzieher der Kinder fehlt. Große Not kann die Folge sein. Aus diesem Grunde verurteilen die Gerichte einen Angeklagten immer nur dann, wenn die Zeugenaussagen oder das Geständnis des Angeklagten einwandfrei die Schuld erwiesen haben. Ein auf einer falschen Zeugenaussage aufgebautes Urteil aber kann dem Gericht nicht zur Last gelegt werden, wenn kein Anlaß bestand, an der beeideten Aussage des Zeugen zu zweifeln. Hier wird es Aufgabe des Verteidigers sein, zweifelhaft erscheinende Zeugen hinsichtlich ihres Leumundes vor der Hauptverhandlung zu überprüfen. In diesem Zusammenhang sei aber noch darauf hingewiesen, daß auch Richter und Staatsanwälte infolge ihrer langjährigen Berufserfahrung Blick und Gefühl dafür haben, ob ein Zeuge schwindelt oder die Wahrheit sagt. Im Zweifel wird immer für den Angeklagten entschieden. Es wird hiermit ein Grundsatz befolgt, der vor mehr als 2000 Jahren schon im alten Rom mit den Worten »in dubio pro reo« Anwendung fand.

Im übrigen ist auch die Eidesbelehrung, die vor der Vernehmung den Zeugen zur Wahrheit ermahnt und auch auf die Bedeutung des Eides und die strafrechtlichen Folgen einer unrichtigen oder unvollständigen Aussage hinweist, durchaus geeignet, die Wahrheit zu ermitteln. Vor allem sind auch Gegenüberstellungen Mittel, um die Glaubwürdigkeit zweifelhafter Zeugen festzustellen. Beisitzende Richter, der Staatsanwalt, Verteidiger und der Angeklagte haben das Recht, an den Vorsitzenden das Verlangen zu stellen, Fragen an den Zeugen zu gestatten. Ungeeignete Fragen, die den Zeugen beeinflussen sollen, oder Dinge, die nicht zur Sache gehören, können vom Vorsitzenden zurückgewiesen werden. Überhaupt kann das Gericht alles tun, was zur Findung der Wahrheit erforderlich ist.

Kommt das Gericht nach der Vernehmung eines Zeugen zu der Auffassung, daß die Aussage keine wesentliche Bedeutung hat und auch unter Eid keine wesentliche Aussage zu erwarten ist, so kann von einer Beeidigung Abstand genommen werden. Das gleiche gilt bei Personen, die zur Zeit der Vernehmung das 16. Lebensjahr, aber noch nicht das 18. Lebensjahr vollendet haben. Ebenfalls kann das Gericht nach freiem Ermessen von einer Vereidigung dann absehen, wenn es sich um den Verletzten und um Personen handelt, die als Angehörige des Verletzten oder des Beschuldigten anzusehen sind.

Das Zeugnisverweigerungsrecht (§§ 52, 53 StPO)

Ein Zeugnisverweigerungsrecht haben allgemein
1. der Verlobte des Beschuldigten,
2. der Ehegatte des Beschuldigten, auch wenn die Ehe nicht mehr besteht,
3. der Lebenspartner oder frühere Lebenspartner des Beschuldigten
4. wer mit dem Beschuldigten in gerader Linie verwandt, verschwägert oder durch Annahme an Kindes Statt verbunden oder in der Seitenlinie bis zum dritten Grade verwandt oder bis zum zweiten Grade verschwägert ist oder war.

Diese Personen sind vor ihrer Vernehmung über ihr Recht zur Verweigerung des Zeugnisses zu belehren. Sie können den Verzicht auf dieses Recht auch während der Vernehmung widerrufen.

Zur Verweigerung des Zeugnisses sind ferner berechtigt:
1. Geistliche über das, was ihnen bei Ausübung der Seelsorge anvertraut oder bekannt geworden ist,
2. Verteidiger des Beschuldigten über das, was ihnen in dieser Eigenschaft anvertraut oder bekannt geworden ist,
3. Rechtsanwälte oder Ärzte über das, was ihnen bei Ausübung ihres Berufes anvertraut oder bekannt geworden ist,
3a. Mitglieder oder Beauftragte einer anerkannten Beratungsstelle nach den §§ 3 und 8 des Schwangerschaftskonfliktgesetzes über das, was ihnen in dieser Eigenschaft anvertraut worden oder bekanntgegeben worden ist,
3b. Berater für Fragen der Betäubungsmittelabhängigkeit in einer Beratungsstelle, die eine Behörde oder eine Körperschaft, Anstalt oder Stiftung des öffentlichen Rechts anerkannt oder bei sich eingerichtet hat, über das, was ihnen in dieser Eigenschaft anvertraut worden oder bekannt geworden ist,
4. Mitglieder des Bundestages, eines Landtages oder einer zweiten Kammer über Personen, die ihnen in ihrer Eigenschaft als Mitglieder dieser Organe oder denen sie in dieser Eigenschaft Tatsachen anvertraut haben sowie über diese Tatsachen selbst,
5. Personen, die bei der Vorbereitung, Herstellung oder Verbreitung von periodischen Druckwerken oder Rundfunksendungen, Filmberichten etc. berufsmäßig mitwirken oder mitgewirkt haben, über die Person des Verfassers, Einsenders oder Gewährsmanns von Beiträgen und Unterlagen sowie über die ihnen im Hinblick auf ihre Tätigkeit gemachten Mitteilungen, soweit es sich um Beiträge, Unterlagen und Mitteilungen für den redaktionellen Teil handelt.

724

Amtsgericht München
Abteilung für Strafsachen

80333 München, den 5. Juli 20 ..

Justizgebäude Pacellistraße 2

┌ Amtsgericht, Abt. Strafsachen, 80333 München, Pacellistraße 2

An

Herrn
Wolfgang Hasch
Wotanstr. 12
80639 München 19

└   ┘

Mündliche Anträge Zimmer	/
des Justizgebäudes Pacellistraße 2	
Telefon. Ortsverkehr 55 97 /	(durchwählen)
Fernverkehr: 5 59 71	

Diese Geschäftsnummer wollen Sie bei jeder Zuschrift angeben:

→ 3 Ds 189/..

Zeugenladung
— Bringen Sie diese Ladung zum Termin bitte mit —

Betr. Strafsache gegen Jedermann

wegen Trunkenheit am Steuer u. a.

Sehr geehrte Herr Hasch

In obenbezeichneter Sache sollen Sie als Zeuge vernommen werden. Sie werden daher geladen auf

Wochentag	Tag, Monat, Jahr	Uhrzeit	im Gerichtsgebäude hier	Geschoß	Zimmer
Dienstag	12.9.20..	11^{30}	**Pacellistr. 2**	3	395

Ein Zeuge, der ohne genügende Entschuldigung nicht erscheint, ist in die durch das Ausbleiben verursachten Kosten sowie zu einer Ordnungsstrafe bis zu 500,00 Euro und für den Fall, daß diese nicht beigetrieben werden kann, zur Haftstrafe bis zu 6 Wochen zu verurteilen, auch ist die zwangsweise Vorführung zulässig.

Geben Sie bitte sofort Nachricht, wenn Sie beabsichtigen, die Reise zum Termin von einem anderen als dem in Ihrer obigen Anschrift genannten Ort aus anzutreten, da Ihnen sonst Nachteile bei der Festsetzung Ihrer Entschädigung entstehen können.

Vertretungskosten wollen Sie durch Quittung des Vertreters, Verdienstausfall durch eine Bescheinigung des Arbeitgebers, die sich auf den Terminstag beziehen muß, nachweisen.

Lösen Sie bitte, wenn möglich, eine Rückfahrkarte, weil weitergehenden Ansprüchen auf Fahrtkostenersatz nicht entsprochen werden kann.

Sollten Sie nicht in der Lage sein, die Reisekosten aus eigenen Mitteln vorzuschießen, so können Sie einen Antrag auf Gewährung eines Vorschusses an das oben bezeichnete Gericht oder in Eilfällen an das für Ihren Aufenthaltsort zuständige Amtsgericht stellen

Hochachtungsvoll
Auf Anordnung

(   )
Justiz
als Urkundsb. der Geschäftsstelle

Die unter Nr. 2 bis 3b Genannten dürfen das Zeugnis nicht verweigern, wenn sie von der Verpflichtung zur Verschwiegenheit entbunden sind.

Im übrigen kann jeder Zeuge, gleichgültig, um wen es sich hierbei handelt, auf solche Fragen **725** die Auskunft verweigern, deren Beantwortung ihm selbst oder seinen Angehörigen die Gefahr strafrechtlicher Verfolgung zuziehen würde. Macht ein Zeuge von seinem Verweigerungsrecht Gebrauch, so muß er die Tatsache auf Verlangen glaubhaft machen. Es genügt die Abgabe einer eidlichen Versicherung über das Bestehen eines Verweigerungsgrundes.

Die Plädoyers

Der Staatsanwalt

Nachdem das Gericht alle Zeugen und Sachverständigen vernommen hat und weder Staatsanwalt noch Verteidiger noch der Angeklagte noch irgendwelche Fragen an die Zeugen zu richten haben, beginnt der Staatsanwalt mit seinem Plädoyer. Der Staatsanwalt würdigt das Ergebnis der Beweisaufnahme und versucht den Nachweis zu erbringen, daß der Angeklagte in objektiver Hinsicht die Tatbestandsmerkmale des betreffenden Paragraphen erfüllt hat. Da man aber immer nur dann bestraft werden kann, wenn man vorsätzlich oder, wenn dies vom Gesetz ausdrücklich bestimmt ist, auch fahrlässig gehandelt hat, ist immer noch zu beweisen, daß auch diese subjektiven Tatbestandsmerkmale vorliegen.

Es gilt also, dem Angeklagten zu beweisen, daß er bewußt oder gegebenenfalls fahrlässig die strafbaren Handlungen begangen hat. Es handelt sich hierbei um den sogenannten inneren Tatbestand.

Einem Angeklagten nutzt es nichts, wenn er behauptet, er habe nicht gewußt, daß seine Tat strafbar sei!

Hat der Staatsanwalt in seinem Plädoyer klargestellt, daß nach seiner Auffassung der Angeklagte schuldig ist, so geht er noch auf die persönlichen Verhältnisse des Angeklagten ein und wagt die belastenden Tatsachen mit Strafmilderungsgründen ab, um dann seinen Strafantrag zu stellen.

Mit diesem Strafantrag ist noch nichts entschieden. Selbst wenn der Staatsanwalt Freisprechung beantragen würde, so könnte das Gericht doch noch zu einer Verurteilung kommen. Der Staatsanwalt hat ja in dem ganzen Verfahren nicht über die Schuld oder Unschuld zu entscheiden; er ist der Vertreter des Staates, um in all den Fällen Anklage zu erheben, in denen das Rechtsgefüge durchbrochen scheint. Genauso wie der Staatsanwalt belastende Momente zusammenträgt, so sammelt er auch Tatsachen, die den Angeklagten entlasten oder die Tat in einem anderen, günstigeren Licht erscheinen lassen könnten.

Der Verteidiger hat das Wort

Nach dem Plädoyer des Staatsanwalts erhebt sich der Verteidiger, um das Ergebnis der Hauptverhandlung zugunsten des Angeklagten zu würdigen. Ist er selbst der Auffassung, daß der Angeklagte aufgrund der Beweisaufnahme um eine Bestrafung nicht herumkommt, wird er das Schwergewicht auf die persönlichen Verhältnisse legen und vor allem die Gründe ins Feld führen, die eine mildere Bestrafung zulassen. Gerade hinsichtlich des Strafmaßes kann ein guter Verteidiger viel erreichen.

Hat der Verteidiger seine Ausführungen beendet, so kann der Staatsanwalt, wenn er will, nochmals erwidern. Das gleiche Recht steht dann erneut dem Verteidiger zu. Das letzte Wort hat dann der Angeklagte. Das Gericht zieht sich zur Beratung zurück, und zwar ohne den Staatsanwalt, der mit dem Urteilspruch nichts zu tun hat. Nach der Beratung kehrt das Gericht zurück. Bei Eintreten des Gerichts müssen sich alle im Sitzungssaal Anwesenden erheben. Der Richter spricht die Urteilsformel und begründet im Anschluß hieran die Entscheidung.

726

Gegen das Urteil steht sowohl dem Angeklagten als auch der Staatsanwaltschaft das Recht der Berufung zu. Soweit es sich um die Beurteilung bloßer Rechtsfragen handelt, kann gegen das Berufungsurteil Revision eingelegt werden.

Ist ein Urteil rechtskräftig geworden, so übernimmt die Staatsanwaltschaft die weitere Vollstreckung. Sie lädt den Verurteilten zum Strafantritt und erzwingt diesen notfalls.

Bewährung und Gnadenrecht

Schon mancher Verurteilte ist auf den Gedanken gekommen, durch ein Gnadengesuch einen Straferlaß zu erreichen, weil er die verhängte Strafe als zu hoch empfand. Dieses Mittel des Gnadengesuchs als letzte Waffe spielt jedoch seit der Neugestaltung unseres Strafsystems und vor allem des Strafvollzugssystems kaum noch eine Rolle. Die im Gesetz verankerten Bewährungsmöglichkeiten sind so vielfältig auf die Resozialisierung des Verurteilten ausgerichtet, daß man sich kaum noch einen Fall denken kann, in welchem ein Gnadengesuch sinnvoll sein könnte.

Dies beginnt damit, daß der Gesetzgeber in § 56 StGB vorschreibt, daß bei einer Freiheitsstrafe von nicht mehr als 1 Jahr die Vollstreckung der Freiheitsstrafe grundsätzlich auszusetzen ist.

Im einzelnen bestimmt der § 56 StGB folgendes:

§ 56

(1) [1]Bei der Verurteilung zu Freiheitsstrafe von nicht mehr als einem Jahr setzt das Gericht die Vollstreckung der Strafe zur Bewährung aus, wenn zu erwarten ist, daß der Verurteilte sich schon die Verurteilung zur Warnung dienen lassen und künftig auch ohne die Einwirkung des Strafvollzugs keine Straftaten mehr begehen wird. [2]Dabei sind namentlich die Persönlichkeit des Verurteilten, sein Vorleben, die Umstände seiner Tat, sein Verhalten nach der Tat, seine Lebensverhältnisse und die Wirkungen zu berücksichtigen, die von der Aussetzung für ihn zu erwarten sind. (2) [1]Das Gericht kann unter den Voraussetzungen des Absatzes 1 auch die Vollstreckung einer höheren Freiheitsstrafe, die zwei Jahre nicht übersteigt, zur Bewährung aussetzen, wenn nach der Gesamtwürdigung von Tat und Persönlichkeit des Verurteilten besondere Umstände vorliegen. [2]Bei der Entscheidung ist namentlich auch das Bemühen des Verurteilten, den durch die Tat verursachten Schaden wiedergutzumachen, zu berücksichtigen. (3) Bei der Verurteilung zu Freiheitsstrafe von mindestens sechs Monaten wird die Vollstreckung nicht ausgesetzt, wenn die Verteidigung der Rechtsordnung sie gebietet. (4) [1]Die Strafaussetzung kann nicht auf einen Teil der Strafe beschränkt werden. [2]Sie wird durch eine Anrechnung von Untersuchungshaft oder einer anderen Freiheitsentziehung nicht ausgeschlossen

Es fällt bei der Betrachtung des Paragrapheninhalts besonders auf, daß in Absatz 3 für eine über sechsmonatige Freiheitsstrafe die Aussetzung nicht erfolgt, »wenn die Verteidigung der Rechtsordnung« die Vollstreckung erforderlich macht.

Dieser eigenartige Begriff hat der Rechtsprechung viel Mühe gemacht. Auf einen einfachen Nenner gebracht, will der Gesetzgeber dann eine Bewährungsaussetzung nicht zulassen, wenn die einzelnen Umstände der Tat, ihre Folgen und die Auswirkungen auf die Öffentlichkeit es notwendig erscheinen lassen, den Täter durch die Durchführung des Strafvollzugs entsprechend hart anzupacken.

Diese weitreichende Bewährungsmöglichkeit des § 56 StGB soll aber nicht den allgemeinen Eindruck erwecken, als ob jeder, der erstmalig einen Diebstahl oder eine Trunkenheitsfahrt begeht, sich sagen darf:

»Na, ins Gefängnis komme ich ja doch nicht. Ich lasse mich halt verurteilen und dann nehme ich mich für die Bewährungszeit zusammen.« So einfach liegen die Dinge nicht, denn das Gericht kann und wird die Wohltat der Bewährung mit Auflagen und Kontrollen verbinden, so daß auch die Bewährungszeit den Täter nachhaltig beeindrucken wird. Insofern bestimmen die §§ 56a bis 56c im einzelnen folgendes:

§ 56a

(1) [1]Das Gericht bestimmt die Dauer der Bewährungszeit. Sie darf fünf Jahre nicht überschreiten und zwei Jahre nicht unterschreiten. [2]Sie kann nachträglich bis auf das Mindestmaß verkürzt oder vor ihrem Ablauf bis auf das Höchstmaß verlängert werden.

(2) [1]Die Bewährungszeit beginnt mit der Rechtskraft der Entscheidung über die Strafaussetzung.

§ 56b

(1) [1]Das Gericht kann dem Verurteilten Auflagen erteilen, die der Genugtuung für das begangene Unrecht dienen. [2]Dabei dürfen an den Verurteilten keine unzumutbaren Anforderungen gestellt werden.

(2) Das Gericht kann dem Verurteilten auferlegen,

1. nach Kräften den durch die Tat verursachten Schaden wiedergutzumachen,
2. einen Geldbetrag zugunsten einer gemeinnützigen Einrichtung zu zahlen, wenn dies im Hinblick auf die Tat und die Persönlichkeit des Täters angebracht ist,
3. sonst gemeinnützige Leistungen zu erbringen oder
4. einen Geldbetrag zugunsten der Staatskasse zu zahlen.

[2]Eine Auflage nach Satz 1 Nr. 2 bis 4 soll das Gericht nur erteilen, soweit die Erfüllung der Auflage einer Wiedergutmachung des Schadens nicht entgegensteht.

(3) Erbietet sich der Verurteilte zu angemessenen Leistungen, die der Genugtuung für das begangene Unrecht dienen, so sieht das Gericht in der Regel von Auflagen vorläufig ab, wenn die Erfüllung des Anerbietens zu erwarten ist.

56c

(1) [1]Das Gericht erteilt dem Verurteilten für die Dauer der Bewährungszeit Weisungen, wenn er dieser Hilfe bedarf, um keine Straftaten mehr zu begehen. [2]Dabei dürfen an die Lebensführung des Verurteilten keine unzumutbaren Anforderungen gestellt werden.

(2) Das Gericht kann den Verurteilten namentlich anweisen,

1. Anordnungen zu befolgen, die sich auf Aufenthalt, Ausbildung, Arbeit oder Freizeit oder auf die Ordnung seiner wirtschaftlichen Verhältnisse beziehen,
2. sich zu bestimmten Zeiten bei Gericht oder einer anderen Stelle zu melden,
3. mit bestimmten Personen oder mit Personen einer bestimmten Gruppe, die ihm Gelegenheit oder Anreiz zu weiteren Straftaten bieten können, nicht zu verkehren, sie nicht zu beschäftigen, auszubilden oder zu beherbergen,
4. bestimmte Gegenstände, die ihm Gelegenheit oder Anreiz zu weiteren Straftaten bieten können, nicht zu besitzen, bei sich zu führen oder verwahren zu lassen oder
5. Unterhaltspflichten nachzukommen.

(3) Die Weisung,

1. sich einer Heilbehandlung oder einer Entziehungskur zu unterziehen oder
2. in einem geeigneten Heim oder einer geeigneten Anstalt Aufenthalt zu nehmen,

darf nur mit Einwilligung des Verurteilten erteilt werden.

(4) Macht der Verurteilte entsprechende Zusagen für seine künftige Lebensführung, so sieht das Gericht in der Regel von Weisungen vorläufig ab, wenn die Einhaltung der Zusagen zu erwarten ist.

728

Vor allem muß aber der mit Bewährung zu einer Freiheitsstrafe Verurteilte sich während der Bewährungszeit gut führen, den ihm erteilten Auflagen und Weisungen nachkommen, vor allem aber keine weitere Straftat begehen. Andernfalls riskiert er den Widerruf der Strafaussetzung, so daß ihm passieren kann, daß er auf einmal nicht nur die neu verhängte Strafe abbüßen muß, sondern auch gleich dazu die bisher ausgesetzte Strafe, die wie das Schwert des Damokles über ihm schwebte.

Wer nun aber keine Strafaussetzung zur Bewährung erhalten hat, sondern wegen der gravierenden Tatumstände eine Freiheitsstrafe von zwei Jahren abzubüßen begonnen hat, kann damit rechnen, daß er nicht die ganze Strafzeit in der Strafanstalt verbringen muß. Zeigt er im Strafvollzug, daß er durch die Haftzeit beeindruckt, gebessert und geläutert ist, so kann er damit rechnen, daß ihm das letzte Drittel der Strafe zur Bewährung ausgesetzt wird.

Diese für alle mit Freiheitsstrafe belegten Täter bedeutsame Bestimmung des § 57 StGB hat folgenden Inhalt:

§ 57

(1) ¹Das Gericht setzt die Vollstreckung des Restes einer zeitigen Freiheitsstrafe zur Bewährung aus, wenn

1. zwei Drittel der verhängten Strafe, mindestens jedoch zwei Monate verbüßt sind,
2. verantwortet werden kann zu erproben, ob der Verurteilte außerhalb des Strafvollzugs keine Straftaten mehr begehen wird, und
3. der Verurteilte einwilligt.

²Bei der Entscheidung sind namentlich die Persönlichkeit des Verurteilten, sein Vorleben, die Umstände seiner Tat, sein Verhalten im Vollzug, seine Lebensverhältnisse und die Wirkungen zu berücksichtigen, die von der Aussetzung für ihn zu erwarten sind.

(2) Schon nach Verbüßung der Hälfte einer zeitigen Freiheitsstrafe, mindestens jedoch von sechs Monaten, kann das Gericht die Vollstreckung des Restes zur Bewährung aussetzen, wenn

1. der Verurteilte erstmals eine Freiheitsstrafe verbüßt und diese zwei Jahre nicht übersteigt oder
2. die Gesamtwürdigung von Tat, Persönlichkeit des Verurteilten und seiner Entwicklung während des Strafvollzugs ergibt, daß besondere Umstände vorliegen, und die übrigen Voraussetzungen des Absatzes 1 erfüllt sind.

(3) ¹Die §§ 56a bis 56g gelten entsprechend; die Bewährungszeit darf, auch wenn sie nachträglich verkürzt wird, die Dauer des Strafrestes nicht unterschreiten. ²Hat der Verurteilte mindestens ein Jahr seiner Strafe verbüßt, bevor deren Rest zur Bewährung ausgesetzt wird, so unterstellt ihn das Gericht in der Regel für die Dauer oder einen Teil der Bewährungszeit der Aufsicht und Leitung eines Bewährungshelfers.

(4) Soweit eine Freiheitsstrafe durch Anrechnung erledigt ist, gilt sie als verbüßte Strafe im Sinne der Absätze 1 bis 3.

(5) Das Gericht kann davon absehen, die Vollstreckung des Restes einer zeitigen Freiheitsstrafe zur Bewährung auszusetzen, wenn der Verurteilte unzureichende oder falsche Angaben über den Verbleib von Gegenständen macht, die dem Verfall unterliegen oder nur deshalb nicht unterliegen, weil dem Verletzten aus der Tat ein Anspruch der in § 73 Abs. 1 Satz 2 bezeichneten Art erwachsen ist.

(6) Das Gericht kann Fristen von höchstens sechs Monaten festsetzen, vor deren Ablauf ein Antrag des Verurteilten, den Strafrest zur Bewährung auszusetzen, unzulässig ist.

Ausblick zum Sexualstrafrecht

Das Sexualstrafrecht war eines der Hauptgebiete einer grundlegenden Strafrechtsreform. Um deren **729**
Auswirkungen zu begreifen, muß man sich den Wandel vor Augen führen, welcher seit 100 Jahren
in der Beurteilung der Geschlechterbeziehungen eingetreten ist. Als die Kodifikation des Reichsrechts
auf dem Gebiete des Zivil- und Strafrechts um die Wende zum 20. Jahrhundert vorgenommen wurde, stand die Familie und das sie zusammenhaltende Band der Ehe im Vordergrund. Demzufolge
waren die Gesetze danach ausgerichtet. Inzwischen ist aus dem Schuldscheidungsrecht das Schei-
dungsrecht der Zerrüttung geworden. Es gibt keinen strafbaren Ehebruch mehr, und dieser ist auch
für sich kein absoluter Scheidungsgrund mehr. Das außereheliche Zusammenleben wird nicht mehr
als gesellschaftliche Problematik empfunden.

Hingegen gibt es verständliche Bestrebungen, das Sexualstrafrecht im Bereich der Taten gegenüber Kindern erheblich zu verschärfen. All das hat zu einem modernen Sexualstrafrecht geführt.

Homosexualität

Der 16jährige Mitschüler des Klaus Jedermann, Kasimir Hübsch, macht die Bekanntschaft des
homosexuell veranlagten volljährigen Theo Anders. Dieser verleitet den Jungen zu nächtlichen
Ausflügen, bei denen er ihn sich durch Alkohol und Geschenke gefügig macht.

Kasimirs Vater erstattet Anzeige. Die Anzeige wird zweckmäßig an den Oberstaatsanwalt bei dem
Landgericht gerichtet, noch zweckmäßiger ist es, eine persönliche Aussprache mit einem Beamten der
Staatsanwaltschaft herbeizuführen und durch ihn den Tatbestand protokollieren zu lassen. Der Gesetzgeber hat die Strafbarkeit von Homosexualität schon lange abgeschafft. Inzwischen werden bekanntlich gleichgeschlechtliche Lebenspartnerschaften als solche gesetzlich anerkannt.

Theo Anders hat sich also insoweit auch nicht mehr strafbar gemacht.

Die Allgemeinheit ist sich nur noch darüber einig, daß die sexuelle Beziehung eines Erwachsenen
zu einem Minderjährigen unter 14 Jahren weiterhin unter Strafe gestellt bleiben muß. Dies gilt auch
für eine erwachsene Frau, die einen 13jährigen Jungen verführt (§ 176 StGB). Insbesondere ist diese Vorschrift bei sexuellen Mißbräuchen eigener Kinder sehr aktuell.

Der § 218

Eine Freundin von Angelika Jedermann, Anna Stein, ist schwanger. Ihr Freund droht, sie im Stich
zu lassen, und ihre finanziellen Verhältnisse sind sehr schlecht. Sie entschließt sich schweren Herzens
zur Abtreibung.

Der Gesetzgeber hat die erlaubte Abtreibung durch den Arzt gebilligt. Gemäß Auftrag des
Bundesverfassungsgerichts wurde das Abtreibungsrecht durch die Neufassung der §§ 218 ff. StGB
neu geregelt. Maßgeblich bestimmen nunmehr die §§ 218 und 218 a StGB folgendes:

§ 218
(1) ¹Wer eine Schwangerschaft abbricht, wird mit
Freiheitsstrafe bis zu drei Jahren oder mit Geldstrafe bestraft. ²Handlungen, deren Wirkung vor
Abschluß der Einnistung des befruchteten Eies in
der Gebärmutter eintritt, gelten nicht als Schwangerschaftsabbruch im Sinne dieses Gesetzes.
(2) ¹In besonderen schweren Fällen ist die Strafe
Freiheitsstrafe von sechs Monaten bis zu fünf Jahren. ²Ein besonders schwerer Fall liegt in der Regel
vor, wenn der Täter
1. gegen den Willen der Schwangeren handelt
   oder
2. leichtfertig die Gefahr des Todes oder einer
   schweren Gesundheitsschädigung der Schwangeren verursacht.

(3) Begeht die Schwangere die Tat, so ist die Strafe Freiheitsstrafe bis zu einem Jahr oder Geldstrafe.

(4) ¹Der Versuch ist strafbar. ²Die Schwangere wird nicht wegen Versuchs bestraft.

730

§ 218a

Der Tatbestand des § 218 ist nicht verwirklicht, wenn

1. die Schwangere den Schwangerschaftsabbruch verlangt und dem Arzt durch eine Bescheinigung nach § 219 Abs. 2 Satz 2 nachgewiesen hat, daß sie sich mindestens drei Tage vor dem Eingriff hat beraten lassen,
2. der Schwangerschaftsabbruch von einem Arzt vorgenommen wird und
3. seit der Empfängnis nicht mehr als zwölf Wochen vergangen sind.

(2) Der mit Einwilligung der Schwangeren von einem Arzt vorgenommene Schwangerschaftsabbruch ist nicht rechtswidrig, wenn der Abbruch der Schwangerschaft unter Berücksichtigung der gegenwärtigen und zukünftigen Lebensverhältnisse der Schwangeren nach ärztlicher Erkenntnis angezeigt ist, um eine Gefahr für das Leben oder die Gefahr einer schwerwiegenden Beeinträchtigung des körperlichen oder seelischen Gesundheitszustandes der Schwangeren abzuwenden, und die Gefahr nicht auf eine andere für sie zumutbare Weise abgewendet werden kann.

(3) ¹Die Voraussetzungen des Absatzes 2 gelten bei einem Schwangerschaftsabbruch, der mit Einwilligung der Schwangeren von einem Arzt vorgenommen wird, auch als erfüllt, wenn nach ärztlicher Erkenntnis an der Schwangeren eine rechtswidrige Tat nach den §§ 176 bis 179 des Strafgesetzbuches begangen worden ist, dringende Gründe für die Annahme sprechen, daß die Schwangerschaft auf der Tat beruht, und seit der Empfängnis nicht mehr als zwölf Wochen vergangen sind.

(4) ¹Die Schwangere ist nicht nach § 218 strafbar, wenn der Schwangerschaftsabbruch nach Beratung (§ 219) von einem Arzt vorgenommen worden ist und seit der Empfängnis nicht mehr als zweiundzwanzig Wochen verstrichen sind. ²Das Gericht kann von Strafe nach § 218 absehen, wenn die Schwangere sich zur Zeit des Eingriffs in besonderer Bedrängnis befunden hat.

Ergänzend hierzu stellt § 218 b StGB den Abbruch der Schwangerschaft ohne ärztliche oder bei unrichtiger ärztlicher Feststellung unter Strafe und § 219 StGB regelt eingehend die Beratung der Schwangeren in einer Not- und Konfliktlage.

Die Vergewaltigung

Einer der schwerwiegendsten Eingriffe in die sexuelle Selbstbestimmung einer Person ist die Vergewaltigung. Die 22jährige Tochter Anneliese von Freunden der Familie Jedermann nimmt nach dem Besuch einer Discothek das Angebot eines Gastes, mit dem sie getanzt hatte, zur Heimfahrt mit seinem Pkw an.

Er fährt jedoch plötzlich mit hoher Geschwindigkeit in einen Waldweg, mißhandelt die junge Frau und vergewaltigt die fast Bewußtlose.

Am nächsten Morgen findet sie ein Waldarbeiter. Der Polizei gelingt es, den Täter ausfindig zu machen und ihn festzunehmen. »Das ist ja kein Einzelfall«, stellt Karin fest. »Nur gut, daß sie den Kerl haben, der Anneliese so zugerichtet hat. Was geschieht eigentlich mit ihm?«

Die Antwort geben §§ 177 bis 179 StGB, die folgendes bestimmen:

§ 177

(1) Wer eine andere Person
1. mit Gewalt
2. durch Drohung mit gegenwärtiger Gefahr für Leib oder Leben oder
3. unter Ausnutzung einer Lage, in der das Opfer der Einwirkung des Täters schutzlos ausgeliefert ist,

nötigt, sexuelle Handlungen des Täters oder eines Dritten an sich zu dulden oder an dem Täter oder einem Dritten vorzunehmen, wird mit Freiheitsstrafe nicht unter einem Jahr bestraft.

(2) ¹In besonders schweren Fällen ist die Strafe Freiheitsstrafe nicht unter zwei Jahren. ²Ein besonders schwerer Fall liegt in der Regel vor, wenn

1. der Täter mit dem Opfer den Beischlaf vollzieht oder ähnliche sexuelle Handlungen an dem Opfer vornimmt oder an sich von ihm vornehmen läßt, die dieses besonders erniedrigen, insbesondere, wenn sie mit einem Eindringen in den Körper verbunden sind (Vergewaltigung), oder
2. die Tat von mehreren gemeinschaftlich begangen wird.

(Es folgen Abs. 3 bis 5)

§ 178

Verursacht der Täter durch die sexuelle Nötigung oder Vergewaltigung (§ 177) wenigstens leichtfertig den Tod des Opfer, so ist die Strafe lebenslange Freiheitsstrafe oder Freiheitsstrafe nicht unter zehn Jahren.

§ 179

(1) Wer eine andere Person, die
1. wegen einer geistigen oder seelischen Krankheit oder Behinderung einschließlich einer Suchtkrankheit oder wegen einer tiefgreifenden Bewußtseinsstörung oder
2. körperlich

zum Widerstand unfähig ist, dadurch mißbraucht, daß er unter Ausnutzung der Widerstandsunfähigkeit sexuelle Handlungen an ihr vornimmt oder an sich von ihr vornehmen läßt, wird mit Freiheitsstrafe von sechs Monaten bis zu zehn Jahren bestraft.

(2) Ebenso wird bestraft, wer eine widerstandsunfähige Person (Absatz 1) dadurch mißbraucht, daß er sie unter Ausnutzung der Widerstandsunfähigkeit dazu bestimmt, sexuelle Handlungen an einem Dritten vorzunehmen oder von einem Dritten an sich vornehmen zu lassen.

Der Täter ist aber auch wegen Körperverletzung zu bestrafen, und sein Pkw wird eingezogen, da er mit seiner Hilfe die Tat begangen hat.

«Und was, wenn die Vergewaltigung nun Folgen für Anneliese hat?» fragt Karin. Dies ist eine gute Frage, die ihre Antwort in § 218 a Abs. 3 findet. Danach wäre eine Abtreibung nicht strafbar.

Vergewaltigt ein Mann seine Ehefrau, so ist er ebenso nach § 177 wegen Vergewaltigung beziehungsweise sexueller Nötigung strafbar. Dasselbe gilt für entsprechende Handlungen von Männern untereinander.

Unsittlichkeit und ihre Folgen

Verführung Minderjähriger

Karin hat während ihrer Ehe als junge Mutter mehrfach in der Presse Nachrichten über Sexualverbrechen an Kindern gelesen.

Sie hat seitdem ihre Kinder streng gewarnt, sich niemals von fremden Männern oder Frauen verleiten zu lassen, irgendwohin mitzugehen. Eines Tages hört sie, wie die Schulkameradin Ulrike ihrer Angelika erzählt, ein Mann habe sie in den Abendstunden im Stadtpark angesprochen und er sei »vorn ganz offen« gewesen. Das habe sie genau gesehen. Mit dem 21jährigen Sohn des Mühlenbesitzers Göpel treffe sie sich öfter im Park, sie küßten sich dort, und sie erlaube ihm auch noch mehr.

Karin setzt sich sofort mit Ulrikes Mutter in Verbindung, um zu beraten, was hier geschehen müßte. Gegen Göpel jun. mit den Strafgerichten vorzugehen wird nicht viel Zweck haben. Dieser könnte wegen Verführung einer Minderjährigen unter 16 Jahren gemäß § 182 StGB strafbar sein. Das setzt jedoch voraus, daß er sich das Mädchen gefügig gemacht hat. Wenn es von sich aus bereit war, in diese Handlungen einzuwilligen, so entfällt eine Möglichkeit der Bestrafung nach § 182 StGB. Es wird hierbei noch zwischen sexuellen Handlungen von Personen zwischen 18 und 21 Jahren und älteren »Verführern« hinsichtlich der Handlungen und des Strafmaßes differenziert.

Kann man die Verführung bejahen, so liegt noch ein Fall der Beleidigung, und zwar Ulrikes als auch deren Eltern, vor. Ulrike ist in ihrer Mädchenehre gekränkt. Die Rechtswidrigkeit des Tuns des Gerd Göpel entfällt hier nicht etwa, weil Ulrike ja »einwilligt«. Sie ist noch nicht reif und einsichtig genug, um die Folgen ihres Verhaltens zu überschauen. Aber auch Ulrikes Eltern sind von Göpel beleidigt, da Gerd Göpel durch sein unsittliches Verhalten seine Nichtachtung gegenüber Ulrikes Elternhaus zum Ausdruck bringt.

Sämtliche Delikte, die vorstehend beschrieben sind, sind Antragsdelikte, und zwar sind Ulrikes Eltern berechtigt, Strafanträge innerhalb von drei Monaten seit Kenntnis der Tat zu stellen. Sie werden aber erwägen, ob es nicht zweckmäßiger ist, davon Abstand zu nehmen, da der Strafprozeß ja erst die Aufmerksamkeit der Öffentlichkeit auf Ulrikes Verhalten lenkt und für sie dadurch vielleicht mehr Schaden entsteht, als wenn man die Sache auf sich beruhen läßt.

Der Vater kann – theoretisch – auch gegen Göpel jun. einen Zivilprozeß führen, daß dieser es unterläßt, weiter mit seiner Tochter Fühlung zu nehmen. Aber mit einem solchen Verfahren schadet er dem Ruf seiner Tochter und macht sich selbst lächerlich. Der ganze Fragenkomplex ist eben allzu delikat, als daß man ihn auf dem Rechtsweg lösen könnte, ohne den Schaden zu vergrößern.

Der Exhibitionist

Der Unbekannte, der sich im Park vor Ulrike unanständig entblößte, ist gemäß § 183 StGB zu bestrafen. Es ist zweckmäßig, daß Paul Jedermann den Vorfall der Polizei kurz meldet, damit der Park und seine Umgebung überwacht werden, um weitere Vorkommnisse zu verhindern.

Hier herrscht allerdings ein etwas seltsam anmutender Streit in der Rechtswissenschaft, der auch in der Rechtsprechung Ausdruck gefunden hat. Man will nämlich einen Unterschied machen zwischen dem Fall, daß das Kind arglos sich das entblößte Geschlechtsteil betrachtet, also bloß einmal hinsieht, ohne zu begreifen, und zwischen dem anderen Fall, daß das Kind geflissentlich hinsieht, also schon begreift, daß hier etwas Besonderes vor sich geht. Dagegen genügt es nach allgemeiner Ansicht nicht, wenn eine unzüchtige Redensart in Gegenwart des Kindes gebraucht wird oder eine Schamlosigkeit vorgetäuscht wird.

Bei allen Fällen unsittlichen Verhaltens, bei denen Kinder beteiligt sind, besteht nach der Erfahrung der Praxis das Bedenken, ob das, was das Kind erzählt, auch wahr ist. Die erregte und unkontrollierte Phantasie des Kindes läßt noch viel eher als bei einem Erwachsenen Aussagen über delitische Handlungen anderer Personen zustande kommen, die unwahr sind. Aus diesem Grunde wird ein Gericht auch nicht allein aufgrund der Aussage eines Kindes verurteilen. Ulrikes Eltern tun daher gut daran, bevor sie einfach Ulrikes Erlebnisbericht für bare Münze nehmen, erst einmal nachzuforschen, ob hier nicht kindliche Phantasie sich etwas zusammengedichtet hat. Andernfalls gibt es eine große Aufregung und viel Arbeit um nichts.

In der Öffentlichkeit vorgenommene sexuelle Handlungen fallen auch unter § 183a StGB, der insoweit folgendes bestimmt:

§ 183a
Wer öffentlich sexuelle Handlungen vornimmt und dadurch absichtlich oder wissentlich ein Ärgernis erregt, wird mit Freiheitsstrafe bis zu einem Jahr oder mit Geldstrafe bestraft, wenn die Tat nicht in § 183 mit Strafe bedroht ist.

Pornographie

Paul Jedermann sieht in den Schaufenstern von Buchhandlungen und auf den Auslegetischen von Kiosken bunte Heftchen mit nackten Frauen. Nachdem er sich einige näher angesehen hat, ist er moralisch entrüstet und gibt einem ihm bekannten Juristen gegenüber seiner Verwunderung Ausdruck, daß so etwas nicht strafbar sei. Dieser weist ihn darauf hin, daß er ja täglich in der Zeitung lesen könne, daß immer wieder derartige Hefte und Journale beschlagnahmt würden und gegen die Verbreiter ein Strafverfahren nach § 184 StGB in Gang gesetzt wird. Allerdings ist es nicht immer leicht, festzustellen, wann eine Abbildung und der Text einer Schrift unzüchtig sind. Will man nicht Kunstwerke vergangener Zeiten mit verdammen, so muß man zunächst einmal feststellen, daß die Abbildung eines nackten weiblichen oder männlichen Körpers für sich betrachtet noch nicht unzüchtig ist. Eine Überbetonung der geschlechtlichen Seite des menschlichen Körpers in Wort und Bild führt zur unzüchtigen Darstellung. Dies wird man zum Beispiel dann annehmen können, wenn sich eine nackte Frau in verschiedenen Stellungen hat fotografieren lassen.

Ist es also schon nicht einfach, bei einem Bild oder einer Schrift im einzelnen Fall die Unzüchtigkeit zu bejahen, so hängt die Bestrafung ferner davon ab, ob diese Schriften oder Abbildungen zum Verkauf feilgehalten oder sonst der Allgemeinheit zugänglich gemacht wurden. Es ist also nicht strafbar, solche Bilder und Schriften zu Hause bei sich zu haben. Man kann auch derartige Erzeugnisse einzelnen anderen Personen leihen oder sie mitbetrachten lassen, zum Beispiel in geschlossener Gesellschaft einen pornographischen Film vorführen.

Nunmehr hat der Gesetzgeber insoweit folgende Bestimmungen mit der Regelung des § 184 getroffen:

§ 184

734

(1) Wer pornographische Schriften (§ 11 Abs. 3)

1. einer Person unter achtzehn Jahren anbietet, überläßt oder zugänglich macht,

2. an einem Ort, der Personen unter achtzehn Jahren zugänglich ist oder von ihnen eingesehen werden kann, ausstellt, anschlägt, vorführt oder sonst zugänglich macht,

3. im Einzelhandel außerhalb von Geschäftsräumen, in Kiosken oder anderen Verkaufsstellen, die der Kunde nicht zu betreten pflegt, im Versandhandel oder in gewerblichen Leihbüchereien oder Lesezirkeln einem anderen anbietet oder überläßt,

3a. im Wege gewerblicher Vermietung oder vergleichbarer gewerblicher Gewährung des Gebrauchs, ausgenommen in Ladengeschäften, die Personen unter achtzehn Jahren nicht zugänglich sind und von ihnen nicht eingesehen werden können, einem anderen anbietet oder überläßt,

4. im Wege des Versandhandels einzuführen unternimmt,

5. öffentlich an einem Ort, der Personen unter achtzehn Jahren zugänglich ist oder von ihnen eingesehen werden kann, oder durch Verbreiten von Schriften außerhalb des Geschäftsverkehrs mit dem einschlägigen Handel anbietet, ankündigt oder anpreist,

6. an einen anderen gelangen läßt, ohne von diesem hierzu aufgefordert zu sein,

7. in einer öffentlichen Filmvorführung gegen ein Entgelt zeigt, das ganz oder überwiegend für diese Vorführung verlangt wird,

8. herstellt, bezieht, liefert, vorrätig hält oder einzuführen unternimmt, um sie oder aus ihnen gewonnene Stücke im Sinne der Nummern 1 bis 7 zu verwenden oder einem anderen eine solche Verwendung zu ermöglichen, oder

9. auszuführen unternimmt, um sie oder aus ihnen gewonnene Stücke im Ausland unter Verstoß gegen die dort geltenden Strafvorschriften zu verbreiten oder öffentlich zugänglich zu machen oder eine solche Verwendung zu ermöglichen,

wird mit Freiheitsstrafe bis zu einem Jahr oder mit Geldstrafe bestraft.

(2) Ebenso wird bestraft, wer eine pornographische Darbietung durch Rundfunk verbreitet.

(3) Wer pornographische Schriften (§ 11 Abs. 3), die Gewalttätigkeiten, den sexuellen Mißbrauch von Kindern oder sexuelle Handlungen von Menschen mit Tieren zum Gegenstand haben,

1. verbreitet,

2. öffentlich ausstellt, anschlägt, vorführt oder sonst zugänglich macht oder

3. herstellt, bezieht, liefert, vorrätig hält, anbietet, ankündigt, anpreist, einzuführen oder auszuführen unternimmt, um sie oder aus ihnen gewonnene Stücke im Sinne der Nummern 1 oder 2 zu verwenden oder einem anderen eine solche Verwendung zu ermöglichen,

wird, wenn die pornographischen Schriften den sexuellen Mißbrauch von Kindern zum Gegenstand haben, mit Freiheitsstrafe von drei Monaten bis zu fünf Jahren, sonst mit Freiheitsstrafe bis zu einem Jahr oder mit Geldstrafe bestraft.

(4) Haben die pornographischen Schriften (§ 11 Abs. 3) in den Fällen des Absatzes 3 den sexuellen Mißbrauch von Kindern zum Gegenstand und geben sie ein tatsächliches Geschehen wieder, so ist die Strafe Freiheitsstrafe von sechs Monaten bis zu fünf Jahren, wenn der Täter gewerbsmäßig oder als Mitglied einer Bande handelt, die sich zur fortgesetzten Begehung solcher Taten verbunden hat.

(5) [1]Wer es unternimmt, sich oder einem Dritten den Besitz von pornographischen Schriften (§ 11 Abs. 3) zu verschaffen, die den sexuellen Mißbrauch von Kindern zum Gegenstand haben, wird, wenn die Schriften ein tatsächliches Geschehen wiedergeben, mit Freiheitsstrafe bis zu einem Jahr oder mit Geldstrafe bestraft. [2]Ebenso wird bestraft, wer die in Satz 1 bezeichneten Schriften besitzt.

(6) [1]Absatz 1 Nr. 1 ist nicht anzuwenden, wenn der zur Sorge für die Person Berechtigte handelt. [2]Absatz 1 Nr. 3a gilt nicht, wenn die Handlung im Geschäftsverkehr mit gewerblichen Entleihern erfolgt. [3]Absatz 5 gilt nicht für Handlungen, die ausschließlich der Erfüllung rechtmäßiger dienstlicher oder beruflicher Pflichten dienen.

(7) In den Fällen des Absatzes 4 ist § 73d anzuwenden. Gegenstände, auf die sich eine Straftat nach Absatz 5 bezieht, werden eingezogen. § 74a ist anzuwenden.

Schöffe am Schwurgericht

Paul Jedermann steht auf der Schöffenliste des Schwurgerichts. Er wird zur demnächst anstehenden Sitzung des Schwurgerichts geladen und erfährt, daß es sich um eine Mordangelegenheit handeln soll.

Wir sahen bereits, daß das Schöffengericht eine Erscheinungsform des Amtsgerichts ist, in welcher neben dem Richter zwei Nichtjuristen als sogenannte Schöffen bei der Urteilsfindung mitwirken. Das Schwurgericht ist eine Strafkammer des Landgerichts. Das Schwurgericht besteht aus drei Juristen und zwei Schöffen, früher Geschworene. Sie haben dieselbe Aufgabe wie die Schöffen beim Amtsgericht – nämlich als Laienrichter des Schwurgerichts bei der Urteilsfindung mitzuwirken. Früher bestand ein Unterschied zwischen Schöffen und Geschworenen. Unter einem Schöffen versteht man einen nichtjuristischen Richter, der sowohl die Frage mitentscheidet, ob der Angeklagte die Tat begangen hat, als auch die Frage, wie hoch das zu verhängende Strafmaß ist. Unter einem Geschworenen verstand man ursprünglich einen nichtjuristischen Beisitzer, der lediglich mit den übrigen Geschworenen (wie zum Beispiel in den USA) die Frage zu entscheiden hatte, ob der Angeklagte die Tat begangen hatte oder nicht. Das Strafmaß wurde, nachdem die Geschworenen ihren Schuldspruch getan hatten, ausschließlich von den juristischen Richtern verhängt.

Seit 1923 (»Emminger Novelle«) wurde jedoch die deutsche Gerichtsverfassung dahin abgeändert, daß die Geschworenen nicht mehr allein über die Schuldfrage entscheiden, sondern sie wurden nunmehr – genau wie die Schöffen beim Amtsgericht – dazu berufen, über Schuldseite und Strafseite zu entscheiden. Es gibt demnach heute keinen Unterschied mehr zwischen Geschworenen und Schöffen hinsichtlich der von diesen zu erledigenden Aufgaben. Die unterschiedliche Bezeichnung ist abgeschafft.

Wie ist Paul Jedermann nun Schöffe geworden? Jeder Deutsche ist nach § 31 GVG (Gerichtsverfassungsgesetz) verpflichtet, das Ehrenamt eines Schöffen am Amtsgericht und das Amt eines solchen am Schwurgericht anzunehmen. Die Gemeinde stellt in jedem Jahr eine Vorschlagsliste für die Schöffen auf. Diese »Urliste« wird öffentlich ausgelegt, damit die Bürger der Gemeinde durch Einsichtnahme feststellen können, ob sie in diese Liste aufgenommen sind.

Bestimmte Personen dürfen nämlich diese Ämter ablehnen, zum Beispiel Parlamentsabgeordnete, Ärzte und Frauen, die glaubhaft machen können, daß sie dadurch mit der Fürsorge für ihre Familie in Schwierigkeiten kommen. Bestimmte Personen sollen nicht berufen werden, zum Beispiel Rechtsanwälte, Geistliche, ferner solche Personen, die noch nicht das 25. Lebensjahr vollendet haben oder die noch nicht 1 Jahr in der Gemeinde wohnen.

Erheblich vorbestrafte Personen oder solche, gegen die ein Ermittlungsverfahren läuft, das bestimmte Verbrechen oder Vergehen betrifft, sind für das Amt eines Schöffen ungeeignet. Paul Jedermann hätte nach Einsichtnahme in die Liste auf dem Rathaus der Gemeinde gegen seine Aufstellung Einspruch einlegen können, wenn er zum Beispiel glaubhaft macht, daß die unmittelbare persönliche Fürsorge für seine Familie die Ausübung des Amtes besonders erschwert. Auch wenn er das 65. Lebensjahr vollendet hat oder im nächsten Jahr vollendet, kann Paul Jedermann Einspruch erheben. Im letzteren Fall würde Paul Jedermann also folgendes Schreiben absenden:

736

Paul Jedermann

PILGERWEG 6
35037 MARBURG/LAHN

An den
Magistrat der Universitätsstadt
35037 Marburg/Lahn   8.11.20..

Liste der Schöffen

Der Unterzeichnete ist in die Urliste der Schöffen für das Jahr 20.. aufgenommen.
Ich erhebe hiermit Einspruch gegen meine in Aussicht genommene Verwendung als
Schöffe, da ich über 65 Jahre alt bin und daher gemäß § 35 GVG die Übernahme die-
ses Amtes ablehnen kann.

Paul Jedermann

Original spätestens binnen einer Woche, gerechnet vom Ende der Auslegungsfrist, einreichen. Durchschrift für die eigenen Akten zurückbehalten.

Hat Paul Jedermann keinen Grund, seine Berufung zum Schöffen abzulehnen, so muß er abwarten, bis er von dem Landgerichtspräsidenten die Nachricht bekommt, zu welchen Sitzungstagen des Schwurgerichts er ausgelost worden ist. Zu diesen Sitzungstagen muß er erscheinen. Wenn er unentschuldigt den Sitzungen fernbleibt, kann er von dem Landgericht zu Ordnungsgeld sowie zum Ersatz der von ihm verursachten Kosten des Verfahrens verurteilt werden.

Für seine ordnungsmäßige Teilnahme an den Sitzungen des Schwurgerichts erhält Paul Jedermann eine angemessene Entschädigung für den ihm erwachsenden Verdienstausfall und den mit der Dienstleistung verbundenen Aufwand sowie Ersatz der Fahrtkosten. Über die Höhe dieser Entschädigung sowie der Fahrtkosten bestehen allgemeine Anordnungen der Justizverwaltung. Wenn Paul Jedermann großzügig ist, so wird er diese Entschädigung und Ersatz seiner Fahrtkosten nicht verlangen. Der eventuelle Antrag auf Gewährung dieser Leistungen muß binnen drei Monaten nach Beendigung der Tätigkeit als Schöffe gestellt werden.

Die Berufung Paul Jedermanns zum Schöffen bedeutet die Verpflichtung zur Mitwirkung bei demjenigen Gericht erster Instanz, bei dem die »Kapitalverbrechen« abgeurteilt werden. Während die kleineren Delikte (dies sind geringfügige Vergehen) vor dem Amtsgericht (Einzelrichter oder Schöffengericht) abgeurteilt werden und die mittleren Delikte (schwerere Vergehen und die meisten Verbrechen) von der großen Strafkammer des Landgerichts abgeurteilt werden, ist das Schwurgericht eingerichtet, um die ganz schweren Fälle abzuurteilen, bei denen es gewöhnlich um den Tod eines Menschen geht.

Das Landgericht tritt uns also gleich in zwei Erscheinungsformen gegenüber. Einmal in Gestalt der großen Strafkammer, bestehend aus drei Juristen und zwei Schöffen, und dem Schwurgericht.

Das Schwurgericht

Das klassische Schwurgericht, bestehend aus drei Berufsrichtern und sechs Schöffen (Laienrichtern), gibt es nicht mehr.

Seine Funktionen haben Strafkammern am Landgericht übernommen, welche in der Hauptverhandlung mit drei Berufsrichtern und zwei Schöffen besetzt sind.

In dieser Besetzung sind die »Schwurgerichtskammern« zuständig für die Aburteilung der schweren Delikte, wie sie in § 74 GVG aufgezählt sind, zum Beispiel Mord und Totschlag, Körperverletzung mit Todesfolge, Vergewaltigung mit Todesfolge, Sexualhandlungen mit Todesfolge

Tötungsdelikte

Gleich die erste Strafsache, an der Paul Jedermann als Schöffe mitzuwirken hat, betrifft einen Mord. Der Angeklagte hat seine Ehefrau mit einem Feuerhaken derartig über den Kopf geschlagen, daß diese sofort tot war. Er verteidigt sich in der Verhandlung damit, daß er von seiner Ehefrau gereizt worden sei, weil diese ihm Vorhaltungen über seine Beziehungen zu seiner Geliebten gemacht habe. Im Affekt habe er sie niedergeschlagen. Mit dieser Art der Verteidigung will der Angeklagte offenbar darauf hinaus, daß es sich gar nicht um einen Mord, sondern um einen Totschlag handele.

Gemäß den §§ 211, 212 StGB (die den Mord und Totschlag regeln) ist Mörder, wer »aus Mordlust, zur Befriedigung des Geschlechtstriebes, aus Habgier oder sonst aus niedrigen Beweggründen, heimtückisch oder grausam oder mit gemeingefährlichen Mitteln oder um eine andere Straftat zu ermöglichen oder zu verdecken, einen Menschen tötet«.

Diese besonderen Umstände machen also eine Tötung zu einem Mord, während in den übrigen Fällen, in denen ein Mensch vorsätzlich getötet wird, ein Totschlag vorliegt.

Seitdem das Grundgesetz in Art. 102 die Todesstrafe für den Mord abgeschafft hat, sind die Auswirkungen des Unterschiedes zwischen diesen beiden Delikten allerdings nicht mehr ganz so bedeutsam. Immerhin steht auf Mord grundsätzlich lebenslange Freiheitsstrafe, während beim Totschlag die unterste Grenze Freiheitsstrafe 5 Jahre sind. Außerdem können bei einem Totschläger mildernde Umstände, die bei der Tat vorgelegen haben, berücksichtigt werden, und es kann hierdurch eine Strafmilderung bis zu einer Freiheitsstrafe nicht unter 6 Monaten eintreten.

Der Angeklagte verteidigt sich ferner damit, daß er seine Frau nur habe niederschlagen, nicht aber töten wollen. Es kommt nun darauf an, welche Eindrücke Paul Jedermann und die übrigen Richter von dem Tatgeschehen aufgrund der Verhandlung haben. Kommt Paul Jedermann zu der Überzeugung, daß der Angeklagte seine Frau beseitigen wollte, um freie Bahn für seine Geliebte zu schaffen, so wird er dafür stimmen, daß dieser wegen Mordes verurteilt wird. Kann er sich nicht zu dieser Überzeugung durchringen, so kann er nur dafür stimmen, daß der Angeklagte wegen Körperverletzung mit Todesfolge bestraft wird. Die Mehrzahl der Stimmen der Richter (Berufsrichter und Schöffen) entscheidet diese Frage.

Tötung auf Verlangen

Als nächste Strafsache vor dem Schwurgericht steht ein Fall an, den Paul Jedermann schon mehrfach in der Zeitung behandelt gesehen hat. Eine alte Frau war an einer unheilbaren Krankheit erkrankt und hatte ihre Tochter gebeten, ihr eine überstarke Dosis eines Schlafmittels einzugeben. Die Tochter hatte dieser Bitte entsprochen. Die Staatsanwaltschaft hat Anklage vor der großen Strafkammer erhoben. In der Hauptverhandlung stellt sich nunmehr einwandfrei heraus, daß die Tochter aus Mitleid mit der leidenden Mutter gehandelt hat. Sie kann trotzdem nicht straffrei ausgehen. Dem deutschen Recht ist die sogenannte Sterbehilfe (Euthanasie) als Rechtfertigungsgrund unbekannt. Wer gegen den Willen des Schwerleidenden diesen tötet, ist ein Totschläger. Mildernde Umstände mögen dem Täter zugute kommen. In unserem Fall lag aber noch das ausdrückliche und ernstliche Verlangen der Getöteten vor, die von ihrem schweren Leiden erlöst werden wollte. In diesem Falle ist das Mindestmaß der Strafe Freiheitsstrafe von 6 Monaten. Anders wäre es jedoch gewesen, wenn ein Bekannter die tödlichen Schlaftabletten nicht eingegeben, sondern nur besorgt hätte. Wenn die Kranke dann Selbstmord durch Einnehmen der Tabletten begangen hätte, so hätte er hierzu zwar eine Beihilfe begangen, die jedoch nicht strafbar wäre. Von derart kleinen Unterschieden hängt also möglicherweise ein Freispruch oder eine Verurteilung ab.

Gemäß § 213 ist bei einer Tötung eine Strafmilderung möglich, wenn der Täter ohne eigene Schuld zum Beispiel durch schwere Mißhandlungen etc. vom Opfer zur Tat gereizt wurde.

Die gestörte Nachtruhe

Paul Jedermann hat kaum seine Richtertätigkeit als Schöffe beendet, da erlebt er schon wieder selbst Ereignisse, die seines Erachtens vor den Strafrichter gehören.

Die Familie Jedermann feierte eines Tages ein Familienfest, bei dem es etwas laut herging. Die Mitmieter im Hause beschwerten sich um 23.30 Uhr und dann noch einmal gegen 24 Uhr, was aber der Jedermannschen Fröhlichkeit keinerlei Abbruch tat. Man ging schließlich gegen 1 Uhr zu Bett.

Kurz vor 4 Uhr morgens schellt und klopft es heftig an der Eingangstür. Draußen steht ein Polizist und fordert zum Öffnen der Tür auf. Paul Jedermann denkt, daß draußen etwas passiert ist, und öffnet die Tür. Der Polizist tritt sofort ein, drängt ihn zurück und teilt ihm mit, daß die Hausbewohner ein Eingreifen wegen ruhestörenden Lärms verlangt hätten und er daher sofort ein Protokoll darüber aufnehmen wolle.

Paul Jedermann verbittet sich dieses Eindringen in seine Wohnung und fordert den Polizisten auf, sofort das Haus zu verlassen. Als dieser nicht dem Verlangen Folge leistet, packt ihn Paul Jedermann und drängt ihn auf die Tür zu. Darauf schlägt der Polizist Jedermann mit einem Boxhieb nieder, entfernt sich dann aber mit der Drohung, dies käme Jedermann teuer zu stehen. Es läge Widerstand gegen die Staatsgewalt, Nötigung eines Beamten und Beamtenbeleidigung vor.

Jedermann seinerseits hält natürlich nur die Tat des Beamten und nicht seine eigene für strafbar. Hinsichtlich der Strafbarkeit des Polizeibeamten kommt ein Hausfriedensbruch gemäß § 123 StGB in Betracht. Im vorliegenden Fall wird man sein Vorliegen bejahen müssen. Allerdings sind unter besonderen Voraussetzungen Polizeibeamte auch befugt, in ein Haus und in eine Wohnung einzudringen. Hier tritt der Polizeibeamte als Hilfsbeamter der Staatsanwaltschaft auf, um Ermittlungen über eine angebliche Straftat der Familienmitglieder Jedermann anzustellen. Ganz abgesehen davon, daß schon zu erkennen ist, daß keine strafbare Handlung vorliegt, denn eine nächtliche Feier, die nur die Hausmitbewohner stört, ist keine Straftat, es liegen auch die sonstigen Voraussetzungen für ein dienstliches Eindringen in Jedermanns Wohnung nicht vor.

Gemäß § 104 StPO darf die Wohnung eines Bürgers zur Nachtzeit nur bei Verfolgung auf frischer Tat oder bei Gefahr im Verzuge oder dann durchsucht werden, wenn es sich um die Wiederergreifung eines entwichenen Gefangenen handelt. Die Stunden der Nachtzeit sind in derselben Gesetzesbestimmung wie folgt festgelegt:

In dem Zeitraum vom 1. April bis 30. September umfaßt die Nachtzeit die Stunden von 9 Uhr abends bis 4 Uhr morgens und in dem Zeitraum vom 1. Oktober bis 31. März die Stunden von 9 Uhr abends bis 6 Uhr morgens.

Amtsgericht München
Abteilung für Strafsachen
Strafvollstreckung

80333 München, den
Justizgebäude Pacellistr. 2
Tel. Nr. 55 97 / 8 37 — 8 13
Fernverkehr: 5 59 71

Vollstr. Reg. AG. __VR__

STECKBRIEF

(gemäß § 34 StVollstrO, § 457 Abs. 2, 3 StPO)

Gegen den Paul Jedermann

geboren am 18.02... in Marburg/Lahn zuletzt wohnhaft

gewesen in Marburg/Lahn, Ungewitterstr. 11

ist aufgrund rechtskräftigen Urteils des Amtsgerichts München vom 12.9.20...

Aktenz. 3 DS wegen Trunkenheit am Steuer u. a.

eine Freiheitsstrafe von 7 Monaten

abwendbar durch Zahlung von_____ Euro zu vollstrecken.

Es wird Steckbrief erlassen, weil er — sie — sich verborgen hält und flüchtig ist. Jede Polizeidienststelle wird angewiesen, die bezeichnete Person zu verhaften und in das nächstgelegene Gefängnis einzuliefern. Um Mitteilung an das Amtsgericht München, Abteilung für Strafsachen, Strafvollstreckung, zu obigem Aktenzeichen wird gebeten.

Von der Verhaftung ist abzusehen, wenn die Zahlung oder Absendung der an erster Stelle aufgelegten Geldstrafe von — noch —_____ Euro ____ Cent (_____ Euro, Cent. w.v.) durch Vorlegung einer Quittung oder eines Postscheins nachgewiesen wird. Wenn d___Verurteilte den Betrag sofort bezahlen will, wird gebeten, die Einzahlung an die Oberjustizkasse München Postbankkonto Nr. 7070 bei der Postbank München, zum Aktenzeichen___VR___ zu ermöglichen.

Der Steckbrief ist d___Verurteilten bekanntzugeben.

Rechtspfleger

AG. Nr. 3198

An diesen Voraussetzungen fehlt es hier, so daß der Beamte sich des Hausfriedensbruchs im Amte schuldig gemacht hat. Gegen ein solches rechtswidriges Verhalten des Beamten konnte sich Paul Jedermann gewaltsam wehren. Demzufolge hat er sich auch nicht nach § 113 StGB wegen Widerstandes gegen die Staatsgewalt strafbar gemacht. Da der Beamte nicht in rechtmäßiger Ausübung seines Berufes tätig war, konnte sich Paul Jedermann als ein rechtswidrig Angegriffener in Ausübung der Notwehr gegen den Polizeibeamten zur Wehr setzen. Er hat sich dadurch also nicht strafbar gemacht.

Umgekehrt war demgegenüber der Faustschlag des Polizeibeamten wieder rechtswidrig, weil er sich mit diesem gegen das rechtmäßige Verhalten Jedermanns zur Wehr setzte. Demzufolge ist der Beamte wegen dieses Faustschlages wegen Körperverletzung zu bestrafen.

In dem vorstehenden Beispiel ist ein ganz krasser Fall eines rechtswidrigen Eingriffs eines Beamten dargetan.

Man überlege sich jedesmal doppelt, ob man sich wirklich gegen eine Vollzugshandlung eines Beamten zur Wehr setzen soll. Es ist besser, die Maßnahme zu erdulden und sich hinterher mit den vorgesehenen Rechtsmitteln gegen sie zu wehren. Stellt sich dabei heraus, daß der Beamte rechtswidrig gehandelt hat, so ist es immer noch angebracht, gegen ihn eine Strafanzeige wegen Hausfriedensbruch, Nötigung usw. zu machen und so das erlittene Unrecht zu sühnen. (Hinsichtlich der Form einer Strafanzeige vgl. dort.) Man fürchte auch nicht, daß man durch eine solche Maßnahme einen nicht wiedergutzumachenden Schaden erleidet, da ja für Amtspflichtverletzungen seiner Beamten der Staat oder die sonst zuständige öffentliche Körperschaft einzustehen hat.

Urkundenfälschung und Bestechung

Zur selben Zeit erfährt Paul Jedermann, daß auch sein früherer Schwiegersohn, Ottomar Gras, mit den Strafbehörden in Konflikt geraten ist.

Ottomar braucht Unterlagen, um einer Bekannten, die er in der Ukraine kennengelernt hat, die Übersiedlung nach Deutschland zu ermöglichen. Er fertigt Unterlagen an, welche den Nachweis erbringen sollen, daß diese Bekannte deutscher Abstammung ist. Darunter befindet sich eine Bescheinigung eines angeblichen Bürgermeisters aus dem früheren Westpreußen. Als er trotz dieser Fälschungen mit dem Antragsverfahren nicht vorankommt, macht Ottomar dem zuständigen Sachbearbeiter ein Geldpräsent, indem er dieses in einem Briefumschlag in die Wohnung des Beamten sendet. Dieser ist hierüber so entrüstet, daß er sofort die Kriminalpolizei in Kenntnis setzt, die gegen Ottomar alsbald ein Ermittlungsverfahren einleitet. Gegenstand des Ermittlungsverfahrens und des späteren Strafverfahrens ist zunächst einmal die Herstellung der angeblichen Bescheinigung des westpreußischen Bürgermeisters. Durch die Anfertigung dieser Bescheinigung hat Ottomar Urkundenfälschung gemäß § 267 StGB begangen. Das Gericht wird das Verhalten als einen schweren Fall ansehen, so daß die auszusprechende Freiheitsstrafe nicht unter einem Jahr liegen würde.

Das Gesetz zieht den Kreis der Urkunden weitaus größer, als man sich das meist auch nur im entferntesten vorstellt. Für den Juristen ist jede verkörperte Gedankenerklärung, die für den Rechtsverkehr bestimmt und geeignet ist, Beweise zu erbringen, eine Urkunde. Es ist dabei nicht erforderlich, daß ein geschriebener Text oder gar eine Unterschrift vorzuliegen brauchen. Auch Zeichen, die den Beteiligten ihrem Inhalt nach verständlich sind, können schon eine Urkunde darstellen. Eines der bekanntesten Beispiele aus der Rechtsprechung des früheren Reichsgerichts bietet der Bleistiftstrich auf dem Bieruntersatz. Hat also ein Kellner auf einem Bieruntersatz für jedes getrunkene Bier einen Bleistiftstrich gemacht, und löscht der Gast diese Striche zum Teil wieder aus, so begeht er damit eine Urkundenfälschung. Das gleiche gilt für den Fall, daß man eine entwertete Straßenbahnkarte dadurch wieder benutzbar zu machen sucht, daß man die Entwertung entfernt usw. Ebenso ist das Zeichen eines Künstlers auf seinen Gemälden eine Erklärung, daß dieses Bild verkaufsfrei fertiggestellt sei, und daher eine Urkunde. Auch der Korkbrand auf dem Flaschenkorken stellt eine Urkunde dar. Immerhin muß wenigstens der Aussteller aufgrund der Individualität des Zeichens erkennbar sein. Die Zahl 585 in einem Ring bedeutet die Erklärung, daß dies ein echt goldener Ring von einem bestimmten Karat sei. Aber eine solche Zahl allein gibt nicht zu erkennen, wer der Aussteller ist. Aus diesem Grunde ist das Einstempeln dieser Zahl in einen Doublering keine Urkundenfälschung. Die Veräußerung eines solchen Ringes stellt dann allerdings einen Betrug dar.

Hingegen ist das Einstanzen falscher Nummern in einen Motor oder in das Fahrgestell eines Kraftwagens eine Urkundenfälschung.

Keine Urkundenfälschung ist es, wenn jemand schriftlich etwas Falsches erklärt, aber diese unrichtige Erklärung mit seinem Namen deckt. Hier spricht der Jurist von einer sogenannten schriftlichen Lüge. Sie ist kein Urkundendelikt, sondern kann höchstens ein Betrug sein.

Schließlich ist Ottomar Gras auch noch gemäß § 333 StGB wegen Vorteilsgewährung zu bestrafen, weil er einem Amtsträger für die Vornahme einer Diensthandlung ein Geschenk angeboten hat. Daß der Beamte dieses Ansinnen sofort zurückgewiesen hat, ändert an Ottomars Strafbarkeit nichts.

Ein Beamter, der derartige Geschenke annimmt, macht sich seinerseits wegen Vorteilsannahme strafbar. Hier muß man zwei Fälle unterscheiden. Nimmt ein Amtsträger ein Geschenk oder einen sonstigen Vorteil für eine in sein Amt einschlagende Handlung an, die an sich nicht pflichtwidrig ist, so wird er wegen Vorteilsannahme mit Freiheitsstrafe bis zu 2 Jahren bestraft. Hiervon sind kleine Aufmerksamkeiten, die verkehrsüblich sind, ausgeschlossen, wie zum Beispiel die Neujahrsgabe für den Briefträger.

Nimmt er dagegen Vorteile für eine Handlung an, die eine Amtspflichtverletzung darstellt, so ist er wegen Bestechlichkeit nach § 332 StGB mit Freiheitsstrafe bis zu 5 Jahren zu bestrafen.

In vielen Fällen bemüht sich daher die Verteidigung eines bestochenen Beamten darzutun, daß nur ein Fall der Vorteilsgewährung vorliegt, da dann der Bestechende und der bestochene Beamte mit einer geringen Strafe davonkommen. Der Hauptfall hierfür ist der, daß der Beamte Aufträge zu vergeben hat und aus den konkurrierenden Firmen gerade diejenige ausgewählt hat, von der er ein Präsent bekommen hat. Die Verteidigung geht nun immer dahin, daß die betreffende Firma ja derartig vorzügliche Offerten gemacht habe, daß sie auf jeden Fall aus dem Wettbewerb als Sieger hervorgegangen wäre. Also habe der Beamte ja gar nicht pflichtwidrig gehandelt, als er diese Firma aus dem Kreise der Beteiligten ausgewählt habe. Das Geldpräsent sei gewissermaßen so nebenbei mitgelaufen. Hierzu hat aber das frühere Reichsgericht in ständiger Rechtsprechung die Auffassung vertreten, daß bei solchen Ermessensentscheidungen die Annahme von Präsenten immer die Auswahl der betreffenden Firma pflichtwidrig erscheinen lasse, gleichgültig, ob die Auswahl ansonsten vernünftig sei oder nicht. Demnach handelt es sich hierbei stets um einen Fall der Bestechlichkeit und damit ist auch der aktive Bestecher strafbar.

Nun wird zwar eine Bestechung meist nicht so plump durchgeführt, daß man dem betreffenden Beamten Bargeld zahlt. Aber auch sonstige Vorteile, die mehr oder weniger verdeckt werden, sind eine Bestechung. Ein sehr vorteilhafter Kaufvertrag, der schon fast einer Schenkung gleichkommt, oder das Gewähren eines Darlehens zu einer Zeit, in der sonst keine Darlehen zu bekommen sind, stellen Bestechungsmanöver dar. Auch Präsente an nahe Familienangehörige oder sonstige Personen der Sympathie des Beamten sind Bestechung.

Falsche Zeugen, Begünstigung und Hehlerei

742 Auch Karin wartet wieder mit einer Überraschung auf. Sie hat durch eine Freundin, die Inhaberin eines Wäschegeschäftes ist, billigst Strümpfe bezogen. Plötzlich liest sie in der Ortszeitung, daß in dem betreffenden Geschäft seit längerer Zeit gestohlene Ware verkauft wird. Gleich darauf kommt auch die Freundin zu ihr und bittet sie, in dem zu erwartenden Verfahren gegen sie als Zeugin auszusagen, daß sie nie von ihr irgendwelche Sachen aus dem Geschäft gekauft habe. Karin ist zunächst entschlossen, auf diesen Vorschlag einzugehen, da sie sonst einen Skandal fürchtet. Gott sei Dank spricht sie aber mit ihrem Ehemann, der sofort mit ihr zu einem Anwalt geht, wo beide offenherzig den Sachverhalt vortragen. Hier erhalten sie nun folgende Auskunft und Belehrung:

Karin braucht keinerlei Skandal zu fürchten, insbesondere kann sie nicht bestraft werden. Ihr Tun könnte eine Hehlerei gemäß § 259 StGB sein. Danach macht sich derjenige strafbar, der Sachen, von denen er weiß (das heißt, er muß insoweit vorsätzlich handeln), daß sie durch eine strafbare Handlung erlangt werden, ankauft oder sonst an sich bringt. Die Freundin hat durch den Diebstahl in dem von ihr geleiteten Geschäft (es kann auch eine Unterschlagung sein) die verkauften Strümpfe durch eine strafbare Vortat erlangt. Als Karin diese Strümpfe erwarb, erfüllte sie den objektiven Tatbestand der Hehlerei. Es gehört aber ferner noch dazu, ob sie gewußt hat, daß ihre Freundin diese Strümpfe durch Diebstahl oder Unterschlagung erlangt hatte. Es genügt nicht zu ihrer Strafbarkeit, daß sie den Umständen nach hätte annehmen müssen, daß hier etwas nicht stimmt. Nur wer vorsätzlich handelt, also weiß, daß die erworbenen Sachen aus einer strafbaren Vortat stammen, ist Hehler.

Das kann man aber von Karin hier nicht sagen. Allerdings wird sie der Firma den Wert der Strümpfe ersetzen müssen, wenn sie die Strümpfe allzu billig eingekauft hat, da man ihr dann den Vorwurf der groben Fahrlässigkeit machen kann. Eine solche grobe Fahrlässigkeit steht aber dem Eigentumserwerb an den Sachen entgegen (siehe »Eigentum«). Sind die Strümpfe von der Freundin gestohlen, so konnte sie selbst dann kein Eigentum erwerben, wenn sie nicht grob fahrlässig handelte, da man an gestohlenen Sachen – mit Ausnahme von Geld und Wertpapieren – sowieso kein Eigentum erwerben kann. Jedenfalls hat sie sich nicht strafbar gemacht.

In den folgenden Fällen liegt keine Hehlerei vor, obwohl es auf den ersten Blick so aussieht. Wenn ein Schmuggler seinen Tagesverdienst an jemanden zahlt, der über seine Tätigkeit unterrichtet ist, so begeht dieser andere keine Hehlerei. Zwar ist das Geld durch strafbare Handlung (Schmuggeln) erlangt, aber der Schmuggler ist ja Eigentümer des an ihn gezahlten Geldes geworden. Er kann also mit dem Geld tun und lassen, was er will.

Ferner ist es keine Hehlerei, wenn die Ehefrau von dem Hasen mitißt, den der Ehemann im Stadtforst gewildert hat. Zwar ist der Hase durch eine strafbare Vortat (Wilderei gemäß § 292 StGB) erlangt, aber die Ehefrau hat den Hasen nicht in ihre Verfügungsgewalt bekommen, wenn sie ihn auch gebraten und mitgegessen hat. Sie hatte deshalb keine Verfügungsgewalt über den Hasen bekommen, weil der Mann bestimmt hatte, was mit dem Hasen zu tun war.

Wäre Karin gemäß dem Ansinnen der Diebin als Zeugin aufgetreten und hätte sie der Wahrheit zuwider beschworen, daß sie nichts von ihr bekommen hätte, so wäre sie nach § 154 StGB wegen Meineides mit Freiheitsstrafe zu bestrafen gewesen. Und selbst wenn sie nicht vereidigt worden wäre, so wäre sie nach § 153 StGB wegen falscher uneidlicher Aussage mit Freiheitsstrafe nicht unter drei Monaten zu bestrafen gewesen. Davor hat sie also die Auskunft ihres Anwalts bewahrt. Glücklicherweise hatte sie auch noch nicht auf das Ansinnen der »Freundin« zugesagt, den falschen Eid zu leisten. Allerdings wäre sie dadurch straffrei geworden, daß sie auf den Rat des Anwalts hin dann freiwillig von der Begehung dieses Deliktes Abstand genommen hätte.

Geschäftsnummer (Bitte stets angeben !)	Amtsgericht	Nebenstelle	Datum
924 Gs 813/ 20...	Frankfurt am Main		26.07.20...

Haftbefehl

Gegen den/die Beschuldigte(n)

> Franz Krumm
> z. Zt. ohne Beruf
> Bleichstr. 10
> 60313 Frankfurt am Main

wird die Untersuchungshaft angeordnet.

Der/Die Beschuldigte(n) ist/sind dringend verdächtig,

am	in
14.07.20...	Frankfurt am Main

in die Wohnung der Witwe Luise Most, Reuterstr. 5,
60320 Frankfurt am Main, eingebrochen zu sein und
dort mehrere Teppiche und eine Kassette mit Schmuck
und Bargeld entwendet zu haben.

StP 3   Haftbefehl (§§ 112 ff. StPO) -arg-
JVA Darmstadt   04 76   0987654321

744

Diese Handlung(en) ist/sind mit Strafe bedroht als ☐ Verbrechen ☒ Vergehen _____ nach

§§ 242, 243 StGB

Der dringende Tatverdacht ergibt sich aus folgenden Tatsachen:

Zeugnis der Witwe Luise Most

Es besteht gegen ihn/sie der Haftgrund des § 112   Abs. II, 1   StPO, weil

der Beschuldigte flüchtig ist und sich verborgen
hält.

Dienststempel

Dr. Müller
Richter

Anliegend Rechtsbehelfsbelehrung (Vordruck StP 3a).

Schließlich hätte sie sich auch noch wegen einer strafbaren Begünstigung der Diebin durch Leistung des Meineides nach § 257 StGB strafbar gemacht.

745

Nicht nur der ist strafbar, der vorsätzlich falsch schwört, sondern auch derjenige, der fahrlässigerweise die Unwahrheit beschwört. Wer vor Gericht aussagt, muß sich also genau überlegen, was er aussagt, und darf nicht einfach drauflosreden. Auf den fahrlässigen Falscheid steht Freiheitsstrafe. Auch eine falsche eidesstattliche Versicherung – mag sie vorsätzlich oder fahrlässig abgegeben werden – ist eine strafbare Handlung.

Strafarten

In den vorangegangenen Situationen hat Paul Jedermann mit verschiedenen Delikten Bekanntschaft gemacht, die im Strafgesetzbuch geregelt sind.

Die moderne Zeit mit ihrer komplizierten Wirtschaft und dem bürokratisch gelenkten Leben hat es notwendig gemacht, daß noch andere Gesetze strafbare Taten regeln.

Die zahlreichen strafrechtlichen Nebengesetze kann heutzutage nur noch ein Jurist überschauen. Bei Schwierigkeiten sollte man sich daher stets an einen Rechtsanwalt wenden, und zwar nicht erst, nachdem die Situation bereits verfahren ist.

Art und Weise der Strafe

Aus den vorstehenden Darlegungen ist weiter ersichtlich, daß unser Strafrecht nur noch zwei Strafarten kennt, die Freiheitsstrafe und die Geldstrafe.

Es gibt auch nicht mehr verschiedene Arten der Freiheitsstrafe, also keine Zuchthaus-, Gefängnisstrafe oder Haft mehr.

Für die kleinere und mittlere Kriminalität steht die Geldstrafe im Vordergrund. Die Geldstrafe wird in Gestalt von Tagessätzen verhängt. Insoweit bestimmt § 40 StGB:

§ 40
(1) [1]Die Geldstrafe wird in Tagessätzen verhängt. [2]Sie beträgt mindestens fünf und, wenn das Gesetz nichts anderes bestimmt, höchstens dreihundertsechzig volle Tagessätze.
(2) [1]Die Höhe eines Tagessatzes bestimmt das Gericht unter Berücksichtigung der persönlichen und wirtschaftlichen Verhältnisse des Täters. [2]Dabei geht es in der Regel von dem Nettoeinkommen aus, das der Täter durchschnittlich an einem Tag hat oder haben könnte. [3]Ein Tagessatz wird auf mindestens einen und höchstens fünftausend Euro festgesetzt.
(3) Die Einkünfte des Täters, sein Vermögen und andere Grundlagen für die Bemessung eines Tagessatzes können geschätzt werden.
(4) In der Entscheidung werden Zahl und Höhe der Tagessätze angegeben.

Als Fritz Müde zu einer Geldstrafe von 20 Tagessätzen zu 30 Euro verurteilt worden ist, geht er fröhlich von dannen und sagt zu seinen Freunden: »Dieses Geld wird die Gerichtskasse niemals sehen, denn ich habe nichts, was zu pfänden ist.«

So fröhlich sollte Fritz Müde die Dinge nicht sehen, denn in seinem Fall kommt § 43 StGB zum Zuge, der folgendes bestimmt:

§ 43

¹An die Stelle einer uneinbringlichen Geldstrafe tritt Freiheitsstrafe. ²Einem Tagessatz entspricht ein Tag Freiheitsstrafe. ³Das Mindestmaß der Ersatzfreiheitsstrafe ist ein Tag.

Da er zu 20 Tagessätzen verurteilt worden ist, muß er nunmehr für 20 Tage in die Strafanstalt, um die Ersatzfreiheitsstrafe abzubüßen.

Straßenverkehr und KFZ-Recht

Der Autokauf und seine Formen

In der Familie Jedermann drehten sich die Tischgespräche schon geraume Zeit um den bevorstehenden Erwerb eines Personenkraftwagens. Leider ist Paul Jedermann nicht in der Lage, der Bank Anweisung zu geben, rund 40 000,– Euro auf das Konto eines Autohändlers zu überweisen, um anschließend seine Familie in einem nagelneuen Auto der oberen Klasse auszufahren. Bei einem solchen Kaufvertrag, der mit einem Unternehmen von Weltruf getätigt wird, entstehen kaum rechtliche Probleme. In ausgefeilten Formularverträgen ist eingehend alles geregelt, was zwischen Verkäufer und Käufer »rechtens« sein soll.

Wenn die Gewährsfristen abgelaufen sind, setzt häufig sogar die Kulanz eines guten Markenherstellers ein, für den der gute Ruf wertvoller ist als das Pochen auf das Recht.

Aber Paul kann seiner Bank eine solche Anweisung nicht geben, aus dem einfachen Grunde, weil sein Konto bei weitem nicht den erforderlichen Stand aufweist.

»Wie wäre es denn mit einem Mittelklassewagen oder einem noch kleineren?« wagt sich Karin vor. »Außerdem kann man doch heutzutage alles finanzieren.«

Die praktische Karin denkt auch hier sehr vernünftig. Ein Kleinwagen könnte schon erworben werden, wenn Paul etwa 5000,– Euro für die Anzahlung bereitstellen könnte. Der Restkaufpreis wäre zum Beispiel mit monatlichen Raten von 500,– Euro in absehbarer Zeit tilgbar.

Aber Karins guter Rat wird nicht befolgt. Als Paul seine »Autoprobleme« am Stammtisch erörtert, da ist die Stammtischrunde mit guten Ratschlägen bereitwilligst bei der Hand. Und welch glücklicher Umstand – der Stammtischfreund Ernst Tuch weiß von einer besonders günstigen Gelegenheit, einen Gebrauchtwagen zu erwerben.

»Garantiert aus Privathand, Herr Jedermann«, redet er beschwörend auf Paul ein. »Garagengepflegter Wagen, 60 000 km in einer Hand gefahren, generalüberholt. Einfach bestens, sage ich Ihnen.«

Das klingt natürlich alles sehr verlockend, für 6000,– Euro einen großen Wagen aufweisen zu können, wobei eine Anzahlung von 2000,– Euro genügt. Wie kann man eine solche Möglichkeit unausgenützt lassen! Und so beschließt der Jedermannsche Familienrat, hier zuzugreifen.

Der gute Freund Tuch bereitet eilends den Boden, indem er den Verkäufer Lutz Listenreich unverzüglich aufsucht. Bei diesem Gespräch vergißt er auch nicht, für sich eine Provision von 10 Prozent auszuhandeln, denn schließlich ist jede Mühe ihres Lohnes wert. Damit hat sich der Preis nun schon auf 6600,– Euro erhöht.

Die Probefahrt, an der die ganze Familie Jedermann teilnimmt, fällt zur Zufriedenheit aus. Von außen sieht das Fahrzeug geradezu neuwertig aus – Listenreich hatte es nach einem kleinen Unfall auf Kosten der Versicherungsgesellschaft des anderen Unfallbeteiligten kürzlich neu lackieren lassen. Auch innen sieht das Auto gut aus – die Sitze sind mit farbenprächtigen Schonbezügen überzogen.

Als man nach der Probefahrt in Listenreichs Büro zusammensitzt, um den Vertrag perfekt zu machen, blättert Paul in den Kraftfahrzeugpapieren. Nach dem Kraftfahrzeugschein ist der Pkw sieben Jahre alt.

»Aber Herr Tuch hat doch von vier bis fünf Jahren gesprochen«, sagt er enttäuscht.

»Der Wagen ist ja erheblich älter, als ich dachte. Ich weiß nicht recht ...«

748 Doch da wird Listenreich lebendig.

»Aber Herr Jedermann, ich bitte Sie, das macht doch keinen Unterschied. Im Gegenteil, damals galt noch die deutsche Wertarbeit etwas. Sie wissen ja, wie heute geschludert wird. Das ist wie beim Wein. Sie bekommen einen besonders guten Jahrgang. Und wie schonend die Mühle gefahren worden ist! Durchschnittlich nur rund 10 000 km im Jahr.«

Noch viele schöne Argumente hat der Verkäufer Listenreich anzuführen, und so wird der Vertrag geschlossen.

Mit einem Gläschen Wein wird das Geschäft besiegelt. Kraftfahrzeugbrief und Kraftfahrzeugschein wechseln den Besitzer. Auch die Versicherungsunterlagen werden Paul ausgehändigt mit dem Hinweis, doch schnellstens die Ummeldung vorzunehmen, weil die neue Prämienzahlung gerade fällig sei.

Als Paul Jedermann aufstehen will, ist der Verkäufer noch schnell mit folgendem zur Hand.

»Beinahe hätte ich es vergessen, mein Lieber. Nur noch eine kleine Formalität. Wissen Sie nur der guten Ordnung halber. Würden Sie bitte dies hier unterschreiben.«

»Dies hier« ist ein Blatt Papier mit einem vorbereiteten Text, der folgendermaßen lautet:

<u>Erklärung</u>

Ich, der unterzeichnete Kaufmann Paul Jedermann, habe heute von Herrn Lutz Listenreich den Pkw Typ FAMA, polizeiliches Kennzeichen DA – KP 12, käuflich erworben wie besehen. Eine Gewährsmangelhaftung, aus welchem Grund auch immer, findet nicht statt.

Mühlstadt, den 9. Juli 20 . .

Paul Jedermann

Dies gefällt Paul nun schon weniger. Aber auch hier versteht Listenreich alle Bedenken zu zerstreuen.

«Ich bitte Sie«, sagt er beschwörend, »das ist doch durchaus üblich. Wenn Sie einen neuen Wagen kaufen, haben Sie auch nur Gewährsrechte bis zu 10 000 km. Das weiß doch jedes Kind. Und schließlich Vertrauen gegen Vertrauen. Sie haben mir ganze 2600,– Euro in bar gegeben. Das übrige Kaufgeld steht lange genug aus. Die von Ihnen unterschriebenen Wechsel über monatlich 500,– Euro liegen bei mir in der Schublade herum, bis die Ratenzahlungen hereintröpfeln. Ich kann sie nicht einmal diskontieren lassen, weil Sie nicht möchten, daß Wechsel von Ihnen im Umlauf sind. Ich muß Ihnen also mehr vertrauen als Sie mir, denn ich weiß ja gar nicht, ob in einem halben Jahr die dann fälligen Wechsel eingelöst werden. Und schließlich habe ich Ihnen sogar den Kraftfahrzeugbrief ausgehändigt. Jeder andere Verkäufer hätte sich das Eigentum bis zur Zahlung der letzten Kaufpreisrate vorbehalten. Die meisten verlangen sogar, daß der Pkw auf die Dauer der Wechsellaufzeit kaskoversichert sein muß, damit der Gegenwert vorhanden bleibt. Alle solche Scherereien erspare ich Ihnen, und da wollen Sie ...«

»Aber nein, aber nicht doch«, wehrt der zermürbte Paul Jedermann die Wortflut ab. »Ich vertraue Ihnen ja voll und ganz. Es ist auch wirklich ein schönes Fahrzeug.« Und so unterschreibt er denn auch noch die gewünschte Erklärung.

749

Die Formlosigkeit eines Autokaufs
Als Karin abends von Paul über seine Verhandlungen mit Listenreich unterrichtet wird, ist sie eine recht kritische Zuhörerin.

«Na, jedenfalls hast du dir den Kraftfahrzeugbrief geben lassen, womit dir der Wagen gehört.«

KAUFVERTRAG

Die Firma Max Schnell, Regerweg 197, Darmstadt,
im folgenden kurz Verkäufer genannt,

verkauft

an Herrn Theobald Wiese, An der Autobahn 12, Pfungstadt,
im folgenden kurz Käufer genannt,

hiermit das Fahrzeug Fabrikat VW, Typ: 1300, Baujahr ...
Fahrgestell-Nr.: 2438917, Motor-Nr.: 4589778,
Kraftfahrzeugbrief-Nr.: 23844160, Pol.-Nr.: DA – DX 584
zu folgenden Bedingungen:

1. Der Kilometerzähler weist ca. 14500 km auf. Der Verkäufer versichert, daß der Kilometerzähler nicht außer Betrieb war.

2. Der Kaufpreis beträgt 4800,– Euro (in Worten: viertausendachthundert Euro).

   Er ist zur Hälfte bei Übernahme des Wagens in bar zahlbar. Für den Restbetrag gibt der Käufer 6 spesenfreie Akzepte über je 400,– Euro, die jeweils am 1. Tage der folgenden 6 Monate fällig werden.

3. Der Käufer übernimmt als Sonderzubehör die Schonbezüge, einen Satz bereits gefahrener Winterreifen, ein Rundfunkgerät, Fabrikat NORA, mit Antenne, zu einem Pauschalpreis von 380,– Euro (in Worten: dreihundertachtzig Euro).

   Der vereinbarte Preis für das Sonderzubehör ist bei Übernahme in bar zu bezahlen.

4. Der Verkäufer hat dem Käufer Einblick in sämtliche Reparatur-Rechnungen gewährt, die sich auf das verkaufte Fahrzeug beziehen; er versichert, daß der Wagen unfallfrei gefahren worden ist. Im übrigen sind sich die Vertragschließenden einig, daß der Verkäufer für etwaige Sachmängel nicht haftet.

5. Der Käufer tritt nicht in die bestehenden Versicherungen ein.

6. Der Käufer übernimmt die Ummeldung bei der Zulassungsstelle und beim Finanzamt. Die Versicherungsgesellschaft wird vom Verkäufer verständigt. Die nicht verbrauchte Steuer und Versicherungsprämie stehen dem Verkäufer zu.

7. Das Fahrzeug bleibt bis zur vollständigen Bezahlung Eigentum des Verkäufers.

8. Mündliche Nebenabreden wurden nicht getroffen. Auch wurden keine Eigenschaften zugesichert.

Darmstadt, den 10. Juli 20 . .

Theobald Wiese   *Max Schnell*

750

Diese Ansicht Karins ist weit verbreitet, aber falsch. Der Kraftfahrzeugbrief hat für die zivilrechtlichen Umstände eines Kraftfahrzeuges überhaupt keine unmittelbare Bedeutung. Vergebens würde man daher auch seine gesetzliche Regelung im BGB suchen. Seine Grundlage ist die Straßenverkehrs-Zulassungs-Ordnung. Er ist der urkundliche Beweis für die Betriebserlaubnis der serienmäßig hergestellten Kraftfahrzeuge.

Hingegen richtet sich der Eigentumserwerb an einem Kraftfahrzeug, das eine bewegliche Sache ist, nach § 929 BGB. Die Übergabe des Fahrzeugs an den Erwerber und die Einigung zwischen Veräußerer und Erwerber, daß der Erwerber ab jetzt Eigentümer sein soll, bewirken den Eigentumsübergang. In unserem Fall war das also der Augenblick, als Listenreich unserem Paul die Schlüssel übergab, damit er fortfahren konnte, und hierdurch zum Ausdruck brachte, daß Paul Jedermann den Kraftwagen nunmehr als ihm gehörig betrachten und nach seinem Belieben damit verfahren sollte. Natürlich ist die Übergabe des Kraftfahrzeugbriefes ein sehr starkes Anzeichen dafür, daß ein Eigentumsübergang vollzogen ist. Doch kann ja auch eine Verpfändung unter Übergabe des Kraftfahrzeugbriefes vorliegen.

Wenn also auch der Kraftfahrzeugbrief keine gesetzlich vorgesehene Funktion bei der Eigentumsübertragung erfüllt, so ist er doch indirekt für den Eigentumserwerb von gewisser Bedeutung.

Veräußerung eines unterschlagenen Kraftwagens

Pauls Vetter Wohlfeil rühmt sich eines besonders billigen Autokaufs.

»Es ging wie der Blitz«, sagte er voll Stolz. »Als ich in der vergangenen Woche so eine kleine Zechtour durch die Innenstadt machte, kam ich im ›Weinturm‹ ins Gespräch mit einem Herrn, der von seiner Firma plötzlich nach Venezuela versetzt worden war. Etwas knapp bei Kasse, wollte er seinen Pkw preiswert abstoßen, da er ihn nicht mitnehmen könne.

Na, da habe ich aber zugegriffen. Für 10 000,– Euro ist die Kiste glatt geschenkt. Lässig habe ich die Scheine hingeblättert, mir Schlüssel und Kraftfahrzeugschein geben lassen – und da unten steht er nun. Den Kraftfahrzeugbrief erhalte ich in den nächsten Tagen zugeschickt. Den hatte er nicht eingesteckt.«

Leider kommt der Kraftfahrzeugbrief nicht, wie erwartet, in den nächsten Tagen an, statt dessen aber ein Brief der Mercator Handelsgesellschaft mit beschränkter Haftung mit folgendem Inhalt:

MERCATOR
Handelsgesellschaft GmbH
60954 Frankfurt/Main

<u>Einschreiben</u>
Herrn
Franz Wohlfeil
Schweizer Straße 7
60954 Frankfurt/Main   20. 7. 20 . .

Sehr geehrter Herr Wohlfeil!

Wir haben in Erfahrung gebracht, daß Sie im Besitz des uns gehörenden Pkw, Typ Opel, polizeiliches Kennzeichen F – XY 64 sind. Dieses Kraftfahrzeug ist von unserem früheren Angestellten Ullrich Fahrgern unterschlagen worden. Der Genannte durfte den Wagen zur Durchführung geschäftsnotwendiger Fahrten verwenden. Als er vor kurzem fristlos entlassen wurde, ist er der Aufforderung, den Pkw unverzüglich zurückzugeben, nicht nachgekommen.

Offensichtlich hat er Ihnen den Wagen überlassen, bevor er sich in das Ausland abgesetzt hat.

Wir wollen der Frage, inwieweit Sie sich möglicherweise hierdurch einer strafbaren Handlung schuldig gemacht haben, hier nicht weiter nachgehen. Fest steht jedoch, daß Sie keinerlei Rechte an dem genannten Fahrzeug erworben haben.

Wir ersuchen Sie daher, sich mit uns unverzüglich wegen der Rückgabe unseres Eigentums in Verbindung zu setzen. Sollte dies nicht bis zum 25.7.20.. geschehen sein, werden wir den gesamten Vorgang unserem Rechtsanwalt zur weiteren Veranlassung übergeben. Die hierdurch entstehenden Konsequenzen haben Sie sich dann selbst zuzuschreiben.

751

Mit freundlichen Grüßen
MERCATOR
ppa.

Noch am gleichen Tage eilt Franz Wohlfeil zu seinem Rechtsanwalt Dr. Heinz Rüte, der ihn folgendermaßen belehrt:

«Ich muß Ihnen leider sagen, daß Sie den von Fahrgern übernommenen Wagen der Firma Mercator herausgeben müssen. Wir haben keinen Grund, an deren Angaben zu zweifeln. Fahrgern war nicht Eigentümer des Wagens, als er ihn an Sie veräußerte. Er ist ein Hochstapler und Betrüger, der Ihre Vertrauensseligkeit ausgenutzt hat.»

»Aber ich war doch gutgläubig«, unterbricht ihn Wohlfeil. »Warum sollte ich ihn nicht für den Eigentümer halten? Nach seinem ganzen Auftreten war er ein wohlhabender Mann, dem ein solches Fahrzeug wohl zuzutrauen ist. Schließlich hat die Firma doch an der ganzen Situation schuld, daß sie einem solchen Mann den Kraftwagen überlassen hat.«

»Lieber Herr Wohlfeil, unzählige Firmenangestellte fahren täglich mit firmeneigenen Wagen umher. Viele behalten sie auch über Nacht in ihrem Besitz, weil sie morgens früh das Fahrzeug geschäftlich benötigen. Allerdings hat der Gesetzgeber in den §§ 932 ff. BGB Bestimmungen geschaffen, wonach auch ein Eigentumserwerb vom Nichteigentümer an einer beweglichen Sache möglich ist.«

Insoweit besagt § 932 BGB folgendes:

§ 932
(1) ¹Durch eine nach § 929 erfolgte Veräußerung wird der Erwerber auch dann Eigentümer, wenn die Sache nicht dem Veräußerer gehört, es sei denn, daß er zu der Zeit, zu der er nach diesen Vorschriften das Eigentum erwerben würde, nicht in gutem Glauben ist. ²In dem Falle des § 929 Satz 2 gilt dies jedoch nur dann, wenn der Erwerber den Besitz von dem Veräußerer erlangt hatte.
(2) Der Erwerber ist nicht in gutem Glauben, wenn ihm bekannt oder infolge grober Fahrlässigkeit unbekannt ist, daß die Sache nicht dem Veräußerer gehört.

»In Ihrem Fall steht auch nicht § 935 BGB entgegen, der folgendes bestimmt:«

§ 935
(1) ¹Der Erwerb des Eigentums aufgrund der §§ 932 bis 934 tritt nicht ein, wenn die Sache dem Eigentümer gestohlen worden, verloren gegangen oder sonst abhanden gekommen war. Das gleiche gilt, falls der Eigentümer nur mittelbarer Besitzer war, dann, wenn die Sache dem Besitzer abhanden gekommen war.
(2) Diese Vorschriften finden keine Anwendung auf Geld oder Inhaberpapiere sowie auf Sachen, die im Wege öffentlicher Versteigerung veräußert werden.

»Da die Firma ihrem Angestellten Fahrgern den Kraftwagen zur Benutzung übergeben hat, war sie nicht mehr unmittelbare Besitzerin in dem Zeitpunkt, als Fahrgern Ihnen den Wagen übergab. Sie war aber nach wie vor Eigentümerin.

752

Fahrgern unterschlug den Wagen in dem Augenblick, als er ihn an Sie weitergab. Aber gestohlen hat er ihn nicht. Demzufolge hätten Sie von ihm, obwohl er nicht Eigentümer war, das Eigentum erwerben können, wenn Sie ‚gutgläubig' gewesen wären.«

»Aber das war ich doch, Herr Rechtsanwalt.«

»Das waren Sie gerade nicht, Herr Wohlfeil«, belehrt ihn der Jurist. »Ich habe Ihnen den zweiten Absatz des § 932 BGB vorgelesen. Danach sind Sie nicht in gutem Glauben hinsichtlich der Eigentümerstellung des Fahrgern gewesen, weil Sie insoweit grob fahrlässig gehandelt haben. Um dies vollständig und richtig zu verstehen, müssen wir erst einmal den § 276 BGB lesen:«

§ 276

(1) Der Schuldner hat Vorsatz und Fahrlässigkeit zu vertreten, wenn eine strengere oder mildere Haftung weder bestimmt noch aus dem sonstigen Inhalt des Schuldverhältnisses, insbesondere aus der Übernahme einer Garantie oder eines Beschaffungsrisikos zu entnehmen ist. Die Vorschriften der §§ 827 und 828 finden entsprechende Anwendung.
(2) Fahrlässig handelt, wer die im Verkehr erforderliche Sorgfalt außer Acht lässt.
(3) Die Haftung wegen Vorsatzes kann dem Schuldner nicht im Voraus erlassen werden.

»In dieser Bestimmung haben wir eine sogenannte gesetzliche Begriffsbestimmung (Legaldefinition) bezüglich der Fahrlässigkeit im Geschäftsleben. Sie haben leider die im Verkehr erforderliche Sorgfalt außer acht gelassen, als Sie zu nächtlicher Stunde mit einem Lokalbesucher den Autokauf tätigten. Und Sie haben auch in hohem Maße jegliche Umsicht vermissen lassen, so daß man hier von einer groben Fahrlässigkeit sprechen muß. Es hätte Sie schon stutzig machen müssen, daß Fahrgern im Handumdrehen an einen ihm völlig Unbekannten einen immerhin nicht unbeträchtlichen Vermögenswert zu übertragen bereit war. So pflegt man üblicherweise nicht zu verfahren. Der besonders niedrige Preis, der Ihnen verständlicherweise sehr gelegen kam, hätte Sie eigentlich befremden müssen.

Aber das Entscheidende in Ihrem Fall ist und bleibt der Umstand, daß Sie nicht die Vorlage des Kraftfahrzeugbriefes verlangt haben. Diese Urkunde ist das beste Beweisstück für die Eigentumslage an einem Kraftfahrzeug, das man sich überhaupt denken kann. Jedem, der sich mit Kraftfahrzeugangelegenheiten irgendwie beschäftigt hat, ist dies bekannt. Sie sind Kaufmann, Herr Wohlfeil. Von einem solchen erwartet man, daß er über derartige Umstände unseres gesellschaftlichen Zusammenlebens unterrichtet ist. Jeder Richter wird Ihnen im Falle eines Prozesses bescheinigen, daß Sie grob fahrlässig gehandelt haben. Sie sind also nicht Eigentümer des Ihnen von Fahrgern überlassenen Kraftwagens geworden. Die Firma Mercator kann gemäß § 985 BGB den Kraftwagen herausverlangen, was sie demnach zu Recht mit dem mir hier vorliegenden Schreiben getan hat.«

Nun ist Franz schon viel kleiner geworden. »Das klingt so ganz überzeugend«, meint er nachdenklich »Bitte schreiben Sie dieser Firma, daß sie die Blechkiste nächste Woche bei mir abholen lassen kann. Die 10 000,– Euro soll sie in bar oder als Scheck gefälligst gleich mitschicken.«

»Wie bitte?« fragt der Anwalt zurück. »Ich bin offensichtlich noch nicht deutlich genug gewesen. Sie haben keinerlei Gegenanspruch gegen die Firma Mercator. Ohne jeden Vorbehalt müssen Sie den Kraftwagen herausgeben. Hinsichtlich Ihres Kaufgeldes müssen Sie sich schon an den ehrenwerten Herrn Fahrgern halten.«

»Aber das ist ja die Höhe«, empört sich Franz. »Von diesem Gauner sehe ich doch keinen Pfennig wieder. Nein, ohne Geld kein Auto.«

Da sieht Dr. Rüte seinen Mandanten eindringlich an:

»Dann muß ich noch deutlicher werden, Herr Wohlfeil. Wenn Sie sich in dieser Sache bockbeinig stellen, dann riskieren Sie noch ein Strafverfahren wegen Hehlerei.«

Franz fährt erschrocken hoch. »Ich – ich soll ein Hehler sein ...?«

»Ich habe nicht gesagt, daß Sie einer sind, sondern daß Sie damit rechnen müssen, wegen eines Hehlereifalles unter Anklage gestellt zu werden. Bitte hören Sie sich einmal den Wortlaut des § 259 StGB an lautet:«

§ 259

(1) Wer eine Sache, die ein anderer gestohlen oder sonst durch eine gegen fremdes Vermögen gerichtete rechtswidrige Tat erlangt hat, ankauft oder sonst sich oder einem Dritten verschafft, sie absetzt oder absetzen hilft, um sich oder einen Dritten zu bereichern, wird mit Freiheitsstrafe bis zu fünf Jahren oder mit Geldstrafe bestraft.

(2) Die §§ 247 und 248 a gelten sinngemäß.

(3) Der Versuch ist strafbar.

»So, und nun überdenken Sie einmal selbst die ganze Situation. Spricht nicht vieles dafür, daß man nach den Umständen Ihres Falles den Verdacht haben mußte, daß Fahrgern ein ihm nicht gehörendes Fahrzeug schnell zu Geld machen wollte?« »Aber ich habe mir dies wirklich nicht gedacht. Ich gebe zu, daß ich wohl zu leichtfertig zugegriffen habe. Aber auf den Gedanken, daß dieser Kerl mich betrügen würde, bin ich wirklich nicht gekommen.«

»Das glaube ich Ihnen gern. Vielleicht sogar der Richter. Und ich bin auch überzeugt, daß der Richter Sie nicht verurteilen wird. Die Fassung des § 259 StGB war nämlich mißverständlich. Die Rechtsprechung hat den Wortlaut einschränkend dahin ausgelegt, daß dem Täter nachgewiesen werden muß, daß er aufgrund der Umstände des Falles die Überzeugung gewonnen hat, daß er eine durch strafbare Handlung erworbene Sache an sich gebracht hat. Es genügt für das Strafverfahren also nicht, daß Sie insoweit fahrlässig gehandelt haben. Es wird der Staatsanwaltschaft aber nicht gelingen, den Richter davon zu überzeugen, daß Sie vorsätzlich, also wissentlich gehandelt haben. Bei Ihrer bisherigen Unbescholtenheit und Ihrem guten Ruf als Geschäftsmann wird der Richter Ihnen glauben, daß Sie eine günstige Gelegenheit leichtfertig aufgegriffen haben, daß Sie aber die Hände davon gelassen hätten, wenn Sie erkannt hätten, daß Ihnen Fahrgern einen unterschlagenen Wagen verkaufen wollte. Aber dennoch müssen wir damit rechnen, daß eine verärgerte Firma Mercator den Sachverhalt der Staatsanwaltschaft unterbreitet und Sie dadurch in ein Strafverfahren verwickelt werden. Wollen Sie dies denn wirklich riskieren?«

Das will Franz natürlich nicht. Und so folgt er dem guten Rat seines Rechtsanwaltes und gibt unverzüglich den ach so »billig« gekauften Kraftwagen an die Eigentümerin heraus. Von seinen 10 000,– Euro und dem großzügigen Fahrgern hört er nie wieder etwas.

Haftung für Mängel

Nach einiger Zeit macht sich ein gesteigerter Ölverbrauch bei Paul Jedermanns Fahrzeug bemerkbar. Vergeblich sucht er nach Spuren ausgelaufenen Öls unter dem Fahrzeug. Dieser Typ scheint viel Öl zu verbrauchen, denkt er besorgt. Aber als die Familie an einem Wochenende eine längere Fahrt zu Onkel Erich nach Kassel unternimmt, da bricht die Katastrophe herein. Plötzlich rasselt es unerfreulich unter der Motorhaube und schwärzlicher Qualm dringt aus ihr hervor. Die Fahrt ist zu Ende. Der Wagen muß abgeschleppt werden.

Allmählich kommt die ganze Wahrheit heraus. Ein Kraftfahrzeugingenieur und gerichtlich vereidigter Sachverständiger kommt zu folgendem vernichtenden Ergebnis:

754

Der Wagen wurde nicht 60 000 km, sondern 160 000 km gefahren. Von einer Generalüberholung kann nicht die Rede sein. Die Schonbezüge verdecken völlig ramponierte Polster. Ein Unfallschaden des Wagens ist wenig fachmännisch behoben worden, so daß die Spur nicht mehr stimmt. Das Gutachten kommt weiterhin zu der Feststellung, daß der Verkaufswert des Pkw höchstens bei 800,– bis 1000,– Euro gelegen habe.

> *Ein Schätzwert sagt nichts darüber aus, welche Reparaturen schon in nächster Zeit auf Sie zukommen werden. Was nützt ein Fahrzeug, wenn es bereits nach der ersten Fahrt eine große Reparatur erfordert. Achten Sie vor einem Kauf auf den Zustand der Reifen, der Achsen, des Getriebes, der Kardanwelle und der Bremsen. Diese Teile sind relativ einfach zu kontrollieren. Rost ist keine Bagatelle. Klappernde Türen, rutschende Kupplungen und großes Spiel in der Lenkung sind schlechte Zeichen. Sehen Sie die Kundenkartei der Werkstatt ein. Prüfen Sie, ob regelmäßig Inspektionen vorgenommen worden sind. Hat der Verkäufer ein gutes Gewissen, zeigt er Ihnen alles.*

Voll Zorn schreibt Paul Jedermann sofort folgenden Einschreibebrief an den Verkäufer Listenreich:

Paul Jedermann   *Pilgerweg 6*
                                                                      35037 Marburg/Lahn
                                                                      8.8.20 . .

Sehr geehrter Herr Listenreich!

Anliegend übersende ich Ihnen eine Ablichtung des Gutachtens des Kraftfahrzeugsachverständigen Ing. Dankwart Gewinde zur Kenntnisnahme.

Das nicht mehr fahrtüchtige Fahrzeug steht in Kassel bei der Firma Paul Seiler und Sohn, Marburger Straße 8, die ein tägliches Standgeld von 20,– Euro berechnet. Aus den Gründen des Gutachtens halte ich mich nicht an den mit Ihnen geschlossenen Kaufvertrag gebunden.

Ich fordere Sie daher auf, mir den gezahlten Kaufpreis unverzüglich zurückzuerstatten. Alsdann werde ich Ihnen die Kraftfahrzeugpapiere aushändigen, damit Sie den Pkw von der Firma Seiler und Sohn gegen Zahlung des aufgelaufenen Standgeldes abholen können.

Ich übersende Ihnen ferner eine Ablichtung der Rechnung über die Abschleppkosten mit der Aufforderung, mir diesen Betrag alsbald zu erstatten.

Schließlich habe ich noch 86,– Euro an Fahrtkosten für meine Familie für die Rückreise von Kassel aufwenden müssen. Auch dieser Betrag ist zu ersetzen.

Sollte ich nicht innerhalb von 5 Tagen eine befriedigende Erledigung dieses Briefes feststellen können, werde ich die gesamten Unterlagen zur weiteren Veranlassung meinem Rechtsanwalt übergeben.

Paul Jedermann

Die Antwort Listenreichs kommt innerhalb der gesetzten Frist wie folgt, wobei sich der bisher so höfliche Vertragspartner die übliche Anrede erspart:

Lutz Listenreich

Lange Allee 7
35037 Marburg/Lahn

15.8.20 . .

Auf Ihr unverständliches Schreiben teile ich folgendes mit:

Ihnen scheint entfallen zu sein, daß Sie ausdrücklich schriftlich auf jeden Gewähr-
leistungsanspruch verzichtet haben. Diese Urkunde kann ich jederzeit dem Gericht
vorlegen. Ich ersuche Sie daher, mich nicht mehr weiter zu belästigen.

[Unterschrift]

Etwas beklommen sucht Paul Jedermann daraufhin den Rechtsanwalt Dr. Heinz Rüte auf, der seinen Vetter Wohlfeil schon so gut beraten hat. Er trägt ihm den gesamten Sachverhalt vor und übergibt ihm sämtliche Unterlagen.

Nach kurzer Überlegung belehrt ihn dieser wie folgt: »Seien Sie unbesorgt, Herr Jedermann, Sie
sind hier vollkommen im Recht. Ihr Vertragspartner hat betrügerisch gehandelt. Er glaubt, er habe
sich durch Ihre Unterschrift unter der Gewährleistungsklausel völlig abgesichert. Doch hier befindet er sich in einem großen Irrtum. So primitiv ist unsere Gesetzesregelung nicht.

Wir wollen einmal sehen, was für Möglichkeiten das Gesetz uns bietet und welche Möglichkeit
die günstigste für uns ist. Da haben wir zunächst die §§ 434 und 437 BGB, die folgendes besagen:
Nch § 434 ist die Sache frei von Sachmängeln, wenn sie bei Gefahrübergang die vereinbarte
Beschaffenheit hat. Falls insoweit nichts besonderes vereinbart wurde, muß die Sache sich für die
nach dem Vertrag vorausgesetzte Verwendung eignen. Wenn die Sache mangelhaft ist, kann der
Käufer nach einem bestimmten System der Rechtsbehelfe Nacherfüllung verlangen, vom Vertrag
zurücktreten, den Kaufpreis mindern oder Schadensersatz geltend machen. Um hier bei der Reihenfolge der Rechte keine Fehler zu machen, ist die Einschaltung eines Rechtsanwalts empfehlenswert.

»Offensichtlich liegen diese Voraussetzungen hier vor. Sie haben einen Gebrauchtwagen gekauft,
der nach Preis und Gegenstand in Verbindung mit dem Inhalt des Verkaufsgesprächs Ihnen für eine
angemessene Zeit als Fahrzeug dienen sollte. Statt dessen haben Sie ein Fahrzeug erhalten, das praktisch bereits ausgedient hatte. Der Motor war nachweislich völlig verbraucht, so daß der Wagen nur
noch wenige Kilometer fahrtüchtig war. Das ist die Sachlage.

Aber auch die Garantien sind nicht vorhanden. Der Wagen war 100 000 km mehr gefahren als
zugesagt und auch nicht generalüberholt. Zwar hat der Verkäufer Listenreich diese Eigenschaften
Ihnen gegenüber nicht noch einmal ausdrücklich wiederholt. Aber er hat durch seinen Mittelsmann
Tuch diese Angaben verbreiten lassen und nicht etwa in dem mit Ihnen geführten Gespräch richtiggestellt. Demzufolge sind seine diesbezüglichen Zusicherungen Vertragsbestandteil geworden. Und
hierfür haben wir im Falle eines Prozesses Herrn Tuch als Zeugen. Aufgrund dieser Tatsachen stehen Ihnen daher die Gewährleistungsrechte zu.

Der von Ihnen unterschriebene Haftungsausschluß ist gemäß § 444 BGB wirkungslos, der insoweit folgendes besagt:«

§ 444

Auf eine Vereinbarung, durch welche die Rechte des Käufers wegen eines Mangels ausgeschlossen oder beschränkt werden, kann sich der Verkäufer nicht berufen, wenn er den Mangel arglistig ver-schwiegen oder eine Garantie für die Beschaffen-heit der Sache übernommen hat.

Da hier eine »Nacherfüllung« zwecklos ist, können Sie die »Minderung« wählen. Das würde bedeuten, daß Sie das Fahrzeug behalten, aber nur den angemessenen Gegenwert – das sind nach dem Gutachten 800,– bis 1000,– Euro – dem Verkäufer zugestehen. Den zuviel gezahlten Teil des Kaufpreises könnten Sie zurückverlangen. Aber zu einer solchen Entscheidung kann ich Ihnen nicht raten. Sie hätten damit immer noch ein schlechtes Geschäft gemacht. Das Auto ist so gut wie unverkäuflich. Eine Reparatur, die die Fahrtüchtigkeit wiederherstellen sollte, wäre so teuer, daß eine solche Maßnahme unkaufmännisch wäre.

Sie könnten nun die zweite Alternative wählen, den Rücktritt vom Kaufvertrag. Dies würde dazu führen, daß Sie das Auto dem Verkäufer zurückgeben und sich das Kaufgeld zurückzahlen lassen. Aber damit wäre ja Ihr weiterer Schaden noch nicht gedeckt. Diesen könnten Sie jedoch noch zusätzlich geltend machen, weil der Verkäufer schuldhaft gehandelt hat.

Dieser Weg scheint mir der vernünftigste zu sein. Allerdings verjähren die Gewährleistungsansprüche in zwei Jahren seit Anlieferung der gekauften Sache (§ 438 BGB). Falls der Gegner nicht bis dahin unsere Rechte anerkennt, so müssen wir Klage erheben.«

»Unterbricht denn Ihre Mahnung nicht die Verjährung?«

»Leider nein, Herr Jedermann. Das ist ein weitverbreiteter Irrtum, der schon manchen um sein gutes Recht gebracht hat.«

»Und das ist dann alles?« fragt Paul enttäuscht. »Ich dachte, dieser Betrüger kommt hinter Gitter?«

»Das ist eine berechtigte Frage. Mit meinen vorstehenden Ausführungen habe ich die Rechtslage noch nicht erschöpft. Bisher haben wir nur die Rechte erörtert, die sich aus dem abgeschlossenen Vertrag ergeben, dessen Bestand wir unberührt gelassen haben, weil die Vorschriften des BGB über den Kaufvertrag Ihnen genügend Schutz in dem vorliegenden Fall gewähren.

Listenreich hat Sie betrogen. Er hat Ihnen Eigenschaften des Kraftwagens vorgespielt, von denen er wußte, daß sie nicht vorlagen. Er hat dies getan, um sich auf Ihre Kosten unrechtmäßig zu bereichern. Damit hat er Ihnen gegenüber eine unerlaubte Handlung gemäß §§ 823 ff. BGB begangen. Dies hat zur Folge, daß Sie auch aus diesen gesetzlichen Bestimmungen Ersatz des Ihnen zugefügten Schadens verlangen können. Sehr beeindrucken wird Sie die Feststellung kaum, denn Ihnen kommt es auf den Ersatz, nicht aber auf die Zahl der hierfür in Betracht kommenden Paragraphen an. Immerhin ist eine solche juristische Überlegung keine bloße Gedankenspielerei. Während nämlich die Schadensansprüche aus dem Kaufvertragsrecht in zwei Jahren verjähren, beträgt die Verjährungsfrist für Ansprüche aus unerlaubten Handlungen drei Jahre. Sie beginnt in dem Zeitpunkt, in welchem der Verletzte Kenntnis von der bösen Tat und ihren Folgen hat. Bei Ihnen war das der Tag, an welchem der Motor auf der Fahrt nach Kassel ausfiel.«

»Auch das leuchtet mir ein«, bemerkt der hartnäckige Mandant, »aber wie ist es denn nun mit dem Gefängnis?«

»Dazu kommen wir jetzt. Bisher haben wir die zivilrechtliche Seite Ihres Falles behandelt, d.h. die Möglichkeiten untersucht, die das Gesetz gewährt, um den Ihnen zugefügten Schaden auszugleichen.

Bei vorsätzlichen unerlaubten Handlungen liegen aber auch fast immer Verstöße gegen das Strafgesetzbuch vor. In unserem Fall hat Listenreich gegen den Betrugsparagraphen des Strafgesetzbuches, gegen § 263 StGB, verstoßen. Diese Bestimmung lautet:«

§ 263

(1) Wer in der Absicht, sich oder einem Dritten einen rechtswidrigen Vermögensvorteil zu verschaffen, das Vermögen eines anderen dadurch beschädigt, daß er durch Vorspiegelung falscher oder durch Entstellung oder Unterdrückung wahrer Tatsachen einen Irrtum erregt oder unterhält, wird mit Freiheitsstrafe bis zu fünf Jahren oder mit Geldstrafe bestraft.

(2) Der Versuch ist strafbar.

(3) ff. nicht abgedruckt.

Jetzt ist Paul beeindruckt. »Kommt er ins Gefängnis?« »Das ist nicht sicher«, wehrt der Anwalt den rachesuchenden Jedermann ab. »Von einem besonders schweren Fall des Betruges kann gewiß auch keine Rede sein. Solche Fälle liegen nur vor, wenn besonders großer Schaden angerichtet ist oder wenn ein Betrüger viele Personen schädigt und ruiniert. So liegen die Dinge bei Ihnen nicht. Wahrscheinlich kommt Listenreich sogar mit einer Geldstrafe davon. Mit einer Freiheitsstrafe ist nur zu rechnen, wenn er einschlägig vorbestraft ist oder zur Zeit noch andere Strafverfahren gegen ihn laufen. Ich möchte Ihnen aber doch abraten, voreilig eine Strafanzeige gegen Listenreich zu erstatten. In erster Linie kommt es uns doch darauf an, daß Listenreich den angerichteten Schaden so schnell wie möglich wiedergutmacht. Wenn er die Aussicht hat, daß Sie von einer Strafanzeige Abstand nehmen, wird er vielleicht ohne einen langwierigen und Kosten verursachenden Zivilprozeß bereit sein, Ihre Schadensersatzansprüche alsbald zu erfüllen. Sollte er allerdings hartnäckig bleiben, so haben wir keine Veranlassung, ihn zu schonen, und werden auch das Strafverfahren gegen ihn in Gang setzen. Die Zeit drängt uns hier nicht, denn die Strafverfolgungsverjährungsfrist beträgt fünf Jahre.«

Jedermann sieht ein, daß der Rat seines Anwalts vernünftig ist, und beauftragt ihn, die erforderlichen Maßnahmen zu ergreifen. So nimmt denn diese unglückliche Angelegenheit eines Gebrauchtwagenkaufs für ihn einen erträglichen Ausgang.

Der Versicherungsschutz und seine Grenzen

Die Kraftfahrzeugversicherung

Durch diese Erfahrungen belehrt, beschließt die Familie Jedermann, nicht wieder durch »Beziehungen« aus Privathand zu kaufen. Bei dem seriösen Gebrauchtwagenhändler Fritz Roßke findet Jedermann ein ihm zusagendes Auto. Vorsorglich holt er noch eine Expertise eines Autosachverständigen ein, die ihn zufriedenstellt.

Der Kaufpreis beträgt 4600,– Euro, wovon Paul 2000,– Euro bar bezahlt, der Rest wird über eine Autofinanzierungsgesellschaft finanziert. Der Autohändler Roßke hat ein entsprechendes Formular der Finanzierungsgesellschaft Schnell-Finanz GmbH in seinem Büro liegen, da er mit dieser Gesellschaft ständig zusammenarbeitet und auch von dieser für jeden vermittelten Fall eine Provision erhält. Er füllt das Formular geschwind aus und legt es Jedermann zur Unterschrift vor, ebenso wie ein Formular des Kaufvertrages. Jedermann überfliegt die Formulare und stößt auf Punkte, die ihm nicht recht verständlich sind.

Da steht zum Beispiel im Kaufvertrag, daß er den Kraftfahrzeugbrief erst ausgehändigt bekommt, wenn sämtliche Raten an die Schnell-Finanz gezahlt sind. In dem Finanzierungsformular wiederum stößt er auf die Klausel, daß er den Wagen für die Laufzeit der Finanzierung einer »Kaskoversicherung« mit einer Selbstbeteiligung von 500,– Euro zu unterziehen habe. Es liegt auch gleich eine entsprechende Antragskarte für die Populus-Versicherung bei, auf der natürlich der Antrag für die Haftpflichtversicherung enthalten ist. Zweifellos ein guter Service, denkt sich Paul, der allerdings nicht ganz uneigennützig ist, weil ja auch die Populus Provisionen für den vermittelten Abschluß zahlt.

»Ich sehe ein«, sagt Paul, »daß die Finanzierungsgesellschaft den Kraftfahrzeugbrief haben will, weil damit sichergestellt ist, daß ich zwischenzeitlich über das Fahrzeug nicht verfügen kann. Das weiß ich aus den Erfahrungen meines Vetters Wohlfeil. Wieso muß ich aber verschiedene Versicherungen abschließen? Ich wollte eigentlich nur eine bescheidene Haftpflichtversicherung abschließen.«

Die Kaskoversicherung

Es besteht keine Verpflichtung für einen Kraftfahrzeughalter, eine sogenannte »Kaskoversicherung« abzuschließen. Unter einer solchen Versicherung versteht man den Abschluß eines Versicherungsvertrages zu dem Zweck, sich selbst gegen Beschädigungen, den Diebstahl oder einen Totalschaden des Fahrzeugs zu schützen. Genauso wie ein Hauseigentümer sein Haus gegen Feuer- und Blitzschlaggefahr versichert, so versichert sich der Autohalter gegen diese Risiken durch die Kaskoversicherung. Er denkt dabei an die häufigen Unfälle, bei denen man nicht einen anderen Verkehrsteilnehmer in Anspruch nehmen kann. Da ist einmal der Fall, daß auf den geparkten Wagen nachts ein Verkehrsteilnehmer auffährt, ihn erheblich beschädigt und sich dann unbemerkt entfernt. Da ist aber auch der Fall zu bedenken, daß der Halter durch Ungeschick oder durch eine unglückliche Verkehrssituation sein Fahrzeug selbst zu Schaden bringt, indem er gegen einen Baum fährt. In all diesen Fällen würde ein erheblicher Vermögenswert verloren sein, und der Normalbürger müßte erneut auf manches verzichten, um sich ein neues Fahrzeug anschaffen zu können. Natürlich rentiert sich eine solche Versicherung kaum noch, wenn es sich um einen alten, ausgedienten Kraftwagen handelt, der keine 1000,– Euro mehr wert ist.

Nun denkt Jedermann, daß er selbst ein überaus geschickter und vorsichtiger Fahrer sei, der auch so leicht niemanden außer seiner Ehefrau an das Lenkrad läßt. Er möchte also das Risiko, daß er selbst sein Fahrzeug zu Schaden bringt, nicht versichern lassen. Da kennt nun die Versicherungswirtschaft eine Sonderform der Kaskoversicherung, die Teilkaskoversicherung. Hier wird nur das Risiko versichert, daß der Kraftwagen gestohlen wird oder einen Feuerschaden erleidet. Diese Teilkaskoversicherung – Feuer- und Diebstahlversicherung – kostet natürlich auch weniger Prämie, da ja nur ein Teilrisiko versichert wird.

Jedermann meint nun, daß er von Autobränden nur selten etwas gehört habe und daß seit Einführung der gesetzlich vorgeschriebenen Sicherungen eine Diebstahlsgefahr kaum noch bestehen dürfte.

Da sagt nun aber der Autohändler Fritz Roßke abschließend: »Es tut mir leid, Herr Jedermann, aber alle diese Argumente interessieren die Finanzierungsgesellschaft nicht. Wenn Sie den Gesamtkaufpreis bar bezahlen würden, könnten Sie selbst entscheiden, ob Sie den gekauften Kraftwagen kaskoversichern wollen oder nicht. Die Finanzierungsgesellschaft ist aber daran interessiert, daß der Wert des Kraftfahrzeuges so lange vorhanden ist, bis die letzte Rate gezahlt wird. Wenn Sie – was Gott verhüten möge – übermorgen mit dem Wagen tödlich verunglücken, dann müßte die Finanzierungsgesellschaft erst mühselige Untersuchungen anstellen, um Ihre Erben ausfindig zu machen, in der Hoffnung, daß diese die noch ausstehenden Raten bezahlen werden. Wenn aber die Kaskoversicherung besteht, so kann die Finanzierungsgesellschaft die Auszahlung der Versicherungssumme an sich verlangen, denn Sie treten – wie Sie hier in dem Finanzierungsvertrag lesen – die Ansprüche aus der Kaskoversicherung an die Finanzierungsgesellschaft ab. Das Verlangen, daß Sie diese Kaskoversicherung abschließen, und zwar die Vollkaskoversicherung, dient dem wohlverstandenen Interesse der Finanzierungsgesellschaft.

Sie müssen sich daher nunmehr entscheiden, ob Sie den Kaufvertrag tätigen wollen oder nicht. Schließlich liegt ja schon ein weiteres Entgegenkommen darin, daß Sie die Kaskoversicherung mit einer Selbstbeteiligung von 300,– Euro tätigen können.

Das bedeutet folgendes: Bis zu der Höhe von 300,– Euro müssen Sie den Schaden an dem Fahrzeug selbst tragen. Für solche Bagatellschäden tritt dann die Kaskoversicherung nicht ein. Man kann wohl davon ausgehen, daß der normale Autohalter für einen solchen Betrag gut sein wird.

Andererseits ist natürlich auch hier die Prämie wieder billiger als bei einer Kaskoversicherung ohne Selbstbeteiligung, denn die Versicherungsgesellschaft erspart sich viel Arbeit und Unkosten durch den Ausschluß solcher Kleinschäden.«

Der so belehrte Jedermann greift nunmehr zum Kugelschreiber und unterschreibt sämtliche ihm vorgelegten Formulare.

Die Haftpflichtversicherung

Sofort überreicht ihm daraufhin Fritz Roßke die »Deckungszusage« der Populus-Versicherung, nachdem er in dieser Urkunde Paul Jedermanns Name und Anschrift und die näheren Angaben hinsichtlich des verkauften Kraftwagens eingesetzt hat.

«Die brauchen Sie, wenn Sie den Wagen zur Zulassung bringen. In der Bundesrepublik Deutschland darf kein Kraftfahrzeug an dem öffentlichen Verkehr teilnehmen und zu diesem zugelassen werden, das nicht ausreichend gegen Haftpflicht versichert ist.«

Dies ist nicht etwa in allen Staaten der Fall. Es ist zum Beispiel mit einer Reise ins Ausland das Risiko verbunden, daß man von einem nicht gegen Haftpflicht versicherten Autofahrer verletzt wird, der auch nicht vermögend genug ist, um den angerichteten Schaden ersetzen zu können. Für solche Fälle hilft demnach nur eine eigene ausreichende Unfallversicherung. Das bedeutet weiterhin, daß sich in diesen Staaten eigentlich die gesamte Bevölkerung gegen Unfallschäden versichern müßte, da sie ja unter der ständigen Gefahr lebt, daß ein ungeschickter oder rücksichtsloser Autofahrer ganze Familien ins Unglück stürzt.

In Deutschland ist die Haftpflichtversicherung für Kraftfahrzeughalter durch das Gesetz vom 4. Januar 1978 und entsprechende Durchführungsverordnungen vorgeschrieben.

Mit dieser Vorschrift hat der Gesetzgeber ein Minimum an Sicherheit schaffen wollen, sowohl einerseits für die durch den Kraftwagenverkehr gefährdeten anderen Verkehrsteilnehmer, aber auch andererseits für die Autofahrer selbst. Eine einzige kleine Unaufmerksamkeit kann den Autofahrer in Schulden stürzen, die sein Vermögen und seine Erwerbsmöglichkeiten derart übersteigen, daß er wirtschaftlich ruiniert ist. Aber auch der Halter des Kraftfahrzeuges, der den Wagen einem anderen für eine Fahrt überlassen hat, kann in Schulden verstrickt werden, da er nach § 7 StVG für den Schaden haftet, der durch den Betrieb seines Kraftfahrzeuges entsteht. Allerdings sind hier Grenzen der Schadensersatzpflicht nach oben gezogen.

Jeder Kraftfahrer und jeder Kraftfahrzeughalter mag nun selbst erwägen, ob die gesetzlich vorgeschriebene Mindestsumme der Haftpflichtversicherung ausreichend für ihn erscheint. Auf den ersten Blick sieht der Betrag von 500 000,– Euro derartig mächtig aus, daß man glauben könnte, mit ihm jeden Unfallschaden abdecken zu können. Man braucht sich aber bloß vorzustellen, daß durch ein schuldhaftes Verhalten am Lenkrad eines Pkw ein voll besetzter Reiseomnibus einen Totalschaden erleidet und seine Insassen zum Teil getötet, zum Teil schwer verletzt werden. Hier summiert sich die Vielzahl der einzelnen Schadensersatzansprüche zu einer derartigen Gesamtforderung, daß die Haftpflichtversicherungssumme 500 000,– Euro vielleicht nicht ausreicht und unter Umständen nur die Prozeßkosten und einen Teil des Schadens deckt.

Die Teilnahme am Verkehr ist auch insoweit ein Spiel mit dem Risiko. Wer sehr viel und lange Strecken fahren muß, befindet sich in einem weitaus größeren Risiko als der Gelegenheitsfahrer. Er sollte daher erwägen, sich und andere durch Abschluß höherer Versicherungsbeträge ausreichend zu schützen. Die für höhere Deckungssummen zu zahlenden Prämien sind nur gering.

»Und wenn einer sich nun einfach trotzdem nicht haftpflichtversichert?« will Karin wissen, als ihr Paul die Einzelheiten des Autokaufs berichtet. Paul weiß es auch nicht, aber er kann es in § 6 des Gesetzes über die Pflichtversicherungen für Kraftfahrzeughalter nachlesen. Mit der in diesem Paragraphen angedrohten ganz erheblichen Strafe will der Gesetzgeber den geizigen und rücksichtslosen Verkehrsteilnehmer zum Abschluß der gesetzlichen Haftpflichtversicherung zwingen. Aber er hat auch noch ein weiteres Sicherheitsventil eingebaut, denn unbelehrbare und kriminelle Menschen würden sich auch durch Strafandrohungen nicht abschrecken lassen, ohne Versicherung am Kraftwagenverkehr teilzunehmen, wenn sie dadurch nur etwas Geld sparen können. Hier setzt nun die Regelung der Straßenverkehrszulassungsordnung ein.

760

Aufgrund dieser Bestimmungen wird ein Kraftwagen nur dann zum Verkehr zugelassen, also dem Antragsteller die erforderlichen Papiere und Kraftfahrzeugschilder nur ausgehändigt, wenn er den Nachweis für die ausreichende Kraftfahrzeughaftpflichtversicherung erbringt. Hierzu verwendet die Versicherungswirtschaft die sogenannten »Deckungszusagen«, die auf Antrag des Versicherungsnehmers, soweit gegen ihn keine Bedenken bestehen, ohne weiteres erteilt werden. Die Einzelheiten des Versicherungsvertrages werden dann nachher festgelegt.

Verlust des Versicherungsschutzes

Pauls Neffe Peter Forsch ist ein rechter Lebemann. Er fährt einen schnellen Sportwagen, dessen Anschaffung und Unterhalt seine finanziellen Fähigkeiten reichlich überfordern. So ist es nicht zu verwundern, daß ihn die jeweiligen Mahnungen, die fälligen Prämien zu zahlen, stets mit Mißmut erfüllen. Anfangs kommt er den Verpflichtungen noch mit Verzögerungen nach. Schließlich stellt er die Prämienzahlungen völlig ein.

Dies gefällt natürlich der Versicherungsgesellschaft ganz und gar nicht, denn sie rechnet ja mit den fälligen Prämien, um ihrerseits ihren Versicherungspflichten nachkommen zu können. Sie entschließt sich daher also, diese Ansprüche durch einen Mahnbescheid gerichtlich geltend zu machen, um alsdann gegen Forsch vollstrecken zu können. Dieser Entwicklung sieht Forsch gelassen entgegen, denn er ist praktisch unpfändbar. Der Sportwagen selbst ist einer gutmütigen Freundin und Gläubigerin seit langem zur Sicherheit übereignet.

Aber die Versicherung hat auch noch andere Pfeile im Köcher. Eines Tages erhält der säumige Peter von der Versicherung einen Einschreibebrief, durch den der Versicherungsvertrag aufgekündigt wird.

»Was die für Ideen haben«, denkt Peter und wirft den Brief in den Papierkorb. Was er aber nicht weiß, ist folgendes: Die Versicherung muß gleichzeitig nach der StVZO eine Anzeige bei der zuständigen Kraftfahrzeugzulassungsstelle erstatten, die daraufhin die amtliche Bescheinigung über die Zuteilung des Kennzeichens (Zulassung, Kraftfahrzeugschein) einzuziehen und das Kennzeichen zu entstempeln hat.

Nunmehr ist Peter mit seinem Latein am Ende. Zwar läßt er zunächst die an ihn ergehende Aufforderung, den Kraftfahrzeugschein und die Schilder mit dem polizeilichen Kennzeichen abzugeben, unbeachtet. Aber kurz darauf fährt ein Polizeifahrzeug mit zwei Beamten bei ihm vor, und diese stellen die Kfz-Schilder sicher. Da gibt Peter den Kampf gegen die Staatsautorität auf, händigt den Beamten auch den Kraftfahrzeugschein aus und beschließt, eine Monatskarte für die Straßenbahn zu erwerben.

Unfälle und deren Folgen

Karin fährt ab und zu den neuen Wagen. Sie ist dabei vorsichtig und bemüht, die Verkehrsvorschriften genauestens einzuhalten.

Als Karin in der Waldstraße in die Garageneinfahrt auf der gegenüberliegenden Straßenseite einfahren wollte, ordnete sie sich etwa 1000 m vorher links ein. Alsbald betätigte sie auch den linken Blinker. Es herrschte starker Verkehr in der Fahrtrichtung, so daß neben und hinter Karin, die jetzt bereits mit den linken Rädern an der Straßenmitte entlang fuhr, zwei geschlossene Autokolonnen dahinfahren.

Als sie sich der Garageneinfahrt näherte, blickte sie in den Rück- und in den Außenspiegel, konnte aber nur Fahrzeuge ausmachen, die in der Reihe hinter ihr fuhren. Jetzt konzentrierte sie sich auf die entgegenkommenden Fahrzeuge, die in einem schwächeren Verkehrsstrom der Innenstadt zustrebten. Die Gelegenheit, durch eine Lücke dieser Fahrzeugkette in die Garageneinfahrt durchzustoßen, erschien günstig. Karin schlug das Lenkrad nach links ein, drückte das Gaspedal – da gab es einen Schlag, dem eine Erschütterung folgte. Karin wurde erst gegen die Windschutzscheibe und dann gegen die rechte Tür geschleudert. Danach wurde sie ohnmächtig.

Zu diesem Unfall kam es aus folgendem Grund: Während sich alle stadtauswärts fahrenden Kraftfahrer in eine der nach auswärts strebenden Fahrzeugreihen in der Waldstraße einordneten, schloß sich Michael Popp hiervon aus.

Popp scherte aus der Kolonne aus, setzte sich einfach neben Karins Fahrzeugreihe und gab tüchtig Gas. Vielleicht wäre dieses verkehrswidrige Verhalten sogar ohne strafrechtliche Folgen geblieben, wenn Karin nicht gerade in dem Augenblick nach links eingebogen wäre, als sich Michael mit guter Beschleunigung diesem Punkt näherte und dann scharf bremste.

Praktisch fiel der Bremsvorgang mit dem Zusammenstoß der Fahrzeuge zusammen. Doch es geschah Michael und seiner Freundin nichts, weil sie die Füße gegen den Boden stemmte und er sich am Lenkrad abstützte. Die auf einen Unfall unvorbereitete Karin hingegen hatte keine derartigen Chancen, weil sie von dem Zusammenstoß völlig überrascht worden war.

Michael verlor in keinem Augenblick seine Lebenszuversicht und den Überblick über das Geschehen. Er kümmerte sich zunächst sofort um sein Fahrzeug und stellte erleichtert fest, daß es noch fahrbereit war.

»Nicht mal den linken Blinker einzustellen«, bemerkte er so nebenbei zu seiner Freundin, »und dann einem einfach in die Fahrbahn zu biegen, das ist doch einfach die Höhe.«

Nun glaubte zwar die Freundin, daß sie sozusagen im Unterbewußtsein das Blinken an der linken Seite von Karins Wagen bemerkt hatte, aber wenn doch Michael so genau wußte, daß dies nicht der Fall war ...?!

»Bleib mal hier im Wagen«, ordnete Michael an »ich werde dieser Anfängerin mal meine Meinung sagen.«

Als er den Zustand von Karins Wagen sah und dann die blutüberströmte und ohnmächtige Frau erblickte, entsetzte er sich bei dem Gedanken, daß dieser Ablauf für ihn peinliche Folgen haben könnte, wobei die Vorstellung, den Führerschein zu verlieren, im Vordergrund stand.

Ferner peinigte ihn der Gedanke, den an seinem Wagen eingetretenen Schaden ganz oder teilweise aus eigener Tasche bezahlen zu müssen, was ihm geradezu unerträglich erschien. Zornig rüttelte er an Karins Schulter, damit sie zu Bewußtsein käme, um seine Vorwürfe zu begreifen. Und tatsächlich hatte er damit Erfolg.

»Was ist denn?« fragte Karin noch ganz benommen. »Wie konnte mir dies nur passieren?« Sofort wandte sich Popp an den Passanten Immerda, der schon eine Zeitlang untätig in Karins Wagen geschaut hatte, und faßte ihn am Ärmel seines Mantels.

»Haben Sie das Geständnis gehört?« redete er auf ihn ein. »Sie hat selbst zugegeben, daß sie schuld ist.« Nun ist Immerda gern bereit, aufregende Ereignisse zu beobachten, aber weniger begeistert, selbst in sie hineingezogen zu werden. Jedoch sein Versuch, sich Michaels Hand zu entwinden, mißlingt, und auf dessen Zureden hin gibt er ihm auch seine Personalien an. Inzwischen ist aus einem Nachbarhaus eine Apothekerin herbeigeeilt und bemüht sich um die noch recht benommene Karin. Sie bleibt bei ihr und wehrt Michaels Vorwürfe ab, bis mit Blaulicht und Martinshorn der Verkehrsunfallwagen und der Rettungswagen herbeikommen. Karin wird in das Unfallkrankenhaus gefahren, während die Polizeibeamten routinemäßig die vorgeschriebenen Feststellungen an Ort und Stelle treffen. Hierbei ist Michael Popp sehr hilfsbereit, und auch die Freundin trägt ihr Teil dazu bei.

762

Als einer der Polizeibeamten Michael fragt, warum er seinen Kraftwagen nicht in der Unfall-situation habe stehenlassen, sondern auf den Bürgersteig gefahren sei, erwidert er: »Durch den Zusammenprall mit der rücksichtslos in meine Fahrbahn einbiegenden Fahrerin des anderen Pkw wurde ich auf die Schienen der entgegenkommenden Straßenbahn abgedrängt. Ich hätte den ganzen Gegenverkehr gesperrt, wenn ich die Schienen nicht geräumt hätte. Ich glaube, ich habe damit vor-schriftsmäßig und verkehrsgerecht gehandelt«, setzt er bescheiden hinzu.

Jedermanns sind erst einmal glücklich und zufrieden, weil die ärztlichen Untersuchungen erge-ben, daß Karin keinen Dauerschaden davongetragen hat. Immerhin hat sie einiges abbekommen.

Der rechte Arm ist zweifach gebrochen, vom linken Schlüsselbein hat sich ein Knochensplitter abgelöst, eine starke Rippenprellung ist vorhanden und eine mittelschwere Gehirnerschütterung zwingt dazu, daß Karin zehn Tage in der Klinik bleiben muß.

Als sie wieder im Kreise ihrer Lieben ist, beginnt die Familie Jedermann die Ereignisse zu disku-tieren.

Natürlich sind alle überzeugt, daß der Mutter nicht der geringste Vorwurf zu machen sei und daß der »junge Kerl« schon zur Rechenschaft gezogen werden würde.

»Bedauerlich ist nur«, bemerkt Paul nachdenklich, »daß der Wagen schon abbezahlt war und ich die Kaskoversicherung habe fallenlassen. Dann würden wir sofort die Anzahlung für einen neuen Wagen gehabt haben und die Populus-Versicherung könnte sich mit diesem Popp – oder wie der Kerl heißt – herumschlagen. So müssen wir selbst an ihn heran. Wenn es dir jetzt gut genug geht, Karin, werden wir den Papierkrieg beginnen.«

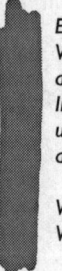

Eine Kaskoversicherung ist immer dann wertvoll, wenn man selbst Unannehmlichkeiten oder Prozessen aus dem Wege gehen will. Die Auseinandersetzung mit einem Unfall-»Partner« ist immer ärgerlich. Diese Last nimmt einem die Versicherungsgesellschaft ab und zahlt den Schaden am eigenen Fahrzeug, wenn die Kaskoversicherung läuft. Im Schadensfall bekommt man also ohne einen Prozeß den Wagen repariert und erspart zusätzlich den Ärger und das Prozeßrisiko! Eine Kaskoversicherung ist besonders wichtig, wenn der Wagen neu ist. Sie ist aber auch dann ratsam, wenn ein Familienmitglied oder ein Angestellter noch nicht ganz »sattelfest« ist.

Unumgänglich notwendig aber ist eine Kaskoversicherung, wenn man ins Ausland fährt. Man kann eine solche Versicherung auch für ein oder zwei Monate abschließen. Überzeugen Sie sich aber vor der Unterschrift, daß der Versicherungsschutz auch das Land umfaßt, in das Sie reisen wollen!

Nun, unser Popp ist schon zum Angriff angetreten. Er geht davon aus, daß man die Korrespondenz über einen Unfall niemals auf die lange Bank schieben darf. Es vergeht meist sehr viel Zeit, bis sich die Dinge klären. »Schnelles Geld« ist selten. So trifft denn am nächsten Vormittag bei Jedermanns ein eingeschriebener Brief ein:

Michael Popp   Zeil 265
                                                            60313 Frankfurt/Main
Frau
Karin Jedermann
Pilgerweg 6
35037 Marburg/Lahn   26.4.20 . .

Sehr geehrte Frau Jedermann!

Durch den von Ihnen am 26.3.20 . . in der Waldstraße verschuldeten Unfall sind bei mir erhebliche Folgen eingetreten. Der an meinem Kraftwagen notwendig gewordene

Reparaturaufwand beträgt 1930,– Euro, wie Sie aus der beigefügten Abschrift der Rechnung der Autowerkstatt Joachim Meister ersehen wollen. Darüber hinaus sind mir durch Abschleppkosten, Taxifahrten und Telefonate weitere 75,– Euro an Schaden entstanden, um deren Erstattung ich gleichfalls bitten muß.

763

Ferner habe ich mir beim Aufprall auf Ihr Fahrzeug mein rechtes Knie so heftig gestoßen, daß ich heute nur noch mit Schmerzen gehen kann. Hierüber kann mein Hausarzt Dr. Waldemar Knochen jederzeit gehört werden. Aus diesem Grunde mußte ich meinen diesjährigen Skiurlaub aufgeben. Das mir hierfür zustehende Schmerzensgeld beziffere ich auf mindestens 5000,– Euro.

Ich fordere Sie hiermit auf, mir unverzüglich Ihre Versicherungsgesellschaft sowie die Nummer Ihrer Versicherungspolice bekanntzugeben, damit ich mit Ihrer Versicherungsgesellschaft Verbindung aufnehmen kann. Ich habe diesem Brief eine Abschrift beigefügt, damit Sie diese gleich Ihrer Versicherungsgesellschaft weiterleiten können.

Mit freundlichen Grüßen

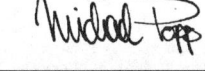

»Das ist doch geradezu unglaublich«, ereifert sich Paul. »Anstatt daß dieser Kerl sich bei dir entschuldigt, sich nach deinem Befinden erkundigt und dir einen anständigen Blumenstrauß schickt, hat er die Frechheit, dir die Schuld in die Schuhe zu schieben. Na, dem werden wir es geben.«

Trotz allem verständlichen Grimm und Ärger muß Frau Jedermann jedenfalls dem Verlangen nachkommen, sich unverzüglich mit ihrer Haftpflichtversicherung in Verbindung zu setzen.

Dies ist eine der wichtigsten Obliegenheiten eines Versicherten. Die Versicherungsgesellschaft muß ohne schuldhaftes Zögern von ihrem Versicherungsnehmer über jeden Unfallvorgang unterrichtet werden, aus dem Ansprüche gegen den Versicherungsnehmer hergeleitet werden. Verstößt der Versicherungsnehmer gegen derartige Obliegenheitspflichten, so riskiert er, daß ihm der Versicherungsschutz von seiten seiner Versicherungsgesellschaft versagt wird.

Deshalb entwirft Paul sofort einen Brief folgenden Inhalts:

Paul Jedermann

Pilgerweg 6
35037 Marburg/Lahn

An die
Populus-Versicherungs-AG
Bockenheimer Landstraße 8
60325 Frankfurt/Main

28.4.20 . .

Haftpflichtpolice 95 376 H

Sehr geehrte Damen und Herren!

Ich bin als Halter des Pkw, polizeiliches Kennzeichen Nr. ... bei Ihnen gegen Haftpflichtschäden versichert. Meine Ehefrau Karin fuhr am 26. März des Jahres mit dem vorstehend bezeichneten Fahrzeug gegen 18 Uhr durch die Waldstraße stadtauswärts. Sie hatte sich in die linke Fahrkolonne eingereiht, weil sie von dort in unsere Garage einbiegen wollte, die sich in der Waldstraße befindet. Sie hatte auch rechtzeitig das

Blinklicht betätigt, um das Überqueren der anderen Straßenseite anzukündigen. Als sie nun nach links abbog, wurde sie von einem Fahrzeug gerammt, dessen Fahrer mit großer Geschwindigkeit an der Fahrkolonne vorbeizukommen versuchte, in welcher sich meine Frau befand. Kurz vorher hatte meine Frau in den Rückspiegel gesehen. In dieser kurzen Zeit, in der sie sich danach wieder nach vorn orientierte, war dieser Fahrer an den anderen Fahrzeugen vorbeigerast und fuhr auf meinen Wagen auf. M. E. trifft diesen Fahrer die alleinige Schuld an dem Unfall. Wir werden daher den uns zugefügten Schaden nunmehr gegen diesen Fahrer, einen Herrn Michael Popp, geltend machen.

Zu unserer größten Verwunderung hat dieser jedoch die Stirn, meine Frau für den Unfall verantwortlich zu machen. Ich übersende Ihnen in der Anlage Abschrift seines diesbezüglichen Briefes vom 26.4.20.. zur weiteren Veranlassung.

Mit freundlichen Grüßen

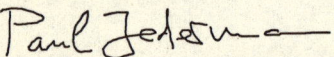

 Abschrift beziehungsweise Durchschlag für die eigenen Akten behalten.

Als dieses Schreiben aus dem Haus war, berieten Jedermanns über die nun von ihnen gegen Popp zu ergreifenden Maßnahmen.

 *Nach einem Unfall muß man sofort seine Versicherungsakten hervorsuchen und die Versicherungsbedingungen sehr sorgfältig durchlesen, damit man alles richtig macht. Bestehen irgendwelche Zweifel, so ruft man die zuständige Agentur oder die Bezirksdirektion an und bittet um den schnellen Besuch eines Versicherungsagenten. Nachlässigkeit kann hier sehr teuer werden. Wer nicht schreibgewandt und in Rechtssachen wenig erfahren ist, wende sich sofort an einen Anwalt, vor allem dann, wenn auch eine Strafsache droht. In den ersten Stunden nach einem Unfall ist vieles zu entscheiden und zu veranlassen, zum Beispiel nach Zeugen zu suchen oder ein Sachverständigengutachten einzuholen. Nur wenn keine Schwierigkeiten zu erwarten sind, sollte man zunächst selbst handeln.*

Die Rechtsschutzversicherung

»Dein Vetter Hans könnte sich jetzt freuen«, meint Paul zu seiner Frau, »der ist nämlich in einer Rechtsschutzversicherung, bei der ‚Justonia‘.«

«Ach so, dann bearbeitet diese ‚Justonia‘ für ihn solche Streitigkeiten und vertritt ihn auch vor den Gerichten?« fragt Karin zurück.

Ganz so, wie Karin sich dies vorstellt, liegen die Dinge zwar nicht, aber ein wahrer Kern ist vorhanden.

Die Rechtsschutzversicherungen bearbeiten nicht selbst die Rechtsfälle ihrer Versicherungsnehmer. Dies wäre einmal technisch unmöglich, denn dann müßten ja in jeder Gemeinde rechtskundige Angestellte dieser Unternehmen residieren. Eine solche Tätigkeit würde aber auch gegen das Gesetz zur Verhütung von Mißbräuchen auf dem Gebiete der Rechtsberatung verstoßen.

Nach diesem Gesetz sind grundsätzlich nur die Berufsstände der Rechtsberatung (Rechtsanwälte, Notare, Patentanwälte, Rechtsbeistände, Prozeßagenten usw.) für die geschäftsmäßige Rechtsberatung zugelassen. Die Rechtsschutzversicherungen zählen hierzu nicht. Dies ist allerdings auch nicht ihre Aufgabe. Sie versichern nämlich nur gegen die durch eine Prozeßführung oder eine Verteidigung in einem Strafverfahren anfallenden Kosten.

»Ich weiß«, ereifert sich jetzt Karin, »sie bezahlen den Rechtsanwalt.«

Diese Feststellung trifft ins Schwarze, aber sie ist noch nicht erschöpfend. Wichtig ist dabei zunächst, daß die Rechtsschutzversicherung nicht etwa den zu beauftragenden Rechtsanwalt vorschreibt. Der Versicherungsnehmer hat insoweit das Recht der freien Auswahl. Wo kein Rechtsanwalt auftreten muß, zum Beispiel in den Prozessen vor den Amtsgerichten, kann er auch einen der zugelassenen Rechtsbeistände wählen. Nur wenn der Versicherungsnehmer keinen Anwalt seines eigenen Vertrauens hat, kann er sich einen örtlichen Anwalt von der Rechtsschutzversicherung benennen lassen.

Darüber hinaus trägt die Rechtsschutzversicherung aber auch die Gerichtsgebühren, soweit der Versicherungsnehmer durch sie belastet wird. Und schließlich trägt sie auch noch die von dem Versicherungsnehmer dem Prozeßgegner im Falle des Unterliegens zu erstattenden Kosten.

»Das ist wirklich recht vortrefflich«, überlegt die unerschütterliche Karin. »Aber eine etwa verhängte Geldstrafe wird von der ,Justonia' wohl nicht übernommen?«

»Nein, liebe Karin, gewiß nicht. Sie gehen auch nicht für einen verurteilten Versicherungsnehmer ins Gefängnis!«

765

Der Schaden wird geltend gemacht

Da Jedermanns nun nicht in einer Rechtsschutzversicherung sind, stehen sie vor der Frage, ob sie für ihr Vorgehen gegen Popp gleich einen Rechtsanwalt einschalten oder es erst einmal ohne eine solche Unterstützung versuchen sollen.

Paul setzt sich mit folgendem Vorschlag durch: Es soll zunächst der Versuch gemacht werden, ob die Versicherungsgesellschaft von Popp zu einer schnellen und zufriedenstellenden Regulierung bereit ist. Sollte sich herausstellen, daß insoweit Schwierigkeiten auftreten, dann soll alsbald ein Rechtsanwalt beauftragt werden.

Aufgrund dieses Entschlusses richtet unser Paul Jedermann nun folgenden Brief an Michael Popp:

Paul Jedermann   *Pilgerweg 6*
                                                    35037 Marburg/Lahn

<u>Einschreiben</u>

Herrn
Michael Popp
Zeil 265
60313 Frankfurt/Main   *4.5.20 . .*

Sehr geehrter Herr Popp!

Ich bestätige zunächst Ihren an meine Ehefrau gerichteten Brief, mit dem Sie
Schadensersatz fordern.

Dieser Brief wurde an unsere Versicherungsgesellschaft »Populus«, Bockenheimer Landstraße 8, Frankfurt/Main, weitergeleitet, bei der meine Haftpflichtversicherung unter der Police Nr. 95 376 H läuft. Sie werden daher Weiteres von dieser Gesellschaft hören.

Selbstverständlich haben wir dem Inhalt Ihres Briefes auf das entschiedenste zu widersprechen, da er ein völlig unrichtiges und entstelltes Bild des Geschehensablaufes gibt. Soweit es Ihre angeblichen Ansprüche betrifft, ist dies jedoch Sache der Versicherungsgesellschaft.

Da für uns kein Zweifel an Ihrem schuldhaften Verhalten besteht, machen meine bei dem Unfall verletzte Ehefrau und ich folgende Ansprüche gegen Sie geltend:

1. Meine Ehefrau hat Verletzungen an den Rippen, dem rechten Arm und dem Schlüsselbein erlitten. Infolge einer schweren Gehirnerschütterung mußte sie 10 Tage in der Klinik bleiben. Anliegend überreiche ich ein ärztliches Attest, aus dem sich der ganze Umfang und die Schwere der Verletzung ergibt. Für die entstandenen Arztkosten sind bisher von uns   476,– Euro aufgewendet worden. Abschrift der Kostenrechung anbei. Für den Transport meiner Frau in das Unfallkrankenhaus waren   28,– Euro zu zahlen.

   Für die durch die Verletzung verursachten Schmerzen erscheint eine Geldentschädigung in Höhe von   2000,– Euro angemessen und gerechtfertigt.

2. Der mir gehörende Personenkraftwagen, der durch Ihre schuldhafte Fahrweise erheblich beschädigt wurde, steht zur Reparatur bei der Firma Huber & Co., Darmstädter Landstraße 4, Frankfurt/Main. Sie können ihn dort von dem Sachverständigen Ihrer Versicherungsgesellschaft besichtigen lassen. Allerdings muß dies spätestens innerhalb einer Woche geschehen, da die Reparatur alsbald in Angriff genommen werden soll. Die Reparaturkosten belaufen sich voraussichtlich auf 1300,– Euro. Eine Ersatzforderung für den merkantilen Minderwert des Kraftwagens werde ich noch beziffern.

3. Schließlich teile ich Ihnen mit, daß ich am Tage nach dem Unfall einen Mietwagen genommen habe, den ich bis zur Wiedererlangung meines Wagens nach der durchgeführten Reparatur benutzen werde. Die bis zu diesem Zeitpunkt aufgelaufenen Mietwagenkosten werde ich Ihnen dann aufgeben.

Ich habe diesem Schreiben einen Durchschlag beigefügt, damit Sie diesen an Ihre Versicherungsgesellschaft weiterleiten können. Mir wollen Sie bitte unverzüglich Namen und Anschrift Ihrer Gesellschaft sowie Ihre Policenummer bekanntgeben.

Mit freundlichen Grüßen

Paul Jedermann

Einschreiben. Durchschrift für die eigenen Akten aufbewahren.

Dieser Brief Jedermanns ist durchaus vernünftig und rechtlich zutreffend gehalten. Im einzelnen ist zu ihm folgendes zu bemerken: In den meisten Fällen empfiehlt es sich, vor einer Klageerhebung mit der Versicherungsgesellschaft seines Gegners zu verhandeln. Denn den Versicherungsgesellschaften liegt keineswegs daran, Prozesse zu führen, die sie verwaltungsmäßig unnötig belasten. In vernünftigen Grenzen ist jede Versicherungsgesellschaft vor Prozeßbeginn bereit, die Angelegenheit gütlich zu bereinigen.

Auch aus diesem Grunde war es richtig, daß Paul sein beschädigtes Fahrzeug nicht sofort hat reparieren lassen, sondern der gegnerischen Versicherung Gelegenheit bot, sich den Schaden anzusehen. Er vermeidet hierdurch etwaige spätere Beanstandungen, daß der Schaden gar nicht so groß gewesen sei und daß vielmehr gleich noch ein paar ältere Beschädigungen an dem Fahrzeug mitrepariert worden seien. Andererseits pflegen sich die Versicherungsgesellschaften bei anerkannten und gut renommierten Reparaturwerkstätten gewöhnlich darauf zu verlassen, daß hier mit äußerster Korrektheit vorgegangen wird. Fernerhin darf ein Kraftfahrzeughalter nicht die Hände in den Schoß legen und geduldig abwarten, bis sich irgendwann einmal die gegnerische Versicherungsgesellschaft mit ihm in Verbindung setzt, und die Reparatur des Wagens unerledigt lassen. Es ist ein ausgesprochener Irrtum, wenn man als Halter des beschädigten Kraftwagens meint, daß man ja die Zwischenzeit mit einem Mietwagen überbrücken könne, dessen Kosten dann eben die gegnerische Versicherungsgesellschaft zu tragen habe. Wer so denkt, kennt nicht den § 254 BGB, der den Begriff des mitwirkenden Verschuldens wie folgt festlegt:

§ 254
(1) Hat bei der Entstehung des Schadens ein Verschulden des Beschädigten mitgewirkt, so hängt die Verpflichtung zum Ersatze sowie der Umfang des zu leistenden Ersatzes von den Umständen, insbesondere davon ab, inwieweit der Schaden vorwiegend von dem einen oder dem anderen Teile verursacht worden ist.

(2) [1]Dies gilt auch dann, wenn sich das Verschulden des Beschädigten darauf beschränkt, daß er unterlassen hat, den Schuldner auf die Gefahr eines ungewöhnlich hohen Schadens aufmerksam zu machen, die der Schuldner weder kannte noch kennen mußte, oder daß er unterlassen hat, den Schaden abzuwenden oder zu mindern. [2]Die Vorschrift des § 278 findet entsprechende Anwendung.

Bei vernünftiger Anwendung dieser Bestimmung ist es also Sache des verletzten Halters, in seinem eigenen Interesse schnellstens Verbindung mit der gegnerischen Versicherungsgesellschaft aufzunehmen, dieser die Möglichkeit zur Kontrolle der Schäden anzubieten und so schnell wie möglich die Reparatur durchführen zu lassen. Andernfalls könnte im Prozeß um die Mietwagenkosten das Urteil dahin lauten, daß lediglich die Mietwagenkosten für einen Zeitraum von drei Wochen ersetzt werden, für den weiteren Zeitraum aber von dem Halter des beschädigten Wagens selbst getragen werden müßten, da er die Reparaturzeit hätte kürzer gestalten können. Da die Kosten eines mittleren Mietwagens bei täglich rund 100,– Euro liegen, kann ein solcher Halter gegebenenfalls mit einem erheblichen Schadensbetrag belastet bleiben.

»Was machen wir eigentlich«, fragt Karin nach einiger Zeit, »wenn wir von Popp keine Antwort bekommen? Es sind jetzt schon fünf Tage verstrichen.« Auch Paul wird unruhig, und kurz entschlossen richtet er folgende Anfrage an die Kraftfahrzeugzulassungsstelle, wobei er allerdings sein berechtigtes Interesse an der Auskunft nachweisen muß, das heißt, er sollte auf den Unfall gegebenenfalls genauer hinweisen:

768

Paul Jedermann

Pilgerweg 6
35037 Marburg/Lahn

An den
Magistrat der Stadt Frankfurt/Main
– Kraftfahrzeugzulassungsstelle –
60486 Frankfurt/Main

9.5.20 . .

Kraftfahrzeug des Michael Popp, polizeiliches Kennzeichen F - ZX 93

Aus Anlaß eines Verkehrsunfalles benötige ich die Angaben über die Haftpflichtversicherungsgesellschaft und Policenummer für das oben genannte Kraftfahrzeug. Für eine baldige Mitteilung wäre ich sehr verbunden.

Mit freundlichen Grüßen

Paul Jedermann

 Durchschrift für die eigenen Akten aufbewahren.

»Nun habe ich doch eigentlich alles getan, was mir zuzumuten war«, denkt Paul Jedermann. Andererseits ist ihm gar nicht wohl bei der Vorstellung, daß die Tage dahingehen, er aber die Reparatur immer noch nicht ausführen lassen kann.

Wer in eine solche Situation gerät, der setzt sich zweckmäßigerweise mit einem örtlichen Kraftfahrzeugsachverständigen in Verbindung, den er bei der Polizei oder dem Gericht erfragen, aber auch aus dem Branchentelefonbuch entnehmen kann. Er beauftragt ihn, den angerichteten Schaden an dem Kraftfahrzeug festzustellen und darüber ein kurzes Gutachten zu erstatten. Damit schlägt er zwei Fliegen mit einer Klappe. Auch die kleinlichste Versicherungsgesellschaft kann nun nichts mehr dagegen einwenden, daß die Reparatur durchgeführt wird, ohne daß sie vorher eine Besichtigung vornehmen konnte. Ferner aber hat der Halter eine ausgezeichnete Grundlage für die zu erwartenden Reparaturkosten. Wenn sich die Reparaturwerkstatt etwa im Rahmen des Gutachtens hält, wird die Versicherungsgesellschaft der Gegenseite hinterher nicht an der Höhe der Kosten herummäkeln können.

Doch schon bald entwickeln sich die Dinge weiter.

Zunächst trifft ein kurzes Schreiben von Jedermanns eigener Versicherung, der Populus, ein. Ein Fragebogen ist beigefügt, auf dem nun die einzelnen Umstände des Verkehrsunfalls von Karin Jedermann zu schildern sind.

Karin füllt mit Pauls Unterstützung gewissenhaft die einzelnen Rubriken aus, wobei sie die Tatsachen so schildert, wie sie sie in Erinnerung hat. Leider kann sie keinerlei Zeugen benennen, da sie ja sofort bewußtlos und infolge der erlittenen Verletzungen nicht in der Lage war, sich nach einem Zeugen umzusehen.

Nach einiger Zeit trifft auch die Auskunft von der Kraftfahrzeugzulassungsstelle ein, zu deren Auswertung Paul aber nicht mehr kommt, da einen Tag später die Versicherungsgesellschaft des

Michael Popp lakonisch mitteilt, daß sie vor Abschluß des zu erwartenden Strafverfahrens der Regelung der Angelegenheit nicht nähertreten könne. Im übrigen sei nach der Schilderung ihres Versicherungsnehmers Popp offensichtlich davon auszugehen, daß die Alleinschuld bei Karin Jedermann liege.

Bevor sich Paul und Karin von diesem Schreiben erholt haben, kommt schon der nächste Schlag. Der Postbote überbringt mit Zustellungsurkunde einen Brief des Amtsgerichts, der sich bei näherem Studium als ein Bußgeldbescheid erweist.

In diesem Bescheid wird Karin vorgeworfen, daß sie gegen § 1 StVO dadurch verstoßen habe, daß sie sich vor dem Abbiegen nach links in die gegenüberliegende Garageneinfahrt nicht durch einen Blick in den Außenspiegel ausreichend genug versichert habe, ob sie dadurch nicht etwa einem überholenden oder vorbeifahrenden Fahrzeug in die Fahrbahn geraten könnte. Die verhängte Geldbuße beläuft sich auf 60,– Euro. Mit Kosten soll Karin 75,– Euro zahlen.

Da entschließt sich das Ehepaar Jedermann, die weitere Entwicklung der Dinge in die bewährten Hände des Rechtsanwalts Dr. Heinz Rüte zu legen.

Der Rechtsanwalt läßt sich zunächst eine Strafprozeßvollmacht von Frau Jedermann unterschreiben, meldet sich alsdann unter Vorlage dieser Vollmacht zu den Akten als Verteidiger und fordert die Akten für sein Büro an. Hier läßt er von seinem Azubi den Akteninhalt ablichten, damit er für die Zukunft in jedem Stadium des Verfahrens nachlesen kann, was in den Akten steht, bevor er die Verteidigung übernommen hat.

Hieraus können Jedermanns nun entnehmen, daß aufgrund der festgehaltenen Zeugenaussagen, der polizeilichen Ermittlungen und trotz der auch in den Akten vorhandenen Darstellung Karins die Polizei in ihrem Schlußbericht zu dem Ergebnis gekommen ist, daß die alleinige Schuld an dem Unfall Karin treffe, die angeblich das Blinklicht nicht betätigt und auch den überholenden Michael Popp nicht rechtzeitig im Spiegel beobachtet habe. Empört meldet sich Karin für den nächsten Rücksprachetermin bei ihrem Anwalt an und nimmt zu dem Akteninhalt wie folgt Stellung:

»Das habe ich nur dieser Frau Flottke zu verdanken, die bei Popp im Wagen saß. Diese Dame sagt einfach die Unwahrheit. Ich weiß ganz genau, daß ich den Blinker rechtzeitig betätigt habe. Er leuchtete ja auch noch auf, als der Wagen nach dem Zusammenstoß auf der Straße stand. Ich habe auch rechtzeitig in den Spiegel gesehen.«

Als erfahrener Verteidiger in Verkehrsstrafsachen ist sich Dr. Rüte klar darüber, daß die Situation für Karin durchaus nicht günstig ist. Sie steht allein mit ihrer Einlassung da und hat keinen Zeugen, der ihre Darstellung unterstützen könnte. Nicht einmal ein Mitverschulden Michael Popps hat die Polizei angenommen und daher auch nicht seine Bestrafung vorgeschlagen. Trotzdem hält er es nicht für richtig, die Flinte vorzeitig ins Korn zu werfen, vor allem aus folgenden Gründen:

Zwar wird in einem Strafverfahren normalerweise der Schadensersatzanspruch der Beteiligten nicht mitentschieden. In einem späteren Zivilprozeß über die Schadensersatzansprüche ist der Zivilrichter auch nicht an das Urteil seines Kollegen, des Strafrichters, gebunden. Theoretisch könnte also in dem anschließenden Zivilprozeß »Jedermann gegen Popp« der Zivilrichter zu dem Ergebnis kommen, daß Popp allein an dem Verkehrsunfall schuld habe. Doch ist dies eine recht theoretische Erwägung.

Nach der Lebenserfahrung sind die Zivilgerichte sehr geneigt, den Ausgang des Strafverfahrens ihrer zivilrechtlichen Erkenntnis zugrunde zu legen. Es ist aber auch noch folgendes zu bedenken: Im Strafverfahren pflegen die Zeugen sehr unter dem Eindruck zu stehen, daß von ihrer Aussage die Bestrafung oder der Freispruch eines Mitbürgers abhängt. Ein Zivilprozeß wegen Schadensersatz, dessen Auswirkungen letzten Endes die »reiche« Versicherungsgesellschaft trifft, wird meist nicht so tragisch genommen.

770

Bitte beachten Sie folgende Grundsätze:

- *Zivilverfahren und Strafverfahren sind zwei völlig verschiedene Dinge. Der Ausgang eines Verfahrens sagt noch nichts aus über den Ausgang des anderen, da jeweils nach anderen Grundsätzen geurteilt werden muß.*
- *Die gegnerische Versicherung wird niemals aus eigener Initiative zu Ihnen kommen, um mit Ihnen über die Schadensregulierung zu verhandeln. Das ist Ihre Aufgabe. Warten Sie daher nicht vergeblich, sondern wenden Sie sich an die Versicherung und stellen Sie die Forderungen, die Ihnen angemessen erscheinen.*
- *Warten Sie – zumindest bei klarer Rechtslage – nie auf den Ausgang des Strafverfahrens, bevor Sie sich an die gegnerische Versicherung wenden. Drängen Sie auf sofortige Regulierung oder wenigstens auf einen Vorschuß, wenn Sie bare Auslagen hatten.*
- *Lassen Sie sich anwaltschaftlich beraten, wenn Ihnen diese Probleme zu schwierig erscheinen. Jeder gute Anwalt weiß, was Sie beanspruchen können und wird sich in angemessener Weise gütlich mit der gegnerischen Versicherung einigen können.*
- *Vorsicht beim Unterschreiben von Verzichterklärungen: Sie können Spätschäden dann kaum mehr mit Aussicht auf Erfolg geltend machen, wenn dies in der Erklärung nicht ausdrücklich vorbehalten worden ist. Nach dem Gesetz und nach Versicherungsvertrag treten auch Forderungsübergänge ein, so daß Sie möglicherweise gar keine Verzichterklärung abgeben dürfen, ohne mit Ihrer Krankenkasse oder anderen Stellen in Konflikt zu kommen! Klären Sie dies erst!*

Dr. Rüte rät daher Karin, den Einspruch gegen den Bußgeldbescheid aufrechtzuerhalten und das Verfahren – wenigstens in der ersten Instanz – durchzuführen. Er ergänzt dabei noch seine Belehrung:

»Wir müssen schließlich bedenken, daß Sie, Frau Jedermann, und Ihr Gatte einen erheblichen eigenen Schaden erlitten haben. Sie wollen auch ein Schmerzensgeld. Die Zahlung ist aber davon abhängig, daß wir Herrn Popp ein schuldhaftes Verhalten nachweisen, denn nur in einem solchen Falle gewährt das Recht in §§ 823 ff., 253 BGB ein Schmerzensgeld. Der § 253 BGB lautet:

§ 253

(1) Wegen eines Schadens, der nicht Vermögensschaden ist, kann Entschädigung in Geld nur in den durch das Gesetz bestimmten Fällen gefordert werden.

(2) Ist wegen einer Verletzung des Körpers, der Gesundheit, der Freiheit oder der sexuellen Selbstbestimmung Schadensersatz zu leisten, kann auch wegen des Schadens, der nicht Vermögensschaden ist, eine billige Entschädigung in Geld gefordert werden.

Zwar gewährt auch § 11 StVG ein solches Schmerzensgeld ohne Verschulden. Dieses dürfte im Falle eines Verschuldens jedoch höher ausfallen. »Nachdem aufgrund des bisherigen Akteninhalts die Behörden davon ausgehen, daß Popp überhaupt kein Verschulden trifft, muß ich in meiner Verteidigung bemüht sein, wenigstens ein Mitverschulden Popps herauszustellen. Es wäre schon viel gewonnen, wenn in den Gründen des Urteils später stünde, daß ein solches Mitverschulden nicht ausgeschlossen werden könne und daß dies daher bei dem Bußgeld zu berücksichtigen sei.

Darüber hinaus müssen wir aber auch noch die besonderen Bestimmungen des Straßenverkehrsgesetzes beachten.

Ich muß Ihnen zu diesem Zweck zunächst einmal den § 7 StVG vorlesen:

§ 7

(1) Wird bei dem Betrieb eines Kraftfahrzeugs oder eines Anhängers ... ein Mensch getötet, der Körper oder die Gesundheit eines Menschen verletzt oder eine Sache beschädigt, so ist der Halter verpflichtet, dem Verletzten den daraus entstehenden Schaden zu ersetzen.

(2) ¹Die Ersatzpflicht ist ausgeschlossen, wenn der Unfall durch höhere Gewalt verursacht ist.

(3) ¹Benutzt jemand das Fahrzeug ohne Wissen und Willen des Fahrzeughalters, so ist er an Stelle des Halters zum Ersatz des Schadens verpflichtet; daneben bleibt der Halter zum Ersatz des Schadens verpflichtet, wenn die Benutzung des Fahrzeugs durch sein Verschulden ermöglicht worden ist. Satz 1 findet keine Anwendung, wenn der Benutzer vom Fahrzeughalter für den Betrieb des Kraftfahrzeugs angestellt ist oder wenn ihm das Fahrzeug vom Halter überlassen worden ist.

»Aufgrund dieser Bestimmungen können Sie zwar nicht das Schmerzensgeld beanspruchen, aber den sonstigen Schaden (Arztkosten usw.) ersetzt verlangen. Wichtig ist hierbei nun, daß nicht Sie beweisen müssen, daß Sie kein Schuldvorwurf trifft. Vielmehr muß der Kraftfahrzeughalter Michael Popp beweisen, daß Sie sich derartig unglaublich verkehrswidrig verhalten haben, daß der Zusammenstoß für ihn höhere Gewalt gewesen ist. Der Grundgedanke dieser Bestimmungen ist nämlich die Betriebsgefahr.«

Die Betriebsgefahr

Wie gefährlich der Betrieb eines Kraftfahrzeugs ist, ergibt der tägliche Blick in die Presse. Nicht immer wird nach einem Unfall geklärt werden können, welchen der Beteiligten ein Verschulden trifft. Nehmen wir einmal an, daß die Polizeistreife auf einer Landstraße einen tödlich verunglückten Fußgänger antrifft, aber auch einen toten Kraftfahrzeuglenker, der gegen einen Baum gefahren ist. Niemand wird hier mehr klären können, ob der Fußgänger durch ein verkehrswidriges Verhalten schuldhaft seinen Tod und den des Kraftfahrers herbeigeführt hat oder ob der unachtsame Kraftfahrer den schuldlosen Fußgänger überfuhr und im Schreck anschließend gegen den Baum raste. Für die Angehörigen des Kraftfahrers werden die wirtschaftlichen Folgen allein schon dadurch gemildert sein, daß vielleicht eine Insassenunfallversicherung für den betreffenden Kraftwagen abgeschlossen war.

Die Angehörigen des Fußgängers wären nunmehr in einer schwierigen Lage, wenn ihnen als Anspruchsgrundlage für ihre Schadensersatzansprüche nur die §§ 823 ff. BGB zur Verfügung stünden. Dann hätten sie zu beweisen, daß den Kraftfahrer die Schuld an dem Tod ihres Ernährers träfe. Das ist aber nach Lage der Dinge unmöglich.

Hier hilft nur der vorstehend wiedergegebene § 7 StVG, der für jeden Kraftfahrzeughalter die Haftung aufgrund der sogenannten Betriebsgefahr begründet. Das Spiegelbild dieser gesetzlichen Regelung ist der gesetzliche Zwang zum Abschluß einer Haftpflichtversicherung.

Natürlich kann dieser Anspruch nicht gegen den toten Kraftfahrer geltend gemacht werden. An seine Stelle treten jetzt seine Erben, die auch in die Beziehungen des toten Kraftfahrers zu dessen Versicherungsgesellschaft eingetreten sind. Diese gewährt also nunmehr den Erben den nötigen Rechtsschutz. Es ist jetzt Sache der Erben, in dem gegen sie angestrengten Prozeß den »Entlastungsbeweis« zu führen. Sie müssen beweisen, daß den getöteten Fußgänger der Vorwurf eines derartig schuldhaft verkehrswidrigen Verhaltens trifft, daß der Autofahrer trotz größter Umsicht und Fahrkunst das Überfahren des Fußgängers nicht vermeiden konnte. Gelänge dieser Beweis, dann würde die Betriebsgefahrhaftung entfallen. Aber wie soll dieser Beweis gelingen, wenn keine Zeugen vorhanden und die Unfallbeteiligten für immer stumm sind? Nicht einmal ein Mitverschulden des getöteten Fußgängers ist nachzuweisen, so daß auch nicht § 9 StVG zum Zug kommen kann, der folgendes besagt:

772

§ 9

Hat bei der Entstehung des Schadens ein Verschulden des Verletzten mitgewirkt, so finden die Vorschriften des § 254 des Bürgerlichen Gesetzbuchs mit der Maßgabe Anwendung, daß im Falle der Beschädigung einer Sache das Verschulden desjenigen, welcher die tatsächliche Gewalt über die Sache ausübt, dem Verschulden des Verletzten gleichsteht.

Doch hat andererseits der Gesetzgeber der Haftung aufgrund der Betriebsgefahr auch Grenzen gezogen. Insoweit bestimmen die §§ 10 bis 13 StVG folgendes:

§ 10

(1) ¹Im Falle der Tötung ist der Schadensersatz durch Ersatz der Kosten einer versuchten Heilung sowie des Vermögensnachteils zu leisten, den der Getötete dadurch erlitten hat, daß während der Krankheit seine Erwerbsfähigkeit aufgehoben oder gemindert oder eine Vermehrung seiner Bedürfnisse eingetreten war. ²Der Ersatzpflichtige hat außerdem die Kosten der Beerdigung demjenigen zu ersetzen, dem die Verpflichtung obliegt, diese Kosten zu tragen.

(2) ¹Stand der Getötete zur Zeit der Verletzung zu einem Dritten in einem Verhältnis, vermöge dessen er diesem gegenüber kraft Gesetzes unterhaltspflichtig war oder unterhaltspflichtig werden konnte, und ist dem Dritten infolge der Tötung das Recht auf Unterhalt entzogen, so hat der Ersatzpflichtige dem Dritten insoweit Schadensersatz zu leisten, als der Getötete während der mutmaßlichen Dauer seines Lebens zur Gewährung des Unterhalts verpflichtet gewesen sein würde. ²Die Ersatzpflicht tritt auch dann ein, wenn der Dritte zur Zeit der Verletzung erzeugt, aber noch nicht geboren war.

§11

Im Fall der Verletzung des Körpers oder der Gesundheit ist der Schadensersatz durch Ersatz der Kosten der Heilung sowie des Vermögensnachteils zu leisten, den der Verletzte dadurch erleidet, dass infolge der Verletzung zeitweise oder dauernd seine Erwerbsfähigkeit aufgehoben oder gemindert oder eine Vermehrung seiner Bedürfnisse eingetreten ist. Wegen des Schadens, der nicht Vermögensschaden ist, kann auch eine billige Entschädigung in Geld gefordert werden.

§ 12

(1) Der Ersatzpflichtige haftet

1. im Fall der Tötung oder Verletzung eines Menschen nur bis zu einem Kapitalbetrag von 600.000 Euro oder bis zu einem Rentenbetrag von jährlich 36.000 Euro;
2. im Fall der Tötung oder Verletzung mehrerer Menschen durch dasselbe Ereignis, unbeschadet der in Nummer 1 bestimmten Grenzen, nur bis zu einem Kapitalbetrag von insgesamt 3.000.000 Euro oder bis zu einem Rentenbetrag von jährlich 180.000 Euro; im Fall einer entgeltlichen, geschäftsmäßigen Personenbeförderung gilt diese Beschränkung jedoch nicht für den ersatzpflichtigen Halter des Kraftfahrzeugs oder des Anhängers;
3. im Fall der Sachbeschädigung, auch wenn durch dasselbe Ereignis mehrere Sachen beschädigt werden, nur bis zu einem Betrag von 300.000 Euro.

(2) Übersteigen die Entschädigungen, die mehreren auf Grund desselben Ereignisses nach Absatz 1 zu leisten sind, insgesamt die in Nummer 2 Halbsatz 1 und Nummer 3 bezeichneten Höchstbeträge, so verringern sich die einzelnen Entschädigungen in dem Verhältnis, in welchem ihr Gesamtbetrag zu dem Höchstbetrag steht

§13

(1) Der Schadensersatz wegen Aufhebung oder Minderung der Erwerbsfähigkeit und wegen Vermehrung der Bedürfnisse des Verletzten sowie der nach § 10 Abs. 2 einem Dritten zu gewährende Schadensersatz ist für die Zukunft durch Entrichtung einer Geldrente zu leisten.

(2) Die Vorschriften des § 843 Abs. 2 bis 4 des Bürgerlichen Gesetzbuchs finden entsprechende Anwendung.

(3) Ist bei der Verurteilung des Verpflichteten zur Entrichtung einer Geldrente nicht auf Sicherheitsleistung erkannt worden, so kann der Berechtigte gleichwohl Sicherheitsleistung verlangen, wenn die Vermögensverhältnisse des Verpflichteten sich erheblich verschlechtert haben; unter der gleichen Voraussetzung kann er eine Erhöhung der in dem Urteil bestimmten Sicherheit verlangen.

Die vorstehende Beschränkung der Ansprüche auf Schadensersatz bezieht sich – dies sei ausdrücklich hervorgehoben – nur auf die Ansprüche, die auf § 7 StVG gestützt werden, ihre Grundlage also in der Betriebsgefahr haben. Soweit gleichzeitig Ansprüche aus unerlaubter Handlung nach §§ 823 ff. BGB gegeben sind, gilt diese Beschränkung also nicht. Hat demnach nachweislich der Halter eines Kraftfahrzeugs, als er selbst am Lenkrad saß, einen Fußgänger schuldhaft überfahren, so hat dieser Schadensersatzansprüche gegen diesen Fahrer sowohl aufgrund der §§ 823 ff. BGB als auch aufgrund von § 7 StVG. Hier gibt es demnach keine Beschränkung der Schadensersatzansprüche der Höhe nach.

Verjährung von Schadensersatzansprüchen in Verkehrssachen

Als Paul im Freundeskreis berichtet, daß Dr. Rüte nunmehr die Interessen der Familie Jedermann in die Hand genommen habe, begrüßt dies sein Freund Gerd Zaghaft aus eigener bitterer Erfahrung. Ihm ist es aus Anlaß eines Verkehrsunfalles schlecht ergangen. Da er sich in eine langwierige ärztliche Behandlung begeben mußte, betrieb er die Verhandlungen mit der gegnerischen Versicherungsgesellschaft sehr zurückhaltend. Selbst als die Gesellschaft in einem kurzen Schreiben jeglichen Anspruch mit der Begründung zurückwies, daß nach ihrer Auffassung den verletzten Zaghaft die alleinige Schuld träfe, konnte er sich nicht zu einem energischen Vorgehen entschließen. Da immer weitere Kuren und Krankenhausbehandlungen erforderlich wurden, vergingen Jahre seit dem Unfall, in denen er zwar immer wieder den anderen Unfallbeteiligten und dessen Versicherungsgesellschaft mahnte, ohne sich aber zu einer Klageerhebung entschließen zu können. Als er endlich einsah, daß er so nicht weiterkam, und sich einem in Verkehrsstreitigkeiten erfahrenen Rechtsanwalt anvertraute, wurde ihm eröffnet, daß er mit keinerlei Zahlungen mehr zu rechnen habe, da seine Ansprüche – auf welchem Rechtsgrunde auch immer sie beruhen mochten – verjährt seien.

»Sie können es der gegnerischen Versicherung nicht verübeln«, belehrte ihn der Verkehrsjurist, »daß sie im Falle der Klage die Einrede der Verjährung erheben wird, denn Sie hatten Zeit genug, die Verjährungsfrist durch Klageerhebung zu unterbrechen.

Natürlich haben Sie – wie so mancher Nichtjurist – geglaubt, daß Ihre ständigen Mahnschreiben die Verjährungsfristen, von denen Sie eine recht unklare Vorstellung hatten, unterbrechen würden. Dies war leider ein sehr schwerwiegender Irrtum.

Ihre etwaigen Ansprüche aus den §§ 823 ff. BGB wegen der unerlaubten Handlung des anderen Verkehrsteilnehmers – Ihrer Ansicht nach hat dieser schuldhaft Ihren Körper und Ihre Gesundheit verletzt und Ihren Kraftwagen beschädigt – und auch der Schmerzensgeldanspruch sind verjährt, weil gemäß §§ 195, 199 BGB auch Schadensersatzansprüche der regelmäßigen Verjährungsfrist von drei Jahren seit Kenntnis des Schadensfalls und des Schuldners unterliegen.

So, wie Sie den Sachverhalt schildern, ist die Verjährung hier bereits eingetreten. Nun haben Sie ja noch Ihre Ansprüche aus §§ 7 ff. StVG, aber für diese gilt auch die vorstehend dargelegte Verjährungsfrist von drei Jahren. Dies ergibt sich daraus, daß in § 14 StVG hinsichtlich der Verjährung von Ansprüchen aus dem Straßenverkehrsgesetz folgendes bestimmt ist:«

§ 14

Auf die Verjährung finden die für unerlaubte Handlungen geltenden Verjährungsvorschriften des Bürgerlichen Gesetzbuchs entsprechende Anwendung.

»Mit dieser umfassenden Verweisung sind aber auch die oben wiedergegebenen §§ 195, 199 BGB sowie § 203 BGB einbezogen, wonach die Verjährung gehemmt ist, weil hinsichtlich des Schadensersatzes zwischen den Beteiligten Verhandlungen schwebten.

So war auch in Ihrem Fall die Verjährung Ihrer Ersatzansprüche zunächst gehemmt, weil Sie mit der gegnerischen Versicherung in Verhandlung standen. Als diese Ihnen aber vor zweieinhalb Jahren mitteilte, daß sie jeglichen Schadensersatzanspruch zurückweise, endete die Verjährungshemmung, so daß wir heute vor dem betrüblichen Ergebnis stehen, daß Sie Ihren ganzen Schaden wohl werden allein tragen müssen.«

Auch dieses Beispiel zeigt, daß man nicht zu lange damit warten darf, sich einem Rechtskundigen anzuvertrauen, wenn die Erledigung der geltendgemachten Ansprüche nicht vorankommt.

Karin und ihr Richter

Im Bußgeldverfahren gegen Karin gelingt es Dr. Rüte, einige Erfolge zu erzielen. Er nimmt die Zeugin Flottke in die Zange und macht ihr derartig eindringliche Vorhaltungen, daß sie zum Schluß zugibt, nicht aus eigener Wahrnehmung sagen zu können, ob Karin schon einige Zeit vorher den linken Blinker betätigt hatte oder nicht.

»Michael sprach doch gerade zu mir kurz vor dem Zusammenstoß, daß ich wohl auf den Blinker nicht geachtet habe«, sagt sie schließlich treuherzig.

Diese Aussage wertet Dr. Rüte in seinem Plädoyer einmal dahin aus, daß man nunmehr zugunsten seiner Mandantin davon ausgehen müsse, daß der Blinker ordnungsmäßig betätigt worden sei. Ferner aber ergebe sich aus der – wenn auch recht unwillig gemachten – Aussage der Zeugin Flottke, daß Michael Popp kurz vor dem Zusammenstoß derartig abgelenkt war, daß er sich auf die vor ihm sich entwickelnde Verkehrssituation nicht einzustellen vermochte.

Er beantragt daher Freispruch für seine Mandantin. Der das Amtsgericht in diesem Bußgeldverfahren repräsentierende Richter Wohltat erwägt eingehend alle Umstände des Falles, wie sie sich aufgrund der Hauptverhandlung darstellen. Trotz allem, was sich nun in dieser Verhandlung zugunsten Karins ergeben hat, kann er sich nicht entschließen, sie von jedem Schuldvorwurf freizustellen. In dem von ihm verkündeten Urteil trägt er allerdings den für Karin günstigen Umständen dadurch Rechnung, daß er sie nur zu einem Bußgeld von 60,– Euro und natürlich zu den Kosten des Verfahrens verurteilt. Aber in den Urteilsgründen, die er mündlich eingehend darlegt, rechnet er mit Michael Popp ab, dem er folgendes bescheinigt:

Aber auch der verletzte Zeuge Michael Popp ist keineswegs schuldlos an dem Zusammenstoß. Im Gegenteil, man muß sein Verschulden noch größer ansehen als das der Beschuldigten. Diese ist offensichtlich mit einer schwierigen Verkehrssituation nicht fertig geworden, was jedem einmal passieren kann. Der Zeuge Popp hingegen hat in arroganter und rücksichtsloser Weise seine Fahrkunst gegenüber den anderen Verkehrsteilnehmern ausgespielt und dabei noch nicht einmal so viel Vorsicht gezeigt, daß er sich wenigstens auf den vor ihm ablaufenden Verkehr konzentrierte. Diese Überheblichkeit hat entscheidend zu dem Unfall beigetragen und mußte daher strafmildernd für die Beschuldigte ins Gewicht fallen.

Und diese mündlich vorgetragenen Gründe sind auch in dem schriftlich abgefaßten Urteil enthalten, so daß sie ein für allemal diese Situation urkundlich festhalten.

Zunächst sieht die für Karin zu ziehende Bilanz nicht sehr gut aus. Sie hat keinen Euro Bußgeld **775** gespart und schon mehr Gerichtskosten, als durch das Vorverfahren entstanden waren. Die Kostenrechnung von Dr. Rüte beläuft sich auf rund 480,– Euro. Es sieht demnach ganz so aus, als hätte Dr. Rüte keinen sehr guten Rat erteilt. Aber der endgültig zu ziehende Saldo sieht ganz anders aus. In dem anschließenden Zivilprozeß folgt der Zivilrichter im wesentlichen der Auffassung des Strafrichters. Auch er bewertet Michaels Verschulden höher als das von Karin und spricht ihr 60 Prozent des sie betreffenden Schadens als Forderung gegen ihn zu.

Den Schaden an dem Wagen, den Paul Jedermann erlitten hat, bekommt er unter Berücksichtigung der beiderseitigen Betriebsgefahr zu 50 Prozent ersetzt.

Durch dieses Urteil sind die Mehrkosten von Karins Verfahren bei weitem wettgemacht.

Umgekehrt bekommt auch Michael Popp in seinem Schadensersatzprozeß gegen Paul und Karin Jedermann nur 50 Prozent seines Kraftfahrzeugschadens ersetzt, den natürlich die Haftpflichtversicherung zahlen muß.

Einen weiteren Schadensersatzanspruch wegen seiner angeblichen Körperverletzung erhält er überhaupt nicht zugesprochen, weil die Beweisaufnahme ergibt, daß er nur eine derartig geringfügige Prellung erlitten hat, daß man hier von einer »Körperverletzung« nicht sprechen kann, die einen Geldanspruch rechtfertigen könnte.

Das Verfahren gegen Karin hat aber noch ein weiteres für Michael unangenehmes Ergebnis.

Aufgrund der polizeilichen Ermittlungen hatte die Staatsanwaltschaft davon abgesehen, auch gegen Popp ein Strafverfahren einzuleiten. Nachdem jedoch die Hauptverhandlung in dem Verfahren gegen Karin so erhebliche Belastungsmomente gegen Popp gezeigt hatte, entschließt sich die Staatsanwaltschaft, nunmehr auch gegen Popp einen Strafbefehl zu beantragen.

In diesem Strafbefehl wird gegen Popp eine Geldstrafe verhängt, mit dem Vorwurf, daß er eine fahrlässige Körperverletzung nach § 230 StGB begangen habe.

Popp, der immer Quellen weiß, wo etwas preiswert zu erlangen ist, begibt sich mit diesem Strafbefehl zur Rechtsauskunftsstelle des Frankfurter Anwaltsvereins.

Rechtsauskunftsstelle

An allen Amtsgerichten haben die örtlichen Anwaltsvereine Sprechstunden für das rechtsuchende Publikum eingerichtet, ebenso wie die an dem jeweiligen Amtsgericht zugelassenen Rechtsbeistände.

Für bedürftige Personen erteilen die für den betreffenden Tag eingeteilten Rechtsanwälte kostenlos Rechtsauskünfte; die anderen Rechtsuchenden müssen eine geringe Pauschalgebühr entrichten. Popp trägt entrüstet das ihm seiner Meinung nach angetane Justizunrecht dem diensttuenden Rechtsanwalt vor. Dieser hat durch einige Fragen bald herausgefunden, wie die Dinge liegen, und belehrt Popp wie folgt: Sie sind zu Recht bestraft worden. Es ist also zwecklos, gegen den Strafbefehl anzugehen.

Strafantrag und Strafverfolgungsverjährung

Nun hat Karin allerdings wegen dieser ihr zugefügten Körperverletzung keinen Strafantrag gestellt. Zwar hatte der sie vernehmende Polizeibeamte eine diesbezügliche Frage an sie gerichtet. Aber die gutmütige Karin stellte sich vor, daß sie dann schuld daran sei, daß der lebensfrohe Michael hinter Gittern schmachten müßte. So hat sie diese Frage mit einem Kopfschütteln beantwortet. Prompt steht in dem polizeilichen Protokoll:

> »Zeugin stellt keinen Strafantrag.«

 Man soll auf jeden Fall dann einen Strafantrag stellen, wenn man noch nicht übersehen kann, welche Schadensfolgen eintreten werden und wie sich die Gegenseite zu der Schuldfrage stellen wird.

Wenn allerdings der Strafantrag gestellt ist, kann dieser doch später von dem Antragsteller zurückgenommen werden. Diese Regelung ergibt sich aus dem Zusammenspiel folgender Bestimmungen der StGB (Strafgesetzbuch):

> § 230
> (1) ¹Die vorsätzliche Körperverletzung nach § 223 und die fahrlässige Körperverletzung nach § 229 werden nur auf Antrag verfolgt, es sei denn, daß die Strafverfolgungsbehörde wegen des besonderen öffentlichen Interesses an der Strafverfolgung ein Einschreiten von Amts wegen für geboten hält. ²Stirbt der Verletzte, so geht bei vorsätzlicher Körperverletzung das Antragsrecht nach § 77 Abs. 2 auf die Angehörigen über. (...)

> § 77d
> (1) ¹Der Antrag kann zurückgenommen werden. ²Die Zurücknahme kann bis zum rechtskräftigen Abschluß des Strafverfahrens erklärt werden. ³Ein zurückgenommener Antrag kann nicht nochmals gestellt werden. (...)

»O je«, denkt Karin, »da habe ich ja noch meinen Teil dazu beigetragen, daß dieser Mensch straffrei bleibt.« Aber so schlimm ist es doch nicht. Im allgemeinen kümmern sich die Strafverfolgungsbehörden nicht von Amts wegen um Körperverletzungen. Hier eine Wirtshausschlägerei, dort ein sich prügelndes Ehepaar, hier ein ohrfeigender Hitzkopf, da wären Polizei und die Staatsanwaltschaft bald am Ende ihrer Kräfte. Wenn also der Verletzte selbst nicht einmal daran interessiert ist, daß sein Körperverletzer bestraft wird, warum sollte es denn dann der Staat sein? Immerhin läßt das Gesetz dem Verletzten drei Monate Zeit zum Überlegen, ob er einen Strafantrag stellen will oder nicht, wie sich aus § 77b StGB ergibt:

> § 77b
> (1) ¹Eine Tat, die nur auf Antrag verfolgbar ist, wird nicht verfolgt, wenn der Antragsberechtigte es unterläßt, den Antrag bis um Ablauf einer Frist von drei Monaten zu stellen. (...)
>
> (2) Die Frist beginnt mit Ablauf des Tages, an dem der Berechtigte von der Tat und der Person des Täters Kenntnis erlangt. (...)

Aber § 230 StGB enthält doch ein Ventil für den Fall, daß wegen des besonderen öffentlichen Interesses ein Strafverfahren gegen den Körperverletzer auch dann geboten erscheint, wenn der Verletzte selbst keinen Wert auf diese Bestrafung legt. Aber nach welchen Grundsätzen entscheidet denn nun die Staatsanwaltschaft, ob bei einer Körperverletzung das öffentliche Interesse an der Strafverfolgung zu bejahen ist? Dazu muß man wissen, daß es bundeseinheitliche Richtlinien für das Strafverfahren gibt, die in der Regel vorsehen, daß bei Körperverletzungen, die durch schuldhaftes Verhalten eines

Verkehrsteilnehmers, insbesondere eines Kraftfahrers, verursacht sind, grundsätzlich Anklage auch dann zu erheben ist, wenn der Verletzte keinen Strafantrag gestellt hat.

Nur bei ganz geringfügigen Verletzungen oder bei offensichtlich ganz geringfügiger Schuld des Täters wird von der Strafverfolgung Abstand genommen, wenn kein Strafantrag gestellt ist.

777

So kommt es denn also dazu, daß Michael Popp doch noch in die Mühle der Strafverfolgung gerät. Da nun die in § 230 StGB geregelte fahrlässige Körperverletzung eine Androhung von Freiheitsstrafe enthält, ist sie gemäß § 1 StGB als Vergehen einzustufen.

Nach § 67 Abs. 2 StGB verjährt die Strafverfolgung von Vergehen, die im Höchstbetrag mit einer längeren als dreimonatigen Freiheitsstrafe bedroht sind, in fünf Jahren, von anderen Vergehen in drei Jahren. Demzufolge verjährt die Strafverfolgung gegen Michael Popp in fünf Jahren. Wegen dieses Deliktes konnte er noch verfolgt werden. Der gegen ihn erlassene Strafbefehl erging zu Recht.

Privatklage in Verkehrssachen

Als Karins Cousine Eleonore Spitz von den Geschehnissen hört, berichtet sie voll Entrüstung über ihre eigenen Erfahrungen mit Körperverletzungen.

»Denk dir nur«, berichtet sie, »ich wurde doch im vergangenen Jahr von dem Studenten Kuno Strampel angefahren, als er mit seinem Fahrrad zur Universität raste. Ich bin gestürzt, habe mir die Hand verstaucht und das linke Knie geschürft. Aber denkst du, die Polizei oder die Staatsanwaltschaft haben was gegen den Kerl unternommen? Nichts dergleichen, sage ich dir.«

»Ich denke, du hast gegen ihn Strafantrag gestellt?«

»Worauf du dich verlassen kannst. Bei meiner polizeilichen Vernehmung habe ich zu Protokoll erklärt, daß ich gegen Strampel Strafantrag wegen fahrlässiger Körperverletzung stelle. Eines Tages erhielt ich ein formularmäßiges Schreiben von der Staatsanwaltschaft, in welchem dem Sinn nach stand, daß kein Interesse an einer Verfolgung des stud. phil. von Amts wegen bestehe. Man war so freundlich, mich auf den Weg der Privatklage zu verweisen.« Dagegen kann sie leider nichts unternehmen.

Verlust des Versicherungsschutzes

In Jedermanns Nachbarschaft schlägt der Verkehrstod zu. Der Kleingewerbetreibende Daniel Wucht hat geschäftlich keine glückliche Hand. Er müht sich zwar sehr, ist von morgens bis abends mit seinem Kombiwagen unterwegs, aber er muß sich nach der Decke strecken. Er spart daher, wo er nur kann, aber leider auch an der verkehrten Stelle. Sein Kraftwagen ist stets ungepflegt, mit dem Ölwechsel läßt er sich viel Zeit – auch mit dem Reifenwechsel. So ist es denn nicht sehr verwunderlich, daß sich der nachstehend geschilderte Verkehrsunfall ereignet.

An einem regnerischen Tag wollte Wucht zu einem Geschäftsbesuch in die Nachbarstadt. Da er sich bei der Abfahrt schon etwas verspätet hatte, fuhr er auf der regennassen Landstraße mit hoher Geschwindigkeit. Der nur unregelmäßig arbeitende Scheibenwischer vor dem Lenkrad erschwerte ihm die Sicht. Die sich etwas verengende Straße brachte die vor ihm liegenden Fahrzeuge zum Halten. Wucht bremst – da bricht sein Wagen nach links aus und schleudert unaufhaltsam auf die Gegenbahn, auf der sich der Architekt Hans Bauland in einem niedrigen Sportzweisitzer nähert. Als Bauland erkennt, daß eine Katastrophe über ihn hereinbricht, versucht er noch auszuweichen. Aber sein leichtes Fahrzeug wird von der Breitseite des schleudernden Kombiwagens erfaßt und gegen einen Baum gedrückt.

Bauland ist sofort tot. Wucht selbst erleidet nur geringfügige Prellungen. Aber sein Kombiwagen, der noch in den Straßengraben fährt, ist ein Wrack. Wie es der Zufall will, ist sein altes Fahrzeug kaskoversichert, da er es als Sicherheit für einen Kleinkredit dem Darlehensgeber übereignet hat, der für die Laufzeit des Darlehens eine Kaskoversicherung mit Selbstbeteiligung von 300,– Euro verlangte.

778

Dies alles geht Wucht nach dem Unfall durch den Kopf, als er eine erste Bilanz zieht: »Für den getöteten Architekten Bauland wird meine Haftpflichtversicherung geradestehen, aus meiner Kaskoversicherung werde ich wohl noch so viel bekommen, daß es zur Anzahlung für einen neuen Wagen reicht, na, und das Strafverfahren wird schon glimpflich ablaufen.«

Diese von Wucht gezogene Bilanz ist in jeder Hinsicht falsch. Schon der Bilanzposten Strafverfahren ist nicht richtig bewertet. Die Polizei hat routinemäßig gleich nach dem Unfall eine Bestandsaufnahme gemacht und bei der Untersuchung des Kombiwagens festgestellt, daß die Bereifung zu wünschen übrig ließ. Ein hinzugezogener Sachverständiger stellte in seinem Gutachten fest, daß die Profile der beiden Vorderräder an einzelnen Stellen bis unter 1 mm abgefahren waren, daß auch das linke Hinterrad stark abgefahrene Flächen aufwies, während das rechte Hinterrad eine verhältnismäßig gute Bereifung hatte. Der Sachverständige kommt zum Ergebnis, daß der Unfall wesentlich auf die unzulängliche Bereifung zurückzuführen sei, da sowohl der Bremseffekt stark gemindert, aber auch das Lenkmanöver verfälscht wurde. Die Quittung ist zunächst eine vom Schöffengericht verhängte Freiheitsstrafe von fünf Monaten, für die auch keine Aussetzung zur Bewährung gewährt wird.

Die nächste Überraschung erlebt Wucht, als er von der Versicherungsgesellschaft, bei der er kaskoversichert ist, auf seinen Entschädigungsantrag eine glatte Ablehnung erhält. Dieses Schreiben lautet:

HASSIA-VERSICHERUNGS-AG

Az. P 309 725 K

FRANKFURT/MAIN
8.1.20 . .

Herrn
Daniel Wucht
06862 Mühlstadt

Sehr geehrter Herr Wucht!

In Ihrer Kaskoversicherungsangelegenheit müssen wir zu unserem Bedauern jegliche Entschädigungsleistung ablehnen. Ausweislich der Strafakten ist der Unfall und damit der Totalschaden an Ihrem Kombiwagen wesentlich darauf zurückzuführen, daß die Bereifung Ihres Fahrzeugs völlig desolat war. Diese Tatsache ist auch in dem gegen Sie ergangenen rechtskräftigen Strafurteil festgehalten worden.

Dieser festgestellte Befund hat aber auch zur Folge, daß wir von unserer Leistungspflicht aus der mit Ihnen geschlossenen Kaskoversicherung gemäß den §§ 61 und 23 ff. Versicherungsvertragsgesetz frei geworden sind.

Mit freundlichen Grüßen
i.A.

Natürlich hat Wucht noch niemals etwas von der Existenz der in dem vorstehenden Schreiben herangezogenen gesetzlichen Bestimmungen gehört. Ein bei ihm zur Untermiete wohnender Rechtsreferendar liest ihm bereitwilligst die einschlägigen Bestimmungen des Versicherungsvertragsgesetzes vor, die folgendermaßen lauten:

§ 61

Der Versicherer ist von der Verpflichtung zur Leistung frei, wenn der Versicherungsnehmer den Versicherungsfall vorsätzlich oder durch grobe Fahrlässigkeit herbeiführt.

§ 23

(1) Nach dem Abschluß des Vertrags darf der Versicherungsnehmer nicht ohne Einwilligung des Versicherers eine Erhöhung der Gefahr vornehmen oder deren Vornahme durch einen Dritten gestatten.

(2) Erlangt der Versicherungsnehmer Kenntnis davon, daß durch eine von ihm ohne Einwilligung des Versicherers vorgenommene oder gestattete Änderung die Gefahr erhöht ist, so hat er dem Versicherer unverzüglich Anzeige zu machen.

§ 24

(1) [1]Verletzt der Versicherungsnehmer die Vorschrift des § 23 Abs. 1, so kann der Versicherer das Versicherungsverhältnis ohne Einhaltung einer Kündigungsfrist kündigen. [2]Beruht die Verletzung nicht auf einem Verschulden des Versicherungsnehmers, so braucht dieser die Kündigung erst mit dem Ablauf eines Monats gegen sich gelten zu lassen.

(2) Das Kündigungsrecht erlischt, wenn es nicht innerhalb eines Monats von dem Zeitpunkt an ausgeübt wird, in welchem der Versicherer von der Erhöhung der Gefahr Kenntnis erlangt, oder wenn der Zustand wiederhergestellt ist, der vor der Erhöhung bestanden hat

§ 25

(1) Der Versicherer ist im Fall einer Verletzung der Vorschrift des § 23 Abs. 1 von der Verpflichtung zur Leistung frei, wenn der Versicherungsfall nach der Erhöhung der Gefahr eintritt.
(2) [1]Die Verpflichtung des Versicherers bleibt bestehen, wenn die Verletzung nicht auf einem Verschulden des Versicherungsnehmers beruht. [2]Der Versicherer ist jedoch auch in diesem Fall von der Verpflichtung zur Leistung frei, wenn die in § 23 Abs. 2 vorgesehene Anzeige nicht unverzüglich gemacht wird und der Versicherungsfall später als einen Monat nach dem Zeitpunkt, in

welchem die Anzeige dem Versicherer hätte zugehen müssen, eintritt, es sei denn, daß ihm in diesem Zeitpunkt die Erhöhung der Gefahr bekannt war.
(3) Die Verpflichtung des Versicherers zur Leistung bleibt auch dann bestehen, wenn zur Zeit des Eintritts des Versicherungsfalls die Frist für die Kündigung des Versicherers abgelaufen und eine Kündigung nicht erfolgt ist oder wenn die Erhöhung der Gefahr keinen Einfluß auf den Eintritt des Versicherungsfalls und auf den Umfang der Leistung des Versicherers gehabt hat.

§ 26

Die Vorschriften der §§ 23 und 25 finden keine Anwendung, wenn der Versicherungsnehmer zu der Erhöhung der Gefahr durch das Interesse des Versicherers oder durch ein Ereignis, für welches der Versicherer haftet, oder durch ein Gebot der Menschlichkeit veranlaßt wird.

Und da sich der Untermieter dem Vermieter gern gefällig erweist, erläutert er auch bereitwilligst diese Bestimmungen.

»Sie müssen das so verstehen, Herr Wucht: Die Versicherungsgesellschaften versichern das normale Risiko. Darunter verstehen sie für Ihren Fall, daß der kaskoversicherte Kraftfahrzeughalter sein Fahrzeug wenigstens so weit instand hält, wie es die polizeilichen Vorschriften vorschreiben. So finden Sie zum Beispiel in der StVZO eingehend beschrieben, wie eine Bereifung aussehen muß, die die Verkehrssicherheit des Fahrzeuges garantiert. Die Versicherungsprämien sind auf der Basis der Verkehrssicherheit des Kraftfahrzeuges kalkuliert. Müßte eine Versicherung nun auch für das erweiterte Gefahrenrisiko einstehen, welches durch den verkehrswidrigen Zustand eines Kraftfahrzeuges begründet ist, so müßten die Prämien einer Kaskoversicherung ein Vielfaches betragen und wären für den durchschnittlichen Kraftfahrzeughalter kaum noch erschwinglich. Der Versicherungsnehmer bringt demnach seinen Versicherungsschutz in Gefahr, wenn er sein Kraftfahrzeug vernachlässigt. Dabei ist der Gesetzgeber noch recht entgegenkommend. Er verlangt in § 61 VVG, daß der Versicherungsnehmer grob fahrlässig gehandelt hat. Vorsätzliche Unfallverursachung wird kaum vorkommen. Allerdings hatten wir unlängst im Gericht einen Fall, in dem ein eifersüchtiger Ehemann in seinem Kraftwagen das Auto des Geliebten seiner Ehefrau verfolgte und schließlich mit voller Kraft dem Ehestörer in die Seite fuhr.

Nun, auch bei Ihnen liegt sicher eine grobe Fahrlässigkeit vor, Herr Wucht, Sie sind doch ein lebenserfahrener Mann und haben eine jahrelange Fahrpraxis. Schon in der Fahrschule lernen wir, daß die Profile der Reifen für Bremsung und Lenkung sehr wichtig sind. Am Unfalltage war es regnerisch, und Sie gerieten auch noch auf schlüpfriges Pflaster. Sie hätten sich schon seit langem sagen müssen, daß Ihre schlechte Bereifung zu einer Katastrophe führen müsse, wenn Sie einmal in eine schwierige Verkehrssituation geraten würden. Daß Sie nicht für eine ordentliche Bereifung gesorgt haben, stellt sich als ein grober Verstoß gegen die Sorgfaltspflichten dar, die von Ihnen als Verkehrsteilnehmer erwartet werden. Ich meine daher, daß die Versicherungsgesellschaft es mit Recht ablehnt, den Schaden zu ersetzen, den Sie an Ihrem eigenen Fahrzeug erlitten haben.«

Dieses Ergebnis ist zwar für Wucht unangenehm, aber schließlich ist der Schaden nicht allzu groß, denn der Kombiwagen war schon sechs Jahre alt und nicht mehr viel wert.

Es ist nicht damit getan, versichert zu sein. Man muß auch die »Allgemeinen Versicherungsbedingungen« kennen und beachten.
Kontrollieren Sie nicht nur Ihre Reifen, sondern bringen Sie das Fahrzeug sofort in eine Werkstatt, wenn es nicht mehr »richtig liegt« oder Sie ein ungewohntes Geräusch hören. Bei Bremsen ist es höchste Zeit, wenn sie nur ungenügend oder ungleichmäßig ansprechen. Was man für eine Bagatelle hält, kann im Bruchteil einer Sekunde zur Katastrophe führen.
Sie ersparen sich unnötigen Ärger, wenn Sie das Fahrzeug regelmäßig zur Inspektion bringen und auf der Rechnung vermerken lassen, daß Mängel nicht bestehen.

Aber der wirtschaftlich vernichtende Schlag kommt erst noch für Wucht. Einige Zeit später erhält er folgenden Einschreibebrief von seiner Versicherungsgesellschaft:

HASSIA-VERSICHERUNGS-AG

Az. P 309 725 K   FRANKFURT/MAIN

<u>Einschreiben</u>

Herrn
Daniel Wucht
06862 Mühlstadt   11.3.20 . .

Ihre Haftpflichtversicherung ...

Sehr geehrter Herr Wucht!

Durch den von Ihnen grob fahrlässig verursachten Unfall ist der Architekt Hans Bauland tödlich verunglückt. Soweit wir bisher übersehen können, werden wir für die Hinterbliebenen des Getöteten eine Kapitalentschädigung von etwa 700 000,– Euro aufzuwenden haben. Wir weisen schon jetzt darauf hin, daß wir wegen unserer diesbezüglichen Leistungen an die Familie Bauland bei Ihnen Regreß nehmen werden.

Wir sind uns darüber im klaren, daß diese Schadenssumme Ihr Leistungsvermögen bei weitem übersteigt. Einer unserer Regulierungsmitarbeiter wird daher in den nächsten Tagen bei Ihnen vorsprechen, um mit Ihnen in aller Offenheit die Möglichkeiten zu besprechen, in welchem Rahmen Sie Erstattungsleistungen an uns erbringen können, ohne sich zu ruinieren.

Mit freundlichen Grüßen
HASSIA-VERSICHERUNGS-AG
ppa.

Zunächst nimmt Wucht diesen eingeschriebenen Brief nicht ernst. Das kann einfach nicht richtig, das heißt Rechtens sein, daß er und seine Familie nunmehr in Zukunft nur noch das Existenzminimum haben sollen. Dann ist ja das Leben nicht mehr lebenswert.

Zunächst wendet er sich wieder ratsuchend an seinen Untermieter, denn da kostet ja die Auskunft nichts. Als der Rechtsreferendar aber vernimmt, was jetzt auf dem Spiele steht, da lehnt er kopfschüttelnd ab, hier als Berater tätig zu sein.

»Ich glaube, Herr Wucht, Sie suchen schleunigst einen guten Rechtsanwalt auf, der etwas vom Verkehrsrecht versteht.«

Und diesen guten Rat befolgt nunmehr Wucht und begibt sich in das Büro des Rechtsanwalts Dr. Rüte.

Dieser erstattet ihm folgendes Gutachten: Die Versicherungsgesellschaft braucht zwar dann nicht zu leisten, wenn die Unfallfolgen durch ein grob fahrlässiges Verhalten des Versicherungsnehmers herbeigeführt sind (§ 61 VVG). Jedoch enthält das Versicherungsvertragsgesetz besondere Vorschriften für die Kraftfahrzeughaftpflichtversicherung in den §§ 158b ff.

Die für Wucht zunächst bedeutsamste Bestimmung ist der § 158 c. Danach hat die Versicherungsgesellschaft dem verletzten Dritten, hier den Angehörigen des Getöteten, in dem gesetzlich vorgesehenen Umfang Schadensersatz zu leisten, und zwar so, als wenn der Versicherungsvertrag völlig intakt sei. Diese Regelung ist das Spiegelbild der Zwangshaftpflichtversicherung. Der Gesetzgeber wollte den Geschädigten auf jeden Fall gesichert wissen, gleichgültig, ob der Versicherte seinen Verpflichtungen gegenüber der Versicherungsgesellschaft nachgekommen ist oder nicht. Aber der Staat will keinen Staatsbürger schützen, der seine Pflichten so vernachlässigt hat, daß seine Mitmenschen Schaden nehmen. Er soll gezwungen sein, der in Vorlage getretenen Versicherungsgesellschaft den Betrag wieder zu ersetzen. Für die Normalbürger bedeutet die vorstehende Regelung fast immer den wirtschaftlichen Ruin. Er ist auf das Entgegenkommen seiner Versicherungsgesellschaft angewiesen, die ihn im Wege der Zwangsvollstreckung ständig am Existenzminimum halten könnte.

Aber die Juristen der Versicherungsgesellschaften wissen auch, daß dann die Reaktionen des Betroffenen einsetzen, die die Durchführung der Zwangsvollstreckung auf das äußerste erschweren. Da wird ein Geschäft unter dem Namen der Ehefrau, der Freundin oder eines Vetters aufgemacht, das in Wirklichkeit von dem Versicherungsnehmer betrieben wird. Da wechselt der Schuldner, sobald

782

die Pfändungsbeschlüsse kommen, schnell den Arbeitsplatz. Und es gibt schließlich auch Wege über die Grenzen, wenn man nicht für einen Gläubiger arbeiten will. Zwar finden die geschulten und erfahrenen Versicherungsjuristen meist einen Weg, um solchen Manövern zu begegnen. Aber diese Maßnahmen belasten den Verwaltungsapparat der Gesellschaft doch sehr erheblich. Deshalb macht die Hassia-Versicherungsgesellschaft mit ihrem Schreiben den Versuch, ihren Versicherungsnehmer Wucht zu Verhandlungen zu bewegen, die zu einer außergerichtlichen Verständigung führen sollen. Über eines muß sich Wucht klar sein. Im Falle eines Prozesses müßten ihn die Gerichte unweigerlich verurteilen, der Hassia alle Leistungen zu ersetzen, die diese aufgrund des Unfalls der Familie Bauland zu erbringen hatte. So entschließt sich Wucht, seinen Rechtsanwalt Dr. Rüte zu beauftragen, mit der Hassia Verhandlungen darüber zu führen, mit welchen monatlichen Zahlungen sie sich zufriedengeben würde.

Andere Fälle des Verlustes von Versicherungsschutz

Auf der gleichen Linie liegen die Fälle, bei denen der Autofahrer betrunken gewesen ist. Der Trunkenheitsunfall führt ja meist dazu, daß sowohl einem anderen Verkehrsteilnehmer großer Schaden zugeführt, aber auch das eigene Fahrzeug mehr oder weniger beschädigt wird. Dann ist es genauso wie in dem Fall Wucht. Die Versicherungsgesellschaft lehnt es ab, aus der Kaskoversicherung Leistungen zu erbringen. Damit trägt der betrunkene Fahrer den Schaden an seinem eigenen Wagen. Aber auch hier verlangt die Versicherungsgesellschaft Ersatz der Leistungen, die sie aufgrund von § 158c VVG der verletzten Gegenseite erbringen mußte. Der Sinn der Versicherung entfällt damit auch für solche Halter und Fahrer.

Allerdings wird die Versicherungsgesellschaft nicht gleich bei jedem Alkoholverdacht so reagieren. Aber je höher die Alkoholkonzentration liegt, je mehr sie sich der sogenannten absoluten Grenze nähert oder diese gar überschreitet, desto größer ist die Gefahr des Verlustes des Versicherungsschutzes. Auch für den Autofahrer der Bundesrepublik Deutschland bedeutet demnach die Kraftfahrzeugversicherung nicht, daß er dadurch einen Freibrief erlangt, rücksichtslos am öffentlichen Verkehr teilzunehmen. Schutz verdient auch insoweit nur derjenige Verkehrsteilnehmer, der seine Pflichten aus dem Verkehrsrecht ernst nimmt und sich bemüht, seine Mitmenschen vor vermeidbaren Schäden zu bewahren. Wer hier nur deshalb fehlt, weil er den heutigen Schwierigkeiten des Verkehrs einmal nicht gewachsen ist, wen nur der Vorwurf der leichten Fahrlässigkeit trifft, den schützt seine Versicherung im Rahmen der getroffenen Vereinbarung voll und ganz. Wer aber diese Grenze überschreitet, wer nicht mit geringer Schuld versagt, sondern sich vorwerfen lassen muß, daß er in hohem Maße leichtsinnig gehandelt hat, der ruiniert sich möglicherweise wirtschaftlich selbst.

Versicherungsschutz und falsches Verhalten nach einem Unfall

Valentin Schreck, der 20jährige Volontär im väterlichen Betrieb, feiert im Kreise einiger Freundinnen und Freunde in Frankfurt-Sachsenhausen. Er ist kein großer Zecher, trinkt lediglich einige Colas, aber der Gastgeber hat sie mit Rum »angereichert«. Durch diese Mischung angeregt, wagt er es gegen Mitternacht, einer sich verabschiedenden jungen Dame anzubieten, sie nach Hause zu bringen.

»Ich habe draußen den Wagen meines Vaters, mit dem ich immer fahren darf, und Sie sind dann bequem in einer Viertelstunde zu Hause. Ein Taxi bekommen Sie bei dem Betrieb heute die ganze Nacht nicht.«

Senta Burger ist ein vernünftiges junges Mädchen, dem der Vorschlag einleuchtet. Valentin macht auch einen nüchternen Eindruck, so daß Senta nach kurzer Überlegung einwilligt und mit Dank den Vorschlag annimmt. Was sie allerdings nicht weiß, ist der Umstand, daß Valentin noch eine recht geringe Fahrpraxis hat. Erst vor drei Wochen hat er seinen Führerschein erhalten und ist seitdem nur wenige Male mit Vaters Wagen gefahren.

Mag es nun der – wenn auch nur in geringer Menge – genossene Alkohol sein, mag die Nähe sei-**783** ner hübschen Mitfahrerin Valentin beschwingt haben, er fährt die Kennedyallee mit einem für ihn ungewöhnlichen Schneid stadtauswärts. An einer Straßenkreuzung will von rechts ein Kraftwagenfahrer unbedingt vor dem herannahenden Valentin in die Kennedyallee einfahren, wobei er die Geschwindigkeit, mit der Valentin fährt, unterschätzt. Valentin hat einen Augenblick zu Senta hingesehen, er bemerkt hierdurch den vor ihm plötzlich einbiegenden Wagen zu spät. Eine Sekunde ist er reaktionsunfähig. Da seine Reflexe noch nicht wie bei einem erfahrenen Kraftfahrer automatisch auf die Situation richtig reagieren, versucht er sinnloserweise auszuweichen anstatt zu bremsen. Als er endlich verstandesmäßig erkennt, daß das Bremsen allein die richtige Maßnahme gewesen wäre, ist es auch hierzu schon zu spät, und er fährt mit erheblicher Geschwindigkeit dem einbiegenden Kraftfahrzeug links hinten in die Seite. Die Tür neben Senta springt auf und das junge Mädchen wird auf den Bürgersteig geschleudert.

Valentin steigt sofort aus und bemüht sich um die Verletzte. Als er ihr blutüberströmtes Gesicht sieht, entsetzt er sich.

Jetzt hört er auch noch Schreie aus dem anderen Wagen. Da beginnen sich die Vorstellungen in seinem Gehirn zu häufen: »Senta habe ich getötet, offenbar auch noch jemanden in dem anderen Auto verletzt, sicherlich habe ich zuviel Alkohol getrunken, was werden meine Eltern sagen, und Sentas Eltern, und diese Menschen hier alle, die auf mich einschimpfen, die werden mich mißhandeln.«

Und plötzlich springt er hinter das Lenkrad seines Wagens, manövriert das Fahrzeug zurück, wirft den ersten Gang ein, fährt um das andere Fahrzeug herum und verläßt immer schneller werdend die Unfallstelle, während in der Ferne schon die Sirene des herbeifahrenden Verkehrsunfallaufnahmewagens der Polizei zu hören ist. Im Stadtwald läßt Valentin den Wagen stehen und irrt bis in die Morgenstunden in dem Winterwald umher. Erschöpft trifft er gegen 7 Uhr im elterlichen Hause ein.

Seine überglückliche Mutter ist gleich mit trostreichen Worten zur Hand, denn für sie steht fest, daß der liebe Junge an allem Geschehenen unschuldig ist. Der Vater, der Kaufmann Theo Schreck, sieht die Dinge reeller. Er kann vor allem schon über die Unfallfolgen einen Bericht geben, da die Polizei bereits da war, um nach Valentin zu fragen. Gott sei Dank sind die Folgen nicht so schlimm, wie sie sich Valentin vorgestellt hat. Senta ist weder tot noch befindet sie sich überhaupt in Lebensgefahr. Das viele Blut, das Valentin so erschreckt hat, war durch eine tiefe Schnittwunde am Kopf hervorgerufen, die schon vernäht ist. Auch die sonstigen Verletzungen Sentas sind nicht so gefährlich, daß ein Dauerschaden zu befürchten ist. Immerhin wird sie einige Zeit im Krankenhaus bleiben müssen, und es wird auch dann noch zwei bis drei Wochen dauern, ehe sie wieder hergestellt ist und ihrem Beruf nachgehen kann. Der Fahrer des anderen Fahrzeuges hat nur schmerzhafte Prellungen und Abschürfungen erlitten. Sein Fahrzeug ist allerdings so schwer beschädigt, daß mit Reparaturkosten von rund 3000,– Euro zu rechnen ist.

»So, mein Junge«, sagt Vater Schreck, »und jetzt fahren wir beide sofort zur Polizei, damit du dort Rede und Antwort stehst. Ich glaube, du hast dir am meisten dadurch geschadet, daß du kopflos davongefahren bist. Nur gut, daß sich die Passanten gleich um das junge Mädchen gekümmert haben.«

Auf der Polizeidienststelle wird Valentin zunächst eine Blutprobe durch einen Arzt entnommen. Hier stellt sich seine Befürchtung, daß er zuviel Alkohol vor Fahrtantritt zu sich genommen habe, als unrichtig heraus. Sein Versicherungsschutz ist demnach durch übermäßigen Alkoholgenuß nicht gefährdet. Auch die Tatsache, daß er unvorsichtig gefahren ist, berührt in seinem Fall den Versicherungsschutz nicht, da man nicht von einer groben Fahrlässigkeit sprechen kann. So sieht die Familie

Schreck den auf sie zukommenden Schadensersatzansprüchen zuversichtlich entgegen. Diese lassen auch nicht lange auf sich warten.

784   Der an dem Unfall beteiligte Fahrer des anderen Kraftwagens schickt eine Rechnung über 1750,– Euro für Reparaturkosten und fordert für die Miete eines Ersatzfahrzeugs 230,– Euro. Ferner verlangt er Schmerzensgeld in Höhe von 600,– Euro.

Von Sentas Eltern kommt eine Aufforderung, als Schmerzensgeld 2000,– Euro zu zahlen, und von Sentas Krankenkasse eine Ersatzforderung für Krankenhaus- und Arztkosten in Höhe von 900,– Euro.

Es hat sich also eine ganz stattliche Schadensersatzsumme ergeben. Valentins Vater leitet sämtliche Aufforderungen an seine Haftpflichtversicherung weiter und glaubt, daß damit der finanzielle Teil für ihn und seinen Sohn erledigt sei.

Die Versicherung hält die Abwicklung der Angelegenheit jedoch zunächst in der Schwebe und wartet das Strafverfahren ab.

In diesem Strafverfahren wird Valentin Schreck wegen verschiedener Gesetzesverstöße verurteilt. Neben den Übertretungen der StVO wird er wegen fahrlässiger Körperverletzung nach § 230 StGB und wegen Unfallflucht nach § 142 StGB verurteilt.

Der letzte Gesetzesverstoß wurde von dem Gericht als besonders schwerwiegend gekennzeichnet.

Vergebens hatte Valentins Verteidiger geltend gemacht, daß Valentin insoweit nicht zurechnungsfähig gewesen sei, da er infolge des seelischen Schocks eine Bewußtseinsstörung erlitten habe. Demzufolge hatte der Verteidiger insoweit einen Freispruch aufgrund von § 20 StGB gefordert. Zu der Hauptverhandlung war aber vorsorglich ein medizinischer Sachverständiger geladen worden, der ein Gutachten dahin erstattete, daß von einer Bewußtseinsstörung im Sinne des § 20 nicht die Rede sein könne. Kopflosigkeit aufgrund der Tatfolgen liegt oft bei Tätern vor. Es sei aber zu erwarten, daß sie sich bemühen, den Schrecken zu überwinden und sich auf ihre Tatfolgen einstellen, anstatt vor ihnen davonzulaufen. Auch daß Valentin die – unbegründete – Furcht hatte, die herbeieilenden Passanten könnten ihn mißhandeln, läßt das Gericht nicht so weit gelten, daß es zu einem Freispruch kommt. Lediglich in dem milderen Strafmaß kommen diese Umstände zum Tragen.

 *Es ist mitunter sehr gefährlich, sich in einer Strafsache zu seiner Verteidigung auf Unzurechnungsfähigkeit, Überarbeitung, seelischen Schock, Kopflosigkeit oder Krankheit zu berufen. Man sollte sich auch reiflich überlegen, zu behaupten, etwas übersehen oder nicht bemerkt zu haben. Wer sich mehr oder weniger in die Nähe des § 20 StGB begibt, riskiert den Führerschein.*

Aufatmend verläßt Valentin den Gerichtssaal und glaubt, daß für ihn nunmehr alle Folgen klar seien. Doch da kommt nach einiger Zeit folgender Brief der Haftpflichtversicherungsgesellschaft:

CURRUS-VERSICHERUNGS AG

60431 FRANKFURT / MAIN

Herrn
Valentin Schreck
Schenkstraße 6
60431 Frankfurt/Main   10. April 20 . .

Sehr geehrter Herr Schreck!

Wie wir durch Einsicht in die Strafakten festgestellt haben, ist Ihre Schuld an dem Unfall vom 19. 1. 20 . . erwiesen. Darüber hinaus sind Sie wegen Unfallflucht verurteilt worden. Damit haben Sie die Ihnen nach § 62 VVG obliegende Pflicht, nach Eintritt des Versicherungsfalls den Schaden zu mindern, verletzt.

Es mag dahingestellt bleiben, ob Sie dabei vorsätzlich oder grob fahrlässig gehandelt haben, da auch die grobe Fahrlässigkeit bewirkt, daß Sie Ihres Versicherungsschutzes verlustig gehen.

Dadurch, daß Sie im Anschluß an den Unfall mit dem von Ihnen geführten Kraftwagen die Unfallstelle verließen, haben Sie sich und damit auch uns die Möglichkeit genommen, geltend zu machen, daß der Fahrer des anderen unfallbeteiligten Kraftwagens die alleinige oder überwiegende Schuld an dem Zusammenstoß getragen hat. Die Polizeibeamten hätten bei der Unfallaufnahme die Stellung der Fahrzeuge nach dem Unfall festhalten können, wodurch ohne weiteres Rückschlüsse auf die vorausgegangene Fahrweise der Beteiligten möglich gewesen wären.

Ihre Unfallflucht stellt ferner eine erhebliche Belastung für den Haftpflichtprozeß dar, da der unvoreingenommene Beurteiler hierin ein Schuldbekenntnis sehen wird.

Wir sind daher gezwungen, die von uns aufgrund der Haftpflichtbestimmungen dem anderen Unfallbeteiligten gegenüber zu erbringenden Ersatzleistungen von Ihnen zurückzufordern.

Mit freundlichen Grüßen
CURRUS-VERSICHERUNGS-AG

Dr. Regler

Es will natürlich der Familie Schreck zunächst gar nicht einleuchten, daß der gesamte Schaden im Endergebnis von Valentin beziehungsweise seinen Eltern getragen werden soll. So begibt sich Vater Schreck mit seinem Sohn erst einmal zu seinem Anwalt, um noch etwas mehr Licht in das juristische Dunkel zu bringen.

Die erbetene Auskunft beginnt erst tröstlich. Der Rechtsanwalt bringt seinen beiden Klienten zur Kenntnis, daß die Versicherung aufgrund des § 150 VVG zunächst einmal den Rechtsstreit wegen der Höhe der gegnerischen Forderungen führen werde, denn so schnell werfe eine Versicherungsgesellschaft nicht die Flinte ins Korn. Deren Sachbearbeiter wüßten auch, daß die Forderungen der Unfallbeteiligten häufig überzogen sind und vor allem das eigene Mitverschulden fast immer bagatellisiert wird. So könne daher getrost einmal abgewartet werden, wie der Rechtsstreit ausgehen wird, der gegen die beiden Herren wohl alsbald in Gang kommen werde.

»Wieso gegen uns beide?« fragt Vater Schreck sorgenvoll.

»Die Dinge liegen insoweit folgendermaßen: Herr Schreck junior, der unglückliche Fahrer, haftet aus den Deliktvorschriften der §§ 823ff. BGB auf Ersatz des den anderen Unfallbeteiligten zugefügten Schadens und auf Schmerzensgeld für deren körperliche Verletzungen, einschließlich der Leistungen einer Krankenkasse.

Daneben haftet Herr Schreck senior als Halter des Fahrzeugs auf Schadensersatz und auch auf Schmerzensgeld gemäß § 7 StVG, entsprechend werden die Klageanträge von Ihren Gegnern gestellt werden.

»Ja aber«, fragt Valentin, »was haben wir denn mit der Krankenkasse zu tun? Ich habe sie weder überfahren noch ihr den Auftrag gegeben, irgendwelche Leistungen zu erbringen.«

»Die Ansprüche der Krankenkasse ergeben sich aus dem Gesetz, Herr Schreck. Wird bei einem Unfall ein Verkehrsteilnehmer verletzt, der bei der Krankenkasse oder einer anderen öffentlich-rechtlichen Anstalt versichert ist, so ist es für ihn ja sehr bequem, dem Krankenhaus und dem behandelnden Arzt den Hinweis zu geben, dort zu liquidieren. Dies geschieht auch prompt. Aber dadurch gehen die Ersatzansprüche der Verletzten insoweit auf die Krankenkasse aufgrund der Bestimmungen des Sozialgesetzbuches über. Die Kosten kann daher nicht mehr der Verletzte selbst geltend machen.

Die Lage kann sogar noch schwieriger werden, wenn für einen der Unfallbeteiligten gleichzeitig ein Berufsunfall vorliegt. Nehmen Sie einmal an, ein bei einem Unfall Verletzter befindet sich als Fußgänger, Radfahrer oder Kraftfahrer auf dem Geschäftsweg oder auf dem Weg von oder zur Arbeitsstätte.«

Verkehrsunfall und Berufsgenossenschaft

»In einem solchen Fall haben wir es mit einem Verkehrsunfall zu tun, der sich gleichzeitig als Berufsunfall auswirkt. Daraufhin setzen die Leistungen der zuständigen Berufsunfallgenossenschaft auf Antrag der Verletzten ein. Möglicherweise zahlt sie eine Rente. Natürlich verlangt sie dann ihrerseits Ersatz dieser Leistungen von dem schuldigen Unfallbeteiligten. Auch insoweit sind die Ersatzansprüche des Verletzten kraft Gesetzes auf die Berufsgenossenschaft übergegangen. Aber ein solcher Fall dürfte bei Ihnen, Herr Schreck, kaum vorliegen, denn zu so nächtlicher Stunde pflegen sich Verkehrsteilnehmer nur selten auf einem Geschäftsweg zu befinden.«

Welchen Anwalt soll man nehmen?

Da die beiden Schrecks von der Art und Weise ihres Rechtsberaters angetan sind, möchten sie den zu erwartenden Prozeß gern in seine Hände legen. Aber zu ihrem größten Erstaunen stoßen sie auf Ablehnung. »Dies geht leider nicht«, sagt der Jurist, »wie ich Ihnen vorhin vorgelesen habe, gewährt Ihnen Ihre Haftpflichtgesellschaft auf jeden Fall insoweit Rechtsschutz, als sie die Ansprüche in dem zu erwartenden Prozeß bekämpft. Natürlich kann sie das nicht selbst tun, denn bei dem Streitwert über 5000,– Euro ist das Landgericht zuständig, und deshalb müssen Sie durch einen an diesem Landgericht zugelassenen Rechtsanwalt im Prozeß vertreten sein.«

»Sie sind doch am Landgericht zugelassen, Herr Rechtsanwalt«, meint Vater Schreck.

»Das schon, aber Ihre Versicherungsgesellschaft wird mich nicht beauftragen, da sie als ihren örtlichen Vertrauensanwalt einen anderen Kollegen hat. Nach den allgemeinen Versicherungsbedingungen hat sich jede Gesellschaft das Recht vorbehalten, den Rechtsanwalt selbst zu bestimmen, der den Prozeß führen, d.h. den Versicherungsnehmer vertreten soll.«

»Und wenn der Versicherungsnehmer nicht mitzieht, sondern einfach einen Rechtsanwalt seines Vertrauens beauftragt, was dann?«

»Dazu, Herr Schreck, möchte ich auf keinen Fall raten. Sie sind jetzt schon in der schwierigen Lage, daß die Versicherungsgesellschaft Ihnen den Versicherungsschutz versagen will, weil Sie die Unfallflucht begangen haben. So etwas nennt man mit der Sprache des Versicherungsrechts eine Obliegenheitsverletzung. Sie würden eine weitere Obliegenheitsverletzung begehen, wenn Sie den von der Versicherungsgesellschaft beauftragten Rechtsanwalt ablehnen würden. Damit hätte die Versicherungsgesellschaft einen weiteren Grund, den Versicherungsschutz zu versagen. Im übrigen können Sie den von Ihrer Gesellschaft ausgewählten Anwalt getrost zu Ihrem Prozeßbevollmächtigten bestellen, denn es liegt auf der Hand, daß dies ein Jurist ist, der etwas vom Verkehrsrecht versteht.

Sehen Sie, auch ich vertrete einige Versicherungsgesellschaften regelmäßig und lege selbstverständlich auch Wert darauf, daß diese Verbindung bestehenbleibt.«

»Und was meinen Sie, Herr Rechtsanwalt, wie der Prozeß ausgehen wird?«

»Nun, Ihre Mitfahrerin wird in voller Höhe zu entschädigen sein und auch ein angemessenes Schmerzensgeld erhalten. Demzufolge sind auch der Ortskrankenkasse alle Aufwendungen zu gestatten. Außerdem wird auch noch der Arbeitgeber der Frau Senta kommen und das Gehalt erstattet verlangen, das er während ihrer Arbeitsunfähigkeit weiterzahlen mußte.«

»Was, auch das noch? Es nimmt ja gar kein Ende!«

Auch Arbeitgeber wollen Geld

Nun, das dürfte einleuchten sein. Senta ist als Sekretärin eine kaufmännische Angestellte im Sinne des Handelsgesetzbuchs. Hier greift die Regelung des § 3 Entgeltfortzahlungsgesetz ein, der bestimmt:

§ 3

(1) ¹Wird ein Arbeitnehmer durch Arbeitsunfähigkeit infolge Krankheit an seiner Arbeitsleistung verhindert, ohne daß ihn ein Verschulden trifft, so verliert er dadurch nicht den Anspruch auf Arbeitsentgelt für die Zeit der Arbeitsunfähigkeit bis zur Dauer von sechs Wochen. ²Wird der Arbeitnehmer infolge derselben Krankheit erneut arbeitsunfähig, so verliert er wegen der erneuten Arbeitsunfähigkeit den Anspruch nach Satz 1 für einen weiteren Zeitraum von höchstens sechs Wochen nicht, wenn

1. er vor der erneuten Arbeitsunfähigkeit mindestens sechs Monate nicht infolge derselben Krankheit arbeitsunfähig war oder
2. seit Beginn der ersten Arbeitsunfähigkeit infolge derselben Krankheit eine Frist von zwölf Monaten abgelaufen ist.

(2) ¹Als unverschuldete Arbeitsunfähigkeit im Sinne des Absatzes 1 gilt auch eine Arbeitsverhinderung, die infolge einer nicht rechtswidrigen Sterilisation oder eines nicht rechtswidrigen Abbruchs der Schwangerschaft eintritt. ²Dasselbe gilt für einen Abbruch der Schwangerschaft, wenn die Schwangerschaft innerhalb von zwölf Wochen nach der Empfängnis durch einen Arzt abgebrochen wird, die schwangere Frau den Abbruch verlangt und dem Arzt durch eine Bescheinigung nachgewiesen hat, daß sie sich mindestens drei Tage vor dem Eingriff von einer anerkannten Beratungsstelle hat beraten lassen.

Demzufolge hat also Senta für die Zeit von sechs Wochen, in denen sie wegen ihrer Verletzungen ihren Arbeitsplatz nicht ausfüllen kann, keinerlei finanzielle Sorgen. Ihr Arbeitgeber ist kraft Gesetzes verpflichtet, ihr Gehalt weiterzuzahlen, so als ob sie ihre Arbeit ordnungsmäßig erfüllte. Es ist Sache des Arbeitgebers, innerhalb seines Betriebes mit diesem Problem fertig zu werden, sei es, daß er andere Arbeitnehmer Überstunden machen läßt, sei es, daß er sich eine Aushilfe besorgt, oder sei es schließlich, daß er im Betrieb manches aufschiebt, was auch noch später erledigt werden kann.

So betrachtet, hat demnach Senta während dieser sechs Wochen keinen Schaden. Die weitere »logische Überlegung« wäre, daraus zu folgern, daß Valentin und sein Vater insoweit auch keine Verpflichtung zum Schadensersatz trifft. Denn wo kein Schaden ist, da muß man doch auch nichts ersetzen!

Allerdings hat unzweifelhaft Sentas Arbeitgeber einen Schaden, denn er muß sechs Wochen lang Gehalt zahlen, ohne eine Gegenleistung zu erhalten. Aber ihn wiederum hat Valentin nicht überfahren oder sonst durch seine Fahrweise verletzt. Daß durch Sentas Verletzungen in dem Vermögen des Arbeitgebers Schäden eintreten, fällt nicht unter die Deliktsvorschriften des BGB oder die Haftungsvorschriften des StVG. Jedoch hatte die Rechtsprechung schon lange einen anderen

Standpunkt eingenommen, der diese Begünstigung eines Schadenstifters ablehnt. Denn warum soll auch eine derartige Sozialbestimmung, die einen Arbeitnehmer schützen soll, jemandem zugute kommen, der diesen Arbeitnehmer verletzt. Mit der Sprache des Juristen liegt hier ein Fall der »Drittschadensliquidation« vor. Heute ist dies in § 6 des Entgeltfortzahlungsgesetzes geregelt. Das bedeutet im Ergebnis folgendes: Die Schadensersatzansprüche gegen die beiden Schrecks gehen automatisch auf den Arbeitgeber über, soweit sie sich auf die sechs Wochen beziehen, in denen Senta die Lohnfortzahlung erhält. Alsdann ist der Arbeitgeber berechtigt, die für die sechs Wochen an Senta gezahlten Beträge von den Schrecks ersetzt zu verlangen, und zwar so, als hätten sie ihn direkt geschädigt.

Der Deckungsprozeß

Es kommt nun wirklich so, wie es Schrecks Anwalt vorausgesagt hat. Senta erhält im wesentlichen ihre Forderungen zugesprochen, der andere am Unfall beteiligte Kraftfahrer nur die Hälfte, da insoweit die Zivilgerichte ein Mitverschulden bei ihm in Höhe von 50 % für vorliegend erachten.

Die Currus zahlt die im Urteil festgestellten Beträge.

Dann aber schreibt sie an Valentin Schreck:

CURRUS-VERSICHERUNGS AG

60431 FRANKFURT / MAIN

Herrn
Valentin Schreck
Schenkstraße 6
60489 Frankfurt/Main   11. August 20 . .

Sehr geehrter Herr Schreck!

Unter Bezugnahme auf unser Schreiben vom 10. April d. J., mit dem wir Ihnen bereits ankündigten, daß wir wegen Ihrer Fahrerflucht bei Ihnen Regreß nehmen würden, teilen wir Ihnen mit, daß wir nunmehr aufgrund der rechtskräftigen Urteile an die Unfallbeteiligten die aus der Anlage ersichtlichen Beträge zahlen mußten. Diese Leistungen verlangen wir nunmehr von Ihnen zurück. Wir stellen Ihnen anheim, uns binnen zwei Wochen angemessene Abzahlungsvorschläge zu unterbreiten.

Mit freundlichen Grüßen
CURRUS-VERSICHERUNGS-AG

Dr. Rogler

Mit diesem Schreiben sind Vater und Sohn Schreck natürlich noch am gleichen Tage bei ihrem Rechtsberater. Diesem eröffnet Valentin: Die können mir gar nichts anhaben. Mein Volontärsgehalt ist so gering, daß mir nichts weggepfändet werden kann.

Ehe er weitersprechen will, unterbricht ihn der Anwalt:

»Das ist eine kurzsichtige Einstellung. Sie bleiben ja nicht ewig Volontär. Die Versicherung wird Sie verklagen und ein obsiegendes Urteil erstreiten. Dann hat sie dreißig Jahre Zeit, um aus diesem Titel gegen Sie zu vollstrecken und noch dazu Zinsen zu kassieren. Also was soll das? Wir werden versuchen, eine angemessene Abzahlungsmöglichkeit der Schuldsumme zu erreichen. Ihr Vater wird sich hinter Sie stellen und Ihnen helfen, die Ratenzahlungsverpflichtungen einzuhalten. Dann kommen Sie mit einem blauen Auge davon und sind nicht für die Zukunft unerträglich belastet. So, und nun noch eins. Der andere Unglücksfahrer soll nicht ungeschoren bleiben.

Sowohl den Schaden an dem väterlichen Wagen wird er beziehungsweise seine Versicherung zu fünfzig Prozent ersetzen als auch entsprechend sich an Ihren Schadensersatzverpflichtungen gegenüber Ihrer Mitfahrerin Senta zu beteiligen haben. In Ihrem und Ihres Vaters Auftrag werde ich mich jetzt an ihn wenden.«

So geschieht es. Und so ist der von den Schrecks zu tragende Schaden im Endergebnis nicht so groß wie zunächst befürchtet.

Kredit durch Kraftfahrzeuge

Paul Jedermanns Geschäftsfreund Roland Fröhlich ist meist in Geldnöten. So sieht er schon bekümmert die Faschingstage vor der Tür stehen, die nicht billig für ihn sein werden, denn er möchte das fröhliche Treiben auf keinen Fall missen. In den Festplan ist auch eine mehrtägige Reise nach München eingeplant und ein Geschenk für seine Verlobte Susanne.

Gefälligkeitsdarlehen von Freunden und Kollegen hat Roland nicht mehr zu erhoffen, da er als sehr säumiger Rückzahler bekannt ist. Schließlich zeigt sich sein Freund Franz Wohlleib dem ständigen Drängen des Roland nicht mehr gewachsen.

»Also gut«, sagt er resignierend, »ich gebe dir die Zweitausend, aber ich will eine angemessene Sicherheit. Andernfalls muß ich bedauern.«

Im stillen hofft er, daß die Angelegenheit daran scheitern wird. Aber Roland hat vor wenigen Wochen die letzte Rate seines Autokaufvertrages bezahlt, so daß ihm jetzt das Eigentum an einem unbelasteten Mercedes zusteht, der in seiner augenblicklichen Verfassung gut und gerne einen Verkaufswert von 15 000,– Euro hat.

Darum kann er Wohlleib mit bestem Gewissen folgenden Vorschlag machen, wenn er auch nur ungern in den sauren Apfel beißt.

»Wie du meinst, Franz. Wenn du es nicht anders willst, dann werde ich dir meinen Mercedes Diesel verpfänden.«

Da kann Wohlleib nicht mehr zurück, und er sagt das Darlehen zu. »Bring mir morgen die Verpfändungspapiere, dann gebe ich dir das Geld.«

Und nunmehr setzt Roland eine Verpfändungserklärung auf, mit dem Erfolg, daß diese ungültig ist. Deshalb wollen wir diesen irreführenden Text erst gar nicht abdrucken, sondern nur auf die Fehlerquellen hinweisen.

Den meisten Bürgern ist die Verpfändung einer beweglichen Sache als Sicherung für eine Geldforderung geläufig. Nicht geläufig ist ihnen aber, daß der Gesetzgeber ganz streng festgelegt hat, daß die zu verpfändende bewegliche Sache dem Gläubiger übergeben werden muß. Nur dann entsteht gemäß § 1205 BGB für den Gläubiger das Pfandrecht, welches die Forderung sichern soll. Wird also zwischen Gläubiger und Schuldner ein Pfandrecht an einer beweglichen Sache vereinbart, beläßt dann aber der Gläubiger den Besitz an der Sache dem Schuldner, so glaubt er sich gesichert, ohne es zu sein.

Er hat demnach das Nachsehen, wenn in der Zwischenzeit ein anderer Gläubiger des Schuldners kommt und diese Sache pfänden läßt. Sicherlich ist aber Fröhlich nicht damit gedient, daß er seinem

Freund Franz den Diesel übergibt, damit das Pfandrecht entstehen kann. Was nützt ihm das Darlehen, das er für seine Feier in München braucht, wenn er nicht den Kraftwagen hat, um dorthin zu fahren.

790

Der schlaue Roland verfällt auf folgenden Ausweg, der alle Schwierigkeiten beseitigen soll.

»Hör zu, Franz«, sagt er, »ich verpfände dir den Mercedes und übergebe ihn dir, wie es sich gehört. Dann gibst du mir das Darlehen, und dem Gesetz ist Genüge getan. Am nächsten Tag, wenn ich nach München fahren will, komme ich zu dir, und du überläßt mir den Wagen für die Fahrt nach München. Nach meiner Rückkehr gebe ich ihn dir zurück. Damit ist dann alles in Ordnung.«

Damit ist leider gar nichts in Ordnung. Und da Franz so klug ist, über diesen Vorschlag seines Freundes Fröhlich die Ansicht eines Juristen einzuholen, bewahrt er sich vor Schaden. Das Gesetz hat in § 1253 BGB weiterhin ausdrücklich bestimmt, daß das Pfandrecht erlischt, sobald der Pfandgläubiger die verpfändete Sache dem Schuldner zurückgibt. Eine entgegenstehende Vereinbarung, daß das Pfandrecht trotzdem bestehenbleiben soll, hat keine Wirkung. Das durch die Rückgabe erloschene Pfandrecht würde auch nicht etwa automatisch wieder aufleben, wenn Fröhlich nach seiner Rückkehr aus München den Kraftwagen seinem Gläubiger Wohlleib wieder aushändigen würde. Vielmehr müßte erneut eine Bestellung des Pfandrechts erfolgen.

Nehmen wir einmal an, daß auf der Fahrt nach München das Fahrzeug durch einen Unfall beschädigt würde. Der Inhaber der Reparaturwerkstatt, zu dem Roland den Wagen gebracht hat, erlangt für seine Ansprüche aus der durchgeführten Reparatur kraft Gesetzes ein sogenanntes Werkvertragspfandrecht an dem in seiner Werkstatt befindlichen Fahrzeug (§ 647 BGB). Da zu diesem Zeitpunkt Wohlleibs Pfandrecht nicht mehr bestanden hätte, so würde er jetzt das Nachsehen haben.

So sieht es denn ganz so aus, als ob Roland auf seine Faschingsfahrt nach München verzichten müßte. Doch ist dies nicht der Fall, denn die Juristen haben hier einen Ausweg in Gestalt der sogenannten Sicherungsübereignung gefunden, der von der Rechtsprechung anerkannt wurde (vgl. unter Sicherungsübereignung).

Zweckmäßigerweise wird ein solcher Vertrag schriftlich abgeschlossen, damit im Falle eines späteren Streites schwarz auf weiß belegt werden kann, was die Vertragsparteien vereinbart haben. Gültig wäre zwar auch ein mündlich abgeschlossener Vertrag, doch ließe sich dieser im Streitfall kaum beweisen, da auch etwa anwesende Zeugen sich nach längerer Zeit kaum auf die Einzelheiten des Vertragsschlusses besinnen können. Bei einem Sicherungsübereignungsvertrag kommt es aber gerade auf die Einzelheiten an, wie sie nachstehend festgehalten sind.

Sicherungsübereignungsvertrag

Franz Wohlleib und Roland Fröhlich schließen daher folgenden schriftlichen Vertrag:

Zwischen

dem Kaufmann Franz Wohlleib, Rathenauplatz 6, Frankfurt/Main,
im folgenden Gläubiger genannt,

und

dem Kaufmann Roland Fröhlich, Gervinusstraße 4, Frankfurt/Main,
im folgenden Schuldner genannt,

wird der nachstehende Darlehensvertrag nebst Sicherungsübereignung geschlossen.

§ 1

Der Gläubiger gewährt dem Schuldner ein bares Darlehen von 2000,– Euro (in Worten: zweitausend Euro). Das Darlehen ist am 31. März dieses Jahres zur Zurückzahlung fällig. Bis zu diesem Zeitpunkt ist es zinslos gewährt. Vom Zeitpunkt der Fälligkeit an ist es mit 5 Prozent jährlich zu verzinsen.

§ 2

Zur Sicherheit für dieses Darlehen übereignet der Schuldner den ihm gehörenden und nicht belasteten Personenkraftwagen Mercedes Diesel, Baujahr ..., polizeiliches Kennzeichen ... unter Übergabe des Kraftfahrzeugbriefes. Die Übergabe des vorstehend genannten Kraftwagens wird durch die Vereinbarung ersetzt, daß dieser leihweise im Besitz des Schuldners bleibt. Bei Fälligkeit des Anspruchs auf Rückzahlung des Darlehens ist der Gläubiger berechtigt, die Herausgabe des Kraftwagens an sich zum Zwecke der Befriedigung zu verlangen.

Der Gläubiger kann sich aus dem Kraftwagen dergestalt befriedigen, daß er ihn zu dem Schätzpreis eines amtlich bestellten Taxators freihändig veräußert.

Der Wagen ist kaskoversichert. Der Schuldner verpflichtet sich, diese Kaskoversicherung bis zur Rückzahlung des Darlehens aufrechtzuerhalten.

§ 3

Nach Tilgung des Darlehens ist der Wagen an den Schuldner zurückzugeben und das Eigentum an dem Wagen wieder auf den Schuldner zurückzuübertragen. Der Kfz-Brief ist zurückzugeben.

§ 4

Der Schuldner verpflichtet sich, den übereigneten Wagen schonend zu behandeln und sich jeder Verfügung darüber zu enthalten. Falls von dritter Seite her irgendwelche Ansprüche hinsichtlich des Kraftwagens erhoben werden sollten, so hat der Schuldner unverzüglich den Gläubiger hiervon zu unterrichten. Etwa notwendig werdende Interventionskosten gehen zu Lasten des Schuldners.

§ 5

Als Gerichtsstand wird Frankfurt/Main vereinbart.

Frankfurt/Main. den 12. Januar 20 . .

[Unterschriften]

Die Vertragsurkunde ist in zwei Exemplaren ausgefertigt worden. Jedes Exemplar wird von beiden Beteiligten unterschrieben, so daß jeder ein Exemplar mit beiden Unterschriften zu den Akten nehmen kann. Es genügt natürlich auch, daß jeder Vertragspartner ein Exemplar an sich nimmt, welches die Unterschrift des anderen Teils trägt. Er kann dann jederzeit seine eigene Unterschrift hinzufügen.

Das Wesentlichste bei dem Sicherungsübereignungsvertrag ist die Vereinbarung, aus welchem Grunde der Schuldner den Besitz der zur Sicherung übereigneten Sache behalten soll. In unserem vorstehenden Vertragsbeispiel ist eine Leihe als Grund (causa) aufgeführt. Man kann stattdessen auch einen anderen Grund, zum Beispiel eine Verwahrung, angeben. Entscheidend ist, daß eine solche spezielle Begründung angeführt wird. Der Jurist nennt dies ein »konkretes Besitzkonstitut«. Wer stattdessen nur die allgemeine Redewendung gebrauchen würde: »Der Schuldner bleibt im Besitz der Sache«, der würde gleich wieder eine Nichtigkeit des ganzen Sicherungsübereignungsvertrages bewirken.

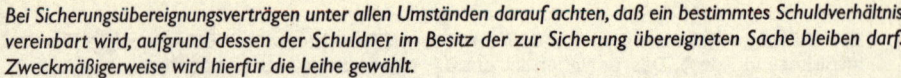

Bei Sicherungsübereignungsverträgen unter allen Umständen darauf achten, daß ein bestimmtes Schuldverhältnis vereinbart wird, aufgrund dessen der Schuldner im Besitz der zur Sicherung übereigneten Sache bleiben darf. Zweckmäßigerweise wird hierfür die Leihe gewählt.
Wenn Sie einen entsprechenden Vertrag diktiert haben, so prüfen Sie die Reinschrift nochmals besonders sorgfältig, bevor Sie als Geldgeber Ihre Unterschrift leisten. Das Wort »leihweise« darf unter keinen Umständen fehlen, wenn Sie nicht Schaden nehmen wollen! Auch von der tüchtigsten Mitarbeiterin kann im Trubel der Ereignisse ein Wörtchen übersehen werden!

Führerschein und hohes Alter

Pauls Onkel Kasimir Kalk hat vor kurzem seinen 80. Geburtstag gefeiert. Bei den Festreden wurde mehrfach lobend erwähnt, daß der Jubilar gut fünfzig Jahre als Kraftfahrer am Verkehr teilgenommen habe, ohne auch nur einmal eine Verkehrsbestimmung verletzt zu haben, zumindest niemals wegen eines solchen Verstoßes bestraft worden zu sein. Seinen Weg als Kraftfahrer hat er auf einem Motorrad begonnen. Als der Übergang auf die Kraftwagen vollzogen wurde, bevorzugte Kasimir sportliche Zweisitzer; aber im fortgeschrittenen Alter waren es geräumige Wagen, die seinen Beifall fanden. Einen solchen fährt er nun als gereifter Mann. Und als ob es die Festredner berufen hätten, gerät er wenige Tage darauf in eine schwierige Verkehrssituation, der er sich nicht gewachsen zeigt. Es entsteht an zwei anderen Wagen Blechschaden und ein Verkehrsteilnehmer wird verletzt.

Trotzdem wird Kalk nicht bestraft. Der Richter spricht ihn frei, weil ein in dem Strafverfahren hinzugezogener medizinischer Sachverständiger sein Gutachten dahin abgibt, daß der Angeklagte für sein Tun nicht verantwortlich sei. Infolge seines hohen Alters, einer hierdurch bedingten Arteriosklerose und erheblicher Schwerhörigkeit sei er der plötzlich aufgetretenen Verkehrsschwierigkeit nicht gewachsen gewesen und habe sie nicht meistern können.

Nun kann freilich das Gericht auch einem freigesprochenen Verkehrssünder die Fahrerlaubnis unter bestimmten Voraussetzungen entziehen. Die rechtliche Grundlage ist in den §§ 69ff. StGB enthalten.

Hiernach kann die Fahrerlaubnis nicht nur entzogen werden, wenn jemand im Zusammenhang mit dem Führen eines Kraftfahrzeuges oder der Verletzung der Pflichten eines Fahrers verurteilt worden ist. Auch bei einem Freispruch wegen Unzurechnungsfähigkeit kann die Fahrerlaubnis durch das Gericht entzogen werden, wenn sich aus der Tat ergibt, daß der Freigesprochene zum Führen von Kraftfahrzeugen ungeeignet ist. Als ungeeignet ist in der Regel ein wegen Unzurechnungsfähigkeit freigesprochener Fahrer dann anzusehen, wenn der Tatbestand eine Gefährdung des Straßenverkehrs (§ 315c StGB), eine Trunkenheit im Verkehr (§ 316 StGB), Fahrerflucht nach einem schweren Unfall (§ 142 StGB) oder Volltrunkenheit im Zusammenhang mit den vorgenannten Delikten enthält.

Mit der Entziehung der Fahrerlaubnis bestimmt das Gericht gleichzeitig, daß für die Dauer von sechs Monaten bis zu fünf Jahren oder für immer keine neue Fahrerlaubnis erteilt werden darf.

Da das Gericht die Sperre frühestens nach Ablauf von sechs Monaten aufheben kann, wenn es Grund zu der Annahme hat, daß der Täter zum Führen von Kraftfahrzeugen nicht mehr geeignet ist, empfiehlt es sich daher, nach sechs Monaten einen begründeten Antrag an das Gericht zu stellen und um Aufhebung der Sperre zu bitten.

Aber Kalk ist nicht wegen Unzurechnungsfähigkeit freigesprochen worden, denn es lagen bei ihm ja nicht die Voraussetzungen der §§ 20 und 21 StGB vor, die folgendes bestimmen:

§ 20
Ohne Schuld handelt, wer bei Begehung der Tat wegen einer krankhaften seelischen Störung, wegen einer tiefgreifenden Bewußtseinsstörung oder wegen Schwachsinns oder einer schweren anderen seelischen Abartigkeit unfähig ist, das Unrecht der Tat einzusehen oder nach dieser Einsicht zu handeln.

§ 21
Ist die Fähigkeit des Täters, das Unrecht der Tat einzusehen oder nach dieser Einsicht zu handeln, aus einem der in § 20 bezeichneten Gründe bei Begehung der Tat erheblich vermindert, so kann die Strafe nach § 49 Abs. 1 gemildert werden.

Deshalb konnte der Richter Kasimirs Fahrerlaubnis nicht im Urteil einziehen. Er hat aber aufgrund der Hauptverhandlung den Eindruck, daß Kasimir besser nicht mehr am Verkehr teilnehmen sollte, da alle seine bisherigen Verdienste nichts daran ändern können, daß auch er dem Alter seinen Tribut zollen muß. So schreibt denn der Richter deutlich genug in die Urteilsgründe hinein, warum der Freispruch erfolgen mußte und was der Sachverständige von den Fahrfähigkeiten des Angeklagten halte.

Psychologisch ist es für einen Alternden mitunter schwer, sich mit dem Nachlassen der Spannkraft abzufinden. Erleichtern Sie ihm seine innere Situation durch ein vorsichtiges Gespräch, notfalls mit dem Hausarzt. Der freiwillige Verzicht erspart vielleicht einen schweren Unfall und eine Freiheitsstrafe! Alter und Führerschein beschäftigen die öffentliche Meinung. Man erklärt, der Verkehrssicherheit sei gedient, wenn die Fahrerlaubnis von Altersgrenzen oder von besonderen Bedingungen abhängig gemacht werde. Diese Dinge lassen sich aber wohl doch nicht so einfach lösen. Schließlich gibt es viele alte Leute, die mit dem Auto und dem Verkehr so sehr verwachsen sind, daß sie keine Unfälle verursachen.
Wer sich jedoch darauf beruft, eine Verkehrslage nicht übersehen zu haben, handelt kurzsichtig. Mangelnde Konzentration, Ärger, Übermüdung, Nichtbeachten von Verkehrszeichen sind keine guten Gründe. Man erreicht vielleicht eine niedrigere Strafe oder auch einen Freispruch. Die Gefahr ist jedoch sehr groß, daß die »Entschuldigungen« den Führerscheinentzug »auf dem Verwaltungsweg« auslösen.

Die Staatsanwaltschaft sieht sich veranlaßt, eine Abschrift des Urteils dem Oberbürgermeister als Verwaltungsbehörde zur Kenntnisnahme zuzuleiten. Und diese Kenntnisnahme schlägt sich alsbald in einem Schreiben nieder, das Kasimir Kalk zugestellt wird und folgenden Inhalt hat:

DER OBERBÜRGERMEISTER
DER STADT FRANKFURT/MAIN   60311 FRANKFURT/MAIN

Herrn
Kasimir Kalk
Wendelsweg 12
60599 Frankfurt/Main   20.3.20 . .

Hiermit wird Ihnen gemäß § 3 StVG die Fahrerlaubnis mit sofortiger Wirkung entzogen. Sie werden ferner aufgefordert, Ihren Führerschein unverzüglich bei der obengenannten Dienststelle abzugeben.

Begründung

Durch Urteil des Amtsgerichts Frankfurt/Main vom 5.1.20.. sind Sie von einer gegen Sie erhobenen Anklage wegen eines Verkehrsdelikts rechtskräftig freigesprochen worden. Dieser Freispruch beruht auf dem Gutachten des medizinischen Sachverständigen Prof. Klarsicht, der zu dem Ergebnis gekommen ist, daß Sie aufgrund Ihres fortgeschrittenen Alters nicht mehr den heutigen erhöhten Verkehrsanforderungen gewachsen sind. Ihre Fehlreaktionen hinsichtlich der dem Strafverfahren zugrunde liegenden Verkehrssituation zeigen dies deutlich.

Nach § 46 der Fahrerlaubnis-Verordnung muß Ihnen daher die Fahrerlaubnis entzogen und Ihr Führerschein eingezogen werden.

Rechtsmittelbelehrung

Gegen diesen Verwaltungsakt steht Ihnen innerhalb eines Monats seit Zustellung das Rechtsmittel des Widerspruchs zu. Der Widerspruch ist schriftlich oder zu Protokoll bei der erlassenden Behörde zu erheben.

gez. Zügig   Beglaubigt:

Dieser Brief der Verwaltungsbehörde trifft Onkel Kasimir schwer. Noch am gleichen Abend erscheint er mit ihm bei Jedermanns, um das Ereignis zu besprechen. Empört wirft er den Brief auf den Tisch.

»Das mir! Ihr wißt doch alle, daß es keinen umsichtigeren und vorsichtigeren Fahrer gibt als mich. Und meine Erfahrung!!! Fünfzig Jahre unfallfrei – wo gibt es so etwas noch einmal? Wegen dieses einmaligen angeblichen Versagens soll ich überhaupt nicht mehr an das Steuerrad. Das laß ich mir nicht bieten.«

Die praktische Karin geht der Angelegenheit von der richtigen Seite her zuleibe:

»Zunächst wollen wir erst einmal nachsehen, was eigentlich in diesem § 3 StVG steht. Ich lese euch mal vor:

§ 3

(1) ¹Erweist sich jemand als ungeeignet oder nicht befähigt zum Führen von Kraftfahrzeugen, so hat ihm die Fahrererlaubnisbehörde die Fahrerlaubnis zu entziehen. ²Bei einer ausländischen Fahrerlaubnis hat die Entziehung – auch wenn sie nach anderen Vorschriften erfolgt – die Wirkung einer Aberkennung des Rechts, von der Faherlaubnis im Inland Gebrauch zu machen ³§2 Abs. 7 und 8 gilt entsprechend.

(2) ¹Mit der Entziehung erlischt die Fahrerlaubnis. ²Bei einer ausländischen Fahrerlaubnis erlischt das Recht zum Führen von Kraftfahrzeugen im Inland. ³Nach der Entziehung ist der Führerschein der Fahrerlaubnisbehörde abzuliefern oder zur Eintragung der Entscheidung vorzulegen. ⁴Die Sätze 1 bis 3 gelten auch, wenn die Fahrerlaubnisbehörde die Fahrerlaubnis auf Grund anderer Vorschriften entzieht.

(3) ¹Solange gegen den Inhaber der Fahrerlaubnis

ein Strafverfahren anhängig ist, in dem die Entziehung der Fahrerlaubnis nach § 69 des Strafgesetzbuches in Betracht kommt, darf die Fahrerlaubnisbehörde den Sachverhalt, der Gegenstand des Strafverfahrens ist, in einem Entziehungsverfahren nicht berücksichtigen. ²Dies gilt nicht, wenn die Fahrerlaubnis von einer Dienststelle der Bundeswehr, des Bundesgrenzschutzes oder der Polizei für Dienstfahrzeuge erteilt worden ist.

4) ¹Will die Fahrerlaubnisbehörde in einem Entziehungsverfahren einen Sachverhalt berücksichtigen, der Gegenstand der Urteilsfindung in einem Strafverfahren gegen den Inhaber der Fahrerlaubnis gewesen ist, so kann sie zu dessen Nachteil vom Inhalt des Urteils insoweit nicht abweichen, als es sich auf die Feststellung des Sachverhalts oder die Beurteilung der Schuldfrage oder der Eignung zum Führen von Kraftfahrzeugen bezieht. ²Der Strafbefehl und die gerichtliche Entscheidung, durch welche die Eröffnung des

(Hauptverfahrens oder der Antrag auf Erlaß eines Strafbefehls abgelehnt wird, stehen einem Urteil gleich; dies gilt auch für Bußgeldentscheidungen, soweit sie sich auf die Feststellung des Sachverhalts und die Beurteilung der Schuldfrage beziehen.

(5) Die Fahrerlaubnisbehörde darf der Polizei die verwaltungsbehördliche oder gerichtliche Entziehung der Fahrerlaubnis oder das Bestehen eines Fahrverbots übermitteln, soweit dies im Einzelfall für die polizeiliche Überwachung im Straßenverkehr erforderlich ist.

(6) Durch Rechtsverordnung gemäß § 6 Abs. 1 Nr. 1 Buchstabe r können Fristen und Bedingungen

1. für die Erteilung einer neuen Fahrerlaubnis nach vorangegangener Entziehung oder nach vorangegangenem Verzicht,

2. für die Erteilung des Rechts an Personen mit ordentlichem Wohnsitz im Ausland, nach vorangegangener Entziehung von einer ausländischen Fahrerlaubnis im Inland wieder Gebrauch zu machen, bestimmt werden.

795

Und so stellt sich nun im Hause Jedermann die Frage: Ist Onkel Kasimir ungeeignet zum Führen von Kraftfahrzeugen oder nicht? Kasimir selbst hat natürlich nicht den geringsten Zweifel, daß ihm hier Unrecht geschehen soll. Für die übrigen Familienmitglieder ist die Antwort nicht so einfach. Sicherlich ist Kasimir nicht mehr geeignet, ein Motorrad zu führen. Aber das will er ja auch gar nicht. Vielleicht hat der Sachverständige doch nicht recht, wenn er Kasimir ganz generell die Fähigkeit zum Führen eines Kraftfahrzeuges abspricht. Auch Sachverständige können irren. Kasimir ist insoweit auch gleich mit einer Anzahl von Beispielen aus der Tagespresse bei der Hand, aus denen sich die Unzulänglichkeit der Sachverständigen ergibt. Wieder ist es die praktische Karin, die einen guten Ratschlag weiß.

»Lieber Onkel Kasimir, wie wäre es denn, wenn du einmal unseren Hausarzt Dr. Edi Schneider aufsuchen würdest, der uns so gut betreut. Es geht hier ja um medizinische Dinge.«

Die anderen, froh, die Verantwortung los zu sein, stimmen eifrig zu, und so läßt sich Onkel Kasimir überreden, Dr. Schneider aufzusuchen.

Dieser untersucht den Autofahrer aus Leidenschaft von Kopf bis Fuß. Dabei stellt er fest, daß die Schwerhörigkeit Kasimirs auf verhärtetes Ohrenschmalz zurückzuführen ist. Eine kräftige Spülung mit lauwarmem Wasser stellt Kasimirs völlige Hörfähigkeit wieder her. Insoweit hat er gute Pluspunkte gesammelt.

Mit der weiteren Untersuchung ist Dr. Schneider nicht ganz zufrieden. Zwar sieht er die Dinge nicht so schwerwiegend wie Prof. Klarsicht, aber er sagt sich auch, daß Kasimirs physische Fähigkeiten ja einem fortschreitenden Verschleiß unterliegen und daß in Kürze daher der Zeitpunkt gegeben sein wird, wo Kasimir infolge seines Alters nicht mehr fahren darf.

»Warum wollen Sie nicht jetzt aufhören, Herr Kalk? Soll es denn erst so weit kommen, daß Sie eines Tages in einen schweren Verkehrsunfall verwickelt werden? Vielleicht ziehen Sie sich dabei selbst ernste Verletzungen zu, vielleicht müssen Sie sich aber auch vorwerfen, andere Mitmenschen geschädigt zu haben. Wir alle erreichen einmal altersbedingt den Augenblick, von dem ab wir nicht mehr hinter das Steuerrad gehören.«

Diese Belehrung hört Kasimir gar nicht gern. Er verabschiedet sich ziemlich kurz und beschließt, sich zur Wehr zu setzen. Aufmerksam liest er die Rechtsmittelbelehrung durch. Dann verfaßt er folgendes Schreiben:

KASIMIR KALK
WENDELSWEG 12
60599 FRANKFURT/MAIN

An den
Herrn Oberbürgermeister
60311 Frankfurt/Main   10. April 20 . .

Hiermit lege ich gegen die dortige Verfügung vom 20.3.20 . ., die mir am
28.3.20 . . zugestellt worden ist

Widerspruch

ein.
Ich beantrage, die angefochtene Verfügung aufzuheben.

Begründung

Der angefochtene Verwaltungsakt stützt sich auf ein Gutachten, das in einem gegen
mich durchgeführten Strafverfahren erstattet worden ist. Dieses Gutachten kann ich
nicht als richtig anerkennen. Es geht unter anderem von einer bei mir angeblich vorliegenden altersbedingten Schwerhörigkeit aus.

Jedoch hat eine kürzlich von mir veranlaßte ärztliche Untersuchung ergeben, daß
meine am Unfalltage vorhanden gewesene Schwerhörigkeit in Wirklichkeit auf eine
Verstopfung des Gehörganges zurückzuführen war.

Beweis: Zeugnis meines Hausarztes Dr. Eduard Schneider, den ich hiermit
          von der Schweigepflicht entbinde.

Aber auch im übrigen überzeugt das im Strafverfahren erstattete Gutachten nicht.
Mein bisheriges unfallfreies Fahren über viele Jahrzehnte hinweg ist der beste Beweis
für meine Fahrtüchtigkeit. Ein einmaliges Versagen kann nicht zu der Schlußfolgerung
führen, daß ein Autofahrer generell nicht mehr in der Lage sei, ein Auto zu führen.
Dann müßte unzähligen Autofahrern der Führerschein abgenommen werden.

Das Gesetz sieht zwar eine Altersgrenze für denjenigen vor, der eine Fahrerlaubnis
erlangen will. Es kennt aber keine Altersgrenze, deren Erreichung den Verlust der
Fahrerlaubnis bedingt.

Da mir demnach zu Unrecht die Fahrerlaubnis entzogen wird, bitte ich um Rückgängigmachung der angeordneten Maßnahme.

Mit freundlichen Grüßen

Kasimir Kalk

Onkel Kasimir hat mit dem Widerspruch jedoch kein Glück. Nach einiger Zeit wird ihm der ablehnende Widerspruchsbescheid zugestellt. In den Gründen werden im wesentlichen die bereits in der
Verfügung enthaltenen Gründe wiederholt. Sein Hinweis auf die in Wirklichkeit nicht vorhandene
dauernde Schwerhörigkeit wird als nicht ins Gewicht fallender Nebenpunkt behandelt.

Aus der dem Widerspruchsbescheid beigefügten Rechtsmittelbelehrung entnimmt Onkel Kasimir,
daß er innerhalb eines Monats seit Zustellung des Widerspruchsbescheids Anfechtungsklage vor dem

Verwaltungsgericht Frankfurt am Main erheben kann. Seine erste Überlegung geht nun dahin, ob er diese Klage selbst formulieren und einreichen sowie sich in etwaigen Verhandlungsterminen selbst vertreten kann.

797

Tatsächlich ist er nicht gezwungen, einen Rechtsanwalt oder sonst für eine Prozeßvertretung in Betracht kommenden Juristen mit der Prozeßführung im Verwaltungsstreitverfahren zu beauftragen. Dies ergibt sich aus §§ 62 ff. VwGO. Erst wenn ein Verwaltungsrechtsstreit in höhere Instanzen gelangen sollte, kann beziehungsweise sollte sich der Betroffene nicht mehr selbst vertreten.

> *Die Kosten trägt:*
> - *wer im Prozeß unterliegt;*
> - *wer ein Rechtsmittel ohne Erfolg eingelegt hat;*
> - *der Beigeladene, wenn er Anträge gestellt oder Rechtsmittel eingelegt hat;*
> - *die Staatskasse bei erfolgreicher Wiederaufnahme des Verfahrens, soweit sie nicht durch Verschulden eines Beteiligten entstanden sind;*
> - *der Kläger, wenn der Beklagte keine Veranlassung zur Klage gegeben hat und den Anspruch sofort anerkennt;*
> - *die Beteiligten beim Vergleich je zur Hälfte, wenn keine Bestimmung über die Kosten getroffen wurde.*

Da Onkel Kasimir sparsam ist und er davon ausgeht, daß es sich ja eigentlich um einen nicht schwierig gelagerten Rechtsfall handelt, will er seine Interessen selbst wahrnehmen. Die entworfene Klageschrift legt er nach einigen Tagen seinem Neffen Paul Jedermann vor, damit dieser seine Ansicht hierzu äußern kann. Die Klageschrift hat er folgendermaßen gestaltet:

KASIMIR KALK
WENDELSWEG 12
An das
60599 FRANKFURT/MAIN
Verwaltungsgericht
60431 Frankfurt/Main
2. Juni 20 . .

<u>Klage</u>

des Rentners Kasimir Kalk, Wendelsweg 12, Frankfurt/Main,
– Anfechtungskläger –
gegen

die Stadt Frankfurt am Main, vertreten durch den Oberbürgermeister
– Anfechtungsgegnerin –

wegen Entziehung der Fahrerlaubnis.

Ich beantrage,

die mir am 28.3.20 . . zugestellte Verfügung des Oberbürgermeisters von Frankfurt am Main vom 20.3.20 . . aufzuheben und die Kosten des Verfahrens der Anfechtungsgegnerin aufzugeben.

<u>Begründung</u>
Die angefochtene Verfügung ist rechtswidrig, da die Voraussetzungen des § 15b StVZO bei mir nicht vorliegen.

798

Bereits in meiner Widerspruchsschrift habe ich geltend gemacht, daß das Gutachten des Professors Dr. Klarsicht mangelhaft sei. Ich habe unter Beweis gestellt, daß es zumindest in dem Punkt, der meine angebliche Schwerhörigkeit betrifft, von einer falschen Annahme ausgeht. Wenn ein Gutachten aber in einem bedeutsamen Punkte bereits fehlerhaft ist, so kann diesem Gutachten kein derartig entscheidendes Gewicht mehr beigemessen werden, daß es als Grundlage für eine so weitreichende Maßnahme dienen könnte, wie es die Entziehung der Fahrerlaubnis ist.

Vorsorglich beantrage ich, die Einholung eines Sachverständigengutachtens über meinen derzeitigen Gesundheitszustand, aus welchem sich meine Fahrtüchtigkeit ergeben wird.

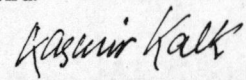

Klageschrift mit einer Abschrift dem Verwaltungsgericht innerhalb eines Monats seit Zustellung des ablehnenden Widerspruchsbescheides einreichen beziehungsweise mit Einschreiben entsprechend absenden. Abschrift für die eigenen Akten behalten.
Man kann die Klage auch persönlich beim Verwaltungsgericht zu Protokoll des Urkundsbeamten der Geschäftsstelle erklären, der bei der Abfassung und Formulierung der Klage behilflich ist. Das kostet nichts!

Da Kasimirs Klage frist- und formgerecht eingereicht ist, nimmt das Verwaltungsstreitverfahren seinen ordnungsmäßigen Lauf.

Hier kommt nun dem Kläger Kasimir zugute, daß im Gegensatz zum Zivilprozeß im Verwaltungsgerichtsprozeß das Gericht von Amts wegen alle erforderlichen Umstände aufklären muß.

Dieser sogenannte Untersuchungsgrundsatz (Inquisitionsmaxime) ist in § 86 VwGO folgendermaßen geregelt:

§ 86

(1) Das Gericht erforscht den Sachverhalt von Amts wegen; die Beteiligten sind dabei heranzuziehen. Es ist an das Vorbringen und an die Beweisanträge der Beteiligten nicht gebunden.
(2) Ein in der mündlichen Verhandlung gestellter Beweisantrag kann nur durch einen Gerichtsbeschluß, der zu begründen ist, abgelehnt werden.
(3) Der Vorsitzende hat darauf hinzuwirken, daß Formfehler beseitigt, unklare Anträge erläutert, sachdienliche Anträge gestellt, ungenügende tatsächliche Angaben ergänzt, ferner alle für die Feststellung und Beurteilung des Sachverhalts wesentlichen Erklärungen abgegeben werden.

(4) Die Beteiligten sollen zur Vorbereitung der mündlichen Verhandlung Schriftsätze einreichen. Hierzu kann sie der Vorsitzende unter Fristsetzung auffordern. Die Schriftsätze sind den Beteiligten von Amts wegen zu übersenden.
(5) Den Schriftsätzen sind die Urkunden, auf die Bezug genommen wird, in Urschrift oder in Abschrift ganz oder im Auszug beizufügen. Sind die Urkunden dem Gegner bereits bekannt oder sehr umfangreich, so genügt die genaue Bezeichnung mit dem Anerbieten, Einsicht bei Gericht zu gewähren.

Demzufolge kommt das Verwaltungsgericht Frankfurt am Main nicht daran vorbei, ein neues medizinisches Gutachten einzuholen, denn immerhin hat ja der Anfechtungskläger beachtliche Einwendungen gegen das im Strafprozeß erstattete Gutachten erhoben. Es ergeht ein Beschluß, daß Kasimir von der Frankfurter Universitätsklinik daraufhin untersucht werden soll, ob er fahrtüchtig sei oder nicht. Erstaunlicherweise kommt das Gutachten zu einem anderen Ergebnis als die Beurteilung des Vorgutachters. Die bei dem Anfechtungskläger bestehende Arteriosklerose wird nicht als schwerwiegend angesehen, jedoch stellt das Gutachten der Universitätsklinik fest, daß der Anfechtungskläger an Kreislaufstörungen leide, die die Gefahr eines plötzlichen Zusammenbruches befürchten ließen. Aus diesem Grunde sieht das Gutachten Kasimir Kalk nicht mehr als fahrtüchtig an. Natürlich folgt das Gericht den Ausführungen der begutachtenden Universität und weist nunmehr die Klage ab.

799

Obwohl ihm seine Verwandten raten, sich doch mit dem Urteil abzufinden und auf das weitere Lenken von Kraftfahrzeugen zu verzichten, setzt sich Kasimir hin und verfaßt folgende Berufungsschrift:

KASIMIR KALK
WENDELSWEG 12
60431 FRANKFURT/MAIN

An das
Verwaltungsgericht
60431 Frankfurt/Main

25.8.20 . .

Berufung

des Rentners Kasimir Kalk, Wendelsweg 12, Frankfurt am Main,
– Anfechtungskläger und Berufungskläger –

gegen

die Stadt Frankfurt am Main, vertreten durch den Oberbürgermeister,
– Anfechtungsgegnerin und Berufungsgegnerin –

gegen das Urteil des Verwaltungsgerichts Frankfurt am Main,
vom 29. Juli 20 . . .

Gegen das vorstehende, mir am 15.8.20 . . zugestellte Urteil des Verwaltungsgerichts Frankfurt am Main lege ich hiermit

Berufung

ein.

Ich beantrage, das angefochtene Urteil aufzuheben und der beantragten Aufhebung der angefochtenen Verfügung stattzugeben.

Begründung

Nachdem mir zunächst die Fahrerlaubnis mit der Begründung entzogen wurde, daß ich an Schwerhörigkeit und Arteriosklerose litte, und sich die Unhaltbarkeit dieser Behauptung herausgestellt hat, wird mir nunmehr durch das angefochtene Urteil dargelegt, daß die Entziehung der Fahrerlaubnis sich aus einem anderen Grunde rechtfertige. Als Grund hierfür wird meine angeblich jetzt festgestellte Kreislaufanfälligkeit angegeben. Selbst wenn eine solche bei mir vorliegen sollte, so besteht ja schließlich die Möglichkeit, daß ich mich einer ärztlichen Behandlung unterziehe und damit diesen Grund in Fortfall bringe. Ich habe mich bereits zu einer Spezialbehandlung im Sanatorium Waldesgrün, Höchenschwand/Schwarzwald, angemeldet und werde in Kürze eine Sechswochenkur antreten.

Ich beantrage daher weiterhin, mich nach Ablauf dieser Kur erneut ärztlich untersuchen zu lassen. Jedoch bitte ich, die Untersuchung nicht wieder durch die Universitätsklinik Frankfurt am Main vornehmen zu lassen, da ich zu dieser Stelle kein Vertrauen mehr habe, sondern durch einen anderen geeigneten Gutachter.

Kasimir Kalk

Urschrift mit einer Durchschrift dem Verwaltungsgericht innerhalb eines Monats nach Urteilszustellung einreichen. Abschrift für die eigenen Akten behalten. Die Berufung kann auch zu Protokoll des Urkundsbeamten der Geschäftsstelle des Verwaltungsgerichts erklärt werden, der bei der Formulierung behilflich ist. Das Verwaltungsgericht übergibt dann das gesamte Aktengut an den zuständigen Verwaltungsgerichtshof.

Die Berufungsrichter wollen nicht kurzerhand über die Berufung entscheiden und beschließen daher, ein weiteres Gutachten von der Universitätsklinik Mainz einzuholen.

Mit Spannung erwartet Kasimir Kalk dieses Gutachten. Er wird sehr enttäuscht, denn dieses Gutachten bestätigt das Gutachten der Universitätsklinik Frankfurt am Main in vollem Umfange und kommt weiterhin zu dem Ergebnis, daß die Kreislaufstörungen nicht mehr völlig beseitigt werden können. Es bestehe daher die dringende Gefahr, daß Kasimirs Kreislauf einmal versage, wenn er gerade einen Kraftwagen lenke, was zu unabsehbaren Folgen im Verkehr führen könne.

Nunmehr ist auch das Berufungsgericht überzeugt, daß der Anfechtungskläger nicht mehr länger im Besitze der Fahrerlaubnis sein dürfe. Kasimirs Berufung wird daher zurückgewiesen.

Die Revision läßt das Berufungsgericht nicht zu, da es dem Fall Kalk keine grundsätzliche Bedeutung zumißt (vgl. § 132 Abs. 1 und 2 VwGO).

Zwar gibt es gegen die Nichtzulassung einer Revision die Beschwerde gemäß § 133 VwGO. Nachdem jedoch die medizinischen Gutachten keine günstige Entscheidung erwarten lassen, würde eine Revision nur unnötige Kosten verursachen, wenn man ihre Zulassung durchsetzen könnte.

Mißbräuchliche Benutzung

Paul Jedermann ist von gefälliger Natur. Eines Tages bittet ihn ein guter Bekannter, der kaufmännische Angestellte Leopold Großmann, ihm doch den Kraftwagen für eine Fahrt nach Karlsruhe leihweise zu überlassen. Er verspricht hoch und heilig, den Wagen schonend zu fahren und am nächsten Tage nach Rückkehr von der Fahrt alsbald zurückzugeben. Nach einigem Zögern gibt Paul Jedermann dieser Bitte statt und überläßt Großmann den Wagen nebst Kraftfahrzeugschein und Autoschlüssel. Durch Zufall hört ein Freund des Großmann, der Arbeitskollege Fritz Lustig, von der bevorstehenden Fahrt und fragt, ob ihn Großmann nicht mitnehmen wolle.

Bereitwillig sagt Großmann zu, und so fahren denn beide nach Karlsruhe. Auf der Rückfahrt am nächsten Tage fragt Lustig, ob er nicht ein Stück des Weges den Wagen lenken könne.

Er habe schon seit längerer Zeit den Führerschein und auch ausreichende Fahrpraxis. Vorsichtigerweise läßt sich Großmann den Führerschein des Lustig zeigen. Nunmehr hat er keine Bedenken mehr, der Bitte seines Begleiters stattzugeben.

Offenbar ist es aber mit Lustigs Fahrpraxis nicht allzuweit her, denn kurz vor Heidelberg gerät er durch ein ungeschicktes Überholmanöver in eine Gruppe entgegenkommender Radfahrer und verletzt mehrere von ihnen schwer.

Als Jedermann von dem unglücklichen Ausgang der Fahrt hört, ist er bestürzt und verärgert. Auch Karin spart nicht mit Vorwürfen und fordert ihn auf, den Vorfall sofort der Versicherung zu melden, da er doch nun offenbar als Halter des an dem Unfall beteiligten Kraftwagens von den Verletzten in Anspruch genommen werden würde. Das sieht Paul Jedermann jedoch nicht ein.

»Wieso soll ich hier in Anspruch genommen werden können?« wehrt er empört ab. »Ich habe meinem Bekannten Großmann den Wagen überlassen, ihm aber nicht erlaubt, jemand anderen an das Lenkrad zu lassen. Ich bin überhaupt nicht auf den Gedanken gekommen, daß Großmann etwas Derartiges tun würde. Wie kann ich dafür verantwortlich sein, daß eine mir wildfremde Person ohne mein Wissen meinen Wagen steuert und dabei einen Unfall herbeiführt?«

So einfach, wie Paul Jedermann sich das denkt, liegen die Dinge leider nicht.

Offenbar hat Paul etwas von der »Schwarzfahrt« gehört, die in § 7 Abs. 3 StVG geregelt ist.

Früher war in der höchstrichterlichen Rechtsprechung gerade der vorliegende Fall, von dem Paul Jedermann betroffen wird, nicht endgültig geklärt. Zahlreiche Stimmen und auch richterliche Entscheidungen vertraten die Ansicht, daß der Halter, der seinen Kraftwagen verleiht, dann nicht mehr verantwortlich sei, wenn der Entleiher gegen den Willen des Halters den Wagen einem Dritten zur Benutzung überläßt, falls der Halter davon ausgehen durfte, daß der Entleiher einen derartigen Mißbrauch nicht vornehmen würde.

Der Bundesgerichtshof (BGH) hat aber schließlich in einer Entscheidung diese strittige Frage endgültig zuungunsten des Halters geklärt. Er hat sich auf den Standpunkt gestellt, daß von einer Schwarzfahrt ohne Schuld des Halters nicht mehr die Rede sein könne, wenn er seinen Kraftwagen verleiht und dadurch dem Entleiher die Möglichkeit gibt, das Lenkrad dritten Personen zu überlassen. So bleibt denn Paul Jedermann nichts anderes übrig, als den Vorfall unverzüglich seiner Haftpflichtversicherung zu melden, damit diese ihm den erforderlichen Rechtsschutz gewährt.

Als Paul am nächsten Stammtischabend über diese Geschehnisse berichtet, weiß sein Stammtischfreund Hermann Holz, der eine Möbelspedition betreibt, über folgenden Vorfall zu berichten:

»Wie Ihr wißt, habe ich doch den kleinen Lkw, der mir schon zweimal von dem Parkplatz vor meinem Geschäft nachts gestohlen worden ist, obwohl ich ihn immer ordnungsmäßig abgeschlossen halte.

Kürzlich ist er mir wieder entwendet worden, und der Dieb hat auch noch einen Unfall gebaut und dabei eine Fußgängerin erheblich verletzt. Der Dieb ist spurlos verschwunden; er hat sich natürlich um die Verletzte nicht gekümmert, und so soll ich jetzt für den Schaden aufkommen. Der Anwalt der Verletzten hat mir einen Brief geschrieben, daß ich nicht alles Erforderliche getan hätte, um die Benutzung des Lkw durch einen Dieb zu verhindern, da ich aus den vorangegangenen Diebstählen ja ersehen hätte, daß der Wagen diebstahlanfällig sei.«

Da sind natürlich die Stammtischfreunde überfragt. Doch kann Holz unbesorgt sein, er ist nicht nach § 7 Abs. 3 StVG verantwortlich, denn ihn trifft an der unbefugten Benutzung seines Lkw kein Verschulden.

Der Lkw ist serienmäßig mit allen vorgeschriebenen Einrichtungen ausgestattet, denn sonst wäre er nicht zugelassen. Die Sondervorschrift des § 38a StVZO trifft auf ihn nicht zu. Diese Bestimmung besagt:

§ 38a
Personenkraftwagen, Kombinationskraftwagen und Krafträder müssen eine hinreichend wirkende Sicherungseinrichtung gegen unbefugte Benutzung der Fahrzeuge haben. Das Abschließen der Türen und das Abziehen des Schalterschlüssels gelten nicht als Sicherung im Sinne des Satzes 1.

Demzufolge brauchte Holz keine weiteren Sicherungsmaßnahmen über die serienmäßige Ausstattung hinaus vorzunehmen. Es kann ihm auch nicht vorgeworfen werden, daß der Lkw nachts auf einem Parkplatz und nicht in einer Garage stand. Bei der heutigen Garagen- und Abstellraumnot steht der größte Teil unserer Kraftfahrzeuge auch nachts auf öffentlichen Straßen und Plätzen. Man kann hier auch keinen Unterschied zwischen Personenwagen und Lastkraftwagen machen. Man kann auch keinem Fahrzeughalter mehr an Pflichten abfordern, als der Gesetzgeber ihm selbst auferlegt hat. Demzufolge muß die etwaige Klage der verletzten Frau abgewiesen werden, soweit sie sich gegen Hermann Holz richten sollte und auf Schadensersatz geht.

Trotzdem ist Hermann Holz dringend zu raten, vorsorglich seiner Haftpflichtversicherung Meldung zu erstatten. Dies ist allein schon deshalb wichtig, weil er ja den etwaigen Prozeß nicht auf eigene Kosten führen möchte, sondern die Prozeßführung und die damit verbundenen Kosten gerne seiner Versicherung überläßt.

802   Wie gut Holz daran tut, erweist sich in den nächsten Tagen, als er folgenden Brief empfängt:

DR. STEFAN JUSTUS
Rechtsanwalt und Notar

Zeil 111 · 60313 Frankfurt am Main

10. Juni 20 . .

Sehr geehrter Herr Holz!

Ich vertrete die Interessen der Frau Betty Wander, Ganghoferstraße 6, Frankfurt am Main.

Wie Ihnen bekannt ist, wurde meine Mandantin am ... in der Siesmayerstraße gegen 23 Uhr von dem Ihnen gehörenden Lkw, polizeiliches Kennzeichen F – XY 35, angefahren und erheblich verletzt. Der Fahrer Ihres Lkw flüchtete nach der Tat und konnte bis heute nicht ermittelt werden.

Nach den Feststellungen der Polizei wurde Ihr Wagen einige Zeit vor dem Unfall gestohlen und von dem Dieb im Augenblick des Unfalls gelenkt.

Wenn Sie auch nach den Feststellungen der Polizei hinsichtlich der Entwendung des Kraftwagens kein Verschulden trifft, so ist meine Mandantin dennoch berechtigt, von Ihnen zu verlangen, daß Sie den Vorfall Ihrer Versicherungsgesellschaft melden und Ihre Ansprüche aus dem Versicherungsvertrag an meine Mandantin abtreten, damit Ihre Versicherungsgesellschaft gezwungen werden kann, meiner Mandantin den zugefügten Schaden zu ersetzen.

Ich fordere Sie daher auf, den Vorfall unverzüglich Ihrer Versicherungsgesellschaft zu melden und Ihre Ansprüche auf Regulierung dieses Schadens an meine Partei abzutreten.

Ihrer diesbezüglichen Stellungnahme sehe ich innerhalb von zehn Tagen entgegen.

Mit freundlichen Grüßen

Rechtsanwalt und Notar

Unmittelbar nach Erhalt dieses Briefes ruft Herr Holz das Anwaltsbüro, von dem er diesen Brief erhalten hat, an und kommt dabei mit der Sekretärin des Rechtsanwalts Dr. Justus, Frau Jaqueline Haibach, ins Gespräch. Frau Haibach, die in Versicherungssachen bereits eine erhebliche Erfahrung hat, gibt ihm folgende Auskunft: »Sie können sich schon darauf verlassen, daß mein Chef kein Verlangen an Sie stellt, das nicht gerechtfertigt ist. Wenn auch keine Haftung des Halters aus § 7 Abs. 3 StVG gegeben ist, so ist doch in Ihrem Fall Ihre Versicherung gehalten, den Schaden zu regulieren. Wenn Sie insoweit Bedenken haben, wenden Sie sich am besten an Ihre Haftpflichtversicherung und bitten sie um Aufklärung.«

Diesem wohlgemeinten Ratschlag von Frau Haibach folgt Holz und erhält bei seiner Vorsprache von dem zuständigen Schadenschef seiner Haftpflichtversicherungsgesellschaft die nachstehende Rechtsbelehrung:

Durch die Neufassung der §§ 2 Nr. 2 b, 10 AKB ist durch die Versicherungsgesellschaften eine Neuregelung des Versicherungsvertragsrechts dahin getroffen worden, daß diese auch für den Fall Versicherungsschutz gewähren, wenn das Kraftfahrzeug im Augenblick des Unfalles durch einen »unberechtigten« Fahrer gelenkt wurde, für dessen Fahrt den Halter kein Verschulden trifft. Die herrschende Meinung konstruiert aus dieser Regelung einen sogenannten »Vertrag zugunsten Dritter«. Das bedeutet, daß die Versicherungsgesellschaft dem Halter gegenüber verpflichtet ist, auch in einem derartigen Falle das Verkehrsopfer zu entschädigen. Diesem Verkehrsopfer wiederum wird ein Recht darauf zugesprochen, daß der Halter seine diesbezüglichen Vertragsansprüche gegen die Versicherungsgesellschaft abtritt. Der Grundgedanke ist der, daß in der Bundesrepublik Deutschland Verkehrsopfer, die durch einen Kraftwagen verletzt sind, soweit wie möglich geschützt werden. Der Versicherungsjurist schließt seine Belehrung mit dem Bemerken, daß er aufgrund der Meldung die Angelegenheit regeln werde. Holz brauche sich um den Fall nicht mehr zu kümmern.

Karin Jedermann findet diese Regelung sehr begrüßenswert. »Aber sag mal, Paul«, überlegt sie, »was passiert eigentlich, wenn jemand Fahrerflucht begeht?« Aber selbst für diesen Fall ist gesorgt. Die deutschen Versicherungsgesellschaften haben sich zusammengeschlossen und für diesen Fall einen Fonds gegründet, in dem für derartige Fälle Geld angesammelt wird. Der Fonds wird verwaltet von dem HUK-Verband, Hamburg.

Haftung für Mitfahrer

Paul Jedermanns Stammtischrunde beschließt, einen Wochenendausflug zu unternehmen. Ernst Tudich ist gleich mit einem praktischen Vorschlag zur Hand.

»Am besten fahren wir alle mit einem Pkw. Paul ist sicher so nett und stellt sein Auto zur Verfügung. Ich würde ja gerne meinen zur Verfügung stellen, aber ...«

»Ich weiß schon«, unterbricht ihn Paul, »Deine Rotraut würde dir was erzählen! Aber selbstverständlich fahren wir mit meinem Wagen.« Was in froher Stunde und Runde am Stammtisch zugesagt, sieht im Gespräch am häuslichen Herd ganz anders aus.

»Ich verstehe dich nicht, Paul«, beklagt sich Karin, »Du bist immer auf unsere Kosten sehr großzügig. Tudich und deine anderen Biergenossen haben schöne Gründe, um derartigen Belastungen auszuweichen.« »Aber Karin«, wehrt sich Paul gekränkt, »das ist doch nur eine kleine Gefälligkeit. Von so einer Fahrt nimmt der Wagen keinen Schaden, die Kosten der Fahrt zahlt unsere Bierkasse, so daß ich gar nicht weiß, was du eigentlich willst. Im übrigen kann ich jetzt auch nicht mehr zurück. Schließlich habe ich mich gebunden.«

Paul sieht die Dinge zu rosig. Zunächst ist er juristisch nicht gut unterrichtet, was seine angebliche Bindung an seine Zusage anbetrifft. Paul glaubt, er habe einen Vertrag geschlossen, dessen Erfüllung von den anderen Stammtischlern erzwungen werden kann.

Gefälligkeiten

Nicht jede Absprache ist gleich ein bindender Vertrag. Wenn während einer Bahnfahrt ein Fahrgast einem anderen seine Zeitung auf dessen Bitten zur Lektüre überläßt, so ist dies eine gesellschaftliche Höflichkeit, aber kein Leihvertrag. Wenn derselbe Fahrgast gebeten wird, für einen Mitfahrer einen

Platz freizuhalten oder ihn rechtzeitig zu wecken, sobald man sich dem Reiseziel nähert, so entstehen durch derartige Zusagen keine vertraglichen Verpflichtungen.

804   Man bewegt sich vielmehr außerhalb der Rechtssphäre.

Paul Jedermanns Zusage am Stammtisch kann insoweit zweifelhaft sein. Man könnte die Ansicht vertreten, daß sich die Stammtischrunde für die geplante Fahrt zu einer Gesellschaft des bürgerlichen Rechts zusammengeschlossen habe, in der die Teilnehmer die verschiedensten Pflichten, vor allem zur Erstattung der Kosten, anteilig übernehmen. Doch ist wohl nicht anzunehmen, daß die Absprache für die gemeinsame Wochenendfahrt von den Stammtischfreunden als verpflichtendes Rechtsgeschäft aufgefaßt wurde. Sicherlich sollte es jedem unbenommen sein, seine Teilnahme im Falle anderweitiger Verpflichtungen abzusagen. Dies gilt wohl auch für Paul Jedermanns Sonderzusage. Das Ganze ist eine unverbindliche gesellschaftliche Abrede. Es kommt ja auch niemand auf den Gedanken, einen plötzlich absagenden Abendgast auf Ersatz des nun nutzlos gerichteten Abendessens in Anspruch zu nehmen.

Darüber hinaus lädt Paul Jedermann ein beträchtliches Risiko auf sich. Er will vier mitten im Erwerbsleben stehende Männer als Mitfahrer in sein Auto nehmen. Jeder von diesen Mitfahrern ist Familienvater und mit der Unterhaltspflicht für mehrere Familienangehörige belastet. Wenn Paul jetzt nur eine leichte Fahrlässigkeit zur Last fällt und diese zur Folge hat, daß seine Mitfahrer etwa getötet oder invalide werden – ja, was dann?

Niemand kann es den Familien der Betroffenen verargen, wenn sie mit Hilfe spezialisierter Anwälte alles versuchen, um den Ausfall ihrer Ernährer materiell auszugleichen.

Sicherlich denkt nun Paul, daß er ja durch seine Versicherung genügend abgeschirmt sei. Aber selbst eine Versicherungssumme von 500000,– Euro dürfte nicht ausreichend sein, wenn das Unglück so schwer zuschlägt, daß gleich mehrere Familienversorger betroffen sind.

Die Insassenunfallversicherung

Häufig haben Autohalter außer der Pflichthaftpflichtversicherung noch eine Insassenunfallversicherung. Die Formulare der Versicherungsgesellschaften sehen dies bereits vor. Aus der Erfahrung heraus, daß das Autofahren nun einmal gefährlicher ist als der Spaziergang im Walde, sollte man allgemein von dieser Möglichkeit Gebrauch machen, auch wenn man schon eine Lebensversicherung abgeschlossen hat.

Gerade für den Fall, daß Paul allein fährt und einen Unfall erleiden würde, der für ihn tödlich ausgeht, wäre die Insassenunfallversicherung für seine Alleinerbin Karin eine wichtige materielle Absicherung. Und schon sehen wir, daß insoweit Karins Rechte geschmälert werden, wenn Paul andere Personen mitnimmt. Der auszuzahlende Betrag der Insassenunfallversicherung steht ja fest. Nehmen wir an, Paul habe eine solche Versicherung über 200000,– Euro abgeschlossen. War er der einzige Insasse bei dem tödlichen Unfall, dann erhält seine Witwe diese 200000,– Euro ausgezahlt. Waren mehr Insassen vorhanden, die tödlich verunglückt sind, zum Beispiel vier, so verteilt sich die Versicherungssumme gleichmäßig auf alle Erben. Karin erhält demnach 50000,– Euro, obwohl Jedermanns die Kosten dieser Versicherung allein getragen haben. So kann eine Gefälligkeit sehr teuer werden. Da nun jeder Fahrer selbstverständlich davon ausgeht, daß ihm doch nichts passieren könne, trifft er auch insoweit keine Vorsorge. Dabei ist es doch sicherlich nicht unangemessen, daß der Halter eines Fahrzeugs, der eine Insassenunfallversicherung abgeschlossen hat, diese auch in vollem Umfang seinen Angehörigen zukommen lassen will.

Es empfiehlt sich daher, vor Antritt der Fahrt eine entsprechende Vereinbarung mit seinen Mitfahrern zu treffen. Diese könnte etwa folgendermaßen aussehen:

Vereinbarung

zwischen

Paul Jedermann, Frankfurt/Main,

und

Ernst Tudich, Neu-Isenburg.

Herr Jedermann als Halter des Pkw, polizeiliches Kennz. F – XY 399, nimmt Herrn Tudich als Mitfahrer auf eine Fahrt nach Mühlstadt am 29. Mai dieses Jahres mit.

Im Falle eines Unfalles sollen Herrn Tudich oder seinen Erben keinerlei Rechte an der Insassenunfallversicherung zustehen, die Herr Jedermann für den vorstehend genannten Kraftwagen abgeschlossen hat.

Frankfurt/Main, den 29. Mai 20 . .

Paul Jedermann   *Ernst Tudich*

Diese Urkunde bewahrt Paul sorgfältig bei seinen Akten auf. Er gibt auch Karin hiervon Kenntnis, damit sie unterrichtet ist, falls Paul etwas zustößt.

Wenn ein Halter eine solche Vereinbarung nicht trifft, so erhebt sich die Frage, ob sich die Angehörigen des getöteten Mitfahrers die anfallende Insassenunfallversicherungssumme wenigstens auf ihren Schadensersatzanspruch anrechnen lassen müssen. Im Ergebnis käme dies allerdings nur der Versicherungsgesellschaft zugute. Nach herrschender Ansicht ist dies nicht der Fall. Es fragt sich, ob man dies nicht wenigstens insoweit annehmen müßte, als die Haftpflichtsumme nicht ausreicht und der Halter oder seine Erben auf ihr eigenes Vermögen zurückgreifen müßten. Es erscheint unbillig, daß insoweit nicht wenigstens eine Anrechnung der Leistungen aus der Insassenunfallversicherung erfolgen sollte. Hier sind noch manche Rechtsfragen ungeklärt. Ohne Hinzuziehung eines Rechtskundigen im einzelnen Fall dürfte es daher nicht gehen.

Ausschluß der Haftung für den Mitfahrer

Paul Jedermann will es wenig einleuchten, daß er für seine Gutmütigkeit auch noch mit dem Risiko belastet sein soll, seinen Mitfahrern dafür einzustehen, daß ihm kein Fehler beim Lenken des Wagens unterläuft. Er kann es nicht begreifen, daß er auch für noch so geringe Fahrfehler haften soll, und zwar gegebenenfalls in einer Höhe, die den Schutz aus seiner Versicherung illusorisch macht.

Das Handeln auf eigene Gefahr

Aus den vorstehenden Erwägungen heraus haben die Juristen darüber gestritten, ob nicht in den Fällen, in denen aus reiner Gefälligkeit der Fahrer eines Kraftwagens eine andere Person mitnimmt, jegliche Haftung bis auf die Betriebsgefahr entfallen sollte. Es bot sich der Vergleich mit dem Privatweg an, für den das Schild gilt: »Betreten auf eigene Gefahr.« Schließlich weiß jeder, daß das Autofahren eine gefährliche Sache ist und daß einem Kraftwagenlenker jederzeit ein Fehler unterlaufen kann. Es ist aber heute einhellige Ansicht in der Rechtsprechung und im Schrifttum, daß die Teilnahme an einer normalen Gefälligkeitsfahrt nicht automatisch zu einem Haftungsausschluß hinsichtlich der Deliktshaftung führt. Nur wenn weitere besondere Umstände hinzukommen, kommt der Satz zum Zuge: »Wer sich in Gefahr begibt, kommt darin um.«

Ein solcher Fall ereignete sich in Jedermanns Bekanntschaft, als der Student Wolfgang Neuhaus sich zur frühen Stunde von einem Kommilitonen in dessen Pkw mitnehmen ließ, obwohl er erkannte, daß sein Freund schwer angetrunken war. Nachdem die Rechtsprechung im Bundesgebiet jedenfalls 1,1 Promille Blutalkohol als absolute Grenze der Fahruntüchtigkeit ansieht, war Neuhaus' Studienfreund sehr weit jenseits jeglicher Fahrtüchtigkeit. Obwohl Neuhaus sogar noch von anderen Studenten auf den Zustand seines Fahrers hingewiesen wurde, schlug er alle Warnungen in den Wind und vertraute sich dem betrunkenen Fahrer an. Wie nicht anders zu erwarten, fuhr dieser infolge seiner Trunkenheit gegen einen Baum, und Neuhaus wurde verletzt. Neuhaus hat keinerlei Schadensersatzansprüche, denn er muß sich seinen Schaden selbst zuschreiben. Ähnliches gilt für solche Mitfahrer, die an Testfahrten, Rallyes usw. teilnehmen, bei denen sie davon ausgehen müssen, daß der Fahrer etwas riskieren muß. Es kommt aber stets auf die besonderen Umstände des Falles und auf das Ausmaß des Verschuldens an.

Der vereinbarte Haftungsausschluß

Da derartige besonders gefahrerhöhende Umstände bei der geplanten Stammtischfahrt nicht vorliegen, kann also von einem automatischen Ausschluß der Haftung des Paul Jedermann gegenüber seinen Mitfahrern nicht die Rede sein. Dies hindert aber nicht, daß vertraglich ein Ausschluß der Haftung vereinbart wird.

Seine Haftung ergibt sich nicht aus dem StVG, sondern nur aus den §§ 823 ff. BGB, da die Mitnahme der Mitfahrer als unentgeltliche Gefälligkeitsfahrt anzusehen ist. Die Tatsache, daß aus der Bierkasse die Unkosten der Fahrt erstattet werden, macht nach rechtlicher Ansicht die Fahrt nicht zu einer entgeltlichen. Dies ist allerdings umstritten. Die Halterhaftung des § 7 StVG gemäß § 8 a StVG ist also nur bei geschäftsmäßiger Personenbeförderung gegeben:

§ 8a

Im Fall einer entgeltlichen, geschäftsmäßigen Personenbeförderung darf die Verpflichtung des Halters, wegen Tötung oder Verletzung beförderter Personen Schadensersatz nach § 7 zu leisten, weder ausgeschlossen noch beschränkt werden. Die Geschäftsmäßigkeit einer Personenbeförderung wird nicht dadurch ausgeschlossen, dass die Beförderung von einer Körperschaft oder Anstalt des öffentlichen Rechts betrieben wird.

Es geht also nur darum, die Haftung für schuldhaftes Verhalten des Paul Jedermann auf der gemeinsamen Fahrt auszuschließen.

Andererseits leuchtet ihm ein, was Karin hierzu sagt: »Warum willst du eigentlich deiner Versicherung etwas schenken, Paul? Wir wollen uns doch nur dagegen abschirmen, daß wir vielleicht über den Versicherungsschutz hinaus mit unserem eigenen Vermögen in Anspruch genommen werden. Schließlich sollen ja deine Mitfahrer nicht schutzlos sein. Kann man denn nicht die Vereinbarung entsprechend formulieren?«

Karin hat damit den Nagel auf den Kopf getroffen. Die Rechtsprechung hat diese Möglichkeit bejaht. So sollte sich Paul Jedermann wie auch jeder andere Kraftfahrer vor Antritt einer Fahrt von seinen Mitfahrern folgenden Revers unterschreiben lassen:

807

<u>Haftungsverzicht</u>

Ich fahre unentgeltlich im Wagen des Herrn ... mit. Für den Fall, daß ich einen
Schaden erleide, verzichte ich auf jeden Schadensersatzanspruch. Dies gilt auch bei
schuldhaftem Verhalten des Halters oder Fahrers.

Soweit die Haftpflichtversicherung für den Schaden eintritt, verzichte ich nicht, es sei
denn, daß sie den Betrag vom Halter oder Fahrer zurückfordert.

Diese Erklärung gilt auch für künftige Fahrten.

Ort, Datum   Unterschrift

*Bei Minderjährigen ist die Zustimmung des gesetzlichen Vertreters erforderlich. Daher Vorsicht bei jugendlichen
Anhaltern, die noch nicht volljährig sind!*

Der Verzicht sollte ausdrücklich noch durch Unterschrift des Fahrers bestätigt werden. Bei entgeltlichen Fahrten kann man die Betriebsgefahr des § 7 StVG nicht vertraglich ausschließen, da dies
§ 8 a StVG verbietet.

Man sollte auch nicht von der vorstehenden Vereinbarung deshalb Abstand nehmen, weil man
in seinem Auto ein Schild angebracht hat »Der Mitfahrer fährt auf eigene Gefahr«. Im Ernstfall wird
man nicht beweisen können, daß der verunglückte Mitfahrer diesen Hinweis erkannt und in seinen
Willen aufgenommen hat.

Schwieriger sind schon die Abgrenzungen dann, wenn mehrere Personen wirtschaftlich an einem
Kraftwagen interessiert sind. Handelsvertreter, die als selbständige Gewerbetreibende für bestimmte Unternehmen arbeiten, machen oft zur Bedingung, daß ihnen ein Kraftfahrzeug gestellt wird. In
diesen Fällen ist der Unternehmer meist Eigentümer des Wagens, da er die Anschaffungskosten trägt
und auch die steuerlichen Abschreibungsvorteile haben will, während der Handelsvertreter den
Wagen auch privat benutzen darf.

Ähnlich liegen die Dinge auch bei einem Arbeitnehmer, dem der Arbeitgeber ein Kraftfahrzeug zur
Benutzung überläßt. Darf er es lediglich zu Geschäftsfahrten verwenden, so bleibt der Arbeitgeber
Halter des Kraftfahrzeugs. Kann er dagegen das Fahrzeug auch zu privaten Zwecken beliebig benutzen, dann ist er der Halter. Um klare Verhältnisse zu schaffen, sollte man eine schriftliche Vereinbarung
treffen, und zwar außerhalb des sonst noch bestehenden Vertrages. So könnte man schreiben:

<u>Vertragliche Vereinbarung</u>

zwischen der Firma Hinz & Kunz, Hauptwache 7, Frankfurt am Main,
im folgenden kurz Firma genannt,

und

Herrn Richard Probst, Handelsvertreter, wohnhaft Am Berge 2, Mühlstadt,
im folgenden kurz Vertreter genannt,

über die Überlassung und den Übergang der Haltereigenschaften hinsichtlich des Pkw
Marke VW, Kennzeichen F – AA 999.

1. Die Firma überläßt den in ihrem Eigentum stehenden und in ihm verbleibenden Pkw mit Wirkung ab 1.7.20 . . bis auf Widerruf, längstens aber für die Dauer des bestehenden Vertretervertrages, dem Vertreter.

2. Die Haltereigenschaft geht damit für die Dauer der Überlassung auf den Vertreter über. Der Vertreter übernimmt alle sich aus der Haltereigenschaft ergebenden Verpflichtungen. Dazu gehören insbesondere eine etwa notwendig werdende Ummeldung des Fahrzeuges bei Standortwechsel, die Einhaltung der vorgeschriebenen Überwachungstermine laut Plakette, die Einhaltung der laut Herstellervorschrift regelmäßig durchzuführenden Inspektionen und die Vornahme aller zur Werterhaltung und zur Erhaltung der Verkehrssicherheit erforderlichen Reparaturen einschließlich solcher, die durch Verkehrsunfälle verursacht werden sollten. Die hierfür anfallenden Kosten hat der Vertreter zu tragen.

3. Der Vertreter ist berechtigt, das Fahrzeug auch unbeschränkt für private Fahrten zu benutzen. Er ist jedoch verpflichtet, es vorrangig in Erfüllung seines Vertretervertrages im Sinne der Firma einzusetzen.

4. Der Vertreter zahlt die Kfz-Steuer, die Prämien für die Haftpflicht- und Teilkaskoversicherung pünktlich an den ihm bekannten Fälligkeitsterminen.

5. Der Vertreter ist verpflichtet, jeden Vorfall, der das Eigentum der Firma beeinträchtigen könnte, unverzüglich, in der Regel innerhalb von 24 Stunden, der Firma mitzuteilen.

Frankfurt am Main, den 30. Juni 20 . .

Halterprobleme mit Geschäftswagen

In den meisten Fällen wird der Eigentümer eines Kraftwagens zugleich auch der Halter dieses Fahrzeugs sein. Dies ist aber durchaus nicht immer der Fall, bedingt durch die im Gesetz verankerte Haftung des Halters.

Der Halterbegriff hat der Rechtswissenschaft manches Problem auferlegt. Nach heute herrschender Rechtsprechung und Wissenschaft ist Halter eines Kraftfahrzeugs derjenige, der es für eigene Rechnung in Gebrauch hat und die Verfügungsgewalt darüber besitzt, die ein solcher Gebrauch voraussetzt.

Zu der Zeit, als Paul Jedermann sein Kraftfahrzeug auf Teilzahlungsbasis gekauft, aber noch nicht alle Raten bezahlt hatte, war er nicht Eigentümer, denn der Verkäufer hatte sich das Eigentum bis zur Zahlung der letzten Rate vorbehalten.

Trotzdem war Paul bereits Halter des Fahrzeugs, denn er konnte allein alle Entscheidungen über den Betrieb des Wagens treffen. Der Verkäufer betrachtet in solchen Fällen seine Eigentumsstellung ja nur als Sicherungspfand für seine Restkaufforderung. Geschieht also während dieser Zeit ein Unfall, so trifft die Halterhaftung allein Paul Jedermann, nicht aber den Verkäufer.

Ebenso liegt der Fall, wenn ein Kraftfahrzeugeigentümer ein Darlehen aufnimmt und seinen Kraftwagen dem Geldgeber zur Sicherheit übereignet. Die Haltereigenschaft liegt dann nach wie vor nur bei demjenigen, der den Kredit in Anspruch genommen hat, nicht aber beim Geldgeber.

Nicht jede kurzfristige Überlassung eines Fahrzeugs verändert die Halterstellung.

Auch wenn die Ehefrau nach Belieben Paul Jedermanns Pkw benutzt und von ihm auch die Reserveautoschlüssel ausgehändigt bekommen hat, so wird sie dadurch noch nicht Halterin des Kraftfahrzeugs. Erst wenn sich die Verhältnisse in der Familie Jedermann dahin verschieben sollten, daß praktisch nur noch Karin den Wagen benutzt, dann wird sie Alleinhalterin.

Um im Ernstfall nicht in Anspruch genommen zu werden, sollte man durch eine schriftliche Vereinbarung festlegen, wer Halter des Fahrzeuges ist.

809

Unfälle mit Ausländern

In der Bundesrepublik Deutschland arbeiten viele Ausländer als Manager und Angestellte deutscher Unternehmen, die häufig Tochtergesellschaften ausländischer Gesellschaften sind. Auch gibt es noch andere ausländische Werktätige und Touristen. Meist sind sie bei den hiesigen Versicherungsgesellschaften versichert, auf jeden Fall aber bei einer in der Bundesrepublik lizenzierten ausländischen Versicherung. Falls sie in einen Verkehrsunfall verwickelt werden, so wird für den verletzten Teilnehmer an diesem Unfall der Versicherungsschutz kein Problem werden.

Und doch treten in solchen Fällen häufig Schwierigkeiten auf, die nicht einfach zu meistern sind.

Der Kinderarzt Jedermanns, Dr. Paul Freundlich, wird von einem in Frankfurt tätigen Zivilamerikaner angefahren und so erheblich verletzt, daß er seinen Beruf nicht mehr in dem bisherigen Ausmaß ausüben kann. Die Schuldfrage ist eindeutig. Der Amerikaner gibt sein alleiniges Verschulden auch ehrlich und unumwunden zu. Aber er war gerade im Begriff, seine Zelte in Deutschland abzubrechen und nach den Vereinigten Staaten zurückzukehren. Und das tut er auch.

Als Karin dies vernimmt, ist sie empört.

»Was macht denn der arme Arzt jetzt?«

Hier ist vieles problematisch. In manchen Staaten wird es so gehandhabt, wie das Rechtsgefühl Karins die Dinge gestaltet wissen will. In manchen Staaten wird ein Ausländer in solchen Fällen einfach festgenommen. Im Ergebnis kann das dazu führen, daß der Betroffene wirtschaftlich ruiniert wird, weil er seinen Geschäften nicht mehr nachgehen kann.

In der Bundesrepublik Deutschland kennen wir solche Methoden nicht. Allerdings gibt es die Möglichkeit, einen sogenannten persönlichen Arrest gegen einen unfallschuldigen Ausländer zu erwirken, wenn glaubhaft gemacht werden kann, daß er sich durch die Ausreise seinen Verpflichtungen entziehen wird. Doch, das sei deutlich gesagt, für derartige Maßnahmen bedarf man stets der Mitwirkung eines Anwalts. Auf Jedermanns Rat hin nimmt Dr. Freundlich sofort Verbindung zu Rechtsanwalt Dr. Rüte auf, der ihn im Unfallkrankenhaus aufsucht.

»Ich habe schon die polizeilichen Ermittlungsakten eingesehen«, berichtet der Rechtsanwalt seinem verletzten Klienten. »Der Amerikaner ist bei einer hier ansässigen deutschamerikanischen Versicherungsgesellschaft versichert, so daß Sie keinen Nachteil dadurch haben, daß er Deutschland verläßt. In einem eventuellen Schadensersatzprozeß, den wir führen müßten, kann ich die Versicherungsgesellschaft selbst verklagen.

Und nun will ich Ihnen noch etwas sagen. In Ihrem Fall ist es vielleicht sogar gut, daß der Schuldige in die Staaten zurückgekehrt ist. Seine Anschrift haben wir. Wir können ihn also drüben gerichtlich in Anspruch nehmen.«

»Aber ich bitte Sie, wer soll die Kosten aufbringen?«

»Da seien Sie nur unbesorgt. Die amerikanischen Rechtsanwälte fordern zwar einen Anteil von 20 bis 25 Prozent der zu erstreitenden Summe, aber dafür sprechen die amerikanischen Gerichte auch viel höhere Beträge für Schmerzensgeld und Berufsbeeinträchtigung zu als die deutschen Gerichte. Bei Unfällen mit großen Schadensfolgen empfiehlt sich daher oft, in Amerika zu prozessieren. Bei geringen Schadensfolgen lohnt der Aufwand natürlich nicht. Auf jeden Fall werde ich bei meinen Verhandlungen mit der Versicherung auf diese Möglichkeit einmal hinweisen.«

Die Pfändung

Paul Jedermann hat einen sehr säumigen Schuldner. Dieser, ein gewisser Gerd Hahn, betreibt einen Handel mit Früchten, Gemüse und Obst. Er hat einen festen Kundenstamm, den er regelmäßig besucht und dem er seine Ware ins Haus liefert. Dabei bedient er sich eines großen Kombi-Personenkraftwagens. Während der Geschäftsfahrten entfernt er die hinteren Sitze und lädt dort seine Waren ein; am Wochenende fährt er mit dem imponierenden Pkw privat durch die Lande.

Paul Jedermann hat ein Urteil gegen Hahn über 1500,– Euro. Sein Versuch, in Hahns Wohnung zu vollstrecken, war leider ein Schlag ins Wasser. Der beauftragte Gerichtsvollzieher teilt mit, daß Hahn möbliert zur Untermiete wohne und keine pfändbaren Gegenstände vorzufinden waren.

Als Jedermanns am nächsten Wochenende spazierengehen, begegnet ihnen Hahn am Lenkrad eines wuchtigen Kombis. Er ist offensichtlich bester Stimmung und spricht fröhlich auf eine neben ihm sitzende junge Dame ein.

»Siehst du's«, ereifert sich Karin und faßt Pauls Ärmel, »die Fahrt wird bestimmt nicht billig. Und das für dein Geld. Laß doch dem Angeber den Wagen pfänden.«

Paul folgt dieser Anregung natürlich und schickt das Urteil noch einmal an den Gerichtsvollzieher mit folgendem Anschreiben:

---

5. Juni 20 . .

<u>Einschreiben</u>

Sehr geehrter Herr Obergerichtsvollzieher!

Anliegend überreiche ich Ihnen noch einmal die Vollstreckungsunterlagen in Sachen gegen meinen Schuldner Gerd Hahn. Ich weise darauf hin, daß Hahn Eigentümer und Halter eines großen Personenkraftwagens, eines Kombis, mit dem polizeilichen Kennzeichen F – XY 313 ist. Der Wagen steht meist in der Garage im Nebenhaus.

Ich bitte Sie, nunmehr diesen Wagen zu pfänden.

Mit freundlichen Grüßen

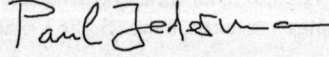

Diesen Brief mit Anlagen schickt Paul Jedermann als Einschreiben und heftet den Einschreibebeleg an den in seinen Akten verbliebenen Durchschlag an.

Vorsorglich hat Paul nichts davon geschrieben, daß Hahn den Personenkraftwagen geschäftlich nutzt. Hahn weist selbstverständlich auf diesen Umstand sofort hin, als der Gerichtsvollzieher zur Pfändung des Fahrzeugs schreitet. Für den Gerichtsvollzieher liegen die Dinge nun aber nicht so klar, daß er aus eigener Machtvollkommenheit entscheiden könnte, ob der Wagen unpfändbar ist. Es ist schließlich Sache des Schuldners, die Unpfändbarkeit einer Sache zu beweisen. Demzufolge beschlagnahmt der Gerichtsvollzieher das Fahrzeug und stellt es bis zum Versteigerungstermin bei einer Autowerkstatt ein.

Sind Geschäftsautos pfändbar?

Jetzt ist Hahn in arger Bedrängnis. Die Zwangspause im Betrieb trifft ihn nicht so schwer. Aber das Wochenende ist nahe, und seine Freundin kann das Fahren mit der Straßenbahn einfach nicht vertragen.

In solchen Sachen hat Hahn schon einige Erfahrung. Insbesondere ist ihm § 766 ZPO vertraut, der zum Schutze der Schuldner folgendes bestimmt:

§ 766

(1) [1]Über Anträge, Einwendungen und Erinnerungen, welche die Art und Weise der Zwangsvollstreckung oder das vom Gerichtsvollzieher bei ihr zu beobachtende Verfahren betreffen, entscheidet das Vollstreckungsgericht. Es ist befugt, die im § 732 Abs. 2 bezeichneten Anordnungen zu erlassen.

(2) Dem Vollstreckungsgericht steht auch die Entscheidung zu, wenn ein Gerichtsvollzieher sich weigert, einen Vollstreckungsauftrag zu übernehmen oder eine Vollstreckungshandlung dem Auftrag gemäß auszuführen, oder wenn wegen der von dem Gerichtsvollzieher in Ansatz gebrachten Kosten Erinnerungen erhoben werden.

Demgemäß richtet Hahn folgende Eingabe an das Amtsgericht:

Gerd Hahn
60594 Frankfurt/Main

An das
Amtsgericht
Vollstreckungsgericht
60431 Frankfurt/Main

11. Juni 20 . .

Erinnerung

gegen die Pfändung des Pkw Chevrolet, polizeiliches Kennz. F – XY 313, durch den Gerichtsvollzieher Kurt Kleber, vom 10. Juni 20 . ., Dr. II 1956/20.

Gegen die Pfändung des vorstehend bezeichneten Kraftwagens lege ich Erinnerung aus folgenden

Gründen

ein;

Ich betreibe einen gewerblich angemeldeten Handel mit Früchten, Obst und Gemüse. Für dieses Gewerbe habe ich kein Ladenlokal, sondern betreue meine Kundschaft praktisch von meiner Wohnung aus. Ich habe eine festen Stamm privater Kunden, die ich regelmäßig einmal bis zweimal wöchentlich aufsuche. Vorher hole ich in der Markthalle oder von einigen mir bekannten Bauern die erforderliche Ware, die ich dann sofort ausliefere. Ich benötige daher auch keinen Lagerraum. Für das Herbeischaffen der Ware und das Abliefern benutze ich den gepfändeten Wagen. Zwar ist dies ein Personenkraftwagen; doch hat er nach Herausnahme der hinteren Sitze genügend Raum für den Transport meiner Ware.

Diese Tatsachen sind dem betreibenden Gläubiger bekannt. Er hat sie dem Gerichtsvollzieher bewußt verschwiegen.

812

Der Kraftwagen ist daher gemäß § 811 Ziff. 5 ZPO unpfändbar. Die Pfändung ist daher aufzuheben.

Bis zur endgültigen Entscheidung über diesen Antrag bitte ich den Wagen mir zur weiteren Nutzung zu überlassen und den Gerichtsvollzieher entsprechend anzuweisen. Da der Kraftfahrzeugbrief im Besitz des Gerichtsvollziehers ist, kann ein Nachteil für den Gläubiger nicht eintreten.
Ich bitte um möglichst umgehende Entscheidung über meinen Hilfsantrag, da ich am kommenden Wochenende eine Fahrt vorhabe, für welche ich das Fahrzeug dringend benötige.

Das Pfändungsprotokoll sowie zwei Abschriften dieser Eingabe füge ich bei.

Gerd Hahn

Der Eile wegen bringt Hahn die Eingabe selbst zum Gericht und gibt sie auf der Geschäftsstelle ab. Einen Durchschlag behält er für seine Akten.

Als Paul Jedermann eine Abschrift der Hahnschen Erinnerung zur Kenntnis- und Stellungnahme erhalten hat, liest er erst einmal nach, was in § 811 Ziff. 5 ZPO steht. Die Bestimmung lautet:

§ 811 (auszugsweise)
Folgende Sachen sind der Pfändung nicht unterworfen:
(...)
5. bei Personen, die aus ihrer körperlichen oder geistigen Arbeit oder sonstigen persönlichen Leistungen ihren Erwerb ziehen, die zur Fortsetzung dieser Erwerbstätigkeit erforderlichen Gegenstände (...)

»Tja«, meint er, »ich glaube, da werde ich nicht viel machen können, denn er braucht doch nun einmal das Fahrzeug für seinen Handel.«
Aber Karin denkt mehr an die Wochenendfahrten und überredet Paul, wie folgt Stellung zu nehmen:

An das
Amtsgericht
Vollstreckungsgericht
60431 Frankfurt/Main   28. Juli. 20 . .

In der
Zwangsvollstreckungssache
Jedermann ./. Hahn
– M 678/20 –

beantrage ich, die Erinnerung des Schuldners zurückzuweisen.

Begründung

Es wird nicht bestritten, daß der Schuldner wochentags den gepfändeten Wagen zum Ausfahren seiner Ware benutzt. Das ist aber nur ein gelegentliches berufliches Nutzen des Fahrzeugs. Im übrigen dient er dem Privatleben des Schuldners, wie auch die Tatsache erweist, daß es sich bei dem gepfändeten Fahrzeug um einen Personenkraftwagen handelt. Würde es sich um ein für die Lieferung von Waren gedachtes Gefährt handeln, so würde der Schuldner einen Lastwagen für seinen Geschäftsbetrieb benutzen.

813

Paul Jedermann

Original mit einem Durchschlag dem Gericht einreichen, Durchschlag für die eigenen Akten aufheben.

Nach einiger Zeit ergeht ein Beschluß des Amtsgerichts Frankfurt am Main, wonach auf die Erinnerung des Schuldners die Zwangsvollstreckung in den umstrittenen Pkw für unzulässig erklärt wird. Der Richter stellt sich auf den Standpunkt, daß Hahn den Wagen tatsächlich in erster Linie für seinen Geschäftsbetrieb gebraucht und auch benötigt. Daß er geschickterweise den Kombi privat ausnutzt, kann ihm nicht entgegengehalten werden.

Die Austauschpfändung

In der anschließenden Familiendiskussion bei Jedermanns versucht Karin, ihren Paul gegen seine bessere Einsicht zu bewegen, gegen diesen Beschluß Beschwerde einzulegen. Doch hat Paul ein gutes Gefühl dafür, daß dies keinen Erfolg haben dürfte.

Karin läßt nicht locker. »Ich kann den Kerl nicht am Wochenende mit dem Wagen herumfahren sehen. Kann man ihm denn nicht einen alten kleinen Lieferwagen aufzwingen? Der tut doch genau die Dienste, die der Geschäftsbetrieb von Hahn fordert. Dann möchte ich ihn einmal am Wochenende ausfahren sehen!«

Pauls Neffe, der Jurastudent ist, schaltet sich ein.

»Liebe Tante, das wäre möglich. Wenn ich euch mal die §§ 811a und b ZPO vorlesen darf, die folgendes besagen:

§ 811a
(1) Die Pfändung einer nach § 811 Nr. 1, 5 und 6 unpfändbaren Sache kann zugelassen werden, wenn der Gläubiger dem Schuldner vor der Wegnahme der Sache ein Ersatzstück, das dem geschützten Verwendungszweck genügt, oder den zur Beschaffung eines solchen Ersatzstückes erforderlichen Geldbetrag überläßt; ist dem Gläubiger die rechtzeitige Ersatzbeschaffung nicht möglich oder nicht zuzumuten, so kann die Pfändung mit der Maßgabe zugelassen werden, daß dem Schuldner der zur Ersatzbeschaffung erforderliche Geldbetrag aus dem Vollstreckungserlös überlassen wird (Austauschpfändung).
(2) ¹Über die Zulässigkeit der Austauschpfändung entscheidet das Vollstreckungsgericht auf Antrag des Gläubigers durch Beschluß. ²Das Gericht soll die Austauschpfändung nur zulassen, wenn sie nach Lage der Verhältnisse angemessen ist, insbesondere wenn zu erwarten ist, daß der Vollstreckungserlös den Wert des Ersatzstückes erheblich übersteigen werde. ³Das Gericht setzt den Wert eines vom Gläubiger angebotenen Ersatzstückes oder den zur Ersatzbeschaffung erforderlichen Betrag fest. ⁴Bei der Austauschpfändung nach Absatz 1 Halbsatz 1 ist der festgesetzte Betrag dem Gläubiger aus dem Vollstreckungserlös zu erstatten; er gehört zu den Kosten der Zwangsvollstreckung.
(3) Der dem Schuldner überlassene Geldbetrag ist unpfändbar.
(4) Bei der Austauschpfändung nach Absatz 1 Halbsatz 2 ist die Wegnahme der gepfändeten Sache erst nach Rechtskraft des Zulassungsbeschlusses zulässig.

814

§ 811 b

(1) ¹Ohne vorgängige Entscheidung des Gerichts ist eine vorläufige Austauschpfändung zulässig, wenn eine Zulassung durch das Gericht zu erwarten ist. Der Gerichtsvollzieher soll die Austauschpfändung nur vornehmen, wenn zu erwarten ist, daß der Vollstreckungserlös den Wert des Ersatzstückes erheblich übersteigen wird.

(2) Die Pfändung ist aufzuheben, wenn der Gläubiger nicht binnen einer Frist von zwei Wochen nach Benachrichtigung von der Pfändung einen Antrag nach § 811a Abs. 2 bei dem Vollstreckungsgericht gestellt hat oder wenn ein solcher Antrag rechtskräftig zurückgewiesen ist.

(3) Bei der Benachrichtigung ist dem Gläubiger unter Hinweis auf die Antragsfrist und die Folgen ihrer Versäumung mitzuteilen, daß die Pfändung als Austauschpfändung erfolgt ist.

(4) ¹Die Übergabe des Ersatzstückes oder des zu seiner Beschaffung erforderlichen Geldbetrages an den Schuldner und die Fortsetzung der Zwangsvollstreckung erfolgen erst nach Erlaß des Beschlusses gemäß § 811a Abs. 2 auf Anweisung des Gläubigers. ²§ 811a Abs. 4 gilt entsprechend.

Ordnungswidrigkeiten im Straßenverkehr

Mit dem Betrieb eines Kraftfahrzeuges sind, wie bereits vorstehend dargelegt, Gefahren verbunden, die zu Schadensersatzansprüchen gegen Fahrer und Halter führen können und die für den Fahrer auch Strafen nach sich ziehen können. Viel häufiger treten aber Verstöße gegen Gesetze beim Betrieb eines Kraftfahrzeugs auf, welche als Ordnungswidrigkeiten Geldbußen nach sich ziehen.

Nicht jede Trunkenheitsfahrt erfüllt gleich einen Straftatbestand; wenn eine Trunkenheitsfahrt keinen Schaden für dritte Personen nach sich zieht, kann aber eine Ordnungswidrigkeit vorliegen. Der klassische Fall der Trunkenheitsfahrt ist der, daß ein Kfz von einem Fahrer gelenkt wird, dessen Blutalkoholkonzentration über 1,3‰ liegt.

Grundsätzliches zum Problem Trunkenheit am Steuer

Unter Berücksichtigung der verschiedenen Grade von Trunkenheit lassen sich folgende Unterscheidungen derartiger Trunkenheit am Steuer vornehmen:

1. Der Täter befindet sich im »Vollrausch«. Hier ist auf den Wortlaut des § 20 StGB zurückzugreifen, der folgendes bestimmt:

§ 20

Ohne Schuld handelt, wer bei Begehung der Tat wegen einer krankhaften seelischen Störung, wegen einer tiefgreifenden Bewußtseinsstörung oder wegen Schwachsinns oder einer schweren anderen seelischen Abartigkeit unfähig ist, das Unrecht der Tat einzusehen oder nach dieser Einsicht zu handeln.

Nach der Rechtsprechung kann man als Faustregel zugrunde legen, daß bei einem BAK-Wert von 3‰ in der Regel Volltrunkenheit eingetreten ist, welche die Schuldunfähigkeit des Täters bei der Trunkenheitsfahrt herbeiführt. Er kann also nicht nach § 316 StGB bestraft werden. Bis zu 2‰ BAK ist kein Vollrausch anzunehmen. Für die zwischen 2‰ und 3‰ liegenden Alkoholwerte kommt es auf die Beurteilung des vom Gericht anzuhörenden Sachverständigen an.

»Dann wäre es eigentlich besser gewesen«, meint Emil Klar, »wenn ich mich beim Trinken vor meiner Unglücksfahrt nicht so gezügelt hätte. Wäre ich mit 3‰ im Vollrausch gefahren, wäre ich nicht nach § 316 StGB verurteilt worden und hätte meinen Führerschein nicht verloren.«

Emil Klar muß sich eigentlich sagen, daß diese Argumentation irgendwie fehlgeht, und das tut sie auch aus folgendem Grund:

Der Gesetzgeber hat in § 323 a StGB eine Auffangbestimmung geschaffen, die gerade die Fälle erfassen soll, in denen im Augenblick der Tat Schuldunfähigkeit des Täters wegen eines Rauschzustandes vorliegt. Insoweit lautet das Gesetz: **815**

§ 323 a

(1) Wer sich vorsätzlich oder fahrlässig durch alkoholische Getränke oder andere berauschende Mittel in einen Rausch versetzt, wird mit Freiheitsstrafe bis zu fünf Jahren oder mit Geldstrafe bestraft, wenn er in diesem Zustand eine rechtswidrige Tat begeht und ihretwegen nicht bestraft werden kann, weil er infolge des Rausches schuldunfähig war oder weil dies nicht auszuschließen ist.

(2) Die Strafe darf nicht schwerer sein als die Strafe, die für die im Rausch begangene Tat angedroht ist.

(3) Die Tat wird nur auf Antrag, mit Ermächtigung oder auf Strafverlangen verfolgt, wenn die Rauschtat nur auf Antrag, mit Ermächtigung oder auf Strafverlangen verfolgt werden könnte.

Wäre Emil Klar mit 3‰ BAK gefahren, anstatt mit 1,5‰ BAK, so wäre er zwar nicht nach § 316 StGB bestraft worden, aber eben nach § 323 a, und die Fahrerlaubnis wäre ihm nach § 69 StGB ebenfalls entzogen worden.

Der § 323 a sieht einmal vor, daß der Täter sich vorsätzlich in den Rauschzustand versetzt hat. Dies ist in der Praxis ein kaum vorkommender Fall, denn es wird wohl niemals beweisbar sein, daß sich jemand Alkohol mit dem Willen und Bewußtsein einverleibt, sich in einen Vollrausch zu versetzen. Es bleibt fast immer der Fall der Fahrlässigkeit, der zur Verurteilung nach § 323 a StGB führt, weil der Trinkende gewöhnlich die Übersicht über seinen Alkoholkonsum verloren hatte, während er zechte. Theoretisch denkbar ist auch der Fall, daß jemand ohne Verschulden in einen Vollrausch gerät, zum Beispiel könnte ihm zwangsweise eine entsprechende Alkoholmenge eingegeben worden sein. Die Schutzbehauptung, böse Zechbrüder hätten heimlich hochprozentigen Alkohol ins Bierglas des Trinkers gegossen, wird kaum vor Gericht Glauben finden. Theoretisch ist auch ein solcher Fall denkbar, doch müßte dann schon ein entsprechender Beweis durch Aussagen der Teilnehmer des Trinkgelages geführt werden.

2. Der Fall der Trunkenheitsfahrt mit 1,3‰ BAK ist vorstehend abgehandelt. Entscheidend hierbei ist es, daß das Vorhandensein der Fahruntüchtigkeit allein aufgrund dieses hohen BAK-Wertes anzunehmen ist. Irgendwelche konkreten Fahrfehler oder Fehlreaktionen des Kraftfahrzeuglenkers brauchen nicht vorzuliegen.

3. Die Trunkenheitsfahrt bei einem BAK-Wert von 0,8‰ bis zur absoluten Grenze von 1,1‰ unterliegt einer andersartigen Betrachtungsweise. In diesem Trunkenheitsbereich kann der Autofahrer nicht allein aufgrund des Blutalkoholspiegels als fahruntüchtig angesehen werden. Zwar ist nach medizinischer Erkenntnis schon bei einem Blutalkoholspiegel von 0,8 ‰ bei der Mehrheit der Kraftfahrer eine Gefährdung anderer im Straßenverkehr zu befürchten, jedoch kann eben nicht generell bereits eine Fahruntüchtigkeit aufgrund eines solchen Blutalkoholwertes angenommen werden. Es muß daher im einzelnen Fall festgestellt werden, ob dieser Blutalkoholspiegel zur Fahruntüchtigkeit führt.

Solche Anzeichen sind eine unverantwortliche Fahrweise, ungewöhnliche Fahrfehler bei einem Fahrer mit langjähriger Fahrpraxis, Fahren in Schlangenlinien, Nichtbeachtung des Sicherheitsabstands usw. Hier muß also eine konkrete Beweisführung einsetzen, um einen Verstoß gegen § 316 StGB feststellen zu können.

Die vorstehenden Beispiele von Trunkenheit am Steuer mit verschiedenen Graden der Trunkenheit zeigen, daß es ganz entschieden auf die Feststellung der BAK zur Zeit der Tat ankommt.

816

Feststellung der Blutalkoholkonzentration

Die Blutalkoholkonzentration zur Tatzeit wird mittels einer Blutentnahme ermittelt, die durch einen Arzt erfolgen muß.

§ 81 a StPO
(1) [1]Eine körperliche Untersuchung des Beschuldigten darf zur Feststellung von Tatsachen angeordnet werden, die für das Verfahren von Bedeutung sind. [2]Zu diesem Zweck sind Entnahmen von Blutproben und andere körperlichen Eingriffe, die von einem Arzt nach den Regeln der ärztlichen Kunst zu Untersuchungszwecken vorgenommen werden, ohne Einwilligung des Beschuldigten zulässig, wenn kein Nachteil für seine Gesundheit zu befürchten ist.
(2) Die Anordnung steht dem Richter, bei Gefährdung des Untersuchungserfolges durch Verzögerung auch der Staatsanwaltschaft und ihren Hilfsbeamten (§ 152 des Gerichtsverfassungsgesetzes) zu.
(Folgt Abs. 3)

Es wird fast niemals möglich sein, die Blutentnahme in demselben Augenblick durchzuführen, in dem der Trunkenheitsfahrer gestellt wird. Eine gewisse Zeit wird immer vergehen, da ja die Blutentnahme durch den Arzt in der Klinik oder durch die Polizeidienststelle erst vorgenommen werden kann – und häufig auch erst längere Zeit später, wenn es nicht gelungen ist, den Täter sofort festzunehmen.

Demzufolge muß aufgrund der Blutentnahme eine Rückrechnung auf den Zeitpunkt der Tat erfolgen. Die Untersuchungen erfolgen nach den Methoden Widmark oder Kingsly-Current. Da gibt es die photometrische Methode und die gaschromatographische Methode. Bei diesen Methoden wird berücksichtigt, daß der Blutalkoholspiegel während der Trinkzeit und nach der Trinkzeit steigt beziehungsweise sinkt, also eine Absorptions- und Resorptionsphase durchläuft. In diesem Zusammenhang ist daher wichtig, daß – soweit möglich – ermittelt wird, was der Betroffene an Alkohol und in welcher Zeit zu sich genommen hat, was er in dem in Betracht kommenden Zeitraum gegessen hat, ob er vielleicht auch in dieser Zeit medizinische Mittel zu sich genommen hat.

Unter diesen Umständen ist eine zweite Blutentnahme angezeigt, insbesondere wenn der Täter einen sogenannten »Nachtrunk« behauptet. Damit wird normalerweise versucht, die Menge des bis zur Tatzeit eingenommenen Alkohols zu verschleiern, es soll der Eindruck erweckt werden, daß zur Tatzeit nur ein geringer Alkoholkonsum vorlag und der durch die Blutentnahme festgestellte hohe Blutalkoholspiegel auf das starke Trinken nach der Tatzeit zurückzuführen sei.

Hier ist das Gericht im wesentlichen auf das Gutachten des ärztlichen Sachverständigen angewiesen, der in der Hauptverhandlung anhand der entnommenen Blutproben in Verbindung mit weiteren Feststellungen, zum Beispiel aufgrund von Zeugenaussagen, dem Gericht die erforderliche Überzeugung vom Trunkenheitsgrad des Fahrers vermittelt.

Es bleibt also als Fazit der vorstehenden Darlegungen zu beachten: Jede Einnahme von Alkohol, soweit es sich nicht um ganz unbedeutende Mengen handelt, birgt die Gefahr in sich, daß der Trinkende sich in die relative Fahruntüchtigkeit hineintrinkt. Kommt es dann zu Ausfallerscheinungen, so ist die Fahruntüchtigkeit vom Gericht anzunehmen und mit entsprechenden Straffolgen, vor allem dem Entzug der Fahrerlaubnis, mindestens aber mit der Verhängung eines Fahrverbots zu rechnen.

Es gibt auch kein allgemeingültiges Schema, das dem Trinkenden ermöglicht, sich auszurechnen, was er an Alkohol konsumieren kann, ohne die 0,5 oder 0,8‰-Grenze zu überschreiten. Die Faustregel, die zu beachten ist, lautet daher, daß vor dem Fahrtantritt als Kraftfahrzeuglenker kein Alkohol, natürlich auch keine rauscherzeugenden Drogen oder Medikamente, eingenommen werden sollen.

Trunkenheit am Steuer als Ordnungswidrigkeit

In den vorstehenden Kapiteln, die sich mit der Trunkenheit am Steuer befassen, hatten wir es mit Fällen zu tun, bei denen entweder die absolute Grenze von 1,1 ‰ BAK überschritten war oder die Fahrweise innerhalb der relativen Trunkenheitsphase (0,5 bis 1,1 ‰) fehlerhaft war, die Fahruntüchtigkeit nach außen erkennbar wurde.

817

»Wie ist es denn nun«, fragt Walter Tritt, »wenn ich mal den 0,5 ‰-Pegel überschritten habe, tadellos meine kurze Heimfahrt vom Kegelabend meistere, aber in eine allgemeine Verkehrskontrolle gerate? Ich puste, und das Röhrchen verfärbt sich. Werde ich dann auch belangt?«

Die Antwort gibt § 24a StVG wie folgt:

§ 24a
(1) Ordnungswidrig handelt, wer im Straßenverkehr ein Kraftfahrzeug führt, obwohl er 0,25 mg/l oder mehr Alkohol in der Atemluft oder 0,5 Promille oder mehr Alkohol im Blut oder eine Alkoholmenge im Körper hat, die zu einer solchen Atem- oder Blutalkoholkonzentration führt.
(2) Ordnungswidrig handelt, wer unter der Wirkung eines in der Anlage zu dieser Vorschrift genannten berauschenden Mittels im Straßenverkehr ein Kraftfahrzeug führt. Eine solche Wirkung liegt vor, wenn eine in dieser Anlage genannte Substanz im Blut nachgewiesen wird. Satz 1 gilt nicht, wenn die Substanz aus der bestimmungsgemäßen Einnahme eines für einen konkreten Krankheitsfall verschriebenen Arzneimittels herrührt.

(3) Ordnungswidrig handelt auch, wer die Tat fahrlässig begeht.
(4) Die Ordnungswidrigkeit kann mit einer Geldbuße bis zu eintausendfünfhundert Euro geahndet werden.
(5) Das Bundesministerium für Verkehr, Bau- und Wohnungswesen wird ermächtigt, durch Rechtsverordnung im Einvernehmen mit dem Bundesministerium für Gesundheit und dem Bundesministerium der Justiz mit Zustimmung des Bundesrates die Liste der berauschenden Mittel und Substanzen in der Anlage zu dieser Vorschrift zu ändern oder zu ergänzen, wenn dies nach wissenschaftlicher Erkenntnis im Hinblick auf die Sicherheit des Straßenverkehrs erforderlich ist.

»So was«, staunt Walter, »da kann ich ja ganz schön blechen. Aber meinen Führerschein behalte ich doch noch? Oder?«

Zwar zieht eine solche Trunkenheitsfahrt nicht den Verlust des Führerscheins nach sich, aber § 25 StVG bestimmt, daß in einem solchen Fall zusammen mit der Geldbuße in der Regel ein Fahrverbot zu verfügen ist.

Fazit: Auch geringe Alkoholmengen und eine gute Konstitution können einen Lokalbesuch per Kraftwagen zu einer bösen Überraschung werden lassen.

Das Ordnungswidrigkeitsverfahren

Natürlich vertraut Walter Tritt seinem Glücksstern, der ihn an jeglichen Verkehrskontrollen vorbeisteuern wird. Aber während einer Nacht leuchtet sein Stern nicht kräftig genug, denn eine Polizeikontrolle ermittelt bei ihm über eine ärztliche Blutentnahme 0,9 ‰ BAK.

Die Folge davon ist, daß er nach einiger Zeit einen Bußgeldbescheid vom Regierungspräsidenten (oder der Stadtverwaltung) erhält, in dem gegen ihn ein Bußgeld von 800,– Euro und ein Fahrverbot von zwei Monaten verfügt wird.

»Das ist aber hart«, entrüstet sich Walter, »wo ich doch überhaupt nichts angerichtet habe. Dagegen werde ich mit allen Mitteln angehen. Ich lasse mich nicht auf diese Weise bestrafen.« Das letzte Wort, das Walter gerade gesprochen hat, zeigt, daß ihm gar nicht aufgegangen ist, daß er sich nicht in einem Strafverfahren befindet, sondern in einem Bußgeldverfahren. Und das sind zwei Paar Schuhe.

Bestraft wird derjenige, der eine Straftat (Verbrechen oder Vergehen) begeht. Als Strafe hierfür kommen Freiheitsstrafen oder Geldstrafen und gegebenenfalls Nebenstrafen in Betracht.

Zur Verhängung von Strafen ist nur der ordentliche Richter (Strafrichter) berufen.

Ein Bußgeld wird gegen denjenigen verhängt, der eine Ordnungswidrigkeit begeht. Darunter versteht man ein gesetzlich mißbilligtes Verhalten, das nicht den Charakter einer Straftat (kriminelles Delikt) hat und daher nicht strafbewehrt ist.

Als Ahndung einer Ordnungswidrigkeit kommt ein Bußgeld (in den verschiedensten Höhen) in Betracht, aber kein Führerscheinentzug. Neben dem Bußgeld kann in Verkehrssachen als Nebenmaßnahme ein Fahrverbot verhängt werden.

»Was ist da schon für ein Unterschied?« murrt Walter Tritt. »Wenn ich 800,– Euro zu zahlen habe, ist es mir doch gleichgültig, ob ich auf dem Beleg ‚Strafe‘ oder ‚Bußgeld‘ vermerke.«

Nun, so sollte Walter die Dinge aber nicht sehen. Wer einen Bußgeldbescheid wegen einer Ordnungswidrigkeit erhält, wird dadurch nicht vorbestraft. Sollte er später in ein Strafverfahren verwickelt werden, so kann sich das vorausgegangene Bußgeldverfahren hier nicht nachteilig auswirken. Auch im Zivilleben, zum Beispiel bei Einstellungsverhandlungen, dürfte es von Bedeutung sein, daß man sich als unvorbestraft bezeichnen und ein entsprechendes Führungszeugnis vorlegen kann. Trotzdem fühlt sich Walter zu stark »belastet« und möchte wissen, was er gegen den Bußgeldbescheid unternehmen kann. Aus der Rechtsmittelbelehrung auf der Rückseite des Bußgeldbescheids hat Walter entnommen, daß er binnen zwei Wochen seit Zustellung des Bußgeldbescheids Einspruch gegen den Bescheid einlegen kann.

Das ist im § 67 OWiG wie folgt bestimmt:

§ 67
(1) [1]Der Betroffene kann gegen den Bußgeldbescheid innerhalb von zwei Wochen nach Zustellung schriftlich oder zur Niederschrift bei der Verwaltungsbehörde, die den Bußgeldbescheid erlassen hat, Einspruch einlegen. [2]Die §§ 297 bis 300 und 302 der Strafprozeßordnung über Rechtsmittel gelten entsprechend (…)

In diesem Zusammenhang ein Wort zum Gesetz über Ordnungswidrigkeiten (OWiG). So, wie die Strafprozeßordnung das Verfahren zur Ahndung von Strafverfahren regelt, regelt das Ordnungswidrigkeitengesetz das Verfahren zur Ahndung von Ordnungswidrigkeiten.

Der wesentliche Unterschied besteht darin, daß eine Strafe durch den dazu berufenen Strafrichter ausgesprochen wird, das Bußgeld dagegen durch die zuständige Verwaltungsbehörde. Weshalb das auf diese Weise geschieht, ergibt sich aus den einschlägigen Durchführungsbestimmungen. In Verkehrssachen sind es die Landesverwaltungs- oder städtischen Verwaltungsbehörden, zum Beispiel die Verkehrsämter, die zuständig sind. Sobald aber der Betroffene gegen den Bußgeldbescheid Einspruch eingelegt hat, geht der Vorgang von den Verwaltungsbehörden in die Zuständigkeit der Gerichte über. Zu diesem Zweck übersendet die Verwaltungsbehörde die Akten an die Staatsanwaltschaft, die jetzt das Verfahren als zuständige Verfolgungsbehörde vor dem Amtsgericht betreibt.

Mit seinem Einspruch wendet sich Walter Tritt gegen die Höhe des Geldbetrags und die Dauer des Fahrverbots. Seiner Meinung nach sind 400,– Euro Buße und ein Monat Fahrverbot angemessen, da es sein erster diesbezüglicher Verstoß ist und er nur eine kurze Fahrstrecke zurücklegen wollte. Das läßt sich hören.

Da der Fall einfach ist, möchte der Richter durch Beschluß eine Entscheidung treffen, also ohne einen Termin zur Hauptverhandlung anzuberaumen. Dieses vereinfachte Verfahren ist jedoch nur dann möglich, wenn der Betroffene und die Staatsanwaltschaft diesem Verfahren nicht widersprechen. Nach § 72 OWiG hat das Gericht hierauf hinzuweisen, um damit auch dem Betroffenen die Möglichkeit zu geben, sich hierzu zu äußern. Walter Tritt legt Wert auf die Möglichkeit, in einem Hauptverhandlungstermin zur Sache gehört zu werden und widerspricht daher innerhalb der gesetzten Frist dem Beschlußverfahren mit einem Schreiben, das folgenden Wortlaut hat:

STADT MÜNCHEN
TELEFAX: 089-   TEL.: 089-

STADT MÜNCHEN

Bußgeldbescheid
- Ausfertigung -

Mehrfertigung an:

Verteidiger/gesetzlichen Vertreter/Zustellungsbevollm.

Herrn
Otto Jedermann   RAE
Holzweg 5

35037 Marburg/Lahn

VOLKSBANK MÜNCHEN:
NR. 540005 -BLZ 60391310
KREISSPARKASSE MÜNCHEN:
NR. 1001321 -BLZ 60350130

Sehr geehrte Dame, sehr geehrter Herr,

IHNEN WIRD ZUR LAST GELEGT, AM   UM 09.47 UHR IN

ALS FÜHRER/IN DES PKW, BMW, mit dem amtl. Kennzeichen:
FOLGENDE ORDNUNGSWIDRIGKEIT(EN) NACH § 24 STVG BEGANGEN ZU HABEN:

SIE ÜBERSCHRITTEN DIE ZULÄSSIGE HÖCHSTGESCHWINDIGKEIT VON   70 KM/H.
DIE GEMESSENE GESCHWINDIGKEIT BETRUG ABZÜGLICH DER TOLERANZ   96 KM/H.
DIES ERGIBT EINE GESCHWINDIGKEITSÜBERSCHREITUNG VON   26 KM/H.
§ 41 ABS. 2, § 49 STVO; NR. 5.3 BKAT.

GEMESSEN MIT ESO<AE6*P80/VIII.
DIE OBENGENANNTE TOLERANZ BETRAEGT 3 KM/H.

Beweismittel: GESCHWINDIGKEITSMESSUNG, FOTO-NR. 14

Zeuge: POM MUELLER

Wegen dieser Ordnungswidrigkeit(en) wird gegen Sie:
1. eine Geldbuße festgesetzt (§ 17 OWiG) in Höhe von   100,00 Euro
2. ein Fahrverbot angeordnet (§ 25 StVG) auf die Dauer von   Monat(en)
3. Außerdem haben Sie die Kosten des Verfahrens zu tragen: Gebühr   25,00 Euro
   (§§ 105, 107 OWiG in Verbindung mit §§ 464 (1), 465 StPO)   Auslagen der Verw.   11,00 Euro
4. Vorgesehene Bewertung nach dem Punktsystem mit   3 Punkt(en)   Auslagen der Polizei   0,00 Euro

Zusammen   136,00 Euro

München , DEN   I.A.

WEITERE ANGABEN ZUR PERSON DES/DER BETROFFENEN:
GEBURTSDATUM: GEBURTSORT :

Rechtsbehelfsbelehrung, Hinweise für den Fall eines Fahrverbots und Zahlungsaufforderung siehe Rückseite

820

```
                                              WALTFR TRITT
                                              Mainzer Landstr. 3
                                              60594 Frankfurt/Main
An das
Amtsgericht
60431 Frankfurt/Main                          den ...

In meiner Bußgeldsache
– Az.: ... –

widerspreche ich hiermit einer Entscheidung im Beschlußverfahren und bitte um
Anberaumung eines Hauptverhandlungstermins.

    Walter Tritt
```

Im Hauptverhandlungstermin erörtert der Richter mit dem Betroffenen noch einmal den Sachverhalt und kommt zum Ergebnis, daß Walter Tritt tatsächlich durch den Bußgeldbescheid zu hart angefaßt worden ist. Als Ersttäter, der noch nicht einschlägig wegen eines Ordnungswidrigkeitsverstoßes in Erscheinung getreten ist und unter Berücksichtigung seiner wirtschaftlichen Verhältnisse muß der Bußgeldbescheid nicht derart hart ausfallen. Der Richter folgt den Vorstellungen des Betroffenen, setzt die Höhe des Bußgeldes auf 400,– Euro herab und verkürzt außerdem das Fahrverbot auf einen Monat. Hierbei hat sich der Richter nach den Maßstäben des sogenannten Bußgeldkatalogs gerichtet.

Der Bundeseinheits-Bußgeldkatalog, der von einem Ausschuß der Länder unter Mitarbeit des Verkehrsausschusses des deutschen Richterbundes erstellt worden ist, hat zum Ziel, für eine möglichst gleichartige Verhängung von Bußgeldern bei Ordnungswidrigkeiten zu sorgen.

Während in einem Strafverfahren eingehend die Umstände der Tat, Persönlichkeit und Lebensverhältnisse des Täters untersucht werden, um ein dem Einzelfall angepaßtes Strafurteil fällen zu können, soll im Bußgeldverfahren der Grundsatz gelten, daß für den Einzelverstoß in allen Fällen ein möglichst gleichartiger Bußgeldbescheid ergeht. Bei solchen summarischen Verfahren verbietet sich im Normalfall auch eine Untersuchung der besonderen Umstände, da dadurch der Behördenapparat überfordert werden würde.

Bei einem Ersttäter, wie im vorliegenden Fall, wird daher gewöhnlich die untere Grenze der Werte des Bußgeldkatalogs eingesetzt werden.

So ist denn Walter Tritt mit der nunmehrigen Behandlung seines Falles einverstanden und läßt das Urteil des Amtsrichters rechtskräftig werden.

Hätte der Richterspruch nicht seinen Vorstellungen entsprochen, so wäre ihm noch die Möglichkeit verblieben, die sogenannte Rechtsbeschwerde gemäß § 79 OWiG dagegen einzulegen. Über diese Rechtsbeschwerde entscheidet das Oberlandesgericht. Es gibt also keine Berufung zum Landgericht. Da die Rechtsbeschwerde nur auf grundsätzliche Rechtsfragen gestützt werden kann, ist es stets notwendig, für dieses Rechtsmittelverfahren einen Rechtsanwalt hinzuzuziehen. Außerdem gibt es Beschwerdegrenzen (zum Beispiel bedarf die Beschwerde bei Geldbußen von bis zu 250,– Euro einer besonderen Zulassung. Die Geldbuße darf 1000,– Euro nur überschreiten, wenn ein konkretes Gesetz dieses zuläßt (§ 17 OWiG).

Sonstige Straftaten unter Verwendung eines Kraftfahrzeugs

In den vorstehenden Kapiteln ist unter dem Gesichtspunkt der Strafbarkeit oder auch Ordnungswidrigkeit eingehend der schwerwiegende Fall der Trunkenheit am Steuer abgehandelt worden. Dieses herausragende Fehlverhalten im Verkehr läßt andere Gesetzesverstöße, bei denen das Kraftfahrzeug eine Rolle spielt, in den Hintergrund treten. Es ist oben bereits dargestellt worden, daß Verkehrsverstöße oft zu Körperverletzungen und fahrlässigen Tötungen führen. Vereinzelt wird das Kraftfahrzeug auch als Instrument zu vorsätzlichem bösem Tun verwendet, zum Beispiel für Mordanschläge oder Racheakte, die zu Körperverletzung und vorsätzlicher Sachbeschädigung führen.

Das Kraftfahrzeug tritt aber auch als Transportmittel von verbotener Ware (Betäubungsmittel) in Erscheinung und auch im grenzüberschreitenden Verkehr als Mittel der Zoll- oder Steuerhinterziehung. In diesen Fällen wird immer auch mit der Einziehung des mißbrauchten Kraftfahrzeugs zu rechnen sein, welche als Nebenstrafe verhängt wird.

Sonstige Ordnungswidrigkeiten im Kraftfahrzeugverkehr

Neben der Ordnungswidrigkeit in Gestalt der Trunkenheit am Steuer nach § 24a StVG ereignen sich im Verkehrsalltag sehr häufig andere Ordnungswidrigkeiten. Man parkt unerlaubt vor einer Einfahrt, an Stellen, die unter absolutem Park- und Halteverbot stehen, man durchfährt die Rotlichtphase einer Ampelanlage, man betätigt in einer Schweigezone die Hupe, man überholt im Überholverbot und, vor allem, man fährt zu schnell. Es lassen sich gar nicht alle Fälle solcher Verstöße im einzelnen darstellen. Der Unterricht in der Fahrschule hat unter anderem die wesentliche Aufgabe, den Fahrschüler über das richtige Fahrverhalten zu belehren und ihm die notwendigen Kenntnisse von den möglichen Ordnungswidrigkeiten, wie sie im StVG und der StVZO sowie der StVO festgelegt sind, zu vermitteln. Bevor das Ordnungswidrigkeitsrecht eingeführt wurde, wurden derartige Gesetzesverstöße als »Übertretungen« behandelt, also in die Kategorie krimineller Handlungen eingestuft, die als geringfügige Delikte angesehen wurden. Der ausufernde Kraftfahrzeugverkehr hat dann dazu geführt, daß fast jeder erwachsene Bürger zum »Vorbestraften« wurde, die gesamte erwachsene Bevölkerung also kriminalisiert worden wäre. Es war ein wesentliches Anliegen, ein derartiges Fehlverhalten im Verkehr durch die Einführung des Ordnungswidrigkeitsrechts aus dem Strafrecht herauszunehmen. Wie vorstehend dargelegt, erfolgt die Ahndung der Ordnungswidrigkeiten schematisiert, das heißt in Anlehnung an den sogenannten Bußgeldkatalog. Aus ihm kann man entnehmen, welche Ordnungswidrigkeiten im Verkehr in Betracht kommen und welcher Regelsatz als Rechtsfolge (Geldbuße und Fahrverbot) jeweils besteht (siehe hierzu nachstehend).

Das Verwarnungsverfahren bei Ordnungswidrigkeiten

Bruno Fröhlich berichtet am Stammtisch: »Stellt euch mal vor, ich habe gestern beim Parken in der Innenstadt die Parkzeit um ein paar Minuten überschritten und als ich zu meinem Wagen zurückkomme, was finde ich da unter dem Scheibenwischer vor? Ein Überweisungsformular mit der Aufforderung, 30,– Euro zu zahlen. Na, den Wisch habe ich gleich zerrissen und weggeworfen.« Dies hätte Bruno Fröhlich lieber nicht tun sollen, denn er hat sich um die Chance gebracht, die Ahndung seiner Ordnungswidrigkeit mit der Zahlung eines Verwarnungsgeldes zu vermeiden. Nun, da diese Zahlung unterbleibt, läuft die übliche Mühle des Ermittlungsverfahrens, in dem Fröhlich als Halter des zu lange geparkten Kraftwagens ausfindig gemacht und nunmehr ein Bußgeldverfahren gegen ihn eingeleitet wird. Da wäre er mit dem Verwarnungsverfahren besser bedient gewesen. Dieses Verfahren hat seine Grundlage in § 56 OWiG, der folgendes bestimmt:

§ 56

822

(1) Bei geringfügigen Ordnungswidrigkeiten kann die Verwaltungsbehörde den Betroffenen verwarnen und ein Verwarnungsgeld von fünf bis fünfunddreißig Euro erheben. Sie kann eine Verwarnung ohne Verwarnungsgeld erteilen.

(2) Die Verwarnung nach Absatz 1 Satz 1 ist nur wirksam, wenn der Betroffene nach Belehrung über sein Weigerungsrecht mit ihr einverstanden ist und das Verwarnungsgeld entsprechend der Bestimmung der Verwaltungsbehörde entweder sofort zahlt oder innerhalb einer Frist, die eine Woche betragen soll, bei der hierfür bezeichneten Stelle oder bei der Post zur Überweisung an diese Stelle einzahlt. Eine solche Frist soll bewilligt werden, wenn der Betroffene das Verwarnungsgeld nicht sofort zahlen kann oder wenn es höher ist als zehn Euro.

(3) Über die Verwarnung nach Absatz 1 Satz 1, die Höhe des Verwarnungsgeldes und die Zahlung oder die etwa bestimmte Zahlungsfrist wird eine Bescheinigung erteilt. Kosten (Gebühren und Auslagen) werden nicht erhoben.

(4) Ist die Verwarnung nach Absatz 1 Satz 1 wirksam, so kann die Tat nicht mehr unter den tatsächlichen und rechtlichen Gesichtspunkten verfolgt werden, unter denen die Verwarnung erteilt worden ist.

Fröhlichs Falschparken könnte deswegen diesem Sonderverfahren unterzogen werden, anstatt daß das förmliche Ordnungswidrigkeitsverfahren abläuft, weil sein Ordnungswidrigkeitsverhalten »geringfügig« war. Ein solches geringfügiges Fehlverhalten ist anzunehmen bei Parkverstößen, die keine erheblichen Auswirkungen haben, insbesondere nicht die Belange Dritter in erheblichem Maße beeinträchtigen. Außer Parkzeitüberschreitungen liegen solche geringfügigen Verstöße zum Beispiel vor, wenn zu nahe an einer Kreuzung oder an einem Fußgängerüberweg geparkt wird, wenn einmal unnötig die Hupe bedient wird und dergleichen. Wird der Täter auf frischer Tat von einer zuständigen Amtsperson angetroffen, so wickelt sich das Verwarnungsverfahren gleich an Ort und Stelle ab. Der Täter wird über sein Fehlverhalten belehrt und gefragt, ob er damit einverstanden ist, das Verwarnungsgeld zu zahlen. Ist er einverstanden, so zahlt er zweckmäßigerweise an Ort und Stelle das Verwarnungsgeld, wodurch er sich gegen weitere Rechtsverfolgungen aus dem gegebenen Anlaß sichert.

Bei Falschparkern ist aber die Situation meist derart, daß sie gerade nicht angetroffen werden, wenn die Kontrollstreife das Falschparken oder die Überschreitung der Parkzeit feststellt. Dann erfüllt das Formular, das an dem falsch parkenden Fahrzeug befestigt wird, die gleiche Aufgabe wie die mündliche Verwarnung und Belehrung, weil dies auf dem Formular nachgelesen werden kann, und der damit verbundene Zahlungsträger ermöglicht dem Betroffenen die bequeme Erledigung der Zahlung des Verwarnungsgeldes innerhalb Wochenfrist.

Nicht unerwähnt soll bleiben, daß bei ganz geringfügigen Verkehrswidrigkeiten eine Verwarnung auch ohne Verwarnungsgeld erfolgen kann, in der Praxis also ein freundlicher Hinweis des Verkehrspolizisten, sich doch an die Grundregeln des Verkehrs zu halten. Als Fröhlich den Anhörungsbogen des Ordnungsamts erhält, der ihn auf sein Fehlverhalten anspricht, will er sich immer noch nicht geschlagen geben. Da er ein Händler mit Asiatika ist und öfter Besuch von Geschäftsfreunden aus Japan hat, schreibt er einfach in den Anhörungsbogen hinein, daß sein Kraftwagen zur fraglichen Zeit von seinem Freund Tanaka, wohnhaft Kawasakistraße 7 in Yokohama, benutzt worden sei. Dies ist eine schwer zu widerlegende Einlassung, aber es kann durchaus passieren, daß das Ordnungsamt im berechtigten Zweifel an der Richtigkeit der Angaben Bruno Fröhlichs eine Eilanfrage auch in Japan hält. Stellt sich dann heraus, daß es unter der angegebenen Adresse keinen Tanaka gibt, dann wird es wohl zu Fröhlichs Verurteilung im Ordnungswidrigkeitsverfahren kommen, weil jetzt begründet Anlaß besteht, ihm keinen Glauben mehr zu schenken.

Führung eines Fahrtenbuches

»Du mußt das anders machen, Bruno«, rät ein Stammtischfreund. »Du läßt den Anhörungsbogen **823** erst etwas liegen und dann teilst du mit, daß du dich gar nicht daran erinnern könntest, wer wohl am Tattag dein Fahrzeug benutzt habe. Immerhin seid ihr ja in eurem Familienbereich fünf Erwachsene und jeder sitzt ja gelegentlich hinter dem Lenkrad. Im übrigen könntest du ja auch der Behörde mitteilen, daß nicht du gefahren seist, sondern einer von deinen Angehörigen, daß du aber gar nicht daran denkst, diesen zu nennen.«

Auf den ersten Blick sieht das alles sehr raffiniert aus und führt wohl auch im Ergebnis dazu, daß das Fehlverhalten des hier Betroffenen ungesühnt bleibt. Aber dies kann für den Halter des Pkw erhebliche Auswirkungen haben, die vielleicht schwerwiegender sind als die Zahlung eines Verwarnungsgeldes oder einer geringen Geldbuße. Die Verwaltungsbehörde hat nämlich die Möglichkeit, für die Zukunft eine Kontrolle dahingehend zu erwirken, daß der jeweilige Fahrer des Kraftfahrzeugs festgestellt werden kann. Dies ist in § 31a StVZO wie folgt geregelt:

§ 31a
(1) [1]Die Verwaltungsbehörde kann gegenüber einem Fahrzeughalter für ein oder mehrere auf ihn zugelassene oder künftig zuzulassende Fahrzeuge die Führung eines Fahrtenbuchs anordnen, wenn die Feststellung eines Fahrzeugführers nach einer Zuwiderhandlung gegen Verkehrsvorschriften nicht möglich war. [2]Die Verwaltungsbehörde kann ein oder mehrere Ersatzfahrzeuge bestimmen.
(2) Der Fahrzeughalter oder sein Beauftragter hat in dem Fahrtenbuch für ein bestimmtes Fahrzeug und für jede einzelne Fahrt
  1. vor deren Beginn
    a) Name, Vorname und Anschrift des Fahrzeugführers,
    b) amtliches Kennzeichen des Fahrzeugs,
    c) Datum und Uhrzeit des Beginns der Fahrt und
  2. nach deren Beendigung unverzüglich Datum und Uhrzeit mit Unterschrift einzutragen.
(3) Der Fahrzeughalter hat
  a) der das Fahrtenbuch anordnenden oder der von ihr bestimmten Stelle oder
  b) sonst zuständigen Personen
das Fahrtenbuch auf Verlangen jederzeit an dem von der anordnenden Stelle festgelegten Ort zur Prüfung auszuhändigen und es sechs Monate nach Ablauf der Zeit, für die es geführt werden muß, aufzubewahren.

Eine solche Auflage ist natürlich höchst lästig und man sollte die Anordnung nicht auf die leichte Schulter nehmen, denn ein Verstoß gegen die Auflage stellt sich gem. § 69a StVZO in Verbindung mit § 24 StVG als Ordnungswidrigkeit dar und löst entsprechende Bußgeldmaßnahmen aus.

Entziehung der Fahrerlaubnis

Wird aufgrund einer Verkehrskontrolle durch einen Arzt eine Blutprobe des Fahrers eines Kfz genommen und ergibt sich ein Blutalkoholgehalt, der über der Toleranzgrenze von 0,5‰ liegt, so steht zu befürchten, daß im anschließenden Strafverfahren aufgrund des Fehlverhaltens im Verkehr die Fahrerlaubnis für einen gewissen Zeitraum entzogen wird. Für den Betroffenen steht ein solches Ereignis aber meist noch in weiter Ferne, weil Monate vergehen können, ehe es zum Richterspruch kommt. So gedenkt Walter Tritt, noch vorher die geplante Spanienreise per Auto durchzuführen.

Doch hierin sieht er sich getäuscht, denn der Richter erläßt sofort einen Beschluß, durch den Walter Tritt die Fahrerlaubnis vorläufig entzogen wird. Die Grundlage ergibt sich aus § 111a StPO, welcher insoweit folgendes bestimmt:

§ 111a

824

(1) [1]Sind dringende Gründe für die Annahme vorhanden, daß die Fahrerlaubnis entzogen werden wird (§ 69 des Strafgesetzbuches), so kann der Richter dem Beschuldigten durch Beschluß die Fahrerlaubnis vorläufig entziehen. [2]Von der vorläufigen Entziehung können bestimmte Arten von Kraftfahrzeugen ausgenommen werden, wenn besondere Umstände die Annahme rechtfertigen, daß der Zweck der Maßnahme dadurch nicht gefährdet wird.

(2) Die vorläufige Entziehung der Fahrerlaubnis ist aufzuheben, wenn ihr Grund weggefallen ist oder wenn das Gericht im Urteil die Fahrerlaubnis nicht entzieht.

(3) [1]Die vorläufige Entziehung der Fahrerlaubnis wirkt zugleich als Anordnung oder Bestätigung der Beschlagnahme des von einer deutschen Behörde ausgestellten Führerscheins. [2]Dies gilt auch, wenn der Führerschein von einer Behörde eines Mitgliedstaates der Europäischen Union oder eines anderen Vertragsstaates des Abkommens über den Europäischen Wirtschaftsraum ausgestellt worden ist, sofern der Inhaber seinen ordentlichen Wohnsitz im Inland hat.

(4) Ist ein Führerschein beschlagnahmt, weil er nach § 69 Abs. 3 Satz 2 des Strafgesetzbuches eingezogen werden kann, und bedarf es einer richterlichen Entscheidung über die Beschlagnahme, so tritt an deren Stelle die Entscheidung über die vorläufige Entziehung der Fahrerlaubnis.

(5) [1]Ein Führerschein, der in Verwahrung genommen, sichergestellt oder beschlagnahmt ist, weil er nach § 69 Abs. 3 Satz 2 des Strafgesetzbuches eingezogen werden kann, ist dem Beschuldigten zurückzugeben, wenn der Richter die vorläufige Entziehung der Fahrerlaubnis wegen Fehlens der in Abs. 1 bezeichneten Voraussetzungen ablehnt, wenn er sie aufhebt oder wenn das Gericht im Urteil die Fahrerlaubnis nicht entzieht. [2]Wird jedoch im Urteil ein Fahrverbot nach § 44 des Strafgesetzbuches verhängt, so kann die Rückgabe des Führerscheins aufgeschoben werden, wenn der Beschuldigte nicht widerspricht.

(6) [1]In anderen als im Absatz 3 Satz 2 genannten ausländischen Führerscheinen ist die vorläufige Entziehung der Fahrerlaubnis zu vermerken. [2]Bis zur Eintragung dieses Vermerkes kann der Führerschein beschlagnahmt werden (§ 94 Abs. 3, § 98).

Kommt es dann wirklich zur Entziehung der Fahrerlaubnis aufgrund der vorstehenden Bestimmung, so erhält Walter Tritt nach Ablauf der Sperrfrist seinen Führerschein wieder ausgehändigt, wobei die Dauer der vorläufigen Entziehung der Fahrerlaubnis auf die Dauer des endgültigen Sperrzeitraums angerechnet wird. Das Mindestmaß der Sperre darf jedoch auch bei einer solchen Anrechnung 3 Monate nicht unterschreiten (vgl. § 69a Abs. 4 StGB).

Entschädigung für eine ungerechtfertigte vorläufige Führerscheinmaßnahme

Im Bekanntenkreis von Walter Tritt ereignet sich das Wunder, daß ein Kraftfahrer, dessen Führerschein vorläufig sichergestellt war, in dem wegen eines Verkehrsdelikts gegen ihn angestrengten Strafverfahren freigesprochen wird. Entsprechend werden Kosten und Auslagen des Betroffenen auf die Staatskasse überbürdet. Jedoch ist dies dem Freigesprochenen nicht genug. »Ich habe durch den vorläufigen Entzug der Fahrerlaubnis erhebliche Nachteile und Kosten gehabt«, klagt Richard Schulz seinem Freund Walter Tritt. »Ich bin, wie du weißt, Handelsvertreter und dringend auf meinen Wagen angewiesen. Drei Monate lang konnte ich ihn wegen des vorläufigen Fahrverbots nicht nutzen und mußte mich anderweitig behelfen. Ich habe mich zwar schon mit meinen Berufsfahrten zurückgehalten und soweit wie möglich öffentliche Verkehrsmittel benutzt. In vielen Fällen mußte ich aber ein Taxi nehmen. Das Ganze hat mich wenigstens 800,– Euro gekostet.«

Hier hilft Richard Schulz das Gesetz über die Entschädigung für Strafverfolgungsmaßnahmen (StrEG), welches für diesen Fall in § 2 Vorsorge wie folgt trifft:

§ 2

(1) Wer durch den Vollzug der Untersuchungshaft oder einer anderen Srafverfolgungsmaßnahme einen Schaden erlitten hat, wird aus der Staatskasse entschädigt, soweit er freigesprochen oder das Verfahren gegen ihn eingestellt wird oder soweit das Gericht die Eröffnung des Hauptverfahrens gegen ihn ablehnt.

(2) Andere Strafverfolgungsmaßnahmen sind

1. die einstweilige Unterbringung und die Unterbringung zur Beobachtung nach den Vorschriften der Strafprozeßordnung und des Jugendgerichtsgesetzes,
2. die vorläufige Festnahme nach § 127 Abs. 2 der Strafprozeßordnung,
3. Maßnahmen des Richters, der den Vollzug des Haftbefehls aussetzt (§ 116 der Strafprozeßordnung),
4. die Sicherstellung, die Beschlagnahme, der Arrest nach den §§ 111 d oder 111 o der Strafprozeßordnung sowie die Vermögensbeschlagnahme nach § 111 p der Strafprozeßordnung und die Durchsuchung, soweit die Entschädigung nicht in anderen Gesetzen geregelt ist,
5. die vorläufige Entziehung der Fahrerlaubnis,
6. das vorläufige Berufsverbot.

(3) Als Strafverfolgungsmaßnahmen im Sinne dieser Vorschrift gelten die Auslieferungshaft, die vorläufige Auslieferungshaft, die Sicherstellung, die Beschlagnahme und die Durchsuchung, die im Ausland auf Ersuchen einer deutschen Behörde angeordnet worden sind.

Der Umfang des Entschädigungsanspruchs ist in § 7 StrEG wie folgt geregelt:

§ 7

(1) Gegenstand der Entschädigung ist der durch die Strafverfolgungsmaßnahme verursachte Vermögensschaden, im Falle der Freiheitsentziehung auf Grund gerichtlicher Entscheidung auch der Schaden, der nicht Vermögensschaden ist.

(2) Entschädigung für Vermögensschaden wird nur geleistet, wenn der nachgewiesene Schaden den Betrag von 25,– Euro übersteigt.

(3) Für den Schaden, der nicht Vermögensschaden ist, beträgt die Entschädigung 11,– Euro für jeden angefangenen Tag der Freiheitsentziehung.

(4) Für einen Schaden, der auch ohne die Strafverfolgungsmaßnahme eingetreten wäre, wird keine Entschädigung geleistet.

Demnach kann Richard Schulz von der Staatskasse für den erlittenen Schaden Ersatz verlangen, wobei es allerdings ihm obliegt, die Höhe seines Schadens nachzuweisen, was in diesem Fall durch Vorlage der Taxiquittungen geschieht.

Zunächst muß Richard Schulz aber dafür sorgen, daß dem Grunde nach eine Entscheidung durch das Strafgericht gefällt wird, wonach ihm der durch den Entzug der Fahrerlaubnis erlittene Schaden zu ersetzen ist. Normalerweise erfolgt dies in dem freisprechenden Urteil. Sollte dies unterblieben sein, so kann Richard Schulz einen entsprechenden Antrag an das Gericht stellen, welches ihn freigesprochen hat, worauf dann ein entsprechender Beschluß ergeht.

Nun muß er aber noch seinen Anspruch selbst geltend machen. Dies erfolgt gem. § 10 StrEG, der dazu folgendes bestimmt:

§ 10

(1) ¹Ist die Entschädigungspflicht der Staatskasse rechtskräftig festgestellt, so ist der Anspruch auf Entschädigung innerhalb von sechs Monaten bei der Staatsanwaltschaft geltend zu machen, welche die Ermittlungen im ersten Rechtszug zuletzt geführt hat. ²Der Anspruch ist ausgeschlossen, wenn der Berechtigte es schuldhaft versäumt hat, ihn innerhalb der Frist zu stellen. ³Die Staatsanwaltschaft hat den Berechtigten über sein Antragsrecht und die Frist zu belehren. ⁴Die Frist beginnt mit der Zustellung der Belehrung.

(2) ¹Über den Antrag entscheidet die Landesjustizverwaltung. ²Eine Ausfertigung der Entscheidung ist dem Antragsteller nach den Vorschriften der Zivilprozeßordnung zuzustellen.

Richard muß also den Antrag innerhalb der Sechsmonatsfrist wie folgt stellen:

826

Richard Schulz   *Bärenweg 9*
60316 Frankfurt/Main

An die
Staatsanwaltschaft
bei dem Landgericht
60431 Frankfurt/Main   den ...

Az.: ...

Unter Bezugnahme auf die mir zugegangene Belehrung in obenstehender Sache mache
ich hiermit folgenden Entschädigungsanspruch hinsichtlich des mir durch die vorläufige Entziehung der Fahrerlaubnis zugefügten Schadens geltend:

Ich beantrage die Erstattung von 800,– Euro nebst 6 Prozent Zinsen seit dem ....

<u>Begründung:</u>

Wie aus den Akten bekannt ist, bin ich Handelsvertreter. Infolge der vorläufigen
Entziehung der Fahrerlaubnis konnte ich während der Dauer der Sperrzeit meinen
Kraftwagen, auf welchen ich beruflich dringend angewiesen bin, nicht nutzen. Ich habe
daher zum Teil öffentliche Verkehrsmittel, aber auch in beträchtlichem Umfang
Taxifahrzeuge in Anspruch nehmen müssen.

Ich füge in der Anlage Belege für Taxifahrten in dem genannten Zeitraum in Höhe von
750,– Euro bei. Weitere 50,– Euro mache ich als pauschalen Schadensersatz für die
Benutzung öffentlicher Verkehrsmittel und allgemeine Kosten wie Telefon und Porti
geltend.

Einen Abzug von meiner Schadensersatzforderung wegen ersparter Betriebskosten des
stillgelegten Wagens halte ich nicht für gerechtfertigt, da zu berücksichtigen ist, daß
ich in der Zeit der Sperre in meinem Berufserwerb beeinträchtigt war und einen –
wenn auch schwer meßbaren – Erwerbsausfall gehabt habe.

Mit freundlichen Grüßen

Richard Schulz

Sollte seinem Antrag nicht in vollem Umfang stattgegeben werden, so kann Richard Schulz gegen
die ganz oder teilweise ablehnende Entscheidung den Klageweg beschreiten. Dies ist im StrEG wie
folgt geregelt:

§ 13

(1) [1]Gegen die Entscheidung über den Entschädigungsanspruch ist der Rechtsweg gegeben. [2]Die
Klage ist innerhalb von drei Monaten nach
Zustellung der Entscheidung zu erheben.
[3]Für die Ansprüche auf Entschädigung sind die
Zivilkammern der Landgerichte ohne Rücksicht
auf den Wert des Streitgegenstandes ausschließlich
zuständig.
(2) Bis zur rechtskräftigen Entscheidung über den
Antrag ist der Anspruch nicht übertragbar.

Vorstrafen und Zentralregister

Das Bundeszentralregister

In dem oben abgehandelten Verkehrsstrafverfahren des Walter Tritt ist herausgestellt worden, daß die zu verhängende Strafe verhältnismäßig milde sein konnte, weil Walter bisher strafrechtlich noch nicht in Erscheinung getreten war. Bei einem sogenannten »Ersttäter« ist sicherlich Milde am Platz. Anders liegen die Dinge allerdings, wenn sich Gesetzesverstöße eines Vorbestraften wiederholen und demnach zu befürchten ist, daß sich dieser durch eine zu milde Strafe nicht beeindrucken und von weiteren Gesetzesverstößen abhalten läßt. Dies gilt ganz besonders für Verkehrsdelikte, bei denen zu befürchten ist, daß Leben oder Gesundheit Dritter und nicht unerhebliche Sachwerte in Gefahr gebracht werden.

Woher weiß nun aber ein Richter, daß der vor ihm stehende Angeklagte bereits – und vor allem vielleicht einschlägig – vorbestraft ist? Er wird kaum erwarten können, daß ihm der Betroffene eine für ihn nachteilige wahrheitsgemäße Auskunft gibt. Die erforderlichen Kenntnisse hierüber erhält das Gericht durch eine Anfrage beim Bundeszentralregister in Berlin, in dem sämtliche in der Bundesrepublik Deutschland verhängte Strafen eingetragen werden. Die Rechtsgrundlage hierfür ist das Gesetz über das Zentralregister und das Erziehungsregister (Bundeszentralregister – BZRG). Gemäß § 3 dieses Gesetzes werden das Urteil strafgerichtlicher Verfolgungen und gem. § 8 der Tag des Ablaufs der Sperre einer Fahrerlaubnis eingetragen, nicht also zum Beispiel Entscheidungen 1. Instanz, gegen die ein Rechtsmittel eingelegt ist. Gemäß § 17 ist in das Register ferner der Tag einzutragen, an dem die Vollstreckung einer Freiheitsstrafe beendet ist. Wird der Tod einer Person, über die Eintragungen im Register vorhanden sind, der Registerbehörde glaubhaft gemacht, dann werden solche Eintragungen aus dem Register entfernt. Ebenso werden Eintragungen, die eine über 90 Jahre alte Person betreffen, ebenfalls aus dem Register entfernt (§ 24).

Das Führungszeugnis

»Ich sehe ein«, stellt Walter Tritt fest, »daß ein Richter, der ein Strafurteil zu fällen hat, Kenntnis von Vorstrafen des Angeklagten erhalten muß. Ich möchte aber nicht, daß unter Umständen andere Behörden oder gar Privatpersonen hiervon Kenntnis erhalten.« Dieser Wunsch läßt sich allerdings nach dem Willen des Gesetzgebers nicht erfüllen. Wir haben oben gesehen, daß zum Beispiel beim Antrag auf Ausstellung eines Führerscheins ein »Führungszeugnis« vom Antragsteller vorzulegen ist. Auch verlangen Behörden und Unternehmen, die eine Einstellung vornehmen wollen, von dem Bewerber manchmal die Vorlage eines solchen »Führungszeugnisses«. Die Rechtsgrundlage hierfür sind die §§ 30 ff. BZRG, welche vorsehen, daß auf Antrag Auskünfte aus dem Bundeszentralregister zu erteilen sind, und dieser Auszug ist das »Führungszeugnis«. Früher pflegte man es als »Polizeiliches Führungszeugnis« zu bezeichnen, und auch heute noch könnte man es so nennen, denn der Antrag ist an die Meldebehörde zu richten. Insoweit ist in den ersten beiden Absätzen des § 30 BZRG folgendes bestimmt:

§ 30 (auszugsweise)

(1) [1]Jeder Person, die das 14. Lebensjahr vollendet hat, wird auf Antrag ein Zeugnis über den sie betreffenden Inhalt des Zentralregisters erteilt (Führungszeugnis). [2]Hat der Betroffene einen gesetzlichen Vertreter, so ist auch dieser antragsberechtigt. [3]Ist der Betroffene geschäftsunfähig, so ist nur sein gesetzlicher Vertreter antragsberechtigt.

(2) [1]Der Antrag ist bei der Meldebehörde zu stellen. [2]Der Antragsteller hat seine Identität und, wenn er als gesetzlicher Vertreter handelt, seine Vertretungsmacht nachzuweisen. [3]Der Betroffene und sein gesetzlicher Vertreter können sich bei der Antragstellung nicht durch einen Bevollmächtigten vertreten lassen. (...)

828

Antrag einer Privatperson
auf Erteilung eines Führungszeugnisses

Ordnungs-
daten
Personen-
daten

01 Beleg-Art	02	‹ Geburtstag
07		‹ Geburtsname
08		‹ Nur bei Abweichung vom Geburtsnamen: Familienname
09		‹ Vornamen
10		‹ Geburtsort
11 Deutsche(r)	12	‹ Andere Staatsangehörigkeiten
14		‹ Anschrift (Straße, Hausnummer, Postleitzahl, Ort)
15		‹ Geburtsname der Mutter
16		‹ Bei Antragstellung durch einen gesetzlichen Vertreter Anschrift des gesetzlichen Vertreters

Erläuterungen für den in Feld 01 (Belegart) einzutragenden Kennbuchstaben:

Belegart **N** = Führungszeugnis für eigene Zwecke
(Übersendung an Antragsteller)

Belegart **O** = Führungszeugnis zur Vorlage bei einer Behörde
(Übersendung unmittelbar an die Behörde)

Belegart **P** = Führungszeugnis zur Vorlage bei einer Behörde
(Übersendung an das in Feld 18 einzutragende Amtsgericht,
wenn der Antragsteller dies beantragt für den Fall, daß das
Führungszeugnis Eintragungen enthält.)

Zu den Feldern 07 08 09 15 16

Akademische Grade und Titel
werden nicht angegeben.

Antrag

Es wird um Erteilung eines Führungszeugnisses gebeten.

18 Hier nur bei Belegart P Anschrift des Amtsgerichts eintragen!

17 Die Angaben des Antragstellers zur Person
sind überprüft.

Dienstsiegel-
abdruck

(Behörde)

(Ort, Datum)

19 Bei Belegart O oder P Geschäftsnummer oder
Verwendungszweck der Empfänger-Behörde angeben.

(Unterschrift)

Für
Amts-
gericht

21 Antragsteller benachrichtigt am

Eingesehen u. der Weiterleitung nicht widersprochen.

(Datum, Unterschrift des Antragstellers)

22 Hier Anschrift für **Rückantwort** eintragen!
Bei Belegart N Anschrift des Antragstellers
O
P) Anschrift der Behörde

Absender Bundeszentralregister, Postfach 11 06 29, 1000 Berlin 11

20
Führungszeugnis
Eintragungen im Zentralregister

Dieses Führungszeugnis wird mit Hilfe automatischer
Einrichtungen erteilt und nicht unterschrieben.

KOVA-DRUCK 130 052 (2 81) · BZR 2
Kommunalschriften-Verlag J Jehle München GmbH. Isoldenstraße 38, 8000 München 40, Tel (0 89) 36 10 31

Aber nicht nur der Betroffene kann hinsichtlich seiner Person die Ausstellung eines Führungszeugnisses verlangen, das können auch Behörden tun – wie oben dargelegt –, zum Beispiel Gerichte, soweit dies notwendig ist, um behördliche Aufgaben zu erledigen. Dies ist in § 31 BZRG wie folgt geregelt:

§ 31

[1]Behörden erhalten über eine bestimmte Person ein Führungszeugnis, soweit sie es zur Erledigung ihrer hoheitlichen Aufgabe benötigen und eine Aufforderung an den Betroffenen, ein Führungszeugnis vorzulegen, nicht sachgemäß ist oder erfolglos bleibt. [2]Die Behörde hat dem Betroffenen auf Verlangen Einsicht in das Führungszeugnis zu gewähren.

Nun ist aber noch folgendes wissenswert: Manche Behörden, zum Beispiel Gerichte und Staatsanwaltschaften, bekommen von sämtlichen Eintragungen im Bundeszentralregister auf ihren Antrag hin Auskunft (vgl. § 41 BZRG).

Sonst unterbleibt die Aufnahme verhältnismäßig geringfügiger Delikte im Führungszeugnis. Dies bestimmt mit vielen Einzelheiten § 32 BZRG, wobei zu erwähnen ist, daß zum Beispiel nicht in das Führungszeugnis eingetragen werden: Verwarnungen mit Strafvorbehalt, bestimmte Verurteilungen nach dem Jugendgerichtsgesetz, Geldstrafen von nicht mehr als 90 Tagessätzen, Freiheitsstrafe oder Strafarrest von nicht mehr als 3 Monaten, wenn im Register keine weitere Strafe eingetragen ist.

Nach Ablauf bestimmter Fristen werden Strafen mittleren Gewichts nicht mehr in das Führungszeugnis aufgenommen. Im einzelnen hierzu vgl. §§ 33 ff. BZRG.

Tilgung der Eintragungen im Bundeszentralregister

»Bin ich nun eigentlich mein Leben lang mit diesem Eintragungsmakel versehen?« fragt Walter Tritt. Das ist er nicht. Nach Ablauf bestimmter Fristen werden je nach der Schwere der Straftat die Eintragungen im Bundeszentralregister getilgt. Einzelheiten hierüber bestimmt § 45 BZRG. Die Tilgungsfrist beträgt für kleinere Strafen 5 Jahre, bei schwereren Strafen 10 Jahre und bei den schwersten Delikten 20 Jahre. Die Tilgung beziehungsweise Tilgungsreife hat gem. § 51 BZRG die wichtige Folge, daß ein Verwertungsverbot dergestalt eintritt, daß dem Betroffenen die Tat und Verurteilung nicht mehr vorgehalten und im Rechtsverkehr nicht zu seinem Nachteil verwertet werden dürfen.

Jedoch bleiben die Rechte Dritter, die aus der Straftat hergeleitet werden können, hiervon unberührt.

Das Verkehrszentralregister

Im vorstehenden Kapitel wurde dargelegt, daß rechtskräftige Strafen in das Bundeszentralregister eingetragen werden. Für Verurteilungen in Verkehrsstrafsachen gilt nun noch die Besonderheit, daß die in solchen Verfahren verhängten rechtskräftigen Entscheidungen in einem besonderen Register aufzunehmen sind, das im Volksmund die Bezeichnung »Flensburger Verkehrssünderkartei« erhalten hat. Die richtige Bezeichnung lautet »Verkehrszentralregister«. Zuständig für die Führung dieses Registers ist eine besondere Bundesbehörde, das Kraftfahrt-Bundesamt mit Sitz in Flensburg. In dieses Spezialregister werden nicht nur rechtskräftige Urteile der Strafgerichte aufgenommen, sondern auch rechtskräftige Entscheidungen der Gerichte und der Verwaltungsbehörden wegen Ordnungswidrigkeiten, die im Verkehr begangen worden sind. Die Rechtsgrundlage ist § 28 StVG, der folgendes bestimmt:

829

§ 28

830

(1) Das Kraftfahrt-Bundesamt führt das Verkehrszentralregister nach den Vorschriften dieses Abschnitts

(2) Das Verkehrszentralregister wird geführt zur Speicherung von Daten, die erforderlich sind

1. für die Beurteilung der Eignung und der Befähigung von Personen zum Führen von Kraftfahrzeugen,
2. für die Prüfung der Berechtigung zum Führen von Fahrzeugen,
3. für die Ahndung der Verstöße von Personen, die wiederholt Straftaten oder Ordnungswidrigkeiten, die im Zusammenhang mit dem Straßenverkehr stehen, begehen oder
4. für die Beurteilung von Personen im Hinblick auf ihre Zuverlässigkeit bei der Wahrnehmung der ihnen durch Gesetz, Satzung oder Vertrag übertragenen Verantwortung für die Einhaltung der zur Sicherheit im Straßenverkehr bestehenden Vorschriften.

(3) Im Verkehrszentralregister werden Daten gespeichert über

1. rechtskräftige Entscheidungen der Strafgerichte, soweit sie wegen einer im Zusammenhang mit dem Straßenverkehr begangenen rechtswidrigen Tat auf Strafe, Verwarnung mit Strafvorbehalt erkennen oder einen Schuldspruch enthalten,
2. rechtskräftige Entscheidungen der Strafgerichte, die die Entziehung der Fahrerlaubnis, eine isolierte Sperre oder ein Fahrverbot anordnen sowie Entscheidungen der Strafgerichte, die die vorläufige Entziehung der Fahrerlaubnis anordnen,
3. rechtskräftige Entscheidungen wegen einer Ordnungswidrigkeit nach § 24 oder § 24a, wenn gegen den Betroffenen ein Fahrverbot nach § 25 angeordnet oder eine Geldbuße von mindestens achtzig Deutsche Mark festgesetzt ist, soweit § 28a nichts anderes bestimmt,
4. unanfechtbare oder sofort vollziehbare Verbote oder Beschränkungen, ein fahrerlaubnisfreies Fahrzeug zu führen,
5. unanfechtbare Versagungen einer Fahrerlaubnis,
6. unanfechtbare oder sofort vollziehbare Entziehungen, Widerrufe oder Rücknahmen einer Fahrerlaubnis durch Verwaltungsbehörden,
7. Verzichte auf die Fahrerlaubnis,
8. unanfechtbare Ablehnungen eines Antrags auf Verlängerung der Geltungsdauer einer Fahrerlaubnis,

9. die Beschlagnahme, Sicherstellung oder Verwahrung von Führerscheinen nach § 94 der Strafprozeßordnung,
10. unanfechtbare Entscheidungen ausländischer Gerichte und Verwaltungsbehörden, in denen Inhaber einer deutschen Fahrerlaubnis das Recht aberkannt wird, von der Fahrerlaubnis in dem betreffenden Land Gebrauch zu machen,
11. Maßnahmen der Fahrerlaubnisbehörde nach § 2a Abs. 2 Satz 1 Nr. 1 und 2 und § 4 Abs. 3 Satz 1 Nr. 1 und 2,
12. die Teilnahme an einem Aufbauseminar und die Art des Aufbauseminars und die Teilnahme an einer verkehrspsychologischen Beratung, soweit dies für die Anwendung der Regelungen der Fahrerlaubnis auf Probe (§ 2a) und des Punktsystems (§ 4) erforderlich ist,
13. Entscheidungen oder Änderungen, die sich auf eine der in den Nummern 1 bis 12 genannten Eintragungen beziehen.

(4) Die Gerichte und Behörden teilen dem Kraftfahrt-Bundesamt unverzüglich die nach Absatz 3 zu speichernden oder zu einer Änderung oder Löschung einer Eintragung führenden Daten mit.

(5) [1]Bei Zweifeln an der Identität einer eingetragenen Person mit der Person, auf die sich eine Mitteilung nach Absatz 4 bezieht, dürfen die Datenbestände des Zentralen Fahrerlaubnisregisters und des Zentralen Fahrzeugregisters zur Identifizierung dieser Person genutzt werden. [2]Ist die Feststellung der Identität der betreffenden Person auf diese Weise nicht möglich, dürfen die auf Anfrage aus den Melderegistern übermittelten Daten zur Behebung der Zweifel genutzt werden. [3]Die Zulässigkeit der Übermittlung durch die Meldehörden richtet sich nach den Meldegesetzen der Länder. [4]Können die Zweifel an der Identität der betreffenden Personen nicht ausgeräumt werden, werden die Eintragungen über beide Personen mit einem Hinweis auf die Zweifel an deren Identität versehen.

(6) Die regelmäßige Nutzung der auf Grund des § 50 Abs. 1 im Zentralen Fahrerlaubnisregister gespeicherten Daten ist zulässig, um Fehler und Abweichungen bei den Personendaten sowie den Daten über Fahrerlaubnisse und Führerscheine der betreffenden Person im Verkehrszentralregister festzustellen und zu beseitigen und um das Verkehrszentralregister zu vervollständigen.

Ebenso wie Eintragungen im Bundeszentralregister nach Ablauf bestimmter Fristen getilgt und damit für den Betroffenen unschädlich werden, sieht auch das Gesetz Tilgungen aufgrund Zeitablaufs im Verkehrszentralregister vor. Der § 29 StVG sieht insoweit in seinem Absatz 1 folgende Fristen vor: **831**

§ 29 (auszugsweise)
(1) ¹Die im Register gespeicherten Eintragungen werden nach Ablauf der in Satz 2 bestimmten Fristen getilgt.
²Die Tilgungsfristen betragen
1. zwei Jahre
   bei Entscheidungen wegen einer Ordnungswidrigkeit,
2. fünf Jahre
   a) bei Entscheidungen wegen Straftaten mit Ausnahme von Entscheidungen wegen Straftaten nach § 315c Abs. 1 Nr. 1 Buchstabe a, den §§ 316 und 323a des Strafgesetzbuches und Entscheidungen, in denen die Ent-

ziehung der Fahrerlaubnis nach den §§ 69 und 69b des Strafgesetzbuches oder eine Sperre nach § 69a Abs. 1 Satz 3 des Strafgesetzbuches angeordnet worden ist.
   b) bei von der Fahrerlaubnisbehörde verhängten Verboten oder Beschränkungen ein fahrerlaubnisfreies Fahrzeug zu führen.
   c) bei der Teilnahme an einem Aufbauseminar oder einer verkehrspsychologischen Beratung.
3. zehn Jahre
   in allen übrigen Fällen.
   ...

Durch das Gesetz zur Änderung des Straßenverkehrsgesetzes vom 28. Dezember 1982 ist im Straßenverkehrsgesetz § 26a mit folgendem Wortlaut eingefügt worden.

§ 26a
(1) Das Bundesministerium für Verkehr, Bau- und Wohnungswesen wird ermächtigt, durch Rechtsverordnung mit Zustimmung des Bundesrates Vorschriften zu erlassen über
1. die Erteilung einer Verwarnung (§ 56 des Gesetzes über Ordnungswidrigkeiten) wegen einer Ordnungswidrigkeit nach § 24,
2. Regelsätze für Geldbußen wegen einer Ordnungswidrigkeit nach den §§ 24 und 24a,
3. die Anordnung des Fahrverbots nach § 25.

(2) Die Vorschriften nach Absatz 1 bestimmen unter Berücksichtigung der Bedeutung der Ordnungswidrigkeit, in welchen Fällen, unter welchen Voraussetzungen und in welcher Höhe das Verwarnungsgeld erhoben, die Geldbuße festgesetzt und für welche Dauer das Fahrverbot angeordnet werden soll.

Die Entziehung der Fahrerlaubnis und das Punktsystem

Nach § 3 StVG muß die Verwaltungsbehörde die Fahrerlaubnis entziehen, wenn sich jemand als ungeeignet zum Führen eines Kraftfahrzeugs erweist. Abgesehen von dem oben abgehandelten Fall der Fahrerlaubnisentziehung wegen altersbedingter Ausfallerscheinungen ist der diesbezügliche Hauptfall der mehrfache Verstoß gegen die Verkehrsbestimmungen. Ein sogenannter »Mehrfachtäter« erreicht auch bei geringfügigen Verkehrsverstößen einmal die Schwelle, deren Überschreiten solche Zweifel an seiner zukünftigen verkehrsgerechten Verhaltensweise auftreten läßt, daß er im Interesse der übrigen Verkehrsteilnehmer »aus dem Verkehr gezogen werden muß«. Wann ist nun eine solche Schwelle erreicht? Dies ist mit einem gewissen Schematismus in §§ 3,4 StVG festgelegt. Hierbei wird ausschließlich von den Tatbeständen ausgegangen, die der Verurteilung zugrunde liegen, auf die Höhe der Sanktionen kommt es hierbei nicht an. Hinsichtlich der Ordnungswidrigkeiten lehnt sich dieses Punktsystem eng an den Bußgeldkatalog für Straßenverkehrsordnungswidrigkeiten an. Das Punktsystem hat den großen Vorteil, daß der Verlust der Fahrerlaubnis den Verkehrssünder nicht unvorbereitet trifft, weil das Punktsystem zugleich ein Warnsystem enthält. Bei Erreichen von 8 Punkten erhält der Verkehrssünder eine schriftliche Verwarnung mit entsprechenden Hinweisen auf drohende zukünftige

Maßnahmen. Beachtet der Betroffene die Verwarnung nicht und steigt seine Sündenskala auf 14 Punkte, so erhält er die Aufforderung zur Teilnahme an einem Aufbauseminar. Und dies kann beträchtliche Kosten hervorrufen. Unter Umständen wird zusätzlich eine Fahrprobe auferlegt. Versagt jetzt der Betroffene bei der Prüfung, so kann diese frühestens nach einem Monat nachgeholt werden. Zweimaliges Nichtbestehen der Prüfung bewirkt regelmäßig eine Entziehung der Fahrerlaubnis.

Ist es auch durch all dieses nicht gelungen, den Betroffenen zu einem richtigen Verkehrsverhalten zu erziehen, und erreicht er schließlich auf der Skala 18 Punkte, dann ist die Entziehung der Fahrerlaubnis fällig.

Sammelt ein Verkehrssünder auf seinem Konto 18 Punkte, so verordnet ihm die Verwaltungsbehörde die Durchführung eines sogenannten Charaktertests. In der Fachwissenschaft ist eine solche Erforschung der Persönlichkeitsstruktur allerdings auf heftige Kritik gestoßen.

Alle Einzelheiten ergeben sich zum Beispiel aus dem aktuellen bundeseinheitlichen Verwarnungs- und Bußgeldkatalog, der im ADAC Verlag erschienen ist.

Vorstehend ist dargelegt, daß die Verwaltungsbehörde unter bestimmten Voraussetzungen die Fahrerlaubnis im Verwaltungswege entziehen kann. In einem Strafverfahren gegen einen Kfz-Fahrer kommt es jedoch unter Umständen zu einer Entziehung der Fahrerlaubnis durch das Gericht im Urteilsspruch. Dies ist in § 69a StGB wie folgt geregelt:

§ 69a

(1) [1]Entzieht das Gericht die Fahrerlaubnis, so bestimmt es zugleich, daß für die Dauer von sechs Monaten bis zu fünf Jahren keine neue Fahrerlaubnis erteilt werden darf (Sperre). [2]Die Sperre kann für immer angeordnet werden, wenn zu erwarten ist, daß die gesetzliche Höchstfrist zur Abwehr der von dem Täter drohenden Gefahr nicht ausreicht. [3]Hat der Täter keine Fahrerlaubnis, so wird nur die Sperre angeordnet.

(2) Das Gericht kann von der Sperre bestimmte Arten von Kraftfahrzeugen ausnehmen, wenn besondere Umstände die Annahme rechtfertigen, daß der Zweck der Maßregel dadurch nicht gefährdet wird.

(3) Das Mindestmaß der Sperre beträgt ein Jahr, wenn gegen den Täter in den letzten drei Jahren vor der Tat bereits einmal eine Sperre angeordnet worden ist.

(4) [1]War dem Täter die Fahrerlaubnis wegen der Tat vorläufig entzogen (§ 111a der Strafprozeßordnung), so verkürzt sich das Mindestmaß der Sperre um die Zeit, in der die vorläufige Entziehung wirksam war. [2]Es darf jedoch drei Monate nicht unterschreiten.

(5) [1]Die Sperre beginnt mit der Rechtskraft des Urteils. [2]In die Frist wird die Zeit einer wegen der Tat angeordneten vorläufigen Entziehung eingerechnet, soweit sie nach Verkündung des Urteils verstrichen ist, in dem die der Maßregel zugrunde liegenden tatsächlichen Feststellungen letztmals geprüft werden konnten.

(6) Im Sinne der Absätze 4 und 5 steht der vorläufigen Entziehung der Fahrerlaubnis die Verwahrung, Sicherstellung oder Beschlagnahme des Führerscheins (§ 94 der Strafprozeßordnung) gleich.

(7) [1]Ergibt sich Grund zu der Annahme, daß der Täter zum Führen von Kraftfahrzeugen nicht mehr ungeeignet ist, so kann das Gericht die Sperre vorzeitig aufheben. [2]Die Aufhebung ist frühestens zulässig, wenn die Sperre drei Monate, in den Fällen des Absatzes 3 ein Jahr gedauert hat; Absatz 5 Satz 2 und Absatz 6 gelten entsprechend.

Fahrverbot

Ein Fahrverbot wird zum Beispiel verhängt, wenn bei Passieren einer Rotlichtampel die Rotphase schon 1 Sekunde gelaufen ist; ferner bei Überschreiten der Höchstgeschwindigkeit um mehr als 30 km/h in geschlossenen Ortschaften und um mehr als 50 km/h außerhalb derselben.

Anwalts- und Notarkosten

Anwaltskosten

Paul Jedermann gibt also seinem Rechtsanwalt Vollmacht, den Prozeß wegen der Fußverletzung zu führen. Bei dieser Gelegenheit erklärt Jedermann seinem Rechtsanwalt, daß er allmählich die Scheu verloren habe, sich jederzeit vertrauensvoll an ihn zu wenden. »Ich dachte immer, jeder Besuch bei einem Rechtsanwalt kostet immer gleich Geld, und mancher meiner Bekannten versucht lieber, sich erst einmal selber durchzuhelfen, bevor er zu einem Rechtsanwalt geht, obwohl doch häufig wirklich der rechtskundige Rat erforderlich ist.«

»Ich weiß«, entgegnete ihm der Rechtsanwalt, »das ist genauso wie der falsche Glaube, daß der Anwalt um so mehr verdient, je mehr Termine in einem Rechtsstreit stattfinden. Dabei ist es so einfach, die Kostenberechnung zu verstehen.

Nehmen wir einmal an, ein Rechtsstreit geht über eine Forderung von 6000,– Euro, also einen ganz erheblichen Betrag. Bei einem solchen Streitwert von 6000,– Euro beträgt, wie man aus der Kostentabelle ablesen kann, die Gebühr 338,– Euro. Aufgrund der Rechtsanwaltsgebührenordnung können in dem betreffenden Rechtsstreit folgende Gebühren entstehen: Für den Klageauftrag erhält der Rechtsanwalt die Gebühr von 338,– Euro einmal als sogenannte Prozeßgebühr. Er hat also 338,– Euro dafür verdient, daß er sich in den Prozeßstoff einarbeitet und mit seinem Mandanten Besprechungen abhält.

Die Zahl der Besprechungen spielt dabei keine Rolle. Kommt es aufgrund der Klageerhebung zur mündlichen Verhandlung vor Gericht, so hat der Rechtsanwalt die sogenannte Verhandlungsgebühr verdient, also nochmals 338,– Euro. Wie oft in diesem Verfahren Termine anberaumt werden, zu denen der Rechtsanwalt hingehen muß, ist dabei ohne Bedeutung. Nach derzeitigem Recht entsteht durch eine Beweisaufnahme eine weitere sogenannte »Beweisgebühr«.

Wir sehen also, daß der Rechtsanwalt bei einem Streitwert von 6000,– Euro bisher diese drei Gebühren, also insgesamt 1024,– Euro, verdienen kann. Lediglich wenn es nun noch dazu zu einem Vergleich kommt, verdient er nochmals die Gebühr von 338,– Euro als Vergleichsgebühr.« Das Anwaltsgebührenrecht wurde allerdings mit Wirkung vom 1. Juli 2004 durch das neue Rechtsanwaltsvergütungsgesetz (RVG) völlig neu gestaltet. Danach entfallen einzelne Gebühren, andere werden erhöht etc. Insoweit sollte vor Entstehung eines Mandats eine Information bei dem Anwalt eingeholt werden (siehe auch die neuen Gebührentabellen).

»Aber auch das können viele nicht zahlen«, meint Jedermann. »Ich weiß zwar, daß sie dann im Prozeßkostenhilfeverfahren klagen können. Aber sie scheuen sich, vorher zu einem Rechtsanwalt zu gehen, weil doch die Überprüfung der Akten Kosten verursacht.«

Diese Regelung findet sich im Gesetz über die Prozeßkostenhilfe. Die diesbezügliche Regelung ist jetzt in dem neu gefaßten § 114 ZPO wie folgt festgelegt:

§ 114

Eine Partei, die nach ihren persönlichen und wirtschaftlichen Verhältnissen die Kosten der Prozeßführung nicht, nur zum Teil oder nur in Raten aufbringen kann, erhält auf Antrag Prozeßkostenhilfe, wenn die beabsichtigte Rechtsverfolgung oder Rechtsverteidigung hinreichende Aussicht auf Erfolg bietet und nicht mutwillig erscheint.

Hinsichtlich der Antragsstellung gilt § 117, der folgendes bestimmt:

834

§ 117

(1) ¹Der Antrag auf Bewilligung der Prozeßkostenhilfe ist bei dem Prozeßgericht zu stellen; er kann vor der Geschäftsstelle zu Protokoll erklärt werden. ²In dem Antrag ist das Streitverhältnis unter Angabe der Beweismittel darzustellen. (...)

(2) ¹Dem Antrag sind eine Erklärung der Partei über ihre persönlichen und wirtschaftlichen Verhältnisse (Familienverhältnisse, Beruf, Vermögen, Einkommen und Lasten) sowie entsprechende Belege beizufügen. ²Die Erklärung und die Belege dürfen dem Gegner nur mit Zustimmung der Partei zugänglich gemacht werden.

(3) Der Bundesminister der Justiz wird ermächtigt, zur Vereinfachung und Vereinheitlichung des Verfahrens durch Rechtsverordnung mit Zustimmung des Bundesrates Vordrucke für die Erklärung einzuführen.

(4) Soweit Vordrucke für die Erklärung eingeführt sind, muß sich die Partei ihrer bedienen.

Die rechtzeitige Einschaltung eines Rechtsanwalts zur Erledigung der Prozeßkostenhilfe ist stets notwendig, wenn für den Prozeß eine anwaltliche Vertretung vorgeschrieben ist, das heißt in den Prozessen vor den Kollegialgerichten (Landgericht, Oberlandesgericht, Bundesgerichtshof). Anwaltszwang besteht in der Regel auch bei den Familiengerichten, die bei den Amtsgerichten eingerichtet sind. Hier wird bei einer nicht mutwilligen Prozeßführung eine Beiordnung des in Betracht kommenden Rechtsanwalts vorgenommen, jedoch ist eine solche Beiordnung auch möglich bei Rechtsstreitigkeiten, welche keinem Anwaltszwang unterliegen, also zum Beispiel einem Prozeß vor dem Amtsgericht, wenn es sich also zum Beispiel um eine Geldforderung unter 5000,– Euro handelt. Im einzelnen ist dies in § 121 ZPO wie folgt geregelt:

§ 121

(1) Ist eine Vertretung durch Anwälte vorgeschrieben, wird der Partei ein zur Vertretung bereiter Rechtsanwalt ihrer Wahl beigeordnet.

(2) ¹Ist eine Vertretung durch Anwälte nicht vorgeschrieben, wird der Partei auf ihren Antrag ein zur Vertretung bereiter Rechtsanwalt ihrer Wahl beigeordnet, wenn die Vertretung durch einen Rechtsanwalt erforderlich erscheint oder der Gegner durch einen Rechtsanwalt vertreten ist. ²Ein nicht bei dem Prozeßgericht zugelassener Rechtsanwalt kann nur beigeordnet werden, wenn dadurch weitere Kosten nicht entstehen.

(3) Wenn besondere Umstände dies erfordern, kann der Partei auf ihren Antrag ein zur Vertretung bereiter Rechtsanwalt ihrer Wahl zur Wahrnehmung eines Termins zur Beweisaufnahme vor dem ersuchten Richter oder zur Vermittlung des Verkehrs mit dem Prozeßbevollmächtigten beigeordnet werden.

(4) Findet die Partei keinen zur Vertretung bereiten Anwalt, ordnet der Vorsitzende ihr auf Antrag einen Rechtsanwalt bei.

Die Bewilligung der Prozeßkostenhilfe bedeutet nur, daß die betroffene Prozeßpartei im Rahmen und im Umfang der zugesprochenen Prozeßkostenhilfe keine Gerichtskosten zu zahlen braucht beziehungsweise nur in geringerem Umfang und in Raten. Fernerhin bedeutet die Bewilligung der Prozeßkostenhilfe die Befreiung von der Gebührenzahlung an den der Partei beigeordneten Rechtsanwalt und die Befreiung von der Verpflichtung zur Sicherheitsleistung für Prozeßkosten.

Keinesfalls bedeutet dies, daß die Prozeßpartei, welche im Rahmen der Prozeßkostenhilfe prozessiert, von der Verpflichtung freigestellt ist, dem Gegner Kosten zu erstatten. Dies ist in § 123 ZPO ausdrücklich festgeschrieben.

Verliert demnach eine im Schutz der Prozeßkostenhilfe prozessierende Partei den Rechtsstreit ganz oder teilweise, so wird im Kostenfestsetzungsverfahren der Betrag durch einen Kostenfestsetzungsbeschluß festgesetzt, welcher dem obsiegenden Gegner zu erstatten ist.

Auch eine Prozeßpartei, welche unter dem Schutz der Prozeßkostenhilfe prozessiert, muß sich immer vergegenwärtigen, daß sie nur den Vorteil einer einstweiligen Kostenbefreiung hat, aber unter dem

Risiko steht, bei ungünstigem Prozeßausgang erhebliche Beträge für entstandene Kosten aufzubringen. Mag bei Beginn eines Prozesses die Erwartung auf einen günstigen Prozeßausgang noch so groß sein, das endgültige Ergebnis ist niemals vorauszusehen. Insbesondere wenn ein solcher Rechtsstreit von Beweiserhebungen abhängt, sind immer Zweifel angebracht. Was ein Zeuge vor Prozeßbeginn alles hinsichtlich seiner Aussage in Aussicht stellt, wird oft bei seiner Zeugenvernehmung vor Gericht hinfällig und zerstört dann die ursprüngliche günstige Aussicht hinsichtlich des Prozeßablaufs.

In den vorstehend abgehandelten Paragraphen ist Bezug genommen auf eine Tabelle, welche für eventuelle Ratenzahlungen des die Prozeßkostenhilfe in Anspruch Nehmenden maßgeblich ist. Wie sich aus dieser Tabelle ergibt, sieht das Gesetz eine völlige Kostenbefreiung des Antragstellers nur bei extrem geringem Nettoeinkommen oder bei hoher Unterhaltsbelastung des Antragstellers vor.

Der im Rahmen der Prozeßkostenhilfe beigeordnete Rechtsanwalt wird demgemäß nicht von seinem Mandanten bezahlt, sondern erhält sein Honorar aus der Staatskasse. Jedoch erhält er insoweit nicht die volle Gebühr, sondern nach dem Streitwert gestaffelte geringere Gebühren, die ab einer bestimmten Höhe des Streitwertes festgeschrieben werden. In den vorstehenden Darlegungen ist davon ausgegangen, daß eine natürliche Person, also zum Beispiel Herr Paul Jedermann, Prozeßpartei ist, welche in ihrem eigenen Interesse den Prozeß führt. Prozeßkostenhilfe erhalten aber auch »Parteien kraft Amtes«, zum Beispiel Testamentsvollstrecker, Konkursverwalter usw. Auch inländische juristische Personen, zum Beispiel eine GmbH oder eine Aktiengesellschaft, können Prozeßkostenhilfe erhalten (§ 116 ZPO).

Beratungshilfe

Im vorstehenden ist dargelegt, daß aufgrund des Prozeßkostenhilfegesetzes eine finanzschwache Prozeßpartei in die Lage versetzt wird, ein gerichtliches Verfahren nicht an fehlenden Geldmitteln scheitern zu lassen. Es besteht aber auch die Möglichkeit, finanzielle Unterstützung für eine Rechtsberatung außerhalb eines Prozesses zu erhalten. Die maßgebliche Grundlage hierfür ist das Gesetz über Rechtsberatung und Vertretung für Bürger mit geringem Einkommen. Diese Beratungshilfe ergibt sich aus dem Beratungshilfegesetz. Die Anwaltsgebühren für einen Zivilprozeß berechnen sich nach dem neuen RVG wie folgt:

Nr.		Gebühr oder Satz nach § 13 RVG
3100	Verfahrensgebühr, soweit in Nummer 3102 nichts anderes bestimmt ist	1,3
	(1) Die Verfahrensgebühr für ein vereinfachtes Verfahren über den Unterhalt Minderjähriger wird auf die Verfahrensgebühr angerechnet, die in dem nachfolgenden Rechtsstreit entsteht (§§ 651 und 656 ZPO)	
	(2) Die Verfahrensgebühr für einen Urkunden- oder Wechselprozeß wird auf die Verfahrensgebühr für das ordentliche Verfahren angerechnet, wenn dieses nach Abstandnahme vom Urkunden- oder Wechselprozeß oder nach einem Vorbehaltsurteil anhängig bleibt (§§ 596, 600 ZPO)	
	(3) Die Verfahrensgebühr für ein Vermittlungsverfahren nach § 52a FGG wird auf die Verfahrensgebühr für ein sich anschließendes Verfahren angerechnet.	
3101	1. Endigt der Auftrag, bevor der Rechtsanwalt die Klage, den ein Verfahren einleitenden Antrag oder einen Schriftsatz, der Sachanträge, Sachvortrag, die Zurücknahme der Klage oder die Zurücknahme des Antrags enthält, eingereicht oder bevor er für seine Partei einen gerichtlichen Termin wahrgenommen hat.	
	2. soweit lediglich beantragt ist, eine Einigung der Parteien oder mit Dritten über in diesem Verfahren nicht rechtshängige Ansprüche zu Protokoll zu nehmen oder festzustellen (§ 278 Abs. 6 ZPO), oder soweit lediglich Verhandlungen vor Gericht zur Einigung über solche Ansprüche geführt werden, oder	

836

3. soweit in einem Verfahren der freiwilligen Gerichtsbarkeit lediglich ein Antrag gestellt und eine Entscheidung entgegengenommen wird, beträgt die Gebühr 3100   0,8

(1) Soweit in den Fällen der Nummer 2 der sich nach § 15 Abs. 3 RVG ergebende Gesamtbetrag der Verfahrensgebühren die Gebühr 3100 übersteigt, wird der übersteigende Betrag auf eine Verfahrensgebühr angerechnet, die wegen desselben Gegenstands in einer anderen Angelegenheit entsteht.

(2) Nummer 3 ist in streitigen Verfahren der freiwilligen Gerichtsbarkeit, insbesondere in Familiensachen, in Verfahren nach § 43 des Wohnungseigentumsgesetzes und in Verfahren nach dem Gesetz über das gerichtliche Verfahren in Landwirtschaftssachen, nicht anzuwenden.

3102 Verfahrensgebühr für Verfahren vor den Sozialgerichten, in denen Betrags-- rahmengebühren entstehen (§ 3 RVG) . . . .   40,00 bis 460,00 Euro

3103 Es ist eine Tätigkeit im Verwaltungsverfahren oder im weiteren, der Nachprüfung des Verwaltungsakts dienenden Verwaltungsverfahren vorausgegangen: Die Gebühr 3102 beträgt . . . .   30,00 bis 320,00 Euro

Bei der Bemessung der Gebühr ist nicht zu berücksichtigen, daß der Umfang der Tätigkeit infolge der Tätigkeit im Verwaltungsverfahren oder im weiteren, der Nachprüfung des Verwaltungsakts dienenden Verwaltungsverfahren geringer ist.

3104 Terminsgebühr, soweit in Nummer 3106 nichts anderes bestimmt ist   1,2

(1) Die Gebühr entsteht auch, wenn

1. in einem Verfahren, für das mündliche Verhandlung vorgeschrieben ist, im Einverständnis mit den Parteien oder gemäß § 307 Abs. 2 oder § 495a ZPO ohne mündliche Verhandlung entschieden oder in einem solchen Verfahren ein schriftlicher Vergleich geschlossen wird.

2. nach § 84 Abs. 1 Satz 1, § 130a VwGO oder § 105 Abs. 1 SGG ohne mündliche Verhandlung durch Gerichtsbescheid entschieden wird oder

3. das Verfahren vor dem Sozialgericht nach angenommenem Anerkenntnis ohne mündliche Verhandlung endet.

(2) Sind in dem Termin auch Verhandlungen zur Einigung über in diesem Verfahren nicht rechtshängige Ansprüche geführt worden, wird die Terminsgebühr, soweit sie den sich ohne Berücksichtigung der nicht rechtshängigen Ansprüche ergebenden Gebührenbetrag übersteigt, auf eine Terminsgebühr angerechnet, die wegen desselben Gegenstands in einer anderen Angelegenheit entsteht.

(3) Die Gebühr entsteht nicht, soweit lediglich beantragt ist, eine Einigung der Parteien oder mit Dritten über nicht rechtshängige Ansprüche zu Protokoll zu nehmen.

3105 Wahrnehmung nur eines Termins, in dem eine Partei nicht erschienen oder nicht ordnungsgemäß vertreten ist und lediglich ein Antrag auf Versäumnisurteil oder zur Prozeß- oder Sachleistung gestellt wird: Die Gebühr beträgt .   0,5

(1) Die Gebühr entsteht auch, wenn

1. das Gericht bei Säumnis lediglich Entscheidungen zur Prozeß- oder Sachleistung von Amts wegen trifft oder

2. eine Entscheidung gemäß § 331 Abs. 3 ZPO ergeht.

(2) Absatz 1 der Anmerkung zu Nummer 3104 gilt entsprechend

(3) § 333 ZPO ist nicht entsprechend anzuwenden.

3106 Terminsgebühr in Verfahren vor den Sozialgerichten, in denen Betrags-- rahmengebühren entstehen (§ 3 RVG) . . . .   20,00 bis 380,00 Euro

Die Gebühr entsteht auch, wenn

1. in einem Verfahren, für das mündliche Verhandlung vorgeschrieben ist, im Einverständnis mit den Parteien ohne mündliche Verhandlung entschieden wird.

2. nach § 105 Abs. 1 SGG ohne mündliche Verhandlung durch Gerichtsbescheid entschieden wird oder

3. das Verfahren nach angenommenem Anerkenntnis ohne mündliche Verhandlung endet.

Wer eine Beratungshilfe in Anspruch nehmen will, hat einen entsprechenden Antrag an das zuständige Amtsgericht zu richten. Erledigt das Amtsgericht nicht selbst die Beratungshilfe, so stellt es dem Antragsteller einen »Berechtigungsschein« für Beratungshilfe aus.

Mit diesem Schein kann dann der Ratbegehrende einen Rechtsanwalt seiner Wahl zur Beratung aufsuchen. Die Vergütung des Rechtsanwalts erfolgt durch die Landeskasse. Für einen mündlichen oder schriftlichen Rat oder eine Auskunft erhält der Rechtsanwalt eine Gebühr von 10,– Euro. Wenn er eine darüber hinausgehende Tätigkeit entfalten muß, zum Beispiel Korrespondenz zu führen hat, erhält er eine höhere Gebühr. Nach Standesrecht ist jeder Rechtsanwalt verpflichtet, eine solche Beratungshilfe auf Antrag durchzuführen, soweit nicht ein dringender Grund im Einzelfall zur Ablehnung berechtigt. Dies kann zum Beispiel der Fall sein, wenn sich der Rechtsanwalt in einer Interessenkollision befindet, weil er bereits die Gegenseite beraten hat, oder wenn er erkennt, daß ein offenkundig mutwilliges Rechtsbegehren an ihn herangetragen wird.

Wenn er also von dem Prozeß abrät, dann kann man daraus erkennen, daß er es nicht für lohnend hält, seine Arbeitskraft hierauf zu verschwenden, und dann sollte man wirklich die Finger davon lassen.

»Aber die riesigen Sonderhonorare, die die Rechtsanwälte vereinbaren«, wirft Paul Jedermann ein.

Kein Mensch muß sich den Luxus leisten, einen Rechtsanwalt zu nehmen, der ein Sonderhonorar verlangt. Es gibt genügend Rechtsanwälte, die für die gesetzlichen Gebühren zu arbeiten bereit sind. Wer einen bekannten Rechtsanwalt nehmen möchte, muß sich diesen Luxus auch etwas kosten lassen.

Notarkosten

Bestimmte Verträge und sonstige Rechtsgeschäfte müssen beurkundet werden. So zum Beispiel ein Kaufvertrag über ein Grundstück gemäß § 311b BGB und die Übereignung eines Grundstücks gemäß §§ 873, 925 BGB.

Diese Beurkundung geht so vor sich, daß der Notar ein Protokoll darüber aufnimmt, daß man in seiner Gegenwart die Erklärungen mit der anderen Vertragspartei hinsichtlich des Kaufvertrages und der Übereignung abgegeben hat.

Ganz anders ist es bei der Unterschriftsbeglaubigung. Hier wird nicht protokolliert, daß in Gegenwart des Notars ein Vertragsangebot gemacht ist und dergleichen, hier wird lediglich von dem Notar die Bescheinigung abgegeben, daß ein Namenszug unter einer Erklärung auch wirklich von der Person stammt, deren Name erscheint. Dies ist insbesondere vorgeschrieben für Anmeldungen zu öffentlichen Büchern, zum Beispiel Grundbuch oder anderen Registern, wie zum Beispiel das Handelsregister (vgl. § 12 HGB).

Der das Register führende Beamte muß die Gewißheit haben, daß die bei ihm eingehende Anmeldung auch wirklich von der betreffenden Person stammt, sonst könnte ja jeder Mensch Eintragungen in Register und Bücher in Beziehung auf andere Personen erreichen, die für diese schädigend und störend sind. Deshalb muß Fritz Sorgenfrei von einem Notar unter seiner Unterschrift und seiner Firmenzeichnung den Vermerk anbringen lassen, daß beides von ihm stammt. Die Beurkundung bezieht sich also auf den gesamten Text, die Beglaubigung hingegen nur auf die Unterschrift.

Läßt man nun von dem betreffenden Notar den Text einer Erklärung formulieren, so erhält der Notar für diese Tätigkeit – einschließlich der Unterschriftsbeglaubigung – gemäß § 36 der Kostenordnung eine volle Gebühr nach der in § 32 KostO aufgeführten Gebührenstaffel, bei Anmeldungen zum Handelsregister gemäß § 38 Z. 7 KostO allerdings nur eine halbe Gebühr. Legt Fritz Sorgenfrei dem Notar dagegen die fertig formulierte Erklärung vor, und läßt er lediglich seine Unterschrift beglaubigen, so steht dem Notar gemäß § 45 KostO lediglich ein Viertel der Gebühr nach § 32 KostO, höchstens 130,– Euro, zu.

838 »Was sparen wir dabei?« fragt die geschäftstüchtige Luise ihren Mann.

Fritz Sorgenfrei erwidert ihr darauf folgendes: »Hier bin ich schon im Bilde. Da für derartige Anmeldungen eine Gebühr gewöhnlich ca. 40,– Euro beträgt, spare ich durch diesen kleinen Entwurf, den ich selbst anfertige, ca. 20,– Euro. Und bei höheren Geschäftswerten wird natürlich die Ersparnis noch viel erheblicher.

»Na«, sagt Luise, »da möchte ich aber auch Notar sein, die verdienen ja ihr Geld leicht!«

Wenn man aber den Notar den Entwurf fertigen läßt, dann trägt er auch die Verantwortung dafür, daß alles rechtlich einwandfrei ist. Bei schwierigeren Sachen wird man daher wohl besser den Notar auch den Entwurf fertigen lassen, sonst ist der Schaden nachher vielleicht größer als die ersparte Gebühr. Bei klaren, immer wiederkehrenden Formulierungen aber kann man getrost selbst den Entwurf fertigen und das Geld sparen.

»Fritz«, sagte Luise, »dann werden wir in Zukunft auch Grundstückskaufverträge selbst entwerfen und den fertigen Text dem Notar zur Beurkundung vorlegen. Da sparen wir dann ja eine Menge Geld.« Aber auch hier weiß es Fritz Sorgenfrei besser. »Das geht nicht«, erwidert er. »Für einen Beurkundungsvorgang erhält ein Notar immer die vollen Gebühren, gleichgültig, ob man ihm den Text gleich fix und fertig vorlegt oder ob er ihn in mühevoller Arbeit selbst formuliert.«

»Sind eigentlich die Gebühren der Notare durchweg sehr hoch?« fragt Luise.

»Am besten, du schaust in die Kostentabelle, dann weißt du Bescheid. Das heißt, noch nicht ganz. Wenn zum Beispiel dort steht, daß bei einem Geschäftswert von 5000,– Euro die Gebühr 42,– Euro beträgt, so gilt dies nur für den Fall, daß der Notar lediglich die Erklärung einer Person beurkundet, zum Beispiel ein Schenkungsversprechen gemäß § 518 BGB. Beurkundet er dagegen einen Vertrag, das heißt, die Erklärung von zwei Personen, dann steht ihm diese Gebühr doppelt zu.«

»Oh«, sagt Luise, »diese Rechtsanwaltsgebühren!« »Nicht doch«, erwidert Fritz, »wir sprechen doch gar nicht von Rechtsanwaltsgebühren. Die Rechtsanwaltsgebühren bekommt ein Rechtsanwalt für seine Tätigkeit bei einer Prozeßführung oder Beratung in einem Rechtsstreit. Dies hat aber nichts zu tun mit der vorstehenden Tätigkeit eines Notars.« »Na, höre mal,« unterbricht ihn Luise, »das ist doch ein und dasselbe. Du brauchst doch bloß gegenüber auf die Schilder an der Hauswand zu schauen, da steht – Rechtsanwalt und Notar.« Die Notariatätigkeit ist von der Rechtsanwaltstätigkeit zu unterscheiden. Nicht jeder Rechtsanwalt bekommt das Notariat. Es bestehen hier folgende Grundsätze. In vielen Bundesländern gibt es die Nur-Notare. In einigen anderen Bundesländern, zum Beispiel Hessen, gibt es die Anwaltsnotare, die beide Berufe gleichzeitig ausüben. Dort wird ein Anwalt dann auf seinen Antrag hin zum Notariat zugelassen, falls ein Bedürfnis an dem betreffenden Ort für ein neues Notariat besteht. Als Rechtsanwalt übt er dann weiter einen freien Beruf aus und als Notar ist er quasi ein Beamter.« »Was«, schreit Luise entrüstet, »Pension kriegen die Kerle auch noch?« »Mein Gott, nein, sie sind lediglich Personen, die aus ihrer Beamtentätigkeit die Einkünfte ziehen, die sie für die von ihnen vorgenommenen Geschäfte von den Antragstellern zu beanspruchen haben. Beamte sind sie also nur, weil sie, mit der Autorität des Staates versehen, Beurkundungen vornehmen, Unterschriften beglaubigen, Testamente vor sich errichten lassen usw. Deswegen siehst du auch bei einem Notar ein Amtsschild mit dem betreffenden Landeswappen, und er drückt neben seine Beurkundungen das Siegel des Staates und neben seine Beglaubigungen das Landeswappen mit seinem Namen. Man nennt diese Amtstätigkeit des Notars auch Freiwillige Gerichtsbarkeit. Der Name Gerichtsbarkeit kommt daher, daß früher die Beurkundungs- und Beglaubigungstätigkeit von den Amtsgerichten wahrgenommen wurde.«

Häufige Gebührenfälle der Notare

Bescheinigungen
Volle Gebühr
- Mitwirkung bei Abmarkungen, Aufnahme von Schätzungen, Feststellung von Tatsachen

Beurkundungen
Volle Gebühr
- Ergänzung und Änderung von Erklärungen, Testament, Einseitige Erklärungen

$^1/_2$ der vollen Gebühr
- Anerkennung der schriftlichen Erklärungen, Auflassung
- Aufhebung und Anfechtung eines Erbvertrags
- Von Geschäften an Sonn- und Feiertagen, Nachtzeit, höchstens 30,– Euro (Zusatzgebühr)
- Antrag auf Eintrag im Grundbuch
- Zustimmung nach der Grundbuchordnung
- Anmeldung zum Handelsregister
- Einigung über die Einräumung oder Aufhebung von Sondereigentum
- Widerruf eines Testaments
- Annahme eines anderweitig beurkundeten Vertragsantrags
- Wiederaufhebung eines nicht erfüllten Vertrags
- Vollmacht oder Widerruf einer Vollmacht, Höchstwert: 500 000,– Euro
- Besondere Zustimmungserklärungen, Abtretung von Geschäftsanteilen einer G.m.b.H., wenn Rechtsgeschäft schon beurkundet

$^1/_4$ der vollen Gebühr
- Zustimmungserklärungen zur Ehelichkeitserklärung

Doppelte Gebühr
- Erbvertrag
- Gemeinschaftliches Testament
- Verträge
- Beschlüsse von Gesellschaftsorganen sowie General- oder ähnlichen Versammlungen (Höchstgebühr 5000,– Euro)
- Ver- und Auslosung
- Vernichtung von Wertpapieren
- Erklärungen in fremder Sprache, Aufschlag 50 Prozent, höchstens 30,– Euro

Verschiedenes
$^1/_2$ der vollen Gebühr
- Scheckproteste
- Siegelungen und Entsiegelungen
- Aufnahme von Vermögensverzeichnissen
- Vollstreckbare Ausfertigung
- Wechselproteste

1/4 der vollen Gebühr
- Beglaubigung von Unterschriften, Höchstgebühr 130,– Euro

Sonstige Gebühren
- Geld-Empfang, Verwahrung und Auszahlung bis einschließlich 2500 Euro = 1 Prozent, vom Mehrbetrag bis einschließlich 10000 Euro = 0,5 Prozent, über 10000 Euro = 0,25 Prozent

Rechtsanwaltsgebühren ab 1. Juli 2004, Tablle nach § 13 RVG

0,3	0,4	0,5	0,55	0,75	0,8	0,9	Wert bis
10,00	10,00	12,50	13,75	18,75	20,00	22,50	300
13,50	18,00	22,50	24,75	33,75	36,00	40,50	600
19,50	26,00	32,50	35,75	48,75	52,00	58,50	900
25,50	34,00	42,50	46,75	63,75	68,00	76,50	1.200
31,50	42,00	52,50	57,75	78,75	84,00	94,50	1.500
39,90	53,20	66,50	73,15	99,75	106,40	119,70	2.000
48,30	64,40	80,50	88,55	120,75	128,80	144,90	2.500
56,70	75,60	94,50	103,95	141,75	151,20	170,10	3.000
65,10	86,80	108,50	119,35	162,75	173,60	195,30	3.500
73,50	98,00	122,50	134,75	183,75	196,00	220,50	4.000
81,90	109,20	136,50	150,15	204,75	218,40	245,70	4.500
90,30	120,40	150,50	165,55	225,75	240,80	270,90	5.000
101,40	135,20	169,00	185,90	253,50	270,40	304,20	6.000
112,50	150,00	187,50	206,25	281,25	300,00	337,50	7.000
123,60	164,80	206,00	226,60	309,00	329,60	370,80	8.000
134,70	179,60	224,50	246,95	336,75	359,20	404,10	9.000
145,80	194,40	243,00	267,30	364,50	388,80	437,40	10.000
157,80	210,40	263,00	289,30	394,50	420,80	473,40	13.000
169,80	226,40	283,00	311,30	424,50	452,80	509,40	16.000
181,80	242,40	303,00	333,30	454,50	484,80	545,40	19.000
193,80	258,40	323,00	355,30	484,50	516,80	581,40	22.000
205,80	274,40	343,00	377,30	514,50	548,80	617,40	25.000
227,40	303,20	379,00	416,90	568,50	606,40	682,20	30.000
249,00	330,00	415,00	456,50	622,50	664,00	747,00	35.000
270,60	360,80	451,00	496,10	676,50	721,60	811,80	40.000
292,20	389,60	487,00	535,70	730,50	779,20	876,60	45.000
313,80	418,40	523,00	575,30	784,50	836,80	941,40	50.000
336,90	449,20	561,50	617,65	842,25	898,40	1.010,70	65.000
360,00	480,00	600,00	660,00	900,00	960,00	1.080,00	80.000
383,10	510,80	638,50	702,35	957,75	1.021,60	1.149,30	95.000
406,20	541,60	677,00	744,70	1.015,50	1.083,20	1.218,60	110.000
429,30	572,40	715,50	787,05	1.073,25	1.144,80	1.287,90	125.000
452,40	603,20	754,00	829,40	1.131,00	1.206,40	1.357,20	140.000
475,50	634,00	792,50	871,75	1.188,75	1.268,00	1.426,50	155.000
498,60	664,80	831,00	914,10	1.246,50	1.329,60	1.495,80	170.000
521,70	695,60	869,50	956,45	1.304,25	1.391,20	1.565,10	185.000
544,80	726,40	908,00	998,80	1.362,00	1.452,80	1.634,40	200.000
580,20	773,60	967,00	1.063,70	1.450,50	1.547,20	1.740,60	230.000
615,60	820,80	1.026,00	1.128,60	1.539,00	1.641,60	1.846,80	260.000
651,00	868,00	1.085,00	1.193,50	1.627,50	1.736,00	1.953,00	290.000
686,40	915,20	1.144,00	1.258,40	1.716,00	1.830,40	2.059,20	320.000
721,80	962,40	1.203,00	1.323,30	1.804,50	1.924,80	2.165,40	350.000
757,20	1.009,60	1.262,00	1.388,20	1.893,00	2.019,20	2.271,60	380.000
792,60	1.056,80	1.321,00	1.453,10	1.981,50	2.113,60	2.377,80	410.000

Rechtsanwaltsgebühren ab 1. Juli 2004, Tablle nach § 13 RVG

Wert bis	1,0	1,2	1,3	1,5	1,6	2,3	2,5
300	25,00	30,00	32,50	37,50	40,00	57,50	62,50
600	45,00	54,00	58,50	67,50	72,00	103,50	112,50
900	65,00	78,00	84,50	97,50	104,00	149,50	162,50
1.200	85,00	102,00	110,50	127,50	136,00	195,50	212,50
1.500	105,00	126,00	136,50	157,50	168,00	241,50	262,50
2.000	133,00	159,60	172,90	199,50	212,80	305,90	332,50
2.500	161,00	193,20	209,30	241,50	257,60	370,30	402,50
3.000	189,00	226,80	245,70	283,50	302,40	434,70	472,50
3.500	217,00	260,40	282,10	325,50	347,20	499,10	542,50
4.000	245,00	294,00	318,50	367,50	392,00	563,50	612,50
4.500	273,00	327,60	354,90	409,50	436,80	627,90	682,50
5.000	301,00	361,20	391,30	451,50	481,60	692,30	752,50
6.000	338,00	405,60	439,40	507,00	540,80	777,40	845,00
7.000	375,00	450,00	487,50	562,50	600,00	862,50	937,50
8.000	412,00	494,40	535,60	618,00	659,20	947,60	1.030,00
9.000	449,00	538,80	583,70	673,50	718,40	1.032,70	1.122,50
10.000	486,00	583,20	631,80	729,00	777,60	1.117,80	1.215,00
13.000	526,00	631,20	683,80	789,00	841,60	1.209,80	1.315,00
16.000	566,00	679,20	735,80	849,00	905,60	1.301,80	1.415,00
19.000	606,00	727,20	787,80	909,00	969,60	1.393,80	1.515,00
22.000	646,00	775,20	839,80	969,00	1.033,60	1.485,80	1.615,00
25.000	686,00	823,20	891,80	1.029,00	1.097,60	1.577,80	1.715,00
30.000	758,00	909,60	985,40	1.137,00	1.212,80	1.743,40	1.895,00
35.000	830,00	996,00	1.079,00	1.245,00	1.328,00	1.909,00	2.075,00
40.000	902,00	1.082,40	1.172,60	1.353,00	1.443,20	2.074,60	2.255,00
45.000	974,00	1.168,80	1.266,20	1.461,00	1.558,40	2.240,20	2.435,00
50.000	1.046,00	1.255,20	1.359,80	1.569,00	1.673,60	2.405,80	2.615,00
65.000	1.123,00	1.347,60	1.459,90	1.684,50	1.796,80	2.582,90	2.807,50
80.000	1.200,00	1.440,00	1.560,00	1.800,00	1.920,00	2.760,00	3.000,00
95.000	1.277,00	1.532,40	1.660,10	1.915,50	2.043,20	2.937,10	3.192,50
110.000	1.354,00	1.624,80	1.760,20	2.031,00	2.166,40	3.114,20	3.385,00
125.000	1.431,00	1.717,20	1.860,30	2.146,50	2.289,60	3.291,30	3.577,50
140.000	1.508,00	1.809,60	1.960,40	2.262,00	2.412,80	3.468,40	3.770,00
155.000	1.585,00	1.902,00	2.060,50	2.377,50	2.536,00	3.645,50	3.962,50
170.000	1.662,00	1.994,40	2.160,60	2.493,00	2.659,20	3.822,60	4.155,00
185.000	1.739,00	2.086,80	2.260,70	2.608,50	2.782,40	3.999,70	4.347,50
200.000	1.816,00	2.179,20	2.360,80	2.724,00	2.905,60	4.176,80	4.540,00
230.000	1.934,00	2.320,80	2.514,20	2.901,00	3.094,40	4.448,20	4.835,00
260.000	2.052,00	2.462,40	2.667,60	3.078,00	3.283,20	4.719,60	5.130,00
290.000	2.170,00	2.604,00	2.821,00	3.255,00	3.472,00	4.991,00	5.425,00
320.000	2.288,00	2.745,60	2.974,40	3.432,00	3.660,80	5.262,40	5.720,00
350.000	2.406,00	2.887,20	3.127,80	3.609,00	3.849,60	5.533,80	6.015,00
380.000	2.524,00	3.028,80	3.281,20	3.786,00	4.038,40	5.805,20	6.310,00
410.000	2.642,00	3.170,40	3.434,60	3.963,00	4.227,20	6.076,60	6.605,00

Tabelle der Gerichtskosten nach § 34 GKG

842

0,25	0,5	0,75	1,0	1,5	Wert bis
10,00	12,50	18,75	25,00	37,50	300
10,00	17,50	26,25	35,00	52,50	600
11,25	22,50	33,75	45,00	67,50	900
13,75	27,50	41,25	55,00	82,50	1.200
16,25	32,50	48,75	65,00	97,50	1.500
18,25	36,50	54,75	73,00	109,50	2.000
20,25	40,50	60,75	81,00	121,50	2.500
22,25	44,50	66,75	89,00	133,50	3.000
24,25	48,50	72,75	97,00	145,50	3.500
26,25	52,50	78,75	105,00	157,50	4.000
28,25	56,50	84,75	113,00	169,50	4.500
30,25	60,50	90,75	121,00	181,50	5.000
34,00	68,00	102,00	136,00	204,00	6.000
37,75	75,50	113,25	151,00	226,50	7.000
41,50	83,00	124,50	166,00	249,00	8.000
45,25	90,50	135,75	181,00	271,50	9.000
49,00	98,00	147,00	196,00	294,00	10.000
54,75	109,50	164,25	219,00	328,50	13.000
60,50	121,00	181,50	242,00	363,00	16.000
66,25	132,50	198,75	265,00	397,50	19.000
72,00	144,00	216,00	288,00	432,00	22.000
77,75	155,50	233,25	311,00	466,50	25.000
85,00	170,00	255,00	340,00	510,00	30.000
92,25	184,50	276,75	369,00	553,50	35.000
99,50	199,00	298,50	398,00	597,00	40.000
106,75	213,50	320,25	427,00	640,50	45.000
114,00	228,00	342,00	456,00	684,00	50.000
139,00	278,00	417,00	556,00	834,00	65.000
164,00	328,00	492,00	656,00	984,00	80.000
189,00	378,00	567,00	756,00	1.134,00	95.000
214,00	428,00	642,00	856,00	1.284,00	110.000
239,00	478,00	717,00	956,00	1.434,00	125.000
264,00	528,00	792,00	1.056,00	1.584,00	140.000
289,00	578,00	867,00	1.156,00	1.734,00	155.000
314,00	628,00	942,00	1.256,00	1.884,00	170.000
339,00	678,00	1.017,00	1.356,00	2.034,00	185.000
364,00	728,00	1.092,00	1.456,00	2.184,00	200.000
401,50	803,00	1.204,50	1.606,00	2.409,00	230.000
439,00	878,00	1.317,00	1.756,00	2.634,00	260.000
476,50	953,00	1.426,50	1.906,00	2.859,00	290.000
514,00	1.028,00	1.542,00	2.056,00	3.084,00	320.000
551,50	1.103,00	1.654,50	2.206,00	3.309,00	350.000
589,00	1.178,00	1.767,00	2.356,00	3.534,00	380.000
626,50	1.253,00	1.879,50	2.506,00	3.759,00	410.000

Tabelle der Gerichtskosten nach § 34 GKG

Wert bis	2,0	2,5	3,0	4,0	5,0	6,0
300	50,00	62,50	75,00	100,00	125,00	150,00
600	70,00	87,50	105,00	140,00	175,00	210,00
900	90,00	112,50	135,00	180,00	225,00	270,00
1.200	110,00	137,50	165,00	220,00	275,00	330,00
1.500	130,00	162,50	195,00	260,00	325,00	390,00
2.000	146,00	182,50	219,00	292,00	365,00	438,00
2.500	162,00	202,50	243,00	324,00	405,00	486,00
3.000	178,00	222,50	267,00	356,00	445,00	534,00
3.500	194,00	242,50	291,00	388,00	485,00	582,00
4.000	210,00	262,50	315,00	420,00	525,00	630,00
4.500	226,00	282,50	339,00	452,00	565,00	678,00
5.000	242,00	302,50	363,00	484,00	605,00	726,00
6.000	272,00	340,00	408,00	544,00	680,00	816,00
7.000	302,00	377,50	453,00	604,00	755,00	906,00
8.000	332,00	415,00	498,00	664,00	830,00	996,00
9.000	362,00	452,50	543,00	724,00	905,00	1.086,00
10.000	392,00	490,00	588,00	784,00	980,00	1.176,00
13.000	438,00	547,50	657,00	876,00	1.095,00	1.314,00
16.000	484,00	605,00	726,00	968,00	1.210,00	1.452,00
19.000	530,00	662,50	795,00	1.060,00	1.325,00	1.590,00
22.000	576,00	720,00	864,00	1.152,00	1.440,00	1.728,00
25.000	622,00	777,50	933,00	1.244,00	1.555,00	1.866,00
30.000	680,00	850,00	1.020,00	1.360,00	1.700,00	2.040,00
35.000	738,00	922,50	1.107,00	1.476,00	1.845,00	2.214,00
40.000	796,00	995,00	1.194,00	1.592,00	1.990,00	2.388,00
45.000	854,00	1.067,50	1.281,00	1.708,00	2.135,00	2.562,00
50.000	912,00	1.140,00	1.368,00	1.824,00	2.280,00	2.736,00
65.000	1.112,00	1.390,00	1.668,00	2.224,00	2.780,00	3.336,00
80.000	1.312,00	1.640,00	1.968,00	2.624,00	3.280,00	3.936,00
95.000	1.512,00	1.890,00	2.268,00	3.024,00	3.780,00	4.536,00
110.000	1.712,00	2.140,00	2.568,00	3.424,00	4.280,00	5.136,00
125.000	1.912,00	2.390,00	2.868,00	3.824,00	4.780,00	5.736,00
140.000	2.112,00	2.640,00	3.168,00	4.224,00	5.280,00	6.336,00
155.000	2.312,00	2.890,00	3.468,00	4.624,00	5.780,00	6.936,00
170.000	2.512,00	3.140,00	3.768,00	5.024,00	6.280,00	7.536,00
185.000	2.710,00	3.390,00	4.068,00	5.424,00	6.780,00	8.136,00
200.000	2.912,00	3.640,00	4.368,00	5.824,00	7.280,00	8.736,00
230.000	3.212,00	4.015,00	4.818,00	6.424,00	8.030,00	9.636,00
260.000	3.512,00	4.390,00	5.268,00	7.024,00	8.780,00	10.536,00
290.000	3.812,00	4.765,00	5.718,00	7.624,00	9.530,00	11.436,00
320.000	4.112,00	5.140,00	6.168,00	8.224,00	10.280,00	12.336,00
350.000	4.412,00	5.515,00	6.618,00	8.824,00	11.030,00	13.236,00
380.000	4.712,00	5.890,00	7.068,00	9.424,00	11.780,00	14.136,00
410.000	5.012,00	6.265,00	7.518,00	10.024,00	12.530,00	15.036,00

Gebührentabelle der Notare nach der Kostenordnung

Wert bis Euro	1 volle Gebühr	2 Euro	1$^1/_2$ Euro	$^1/_2$ Euro	$^1/_4$ Euro	$^1/_{10}$ Euro
1.000	10,00	20,00	15,00	10,00	10,00	10,00
2.000	18,00	36,00	27,00	10,00	10,00	10,00
3.000	26,00	52,00	39,00	13,00	10,00	10,00
4.000	34,00	68,00	51,00	17,00	10,00	10,00
5.000	42,00	84,00	63,00	21,00	10,50	10,00
8.000	48,00	96,00	72,00	24,00	12,00	10,00
11.000	54,00	108,00	81,00	27,00	13,50	10,00
14.000	60,00	120,00	90,00	30,00	15,00	10,00
17.000	66,00	132,00	99,00	33,00	16,50	10,00
20.000	72,00	144,00	108,00	36,00	18,00	10,00
23.000	78,00	156,00	117,00	39,00	19,50	10,00
26.000	84,00	168,00	126,00	42,00	21,00	10,00
29.000	90,00	180,00	135,00	45,00	22,50	10,00
32.000	96,00	192,00	144,00	48,00	24,00	10,00
35.000	102,00	204,00	153,00	51,00	25,50	10,20
38.000	108,00	216,00	162,00	54,00	27,00	10,80
41.000	114,00	228,00	171,00	57,00	28,50	11,40
44.000	120,00	240,00	180,00	60,00	30,00	12,00
47.000	126,00	252,00	189,00	63,00	31,50	12,60
50.000	132,00	264,00	198,00	66,00	33,00	13,20
60.000	147,00	294,00	220,50	73,50	36,75	14,70
70.000	162,00	324,00	243,00	81,00	40,50	16,20
80.000	177,00	354,00	265,50	88,50	44,25	17,70
90.000	192,00	384,00	288,00	96,00	48,00	19,20
100.000	207,00	414,00	310,50	103,50	51,75	20,70
110.000	222,00	444,00	333,00	111,00	55,50	22,20
120.000	237,00	474,00	355,50	118,50	59,25	23,70
130.000	252,00	504,00	378,00	126,00	63,00	25,20
140.000	267,00	534,00	400,50	133,50	66,75	26,70
150.000	282,00	564,00	423,00	141,00	70,50	28,20
160.000	297,00	594,00	445,50	148,50	74,25	29,70
170.000	312,00	624,00	468,00	156,00	78,00	31,20
180.000	327,00	654,00	490,50	163,50	81,75	32,70
190.000	342,00	684,00	513,00	171,00	85,50	34,20
200.000	357,00	714,00	535,50	178,50	89,25	35,70
210.000	372,00	744,00	558,00	186,00	93,00	37,20
220.000	387,00	774,00	580,50	193,50	96,75	38,70
230.000	402,00	804,00	603,00	201,00	100,50	40,20
240.000	417,00	834,00	625,50	208,50	104,25	41,70
250.000	432,00	864,00	648,00	216,00	108,00	43,20
260.000	447,00	894,00	670,50	223,50	111,75	44,70
270.000	462,00	924,00	693,00	231,00	115,50	46,20

Moderne Rechtsgebiete und Vertragsarten

Paul Jedermann hat sich nun seit einigen Jahren mit modernen Begriffen vertraut gemacht. Die Begriffe Computer, Internet, Schreibprogramme, Bildschirmtext, Datenverarbeitung und Datenschutz begegnen ihm in Zeitungen, Anzeigen und Prospekten und er hat seit längerem auch selbst in seinem Betrieb auf die moderne Datenverarbeitung und -kommunikation umgestellt, ohne jedoch die technischen Einzelheiten genau zu verstehen.

Als der Geschäftsbetrieb Jedermanns einen immer größeren Umfang angenommen hatte, hat er die Buchhaltung, welche bisher eine vertrauenswürdige Mitarbeiterin mit ihrem »Journal« erledigt hatte, auf elektronische Datenverarbeitung umgestellt.

EDV-Recht und Ausblick auf das »IT-Recht«

Auch in das Privatleben Paul Jedermanns halten die Elektronik und der Computer Einzug. Karin Jedermann hat das neueste Modell eines elektronischen PCs erworben.

In geschäftlicher Hinsicht macht Paul Jedermann immer mehr Erfahrungen mit dem Computerzeitalter. Bestellungen, die er aufgibt, werden in Firmencomputern gespeichert, welche den Zahlungsverkehr mit seinem Betrieb kontrollieren, Mahnungen verschicken, Zinsen berechnen und Quittungen ausstellen.

Auch erwägt Jedermann für seine Firma ebenfalls die Anschaffung eines Computers, welcher Rechenoperationen ausführt, Statistiken und Grafiken erstellt, den jeweiligen Warenbestand mitteilen kann und für die Mahnabteilung die Außenstände überwacht. Über ein Bildschirmgerät kann auf Abruf jederzeit der Speicherungszustand abgelesen werden. Seine Vertreter holen sich auf Reisen per Laptop die Grundlagen für ihre Bestellungen.

Darüber hinaus besteht die Möglichkeit, »online« Rechtsgeschäfte vorzunehmen, ohne mündlich oder schriftlich mit dem Vertragspartner in Verbindung zu treten, und sich in das Internet einzuschalten oder über »e-mail« zu korrespondieren. Hier werden allerdings zukünftig immer neue Rechtsprobleme entstehen, die mit den bisherigen gesetzlichen Regelungen nicht befriedigend gelöst werden können, obwohl der Gesetzgeber inzwischen schon weitgehend reagiert hat.

Es ist vor allen Dingen zu berücksichtigen, daß ein Vertragsabschluß über »e-mail« nicht den Formvorschriften entspricht, wenn das Gesetz Schriftform vorschreibt. So ist zum Beispiel in § 492 BGB für den Verbraucherdarlehensvertrag eine qualifizierte Schriftform vorgeschrieben.

Danach dürfen solche Verträge nicht in elektronischer Form abgeschlossen werden. Lediglich die Erklärung des Darlehensgebers bedarf keiner Unterzeichnung, wenn Sie mit Hilfe einer automatischen Einrichtung erstellt wird. (Im übrigen vgl. zu den weiteren Anforderungen solcher Verträge das Kapitel »Verbraucherdarlehen«.)

Grundsätzlich schreibt das Gesetz hinsichtlich einer erforderlichen Schriftform eines Rechtsgeschäftes in § 126 BGB folgendes vor:

§ 126

(1) Ist durch Gesetz schriftliche Form vorgeschrieben, so muss die Urkunde von dem Aussteller eigenhändig durch Namensunterschrift oder mittels notariell beglaubigten Handzeichens unterzeichnet werden.

(2) Bei einem Vertrag muss die Unterzeichnung der Parteien auf derselben Urkunde erfolgen. Werden über den Vertrag mehrere gleichlautende Urkunden aufgenommen, so genügt es, wenn jede Partei die für die andere Partei bestimmte Urkunde unterzeichnet.

(3) Die schriftliche Form kann durch die elektronische Form ersetzt werden, wenn sich nicht aus dem Gesetz ein anderes ergibt.

(4) Die schriftliche Form wird durch die notarielle Beurkundung ersetzt.

Sodann wurde im Rahmen der Schuldrechtsreform der Begriff der »Textform« eingeführt, und zwar insbesondere im Mietrecht (§§ 556a, b, 557b, 559b und 560). Für diese beiden modernen Formvorschriften sind die §§ 126a und 126b BGB zu beachten:

§ 126a

(1) Soll die gesetzlich vorgeschriebene schriftliche Form durch die elektronische Form ersetzt werden, so muss der Aussteller der Erklärung dieser seinen Namen hinzufügen und das elektronische Dokument mit einer qualifizierten elektronischen Signatur nach dem Signaturgesetz versehen.

(2) Bei einem Vertrag müssen die Parteien jeweils ein gleichlautendes Dokument in der in Absatz 1 bezeichneten Weise elektronisch signieren.

§ 126b

Ist durch Gesetz Textform vorgeschrieben, so muss die Erklärung in einer Urkunde oder auf andere zur dauerhaften Wiedergabe in Schriftzeichen geeignete Weise abgegeben, die Person des Erklärenden genannt und der Abschluss der Erklärung durch Nachbildung der Namensunterschrift oder anders erkennbar gemacht werden.

Auch wettbewerbsrechtliche Probleme können im Rahmen der Bildschirmnutzung auftreten. Dabei ist zu berücksichtigen, wie der technische Vorgang bei der Benutzung von »Online-Diensten« abläuft.

Über den Telefonanschluß kann der Teilnehmer den Computer des Anbieters anwählen und beliebige Informationen abrufen, die auf dem Bildschirm sichtbar gemacht werden. Der Benutzer kann sich mit seinem Einverständnis an den Mitteilungsdienst anschließen lassen. Der Mitteilungsdienst ermöglicht den individuellen Austausch von Nachrichten zwischen allen Benutzern. Auch über das Internet können weltweit Informationen eingeholt werden.

Im Rahmen der Werbung machen sich dies Unternehmen auch zunutze, indem sie einen Werbetext abrufbar eingeben lassen. Ruft nun der Teilnehmer seinen Dienst ab, so stößt er auf Werbung. In einem solchen Fall hat ein Verbraucherschutzverein gegen den so Werbenden auf Unterlassung derartiger Werbung geklagt und sich auch insoweit auf § 1 UWG berufen.

Dabei ging der Verbraucherschutzverein davon aus, daß die Rechtsprechung Werbung durch nicht erbetene Telefonanrufe und Telefaxansprachen als unzulässige Belästigung ansehe.

Hierzu ist in jüngster Zeit eine gesetzliche Regelung diskutiert und umgesetzt worden. Man unterscheidet inzwischen danach, ob der Verbraucher sich mit einer solchen Werbung einverstanden erklärt oder nicht.

Gerade kürzlich ist ein Gesetz betreffend die unzulässige Werbung mit den 0190-Nummern ergangen. Danach sind Höchstgebühren für die Berechnung solcher Dienstleistungen festgelegt worden und außerdem hat jede Person Anspruch auf die Bekanntgabe von Namen und Anschrift dieser Dienstleister. Das gilt auch für die Nutzung der 0900er Mehrwertdienstnummern.

Der Computer hat aber auch noch weitere Rechtsprobleme aufgeworfen, die mit dem bisherigen Gesetzgebungsstand nicht lösbar sind. Man unterscheidet bei den Computern die sogenannte »Hardware« von der »Software«. Mit dem ersten Wort werden die Apparaturen bezeichnet, also sozusagen der Computer als Maschine.

Die Software ist der geistige Inhalt des Computers, sozusagen sein Gehirn, welches mit Hilfe von **847** Magnetbändern oder Magnetplatten oder über CD den Computer mit Programmen und Infos füttert.

Das Erarbeiten von Programmen und Programmierungen ist eine komplizierte geistige Leistung, die dem Programmierer Geld bringen soll. Er will aber nicht nur die einmalige Bezahlung für sein Programm, er will auch die Weiterverwertung gegen seinen Willen verhindern. Nun ist aber der Erwerber eines solchen Programmes in der Lage, dieses Programm auf einen weiteren Programmträger zu überspielen und kann so gegen Entgelt das Programm weiter verwerten. Hiergegen vermag das Gesetz nur unzureichend Schutz zu bieten. Ob hier der Straftatbestand der Zweckentfremdung »anvertrauter Unterlagen« vorliegt, ist schon sehr zweifelhaft. Zivilrechtlichen Schutz würde eine Vereinbarung bieten, daß eine Weitergabe des erworbenen Programmes durch den Erwerber verboten ist.

Da der Nachweis eines Schadenersatzes insoweit dem Hersteller der Software nicht leicht fallen dürfte, könnte ein tatkräftiger Schutz durch eine Vereinbarung von Vertragsstrafen herbeigeführt werden.

Auch ob das Urheberrecht hinreichenden Schutz gibt, wird sich zeigen. Auf Grund der Novellierung des Urheberrechtsgesetzes im Jahre 1994 wurde folgender § 54 Abs. 1 eingeführt:

§ 54

(1) ¹Ist nach der Art eines Werkes zu erwarten, daß es durch Aufnahme von Funksendungen auf Bild- oder Tonträger oder durch Übertragungen von einem Bild- oder Tonträger auf einen anderen nach § 53 Abs. 1 oder 2 vervielfältigt wird, so hat der Urheber des Werkes gegen den Hersteller

1. von Geräten und

2. von Bild- und Tonträgern

die erkennbar zur Vornahme solcher Vervielfältigungen bestimmt sind, Anspruch auf Zahlung einer angemessenen Vergütung für die durch die Veräußerung der Geräte sowie der Bild- oder Tonträger geschaffene Möglichkeit, solche Vervielfältigungen vorzunehmen. ²Neben dem Hersteller haftet als Gesamtschuldner, wer die Geräte oder die Bild- oder Tonträger in den Geltungsbereich dieses Gesetzes gewerblich einführt oder wiedereinführt oder wer mit ihnen handelt. ³Der Händler haftet nicht, wenn er im Kalenderhalbjahr Bild- oder Tonträger von weniger als 6000 Stunden Spieldauer und weniger als 100 Geräte bezieht.

(2) ¹Einführer ist, wer die Geräte oder Bild- oder Tonträger in den Geltungsbereich dieses Gesetzes verbringt oder verbringen läßt. ²Liegt der Einfuhr ein Vertrag mit einem Gebietsfremden zugrunde, so ist Einführer nur der im Geltungsbereich dieses Gesetzes ansässige Vertragspartner, soweit er gewerblich tätig wird. ³Wer lediglich als Spediteur oder Frachtführer oder in einer ähnlichen Stellung bei dem Verbringen der Waren tätig wird, ist nicht Einführer. ⁴Wer die Gegenstände aus Drittländern in eine Freizone oder in ein Freilager nach Artikel 166 der Verordnung (EWG) Nr. 2913/92 des Rates vom 12. Oktober 1992 zur Festlegung des Zollkodex der Gemeinschaften (Abl. EG Nr. L 302 S.1) verbringt oder verbringen läßt, ist als Einführer nur anzusehen, wenn die Gegenstände in diesem Bereich gebraucht oder wenn sie in dem zollrechtlich freien Verkehr übergeführt werden.

Wieweit dies genügt, um das Urheberrecht des Herstellers von Programmen zu schützen, wäre noch zu klären. Notwendig dürfte sein, ein ganz spezielles Gesetz für die EDV-Wirtschaft zu erlassen. Zumindest ist ja die Internetnutzung jetzt zugunsten der Urheber neu geregelt worden (vgl. Kapitel »Urhebervertragsrecht«). Immerhin werden jetzt auch generell gem. § 2 Ziff. 1 UrhG Computerprogramme geschützt.

Auch in strafrechtlicher Hinsicht hat die Entwicklung von Computern neue Probleme aufgeworfen. Hier geht es insbesondere um die Probleme, ob ein mißbräuchlicher Zugriff auf Computer-

speicherungen, der zu Vermögensverschiebungen führt oder Geschäftsgeheimnisse rechtswidrig aus-
wertet, unter Bestimmungen des Strafgesetzbuches (zum Beispiel § 242 Diebstahl oder § 266 Un-
848 treue) fällt.

Da diese Bestimmungen des Strafrechts jedoch nicht ausreichend sind, um die Möglichkeiten
rechtswidrigen Handelns mit Hilfe des Computers zu erfassen, hat der Gesetzgeber durch das
»Zweite Gesetz zur Bekämpfung der Wirtschaftskriminalität« eine spezielle Regelung durch Ein-
fügung des § 263a in das Strafgesetzbuch geschaffen. Diese Bestimmung lautet wie folgt:

§ 263a
(1) Wer in der Absicht, sich oder einem Dritten einen rechtswidrigen Vermögensvorteil zu verschaffen, das Vermögen eines anderen dadurch beschädigt, daß er das Ergebnis eines Datenverarbeitungsvorgangs durch unrichtige Gestaltung des Programms, durch Verwendung unrichtiger oder unvollständiger Daten, durch unbefugte Verwendung von Daten oder sonst durch unbefugte Einwirkung auf den Ablauf beeinflußt, wird mit Freiheitsstrafe bis zu fünf Jahren oder mit Geldstrafe bestraft.
(2) § 263 Abs. 2 bis 7 gilt entsprechend.

Wichtig ist sodann das Computervertragsrecht. Es gibt hierzu inzwischen zahlreiche Vertragsmuster
und neuere Rechtsprechung, deren Anwendung jedoch eine Rechtsberatung erfordern, wenn man
sich eine neue EDV-Anlage anschafft.

Fritz Sorgenfrei ist auf Grund einer solchen Rechtsberatung klargeworden, daß er mindestens
vier Verträge im Zusammenhang mit dieser EDV-Anlage abschließen muß:

Es sind dies der Kaufvertrag über die Computer-Hardware und der damit verbundene Hardware-
Wartungsvertrag, der Software-Lizenzvertrag und der damit verbundene Software-Betreuungsver-
trag.

Er schließt diese Verträge wie folgt ab:

Computer-Hardware-Kaufvertrag

Zwischen

der Merkator Hardware GmbH, Wiesbaden, vertreten durch ihren Geschäftsführer
– nachfolgend der »Verkäufer« genannt –

und

der Firma Fritz Sorgenfrei, Frankfurt am Main
– nachfolgend der »Käufer« genannt –

wird folgender Vertrag geschlossen:

§ 1 Vertragsgegenstand

(1) Der Käufer erwirbt vom Verkäufer die in dem anliegenden Kaufschein bezeichneten Geräte (Hardware).

(2) Aus dem Kaufschein ergibt sich auch die Lieferfrist des Verkäufers.

§ 2 Kaufpreis

(1) Der Kaufpreis ergibt sich aus dem Kaufschein und gilt zuzüglich der gesetzlichen Mehrwertsteuer.

(2) Im Kaufpreis ist die Installierung der Hardware enthalten. Im übrigen werden weitere Leistungen nur gegen gesonderte Vergütung erbracht. Dies gilt insbesondere für Schulungen des Käufers und Wartungen der Anlage.

(3) Der Kaufpreis ist unverzüglich nach Lieferung fällig.

(4) Der Verkäufer behält sich bis zur vollständigen Zahlung des Kaufpreises das Eigentum an der gelieferten Hardware vor. Eine Verfügung des Käufers über die gelieferten Gegenstände vor Eigentumsübergang bedarf der vorherigen Einwilligung des Verkäufers. Bis zum Übergang des Eigentums besteht zwischen den Vertragsparteien ein Verwahrungsvertrag.

§ 3 Lieferfrist

(1) Die Lieferfrist verlängert sich angemessen, falls vom Verkäufer nicht zu vertretende Hinderungsgründe eintreten sollten, die zu Verzögerungen führen.

(2) Bei Nicht-Einhaltung der Lieferfristen stehen dem Käufer die gesetzlichen Rechte aus § 326 BGB zu, wenn er dem Verkäufer zuvor eine angemessene Nachfrist gesetzt hat, die ebenfalls fruchtlos verstrichen ist.

§ 4 Installierung

(1) Zur Installierung gehört die Herstellung der Betriebsbereitschaft der Hardware.

(2) Der Standort wird vom Käufer ausgewählt. Dieser muß sicherstellen, daß er für die Installierung der Hardware geeignet ist.

(3) Kann die Installierung aus Gründen, die der Käufer zu vertreten hat, nicht durchgeführt werden, so gilt diese Leistung vom Verkäufer als erbracht, wenn der Käufer trotz angemessener Nachfristsetzung die Installierung nicht möglich macht.

(4) Die Gefahr für Schäden etc. geht mit der Installierung beziehungsweise der Übergabe auf den Käufer über.

§ 5 Gewährleistung

(1) Der Verkäufer gewährleistet lediglich, daß die Hardware frei von Mängeln ist, die den Wert oder die Tauglichkeit zu dem gewöhnlichen oder nach dem Vertrag vorausgesetzten Gebrauch mindern, sowie, daß eventuelle im Kaufschein ausdrücklich zugesicherte Eigenschaften vorliegen.

(2) Der Verkäufer ist im Falle einer Gewährleistung nach seiner Wahl zur Mängelbeseitigung oder Ersatzlieferung berechtigt. Die Mängelbeseitigungsarbeiten können an einem vom Verkäufer zu bestimmenden Ort durchgeführt werden.

(3) Sollte die Mängelbeseitigung oder Ersatzlieferung erfolglos sein oder sich unangemessen aus Gründen, die der Verkäufer zu vertreten hat, verzögern, so ist der Käufer berechtigt, den Vertrag durch Rücktritt aufzuheben oder eine angemessene Herabsetzung des Kaufpreises zu verlangen (Minderung).

(4) Eine Überprüfung auf erkennbare Mängel ist vom Käufer unverzüglich nach Installierung vorzunehmen. Eine evtl. Mängelanzeige ist alsdann ebenso unverzüglich schriftlich unter Angabe aller erkennbaren Einzelheiten dem Verkäufer zu übermitteln. Nicht sofort erkennbare Mängel sind in derselben Weise dem Verkäufer unverzüglich nach ihrer Entdeckung anzuzeigen.

(5) Falls diese Fristen und Formen nicht eingehalten werden, erlischt die Gewährleistungsverpflichtung des Verkäufers für diese Mängel.

(6) Eine Gewährleistung des Verkäufers entfällt ebenfalls, wenn die Geräte vom Käufer verändert oder unsachgemäß installiert, repariert oder behandelt werden.

(7) Die Gewährleistungsfrist beträgt sechs Monate ab dem Zeitpunkt der Übergabe der Geräte.

§ 6 Schadensersatz

(1) Der Verkäufer haftet nur für Schäden, die auf seinem Vorsatz oder grober Fahrlässigkeit oder auf dem Fehlen einer zugesicherten Eigenschaft beruhen.

(2) Für mittelbare Schäden, insbesondere Mangelfolgeschäden sowie für einen entgangenen Gewinn des Käufers wird keinerlei Haftung des Verkäufers übernommen.

(3) Für die Wiederbeschaffung von Daten oder Programmen haftet der Verkäufer im Rahmen des Absatz 1 nur, wenn der Käufer sichergestellt hat, daß solche Daten und Programme ohne zumutbaren Aufwand des Verkäufers wieder hergestellt werden können.

(4) Eine anderweitige Haftung des Verkäufers nach dem Produkthaftpflichtgesetz bleibt unberührt.

§ 8 Abtretungsverbot und Aufrechnung

(1) Der Käufer darf seine Rechte aus diesem Vertrag nicht abtreten.

(2) Der Käufer darf gegenüber einer Forderung des Verkäufers auf Vergütung nur mit schriftlich anerkannten oder rechtskräftigen Gegenforderungen aufrechnen.

§ 9 Erfüllungsort und Gerichtsstand

Erfüllungsort und Gerichtsstand für sämtliche Streitigkeiten aus diesem Vertragsverhältnis ist, soweit gesetzlich zulässig, der Geschäftssitz des Käufers.

§ 10 Schlussbestimmungen

(1) Änderungen und Ergänzungen zu diesem Vertrag bedürfen der Schriftform.

(2) Sollten einzelne Bestimmungen dieses Vertrages unwirksam sein oder werden, so wird die Wirksamkeit der übrigen Bestimmungen hiervon nicht berührt. An die Stelle der unwirksamen Bestimmung tritt eine Regelung, die dem von den Parteien wirtschaftlich gewollten Zweck der Bestimmung möglichst nahe kommt.

Frankfurt, den 22.4.20 . .

....
Ort, Datum

....
– Paul Müller –
Für Merkator Hardware GmbH

Frankfurt, den 22.4.20 . .

....
Ort, Datum

....
– Fritz Sorgenfrei –

In der Praxis gibt es oft wesentlich ausführlichere Kaufvertragsmuster, in denen auch zahlreiche andere Einzelheiten geregelt sind. Es empfiehlt sich vor Abschluß eines solchen Vertrages, jede Klausel gründlich gegebenenfalls mit einem Rechtsberater zu besprechen. Das vorstehende Muster enthält nur die allerwichtigsten Mindestbestimmungen.

Hardware-Wartungsvertrag

Zwischen
der Merkator GmbH, Offenbach, vertreten durch ihren Geschäftsführer
(Verkäufer)

und

der Firma Fritz Sorgenfrei, 60593 Frankfurt/Main (Käufer),

betreffend die Wartung einer Computerhardware.

§ 1

(1) Der Verkäufer hat dem Käufer eine als Y-Hardware bezeichnete Computeranlage geliefert und bei ihm installiert.

(2) Der Verkäufer verpflichtet sich, dieses Gerät ordnungsgemäß laufend zu warten.

(3) Die Wartung wird jeweils nach Ablauf von drei Monaten durchgeführt, ohne daß es einer besonderen Aufforderung des Verkäufer bedarf.

(4) Die Wartung besteht aus der generellen Überprüfung der Anlage hinsichtlich ihrer ordnungsgemäßen Funktion, soweit erforderlich aus der Reinigung der Geräte, Beseitigung von eingetretenen Störungen im Arbeitsablauf und im Ersatz von solchen Geräteteilen, die durch den normalen Gebrauch abgenutzt sind.

(5) Treten zwischen den beiden Wartungsterminen Störungen auf, so sind diese auf Anforderung von dem Verkäufer zu beseitigen.

§ 2

(1) Als Honorar für die laufende Wartung ist von dem Käufer jährlich ein Pauschal-honorar in Höhe von ...... Euro im voraus zu entrichten. Die restliche Zahlung wird fällig mit Abschluß des Vertrages und zwar in anteiliger Höhe der noch ausstehenden Monate des laufenden Jahres.

(2) Müssen Geräteteile ausgewechselt werden, so sind diese gesondert nach Maßgabe der jeweiligen Preisliste des Verkäufers zu zahlen. An- und Abfahrtskosten werden von dem Verkäufer nicht berechnet. Für die gesonderte Wartung bei auftretenden Störungen wird kein gesondertes Honorar von dem Verkäufer berechnet, soweit der Störfall nicht durch unsachgemäße Benutzung der Anlage im Betrieb des Käufers verursacht ist. In einem solchen Fall ist der Verkäufer berechtigt, die Kosten der Sonderwartung zu seinen betriebsüblichen Bedingungen in Rechnung zu stellen.

§ 3

Dieser Vertrag wird auf unbestimmte Zeit geschlossen. Jede Vertragspartei ist berechtigt, den Vertrag zum Ende eines Kalenderjahres unter Einhaltung einer Kündigungsfrist von drei Monaten zu kündigen – erstmals am 31.12.20... Die Kündigung hat schriftlich zu erfolgen.

Frankfurt/Main, den ....

....
Fa. Fritz Sorgenfrei

....
Merkator GmbH

Software-Überlassungsvertrag

Zwischen
der Merkator GmbH, Offenbach, vertreten durch ihren Geschäftsführer
(Überlasser),

und
der Firma Fritz Sorgenfrei, 60594 Frankfurt/Main (Anwender),

betreffend eine Software, die in der Anlage 1
zu diesem Vertrag näher beschrieben ist.

§ 1

(1) Der Anwender ist Eigentümer einer Hardware, die er von dem Überlasser erworben hat. Für den Betrieb dieser Hardware hat der Überlasser nach den Wünschen und Vorstellungen des Anwenders ein Programm entwickelt, welches in der Anlage 2 zu diesem Vertrag näher beschrieben ist.

(2) Dieses Programm wird dem Anwender auf unbestimmte Zeit zur Nutzung überlassen.

(3) Dem Überlasser verbleibt das Eigentum an dieser Software einschließlich der zugehörigen Dokumentation sowie das Urheberrecht an diesem Programm. Der Anwender ist nur berechtigt, das ihm überlassene Programm für seine eigenen Betriebszwecke zu verwenden. Er darf die Nutzungsrechte an dem Programm nicht an Dritte übertragen und Dritten auch nicht die Möglichkeit zu einer Verwendung eines Programmes verschaffen. Für jeden Fall der Zuwiderhandlung gegen diese Verpflichtung hat der Anwender eine Vertragsstrafe von ...... Euro (in Worten .... Euro) an den Überlasser zu zahlen, unbeschadet von dessen Schadensersatzansprüchen.

§ 2

Der Überlasser garantiert, daß an dem Programm keine Schutzrechte Dritter bestehen; sollten solche gegen den Anwender mit Erfolg geltend gemacht werden, so ist ihm der Überlasser zum Schadensersatz verpflichtet.

§ 3

Der Anwender zahlt für die Überlassung der Software eine einmalige Lizenzgebühr in Höhe von ...... Euro (in Worten .... Euro) an den Überlasser. Diese Lizenzgebühr wird fällig nach Übergabe und zufriedenstellender Erprobung des Programms im Betrieb des Anwenders, worüber ein Protokoll zu errichten ist. Wird die Lizenzgebühr nicht innerhalb eines Monats nach Fälligkeit entrichtet, so ist der Überlasser berechtigt, vom Vertrag zurückzutreten.

§ 4

Stellen sich bei der Verwendung des Programms Mängel heraus, so ist der Überlasser verpflichtet, solche Mängel soweit möglich zu beheben. Kommt er dieser Pflicht nicht innerhalb von zwei Wochen nach Bekanntgabe nach oder sind diese nicht behebbar, so kann der Verwender von dem Vertrag zurücktreten. Für die zurückliegende Nutzungszeit steht dem Überlasser ein marktübliches Nutzungsentgelt zu.

§ 5

Der Vertrag ist für den Überlasser unkündbar. Der Anwender kann den Vertrag jederzeit fristlos kündigen, wobei die Lizenzgebühr dem Überlasser verbleibt.

§ 6

Nach Beendigung des Vertrages, gleich aus welchem Grund, ist die Software mit dem zugehörigen Begleitmaterial unverzüglich dem Überlasser zurückzugeben.

§ 7

Gerichtsstand ist .....

Frankfurt/Main, den ....

....
Fa. Fritz Sorgenfrei

....
Merkator GmbH

Software-Betreuungsvertrag

zwischen

der Merkator GmbH, Offenbach, vertreten durch ihren Geschäftsführer (Betreuer),

und

der Firma Fritz Sorgenfrei, 60594 Frankfurt/Main (Anwender),

betreffend eine Computersoftware, wie sie in der Anlage 1 näher spezifiziert ist.

§ 1

Die im Betrieb des Anwenders verwendete Software wird wie folgt von dem Betreuer hinsichtlich ihrer Funktionsfähigkeit betreut:

(1) Treten bei der Anwendung des Programms Probleme auf, so wird der Betreuer durch Beratung und Einweisung des Personals des Anwenders diese – soweit möglich – lösen.

(2) Auftretende Störungen bei der Programmanwendung wird der Betreuer – soweit möglich – unverzüglich nach Bekanntgabe beseitigen lassen.

Beruhen diese Mängel auf unsachgemäßer Handhabung im Betrieb des Anwenders, so sind diese zu den betriebsüblichen Bedingungen des Betreuers zu bezahlen, andernfalls erfolgen sie honorarfrei.

(3) Erweisen sich Störungen bei dem Betrieb des Programms als nicht behebbar, so erhält der Anwender kostenlos ein neues Programmexemplar, soweit nicht die Störungen auf unsachgemäße Anwendung im Betrieb des Anwenders zurückzuführen sind.

Im letzteren Fall hat der Anwender für die Neulieferung des Programms ..... Euro

(in Worten ..... Euro) zu zahlen.

854

(4) Ergeben sich aufgrund technischer Weiterentwicklung neue Erkenntnisse hinsichtlich der gelieferten Software, so wird der Betreuer den Anwender hiervon jeweils unverzüglich unterrichten und ihm Vorschläge für eine Neugestaltung des Programms unterbreiten.

§ 2

Für die Betreuungsleistungen des Betreuers hat der Anwender eine jährliche Pauschalgebühr von ..... Euro (in Worten .... Euro) zu entrichten.

Die Zahlung der jeweiligen Jahresprämie hat bis zum 10. Januar des jeweiligen Kalenderjahres zu erfolgen, erstmals 10 Tage nach Vertragsabschluß.

§ 3

Die vorstehenden Vereinbarungen sollen auch für jeden Fall gelten, in denen der Anwender weitere Programme von dem Betreuer erwirbt.

§ 4

Gerichtsstand ist .....

Frankfurt/Main, den .....

....
Fa. Fritz Sorgenfrei Merkator GmbH

Es gibt auch insbesondere bezüglich der Software-Lizenzverträge wesentlich ausführlichere Muster, die auch ganz spezifische Gewährleistungsklauseln und Bestimmungen über »Updates« und »New Releases« (also Neubearbeitungen) beinhalten. Hierzu muß bei komplizierten Anlagen mit umfangreicher Software unbedingt ein Rechtsberater befragt werden.

Anläßlich der Vielzahl der mit dem Erwerb einer EDV-Anlage und deren Software zusammenhängenden Fragen und juristischen Fallstricke sollen beispielhaft folgende wichtige Grundsätze erwähnt werden:

Die vom Handel präsentierten Verträge sind in aller Regel vorformulierte Musterverträge, die demgemäß dem Recht der Allgemeinen Geschäftsbedingungen unterliegen, wobei insoweit jeder Vertrag insbesondere auf die Beachtung der §§ 308 und 309 BGB zu überprüfen ist. Dies gilt für zahlreiche Verbraucherverträge, so daß eine Regelung der wichtigsten Bestimmungen des Rechts der Allgemeinen Geschäftsbedingungen (früher AGB-Gesetz), die heute in §§ 305 bis 310 BGB enthalten sind, unerläßlich ist. Einige der insoweit einschlägigen Bestimmungen werden nachfolgend zitiert.

BGB § 308

In Allgemeinen Geschäftsbedingungen ist insbesondere unwirksam

1. (Annahme- und Leistungsfrist) eine Bestimmung, durch die sich der Verwender unangemessen lange oder nicht hinreichend bestimmte Fristen für die Annahme oder Ablehnung eines Angebots oder die Erbringung einer Leistung vorbehält; ausgenommen hiervon ist der Vorbehalt, erst nach Ablauf der Widerrufs- oder Rückgabefrist nach § 355 Abs. 1 und 2 und § 356 zu leisten;

2. (Nachfrist) eine Bestimmung, durch die sich der Verwender für die von ihm zu bewirkende Leistung abweichend von Rechtsvorschriften eine unangemessen lange oder nicht hinreichend bestimmte Nachfrist vorbehält;

3. (Rücktrittsvorbehalt) die Vereinbarung eines Rechts des Verwenders, sich ohne sachlich gerechtfertigten und im Vertrag angegebenen Grund von seiner Leistungspflicht zu lösen; dies gilt nicht für Dauerschuldverhältnisse;

4. (Änderungsvorbehalt) die Vereinbarung eines Rechts des Verwenders, die versprochene Leistung zu ändern oder von ihr abzuweichen, wenn nicht die Vereinbarung der Änderung oder Abweichung unter Berücksichtigung der Interessen des Verwenders für den anderen Vertragsteil zumutbar ist;

5. (Fingierte Erklärungen) eine Bestimmung, wonach eine Erklärung des Vertragspartners des Verwenders bei Vornahme oder Unterlassung einer bestimmten Handlung als von ihm abgegeben oder nicht abgegeben gilt, es sei denn, dass

a) dem Vertragspartner eine angemessene Frist zur Abgabe einer ausdrücklichen Erklärung eingeräumt ist und

b) der Verwender sich verpflichtet, den Vertragspartner bei Beginn der Frist auf die vorgesehene Bedeutung seines Verhaltens besonders hinzuweisen; dies gilt nicht für Verträge, in die Teil B der Verdingungsordnung für Bauleistungen insgesamt einbezogen ist;

6. (Fiktion des Zugangs) eine Bestimmung, die vorsieht, dass eine Erklärung des Verwenders von besonderer Bedeutung dem anderen Vertragsteil als zugegangen gilt;

7. (Abwicklung von Verträgen) eine Bestimmung, nach der der Verwender für den Fall, dass eine Vertragspartei vom Vertrag zurücktritt oder den Vertrag kündigt,

a) eine unangemessen hohe Vergütung für die Nutzung oder den Gebrauch einer Sache oder eines Rechts oder für erbrachte Leistungen oder

b) einen unangemessen hohen Ersatz von Aufwendungen verlangen kann;

8. (Nichtverfügbarkeit der Leistung) die nach Nummer 3 zulässige Vereinbarung eines Vorbehalts des Verwenders, sich von der Verpflichtung zur Erfüllung des Vertrags bei Nichtverfügbarkeit der Leistung zu lösen, wenn sich der Verwender nicht verpflichtet,

a) den Vertragspartner unverzüglich über die Nichtverfügbarkeit zu informieren und

b) Gegenleistungen des Vertragspartners unverzüglich zu erstatten.

BGB § 309 (auszugsweise)

Auch soweit eine Abweichung von den gesetzlichen Vorschriften zulässig ist, ist in Allgemeinen Geschäftsbedingungen unwirksam

1. (Kurzfristige Preiserhöhungen) eine Bestimmung, welche die Erhöhung des Entgelts für Waren oder Leistungen vorsieht, die innerhalb von vier Monaten nach Vertragsschluss geliefert oder erbracht werden sollen; dies gilt nicht bei Waren oder Leistungen, die im Rahmen von Dauerschuldverhältnissen geliefert oder erbracht werden;

2. (Leistungsverweigerungsrechte) eine Bestimmung, durch die

a) das Leistungsverweigerungsrecht, das dem Vertragspartner des Verwenders nach § 320

zusteht, ausgeschlossen oder eingeschränkt wird oder

b) ein dem Vertragspartner des Verwenders zustehendes Zurückbehaltungsrecht, soweit es auf demselben Vertragsverhältnis beruht, ausgeschlossen oder eingeschränkt, insbesondere von der Anerkennung von Mängeln durch den Verwender abhängig gemacht wird;

3. (Aufrechnungsverbot) eine Bestimmung, durch die dem Vertragspartner des Verwenders die Befugnis genommen wird, mit einer unbestrittenen oder rechtskräftig festgestellten Forderung aufzurechnen;

BGB § 309 (Forsetzung)

4. (Mahnung, Fristsetzung) eine Bestimmung, durch die der Verwender von der gesetzlichen Obliegenheit freigestellt wird, den anderen Vertragsteil zu mahnen oder ihm eine Frist für die Leistung oder Nacherfüllung zu setzen;

5. (Pauschalierung von Schadensersatzansprüchen) die Vereinbarung eines pauschalierten Anspruchs des Verwenders auf Schadensersatz oder Ersatz einer Wertminderung, wenn

a) die Pauschale den in den geregelten Fällen nach dem gewöhnlichen Lauf der Dinge zu erwartenden Schaden oder die gewöhnlich eintretende Wertminderung übersteigt oder

b) dem anderen Vertragsteil nicht ausdrücklich der Nachweis gestattet wird, ein Schaden oder eine Wertminderung sei überhaupt nicht entstanden oder wesentlich niedriger als die Pauschale;

6. (Vertragsstrafe) eine Bestimmung, durch die dem Verwender für den Fall der Nichtabnahme oder verspäteten Abnahme der Leistung, des Zahlungsverzugs oder für den Fall, dass der andere Vertragsteil sich vom Vertrag löst, Zahlung einer Vertragsstrafe versprochen wird;

7. (Haftungsausschluss bei Verletzung von Leben, Körper, Gesundheit und bei grobem Verschulden)

a) (Verletzung von Leben, Körper, Gesundheit) ein Ausschluss oder eine Begrenzung der Haftung für Schäden aus der Verletzung des Lebens, des Körpers oder der Gesundheit, die auf einer fahrlässigen Pflichtverletzung des Verwenders oder einer vorsätzlichen oder fahrlässigen Pflichtverletzung eines gesetzlichen Vertreters oder Erfüllungsgehilfen des Verwenders beruhen;

b) (Grobes Verschulden) ein Ausschluss oder eine Begrenzung der Haftung für sonstige Schäden, die auf einer grob fahrlässigen Pflichtverletzung des Verwenders oder auf einer vorsätzlichen oder grob fahrlässigen Pflichtverletzung eines gesetzlichen Vertreters oder Erfüllungsgehilfen des Verwenders beruhen; (...);

8. (Sonstige Haftungsausschlüsse bei Pflichtverletzung)

a) (Ausschluss des Rechts, sich vom Vertrag zu lösen) eine Bestimmung, die bei einer vom Verwender zu vertretenden, nicht in einem Mangel der Kaufsache oder des Werkes bestehenden Pflichtverletzung das Recht des anderen Vertragsteils, sich vom Vertrag zu lösen, ausschließt oder einschränkt; dies gilt

nicht für die in der Nummer 7 bezeichneten Beförderungsbedingungen und Tarifvorschriften unter den dort genannten Voraussetzungen;

b) (Mängel) eine Bestimmung, durch die bei Verträgen über Lieferungen neu hergestellter Sachen und über Werkleistungen

aa) (Ausschluss und Verweisung auf Dritte) die Ansprüche gegen den Verwender wegen eines Mangels insgesamt oder bezüglich einzelner Teile ausgeschlossen, auf die Einräumung von Ansprüchen gegen Dritte beschränkt oder von der vorherigen gerichtlichen Inanspruchnahme Dritter abhängig gemacht werden;

bb) (Beschränkung auf Nacherfüllung) die Ansprüche gegen den Verwender insgesamt oder bezüglich einzelner Teile auf ein Recht auf Nacherfüllung beschränkt werden, sofern dem anderen Vertragsteil nicht ausdrücklich das Recht vorbehalten wird, bei Fehlschlagen der Nacherfüllung zu mindern oder, wenn nicht eine Bauleistung Gegenstand der Mängelhaftung ist, nach seiner Wahl vom Vertrag zurückzutreten;

cc) (Aufwendungen bei Nacherfüllung) die Verpflichtung des Verwenders ausgeschlossen oder beschränkt wird, die zum Zwecke der Nacherfüllung erforderlichen Aufwendungen, insbesondere Transport-, Wege-, Arbeits- und Materialkosten, zu tragen;

dd) (Vorenthalten der Nacherfüllung) der Verwender die Nacherfüllung von der vorherigen Zahlung des vollständigen Entgelts oder eines unter Berücksichtigung des Mangels unverhältnismäßig hohen Teils des Entgelts abhängig macht;

ee) (Ausschlussfrist für Mängelanzeige) der Verwender dem anderen Vertragsteil für die Anzeige nicht offensichtlicher Mängel eine Ausschlussfrist setzt, die kürzer ist als die nach dem Doppelbuchstaben ff zulässige Frist;

ff) (Erleichterung der Verjährung) die Verjährung von Ansprüchen gegen den Verwender wegen eines Mangels in den Fällen des § 438 Abs. 1 Nr. 2 und des § 634a Abs. 1 Nr. 2 erleichtert oder in den sonstigen Fällen eine weniger als ein Jahr betragende Verjährungsfrist ab dem gesetzlichen Verjährungsbeginn erreicht wird; dies gilt nicht für Verträge, in die Teil B der Verdingungsordnung für Bauleistungen insgesamt einbezogen ist;

Weiterhin ist insbesondere Wert auf einwandfreie Regelungen betreffend die Schulung, die Leistungsbeschreibung sowie den Wartungsumfang zu legen, wobei der Kostenumfang im Zusammenhang mit der Wartung und Kontrolle sowie die ständige Verfügbarkeit des Verkäufers möglichst anwenderfreundlich unter Berücksichtigung angemessener Betriebsinteressen des Käufers gestaltet sein müssen.

857

Zur sachgemäßen Regelung der elektronischen Kommunikation und der neuen Informationstechniken ist am 25.7.1996 das Telekommunikationsgesetz in Kraft getreten. Dieses Gesetz enthält unter anderen umfassende Regelungen zur Wahrung der Interessen der Nutzer der Telekommunikation und der Sicherstellung einer flächendeckenden Grundversorgung mit Telekommunikationsdienstleistungen.

Aus dem Telekommunikationsgesetz ergeben sich folgende wichtige Bestimmungen (§§ 2, 17, 24, 41 und 89):

§ 2 Abs. 2
Ziele der Regulierung sind:
1. Die Wahrung der Interessen der Nutzer auf dem Gebiet der Kommunikation und des Funkwesens sowie die Wahrung des Fernmeldegeheimnisses.
2. Die Sicherstellung eines chancengleichen und funktionsfähigen Wettbewerbs, auch in der Fläche, auf den Märkten der Telekommunikation.
3. Die Sicherstellung einer flächendeckenden Grundversorgung mit Telekommunikationsdienstleistungen (universal Dienstleistung) zu erschwinglichen Preisen.
4. Die Förderung von Telekommunikationsdiensten bei öffentlichen Einrichtungen.
5. Die Sicherstellung einer effizienten und störungsfreien Nutzung von Frequenzen, auch unter Berücksichtigung der Belange des Runkfunks.
6. Die Wahrung der Interessen der öffentlichen Sicherheit.

§ 17 Abs. 1 (auszugsweise)
Universaldienstleistungen sind ein Mindestangebot an Telekommunikationsdienstleistungen für die Öffentlichkeit, für die eine bestimmte Qualität festgelegt ist und zu denen alle Nutzer unabhängig von ihrem Wohn- oder Geschäftsort zu einem erschwinglichen Preis Zugang haben müssen. Als Universaldienstleistungen sind Telekommunikationsdienstleistungen zu bestimmen, die den Bereichen des Sprachtelefondienstes und des Betreibens von Übertragungswegen ... zuzuordnen sind und deren Erbringung für die Öffentlichkeit als Grundversorgung unabdingbar geworden ist ...

§ 24 (auszugsweise)
Entgelte haben sich an den Kosten der effizienten Leistungsbereitstellung zu orientieren und den Anforderungen nach Absatz 2 zu entsprechen ....

§ 41 Abs. 1
Die Bundesregierung wird ermächtigt, zum besonderen Schutze der Nutzer, insbesondere der Verbraucher, durch Rechtsverordnung mit Zustimmung des Bundesrates Rahmenvorschriften für die Inanspruchnahme von Telekommunikationsdienstleistungen für die Öffentlichkeit zu erlassen.

§ 89 (auszugsweise)

Die Bundesregierung erläßt für Unternehmen, die geschäftsmäßig Telekommunikationsdienste erbringen oder an der Erbringung solcher Dienste mitwirken, durch Rechtsverordnung ... Vorschriften zum Schutze personenbezogener Daten der an der Telekommunikation Beteiligten, welche die Erhebung, Verarbeitung und Nutzung dieser Daten regeln. Die Vorschriften haben dem Grundsatz der Verhältnismäßigkeit insbesondere der Beschränkung der Erhebung, Verarbeitung und Nutzung auf das Erforderliche sowie dem Grundsatz der Zweckbindung zu tragen. Dabei sind Höchstfristen für die Speicherung festzulegen und insgesamt die berechtigten Interessen des jeweiligen Unternehmens und der Betroffenen zu berücksichtigen.

Daraus folgt zusammenfassend, daß die Anbieter von Telekommunikationsdienstleistungen seit 1996 einer weitgehenden Überwachung und Kontrolle des Staates unterliegen und daß der Verbraucher sowohl in datenschutzrechtlicher als auch schadensersatzrechtlicher Hinsicht weitgehend geschützt ist. Es ist damit zu rechnen, daß demnächst zahlreiche Verordnungen der Bundesregierung in diesem Bereich ergehen werden, je nachdem, wie die technische Entwicklung fortschreitet und vor allem, wie sich die Internet-Nutzung entwickelt. Die daraus entstehenden internationalrechtlichen Abgrenzungsfragen dürften jedoch noch weitgehend ungeklärt sein.

Ausblick auf das IT-Recht

Das Recht der Informationstechnologie (kurz IT-Recht) hat sich inzwischen als Oberbegriff für die zahlreichen Rechtsfragen entwickelt, die mit der EDV und speziell mit dem Internet zusammenhängen, wovon einige vorstehend behandelt wurden. Wer mit dieser Materie beruflich oder privat zu tun hat, muß einen Spezialisten zu Rate ziehen, der sowohl die entsprechenden Spezialkenntnisse in diesem Bereich als auch ein gutes Verständnis für die EDV und insoweit umfassende Erfahrungen hat. Für die Zwecke dieses Handbuchs kann nur angedeutet werden, welche Rechtsbereiche vom IT-Recht umfaßt werden: Sämtliche Fragen betreffend Verträge über Soft- und Hardware, Urheberrecht und Patentrecht sowie Markenschutz im Bereich der Software, Verträge mit Rechenzentren, Vertriebsverträge, Produkthaftung und vor allem sämtliche Rechtsfragen im Zusammenhang mit dem Internet, zum Beispiel Geschäftsabwicklung über Internet, Internetdienstleistungen, Wettbewerbsproblemen und Rechtsfragen betreffend sogenannte Domain-Namen.

Datenschutzrecht

Paul Jedermanns Neffe Norbert hat Ärger mit seinen Bewerbungsschreiben. Er hat an einige Unternehmen Bewerbungen mit eingehenden Lebenslaufdaten verschickt, zum Teil hat er gar keine Antwort erhalten, zum Teil ablehnende Bescheide. Daraufhin hat er von diesen Firmen seine Bewerbungsunterlagen zurückverlangt, jedoch in einem Fall vergeblich. Er ist der zutreffenden Meinung, daß er ein Recht auf Rückgabe dieser Unterlagen habe. Weiterhin hat er sich darüber geärgert, daß er laufend über Post, Fax und e-Mail von Firmen Angebote erhält, die ihn nicht interessieren und die offensichtlich irgendwoher persönliche Daten von ihm erlangt und gespeichert haben.

Das Informationszeitalter hat nicht nur dazu geführt, daß Zahlen oder wirtschaftliche Vorgänge gespeichert und auf Abruf zur Verfügung gestellt werden, auch persönliche Daten von Personen sind in die Speicher gelangt. Um hier Mißbrauch zu verhüten, ist das Gesetz zum Schutze vor Mißbrauch personenbezogener Daten bei der Datenverarbeitung (Bundesdatenschutzgesetz – BDSG) ggeschaffen worden. Ergänzend ist die europäische Datenschutzrichtlinie vom 24. Oktober 1995 zu beachten, die am 23. November 1995 im Amtsblatt der EG Nr. 1281 S. 31 ff. veröffentlicht wurde. Diese verstärkt den Datenschutz noch weiter und regelt diesen grenzübergreifend innerhalb der EU. Sie muß in das deutsche Recht übernommen werden.

Das derzeitige Datenschutzrecht enthält folgende wichtige Regelungen:

859

Neben den bisherigen allgemeinen gesetzlichen Bestimmungen zum Schutz der Privatsphäre der Personen ist mit diesem Gesetz ein besonderer Schutz gegen mißbräuchliche Verwendung von Personaldaten geschaffen worden.

Grundsätzlich bestimmt § 1 des Gesetzes insoweit folgendes:

§ 1

(1) Zweck dieses Gesetzes ist es, den Einzelnen davor zu schützen, dass er durch den Umgang mit seinen personenbezogenen Daten in seinem Persönlichkeitsrecht beeinträchtigt wird.

(2) Dieses Gesetz gilt für die Erhebung, Verarbeitung und Nutzung personenbezogener Daten durch

1. öffentliche Stellen des Bundes,
2. öffentliche Stellen der Länder, soweit der Datenschutz nicht durch Landesgesetz geregelt ist und soweit sie
   a) Bundesrecht ausführen oder
   b) als Organe der Rechtspflege tätig werden und es sich nicht um Verwaltungsangelegenheiten handelt,
3. nicht-öffentliche Stellen, soweit sie die Daten unter Einsatz von Datenverarbeitungsanlagen verarbeiten, nutzen oder dafür erheben oder die Daten in oder aus nicht automatisierten Dateien verarbeiten, nutzen oder dafür erheben, es sei denn, die Erhebung, Verarbeitung oder Nutzung der Daten erfolgt ausschließlich für persönliche oder familiäre Tätigkeiten.

(3) Soweit andere Rechtsvorschriften des Bundes auf personenbezogene Daten einschließlich deren Veröffentlichung anzuwenden sind, gehen sie den Vorschriften dieses Gesetzes vor. Die Verpflichtung zur Wahrung gesetzlicher Geheimhaltungspflichten oder von Berufs- oder besonderen Amtsgeheimnissen, die nicht auf gesetzlichen Vorschriften beruhen, bleibt unberührt.

(4) Die Vorschriften dieses Gesetzes gehen denen des Verwaltungsverfahrensgesetzes vor, soweit bei der Ermittlung des Sachverhalts personenbezogene Daten verarbeitet werden.

(5) Dieses Gesetz findet keine Anwendung, sofern eine in einem anderen Mitgliedstaat der Europäischen Union oder in einem anderen Vertragsstaat des Abkommens über den Europäischen Wirtschaftsraum belegene verantwortliche Stelle personenbezogene Daten im Inland erhebt, verarbeitet oder nutzt, es sei denn, dies erfolgt durch eine Niederlassung im Inland. Dieses Gesetz findet Anwendung, sofern eine verantwortliche Stelle, die nicht in einem Mitgliedstaat der Europäischen Union oder in einem anderen Vertragsstaat des Abkommens über den Europäischen Wirtschaftsraum belegen ist, personenbezogene Daten im Inland erhebt, verarbeitet oder nutzt. Soweit die verantwortliche Stelle nach diesem Gesetz zu nennen ist, sind auch Angaben über im Inland ansässige Vertreter zu machen. Die Sätze 2 und 3 gelten nicht, sofern Datenträger nur zum Zweck des Transits durch das Inland eingesetzt werden. § 38 Abs. 1 Satz 1 bleibt unberührt

Der Gesetzgeber hat diesen Datenschutz des Bürgers für so hochrangig erachtet, daß er eine besondere Kontrollstelle geschaffen hat, den sogenannten Bundesbeauftragten für den Datenschutz (§ 21 BDSG).

Verstöße gegen das Bundesdatenschutzgesetz werden als Ordnungswidrigkeiten oder gegebenenfalls Straftaten gemäß §§ 43, 44 BDSG geahndet.

Die Strafbestimmungen des Datenschutzes haben weitere Probleme aufgeworfen. Vor Inkrafttreten des Bundesdatenschutzgesetzes gab es bereits in den einzelnen Ländern der Bundesrepublik Deutschland Datenschutzgesetze, welche inhaltlich nicht in allen Punkten mit dem Bundesdatenschutzgesetz übereinstimmten. Inzwischen haben alle Länder eigene Datenschutzgesetze erlassen, die nunmehr mit dem BDSG übereinstimmen und lediglich zusätzliche Landesregelungen enthalten.

Das Datenschutzgesetz stößt sich häufig mit anderen Gesetzen. In Strafprozessen wegen Verletzung von Unterhaltspflichten von Eltern gegenüber ihren Kindern haben die Justizbehörden in solchen Verfahren unter Berufung auf §§ 96, 161 StPO, Akten von Sozialbehörden und Arbeitsämtern beschlagnahmt. Nun gibt aber § 35 Sozialgesetzbuch (SGB) jedem Betroffenen einen Anspruch auf Geheimhaltung von personenbezogenen Daten, die solchen Leistungsträgern offenbart sind. Rechtsprechung und Rechtswissenschaft sind hier durchaus verschiedener Auffassung. Die Rechtsprechung ist für die Zulässigkeit der Beschlagnahme, die Wissenschaft ist im Prinzip anderer Ansicht.

860

Ferner wurde ein besonderer Straftatbestand im Strafgesetzbuch mit folgendem Inhalt eingefügt:

§ 202 a

(1) Wer unbefugt Daten, die nicht für ihn bestimmt und die gegen unberechtigten Zugang besonders gesichert sind, sich oder einem anderen verschafft, wird mit Freiheitsstrafe bis zu drei Jahren oder mit Geldstrafe bestraft.

(2) Daten im Sinne des Absatzes 1 sind nur solche, die elektronisch, magnetisch oder sonst nicht unmittelbar wahrnehmbar gespeichert sind oder übermittelt werden.

Desgleichen ist die Fälschung beweiserheblicher Daten nunmehr in § 269 StGB in Verbindung mit § 270 StGB wie folgt geregelt:

§ 269

(1) Wer zur Täuschung im Rechtsverkehr beweiserhebliche Daten so speichert oder verändert, daß bei ihrer Wahrnehmung eine unechte oder verfälschte Urkunde vorliegen würde, oder derart gespeicherte oder veränderte Daten gebraucht, wird

mit Freiheitsstrafe bis zu fünf Jahren oder mit Geldstrafe bestraft.

(2) Der Versuch ist strafbar.

(3) § 267 Abs. 3 und 4 gilt entsprechend

§ 270

Der Täuschung im Rechtsverkehr steht die fälschliche Beeinflussung einer Datenverarbeitung im Rechtsverkehr gleich.

Grundlage des Datenschutzes ist eine Entscheidung des Bundesverfassungsgerichts (BVerfGE 27,6), wonach jedem Bürger ein »unantastbarer Bereich privater Lebensgestaltung« zu gewährleisten ist.

Das Bundesamt für Sicherheit in der Informationstechnik soll unter anderen sicherstellen, daß eine wirksame Datenschutztechnologie geschaffen wird, die geeignete Sicherungen in den Datensystemen gegen Mißbrauch von Daten gewährleistet.

Zusätzlich zum BDSG gibt es besondere Datenschutzregelungen für Einzelbereiche unter anderen in folgenden Gesetzen:

Melderechtsrahmengesetz, Gesetz über Statistik für Bundeszwecke, Bundeszentralregistergesetz, Straßenverkehrsgesetz, Bundesverfassungsschutzgesetz.

Man unterscheidet Datenschutz gegenüber öffentlichen Behörden und im nicht-öffentlichen Bereich (gegenüber Privaten).

Die Verarbeitung personenbezogener Daten in Dateien ist nur zulässig, wenn diese gesetzlich gestattet ist. Insofern hat jeder Betroffene weitreichende Rechte auf Auskunft und gegebenenfalls Löschung solcher Daten (§§ 19, 20 und 34, 35 BDSG). Auch gibt es einen verschuldensunabhängigen Schadensersatzanspruch (§ 7 BDSG).

Bezüglich der Datenverarbeitung durch Dritte, also besonders bei Adressbuchverlagen und Direktvertriebsfirmen, ist zu unterscheiden, ob diese zu eigenen Zwecken (§ 28) oder für fremde Zwecke (also zum Beispiel für andere Firmen etc.) erfolgt (§§ 29 ff.).

Grundsätzlich ist die Speicherung und Verarbeitung von Daten für eigene Geschäftszwecke im Rahmen der Zweckbestimmung eines Vertragsverhältnisses erlaubt oder bei Wahrung berechtigter Interessen der speichernden Stelle (zum Beispiel auch für wissenschaftliche Forschung) oder wenn die Daten aus allgemein zugänglichen Quellen stammen oder wenn berechtigte Interessen eines Dritten vorliegen oder es sich nur um listenmäßig zusammengefaßte Daten über Angehörige einer Berufsgruppe handelt (aber dann nur Angaben über Name und Anschrift, Geburtsjahr, Titel und Berufsgruppe). Hier besteht aber ein Widerspruchsrecht des Betroffenen (§ 28 Abs. 4 BDSG).

Nicht zulässig ist grundsätzlich die Speicherung und Übermittlung von Daten für Geschäftszwecke über gesundheitliche Verhältnisse, strafbare Handlungen, Ordnungswidrigkeiten, religiöse oder politische Anschauungen oder arbeitsrechtliche Rechtsverhältnisse.

Am bedeutsamsten ist die persönliche Datenspeicherung für Geschäftszwecke. Die Hauptfälle sind: Auskunfteien, Adressverlage, Detekteien, Markt- und Meinungsforschungsinstitute, Rechenzentren etc. Hierzu gibt es ausführliche gesetzliche Regelungen, deren Einzelheiten hier nicht dargestellt werden können. Es wird verwiesen auf §§ 11, 29 und 30 BDSG. Von großer Bedeutung wird künftig auch noch das Teledienstedatenschutzgesetz (TDDSG) sein, welches als Teil des Informations- und Kommunikationsdienstegesetzes den Datenschutz innerhalb der Teledienste wie zum Beispiel im Internet oder in Online-Diensten regelt.

Leasingverträge

Paul Jedermann hat schon öfters von »Leasing« gehört, ohne damit eine bestimmte Vorstellung verbinden zu können und fragt sich, ob diese Rechtsfigur nicht auch für ihn von Bedeutung sein könnte. Dazu ist grundsätzlich zu bemerken, daß Leasingverträge in erster Linie für Geschäftsleute von Interesse sind, welche auf ein umfangreiches Betriebsvermögen angewiesen sind. Der Kauf solcher beweglichen Sachen verlangt einen erheblichen Kapitaleinsatz und ist steuerlich mit dem Nachteil verbunden, daß der Kaufpreis bei den größeren Objekten nicht im Erwerbsjahr steuerlich abgezogen werden kann, sondern auf Jahre zu verteilen ist. Im angelsächsischen Rechtsbereich ist die Rechtsfigur „Leasing« entstanden mit dem Grundgedanken, daß ein langlebiges Wirtschaftsgut von dem Nutzenden nicht zu Eigentum erworben wird.

Im deutschen Recht findet sich das gleiche Grundprinzip im Miet- und Pachtrecht des BGB mit der Ausgestaltung, daß das Risiko der Verschlechterung der Miet- oder Pachtsache durch Abnutzung oder auftretende Mängel der Vermieter oder Verpächter zu tragen hat. Gerade entgegengesetzt ist das Leasing dahin ausgestaltet, daß dieses Risiko der Nutzende zu tragen hat, so, als sei er gewissermaßen Eigentümer der geleasten Sache.

Der Leasinggeber hat demnach Eigentümerstellung, welche dadurch geschützt ist, daß dem Leasingnehmer untersagt ist, die geleaste Sache zu veräußern oder zu belasten, und daß der Leasinggeber im Falle von Pfändungen in das Leasinggut durch Gläubiger des Leasingnehmers diese abwenden kann. Vertraglich ist dabei vereinbart, daß der Leasingnehmer in einem solchen Fall den Leasinggeber zu unterrichten hat und auch berechtigt und verpflichtet ist, im Namen des Leasinggebers die Abwehrmaßnahmen zu ergreifen. Diese Rechtsfigur ist in dieser Ausgestaltung im deutschen BGB nicht ausdrücklich geregelt und ist daher ein Vertrag »sui generis«. Solche Verträge werden von der Rechtsprechung regelmäßig in Anlehnung an die Vertragstypen des deutschen Rechts gemessen. Je nach der Ausgestaltung werden diese Verträge mehr dem Kaufrecht zugeordnet oder dem Mietrecht. Der Bundesgerichtshof hat in einer grundlegenden Entscheidung vom 5. April 1978 sich dahin ausgesprochen, daß ein starker mietrechtlicher Einschlag bei diesen Verträgen vorliegt. Man unterscheidet mehrere verschiedene Leasingarten, insbesondere:

1. Das »Finanzierungsleasing« ist die gebräuchlichste Ausgestaltung der Leasingverträge und der Typenfall in der Praxis. Er stellt sich als eine Dreierbeziehung zwischen dem Hersteller des Leasingobjektes, dem Leasinggeber und dem Leasingnehmer (Nutzer) dar.

Der betriebswirtschaftliche Anreiz für eine solche Vertragsgestaltung liegt in folgenden Überlegungen:

Bei einem aufwendigen Wirtschaftsgut will der Hersteller nach Möglichkeit dieses Gut gegen den vollen Kapitalaufwand zuzüglich eines angemessenen Veräußerungspreises auf den Markt bringen. Der am Erwerb interessierte Unternehmer müßte bei einem Erwerb durch Kaufvertrag dem Betrieb erhebliche Betriebsmittel entziehen. Der Interessenkonflikt löst sich durch die Einschaltung eines Leasinggebers, meist einer GmbH, deren Unternehmensgegenstand das Leasinggeschäft ist.

Solche GmbHs werden oft auch von den Herstellerfirmen geschaffen, die dann als ihre Tochterunternehmen das Leasinggeschäft betreiben. Will zum Beispiel ein Unternehmer die Hardware eines bestimmten Computertyps nicht erwerben, sondern »leasen«, dann wird der Leasinggeber eingeschaltet. Er kauft von dem Hersteller das Leasinggut und schließt mit dem Nutzer den Leasingvertrag, mit welchem das Leasinggut dem nunmehrigen Leasingnehmer zur zeitlichen Nutzung überlassen wird.

2. Das sogenannte »Herstellerleasing« ist weniger gebräuchlich. Hier entfällt die Einschaltung eines Dritten als Leasinggeber. Es wird der Leasingvertrag vielmehr direkt zwischen dem Hersteller und dem Nutzer abgeschlossen.

3. Das »Operatingleasing« ist eine spezielle Ausgestaltung der Rechtsfigur Leasing für die Fälle, in welchen kostenträchtige Anschaffungen nur für eine vorübergehende Zeit gemacht werden sollen. Die Vertragsgestaltung ist in einem solchen Fall folgende:

Der Nutzer schließt mit dem Hersteller über das ausgewählte Objekt einen Mietvertrag, in welchem dem Hersteller vorbehalten ist, daß er die Rechte aus diesem Mietvertrag an einen Leasinggeber abtreten kann.

Nach erfolgter Abtretung erhält dann der Nutzer als Mieter die Nachricht, daß sein Vertragspartner nunmehr der Leasinggeber ist, an den auch die Mietraten zu entrichten sind.

Der Leasinggeber pflegt sich dann bei einer Bank zu refinanzieren und weist den Leasingnehmer an, die Mietzahlungen an die Bank zu leisten.

Die Entscheidung für den Abschluß eines Leasingvertrages ist oft von steuerrechtlichen Überlegungen beeinflußt, weil die »Abschreibungen« des Leasingobjektes je nach Vertragsgestaltung auf die eine oder andere Vertragspartei verlagert werden können. Insoweit ist gerade das sehr häufig vereinbarte »Finanzierungsleasing« gebräuchlich, welches insbesondere für PKW und EDV-Anlagen üblich geworden ist.

Zum Beispiel könnte Fritz Sorgenfrei seine Computerhardware auch in Form eines Leasingvertrages wie folgt erwerben:

Leasingvertrag

Zwischen

der Merkator Leasing GmbH, Offenbach, vertreten durch ihren Geschäftsführer

(Leasinggeber)

und

der Firma Fritz Sorgenfrei, Frankfurt/Main (Leasingnehmer)

über eine Computerhardware.

§ 1

(1) Der Leasingnehmer hat bei der Delta Computer GmbH in Frankfurt am Main eine Computeranlage (Hardware) ausgewählt, welche in der Anlage 1 zu diesem Vertrag spezifiziert ist.

(2) Die Vertragsparteien haben vereinbart, daß der Leasinggeber diese Anlage von der Delta Computer GmbH erwirbt und nach Maßgabe dieses Vertrages dem Leasingnehmer überläßt.

§ 2

Die Laufzeit des Leasings wird auf 100 Monate festgelegt, beginnend mit dem Ersten des Monats, der von der Installation der Anlage im Betrieb des Leasingnehmers erfolgt (Grundleasingzeit).

§ 3

(1) Für die Überlassung der Anlage hat der Leasingnehmer an den Leasinggeber einen monatlich zu entrichtenden Betrag von ... Euro (in Worten ... Euro) zu zahlen, dem als Berechnungsgrundlage der von dem Leasinggeber entrichtete Kaufpreis zugrunde liegt.

(2) Die monatliche Leasingrate ist bis zum 10. eines jeden Monats zu zahlen, für den ersten Monat innerhalb von 10 Tagen seit Auslieferung.

(3) Nach Ablauf der Grundleasingzeit kann der Leasingnehmer die Anlage zum Preis von ... Euro erwerben.

§ 4

(1) Die Anlage verbleibt im Eigentum des Leasinggebers. Die Gefahr des zufälligen Untergangs oder der zufälligen Verschlechterung der Anlage trägt der Leasingnehmer. Dieser ist verpflichtet, die Anlage angemessen gegen jedes Risiko zu versichern.

(2) Der Leasingnehmer verpflichtet sich, die Anlage pfleglich zu behandeln und angemessene Vorkehrungen gegen ihre Beschädigung zu treffen.

(3) Eine etwaige Verbindung der Anlage mit dem Grund und Boden im Betrieb des Leasingnehmers erfolgt nur zum vorübergehenden Zweck im Sinne des § 95 BGB. Veränderungen an der Anlage dürfen nur mit Zustimmung des Leasinggebers vorgenommen werden.

§ 5

Für Sach- oder Rechtsmängel des Vertragsobjekts haftet der Leasinggeber nicht. Er tritt insoweit an den Leasingnehmer alle seine diesbezüglichen Ansprüche aus seinem Kaufvertrag mit der Delta Computer GmbH ab, insbesondere die Gewährleistungs- und Garantieansprüche. Soweit ihm Ansprüche gegen Dritte aufgrund seines Eigentums auf Herausgabe und Schadensersatz zustehen und solche in Zukunft entstehen, tritt er auch diese an den Leasingnehmer ab.

§ 6

(1) Eine Kündigung des Leasingvertrages während der Laufzeit des Vertrages ist beiderseits nur aus wichtigen Gründen zulässig. Der Leasinggeber kann aus wichtigem Grund kündigen, wenn

– der Leasingnehmer mit mehr als zwei Leasingraten in Verzug gerät,

– der Leasingnehmer in Vermögensverfall gerät, insbesondere seine Zahlungen einstellt oder das Insolvenzverfahren gegen ihn eröffnet wird,

– der Leasingnehmer seinen Geschäftsbetrieb einstellt.

(2) Für den Fall der fristlosen Kündigung und der dadurch erfolgten Beendigung des Vertrages wird folgendes vereinbart:

(3) Ist der Leasinggeber zur fristlosen Kündigung berechtigt und kündigt er aus diesem Grunde, so ist der Leasingnehmer zum Schadensersatz wegen Nichterfüllung des Vertrages verpflichtet. Der Schaden ist konkret zu berechnen.

(4) Der Leasinggeber kann seine Rechte aus diesem Vertrag an Dritte abtreten, was dem Leasingnehmer nicht gestattet ist.

Frankfurt/Main, den

....
Fa. Fritz Sorgenfrei

....
Merkator Leasing GmbH

Modernes Baurecht und Architektenrecht

Fritz Sorgenfrei hat viel über die Probleme der Geldentwertung gelesen. Von allen Ratschlägen erscheint ihm derjenige der beste zu sein, sein Kapital in Grundbesitz anzulegen. Deshalb beschließt er, auf einem ihm gehörenden unbebauten Grundstück ein Einfamilienhaus zu errichten. Schon bald hat er eine geeignete solide Baufirma und einen Architekten gefunden. Nachdem er sich auch über deren Honorare beziehungsweise Vergütungen einig geworden ist und entsprechende Vertragsentwürfe erhält, möchte er von seinem Rechtsberater wissen, was er vor Unterzeichnung der Verträge beachten muß.

Dieser führt ihn in die Grundzüge des Baurechts ein. Man unterscheidet das private Baurecht, also die Rechtsbeziehungen zwischen dem Bauherrn und der Baufirma. Hierfür sind im wesentlichen die Regelungen des Werkvertragsrechts des BGB (§§ 631 ff. BGB) sowie – meist bei größeren Bauvorhaben – die sogenannte Verdingungsordnung für Bauleistungen Teil B (= VOB) maßgeblich. Davon unabhängig sind die Regelungen des öffentlichen Baurechts zu beachten, woraus sich ergibt, welche Art von Bauten überhaupt zulässig und welche Bauvorschriften zu beachten sind. Insbesondere sind das Baugesetzbuch sowie die einzelnen Länderbauordnungen zu beachten, ferner das Baugesetzbuch-Maßnahmengesetz vom 28. April 1993, das Städtebauförderungsgesetz und die Baunutzungsverordnung vom 22. April 1993. Die einzelnen Bestimmungen dieser Gesetze müssen der Architekt und die Baufirma kennen und beachten. Diese müssen auch den Bauantrag bei der zuständigen Baubehörde der Stadt einreichen und gegebenenfalls eine rechtsverbindliche Bauvoranfrage bei diesem Amt einreichen.

Erst wenn diese Voraussetzungen gegeben sind, darf mit dem Bau begonnen werden. Zunächst wird der Architektenvertrag besprochen. Dies ist in aller Regel ein Werkvertrag, so daß sich die Gewährleistung für Fehler nach §§ 633 ff. BGB richtet, mit der Folge einer 5-jährigen Verjährungsfrist für solche Ansprüche. Dabei ist zu beachten, daß in aller Regel für etwaige Mängel am Bauwerk der Architekt neben der Baufirma als Gesamtschuldner haftet, wenn diese gleichzeitig auf einem Planungs- und Überwachungsfehler des Architekten beruhen.

Die Vergütung des Architekten ist gem. § 641 BGB mit der Abnahme des Werks fällig, soweit die HOAI (Honorarordnung für Architekten) nichts anderes ergibt. Wenn diese anwendbar ist, staffelt sich das Architektenhonorar wie folgt:

1. Grundlagenermittlung   3 %
2. Vorplanung   7 %
3. Entwurfsplanung   11 %
4. Genehmigungsplanung   6 %
5. Ausführungsplanung   25 %
6. Vorbereitung der Vergabe   10 %
7. Mitwirkung bei der Vergabe   4 %
8. Objektüberwachung   31 %
9. Objektbetreuung und Dokumentation   3 %

Die Höhe des Honorars ermittelt sich je nach Honorarzone aus den Baukosten sowie den vertraglich vereinbarten Leistungen. Die vorstehenden Sätze des Honorars dürfen nur bei schriftlicher Vereinbarung über- oder unterschritten werden und auch nur, wenn dies bei Auftragserteilung vereinbart wurde (§ 4 IV HOAI).

Hinsichtlich des Vertrages mit der Baufirma muß Fritz Sorgenfrei zunächst die Entscheidung treffen, ob er für jede Bauleistung eine Spezialfirma selbst beauftragen will oder – was meist ratsamer ist – das gesamte Bauwerk durch einen Generalunternehmer (sogenannter GU) errichten läßt, der seinerseits auf eigene Kosten und Risiko sogenannte Subunternehmer einschaltet. Dafür erhält dieser natürlich einen zusätzlichen Generalunternehmerzuschlag auf die Baukosten.

Für viele Bauverträge, insbesondere bei größeren Bauprojekten, wird die Geltung der sogenannte VOB/B (= Verdingungsordnung für Bauleistungen) in der neuesten Ausgabe vereinbart. Diese enthält – viel weitergehend als das Werkvertragsrecht der §§ 631 ff. BGB –, welches sonst für Bauverträge zur Anwendung kommt, eine umfassende und ausgewogene Regelung aller Probleme, die bei der Abwicklung eines Bauvertrages zwischen Bauherrn und Baufirma entstehen können.

Sie enthält gegenüber dem BGB-Werkvertragsrecht unter anderen folgende wichtige Besonderheiten:

Die Gewährleistungsansprüche des Bauherrn: Die VOB sieht im Gegensatz zum BGB die Möglichkeit einer Aufhebung des Vertrages bei gravierenden Mängeln nicht vor. Gewährleistungsansprüche des Bauherrn werden dort beschränkt auf die Mängelbeseitigung gem. § 13 Nr. 5 VOB/B, die Minderung gem. § 13 Nr. 6 und den Schadensersatzanspruch gem. § 13 Nr. 7.

Dabei kann Minderung jedoch nur dann verlangt werden, wenn die Beseitigung des Mangels unmöglich ist oder einen unverhältnismäßig hohen Aufwand erfordert und deshalb vom Unternehmer verweigert wird. Eine Frist zur vorherigen Mängelbeseitigung braucht der Bauherr nicht zu bestimmen (anders nach BGB).

Als wichtigste Gewährleistung gewährt die VOB/B in § 13 Nr. 7 dem Bauherrn Schadensersatzansprüche. Ein Schadensersatzanspruch setzt voraus, daß es sich um einen wesentlichen Mangel handelt, der auf ein Verschulden des Unternehmers oder seines Erfüllungsgehilfen zurückgeht und der die Gebrauchsfähigkeit der Leistung erheblich beeinträchtigt. Für den Schadensersatzanspruch gibt es zwei Formen: In § 13 Nr. 7 VOB/B wird der sogenannte »kleine« und der sogenannte »große« Schadensersatzanspruch geregelt, wobei letzterer höhere Anforderungen an das Verschulden und die Art des Schadens stellt.

866

Nach der VOB beträgt die Verjährungsfrist für Gewährleistungsansprüche bei Bauwerken und Holzerkrankungen vier Jahre, bei Arbeiten an einem Grundstück und für die vom Feuer berührten Teile von Feuerungsanlagen zwei Jahre. Damit sind die Verjährungsfristen im Rahmen der VOB zugunsten der Bauunternehmer etwas abgekürzt, denn nach § 634a BGB beträgt die Verjährungsfrist bei Bauwerken zum Beispiel fünf Jahre.

Allerdings ist in § 13 Nr. 5 Abs. 1 dem Bauherrn die Möglichkeit eröffnet, auch nach Ablauf der Verjährungsfrist die Beseitigung von Mängeln durch den Auftragnehmer zu verlangen. Dies ist jedoch nur dann möglich, wenn der Bauherr vor Ablauf der Verjährungsfrist dem Auftragnehmer schriftlich eine Mängelrüge zusendet, was nach BGB nicht genügt. Hier kann die Verjährungsfrist nur durch eine Klage oder vergleichbare (in §§ 203, 204 BGB geregelte) Maßnahmen unterbrochen werden.

Durch die schriftliche Mängelrüge, die nur einmal erhoben werden kann, wird die Verjährungsfrist der VOB gehemmt. Erneute Hemmungen setzen ebenfalls eine Klage oder entsprechende Maßnahmen gem. §§ 203 ff. BGB voraus.

Jedenfalls beginnt mit Erhebung der Mängelrüge eine neue zweijährige Verjährungsfrist zu laufen, wobei eine weitere Aufforderung keine neue Frist mehr in Lauf setzt.

Die 5-jährige (beziehungsweise 1-jährige oder 6-monatige) Verjährungsfrist gemäß § 634a BGB kann nicht durch eine schriftliche Mängelrüge, sondern nur durch rechtzeitige Klageeinreichung gehemmt werden. Die Einholung eines Rechtsrates ist unerläßlich.

Folgendes Muster eines einfachen Vertrages (ohne Vereinbarung der VOB) kann für einen Bauvertrag mit Vereinbarung eines Pauschalpreises verwendet werden:

Bauvertrag

Über die schlüsselfertige Erstellung des Bauvorhabens (Einfamilienhaus) in Frankfurt/Main, Rosenweg 23

1. <u>Auftragnehmer:</u>   **Bauherr:**
Firma

                                      Bauvorhaben:
                                      Planung:
                                      Bauüberwachung:

2. <u>Preisvereinbarung:</u>   Pauschalpreis (ohne MWSt):   ....
                                   zuzüglich MWSt: ....

                                   Gesamtsumme   ....

3. <u>Weitere Vertragsbestandteile:</u>
Der Umfang der vom Auftragnehmer zu erbringenden Leistungen richtet sich nach der Ausschreibung des Bauherrn und dem schriftlichen Angebot des Auftragnehmers vom ...... und den zusätzlichen Angebots- und Vertragsbedingungen des Auftragnehmers vom ....

Die Baugenehmigung vom ..... nebst den bauamtliche genehmigten Ausführungsplänen.

4. **Vergütung:**
Der Auftragnehmer erhält für die Durchführung seiner Arbeiten eine Vergütung entsprechend den Einheitspreisen in dem Angebot und entsprechend den Massen, die die Vertragsparteien nach Abnahme des Werkes ermitteln werden (alternativ ist auch möglich die Vereinbarung eines Pauschalpreises).

5. **Abschlagszahlungen** auf die Vergütung erfolgen gemäß dem Zahlungsplan vom ...

6. **Die Ausführungsfrist** ergibt sich aus dem Terminplan vom ...

7. **Sicherheitsleistung des Auftragnehmers** in Höhe von 5% der Auftragssumme (incl. MWSt.) für die Dauer der Gewährleistungszeit ist bei Vorlage der Schlußrechnung zu erbringen.

8. **Sicherheitsleistung des Bauherrn** für die Zahlung ist in folgender Höhe zu erbringen:

9. **Verjährungsfrist** für die Gewährleistung ist fünf Jahre ab Fertigstellung.

10. **Vertragsstrafe** bei Überschreitung der Ausführungsfrist pro Arbeitstag beträgt:

11. **Bauwesenversicherung** ist vom Auftragnehmer abgeschlossen und im Pauschalpreis enthalten.

12. **Bauwasser, Baustrom und Bauschuttbeseitigung** sind vom Auftragnehmer zu veranlassen und im Pauschalpreis enthalten.

13. **Weitere Vertragsbedingungen:**
– Auf diesen Vertrag sind die Vorschriften der VOB anzuwenden, soweit sich ausdrücklich aus den Vereinbarungen nichts anderes ergibt, wie insbesondere hinsichtlich der Gewährleistungsfrist.
– Der Auftragnehmer kann vom Bauherrn eine Sicherheitsleistung gemäß § 6 48a BGB verlangen. Der Bauherr kann diese Sicherheitsleistung auch durch Bankbürgschaft erbringen.

14. **Gerichtsstandsklausel**

15. Sonstige übliche **Schlußbestimmungen** wie zum Beispiel Schriftformklausel und die salvatorische Klausel, daß der Vertrag nicht insgesamt unwirksam wird, wenn einzelne Bestimmungen sich als unwirksam erweisen sollten.

Vor einiger Zeit erfolgte eine Gesetzesänderung, die es insbesondere Handwerkern ermöglichen soll, schneller zu ihrem Geld zu kommen:

Gemäß einem neuen § 632a BGB kann ein Bauunternehmer oder Handwerker »für in sich geschlossene Teile des Werks« Abschlagszahlungen verlangen. Das gilt auch für besonders angelieferte oder angefertigte Baustoffe.

Ferner darf wegen »unwesentlicher Mängel« die Abnahme und Zahlungsfrist nicht mehr hinausgezögert werden (§ 640 BGB).

Mit einer sogenannten »Fertigstellungsbescheinigung« eines Gutachters können die Zahlungsvoraussetzungen erleichtert werden (§ 641a BGB).

Schon seit längerer Zeit gibt es die Möglichkeiten, eine Bauunternehmersicherungshypothek (§ 648 BGB) zu erwirken und eine Sicherheitsleistung des Bestellers zu verlangen (§ 648 a BGB).

Architektenvertrag

Zwischen dem Bauherrn Paul Jedermann,
nachfolgend Bauherr genannt,
und
dem Architekten Hans Krummhaus,
nachfolgend Architekt genannt,

wird folgender Architektenvertrag abgeschlossen:

§ 1

Der Bauherr beauftragt hiermit den Architekten, für das Bauvorhaben auf dem Grundstück .... folgende Leistungen zu erbringen:

– Grundlagenermittlung

– Projekt- und Planungsvorbereitung

– Entwurfsplanung

– Genehmigungsplanung

– Ausführungsplanung

– Vorbereitung der Vergabe

– Mitwirkung bei der Vergabe

Dem Architekten obliegt auch die Bauüberwachung. Sie beinhaltet auch die Überwachung der Übereinstimmung mit der Baugenehmigung und die Kontrolle, daß die Ausführungspläne in künstlerischer, technischer und wirtschaftlicher Hinsicht der Leistungsbeschreibung entsprechen und mit den anerkannten Regeln der Technik sowie den einschlägigen gesetzlichen Bestimmungen übereinstimmen.

§ 2

Der Architekt ist verpflichtet, die ordnungsgemäße und fristgerechte Beseitigung von Baumängeln durch den Bauunternehmer zu überwachen, gegebenenfalls diesbezügliche Anweisungen zu erteilen.

§ 3

(1) Das Honorar des Architekten richtet sich nach den Grundsätzen der Honorarordnung für Architekten (HOAI) Teil II.

(2) Als Bausumme wird zwischen den Vertragsparteien für diese Abrechnung zu Grunde gelegt: .... Euro.

§ 4

Der Architekt ist verpflichtet, die Interessen des Bauherrn über den Bauunternehmer zu wahren und in dessen Vertretung die notwendigen Weisungen am Bau zu erteilen. Er wird hierzu ausdrücklich bevollmächtigt und wird auf Wunsch eine Vollmacht in gesonderter Urkunde erhalten. Er darf jedoch finanzielle Verpflichtungen für den Bauherrn nur dann eingehen, wenn er vorher dessen Zustimmung eingeholt hat, ausgenommen der Fall, daß Gefahr im Verzug ist und der Bauherr nicht erreicht werden kann, unter der Voraussetzung, daß er nach pflichtgemäßem Ermessen das Einverständnis des Bauherrn unterstellen kann.

§ 5

Über die Auswahl der Baufirmen für die Ausführung der einzelnen Leistungen entscheidet alleine der Bauherr nach vorheriger Anhörung des Architekten aufgrund von dessen Vorschlägen.

§ 6

Schlußbestimmungen.

Ort, Datum

....

Diese Muster für Bauvertrag und Architektenvertrag enthalten absolute Mindestbestimmungen. Im Einzelfall wird es erforderlich sein, weitere Dinge zu regeln, insbesondere bei größeren Bauvorhaben, so daß dann die Einholung von rechtlichem Rat für den Abschluß solcher Verträge unerläßlich ist. **869**

Umweltrecht

Fritz Sorgenfrei beabsichtigt die Gründung einer Firma, die sich unter anderen mit der Herstellung von Kunststoffen, Verpackungsmaterialien und ähnlichen Produkten befassen soll. Paul Jedermann möchte sogar in das Großbaugeschäft einsteigen und mit einem Partner eine Gesellschaft gründen, die Ferienhotels und -häuser baut. Gewarnt durch Hinweise von Freunden, daß hier hohe Kostenbelastungen wegen umweltrechtlicher Vorsorgemaßnahmen und Abgaben auf sie zukommen können, beauftragen sie einen Anwalt mit einer Beratung über das einschlägige Umweltrecht.

Die wesentlichen Erkenntnisse dieser Beratung sind die folgenden:

Es bestehen gesetzliche Planungen, ein einheitliches »Umweltgesetzbuch« zu erlassen. Solange diese jedoch noch nicht über das Entwurfsstadium hinausgekommen sind, müssen jeweils die maßgeblichen Einzelgesetze beachtet werden.

Folgende Bereiche unterliegen einer Umweltschutzregelung:

1. Schutz von Boden und Natur
2. Umgang mit Wasser
3. Die Reinhaltung der Luft
4. Umgang mit Abfallstoffen
5. Umgang mit gefährlichen Stoffen, insbesondere am Arbeitsplatz
6. Umgang mit kerntechnischen Anlagen
7. Haftungsregelungen für Umweltschäden, insbesondere bei Altlasten.

Der Umweltschutz ist als »Grundrecht« in Art. 20a des Grundgesetzes aufgenommen worden. Derzeit besteht er weitgehend noch in verwaltungsrechtlichen Vorschriften, wie zum Beispiel in Form des Naturschutz-, Wasserhaushalts-, Abfall-, Lufterhaltungs-, Lärmbekämpfungs-, Immissionsschutz-, Atom-, Strahlenschutz-, Energieeinsparungs-, Chemikaliengesetzes sowie des Umweltstrafrechts.

Das Zivilrecht war auf diesem Gebiet weitgehend veraltet, so daß erst durch das Umwelthaftungsgesetz vom 10.12.1990 eine zeitgemäße Regelung getroffen wurde. Dessen Grundbestimmung (§ 1) lautet:

> § 1
> Wird durch eine Umwelteinwirkung, die von einer im Anhang 1 genannten Anlage ausgeht, jemand getötet, sein Körper oder seine Gesundheit verletzt oder eine Sache beschädigt, so ist der Inhaber der Anlage verpflichtet, dem Geschädigten den daraus entstehenden Schaden zu ersetzen.

Bezüglich des Schutzes von Boden und Natur sind insbesondere die Landesbauordnungen, aber auch die Naturschutzgesetze des Bundes und der Länder zu beachten. Ferner ist auf das Gesetz über die Umweltverträglichkeitsprüfung (UVPG) vom 12. Februar 1990 hinzuweisen. Aus der Anlage zu § 3 UVPG ergibt sich, für welche Vorhaben der Fachplanung eine UVP durchzuführen ist. Der Europäische Gerichtshof (EUGH) hat kürzlich entschieden, daß Deutschland die UVP-Richtlinie zum Teil unzureichend umgesetzt hat, so daß hier mit einer »Nachbesserung« zu rechnen ist.

Das Wasserhaushaltsgesetz verpflichtet in § 1a jedermann: »bei Maßnahmen, mit denen Einwirkungen auf ein Gewässer verbunden sein können, die nach den Umständen erforderliche Sorgfalt anzuwenden, um eine Verunreinigung des Wassers oder eine sonstige nachteilige Veränderung seiner Eigenschaften zu verhüten und eine mit Rücksicht auf den Wasserhaushalt gebotene sparsame Verwendung des Wasser zu erzielen«.

870   Für das Einleiten von Abwässern in Gewässer beziehungsweise zur Verminderung dieser unerwünschten Handlungen regelt das Gesetz über Abgaben für das Einleiten von Abwasser in Gewässer (AbwAG) vom 6. November 1990 unter anderen die Erhebung von sogenannten Abwasserabgaben.

Das seit 1974 bestehende Bundesimmissionschutzgesetz (Bim-SchG) in der Fassung vom 19. Oktober 1998 regelt die Genehmigungspflichten, Überwachungen und Anforderungen betreffend Betriebsstätten, Einrichtungen, Maschinen und Grundstücke etc., von denen umweltgefährdende Stoffe ausgehen, wobei die Anlagen katalogmäßig wie folgt aufgeteilt sind:

Wärmeerzeugung, Bergbau, Energie, Stahl, Eisen und sonstige Metalle sowie chemische Erzeugnisse, Arzneimittel und Mineralölraffinerien.

Das Abfallrecht besteht im wesentlichen aus dem Gesetz über die Vermeidung und Entsorgung von Abfällen (AbfG) in der Fassung vom 13. August 1993 und verschiedenen darauf beruhenden Verordnungen, zum Beispiel die Abfall- und Reststoffüberwachungsverordnung vom 3. April 1990, die TA Abfall, die insbesondere den »Sonderabfall« regelt, und die Klärschlammverordnung vom 15. April 1992. Ferner gibt es ein Gerätesicherheitsgesetz und eine Gefahrstoffverordnung.

Das Grundgesetz (Auszug)

Der Parlamentarische Rat hat am 23. Mai 1949 in Bonn in öffentlicher Sitzung festgestellt, daß das am 8. Mai des Jahres 1949 vom Parlamentarischen Rat beschlossene Grundgesetz für die Bundesrepublik Deutschland in der Woche vom 16. bis 22. Mai 1949 durch die Volksvertretungen von mehr als zwei Dritteln der beteiligten deutschen Länder angenommen worden ist.

Aufgrund dieser Feststellung hat der Parlamentarische Rat, vertreten durch seinen Präsidenten, das Grundgesetz ausgefertigt und verkündet. Im Laufe der weiteren Gesetzgebungsverfahren nach der deutschen Einigung sind auch im Bereich des Grundgesetzes Änderungen erfolgt. Es gilt nunmehr im gesamten Bundesgebiet:

Die Grundrechte

Art. 1

(1) Die Würde des Menschen ist unantastbar. Sie zu achten und zu schützen ist Verpflichtung aller staatlichen Gewalt.

(2) Das Deutsche Volk bekennt sich darum zu unverletzlichen und unveräußerlichen Menschenrechten als Grundlage jeder menschlichen Gemeinschaft, des Friedens und der Gerechtigkeit in der Welt.

(3) Die nachfolgenden Grundrechte binden Gesetzgebung, vollziehende Gewalt und Rechtsprechung als unmittelbar geltendes Recht.

Art. 2

(1) Jeder hat das Recht auf die freie Entfaltung seiner Persönlichkeit, soweit er nicht die Rechte anderer verletzt und nicht gegen die verfassungsmäßige Ordnung oder das Sittengesetz verstößt.

(2) Jeder hat das Recht auf Leben und körperliche Unversehrtheit. Die Freiheit der Person ist unverletzlich. In diese Rechte darf nur auf Grund eines Gesetzes eingegriffen werden.

Art. 3

(1) Alle Menschen sind vor dem Gesetz gleich.

(2) Männer und Frauen sind gleichberechtigt.

...

Der Staat fördert die tatsächliche Durchsetzung der Gleichberechtigung von Frauen und Männern und wirkt auf die Beseitigung bestehender Nachteile hin.

Art. 3 (Fortsetzung)

(3) Niemand darf wegen seines Geschlechtes, seiner Abstammung, seiner Rasse, seiner Sprache, seiner Heimat und Herkunft, seines Glaubens, seiner religiösen oder politischen Anschauungen benachteiligt oder bevorzugt werden. Niemand darf wegen seiner Behinderung benachteiligt werden.

872

Art. 4

(1) Die Freiheit des Glaubens, des Gewissens und die Freiheit des religiösen und weltanschaulichen Bekenntnisses sind unverletzlich.

(2) Die ungestörte Religionsausübung wird gewährleistet.

(3) Niemand darf gegen sein Gewissen zum Kriegsdienst mit der Waffe gezwungen werden. Das Nähere regelt ein Bundesgesetz.

Art. 5

(1) Jeder hat das Recht, seine Meinung in Wort, Schrift und Bild frei zu äußern und zu verbreiten und sich aus allgemein zugänglichen Quellen ungehindert zu unterrichten. Die Pressefreiheit und die Freiheit der Berichterstattung durch Rundfunk und Film werden gewährleistet. Eine Zensur findet nicht statt.

(2) Diese Rechte finden ihre Schranken in den Vorschriften der allgemeinen Gesetze, den gesetzlichen Bestimmungen zum Schutze der Jugend und in dem Recht der persönlichen Ehre.

(3) Kunst und Wissenschaft, Forschung und Lehre sind frei. Die Freiheit der Lehre entbindet nicht von der Treue zur Verfassung.

Art. 6

(1) Ehe und Familie stehen unter dem besonderen Schutze der staatlichen Ordnung.

(2) Pflege und Erziehung der Kinder sind das natürliche Recht der Eltern und die zuvörderst ihnen obliegende Pflicht. Über ihre Betätigung wacht die staatliche Gemeinschaft.

(3) Gegen den Willen der Erziehungsberechtigten dürfen Kinder nur auf Grund eines Gesetzes von der Familie getrennt werden, wenn die Erzie-

hungsberechtigten versagen oder wenn die Kinder aus anderen Gründen zu verwahrlosen drohen.

(4) Jede Mutter hat Anspruch auf den Schutz und die Fürsorge der Gemeinschaft.

(5) Den nichtehelichen Kindern sind durch die Gesetzgebung die gleichen Bedingungen für ihre leibliche und seelische Entwicklung und ihre Stellung in der Gesellschaft zu schaffen wie den ehelichen Kindern.

Art. 7

(1) Das gesamte Schulwesen steht unter der Aufsicht des Staates.

(2) Die Erziehungsberechtigten haben das Recht, über die Teilnahme des Kindes am Religionsunterricht zu bestimmen.

(3) Der Religionsunterricht ist in den öffentlichen Schulen mit Ausnahme der bekenntnisfreien Schulen ordentliches Lehrfach. Unbeschadet des staatlichen Aufsichtsrechtes wird der Religionsunterricht in Übereinstimmung mit den Grundsätzen der Religionsgemeinschaften erteilt. Kein Lehrer darf gegen seinen Willen verpflichtet werden, Religionsunterricht zu erteilen.

(4) Das Recht zur Errichtung von privaten Schulen wird gewährleistet. Private Schulen als Ersatz für öffentliche Schulen bedürfen der Genehmigung des Staates und unterstehen den Landesgesetzen. Die Genehmigung ist zu erteilen, wenn die priva-

ten Schulen in ihren Lehrzielen und Einrichtungen sowie in der wissenschaftlichen Ausbildung ihrer Lehrkräfte nicht hinter den öffentlichen Schulen zurückstehen und eine Sonderung der Schüler nach den Besitzverhältnissen der Eltern nicht gefördert wird. Die Genehmigung ist zu versagen, wenn die wirtschaftliche und rechtliche Stellung der Lehrkräfte nicht genügend gesichert ist.

(5) Eine private Volksschule ist nur zuzulassen, wenn die Unterrichtsverwaltung ein besonderes pädagogisches Interesse anerkennt oder, auf Antrag von Erziehungsberechtigten, wenn sie als Gemeinschaftsschule, als Bekenntnis- oder Weltanschauungsschule errichtet werden soll und eine öffentliche Volksschule dieser Art in der Gemeinde nicht besteht.

(6) Vorschulen bleiben aufgehoben.

Art. 8

(1) Alle Deutschen haben das Recht, sich ohne Anmeldung oder Erlaubnis friedlich und ohne Waffen zu versammeln.

(2) Für Versammlungen unter freiem Himmel kann dieses Recht durch Gesetz oder auf Grund eines Gesetzes beschränkt werden.

Art. 9

(1) Alle Deutschen haben das Recht, Vereine und Gesellschaften zu bilden.

(2) Vereinigungen, deren Zwecke oder deren Tätigkeit den Strafgesetzen zuwiderlaufen oder die sich gegen die verfassungsmäßige Ordnung oder gegen den Gedanken der Völkerverständigung richten, sind verboten.

(3) Das Recht, zur Wahrung und Förderung der Arbeits- und Wirtschaftsbedingungen Vereinigungen zu bilden, ist für jedermann und für alle Berufe gewährleistet. Abreden, die dieses Recht einschränken oder zu behindern suchen, sind nichtig, hierauf gerichtete Maßnahmen sind rechtswidrig. Maßnahmen nach den Artikeln 12a, 35 Abs. 2 und 3, Artikel 87a Abs. 4 und Artikel 91 dürfen sich nicht gegen Arbeitskämpfe richten, die zur Wahrung und Förderung der Arbeits- und Wirtschaftsbedingungen von Vereinigungen im Sinne des Satzes 1 geführt werden.

Art. 10

(1) Das Briefgeheimnis sowie das Post- und Fernmeldegeheimnis sind unverletzlich.

(2) Beschränkungen dürfen nur auf Grund eines Gesetzes angeordnet werden. Dient die Beschränkung dem Schutze der freiheitlichen demokratischen Grundordnung oder des Bestandes oder der Sicherung des Bundes oder eines Landes, so kann das Gesetz bestimmen, daß sie dem Betroffenen nicht mitgeteilt wird und daß an die Stelle des Rechtsweges die Nachprüfung durch von der Volksvertretung bestellte Organe und Hilfsorgane tritt.

Art. 11

(1) Alle Deutschen genießen Freizügigkeit im ganzen Bundesgebiet.

(2) Dieses Recht darf nur durch Gesetz oder auf Grund eines Gesetzes und nur für die Fälle eingeschränkt werden, in denen eine ausreichende Lebensgrundlage nicht vorhanden ist und der Allgemeinheit daraus besondere Lasten entstehen würden oder in denen es zur Abwehr einer drohenden Gefahr für den Bestand oder die freiheitliche demokratische Grundordnung des Bundes oder eines Landes, zur Bekämpfung von Seuchengefahr, Naturkatastrophen oder besonders schweren Unglücksfällen, zum Schutze der Jugend vor Verwahrlosung oder um strafbaren Handlungen vorzubeugen erforderlich ist.

Art. 12

(1) Alle Deutschen haben das Recht, Beruf, Arbeitsplatz und Ausbildungsstätte frei zu wählen. Die Berufsausübung kann durch Gesetz oder auf Grund eines Gesetzes geregelt werden.

(2) Niemand darf zu einer bestimmten Arbeit gezwungen werden, außer im Rahmen einer herkömmlichen allgemeinen, für alle gleichen öffentlichen Dienstleistungspflicht.

(3) Zwangsarbeit ist nur bei einer gerichtlich angeordneten Freiheitsentziehung zulässig.

Art. 12a

(1) Männer können vom vollendeten achtzehnten Lebensjahr an zum Dienst in den Streitkräften, im Bundesgrenzschutz oder in einem Zivilschutzverband verpflichtet werden.

(2) Wer aus Gewissensgründen den Kriegsdienst mit der Waffe verweigert, kann zu einem Ersatzdienst verpflichtet werden. Die Dauer des Ersatzdienstes darf die Dauer des Wehrdienstes nicht übersteigen. Das Nähere regelt ein Gesetz, das die Freiheit der Gewissensentscheidung nicht beeinträchtigen darf und auch eine Möglichkeit des Ersatzdienstes vorsehen muß, die in keinem Zusammenhang mit den Verbänden der Streitkräfte und des Bundesgrenzschutzes steht.

(3) Wehrpflichtige, die nicht zu einem Dienst nach Absatz 1 oder 2 herangezogen sind, können im Verteidigungsfalle durch Gesetz oder auf Grund eines Gesetzes zu zivilen Dienstleistungen für Zwecke der Verteidigung einschließlich des Schutzes der Zivilbevölkerung in Arbeitsverhältnisse verpflichtet werden; Verpflichtungen in öffentlich-rechtliche Dienstverhältnisse sind nur zur Wahrnehmung polizeilicher Aufgaben oder solcher hoheitlichen Aufgaben der öffentlichen Verwaltung, die nur in einem öffentlich-rechtlichen Dienstverhältnis erfüllt werden können, zulässig. Arbeitsverhältnisse nach Satz 1 können bei den Streitkräften, im Bereich ihrer Versorgung

874

lsowie bei der öffentlichen Verwaltung begründet werden; Verpflichtungen in Arbeitsverhältnisse im Bereiche der Versorgung der Zivilbevölkerung sind nur zulässig, um ihren lebensnotwendigen Bedarf zu decken oder ihren Schutz sicherzustellen.

(4) Kann im Verteidigungsfalle der Bedarf an zivilen Dienstleistungen, im zivilen Sanitäts- und Heilwesen sowie in der ortsfesten militärischen Lazarettorganisation nicht auf freiwilliger Grundlage gedeckt werden, so können Frauen vom vollendeten achtzehnten bis zum vollendeten fünfundfünfzigsten Lebensjahr durch Gesetz oder auf Grund eines Gesetzes zu derartigen Dienstleistungen herangezogen werden. Sie dürfen auf keinen Fall zum Dienst mit der Waffe verpflichtet werden.

(5) Für die Zeit vor dem Verteidigungsfalle können Verpflichtungen nach Absatz 3 nur nach Maßgabe des Artikels 80a Abs. 1 begründet werden. Zur Vorbereitung auf Dienstleistungen nach Absatz 3, für die besondere Kenntnisse oder Fertigkeiten erforderlich sind, kann durch Gesetz oder auf Grund eines Gesetzes die Teilnahme an Ausbildungsveranstaltungen zur Pflicht gemacht werden. Satz 1 findet insoweit keine Anwendung.

(6) Kann im Verteidigungsfalle der Bedarf an Arbeitskräften für die in Absatz 3 Satz 2 genannten Bereiche auf freiwilliger Grundlage nicht gedeckt werden, so kann zur Sicherung dieses Bedarfs die Freiheit der Deutschen, die Ausübung eines Berufs oder den Arbeitsplatz aufzugeben, durch Gesetz oder auf Grund eines Gesetzes eingeschränkt werden. Vor Eintritt des Verteidigungsfalles gilt Abs. 5 S. 1 entsprechend.

Art. 13

(1) Die Wohnung ist unverletzlich.

(2) Durchsuchungen dürfen nur durch den Richter, bei Gefahr im Verzuge auch durch die in den Gesetzen vorgesehenen anderen Organe angeordnet und nur in der dort vorgeschriebenen Form durchgeführt werden.

(3) ¹Begründen bestimmte Tatsachen den Verdacht, daß jemand eine durch Gesetz einzeln bestimmte besonders schwere Straftat begangen hat, so dürfen zur Verfolgung der Tat auf Grund richterlicher Anordnung technische Mittel zur akustischen Überwachung von Wohnungen, in denen der Beschuldigte sich vermutlich aufhält, eingesetzt werden, wenn die Erforschung des Sachverhalts auf andere Weise unverhältnismäßig erschwert oder aussichtslos wäre. ²Die Maßnahme ist zu befristen. ³Die Anordnung erfolgt durch einen mit drei Richtern besetzten Spruchkörper. ⁴Bei Gefahr im Verzuge kann sie auch durch einen einzelnen Richter getroffen werden.

(4) ¹Zur Abwehr dringender Gefahren für die öffentliche Sicherheit, insbesondere einer gemeinen Gefahr oder einer Lebensgefahr, dürfen technische Mittel zu Überwachung von Wohnungen nur auf Grund richterlicher Anordnung eingesetzt werden. ²Bei Gefahr im Verzuge kann die Maßnahme auch durch eine andere gesetzlich bestimmte Stelle angeordnet werden; eine richterliche Entscheidung ist unverzüglich nachzuholen.

(5) ¹Sind technische Mittel ausschließlich zum Schutze der bei einem Einsatz in Wohnungen tätigen Personen vorgesehen, kann die Maßnahme durch eine gesetzlich bestimmte Stelle angeordnet werden. ²Eine anderweitige Verwertung der hierbei erlangten Erkenntnisse ist nur zum Zwecke der Strafverfolgung oder der Gefahrenabwehr und nur zulässig, wenn zuvor die Rechtmäßigkeit der Maßnahme richterlich festgestellt ist; bei Gefahr im Verzuge ist die richterliche Entscheidung unverzüglich nachzuholen.

(6) ¹Die Bundesregierung unterrichtet den Bundestag jährlich über den nach Absatz 3 sowie über den im Zuständigkeitsbereich des Bundes nach Absatz 4 und, soweit richterlich überprüfungsbedürftig, nach Absatz 5 erfolgten Einsatz technischer Mittel. ²Ein vom Bundestag gewähltes Gremium übt auf der Grundlage dieses Berichts die parlamentarische Kontrolle aus. ³Die Länder gewährleisten eine gleichwertige parlamentarische Kontrolle.

(7) Eingriffe und Beschränkungen dürfen im übrigen nur zur Abwehr einer gemeinen Gefahr oder einer Lebensgefahr für einzelne Personen, auf Grund eines Gesetzes auch zur Verhütung dringender Gefahren für die öffentliche Sicherheit und Ordnung, insbesondere zur Behebung der Raumnot, zur Bekämpfung von Seuchengefahr²⁾ oder zum Schutze gefährdeter Jugendlicher vorgenommen werden.

Art. 14

(1) Das Eigentum und das Erbrecht werden gewährleistet. Inhalt und Schranken werden durch die Gesetze bestimmt.

(2) Eigentum verpflichtet. Sein Gebrauch soll zugleich dem Wohle der Allgemeinheit dienen.

(3) Eine Enteignung ist nur zum Wohle der Allgemeinheit zulässig. Sie darf nur durch Gesetz oder auf Grund eines Gesetzes erfolgen, das Art und Ausmaß der Entschädigung regelt. Die Entschädigung ist unter gerechter Abwägung der Interessen der Allgemeinheit und der Beteiligten zu bestimmen. Wegen der Höhe der Entschädigung steht im Streitfalle der Rechtsweg vor den ordentlichen Gerichten offen.

Art. 15

Grund und Boden, Naturschätze und Produktionsmittel können zum Zwecke der Vergesellschaftung durch ein Gesetz, das Art und Ausmaß der Entschädigung regelt, in Gemeineigentum oder in andere Formen der Gemeinwirtschaft überführt werden. Für die Entschädigung gilt Artikel 14 Abs. 3 Satz 3 und 4 entsprechend

Art. 16

(1) Die deutsche Staatsangehörigkeit darf nicht entzogen werden. Der Verlust der Staatsangehörigkeit darf nur auf Grund eines Gesetzes und gegen den Willen des Betroffenen nur dann eintreten, wenn der Betroffene dadurch nicht staatenlos wird.

(2) Kein Deutscher darf an das Ausland ausgeliefert werden (...).

Art. 16a

(1) Politisch Verfolgte genießen Asylrecht.

(2) [1]Auf Absatz 1 kann sich nicht berufen, wer aus einem Mitgliedstaat der Europäischen Gemeinschaften oder aus einem anderen Drittstaat einreist, in dem die Anwendung des Abkommens über die Rechtsstellung der Flüchtlinge und der Konvention zum Schutze der Menschenrechte und Grundfreiheiten sichergestellt ist. [2]Die Staaten außerhalb der Europäischen Gemeinschaften, auf die die Voraussetzungen des Satzes 1 zutreffen, werden durch Gesetz, das der Zustimmung des Bundesrates bedarf, bestimmt. [3]In den Fällen des Satzes 1 können aufenthaltsbeendende Maßnahmen unabhängig von einem hiergegen eingelegten Rechtsbehelf vollzogen werden.

(3) [1]Durch Gesetz, das der Zustimmung des Bundesrates bedarf, können Staaten bestimmt werden, bei denen auf Grund der Rechtslage, der Rechtsanwendung und der allgemeinen politischen Verhältnisse gewährleistet erscheint, daß dort weder politische Verfolgung noch unmenschliche oder erniedrigende Bestrafung oder Behandlung stattfindet. [2]Es wird vermutet, daß ein Ausländer aus einem solchen Staat nicht verfolgt wird, solange er nicht Tatsachen vorträgt, die die Annahme begründen, daß er entgegen dieser Vermutung politisch verfolgt wird.

(4) [1]Die Vollziehung aufenthaltsbeendender Maßnahmen wird in den Fällen des Absatzes 3 und in anderen Fällen, die offensichtlich unbegründet sind oder als offensichtlich unbegründet gelten, durch das Gericht nur ausgesetzt, wenn ernstliche Zweifel an der Rechtmäßigkeit der Maßnahme bestehen; der Prüfungsumfang kann eingeschränkt werden und verspätetes Vorbringen unberücksichtigt bleiben. [2]Das Nähere ist durch Gesetz zu bestimmen.

(5) Die Absätze 1 bis 4 stehen völkerrechtlichen Verträgen von Mitgliedstaaten der Europäischen Gemeinschaften untereinander und mit dritten Staaten nicht entgegen, die unter Beachtung der Verpflichtungen aus dem Abkommen über die Rechtsstellung der Flüchtlinge und der Konvention zum Schutze der Menschenrechte und Grundfreiheiten, deren Anwendung in den Vertragsstaaten sichergestellt sein muß, Zuständigkeitsregelungen für die Prüfung von Asylbegehren einschließlich der gegenseitigen Anerkennung von Asylentscheidungen treffen.

Art. 17

Jedermann hat das Recht, sich einzeln oder in Gemeinschaft mit anderen schriftlich mit Bitten oder Beschwerden an die zuständigen Stellen und an die Volksvertretung zu wenden.

Art. 17 a

(1) Gesetze über Wehrdienst und Ersatzdienst können bestimmen, daß für die Angehörigen der Streitkräfte und des Ersatzdienstes während der Zeit des Wehr- oder Ersatzdienstes das Grundrecht, seine Meinung in Wort, Schrift und Bild frei zu äußern und zu verbreiten (Artikel 5 Abs. 1 Satz 1 erster Halbsatz), das Grundrecht der Versammlungsfreiheit (Artikel 8) und das Petitionsrecht (Artikel 17), soweit es das Recht gewährt, Bitten oder Beschwerden in Gemeinschaft mit anderen vorzubringen, eingeschränkt werden.

(2) Gesetze, die der Verteidigung einschließlich des Schutzes der Zivilbevölkerung dienen, können bestimmen, daß die Grundrechte der Freizügigkeit (Artikel 11) und der Unverletzlichkeit der Wohnung (Artikel 13) eingeschränkt werden.

Art. 18

Wer die Freiheit der Meinungsäußerung, insbesondere die Pressefreiheit (Artikel 5 Abs. 1), die Lehrfreiheit (Artikel 5 Abs. 3), die Versammlungsfreiheit (Artikel 8), die Vereinigungsfreiheit (Artikel 9), das Brief-, Post- und Fernmeldegeheimnis (Artikel 10), das Eigentum (Artikel 14) oder das Asylrecht (Artikel 16 a) zum Kampfe gegen die freiheitliche demokratische Grundordnung mißbraucht, verwirkt diese Grundrechte. Die Verwirkung und ihr Ausmaß werden durch das Bundesverfassungsgericht ausgesprochen.

Art. 19

(1) Soweit nach diesem Grundgesetz ein Grundrecht durch Gesetz oder auf Grund eines Gesetzes eingeschränkt werden kann, muß das Gesetz allgemein und nicht nur für den Einzelfall gelten. Außerdem muß das Gesetz das Grundrecht unter Angabe des Artikels nennen.

(2) In keinem Falle darf ein Grundrecht in seinem Wesensgehalt angetastet werden.

(3) Die Grundrechte gelten auch für inländische juristische Personen, soweit sie ihrem Wesen nach auf diese anwendbar sind.

(4) Wird jemand durch die öffentliche Gewalt in seinen Rechten verletzt, so steht ihm der Rechtsweg offen. Soweit eine andere Zuständigkeit nicht begründet ist, ist der ordentliche Rechtsweg gegeben. Artikel 10 Abs. 2 Satz 2 bleibt unberührt.

Besonderheiten des Rechts der neuen Bundesländer

Die fünf Länder der früheren DDR sind seit dem 3. Oktober 1990 Bestandteil der Bundesrepublik Deutschland. Der Rechtszustand in der alten Bundesrepublik Deutschland ist inzwischen auf die neu hinzugekommenen Gebiete übertragen worden.

Vermögensfragen

Im Juli 1993 sagte der in Frankfurt am Main wohnende Franz Koch zu seiner Frau: »Jetzt sieht es doch mit deinem Erbvermögen in der DDR anders aus als bisher. Dein Vater hat ja in Leinefelde – wie ich gerade überraschend von einem Anwalt deiner Schwester erfahren habe – erhebliches Liegenschaftsvermögen hinterlassen, welches du und deine Schwester Ursula geerbt habt. Ihr habt früher zwar vom Ausgleichsamt eine sogenannte Entschädigung von 10.000,– DM bekommen, aber das steht doch in keinem Verhältnis zu den wahren Werten. Du kannst doch jetzt Rückübertragung verlangen.« Die Rechtsgrundlage hierfür war die Verordnung über die Anmeldung vermögensrechtlicher Ansprüche vom 11. Juli 1990. Die Anmeldefrist ist am 31. Dezember 1992 abgelaufen (§ 30 a Vermögensgesetz). Neue Anmeldungen werden nicht mehr berücksichtigt.

Eine Verfahrenseinbeziehung bislang nicht Beteiligter kann theoretisch jedoch heute immer noch im Rahmen des § 2a VermG erfolgen. Danach werden, sofern auch nur ein Erbe fristgerecht angemeldet hat, Vermögenswerte auf gesamte Erbengemeinschaften übertragen. So kommt es eventuell vor, daß ein Miterbe erst jetzt von der rechtzeitigen Anspruchsanmeldung und der Rückübertragung durch einen vorläufigen Bescheid des Amtes zur Regelung offener Vermögensfragen erfährt. Nach § 2a Abs. 3 VermG kann er, sofern er eine Rückübertragung auf sich im Rahmen der Erbengemeinschaft nicht wünscht, innerhalb von sechs Wochen seit Kenntnis von der Rückübertragung schriftlich auf sein Recht gegenüber dem Amt zur Regelung offener Vermögensfragen verzichten. Dann fällt sein Erbteil den anderen Erben zu. Hätte zum Beispiel die Schwester Ursula ihrerseits fristgemäß den Antrag gestellt, könnte sich Vera Koch aber immer noch diesem Antrag anschließen.

Nach § 32 VermG erfolgt im Rahmen der Rückübertragung zunächst die Bekanntgabe der beabsichtigten Entscheidung, die noch nicht rechtsverbindlich ist. Hier hat der Antragsteller ein Stellungnahmerecht und kann auch Auskunft erhalten. Dieses Auskunftsrecht bezieht sich in der Regel auf Akteneinsicht beim Amt zur Regelung offener Vermögensfragen. Sodann kann der Antragsteller nochmals Stellung zu der beabsichtigten Entscheidung nehmen. Frühestens nach Ablauf eines Monats seit Auskunftserteilung erfolgt dann die endgültige Entscheidung. Hiergegen steht dem Antragsteller ein Widerspruchsrecht zu. Für das Widerspruchsverfahren werden behördlicherseits keine Gebühren erhoben (§ 38 I VermG).

Bis zur endgültigen Entscheidung steht dem Antragsteller meist kein Wahlrecht zu, ob er Entschädigung wählt oder Rückübertragung des Vermögenswertes selbst beansprucht. Die Rechtsgrundlagen, wann Rückübertragung und wann Entschädigung verlangt werden kann, sind im einzelnen genau im Vermögensgesetz geregelt. Bezüglich des Vermögensgesetzes sollten derzeit noch folgende Vorschriften beachtet werden:

§ 4 (auszugsweise):
(1) Eine Rückübertragung des Eigentumsrechtes oder sonstiger Rechte an Vermögenswerten ist ausgeschlossen, wenn dies von der Natur der Sache her nicht mehr möglich ist. Die Rückgabe von Unternehmen ist ausgeschlossen, wenn und soweit der Geschäftsbetrieb eingestellt worden ist und die tatsächlichen Voraussetzungen für die Wiederaufnahme des Geschäftsbetriebs nach vernünftiger kaufmännischer Beurteilung fehlen. (...)

§ 5
(1) Eine Rückübertragung von Eigentumsrechten an Grundstücken und Gebäuden ist gemäß § 4 Abs. 1 insbesondere auch dann ausgeschlossen, wenn Grundstücke und Gebäude

a) mit erheblichem baulichen Aufwand in ihrer Nutzungsart oder Zweckbestimmung verändert wurden und ein öffentliches Interesse an dieser Nutzung besteht,

b) dem Gemeingebrauch gewidmet wurden,

c) im komplexen Wohnungsbau oder Siedlungsbau verwendet wurden,

d) der gewerblichen Nutzung zugeführt oder in eine Unternehmenseinheit einbezogen wurden und nicht ohne erhebliche Beeinträchtigung des Unternehmens zurückgegeben werden können.

(2) In den Fällen des Absatzes 1 Buchstabe a und d ist die Rückübertragung von Eigentumsrechten nur dann ausgeschlossen, wenn die maßgeblichen tatsächlichen Umstände am 29. September 1990 vorgelegen haben.

§ 8
(1) [1]Soweit inländischen Berechtigten ein Anspruch auf Rückübertragung gemäß § 3 zusteht, können sie bis zum Ablauf von sechs Monaten nach Inkrafttreten des Entschädigungsgesetzes statt dessen Entschädigung wählen; hat der Berechtigte seinen Sitz oder Wohnsitz außerhalb der Bundesrepublik Deutschland, verlängert sich die Frist auf drei Jahre. [2]Ausgenommen sind Berechtigte, deren Grundstücke durch Eigentumsverzicht, Schenkung oder Erbausschlagung in Volkseigentum übernommen wurden.

(2) Liegt die Berechtigung bei einer Personenmehrheit, kann das Wahlrecht nur gemeinschaftlich ausgeübt werden.

Zu beachten ist ferner, daß im Jahre 1991 ein Investitionsgesetz in Kraft getreten ist, wonach die Rückübertragung an den alten Eigentümer durch Veräußerung an Investoren verhindert werden kann, wenn diese sog. nützliche investive Zwecke verfolgen, zum Beispiel Betriebsstätten mit neuen Arbeitsplätzen errichten etc. Der frühere Eigentümer erhält dann den Verkaufserlös beziehungsweise den Verkehrswert des Grundstückes erstattet. Dieses Gesetz wurde mehrfach geändert und ist heute bekannt als das sog. »Investitionsvorranggesetz«.

Ferner ist inzwischen ein Bundesentschädigungsgesetz in Kraft getreten, welches Einzelheiten des Wertausgleichs gem. § 9 Vermögensgesetz regelt.

Diesbezüglich laufen derzeit noch zahlreiche nicht abgeschlossene Entschädigungsverfahren.

Rechtsangleichung

Für die Rechtsangleichung in den neuen Bundesländern gilt als Grundlage der Einigungsvertrag vom 31. August 1990. Dessen Kapitel III Art. 8 bestimmt folgendes:

Artikel 8

Mit dem Wirksamwerden des Beitritts tritt in dem in Artikel 3 genannten Gebiet Bundesrecht in Kraft, soweit es nicht in seinem Geltungsbereich auf bestimmte Länder oder Landesteile der Bundesrepublik Deutschland beschränkt ist und soweit durch diesen Vertrag, insbesondere dessen Anlage I, nichts anderes bestimmt wird.

In einem dem Vertrag beigefügten Protokoll nebst Anlagen werden Erläuterungen zu der Neuregelung der einzelnen Rechtsgebiete vorgenommen. Hierbei sind die Anlagen zu dem Vertrag von besonderer Bedeutung.

Die Konsequenzen aus diesen Bestimmungen des Einigungsvertrages hat der Gesetzgeber durch eine Ergänzung des EGBGB (= Einführungsgesetz zum BGB) in dessen Art. 230 ff. gezogen, die für die einzelnen Gebiete des Bürgerlichen Rechts jeweils das Sonderrecht in den neuen Bundesländern regeln, so zum Beispiel betr. den Allgemeinen Teil des BGB (zum Beispiel Entmündigung, Vereine, Stiftungen, Beurkundungen, Heilung unwirksamer Vermögensübertragungen) in Art. 231. Das **Schuldrecht** wird in Art. 232 geregelt. Hier war vor allem das Mietrecht bedeutsam. Inzwischen ist mit Wirkung ab 1. April 2004 das Sonderrecht der Mieter entfallen. Auch hier können Vermieter jetzt gegebenenfalls den Eigenbedarf gemäß § 573 BGB geltend machen.

Die für die neuen Bundesländer geltenden Sonderregelungen der §§ 11 ff. Miethöhenregelungsgesetz sind inzwischen durch Fristablauf (31. Dezember 1997) weitgehend überholt, haben aber noch Bedeutung für Rechtsstreitigkeiten, die die Jahre davor betreffen.

Bezüglich des **Schuldrechts** ist weiterhin das **Schuldrechtsanpassungsgesetz** vom 1. Januar 1995 zu beachten, welches heute in zahlreichen Rechtsstreitigkeiten eine erhebliche Rolle spielt. Dessen wesentliche Bestimmungen sind die folgenden:

Es werden drei Gruppen von Vertragsverhältnissen geregelt:

1. Nutzungsverträge über Bodenflächen zur Erholung und Freizeitgestaltung. Hierzu zählen auch Garagengrundstücke (§§ 312 ff. ZGB).
2. Überlassungsverträge zu Wohnzwecken.
3. Miet-, Pacht- und sonstige Nutzungsverträge, auf deren Grundlage der Nutzer bis zum Ablauf des 2. Oktober 1990 mit Billigung staatlicher Stellen ein Eigenheim errichtet hat.

Anwendbar ist das Gesetz bei allen drei Vertragsgruppen nur auf Verträge, die bis zum 2. Oktober 1990 abgeschlossen wurden.

Die Verträge werden ab dem 1.1.1995 den Vorschriften des Miet- und Pachtrechts unterstellt. Ergänzend enthält das Gesetz für diese Verträge Regelungen für die wichtigsten Elemente: nämlich das Entgelt, die Kündigungsmöglichkeiten und den eventuellen Wertersatz bei Vertragsbeendigung. Ziel der Regelung ist eine Überleitung der Verträge in Form eines sozialen Interessenausgleichs zwischen den Grundstückseigentümern und den Nutzern. Ein Ankaufsrecht der Nutzer bezüglich des Grundstückes zum halben Verkehrswert ist nicht vorgesehen. Ein solches gibt es nur für Nutzer nach dem Sachenrechtsbereinigungsgesetz, wenn diese entsprechend den dortigen Vorschriften auf Grund eines Nutzungsvertrages mit dem Eigentümer auf fremdem Grund und Boden zum Beispiel ein Eigenheim gebaut haben. Erwähnt seien aus der Fülle der Einzelregelungen nur folgende Beispiele:

a) Vorrang hat immer das Bundeskleingartengesetz.
b) Die Entgelte dürfen stufenweise bis zur Höhe der Ortsüblichkeit angehoben werden. Ortsüblich waren zum Beispiel 1993 0,80 DM bis 1,20 DM pro Jahr/m² als Entgelt für Freizeitgrundstücke. Ortsüblich sind nur Entgelte, die nach dem 2. Oktober 1990 frei vereinbart wurden. Im Hinblick auf das Überangebot gerade an Wochenendgrundstücken haben sich die

Entgelte bisher kaum erhöht. Man kann bei den Gemeinden erfragen, in welcher Höhe sich deren Entgelte bewegen. Die Gemeinden sind diejenigen, die die meisten Garten- und Wochenendgrundstücke verpachten.

880

c) Ordentliche Kündigungen durch den Grundstückseigentümer sind derzeit nur bei Zahlungsverzug des Nutzers möglich. Es besteht ein weitgehender Kündigungsschutz des Nutzers bis zum 3. Oktober 2015.

d) In Verkaufsfällen hat der Nutzer ein gesetzliches Vorkaufsrecht, der Nutzungsvertrag geht auf den Erwerber über.

Es gibt nach wie vor Gartengrundstücke sowie vor allem Wochenendgrundstücke mit Gartenlauben in großer Zahl. Bei diesen versuchen die Eigentümer beziehungsweise diejenigen Personen, die die Grundstücke zurückerhalten oder für Investitionszwecke erworben haben, Kündigungen auszusprechen.

Bezüglich der Gartengrundstücke (auch Schrebergärten) gilt folgendes: Auf diese Grundstücke ist, sofern es sich um Pachtgrundstücke mit gemeinsamen Anlagen und einer gemeinsamen Organisation handelt, vorrangig das Bundeskleingartengesetz anwendbar. Danach genießen die Pächter grundsätzlich Kündigungsschutz. Nur in ganz besonderen Ausnahmefällen (zum Beispiel Eigennutzung des Eigentümers als Kleingartenland) läßt sich eine Kündigung rechtfertigen, sofern nicht außerordentliche Kündigungsgründe, etwa wegen Nichtzahlung des Pachtzinses, bestehen.

Aber selbst wenn das Bundeskleingartengesetz nicht anwendbar ist, kommt das Schuldrechtsanpassungsgesetz zum Tragen und zwar dann, wenn die Pachtverträge vor dem 3. Oktober 1990 abgeschlossen wurden. Hier bestand bis zum 31. Dezember 1999 absoluter Kündigungsschutz.

Nicht selten wurde angenommen, daß danach gekündigt werden konnte. Dies ist aber nicht so. § 23 SchuldRAnpG läßt Kündigungen ab dem 1. Januar 2000 nur in besonderen Ausnahmefällen zu, zum Beispiel bei dringendem Wohnbedarf des Eigentümers, der zwingend ein Ein- oder Zweifamilienhaus für den eigenen Wohnbedarf bauen muß. Ein weiterer Kündigungsgrund besteht dann, wenn der Bebauungsplan eine anderweitige Nutzung vorsieht. Hier kommt es somit darauf an, wie die Gemeinde das Gebiet plant, in dem sich das Grundstück befindet.

Relativ frei sind die Eigentümer ab dem 4. Oktober 2015. Ab diesem Tag können Kündigungen nach den allgemeinen Bestimmungen und somit nach den Miet- beziehungsweise Pachtrechtsbestimmungen des Bürgerlichen Gesetzbuches ausgesprochen werden.

Bezüglich der weiteren Einzelheiten ist auf § 23 SchuldRAnpG zu verweisen. Es ist zu raten, anwaltliche Hilfe in Anspruch zu nehmen, da es sich um eine recht komplexe Rechtsmaterie handelt.

Nach Beendigung des Vertragsverhältnisses hat der Eigentümer Entschädigung sowohl für ein rechtmäßig errichtetes Bauwerk als auch für Anpflanzungen zu leisten. Die Entschädigung kommt jedoch nur dann in Betracht, wenn der Pächter beziehungsweise Nutzer keinen Anlaß zu einer außerordentlichen Kündigung gegeben hat. Auch ist eine Entschädigung dann nicht mehr zu leisten, wenn das Vertragsverhältnis bereits nach den allgemeinen Vorschriften gekündigt werden kann und seitdem sieben Jahre verstrichen sind.

Weitere Bestimmungen betreffend Pachtverträge, Verträge über Nutzung über Bodenflächen zur Erholung sowie Arbeitsverhältnisse und Kreditverträge finden sich in §§ 3 bis 10 des Art. 232 EGBGB.

Das **Sachenrecht** wird in Art. 233 EGBGB geregelt.

Dort werden alle Sonderrechtsfragen betreffend das Eigentum und dingliche Belastungen behandelt, insbesondere im Zusammenhang mit dem Grundbesitz. Dort wird vor allem der nur in der ehemaligen DDR geltende Rechtszustand der Trennung von Gebäudeeigentum und selbständigen dinglichen Nutzungsrechten an Grund und Boden für die neuen Bundesländer bestätigt und anerkannt. Das dingliche Nutzungsrecht sowie selbständiges Gebäudeeigentum wird in das Grundbuch eingetragen (Art. 233 §§ 2c, 4 EGBGB). In den §§ 5 bis 16 des Art. 233 finden sich weitere sachenrechtliche Besonderheiten betreffend Grundstücke und deren Belastungen in den neuen Bundesländern.

Die weiteren daraus entstehenden Konsequenzen waren der Grund für das vor einigen Jahren erlassene **Sachenrechtsbereinigungsgesetz.**

Da das BGB (anders als das ZGB-DDR) unabhängiges Gebäudeeigentum neben dem Grundstück nicht kennt, waren hier ergänzende Regelungen erforderlich. Letztlich angestrebt ist, daß irgendwann eine Bereinigung dieses Rechtszustandes eintritt und ein einheitliches Eigentum an Grund und Boden mit Gebäuden entsteht.

Bis dahin gibt es für den Nutzer verschiedene Möglichkeiten:
1. Kauf des Grundstücks,
2. Bestellung eines Erbbaurechtes (§ 3), wenn der Verkehrswert mehr als15 000,– Euro beträgt.

Die Ausübung des Wahlrechts erfolgt durch schriftliche Erklärung gegenüber dem anderen Teil (§ 16). Wenn der Grundstückseigentümer den Nutzer zur Ausübung der Wahl auffordert, muß die Erklärung innerhalb von fünf Monaten erfolgen.

Es folgt eine Bodenwertermittlung (§ 19). Wenn die Parteien sich nicht einigen, kann der Nutzer die Durchsetzung seines Anspruchs nur über ein besonderes notarielles Vermittlungsverfahren erreichen (§ 87).

Der Kaufpreis ermittelt sich nach dem hälftigen Bodenwert (§ 68). Die Ansprüche bestehen nur für Verträge, die vor dem 18. Oktober 1989 geschlossen wurden. Bei späteren Verträgen gibt es solche Rechte des Nutzers nur unter bestimmten Voraussetzungen, die hier nicht im einzelnen dargestellt werden können.

Ein verlängerter Schutz für die Nutzer wird nunmehr durch das **Eigentumsfristengesetz** vom 20. Dezember 1996 gewährt, welches unter anderen Artikel 233 §§ 4 und 5 EGBGB ändert. Selbst wenn das Grundstück verkauft wird, besteht nunmehr unabhängiges Eigentum an den Baulichkeiten, Anlagen und Anpflanzungen. die auf Grund eines Nutzungsrechts errichtet wurden. Dies gilt nur, wenn der Grundbuch Eintragungsantrag betreffend das Nutzungsrecht vor dem 1. Januar 2001 ggestellt worden war.

Das bedeutet, daß derjenige, der ein solches Grundstück erwirbt, auf dem sich ein auf Grund eines Nutzungsrechtes zulässig errichtetes Gebäude befindet, an dem unabhängig vom Grundstück Eigentum besteht, dieses Gebäude nicht gutgläubig miterwerben kann.

Das **Familienrecht** ist in Artikel 234 EGBGB geregelt. Dort sind Anpassungsvorschriften für das Namensrecht, das eheliche Güterrecht, den Unterhalt des geschiedenen Ehegatten, das Kindes- und Sorgerecht, den Versorgungsausgleich sowie Adoptionen und Pflegschaften enthalten.

Bezüglich des **Erbrechts** in den neuen Bundesländern sieht Artikel 235 EGBGB vor, daß für die Erbrechtsregeln das bisherige DDR-Recht maßgebend ist, wenn der Erblasser vor dem Wirksamwerden des Beitritts gestorben ist. Bei späteren Todesfällen gilt für die Formalfragen der Errichtung oder Aufhebung eines Testamentes und die Bindungswirkung bei einem gemeinschaftlichen Testament ebenfalls noch das frühere DDR-Recht, wenn die Testamente vor dem Beitritt errichtet wurden. Für die übrigen Regelungen des Erbrechts gilt aber auch dann das Recht der alten Bundesländer, was also übernommen wurde.

Das neue **Insolvenzrecht** gilt ebenfalls inzwischen bundeseinheitlich auch in den neuen Bundesländern. Es hat die Gesamtvollstreckungsordnung, die noch zu Zeiten der DDR und übergangsweise in den neuen Bundesländern gegolten hatte, abgelöst.

Einige noch nicht bewältigte Rechtsprobleme, welche die Vereinigung hervorgerufen hat, sind in der Zukunft noch zu lösen. Dies gilt insbesondere für das Strafrecht, innerhalb dessen der Streit um die gesetzliche Regelung der Abtreibung heftig geführt wird.

Mit welchen Problemen insgesamt der vollständige Übergang der Gesetze der BRD auf die neu hinzugekommenen Länder verbunden ist, ist aus Art. 9 des Einigungsvertrages zu ersehen, der als Generalklausel folgendes bestimmt:

882

Artikel 9

(1) Das im Zeitpunkt der Unterzeichnung dieses Vertrages geltende Recht der Deutschen Demokratischen Republik, das nach der Kompetenzordnung des Grundgesetzes Landesrecht ist, bleibt in Kraft, soweit es mit dem Grundgesetz ohne Berücksichtigung des Artikels 143, mit in dem in Artikel 3 genannten Gebiet in Kraft gesetztem Bundesrecht sowie mit dem unmittelbar geltenden Recht der Europäischen Gemeinschaften vereinbar ist und soweit in diesem Vertrag nichts anderes bestimmt wird. Recht der Deutschen Demokratischen Republik, das nach der Kompetenzordnung des Grundgesetzes Bundesrecht ist und das nicht bundeseinheitlich geregelte Gegenstände betrifft, gilt unter den Voraussetzungen des Satzes 1 bis zu einer Regelung durch den Bundesgesetzgeber als Landesrecht fort.

(2) Das in Anlage II aufgeführte Recht der Deutschen Demokratischen Republik bleibt mit den dort genannten Maßgaben in Kraft, soweit es mit dem Grundgesetz unter Berücksichtigung dieses Vertrages sowie mit dem unmittelbar geltenden Recht der Europäischen Gemeinschaften vereinbar ist.

(3) Nach Unterzeichnung dieses Vertrages erlassenes Recht der Deutschen Demokratischen Republik bleibt in Kraft, sofern es zwischen den Vertragsparteien vereinbart wird. Absatz 2 bleibt unberührt.

(4) Soweit nach den Absätzen 2 und 3 fortgeltendes Recht Gegenstände der ausschließlichen Gesetzgebung des Bundes betrifft, gilt es als Bundesrecht fort. Soweit es Gegenstände der konkurrierenden Gesetzgebung oder der Rahmengesetzgebung betrifft, gilt es als Bundesrecht fort, wenn und soweit es sich auf Sachgebiete bezieht, die im übrigen Geltungsbereich des Grundgesetzes bundesrechtlich geregelt sind.

(5) Das gemäß Anlage II von der Deutschen Demokratischen Republik erlassene Kirchensteuerrecht gilt in den in Artikel 1 Abs. 1 genannten Ländern als Landesrecht fort.

Der vorstehende Überblick über die Rechtsangleichung für das Gebiet der neuen Bundesländer läßt keine Zweifel daran bestehen, daß die Handhabung der Gesetze den Einsatz von Spezialisten auf allen Rechtsgebieten erforderlich macht, die mit der jeweiligen Rechtsmaterie vertraut sind.

Europarecht

Paul Jedermann fragt sich: Wozu brauche ich Europarecht? Über den Staaten, die auf dem Gebiet Europa entstanden sind, hat sich inzwischen eine Art Überstaat breit gemacht – die Europäische Gemeinschaft, jetzt: »Europäische Union (EU)«.

Inzwischen ist der Ausdruck des »Gemeinsamen Binnenmarktes« oder auch »EU« in das Bewußtsein der Öffentlichkeit gedrungen.

»Was geht mich das an?« denkt Paul Jedermann, »ich habe doch damit nichts zu tun. Weder zahle ich an diese Institution Steuern noch sonstige Abgaben. Ich kenne auch keine von daher kommenden Gesetze, die ich zu beachten habe.«

Da irrt Paul Jedermann gründlich. Ein Vorwurf ist ihm hieraus nicht zu machen, denn die diesbezügliche allgemeine Unwissenheit wird oft beklagt. Und dies gilt nicht etwa nur für Nichtjuristen. Auch die Organe der Europäischen Gemeinschaft (EG) beklagen die weitverbreitete Unkenntnis des europäischen Rechts bei Juristen und Kaufleuten. Die Institutionen der EU beklagen vor allem auch oft die Nichtumsetzung von Richtlinien in nationales Recht. Aufgrund dieser Situation hat das Europa-Parlament die Gründung einer europäischen Rechtsakademie in Trier eingerichtet.

»Woher«, fragt Paul Jedermann, »soll ich denn nun Kenntnisse von dem Europäischen Recht beziehen?« Ohne es zu merken, bezieht Paul Jedermann dieses Wissen dadurch, daß er deutschen Gesetzen unterworfen ist, in welchen »Europäische Rechtsregeln« durch die deutsche Gesetzgebung umgesetzt worden sind, zum Teil auch dadurch, daß »Europäisches Recht« direkt durch deutsche Gerichte anzuwenden ist. Und woher kommt nun dieses »Europäische Recht«? Welche rechtsetzenden Organe gibt es insoweit? Man muß sich klarmachen, daß es noch keinen Staat gibt, welcher Europa heißt. Andererseits beeinflußt das Europarecht ca. 85 Prozent aller Normen des deutschen Wirtschaftsrecht sowie zahllose andere Rechtsgebiete, vorrangig den Verbraucherschutz.

Es gibt auch nicht die Europäische Gemeinschaft (EG oder EU) als Bundesstaat. Sie ist in Wirklichkeit ein Bündel von einzelnen Gemeinschaften, zu welchen sich zur Erfüllung verschiedener wirtschaftlicher und politischer Aufgaben 15 europäische Staaten zusammengeschlossen haben. Es sind dies: Deutschland, Frankreich, Großbritannien, Italien, die Niederlande, Belgien, Luxemburg, Dänemark, Irland, Griechenland, Spanien, Portugal, Österreich, Schweden und Finnland. Als weitere Staaten sind am 1. Mai 2004 zehn Staaten hinzukommen: Estland, Lettland, Litauen, Polen, Tschechien, Slowakei, Ungarn, Slowenien, Malta und der griechische Teil Zyperns.

Die Weiterentwicklung der Gemeinschaft als rechtliche Union steht vor der Tür.

Zur Zeit allerdings ist die EU noch der Sammelname für den Verbund der einzelnen europäischen Staaten. Aber dieser Verbund wird rechtlich gelenkt von Organen, welche aufgrund der zugrunde liegenden Staatsverträge gemeinsam für die einzelnen Staaten den Rang von gesetzgebenden und rechtsprechenden Organen erlangt haben.

»Also wie gehabt«, denkt Paul Jedermann, »Parlament, Regierung und Justiz.«

Tatsächlich sind die europäischen Organe den in den Demokratien vorhandenen Organen ähnlich, aber eigenartigerweise mit ganz andersartiger Funktionsweise.

I. Es gibt ein Europäisches Parlament. Die Mitglieder dieses Organs werden von den Bürgern der zur EU gehörenden Staaten gewählt, und zwar auf die Dauer von fünf Jahren. Das Europäische

Parlament hat nicht die Befugnis, selbst Gesetze zu erlassen. Seine Kompetenzen sind aber seit 1999 wesentlich erweitert worden.

884

Hinsichtlich der Verwaltungsmaßnahmen der Kommission besteht ein Kontrollrecht des Parlaments mit der Möglichkeit, durch einen Mißtrauensantrag die Auflösung der Kommission zu erzwingen, was kürzlich sogar erfolgt ist.

Stärker ausgestaltet ist das Recht des Parlaments zur Mitwirkung im Haushaltsverfahren, insbesondere obliegt ihm die endgültige Feststellung des Haushaltsplanes.

Das Europäische Parlament tagt in seinen Plenarsitzungen in Straßburg. Ausschuß- und Fraktionssitzungen finden in Brüssel statt.

II. Der Rat der Europäischen Gemeinschaften (auch Ministerrat genannt) ist das wichtigste europäische Organ hinsichtlich der Schaffung von Rechtsregeln. Er ist nicht zu verwechseln mit dem Europäischen Rat.

Der »Ministerrat« setzt sich aus den jeweiligen Ressortministern der Regierungen der Mitgliedsstaaten zusammen. Seine Tagungen finden fast jede Woche in unterschiedlicher Zusammensetzung statt, da je nach der behandelten Materie der jeweils hierfür zuständige Ressortminister des Mitgliedsstaates mitwirkt.

Der »Ministerrat« ist z. Zt. das gewichtigste europäische Organ, da ihm die gesetzgebende Gewalt zusteht, und er auch die Leitlinien für die Vertragsverhandlungen aufstellt. Die laufende Arbeit des Ministerrats wird in über 100 Arbeitsgruppen, bestehend aus nationalen Beamten und Vertretern der EU-Kommission, erledigt.

III. Der Europäische Rat ist eine Abwandlung des Rats der Europäischen Gemeinschaften, den er in dessen Aufgabenerledigung unterstützt. Er besteht aus den Regierungschefs der Mitgliedsstaaten sowie dem Präsidenten der EU-Kommission. Seine Verhandlungen finden mindestens 3mal im Jahr statt. An den Verhandlungen nehmen die Außenminister und der Präsident der EU-Kommission teil. In diesen Verhandlungen werden Grundsatzentscheidungen getroffen, die die Politik in der EU betreffen.

IV. Die Kommission der Europäischen Gemeinschaften hat ihre – unterschiedliche – Grundlage in den einzelnen Gemeinschaftsverträgen. Im Ganzen gesehen ist die Tätigkeit der Kommission für die europäische Gesetzgebung wegweisend.

Zur Zeit besteht die Kommission aus 30 nicht weisungsgebundenen Mitgliedern (später nur noch 25), von denen jeder Mitgliedsstaat mindestens eines entsendet. Mehr als zwei Kommissionsmitglieder dürfen nicht die gleiche Staatsangehörigkeit haben. Die Kommission trifft Entscheidungen als Kollegium, die mit der Mehrheit ihrer Mitglieder beschlossen werden. Die Kommission garantiert das ordnungsmäßige Funktionieren und die Entwicklung des gemeinsamen Marktes. Die Kommission hat verschiedene Befugnisse, welche im EG-Vertrag (Art. 155) und im Euratom-Vertrag (Art. 124) geregelt sind. Danach kann hinsichtlich der Zuständigkeit der Kommission zusammenfassend folgendes gesagt werden:

a) Sie ist Überwacherin der Gemeinschaftsverträge insbesondere der Rechtsstaatlichkeit der Gemeinschaft. Liegen Verstöße der Mitgliedsstaaten gegen die Vertragspflichten vor, so führt die Kommission Untersuchungen mit eigenen Mitteln durch. Gegen einzelne Personen kann sie mit Verboten, Geldbußen und Zwangsgeldern vorgehen, was besonders bedeutsam ist für den Wettbewerb innerhalb der Europäischen Gemeinschaft.

b) Hinsichtlich der Auslegung oder der Änderung der Gemeinschaftsverträge kann sie Empfehlungen und Stellungnahmen abgeben und dadurch die Gemeinschaftsbelange gegenüber den Mitgliedsstaaten sichern.

c) Eine wesentliche Funktion der Kommission besteht in ihrer Mitwirkung am Zustandekommen der Handlungen des »Ministerrats«. Sie hat aber auch Befugnisse zum Erlaß von Entscheidungen in eigener Zuständigkeit.

In der Praxis bedeutet dies, daß die Beamten der Kommission die Entscheidungen des Ministerrats weitestgehend vorbereiten. Ihre Vorschläge sind meistens die Grundlage für die späteren Verhandlungen im Ministerrat. Von der Kommission gehen oft die wesentlichen Impulse für neue Rechtsregelungen aus, an die sich die Politiker oft nicht herantrauen, insbesondere in Form von sogenannten »Richtlinien«.

d) Sie ist aber auch gleichzeitig eine Art Exekutivorgan zur Durchsetzung der Rechtsetzungsakte des Ministerrats. Zur Ausübung dieser Exekutive stehen der Kommission »Verwaltungs- und Ermittlungsausschüsse« zur Seite. Insbesondere hinsichtlich des Agrarmarktes wirkt sich die Exekutivmöglichkeit besonders aus.

V. Der Europäische Gerichtshof (EuGH) ist das maßgebliche Organ der Europäischen Gemeinschaft zur Überwachung der Erfüllung des Europarechts. Er besteht aus 13 Richtern, die von den Mitgliedsstaaten im gegenseitigen Einvernehmen ernannt werden.

Der Gerichtshof tagt in sechs Kammern, welche über Vorabentscheidungen, Direktklagen (Privater) und über Klagen der Kommissionen und Mitgliedsstaaten entscheiden.

Sein Sitz ist Luxemburg. Der EuGH entscheidet in Streitsachen, die durch die Beschlüsse der Gemeinschaftsorgane ausgelöst werden. Er ist auch zur Überprüfung der Rechtsakte der Kommission, des Ministerrats und auch der Rechtsakte der Mitgliedsstaaten befugt. Nach der Rechtsprechung des EuGH haben die Rechtsakte der Organe den Vorrang vor den Rechtsregeln der Mitgliedsstaaten. Dies ist jetzt auch für die Bundesrepublik vom Bundesverfassungsgericht und vom Bundesgerichtshof anerkannt.

Seit 1989 gibt es nicht nur den Europäischen Gerichtshof, sondern auch das Europäische Gericht Erster Instanz (EuGEI).

Dieses Gericht ist mit zwölf Richtern besetzt. Diese tagen in sechs Kammern. Zuständig ist das Gericht insbesondere für Wettbewerbsstreitigkeiten.

Auf Grund der Entlastung der EuGH durch das EuGEI ist nunmehr mit einer schnelleren Erledigung der Verfahren vor den Europäischen Gerichten zu rechnen.

»Und woher weiß ich nun, welche Bestimmungen der Europäischen Organe inzwischen gelten und als Rechtsakte für mich von Wichtigkeit sind?« fragt Paul Jedermann. »Wo kann man das nachlesen und in welcher Sprache sind sie dann abgefaßt?« Die Antwort auf diese Frage von Paul Jedermann kann man am besten damit geben, daß man auf das Bundesgesetzblatt verweist. In Teil 1 des Bundesgesetzblattes sind die innerstaatlichen Gesetze zu ihrer Verkündung abgedruckt. In Teil 2 sind völkerrechtliche Abkommen und Vereinbarungen veröffentlicht. Und im Anhang zu jedem Gesetzblatt werden Hinweise auf Rechtsvorschriften der Europäischen Gemeinschaft gegeben, soweit diese unmittelbare Rechtswirksamkeit in der Bundesrepublik Deutschland erlangt haben. Das Amtsblatt erscheint in verschiedenen Ausgaben jeweils in der Sprache der Mitgliedsstaaten, hat also demnach auch eine Ausgabe in deutscher Sprache. Auf dieses verweist das Bundesgesetzblatt. Die Rechtsvorschriften nennen sich Verordnungen und sind zum Teil Verordnungen des Ministerrats, zum Teil Richtlinien der Kommission. Der Schwerpunkt der wiedergegebenen Verordnungen aufgrund des Vertrages über die Europäische Gemeinschaft liegt im Agrarbereich.

Um es noch einmal zu betonen: Verordnungen und Richtlinien aus Brüssel sind in der Bundesrepublik Deutschland unter bestimmten Voraussetzungen unmittelbar geltendes Recht und von jedem Gericht, von jedem Bürger unmittelbar zu beachten. Besonders wichtig sind Verordnungen zum Beispiel auf dem Gebiet der Fusionskontrolle, also dem Zusammenschluß von Unternehmen.

Eine Fusionskontroll-Verordnung ist zum Beispiel am 1. September 1990 in Kraft getreten. Aber auch Vertriebsbindungen zwischen Kaufleuten, zum Beispiel bei Autohändlern, unterliegen Verordnungen der EU.

Nun meint Paul Jedermann, daß er eigentlich kein besonderes Interesse an irgendwelchen Rechtsvorschriften im Agrarbereich habe. Dazu ist zu sagen, daß die Organe der Europäischen Gemeinschaft ja nur im Rahmen der geschlossenen Gemeinschaftsverträge Rechtsvorschriften erlassen können, weil es ja keinen Europäischen Staat gibt, der für die Regelung sämtlicher Rechtsgebiete zuständig wäre. Der Schwerpunkt liegt nun einmal bei der Europäischen Wirtschaftsgemeinschaft, deren Grundprinzip die Verwirklichung des freien Warenverkehrs zwischen den Mitgliedsstaaten ist. Aufgrund der einzelnen Vertragsbestimmungen betreffen die betreffenden Rechtsvorschriften das Verbot der Zölle und Abgaben, die Beseitigung mengenmäßiger Beschränkungen, das Verbot diskriminierender Einfuhrabgaben und die Beseitigung technischer und administrativer Handelshemmnisse.

Neben der Regelung des freien Warenverkehrs ist ein besonderes Ziel der EG-Vertrags-Regelung der freie Personenverkehr (Freizügigkeit der Arbeitnehmer, Niederlassungsfreiheit und der freie Kapital- und Zahlungsverkehr). Zum Begriff der Freizügigkeit der Arbeitnehmer gehört das Recht, sich in allen Mitgliedsstaaten um Arbeitsplätze zu bewerben, sich in allen Mitgliedsstaaten aufzuhalten und frei zu bewegen. Hierzu hat der Ministerrat durch Verordnungen klärende Regelungen getroffen. Ergänzend hierzu dienen Regeln zur sozialen Sicherheit der Arbeitnehmer gem. Art. 51 EG-Vertrag. Nach Art. 48 EG-Vertrag hat jeder Arbeitnehmer das Recht auf Gleichbehandlung mit jedem anderen Arbeitnehmer an seinem Arbeitsplatz. Insofern hat zum Beispiel der EuGH entschieden, daß die Kinder des Arbeitnehmers ein Recht haben, in dem Wohnsitzstaat dieselbe schulische Bildungsförderung zu erhalten wie die Kinder eines heimischen Arbeitnehmers.

Weiterhin hat zum Beispiel der EuGH entschieden, daß im Rahmen der betrieblichen Altersversorgung eine Benachteiligung weiblicher Arbeitnehmer auch dann unzulässig sei, wenn die Benachteiligung nicht zahlenmäßig festgeschrieben ist, sondern sich nur mittelbar auswirkt. Es ist also unzulässig, für Teilzeitbeschäftigte eine geringere Altersrente vorzusehen, weil erfahrungsgemäß mehr Frauen in der Teilzeitbeschäftigung vorhanden sind und daher gegenüber den männlichen Arbeitnehmern benachteiligt würden. Hier zeigt sich also auf einem äußerst wichtigen Rechtsgebiet, dem Arbeitsrecht, daß Rechtsvorschriften der Europäischen Gemeinschaft weitreichende Wirkungen für den einzelnen Bürger der Bundesrepublik Deutschland haben.

Natürlich gilt dies noch nicht für alle Rechtsgebiete, da die Gemeinschaftsaufgaben ja vertraglich nur für bestimmte Rechtsgebiete geregelt sind. Andererseits wird vertraglich eine Vereinheitlichung der Gesetze in den Ländern der EU angestrebt, wofür zahlreiche Richtlinien der EU die Grundlage bilden sollen.

Wie kann die Kommission und der Rat nun für eine Vereinheitlichung des Rechts in den 25 Mitgliedsstaaten sorgen?

Neben den bereits angesprochenen EU-Verordnungen erlassen der Ministerrat und die Kommission auch Richtlinien, die an die Regierungen der einzelnen Mitgliedsstaaten gerichtet sind. Es handelt sich um einen Rahmenvorschlag, den die einzelnen Mitgliedsstaaten ausfüllen müssen. Dabei haben sie oft noch einen erheblichen Spielraum. Die Regierungen sind aber verpflichtet, innerhalb einer bestimmten Zeit die Richtlinien in nationales Recht umzusetzen. Tun sie es nicht, können sie von der Kommission vor dem Europäischen Gerichtshof verklagt werden. Zum Teil kann sich auch der einzelne Bürger gegenüber dem Staat und seinen Institutionen darauf berufen, daß eine Richtlinie, die für ihn günstig ist, noch nicht in nationales Recht umgesetzt worden ist und gegebenenfalls Schadensersatz verlangen.

In zahlreichen deutschen Gesetzen hat das Europarecht – insbesondere die Richtlinien – schon wesentliche Änderungen herbeigeführt. So ist zum Beispiel das GmbH-Gesetz, das Markenrecht, das Verbraucherrecht, das Handelsvertreterrecht und das gesamte Schuldrecht des BGB durch EU-Richtlinien geändert worden. Neue Richtlinien betreffend das Wettbewerbsrecht und die Kapitalgesellschaften stehen bevor.

Das Europarecht hat aber auch ein neues europäisches Rechtsgebilde geschaffen – die sogenannte EWIV – eine dem deutschen Recht bisher unbekannte Gesellschaftsform. Nach bisherigem deutschen Recht gab es für Personengesellschaften nur die Gesellschaftsformen des bürgerlichen Rechts, die sog. BGB-Gesellschaft, und die des Handelsgesetzbuchs, die OHG und KG. An Kapitalgesellschaften kannte das deutsche Recht die GmbH, die AG und die KG auf Aktien.

Mit Blick auf den näherkommenden europäischen Binnenmarkt soll dieses neuartige Rechtsgebilde für Partnerschaften dem grenzüberschreitenden Handel und sonstigen wirtschaftlichen Tätigkeiten dienen. Nach den Motiven der Schaffung ist diese Gesellschaft als eine Partnerschaft von vorhandenen Unternehmen gedacht, welche eine Hilfstätigkeit für die grenzüberschreitende Zusammenarbeit solcher Unternehmen ausüben soll.

Der juristischen Ausgestaltung nach sieht sie eine gesamtschuldnerische Haftung der Gesellschafter vor, unabhängig ob sie – wie es in den romanischen Staaten der Fall ist – den Charakter einer juristischen Person hat oder nicht. In der Ausprägung der BRD entspricht sie der Konstruktion der Personengesellschaften. Ob und in welchem Umfang die EWIV sich entwickeln wird, bleibt abzuwarten. Fachkundiger Rat bei Gründung eines solchen Gebildes bleibt geboten.

Es ist zu erwarten, daß es alsbald eine sogenannte Societas Europae (= SE) geben wird, eine Form der grenzüberschreitenden Kapitalgesellschaft, die in der EU überall anerkannt wird. Insoweit müssen aber noch zahlreiche Fragen geklärt werden, wie zum Beispiel die Organisationsstruktur und die Mitbestimmung durch Arbeitnehmer. Sehr aktuell ist zur Zeit die Diskussion über die Angleichung der Steuerrechtssysteme.

»Alles schön und gut«, resümiert Paul Jedermann. »Aber wie komme ich eigentlich an den Europäischen Gerichtshof heran, wenn ich europäische Rechtsvorschriften für mich in Anspruch nehmen will? Kann ich dort selbst Rechtsschutz beantragen, brauche ich dazu einen Rechtsanwalt, in welcher Sprache muß ich meine Eingaben verfassen?«

Die Antwort lautet: Den EuGH können nicht nur die Organe der Gemeinschaften mit einer Klage anrufen, sondern auch natürliche und juristische Personen. Voraussetzung nach Art. 173 Abs. 2 EGV ist es, daß die Entscheidung sich »unmittelbar und individuell« gegen die klagende Partei richtet. Die Verfahrenssprache kann der Kläger wählen. Die Mitwirkung eines Rechtsanwalts oder sonst Rechtskundigen ist nicht vorgeschrieben, doch wird ohne eine solche fachkundige Unterstützung sich kaum erfolgreich eine Anrufung des EuGH durchsetzen lassen.

Aber auch ohne eine solche Klage gelangen Streitfälle, welche Einzelpersonen betreffen, zum EuGH. Wenn ein deutsches Gericht einen Prozeß zu entscheiden hat, in welchem Bedenken aufkommen, ob nicht Rechtsverstöße des Gemeinschaftsrechts zu berücksichtigen sind, so kann es selbst unter Anwendung dieser Vorschriften den Rechtsstreit entscheiden, wenn es keinen Zweifel an der Richtigkeit seiner Rechtsfindung hat. Hat es solche Zweifel, so kann das Gericht gem. Art. 177 EGV eine Anfrage an den EuGH richten, wie die betreffende Rechtsvorschrift auszulegen ist. Die darauf ergehende Entscheidung des EuGH ist dann für die Prozeßentscheidung bindend.

Seit der Gründung des EuGH haben deutsche Gerichte bereits mehr als 800mal von dieser Möglichkeit Gebrauch gemacht.

Es gibt dann noch einen weiteren europäischen Gerichtshof – den Europäischen Gerichtshof für Menschenrechte. Er hat seine Grundlage nicht in den Gemeinschaftsverträgen, sondern in den besonderen vertraglichen Vereinbarungen der Mitgliedsstaaten der EU mit der Bezeichnung »Europäische Menschenrechtskonvention (EMRK)«. Der vollständige Name dieser Konvention lautet: »Europäische Konvention zum Schutze der Menschenrechte und Grundfreiheiten«, und datiert vom 4. November 1950. Unterzeichnet haben dieses Abkommen die Mitgliedsstaaten des Europarats. Es ist in Deutschland zum Gesetz geworden.

Durch dieses Gesetz wird für jedermann das Recht auf Leben, auf Schutz vor Folter, Sklaverei und Zwangsarbeit, auf persönliche Freiheit und Sicherheit, auf rechtliches Gehör, auf Achtung des Privat- und Familienlebens, der Wohnung und des Berufsverkehrs, auf Gedanken-, Gewissens- und Religionsfreiheit und auf freie Meinungsäußerung gewährleistet.

Internationale Wächter über die Einhaltung der Regeln des EMRK sind die Kommission für Menschenrechte und der Europäische Gerichtshof für Menschenrechte, die ihren Sitz in Straßburg haben.

An die Kommission kann sich jeder Mitgliedsstaat, aber auch jeder einzelne Bürger oder jede juristische Person eines Mitgliedsstaates mit einer Beschwerde wenden. Kommt die Kommission zu dem Ergebnis, daß die Beschwerde zulässig ist, so versucht sie eine gütliche Einigung zu erzielen. Schlägt dies fehl, und führt auch eine Vorlage an den Europarat und eine Stellungnahme gegenüber dem betroffenen Staat zu keiner Lösung, so können sowohl die Kommission als auch die beteiligten Staaten den Gerichtshof zur Entscheidung anrufen, der dann entscheidet, ob ein Verstoß gegen die Konvention vorliegt.

Der einzelne Bürger hat nicht das Recht, den Gerichtshof anzurufen.

Hat der Gerichtshof entschieden, daß eine Menschenrechtsverletzung in einem Mitgliedsstaat vorliegt, so kann er durch Urteil dem betroffenen Staat gemäß Art. 50 EMRK aufgeben, dem Beschwerdeführer eine angemessene Entschädigung zu zahlen.

Seit dem 1. Januar 2002 gibt es gemäß dem Maastricht-Vertrag eine neue Europäische Währung (den EURO). Sicher ist außerdem, daß die Rechtsvorschriften in den Ländern der EU ständig weiter vereinheitlicht und angepaßt werden, so daß die Rechtslage in den EU-Ländern bald weitgehend einheitlich sein wird. Dies gilt auch für beitrittswillige Länder. Das deutsche Recht dient im übrigen in Osteuropa sehr weitgehend als eine ausgewogene Vorlage für deren neues nationales Recht und steht in Konkurrenz zu dem immer weiter übergreifenden anglo-amerikanischen Recht.

Anhang

Die Bedeutung der gebräuchlichsten Aktenzeichen

der deutschen Justizbehörden

Amtsgerichte

B	Mahnsachen	IK/IN	Insolvenzverfahren
Bs	Privatklage- und Bußgeldsachen	K	Zwangsversteigerungssachen
C	Allgemeine Zivilsachen	L	Zwangsverwaltungssachen
Cs	Strafbefehle	Ls	Strafsachen vor dem Schöffengericht
Ds	Strafsachen des Einzelrichters	M	Allgemeine
F	Familiensachen		Zwangsvollstreckungssachen
FH	Familiensachen außerhalb anhängiger Verfahren	MR	Musterregister
		Owi	Bußgeldverfahren oder Zusatz zu
GR	Güterrechtsregister		Aktenzeichen von Gerichten und StA
H	Anträge außerhalb anhängiger Zivilverfahren	VerwB	Verwahrungsbuch für Verfügungen von Todes wegen
HL	Hinterlegungssachen	VR	Vereinsregister
HRA	Handelsregister (Einzelkaufleute, Personengesellschaften)	VRJs	Vollstreckungsregister für Jugendgerichtssachen
HRB	Handelsregister (Kapitalgesellschaften)		

Landgerichte

KLs	Zusatz bei Strafsachen vor der Großen Strafkammer	Ps	Berufungen in Privatklagesachen
		Qs	Beschwerden in Straf- und Bußgeldsachen
Ks	Zusatz bei Schwurgerichtssachen		
Ns	Berufungen in Strafsachen	S	Berufungen in Zivilsachen
O	Allgemeine Zivilsachen	T	Beschwerden in Zivilsachen

Oberlandesgerichte

Hes	Register für Haftentscheidungen	Vas	Entscheidungen über Justizverwaltungsakte in Strafsachen
Re-Miet	Rechtsentscheide in Mietsachen		
U	Berufungen in Zivilsachen	Vs	Revisionen in Privatklagesachen
UF	Berufungen und Beschwerden gegen Entscheidungen in Familiensachen	W	Beschwerden in Zivilsachen
		WF	Sonstige Beschwerden in Familiensachen
VA	Entscheidungen über Justizverwaltungsakte in Zivilsachen	Ws	Beschwerden in Straf- und Bußgeldsachen

Arbeitsgerichte

Ba	Mahnsachen	Ha	Anträge außerhalb anhängiger
Ca	Allgemeine Zivilsachen (Arbeitsrecht)		Verfahren

890

Landesarbeitsgerichte

Sa	Berufungssachen	Ta	Allgemeine Beschwerdesachen
Sha	Anträge außerhalb anhängiger	TaBV	Beschwerdesachen in
	Berufungsverfahren		Beschlußverfahren

Staatsanwaltschaft (Landgericht)

EV	Ehrengerichtliche Verfahren gegen	Hs	Zivilsachen
	Rechtsanwälte	Js (Gs)	Ermittlungsverfahren
Ews	Entlassungs- und Widerrufssachen	VRs	Strafvollstreckungssachen

Generalstaatsanwaltschaft (Oberlandesgericht)

Ausl	Auslieferungssachen	Ss	Revisionen in Strafsachen und Rechts-
OJs	Erstinstanzliche Strafsachen		beschwerden in Bußgeldsachen
Rs	Zivilsachen	Zs	Beschwerden gegen Amts- und
			Staatsanwälte

Alle Behörden

AR   Allgemeines Register

Die gebräuchlichsten Abkürzungen
von Gesetzen und Verordnungen

AbfG	Gesetz über die Beseitigung von Abfall
ABl.	Amtsblatt
AGB	Allgemeine Geschäftsbedingungen
AHB	Allgemeine Haftpflichtversicherungsbedingungen
AnfG	Gesetz betreffend die Anfechtung von Rechtshandlungen eines Schuldners außer-
	halb des Konkursverfahrens
AO	Abgabenordnung, Anordnung
ArbGG	Arbeitsgerichtsgesetz
ArbPlSchG	Arbeitsplatzschutzgesetz
ArbZG	Arbeitszeitgesetz
Art.	Artikel
AtG	Atomgesetz
AUB	Allgemeine Unfallversicherunggsbedingungen
AÜG	Arbeitnehmerüberlassungsgesetz
AusfBest.	Ausführungsbestimmungen
AusfVO	Ausführungsverordnung
BaföG	Bundesausbildungsförderungsgesetz
BAnz.	Bundesanzeiger

BauGB	Baugesetzbuch
BauNVO	Verordnung über die bauliche Nutzung der Grundstücke
BBesG	Bundesbesoldungsgesetz
BBG	Bundesbeamtengesetz
BBiG	Berufsbildungsgesetz
BDSG	Bundesdatenschutzgesetz
BErzGG	Bundeserziehungsgeldgesetz
BeamtVG	Beamtenversorgungsgesetz
BeschFG	Beschäftigungsförderungsgesetz
BetrAVG	Gesetz zur Verbesserung der betrieblichen Altersversorgung
BetrVG	Betriebsverfassungsgesetz
BGB	Bürgerliches Gesetzbuch
BGBl.	Bundesgesetzblatt
BGH	Bundesgerichtshof
BGHZ	Bundesgerichtshof/Entscheidungen in Zivilsachen
BJagdG	Bundesjagdgesetz
BNatSchG	Bundesnaturschutzgesetz
BNotO	Bundesnotarordnung
BRAGO	Bundesgebührenordnung für Rechtsanwälte
BRAO	Bundesrechtsanwaltsordnung
BSHG	Bundessozialhilfegesetz
BUrlG	Bundesurlaubsgesetz
BVerfG	Bundesverfassungsgericht
BVerwG	Bundesverwaltungsgericht
BVFG	Bundesvertriebenengesetz
BVG	Bundesversorgungsgesetz
DRiG	Deutsches Richtergesetz
DVO	Durchführungsverordnung
EG	Einführungsgesetz oder Europäische Gemeinschaft
EGaktG	Einführungsgesetz zum Aktiengesetz
EGBGB	Einführungsgesetz zum Bürgerlichen Gesetzbuch
EGGVG	Einführungsgesetz zum Gerichtsverfassungsgesetz
EGStPO	Einführungsgesetz zur Strafprozeßordnung
EGZPO	Einführungsgesetz zur Zivilprozeßordnung
EheG	Ehegesetz
EStG	Einkommensteuergesetz
EU	Europäische Union
FamRÄndG	Familienrechtsänderungsgesetz
FGG	Gesetz über Angelegenheiten der freiwilligen Gerichtsbarkeit
GBl.	Gesetzblatt
GBO	Grundbuchordnung
GebrMG	Gebrauchsmustergesetz
GenG	Gesetz betreffend die Erwerbs- und Wirtschaftsgenossenschaften
GeSchMG	Geschmacksmustergesetz
GewO	Gewerbeordnung
GG	Grundgesetz der Bundesrepublik Deutschland
GleichberG	Gleichberechtigungsgesetz

GKG	Gerichtskostengesetz
GmbHG	Gesetz betreffend die Gesellschaften mit beschränkter Haftung
GO	Gemeindeordnung oder Geschäftsordnung
GrdstVG	Grundstücksverkehrsgesetz
GüKG	Güterkraftverkehrsgesetz
GVBl.	Gesetz- und Verordnungsblatt
GVG	Gerichtsverfassungsgesetz
GvKostG	Gesetz über Kosten der Gerichtsvollzieher
GWB	Gesetz gegen Wettbewerbsbeschränkungen
HAG	Heimarbeitsgesetz
HGB	Handelsgesetzbuch
HinterlO	Hinterlegungsordnung
HPflG	Haftpflichtgesetz
HRG	Hochschulrahmengesetz
i. d. F. v.	in der Fassung vom
InSO	Insolvenzordnung
i. V(erb). m.	in Verbindung mit
JASchG	Jugendarbeitsschutzgesetz
JBeitrO	Justizbeitreibungsordnung
JGG	Jugendgerichtsgesetz
JWG	Gesetz für Jugendwohlfahrt
KostO	Kostenordnung
KRG	Kontrollratsgesetz
KSchG	Kündigungsschutzgesetz
KunstUrhG	Gesetz betreffend das Urheberrecht an Werken der bildenden Künste und Photographie
LadSchlG	Ladenschlußgesetz
LMBG	Lebensmittel- und Bedarfsgegenständegesetz
LPG	Landpachtgesetz
LuftVG	Luftverkehrsgesetz
MHG	Gesetz zur Regelung der Miethöhe
MuSchG	Mutterschutzgesetz
OwiG	Ordnungswidrigkeitengesetz
PatG	Patentgesetz
PBefG	Personenbeförderungsgesetz
ProdHaftG	Produkthaftungsgesetz
PStG	Personenstandsgesetz
RBerG	Rechtsberatungsgesetz
RHG	Reichshaftpflichtgesetz
RPflG	Rechtspflegergesetz
ScheckG	Scheckgesetz
SchwbG	Schwerbehindertengesetz
SG	Soldatengesetz
SGB	Sozialgesetzbuch
StGB	Strafgesetzbuch
StPO	Strafprozeßordnung
StrÄndG	Strafrechtsänderungsgesetz

StVG	Straßenverkehrsgesetz	
StVO	Straßenverkehrsordnung	
StVZO	Straßenverkehrs-Zulassungs-Ordnung	893
UmwG	Umwandlungsgesetz	
UmwHG	Umwelthaftungsgesetz	
UrhG	Urheberrechtsgesetz	
UWG	Gesetz gegen unlauteren Wettbewerb	
VerschG	Verschollenheitsgesetz	
VRG	Vorruhestandsgesetz	
VVG	Gesetz über den Versicherungsvertrag	
VwGO	Verwaltungsgerichtsordnung	
VwVfG	Verwaltungsverfahrensgesetz	
VwVG	Verwaltungs-Vollstreckungsgesetz	
VwZG	Verwaltungszustellungsgesetz	
WahlO	Wahlordnung (nach dem Betriebsverfassungsgesetz)	
WEG	Wohnungseigentumsgesetz	
WG	Wechselgesetz	
WiStG	Wirtschaftsstrafgesetz	
WoBindG	Wohnungsbindungsgesetz	
WoGG	Wohngeldgesetz	
ZPO	Zivilprozeßordnung	
ZVG	Gesetz über Zwangsversteigerung und Zwangsverwaltung	

Häufig vorkommende Rechtsbegriffe

Anfechtung, Willenserklärung mit dem Ziel ein (eigenes oder fremdes) Rechtsgeschäft unwirksam zu machen; zulässig nur unter bestimmten Voraussetzungen, zum Beispiel bei Irrtum, Drohung, arglistiger Täuschung, Gläubigerbenachteiligung im Insolvenzverfahren oder gemäß AnfG.

Anspruch, das Recht, von einem anderen ein Handeln (zum Beispiel Zahlung eines Geldbetrages oder Herausgabe einer Sache) oder Unterlassen (zum Beispiel Nichtverbreiten kreditschädigender Äußerungen) fordern zu können.

Arglist (arglistige Täuschung), unlautere Beeinflussung des rechtsgeschäftlichen Willens durch Hervorrufen oder Aufrechterhalten eines Irrtums infolge Vorspiegelung falscher oder Unterdrückung wahrer Tatsachen.

Beklagter, Adressat (Gegner) des in einem Prozeß geltendgemachten Anspruchs.

Berufung, Rechtsmittel gegen Urteile der Gerichte erster Instanz.

Beschluß, Gerichtsentscheid in Verfahrensfragen und in Kostenangelegenheiten.

Beschwerde, Rechtsmittel gegen Beschlüsse und Verfügungen im Zivil- und Strafprozeß sowie in der freiwilligen Gerichtsbarkeit.

Besitz, Innehabung tatsächlicher Herrschaftsgewalt über eine Sache.

894

Billigkeit, Ausdruck dessen, was der durchschnittliche Gerechtigkeitssinn aller redlich Denkenden als angemessen erscheinen läßt.

Delikt, 1) strafbare Handlung, 2) unerlaubte, zu Schadensersatz verpflichtende Handlung oder Unterlassung.

Eigentum, Recht der ausschließlichen und vollständigen Herrschaft über eine bewegliche oder unbewegliche Sache.

Einspruch, Rechtsbehelf gegen bestimmte Entscheidungen der Verwaltungsbehörden und gegen Versäumnisurteile und Vollstreckungsbescheide der Zivilgerichte sowie gegen Strafbefehle des Amtsrichters.

Fahrlässigkeit, Außerachtlassung der im (Rechts-) Verkehr erforderlichen Sorgfalt.

Gericht, zur Ausübung der Rechtspflege, insbesondere zur Rechtsprechung berufene Einrichtung des Staates.

Gerichtsvollzieher, Staatsbeamter, der gegen Gebühr Zwangsvollstreckungshandlungen vornimmt und Zustellungen bewirkt.

Gläubiger, derjenige, der gegenüber einem anderen (Schuldner) einen Anspruch (Forderung) hat.

Guter Glaube (Gutgläubigkeit), das Vertrauen auf die Ordnungsmäßigkeit und Gesetzlichkeit eines Rechtsgeschäfts.

Kläger, derjenige, der durch einen Prozeß die Verwirklichung oder Feststellung eines gegen einen anderen (Beklagten) gerichteten Anspruchs begehrt.

Klage, Geltendmachung eines bestehenden oder vermeintlichen Anspruchs bei Gericht.

Kündigung, die von einem Partner unter Beachtung vereinbarter oder gesetzlicher Fristen erklärte Beendigung eines Vertragsverhältnisses.

Nichtigkeit, absolute Unwirksamkeit einer Rechtshandlung oder eines Rechtsgeschäftes mit Rückwirkung auf den Zeitpunkt seiner Vornahme.

Notar, unabhängiger Inhaber eines öffentlichen Amtes, zuständig für Beurkundung von Rechtsgeschäften und Beglaubigungen.

Protokoll, Niederschrift rechtserheblicher Erklärungen.

Prozeß, gerichtliches Verfahren, in dem sich zwei Parteien zur Entscheidung widerstreitender Interessen gegenüberstehen (Rechtsstreit).

Rechtsanwalt, Volljurist, der als unabhängiges Organ der Rechtspflege geschäftsmäßig die Interessen seiner Auftraggeber (Mandanten) wahrnimmt und sie im Prozeß vertritt.

Rechtskraft, die durch Rechtsmittelverzicht von vornherein oder durch Fristablauf eingetretene Unanfechtbarkeit von Entscheidungen der Gerichte oder Verwaltungsbehörden.

Rechtsmittel, die vom Gesetz vorgesehene Möglichkeit des Betroffenen, eine Nachprüfung und Abänderung von Entscheidungen der Gerichte oder Verwaltungsbehörden zu erreichen.

Revision, Rechtsmittel zur Nachprüfung ergangener Urteile hinsichtlich richtiger Anwendung von Gesetzen.

Richter, Staatsbeamter, der als unabhängiges Organ die Aufgaben der Rechtsprechung und Rechtspflege im Rahmen der Gerichte wahrnimmt.

Schadensersatzanspruch, das auf Vertrag oder auf unerlaubter Handlung beruhende Recht auf Wiedergutmachung des Schadens.

Schuldner, derjenige, der gegenüber einem anderen (Gläubiger) zur Leistung verpflichtet ist.

Staatsanwaltschaft, staatliche Anklagebehörde bei den Gerichten, mit der Aufgabe, Straftäter zur Anklage zu bringen und die Vollstreckung von Strafen zu überwachen.

Treu und Glauben, Grundsatz des deutschen Rechts, wonach jedes Rechtsverhältnis so zu gestalten, auszulegen und abzuwickeln ist, wie es eine redliche Gesinnung der Beteiligten mit Rücksicht auf die Verkehrssitte erfordert.

Urteil, eine den Prozeß ganz (Endurteil) oder teilweise (Teilurteil) abschließende Entscheidung des Gerichts.

Verjährung, Eintritt der Undurchsetzbarkeit eines Anspruchs durch Zeitablauf.

Vertrag, erklärte Willensübereinstimmung zweier oder mehrerer Parteien über die Begründung eines Rechtsverhältnisses.

Verwaltungsakt, jede einen konkreten Einzelfall betreffende hoheitliche Willensäußerung von Behörden oder ihren Organen, zum Beispiel die Erteilung einer Baugenehmigung oder die Weisung eines Polizisten bei der Verkehrsregelung.

Vorsatz, Herbeiführung eines gewollten oder bewußt in Kauf genommenen (schädigenden) Erfolgs einer Handlung oder Unterlassung.

Widerspruch, Rechtsmittel gegen Bescheide, Anordnungen und Verfügungen der Verwaltungsbehörden sowie gegen die Mahnbescheide der Amtsgerichte.

Willenserklärung, jede verbale oder stillschweigende Äußerung, die auf die Herbeiführung eines bestimmten rechtlichen Erfolgs gerichtet ist.

Verjährungsfristen und ihre Grundlagen

896 Die regelmäßige Verjährungsfrist beträgt drei Jahre ab Kenntnis (§ 195 BGB); jedoch zehn Jahre bezüglich Rechten betreffend ein Grundstück (§ 196) und dreißig Jahre (soweit nichts anders im Einzelfall bestimmt ist, §197) für:
- Ansprüche aus Eigentum und dinglichen Rechten
- Familien- und erbrechtliche Ansprüche
- rechtskräftig festgestellte Ansprüche
- vollstreckbare Vergleiche oder Urkunden
- Feststellungen im Insolvenzverfahren

Eigentum
- Herausgabeanspruch aus Eigentum = 30 Jahre (§ 197 BGB)
- Beseitigung einer Eigentumsstörung = 3 Jahre (§ 195 BGB)
- Ersatzansprüche des Eigentümers an Nießbraucher = 6 Monate (§ 1057 BGB)
- Ersatzansprüche des Pfandgläubigers = 6 Monate (§ 1226 BGB)
- Ersatzansprüche des Vermieters wegen Veränderung oder Verschlechterung der Mietsache = 6 Monate (§ 548 BGB)
- Ersatzansprüche des Mieters gegen den Vermieter auf Ersatz von Verwendungen oder auf Gestattung der Wegnahme einer Einrichtung = 6 Monate (§ 548 BGB)

Erbrechtliche Ansprüche
- Verfügung des Erblassers wegen Erbauseinandersetzungen = 30 Jahre (§ 2044 BGB)
- Herausgabeanspruch der Erben wegen böswilliger Schenkung = 3 Jahre (§ 2287 BGB)
- Pflichtteilsansprüche = 3 Jahre nach Kenntnis, sonst 30 Jahre nach Anfall (§ 2332 BGB)

Familienrechtliche Ansprüche
- Ersatzansprüche aus gelöstem Verlöbnis = 2 Jahre (§ 1302 BGB)

Gesetz betreffend das Urheberrecht
an Werken der bildenden Künste und Photographie
- Ansprüche auf Schadensersatz (wie unerlaubte Handlung, siehe oben) = grundsätzlich 3 Jahre (§ 102 UrhG)

Gesetz gegen den unlauteren Wettbewerb
- Ansprüche auf Schadensersatz oder Unterlassung = 6 Monate ab Kenntnis von Handlung und Person; ohne Rücksicht hierauf in 3 Jahren vom Begehen an (§ 21 UWG)

GmbH-Gesetz
- Ansprüche gegen Geschäftsführer = 5 Jahre (§ 43 GmbHG)

Handelsgesetzbuch
- Ansprüche aus Wettbewerbsverbot des Handelsgehilfen = 3 Monate ab Kenntnis, sonst 5 Jahre ab der Handlung (§ 61 HGB)
- Ansprüche aus Vertrag mit Handelsvertretern = 4 Jahre (§ 88 HGB)
- Ansprüche aus Wettbewerbsverbot der Gesellschafter einer OHG = 3 Monate ab Kenntnis, sonst 5 Jahre (§ 113 HGB)

- Ansprüche gegen einen Gesellschafter aus Verbindlichkeiten der Gesellschaft = 5 Jahre nach Auflösung der Gesellschaft oder Ausscheiden des Gesellschafters (§ 159 HGB)
- Ansprüche gegen Spediteur = 1 Jahr, bei vorsätzlichem Handeln des Spediteurs = 3 Jahre (§§ 439, 463 HGB)
- Ansprüche gegen den Lagerhalter = 1 Jahr (§ 475a HGB), außer bei Vorsatz

Insolvenzordnung
= Ansprüche gegen Insolvenzverwalter = 3 Jahre ab Kenntnis (§ 62 InsO).

Kauf
- Mängelansprüche (§ 438 BGB) = zwei Jahre für bewegliche Sachen seit Ablieferung; fünf Jahre bei Bauwerken; 30 Jahre bei dinglichen Grundstücksrechten

Leihe
- Ersatzansprüche von Verleiher und Entleiher = 6 Monate (§§ 606, 548 BGB)

Lieferungsgeschäfte und Dienstleistungen
- Ansprüche von Kaufleuten, Handwerkern, bestimmte Dienstleistungen etc. = grundsätzlich 3 Jahre (§ 195).

Miete
- Mietzinsanspruch = 3 Jahre (§ 195 BGB)

Pacht
- Ersatzansprüche von Verpächter und Pächter = 6 Monate (§ 548 BGB)

Patente und Gebrauchsmuster
- Dauer des Patents = 20 Jahre (§ 16 PatG)
- Ansprüche wegen Verletzung des Patents = 3 Jahre ab Kenntnis (§ 141 PatG in Verbindung mit § 195 BGB)
- Gebrauchsmustergesetzansprüche wegen Verletzung = 3 Jahre ab Kenntnis (§ 24c GebrMG in Verbindung mit § 195 BGB);
- Schutzdauer der Gebrauchsmuster: zehn Jahre (§ 23)

Rechtskräftig festgestellte Ansprüche = 30 Jahre (§ 197 BGB)

Schuldverschreibung auf den Inhaber = 30 Jahre, falls Urkunde nicht vorgelegt wird, sonst 2 Jahre vom Ende der Vorlegungsfrist an (§ 801 BGB)
- Ansprüche aus abhanden gekommenen Zins-, Renten- oder Gewinnanteilscheinen = 4 Jahre (§ 804 BGB)

Tausch wie bei Kauf

Unerlaubte Handlung = 3 Jahre nach Kenntnis von Schäden und der Person des Ersatzpflichtigen; 10 Jahre nach Entstehung, wenn vorher keine Kenntnis oder grobfahrlässige Unkenntnis der Umstände, spätestens aber nach 30 Jahren. Bei Körperverletzungen etc. spätestens 30 Jahre nach Handlung bzw. Pflichtverletzung (bei fehlender Kenntnis und nicht grob fahrlässiger Unkenntnis)

Unverjährbare Ansprüche

- familienrechtliches Verhältnis, soweit auf Herstellung eines entsprechenden Zustandes für die Zukunft gerichtet (§ 194 Abs. 2 BGB)
- Aufhebung einer Gemeinschaft (§ 758 BGB)
- Grundbuchberichtigung (§ 898 BGB)
- Schiffsregisterberichtigung (§ 20 des Gesetzes über Rechte an eingetragenen Schiffen)
- Ansprüche aus eingetragenen Rechten (mit Ausnahmen) (§ 902 BGB)
- nachbarrechtliche Ansprüche (§ 924 BGB)
- Erbteilung (§§ 2042, 758 BGB)

Versicherungsvertragsgesetz

- Vertragliche Ansprüche = 2 Jahre, bei Lebensversicherungen 5 Jahre. Fristbeginn mit Schluß des Jahres, in welchem die Leistung verlangt werden könnte. (§ 12 VVG); Klage innerhalb von sechs Monaten nach Ablehnung des Anspruchs nötig

Wechselgesetz = 3 Jahre gegen Akzeptanten, 1 Jahr: Inhaber gegen Indossanten und Aussteller; 6 Monate Indossant gegen andere Indossanten und gegen Aussteller (Art. 70 WG).

Werkvertrag

- Ansprüche auf Mängelbeseitigung und sonstige mögliche Ansprüche = 3 Jahre (beziehungsweise 2 Jahre bei beweglichen Sachen und diesbezüglichen Planungs- und Überraschungsleistungen (§ 634a Nr. 1 BGB)
- bei Bauwerken und diesbezüglichen Planungs- und Überwachungsleistungen = 5 Jahre (§ 634a Nr. 2 BGB)

B

D

E

906

H

J

M

O

P

Q

R

U

V

X

Y